Sport Chronik
5000 Jahre Sportgeschichte

SPORT VERLAG BERLIN

Sport Chronik

5000 Jahre Sportgeschichte

Sportverlag Berlin

Überarbeitete und ergänzte Ausgabe der »Chronik des Sports«
des Chronik Verlages im Bertelsmann Lexikon Verlag GmbH, Gütersloh/München

Autor: Walter Umminger
Redaktion: Chronik Verlag Gütersloh/München und Sportverlag Berlin
Ergänzungen 1993–2000: Klaus Weise, Berlin
Umschlaggestaltung: Volkmar Schwengle, Buch und Werbung, Berlin,
unter Verwendung von Fotos von dpa/Zentralbild, Berlin;
Omega; Premiere; Opel, Rüsselsheim; Sportverlag Berlin
Redigitalisierung und Satz: WK Reprostudio GmbH, Lage/Lippe
und LVD GmbH, Berlin
Gesamtherstellung: MOHN Media Mohndruck GmbH, Gütersloh
Printed in Germany
ISBN 3-328-00896-9

An den Leser

»Der Mensch«, schrieb Friedrich von Schiller in seinen »Briefen über die ästhetische Erziehung des Menschen«, »spielt nur, wo er in voller Bedeutung des Wortes Mensch ist, und er ist nur da ganz Mensch, wo er spielt.« Der niederländische Kulturphilosoph Johan Huizinga wies in seinem Werk »Homo ludens« (weil der Name Homo sapiens »doch nicht so gut paßte«) die herausragende Bedeutung des Spielelements in den menschlichen Kulturen nach, von ihren ältesten Erscheinungsformen an.
Gerade wird die Schwelle eines neuen Jahrtausends überschritten – Anlaß für einen Rückblick auf Spiel und Sport bis in die Vorgeschichte des Menschen.

Das vorliegende Werk verbindet in geradezu idealer Weise die Vorteile eines Nachschlagewerks mit einer Darstellung in geschichtlichen und sporthistorischen Zusammenhängen. Kalendarien, die den frühen Zeitepochen und Zeitabschnitten sowie mit Beginn des 20. Jahrhunderts jedem einzelnen Jahr vorangestellt sind, geben eine schnelle Übersicht über die wichtigsten Vorkommnisse und Fakten.
Die folgenden Einzelartikel beschreiben und analysieren in Wort und Bild besonders wichtige Sportereignisse, Ergebnisse, Persönlichkeiten, Daten und Veranstaltungen, wobei sehr große Ereignisse des Sports, alle Olympischen Spiele und einige Weltmeisterschaften zum Beispiel, in angemessener Weise hervorgehoben werden. Jeder Einzelartikel bietet eine in sich abgeschlossene Information. Pfeile des Verweissystems machen auf Ereignisse aufmerksam, über die das Buch an anderer Stelle Auskunft gibt.
Dem Zeitalter der Visualisierung, in dem wir heute leben, wird die reichhaltige Bebilderung gerecht.

Ein komplettes Personenregister am Ende des Buches mit den Namen aller Sportler, die in dieser Chronik des Sports erwähnt sind, gibt Auskunft darüber, wo Berichte und Bilder zur jeweiligen Person zu finden sind.

So ist dieses Werk ein echtes Hausbuch der Sportgeschichte: zum schnellen Nachschlagen in den Kalendarien, zum Vertiefen in einzelne sportliche Ereignisse durch die reich bebilderten Artikel und als spannende Lektüre für den Leser, der das Werk als zusammenhängendes Geschichtsbuch lesen will.

230 Kalendarien liefern im Telegrammstil die wichtigsten Ereignisse einzelner Zeitabschnitte und ab 1900 für jedes Jahr.

In rund 2000 Einzelartikeln erleben Sie die Höhepunkte des Sports. Sie werden zum Zeitzeugen der wichtigsten Ereignisse der Sportgeschichte – von der Vorgeschichte bis zur Gegenwart.

Die Jahreszahl am oberen äußeren Rand jeder Seite zeigt Ihnen auf den ersten Blick, welches Jahr der Geschichte des Sports Sie gerade aufgeschlagen haben. Das Symbol der Olympischen Ringe kennzeichnet die Seiten mit Berichten von den Olympischen Spielen.

Ein Verweis-Pfeil mit Datum zeigt Ihnen, daß Sie im Anschluß an die Textlektüre noch mehr über die Person und ihre sportliche Karriere an anderer Stelle im Buch finden können.

In den Bildtexten erhalten Sie zusätzliche Informationen zu den ausführlichen Berichten.

Was hinter den Kulissen des Sports geschieht, etwa wie Stars mit Ruhm und Geld fertig werden oder auch wie einst ein Loch in den Rennski kam, lesen Sie in Beiträgen, die von Linienrahmen eingefaßt sind.

Aufrechter Gang und ausdauernder Lauf

Um 400 000. An den Küsten des Mittelmeers taucht ein bisher unbekanntes Lebewesen auf: Der Homo erectus. Seine ältesten Spuren finden sich in der Gegend von Nizza. Noch einmal eine Mio. Jahre zuvor geschah es, daß sich die ersten Hominiden aufrichteten. Auch andere Tiere richten sich auf, aber immer nur für kurze Zeit und vornehmlich, um zu drohen. Der Homo erectus jedoch behält seinen aufrechten Gang und verbreitet seitdem, auch noch als Homo sapiens, Furcht und Schrecken auf der Erde, wohin er kommt.

Felsmalereien der Altsteinzeit aus Afrika. Dort und auf Java finden sich die frühesten Spuren des Homo erectus, des ersten Menschen, bei der Jagd.

Sport beginnt beim Lauf

Der Lauf ist die Ursportart. Kleine Kinder, kaum daß sie gehen können, fangen zu laufen an. Der Drang dazu wurde ihnen in die Wiege gelegt, bevor es Wiegen gab.

Gegenüber sog. primitiven Volksstämmen erscheint das Laufvermögen der zivilisierten Menschen verkümmert. Die derzeitige Jogging-Welle und die Marathonlauf-Besessenheit sind ein Aufbegehren gegen körperlich lähmende Zivilisationsschäden.

Der Mensch ist ein verwundbares Geschöpf, und viele Tiere verfügen über Fähigkeiten und Körperkräfte, die den seinen weit überlegen sind. Kompensierend entwickelt er dafür Intelligenz. Dies in einem Maße, das alle geistigen Fähigkeiten der Tiere übersteigt und sogar ihren überlegenen Instinkt, ihre feinsten Sinne zu überlisten vermag. Und der Mensch erfindet Werkzeuge, die seine natürliche Reichweite beträchtlich ausdehnen und seine Stärke als Jäger und Krieger vervielfachen.

Die Menschen müssen gut zu Fuß sein. Wer nicht schnell und ausdauernd zu laufen vermag, kommt nicht nahe genug an ein Wild heran oder bleibt nicht fern genug vom Feind.

Zu den ersten Werkzeugen zählen Bogen für die Jagd und für den Kampf.

Felsmalerei aus Lascaux; die Bilder gleichen sich über Jahrtausende.

Bogentragender Jäger aus Çatal Hüyük 6000 Jahre vor der Zeitenwende

Vorgeschichte

Um 1 500 000. Der erste Mensch, Homo erectus, tritt in Afrika und Ostindien auf. Er benutzt Werkzeuge.

Um 900 000. Der Homo erectus wandert als Nomade in Horden durch die Tropen der Alten Welt.

Um 750 000. Die gemäßigten Zonen werden vom Homo erectus bevölkert. Er erreicht China. Der Mensch lernt den Gebrauch des Feuers.

Um 400 000. Der Homo erectus kommt nach Europa. Vermutlich über Landbrücken von Afrika oder Asien her.

Wechselnde klimatische Verhältnisse – Eiszeiten, tropische Temperaturen, Überflutungen, Erd- und Seebeben – verändern die Lage der Kontinente und Küsten.

400 000. Etwa 750 km^2 sind nötig, um den Fleischbedarf einer 30köpfigen Jägerhorde zu decken.

Holzspeer, Wurfholz und Handstock dienen als Jagdwaffen, sehr viel später werden Pfeil und Bogen verwendet.

Um 300 000. Der Homo sapiens verdrängt den Homo erectus. Er ist etwas größer als sein Vorgänger.

Um 80 000. Der Neandertaler tritt in Europa auf. Rituelle Begräbnisse deuten darauf hin, daß er an ein Leben nach dem Tode glaubt.

Um 30 000. Der Cro-Magnon erscheint in Europa und verdrängt den Neandertaler. Er betreibt u. a. Fischfang und baut seetüchtige Boote.

Erste schriftliche Aufzeichnungen, ein Mondkalender auf Knochen, in Europa.

Um 25 000. Asiatische Jäger überqueren die Beringstraße und bevölkern den amerikanischen Kontinent.

Figurinen werden geschnitzt und als kultische Gegenstände verehrt. Erste Höhlenmalereien in Spanien und Frankreich.

Um 20 000. Der Mensch beginnt mit der Besiedlung des hohen Nordens.

Um 10 000. Pfeil und Bogen werden erfunden. Domestizierung des Hundes (→400 000).

9000. Die erste Stadt, vermutlich Jericho, wird erbaut. Im Vorderen Orient Domestizierung von Schafen.

8000. Erste Töpferwaren in Japan. Domestizierung von Ziegen in Persien. Im Vorderen Orient erstmals Anbau von Getreide.

7000. Çatal Hüyük erstes Handelszentrum. Der Webstuhl wird erfunden. Domestizierung des Rindviehs im Vorderen Orient.

6700. Die frühesten Menschen Südamerikas leben in Höhlen in Chile.

Die Jäger der Vorzeit sitzen nicht auf dem Hochsitz

400 000. Sie laufen um ihr Leben. Schätzungsweise 25 km^2 sind nötig, um einen einzigen Jäger zu ernähren. Eine Horde von 30 Menschen braucht daher für ihre Fleischversorgung ein Gebiet von 750 km^2.
Sie müssen in Horden leben. Schon wegen der lange hilfsbedürftigen Kinder. Ein geworfenes Fohlen steht nach zwei Stunden auf seinen Beinen und läuft nach einem Tag neben seiner Mutter her. Ein Pavianjunges kann nach spätestens zwölf Monaten völlig allein für sich sorgen. Ein Mensch frühestens nach sechs Jahren.
Weil die Kinder so lange ihre Mütter brauchen, kann die Jagd nur Sache der Männer sein. Andererseits sind die Männer darauf angewiesen, daß die Frauen ergänzende Nahrung sammeln. Denn die Fleischbeschaffung ist zeitraubend und schwierig.
Der aufrechte Gang ermöglicht dem Menschen eine Fortbewegungsart von einzigartiger Vielseitigkeit. Er kann zwar längst nicht so schnell laufen wie ein Gepard — 94 km/h — oder so weit springen wie ein Känguruh. Aber er kann immerhin über kurze Strecken eine Höchstgeschwindigkeit von 32 km/h — wie etwa Bison, Giraffe, Kamel, Emu — erreichen und minutenlang eine solche von 25 km/h. Darüber hinaus ist er in der Lage, an einem Tag 80 km zu gehen oder 30 km im Dauerlauf zurückzulegen, danach noch 10 bis 20 km zu schwimmen und zwischendurch auf einen Baum oder Felsen zu klettern. Jahrtausende später werden diese Fähigkeiten von den modernen Triathleten wiederentdeckt.
An Ausdauer des Laufens kann es der Mensch mit einem Hirsch oder einer Antilope aufnehmen. Außerdem vermag der nur zweibeinige Mensch, pro Pfund seines Körpergewichts schwerere Lasten zu tragen als ein Esel. Noch zwei weitere herausragende Eigenschaften des Menschen werden durch den aufrechten Gang gefördert. So das tiefenscharfe, dreidimensionale, farbige Sehen, das bei 1,70 m Schulterhöhe weiter reicht als aus niedrigen Schulterhöhen. Und die Befreiung der Hände von jeglicher Mithilfe bei der Fortbewegung. Die Hände können sich daher noch ausschließlicher als bei Affen auf das Greifen und Fabrizieren spezialisieren.
Nicht zuletzt gewinnt durch den aufrechten Gang das Werfen erheblich an Kraft und Zielsicherheit. Es ist also nicht das Hirn allein, das den Menschen den Daseinskampf in einer gefahrdrohenden Umwelt bestehen läßt.
Die Art und Weise dieses Daseinskampfes erstreckt sich über 1,5 Mio. Jahre. Faßt man den gesamten Zeitraum vom ersten Auftreten des Menschen bis heute zusammen, hat der Mensch 99 % seines Daseins auf der Jagd verbracht.
Als Jagdgründe dienten zuerst die warmen Savannen Afrikas. Das schließt man nicht nur aus den Bodenfunden, sondern auch aus der Tatsache, daß die menschliche Muttermilch noch heute einen hohen Zuckergehalt aufweist. Bei Tieren, deren Ursprung in kälteren nördlichen Zonen liegt, ist der Fettgehalt höher. Eine systematische tägliche Jagd erfordert einen erheblichen Energieaufwand. Berücksichtigt man, daß 100 g Wildbret 572 Kalorien, 100 g Früchte etwa 100 Kalorien ergeben, wird deutlich, daß die Jagd*leistung* den Jagd*erfolg* dringend benötigt.
Dieser ist mit dem Einsatz aller körperlichen und geistigen Kräfte keineswegs sicherzustellen. Denn es gab nie und nirgendwo Wild im Überfluß. Bevor man das Wild erjagen kann, muß man es aufspüren. Oft bleiben sowohl Suche als auch Jagd vergeblich.
Von zehn Stück erbeuteten Wildes fallen neun Raubtieren und eines dem Menschen zum Opfer. Der Mensch ist daher mit darauf angewiesen, Raubtieren eine schon geschlagene Beute streitig zu machen. Mit seinen natürlichen Waffen vermag er da wenig auszurichten. Er muß sich künstliche Waffen schaffen. Zunächst ein recht bescheidenes Arsenal: Holzspeere, Knochendolche, Steinkeulen, die Bola.

Laufende Menschen (Felsmalerei aus dem Basuto-Land in Südafrika); sie jagen nicht allein, sondern in Gruppen. Dafür können sie von Löwen und Hyänen manches lernen. Außerdem fühlen sie sich in der Gruppe stärker.

Die Not lehrt Ausdauer und Geschwindigkeit

400 000. Der ausdauernde Lauf ist von Anbeginn die wichtigste Waffe des Menschen. Er muß ihn frühzeitig trainieren. Die Lebenserwartung des Menschen liegt bei 20 Jahren. Nur einer von sieben »ersten Menschen« erreicht das 30. Lebensjahr, wenige werden älter als 40.
Forschungsreisende der Neuzeit beobachten in Afrika, wie die Somal Rebhühner, Hasen und Dikdiks jagen. Das aufgescheuchte Rebhuhn fliegt 30 bis 50 m weit und läßt sich dann nieder. Verfolgt fliegt es wieder auf, geht aber schon nach halber Entfernung wieder zur Erde. So verkürzen sich die Fluchtabstände immer mehr, bis der Jäger endlich herankommt und es ihm gelingt, den Vogel zu erschlagen.
Der afrikanische Hase legt, bevor er einen Haken schlägt, die langen Ohren zurück. Zwei verfolgende Jäger reagieren sofort auf dieses Zeichen, scheren darauf nach rechts und links aus, und einer bekommt ihn in Reichweite seines Knüppels.
Die Dikdik-Antilopen werden in der Mittagshitze, die sie nicht so gut vertragen, aufgescheucht. Die Somal verfolgen sie von Busch zu Busch, wo sie Schatten suchen, bis sie nach einigen Stunden erschöpft am Boden liegen. Die meisten anderen Antilopen und Gazellen schlagen auf der Flucht einen Bogen. Von den Verfolgern können dann einige dem Rudel den Weg abschneiden und ermattete Tiere erlegen. Die Not ist die beste Trainingslehre.

Der Wurf als erste große Erfindung

400 000. Auch das Werfen scheint dem Menschen angeboren, wenn man Kinder beobachtet. Aber dieses spielerische Werfen ist noch auf kein Ziel gerichtet. Um zu treffen, worauf es beim Jäger ankommt, erfindet der Mensch den Holzspeer, den Wurfstock und das Wurfholz, den Wurfpfeil, die Stock- und Bandschleuder, die Bola und zuletzt, ziemlich spät, Pfeil und Bogen.
Man hat Versuche angestellt, um herauszufinden, auf welche Entfernung und wie überhaupt mit solchen Waffen Tiere erlegt werden konnten. Man kann das Ergebnis der Experimente auf eine einfache Formel bringen: Je primitiver das Wurfgerät, um so athletischer mußte der Werfer sein.

Treffsichere Hottentotten

Als der weiße Mann die Hottentotten entdeckt, kommt er aus dem Staunen über die Wurfkünste dieser »Wilden« nicht heraus. Es wird berichtet, daß es für einen Hottentotten gar nichts Besonderes ist, mit einem Stein auf hundert Schritt Entfernung ein Ziel von der Größe eines Fünfmarkstücks zu treffen. Und dies ein dutzendmal hintereinander, ohne zu fehlen. Der sich wundernde weiße Mann vergißt, daß die Hottentotten das Werfen seit 1,5 Mio. Jahren trainieren.

Nach den Funden aus der Steinzeit wird vermutet, daß Speere mit Steinspitzen geschleudert wurden. Sie vermochten aber nicht, das Fell eines Tieres zu durchdringen und ernsthafte Verletzungen hervorzurufen. Sie taugten nur als Stoßwaffe auf kurze Entfernung. Dagegen ließen sich Holzspeere mit Feuersteingerät zuspitzen und anschließend im Feuer härten. Damit konnte man Tiere auf größere Distanz verletzen und zu Fall bringen.
Die ersten Wurfgeschosse dürften Steine gewesen sein, die im Kampf noch von den Helden Homers benutzt wurden. Zahlreiche Funde von Steinkugeln lassen auf den Gebrauch der Schleuder schließen, die zu den Artefakten gehört, die wegen ihres vergänglichen Materials nicht nachweisbar sind. Unvergänglich blieb nur ihre Wirkung: Im Kampf Davids gegen Goliath.

Das Wasser hat Balken von Menschenhand

Um 30 000. Von der Entdeckung, daß Holz oder gar Hohlkörper auf dem Wasser schwimmen und den Menschen tragen können, bis zum Bau eines Bootes bedarf es einer langen Entwicklungszeit. Sie läßt sich datenmäßig kaum erfassen. Denn Fellboote verfaulen, Rinden-, Holz- und Papyrusboote verrotten. Flüsse zwingen den Menschen dazu, sie zu überwinden. Sei es, daß das andere Ufer Rettung aus Gefahr oder bessere Jagdgründe verheißt.
Die Überquerung eines Flusses kann nicht immer schwimmend geschehen. Zahllose Bootskonstruktionen zeugen von einem großen Erfindungsreichtum und dem beharrlichen Willen, sich auch auf dem Wasser bewegen zu können.
In Europa beginnt der Cro-Magnon um 30 000 mit dem Bau von Booten und betreibt Fischfang. Zur Fortbewegung nutzt er Paddel und Ruder, das Segel wird erst später entdeckt. In Afrika bleibt es — mit Ausnahme Ägyptens — weitgehend unbekannt. Dafür können die Afrikaner rudern. Von den Duala ist bekannt, daß sie in riesigen, trogförmigen Einbäumen, die mit 60 Mann besetzt sind, regelmäßig Regatten veranstalten. Die kaiserliche deutsche Kriegsmarine bekommt das an der Wende zum 20. Jahrhundert zu spüren. Als sie mit ihren Booten am Geburtstag von Kaiser Wilhelm II. gegen die Duala antritt, hat sie nicht den Hauch einer Chance. Aber für Matrosen ist Rudern auch nicht lebensnotwendig.

Darstellung eines Ruderers, offensichtlich mit Stechpaddel, aus Schwarzafrika; das Segel ist lediglich auf dem Nil in Ägypten bekannt und verbreitet.

»Schneeschuhkultur« prägt Nordeuropa

Um 20 000. In der Mittelsteinzeit erschließen sich Menschen den unwirtlichen Norden. Dort macht der Schnee die Jagd auf längere Zeit unmöglich. Es sei denn, man erfindet ein Fortbewegungsmittel wie den »Schneeschuh«.

Immer erfindet der Mensch früher oder später, was er dringend braucht. Im Norden Amerikas flechten sich Indianer Schneereifen. Aber nur im Norden Europas und Asiens wird der Schneeschuh weiterentwickelt zum Ski.

Die älteste Darstellung eines Skiläufers aus dem Jahr 3000 v. Chr., gefunden auf der Insel Rödöy. Ski und Schneeschuhe sind im Winter unerläßlich.

Nur im Norden Europas verehrt man auch Skigötter. Nach Ull oder Ullr werden in späteren Zeiten in Norwegen über achtzig Orte benannt. Vor- und Familiennamen gibt es danach, auch in Deutschland, ohne Zahl. Und nach der Skigöttin Skadi benennt man ganz Skandinavien.
Die Nordmannen sehen ihren Stammvater Nor als skifahrenden Einwanderer. Die in der »Edda« erwähnten germanischen Skigötter sind in den ältesten bildlichen Darstellungen in finnischer Tracht dargestellt. Das läßt den Schluß zu, daß die Skier von den Finnen und Lappen zu den Nordgermanen gebracht wurden.
Steinzeitliche Darstellungen von Skiläufern aus der Zeit um 4000 finden sich daher zwischen dem Onegasee und dem Weißen Meer, und sie scheinen echte Freude am Skilauf zu atmen. In Bessov-Noß am Onegasee besteht eine uralte Kultstätte der Jagd auf Skiern. Sie dürfte den Höhlen in Lascaux und Altamira entsprechen. Felszeichnungen wie in der Sahara zeigen Skijäger in Tiermasken bei der Jagd auf Rentiere.

4000

4000–3001 v. Chr.

Um 4000. Auf der Erde leben etwa 20 Millionen Menschen. Die Vorgeschichte der Menschheit geht zu Ende. Erste Kulturen entstehen, aus denen sich Hochkulturen, Macht- und Handelszentren entwickeln. Die Schrift wird erfunden. Die eigentliche Historie beginnt.

Übergang vom Jagen und Sammeln zum Ackerbau. Domestizierung von Haustieren. Kulturen in Unter- und Oberägypten. Ein Fiedelbogen wird mit einem Jagdbogen in Drehung versetzt, um Feuer zu entzünden. Als Jagdwaffe steht der Bogen allerdings in geringem Ansehen. Fruchtbarkeitsfeste vor der Nilüberschwemmung mit kultischen Tänzen und Spielen.

Zwischen Euphrat und Tigris erste Kultur der Sumerer, Erfindung des Scheibenrades. Städtekulturen in Indien: Mohendscho Daro am Indus, Taksalila im Pandschab, Harappa am Ravi. Private und öffentliche Bäder, Sporthallen, Ballspiele. Auf einer Gemme ein Stierspiel mit vier Springern.

In China unterschiedliche ethnische Gruppen auf ungleichen Kulturstufen. Bezeugt: Waffenübungen im Bogenschießen, Tanz und Massage. Eine Laufpost läßt auf Training von Läufern schließen.

Nomadische Steppenvölker in Innerasien: Wettreiten, Bogenschießen zu Pferde, Ringkämpfe. In Sibirien Schneereifen nachweisbar.

Felszeichnungen von Skiläufern am Onegasee und am Weißen Meer.

Älteste Ackerbaukultur Europas im Südosten. Pfeil und Bogen in Gebrauch.

Jagdszenen mit Pfeil und Bogen, offenbar von Schwarzafrikanern.

Ritzzeichnungen der Buschmänner in Angola, Tansania und Südafrika. Jagdszenen mit Speeren und Harpunen.

In Nordamerika Speere mit Feuersteinspitzen. Lagerstätten der Steinzeitjäger in Nevada, Arizona, Utah, Colorado, Wyoming, Nebraska, New Mexico, Texas.

Um 3500. Die Sahara wird von Viehzüchtern besiedelt. Felszeichnungen (Bogenschützen) in Tassili der Adjer.

3400. Erste Königreiche im Nildelta. Bogen und Wurfhölzer erhalten. Ballspiel und Ringkampf. Tänzerinnen aus Ton gefunden.

3200. In Nagada bei Luxor (Oberägypten) Tonsiegelzylinder mit Schwimmern im Kriechstil. Schwimmunterricht in der Königsfamilie bezeugt. Älteste Abbildungen von Segelbooten auf dem Fluß.

400 Ringerszenen zeigt die Ringerdarstellung in den Gräbern von Bani Hasan/Ägypten aus dem Jahr 2500 v. Chr.

Grabinschrift wird zum Ringer-Lehrbuch

3400. Die alten Ägypter hinterlassen der Nachwelt eine Fülle von Abbildungen, die ihr alltägliches Leben darstellen. Darin tritt uns ein Volk von unbefangener Lebensfreude entgegen. Diese Lebensfreude ist so groß, daß die Ägypter danach trachten, alle Schönheiten und Genüsse dieses Daseins nach dem Tod in das Jenseits mitzunehmen. Um darin sicher zu gehen, erbauen die Pharaonen gewaltige Pyramiden. Und die Vornehmen und Reichen richten sich noch zu Lebzeiten Gräber ein, als gälte es, am Todestag lediglich einen Umzug in schönere Gefilde vorzunehmen.

An den Wänden solcher Gräber kann man ablesen, was der jeweilige Bauherr jeweils am höchsten schätzte. Dazu gehört mit auffallender Häufigkeit der Ringkampf, der ebenfalls zu den Ursportarten zählt. Vom ersten Kräftemessen balgender Knaben zum geordneten Ringkampf ist jedoch ein weiter Weg. Er fordert das Einhalten von Regeln und die Beherrschung von Griffen. Ein systematisches Training im Ringkampf wird in Ägypten bei den Soldaten betrieben. Die straff organisierten militärischen Verbände wetteifern miteinander - und zwar vor Publikum, das seine Lokalmatadore feiert. Wer den Ringkampf erlernen will, braucht hingegen nicht zum Militär zu gehen. Es genügt der Gang in ein Grab, wo viele Kampfszenen zum Vorbild werden.

Nubische Ringer mit ihrem Wappen, aus dem Grab des Tjanung bei Theben, 1450 v. Chr. Zu dieser Zeit dürfen Ägypter auch mit Fremdrassigen ringen.

Läufer beim Start (Felszeichnung im Ahaggar-Massiv/Zentral-Sahara)

Felsmalereien weiblicher Figuren in Form eines Medaillons im Ahaggar

Zwei Tänzerinnen mit Bogen und einer Art Bumerang, etwa 1 m hoch

Mädchenfiguren auf dem Fels von Ahaggar; die Kopfform ist ägyptisch

Graziöse Tänzerinnen, Akrobatinnen und Ballspielerinnen

3400. Die Ägypter sind zwar sehr redselig in ihren Hieroglyphentexten, aber sie sagen dabei nur wenig aus. Sie geizen mit präzisen Angaben und ziehen statt dessen stereotype Formeln vor. Man ist daher, obwohl es Anfang des 19. Jahrhunderts gelingt, die Hieroglyphen zu entziffern, sehr stark auf Deutungen und Vermutungen angewiesen. Der Hang zur Abstraktion, der auch in den Skulpturen sichtbar wird, macht andererseits Bilder besser lesbar und erklärbar.

So sind die graziösen Tänzerinnen, Akrobatinnen und Ballspielerinnen, die man in den Gräbern keineswegs missen will, Sklavinnen. Sie erhalten eine gründliche Ausbildung und müssen sich einem systematischen Training unterziehen. Bei öffentlichen Festen oder zu festlichen Anlässen am Hof des Pharao treten sie auf. Auch die Reichen und Vornehmen können sich ihre Darbietungen leisten.

Der materielle Gewinn ist wahrscheinlich gering. Vermutlich gibt es eine Art Manager, die an den Tänzerinnen, in deren Ausbildung sie viel Zeit und Geld investiert haben, gut verdienen. Das Höchste, was die Mädchen durch ihre Kunst gewinnen können, ist die Freiheit. Oder sie kommen, was nicht ganz dasselbe ist, in den Harem eines begüterten Mannes. Dort legt man bei den angetrauten Damen größten Wert auf die Beherrschung von Lautenspiel, Gesang und Tanz.

Eine besondere Bedeutung hat offenbar das Ballspiel. Die älteste schriftliche Erwähnung darüber findet sich in einer Pyramide aus dem Jahr 2500. Da lautet eine Inschrift: »Richte das Schiffstau, fahre über die misk't [in himmlische Gefilde] und schlage den Ball auf der Wiese des Apis.« Es ist ein Segenswunsch, den man einem Verstorbenen mitgibt.

Dargestellt wird das Ballspiel fast ausnahmslos mit Mädchen. Der Ball hat die Größe eines Tennisballs. Sie spielen mit mehreren Bällen. Teils allein oder zu zweit, die Bälle einander zuwerfend oder jonglierend. Manchmal treten auch Gruppen gegeneinander an.

Offenbar wird das Spielen mit dem Ball von rhythmischem Klatschen begleitet. Es scheint ein steter Wechsel stattzufinden zwischen den Ballspielerinnen und den Teamkolleginnen, die zum Spiel den Rhythmus angeben. Bei einer Variante des Spiels werden die Ballwerferinnen huckepack getragen, was aber der Grazie ihrer Bewegungen keinen Abbruch tut. Überhaupt beeindruckt trotz der stilisierten Darstellung der Spielerinnen, die in den langen Zöpfen Kugeln oder Scheiben zur Beschwerung eingeflochten tragen, die Leichtigkeit und Eleganz der Bewegungen. Die Mädchen treten mit dem Ballspiel bei kultischen Anlässen auf.

Für die ägyptischen Knaben ist das Ballspiel ebenfalls typisch, sonst legte man nicht so liebevoll Wert darauf, daß sie auch im jenseitigen Leben nicht auf den Ball verzichten müssen. Möglicherweise gehört das Ballspiel zur Erziehung. Wahrscheinlich toben die Knaben mit dem Ball aber nur ihren natürlichen Spieltrieb aus.

In der ägyptischen Abteilung der Staatlichen Museen in Berlin war vor dem Zweiten Weltkrieg noch ein Dutzend Bälle aus dem alten Ägypten inventarisiert. Heute besitzt man davon nur noch einen. In Gräbern halten Bälle offenbar länger als in Museen. Immerhin weist der Ball in Berlin eine besondere Eigenschaft auf. Man weiß, wem er einst gehörte. Ein Knabe namens Pete-Seb spielte vor rund 2000 Jahren damit. Der Ball aus weißem Leder, gefüllt mit kleingeschnittenem Stroh und Schilf, wie ihn auch die Mädchen benutzten, blieb als Grabbeigabe fast fünf Jahrtausende erhalten.

Ägyptische Tänzerinnen bei einem Fest, um 2600 v. Chr. Feste finden häufig statt und dauern lang. Zwischen den Gängen der Mahlzeit treten Tänzerinnen, Zwerge, Ringer und Geschichtenerzähler auf. Die Tänze sind teils wild akrobatisch, teils sinnlich betörend, die Gäste begeistert oder betrunken.

Prinzen lernen schwimmen

Das sportliche Leben im alten Ägypten stand in der Geschichtsschreibung immer im Schatten Griechenlands. Dieses Vorurteil gründete sich einfach darauf, daß die griechische Antike zeitlich näher liegt, einen kürzeren Zeitraum umfaßt und reicher in Schrift und Bild erhalten blieb. Vor allem sprach man den Ägyptern das agonale Prinzip, den Wettkampfgedanken, ab.
All das haben neueste Forschungsergebnisse widerlegt.

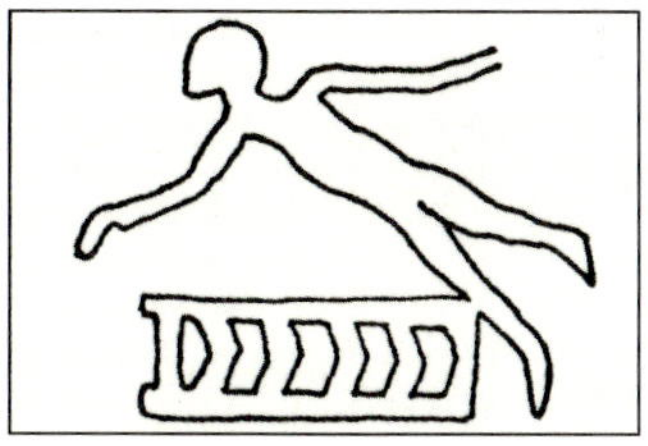

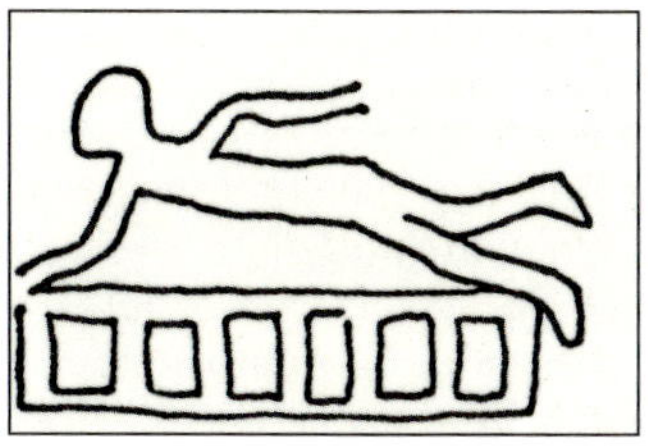

Die Ägypter erfinden eine Bilderschrift mit sinnfälligen Symbolen, u. a. für Schwimmen.

Das sportliche Leben in Ägypten stand an Vielfalt dem in Griechenland nicht nach. Wettkämpfe vor Zuschauern sind bezeugt. Dabei ergab sich das Bestreben, der Beste zu sein, von selbst. Aber wer durfte als der Beste im ganzen Land gelten? Niemand anders als der Pharao. Ägypten war ein straff organisierter, zentral regierter Gottkönigstaat. Daß die königlichen Prinzen Schwimmunterricht erhielten, kam in die Hofchronik. Die Fellachen waren keine Hieroglyphe wert.

Junge Ägypterinnen beim Jonglieren mit Bällen und bei anderen Ballspielen (etwa 2600 v. Chr.) — sportliche Vergnügungen mit kultischem Hintergrund

Hat der heilige Mistkäfer in Ägypten das Ballspiel erfunden?

Der Skarabäus ist heute noch ein beliebtes, vorzugsweise in Böhmen fabriziertes Souvenir für Ägyptenreisende. Dieser »heilige Pillendreher« pflegt aus Kot Kugeln herzustellen, die bis zur Größe einer Nuß, eines Apfels oder gar einer Kanonenkugel aus den Zeiten des Dreißigjährigen Krieges geraten können. Beim Transport eines solchen Nahrungsdepots wird der Mistkäfer oft von einem Artgenossen gestört, der das kunstvolle Werk zu entwenden sucht. Dabei ergibt sich ein spannendes Hin und Her, dessen Ausgang eine Weile ungewiß bleibt.

Die Ägypter sind offenbar von diesem Spiel der ebenholzschwarzen oder smaragdgrünen Käfer derart fasziniert, daß sie im Skarabäus ein Ebenbild des Lichtgottes sehen, der den Sonnenball über den Himmel rollt. Von einer solchen Vorstellung bis hin zu einem kultischen Ballspiel ist es nur ein kleiner Schritt. Aber man weiß nicht, ob und wie die Ägypter ihn vollziehen. Ein Relief zeigt den Pharao Thutmosis III. mit einem Ball und einem wellenförmigen Stock. Man glaubt im Ball das Auge eines Gottesfeindes zu erkennen, das weggeschlagen wird.

Die Suche nach dem reichen Lande Punt

3200. Die Ägypter sind keine Seefahrer. Die Flußschiffahrt jedoch beherrschen sie. Der Nil ist nicht nur die Lebensader, sondern auch die Verkehrsader des Landes. Er verbindet das Obere Reich mit dem Unteren Reich. Älteste Abbildungen zeigen Boote, die mit Rudern und Segeln ausgerüstet sind.

Die Ägypter bauen Ruder- und Segelboote aus Papyrus, denn Holz ist knapp. Aus dem Jahr 2500 stammt der älteste Bericht von einer größeren Handelsfahrt im Roten Meer. Sie gilt dem sagenhaften Lande Punt. Man weiß heute nicht mehr, wo es liegt. Vielleicht im späteren Eritrea, Yemen oder Äthiopien.

Das Seefahrervolk Phöniziens erschließt auf Expeditionen den gesamten Mittelmeerraum; als Ruderer und Segler sind die Phönizier unübertroffen.

Man weiß auch nicht, von welchem Hafen aus die ägyptische Flotte auf Befehl des Pharao Sahure in See sticht. Aber man weiß, was sie mitbringt. 2600 Stämme edlen Holzes, 80 000 Maß Myrrhe, 6000 Gewichtseinheiten Elektrum, eine Gold-Silber-Legierung, Gewürze, Räucherwerk und einige Zwerge. Eine ähnlich spektakuläre Expedition nach Punt wird aus der Regierungszeit der Königin Hatschepsut rund 1000 Jahre später gemeldet. Es finden sicher noch mehrere solcher Küstenseefahrten statt, mit größeren Schiffen, als man sie auf dem Nil gewöhnlich verwendet.
Das spektakulärste seefahrerische Unternehmen, das von Ägypten ausgeht, findet jedoch um 600 auf Befehl des Pharao Necho statt: Die Umsegelung Afrikas. Sie wird allerdings nicht von Ägyptern, sondern von Phöniziern im Dienste Ägyptens ausgeführt. Diese glauben, sie brauchen nur Punt zu umsegeln, und ahnen nicht, daß eine abenteuerliche Reise über 37 000 Kilometer daraus wird, für die sie über zwei Jahre benötigen.

Die ägyptische Königin Hatschepsut beim Hebsed-Lauf, 1500 v. Chr.

Eine Königin beim Lauf

Der heilige Hebsed-Lauf ist schon seit der 1. Dynastie bezeugt. Dabei soll sich der fähigste Prinz als Nachfolger des Pharao qualifizieren. So bezeichnet man auch den Herrscher als den »Schnellsten der Schnellen«. Die Königin Hatschepsut braucht diesen Beweis.

Vom Binsenboot aus schleudert der Ägypter sein Wurfholz, 3400 v. Chr.

Die Jagd mit dem Wurfholz

Eine idyllische Familienszene am Ufer des Nil. An der Böschung versteckt liegt das Binsenboot. Der Vater schleudert sein Wurfholz in eine aus dem Schilf aufflatternde Gänseschar. Die Gemahlin schaut zu, die Tochter umklammert das Bein des Vaters, die Katze jagt mit.

Jeder Pharao gilt in Ägypten als Verkörperung des Gottes Horus.

Gottkönig Tutanchamun

Eine 75 cm hohe vergoldete Statue zeigt den Pharao als Horus (Welt- und Lichtgott, Beschützer der Kinder) beim Harpunieren der Apophis-Schlange. Es wird erwartet, daß der König als Jäger und Krieger gegen überirdische und irdische Mächte alle überragt.

Amenophis II. - Pharao Ägyptens und ein Allround-Athlet

Um 4000. Der Bogen steht bei den Ägyptern nicht in hohem Ansehen. Sie benutzen offenbar nur den einfachen Stabbogen zur Jagd. Pyramidentexte bezeichnen hingegen die benachbarten Wüstenvölker als »Bogenvölker«.

In kriegerischen Auseinandersetzungen lernen die Ägypter dann den zusammmengesetzten Reflexbogen kennen. Seine Wirkung erweist sich als durchschlagend. Der Bogen wird zur Königswaffe. Und die Ägypter gelten bald als die besten Bogenschützen des Altertums. Der Beste der Besten kann nur ein Pharao sein. Amenophis II. besteigt mit 18 Jahren den Thron und erweist sich schnell als ein Allround-Athlet. Ein Gedenkstein in der Nähe der großen Sphinx von Gise zeugt von den Heldentaten des Amenophis mit folgender Inschrift: »Er kannte Pferde wie kein anderer in seinem zahlreichen Heer ... und niemand gab es darin, der seinen Bogen spannen konnte ... er ermüdete nie, wenn er das Ruder nahm. Er ruderte am Heck seines Falkenschiffes als der Beste von 200 Mann ... er spannte 300 starke Bogen und verglich die Arbeit der Handwerker, die sie gemacht haben, um den Untüchtigen vom Tüchtigen zu scheiden ... und er kam und tat das Folgende: Er betrat seinen nördlichen Garten und fand vier Zielscheiben aus asiatischem Kupfer für ihn aufgestellt, eine Handbreit dick und 20 Ellen zwischen einem Pfahl und dem nächsten. Dann erschien seine Majestät in einem Wagen wie Month, der Kriegsgott, in seiner Kraft. Er ergriff seinen Bogen und nahm vier Pfeile auf einmal. Er ritt nach Norden zu, indem er auf die Scheibe schoß. Sein Pfeil kam hinter ihr heraus und traf den anderen Pfahl. Das ist etwas, was noch niemals getan worden war, noch wovon man je hat erzählen hören, daß ein auf eine kupferne Zielscheibe geschossener Pfeil durch sie hindurchkam und zur Erde fiel.« So gelang Amenophis II. der erste verbürgte Weltrekord.

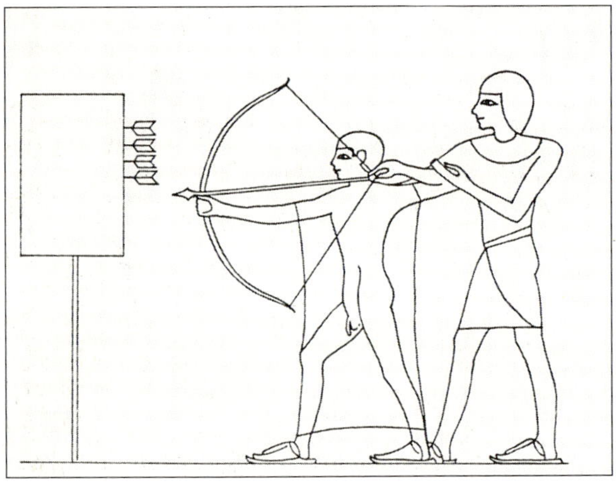

Der junge Amenophis beim Unterricht im Bogenschießen; schießt er vorbei, bekommt er nichts zu essen.

Der erwachsene Pharao Amenophis II. auf seinem Streitwagen beim Durchschießen kupferner Scheiben

3000

3000–2001 v. Chr.

Um 3000. Einigung Unter- und Oberägyptens durch König Narmer (1. Dynastie). Hieroglyphe mit der Bedeutung Schwimmen.

Die Stadt Ur in Mesopotamien ist Zentrum der ältesten Hochkultur der Welt: Die Sumerer erfinden die Keilschrift und bauen die ersten Wagen.

Quadriga aus Kupfer von Tell Agrab bei Kisch: Älteste bekannte Darstellung eines Rennwagens, mit vier Onagern (Wildeseln) bespannt.

Um 2900. Erste Sagen um den sumerischen Helden Gilgamesch. Bezwingt Stier und Löwen mit bloßen Händen.

Um 2600. »Altes Reich« in Ägypten. Erste Wandmalereien in den Gräbern von Bani Hasan: Jagdszenen, Ballspiele von Knaben und Mädchen, Akrobatik, Tanzen, Ringen, Boxen, Laufen, Balancierübungen, Fechten.

Huang Ti, Chinas legendärer »Gelber Kaiser« (2697–2597) begründet das »Reich der Mitte«. Man schreibt ihm die Erfindung von Wagen, Schiff, Pfeil und Bogen, Musik und Schrift zu. Fußball zur Disziplinierung der Soldaten. Bogenschießen als Charakterschule. Ringen und Schwertfechten. Heilgymnastik.

Um 2500. Angebliche Erfindung des Schachspiels durch die Frau König Ravanas von Ceylon.

In der Bibel taucht Nimrod als Erbauer von Babel auf.

Pferde werden in Indien und China als Last-, Reit- und Opfertiere bekannt.

Eine Kupferplastik aus Mesopotamien zeigt eine Ringergruppe mit großen Gefäßen auf den Köpfen.

Um 2400. Semitisches Großreich König Sargons von Akkad. Bronzefiguren von Ringern. Reliefs mit Schwimmern.

Am rechten Tigrisufer entsteht mit dem Fürstentum Assur die Keimzelle des assyrischen Großreichs.

Um 2300. Indoeuropäische Stämme dringen in Anatolien ein. Sie werden als Pferdezüchter berühmt. Sagenhafter Held Rama kommt nach Indien.

2205. Unter Chinas Kaiser Chan Tanzen, Ringen und Jagen; Ballspiele mit Schlägern und Händen.

Um 2080. Sumerisches Reich unter König Gudea von Lagasch (bis 2060). Am Neujahrsfest zu Ehren des Gottes Marduk Spiele und Wettkämpfe.

2080. Abbildungen von Ringern im Grab des Gaufürsten Neherji in El-Bersche (Ägypten).

Die Sumerer bauen die ersten Wagen

Um 3000. Am Beginn jeder Hochkultur steht die Schrift. Am Beginn der Technik steht das Rad. Seine Erfindung ist eine der genialsten Ideen überhaupt. Die Sumerer entwickeln im Zweistromland zwischen Euphrat und Tigris sinnreiche Bewässerungssysteme, wobei sie auch das Wasserrad bauen. Das bringt sie wohl auf den Gedanken, ein Rad zu zimmern, mit dem man sich auf der Erde fortbewegen kann. Vermutlich tüfteln Handwerker die Sache aus. Archetypen dieses Rades werden in Susa und Kisch ausgegraben. Die Konstruktion ist denkbar einfach.

Drei Holzbohlen von der Dicke einer Handbreite werden nebeneinandergelegt und mit je zwei Metallbändern hinten und vorne zusammengehalten. Dann beschreibt man darauf einen Kreis von etwa einem Meter Durchmesser. Hierauf werden die Ränder entsprechend abgesägt und abgeschliffen. In die Mitte wird ein faustdickes Loch gebohrt, durch das man ein Rundholz stecken und verkeilen kann. An das andere Ende des Rundholzes kommt auch ein Rad. Und schon ist der Wagen fast fertig. Damit sich das Holz beim Drehen auf den Wegen nicht abnutzt, werden die Randflächen mit Kupfernägeln, die breite Köpfe tragen, beschlagen.

Jahrhundertelang bleibt so dieser Scheibenrad-Wagen unverändert. Er wird zuerst vierrädrig gebaut. Man kann mit dem Fahrzeug das Dreifache der Last transportieren, die ein Ochse tragen kann. Für die Feldarbeit wie für den Handel wird der Wagen unentbehrlich. Er bietet auch Bequemlichkeit. Der laufende Mensch wird zwar noch nicht zum fahrenden Menschen. Aber der erste Schritt hierzu ist vollzogen. Freilich ist der Scheibenrad-Wagen ein etwas schwerfälliges Gefährt. Das ändert sich, als man einen einachsigen Wagen baut. Dieser eignet sich weniger für den Handel, aber für die Jagd und den Krieg.

Das Rad wird mit sechs bis acht Speichen versehen. Sie sind aus Bronze, stecken in einer Holznabe und einer Holzfelge, die man aus einem Stück biegt. Später wird die Felge aus mehreren Teilen zusammengeleimt und mit einem eisernen Reifen umgeben. Aus dem Lastwagen ist ein Rennwagen geworden.

Die Quadriga aus Tell Agrab
Bei der Kupferquadriga von Tell Agrab (um 3000) handelt es sich um die älteste erhaltene plastische Darstellung von Pferd und Wagen. Allerdings wird das Vierergespann nicht von Pferden, sondern von Wildeseln gezogen. Die beiden mittleren Zugtiere sind mit einem Joch verbunden, die äußeren dazugespannt. Zu jedem Tier führt ein Zügel, die beiden mittleren hält der Fahrer in der linken Hand. In der Rechten hat er wahrscheinlich eine Peitsche oder einen Stock. Mit solchen Quadrigen veranstalten die Sumerer Wagenrennen. Dafür gibt es Trainingsanweisungen.

Der vierrädrige Wagen als Streitwagen, eine Art Vorläufer des Panzerwagens, auf einem Bildfries aus Ur in Mesopotamien (um 2800 v. Chr.); den Wagen mit Bogenschützen und Speerwerfern ziehen keine Pferde, sondern Wildesel (Onager).

Der Wagen fährt mit PS – das Pferd kommt nach Sumer

Um 2500. Das Pferd ist als Last-, Reit- und Opfertier in Indien und China verbreitet. Etwa 500 Jahre später bringen es asiatische Einwanderer nach Mesopotamien. Aus dem Zweistromland stammt auch die älteste erhaltene Urkunde über die Existenz von Pferden (um 2000). So wie die ersten Wagen (→ um 3000) verändert das Pferd die wirtschaftlichen und machtpolitischen Verhältnisse in Mesopotamien. Mit ihm kommt der Streitwagen mit Speichenrädern, der sich westlich bis Europa und südlich durch die Hyksos (»Herrscher der Fremdländer«) bis nach Ägypten ausbreitet.

Es sind nicht eigentlich Reitervölker, die nach Babylonien eindringen und zeitweise auch Ägypten beherrschen. Bei ihren Wanderzügen spielen vielmehr die vierrädrigen Wagen – wie später bei den Germanen –, bei ihren Kriegszügen die zweirädrigen Streitwagen die wichtigste Rolle. Der Einsatz und das Manövrieren mit Streitwagen, noch dazu in größeren militärischen Verbänden, setzt eine gründliche Ausbildung voraus.

Mit dem einfachen Domestizieren von Wildpferden ist es da nicht getan. Es müssen eine planmäßige Zucht, eine sachgemäße Pflege und ein hartes Training erfolgen. Von den Hethitern und den Mitanni bleiben ausführliche schriftliche Trainingslehren erhalten.

Das 169-Tage-Trainingsprogramm der Hethiter schließt am 170. Tag mit einem Wettrennen ab. Es beginnt in der Regel im Herbst. Es sind schwere und lange Arbeitstage für Pferd und Mensch. Der 154. Tag schreibt z. B. vor: Am Abend 4 km Trab und 4 km Galopp. Dann 3,5 km Trab und 2,5 km Galopp um Mitternacht. Am Morgen noch einmal 6 km scharfer Galopp auf der Rennbahn, die eine Rundenlänge von 850 m hat.

Den Betreuern wird genau vorgeschrieben, wann die Pferde zu saufen bekommen, was und wann gefüttert wird, wann sie mit warmem oder kaltem Wasser abzuwaschen sind, wann man sie zum Fluß in die Schwemme führt.

Bei der zweitägigen Schlacht von Kadesch gegen die Ägypter 1296 setzen die Hethiter 2500 Streitwagen ein. Ohne Training und Sport kein Erfolg im Krieg.

△ Skythischer Reiter (l.) und Reiter der Altai-Nomaden (r.), beide etwa aus dem 5. Jh. v. Chr. Die Skythen sind das erste bekannte Reitervolk, das aus dem Steppengürtel Innerasiens kommt.

◁ Ein Skythe fesselt einem gesatteltem Pferd die Vorderläufe (Relief auf einem Weinkrug aus dem 4. Jh. v. Chr.). Es sind kleine, gedrungene Pferde vom Przywalski-Typ, die von den Skythen ohne Steigbügel geritten werden.

▽ Krone auf dem Prunkkamm eines Fürsten aus dem Onepogebiet (griechisch-skythisch, 4. Jh. v. Chr.). Der Kamm ist aus Gold gearbeitet.

Der gewaltige Jäger Nimrod

Die Bibel macht den Namen Nimrod — 1. Buch Moses, 10. Kapitel — sprichwörtlich. Er soll der »Sohn des Chus« gewesen sein, und es war »der Anfang seines Reiches Babel, Erech, Akkad und Chalem im Lande Sinear. Von dem Land ist er gekommen und baute Ninive und Rehoboth-Ir und Kaleh« (um 2500). Wenn Nimrod Babel erbaute, was die Israeliten annehmen, hat er dort auch den berühmten Turm errichtet.
Es hätte zu Nimrod gepaßt, denn alles, was jüdische, arabische und persische Sagen über ihn berichten, nimmt gewaltige Ausmaße an. Den Arabern gilt er geradezu als der Inbegriff des Tyrannen. Die Assyrer schreiben Nimrod die Erfindung des Bogens zu. Lange Zeit heißt Assyrien »Nimrods Land«.
Wahrscheinlich war Nimrod ein altbabylonischer mythischer Held. Man vermutet, daß Nimrod von Äthiopien oder Nubien her über Ägypten nach Mesopotamien einwanderte. Der Altertumsforscher Eduard Meyer läßt den großen Jäger von Libyen her nach Babel ziehen. Wie das aber geschah, daß ein Fremdling im Zweistromland zu solcher Macht kam, daß ihm 365 Könige huldigten, bleibt ein Geheimnis.
Die Gelehrten streiten darüber, ob das Wörtchen »vor« zeitlich zu verstehen ist. Dann jagte Nimrod, »bevor« sich Jahwe seinem auserwählten Volk offenbarte. Oder es ist falsch übersetzt und müßte »gegen« heißen, weil Nimrod ein gewaltiger Feind Jahwes und der Israeliten war. Nach der im Altertum allgemein gültigen Ansicht war Nimrod nicht nur ein gewaltiger, sondern der erste Jäger. Das stimmt natürlich nicht im wörtlichen Sinn. Es ist vielmehr so zu verstehen, daß Nimrod in der Jagd Gewaltiges leistete, als diese nicht mehr lebensnotwendig war. Als die erste Kultur entstand, war die Jagd zu einem Sport geworden, den sich in großem Stil freilich nur hochgestellte Persönlichkeiten leisten konnten.

Deutlich erkennbar sind die luftgefüllten Schwimmsäcke (aufgeblasene Tierhäute), an denen sich die Flüchtlinge bei der Durchquerung des Flusses festklammern, bedrängt von den Pfeilen ihrer assyrischen Verfolger (Relief um 850 v. Chr., Britisches Museum, London). Daß es sich bei den Fliehenden um assyrische Krieger handelt, wie einige Archäologen vermuten, ist unwahrscheinlich, da es undenkbar war, daß ein König — in diesem Fall Assurnasirpal II. —, der seine siegreichen Feldzüge darzustellen befahl, eine Abbildung fliehender Assyrer zugelassen hätte.

Wie man als Nichtschwimmer schwimmt

Um 3000. Ägyptische Hieroglyphen zeugen von der verbreiteten Kunst des Schwimmens. Ursprünglich war Schwimmen freilich keine Kunst, sondern ein Notbehelf.
Jedes Kind hat das wohl schon erfahren. Nach Überwindung der Wasserscheu fängt es an zu paddeln. Wie ein Hund, den man ins Wasser wirft. Was man vielerorts »Hundstrab« nennt, bezeichnet man sportgeschichtlich als »Kriechstil«. Es ist die Ur-Schwimmart.
Wer das noch nicht kann, bedarf der Schwimmhilfen. So suchen um 850 v. Chr. die Bewohner einer von den Assyrern eroberten phönikischen Stadt schwimmend ihr Heil in der Flucht. Als Hilfen dienen den vor den Pfeilen ihrer Verfolger Fliehenden aufgeblasene Tierhäute.
Dabei handelt es sich nicht um eine Improvisation in einer Notlage. Vielmehr sind solche Schwimmhilfen als Vorstufe zum eigentlichen Freischwimmen, wie es einer der Fliehenden beherrscht, üblich.

Ring frei für den ersten Boxkampf

Die Kunst in Mesopotamien gilt überwiegend der Darstellung von kultischen Festen, Hofzeremonien und Feldzügen. Zu den seltenen Bildern des täglichen Lebens zählen Terrakottareliefs von 8 bis 10 cm Größe aus der Larsazeit. Sie zeigen einen Musiker mit einer Art Hackbrett, einen Harfenspieler, einen Schausteller, der Affen vorführt, einen Tischler bei der Arbeit, einen Bauern, der auf einem Buckelrind reitet, und zwei Faustkämpfer.
In diesem thematischen Umfeld ist der Faustkampf bei den Sumerern sicherlich eine alltägliche Erscheinung. Seine Regeln werden allerdings nicht überliefert.

◁ Darstellung von zwei sumerischen Faustkämpfern auf einem Terrakottarelief aus Mesopotamien

Ägyptischer König mit Bogen auf dem Streitwagen; deutlich erkennbar die leichten Speichenräder und der offene Kasten

Der König testet den Bogen, bevor er auf die Jagd geht

»Ich bin Assurbanipal, König des Universums, König von Assyrien, dem Assur, der König der Götter, und Ischtar, die Herrin der Schlacht, ein ruhmreiches Schicksal bestimmt haben ... Der Gott Nergal hieß mich alle Arten der Jagd ausüben, und mit Freuden zog ich aus ... wilde Löwen, grimme Geschöpfe erhoben sich gegen mich.« Da muß der Bogen gut sein. Der König (669-627) läßt sich eine ganze Kollektion vorlegen und prüft die Spannung. Man ermittelt die Kraft, die zum Spannen eines Bogens gehört, indem man den Bogen am Griff aufhängt und die Mitte der Sehne mit Gewichten belastet, bis der Abstand 70 cm beträgt. Beim König mißt das Spanngewicht 30 kg.

Die rätselhaften Ringer von Dijala

Um 2500. Aus Mesopotamien stammt eine kleine Kupferplastik, die mit den Wandmalereien in den Gräbern von Bani Hasan um den Ruhm wetteifert, die älteste Ringerdarstellung der Welt zu sein. Sie verrät dem Betrachter aber wenig darüber, wie dieser Ringkampf vonstatten ging. Vor allem irritieren die großen Gefäße auf den Köpfen der Kämpfenden, die ein Ringen eigentlich unmöglich machen. Deutete man bei einem kultischen Ritual das Ringen nur an? Oder setzte der Künstler die Krüge darauf, weil die Ringer ein Salbtöpfchen für die Schönheitspflege sumerischer Damen trugen?
Offenbar handelt es sich um einen Gürtelringkampf. Die nackten Athleten tragen einen Gürtel, an dem sie sich packen und aus dem Stand zu heben suchen. Wahrscheinlich sind es keine gewöhnlichen Ringer, sondern der sumerische Nationalheld Gilgamesch, der mit Enkidu ringt, wie es im Epos aus dem Jahr 2900 heißt: »Sie ruinierten den Türpfosten, die Mauer wankte, aber Gilgamesch und Enkidu hielten einander noch immer am Gürtel. Wie erfahrene Ringer rangen sie.«

Nur 10 cm groß ist das Figürchen; ungleich größer ist die Popularität des Ringens in Mesopotamien, wie zahlreiche Redewendungen aus dem Schrifttum belegen.

Die Rekordstrecke von Tiglatpileser I.

Um 2400. Am rechten Ufer des Tigris entsteht das lokale Fürstentum Assur, Keimzelle des späteren assyrischen Großreiches.
1300 Jahre später wird wahr, was man dem sagenhaften Nimrod nachrühmt: Unter König Tiglatpileser I. wird »Nimrods Land« zur Weltmacht. Der Name Assur erfüllt den Vorderen Orient mit Angst und Schrecken.
Über den Sport der Assyrer ist wenig bekannt. Man darf aber davon ausgehen, daß alles, was der soldatischen Ertüchtigung dient, intensiv trainiert wird. Dazu gehört außer den Waffenübungen Ringen, Boxen, Wagenrennen. Ihre Erfolge verdanken die Assyrer nicht zuletzt ihrer Ausdauer bei ungewöhnlich langen Märschen über unwegsame Gebirge und durch heiße Wüsten.
Der König ist in allem ein Vorbild. Die Hofchronisten sind voll damit beschäftigt, seine Kriegstaten aufzuzeichnen. Aber Tiglatpileser ist auch ein gewaltiger Jäger und läßt seine einmalige Rekordstrecke für die Nachwelt festhalten: »Auf Befehl Ninurtas, meines Gönners, erlegte ich vier starke, riesige Wildstiere in der Steppe Mitannis und der Stadt Araziq, die vor dem Hethiterlande liegt, mit meinem mächtigen Bogen, dem eisernen Speer und meinen spitzen Pfeilen. Ihre Felle und Hörner brachte ich nach meiner Hauptstadt Assur. Zehn gewaltige Elefantenbullen erlegte ich in Charran und an den Ufern des Chabur, vier Elefanten fing ich lebend. Ihre Häute und Zähne brachte ich zusammen mit den lebenden Elefanten nach meiner Hauptstadt Assur. Auf Befehl Ninurtas, meines Gönners, tötete ich hundertzwanzig Löwen tapferen Herzens im heldenhaften Fußkampf, achthundert Löwen von meinem Streitwagen aus. Allerlei Feld- und Flugwild machte ich zu meiner Jagdbeute.«
Einen ganz einzigartigen Jagderfolg feiert der König auf hoher See. Von der phönizischen Hafenstadt Arwad aus kreuzt er sechs Stunden auf dem Meer und harpuniert einen Wal! Ist das assyrisches Jägerlatein? Gelehrte späterer Zeiten wollen dem König diesen Triumph nicht gönnen und meinen, es müsse eine Robbe gewesen sein. Aber wurde nicht Jonas von einem Wal verschlungen?

2000

2000–1001 v. Chr.

Um 2000. »Mittleres Reich« in Ägypten. Über 400 Ringerszenen allein in vier Gräbern der Gaufürsten von Bani Hasan. Auch Abbildungen von Gewichthebern.

Stierspiele auf Kreta. Die Frau des Kreterkönigs Minos, Pasiphae, verliebt sich in einen Stier.

Koreanische Bogenschützen zu Pferde gefürchtet.

Sonderform des Faustkampfs in China. Chinesischer Kaiser Huang Ti erfindet das Fußballspiel.

Kunst des Bogenschießens in China Teil der Erziehung von Knaben. Heilgymnastik steht in hohem Ansehen.

In China ist Fußballspielen verbreitet.

Gebrauch von Wurfkeulen in Indien (Sanskrit: »astar«).

Ab 2000. Eindringen von Ariern in das Industal und den Pandschab. Übungen im Reiten, Fahren von Kriegswagen, Bogenschießen, Gebrauch von Keulen, Streitäxten und Schwertern, Ringen, Boxen, Schwimmen, Klettern, Laufen, Ball- und Würfelspiele (auch von Frauen).

Der ägyptische König Sesostris I. muß als Knabe bei seiner körperlichen Ausbildung vor jeder Mahlzeit mehrere Stadien laufen.

1950. Eindringen indogermanischer Stämme nach Griechenland. Sie bringen Pferde mit. Totenfeiern, bei denen Zweikämpfe veranstaltet werden.

Um 1800. Angeblich bereits Spiele der Kelten bei Tailtean, Grafschaft Meath, Irland.

Ab 1766. Shangdynastie in China. Reiten, Streitwagenfahren, Jagd, Bogenschießen, Fechten, Tanzen, Fußball und Bootsregatten.

Um 1700. Einbruch der Hyksos (»Herrscher der Fremdländer«) nach Ägypten. Churritische Nomadenvölker aus dem Norden Mesopotamiens bringen das Pferd und Streitwagen mit Speichenrädern mit.

Anlage von Stonehenge/Südengland als Heiligtum. In der Nähe offenbar Einrichtung einer Rennbahn.

Um 1600. Einwanderung indoarischer Stämme, der Mitanni, nach Mesopotamien. Reitervolk mit mündlich überlieferter Reitlehre.

Minoische Kultur auf Kreta. Stierspiele, Wagenrennen. Faustkämpfe, Ringen, Tänze. Auffallend die Beteiligung von Frauen bei Stierspielen.

1590. König Hattusili I. verlegt die hethitische Hauptstadt nach Hattusa (Boğazkale). Auf Scherben eines großen Gefäßes, vermutlich einer Badewanne, Jagdszene mit Speerwerfern. Auf Steinreliefs in Alaca Hüyük Jagdszenen mit Pfeil und Bogen.

1580. Laut Inschrift auf einem Diskus erste Wettkämpfe in Olympia.

Um 1500. »Neues Reich« in Ägypten. In Gräbern nahe der neuen Hauptstadt Theben Abbildungen von Ringern und Fechtern.

Anwohner des Mittelmeers dringen mit Pferden und Wagen bis ins Innere der Sahara vor.

1500. Erste Kulturen in Zentralmexiko. Neben Waffenübungen tritt das Ballspiel Tlachtli in Erscheinung. Olmeken stellen Bälle aus Kautschuk her.

1470. Im Totentempel der Königin Hatschepsut in Deir el Bahari Abbildungen eines Ballspiels, von Stockfechtern und akrobatischen Tänzerinnen.

Um 1430. Sandsteinrelief in Karnak mit Pharao Amenophis II. als Bogenschütze im Streitwagen auf Löwenjagd. Ein Gedenkstein bei der Pyramide von Gise feiert den Pharao, der eine kupferne Scheibe mit dem Pfeil durchschoß, »was noch niemals getan worden war, noch wovon man je hat erzählen hören«, Den Bogen findet man neben der Mumie (→ um 4000).

Ab 1400. Im »Dhanur-Veda« (Waffenbuch; indische Sanskritschrift) ausführliche Beschreibungen aller vormilitärischen Übungen. Dazu Laufen, Springen, Schwimmen, Baden.

1350. Auf vier Tontafeln in hethitischer Keilschrift eine Trainingslehre für Pferdepflege und -ausbildung. Verfaßt vom königlichen Oberstallmeister Kikkulis, erstreckt sie sich mit minutiösen Angaben über 169 Tage (→ um 2500).

Um 1300. Pharao Sethos I. fängt mit seinem Sohn Ramses einen Stier mit dem Lasso. Zur Erziehung der Prinzen schreibt er Leibesübungen vor.

Landnahme jüdischer Stämme in Palästina. In der Bibel mehrfach Erwähnung von Steinschleudern, Bogenschießen, Laufen, Schwimmen.

Um 1200. Assyrischer Text als hippologisches Lehrbuch, das auf die Mitanni zurückgeht. Genaue Vorschriften für Zucht, Pflege und Training von Pferden, die in Rennen erprobt werden.

Der Brahmane Parasu Rama ist als geübter Bogenschütze und Lehrer des Bogenschießens in Indien bekannt.

Zwischen Arno und Tiber entwickelt sich die Kultur der Etrusker mit Leichenspielen.

Um 1100. Im Tempel von Medinet Habu Abbildungen von Ringkämpfern und Stockfechtern. Im Grab von Ramses IV. Abbildungen von Ringkämpfern. Tonscherbe aus der Zeit von Ramses VI. mit Ringkampfszene.

Die Chinesen spielen ein golfähnliches Schlägerspiel.

Polo kommt von Persien nach Tibet.

Formen des Ringens (»su-bag«) kommen von Korea nach Japan.

Hofchronisten verzeichnen, daß Assyriens König Tiglatpileser I. 1000 Löwen erlegt habe (→ um 2400).

1001. In China Erfindung des Federballs.

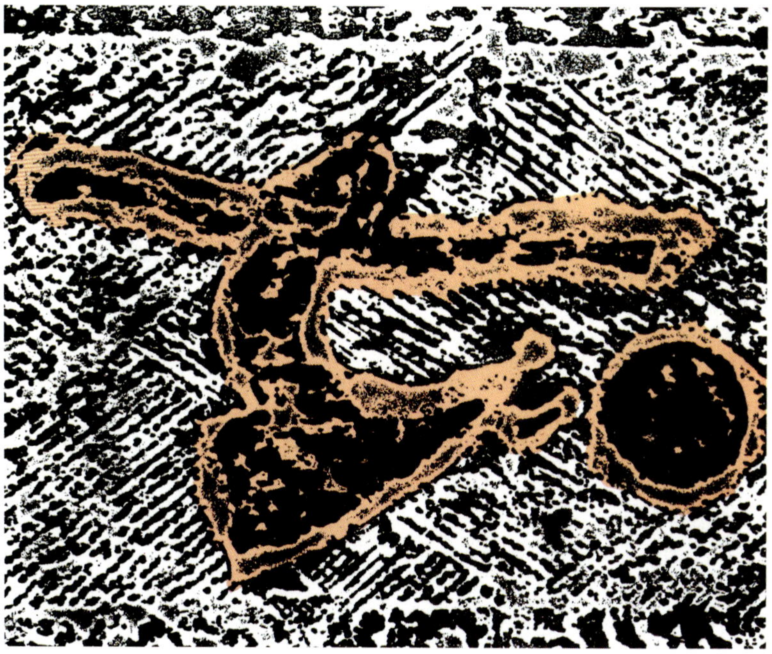

Die älteste bekannte Darstellung eines Fußballspielers stammt aus China, ein Steinabrieb von einer Monumentalsäule zu Ehren des K'ai (um 2600 v. Chr.).

Die ersten Fußballspieler

Um 2000. Wenn die Chinesen Huang Ti, dem »gelben Kaiser«, unter so ziemlich allen bedeutenden Erfindungen auch das Fußballspiel zuschreiben, zeugt das vom hohen Alter und von der Wichtigkeit dieses Spiels. Jedenfalls gibt es einen Bericht des Gelehrten Liu-Hsiang, wonach im Heer des »gelben Kaisers« Fußball gespielt wurde.

Allerdings hängt das chinesische Fußballspiel nach allem, was man darüber weiß, nicht mit einem Kult zusammen, wie es bei fast allen sehr alten Ballspielen der Fall ist. Der Kaiser hat das Spiel geschaffen, um seinen Soldaten Disziplin, Gewandtheit und Gemeinschaftssinn beizubringen. So kann es auch nicht weiter verwundern, daß in späterer Zeit das erste Fußball-Regelbuch von einem General verfaßt wird.

Das Spiel heißt »ts'uh-küh«, zusammengesetzt aus »ts'uh« (mit dem Fuß stoßen) und »küh« (Ball). Manchmal werden als Lehrmeister des Spiels die »nördlichen Barbaren« genannt. Gemeint sind wohl die Hunnen. Tatsächlich findet das Spiel im Norden Chinas stärkeren Widerhall als im Süden. Der Ball, den man verwendet, ist aus acht Lederstücken zusammengenäht und mit Federn und Tierhaaren ausgestopft. Für das Spiel wird ein Spielfeld eingerichtet.

Wie Fußball nach Japan kommt

Nach einer japanischen Legende kommen um 800 v. Chr. aus China drei Männer mit menschlichen Gesichtern und Affengliedern nach Japan. Sie tragen auf ihrer Stirn in goldenen Lettern die Namen »Frühlingsweidenblüte«, »Sommerrastwald« und »Herbstgarten«. Die drei Fremden geben an, Fußballgeister zu sein, die einen Ballspielplatz suchen. Ein solcher Platz wird bald darauf innerhalb eines Tempelbezirks angelegt, und die Fremden, die Japan anschließend wieder verlassen, verehrt man hier seitdem als Schutzgötter des Fußballspiels.

Regeln des Fußballspiels

Als Fußball um 200 v. Chr. in China Volkssport wird, finden auch Frauen Gefallen daran. Zur Zeit der Handynastie (206 v. Chr.—220 n. Chr.) gibt es ein Handbuch des Fußballspiels mit 25 Kapiteln. Die Mannschaften zählen mindestens zehn Spieler, meistens mehr. Es werden ein Spielführer genannt und ein Torwächter. Offenbar muß der Spielführer in bestimmten Situationen von anderen Mitspielern angespielt werden.

»Entschluß und kaltes Blut«
Das älteste Gedicht über das Fußballspiel schreibt Li Yu, der von 50 bis 136 n. Chr. lebt: »Rund der Ball, viereckig das Land/gleich dem Bild von Erde und Himmel/Der Ball fliegt über uns wie der Mond/während sich zwei Mannschaften gegenüberstehen/ Spielführer sind ernannt und halten Platz/nach unveränderlichen Regeln/Keinen Vorteil gibt es für Verwandte, kein Platz ist für Parteilichkeit/Dafür herrscht Entschluß und kaltes Blut/ ohne jede Irrung und Unterlassung/Und wenn dies für das Fußballspiel notwendig ist/ um wieviel mehr muß es für den Kampf des Lebens sein.«

Das Handbuch zählt über 70 typische Spielzüge auf. Elf Regelverstöße werden erwähnt, die als »Foul« geahndet werden. Unfaire Spieler verweist man des Feldes und beschimpft sie als »siao jen« (gemeiner Kerl). Zehn Fälle werden genannt, in denen das Spiel unterbrochen werden muß. Es gibt ein Trainingsprogramm mit neun Vorbereitungsstufen. Anfangs wird nur auf ein Tor — ein Loch in einer Bretterwand — gespielt. Später errichtet man an den Schmalseiten des rechteckigen Spielplatzes Tore aus 5 m hohen Bambusstangen und Querlatten. Der Raum zwischen den beiden Torpfosten wird mit einem Netz verspannt. Das Fangen oder Werfen des Balls oder das Schlagen mit der flachen Hand bleiben strikt verboten. Seit Beginn der T'angdynastie (618 n. Chr.) spielt man mit einem luftgefüllten Ball. »Zuerst erhitzt man das Leder«, heißt es in einem Gedicht jener Zeit, »und kühlt es danach im Wasser. Wenn dann die Luft im Innern des Balls bleibt, stößt man ihn im Spiel ohne Unterlaß mit Fuß und Faust.« Dieser neue Spielzug, das Stoßen mit der Faust, kommt erst hinzu, als der luftgefüllte Ball erfunden ist.

Terrakotta-Statuette einer chinesischen Polospielerin zur Zeit der T'angdynastie (618—907 n. Chr.); Polo verdrängt das im Volk verbreitete Fußballspiel und wird zum bevorzugten Ballspiel des Hofes und der Beamtenschaft; das Spiel gelangt aus Persien über die Seidenstraße nach China.

Kunst des Bogenschießens

Um 2000. Wenn in China ein Knabe geboren wird, hängt man, noch bevor ihm die Mutter zum ersten Mal die Brust reicht, zur linken Seite des Eingangstores symbolisch einen Bogen und sechs Pfeile auf. Dies bedeutet, daß der Junge einmal nach oben und unten und in die vier Weltrichtungen zu zielen hat und als Sohn des »Reiches der Mitte« ein guter Bogenschütze werden soll.
Natürlich hat der legendäre »gelbe Kaiser« Huang Ti (→ um 2000) auch Pfeil und Bogen erfunden. Der Chinese, der gleichsam mit dem Bogen auf die Welt kommt, führt ihn in seiner langen Geschichte als Hauptwaffe. Zu allen Zeiten gibt es damit sportliche Wettkämpfe. Aber vor allem gilt den Chinesen das Bogenschießen als eine edle Kunst.
Sie steht im Mittelpunkt eines ausgedehnten Festes, das mit einem Weinumtrunk beginnt. Zu jedem Schuß gab es Musikbegleitung. Es werden bestimmte Lieder gesungen und bei einem genau festgelegten Ton oder zum Ende des Gesanges muß der Schuß fallen. Alle Bewegungen sind choreographisch streng geregelt. Die Haltung ist entscheidend. »Beim Bogenschießen kann man sehen, ob einer tugendhaft ist«, lautet eine chinesische Redensart.
Der Philosoph Konfuzius, selbst ein guter Bogenschütze, zählt das Bogenschießen zu den sechs Künsten neben Anstand, Musik, Wagenlenken, Schreiben und Rechnen. »Man kann den Edlen«, schreibt er, »mit einem Schützen vergleichen. Auch der Schütze wird, wenn er das Ziel verfehlt, die Schuld in der eignen Person suchen.« Durch Jahrtausende bleibt Bogenschießen ein wichtiges Schulfach.

Die Beteiligung von Frauen am Polo ist in China keineswegs ungewöhnlich. Sie spielen nicht nur in Damen-Mannschaften gegeneinander, sondern auch in gemischten Mannschaften oder gegen Herren-Mannschaften; hierbei zeigen sie sich Berichten zufolge ihren männlichen Gegnern oft weit überlegen.

Galoppierendes Pferd aus Bronze als Grabbeigabe (Ende der Hanzeit, um 200 n. Chr.); außer in Gräbern sind Pferde Mangelware, da ständige Kämpfe mit den Nachbarvölkern den Pferdebestand dezimieren. Ein Han-Kaiser verheiratet eine Tochter an einen Barbarenfürsten für 1000 Zuchtpferde; ein Reitpferd kostet 300 Pfund in Gold.

Der berittene Bogenschütze aus bemaltem Ton zeigt, zu welcher Meisterschaft es die chinesischen Künstler der Hanzeit in der Darstellung von Pferd und Reiter bringen; auch er dient als Grabbeigabe, um Zeugnis vom Reichtum des Bestatteten abzulegen.

Aus der künstlerisch fruchtbaren Hanzeit (206 v. Chr.—220 n. Chr.) stammt diese Grabbeigabe — eine Armee mit Reitern, Pferden und Wagen.

Keinen Mangel an Pferden gibt es bei den Mongolen. Khubilai (M., mit Jagdgefolge), wird 1280 n. Chr. als Shih Tsu Kaiser von China. Der gewaltsame Einbruch der Mongolen in China beendet die wirtschaftliche und kulturelle Blüte der Wu-Soi-Dynastie (907—960) und der Sungdynastie (960—1280).

Polo in China – Spiel der Höflinge

Um 1100. Das Polospiel gelangt von Persien nach Tibet. Von dort aus kommt das Spiel um 600 n. Chr. nach China.

Die Chinesen sind ursprünglich kein Reitervolk. Erst ihre kriegerischen Nachbarn, Hunnen und Mongolen, zwingen sie dazu, sich mit dem Pferd vertraut zu machen. Der Dichter Feng-Jen berichtet, daß der Kaiser T'ai-Tsung (627—650) einmal »Turfaner« (Tibeter) Polo spielen sieht und davon so begeistert ist, daß er das Spiel in China einführt und es auch selbst spielt.

Für das Polospiel sind am besten turkestanische Pferde geeignet, und chinesische Kaiser unternehmen Kriegszüge, um sie sich zu beschaffen. Der Pololeidenschaft tut es keinen Abbruch, daß es immer wieder schwere Verletzungen und Todesfälle gibt. In einem Gedicht der Kaiserin Yang heißt es: »Das Polo ist nicht nur ein Spiel zum Vergnügen,/der Reitkunst tiefster Sinn bleibt unvergessen./Geschickt wird beim Reiten mit neuer Gewandtheit/ der Ball hinter dem Rücken geschlagen,/daß er gleich einem Stern fliegt.«

Go – das älteste aller Brettspiele

Der chinesische Kaiser Ch'eng Ti (32—6) spielt offenbar so leidenschaftlich gern Fußball, daß die Höflinge auf Mittel sinnen, ihn davon abzubringen. Sie sorgen sich um die Gesundheit des Kaisers, als dieser älter wird. Also erfinden sie ein Brettspiel, »tan-ch'i«, eine Art Kugelschach, das sie dem Kaiser als Ersatz anbieten.

Der chinesische Feldherr auf der Seidenmalerei (Abb.) kennt dieses Brettspiel noch nicht. Er entspannt sich, etwa 2000 Jahre früher, am Vorabend einer Schlacht, beim Go, dem ältesten aller Brettspiele.

Go-Meister sind in China hochangesehen. Man tituliert sie als »sei« (Heiliger) oder »shing« (Weiser). Als das Spiel im 8. Jahrhundert n. Chr. nach Japan kommt, gründet man dort Go-Akademien. Go-Meister werden in hohe Stellungen am Hofe berufen.

Das Spiel ist von schmuckloser Einfachheit und unerbittlicher Logik. Als Spielfeld dient ein Gitternetz von 19x19 Linien. Die Spieler verfügen über 181 weiße und 181 schwarze pfenniggroße Steine. Zu Beginn des Spiels ist das Brett leer. Dann wird von den beiden Spielern abwechselnd je ein Stein gesetzt, und zwar nicht auf die Felder, sondern auf die Schnittpunkte der Linien. Von jedem Schnittpunkt führen vier Linien zu anderen Punkten, die »vier Freiheiten«. Wird ein Stein eingeschlossen, gilt er als Gefangener und wird vom Brett genommen.

Man kann auch ganze Gruppen von Steinen einschließen. Und man kann Land gewinnen, indem man Räume besetzt, in die der Gegner nicht ohne Gefahr, gefangen zu werden, eindringen kann. Am Schluß zählt man die Gefangenen und die eroberten Felder.

Das klingt einfach, aber das Spiel hat unbegrenzte Möglichkeiten. Kenner schätzen es höher ein als Schach. Der Schachweltmeister Emanuel Lasker sagt später: »Schach ist wohl auf die Bewohner dieser Welt beschränkt. Go aber geht irgendwie darüber hinaus. Wenn es auf irgendeinem anderen Planeten denkende Wesen gibt, dann kennen sie Go.«

◁ Eine Go-Partie erfordert von den Spielern oft über mehrere Stunden hohe Konzentration.

Japaner beim kultischen Fußballspiel Kemari (Holzschnitt eines japanischen Meisters aus dem 18. Jh.)

Kemari – Fußballspiel auf japanische Art

Um 2000. Das Fußballspiel ist in China verbreitet. Die Japaner nennen das Spiel, das ihnen die Fußballgeister der Legende nach in späteren Zeiten aus China bringen sollten, »Kemari«. Es wird nur innerhalb eines Tempelbezirks gespielt und hat kultische Bedeutung. Man spielt Kemari zur Frühjahrszeit. Als Spielfeld dient ein 14x14 m großer Sandplatz. An seine vier Ekken pflanzt man je einen besonderen Baum: Eine Kiefer in die Nordwestecke, eine Weide in die Südostecke, einen Kirschbaum in die Nordostecke und einen Ahorn in die Südwestecke. Als das Spiel sich ausbreitet und immer neue Spielplätze angelegt werden, nimmt man Bambusstangen.

Zunächst blieb das Spiel dem Hochadel vorbehalten. Später durften auch Minister daran teilnehmen. Neben der Poesie zählt die Beherrschung des Kemari zur höheren Bildung. Zum Spielbeginn wird der Platz in einer feierlichen Aktion sorgfältig gefegt und gerecht. Dann segnet ein Priester den an einem Ahornzweig befestigten Ball und bittet die Götter um eine gute Ernte und um Frieden für das Land.

Die Spieler, vier bis sechs, treten in prächtigen Kimonos an und stellen sich im Kreis auf. Den Ball, eine Lederkugel, die nur halb aufgepumpt wird, legt der Priester in die Mitte. Hierauf hocken sich die Spieler zu einer Konzentrationsübung nieder. Danach tritt der älteste Spieler vor und schlägt die Kugel in die Luft. Von nun an gilt es, den Ball möglichst lange in der Luft zu halten. Sobald der Ball den Körper eines Spielers berührt oder zu Boden fällt, ist ein Spielzug zu Ende. Normalerweise geschieht das nach 300 bis 400 Fußstößen.

Das Spiel mit dem Federball

Der Federball ist der einfachste Ball und wird um das Jahr 1000 v. Chr. in China erfunden. Vermutlich ist er älter als die frühesten Zeugnisse über ihn. Ein paar Hühnerfedern in einen Kork gesteckt, fertig ist das Spielzeug. Die Chinesen spielen den Federball ausschließlich mit den Füßen, um ihn möglichst lange in der Luft zu halten. Genau wie die Japaner beim Kemari. Zwei und mehr Spieler schlagen ihn später mit der Hand oder mit verzierten hölzernen Schlägern. Die Japaner lassen die Soldaten Federball spielen, um ihre Gewandtheit und Reaktionsschnelligkeit zu trainieren. Offiziere erfinden Regeln.

Die Erfindung des Golfspiels in China

Um 1100. In China ist ein golfähnliches Schlägerspiel verbreitet. Es steht dem Fußball an Beliebtheit wenig nach und heißt »lung-wan«, später »ch'ui-wan«. Das Wort bedeutet, einen Ball mit dem Stock schlagen. Damit ist jedoch nicht Hockey gemeint, sondern Golf. Das Spiel blüht 700 Jahre lang und gerät dann in Vergessenheit. Erst im Jahr 1023 n. Chr. erinnert sich Kaiser Jentsung wieder daran und erweckt es zu neuem Leben. In der »Großen chinesischen Enzyklopädie« dieser Zeit werden die Regeln ausführlich beschrieben. Sie muten verblüffend modern an.

Das Spielfeld ist von beliebiger Größe. In Abständen, die der Kraft und Geschicklichkeit der Spieler entsprechen, befinden sich Löcher, die mit Fähnchen markiert werden. Der Ball ist aus Hartholz und muß sorgfältig abgewogen sein. Zu schwere Bälle fliegen nicht weit genug, zu leichte steigen zu hoch.

Ebenso wichtig nimmt man die genaue Abstimmung der Schläger. Die Keule besteht ebenfalls aus Hartholz. Der Griff, den Darmsaiten mit der Keule verbinden, besteht aus Bambus. Die Länge des Griffs und sein Verhältnis zum Gewicht der Keule werden mit den Körpermaßen des Spielers abgestimmt. Zweifellos verfügt jeder Spieler über eine Kollektion von Schlägern, um jeder Situation gerecht zu werden.

Man spielt »kleine Runden« mit vier bis sechs Teilnehmern, »mittlere Runden« mit sechs bis acht und »große Runden« mit mehr als zehn Teilnehmern. In besonderen Regelbüchern werden alle denkbaren Schlagarten aufgezählt.

Als Vorbereitung des Schlages pflegt man ein besonderes Ritual, das zur Konzentration anhält. Der Spieler nimmt eine Grundstellung ein, danach erfolgt ein Vortreten, abermals Stillstehen, Niederhocken. Dann erst richtet er sich auf und holt zum Schlag aus. Der Ball folgt der geistigen Bahn.

Der Sieger wird durch ein Punktsystem errechnet, das wahrscheinlich auf der Anzahl der benötigten Schläge basiert. Offenbar gibt es aber auch Punktabzüge, denn es sind allein 21 Strafen ausdrücklich erwähnt. Auch dieses Spiel führte man wohl zuerst in der Armee ein, bevor es zum Volkssport wurde.

Dehnübungen (»daoyin«). Rekonstruiertes Seidenbild aus dem Mawangduigrab (168 v. Chr.)

Heilgymnastik gegen alle Krankheiten

Um 2000. In der langen chinesischen Geschichte wechselt die Einstellung gegenüber dem Sport. In Zeiten starker äußerer Bedrohung, wenn militärische Tüchtigkeit notwendig ist, werden Training und Wettkampf gefördert.
Aber die Chinesen sind kein aggressives Volk, das auf Eroberungskriege ausgeht. Wenn man sie in Ruhe läßt, wollen sie auch ihre Ruhe haben. Dafür bauen sie ihre große Mauer. Und dann lehnen sie auch körperliche Ertüchtigung als Auswuchs des Militarismus ab.
Das heißt nicht, daß sie auf einen gesunden, leistungsfähigen Körper keinen Wert legen. Ganz im Gegenteil. Von den ältesten Zeiten an steht in China die Heilgymnastik in höchstem Ansehen. Als ihr Begründer gilt auch hier wiederum Kaiser Huang Ti (→ um 2000).
Was jahrtausendelang geübt und gepflegt wird, darüber gibt es Aufzeichnungen aus dem Jahr 500 v. Chr. 1000 Jahre später bringt der indische Buddhistenmönch Bodhidharma, der sich in China Ta-Mo nennt und Abt des Klosters Shaolin auf dem Berg Sung in der Provinz Honan wird, die heilgymnastische Überlieferung in ein System, das er Kung-fu nennt. Die Priester des Tao, der Gottheit der Weltvernunft, unterweisen künftig in dieser Gymnastik, die nicht nur Gesundheit des Leibes, sondern auch Unsterblichkeit der Seele verheißt. Alle Krankheiten haben danach ihren Ursprung in Stockungen der Organe, die man durch bestimmte Übungen, verbunden mit Atemgymnastik, beseitigen kann. Das Shaolin-Boxen hat nichts mit dem in China auch bekannten Faustkampf zu tun, sondern ist ein gymnastisches Schattenboxen. Im »I Ging«, dem »Buch der Wandlungen«, wird erstmals eine Theorie dieses »T'ai-chi« entwickelt. So entsteht ein Übungskanon eines Gesundheitssports, zur Prophylaxe und zur Heilung.

Der Shogun schwimmt im weiten Meer

Die japanische Zeitrechnung beginnt mit der Regierungszeit des mythischen Dschimmu Tenno (660—585). In dieser Zeit kommen chinesische Schriftzeichen für Ski, Schlitten und Schneeschuhe nach Japan. Man kann davon ausgehen, daß die Japaner auch das Schwimmen beherrschen. Die erste urkundliche Erwähnung des Schwimmens stammt aus dem Jahr 38 v. Chr. Der Feldherr Furune Isumo ordnet an, daß Schwimmen zur militärischen Ausbildung zu gehören habe. Der Shogun Iemitsu Tokugawa schwimmt im Tameiko-Fluß bei Edo und im See von Umayashita. Bei einem Inselstaat beschränkt sich das Schwimmen aber nicht auf Flüsse und Seen. Dafür geben verschiedene Shogune ein Beispiel. Einer schwimmt auch im offenen Meer, was lobend erwähnt wird.
Später gehört das Schwimmen zur vielseitigen Ausbildung der Samurai. Aus der Edozeit stammt ein Holzschnitt, auf dem der Held Mitsuharu nach einer Schlacht in voller Rüstung den Biwasee durchschwimmt. In der Tokugawazeit (1603—1867) entstehen 90 Schwimmschulen. Manche halten ihre Lehrmethoden geheim. Als Schwimmstile werden genannt der »Scherenstil«, der »Froschstil« und der »Tretstil«. Als Hilfe für den Schwimmunterricht wird ein Floß eingesetzt. Piraten versuchen sogar, eine Schwimmschule zu erobern.

Chinesen boxen ohne Berührung

Um 2000. Es liegt nahe, daß Ringkampf und Faustkampf seit altersher zur militärischen Grundausbildung zählen. Wenn man von Experten des »Langhand-Boxens« hört, weiß man zwar nichts Genaueres über die Technik, aber es dient dem Angriff und der Verteidigung am Mann.
In China wird hingegen eine Art des Boxens gepflegt, die man im Gegensatz zu den blutigen »Ringschlachten« als einen Schein-Boxkampf ansehen kann. Das hieße allerdings, den Sinn des chinesischen Boxens völlig mißverstehen. Dieses überlieferte chinesische Boxen »ch'üanshuh« bringt man im Shaolin-Kloster in ein System. Die »Lehrsätze über die Verbesserung von Muskeln und Sehnen« werden volkstümlich und behalten auch in der Neuzeit im Schulunterricht ihre Gültigkeit. Kennzeichnend für das chinesische Boxen ist, daß die Gegner einander nicht berühren dürfen. Alle Angriffs- und Abwehrmanöver werden nur bis zu einer unsichtbaren Schranke ausgeführt. Ziel des Kampfes ist nicht der »knockout«, sondern die gemeinsame Befriedigung in einem äußerst nützlichen Körpertraining. Es bilden sich verschiedene Systeme aus. Ein Katalog enthält 107 verschiedene Übungen, davon manche mit Begleitmusik, die erhalten bleibt.

Chinesischer Krieger aus Ton (Mausoleum des Kaisers Shih Huang Ti)

Darstellung eines Sumo-Turniers außerhalb eines Tempelbezirks; diese Ringkampfart bleibt auf Japan beschränkt; professionelle Sumo-Ringer bilden eine Kaste.

Sumo-Turnier in Japan – ein Ringkampf der Kolosse

Um 1100. Bei den Ureinwohnern Japans ist Ringen als »Ursportart« verbreitet. Die Gründung einer Sumo-Gilde ist erstmals im Jahr 658 v. Chr. bezeugt. Es handelt sich um die älteste sportgeschichtliche Urkunde Japans, die hoch in Ehren gehalten wird.

Sumo-Turniere finden am kaiserlichen Hof und in Tempeln statt. Trotz ihrer kultischen Bedeutung müssen die Zuschauer Eintrittsgeld bezahlen. Vom Hofu-Kuji-Tempel in Jamashiro heißt es, daß sein Bau aus den Einnahmen der Ringkämpfe finanziert wurde. Seit dem 17. Jahrhundert n. Chr. finden Sumo-Ringkämpfe auch außerhalb der Tempel statt. Nur das »dojo« genannte Ringerpodium, das durch ein von vier Säulen getragenes Dach in den Farben Weiß, Grün, Schwarz und Rot geschützt wird, erinnert noch an den heiligen Kampfplatz. Die Turniere dauern von 8 Uhr morgens bis zum späten Nachmittag. Der Kampf wird in einem Kreis von 3,60 m Durchmesser ausgetragen. Der Kampfrichter tritt in einem Priestergewand auf und handhabt einen Fächer. Sumo-Ringer sind größer als die Japaner allgemein und werden durch eine besondere Kost zu wahren Fettkolossen gemästet. Sie verfügen zwar über ein Repertoire von 64 Griffen, aber bei ihrem Kampf kommt es auf die gezielte Wucht des Anpralls ihrer Körpermasse an.

Ein Kampf ist meist in wenigen Sekunden entschieden. Dafür dauern die Vorbereitungen um so länger. Jede Geste eines aufgerufenen Ringers hat eine besondere Bedeutung. Ob er einen Schluck Wasser nimmt, Salz in den Ring streut oder mit seltsam gespreizten Beinen auf den Boden stampft.

Der Kanon solcher Aktionen wiederholt sich mehrmals unter andächtiger Stille des Publikums. Die Ringer hocken zwischendurch statuarisch auf dem Boden, fassen einander ins Auge und prüfen ihre Kampfbereitschaft. Die Erregung der Zuschauer wächst.

Plötzlich gibt der Kampfrichter ein Zeichen, und mit unerwarteter Geschwindigkeit gehen zwei Gegner einander an. Der Kampf ist entschieden, wenn ein Ringer nach dem Urteil des Kampfrichters um Zehenbreite aus dem Ring gedrängt wird.

Katsushika Hokusai (1760–1849), Meister der Zeichenkunst und des Holzschnitts, ist ein Chronist des japanischen Sports. In 15 Bänden stellt er alle Sportarten Japans dar, darunter auch Sumo, das Tausende von Zuschauern anlockt.

Löffel-Polo in Japan; ursprünglich war Polo ein kriegerisches Übungsspiel der zentralasiatischen Reitervölker.

Betrachtungen über das Polospiel zu Anfang des Frühlings

Polo kommt um 100 n. Chr. aus Tibet über Korea nach Japan. Aber die Japaner übernehmen nichts, ohne es nach ihrem Verständnis zu verändern. So entsteht Löffel-Polo oder »da-kyu«. Zwei Mannschaften aus sechs bis sieben Reitern versuchen mit einem löffelartigen Schläger einen aus Papier gepreßten Ball durch ein Loch in einer Wand zu treiben. Die Punkte werden mit Bällen gezählt.

Kaiser Saga schreibt um 800 n. Chr. ein Gedicht: »Im hellen Morgen des Frühlings/ist der Gesandte in den Vorgarten gekommen./Sie schwingen die Stöcke, in der Luft fliegt's wie der Mond,/über die Erde huscht der Ball schnell wie eine Sternschnuppe./Hier suchen sie zu hemmen, dort ins Tor zu schlagen./Sie stieben auseinander, ballen sich zu Haufen./Wer es sieht, denkt, es sei leicht.«

Pferderennen ohne Reiter

Um 2000. Koreanische Bogenschützen zu Pferde sind gefürchtet. Von Korea aus kommt das Bogenschießen zu Pferde auch nach Japan, rund 1000 Jahre später. Die Japaner widmen sich in der Folge mit besonderer Sorgfalt der Pferdezucht, insbesondere der Zucht von Rennpferden. Im 3. Jahrhundert n. Chr. ist Kioto das Zentrum der Pferderennen.

Ende des 13. Jahrhunderts berichtet Marco Polo aus Kioto: »Hier befindet sich auch eine Rennbahn. An deren Ende ist zwischen zwei starken Pfählen ein Seil gespannt. Am Zielpfosten stehen Würdenträger als Richter des Laufspiels. Tausend Zuschauer sitzen neben Spielleuten. Die Bahnläufer sind mit einem dünnen seidenen Kleid angetan. Während des Rennens machen die Spielleute ein starkes Getöse. Sobald das Zeichen gegeben wird, reißt das Rennpferd seinen Läufer fort, der es beim Zügel faßt. Wer nun dem Pferd folgen und zugleich mit ihm über das Seil springen kann, bekommt den Preis. Wer in diesem Rennen nicht den Sieg erhält, kann in des Kaisers Diensten nimmermehr befördert werden.«

Siegen durch Nachgeben – Jiu-Jitsu, die sanfte Kunst

Um 1100. Formen des Ringens (»su-bag«) kommen von Korea nach Japan. Nach einer Legende beobachtet der Arzt Yoshitoki aus Nagasaki 400 Jahre später im Winter einen Weidenzweig, der sich elastisch unter der Last des Schnees biegt, ihn abschüttelt und wieder in seine alte Lage zurückschnellt. Starke Zweige anderer Bäume dagegen brechen unter der Schneelast. Angeregt dadurch entwickelt er eine Kunst des Ringens durch Nachgeben. Es ist typisch für die japanische Denkungsart, aus solch einem poetischen Bild eine bewußt geübte Kunst abzuleiten, in der nicht körperliche Kraft und Überlegenheit entscheiden, sondern Gewandtheit und Intelligenz. Die Japaner nennen diese Kunst Jiu-Jitsu. Nicht Erregung und Leidenschaft, die dem japanischen Charakter so nahe liegen, sondern deren Beherrschung sichern den Erfolg. Tugenden wie Selbstdisziplin und Körperbeherrschung sind hier gefordert. Dann aber wieder blitzschnelle Reaktionen, die den Gegner überraschen. Scheinbar einem Angriff unterliegen, um die Niederlage doch noch in einen Sieg zu verwandeln. Dazu braucht es eine Mentalität, der eine solche Taktik besonders liegt. Und außerdem ein Training, das auf genauer Kenntnis der Reaktion des menschlichen Körpers beruht.

Die neuentdeckte Kunst des Jiu-Jitsu: Kodokan-Judo in Fujimi-cho, um 1890. Etwa zur selben Zeit kommt die »Kunst des Nachgebens« auch nach Europa.

Die sanfte Kunst gerät in Japan in der Folge fast in Vergessenheit. Ein späteres Mitglied des Internationalen Olympischen Komitees (IOC), Jigoro Kano, erweckt Jiu-Jitsu zu neuem Leben und gibt ihm unter dem Namen Judo eine leibeserzieherische Zweckbestimmung. Der deutsche Mediziner Erwin von Baelz, der gegen Ende des 19. Jahrhunderts an der Universität Tokio lehrt, bringt diese Sportart nach Europa. Sie verbreitet sich weltweit.

Mit Judo kommt auch Karate nach nach Europa, das verwandt ist mit dem chinesischen Boxen. Einige Schläge, die mit der flachen Hand geführt werden, gelten als tödlich. Trotz äußerster Wucht der Aktionen bleibt der Gegner, solange Karate spielerisch-sportlich betrieben wird, unberührt. Der Mitgliedsausweis eines Karatekämpfers verpflichtet zu Charakter, Höflichkeit, Pflichterfüllung, gutem Benehmen und Selbstzucht. Samurais des 20. Jahrhunderts.

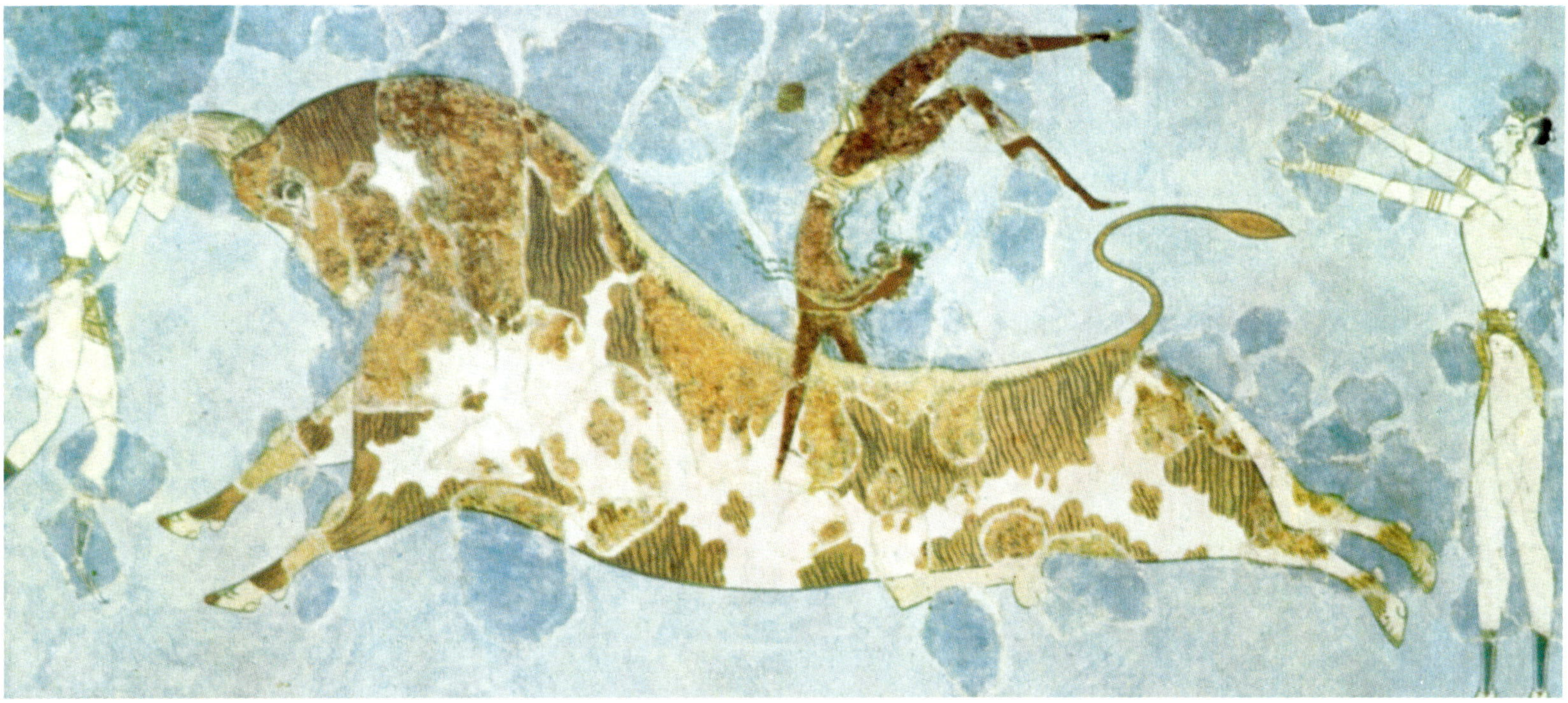

Wandmalerei im Palast des Königs Minos in Knossos: Eine Frau faßt den Stier bei den Hörnern, ein Mann beim Überschlag, eine andere Frau gibt Hilfestellung.

Rätselhafte Stierspiele auf der »Insel der Seligen«

Um 2000. Kreta verdient offenbar den Namen, den die Griechen der Insel geben. Jedenfalls bis Erdbeben, Flutwellen und Eroberer der Seligkeit ein Ende machen. Solange ermöglichen Perioden des Friedens und Reichtümer, die der Handel bringt, ein Dasein für Lebenskünstler, die Bequemlichkeit schätzen und größten Wert auf Schönheit und Luxus legen. In diesem Land mit einer hochentwickelten Kultur finden bei kultischen Festlichkeiten Wettkämpfe im Boxen und Ringen sowie Wagenrennen statt. Der Tanz spielt eine große Rolle. Eine Ausnahmestellung nimmt ein Stierspiel ein, das der Deutung manches Rätsel aufgibt.

Als Schauplatz des Stierspiels dient der Innenhof eines Palastes, der in Knossos 70 m lang und 30 m breit in Nord-Süd-Richtung angelegt ist, wie die Höfe aller kretischen Paläste. Was den Zeitpunkt des Stierspiels anlangt, handelt es sich offenbar um ein Frühlingsfest. Auf einem Sarkophag in der Palastanlage von Hagia Triada an der Südküste Kretas wird dem Blut des Stiers die Kraft zugeschrieben, den fernen Gott zu beschwören und den toten Menschen wieder herbeizurufen. Auch die Vorstellung, daß sich mit dem vergossenen Stierblut der Erde die gewaltige Zeugungskraft dieses Tieres mitteile und sein Opfer zum Wiedererwachen der Vegetation beitrage, ist auf Kreta lebendig.

Eine auffällige Besonderheit des kretischen Stierspiels liegt darin, daß sich auch Frauen beteiligen. Es scheint, daß sie dabei sogar die wichtigsten Akteure abgeben. Das mag sich daraus erklären, daß man in der kretisch-minoischen Kultur als höchstes Wesen eine Muttergottheit verehrt. Im höfischen Leben einer matriarchalischen Gesellschaft steht die Frau im Mittelpunkt. Das Stierspiel ist gefährlich. Abbildungen zeigen, daß Teilnehmer häufig auf den Hörnern des Stieres landen. Vermutlich wird der Stier nach dem Spiel geopfert.

◁ Specksteintrichter aus Hagia Triada (Kreta) mit Darstellungen vom Ringen, vom Stierspiel, vom Boxen und einer Art Pankration (Allkampf)

Sie packen den Stier bei den Hörnern

Da es keine Beschreibungen des kretischen Stierspiels gibt, ist man auf Deutungen angewiesen. Die Übung beginnt offensichtlich damit, daß der Stier an den Hörnern gepackt wird. Dazu muß der Stier erst die Hörner zum Stoß senken. Sobald der Stierspieler oder die Stierspielerin die Hörner erfaßt haben, reagiert der Stier mit einem Hochreißen des Kopfs. Von diesem Aufwärtsschwung läßt sich der Stierspieler mit hochreißen. Er läßt dann die Hörner fahren und setzt mit einem Salto über den Stier hinweg. Nach einer anderen Version beschreibt der Stierspieler ein Rad, anschließend landet er zunächst mit den Füßen auf dem Rücken des Stiers und springt danach mit einem Überschlag ab.

Der britische Archäologe Arthur Evans, der im Jahr 1900 mit der Ausgrabung der antiken Stätten auf Kreta beginnt, befragt spanische Stierkämpfer, ob eine solche Übung überhaupt möglich sei. Sie verneinen es entschieden. Dagegen spricht aber die unzweideutige Aussage der kretischen Abbildungen. Vielleicht muß man berücksichtigen, daß es die Spanier mit Kampfstieren zu tun haben, die auf Wildheit und Angriffslust gezüchtet werden. Das trifft auf die kretischen Stiere im Palast von Knossos sicher nicht zu. Doch erfordern das Stierspiel oder der Stiersprung von den Spielern erhebliche körperliche Geschicklichkeit. Überraschend ist die Parallele des kretischen Stierspiels mit Darstellungen der frühen Induskulturen in Mohendscho-Daro.

Sportliches Vergnügen am Hof von Kreta

Um 1600. Die ersten großen Paläste auf Kreta sind nicht befestigt. Denn die Flotte beherrscht das Meer, Angreifer sind kaum zu befürchten. Daher braucht man Sport auch nicht so sehr als vormilitärische Ertüchtigung zu betreiben. Rudern und Segeln verstehen sich von selbst und werden gewiß trainiert. Ansonsten veranstaltet man Wettkämpfe den Göttern zuliebe und den Zuschauern zum Gefallen.

Der Specksteintrichter von Hagia Triada vermittelt ein anschauliches Bild vom Sport auf Kreta. Ein Ringerpaar neben einer Säule deutet darauf hin, daß der Ringkampf im Hof des Palastes stattfindet. Das dürfte bei allen Wettkämpfen der Fall sein. Der Palast dient als Sportarena. Das gilt nicht allein für Hagia Triada, sondern auch für Knossos, Phaistos, Mallia und andere größere kretische Orte.

Rechts neben der Säule stehen zwei Läufer. Ein dritter erfindet entweder gerade den Tiefstart oder es handelt sich um einen Weitspringer nach der Landung.

Auch das Stierspiel wird dargestellt. Zwei kraftvolle Stiere stürmen heran, die deutlich machen, daß es sich bei ihnen jedenfalls nicht um Jungstiere handelt, sondern um »bravos toros«, wie die Spanier sagen würden. Einer hat einen Stierspringer aufgespießt. Zu sehen sind außerdem gestürzte Stierspringer unter den Hufen des Stieres.

Ob es zwischen den Stierspielen am Indus und auf Kreta Verbindungen gibt oder später solche von Kreta nach Spanien, ist völlig ungewiß. Der Specksteintrichter zeigt auch Faustkämpfer, von denen einer gerade zu Boden geht, entweder nach einem Leberhaken oder einem Schlag auf den Solarplexus. Die Boxer tragen einen Kappenhelm mit Wangenschutz, ähnlich dem Kopfschutz, den man heutzutage Amateuren vorschreibt. Auf der Insel Thera (Santorin) tragen die Boxer außerdem Handschuhe. Sie sind nicht mit Eisenstücken versehen, um eine noch größere Schlagwirkung zu erzielen, wie bei den Griechen und Römern, sondern dienen wohl eher der Dämpfung der Schläge mit der Schlaghand.

Dokumentiert ist schließlich ein Zweikampf, der an den Pankration oder Allkampf der Griechen erinnert, wenn er auch den Griechen nicht als Vorbild gedient haben dürfte. Es ist eine Mischung aus Boxen und Ringen.

Über die Regeln all dieser Sportarten ist nichts bekannt. Leider gelingt es nicht, die kretische Schrift zu entziffern. Die These, daß der Sport Kretas die Athletik in Griechenland beeinflußte, bleibt fragwürdig. Denn als die dorische Wanderung nach dem späteren Hellas einsetzt, ist die kretisch-minoische Kultur schon seit fast einem Jahrtausend nahezu spurlos verschwunden.

Freskomalerei von der Insel Thera: Zwei Jünglinge beim Boxen. Sie tragen nur an der rechten Hand einen Handschuh; die Linke dient zum Parieren.

Kreter erfinden den Tanz

Für die Griechen sind die Kreter die Erfinder des Tanzes. Verschiedene Funde zeigen Darstellungen von Reigentänzen, Maskentänzen und akrobatischen Tänzen. Es gibt Tanzgruppierungen, die das Wachsen von Blüten oder den Flug von Vögeln im Tanz nachahmen. Häufig werden Mythen dargestellt, von denen nichts überliefert ist. Die Tänze sind nicht nur eine Art Umrahmung kultischer Feierlichkeiten, sondern stellen vielmehr einen Weg zu unmittelbarer religiöser Erfahrung dar. Und es sind Frauen, die in visionärer Entrücktheit tanzen. Die Inbrunst dieser Tänze, bei denen es letztlich um ein Vordringen an die Grenzen der Erkenntnis geht, mag auch eine Erklärung sein für die Teilnahme der Frauen an den gefahrvollen Stierspielen, bei denen nicht etwa sensationeller Nervenkitzel, sondern kultische Leidenschaft im Vordergrund steht.

Dädalus beim Verfertigen der Flügel für sich und Ikarus (römisches Relief)

Fliegen – ein alter Menschheitstraum

Um 2000. Der Sage nach verliebt sich Pasiphae, die Frau des Kreterkönigs Minos, in einen Stier. Der erfindungsreiche Dädalus baut eine Kuhattrappe, in der sie sich verbirgt. Der Stier bespringt diese Kuh. Pasiphae gebiert das stierköpfige Ungeheuer Minotauros.

Tollkühne Sprünge in den Tod

Mit selbstgefertigten Flügeln springen verbürgtermaßen in den Tod:

▷ Simon, der Magier, aus Samaria 67 n. Chr. in Rom
▷ Abul Quasim Ben Firnas, der »Weise von Andalusien«, 875 n. Chr. in Córdoba
▷ Der Benediktinermönch Olivier 1060 n. Chr. in Malmesbury
▷ Ein Sarazene 1161 n. Chr. im Hippodrom von Konstantinopel
▷ Der Kantor Senecio, genannt der »Lobsinger«, um 1500 n. Chr. in Nürnberg

Dädalus erbaut daraufhin ein Labyrinth, in dem man das Ungeheuer einsperrt. Später wird Dädalus selbst mit seinem Sohn Ikarus in diesem Labyrinth gefangengesetzt. Er konstruiert Flügel aus Federn und Wachs und entflieht fliegend aus Kreta. Ikarus kommt dabei der Sonne zu nahe und stürzt ins Meer. Dädalus hingegen landet wohlbehalten auf einer Insel, die später Ikaria heißt. Der Flug mit Muskelkraft reizt seitdem die Menschen.

1000

1000–501 v. Chr.

Ab 1000. Auf allen Kontinenten können folgende Grundsportarten als verbreitet gelten: Laufen, Springen, Werfen, Schwimmen, Ringen, Boxen, Gewichtheben, Fechten, Reiten, Fahren, Ballspiele, Akrobatik, Tanz.

In Nordeuropa, Sibirien, im Altaigebirge, in China, Japan und in Nordamerika Ski, Schneereifen und Knochenschlittschuhe in Gebrauch.

Um 1000. Assyrisches Marmorrelief zeigt Schwimmer, die Schwimmhilfen, offenbar aufgeblasene Tierhäute, benutzen (→ um 3000).

Saul, erster König eines jüdischen Gesamtreiches, wird als guter Läufer gerühmt. Unter König David, einem hervorragenden Schleuderer, gilt Assael als schnellster Läufer.

Um 900. Wettkämpfe und Pferderennen am Hofe König Salomos, der zahlreiche Berufsläufer unterhält.

Um 800. Assyrische Reliefs mit Schwimmern im Kraul- und Rückenstil sowie mit Schwimmhilfen.

Vertrag von Elis zwischen König Iphitos und dem König von Sparta, Lykurgos.

Ab 776. Spiele in Olympia zu Ehren des Zeus. Vierjähriger Turnus. Koroibos aus Elis siegt bei den ersten Spielen im Stadionlauf. Siegespreis: Ein Kranz vom Ölbaum.

724. Erstmals Doppellauf über zwei Stadionrunden in Olympia. Sieger: Hypenos aus Pisa.

720. Erstmals Langlauf in Olympia, vermutlich 24 Stadionrunden. Sieger: Akanthos aus Sparta.

Ab 708. Fünfkampf (Pentathlon) und Ringkampf in Olympia. Sieger: Lampis und Eurybatos aus Sparta.

688. Erstmals Faustkampf in Olympia. Der Sieger Onomastos aus Smyrna (Izmir) soll selbst die Kampfregeln aufgestellt haben.

658. Erste urkundliche Erwähnung (Gründung) einer Sumo-Ringergilde in Japan, zwei Jahre nach Beginn der japanischen Zeitrechnung unter dem mythischen Dschimmu Tenno.

648. Erstmals Wettreiten und Allkampf (Pankration) in Olympia. Sieger: Krauxidas aus Thessalien und Lygdamis aus Syrakus. Wachsende Teilnehmerzahlen aus den griechischen Kolonien im Mittelmeerraum.

632. Erstmals Knabenwettkämpfe in Olympia im Stadionlauf und Ringen. Sieger: Polyneikes aus Elis und Hipposthenes aus Sparta.

In Irland erstmalig Tailtean-Spiele zu Ehren der Königin Tailte bezeugt: Wagenrennen, Wettreiten, Laufen, Weit-, Hoch- und Dreisprung, Steinstoßen, Speer- und Hammerwerfen, Ringen Boxen, Ballspiele, Schwimmen und Tauchen.

616. Erstmals Faustkampf der Knaben in Olympia. Sieger: Philetas aus Sybaris.

Um 600. Der etruskische König Arimnestos schickt als erster Nicht-Grieche ein Weihegeschenk nach Olympia. Aus Clusium (Chiusi) stammt ein Spiegel mit Abbildungen eines Springers und Athleten mit Schabeisen.

Ballspiel in Sparta als Mannbarkeitsritual.

In Rom wird auf der späteren Piazza Navona von Etruskern ein Wettkampfplatz angelegt, später nach griechischem Vorbild zum Stadion ausgebaut.

594. Für Siege bei den Olympischen Spielen wird ein Staatspreis von 500 Drachmen ausgesetzt. Der Betrag wird später beträchtlich erhöht. (Die Lebenshaltungskosten in Athen liegen pro Person bei 180 Drachmen jährlich, ein Handwerkssklave kostet 300 Drachmen.)

582. Die Pythischen Spiele in Delphi, angeblich von Apollon begründet, werden von nun an in vierjährigem Rhythmus ausgetragen, zuvor achtjährig. Es wird eine Siegerliste geführt. Siegespreis ist ein Lorbeerkranz.

580. Die Korinther beginnen mit der Veranstaltung von Isthmischen Spielen zu Ehren des Poseidon. Siegespreis: Ein Fichten-, später ein Eppichzweig (Efeu).

565. In Athen werden die jährlichen kleinen Panathenäen (Fest der Athener zu Ehren der Stadtgöttin Athena) in die großen Panathenäen mit vierjährigem Turnus umgewandelt: Umzüge, Tänze, musische und gymnastische Wettkämpfe.

564. Arrhachion aus Phigaleia/Arkadien wird als Toter zum Olympiasieger im Pankration erklärt, da im Augenblick seines Hinscheidens sein Gegner den Kampf aufgab (→ ab 708).

Um 550. Bybon stemmt und wirft in Olympia angeblich einen Sandsteinblock von 150 kg mit einer Hand.

544. Praxidamas aus Aigina stellt in Olympia die erste Siegerstatue aus Zypressenholz für sich auf.

Ab 540. Siddharta Gautama Buddha, als Prinz erzogen, übertrifft bei der Brautwerbung alle Konkurrenten im Wissen, im Faustkampf, Ringen, Springen und Schwimmen. Als Zehnjähriger siegte er im Bogenschießen. Später verbietet er Bogenschießen, Faustkampf, Reiten und Wettlaufen.

528. Die Stute Aura wird in Olympia zur Siegerin des Pferderennens erklärt, weil sie als Erste das Ziel erreicht, wenn auch reiterlos. Für sie wird ein Bronzebild aufgestellt.

520. Erstmals Waffenlauf in Olympia. Sieger: Damaretos aus Heraia.

512. Milon von Kroton, berühmtester Olympiasieger, wird bei seiner siebten Teilnahme erstmals im Ringen besiegt (→ ab 540). Phanas aus Pellene gewinnt erstmals drei Laufwettbewerbe (Stadion-, Doppelstadion- und Waffenlauf).

Der Ursprung von Olympia

Ab 776. Die Olympischen Spiele sind erstmals historisch nachweisbar. Laut Inschrift auf einem in Olympia gefundenen Diskus fanden jedoch bereits im Jahr 1580 v. Chr. an diesem Ort Festspiele statt. Vermutlich nicht zum ersten Mal. Von keinem Volk der Antike ist das sportliche Leben so reichhaltig in Wort und Schrift dokumentiert wie von den Griechen. Dennoch verliert sich der Ursprung ihres berühmtesten Sportfestes, der Olympischen Spiele, im Dunkel der Sagen.
Einmal soll der Heros Herakles im Auftrag des Königs Augias von Elis dessen Ställe ausgemistet haben, indem er den Fluß Alpheios um- und hindurchleitete. Über diese Methode kam es zu Meinungsverschiedenheiten. Herakles erschlug Augias und stiftete zur Feier des Tages in Olympia Wettspiele. Diesen etwas anrüchigen Geschichten hält der griechische Schriftsteller Pausanias eine viel ältere und seriösere Version entgegen, die für seine Zeitgenossen sonnenklar ist: »In bezug auf die griechischen Kampfspiele erzählen die Eleer, welche die Urgeschichte behandeln, Kronos habe zuerst die Herrschaft im Himmel gehabt, und es sei dem Kronos ein Tempel in Olympia von den damaligen Menschen, welche das ›Goldene Geschlecht‹ hießen, errichtet worden. Als Zeus geboren wurde, habe Rhea die Aufsicht über das Kind den idäischen Daktylen anvertraut. Diese sollen vom kretischen Ida gekommen sein, nämlich Herakles, Paionaios, Epimedes, Jasios und Idas. Da habe nun Herakles seine Brüder zu einem Wettlauf zusammengestellt und den Sieger mit einem Zweig vom wilden Ölbaum

Start zum Fackellauf (griechische Vasenmalerei). Die Olympischen Spiele beginnen mit einer Prozession von Elis nach Olympia. Vor einer Zeus-Statue mit dem Beinamen »Horkios« (Schwurgott) wird von den Athleten, aber auch von Vätern, Brüdern und Lehrern, der Eid abgelegt, sich keinen Verstoß gegen die olympischen Regeln zuschulden kommen zu lassen.

bekränzt. Diesen wilden Ölbaum soll Herakles den Griechen aus dem Lande der Hyperboreer gebracht haben.« Damit gibt Pausanias der Forschung einige Rätsel auf. Ein anderer Schriftsteller meint: »Die alten Sagen von der … Stiftung der Spiele verdienen keine Beachtung. Dergleichen erzählt man sich auf verschiedene Weise und legt ihm keinen sonderlichen Glauben bei.« Fest steht jedenfalls, daß die Olympischen Spiele auf einem Totenkult beruhen.

Nach einer anderen Version tat dies Pelops, der Großvater von Herakles. Er warb um die Tochter des Königs Oinomaos von Pisa, Hippodameia. Dafür mußte er gegen den König zu einem Wagenrennen antreten. 13 Freier hatte der König zuvor beim Überholen mit der Lanze niedergestochen. Pelops dübelte heimlich die Wagenräder des Königs mit Wachspfropfen. Der König wurde zu Tode geschleift. Zur Feier des Tages veranstaltete man künftig Olympische Spiele.

Ein Vertrag stiftet Olympischen Frieden

Um 800. Indogermanische Einwanderer bringen aus Zentralasien Leichenspiele mit sportlichen Wettkämpfen nach Griechenland. In der »Ilias« von Homer finden sich die ersten Sportreportagen anläßlich der Totenfeier des Patroklos.
Homer weiß noch nichts von Olympischen Spielen, erwähnt aber Leichenspiele in Elis. Zu solchen vorolympischen Leichenspielen gibt der delphische Priester Plutarch einen Hinweis: »Ich scheue mich zu sagen, daß vor alters in Pisa ein Agon in Gestalt eines Zweikampfs durchgeführt wurde bis zur Tötung des Besiegten.« Diese Leichenspiele geraten in Vergessenheit. Erst als ständige Kriege den Peloponnes heimsuchen und die Pest ausbricht, erinnert man sich daran.
König Iphitos von Elis, der in dieser Notzeit das Orakel von Delphi befragt, erhält die Weisung: »Beschützet euer Vaterland, enthaltet euch des Krieges, pflegt die gemeinsame Freundschaft mit den Hellenen, solange zu euren alljährlichen Festen das Freudenjahr kommt.« König Iphitos beschließt hierauf, die Spiele in Olympia wiederzuerwecken. Er schließt einen Vertrag mit König Lykurgos von Sparta, der lautet: »Olympia ist ein heiliger Ort. Wer es wagt, diese Stätte mit bewaffneter Hand zu betreten, wird als Gottesfrevler gebrandmarkt. Ebenso gottlos ist aber auch jeder, der, wenn es in seiner Macht steht, eine solche Untat nicht rächt.« Diese Abmachung wird in einen metallenen Diskus eingegraben, den Pausanias über 900 Jahre später im Heratempel zu Olympia angeblich noch selbst sieht. Die Priester von Elis führen von 776 v. Chr. an Buch über die historisch verbürgten Spiele in Olympia.

Ende eines Faustkampfs. Der unterlegene Gegner ist in die Knie gesunken. Links der Trainer, rechts ein älterer Faustkämpfer mit Bandagen

Antike Zentren der Agonistik

Spiele mit Wettkämpfen finden in allen griechischen Städten statt. Die bedeutendsten sind neben den Olympischen Spielen die Pythischen Spiele in Delphi, die Isthmischen Spiele bei Korinth und die Nemeischen Spiele in Nemea. Sie stellen das Zentrum der Agonistik dar (agon, griech.; öffentliche Feste, bei denen Wettkämpfer um einen Preis streiten). Die Pythischen Spiele gehen auf Apollon zurück, der in Delphi den Drachen Python erschlug, die Isthmischen gründen auf einem von Sisyphus gestifteten Totenagon, die Nemeischen auf einem Totenagon anläßlich des Zuges der Sieben gegen Theben. Sie werden im Rhythmus von acht bzw. vier Jahren durchgeführt. In Delphi überwiegt das musische Wettbewerbsprogramm. Vor allem der Tanz, den die Griechen als zuträglichste Leibesübung preisen. Apollon soll ihn aus Knossos nach Delphi gebracht haben.

Vorbereitung der Athleten im Trainingslager von Elis

Ab 776. Die Spiele in Olympia finden, was oft beklagt wird, in der heißesten Zeit des Jahres statt. Mit dem ersten oder zweiten Vollmond nach der Sommersonnenwende beginnt der »heilige Monat«. Das ist Mitte August. Zehn Monate vorher beginnt im 57 km von Olympia entfernten Elis das Trainingslager. Aus allen griechischen Städten und von allen Stämmen strömen die Athleten herbei. Später kommen sie aus dem ganzen Mittelmeerraum, sogar vom Schwarzen Meer.
Das Training wird unter Aufsicht der »Hellanodiken« (Kampfrichter) durchgeführt, die nachher auch in Olympia amtieren. Alle Athleten wohnen im gleichen einfachen Quartier und bekommen die gleiche Kost. Der späteste Zeitpunkt, an dem ein Athlet dieses Trainingslager beziehen muß, ist 30 Tage vor Eröffnung der Spiele. Das Training beginnt vor Sonnenaufgang und ist sehr hart. Der Philosoph Antiphon schreibt: »Die olympischen und die pythischen Siege und alle derartigen Erfolge, jedes Können und jede Wonne kommt erst nach großen Leiden.« Es gibt einen Sportplatz mit zwei Laufbahnen, ein Gymnasion für die Ringer, ein Gymnasion für die Faustkämpfer und ein Gymnasion für die Knaben. Für die Hellanodiken gibt es ein Gebäude, wo sie in den Regeln geschult werden. Bäder dienen der Erholung.
Der Weg von den Trainingsstätten dorthin heißt »Straße des Schweigens« und dient der inneren Sammlung. Es gibt in Elis einige Tempel, wo sich die Athleten des Beistands der Götter versichern, und ein Theater. Im »Buleuterion« (Rathaus) werden Akten angelegt.
Dort gibt es theoretische Belehrungen für die Athleten, hier werden sie verabschiedet: »Auf nach Olympia! Betretet das Stadion und zeigt euch als sieghafte Männer! Wer aber nicht vorbereitet ist, der gehe, wohin er will!« Lukian von Samosata versichert: »Sämtliche Stadien haben keinen Schrecken mehr für den, der schon in Olympia siegte.«

Training von Diskuswerfern und Läufern (attische Amphora der Legaros-Werkstatt, um 510 v. Chr.)

Speerwerfer beim Training mit Musik. Die Vorbereitung auf die Spiele in Olympia dauert etwa zehn Monate.

Das Programm der fünf Wettkampftage

Ab 776. Die sportlichen Festspiele in Olympia dauern fünf Tage:
Der erste Tag: Am Morgen versammeln sich Priester, Kampfrichter, Wettkämpfer und Zuschauer in der Altis, dem von einer Mauer umschlossenen heiligen Bezirk. Hier liegen die wichtigsten Gebäude, Zeustempel, Heratempel und Schatzhäuser. Auftakt der Feierlichkeiten ist eine Reinigungszeremonie. Danach wird bei einem Eberopfer der Eid abgelegt, die olympischen Regeln zu achten. Er wird vor der Zeusstatue mit dem Beinamen »Horkios« (Schwurgott), die der Abschreckung von Bösewichtern gilt, auch von Vätern, Brüdern und Lehrern der Athleten geleistet. Es folgt die Wahl des Herolds und Trompeters in der Echohalle. Am Nachmittag finden Wettkämpfe der Knaben im Laufen, Ringen und Faustkampf statt.
Der zweite Tag: In aller Frühe beginnen die hippischen Agone: Wettreiten und Wagenrennen. Schauplatz ist das südlich des Stadions gelegene Hippodrom. Am Nachmittag wird der Fünfkampf der Männer in der Reihenfolge Diskuswurf, Weitsprung, Speerwurf, Lauf und Ringkampf ausgetragen. Den Abschluß bildet am Abend die Totenfeier zu Ehren des Pelops.
Der dritte Tag: Kultischer Höhepunkt ist am Vormittag ein Zeusopfer. Prozession vom Prytaneion zum Zeusaltar. Eleer führen 100 blumengeschmückte Stiere mit (Hekatombe). Sie werden mit anderen Opfertieren vor dem Zeusaltar geschlachtet. Am Nachmittag folgen die Wettkämpfe im Langlauf, Stadionlauf und Doppellauf.
Der vierte Tag: Ringkampf, Faustkampf, Pankration oder Allkampf und Waffenlauf, ein Doppellauf, für den im Zeustempel 25 Schilde von gleicher Größe und gleichem Gewicht aufbewahrt werden.
Der fünfte Tag: Siegerehrungen. Festliche Prozession zum Zeustempel. Die nach den einzelnen Wettbewerben ausgerufenen Sieger schreiten im Zug, um die Stirn eine Wollbinde, in der Hand einen Palmzweig. Zuschauer bestreuen sie mit Blumen. Sie werden bekränzt mit Ölzweigen, die ein Knabe mit goldenem Messer vom heiligen Ölbaum geschnitten hat. Die Spiele schließen mit einem Dankopfer.

Darstellung eines Doppellaufs über zwei Stadionrunden aus dem Jahr 724 v. Chr. Der »Diaulos« wird in diesem Jahr erstmals ins olympische Wettkampfprogramm aufgenommen und geht über eine Strecke von 384,55 m.

Milon von Kroton – der größte Olympionike

Ab 540. Über keinen Athleten der Antike werden so viele Anekdoten verbreitet. So macht sich Milon von Kroton unter dem stürmischen Beifall der Zuschauer angeblich ein Vergnügen daraus, einen vierjährigen Ochsen auf den Schultern rund um die Laufbahn des Stadions zu tragen (etwa 1,5 km), ihn mit einem einzigen Faustschlag auf die Stirn zu töten und noch am selbigen Tag bis auf die letzte Faser aufzuessen. Der gewaltige Mann nimmt angeblich täglich 17 Pfund Fleisch, 17 Pfund Brot und 10 l Wein zu sich. Das entspricht einer Kalorienmenge von etwa 50 000 Einheiten. Ein Schwerstarbeiter schafft kaum 10 000 Kalorien täglich, olympische Schwerathleten der Neuzeit kommen mit 8000 Kalorien aus. Wäre Milon wirklich ein solch unmäßiger Esser, könnte er sich nicht volle 30 Jahre lang zur Blütezeit der Olympischen Spiele im Ringkampf an der Spitze halten. Eine solche sportliche Leistung ist beispiellos und setzt einen ungewöhnlich gut trainierten, vernünftig ernährten Körper voraus. Die Griechen haben eine Redensart: »Gesund wie ein Krotoniate.« Es kommen nämlich noch mehr gute Ringer aus der Stadt in Unteritalien.
540 siegt Milon in Olympia erstmals im Ringkampf der Knaben. Da muß er älter als 16 Jahre sein. In der Zeit von 532 bis 516 wird er noch fünfmal Olympiasieger. 512 gibt er nach langem Kampf erschöpft gegen Timasitheos aus Kroton auf.
Bis dahin hat er noch sechsmal bei den Pythischen, zehnmal bei den Isthmischen und neunmal bei den Nemeischen Spielen gesiegt. Sein Landsmann Dameas schafft von ihm ein erzenes Standbild in Lebensgröße, das Milon allein in den heiligen Bezirk, die Altis, trägt und dort zu seinen Ehren aufstellt.

Athlet beim Binden seiner Sandalen (römische Marmorkopie nach einem griechischen Bronzeoriginal aus der zweiten Hälfte des 4. Jh. v. Chr. Das Original wird der Schule des Bildhauers Lysipp zugeschrieben). Lysipp von Sikyon war Hofbildhauer Alexanders des Großen. Er schuf Athletenstatuen, wobei er sich um eine Darstellung der Bewegung bemühte. Berühmte griechische Bildhauer, die Statuen von Athleten hervorbrachten, sind Polyklet von Argos, von dem ein Speerwerfer erhalten bleibt, Myron aus Eleutherai, von dem der berühmte Diskuswerfer stammt, und Phidias von Athen, der in Olympia eine Werkstatt unterhielt. Kennzeichnend für die Siegerstatuen in Olympia ist, daß sie keine Porträt-Ähnlichkeiten aufweisen.

Das erste Olympiastadion in der Geschichte des Sports

Ab 776. Das klassische Olympiastadion im lieblichen Tal des Alpheios und Kladeos zu Füßen des Kronoshügels bietet sich in karger Einfachheit dar. Marmorne Startschwellen für die Läufer, eine Kampfrichtertribüne und der Altar der Demeter — darin erschöpft sich bereits die ganze Ausstattung. Die Zuschauer sitzen oder stehen auf Erdwällen, die rings um das Oval der Laufbahn aufgeschüttet sind. Dreimal verlegt man das Stadion, was keine baulichen Schwierigkeiten bereitet. Das ändert nichts an der Schlichtheit der Anlage. Schätzungsweise 40 000 Zuschauer zählen die Olympischen Spiele in ihrer Blütezeit. Das erste Olympiastadion erfüllt ein Jahrtausend lang seinen Zweck.

Man teilt die Geschichte der Olympischen Spiele in fünf Epochen ein. In der Zeit vom 15. bis zum 8. Jahrhundert liegen die Anfänge, von denen Sagen und Mythen berichten. Olympia erscheint darin als einer der ältesten Schauplätze für Totenfeiern und Fruchtbarkeitsfeste mit Fackelläufen, Zweikämpfen, Wettreiten und Wagenrennen.

In der Zeit von 776 bis 472 entwickeln sich die Spiele in Olympia zu ihrer endgültigen Form. Die Wiederbegründung, die eigentlich doch eine Neugründung war, beruhte auf einer politischen Entscheidung. Die messenischen Kriege ließen es den Königen von Elis und Sparta geraten erscheinen, ein Bündnis zu schließen. Um dieser Allianz sichtbaren äußeren Ausdruck zu verleihen, hielten sie die Einrichtung eines kultischen Festes für zweckmäßig. Ein Friedensstörer hatte von nun an nicht nur die Heere der verbündeten Städte, sondern auch den Zorn des beleidigten Gottes zu fürchten (→ um 800). Der stärkere Partner unter den beiden Verbündeten war Sparta. Die Spartaner, deren Sinn mehr auf die Förderung militärischer Tüchtigkeit als auf Feste gerichtet war, traten als die mächtigen Schutzherren des heiligen Ortes Olympia auf. Die Eleer erkannten die politische Vorherrschaft Spartas an und widmeten sich dafür mit besonderem Eifer der Leitung und Ausgestaltung der Spiele. Im selben Maße, wie die Bedeutung der Spiele wuchs und sie zum nationalen Fest wurden, konnten sich die Eleer der spartanischen Vormundschaft entledigen.

Ansicht der Anlagen von Olympia mit dem Zeustempel (M.); das Stadion wird in hochklassischer Zeit aus dem heiligen Bezirk, der Altis, ausgegrenzt, Zeichen auch der Säkularisierung der Olympischen Spiele (Modell aus dem 19. Jh.).

Die Zeit von 472 bis 400 gilt als das »goldene Zeitalter« von Olympia. Von diesen wenigen Jahrzehnten strahlt der Glanz aus, der bis zur Gegenwart das Bild Olympias verklärt. Seit dem Jahr 472 wird die Dauer der Spiele auf fünf Tage festgelegt. Sie gewinnen nun den Rang eines panhellenischen Festes.

Fürsten und Staatsmänner eilen nach Olympia nicht nur, um zuzuschauen, sondern auch, um an den Wettkämpfen teilzunehmen und sich als Sieger bekränzen zu lassen. Alkibiades bewirtet in der Freude über seinen Olympiasieg im Wagenrennen sämtliche Zuschauer. Herodot kommt nach Olympia, um aus seinen Geschichtswerken vorzulesen. Pindar schreibt seine berühmten Oden auf die Olympiasieger. Gorgas hält eine begeisternde Rede »Olympikos«. Phidias schafft mit seiner Zeusstatue eines der Sieben Weltwunder. Olympia ist ein Kulturzentrum.

Die nächsten rund sieben Jahrzehnte von 400 bis 338 lassen nur noch die Bezeichnung »silbernes Zeitalter« zu. Die fortwährenden Kriege der griechischen Stadtstaaten untereinander, in die auch die Perser eingreifen, schwächen die Festlandsgriechen so sehr, daß sie immer weniger Sieger stellen. Dafür treten die Athleten aus den Kolonien in Süditalien, Sizilien, Kleinasien und Afrika, für die Olympia eine Art nationaler Wallfahrtsort ist, stärker hervor.

Mit dem Jahr 338 erlischt die politische Selbständigkeit Griechenlands, das erst makedonische, dann römische Provinz wird. Die Festspiele im heiligen Hain von Olympia verlieren ihr nationales Gepräge. Das Berufsathletentum gewinnt in der Folge die Oberhand.

Die Maße des Stadions und des Hippodroms in Olympia

Das archaische Stadion in Olympia hat eine Länge von einer Stadie oder 600 Fuß (192,27 m) und eine Breite von einem Plethron oder 100 Fuß (32,045 m). Diese Grundmaße werden auch beibehalten, als man das Stadion in der klassischen Zeit und in der nachklassischen Zeit noch je einmal verlegt. Ursprünglich reichte es in der Altis bis an den Zeusaltar heran. Zuletzt liegt es außerhalb der Altis, damit mehr Platz für Zuschauer geschaffen werden kann. Das Hippodrom liegt südlich des nachklassischen Stadions. Es hat die Länge einer Spina. Das sind zwei Stadien bzw. 384,50 m. Die Breite beträgt rund 190 m. Im oberen und im unteren Halbkreis steht je eine Säule als Wendepunkt. Die Reiter haben eine Runde zurückzulegen, was einer Strecke von 769,12 m entspricht. Zweigespanne fahren acht Runden (6152,96 m), Viergespanne zwölf Runden (9229,44 m).

An der nordwestlichen Ecke des Hippodroms wird in römischer Zeit als kaiserliche Loge ein Oktogon errichtet. Auf der gegenüberliegenden Seite der Altis stehen den Athleten zum Training ein Gymnasion und ein mit Sand bedeckter Übungsplatz zur Verfügung.

Mehrere hochangesehene Persönlichkeiten amtieren als Kampfrichter.

Von der harten Strafe, in Olympia ein Zuschauer zu sein

Ab 776. Ein Vergnügen ist es nicht, bei den Spielen Zuschauer zu sein. Der Gutsbesitzer, der seinem Sklaven androht, er werde ihn nicht, wie üblich, als Strafe zur Schwerstarbeit in die Mühle schicken, sondern — weit schlimmer — als Zuschauer mit nach Olympia nehmen, weiß, wovon er spricht. Der August ist glühend heiß. Die Flüsse Alpheios und Kladeos führen zu dieser Jahreszeit kaum Wasser. Es gibt nur neun Brunnen, die z. T. ebenfalls versiegen. Erst zur Römerzeit stellt Herodes Atticus durch den Bau einer Wasserleitung, die in kilometerlangen unterirdischen Kanälen aus dem Gebirge kommt, die Wasserversorgung sicher.

Bademöglichkeiten für die Zuschauer gibt es nicht. Nur für die Athleten steht eine großzügige Badeanlage bereit. Außer einer einzigen Herberge für hochgestellte Persönlichkeiten gibt es keinerlei Unterkunftsmöglichkeiten. Olympia ist kein Ort, wo Menschen wohnen. Die Zuschauer müssen in der Ebene Zelte aufschlagen, die in der prallen Sonne liegen. Im Stadion dürfen keine Kopfbedeckungen getragen werden. Zur Hitze kommt ein bestialischer Gestank. Nicht allein mangels sanitärer Anlagen. Auf etwa 70 Altären werden Tieropfer dargebracht, deren Fleisch in der Regel nicht gegessen werden darf. Es verfault in der Hitze. Dazu kommt die Fliegenplage.

Alles spielt sich auf einer Fläche von kaum mehr als 1000 m² ab. Beim Opferfest mit der Hekatombe der eleischen Rinder drängen sich Priester, Zuschauer und Athleten sämtlich in der Altis zusammen. Die monotone Musik, die Gesänge, das Brüllen der Tiere, der Geruch des Blutes, die beißenden Rauchwolken, der Brodem von Schweiß, Kot und verbranntem Haar versetzt die Menschen in Ekstase — oder ihnen wird schlecht.

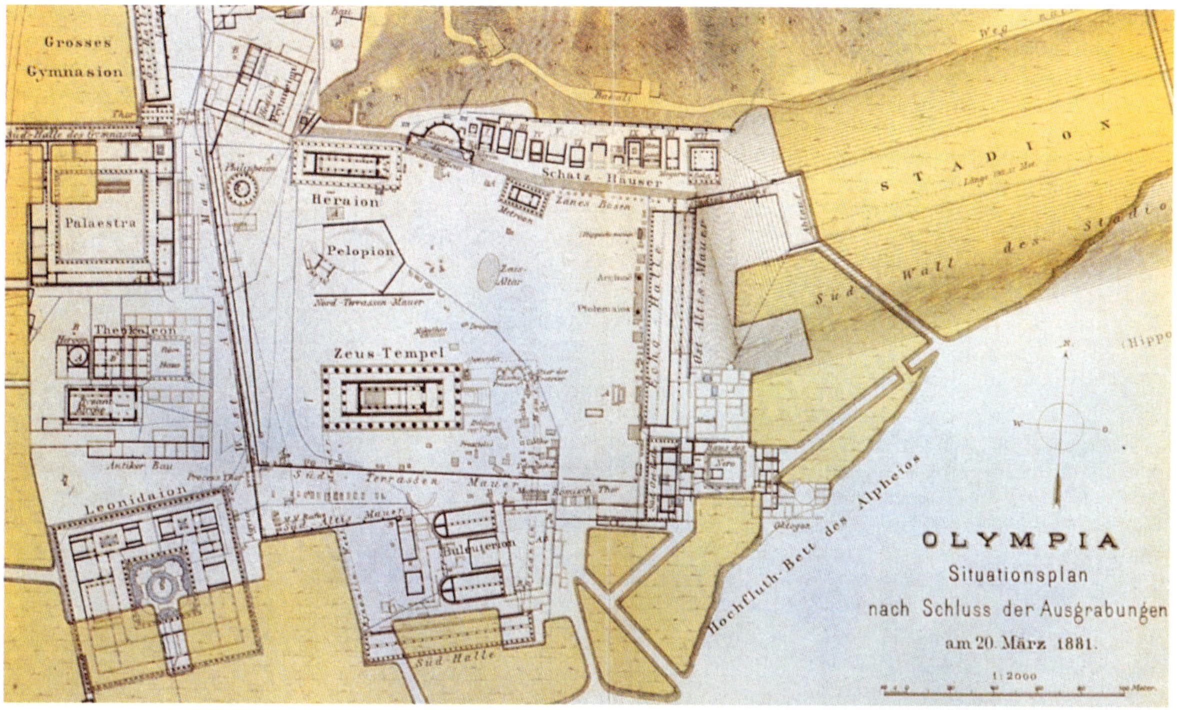

Situationsplan der Sportstätten von Olympia mit dem Stadion und den Erdwällen für die Zuschauer (r.); im Zentrum der Zeustempel mit dem Zeusaltar (Skizze nach Schluß der deutschen Ausgrabungen am 20. 3. 1881)

Pro und contra – die Spiele im Urteil der Zeitgenossen

Herodot, Geschichts- und Geschichtenschreiber, berichtet vom Kriegszug der Perser. Diese haben durch Verrat die Thermopylen erobert (480 v. Chr.) und nehmen an, daß ihnen Griechenland ausgeliefert ist:

»Da kamen Überläufer aus Arkadien in das Lager, unstete Leute, die des Lebens Not hintrieb, wo es zu verdienen gab. Man brachte sie vor den König, um sie auszufragen, was die Hellenen machten. ›Sie feiern das Fest der Olympien‹, war die unerwartete Antwort. ›Sie schauen den Wettkämpfen und Wagenrennen zu.‹ Und als man sie weiter fragte, um welchen Preis jene Kämpfe gehalten würden, erwiderten sie: ›Um den Kranz vom Ölbaum.‹ Da sprach einer der persischen Großen ein kluges Wort, wenn es ihm auch von den andern als Feigheit ausgelegt wurde.

Denn als er von dem Kranze hörte, konnte er es nicht verschweigen, sondern sagte laut vor allen: ›Wehe Mardonius, gegen was für Männer hast du uns geführt, die nicht um Gold und Silber Wettkämpfe halten, sondern um Männertugend.‹ «

Dion Chrysostomos (Goldmund), römischer Redner und Philosoph der stoisch-kynischen Schule, nach einem Besuch der Olympischen Spiele:

»Wozu dieser Eifer, dieser Kampf? Nicht von Pelops, dem Verfolger, nicht von Oinomaos, nicht wegen der Macht, nicht wegen einer Frau, nicht um den Tod wird hier entscheidend gekämpft, sondern das nichtsnutzige Gold ist die Veranlassung des Kampfes erbärmlicher Gestalten. Einmal siegen sie, dann unterliegen sie wieder, immer aber sind es die gleichen.«

Platon, Philosoph, acht Jahre Schüler des Sokrates und Sieger im Ringkampf bei den Isthmischen Spielen, über die Athleten:

»Ihr Leben gleicht den Verschlafenen und ist vom gesundheitlichen Standpunkt aus bedenklich. Sie schlafen die meiste Zeit ihres Lebens, und wenn sie nur ein wenig von ihrer vorgeschriebenen Lebensweise abweichen, fallen sie in schwere Krankheit.«

Flavius Philostratus beklagt außer dem Wettbewerb der Herolde das Fehlen musischer Agone, wie sie in Delphi vorherrschen:

»Olympia aber entfernt Dinge solcher Art als dort unpassend und bietet denen, die dahin kommen, nach den Satzungen des Herakles nackte Athleten dar.«

Plutarch, Historiker und Biograph, berichtet von Alexander dem Großen, der selbst ein hervorragender Athlet ist:

»Man sieht auch, daß er überhaupt gegen den ganzen Stand der Athleten eine große Abneigung hat. Denn so viele Wettkämpfe er nicht allein für Komödianten, Flötenspieler und Khitaristen, sondern sogar für Bänkelsänger, ebenso in allerlei Jagden und im Fechten mit dem Rapier anstellte, so hat er doch weder für den Faustkampf noch für den Allkampf je einen Preis ausgesetzt.«

Epiktet, stoischer Philosoph und römischer Sklave, freigelassen und aus Rom vertrieben, lehrt als Kosmopolit praktische Lebensweisheit über die Mißlichkeiten des irdischen Daseins:

»Gibt es denn in Olympia nichts dergleichen? Werdet ihr dort nicht von der Sonne versengt? Seid ihr nicht in einem bösen Gedränge? Habt ihr nicht schlechte Bäder? Und wenn es regnet, müßt ihr nicht bis auf die Haut naß werden? Genießt ihr nicht Geschrei, Getümmel und andere Beschwerden zur Genüge? Allein ihr rechnet, denke ich, die Sehenswürdigkeit des Schauspiels gegen dieses alles und duldet und ertragt es deswegen. Schwierigkeiten bewähren den Mann. Es gibt unlustige und verdrießliche Sachen im Leben.«

Vom Stadionlauf bis zur Langstrecke des Philippides

Ab 776. Der Lauf als Ursportart steht auch am Beginn der Spiele in Olympia. Zuerst war es in mythischer Zeit allein der Fackellauf zum Entzünden des Opferfeuers. In historischer Zeit gibt es anfangs als einzigen Wettbewerb nur den einfachen Stadionlauf. Die Länge der Strecke ist nicht einheitlich. In Olympia mißt sie 197,27 m, in Delphi 177,35 m, in Delos 167 m, in Epidauros 181,30 m, in Athen 184,30 m, in Priene 191,39 m. Gestartet wird zunächst von einer einfachen Linie aus, die man in den Sand zieht. Später bastelt man eine Art Startmaschine. Vor jedem Läufer hängt ein Querholz an Schnüren, die man gleichzeitig hochziehen kann. Dann läßt man Pflastersteine an der Startlinie ein. Zuletzt Marmorquader mit daumenbreiten Rillen in 15 cm Abstand, wie sie heute noch in Olympia zu sehen sind. Ein Fehlstart wird mit Auspeitschen bestraft, die schimpflichste Züchtigung, die es für einen freien Mann gibt.

Ziel des Stadionlaufs ist der Zeusaltar in der Altis. Also erfolgt der Start am entgegengesetzten Ende. Dafür werden der Doppellauf und die Langstreckenläufe auf der Startschwelle unmittelbar an der Altis gestartet, die stets auch wieder das Ziel ist. In Olympia können 20 Läufer nebeneinander antreten. Daher gibt es Ausscheidungsläufe.

Für den Langlauf gibt es in Griechenland unterschiedliche Distanzen. Es wird wahrscheinlich über 7, 8, 10, 12, 20 und 24 Stadien gelaufen. Das entspricht 1346 bis 4614 m. In der klassischen Zeit, als alle drei Laufwettbewerbe am Nachmittag des dritten Tages ausgetragen werden, beginnt man mit den Langläufen. Denn es dauert, bis nach dem großen Opferfest am Vormittag die Zuschauer sich wieder im Stadion einfinden. Es gibt weder Eintrittskarten noch Platzanweiser, dafür ein ziemliches Gedränge. Erst allmählich bilden sich Zuschauerblöcke, nach Städten und Regionen geordnet, heraus.

Nach dem Langlauf folgen der Stadionlauf und der Doppellauf. Zeichen zum Start ist stets ein Trompetensignal. Jede Stadt kann so viele Läufer melden, wie sie für erfolgversprechend hält. So schickt Kroton, das für seine Ringer — siehe Milon — und Läufer berühmt ist, einmal sieben Läufer ins Rennen. Sie kommen im Entscheidungslauf auf die ersten sieben Plätze. Man sagt, der letzte der Krotoniaten sei immer noch der beste aller Hellenen.

Laufzeiten werden nicht aufgezeichnet. Man rühmt aber Läufer, die, wie Polites aus Keramos, an einem Nachmittag alle drei Laufwettbewerbe gewinnen. Leonidas aus Rhodos gelingt das bei vier Olympischen Spielen.

Als Ageos bei der 113. Olympiade im Langlauf siegt, läuft er noch am selben Tag über das arkadische Gebirge in seine 100 km entfernte Heimatstadt Argos, um selbst die Siegesnachricht zu überbringen. Das ist nicht ungewöhnlich. Der Lauf von Marathon nach Athen ist zwar nicht verbürgt, aber wahrscheinlich. Schon vor der Schlacht von Marathon (490) wird der Athener Philippides als Bote mit der Nachricht von der Landung der Perser nach Sparta geschickt, um Hilfe zu holen. Er bewältigt die 255 km durch die Berge der Argolis und Arkadiens in 24 Stunden. Nachdem er einen Tag lang ohne Erfolg verhandelt hat, läuft er die Stecke in erneut 24 Stunden wieder zurück.

Der Kreter Philonides läuft von Sikyon bei Korinth nach Elis, ebenfalls 200 km in knapp 24 Stunden, und darf dafür sein Standbild in Olympia aufstellen.

Die Laufwettbewerbe zählen zu den wichtigsten Disziplinen bei den Olympischen Spielen der Griechen. Veranstaltet werden in klassischer Zeit mit Start auf einer marmornen Schwelle Stadionlauf, Doppellauf und Langstreckenlauf.

Langstreckenläufer (Vasenmalerei aus dem 4. Jh. v. Chr.). Wichtige Nachrichten werden durch Botenläufer überbracht.

Waffenläufer (Vasenmalerei aus dem 6. Jh. v. Chr.). Es handelt sich um eine vormilitärische Übung, die mit in Olympia verwahrten Beinschienen und Helm durchgeführt wird.

Der Wettkampf der schönsten Männer

Ab 708. Der Pentathlon oder Fünfkampf erfordert von den Athleten die größte Vielseitigkeit. Sie müssen sich in Schnelligkeit, Gewandtheit und Kraft gleichermaßen auszeichnen und verfügen somit über die am besten durchgebildeten Körper. Die Fünfkämpfer genießen daher hohes Ansehen, wie Aristoteles und Sokrates bezeugen, und gelten auch als die »schönsten Leute«. Philostratos fordert: »Wer im Fünfkampf auftreten will, soll eher schwer als leicht und eher leicht als schwer sein, ferner schlank, wohlgebaut, hochgewachsen, nicht übermäßig muskulös, aber auch nicht verkrümmt. Auch soll er eher lange als proportionierte Beine haben und eine biegsame und bewegliche Lende.«

Über die Reihenfolge der Disziplinen streiten sich später die Gelehrten ebenso wie über die Art der Siegerermittlung. Das erscheint aber als zweitrangig. Fest steht, daß die Fünfkämpfer im Lauf, vermutlich Stadionlauf, im Diskuswurf, im Weitsprung, im Speerwurf und im Ringkampf antreten.

Man beginnt mit dem Diskuswurf. Es gibt Scheiben aus Eisen, Blei, Bronze und Stein. Sie haben einen Durchmesser von 17 bis 32 cm und wiegen 4 bis 5 kg. Im Schatzhaus der Sykonier werden drei Disken von gleicher Größe und gleichem Gewicht aufbewahrt, die für die Pentathleten bestimmt sind. Jeder Teilnehmer wirft dreimal hintereinander. Der weiteste Wurf wird mit einem Pflock gekennzeichnet. Die Weiten werden nicht gemessen, sie liegen wahrscheinlich bei etwa 30 m. Nach dem Diskuswurf folgt der Weitsprung, der einige Rätsel aufgibt. Offenbar springen die Athleten mit Hanteln (Halteren) in jeder Hand. Diese Gewichte sind aus Eisen, Blei oder Stein, mit Griffen versehen und wiegen zwischen 1,5 bis 4,5 kg. Der Sprung muß aus dem Stand erfolgen, nur dann bringt ein Schwingen etwa 15 bis 20 cm mehr Weite. Sie liegt bei 3 m.

Der Speerwurf erfolgt ebenfalls aus dem Stand, wobei es nicht auf die größte Weite, sondern auf Treffsicherheit ankommt. Als Ziel dient eine Holzsäule oder ein Schild.

Auf den Stadionlauf folgt der Ringkampf. Die Ringer kämpfen aus dem Stand. Sieger ist, wer den Gegner dreimal zu Boden zwingt.

Speer- und Diskuswerfer (Malerei auf einer Amphora aus der zweiten Hälfte des 5. Jh. v. Chr.); der Wurf mit dem Speer erfolgt im Mittelgriff.

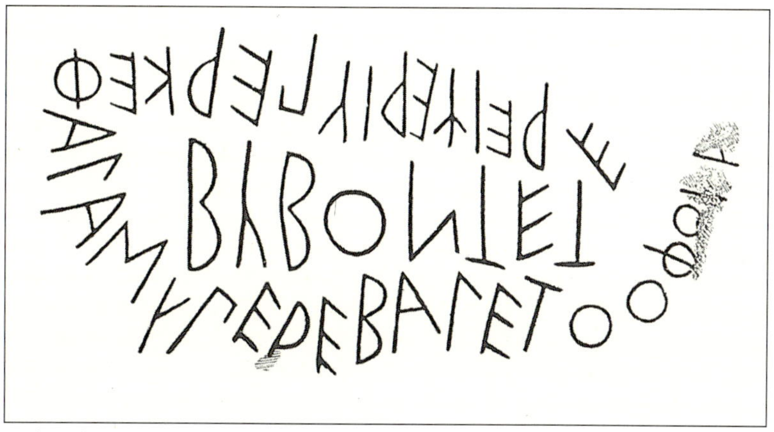

Unbearbeiteter Sandsteinblock mit der Inschrift: »Bybon hat mich mit einer Hand über den Kopf geworfen, Sohn des Pholas.« Der Stein wiegt über 140 kg.

Wurftechnik bei Diskus und Speer

Die Technik des Diskuswurfs ist aus den Bilddokumenten nicht ablesbar, und leider schreiben die Griechen keine Sport-Lehrbücher. Da sie alle Übungen von Jugend an in Gymnasien und Palästren kennenlernen, genügt offenbar die mündliche Überlieferung.

Zweifellos werfen die Athleten bei den Olympischen Spielen die Scheibe aus dem Stand. Zuvor reiben sie Hand und Diskus mit Sand ein, um einen festen Griff zu haben. Dann wird die Scheibe im Pendelschwung senkrecht über Kopfhöhe hochgerissen. Das Abschwingen geht in eine Drehung über mit einem waagrechten Schwung in Bauchhöhe. Aus einer solchen zweiten Drehung heraus erfolgt der Abwurf, wobei der Werfer einen Schritt nach vorne tut.

Der mannslange Speer beim Speerwerfen besteht aus Holunderholz. In der Mitte kurz hinter dem Schwerpunkt ist er mit einem dünnen Lederriemen umwickelt und mit einer Schlaufe versehen. In diese Schlaufe steckt der Werfer Zeige- und Mittelfinger. Der Speer wird daher nicht einfach geworfen, sondern geschleudert. Vermutlich gibt ihm der Werfer mit der Schlaufe eine Drehung. Damit erhöht sich die Wucht des Wurfes und die Treffsicherheit. Dem Wurf geht ein kurzer Anlauf voraus.

Vasenmalerei mit einem Diskuswerfer und einem »Hellanodiken«

Auszeichnung eines siegreichen Athleten (Vasenmalerei 5. Jh. v. Chr.)

Der Diskobol des Myron, römische Kopie nach griechischem Original

Kampfbeginn; die Körper sind mit Öl eingerieben; Suche nach dem Griff

Berührt ein Gegner den Boden zum dritten Mal, erfolgt das Aus.

Es gibt keine Gewichtsklassen und kein Zeitlimit beim Ringkampf.

Olympische Zweikämpfe Mann gegen Mann

Ab 708. Der Ringkampf ist die volkstümlichste Sportart und gehört auch zur Erziehung der männlichen Jugend. Wenn heute bei den Olympischen Spielen allerdings »griechisch-römisch« gerungen wird, kann man sicher sein, daß weder Griechen noch Römer je so gerungen haben.
In Olympia treten die Athleten nackt an; eine Einteilung in Gewichtsklassen ist unbekannt. Vor allem deshalb, weil das Ringen im Stehen vor sich geht und sofort beendet ist, wenn ein Gegner den Stand verliert oder ein Knie den Boden berührt. Wem das dreimal gelingt, wird zum Sieger erklärt. Gehen beide zu Boden, entscheiden die Kampfrichter. Für die Spartaner ergeben sich in Olympia einige Probleme. Sie pflegen ihren Ruf der Unbesiegbarkeit, der sich mit Niederlagen im Sport schlecht verträgt. Sie nehmen noch in Kauf, daß andere im Lauf oder Wurf schneller oder gewandter sind, weil das den Siegeswillen des Spartaners an sich nicht schmälert. Der Ringkampf liegt gerade noch an der Grenze des für sie Zumutbaren, weil hier doch weniger die rohe Kraft, sondern Geschicklichkeit den Ausschlag gibt. Im Faustkampf und Allkampf jedoch wird der Gegner zur Aufgabe gezwungen. Das halten sie für unerträglich, sie verzichten deshalb auf die Teilnahme.
Der Allkampf oder Pankration übertrifft an Härte selbst den Boxkampf, wo absichtlicher Totschlag zwar verboten ist, aber nur milde bestraft wird. Wie viele Tote es in Olympia beim Faustkampf gibt, wird nicht überliefert. In zwei Fällen erklärt man Totgeschlagene zu Olympiasiegern. Denn sie haben sich dadurch ausgezeichnet, daß sie den Kampf nicht aufgaben, sondern eher ihr Leben opferten.
Beim Pankration wird der Kampf im Gegensatz zum normalen Ringen am Boden fortgesetzt, und zwar bis zur Kampfunfähigkeit des Gegners. Es ist so ziemlich alles erlaubt. Man darf dem Gegner die Glieder verrenken, die Finger und Zehen brechen, die Finger in die Augenhöhlen bohren, ihn strangulieren und würgen. Wenn das alles nichts hilft, schlägt man mit bloßen Fäusten zu. Man sieht es nicht so gern, wenn ein Allkämpfer das Zeichen zur Aufgabe signalisiert. Bei den Olympischen Spielen des Jahres 564 bricht Arrhachion aus Phigaleia seinem Gegner gerade die Zehen, als dieser ihn erwürgt. Doch Arrhachion wird posthum zum Olympiasieger erklärt, weil er buchstäblich bis zum letzten Atemzug gekämpft hat. Zeitgenössische Kommentatoren halten diesen Sieg für die Krönung seiner Laufbahn, denn Arrhachion war vorher schon zweimal Olympiasieger im Allkampf. Das geschieht nicht zur Verfallszeit der Olympischen Spiele, sondern zu ihrer Blütezeit. Der Philosoph Philostratos II. hält den Allkampf für das »Schönste von Olympia«, weil die Athleten nicht für ein sensationslüsternes Publikum das Letzte hergeben, sondern zu Ehren der Götter.

Ringkampfszene (Vasenmalerei). Um sich während des Kampfes gegenseitig besser packen zu können, bestreuen sich die Ringer vor Kampfbeginn mit Sand.

Faustkampf bis zum bitteren Ende

688. In Olympia wird erstmals ein Faustkampf ausgetragen. Er geht bis zur Kampfunfähigkeit des Gegners oder bis zum Zeichen seiner Aufgabe. Zeigt sich nach geraumer Zeit keine deutliche Überlegenheit eines der beiden Kämpfer, verfügen die Kampfrichter die Klimax: Nun hat jeder der beiden Faustkämpfer abwechselnd einen Hieb frei, den der andere ohne die geringste Abwehrbewegung hinnehmen muß. Es ist eine Art Strafstoß.
Der Faustkampf erinnert noch am ehesten an jene Zweikämpfe bei Leichenspielen, wo es um Leben oder Tod ging. Anfangs umwickeln die Boxer die Fäuste mit weichen Lederriemen, um ihre Knöchel zu schonen. Später werden die Riemen härter und haben die – erwünschte – Wirkung von Schlagringen. Eines von vielen Epigrammen: »Hat nun Pisa (Olympia) ein Ohr des Andreolos, so hat Plataiai eines der Augen. Für tot trug man in Pytho (Delphi) ihn weg.« Später flechtet man in die Riemen Eisenstücke.

Bronzekopf des Faustkämpfers Satyros (4. Jh. v. Chr.). Die Kampfspuren sind unübersehbar. Die Darstellung ist realistisch. Hier wird keine Idealisierung mehr versucht. Der Künstler hat den Mut zur Häßlichkeit.

Faustkämpfer mit harten Bandagen (Bronzestatue aus dem 1. Jh. v. Chr.)

Ballspiel in Sparta – Peitschenhiebe bei Regelverstoß

Um 600. Wenn die Spartaner Ball spielen, dann geschieht es auf eine Art, die der Philosoph Platon später als »sphairomachia« (Ballschlacht) bezeichnet und als vormilitärische Übung gutheißt. Das Spiel erhält eine besondere Bedeutung dadurch, daß es als Mannbarkeitsprobe durchgeführt wird. Denn an dem Spiel, das nach einem feierlichen Opfer auf dem Altar des Herakles beginnt, muß jeder Mann vor dem Eintritt in das 30. Lebensjahr teilgenommen haben.
Beim spartanischen Ballspiel treten Mannschaften aus den verschiedenen Stadtbezirken Spartas gegeneinander an. Auf einer Siegesinschrift sind die Namen eines 14köpfigen Teams aufgeführt. Das Spiel findet in der Rennbahn statt. Wer die Regeln verletzt, wird ausgepeitscht. Wer das Spiel erfolgreich besteht, darf sich »sphaireis« nennen.
Der griechische Satiriker Lukian von Samosata läßt Solon in einem Zwiegespräch mit Anarcharsis sagen, er solle nicht glauben, daß sich die Spartaner nutzlos anstrengten, wenn sie »um eines Balles willen vor dem Publikum übereinander herfielen und sich schlügen«. Die Regeln dieses Ballspiels werden von dem Spartaner Timokrates nach 400 in einem — später verschollenen — Handbuch festgehalten.

◁△ Ballspieler mit gebogenen Stöcken (Relief auf einer Statuenbasis aus dem 6. Jh. v. Chr.). Das Bild erinnert an das moderne Hockey, doch über die Regeln ist nichts bekannt.

△ Ein Jüngling jongliert auf dem erhobenen rechten Oberschenkel einen Ball; vor ihm steht ein Knabe, Ölgefäß und Schabeisen zur Säuberung in der Hand (griechisches Grabrelief, 4. Jh. v. Chr.).

◁ Ballspieler bei einer Art Fangballspiel (Relief auf einer Statuenbasis); es handelt sich um ein Mannschaftsspiel, bei dem die Spieler auch versuchen, einander den Ball zu entreißen; das Spiel erinnert an das moderne Rugby, über die Spielregeln ist nichts Näheres bekannt.

Die Heräen – das Olympia der Frauen

Ab 776. Verheirateten Frauen ist es bei Todesstrafe verboten, bei den Olympischen Spielen zuzuschauen. Die griechischen Frauen haben ihr eigenes Olympia, die Heräen, die vor oder nach den sportlichen Wettkämpfen der Männer beginnen und ebenfalls alle vier Jahre veranstaltet werden.
Das olympische Fest wird ausschließlich von Frauen vorbereitet und geleitet. Es ist der Göttinmutter Hera geweiht. Es gibt nur Laufwettbewerbe. Die Läuferinnen tragen ein knielanges Hemd (»chiton«), das eine Brust frei läßt. Als erste Siegerin wird Chloris, Tochter des Amphion, verzeichnet. Die Siegerinnen erhalten einen Kranz vom Ölbaum und dürfen ein Tontäfelchen mit ihrem Porträt am Heratempel anbringen.

Der Wagenlenker geht leer aus

Pelops hat beim Wagenrennen wenigstens noch eine Königstochter gewonnen. Bei Homer wird das Wagenrennen als bevorzugte Wettkampfart gewürdigt. In Olympia dauert es 100 Jahre, bis man den ersten hippischen Agon in das Programm aufnimmt (680). Dann erfolgen ständig Erweiterungen: Viergespanne, Zweigespanne, Maultiergespanne, Fohlengespanne. Es bleiben die Agone reicher Leute, die, wie beim Reiten, nicht selbst die Rennen bestreiten, sondern denen die Pferde gehören. Alkibiades schickt sieben Gespanne ins Rennen, um Olympiasieger zu werden. Der römische Kaiser Nero gewinnt mit einem Zehnergespann.

◁ Viergespanne beim Wagenrennen (Deckelbild einer Amphora des Kleophrades-Malers, um 500 v. Chr.)

Der Sieger hat auf Lebenszeit »honigsüße Windstille«

Ab 776. Der schlichte Kranz vom Ölbaum ist als Siegespreis nicht so wertlos, wie es dem Perserkönig Mardonios erscheinen mag. Die Zweige werden von einem Knaben mit goldenem Messer von einem heiligen Baum geschnitten. Schon in den ältesten griechischen Dichtungen wurde der Wuchs des Menschen mit dem eines Baumes verglichen. Mehr noch, man schrieb dem Baum eine Seele zu. Auf der Akropolis von Athen steht ein heiliger Ölbaum, die »Schicksalsolive«. Man glaubt, daß das Geschick der Stadt und des Landes mit diesem Baum verknüpft sei. Es gibt Ölbaumhaine, wo es bei Todesstrafe verboten ist, gebrochenes Holz oder herabgefallene Oliven wegzunehmen. In Bäume, die auf Gräbern gepflanzt werden, geht das Leben der Verstorbenen ein. Der Kranz vom Ölbaum ist etwas Heiliges. Entsprechend feierlich verlaufen die Siegerehrungen in Olympia.

Für den Sieger wird eine Bildsäule in der Altis aufgestellt, die von der Heimatstadt des Athleten bezahlt wird. Nach dem dritten Olympiasieg bekommt sie porträtähnliche Züge. Alles wird jedoch von den Feiern übertroffen, wenn der Olympiasieger heimkehrt. Die Bevölkerung zieht ihm jubelnd entgegen und holt ihn in einem Prunkwagen in die Stadt hinein. In einigen Fällen reißt man sogar Teile der Stadtmauern nieder mit der großspurigen Begründung, daß eine Stadt, die solche Söhne habe, keine Schutzwälle mehr benötige. Dann feiert man tagelang. Wenn der Alltag wieder in seine Rechte tritt, hat der Olympiasieger ausgesorgt. Er braucht zeitlebens keine Steuern mehr zu zahlen, in vielen Städten wird er kostenlos verpflegt, er bekommt einen Ehrenplatz im Theater, Sach- und Geldgeschenke. Im Krieg ist es allerdings mit der »honigsüßen Windstille«, wie es in einer Ode Pindars heißt, vorbei. Da darf der Olympiasieger in der vordersten Reihe kämpfen.

Auch sonst kann er sich nicht auf die faule Haut legen. Er bleibt im Wettkampfgeschirr, mehr als zuvor. Überall will man ihn starten sehen. Die Städte überbieten einander mit Startgeldern. Das Tauziehen um berühmte Olympiasieger, besonders zwischen Delphi, Korinth, Athen, geht so weit, daß man bis zu fünf Talente (etwa 22500 DM) aussetzt.

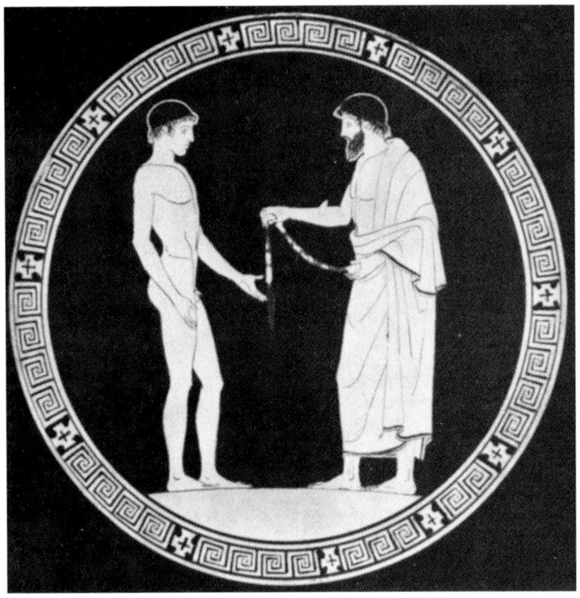

Der Kampfrichter überreicht einem Sieger die Wollbinde als Auszeichnung (rotfigurige Schale aus dem 5. Jh. v. Chr.).

Der Sieger mit der Wollbinde, dem Palmzweig und dem Ölbaumkranz (rotfigurige Schale aus dem 5. Jh. v. Chr.)

Diskuswerfer, Läufer, Schiedsrichter und Ehrung eines Athleten (Malerei auf einer rotfigurigen Amphora aus dem 5. Jh. v. Chr.)

Fünfte Olympische Hymne von Pindar

Der griechische Lyriker Pindar (522 oder 518 — nach 446) besingt in seinen Oden u. a. die Olympischen Spiele (Auszug aus der fünften Olympischen Hymne, übersetzt von Johann Wolfgang von Goethe):

»Hoher Tugenden und/Olympischer Kränze/Süße Blüten empfange,/Tochter des Ozeans,/Mit freudewarmem Herzen;/Sie, unermüdeter Mäuler/Und des Psaumis Belohnung,/Der, Deiner Stadt Preis erwerbend,/Bevölkertes Kamarina,/Auf sechs Zwillingsaltären/Verherrlichte die Feste der Götter/Mit stattlichen Rindopfern/Und Wettstreits fünftägigem Kampf...

Erhalter, du wolkenthronender Zeus,/Der du bewohnest Kronions Hügel,/Ehrest des Alpheios breitschwellende Fluten/Und die idäische heilige Höhle,/Bittend tret' ich vor Dich/In lydischem Flötengesang,/Flehe, daß Du der Stadt/Manneswerten Ruhm befestigest./Du dann, Olympussieger,/Neptunischer Pferde/Freudmütiger Reiter,/Lebe heiter dein Alter aus,/Rings von Söhnen, o Psaumis, umgeben./Wem gesunder Reichtum zufloß/Und Besitztums Fülle häufte/Und Ruhmnamen drein erwarb,/Wünsche nicht, ein Gott zu sein.«

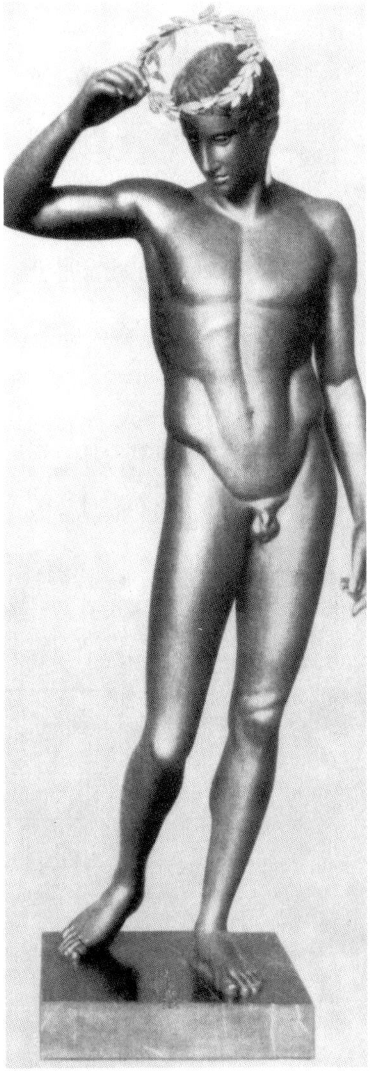

Siegerstatue aus dem 5. Jh. v. Chr. (Bronzeguß nach römischer Kopie)

500

500–1 v. Chr.

Um 500. Im »Ramayana«, einem Epos von 24000 Versen über den indischen Helden Rama, fordert ein Bildungsplan für Könige und Fürsten Reiten (auf Pferden und Elefanten), Wagenfahren, Bogenschießen, Fechten mit Schwert, Lanze, Speer, Streitkolben, Werfen von Speeren, Keulen, Äxten. Dazu Turnierspiele und Tanz.

In etruskischen Gräbern Wandmalereien mit Faustkämpfern und Ringern, Kampfrichtern bei Wettkämpfen mit Zuschauern, Speer- und Diskuswerfern, Stabspringern, mit Reitern und Wagenrennen, Gladiatorenkämpfen und Wasserspringen.

496. Kleomenes aus Astypalaia (Sporaden) wird der Sieg im olympischen Faustkampf aberkannt, weil er seinen Gegner getötet hat.

480. Theagenes aus Thasos, berühmtester Faustkämpfer der Antike mit über 1000 Preisen, muß in Olympia eine hohe Buße zahlen, weil er nach seinem Sieg gegen Euthymos zu erschöpft war, auch noch im Pankration anzutreten.

479. Euchidas läuft nach dem Sieg der Griechen gegen die Perser bei Plataä nach Delphi, rund 190 km an einem Tag, und bricht dort tot zusammen.

476. Der Dichter Pindar wohnt erstmals den Olympischen Spielen bei. Verherrlicht später Sieger in mehreren Oden.

Um 448. Der griechische Geschichtsschreiber Herodot bereist Ägypten und berichtet von Wettspielen in Oberägypten. 1000 Stockfechter bei einer religiösen Feier in Papremis.

404. Der Olympiasieger Lasthenes gewinnt einen Wettlauf gegen ein Pferd über 30 km.

388. Eupolos aus Thessalien wird der Bestechung seiner drei Gegner im Faustkampf überführt. Alle vier müssen hohe Bußen zahlen.

365. Xenophon berichtet in der »Anabasis« über die Erziehung des persischen Adels (u. a. Speerwerfen ab dem siebten Lebensjahr, Jagd zu Pferde ab dem 16. Lebensjahr).

356. Philipp II., König von Makedonien, siegt in Olympia im Reiten.

329. In Rom wird im Tal zwischen Palatin und Aventin der Circus maximus erbaut, in dem viertägige Spiele mit Wagenrennen, Wettreiten, Ringkämpfen und Tänzen stattfinden.

Um 300. In Ägypten Gymnastik und Agonistik nach griechischem Vorbild.

Die Römer übernehmen von den Etruskern Gladiatorenkämpfe. Bald darauf Unterwerfung der Etrusker durch Rom (→ ab 264).

Um 300. In China erscheint ein »Buch der Gesundheit« mit medizinisch-hygienischen Praktiken. Fußballspiel auf Tore; außerdem ein Schlägerspiel, ähnlich dem Golf.

Ab 264. Bei Totenfeiern in Rom Zweikämpfe auf Leben und Tod.

221. Auf dem Marsfeld von Rom erbaut Gajus Flaminius den Circus Flaminius, der die alte Rennbahn zwischen Palatin und Aventin ersetzt.

Ab 206. Handynastie in China. Sportliche Wettkämpfe aller Art spielen eine bedeutsame Rolle. Fußballbuch mit Regeln in 25 Kapiteln, Bälle mit Luftfüllung. General Chi-peng gilt als berühmter Fußball-Lehrer, fordert effektives Spiel.

Um 200. Bei den Lappen in Annmash/ Nord-Skandinavien sind Ski in Gebrauch.

Einigung der Reiter-Nomaden nordwestlich Chinas unter Mao-ton, die mit Bogen und Pfeilen, Lanzen und Hellebarden kämpfen.

186. Erstmals Kampfspiele mit griechischen Athleten in Rom. Die Nacktheit der Griechen erregt bei den Römern Anstoß.

174. Erstmals Gladiatorenspiele in Griechenland.

Ab 113. Innerhalb von acht Jahren mehrere römische Niederlagen gegen germanische Heere.

108. Zuschauer reisen in China über 100 km an, um Ringer-Wettkämpfen unter Kaiser Wu Ti beizuwohnen.

Um 100. Die Pythischen Spiele in Delphi werden eingestellt.

Harpastum, eine Art Rugby, bei den Römern sehr beliebt.

80. Von den Spielen der 175. Olympiade findet in Olympia nur der Stadionlauf der Knaben statt. Die übrigen Teilnehmer läßt der römische Konsul Lucius Cornelius Sulla zur Durchführung der Wettkämpfe nach Rom bringen.

33. In Rom gibt es 170 öffentliche Bäder (Thermen).

30. Die ägyptische Königin Kleopatra VII., die Große, zeigt Marcus Antonius ihre Tauchkünste. Oktavian, der spätere römische Kaiser Augustus, läßt zur Erinnerung an den Sieg bei Aktium über Marcus Antonius und die ägyptische Flotte (31) alle vier Jahre Aktische Spiele veranstalten.

Ab 27. Ballspiel Trigon in Rom bei Damen und älteren Herren sehr beliebt.

23. Ringkämpfe am Hof von Sainin Tenno in Kioto. Sieger Sukane Nomiro wird höchster Beamter Japans und durch eine Bildsäule geehrt.

17. Kaiser Augustus veranstaltet in Rom Säkularspiele. Der Circus maximus faßt 150000 Zuschauer (→ ab 264).

Wagenlenker stehen in Rom in hohem Ansehen.

12. König Herodes I., der Große, begründet in Caesarea/Palästina, gymnastische Spiele nach dem Vorbild Olympias.

4. Der spätere römische Kaiser Tiberius siegt in Olympia mit seinem Viergespann.

Etruskischer Wagenlenker; in der Nekropole Tarquinias zeigen Wandmalereien aus dem 6. Jh. v. Chr. eine Vielzahl sportlicher Wettkämpfe.

Die Träume der Etrusker

Um 500. Sie träumen noch im Tode von ihren glanzvollen Sportfesten. Die Etrusker bedecken die Wände ihrer Grabkammern mit farbiglebendigen Bildern ihres Alltags. Die Verstorbenen birgt man in steinernen Sarkophagen. Auf dem Sargdeckel liegt die lebensgroße Nachbildung des Toten, lässig hingestreckt, den Blick mit behaglichem Lächeln dem Abglanz des Lebens zugewandt. Die Heiterkeit dieser Gräber steht in seltsamem Kontrast zum unwiderruflichen Ende, das sie bedeuten.
Die Sportfeste der Etrusker, die den Wettkämpfen auf Kreta und in Griechenland nicht nachstehen, finden inmitten der Städte auf einem rechteckigen Platz statt. Er ist von hölzernen Tribünen umgeben, mit Sonnensegeln zum Schutz der Zuschauer. Dies bereits zu einer Zeit, als man in Olympia nur einfache Erdwälle kennt. Die Siegespreise der Etrusker haben handfesten Wert: Ein Helm, ein kostbares Stück Stoff oder ein kunstvolles Gefäß. Das reichhaltige Wettkampfprogramm wird mit zahlreichen akrobatischen Übungen und Seiltänzen sowie Musikanten aufgelockert.

Zeichnung auf einem Kupfergefäß für Toilettenartikel (5. Jh. v. Chr.)

Die Gladiatoren aus Etrurien

Um 500. Der Boxkampf ist einer der ältesten rituellen Zweikämpfe der Etrusker. Er wird mit »bewaffneten« Fäusten ausgetragen. Die Kämpfer schwingen Hanteln, mit denen sie aufeinander eindreschen.
Den sportlichen Charakter eines solchen Zweikampfs dokumentieren auf bildlichen Darstellungen ausgesetzte Preise und anwesende Zuschauer. Mit wachsender Verfeinerung der etruskischen Kultur verliert sich die unerbittliche Härte dieses Kampfes. Aber die Kontrahenten setzen ihr tödliches Spiel in Rom als Gladiatoren fort.

Die »Bestiarii« kämpfen gegen Tiere; Helm, Ledermaske, Beinschienen und Schild sind ihr einziger Schutz; wer sich tot stellt, wird mit Keulen erschlagen.

Ave Cäsar – die Todgeweihten grüßen dich!

Ab 264. Die Söhne des Brutus Pera veranstalten anläßlich der Totenfeier für ihren Vater Zweikämpfe auf Leben und Tod. 22 solcher Duelle werden beim Tod des Marcus Lepidus im Jahr 216 erwähnt. Titus Flaminius feiert das Begräbnis seines Vaters mit Gladiatorenkämpfen, an denen 74 Mann teilnehmen. Die tödlichen Kämpfe haben kultische Bedeutung.

In der römischen Kaiserzeit (ab 27 v. Chr.) geht es hingegen nur noch um die Schaulust eines verwöhnten, erbarmungslosen Publikums. 150 000 Arbeitslose in Rom wollen unterhalten sein mit »panem et circenses« (Brot und Spiele). Unter Augustus gibt es 65 Feiertage im Jahr, Mark Aurel erhöht ihre Anzahl auf 133. In Rom treten bis zu 1000 Gladiatoren gegeneinander an. Claudius läßt auf dem Fuciner See 18 000 Mann in einer fingierten Seeschlacht gegeneinander antreten. Die Gladiatoren werden in privaten und staatlichen Gladiatorenschulen ausgebildet und rekrutieren sich aus Kriegsgefangenen, Kriminellen und Sklaven. Manchmal melden sich Sklaven freiwillig, weil sie hoffen, durch den Sieg in der Arena ihre Freiheit zu gewinnen.

Es ist eine vage Hoffnung. Viele begehen in der harten, dreijährigen Ausbildungszeit Selbstmord. Auch der Tapferste ist in der Arena der Willkür der sensationslüsternen Zuschauer preisgegeben.

Das Publikum wählt seine Lieblinge. Ein solcher kann reich werden. Er kann auch seine Freiheit erlangen. Am liebsten sieht das Publikum ihn allerdings in der Arena in Schönheit sterben.

»Retiarii« kämpfen mit Netz und Dreizack, »Secutores« mit Schwert und Schild, »Laquaetores« mit Schlingen und Dolch, »Dimachae« mit Kurzschwertern.

Kaiser Commodus als Gladiator

Als der römische Kaiser Mark Aurel, der Philosoph auf dem Thron, am 17. März 180 n. Chr. in Vindobona (Wien) stirbt, folgt ihm sein 19jähriger Sohn Commodus nach. Dieser schert sich nicht um sein römisches Weltreich, sondern tritt in eine Gladiatorenschule ein. Mit Sklaven und Mördern bereitet sich der junge Kaiser auf Kämpfe in der Arena vor — ein unerhörter Vorgang.

Commodus scheut sich nicht, im Circus maximus als Gladiator aufzutreten und Kämpfe auf Leben und Tod zu bestehen. Menschliche Gegner mögen seinen Siegen nachhelfen, aber Löwen und Panther haben keinen Respekt vor der Kaiserwürde. Commodus ist offenbar sehr stolz auf seine Leistungen als Gladiator, denn er läßt sich seine Auftritte aus der Staatskasse gut bezahlen. Der herkulische Ringkämpfer Narcissus muß Commodus ständig begleiten, damit er jederzeit einen Trainingspartner zur Hand hat. Dieser erwürgt ihn schließlich am 31. Dezember 192 im Auftrag einer Verschwörergruppe.

»Berühmt wie ein Pferd müßte man sein«

17. Wer sich in Rom Geld borgen will und sich auf einen Wagenlenker als Bürgen berufen kann, bekommt jeden Kredit. Für ein einmaliges Auftreten streichen die Rennfahrer in der Kaiserzeit Honorare von 7500 bis 15 000 Denar ein (ein Modius Weizen [8,754 l] kostet 0,5 Denar). Ein Wagenlenker kann Millionär werden.

Die Rennfahrer sind in der Regel Sklaven, deren gesellschaftlich geringer Stand kein Hindernis ist, verwöhnte und wohlhabende Lieblinge des ganzen Volkes zu sein. Aber auch Angehörige der vornehmen Stände üben sich im Wagenlenken, protzen damit auf den Straßen zum Mißvergnügen der Fußgänger und veranstalten Liebhaberrennen.

Ebenso bekannt wie die Wagenlenker sind die Pferde. »Berühmt wie ein Pferd müßte man sein«, dieser Stoßseufzer entfährt 70 n. Chr. dem Dichter Martial. Wobei der Ruhm von Pferden noch einen Vorteil hat: Pferde können nicht schreiben. Auf zahllosen Inschriften finden sich hingegen Verwünschungen eines Rennpferdes, das dem eigenen Favoriten den Sieg raubte.

Vorbereitung, Ausstattung und Durchführung der Rennen besorgen Firmen, die sich im Besitz vermögender Leute befinden. Sie unterhalten eigene Zuchten, kaufen Pferde ein, stellen die Wagen mit allem Zubehör und engagieren die Wagenlenker und Reiter. Da bei dem Massenbetrieb im Zirkus Halfter, Stricke usw. leicht immer wieder abhanden kommen, kennzeichnen diese Firmen ihr Eigentum vom einfachen Strick bis zum Wagen und der Tunika des Wagenlenkers mit den Farben Rot, Weiß, Grün und Blau. Die Rennunternehmer sorgen auch für Claqueure, die den Fahrern zujubeln und die Konkurrenten beschimpfen. Die Zuschauer, 180 000 bis 350 000, hängen jeweils »ihrer« Farbe — zuletzt gibt es nur noch »Blaue« und »Grüne« — mit fanatischer Treue an. Dem Kaiser nimmt man es übel, wenn er sich neutral oder uninteressiert verhält.

Die Rennen im Circus maximus dauern jeweils zwei Tage. 24 Rennen, abwechselnd Wagenrennen und Pferderennen, stehen auf dem Programm. Gewöhnlich geht das Rennen über sieben Runden, etwa 8 km. Bei Wetten auf den Ausgang werden Vermögen gewonnen oder verloren. Von den Voraussagen auf die Ergebnisse können Wahrsager leben.

Natürlich gibt es Bestechung und Schiebung, wie immer, wenn sich handfeste materielle Interessen mit dem Sport verknüpfen. Der Suggestion der Rennen sind besonders Frauen erlegen, die bei Niederlagen ihrer Favoriten in Ohnmacht fallen. Juvenal erzählt, daß eine Dame der Gesellschaft die günstige Gelegenheit, sich von einem Liebhaber verführen zu lassen, ausschlug, um kein Rennen zu versäumen. Also kann es in Rom nicht so sittenlos zugehen, wie oft behauptet wird. Es finden zu viel Rennen statt.

Pferdelenker in den Farben Rot, Weiß, Grün und Blau (römisches Mosaik aus dem 3. Jh. n. Chr.); Kaiser Caligula ernennt sein Lieblingspferd zum Konsul.

Zirkus im Urteil von Zeitgenossen

Es mutet erstaunlich an, daß die Massenhysterie des Publikums bei den Wagenrennen sowie der grausame und blutige Zug der Spiele im römischen Weltreich von den kultivierten Geistern der Zeit toleriert, ja sogar gebilligt werden.

Juvenal, dessen beißender Spott kaum etwas verschont, erwähnt die Spiele mit keiner Silbe. Für Tacitus ist die Sache damit abgetan, daß in der Arena doch nur das Blut gemeiner Menschen vergossen werde. Der feinsinnige Plinius der Jüngere lobt die Spiele, weil sie die Menschen zu »edlen Wunden und zur Todesverachtung« anhalten. Cicero schreibt zwar: »Was kann ein Mann von feiner Bildung für ein Vergnügen dabei finden, wenn ein schwacher Mensch von einer übermäßig starken Bestie zerfleischt oder ein prächtiges Tier mit einem Jagdspieß durchbohrt wird?« Aber er fügt hinzu: »Keine bessere Schulung zu Leid und Tod kann das Auge finden, als wenn einer Schuld Überführte gegeneinander zu kämpfen gezwungen werden.« Kaiser Mark Aurel versucht, Gladiatorenkämpfe mit stumpfen Waffen einzuführen. Aber vergeblich. Das Publikum will Blut sehen.

Die römischen Wagenrennen überdauern den Fall des weströmischen Reiches; Gotenkönig Totila veranstaltet 549 n. Chr. die letzten römischen »circensi«; in Konstantinopel finden sie noch im 9. Jh. n. Chr. statt.

Die Römer – ein Volk von Zuschauern, nicht von Athleten

Als Kaiser Titus im Jahr 80 n. Chr. das Kolosseum in Rom einweiht, wird 100 Tage lang gefeiert. Dabei kommen 5000 Tiere ums Leben. Der Einsatz von Tieren bei den römischen Zirkusspielen ist unvorstellbar. Nero läßt an einem einzigen Tag 400 Tiger gegen Stiere und Elefanten kämpfen. Die Tiere werden, wie ängstliche Gladiatoren, mit glühenden Eisen in die Arena getrieben. Unter Caligula treten an einem Tag 400 Bären gegen Gladiatoren an. Claudius setzt eine Kompanie seiner Prätorianergarde gegen 400 Panther ein. Nicht an 100 Tagen wie im Kolosseum, sondern an einem einzigen Tag sterben in römischen Arenen bis zu 5000 Tiere.

Immer neuer Nervenkitzel muß für das Publikum erdacht werden. In den Provinzen, wo die Tiere eingefangen werden, sterben einige Tierarten aus. So werden in Mesopotamien der Löwe, in Nordafrika der Elefant und in Nubien das Nilpferd völlig ausgerottet. Viele Kriegsgefangene, die in den Gladiatorenschulen nur ungenügend ausgebildet werden, oder später die Christen, die überhaupt nicht für den Kampf in der Arena vorbereitet sind, gehen als Gladiatoren in den sicheren Tod.

Um etwas Neues zu bieten, werden einmal Tierdressuren gezeigt. Aber das findet keinen Anklang. Von der griechischen Agonistik interessiert die Römer nur das Boxen. Dazu müssen die Boxer aber Handschuhe mit Eisenbändern und Lederwülsten anlegen, die mit spitzen Stacheln aus Eisen und Haifischzähnen bestückt sind. Mit diesen furchtbaren Waffen, die an die Hanteln der Etrusker erinnern, können die Gegner einander furchtbare, oft tödliche Verletzungen zufügen. Die Pflicht, Spiele zu veranstalten, ist eine der schwersten Lasten, die eine wohlhabende Oberschicht und der Staat zu tragen haben. Die durchschnittlichen Kosten liegen zwischen 95 000 und 190 000 Denar. Der Versuch, hier Höchstgrenzen festzusetzen, scheitert. Es gibt bei hoch und niedrig keinen wichtigeren Gesprächsstoff als die Ausstattung der Spiele. Und wer Spiele veranstaltet, darf sich nicht lumpen lassen.

△ Das Kolosseum in Rom faßt 80 000 Zuschauer. Es kann unter Wasser gesetzt werden, um darin auch Seeschlachten zu veranstalten. Bereits vor der Einweihung der Arena (80 n. Chr.) hatte Kaiser Augustus einmal auf einem künstlich angelegten See die Seeschlacht von Salamis in Originalkostümen von 3000 Kämpfern nach»spielen« lassen. Der Kampf ging bis zur völligen Vernichtung des Gegners. Der römische Circus maximus wird mehrmals erweitert; zuletzt faßt er 350 000 Zuschauer. Bei der Besessenheit des Publikums spielen sich darin unbeschreibliche Szenen ab. Römische Schriftsteller sprechen von Wahnsinn und Raserei.

◁ Ein Mosaik aus Nordafrika zeigt, wie Treiber zu Pferde, mit Wurfspeeren bewaffnet, Tiere in ein Netz treiben. Die Tiere werden in Kisten eingesperrt und nach Rom verschickt, aber auch in andere große Städte des römischen Weltreiches, das von Mesopotamien bis nach Spanien, vom Nil bis zum Rhein und zur Themse, von Nordafrika bis zum Schwarzen Meer reicht. Alle Provinzstatthalter sind angehalten, Gladiatorenspiele zu veranstalten, wofür Amphitheater und Zirkusarenen erbaut werden.

Ein Ballspiel für Damen und Senioren

Ab 27. Bevor man in den Thermen ins Bad steigt, geht man in einen Schwitzraum. Und bevor man richtig ins Schwitzen kommt, spielt man Trigon. Dieses Ballspiel mit dem griechischen Namen, das aber bei den Griechen nicht bezeugt ist, erfreut sich bei den Römern größter Beliebtheit.
Trigon braucht wenig Platz und wird nur von drei Spielern bestritten. Dazu gibt es als Hilfspersonal — Freunde oder Sklaven — drei Ballaufheber und drei Punktezähler. Wie oder für was Punkte berechnet werden, ist nicht überliefert. Der Ball wird mit der flachen Hand geschlagen. Als besonders geschickt gilt, wer ihn mit der Linken genausogut wie mit der Rechten schlägt. Es ist ein Spiel für Jugendliche, für Damen und ältere Herren. Offenbar macht es einen Riesenspaß. Man spielt ganz leicht gekleidet, denn anschließend geht es gewöhnlich ins Bad. Die Spieler, die sich in einem gleichseitigen Dreieck aufstellen und sich den kleinen Ball in freier Reihenfolge zuspielen, dürfen sich nicht von ihrem Standplatz fortbewegen, können aber durch Trick- und Täuschungsmanöver die Partner im Unklaren lassen, wem sie den Ball zuschlagen.
Das tägliche Trigonspiel wird zu einer Mode, fast zu einer Modekrankheit. In Luxusvillen gibt es dafür eigene Ballspielräume. Der Kaiser selbst spielt und setzt Preise bis zu 50 000 Sesterzen aus. Es gibt nicht nur Trainer, sondern auch Berufsspieler. D. h., auch dieses Spiel bietet den Römern das Vergnügen, zuzuschauen.

Mädchen im »Bikini« bei der Gymnastik mit Hanteln und einer Art Medizinball (Fußbodenmosaik, 300 v. Chr.)

Zwei Spielerinnen werfen sich beim Trigon den Ball zu.

Siegerinnen eines Wettlaufs mit ihren Preisen

Die Thermen – Freizeitzentren eines antiken Weltreichs

Die Thermen sind die eigentlichen Freizeitzentren des römischen Weltreichs. Sie finden sich, mehrfach, nicht allein in Rom, sondern auch in Trier und in Leptis Magna (Afrika), in Mérida (Spanien) und in Alexandria (Ägypten).
In den Thermen des Kaisers Diokletian stehen 3000 Badewannen. Dieses »Stadtbad« dient aber nicht allein der Reinigung und Hygiene. Es finden sich hier Hörsäle und Bibliotheken, kultische Räume, Spazierwege in Gartenanlagen, Gymnastik- und Unterhaltungsräume. Man kommt nicht hierher, um zu baden und wieder zu gehen, sondern um sich dort aufzuhalten, um Gespräche zu führen, sich nicht nur körperlich, sondern auch geistig weiterzubilden.
Der Badevorgang selber, mit verschiedenen Kalt- und Warmwasserbecken, ist eine umständliche Prozedur.
Der Eintritt für diese Thermen, die meist unter öffentlicher Verwaltung stehen, wird niedrig gehalten. Oft übernehmen Kaiser die erforderlichen Mindestgebühren für ein ganzes Jahr und ermöglichen dadurch einen »Nulltarif« für jedermann. Was den Griechen das Gymnasion war, eine Stätte für körperliche und geistige Bildung, schufen die Römer mit den Thermen.
Die Thermen in den Provinzstädten des römischen Weltreichs folgen dem Vorbild der Hauptstadt, erreichen aber nicht deren prachtvolle Ausstattung.
Wie für die zuschauende Masse der Nervenkitzel immer atemberaubenderer Sensationen gefunden werden muß, so bedarf auch die Hinführung zur eigenen körperlichen Betätigung stärkerer Magnete, als es kultische Hingabe oder militärische Notwendigkeit sein können. Körperkultur wird daher bei den Römern trotz allen Aufwandes nicht zum Luxus. Man gibt ihr einen so großzügigen Rahmen, daß sie zu einem Stück Lebenskultur wird.

Die schrecklichen Germanenstämme

Ab 113. Die ersten Begegnungen der Römer mit den Germanen sind schockierend. Binnen acht Jahren werden fünf römische Heere vernichtend geschlagen: Konsul Papirius Karbo bei Noreia in den Alpen (113), Konsul M. Junius Silanus in Südgallien (109), Konsul Aurelius Scaurus, Konsul Ch. Mallius Maximus und Prokonsul Q. Servilius Caepio bei Arausio (Orange) an der Rhône (105). Diese Siege erfechten die Germanen gegen die stärkste Militärmacht der Alten Welt, gegen Heere, die eine lange Entwicklung in Ausbildung und Bewaffnung hinter sich haben, und gegen erfahrene Feldherren. Wenig später dringen Kimbern und Teutonen sogar in Oberitalien ein. Wenn es noch einige Jahrhunderte dauert, bis die Germanen Rom erobern und dem römischen Weltreich ein gewaltsames Ende bereiten, liegt das an der Uneinigkeit der Germanen, die nur als Stämme auftreten und später als todesmutige Hilfstruppen bei Römern wie bei Hunnen gleichermaßen gute Dienste leisten.

Cäsar hebt die Geschicklichkeit der germanischen Reiter hervor. Sie jagen heran, springen ab, während die Pferde am Fleck stehen bleiben, fechten zu Fuß, sitzen wieder auf und jagen davon. Ihre Fernwaffe ist der Wurfspeer, ihre Nahwaffe das Langschwert. Von Pfeil und Bogen halten sie nichts. Bei der rätselhaften Kultstätte von Stonehenge (Südengland) gibt es verschiedene Wälle. Einer umschließt eine 2700 m lange und 110 m breite Fläche, der andere eine von 360 m Länge und 45 m Breite. Sie dienen offenbar als Rennbahnen, wo außer reiterlichen auch andere sportliche Wettbewerbe stattfinden. Tacitus preist in seiner Schrift »De origine et situ Germanorum« (Germania; 98 n. Chr) die Widerstandskraft der Germanen als vorbildlich. Der römische Arzt Galen verbreitet, daß sie die Neugeborenen ins kalte Wasser tauchen, um sie abzuhärten. Die Schwimmkunst der Germanen wird gerühmt. Und von ihren Frauen sagt man, daß sie in der Schlacht oft die wankende Ordnung wiederherstellen und ihren Männern an Opfermut nicht nachstehen. Die Römer haben es bei den Germanen mit einem Volk von Athleten zu tun.

Der Reiterstein von Hornhausen aus dem 7. Jh. n. Chr., die älteste Darstellung eines germanischen Reiters. Die Römer lernen die Germanen als vorzügliche Reiter, Läufer und Schwimmer kennen und fürchten. Die körperliche Ertüchtigung der Germanenstämme wird als Vorbild hingestellt.

Harpastum – Rugby nach Art der Römer

Um 100. Man glaubt sich auf einen Fußballplatz versetzt, wenn man liest: »... Im Ballbesitz spielt er zu diesem froh, weicht jenem aus zugleich, den rempelt er und feuert einen wieder an mit wirren Rufen, wie ›Außen!‹, ›Weit!‹, ›Vorbei am Mann!‹, ›Darüber!‹, ›Tief!‹, ›Oben!‹, ›Kurz!‹, ›Gib acht!‹ und ›Achtung Hintermann!‹.« Das Mannschaftsspiel, das so plastisch geschildert wird, heißt Harpastum. Es wird oft erwähnt und ist sehr beliebt. Als Vorbild dient wahrscheinlich das Ballspiel der Spartaner. Auch Harpastum wird zur militärischen Ertüchtigung gespielt. Da das Spiel oft mit dem Ringkampf in einem Atemzug genannt wird, ist es am ehesten mit Rugby vergleichbar. Allzugroße Härte wird offenbar vermieden, sonst würde der berühmte Arzt Galen dieses Ballspiel nicht ausdrücklich empfehlen.

Der Schriftsteller Arrian charakterisiert das Spiel: »Du wirst sehen, daß darin auch die Ballspieler erfahren handeln. Denn keiner streitet sich um Harpastum als ein Gut oder Übel, sondern nur um das Werfen und Fangen. Übrigens findet sich in ihm Technik, Schnelligkeit, Ausgewogenheit der Bewegung, Klugheit. Werfe ich, so fängt der andere. Wenn wir aber den Ball verwirrt oder furchtsam fangen oder werfen, was ist das dann noch für ein Spiel? Vielmehr wird der eine rufen ›Wirf!‹, der andere ›Wirf nicht!‹, der dritte ›Hättest du mir geworfen!‹. Das ist kein Spielen mehr, sondern Streit.«

Eine etwas exaktere Beschreibung gibt Arrian nur von einem einzigen antiken Ballspiel, das bei den Griechen »episkyros« hieß und dem Harpastum als Vorbild gedient haben könnte: »Das Spielfeld, durch eine mit Steinsplittern gekennzeichnete Mittellinie getrennt und von zwei mit der Mittellinie gleichlaufenden Torlinien begrenzt, hat eine Länge von mehr als doppelter Wurfweite. Auf ein Zeichen laufen beide Parteien von ihrer Mallinie aus nach dem Ball auf der Mittellinie. Wer zuerst am Ball ist, sucht ihn durch Wurf, Lauf oder vielleicht auch schon im Zusammenspiel möglichst weit ins gegnerische Feld zu treiben. Sieger ist die Partei, der es gelingt, den Ball über die feindliche Torlinie zu treiben.«

Die Gewerkschaft der Heraklesverehrer

174. In Griechenland finden unter römischem Einfluß die ersten Gladiatorenspiele statt. Die Entwicklung zum organisierten Berufsathletentum beginnt im Römischen Reich etwa 400 Jahre später.

Am 23. September 194 n. Chr. wird in Neapel eine Urkunde ausgestellt, die mit folgenden Worten beginnt: »Die heilige Wanderathletenvereinigung Hadrian, Antonin, Septimius entbietet den Mitgliedern des Vereins ihren Gruß. Nehmt zur Kenntnis, daß der Boxer Herminos alias Moros aus Hermopolis, ... Jahre alt, unser Mitglied ist und die gesetzliche Aufnahmegebühr voll und ganz bezahlt hat. 100 Denare. Wir schreiben euch das, damit ihr davon wisset. Lebet wohl!« Wie alt Herminos ist, bleibt in der Urkunde offen. Der Vereinsschreiber weiß es nicht, als er die 1 m lange und 18 cm breite Papyrosrolle ausstellt und vergißt später, es nachzutragen.

Als Herminos dem Verein beitritt, besteht dieser schon etwa 150 Jahre. Er hieß ursprünglich »Verein der Wanderathleten der Heraklesverehrer« und entwickelte sich zu einer Art Athletengewerkschaft. Sie genießt höchstes Ansehen. Der Urkunde liegen Abschriften bei von kaiserlichen Empfehlungsschreiben für den Verein mit Sitz in Rom.

Am Rande des Römischen Reiches: Auf einem Bronzegefäß aus Illyrien (Jugoslawien) Boxer, die mit Hanteln um einen federgeschmückten Helm kämpfen

1

1–499

9. Der chinesische Kaiser Wang Mang veranstaltet jährlich im Frühjahr und Herbst Schießwettkämpfe. In den Shaolin-Klöstern Training in Chuan-fu und Kung-fu.

17. Gajus Julius Caesar Germanicus, Adoptivsohn des römischen Kaisers Tiberius, siegt in Olympia im Wagenrennen.

Um 40. Kaiser Caligula nimmt in Rom persönlich in thrakischer (schwerer) Rüstung an Gladiatorenkämpfen teil. Seinem Rennpferd verleiht er die Würde eines Konsuls.

65. Der römische Kaiser Nero läßt die Spiele der 211. Olympiade um zwei Jahre verschieben, um selbst daran teilnehmen zu können.

67. Nero läßt sich in Olympia als Sieger im Wagenrennen (Zehnergespann) und im Gesang feiern. Auf einer Wettkampfreise durch Griechenland sammelt er angeblich 1180 Siege in musischen und hippischen Wettbewerben.

Um 80. Der römische Dichter Martial beschreibt Figuren-(Synchron-) Schwimmen von Mädchen im Amphitheater.

80. Kaiser Titus weiht das Kolosseum in Rom ein, dessen Bau von Kaiser Vespasian begonnen worden war. 80 000 Zuschauer sehen hier Gladiatorenspiele und Tierhetzen.

86. Kaiser Domitian erneuert die Kapitolinischen Spiele für athletische Wettkämpfe und baut dafür ein Stadion für 20 000 Zuschauer. Der Circus maximus faßt jetzt 340 000 Zuschauer.

Um 100. In China wird eine Art Federball mit Fuß und Knie gespielt.

Unter Kaiser Trajan treten in Rom innerhalb von vier Monaten 10 000 Gladiatoren auf.

Das Polospiel gelangt von Tibet über Korea nach Japan.

Um 130. Der römische Kaiser Hadrian besteigt den Ätna (3334 m).

169. Der griechische Arzt Galen kommt nach Rom. Er unterscheidet die »Gymnastik« als einen Teil der Medizin von der »Athletik«.

Um 299. Beginn des speziellen chinesischen Boxens, später Shaolin-Boxen genannt.

204. Säkularspiele unter Kaiser Septimius Severus (249 v. Chr. gestiftet). Wettkämpfer für musische und athletische Wettbewerbe werden aus allen Teilen des römischen Weltreichs nach Rom geholt.

216. Fertigstellung der Thermen des Caracalla in Rom mit Mosaiken (Faustkämpfer mit Handschutz). In Rom etwa 800 öffentliche Bäder und elf große Thermen.

Um 240. Unter dem Perserkönig Ardaschir I. (Geschlecht der Sassaniden) Blütezeit des Polospiels.

248. Tausendjahrfeier Roms mit Säkularspielen (zum letzten Mal).

272. Beim Polo in Persien Mannschaften mit 100 und mehr Spielern.

280. Unter Kaiser Wu Ti Ringen und Gewichtheben in China in hohem Ansehen. Berichte über Schlittenfahren. An den Schulen Unterricht im Bogenschießen.

Taekwondo entsteht als militärische Übung in Korea.

Um 300. Thermen von Kaiser Diokletian in Rom auf einem Gelände von 244x144 m übertreffen alle vorigen an Größe.

Pferderennbahn in Hatra, der Hauptstadt des Irak. Polo am Hof der arabischen Lachmiden-Fürsten in Mesopotamien.

324. Jamatozeit in Japan. Adelskultur der Samurai. Reiten, Löffel-Polo, Schießen zu Pferde, Schwertfechten. Erstmals Wettkampf im Bogenschießen vor Nintoku Tenno bezeugt.

325. Der römische Kaiser Konstantin I., der Große, verbietet Gladiatorenspiele in Konstantinopel.

385. Letzter überlieferter Name eines Olympiasiegers: Varazdates aus Armenien im Faustkampf.

393. Kaiser Theodosius I., der Große, verbietet die Olympischen Spiele.

Um 400. Der Chinese Fu Hsien beschreibt Wettkämpfe am Hof der Radschputen-Herrscher in Indien: Schwertfechten, Reiten, Turniere mit Lanzen und Schwertern, Speerwerfen zu Pferd auf Scheiben, Tanzen und Singen von Heldenliedern.

Die Indianer Nordamerikas geben Mythen und Sagen, auf denen Spiele beruhen, mündlich weiter.

Die Muskogee-Indianer spielen Chunkey-Speerwerfen auf rollende Steinscheiben. Verbreitet ist ein Ballspiel mit bis zu 100 Mitspielern.

In den Mythen der Bewohner des mexikanischen Hochlands wird ein »Zauberballspielplatz« erwähnt.

Bei den Uitoto-Indianern am Orinoco ist ein Korbballspiel verbreitet.

Ab 400. In Norwegen werden zwölf Orte gegründet, deren Namen an den Skigott Ullr erinnern.

404. Der weströmische Kaiser Flavius Honorius verbietet Gladiatorenkämpfe und schließt die Gladiatorenschulen.

426. Der byzantinische Kaiser Theodosius II. läßt vor seinem Palast in Konstantinopel zum Marmarameer hin einen Poloplatz anlegen.

437. Vorstoß der Hunnen bis zum Rhein: Ausdauernde, gewandte Reiter, vorzügliche Bogenschützen.

469. Sumo-Ringer am Hof des Yuryaku Tenno.

Um 480. Tajinkultur am Golf von Mexiko. Anlage von Stufen-Pyramiden und Ballspielplätzen.

Ballspielende Jugend in Florida; der Stich nach einer Zeichnung von Le Moyne wird 1591 in dem Werk »America« von Johann Theodore de Bry veröffentlicht.

Die Spiele der Indianer

Um 400. Die nordamerikanischen Indianer geben Mythen und Sagen, auf denen bestimmte Spiele gründen, in der mündlichen Überlieferung weiter. Bildliche Darstellungen dieser Spiele fehlen ebenso wie schriftliche Aufzeichnungen über sportliche Wettkämpfe.
Die Weißen, die den amerikanischen Kontinent über ein Jahrtausend später erforschen und erobern, seien es Spanier oder Italiener, Portugiesen oder Franzosen, Engländer oder Niederländer, interessieren sich wenig für die Kultur der Eingeborenen, die für sie nur »Wilde« sind. Sie sind besessen von der Suche nach sagenhaften Reichtümern, die sie in der Neuen Welt im sagenhaften El Dorado zu finden hoffen. Eher zufällig zeichnet der Franzose Jacques Le Moyne de Morgues 1564 indianische Jugendliche bei ihren Übungen und schreibt dazu: »Ihre Jugend wird im Schnellauf geübt, und ein Preis wird dem gewährt, der am längsten läuft, ohne innezuhalten. Und sie üben häufig mit dem Bogen. Sie spielen auch ein Ballspiel wie folgt: In der Mitte eines offenen Platzes wird ein Baum, acht bis neun Faden (14,6 bis 16,5 m) hoch, aufgerichtet, mit einem quadratischen Rahmen, aus Zweigen geflochten, an der Spitze. Dieser Rahmen muß mit dem Ball getroffen werden, und wer das als erster tut, erhält einen Preis.«

Ringer (olmekische Basaltskulptur von 66 cm Höhe, um 300)

Das heilige Buch der Quiché

Die Überlieferung stammt von den Quiché-Maya aus Guatemala und reicht bis ins 1. Jahrhundert v. Chr. zurück: Der indianische Mythos des »Popol Vuh« (Buch des Rates) versucht, die Schöpfung zu erklären, zu deren Rätseln das Auf- und Untergehen von Sonne und Mond gehören. Es sind Lichtgötter, die im »Popol Vuh« einen ständigen Kampf mit den Göttern der Finsternis führen. »Eins Blume« und »Sieben Blume« messen sich mit »Eins Tod« und »Sieben Tod« im Ballspiel. Sie unterliegen. Aber Hunahpu und Xbalanque besiegen die Götter der Finsternis, nachdem sie scheinbar verbrennen, und stehen strahlend von den Toten auf.

Das himmlische Gleichnis

Um 400. Vom Paradies haben die Bewohner des mexikanischen Hochlands eine genaue Vorstellung. Sie sehen es in dem sagenhaften Reich Tollan, wo die ersten Menschen Lebensmittel und Reichtümer in Fülle fanden, »wo das blaue Wasser sich ausdehnt und die weißen Binsen stehen, wo das weiße Rohr sich breitet und die weißen Weiden stehen, wo der weiße Sand sich hinzieht und die farbigen Baumwollflocken hängen, wo die bunten Seerosen schwimmen und der Zauberballspielplatz liegt«.

Der schönste und besterhaltene Ballspielplatz Mittelamerikas wird um 1000 in der neugegründeten Stadt Chichen Itzá auf der Halbinsel Yucatán errichtet. Zu dieser Zeit herrschen hier die Tolteken, die ihren Namen von dem sagenhaften Reich Tollan ableiten. Der Platz liegt inmitten von kultischen Bauten und Tempeln. Sein Grundriß entspricht zwei lateinischen T, von denen das eine auf dem Kopf steht und sich unten an das andere anschließt. Die Länge des Platzes beträgt 146,80 m, seine Breite 27 m. An den Längsseiten wird der Platz von 7,32 m hohen Mauern eingefaßt, an denen genau in der Spielfeldmitte, 6,75 m über dem Boden, je ein steinerner Ring mit einem inneren Durchmesser von 35 cm angebracht ist. Am Fuße der Steinmauern zieht sich noch ein 1,68 m hoher, etwas abgeschrägter Steinsockel hin, den Reliefdarstellungen schmücken und der von den Spielern nicht betreten werden darf.

Der Fußboden des Ballspielplatzes besteht aus Steinplatten, die durch Längs- und Querlinien in vier Felder eingeteilt sind. An der nördlichen Querseite befindet sich der Nordtempel und eine Ehrentribüne für das staatliche Oberhaupt und sein Gefolge. Auf dem gegenüberliegenden Südwall erhebt sich eine weitere, größere Tribüne für die vornehmen Priester und Adligen. Adler- und Jaguartempel auf der Ostmauer gelten den führenden Kriegerkasten. Die Plattformen der Seitenmauern sind für die übrigen Zuschauer bestimmt.

An die 100 Ballspielplätze gibt es auf Yucatán, weitere 50 bei den Azteken. Diese sind es auch, die dem Spiel seine letzte Prägung geben. Sie erfüllt die hartgesottenen spanischen Eroberer im 16. Jahrhundert mit Entsetzen. Denn wenn das Spiel entschieden ist, wird dem Führer der unterlegenen Partei bei lebendigem Leibe mit einem Feuersteinmesser das Herz aus der Brust geschnitten. Dies ist eine hohe Ehre für den Geopferten. Anfangs wird das Opfer noch in der Mitte des Ballspielplatzes vollzogen. Als die Spanier dieses Schauspiel miterleben, findet es auf der nahegelegenen Tempelplattform statt. Dabei werden noch andere Auserwählte geopfert, »um der Sonne genügend Nahrung zu geben«. Bei der Einweihung des Haupttempels in Tenochtitlán unter König Ahuízotl werden 1487 in vier Tagen 20 000 Menschen geopfert, so die Angabe einer aztekischen Bilderhandschrift. Die Spanier finden später am Rand des Ballspielplatzes eine Pyramide von 136 000 Totenschädeln vor.

Diese Form des rituellen Ballspiels bleibt jedoch auf den Götterballspielplatz von Tenochtitlán beschränkt. Auf den kleineren Ballspielplätzen im ganzen Land hat der Spielausgang nicht die blutige Konsequenz. Die Zuschauer müssen jedoch in reichem Festschmuck erscheinen und der siegreichen Partei eine Spende übergeben oder sich von ihr ausrauben lassen.

Ballspieler-Relief aus Chiapas. Einflüsse aus dem Süden und aus dem Norden bestimmen die Entwicklung des kultischen Ballspiels in Mittelamerika. In den Provinzen des Aztekenreiches verliert niemand seinen Kopf beim Spiel, sondern höchstens Geld, da die Zuschauer Wetten abschließen.

Schematische Darstellung eines Ballspielplatzes mit Götterfiguren (Codex Colombino, vorspanische Bilderschrift der mixtekisch-aztekischen Kultur, um 1500, Nationalmuseúm Mexiko)

Indianischer Ballspieler mit einem Kautschukball (große Tonskulptur im Galisco-Stil von der Nordwestküste Mexikos, etwa 300—200 v. Chr., Nationalmuseum Mexiko). Die Formen der Ballspielplätze wie auch das Spiel selbst variieren bei Mayas, Tolteken, Zapoteken, Mixteken und Azteken.

Das Ballspiel der Uitoto-Indianer

Um 400. Das Uitoto-Wort für Ball heißt »uike« und bedeutet »Frucht des Kautschukbaums«. Der Ball wird mit den Knien hochgeschnellt und muß möglichst lang in der Luft gehalten werden. Zuletzt landet er in einem Korb.

Was die spanischen Eroberer im 16. Jahrhundert in Tenochtitlán, der Hauptstadt des Aztekenreiches in Mexiko, antreffen, ist die Endform einer jahrtausendelangen Entwicklung eines kultischen Ballspiels, dessen Ursprung am Orinoco zu suchen ist.

Zu Beginn des Ersten Weltkriegs lebt der deutsche Ethnologe Konrad Theodor Preuß einige Monate in einem Indianerdorf in den Ostkordilleren Südamerikas. Die Uitoto halten mit der den Indianern eigenen Zähigkeit an uralten Überlieferungen fest und begehen alle zwei Jahre im März und September ein Ballspiel. In ihren Mythen, die Preuß aufzeichnet, heißt es: »Wenn wir Ball spielen, treiben wir nicht Mutwillen, denn das ist eine heilige Sache, und wer sie schlecht betreibt, den züchtigt der Herr des Ballspiels, denn er beobachtet die Spieler und weiß, wenn einer es schädigt.«

Das Chunkeyspiel bei den Muskogee

Um 400. Bei den Muskogee-Indianern im Nordosten des amerikanischen Kontinents ist ein Spiel verbreitet, das sie »Chunkey« nennen. Es geht darum, durch einen in der Mitte durchbohrten rollenden Stein einen Speer zu werfen. Dafür ist inmitten der Dörfer ein Spielplatz angelegt, der mit einer rechteckigen Umwallung umgeben ist und an dessen oberem und unterem Ende sich eine erhöhte Plattform mit einer Ratshütte befindet.

In der Mitte des Platzes steht ein Pfosten, der als Ziel für Bogenschützen dient. An zwei kleineren Pfosten werden Kriegsgefangene festgebunden, die zum Feuertod bestimmt sind. Die Schädel der zuletzt Geopferten stecken auf den Spitzen der Pfähle.

Zu Beginn des 19. Jahrhunderts, 1832, macht sich der US-Amerikaner George Catlin die Mühe, die Indianer zu erforschen. Er findet bei den Choktaw, die zur Sprachfamilie der Muskogee gehören, Steinscheiben vor, die von Generation zu Generation weitervererbt werden und als heilige Himmelssymbole gelten. Gespielt wird damit allerdings nicht mehr.

Steißballspiel zu Ehren des Sonnengottes Huitzilopochtli

Als Hernán Cortés 1529 nach Spanien reist, um sich vor Karl V., König von Spanien, gegen Vorwürfe wegen Greueltaten zu rechtfertigen, bringt er neben vielen Schätzen aus der Neuen Welt auch zwei Azteken mit, die bei Hofe als Ballspieler auftreten. Eine Zeichnung des Spiels wird mit folgendem Kommentar versehen: »Auf solche Manier spielen die Indianer mit einem aufgeblasenen Ball mit dem Hintern, ohne mit der Hand daran zu rühren. Sie haben auch ein hartes Leder für den Hintern, damit er vom Ball den Streich empfangen kann, und sie haben auch lederne Handschuhe an.« Allerdings handelt es sich nicht um einen aufgeblasenen Ball, sondern um eine Kautschukkugel.

Die Spieler zeigen eine große Gewandheit darin, den Ball mit dem Gesäß hin- und herzustoßen. Doch was Karl V. sieht, ist nur Training und hat mit dem eigentlichen Spiel wenig zu tun. Man führt auch nur das Zuspiel mit den Hintern vor, weil sich darüber der kaiserliche Hof weidlich amüsiert. In der Azteken-Hauptstadt Tenochtitlán findet das Ballpiel im November statt, zu Ehren des Kriegs- und Sonnengottes Huitzilopochtli. In aller Frühe umschreitet ein Priester mit einem prächtigen Kopfputz, der den Morgenstern symbolisiert, in feierlichem Zug die Stadt, bis er am Tempelbezirk angelangt ist.

Aztekische Ballspieler (Zeichnung des Holzschneiders Christoph Weiditz)

Sobald er dort den Ballspielplatz erreicht hat, werden vier Menschen getötet und ihre Leichen über den Platz geschleift. Das Blut der Geopferten, das den Platz rötet, stellt die aufscheinende Morgenröte dar. Als Zuschauer dürfen dem anschließenden Spiel nur der kaiserliche Hof und der Adel mit der versammelten Priesterschaft zusehen. Auch die Spieler, die einer besonderen Kaste angehören, haben priesterlichen Rang. Nachdem der Ball im Tempel gesegnet worden ist, wirft ihn ein Oberpriester auf das Spielfeld. Zwei Mannschaften werfen einander die schwere elastische Kautschukkugel mit dem Ziel zu, diesen Ball durch einen an den Seiten angebrachten Steinring zu treiben. Glückt dieser schwierige Treffer, gilt das Spiel als entschieden.

Der Ballspieltanz. Mit Trommeln, Flöten und Gesang wird eine ekstatische Stimmung erzeugt; sie ist so wichtig wie das Spiel selbst (Gemälde von George Catlin).

Choktaw spielen größtes Mannschaftsspiel aller Zeiten

Um 400. Strengen Regeln unterliegen die Vorbereitungen für ein Ballspiel, das bei den Choktaw-Indianern (→ um 400) verbreitet ist. Die Spieler, gewöhnlich alle mannbaren Mitglieder eines Stammes, müssen sich zu einem dreiwöchigen Training verpflichten. Dazu gehört eine genau vorgeschriebene Diät. Verletzungen der Trainingsregeln und der Trainingszeiten werden unnachsichtig bestraft, manchmal sogar mit dem Tod. Sieben Tage vor dem Spiel bis sieben Tage nach dem Spiel darf keine Frau berührt werden. Am Abend vor dem Spiel zieht der ganze Stamm vom Lager hinaus zum Ballspielplatz, wo bei Getrommel und Gesang der Ballspieltanz beginnt. Er dauert die ganze Nacht hindurch.

Am nächsten Morgen beginnt das Spiel. Das mit Erdfurchen markierte Spielfeld, in Ost-West- oder Nord-Süd-Achse, kann bis zu 1,5 km lang sein. Als Tore dienen etwa 5 m hohe Stangen mit Querbalken.

Das Spiel gilt erst als entschieden, wenn das 100. Tor gefallen ist. Das dauert oft bis Sonnenuntergang. Die Spieler sind nackt bis auf einen Leibgurt, den ein Pferdeschwanz ziert. Um sie besser unterscheiden zu können, malen sich die Spieler einer Partei weiß an. Als Ball dient eine Holz- oder Lederkugel von der Größe eines Tennisballs.

Gespielt wird mit einem Racket, einem 1,20 m langen Stock, an dessen unterem Ende eine handtellergroße Schlaufe gebildet wird, die man mit Lederriemen quer verspannt. Die Choktaw halten in jeder Hand einen solchen Schläger, und nur mit diesen darf gespielt werden. Das Spiel beginnt nach einem Balleinwurf durch den Medizinmann in der Platzmitte mit wildem Getümmel.

Niemand, der es nicht selbst miterlebt habe, könne sich eine Vorstellung von diesem einzigartigen Schauspiel machen, beteuert 1832 George Catlin, der Sitten und Gebräuche nordamerikanischer Indianer in zahlreichen Zeichnungen festhält. Er lebt einige Jahre bei den Choktaw und dokumumentiert in Wort und Bild ein Ballspiel, das auf jahrhundertealter Tradition beruht. Catlin erlebt in dieser Zeit Spiele mit 1000 Teilnehmern, wobei es fliegende Wechsel gibt.

Spieler in voller Kriegsbemalung mit einem Pferdeschweif am Gürtel

Das Ballspiel der Choktaw nach einem Gemälde von George Catlin. Es geht turbulent zu; das Getümmel vor den Toren erinnert an American Football.

500

500–999

Um 500. Schwimmen, Tauchen und Boxen auf den Inseln Ozeaniens weit verbreitet.

516. Tu Mo, Abt des Shaolin-Klosters auf dem Berg Sung, kodifiziert das Kung-fu-System. Shaolin-Boxen mit 18 Aktionen.

520. Der byzantinische Kaiser Justinian I. verbietet Olympische Spiele in Seleukeia am rechten Tigrisufer.

549. Totila, König der Ostgoten, erobert Rom und zeigt seine Reitkünste im Circus maximus. Er veranstaltet auch turnierähnliche Zweikämpfe.

560. Pferderennen und Wettkämpfe beim Thing in Feis-Temrach bei Dublin. In Irland wird Hurley oder Hurling gespielt, ähnlich Hockey. In Schottland bekannt als Shinty, in England als Rappan.

563. Der römische Kaiser Justinian I., der Große, erneuert das Verbot von Spielen in Olympia.

Um 575. Chinesisches Boxen (Gaika oder Karate) gelangt nach Japan.

Um 600. Bischof Isidor im westgotischen Hispalis (Sevilla) erwähnt ein Ballspiel (evtl. Fußball).

Um 610. Prophet Mohammed fordert Ausbildung der islamischen männlichen Jugend im Lesen, Schreiben, Reiten, Schwimmen, Bogenschießen, Schwertfechten.

Ab 620. Blütezeit des Polo in China. Wird auch von Hofdamen und Mädchen gespielt. Am kaiserlichen Palast drei Polofelder. Schlägerspiel zu Fuß (Hockey) für Männer und Frauen als Vorübung für Polo.

Kaiser der T'angdynastie nehmen an Wettkämpfen der Berufsringer teil. Von Kaiser Kho Tsung wird überliefert, daß er beim Bogenschießen zweimal das »Auge der Scheibe« traf.

633. Angeblich erste Besteigung des Fudschiyama (3708 m) auf der japanischen Hauptinsel Hondo durch Enno Shokaku.

Um 642. Araber übernehmen nach der Eroberung Persiens das Schachspiel und verbreiten es in ihrem Machtbereich.

Um 650. Ui-te-Rangiora segelt vom Stillen Ozean aus bis zur Antarktis.

Ab 650. Am kaiserlichen Hof von Kioto jeweils im Juli festliche Sumo-Turniere mit je 20 Ringern aus Ost- und Westjapan.

Um 690. Die römischen Zirkusspiele mit Wagenrennen, Wettreiten und Gladiatorenkämpfen werden endgültig eingestellt.

691. Die chinesische Kaiserin Wu Tsetien, selbst eine hervorragende Bogenschützin, prüft Beamtenanwärter auf Eignung im Reiten, Speerfechten, Gewichtheben, Ringen und Polo.

710. Eine tibetische Gesandtschaft gewinnt am Hof von Kaiser Tsin Yuen ein Polospiel gegen eine chinesische Mannschaft, der vier Prinzen angehören, darunter der spätere Kaiser Hsüan Tsung. Ein kaiserlicher Erlaß verpflichtet alle Beamten vom dritten Rang aufwärts zum Polospiel.

730. In England entsteht das Epos »Beowulf«. Der Held schwimmt und taucht in voller Rüstung und reißt beim Ringen seinem Gegner einen Arm aus.

Um 740. Bei einer Volkszählung in Japan unter Shomu Tenno wird u. a. danach gefragt, wer »da-kyu« (Löffel-Polo) spielen kann.

744. Der langobardische Geschichtsschreiber Paulus Diaconus erwähnt in seiner »Geschichte der Langobarden« ein in Nordeuropa ansässiges skifahrendes Volk, die Skridfinnen, vorher auch schon »Skritofinni« genannt.

747. Eine Synode verbietet in England Pferderennen drei Tage vor Christi Himmelfahrt.

796. Kammu Tenno läßt ein »Verzeichnis der besten Ringer« Japans anlegen.

Ab 800. In Island entstehen die Lieder der »Edda«. Sportliche Übungen und Waffentüchtigkeit werden gerühmt. Besonders Schwimmen, Messer- und Speerwerfen, Jonglieren, Laufen, Ringen (»glima«), Reiten, Eislauf und Skilauf.

821. Der japanische Kaiser Saga stiftet 200 Ballen Seide als Siegespreis für ein Polospiel.

833. Sunna Tenno versammelt die besten Sumo-Ringer Japans an seinem Hof; er bezeichnet Sumo als Mittel der Ertüchtigung, nicht des Vergnügens.

Um 850. Bei Kildear-Castle findet ein Ballspiel zwischen Schotten und Engländern statt, an dem je 20 Spieler beteiligt sind.

Ab 874. Unter dem chinesischen Kaiser Hsi Tsung erhalten gute Polospieler höchste Beamtenränge. In einer chinesischen Enzyklopädie werden Regeln des Fußballspieles niedergelegt.

875. Der arabische Arzt Abu Quasim ben Firnas stürzt mit einem Gleitfluggerät tödlich ab.

Ab 900. Schlittenfahren und Wellenreiten auf Hawaii.

20. 5. 905. Daigo Tenno hält beim Kemari den Ball mit 206 Schlägen in der Luft, bevor er den Boden berührt.

932. Im Hippodrom von Konstantinopel siebentägige Festspiele mit Wagenrennen und Tierhetzen.

Um 950. In Frankreich entwickeln sich feste Regeln für das Ritterturnier. Höchste Blüte des Maurenreiches, Córdoba größte Stadt Europas. Über 300 öffentliche Bäder, Veranstaltung von Stierkämpfen.

Ab 981. Anlage von Ballspielplätzen in der Maya-Hauptstadt Uxmal auf der mexikanischen Halbinsel Yucatán.

Die Seefahrer Ozeaniens

Um 650. Ein buntes Völkergemisch hat im Lauf von zwei Jahrtausenden in drei Wellen die Inselwelt Ozeaniens besiedelt. Die Landnahme ist vom asiatischen und australischen Festland aus erfolgt. Die letzte Besiedlungswelle hatte um 1000 v. Chr. eingesetzt.

Um die gewaltigen Entfernungen auf dem Stillen Ozean, der sehr stürmisch sein kann, zu überwinden, bedarf es nicht nur eines außerordentlichen Wagemuts, sondern auch großen seefahrerischen Könnens mit viel Erfahrung.

Die Ozeanier verfügen über beides und sind darüber hinaus hervorragende Bootsbauer. Sie fertigen ohne Messer, Säge, Beil, Nägel und Schrauben mit keinem anderen Handwerkszeug als Steinen, Muscheln, Haifischzähnen und Pflanzenfasern seetüchtige Fahrzeuge. Sie kennen keinen Kompaß, bestimmen aber mit großer Sicherheit ihren Kurs nach den Sternen, nach im Pazifik sehr konstanten Meeresströmungen und Windrichtungen und sie stellen außerdem genaue Seekarten her.

Fahrten über 1000 Seemeilen sind für Ozeanier nicht ungewöhnlich. Um 650 segelt Ui-te-Rangiora von Rarotonga, der größten der Cookinseln, aus bis zur Antarktis. Zu Beginn des 12. Jahrhunderts landet Ho-tu-Matua auf der Osterinsel im Südpazifik, die er von den Marquesasinseln aus angesteuert hat, eine Strecke von mehr als 2000 km. Auf der Plattform ihrer bis zu 40 m langen Katamarane bringen die Polynesier außer einer hundertköpfigen Besatzung genügend Vorräte an getrockneten Fischen, Pandanusbohnen, lebenden Schweinen, Hühnern und Trinkwasser in Bambusröhren für ihre Fahrten ins Ungewisse unter.

Als der britische Kapitän James Cook auf seinen Entdeckungsreisen (ab 1768) erstmals die tahitische Flotte in Stärke von 300 Kriegskanus manövrieren sieht, fühlt er sich an die Seemacht der alten Griechen erinnert. Bevor Cook allerdings Gelegenheit findet, festzustellen, daß auch die Vielfalt sportlicher Wettkämpfe auf den Südseeinseln dem sportlichen Leben der Antike nicht nachsteht, wird er am 14. Februar 1779 während seiner dritten Forschungsreise auf Hawaii von Eingeborenen erschlagen.

Die Ureinwohner Australiens verharren auf dem Stand des Jagens und Sammelns. Ihre Mythen sind einfach. Auf zahlreichen Rindenzeichnungen halten sie Geister fest wie die Mimi-Geister von Arnhemland, die so dünn sind, daß sie nur bei Windstille auf die Jagd gehen können, oder den bösen Geist, der in einer Höhle lebt und jeden Eindringling mit einem Bumerang angreift (Abb.). Es ist die älteste Darstellung dieses Wurfholzes, das für Australien als typisch gilt.

Stockfechten und Boxkämpfe, die zu Ehren des britischen Kapitäns James Cook im 18. Jh. auf Tonga veranstaltet werden und auf eine lange Tradition zurückgehen. Es gibt auch Ringkämpfe, wobei alle Griffe erlaubt sind. Der Engländer William Turnbull beobachtet Ringkämpfe der Frauen, die »wie Bulldoggen« aufeinander losgehen.

Massenboxkämpfe auf Tonga und Hawaii

Um 500. Der Boxkampf ist auf allen Inseln Ozeaniens weit verbreitet. Auf Tahiti bleibt er den unteren Volksschichten vorbehalten. Doch auf Tonga und Hawaii genießt er hohes Ansehen. An den weithin berühmten Massenboxkämpfen der Tongainsulaner nehmen sämtliche Männer einer Insel teil.

Anlaß für solche Turniere sind Tätowierungsfeste zu Ehren des Gottes Hikuleo. Die Boxer tragen einen sarongähnlichen Rock. Die Fäuste umwickeln sie mit Palmenfasern, um die Finger beim Schlag nicht zu verletzen. An den Kämpfen beteiligen sich auch Frauen.

Auf Hawaii kämpfen die Boxer bis auf eine Lendenschnur nackt. Sie machen keine Versuche, einen Schlag des Gegners mit der Hand abzuwehren, sondern parieren alle Angriffe durch geschicktes Ausweichen. Die Kampfrichter sitzen unter einer Standarte aus Rindenstoff. Der Kampf wird durch K. o. entschieden. Es gibt eine Art Abklatschen: Während ein Paar gegeneinander kämpft, kann ein dritter herantreten und einen der beiden herausfordern. Der andere muß dann zurückstehen, findet aber schnell einen neuen Partner — wie auch jeder Sieger, der letztlich einem frischeren Gegner unterliegt, es sei denn, ein Häuptling tritt dazwischen.

Faustkampf auf der Tonga-Insel Hapai, nach einer Zeichnung von Cook

Tonganesen beim Unterwassersport

Um 500. Zwar veranstalten die Bewohner der ozeanischen Inselwelt keine Schwimmwettbewerbe, dennoch ist die Kunst des Schwimmens für die Südseeinsulaner selbstverständlich — ebenso wie das Tauchen. Auf Tonga gibt es einen ungewöhnlichen Unterwasserwettbewerb. Dort rammt man in 3 m Tiefe auf dem Seeboden zwei Pfähle ein, die 70 m voneinander entfernt stehen. Ein Taucher ergreift anschließend einen dicken Stein, springt bei dem einen Pfahl ins Wasser und versucht, auf dem Meeresboden gehend, den zweiten Pfahl zu erreichen. Das ist nicht ganz einfach, weil man selbst im klaren Wasser der Südsee den anderen Pfahl auf diese Entfernung zunächst nicht sehen kann.

Die Tonganesen sind bei diesem Sport zu zwei Rekordleistungen fähig: Gehen unter Wasser über eine Strecke von 70 m und Anhalten der Luft über die entsprechend lange Zeit. Das ist nicht ungewöhnlich.

Bereits in der Antike hatte der griechische Geschichtsschreiber Herodot geschildert, wie der Sklave Scyllis für den Perserkönig Xerxes I. wertvolle Schmuckstücke aus gesunkenen Schiffen holte. Thukydides überlieferte, wie die Griechen mit Hilfe von Tauchern Syrakus erstürmten. Der Philosoph Aristoteles berichtete um 350 v. Chr., daß Taucher durch Schilfrohre unter Wasser Luft holten.

Wellenreiter und Schlittenfahrer

Ab 900. Die Hawaiianer bauen 2 bis 4 m lange Schlitten mit Kufen und einem Brett darauf, das vorne eine Handbreit mißt und sich nach hinten verbreitert. Damit rodeln sie bäuchlings die Rasenhänge ihrer Berge hinab.

Mit einem etwas breiteren Brett aus Erythinaholz, das sie sorgfältig mit Öl einreiben und über Nacht in Rindenstoff einwickeln, schwimmen die Bewohner von Hawaii weit aufs Meer hinaus, um sich auf eine Welle der Brandung zu schwingen und in sausender Fahrt zurück zum Ufer tragen zu lassen: Bäuchlings der Anfänger und stehend der Meister.

Auf allen Inseln Polynesiens ist das Wellenreiten oder Brandungsschwimmen weit verbreitet (Gemälde nach Th. G. Thrum). Forschungsreisende des 18. Jh. sind die ersten Europäer, die Zeugen dieses Eingeborenensports werden. Die Bretter, auf denen die Eingeborenen auf der Brandung »reiten«, sind bis zu 80 kg schwer. Von Polynesien aus verbreitet sich die Kunst des Wellenreitens bis nach Europa.

1000

1000–1199

Um 1000. Schach kommt durch die Araber nach Mitteleuropa.

Ab 1000. Ritter gelangen in Deutschland zu hohem gesellschaftlichem Ansehen.

1003. Thorfinn Karlsefnis segelt von Island nach Vinland (»Weinland«) an der Nordostküste Nordamerikas zwischen Neufundland und Cap Cod.

1007. In Hallstadt bei Bamberg ist eine Schützengilde beurkundet.

1054. In einem »Ritterspiegel« wird das Kegelspiel genannt.

1057. Früheste Erwähnung von Kasagake (Bogenschießen zu Pferde) in Japan. Ziel ist ein Hut (»kasa«).

Um 1060. Chio Yuang Shang entwickelt in China ein gymnastisches System mit 72 Übungen.

1064. Anno II., Erzbischof von Köln, bewilligt eine jährliche Geldzuweisung an den Schützenkönig.

1066. Tod Gottfried von Preuillys, der als erster Turniergesetze aufschrieb.

14. 10. 1066. Normannen erobern England. Sie finden bei der Bevölkerung Ballspiele vor. Die Normannen entwickeln angeblich den Begriff »sport« für ihr adliges Vergnügen (Reiten, Jagd).

1096. Erstmals Yabasume (Bogenschießen zu Pferde auf Scheiben) in Japan belegt. Erste Niederschrift von Regeln für Kemari (Fußball).

Um 1100. Gründung einer Schützenbruderschaft in Münster. In der Folge entstehen in Deutschland zahlreiche Schützengesellschaften.

Anna Komnene, Kaisertochter und byzantinische Geschichtsschreiberin, schildert den Gebrauch der Armbrust und teilt mit, daß sich ihr Vater, der oströmische Kaiser Alexios I. Komnenos, beim Polospiel an Fuß und Knie verletzte.

Nach 1100. Die Armbrust, bis dahin Jagdwaffe, wird nach dem Ersten Kreuzzug im Krieg eingesetzt. Wiederholte Verbote, sie auch gegen Christen zu verwenden.

1105. Ballspiele aus der Gegend von Poitiers belegt, an denen auch Bischöfe teilnehmen.

1119. Bei einem Ritterturnier in Göttingen finden auch Wettkämpfe im Laufen, Springen, Stein- und Stangenstoßen sowie im Ringen statt.

Um 1120. Niedergang des Fußballspiels in China. Vorwiegend Berufsspieler, die als Raufbolde gelten.

1124. Bei der Hochzeit des Königs von Kastilien und León, Alfons VII., nachweislich erstmals Stierkampf in Spanien.

1125. Im »Alexanderlied«, dem ersten weltlichen Epos in deutscher Sprache, werden Ballspiele erwähnt.

1127. Wang Tsin verfaßt ein »Lob des Golfspiels« und rät dazu bei jeder Jahreszeit.

Wort »Turnier« erstmals in Deutschland nachweisbar.

1130. Papst Innozenz II. verurteilt das Turnierwesen und versagt Rittern, die bei Turnieren zu Tode kommen, das christliche Begräbnis.

1145. In Rom finden auf dem Monte Testaccio ritterliche und agonale Spiele (Reiterspiele und Wettkämpfe ohne Pferde) statt, die aus heidnischer Zeit stammen.

1147. Jeder Mönch, der ins Kloster Auxerre/Frankreich eintritt, muß sieben Bälle in vorgeschriebener Größe mitbringen.

1149. Beim Zweiten Kreuzzug unter dem französischen König Ludwig VII., dem Jungen, verspotten französische Ritter die deutschen Ritter wegen deren Ungeschicklichkeit beim Turnier.

Um 1150. In der Provence entwickelt sich das höfische Turnierwesen in Verbindung mit den Dichtungen der Troubadoure.

1150. Die ritterliche Erziehung schreibt außer Reiten und Fechten vor allem Bogenschießen und Schwimmen vor. In bäuerlichen und bürgerlichen Kreisen vorwiegend Ringen, Vogelschießen und Ballspiele.

Um 1160. Von der Bretagne aus verbreitet sich Soule, ein kultisches Fußballspiel, in ganz Frankreich.

1160. In dem französischen Roman »Eneas« kommt das Wort »deport« vor, das »Schonung, sich schadlos halten, sich vergnügen« bedeutet.

1163. Der chinesische Kaiser Hsiao Tsung spielt täglich Polo und läßt bei Regen die Spielflächen mit ölgetränkten Tüchern überdecken.

1165. Johann Belethus berichtet, in italienischen Kirchen sei es Brauch, daß Bischöfe darin Ball spielen.

Ab 1172. Bogenschießen im Compagnia del Popolo in Pisa.

1171. Der jüdische Philosoph und Rabbi Maimonides empfiehlt den Juden Ballspiele, Ringen, Fechten und andere Leibesübungen.

Um 1175. Der Mönch Fitzstephan berichtet von Ballspielen in London zwischen Handwerkern und Studenten (»ludus pilae«) zur Fastenzeit. Er erwähnt auch Eislaufen, Springen, Fechten, Steinstoßen, Bogenschießen, Pferderennen, Laufen und Bootsregatten auf der Themse.

1179. In einem Erlaß Herzog Heinrichs des Freimütigen wird das Wort »deportare« für »begünstigen, einen Gefallen erweisen« gebraucht.

1180. In Konstantinopel wird in geschlossenen Räumen ein Schlägerballspiel gespielt.

Um 1190. Am Sanja-sangen-do-Tempel in Kioto wird für das Bogenschießen eine Galerie gebaut, 53 m lang und 1,60 m breit.

Illustration aus dem Schachbuch des Königs von Kastilien und León, Alfons X., des Weisen, um 1250

Schach – Leidenschaft des Mittelalters

In dem höfischen Abenteuerroman »Ruodlieb« (um 1050) wird erstmals in Deutschland das Schachspiel erwähnt. Rund 200 Jahre später, um 1250, gibt Alfons X., der Weise, König von Kastilien und León, in Europa das erste Buch über das Schachspiel heraus. Das Werk enthält über 100 Abbildungen mit genauen Spielstellungen. Darunter Angaben wie »Schwarz setzt Weiß in 5 Zügen matt«. Das Buch gibt Aufschluß darüber, wer gegen wen spielt: Ein Maurenkönig gegen einen Regenten der Christenheit, Edelfrauen gegen Höflinge, der König selbst gegen Damen und Herren seines Hofes, arabische Fürsten gegen spanische Ritter.

Schachspiel von Asien nach Europa

Um 1000. Über Nordafrika und Spanien gelangt das Schachspiel durch die Araber nach Mitteleuropa. Die Schach-Leidenschaft, die am Hofe von König Alfons X., dem Weisen, in Sevilla herrscht, erfaßt den ganzen Kontinent. Die Literatur ist voll von Hinweisen über dieses »Spiel der Spiele«. Tristan und Isolde verlieben sich beim Schach. Lanzelot besucht Genoveva unter dem Vorwand, mit ihr Schach spielen zu wollen. Huon von Bordeaux spielt gegen die Tochter des Königs Yvorin um seinen Kopf. Er gewinnt das Spiel und die Tochter.

Die Herkunft des Spiels aus dem indischen und persischen Kulturkreis geht aus dem Schach-Lehrbuch des Königs Alfons deutlich hervor. Im 7. Jahrhundert gebrauchte man das Sanskritwort »chaturanga« in Indien als Bezeichnung für die vier Waffengattungen einer Armee: Kriegselefanten, Streitwagen, Reiterei und Fußsoldaten. Ihr Einsatz im Krieg diente als Muster für ein Kriegsspiel, das eine Königin aus Ceylon erfunden haben soll.

Verwandlung eines beliebten Spiels

Um 1000. Wahrscheinlich lernen auch die Wikinger auf ihren ausgedehnten Handelswegen über Schweden und Rußland nach Persien das Schachspiel kennen. Nach der persischen Bezeichnung für die Spielentscheidung »sha-mat« (Der Schah ist hilflos) erhält das Spiel seinen Namen.

Aus dem persischen Wesir wird im mittelalterlichen Europa der Troubadoure die Königin. Weil man mit dem Kriegselefanten auf einem elefantenlosen Kontinent nichts anfangen kann, wird in Europa daraus zuerst ein Weiser, dann ein Narr, zuletzt ein Bischof. Die Reiter als Ritter zu sehen, fällt den Europäern leicht, auch bereitet die Verwandlung der Fußsoldaten in Bauern keinerlei Schwierigkeiten. Nur der Turm gibt Rätsel auf. Der persische »rokh« ist eine Art rasender Roland, was sich mit dem statischen Bild eines Turms kaum in Einklang bringen läßt. An seiner Stelle findet die Burg Eingang in das Lieblingsspiel der Zeit. Wenn sich dann Türme verdoppeln, gewinnen sie vernichtende Kraft.

Sarazenischer Reiter (Emailleschale, um 1200). Die Ritter lernen auf den Kreuzzügen ihre Feinde zu achten.

Der Buhurt, ein Massenkampf mit stumpfen Waffen, zu dem die Ritter wattierte Leinwandkittel anziehen; darüber streifen sie farbenprächtige Seidenkleider, Schmuck und Amulette schöner Frauen.

Die heroische Zeit der Ritter und das ritterliche Ideal

Ab 1000. »Im Namen Gottes, des heiligen Georg und des heiligen Michael schlage ich dich zum Ritter. Sei tapfer, fromm und treu.« Mit dieser oder einer ähnlichen Formel wird ein junger Mann, der das 21. Lebensjahr erreicht hat, in den Ritterstand aufgenommen. Er erhält damit den begehrtesten Rang in einer neuen Gesellschaftsordnung, die nach Beendigung der Völkerwanderung in Europa entsteht. Es ist jetzt nicht mehr notwendig, daß jeder Waffenfähige Kriegsdienste leistet. Daher bilden sich zwei Klassen heraus: Die Klasse der Krieger, die das Waffenhandwerk zum Beruf erwählt, und die der Bauern, die den Boden, auf dem sie seßhaft geworden sind, bebauen und vom Kriegsdienst befreit sind. Nur der Krieger versteht künftig, seine Vorrechte zu mehren. Dafür hat er auch Pflichten, seinem Lehnsherrn, den Hilflosen und sich selbst gegenüber.

Die sinnlosen Unternehmungen der Kreuzzüge bewirken das Gegenteil von dem, was sich Glaubensfanatiker davon erhoffen. Sie lehren Toleranz. Denn bei der Begegnung mit dem Islam lernen die Ritter eine überlegene Kultur kennen und schätzen. Sie sehen im »edlen Heiden« ein Mannesideal verwirklicht, das ihren eigenen Vorstellungen entspricht. Als in den Ritterstand nur noch aufgenommen wird, wer vier ritterliche Vorfahren nachweisen kann, ist allerdings auch eine Schranke aufgerichtet: Diesseits die Edlen, jenseits das einfache Volk.

Der Tjost, ein oft tödlicher Zweikampf, besonders als das »Scharpfrennen« das »Schimpfstechen« zum Spaß ablöst

Mit Pferd und Lanze zu Buhurt und Tjost

1127. In diesem Jahr taucht zum ersten Mal in Deutschland das Wort »Turnier« auf. In Frankreich soll erstmals Gottfried von Preuilly, der 1066 starb, Gesetze und Vorschriften für ritterliche Kämpfe aufgestellt haben. Sie gehen auf die »ludi gallici« zurück. So wurde Frankreich Anreger und Vorbild der europäischen Ritterturniere.

Auch in Deutschland wurde die Entwicklung durch manöverartige Kriegsspiele vorbereitet, die Kaiser Heinrich I. nach den Einfällen der Hunnen und Ungarn (926) eingeführt hatte. Um große Reiterverbände diszipliniert und exakt bewegen zu können, ist ein intensives Training für Roß und Mann erforderlich.

Die Turniere entwickeln sich zu den glanzvollsten Sportfesten des Mittelalters. Trompetenstöße geben das Angriffssignal für den Buhurt, nach »bohordiacum« (umzäunter Platz). Er findet in einem abgesperrten Areal vor der Stadtmauer statt. Es ist ein Massenkampf zahlenmäßig gleicher Mannschaften zu Pferde, der auch zu Fuß fortgesetzt wird. Denn wer einen Gegner vom Pferd zwingt, muß ebenfalls absitzen. Die Ritter sind mit stumpfen Lanzen und Schwertern oder mit Kolben bewaffnet. Das Kampfgetümmel kann bis zum Abend dauern. Wer daran teilnimmt, ohne Ritter zu sein, bekommt die Hand abgehackt.

Der Tjost, »iusta pugna«, ist ein Zweikampf mit Lanzen zu Pferde. Er verdrängt später den Buhurt, aus dem er sich entwickelt, und wird in voller Rüstung auf gepanzertem Pferd ausgetragen. Um ernste Verletzungen zu vermeiden, haben die Lanzen an der Spitze eine dreizackige Krone. Dennoch bleibt der Tjost lebensgefährlich. Die beiden Ritter rennen in vollem Galopp gegeneinander an, und der Zusammenprall ist von erheblicher Wucht. Die Lanze zielt auf Kopf oder Brust, um den Gegner aus dem Sattel zu werfen. Als man schließlich zu spitzen Lanzen greift, vergeht kaum ein Turnier ohne Tote. Selbst regierende Landesherren verlieren dabei ihr Leben.

1200

1200–1299

Um 1200. Berufsringer aus Persien, Indien und Turan (Mittelasien) an mohammedanischen Fürstenhöfen in Indien.

Das Nibelungenlied wird aufgezeichnet. Hartmann von Aue verfaßt »Erec« und »Iwein« nach den Artusdichtungen des Chrétien de Troyes. Walther von der Vogelweide schreibt Lieder. Schilderungen von Tänzen, Ballspielen, auch von Mädchen, und ritterlichen Übungen.

Saxo Grammaticus erwähnt in seiner Geschichte der Dänen die östlich von Norwegen und Schweden wohnenden »Skridfinnen«.

Großreich der Inka. Verbreitet sind Reiterball, Ballspiele mit Händen und Schlägern, Federball, Wettläufe, Ziel- und Weitwerfen mit Speeren, Ringen, Schwimmen, Hoch- und Weitspringen, Bogenschießen, Distanzlaufen (Botendienst).

Nach 1204. Französische Teilnehmer am Neunten Kreuzzug bringen das Polospiel (Chicana) aus Kleinasien nach Frankreich.

1205. Um die Jahreswende bringen die Birkebeiner während eines Bürgerkriegs den zweijährigen norwegischen Königssohn Håkon IV. auf Skiern über 55 km im Schneesturm über das Dovre-Hochland vor seinen Verfolgern in Sicherheit.

Um 1210. Wolfram von Eschenbach vollendet den »Parzival«, worin die Ausbildung des Ritters und das Barrelaufen (Stechen mit Lanzen über eine Planke) geschildert werden.

1214. Der Mameluckenherrscher von Nordindien verunglückt beim Polospiel.

Um 1215. Aus Anlaß eines Versöhnungsfestes der Schweizer Kantone bei der Burg Unspunnen entsteht wahrscheinlich das Schwingen (Ringen in Kleidern).

1215. Im Mongolenreich unter Dschingis-Khan Ringerwettkämpfe als Volksfest. Polo und Pferderennen. Treibjagden mit ganzen Heeren über drei Monate.

1221. Einwohner von London und Westminster veranstalten vor der St.-Mathilda-Kirche einen Ringkampf.

Um 1230. Im »Sachsenspiegel« wird wie im »Schwabenspiegel« den Bauern verboten, Waffen zu tragen.

1230. Pierre Garnier erbaut in Poitiers das erste Ballhaus Frankreichs.

Ein Fensterbild der Kathedrale von Lausanne zeigt das Bild eines Schwingers.

Dem Deutschen Orden wird das Kulmer Land zugewiesen.Den Rittern und dienenden Brüdern erlaubt man das Schlagball- und Schachspiel, nicht aber Federball.

Um 1240. Im Kloster Ebersdorf entsteht eine Karte, auf der »hippopedes« (Pferdefüßler) dargestellt sind. Gemeint sind Skiläufer.

Der deutsche Kaiser Friedrich II. verfaßt ein umfangreiches Werk über die Falkenbeize.

1240. Ulrich von Liechtenstein rühmt sich bei einer Ritterfahrt in Italien in vier Wochen gegen 271 Gegner 307 Lanzen zerbrochen zu haben (→ 1495).

Um 1250. Nach Nikophoros Blemmydes von Byzanz gehört die Beherrschung des Polospiels zum »Musterbild des Königs«.

1251. Bei einem großen Ritterturnier in Neuss kommen im Tjost, dem immer häufiger tödlichen Zweikampf, 60 Ritter ums Leben (→ ab 1300).

1260. Khubilai, Enkel des mongolischen Herrschers Dschingis-Khan, läßt sich Skilaufen vorführen.

1261. Thomas von Aquin verteidigt in seinen Schriften den Wert des menschlichen Leibes und befürwortet Leibesübungen.

1268. Etienne Boileau berichtet über berufsmäßige Schlittschuhmacher in Frankreich.

Um 1270. Niedergang der ritterlichen Kultur in Europa und Entartung der Turniere. Ritter ziehen umher und kämpfen im Tjost für Geld- und andere Wertpreise. In Magdeburg veranstalten Bürger Turniere, an denen nur Kaufleute teilnehmen dürfen. Als Preis ist eine Frau ausgesetzt.

Um 1270. Der Mamelucken-Sultan Baibars I., ein tüchtiger Schwimmer und Rennreiter, spielt regelmäßig Polo in Kairo und Damaskus.

Um 1280. Preise für den Sieg im Pferderennen in Florenz: Ein Stück Tuch, ein Ferkel, ein Hahn. In Bologna: Ein Reitpferd, ein Jagdfalke, zwei Hunde und ein Ferkel.

1280. König Peter III. von Aragon besteigt den Canibou (2785 m) in den Pyrenäen.

1286. In Bern wird die »Wohladlige Gesellschaft der Bogenschützen« gegründet.

1287. Die Synode in Exeter unterwirft das Spielen auf Friedhöfen bestimmten Regeln.

11. 6. 1289. Erstmals Paliorennen in Siena. Palio auch in anderen Städten Italiens.

1292. In Paris gibt es sieben Fechtmeister, 51 Sattler und 13 »paumiers«, Hersteller von Schlägern und Bällen für das Jeu de paume, dagegen nur acht Buchbinder und einen Tintenmacher.

In einer Gerichtsakte in Wulcke wird »Club-Ball« wegen einer Sachbeschädigung erwähnt.

Gründung des Southampton Town Bowling Club.

1298. Der tschechische Ritter Johann von Michalovic besiegt am Hofe König Philipps IV., des Schönen, von Frankreich die Franzosen im Ringkampf.

Fußballspieler (Steinrelief an der Kathedrale von Gloucester, 13. Jh.)

Gassenjungen balgen sich um den Ball

Die älteste Darstellung eines Ballspiels in England findet sich im Chorgestühl der Kathedrale von Gloucester. Sie stammt aus dem 13. Jahrhundert. Schon früher hieß es in einer Beschreibung Londons, daß die Jugend zur Fastenzeit aus der Stadt eile, um auf einer freien Fläche das »berühmte Ballspiel« (»ludum pilae celebrem«) zu betreiben. Dabei geht es wild zu: »Sie haben Tricks, ihren Gegner mit dem Ellbogen auf das Herz zu treffen und mit den Fäusten unter die kurzen Rippen zu stoßen oder hundert mörderische Griffe dieser Art anzuwenden. Daraus erwächst Neid, Haß, Bosheit, Zorn, Verdruß, Feindschaft und manchmal Mord und Totschlag.«

Polo – Ballspiel der Könige

1214. Der Mameluckenherrscher von Nordindien verunglückt beim Polospiel in Lahore tödlich, ebenso der Sohn des ägyptischen Schah Beibar um 1280.
Tödliche Unfälle sind nicht ungewöhnlich, wo immer Polo gespielt wird. Die Könige schonen sich nicht und werden nicht geschont. Um 1100 verletzte sich der oströmische Kaiser Alexios I. Komnenos in Konstantinopel beim Polo, 1160 erlitt der Emir Kaimar-Ardjewani einen tödlichen Schädelbruch. 1484 bricht sich Sultan Kait-Bey beim Polo das Bein, 1499 stürzt Emir Dulat-Bey zu Tode, 1575 ereilt Sultan Ali-Schack von Kaschmir das gleiche Schicksal.

Polospieler auf einer emaillierten Glasflasche aus Syrien; von Peking bis Konstantinopel, von Lahore bis Kairo ist dieser Sport verbreitet.

Älteste deutsche Darstellung eines Schwimmers aus dem Werk Kaiser Friedrichs II. »De arte venandi cum avibus« (Über die Kunst, mit Vögeln zu jagen)

Aus des Kaisers Lehrbuch der Falkenjagd, zugleich ein Beispiel gotischer Buchkunst; in seinen Falknerstationen zieht Friedrich die besten Falken.

Friedrich II. und die königliche Kunst, mit Vögeln zu jagen

Um 1240. Der deutsche Kaiser Friedrich II. verfaßt das Buch »De arte venandi cum avibus« (Über die Kunst, mit Vögeln zu jagen). Es ist erstaunlich, daß der Kaiser in seinem bewegten Leben »trotz unbeschreiblicher Inanspruchnahme«, wie sein Sohn Manfred feststellt, die Zeit findet, ein Buch über die Falkenbeize zu schreiben. »Es ist die Absicht dieses Werks«, kündigt der kaiserliche Autor in der Einleitung an, »die Dinge, die sind, so darzustellen, wie sie sind.« Er begnügt sich nicht damit, über eine persönliche Liebhaberei einige Erfahrungen mitzuteilen, sondern legt eine Gesamt-Vogelkunde dar, die auf jahrzehntelangen Beobachtungen beruht und auch in späteren Zeiten ihren Wert bewahrt. »Aristoteles«, rügt er, »scheint verschiedentlich von der Richtigkeit abzuweichen; selten oder nie hat er die Vogeljagd betrieben, wir aber haben sie immer geliebt und gepflegt.«

»Von diesem Kaiser [gehen] wunderliche Dinge aus«, schreiben die Araber von dem Mann, der ihr Feind ist. Und sie nennen ihn einen »hochgebildeten, grundgescheiten König« und den »besten Beobachter alles mit dem Auge Wahrnehmbaren«. Über 600 Jahre später bezeichnet der Philosoph Friedrich Nietzsche Kaiser Friedrich II. als »ersten Europäer«. Er zählt ihn zu jenen »zauberhaften Unfaßbaren und Unausdenklichen, jenen zum Siege und zur Verführung vorher bestimmten Rätselmenschen«.

Friedrich behauptet, daß man durch die Falkenjagd einen tieferen Einblick in die Geheimnisse der Natur gewinne als durch jede andere Art von Jagd. Als Sport der Vornehmen erfreut sie sich im Orient größter Beliebtheit.

Friedrich weist darauf hin, daß erst die Orientalen die letzten Feinheiten der Falknerei ausgebildet hätten. In den Steppen Zentralasiens gehört der Jagdfalke zum Haushalt des einfachen Mannes.

So hob der mongolische Herrscher Dschingis-Khan besonders den sportlichen Wert der Falkenbeize hervor. Er empfahl sie seinen Söhnen und Soldaten als Schule des Kriegers, weil sie vom Menschen nicht weniger Geschicklichkeit verlange als von dem Vogel.

H. v. Rugge (Miniatur aus der »Manessischen«)

Wurfspiel (Miniatur aus der »Manessischen«)

Vogeljagd (Miniatur aus der »Manessischen«)

»Manessische Liederhandschrift« zeigt Bilder vom Sport

Der deutsche Kaiser Wilhelm I. zahlt 1888 aus seiner Privatschatulle 400 000 Goldmark, um die sog. »Manessische Handschrift« (»Große Heidelberger Liederhandschrift«) nach jahrhundertelanger Odyssee durch europäische Königspaläste wieder an ihren Ursprungsort zurückzuholen.

Das einzigartige Dokument enthält rund 6000 Liedstrophen von 140 süddeutschen Dichtern aus der Zeit zwischen dem späten 12. und dem beginnenden 14. Jahrhundert und ist mit zahlreichen Miniaturen geschmückt. »Unsere Handschrift«, erklären die Heidelberger stolz, »enthält die Blüte mittelhochdeutscher Poesie.« Die Handschrift basiert im wesentlichen auf der Sammlung mittelhochdeutscher Lieder des Züricher Patriziers Rüdiger Manesse. Die Miniaturen offenbaren dem Betrachter ein reiches und vielgestaltiges Bild deutschen Lebens im Mittelalter. Man sieht Ritter beim Ballspiel, beim Steinstoßen, bei der Falkenjagd und im Turnier. Die Handschrift zeugt auch vom musischen Wettstreit der Minnesänger und Troubadoure. Nicht nur in Rüstungen wetteifern Ritter miteinander. Geistige und körperliche Bildung stehen gleichrangig nebeneinander.

1300

1300–1399

Um 1300. Im Italienischen kommt das Wort »disporto« vor.

Ab 1300. Immer häufiger enden ritterliche Zweikämpfe bei Turnieren tödlich.

1300. Im Haushaltsbuch des englischen Königs Eduard I. Geldausgaben für Kricket.

1303. Erste urkundliche Erwähnung einer Feuer-Schützengesellschaft in Klosterneuburg.

1. 5. 1304. Am Walpurgistag werden in Deutschland allgemein Schützenfeste mit Vogelschießen veranstaltet. Der Brauch setzt sich bis ins 18. Jahrhundert fort.

1311. Dante Alighieri besteigt im Winter den Prato al Saglio (1347 m), den Monte Falterone (1604 m) und die Pietra Bismantova (1047 m).

1314. Der englische König Eduard II. verbietet das Fußballspiel in London und bedroht Fußballspieler mit Gefängnishaft. Das Wort »box« wird in der englischen Sprache für Hieb, Stich und Stoß gebraucht.

Ab 1315. Regatten von Ruderbooten in Venedig, z. T. verbunden mit Schwimmwettbewerben. Außerdem Brückenwettkämpfe (»giuoco del ponte«).

Um 1320. Die Chorschranke des Kölner Doms zeigt Abbildungen von Ringern.

1320. Wiederholte Verbote des Turniers und des Ballspiels in Frankreich.

1321. Erstmals wird in England ausdrücklich erwähnt, daß ein Ball mit den Füßen (»cum pedibus«) gespielt wird.

John de Buddeworth wird beim Fußballspiel ermordet. Seine Mörder spielen mit seinem Kopf orgiastisch Fußball.

1322. In Schottland finden Wettkämpfe im Steinstoßen und Hammerwerfen statt.

1324. 500 bei Altopossio/Italien in venezianische Gefangenschaft geratene französische Ritter spielen ein Ballspiel, das sie »tenez« nennen.

1325. Tenochtitlán wird Hauptstadt des Aztekenreiches. Xochipilli Gott des Tanzes und des Ballspiels. Außer dem kultischen Tlachtli verschiedene Ballspiele als Vorformen von Fuß-, Hand- und Basketball.

1331. König Eduard III. von England verbietet »nutzlose und ungesetzliche Spiele« (»useless and unlawfull games«) wie Gewichtheben und Fußball wegen der zahlreichen Verletzungen. Er empfiehlt dafür dringend Bogenschießen.

26. 4. 1336. Der Dichter Francesco Petrarca besteigt den Mont Ventoux in Vaucluse/Südfrankreich und berichtet darüber in einem Brief.

Um 1340. Vollendung der »Großen Heidelberger Lieder-Handschrift«, herausgegeben von dem Basler Ratsherrn und Ritter Rüdiger Manesse mit Darstellungen ritterlicher und volkstümlicher Leibesübungen sowie des Schachspiels.

1340. In Hörde bei Dortmund wird eine Schützen-Gilde gegründet.

1342. Der Araber Ibn Battuta aus Tanger besteigt auf seiner Weltreise den Pic Adam (2260 m) auf Ceylon.

Um 1350. In ganz Frankreich werden Ballhäuser gebaut. Allein in der Hauptstadt Paris sind es 250, in Orléans 40, in Poitiers 22.

Nicolas Oresne, Bischof von Lisieux, gebraucht in einer Übersetzung aus dem Lateinischen erstmals das Wort »gymnastique«.

In China wird ein Flugapparat, eine Art Luftwagen, erfunden.

1351. Aydhyazeit in Thailand. Thai-Boxen verbreitet, bei dem Stoßen und Schlagen mit Knien und Füßen gestattet sind.

In Luzern wird Spielen, die bisher auf dem Friedhof betrieben wurden, ein besonderer Platz eingeräumt.

Nach der Eroberung Irlands durch die Engländer finden dort letztmals die Tailtean-Spiele statt.

1356. In Korea Schlägerspiel Kyucku erwähnt, ähnlich Hockey. Wird zur Stärkung der Gesundheit empfohlen.

1366. Bischof und Rat der Stadt Mainz bestimmen die Breite des Stadtgrabens durch Wurf eines einpfündigen Bleigewichts.

1368. Mit Beginn der Mingdynastie in China (bis 1644) stärkere Förderung des Boxens. Polo wird immer weniger gespielt, Fußball ist nur noch ein Kinderspiel.

1382. Herzog Albrecht II. von Österreich stiftet ein »Scharlach«-Rennen, benannt nach dem Siegespreis, einem Stück Tuch. Es wird bis 1534 jährlich durchgeführt.

Nach der Eroberung Sojas durch die Türken übernehmen die Bulgaren von ihnen Ringen und Pferderennen.

1384. Der englische Reformer John Wyclif erwähnt in seinen Predigten wiederholt Fußball.

1387. Beim Schützenfest in Magdeburg wird als Preis eine »unfreie« Jungfrau ausgesetzt.

1389. Älteste Handschrift über Fechten und Ringen in Deutschland, von Meister Hans Lichtenau.

1389. Den dienenden und arbeitenden Engländern wird das Paumespiel verboten.

1397. Vor der Kirche St. Eustache in Paris wird Soule gespielt. Der Ursprung dieses Ballspiels liegt im dunkeln.

1399. Nach französischem Vorbild werden in Deutschland zunehmend Turniere als »Stechen über die Planke« durchgeführt.

Auf den Spuren des Dädalus

Um 1350. Die Chinesen haben das Pulver erfunden, aber keine Kanonen. Sie ziehen Feuerwerke den Feuerwaffen vor. Nun erfinden sie einen Flugapparat, eine Art Luftwagen. Allerdings fliegen sie nicht selbst, sondern lassen nur Papierdrachen steigen.
Wie man wirklich fliegen kann, das erfindet 100 Jahre später das italienische Universalgenie Leonardo da Vinci. Dieser berühmte Maler schreibt Tausende von Manuskriptseiten in kaum leserlicher Spiegelschrift mit technischen Erfindungen voll und fertigt genaue Konstruktionsskizzen an. Da wird das künftige technische Zeitalter vorweggenommen. U. a. findet sich die folgende Notiz: »Wenn ein Mensch ein Zeltdach aus abgedichteter Leinwand, das 12 Ellen breit und 12 hoch sein soll, über sich hat, so wird er aus jeder noch so großen Höhe herabstürzen können, ohne Schaden zu nehmen.« Nach dem Fallschirm befaßt sich Leonardo auch mit dem Fliegen. Er entwirft einen Flugapparat, den er »Vogel« nennt.
Bei der Konstruktion richtet Leonardo sich allerdings nach den Flügeln der Fledermaus. Er empfiehlt Holz von begrünter Tanne zu nehmen, weil es leicht sei. Dazu Barchent, worauf Federn aufgeleimt sind, damit die Luft nicht entweichen kann, und mit Stärkekleister bestrichenen Taft. Leonardo unternimmt angeblich auch selber Flugversuche.

Entwurf eines Flugapparates (chinesischer Holzschnitt aus dem 14. Jh.)

Fußball gefährdet Frieden

1314. Damit die Kaufleute nicht die Läden herunterlassen und die Bürger nicht die Fenster verbarrikadieren müssen, erläßt der Bürgermeister von London die folgende Verordnung: »In Anbetracht dessen, daß Seine Majestät der König zum Feldzug gegen seine Feinde in Schottland gezogen ist und ausdrücklich um striktes Einhalten des Friedens im Land ersucht hat … und in Anbetracht dessen, daß großer Aufruhr in der Stadt entsteht während bestimmter Umtriebe, die von großen Fußbällen auf öffentlichen Plätzen in Szene gesetzt werden, woraus viele Übel entstehen können, befehlen und verbieten wir in des Königs Namen, unter Androhung von Gefängnisstrafe, solches Spiel hinfort innerhalb der Stadt durchzuführen.«

Fußball in London um 1300; die wilde Balljagd erklärt, warum Literaten das Spiel als »teuflische Kurzweil« geißeln (Zeichnung, 14. Jh., später kol.).

Älteste alpinistische Darstellung: Übergang König Heinrichs VII. über den Mont Cenis 1310

Nach der Alpenüberquerung wird der deutsche König in Rom vom Papst zum Kaiser gekrönt.

Francesco Petrarca sucht auf dem Gipfel des Mont Ventoux Trost bei Augustinus

26. April 1336. *Francesco Petrarca erreicht im Alleingang den Gipfel des Mount Ventoux (1909 m) in Vaucluse/Südfrankreich, ein Wagnis, das er allerdings niemals mehr wiederholt.*

Der italienische Dichter gilt als geistiger Vater des Alpinismus und ist der erste, der seinen Empfindungen beim Bergsteigen schriftstellerisch Ausdruck verleiht: »Zuerst stand ich, durch einen ungewohnten Hauch der Luft und einen ganz freien Rundblick bewegt, einem Betäubten gleich. Ich schaute zurück nach unten: Wolken lagerten zu meinen Füßen, zutraulich, friedlich wie eine Lämmerherde. Die Alpen selber — erstarrt im Eise und schneebedeckt —, sie erschienen mir greifbar nahe, obwohl sie durch einen weiten Zwischenraum von meinem Gipfel getrennt waren. Zur Rechten sah ich das Gebirge der Provinz von Lyon, zur Linken sogar den Golf von Marseille und den, der gegen Aigues-Mortes heranbrandet, wo doch all dies einige Tagesreisen entfernt ist. Wie doch von höherem Ort die Erde zusammenschrumpft mit all ihren Nöten! Die Rhône lag mir schimmernd gerade vor Augen. Dieweil ich dies alles eins ums andere bestaune und jetzt Irdisches genoß und kein Genügen finden konnte, dann nach dem Beispiel des Leibes, das mich mit Stolz erfüllte, auch die Seele zum Höheren erhob, da schien mir gut, in dem Buch der Bekenntnisse des Augustin Rat zu holen: ›Und so gehen die Menschen zu bestaunen die Gipfel der Berge … und haben nicht acht ihrer selbst.‹ «

Ein Kampfspiel wird mörderisch

Ab 1300. Die Gefahr, bei Turnieren tödlich verletzt zu werden, wird zunehmend größer, je öfter bei den Zweikämpfen persönliche Streitigkeiten ausgetragen werden. In Neuss kamen bereits 1251 bei einem Turnier allein 60 Ritter um. Im Dom zu Altenberg liegen vier regierende Landesherren begraben, die bei den mörderischen Kampfspielen der Turniere getötet wurden. Schließlich verweigert die Kirche solchen Rittern das christliche Begräbnis.

Niemals aus dem Sattel gezwungen wird Albrecht III., seit 1464 Markgraf von Ansbach und Kulmbach-Bayreuth, seit 1470 Kurfürst von Brandenburg, der Berlin zur Hauptstadt erwählt. Er erhält den Beinamen »Achilles«. Und wie der homerische Held streckt er alle seine Turniergegner in den Sand. Als man dazu übergeht, bei Turnieren mit spitzen Lanzen aufeinander loszugehen und die Scharfrennen sogar ohne Rüstung durchgeführt werden, übersteht »Achilles« 17 solcher Gänge unbeschadet.

Aufmarsch zum Turnier (Miniatur aus dem »Valerius Maximus« in der Leipziger Stadtbibliothek). Die Ritter führen nicht mehr die Lanzen mit den drei Krönlein, sondern reiten mit scharfen Lanzen gegeneinander an. Es bleiben Tote auf dem Platz zurück. Die Rüstungen sind oft sehr kostbar. Kaiser Maximilian I., der 1510 in Augsburg eines der prunkvollsten Turniere in Deutschland veranstaltet, trägt dabei eine mit Edelsteinen geschmückte Rüstung im Wert von 800 000 Gulden.

1400

1400–1499

Um 1400. In dem englischen Roman »Destruction of Troja« eines unbekannten Autors erstmals das Verbum »to sport«. Der Begriff »sport« beinhaltet Freizeitübungen der feudalen Schicht im Gegensatz zu »pastimes« (Zeitvertreib, Kurzweil) des niederen Volkes.

Der deutsche Pelzhändler Wilhelm Lüdecke kommt nach Finnland, wird dort zu einem solch meisterhaften Skiläufer, daß er als »Lyydikäinen« in finnische Volkslieder und später in das Volksepos »Kalevala« eingeht (→ bis 1599).

»Eyn tauffter Jud« namens Ott, Ringer der Landesherren von Österreich, verfaßt ein Lehrbuch des Ringens.

In München wird vor dem Schwabinger Tor eine Rennbahn mit 9000 Zuschauerplätzen gebaut.

Die Schulordnung von Wijt (Holland) bestimmt, daß die Schuljungen auf dem Kirchhof spielen sollen und nicht an anderen Orten.

1403. Abu Bekr, Enkel des mongolischen Eroberers Timur-Leng, schießt einen Pfeil durch eine eiserne Pflugschar, die in der Reichshauptstadt Samarkand aufbewahrt wird.

1405. Am Schützenfest in Zürich nehmen 405 Büchsen- und 236 Armbrustschützen teil.

Februar 1405. Tod des Mongolenherrschers Timur-Leng.

1410. In einem italienischen Gedicht eines unbekannten Verfassers wird erstmals ein Fußballspiel erwähnt.

1415. Den Studenten der Heidelberger Universität wird das Fechten verboten.

1418. Die Schulordnung von Crailsheim schreibt Bogenschießen, Kugel- und Reifenspiele vor.

1430. In Frankfurt am Main findet erstmals ein Büchsenschießen auf Scheiben statt. In der folgenden Zeit werden Bogen und Armbrust von Feuerwaffen verdrängt.

Um 1433. Der französische Gesandte Bertrandon de la Brognière besucht Konstantinopel und sieht ein Polospiel sowie ein Lanzenstechen auf dem Polofeld.

1435. Lindauer Schützen messen die Breite des zugefrorenen Bodensees von Lindau bis Fussach mit 21 Armbrustschüssen (rund 8600 m).

1436. Auf der Münchner Theresienwiese findet erstmals ein Pferderennen statt.

1442. Beim Schützenfest in Nördlingen Wettläufe der Knechte und Mägde.

1443. Der Rat der Stadt Nürnberg richtet die Hallerwiese für »bürgerliche Ergötzlichkeiten« wie Laufen, Springen, Schießen her.

1447. Ein schottischer Parlamentserlaß verbietet das Golfspiel.

Um 1450. Türkische Sultane halten sich Berufsringer. Man kennt 365 Griffe nach einem strengen Ritual.

Der albanische Nationalheld Skanderbeg entkommt türkischer Geiselhaft. Er soll einen Pfeil 845 m weit geschossen haben.

Ein unbekannter Meister verewigt Edelfräulein beim Schlagballspiel.

In England entsteht das Epos »Little Geste of Robin Hood«.

1451. Kurfürst Friedrich I., der Siegreiche, von der Pfalz wird als guter Ringer, Springer und Läufer gerühmt.

1453. Nach der Eroberung von Konstantinopel läßt Sultan Muhammad II. Fatih an der Galataseite des Goldenen Horns einen Übungsplatz für das Bogenschießen (»Okmeidan«) anlegen.

1456. Züricher Schützen bringen von ihrem Schützenfest in einem Boot einen Kessel mit Hirsebrei zum Schützenfest nach Straßburg.

1459. »Königsecks Kampfbuch« über die Fechtkunst erscheint in Deutschland.

1468. In Ulm erhält beim Pferderennen das langsamste Pferd eine Sau. Daher die Redensart »Schwein gehabt«.

1470. Großes Schützenfest für Ritter und Bürger in Augsburg. Herzog Christoph von Bayern siegt im Laufen über 300 Schritt und im Springen. Ritter von Zaumried siegt im Steinstoßen (45 Pfund), Herzog Wolfgang von Bayern gewinnt 45 Gulden im Pferderennen.

1480. Giovanni II. Bentivoglio berichtet über das Calciospiel in Bologna und von einer Geldprämie an die Spieler für jedes geschossene Tor.

1486. Maximilian I. wird deutscher König. Er wird als größter Jäger verherrlicht.

Um 1490. Der Mathematiker Giovanni Danti macht in Perugia Flugversuche mit Schwingen und stürzt von einem Turm tödlich ab.

Erstmals wird einem Bogenschützen in Konstantinopel ein Denkmal errichtet.

1490. Herzog Christoph von Bayern stößt einen Stein von zwei Zentnern und erreicht im Wandlauf eine Höhe von zwölf Fuß.

10. 11. 1490. Auf dem Eis des Arno in Florenz wird ein Calciospiel ausgetragen.

1492. Piero de' Medici holt gute Ballspieler nach Florenz und veranstaltet glanzvolle Calcio-Turniere.

1493. In Venedig findet eine Frauenregatta statt. In vielen italienischen Städten betreibt man ein korbballähnliches Spiel und ein Ballspiel gegen die Wand (»palla al muro«). Das Fechten hat sich stark entwickelt und wird auch von Frauen geübt.

1495. Der deutsche König Maximilian I. (der »letzte Ritter«) strebt Renaissance der Turniere an. Fördert auch Leibesübungen der Bürger.

Berittener türkischer Bogenschütze (Feinbild aus dem 16. Jh.). »Reitet und schießt; aber das letztere ist besser!« heißt es im Koran.

Des Sultans Meisterschuß

1453. Kaum hat Sultan Muhammad II. Fatih Konstantinopel erobert, richtet er auf der windigen Hochfläche von Hasköj einen Übungsplatz für das Bogenschießen ein. Auf diesem »Okmeidan« oder »Platz der Pfeile« werden regelmäßig Wettschießen veranstaltet, an denen sich vom Sultan bis zum einfachen Mann jeder beteiligen kann.
Zur Zeit der größten Ausdehnung des Osmanischen Reiches gibt es 90 solcher Schießstationen in allen bedeutenden Städten, wo das Bogenschießen systematisch als Sport mit angestrebten Rekorden und Vorübung für kriegerische Auseinandersetzungen betrieben wird.
»Lernt den Koran und schießen!« hatte der Prophet Mohammed befohlen. Überall im Osmanischen Reich werden Weitschußdenkmäler aufgestellt, auf denen, wie es in der türkischen Handschrift »Der leitende Weg des Bogenschützen« von Sejjid Wahid Effendi heißt, »etliche hundert wackere Kämpen ihrer Zeit und Champions« mit ihren Leistungen verewigt werden. Es sind in dieser Schrift allein 272 Schützen mit ihren in Konstantinopel bei 46 Konkurrenzen erzielten Weiten aufgeführt. Als Rekord wird ein Meisterschuß des Sultans Murad IV. (1623—1640) mit 727,60 m angegeben.

Bogenschützen auf dem »Okmeidan« von Konstantinopel (Feinbild, 16. Jh.)

Das Turnier wird zum Maskenball fahrender Glücksritter

1495. Vergeblich versucht der deutsche König Maximilian I., den man den »letzten Ritter« nennt, den alten Glanz der Ritterturniere wiederherzustellen. Noch zu Beginn des 15. Jahrhunderts forderte der »Ritterspiegel« sieben körperliche Tüchtigkeiten. Danach sollte der vollkommene Rittersmann verstehen: Erstens zu reiten, schnell auf- und abzusitzen, zu traben und zu rennen, das Roß im schnellsten Lauf zu wenden, im Reiten etwas vom Erdboden aufzuheben; zweitens zu schwimmen und zu tauchen; drittens mit der Armbrust und dem Bogen gut umzugehen; viertens an Leitern, Stangen und Seilen zu klettern; fünftens zu turnieren und zu stechen; sechstens zu ringen, zu fechten und weitzuspringen; endlich siebtens bei Tisch aufzuwarten, zu tanzen, zu hofieren und Brett zu spielen. Ein Zuchtmeister brachte dieses Übungsprogramm den angehenden Rittern schon vom siebten Lebensjahr an in allen Einzelheiten bei.

Immer wieder wird rühmend erwähnt, daß ein Ritter in voller Rüstung mit umgegürtetem Schwert stehenden Fußes, ohne den Steigbügel zu berühren, in den Sattel seines Pferdes sprang. Dies, obwohl die Menschen der Zeit im Durchschnitt sehr klein sind.

Mit solchen Künsten ist es jedoch längst abwärts gegangen. Die Hoffnung auf eine Wiederkehr des sagenhaften Königs Artus war unerfüllt geblieben. Dieser König mit seiner Tafelrunde, zu der die berühmten Helden Tristan, Parzival, Gawein und Lanzelot zählten, gilt als Inbegriff des Rittertums.

Selbst Bürger gründeten »Artushäuser«, um ritterlichen Tugenden nachzueifern. Ritter ließen sich sogar herab, gegen Bürger im Turnier anzutreten. Da ging es aber bereits um Geld. Als 1227 Ulrich von Liechtenstein damit prahlte, in vier Wochen gegen 271 Gegner 307 Lanzen zerbrochen zu haben, war bereits die Zeit der fahrenden Ritter angebrochen. Da nahm man es mit der Ritterlichkeit nicht mehr so genau. Wer beim Buhurt unterlag, galt als Gefangener. Er mußte sich selbst, sein Pferd und seine Rüstung gegen Lösegeld wieder zurückkaufen. Der wahre Ritter pflegte beim anschließenden Festmahl diese Zahlungen zu erlassen und nur ein Schmuckstück als Andenken zu behalten. Bald aber entdeckten Ritter, die weniger mit irdischen Gütern, dafür mehr mit Körperkräften gesegnet waren, hier eine gute Einnahmequelle. Sie zogen als Glücksritter von Turnier zu Turnier, suchten sich vornehmlich wohlhabende und mit kostbaren Rüstungen auftretende Gegner aus und machten reiche Beute. Was sie an Schätzen gewannen, verloren sie zwar an Ansehen, aber das scherte bald niemanden mehr. Aus einem prachtvollen Spiel, das zum blutigen Ernst geworden war, wurde eine Spielerei, die niemand mehr ernst nahm. Man räumte freiwillig den Sattel, um einem fürstlichen Gegner zu schmeicheln, und schließlich ritten die stolzen Ritter in der Sucht, etwas Neues zu bieten, in wunderlichen Verkleidungen in die Schranken. Ulrich von Liechtenstein brachte die wappenkundigen Herolde zur Verzweiflung, weil er als Venus verkleidet von Turnier zu Turnier zog. Das Beispiel machte Schule. Bald tummelte sich von Arminius bis Artus, von Tristan bis Jupiter die ganze Mythologie und Geschichte zwischen den Schranken. Die originellsten Kostüme bekamen Preise, das Turnier verkam zum Maskenball. Zu wirklichen Scharfrennen konnten Teilnehmer nur noch mit hohen Geldpreisen verlockt werden. Schließlich verschmähten die Ritter Turniergegner überhaupt und zogen Ringelstechen, das Zielen auf einen Mohrenkopf oder auf eine Holzpuppe, die mit einem Knüppel um sich schlug, wenn sie nicht richtig getroffen wurde, dem ritterlichen Zweikampf vor.

In späteren Zeiten erfanden die Ritter dann das Karussel, das bis heute noch auf Jahrmärkten weiterlebt.

Turniere (hier ein Stechen) gehörten zu den geselligen Veranstaltungen der Ritter (Buchmalerei von Hans Vintler, Die Blumen der Tugend, 15. Jh.).

Aus dem spielerischen Kräftemessen der Ritterturniere, das dennoch nicht selten tödlich endete, wurde in der offenen Feldschlacht zwischen zwei Ritterheeren bitterer Ernst (Buchmalerei aus Burgund, 2. Hälfte des 15. Jh.).

△ Darstellung eines Turniers aus dem »Mittelalterlichen Hausbuch« (um 1480); es handelt sich wohl eher um ein Bauernfest, zu dem man zwei fahrende Ritter als Attraktion geladen hat; ganz ernst wird die Sache nicht mehr genommen. Ein Abglanz des Turniers, das zur Volksbelustigung verkommen ist.

◁◁ Bäuerliches Volksfest in Einsiedeln um 1470; die »ehrbaren Spiele« Ringen, Wettlauf, Steinstoßen und Weitspringen aus dem Stand werden betrieben.

◁ Großes Armbrustschießen und Wettspiele in Augsburg 1509. Im Hintergrund eine Zuschauertribüne. Drei Reiterpaare reiten zum Roßlauf. Die ersten tragen Turnierstangen, die zweiten Schilde, die dritten sind in voller Turnierausrüstung.

Schlagballspiel bei den Germanen

Um 1450. *Als ein unbekannter Meister ein Edelfräulein beim Schlagballspiel darstellt, erinnert man sich kaum noch daran, daß dies ein beliebtes Spiel der Germanen war. Aber »Ball« ist ein altes germanisches Wort. In den nordischen Sagas heißt es: »Sie spielten Schlagball am Binsenteich, da waren immer viel Leute. Eines Tages, als gerade besonders viel gekommen waren, wurden zwei gleich starke Parteien gebildet, und es siegte die Mannschaft von Gisli, der seinen Gegner zu Fall brachte und den Ball über die Grenze jagte.« Dieses Schlagballspiel wurde zum isländischen Nationalsport »Knattleikr« und bis ins 13. Jahrhundert hinein immer wieder erwähnt. Zwei andere Nationalsportarten entwickeln sich später daraus: Kricket in England und Baseball in den Vereinigten Staaten von Amerika. In Deutschland entdecken erst die Turnväter des 19. Jahrhunderts das Schlagballspiel wieder.*

▷ Lediglich der Schläger in der rechten Hand dieser Dame deutet auf eine sportliche Betätigung hin.

Robin Hood, der unfehlbare Bogenschütze

Um 1450. In England entsteht nach alten Volksballaden das Epos »Little Geste of Robin Hood«, 1510 erscheint es im Druck.
Robin Hood wird in England fast wie ein Heiliger verehrt. Jahrhundertelang veranstaltet man Spiele und Feste zu seinen Ehren. Die Genossenschaften der Bogen- und Armbrustschützen wählen ihn zu ihrem Schutzpatron, die Schützen schwören beim Bogen Robin Hoods, der noch Ende des 18. Jahrhunderts mit Pfeil in Fountains Abbey in Ripon/North Yorkshire aufbewahrt wird. Als der sagenhafte Robin Hood mit seinesgleichen in die Wälder ging, nahm er die Waffe mit, von der die Angeln und Sachsen in der Schlacht von Hastings (14. 10. 1066) am stärksten beeindruckt waren, den langen normannischen Bogen. Von ihm heißt es im »Lobroklied«: »Wir spannten den Bogen mit gleicher Lust,/ wie Liebe wir pflogen an Weibes Brust.« Die englischen Bogenschützen wurden die gefürchtetsten des Abendlandes. Mit ihren langen Eibenbogen durchschossen sie auf 500 m eine Rüstung. Im Hundertjährigen Krieg gegen Frankreich entschieden sie mit einer »Feuergeschwindigkeit« von 20 Pfeilen in der Minute die Schlachten bei Crécy 1346, bei Poitiers 1356 und bei Azincourt 1415.
Ein Grabstein bei Kirkley in der Grafschaft York vermeldet, daß Robin Hood am 24. Dezember 1247 gestorben ist. Allerdings hat Robin Hood nie gelebt. Die Volksphantasie hat ihn nach verschiedenen Vorbildern geschaffen und unsterblich gemacht.
Walter Scott schildert in seinem Robin-Hood-Roman »Locksley« eine Szene zwischen Hood und dem Prinzen Johann auf dem berühmten Turnier in Ashby: »Er verließ die Schranken und kam mit einer sechs Fuß langen, daumendicken Weidenrute zurück, die er mit großer Ruhe abschälte. »Das nenne ich mir einen Schützen«, sagte er, indem er die Weidenrute in den Boden steckte, »der diese Rute aus einer Entfernung von hundert Ellen trifft!« — »Ich will dich«, rief Prinz Johann, »für den besten Schützen der Welt erklären, wenn du das Ziel triffst.« — »Ich tue, soviel ich kann«, versetzte Locksley, »kein Mensch kann mehr tun«. Bei diesen Worten spannte er den Bogen, nahm sein Ziel mit Bedacht, und unter atemlosem Schweigen der Menge spaltete er die Weidenrute mitten entzwei.«

Robin Hood (Volkstümlicher Holzschnitt aus England, um 1700)

Gott schenkte Pfeil und Bogen

Um 1490. Der erste Bogenschütze, dem auf dem »Okmeidan« von Konstantinopel eine Gedenksäule errichtet wird, ist ein Page des Finanzministers zur Zeit des Sultans Bajazid II. (1481—1512).
Nach einer muselmanischen Legende hat Gott selbst durch den Erzengel Gabriel den Moslems Bogen, Sehne und Pfeil geschenkt. In diesem Glauben erzogen und in den »Heiligen Krieg« geführt, kamen Araber und Türken zur Weltmacht. Selbst als der Bogen im türkischen Heer 1591 abgeschafft wird, bleibt die Organisation des sportlichen Bogenschießens bestehen. Sie ist einzigartig im ganzen Orient. Die Schützengilden haben Satzungen, in denen die Wettbewerbe genau vorgeschrieben sind. Sie verfügen über Vereinshäuser und Schießplätze, wählen ihre Vorsitzenden und führen Buch über Rekorde. Es entsteht eine wahre Rekordbesessenheit, denn jeder Bogenschütze will ein »pehlewan« oder »Champion« sein. Weil jede Stadt, in die ein Pfeil eindringt, fällt, ist das Weitschießen am beliebtesten. Es gibt eine ganze Reihe von Trainingsgeräten — Hanteln, Gewichte, steinerne Murmeln —, um die Armmuskulatur und die Fingerkraft zu stärken. Der größte Champion heißt Toz Koparan Iskender. Er ist ein Mann von riesenhafter Stärke. Er kann angeblich einen Pfeil mit solcher Wucht abschießen, daß er fünf eiserne Schilde hintereinander durchbohrt. Lange Zeit hängen diese Schilde im Exerzierhaus der Janitscharen.
Beim Wettschießen auf dem »Okmeidan« siegt Iskender mit Weiten von 868,72 m und 871,76 m. Er geht auf Reisen durch die ganze Türkei, um auch auf anderen Schießplätzen Rekorde aufzustellen. Dennoch stirbt er vor Gram, weil er zehn Jahre lang vergeblich versuchte, einen Rekord auf der Südwindbahn des »Okmeidan« zu brechen.
Der Wind spielt beim Rekordschießen eine wichtige Rolle. Ibn Bachtjar berichtet von einem Schützen, der in Bursa seinen Sohn zu begraben hatte. Auf dem Weg zum Friedhof setzte Nordwind ein. Da der Vater diesen Wind seit langem herbeigesehnt hatte, ließ er das Leichengefolge im Stich und eilte zum Schießplatz. Dort schoß er unter Tränen »seinen« Rekord.

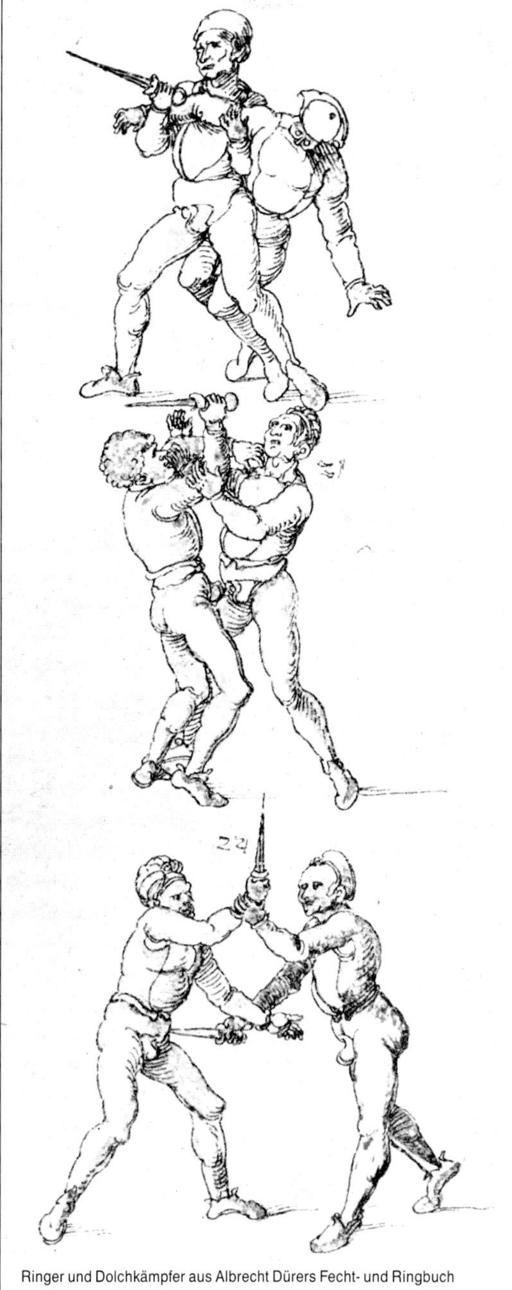

Ringer und Dolchkämpfer aus Albrecht Dürers Fecht- und Ringbuch

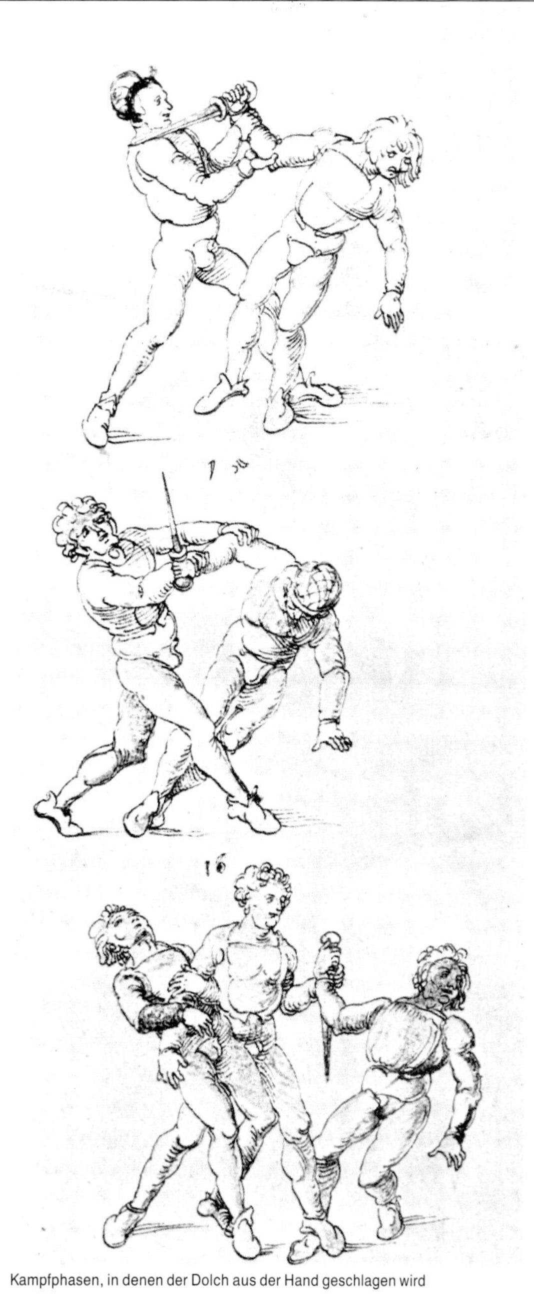

Kampfphasen, in denen der Dolch aus der Hand geschlagen wird

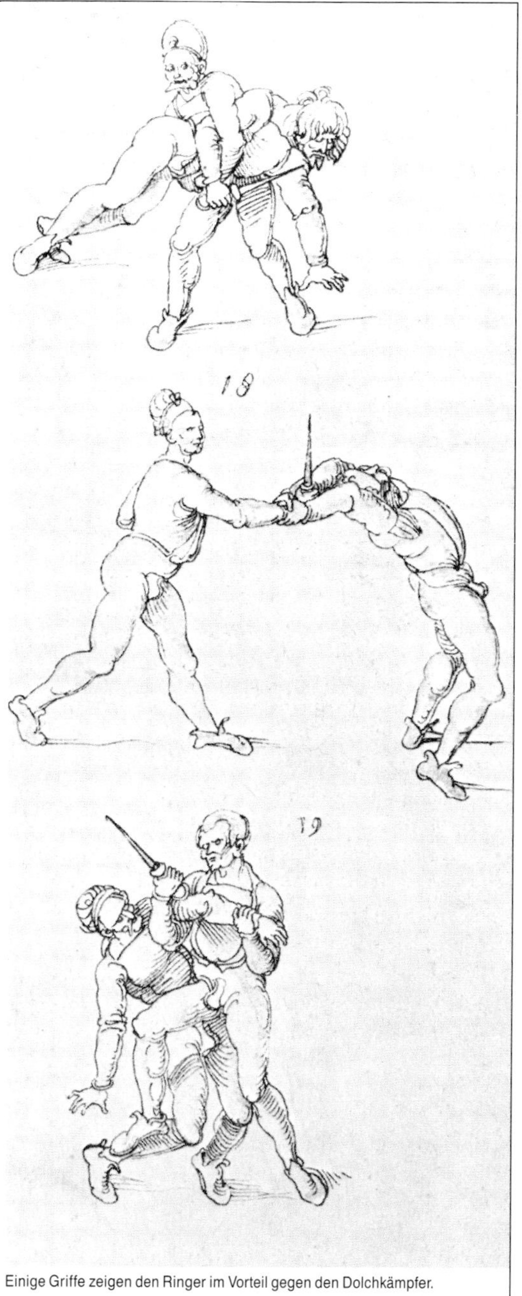

Einige Griffe zeigen den Ringer im Vorteil gegen den Dolchkämpfer.

Das Lehrbuch für Fechter und Ringer von Albrecht Dürer, Maler zu Nürnberg

1459. *70 Jahre nach der ältesten deutschen Schrift über die Fechtkunst von Johann Lichtenauer erscheint »Königsecks Kampfbuch«. 1467 folgt Thalhoffers Kodex mit 270 Abbildungen, 1500 die »Wallerstein'sche Handschrift«, ein Holzschnittwerk mit 108 Blättern. Im Jahr 1512 erteilt der römisch-deutsche Kaiser Maximilian I. bei seinem Aufenthalt in Nürnberg Albrecht Dürer den Auftrag, für ein illustriertes Fechtbuch 120 Abbildungen zu liefern. Während sich der Maler mit der »Wallerstein'schen Handschrift« als Vorlage an die Arbeit macht, schreibt nicht weit von seiner Werkstatt entfernt der Schustermeister Hans Sachs die Verse: »Laß Fechten gleich nur Kurzweil sein,/ ist doch die Kunst löblich und fein,/adelig wie Stechen und Turnieren,/als Saitenspiel, Singen und Quintieren./Auch macht Fechten, wer es wohl kann,/hurtig und tätig ein'n jungen Mann,/geschickt und rund, leicht und gering,/gelenk fertig zu allem Ding,/gegen den Feind beherzt und unverzagt,/tapfer und keck, der's männlich wagt.«*

Dürers Fechtbuch wird das schönste von allen. Er faßt Ringen und Fechten zusammen, was nicht ungewöhnlich ist, denn der entwaffnete Fechter muß danach als Ringer seinen Mann stehen können.

Dürer hält auf seinen Illustrationen alle gebräuchlichen Stellungen beim Ringen fest und gibt dazu Erläuterungen. So z. B.: »Item so dich einer mit peden henden hinterwerlich umfast, dich truckt, auff hebent und will dich werffen, so er dich hebt, als pald greiff mit dein peden henden auff hinder sich und fas ihn starck pey seinem har und wurff ihn über dein haubt für dich.« Zimperlich geht es bei dieser Art von Ringergriffen nicht zu. Würgen an der Kehle, Brechen der Finger und Arme, Faustschläge, Tritte, alles ist erlaubt, was den Gegner außer Gefecht setzt. Auf Skizzen notiert sich Dürer die Fachausdrücke. So »luginsland — pricht entrusthaw«, d. h. die Fechtauslage Luginsland vereitelt den Hieb, mit dem die Waffe aus der Hand geschlagen wird. Dürers Fechtbuch ist bald vergriffen, hat aber zahlreiche Nachfolger. 1472 verfaßt ein gewisser Leckbüchler einen Kommentar über das Messerfechten in Dürers Fechtbuch. Am 20. Juni 1478 erlaubt der Rat der Stadt Nürnberg einem Fechtmeister und dem Bürger Niklaus Prückner, eine Fechtschule zu gründen. 1611 vergleicht Michael Hundt in »Ein new künstliches Fechtbuch im Rappier, zum Fechten und Balgen mit gewissen Tritten, auch angezeigter list vnd geschwindigkeit« die deutsche Fechtweise mit jener in »Welschland« und schlußfolgert, daß die Welschen »etwas besser auf jhern beinen als wir bissweilen sind alhier in toutzschland«.

Wehrhafte Bürger in Fechtergesellschaften organisiert

1495. Kaiser Maximilian I. braucht die Bürger der deutschen Städte nicht erst anzuspornen, Leibesübungen zu betreiben. Einmal treibt wachsendes Selbstbewußtsein die Städter dazu, den Ritterturnieren Schauspiele ähnlicher Pracht entgegenzustellen. Zum anderen zwingt Notwehr die Bürger, den Gebrauch von Waffen zu erlernen und sich körperlich zu ertüchtigen. Denn die Ritterschaft taugt mit ihrer veralteten Bewaffnung und Kampfweise nicht mehr zum Schutz des Reiches. Die Städte müssen sich im Gegenteil oft gegen Raubritter zur Wehr setzen, die Geleitzüge von Kaufleuten überfallen. Zwei Waffen vor allem lernt der Bürger handhaben: Das kurze Schwert oder Dolchmesser und die Armbrust. Damit beginnt die Blütezeit der Fechtschulen und Schützenfeste. Die Fechtergesellschaften werden nach dem Vorbild der Innungen und Zünfte gegründet. Die ältesten sind die Fechterbrüderschaft von St. Markus in Frankfurt am Main und die Fechtergesellschaft von St. Veit in Prag. In ihren Wappen führen sie den Löwen bzw. den Greif. Die »Marxfechter« und die »Federfechter« rivalisieren so heftig miteinander, daß die Lausbuben der Zeit sich, als Marx- und Federfechter verkleidet, verprügeln.
Die Vorschriften und Regeln bei den Fechtergesellschaften sind nicht weniger streng als bei den Rittern. Die Mitglieder werden in Lehrlinge, Gesellen und Meister eingestuft.

Mittelalterliches Leben auf einem Holzschnitt um 1470: Ritterschlag und Fechtübungen vor den Toren der Burg

Der junge Maximilian bei Schießübungen mit der Armbrust, aus »Historia Friderici et Maximiliani«

Die Marxbrüder pflegen zur Frankfurter Herbstmesse ihre Meisterproben auszuschreiben. Wer besteht, darf Fechtunterricht erteilen.
Die Schulen finden regen Zulauf. Zu den Schaufechtkämpfen, die im Rahmen eines Volksfestes stattfinden, ergehen Einladungen an den Hohen Rat der Stadt und benachbarte Fürstlichkeiten. Beide sind dem wehrhaften Treiben der Bürger wohlgesonnen und setzen für die Fechter Ehrenpreise aus.
Diese Fechtturniere werden sehr beliebt, und bald gibt es, ähnlich den fahrenden Rittern, berühmte Fechtmeister, die von Stadt zu Stadt ziehen, Fechtkurse und Schaukämpfe abhalten und dabei gut verdienen.
Bei den Bürgern erreicht die Kunst des Fechtens technisch gesehen nie einen hohen Standard, sondern beschränkt sich auf ein primitives Schlagrepertoire, bei dem es weit mehr auf Körperkraft als auf Gewandheit ankommt. Das Interesse daran läßt nach, dafür findet jedoch das Fechten bei der Studentenschaft der neugegründeten Universitäten eine begeisterte Aufnahme.

Der Kaiser und der wilde Keiler

1486. Maximilian I. wird deutscher König. 1508 erhält er die Kaiserwürde. Im selben Jahr läßt er sich in seinem »Geheimen Jagdbuch« als »bedeutendsten aller großen Jäger der Erde« verherrlichen. Sein Gefolge bringt er in Verzweiflung, wenn er in ein Gebüsch kriecht, um einen von Hunden gestellten Keiler mit der Saufeder abzutun. Die Keiler sind größer als zu späteren Zeiten, die Jagd ist gefährlich. Als ein Keiler den Bauch seines Pferdes aufschlitzt, gibt er dem Keiler im Stürzen den Todesstoß. Dann muß man den Hilflosen zwischen totem Pferd und Keiler hervorziehen. Kaltblütig ist der größte Jäger jedenfalls.

Mit Schwertern kämpfende Reiter der straff organisierten mongolischen Armee (persische Handschrift, Bibliothèque Nationale, Paris)

Die Pfeil-Boten Dschingis-Khans

Februar 1405. Mit dem Tod von Timur-Leng, den man den »Schrecklichen« nannte, zerfällt das von Dschingis-Khan begründete mongolische Großreich.
Das Imperium erstreckte sich von Peking bis Samarkand. Zu seiner Kontrolle war ein Meldereiternetz eingerichtet worden, das sich über 10 000 km erstreckte. Der Pfeil-Bote war eine heilige Person. Auf 10 000 Poststationen standen 300 000 Pferde bereit. Die Pfeil-Boten ritten Tag und Nacht, bis zu 500 km. Sie aßen und schliefen im Sattel, wechselten die Pferde im Galopp. Beine und Leiber waren bandagiert, damit sie diese Gewaltritte durchhielten.

1500

1500–1549

1500. Der österreichische Ritter von Liechtenstein kämpft beim Reichstag in Augsburg für 100 Gulden gegen einen Bürger. Er unterliegt dem Augsburger Ulstat.

1502. Moctezuma II. Xocoyotzin wird Kaiser der Azteken. Gilt als guter Bogenschütze und Schwimmer. Befiehlt Besteigung des Popocatépetl (5452 m), acht der zehn Teilnehmer kommen dabei um.

1503. Baptista Platina fordert in seinem Werk »De honesta voluptate« Leibesübungen.

1507. Soldaten der Medici spielen Cacciata, ein Ballspiel, bei dem die Arme durch Holzmanschetten geschützt sind.

Hans Wurm druckt das Ringerbuch eines unbekannten Verfassers, das erste Buch über Leibesübungen, das gedruckt wird.

Sultan Babur, Begründer des Mogulreiches, wird als athletischer Mann, guter Läufer, Reiter, Schütze und Schwertfechter beschrieben.

1509. In China erstmals urkundliche Erwähnung einer Ritterprüfung mit Bogenschießen zu Pferde und zu Fuß sowie Lanzenfechten zu Pferde.

Pietro Monica verfaßt die älteste Handschrift über Fechten: »Opera di Scherma«.

Am großen Schützenfest in Augsburg nehmen 916 Büchsen- und 544 Armbrustschützen teil. Beim »Kegelwerfen für Gesellen« gewinnt ein Bauer sechs Taler. Die Knechte laufen über 500 Schritt, auch ein Wettlauf für Frauen wird ausgetragen.

1511. Leonardo da Vinci besteigt den Monte Boso (2536 m).

Dezember 1511. Älteste erhaltene Einladung zu einem Pferderennen in Europa ergeht in Deutschland.

1512. Albrecht Dürer verfaßt ein Fecht- und Ringerhandbuch, das er mit Zeichnungen ausstattet (→ 1459).

Letztes Ritterturnier in Frankfurt am Main.

1516. In Wien wird das Fechtbuch »Ergründung ritterlicher Kunst der Fechterey« von Andreas Paunfeindt gedruckt, der erste Druck eines Fechtbuches.

1517. »Theuerdank«, der zweite Teil der Autobiographie von Kaiser Maximilian I. erscheint.

Um 1520. Hisameri Takeuchi begründet in Japan eine Jiu-Jitsu-Schule.

1520. Beim Treffen zwischen Franz I. von Frankreich und Heinrich VIII. von England auf dem Camp du Drap d'Or treten Ringer aus Cornwall auf. Auch die beiden Könige ringen miteinander.

Krishna Deva Raya, Verteidiger des Hinduismus gegen den Islam, gilt als geübter Fechter, Ringer, Reiter und Schwinger schwerer Keulen.

1521. Zwei florentinische Mannschaften, zusammen 70 Spieler, führen in Rom auf der Piazza del Belvedere ein Calciospiel vor.

Weihnachten 1521. Gustav Erikson Wasa, der spätere König Gustav I., Führer eines schwedischen Bauernaufstands, flieht auf Skiern vor den Dänen (Ursprung des Wasalaufs).

1523. In Basel erscheint die lateinische Ausgabe eines »Lehrbüchleins« von Ulrich Zwingli, der darin Leibesübungen fordert.

1526. Jacobus Graf von Procia fordert in seinem »Adelsspiegel« täglich zwei Stunden Leibesübungen.

1528. Ideal des Edelmannes im »Cortegiano« von Baldassarre Graf Catiglione.

1529. Karl V., deutscher König und König von Spanien, läßt sich am spanischen Hof das aztekische Ballspiel Tlachtli vorführen.

Ab 1530. Erste Berichte über Bogenschießen, Speerwerfen, Laufen, Schwimmen und den Gebrauch von Kanus bei den Indianern Nordamerikas.

17. 2. 1530. Eigentliche Geburtsstunde des Calciospiels während einer Belagerung von Florenz.

1531. Thomas Elyot zählt in seinem Buch »The Gouvernor« als ritterliche Übungen auf: Reiten, Jagen, Tanzen, Ringen, Laufen, Bogenschießen und Schwimmen. Dagegen gelten Steinstoßen, Kegeln und Fußball als nicht schicklich für einen Gentleman.

Ab 1532. In dem fünfbändigen Romanzyklus »Gargantua und Pantagruel« von François Rabelais werden rund 200 Spiele geschildert.

1534. In Kagoshima/Japan Gründung einer Shinto-Schwimmschule, deren Methoden geheimgehalten werden.

1535. Bei der Beerdigung des Kardinals Ippolito de' Medici treten Ringer aus Schwarzafrika auf.

1536. Achille Marozzo veröffentlicht in Bologna das Fechtbuch »Opera Nova«. Es leitet eine neue Epoche italienischer Fechtkunst ein.

1538. In Ingolstadt erscheint das erste gedruckte Schwimmlehrbuch »Colymbetes, sive de arte natandi«.

1539. Federico Grisone veröffentlicht sein Lehrbuch »Gli ordini cavalcare« und begründet die Tradition der italienischen Reitschule (→ 1626).

Olaus Magnus, Bischof von Uppsala, gibt in Venedig ein Kartenwerk mit der Abbildung eines Schlittschuhläufers heraus.

1540. Franz I. spielt in Orléans gegen Karl V. Paume, worüber erstmals Spielregeln vorliegen.

1543. Durch Schiffbruch gelangt das Feuergewehr nach Japan. Seitdem dort Niedergang des Bogenschießens.

Einladung zum Rennen

Dezember 1511. Die älteste erhaltene Einladung zu einem Pferderennen auf dem europäischen Kontinent ergeht in Deutschland. Sie ist auf einem Bogen schön gedruckt und wird nicht nur in zahlreichen Exemplaren verschickt, sondern auch an Mauern und Hauswänden angeschlagen. Es handelt sich um das erste bekannte pferdesportliche Plakat.

Die Ausschreibung für das Pferderennen erläßt Herzog Ulrich von Württemberg. In dem Einladungstext heißt es u. a.: »Wir geben euch zu erkennen, daß wir ein Kurzweil- und Gesellschaftsrennen mit laufenden Rossen des Wegs von Neckarsweihingen bis gen Byningen bei unserer Stadt Marbach am Neckar gelegen zu halten uns fürgenommen haben. Also auf den elften des Monats Mai nächstkommend, wo die laufenden Rosse unter den Knaben um die achte Stunde vor Mittag zu dem Anlaß in Neckarsweihingen sein sollen. Und wir wollen für jedes laufende Roß einen Gulden geben.

Herzog Ulrich von Württemberg auf einem zeitgenössischen Holzstich

Dem ersten Roß wollen wir geben dreißig und zwei Gulden und ein silbern Trinkgeschirr. Dem andern eine Armbrust, dem dritten ein Schwert. Und wir geben zwei Stück Tuch. Um das eine sollen am Abend die Männer und Gesellen laufen. Um das andere die Weiber.«

Gustav Erikson flieht auf Skiern

Weihnachten 1521. Gustav Erikson, den man später nach dem Liktorenbündel in seinem Wappen »Wasa« nennt, flieht nach der Hinrichtung seines Vaters und weiterer schwedischer Patrioten durch die Dänen auf Skiern nach Mora, sucht Hilfe und wird abgewiesen.

Gustav Erikson begründet in Schweden ein neues Königshaus, als er nach einem erfolgreichen Volksaufstand die Dänen besiegt und vertrieben hatte. Er regiert als Gustav I. von 1523 bis 1560 und fördert die Reformation in Schweden.

Als sich die Kunde von dem Stockholmer Blutbad verbreitet, schicken die Einwohner von Mora zwei Skiläufer hinter Gustav her. Sie holen ihn kurz vor der norwegischen Grenze in Sälen ein. In der Neujahrsnacht eilen sie mit ihm nach Mora zurück, wo er zu den Waffen ruft. Zur Erinnerung daran wird seit 1922 alljährlich der Wasalauf zwischen Sälen und Mora ausgetragen.

Ein Ringkampf zweier Könige

1520. König Franz I. von Frankreich, 25 Jahre alt, und König Heinrich VIII. von England, 29 Jahre alt, höchst gespannt, einander kennenzulernen, treffen sich auf dem »Goldbrokatfeld« bei Calais. Jeder Hof sucht hier den anderen an Pracht zu übertreffen.

Heinrich VIII. (1491—1547) tut sich im Gewicht- und Hammerwerfen, im Laufen und Springen hervor. Er hält an seinem Hof eigens einen »Kraftkerl«, mit dem er jederzeit ringen kann. Beim Bogenschießen, das er fördert, verliert er erhebliche Summen.

Heinrich glänzt als Bogenschütze. Beim Eintritt in ein Zelt packt er Franz mit dem Ausruf: »Bruder! Ich will mit euch ringen!« Es ist eine etwas unfaire Attacke, aber Franz entwindet sich dem Griff und schleudert Heinrich zu Boden. Die Höflinge erstarren vor Entsetzen, als sich Heinrich rot vor Zorn aufrappelt. Die Damen retten die Situation. Sie bitten zu Tisch.

Prügel für einen Ertrunkenen

1538. Unter dem Titel »Colymbetes, sive de arte natandi« erscheint in Ingolstadt das erste Schwimmlehrbuch in Europa. Der Berner Humanist Nikolaus Wynmann hat es in lateinischer Sprache verfaßt. Wynmann lehrt als Dozent für alte Sprachen an der Universität Ingolstadt. Dort wurde er Zeuge eines Vorfalls, der ihn offenbar zu seinem Buch anregte. Ein Knabe badete in der Donau, was streng verboten war, und ertrank. Als man den Leichnam ans Ufer gezogen hatte, wurde er von einem Lehrer mit Ruten gezüchtigt. Vermutlich sollte das auf andere Knaben abschreckend wirken. Wynmann hält es für sinnvoller, wenn die Jungen frühzeitig schwimmen lernen. In Zürich z. B. findet niemand etwas dabei, wenn Buben und Mädchen in der Limmat oder im See baden und schwimmen oder sogar vom Rathausdach Kopfsprünge ins Wasser machen.

Die Gelehrten sind sich hingegen über den Wert des Badens und Schwimmens keineswegs einig. »Wir brauchen nicht häufig Bäder, wir waschen nicht täglich, wie die Alten taten«, mahnt der Straßburger Lehrer Johann Sturm. Und ein Pseudonymus Grobianus erklärt: »Eine Schande ist es, Gesicht und Hände zu waschen.«

Gerungen wird im »Grüblein«.

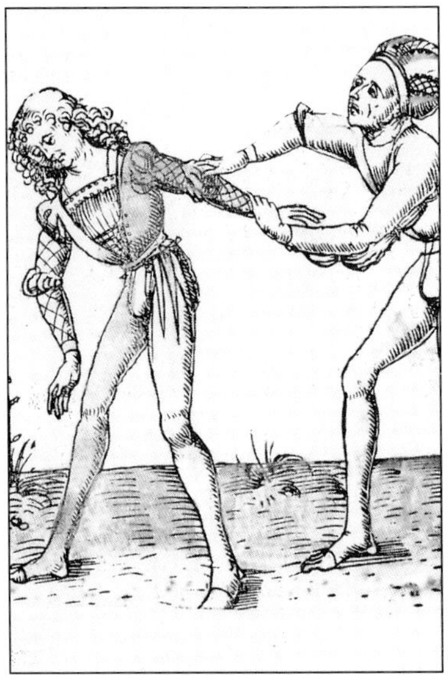

Studie aus Hans Wurms Ringerbuch

Über die Kunst des Ringens im Grüblein

1507. Als Hans Wurm in Landshut das erste Ringerbuch (über das Ringen im »Grüblein«) herausgibt, das erste gedruckte Buch über Leibesübungen, versteht man unter »grübeln« noch nicht sinnieren, über etwas nachdenken. Da gibt es handfestere Bedeutungen. »Buben grübeln den Maiden nach der untern Taschen und fleißen sich oben des Busens« oder einer »grübelt in der Nasen«. Das Wort meint krabbeln, wühlen, tastend oder suchend greifen, und das tut man eben auch beim Ringen. Aber so versteht es die Handschrift eines Unbekannten, die Hans Wurm druckt, gerade nicht. Bei ihm steht der Ringer mit einem Bein tatsächlich in einem »Grüblein«, nämlich in einer kleinen Grube, eher einer Kuhle. Es geht darum, ihn aus diesem Grüblein herauszudrängen oder herauszuheben. So heißt es u. a.: »Fasse mit deiner rechten Hand über seine rechte Schulter und greife ihn hinten bei der Joppe, springe mit dem rechten Bein zwischen seine Beine, schlage ihm den Haken um seinen in der Grube stehenden Fuß und häkle ihn so heraus, indem du ihn mit der rechten Hand an der Joppe aufhebst.« Dabei darf sich der andere Ringer seinem Gegner im Grüblein nur auf einem Bein nähern. Offenbar wird mehrmals abgewechselt. Es handelt sich um eine Art Gesellschaftsspiel des Ringens, das in der ersten Hälfte des 16. Jahrhunderts beliebt ist.

Darstellung eines Stabhochsprungs, eher ein Stabweitsprung, in gebirgigem Gelände, um eine Schlucht zu überwinden (Holzschnitt »Theuerdank«)

Dreimal Petrarca

Die Kunst geht zuweilen seltsame Wege. Francesco Petrarca, berühmt als Dichter, verfaßte auch philosophische Schriften. Sie werden 1532 in Augsburg in einer deutschen Ausgabe (»Trostspiegel«) gedruckt und mit Holzschnitten versehen. Der Künstler, der sie fertigte, wurde von Sebastian Brant beraten, dessen 1494 erschienenes »Narrenschiff« zum Bestseller des 16. Jahrhunderts wird. Als Philosoph gerät Petrarca in Vergessenheit, das »Narrenschiff« Brants versinkt, nur die Holzschnitte des Petrarcameisters bleiben.

Brettspiel und »Schachzabel« (Petrarcameister)

Von der Kurzweil des Ballwerfens (Petrarcameister)

Darstellung des Bergsteigens aus dem »Theuerdank« von Kaiser Maximilian I., der sich selbst einmal bei der Jagd in den Bergen verirrt

Schwimmkissen, Strohmatten, luftgefüllte Lederschläuche im »Weißkunig«

Ein Kaiser feiert sich selbst im Bade

1517. Kaiser Maximilian I. hat Freude an der Buchdruckerkunst. Mit ihr will er sein Leben der Nachwelt überliefern.
So begann er, schon bevor er Kaiser wurde (1508), seinem Sekretär Marx Treitzsaurwein seine Autobiographie zu diktieren. Der erste Teil erschien 1516 unter dem Titel »Weißkunig«, die Fortsetzung heißt »Theuerdank«. Mit besonderer Sorgfalt kümmerte sich der Kaiser dabei um die Illustrationen. Er suchte den Holzschneider Hans Burgkmair und andere Künstler bei der Arbeit auf und korrigierte Blätter, die nicht seinen Vorstellungen entsprachen. So erscheint der Kaiser dem Volk als Vorbild in allen ritterlichen Künsten.

Faustkampf des Entellus und Dares aus der »Äneis«

Fechten, Ringen, Steinstoßen der Trojaner

Ruderregatta in der »Äneis« aus Künstlersicht

Die »Äneis« und der Sport in einem der ältesten gedruckten deutschen Bücher

»Aber der Sproß des Anchises, der Vater, brachte nun gleiche/ Riemen und schnürte mit gleicher Wehr den beiden die Fäuste./ Beide treten nun auf, sogleich auf den Zehen sich reckend,/ furchtlos heben sie hoch in die Luft empor ihre Arme./ Steilauf wenden sie weit den Kopf zurück vor dem Treffer,/ und verwickeln sich Faust gegen Faust und wecken die Kampflust./ Jener ist flinker zu Fuß und darf seiner Jugend vertrauen,/ dieser ist stark durch Wuchs und Wucht, aber zittert, und träge/ wankt sein Knie, kurzatmend Gekeuch durchschüttert den Riesen./ Hieb auf Hieb versetzen umsonst einander die Kämpfer,/ Stoß auf Stoß ins Flankengewölb, dumpf lassen die Brust sie/ dröhnen, und häufig fährt um Ohr und Schläfen im Wirbel/ rings die Faust, hart kracht das Kinn beim wuchtigen Treffer.« Voll Sachkenntnis und gewiß aus eigener Anschauung beschrieb der römische Dichter Virgil (70—19 v. Chr.) in seinem Heldenepos »Äneis« den Faustkampf. Weniger gut weiß der Holzschneider im Jahr 1502 Bescheid, der die deutsche Ausgabe illustrieren soll. Er kennt weder den römischen Boxhandschuh, noch weiß er, wie die Riemen geschlungen wurden. So stattet er die Boxer mit Lederkeulen aus.

Was ziemt einem Edelmann?

1528. Bevor durch die Reformation in ganz Europa neue Glaubenslehren verbreitet werden, entwirft die »rinascita« in Italien, später allgemein Renaissance genannt, ein neues Bild vom Menschen.
Italien wird darüber hinaus maßgebend für das, »was sich gehört«. Baldassarre Graf Castiglione zeichnet in seinem Traktat »Cortegiano« das Ideal des vollkommenen Hofmannes. Über den Umgang der Adligen mit dem »gemeinen Volk« schreibt Castiglione u. a., daß es nicht ratsam sei, wenn ein Aristokrat zu einem Wettspiel gehe und das Fest mit seiner Person beehre, wo die Zuschauer und die Ausübenden nicht von Adel seien. Gegen diesen Standesdünkel polemisiert Gasparo Pallavicini und weist darauf hin, »daß es in unserem Ort diese Unterschiede nicht gibt, vielmehr finden sich viele junge Adlige zu den Volksbelustigungen ein. Sie tanzen mit den Bauern bis zum Sonnenaufgang, messen sich mit ihnen im Speerwerfen, am Barren, im Ringkampf, im Wettlauf und im Hochsprung. Ich glaube nicht, daß dies schlecht sei, wenn sie ihre Kraft und Geschicklichkeit erproben, in denen oftmals die Bevölkerung der ländlichen Orte dem Adel über ist; es scheint mir, als wenn dies eine gewisse liberale Eigenschaft sei.«

Wettlauf (um 1531). Bei sportlichen Wettkämpfen ist die Trennung von Adel und gemeinem Volk häufig aufgehoben. Auch Frauen nehmen vielfach teil.

Volkstümliche Leibesübungen im Deutschland des 16. Jahrhunderts (Holzschnitt von H. G. Beham aus einer Folge von Monatsbildern, 1531)

Skilauf – in Skandinavien ein längst vergessener Sport

1539. In Venedig erscheint ein Kartenwerk mit der Abbildung eines Schlittschuhläufers. Herausgeber ist der Bischof von Uppsala, Olaus Magnus (eigtl. Olaf Mansson Svintfot). 1555 folgt sein prächtig illustriertes Folio-Werk »De gentibus septentrionalibus«, in dem Olaus Magnus den Skilauf nicht etwa als eine Besonderheit seiner schwedischen Landsleute oder der stammverwandten Norweger schildert, sondern als typische Kunst der Lappen. Obwohl die Rettung des norwegischen Königssohns Håkon IV. Håkonsson 1205 durch die Birkebeiner und die Rückführung des schwedischen Thronprätendenten Gustav Erikson 1521 durch die Dalekarier (→ Weihnachten 1521) von Skiläufern erfolgte und in späteren Zeiten noch gefeiert wird, gehört der Skisport in Skandinavien bereits einer sagenhaften Vergangenheit an. Nur Jäger, Bauern, Soldaten laufen noch Ski.
Dagegen schreibt Olaus Magnus: »Das sind Lappländer, welche mit aufgetanen und langen Hölzern, unten an die Füße gebunden, auf dem Schnee über die Berge und Täler nach ihrem Willen sich leiten und schnelliglich laufen. Dergleichen sind sie auch gerüstet, so man um die Wette laufen will.« Dies tun Männer und Weiber. Der Bischof teilt mit, daß die Länge der Ski auf die Körpergröße abgestellt wird.

Skijäger aus dem Werk des Olaus Magnus; einer trägt einen Spieß, zwei, darunter eine Frau, führen Pfeil und Bogen.

Russische Schlittenfahrer und Skiläufer um 1550, Zeichnung nach einem Kupferstich aus dem 16. Jh.

Calcio – Fußball auf italienisch

17. Februar 1530. In einer Geschichte des Fußballspiels, die 1899 in Großbritannien erscheint, heißt es einleitend: »Von dem Spiel, das bei uns seit dem Mittelalter unter dem Namen Fußball bekannt ist, läßt sich in keinem andern Land außer unserem eigenen eine Spur nachweisen.«
Unter dem Namen »Calcio« wurde Fußball allerdings schon im 14. Jahrhundert in Italien gespielt. Die eigentliche Geburtsstunde des Spiels schlägt allerdings erst am 17. Februar 1530 in Florenz.

Torschuß mit Musik

Das Spielfeld ist nicht genormt. Man spielt auf öffentlichen Plätzen. Der Platz muß ein längliches Rechteck sein, das für den Spieltag eingezäunt wird. An den Längsseiten befinden sich Tribünen für Zuschauer. In der Mitte der beiden Schmalseiten steht ein Zelt, das als Tor dient. Daneben ist Platz für eine Musikkapelle. Die beiden Mannschaften zählen je 27 Spieler und stellen sich in einer genau vorgeschriebenen Ordnung auf. In der ersten Reihe 15 Stürmer, in der zweiten fünf Läufer, in der dritten, auf Luke, vier Verteidiger, die offensiv zu spielen haben, in der vierten Reihe drei Verteidiger, von denen der mittlere als Torwart gilt. Er hat als einziger das Recht, den Ball in die Hand zu nehmen. Die übrigen Spieler dürfen den Ball nur mit dem Fuß stoßen oder mit der Faust schlagen. Fangen und Werfen, das Berühren mit der flachen Hand sind untersagt. Ein Schiedsrichter wacht darüber, daß die Regeln eingehalten werden. Er zählt die Tore und die Strafpunkte, nach denen der Spielausgang errechnet wird.

Während einer Belagerung der Stadt durch Truppen des deutschen Königs und römisch-deutschen Kaisers Karl V. spielt man Calcio demonstrativ auf der Piazza Santa Croce und setzt ein fettes Kalb als Siegespreis aus. Seitdem wird das Spiel in Florenz Tradition.
Calcio ist ein Spiel des Adels. Die Mannschaften kleiden sich besonders prächtig und bewegen sich überlegt und beherrscht.
In Florenz erreicht es unter den Medici seine höchste Blüte. Der Platz mißt 80 x 120 Ellen und ist mit einem 2 m hohen Zaun eingegrenzt. Später läßt Leopold I., Großherzog der Toskana, steinerne Sitze für die Zuschauer aufstellen. Die Spieler dürfen nicht jünger als 18 und nicht älter als 45 Jahre sein. Sie müssen ein Ergänzungstraining betreiben. Fechten, um die Reaktionsschnelligkeit zu üben, Baumstammwerfen, um die Kraft zu stärken, und Mailspiel (→ 1603), um Taktik zu erlernen.
Calcio bleibt nicht auf Florenz beschränkt und auch nicht auf den Adel. Das Spiel breitet sich in den folgenden Jahren in ganz Italien aus und lockt die Zuschauer in Massen an. Dabei verliert es auch den vornehm-gemessenen Charakter, wie man ihn in Florenz pflegt. Für die außerordentliche Beliebtheit des Calcio in Italien spricht, daß Dichter von Gabriello Chiabrera bis Giacomo Graf Leopardi das Spiel besingen. 300 Jahre lang bleibt Calcio populär, dann vergißt man das Spiel, das in Florenz letztmals am 19. Januar 1738 ausgetragen wird.

Der Ursprung des Fußballspiels: »Ludus quem Itali appellant il Calcio« (Spiel, das die Italiener Calcio nennen) in einer volkstümlichen Form; von den Rändern des ovalen Spielfeldes feuern zwei Trommler die beiden Mannschaften an.

Calcio Fiorentino auf der Piazza Santa Maria Novella in Florenz

Ballspielverbot in Kirche und Kloster

Ein Parlamentsbeschluß verbietet im Jahr 1538 in Frankreich das Ballspiel in Kirchen und Klöstern als eine heidnische Unsitte. Das Spiel wurde nicht nur *in* Kirchen, sondern *an* Kirchen gespielt. Dabei ging es darum, einen Ball so hoch wie möglich über die Kirche zu werfen. Zweifellos handelte es sich ursprünglich um einen germanischen Sonnenkult, den die Kirche zu integrieren suchte. Bei dem Spiel ging es ums Werfen und Fangen, aber schon 1147 vermerkte eine französische Notiz, daß man den Ball auch treten und fausten durfte. Das Spiel erfuhr zahlreiche Varianten. Zuletzt spielten ganze Dörfer gegeneinander, bis es so weit kam, daß man es auf ein eigenes Spielfeld verlegte. Nur aufgestellte Tore erinnerten noch daran, daß es ursprünglich die Stadttore waren, durch die der Ball getrieben werden mußte.
Das Spiel, als Osterball und in einer Variante auch als Brautball bekannt, ist durch das Verbot nicht auszumerzen.

Meisterhafte Darstellung menschlicher Körper auf der Kopie von Michelangelos »Schlacht bei Cascina«

Michelangelo und das Menschenbild einer neuen Zeit

Michelangelos Komposition zur »Schlacht bei Cascina« (1504/05) bleibt in einer Kopie von Aristotile de Sangallo erhalten. Michelangelo zeigt die Soldaten, die beim Baden im Fluß vom herannahenden Feind überrascht werden, sich eiligst anziehen und zu den Waffen greifen. Dem Bildhauer als Maler bietet sich vielfältige Gelegenheit, nackte Körper darzustellen. Jahrzehnte später greift Michelangelo auf diese Studien zurück. Als er 1541 die Stirnwand der Sixtinischen Kapelle, an der er sechs Jahre lang gemalt hat, enthüllt, sinkt Papst Paul III. vor dem Anblick des »Jüngsten Gerichts« betend auf die Knie. In ganz Europa macht diese Schöpfung eines neuen Menschenbildes einen ungeheuren Eindruck.

Da gehen die Ritter die Wände hoch

1512. Mit dem letzten Ritterturnier in Frankfurt am Main geht eine Epoche zu Ende. Doch leben noch ritterliche Spiele fort, die bislang neben den Turnieren betrieben wurden und sich nach wie vor großer Beliebtheit erfreuen.

In dem fünfbändigen Romanzyklus »Gargantua und Pantagruel« von François Rabelais, der 1534 erscheint, heißt es von dem Helden zahlloser Abenteuer: »Mit einem Satz schnellte er über einen Graben, flog über einen Zaun, lief sechs Schritt eine Mauer auf und erklomm also ein Fenster speerhoch.« Das ist keine dichterische Freiheit. Das Wandlaufen haben offenbar Jungritter erfunden, die es an den schrägen Mauern der Burggräben ausprobierten. Daraus entstand eine Art Sport, der teils der Langeweile, teils jugendlichem Übermut entsprungen, in Ritterkreisen weite Verbreitung fand. Davon zeugt eine Rekordmeldung aus der Münchner Residenz: »Drey Nagel stecken hier vor Augen,/ die mag ein jeder Springer schaugen,/ der erst zwölf Schuh hoch von der Erd,/ den Herzog Christoph ehrenwert/ mit seinem Fuß herab tät schlagen;/ Kuonrad luef bis zum andern Nagel/ wohl von der Erd zehenthalb Schuh, neunthalb Philipp Springer luef ...« So geschehen im Jahr 1490 und fleißig geübt auch in den folgenden Jahren an den Mauern von Burgen und Schlössern.

Turniere waren wichtige Ereignisse des ritterlichen Lebens (Wandgemälde von Hans Schäufelein, um 1510 auf der Burg Tratzberg in Tirol gemalt).

Antike Gymnastik neu entdeckt

Der römische Arzt Galen (129—199), der das medizinische Wissen seiner Zeit in zahlreichen Schriften zusammenfaßte, gilt in Gesundheitsfragen auch noch in der Renaissance als Autorität.

In sechs Bänden über »Hygiene«, in einer Schrift »Thrasybulos« und in »Die Übungen mit dem kleinen Ball« beschäftigt sich Galen eingehend mit der Gymnastik. Unter ihr versteht er die »Wissenschaft von den Wirkungen aller Leibesübungen«. Als solche Wirkungen nennt er die Abhärtung der Organe, die Erhöhung der Temperatur bzw. der Pulsfrequenz, die Anregung der Atmung, die Förderung der Verdauung. Er teilt die Gymnastik ein in die eigentlichen Leibesübungen, wozu er Ringen, Faustkampf, Allkampf, Lauf, Sprung, Diskuswurf, Übungen am Sandsack, mit dem kleinen und großen Ball und mit Hanteln rechnet, und in Tätigkeiten, die als Leibesübungen ausgeübt werden können (Rudern, Reiten, Fechten, Marschieren, Jagen, Fischen und Lastentragen). Erst eine gewisse Intensität und Regelmäßigkeit macht nach Galen eine Tätigkeit zur Leibesübung, für die immer das richtige Maß gefunden werden muß. Diese alten Erkenntnisse waren für das Mittelalter neu.

Galens Zeitgenosse, der griechische Philosoph Philostratos II., unterscheidet in seiner Abhandlung über die Gymnastik den »Gymnasten« als einen Trainer, der über sportmedizinische und psychologische Kenntnisse verfügt, und den »Paidotriben«, der nur motorische Fertigkeiten vermittelt. Der Arbeit des letzteren muß jene des ersteren vorangehen. Nur der Gymnast kann entscheiden, wer für eine bestimmte Wettkampfart besonders geeignet ist und wie man ihn seinem Temperament entsprechend im Training leiten soll. All das mutet sehr modern an, muß aber erst wiederentdeckt werden und findet in der Renaissance Verbreitung.

1550

1550–1599

Um 1550. In England wird Kricket bekannt, von »cric« oder »cryc«, Bezeichnung für einen gebogenen Schläger.

1550. In Florenz läßt sich ein französischer »paumier« nieder, Hersteller von Schlägern und Bällen für das Jeu de paume.

1553. Camillo Agrippa leitet mit dem »Trattato di scientia d'arme« eine neue Epoche der Fechtkunst ein, die dem Stich mit Ausfall den Vorzug vor dem Hieb gibt. Das Buch enthält zahlreiche Zeichnungen von Michelangelo (→ 1588).

1554. In der Petit-Campagne ist das Ballschlägerspiel Crosse bekannt. In Frankreich werden die »leges ludi«, Regeln für das Jeu de paume, veröffentlicht.

1555. Ogier Ghislain de Busbecq beteiligt sich als Gesandter in Konstantinopel am Bogenschießen auf Schießständen und an Ballspielen. Schildert Wettläufe von Berufsläufern (»paiks«).

1556. Berichte aus Simmental (Berner Alpen) über Schießen, Steinstoßen, Wettlaufen und Springen »nach der Predigt«.

1559. König Heinrich II. wird beim Turnier anläßlich der Hochzeit seiner Tochter getötet. Darauf Verbot von Turnieren in Frankreich.

1562. Das älteste Ballhaus von Köln in der Gereonstraße wird abgerissen, weil sich die Nachbarn über zu großen Lärm beschwerten.

1565. Johannes Sturm in Straßburg fordert in seinen »Epistolae classicae«, daß Leibesübungen unter der Aufsicht von Lehrern »wohlgeordnet« durchgeführt werden.

Quintana-Spiel an europäischen Fürstenhöfen verbreitet.

1567. König Karl IX. von Frankreich gründet unter der Leitung italienischer Fechtmeister die französische Fechtakademie.

Mit Kamiisumi, einem berühmten Lehrer ritterlicher Übungen der Hofleute und Samurai, beginnt die eigentliche Fechtkunst Japans.

Schützenfest in Augsburg, für das der römisch-deutsche Kaiser Maximilian II. eine silberne Schale stiftet. Die Stadtchronik vermerkt, daß sich die Jugend den ganzen Sommer über in volkstümlichen Wettkämpfen vorbereitete.

1569. In Venedig erscheint »De arte gymnastica« des Arztes Hieronymus Mercuriale. Er fordert Gymnasien und Palästren (Übungsplätze für Ringer) nach griechischem Vorbild und weist auf die Olympischen Spiele der Antike hin (→ 1592).

1573. Der Arzt Mercuriale wird zur Behandlung von Kaiser Maximilian II. nach Wien berufen und wegen seiner Verdienste zum Pfalzgrafen erhoben (→ 1569).

1577. Für Königin Elisabeth I. von England wird in Kenilworth eine Woche mit Sport und Spiel veranstaltet. U. a. wird ein Fußballspiel ausgetragen. Erstmals Gebrauch des Worts »goal« (engl.; Tor) nachweisbar.

1578. Reisende berichten über Ballspiele in Rußland.

Um 1580. Berichte über ein Kreis-Fußballspiel aus Hinterindien, ohne Tore, mit Bällen aus Rotang.

1580. Erzherzog Karl von Österreich gründet bei Triest das Gestüt Lipizza.

1583. Großes Schützenfest in Sankt Gallen/Schweiz.

Zweitägiger Wettkampf in London, an dem 3000 Bogenschützen teilnehmen.

1585. Der Jesuit Ludovico Bertonio berichtet als Missionar von einem altperuanischen Ballspiel, bei dem die »Milch gewisser Bäume« (Kautschuk) verwendet wird (→ um 400).

1587. Everard Digby veröffentlicht »De arte natandi libri duo«, das erste Schwimmbuch Englands.

Pascual Caracciolo veröffentlicht in Venedig das Reitlehrbuch »La Gloria de Caballo«.

1588. Veröffentlichung einer Anklage gegen das Duellunwesen durch den Abbé von St. Polycarpe in Paris.

Um 1590. Westliche Besucher beobachten in Persien eine Art Hockeyspiel.

Lehrlinge in Deutschland werden vor dem Kegelspiel gewarnt.

1592. Am Schützenfest in Nürnberg nehmen 5000 Handwerker teil und messen sich in volkstümlichen Wettkämpfen (Laufen, Springen, Ringen, Steinstoßen; → 1583).

Der französische Gelehrte Petrus Faber veröffentlicht »Agonisticon, sive de re athletica ludisque veterum gymniciis«, ein umfangreiches Werk über Leibesübungen.

1598. Die englischen Brüder Anthony und Robert Shirley beobachten Polo in Persien am Hof von Schah Abbas I., dem Großen. Es wird mit Mannschaften aus zwölf Spielern auf einem Spielfeld von 4 ha gespielt. Die Engländer vergleichen Polo mit dem Fußballspiel in England.

Frankreich im Jeu-de-paume-Fieber.

In Spanien wird Jeu de paume mehr und mehr von Pelota verdrängt.

Bis 1599. In den Urkunden der schwedischen Stadt Visby taucht mehrmals der Name des Hansekaufmanns Wilhelm Lüdecke auf, der als Skiläufer Eingang in das finnische Nationalepos »Kalevala« (1849) findet.

1599. Archange Tuccaro veröffentlicht in Paris das Buch »Drei Gespräche über die Kunst, zu springen und in der Luft zu voltigieren«. König Heinrich IV. ernennt ihn zum »saltarin du roi« (Springer des Königs).

Quintana - alt und ewig jung

1565. Feste sind zählebig. Wenn schon die europäischen Fürstenhöfe keine Turniere mehr veranstalten, wo die Ritter im Zweikampf aufeinander losgehen, wollen sie doch glanzvolle Schauspiele nicht ganz missen. Als Ersatz gibt es eben eine Quintana.
Das Wort stammt aus der Zeit, als die römischen Legionen die damals bekannte Welt eroberten und überall ihre Lager errichteten. Diese wurden stets nach dem gleichen Grundmuster gebaut. Die Hauptstraße des Lagers war die Via principalis. Die fünfte Straße — die »Quintana« — war danach die breiteste. Auf ihr betrieben die Legionäre Kampfspiele, um sich für den Krieg fit zu halten. Mit diesem Begriff bezeichnet man nun ritterliche Spiele, die an die Stelle der bisherigen Turniere getreten sind.
Zur Quintana gehört das Lanzenstechen auf hölzerne Puppen. Früher Teil des Übungspensums vor dem Turnier, wird es jetzt zur Hauptsache. In Italien ist besonders das »Giostra del Saracino« beliebt. Da hat die Puppe das Antlitz eines Sarazenen, dem man das Schwert aus der Hand schlagen muß. Oder es gilt Treffer im Gesicht anzubringen, wofür es Punkte gibt. Am beliebtesten und langlebigsten wird aber das Ringelstechen. Zwischen zwei Pfählen wird im Abstand von 3,50 m ein Tau gespannt. An ihm hängen Ringe von 0,8 bis 2,5 cm Durchmesser. Mit 1,40 m langen Lanzen muß man im Galopp durch die Ringe treffen. Wer es beim kleinsten dreimal schafft, ist Sieger. Dieses Spiel betreiben im 20. Jahrhundert in Schleswig-Holstein 120 Vereine mit 3600 Mitgliedern.

Ein prächtiger flandrischer Gobelin stellt das Quintana-Spiel in Bayonne am 3. Juni 1565 dar. Es wird veranstaltet zu Ehren der Königinmutter Katharina de' Medici, die auf einer 20monatigen Rundreise durch Frankreich ihren 14jährigen Sohn, König Karl IX., vorstellt. In Bayonne trifft Katharina auch mit ihrer Tochter Elisabeth zusammen, der Königin von Spanien.

Wo jeder König werden kann

1583. Das schweizerische Sankt Gallen ist Schauplatz eines großen Schützenfestes. Wettkämpfe von Büchsenschützen auf Scheiben sowie Laufen und Steinstoßen gehören ebenso zum Programm wie Musik und Tanz.

Das rasche Aufblühen des Schützenwesens in den deutschen und schweizerischen Städten ist nicht auf eine plötzlich erwachende Liebe zu Pfeil und Bogen zurückzuführen, die bei den Germanen – ausgenommen die Normannen – ohnehin nicht in hohem Ansehen standen, sondern vor allem auf den Gebrauch einer neuen Erfindung, der Armbrust. Diese von den Rittern verständlicherweise als »heimtückisch« verachtete Waffe, deren Anwendung auf ihr Betreiben zeitweise sogar vom Papst verboten wurde – nur gegen Ungläubige durfte sie verwandt werden –, war zur Bewaffnung von Bürgerwehren besonders gut geeignet. Beeinträchtigte schon die Armbrust die waffentechnische Überlegenheit der Ritterschaft, so machte ihr die Einführung der Feuerwaffen vollends ein Ende.

Die Schützengesellschaften, die den heiligen Sebastian zu ihrem Schutzpatron gewählt hatten, schlossen sich zunächst sehr eng an religiöse Gemeinschaften an. Das sportliche Moment war – neben dem praktischen Zweck der Selbstverteidigung – von Anfang an sehr stark ausgeprägt. In einer Verordnung des schlesischen Herzogs Boleslaw des Streitbaren wurde in bemerkenswerter Reihenfolge »zu einer Bürgerlust und Kriegsnutz das Armbrustschießen nach dem Vogel auf der Stangen in Schlesien bekannt gemacht und zum erstenmal anno 1286 zu Schweidnitz dasselbe angeordnet, welches hernach auch in anderen Städten angefangen«. Es gab bald keine Stadt mehr ohne ihre Schützengesellschaften und ohne ihr Schützenfest.

Die Schützengesellschaften geben sich in ihren Schützenartikeln eine strenge Ordnung. Sie wahren meist ihre Unabhängigkeit von den eigentlichen Bürgerwehren. So heißt es in den Satzungen der Heidelberger Schützenkompanie: »Die Schützen bilden eine eigene, von den städtischen Offizieren unabhängige Kompanie.« Das in allen Einzelheiten streng geregelte Zeremoniell und die festliche Pracht der Schützenfeste stehen den Ritterturnieren früherer Zeiten wenig nach. Die Feste der Schützen sind das bürgerliche Pendant zu den Turnieren der Ritter. In den Schützenbruderschaften sammelt sich das gutsituierte Bürgertum der Städte, da allein die Anschaffung der Waffen nicht billig ist. Höhepunkt des Schützenfestes ist die Feier des »Schützenkönigs«, eine Würde, die demjenigen zuteil wird, der den »Vogel abgeschossen« oder am besten getroffen hat.

Wie wird man Schützenkönig?

Die Leistung, die gefordert wird, ist nicht gering. Der Vogel ist auf einer 3 bis 4 m hohen Stange angebracht, und es wird ausschließlich aus dem Stand freihändig auf eine Entfernung von 120 bis 140 Schritt geschossen. Als das Büchsenschießen aufkommt, wird die Distanz verdoppelt. Allerdings bevorzugen die Büchsenschützen als Ziel die Scheibe, in deren Mittelpunkt ein Nagel sitzt, der dadurch berühmt wird, daß man ihn »auf den Kopf treffen« kann. Es ist nicht immer der beste Schütze, der Schützenkönig wird, denn bei einem Durchgang darf jeder Teilnehmer nur einen einzigen Schuß abgeben. Da kann der Preis schon vergeben sein, bevor einer an die Reihe oder es zu einem zweiten Durchgang kommt. In Augsburg soll einmal den »Königsschuß« ein Bauer getan haben, der noch nie zuvor eine Armbrust in der Hand gehabt hatte. Aber solche Zufallstreffer bleiben doch die Ausnahme.

Neben dem »Königsschießen« gibt es noch eine Reihe weiterer Wettbewerbe, in denen sich ein guter Schütze auszeichnen kann. Dabei sind schöne Preise zu gewinnen, meist nützliche Dinge wie ein Pferd, ein Ochse, ein Ballen Stoff oder ein güldenes Ringlein für die Schützenschwester. Aber es gibt auch hohe Geldpreise. Manche Städte prägen eigene Goldstücke. Gewöhnlich tragen noch die Fechter dazu bei, daß die Schützenfeste zum Höhepunkt im Leben einer Stadt werden.

◁ *Schützenfest zu Sankt Gallen 1583; Büchsenschützen schießen auf Scheiben; im Hintergrund Tanzende und Tafelnde, Läufer und Steinstoßer*

Todessprung von Tuccaro

1599. Archange Tuccaro, um 1536 in den italienischen Abruzzen geboren, kam als Akrobat im Hofstaat von Prinzessin Isabella von Österreich, die 1570 mit dem französischen König Karl IX. verheiratet wurde, nach Frankreich. Er beeindruckte mit seinen Künsten Karl, der vier Jahre später starb, ebenso wie dessen Nachfolger Heinrich III., der 1589 ermordet wurde.

Zehn Jahre später, 1599, gibt Tuccaro in Paris ein Buch heraus, das er dem französischen König Heinrich IV. widmet, der »auf das Eifrigste bedacht war, sich in jenen gefährlichen Sprüngen zu üben, in denen ihn zu unterichten ich die Ehre hatte«. Das Buch trägt den Titel »Drei Gespräche über die Kunst, zu springen und in der Luft zu voltigieren«. Der König zeigt sich für das Werk erkenntlich und ernennt Tuccaro zum »saltarin du roi« (Springer des Königs).

Tuccaro ist der erste, der von sich behauptet, den Salto mortale oder Todessprung ausgeführt zu haben. Als ein hervorragender »Bankist«, wie sich die Springer später nennen, springt und beschreibt er den einfachen Salto mortale, d. h. die einmalige freie Umdrehung des Körpers in der Luft nach rückwärts aus dem Stand. Der Dichter Beauvois de Chauvincourt ist von diesem Kunststück derart fasziniert, daß er über Tuccaro ein Sonett schreibt, das erste, das einem einzelnen Artisten gilt: »Sich in die blaue Luft emporzuschwingen,/ den Körper wirbelnd in der Höh' zu drehen/ und drauf, um wieder sichern Stand zu stehen,/ mit viel Geschick hinab zur Erde springen —/ der Laie meint, dies kann nur der vollbringen,/ dem Geister unsichtbar zur Seite stehen,/ zu folgen den Bewegungen den jähen,/ will nämlich seinen Augen nicht gelingen./ Gelehrter Mann, mit viel beredtem Munde/ gibst selber du von deiner Kunst uns Kunde,/ wie man sie durch Geschicklichkeit erlange./ Zweifaches Lob wird dir die Nachwelt singen:/ denn gut zu reden und auch gut zu springen —/ wer könnte dies? Doch wohl nur ein Archange.«

Tuccaro: Anlauf zum Salto rückwärts

Hechtsprung durch Reifen aus dem Buch von Archange Tuccaro, der als erster Artist den Salto mortale oder Todessprung ausgeführt haben will

Olympische Spiele wiederentdeckt

1592. Der italienische Arzt Hieronymus Mercuriale hatte auf die Olympischen Spiele der Griechen nachdrücklich hingewiesen. Der französische Gelehrte Petrus Faber fordert, diese heiligen Spiele wieder zu erneuern. Sein gerade erschienenes Buch, im stattlichen Umfang von 684 Seiten, heißt »Agonisticon, sive de re athletica ludisque veterum gymniciis«. Es erfährt 1595 noch eine zweite Auflage, gerät dann in Vergessenheit.

Mercuriale urteilt über das Werk: »Faber ist das kenntnisreichste Auge Galliens. Für sein Werk über die Agonistik, das mit ausgezeichnetem Scharfsinn und unglaublicher Gelehrsamkeit geschrieben ist, hat er nach seiner Angabe viel aus meinem Buch ›De arte gymnastica‹ mit Gewinn benützt. Er hat aber die von mir zuerst aufgedeckten Grundlagen der beinahe vergessenen Kunst mit einzigartigem Fleiß und Erfolg so sehr erweitert, daß ihm für dieses große Geschenk von allen unsterblicher Dank gebührt.« Faber beruft sich auf Michel Eyquem de Montaigne, der ebenfalls Leibesübungen nach antikem Vorbild empfiehlt und in seinen Essais 1588 geschrieben hatte: »Es ist nicht eine Seele, nicht ein Körper, den man erzieht, sondern ein Mensch.« Dieses Ganzheitsideal will Faber bei erneuerten Olympischen Spielen von der Jugend verwirklicht sehen.

Mercuriale – ein Arzt wird Pfalzgraf

1569. Kein anderes Buch über die Wiederentdeckung der Leibesübungen der Antike hat solch nachhaltige Wirkung ausgeübt wie »De arte gymnastica« des Italieners Hieronymus Mercuriale. Das Buch erscheint in diesem Jahr in Venedig und erlebt noch sieben weitere Auflagen. Der Verfasser, 1530 in Forli geboren, studierte in Padua Medizin. Als Arzt erwarb er in seiner Vaterstadt solches Vertrauen, daß sie ihn als Gesandten nach Rom schickte. Dort lebte Mercuriale sieben Jahre lang im Palast des Kardinals Alessandro Farnese und nutzte diese Gelegenheit, um sich intensiv mit dem Schrifttum der Antike zu befassen. Vor allem sammelte er Quellen über die Gymnastik.

Sein Buch verschafft Mercuriale so hohes Ansehen, daß er als Lehrer an die Universität Padua berufen wird. 1573 geht er nach Wien zur Behandlung Kaiser Maximilians II., der ihn zum Pfalzgrafen erhebt. Aber der Kaiser stirbt. Es war zu spät, ihm durch Leibesübungen zur Gesundheit zu verhelfen. Aber gerade das ist der Kerngedanke in Mercuriales Werk, der sich dabei auf den Philosophen Philostratos II. und vor allem auf den römischen Arzt Galen beruft: »Die Gymnastik befaßt sich mit den Wirkungen aller Übungen und lehrt die verschiedenen Formen der Übungen durch die Tat, und zwar um die Gesundheit zu erhalten oder um die beste Verfassung des Körpers zu erwerben oder zu bewahren.«

Als Ziel der Gymnastik nennt Mercuriale den »optimus habitus«, was der griechischen »euexia« entspricht. Es geht um die gute Körperverfassung, die durch gesunde Ernährung, durch Bewegung, Übungen und Arbeit zu erlangen und zu erhalten ist. Ganz im Geiste von Galen zählt er eine Reihe von Übungen auf. Voraussetzung für jede Übung sind drei Merkmale: Heftigkeit, damit der Übende außer Atem kommt, Freiwilligkeit, damit er ohne Zwang Leistungen auf sich nimmt, und die Absicht, die Gesundheit zu schützen, damit man Wohlbefinden erlangt. Antikes Gedankengut verbindet sich bei Mercuriale mit einem neuen Verständnis des Menschen und er entwickelt moderne Ideen, die erst Jahrhunderte später voll erkannt werden.

Aus »De arte gymnastica« von Hieronymus Mercuriale, Amsterdam 1672

Ein »Racket-Double« auf einem Gemälde von Gabriele Bella. Dieses Netzballspiel wird in Venedig 1595 eingeführt.

Jeu de paume – ein Spiel wird zur Manie

1598. Als der Engländer Sir Robert Dallington Frankreich bereist, stellt er mit Erstaunen fest: »Das Land ist übersät mit Ballhäusern. Sie sind zahlreicher selbst als die Kirchen. Diese Franzosen werden geboren ›une raquette à la main‹. Die Frauen spielen, die Kinder spielen.«

Allein in Paris gibt es mehr als 250 Ballhäuser. Sie stehen allerdings nur dem Adel zur Verfügung. Das gewöhnliche Volk muß sich im Freien vergnügen. Man unterscheidet daher »longue paume« und »courte paume«. Das letztere wird in der Halle, eben dem Ballhaus, ausgetragen. Man benötigt dazu eine Menge Personal wie Ordner, Zähler, Lehrmeister, auch Masseure. Die Ball- und Racketmacher (»paumiers«) erreichen es schließlich sogar, als eigene Handwerkerzunft anerkannt zu werden.

Schon 1292 zählte man in Paris mehr Ballmacher als Buchbinder. Damals freilich spielte man das Jeu de paume, wie der Name sagt, noch mit der flachen Hand (»paume«). Man schlug den Ball gegen eine Wand. Bei einem Partnerspiel schlug man ihn sich gegenseitig zu, möglichst so, daß ihn der andere nur schwer erreichen konnte.

Um die Mitte des 15. Jahrhunderts kam der Gebrauch des saitenbespannten Schlägers auf. Es scheint, daß die Bespannung eines Schlägers mit Darmseiten eine Erfindung der Franzosen ist. Den Namen dafür übernahmen sie zwar vom italienischen »rachetta«, die italienischen Schläger waren jedoch aus Holz. Der Name »Spiel mit der flachen Hand« wurde gleichwohl beibehalten.

Ursprünglich spielte man im Freien auf Spielfeldern von 90 bis 120 m Länge. Man schlug den Ball über ein gespanntes Seil. Weil es immer wieder Streit gab, ob der Ball über oder unter dem Seil geflogen war, erfand man das Netz.

Das Spiel wird in Frankreich zur Manie, in ganz Europa zur Mode. Jeu de paume entwickelt sich nicht nur zu einer sportlichen, sondern auch einer gesellschaftlichen Angelegenheit.

»Tennis« im 16. Jh. Racket und Jeu de paume sind die Vorläufer des modernen Tennisspiels, wie es 1874 W. C. Wingfield entwickelt (Stich, später kol.).

Pelota – Ballspiel aus dem Baskenland

1598. Der Engländer Sir Robert Dallington (→ 1598) berichtet, daß in Frankreich »trotz aller Verbote« auch die Handwerker Jeu de paume spielen und dabei ihren ganzen Wochenlohn verwetten. Beim französischen Adel setzt man auf den Ausgang einer einzigen Partie oft 4000 bis 6000 Taler. Verbote der besorgten Obrigkeit nützen dagegen, wie üblich, nichts.

Auch nicht in Spanien. Dort spielt man ebenfalls in Ballhäusern um viel Geld. Aber das Jeu de paume wird mehr und mehr verdrängt von einem baskischen Volksspiel, das »Blaid a chistera« heißt. Die Chistera ist ein ovalgeschwungener Schläger aus Korbgeflecht, mit dem der Ball gegen eine Wand (»fronton«) geschleudert wird. Er erreicht dabei eine Geschwindigkeit von 120 km/h. Nach dem Zurückprallen wird er wieder gegen die Wand geschlagen. Es spielen zwei Parteien, Einzel oder Doppel, auch Mannschaften bis zu zehn Spielern, gegeneinander. Nach der Spielwand oder nach dem Ball (»pelota«) hat dieses Spiel seinen Namen. Während Jeu de paume in Frankreich und in ganz Europa bis zum 18. Jahrhundert völlig zum Erliegen kommt, breitet sich Pelota in der gesamten spanisch sprechenden Welt aus. Amateurklubs mit 40 000 Mitgliedern sind heutzutage keine Seltenheit. Allein in Mexiko gibt es 4000 Spielplätze für Pelota. Sogar im fernen China wird das Ballspiel aus dem Baskenland gespielt.

Nationalsport der Briten – Kricket

Um 1550. In England ist das Wort »cric« oder »cryc« für einen gebogenen Schläger belegt. 1598 taucht das Wort »cricket« zum ersten Mal in einer Urkunde auf. Es bezeichnet ein Spiel, das an der Guildfort-Schule in Südengland betrieben wird. Genaueres über die Spielregeln ist allerdings noch nicht bekannt. Erst 1666 wird in St. Albans der erste Kricketklub gegründet, und erst 1744 kommen die ersten gedruckten Kricket-Regeln heraus. Seitdem gehört Kricket – angeblich – zu den größten Gaben, die England, neben der Demokratie, der Menschheit geschenkt hat.

Polospiel (türkische Handschrift mit Gedichten des Mir Ali Scher Nawai)

Polospieler (getönte Pinselzeichnung des Risa Abbasi, Persien 1642)

Polospiel, aus »Vergänglichkeit alles Irdischen« (Handschrift, 1566)

Schah von Persien spielt täglich Polo

1598. Um das Vertrauen des Schah zu gewinnen, bringen die englischen Brüder Anthony und Robert Shirley bei ihrem Besuch in Isfahan/Persien einen kundigen Kanonengießer mit. Nach kurzer Zeit verfügt Schah Abbas I., der Große, über 500 Kanonen, besiegt die Türken und gebietet über ein Reich, das vom Indus bis zum Euphrat reicht. Abbas, 1571 geboren, ist ein tüchtiger Krieger, leidenschaftlicher Jäger, hervorragender Reiter und regelmäßiger Polospieler.

Anthony Shirley schildert ein Polospiel: »Sobald der König erschienen und zu Pferde gestiegen war, ertönten Trommeln und Trompeten. Mit dem König einschließlich spielten zwölf Reiter, je sechs auf jeder Seite. Sie hatten lange fingerdicke Schläger, deren eines Ende in ein hammerähnliches Holzstück auslief. Nachdem die Parteien eingeteilt und gegeneinander aufgestellt waren, kam einer in die Mitte und warf einen Ball aufs Feld. Dieser wurde mit dem Schläger von einem Ende zum anderen gejagt, und immer, wenn der König den Ball vor sich herschlug, spielten Trommeln und Trompeten einen Tusch.« Auch der Gesandte von König Philipp III. von Spanien, Don Garcias de Silva Figueroa, beobachtet bei seinen Reisen durch Persien in den Jahren 1617 und 1618 in Isfahan und anderen Orten das Polospiel unter den Augen des Königs.

Das Spiel findet auf dem Platz vor dem Schloß täglich um 15 Uhr statt. Wen der Schah besonders ehren will, den lädt er ein, in seiner Mannschaft mitzuspielen. Abbas ist klein, aber ungewöhnlich kräftig. Als Reiter vollbringt er einige Rekordleistungen. So legt er eine Strecke, für die Meldereiter 30 Tage brauchen, in sechs Tagen zurück. Einmal läßt er einen Ritt von Schiras nach Jest von einem Hofastrologen zeitlich genau messen. Danach braucht er für 370 km 28,5 Stunden. Sein Lieblingspferd, das er von den Türken erbeutet, kann drei Tage galoppieren, ohne zu fressen und bringt es in einem Tag auf 240 km. Als es stirbt, läßt Abbas über seinem Grab eine zweistöckige Ehrenhalle errichten. Der Schah ist offenbar auch ein vorzüglicher Polospieler. Jeder Perser, der leistungsstark genug ist, hofft, einmal in seiner Mannschaft zu spielen. Nicht nur am Hofe des Schah wird Polo gespielt, sondern im ganzen Land. Und nicht nur vom Adel, sondern von den Soldaten und jedem, der reiten kann.

»Dein Schläger fange der Erde Ball«

Der Engländer Sir Williams entdeckt 1577 in Isfahan eine reich illustrierte persische Handschrift mit Versen des berühmten Dichters Schamsoddin Mohammad Hafes, im Westen als Hafis bekannt. Er lebte von 1325 bis 1390, und in seinen Dichtungen gebrauchte er immer wieder Bilder aus dem Polospiel. So in einer Unterweisung eines Fürsten:

»Fürst! Im Häkchen deines Schlägers/ Weile stets der Himmelsball,/ Und der Spielplatz Deiner Taten/ Sei das weite Weltenall.«
»Mit Rechtssinn, deinem Schläger,/ Fängst du der Erde Ball,/ Ja auch den weitgedehnten,/ den blauen Himmelsball.«
Hafis vergleicht die Kraft des Geistes mit Polo: »Ist der Gedanke licht geworden,/ Kann schlagen man der Rede Ball./ Sein Recht kann man dem Worte zollen/ Durch Wissen, Einsicht und Verstand,/ Und kann — sind diese erst beisammen —/ Den Spielball schleudern kunstgewandt.«
In zahlreichen Vergleichen besingt Hafis die Liebe: »Liebe ist kein Spiel zu nennen:/ Herz, da ist ein Kopf zu wagen;/ Denn nicht mit der Gier der Schläger/ Läßt der Liebe Ball sich schlagen.«
In einem anderen Vers heißt es: »Mir im Haupte dreht verborgen/ Sich die Leidenschaft zu dir:/ Sieh doch, was im wüsten Haupte/ für Dinge drehen mir!/ Wer sein Herz ans Schlägerhäkchen/ Deiner Locke band,/ Der muß/ Einem Balle gleich sich drehen/ Auf dem Haupt und auf dem Fuß.«
Hafis fährt fort: »Wird das Haar dir zu berühren/ Nochmals meiner Hand erlaubt,/ Schlage ich mit deinem Schläger/ Manches ballengleiche Haupt.«

Hockey in Indien – Polo für arme Leute

Um 1590. Westliche Besucher am persischen Hof von Schah Abbas I., dem Großen, beobachten, daß »das gemeine Volk eine Art Hockey« spielt. Das Wort stammt aus dem Französischen (hocquet; Schäferstock) oder Mittelenglischen (hokkeel; gekrümmter Stock).

Sowohl in Frankreich wie in England gibt es hockeyähnliche Spiele. In Isfahan sind es offenbar die Bediensteten des Hofes, die auf vielen Abbildungen zu sehen sind. Sie müssen ihren polospielenden Herren jeweils neue Schläger zureichen. Es liegt nahe, daß sie dann auch »Polo zu Fuß« spielen. Tatsächlich finden sich solche Spiele fast überall, wo auch Polo gespielt wird. Aber zu einer Art Nationalsport wird das »Polo zu Fuß« oder Hockey nur in Indien.

Daran sind angeblich die Anhänger der Religion des Zarathustra (Parsen) schuld. Die Theorie klingt plausibel: Als das persische Sassanidenreich von den Arabern erobert wurde (642), mußten die Parsen fliehen. Sie siedelten sich vorwiegend im Raum von Bombay in Indien an. Sie brachten die Leidenschaft für Polo mit, konnten sich aber keine Pferde leisten. So spielten sie »Polo zu Fuß«. Viele der besten indischen Hockeyspieler der Gegenwart stammen aus der Gegend von Bombay.

Warnung vor Karten und Kegelspielen

Um 1590. »Vermeide stets schlechte Gesellschaft, Kegeln, Karten und Glücksspiele.« Diese Mahnung ergeht an deutsche Lehrlinge. Sie zielt ebenso aber auch auf Geistliche, besonders solche, die in den vorangegangenen Jahrhunderten in ihren Klöstern Kegelbahnen eingerichtet hatten.

Kegel- und Kugelspiele sind uralt und wie Osterball auf einen Sonnenmythos zurückzuführen. Diese Sinnbedeutung ist jedoch verlorengegangen. Man kegelt um des Spielvergnügens willen, in guter oder auch schlechter Gesellschaft. Bei Bauern und Bürgern ist zur Reformationszeit das Kegeln noch beliebter als das Schießen. Besonders seit man es von freien Plätzen in Kneipen verlegt hat.

Aus unzähligen kleinen Einzelszenen, von denen jede eine Geschichte erzählt, komponierte Pieter Bruegel d. Ä. sein Gemälde »Kinderspiele«.

»Kinderspiele« – der Homo ludens des niederländischen Malers Pieter Bruegel d. Ä.

Man weiß nicht, wann Pieter Bruegel d. Ä. geboren wurde. Vermutlich zwischen 1525 und 1530. Man weiß auch nicht genau, wo er geboren wurde. Vermutlich in einem Dorf in der Nähe von Herzogenbusch in den Niederlanden. Über seine Jugend weiß man soviel wie nichts. Sicher scheint nur, daß er auf dem Land unter Bauern aufwuchs. Er malt später häufig Bauern, weshalb man ihn den »Bauernbruegel« nennt. Das Malerhandwerk lernte er bei einem Schüler von Hieronymus Bosch, bevor er nach Antwerpen ging. Dort wurde Pieter Coecke van Aelst sein Lehrer, dem er aber bald entwuchs. 1560 entsteht sein Gemälde »Kinderspiele«, rechts unten mit »Bruegel« gezeichnet. Es ist 118 cm hoch und 161 cm breit. Auf dem Bild sind 84 verschiedene Kinderspiele dargestellt. Viele davon kennt man heute noch, einige sind vergessen oder nicht mehr erklärbar. Zu all diesen Spielen hat Bruegel vorher Skizzen angefertigt, bevor er sie, als Meister der Komposition, in sein Gemälde einfügte. Viel Zeit und Sorgfalt verwandte er darauf, all diese Spiele aufzuspüren, zu registrieren und richtig darzustellen. Der Maler ging mit einer solchen Gründlichkeit zu Werke, daß man eine Typologie der Spiele nach seinem Bild zusammenstellen kann. Niemand hatte ihm hierzu einen Auftrag erteilt. Auf dem Bild gibt Bruegel den Kindern eine ganze Stadt als Spielzone frei.

Dennoch finden sich hier weder fröhliches Gelächter und Lärmen noch überschäumende Lebensfreude. Es handelt sich paradoxerweise um eine völlig ausgestorbene Stadt. Diese Kinder spielen mit einer Art verbissenem Ernst. Auch sehen sie viel eher aus wie kleine Erwachsene, während die wenigen Erwachsenen, die sich auf dem Bild finden, sich eher kindisch benehmen. Es liegt eine verzweifelte Hoffnungslosigkeit in diesen Kinderspielen, als wüßten die Kinder um den episodischen Charakter dieses munteren Treibens und säße ihnen der »Ernst des Lebens« bereits im Nacken. Scheinbar sind die 84 Spiele ganz wahllos über den Bildraum verstreut, aber bei Bruegel fügt sich jede Farbnuance in eine festgelegte Ordnung. So wird der Betrachter auch bewußt zu Spielen hingeführt, in denen die Kinder die Erwachsenen nachahmen, als sähen sie deren Tun auch nur als Spiel an.

Bruegels Bilder bedeuten immer mehr, als sie zu zeigen vorgeben. So sind diese Kinderspiele eigentlich das Spiel des Lebens, wobei die Akteure gar nicht sehr lebendig wirken, sondern eher wie Marionetten, die an unsichtbaren Fäden hängen. Trotz des geselligen Treibens umgibt diese Kinder, jedes für sich, eine Aura der Einsamkeit. Als suche jedes eigentlich ein ganz anderes Spiel als dasjenige, das es gerade betreibt. Es gibt aber nicht einen einzigen jenseitigen Spieler, der die Fäden dieser Marionetten in der Hand hält. Vielmehr scheinen mehrere Spieler unabhängig voneinander an den Fäden zu ziehen. Es ist der Geist seiner Zeit, den Bruegel in dieses Bild bannt.

Man vermutet, daß die »Kinderspiele« Auftakt einer Gemäldeserie über die Lebensalter sein sollten. Wie viele weitere Stadien noch folgen sollten, ist offen, sie wurden jedenfalls nie ausgeführt.

Ein deutscher Skiläufer in Finnlands Epos

Bis 1599. Wie findet ein ehrbarer deutscher Kaufmann Aufnahme in ein finnisches Volkslied und später gar in Finnlands Nationalepos, das »Kalevala«? Und wird damit auch noch zum ersten Skiläufer, der als nicht erdichtete, sondern reale Person in die Weltliteratur eingeht? Der Mann heißt Wilhelm Lüdecke. In den Urkunden von Visby, dem Hauptsitz der deutschen Hansekaufleute auf Gotland, taucht der Name Lüdecke zwischen dem 14. und dem Ende des 16. Jahrhunderts mehrmals auf.

Eine dieser Personen mit Namen Lüdecke ist der »kluge, schöne Handelsmann aus Gotland«, den die Finnen Vilmi Lyydikäinen oder Vilmi Lyylikki nennen. Deutsche Kaufleute in Finnland sind in dieser Zeit nicht ungewöhnlich. Schöne blonde Männer auch nicht. Aber Lüdecke lernt in Finnland das Skilaufen, und er lernt es so gut, daß er den Finnen Bewunderung abnötigt. Und Lüdecke macht sich seine Ski auch noch selber: »Wilhelm Lüdecke, der kluge,/ schöne Handelsmann aus Gotland,/ schnitzte einen ganzen Herbst lang/ an dem Ski des linken Fußes/ und bespannt' mit Fell von unten/ einen Winter lang den rechten./ Fertig war der lange Linke,/ schön verziert der kurze Rechte./ Auf dem Schnee glitt leicht der Linke,/ pfeilschnell wie geschmiert mit Butter./ Doch der Rechte auf dem Windschnee/ hüpfte munter wie ein Hase./ Beiderseits der guten Schneeschuh/ schob er kräftig mit den Stöcken —/ eine Mark wert war der eine/ und der andere einen Rotfuchs./ Prahlend rühmte er sich selber: ›Kaum gibt es im Wald ein Wesen,/ das alsbald ich nicht erreiche/ mit dem Ski des Kalewsohnes.‹ «

Diese Prahlerei erzürnt den Waldgeist Hiisi, der Lyylikki auf eine Jagd lockt, die mit totalem Skibruch endet. Lüdeckes Abenteuer enden damit noch nicht. In der Erstausgabe der »alten Runen Kareliens aus Urzeiten des finnischen Volkes«, die im Jahr 1835 erscheint, nimmt er noch breiten Raum ein. Später schreibt man seine Taten dem Helden der »Kalevala«, Lemminkäinen, zu. Lüdecke bleibt in der Endfassung, die 1849 von dem finnischen Arzt Elias Lönnrot herausgegeben wird, nur noch eine Statistenrolle.

△ *Abbildung aus einem Reisebericht des Freiherrn von Herberstein aus Rußland, erschienen in Basel 1567; sie zeigt, wie die Moskowiter im Schlitten fahren und Ski, mit einem Stock, benutzen. Herbersteins »Moskoviter Historien« zufolge sind Ski allgemein in Gebrauch.*

◁ *»Skridfinne« aus einem Werk des Olaus Magnus, erschienen in Rom 1555; der Zeichner hat von den Ski keinen Begriff und stellt eher eine Art von Faßdauben dar.*

▽ *Älteste Darstellung des Skilaufs in Polen aus »Sarmatiae Europaeae descriptio« von A. Quagninus, erschienen in Krakau 1578; auch hier ist die Darstellung der Ski äußerst zweifelhaft.*

Italien – Schule der Fechtkunst

1588. Michel Eyquem de Montaigne bereiste 1560 und 1581 Italien und besuchte dabei die italienischen Fechtböden. Er kam zu dem Schluß, daß Italien die Fechtakademie Europas sei.

1553 war in Rom unter dem Patronat von Papst Julius III. das Fechtbuch des Camillo Agrippa, »Trattato di scientia d'arme«, erschienen. Es beruht auf mathematischer Grundlage und ist von einem philosophischen Dialog begleitet. Michelangelo fertigte die Zeichnungen für dieses Lehrbuch an. Agrippa leitete mit dieser Abhandlung eine neue Epoche der Fechtkunst ein. Der Degen wurde zur wichtigsten Waffe. Der blitzschnelle Ausfall mit Stich erhielt den Vorzug vor dem Hieb. Eleganz, Intelligenz und rasche Reaktionsfähigkeit sollen über rohe Kraft siegen.

In den folgenden Jahren erschienen in Italien weitere Fechtlehren, so 1570 ein Lehrbuch von Giacomo di Grassi und im selben Jahr die Handschrift von Camillio Palladini, 1575 das Fechtbuch des Angelo Viggiani, 1584 ein Buch von Alfonso Fallopia. Italienische Fechtlehrer gingen nach Spanien, Frankreich und Deutschland, um die Edelleute in der Fechtkunst zu unterweisen.

1588 läßt der Abbé von St. Polycarpe in Paris eine Philippika gegen das Duellunwesen drucken. Allein in Frankreichs Hauptstadt sind in den letzten 20 Jahren 8000 Fechter bei Duellen umgekommen. Die Zahl der Verletzten, bei weitem höher, ist nicht zu ermitteln.

Harte Gangart beim Fußball in Rußland

1578. Reisende in den Osten Europas finden bei den »Polecken und Schlesingern« eine Art Schlagballspiel gut für die »zarte« Jugend geeignet, weil es dabei aufs schnelle Laufen ankomme. Es wird dabei aber auch ziemlich unzart Bein gestellt und gerauft.

In Rußland ist ein Ballspiel beliebt, bei dem die Spieler in einem Kreis stehen und versuchen, mit einem kopfgroßen, mit Haaren ausgestopften Ball einen Spieler in der Mitte anzuschießen. Zu einem Spiel zweier Parteien gegeneinander kommt es jedoch nicht.

1600

1600–1649

Um 1600. Die japanische Kunst des Schwertfechtens gelangt nach China. Auf Okinawa entsteht eine Frühform von Karate.

In den Niederlanden ist das Schlittschuhlaufen weit verbreitet.

1600. In England unterscheidet man beim Fußball zwischen dem Spiel »over country« und dem Spiel auf Tore (»goals«).

In Konstantinopel erscheint ein türkisches Lehrbuch über Schießen, Wettlaufen, Jagd und Krieg.

1601. Die Stadt Halle/Saale lädt 156 Orte zu ihrem Schützenfest ein.

1602. Shogun Tokugawa erlaubt außer den Rittern auch Bauern, Kaufleuten und Handwerkern das Bogenschießen.

1603. Dietrich de Bry vermerkt in seinem Buch »Wahrhaftige Abkonterfeyung der Wilden in Amerika« ein Ballspiel mit einem Korb, der in 5 m Höhe an einem Baum hängt.

König Jakob I. begründet die englische Vollblutzucht. Die bislang privaten Pferderennen werden öffentlich, mit Wetten durchgeführt (Turf).

Mädchen und junge Frauen in Europa erfreuen sich am Federballspiel.

1604. Der Missionar Chirino berichtet, daß auf den Philippinen keine Brücken benötigt würden, da Männer und Frauen wie die Fische schwämmen.

Auf dem Petersplatz in Basel wird auf Antrag der Frau des Bürgermeisters ein Ballhaus gebaut.

Da Studenten in Ingolstadt trotz Verbotes während des Gottesdienstes das Ballhaus besuchen, wird das Ballhaus vom Rat der Stadt geschlossen.

Robert Dover begründet die »Cotswold Games« in Barton-on-the-Heath. Es gibt Wettkämpfe im Fechten, Ringen, Springen, Hammerwerfen, ein »Ballon«-Spiel und Pferderennen. Die »Annalia Dubrensis« nennen sie »Olympische Spiele«.

1605. Unter Sultan Ahmed I. wird am Serail in Konstantinopel ein weiter Wurf mit einer Keule durch eine Säule markiert.

Ab 1606. Im Sanju-sangen-do-Tempel in Kioto (Japan) jährliches Bogen-Wettschießen nach Zeit – 12 oder 24 Stunden – oder nach Anzahl der Pfeile – 100 oder 1000.

1608. In Blackheath, wo König Jakob I. von England jährlich Golf spielt, wird der erste Golfklub der Welt, Royal Blackheath, gegründet.

Franz von Sales, Bischof von Genf, empfiehlt in seiner »Introduction à la vie dévóte« Leibesübungen.

1609. Garcilaso de la Vega schildert die Leibesübungen der Inka, besonders das Laufen der Boten.

1611. In Kioto stirbt Motokijo Araki, Begründer der japanischen Reitlehre. Reiten gelangt in Japan zu hohem Ansehen.

1617. Der Bischof von Chester verfaßt ein »Book of Sports«, das bestimmte Sportarten an Sonntagen erlaubt. Der englische König Jakob I. befiehlt, das Buch von den Kanzeln zu verlesen (→ 1618).

1618. Wilhelm Kreussler begründet in Jena eine Fechtmeister-Dynastie und die Deutsche Stoß-Fechtschule.

1620. Fürstbischof Laudon gründet in Salzburg die Universität, läßt ein großes Ballhaus errichten und eröffnet die Felsenreitschule.

21. 11. 1620. Ankunft der »Mayflower« mit 102 puritanischen Pilgervätern in Kap Cod an der nordamerikanischen Küste. Sie empfehlen Sport zur Erfrischung von Körper und Geist, verbieten ihn aber an Sonntagen, in Gasthöfen und auf den Straßen.

1622. Henry Peacham veröffentlicht sein Buch »The complete Gentleman«.

1623. Pietro della Valle bereist Indien und schildert ein Schlägerspiel zu Fuß (Chicana).

In Frankfurt am Main erscheint »Civitas solis« (Der Sonnenstaat) von Tommaso Campanella.

Der osmanische Sultan Murad IV. wirft einen Speer angeblich 400 m weit und schießt einen Pfeil über 727,60 m.

1626. Niederländer gründen Neu-Amsterdam (New York) und kegeln auf Rasenbahnen – eine Vorform von Baseball.

Von Antoine de Pluvinel de la Baume, der als Erfinder der Pilaren (Pflöcke zum Anbinden der Halteleinen beim Abrichten von Pferden) gilt, erscheint posthum »Manège royal«.

1628. Ein Fechtbuch des Antwerpener Meisters Girard Thibault erscheint. Sein Schüler René Descartes soll auch ein Fechtbuch verfaßt haben, das aber verschollen ist.

1630. Kroaten lernen als Gefangene von Finnen im Heer des schwedischen Königs Gustav II. Adolf das Skilaufen.

1633. In Wien wird das Baden in der Donau verboten, weil Betrunkene dabei wiederholt ertranken.

König Jakob I. von England läßt erneut das »Book of Sports« von den Kanzeln verlesen.

Rembrandt malt die Amsterdamer Schützen-Kompanie.

1643. In China erscheint ein illustriertes Fußballbuch »Ts'u Chü« von Wang Yun-Cheng. Es beschreibt Torfußball auf Netze zwischen Pfosten.

König Ludwig XIV. von Frankreich läßt in Versailles ein Ballhaus errichten, obwohl er Billard dem Jeu de paume vorzieht.

1648. Govaert Finck malt das Fest der Amsterdamer Schützen zur Feier des Westfälischen Friedens und der Unabhängigkeit der Niederlande.

Ein Buch mit Regeln für Ballspiele erscheint in Japan.

Gewichtheben auf einem Wandfresco der Brüder Dossi. Krafttraining läßt sich mit den zylinderförmigen, leichten Gebilden wohl nicht betreiben.

Der Sport im Sonnenstaat

1623. In der freien Reichsstadt Frankfurt am Main erscheint ein Buch, das bis in die neueste Zeit heftige Diskussionen auslöst. Es trägt den Titel »Civitas solis« (Der Sonnenstaat). Der Verfasser Tommaso Campanella, ein ehemaliger Dominikanermönch, sitzt seit 24 Jahren im Kerker, weil er in Kalabrien einen Volksaufstand gegen die spanische Vorherrschaft anzettelte.

Seine Schrift über den idealen Staat folgt der Form nach der Schrift »Utopia« von Thomas More aus dem Jahr 1516, ist aber inhaltlich eher den Ideen des griechischen Philosophen Platon verpflichtet. Als Vorbild seines Sonnenherrschers »Sol« stand Campanella der Stauferkaiser Friedrich II. vor Augen. Der Sonnenstaat ist ein theokratisch-kommunistischer Beamtenstaat, in dem sich jeder dem Gemeinwesen unterzuordnen hat und es keine individuelle Freiheit gibt. Bereits im Mutterleib wird bei den Frauen auf Leibesübungen geachtet: »Diejenigen aber, die empfangen haben, treiben fünfzehn Tage lang keine Leibesübungen. Danach machen sie leichtere Übungen, um die Frucht zu kräftigen und ihr die Nahrungswege zu öffnen, und allmählich kräftigen sie sich selbst durch immer mehr gesteigerte Bewegung.« Im dritten Lebensjahr werden die Kinder Lehrern anvertraut, mit denen sie u. a. Gehen, Laufen und Ringen üben.

Gesundheit ist Pflicht im Sonnenstaat: »Es gibt bei ihnen weder Gicht noch Podagra, weder Katarrh noch Ischias, weder Leibschmerzen noch Blähungen. Diese Krankheiten entstehen durch Trägheit und Unmäßigkeit. Sie aber vertreiben durch Genügsamkeit und Leibesübungen falsche Luft und Säfte.«

Staatsphilosoph Campanella

Am 15. September 1568 in Stilo/Kalabrien geboren, tritt Giovanni Domenico Campanella, wie er ursprünglich heißt, im Alter von 15 Jahren in den Orden der Dominikaner ein. 1591 wird er in Rom der Ketzerei angeklagt und eingekerkert, 1598 freigelassen und nach Anzettelung eines Aufruhrs in Kalabrien im August 1599 erneut inhaftiert.

Campanella propagiert die religiöse Erneuerung des Menschen unter priesterlicher Vorherrschaft. Im Privateigentum sieht er das Grundübel der Gesellschaft. Nach seiner Flucht aus 27jähriger Haft stirbt Campanella am 21. Mai 1639 in Paris.

Figur 3 des ersten Teils von Pluvinels »Manège royal«. Eine unvollständige Ausgabe erscheint 1623, die vollständige 1626 mit deutschem Text in Braunschweig.

Ein Page des Oberstallmeisters reitet auf dem Zirkel, der »grand escuyer«, während König Ludwig XIII. (r. sitzend) sich mit Pluvinel unterhält.

Der Graf von Soissons bei einer Sprungübung. Der Zeichner de Passe hat alle Anwesenden namentlich gekennzeichnet. Im Hintergrund rechts Pluvinel.

Der König, unterstützt von Pluvinel, beim leichten Kreisritt

Quintana-Training an der Planke, ausgeführt von Seiner Majestät dem König. Pluvinel auf der anderen Seite gibt Anweisungen durch Zuruf.

Eine neue Ära der Reitkunst

1626. Das stattliche, von Crispijn de Passe kenntnisreich illustrierte Buch, das die Reitkunst revolutioniert, erscheint sechs Jahre nach dem Tod des Verfassers Antoine de Pluvinel de la Baume (1555—1620). Pluvinel war Stallmeister des Herzogs von Anjou, der Könige Heinrich IV. und Ludwig XIII., Erzieher des Dauphin und des Herzogs von Vendôme. Später erfüllte er auch eine Mission als französischer Gesandter in den Niederlanden.

Xenophons Leitsatz ging dahin, daß »auf Belohnung und Strafe die ganze Kunst des Reitens« beruhe. Bei Grisone gab es keine Belohnung für das Pferd. Das Fehlen einer Strafe galt ihm als Belohnung genug. De la Broue verschärfte noch die Gewaltmaßnahmen, während Pluvinel der Belohnung den Vorzug gibt. So sagt er dem König: »Ich habe niemals mit Gewalt dem Verständnis des Pferdes etwas abgewinnen sehen.«

Der Graf von Soissons bei einer Levade zwischen den Pilaren. In seiner Reitschule in Paris soll Pluvinel das Training an den Pilaren zuerst eingeführt haben. In seinem Werk widmet er dessen Beschreibung viel Raum. Er betont jedoch, daß die Arbeit an den Pilaren vom Ausbilder viel Können und großes Verständnis erfordere, außerdem viel Geduld und vor allem Zeit. Er bedauert, daß der Zeitaufwand, um die wahre Reitkunst zu erlernen, ungewöhnlich groß sei im Verhältnis zur geringen Lebensdauer eines Pferdes. Figuren zwischen den Pilaren werden heutzutage nur noch von der Spanischen Hofreitschule in Wien aus Gründen der Tradition gezeigt. Die »sanften« Methoden von Pluvinel revolutionieren langfristig die gesamte moderne Reitkunst.

Das Buch trägt den Titel »Manège royal«. In Form eines Zwiegesprächs mit dem König entwickelt Pluvinel seine Ideen über den Umgang mit Pferden und begründet die von ihm geübte Praxis der Reitkunst. Sie weicht grundsätzlich von der seines Zeitgenossen Salomon de la Broue ab, der 1623 sein Werk »Manège du roi« veröffentlicht hatte.
Pluvinel und de la Broue waren beide Schüler des Italieners Giovanni Battista Pignatelli, der die Kandare erfand. Pignatelli wiederum war der berühmteste Schüler von Federico Grisone, der mit seinem Werk »Gli ordini cavalcare« 1539 die italienische Reitlehre begründet hatte. Seine Schule wurde maßgebend für Europa. Pluvinel sagte sich jedoch von den Methoden seines Lehrers los und berief sich dabei auf den Griechen Xenophon, von dem die älteste erhaltene Reitlehre stammt.

Pluvinel lehnt die immer schärfer werdenden Gebisse als reine Marterwerkzeuge ab. Er rät dem König, das Pferd mit leichtem Zügel zu führen. Und man solle die Zügel immer wieder zur Belohnung lockern, aber nie für Risse im Maul mißbrauchen, wie dies die italienischen Reitlehrer taten. Im übrigen weist er auf die individuellen Unterschiede der Pferde hin, auf die man verständnisvoll eingehen müsse.
Pluvinel war der erste Reitmeister seiner Zeit, der eine gymnastische Durcharbeitung des Pferdes betrieb, bevor er Leistungen forderte. Er empfiehlt dem König immer wieder Geduld und schärft ihm ein: »Sei freigebig mit Lohn, aber geizig mit Schlägen.«
Aber nicht das zukunftsweisende Buch Pluvinels, sondern das Werk de la Broues findet den Beifall der Zeitgenossen. Pluvinels Lehren setzen sich erst später durch.

Englischer Bischof predigt den Sport

1618. In Deutschland beginnt ein Krieg, der 30 Jahre währen, das Land verheeren und das Heilige Römische Reich Deutscher Nation zugrunde richten wird. König Jakob I. von England greift militärisch nicht ein, obwohl sein Schwiegersohn, Kurfürst Friedrich V. von der Pfalz, als König von Böhmen später spöttisch »Winterkönig« genannt, dringend militärische Hilfe benötigt. König Jakob läßt in diesem Jahr ein »Book of Sports« von den Kanzeln verlesen, das der Bischof Morton von Chester auf seine Anordnung hin im Vorjahr verfaßt hat.
In diesem Buch werden die Sportarten aufgezählt, die auch an Sonntagen nach dem Gottesdienst ausgeübt werden dürfen. Bei der englischen Staatskirche hat man eingesehen, daß Sportverbote nutzlos sind. Daher tritt sie bereitwillig für den Sport ein. 1633 erneuert der Nachfolger Jakobs, König Karl I., die Anweisung, das »Book of Sports« von den Kanzeln zu verlesen. Erst die Puritaner unter Oliver Cromwell, die Karl I. 1649 hinrichten, machen diesem Sakrileg (nach ihrer Auffassung) ein Ende. Doch ihre Herrschaft währt nicht lang.

Königin Elisabeth I. von England beim Golfspiel in St. Andrews, 1563

König Jakobs Liebe zum Golf

1608. In Blackheath/England wird der erste Golfklub der Welt gegründet. Auch König Jakob I., der als Schirmherr des Sports im Königreich auftritt, erscheint hier einmal jährlich zum Golfspiel. Dennoch warnt er seinen Sohn Heinrich, Sportler als Ratgeber anzunehmen, was ihn nicht daran hindert, den Sport, auch seinen eigenen, nach Kräften zu fördern.
Am Hof Jakobs wird vornehmlich Federball gespielt. Er selbst zieht »at the pawne« vor, wofür er sich vier Ballhäuser bauen läßt. Am liebsten aber erholt sich der König beim Golf. Dieses Spiel wurde in Schottland 1457 erstmals urkundlich erwähnt und erhielt seinen Namen nach dem schottischen Wort »gouf« (Schlag). 1603 erteilte Jakob einem gewissen William Mayne in Edinburgh das königliche Privileg, Golfschläger herzustellen. Der erste Golfklub erhält deshalb den Namen »Royal Blackheath.«

Das Ballspiel am Hakozaki-Schrein

1648. In Japan erscheint ein Buch mit Regeln für Ballspiele. Eines der ältesten dieser Spiele, das auch in späteren Zeiten seine symbolische und religiöse Bedeutung bewahrt, findet alljährlich am 3. Januar in Fukuoka statt.
Der Sage nach trieben eines Tages zwei wunderschöne Holzkugeln vom Meer ans Land. Eine davon war weiblich, eine männlich. Sie wurden jedes Jahr dem Volk gezeigt. Wer sie berührte, dem brachte es Glück. Allmählich nahm die Zahl der Verehrer derart zu, daß ein wildes Gerangel um die Holzkugeln entstand. Daraus entwickelte sich ein Ballspiel.
Die Spieler kommen aus allen Gegenden Japans und sind nur mit einem Lendenschurz bekleidet. Zuerst müssen sie sich einer Reinigungszeremonie unterwerfen. Dann wird ihnen außerhalb des Tempelbezirks der männliche Holzball — der weibliche verbleibt im Hakozaki-Schrein — überantwortet. Ein heftiges Gedränge beginnt, wobei jeder den Ball zu berühren sucht. Wer als erster den Ball im heiligen Bezirk niederlegt, dessen Dorf ist eine gute Ernte sicher.

Eine Vielzahl sportlicher Übungen zeigen die Fresken der Brüder Dossi in Ferrara, u. a. Balanceakte auf eingefetteten, aufgeblasenen Tierhäuten (um 1600).

Musikalische Spiele auf den Dossi-Fresken im Castello Estense von Ferrara

Die Fresken in der Sala del Consiglio Provinciale im Castello Estense von Ferrara aus der Schule der Brüder Dossi (um 1600) zeigen Leibesübungen mit musikalischer Begleitung. Musik gehört nicht allein zur Umrahmung von Sportfesten, sondern spielt auch im Training eine wichtige Rolle. Trommler helfen den Faustkämpfern, ihren Schlagrhythmus zu finden oder zu steigern. Flötentöne sollen dem Bewegungsablauf von Speer- und Diskuswerfern Geschmeidigkeit verleihen. Ein ungewöhnliches und sonst noch nirgendwo gesehenes Spiel wird mit aufgeblasenen Tierhäuten veranstaltet. Sie sind mit Fett eingerieben, und es kommt darauf an, auf den Tierhäuten zu balancieren und möglichst lange das Gleichgewicht zu behalten.

Altenglischer Sport, nach einem Kupferstich aus den »Annalia Dubrensis, upon the yeerely Celebration of Mr. Robert Dover's Olimpick Games« (1636)

Olympia von Cotswold Hills

1604. Die puritanische Geistlichkeit in England steht dem Sport ablehnend gegenüber und wehrt sich besonders gegen Veranstaltungen an Sonn- und Feiertagen. Um dagegen ein besseres Verständnis für »sports and pastimes« (Sport und Zeitvertreib) zu wecken, begründet Captain Robert Dover mit Zustimmung von König Jakob I. in Barton-on-the-Heath bei Gloucester die »Cotswold Games«.

Bei diesen Spielen gibt es Wettbewerbe im Stockfechten, Ringen, Weitspringen, Hammerwerfen, Sackhüpfen, Laufen auf Händen, Hasenhetzen, Pferderennen und ein »Ballon«-Spiel — wahrscheinlich Hurling, wie es die Einwohner von Cornwall betreiben. Aus Cornwall kommen seit je die besten Ringer Englands. Sie haben Hurling, ein uraltes irisches Schlagballspiel, mit Ringkampfeinlagen versehen.

Das Programm der »Cotswold Games« variiert von Jahr zu Jahr, aber Captain Dover leitet diese Spiele 40 Jahre lang. 1610 werden Wettkämpfe zwischen Mannschaften von den Universitäten Oxford und Cambridge erwähnt. 1620 wird ein großzügiges Projekt lanciert: »Vorschläge für den Bau eines Amphitheaters in London.« In diesem Amphitheater sollen »alle möglichen olympischen Übungen« durchgeführt werden, weil keine Nation dafür besser geeignet sei als die Engländer. Auch Gladiatoren sollen bei diesen Spielen auftreten.

1634 hört man erstmals von »Olympischen Spielen«, die alljährlich auf den Cotswold Hills stattfinden. Es ist nicht der einzige Hinweis auf olympische Spiele aus dieser Zeit. Während in dem Londoner Amphitheater ausschließlich Professionals auftreten, werden die »Cotswold Games« von Amateuren bestritten.

Englische Wettleidenschaft

Lord Treasurer — nomen est omen — verliert im April 1618 6000 Pfund, weil sein »running footman« einem Läufer von König Jakob I. unterliegt. Weder die Höhe des Betrags noch der Wettgegenstand sind ungewöhnlich. Berufsläufer als Nachrichten- und Einladungsüberbringer gehören zu jedem vornehmen Hausstand in England. Darüber hinaus läßt man sie auf der Pferderennbahn gegeneinander laufen. Die besten »running footmen« erlangen die gleiche Berühmtheit wie die besten Rennpferde.

Pferderennen gab es bei allen Reitervölkern. Aber in England wurden sie systematisch in den Dienst der Pferdezucht gestellt. Und die englische Pferdezucht wurde führend in Europa. Anstoß hierzu hatte die Erfindung der Feuerwaffen gegeben. Seitdem galt das schwere Streitroß der Ritterzeit, das einen gepanzerten Reiter zu tragen hatte und oft auch selbst gepanzert war, als untauglich. Man brauchte leichtere, schnellere, gewandtere Pferde für den Krieg, für die Jagd, für das Verkehrswesen. Diese Notwendigkeit hatte sich für den gesamten europäischen Kontinent ergeben. Aber in England trieb die Wettleidenschaft des Landadels die Pferdezucht an wie sonst nirgendwo. In vielen Dingen gilt den Engländern Frankreich als Vorbild. Aber schon Reisende vom Kontinent vermerken ausdrücklich, daß die Wettlust der Engländer eine besondere englische Eigentümlichkeit und keineswegs aus Frankreich importiert ist.

Seit dem Jahr 1209 sind Pferderennen in England beurkundet. An Orten wie Newmarket, Chase, Enfield, Croydon, Gathorty wurden sie regelmäßig durchgeführt, organisiert von privater Seite. Erst König Jakob I. macht daraus 1603 öffentliche Veranstaltungen und sanktioniert dabei die Wetten ausdrücklich. Die Wettmöglichkeit für jedermann macht jetzt die Pferderennen überaus populär. Es ist die Geburtsstunde des Turf — der Begriff entsteht allerdings erst im 19. Jahrhundert.

Fast noch wichtiger als die üblichen Pferderennen sind die »horse matches«. Diese werden von Fall zu Fall arrangiert. Dabei treten immer nur zwei Pferde an, deren Besitzer viel Geld in die Überzeugung investieren, ihr Pferd sei das bessere. Diese privaten Zweikämpfe dienen der Wettlust ebenso wie der unmittelbaren Kontrolle der Zuchterfolge. Sie gehen den Rennen voraus, in denen die besten Pferde einer Grafschaft oder des ganzen Landes an den Start gehen. Oliver Cromwell, dem Führer der Puritanischen Revolution in England (1642—1660), wird von britischen Pferdekennern vorgeworfen, daß er die hoffnungsvollen Fortschritte der englischen Vollblutzucht gebremst habe. In der Tat verbieten die Puritaner die Pferderennen, Wetten ohnehin. Doch der Lordprotektor Cromwell hat an der Pferdezucht kein geringeres Interesse als seine königlichen Vorgänger und Nachfolger. Nur übersieht er offenbar, daß sie ohne Rennen und Wetten nicht gedeihen kann.

Nach Cromwell bricht die unterdrückte Wettlust mit vervielfachter Heftigkeit wieder aus. König Karl II. denkt sogar bei seinen Heiratsplänen an die englischen Pferdezüchter. Vor dem Parlament preist er am 8. Mai 1661 an seiner Braut Katharina von Braganza besonders den Umstand, daß sie die Stadt Tanger als Mitgift einbringen werde. Damit werde ein Tor für die Einfuhr von Berberhengsten nach England geöffnet, die für die englische Vollblutzucht von größtem Wert seien.

Mit dem Wetten auf Pferde begnügt man sich inzwischen längst nicht mehr. Die Züchter lassen auf der Rennbahn nach ihren Pferden ihre »running footmen« laufen, über Distanzen von 4,1 oder 20 Meilen. Die Zeiten liegen bei einer Stunde und zweieinhalb Stunden für 10 bzw. 20 Meilen. Schließlich schickt man auch das weibliche Küchenpersonal auf die Strecke. Zuletzt gibt es keine noch so unsinnige Wette, die bei den Engländern nicht einen Wettkampf oder Wettbewerb provozieren würde, sei es im Laufen oder Hüpfen, vorwärts oder rückwärts, oder in sonstigen Fortbewegungsarten.

Große Winterlandschaft von Hendrick Averkamp (1585-1634), der ein Spezialist in der Darstellung winterlicher Freuden ist und dem Thema mehrere Bilder widmet

Ein Küßchen in Ehren für den Schlittschuh-Kavalier

Um 1600. »Noch in der Mitte dieses Jahrhunderts«, vermerkt der »Gothaer Hofkalender«, »waren selbst die vornehmsten holländischen Damen sehr geschickte Schlittschuhläuferinnen. Man sah oft eine Dame vom ersten Range die unter Wasser gesetzten und mit einer dicken Eiskruste bedeckten Wiesen in der Mitte von zwei Bauern durchlaufen, oder einen jungen Herrn vom Stande einer Bäuerin den Arm geben. Es war eine gar vorzügliche Gunstbezeugung, wenn man einer Dame die Schlittschuhe anziehen durfte, und sie belohnte diese Mühe auf der Stelle mit einem Kuß. Auch alle Bäuerinnen und Bewohnerinnen des Landes fahren auf Schlittschuhen. Man sieht oft dreißig Personen hintereinander, nämlich 15 junge Burschen, jeder mit seinem Mädchen, die sich bei der Hand halten.«

Man sieht solche Szenen vor allem auf zahlreichen Gemälden der Zeit, von Pieter Bruegel d. Ä., Rembrandt, Adriaen van Ostade oder Esaias van de Velde. Die Niederländer zeigen sich als ein Volk von Schlittschuhläufern. Die zugefrorenen Grachten laden im Winter dazu ein, als Verkehrswege genutzt zu werden. Aber man läuft auch zur Unterhaltung.

Die Schlittschuhmacher haben eine eigene Zunft und fertigen Schlittschuhe für den sportlichen Gebrauch. Schon im 14. Jahrhundert bauten sie Schlittschuhe aus Holz mit einer Eisenschiene, während man in Nordeuropa noch auf Knochenschlittschuhen lief.

»Die Holländer, sonderlich die Einwohner von Waterland, Deefland, Rhynland und die Schiffer von Korwyck«, so der »Gothaer Hofkalender«, »zeichnen sich durch Leichtigkeit und Grazie aus, womit sie ihren Körper nach der Seite neigen.«

Die winterlichen Aktivitäten der Niederländer beschränken sich jedoch nicht auf Eisschnell- und Eiskunstlauf: Schon Ende des 15. Jahrhunderts sah der Ritter Schaschek auf einer Reise in die Niederlande 28 Spieler auf dem Eis bei einem Kampfspiel. Es dürfte Kolv gewesen sein, eine Art Eishockey. Man gebraucht dabei einen gekrümmten Stock, der mit Metall beschlagen und viel schwerer als der heutige Schläger ist. Gespielt wird mit einer Holzkugel, jedoch nicht auf Tore, sondern gegen einen im Eis eingerammten Pflock. Die Regeln ähneln eher dem französischen Boule oder dem italienischen Boccia. So »kolvt« man nicht nur im Winter auf dem Eis, sondern auch im Sommer auf Wiesen und Plätzen. Daher sieht man Kolver auf dem Eis manchmal ohne Schlittschuhe, sie sind für das Spiel nicht unbedingt erforderlich. Auf die Anzahl der Spieler kommt es dabei nicht an.

Bei den Wettläufen, an denen Männer und Frauen teilnehmen – »... sie sind wie die Vögel in der Luft, sie fliegen mehr als sie laufen« –, werden die Bahnen mit Holzlatten abgetrennt. Für die Sieger gibt es wertvolle Preise. Schließlich gehört noch das Eissegeln in den Niederlanden zum Wintervergnügen.

Niederländischer Kolvspieler (Kupferstich). Zur Zeit scheinbar unbeschwerter Lebensfreude kämpfen die Niederländer um ihre Freiheit und Unabhängigkeit, gründen die Ostindische Kompanie, die Kap-Kolonie, die Stadt Batavia auf Java und in Nordamerika die Stadt Neu-Amsterdam. Erst der Westfälische Friede 1648 bringt ihnen die Selbständigkeit nach 80 Jahren Krieg.

Ein Federball sagt Hochzeiten voraus

1603. »Federball, Federball, sag mir genau,/in wieviel Jahren nimmt man mich zur Frau./Eins, zwei, drei ...?« Ein Liebesorakel. Dieses Lied singen die englischen Mädchen des Elisabethanischen Zeitalters alljährlich zur Fastnachtszeit. Nur Elisabeth I., die »jungfräuliche Königin« auf dem englischen Thron, bleibt davon unbeeindruckt — und unverheiratet. Seltsamerweise heiratet auch eine andere Königin nicht, die aber dennoch eine leidenschaftliche Federballspielerin ist, Christine von Schweden. Sie besteigt 1632 als Sechsjährige den Thron.

Das Spiel mit dem Holzhammer

An das Mailspiel erinnert in späteren Zeiten nur noch die Avenue du Mail in Genf und die Pall Mall in der britischen Hauptstadt London. Im 17. Jahrhundert ist es neben Federball und Jeu de paume am Hofe sehr beliebt. Sein Name deutet auf französischen Ursprung hin (mail, frz.; öffentliche Promenade). Schon zu Zeiten König Karls V. (1363—1380) wurde Mail in Frankreich gespielt, dann aber wegen zu hoher Wetteinsätze verboten. Ludwig XIV., der »Sonnenkönig« (1643—1715), zieht Mail dem Jeu de paume vor. Unter ihm verbreitet sich das Spiel in ganz Europa. Die Regeln sind denkbar einfach. Auf einer 500 m langen, mit feinem Sand bedeckten Bahn wird eine Holzkugel mit einem hammerförmigen Schläger durch ein eisernes, bogenförmiges Tor am Bahnende geschlagen. Wer die wenigsten Schläge benötigt, hat gewonnen. In der Schweiz artet das Spiel 1633 aus. Man schlägt die Kugel von Wirtshaus zu Wirtshaus.

△ Die Kupferstiche von R. Arnould aus dem Jahr 1698 zeigen adlige Federballspieler in Frankreich (l.) und vornehme Niederländer (r.) beim Federball im 17. Jahrhundert. Das Spiel bereitet den Spielern sichtlich keine große Anstrengung und wird daher von bequemeren Leuten dem Jeu de paume vorgezogen.

◁ Matthäus Merian d. Ä. (1593—1650) stellt liebevoll das Aufpumpen eines Balles dar. Es handelt sich, wie der hölzerne Armstutzen Mitte unten, das »Bracciale«, zeigt, um Pallone. In der ledernen Ballhülle steckt eine Schweinsblase, nach deren Größe der Ball bemessen ist; Pallone gelangt fast zur gleichen Zeit wie das Mailspiel nach Deutschland.

Unklar ist, ob die heiratslustigen englischen Damen des 17. Jahrhunderts das Federballspiel aus Japan übernommen haben. Denn auch dort wird es zum Neujahrsfest von Mädchen gespielt. Auf dem europäischen Kontinent kannte man allerdings schon zur Zeit des französischen Königs Franz I. (1495—1547) Federball ohne jede orakelhafte Bedeutung. Das Spiel hieß Coquantin nach dem französischen »coq« (Hahn) wegen der Hahnenfedern, die im Ballkern stecken.

Wo der Ball Verlobungen stiftet

In Hinterindien — Thailand und Tonkin — gibt es ein Ballspiel zwischen Burschen und Mädchen. Dabei bekommen die Mädchen einen Ball zugeworfen. Werfen sie ihn wieder zurück, ist ihnen der Spielpartner gleichgültig. Behalten sie den Ball, gelten sie als Verlobte des Spielers. Das Spiel findet jeweils nach einem Opfer vor einer Pagode statt und wird von Liebesliedern begleitet. Weit verbreitet ist das Kreisballspiel (Abb.), das unter verschiedenen Bezeichnungen von Birma bis zur Halbinsel Malakka, von Sumatra bis zu den Molukken lebendig ist. Es beruht ebenfalls auf einem Fruchtbarkeitszauber, wird aber nur von jungen Männern gespielt. Sie bilden, etwa 20 an der Zahl, einen Kreis. Ein Ball aus Rotanggeflecht wird dann in die Höhe geworfen und muß ständig mit dem Fuß oder Knie in der Luft gehalten werden. Das Spiel erinnert an das japanische Kemari. Reisende bestaunen akrobatische Kunststücke, wie »Fallrückzieher«. In Vorderindien erhält sich ein kultisches Treibballspiel, das von einem Volksstamm gepflegt wird, der zu den Drawiden zählt, der vorarischen Urbevölkerung Indiens. Es heißt Bombat (bomb, ind.; Stock) und zählt zu den ältesten Spielüberlieferungen des indischen Subkontinents.

Der Adel in Europa verteidigt seine Ehre mit dem Degen

1622. Henry Peacham begleitete in den Jahren 1613/14 als Erzieher die Söhne des Grafen von Arundel auf einer Bildungsreise in die Niederlande, nach Frankreich und Italien. Zurückgekehrt schrieb er ein maßgebendes Buch, »The complete Gentleman«, das 1622 erscheint. Das von Peacham vertretene Ideal des Gentleman gründet sich auf neue Normen aristokratischen Verhaltens, in denen vor allem Frankreich tonangebend ist. Danach ziemt es dem Edelmann, gut zu reiten und zu fechten. Der Ringkampf dagegen ist nur noch eine Sache der niederen Klassen.

Wie verhindert man Duelle?

Das Duellunwesen in England veranlaßte König Jakob I. 1613 zu einem strengen Verbot. Er berief sich dabei auf den berühmten Philosophen und Staatsmann Francis Bacon, der das Töten eines Mannes im Duell als Mord bezeichnet hatte. Der König begnügte sich nicht mit dem Verbot. In einem weiteren Edikt prangerte er die Hauptursachen der Streitereien an: Karten-, Würfelspiel, Tennis und Kegeln. Die Betreiber entsprechender Etablissements wurden in der Verordnung angewiesen, Streithähnen sofort die Degen abzunehmen und den Friedensrichter zu rufen.

Übungen im Fechten, Schießen und Voltigieren an der Ritterakademie in Leyden (17. Jh.); in den Ritterakademien werden junge Adlige zu Kavalieren ausgebildet; die körperliche Ertüchtigung nimmt die Hälfte der Unterrichtszeit ein.

Noch 1607 hatte James Cleland ausführlich beschrieben, wie ein Edelmann den Ringkampf ausüben soll. Dessen Beherrschung galt bei den Rittern als vornehmste Tugend. Selbst Könige rangen miteinander. In den Fechtbüchern wurden Fechten und Ringen stets gemeinsam behandelt. Damit ist es nun vorbei. Die neue Fechtlehre nimmt vom Ringkampf keinerlei Notiz mehr. An den deutschen Fürstenhöfen wurde die Kunst des Ringens als körperbildende Übung im 16. Jahrhundert noch mit sehr viel Eifer betrieben. Aber der in seiner ganzen Lebensweise kultiviertere Adel in Italien und Frankreich lehnt den Nahkampf eng umschlungener, schwitzender Leiber als unvornehm ab. Er zieht den eleganteren Zweikampf auf Distanz vor. Dazu diente das Rapier (Degen). Unter den mehr als zwei Dutzend Fechtbüchern, die in Italien in der ersten Hälfte des 17. Jahrhunderts erscheinen, beschäftigen sich einige ausschließlich mit dem Fechtdegen. Meist beziehen sie nur noch einen kurzen, breiten Dolch mit ein, den »Degenbrecher«, der zur Abwehr eingesetzt wird. Fechtschulen finden regen Zulauf. Der Adel lernt fechten, weniger um für den Krieg, vielmehr um für private Ehrenhändel gewappnet zu sein. Ein überspitztes Ehrgefühl provoziert künftig immer wieder Duelle auf Leben und Tod. Daher versuchen die Puritaner in England, dem humaneren Ringkampf wieder mehr Geltung zu verschaffen. Vergebens. Die Aristokraten stechen einander lieber ab.

Holzschnitte aus dem deutschen Fechtbuch von M. Hundt, erschienen im Jahr 1611 in Leipzig; die Abbildungen zeigen, daß man den kurzen Dolch, »Degenbrecher« genannt, auch wirft, wie das Rapier selbst; zur Verteidigung gegen bewaffnete Angreifer dient auch der über den Arm gelegte Mantel.

1650

1650–1699

Um 1650. Calcio ist in Italien als Volkssport weit verbreitet.

Massenfaustkämpfe in Venedig mit Toten und Verletzten. Die Bevölkerung erfreut sich an Turnerpyramiden.

Shri Samarth Ramdas Swami, der »Große Vater der indischen Gymnastik«, begründet Gymnastik-Anstalten. Er praktiziert 1200 Übungen.

1650. Auf dem Marktplatz in Graz findet ein »Ballon«-Spiel statt.

29. 7. 1650. Die Nürnberger Schützen feiern mit zweijähriger Verspätung das Ende des Dreißigjährigen Krieges (bis 28. 8.).

1652. Der niederländische Admiral Michiel Adriaansz de Ruyter läßt die Matrosen seiner Flotte regelmäßig Regatta-Wettfahrten austragen.

1653. Charles Besnard begründet mit seiner Schrift »Théorie de l'art et pratique de l'espée seule ou du fleuret« die französische Florettschule. Er führt den Fechtergruß ein.

1656. Das Palio in Siena erhält seine endgültige Form. Jeweils am 2. Juli und 16. August beteiligen sich Reiter aus 17 Quartieren daran.

1657. Johann Amos Comenius, seit 1653 in Amsterdam, veröffentlicht hier »Opera didacta omnia«.

1658. Unter dem Lordprotektor Oliver Cromwell werden in England die im »Book of Sports« an Sonntagen erlaubten Spiele und Wettkämpfe verboten, auch Pferderennen (→ 1618).

1660. In der Phase der Restauration nach Rückkehr der Stuarts starker Aufschwung des Sports in England.

1661. J. G. Paschen gibt das vollständige Fecht-, Ring- und Voltigierbuch« heraus, das mehrere Auflagen und Ergänzungen erfährt (→ 1733).

Erste beglaubigte Segelwettfahrt zwischen Greenwich und Gravesend. Der englische König Karl II. gewinnt gegen seinen Bruder, den Herzog von York (Wetteinsatz: 100 Guinees).

Um 1665. König Karl II., »Vater des Turfs«, führt etwa 100 arabische Stuten nach England ein. Newmarket wird zum Zentrum des Pferdesports.

1665. Kurfürst Friedrich Wilhelm von Brandenburg, der Große Kurfürst, selbst passionierter Ballspieler, läßt in Berlin ein Ballhaus errichten (→ 29. 7. 1650).

Francesco Negri unternimmt eine Nordlandreise, wobei er Ski benutzt (in seinem Bericht »sci«).

Richard Nicolls, Gouverneur von New York (seit 1664 britisch), veranlaßt das erste Pferderennen auf Long Island.

1666. Der erste Kricketklub in England, St. Albans, wird gegründet.

1668. Mediziner der Universität Montpellier stellen bei Mail-Spielern einen besonders guten Gesundheitszustand fest (→ 1603).

Erste vergebene Sporttrophäe Nordamerikas: Eine Silberschale für den Sieger beim Pferderennen auf Long Island.

Nicolas Perrot sieht als erster Weißer ein Lacrosse-Spiel der Tuscarora-Indianer in Virginia.

In Kinross/Schottland wird der erste Curlingklub gegründet.

1669. Aufführung des Balletts »Das Schicksal« durch Angehörige des Jesuitenordens.

1671. Unter Sultan Muhammad IV. Schwimmen und Bogenschießen wertvollstes Mittel der Erziehung. Auf dem »Okmeidan« in Konstantinopel gilt ein Schuß von 845,46 m als Rekord.

1672. Erstmals Pferderennen in Maryland. Dort entsteht der erste Jockeiklub Nordamerikas.

1674. Erstes Pferderennen in Virginia. Nur für »gentlemen« erlaubt. Da das Pferd eines Schneiders teilnimmt, wird dieser zu 2000 Pfund Geldstrafe verurteilt.

Diego de Rosales erwähnt den Gebrauch von Schneereifen in den peruanischen Anden.

1676. J. B. Tavernier berichtet aus Persien, daß der Beruf des Läufers vererbt wird. Training mit Meisterprüfung: 120 km von Sonnenaufgang bis Sonnenuntergang.

C. Allouez beobachtet auf dem Michigan-See nordamerikanische Indianer beim Eissegeln mit Kanus.

1679. Das »Register-Book« des Magdalenen-College in Cambridge rügt den großen Bierkonsum der Studenten beim Fußball.

1681. In England wird der erste öffentliche Boxkampf ausgetragen. Ein »footman« des Herzogs von Albemarle gegen einen Metzger. Der Metzger gewinnt.

1683. Eine japanische Kemari-Mannschaft schlägt innerhalb von vier Stunden den Ball 5188mal, ohne daß er den Boden berührt.

Nach Abzug der Türken von Wien erwirbt der Engländer Byerley aus der Beute den Araberhengst Turk.

1686. Fechtmeister Wernesson de Liancourt erfindet die Ledermaske als Schutz bei Fechtübungen.

Daihachiro Wasa schießt in Kioto innerhalb von 24 Stunden auf 53 m Entfernung 13053 Pfeile ab. Davon gehen 8132 ins Ziel, ein unerreichter Rekord.

1688. Das Ballhaus in Berlin wird wegen mangelnden Interesses der Bevölkerung in ein Krankenhaus umgewandelt.

1697. Eislaufen auf holländischen Grachten und Kanälen weit verbreitet. Ein Vater läuft 260 km an einem Tag, um seinen Sohn zu besuchen.

In Nürnberg findet zum letzten Mal eine große Fechtschule statt.

Kegelspieler. Gemälde von Jan Steen, um 1662. Die Niederlande und die Schweiz haben durch den Westfälischen Frieden ihre Selbständigkeit gewonnen.

Der Schützen Friedensfest

29. Juli 1650. Geschosssen hat man 30 Jahre lang eigentlich genug. Dennoch feiern die Nürnberger den Abschluß des Westfälischen Friedens am 24. Oktober 1648 in Münster knapp zwei Jahre später mit einem Schützenfest. Es dauert bis zum 28. August, an dem »es sich freudig geendet«. Ein »Michäll Stoy« gewinnt dabei »das beste«, er wird Schützenkönig.

Besonders gefeiert wird auch der Gewinner des »Weitpreises«. Dieser wird nicht durch eine besondere Schießleistung errungen, sondern demjenigen teilnehmenden Schützen verliehen, der die weiteste und gefahrvollste Reise zum Schützenfest auf sich genommen hat.

Das Fest erscheint als glanzvolle Wiederkehr der guten alten Schützenherrlichkeit, die man so lang entbehren mußte. Ein »gekr. Poet« namens Johann Klaj widmet »Denen Lobwürdigen Schützenmeistern und gesamten Löblichen Armbrustschützen zu sonderbaren Ehren« ein umfangreiches Poem, das mit den Versen schließt: »Hier sehet ihr nun klar, ihr Herren Armbrustschützen,/daß euer Schießen kann erfreuen und auch nützen:/So schießt und denkt allzeit, daß eures Lebens Spiel/ein schneller Bolze sei, der flieget zu dem Ziel./Indessen lebet wohl ohn alle Kriegsgefahr,/ihr Schützen wiederholt das Schießen alle Jahr!«

Die Schützengesellschaften und die Fechtschulen waren im Dreißigjährigen Krieg in Deutschland weitgehend intakt geblieben. Völlig darnieder liegen die volkstümlichen Leibesübungen, nach denen niemandem der Sinn steht. In den Städten baut man bevorzugt Ballhäuser.

Luca Carlevaris: Regatta an der Rialtobrücke

Regatta auf dem Canal Grande

Die Republik Venedig, »Beherrscherin der Meere«, schreibt sich die Erfindung der Regatta zu. Dies gilt allerdings nur für das Wort. »Rigatta« bedeutet im venezianischen Dialekt soviel wie »Bring dich in die Reihe«.
Rudern gehört seit Jahrhunderten auf den rund 170 Kanälen der Lagunenstadt zum Alltag. Regatten werden gegen Ende des 17. Jahrhunderts als Volksfeste gefeiert, wie zeitgenössische Gemälde anschaulich zeigen. Nach dem Start überqueren die Boote das San-Marco-Becken, biegen in den Canal Grande ein, folgen ihm bis Santa Lucia, wo sie wenden. Ziel ist die Wasserwaage der Macchina, wo der Doge in einer herrlich geschmückten Loge die Preise verteilt.

Faustkampf auf der Brücke der Schläge

Um 1650. Nicht auf der Rialtobrükke, sondern auf den geländerlosen Brücken Venedigs kämpfen ganze Stadtviertel gegeneinander. Besonders die Angehörigen der Familien der Nicolotti und Castellani gehen auf der Ponte della guerra mit spitzen Schlagstöcken so wild aufeinander los, daß es immer wieder Verletzte und Tote gibt.
1674 wird diese Art von Kriegen abgeschafft und durch Massenfaustkämpfe ersetzt. So kommt die Ponte dei Pugni, die Brücke der Schläge, bei San Barnaba zu ihrem Ruf. Dabei geht es nicht minder turbulent zu. Wer k. o. von der Brücke fällt, kühlt sich im Wasser ab. Auch in Pisa gibt es ein Brückenspiel, das auf einen Sarazenenüberfall zurückgeht. Aber da bleibt es bei Scheingefechten der beiden Parteien.

Kickball in der Sierra Madre

1674. Ständig hört man in Europa Neues aus der Neuen Welt. So von 8 m breiten Straßen bei den Inkas und den enormen Laufleistungen ihrer Boten in großer Höhe. So vom einst grauenvollen Ballspiel der Azteken (→ um 400).
In diesem Jahr berichtet der Spanier Diego de Rosales über den Gebrauch von Schneereifen in den Anden. Aus Mexiko kommt Kunde von einem Stamm, der sich Tarahumara nennt, was »Fußläufer« bedeutet. Da laufen ganze Dorfmannschaften gegeneinander, und zwar über Strecken von 260 bis 560 km. Sie benötigen dafür 24 bis 72 Stunden. Es ist ein Fruchtbarkeitszauber. Bei diesem Dauerlauf stoßen die Läufer ständig eine 200 g schwere Holzkugel von 10 cm Durchmesser, die aus einer Eichenwurzel gefertigt wurde, vor sich her. Sie treiben diese Kugel über unwegsame Gebirgspfade der mexikanischen Sierra Madre. Verliert sich der Kickball im Dornengestrüpp oder rollt einen Abhang hinab, werfen die begleitenden Läufer einen neuen auf den Weg. Vor dem Lauf wird geschlechtliche Enthaltsamkeit geübt. Vor dem Start bringt man Opfer dar. Auf die siegreiche Mannschaft werden Wetten abgeschlossen. Um durchzustehen, nehmen die Läufer hunderterlei Mixturen zu sich, so ein Pulver aus getrockneten Schildkröten und Fledermausblut. Am wirksamsten ist das Kauen von Peyotl, getrockneten Kakteen, die u. a. Meskalin enthalten. Oder die mitlaufenden Dorfbewohner peitschen die Beine der Läufer mit dornigen Zweigen blutig, um mit dieser Reizmassage Ermüdungserscheinungen zu bekämpfen.

Die Pyramiden des Herakles in Venedig

Um 1650. In Venedig treten eine ganze Menge Heraklesse an. Sie werden als Untermänner für eine Pyramide gebraucht, wie sie im 19. Jahrhundert bei den Turnern wieder beliebt wird. Allerdings nicht in solch gewaltigem Ausmaß wie auf dem Markusplatz. Die »Forze d'Ercole« sind eine Attraktion in ganz Italien. Fünf Stockwerke hoch türmt sich der kunstvolle und variantenreiche Bau der Athleten unter dem Beifall der begeisterten Zuschauermenge.

Neben den »ercoles« gibt es auch einen »svolo« zu bestaunen. Er bewegt sich auf einem Seil, das von einem Boot zum Kampanile der Markuskirche gespannt ist. Von dort führt ein weiteres Seil über die Piazzetta zur Loggia des Dogenpalastes. Der Seiltänzer steigt zum Kampanile hinauf und gleitet dann an einem Ring wie ein fliegender Mensch zur Loggia, wo er dem Dogen eine in Verse gefaßte Widmung überreicht. Danach »fliegt« er wieder zurück.

Das alles geschieht nicht allein zum Vergnügen. Die Republik Venedig fördert Wettkämpfe und sportliche Darbietungen jeglicher Art aus Gründen der militärischen Ertüchtigung. Die »Serenissima« braucht kräftige und gewandte junge Männer. Dabei steht an erster Stelle das Fechten, das als Massensport mit dem »indischen Rohr« ausgetragen wird. Das sind zugespitzte und im Feuer gehärtete Stöcke. Verletzte und Tote gibt es häufig, was die Popularität nicht beeinträchtigt.

Eine »chinesische Pyramide« auf der Piazza Maggiore in Bologna nach einem Stich von Carlo Buffogoni. Es handelt sich um eine Nachahmung der »Forze d'Ercole« von Venedig. Man läßt bald davon ab, da es zu viele Unfälle gibt.

Ungefährlich sind die kleinen Pyramiden, die zur Dekoration dienen.

Leibeserziehung zum Ruhme Gottes

1669. Das Ballett heißt »Das Schicksal« und stellt den Triumph der Willensfreiheit über die von den Calvinisten behauptete Vorbestimmung dar. Aufgeführt wird es in zahllosen Städten Europas von den Jesuiten. Sie waren die treibende Kraft der Gegenreformation, die nicht nur auf Schlachtfeldern, sondern vor allem in den Schulen erkämpft wurde. Die »Soldaten Jesu« halten nichts von der Abtötung des Fleisches und Körperfeindlichkeit. Der Begründer des Jesuitenordens, Ignatius von Loyola, erklärte: »Wir müssen den Leib so weit pflegen und gesund erhalten, als er der Seele dient und sie für den Dienst und die Verherrlichung des Schöpfers tauglich macht.« Daher fördern die Jesuiten die Leibeserziehung mehr als Scholastiker und Humanisten.

Comenius – größter Erzieher der Zeit

Seit 1621 auf der Flucht oder als Bischof der Böhmischen Brüder in der Emigration, läßt sich Johann Amos Comenius 1653 in Amsterdam nieder. Bis dahin wirkte er als Theologe und Pädagoge in Polen, England und Schweden.
In den Niederlanden veröffentlicht er 1657 »Opera didacta omnia«. Der Tscheche Comenius schreibt der Körpererziehung eine wichtige Bedeutung zu und behandelt in seinen Schriften u. a. Ballspiele, Schwimmen, Fechten, Wandern, Schlittschuhlaufen, Schlittenfahren, Wettlaufen, Ringelstechen und Geschicklichkeitsspiele wie Reifenspringen, Seiltanzen und Auf-den-Händen-Gehen.

◁ Johann Amos Comenius (Jan Amos Komenský) stirbt am 15. November 1670 in Amsterdam.

1700

1700–1749

1700. Im »New English Dictionary« wird der Begriff »sportsman« definiert: »A man who follows, engages in, or practises sport, especially one who hunts or shoots wild animals or games for pleasure« (Ein Mann, der sich für Sport interessiert oder ihn aktiv betreibt, insbesondere jemand, der wilde Tiere jagt oder schießt oder zum Vergnügen spielt).

In den Niederlanden ist das Kolvspiel, ein Schlägerspiel auf Schlittschuhen, weit verbreitet (→ um 1600).

1708. Auf einer Lapplandreise beobachtet J. G. Scheller beim Skilauf den Gebrauch des Doppelstocks mit Teller.

1710. Ein Reisender aus Deutschland berichtet über das »Back-Sword«-Fechten in London.

1714. Der britische Arzt Francis Fuller zählt in seinem Werk »Medicina gymnastica« Leibesübungen zu den aktiven Heilmitteln.

1. 8. 1715. Erstmals Ruderrennen professioneller »watermen« auf der Themse. Der Schauspieler Thomas Doggett stiftet den Preis »Doggetts Coat and Badge«. Das Rennen wird seitdem alljährlich ausgetragen.

Ab 1716. François Robichon de la Guèrinière leitet in Paris eine Reitschule und erwirbt sich den Ehrentitel »Vater der französischen Reitkunst« (→ 1733).

1717. In Paris werden neue Regeln für das Mailspiel und für Chicana, eine Art Hockey, die aus dem Orient stammt, festgelegt.

12. 12. 1718. Zwölf Stunden früher als ein Einspännerschlitten überbringen Skiläufer über 600 km von Frederikshald nach Drondheim die Nachricht vom Tod des schwedischen Königs Karl XII. (11. 12. 1718).

1719. Peter Kolb bereist Südafrika und beschreibt die Wurfkünste der Hottentotten. Sie treffen eine Münze auf 100 Schritt und sind hervorragende Läufer.

James Figg macht in London aus seiner Fechtschule eine Boxschule und führt den Kampf mit bloßen Fäusten vor. Er gilt als erster Box-Champion.

14. 8. 1723. Der Philologe und Kunstschriftsteller Bernard de Montfaucon regt in einem Brief an Angelo Maria Querini, Erzbischof von Korfu, der als Kenner der Antike gilt, die Ausgrabung von Olympia an.

1725. In der »Neuen Appenzeller Chronik« vergleicht G. Walser das Laufen, Springen, Steinstoßen und Ringen bei den »Wald- und Alp-Stubeten« mit den Olympischen Spielen.

23. 1. 1725. London ist Schauplatz einer der ersten internationalen Boxkämpfe.

1726. Francisco Romero aus Ronda (Spanien) begründet den modernen Stierkampf, wobei der Torero zu Fuß mit Degen und Muleta kämpft.

1728. Der Bey von Tunis schenkt dem französischen König Ludwig XV. den Araberhengst Sham. Er wird als Karrengaul verwendet. Schließlich kauft ihn ein Brite. Als Godolphin wird der Hengst neben Byerley Turk und Darley Arabian zum »Stammvater« der britischen Vollblutzucht.

1728. Der französische Philosoph Voltaire beobachtet bei einem Aufenthalt in Großbritannien die Briten beim Reiten und Wettlaufen und fühlt sich an Olympische Spiele erinnert.

1729. Beim regelmäßig stattfindenden Fest der Steppenvölker Innerasiens werden 536 Ringer, über 300 Bogenschützen und 3732 Reiter gezählt.

1730. Bull's Rock kommt als erstes britisches Vollblutpferd nach Nordamerika.

1731. Im Sport werden erstmals Uhren zur Zeitmessung verwendet.

1732. Jack Broughton wird Nachfolger von James Figg als britischer Box-Champion. Auch er betreibt neben dem Boxen noch das Fechten (→ 1743).

1733. Erste norwegische Skivorschrift für das Heer durch General J. H. Emahusen.

François Robichon de la Guèrinière veröffentlicht das Reitlehrbuch »École de cavalerie«.

1737. Der Dichter Olof Dalin gründet einen Orden »Leibschwadron«, der als ältester Sportverein Schwedens gelten kann.

19. 1. 1738. In Florenz findet das letzte Calciospiel statt.

1740. Thomas Topham aus Derby/Großbritannien wird wegen seiner ungewöhnlichen Körperkraft zum Gegenstand der Wissenschaft.

1742. Gründung des ersten Eislaufvereins in Großbritannien, des Edinburgh Scating Club.

1743. Boxmeister Jack Broughton gibt die »London Prize Rules« heraus, die ersten Regeln für den Boxsport, und eröffnet ein Amphitheater.

1744. In Edinburgh wird die »Company of Gentlemen Golfer« gegründet, die erstmals Golfregeln festlegt.

Im Lehrkörper des Gymnasiums in Weimar werden ein »magister saltationum« und »gladiatorae« geführt.

1745. Bei Oslo findet der erste Skiwettkampf statt, vermutlich Abfahrtslauf.

1747. Der arabische Schachspieler Philip Stamma unterliegt in Großbritannien dem Franzosen Philidor in einem Wettkampf über neun Partien. Philidor (6 + ,2 –, 1 =) gilt seitdem als erster Schachweltmeister.

Der Champion Jack Broughton erfindet die Boxhandschuhe. John Godfrey verfaßt das erste Boxlehrbuch (→ 1743).

1749. Benjamin Franklin empfiehlt Knaben Laufen, Springen, Ringen und Schwimmen.

Thomas Tophams Rekord: 1741 hebt er auf dem Marktplatz von Derby nur mit den Nacken- und Schultermuskeln drei mit Wasser gefüllte Tonnen.

Der Herkules von Derby

1740. Der französische Physiker Jean Théophile Désaguliers, Schüler von Isaac Newton und Mitglied der Royal Society, untersucht einen Mann, der durch ungewöhnliche Kraftakte von sich reden macht. Der Gelehrte will gewisse Wirkungen der Muskeln erforschen und bittet Thomas Topham aus Derby um einige Proben seiner Kunst. Topham, der auch als Ringkämpfer auftritt, macht keineswegs den Eindruck eines Herkules. Er ist 1,78 m groß, sehr ebenmäßig gebaut, aber äußerst muskulös.

In seiner Abhandlung »System of experimental Philosophy« kommt Désaguliers zu dem Schluß, daß Topham die Kraft von zwölf Männern in sich vereinige. Die Erklärung liege darin, daß seine Achselhöhlen und Kniekehlen nicht hohl, sondern mit Muskeln und Bändern gefüllt seien. Topham packt eine Eisenstange an beiden Enden, legt sie sich auf seinen Nacken und biegt sie nach vorne zusammen wie eine Krawatte. Mit den Zähnen hebt er einen sechs Fuß langen Tisch hoch, an dessen äußerstem Ende ein Halbzentnergewicht hängt, und hält ihn geraume Zeit waagerecht in der Schwebe. Mit den Händen hebt er eine steinerne Walze mit einem Gewicht von 800 englischen Pfund an einer eisernen Kette in die Höhe. Auf dem Marktplatz von Derby läßt Topham ein Gerüst bauen, auf dem er, ohne Hebelwirkung der Oberschenkel, drei mit Wasser gefüllte Tonnen im Gesamtgewicht von 1836 englischen Pfund anhebt. Die Nachbarn verstecken vor ihm das Zinngeschirr, damit er es nicht aus Spaß mit den Händen zerdrückt.

Topham wird durch seine Kraftakte nicht reich. Wie so viele starke Männer ist er zu zart besaitet. Weil ihn seine Frau malträtiert, nimmt er sich im besten Athletenalter das Leben.

Ring frei zum ersten Londoner Preisboxen

23. Januar 1725. In London findet einer der ersten internationalen Boxkämpfe statt. Ein Lord hatte in Venedig die Massenboxkämpfe bewundert und einen Gondoliere in seinen Dienst genommen, dem der Ruf vorausging, daß er jedem Gegner das Jochbein zertrümmere. Der Mann heißt Stopa l'Acqua, und sein Herr schloß in »Slaughter's Coffee House« Wetten über dessen Schlagkraft ab.

Die Großsprecherei verärgerte die Briten, weshalb sie sich ratsuchend an einen gewissen James Figg wandten, der sechs Jahre zuvor in London ein Amphitheater eröffnet hatte. Figg erbot sich, dem Venezianer einen Gegner zu stellen, dem er nicht das Jochbein bräche, auch »wenn er einen Schmiedehammer mit in den Ring brächte«. Das war genau die richtige Tonart, um die Sache zum Stadtgespräch zu machen. Der Kampf findet vor einem erlesenen Publikum statt, denn die Eintrittspreise waren gesalzen. Die Wetteinsätze noch mehr.

Der Italiener scheint an Gewicht, Reichweite und Kraft überlegen.

Jack Broughton (l.), 1732 »Champion of England«, kämpft mit Bill Stevenson.

Doch John Whitacker, ein gewandter Preisboxer aus Figgs Fechtschule, schlägt ihn rasch k. o. Noch am selben Abend verkündet Figg, daß er für den Helden des Tages einen Gegner finden werde, der ihn in zehn Minuten »erledige«. Das Geschäft mit dem Preisboxen in Großbritannien beginnt in den folgenden Jahren zu blühen.

Das Abenteuer eines Englandreisenden

1710. Der Deutsche Zacharias Konrad von Uffenbach wohnt in London einem »Back-Sword«-Fechten zwischen einem Schwarzen und einem Briten namens Wood bei, über das er in einem Reisebuch berichtet: »Der Mohr bekam den ersten Hieb über die Brust, die nicht wenig blutete. Der zweite Hieb ging von dem linken Auge über die ganze Backe durch das Kinn und den Kiefer so hart, daß man es auf den Zähnen gewaltig knirschen hörte. Die Wunde stand wohl daumenbreit voneinander. Da entstand unter den Zuschauern ein großes Frohlocken und flogen Schillinge und Kronen gewaltig zu mit den Rufen, daß es dem Wood sein solle, dessen Sekundanten auch alles aufrafften. Ein Engländer, der hinter uns saß und Ale getrunken haben mochte, warf ganze Hände von Schillingen. Seine Frau ließ sich auch nicht wenig hören, und es wurde versichert, daß sie selbst ohne Schnürbrust mit offenem Hemde hier mit einer anderen Frau gefochten und beide einander verwundet. Was in England nichts neues sein soll.«

Unterricht in Henry Angelos (r.) Fechtakademie in London (kolorierte Aquatinta-Radierung von Thomas Rowlandson und C. Rosenberg, 1791)

James Figg – der erste Boxmanager

James Figg begann seine Laufbahn mit einer Fechtschule in Marylebone. Das Unternehmen florierte, seit der Meister das Fechten nicht nur mit dem »Back-Sword«, sondern auch mit der Faust lehrte.

100 Jahre nach dem Vorschlag, in London ein Amphitheater für Gladiatorenkämpfe zu erbauen, verwirklicht Figg 1719 diese Idee, und sein Etablissement macht Sportgeschichte. Der Maler und Kupferstecher William Hogarth entwirft Werbeplakate und verewigt Figg in »The Rake's Progress«. Der Schriftsteller Antoine François Prévost d'Exiles (Abbé Prévost) nennt Figg einen »Mann von Welt«. Figgs Name taucht in der Literatur seiner Zeit so oft auf wie in den Zeitungen. Man rühmt ihn als »Atlas des Schwerts«, denn angeblich übersteht er über 300 Schlachten im Preisfechten, ohne Schaden zu nehmen. Und er gilt als »Champion Boxer«.

Vor allem aber ist James Figg etwas, was es bis dahin in dieser Form noch nicht gegeben hat und was man später als Manager oder Promoter bezeichnet. Er organisiert den wild wuchernden Sportbetrieb in London, stellt die »Karte« zusammen, sorgt für ein volles Haus, kassiert alle Einnahmen und engagiert die »Gladiatoren« zu festen Honoraren. Die Boxzukunft hat begonnen.

James Figg (um 1695–1734)

Verschiedene Schwimmstile in zeitgenössischen Darstellungen von Oronzio de Bernardi und Friedrich Kries

Schwimmen und Tauchen als Mittel der Körperertüchtigung

Seit dem 16. Jahrhundert ist das Schwimmen in Deutschland als Leibesübung anerkannt. Bereits im Jahr 1538 hatte der Ingolstädter Pädagoge Nycolaus Wynmann das erste Schwimmlehrbuch herausgegeben.
Allerdings dauert es noch etwa 200 Jahre, bis in Deutschland die ersten öffentlichen Badeanstalten eröffnet werden, die nicht nur, wie im Mittelalter, der Körperreinigung und Zerstreuung dienen, sondern in erster Linie der Leibeserziehung. Frankfurt am Main ist die erste deutsche Stadt, die 1774 stolz auf eine eigene Badeanstalt verweisen kann, sie steht auch Frauen zur Verfügung. Drei Jahre später errichtet Mannheim im Rhein eine Flußbadeanstalt, Magdeburg und Stettin folgen, 1810 gibt es in Schulpforta den ersten Schwimmunterricht.

Abstrakter Kampf gegen die Zeit

1731. Zum ersten Mal werden im Sport Uhren verwandt, die bei einem Startzeichen in Gang gesetzt und beim Erreichen des Ziels »gestoppt« werden. Sie zeigen Zeiten auf die Sekunde genau an.
Diese Erfindung ist der Triumph des Meßgedankens, der im britischen Sport eine beherrschende Rolle spielt. Es geht längst nicht mehr darum, die Schnelligkeit eines Rennpferdes zu messen. Alles, was sich bewegt, ob Reiter, Kutsche, Ruderer, Läufer bis hin zum hüpfenden Krüppel, wird gestoppt. Und auf die Zeiten werden hohe und höchste Wetten abgeschlossen. Boxkämpfe werden nicht nach Runden ausgetragen, sondern nach der Zeit, die ein Kämpfer benötigt, den Gegner k. o. zu schlagen. Man kannte zwar schon im vorigen Jahrhundert das »match against time«. Gewöhnlich war es jedoch darum gegangen, irgendeine Leistung innerhalb einer Stunde zu vollbringen.
Nunmehr differenziert man nach Stunden, Minuten und Sekunden. Das abstrakte Moment prägt den Sport der Zukunft. Man begnügt sich nicht mehr damit, die Wettkampfzeit exakt zu messen. Vielmehr wird eine einmal erzielte Zeit an sich zum Maßstab einer Leistung und zum eigentlichen Gegner. Von Leistungen wird nicht mehr — unnachprüfbar — geprahlt, sondern man hält sie in Urkunden (»records«) fest. Das Zeitalter der Rekorde bricht an.

Die Kunst des Voltigierens als Grundlage der Reitkunst

1733. François Robichon de la Guèrinière, Stallmeister des französischen Königs Ludwig XV., beklagt in seinem Werk »École de cavalerie« das nachlassende Interesse an der Reitkunst. Schon die körperliche Ertüchtigung des Reiters läßt seit langem zu wünschen übrig. 1661 hat der Fechtlehrer J. G. Paschen dafür ein Lehrbuch verfaßt. Sein »Vollständiges Fecht-, Ring- und Voltigierbuch« behandelte das Voltigieren (volte, frz.; Sprung) »sowohl auf dem Pferde als über den Tisch«. Es erfuhr zahlreiche Auflagen. Gleichwohl scheint das Voltigieren bei Italienern und Franzosen beliebter zu sein als bei den Deutschen. Erst die Turner entdecken es in Deutschland neu.

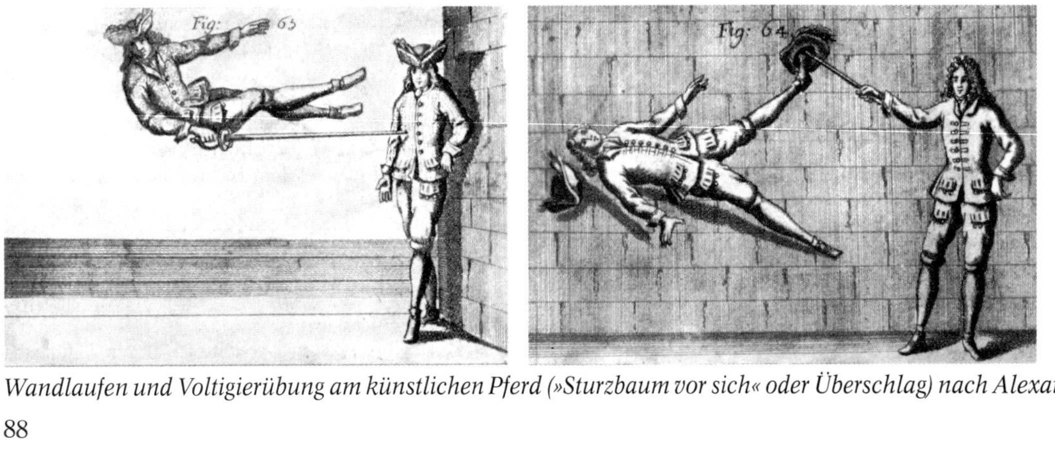

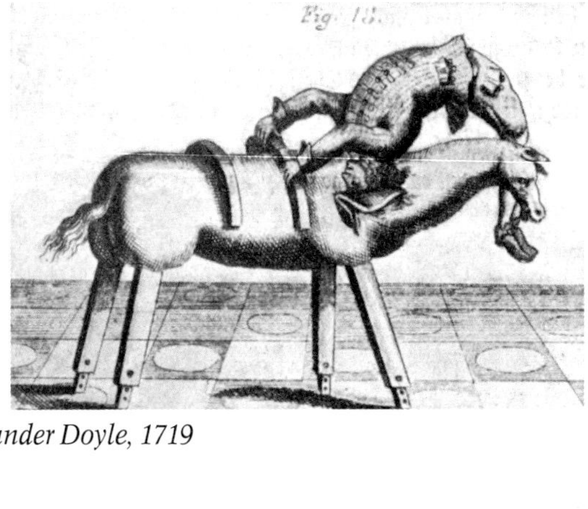

Wandlaufen und Voltigierübung am künstlichen Pferd (»Sturzbaum vor sich« oder Überschlag) nach Alexander Doyle, 1719

Volkssport gerät in Vergessenheit

19. Januar 1738. *In Florenz wird zum letzten Mal mit großem Gepränge Calcio gespielt. Das Schauspiel gilt der österreichischen Thronfolgerin Maria Theresia und ihrem Gemahl, Franz Stephan von Lothringen, der Herzog von Toskana wird. 1709 hatte man in Lucca zu Ehren des dänischen und norwegischen Königs Friedrich IV. Calcio vorgeführt. Livorno ehrt damit noch 1766 Pietro Leopoldo und Maria Luisa. Aber da ist Calcio schon kein Volkssport mehr, nur noch historische Reminiszenz. Gabriele Bella, der im 18. Jahrhundert in Venedig lebt, malt eine ganze Reihe von Bildern mit Sportszenen. Darunter auch Calcio. Schönere Tore hat es kaum sonstwo beim Calcio gegeben. Aber auch auf dem Land gerät das einst so beliebte Fußballspiel mehr und mehr in Vergessenheit. Erst im 19. Jahrhundert kehrt es als Football wieder.*

▷ Calciospiel in Bersaglio di Sant'Alvise, festgehalten von dem Venezianer Gabriele Bella

Die edle Kunst der Selbstverteidigung

1743. Jack Broughton, als Box-Champion seit 1732 Nachfolger von James Figg und Leiter seiner Fecht- und Boxschule, eröffnet in London ein Amphitheater.

Was Figg für das Boxmanagement bedeutet, gilt Broughton für die Boxkunst. Er ist der erste »scientific boxer«, darüber hinaus ein vorzüglicher Konterboxer und ein Meister des Clinch, wenn es darauf ankommt, sich von einer Schlagwirkung zu erholen.

Die von ihm ebenfalls 1743 herausgegebenen »London Prize Rules« bleiben bis 1838 gültig und begründen die »edle Kunst der Selbstverteidigung«. 1747 erfindet Broughton die Boxhandschuhe, um die Verletzungsgefahr beim Training und bei den Kämpfen zu verringern. Im selben Jahr veröffentlicht sein Landsmann John Godfrey das erste Boxlehrbuch.

Broughton gilt als unbesiegbar, als ihn 1751 ein bulliger Metzger namens Jack Slack herausfordert. Es ist die typische Paarung zwischen roher Kraft und boxsportlicher Intelligenz. Broughton zweifelt nicht an seinem Sieg. Der Herzog von Cumberland wettet 10 000 britische Pfund auf ihn. Ein verzweifelter Schwinger des schon geschlagenen Slack raubte Broughton jedoch für einen Moment die Sicht, worauf er unterliegt. So endet seine Karriere.

1743 kämpfen Studenten in Großbritannien erstmals mit Handschuhen.

Die liederlichen Bootsgesellen

In seinen »Merkwürdigen Reisen durch Niedersachsen, Holland und England« schildert Zacharias Konrad von Uffenbach zu Beginn des 18. Jahrhunderts (→1710/S. 97) u. a. auch die Sportbegeisterung der Briten, die er bei einem spontanen Faustkampf in London hautnah erlebt:

»Als wir wollten nach Hause gehen, sahen wir an dem Strand eine recht teuflische Lust. Es hatten nämlich einige Lords so auf den Abgang des Paquetbootes, wie wir, warteten, um sich einen Zeitvertreib zu machen, zwei Boots-Gesellen eine Krone versprochen, wenn sie sich nackend bis auf die Hosen ausziehen und sich darum mit Fäusten schlagen würden. Solches taten sie mit solcher Heftigkeit, daß sie ganz blutrünstig im Gesicht und auch über den Leib mit blauen Mälern derart zugerichtet waren, daß sie aussahen wie ein blauer Schurz. Wann sie wollten aufhören, warfen ihnen die Engländer immer noch einen Schilling weiter dar, um sie anzuhalten. Es wollte darüber dunkel werden, und sahe so lästerlich aus, daß wir darüber fortgingen.«

1750

1750–1799

1750. Der Kricketklub Hambledonians wird in Großbritannien gegründet. Wetten über zehn britische Pfund sind verboten.

1751. Jack Broughton verliert seinen Titel als Box-Champion an Jack Slack (→ 1743). Erstes Kricket-Match in New York gegen eine Mannschaft aus London.

14. 5. 1754. Der Royal and Ancient Golf Club of St. Andrews wird von 22 Spielern gegründet. Seine Spielregeln werden allgemein anerkannt.

1755. Samuel Johnson gibt in Großbritannien sein »Dictionary of the English Language« heraus.

1756. Wettrudern im Hafen von New York. Walfänger aus Kap Cod siegen über »watermen« aus New York.

1758. Der deutsche Pädagoge Johannes Bernhard Basedow fordert in seiner »Praktischen Philosophie für alle Stände« Leibesübungen.

1760. Jack Slack verliert seinen Titel als Box-Champion. Niedergang des Preisboxens. Öffentliche Boxkämpfe werden in Großbritannien verboten.

1761. Letztmaliges Wettschießen der Bogenschützen bei der St.-Georgs-Bruderschaft in London.

1762. Jean-Jacques Rousseau veröffentlicht die Schrift »Der gesellschaftliche Vertrag, oder Die Grundregeln des allgemeinen Staatsrechts« und den Roman »Emil, oder Über die Erziehung«.

1763. Der amerikanische Maler West erregt in London Aufsehen als Eisschnell- und Eiskunstläufer.

25. 10. 1764. Tod des Malers und Kupferstechers William Hogarth in London im Alter von 66 Jahren. Er malte Spiele, vor allem Fußball, und entwarf ein Firmenschild für James Figgs Amphitheater.

1769. Der britische Entdecker James Cook erreicht Neuseeland und schildert Wettkämpfe der Maori: Laufen, Springen, Ringen, Faustkämpfe, Schleudern, Ballspiele, Schwimmen und Kanuregatten (→ um 500).

1773. Der 39jährige Brite Foster Powell läuft die Strecke London–York–London (ca. 647 km) in fünf Tagen und 18 Stunden.

1774. Johannes Bernhard Basedow reist werbend durch Deutschland und eröffnet in Dessau das Philanthropinum als Normalschule für Zöglinge vom sechsten bis zum 18. Lebensjahr.

Erste schriftliche Kricket-Regeln einer Kommission von »noblemen and gentlemen« aus sechs Verwaltungsbezirken Großbritanniens (→ 1821).

1775. Johann Wolfgang von Goethe kommt nach Weimar, führt am Hof Schlittschuhlaufen ein und zeichnet sich als Reiter, Wanderer, Bergsteiger und Schwimmer aus.

1777. Bill Richmond, erster schwarzer Boxer in den USA, folgt dem Herzog von Cumberland als Diener nach Großbritannien, um dort Boxkämpfe auszutragen.

27. 7. 1777. Eine Verordnung regelt das Billardspiel in Paris.

1778. Der britische Berufsläufer Evans läuft zehn Meilen in 55:18 min, sein Landsmann Wild vier Meilen in 21:15 min.

1780. Der »Dessauer Pentathlon« wird entwickelt: Laufen, Klettern, Balancieren, Springen und Lastentragen.

Neuer Aufschwung des Boxsports. Tom Johnson (eigtl. Thomas Jackling) wird Champion von Großbritannien.

1781. Die erste österreichische Schwimmanstalt wird an der Donau eröffnet.

In den »Moskauer Nachrichten« setzt sich der Publizist Nikolai I. Nowikow für Leibesübungen der Jugend ein.

5. 6. 1783. Den Brüdern Étienne Jacques und Michel Joseph de Montgolfier gelingt in Annonay bei Lyon erstmals der Flug eines unbemannten Heißluftballons.

1784. Der Pädagoge und evangelische Theologe Christian Gotthilf Salzmann gründet in Schnepfenthal bei Gotha eine philanthropische Erziehungsanstalt, die starken Einfluß gewinnt.

8. 8. 1786. Jacques Balmat und Michael Gabriel Paccard besteigen als erste den Montblanc (4807 m) in den Westalpen.

17. 4. 1787. Daniel Mendoza wird nach einem illegalen Boxkampf in London zu 20 Guinees Geldstrafe verurteilt.

20. 6. 1789. Im Versailler Ballhaus schwören die Abgeordneten des Dritten Standes der französischen Nationalversammlung, sich erst nach Verabschiedung einer Verfassung zu trennen.

1791. In London erscheint »The Sporting Magazine«, Beginn der modernen Sportjournalistik.

1792. In Norwegen werden staatliche Preise für Skiwettkämpfe ausgesetzt.

1793. Der Pädagoge Johann Christoph Friedrich GutsMuths veröffentlicht seine Schrift »Gymnastik für die Jugend«.

1794. Der Pädagoge Gerhard Ulrich Anton Vieth veröffentlicht »Versuch einer Enzyklopädie der Leibesübungen«, das erste Werk, in dem das gesamte Wissen über den Sport vom Beginn der Zeiten an zusammengestellt ist.

1797. In Kapstadt erstes Pferderennen nach europäischem Muster. African Turf Club gegründet.

1798. Franz Nachtegall gründet in Kopenhagen die Gymnastische Gesellschaft.

Eine neue Ära des Boxsports durch Daniel Mendoza, Weltmeister 1789

Der einäugige Jem Belcher gilt seit 1799 als Boxweltmeister.

Box-Champion vor Gericht

17. April 1787. Als Daniel Mendoza, ein aus Portugal eingewanderter Jude, Martin Butcher k. o. schlägt, droht ihm Gefängnis. Er ist das gewohnt. Öffentliche Boxkämpfe sind in Großbritannien streng verboten. Mendoza schert sich nicht darum und verbringt nach jedem Kampf ein paar Wochen hinter Gittern. Doch inzwischen hat er solche Popularität erlangt, daß die Richter nicht wagen, ihn wieder einzusperren. Sie verurteilen ihn zu einer Geldbuße von 20 Guinees. Mendozas Freunde sammeln spontan 120 Guinees für ihn. Fortan drücken die Richter in Großbritannien beim Boxen die Augen zu.

Seit 1761 war der Boxsport in Verruf geraten. Bill Stevenson hatte sich in einem Meisterschaftskampf gegen George Meggs nach 17 Minuten »schlafen« gelegt. Es kam heraus, daß Meggs ihn bestochen hatte. Von diesem Skandal erholt sich der Boxsport erst nach Jahrzehnten. Vor allem dank Mendoza, der auch ein großes Werbetalent entwickelt. 1789 kämpft er zweimal gegen Richard Humphreys. Zuerst verliert er, was seine Beliebtheit trotz riesiger Wettverluste der Zuschauer nicht beeinträchtigt. Im zweiten Kampf wird er »Weltmeister« – denn Großbritannien ist zu dieser Zeit die Boxwelt.

Tom Johnson (l.) wurde 1783 Boxweltmeister nach einem mörderischen 62-Runden-Kampf gegen Isaac Perrins. Johnson ist vorher Fechtlehrer gewesen.

Britische Gentlemen entdecken den Sport

1755. In Großbritannien erscheint das Wörterbuch »Dictionary of the English Language«, ein Standardwerk der englischen Literatur des 18. Jahrhunderts mit 40 000 Stichworten. Sein Verfasser, der Schriftsteller, Journalist und Kritiker Samuel Johnson, hat bald darauf eine Meinungsverschiedenheit mit einem Buchhändler — »Davies, the bookseller in Kingstreet, Covent Garden« —, die er durch einen Boxkampf austrägt. Davies geht k. o., das Wörterbuch verkauft sich dennoch gut.

Es bleibt nicht der einzige Fall, in dem der berühmte Literat von seinen Fäusten Gebrauch macht. Er gibt an, das Boxen von seinem Onkel gelernt zu haben, der sich ein ganzes Jahr lang ungeschlagen im Boxring von Smithfield behauptete. Der Faustkampf kommt in Bürger- und Adelskreisen anstelle des Duells in Mode. Die Geisteshaltung der Aufklärung, die eine Neuregelung aller Dinge nach Vernunftprinzipien fordert, beseitigt den starren Ehrbegriff, der sich auch im Bürgertum eingenistet hatte. »Bewahrung der Ehre ohne Blutvergießen« heißt es in Großbritannien. Vergeblich hatten die Puritaner das Ringen anstelle des Fechtens empfohlen. Jetzt nimmt das Boxen diesen Platz ein.

Großen Anteil an dieser Entwicklung hat nicht zuletzt Jack Broughton, in dessen Boxschule die Adligen einen Boxstil lernen, der sie vor blauen Augen, gebrochenen Kiefern und blutigen Nasen bewahrt. Boxen zählt nun mit Laufen, Rudern und Kricket zu den etablierten Sportarten. Die Gentlemen, die bisher wettlaufen, wettrudern und boxen ließen, finden nun nichts mehr dabei, dies selbst zu tun.

Der französische Abbé Le Blanc wunderte sich während eines Besuchs in Großbritannien 1747 über einen jungen Adligen, der stolz darauf war, »Champion of England« im Laufen zu sein. Er konnte nicht begreifen, »daß es Menschen gibt, die das, was für andere beschwerliche Alltagsmühe bedeutet, freiwillig aus Ruhmsucht auf sich nehmen«. 1792 erscheint das Wörterbuch »The British Sportsman«. Darin wird der Begriff »sportsman« zum Synonym für »gentleman«. Seitdem gilt als Amateur, wer sich sportliche Betätigung finanziell leisten kann.

△ *Wettreiten in Großbritannien nach einer kolorierten Radierung von Thomas Rowlandson (1785); im Vordergrund die Besitzer der Pferde, die Wetten abgeschlossen haben und die Jockeis anfeuern, wobei der eine vor Aufregung vom Pferd fällt; es wird über eine vorher festgelegte Strecke auf freiem Feld geritten, wozu sich zahlreiche Zuschauer einfinden.*

◁ *Golfspieler (Gemälde von Lemuel F. Abbott, 1790). In Schottland werden zahlreiche Golfklubs gegründet; als erster Golfklub Englands spielt der Royal Blackheath Club am 16. August 1766 einen Silberpokal aus. Golf ist ein Sport des Adels, und die Exklusivität bleibt streng gewahrt, dagegen breitet sich Kricket immer stärker aus und wird zum Volkssport.*

Thomas Rowlandson, Die feurigen Rennpferde (1789); die Radierung gehört zu einer Serie von vier Bildern: Rennpferd, Jagdpferd, Post- und Wagenpferd.

Boxer machen Schlagzeilen

In Großbritannien gibt es gegen Ende des 18. Jahrhunderts zahlreiche Zeitungen, die ständig über irgendeinen sportlichen Wettbewerb, gewöhnlich in Verbindung mit Wetten, berichten. So u. a. »The True Protestand Mercury«, »London Journal«, »The Grubstreet Journal« oder »The Craftsman«. Sie alle stehen beim Sport Pate.

Ein Genie der Selbstreklame ist der Boxer Daniel Mendoza (→ 17. 4. 1787). Es gelingt ihm, seinen Namen in London stadtbekannt zu machen, ohne zuvor einen großen Kampf geliefert zu haben. Er gewinnt eine Menge Freunde in den Redaktionen der Zeitungen, die ihn systematisch aufbauen. Mendoza weiß immer neue Geschichten über seine schwere Jugend. Die Flucht aus Portugal als Glaubensverfolgter. Wie er das Glaserhandwerk erlernte. Wie er als Verkäufer in einem Gemüse-, dann in einem Teeladen arbeitete. Wie er mit einer Schauspieltruppe durch die Lande zog. Wie er zum Boxen ermutigt wurde. Schließlich weiß man alles über ihn und will ihn endlich boxen sehen.

Nach einem spektakulären Sieg über Martin Butcher am 17. April 1787 dauert das Ballyhoo noch fast zwei Jahre bis zum Kampf gegen den regierenden Champion Richard Humphreys. Auch dieses Spektakel wird in der letzten Phase effektvoll inszeniert. In einer bekannten Kneipe treffen sich Humphreys und Mendoza. Der Champion beschuldigt Mendoza, daß er einem Kampf ausweiche, weil er Angst habe. Sofort bestimmt Mendoza den Termin für den Fight. Die Auseinandersetzung ist ein Fest für die vorher bestellte Presse. Nicht minder Mendozas Niederlage, die vielleicht nicht einkalkuliert ist. Aber Mendoza versteht es, die Revanche vier Monate später zu einem Riesengeschäft und seinem größten Triumph zu machen. Danach bestreitet er nur noch Schaukämpfe. Die Zukunft des Sports ist in diesem Fall exemplarisch sichtbar.

Wagemutige erhören Lockruf der Berge

8. August 1786. Nach mehreren vergeblichen Versuchen erreicht der Arzt Michel Gabriel Paccard mit seinem Führer Jacques Balmat den Gipfel des 4807 m hohen Montblanc in den Westalpen. Der schweizerische Naturforscher Horace Bénédict de Saussure hatte 1760 einen Preis für die Erstbesteigung des höchsten Berges in Europa ausgesetzt. Ein Jahr nach Paccard gelangt er mit Balmat und 17 Trägern selbst hinauf. Saussure, ein Pionier des Alpinismus, versucht sich 1788 noch am Col du Géant (3362 m) und unternimmt 1792 eine Expedition zum Matterhorn.

Aber nicht nur die Schweizer erliegen den Verlockungen des Montblanc-Massivs. 1777 scheiterte der Herzog von Hamilton und Grenville an den 3733 m und 3754 m hohen Aiguilles du Dru. Der erste Brite auf dem Montblanc ist dann 1787 Mark Meaufoy. Auch Johann Wolfgang von Goethe wagt sich mit Herzog Karl August von Weimar im November 1779 in das Montblanc-Massiv. Danach unternimmt er Bergtouren am Furkapaß und am Sankt Gotthard. Einziger »Gipfelsieg« Goethes bleibt die Besteigung des Brocken im Harz am 10. Dezember 1777, was bei winterlich-diesigem Wetter immerhin auch als Heldentat gilt.

»In den Bergen«, schreibt Goethe, »da wirkt Natur so übermächtig frei«, der Mensch in »tiefste Einsamkeit« gesenkt.

Systematisch gehen die Schweizer vor: 1730 bezwingt Zadrelli den Piz Linard (3411 m), Rosenroll den Piz Beverin (2998 m). Zehn Jahre später besteigt Pfarrer Sererhard die Scesaplana (2967 m), 1744 steht Abbé Clément auf dem 3257 m hohen Dents du Midi. Zwischen 1782 und 1789 bezwingt Placidus Spescha alle Lukmaniergipfel.

Die Besteigung des Montblanc durch den Naturwissenschaftler Horace Bénédict de Saussure mit 18 Begleitern (Kunstsammlung Basel)

Dichter Goethe beim Eislaufen

Bewundernd blickt die Mutter auf ihren Sohn, der auf dem zugefrorenen Main bei Frankfurt in vollendeter Haltung seine Kreise zieht. Die Mutter heißt Katharina Elisabeth Goethe, der Sohn Johann Wolfgang, der gerade 25 Jahre alt ist und seit 1770 in Straßburg Jura studiert. Bevor er die Universität besuchte, hatte er nur ein wenig Fechten und Reiten gelernt, er konnte weder schwimmen, rudern noch eislaufen. Erst in Weimar, wohin Goethe 1775 geht, beginnt er, sich dann vielseitiger sportlich zu betätigen. Später läßt er in »Wilhelm Meisters Lehrjahren« (1795/96) einen Freund schreiben: »Ich habe durch Leibesübungen viel gewonnen.« In »Hermann und Dorothea« (1797) findet sich der Vers: »So ein vollkommener Körper gewiß verwahrt auch die Seele/rein, und die rüstige Jugend verspricht ein glückliches Alter.« Seine Rüstigkeit besitzt Goethe noch als 80jähriger.

▷ Johann Wolfgang von Goethe beim Eislauf (Kupferstich von Wilhelm von Kaulbach, später koloriert)

Rousseau erinnert an antikes Olympia

1762. Der schweizerische Moralphilosoph, Schriftsteller, Komponist und Musiktheoretiker Jean-Jacques Rousseau veröffentlicht ein Fragment und einen Roman, die beide die geistige Welt Europas erschüttern.

Das Fragment »Der gesellschaftliche Vertrag, oder Die Grundregeln des allgemeinen Staatsrechts« beginnt mit dem Satz: »Der Mensch wird frei geboren, und überall ist er in Ketten.« Rousseaus »Gesellschaftsvertrag« zielt auf eine Revolution der politischen Ordnung ab. Der Roman »Emil, oder Über die Erziehung« bedeutet eine Revolution der Erziehung. Rousseau fordert, die Kinder »mit der Muttermilch aufzuziehen und nicht mit der von Ammen. Keine Fallhaube noch Gehkörbe sollen das Kind bewahren, statt dessen soll es täglich auf die Wiese gebracht werden, es soll da laufen und sich tummeln und hundertmal am Tage fallen«. Der Knabe soll zu Leistungen bei Wettkämpfen angehalten werden, damit in ihm das »stolze Erlebnis Olympischer Spiele erwache«.

Rousseau empfiehlt zur körperlichen Ertüchtigung Laufen, Hindernislaufen, Weit- und Hochspringen, Schwimmen, Baumklettern, Steinstoßen und Gleichgewichtsübungen: »Von einem Ende des Saales nach dem anderen springen, den Flug des Balles noch in der Luft bemessen, um ihn mit kräftiger und sicherer Hand zurückzuschleudern: Solche Spiele eignen sich nicht nur für Männer, sondern sie dienen noch mehr dazu, Männer zu bilden.« Das gilt auch für Mädchen und Frauen: »Wenn die Weiber kräftig werden, werden es die Männer um so mehr.« Emil soll im Winter seine Körperübungen nicht am Ofen ausführen, sondern im Freien bei Eis und Schnee. Härte in der Erziehung ist die Maxime, Härte auch gegenüber dem Schmerz. Rousseau weiter: »Willst du die geistige Kraft deines Zöglings pflegen, so pflege die Kräfte, welche durch sie regiert werden sollen. Übe unablässig den Leib, mache ihn kräftig und gesund, um ihn weise und vernünftig zu machen. Er soll arbeiten, tätig sein, laufen, schreien und sich immer bewegen. Durch seine Kraft soll er ein Mensch sein, bald wird er es sein durch seine Vernunft.«

Der Mensch geht in die Luft – mit Luft

5. Juni 1783. Unter dem Beifall einer herbeigeeilten Menschenmenge lassen die Brüder Michel Joseph und Étienne Jacques de Montgolfier vom Marktplatz ihres Heimatortes Annonay bei Lyon einen 50-m³-Heißluftballon aufsteigen. Der aus Leinwand und Papier gefertigte unbemannte Ballon erreicht angeblich eine Höhe von 1830 m.
Am 27. August läßt der Physikprofessor Jacques Alexandre César Charles vom Marsfeld in Paris einen Wasserstoffballon aufsteigen, der, ebenfalls unbemannt, bis nach Gonesse nördlich von Le Bourget fliegt. Nach der Landung zerstören Dorfbewohner, die das vom Himmel gefallene Ding für Teufelswerk halten, den Ballon mit Mistgabeln. Aber das hält die Ballonfahrt nicht mehr auf. Am 19. September schicken die Brüder Montgolfier im Korb einer »Montgolfière« unter den bewundernden Blicken von König Ludwig XVI. und seines Hofstaats eine kleine Menagerie in die Wolken.
Am 21. November unternimmt J. F. Pilâtre de Rozier zusammen mit François L. d'Arlandes eine Luftreise in 1000 m Höhe, wobei sie 8 km in 25 Minuten zurücklegen. Am 3. Dezember fliegt Charles in seiner mit Wasserstoff gefüllten »Charlière« mit einem Passagier von den Pariser Tuilerien bis La Tour du Lay, rund 40 km in zwei Stunden. Am 4. Juni 1784 ist Madame Thible der erste weibliche Fluggast in einem Ballon. Am 5. Januar 1785 überquert Jean-Piere Blanchard den Kanal von Dover nach Calais.

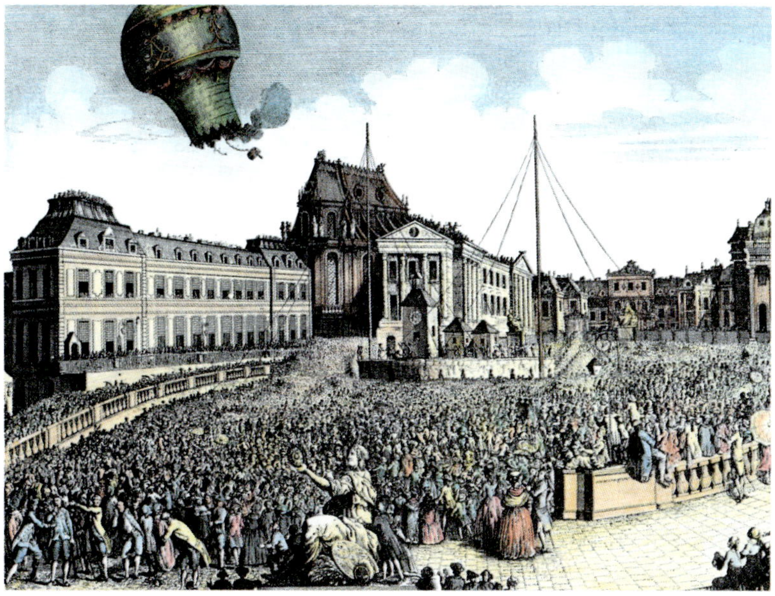

Aufstieg der »Montgolfière« in Versailles (19. 9. 1783). Im Korb befinden sich ein Hahn, ein Hammel und eine Ente (nachträglich kolorierter Stich).

»Ich fühlte mich emporgehoben«

François L. d'Arlandes, der J. F. Pilâtre de Rozier auf der Ballonfahrt vom 21. November 1783 begleitete, erinnert sich an den aufregenden Flug:

»Der Apparat, so sagten die Zuschauer, erhob sich mit Würde. Ich war überrascht über das Schweigen und die Ruhe, die unser Aufstieg unter den Zuschauern verursachte ... Ich starrte noch hinab, als Rozier mich anrief: ›Sie tun nichts, und der Ballon erreicht kaum seine nötige Größe!‹ ›Entschuldigen Sie‹, antwortete ich und legte ein Bündel Stroh auf das Feuer ... Dann drehte ich mich schnell um, aber wir waren bereits außer Sicht von La Muette ... ›Mehr Feuer, mein lieber Freund, mehr Feuer!‹ Wir flogen weiter den Fluß entlang, ohne ihn zu überqueren ... Ich schürte das Feuer, packte ein Bund Stroh mit meiner Gabel, hob es hoch und warf es mitten in die Flammen. Kurz danach fühlte ich mich emporgehoben, als ginge es in den Himmel.«

Das geruhsame Billard verdrängt das lebhafte Paume

27. Juli 1777. In Paris wird durch eine gesetzliche Verordnung das Billardspiel (bille, frz.; Kugel) geregelt. Die Beliebtheit des Spiels ist Ausdruck einer Wandlung am französischen Hof, der für das ganze Land als tonangebend gilt. Früher glänzte der König als kühner Reiter und Fechter, leidenschaftlicher Jäger und behender Paume-Spieler. Und der Adel eiferte ihm an Tüchtigkeit nach. Jetzt zieht man körperlich weniger strapazierende Spiele und Zerstreuungen vor.
Billard entwickelte sich aus einem uralten Kugelspiel, das sich sozusagen vom grünen Rasen auf einen mit grünem Filz bezogenen Tisch schwang. Ganz das Gegenteil zum »Zurück zur Natur« Jean-Jacques Rousseaus, dessen Roman »Emile, oder Über die Erziehung« 1762 vom Pariser Parlament als gottlos verdammt und verbannt worden war. Der Autor hatte aus Frankreich fliehen müssen.
Erwähnt wird ein Billardtisch bereits 1514 in einem Inventarverzeichnis der in England lebenden Charlotte d'Albert. Doch erst, als der gebogene Schläger um 1750 durch das gerade Queue ersetzt wurde, gewann das Spiel allgemein an Beliebtheit.
Von 35 Spielvarianten, die es gibt, setzt sich vor allem das Karambolagespiel durch, mit vorerst noch begrenzten Möglichkeiten.
Erst 1825 erfindet der französische Berufsspieler Mingaud die Lederkappe auf dem Queue, die dem Spiel seine spätere Form verleiht.

Billardspiel (nachträglich kolorierter Kupferstich von Daniel N. Chodowiecki aus dem »Elementarwerk« von J. B. Basedow, 1774); ein Diener (r.) hält eine »Billardkrücke«, falls ein Ball für die Auflage an der Hand zu weit weg ist.

Bürgerliche Philanthropen schaffen neues Menschenbild

1793. Johann Christoph Friedrich GutsMuths veröffentlicht die Schrift »Gymnastik für die Jugend«. Es ist das erste Turnbuch einer neuen Zeit und wird ein Welterfolg. Das Werk fußt auf Erfahrungen, die GutsMuths sieben Jahre lang als Lehrer an der philanthropischen Erziehungsanstalt in Schnepfenthal bei Gotha erwarb.

Das Menschenbild der Philanthropen wird vom Selbstbewußtsein des Bürgers geprägt. Nicht mehr der Adel gilt als Vorbild, vielmehr werden dem Adel die Werte bürgerlichen Menschseins zum Vorbild gesetzt. Der »vollkommene Mann« bei GutsMuths enthält zwar noch Züge des »honnête homme« wie »Schönheit der Gestalt, freier Anstand der Haltung und Gebärde, körperliche Tüchtigkeit, Schärfe des Verstandes und Heiterkeit des Gemüts«. Aber diese Eigenschaften dürfen nicht mehr als Selbstzweck verstanden werden. Das Leistungsprinzip tritt an ihre Stelle. Die Leibesübungen werden zur »Arbeit am Körper«. Das forderten bereits Ärzte im 18. Jahrhundert.

Jetzt verfolgen Pädagogen ein Nützlichkeitsdenken, das auf Erfolgsstreben und Zweckbewußtsein abzielt. Der Bürger will kein Edelmann sein, dessen Eigenschaften bleiben jedoch erhalten.

Knaben beim Klettern (Kupferstich von Johannes H. Lips aus »Gymnastik für die Jugend« von Johann Christoph Friedrich GutsMuths, Schnepfenthal 1793)

Übungen im Springen; GutsMuths widmet sein Werk außer seinem Landesherrn Ernst I., Herzog von Sachsen-Coburg-Saalfeld, dem Kronprinzen Friedrich von Dänemark.

Gegen den »physischen Verfall des Menschengeschlechts«

Die Forderung von Johann Christoph Friedrich GutsMuths, den »physischen Verfall des Menschengeschlechts« aufzuhalten, steht am Ende des Jahrhunderts der Aufklärung und der ersten Phase der industriellen Revolution. Niemand vermag vorauszusehen, welche Folgen diese Entwicklung im 19. und 20. Jahrhundert haben wird. Doch im wesentlichen werden die Leitgedanken, die GutsMuths – ganz im Sinne von Jean-Jacques Rousseau – für die Gymnastik aufstellt, aktuell bleiben:

▷ Am Anfang der Entwicklung des Kindes ist den vitalen Kräften Spielraum zu geben. Freie Bahn der Bewegungslust und dem Spieltrieb

▷ Die elementare Lebenskraft ist zu erhalten. Der Mensch soll nach Naturgesetzen leben. Weichlichkeit und Schwäche sind durch männliche Zucht zu überwinden

Der Sporthistoriker Vieth, seit 1786 am Philanthropinum in Dessau

▷ Körper und Geist sind aufeinander angewiesen. Sie beleben und lenken sich wechselseitig, sie sind als Einheit anzusehen

GutsMuths schreibt 1797 ein Buch über Spiele, 1798 ein Schwimmbuch.

▷ Schulung der Sinne bildet die Intelligenz

▷ Gesundheit ist Voraussetzung für moralische Tüchtigkeit. Nur der kraftvolle Leib kann beherrscht werden. Als guter Diener muß er stark sein

▷ Das Bildungsideal verlangt ein harmonisches Gleichgewicht der geistigen und leiblichen Kräfte. Der gebildete Mensch vereinigt in sich Vernunft und Stärke

1794 erscheint der »Versuch einer Enzyklopädie der Leibesübungen« von Gerhard Ulrich Anton Vieth. Darin ist alles Wissen der Zeit über Leibesübungen gesammelt von den »rohen Anfängen« über die »glänzende Periode unter Griechen und Römern« bis zur »Abnahme« und der »Hoffnung auf Wiederherstellung in neueren Zeiten«.

1800

1800–1809

1800. Als erste Wintersportart in Deutschland Hockrodelfahren bei Garmisch-Partenkirchen.

Johann Heinrich Pestalozzi eröffnet im Schloß von Burgdorf eine Erziehungsanstalt. Seine Erziehungslehre zum »wahren Menschentum« schließt die »Elementar-Gymnastik« als unabdingbar mit ein. Sie soll vor allem den Armen des Volkes zugute kommen (→ 1807).

Johann Christoph Friedrich GutsMuths beginnt mit der Herausgabe einer »Bibliothek der pädagogischen Literatur«. Sie umfaßt nach 20 Jahren 53 Bände.

1801. Erstbesteigung des Hohen Göll (2519 m) durch Valentin Stanic im Alleingang.

Erstmals Eiswettlauf von zwei Frauen bei Groningen in den Niederlanden.

In den USA erscheint die Zeitschrift »Youthfull Sports«.

Erster deutscher Schachklub in Berlin gegründet, wird jedoch bald wieder aufgelöst.

In London gibt Josua Strutt das Standardwerk »Sports and Pastimes of the People of England« heraus. Es erfährt zahlreiche Auflagen. Boxen wird darin nicht als Sport anerkannt, Kricket dagegen als »modisch« bezeichnet (→ 1825).

27. 8. 1801. Zum wiederholten Mal weilt Johann Wolfgang von Goethe im Philantropinum in Schnepfenthal.

1802. In den USA erscheint eine englische Übersetzung von GutsMuths' »Gymnastik für die Jugend«. Als Verfasser wird fälschlich Christian Gotthilf Salzmann angegeben.

Erstes Kricket-Match zwischen Eton und Harrow auf Lord's Ground.

21. 9. 1802. Der Brite Murray springt aus 1000 m, der Franzose Garnerin aus 2665 m über London mit dem Fallschirm ab.

1803. Erstes Kricket-Match in Australien. Organisiert von Offizieren der »Calcutta« in Port Jackson nach den Regeln des Marylebone Cricket Club in London.

Hindernisrennen im Nachthemd in Großbritannien.

1804. An der Musterschule in Frankfurt am Main gehören Leibesübungen zum Lehrplan. Die israelische Gemeinde richtet eine Realschule nach philanthropischem Vorbild ein.

Heinrich Friedrich Karl Reichsfreiherr vom und zum Stein, späterer Reformer Preußens, studiert die Pädagogik von Johann Heinrich Pestalozzi.

Diana-Bad in Wien eröffnet. Die Stadt erhält 1842 die erste überdachte Schwimmhalle Europas.

Erstbesteigung des Ortler (3902 m) durch J. Pichler (»Passeyer Josele«) mit zwei Begleitern nach acht Stunden Anstieg.

In Kopenhagen wird die erste Heeres-Gymnastikschule Europas gegründet. Leiter des Instituts wird Franz Nachtegall, der auch eine Gesellschaft zur Förderung des Schwimmens ins Leben ruft.

In dem Buch »Reise nach dem Norden Japans (Sachalin)« berichtet ein unbekannter Japaner vom Skilaufen der Ainu mit einem Stock hinter Rentieren (Skijöring).

1805. Das »Sporting Magazine« berichtet über die erste Ruderwettfahrt von Amateuren in London.

Pehr Henrik Ling wird Fechtmeister der Universität Lund. Er richtet einen Gymnastiksaal ein und beginnt mit gymnastischen Übungen. Gibt auch Schwimmunterricht.

1./2. 2. 1805. 130 Mädchen und Frauen zwischen 14 und 50 Jahren beteiligen sich bei Leeuwarden in den Niederlanden an einem Eisschnellauf.

17. 8. 1805. Erstes Älplerfest bei Unspunnen, nahe Interlaken, in der Schweiz. Anton Josef Thörig stößt einen Stein von 184 Pfund (»Unspunnenstein«) ca. zehn Fuß weit.

1806. Yale-Studenten betreiben in den USA ein rugbyähnliches Fußballspiel.

Der Duddingstone Club in Großbritannien gibt Curling-Regeln heraus.

Auf Lord's Ground läuft Ward die Meile in 4:50 min, Robert Barclay Allerdice zwei Meilen in 9:57 min (→ 1. 6. 1809).

1807. Gerhard Johann David von Scharnhorst, Reformator des preußischen Heeres, fordert an den Schulen Gymnastik nach den Lehren von GutsMuths. Erwähnt erstmals »Deutsche Nationalfeste« mit Spielen und Wettkämpfen als Mittel beim Wiederaufbau des Staates.

Johann Heinrich Pestalozzi veröffentlicht in der »Wochenzeitschrift für Menschenbildung« die Abhandlung »Über Körperbildung«.

10. 5. 1807. John Gully wird »Boxweltmeister« nach einem Sieg über Bob Gregson. Im selben Jahr Niederlage gegen Henry Pearce, genannt »Game Chicken«, in einem Kampf über 59 Runden. Gully zieht sich vom Boxsport zurück und wird 1832 Mitglied des britischen Parlaments (bis 1837).

1808. Mißglückter Flugversuch des Wiener Mechanikers und Uhrmachers Jakob Degen mit einem Schwingenflugzeug. Zwei Jahre später gelingt ihm ein Flug mit Muskelkraft von Laxenburg nach Vösendorf, nachdem er sich zum Start an einen Ballon hängte.

Zweites Unspunnen-Hirtenfest anläßlich des fünften Jahrestages der Unabhängigkeit der Schweiz. Madame de Staël überreicht den Siegespreis.

17. 7. 1808. Das »Quebec Magazine« in Kanada berichtet von Wettläufen, getrennt für Weiße und Indianer.

1809. George Gordon Noel Lord Byron durchschwimmt den Tajo bei Lissabon.

1. 6. 1809. Robert Barclay Allerdice startet zu einem 1000-Meilen-Lauf. Die reine Marschzeit bis zum 11. Juli (1000 Stunden) beträgt 298:11 h.

Das erste gezeichnete Hindernisrennen im Dezember 1803 (kolorierte Aquatinta-Radierung nach einem Gemälde von Henry Alken; 1785—1851)

Steeplechase im Nachthemd

1803. Natürlich können nur Briten auf eine solch spleenige Idee kommen. Und natürlich kommt dieses dreifach absonderliche Hindernisrennen aufgrund einer Wette zustande. Erstens ist es angeblich das erste dokumentierte Hindernisrennen überhaupt, was aber kaum zu beweisen ist. Zweitens ist es das erste Steeplechase, das bei Mondschein stattfindet. Letzteres dürfte zutreffen, denn kein vernünftiger Mensch bestreitet nachts ein Hindernisrennen. Drittens ziehen die Offiziere der Kaserne von Ipswich Nachthemden über ihre Uniformen und setzen sich Schlafmützen auf. Erschrockene Bauern nennen sie die »Gespenster von Nacton«. Und Gespenster sind in Großbritannien allemal unsterblich.

Ein Augenzeuge hält das Wettrennen auf den Elbwiesen im Bild fest.

Der Import »britischer« Pferderennen

Die beiden Reiter, die am 2. Juli 1805 auf den Elbwiesen bei Dresden ein Wettrennen veranstalten, haben vermutlich nur den Anlaß für das Rennen aus Großbritannien importiert — eine Wette.
Das erste Galopprennen nach britischer Art auf dem europäischen Kontinent findet erst 1806 in Frankreich statt. Die deutsche Premiere folgt erst vier Jahre später auf der Münchner Theresienwiese.

Das zweite »Unspunnenfest« 1808; die französische Besucherin Elisabeth Louise Vigée-Lebrun hält es im Gemälde fest.

Rekordwurf mit dem »Unspunnenstein«

17. August 1805. Über 3000 Personen finden sich am Fuße der Burgruine Unspunnen zum »Älplerfest der Schweizer Hirten« ein. Es ist die Geburtsstunde eines nationalen Festes der Schweiz.

Die Idee dazu ist nicht neu. Schon 1215 wurde erstmals ein »Unspunnenfest« urkundlich erwähnt. Es hatte aber nur lokale Bedeutung. Um die Wende zum 19. Jahrhundert versuchte man, an diese Tradition anzuknüpfen, zunächst vergeblich. Jetzt hat die Einladung Erfolg und das Fest noch mehr. Der starke Appenzeller Anton Josef Thörig schleudert einen 184 Pfund schweren Stein zehn Fuß weit (»Unspunnenstein«). Das ist eine Hirtentat, die sich in Windeseile im ganzen Lande herumspricht.

Im Mittelpunkt des Hirtenfestes stehen jedoch die Wettkämpfe im Schwingen. Der Ursprung dieser spezifisch schweizerischen Art des Ringkampfs ist unklar, das Schwingen entstand »im entferntesten Dunkel der Urzeit«, wie der Chronist F. J. Stalder 1798 schrieb. Eine Appenzeller Chronik berichtet vom »Hosenlupf« im 10. Jahrhundert. Die erste bildliche Darstellung von Schwingern ist auf dem Chorgestühl der Kathedrale von Lausanne zu sehen.

Als älteste »Schwingerkönige« verzeichnen die eidgenössischen Chroniken Johann Jakob Vogel (1735–1820), Hans Schild (1750–1820), Christian Wüthrich (1762–1806) und Hans Eichmannn (1770–?).

Einladung zu einem Hirtenfest

Der Berner Schultheiß von Mülinen, der Oberamtmann Thormann von Interlaken, der Schriftsteller Siegfried Wagner und der Maler Franz Niklaus König verschickten die Einladung, sich am → 17. August 1805 auf der Burgmatte zwischen Wilderswil und Interlaken einzufinden, an »alle schweizerischen Alpenhirten, welche sich entweder in dem Blasen des Alphornes, in dem Spiele des Schwingens, in dem des Steinstoßens, in dem Schießen nach der Scheibe mit Feuerröhren und mit der Armbrust, oder in irgend anderen dergleichen den schweizerischen Bergleuten eigenen Fertigkeiten geübt haben«.

Als Sinn des Festes wurde angegeben, »die alten einfachen Sitten und Bräuche unserer Väter wieder unter uns aufleben und fortdauern zu machen, neue Freundschaftsbande zwischen den verschiedenen Hirtenvölkern Helvetiens zu knüpfen, vorzüglich aber zwischen den Bewohnern der Landschaft und den Einwohnern der Städte jenes alte gegenseitige Wohlwollen und eine holde Einigkeit wieder keimen und blühen zu machen, welchen unser Vaterland jahrhundertelang seine Kraft, seinen Ruhm und sein Glück zu danken hatte«.

Die Wettkämpfe im Schwingen, der eidgenössischen Variante des Ringkampfes, zählen seit alters her auf den Alpenfesten der Schweizer Hirten (hier Impressionen von einem Fest um 1800) zu den Hauptattraktionen.

Die Kanu-Gemälde von Arthur Heming beflügeln zusammen mit seinen Büchern über das Leben in der Wildnis die Phantasie der jugendlichen Leser.

Die Entdeckung des Kanus, das einen Kontinent erschließt

Der irische Dichter Thomas Moore besucht 1804 Kanada und wird stark beeindruckt von den Bootsliedern der »voyageurs«, die auf den Großen Seen um die Wette fahren. Er schreibt den »Canadian Boat Song«.

Das typische kanadische Boot, das einen Song verdient, ist das Kanu. Auch den britischen Maler Arthur Heming fasziniert dieses Wasserfahrzeug, das er auf vielen Gemälden darstellt. Die Indianer benutzen das Kanu als Verkehrsmittel, zum Fischfang und im Krieg. Sie bauen es als Einbaum, aus Rinden und aus Fellen. Die weißen Eroberer sind immer wieder erstaunt über die vielseitige Leistungsfähigkeit dieser Boote. So bedienen sich auch Franzosen und Briten des Kanus zur Erschließung des nordamerikanischen Kontinents.

Reform des Staates durch Gymnastik

1807. Nach der vernichtenden Niederlage Preußens gegen die Heere Napoleons I. in den Schlachten von Jena und Auerstedt am 14. Oktober 1806 wird Gerhard Johann David von Scharnhorst zum Reorganisator der preußischen Armee berufen. Noch im selben Jahr übernimmt er das neugeschaffene Kriegsministerium. Scharnhorst fordert Körperertüchtigung in den Schulen und plädiert für eine Gymnastik nach Johann Christoph Friedrich Guts-Muths. In einer Denkschrift verlangt er Leibesübungen und schlägt als Mittel beim Wiederaufbau des Staates »Deutsche Nationalfeste« mit sportlichen Wettkämpfen vor.

General Gerhard Johann David von Scharnhorst (1755—1813)

Goethe zu Besuch im Philanthropinum von Schnepfenthal

27. August 1801. Johann Wolfgang von Goethe besucht zum wiederholten Mal das Philanthropinum in Schnepfenthal bei Gotha (→ 1793). In seiner Begleitung befindet sich der Minister von Franckenberg und der Züricher Maler Johann Meyer. Goethe zeigt großes Interesse an der Gymnastik und den Erziehungsmethoden der Anstalt. »O, Philanthropin, dann wirst du ein Himmel!« bekommt er von dem ehemaligen Pfarrer Christian Gotthilf Salzmann zu hören. Salzmann erstrebt einen neuen Menschen, der »von Vollkommenheit zu Vollkommenheit« fortzuschreiten vermag. Danach würde er »immer stärker, immer glücklicher« werden.

Das von Christian Gotthilf Salzmann 1784 eröffnete zweite Philanthropinum in Schnepfenthal; die erste Anstalt gründete Johannes Bernhard Basedow 1774 in Dessau; die Zöglinge laufen, springen, tanzen, fechten, wandern und reiten.

Wette: 1000 Meilen in 1000 Stunden

1. Juni 1809. Es handelt sich um eine Wette. Und der sie einlöst, Robert Barclay Allerdice, gilt als Vater der »Geher«. Captain Allerdice ist äußerst vielseitig zu Fuß. 1803 bestritt er im Londoner Hydepark den angeblich ersten regulären Wettlauf in der Geschichte der modernen Leichtathletik. Er gewann über 440 y in 56,0 sec gegen John Watt, der 10 y zurücklag.
1804 lief Allerdice die Meile in 5:07,0 min, wobei er Captain Marston schlug. 1806 verbesserte auf Lord's Ground ein gewisser Ward die Meilenzeit auf 4:50,0 min. Allerdice lief zwei Meilen in 9:57,0 min. Seitdem setzte sich im britischen Laufsport die Unterteilung in Meilen durch. Die 1000 Meilen legt Allerdice vom 1. Juni bis 11. Juli zurück. Die Auflage verlangt von ihm ausdrücklich, daß er pro Stunde eine Meile geht. Das bedeutet, daß er 41 Tage und 16 Stunden nie länger als 45 Minuten ausruhen kann. Die reine Marschzeit des 30jährigen Captain Allerdice beträgt schließlich 298 Stunden und elf Minuten.

Ein Mann hilft seinem Volk

1807. Als Johann Heinrich Pestalozzi in der ersten Nummer seiner »Wochenschrift für Menschenbildung« einen Aufsatz »Über Körperbildung« als Einleitung für den Versuch einer Elementargymnastik veröffentlicht, zeigt sich eine weitgehende Übereinstimmung mit den Prinzipien von Johann Christoph Friedrich GutsMuths (→ 1793). Doch legt Pestalozzi weniger Wert auf das Geräteturnen. Eine möglichst naturgemäße Leibesübung zur Harmonisierung des ganzen Menschen soll in die breite Masse hineingetragen werden.
Der am 12. Januar 1746 in Zürich geborene Pestalozzi denkt an das Volk dort, wo es am ärmsten ist. Um ihm aufzuhelfen, verkündete er nicht nur eine Erziehungslehre von einem »wahren Menschentum«, sondern ging 1798 selbst als Lehrer zu den Waisenkindern der Armenschule von Stans. Seine Reformideen für das Erziehungs- und Schulwesen finden weit über die Schweiz hinaus starke Beachtung.
1793 hatte der Philosoph Johann Gottlieb Fichte Pestalozzi in Richterswyl aufgesucht. In seinen »Reden an die deutsche Nation«, die Fichte im Winter 1807/08 hielt, gingen Gedanken über die Bedeutung der Leibesübungen aus jenen Gesprächen mit ein. Von 1808 bis 1810 weilt Friedrich Fröbel, der spätere Begründer der Kindergärten, bei Pestalozzi in Yverdon, wo dieser eine Heimschule leitet.
Die Schrift »Über die Elementarbildung« (1809) enthält die Kerngedanken Pestalozzis: »Die Natur gibt das Kind als ein untrennbares Ganzes, als eine wesentliche organische Einheit mit vielseitigen Anlagen des Herzens, des Geistes und des Körpers. Sie will entschieden, daß keine dieser Anlagen unentwickelt bleibe. Wo sie wirkt, wo das Kind rein und treu durch sie geleitet wird, da entfaltet sie auch die Anlagen seines Herzens, seines Geistes und seines Körpers zugleich in harmonischer Einheit. Die Entwicklung des einen ist nicht nur mit der Entwicklung des andern unzertrennlich verbunden, sondern sie entwickelt auch jede dieser Anlagen vermittelst der andern und durch sie.«

Die Sensation der Fallschirmspringer

21. September 1802. Über London springen der Brite Murray aus 1000 m und der Franzose André J. Garnerin aus 2665 m Höhe mit dem Fallschirm ab. Es sind die ersten Sprünge in Großbritannien.
Schon 1490 hatte Leonardo da Vinci die Konstruktion eines Fallschirms, der sich in der Praxis zweifellos bewährt hätte, skizziert und beschrieben. Als die Brüder Michel Joseph und Etienne Jacques de Montgolfier 1783 mit ihrem Heißluftballon aufstiegen (→ 5. 6. 1783), stürzte sich der französische Arzt Lenormand aus dem ersten Stock eines Gebäudes, wobei er in jeder Hand einen Regenschirm hielt. 1785 sprang der Ballonfahrer Jean-Pierre Blanchard bei Basel mit einem selbstfabrizierten Fallschirm aus einer Gondel ab und brach sich das Bein. 1796 konstruierten die Brüder Montgolfier einen Fallschirm, der mehr Sicherheit versprach. Den ersten erfolgreichen Fallschirmabsprung bestand am 22. Oktober 1797 Garnerin über dem Parc Monceau in Paris.
Nach seinem Absprung über London reist Garnerin weiter nach Rußland, wo er 1803 in Moskau den ersten Fallschirmabsprung vorführt. 1807 springt er nachts aus einer illuminierten Gondel ab. Garnerins Frau Jeanne ist die erste Fallschirmspringerin. Ihre Nichte Elisa zeigt in den folgenden Jahren über 40 Sprünge in Europa und in den Vereinigten Staaten.

Erster Fallschirmabsprung über London (Kupferstich von G. Thompson)

Boxkämpfe ziehen Zuschauermassen an

10. Mai 1807. Nach einem Sieg über Bob Gregson im Londoner St. John Schright's Park wird der britische Metzgergeselle John Gully neuer »Boxweltmeister«. Gregson hatte zuvor Henry Pearce und Jem Belcher geschlagen. Belcher, der beim Racket ein Auge verloren hatte, seine Karriere jedoch nicht aufgeben wollte, galt seit 1799 als Nachfolger von John Johnson als »Weltmeister«.
Nicht ganz klar ist nach Gullys Sieg, ob er sich nun »Champion of England« nennen und damit für den »Weltmeister« halten darf. Manche Listen führen ihn als Champion, andere nicht, da er sich mit seinen Siegen über Gregson erst das Anrecht auf einen Titelkampf erworben habe.
Gully erleidet noch im selben Jahr in einer fürchterlichen Ringschlacht über 59 Runden vor angeblich 150 000 Zuschauern eine Niederlage gegen Pearce.
Pearce, der stets mit »Hen« (engl.; Huhn) unterschreibt, weshalb man ihn »Game Chicken« nennt, beendet damit eine Zeit, in der es mehrere Box-Champions gegeben hat.
Als Belcher, ebenfalls 1807, Pearce zum Titelfight herausfordert, scheitert auch er. Pearce bestreitet danach keinen Kampf mehr. Mittlerweile geht ein neuer Stern am britischen Boxhimmel auf: Tom Cribb. Gegen ihn tritt am 1. Februar 1809 der unermüdliche Belcher an und verliert. Gully hatte sich nach seiner Niederlage gegen Pearce vom Boxsport zurückgezogen und macht als Buchmacher und Rennstallbesitzer ein Vermögen.

Der Boxkampf zwischen John Gully (l.) und Bob Gregson nahe der Market Street; der Andrang der Zuschauer ist größer als je zuvor.

Knaben beim Schwimmen um 1800 (Radierung aus einem zeitgenössischen Jugendbuch)

Auch Ringkämpfe sind bei den Jugendlichen um die Wende zum 19. Jahrhundert beliebt (Radierung, um 1800).

Schwimmschule am Quai d'Orsay in Paris (Farblithografie von Jean Henri Marlet, 1823). Auch in Frankreich widmet man sich im neuen Jahrhundert verstärkt der Ausbildung der Jugend im Schwimmen.

Jeu de paume an den Champs Élysées in Paris

M. v. Schwind: »Ballspiel auf Atzenbrugg« (später kol.)

Schwimmen wird »gentlemanlike«

1809. George Gordon Noel Lord Byron, englischer Dichter und Mitglied des britischen Parlaments, macht auf eine Weise von sich reden, die selbst in London, wo man an spektakuläre sportliche Großtaten gewöhnt ist, überrascht. Er durchschwimmt bei Lissabon den Tajo. Nun ist der Tajo nicht gerade vielen Leuten ein Begriff, und der Lord sucht sich daher im nächsten Jahr noch sensationellere Strecken aus. Doch vorerst bedeutet diese Nachricht Wasser auf die Mühlen der engagierten Befürworter des Schwimmens.

Dazu gehört in Deutschland vor allem Johann Christoph Friedrich GutsMuths, der 1797 ein »Kleines Lehrbuch der Schwimmkunst zum Selbstunterricht« veröffentlicht hatte. »Wieviel tausend Europäer«, schrieb er in der Einleitung, »stürzen alljährlich ins Wasser und verlieren ihr Leben im Kampfe mit diesem fürchterlichen Element! Was für ein Mittel hat denn die europäische Vernunft ausgesonnen, um diesem Unglück vorzubeugen und mit welchem Erfolge? Sie hat Korkwämser, Schwimmgürtel und andere artige Dinge vorgeschlagen, die wirklich gegen das Ertrinken sichern, wenn man sie am Leibe hat. Da sitzt aber der Knoten, niemand hat sie am Leibe, wenn er ins Wasser fällt.«

Wie man diesen Knoten lösen kann, daran läßt GutsMuths keinen Zweifel: »Das Schwimmen muß das Hauptstück der Erziehung werden! Bisher ist das Ertrinken Mode gewesen, weil das Schwimmen bei uns nicht Mode ist. Soll denn das Schwimmen nicht auch bei uns Mode werden?«

GutsMuths entwickelt daraufhin den Trockenschwimmunterricht. Auf einen Tisch oder auf ein zwischen vier Pfählen gespanntes Tuch legt er seine Schwimmschüler. Auch die »Schwimmangel«, an der die Schüler im Wasser hängen, geht auf eine Idee von GutsMuths zurück.

Die erste deutsche Badeanstalt war bereits 1774 in Frankfurt am Main eröffnet worden. Zu Anfang des 19. Jahrhunderts kommt das Schwimmen dann, wie von GutsMuths immer wieder nachdrücklich gefordert, in Mode.

1810

1810–1819

1810. Phokion Heinrich Clias kommt in die Schweiz und unterrichtet Leibesübungen, u. a. Ringen, Fechten, Voltigieren, Schwimmen.

3. 5. 1810. George Gordon Noel Lord Byron durchschwimmt die Dardanellen zwischen Marmarameer und Ägäischem Meer (1350 m) in 70 Minuten.

10. 12. 1810. Boxkampf zwischen Tom Cribb und dem schwarzen US-Amerikaner Tom Molineaux in Copthall-Common/Essex.

1811. Die erste Schwimmhütte Berlins wird an der Spree errichtet. Tichy, der als Erfinder des Brettspringens gilt, lehrt Kunstspringen. Seine Schüler nennen sich »Tichysche Frösche«.

19. 6. 1811. Auf der Hasenheide im Süden Berlins, einem von Friedrich Ludwig Jahn im selben Jahr angelegten Turnplatz, findet der erste Turntag statt. Unter »Turnen« versteht Jahn einfache, volkstümliche Übungen, auch an Geräten, ergänzt durch Spiele, Schwimmen, Fechten und Wandern.

1812. In London wird der Pugilistic Club gegründet, der erste Boxklub der Welt. Auch Lord Byron nimmt Boxunterricht.

1813. Pehr Henrik Ling übernimmt die Leitung des neugegründeten Königlichen Gymnastischen Zentralinstituts an der Militärakademie in Carlsberg/Schweden.

Karl Freiherr Drais von Sauerbronn führt dem Großherzog von Baden und dem russischen Zaren einen Selbstfahrwagen vor (→ 1. 8. 1817).

Erstes Lehrbuch der Leichtathletik »Pedestrianism« erscheint in Aberdeen/Schottland. Es schildert die Leistungen von Robert Barclay Allerdice, der alle Laufstrecken von der Viertelmeile bis 1000 Meilen beherrscht.

1814. Francesco Amoros kommt als Flüchtling von Spanien nach Paris. Begründet die Gymnastik in Frankreich.

In Pau wird der erste Golfplatz Frankreichs angelegt.

Die Reitschule, die der Herzog von Dalmatien, Nicolas Jean de Dieu Soult, begründete, wird nach Saumur an der Loire verlegt.

Bury-Fen wird Zentrum des Bandy-Spiels und des Eisschnellaufs in Großbritannien.

Tom Cribb und John Jackson demonstrieren Boxen vor den Fürsten der Heiligen Allianz in London nach dem Sieg über Napoleon I.

16. 4. 1814. Sotaro Itakura, neun Jahre alt, schießt in Edo von 1000 Pfeilen 947 ins Ziel.

12. 6. 1814. Thomas Winter, genannt »Tom Spring«, wird mit 19 Jahren jüngster Boxweltmeister.

1815. Erste öffentliche Gymnastik-Vorführung in Schweden durch Heidenstam, einen Schüler Lings.

Erstes Ruderrennen in Oxford zwischen Brasenose- und Jesus-College.

Segelklub Yacht Squadron in Cowes auf der Isle of Wight gegründet. Cowes wird Zentrum des britischen Segelsports.

1816. Wilhelm Benecke, ein Schüler Jahns, und Gothard Nicolai, ein Schüler von Franz Nachtegall, gründen den ersten deutschen Turnverein, die Hamburger Turnerschaft 1816.

Sportklub Necton Guild als erster Leichtathletikverein Großbritanniens gegründet. Jährlich Sportfeste mit Laufen, Springen, Werfen und Fußball.

Clias begründet in Bern die Vaterländische Turngemeinde und gibt die Schrift »Anfangsgründe der Gymnastik und der Turnkunst« heraus.

Der Erfinder Joseph Nicéphore Niepce führt in Paris das »Céléripède« vor.

1817. Jahn veröffentlicht sein grundlegendes Werk »Die deutsche Turnkunst«.

12. 7. 1817. Drais läuft mit seiner Laufmaschine von Mannheim bis zum Schwetzinger Relaishaus (vier Poststunden) in einer knappen Stunde. Beim ersten Wettrennen mit Laufmaschinen werden 7 bis 8 km/h erzielt. E.T.A. Hoffmann zeichnet eine »Draisine« (→ 1. 8. 1817).

Lord Byron durchschwimmt den Canale Grande in Venedig.

Die Londoner Tagespresse beginnt mit der Sportberichterstattung.

1. 8. 1817. Die »Karlsruher Zeitung« berichtet in ihrer neuesten Ausgabe über die »Draisine«.

1818. In den Niederlanden wird vor Scheveningen die erste Seebadeanstalt eröffnet.

30. 11. 1818. Aufgrund einer Denkschrift von Klemens Wenzel Fürst Metternich »Über Erziehungswesen, Turnwesen und Preßfreiheit« werden von der Wiener Hofkanzlei Verhandlungen über das Turnwesen verboten.

Um 1819. Der Brite Dennis Johnson bringt ein nach dem Muster der »Draisine« ohne Pedal und Bremse konstruiertes »Dandyhorse« in die USA (→ 1816).

1819. Erstes Wettrennen mit »Draisinen« in Paris.

Erstes Wettsegeln des Yachtklubs von Cowes um 500 Guinees.

13. 7. 1819. Jahn wird in der Nacht zum 14. Juli in seiner Wohnung in Berlin verhaftet und auf die Festung Spandau gebracht. Die Anklage lautet auf »demagogische Umtriebe und Zugehörigkeit zu verbotenen Verbindungen«. Darauf steht in Preußen die Todesstrafe (→ 19. 6. 1811).

11. 9. 1819. Drei Personen fahren auf einem Stahlfahrrad mit zwei Handkurbeln am Vorderrad von London nach Brighton (→ 1816).

Jahn »erfindet« das Turnen

19. Juni 1811. Auf der Hasenheide im Süden Berlins findet das erste Turnfest Deutschlands statt. Der Turnplatz ist in diesem Jahr von Friedrich Ludwig Jahn angelegt worden. In einem Brief schreibt Jahn: »Meine Turngesellschaft nimmt mir viel Zeit weg. Dafür muß die ganze Sprache erst umgeschaffen werden, denn geradebrechte Kunstwörter können doch Deutsche nicht gebrauchen. Ich teile dir hier einen Anfang unserer Kunstsprache mit. Turnen = gymnastische Übungen treiben, vom alten torna, turna, kämpfen streiten; wovon Turnei, späterhin Turnier.« Jahn stößt sich vor allem an dem Begriff »Gymnastik«, der nach dem grundlegenden Werk von Johann Christoph Friedrich GutsMuths Leibesübungen im weitesten Sinn umfaßt (→ 1793).

Das Wort ist in der Tat unhandlich. Wer Gymnastik treibt, muß Gymnastiker genannt werden. Das etwas besser klingende »Gymnasten« bezeichnet exakt den Gymnastiklehrer. Und das Verb »gymnastizieren« steht ohnehin dem Versuch, Leibesübungen volkstümlich zu machen, im Wege.

Es geht Jahn aber nicht allein um Worte. Die Humanisten hatten in der Theorie die griechische Athletik und Gymnastik wiederentdeckt. Die Philanthropen hatten der körperlichen Erziehung an den Schulen in der Praxis den Weg bereitet. Ihr Ideal zielte auf den vollkommenen Menschen ab. Aber als Jahn seinen ersten Turnplatz auf der Hasenheide eröffnet, beherrscht Napoleon I. Europa und schwankt noch, ob er seine sieggewohnten Armeen nach Großbritannien oder Rußland führen soll. Der Traum vom Weltbürgertum ist zerstoben. Jahn will den vollkommenen Deutschen.

Er füllt das Wort »Turnen« mit dem Inhalt jenes reichhaltigen Übungsprogramms, das bis dahin »Gymnastik« hieß und praktisch alle Leibesübungen umfaßte. Dazu kommt aber noch ein ideeller Gehalt, wie ihn Jahn in »Geist der Turnkunst« umreißt: »Frisch, fromm, fröhlich, frei [ursprünglich ein Studentenwahlspruch aus dem 16. Jahrhundert] – ist des Turners Reichtum. Das allgemeine Sittengesetz ist auch seine höchste Richtschnur und Regel. Was andere entehrt, schändet auch ihn. Muster, Beispiel und Vorbild zu werden – danach soll er streben.«

Die erste deutsche Turnhalle befindet sich auf dem Dachboden der St. Johanniskirche in Hamburg. Sie kostet 100 Mark Miete im Jahr. Sie bietet genügend Raum, um alle Geräte unterzubringen, wie sie von Jahn gefordert werden.

Lederne Turnmarke, die an die Teilnehmer am Übungsbetrieb auf der Hasenheide ausgegeben wird

Am 15. Mai 1814 bittet der Generalstabschef des preußischen Heeres, Graf Neidhardt von Gneisenau, den preußischen Staatskanzler Fürst von Hardenberg: »Der Privatgelehrte Jahn ist durch eine Pension für seine patriotische Gesinnung und für sein Aufregen anderer zum gleichen Zwecke zu belohnen.«

Staat mißtraut der Turnbewegung

Friedrich Ludwig Jahn entwarf die Geräte auf der Hasenheide (→ 19. 6. 1811) selbst und macht unermüdlich jede Übung vor. Weil er seine Turner in graue Drillichanzüge steckt, spottet man über die »angetane Deutschheit«. Die patriotische Begeisterungswelle taugt zwar, um Napoleon I. zu verjagen, aber es scheint der Obrigkeit gefährlich, daß sie sich bei Turnern und Studenten fortsetzt.
Als auf dem Wartburgfest am 18. und 19. Oktober 1817 preußische Polizeiverordnungen auf den Scheiterhaufen fliegen, kommt Jahn in den Verdacht, ein politischer Aufrührer zu sein. Der österreichische Staatskanzler Klemens Wenzel Fürst Metternich warnt die preußische Regierung vor dem Turnen als einer politischen Gefahr. Als der Burschenschafter Karl Ludwig Sand am 23. März 1819 den Dichter August von Kotzebue, der die liberalen Ideen verspottet hatte, ermordet, versetzt er auch dem Turnen den Todesstoß. In der Nacht zum 14. Juli 1819 wird Jahn wegen »geheimer, hochverräterischer Verbindungen« verhaftet.

◁ Einweihung eines Turnplatzes in Freiberg (»Illustrierte Zeitung«, 1846, nachträglich koloriert)

Franz Nachtegall, *der Begründer des Turnens in Dänemark und ein Anhänger von Johann Heinrich Pestalozzi, gründet 1804 mit dem Militärgymnastischen Institut in Kopenhagen die älteste Turnanstalt der Neuzeit. Dank ihm wird Dänemark das erste Land, das den obligatorischen Turnunterricht an allen Schulen einführt (1828).*

Pehr Henrik Ling, *der »Turnvater« Schwedens, leitet ab 1813 bis zu seinem Tod 1839 das Königliche Gymnastische Zentralinstitut an der Militärakademie in Carlsberg. Er baut seine Lehre planmäßig auf wissenschaftlichen Erkenntnissen der Anatomie und Physiologie auf und wird damit zum Schöpfer der modernen Heilgymnastik.*

Wilhelm Benecke *kommt 1815 im Alter von 18 Jahren als Kaufmann von Berlin nach Hamburg und findet hier schnell Eingang in einen turnerischen Freundeskreis. Ein Jahr später, am 2. September 1816, gründet er mit dem gleichgesinnten Gothard Nicolai aus Altona den ersten deutschen Turnverein, die Hamburger Turnerschaft 1816.*

Friedrich Ludwig Jahn *gibt 1817 sein grundlegendes Werk »Die deutsche Turnkunst« heraus. Ursprünglich schwebten ihm gar keine Turnvereine vor, sondern öffentliche Turnplätze für jedermann. Festungshaft und eine 20jährige Leidenszeit bis zur endgültigen Rehabilitierung durch den preußischen Staat zermürben den »Turnvater« der Deutschen.*

Eine Laufmaschine für gute Fußgänger

1. August 1817. Die »Karlsruher Zeitung« berichtet in ihrer neuesten Ausgabe erstmals über ein neues Verkehrsmittel: »Der Forstmeister Freiherr Karl von Drais, welcher, nach glaubwürdigen Zeugnissen, schon Donnerstag, den 12. Juli des Jahres, mit der neuesten Gattung seiner von ihm erfundenen Fahrmaschine ohne Pferde von Mannheim bis an das Schwetzinger Relaishaus und wieder zurück, also gegen vier Poststunden Weges, in einer kleinen Stunde Zeit gefahren ist, hat mit der nämlichen Maschine den steilen, zwei Stunden betragenden Gebirgsweg von Gernsbach nach Baden in ungefähr einer Stunde zurückgelegt. Er hat auch hier mehrere Kunstliebhaber von der Schnelligkeit dieser sehr interessanten Fahrmaschine überzeugt. Die Hauptsache der Erfindung ist von dem Schlittschuhfahren genommen und besteht in dem einfachen Gedanken, einen Sitz auf Rädern mit den Füßen auf dem Boden fortzustoßen. Die vorhandene Ausführung insbesondere besteht in einem Reitsitz auf nur zweischuhigen hintereinander laufenden Rädern, um auf allen Fußwegen der Landstraßen fahren zu können, da diese beinahe den ganzen Sommer hindurch gut sind. Man hat dabei zur Erhaltung des Gleichgewichts ein kleines gepolstertes Brettchen vor sich, worauf die Arme aufgelegt werden und vor welchem sich die kleine Leitstange befindet, die man in den Händen hält, um den Gang zu dirigieren. Diese zu Staffetten, zu andern Zwecken und selbst zu großen Reisen sehr gut zu gebrauchende Maschine wiegt keine 50 Pfund und kann für höchstens vier Karolin [40 Gulden, etwa 70 Mark] mit Reisetasche und sonstigem Zubehör, dauerhaft und schön hergestellt werden.«

Es ist nicht bekannt, daß mit dieser Laufmaschine »große Reisen« unternommen worden wären. Und reich wird der Forstmeister Karl Freiherr Drais von Sauerbronn mit der Erfindung seiner »Draisine« auch nicht. Sie wurde überdies schon mehrmals vor ihm erfunden. 1784 konstruierte der Grazer Mechaniker Ignaz Trexler ein Zweirad, das er »Birutsch« taufte. Und der Franzose de Sivrac nannte seine Erfindung 1790 »Célérifère«. Der deutsche Stellmacher Michael Kassler aus Braunsdorf bei Merseburg hatte allerdings schon um 1760 ein Zweirad gebaut, das noch 1836 von einem »Vorreiter beim Pfingstbier« benutzt wird.

Drais aber läßt sich seine Erfindung dennoch patentieren und erhält von der badischen Regierung daraufhin den Titel eines »Professors der Mechanik«. Dieser Würde wird er jedoch insoweit nicht gerecht, als er sich in den folgenden Jahren hartnäckig weigert, seinem Gefährt einen mechanischen Antrieb zu geben. Diesem aber gehört die Zukunft des Zweirads.

Das älteste deutsche Fahrrad, das Michael Kassler um 1760 erbaute und das bis zum Jahr 1903 existiert; es ist 2,30 m lang und 95 cm hoch.

Drais von Sauerbronn auf der »Draisine«

Adliger Tüftler

Karl Freiherr Drais von Sauerbronn hatte schon 1814 einen von ihm konstruierten vierrädrigen Wagen, der sich durch Muskelkraft fortbewegen ließ, während des Wiener Kongresses vor Kaisern und Königen vorgeführt. Man amüsierte sich über den »Selbstfahr-Wagen« und nahm die Erfindung nicht weiter ernst. Drais wiederum hegt eine unüberwindliche Abscheu vor der Dampfkraft, obwohl durch sie bereits nicht nur Wagen, sondern auch Schiffe fortbewegt werden. Er ist ein Allerweltserfinder, entwickelt seine Ideen aber nicht weiter. Arm und verspottet stirbt er am 10. Dezember 1851 im Alter von 66 Jahren in Karlsruhe.

Drais versieht jede von ihm verkaufte »Draisine« mit seinem Wappen. 1818 beobachtet Johann Wolfgang von Goethe, wie in Jena Studenten im »Paradies«, dem Turnplatz der Universität, versuchen, sich mit diesen Laufmaschinen fortzubewegen.

Wesentlich schlanker sieht das »Hobbyhorse« 1819 in Großbritannien aus. Die Steuerung wurde wesentlich verbessert, man verwendet Stahl statt Holz, aber laufen muß der Fahrer immer noch. Auch diese Weiterentwicklung kann sich nicht durchsetzen.

Die »Draisine«, das vom Forstmeister und Freiherrn Drais von Sauerbronn 1817 erbaute Laufrad; die »Draisine« gelangt nach Frankreich und Großbritannien und wird 1821 sogar in den USA eingeführt, aber das Modell wird bald vom Fortschritt überholt.

Von der »Draisine« zum Veloziped

1816. In Paris führt Joseph Nicéphore Niepce, wenige Jahre später einer der Erfinder der Fotografie, das »Céléripède« vor, eine Weiterentwicklung des Zweirads von de Sivrac. Die Konstruktion findet wenig Anklang.
Zwei Jahre später schickt Karl Freiherr Drais von Sauerbronn einen Diener mit einigen Laufrädern nach Paris, um dort Wettrennen zu bestreiten. Über die Fahrt einer »Draisienne« im Jardin du Luxembourg auf der Allee des Observatoriums schreibt eine Pariser Zeitung: »Paris ist der klassische Boden der Mystifikationen. Die Stadt wird fast immer in dem betrogen, was man ihr verspricht. Heute morgen wurde die Maschine des Barons von Drais versucht. Der Gehilfe, ein Jäger des Barons von Drais, mußte 300 Toisen [etwa 580 m] in drei Minuten durchlaufen; indessen sind ihm selbst die Kinder ohne Mühe gefolgt. Diese Maschine wird nicht von wirklichem Nutzen sein, denn man kann sich ihrer nur in gut erhaltenen Alleen eines Parkes bedienen; der engste Graben nötigt schon zum Heruntersteigen. Das Fahrzeug ist gut, um Kindern zum Spielen im Garten zu dienen.«
Es dauert noch ein halbes Jahrhundert, bis in Paris der Schritt von der »Draisine« zum Veloziped gelingt. Mittlerweile findet die Laufmaschine in Großbritannien eine viel günstigere Aufnahme. Man nennt sie »Dandyhorse« oder »Hobbyhorse«. Die wett- und sportbegeisterten Gentlemen veranstalten mit diesem »famous hobby from Germany« ihre beliebten Spiele gegen die Uhr. Der Mechaniker Birch konstruiert Laufräder aus Stahl und versieht sie mit zwei Handhebeln, mit denen man das Vorderrad besser lenken kann. In einem Rennen messen sich ein Reiter und ein »Radreiter«, wie sich die britischen Radfahrer nennen. Dennis Johnson eröffnet »Johnson's Pedestrians Hobbyhorse Riding School«. Am 11. September 1819 fährt eine mit drei Personen besetzte Laufmaschine mit stählernen Rädern von London ins Seebad Brighton. Kurz darauf werden die ersten »Hobbyhorses« für Damen gebaut. Am 1. Juli 1820 setzt man in Großbritannien erstmals versuchsweise Laufräder auf Poststrecken ein (→ 1867).

Der Londoner Tattersall 1819, Reitschule mit Verleihpferden, Pferdehandel und Stallung für Privatpferde (Radierung, später koloriert)

Tattersall – der Name eines Reitlehrers wird unsterblich

In der Zeitschrift »Real Life in London« erscheint 1819 eine Radierung von Henry Alken mit dem Titel »Tattersall«. Sie zeigt den Betrieb in einem Reitinstitut, wie es in London mehrere gibt. 1777 hatte der britische Stallmeister Richard Tattersall in London seine Reithalle eröffnet. Er starb 1795, aber sein Name bleibt bestehen für eine Einrichtung, die sich als unentbehrlich erweist, denn Reiten ist die große Leidenschaft der britischen Landedelleute, insbesondere Fuchs- und Hirschjagden.
Das Leben des Landadels ist nach Ansicht einer kritischen Zeitgenossin »sehr geistlos«. Sie stehen um 6 Uhr in der Frühe auf und kehren zum Dinner um 6 Uhr abends von der Fuchsjagd zurück. Und dies an sechs Tagen in der Woche. Unentwegte reiten am Abend noch einmal los.

Das erste Lehrbuch der Leichtathletik

1813. Walter Tom, der eine Geschichte der Stadt Aberdeen geschrieben hat, veröffentlicht das erste Trainings-Lehrbuch der Leichtathletik. Es trägt den Titel »The Pedestrianism or an Account of the Performances of celebrated Pedestrians«.

Robert Barcley Allerdice (1799–1854), Geher und Läufer

Das Buch von 296 Seiten Umfang befaßt sich ausschließlich mit dem Laufsport. Kernstück ist die ausführliche Schilderung der öffentlichen und privaten Wettkämpfe von Captain Robert Barclay Allerdice, dessen Leistungen allgemeines Aufsehen erregen.

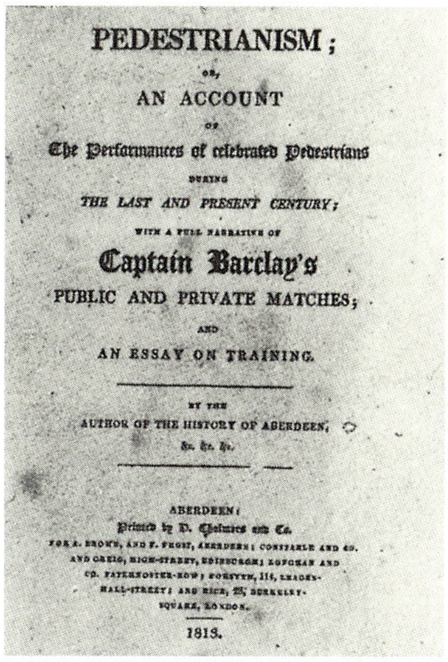

PEDESTRIANISM;
OR,
AN ACCOUNT
OF
The Performances of celebrated Pedestrians
DURING
THE LAST AND PRESENT CENTURY;
WITH A FULL NARRATIVE OF
Captain Barclay's
PUBLIC AND PRIVATE MATCHES;
AND
AN ESSAY ON TRAINING.

BY THE
AUTHOR OF THE HISTORY OF ABERDEEN,
&c. &c. &c.

ABERDEEN:
Printed by D. Chalmers and Co.
FOR A. BROWN, AND F. FROST, ABERDEEN; CONSTABLE AND CO. AND GREIG, HIGH-STREET, EDINBURGH; LONGMAN AND CO. PATERNOSTER-ROW; FORSYTH, 114, LEADENHALL-STREET; AND RICE, 23, BERKELEY-SQUARE, LONDON.

1813.

Titelseite des ersten Leichtathletik-Lehrbuches von Walter Tom

Man erfährt über den Werdegang des sportlichen Offiziers, daß er schon mit 15 Jahren die Strecke von Croydon nach London (sechs Meilen) in einer Stunde zurücklegte. Während seiner Studienzeit in Cambridge trainierte er täglich mit einem Gewicht von 50 englischen Pfund (22 kg). Mit 21 Jahren lief er 90 Meilen in 21,5 Stunden. Bei seinem berühmten 1000-Meilen-Marsch (→ 1. 6. 1809) nahm er 36 Pfund ab.
Allerdice empfiehlt Atemübungen und ein systematisches Körpertraining zur Stärkung der Konzentrationsfähigkeit. Dank seiner Muskelkräfte ist Allerdice auch ein guter Boxer. George Gordon Noel Lord Byron zollt ihm für seine Boxkünste hohe Anerkennung. Vielleicht haben sie in John Jacksons Boxschule ein paar Sparringsrunden miteinander ausgetragen. Allerdice ist aber auch ein guter Boxkenner. Beim zweiten WM-Kampf Tom Cribb gegen Tom Molineaux am 28. September 1811 in Thiselton-Gab wettete er auf Cribb und gewann 20 000 britische Pfund.

Der erste wahre Kampf um die Weltmeisterschaft im Boxen

10. Dezember 1810. In Copthall-Common in der Grafschaft Essex kämpfen der Brite Tom Cribb und der US-Amerikaner Tom Molineaux um den WM-Titel im Boxen.

Den vakant gewordenen Titel eines »Champion of England« hat sich der ehemalige Lastträger und Köhler Tom Cribb am 1. Februar 1809 gegen Jem Belcher erkämpft (→ 1807). Über Cribb schreibt eine Zeitung geringschätzig, daß »zwei Grafschaften des aristokratischen England sich die Ehre streitig machen, jenem gemeinen Burschen das Leben geschenkt zu haben«. Diese Meinung ändert sich. Bisher hat man noch nie etwas von einem »Champion of America« gehört. Den gibt es auch nicht. Aber es gibt einen freigelassenen Negersklaven, Tom Molineaux, der sich dafür hält. Und dieser Molineaux kommt über das Meer, um sich den »britannischen Lorbeerzweig um seine Stirn zu winden«. Dieser unerhörten Herausforderung stellt sich Cribb. »Es entstand unter den Liebhabern des Sports mehr als Begeisterung, eine wahre Raserei«, so eine Pressestimme.

Molineaux erweist sich als weit überlegen. Nach 28 Runden liegt Cribb reglos am Boden. Der Ringrichter zählt ihn dreimal aus. Cribb rührt sich nicht, obwohl sich seine Sekundanten um ihn bemühen. Die Menge tobt. Ein Neger Weltmeister? Das darf nicht sein. Cribbs Sekundanten beschuldigen Molineaux, er habe Bleikugeln in den Fäusten versteckt. Doch solche finden sich nirgendwo.

Bei der umständlichen Suche friert Molineaux erbärmlich, während Cribb sich inzwischen erholt. Der Ringrichter gibt den Kampf wieder frei. Die wüsten Drohungen und Beschimpfungen der aufgebrachten Menge entnerven Molineaux derart, daß er den Kampf aufgibt. Die Revanche wird zur größten Box-Sensation, die Großbritannien je erlebt hat. Ein »adliger Beschützer« steckt Cribb ein Vierteljahr in ein Trainingslager. Danach will Cribb lieber gegen jeden Faustkämpfer der Welt antreten, als noch mal eine solche Tortur durchmachen.

Wer Rang und Namen hat, findet sich am 28. September 1811 am Ring ein. Die Menge stürmt das Amphitheater. Die Wetten übersteigen 1 Mio. britische Pfund. Die Gegner schlagen sich bis zur beiderseitigen Erschöpfung. Schließlich gibt Molineaux vorsichtshalber auf. Cribb wird wie ein Volksheld gefeiert.

»The interior of the Fives Court, with Randall and Turner sparring« (farbiges Aquatintablatt von C. Turner, um 1819)

◁ Tom Cribb (l.) und Tom Molineaux in Thiselton-Gab vor 20 000 Zuschauern (Stich, später koloriert)

Revanche-Kampf erregt Londoner

Der Rückkampf zwischen Tom Cribb und Tom Molineaux findet am 28. September 1811 in Thiselton-Gab statt. Die Presse berichtet: »Am Abend vor dem Ereignis war es nicht möglich, zwanzig Meilen in der Runde ein Bett zu erhalten, welchen Preis man auch immer bezahlen mochte. Unsere Nachkommen werden es wohl kaum glauben wollen, daß in mehreren Stadtteilen Londons Aufstände ausbrachen, weil das Volk noch nicht den Ausgang des Kampfes erfahren hatte.«

Boxkampf in Fives Court, London. Kämpfe dauern oft bis zu sieben Stunden.

Harte Arbeit der Sekundanten beim Boxkampf in Großbritannien auf einer Zeichnung um 1820; die dichtgedrängten Zuschauer bilden den Ring.

Die Boxschule von John Jackson, der sich den Beinamen »Gentleman Boxer« erwarb; bei ihm lernen Adlige die »edle Kunst der Selbstverteidigung«.

Byron auf Leanders Spuren

Die rührende Geschichte von Hero und Leander hat von Martial bis Franz Grillparzer Dichter angeregt. Auch George Gordon Noel Lord Byron widmet dem unsterblichen Liebespaar einige Verse. Aber er tut noch mehr. Am 3. Mai 1810 durchschwimmt er die Meerenge der Dardanellen, um zu beweisen, daß Leander seine nächtliche Leistung tatsächlich vollbracht hat. Byron schwimmt in Begleitung eines Leutnant Ekenhead von Sestos nach Abydos in Kleinasien. Beide benötigen für die 1350 m zwischen dem europäischen und dem asiatischen Kontinent nur wenig mehr als eine gute Stunde. Also hatte Leander die Strecke durchaus, wie die Überlieferung behauptet, jede Nacht zweimal zurücklegen können, um seine Geliebte Hero zu sehen.

Damit ist die Sache aber noch nicht ausgestanden. Ein gewisser Turner will Byron die Beweisführung streitig machen. Er behauptet, die Überquerung von der europäischen zur asiatischen Seite sei wegen der Strömungsverhältnisse viel einfacher als in entgegengesetzter Richtung. Turner steigt vor Abydos in die Fluten, muß aber nach 25 Minuten, in denen er kaum 100 y zurücklegt, erschöpft aufgeben. Er nimmt diese Niederlage zum Anlaß, in einem Reisebuch heftig gegen Byron zu polemisieren und Leanders Leistung in Frage zu stellen.

Nun lassen Byron Angriffe gegen seine politischen Überzeugungen oder Kritiken an seinen Dichtungen völlig ungerührt. Nichts erbost ihn jedoch mehr als Zweifel an seinen sportlichen Leistungen. So schreibt er einen der längsten Leserbriefe, die je an eine Zeitung gelangten. Er sei drei Stunden im Tajo und viereinhalb Stunden im Canal Grande geschwommen, in viel kälterem Wasser. Leander sei nicht zu bewundern, denn ihm, Byron, habe am anderen Ufer nicht einmal eine liebesdurstige Hero gewunken.

Faustkampf im Salon eines Marquis, 1821; Boxen ist um 1820 der Lieblingssport zahlreicher Angehöriger der britischen Aristokratie.

Trotz eines gelähmten Beins ist Lord Byron ein vielseitiger Sportler, der in seinen Tagebüchern auch alle seine Erfolge verzeichnet.

1820

1820–1829

1820. In den USA wird erstmals Curling gespielt.

Phokion Heinrich Clias sammelt in Bern Geld für den Bau eines öffentlichen Freibads.

2. 1. 1820. In Preußen wird das Turnen für »staatsgefährdend« erklärt und unter Strafe gestellt.

18. 1. 1820. Eine Untersuchungskommission unter Leitung des Kammergerichtsrats E. T. A. Hoffmann sieht keinen Grund, Friedrich Ludwig Jahn länger in Untersuchungshaft zu halten. Gleichwohl wird gegen Jahn Anklage erhoben. Er wird in die Festung Kolberg überführt (2. 1. 1820).

27. 8. 1820. Erstbesteigung der Zugspitze (2962 m) durch den Vermessungsoffizier Josef Naus, den der Bergführer Georg Deuschl und der Bursche des Leutnants begleiten.

1821. In Chamonix Gründung der »Compagnie des guides«, erste Bergführer-Gesellschaft der Welt.

In Großbritannien setzt sich Kricket als Sportart durch.

Januar 1822. Der Rat der Stadt Bern genehmigt den Bau einer Badeanstalt auf dem Holzlagerplatz in Marzili (→ 1820).

22. 8. 1822. In Bad Doberan (Mecklenburg) findet das erste Galopprennen in Deutschland statt.

1823. Erstmals Ruderrennen zwischen Oxford und Cambridge auf der Themse, über 7 km.

Der Franzose Legrand läßt sich ein Patent auf Rollski erteilen.

1824. Erste internationale Regatta in New York vor 50 000 Zuschauern. Das Boot des US-Segelschiffs »Whitehall« gewinnt gegen das Boot der britischen Fregatte »Hussar«. Siegespreis: 1000 US-Dollar.

Im britischen Worcester werden auf der Pferderennbahn für den Boxkampf Thomas Winter (»Toni Spring«) gegen den irischen Meister Langan Tribünen errichtet. Obwohl zwei Tribünen zusammenbrechen, wobei es Tote gibt, wird der Kampf fortgesetzt. Winter gewinnt nach 77 Runden.

Pearce Egan, der erste Sportjournalist, begründet in Großbritannien die Zeitschrift »Sporting Weekly«.

7.–13. 6. 1824. Erstes Eidgenössisches Schützenfest in Aarau. Zugleich Gründung des Schweizer Schützenvereins (SSV).

1. 9. 1824. Die Gemeinnützige Gesellschaft in Basel organisiert ein Jugendfest mit Wettkämpfen im Laufen, Springen und Werfen auf dem Schlachtfeld von St. Jacob.

Um 1825. Älteste Turnhalle der Schweiz in Genf, wo »Kallisthenie« nach Clias gelehrt wird.

1825. An der Militärischen Erziehungsanstalt in Mailand Leibesübungen nach Johann Christoph Friedrich GutsMuths, Phokion Heinrich Clias und Friedrich Ludwig Jahn.

»Sporting Weekly« berichtet von Volkssportfesten mit 640-y-Lauf, Dreisprung, Steinstoßen, Ringen, Sackhüpfen und einem Fußballspiel zwischen zwei Dörfern mit angeblich 500 Spielern.

Ski-Wettläufe bei Telemarken und Kongsvinger.

J. Metcalfe läuft die Meile in 4:30 min und erhält dafür 1000 Guinees. Der Rekord besteht bis 1849.

In Budapest wird der erste ungarische Fechtklub gegründet.

Der Trotting Club in New York, der erste Trabrennverein der USA, baut bei Old Jamaika Turnpike auf Long Island eine Rennbahn.

Wurftauben- und Bogenschießen in den Vereinigten Staaten belegt.

20. 10. 1825. Johann Wolfgang von Goethe erhält ein Rezensionsexemplar »Der Eislauf und das Schlittschuhfahren« von Christoph Siegmund Zindel.

1826. Karl Follen, aus Deutschland geflohener Turner, begründet in Boston/USA eine Turnanstalt.

»Sporting Weekly« fordert zur Gründung einer »Gymnastic Society« in Großbritannien auf.

Am Fellenbergschen Erziehungsinstitut im schweizerischen Hofwyl wird eine geräumige Turnhalle mit Jahnschen Geräten ausgestattet.

1827. Erster Schachklub in Berlin gegründet.

Erstes Gymnastiklehrbuch einer Frau: »On the Utility of Exercises« von Marion Mason.

1828. Franz Nachtegall veröffentlicht ein »Lehrbuch der Gymnastik an Bürger- und Volksschulen«. Er erwirkt eine königliche Verfügung, die Turnen an allen Schulen Dänemarks zum Pflichtfach für Knaben macht.

In der französischen Zeitschrift »Journal des Haras« wird erstmals der Begriff »Sport« in Frankreich publik gemacht.

In seinen Reisebriefen aus Großbritannien führt Hermann Fürst von Pückler-Muskau den Begriff »Sport« in die deutsche Sprache ein.

26. 1. 1828. Erstmals in Sydney Anniversary-Segel-Regatta, die ab 1837 alljährlich stattfindet.

22. 12. 1828. Im Hotel Albion in Montreal/Kanada findet die erste Sitzung der »Gymnastic Society« statt. Zum Beitritt werden aufgefordert: Amateure, Gymnastik- und Sport-Professoren.

1829. Älteste Abbildung von Frauengymnastik in dem in Schweden erscheinenden Buch »Anna Cajsa Frodigs Resa till Stockholm«.

10. 6. 1829. Erstes Achterrennen zwischen Oxford und Cambridge auf der Themse von Putney nach Mortlake (6778 m).

Kricket auf dem Siegeszug

1821. Der Headmaster der Schule von Eton untersagt Kricketspiele gegen Harrow und Harlow. Da die Schüler aufbegehren, führt man das Match gegen Harlow in den Ferien durch.
Der Siegeszug von Kricket in Großbritannien ist nicht mehr aufzuhalten. 1827 beginnen jährliche Kriketwochen in Harrow, Winchester und Eton. Charles Wordsworth, Neffe des Dichters William Wordsworth, hat sich durchgesetzt. Zehn Jahre trat er für das Spiel ein. Als zweiter Master von Winchester läßt er das Kricketfeld auf Kosten der Schule herrichten. Im selben Jahr findet das erste Match zwischen Oxford und Cambridge statt. Kricket wird zu einem Mythos. Statt es künftig zu verbieten, entdecken die Headmaster an den Colleges seinen erzieherischen Wert. Die Regeln, 1774 von einer Kommission aus sechs Verwaltungsbezirken Großbritanniens niedergelegt und später weiter vervollständigt, sind kompliziert. Sie verlangen von den Spielern Disziplin und Aufmerksamkeit. 1828 wird Thomas Arnold Headmaster der Schule von Rugby. Auch er fördert Kricket bei seinen Schülern. »It's not criquet« wird zum Synonym für eine unfaire Haltung, nicht nur im Sport, sondern auch im täglichen Leben. In seinem Tagebuch notiert George Gordon Noel Lord Byron: »Ich war immer fair [»cricketing«], rebellisch, kämpferisch, streitsüchtig«, wobei die Reihenfolge überraschen mag.
Lord Byron, der für Harrow gegen Eton spielt, beschreibt das Spiel so: »Im Wettstreit zwischen den Wikkets laufen,/den Ball mit starker Kraft über/die Rasenfläche treiben,/oder seinem schnellen Fluge/schnellfüßig nachjagen.«

»The Batsman«, Schlagmann beim Kricket (Porträt von Fuller Pilch)

»The Bowler«, der Werfer beim Kricket (Porträt von William Clarke)

Ein Werfer hat fünf Versuche

Die Hauptspielfläche in der Mitte des Spielfelds ist 20,12 m lang. An ihren beiden Enden stehen die Tore, die aus drei 2 cm starken und 72,39 cm hohen Stäben bestehen, die mit 7 cm Abstand in den Boden gesteckt werden. Darüber liegen zwei Querstäbe von 10 cm Länge. Die Verlängerung der Torlinie nach beiden Seiten um 2,02 m bildet die Abwurflinie. Zwei Mannschaften von je elf Spielern übernehmen abwechselnd den Angriff oder die Verteidigung eines Tores.
Es gilt, mit einem Ball das Tor zu treffen. Ein Werfer hat fünf Versuche. Das Tor wird von einem Torwart mit einem Schläger verteidigt. Trifft er den Ball, kann er, solange der Ball in der Luft ist, mit dem Werfer der eigenen Partei den Platz wechseln. Wird der von ihm geschlagene Ball von einem Angreifer gefangen, ist der Torwart »Aus«. Das Tor kann absichtlich von einem Angreifer oder versehentlich von einem Verteidiger umgerannt werden. Jeder Spieler muß in einem Durchgang einmal Werfer sein. Jede Mannschaft muß zweimal als Angreifer bzw. Verteidiger antreten. Zwei Anschreiber sind erforderlich, um das Spielergebnis festzuhalten.

Die älteste Turnhalle der Schweiz in Genf, um 1825. Hier wird auch »Kallisthenie« nach Phokion Heinrich Clias gelehrt.

Studenten und »Philistersöhne« begründen liberale Turnbewegung der Schweiz

Patriotismus und Liberalismus stehen Pate bei Studentenverbindungen in der Schweiz. Aus ihnen gehen die ersten Turngesellschaften hervor, »damit dem Vaterlande tüchtige Verteidiger der beim Pariser Frieden und beim Wiener Kongreß zertifizierten ewigen Neutralität zur Verfügung stünden«. In Biel und auf der Berner Schützenmatte entstehen 1820 die ersten Turnplätze.
In Basel und in Bern nehmen die Studenten 1821 und 1823 auch junge »Philistersöhne« auf. Diese Mischung von akademischen und bürgerlichen Elementen gleich zu Beginn erweist sich für die Schweizer Turnbewegung als äußerst fruchtbar. In Genf wird um 1825 die erste Turnhalle eröffnet. Die Ausstattung mit Geräten orientiert sich an den Prinzipien von Johann Christoph Friedrich GutsMuths und Friedrich Ludwig Jahn. Zahlreiche deutsche Turner kommen nach Verhängung der Turnsperre in die Schweiz.

Preußen verbietet das Turnen als »staatsgefährdend«

2. Januar 1820. Auf Befehl des preußischen Königs Friedrich Wilhelm III. verfügt der Minister des Innern und der Polizei Friedrich von Schuckmann, »daß das Turnen als staatsgefährdend ganz aufhöre«.
Der Erlaß hat zunächst einmal zur Folge, daß zahlreiche Regierungspräsidenten nachfragen, was denn eigentlich unter diesem »Turnen« zu verstehen sei und ob auch Gymnastik unter das Verbot falle. Es entbehrt nicht der Komik, daß nunmehr die preußischen Beamten sich in die Schriften des verhafteten Hochverräters Friedrich Ludwig Jahn vertiefen, um herauszufinden, was dieser denn eigentlich unter »Turnen« – ein Wort, das vorher niemand kannte und das sich auch noch längst nicht überall herumgesprochen hat – versteht (→ 19. 6. 1811).

Die preußische Regierung will nicht Leibesübungen überhaupt und auch nicht die Gymnastik untersagen. Es geht ihr weniger um den Körper, der soll ruhig ertüchtigt werden. Es geht dem Staat um die Gesinnung seiner Bürger. Turnen gilt als konspirative Betätigung.

Die Berliner Hasenheide um 1850. Der Turnplatz war 1811 von Friedrich Ludwig Jahn angelegt worden, die Geräte wurden von ihm entworfen.

Nach den Karlsbader Beschlüssen vom August 1819 gegen die politische und geistige Freiheit in Deutschland kann der Staat kein Turnwesen dulden, das sich zu diesen Freiheiten bekennt. Aber nicht alle deutsche Staaten schließen sich dem Vorgehen Preußens an. In Bayern genehmigt König Ludwig I. 1828 die Eröffnung einer öffentlichen Turnanstalt auf dem Oberwiesenfeld. In Hessen veranstalten Turner Fahrten in den Taunus mit Übernachtungen auf dem Feldberg. In Preußen verschwinden die Turner zwar von öffentlichen Plätzen, üben aber insgeheim in Schuppen und Hinterhöfen weiter. Dabei muß das Übungsrepertoire allerdings erheblich eingeschränkt werden. Um so mehr sorgen Emigranten für die Verbreitung des Turnens in anderen europäischen Ländern.

»Turnvater« Clias baut Schwimmbad

1820. In Bern sammelt ein Mann Geld für ein ungewöhnliches Vorhaben. Es soll ein öffentliches Freibad, das erste in der Schweiz, gebaut werden. Eine gewisse Reputation hat sich der Initiator, Phokion Heinrich Clias, erworben, da er mit Studenten 1816 die Vaterländische Turn-Gemeinde, den ersten Turnverein der Schweiz, gegründet hatte. Im Januar 1822 erteilt der Rat von Bern die Erlaubnis, auf dem Holzlagerplatz im Marzili eine Badeanstalt zu errichten.

Clias, der »Turnvater« der Schweiz, führte ein bewegtes Leben. Er kam 1782 in Boston als Kind Schweizer Eltern zur Welt. Sein Vater hieß Käslin. Nach dessen Tod wurde er in den Niederlanden erzogen und diente in der niederländischen Marine. Daher, witzelt man später, die vielen Taue und Kletterstangen in seinen Turnhallen. Auf der Hochzeitsreise nach Italien blieb er in Bern hängen. Hier erteilte er zunächst Gymnastikunterricht am Knaben-Waisenhaus. Später wurde er Turnlehrer am Gymnasium.

Bald begannen auch in Basel und Zürich junge Akademiker an den »Maschinen«, wie Clias Triangel, Haspel, Schlitten und sonstige Turngeräte bezeichnet, zu turnen. Er macht selbst alle Übungen vor und ist auch ein ausgezeichneter Schwimmer. Noch mit 67 Jahren durchschwimmt er den Genfer See. Als Pionier der Heilgymnastik vermacht er seinen Leichnam dem Städtischen Museum für Naturgeschichte in Bern, damit sein Skelett der Nachwelt als sichtbarer Beweis für die wohltätige Wirkung des Turnens erhalten bleibe.

Ph. H. Clias (1782–1854)

Mädchengymnastik aus der »Kallisthenie« von Phokion Heinrich Clias (1829)

»Kallisthenie« oder der Weg zur Schönheit für junge Mädchen

In Paris erscheint 1828 das Buch »Callisthénie ou gymnastique des jeunes filles«. Ein Jahr später kommt es in deutscher Übersetzung in Bern unter dem Titel »Kallisthenie, oder Übungen zur Schönheit und Kraft junger Mädchen« heraus. Der Verfasser ist Phokion Heinrich Clias. Er läßt besonders am Trapez die Mädchen schwingen. 1829 führt Clias, der auch viele Jahre in Großbritannien und Frankreich wirkte, das Mädchenturnen in der Schweiz ein. Noch als 70jähriger eröffnet er 1862 eine Mädchenturnanstalt. Später wirft man ihm vor, er habe bei den Turnübungen für junge Mädchen zuviel Wert auf die Schönheit und zuwenig auf die Kraft gelegt.

Erstes »Boatrace« Oxford-Cambridge

10. Juni 1829. Mannschaften der Universitäten Oxford und Cambridge bestreiten auf der Themse das erste Achterrennen. Künftig teilt das »Boatrace« die Briten jeweils an einem Samstag vor Ostern in zwei Lager, die Dunkelblauen und die Hellblauen. Sie machen sich damit als Anhänger von Oxford oder Cambridge kenntlich, wenn das Achterrennen stattfindet. Die Strecke auf der Themse geht über 4,5 Meilen (6778 m) von Putney nach Mortlake.

Zuerst ruderte man in Oxford mit Sechserbooten, die man sich bei Verleihern mietete. Eton besaß 1811 zwei Sechser-, drei Achter- und ein Zehnerboot. 1815 fand das erste Ruderrennen in Oxford zwischen dem Brasenose- und dem Jesus-College statt. 1818 forderte Westminster Eton zu einem Wettrudern auf, das aber verboten wurde. Damals wurden noch Bootsbauer und »watermen« zum Rennen eingeladen. Seit 1827 schließen die Universitäten Nichtstudenten aus. Die Anregung zum ersten Achterrennen gaben die Geistlichen Woodsworth (Oxford) und Standforth (Cambridge). Oxford siegt 1829 in 40:30,0 min mit fünf Längen Vorsprung.

Der Oxford-Achter im Training für den ersten Wettkampf gegen Cambridge

Furchtlose Gipfelstürmer im Dienst der Wissenschaft

27. August 1820. Die Zugspitze, Deutschlands höchster Berg (2962 m), wird zum ersten Mal erstiegen. Den bayerischen Leutnant Josef Naus begleitet bei der Erstbesteigung sein Bursche Maier und der erfahrene Bergführer Georg Deuschl. Nach dem Gipfelsturm kommen Zweifel auf, ob Naus überhaupt den Zugspitzgipfel erklommen hat und sich nicht mit einer der Höllentalspitzen begnügte. Denn kein bergsteigerischer Ehrgeiz trieb ihn zum Gipfel (Schwierigkeitsgrad leicht bis mäßig schwierig), sondern ein Auftrag. Er soll für das Königlich-Bayerische Topographische Büro das Werdenfelser Land vermessen.

Das ist typisch für diese Zeit: Bei den sich mehrenden Erstbesteigungen in den Alpen findet man unter den Gipfelstürmern eine erstaunlich hohe Anzahl von Professoren der Naturwissenschaft, die jedenfalls keine Stubengelehrten sind. Für sie gilt als höchstes Ziel, einen Gesteinsbrocken vom Gipfel eines Alpenriesen der geologischen Sammlung ihrer Alma mater einzufügen, geologische Formationen jenseits der Waldgrenze zu studieren oder Vermessungen vorzunehmen. Dafür wagen sie sich in die unwirtlichen Regionen der Gletscher, Lawinen und steilen Felsenschründe ohne Weg und Steg und setzen dabei oft genug ihr Leben aufs Spiel. Denn sehr unzulänglich sind sie für ihre Hochgebirgs-Exkursionen ausgerüstet. Das beginnt bereits mit dem völlig untauglichen Schuhwerk. Man kennt außerdem noch keine Rucksäcke und schleppt daher den Proviant in hohen Körben mit. Dazu müssen lange Leitern transportiert werden und viele Seile. Am zünftigsten sind noch die langen Bergstöcke, wie sie die Jäger benutzen.

Auf die Frage, warum sie solche Strapazen auf sich nähmen, gibt der Schweizer Naturforscher Friedrich von Tschudi die Antwort: »Es ist der heilige Trieb, im Dienste der ewigen Wissenschaft dem Bau und Leben der Erde, dem geheimnisvollen Zusammenhange alles Geschehens nachzuspüren.«

Aber wegen ihrer erstaunlichen sportlichen Leistungen gebührt diesen mutigen Wissenschaftlern dennoch ein Ehrenplatz in der Geschichte des Alpinismus.

Der Schweizer Maler Martin Disteli, der 1820 an einer Überquerung des Rottalgletschers teilnimmt, stellt sein Erlebnis realistisch und nicht ohne Ironie dar.

Als zünftiger Bergsteiger seiner Zeit stellt sich 1824 der Jäger von Kalwang, Hans Georg, dar. Er trägt einen Pelzrock, seitwärts geknöpfte Hosen, einen schmalen Pickel, Steigeisen und Schneereifen. Die meisten Alpinisten jener Zeit wagen sich jedoch in ihrer gewöhnlichen Straßenbekleidung in die Berge. Nie fehlen darf die Kopfbedeckung.

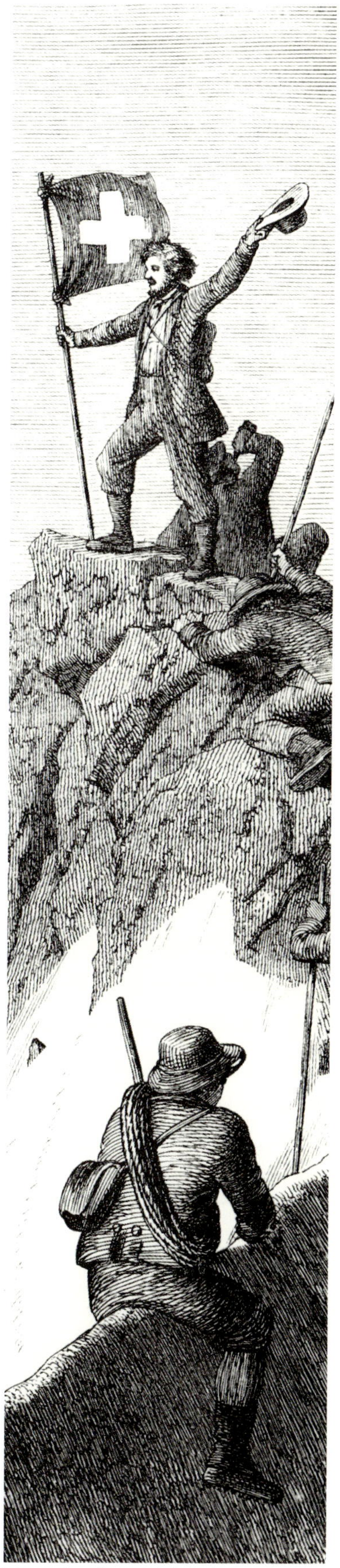

Ein Schweizer Gipfelsieg im Monte-Rosa-Gebiet um 1822

Football im Jahr 1827 nach einer Farbradierung von Robert Cruikshank. Während Kricket als »modisch« gilt, wird Football an den Public Schools verboten.

Als Football noch nicht Fußball war

1825. Die von Pearce Egan, dem ersten Sportjournalisten, gegründete britische Zeitschrift »Sporting Weekly« berichtet in diesem Jahr von Volkssportfesten in Großbritannien. U. a. findet ein Fußballspiel zwischen zwei Dörfern statt, an dem sich angeblich etwa 500 Spieler beteiligen, wie es früher üblich war. Eine solche Teilnehmerzahl dürfte inzwischen eher die Ausnahme sein. In dem Standardwerk von Josua Strutt, »The Sports and Pastimes of the People of England«, heißt es über das Footballspiel: »Es war früher in England bei dem niederen Volk sehr beliebt und doch scheint es in den letzten Jahren in Mißachtung gekommen zu sein und wird nur noch wenig gespielt.«

Fußball, wie er in Derby, Kingston und einigen abgelegenen Orten noch hin und wieder gespielt wird. Das Interesse daran schwindet.

Vor dem Aussterben bewahren das Footballspiel die Studenten. Sie spielen es in Eton, Rugby, Harrow, Charterhouse, Winchester, Shrewsbury und Cambridge. Aber sie spielen es auf unterschiedliche Art, was auch an den Platzverhältnissen liegt. Der Raum, den der Straßenfußball oder ein Spiel zweier Dörfer beansprucht, ist an den Colleges nicht vorhanden. Sie spielen Vorstudien eines Spiels, das erst noch erfunden werden muß (→ 1843).

Student erfindet Rugby in Rugby

Bei einem Footballspiel, das 1823 in Rugby/Großbritannien ausgetragen wird, ergreift plötzlich William Webb Ellis den Ball, drückt ihn an die Brust und rennt damit davon. Einige Spieler schauen ihm verblüfft nach, andere protestieren, wieder andere versuchen, Webb aufzuhalten. Dieser aber schüttelt jeden ab, läuft bis zur Mallinie, legt den Ball dort nieder und ruft triumphierend »Goal!«. Nun sind die Football-Regeln dieser Zeit ziemlich vage, und in jedem College legt man sie anders aus. Nur, was Webb da gemacht hat, das gilt nicht. Aber den Kommilitonen gefällt es. Sie spielen künftig Football auf Webbs Art und nennen das Spiel »Rugby«. Eine Gedenktafel ehrt den Erfinder.

Das Schützenfest der Eidgenossen

7. bis 13. Juni 1824. In Aarau findet das erste »Eidgenössische Ehr- und Freyschiessen« statt, in dessen Verlauf der Schweizer Schützenverein (SSV), die Dachorganisation aller Schweizer Schützengesellschaften, ins Leben gerufen wird. Zweck der Gründung, der zweijährige Verhandlungen vorausgingen, ist es, »ein Band mehr zu ziehen um die Herzen der Eidgenossen, die Kraft des Vaterlandes durch Eintracht und nähere Verbindung zu mehren und nach einem jeglichen Vermögen gleichzeitig zur Förderung und Vervollkommnung der schönen und zur Verteidigung der Eidgenossenschaft höchst wichtigen Kunst des Scharfschießens beizutragen«.
Diese Absichtserklärung hat einen politischen Hintergrund. Das traditionelle Schützenwesen in der Schweiz hatte während der napoleonischen Zeit den Charakter der Freiwilligkeit fast ganz verloren. Jetzt, da die Schweiz ihre Selbständigkeit behauptet und den Status »immerwährender Neutralität« attestiert bekommen hat, ist die Gefahr von außen abgewandt. Sie droht nunmehr von innen. Aristokratische Kreise streben nach der Zentralgewalt, was eine Einschränkung der Selbständigkeit von 22 Kantonen bedeuten würde.
Dagegen wehren sich die Eidgenossen. Und für ihre Einigkeit sollen künftig die eidgenössischen Schützenfeste ein mahnendes Zeichen setzen. Zwar haben von den 62 bestehenden Schützengesellschaften nur 314 Delegierte die Gründung des SSV beschlossen, aber das eidgenössische Schützenfest wird dennoch zum großen Schweizer Nationalfest. Ein Lobgedicht auf das Freischießen lockt: »Auf, Freunde, nehmt die Kugeltasche,/auf, nehmt den Stutzer in die Hand!/Euch winkt die Freundschaft bei der Flasche,/im schön belaubten Schützenstand.« In Aarau wird sieben Tage lang auf sieben Scheiben geschossen. An »Gaben« sind insgesamt 10 000 Franken ausgesetzt. Die nächsten Schützenfeste finden 1827 in Basel, 1828 in Genf, 1829 in Fribourg statt und erhalten immer mehr Zulauf. Nur 1829 wird geklagt: »Allgemeines Mißvergnügen erregte die Abwesenheit aller, bei jedem Festanlasse dieser Art ungern vermissten, Frauenzimmer«.

»Die Eisbahn« (Gemälde von Friedrich Preller d. Ä., 1824), Anregung für Johann Wolfgang von Goethes Gedicht

Eislauf in Großbritannien um 1830; in London und Glasgow werden die ersten Eislaufklubs gegründet; in Glasgow erscheint »The Art of Skating«.

Eislauf auf der Spree in Berlin »hinter den Zelten« (Kupferstich von Laurent und Thiele nach einer Zeichnung von Calau, 1831)

Eislauf trainiert Körper und Geist

20. Oktober 1825. Christoph Siegmund Zindel schickt ein Besprechungsexemplar seines in Nürnberg erschienenen Buches »Der Eislauf und das Schlittschuhfahren« an Johann Wolfgang von Goethe. Er hält den Dichter für sachkundig, denn dieser hat ein Gedicht, »Die Eisbahn«, geschrieben, das auf eigenen Erfahrungen beruht. Goethe widmet dann dem Lehrbuch Zindels, das zahlreiche Stiche enthält, in der Zeitschrift »Über Kunst und Altertum« eine wohlwollende Rezension.

»Ein göttliches Vergnügen«
Johann Christoph Friedrich GutsMuths, der zur Illustrierung seines Buches »Gymnastik für die Jugend« selbst Skizzen von Eisläufern entwarf, schreibt über das Schlittschuhlaufen: »Es führt ein so göttliches Vergnügen mit sich, daß ich den Milzsüchtigen und den Misanthropen dadurch zu kurieren gedächte. Reine Luft, durchdringende Kälte, Beschleunigung des Laufs der Körpersäfte, Anstrengung der Muskeln, Übung in so mannigfaltigen geschickten Bewegungen, reines Vergnügen müssen nicht nur auf die körperliche Maschine der Muskeln, sondern auch auf den Geist einen sehr mächtigen Einfluß haben.«

1827 erscheint in Wien von F. G. Ferger »Das Schlittschuhfahren, eine praktische Anleitung zum schnellen und richtigen Selbsterlernen dieser Kunst«. Mit der Kunst ist es freilich noch nicht weit her. Einfacher Bogen, Schlangenbogen, Mond, Spirale, Dreier und tiefe Kniebeuge, damit erschöpft sich das Repertoire. Viel Wert wird auf Posen gelegt, die man vom Ballett abschaut. An Sprünge wagt man sich noch nicht. Alle Figuren beruhen auf der Schwungkraft von Abstoß und Anlauf. Die Möglichkeit, den Schwung durch geeignete Körperhaltung und Bewegungen fortzusetzen, ist noch unbekannt. »Willst du schon zierlich erscheinen und bist nicht sicher? Vergebens!/ Nur aus vollendeter Kraft blicket die Anmut hervor«, so Goethe in seinem Gedicht.

1830

1830–1839

1830. Adolf Spieß versucht, das Jahnsche Turnen, das außerhalb der Schulen stattfinden soll, für den Unterricht umzuformen. Er richtet in Gießen einen Turnplatz ein. 150 Schüler kommen freiwillig, die er in gemeinschaftlichen Übungen beschäftigt.

Junge britische Ruderer gründen in Hamburg den English Rowing Club (→ 18. 7. 1836).

Von mehreren Schwimmanstalten in Buda und in Pest (Ungarn) kann jene in Pest täglich von 12 bis 15 Uhr auch von Frauen benutzt werden.

Graf Széchenyi rudert in einem Boot, gekauft in Großbritannien, auf der Donau bis zum Schwarzen Meer.

1831. Die Zeitschrift »Bell's Life« stellt den Bau eines Stadions für Rudern, Schwimmen, Angeln, Schießen, Fechten, Reiten Eislaufen, Wettlaufen, Turnen und Schlägerspiele in London zur Diskussion.

23. 4. 1832. In Aarau erstes Eidgenössisches Turnfest und Gründung des Eidgenössischen Turnverbandes (ETV).

Ab 1832. Am Collège de Rondeau bei Grenoble regelmäßig alle vier Jahre »Jeux Olympiques« mit neun Wettbewerben. Lorbeer-Kränze als Siegerpreise (bis 1892).

1833. Der Schweizer Turner Rudolf Obermann wird nach Italien berufen, wo er an der Königlichen Militärakademie in Turin das Turnen einführt. Er gründet dort auch den ersten italienischen Turnverein.

30. 5. 1833. Längster Kampf der Boxgeschichte in London: James Burke schlägt Simon Byrne nach drei Stunden und 15 Minuten k. o. Byrne stirbt drei Tage später. Burke sowie Ringrichter, Punktrichter und Sekundanten kommen ins Gefängnis, werden aber später freigesprochen.

1834. Erstes Pferderennen auf Brander Heide bei Aachen. Erstes Unionrennen über 2400 m auf dem Tempelhofer Feld in Berlin.

Adolf Spieß kommt in die Schweiz, wo er in Burgdorf und Basel das Schulturnen entwickelt.

Erste Ruderregatta in Paris auf dem Kanal La Villette.

In New York Gründung des Castle Garden Boat Club. Erster Amateur-Ruderverein der USA.

Erste gedruckte Baseball-Regeln in den USA, von Robert Carver, Boston, im »Book of Sports«.

Zwei Jahre nach Gründung des ETV Verabschiedung der Satzung: »Der Zweck des ETV ist die Einigung der gesamten schweizerischen Turnerschaft durch Freundschaft und vaterländische Gesinnung.«

1835. In New York werden 1000 US-Dollar geboten für einen Läufer, der zehn Meilen unter einer Stunde zurücklegt. (Neun Teilnehmer vor rund 30000 Zuschauern.)

Das zweibändige Werk »Manuel d'éducation physique, gymnastique et morale« von Francesco Amoros wird von der französischen Akademie der Wissenschaften ausgezeichnet.

James Gordon Bennett gründet den »New York Herald« und wird zum großen Förderer des Sports.

Der Brite G. T. Vigne beobachtet und zeichnet in Tibet und Afghanistan Polo von Mannschaften mit je acht Mann auf Spielfeldern von 320 m x 55 m Größe. Musikbegleitung während des Spiels.

1836. Nach sieben Jahren wieder Achterrennen Oxford gegen Cambridge auf der Themse.

Pearce Egan, Herausgeber von »Sporting Weekly«, veröffentlicht »Book of Sports and Mirror of Life«.

Erstmals »Caledonian Games« der Highland Society (Schotten und Iren) von New York auf Elysian Field/Hoboken. Überragende Bedeutung für die Entwicklung der Leichtathletik in den USA.

Königin Amalie von Griechenland beruft den deutschen Turner Ottendorf zum Leiter einer Turnanstalt in Athen. Deutsches Turnen wird an den höheren Schulen Griechenlands obligatorisch.

18. 7. 1836. In Hamburg erster deutscher Ruderklub gegründet (Hamburger Ruder-Club). Erstes Rennen gegen den English Rowing Club.

1837. In Rugby/Großbritannien erstmals »Crick Run«, ein Geländelauf mit Hindernissen, später »Cross Country«.

Abraham Lincoln beklagt als Anwalt in Springfield/Illinois den schlechten Zustand der Bowlingbahn und des Billards.

In Montreal spielt Dorchester gegen Uptown ein Spiel »ice hurtling«, das als Vorform des Eishockey gelten kann.

21. 8. 1837. James Burke Boxweltmeister durch einen Sieg nach zehn Runden über Tom O'Connel in Harts Island/NewYork.

26. 8. 1837. Erstmals Schwimmwettkämpfe in London. Zwölf Teilnehmer, Wetten der Zuschauer, Medaillen und Geldpreise für die Sieger.

1838. Die 16jährige Maria Karner besteigt als erste Frau den Ortler.

Die 44jährige Henriette d'Angeville besteigt als erste Touristin mit sechs Führern und sechs Trägern den Montblanc.

In Le Havre wird der erste Segelklub Frankreichs gegründet. Im folgenden Jahr erste Segelwettfahrt.

1839. William Thompson, genannt »Bendigo«, besiegt James Burke, »The Deaf«. Gilt als 27. Box-Champion seit 1822.

Erste Ruderregatta in Henley, später Royal Henley (jährlich im Juni).

26. 2. 1839. In Aintree bei Liverpool erstes Grand-National-Hindernisrennen.

Schifferstechen auf der Seine in Paris vor den Augen einer schaulustigen Menge. 1834 fand in Paris die erste, vielbeachtete Ruderregatta statt.

Mit den Briten um die Wette

18. Juli 1836. Anfang Juni hatte Alfred Godefroy zehn Freunde zu sich eingeladen und erklärt: »Gentlemen! Wir wollen rudern! Natürlich im Sportboot wie die Engländer. In meiner Lehrzeit in London habe ich es auf der Themse gesehen. Die Wettfahrten sahen glänzend aus. Das können wir in Hamburg auch. Ich habe ein Angebot über eine Sechser-Gig, die second hand in London besorgt wird. Wir gründen einen »Hamburger Ruderclub« und fahren auf der Buten-Alster mit den Briten um die Wette!«
Unverzüglich wurde ein Protokoll aufgesetzt und von allen Beteiligten unterschrieben. Die Aufnahmegebühr betrug vier Louisdor. Am 18. Juli ist der Tauf- und Stiftungstag des Hamburger Ruder-Clubs. Trotz strömenden Regens findet ein Wettrudern gegen den bereits 1830 in Hamburg gegründeten English Rowing Club statt.
Zuvor hatte der »Hamburger Beobachter« geschrieben: »Wir werden immer englischer, denn nicht allein sind einige junge Herren rüstige Pferdebändiger, gewandte Kutscher, sondern wir werden auch nächstens eine rowing-match auf der Alster haben, zu welcher die Vorübungen fleißig gemacht werden. So sehr man diesen Körperübungen Beifall schenken muß, so sehr ist es zu bedauern, daß trotz der geschickten Schiffbauer, welche wir besitzen, die Boote in England und nicht in Hamburg gezimmert werden. Ist das patriotisch? Nein, es ist Mode.«
Das erste Hamburger »rowing match« führt vom Jungfernstieg über die Binnenalster bis zur Lombardsbrücke und wieder zurück.

Erste Alster-Regatta des Hamburger Ruder-Clubs am 22. September 1844

Lorbeerkränze für die Sieger

23. April 1832. »Um 7 Uhr setzte sich der lange, von einzelnen Turnern aus Bern und Basel noch verstärkte Zug von dem Restaurante aus mit den fünf vorangetragenen Fahnen unter heiteren Gesängen nach dem Turnplatz in Bewegung. Dieser, anmutig gelegen und von hohen Pappelalleen rund umschlossen, lud die von der Pracht des klaren Morgens erheiterten und froh gestimmten Gemüter mit gedoppelter Lust zum Werke des Turnens ein. Allein nur zu bald wurde diese gemütliche Stimmung getrübt.« So berichtet der Züricher Chronist J. U. Oschwald vom ersten Eidgenössischen Turnfest in Aarau, wo die Turner, dem Beispiel der Schützen folgend (→ 7.–13. 6. 1824), ihren eidgenössischen Dachverband gründen wollen.

Zuvor aber zerstreiten sie sich. Von »entehrten Menschen« ist die Rede, vom »planmäßigen Haß gegen politisch Andersdenkende«, von »verblendeten Toren«. Und dennoch kommt letztlich die Gründung des Eidgenössischen Turnverbandes (ETV) zustande. Das Gründungsprotokoll läßt wegen der hitzigen Diskussionen ein Jahr auf sich warten. Erst nach zwei Jahren wird als Zweckbestimmung des Verbandes »die Einigung der gesamten schweizerischen Turnerschaft durch Freundschaft und vaterländische Gesinnung« sowie »die Pflege und Veredlung der Turnkunst und der nationalen Kampfspiele und deren Verbreitung unter dem Schweizervolk« formuliert.

In Aarau werden die ersten Turnfestsieger mit Lorbeerkränzen geschmückt, wenn man auch beklagt, daß sich nur 14 Turner an den Endkämpfen beteiligen. Von nun an nimmt das Turnen in der Schweiz jedoch einen stetigen Aufschwung. Das Eidgenössische Turnfest wird nach dem Fest der eidgenössischen Schützenvereine zum zweiten großen Schweizer Volksfest. Auch der Gründungstag findet schließlich noch einen versöhnlichen Ausklang: »Hier ward nun bald im Freien bei schäumendem Bier, bald beim Billard, bald bei der hübschen Kellnerin, bald bei Gesang und Becherklang der übrige Teil des Abends verplaudert, und aufgeräumt kehrte jeder, wohl selig mancher, in sein Quartier zurück.«

△ *Die »Festspiele im Geist der Hellenen« sind inspiriert von den Pyramiden der Venezianer (l.) und von den Hirtenspielen der Schweizer mit Steinschleudern (r.); sie sind darüber hinaus auch eine Demonstration gegen die Turnsperre in Preußen.*

◁ *Schlußgruppierung der Turner bei den »Festspielen im Geist der Hellenen« auf dem Münchner Oktoberfest; hinter dem Verbot der Turnvereine steckt die Furcht vor dem demokratischen Potential der Turnbewegung.*

Gruppenübung als Ausdruck turnerischer Solidarität

Pfeilwerfen nach schweizerischem Vorbild

»Olympische Spiele« auf dem Oktoberfest

Als am 17. Oktober 1810 in München die Vermählung des bayerischen Kronprinzen Ludwig mit Therese von Sachsen-Hildburghausen gefeiert wurde, veranstaltete der königliche Hof auf der Theresienwiese ein Pferderennen. Wegen der großen Anteilnahme der Bevölkerung sollte von nun an alljährlich ein »Oktoberfest« stattfinden. Es wird zum berühmtesten bayerischen Volksfest. Das Pferderennen bleibt dabei die Hauptattraktion.

In den Jahren 1835 und 1836 erntet der Turnlehrer Gruber großen Beifall mit »Festspielen im Geist der Hellenen«.

Die Darstellungen eines Berliner Bilderbuchs vom Schulturnen aus dem Jahr 1830 sind noch von der unbefangenen Freude am Spiel geprägt (kol. Stich).

Im Artikel 81 der eidgenössischen Militärorganisation wird 1874 die vormilitärische Ausrichtung des Turnens an den Schulen festgeschrieben (kol. Stich).

Spieß und das Schulturnen

1834. Weil er in Deutschland keine angemessene Wirkungsmöglichkeit findet, kommt Adolf Spieß im Frühjahr ins schweizerische Burgdorf. Viele emigrierte deutsche Turner wirken an Schweizer Schulen als Turnlehrer. Aber ihr Jahnsches Turnen (→ 19. 6. 1811) ist gar nicht für Schulen geeignet.
Erst Spieß beginnt, systematisch das Schulturnen zu entwickeln. An drei Nachmittagen führt er je zwei Stunden lang Turnübungen durch. Ein Jahr später legt er einen Turnplatz an. Am 1. Oktober 1836 findet schließlich das erste schweizerische Schulturnfest statt.
Spieß baut auf der Elementargymnastik von Johann Heinrich Pestalozzi (→ 1807) und den Erfahrungen von Johann Christoph Friedrich GutsMuths (→ 1793) auf. Er verwendet aber das Wort »Turnen« und versucht, unter diesem Begriff ein neues Unterrichtsfach zu schaffen. In der Schweiz gelangt er rasch zu Ansehen. Später erwirbt Spieß die Schweizer Staatsangehörigkeit. Ab 1840 erscheint seine »Lehre der Turnkunst«, der ein zweibändiges »Turnbuch für die Schulen« folgt. Diese Werke begründen auch das Schulturnen in Deutschland.

Der Grundsatz der Freude am Turnen gerät in Konflikt mit dem Ziel des Turnunterrichts, die Schüler auf den Militärdienst vorzubereiten (kol. Stich).

Frau bezwingt Montblanc

1838. Man kann der 44jährigen Henriette d'Angeville nicht vorwerfen, daß sie ihrem Entschluß, als erste Frau den Gipfel des Montblanc zu ersteigen, keine gründlichen Vorbereitungen folgen ließ. Als Wegzehrung läßt sie mit sich führen: Zwei Hammelkeulen, zwei Ochsenzungen, 24 Hühner, 18 Flaschen Bordeaux, ein Fäßchen Weißwein und genug Brot, daß eine sechsköpfige Familie davon einen Monat lang leben könnte. Ihre persönliche Ausrüstung besteht aus acht wattierten Unterröcken, darüber eine Pumphose, ein Wollkleid und eine pelzgefütterte Pelerine. Auf dem Kopf trägt sie eine Pelzmütze, in der Hand hält sie einen Bergstock, um die Hüften hat sie an Riemen zwei Cognacflaschen aus Zinn geschnallt. Dazu trägt sie, hierbei versagte ihre Vorsorge, leichte Schuhe.
Bevor sie ihr Unternehmen begann, machte Madame Henriette ihr Testament. Dann vertraute sie sich sechs Führern und ebenso vielen Trägern an. Sie verfügt über keinerlei alpinistische Erfahrung. Unterwegs kommt sie zu der Überzeugung, daß sie sterben wird. Sie bittet ihre Begleiter: »Tragt meine Leiche hinauf und laßt sie oben!« Aber so schlimm kommt es dann doch nicht. Sofern sie getragen werden muß, was öfter unumgänglich ist, bleibt sie gleichwohl guten Mutes. Von einem Zurück will sie jedenfalls nichts wissen. Und so feiert sie schließlich den ersehnten Gipfelsieg. Offenbar ist er ihr noch nicht hoch genug, weshalb ihre Begleiter die todesmutige Frau auf ihre Schultern heben.

Expedition auf den Montblanc 1840. Schwerlich ahnte Madame d'Angeville, was sie mit ihrer Pioniertat anrichtete. In den folgenden Jahrzehnten besteigen weitere 69 Frauen Europas höchsten Berg. Zum Glück überstehen alle wagemutigen Alpinistinnen ihr Abenteuer unversehrt.

Ein Spanier lehrt Franzosen Turnen

1835. Die Akademie der Wissenschaften in Paris verleiht ihren Preis einem zweibändigen Werk, »Manuel d'éducation physique, gymnastique et morale«. Der Verfasser, Francesco Amoros, ein gebürtiger Spanier, hatte in seinem Heimatland ein Pestalozzisches Institut geleitet. Dann floh er 1814 nach Paris und eröffnete dort 1817 eine gymnastische Anstalt. Er erwarb die französische Staatsbürgerschaft und wurde wegen seiner Verdienste als Leiter des Gymnase Normal Militaire zum Oberst der Nationalgarde befördert. Das Institut erhielt beträchtliche staatliche Zuschüsse, die erst nach der Julirevolution 1830 gekürzt wurden.

Eine Zeitlang versieht Amoros die Oberaufsicht über sämtliche Turnanstalten Frankreichs. Als 1837 die Regierung die Verlegung des Gymnase Normal Militaire von Paris nach St. Cyr beschließt und das von Amoros 1817 gegründete gymnastische Institut geschlossen wird, eröffnet er eine private gymnastische Anstalt, das Gymnase Civil Orthosomatique, das er bis zu seinem Tod 1848 leitet. Amoros ist der »Turnvater« Frankreichs. Sein Grab auf dem Montparnasse wird noch heute vom französischen Turnerverband in Ehren gehalten.

Erstes Damen-Schwimmbad in Wien (Lithografie von Franz Wolf, Historisches Museum Wien)

Schwimmen ist gesund, aber wohin mit den badenden Damen?

Badende Frauen sind ein Problem. Was sich an verschwiegenen Stellen von Flüssen und Seen tut, kann man ignorieren. Aber wo öffentliche Badeanstalten errichtet werden, geraten Sitte und Moral in Gefahr. Die Stadt Zürich scheut daher 1837 erhebliche Kosten nicht, um vor Bauschänzli am Ausgang des Zürichsees eine »Badehütte für das weibliche Geschlecht« zu bauen.

Basel, das 1831 die erste Rhein-Badeanstalt eröffnet hatte, will diesem Beispiel nicht nachstehen. Es dauert aber noch zehn Jahre, bis man sich zum Bau des »Frauenbadhüsli« entschließt.

In der Donau vor Wien tummeln sich bereits 1833 die Damen in einer eigenen Badeanstalt. Wem es gelingt, einen Blick dort hineinzuwerfen, kann schwerlich einer unmoralischen Versuchung erliegen. Die Bademode der Zeit erstickt den Anflug jeder Lüsternheit im Keim.

Der mörderische Kampf um den Meisterschaftsgürtel

30. Mai 1833. In London findet der erste Boxkampf um den Meisterschaftsgürtel statt. Es wird der längste und mörderischste Kampf der Boxgeschichte.

Lord Lonsdale hatte 1828 dem damaligen britischen Champion Jem Ward nach einem siegreichen Kampf einen mit Gold, Silber und Edelsteinen besetzten Gürtel geschenkt. 1831 schlug Ward den irischen Champion Simon Byrne. Abermals überreichte ihm Lord Lonsdale einen noch wertvolleren Gürtel. Ward aber nahm ihn als Geschenk nicht an. Er erklärte seinen Rücktritt und bestimmte, daß dieser Gürtel jeweils seinen Nachfolgern als »Champion of England« weitergereicht werden sollte.

Zwei Jahre später stehen sich im Kampf um diesen Gürtel Simon Byrne und James Burke gegenüber. Die beiden dreschen drei Stunden und 15 Minuten aufeinander ein. In der 99. Runde landet Burke, genannt »The Deaf« (Der Betäuber), einen schweren Schlag an der Schläfe des Iren. Byrne bricht zusammen und bleibt über eine Stunde reglos im Ring liegen. Dann tragen ihn seine Sekundanten in ein nahegelegenes Haus. Dort stirbt Byrne nach drei Tagen, ohne das Bewußtsein wiedererlangt zu haben. Es ergeht Haftbefehl »wegen Totschlags« gegen Burke, seine vier Sekundanten, den Ringrichter, die Zeitnehmer und gegen alle Personen, die bei diesem Kampf gewettet oder zugeschaut haben. Burke und jeder, dessen man habhaft werden kann, kommen ins Gefängsnis, werden aber im darauffolgenden Prozeß freigesprochen. Burke sucht danach sein Boxerglück in den Vereinigten Staaten, wird Weltmeister und unterliegt 1839 William Thompson.

James »The Deaf« Burke geht als erster »Champion of England« in die USA und stellt sich in New Orleans dem Iren O'Rourke in einem Kampf um 1000 US-Dollar. Nach dem Sieg nennt er sich »Champion of the World«. Am 21. August 1837 schlägt er in Harts Island bei New York Tom O'Connell in der zehnten Runde k. o. Er behält seinen Titel zwei Jahre.

Die große Tribüne von Goodwood beim Gold-Cup-Rennen 1838, das Harkaway gewinnt

Nonpareil beim 100-Meilen-Trab auf Sunbury Common

Rennen in Ascot 1836 in Gegenwart des britischen Königs Wilhelm IV. (in der Loge am Ziel links, daneben die Schiedsrichter mit der Trophäe)

Goldenes Zeitalter der Hindernisrennen in Großbritannien

26. Februar 1839. Das erste Steeplechase, das als Grand National in Großbritannien zur Tradition wird, macht einen der besten Hindernisreiter seiner Zeit durch einen Sturz unsterblich. Captain Becher, dessen Pferd Conrad den Sprung über einen Bach verweigert, fliegt in hohem Bogen ins Wasser. »Becher's Brook« heißt heute noch das schwerste Hindernis im schwersten Hindernisrennen der Welt in Aintree bei Liverpool.

1836 trug man dieses Rennen noch auf einer Bahn bei Maghull aus. Bei Liverpool wird es über vier Meilen ausgeschrieben, die über Bauernland führen. Dabei darf »niemand durch einen offenen Zaun oder Durchlaß oder mehr als 90 m auf einer Straße reiten«. Der Bach, in den Captain Becher fällt, wird über einen gepflügten Acker angeritten. Er ist 2,40 m breit. Davor steht ein etwa 1 m hoher Zaun aus Querhölzern.

Am 26. Februar ist das Geläuf sehr tief. Als Preis erhält der Sieger 1200 britische Pfund, außerdem eine noch größere Summe durch Wetten. Es gewinnt der Hengst Lottery unter dem Jockei Jem Mason. Eigentlich sollten zum Rennen ausschließlich Herrenreiter zugelassen werden. Aber die meisten Teilnehmer waren Professionals.

Großes Hindernisrennen von Leamington, 1837. Es siegt Jean Mason auf Jerry.

Erstes Grand-National-Steeplechase in Liverpool, 1839

Aylesbury-Steeplechase 1836, das Becher gewinnt

Nach dem Derby in Warren 1847 (v. l.): War Eagle (2.), Cossack (1.), Van Tromp (3.)

Steeplechase, das Reiten nach dem nächsten Kirchturm, gilt als das beliebteste Vergnügen der britischen Herrenreiter. Rennen zweier Gegner haben gewöhnlich eine Wette zum Anlaß.

Eines der berühmtesten Rennen der Zeit bestritten 1830 Mr. Osbaldeston, genannt »The Squire« (Der Kavalier), und Captain Ross mit ihren Pferden Clasher und Clinker. Es ging um 1000 Pfund und über fünf Meilen. Die Strecke führte von der Great Dalby Windmill nach Tilton-on-the-Hill in Leicestershire. Der Squire ritt sein Pferd wie immer selbst, obwohl er bei einem Jagdreiten kurz zuvor schwer verletzt worden war. Captain Ross gab sein sieggewohntes Pferd dem Jockei Dick Christian mit dem Auftrag, den Squire, den die Pferdezucht ein Vermögen kostete, gewinnen zu lassen. Als Christian über den Twyford Brook eine Furt wählte, Squires Clasher jedoch den Bach übersprang, schien die Entscheidung gefallen. Aber Clinker holte noch beträchtlich auf, und erst sein Sturz am letzten Hindernis sicherte dem Squire den Sieg.

Aber nicht nur Gentlemen brillieren im Sattel. Von Lady Charlotte Theobald heißt es: »Diese gefeierte Dame war eine echte Diana. Sie war der Star in jedem Salon, der Schmuck der Rennbahn, bewundert von jedem, der sie kannte. Während einer Treibjagd fand sie sich am Ende eines engen, von Hecken gesäumten Weges vor einem hohen fünflattigen Tor. Während einer der Herren vorausritt, um das Tor zu öffnen, rief die Lady ihm zu: ›Achtung, Platz gemacht!‹, übersprang herrlich das Tor und übernahm die Führung.«

1840

1840–1849

1840. Bei der festlichen Einweihung der städtischen Turnanstalt in Plauen wird erstmals der Turnergruß »Gut Heil« angewandt.

Adolf Spieß veröffentlicht in Basel seine »Lehre der Turnkunst« mit den von ihm entwickelten Freiübungen, die dem Turnen einen drillmäßigen Charakter geben.

John K. Mitchell vermacht dem Chinesischen Museum in Philadelphia einen Schachautomaten.

Erste internationale Kricket-Matchs USA–Kanada in Toronto und New York.

1841. Erstes Turnfest in Deutschland in Frankfurt am Main.

Erstbesteigung des Sustenhorns (3512 m) durch Gottlieb Studer, den bedeutendsten Pionier bei der Erschließung der Schweizer Alpen (→ 3. 9. 1841).

3. 9. 1841. Erstbesteigung des Großvenediger in den westlichen Hohen Tauern.

1842. »Business and professional men« spielen in Manhattan Baseball (19. 6. 1846).

6. 6. 1842. König Friedrich Wilhelm IV. von Preußen hebt die Turnsperre auf.

1843. In Großbritannien Gründung des Guy's Hospital Rugby-Football Club.

Königin Viktoria fördert den Sport in Großbritannien.

In den USA gründen die Universitäten Yale und Harvard Ruderklubs und beginnen mit Wettfahrten.

Erste athletische Wettkämpfe (»old english games«) in Montreal: Schießen, Hochsprung mit und ohne Anlauf, Wettläufe, Wettgehen, Hammerwerfen, Kricketballwerfen, Klettern, Bootswettfahrten, Dreisprung und Ringen.

29. 4. 1843. Erster öffentlicher Skiwettlauf in Norwegen in Tromsö. Sieger über 5 km ein Lappenjunge in 29 min. Lief mit zwei Stöcken. Zweiter, mit einem Stock, Johann Wilhelm Christian Steen, später norwegischer Ministerpräsident (1892, 1898).

1844. Dem von Rudolf Obermann in Turin gegründeten ersten italienischen Turnverein treten König Karl Albert von Sardinien, die Prinzen Umberto, Amadeo, Tomaso sowie die Prinzessinnen Maria Clotilde und Maria Pia bei.

23. 6. 1844. Erstes Feldbergfest der Turner in Frankfurt am Main. Karl Euler schlägt in dem von ihm herausgegebenen »Jahrbuch der Turnkunst« die Gründung eines Vereins zur Verbreitung des Turnens vor.

19./20. 8. 1844. Zum Eidgenössischen Turnfest in St. Gallen werden deutsche Turner eingeladen und dürfen »ausnahmsweise gleichgestellt« am Preisturnen teilnehmen.

22. 9. 1844. Bei einer Alster-Regatta über 4000 m auf festen Sitzen siegt der Hamburger Ruder-Club über den English Rowing Club.

12. 10. 1844. Allgemeiner Alster-Club in Hamburg als erster Regattaverein gegründet (→ 22. 9. 1844).

Um 1845. Aus dem Skilauf wird in Norwegen der Skisport.

1845. In Salzburg Gründung des ersten Turnvereins Österreichs. In Graz wird die Erlaubnis zur Errichtung einer Gymnastik-Anstalt erteilt, das Wort »Turnen« bleibt jedoch untersagt.

William »Bendigo« Thompson in New York Boxweltmeister nach Sieg über Ben Caunt.

Kanadier gründen in New York den ersten Baseballklub der USA, die Knickerbockers. Spielen nach Regeln von Alexander J. Cartwright, die später allgemein angewandt werden.

13. 5. 1845. Acht Reporter entsendet der »New York Herald« zum Trabrennen »Peytona and Fashion's Great Match« auf Long Island/New York. Vor 50 000 Zuschauern gewinnt Peytona/Alabama zwei Läufe über vier Meilen und 20 000 US-Dollar Siegprämie.

1846. Erste Schwimm-Meisterschaften Australiens in Sydney.

In Amsterdam am »Westerdoksdijk« erste Schwimmanstalt der Niederlande. Beginn des sportlichen Ruderns in den Niederlanden.

19. 6. 1846. Erstes öffentliches Baseballspiel: Knickerbockers New York gegen New York Nine 1:23.

1847. Erste Winterbesteigung des Dachsteins in den Nördlichen Kalkalpen (2996 m) durch Friedrich Simony mit zwei Führern. Simony verbringt die Nacht allein auf dem Gipfel mit nur einer Wolldecke gegen den Schneesturm.

Die New Yorker Zeitung »Spirit of the Times« berichtet über Bowling.

1848. Trennung von Rugby und Football in Großbritannien durch Vereinbarungen ehemaliger Schüler von Eton, Harrow, Winchester, Rugby und Shrewsbury. Cambridge-Regeln für Fußball, gehen später verloren (→ 1843).

In den USA werden Ganzmetallschlittschuhe erfunden.

In Cincinnati Gründung des ersten deutschen Turnvereins in den USA.

1849. Laufwettbewerbe in Birmingham mit Rekord über die Meile durch W. Matthews in 4:27 min.

Erste Turnhalle in Deutschland in Hamburg.

10. 6. 1849. Boxkampf James »Yankee« Sullivan gegen Tom Hyer »in den Wäldern von Maryland«, da die Polizei den Kampf auf Peel Island verbietet. Hyer Weltmeister nach 16 Runden, nachdem Freunde den übel zugerichteten Sullivan aus dem Ring geholt haben.

Regeln für Rugby-Football

1843. Die Gründung des Guy's Hospital Rugby-Football Club macht ein Dilemma deutlich. Ist Rugby Football? Oder was unterscheidet Rugby-Football vom guten alten, wenn nicht uralten Football?
Weil die Schar der Anhänger des von William Webb Ellis kreierten Football à la Rugby (→ 1825) wächst, werden 1846 erstmals Regeln für dieses Rugby-Football herausgegeben. Das veranlaßt zwei Jahre später ehemalige Schüler von Eton, Harrow, Winchester, Rugby und Shrewbury, denen Rugby-Football als zu brutal erscheint, ihrerseits Regeln für das eigentliche Footballspiel zu verfassen. Diese »Cambridge-Regeln« gehen später verloren. Dennoch können sie als die Geburtsakte des modernen Fußballspiels gelten. Denn sie bezwecken die Trennung von Rugby und Football.
Thomas Arnold, der Headmaster von Rugby, greift in die Reglementierung der verschiedenen Ballspiele nicht ein. Seine Erziehungsmethode zielt vielmehr darauf ab, daß sich seine Schüler bei Ballspielen einerseits gegenseitig zum Leistungswillen anspornen und andererseits im harten Wettkampf selbst disziplinieren. Daher führte er zunächst Kricket ein, dann Football. Und deshalb läßt er in Rugby auch Rugby-Football zu.
Die Zeit ist gekommen, da der Begriff »Sport« über Großbritannien hinaus international Geltung erlangt. Nach britischer Auffassung soll sich dieser Sport selbst verwalten und organisieren. Eine schulische oder gar staatliche Bevormundung bleibt weithin verpönt. Dafür soll, wie man dem Wirken Arnolds nachsagt, »das ganze englische Erziehungswesen wie eine Art Radium der Geist des fair play durchstrahlen«.

Vor dem Spiel machen die Spieler sich warm; Kopfbedeckungen sind üblich.

Dribbling beim Rugby-Football; Das Spielfeld mißt 100 m x 60 m.

Noch heißt das neue Spiel Rugby-Football; noch wird es ungeregelt neben dem traditionellen Football gespielt, aber ein Prozeß der Trennung von Rugby und Football setzt ein und führt zur Reglementierung zweier Spiele (kol. Stich).

In der Bretagne, der keltischsten Provinz Frankreichs, bleibt Soule erhalten.

Ein Hirtenspiel steht Pate beim Hockey

Das Spiel, das der Zeichner 1844 bei bretonischen Bauern beobachtet und für eine Besonderheit hält, wurde in Frankreich erstmals im 14. Jahrhundert erwähnt. Es geht auf das noch viel ältere Brautball- und Osterballspiel zurück, das in Frankreich allgemein als Houle, später Soule bekannt war. Als man dieses Ballspiel auch mit einem gebogenen Stock oder einem Hirtenstab zu spielen begann, nannten die Beteiligten es »Soule à la crosse«. Es bleibt zuletzt allerdings nur noch vereinzelt in der Picardie und, stärker verbreitet, in der Bretagne erhalten. So entsteht aus der Wurzel des Soule in Frankreich außer dem Fußballspiel auch Hockey. Aber auch Kricket, Golf, Billard und Mail sind von diesem alten Schlägerspiel beeinflußt.

Lacrosse wird in Nordamerika und Südamerika von Indianern gespielt.

Rätselhafte Wurzeln des Eishockeyspiels

Der italienische Reisende, der 1840 bei chilenischen Indianern ein Spiel sieht, das er »Giuoco della ciueca« nennt, wundert sich. Hat er Ähnliches nicht auf antiken griechischen Reliefs gesehen? Oder auf einer mittelalterlichen Miniatur? Wie kamen die Indianer Südamerikas zu diesem Spiel? Jedenfalls nicht durch Spanier oder Portugiesen.
Auch die Franzosen wundern sich, als sie in Kanada ein Spiel vorfinden, das ihnen als Lacrosse vertraut ist. Im Winter spielen die Indianer Shinny auf dem Eis. Aber schon um 1000 kannte man in England Bandy. Und Johann Christoph Friedrich GutsMuths beschrieb 1796 ein Spiel, bei dem mit gebogenen Stöcken Korkscheiben über das Eis getrieben wurden.

US-Amerikaner entdecken ihren Lieblingssport Baseball

19. Juni 1846. Wer kennt Cooperstown? Ein Ort von knapp 3000 Einwohnern 320 km nordwestlich von New York, der im 20. Jahrhundert in den USA mit Ehrfurcht genannt wird. Er entwickelt sich zum Wallfahrtsort für Baseball-Fans. Und welcher Amerikaner wäre keiner? In Cooperstown steht heute die »Hall of Fame« des Baseball. Über dem Kamin im ersten Stock des Museums hängt das Porträt eines Mannes in Generalsuniform, der als 20jähriger Student von West Point den US-amerikanischen Nationalsport erfunden haben soll. Abner Doubleday nannte jedenfalls erstmals 1839 das Spiel »Baseball«, das man in verschiedenen Formen zuvor als »Four corners«, »Feeder«, »Rounders« oder »Townball« betrieben hatte.
All diese Spiele sind eng mit dem Kricket oder dem noch viel älteren Schlagballspiel verwandt. Kricket war in den USA durch die Briten weit verbreitet. Später machten sich die US-Amerikaner nichts mehr aus Kricket. Und die Briten hatten kein Interesse mehr an Baseball.

1842 spielten »business and professional men« auf Elysium Field, Hoboken, im unteren Manhattan erstmals Baseball unter dieser Bezeichnung. 1845 gründeten Kanadier in New York den ersten Baseballklub der USA.

Die Knickerbockers übernahmen Regeln, die Alexander J. Cartwright aufgestellt hatte und im selben Jahr drucken ließ. Darin wurde das »Diamond«-Spielfeld, ein auf die Spitze gestelltes Quadrat mit 27,40 m Seitenlänge, festgelegt.

Am 19. Juni 1846 wird in den Vereinigten Staaten das erste öffentliche Baseballspiel ausgetragen. Die Knickerbockers New York unterliegen auf Elysium Field den New York Nine 1:23. Der US-amerikanische Nationalsport ist geboren.

Ein Baseballspiel in den Vereinigten Staaten um das Jahr 1887 nach einer Lithografie, die mit dem Namen Prang gezeichnet ist. Deutlich erkennbar ist das »Diamond«-Spielfeld das für das Spiel charakteristisch ist. Spielmacher beim Baseball ist der »Pitcher«. Er muß die Bälle so hart werfen, daß der »Batter« keine Chance für einen Schlag hat (kol. Zeichnung).

Queen Viktoria fördert Sport

1843. Viktoria, seit 1837 als Nachfolgerin ihres Onkels, Wilhelm IV., Königin von Großbritannien und Irland, verleiht dem Grand Caledonian Curling Club das Recht, sich fortan »Royal Caledonian Curling Club« zu nennen. Der Verein ist 1838 im schottischen Edinburgh gegründet worden. 1852 begründen einige Mitglieder in Übersee eine kanadische Abteilung.

Königin Viktoria, die einem ganzen Zeitalter ihren Namen gibt, gilt bei ihren Untertanen als große Förderin des Sports. Neben eigenen sportlichen Aktivitäten wie Bogenschießen ist sie häufige Zuschauerin bei sportlichen Veranstaltungen, so 1847 bei den traditionellen schottischen »Highland Games«.

Großbritannien erlebt während ihrer Herrschaft (bis 1901) eine Epoche höchster politischer Machtentfaltung, wirtschaftlicher Blüte und imperialistischer Expansion. 1876 wird Viktoria Kaiserin von Indien. Dort veranlaßt sie die Einführung von Leibesübungen nach westlichem Vorbild an den Schulen. Durch ihre neun Kinder ist sie mit fast allen europäischen Fürstenhäusern in irgendeiner Form verwandt. In der zeitgenössischen Presse wird sie deswegen als »Großmutter Europas« bespöttelt.

Förderin des Sports: Königin Viktoria (1819—1901) beim Bogenschießen

Gleichzeitig ist das Viktorianische Zeitalter aber auch geprägt von weitgehender kultureller Verflachung und engen, kleinbürgerlichen Moralvorstellungen.

Schachsensation aus Blech

1840. John K. Mitchell stiftet dem Chinesischen Museum in Philadelphia im US-Bundesstaat Pennsylvania einen schachspielenden »Türken«. Der Automat war eine der größten Sensationen des 18. und auch noch der ersten Hälfte des 19. Jahrhunderts.

Der Wiener Mechaniker Maelzel hatte mit diesem Automaten Europa und die Vereinigten Staaten bereist, wo sich das Geheimnis des Apparates noch nicht herumgesprochen hatte. Die Leistungen des »Wundertürken« machten in der Neuen Welt solchen Eindruck, daß die »United States Gazette« 1827 eine Partie des unbesiegbaren Automaten auf der Titelseite abdruckte. Gespielt worden war sie von Wilhelm Schlumberger, der in dem Automaten saß. Maelzel hatte die Erfindung des Barons von Kempelen, über die zahllose Artikel und Bücher geschrieben wurden, vom Adoptivsohn Napoleons I., Eugène de Beauharnais, Herzog von Leuchtenberg, für die enorme Summe von 30 000 Franc erworben. Napoleon I. spielte selbst 1809 im Schloß Schönbrunn in Wien gegen den »Türken« und verlor, obwohl er dreimal zu mogeln versuchte.

In Hamburg wurde 1819 der erste deutsche Schachverein gegründet. 1846 erscheint in Leipzig die erste Nummer der »Deutschen Schachzeitung«. Tonangebend im Schach wird Großbritannien. Dort tagen Schachklubs bei »Parsloe's« in der Londoner St. James Street und im »Chess Divan«, den der Oberkellner Simpson eröffnete. Im »Chess Player's Chronicle« liest das Publikum rühmende Berichte über Howard Staunton, die er selbst verfaßt. Staunton bezeichnet sich seit 1843 als Schachweltmeister, ein Titel, den ihm zumindest in London niemand streitig macht. Jedenfalls ist Staunton ein fleißiger Schachpublizist. 1847 veröffentlicht er »The Chess Player's Handbook«. 1849 folgt »The Chess Player's Companion«, 1860 »Chess Praxis«. In der Praxis verliert Staunton seinen Titel 1851 an den Deutschen Adolf Anderssen. Anderssen gewinnt in diesem Jahr auch das erste große internationale Schachturnier, das in London anläßlich der Weltausstellung ausgetragen wird.

Schützen feiern Jubiläumsfest

Die Einladung wird in Versen verschickt: »Wohlauf, Ihr Schützen aus dem Schweizerlande!/ Den Stutzer umgehängt, das Pulverhorn gefüllt!/ Ein Aufgebot geht nach der Aare Strande,/ doch wahrlich nicht, weil's blut'ge Fehde gilt./ Wir laden froh und friedlich euch als Gäste/ zu einem schönen Silberhochzeitsfeste«. Es folgen noch drei weitere Strophen. Auch der Dichter Gottfried Keller findet sich ein und feiert das Jubiläumsfest von 1849 danach in seiner Novelle »Fähnlein der sieben Aufrechten«. Die Hochstimmung kommt nicht von ungefähr. In 25 Jahren ist die Mitgliederzahl des Schweizer Schützenverbandes von 571 auf 3056 und das Preisgeld von 10 000 auf 120 000 Franken gestiegen. Für die vielen wertvollen Ehrenpreise wird eigens ein »Gabentempel« mit Meisterstücken des Kunsthandwerks aufgestellt.

◁ Im Gedränge des Schützenhauses ist es schwierig, sich auf den Schuß zu konzentrieren (kol. Stich).

Erste Regatta in Deutschland

22. September 1844. Am 20. August hatte Alfred Godefroy, der Gründer des Hamburger Ruder-Clubs (→ 18. 7. 1836), ein Schreiben an alle Mitglieder verschickt: »Meine Herren, unser Club ist der Hauptförderer der auf den 22. September d. J. festgesetzten Alster-Regatta, und daher wird ohne Zweifel jedes Mitglied das Seinige tun, zum Gelingen des Vorhabens beizutragen. Es ist das erste Mal, daß Hamburg ein solcher nobler Anblick geboten wird. Lassen Sie uns daher Sorge tragen, daß das Unternehmen in jeder Hinsicht gut ausfällt und Sinn für solch männliche Übungen geweckt wird.«

Am Uhlenhorster Fährhaus wurden Tribünen gebaut. Ein Sitzplatz kostet einen Louisdor (etwa 16 Mark). Am Morgen des 22. September werden Flaggen aufgezogen, und am Mittag haben sich Tausende von Zuschauern am Ufer versammelt. Man schließt Wetten ab. Dabei wird der renommierte English Rowing Club hoch favorisiert. Als Zielrichter walten die beiden Vorsitzenden der konkurrierenden Klubs, Godefroy und Captain Ross.

Der Start erfolgt um 13.16 Uhr. Die Regattastrecke bildet ein großes Dreieck von 4000 m Seitenlänge. Unter den Zuschauern herrscht atemlose Spannung angesichts des harten Bord-an-Bord-Kampfes. Man nennt die Namen der Hamburger Sechsermannschaft: Amsinck, Sillem, Godefroy (Sohn des Vereinsgründers), Milberg, Sieveking, Parish und am Steuer Schröder. Langsam schiebt sich das Boot der Hamburger nach vorn, und unter Tücher- und Mützenschwenken, gewaltigem Freudengeschrei und Böllerschüssen erreicht die Mannschaft des Hamburger Ruder-Clubs mit zwei Längen Vorsprung das Ziel. Es ist der erste große Sieg eines deutschen Klubs über die Lehrmeister von der Britischen Insel.

Am 12. Oktober desselben Jahres wird in Hamburg der Allgemeine Alster-Club als erster deutscher Regattaverein gegründet. Ihm schließt sich u. a. auch der Hamburger Ruder-Club an. Die Ruderregatta in Hamburg wird seitdem alljährlich ausgerichtet. Fischerstechen und Entenjagd kommen in den Jahren 1847 und 1852 als publikumswirksame Attraktionen hinzu.

Oxfords Achter siegt mit sieben Ruderern

Die erste Mannschaft des Ruder-Achters der Universität Cambridge (farbige Aquatinta auf Papier von Robert Havell, 1829; Britisches Museum, London)

Holzstich vom traditionellen Achterrennen zwischen den Mannschaften der Universitäten von Oxford und Cambridge auf der Themse, um 1840

1852 gewinnt der Oxford-Achter mit 27 Sekunden Vorsprung das traditionelle »Boatrace« zwischen den beiden britischen Universitätsmannschaften.

Wie man rudert, das scheint seit einigen tausend Jahren hinlänglich bekannt zu sein. Fischer und Matrosen machten es vor. Es kommt dabei hauptsächlich auf die Armkraft an. Der Student Fletcher Menzies macht sich darüber Gedanken und entwickelt eine neue Schlagtechnik, die er 1841 erstmals vorführt. Er setzt dabei den ganzen Körper ein und erzielt mit seiner Methode zahlreiche Erfolge. Seine Haltung im Boot wird jedoch bemängelt, sein Stil heftig angefeindet. 1843 soll das traditionelle Achterrennen zwischen Oxford und Cambridge in dieser Auseinandersetzung die Entscheidung bringen. Das geschieht auch, allerdings in unerwarteter Weise.

Die Mannschaft von Oxford trainiert besonders hart für das »Race«. Fletcher Menzies bringt seiner Crew seinen Stil bei. Doch vor dem Rennen erkrankt er. Böse Zungen höhnen, Menzies wolle kneifen. Die Mannschaft von Oxford kann keinen Ersatzmann im neuen Ruderstil stellen und tritt zum Rennen mit sieben Ruderern an. Zur allgemeinen Verblüffung fahren sie einen überlegenen Sieg heraus. Noch heute wird im Universitäts-Bootshaus von Oxford als kostbares Erinnerungsstück ein Stuhl gehütet, der aus den sieben Riemen gezimmert wurde, die bei diesem Rennen Verwendung fanden.

Der spektakuläre Sieg ist zugleich der Sieg des »englischen Schlags«, der für das Sportrudern maßgeblich wird. In Deutschland setzt er sich dank Wilhelm Rettichs Buch »Das Geheimnis des englischen Schlages« durch.

Slalom, Villom, Hoppelom

Um 1845. Der Skilauf ist uralt. Zum modernen Sport machen ihn die Norweger. Johann Christoph Friedrich GutsMuths hatte 1794 norwegische Skier im Thüringer Wald ausprobiert. Aber die Einführung in

Sondre Auersen Nordheim (1825-1897) aus Mergedalen in Telemark, der Vater des modernen Skilaufs, der in Norwegen zu einem Idol wird. An seinem 100. Geburtstag wird ihm ein Gedenkstein errichtet. In seinem Geburtshaus entzündet man 1952 das olympische Feuer für die Olympischen Winterspiele.

Deutschland mißlang. 1830 schrieb der Brite Llewellyn Lloyd in »Field Sports of the North of Europe«: »Die Bauern dieser Gegend waren vortreffliche Skiläufer. Hier sah ich ein Vergnügen, das allen Bewohnern dieses Strichs wohlbekannt war, die Skihangabfahrt über einen Berghang, der ganz steil war, ungeachtet der schwierigen Geländestellen, und die folglich viel Geschicklichkeit erforderte.«

Bei den Telemärkern sieht man im darauffolgenden Jahrzehnt den »Slalom«, eine Fahrt über eine Strecke ohne Hindernisse, den »Kneikelom«, eine Fahrt über Bodenknicks, Baumstrünke, Zäune und Mauern, den »Hoppelom« mit Sprüngen, wofür man, wenn die Natur keine Gelegenheiten bietet, künstliche Wälle aufwirft, und schließlich den »Villom« oder »Uvörslom«, die »wilde Fahrt«, eine Abfahrt über Steilhänge.
Von den norwegischen Skisoldaten übernehmen die Telemärker auch einige Kunststücke, wie beim Slalom ein gefülltes Bierglas unverschüttet über die Strecke zu bringen und am Ziel auszutrinken. Oder die Läufer legen beim Anstieg auf einen Berg Kleidungsstücke ab und ziehen sie beim Abfahrtslauf wieder an. Das findet in den modernen Sport keinen Eingang, wohl aber der Abschwung, der als »Telemark« zur Grundschule des Skilaufs gehört. Zum großen Lehrmeister wird der Morgedaler Sondre Auersen Nordheim, ein Zimmermann, Skimacher und Allround-Skifahrer.

Lola Montez (M.), gemalt von Theodor Pixis

Die schöne Lola

Sie ist allzu schön. Am 10. Oktober 1846 tritt sie erstmals im Münchner Hoftheater auf. Ein Maler porträtiert sie als Schlittschuhläuferin. König Ludwig I. von Bayern nimmt sie zur Geliebten, bis seine Untertanen gegen Lola revoltieren. Im Februar 1848 muß sie München verlassen.

Vom Kegelspiel zum Bowling in den USA

1847. Als die Zeitung »Spirit of the Times« in New York über einen »Gothic Hall Bowling Saloon« berichtet, steckt in den Worten ein Stück Entwicklungsgeschichte: »Bowl« (engl.; Kugel), in Großbritannien seit altersher bekannt, wird dort vergessen. Die Spielidee, eine kleine Kugel zu werfen, um dann mit größeren Kugeln in die Nähe zu kommen, liegt Curling zugrunde. In Frankreich bleibt Boule, in Italien Boccia populär. Beide entziehen sich dem einsetzenden Sog des Sports. Die Briten ziehen dem Bowl ihr Bowling Green vor, ein Kegeln auf Rasen, das sie auch in den Vereinigten Staaten einführen. Dorthin bringen deutsche Auswanderer ihr Kegeln mit, das sie nicht mehr von Wirtshaus zu Wirtshaus, sondern auf Scheren- und Lattenbahnen in Wirtshäusern spielen. »Alle Neune« wird gesetzlich verboten, weil es dabei zuviel Wettmißbrauch gibt. Also umgeht man das Verbot durch ein Spiel mit zehn Kegeln. Ein Brite, W. W. Mitchell, sorgt für Bowling-Regeln.

Sind Bergsteiger alle geisteskrank?

3. September 1841. In einem Schweizer Reiseführer wurde 1840 behauptet, daß sich »einige der Montblanc-Bezwinger später als geisteskrank« herausgestellt hätten. Im einfachen Volk hält man ohnehin alle, die ohne erkennbaren Nutzen einen unzugänglichen Alpengipfel nach dem andern erklimmen, für »Spinner«.
Fast muß man ihnen recht geben, wenn man den Bericht eines Teilnehmers an der Erstbesteigung des Großvenediger (3674 m) in den westlichen Hohen Tauern am 3. September 1841 liest: »Kurzatmigkeit, Übelkeit, Erbrechen, Schneeblindheit, Beängstigung in der Brust, gefrorene Zehen, gänzliche Erschöpfung aller Kräfte, unbezwingbarer und kaum zu befriedigender Durst streckten allmählich diese Nachhut, unter denen sich leider auch die Träger mit den Lebensmitteln und unser Trompeter, als Zeichengeber bei Unglück und Begleiter des Toasts auf der Höhe, befanden, in den Schnee, und von der Höhe herab hatte es den Anschein

Der Zeichner versieht seine Darstellung der Erstbesteigung des Großvenediger mit der Widmung »Haus Oesterreich lebe hoch«.

eines winterlichen Schlachtfeldes.« Nicht weniger als 40 Personen waren zum Gipfel aufgebrochen, 26 erreichen ihn. Darunter Anton von Ruthner, der 1862 den Österreichischen Alpenverein mitbegründet und Bücher über die Alpen verfaßt. Ebenfalls 1841 ersteigt der Österreicher Felix Fürst zu Schwarzenberg mit seinem Diener Moser das Große Wiesbachhorn (3564 m). In der Schweiz erreicht Gottlieb Studer im selben Jahr als erster das Sustenhorn (3512 m). Er gehört 1863 zu den Mitbegründern des Schweizer Alpen-Clubs und veröffentlicht im selben Jahr sein Werk »Über Eis und Schnee«. Er nimmt 20 Erstbesteigungen vor und zeichnet 2000 Rundsichten.

»Bendigos« Kampf gegen den Satan

1845. Als William Thompson, genannt »Bendigo«, in New York Boxweltmeister wird, weiß niemand, was eigentlich passiert ist. Der Kampf gegen Ben Caunt hatte zwar schon zwei Stunden und zehn Minuten gedauert, aber als sich der riesige Ben in der 93. Runde hinlegte und auszählen ließ, hatte keiner der Zuschauer einen Schlag von Thompson wahrgenommen. Caunt wiederum reklamierte ein Foul. Aber davon hatte der Schiedsrichter nichts bemerkt. Die Zuschauer feiern »Old Bendigo«, aber diesem ist das Boxen derart verleidet, daß er seinen Titel fünf Jahre lang nicht mehr verteidigt. Erst am 5. Juni 1850 stellt er sich Tom Paddock. Als er in der 49. Runde zu Boden geht, tritt ihm Paddock ins Genick und trampelt auf ihm herum. Das geht dem Ringrichter zu weit, weshalb er Paddock disqualifiziert. Thompson hat vom Boxen endgültig genug und wird Priester. Er kämpfe fortan, erklärt er nach solchen Erfahrungen, nur noch gegen den Satan. Ein Meister, nicht mehr von dieser Welt.

Lehrstudien des Boxens, das sich unter dem Einfluß der Gentlemen, die daran immer mehr Interesse finden, vom rohen »Prize Fight« zu einer Kunst wandeln und nicht nur beim Training mit Handschuhen ausgetragen werden soll

Tödliche Unfälle im Boxring – Wie edel ist die Kunst der Selbstverteidigung?

Das Preisboxen ist nach dem Todesfall im Ring von Simon Byrne nach einem Kampf gegen James »The Deaf« Burke (30. 5. 1833) in Mißkredit geraten. Man erinnert sich, daß Byrne selbst drei Jahre vor seinem unglücklichen Titelkampf bei einem »Prize Fight« Sandy McKey totgeschlagen hatte. Byrne war wegen Totschlags angeklagt, aber freigesprochen worden. Das hindert die Gentlemen nicht daran, die »edle Kunst der Selbstverteidigung« zu erlernen und mit Handschuhen öffentlich zu demonstrieren.

▷ In Slender Billy's Boxstudio 1841 schreckt auch ein Skelett vom Boxunterricht nicht ab.

Turner auf dem Tempelhofer Feld (kol. Stich)

In Berlin wird wieder geturnt

6. Juni 1842. *König Friedrich Wilhelm IV. von Preußen unterzeichnet auf Schloß Sanssouci in Potsdam einen Erlaß, wonach »die Leibesübungen als ein notwendiger und unentbehrlicher Bestandteil der männlichen Erziehung förmlich anerkannt und in den Kreis der Volkserziehung aufgenommen werden«. Damit ist die Turnsperre vom* → *2. Januar 1820* *aufgehoben. Am 11. Juli 1843 wird mit 2000 Teilnehmern auf der Hasenheide wieder geturnt.*

Hamburger Turner bauen eigene Halle

Der Fachwerkbau der Hamburger Turnerschaft, Deutschlands erste Turnhalle

1849. Das Provisorium in der St. Johanniskirche hat für die Hamburger Turnerschaft ausgedient. Nun baut sie sich als erster deutscher Verein, der Leibesübungen betreibt, eine eigene Halle auf der Keyserwiese vor dem Steintor. Sie entsteht in nur drei Monaten und kostet 16 500 Mark, die von den Mitgliedern aufgebracht werden. Die Turnhalle mißt 500 m^2, der anschließende Fechtsaal 130 m^2. Mit der Errichtung dieser Turnhalle steigt die Mitgliederzahl sprunghaft an. Der älteste Turnverein Deutschlands entwickelt sich zum Großverein.

Erstes Feldbergfest der Turner 1844, das ab 1849 jährlich stattfindet

Turnfreiheit und Revolution

1841. In Frankfurt am Main wird zum ersten Mal in Deutschland ein Turnfest veranstaltet. Die Sieger erhalten Lorbeerkränze.
Beim zweiten Turnfest in Frankfurt 1847 werden Eichenkränze eingeführt. Dieses Turnfest, an dem 60 Turngemeinden teilnehmen, wird nur unter strengen polizeilichen Auflagen genehmigt. Es gibt heftige politische Diskussionen. Ein Jahr später beteiligen sich die Turner an der Märzrevolution in Frankfurt am Main und Dresden, in Baden und in der Pfalz. Danach werden sie erneut verfolgt.
»Turnvater« Friedrich Ludwig Jahn erhält 1842 als »Gnadengeschenk« vom preußischen Staat 1500 Taler, die er 1811 dem Hochzeitsgut seiner Frau entnommen und zur Ausrüstung des Turnplatzes auf der Hasenheide in Berlin ausgegeben hatte. Mit der Verleihung des Eisernen Kreuzes wurde er rehabilitiert. Als Mitglied der deutschen Nationalversammlung bereiten ihm die Turner 1848 in Frankfurt am Main einen begeisterten Empfang. In der Paulskirche hält er seine »Schwanenrede« als Befürworter einer konstitutionellen Monarchie.

1850

1850–1859

1850. Gründung des Allgemeinen Deutschen Turnerbundes und des Deutschen Turnerbundes. Beide veranstalten Bundes-Turnfeste mit geringer Beteiligung.

Erste Segelregatta auf der Alster in Hamburg.

Das Korbballspiel und das moderne, sog. griechisch-römische Ringen kommen nach Deutschland.

Der österreichische Kaiser Franz Josef I. ernennt Rudolf von Stephani zum »Universitäts-Turnlehrer«. Damit erstmals das Wort »Turnen« in einer amtlichen Urkunde Österreichs.

1851. Der Deutsche Adolf Anderssen besiegt in London den Briten Howard Staunton und wird Schachweltmeister (→ 1840, 1858).

Erstes Wettsegeln der Schwedischen Segel-Gesellschaft. Gründung des ersten Ruderklubs Schwedens in Göteborg. In Stockholm öffentliche Schwimmprüfungen für Frauen.

1852. In »Laws of Life« beklagt Elizabeth Blackwell die einseitige geistige Ausbildung der Mädchen und fordert Gymnastik nach schwedischem Vorbild. Im »Ohio Journal of Education« Diskussion über die körperliche Erziehung von Frauen.

Im schweizerischen Burgdorf findet ein »Wetthornussen« statt.

Die französische Zensur erteilt Honoré Daumier Arbeitsverbot.

1853. Karoline Pitzner, Frau eines Forstmeisters, besteigt als erste Frau die Zugspitze.

Ein deutscher Turnverein veranstaltet in New York Fechtmeisterschaften.

Frank Queen begründet den »New York Clipper«, der zur führenden Sportzeitung in den USA wird.

1854. Die Brüder Hermann und Robert Schlagintweit bezwingen im Himalaya wiederholt die 6000-m-Grenze.

Erstbesteigung der Königsspitze in den italienischen Alpen (3857 m) im dramatischen Alleingang durch Stephan Steinberger (Pater Corbinian). Der »eiserne Kapuziner« besteigt auch den Großglockner (3797 m). Als Vorkämpfer der alpinistischen Alleingänger bezwingt er rund 400 Gipfel.

Bei den britischen Eisschnellaufmeisterschaften in London siegt in vier Wettbewerben William »Turkey« Smart. Er bleibt mehr als zehn Jahre ungeschlagen und wird auch US-amerikanischer Meister. Ähnlich erfolgreich sind später seine Neffen George »Fish« und James Smart.

1855. Erstmals Zehnkampf beim Eidgenössischen Turnfest in Lausanne.

31. 7. 1855. Die Brüder I.G. und Christopher Smith besteigen die Dufourspitze (4638 m) im Monte-Rosa-Massiv/Schweiz. Beginn des goldenen Zeitalters des britischen Alpinismus.

Gründung einer Bergführer-Organisation in Grindelwald.

14. 8. 1855. Johann Jakob Weilenmann bezwingt die Dufourspitze im Alleingang. Gilt unter Alpinisten als »Vater der Führerlosen« (→ 1872).

1856. J. Thoresen Rue aus Telemark beginnt in den Vereinigten Staaten die Post auf Skiern von Carson nach Placerville (ca. 150 km über die Sierra Nevada) zu transportieren. Er bekommt den Namen »Snowshoe-Thompson« und initiiert die Gründung des ersten Skivereins der Welt 1867 in La Forte/Kalifornien.

11. 7. 1856. Im Gartenlaube-Verlag, Leipzig, erscheint die erste Nummer der »Deutschen Turnzeitung«. Diese älteste Sportzeitung Deutschlands behandelt den Boxsport ablehnend.

1857. Erste Golfmeisterschaften auf Einladung des Prestwick Club in St. Andrews/Schottland.

Károly Berczi beginnt mit der Herausgabe der »Blätter für Pferdesport und Jagd«, der ersten Sportzeitschrift Ungarns.

4. 8. 1857. Alpine Club in London als erster Bergsteigerklub der Welt gegründet.

24. 10. 1857. Ehemalige Schüler von Harrow gründen in Großbritannien den ersten Amateur-Fußballverein der Welt, den FC Sheffield.

1858. Auf drei Dampfern fahren Fans aus Buffalo am Ostufer des Eriesees im US-Bundesstaat New York zum Boxkampf von Tom Morrissey gegen John C. Heanan (»The Benicia Boy«). Der Kampf mußte auf kanadischen Boden verlegt werden. Morrissey gewinnt nach elf Runden und bekommt 5000 US-Dollar.

Erstes Badener Jagdrennen in Iffezheim bei Baden-Baden.

Schachweltmeister Adolf Anderssen verliert in Paris seinen Titel an den 21jährigen Paul Morphy.

1. 1. 1858. Nach einer statistischen Erhebung des Berliner Turnrats gibt es in Deutschland 241 »Genossenschaften« mit insgesamt 23670 Mitgliedern. Nach den Revolutionsjahren 1848/49 war die Zahl der deutschen Turnvereine von 300 auf unter 100 gesunken.

1859. Erste Überseereise einer britischen Kricketmannschaft in die USA und nach Kanada. Die Spieler gewinnen alle fünf Spiele.

Britische Offiziere gründen in Indien den ersten Poloklub.

Der Franzose Ernest Michaux bringt am Vorderrad einer »Draisine« eine Tretkurbel an. Vorläufer der späteren »Michauxline«.

30. 6. 1859. Der Seiltänzer Charles Gravelet, der sich Blondin nennt, überquert auf einem Seil die Niagarafälle. Er wiederholt die Weltsensation mit einem Mann auf dem Rücken.

12. 11. 1859. Das Pariser Publikum feiert den Trapezkünstler Jules Léotard.

Erster Fußballklub der Welt

24. Oktober 1857. Ehemalige Schüler des Internats von Harrow gründen den FC Sheffield. Sie wollen das Durcheinander beenden, das seit der Verbreitung des Rugby-Football entstanden ist (→ 1843). Vor allem lehnen sie die Brutalität des Rugby-Football ab.

In dem handschriftlichen Protokoll über »Rules and Regulations« hat der erste Punkt sporthistorische Bedeutung: »That this club be called the ›Sheffield Foot Ball Club‹.« Damit wird die Trennung vom Rugby unmißverständlich vollzogen. Insgesamt stellen die Gründer 17 Bestimmungen auf für die Führung des Vereins und elf Regeln für das eigentliche Spiel.

Sie beziehen sich dabei auf die »Cambridge-Regeln«, an denen Harrow-Schüler mitgearbeitet haben. Dieses Regelwerk sollte eigentlich gedruckt werden, aber das kam nicht zustande. Jeder Klub macht sich daher jetzt seine eigenen Fußball-Regeln.

Zur gleichen Zeit entstehen in Großbritannien weitere Fußballvereine wie der Epping Forest Club, der FC Barnes, Blackheath, Christal-Palace, Kilburn, die Crusades, der Richmond Club und der War Office Club. Man spielt miteinander Fußball und streitet gleichzeitig über die Verbindlichkeit der Regeln. Hier besteht erst in einem Punkt völlige Übereinstimmung, daß der Ball von keinem Feldspieler mit der Hand berührt werden darf.

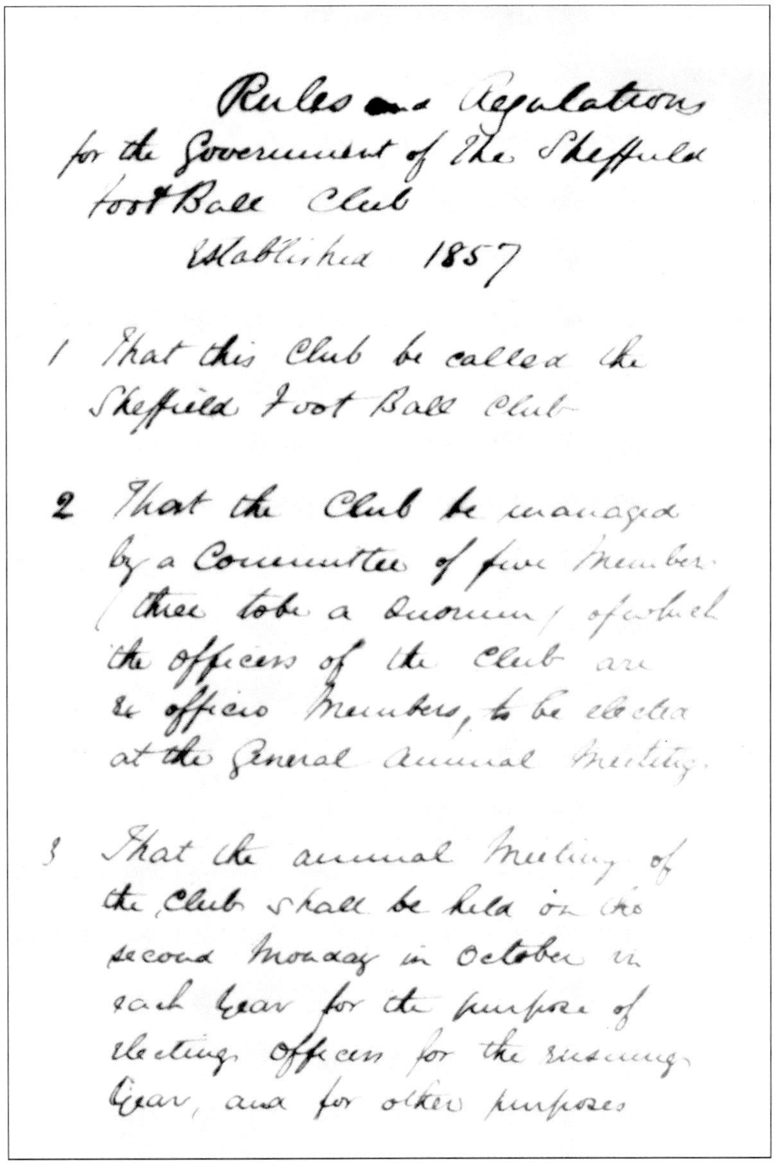
Rules and Regulations
for the Government of The Sheffield
Foot Ball Club
Established 1857

1 That this Club be called the
Sheffield Foot Ball Club

2 That the Club be managed
by a Committee of five Members
(three to be a Quorum) of which
the Officers of the Club are
ex officio Members, to be elected
at the General Annual Meeting.

3 That the annual Meeting of
the Club shall be held on the
second Monday in October in
each Year for the purpose of
electing Officers for the ensuing
Year, and for other purposes

Erste Seite des Vereinsstatuts für den FC Sheffield

Seinen Eindruck vom Derby in Epsom im Südwesten Londons, wo 1661 das erste Rennen und 1780 das erste Englische Derby stattfand, hält Théodore Géricault 1821 auf einem Gemälde fest.

Wie Skelette von Rennpferden ins Naturhistorische Museum von London kommen

Das Skelett des ersten Pferdes, das im Naturhistorischen Museum von London Aufnahme findet, stammt von Eclipse. Dieser 1764 geborene Hengst gewinnt zwischen 1776 und 1783 von 46 Rennen 35 und zeugt in direkter Nachkommenschaft 344 Sieger großer Rennen. Als das Wunderpferd 1789 eingeht, wird es von dem berühmten französischen Tierarzt Charles Vial de Saintbel seziert. Er richtet 1791 die erste Tierarzneischule in Großbritannien ein und übergibt das Skelett von Eclipse dem Museum. Die Vorgeschichte des zweiten Rennpferdes, dem solche Ehre zuteil wird, beginnt am 13. Mai 1851. 1000 britische Pfund wetten der Earl of Eglinton und der Earl of Zetland auf den Sieg in einem Rennen, das zwischen ihren Pferden Flying Dutchman und Voltigeur in Yorkshire ausgetragen wird. Beide Pferde haben zuvor Rennen in Derby und St. Leger gewonnen. Beide liefen im Doncaster-Pokal, den Voltigeur mit einer halben Länge vor Flying Dutchman gewann. Voltigeur unterliegt diesmal mit einer halben Länge. Seinem Sohn Vedette und Flying Dutchmans Tochter Flying Dutchess entstammt der Hengst St. Simon. Dessen Renngewinne werden wohltätigen Zwecken zugeführt. Sie müssen ganz beträchtlich gewesen sein, was bei der erlauchten Abstammung nicht verwundert. Dafür erhält 1854 auch sein Skelett einen Platz im Museum.

Erste Blüte des deutschen Rennsports

1858. Mit dem Badener Jagdrennen, dem u. a. die »Prince of Wales Stakes«, das Fürstenbergrennen und das Zukunftsrennen folgen, beginnt die Tradition des Rennplatzes in Iffezheim bei Baden-Baden.
Schon 1834 haben Pferderennen auf Brander Heide bei Aachen und das Unionrennen auf dem Tempelhofer Feld in Berlin erste Schwerpunkte im deutschen Rennsport gesetzt. Inzwischen verfügt man in Deutschland über so viel Rennvereine und Rennplätze, daß die Organisation des Rennsports von der in Frankreich gegründeten »Société d'encouragement pour l'amériolation des races de chevaux en France« übernommen wird. Man hat mittlerweile auch auf deutscher Seite die Wechselwirkung von Zucht und Sport voll erkannt. Auch die von Sport und Reitergeist. In Preußen werden die Jagdrennen von militärischer Seite für Offiziere empfohlen: »Die Wagnisse der Renn- und Jagdreiten mit ihren öffentlichen Triumphen haben für frische, mutige Herzen ihren besonderen Reiz. Das Klare, in dem, was sie wollen, die praktische Art, steht der phrasenhaft traditionellen Kampagnereiterei glänzend gegenüber.«

Berliner Rennbahn (Franz Krüger, 1853). Auch in der preußischen Metropole erfreuen sich Pferderennen zunehmend großer Beliebtheit.

Ein Wunderkind wird Weltmeister

1858. Den Titel Weltmeister gab es im Schach offiziell noch nicht. Doch als der Deutsche Adolf Anderssen das erste große internationale Turnier in London 1851 gewonnen hatte, galt er als weltbester Schachspieler. Das Turnier dauerte sechs Wochen, jeden Tag wurde elf Stunden lang gespielt. Der Brite Howard Staunton, der sich bis dahin Weltmeister genannt hatte, kam auf Platz vier.
Als Anderssen in diesem Jahr zu einem Zweikampf nach Paris fährt, stellt er sich einem Gegner, der als Schach-Wunderkind mit 13 Jahren die stärksten Spieler der USA mattgesetzt hatte. Paul Morphy (21) gewinnt gegen Anderssen sieben Partien, verliert zwei, zwei enden Remis. Man betrachtet ihn als Weltmeister, bis zu einem internationalen Turnier in London 1862, das wiederum Anderssen gewinnt.

Zeichner Honoré Daumier karikiert Pariser Badefreuden

1852. Die Zensurbehörden des französischen Kaiserreichs verbieten dem Maler und Karikaturisten Honoré Daumier, weiterhin für die satirische Zeitschrift »Le Charivari« zu arbeiten.

Daumier, der Rebell gegen jede angemaßte Autorität, der schon bei den revolutionären Unruhen der 30er Jahre auf die Straße gegangen war und einen Säbelhieb ins Gesicht bekommen hatte, begann 1832, politische Karikaturen für »La Caricature« zu zeichnen.

In den folgenden zwei Jahrzehnten hat Daumier Woche für Woche zwei Zeichnungen in den Stein gegraben. Über 4000 Lithografien sind so entstanden und spiegeln diese Zeit mit kritischem Blick. Daumier ist kein Karikaturist, der seine Beobachtungen in verzerrter Übertreibung darstellt. Das Publikum lacht zwar über seine Blätter, deren pointierte Unterschriften meist von ihm selbst stammen, aber es ist ein Lachen über sich selbst. Daumier macht sich allerdings nicht über die Menschen lustig. Auch wenn er als Journalist mit der Zeichenfeder bissige politische Kommentare abgibt, wohnt seinen Bildern die Tragikomik alles Geschehens inne.

Wenn er die Pariser Badefreuden für vier Sous aufzeigt, fällt die aktuelle Beziehung zu den Badestränden an der Adria in späteren Zeiten nicht schwer. Das Baden im Meer hat gerade erst mit der Eröffnung der ersten Seebäder begonnen. Als sich die Mutter der spanischen Königin Isabella II., Maria Christine von Bourbon, 1852 ins Meer wagt, baut man eigens einen Pavillon in den Fluten, der sie beim Planschen jeglichem Blick vom Strande her entzieht. In der Hauptstadt Paris, die immerhin eine Badeanstalt mit zwei Sprungtürmen aufweist, führt Hauptmann d'Argy neue Lehrmethoden im Schwimmen ein. Er läßt eine Art Kinderkarussell bauen, an dem die Rekruten hängen und freischwebend Schwimmbewegungen vollführen. D'Argy erklärt hierzu: »Die Erfahrung hat mehrere Male vor Hunderten von Zeugen bewiesen, daß ein Mensch, der die Schwimmbewegungen gut auf dem Feldstuhl ausführte, beim ersten Mal schwimmen konnte, wo man ihn ins Wasser warf.« Dergleichen braucht ein Honoré Daumier gar nicht erst zu karikieren.

Zu verlockend ist es, im Bad einen Blick auf die dicke Fifine zu erhaschen (Lithografie von Daumier, später kol.).

Ob das öffentliche Bad ein Vergnügen ist, erscheint aus der Sicht von Daumier zweifelhaft. Und ob es für artige Kinder ein Spaß ist, wenn der Papa sie mit zum Schwimmen nimmt, ist ebenfalls fraglich (Lithografien, später kol.).

Ein Gymnast als König der Lüfte

12. November 1859. Im Cirque Napoléon in Paris zeigt der Akrobat Jules Léotard eine bis dahin noch nie gesehene zirzensische Sensation. Er springt von einer Plattform hoch in der Zirkuskuppel auf ein schwingendes Trapez und wechselt dann auf ein zweites schwingendes Trapez hinüber. Léotard arbeitet ohne Netz. Den Zuschauern stockt der Atem. Die französischen Zeitungen feiern den Gymnasten aus Toulouse enthusiastisch als »Gott des Trapezes«. Der Zirkusdirektor muß ihm pro Abend die horrende Summe von 500 Franc zahlen. Offenbar bietet man Léotard in anderen Weltstädten noch mehr. In den folgenden Jahren bewundert das staunende Publikum seine einzigartige Luftnummer in London, Berlin und Madrid und sogar im fernen Sankt Petersburg.

Briten entdecken den Alpinismus

4. August 1857. John Ball gründet mit einigen Freunden in London den Alpine Club. Es ist der erste Bergsteigerklub der Welt. Die Briten haben eine neue Sportart entdeckt. Der Boden ist gut vorbereitet. Schon 1853 hielt ein gewisser Albert Richard Smith, der 1851 den Montblanc bestiegen hatte, in der Egyptian Hall am Londoner Piccadilly Vorträge über die Alpen. Er hatte dafür die Bühne des Saales wie ein Schweizer Chalet ausgestattet. Die Wände schmückten Fahnen und Wappen der Schweizer Kantone. Seine Ausführungen illustrierte Smith mit Projektionen grafischer Darstellungen der Alpenwelt. Das Interesse war groß, man verzeichnete »feinstes Publikum Nacht für Nacht«. Sogar die sportfreudige Königin Viktoria wohnte einmal einem Vortrag von Smith bei.

Der neugegründete Alpine Club hält im Dezember des Gründungsjahres seine erste Versammlung ab. Im Jahr darauf besteigt Charles Barrington mit den Schweizer Bergführern Christoph Almer und Peter Bohren den Eiger (3970 m) über den Westgrat. Am 11. September 1858 erreicht J. L. Davies mit vier Begleitern den Gipfel des Dom (4554 m) im schweizerischen Wallis. Die goldene Zeit des Alpinismus beginnt.

Blondin wiederholt sein Kunststück über den Niagarafällen später mit einem Mann auf den Schultern.

Am liebsten würde Blondin den Prinzen von Wales über die Niagarafälle tragen, der Sensation zuliebe.

Blondin geht vorwärts und rückwärts über das Seil; schließlich hüpft er in einem Sack steckend hinüber.

Blondin und die »absolute« Weltsensation

30. Juni 1859. Eine Menschenmenge in den Vereinigten Staaten wird Zeuge eines unerhörten Schauspiels. Ein Mann geht auf einem Drahtseil, das über die Niagarafälle gespannt ist. 48 m über den tosenden Wassermassen legt er Schritt für Schritt der 330 m langen Strecke zurück. Das Seil schwankt in der Mitte bis zu 8 m hin und her, der Wind ist unberechenbar. Aber das unglaubliche Wagnis gelingt. Die erste Weltsensation ist perfekt, ihr Held heißt Blondin.

Der Franzose, mit bürgerlichem Namen Charles Gravelet, kam in St. Omer als Sohn einer alten Artistenfamilie zur Welt. Sein Vater führte die Seiltänzertruppe Henri Blondin, in der Charles bald als Wunderkind auftrat. Nichts hätte sein Schicksal von dem in anderen Artistenfamilien unterschieden, wenn er nicht den spektakulären Einfall mit den Niagarafällen gehabt hätte. Von der Leistung her bringen andere Seiltänzer durchaus Vergleichbares zustande. Aber der Schauplatz, den Blondin wählt, regt die Phantasie aller Menschen an. Blondin kommt von seiner »absoluten« Weltsensation nicht mehr los. Mit immer neuen Sensationen sucht er sie in den folgenden Jahren fast bis ins Absurde zu steigern, bis sich die große Show erschöpft.

Blondin überquert die Niagarafälle auf Stelzen, dann schiebt er eine Schubkarre über das Seil, schließlich backt er auf halbem Wege ein Omelett.

Hornussen – ein uraltes Bauernspiel

1852. Zum ersten Mal wird in der Schweiz ein »Wetthornussen« erwähnt. Es findet auf der Schützenmatte in Burgdorf zwischen den Gesellschaften Sumiswald und Ersigen statt. Die Sumiswalder gewinnen, weil ihre Hornußstecken aus Eschenholz denen der Ersiger aus Tannenholz überlegen sind. 14 Tage später findet die Revanche statt. Die Ersiger haben sich inzwischen bessere Stecken besorgt und können bei diesem zweiten Treffen die Sumiswalder besiegen.
Bis zu diesem Wettkampf war Hornussen nur innerhalb von Dorfgemeinschaften betrieben worden. Das Spiel selber ist uralt und hat sich in den abgelegenen Schweizer Kantonen unverändert erhalten. Erstmals zählte Johann Fischart im 16. Jahrhundert Hornussen unter den ländlichen Spielen der Eidgenossen auf. Im Jahr 1625 wurden einige Bauern und ein Knecht von der Obrigkeit ermahnt, weil sie zur Zeit des Gottesdienstes gehornußt hatten. Der 1841 erschienene Erziehungsroman »Uli, der Knecht« von Jeremias Gotthelf enthält ein ganzes Kapitel »Wie das Hurnußen dem Uli vom Unkraut hilft«. Aus der Frühform dieses Schlagballspiels entwickelten sich in anderen Ländern Kricket und Baseball. In der Schweiz hingegen bleibt Hornussen auch weiterhin als »nationales« Spiel erhalten.

Jeremias Gotthelf
Wie das
Hurnußen
dem Uli
vom
Unkraut hilft

Es war schon lange die Rede davon gewesen, daß die Bursche aus Ulis Gemeinde, die Erdöpfelkofer mit den Brönzwyleren einen Wetthurnußet abhalten sollten. Das Hurnußen ist nämlich eine Art Ballspiel, welches im Frühjahr und Herbst im Kanton Bern auf Wiesen und Aeckern, wo nichts zu verderben ist, gespielt wird, an dem Knaben und Greise teilnehmen. Es ist wohl nicht bald ein Spiel, welches Kraft und Gelenkigkeit, Hand, Aug und Fuß so sehr in Anspruch nimmt als das Hurnußen. Die Spielenden teilen sich in zwei Partien; die eine hat den Hurnuß zu schlagen, die andere ihn aufzufangen. Der Hurnuß ist eine kleine Scheibe von nicht zwei Zoll im Durchmesser, in der Mitte etwas dicker als an den Rändern, welche abgerundet und zwei Linien dick sind. Derselbe wird mit schlanken Stecken von einem Sparren, der hinten auf dem Boden, vornen auf etwa zwei bis drei Fuß hohen Schwirren liegt, geschlagen, auf den er aufrecht mit Lehm angeklebt wird. Etwa zwanzig Schritte weit vor dem Sparren wird die Fronte des Raumes bezeichnet, innerhalb welchem der Hurnuß fallen oder abgetan werden muß. Dieser Raum oder dieses Ziel ist an der Fronte auch ungefähr zwanzig Schritte

Das Hurnußen

breit, erweitert sich nach und nach auf beiden Seiten, hat aber keine Rückseite, sondern ist in seiner Längenausdehnung unbegrenzt; soweit die Kraft reicht, kann der Hurnuß geschlagen werden. Innerhalb dieses Zieles muß nun der sehr rasch fliegende Hurnuß aufgefaßt, abgetan werden, welches mit großen hölzernen Schaufeln mit kurzen Handhaben geschieht. Fällt derselbe unabgetan innerhalb des Zieles zu Boden, so ist das ein guter Punkt. Wird er aber aufgefaßt, oder fällt er dreimal hintereinander außerhalb der Grenzen zu Boden, so muß der Schlagende zu schlagen aufhören. Die zwei Partien bestehen aus gleichviel Gliedern und schlagen und tun wechselseitig den Hurnuß ab. Haben alle Glieder einer Partie das Schlagrecht verloren, indem der Hurnuß entweder abgefaßt worden oder außer das Ziel gefallen, so zählen sie die guten Punkte und gehen nun ins Ziel, um den Hurnuß aufzufassen, den nun die andere Partie schlägt, bis auch alle Glieder das Schlagrecht verloren. Welcher Partie es gelungen ist, mehr Punkte zu machen, den Hurnuß ins Ziel zu schlagen, ohne daß er abgetan wird, die hat gewonnen. Nun muß man wissen, daß dieser Hurnuß fünfzig bis siebenzig Fuß hoch und vielleicht sechs- bis achthundert Fuß weit geschlagen wird, und doch gelingt es bei geübten Spielern den Partien oft nicht, einen einzigen Punkt zu machen, höchstens zwei bis drei. Es ist bewunderungswürdig, mit welcher Sicherheit gewandte Spieler dem haushoch über sie hinfliegenden Hurnuß ihre Schaufel entgegenrädern, wie man zu sagen pflegt, und ihn abtun mit weithin tönendem, hellem Klange, mit welcher Schnelligkeit man dem Hurnuß entgegenläuft oder rückwärts springt, um ihn in seinen Bereich zu kriegen. Denn je gewandter ein Spieler ist, ein desto größerer Raum wird ihm zur Bewachung anvertraut. Je gewaltiger einer den Hurnuß zu schlagen vermag, um so mehr müssen die Auffassenden im Ziel sich verteilen, so daß große Zwischenräume zwischen ihnen entstehen, und auf den geflügelten Hurnuß eine eigentliche Jagd gemacht werden muß. Dieses Spiel ist ein echt nationales und verdient als eines der schönsten mehr Beachtung, als es bisher gefunden hat. Daß es ein nationales ist, beweist das am besten, daß ein ausgezeichneter Spieler durch eine ganze Landschaft berühmt wird und die Spieler verschiedener Dörfer ordentliche Wettkämpfe miteinander eingehen, wo die verlierende Partie der gewinnenden eine Uerti zahlen muß, das heißt, ein Nachtessen mit der nötigen Portion Wein usw.

△ *Der Schweizer Dichter Jeremias Gotthelf, eigentlich Albert Bitzius (1797–1854), hat das »Hurnußen« sachkundig beschrieben als ein Ballspiel auf Wiesen und Äckern, woran »Knaben und Greise teilnehmen«. Zu seiner Zeit fanden die Spiele im Frühjahr und Herbst statt.*

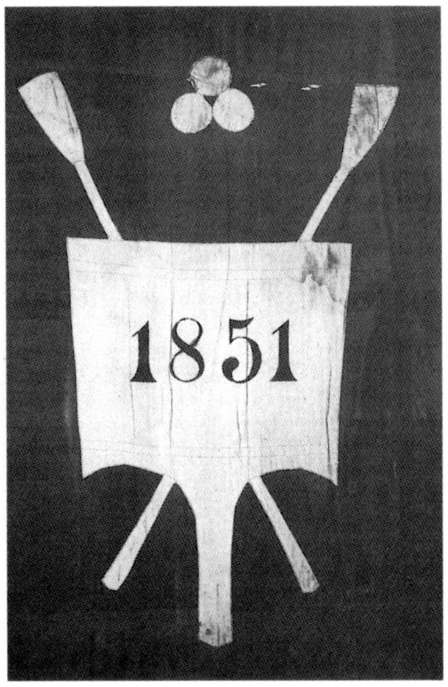

◁ *Zu den »nationalen« Spielen der Schweiz gehört auch das Hornussen, das aber nicht in die Eidgenössischen Turnfeste einbezogen wird. Das älteste Hornussen-»Fähnli« (Abb.) wird in der Gaststube des Gasthofes »Bären« in Ersigen aufbewahrt. Hornussen wird zu einer wahren Sucht, man spielt bis in die Nacht hinein, wobei man an den Hornuß einen brennenden Zündschwamm bindet.*

Nationalturnen der Schweizer Kantone

1855. Beim Eidgenössischen Turnfest in Lausanne wird zum ersten Mal ein Zehnkampf ausgetragen, der aus Steinstoßen (aus dem Stand und mit Anlauf), Steinheben, Hochsprung, Weitsprung, Hochweitsprung, 100-m-Lauf, 1000-m-Lauf, einer Freiübung nach Wahl und Schwingen besteht.
Das Wettkampfprogramm variiert in den folgenden Jahren, aber das Grundmuster des Turnfestes bleibt erhalten. Die Turner integrieren damit die überlieferten Sportarten der alpenländischen Hirtenfeste. Sie prägen dafür die Bezeichnung »Nationalturnen«. Für die Eidgenössischen Turnfeste gibt es von nun an eine Klassifikation der Wettbewerbe für Kunst- und Nationalturner, für Nur-Kunstturner und für Nur-Nationalturner.
Als erster Sieger im Nationalturnen wird in Lausanne Jules Bôle aus La Chaux-de-Fonds geehrt. Er erhält den Kranz auch 1856, 1857 und 1859. Zur weiteren Stärkung der Schweizer Turnbewegung trägt die 1858 erfolgte Gründung des offiziellen Organs »Schweizerische Turnzeitung« bei, die zweisprachig erscheint. Doch auf Drängen der Genfer Turner wird bereits 1859 eine französische Ausgabe »Le Gymnaste« gedruckt. Zehn Jahre später folgt im Tessin in italienischer Sprache »Il Ginnasta«.

Eleganter Sport in Frack und Zylinder

1857. *Der Prestwick Club lädt zu den ersten Golfmeisterschaften nach St. Andrews in Schottland ein. Charles Lees hält das Ereignis in einem Gemälde fest. Die Spieler tragen Zylinder und Schwalbenschwanzröcke, was sie als Landedelleute kennzeichnet. Das Schlägersortiment wird von Bediensteten getragen. Der Versuch, das Vergnügen eines exklusiven Kreises auf eine breitere sportliche Basis zu stellen, gelingt.*
Drei Jahre später werden in Großbritannien die ersten offenen Golfmeisterschaften ausgeschrieben, die auch als inoffizielle Weltmeisterschaften gelten.

▷ Beim ersten Golfwettkampf in St. Andrews sind Golfkleidung und -taschen noch unbekannt.

1860

1860–1869

17. 4. 1860. »Boxkampf des Jahrhunderts« in Farnborough/Großbritannien: US-Meister John C. Heanan gegen den britischen Meister Tom Sayers. In der 42. Runde stürmen Zuschauer den Ring. Beide werden zu Weltmeistern erklärt.

16.–18. 7. 1860. Deutsches Turnfest in Coburg mit rund 1000 Turnern aus 139 Ortschaften.

1861. Der französische Wagenbauer Pierre Michaux konstruiert ein Fahrrad mit Tretkurbelantrieb. Ein Jahr später baut er 142, ab 1865 jährlich 400 Fahrräder (→ 1867).

Erster Ruderklub Ungarns in Budapest gegründet. An den Regatten nehmen Boote der Müller- und Fischergesellschaften teil.

12. 5. 1861. Erstes Turnfest Frankreichs, organisiert vom TV Gebweiler, unter Beteiligung von Schweizer Turnern.

8.–11. 7. 1861. Deutscher Schützen-Bund (DSB) als erster deutscher Sportverband in Gotha gegründet.

1862. In Frankfurt am Main erstes Bundesschießen des Deutschen Schützen-Bundes (8000 Schützen u. a. aus Österreich, der Schweiz und den USA). Festzug mit 12000 Teilnehmern.

Der 17jährige Gerrit Smith Miller gründet in Boston den Oneida Club, den ersten Fußballklub der USA.

An den Schulen in Amsterdam werden Leibesübungen obligatorisch. M. A. van der Est beginnt mit Turnen nach Adolf Spieß.

16. 2. 1862. Abfahrts-Skilauf und Skisprung von einer neun Fuß hohen Mauer bei Grörud/Norwegen, beschrieben in »Illustr. Nyhetsblad«, Kristiania (Oslo).

26. 7. 1862. »Gentlemen Amateur Handicap«, erstes öffentliches Sportfest in London mit Läufen über 100 y, eine Viertel- und eine halbe Meile.

August 1862. Erstes Ruderrennen der Schweiz auf dem Zürichsee. Über 800 m gewinnt ein Zweier britischer Studenten gegen einen Vierer mit Züricher Metzgergesellen.

19. 9. 1862. Gründung des Österreichischen Alpenvereins.

1863. Gründung des Schweizer Alpen-Clubs (SAC). Als erste Schutzhütte wird für 867 Franken die Grüntorhütte erbaut.

Der West-London Rowing Club gründet als ersten Leichtathletikverein in Großbritannien den Mincing Lane Athletic Club und veranstaltet am 7. November das erste Hallensportfest.

In Prag gründet Miroslav Tyrs den tschechischen Turnverband »Sokol«.

1. 3. 1863. Erstes Eislaufrennen in Norwegen auf dem Eis des Hafens von Kristiania (Oslo).

Erste Ski-Ausstellung in Drontheim/Norwegen, Werbeschrift für Ski.

3. 4. 1863. Louis Bennett, genannt »Deerfoot«, läuft in London in einer Stunde 18590 m, ein Rekord, der 34 Jahre besteht (→ 1866).

26. 10. 1863. Gründung der Football Association (FA) in London. Geburtsstunde des modernen Fußballs (»Soccer«).

1864. Rudolf Schärer gibt in der Schweiz die erste Schwingerlehre heraus, für die er sich bei »Schwingerkönigen« Rat holte.

Der kanadische Tänzer Jackson Haines entwickelt auf den in den USA erfundenen Stahlschlittschuhen einen neuen Kunstlauf-Stil.

14. 7. 1865. Erstbesteigung des Matterhorns (4478 m) in den Walliser Alpen durch den Briten Edward Whymper im achten Versuch. Beim Abstieg kommen Lord Francis Douglas, der Geistliche Charles Hudson, Douglas Hadow und der Führer Michel Croz um. Nur Whymper und der Führer Peter Tauchwalder mit seinem Sohn überleben.

6. 8. 1865. Erstes Turnfest in Belgien und Gründung der »Fédération Belge de Gymnastique«.

1866. Karl Marx fordert eine »allseitige Erziehung«, wobei Leibesübungen an zweiter Stelle stehen.

Der Österreicher Wilhelm Steinitz ist nach einem Sieg über Adolf Anderssen Schachweltmeister.

In London Gründung des Amateur Athletic Club.

1867. Erste Aschenbahn für Laufwettbewerbe in London (530 m).

In Glasgow Gründung des Fußballklubs Queen's Parc; nach einem Gastspiel von Indianern aus Kanada erster Lacrosseverein in Schottland gegründet.

Der Wagenbauer Pierre Michaux stellt auf der Pariser Weltausstellung das »Célérifère« vor.

1868. Erste Wettfahrt mit »Michauxlines« im Park von St. Cloud in Paris über 1200 m. Sieger: James Moore (→ 1867).

Gründung des New York Amateur Athletic Club, erster US-Klub für »track and field« (Leichtathletik).

Erster verzeichneter Weitsprungrekord von A. v. Tinwell mit 6,40 m.

21. 7. 1868. Gründung der Deutschen Turnerschaft (DT) auf dem vierten Deutschen Turntag in Weimar.

1869. Altonaer Bicycle-Club, der älteste Radsportverein der Welt, gegründet.

Erstmals Schwimm-Weltmeisterschaften und Wasserballspiele in London.

Erstes Bahn-Radrennen Italiens in Padua. Gründung der »Federazione Nazionale di Ginnastica«.

10. 9. 1869. Erste Veloziped-Wettfahrt in Deutschland in Altona (→ 1867).

Die Art, wie John C. Heanan dem »Champion of England« Tom Sayers zusetzt, erregt das Publikum. Sayers bringt 43 englische Pfund weniger auf die Waage als sein Kontrahent aus den Vereinigten Staaten.

Der Kampf des Jahrhunderts

17. April 1860. Es ist der erste »Boxkampf des Jahrhunderts«, wenn auch nicht der letzte. Nie zuvor ist man sich, jedenfalls in Großbritannien und in den Vereinigten Staaten, so stark dessen bewußt gewesen, daß es zwischen dem Briten Tom Sayers und dem US-Amerikaner John C. Heanan um den Weltmeistertitel geht. Erstmals reisen Reporter aus Übersee zu diesem Ereignis an. Die Anteilnahme übertrifft alles bisher Dagewesene.

Die britische Polizei verbietet den Kampf, aber jeder weiß, daß er am 17. April in Farnborough stattfindet. Heanan muß heimlich in einer Scheune am Sandsack trainieren, wobei ihn eine Bulldogge bewacht. Sayers fährt in einem Viehwagen versteckt zum Kampfplatz. Dort ist eine riesige Menschenmenge, aber kein einziger Polizist zu sehen. Als Sayers in der 37. Runde in Bedrängnis gerät, zerschneiden aufgebrachte Zuschauer die Ringseile. Der Ringrichter weigert sich, den Kampf fortzusetzen. Die Fans wollen aber ihren Champion als Sieger haben. Also boxen die beiden Kontrahenten noch fünf Runden ohne Ringrichter weiter. Als Sayers nach zwei Stunden und 20 Minuten endgültig zu verlieren scheint, stürmen die Zuschauer den Ring und verlangen, daß der Kampf unentschieden gegeben wird. Andere wollen, daß man beide zu Siegern erklärt. Heanan fürchtet um sein Leben und entzieht sich dem Streit durch Flucht. So bleibt unklar, wer den »Kampf des Jahrhunderts« gewann. Sowohl Großbritannien wie die USA reklamieren den Weltmeister für sich.

Champion Tom Sayers, von 1857 bis 1860 inoffizieller Boxweltmeister

Leichtathletik »geboren«

1866. J. G. Chambers gründet in London den Amateur Athletic Club. Noch im März finden die ersten Britischen Leichtathletikmeisterschaften der Amateure mit Wettbewerben u. a. im Hürdenlauf über 120 y, Kugelstoßen mit 7,257-kg-Kugeln aus einem Quadrat von sieben Fuß Seitenlänge, Läufe über eine halbe Meile und sieben Meilen, Stabhochsprung und Hammerwerfen statt. Chambers wird Meister im Gehen über sieben Meilen. Ein Jahr später gibt es in London die erste Aschenbahn über eine Distanz von 530 m.

Ein Indianer läuft allen davon

Er heißt Louis Bennett, aber sie nennen ihn »Deerfoot« (deer, engl.; Reh), ein Halbblut aus dem Stamm der Seneca. Er kommt 1861 nach Großbritannien und schlägt alle Gegner: White über vier Meilen, White und Mills über zehn Meilen. In Dublin gewinnt er einen Zwölf-Meilen-Lauf um 500 US-Dollar gegen Levett und Mills in 65 min. Wieder in London bezwingt er »The American Deer« Howitt in einem Vier-Meilen-Lauf. Im Oktober 1862 stellt er einen Stundenweltrekord mit elf Meilen, 720 y auf. 1863 läuft er Rekordzeiten über elf Meilen in 57 min, 11,5 Meilen in 59:54 min und zwölf Meilen in 62 min. Er ist der überragende Läufer des Jahrzehnts.

Folgende Vereine nehmen an den Leichtathletikmeisterschaften teil: Der 1863 gegründete erste britische Leichtathletikclub Mincing Lane Athletic, der London Athletic Club, der Birmingham Athletic Club und der Fußballclub Sheffield Wednesday. Für diese Clubs, denen bald weitere folgen, ist charakteristisch, daß sie das Wettkampfprogramm über die bisher dominierenden Laufwettbewerbe hinaus systematisch erweitern und reglementieren und aus dem Bereich der Hochschulen auf eine breitere Basis zu stellen versuchen. Dabei kommt es aber zu einer Einschränkung, die auf längere Zeit den gesamten Sport bestimmen wird. Der Amateur Athletic Club, der später als Amateur Athletic Association zur obersten Instanz wird, führt für die Teilnehmer den Amateur-Paragraphen ein.

Bis dahin hat man es nicht so genau genommen, ob ein »running footman« gegen einen Gentleman um die Wette lief oder ein »waterman« einmal mit Studenten ruderte oder ein Berufsreiter mit einem Herrenreiter über die Strecke ging. An einigen Universitäten legen die Studenten aber immer mehr Wert darauf, daß ihr Sport »gentlemanlike« bleibt. Da die britischen Universitäten im Sportleben eine führende Rolle spielen, sichern sich die Leichtathletikclubs durch einen Gentleman-Paragraphen ab. Dieser schließt automatisch Handwerker und Arbeiter aus. Wer Geldpreise irgendeiner Art, auch in versteckter Form, annimmt, dem wird die Amateureigenschaft aberkannt. Dasselbe gilt, wenn man gegen Berufssportler antritt. Selbst Lehrer und Trainer, die mit ihrer Tätigkeit ihren Lebensunterhalt verdienen, gelten nicht mehr als Amateure.

Dieser Paragraph stößt auf großen Widerstand und führt zu ständigen Streitigkeiten. So bürgert es sich bei Amateurwettbewerben ein, daß der Sieger einen Becher voll Geld erhält, das er an sich nimmt, während er den Becher dem Zweitplazierten gibt. Auch die Beschränkung der »männlichen und kraftbildenden Übungen« der Leichtathletik auf Geistesarbeiter findet Gegner.

Den Leistungsstand der britischen Leichtathleten dokumentieren Zahlen aus dem Jahr 1867: Die Viertelmeile (402 m) 51 sec, die Meile (1609 m) 4:28,8 min, drei Meilen (4827 m) 15:20,6 min, Hochsprung 1,70 m, Weitsprung 5,95 m, Stabhochsprung 3,20 m, Kugelstoßen 11,75 m, Hammerwurf 31 m.

Der berühmte 1000-Meilen-Marsch von Robert Barclay Allerdice (→ 1.6. 1809) ließ William Gale nicht ruhen. Er ging 1865 in 1000 Stunden 1500 Meilen. Seine Begleiter, die ihm nachts mit einer Lampe leuchteten, wechselten einander ab. Die Zeitnehmer überstanden die Prozedur sitzend. Im Jahr 1867 veranstaltet der Thames Rowing Club als Wintertraining für seine Ruderer Cross-Läufe über 3600 m. A. V. Tiswell stellt 1868 einen Weitsprungrekord mit 6,40 m auf. Die Leichtathletik breitet sich in den folgenden Jahren auch in den britischen Kolonien aus, ebenso in den Vereinigten Staaten. Dort gebraucht William B. Curtis, Mitbegründer des New York Amateur Athletic Club, zum ersten Mal Spikes.

Leichtathletische Wettkämpfe werden an den Universitäten Oxford und Cambridge seit 1857 durchgeführt. Mit den jährlichen Vergleichskämpfen wurden Kugelstoßen und Hammerwerfen eingeführt (Stich, später koloriert).

Die Universitäten Oxford und Cambridge veranstalteten 1864 erstmals einen Leichtathletikwettkampf auf dem Spielfeld von »Christ Church« (Stich, später koloriert). Im selben Jahr gab es das erste Inter-College-Sportfest.

Neugieriges Publikum beim »Ready to start« eines Gehers in den 50er Jahren des 19. Jahrhunderts; nicht nur die Startstellung ist unterschiedlich, auch die Startposition (Holzstich aus Großbritannien, um 1850, später koloriert).

△ *Nachträglich kolorierter Holzstich von einem Wettkampf Oxford-Cambridge, den die »Illustrated London News« 1867 veröffentlicht. Noch ist der Kugelstoßring rechteckig. Neben dem Kugelstoßen, wobei das Gewicht der Kugel auf 7,25 kg festgelegt ist, gibt es ein Weitwerfen mit Kricketbällen, das bald durch das Hammerwerfen ersetzt wird, wobei das Gewicht des Hammers mit 7,258 kg vorgeschrieben wird; die Studenten übernehmen das Hammerwerfen von den Schotten, die 1865 wieder mit den Highland Games beginnen. Seit 1745 waren diese Wettbewerbe nicht mehr durchgeführt worden. Mit den Kolonien des britischen Empire und mit den USA werden Kontakte geknüpft, um Sportveranstaltungen durchzuführen.*

Das Gehen gehört zu den traditionellen Leichtathletikwettbewerben in Großbritannien (Stich, später koloriert). Seit 1855 gibt es das erste methodische Trainingslehrbuch, das Welsh unter dem Titel »Training of Man for Pedestrians Exercises« herausbrachte; es findet unter den Studenten der britischen Universitäten weite Verbreitung.

Der Stundenweltrekord, den Louis Bennett »Deerfoot« 1862 in London aufstellt, hält 34 Jahre (kol. Stich).

Vom belächelten Freizeitvergnügen zum Wettkampfsport

1867. Auf der Weltausstellung in Paris präsentiert der französische Wagenbauer Pierre Michaux das »Célérifère«. Es ist ein Fahrrad mit Metallrahmen, Tretkurbel, Kette und Gummireifen.
Sechs Jahre zuvor hatte Pierre mit seinem Sohn Ernest das erste Veloziped erbaut. Ernest entdeckte bei der Reparatur einer dreirädrigen »Draisine« (→ 1816) die Tretkurbel und bastelte dann Pedale an ein Zweirad. 1862 gründete Pierre Michaux die erste Fahrradfabrik.

Die Hohe Schule des Velofahrens
Im ersten deutschen Fahrradlehrbuch heißt es 1869: »Die Hauptsache beim Velocipedfahren ist, indem man den Körper möglichst ruhig im Sattel festigt, das Gleichgewicht zu behalten. Das übrige besorgt die mechanische Bewegung der Füße. Allmählich kann man in dieser Geschicklichkeit so weit kommen, erst nur mit Benutzung des Fußes und später ohne den Gebrauch der Füße auf einer schiefen Ebene fahren zu können; mittels allerhand Wendungen ist es möglich, ähnliche Figuren wie mit Schlittschuhen auszufahren.«

Pierre und Ernest Michaux sind nicht nur Erfinder und Unternehmer. Sie machen noch eine weitere zukunftsweisende Entdeckung. Mochte das Draisinenfahren ein Spaß, das »Hobbyhorse«-Reiten ein Spleen, das Veloziped ein mögliches Verkehrsmittel sein, bekannt und populär macht es erst der Sport. Die technische Weiterentwicklung des Fahrrads ist mit dem Radsport von nun an untrennbar verbunden. 1865 wurde das erste Straßenrennen über 500 km in Amiens gefahren. 1868 findet die erste Wettfahrt mit »Michauxlines« im Park von St. Cloud in Paris statt. In Bordeaux gibt es die erste Wettfahrt von Frauen. 1869 veranstaltet die Zeitschrift »Vélocipède Illustré« ein Profi-Rennen Paris—Rouen über 123 km mit 200 Teilnehmern. Der Brite James Moore, der auch das Rennen von St. Cloud gewann, siegt in 10:45 h. In Altona, München und Magdeburg werden die ersten Fahrradklubs der Welt gegründet. Am 10. September 1869 startet in Altona das erste Veloziped-Rennen.

△ Viel Mut und Bein zeigen die Damen beim ersten Radrennen in Bordeaux 1868. Ein Jahr später schwingen sie sich auf die ersten Hochräder (Stich, später kol.).

◁ Erste Fahrradschule der Pariser Veloziped-Vereinigung an der Rue Goujon, 1868 (Stich, später kol.)

▽ Kaiser Napoleon III. setzt eine Goldmedaille aus für das erste Radrennen im Park von St. Cloud am 31. Mai 1868. Der Brite James Moore gewinnt über eine Strecke von 1200 m. Einen Tag später findet das erste Radrennen Großbritanniens bei Welsh Harp auf »boneshakers« statt. In Frankreich gewinnt Jules Léotard Toulouse—Villefranche und zurück (Stich, später koloriert).

Erster offizieller Schachweltmeister

1866. Offiziell nimmt Wilhelm Steinitz den Titel erst später für sich in Anspruch. Doch in der modernen Schachgeschichte gilt er nach seinem Wettkampf gegen Adolf Anderssen in London als erster Schachweltmeister.
14 Partien sind angesetzt. Anderssen gewinnt die erste. Dann siegt Steinitz viermal hintereinander. Darauf Anderssen ebenfalls. Zuletzt setzt sich der 18 Jahre jüngere Steinitz mit 8:6 durch. Keine einzige Partie endet Remis.
Steinitz, 1836 in Prag geboren, lebt in Wien, später in den Vereinigten Staaten. Er begründet den wissenschaftlichen Stil des modernen Positionsspiels im Schach. In drei weiteren internationalen Turnieren und 130 Einzelkämpfen verteidigt er seinen Titel erfolgreich. Anderssen, ein auf Schönheit ausgehender Romantiker des Schach, bleibt durch geniale Kombinationen in Erinnerung, so durch die »unsterbliche Partie«, die er 1851 gegen den polnischen Meister Kisseritzki gewann.

Marx befürwortet Sport für Arbeiter

1866. Auf dem ersten Kongreß der 1864 in London gegründeten Internationalen Arbeiterassoziation in Genf weisen Karl Marx und Friedrich Engels auf die Notwendigkeit einer körperlichen Ertüchtigung der Arbeiter hin. Marx verlangt eine »allseitige Erziehung« mit Leibesübungen an zweiter Stelle.

Karl Marx (1818—1883) gibt der internationalen Arbeiterbewegung durch den Nachweis der »Bewegungsgesetze der kapitalistischen Produktion« eine wissenschaftliche Grundlage für ihren Emanzipationskampf.

Am 23. Mai 1863 hatte Ferdinand Lassalle in Leipzig den Allgemeinen Deutschen Arbeiterverein gegründet. Als Gegenorganisation konstituierte sich am 7. Juni in Frankfurt am Main der Verband der deutschen Arbeitervereine. Im Arbeitersport verbündet sich körperliche Ertüchtigung mit Klassenbewußtsein.

Der Triumph auf dem Matterhorn-Gipfel am 14. Juli 1865, wie ihn der französische Zeichner Gustave Doré sieht

Die Tragödie am Matterhorn, als das Seil reißt und Croz, Hadow, Hudson und Lord Douglas in den Tod stürzen

Triumph und Tragödie am Matterhorn

14. Juli 1865. In seinem 1862 erschienenen bahnbrechenden Werk »Die Alpen« bezeichnete H. A. Berlepsch das Matterhorn als »unersteigbar«. 1861 hatte der Brite Edward Whymper vom Londoner Alpine Club begonnen, das Matterhorn zu belagern. Sein erster Angriff scheiterte. 1862 stieg er fünfmal auf, mußte aber immer wieder umkehren. Ein Jahr später gelangte er im Alleingang höher als je ein Mensch vor ihm. Dann wurde er zum Rückzug gezwungen, wobei er 60 m tief abstürzte. Wie durch ein Wunder kam er mit dem Leben davon. Ziemlich zerschunden landete er in einer Schneemulde. Sobald er wiederhergestellt war, rüstete er zu einem neuen Angriff.
Zum achten Besteigungsversuch finden sich sieben Männer zusammen: Die Bergführer Michel Croz aus Chamonix und Peter Taugwalder aus Zermatt, dessen Sohn Peter als Träger mitgeht, sowie drei Mitglieder des Alpine Club, die sich Whymper aus freien Stücken anschließen (der Geistliche Charles Hudson, der Tourist Douglas Hadow und Lord Francis Douglas).

Ursprünglich hatte Whymper mit dem italienischen Bergführer Jean Antoine Carrel gehen wollen. Aber sie konnten sich nicht über die Route einigen. Whymper hält die Schweizer Seite für die günstigste. Carrel wollte aus patriotischen Gründen von der italienischen Seite den Gipfel angehen.
Er bricht mit anderen Gefährten zur gleichen Zeit auf wie Whymper. So kommt es zu einem Wettlauf am Berg, ein bisher einmaliger Vorgang. Whympers Seilschaft benutzt nur ein einziges Seil, was sehr hinderlich ist, zumal sich Hadow als unerfahrener Kletterer erweist. Sie erreicht dennoch am 14. Juli zuerst den Gipfel. Als Zeichen ihres Triumphes rollen sie Steine den Berg hinab, worauf Carrel umkehrt. Beim Rückweg gleitet Hadow an einer vereisten Stelle aus, fällt auf den besten Kletterer, Croz, und stößt ihn aus der Wand. Weder Hudson noch Lord Douglas haben in diesem Augenblick einen gesicherten Stand. Sie werden mitgerissen. Whymper und der alte Taugwalder verstemmen sich beim Aufschrei von Croz, aber unter der Wucht der vier stürzenden Männer reißt das Seil. Die Vier zerschellen 1200 m tiefer. Nach einer Übernachtung in der Wand gelangt Whymper mit den beiden Taugwalders erschöpft nach Zermatt. Whymper wird später beschuldigt, das Seil zerschnitten zu haben, um sein Leben zu retten. Die ungeheuerliche Behauptung kann nicht bewiesen werden.

Die Erstbesteiger des Matterhorns vom 14. Juli 1865 (Fotomontage)

Erster deutscher Sportverband in Gotha gegründet

8. bis 11. Juli 1861. Beim allgemeinen Schützen- und Jugendfest in Gotha wird nach dem Schweizer Vorbild der Deutsche Schützen-Bund (DSB) gegründet. Die Initiative ist von Herzog Ernst II. von Sachsen-Coburg-Gotha ausgegangen. Der Gothaer Hofrat A. Sterzing wird der erste Präsident des ersten deutschen Sportverbandes. Man beschließt, das erste Deutsche Bundesschießen im nächsten Jahr in der Freien Reichsstadt Frankfurt am Main durchzuführen.

Aufruf zum Bundesschießen
Der Frankfurter Festpräsident Sigmund Müller lädt 1862 die Schützen aus allen Ländern deutscher Zunge, auch diejenigen aus der Schweiz, aus Österreich und Tirol, ein: »Von nah und fern sendet das Vaterland seine Söhne zum gemeinsamen Waffenspiel, der Lust des echten Mannes. Der Geist der vaterländischen Einheitssache und der brüderlichen Liebe soll uns beseelen unter dem gemeinsamen schwarzrotgoldenen Banner. Wohl trennt uns mancherlei Parteiung und mancherlei Verschiedenheit des Strebens, aber ewig und unantastbar über dem trennenden Element thronet das Gefühl der Zusammengehörigkeit, waltet die Liebe zum gemeinsamen Vaterland.«

Frankfurt am Main prägt eigens Taler. Neun Tage dauert das erste Bundesschießen. 8000 Schützen nehmen daran teil, 1100 davon aus der Schweiz, aus Österreich und den USA. 12 000 Menschen beteiligen sich am Festzug, Tausende finden sich in einem riesigen Festzelt zum Festbankett ein. Geschossen wird auf 70 Scheiben in 175 m und 30 Scheiben in 300 m Entfernung. Zu Beginn des Festes zählt der DSB 9111 Mitglieder, am Ende liegen 2200 Neuanmeldungen vor.
1865 findet das zweite Bundesschießen in Bremen statt. Zwei Jahre nach dem Deutschen Krieg zwischen Preußen und Österreich ruft 1868 Wien zum dritten Bundesschießen. Hierbei setzt der 38jährige Kaiser Franz Josef unter gewaltigem Jubel einen Schuß ins Schwarze. Zum Tanz im Festzelt spielen abwechselnd auf die Brüder Johann, Josef und Eduard Strauß.

△ Die Festhalle und der Gabentempel beim zweiten Deutschen Bundesschießen in Bremen 1865 (Stich, später koloriert). Die Zahl der Schießstände ist gegenüber Frankfurt am Main erheblich vermehrt worden. Als Attraktion wird eine Dampferfahrt nach Helgoland veranstaltet, an der 1200 Schützen teilnehmen.

◁ Abschied vom ersten Deutschen Bundesschießen in Frankfurt am Main 1862, nach einer Illustration der »Illustrierten Zeitung« in Leipzig (nachträglich koloriert). Beinahe wäre das große Fest ins Wasser gefallen. Kurz vor Beginn zerstörte ein Unwetter den größten Teil der Schießanlagen. Der Gesamtschaden belief sich auf 20 000 Gulden. Die Stadt Frankfurt übernahm die Instandsetzungskosten. Den Abschluß bildet ein Heimatfestspiel, bei dem eine große Menschenmenge stehend »Rufst du, mein Vaterland« singt. Das Bundesschießen findet starken patriotischen Widerhall: »Sänger, Turner, Schützen – das sind der Freiheit Stützen!« Noch ist dieser Geist des Vormärz lebendig. Doch nach dem Dänischen Krieg 1864, dem Deutschen Krieg 1866 und dem Deutsch-Französischen Krieg 1870/71 ändert sich der Slogan. »Sänger, Turner, Schützen sind reaktionäre Stützen« kennzeichnet nun eine konservative Haltung.

Die Geburtsstunde des Fußballspiels

»Freemason's Tavern« in der Londoner Great Queen Street, Gründungsort der Football Association (FA)

Schülerfußball in England, als man an den Colleges noch nicht zwischen Football und Rugby unterschied

26. Oktober 1863. Reverend R. Burn aus Shrewsbury, Blake Humfrey aus Eton, Mc. F. Martin aus Rugby, J. T. Prior aus Harrow, W. T. T. Reuch aus Eton, H. S. Williams aus Harrow und W. S. Wright aus Westminster setzen sich in »Freemason's Tavern« in der Londoner Great Queen Street zusammen mit dem Ziel, die bisher betriebenen unterschiedlichen »dribbling games« und »running games« in einem Verband zusammenzufassen. Sie gründen die Football Association (FA) und beraten über einen Regelentwurf, den der Rektor Thring von Uppingham ein Jahr zuvor auf der Grundlage der »Cambridge-Regeln« (→1843) und der »Sheffield Codes« ausgearbeitet hat.

Sie lauten: »1. Ein Tor ist erzielt, wenn ein Ball durchs Tor gebracht worden ist oder unter die Torlatte, ohne daß er getragen oder mit der Hand geschlagen wurde. 2. Es ist nur zugelassen, die Hände zu brauchen, um den Ball zu stoppen, um ihn sich fußgerecht hinzupacken. 3. Mit dem Fuß darf nur der Ball getreten werden. 4. Ein Spieler darf den Ball nicht mit dem Fuß treten, wenn er in der Luft ist. 5. Wenn ein Ball hinter die Seitenlinien gestoßen wird, soll er von dem gleichen Spieler von der betreffenden Stelle zurückgegeben werden, und zwar in gerader Linie zur Mitte des Platzes. 6. Wenn ein Ball hinter die Torlinie gespielt ist, soll er wieder ins Feld gestoßen werden von der Partei, deren Torlinie es ist. 7. Kein Spieler darf näher als 6 Schritte von einem Spieler stehen, wenn er den Ball spielt. 8. Ein Spieler ist abseits, sobald er sich vor dem Ball befindet. Er muß so schnell wie möglich hinter den Ball zurückgehen. Wenn der Ball von seiner eigenen Partei gespielt ist, darf er ihn nicht berühren, stoßen oder vorwärtstreiben, bevor ein Spieler der Gegenpartei den Ball gespielt hat oder seine eigene Partei mit aufgerückt und imstande ist, in Front vor ihm den Ball zu stoßen. 9. Rempeln ist verboten, wenn ein Spieler vom Spiel ab ist, jedoch zugelassen, wenn der Ball hinter ihm ist.«

Über diese Regeln diskutiert man weiter am 24. November sowie am 1. und 8. Dezember des Jahres. Danach wird endgültig bestimmt: »Kein Spieler darf den Ball tragen oder mit der Hand schlagen.«

Heftige Auseinandersetzungen gibt es über die Ausmaße des Tores und die Abseitsregel. Einigung wird über die Spielkleidung erzielt. Danach müssen die Spieler Hosen tragen, die über die Knie reichen, und Mützen mit Quasten aufsetzen. 1866 werden der Eckball und der Freistoß eingeführt. Am 8. Dezember kommt es noch einmal zu einem »Friedensgespräch« mit dem Rugbylager. Die Rugbyanhänger sind zwar in der Minderheit, beharren aber auf ihrer Spielweise. Die Trennung von Football und Rugby ist vollzogen.

Aus Football wird »Soccer«, nach den Regeln der Football Association.

Zuschauermagnet Oxford–Cambridge

Jahr für Jahr säumen Zuschauermassen die Ufer der Themse, um das Achter-Duell zwischen Oxford und Cambridge zu verfolgen (→ 10. 6. 1829). Die traditionelle Regatta wurde zum Volksfest. In Deutschland stößt die Ruderleidenschaft der Briten eher auf Ablehnung. So schreibt die »Allgemeine Familien-Zeitung« 1869: »In dem Streben nach Entwicklung der größtmöglichen Muskelkraft, werden diese Söhne der bevorzugten Klassen nicht nur sehr roh, sondern sie ruinieren sehr oft auch ... ihre Gesundheit oder verkürzen ihr Leben auf frevelste Weise.«

▷ Das »Boatrace« Oxford–Cambridge (Stich in der »Allgemeinen Familien-Zeitung«, 1870)

1870

1870–1879

Um 1870. Britische Kolonialoffiziere bringen Poona (Federball) von Indien nach Großbritannien.

1870. Die Stadt Frankfurt am Main überläßt ihren Rudervereinen die Maininsel. Am 29. Mai erste Ruderregatta auf dem Main.

Erstes Straßenradrennen Italiens von Florenz nach Pistoia (33 km), Sieger ein US-Amerikaner.

1871. Wilhelm Auerbach veröffentlicht sein Buch »Das Schwimmen, sicher, leicht und schnell zu erlernen«. Er beschreibt zahlreiche Sprünge, u. a. den »Auerbach-Salto«.

Erstes Endspiel um den Challenge Cup der Football Association (FA) in Wembley vor 2000 Zuschauern (→ 30. 11. 1872).

Januar 1871. Neufassung der Rugby-Regeln und Gründung der Rugby-Football Union, die auch Südafrika, Neuseeland und Neusüdwales (Australien) umfaßt.

1872. Der Schweizer Johann Jakob Weilenmann veröffentlicht das Buch »Aus der Firnenwelt«.

Dem Briten Edward Muybridge gelingen in San Francisco erstmals Fotoaufnahmen von Athleten in Bewegung.

Baseball wird Nationalsport in den Vereinigten Staaten.

30. 11. 1872. Erstes Fußball-Länderspiel Schottland–England in Glasgow (0:0).

1873. Das von britischen Offizieren aus Indien in Großbritannien eingeführte Federballspiel (Poona) wird nach dem Schloß des Herzogs von Beaufort »Badminton« genannt (→ um 1870).

Briten erproben auf einer Fernfahrt durch Großbritannien das neuentwickelte Hochrad.

In New York erstmals Weltmeisterschaften im Billard.

22. 6. 1873. Erstes Eidgenössisches Schwingfest in Münsingen.

28. 7. 1873. Der französische Unterrichtsminister verfügt, daß die Schulfahne vom besten Schüler in den Wettbewerben der Leibesübungen zu tragen sei.

September 1873. In Paris Gründung der »Union des Sociétés de Gymnastique«.

25. 12. 1873. Major Walter Clopton Wingfield stellt auf einer Weihnachtsparty das Spiel »Sphairistike« vor. Beschreibung und Regeln finden sich in »The Major's Game of Lawn Tennis«.

1874. In Dresden Fußballspiel zwischen Engländern und US-Amerikanern. Football-Club Dresden gegründet. Fußball auch in Hamburg, Hannover, Frankfurt am Main und Stuttgart.

Erstmals ersteigen Frauen in den Dolomiten die Drei Zinnen (3003 m).

James Moore, Sieger des ersten Radrennens in St. Cloud/Paris (→ 1867), wird in London erster Radweltmeister.

Der Ire John Lane springt erstmals über 7 m weit (7,048 m), sein Landsmann Thomas Davin springt 1,815 m hoch.

Der Zirkusunternehmer Phineas Taylor Barnum baut in New York die erste Madison-Square-Garden-Halle. Zwei Jahre später findet hier das erste Hallensportfest der USA statt.

Mary E. Outerbridge bringt von den Bermudainseln Lawn Tennis (lawn, engl.; Rasen) in die USA.

24./25. 8. 1875. Matthew Webb durchschwimmt als erster den Ärmelkanal von Dover nach Calais. Er benötigt 21 Stunden und 35 Minuten.

1876. Erstes Gymnastikfest Portugals im Colosseum dos Recreios in Lissabon.

Erstmals überquert eine Frau auf einem Seil die Niagarafälle.

»Cercle Nautique de France« veranstaltet die ersten französischen Rudermeisterschaften.

2. 2. 1876. Acht Klubs gründen in New York die Nationale Baseball-Liga der USA. Zur Übermittlung von Ergebnissen im Baseball werden Telegrafen eingesetzt.

25. 3. 1876. Der Cambridge-Student F. L. Dodd fährt in einer Stunde 15 Meilen, 1480 y (ca. 25,5 km, erster Stundenweltrekord mit dem Fahrrad).

August 1876. Erstes Lawn-Tennisturnier in den USA in Nahant/Massachusetts auf dem Privatplatz von W. Appleton (13 Teilnehmer).

1877. Das Achterrennen Oxford–Cambridge (erstmals am → 10. 6. 1829) endet als totes Rennen (beide Boote erreichen gleichzeitig das Ziel).

Erstmals Skispringen in Schweden bei Skiwettkämpfen in Sundsvall.

9. 7. 1877. Beginn des ersten Wimbledon-Tennisturniers auf Rasen (bis 19. 7.). 22 Teilnehmer. Nur Herren-Einzel. Sieger: Spencer W. Gore, ein Racketstar.

1878. Der Unternehmer Carl Spindler kauft in Berlin Ruderboote für seine Arbeiter. Die Bootswerft Leux in Frankfurt am Main baut nach britischem Vorbild Ruderboote mit Rollsitzen.

21. 9. 1878. Das vom Deutschen Reichstag verabschiedete »Gesetz gegen die gemeingefährlichen Bestrebungen der Sozialdemokratie« verbietet Sportvereine mit sozialistischen Tendenzen. Danach ist Arbeitervereinen verboten, Mitglieder unter 21 Jahren aufzunehmen.

1879. Der Skiklub Kristiania veranstaltet die ersten Huseby-Skiwettkämpfe mit Langlauf und Sprunglauf.

Achilles Wild siegt in Frankfurt am Main erstmals im Einer. Er ist der erste Deutsche Meister im Sport überhaupt.

Die Frankfurter Ruderregatta 1875 (Zeichnung von R. Kögler in der Zeitschrift »Über Land und Meer«); es werden auch Rennen mit Kajaks ausgetragen.

Eine Insel für die Ruderer

1870. Als Frankfurt am Main seinen Ruderern die Maininsel schenkt, wird die Stadt zum zweiten Zentrum des deutschen Rudersports neben Hamburg.

Am 29. Mai 1870 findet die erste Regatta statt. Es starten Viererboote des 1865 gegründeten Frankfurter Rudervereins und der Frankfurter Ruder-Gesellschaft Germania von 1869 gegen Boote eines Vereins aus Hanau. Die Strecke hat noch einen Drehpunkt, den zu umfahren besondere Geschicklichkeit erfordert. »Ruhe des Geistes, klares Abmessen der Räumlichkeiten und Präzision der gegebenen Kommandos können hierbei überraschende Erfolge erzielen«, heißt es in einem zeitgenössischen Regattabericht.

Erfolge erzielt die Germania 1873 in Rotterdam und Amsterdam, was großes Aufsehen erregt.

Ein Jahr später wird in Rotterdam als erster deutscher Ruderverein im Ausland der Turn- und Ruderverein Rotterdam gegründet. 1876 mißt sich ein Vierer der Germania erstmals auf der Themse mit den Briten.

An die zwei Dutzend Rudervereine entstehen in Deutschland. In Bad Ems imponieren dem dort kurenden deutschen Kaiser Wilhelm I. Kölner Ruderer auf der Lahn derart, daß er 1875 den Kaiserpreis stiftet. Noch im selben Jahr wird die erste Kaiserregatta ausgetragen. Mit diesem alljährlichen Wettbewerb erfährt der Rudersport in Deutschland die allerhöchste Weihe.

Vor der Maininsel sieht man den Achter des Frankfurter Rudervereins und einen Einer. An der Anlegestelle wird ein weiteres Boot zu Wasser gebracht.

Ein Wettlauf im Madison Square Garden. Am beliebtesten sind Sechs-Tage-Gehen. Weltmeister Daniel O'Leary schafft 836,685 km (Stich, später kol.).

Zirkusdirektor baut in den USA den ersten Sportpalast

1874. Als der Zirkusunternehmer Phineas Taylor Barnum im Madison Square Garden von New York eine Halle eröffnet, ahnt er kaum, daß er damit den später berühmtesten Sportpalast der Welt begründet.

Zum Palast entwickelt sich das erste provisorische Etablissement erst nach und nach. 1879 errichten die Architekten Charles F. McKim, William R. Mead und Stanford White das »Old building«, das der Idee Barnums architektonisch Dauer verleiht. Zirkus und Sport, das sieht Barnum völlig richtig, liegen eng nebeneinander. Beide bieten Spannung und Stoff für eine große »Show«. Am 8. November 1876 veranstaltet der New York Athletic Club, der 1871 in Mott Haven die erste Aschenbahn in den Vereinigten Staaten anlegte, das erste Hallensportfest im Madison Square Garden. Um diese Zeit gibt es allein im Raum New York 166 Athletikvereine.

Aber auch an der Westküste werden 1877 vom Olympia Club in San Francisco die ersten »track and field meetings« (track-and-field-sports, engl.; Leichtathletik) organisiert. Der New York Athletic Club führt seit 1871 jährlich »track and field meetings« durch (ab 1876 Athletik-Meisterschaften). Am 22. April 1879 gründen sieben US-Athletikvereine die National Association of Amateur Athletes of America (NAAAA).

Die »Caledonian Games« – Wiege des Sports an den US-amerikanischen Universitäten

Der Sport in den Vereinigten Staaten wird von Einwanderern geprägt. Die Deutschen brachten das Turnen, die Engländer vor allem Reiten, Rudern, Boxen und Ballspiele. Die Iren und Schotten führten die »Caledonian Games« ein, die für die Entwicklung der Leichtathletik in den USA von ausschlaggebender Bedeutung sind. 1836 trug man erstmals »Caledonian Games« in New York aus. 1856 wurde der erste US-amerikanische Caledonian Club in Boston gegründet. Als sich die Caledonian Clubs der USA und Kanadas 1870 zu einem Verband zusammenschließen, wird das Wettkampfprogramm vereinheitlicht.

Es enthält Steinstoßen mit einem leichten und einem schweren Stein, Hammerwerfen mit einem leichten und schweren Hammer, Gewichtwerfen (ca. 25 kg), Hoch- und Weitsprung mit und ohne Anlauf, Dreisprung, Stabhochsprung, Sackhüpfen, später statt dessen Dreibein-Laufen, wobei je zwei Läufer ihr rechtes bzw. linkes Bein zusammenbinden, ferner Baumstammwerfen, Schubkarrenrennen mit verbundenen Augen, Laufen über 200, 300, 400, 600 y, Ringen, Wurfring-Werfen und Schwerttanz. Diese Vielseitigkeit des Angebots wird für sportliche Spiele in den USA zur Selbstverständlichkeit.

Am 21. Juni 1873 beginnt die Universität Princeton mit der Durchführung von »Caledonian Games«. Die führenden Universitäten Yale, Harvard, Cornell und Columbia folgen. George Goldie, Sportdirektor in Princeton, gewinnt 1874 bei den »Caledonian Games« in New York den Hochsprung mit Anlauf und das Baumstammwerfen, wird Zweiter im Stabhochsprung und Dritter im Gewichtwerfen. 1876 werden die ersten Wettkämpfe der Intercollegiate American Amateur Athletic Association (IAAAA) ausgetragen. Die »Caledonian Games« sind damit zur Grundlage des Universitätssports geworden.

Das erste Foto vom Lawn Tennis, wie es auf dem Landgut von Nantclwyd von Freunden des Majors Wingfield gespielt wird. Wie in vielen anderen Sportarten ist auch im Tennis Sportkleidung noch unbekannt.

Wimbledon – ein neuer Mythos entsteht

9. Juli 1877. Das erste Tennisturnier in Wimbledon beginnt auf Einladung des All England Croquet Club an einem Montag. Zu den »All England Championships« im Lawn Tennis kommen 200 Zuschauer und zahlen einen Schilling Eintritt. An dem einzigen Wettbewerb, dem Herren-Einzel, nehmen 22 Spieler teil. Die Zeitschrift »The Field« hat einen Pokal im Wert von 25 britischen Pfund gestiftet. Am Donnerstag, dem 12. Juli, soll das Turnier beendet sein. Aber das Endspiel wird auf den 19. Juli verschoben. Man kann niemandem zumuten, wegen dieses Tennis das Kricket-Match zwischen Harrow und Eton zu versäumen.

Das Finale gewinnt Spencer W. Gore, ein Racketstar. Er findet die Zählweise bei dem neuen Spiel gräßlich. Sein Gegner, C. G. Heathcote, ist der Bruder des Mannes, der erstmals Gummibälle mit weißem Flanell überzog. Der 27jährige Geometer Gore erreicht das Endspiel auch im nächsten Jahr, unterliegt aber Frank Hadow. 1879 und 1880 gewinnt John Hartley, ein anglikanischer Vikar, der vor dem Finale noch in seiner Gemeinde in Yorkshire die Sonntagspredigt halten muß.

Der Initiator der neuen Spielidee, der pensionierte Berufsoffizier Walter Clopton Wingfield, hatte die Kritik seiner Zeitgenossen herausgefordert. Tennis sei nichts anderes als eine Mixtur aus dem alten Jeu de paume, Racket und Federball. Das stimmt. Wer aber den Erfinder des Plagiats zieh, mußte sich fragen lassen, wer eigentlich das Copyright für jene Spiele besaß. Wingfield war jedenfalls klug genug, sich Sportexperten anzuvertrauen. Die Herren Henry Jones, H. C. Marshall, C. G. Heathcote und J. H. Walsh schufen aus Anlaß der ersten Meisterschaften in Wimbledon ein Regelwerk, das mit geringfügigen Änderungen gültig bleibt. Was die Zählweise betraf, lehnte man sich an Jeu de paume an, wo gewöhnlich um 60 Sous gespielt wurde, die man in vier Fehlerpunkte aufteilte. Statt 15, 30, 45 reduzierten die Briten den vorletzten Punkt auf 40. Weil bei Gleichstand 40:40 zwei Gewinnpunkte nötig sind, verballhornten sie »à deux« zu »deuce«. Und weil die Franzosen auf ihren Anzeigetafeln die angeschriebene 0 als Ei (»l'œuf«) bezeichneten, wurde im Englischen »love« daraus. In diesem Land heiligt die Tradition auch Fehler.

Die »Illustrated Sporting and Dramatic News« veröffentlicht die erste Zeichnung von den ersten Tennismeisterschaften in Wimbledon.

Ein Major a. D. erfindet Tennis

Major a. D. Walter Clopton Wingfield hat in China eine Schwadron der Montgomery Yeomanry Kavallerie befehligt, was ihm die Lust auf eine weitere militärische Laufbahn verdarb. Mit 40 Jahren nimmt er seinen Abschied, lebt auf ererbten Gütern und genießt Ansehen als Mitglied des Magistrats von Montgomeryshire. Er frönt dem Vergnügen der Hetzjagd wie jeder britische Landedelmann, spielt ein wenig Krocket und »shuttlecock«, das man ab 1873 »Badminton« nennt. Wingfield gilt als Feinschmecker.

Am 23. Februar 1874 reicht er beim Patentamt die Erfindung eines Spiels ein, das er »Sphairistike« bzw. »Lawn Tennis« nennt. Gegen die Einsendung von Briefmarken verschickt Wingfield eine Informationsbroschüre. In der Zeitschrift »The Field« gibt er eine ausführliche Beschreibung des neuen Spiels und fordert zum Kauf der Ausrüstung auf. Die Kunden erhalten eine nicht billige hölzerne Kiste, in der sich weder Bälle noch Schläger befinden, sondern nur eine Rolle Schnur, mehrere Pflöcke, Nägel und ein Hammer. Schläger und Bälle, so werden sie beschieden, muß man bei French & Cie. für fünf Guinees extra kaufen. Ein teures Vergnügen.

Major W. C. Wingfield

Das Fußballspiel tritt seinen Siegeszug durch Europa an

30. November 1872. Die Fußballmannschaften von England und Schottland treten in Glasgow zum ersten Länderspiel der modernen Fußballgeschichte an. Das Spiel endet 0:0. 1879 gewinnt England das zweite Länderspiel gegen Schottland 5:4. Wegen übergroßer Härte werden 15 Spieler von insgesamt 22 verletzt. 1874 hatte sich Sam Widdowson von Nottingham Forest die Erfindung von Knieschützern patentieren lassen. Sie werden nach diesen Erfahrungen von der Football Association (FA) als obligatorisch vorgeschrieben.

Eine Oxford-Mannschaft bereist Deutschland 1875. Ein Länderspiel verliert Deutschland gegen England 1899 in Berlin 2:13. Die erste Abbildung einer deutsch-englischen Begegnung bringt die »Leipziger Illustrierte« 1902 (später kol.).

Zwei deutsche Fußballpioniere
Zwei Turnführer aus Braunschweig, Konrad Koch und August Hermann, bereisen im Herbst 1874 Großbritannien, um sich über den Sport an den Universitäten zu informieren. Dabei hören sie von den Auseinandersetzungen zwischen den Anhängern von Football und von Rugby und der Trennung dieser beiden Ballspiele. Ein Fußballspiel zwischen Mannschaften von Oxford und Cambridge regt sie an, sich die Regeln zu besorgen und ins Deutsche zu übersetzen. Nach Deutschland zurückgekehrt, beginnt Koch am Martino-Katharineum-Gymnasium in Braunschweig mit den Schülern Fußball zu spielen. Hermann fordert bei einer Turnlehrertagung 1876 volkstümliche Spiele und führt das Fußballspiel vor.

1871 hatte die FA, der bereits über 50 Fußballvereine angehörten, den Challenge Cup ausgeschrieben, den ersten bedeutenden Fußballwettbewerb, 17 Jahre bevor die ersten Liga-Meisterschaften ausgetragen werden. Beim ersten Pokalfinale im selben Jahr in Wembley fanden sich 2000 Zuschauer ein. Leutnant Croswell von den Royal Engineers brach sich das Schlüsselbein, hielt aber bis zum Spielende durch. 1875 wird beim Tor die Querlatte anstelle der bis dahin üblichen gespannten Schnur eingeführt.

Weitere Neuerungen sind seit 1877 der von der FA verfügte Feldverweis und die 1878 eingeführte Trillerpfeife des Schiedsrichters. Im selben Jahr finden in Sheffield und Accrington die ersten Fußballspiele bei Flutlicht statt. Der FC Accrington läßt vor dem Spiel und in der Halbzeitpause eine Musikkapelle auftreten. Ein zusätzlicher Anreiz für das Publikum, das immer zahlreicher wird. Auch in Schottland wird ein Pokal ausgespielt. Dort werden 1879 die ersten Profis angestellt, was zu Diskussionen führt.

1877 probieren die Franzosen nach den Regeln der britischen FA erstmals »Soccer« aus, wie man das Spiel verballhornend nennt. 1878 wird in Hannover der Deutsche Fußball-Verein gegründet, der aber vorerst nur Rugby spielt. Dafür gibt es in Hannover einen Schüler-Footballklub. Die Schweden gründen im selben Jahr in Visby auf Gotland ihren ersten Ballklub, der mit Fußball beginnt. 1879 entsteht der FC Sankt Gallen in der Schweiz. In Kopenhagen spielt der Bold-Club Fußball, in Budapest der Magyar Club.

Ein Städtespiel zwischen Dresden und Berlin 1892. Der Platz ist von Zuschauern dicht umlagert. Die Spieler tragen längst keine Mützen mit Quasten mehr, wie sie in England vorgeschrieben waren.

Die ersten Flutlichtanlagen für Freiluft-Fußball bei Nacht werden in Sheffield installiert.

Camp – der Vater des American Football

Januar 1871. Unter Protest hatten die Anhänger des Rugby-Football die Regelberatungen verlassen, die zur Gründung der Football Association (FA) führten (→ 26. 10. 1863). Sie fanden, daß diese Art Fußball die Spieler zu sehr verzärtele. Jetzt gründen sie ihren eigenen Verband, die Rugby-Football Union. Ihr gehören außer England, Südafrika, Neuseeland und Neusüdwales an. Erst 1873 tritt auch die neugebildete Rugby Union Schottlands bei. Man nennt das Spiel künftig kurz »Rugby«.
Die Regeln werden 1875 neu gefaßt. Der eiförmige Ball darf getreten und getragen, Spieler in Ballbesitz können festgehalten und zu Fall gebracht werden. Die Mannschaft wird von 20 auf 15 Spieler reduziert. 1874 führen Studenten der McGill-Universität von Montreal in den Vereinigten Staaten Canadian Football vor, eine Art Rugby mit zwölf Spielern. Mittlerweile gelangt auch Soccer an US-amerikanische Universitäten. 1875 versucht man auf einer Tagung in New York, Ordnung in die verschiedenen Arten von »running-« und »kicking-football« zu bringen. Um 1876 beginnt an den Colleges Rugby Soccer zu verdrängen. An der Universität von Yale in New Haven im US-Bundesstaat Connecticut ist Football beliebter als Rudern und Baseball.
An dieser Universität studiert ein junger Mann, Walter Ch. Camp, der sich über Soccer, Rugby und Canadian Football Gedanken macht. Das Kampfspiel Rugby scheint ihm zwar nicht dynamisch genug, aber als Grundlage eines American Football geeignet.
1878 findet das erste Spiel im American Football zwischen Yale und Princeton vor 2000 Zuschauern statt. Als Mannschaftskapitän von Yale spielt Walter Camp. Er hat durchgesetzt, daß jede Mannschaft mit elf Spielern antritt, aber beliebig oft auswechseln kann. Etwa 30 Spieler sitzen auf der Auswechselbank. Durch die ständige Hereinnahme frischer Spieler gewinnt das Spiel enorm an Tempo. Durch weitere Regelveränderungen gegenüber Rugby nimmt es auch an Härte zu. Verzärtelt werden die Spieler durch American Football nicht. In den 80er Jahren des 19. Jahrhunderts gibt es bereits die ersten Todesfälle. Camp spielt noch sechs Jahre für Yale, wird dann Mitglied einer Regelkommission, der er 38 Jahre lang angehört, und veröffentlicht 1891 »American Football«, das erste Fußballbuch der Vereinigten Staaten .
Im selben Jahr reist eine US-Football-Mannschaft für 58 Spiele nach England und Schottland.

Johann Jakob Weilenmann, der als erster im Alleingang Gipfel besteigt

»A Game at Football«, so der Titel dieser Zeichnung aus der »Illustrated London News« (1871, später koloriert)

Berliner Arbeiter entdecken Rudersport

1878. In Frankfurt am Main beginnt die Bootswerft Laux mit dem Bau von Ruderbooten mit Rollsitzen nach britischem Vorbild. Im selben Jahr kauft der Berliner Unternehmer Carl Spindler für seine Arbeiter eine sechsrudrige Dollengig und zwei vierrudrige schottische Auslegerrennboote mit Gleitsitzen.
Unter fachkundiger Anleitung des in seinem Betrieb beschäftigten schottischen Meisters McIntyre lernen die Arbeiter des Unternehmens Rudern. Am 2. und 8. September 1878 werden in Berlin die ersten Wettfahrten mit Rennbooten von Ostend nach Sadowa über 1500 m zwischen dem Restaurant Schulz und der Spindlerschen Villa ausgetragen. Danach erfolgt die Gründung des Spindlerfelder Ruder-Vereins, eine Pioniertat.
Ende des Jahres beginnen auch die ebenfalls 1878 gegründete Berliner Rudergesellschaft Borussia, der Berliner Ruder-Verein 1876, der Berliner Ruderklub Neptun und der Grünauer Segler- und Ruderverein mit Wettrudern. 1883 lehnt der Deutsche Ruder-Verband die Aufnahme des Spindlerfelder Ruder-Vereins mit der Begründung ab, Arbeiter seien keine Amateure.

Weilenmann macht Bergsteigern Mut

1872. »Aus der Firnenwelt« heißt ein Buch, das Johann Jakob Weilenmann in diesem Jahr veröffentlicht. Kein anderer hat diese Welt schon so früh, so lange und so allein auf sich gestellt erkundet.
In seinem Bericht schildert Weilenmann seine Bergfahrten in bildhafter Sprache und gibt der wachsenden Schar von Alpinisten wertvolle Erfahrungen weiter. Der gebürtige Sankt Gallener wird als »Vater der Führerlosen« gefeiert. Sein Beispiel weckt bei zahlreichen Alpinisten den Mut zum abenteuerlichen Alleingang.
1836 hatte der 17jährige den Säntis, mit 2503 m der höchste Gipfel in den Appenzeller Alpen, bestiegen. Danach bezwang er zwischen dem Monte Viso im Westen bis zum Großglockner im Osten 101 Gipfel ohne Führer und meist allein. Auf vielen Bergriesen stand er als erster. So u. a. 1855 auf der Dufourspitze (4634 m), 1861 auf dem Fluchthorn (3408 m), 1865 auf dem Obergabelhorn (4063 m), auf dem Grand Cornier (3960 m), auf dem Groß Grünhorn (4047 m) und auf dem Piz Buin (3316 m). Mit Gottlieb Studer und Melchior Ulrich gibt er das bahnbrechende alpinistische Werk »Berg- und Gletscherfahrten der Schweiz« heraus.

Die hohe Zeit des Hochradsports beginnt

1873. Über 100 Patente zur technischen Verbesserung des Fahrrades wurden bisher allein in Großbritannien angemeldet. Als neuer wichtiger Schritt gilt die Erfindung des Hochrades, wobei das Vorderrad einen Durchmesser von 1,50 m erreicht. Das Hinterrad ist dagegen viermal kleiner. Die Kraft wird durch eine Tretkurbel mit Pedal auf das Vorderrad übertragen.
Die Zuverlässigkeit des Gefährts erproben die Briten in diesem Jahr auf einer Hochrad-Fernfahrt. Sie führt von Lands End an der Südwestspitze Englands bis John O'Groats an der Nordspitze Schottlands über rund 1500 km. Die Fahrer benötigen dafür 15 Tage. Die Zerreißprobe fällt ermutigend aus: In Birmingham veranstaltet 1875 eine Fahrradfabrik erstmals Sechstagerennen. Dabei wird täglich zwölf Stunden gefahren. Es startet jeweils nur ein Fahrer ohne Ablösung. Noch im selben Jahr werden in London erstmals Sechstagerennen über täglich 18 Stunden ausgetragen.
1879 treten die Briten Haverley und Duryea auf Rollschuhbahnen als Sechstagefahrer auf. Sie radeln Tag und Nacht, wobei sie einander ablösen. Hochräder »Made in England« werden in die USA importiert, angeblich Millionen. Sie kosten zwischen 100 und 150 US-Dollar. Ab 1879 fahren sie in den USA mit Vollgummireifen.
In New York zählt eine Fahrradschule über 5000 Schüler. In Boston wird 1878 der erste Radfahrerklub der Vereinigten Staaten gegründet und mit 3:57,0 min der erste Meilenrekord für Fahrräder registriert. Großbritannien meldet 1874 als ersten Radweltmeister James Moore, der 1868 das erste Radrennen in Paris gewonnen hatte (→ 1867). Im Frankfurter Palmengarten eröffnet 1877 ein »Rollodrom«.

Die hohe Kunst des Hochradfahrens beginnt bereits beim Aufsteigen.

Um in luftiger Höhe die Balance zu bewahren, braucht man Geschick.

Die Jagd nach dem Stundenweltrekord

25. März 1876. Der Cambridge-Student F. L. Dodd setzt im Radsport sozusagen ein Perpetuum mobile in Gang, als er mit einem Hochrad auf einer Bahn ohne Schrittmacher in einer Stunde 15 Meilen und 1480 y oder 25,508 km zurücklegt. Von nun an ist der Stundenweltrekord eines der begehrtesten Ziele eines Radrennfahrers.
1878 verbessert Shopee die Marke auf 26,96 km/h. 1878 erreicht sein Landsmann Weir bereits 28,542 km/h. Christie schraubt den Rekord 1879 auf 30,366 km/h. Die weiteren und letzten Stundenweltrekorde mit dem Hochrad verbuchen 1880 H. L. Cortis mit 31,875 km/h. 1882 abermals Cortis mit 32,456 km/h und nochmals mit 32,474 km/h, 1884 English mit 32,698 km/h, 1885 Weber mit 32,766 km/h und 1887 Furnivall mit 32,793 km/h. Damit ist die hohe Zeit des Hochrades, auch »penny and farthing« genannt, zu Ende. Freilich nicht die Jagd auf den Stundenweltrekord, der die Konstruktion immer schnellerer Fahrräder herausfordert.

Bildbeigabe der »Leipziger Illustrierten Zeitung« zum Rennen in Baden-Baden, Oktober 1871

Ein Adonis der deutschen Vollblutzucht

Der deutsche Galopprennsport ist seit einem Jahr um ein Großereignis reicher. In Hamburg wurde 1869 das erste Derby für Dreijährige ausgetragen. Der zweite Derbysieger heißt ein Jahr später Adonis, der für seinen Züchter, Graf Renard, bereits das Hertefeldrennen und den Silbernen Schild gewonnen hat. Im Herbst 1870 schickt der Graf Adonis ins gelobte Land des Turf nach Großbritannien. Im Cambridgeshire siegt er über 41 Konkurrenten. Ein vergleichbarer Erfolg gelingt in den folgenden Jahrzehnten keinem deutschen Rennpferd mehr. Adonis gewinnt nach diesen Siegen noch den Wiener Kaiserpreis und zweimal den Budapester Staatspreis, wobei er zuletzt mit 40 Längen Vorsprung durchs Ziel galoppiert. Allerdings versäumt man, Adonis in der deutschen Vollblutzucht als Beschäler einzusetzen, mit ein Grund für deren späteren Niedergang.

Winterabend im Leipziger Sophienbad (Illustration zu einem »Gartenlaube«-Bericht von 1875, später koloriert)

Jeder Deutsche ein Frei-Schwimmer!

Leider ist weder jeder Deutsche frei noch ein Schwimmer. Letzteres nicht, obwohl 1871 Wilhelm Auerbach ein Buch herausbringt, »Das Schwimmen, sicher, leicht und schnell zu erlernen«. Das Buch hat Erfolg. 1873 wird eine zweite Auflage gedruckt. Auerbach lehrt darin auch einen Sprung vom Brett, der später als »Auerbach-Salto« seinen Namen verewigt. Vielleicht regt dieses Buch einen gewissen H. Feldermann dazu an, am 4. Februar 1876 bei 4 °C Wassertemperatur in einem Gummianzug den Rhein von Düsseldorf bis Wesel zu durchschwimmen.
Das Modell einer Schwimmanstalt des Berliners H. O. Kluge erregt auf der internationalen Ausstellung für Hygiene und Badewesen in Brüssel Aufsehen. Trotz solcher Leistungen beklagt die »Gartenlaube« das geringe Interesse der Bürger am Schwimmen.

Maria Spelterini auf den Spuren Blondins; die Niagarafälle als Naturarena für die große »Show« üben eine starke Anziehungskraft aus; Leistungssteigerung der Sensation zuliebe prägt auch den Sport (Stich, später koloriert).

Nervenkitzel braucht keine Stoppuhr

1876. Wer annahm, auf einem Seil über den Niagarafällen könne niemand mehr etwas Neues bieten, seit Blondin dort auf halber Strecke in aller Ruhe ein Omelett gebacken hatte (→ 30. 6. 1859), kannte die Menschen nicht. Am 25. August 1869 versammelte sich wieder eine riesige Menge Schaulustiger an den Ufern des Niagara River, weil ein gewisser Jenkins, der sich selbst »Professor« nannte, mit einem Veloziped über das Seil zu radeln versprach. Es war allerdings kein Hochrad, sondern die Spezialkonstruktion eines »bicycle« mit konkav gekerbten Holzfelgen. Jenkins benötigte für die 300 m elf Minuten. Als er auf halber Strecke grüßend den Hut lüftete, brach ein Begeisterungssturm los, der sich nach seiner glücklichen Ankunft noch steigerte.

Die »Leipziger Illustrierte Zeitung« schrieb anschließend: »Damit wäre denn ein neues Mittel gefunden, um von den Vereinigten Staaten nach Kanada und zurück zu gelangen. Wir glauben freilich, daß sich nur wenige dessen bedienen werden.« Diese Voraussage traf zu.

Es fehlte jetzt nur noch, daß eine Frau die Niagarafälle auf dem Seil überquerte. Sieben Jahre nach »Professor« Jenkins ist sie zur Stelle. Maria Spelterini findet allerdings 1876 das Kunststück auf solide alte Seiltänzerinnenart zu einfach. Schließlich sind die Leute an den Fällen inzwischen verwöhnt. So stellt sie ihre Füße in Körbe. Sie schlurft über das Seil. Was sie an Grazie dabei preisgibt, macht sie durch Nervenkitzel wieder wett. Das sensationsgierige Publikum klatscht hingerissen Beifall.

Das neue Schwimmabenteuer Ärmelkanal

24./25. August 1875. Die Strecke von Dover nach Calais mißt 33,8 km. Aber durch die starke Nordwestströmung können es für einen Schwimmer bis zu 60 km werden. 1872 versuchte es der Brite J. B. Johnson. Nach einer Stunde und drei Minuten gab er auf.

Vom 24. auf den 25. August gelingt Kapitän Matthew Webb im zweiten Anlauf die erste Durchquerung von Dover nach Calais. Im selben Jahr veröffentlicht er sein Buch »The Art of Swimming«. Kurios endet 1877 der Versuch des Briten F. Cavill, der in Calais startet. Er verliert in der Dunkelheit die Orientierung und läßt sich resigniert von einem Begleitboot aufnehmen — 50 Meter vor der Küste von Dover.

Nach 21 Stunden, 35 Minuten erreicht Webb Calais. Auf einer US-Tournee ertrinkt er 1883 beim Durchschwimmen der Niagarafälle (Stich, später kol.).

Briten beleben uralte Sportarten

Um 1870. Die Briten exportieren nicht nur ihren Sport in alle Welt, sie importieren auch alte Spiele und fassen sie in neue Regeln. Kolonialoffiziere bringen aus Indien Poona mit, das alte Federballspiel. Man führt es 1873 in Gloucestershire auf Schloß Badminton vor und seitdem nennt man es so. Unverändert bleibt der Name »Polo«, das Offiziere der 10. Husaren vom Regiment »Prince of Wales« gegen die 9. Royal Lancers 1871 erstmals in Großbritannien spielen. 1872 wird der erste Poloklub, Monmouthshire, gegründet. Seit 1874 spielt man nach den Regeln des Hurlingham Polo Club mit fünf statt mit acht Spielern. 1879 gibt es ein erstes Polo-Match Oxford—Cambridge.

Österreicher in den heimischen Alpen

1874. Die Erschließung ihrer heimischen Alpen, worin ihnen die Schweizer weit voraus sind, wollen die Österreicher nicht mehr Fürsten, Pfaffen oder Briten überlassen. Auch die Österreicherinnen wollen das nicht.

Erstmals ersteigen 1874 Frauen, Frau Utterson-Kelso und Fräulein Anna Ploner, in den Dolomiten die Drei Zinnen (3003 m). Anna Ploner geht mit einem der bekanntesten österreichischen Bergführer, Michael Innerkofler, auch auf den Monte Cristallo (3216 m). Die Erstbesteigung der Rosengartenspitze (2998 m) gelingt Frau Antonie Santner gemeinsam mit ihrem Mann Johann und Alois Hanne.

Bahnbrechend wirken Hermann von Barth, der als »Vater der Alleingeher« 80 Gipfel im Karwendelgebirge besteigt, und vor allem Ludwig Purtscheller, ein Turnlehrer aus Salzburg. Purtscheller verzeichnet allein 1700 Bergbesteigungen ohne Führer, vermutlich ein Weltrekord. Er durchsteigt als erster 1884 allein die Ostwand des Monte Rosa (4490 m). 1879 unternahm er die Ersteigung des Feldkopfes (3085 m) im Zillertal mit den noch minderjährigen Brüdern Emil und Otto Zsigmondy. Der Berg heißt seitdem Zsigmondy-Spitze. Emil Zsigmondy gibt 1885 das klassische Lehrbuch der Alpinistik »Die Gefahren der Alpen« heraus.

1880

1880–1889

Um 1880. Erstes deutsches Regelbuch für das Fußballspiel.

1880. Die Brüder William und Ernest Renshaw gewinnen das Herren-Doppel der Internationalen Tennismeisterschaften von England.

Viktor Silberer, Wegbereiter des Sports in Österreich, gründet die »Allgemeine Sportzeitung«.

Paddy Ryan wird erster – inoffizieller – US-Boxweltmeister durch einen Sieg gegen den Briten Joe Goss in der 87. Runde (→ 9. 12. 1880).

Erster Eishockeyklub der Welt an der McGill-Universität in Montreal gegründet.

Gründung des ersten Skiklubs Rußlands in Sankt Petersburg (Leningrad).

9. 12. 1880. John Lawrence Sullivan fordert in einem offenen Brief US-Boxweltmeister Paddy Ryan zum Kampf heraus.

1881. Patrick Fitzgerald gewinnt das erste Sechs-Tage-Gehen im Madison Square Garden von New York mit 935,5 km.

Axel R. Paulsen, Norwegens erfolgreicher Eisläufer, zeigt erstmals den später nach ihm benannten Sprung.

Die norwegische Wochenzeitschrift »Norsk Idraetsblad« berichtet von den zweiten Huseby-Skiwettkämpfen.

1882. Erster offizieller Boxkampf zwischen zwei Schwarzen in den USA: »Old Chocolate« Godfrey schlägt »Black Professor« Hadley in Boston.

Der All England Croquet Club in Wimbledon ändert seinen Namen in »All England Lawn Tennis and Croquet Club«.

7. 2. 1882. John Lawrence Sullivan erster offizieller Boxweltmeister durch K.-o.-Sieg gegen Paddy Ryan in der neunten Runde (→ 9. 12. 1880).

8. 10. 1882. Erstes Sportfest in Paris mit Wettläufen über 150 m, 300 m, 500 m und 1200 m um Geldpreise.

1883. Erste Kieler Woche mit internationalen Segelwettfahrten.

12. 2. 1883. Erstes organisiertes Rodelrennen zwischen Davos und Klosters. Über 3000 m in 9:15,0 min totes Rennen zwischen dem Schweizer Briefträger P. Minch und dem Oxford-Studenten G. P. Robertson.

18. 3. 1883. In Köln Gründung des Deutschen Ruder-Verbands (DRV). Regatta-Rennstrecke wird auf 2500 m festgelegt.

1884. Ludwig Purtscheller durchsteigt als erster ohne Führer die Ostwand des Monte Rosa (4490 m). Bahnbrecher der Führerlosen in Österreich mit 1700 Bergbesteigungen (→ 1874).

In Berlin baut der Velociped-Wettfahrer-Verein die erste Radrennbahn (→ 17. 8. 1884).

Weltweit erstes Denkmal für einen Sportler in Toronto/Kanada.

18. 5. 1884. In New York erste Weltmeisterschaften der Profi-Ringer. Der Deutsche Karl Abs siegt nach zwei Stunden gegen William Muldoon (USA).

17. 8. 1884. In Leipzig Gründung des Deutschen Radfahrer-Bundes.

1885. Emil Zsigmondy, der mit seinem Bruder Otto und Ludwig Purtscheller zahlreiche Erstbesteigungen verzeichnet, gibt »Die Gefahren der Alpen« heraus, ein klassisches Lehrbuch der Alpinistik (→ 1874).

Der Queen's Club baut in London die erste Tennishalle in Großbritannien.

Norwegens »Morgenbladet« gibt erstmals ein Extrablatt heraus über den Sieg von Axel R. Paulsen im Eisschnelllauf über drei Meilen gegen den Niederländer van der Zee (→ 1881).

8. 8. 1886. In Berlin wird der Deutsche Schwimm-Verband gegründet. Erster Deutscher Meister im Wasserspringen wird M. Hille.

1886. Mikkel Hemmestveidt gewinnt bei den Huseby-Spielen in der Nähe von Kristiania (Oslo) erneut den Königspokal (1883 gemeinsam mit seinem Bruder Torjus) für die Kombination Lang-/Sprunglauf.

1887. Mikkel Hemmestveidt, gewinnt erstes Skispringen in den USA in Ispheming im US-Bundesstaat Michigan.

10. 5. 1888. Erste Leichtathletikmeisterschaften Australiens in Sydney auf Cricket Ground.

15. 7. 1888. Beschluß des Niederösterreichischen Turngaues, daß Mitglieder der Vereine arischer Abstammung sein müssen. Daher Ausschluß aus dem Deutschen Turner-Bund (DTB).

1888. Amateur Athletic Union (AAU) der USA gegründet. Umfassende Organisation für alle Sportarten in den Vereinigten Staaten.

Fridtjof Nansen durchquert auf Ski mit fünf Begleitern in 42 Tagen Grönland. Sein Bericht macht den Skilauf in Europa populär.

Erstmals 50-km-Skilanglauf bei den Huseby-Wettkämpfen. Sieger: Torjus Hemmestveidt in 4:26 h.

8. 1. 1889. Beginn der ersten Eislauf-Weltmeisterschaften in Amsterdam (bis 10. 1.). Auf der 800-m-Bahn siegt Joe F. Donoghue (USA) über zwei Meilen vor dem Russen Alex Panschin, der die halbe und die Meile gewinnt.

1889. Der Erste Wiener Amateur Schwimmclub veranstaltet die ersten Europameisterschaften im Schwimmen über 68 m und 1598 m.

6. 8. 1889. Letzter Boxkampf ohne Handschuhe: John Lawrence Sullivan besiegt Jake Kilrain in Richburg/Missouri nach 75 Runden (→ 9. 12. 1880).

Bau einer Ski-Sprungschanze auf dem Gelände des Bauern Holm bei Kristiania (»Holmenkollen«; → 1881).

Im Ruderboot zum Ruhm

18. März 1883. Zum ersten Ruder-Kongreß am 12. und 13. August 1882 hatte die Frankfurter Ruder-Gesellschaft Germania 95 deutsche und österreichische Vereine eingeladen. Delegierte von 46 Vereinen mit 1551 Mitgliedern hatten an dem Kongreß in Frankfurt am Main teilgenommen. Man beschloß die Gründung eines Verbandes und arbeitete Wettkampfbestimmungen aus. Sieben Monate später wird im Kölner Gürzenich der Deutsche Ruder-Verband (DRV) gegründet. Zum Ersten Vorsitzenden wählen Delegierte von 47 Vereinen Adolf Burmester. Die Zeitschrift »Wassersport« wird offizielles Organ des neuen Ruderverbands.

Die ersten Deutschen Rudermeisterschaften hatten bereits anläßlich des Kongresses in Frankfurt am Main im Vorjahr stattgefunden. Sie wurden im Einer ausgefahren. Am öffentlichen Badeplatz in Offenbach am Main, östlich von Frankfurt, starteten die Ruderer Hintermann (Wien), Bungert (Mannheim), Klein und Diener (Offenbach), Meixner und Wild (Frankfurt). An der Gerbermühle vor Oberrad erreichte Achilles Wild nach 7:09,0 min als Sieger das Ziel. Der erste deutsche Rudermeister erhielt als Siegerpreis einen Brillantstern aus Rudern in einem Smaragdkranz. Drei Jahre zuvor, 1879, hatte Wild zum ersten Mal in Frankfurt am Main im Einer gesiegt. 1881 nahm er an der Henley-Regatta auf der Themse, 70 km westlich von London, teil.

Achilles Wild (1854—1917), sechsmaliger Deutscher Meister im Einer

Wild wird noch weitere fünfmal Deutscher Rudermeister. Er fährt auch in anderen Bootsgattungen mit. Schon 1877 saß er im siegreichen Kaiser-Vierer in Bad Ems. 1892 gehört er zur berühmten Dreikaiser-Mannschaft der Frankfurter Germania, die den Kaiserpreis in Bad Ems (gestiftet von Wilhelm I.), Berlin (gestiftet von Friedrich III.) und Frankfurt am Main (gestiftet von Wilhelm II.) gewinnt. Mit über 100 Siegen auf festem Sitz, Gleitsitz und dem neuen Rollsitz ist Achilles Wild der erfolgreichste deutsche Ruderer seiner Zeit.

Schwimmverband in Berlin gegründet

8. August 1886. In Berlin wird als Dachorganisation aller deutschen Schwimmvereine der Deutsche Schwimm-Verband gegründet. Drei Jahre später werden auf Initiative des Wiener Amateur Schwimmclubs in Wien die ersten Europameisterschaften im Schwimmen über 68 m und 1598 m ausgetragen.

Der erste Titelkampf in Deutschland hatte 1883 stattgefunden, 40 Jahre, nachdem britische Studenten begonnen hatten, in London Schwimmwettkämpfe auszutragen, und elf Jahre nach der ersten Notierung von Schwimm-Höchstleistungen in Großbritannien. 1893 entstehen in Deutschland die ersten Damen-Schwimmvereine.

Dachorganisation der Radsportler

17. August 1884. Aufgrund einer Einladung des Leipziger Bicycle-Clubs findet in Leipzig ein Radfahrer-Kongreß statt, an dem die Delegierten zahlreicher deutscher und österreichischer Vereine teilnehmen. Im Umfeld des Kongresses finden in Leipzig zahlreiche Wettfahrten und ein Kunstfahren statt. Wichtigstes Ergebnis der Tagung ist die Gründung des Deutschen Radfahrer-Bundes. Offizielles Verbandsorgan wird die Zeitschrift »Der Radfahrer«.

Noch im selben Jahr baut der Berliner Velociped-Wettfahrer-Verein in der Reichshauptstadt die erste Radrennbahn in Deutschland, die zahlreiche Zuschauer anzieht.

Der letzte Weltmeisterschaftskampf mit bloßen Fäusten, den 1889 John L. Sullivan (r.) gegen Jake Kilrain gewinnt

John L. Sullivan (l.), der »Mann aus Eisen«, schlägt 1880 mit Handschuhen den Briten John Donaldson.

John Lawrence »Ironman« Sullivan

9. Dezember 1880. Im »Cincinnati Enquirer« erscheint eine ungewöhnliche Anzeige. In Form eines offenen Briefes heißt es: »Ich bin darauf vorbereitet und bereit, mit jedem Mann, der auf der Erde Atem hat, in einem Match zu kämpfen, und zwar für jede Summe von tausend Dollar aufwärts bis zu zehntausend Dollars. Diese Herausforderung richtet sich speziell gegen Paddy Ryan und soll einen Monat lang gelten. Bis dahin hat er sich zu entscheiden, ob er sie annehmen will oder nicht. Achtungsvoll John Lawrence Sullivan.«

Paddy Ryan hatte kurz zuvor in einer Ringschlacht über 87 Runden, die eineinhalb Stunden dauerte, den Briten Joe Goss geschlagen. Seitdem wurde er als erster Boxweltmeister der USA gefeiert. Der kühne Herausforderer, ein ehemaliger Priesterschüler, dann Klempner und Bleigießer, hatte sich zuerst als Profi im Baseball versucht. 1877 begann er 19jährig mit dem Boxen. Bis zu seiner Anzeige hat er keinen bemerkenswerten Kampf bestritten. Paddy Ryan fühlt sich auch nicht angesprochen. Aber 1881 schlägt Sullivan in New York John Flood in 16 Minuten k. o. Am 7. Februar 1882 muß sich Paddy Ryan in Mississippi City Sullivan stellen. Er geht in der neunten Runde k. o. John Lawrence Sullivan ist Weltmeister.

Dieser Kampf fand bereits im Vorfeld ein ungeheures Interesse. Die »Evening Post« schildert ihn anschließend Runde für Runde. Am Ring saß der irische Schriftsteller Oscar Wilde, der deshalb eine zweiwöchige Schiffsreise auf sich genommen hatte. Der für 10 000 US-Dollar Kopfgeld steckbrieflich gesuchte Verbrecher Jesse James war 400 Meilen geritten, um inkognito dem Kampf beizuwohnen. Der Pfarrer von Brooklyn, Talmagde, erklärte, kein Gesetz solle sich mehr in den Kampf zweier Männer einmischen.

Nach dem Sieg über Ryan gibt Sullivan eine Erklärung ab: »Das war mein letzter Kampf mit blossen Fäusten. Fortan werde ich nur noch mit Handschuhen kämpfen. Wenn meine Gegner wollen, können sie ohne Handschuhe gegen mich antreten. Ich selbst werde solche zu jedem Kampf tragen.« Einmal wird er noch wortbrüchig. Es geht um 10 000 US-Dollar gegen Jake Kilrain. Er schlägt ihn am 6. August 1889 in Richburg/Missouri nach zweieinviertel Stunden in der 75. Runde k. o. Weil der Gouverneur von Missouri den Kampf verboten hatte, muß Kilrain 100 US-Dollar, Sullivan 3000 US-Dollar Kaution zahlen. Sullivan wird obendrein der Prozeß gemacht. Nach einem Jahr kommt er statt mit Gefängnis mit 10 000 US-Dollar Strafe davon. Aber der »Mann aus Eisen« ist längst ein reicher Mann. Er läßt verkünden, daß er jedem 1000 US-Dollar zahle, der länger als sechs Runden gegen ihn im Ring durchstehe. Zwischen 1882 und 1888 besiegt er daraufhin 23 Gegner. Allein 1887 kassierte er in Großbritannien bei 50 Schaukämpfen 5000 US-Dollar. Außerdem macht »The World Champion«, wie man ihn nur noch nennt, Reklame für die Lipton Beef Company, was noch einträglicher ist als Boxen. Sullivan steht auf der Schwelle des »Prize Fighting« zum modernen Boxsport als Weltmeister ohne und mit Handschuhen. Er ist der erste offizielle Worldchampion.

Die »Queensberry-Regeln«

John Sholto Douglas, 8. Marquess of Queensberry, erarbeitete 1867 mit John Graham Chambers Regeln für den Boxsport. Der Marquess hatte im August 1865 die »Caledonian Games« in Boston besucht und bewegte Klagen über das »Prize Fighting« in den USA vernommen. Er fürchtete den verderblichen Einfluß auch für Großbritannien. Die Regeln, noch im selben Jahr veröffentlicht, sollten die Auswüchse des »Prize Fighting« beseitigen helfen. Die gute Absicht blieb zunächst ohne Erfolg. Nur die Gentlemen, die in Amateurklubs und Boxschulen die edle Kunst der Selbstverteidigung betrieben, richteten sich danach. Erst ab 1889 setzen sich die »Queensberry Rules« in den USA durch. Sie schreiben den Kampf mit Boxhandschuhen vor, legen die Rundendauer auf drei Minuten mit jeweils einer Minute Pause fest und führen das Zählen bis zehn bei Niederschlägen ein. Die Zahl der Runden bleibt unbegrenzt.

Denkmal aus Erz für einen Ruderer

1884. Das erste Denkmal für einen Sportler wird in Toronto/Kanada am Ufer des Ontariosees errichtet, unweit des Bootshauses vom Argonaut Rowing Club: Ein lebensgroßer Ruderer in Erz gegossen, das Ruder wie eine Fahnenstange in der Hand. Die Inschrift auf dem Sockel lautet: »Edward Hanlan, der berühmteste Ruderer aller Zeiten, dessen Siegeslaufbahn in den Annalen des Sports nicht ihresgleichen hat.«

Edward Hanlan wurde 1855 als Sohn eines Fischers in Toronto geboren. Bereits mit 16 Jahren saß er mit gleichaltrigen Jungen im Vierer-Boot, denn der Rudersport wurde seit 1850 in der Toronto Bay eifrig betrieben. Bald entdeckte Hanlan seine Fähigkeiten im Einer.

Die Siegeslaufbahn von Edward »Ned« Hanlan begann 1874, als »The Boy in Blue« erstmals kanadischer Meister wurde. 1876 gewann er in Philadelphia die Jahrhundert-Regatta im Einer, schlug auf dem Silver Lake in Boston so berühmte Skuller wie Placisted und Johnson, wurde Weltmeister und anschließend Professional. Bald fand er weder in Kanada und den Vereinigten Staaten noch in Großbritannien oder Australien Gegner, die ihm gewachsen waren. Ein Hanlan-Manager-Klub vermarktet ihn. Man nennt ihn das »Kanadische Wunder«. »Ned« ist nur 1,74 m groß und wiegt 68,5 kg. Als er im Juli 1878 den hünenhaften Profi-Weltmeister W. Elliott aus Australien auf dem Tynefluß in Großbritannien besiegte, verloren die Briten riesige Summen an Wettgeldern, daß ihnen auf Jahre die Lust verging, beim Rudern zu wetten. 1880 verteidigte »Ned« seinen Titel in Australien. Auf dem Parramattafluß besiegte er über 6837 m E. Trickett in 26:12 min.

1884 verliert Hanlan seinen Weltmeistertitel in Australien an W. Beach. Bis dahin hat er sechs Weltmeisterschaften, über 300 Siege und über 50 000 US-Dollar gewonnen. Seine Erfolge verdankt »Ned« einem soliden Training, seiner Sicherheit im Boot, seiner Nervenstärke und einer virtuosen Technik. 1890 gewinnt er noch einmal ein Rennen um 5000 US- Dollar mit W. O'Connor im Doppelzweier. Die Bürgerschaft von Toronto schenkt ihm zum Abschluß seiner Karriere ein Haus im Wert von 20 000 US-Dollar.

Der erste deutsche Fußball-»Kaiser«

Um 1880. Im ersten deutschen Regelbuch für das Fußballspiel, das ein Engländer verfaßt hat, wird als Mindestalter für die Spieler einer Mannschaft zehn Jahre vorgeschrieben.

Association Fussball.

Ein Handbuch für Anfänger
mit Regeln, Winken für Spieler etc.
von
F. W. Moorman,
Captain des Universitäts A. F. C. Strassburg.
Präsident des Celeritas A. F. C. Strassburg.
Früher Captain des University College of Wales A. F. C.

Preis 80 Pfg.

F. W. Moorman, ehemals Captain am University College in Wales, danach Präsident des Celeritas A. F. C. Straßburg, gibt das erste deutsche Handbuch für das Fußballspiel heraus, das in Süddeutschland allgemein anerkannt wird.

Der Mannschaftskapitän wird »Spielkaiser« genannt und hat die Aufgabe, die eigenen Spieler bei Regelverletzungen zu verwarnen. Wer eine Unsportlichkeit wiederholt, wird von ihm des Feldes verwiesen. Dieses englische Prinzip der Selbsterziehung setzt sich jedoch bei den deutschen Schülermannschaften nicht durch.

Ein Sprung macht Sportgeschichte

1881. Der norwegische Eisläufer Axel R. Paulsen zeigt erstmals auf dem Eis einen Sprung, der zumindest seinen Vornamen unsterblich macht. Der Läufer schwingt im Vorwärtslauf mit dem rechten Bein in die Höhe, springt mit dem linken Fuß ab, dreht sich einmal in der Luft um sich selbst, landet dann rückwärts auf dem rechten Fuß und gleitet nach einer eleganten Wendung weiter. Die Zuschauer, die dieses niegesehene Eiskunststück bestaunen, ahnen nicht, daß es eines Tages einen »Doppel-Axel«, sogar einen dreifachen »Axel« geben wird.
Paulsen, dessen Vater ebenfalls ein guter Eisläufer war, ist der erste norwegische »Eislaufkönig«. Dies aber weniger wegen seines kühnen Sprunges. Man feiert ihn vielmehr 1884 und 1886 als Weltmeister im Eisschnellauf. Als er am 26. Februar 1885 den Niederländer van der Zee in Kristiania (Oslo) in einem Lauf über drei Meilen besiegt, bringt das »Morgenbladet« das erste Extrablatt Norwegens heraus. Sowohl als Eiskunst- wie als Eisschnelläufer erzielt Paulsen in Europa und in den USA zahlreiche Erfolge.

Karl Abs, der erste deutsche Weltmeister im Ringen, muß mangels geeigneter Gegner seine Kraft im Zirkus zeigen.

Der erste deutsche Champion und die Ära der Kraftmenschen

18. Mai 1884. *In New York werden die ersten Weltmeisterschaften für Profi-Ringer ausgetragen. Im Schwergewicht stehen sich der hochfavorisierte US-amerikanische Meister William Muldoon und der deutsche Gewichtheber und Ringer Karl Abs gegenüber. Sie ringen im freien Stil, was auf eine Art Catch-as-catch-can hinausläuft. Nach fast zwei Stunden zwingt Abs Muldoon auf die Schultern. Eine Sensation.*
Der deutsche Weltmeister begann 1874 mit dem Ringen und Stemmen und wurde bald Professional. Als er keinen Gegner mehr in Deutschland fand, besiegte er Tom Cannon, den Meister Englands, Doublier, den Meister Frankreichs, Antonio Pierri, den Meister Italiens und Matsado Sorakichi, den Meister Japans.
Nach dem aufsehenerregenden Sieg über Muldoon gibt es keinen Herausforderer mehr für ihn. So muß Abs seinen Ruhm nutzen, um im Zirkus aufzutreten. 1888 zieht er auf einem sinnreich konstruierten Klettergerüst ein Pferd in die Höhe und schaukelt es hin und her. Dem Pferd ist nicht sonderlich wohl dabei, und es muß beruhigt werden. Abs läutet damit gleichsam eine Ära der Kraftmenschen ein. Sie blüht in einem Zwischenreich von Sport, Zirkus und Varieté, wo die Grenzen schon immer fließend waren. Der Artist Apollo trägt 1892 im Berliner Wintergarten ein Klavier samt Pianisten über die Bühne. Sein Kollege Rasso liftet 1895 im Zirkus Renz auf Absscher Art ein ganzes Orchester mit zwölf Mann. In beiden Fällen liefern die Gestemmten gleich eine fröhliche Begleitmusik dazu, wofür das Pferd bei Abs wenig Neigung erkennen läßt. Natürlich läßt der Kraftakt des Weltmeisters die Konkurrenz nicht ruhen. So hebt eines Tages ein gewisser Hoffland, der sich »Epitheton ornans« nennt, von einem Podest aus ein Pferd samt Reiter, und zwar mit den Zähnen. Mit den Zähnen halten bei anderer Gelegenheit zwei Athleten ein Seil, auf dem ein dritter mit einer 135 Pfund schweren Hantel tanzt.

1888 veröffentlicht die britische Zeitschrift »The Graphic« diese Darstellung eines Tennis-Matchs auf der Anlage des All England Lawn Tennis and Croquet Club in Wimbledon, Schauplatz der Meisterschaften von England (später kol.).

Renshaw-Zwillinge regieren Wimbledon

1880. Das Herren-Doppel der Internationalen Tennismeisterschaften von England wird zum zweiten Mal ausgetragen. Es findet in Oxford statt. Erst ab 1884 spielt man es in Wimbledon aus. In Oxford siegen William und Ernest Renshaw.
Die Zwillinge, am 3. Januar 1861 geboren, sind die ersten Tennisstars der Sportgeschichte. Sie gewinnen das Doppel noch 1881, 1884, 1885, 1886, 1888 und 1889. 1887 muß William aussetzen. Er entschuldigt sich wegen eines »Tennisarms«. Diesen Befund hört man zum ersten Mal. William gilt auch als Erfinder eines neuen kräftigen Schlages, den man »smash« nennt. Im Herren-Einzel 1881 hat Titelverteidiger John Hartley (→ 9. 7. 1877) gegen ihn keine Chance und verliert in 37 Minuten.
William, der bessere Einzelspieler, gewinnt das Einzel in Wimbledon noch 1882, 1883, 1884, 1885, 1886 und 1889. Ernest wird 1888 Wimbledonsieger im Einzel. Viermal erreicht er das Wimbledon-Finale, zweimal unterliegt er dabei seinem Bruder William.
Insgesamt heimsen sie in zehn Jahren 15 Meistertitel ein. Sie gewinnen in dieser Zeit dreimal die Meisterschaft von Irland in Dublin und zahllose Pokale und Medaillen an der Côte d'Azur. Über die Wintermonate wählen sie das Hotel »Beau Site« in Cannes zum Stammquartier. Die Brüder spielen erfolgreich miteinander, aber ungern gegeneinander. Ernest findet, daß William dabei nicht ernst genug bei der Sache sei.

Ernest und William Renshaw

Der weltweite Siegeszug des Tennisspiels

1882. Eine Prophezeiung wird widerlegt. Als sich in Wimbledon der Veranstalter der Tennisturniere, der All England Croquet Club, in »All England Lawn Tennis and Croquet Club« umtauft, geschieht mehr, als daß Tennis den Vorzug vor Krocket erhält. Fünf Jahre zuvor (→ 9. 7. 1877) hatte der erste Wimbledonsieger Spencer W. Gore nach seinem glatten 6:1-6:2-6:4-Erfolg erklärt: »Die Monotonie dieses Spiels, die unübersichtliche Zählweise und auch die Schwierigkeit, es zu erlernen, werden jeden wirklich sportinteressierten Menschen vertreiben. Ich bezweifle sehr stark, daß daraus jemals ein populärer Sport wird.« Jetzt tauft man nicht nur einen Verein um. In Wimbledon werden die Brüder William und Ernest Renshaw mit Autogrammbitten bestürmt. Ihre Namen tauchen regelmäßig in den Gesellschaftsspalten seriöser Zeitungen auf.
Nachdem die Iren 1879 in Dublin das erste Tennisturnier der Welt für Damen veranstalteten, das May Langrishe als erste Tennismeisterin der Geschichte sah, verschließt sich auch der Rasen von Wimbledon den Damen nicht mehr. Maud Watson wird 1884 erste Wimbledonsiegerin und verteidigt ihren Titel ein Jahr später erfolgreich.
Die Tenniskiste von Major Wingfield wurde u. a. in viele Städte der USA verkauft. 1878 gab in New York »Harper's Weekly« eine genaue Beschreibung. 1880 wurde vom Staten Island Cricket and Baseball Club in New York eine »Championship of America« ausgetragen. Im Finale schlug der Brite C. E. Woodhouse den Kanadier J. B. Helmuth. Am 21. Mai 1881 gründeten 34 Klubs in New York die US National Lawn Tennis Association. Auf Rhode Island wurden die ersten US-Meisterschaften ausgetragen. Die ersten sieben Jahre siegt Richard D. Sears im Einzel. Mit dem Vorsitzenden des Verbandes, James Dwight, wird er auch fünfmal Doppelmeister. 1887 zählt man im Brooklyn Park über 6000 Tennisspieler. Im selben Jahr gewinnt die 17jährige Ellen Hansell die erste US-Damenmeisterschaft. 1880 fand das erste Tennisturnier in Australien statt. 1884 veranstaltet Baden-Baden das erste große Turnier in Deutschland.

Britische Tennisspielerinnen und Tennisspieler um 1880 (Stich, später kol.).

Schlittensport, zunächst ein Vergnügen britischer Kurgäste

Gemischte Rodelbesatzungen, später auch im Bobsleigh, setzen sich als Sport nicht durch.

Mindestens zwei Damen sollten zu jeder Bobmannschaft gehören. Die Kühnsten fahren allein Skeleton.

Gruppenabfahrten – beliebter Zeitvertreib in Sankt Moritz, dem künftigen Zentrum des Schlittensports. 1884 wird hier der später berühmte Cresta Run errichtet.

Totes Rennen beim ersten internationalen Wettschlitteln

12. Februar 1883. Auf der Höhe des Wolfgangpasses oberhalb von Klosters in Graubünden versammeln sich 21 »Schlittelfahrer« aus sechs Nationen. Es sind zwölf Schweizer, drei Briten, zwei Australier, ein Kanadier, zwei Deutsche und ein Niederländer. Sie sind mit einem Toboggan ausgerüstet. So nennt man nach dem Wort »tobaaken« der Mic-Mac-Indianer einen flachen Schlitten, mit dem man bäuchlings zu Tal fährt. In der Nacht gefallener Neuschnee bereitet den ausländischen Teilnehmern Schwierigkeiten, im Gegensatz zu den Einheimischen.

Ziel des Rennens ist der Marktplatz von Klosters. Nachdem der letzte Schlittler durch die von Zuschauern engumsäumte Dorfstraße geflitzt ist, wird ein erstaunliches Ergebnis bekanntgegeben. Der Australier G. P. Robertson, ein Oxford-Student, erreichte über die 3000-m-Strecke in 9:15,0 min genau dieselbe Zeit wie der Schweizer Briefträger P. Minch. Auf den nächsten Plätzen enden ausschließlich Schweizer.

Schon 1881 und 1882 hatte der Brite Hornblower lokale Rennen hinab nach Klosters organisiert. Jetzt kommt der Schlittelsport in Schwung. Noch im selben Winter wird der Davos Toboggan Club gegründet. In Davos hatte der Kurverein schon 1879 eine Schlittelbahn unterhalb des Kurhauses angelegt. Aber die Behörde verbot die Passage vom Hotel »Strela« über die Hauptstraße. Die Briten setzten dann den Bau einer neuen Bahn beim Hotel »Buol« durch. Dem dringenden Schlittelwunsch der Kurgäste kann auch Sankt Moritz nicht widerstehen. 1884 wird auf einer eigenen Trasse nach Celerina hinab der Cresta Run erbaut. Er wird zur berühmtesten Schlittelbahn der Welt.

Der Cresta Run ist 1231 m lang und weist ein Gefälle von 167 m auf. 1887 baut der Hufschmied Christian Mathis nach Angaben des britischen Majors W. H. Bulpett den ersten stählernen Skeleton. Mit ihm werden auf dem Cresta Run Geschwindigkeiten bis zu 100 km/h erreicht. 1888 hängt der US-amerikanische Diplomat Townsend zwei Rodelschlitten aneinander und nennt das Gefährt nach den Anfeuerungsrufen beim Start »Bob«. Mathis konstruiert daraufhin den ersten »Bobsleigh«, die neueste Attraktion des Schlittelsports.

Am 21. Dezember 1897 wird in Sankt Moritz der erste selbständige Bobsleighklub gegründet. In den rein britischen Vorstand werden auch zwei weibliche Mitglieder berufen. 14 Tage später findet das erste offizielle Bobrennen statt.

Neue Ära des Skisports

1881. Als Fritz Huitfeld die Huseby-Skiwettkämpfe des Skiklubs Kristiania (Oslo), die zum zweiten Mal stattfinden, miterlebt, schreibt er in der Wochenzeitschrift »Norsk Idraetsblad«: »Ohne Stock, schmalspurig, leicht und behende überwand der Schusterjunge aus Telemark die Unebenheit des Hügels. Elastisch wie eine Sprungfeder nahm er den Absprung von der Sprungschanze, ruhig wie ein Vogel schwebte er dahin. Eine kleine Beugung der Knie, und nach einem Augenblick war er gelandet und machte einen Telemarkschwung. Wie ein Meteor ging er nieder unter die erstaunte Menge, die wie verhext dastand. Es war wie eine Vision! Man schrie und rief, man schaute umher und lachte, man konnte das Geschehene kaum fassen. Ein Jubelruf ging zum Himmel, daß die Luft erzitterte und die alten Bäume um den Huseby-Hügel herum erbebten. Eine neue Ära für den Sport war angebrochen, dessen Großartigkeit und Macht in der Welt ihresgleichen suchte. Man begriff, daß hier etwas Besonderes geschehen war.«

Der Schusterjunge heißt Torjus Hemmestveit und hat einen Skisprung von 23 m gestanden. Mit seinem Bruder Mikkel wird er zum überragenden Skiläufer und Skispringer der Huseby-Spiele. 1883 gewinnen beide gemeinsam den neugestifteten Königspokal. Er ist für eine Kombination aus Sprung- und Langlauf ausgeschrieben. Mikkel gewinnt ihn 1885 und 1886 noch zweimal und wandert dann in die USA aus, wo er zum Pionier des nordischen Skilaufs wird. Torjus siegt 1888 beim erstmals ausgetragenen 50-km-Skilanglauf in 4:26 h. Ein Jahr später wiederholt er diesen Erfolg in hügeligem Gelände in 4:26 h. Dann geht auch er in die Vereinigten Staaten.

In Frönsvollen weiht der Skiklub Kristiania 1885 die erste Skihütte der Welt ein. 1883 hat er den Förderverein des Skilaufs ins Leben gerufen. Weibliche Mitglieder des Vereins stiften einen Damenpokal für den »kecksten« Skispringer bei den Huseby-Spielen. 1889 wird eine neue Sprungschanze auf dem Gelände des Bauern Holm errichtet.

Der Huseby-Bakken bei Oslo, wo Weiten über 20 m erreicht werden

Mikkel und Torjus Hemmestveit, Pioniere des nordischen Skilaufs in den USA

Ausbildung in Wien unter männlicher Anleitung (»Illustrierte Chronik der Zeit«, 1886, später koloriert).

Bei der Frontstellung vor dem Angriff bilden die Füße einen Winkel von 90 Grad.

Auch Damen der Wiener Gesellschaft interessieren sich für die Kunst des Fechtens

In der österreichischen »Illustrierten Chronik der Zeit« erscheint 1886 eine Serie von Stichen über eine Damen-Fechtschule in Wien. Schon seit 1873 erhalten an der Schauspielschule des Wiener Konservatoriums Schüler beiderlei Geschlechts Fechtunterricht. Wenige Jahre später lassen sich auch Frauen aus den oberen Schichten der Wiener Gesellschaft dort in der Fechtkunst unterweisen. Bereits 1879 entstand der Erste Wiener Damenfechtclub. Gegen Ende des 19. Jahrhunderts hat das Fechten endgültig seinen Ruf als ausschließliches Vergnügen von Studenten, Turnern und Offizieren verloren.

Siegeslauf der Ski: Auf Schneeschuhen durch Grönland

1888. Fachleute halten das Unternehmen für aussichtslos, für wahnsinnig und unverantwortlich. Nie zuvor wagte sich jemand in eine unbekannte, menschenleere Schnee- und Eiswüste, fern jeder möglichen Hilfe. Man verabschiedet die Teilnehmer der Expedition, die vier Norweger Fridtjof Nansen, Otto Sverdrup, Dietrichson, Tran und die beiden Lappen Balto und Ravna wie todgeweihte Narren, die von einer fixen Idee besessen und nicht mehr zu retten sind. Allein der Plan, mit einem Seehundfänger möglichst nahe an die Ostküste Grönlands heranzufahren und dann mit Booten die Treibeisbarriere zu überwinden, um das Festland zu erreichen, gilt als undurchführbar. Aber Nansen hat die Verhältnisse an der Ostküste studiert und ist zuversichtlich. Ein dänischer Mäzen finanziert die Expedition.

Noch berühmter wird Nansen (r. auf der Jagd in den Bergen von Kap Flora) durch seine Nordpolexpedition 1894 bis 1896.

Aus Fridtjof Nansens Bericht

»Die Expedition, welche wir hier zu schildern gedenken, hat ihre Entstehung einzig und allein dem norwegischen Schneeschuhlaufen zu verdanken. Der Verfasser selber ist von seinem vierten Lebensjahr an mit den Schneeschuhen vertraut gewesen, wie auch jeder einzelne Teilnehmer ein geübter Schneeschuhläufer war. Und die Ausführung der ganzen Expedition war auf der Überlegenheit der Schneeschuhe über jedes andere auf Schneeflächen in Anwendung kommende Beförderungsmittel begründet.«

Am 17. Juli verlassen Nansen und seine Gefährten den Seehundfänger »Jason« und vertrauen sich in zwei Booten dem tückischen Treibeis an. Das Festland ist nur 19 km entfernt, aber die Hindernisse scheinen unüberwindlich. Erst nach zwölf Tagen abenteuerlicher Drift auf einer Eisscholle erreichen sie die Küste. Sie befinden sich rund 500 km südlich der Höhe, wo sie die »Jason« ausgesetzt hatte. Daher müssen sie sich zunächst wieder 300 km die Küste entlang nach Norden vorarbeiten, wobei sie mehrmals auf Eskimotrupps stoßen.

Am 15. August beginnen sie mit der Durchquerung Grönlands. Die sechs Skiläufer überwinden mit ihren Schlitten Schneefelder, Gletscher und Gebirge bis zu 2700 m Höhe bei Temperaturen bis zu minus 50 °C. Nachdem sie 560 km zurückgelegt haben, erreichen sie am 26. September die Siedlung Godthaab an der Westküste Grönlands. Die Nachricht von der gelungenen Durchquerung der unwirtlichen Insel ist eine Weltsensation. 1891 veröffentlicht Nansen seinen Bericht »Paa Ski over Grönland« (Auf Schneeschuhen durch Grönland), ein Bestseller, der in alle Weltsprachen übersetzt wird.

Ein ganzes Kapitel seines Buches widmet Nansen dem Schneeschuhlauf und seiner Geschichte. Er trägt alles zusammen, was man zu seiner Zeit über diese Kunst weiß, und versteht es, durch mitreißende Beredsamkeit Anhänger für den Skilauf zu gewinnen. Kaum ein anderes Buch hat einer Sportart derartige Impulse gegeben. Nansen erzählt viel über die Geschichte des Skilaufs und preist dessen Schönheit in bewegten Worten. Wenig verrät er jedoch über die Technik des Skilaufens. Da herrscht bei den vom Skilauf Begeisterten bald Ratlosigkeit. Norwegische Skiläufer werden in den folgenden Jahren nach Mitteleuropa eingeladen, um den Skilauf vorzuführen. In Todtnau läßt die Bürstenfabrik Faller Ski aus Norwegen kommen und baut sie nach.

Ein Foto Nansens zeigt ihn mit zwei ungleichen Ski und nur einem Stock.

Leutnant Johansen von Nansens Expedition auf zwei gleichlangen Ski

Nansen schildert Schneeschuhlauf

In seinem Bericht über die Durchquerung Grönlands äußert sich Fridtjof Nansen enthusiastisch über den Schneeschuhlauf (Auszug):

»Wenn irgendeiner den Namen des Sports aller Sports verdient, so ist es dieser. Nichts stählt die Muskeln so sehr, nichts macht den Körper elastischer, nichts verleiht eine größere Umsicht und Gewandtheit, nichts stärkt den Willen mehr, nichts macht den Sinn so frisch wie das Schneeschuhlaufen. Kann man sich etwas Gesünderes und Reineres denken, als an einem klaren Wintertag die Schneeschuhe unter die Füße zu schnallen und waldeinwärts zu laufen? Kann man sich etwas Frischeres, Belebenderes denken, als schnell wie der Vogel über die bewaldeten Abhänge dahinzugleiten, währen die Winterluft und die Tannenzweige unsere Wangen streifen und Augen, Hirn und Muskeln sich anstrengen, bereit, jedem unbekannten Hindernis auszuweichen? Es entwickelt dies nicht allein den Körper, sondern auch die Seele, und es hat eine tiefere Bedeutung für ein Volk, als die meisten ahnen.«

1890

1890–1899

1890. In Ontario wird der kanadische Eishockeyverband gegründet.

Erstmals Rad-Wettfahrt Lüttich–Bastogne–Lüttich.

In den USA existieren 93 Sportzeitungen und Zeitschriften.

»Soccer«-Fußball in Genua, Mailand und Florenz.

1891. Otto Lilienthal beginnt in den Rhinower Bergen bei Potsdam mit Gleitflugversuchen.

Der Berliner Fußballclub Germania gewinnt die erste Fußballmeisterschaft des Bundes deutscher Fußballspieler.

8. 6. 1891. Deutscher Athleten-Verband für Ringer und Gewichtheber in Duisburg gegründet.

»American Football«, erstes Fußballbuch der USA von Walter Camp, »Vater des US-amerikanischen Fußballs« (→ Januar 1871).

1892. Beginn der Holmenkollen-Skiwettkämpfe bei Kristiania (Oslo) statt der bisherigen Huseby-Wettbewerbe.

7. 9. 1892. James J. Corbett (»Gentleman Jim«) Boxweltmeister nach K.-o.-Sieg in der 21. Runde über John Lawrence Sullivan. Erster WM-Kampf mit Handschuhen.

25. 11. 1892. Pierre Baron de Coubertin ruft in Paris zu einer Wiederbelebung der Olympischen Spiele der Antike auf.

1893. Der Schwimmer Georg Hax gewinnt die erste Europameisterschaft im Turmspringen.

Erste mitteleuropäische Skimeisterschaft in Mürzzuschlag/Österreich; Sieger ist ein Norweger.

Erste Skifabrik Mitteleuropas im schweizerischen Glarus.

Erste »Australasian« Amateur-Athletikmeisterschaften in Melbourne (16 Wettbewerbe).

Erste Ruder-Europameisterschaft in Italien im Einer, Vierer mit Steuermann und Achter.

24. 9. 1893. Fußball als Pausenfüller zwischen Radrennen in Sankt Petersburg (Leningrad).

1894. In Antwerpen erste Weltmeisterschaften im Niederradfahren. Weltmeister wird August Lehr.

Emanuel Lasker gewinnt in den USA die Schach-Weltmeisterschaft gegen Wilhelm Steinitz 12,5:4,5.

Erster internationaler Leichtathletik-Wettkampf der Universitäten Yale (USA) gegen Oxford (Großbritannien) in London. Oxford siegt 5,5:3,5.

23. 6. 1894. Der von Coubertin einberufene Internationale Athletik-Kongreß in Paris (seit 16.6.) endet mit dem Beschluß über die »Wiederbegründung der Olympischen Spiele«.

22. 7. 1894. Erstes Automobilrennen der Welt in Frankreich.

1895. Der New York Athletic Club gewinnt gegen den Athletic Club London alle elf Wettbewerbe. Weltrekorde von Charles Kilpatrick über 880 y in 1:53,5 min, Thomas P. Conneff über die Meile in 4:15,6 min.

Erster kommerzieller Sportfilm (Vier Minuten) von Woodville Latham über den Boxkampf des Australiers Young Griffo gegen Battling Barnett.

11./12. 9. 1895. Der englische Fußballpokal wird aus einem Schaufenster in Birmingham gestohlen.

1896. Erstmals Eiskunstlauf-Weltmeisterschaften in Sankt Petersburg. Der Deutsche Gilbert Fuchs wird Weltmeister, er schreibt später ein Lehrbuch.

In Hamburg erscheint »Alpine Lilienfelder Skifahr-Technik« von Matthias Zdarsky.

März 1896. Im Vorfeld der 1. Olympischen Spiele der Neuzeit läuft eine Frau erstmals die Marathonstrecke.

6. 4. 1896. Die Spiele der 1. Olympiade der Neuzeit in Athen (bis 15. 4.) werden feierlich eröffnet.

14. 4. 1896. Wegen schlechten Wetters muß die Schlußfeier der I. Olympischen Spiele der Neuzeit um einen Tag verschoben werden.

17. 3. 1897. Bob Fitzsimmons Boxweltmeister durch K.-o-Sieg in der 14. Runde über James J. Corbett. Veriscope Company stellt den ersten kompletten Film über einen Boxkampf her (→ 7. 9. 1892).

17. 1. 1897. Eine Gruppe von fünf Skiläufern durchquert das Berner Oberland (bis 24. 1.).

3. 7. 1898. Erster Marathonlauf in Deutschland in Leipzig. A. Techtow gewinnt in 3:19:50,0 h.

31. 7. 1898. Erste Weltmeisterschaften im Gewichtheben in Wien. Weltmeister wird der Österreicher W. Türk.

12. 12. 1898. In ihrem ersten Fußball-Länderspiel besiegt eine deutsche Mannschaft in Paris eine französische Auswahl 7:0.

1898. Erste Deutsche Leichtathletikmeisterschaften in Hamburg. Paul Fischer Sieger über 100 m und 200 m (12,2 sec und 23,0 sec), Franz Duhne (»Heilbutt«) Sieger über 1500 m (4:26,2 min).

1899. Marshall Walter »Major« Taylor wird in Montreal Profi-Weltmeister der Steher.

9. 6. 1899. James J. Jeffries Boxweltmeister »aller Klassen« durch K.-o.-Sieg in der elften Runde über Bob Fitzsimmons (→ 7. 9. 1892). Da eine Filmaufnahme wegen Versagens der Lampen mißglückt, wird der Kampf mit Schauspielern für die Kamera nachgestellt.

12. 12. 1899. Der Deutsche Schwimmverband fordert: »Jedem Deutschen wöchentlich ein Bad!«

Eine unverstandene Idee

25. November 1892. Der Sekretär der Union des Sociétés Françaises de Sports Athlétiques, Pierre Baron de Coubertin, hält in Paris die Festrede zum fünften Jubiläum der Organisation. Er ruft aus: »Lassen Sie uns Ruderer, Läufer, Fechter ins Ausland schicken, das ist das Freihandelssystem der Zukunft! Und an dem Tag, an dem es in die Sitten des alten Europa eingedrungen sein wird, wird der Sache des Friedens eine neue und mächtige Stütze erwachsen sein!« Am Schluß erklärt er: »Deutschland hat das ausgegraben, was von dem alten Olympia noch vorhanden war. Warum sollte Frankreich nicht die alte Herrlichkeit wiederherstellen?«

Die Reaktion hierauf überrascht ihn: »Ich hatte mich entschlossen, meinen Vortrag mit der sensationellen Ankündigung einer bevorstehenden Reprise der Olympischen Spiele zu beenden. Natürlich hatte ich alles vorhergesehen, nur nicht das, was eintraf. Opposition? Proteste? Ironie? Oder gar Gleichgültigkeit? Nichts von alledem. Man klatschte Beifall, man billigte meine Pläne, man wünschte mir großen Erfolg. Aber kein Mensch hatte mich verstanden.«

Das hindert Coubertin nicht, seine Idee zielstrebig weiter zu verfolgen. 1893 lädt er zu einem internationalen Kongreß in die Pariser Sorbonne ein. Die Tagesordnung sieht sieben Punkte zum Thema Amateursport vor. Ein achter Punkt lautet: »Möglichkeiten und Bedingungen für eine Wiederherstellung der Olympischen Spiele.« Darunter können sich die wenigsten der Eingeladenen etwas vorstellen.

Der Präsident der belgischen Turner schreibt Coubertin: »Meine Verbindung hat immer geglaubt und glaubt auch heute noch, daß Turnen und Sport entgegengesetzte Dinge sind und hat letzteren stets als unvereinbar mit seinen Prinzipien bekämpft.« Coubertin findet diese Auffassung »abgeschmackt«. Diese Haltung vertreten auch die deutschen Turner, für die Sport ein »englischer Fimmel« ist. Anfang 1894 ändert Coubertin die Tagesordnung seines geplanten Kongresses: »1. Teil: Amateur- und Berufssport, 2. Teil: Olympische Spiele.« Als er am 15. Januar die Einladungen verschickt, wird er konkret. In dem Schreiben heißt es jetzt kurz und bündig »Kongreß für die Wiederaufnahme der Olympischen Spiele.«

Das schwarze Schaf der Familie

Pierre Baron de Coubertin wird am 1. Januar 1863 in Paris geboren. Er entstammt einem Geschlecht, das Frankreich seit den Kreuzzügen hochverdiente Offiziere und Staatsbeamte schenkte. Sein Entschluß, Privatgelehrter zu werden, kommt einem Affront gleich. Seine erste akademische Prüfung ist ein Vortrag über »Die schöpferische Phantasie des Menschen«. Nach Studienreisen durch Großbritannien und die USA gründet er 1880 eine Nationale Liga für Körpererziehung, 1888 ein Propagandakomitee für den Sport. Dieses Komitee schließt sich 1890 der Union der französischen Athletikvereine an, deren Sekretär Coubertin wird. Am 25. Januar desselben Jahres erscheint in Paris die erste Ausgabe seiner Zeitschrift »Revue Athlétique«. Sport, Propaganda und Organisation – damit hat sich der phantasievolle junge Mann eine Plattform geschaffen, um die abenteuerliche Idee der Wiederbelebung der Olympischen Spiele zu verwirklichen.

Das Internationale Olympische Komitee (IOC) in Athen 1896 (v. l.): Gebhardt (Deutschland), Coubertin (Frankreich), Guth-Jarkowsky (Böhmen), Bikelas (Griechenland), Kemény (Ungarn), Boutowski (Rußland), Balck (Schweden)

Neubegründung der Olympischen Spiele

23. Juni 1894. Der seit dem 16. Juni in der Pariser Sorbonne tagende Internationale Athletik-Kongreß (→ 25. 11. 1892) endet mit einem Beschluß über die »Wiederbegründung der Olympischen Spiele«. Ein Internationales Olympisches Komitee (IOC) wird gebildet. Ihm gehören an Demetrios Bikelas für Griechenland, Pierre Baron de Coubertin und E. Callot für Frankreich, Alexander Boutowski für Rußland, Viktor Balck für Schweden, W. Sloane für die USA, Jiri Guth-Jarkowsky für Böhmen, F. Kemény für Ungarn, C. Herbert und Lord Ampthill für Großbritannien, J. B. Zubiaur für Argentinien, L. A. Cuff für die Niederlande. Provisorisch stellen sich Graf Lucchesi Palli für Italien und Graf Max de Bousies für Belgien zur Verfügung. Vertreter Deutschlands wird 1895 Willibald Karl August Gebhardt. Auf Drängen von Bikelas sollen die 1. Olympischen Spiele der Neuzeit 1896 in Athen stattfinden. Coubertin sieht diesem »Abenteuer, auf das er sich eingelassen«, skeptisch entgegen.

Griechischer Millionär stiftet Olympiastadion aus Marmor

Die Entscheidung, die I. Olympischen Spiele nach Athen zu vergeben, ist nicht im Sinne von Pierre Baron de Coubertin. Er glaubt nicht, daß Griechenland dieser Aufgabe gewachsen ist. Er hätte Paris und das Jahr 1900 mit dem glanzvollen Rahmen einer Weltausstellung vorgezogen. Doch er muß zugestehen, daß Griechenland ältere Rechte besitzt.

Aber plötzlich stellt sich heraus, daß das IOC-Mitglied Demetrios Bikelas auf dem Pariser Kongreß (→ 23. 6. 1894) keineswegs im Namen der griechischen Regierung gesprochen hat. Diese wendet sich vielmehr entschieden gegen den Plan. Vor allem weiß man nicht, wie man ein solches Ereignis finanzieren soll. Das Problem wird zu einem Politikum zwischen Regierung und Opposition. Die griechische Presse diskutiert das Für und Wider leidenschaftlich. Alles droht endgültig zu scheitern. Coubertin eilt nach Athen. Es gelingt ihm, den griechischen Kronprinzen Konstantin zu gewinnen, der das Präsidium des Organisationskomitees übernimmt.

Als zweiter Nothelfer tritt 1895 der in Kairo lebende griechische Millionär Giorgios Averoff auf den Plan. Er stiftet 900 000 Golddrachmen, um aus pentelischem Marmor ein Olympiastadion zu bauen. Den Auftrag erhält der Architekt Anastas Metaxas.

Man wählt die Stelle, wo schon im 8. Jahrhundert v. Chr. der spartanische König Lykurgos ein Erdstadion hatte anlegen lassen (→ um 800 v. Chr.). Herodes Attikus hatte es 131 n. Chr. in Marmor erneuert. Später diente das Areal jahrhundertelang als Steinbruch. Der Neubau hält sich an das klassische Vorbild. Eine langgestreckte Hufeisenform wird an den unteren offenen Seiten von zwei Türmen flankiert. Auf dem Platz davor errichtet man aus Dankbarkeit ein Standbild des großzügigen Stifters. Das Stadion bietet 70 000 Sitzplätze. Auf die unteren Reihen werden bei der Eröffnungsfeier Polster gelegt. Während der Grabungsarbeiten findet man zwei marmorne Hermen, die am Eingang aufgestellt werden. Daneben plaziert man Nachbildungen antiker Dreifüße. Mit dem Fortgang des Baues endet der Streit in der Bevölkerung und weicht einer wachsenden Begeisterung. Mit Stolz und Ungeduld sieht man der Eröffnungsfeier entgegen. Der Mäzen Giorgios Averoff bleibt den Olympischen Spielen in Athen fern. Er fürchtet, die übergroße Freude könne ihm das Herz brechen.

Das Stadion im Bau an der Stelle der antiken Panathenäen (Stich, später kol.)

Deutsche Olympiateilnahme im letzten Moment gesichert

Der Arzt Willibald Karl August Gebhardt gründet am 13. Dezember 1895 ein »Komitee für die Beteiligung Deutschlands an den Olympischen Spielen«. Es ist fast ein Akt der Verzweiflung.
Man hält in Deutschland die olympische Idee für eine Erfindung des »Erzfeindes« Frankreich und verweist darauf, daß auch die Turner der Schweiz, Belgiens, der Niederlande, Norwegens, Schwedens und Italiens Pierre Baron de Coubertin eine Absage erteilten. Öl ins Feuer hatte ein Interview gegossen, das Albert Cellarius mit Coubertin führte und am 12. Juni 1895 in der Pariser Zeitung »Gil Blas« veröffentlichte. Dort hieß es: »Nur allein Deutschland, welches — vielleicht mit Absicht — sehr spät eingeladen worden war, machte ein saures Gesicht und lehnte es ab, an dem Kongreß 1894 teilzunehmen. Dieses Fernbleiben wurde besprochen, erweckte aber niemandes Unzufriedenheit.« Coubertin hat eine Äußerung dieser Art heftig bestritten, aber sie paßte nur allzugut ins deutsche Frankreichbild. So erhält Gebhardt nach der Gründung seines Komitees und der Bitte an den Turnerbund, sich zu beteiligen, am 28. Dezember die Antwort: »Die bekannt gewordenen Tatsachen über das Verhalten des französischen Leiters des Festes machen es mit der Ehre eines deutschen Mannes unverträglich, teilzunehmen. Ich kann nur bedauern, daß Ihr Komitee für die dem deutschen Volk angetane Schmach ein Gefühl nicht hat.« Die »Rheinisch-Westfälische Zeitung« setzt noch eins drauf: »Ein deutscher Verein oder ein Deutscher, welcher seinem Land die Schmach antut, diese Spiele zu fördern oder zu besuchen, verdient mit Schande aus seinem Kreise und seinem Volk ausgestoßen zu werden.« Gebhardt gelingt es jedoch, den Sohn des deutschen Reichskanzlers Chlodwig Fürst zu Hohenlohe-Schillingsfürst zu gewinnen. Dieser bewirkt, daß eine deutsche Olympiamannschaft in Athen das Wohlwollen von Kaiser Wilhelm II. findet. Nun ruft Gebhardt zu Spenden auf und organisiert Wohltätigkeitsveranstaltungen, die großen Anklang finden. Die deutsche Beteiligung ist gesichert. Bei der Eröffnungsfeier im Athener Marmorstadion wendet sich Gebhardt an Coubertin: »All that is your work.« Was die deutsche Teilnahme betrifft, kann Gebhardt diesen Satz voll und ganz auch auf sich beziehen.

Der Weg nach Olympia

▷ 1800: F. Bogislaus von Schwerin, Probst in Sala (Schweden) schlägt »Olympische Spiele« vor.
▷ 1813: Lord Spencer Stanhope läßt Olympia topografisch vermessen.
▷ 1832: »Olympische Spiele« am Collège de Rondeau bei Grenoble mit neun Wettbewerben.
▷ 1834: In Bad Ramslösa/Schweden veranstalten Schüler von P. H. Ling »Olympische Spiele«.
▷ 10. 1. 1852: Ernst Robert Curtius fordert in einer Rede im Berliner Wissenschaftlichen Verein die Ausgrabung von Olympia.
▷ 1853: Der Österreicher Jakob Philip Fallmerayer unterstützt die Forderung von Curtius.
▷ 14. 10. 1859: Auf dem Loudovikou-Platz in Athen finden mit Hilfe einer Stiftung von Evangelistos Zappas (40 000 Drachmen) nationale »Olympische Spiele« statt.
▷ 14. 10. 1875: Beginn der deutschen Ausgrabungen in Olympia.
▷ 1892: Rede Coubertins vor der Union der französischen Athletikvereine zur Wiederbegründung der Olympischen Spiele bleibt ohne Resonanz.
▷ 1893: Programm Coubertins für einen internationalen Kongreß an der Pariser Sorbonne mit sieben Artikeln zum Amateursport.
▷ 15. 1. 1894: Einladung zum Kongreß für die Wiederaufnahme der Olympischen Spiele. Mit einer Apollo-Hymne wird der Kongreß, an dem Delegierte von 42 Nationen teilnehmen, am 16. Juni in Paris eröffnet.
▷ 23. 6. 1894: Beschluß zur Wiederbegründung der Olympischen Spiele.
▷ 1896: Der Berliner Willibald Karl August Gebhardt wird nachträglich in das Internationale Olympische Komitee (IOC) berufen.
▷ 6. bis 15. 4. 1896: Spiele der I. Olympiade der Neuzeit in Athen.

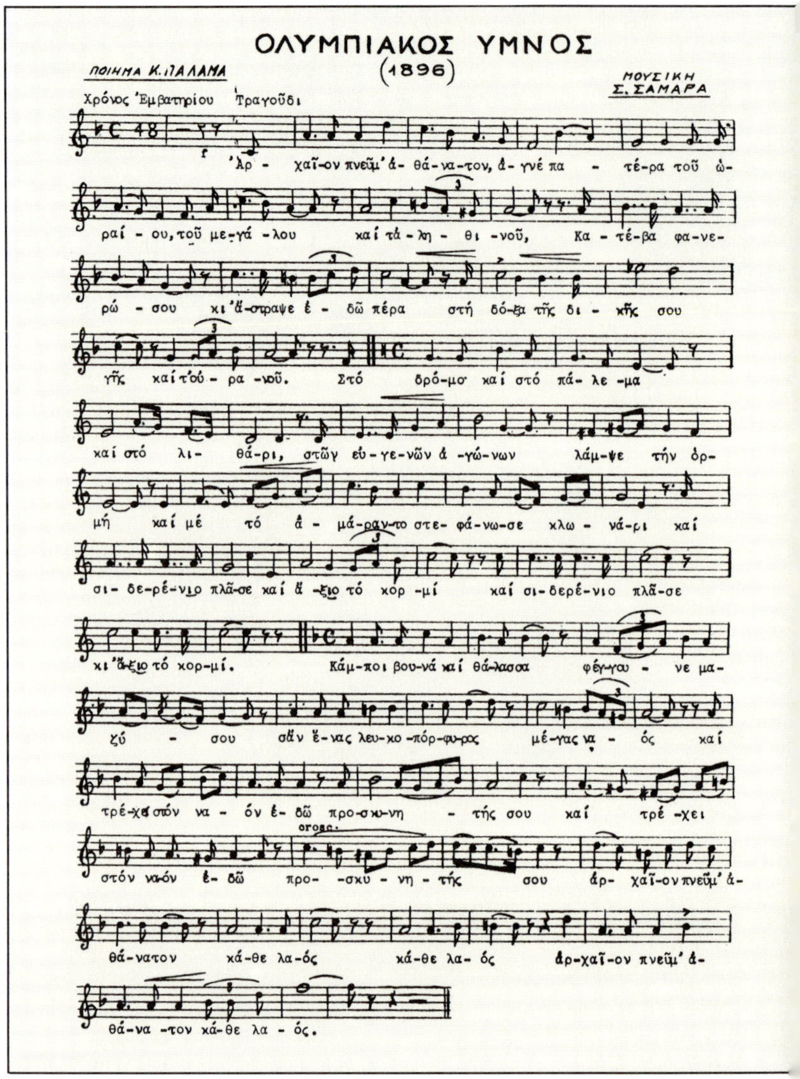

Partitur der von Spiro Samara für die Eröffnungsfeier der I. Olympischen Spiele der Neuzeit komponierten Hymne auf einen Text von P. K. Palama

Die erste olympische Goldmedaille ist eine Silbermedaille. Sie zeigt auf der Rückseite die Akropolis, auf der Vorderseite das Haupt des Zeus mit der Siegesgöttin Nike. Der Entwurf stammt von dem griechischen Professor Eryzis, der an der Akademie der Künste in München lehrt. Die Olympiasieger von Athen erhalten ausschließlich Medaillen aus Silber und Kupfer, einen Ölzweig und ein Diplom. Förderer der olympischen Idee stiften Sonderpreise. Noch hat die Devise »Dabeisein ist alles« uneingeschränkt Gültigkeit.

Eine Brücke über zweieinhalb Jahrtausende schlägt das Titelbild des offiziellen Berichts über die I. Olympischen Spiele der Neuzeit. Es zeigt die Jahreszahl 776 vor der Zeitenwende, als die ersten Spiele in Olympia historisch nachweisbar sind, und das Jahr 1896 nach der Zeitenwende, in dem die Olympischen Spiele der Neuzeit beginnen. Eine junge Frau in griechischer Volkstracht hält den Siegerkranz. Der offizielle Bericht erscheint nach den Spielen in griechischer und französischer Sprache; er weist nach, daß die Kosten für die Organisation der Spiele sich auf 180 000 Drachmen beliefen; allein die Olympia-Briefmarken brachten 400 000 Drachmen ein. Für das arme Veranstalterland sind die Spiele entgegen allen Befürchtungen ein finanzieller Erfolg.

Das neue Olympiastadion in Athen und ein Wagenrennen als Motive

Die frühesten Sportbriefmarken

Die Brüder Demetrios und Johannes Sacoraphos, zwei junge griechische Philatelisten, machen 1896 den folgenden Vorschlag: Die Herausgabe einer Briefmarkenserie soll die Olympischen Spiele finanzieren helfen. Kronprinz Konstantin von Griechenland ist einverstanden. Der Numismatiker Svoronos, Professor Gillièron und der Grafiker Eugène Mouchon entwerfen eine Serie von zwölf Marken mit acht verschiedenen Motiven. Sie zeigen das von Giorgios Averoff gestiftete neue Panathenäische Stadion mit der Akropolis sowie antike Skulpturen der Bildhauer Myron, Lysippos, Praxiteles und Paionios. Die Festausgabe dieser ältesten Sportbriefmarken der Welt bringt 400 000 Drachmen ein. Die Sondermarken sind als reguläre Freimarken noch bis zum Jahr 1901 in Umlauf. Durch Erhöhung der Posttarife erhalten sie später Aufdrucke. Wegen ihrer Seltenheit werden sie oft gefälscht.

Olympia-Marken (5/40 Drachmen)

Der erste Tag in Athen

6. April 1896. Die I. Olympischen Spiele der Neuzeit in Athen beginnen. Charalambos Anninos, Augenzeuge des ersten Tages, berichtet über die Eröffnungsfeier und zugleich den ersten Wettkampftag: »Gleich nach Mittag beginnt die endlose Wanderung nach dem Stadion. Von allen Enden der Stadt setzen sich dichte Scharen von Bürgern jeder Klasse, jeden Alters und Geschlechts in Bewegung. Die Wagen durchkreuzen im Trabe die Straßen, während die Eisenbahnzüge ununterbrochen vom Piräus und aus der Umgebung herbeifahren.« Das Stadion ist bis 15.30 Uhr nachmittags bis auf den letzten Platz gefüllt. An die 100 000 Zuschauer haben sich auf den umliegenden Höhen niedergelassen.

Die olympische Hymne
»Alter unsterblicher Geist, erhabener Vater/des Schönen, des Großen und des Wahren,/steige herab, offenbare dich und leuchte hienieden/im Schimmer deiner Erde und deines Himmels./Im Lauf, im Ringkampf und im Wurf des Steines, /im Drang des edlen Wettstreits leuchte du, /mach' stark und eisern den Leib der Kämpfer/und kränze mit ewiggrünem Zweige ihre Stirn./Berg, Feld und Meer erstrahlt durch dich/ wie ein gewaltiger Tempel im Purpurglanz,/und in den Tempel strömet hier, um anzubeten,/unsterblicher Geist, alljedermann.«

Anninos weiter: »Eine Sitzgruppe in der Nähe des Halbrunds ist für die Abgeordneten bestimmt, eine andere für die Offiziere, eine andere für die offiziellen Gäste. Der Anblick des Stadions ist wunderbar: die mannigfaltigen Gewänder der Damen, die Hüte, inmitten der dunklen Masse unzähliger Zuschauer die sich bewegenden Sonnenschirme, der dichte Ring der Zuschauer ohne Karten, die den Rand der Umfassungsmauer des Stadions besetzt halten, bilden ein imponierendes Gesamtbild. Nach langem Harren kommt die königliche Familie an. Sofort eilen Kronprinz Konstantin, der versammelte Ministerrat, alle Beamten, die Mitglieder der verschiedenen Kommissionen nach dem Eingang. Voran schreitet der König in der Uniform eines Generals der Infanterie und die Königin in weißem Kleide. Die Kapellen spielen die Königshymne. Die Zuschauer erheben sich und begrüßen stehend die königlichen Herrschaften durch Zurufe. Der Augenblick ist bewegend, und das Schauspiel bietet ein Bild von überwältigender Größe. Die königliche Familie nimmt auf den mit Purpur belegten Marmorsesseln Platz und begrüßt die Anwesenden. Zu ihrer Rechten sitzen die Mitglieder der heiligen Synode und die fremde Geistlichkeit in Athen, darunter auch der berühmte französische Prediger Pater Didon, der Verfasser des Wahlspruchs ›citius, altius, fortius‹.«

Hierauf richtet Kronprinz Konstantin als Präsident des Organisationskomitees eine Ansprache an den König, worin er erklärt, daß in kurzer Zeit für die Olympischen Spiele geschehen sei, was möglich war: »Ich bin überzeugt, daß die Unvollkommenheiten des Werkes mit gebührender Nachsicht beurteilt werden, sowohl wegen der natürlichen Schwierigkeiten als auch wegen des Mangels an Erfahrung«. Er bittet den König, die Spiele zu eröffnen. Der König antwortet mit lauter Stimme: »Ich erkläre die ersten Internationalen Olympischen Spiele in Athen als eröffnet! Es leben die beteiligten Nationen! Es lebe das griechische Volk!«

Ein Beifallssturm erhebt sich. Zehn Militärkapellen versammeln sich in der Mitte der Arena, dazu Mitglieder des Sängerchors des Philharmonischen Vereins. Die olympische Hymne wird uraufgeführt. »Der Hymnus, angestimmt unter freiem Himmel und im hellen Glanz der Sonne, in Gegenwart zahlloser, von ehrfurchtsvoller Rührung erfüllter Zuschauer, hatte etwas gewaltig Erhabenes. Die Zuschauer in ihrer Begeisterung übertönen den Schluß durch ein tosendes Beifallklatschen, und alle verlangen, nach dem Beispiel des Königs, eine Wiederholung, die auch unter den gleichen enthusiastischen Beifallsbezeugungen ausgeführt wird«, schreibt Anninos. Danach treten die ersten Wettkämpfer zum 100-m-Vorlauf an den Start. Der erste Olympiasieger wird an diesem Tag im Dreisprung ermittelt.

James B. Conolly aus den Vereinigten Staaten, der erste Olympiasieger in Athen, siegt im Dreisprung (13,71 m).

Ellery Clarke, ebenfalls aus den USA, Sieger im Weitsprung mit 6,35 m und im Hochsprung mit 1,81 m

Der Grieche Miltiades Gouscos, Zweiter im Kugelstoßen mit 11,20 m vor seinem Landsmann Papasideris

Robert Garrett, Sieger im Diskuswurf mit 29,15 m und im Kugelstoßen mit 11,22 m

Die Ungarn. Stehend v. l.: Kellner, Dritter im Marathon, Kakas, Dritter am Pferd, Szokolyi, Dritter über 100 m, Dani, Zweiter über 800 m. Sitzend v. l.: Hajós, Sieger im Schwimmen, und Manno, ohne Sieg

Carl Schuhmann, 1,57 m groß, 142 Pfund schwer (l.), versucht sich erfolglos im Kugelstoßen und wird Sechster im Weitsprung; als er im Ringen antritt, gibt man ihm keine Chance; zur allgemeinen Verblüffung erreicht er das Finale gegen den Griechen Antonios Tsitas (r.); der Kampf geht bis zum Einbruch der Dunkelheit und muß am nächsten Tag fortgesetzt werden. Der Sieg Schuhmanns ist eine Sensation.

Im Tauhangeln gelingt den Griechen zur Freude der Zuschauer ein Doppelsieg. Nicolaos Andriakopoulos erreicht in 23,4 sec die Spitze des Mastes vor seinem Landsmann Thomas Xenakis; drei weitere Teilnehmer, darunter der Deutsche Fritz Hofmann, geben auf.

Bei einem Einkaufsbummel traf Fritz Traun den Iren John Pius Boland, der sich einen Tennisschläger kaufen wollte. Der Deutsche Traun, im 800-m-Vorlauf ausgeschieden, kaufte sich auch einen Schläger, und beide meldeten sich für das Herren-Doppel an. Im Endspiel (Abb.) schlagen sie die Griechen Kadaglis/Petrokokkinos 6:2, 6:4.

Leistungen der Leichtathleten unter dem Weltniveau

6. April 1896. Als der US-amerikanische Student James Brendan Conolly am Vormittag im Athener Hafen Piräus an Land geht, erfährt er zu seinem Schrecken, daß er noch am selben Tag den Wettkampf im Dreisprung bestreiten muß. Er hat übersehen, daß man in Griechenland noch nach dem Julianischen Kalender rechnet. So hätte er beinahe den Olympiasieg im Dreisprung (13,71 m) verpaßt, demzuliebe er von der Harvard-Universität geflogen war. Denn er hatte keinen Urlaub bekommen und war trotzdem nach Griechenland gefahren. Conolly, erster Olympiasieger der Olympischen Spiele der Neuzeit, wird noch im Hochsprung Zweiter (1,65 m) und im Weitsprung Dritter (6,11 m).

Die Universität Princeton hatte sich großzügiger gegenüber ihren Studenten gezeigt, da ihr Direktor, W. Sloane, mit Pierre Baron de Coubertin befreundet ist. Die Kosten für die vier Teilnehmer bestreitet Robert Garrett, der erfolgreichste Leichtathlet. Garrett kannte den Diskuswurf nur vom Hörensagen. Diese, den Griechen zuliebe in Athen neueingeführte leichtathletische Disziplin gewinnt er zum Entsetzen der Zuschauer gegen den favorisierten Lokalmatador Panagiotis Paraskevopoulos.

Die ungarische Mannschaft kam auf Staatskosten nach Griechenland. Ungarn will damit seine nationale Eigenständigkeit demonstrieren. Von den sechs Teilnehmern geht nur einer leer aus. Gyula Kellner wird Dritter im Marathonlauf, Kakas Dritter im Pferdturnen, Alajos Szokolyi Dritter im 100-m-Lauf, Nándor Dáni Zweiter im 800-m-Lauf. Die US-Amerikaner gewinnen neun von zwölf Wettbewerben, wobei Thomas Curtis im 110-m-Hürden-Lauf nur den Briten Grantley Goulding zum Gegner hat. Der Australier Edwin Flack wird Doppelsieger über 800 m und 1500 m. Als einziger von vier deutschen Teilnehmern kommt Fritz Hofmann als Zweiter über 100 m und Dritter über 400 m zu olympischen Erfolgen.

Die Leistungen in Athen spiegeln nicht den tatsächlichen Leistungsstand der Zeit. Thomas Burke genügen 12,0 sec zum Olympiasieg über 100 m. Den Weltrekord hält seit 1891 der US-Amerikaner Luther Cary mit 10,8 sec. Ellery Clarks Hochsprungsieg mit 1,81 m steht der Weltrekord von Michael Sweeney (USA) mit 1,97 m seit 1895 gegenüber. Garretts Siegesstoß mit der Kugel (11,22 m) bleibt deutlich hinter der Leistung des Kanadiers Gray aus dem Jahr 1893 (14,32 m) zurück. Es sind nicht die besten Sportler der Welt, die in Athen antreten. Ohne Ausscheidungskämpfe hat sie nur der Zufall zu den ersten Olympischen Spielen der Neuzeit geführt.

Carl Schuhmann, der »kleine Apollo«, Sieger im Pferdsprung

Mitglieder der deutschen Riege in Athen. Im Vorfeld der Spiele polemisierte die Deutsche Turnerschaft heftig gegen die Idee des Franzosen Coubertin.

Alfred Flatow, Olympiasieger am Barren, Einzel und Mannschaft

Ein unerbetener Triumph der deutschen Turnkunst

9. April 1896. Noch kurz vor der Abreise nach Athen sah sich das deutsche Mitglied des Internationalen Olympischen Komitees (IOC), Willibald Karl August Gebhardt, zu einer Erklärung genötigt, die er in der Zeitschrift »Sport im Bild« veröffentlichen ließ. Darin hieß es u. a.: »Die 10 Turner, welche unter meiner Führung nach Athen zu den Olympischen Spielen gehen, sind von mir nicht ›für Geld und gute Worte‹, wie Dr. Goetze, Vorsitzender der deutschen Turnerschaft behauptet, gewonnen worden. Die Herren waren mir, mit Ausnahme eines einzigen, persönlich nicht einmal bekannt und haben sich sämtlich freiwillig gemeldet. Dieselben weisen den obigen Vorwurf mit Entrüstung zurück. Sie gehen alle aus Liebe zur Sache und mit der Absicht, das deutsche Turnen auf den Olympischen Spielen zu vertreten, nach Griechenland. Die deutsche Turnerschaft hat eine offizielle Beteiligung abgelehnt. In Folge dessen gehen die Herren, wozu sie vollkommen berechtigt sind, als ›Deutsche Turner‹ nach Athen.«

Diese deutschen Turner gewinnen am 9. April von acht Wettbewerben fünf. Dazu kommen zwei zweite Plätze und ein dritter Platz. Solche Überlegenheit ist allerdings auf eine recht schwache Konkurrenz zurückzuführen. Prinz Georg von Griechenland als Vorsitzender des Schiedsgerichts sorgt wenigstens an den Ringen dafür, daß der Grieche Ioannis Mitropoulos zum Sieger erklärt wird, obwohl Hermann Weingärtner zweifellos die bessere Übung zeigt.

Im Stil des Sektionsturnens trägt man die Mannschaftswertung am Barren und am Reck aus. Im Innenraum des Stadions werden dafür zehn Geräte neuester Konstruktion, die man eigens aus Chemnitz hat kommen lassen, aufgestellt. Jede Riege führt ein einheitliches Programm vor, wobei der Wert auf Gleichzeitigkeit und Exaktheit gelegt wird. Am Barren gewinnen die Deutschen gegen eine griechische Nationalauswahl und Schüler eines Athener Gymnasiums. Am Reck bleiben sie ohne Gegner.

Die erfolgreichsten Turner sind Alfred Flatow und Hermann Weingärtner, doch der populärste ist Carl Schuhmann. Nicht weil er den Pferdsprung gewinnt, sondern wegen seines sensationellen Sieges im Ringkampf. Man nennt ihn den »Kleinen Apollo«, und der griechische König findet mit Staunen, daß er in Athen noch populärer sei als er selbst. Im Scherz fragt er ihn, ob er nicht bei ihm Minister werden wolle. Aber diese Art Ringkampf lehnt Schuhmann ab.

Zu den Kuriositäten in Athen gehört, daß die Schweiz zu ihrem ersten Olympiasieger kommt, obwohl sie sich an den Olympischen Spielen gar nicht beteiligt. Louis Zutter reiste auf eigene Faust nach Athen. Dort schließt er sich der deutschen Turnriege an, wo man für seine Situation volles Verständnis hat. Zutter bedankt sich dafür, indem er den Deutschen Weingärtner am Seitpferd besiegt und noch zwei Silbermedaillen gewinnt.

Zum Mannschaftswettbewerb am Barren treten elf deutsche Turner an; die Griechen stellen 60 Turner. Wegen der deutschen Überlegenheit nehmen die Griechen am Reck-Mannschaftswettbewerb nicht mehr teil.

Zum Abschied werden viele Erinnerungsfotos gemacht. Im Mittelpunkt immer Spyridon Louis, der Sieger im Marathonlauf. Das Echo auf die Spiele im Ausland ist gering. Die Berichterstattung in der Weltpresse spärlich.

Die Schlußfeier der I. Olympischen Spiele

14. April 1896. Die Schlußfeier der I. Olympischen Spiele, auf diesen Tag angesetzt, fällt zunächst einmal ins Wasser. Wegen anhaltenden Regens wird sie auf den nächsten Tag verschoben. Bei strahlend blauem Himmel ist das Stadion dann wieder voll besetzt.

Ein Oxford-Student hält eine Rede in altgriechischer Sprache. Alle Olympiasieger werden geehrt. Sie erhalten ein Diplom, die Medaille in Silber oder Kupfer und einen Ölzweig. Dazu bekommen sie noch Sonderpreise, die Freunde der Spiele stifteten. Auch der griechische Kronprinz Konstantin empfängt als Präsident des Organisationskomitees einen Ölzweig. Die olympische Hymne von Spiro Samara beschließt die Spiele. Die Gastfreundschaft und die Begeisterungsfähigkeit der Griechen haben die Spiele zu einem vollen Erfolg werden lassen. Den Leistungen der Athleten aus anderen Ländern wurde ehrlich Beifall gezollt. Die pädagogisch-humanitären Ideale von Pierre Baron de Coubertin erhielten kräftige Impulse. Sogar Athens lichtscheues Gesindel bewies Gaunerehre. Ein Sprecher hatte dem Polizeipräsidenten offiziell Zurückhaltung zugesichert. Tatsächlich gab es während der Spiele keinen einzigen Taschendiebstahl. Und die Griechen wollen voller Stolz diese Spiele nicht mehr hergeben. Das aber widerspricht den Intentionen Coubertins, der den Austragungsort alle vier Jahre wechseln will. Für ihn beginnt der Kampf um die Fortsetzung der Spiele.

Wenige Wochen nach der Schlußfeier gibt es zwischen Griechenland und der Türkei eine politische Auseinandersetzung um den Besitz der Insel Kreta. Sie führt ein Jahr später zum Krieg. Die Türken behaupten, die Olympischen Spiele hätten diesen Krieg konspirativ vorbereitet. So werden die Spiele bei den europäischen Regierungen in Mißkredit gebracht. »Ich stand einsamer da denn je«, schreibt Coubertin.

Das olympische Siegerdiplom für Louis Zutter, der am Seitpferd gewann und im Pferdsprung und am Barren Zweiter wurde. Der Schweizer war auf eigene Faust nach Athen gekommen und hatte sich der deutschen Turnriege angeschlossen.

Athen 1896 in Stichworten

Die Spiele der I. Olympiade der Neuzeit in Athen dauern vom 6. bis 15. April 1896. 295 Sportler aus 13 Ländern, 43 Wettbewerbe in neun Sportarten. Stadion schön, aber nicht zweckmäßig. Zu spitze Kurven der 333,33 m langen Laufbahn. Keine Auswahlkriterien für die Teilnehmer. Organisation reibungslos. Kulturelle Umrahmung durch festliche Aufführungen antiker Tragödien wie »Medea« und »Antigone« unter Leitung des deutschen Archäologen Wilhelm Dörpfeld. **Leichtathletik:** USA mit neun Siegen am erfolgreichsten. **Turnen:** Überlegenheit der Deutschen über schwache Konkurrenz. **Gewichtheben:** Duell zwischen dem Dänen Viggo Jensen und dem Briten Launceston Elliott. **Ringen:** Nur eine Gewichtsklasse, die der leichteste Teilnehmer gewinnt. **Fechten:** Ein Wettbewerb für Berufsfechter. Siege für Griechen und Franzosen. **Radfahren:** Franzosen dominieren im Bahnradfahren mit für die Zeit mäßigen Leistungen. Straßenverhältnisse für das Straßenrennen unzumutbar. **Schießen:** Griechische Siege mit dem Militärgewehr über 200 m und 300 m und im Pistolenschießen über 25 m. Mit dem Dienstrevolver über 25 und 30 m unschlagbar die US-amerikanischen Brüder John und Sommer Paine. **Schwimmen:** Souverän der Ungar Alfred Hajós, der bei anderem Zeitplan auch die 500 m gewonnen hätte. An einem Schwimmen von Matrosen griechischer Kriegsschiffe nehmen nur drei Mann teil. **Tennis:** John Pius Boland, der Sieger im Einzel und Doppel (mit dem Deutschen Fritz Traun) wird teils als Engländer, teils als US-Amerikaner aufgeführt. Er ist aber Ire. Irland wird vom Internationalen Olympischen Komitee (IOC) erst ab 1921 anerkannt. Dagegen gelten Ungarn, Böhmen und Finnland als selbständige Länder. **Rudern** und **Segeln** fallen wegen schlechten Wetters aus, **Kricket** wegen mangelnder Teilnahme.

Die ersten Rennen für neuartige »Wagen ohne Pferde«

22. Juli 1894. In Frankreich findet das erste Automobilrennen der Welt statt. Drei Jahre zuvor hat ein vielbeachteter Test stattgefunden. Die Pariser Zeitung »Le Petit Journal« schrieb im Sommer 1891 ein Radrennen Paris—Brest aus.

Beim Chefredakteur Pierre Griffard meldete sich ein gewisser Armand Peugeot mit der Bitte, außer Konkurrenz mitfahren zu dürfen. Und zwar mit einer Eigenkonstruktion nach Art der Daimler-Benzinwagen. Der Wagen wurde von einem Zweizylinder-V-Motor mit Glührohrzündung angetrieben. Peugeot legte besonderen Wert darauf, daß ihn die Zeitkontrolleure genau überprüften. Griffard war einverstanden. Seine Zeitung berichtete anschließend über das Experiment: »Am ersten Tage legte der Wagen glatt zweihundert Kilometer zurück; aber am zweiten Tage wurde er durch eine Störung am Differential aufgehalten, deren Behebung vierundzwanzig Stunden erforderte. Am Abend des dritten Tages fuhr der Benzinwagen unter großem Jubel der Zuschauer in Brest ein. Am folgenden Tage fuhr er nach Paris zurück, wo er wohlbehalten anlangte. Er hatte einen Durchschnitt von 15 km/h erzielt und nur eine einzige ernstliche Störung erlebt, die aber nicht vom Motor ausging.« Drei Jahre später ruft »Le Petit Journal« zu einem »Internationalen Wettbewerb für Wagen ohne Pferde« über 126 km von Paris nach Rouen auf.

Als erster Preis sind 5000 Franc ausgesetzt. 120 Nennungen von Wagen aller Antriebsarten werden abgegeben: Benzinwagen, Dampfmobile, Elektromobile, Hydromobile, Wagen mit Gas- und Preßluftmotoren. 21 schließlich zugelassene Wagen starten am 22. Juli 1894 an der Porte Maillot. Sie fahren »wie zwischen zwei Hecken von Zuschauern«. Eigentlich ist der Wettbewerb als Zuverlässigkeitsfahrt gedacht. Aber es wird ein Rennen daraus. 15 Wagen langen nach rund sieben Stunden in Rouen an. Als erster ein 20-PS-Dampfmobil des Grafen Albert Émile de Dion. Danach Peugeot und Émile Levassor mit einem 3,5-PS-Daimler. Die Jury erkennt diesen beiden gleichermaßen den ersten Platz zu.

Im April 1898 sieht man auch in Deutschland das erste Automobilrennen. Über 54 km von Berlin nach Potsdam siegt in 2:08:30,0 h ein Humbler-Motor-Dreirad vor zwei Daimler-Benzinwagen. Am 25. Mai startet die erste Fernfahrt über 387 km von Berlin nach Leipzig und wieder zurück. Von neun offiziell beteiligten Wagen kommen nur ein Daimler-Phaeton und ein Hilli-Motor-Dreirad am 27. Mai ins Ziel. Drei Daimler-Wagen, die außer Konkurrenz mitfahren, erreichen den Berliner Ausstellungspark ohne Zwischenfälle. Sie erzielen stellenweise Geschwindigkeiten bis zu 30 km/h. Am 22. Oktober 1899 erleben auch die Österreicher ihr erstes Autorennen. Als Rennstrecke dient die Trabrennbahn im Wiener Prater. 1895 findet in den USA das erste Autorennen bei Chicago statt.

Sieger des Rennens Paris–Bordeaux über 1200 km 1895: Levassor (2. v. r.) auf Panhard-Levassor in 48:48 h

Armand Peugeot (r.), Zweiter beim Rennen Paris–Rouen am 22. Juli 1894 auf einem Daimler-Zweizylinder

Paris–Rouen: Ein Trostpreis von 500 Franc für den fünftplazierten Roger auf einem Einzylinder-Benz

Start der Motor-Dreiräder zum Rennen Paris–Ostende am 1. September 1899 in Saint-Germain-en-Laye; insgesamt sind Preise von 10 000 Franc ausgesetzt. Für die 322 km benötigt der Sieger Baras 6:08 h.

Bei den »Rennwagen« gibt es ein totes Rennen zwischen Levegh und Girardot, die mit 6:11 h etwas langsamer sind als der Sieger im Motor-Dreirad. In der Touristenklasse braucht der Sieger M. Creux 8:24 h.

René de Knyff (Abb.) wird als »Roi des Chauffeurs« gefeiert, als er 1899 eine Tour de France für Automobile gewinnt. Émile Levassor, der im ersten Automobilrennen siegt, steht ihm kaum nach. Er gewinnt 1895 Paris–Bordeaux–Paris.

Eine Bestzeit in einem Rennen von 82,357 km/h fährt Levegh bei einer Wettfahrt Bordeaux–Périgeux. Außer seinem fahrerischen Können verdankt er die Zeit den Reifen von Michelin. Er legt die 116-km-Strecke in 1:24:35 h zurück.

Im Geschwindigkeitsrausch

Eigentlich hätte man sich mit einer Erfindung begnügen können, die das Pferd als Zugkraft eines Wagens ersetzt. Aber da sitzen allerorten in Europa und den Vereinigten Staaten Maschinennarren und grübeln über fixe Ideen nach. Sie sind sich nicht einig über die Antriebsart, ob Elektromobil, Dampfmaschine oder Explosionsmotor. Einig sind sie sich nur darin, daß man die Geschwindigkeit der Wagen steigern müsse. Dies, obwohl sie mit ihren 20 bis 30 km/h bereits auf den Straßen Bürger in Staunen, Hühner in Schrecken und Polizisten in Ratlosigkeit versetzen.

Der Franzose Gaston Comte et Marquis de Chasseloup-Laubat widmet sich aus Liebhaberei der Technik. Eines Tages überrascht er seine Freunde mit einem Gefährt, das ihnen als Ausgeburt exzentrischer Launen erscheint. Der Marquis hat ein von dem Ingenieur Jeantaud konstruiertes Elektromobil mit einer Karosserie versehen, die einem Boot gleicht. Er vertritt die seltsame These, daß ein Boot zweckmäßige Formen habe, um die Wellen des Wassers gut durchschneiden zu können. Ebenso müsse daher auch ein Automobil gebaut sein, damit es die Luftwellen rascher durchschneiden könne. Auf einer Landstraße bei Achères in der Nähe von Paris läßt er eine Meßstrecke von 3 km Länge absperren. Am 18. Dezember 1898 durchfährt er mit fliegendem Start die Meile in 57,0 sec. Das entspricht einer Geschwindigkeit von 63,149 km/h. Es ist der erste, offiziell registrierte Automobil-Weltrekord. Der Marquis bringt damit die Spötter zum Verstummen. Die öffentliche Meinung ist von seiner Tat jedoch keineswegs begeistert. Am liebsten würde man diesen Irrsinnigen, der die Straßen unsicher macht, hinter Schloß und Riegel bringen. Anders denkt der belgische Ingenieur Camille Jenatzy in Brüssel. Sobald er von dem Rekord des Marquis hört, hat er keinen anderen Gedanken mehr, als diese Geschwindigkeits-Marke mit einem ähnlichen Elektromobil zu übertreffen.

Jenatzy setzt sich mit de Chasseloup-Laubat in Verbindung. Der Marquis ist, weit entfernt von jedem Konkurrenzneid, entzückt, einen Rekord-Konkurrenten zu finden. Im Lauf eines Jahres treiben sich die beiden in geradezu schwindelnde Rekordhöhen. Zuerst kommt Jenatzy auf 66,6 km/h, dann übertrifft ihn der Marquis mit 70,3 km/h, Jenatzy steigert sich auf 80,3 km/h, de Chasseloup kommt am 4. April 1899 auf 92,696 km/h. Aus dem Duell der beiden Rekordnarren ist ein Prestige-Zweikampf Frankreich-Belgien geworden. Die Öffentlichkeit applaudiert den Kontrahenten als Pionieren des Fortschritts. Sie selbst werden – wie das später noch oft geschehen wird – von einer runden Zahl hypnotisiert, der 100-km/h-Grenze. Jenatzy baut einen Rekordwagen, den er symbolträchtig »La Jamais Contente« tauft. Am 29. April 1899 wird der »Niezufriedene« – ohne nennenswerte Federung und völlig ohne Bremsen – mit 105,882 km/h gestoppt. Inzwischen arbeitet mit der gleichen Besessenheit wie de Chasseloup-Laubat und Jenatzy der Franzose Léon Serpollet an der Entwicklung eines Dampfmobils. Da es Mode wird, an mondänen Badeorten Rekordversuche zu veranstalten, erscheint Serpollet am 13. April 1902 in Nizza mit seiner neuen Dampfmobilkonstruktion. Er stellt durch Dampfkraft auf der Straße einen absoluten Weltrekord mit 120,805 km/h auf. Es ist ein verdienter Triumph nach langjährigen Mühen, aber auch das Ende einer Entwicklung. Serpollet erkennt in der Stunde seines größten Erfolgs, daß die Geschwindigkeit des Dampfmobils in den Abmessungen eines normalen Straßenfahrzeugs nicht mehr zu steigern ist und gibt weitere Rekordversuche auf. Dasselbe gilt für das Elektromobil. Der US-amerikanische Milliardär W. K. Vanderbilt jr. kauft sich einen 60-PS-Mercedes, den derzeit besten Benzinwagen, und fährt damit im US-Bundesstaat Florida 122,498 km/h. Die Rekordjagd hat damit erst begonnen. Und zwar zu Lande, zu Wasser und in der Luft.

Der zweite und letzte K. o. für Sullivan

7. September 1892. Seine erste K.-o.-Niederlage erlitt Boxweltmeister John Lawrence Sullivan (→ 9. 12. 1880) 1891 gegen Hessie Donahue, die Frau des Leiters einer Boxschule. Es hatte sich allerdings um einen Schaukampf gehandelt, und der »Ironman« ist auch ein guter Showman. Ein Jahr später, am 7. September, geht er in New Orleans zum zweiten und letzten Mal k. o. im Kampf gegen James J. Corbett. Im Verlauf der 21 Runden werden beide Kämpfer mehrmals stark angeschlagen. Zuletzt setzt sich der acht Jahre jüngere Herausforderer durch. Sullivan verliert den Weltmeistertitel, behält aber seine Popularität und kassiert 25 000 US-Dollar. Die Zeitungen schildern in Extraausgaben den »Kampf des Jahrhunderts« Runde für Runde und nennen den neuen Weltmeister »Gentleman Jim«.

Corbett hatte für seine Boxerlaufbahn den Beruf eines Bankkassierers aufgegeben. Er verfügt über gute Manieren und pflegt sein Haar mit Pomade. Bevor Sullivan sich ihm stellte, mußte er einen Boxer aus dem Weg räumen, dem der »Ironman« ausgewichen war. Es war der farbige Australier Peter Jackson. Den Gedanken, daß ein Schwarzer Boxweltmeister werden könnte, fanden alle weißen US-Amerikaner unerträglich. Als Corbett am 21. Mai 1891 in seiner Heimatstadt San Francisco in den Ring kletterte, standen die Wetten 9:1, daß er die 30. Runde gegen Jackson nicht erlebte. Es wurde ein fürchterlicher Kampf ohne Handschuhe. Nach 55 Runden waren beide Gegner am Ende ihrer Kräfte. Fünf Runden lang ermahnte sie der Ringrichter vergeblich zu weiterer Aktivität. Dann erklärte er in der 61. Runde »No contest«. Später wurde der Kampf, der immerhin einer war, für unentschieden erklärt.

Sullivan verwindet seine Niederlage schwer. Sein einziger Trost ist, daß er gegen einen Weißen verloren hat.

»Gentleman Jim« verteidigt seinen Titel noch dreimal. Am 25. Juni 1894 schlägt er den Briten Charlie Mitchell in drei Runden, am 7. September Peter Courtney in sechs Runden, am 24. Juni 1896 Tom Sharkey in vier Runden. Zwischendurch tritt er in Bühnenshows als Schauspieler auf und singt Couplets. Am 17. März 1897 muß er gegen einen Mann antreten, den er nicht ernst nimmt.

Bob Fitzsimmons ist nach 22 Kämpfen in den USA Weltmeister im Mittelgewicht, findet aber in dieser Klasse keine Gegner mehr. Seine Herausforderung des Schwergewichts-Weltmeisters erscheint ein Witz. Sieben Runden lang wird er verprügelt, geht bis acht zu Boden. Aber Fitzsimmons scheint ein Weltmeister im Nehmen zu sein. Als Corbett seine Deckung vernachlässigt, landet Fitzsimmons präzise Treffer. In der 14. Runde geht Corbett nach einem Schlag auf den Solarplexus k. o. Am 9. Juni 1899 steht allerdings »Fitz« auf verlorenem Posten gegen den riesigen James J. Jeffries, den neuen »Champ«.

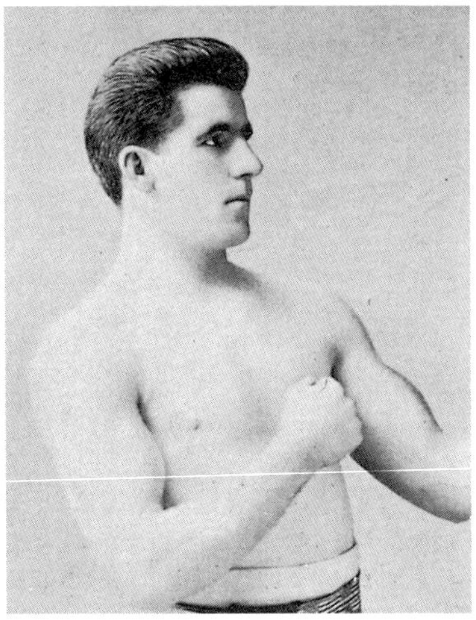

Boxweltmeister aller Klassen ab 1892: »Gentleman Jim« Corbett

James J. Jeffries, ein Sparringspartner von Corbett, wird 1899 Weltmeister.

Bob Fitzsimmons schlägt Peter Maher k. o.; Ringrichter: Wyatt Earp

Bob Fitzsimmons (r.), bisher leichtester Schwergewichts-Weltmeister, vor seinem Titelkampf gegen Jeffries am 9. Juni 1899, den er durch K. o. verliert

Ein Philosoph wird Schachweltmeister

1894. Über drei Monate erstreckt sich das Duell um den Titel des Schachweltmeisters zwischen dem Titelverteidiger Wilhelm Steinitz und dem Herausforderer Emanuel Lasker in den Vereinigten Staaten. Dann hat der gebürtige Preuße den Titel gegen den gebürtigen Österreicher gewonnen. Zehn Partien entscheidet Lasker für sich, fünf verliert er, vier enden Remis. Steinitz bedingt sich eine Revanche aus. Drei Jahre später verliert er auch sie. Lasker siegt noch deutlicher mit 10 +, 2–, 5 = . Steinitz stirbt 1900.

Dem wissenschaftlichen Stil von Steinitz begegnet der studierte Mathematiker und Philosoph Emanuel Lasker mit einer ganz neuen Waffe, der Psychologie. Er analysiert nicht nur Partien und neue Theorien, sondern vor allem seine Gegner. Deshalb gibt sein Stil oft Rätsel auf. Sie werden verständlicher, wenn Lasker seine Taktik erläutert: »Dieser Zug war gegen Tarrasch sehr stark, gegen Janowski wäre er ein grober Fehler gewesen.« So spielt Lasker oft nicht »korrekt«, geht große Risiken ein und gewinnt dennoch aus manchmal hoffnungsloser Lage heraus. Er weiß, daß kein Spieler fehlerlos spielen kann. Er wartet aber nicht auf Fehler des anderen, sondern fordert sie heraus. Weil er sich auf seine Gegner einstellt, bleibt sein Spiel unberechenbar. Seinen Titel behält er 21 Jahre lang. Ein bisher unerreichter Rekord.

Skilauf erobert Schweizer Alpen

1893. Die 1891 erschienene deutsche Übersetzung von Fridtjof Nansens »Auf Schneeschuhen durch Grönland« (→ 1888) findet auch in der Schweiz lebhaften Widerhall. Junge Burschen schnallen sich Faßdauben unter und rutschen damit die Hänge hinab.

Nicht mehr lange, denn Melchior Jakober eröffnet 1893 in Glarus die erste Skifabrik des mitteleuropäischen Kontinents. Christof Iselin, den man bald als Schweizer »Skivater« ehrt, gründet mit Jacques Jenny den Skiclub Glarus. Vorerst dominiert der Tourenskilauf im Hochgebirge. Hier bezwingt Claudio Saratz 1894 die Höhe von Fuorcla Surlej (2558 m) bei Sankt Moritz.

»Opfer müssen gebracht werden«

Dies schrieb Otto Lilienthal an einen Freund, kurz bevor er mit einem Eindecker-Fluggleiter bei Stölln in den Rhinower Bergen in der Nähe von Potsdam am 10. August 1896 tödlich abstürzt. Seit seinem 13. Lebensjahr beschäftigte sich Lilienthal mit dem Fliegen. 1889 veröffentlichte er »Der Vogelflug als Grundlage der Fliegekunst«. 1891 begann er mit Gleitflugversuchen, erreichte 25 m. Er testete 18 verschiedene Konstruktionen und führte über 2000 Flugversuche durch. Zuletzt kam er auf Weiten bis zu 300 m, landet einmal sogar höher als er startete. Er erprobte den Vorteil des gewölbten Flügels und stand kurz davor, in einen Doppeldecker-Gleiter einen Motor einzubauen. Daran knüpfen in den USA Orville und Wilbur Wright an *(→ 17. 12. 1903).*

◁ Lilienthals motorloser Gleiter, für den er einen 15 m hohen Absprunghügel errichtete

Ringer und Stemmer gelten als die schönsten Männer

8. Juni 1891. Anläßlich internationaler Wettkämpfe im Ringen und Gewichtheben wird in Duisburg der Deutsche Athleten-Verband gegründet. Die Initiative dazu ging von Rudolf Bredemeyer aus, Turnwart des Kölner Turnvereins.

Dem Verband gelingt es allerdings noch nicht, die bestehenden Kraftsportvereine zusammenzufassen. Die Schwerathletik hat Mühe, sich gegenüber den Turnern, 1897 auch gegenüber den sich organisierenden Leichtathleten, abzugrenzen. Auch das Wettkampfprogramm ist noch alles andere als einheitlich. Ringer treten auch als Stemmer auf. Die Grenzen zwischen Amateuren und Professionals sind fließend. Die Amateur-Gewichtheber veranstalten 1891 in einem Café am Piccadilly in London eine Weltmeisterschaft, die aber kein internationaler Verband registriert. Das Publikum will starke Männer sehen, weil sie als schöne Männer gelten. In allen illustrierten Blättern werden sie in dekorativen Posen abgebildet.

Kurioserweise entspricht das von Briten und US-Amerikanern bevorzugte Freistilringen am ehesten dem antiken Vorbild, während der von Franzosen entwickelte und von Deutschen übernommene »griechisch-römische« Stil mit Griechen und Römern nichts zu tun hat. Seine eigentliche Heimat ist vielmehr Südfrankreich, wo seit altersher eine Ringtradition lebendig ist, die den Bodenkampf pflegt. Dafür hat sich die Bezeichnung »römisch« zur Unterscheidung vom deutschen Standkampf, der mit dem Niederwerfen des Gegners endet, eingebürgert. Da die Deutschen bereits in Karl Abs einen Weltmeister im Ringen präsentierten, wollen die Franzosen nicht nachstehen. Paul Pons, 1,95 m groß und 118 kg schwer, gewinnt am 1. Mai 1898 ein Turnier in Paris und nennt sich Weltmeister. In Wien feiert man am 1. August desselben Jahres mit Georg Hackenschmidt, der aus Rußland stammt, den ersten Europameister im Ringen ohne Klassen- und Stileinteilung. Hackenschmidt bleibt dann ein Jahrzehnt lang unbesiegt. Paris veranstaltet regelmäßig Turniere um den Goldenen Gürtel, der 4 kg in massivem Silber und Gold wiegt. Er setzt sich aus drei großen Münzen zusammen, auf denen die Taten des Herakles dargestellt sind. 1899 erringt ihn ein Weltmeister namens Kara-Ahmet.

Titelseite der Zeitschrift »La vie au grand air« vom 10. Dezember 1899 anläßlich der Ringer-Weltmeisterschaften um den Goldenen Gürtel in Paris

Der schwarze »König der Rennbahnen«

1899. Marshall Walter Taylor, genannt »Major«, ist der erste schwarze Sportler von Weltrang. Der »schwarze Wirbelwind« wird in Montreal Profi-Weltmeister der Steher über 100 km in 2:10:19,4 h. Der Weg dahin war nicht leicht.
Taylor kam am 8. November 1878 in Indianapolis in ärmsten Verhältnissen zur Welt. Er wurde Mechanikerlehrling, dann Kellner in einem Hotel, in dem viele Radrennfahrer verkehrten. So geriet er als Faktotum oder Mädchen für alles in einen Rennstall. Er durfte Rennräder probefahren und Radrennbahnen testen. Schließlich nahm er an einem Novizenrennen teil und gewann. Ein Manager erkannte sein Talent und unterzog ihn einem harten systematischen Training. 1892 stellte Taylor auf dem Velodrom im New Yorker Madison Square Garden drei Weltrekorde auf. Der Radsport nahm in den USA einen großen Aufschwung.
Als »Major« Taylor 1898, nachdem er in dieser Saison bereits 21 Rennen gewonnen hatte, am American Sprint Championship teilnehmen wollte, protestierten die National Racing Association und die League of American Wheelman. Taylors Manager setzte die Teilnahme durch, und Taylor wurde US-Meister.
Seine weißen Konkurrenten verfolgen ihn mit Verachtung, Neid und Mißgunst. Zumal Taylor als musterhafter Sportler auftritt. Er trinkt nicht, raucht nicht, flucht nicht, bestreitet niemals an einem Sonntag ein Rennen und ist obendrein für keine Schiebung zu haben, wie sie im Profisport üblich ist.
1899 gewinnt Taylor 23 von 25 Rennen, wird erneut US-Meister und auch noch Weltmeister. Trotzdem muß er seine Geburtsstadt Indianapolis wegen seiner Hautfarbe verlassen. Als sich der Radsportverband in den USA spaltet, findet er einige Zeit überhaupt keine Gegner mehr. Taylor geht auf eine Europatournee. Während der Überfahrt trainiert er an Bord zur allgemeinen Bewunderung auf einem Hometrainer.
In Europa wird er als »König der Rennbahnen«, als der »Fliegende Neger« oder als »Schwarzes Wunder« gefeiert. Er wird zu einem Weltreisenden des Radsports. Nach Starts in Australien und fast allen europäischen Ländern kehrt er zwischendurch in die USA zurück, wo er jedoch keinen ebenbürtigen Gegner mehr findet.

Marshall W. »Major« Taylor, der erste farbige Radweltmeister. Zu seiner Zeit zählen Radfahrklubs in den USA über 100 000 Mitglieder.

Das Velodrom im New Yorker Madison Square Garden ist 5 m breit und 160 m lang. Es kann in 48 Stunden aufgebaut und in 24 Stunden wieder abgebaut werden. 10 % aller Sportnachrichten in den USA betreffen Radrennen.

August Lehr erneut Radweltmeister

1894. In Antwerpen wird die erste Weltmeisterschaft im Niederrad ausgefahren. Die Strecke geht über eine Meile. Hoher Favorit ist der Lokalmatador Jaap Eden. Sensationell siegt jedoch der Deutsche August Lehr, dessen Domäne das Hochrad war, mit dem er 1889 Weltmeister wurde. Niemand hat ihm zugetraut, daß ihm die Umstellung auf das Niederrad so gut gelingen würde.
Lehr, am 26. Februar 1871 in Frankfurt am Main geboren, errang seine ersten Erfolge mit dem Hochrad schon mit 17 Jahren: 1888 gewann er in Wien den deutschen Meistertitel und in Berlin den Kaiser-Friedrich-Ehrenpreis, den er sich noch dreimal holte. 1889 wurde er erneut Deutscher Meister, außerdem Meister von Bayern und Meister des Kontinents in Nimwegen. Darauf fuhr er nach Großbritannien und gewann dort gegen stärkste Konkurrenz den Weltmeistertitel über eine Meile. In den Jahren 1890, 1891 und 1892 blieb er auf dem Hochrad im In- und Ausland ungeschlagen.
Dann war die Zeit des Hochrads, als dessen größter Fahrer er gelten kann, zu Ende. Lehr mußte auf das Niederrad umsatteln, was ihm ohne Mühe gelang. Insgesamt verzeichnet seine Rekordliste 260 Siege und 50 zweite und dritte Plätze, eine für seine Zeit einzigartige Leistung. Lehr zeigt sich in Flieger- wie in Steherrennen gleichermaßen überlegen. Nach einer USA-Tournee 1898 zieht er sich vom Sport zurück und eröffnet eine Fahrradfabrik.

1889 wurde August Lehr mit dem Hochrad Weltmeister über eine Meile.

Im Prinzenpark-Velodrom in Paris stellt Tom Linton 1898 hinter einem Schrittmacher-Tandem neue Bestzeiten von 20 bis 50 km auf.

Start zum Straßenrennen Bordeaux–Paris in Bordeaux 1891 über 572 km. Es siegt der Brite Mills (in der ersten Reihe rechts) in 26:34:57,0 h.

Einen Stundenweltrekord für Dreisitzer stellen in Belleair im US-Bundesstaat Florida am 18. März 1898 Käser-Miller-Gardiner auf.

Wer bringt den Cup zurück?

11./12. September 1895. In der Nacht von Mittwoch auf Donnerstag, zwischen 21.30 und 7.30 Uhr, wird in Birmingham aus dem Schaufenster des Fußballausstatters Shilkock in der Newtown Road der englische Fußballpokal gestohlen. Er trägt noch das Schild des letzten Cupsiegers Notts County und das Spielergebnis 4:1. Ganz Großbritannien ist schockiert. Zehn britische Pfund Belohnung werden für die Beschaffung des Pokals ausgesetzt — sie werden niemals ausbezahlt, der Pokal bleibt verschwunden.

Aston Villa, der neue Cupsieger, muß sich vorerst mit der Ehre begnügen. Lord A. F. Kinnaird, seit 1890 Präsident der Football Association (FA), stiftet einen Ersatzpokal. Das Cup-Finale zwischen Aston Villa und West Bromwich Albion hatte die neue Rekordzahl von 42 000 Zuschauern angelockt. Die Entscheidung war bereits in der ersten Spielminute durch ein Tor von Bob Chatt gefallen. Nach einer Regel der FA dürfen an Pokalspielen keine Professionals teilnehmen. Die Befürchtungen, daß der Fußball durch die soeben eingeführte Profiliga zugrunde gehe, erfüllen sich allerdings nicht. Im Gegenteil. Aston Villa kauft nach dem Pokalsieg für 250 britische Pfund den Nationalspieler Crabtree vom FC Burnley ein und läßt sich Wheldon von Small Heath sogar 350 britische Pfund kosten. Als »big spender« wird Aston Villa zum Bahnbrecher des immer teureren Spielertransfers.

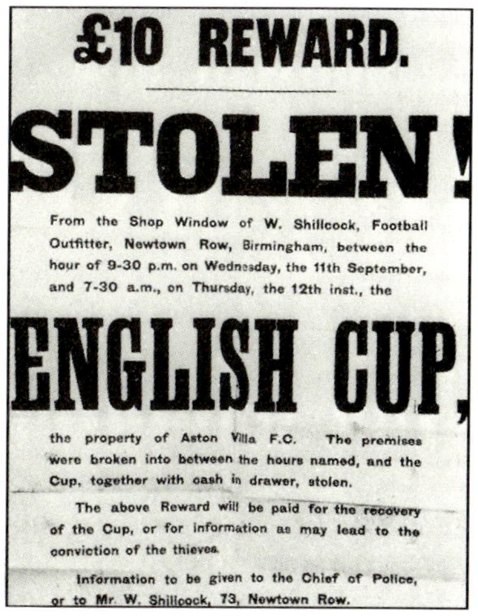

£10 REWARD.

STOLEN!

From the Shop Window of W. Shillcock, Football Outfitter, Newtown Row, Birmingham, between the hour of 9-30 p.m. on Wednesday, the 11th September, and 7-30 a.m., on Thursday, the 12th inst., the

ENGLISH CUP,

the property of Aston Villa F.C. The premises were broken into between the hours named, and the Cup, together with cash in drawer, stolen.

The above Reward will be paid for the recovery of the Cup, or for information as may lead to the conviction of the thieves.

Information to be given to the Chief of Police, or to Mr. W. Shillcock, 73, Newtown Row.

Das Dokument einer schrecklichen Freveltat: Der Pokal wurde gestohlen.

Kostbarstes Stück des englischen Fußballs: Der Cup

Die Art, Spieler zu stoppen, indem man sie am Jersey festhält, ist so alt wie der Fußball selbst. Entgleisungen rügt die »London News« (Stich, später kol.).

Gouverneur stiftet Eishockey-Pokal

1890. Im Jahr der Gründung des Eishockeyverbandes Ontario besucht ein junger britischer Lord Freunde in Kanada und spielt mit den Söhnen des britischen Gouverneurs Lord Stanley of Preston Eishockey. Er veranlaßt den Gouverneur, einen Pokal zu stiften, wofür dieser zehn britische Pfund auswirft. Kanadische Historiker behaupten später, der Gouverneur habe das Spiel nie gesehen.
Fest steht, daß in Kanada alles erfunden wurde, was Eishockey ausmacht. Bei dem Spiel standen das Shinny der Indianer, das irische Hurley und das Bandy der Briten Pate. Strittig ist, in welcher kanadischen Stadt zum ersten Mal Eishockey gespielt wurde. Zwei Ruhmeshallen, eine in Kingston und eine in Toronto, legen davon Zeugnis ab. Den Stanley-Cup gewinnt erstmals 1894 die Montreal Amateur Athletic Association. 1895, 1898 und 1899 wird Victoria Montreal Cupsieger. Da hat Kanada längst einen anderen Gouverneur.

Golf-Titelblatt von »Harper's Weekly«

Golf ist »in« in USA

Eine Golfausrüstung kostet 1895 in den USA 400 US-Dollar. Bei »Spalding« wird sie zum Verkaufsschlager. Die ersten American Open sind im selben Jahr.

Melde gehorsamst Sieg im Fußball

12. Dezember 1898. Eine aus fünf Berlinern, drei Berliner Gaststudenten, zwei Süddeutschen und einem Hamburger zusammengestellte deutsche Fußballmannschaft reist nach Paris und besiegt vor 500 Zuschauern eine französische Auswahl 7:0. Am nächsten Tag bieten die Franzosen zur Revanche ein neues Team auf. Es unterliegt 1:2. Voller Siegesfreude schickt der deutsche Mannschaftskapitän ein Telegramm an »Seine Majestät, den deutschen Kaiser« nach Potsdam. Majestät sind sehr angetan.
Am 23. November 1899 wohnen 1000 Zuschauer auf der Kurfürstendamm-Rennbahn dem Spiel einer norddeutschen Auswahl gegen ein englisches Team bei. Die Deutschen verlieren 2:13. Die Revanche einen Tag später wollen nur einige hundert Zuschauer sehen. Die »alldeutsche Mannschaft« unterliegt 2:10. Der Kaiser liest die Ergebnisse in der Zeitung. Dies sind die ersten inoffiziellen deutschen Länderspiele.

Russen belächeln erstes Fußballspiel

24. September 1893. Über einen Pausenfüller zwischen Radrennen im Hippo-Cyclodrom in Sankt Petersburg (Leningrad) berichtet die »Peterburgsky Listok«: »In dieser Zeit wurde das Publikum von Sportlern unterhalten, die Fußball spielten. Das Wesen des Spiels bestand darin, daß sich die Spieler jeder Partei bemühten, den Ball mit den Füßen, mit dem Kopf, mit allem, was gefällt, nur nicht mit den Händen, in das gegnerische Tor zu befördern. Die Sportler liefen durch den Schlamm, fielen öfter mit Vehemenz hinein und sahen bald wie Schornsteinfeger aus. Die ganze Zeit über wurde im Publikum ohne Unterlaß gelacht.«
Am 12. Oktober 1897 spielt erstmals ein russischer Fußballverein gegen eine englische Mannschaft und verliert 0:6. Die Zeitung meint dazu hoffnungsvoll: »Noch etwas mehr Training, und die russischen Spieler werden ihr Spiel so vervollkommnen, daß sie vielleicht die Engländer besiegen.«

Holmenkollen – das norwegische Volksfest des Skilaufs

1892. Das »Norsk Idraetsblad« berichtet über die ersten Holmenkollen-Skispiele in Kristiania (Oslo): »Es liegt etwas Feierliches und Festliches über dem Holmenkollenberg. Imponierend groß tritt er, klar und rein, aus dem Nadelwald hervor, während Flagge an Flagge in der frischen Winterluft flattert. Ganze Familien, von der alten Großmutter bis zum jüngsten Kind, fahren mit dem Schlitten, alte Männer mit weißen Haaren, kleine Kinder von 3 bis 4 Jahren, Studenten, Handelsleute und Schulbuben, Damen und kleine Mädchen, oft zum erstenmal auf Skiern, wandern zu Fuß. Wie viele Zuschauer sich bei einem solchen Anlaß versammeln, ist nicht leicht zu sagen, aber gewiß sind es bei 20 000.« Die Begeisterung gilt den Skispringern, von denen der beste den Damenpokal erhält, und den Skiläufern, von denen der beste im Skisprung und im 18-km-Langlauf aus der Hand des Königs den Königspokal empfängt. Ein Abfahrtslauf wird nicht durchgeführt. Ein 30-km-Langlauf findet nur einmal statt. Ab 1902 kommt der 50-km-Langlauf zusätzlich ins Programm.

Die ersten Holmenkollen-Skiwettkämpfe ziehen mehr Zuschauer an als jedes andere wintersportliche Ereignis. Sie treten die Nachfolge der Huseby-Spiele an. Arne Ustved erreicht im Skispringen 21,50 m (Stich, nachträglich koloriert).

Gilbert Fuchs, Weltmeister 1896 und 1906, Vize-Weltmeister 1901, 1908

Paulcke und der nordische Skilanglauf

17. Januar 1897. Eine Gruppe von fünf Skiläufern mit den Schwarzwäldern Wilhelm Paulcke und Victor de Beauclair sowie den Elsässern Ehlert, Lohmüller und Mönnich bricht am Grimselpaß zu einer Skitour auf. Über das Oberaarjoch, die Grünhornbrücke, die Concordiahütte und den Aletschgletscher erreichen sie am 24. Januar das Rhônetal. Diese Durchquerung des Berner Oberlandes, die Paulcke in der »Österreichischen Alpenzeitung« beschreibt, erregt ungeheures Aufsehen.
Paulcke lernte das Skilaufen während seiner Weihnachtsferien 1883 in Davos. 1896 erstieg er mit de Beauclair auf Skiern den Oberalpstock (3330 m). 1898 erreicht Paulcke am Monte Rosa eine Höhe von 4200 m. Unter diesen Pionieren des alpinen Skitourenlaufs finden sich auch dessen erste Opfer. Ehlert und Mönnich werden im Januar 1899 am Sustenpaß von einer Lawine verschüttet. De Beauclair verunglückt am Matterhorn tödlich.
1898 geht die »Wintertour« über Kandersteg, Tschingelpaß, Mutthornhütte, Petersgrat und Lauterbrunnen. Philipp Mark geht 1899 allein auf Skiern auf den Piz Corvatsch. Robert Helbling unternimmt im selben Jahr ohne Begleitung die »Haute route« Fionnay—Zermatt im schweizerischen Wallis über 70 km Distanz.
Paulcke wird zum glühenden Verfechter des norwegischen Skilanglaufs. Darüber gerät er in heftigen Streit mit dem Österreicher Matthias Zdarsky, der für den alpinen Skilauf eine neue Technik fordert. Die Auseinandersetzung darüber erstreckt sich über ein Jahrzehnt und endet schließlich zugunsten des alpinen Skisports.

Mitglieder des ersten Skiklubs Mitteleuropas, des SC München 1890

Pflicht und Kür beim Eiskunstlauf

1896. Zur ersten Weltmeisterschaft im Eiskunstlauf treten in Sankt Petersburg (Leningrad) vier Bewerber an. Zwei davon sind Russen. Der russische Meister benutzt den Künstlernamen »Panin«. Als Nikolai Alexandrowitsch Kolomenkin hat er insgesamt 41 Meisterschaften im Schießen gewonnen. Er kommt auf den dritten Rang. Weltmeister wird der Deutsche Gilbert Fuchs vor dem Österreicher Gustav Hügel. Hügel gewinnt den Weltmeistertitel 1897 vor dem Schweden Ulrich Salchow. Der US-amerikanische Tänzer Jackson Haines hatte das Eistanzen, der Norweger Axel R. Paulsen das Eisspringen gelehrt (→ 1881). Fuchs schreibt ein vorzügliches Lehrbuch: »Theorie und Praxis des Kunstlaufens am Eise«. 1882 hatte der Wiener Eislaufverein den ersten Kunstlaufwettbewerb veranstaltet. Er sah 23 Pflichtfiguren und ein Kürprogramm von vier Minuten vor. Dieses Prinzip legte die 1892 im niederländischen Scheveningen gegründete Internationale Eislauf-Union ihren Wettkampfregeln zugrunde.

Zdarsky begründet alpine Skitechnik

1896. In Hamburg erscheint ein Buch mit dem Titel »Alpine Lilienfelder Skifahr-Technik« von Matthias Zdarsky. Es ist das erste Lehrbuch des Skilaufs. Zdarsky behauptet, daß sich weder die norwegischen Skier, noch die norwegische Technik für die Alpen eignen. Er entwickelt kürzere Ski ohne Führungsrinne und erfindet die starre »Lilienfelder Bindung«. Zum Lauf benutzt er eine Bambusstange ohne Schneeteller, um Sondierungen über die Schneebeschaffenheit durchführen zu können. Er wird zum gesuchten Skilehrer. Zdarsky führt den Stemmbogen ein. 1899 begründet er den Slalom als Wertungsfahren. Der Methodiker des alpinen Skilaufs schafft im Meinungsstreit mit dem Skitourismus des Schwarzwälders Wilhelm Paulcke die Grundlage für die Trennung vom nordischen Skilanglauf.

Matthias Zdarsky, der Pionier des alpinen Skilaufs, demonstriert das Schenkelsitzbremsen beim Abfahrtslauf.

Franz Reisch, Gastwirt und Bürgermeister von Kitzbühel, bei einer Abfahrt 1892. Noch ist Kitzbühel völlig unbekannt.

Baseball für Frauen? Das Bild ist kein Kuriosum. Das erste Frauen-Team im Baseball wird 1890 gegründet und von W. S. Franklin gemanagt. 1892 beginnen Studentinnen des Springfield College mit Basketball, das ein Jahr zuvor der Kanadier James Naismith erfunden hat (Stich, nachträglich koloriert).

Damen-Radrennen in London um 1897; in den USA, wo Tausende von Frauen radfahren, gewann Frankee Nelson 1895 ein Sechstagerennen für Frauen.

Frauen erobern den Sport

März 1896. In seinem bahnbrechenden Werk »Gymnastik für die Jugend« (→ 1793) hatte Johann Christoph Friedrich GutsMuths den Mädchen nur zwei Buchseiten gewidmet. Und da hieß es: »... maße mir die Entscheidung, ob auch die weibliche Jugend förmlich zu Leibesübungen anzuhalten sei, nicht an. Die Meinungen gehen hier voneinander ab; es gibt mehrere wichtige dafür und dagegen. Ich selbst halte es mit den letzteren.« 100 Jahre später will Pierre Baron de Coubertin Frauen von den Olympischen Spielen der Neuzeit ausschließen. Als 1898 Schweizer Turnerinnen erstmals öffentlich auftreten, schreibt die Presse über »Eseleien städtischer Weibervölker«. Ein anderer Kommentator meint konkreter: »Es wäre gescheiter, ihr würdet Böden aufwaschen und Strümpfe stopfen.« Doch selten scheren sich Frauen darum, was Männer wollen. So meldet sich 1896 ein griechisches Mädchen zum olympischen Marathonlauf. Als sie abgewiesen wird, läuft sie die Strecke eine Woche vor Beginn der Spiele. Sie wird von vielen Radfahrern begleitet und vom Bürgermeister von Marathon kontrolliert. Für die 42 km benötigt sie 4:30 h. Die Zeitung »Akropolis« rügt die Unritterlichkeit des Organisationskomitees, vergißt aber, den Namen der ersten Marathonläuferin zu nennen.

Klagen über die Sportmode hörte man im Frankreich der Belle Époque nicht. Im Gegenteil wird bei den Schützinnen gerühmt, daß sie auf Hosen verzichten.

»Ladylike« finden die britischen Ladies sogar Fußball. 1895 findet das erste Spiel des British Lady Football Club vor interessiertem Publikum statt.

Britische Damen beim Bandy, einer Vorform von Eishockey, das kanadische Frauen spielen

Auf dem Berliner Wannsee nehmen die Damen beim Schlittschuhlaufen Segel zu Hilfe.

Noch ist Sportkleidung wenig verbreitet. Den Abfahrtslauf bestreiten die Damen mit wehenden Kleidern.

Ab 1894 wird in Preußen der Turnunterricht an den höheren Mädchenschulen obligatorisch. Die Schülerinnen ziehen weibliche Lehrkräfte vor.

Berliner Damen-Ruderclub bei einer Übungsfahrt 1894; im selben Jahr findet beim Stiftungsfest des Vereins erstmals ein Damen-Wettpaddeln statt.

1900

1. 1. In Berlin erscheint das erste Heft der »Allgemeinen Automobil-Zeitung«.

27. 1. Der deutsche Kaiser Wilhelm II. stiftet den Kaiserpreis im Schwimmen, der sich zum bedeutendsten Wettbewerb des europäischen Kontinents entwickelt.

28. 1. In Leipzig wird auf dem ersten Allgemeinen Deutschen Fußballtag der Deutsche Fußball-Bund (DFB) gegründet.

Gründung der Fußballvereine FC Bayern München, 1. FC Nürnberg, 1. FC Kaiserslautern und Borussia Mönchengladbach.

9. 2. Der US-Amerikaner Dwight Filley Davis stiftet einen 217 Unzen schweren Silberpokal, die »International Lawn Tennis Challenge Trophy« (→ 7.–9. 8. 1900).

25. 2. Der Norweger Peder Östlund, Weltmeister im Eisschnellauf, stellt drei Weltrekorde über 500 m in 45,2 sec, 1500 m in 2:22,6 min und 10000 m in 17:56 min auf.

6. 3. In Stuttgart-Bad Cannstatt stirbt im Alter von 65 Jahren Gottlieb Daimler, Erfinder des ersten schnellgehenden Explosionsmotors. Daimler baute zur selben Zeit wie Carl Benz das erste fahrfähige Automobil.

30. 3. In Montevideo wird die Uruguay Association Football League gegründet, später Liga Uruguay de Futbol genannt. Im selben Jahr wird der Albion Football Club erster offizieller Fußballmeister von Uruguay.

April. Emile Bonhours gewinnt die fünfte Rad-Fernfahrt Paris–Rubaix.

5. 4. In Berlin erscheint die erste Nummer der Zeitschrift »Sankt Georg«, die sich dem Pferdesport widmet.

14. 4. In Paris wird die Union Cycliste Internationale (UCI) gegründet, der nationale Radsportverbände aus 96 Ländern angehören.

In Paris wird die fünfte Weltausstellung eröffnet.

11. 5. Im Kampf um die Box-Weltmeisterschaft im Schwergewicht auf Coney Island/New York schlägt James J. Jeffries in der 23. Runde James J. Corbett k. o.

20. 5. Die Spiele der II. Olympiade werden in Paris während der dortigen Weltausstellung eröffnet (→ 14. 4. 1900).

27. 5. Der Deutsche Automobil-Verband (DAV) wird in Berlin gegründet. Er nimmt großen Einfluß auf die Entwicklung des Motorsports in Deutschland.

29. 5.–1. 6. Die Société Hippique Française veranstaltet in Paris anläßlich der Weltausstellung, jedoch nicht im Rahmen der Olympischen Spiele, den ersten internationalen Concours hippique.

14. 6. Das erste Gordon-Bennett-Automobilrennen von Paris nach Lyon über 566 km gewinnt der Franzose Fernand Charron auf Panhard-Levassor in 9:09 h, was einem Durchschnitt von 61,857 km/h entspricht.

Juli. Die Brüder Reginald Frank und Hugh Lawrence Doherty treten in Wimbledon die Nachfolge der Renshaw-Zwillinge an.

8. 7. Da die Olympischen Spiele fünf Monate dauern, beginnen erst jetzt die deutschen Olympia-Ausscheidungen der Leichtathleten.

14. 7. Eröffnung der ersten Internationalen Automobilausstellung in Frankfurt am Main mit Blumenkorso durch die Stadt.

August. Die Renntage von Iffezheim bei Baden-Baden haben sich zum internationalen Großereignis im Galopprennsport entwickelt.

1. 8. Renate Schulz aus Hamburg schwimmt 100 m Freistil in 1:57,6 min. Es ist die erste bekannte Höchstleistung einer Schwimmerin.

7.–9. 8. In Boston gewinnen die USA das erste Tennis-Match um den Davis Cup gegen Großbritannien nach zwei Einzeln und dem Doppel 3:0. Wegen Regens wurde das Finale nach dem ersten Satz des dritten Einzels abgebrochen.

12. 8. Ex-Schachweltmeister Wilhelm Steinitz stirbt 64jährig in New York.

September. Der Niederländer Piet Dikkentman gewinnt in Breslau die Europameisterschaft der Steher.

29. 9. Der US-Amerikaner Maxey Long läuft in New York Weltrekord über 400 m in 47,8 sec und über 440 y in 47,8 sec.

24. 10. Die Spiele der II. Olympiade in Paris werden abgeschlossen.

31. 12. Die Deutsche Turnerschaft (DT) zählt 648269 Mitglieder. Sie ist damit die größte Organisation der Welt auf dem Gebiet der Leibeserziehung.

1900. Auf dem Markt erscheinen die ersten Stoppuhren mit Zehntelsekunden-Einteilung.

Bei den Rad-Weltmeisterschaften in Paris siegen die Franzosen Didiers-Nauts im Sprint der Herrenfahrer, Edmond Jacquelin bei den Berufsfahrern, Bastien bei den Steher-Herrenfahrern über 100 km und Constant Huret bei den Berufsstehern.

Der Deutsche Athleten-Bund, dem die Sportarten Ringen, Gewichtheben, Rundgewichtwerfen und Amateur-Artistik angehören, gilt mit 11000 Mitgliedern als stärkster deutscher Sportverband.

Der Schweizerische Verband für Pferdesport wird als Verband der schweizerischen Renngesellschaften gegründet.

Am Shinto-Schrein in Fukazawa wird ein Ehrenmal für den Sumoringer Rikishi errichtet.

Spaziergänger im Bois de Boulogne wundern sich über das Treiben auf dem Sportplatz des Racing Club de France. An Olympische Spiele denkt niemand.

Olympischer Anachronismus

14. April 1900. Es ist seit 1855 die fünfte Weltausstellung, die in Paris eröffnet wird und die größte, die es bis dahin überhaupt zu sehen gab. Über 1 Mio. m^2 stehen als Ausstellungsfläche zur Verfügung. Man will dem neuen Jahrhundert zeigen, welch grandiose Fortschritte die Menschheit erzielt hat. In diesen repräsentativen Rahmen passen Olympische Spiele gut hinein, dachte deren Erneuerer, Pierre Baron de Coubertin. Doch der Weltausstellung entspricht keineswegs der Stellenwert sportlicher Wettkämpfe, die als internationale Championate oder Weltmeisterschaften ausgeschrieben werden.

Viele Sportler haben gar keine Ahnung, daß sie überhaupt an Olympischen Spielen teilnehmen, die sich über ein halbes Jahr, vom 20. Mai bis 24. Oktober, erstrecken. Die organisatorischen Vorbereitungen werden von einem verwirrenden Intrigenspiel begleitet, das selbst einen gewieften Taktiker wie Coubertin vor unlösbare Probleme stellt. Einer seiner Kollegen vom Internationalen Olympischen Komitee (IOC) findet, daß man das gemeinsame olympische Werk in Paris benutze, »um es zu Charpie [frz.; Leinwand] zu zupfen«. Als wieder einmal ein vorbereitendes Komitee zu Fall gebracht wird, will Coubertin der Sache gar nicht auf den Grund gehen, weil er fürchtet, ein Freund könne dahinter stecken, »der in meiner Achtung dann gesunken wäre«.

Auf der Suche nach olympischen Wettkämpfen zwischen Bois de Boulogne und Bois de Vincennes benutzt Pierre Baron de Coubertin ein Motorcycle. Er nimmt sich vor, die Spiele niemals wieder »einem jener großen Jahrmärkte anzugliedern, bei denen ihr Wert sich verflüchtigt«.

Am 14. April wird die erste Weltausstellung des 20. Jahrhunderts eröffnet. Frankreichs Staatspräsident Emile Loubet beschwört die Eintracht der Völker.

Das Plakat der Spiele der II. Olympiade

Der Eiffelturm und die Weltkugel als Wahrzeichen

Paris – Metropole der Kunst und der Mode

Paris 1900 strahlt einen Glanz aus wie keine andere Stadt der Erde. Das Prunkstück der Weltausstellung ist die Straße der Nationen am Ufer der Seine. Die europäischen Länder suchen einander an prachtvollen Bauten zu übertrumpfen, die alle später wieder abgerissen werden. Zu den Attraktionen gehört ein elektrisch betriebener, rollender Bürgersteig, der die Besucher durch das Ausstellungsgelände transportiert. Oder das »Chateau d'Eau«, wo pro Sekunde 12 000 l Wasser 12 000 PS elektrischen Strom erzeugen. Kaskaden der Wasserspiele ergötzen das Auge, bevor die Fluten Dampfmaschinen antreiben.

Alles atmet Großzügigkeit und Reichtum. Rechtzeitig wurde eine neue Prachtstraße fertiggestellt, die Avenue Nicolas II., die von den Champs-Élysées zur Seine in Richtung Marsfeld führt. Die Rue de Paris hat sich in einen Jahrmarkt verwandelt, mit Straßentheatern, Kabaretts, einem »Kineorama« und »Theatroskop«. Wenn auch die Weltausstellung in Chicago 1893 eine dreimal so große Ausstellungsfläche bot, schlägt Paris alle Besucherrekorde. 770 000 Besucher werden im April wöchentlich gezählt, 2,2 Mio. sind es im September. Insgesamt sehen in einem halben Jahr 47 Mio. Menschen die Weltausstellung.

Turnwettkämpfe im Velodrom von Vincennes. Sie sind als internationales Championat im Programm der Weltausstellung ausgewiesen. Nirgendwo findet sich jedoch ein Hinweis auf Olympische Spiele. Aber immerhin gibt es ein »Fête« zum Abschluß.

Die Deutsche Turnerschaft bleibt abermals demonstrativ fern. In einer gemischten Riege nimmt ein Deutscher teil, der auf eigene Kosten nach Paris gefahren ist. Von ihm ist eine Plazierung auf Rang 29 bekannt. Weitere deutsche Turner, die sich an den Turnwettbewerben beteiligen, werden offiziell nicht registriert. Das Plakat gibt einen Überblick über das Programm und stellt Sektionsübungen dar, die wettkampfmäßig nicht stattfinden.

Der beleuchtete Elektrizitätspalast auf dem Marsfeld. Die Rampen an den Seiten des Wasserschlosses führen zum Ehrensaal im Obergeschoß.

Kraenzlein – König der Leichtathleten

14. bis 16. Juli 1900. Alvin Kraenzlein ist der Star der Leichtathletik-Endausscheidungen bei den Olympischen Spielen in Paris.
Der gebürtige Wiener lebt seit 1879 mit seinen Eltern in Madison im US-Bundesstaat Wisconsin. In Paris gehört er zu einem Team von Weltklasse-Athleten, das die US-Amerikaner, im Gegensatz zu der willkürlich zusammengestellten Olympiamannschaft von Athen 1896, zu den Spielen der II. Olympiade entsandt haben.

Seine Stärke ist der Hürdenlauf, wo er den Schreitstil kreierte. 1898 lief Kraenzlein Weltrekord über 120 y Hürden in 15,2 sec und über 220 y Hürden in 23,6 sec. Im selben Jahr stellte er auch einen Weltrekord im Weitsprung mit 7,40 m auf, den er ein Jahr später auf 7,43 m verbesserte. Diesen Weltrekord übertraf jedoch Kraenzleins Landsmann Myer Prinstein im Frühjahr 1900 in Philadelphia mit 7,50 m. Daher sieht man in Paris dem Duell Kraenzlein—Prinstein mit Spannung entgegen.

Stärker als sportliche Sensationen beeindrucken Zuschauer bei den Leichtathletikwettbewerben schwarze Masseure, die den US-amerikanischen Athleten die Waden kneten. Nach jedem Hoch- oder Stabhochsprung läßt sich Irving Baxter massieren. Es hilft, denn er gewinnt beide Wettbewerbe.

Am 14. Juli findet der Vorkampf im Weitsprung statt. Es ist ein Samstag. Myer Prinstein setzt sich mit einem Sprung von 7,17 m an die Spitze des Teilnehmerfeldes, aus dem der Deutsche Waldemar Steffen mit 6,30 m ausscheidet. Prinstein protestiert, daß der Endkampf am nächsten Tag, einem Sonntag, stattfinden soll, aber ohne Erfolg. Aus religiösen Gründen tritt er am Sonntag nicht zum Wettkampf an.
Kraenzlein übertrifft dessen Vorkampfweite um 1 cm und wird damit Olympiasieger. Es ist bereits die zweite Goldmedaille für Kraenzlein, die er freilich zu diesem Zeitpunkt noch nicht ausgehändigt bekommt. Am Vortag hat er bereits den 110-m-Hürdenlauf in 15,4 sec gewonnen, obwohl er dabei einen ganz schlechten Start erwischte. Dank seiner überlegenen Hürdentechnik holte er seine enteilten Konkurrenten jedoch sämtlich ein und gewann sogar noch mit einem halben Meter Vorsprung vor seinem Landsmann John McLean.
Am Tag seines Weitsprungsieges gewinnt Kraenzlein noch den 60-m-Lauf in 7,0 sec, was als Weltrekord gilt. Und am 16. Juli holt er seine vierte Goldmedaille beim 200-m-Hürdenlauf in 25,4 sec. Ein perfekter Allround-Athlet.

Der in Wien geborene US-Amerikaner Alvin Kraenzlein gewinnt als erster Leichtathlet bei Olympischen Spielen vier Goldmedaillen.

Ratlose Zuschauer auf der Suche nach Olympischen Spielen

Bei den 47 Mio. Besuchern der Weltausstellung dürften sich einige wohl auch für sportliche Wettbewerbe interessieren. Aber wie die Wettbewerbe finden? Ein Olympiastadion gibt es nicht. Eine Eröffnungsfeier auch nicht. Plakate kaum. Aber dafür ein aufschlußreiches Programmheft. Da liest man »Einrichtungen zur geistigen und sittlichen Entwicklung des Arbeiters«. Wer kommt schon auf die Idee, daß darunter olympische Leichtathletikwettbewerbe zu verstehen sind? Oder wer vermutet hinter dem Stichwort »Stahlwaren« statt Krupps Kanonen Eiskunstlauf? Radrennen mögen unter die Rubrik »Fahrzeuge« noch einigermaßen passen. Aber daß unter »Rettungswerk« Ruderrennen zu suchen sind, darauf muß man erst kommen. So bleibt die Publikumsteilnahme an diesen Olympischen Spielen mehr dem Zufall überlassen. Andrang gibt es nirgends, und selbst die Anfeuerung einheimischer Sportler bleibt gering. Wer die Vereinsanlage des Racing Club de France im Bois de Boulogne kennt, kann wenigstens dort erwarten, Wettbewerbe zu sehen.

Die Hauptstraße der Weltausstellung auf dem linken Seineufer am Ausgang der Alexander-Brücke

Großer Ausstellungspalast, auch Palais der modernen Künste genannt, Schauplatz u. a. des Concours hippique

Der Brite Hurst (mit Kopftuch) gewinnt den Profi-Marathonlauf.

Der Franzose Emile Champion (M.) wird Zweiter im Marathonlauf der olympischen Amateure in den Straßen von Paris.

Bessere Ortskenntnis entscheidet über die Medaillen beim Pariser Marathonlauf

19 Teilnehmer starten am 19. Juli bei 38 °C. Sieben von ihnen erreichen das Ziel. Der US-Amerikaner Arthur Newton glaubt fest daran, gewonnen zu haben. »Ich übernahm auf halber Strecke die Führung«, erzählt er, »und da mich bis zum Ziel niemand überholte, fühlte ich mich als Olympiasieger. Wieso einige andere vor mir da waren, wird mir ewig ein Rätsel bleiben.« Aber wer weiß, wo der Mann herumlief? Die Strecke war miserabel gekennzeichnet. Der Schwede Ernst Fast, der mit 3:37:14,0 h den dritten Platz belegt, fragte einen Hilfspolizisten nach dem Weg und wurde in die falsche Richtung gewiesen. Aus Gram darüber soll sich der Polizist erschossen haben. Als Sieger mit 2:59:45,0 h wird der Franzose Michel Theato gefeiert, ein Bäckerjunge, der sich in Paris am besten auskennt. Allerdings soll Theato die Strecke abgekürzt haben. Die Silbermedaille geht ebenfalls an einen Franzosen, Emile Champion, der die Strecke in 3:04:17,0 h zurücklegt, begleitet von einem Radfahrer als Schrittmacher und rollender Verpflegungsstation.

Laufwettbewerbe über Stock und Stein

14. bis 16. Juli 1900. Der Racing Club de France hat an der 500-m-Grasbahn eine provisorische Tribüne errichtet, die mäßigen Zuspruch findet. Einmal braust heftiger Beifall auf. Die Anhänger des Racing Club glauben, einer der Ihren habe den 400-m-Lauf gewonnen. Denn er trägt ein Jersey in den Farben hellblau und weiß. Aber es handelt sich um den US-Amerikaner Maxey Long, der im Dreß der Columbia-Universität läuft. Die Franzosen Faidide und Clement sind schon im Vorlauf ausgeschieden.

Zum 400-m-Endlauf treten nur drei Läufer an, da die US-Amerikaner Boardman, Moloney und Lee wegen des Sonntags nicht starten. Es bleibt nicht die einzige Verwirrung bei den Laufwettbewerben. Auch im 60-m-Lauf kann man sich nicht über die Plazierung nach dem Sieger Alvin Kraenzlein einigen. Ein Protokoll findet sich nicht mehr. So streitet man, ob Walter B. Tewksbury oder Francis Jarvis Zweiter wurde. Aber Jarvis hatte sich für den 60-m-Lauf gar nicht qualifiziert. Zweifellos nahm jedoch der US-Amerikaner E. J. Minegan teil. Aber wurde er nun Vierter oder nur Sechster? Die Frage wird noch insoweit kompliziert, als die US-amerikanische Mannschaftsführung von einem Minegan gar nichts weiß.

Jedenfalls kommen auch Jarvis und Tewksbury zu Olympiasiegen, der eine über 100 m in 11,0 sec, der andere über 400 m Hürden in 57,6 sec. Gute Zeiten läßt die holprige Grasbahn nicht zu. Sie verhalf vielleicht Jarvis zum Sieg, denn Favorit über 100 m war Arthur Duffey, der nach einem Blitzstart bei halber Distanz klar führte. Dann aber stolperte er und schied mit einer Sehnenzerrung aus. Favorit über 400 m Hürden war der Franzose Henri Tauzin. Tewksbury bestritt diesen Wettbewerb zum ersten Mal im Vorlauf, wobei es rätselhaft blieb, warum man für fünf Teilnehmer zwei Vorläufe ansetzte. Im Endlauf setzte er sich mit seiner größeren Grundschnelligkeit gegen die bessere Hürdentechnik des Franzosen durch.

Tewksbury, im 100-m-Lauf nur knapp von Jarvis geschlagen, gewinnt außerdem souverän in 22,2 sec den 200-m-Lauf und wird Dritter über 200 m Hürden.

Ein besonderes Kunststück gelingt dem britischen Meilenmeister Charles Bennett. Er siegt über 1500 m mit einem 4:06,2-min-Weltrekord.

Im Anschluß an die Wettbewerbe in Paris starten die US-Amerikaner bei den Leichtathletikmeisterschaften von England in London. Über 100 y schlägt Duffey (r.) Jarvis und Tewksbury.

Mit »Flüstertüte«: Der Steuermann des siegreichen Achters aus den USA

Ergebnisdienst der Olympischen Spiele

14. bis 16. Juli 1900. Anzeigetafeln sind bei den II. Olympischen Spielen noch unbekannt. Die Ergebnisse der Leichtathletikwettbewerbe im Bois de Boulogne werden jeweils von einem Offiziellen mit einer Flüstertüte bekanntgegeben. Aber was man da in den Wald ruft, kommt nur sehr fragwürdig, unvollständig oder unverständlich wieder heraus. Die wenigen Sportberichterstatter müssen herumfragen, bringen aber — mit Hilfe von Brieftauben — Resultate in den Abendblättern.

In Paris bewundert man den Rollstil des Hochspringers Schoenfield aus den USA bei einem Wettbewerb für Profis.

Die Profi-Wettbewerbe sind als Weltmeisterschaften ausgeschrieben. Sweeney gewinnt im Hochsprung.

Irving Baxter überspringt alles, was kommt

14. bis 16. Juli 1900. Vielseitigkeit ist Trumpf bei den US-amerikanischen Leichtathleten. Das stellen Alvin Kraenzlein, Walter B. Tewksbury und Ray Ewry (→ 16. 7. 1900) unter Beweis. Irving Baxter tritt an ihre Seite. Zehn Teilnehmer qualifizierten sich für das Hochsprungfinale, aber wegen des Sonntags nehmen die US-Amerikaner Remington und Caroll nicht an der Entscheidung teil. Damit bleibt Baxter nur der Ire Patrick Leahy als stärkster Gegner, der aber dreimal an der 1,85-m-Marke scheitert. Baxter kommt glatt über 1,90 m und versucht nun, den seit dem 21. September 1895 bestehenden Weltrekord des US-Amerikaners Mike Sweeney von 1,97 m zu verbessern. Doch Zuschauer, die lärmend an die Sprunggrube drängen, stören ihn. Baxter scheitert dreimal an der Höhe von 1,98 m. Doch selbst wenn er sie gemeistert hätte, wäre er nicht Weltrekordler gewesen. Das bleibt Sweeney, der ebenfalls in Paris startet, allerdings nicht bei dem olympischen, sondern bei einem Profi-Wettbewerb. Sweeney überspringt 1,99 m. Baxter hat nach seinem Hochsprungsieg gerade seinen Straßenanzug angezogen, als sein Name für das Finale im Stabhochsprung ausgerufen wird. Das soll am Sonntag eigentlich gar nicht stattfinden, weil drei US-Amerikaner nicht starten wollen. Man hatte den Protesten dieser Athleten auch nachgegeben und den Wettbewerb auf Montag verlegt.

Aber irgendwie haben das die Organisatoren nicht mitbekommen. Baxter fährt wieder in seinen Sportdreß und nimmt noch seinen Landsmann Michael B. Colkett mit. Sie machen mit 3,30 m und 3,25 m die beiden ersten Plätze unter sich aus. Jetzt protestiert die US-amerikanische Mannschaftsleitung. Nach einigem Hin und Her beschließt man, am Montag einen zweiten Wettbewerb im Stabhochsprung auszutragen, nur mit den US-Amerikanern Johnson, Dvorak und Daniel Horton. Daran nimmt nun Johnson aus Verärgerung nicht teil. Horton gewinnt mit 3,45 m vor Dvorak mit 3,40 m. Aber irgendeine Art der Verrechnung findet nicht statt. Baxter bleibt Olympiasieger, und der zweite Wettbewerb taucht in keiner offiziellen Statistik mehr auf. An diesem Montag kommt wenigstens Myer Prinstein, der am Sonntag Kraenzlein den Sieg im Weitsprung kampflos überlassen hat (→ 14.–16. 7. 1900), zu einer Goldmedaille. Er gewinnt mit 14,47 m den Dreisprung vor James B. Connolly, dem ersten Olympiasieger überhaupt, der seinen Erfolg von Athen 1896 gern wiederholt hätte.

Irving Baxters Tatendrang ist noch nicht gestillt. Er beteiligt sich auch am Hochsprung, Weitsprung und Dreisprung aus dem Stand. Gegen den »Gummimenschen« Ewry hat er zwar keine Chance, aber drei weitere Silbermedaillen sind der Lohn seiner Vielseitigkeit.

Der US-Amerikaner Michael B. Colkett (l.) wird im Stabhochsprung Zweiter hinter seinem Landsmann Irving Baxter (r.). Der nachträglich angesetzte zweite Wettbewerb wird nicht in die offizielle Wertung einbezogen.

Ray Ewry, der »Gummimensch«

16. Juli 1900. Ray Ewry bestreitet an einem Tag drei olympische Wettbewerbe und gewinnt sie alle drei. Im Hochsprung aus dem Stand erreicht er Weltrekord mit 1,655 m. Im Weitsprung aus dem Stand kommt er auf 3,21 m, im Dreisprung aus dem Stand auf 10,58 m.

Es handelt sich keineswegs um ungewöhnliche Disziplinen in dieser Zeit. Ungewöhnlich ist der dreifache, bereits 27jährige Olympionike. Ewry, am 14. Oktober 1873 in Lafayette im US-Bundesstaat Indiana geboren, erkrankte mit fünf Jahren an spinaler Kinderlähmung. Dagegen gab es damals wenig Hilfe. Ray überlebte zwar, aber mit zwei gelähmten Beinen — nach menschlichem Ermessen ein Krüppel auf Lebenszeit. Qualvolle Jahre einer Kindheit ohne die Spiele der Knaben. Ein Arzt gab ihm ein wenig Hoffnung, wenn er unermüdlich an sich arbeitete.

Ray Ewry, vom Krüppel zum »Gummimenschen«. Dank seiner besonders kräftigen Beinmuskulatur gewinnt er alle Sprünge aus dem Stand. Er stellt mit 2,87 m auch einen Rekord im Rückwärtsspringen auf, das jedoch keine olympische Disziplin wird.

Winzige Fortschritte in langen Jahren. Ray gab nicht auf. Als ihm erste Schritte gelangen, ließ er nicht mehr locker. Mit 20 Jahren konnte er gehen wie ein normaler Mensch. Er war lang aufgeschossen, hager und sehnig. Als er dem New York Athletic Club beitrat, war an Laufwettbewerbe freilich nicht zu denken. Und für die technischen Disziplinen war er nicht athletisch genug. Aber Springen aus dem Stand, das bedurfte eines Bewegungsgefühls und einer Muskelbeherrschung, die Ray viele Jahre hindurch unermüdlich geübt hatte. 1897 hörte er zufällig von Olympischen Spielen. Er qualifizierte sich für die US-Mannschaft und wird in Paris zum Topstar.

Der jüngste Olympiasieger aller Zeiten

26. August 1900. Nachdem sich der Zweier mit Steuermann von Minerva Amsterdam für das Ruder-Finale, an dem nur vier Boote teilnehmen dürfen, qualifiziert hat, überlegen sich die Niederländer, wie sie ihre Chancen gegenüber den drei französischen Konkurrenten verbessern können. Weniger Gewicht – größere Schnelligkeit heißt die Zauberformel. Also steigt der Steuermann Hermanus Brockmann aus und überläßt einem siebenjährigen französischen Jungen seinen Platz. Die Rechnung geht auf, die Niederländer werden Olympiasieger. Der Junge auch, und es wird nie mehr einen jüngeren Olympiasieger geben. Nur sein Name bleibt unbekannt.

Der US-amerikanische Vesper Boat Club von Philadelphia gewinnt das Achterrennen vor dem Royal Club Nautique de Gand und Minerva Amsterdam.

Gleich zwei Crews werden Olympiasieger im Vierer mit Steuermann. Das fing ganz normal an. Drei Boote qualifizierten sich durch Vorlaufsiege für den Endlauf: Minerva Amsterdam, der RV Ludwigshafen und der RC Germania, Hamburg. Da unglücklicherweise kein französisches Boot das Finale erreichte, kam die Regattaleitung auf die Idee, noch ein weiteres Ausscheidungsrennen mit der seltsamen Begründung anzusetzen, der Club Nautique de Lyon und der RC Favorite Hammonia Hamburg seien in ihren Vorläufen schnellere Zeiten gefahren als der Vorlaufsieger RV Ludwigshafen. Von diesem Vorhaben wurden nicht alle Mannschaften verständigt. Das Rennen fiel aus. Was tun? Jetzt beschloß die Regattaleitung, sechs Boote zum Endlauf zuzulassen, obwohl nur maximal vier Boote ohne Behinderung fahren können. Die drei Vorlaufsieger protestieren gegen diese Entscheidung und bleiben dem Finale fern. So gewinnt der »Cercle d'Aviron de Roubaix« vor Lyon und Hammonia Hamburg.

Dieses Ergebnis, so erwünscht es auch sein mag, ist der Regattaleitung nun doch nicht ganz geheuer. Sie setzt einen zweiten Endlauf an. Ihn bestreiten am folgenden Tag die Vorlaufsieger, wie es eigentlich von vornherein hätte geschehen müssen. Es gewinnt Germania Hamburg vor Minerva Amsterdam und dem RV Ludwigshafen. Beide Endläufe erhalten nun auch den offiziellen olympischen Segen, und damit sind alle zufrieden. Hermanus Brockmann, der im niederländischen Zweier auf seinen Platz als Steuermann verzichtet hatte, steuerte den Amsterdamer Vierer. Die Gewichtserleichterung hätte diesmal nichts gebracht. Die Hamburger Germanen siegten mit über einer halben Minute Vorsprung.

Lebensgefahr für Friedenstauben in Paris

Juni bis August 1900. In dieser Zeit wird in Paris ständig irgendwo geschossen. Insgesamt werden 34 Schießwettbewerbe ausgetragen, die alle als olympisch gelten wollen. Von den Organisatoren der II. Olympiade werden allerdings nur zwölf anerkannt, darunter ein Schießen auf lebende Tauben. 21 fallen dem Goldmedaillengewinner, dem Belgier Léon de Lunden, zum Opfer, 20 dem Silbermedaillengewinner Maurice Faure (Frankreich) und je 18 den Bronzemedaillengewinnern (Dave McIntosh, Australien; Paul van Asbroeck, Belgien).

1066 Teilnehmer beteiligen sich an sechs Wettbewerben im Bogenschießen. Sie schießen auch auf Vögel, aber auf hölzerne. Fünfmal kann man Medaillen mit dem Armeegewehr herausschießen, da tun sich die Schweizer hervor. Sie glänzen auch im Armbrustschießen, aber das gilt nicht als olympisch.

Drei erfolgreiche Schweizer Olympioniken in Paris: Karl Röderer, Sieger mit der freien Pistole (r.), Emil Kellenberger, Sieger im Dreistellungskampf mit dem Armeegewehr (M.), und Konrad Stäheli, einer der erfolgreichsten Schweizer Schützen überhaupt, Sieger im Knieend-Wettbewerb mit dem Armeegewehr und dazu Dritter im Schießen mit der freien Pistole (l.).

Paris 1900 in Stichworten

Die Spiele der II. Olympiade in Paris dauern vom 20. Mai bis zum 28. Oktober 1900. Unter 1319 Teilnehmern aus 22 Ländern sind elf Frauen. In 17 Sportarten gibt es 80 Wettbewerbe. Diese Zahlen werden erst nachträglich festgelegt und bleiben lange umstritten. Während der Spiele weiß kaum jemand, was als olympischer Wettbewerb zu gelten hat oder was nicht. Selbst die Athleten erfahren erst nachträglich, daß sie nicht an internationalen Championaten oder Weltmeisterschaften teilnahmen, sondern an Olympischen Spielen. **Leichtathletik:** Die USA gewinnen in 23 Wettbewerben. Der Erfolg wäre noch deutlicher ausgefallen, wenn sieben US-Amerikaner nicht aus religiösen Gründen am Sonntag den Wettkämpfen ferngeblieben wären. Insgesamt wesentlich höheres Leistungsniveau als in Athen. Die meisten übrigen Medaillen gehen an Frankreich. Allein im **Fechten** kommt Frankreich in sieben Wettbewerben auf 15 Medaillen. Auch in den elf offiziellen **Schießwettbewerben**, dazu sechs im Bogenschießen, vorwiegend französische Erfolge. Schwach besetzte **Reitwettbewerbe**, bei denen Franzosen und Belgier dominieren. **Radfahren:** Nur ein Wettbewerb findet olympische Anerkennung mit Sieg für Frankreich. **Turnen:** Als beste Nichtfranzosen ein Schweizer als 23. und ein Deutscher als 29. Erstmals **Wasserballturnier** mit Großbritannien vor Belgien und Frankreich. In sieben **Schwimmwettbewerben** je zwei Siege für Australien, Großbritannien und Deutschland. **Rudern:** Sieg im Achter für die USA vor Belgien und den Niederlanden. Erstmals **Segeln** auf einem Fluß. Siege für Frankreich, Deutschland, Großbritannien und die Schweiz. **Fußball-** und **Rugbyturnier** eher eine Farce. **Tennis** und **Golf:** Erstmals Teilnahme von Frauen. **Krocket:** Nur Frankreich. **Kricket:** Sieg der Franzosen über die Briten.

Der sehnlichste Wunsch aller Fußballer

28. Januar 1900. Am 18. Januar veröffentlichte das in Berlin erscheinende Wochenblatt »Deutsche Sport-Nachrichten« auf der Titelseite einen Leitartikel, für den ein gewisser »Nestor« zeichnete. Die Überschrift lautete: »Ob und wie ist eine Einigung sämmtlicher Fußballvereine Deutschlands möglich?« Einleitend hieß es: »Das erfreuliche Emporblühen derjenigen Vereine, welche sich die Pflege der Rasenspiele zur Aufgabe gestellt haben, drängt mit Macht nach einem Zusammenschlusse. Der nach Leipzig einberufene allgemeine deutsche Fußballtag will die Herstellung eines solch bedeutenden Unternehmens in die Wege leiten.« Nestor schloß seine Ausführungen mit dem Appell: »Pflicht aber ist es, daß sich Jedermann, der am Leipziger Fußballtag theilnimmt, die hochwichtige Angelegenheit vorher gründlich überlegt und dann mit Lust und Liebe — aber auch ohne Übereilung — an die Verwirklichung des sehnlichsten Wunsches aller Fußballspieler herantritt: an die Gründung eines Fußballspielerbundes!«

Der Wunsch wird erfüllt. Delegierte von 86 Vereinen und drei Verbänden versammeln sich am 28. Januar um 10.40 Uhr im Leipziger »Mariengarten«. Die Sitzung wird vom Vorsitzenden des Verbandes Leipziger Ballspielvereine, E. J. Kirmse, eröffnet. Sie dauert bis 17.05 Uhr. Einziger Tagesordnungspunkt: Die Überschrift jenes Leitartikels. Nach eingehender Debatte wird mit 64 zu 22 Stimmen die sofortige Gründung eines Bundes beschlossen, der nach dem Vorschlag von Walter Bensemann den Namen »Deutscher Fußball-Bund« (DFB) erhält. Es ist nach den Turnern (1868), den Ruderern (1883), den Radsportlern (1884), den Schwimmern (1886) und den Leichtathleten (1898) der sechste zentrale Sportverband in Deutschland. Die Berliner Vereine, die zuerst dagegen stimmten, treten bei einem zweiten Bundestag im Juni 1900 dem DFB bei.

Im Oktober wird Ferdinand Hueppe, der in Leipzig den Deutschen Fußball-Club Prag vertrat und als Vorsitzender des Ausschusses zur Vorbereitung der Satzung und Bestimmung einheitlicher Spielregeln amtiert, zum Ersten Vorsitzenden des DFB gewählt. Er amtiert bis zum Jahr 1904.

△ Der 1. FC Nürnberg im Gründungsjahr 1900. Es ist die gute alte Zeit, wo die Spieler selbst die Torstangen auf den Platz tragen, wo das Spiel zu Ende ist, wenn dem Ball die Luft entweicht, und wo Zuschauer mit Lehmklumpen nach den Spielern werfen.

◁ Ferdinand Hueppe, Erster Vorsitzender des Deutschen Fußball-Bundes. Er war aktiver Rugby- und Fußballspieler sowie Leichtathlet. Später habilitiert er sich als Professor und verfaßt ein Standardwerk »Hygiene der Leibesübungen«.

▽ Triumph in Berlin: Der Fußball-Club Preußen besiegt den britischen Klub Richmond Association 3:1.

Deutsche Anfänge des Fußballs

Wo und von wem in Deutschland zum ersten Mal Fußball gespielt wurde, läßt sich nicht feststellen. Johann Christoph Friedrich GutsMuths erwähnte in seinem 1796 erschienenen »Ersten deutschen Spielbuch« Fußball, lehnte das Spiel jedoch ab. Nach seinem Tod soll es 1839 erste deutsche Fußballversuche gegeben haben. Ferdinand Hueppe, der Erste Vorsitzende des Deutschen Fußball-Bundes (DFB), lernte in den 60er Jahren des 19. Jahrhunderts in seiner Geburtsstadt Neuwied das Fußballspiel kennen. Es handelte sich jedoch um Rugby, das dort in einem englischen Knabenpensionat betrieben wurde. Mit Sicherheit begann das Spiel zu Anfang der 70er Jahre an den Schulen, vor allem an Gymnasien und höheren Schulen. Es blieb auch zunächst auf Schulmannschaften beschränkt.

1874 gründete Konrad Koch in Braunschweig den ersten deutschen Fußballverein am Martino-Catherineum. Es war ein Schülerverein. Koch gab auch erste Fußballregeln heraus, die aber auf den Spielbetrieb an Schulen beschränkt blieben. Am 14. September 1878 wurde in Hannover der Deutsche Fußballverein 1878 Hannover gegründet, ein Sportverein, in dem aber zunächst nur Rugby gespielt wurde. Das galt auch für die meisten anderen Vereine, die in den folgenden Jahren gegründet wurden.

Bahnbrechend wirkte die Gründung des Berliner Fußball-Clubs Frankfurt am 4. Mai 1885 durch den Frankfurter Georg Leux, der mit dem Beinamen seine Vaterstadt Frankfurt am Main ehren wollte. Leux rief 1890 in Berlin auch den ersten Dachverband, den Bund Deutscher Fußballspieler, ins Leben. Der erste reine Fußballverein entstand 1887 durch die Fusion des Hohenfelder SC mit dem Wandsbek-Marienthaler SC zum SC Germania Hamburg 1887. Damit begann die eigentliche Gründungsphase von reinen Fußballvereinen.

1. US-Davis-Cup-Sieg mit Blitz und Donner

7. bis 9. August 1900. Dwight Filley Davis stammt aus St. Louis und studierte an der berühmten Harvard-Universität. Als er mit seinem Freund Holcombe Ward zuerst Universitätsmeister, dann US-Meister im Tennis wurde, ärgerte ihn, daß dieser Titel nur für die US-amerikanische Ostküste Gültigkeit besaß. Also unternahm Davis eine Reise nach Kalifornien. Von dort kehrte er begeistert zurück.
»Der Westen«, erklärte er jedem, »ist eigentlich der Ort, wo sich Tennis entwickeln wird. Wir müssen einen großen internationalen Wettbewerb ins Leben rufen, der nicht nur hier, sondern überall in der Welt Aufsehen und Interesse erregt.« Gesagt, getan. Der 20jährige, nicht unbegüterte Davis ging in Boston zu den Silberschmieden Shreve, Crump & Low und gab einen 18 kg schweren Silberpokal in Auftrag. Das dort geschaffene Monstrum war in der Tat geeignet, Aufsehen zu erregen, aber Interesse bestand an dieser sog. International Lawn Tennis Challenge Trophy vorerst nicht. Davis schrieb verzweifelt Briefe in alle Welt, in denen er Tennisspieler aufforderte, sich einem Match mit vier Einzeln und einem Doppel im Monat August in Boston zu stellen. Aber niemand sah einen Sinn darin. Schließlich ließ sich die Lawn Tennis Association in Großbritannien erweichen.

Entworfen und angefertigt wurde der von Dwight F. Davis gestiftete, 18 kg schwere Silberpokal von der Bostoner Silberschmiede Shreve, Crump & Lowe.

Sie schickte allerdings nicht die berühmten Brüder Reginald Frank und Hugh Lawrence Doherty (→ 8.–9. 7. 1900) über das große Wasser, sondern hielt Babe Gore und Herbert Roper Barrett, die gerade in Wimbledon verloren hatten, für gut genug. Dazu kam der Schotte Ernest Black. Als diese drei nach dreiwöchiger Dampferreise in New York an Land gingen, verspürten sie keinerlei Lust zum Training, sondern schauten sich erst einmal die Niagarafälle an.

Die Platzverhältnisse des Longwood Cricket Club, wo die erste Davis-Cup-Begegnung ausgetragen wird, finden die Briten »verheerend«. Davis hat zuerst mehr mit seinen Nerven als mit Black zu kämpfen, macht aber den ersten Punkt. Gore unterschätzt Malcolm D. Whitman und verliert glatt. Im Doppel werden Barrett und Black durch die hohen Lobs von Davis und Ward irritiert. Das dritte Einzel zwischen Gore und Davis beendet beim Stand von 7:9, 9:9 ein Gewitter.

Die Doherty-Brüder retten Wimbledon

Juli 1900. Die Nachfolge der Renshaw-Zwillinge (→ 1880) hatten zunächst die Baddeley-Brüder angetreten. Sie gewannen 1891 und 1894 bis 1896 das Herren-Doppel in Wimbledon, ihr Spiel war jedoch wenig attraktiv.
Es hieß, daß sie auf dem Tennisplatz nichts Besonderes taten, dies aber gut. Jedenfalls blieb das Publikum fern. Erst die Doherty-Brüder verliehen Wimbledon mit ihrem eleganten Tennis neuen Glanz.

»Reggie« Doherty, auch »Big Do« genannt, gewann das Einzel in Wimbledon 1897—1900 viermal. Nach einer schweren Krankheit erreicht er nicht mehr seine frühere Spielstärke.

»Laurie« Doherty, auch »Little Do«, siegte mit seinem Bruder bis 1900 in Wimbledon viermal im Doppel und auch bei den Olympischen Spielen in Paris. Dort gewann er auch das Einzel.

Das erste Automobilrennen um den Gordon-Bennett-Preis

14. Juni 1900. Fahrer aus fünf Ländern starten in Paris im Rahmen der Weltausstellung als Attraktion zum ersten internationalen Mannschafts-Automobilrennen.

Ihr Ziel ist Lyon. Die Strecke mißt 566 km. Der Sieger, François Charron, legt sie mit seinem Panhard-Levassor in 9:09 h zurück.
Mit seinem 20-PS-Wagen erreicht er eine Durchschnittsgeschwindigkeit von 61,857 km/h. Preis ist ein grauenerregender Kunstgegenstand im Wert von 10 000 Franc.
Diese Summe stiftete im Jahr zuvor James Gordon Bennett, Verleger und Besitzer des »New York Herald«, dem Automobilklub von Frankreich. Um den Gordon-Bennett-Preis können sich nur Länder-Automobilklubs bewerben. Mehrere Klubs aus einem Land dürfen zusammen nicht mehr als drei Fahrzeuge stellen, die mit allen Teilen im Lande hergestellt worden sein müssen. Die jeweiligen Fahrer mit ihren Begleitern müssen Klubmitglieder sein. Die Strecke, die nonstop zu durchfahren ist, muß zwischen 550 und 650 km lang sein. Der Gordon-Bennett-Preis verleiht dem Automobilsport starke Impulse. In Lyon plaziert sich Frankreich vor Belgien, Großbritannien, Deutschland und den USA. Nicht nur im »New York Herald«, auch in den europäischen Zeitungen wird häufig über die Rennen berichtet.

François Charron auf Panhard-Levassor, Sieger im ersten Gordon-Bennett-Rennen von Paris nach Lyon über 566 km

Der Gordon-Bennett-Wanderpreis für Automobile, der große Bedeutung gewinnt

Die Brüder Carl, Wilhelm, Heinrich, Fritz und Ludwig Opel (v. l.) auf dem »Quintupled« der Firma Adam Opel in Rüsselsheim

Das »Quintupled« der Gebrüder Opel – Reklame für die Firma

Was macht ein erfolgreicher Nähmaschinenfabrikant, wenn ihn fünf Söhne bestürmen, ihnen ein Veloziped zu schenken? Er kauft fünf Hochräder. Aber als er jemand mit solch einem Vehikel bös stürzen sieht, verkauft er sie weiter. Und zwar mit Gewinn. Und das macht ihn nachdenklich. Ein neues Produkt wird geplant.

Ab 1887 produziert die Firma Opel in Rüsselsheim Fahrräder und spezialisiert sich bald auf das Niederrad. Adam Opel gründet auch einen Fahrradverein, dessen Ziel es ist, »das für die Gesundheit sowie für das praktische Leben so sehr zu empfehlende Radfahren soviel als möglich zu verbreiten«. Dafür sorgen nun seine fünf Söhne, die sämtlich Radrennen bestreiten und zahllose Preise gewinnen. Die beste Werbung für die Firma.

Alle fünf gewinnen hintereinander die Radmeisterschaften von Hessen. Auch international sind sie erfolgreich. Das »Quintupled« ist freilich nur ein Reklamegag. Aber Opel baut Räder für jeden Zweck. Und als Kundendienst gibt es einen Fahrradsaal, wo die Käufer üben können, ohne daß jemand sieht, wie sie vom Rad fallen.

Eine neue Ära der Schrittmacher

September 1900. Als der Niederländer Piet Dickentman in Breslau die Europameisterschaft der Steher über 100 km in 1:47:13,0 h gewinnt, ist dies an sich nichts Ungewöhnliches. Aber Dickentman fährt hinter einer Motor-Schrittmachermaschine, die sein Landsmann Jan Mulder steuert. Und damit beginnt eine neue Epoche im Stehersport.

Schrittmacherfahrzeuge, um Dauerfahrer an der Stange zu halten und zu höheren Geschwindigkeiten zu »ziehen«, gibt es schon lange. Sechssitzerräder, elektrische Dreisitzer, Motortandems, Motordreiräder etc. dienten dazu. 1899 fuhr der US-Amerikaner Charly Murphy als erster die Meile unter einer Minute. Als Schrittmacher diente eine Schnellzuglokomotive. Im selben Jahr konstruierte der ehemalige Sprinterweltmeister Arthur Heimann aus Berlin ein einsitziges Schrittmacher-Motorrad. Es besaß einen 3-PS-Motor und einen Sattel, der so weit nach hinten gerückt war, daß der Fahrer, d. h. der Steher, dicht hinter dem Schrittmacher fahren konnte. Die meisten Steher bleiben vorerst jedoch ihren Motortandems treu. Heimanns Maschine wird im folgenden Jahr von dem Ex-Motorradweltmeister Anzani in Paris weiterentwickelt. Und seitdem machen die wegen ihres ruhigen Laufs »Anzanischleicher« genannten Maschinen die Steher schnell.

Der Niederländer Piet Dickentman beim Start zum Breslauer Goldpokal

Fernfahrt durch die »Hölle des Nordens«

April 1900. Zum fünften Mal starten Radfahrer zur bereits klassischen Fernfahrt Paris—Roubaix über rund 265 km. Das Rennen ist berüchtigt als die »Hölle des Nordens«. Denn die letzte Etappe im nordfranzösischen Kohlenrevier führt über Kopfsteinpflaster. Dort fällt meist die Entscheidung.

Freilich nicht, wenn man diese Marterstrecke mit so großem Vorsprung erreicht wie der erste Sieger dieser Prüfung 1896. Es war der Münchner Josef Fischer, der im Ziel fast eine halbe Stunde Zeit hatte, auf den zweitplazierten Dänen Charles Meyer zu warten. Fischer ist auch diesmal am Start.

Er kommt hinter dem Franzosen Emile Bouhours auf den zweiten Platz. Dieser benötigt 7:10:30,0 h. Fischer fuhr die Strecke vier Jahre zuvor in 9:17 h, da ging es jedoch über 280 km. Jedenfalls ist eine Durchschnittsgeschwindigkeit von 30 km/h unter den schweren Bedingungen eine beachtliche Leistung.

Josef Fischer am Ziel der Fernfahrt Paris—Roubaix. Vorn rechts auf dem Automobil sein Streckenbetreuer

Emile Bouhours im Kreis seiner Trainer und Betreuer in Roubaix. Der Sieger benutzt Dunlop-Reifen.

1901

10. 1. Eine Berliner Fußballmannschaft bestreitet auf einer einwöchigen Großbritannien-Reise fünf Spiele, die sie sämtlich verliert. Gesamt-Tordifferenz 12:35.

Februar. In Schweden werden erstmals Nordische Skispiele veranstaltet.

März. Ein von einem französischen Konstrukteur erbautes Motorboot mit Mercedes-Simplex-Motor stellt während der ersten Nizzaer Motorbootwoche einen Weltrekord mit 32,2 km/h auf.

10. 3. Berliner Kunstradfahrer führen Radball vor.

24. 3. Die Stadt Rom bewirbt sich um die Spiele der IV. Olympiade, die 1908 ausgetragen werden sollen.

25. 3. Beim Automobilrennen Nizza–Salon–Nizza siegt zum ersten Mal ein Mercedes-Rennwagen. Der Wagen hat 35 PS und gehört dem Baron Rothschild. Gefahren wird er von Wilhelm Werner, dem ehemaligen Oberwagenführer von Kaiser Wilhelm II.

28./29. 3. Wilhelm Werner gewinnt mit dem 35-PS-Mercedes in Nizza ein Kilometer- und ein Meilenrennen. Am Tag darauf siegt er auch im Bergrennen Nizza–La Turbie.

8. 4. In ihrem ersten Fußball-Länderspiel besiegt die Auswahl Österreichs die Schweiz in Wien 4: 0.

1. 5. In Rotterdam wird der Stuttgarter Josef Ziegelmaier Europameister im Gewichtheben. Im beidarmigen Drücken schafft er 70 kg 28mal hintereinander.

18. 5. Der US-Amerikaner Arthur Duffy läuft zum dritten Mal Weltrekord über 100 y in 9,8 sec. Er siegt in acht 100-y-Rennen hintereinander.

21. 5. Pierre Baron de Coubertin beruft aus eigenem Entschluß den Schweizer Baron Godefroy de Blonay, Mitglied des Internationalen Olympischen Komitees (IOC), zum ersten Generalsekretär des IOC.

22. 5. Coubertin und Blonay fassen in Paris den Beschluß, daß die Olympischen Spiele 1904 in Chicago stattfinden sollen. In der Zeit vom 10. bis zum 25. September sind zwölf Wettkampf- und vier Ruhetage vorgesehen.

29. 5. Das zweite Gordon-Bennett-Automobilrennen von Paris nach Bordeaux über 555 km gewinnt der Franzose Léonce Girardot auf Panhard-Levassor in 8:51:59,0 h, was einer Durchschnittsgeschwindigkeit von 59,509 km/h entspricht.

2. 6. Der Kanadier George Washington Orton erklärt nach seinem Sieg in der US-Meisterschaft im Zwei-Meilen-Hindernislauf seinen Rücktritt vom Wettkampfsport. Er gewann insgesamt 16 Meistertitel über die Meile, über zehn Meilen, im Hindernis- und im Querfeldeinlauf.

27.–29. 6. Erstmals Automobilrennen Berlin–Paris über 1196,03 km. Sieger: Henry Fournier auf Mors in 24:05 h, Durchschnitt: 69,970 km/h.

Juli. Erstmals Rad-Weltmeisterschaften in Berlin. Bei den Amateuren gewinnt die Kurzstrecke der Franzose E. Maîtrot, die 100 km der Deutsche H. Sievers. Bei den Berufsfahrern werden der Däne Thorwald Ellegaard und der Deutsche Thaddäus Robl Weltmeister.

August. Zum dritten Mal Concours hippique im belgischen Badeort Spa. Hier wird auf dem Parcours erstmals die Tripplebarre aufgestellt, ein Hindernis beim Springreiten aus drei hintereinander aufgestellten Balken von aufsteigender Höhe (0,90 m, 1,08 m und 1,25 m).

5. 8. Der Ire Peter O'Connor, der seit 1900 mit 7,51 m den Weltrekord im Weitsprung hält, verbessert in Dublin die Marke auf 7,61 m.

Gustav Weißkopf erreicht mit einem Motorflugzeug in Bridgeport 12 m Höhe und eine Strecke von 900 m.

22. 9. Zum dritten Mal wird das Bergrennen am Semmering ausgetragen, das immer mehr an Bedeutung gewinnt. Sieger: Richard von Stern auf Mercedes.

23. 9. Frank Erne, erster und einziger Boxweltmeister der Schweiz, versucht nach erfolgreicher Titelverteidigung gegen Joe Gans im Leichtgewicht am 23. März 1900, auch den Titel im Weltergewicht zu gewinnen. Geht k. o. gegen Rube Ferns in Fort Erie in der neunten Runde.

4. 10. Die US-amerikanische Yacht »Columbia« gewinnt seit 1899 zum zweiten Mal den America's Cup.

12. 10. Auf dem Bundestag des Deutschen Fußball-Bundes (DFB) wird über die Austragung einer Deutschen Meisterschaft und die Stiftung eines Vereinspokals diskutiert. Es fällt keine Entscheidung. Erstmals Beratung über den Professionalismus.

Aufgrund einer Wette umkreist der Brasilianer Alberto Santos-Dumont mit einem steuerbaren Luftschiff den Eiffelturm. Er gewinnt 125 000 Franc.

15. 11. James J. Jeffries schlägt in San Francisco Gus Ruhlin in der fünften Runde k.o.

Der Schweizerische Fußball-Verband, 1895 in Olten gegründet, weist zum Jahresende nur 15 Vereine auf, obwohl angeblich 54 »wilde« Klubs Fußball spielen.

1901. Anfänge des Frauenruderns in Deutschland. Friedrichshafener Damen RC erster Frauen-Ruderverein.

Die Hegemonie der nordenglischen Fußballklubs wird erstmals durch den Cupsieg von Tottenham Hotspurs gebrochen. Die Mannschaft gewinnt nach einem 2:2 das Wiederholungsspiel gegen Sheffield United 3:l.

Drei Rennwagenklassen und Motorräder bestreiten die Fernfahrt Paris—Berlin. Der Franzose Sincholle (l.), Vierter in der leichten Klasse, auf einem Darracq

Die Marseillaise in Berlin

27. bis 29. Juni 1901. Fieberhafte Spannung auf der Trabrennbahn im Berliner Westend. Mitglieder hoher Adelskreise, zahlreiche Offiziere, eine erregte Menschenmenge erwarten den Sieger der ersten Automobilfernfahrt Paris—Berlin. Ulanen reiten an der Zufahrtsstraße auf. Ein Trompeter mit Pickelhaube bläst ein Signal. Dann näherkommendes Motorgeräusch. Und schon rattert er auf die Bahn, Henry Fournier auf Mors, empfangen von begeistertem Jubel. Die Klänge der Marseillaise begleiten ihn auf der Ehrenrunde, vorbei an der mit deutschen und französischen Fahnen geschmückten Ehrentribüne, wo der Franzose eine mannshohe Vase aus Sèvres überreicht bekommt.

Die Automobilklubs von Deutschland und Frankreich organisierten diese spektakuläre Fernfahrt in drei Etappen: Erste Etappe Paris—Reims—Neufchâteau—Aachen, 459 km; zweite Etappe Aachen—Köln—Münster—Hannover, 454,03 km; dritte Etappe Hannover—Magdeburg—Berlin, 293 km. Für Tourenwagenfahrer gab es eine Acht-Etappen-Route über Frankfurt am Main und Leipzig. Fournier siegt in der Rennwagenklasse vor seinem Landsmann Girardot, der vor vier Wochen das zweite Gordon-Bennett-Rennen Paris—Bordeaux gewann.

Der Deutsche Fritz Kirchheim beim Start zur ersten Automobilfernfahrt Paris—Berlin in Champigny am Morgen des 27. Juni. Er fährt in der Tourenwagenklasse, deren Teilnehmer in Frankfurt am Main, Eisenach und Leipzig auf Festbanketten gefeiert werden. Überall finden sich an den Start- und Zielorten jubelnde Menschen ein.

Zwei neue Stars der Radrennbahn

Juli 1901. »Thaddy« und Thornvald sind die neuen Publikumslieblinge im deutschen Radsport. Bei den Weltmeisterschaften in Berlin gewinnt den Titel bei den Berufsstehern der Münchner Thaddäus Robl, bei den Berufssprintern der Däne Thornvald Ellegaard.

Beiden wurde dieser Erfolg nicht geschenkt. Bei Robl fragen sich die Berichterstatter: Ist er aus Sprungfedern zusammengesetzt? Besteht er aus Kautschuk? Dabei galt Robl jahrelang als ein Pechvogel par excellence. In den Jahren 1897, 1898, 1899 sprach man ihm jegliche Eignung zum Bahnfahrer ab. Ob er sich als Flieger, Steher oder Straßenfahrer versuchte, er erntete nur Mißerfolge. Resigniert verließ er Deutschland und versuchte in Belgien und Frankreich sein Glück. Keine Fabrik unterstützte ihn, keine Zuschauer feuerten ihn an. Zahllose Stürze mußte er überstehen. Doch zu Beginn dieses Jahres erzielte er in Deutschland erste Erfolge. In Berlin gewinnt er den höchsten Titel und die Gunst des Publikums.

Fast als Deutscher gilt der Däne Ellegaard, der auf deutschen Bahnen Erfolge feiert. Er begann seine Laufbahn 1896 und verdankt alles seinem unermüdlichen Trainingsfleiß. Seit 1900 zählt er zur Extraklasse der Profi-Flieger. Nach dem Weltmeistertitel gewinnt er im selben Jahr noch den Großen Preis von Kopenhagen, von Bordeaux und von Paris.

Der Däne Ellegaard, der in Berlin Sprinter-Weltmeister der Profis wird und danach von Sieg zu Sieg eilt

Radchampion »Major« Taylor erobert Paris

Marshall Walter »Major« Taylor (→ 1899) hat im Mai 1901 in Cherbourg kaum den Fuß auf französischen Boden gesetzt, als auch schon jeder seiner Schritte von Reportern aufmerksam verfolgt wird. Er steigt mit seinem Gefolge im Hotel »Wilhelm der Große« ab.

In der Begleitung des schwarzen Champions aus den USA befinden sich dessen weißer Trainer Gateley, zwei schwarze Betreuer und seine Braut, eine hübsche Mulattin. Acht Tage später trifft er im Bahnhof Saint Lazare ein und begibt sich ins Hotel »Malesherbes«. Dort setzt er sich sogleich ans Klavier und singt ein US-amerikanisches Chanson, »Hello my baby!«. Die Pariser sind entzückt.

Taylor, der die USA aufgrund der Rassendiskriminierung verließ, sieht sich gefeiert, noch bevor er ein Rad bestiegen hat. Der berühmte Automobil-Rennfahrer Henry Fournier fährt ihn in seinem Wagen in der Stadt herum und zeigt ihm die Sehenswürdigkeiten von Paris. Man fotografiert ihn in Badehose und stellt fest, daß sein Körper es verdiene, in Bronze gegossen zu werden. Von seinen Beinen wird behauptet, daß die berühmte Tänzerin Cléo de Mérode keine schöneren aufweise. Daß der schwarze Wunderknabe auch Mandoline spielt, überrascht niemanden mehr. Doch verwundert, daß er mit Boxhandschuhen an einem Punchingball trainiert.

Bald trainiert er aber auch auf einem Fahrrad, und da wird jedermann klar, daß nur ein einziger Pedaleur in Europa in der Lage ist, Taylor zu schlagen: Frankreichs Sprinterstar Edmond Jacquelin. Und dieser Begegnung im Pariser Prinzenpark-Stadion fiebert man nun entgegen. Aber ein kleiner Wermutstropfen fällt in den Becher der Vorfreude. Denn seinen ersten Start auf europäischem Boden bestreitet Taylor nicht in Paris, sondern in Berlin-Friedenau. In Paris fährt er lediglich Runde um Runde um die Bahn hinter einem Tandem her, dessen Fahrer, zwei Weiße, er auch aus den USA mitgebracht hat. In Berlin zeigt sich, daß in Europa auch noch andere Radsportler den schwarzen Wundermann schlagen können. Taylor bestreitet sein erstes Rennen auf europäischem Boden gegen den Deutschen Willy Arend und den Dänen Thornvald Ellegaard – und wird nur Dritter! Arend und Ellegaard fahren ein kluges Rennen, mit dem sie Taylor überraschen, dessen Taktik der US-amerikanische Champion jedoch durchschaut. Die Revanche gewinnt dann Taylor mit jener Überlegenheit, die man von ihm erwartet.

Damit steigt die Spannung vor der Begegnung Taylor/Jacquelin, die am 16. Mai im Pariser Prinzenpark stattfinden soll, noch beträchtlich. An diesem Tag erobert Taylor dann endgültig die Herzen des Pariser Publikums, denn Jacquelin gewinnt. Wenn schon ein Deutscher und ein Däne den Star aus Übersee bezwingen konnten, mußte es auch ein Franzose können.

»Major« Taylor ist ein kluger Mann und ein erfahrener Profi. Was hätte aus seiner geplanten Europatournee werden sollen, wenn er gleich jeden in Grund und Boden gefahren hätte? Der Sport lebt nun einmal von Siegen und Niederlagen, und Berufssportler leben von Revanchen. Die Revanche zwischen Jacquelin und Taylor findet 14 Tage später statt und erfährt in der Pariser Presse nicht entfernt solche Beachtung wie die erste Begegnung. Diesmal werden zwei Läufe ausgefahren. Den ersten gewinnt Taylor mit mehreren Radlängen, den zweiten mit mehreren Metern Vorsprung. Aber das bleibt bedeutungslos. Niemand vermag Jacquelin mehr den Ruhm zu rauben, »Major« Taylor besiegt zu haben. Auch wenn er nicht der erste Europäer war, dem dies gelang. Die Pariser haben Taylor den Seitensprung nach Berlin längst verziehen und sehen ihn als einen der ihren, und Taylor kehrt immer wieder nach Paris zurück.

»Major« Taylor fordert Europas Sprinter heraus.

»Du Böser, Du, willst Du nicht auf mich warten?« Ein riesiger Edmond Jacquelin läßt ein kleines Negerlein ganz kläglich aussehen. Das Erinnerungsblatt des Karikaturisten feiert den 16. Mai, wo Jacquelin das erste Rennen gegen Taylor gewann. Die beiden deftigen Niederlagen des Franzosen bei der Revanche gegen Taylor sind keine Verewigung mehr wert.

Plakat der ersten Nordischen Skispiele

Nordische Spiele

Die Nordischen Skispiele, die im Februar 1901 in Schweden erstmals ausgetragen werden, machen den Olympischen Spielen Konkurrenz. Skilauf über 30 km, 60 km und 206 km. Eislauf von 500 m bis 10 000 m. Eine Staffel mit Reitern, Skiläufern, Schneeschuhgängern, Rodeln in den Djusholmhügeln, Eiskunstlauf und Curling, in der Oper Turnen, Fechten, Tänze und Folklore, am Schluß ein Feuerwerk (→Februar 1905).

Kunstradfahrer spielen Radball

10. März 1901. Das Berliner Publikum genießt einen guten Ruf wegen seiner Radsportbegeisterung. Es bedarf nicht eigens einer Weltmeisterschaft, um die Berliner Radrennbahnen zu füllen, denn nicht nur die Rennfahrer, sondern auch die Kunstradfahrer sind sehr beliebt.

Am 10. März wird dem Publikum etwas ganz Neues geboten. Die beiden Kunstradfahrer Paul und Otto Lüders vom Bundes-Verein Sport-Berolina führen den erstaunten Fans im Turnsaal ein neues Spiel vor, das sie »Radball« nennen. Da werden Tore aufgestellt, und ein Ball wird mit dem Vorder- oder Hinterrad vorwärtsgetrieben. Das sieht ganz ulkig aus. Aber Kunstradfahrer muß man da schon sein, wenn man den Ball gegen die Manöver eines Gegners ins Tor befördern will.

Immerhin gibt es auch seit zehn Jahren Radpolo, das der Ire J. Mecredy erfunden hat. Es wird im Freien mit einem Poloschläger gespielt, ganz wie richtiges Polo, mit einem Rad statt mit einem Pferd. Allerdings scheint es radgemäßer, den Ball mit den Rädern statt mit einem Schläger voranzutreiben. Daher setzt sich auch Radball durch, während Radpolo in Vergessenheit gerät.

Jeffries bleibt Boxweltmeister

15. November 1901. James J. Jeffries zeigt keinerlei Neigung, sich auf seinen Weltmeistertitel-Lorbeeren auszuruhen.

Für den Boxweltmeister im Schwergewicht James J. Jeffries findet sich in ganz Kalifornien kein Gegner mehr. Der 1,90 m große und 120 kg schwere Hüne steckt auch härteste Treffer mit unbewegter Miene ein.

Er hat sich bereit erklärt, jederzeit jeden Gegner zu akzeptieren, der nur eine Spur von Berechtigung unter Beweis stellt, ihn herauszufordern. Aber da lag der Haken. Wenn ein James J. Corbett nach einer heroischen Ringschlacht gescheitert war (→11. 5. 1900), wer sollte dann gegen den unempfindlichen Riesen Jeffries bestehen? Wer fand sich dazu stark genug? Und wem traute das Publikum eine Chance zu? Für Gus Ruhlin gilt weder das eine noch das andere. Er geht am 15. November in San Francisco nach einseitigem Kampf in der fünften Runde sang- und klanglos k. o.

Reitturnier in Spa bleibt Attraktion

August 1901. Zum dritten Mal wird im belgischen Spa der Concours hippique ausgetragen.

Obwohl Belgien über keine eigene Pferdezucht verfügt, gehen von Spa immer wieder neue Impulse für den Turniersport aus. Während in Deutschland, Frankreich und Österreich-Ungarn der Einfluß staatlicher Gestüte auf den Reitsport vorherrscht, kennt man in Spa solche Rücksichtnahmen nicht, sondern kann das Turnier ganz auf den Publikumsgeschmack ausrichten.

So hat der Concours hippique bereits Paris in den Schatten gestellt. Dies vor allem durch neue Hinderniskreationen, die von den großen Turnierplätzen des europäischen Kontinents übernommen werden. So der Open ditch, ein 1,50 m breiter Graben mit einer 1,25 m hohen Mauer dahinter. Oder der Irische Wall von 1,75 m Höhe und 3 m Breite mit kleinen Wassergräben davor und dahinter. Und schließlich in diesem Jahr die Triplebarre, ein Hochweitsprung über drei hintereinander aufgestellte Ricks mit steigender Höhe, die manchen Reiter zu Fall bringen. In Spa werden auch attraktive Preisgelder gezahlt, allein für Springprüfungen 100 000 Franc!

Pyramide der studentischen Turner aus Berlin, mit der sie beim zehnten Turnfest imponieren (Stich, später kol.)

Eine turnakademische Spezialität: Der »Sturmhochsprung« vom erhöhten Absprungbalken (Stich, später kol.)

Körperübungen als kräftige Waffe der gebildeten Stände gegen den Pessimismus

Die Bedeutung des vom Verband der Turnerschaften auf deutschen Hochschulen am 13. Juni 1901 in Gotha veranstalteten zehnten Turnfestes kennzeichnet am treffendsten die »Berliner Illustrirte Zeitung«: »Der deutsche Student hat von jeher seinen ausländischen Commilitonen gegenüber den Vorzug gehabt, eine besondere Stellung im Volksleben einzunehmen. Während der englische Student nur zur Zeit der großen Bootsrennen und Wettspiele aus seiner fast klösterlichen Abgeschiedenheit heraustritt, der russische Studierende geradezu unter militärischer Disziplin steht und der französische civis academicus ohne äußere Kennzeichen in der großen Volksmenge untertaucht, hat der deutsche Bruder Studio stets einen Staat im Staate gebildet.«

Beim Festcommers betont der Erbprinz zu Hohenlohe-Langenburg, Regent des Herzogtums Sachsen-Coburg-Gotha, in einer längeren Rede die Notwendigkeit von Körperübungen, insbesondere für Angehörige der gebildeten Stände. Solche Übungen seien eine kräftige Waffe gegen den Pessimismus, der immer weiter um sich greife.

In einem Telegramm huldigen die Teilnehmer des Turnfestes abschließend Kaiser Wilhelm II. und sind stolz darauf, daß sie von allerhöchster Stelle einer ausführlichen, ermutigenden Antwort gewürdigt werden.

1902

Januar. Georg Hackenschmidt bleibt in Paris Weltmeister der Berufsringer.

Zum einzigen Wettbewerb bei den Weltmeisterschaften im Eiskunstlauf in London sind Herren und Damen zugelassen. Die Britin Madge Syers wird Zweite hinter dem Schweden Ulrich Salchow.

1. 1. In Berlin erscheint die Sportzeitschrift »Der Rasensport«. Der Inhalt widmet sich zu zwei Dritteln dem Fußball und zu einem Drittel der Leichtathletik.

4. 1. Der Däne Hans Heinrich Egeberg wird in Den Haag Europameister im Ringen. Er ist der zweite Europameister nach dem Russen Georg Hackenschmidt (1898).

5. 1. Bei den Europameisterschaften im Gewichtheben in Den Haag sind erstmals Gewichtsklassen eingeführt. Die Europameister: Fred Zinsmeester (Niederlande) bis 67,5 kg, Jan Wynn (Niederlande) bis 75 kg, Rudolf Hauenstein (Deutschland) bis 82,5 kg.

Februar. Bei den Europameisterschaften im Eisschnellauf müssen zum Titelgewinn drei von vier Rennen gewonnen werden. In Davos siegt der Norweger Johann Schwartz als Dritter über 100 m in 48,1 sec und Erster über 5000 m in 8:51,05 min, Erster über 1500 m in 2:26,0 min und Erster über 10 000 m in 18:9,1 min.

2. 3. Auf der zweiten Nizzaer- Woche erreicht ein von Chevreux erbautes Motorboot mit einem 40-PS-Mercedes-Simplex-Motor einen Weltrekord mit 35 kmn/h.

20. 3. Der Franzose Emile Lewesse und der Deutsche Max Gudell starten in Paris mit einem 30-PS-Panhard, der den Namen »Passe-Partout« erhält, zu einer Automobilreise um die Welt. Sie endet im Winter im Innern Rußlands.

April. Das 30. englische Cup-Finale gewinnt Sheffield United nach einem 1:1 im ersten Spiel in der Wiederholung gegen den FC Southampton 2:1.

In Paris wird das erste »Championnat du cheval d'armes« ausgetragen. Es setzt sich aus einer Dressurprüfung, einem 4000-m-Steeplechase über 14 Hindernisse in neun Minuten, einem 60-km-Ritt in der Mindestzeit von drei Stunden, 45 Minuten und einem Jagdspringen zusammen.

5. 4. Beim Fußball-Länderspiel Schottland-England im Ibrox-Park von Glasgow werden beim Einsturz einer Zuschauertribüne 25 Menschen getötet und 340 verletzt.

18. 5. Der Deutsche Fußball-Bund (DFB) beschließt, ab 1903 Deutsche Meisterschaften auszutragen.

19. 5. Gründung des Deutschen Tennis-Bundes, nachdem schon 1892 erste Deutsche Meisterschaften ausgetragen worden sind.

26. 6. Das dritte Gordon-Bennett-Rennen führt von Paris nach Innsbruck über 565 km (bis 28.6.). Sieger ist der Brite S. F. Edge auf Napier in 11:02:52,6 h; Durchschnitt: 51,2 km/h.

Juli. Der Franzose Maurice Garin gewinnt das von der Zeitschrift »Auto-Vélo« ausgeschriebene Straßenrennen Bordeaux–Paris über 575 km in 18:41 h und erreicht dabei mit dem Fahrrad eine Durchschnittsgeschwindigkeit von 30,5 km/h.

Erster Wimbledonsieg im Einzel durch Hugh Lawrence Doherty.

15. 7. Der britische Olympiasieger John Arthur Jarvis, bester Schwimmer seiner Zeit, gewinnt in Berlin den Kaiserpokal.

25. 7. Boxweltmeister im Schwergewicht James J. Jeffries verteidigt in San Francisco seinen Titel gegen Bob Fitzsimmons durch K. o. in der achten Runde.

6.–8. 8. Die USA gewinnen auch die zweite Begegnung im Davis Cup in New York vor 5000 Zuschauern 3:2 gegen Großbritannien. Die Brüder Reginald Frank und Hugh Lawrence Doherty werden anschließend in Forest Hills US-Meister im Doppel.

9.–20. 9. Wiliam C. Neumann gelingt, begleitet von seinem 16jährigen Sohn, mit dem Motorboot »Abiel Abbot Low« von Long Island nach London die erste Atlantiküberquerung.

21. 9. Erster Zusammenschluß von Motorfahrern in Österreich im Allgemeinen Motorfahrer-Verband.

12. 10. Österreich gewinnt das erste offizielle Fußball-Länderspiel gegen Ungarn in Wien 5:0.

24. 10. Weltrekord im Radfahren über eine Stunde mit Schrittmacher durch den Franzosen Henri Confenet mit 75,492 km in Paris.

26. 11. Das Internationale Olympische Komitee (IOC) erfährt, daß die Olympischen Spiele 1904 nicht in Chicago, sondern in St. Louis stattfinden sollen.

Dezember. In Großbritannien untersagt ein Verbot den Frauen, Fußball zu spielen.

1902. Beim Boxkampf »Battling« Nelson gegen Christy Williams in Hot Springs im US-Bundesstaat Arkansas geht Nelson siebenmal, Williams 42mal zu Boden.

Der britische Dentist Jack Marks erfindet den Mundschutz für Boxer.

In Großbritannien Gründung eines Tischtennisverbandes, der erste Turniere veranstaltet.

Magdeburg veranstaltet das erste öffentliche Damen-Schwimmfest in Deutschland.

Sieger bei den Rad-Weltmeisterschaften in Rom im Sprint: Charles Picard (Frankreich), Thornvald Ellegaard (Dänemark), bei den Stehern: Görnemann und Thaddäus Robl (Deutschland).

Der berühmte britische Schwimmchampion John Arthur Jarvis startet zum Durchqueren der Seinebucht von Le Havre nach Trouville.

Hand-über-Hand à la Jarvis

15. Juli 1902. Der zweifache britische Schwimm-Olympiasieger von Paris, John Arthur Jarvis, gewinnt in Berlin den Kaiserpokal. Jarvis, Weltrekordhalter über 440 y, 550 y, 880 y, 1000 m und die Meile, verdankt seine Erfolge seinem überlegenen Schwimmstil. Dieses Hand-über-Hand-Schwimmen, das um 1900 aufkam, ist im Grunde nichts anderes als der 5000 Jahre alte Kriechstil (→um 3000 v. Chr). Jarvis nennt diese Schwimmart »Crawl«.

Elegantes Publikum beim Schwimmwettkampf um den Kaiserpokal

2:1 schlägt Sheffield United den FC Southampton im Pokal-Finale im überfüllten Stadion beim Londoner Crystal Palace.

130 000 beim Wiederholungsspiel im englischen Cup-Finale

Das Stadion am Crystal Palace auf dem großen Ausstellungsgelände, das zu Ehren von Königin Viktoria angelegt worden ist, vermag im April 1902 den Massenandrang nicht mehr zu fassen. 45 000 Zuschauer waren es noch 1895, als Aston Villa zum zweiten Mal den Pokal gewann, der dann gestohlen wurde (→11./12. 9. 1895). Jetzt sind es dreimal so viele, die herbeiströmen. Sie klettern auf die umliegenden Bäume, um einen Blick auf das Pokal-Finale zwischen Sheffield United und dem FC Southampton zu erhaschen, das wiederholt werden muß, weil es zuvor nach Verlängerung 1:1 endete. Es ist das fünfte Wiederholungsspiel seit 1872.

Ein »Zaubertrank« für Bordeaux - Paris?

Juli 1902. Die Gerüchte wollen nicht verstummen. Beim längsten Straßenradrennen von Bordeaux nach Paris über 594 km soll 1896 ein Trainer seinen Fahrer umgebracht haben. Nicht absichtlich freilich, und zu beweisen war natürlich gar nichts. Fest steht aber auf jeden Fall, daß Arthur Linton nach halber Strecke fix und fertig gewesen war. Kein Wunder. Das Rennen war in Bordeaux um Mitternacht gestartet worden, und nach rund 20 Stunden war der erste Fahrer im Pariser Prinzenpark eingetroffen. Linton, das hatte jeder gesehen, war frühzeitig erschöpft gewesen. Deshalb hatte ihm sein Trainer »Choppy« Walbourthon einen »Zaubertrank« verabreicht. Danach war Linton wieder wie neu. Doch kaum in Paris angelangt, war er tot.

Maurice Garin, der in diesem Jahr einem sicheren Sieg entgegenfährt, hütet sich daher vor »Zaubertränken«. Er ist bei diesem seit 1891 ausgefahrenen Straßenrennen schon einmal Zweiter geworden, vor seinem Bruder César. Das war 1900, da hatte Josef Fischer gewonnen, der einzige Deutsche, dem das bisher gelang. Garin hat diesmal nur zwei Gegner zu fürchten, Lucien Lesna und Muller. Aber Muller hat, für jeden Beobachter ersichtlich, nicht genug trainiert. Lesna stürzt vor Orléans schwer, mit blutenden Armen und Beinen gibt er schließlich auf. Garins Sieg feiert die Presse mit dem Ausruf »Oh! La solidité de la machine humaine!« Solange die Fahrer solide bleiben.

L'Eau de Vichy trinkt Maurice Garin, versichert der Bildberichterstatter.

Garin heißt auch der Sieger des Straßenrennens Bordeaux—Paris.

Erste Sensation im Davis-Pokal

6. bis 8. August 1902. Als Dwight Filley Davis die Briten 1901 wieder zum Match um seinen wunderschönen Pokal einlud, bekam er eine ablehnende Antwort. Die Erinnerung an die erste Begegnung war für Großbritannien zu unerfreulich (→7.–9. 8. 1900). Hierauf entschlossen sich Davis und sein Freund Holcombe Ward, sich in Wimbledon zum Doppel anzumelden. Sie erreichten das Endspiel, wo sie nun den berühmten Doherty-Brüdern (→Juni 1900) gegenüberstanden. Keine Frage, daß die Briten gewannen, aber sie brauchten immerhin vier Sätze dazu. Die US-Amerikaner erhielten vom Publikum freundlichen Beifall, obwohl sie in schwarzen Schuhen auf Wimbledons heiligem Rasen herumsprangen. Und Davis erhielt die Zusage, daß die beiden Dohertys im nächsten Jahr in die USA kämen, um sich den Davis-Pokal abzuholen.

Im August 1902 ist dann alles anders. Das Match findet nicht in Boston statt, wo sich niemand sonderlich für Tennis interessiert, sondern bei New York auf den Anlagen des Crescent Athletic Club in Bay Ridge. Ein Manager macht Reklame für das Ereignis und trommelt 5000 Zuschauer zusammen. Sie erhalten Freikarten und kommen sogar mit dem Schiff den Hudson hinunter gefahren; sie stellen eine imposante Kulisse.

Hugh Lawrence Doherty, der in diesem Jahr zum ersten Mal das Einzel in Wimbledon gewonnen hat, wird vom britischen Mannschaftskapitän W. H. Collins zur allgemeinen Überraschung nicht im Einzel eingesetzt. Er soll für das Doppel geschont werden. Das aber hätte Reginald Frank Doherty, der körperlich nicht mehr in bester Verfassung ist, viel nötiger gehabt. Er verliert die ersten beiden Sätze gegen den US-Meister William A. Learned, als ein Regenschauer den Platz unter Wasser setzt. Die Begegnung wird am nächsten Tag fortgesetzt, und »Reggie« gelingt noch ein Fünf-Satz-Sieg. Gleich darauf muß er gegen Malcom Whitman antreten, der mit dem Briten Joshua Pim wenig Mühe gehabt hatte. »Reggie« verliert, und Pim hat auch gegen Learned keine Chance. Der Davis Cup bleibt in den USA, daran ändert auch das Doppel nichts mehr.

Comeback von Fitzsimmons gescheitert

25. Juli 1902. Bob Fitzsimmons, den außer seiner Frau niemand Bob nennt, sondern »Fitz«, war, nachdem er 1897 Weltmeister geworden war, möglichst einer Titelverteidigung aus dem Wege gegangen. Er hatte genug Geld, lebte angenehm und wollte gern Weltmeister bleiben. Als er sich zwei Jahre später James J. Jeffries (→11. 5. 1900) hatte stellen müssen, war er seinen Titel los. Danach aber hatte er wieder angefangen zu boxen.

1900 schlug er Jim Daley in der ersten, Ed Dunkhorst in der zweiten, Gus Ruhlin in der sechsten und Tom Sharkey in der zweiten Runde k. o. Geschäftsleute machten Reklame für ihn, als dem einzig würdigen Herausforderer für den Weltmeister Jeffries. Der sollte »Fitz« Revanche geben und hatte auch nichts dagegen. Aber das Publikum hielt nichts von diesem Kampf. Was wollte diese halbe Portion »Fitz« gegen Jeffries, dieses »Gebirge von einem Mann«, schon ausrichten? Aber es gab nun einmal niemand mehr, den man auf Jeffries loslassen konnte, und so kommt der Kampf dennoch in San Francisco zustande. Dort ist das Publikum noch nicht so verwöhnt wie in New York. Der Kampf bringt nichts Neues. Runde für Runde zeigt »Fitz«, daß er der bessere Boxer ist. Aber das wußte man schon vorher. Seine gut plazierten und schnellen Schläge richten bei dem 25 kg schwereren Jeffries nichts aus. In der achten Runde verabreicht ihm Jeffries einen mächtigen Schwinger, daß »Fitz« sich mehrmals im Ring überkugelt. Das »Aus« des Ringrichters hört er nicht mehr. Der Traum vom Wiedergewinn des Titels ist unwiderruflich zu Ende.

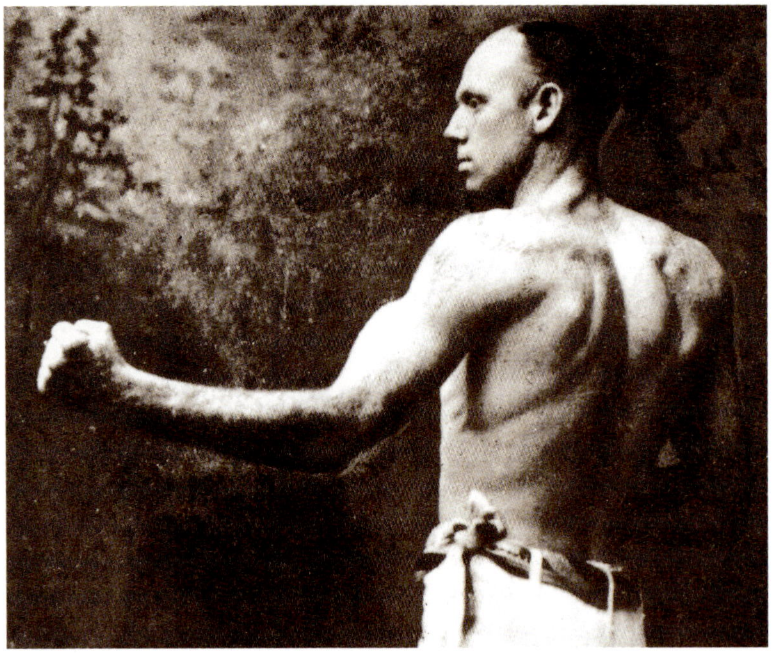

Bob Fitzsimmons (Abb.) geht gegen James J. Jeffries abermals k. o.

Die automatische Kegelbahn in Berlin-Tempelhof nach einem Patent der Firma Nagel in Landau in der Rheinpfalz (nachträglich kolorierte Zeichnung)

Perfektion des Kegelsports durch automatische Kegelbahn

Das Restaurant »Birkenwäldchen« im Berliner Vorort Tempelhof bietet ab Oktober 1902 eine Attraktion für Kegelsportler. Eine sinnreiche automatische Kegelbahn ersetzt die Kegelaufsetzer, die sich damit einen Obolus verdienten, und macht überdies Nachlässigkeiten, Irrtümer oder gar Betrügereien, die allzuoft zu ärgerlichen Auseinandersetzungen führen, völlig unmöglich. Nicht nur, daß die Zahl der getroffenen Kegel für den Schreiber unbezweifelbar sofort abzählbar ist und sich die Kegel sofort wieder aufstellen, auch die Kugeln kehren augenblicks über eine seitlich angelegte Rinne wieder zum Kegler zurück. Dadurch wird zusätzlich eine erhebliche Beschleunigung des Spiels erreicht, die alle Kegelsportler begrüßen dürften.

Olympische Spiele nicht in Chicago

26. November 1902. In Vorfreude auf die Olympischen Spiele 1904 hatten die Studenten in Chicago schon ein Feuerwerk abgebrannt. Nun erfährt das Internationale Olympische Komitee (IOC), daß die Spiele in St. Louis stattfinden sollen. Dort wollte man 1903 eine Hundertjahrfeier veranstalten zur Erinnerung an den Tag, an dem der Erste Konsul der französischen Republik, Bonaparte, Louisiana an die USA abtrat. Die Feier sollte mit einer Weltausstellung verbunden werden. Als diese nicht rechtzeitig fertig wurde, verschob man alles auf 1904 und wollte dazu Olympische Spiele. Pierre Baron de Coubertin bittet US-Präsident Theodore Roosevelt um ein Machtwort. Doch dieser entscheidet sich für St. Louis.

»Russischer Löwe« in Paris ohne Biß

Januar 1902. Höchst unbefriedigend sind der Verlauf und die Entscheidung in der Weltmeisterschaftsrevanche im Ringen im Casino von Paris.

Georg Hackenschmidt hatte 1898 in Wien als Amateur erstmals die Europameisterschaft gewonnen. Er wurde Berufsringer und errang den Weltmeistertitel 1901 gegen den Belgier Constant le Boucher. Hierbei wurde er seinem Namen »Russischer Löwe« vollauf gerecht. Nach knapp sieben Minuten hatte sein Gegner auf den Schultern gelegen. Le Boucher machte später geltend, er sei nur auf dem glatten Boden ausgerutscht. Aber er gab sich mit dem Weltmeistertitel der leichteren Klasse zufrieden. Als nun der Revanchekampf zustande kommt, sind Beobachter fast geneigt, an den angeblichen Ausrutscher zu glauben. Monoton und langweilig zieht sich dieser Ringkampf über drei Stunden hin, obwohl Hackenschmidt einen Gewichtsvorteil von 8 kg mitbringt. Schließlich erklärt man den Kampf für beendet und ruft Hackenschmidt erneut zum Weltmeister aus. Alle Fachleute sind sich allerdings darin einig, daß ein Weltmeisterschaftskampf durch eine Schulterniederlage entschieden werden muß, wie lange er auch dauern mag. Nur ein solches Ergebnis kann fragwürdige Urteile verhindern.

Glanzvolle Reitsportpremiere in Paris

April 1902. Das Grand-Palais an den Champs-Élysées in Paris ist seit Jahren Schauplatz der glanzvollsten Reitturniere Europas. Die gewaltige Halle mit einer Grundfläche von 140 m x 40 m und der Höhe einer Kathedrale bietet den Zuschauern zwar keine idealen Sichtverhältnisse, doch mehr als um das Sehen geht es bei diesem Concours hippique um das Gesehenwerden. Er ist das herausragende gesellschaftliche Ereignis der französischen Hauptstadt.

Den Reitern bietet das Grand-Palais den Vorzug unterirdischer Stallungen mit Boxen für Hunderte von Pferden. In diesem Jahr findet der Concours hippique einen besonders spektakulären Abschluß durch ein Jagdspringen, das eine mehrtägige reitsportliche Prüfung beendet. Sie erforderte vom Reiter ein Höchstmaß an Vielseitigkeit. Dieses erstmals durchgeführte »Championnat du cheval d'armes« ist künftig aus der Reihe bedeutender reitsportlicher Prüfungen nicht mehr wegzudenken.

Die Konkurrenz begann in der Reithalle der Kriegsschule mit einer Dressurprüfung. Eine Zeit- oder Programmbeschränkung gab es hierfür nicht. Dem Reiter blieb freie Hand, sein Pferd in bestmöglicher Form vorzustellen. Leutnant Jacques de Saint-Phalle zeigte mit Marseille eine brillante Aufgabe. Er meisterte Galoppwechsel mit zwei und vier Tempi, eine tadellose Passage und Piaffe und einen perfekten Pas espagnol. Die Jury unter Vorsitz des Generals Faverot de Kerbrech verlieh ihm für diese Darbietung Höchstnoten. Am folgenden Tag stand zuerst ein Steeplechase über 4000 m im Hippodrom von Vincennes auf dem Programm. Die Galoppstrecke mußte in neun Minuten zurückgelegt werden. Ohne Strafpunkte behauptete Leutnant de Saint-Phalle seine führende Position. Ebenso ungeschlagen blieb er beim 60-km-Dauerritt über Landstraßen, für den eine Zeit von drei Stunden, 45 Minuten vorgeschrieben war. Danach erfolgte eine Prüfung, ob den Pferden am nächsten Tag noch ein Springen zugemutet werden konnte. Bei diesem Jagdspringen im Grand-Palais sichert sich Leutnant de Saint-Phalle den Gesamtsieg vor Leutnant Bausil auf Midas. Die schwierige Prüfung zeugt vom hohen Ausbildungsstand der französischen Kavallerie.

Leutnant de Valroger auf Epatados, Teilnehmer am »Championnat«

Leutnant Saint-Martin auf Indo-Chine (l.) beim Jagdspringen

Startverbot für deutsche Reiter

Kaiser Wilhelm II. ist über das blamable Abschneiden der deutschen Reiteroffiziere beim »Primo concorso ippiquo internazionale« in Turin (8.—16. 6. 1902) derart erbost, daß er ein sofortiges Auslandsstartverbot über die deutschen Reiter verhängt.

Das Reitturnier hatte sich als ein ganz einzigartiges und in dieser Form noch nie dagewesenes reitsportliches und militärisches Ereignis erwiesen. 147 Reiter aus sechs Nationen hatten teilgenommen. Von den 30 Preisen in vier Hauptprüfungen waren 14 an die Italiener gegangen, Frankreich hatte sich acht Preise geholt und Österreich-Ungarn sechs. Deutschland und Belgien hatten sich mit je einem Preis begnügen müssen, Rußland war leer ausgegangen.

Dieses Turnier bedeutete den Durchbruch der Reitlehre von Federico Caprilli, den man auch den »Vater der modernen Reitkunst« nennt. Caprilli gewann in Turin ein Weitspringen mit 7,40 m und überwand in einem Spezial-Hochspringen die Rekordhöhe von 2,08 m.

Sport inspiriert moderne Malerei

Fasziniert von der Bewegung und dem Spiel des Lichts versuchten gegen Ende des 19. Jahrhunderts Maler ihre Eindrücke in einer revolutionären und zunächst erbittert bekämpften Malerei festzuhalten. Man nannte sie Impressionisten. Reizvolle Motive fanden sie im Sport. Edgar Degas und Henri Toulouse-Lautrec hielten ihre Eindrücke vom Pferderennen fest. Auguste Renoir und Claude Monet malten Segelboote und Ruderregatten, ebenso Alfred Sisley und Georges Seurat. Claude Monet richtete sich ein schwimmendes Atelier ein, in dem ihn Edouard Manet porträtierte. Der Berliner Max Liebermann, führender Vertreter des deutschen Impressionismus, ließ sich vom Polo inspirieren.

◁ Regatta (impressionistisches Gemälde von Claude Monet, gemalt bei Argenteuil)

Am Start bei der Europameisterschaft in Davos: Rudolph Gundersen (l.) und Johann Schwartz

Der Norweger Schwartz gewinnt vor seinem Landsmann Gundersen, dem Titelhalter des Vorjahres.

Europameisterschaften im Eisschnellauf auf Europas größter Eisbahn in Davos

Davos, mit der flächenmäßig größten Eisbahn Europas, zieht als Wintersport-Kurort schon lange Erholungsuchende an, die den Eislauf als winterliches Vergnügen schätzen. Seit einigen Jahren entwickelt sich Davos aber auch zu einem Zentrum des winterlichen Leistungssports. 1894 wurden erstmals Wettbewerbe im Eiskunstlauf und Eisschnellauf durchgeführt. 1898 wurde dem Internationalen Eislauf-Club Davos zum ersten Mal die Durchführung der Weltmeisterschaften im Eisschnellauf übertragen, die der Norweger Peder Oestlund gewann. Oestlund lief auch den ersten Weltrekord in Davos, über 1500 m in 2:23,6 min. 1899 fanden sowohl die Europa- als auch die Weltmeisterschaften in Davos statt. Endlich hatte man sich auf den Austragungsmodus geeinigt. Die Niederländer bevorzugten kurze, die Briten mittlere und die Norweger die langen Strecken. Man legte eine 400-m-Bahn fest. Die Läufer starten paarweise, wobei sie, zum Ausgleich der Kurven, die Bahnen wechseln. Es zählt nur die Mehrkampfwertung, d. h. die Summe der Ergebnisse über vier Distanzen (500 m, 1500 m, 5000 m und 10 000 m). Der Sieger muß drei Rennen gewinnen.

Mixtum compositum bei Eiskunstlauf-WM

Januar 1902. Vor rund 30 Jahren hat der US-Amerikaner Jackson Haines in ganz Europa größtes Aufsehen mit seinem »free style skating« erregt. Er trat in Paris, Wien, Budapest, Sankt Petersburg und Stockholm auf und prägte überall neue Vorstellungen vom Eiskunstlauf. Als er in Wien zu den Klängen einer Mazurka und eines Walzers tanzte, feierte man ihn wie einen Opernstar. Folgerichtig fand in Wien der erste Eiskunstlaufwettbewerb mit 23 Pflichtfiguren statt.

1891 wurden in der österreich-ungarischen Metropole die ersten Europameisterschaften ausgeschrieben. Der internationale Eislaufverband (International Skating Union, ISU) erkannte sie jedoch nicht offiziell an. Die erste Weltmeisterschaft der Herren in Sankt Petersburg 1896 fand nur eine mäßige Beteiligung. Besser sah es auch nicht 1897 in Stockholm aus, wo der Österreicher Gustav Hügel, in Sankt Petersburg noch Zweiter hinter dem Deutschen Gilbert Fuchs, den Titel gewann. Hügel wurde auch Weltmeister 1899 und 1900 in Davos. Ein Jahr später verlor er in Stockholm den Titel. Weltmeister wurde der Schwede Ulrich Salchow. Er brachte eine neue Note in den Eiskunstlauf ein, indem er einen akrobatischen Sprung vorführte. Damit ist ihm auch bei seiner ersten Titelverteidigung in London in diesem Jahr der Sieg sicher.

Da sich nur wenige Konkurrenten dem Schweden stellen, läßt man auch eine Dame zum Wettbewerb zu. Die Britin Madge Syers kann zwar Salchow nicht gefährden, aber zur allgemeinen Überraschung übertrifft sie alle anderen männlichen Teilnehmer.

Ulrich Salchow, zum zweiten Mal Weltmeister im Eiskunstlauf

Madge Syers, die hinter Salchow den zweiten Platz erreicht

»Traumgrenze« als Herausforderung

Das sportliche Leben wird von einer Magie der Zahlen beherrscht. Kaum ist eine Rekordmeldung durch den Telegrafen bekannt, setzen Sportler ihr Streben daran, die Leistung irgendeines Unbekannten in einem anderen Land zu übertreffen. Findet sich ein solch unmittelbarer Ansporn nicht, werden »Traumgrenzen« vorgestellt. Hat man sie erreicht, rückt man sie weiter vor.

Eine solche Traumgrenze ist der Stundenweltrekord. So legen in einer Stunde zurück: 97 km eine Lokomotive, 96 km ein Automobil, 78 km ein Motorrad, 66 km ein Torpedoboot, 65,72 km ein Bahnradfahrer (Thaddäus Robl) hinter einem Schrittmacher, 40,17 km ein Bahnradfahrer ohne Schrittmacher, 33,4 km ein Reiter, 30,896 km ein Eisschnelläufer, 28,8 km ein Motorboot, 18,878 km ein Läufer (Watkins), 13,146 km ein Geher (Meagher) und 4,1 km ein Schwimmer.

1903

8. 2. In Rotterdam besiegt der Böhme Gustav Fristensky den Titelverteidiger Hans Heinrich Egeberg (Dänemark) und wird neuer Europameister im Ringen. Im Gewichtheben gewinnt der Münchner Andreas Maier den Titel.

1. 4. Graf Zborowski, einer der besten österreichischen Herrenfahrer, verunglückt beim letztmals ausgetragenen Bergrennen Nizza–La Turbie mit seinem Mercedes tödlich.

17. 5. Agnes Wood läuft in Poughkeepsie/ USA 220 y in 30,6 sec. Es ist die erste registrierte Laufleistung einer Frau.

21. 5. Der Brite Alfred Shrubb läuft in London Weltrekord über drei Meilen in 14:45,0 min. In den folgenden 17 Monaten stellt er noch sieben weitere Weltrekorde auf.

25. 5. In Stuttgart wird die Deutsche Motorradfahrer-Vereinigung gegründet.

27. 5. Das Automobilrennen Paris–Madrid wird in Bordeaux abgebrochen, weil sich die Zuschauer zu undiszipliniert verhalten. Schon auf der ersten Etappe (24.5.) hat es mehrere Tote und Verletzte gegeben.

31. 5. In Hamburg findet vor 500 Zuschauern das erste Spiel um die Deutsche Fußballmeisterschaft statt. Der VfB Leipzig schlägt den DFC Prag 7:2.

30. 6. In Berlin-Friedenau findet ein »Drei-Weltmeister-Match« der Radsportler statt. Sieger ist der Däne Thornvald Ellegaard vor dem US-Amerikaner Marshall Walter »Major« Taylor und dem Deutschen Willy Arend.

Juli. Dorothy Douglass gewinnt im Damen-Einzel ihren ersten Titel in Wimbledon.

1. 7. Henri Desgrange, Chefredakteur der Zeitschrift »L'Auto«, veranstaltet ein Radrennen Paris–Nantes–Bordeaux–Toulouse–Marseille–Lyon–Paris (2428 km, sechs Etappen). Sieger: Der Franzose Maurice Garin mit 2:49 h Vorsprung.

2. 7. Viertes Gordon-Bennett-Rennen auf einem Rundkurs in Irland über 596 km. Sieger: Camille Jenatzy auf Mercedes in 6:39: 00,0 h. Durchschnitt: 89,624 km/h.

2. 7. In Braunschweig zweites »Drei-Weltmeister-Match« mit drei Läufen. Taylor vor Ellegaard und Arend.

4. 7. In Magdeburg drittes »Drei-Weltmeister-Match«. Ellegaard vor Arend und Taylor. Erster Preis jeweils 1500 Mark.

18.–22. 7. Am Deutschen Turnfest in Nürnberg nehmen 30 000 Turner teil. Turnfestsieger wird Friedrich Zohsel aus München vor dem Österreicher Julius Lenhart. Dritter wird der deutsche 100-m-Meister Julius Keyl, ebenfalls aus München.

August. Kurt Doerry, legendärer deutscher Leichtathlet, berichtet als Chefredakteur von »Sport im Bild« über die Deutschen Leichtathletikmeisterschaften.

Die USA unterliegen in Boston Großbritannien im Davis Cup 1:4.

14. 8. James J. Jeffries verteidigt seinen Weltmeistertitel im Schwergewichtsboxen gegen James J. Corbett in San Francisco durch einen K.-o.-Sieg in der zehnten Runde.

Um das Turnen auf eine internationale Basis zu stellen, veranstaltet Antwerpen die ersten Turn-Weltmeisterschaften (bis 18. 8.). Sie werden später zu einem internationalen Turnier abqualifiziert.

30. 8. Fritz Opel, einer von fünf Söhnen des Nähmaschinen-, Fahrrad- und Motorwagen-Fabrikanten Adam Opel, gewinnt zwei Erste Preise beim Bahnradrennen in Frankfurt am Main.

17.–18. 9. Der Schweizer Aeronaut Eduard Spelterini fliegt mit dem Freiballon »Stella« von Zermatt über das Matterhorn nach Bignosco im Tessin. Er bringt die meisten Alpenüberfliegungen mit dem Ballon zustande.

3. 10. Weltmeister im Gewichtheben wird in Paris der Schweizer François Lancoud vor dem erst 18jährigen Heinrich Schneidereit aus Köln.

11. 10. Alfred Görnemann verunglückt bei einem 100-km-Steherrennen in Dresden tödlich.

5. 11. Der Franzose Duray stellt auf der Rennstrecke von Dourdan einen Geschwindigkeitsweltrekord über 1 km mit fliegendem Start auf. In seinem Gobron-Brillié erreicht er einen Durchschnitt von 136,363 km/h.

17. 12. Orville Wright gelingt in Kitty Hawk im US-Bundesstaat North Carolina der erste gesteuerte Motorflug. Er dauert 59 Sekunden und reicht 265 m weit.

1903. Bei den Rad-Weltmeisterschaften in Kopenhagen erstmals Titel für einen Schweizer, Emile Audemars, bei den Amateur-Stehern. Professional-Weltmeister wird der Niederländer Piet Dickentman. Bei den Fliegern Engelmann (Deutschland) und Thornvald Ellegaard (Dänemark).

Bislang höchster Sieg im englischen Cup-Finale: FC Bury schlägt Derby County 6:0.

Bei den Schützen-Weltmeisterschaften in Buenos Aires gewinnen die Schweizer den Titel im Einzel knieend und liegend und im Mannschaftswettbewerb.

Die erfolgreichsten deutschen Berufs-Radrennfahrer des Jahres nach Preisgeldern sind bei den Dauerfahrern Thaddäus Robl mit 26 430 Mark und bei den Fliegern Willy Arend mit 10 822,50 Mark.

Erster Eishockeymeister von England und damit erster nationaler Meister in Europa werden die London Canadians.

Erste Fußballmeisterschaft

31. Mai 1903. Knapp 500 Zuschauer haben sich an einem Teil des Exerzierplatzes in Altona/Hamburg, den man mit Tauen zu einem Fußballfeld umfunktioniert hat, zum ersten Endspiel um die Deutsche Fußballmeisterschaft zwischen dem VfB Leipzig und dem DFC Prag eingefunden. Mit Tellern wird ein Unkostenbeitrag eingesammelt. Es kommen 473 Mark zusammen. Damit ist das Defizit allein dieses Spiels um die erste Deutsche Fußballmeisterschaft nicht auszugleichen.

Die gesamte Endrunde hat den Deutschen Fußball-Bund (DFB) in erhebliche Unkosten gestürzt. Der Spielverkehr über Verbandsgrenzen hinweg hatte nur zögernd eingesetzt. Lange war beim Gründungstag des DFB (→28. 1. 1900) umstritten gewesen, ob man deutsche Fußballvereine außerhalb der Grenzen des Deutschen Reichs überhaupt aufnehmen sollte. Und nun steht der DFC Prag sogar im Endspiel und dies auch noch kampflos. Der FV Karlsruhe hatte in Leipzig gegen die Prager antreten sollen, jedoch ein Telegramm erhalten »Spiel verschoben, Nachricht folgt«. Das Telegramm stellte sich nachträglich als Fälschung heraus. Der DFB maßregelte die Karlsruher, weil sie die Sache nicht sorgfältig genug geprüft hatten. So kamen sie um ihre Endspielchance.

Am Finaltag braucht Schiedsrichter Behr erst einmal eine halbe Stunde, um einen Ball zu besorgen. Der VfB Leipig ist Endspielfavorit, doch zur Halbzeit steht es 1:1. Erst dann setzen sich die bessere Technik und die Kondition der Sachsen durch, und sie gewinnen mit 7:2 den Titel »Deutscher Fußballmeister«.

Doerry – Pionier des Sports

August 1903. Mit gemischten Gefühlen erlebt Kurt Doerry die Deutschen Leichtathletikmeisterschaften als Chefredakteur der Zeitschrift »Sport im Bild« mit.

Der 200-m-Lauf wird gar nicht erst ausgetragen, im 100-m-Lauf erreicht der Sieger Ludwig mit 11,4 sec dieselbe Zeit, die Doerry als erster Deutscher Meister über diese Strekke 1896 lief. 1896, 1897 und 1899 gewann Doerry noch den Meistertitel über 200 m. Er nahm an den Olympischen Spielen in Athen und Paris teil. In Athen bestritt er zuerst den 400-m-Vorlauf, wo er als Dritter ausschied. Danach mußte er im dritten Vorlauf über 100 m verletzt aufgeben. Die Verletzung hinderte ihn auch an der Teilnahme am 800-m-Lauf, für den er gemeldet war. In Paris schied Doerry im 200-m-Vorlauf aus, über 100 m erreichte er den Zwischenlauf, wo ihn abermals eine Verletzung zur Aufgabe zwang. Gleichwohl ist er der bislang erfolgreichste deutsche Leichtathlet mit über 150 Preisen, vor allem als Kurzstreckenläufer, darunter ein Centenarschild und der Goldpokal des Kronprinzen von Dänemark. Doerry ist nach dem Ende seiner Läufer-Karriere noch als Hockeyspieler auf dem Land und auf dem Eis aktiv.

Kurt Doerry (l.), der erfolgreichste deutsche Leichtathlet um die Jahrhundertwende, faßt seine reichen Erfahrungen im ersten deutschen Lehrbuch der Leichtathletik zusammen, das 1904 im Berliner August-Scherl-Verlag erscheint. Als Journalist bleibt er der Leichtathletik verbunden.

Schmuckblatt mit Fecht-Olympiasieger Mérignac, Ringer-Weltmeister Pons, Scullermeister Conradès, Box-Champion Jeffries, Sechstagefahrer Walthour, Automobilist Théry, Leichtathlet Shrubb und Jockei Stern

Zweifelhafter Kult mit Sport-Stars in den Vereinigten Staaten und in Frankreich

Daß sich die Anhänger der verschiedenen Sportarten über hervorragende Leistungen von Landsleuten freuen, ist sicherlich ganz natürlich. Bei den Wettbewerben selbst schlägt auch die Begeisterung leicht einmal über die Stränge, und gegen sportliche Idole eines Landes ist im Grunde nichts einzuwenden. Aber in den Vereinigten Staaten wird mit Sportstars geradezu ein Kult getrieben, wovon auch Frankreich nicht unbeeinflußt bleibt.

Vom berühmtesten französischen Automobilrennfahrer, Lucien Théry, blieb bisher nur haften, daß er beim Rennen Paris-Wien einen Bergabhang hinabstürzte und unverletzt blieb. Paul Pons gilt als erster Weltmeister im Ringen, ist er aber mit einem James J. Jeffries (→ 11. 5. 1900) vergleichbar? Der US-»Sechstagekönig« Robert Walthour müßte sich erst einmal in Europa bewähren, wo schon so mancher Übersee-Star kläglich scheiterte.

Mercedes-Sieg im Gordon-Bennett-Rennen

2. Juli 1903. Auf einem schwierigen Rundkurs bei Athy in Nordirland, der siebenmal zu durchfahren ist, gewinnt der Belgier Camille Jenatzy das vierte Gordon-Bennett-Rennen auf einem 60-PS-Mercedes mit Continentalreifen.

Erst in der letzten Runde holt Jenatzy den entscheidenden Vorsprung von 11:40,0 min vor dem bis dahin führenden Franzosen de Knyff auf Panhard-Levassor mit Michelinreifen heraus. Verlierer sind die Mannschaft aus Großbritannien mit dem Vorjahressieger S. F. Edge und das US-Team, dessen Konstrukteur A. Winton mit seinem Eigenbau kurz nach dem Start liegenbleibt.

Jenatzy am Ziel des vierten Gordon-Bennett-Rennens (Stich, später kol.)

Jenatzy ist mehrfacher Geschwindigkeitsweltrekordler (Stich, später kol.).

Motorradfahrer im eigenen Verband

25. Mai 1903. Zehn Jahre nachdem von der Münchner Firma Hildebrand & Wolfmüller die ersten Motorräder auf den deutschen Markt gebracht worden sind, wird in Stuttgart die Deutsche Motorradfahrer-Vereinigung gegründet. Sie zählt bereits im ersten Jahr ihres Bestehens über 3000 Mitglieder.

Bei den von Hildebrand & Wolfmüller ausgelieferten Motorrädern handelte es sich um Zweiräder, die mit einem Viertaktmotor ausgerüstet waren. Die Firma ließ sich die Bezeichnung »Motorrad« gesetzlich schützen, mußte aber nach einigen Jahren die Produktion einstellen.

Sieg unter Lebensgefahr bei der ersten Tour de France

Das bereits stark gelichtete Teilnehmerfeld der ersten Tour de France am Start zur letzten Etappe in Nantes

Der 32jährige Maurice Garin (r.), erster Sieger der Tour de France, auf offener Strecke

Siegerehrung auf der Pariser Prinzenpark-Bahn: Garin (l.) mit dem Zweiten, René Pothier

1. Juli 1903. Im Morgengrauen um 3.16 Uhr hebt Monsieur Abran vor dem Gasthof »Reveille Matin« in Villeneuve-Saint-Georges, einem Vorort von Paris, eine echt antike Piratenpistole und feuert einen Startschuß ab. 60 Radfahrer treten in die Pedale zum bislang längsten und schwersten Straßenrennen.

Ursprünglich hatten sich 75 Fahrer gemeldet, um bei 10 Franc Startgeld eine Siegprämie von 20 000 Franc zu gewinnen. Aber der Organisator dieses gigantischen Radrennens ließ nur 60 Fahrer zu. Darunter befindet sich auch der Deutsche Josef Fischer, der 1896 das erste Rennen Paris—Roubaix gewann.

Geplant hat diese »Tour de France« Henri Desgrange, selbst einer der ersten Radrennfahrer Frankreichs. Am 11. Mai 1893 hatte er auf der Buffalo-Bahn in Paris den ersten offiziellen Stundenweltrekord für Niederräder ohne Schrittmacher aufgestellt. Er erreichte 35,325 km/h. Später gründete er die Zeitschrift »L'Auto«, die als Veranstalter der Tour de France firmiert.

Das längste Radrennen, das bisher ausgefahren wurde, Paris—Brest—Paris, führte über 1200 km — allerdings nonstop. Desgranges Tour verlangt die doppelte Distanz. Von den sechs Etappen mißt nur eine weniger als 350 km. Der Streckenplan sieht vor: Paris—Lyon 467 km; Lyon—Marseille 374 km; Marseille—Toulouse 434 km; Toulouse—Bordeaux 268 km; Bordeaux—Nantes 425 km; Nantes—Ville d'Avray (Paris) 460 km. Zahlreiche Vorkehrungen mußten für die Organisation dieses Superrennens getroffen werden. Desgrange hat entlang der gesamten 2428 km langen Strecke Posten aufgestellt, die ihn durch Telegramme über den Rennverlauf unterrichten müssen. Automobile begleiten den Fahrerpulk, um darauf zu achten, daß die vorgeschriebenen Routen strikt eingehalten werden. An den Etappenorten erfolgt eine genaue Zeit- und Plazierungskontrolle für jeden Fahrer, deren Zahl jedoch schnell zusammenschmilzt. Als Favorit der ersten Tour de France gilt Hippolyte Aucouturier, der diesjährige Sieger von Bordeaux—Paris. Doch in Lyon, dem ersten Etappenziel, trifft am späten Abend als erster Maurice Garin ein. Gleich darauf folgt Pagie, 14 Minuten später Georget. Weitere 25 Fahrer langen im Lauf der Nacht an. Dann erst kommt Aucouturier. Er ist blutverschmiert, die Knie sind nach einem schweren Sturz zerschunden. Er quälte sich weiter, mußte sich übergeben und wollte das Rennen aufgeben. Seine Betreuer beschworen ihn durchzuhalten. In der Nacht müssen sie ein wahres Wunder mit ihm vollbracht haben, denn Aucouturier, der gerade noch gefleht hatte »Ich kann nicht mehr!«, gewinnt die zweite und dritte Etappe und führt überlegen im Gesamtklassement.

Nach der vierten Etappe folgt die zweite Sensation: Aucouturier wird disqualifiziert! Er ist überführt worden, daß er sich streckenweise von einem Automobil mitziehen ließ, weil er wieder am Ende seiner Kräfte war. In Aucouturiers Heimatstadt Nantes herrscht hellste Empörung, und Garin, der nunmehr im Gesamtklassement führt, erhält schriftliche Morddrohungen. Doch er will sich davon nicht abschrecken lassen. Ausgerechnet die letzte Etappe wird in Nantes gestartet. Fanatiker rufen Garin zu: »Du wirst Paris nicht lebend erreichen!«

Desgrange zweifelt nicht daran, daß man Garin unterwegs auflauern wird. Er weist ihn an, auf der Fahrt sein weißes Trikot gegen ein dunkles zu wechseln. Als in der Nacht eine Schlägertruppe die Radfahrer stellt, entkommt Garin unbemerkt. Er gewinnt die Etappe und damit auch die Tour de France in der Gesamtzeit von 93:29 h. Nach ihm gelangen noch 21 Fahrer ans Ziel. Unter ihnen der Münchner Josef Fischer, der den 15. Platz belegt. Das Rennen erregt in Frankreich riesiges Aufsehen und gilt als großer Erfolg. Der Sieger Garin erhält eine Prämie von 3000 Franc. Das Hauptziel von Desgrange, die Auflage seiner Zeitschrift zu steigern, wurde jedoch trotz aktueller Berichterstattung nicht erreicht.

Steher fahren zu schnell

11. Oktober 1903. 100-km-Steherrennen in Dresden. Die beiden besten deutschen Dauerfahrer im spannenden Zweikampf. Thaddäus Robl, im Vorjahr zum zweiten Mal Weltmeister bei den Profis, gegen Alfred Görnemann, im Vorjahr erstmals Weltmeister bei den Amateuren. Der junge Star attackiert den berühmten Rennbahn-Matador, das Publikum rast.

»Thaddy« Robl stürzt in diesem Jahr bei einem Rennen in Magdeburg.

Görnemann setzt zum Überholen an, da rutscht das Hinterrad der Schrittmachermaschine weg, Görnemann stürzt, fällt unter das schwere Motorrad. Schädelbruch und Bruch der Wirbelsäule. Er stirbt noch am selben Abend. Es heißt, die Bahn sei naß gewesen. Aber zerschmetterte sich nicht im Vorjahr der »König der Dauerfahrer«, Constant Huret, den Unterschenkel, und stürzte nicht zu Beginn dieses Jahres in Boston der US-Amerikaner Harry Elkes zu Tode? Und wird der schwer verunglückte Brite Jimmy Michael seine Karriere fortsetzen können? Die Wahrheit ist, daß die Steherrennen hinter den neuen Schrittmachermaschinen viel zu schnell werden. Die wenigsten Radrennbahnen sind diesem Tempo gewachsen. Aber beim Publikum werden Steherrennen immer beliebter, und daher nehmen Veranstalter und Fahrer das erhöhte Risiko in Kauf.

Um die Verletzungsgefahr bei Stürzen zu minden, konstruiert der französische Steher Eugen Brunni aus einem alten Infanteriehelm eine Kopfschutzmaske, die er noch in diesem Jahr auch auf deutschen Rennbahnen vorführt.

Todessturz des Amateur-Weltmeisters Alfred Görnemann. Die Fahrer des Schrittmacher-Tandems kommen glimpflich davon (Stich, später kol.).

Aus dem Fahrradsattel in den Sessel des Unternehmers

Nach dem ehemaligen Sprinter-Europameister Arthur Heimann, der sich auf den Bau von Schrittmachermaschinen verlegt hat, befaßt sich noch ein weiterer Berliner Radrennfahrer mit dieser Materie. Hermann Haacke hat das Metier als Steher und Fahrer von Schrittmachermaschinen in der Praxis kennengelernt. Da jeder Radrennfahrer dieser Zeit zugleich sein eigener Mechaniker ist, liegt der Schritt zum Konstrukteur und danach zum Fabrikanten nahe. So entsteht 1903 unmittelbar an der Radrennbahn des Sportparks Berlin-Friedenau die Firma Haacke für einsitzige Schrittmachermaschinen. Haacke legt weniger Wert auf größere Motorstärke, sondern ist mehr um die Sicherheit der Fahrer besorgt. Daher entwickelt er die sog. Schutzrolle.

Es handelt sich um eine auf Kugeln gelagerte Querstange, die hinter das Hinterrad der Führungsmaschine montiert wird. Sie verhindert das Hineinfahren des Stehers mit dem Vorderrad in das Hinterrad der Schrittmachermaschine, wodurch es immer wieder zu schweren Unfällen kam. Revolutionär für das Radfahren überhaupt ist jedoch die von dem ehemaligen Radrennfahrer Ernst Sachs entwickelte Freilauf-Nabe, die 1903 erstmals unter der Bezeichnung »Torpedo«-Nabe auf den Markt kommt. Die eingebaute Rücktrittbremse erhöht die Sicherheit gegenüber den bislang gebräuchlichen Bremsklötzen, die auf Reifen oder Felgen einwirken.

Schrittmachermaschine der Berliner Brüder Hermann und Heinrich Haacke, die auch Flugmotoren bauen

Der Berliner Arthur Heimann auf der Rennbahn des Sportparks Friedenau mit seinem Partner Paul Mulack

Der stärkste Mann ist ein Kosak

3. Oktober 1903. In Paris, wo starke Männer seit jeher gern gesehen sind, und im Gymnasium des weltberühmten Ringers Paul Pons eine vorzügliche Trainingsstätte zur Verfügung steht, hat man den Russen Ellisejew noch nicht auftreten sehen. Ihm geht der Ruf eines Stars des Athletikklubs von Sankt Petersburg voraus. Auch hat er Championate in Europa gewonnen.

Bei den Weltmeisterschaften der Gewichtheber im »Salle Robert« enttäuscht Ellisejew nicht, als er den Weltrekord des Franzosen John Grünn im Drücken mit 250 Pfund einstellt. Dabei bedient er sich einer in Frankreich ungebräuchlichen Technik, indem er diese Last gleichzeitig mit zwei Hanteln zur Hochstrecke bringt. Aber auch der Franzose Victorius zeigt eine brillante Leistung. Er stellt einen Weltrekord mit ausgestrecktem Arm auf, wobei er in der Waagrechten ein Gewicht von 75 kg hält. Das trägt ihm starken Beifall des Publikums ein. Bei den Amateuren bringt es der Belgier Gustave Empain auf 60 kg.

Der Schweizer François Lancoud, Weltmeister im Gewichtheben

Spannend verläuft der Kampf um den Weltmeistertitel bei den Amateuren. Der erst 18jährige Deutsche Heinrich Schneidereit stellt im Drücken einen Rekord mit 222 Pfund auf. Im Stoßen muß er sich jedoch durch den Genfer François Lancoud geschlagen geben. Hier fehlt es dem jungen Schneidereit noch an technischem Können.

Doherty-Brüder holen Davis Cup

August 1903. Der Kampf um den Davis Cup endet mit einem Triumph der Doherty-Brüder. Sie schlagen die US-Amerikaner 4:1 und geben dabei noch einen Punkt kampflos ab.

Das Match findet diesmal wieder auf der Anlage des Longwood Cricket Club in Boston, allerdings vor 6000 Zuschauern statt (→6.–8. 8.1902). Davis und Ward treten nicht mehr an, dafür nominierten die US-Amerikaner die Brüder Bob und Georges Wrenn. Im ersten Einzel fegt Hugh Lawrence Doherty Bob Wrenn vom Platz. Sein Bruder Reginald Frank hat Schmerzen im Arm und verzichtet auf das Einzel gegen den US-Meister William A. Learned. Es steht 1:1. Im Doppel haben die Doherty-Brüder gegen die Wrenn-Brüder mehr Mühe als sie dachten. Beim Stand von 2: 1 für die Briten beginnen die beiden letzten Einzel gleichzeitig. Im fünften Satz steht es bei »Reggie« gegen Bob Wrenn 3:3, bei »Laurie« gegen Learned 4:4. Dann gewinnen die Dohertys beide Punkte.

James J. Jeffries weiter unbesiegt

14. August 1903. Ein Boxkampf um den Weltmeistertitel im Schwergewicht ist nach wie vor das beste Boxgeschäft in den USA. Da an Titelverteidiger James J. Jeffries jedoch bislang alle Herausforderer gescheitert sind (→11. 5. 1900; 15. 11. 1901 ; 25. 7. 1902), ist es schwierig, einen attraktiven Gegner für ihn zu finden. Irgendeinen Nobody wollen die zahlenden Zuschauer nicht sehen. Also holen die Manager den guten alten »Gentleman-Jim« James J. Corbett noch einmal vom Altenteil.

Beim zweiten Comeback-Versuch des Ex-Weltmeisters in San Francisco klingeln noch einmal die Kassen. Bei Corbett klingelt das »Aus« bereits in der zehnten Runde. Er hat auch nicht die Spur einer Chance.

Noch ein anderer kann nicht aufhören. Bob »Fitz« Fitzsimmons holt sich in diesem Jahr in einem wilden 20-Runden-Fight den Weltmeistertitel im Halbschwergewicht von Geo Gardner — die beste Empfehlung, erneut Jeffries herauszufordern (→3. 7. 1905).

Orville Wright gelingt der erste gesteuerte Motorflug

17. Dezember 1903. Fünf Personen sind Zeugen, als auf dem Übungsfeld für Gleitflugversuche in Kitty Hawk/North Carolina in den Dünen am Atlantischen Ozean ein Flugapparat mit Orville Wright am Steuer nach zwölf Sekunden 36 m weiter, ohne Schaden zu nehmen, wieder landet. Am selben Tag glücken Wright noch drei weitere Flüge, davon einer von knapp einer Minute Dauer, der nach 265 m endet. Die vier erfolgreichen Versuche markieren den Beginn des gesteuerten Motorfluges.

Seit Jahren geht die Diskussion, ob Fliegen »schwerer als die Luft« überhaupt möglich sei. Die meisten behaupten, es ginge nur »leichter als die Luft«, wie es Ballone und Luftschiffe bereits bewiesen. Die US-amerikanischen Brüder Wilbur und Orville Wright haben seit Jahren mit Gleitflugversuchen experimentiert, wie Otto Lilienthal, der in den Rhinower Bergen 1896 tödlich abstürzte. Als weitester Flug gelang Wilbur im Oktober 1902 in 72 Sekunden eine Strecke von 622 m. Danach hielten die Brüder nach weit über 1000 Versuchen ihren Doppeldecker reif dafür, ihn mit einem einem Benzinmotor auszustatten.

Der erste Motorflug in Kitty Hawk führt über eine Strecke von 36 m. Die Meldung wird mit Unglauben aufgenommen. Die US-Regierung zeigt sich völlig uninteressiert. Die Geheimnistuerei der Brüder Wright verstärkt die Skepsis.

Sie konstruierten zwei gegenläufige Luftschrauben, die ein 16-PS-Motor antrieb. Ob dieser Motor ausreichte, mußte erprobt werden. Hier ging es um eine Gewichtsfrage. Sie nannten den Apparat »Flyer 1«.

Und »Flyer 1« fliegt, wenn auch nicht weiter, als die Wrights schon ohne Motor geflogen waren. Allerdings läßt sich nun die Maschine, die von einer hölzernen Startschiene abkatapultiert wird, steuern. Im folgenden Jahr gelingen mit »Flyer 2« die ersten Kurvenflüge und 1905 mit »Flyer 3« Flüge bis zu 45 km.

1904

28.–30. 1. Erstes Automobil-Meeting in Florida. Der US-Milliardär W. K. Vanderbilt jr. gewinnt die Rennen über zehn und 50 Meilen und stellt außerdem auf einem Mercedes Geschwindigkeitsweltrekorde über 1 km und die Meile auf.

31. 1. Auf einer außerordentlichen Tagung in Kassel gibt der Deutsche Fußball-Bund (DFB) bekannt, daß er 10 000 Mitglieder zähle. Eine Deutsche Meisterschaft wird in diesem Jahr nicht ausgetragen.

Februar/März. Bei der Weltmeisterschaft im Eisschnellauf in Oslo siegt der Norweger Sigurd Mathisen. Sein Landsmann Peter Sinnerud gewinnt alle vier Distanzen, wird aber disqualifiziert, weil er in den USA an Profirennen teilgenommen hat.

15. 4. Der Wiener Josef Steinbach wird in Wien Gewichtheber-Weltmeister vor seinem Landsmann Josef Grafl.

21. 5. In Paris wird die Fédération Internationale de Football Association (FIFA) gegründet. Gründungsmitglieder dieses Weltverbands sind die nationalen Verbände von Frankreich, Dänemark, Belgien, Spanien, Schweden, der Schweiz und der Niederlande. Erster Präsident wird Robert Guerin.

Die FIFA erläßt Bestimmungen über den Begriff »gefährliches Spiel« und führt den direkten Freistoß ein. Sie hebt die englische Verordnung auf, wonach die Hosen der Spieler die Knie bedecken müssen.

1. 6. Eingabe an den Deutschen Reichstag von Politikern, die dem Deutschen Schwimm-Verband nahestehen, wegen fortschreitender Verschmutzung der Flüsse.

17. 6. Fünftes Gordon-Bennett-Rennen auf einer Rundstrecke im Taunus über 512 km. Sieger in 5:50:01,4 h der Franzose Lucien Théry auf Richard-Brasier. Bislang höchste Durchschnittsgeschwindigkeit mit 87,245 km/h.

20. 6. In Bad Homburg konstituierende Sitzung des Internationalen Verbandes der anerkannten Automobilklubs.

22. 6. Mailand bewirbt sich um die Olympischen Spiele des Jahres 1908, da Rom dazu nicht in der Lage ist. Auf der Londoner Session des Internationalen Olympischen Komitees (IOC) beansprucht Berlin die Ausrichtung der Olympischen Spiele 1912.

Juli. Sieger der zweiten Tour de France auf der gleichen Strecke wie im Vorjahr ist der Franzose Henri Cornet mit einem Durchschnitt von 24,292 km/h.

Dorothy Douglass gewinnt zum zweiten Mal das Damen-Einzel in Wimbledon.

1. 7.–23. 11. Spiele der III. Olympiade in St. Louis im Rahmen einer Weltausstellung.

21. 7. Der Franzose Rigolly stellt bei der zweiten Automobilwoche von Ostende auf einem Gobron-Brillié einen Weltrekord über 1 km mit fliegendem Start auf (166,666 km/h).

24. 7. Als erster Deutscher läuft Johannes Runge in Hannover die 800 m unter zwei Minuten in 1:59,4 min.

5. 8. Georg Zacharias schwimmt in Berlin den ersten offiziellen Weltrekord über 500 m Brust in 8:30,6 min.

8. 8. Maurice Védrine gewinnt das erstmals ausgetragene Motorbootrennen Calais–Dover.

14.8. Erich Seidel schwimmt im Kochseebad von Berlin Weltrekord über 200 m Brust in 3:04,4 min.

20. 8. Henry Fournier, zuerst erfolgreicher Radrennfahrer, als Automobilist u. a. Sieger der Fernfahrt Paris–Berlin 1901, Weltrekordfahrer über 1 km und die Meile, gewinnt vor Deauville an der Normandieküste den »Coupe Menier« mit einem Hotchkiss-Motorboot →8. 8. 1904.

25. 8. James J. Jeffries verteidigt seinen Titel als Boxweltmeister im Schwergewicht in San Francisco gegen Jack Monroe durch K. o. in der zweiten Runde.

Oktober. IOC-Präsident Pierre Baron de Coubertin äußert sich zur Amateurfrage im Sport.

8. 10. In Nassau County auf Long Island/New York findet das erste Vanderbilt-Autorennen statt. Die Rundstrecke hat die Form eines unregelmäßigen Dreiecks mit drei scharfen Kurven. Sieger: E. Heath auf Panhard-Levassor in 5:26:45,0 h über 456 km.

November. Im US-amerikanischen Verlag Scribner's erscheint das erste verkäufliche Olympiabuch.

5. 11. Der Brite Alfred Shrubb, der in der Leichtathletik als Professional gilt, läuft in Glasgow Stundenweltrekord mit 18,742 km/h.

20. 11. Christof Iselin, Präsident des Ski-Clubs Glarus, lädt zur Gründung eines Schweizer Skiverbandes nach Olten ein. 15 Klubs mit insgesamt 700 Mitgliedern treten dem Verband bei.

1904. Dauerleistungen im Bereich der Leichtathletik werden populär, u. a. Fernmarsch Berlin–Magdeburg, Sechsstundenlaufen in Treptow, 100-km-Marsch Lübben-Berlin (→Juli 1904).

Bei den Weltmeisterschaften im Schießen in Lyon sind abermals die Schweizer mit dem Titelgewinn der Mannschaft und in drei weiteren Einzelwettbewerben am erfolgreichsten.

Bahnrekorde im Motorzweiradfahren Ende 1904: Anzani 20 km in 13:24,0 min, 70 km in 47:26,0 min, 80 km in 54:31,0 min, 90 km in 1:01: 15,0 h, 100 km in 1: 08:01,0 h. Bertin 30 km in 20:03,0 min, 40 km in 26:38,0 min, 50 km in 33: 10,0 min, 60 km in 39:43,0 min.

James E. Sullivan, Vorsitzender des Organisationskomitees (2. v. r.), versprach »das herrlichste Gesamtbild sportlicher Kämpfe, das die Welt je sah«.

Ernüchterung in St. Louis

August 1904. Als der deutsche Rekordläufer Johannes Runge in St. Louis anlangt und sein Quartier im »Inside-In«-Hotel bezieht, notiert er: »Hotel ist eigentlich zuviel gesagt; großer Holzstall hätte besser gepaßt. Ein ungeheures Holzhaus ohne jeden Schmuck mit 5000 Einbett- und 2500 Zweibettzimmern. Die Zimmer sind schauerlich.« Noch enttäuschter ist Runge von den Sportanlagen: »Die Aschenbahn, Länge eine Drittel-Meile, ist das einzige, was ich loben kann. Alle übrigen Einrichtungen sind sehr sehr mäßig. Das Stadion hatte ich mir viel großartiger, vornehmer vorgestellt. Die Arena, die 40 000 Menschen fassen sollte, bietet vielleicht knapp 20 000 Sitzgelegenheiten und ist nirgends überdacht, so daß die Zuschauer in der glühenden Sonne förmlich gebraten werden. Die Sprungplätze sind unter aller Kritik. Am übelsten aber sieht es im Umkleidelokal aus. Solch einen Raum auswärtigen Athleten, die eine lange See- und Landreise nicht gescheut hatten, anzubieten, finden wir einfach skandalös. Sämtliche zwei- bis dreihundert Athleten ziehen sich in demselben Raum um, in dem alles vor Schmutz starrt. Jeder bekommt einen Stuhl und einen in eine Latte eingeschlagenen Nagel als Haken. Das ist alles.« Die Sportler sind wieder einmal nur Zaungäste einer Weltausstellung.

»Universal Exposition« lautet die Inschrift auf der Siegesmedaille. Darauf wird der Wettbewerb eingestanzt, in dem sie gewonnen wird.

◁ Das offizielle Programm der »World's Fair«, die sich über vier Monate erstreckt

Der dreifache US-amerikanische Goldmedaillengewinner Archie Hahn in Startposition

Gold im Hammerwurf (51,23 m) für John Flanagan (USA). Er bleibt 1,475 m unter seinem Weltrekord.

Martin Sheridan (Abb.) gewinnt im Stichkampf gegen Ralph Rose olympisches Gold im Diskuswerfen.

Vier Könige der Leichtathletik kommen aus den USA

31. August 1904. Nur vier Läufer bestreiten das Finale über 200 m. Es wird auf gerader Bahn gelaufen. Archie Hahn wippt vor dem Startschuß etwas vor, fängt sich aber wieder. Dadurch stürzen jedoch seine Konkurrenten los und werden für den Fehlstart verantwortlich gemacht. Alle müssen daher ein Yard hinter Hahn starten. Diesen Vorsprung vergrößert Hahn sofort auf das Sechsfache. Mit 21,6 sec gewinnt er sicher. Am 29. August hat der US-Amerikaner bereits die 60 m in 7,0 sec gewonnen. Am 3. September gelingt dem »König der Sprinter« der dritte Start-Ziel-Sieg, diesmal über 100 m in 11,0 sec.

Harry Hillman, der »König der Hürden«, gewann am 29. August die 400 m, danach (am 31. 8.) die 400 m Hürden, obwohl er eine Hürde reißt. Die Hürden sind auch nur 76 cm hoch, wie beim 220-y-Hürdenlauf, aber darum schert sich in St. Louis niemand. Über 220 y Hürden erläuft sich der US-Amerikaner seine dritte Goldmedaille. In den beiden Hürdenläufen kommen nach Hillman seine Landsleute Frank Waller und George Poage als Zweite und Dritte ins Ziel. Das wäre nicht weiter bemerkenswert bei der nicht vorhandenen ausländischen Konkurrenz. Aber George Poage ist ein Schwarzer, der über 400 m Sechster wurde. Nun kommt er als erster Farbiger zu olympischen Medaillen.

Nach dem »König der Hürden« ein »König der Mittelstrecken«: James Lightbody. Er siegt über 800 m, über 1500 m und im 2500-m-Hindernislauf, obwohl er noch nie einen Hindernislauf bestritten hat.

Der 800-m-Lauf am 1. September ist hart umkämpft. Drei Läufer brechen hinter dem Ziel zusammen, darunter der Deutsche Johannes Runge, der Fünfter wird. Den 1500-m-Lauf am 3. September gewinnt Lightbody in der Weltrekordzeit von 1:05,4 min. Auch hier wird Runge Fünfter. Nach seinen drei Goldmedaillen erläuft sich Lightbody noch eine Silberne im Vier-Meilen-Mannschafts-Crosslauf mit dem Chicagoer AC. An diesem Wettbewerb nahmen nur zwei Mannschaften teil. Und wie im Kartenspiel gibt es noch einen vierten König, den »König der Springer«, den »Gummimenschen« Ray Ewry, der seine drei Siege von Paris im Springen aus dem Stand (→ 16. 7. 1900) wiederholt und damit zum bisher besten Olympioniken wird.

Beim Hochsprung mit Anlauf kommt der zweite in St. Louis teilnehmende deutsche Leichtathlet, Paul Weinstein, zur Bronzemedaille mit gleicher Höhe von 1,778 m wie der Silbermedaillengewinner Garrett Serviss, dem er im Stichkampf unterliegt. Sieger wird der 2,05-m-Riese Samuel Jones mit für ihn eher mäßigen 1,80 m. Einen deutschen Sieg gibt es schließlich doch noch. Der »St. Louis Daily Globe Democrat« berichtet: »Deutschland teilte sich mit Amerika in die Ehren des Tages, denn Johannes Runge aus Braunschweig, welcher von der 10-y-Marke startete, gewann leicht das 880-y-Rennen in der sehr guten Zeit von 1 min 58,4 sec. Runges Rennen war eine der besten Darbietungen, die das Stadion in dieser Saison gesehen hat.«

Runge notiert dazu: »Die Menschen sind einfach aus dem Häuschen. Die feinsten Herrschaften haben Torpedopfeifen, mit denen ein ohrenbetäubender Lärm gemacht wird. Dazwischen wird gerufen, geschrien, geklatscht und getrampelt, daß man glaubt, alles sei verrückt geworden.« Als olympischer Wettbewerb gilt der 880-y-Vorgabelauf allerdings nicht. Aber zu Runges Ehren spielt die Kapelle »Die Wacht am Rhein«. Von den Leistungen der US-amerikanischen Athleten ist Runge stark beeindruckt. Doch er schreibt: »Ich habe die unumstößliche Gewißheit, daß auch wir Deutsche die gleichen Resultate erzielen können und müßten, wenn wir nur wollten.« Er fordert daher alle deutschen Vereine auf, Trainingskurse einzurichten und interessante Veranstaltungen für Ausübende und Zuschauer zu arrangieren.

Johannes Runge an der Spitze des 1500-m-Laufs, bei dem er Fünfter wird

Der US-Amerikaner Charles Dvorak bei seinem Stabhochsprung, der ihm mit 3,50 m den Sieg einträgt

James Lightbody empfängt für seinen Sieg im 1500-m-Lauf einen Pokal im Wert von 1800 US-Dollar.

Ray Ewry gewinnt, wie schon vier Jahre zuvor, erneut drei Goldmedaillen mit Sprüngen aus dem Stand.

400-m-Lauf, ein Rennen, das die US-Amerikaner auf den ersten sechs Plätzen unter sich ausmachen

Myer Prinsteins späte Revanche für Paris

29. August bis 3. September 1904. Der 1 cm, der dem US-Amerikaner Myer Prinstein in Paris zum Olympiasieg fehlte, weil er seine Chance im Endkampf wegen der ihm heiligen Sonntagsruhe ungenutzt ließ, gab ihm vier Jahre lang keine Ruhe. Er trainierte wie besessen und distanziert diesmal im Weitsprung mit dem olympischen Rekord von 7,34 m den Nächstplazierten fast um einen halben Meter. Am selben Tag wiederholt er mit dem gleichen Abstand seinen Sieg im Dreisprung.

Ähnliche Revanchegelüste hegte auch sein Landsmann Charles Dvorak, der aus denselben Gründen wie Prinstein in Paris um eine Medaille im Stabhochsprung kam. Diesmal gewinnt er mit dem olympischen Rekord von 3,50 m, scheitert danach allerdings dreimal am Weltrekordversuch über 3,70 m.

Wenig Mühe, seinen Olympiasieg von Paris (→15.–17. 7. 1900) zu wiederholen, hat John Flanagan. Auch er, einer der populärsten US-amerikanischen Athleten, wartet im Hammerwerfen mit olympischem Rekord auf (51,23 m).

Beim Kugelstoßen betritt ein Mann den 2,13 m großen Wurfkreis, den man das »Elefantenbaby« nennt. Ralph Rose, ein 1,98 m großer und 106 kg schwerer Koloß mit einem schlichten Gemüt, schleudert die Kugel ohne viel Federlesens auf die Weltrekordweite von 14,81 m. Im Diskuswurf erreicht er die gleiche Weite von 39,28 m wie Martin Sheridan (USA). Die Jury setzt ein Stechen an, das Rose verliert.

Ein Ire gewinnt ersten Zehnkampf

In Irland kennt jeder Tom Kiely. Der Allround-Athlet aus Ballyneale hat etwa 100 Meisterschaften gewonnen. In den USA kennt man ihn auch und schickt ihm eine Einladung zu den Olympischen Spielen. Schließlich bieten ihm drei US-Vereine freie Überfahrt, Kost und Logis, wenn er für sie startet. Als darüber die irischen Zeitungen stolz berichten, macht die United Kingdom Athletic Association Kiely dasselbe Angebot, wenn er für Großbritannien startet. Kiely lehnt all diese Offerten ab und fährt auf eigene Kosten nach St. Louis.

Das Programm des ersten olympischen Zehnkampfs am 4. Juli ist zwar auf US-amerikanische Art zusammengestellt, aber das ficht Kiely nicht weiter an. Gefordert werden: 100 y, Kugelstoßen, Hochsprung, 880 y Gehen, Hammerwerfen, Stabhochsprung, 120-y-Hürdenlauf, Gewichtwerfen, Weitsprung, Lauf über die Meile. Kiely gewinnt den Hürdenlauf, das Gehen sowie das Hammer- und Gewichtwerfen. Mit insgesamt 6036 Punkten siegt er vor den US-Amerikanern Adam Gunn, 5907 Punkte, und Truxton Hare, 5813 Punkte.

Die Lebensretter stehen sprungbereit, als die Schwimmer zum Startsprung über 400 y Freistil ansetzen.

Zehn Medaillen für deutsche Schwimmer

5. bis 7. September 1904. Abwechslung wird den Schwimmern geboten bei den Olympischen Spielen. 1896 kämpften sie mit den Wellen im offenen Meer, 1900 trug sie die Seine stromab. Diesmal bietet man ihnen einen künstlichen See. Aber das ist eigentlich schon alles.
Als Startrampe muß ein Floß herhalten, das unter dem Gewicht der Schwimmer ins Wasser gedrückt wird. Mancher rutscht bei dem Versuch eines Startsprungs ab oder landet gar auf dem Rücken im Wasser. Viele verschwimmen sich. Auf dem Sprungturm sind die Bretter so morsch, daß sich die deutschen Kunstspringer erst einmal als Handwerker betätigen und neue Sprungbretter einbauen. Dafür belohnen sich Georg Hoffmann und Alfred Braunschweiger mit der Silber- und Bronzemedaille im ersten olympischen Turmspringen. Hoffmann wird auch Zweiter über 100 m Rücken hinter Walter Brack und vor Georg Zacharias. Zacharias siegt über 400 m vor Walter Brack. Und am erfolgreichsten von den fünf deutschen Schwimmern ist Emil Rausch mit seinen Siegen über 880 y und 1500 m und dem dritten Platz über 200 m Kraul.
Wie die Deutschen kehren auch die Ungarn Zoltán Halmay und Géza Kiss sowie der Österreicher Otto Wahle nicht ohne Medaille heim. Für sie hat sich die weite Reise nach St. Louis jedenfalls gelohnt.

C. M. Daniels (USA), Sieger über 220 und 440 y Freistil

Emil Rausch gewinnt zweimal Gold und einmal Bronze in den Kraulwettbewerben.

Gruppenbild mit Olympiaschwimmern. Trotz mancherlei Mißlichkeiten sind die europäischen Athleten mit ihren Erfolgen in St. Louis hochzufrieden.

Fünffacher Triumph Kubas im Fechten

8. bis 10. September 1904. In Paris wußten vor vier Jahren die wenigsten, daß sie überhaupt an einem olympischen Wettbewerb teilnahmen. Das Internationale Olympische Komitee (IOC) mußte nachträglich das Programm zusammenstellen.
In St. Louis gilt rein alles als olympisch, was irgendwie mit Bewegung verbunden ist. Und das Programm von 390 Wettbewerben muß vom IOC nach Abschluß der Spiele zusammengestrichen werden. Fest steht, daß es erstmals im Fechten nur Wettbewerbe für Amateure gibt. Und da lassen die Kubaner den US-Amerikanern keinen Stich. Ramón Fonst, schon in Paris mit Gold und Silber erfolgreich (→21. 5.–27. 6. 1900), gewinnt Gold mit dem Florett und mit dem Degen sowie mit der kubanischen Florettmannschaft, der noch Manuel Diaz und Albertson van Zo Post angehören. Diaz siegt außerdem im Säbel- und van Zo Post im Stockfechten, das die US-Amerikaner nur veranstalteten, um zu einer Medaille zu kommen.

Im Fußball drei Spiele um Silber

16. bis 23. November 1904. Zum olympischen Fußballturnier sind wegen der hohen Kosten keine Mannschaften aus Europa angereist. Angereist ist überhaupt nur eine Mannschaft, der FC Galt aus Ontario. Gegen die Kanadier bietet St. Louis zwei ansässige College-Mannschaften auf, die Christian Brothers und St. Rose, St. Louis. Soccer hat in Kanada besser Fuß gefaßt als in den USA.
Der FC Galt fertigt die beiden US-amerikanischen Mannschaften mühelos 7:0 und 4:0 ab. Dafür hebt um den zweiten Platz ein verbissenes Ringen an, das ganz St. Louis ein paar Tage in Atem hält. 0:0 endet trotz Verlängerung das erste Spiel zwischen den »christlichen Brüdern« und den St. Roseanern. Das Wiederholungsspiel endet mit demselben Resultat. Besonderes Vorkommnis bei diesem Spiel ist nur, daß sich Thomas Cook von St. Rose ein Bein bricht. Das spricht für letzten Einsatz. Das dritte Spiel endlich können die Christian Brothers 2:0 für sich entscheiden.

Deutsche Turner aus vier Nationen

Juli bis Oktober 1904. Die Sprache der Turner ist Deutsch. Im offiziellen Programm der Spiele von St. Louis sind die Ausschreibungen der turnerischen Wettbewerbe und Übungen als einzige nicht in Englisch gedruckt. Die Mitglieder des United Turn Vereins sind sämtlich Deutschamerikaner. Weitere Teilnehmer sind die Mannschaft des Norwegischen TV aus Brooklyn und eine deutsche Mannschaft. Aber später stellt sich heraus, daß bei den Turnwettbewerben olympische Medaillen an vier Nationen gingen, obwohl in St. Louis offiziell nur drei Länder vertreten sind. Genaugenommen nehmen an den Endausscheidungen überhaupt keine Ländermannschaften teil, sondern ausschließlich Vereinsmannschaften. Und nur solche sowie Einzelturner kommen in die offizielle Wertung. Daher bekommt die deutsche Mannschaft auch keine Medaille in der Mannschaftswertung, obwohl sie diese gewonnen hätte. Dabei hätte den deutschen Turnern dieses Gold gutgetan, denn zwei vermeintliche Erfolge in der Einzelwertung werden von Nichtdeutschen erturnt.

Den Einzel-Mehrkampf mit sechs Übungen gewinnt Julius Lenhart von der TG Philadelphia. Er wird als US-amerikanischer Sieger gefeiert, besitzt aber nicht die US-amerikanische Staatsangehörigkeit. Die Vereinskameraden halten Lenhart, der in der Mannschaftswertung seine zweite Goldmedaille in Empfang nimmt, für einen Deutschamerikaner. Er ist aber kein Deutscher, sondern Österreicher. So kommen in zwei Wettbewerben Österreich und die USA zu je einer Goldmedaille, und Lenhart erhält zwei.

Der Dritte in der Mehrkampf-Einzelwertung hinter Lenhart und dem Deutschen Wilhelm Weber heißt Adolf Spinnler. Er gehört dem TV Esslingen an. Spinnler gewinnt dann auch noch vor Lenhart und Weber einen Neunkampf. Aber seine Gold- und Bronzemedaille zieren später die olympische Erfolgsstatistik der Schweiz, denn Spinnler ist Schweizer. Der erfolgreichste Turner mit vier Goldmedaillen und einer Silbermedaille heißt Anton Heida und ist zweifelsfrei US-Amerikaner. Natürlich spricht auch er fließend deutsch.

△ Adolf Spinnler am Reck bei einem Geräte-Neunkampf, den er vor dem Österreicher Julius Lenhart und dem Deutschen Wilhelm Weber gewinnt. In St. Louis werden zunächst alle drei Plazierungen Deutschland zugeschrieben.

◁ Als Mitglied des TV Esslingen gehört der beruflich in Deutschland tätige Schweizer Spinnler der deutschen Mannschaft an. Seine Bronzemedaille im Sechskampf und seine Goldmedaille im Neunkampf gelten zuerst als deutsche Erfolge.

▽ Die deutsche Turnriege mit Adolf Spinnler, Wilhelm Weber, Hans Busch, Hugo Peitsch, Wilhelm Lemke, Otto Wiegand, Ernst Mohr, Adam Weber (v. l.) und Riegenführer Fritz Hofmann (vorn)

St. Louis 1904 in Stichworten

Ebenso wie in Paris finden auch in St. Louis die Olympischen Spiele im Rahmen einer Weltausstellung statt (→14. 4. 1900). Sie dauern vom 1. Juli bis zum 23. November 1904. Unter den 617 Teilnehmern aus zwölf Ländern sind acht Frauen. 88 Wettbewerbe in 14 Sportarten werden nachträglich als olympisch anerkannt. Fast vier Fünftel aller Teilnehmer sind US-Amerikaner. Kein eigenes Olympiastadion. Die Wettbewerbe werden auf dem Sportgelände der Washington-Universität abgewickelt. Mäßiges Zuschauerinteresse, abgesehen von der **Leichtathletik**. Hier hervorragende Leistungen der US-Amerikaner. Die einzigen nicht-US-amerikanischen Goldmedaillen durch den Kanadier Etienne Desmarteau im Gewichtwerfen und den Iren Tom Kiely im Zehnkampf. **Gewichtheben:** Geringe Beteiligung mit umstrittenen Welt rekorden. **Ringen:** Freistil in sieben Gewichtsklassen. Ausschließlich US-amerikanische Beteiligung. **Boxen:** Erstmals auf dem olympischen Programm. Sieben Gewichtsklassen. Ausschließlich US-amerikanische Beteiligung. **Fechten:** Erstmals nur Amateur-Wettbewerbe, darunter auch ein Junioren-Wettbewerb, der aber keine olympische Anerkennung findet. Triumph für Kuba. **Bogenschießen:** Bei Herren und Damen nur US-amerikanische Beteiligung. Ebenso im **Radfahren**, dessen olympische Anerkennung fraglich ist. **Turnen:** Alle Siege für die USA in zwölf Wettbewerben bis auf Julius Lenhart (Österreich) und Adolf Spinnler (Schweiz). **Schwimmen:** Erfolge für Deutschland und Ungarn. **Rudern:** Zwölf Bootsklassen, nur Siege für USA. **Fußball:** Sieg Kanadas. Mannschaften aus Europa reisten wegen zu hoher Kosten nicht an. **Tennis:** Nur Herren-Einzel und -Doppel mit US-Beteiligung. Olympisch umstrittene Wettbewerbe im **Golf**, **Basketball**, **Lacrosse** und **Roque** (US-Variante von Krocket).

Tour-de-France-Sieger Henri Cornet auf dem Titel der Illustrierten »La Vie au Grand Air« vom 28. Juli 1904

Der Sieger der vierten Etappe, René Pothier, wird im Velodrom von Bordeaux mit Küßchen begrüßt.

Wie gewinnt man die Tour de France?

Juli 1904. Seit Henri Desgrange die Tour de France ins Leben gerufen hat, die auf der gleichen Strecke wie im Vorjahr organisiert wird (→1. 7. 1903), zerbrechen sich Fahrer und Fans, Fahrradhersteller, Trainer und Betreuer die Köpfe darüber, wie diese spektakuläre Rundfahrt zu gewinnen ist. Auf 2500 km kann soviel Unvorhergesehenes passieren. Wer kann da schon auf Sicher gehen? Und gerade das wollen einige Leute.

Daher kommt es bei dieser zweiten Tour de France zu einigen merkwürdigen Vorfällen. Der Franzose Henri Cornet schläft auf dem Rad ein, stürzt in einen Straßengraben und schläft dort weiter. Sein Landsmann Jean Fischer erkrankt an einem typhusähnlichen Durchfall, nachdem er aus einer Flasche getrunken hat, die man ihm aus einem Begleitautomobil herausreichte. Dortignac hat seine Hände mehr am Rücken als an der Lenkstange. Ihn peinigt ein unerträgliches Hautjucken. Der Belgier Jousselin klagt über ein wundgescheuertes Hinterteil. Das ist zwar nicht ungewöhnlich bei Radfahrern, aber schon nach der ersten Etappe? Bei dem Franzosen Payan bricht der Fahrradrahmen, worauf er schwer stürzt. Dann ereignen sich zahllose Reifenpannen, die ständig Fahrer zum Flicken zwingen und das Klassement durcheinanderwerfen.

So nach und nach stellt sich heraus, daß man Cornet eine Hühnerkeule gereicht hatte, die mit Veronal paniert war. Fischers Labetrunk enthielt ein kräftiges Abführmittel. Dortignac hatte man Juckpulver ins Renntrikot, Jousselin Schmirgel in die Rennhose gestreut. Paysan stellte fest, daß sein Fahrradrahmen angefeilt war. Deshalb schlägt er den Mechaniker des Vorjahressiegers und Favoriten Maurice Garin, den er der Untat verdächtigt, mit einem Schraubenzieher nieder. Garin, den man nur »das Wildschwein« nennt, wird mit leeren Weinflaschen beworfen und mit Stöcken bedroht. Spezielle Kommandos streuen Tausende von Schuhnägeln auf die Straße. Schließlich langt Garin als erster in Paris an. Er wird aber disqualifiziert, weil er streckenweise mit der Eisenbahn fuhr. Die hielten keine Schuhnägel auf. Als Sieger wird der 20jährige Henri Cornet gefeiert, der rechtzeitig wieder aufwachte und keine Hühnerkeule mehr aß.

Es muß viel repariert werden bei dieser Tour. Bestochene Gauner streuen Schuhnägel auf die Straßen, rivalisierende Firmen wollen um jeden Preis siegen. Der Einfallsreichtum, Fahrer am Sieg zu hindern, ist größer als je zuvor. Der erste Ruhm der Tour de France ist ein trauriger.

Todestürze von zwei Stehern

Die Reihe tödlicher Unfälle im Stehersport reißt nicht ab (→ 11. 10. 1903). Einen der besten und beliebtesten französischen Rennfahrer, Paul Dangla, 22 Jahre alt, ereilt das Geschick am 12. Juni 1904 in Magdeburg. Dangla hatte seine Laufbahn als Flieger begonnen, wobei er etwa 100 Preise gewann. Seit 1902 fuhr er Steherrennen und galt als kommender Weltmeister.

Gleich ihm kommt am 14. August 1904 in Plauen der 30jährige Karl Käser zu Tode, den man den »Mann aus Stahl und Eisen« nannte.

Paul Dangla war erst im Frühjahr 1904 schwer gestürzt. Kaum erholt, fährt er in den Tod.

Karl Käser, einer der populärsten deutschen Rennfahrer. Er stirbt nach seinem Sturz in Plauen.

Die Dauerleistung im Sport wird populär

Juli 1904. Mancher Radsportfreund bedauert es, daß die Fliegerrennen gegenüber den Steherrennen immer mehr an Anziehungskraft verlieren. Unter 100 km will man, wie es scheint, keinen Radfahrer mehr auf der Bahn sehen. Auf der Straße entspricht diesem Trend zur Dauerleistung die von Henri Desgrange im vergangenen Jahr 1903 ins Leben gerufene und in diesem Monat zum zweiten Mal ausgetragene Tour de France, die in Frankreich eine ungeahnte Anziehungskraft ausübt.

Diese bislang längste Straßenrundfahrt hat in Frankreich einen Vorläufer in dem Franzosen Joyeux, der 1895 in 16 Tagen insgesamt 4500 km zurücklegte. Auf der Bahn erreichte der Brite Hale bei einem Sechstagerennen mit unbeschränkter Fahrzeit 3073,8 km. Der US-Amerikaner Miller übertraf ihn in New York mit 3368,306 km. Danach wurden 1898 die Sechstagerennen mit nur einem Fahrer verboten. Seitdem werden in den USA Sechstagerennen mit zwei Fahrern, die sich ständig ablösen, durchgeführt. Dies erhöht die Beliebtheit solcher Rennen, die man über kurz oder lang auch auf dem europäischen Kontinent zu sehen bekommen wird (→15.–21. 3. 1909).

Die Radrennfahrer beginnen, mit »mechanischen« Pferdestärken den Distanzritten nachzueifern.

Deren berühmtester ist immer noch der Distanzritt Berlin—Wien/Wien—Berlin, bei dem 1892 auf dem Tempelhofer Feld 108 deutsche und in Floridsdorf 93 österreichische Offiziere starteten. Von den ersteren kamen 75, von den letzteren 69 ans Ziel. Es siegte der österreichische Oberleutnant Wilhelm Graf von Starhemberg auf dem englischen Halbblüter Athos, der die 700 km lange Strecke in 71:20 h bewältigte. Athos brach im Ziel mit einem Herzschlag zusammen.

Bei dem berüchtigten Distanzritt Brüssel—Ostende 1902 kamen sogar 16 Pferde um. Sieger wurde der Franzose Madamet, der für die 132 km 6:54:51,0 h benötigte. Über 700 km führte auch ein Wettfahren für Zweispänner, das im September 1898 zwischen Wien und Donaueschingen ausgefahren wurde. Von zehn Startern gelangten nur drei ans Ziel. Der Sieger, Ritter von Welten vom Club der Wiener Herrenfahrer, benötigte 107:41:30,0 h.

Auf solchen Pfaden wandeln nun Sechstage-Geher in London und New York, Sechsstunden-Läufer in Berlin-Treptow, Sechsstunden-Radfahrer in Paris und als neueste Attraktion Dauermarschierer.

Start zum erstmals veranstalteten Fernmarsch Toulouse—Paris. Der Sieger Léonce D., der anonym bleiben will, benötigt für die 737 km 142 Stunden.

DFB: FIFA-Beitritt per Telegramm

21. Mai 1904. Im Hinterhaus der »Union des Sports Athletiques« in der Rue Saint Honoré 229 in Paris beraten Vertreter aus sieben Ländern über die Gründung eines internationalen Fußballverbandes.

Über den Plan ist bereits rege korrespondiert worden. Ihm hatte nur noch entgegengestanden, daß die in der am →26. Oktober 1863 gegründeten Football Association (FA) zusammengeschlossenen britischen Länder noch zögerten. Dies, obwohl man der FA zugesichert hatte, daß der neue Verband die englischen Fußballregeln für verbindlich erklären würde. Als Lord A. F. Kinnaird, Präsident der FA, endgültig ablehnt, schreiten die Kontinental-Europäer zur Tat. Am 21. Mai gründen sie die Fédération Internationale de Football Association (FIFA).

Als der Deutsche Fußball-Bund (DFB) von der Gründung erfährt, meldet er sich telegrafisch als Mitglied an. Für die Deutschen hat der FIFA-Beitritt zur Folge, daß deutsche Vereine außerhalb des Deutschen Reiches nicht mehr dem DFB angehören können.

Auf dem ersten FIFA-Kongreß zwei Tage nach der Gründung wird der Franzose Robert Guérin zum Präsidenten gewählt. Vizepräsidenten werden Victor E. Schneider (Schweiz) und Carl A. W. Hirschmann (Niederlande).

Wimbledon-Tennisdamen im Schatten der Brüder Doherty

Juli 1904. Die Absage der US-Amerikaner, nach Wimbledon zu kommen und sich dort um die Wiedergewinnung des Davis-Pokals zu bemühen, enttäuscht das Publikum. Die Belgier, die statt dessen als Herausforderer antreten, sind für die US-Amerikaner kein Ersatz. Ohne daß sich die Doherty-Brüder, die den Pokal aus den USA entführt haben (→August 1903), am Match beteiligen, gewinnen die Briten 5: 0 und geben in den fünf Begegnungen nur einen Satz ab.

Zu einem erneuten Triumph für die Dohertys werden dann die Internationalen Tennismeisterschaften von England in Wimbledon. Hugh Lawrence, der im Vorjahr als erster Nicht-Amerikaner die US-Meisterschaft in Forest Hills gewonnen hat, siegt im Herren-Einzel und, gemeinsam mit seinem Bruder Reginald Frank, im Herren-Doppel.

Ein wenig im Schatten der Brüder Doherty stehen die Leistungen der britischen Damen im Tennis, die dennoch schon seit Jahren denen der Herren nicht nachstehen.

So ist Lottie Dod noch unvergessen, die zwischen 1887 und 1893 fünfmal in Wimbledon gewann. Dann fand sie Tennis langweilig und wandte sich dem Golf zu, wo sie inzwischen britische Meisterin wurde. Oder ihre Rivalin Blanche Bingley-Hillyard, die zwischen 1886 und 1900 sogar sechsmal siegte. Ihre Nachfolge trat Charlotte »Chattie« Cooper-Sterry an, die zwischen 1895 und 1901 viermal in Wimbledon erfolgreich war und in Paris 1900 die olympische Goldmedaille gewann, als erste Frau überhaupt (→8.-9. 7. 1900). Auch in diesem Jahr steht Frau Cooper-Sterry im Endspiel, diesmal gegen die Vorjahressiegerin Dorothy Douglass. Trotz »Chatties« gefürchteter Vorhand bringt Dorothy jeden Ball zurück und wird zum zweiten Mal Wimbledonsiegerin.

Davis Cup: Die Briten Gore/Garidia (l.) gegen die Belgier de Borman/Lemaire

Franzose Théry gewinnt Gordon-Bennett-Preis im Taunus

17. Juni 1904. Das fünfte Gordon-Bennett-Rennen ist das größte internationale automobilsportliche Ereignis, das es bisher in Deutschland gegeben hat. Darüber hinaus ist es auch eine glanzvolle gesellschaftliche Veranstaltung, dem das deutsche Kaiserpaar die Ehre gibt.

Der Sieg des Mercedes-Rennwagens im vorigen Jahr (→2. 7. 1903) hat größtes Aufsehen erregt und galt als Herausforderung an die bisher in Europa führende französische Automobilindustrie. Entsprechend gründlich war die Vorbereitung dieses Rennens. Der Rundkurs durch die Berge des Taunus läßt an Schwierigkeiten für Fahrer und Gefährt nichts zu wünschen übrig. Er führt von der Saalburg über Wehrheim, Usingen, Weilburg, Limburg, Kirberg, Neuhof, Idstein, Esch, Königstein, Oberursel und Bad Homburg wieder zu Start und Ziel, wo sich die Tribüne und die kaiserliche Ehrenloge befinden. Die Strecke ist fünfmal zu durchfahren, was einer Gesamtlänge von 512 km entspricht. Die besten Fahrer und Firmen Europas befinden sich am Start. Für Deutschland: Camille Jenatzy auf Mercedes, Baron de Caters auf Mercedes, Fritz Opel auf Opel-Darracq. Für Frankreich: Lucien Théry auf Richard-Brasier, Salleron auf Mors, Rougier auf Turcat-Méry. Für Großbritannien: S. F. Edge auf Napier, Jarrott und Girling auf Wolseley. Für Belgien: Baron de Crawhez, Hautvas und Augières, alle auf Pipe. Für Italien auf Fiat: Storero, Cagno und Vincenco Lancia. Für Österreich: Warden, Werner und Braun auf Mercedes. Für die Schweiz: Dufaux auf Dufaux.

Nach knapp sechs Stunden durchfährt unter ungeheurem Jubel Jenatzy das Ziel. Aber er ist nicht der Sieger. Théry, der später startete, kommt auf eine bessere Zeit. Sein 80-PS-Richard-Brasier benötigt 5:50:01,4 h, was einer Durchschnittsgeschwindigkeit von 87,245 km/h entspricht, der höchsten, die bisher bei Gordon-Bennett-Rennen gefahren wurde. Jenatzy hatte Pech. Einmal hielt ihn eine geschlossene Bahnschranke auf, ein andermal mußte er auf Benzin warten. Doch sein zweiter Platz und der dritte des Barons de Caters sind ansehnliche deutsche Erfolge. Der Automobilsport nimmt danach im Deutschen Reich einen großen Aufschwung.

Kaiser Wilhelm II. und Kaiserin Auguste Victoria in der kaiserlichen Ehrenloge vor der großen Zuschauertribüne am Start und Ziel des fünften Gordon-Bennett-Rennens auf einem Rundkurs im Taunus. Die Hoffnung auf einen deutschen Sieg erfüllt sich jedoch nicht. Es gewinnt der Franzose Théry. Immerhin belegen zwei deutsche Mercedes-Wagen den zweiten und dritten Platz bei einem Rennen, das Automobilen und Fahrern alles abverlangte.

Am Ziel des Autorennens um den Vanderbilt-Pokal

Ein Phantom auf der Landstraße beim Vanderbilt-Rennen

Milliardär fördert US-Automobilsport

Der US-amerikanische Milliardär W. K. Vanderbilt jr. ist nicht nur ein großzügiger Mäzen des Automobilsports, sondern auch selbst ein ausgezeichneter Automobilist. Er gewinnt in diesem Jahr die US-Meisterschaften über zehn und 50 Meilen, die vom 28. bis zum 30. Januar 1904 in der Bucht von Ormond-Daytona/Florida ausgetragen werden.

Seit Jahren versucht Vanderbilt jr. sich auch mit Geschwindigkeitsweltrekorden über 1 km und die Meile. Auf der Strandbahn von Ormond-Daytona erreicht er im Januar dieses Jahres auf Mercedes 148,76 km/h und 148,524 km/h.

Am 8. Oktober 1904 ist Nassau County auf Long Island/New York Schauplatz des ersten Vanderbilt-Rennens. Der Rundkurs geht über 456 km, Gewinner ist E. Heath auf Panhard-Levassor in 5:26:45,0 h mit 1:28,0 min Vorsprung vor Albert Clément jr. auf Clément-Bayard.

Attraktion: Damenboxen in St. Louis

Sport oder Show?

Nicht jeder mag dem Präsidenten des Internationalen Olympischen Komitees (IOC), Pierre Baron de Coubertin, folgen, was seine Einstellung gegenüber dem Frauensport betrifft. Doch Frauen-Boxkämpfe, die in St. Louis zu sehen sind, werden mit Recht nicht als olympisch anerkannt.

Amateure, Profis und Artisten im Sport

Oktober 1904. Der Präsident des Internationalen Olympischen Komitees (IOC), Pierre Baron de Coubertin, erklärt nach den Olympischen Spielen in St. Louis: »Leider ist der Amateurismus kein Reglement. Das ist ein Gefühl, eine Geisteshaltung. Man kann ihn nicht in Formeln pressen, er würde sie überall sprengen. Wenn es auch einerseits schwierig ist, eine genaue Definition des Amateurismus zu geben, so ist es doch weniger schwierig, auf der einen Seite genau einzustufen, was Amateur im wahren Sinne des Wortes bedeutet, und auf der anderen Seite, was er nicht ist.« Dies ist die Erklärung eines Philosophen. Was aber soll damit ein Sportverband, was gar ein Sportler anfangen?

Der Verband Deutscher Radrennbahnen faßt in diesem Jahr den Beschluß, zwischen Amateuren und Profis nicht mehr zu unterscheiden, sondern nur noch Rennfahrer anzuerkennen. Das hat zur Folge, daß sich die meisten deutschen Amateure sofort dem Deutschen Rennfahrer-Verband anschließen. Diese Regelung kann nur national gelten. Aber sie schafft klare Verhältnisse.

Als kürzlich das Berliner Publikum mit Spannung ein Steherduell zwischen Thaddäus Robl und Piet Dickentman auf der Rennbahn Friedenau erwartete, rief plötzlich alles »Paule! Paule! Willkommen Paule!« So war Paul Mündner als Publikumsliebling nicht vergessen. Im Gegenteil. Hatte er doch erstmals in Friedenau eine tollkühne Schleifenfahrt gezeigt. Später bietet er haarsträubende Experimente mit dem Rad im Zirkus Busch, wo er als Abschluß einer Schleifenfahrt einen 30 m breiten Abgrund überspringt.

Die durch einen Sturm zerstörte Schleifenbahn auf der Radrennbahn in Berlin-Friedenau. Wagemutige Fahrer versuchten sich hier in artistischer Kunst.

Zwei spektakuläre Motorbootrennen

8. August 1904. Maurice Védrine, ein bekannter französischer Karosseriefabrikant, gewinnt mit seinem Motorboot »Mercedes IV« das erstmals ausgetragene Rennen Calais—Dover. Er legt die 40,7 km lange Strecke in 1:00:07,0 h zurück. Diese Zeit gewinnt Gewicht angesichts der Tatsache, daß bislang noch kein Dampfschiff von 9000 PS dazu weniger als 90 Minuten benötigte.

Vom 14. bis zum 19. August beteiligt sich Védrine auch an einer Wettfahrt von Paris bis zum Meer, die in sechs Etappen ausgetragen wird. Védrines schärfster Konkurrent ist hierbei der bekannte Rennfahrer Henry Fournier mit seinem »Hotchkiss«-Motorboot. Fournier gewinnt jedoch nur eine der Etappen, Védrine alle übrigen und den Gesamtsieg. Am 20. August stellt Fournier mit »Hotchkiss« in seiner Bootsklasse vor Deauville einen Weltrekord auf und erhält dafür den »Coupe Menier«. Der Motorbootrennsport erhält Auftrieb durch einen von Sir Alfred Harmsworth gestifteten internationalen Pokal.

Das »Hotchkiss«-Motorboot, mit dem Henry Fournier die sechstägige Wettfahrt von Paris zum Meer bestreitet.

Maurice Védrine, der mit »Mercedes IV« die Wettfahrten Calais—Dover und von Paris zum Meer gewinnt

1905

21. 1. Nach der Gründung des Schweizer Ski-Verbandes am 20. November des Vorjahres erste Skimeisterschaften der Schweiz in Glarus vor 6000 Zuschauern. Sieger: Fred Iselin, Bruder des Verbandsgründers Christof Iselin.

22. 1. Die in die Schweiz eingeladenen Norweger Thorleif Björnstad und Leif Berg treten in Glarus als Lehrmeister des Skispringens auf. Mit 27 m erreicht Berg die größte bis dahin in der Schweiz erzielte Weite.

23.–31. 1. Beim zweiten Automobil-Meeting in Florida siegt W. K. Vanderbilt jr. im Daytona-Handicap.

Februar. Stockholm ist erneut Schauplatz der Nordischen Spiele, lediglich die Skiwettkämpfe müssen wegen Schneemangels nach Oestersund verlegt werden.

5. 2. Der internationale Eislaufverband beschließt, ab 1906 Weltmeisterschaften im Eiskunstlauf für Damen durchzuführen.

Frühjahr. Die Rekordsumme von 1000 britischen Pfund zahlt der englische Klub Middlesborough für den Transfer von Alf Commons vom FC Sunderland.

19. 3. Am Muckenkogel bei Lilienfeld führt Matthias Zdarsky den ersten Torlaufwettbewerb im Skifahren durch. Auf einer Strecke mit 489 m Höhenunterschied sind 85 Tore ausgesteckt.

30. 3. Nur an »sittlich tüchtige Turnwarte« erteilt das preußische Kultusministerium eine Lizenz zur Ausbildung von Schülern und Jugendlichen bis 16 Jahren.

10. 4. Der Österreicher Josef Steinbach wird in Berlin Weltmeister im Gewichtheben.

21. 5. Auf seinem Bundestag in Köln gibt der Deutsche Fußball-Bund (DFB) bekannt, daß er der Fédération Internationale de Football Association (FIFA) beitrete. Auch Österreich schließt sich der FIFA an (→21. 5. 1904).

Im Endspiel um die Deutsche Fußballmeisterschaft schlägt Union 92 Berlin den Karlsruher FC vor 3500 Zuschauern in Köln 2:0.

3. 7. Nach dem Rücktritt von Schwergewichts-Boxweltmeister James J. Jeffries boxen Marvin Hart und Jack Root um den vakanten Weltmeistertitel, auf den auch Jack O'Brien Anspruch erhebt. In Reno verliert Root durch K.o. in der achten Runde.

5. 7. Sechstes Gordon-Bennett-Rennen auf einer Rundstrecke in der Auvergne über 548 km. Sieger abermals Lucien Théry mit einem Richard-Brasier in 7:02:42,0 h. Schnitt: 77,837 km/h.

Juli. Die dritte Tour de France führt über elf Etappen von Paris über Nancy, Besançon, Grenoble, Toulon, Nîmes, Toulouse, Bordeaux, La Rochelle, Rennes und Caen nach Paris. Die 2975 km gewinnt Louis Trousellier (Frankreich) mit einem Schnitt von 27,284 km/h.

6. 8. John Vincent Duncker läuft in Berlin Weltrekord über 100 m in 10,8 sec. Der Südafrikaner besitzt auch die deutsche Staatsangehörigkeit. Die internationalen Listen führen ihn als Südafrikaner, die deutschen Rekordtabellen als Deutschen.

11.–17. 8. Der Porträtmaler Hubert von Herkomer stiftet einen Wanderpreis im Wert von 10 000 Mark für eine Tourenwagen-Zuverlässigkeitsfahrt München–Baden-Baden–München. Von 83 Startern bei der ersten Fahrt gelangen 69 ans Ziel.

27. 8. Der schwedische Leichtathlet Kristian Hellström startet für Teutonia Berlin und wird Deutscher Meister über 1500 m.

27. 8. Heinrich Opel, Sohn des Fabrikanten Adam Opel, gewinnt beim Frankfurter Automobilrennen den Ersten und Zweiten Preis.

10. 9. Graf Vincenzo Florio, ein reicher Grundbesitzer auf Sizilien, stiftet die Coppa Florio für ein Automobilrennen.

14. 9. Zum ersten Mal Tourist Trophy für Tourenwagen, deren Benzinverbrauch genau festgelegt wird, auf der Insel Man.

25. 9. Französischer Triumph beim »Coupe Internationale des Motocyclettes« auf einem 270-km-Kurs bei Dourdan.

29. 9. Viktor Hémery stellt in Salon-Arles auf einem Darracq einen Geschwindigkeitsweltrekord mit 176,47 km/h über 1 km mit fliegendem Start auf.

14. 10. In Paris Gründung der Fédération Aéronautique Internationale (FAI), des internationalen Luftfahrtverbandes.

14. 10. Auf Long Island bei New York zweites Vanderbilt-Rennen. Die Runde wurde von 48,65 km auf 46,661 km verkürzt. Sieger: Viktor Hémery.

4.–5. 11. Im Münchner Augustinerbräu werden der Deutsche Ski-Verband und der Österreichische Ski-Verband gegründet, die eine Interessengemeinschaft bilden.

3. 12. In Wien schwimmt der Ungar Zoltán Halmay Weltrekord über 100 m in 1:05,8 min.

1905. Im Stabhochspringen wird zum ersten Mal ein Bambusstab verwandt. Er ist leichter als die bisher gebräuchlichen Holzstäbe.

In den USA neues Interesse für Soccer durch eine Tournee des Pilgrim Allstar-Teams aus Großbritannien.

Das deutsche Kronprinzenpaar weilt zum Wintersport in Sankt Moritz. Die kaiserlichen Hoheiten fahren Bobsleigh.

Erstmals Tennismeisterschaften in Australien. R. W. Heath Sieger im Herren-Einzel, R. Lycett/T. Tachell im Herren-Doppel.

Das Sportfest des Nordens

Februar 1905. Die Skispiele am Holmenkollen erfreuen sich in Norwegen größter Beliebtheit. Sie beschränken sich jedoch auf das Skispringen in Kombination mit einem Skilanglauf. Das Programm der Nordischen Spiele in Stockholm ist weit umfassender und vielfältiger. Man kann diese Spiele durchaus mit den Olympischen Spielen vergleichen. Zwar ist die internationale Beteiligung noch gering, aber das war in St. Louis im vorigen Jahr nicht anders. Dafür ist die ganze Stadt Stockholm mit ihrer wintersportlich aktiven Bevölkerung bei diesen Spielen engagiert.

Wegen Schneemangels müssen in diesem Jahr die Skikonkurrenzen ins 600 km entfernte Oestersund verlegt werden, aber dennoch gibt es in Stockholm noch genug zu sehen. So auf dem Eis des Norra Brunsviken, einem Teil des Hafens, ein Trabrennen mit Sulkys auf Kufen statt auf Rädern. Außerdem einen Distanzritt von Uppsala nach Stockholm über 100 km, bei dem sich die besten Reiter der schwedischen Armee messen. In Oestersund wird noch ein Distanz-Skifahren hinter Pferden über 67 km ausgetragen. Dort sieht man auch Rentiere mit einem Schlitten im Wettlauf.

Die Weltmeisterschaften im Eiskunstlauf der Herren schließlich geben den Nordischen Spielen internationalen Rang. Im Zentralbad erfreuen Kunstspringer und Figurenschwimmerinnen das Publikum. Und im Opernhaus sieht man Vorführungen der Turner und Fechter. Dies stets in Anwesenheit des Königs und des Kronprinzen.

◁ *Kronprinz Gustav von Schweden und Norwegen (l.) und Oberst Balck bei der Eröffnung der Nordischen Spiele auf der Eisbahn auf dem Nybroviken in Stockholm. Die Eisschnellauf-Europameisterschaft verleiht den Spielen internationalen Rang. Zum Gewinn des Europatitels ist neuerdings nur der Sieg über zwei Distanzen notwendig.*

▽ *Pferderennen, die nur Herrenreiter bestreiten, werden auf der Rennbahn auf dem Lindarängen im Herzen Stockholms veranstaltet (Abb.), Trabrennen mit Schlitten-Sulkys im Norra Brunsviken, einem Teil des Hafens. Auch Trabrennen mit normalen Sulkys werden auf dem Eis gefahren, doch die Schlitten sind schneller.*

Eishockeyspiel im Rahmen der Nordischen Spiele auf dem zugefrorenen Nybroviken in Stockholm

Bandyturnier in Stockholm

Februar 1905. Zu den Attraktionen der Nordischen Spiele gehört ein Bandyturnier, für das ein Wanderpreis ausgesetzt ist. Ausscheidungsspiele finden auf dem Nybroviken, einem zugefrorenen Hafenteil Stockholms, und im Idrottsparken, dem Sportpark, statt. Teilnehmer sind nicht nur Mannschaften aus verschiedenen Sportvereinen, sondern auch Studenten der Technischen Hochschule, Gymnasiasten aus Uppsala und Zöglinge der Königlichen Kriegsschule aus Carlsberg, die in Uniform spielen, was einen seltsamen Eindruck macht.

In Schweden ist Bandy seit 1896 bekannt. Es unterscheidet sich stark vom Eishockey, wie es die London Canadians bei den Nordischen Spielen zeigen, die 1903 englischer Meister und damit erster nationaler Meister Europas in diesem Spiel wurden. Beim Eishockey ist das Spielfeld kleiner, das Tor wird mit einem Netz versehen und man spielt nicht mit einem Ball, sondern mit einer Hartgummischeibe. Noch ist nicht ausgemacht, ob sich diese kanadische Form des Hockey auf dem Eis gegen Bandy durchsetzen kann.

Start zu einer Eisschnellauf-Konkurrenz mit dem Ungarn Manno (r.), Zweiter im 500-m-Rennen

Die Skiwettbewerbe mußten wegen Schneemangels in Stockholm nach Oestersund verlegt werden.

Die Britin Madge Syers bestreitet bei der Eiskunstlauf-WM mit ihrem Mann den Paarlauf.

Weltmeistertitel für Ulrich Salchow

Februar 1905. Zum fünften Mal gewinnt der Schwede Ulrich Salchow die Weltmeisterschaft im Eiskunstlauf, die im Rahmen der Nordischen Spiele in Stockholm ausgetragen wird.

Der schwedische König Oskar II., der sich den Kürlauf angesehen hat, ehrt den bisher erfolgreichsten Eiskunstläufer. Die Britin Madge Syers konkurriert diesmal nicht mit Salchow (→ Januar 1902), sondern beteiligt sich mit ihrem Mann am Paarlauf. Auch hier bleibt ihr, wie schon 1902, der zweite Rang treu, den sie hinter den österreichischen Geschwistern Bobatsch belegt.

Ulrich Salchow, Weltmeister im Eiskunstlauf, vor den strengen Augen der Preisrichter bei seiner Kür

Graf Posse (vorn r.), Sieger im 67-km-Skilauf hinter Pferden, der in Oestersund ausgefahren wird

James J. Jeffries tritt unbesiegt zurück

Auf die Dauer ist mit einem Boxweltmeister, für den sich kein Gegner mehr findet, auch kein Geschäft mehr zu machen. Da hatte man 1904 noch Jack Monroe aufgetrieben, der es wagte, gegen den Riesen James J. Jeffries (→11. 5. 1900) anzutreten. Aber schon in der zweiten Runde schickte ihn Jeffries ins Land der Träume. Dann gab es Anfang des Jahres noch einen Hoffnungsschimmer. Denn der Weltmeister im Halbschwergewicht und Ex-Weltmeister im Schwergewicht, Bob Fitzsimmons, wollte einen zweiten Comeback-Anlauf nehmen (→ 25. 7. 1902). Das hätte noch etwas werden können, wenn auch weniger der Klasse, aber der Kasse wegen. Doch »Fitz« mußte zuerst seinen Titel gegen Jack O'Brien verteidigen, und das ging daneben. Der gute alte »Fitz« hörte zwar deshalb immer noch nicht auf zu boxen, schließlich zählte er schon über 41 Jahre, aber als Herausforderer für Jeffries kam er nicht mehr in Frage.

Jeffries hat schließlich im Juni 1905 ein Einsehen und verkündet seinen Rücktritt. Er will aber dafür sorgen, daß sich ein würdiger Nachfolger für ihn findet. Also fordert er einen Kampf um den frei gewordenen Titel, den einer seiner Schüler, Marvin Hart, bestreiten soll. Obwohl Jack O'Brien Anspruch auf diesen Kampf anmeldet, zieht man ihm Jack Root, der in Reno/US-Bundesstaat Nevada eine große Anhängerschaft hat, vor. Dort findet am 3. Juli 1905 der Kampf statt, bei dem Jeffries als Ringrichter amtiert. Marvin Hart zeigt, daß er bei Jeffries einiges gelernt hat, aber Jack Root hat sich in Reno auch nicht nur mit Glücksspielen beschäftigt. Es dauert bis zur zwölften Runde, als Root dem Ringrichter Gelegenheit gibt, bis zehn zu zählen. Jeffries ruft sogleich Marvin Hart zum Weltmeister aus, aber das bleibt seine ganz persönliche Ansicht.

Die Boxmanager und die Boxverbände wollen von einem Weltmeister Hart nichts wissen, das Publikum offenbar auch nicht. Da pocht Jack O'Brien nach wie vor auf seine Rechte, und da hört man neuerdings von einem Schwergewichtsmeister aus Kanada namens Tommy Burns. So ein Fight USA/Kanada wäre mal etwas Neues. Aber dazu kommt es in diesem Jahr nicht mehr (→23. 2. 1906).

Jeffries ist über dieses Gezerre verärgert, nimmt aber seinem Schützling Hart das feierliche Versprechen ab, sich jedem Gegner zu stellen. In dieser Haltung wenigstens soll der Geist von James J. Jeffries lebendig bleiben. Die Wahrheit ist jedoch, daß mit dem Rücktritt von Jeffries eine Ära zu Ende ging. Es war die erste große Epoche des Faustfechtens mit Boxhandschuhen, mit großen Persönlichkeiten im Ring und legendären Kämpfen.

James J. Jeffries, ungeschlagener Boxweltmeister aller Klassen, in Kämpferpose. Am 4. Juli 1910 kehrt Jeffries im Alter von 35 Jahren noch einmal in den Ring zurück und muß in Reno gegen den schwarzen Champion Jack Johnson die einzige K.-o.-Niederlage seiner Karriere hinnehmen. Jeffries stirbt am 3. März 1953 78jährig auf seiner Farm in Burbank.

Die erste große Ära des modernen Boxsports ist beendet

- ▷ 7. 2. 1882: In Mississippi City schlägt John Lawrence Sullivan im ersten WM-Kampf mit Handschuhen Paddy Ryan in der neunten Runde k. o.
- ▷ 8. 7. 1889: In Richburg/Missouri Punktsieg von Sullivan im letzten WM-Kampf ohne Handschuhe über Jake Kilrain nach 75 Runden.
- ▷ 7. 9. 1892: James J. Corbett, »Gentleman-Jim«, schlägt in New Orleans Sullivan in der 21. Runde k. o.
- ▷ 25. 1. 1894: Corbett schlägt in Jacksonville/Florida Charley Mitchell in der dritten Runde k. o.
- ▷ 17. 3. 1897: Bob Fitzsimmons schlägt in Carson City/Nevada Corbett in der 14. Runde k. o.
- ▷ 8. 6. 1899: James J. Jeffries schlägt in Coney Island/New York Fitzsimmons in der elften Runde k. o.
- ▷ 3. 11. 1899: Jeffries besiegt in Coney Island/New York Tom Sharkey nach 25 Runden durch technischen K. o.
- ▷ 11. 5. 1900: Jeffries schlägt in Coney Island/New York Ex-Weltmeister Corbett in der 23. Runde k. o.
- ▷ 15. 11. 1901: Jeffries schlägt in San Francisco Gus Ruhlin in der fünften Runde k. o.
- ▷ 25. 7. 1902: Jeffries schlägt in San Francisco Ex-Weltmeister Fitzsimmons in der achten Runde k. o.
- ▷ 14. 8. 1903: Jeffries schlägt in San Francisco Ex-Weltmeister Corbett in der zehnten Runde k. o.
- ▷ 25. 8. 1904: James J. Jeffries schlägt in San Francisco Jack Monroe in der zweiten Runde k. o.
- ▷ Juni 1905: Jeffries tritt ungeschlagen zurück.

Menschenhandel im englischen Fußball

Frühjahr 1905. Die horrende Summe von 1000 britischen Pfund, die der englische Fußballverein Middlesborough an den FC Sunderland für den Vereinswechsel von Alf Commons zahlt, erregt selbst in Großbritannien Aufsehen. Hier verfügen die Klubs dank hoher Zuschauerzahlen über finanzielle Mittel, die in immer bedenklicherem Maße angewandt werden.

Vereinswechsel sind im Sport nicht ungewöhnlich. Doch wenn besonders gute Fußballer mit immer höheren Summen von Vereinen abgeworben werden, grenzt dies fast schon an Menschenhandel, der selbst im Berufssport verpönt sein sollte. In Großbritannien reicht diese Entwicklung zurück bis in die 90er Jahre des 19. Jahrhunderts.

Im ersten bedeutenden internationalen Fußballspiel schlägt der Arcadian Football Club London den Racing Club de France 1905 in Paris 3:0.

Begonnen hat mit diesen Praktiken Aston Villa, in diesem Jahr zum vierten Mal englischer Pokalsieger durch ein 2:0 über Newcastle United. Nach seiner 0:3-Niederlage im Cup-Finale 1892 kaufte Aston Villa zur Verstärkung seiner Mannschaft John Reynolds für 40 britische Pfund und Willie Groves für 100 britische Pfund von Westbromwich Albion ein. Nach dem Cupsieg 1895 holte sich Aston Villa für 250 Pfund den Nationalspieler Jimmy Crabtree vom FC Burnley. Für Fred Wheldon vom FC Small Heath wurden sogar 350 britische Pfund ausgegeben. Jetzt hat sich diese sog. Transfer-Summe mehr als verdoppelt. In Deutschland sind derartige Praktiken völlig undenkbar.

Paul Guignard mit seinem Schrittmacher Bertin bei seinem Stundenweltrekord in Paris mit 89,904 km

Stundenweltrekord des 30jährigen Franzosen Paul Guignard

Das muß man dem Franzosen Paul Guignard lassen, er hat Mut und Unternehmungsgeist wie kaum ein anderer. Das zeigte sich schon zu Beginn seiner Karriere, als er, ohne je ein Radrennen bestritten zu haben, 1894 bei der Distanzfahrt Bordeaux—Paris an den Start ging und unter 87 Teilnehmern Vierter wurde. Später fuhr Guignard Flieger- und Tandemrennen. Erst 1904 wandte er sich den Steherrennen zu und strebt nun den Stundenweltrekord an. Seine Hartnäckigkeit bringt den Erfolg.

Als er im Frühjahr 1905 im Pariser Prinzenpark-Velodrom hinter seinem Schrittmacher Bertin bereits gut in der Zeit liegt, zwingt ihn ein Reifendefekt zum Abbruch. Unverzüglich unternimmt Guignard einen zweiten Versuch. Nach 30 km liegt er auf Weltrekordkurs, als die Schrittmachermaschine mit Motorschaden ausfällt. Guignard stürzt schwer und muß ins Krankenhaus. Wenige Wochen später, am 8. April, tritt Guignard, stark bandagiert, erneut an und fährt trotz Gegenwind Rekord.

Französischer Motorrad-Triumph

25. September 1905. Die bedeutendste Prüfung des Jahres für Motorräder ist der »Coupe Internationale des Motocyclettes«. Der Motocycle Club de France organisierte das Rennen auf einem 270-km-Kurs bei Dourdan. Mannschaften aus fünf Nationen nehmen teil: Frankreich, Großbritannien, Deutschland, Österreich, Dänemark. Von Beginn an zeigt sich, daß nur die Österreicher mit den Franzosen konkurrieren können. Ihr Fahrer Wondrich liegt nach der Hälfte der Distanz an der Spitze, bis ihn ein Reifenschaden zurückwirft. Damit ist der Weg frei für Demestre, der in 3:43:43,0 h vor dem Österreicher Toman gewinnt. Seine Landsleute Inghilbert und Lamberjack erreichen die Plätze drei und vier vor Wondrich.

Der Franzose Demestre, Sieger im ersten Rennen um den internationalen Pokal des Motorcycle Club de France bei Dourdan

Eine Trophäe für eilige Reisende

14. September 1905. Da in England auf öffentlichen Straßen Automobilrennen verboten sind, verfiel man auf einen seltsamen Ausweg. Man wählte die irische Insel Man aus, um hier in ländlicher Abgeschiedenheit eine Prüfung zu veranstalten, die für die Entwicklung der britischen Automobilindustrie Bedeutung erlangt. Die Schwierigkeiten einer 335,5 km langen Strecke bieten Gewähr für einen Härtetest. Außerdem schrieben die Veranstalter den Benzinverbrauch exakt vor und ließen nur Tourenwagen zu.

42 Wagen gehen bei dieser ersten Tourist Trophy an den Start, schon dies ein Erfolg. Sieger wird John S. Napier auf einem Arroll-Johnston mit einer Durchschnittsgeschwindigkeit von 54,545 km/h. Napier ist Besitzer der Automobil- und Motorenfabrik Napier Motors in London, ein erfahrener Automobilist.

Automobilrennen auf eigenem Grundbesitz

10. September 1905. Der italienische Großgrundbesitzer Graf Vincenzo Florio ist bereits als Mäzen des Motorbootsports bekannt. So stiftete er die »Perle des Mittelmeers«, einen wertvollen Preis für Motorboote,der vor Palermo ausgetragen wird.

Ein »Stinkkarren«, wie das weitgehend verständnislose Publikum die Rennautos nennt, auf gebirgigem Kurs. Die Strecken werden immer schwieriger.

Nun hat er einen Preis für ein Automobilrennen — die Coppa Florio — ausgeschrieben. Um eine Rennstrecke ist er hierbei nicht verlegen. Ihm gehört in Sizilien so viel Grund und Boden, daß es dem Grafen keine Schwierigkeiten bereitet, eine Strecke festzulegen, über deren Straßen und Dörfer er frei verfügen kann. Die Straßen sind allerdings in einem kläglichen Zustand und führen zudem ausschließlich durch Berggegenden. Dazu kommt selbst im Monat September noch eine beträchtliche Hitze, so daß wohl nur einheimische Fahrer den Strapazen eines Rennens über 503,1 km gewachsen sein dürften.

Dies ist bei dem Italiener Raggio der Fall, der das Rennen mit einem 120-PS-Itala in 4:46:47,75 h gewinnt und damit eine Durchschnittsgeschwindigkeit von 109 km/h erreicht, eine ganz erstaunliche Leistung.

1906

11. 1. Carl Diem, Sekretär des Deutschen Athleten-Bundes, organisiert in Berlin-Grunewald den ersten Waldlauf in Deutschland (84 Teilnehmer).

22.–28. 1. Der US-Amerikaner Mariott stellt beim dritten Florida-Meeting in Daytona mit einem Dampfwagen Weltrekorde auf: 195,652 km/h über 1 km und 205,404 km/h über die Meile mit fliegendem Start.

28. 1. Die Britin Madge Syers gewinnt in Davos die erste Weltmeisterschaft im Eiskunstlauf für Damen.

Der Norweger Rudolf Gundersen läuft bei den Eisschnellauf-Europameisterschaften in Davos Weltrekord über 500 m in 44,8 sec.

23. 2. Im Kampf um die Box-Weltmeisterschaft im Schwergewicht schlägt Tommy Burns in Los Angeles Marvin Hart in 20 Runden nach Punkten.

22. 4.–2. 5. Inoffizielle Olympische Zwischenspiele in Athen, die zehn Jahre nach den Spielen der 1. Olympiade der olympischen Idee neue Impulse geben sollen.

26. 4. In Abwesenheit von Pierre Baron de Coubertin vergibt das Internationale Olympische Komitee (IOC) die Spiele der IV. Olympiade für das Jahr 1908 nach London.

6. 5. Nach der Coppa Florio stiftet der sizilianische Großgrundbesitzer Graf Vincenzo Florio die Targa Florio. Sie wird in zwei Runden auf der 284-km-Rundstrecke Bonfornello–Petralia–Bonfornello ausgefahren. Es gewinnt der Italiener Alessandro Cagno auf Itala in 9:32:22,0 h.

27. 5. Der Deutsche Fußball-Bund (DFB) in Leipzig akzeptiert auf Anweisung der Fédération Internationale de Football Association (FIFA) die englischen Fußballregeln.

Der VfB Leipzig wird zum zweiten Mal Deutscher Fußballmeister durch ein 2:1 gegen den 1. FC Pforzheim vor 1100 Zuschauern in Nürnberg.

3. 6. Beim 100-km-Gehen Lübben–Berlin gewinnt der Berliner Richard Wilhelm in 11:15:21,2 h vor Kurt Nippe, der nur vier Zehntelsekunden bzw. knapp einen Meter zurückliegt.

5.–13. 6. Die zweite Herkomer-Fahrt ist das herausragende automobilsportliche Ereignis in Deutschland.

14. 6. Ein Sprinterrennen in Paris endet mit einem Skandal.

26./27. 6. Erster Grand Prix, gestiftet vom Automobile Club de France. Zwölf Runden auf dem Circuit de la Sarthe, insgesamt 1238,16 km. Sieger: Der Franzose François Szisz auf Renault in 12:14:7,0 h. Schnitt: 101,198 km/h. Der Grand Prix tritt an die Stelle der Gordon-Bennett-Rennen.

Juli. Die vierte Tour de France auf derselben Strecke wie im Vorjahr gewinnt der Franzose René Pottier. Durchschnittsgeschwindigkeit: 24,463 km/h.

Auf ihrem Kongreß in Bern wählt die FIFA den Briten Daniel Burley Woolfall zum Präsidenten.

Hugh Lawrence Doherty gewinnt zum fünften Mal hintereinander das Herren-Einzel inWimbledon. Dorothy Douglass gewinnt zum dritten Mal das Damen-Einzel.

13.–15. 7. Emmy Opel, Frau von Heinrich Opel, gewinnt den ersten Preis und zugleich den ersten Damen-Preis bei der Westdeutschen Touren-Preisfahrt. Im selben Jahr belegt sie bei einer Ballonverfolgungsfahrt über Wiesbaden den zweiten Platz.

13. 8. Der Australier Cecil Healy demonstriert in Hamburg das Hand-über-Hand-Schwimmen, »Crawl« genannt.

26. 8. Als erster Deutscher läuft Paul Schröder vom FC Mönchengladbach in seiner Heimatstadt 100 m in 10,8 sec.

2. 9. Der Deutsch-Südafrikaner Vincent Duncker wird in Hannover an einem Tag Deutscher Meister über 100 m in 11,2 sec, 400 m in 56,6 sec und 110 m Hürden in 19,8 sec. Im Hürdenlauf tritt nur der Frankfurter Grotsch gegen ihn an.

12. 9. Als erstem Europäer gelingt dem Dänen Jakob H. G. Ellehammer auf der Insel Lindholm ein Motorflug über 42 m bei einer Höhe bis zu 4 m mit einem von ihm selbst konstruierten Vierblattpropeller-Flugapparat.

23. 9. Theodor Dreher gewinnt auf Mercedes zum dritten Mal das Bergrennen am Semmering.

24. 9. Bei der zweiten Tourist Trophy auf der Insel Man Sieg des Briten C. S. Rolls auf einem 20-PS-Rolls-Royce (267,44 km in 4:06:36,0 h).

23. 10. Alberto Santos-Dumont gewinnt den »Coupe Archdéacon« mit dem ersten von einer Sportbehörde beglaubigten Flug der Welt. Zuvor stellte Santos-Dumont mit einem Drachenflieger-Eigenbau den ersten Geschwindigkeitsweltrekord für Flugzeuge mit 41,292 km/h auf.

28. 11. Tommy Burns verteidigt seinen Titel als Boxweltmeister im Schwergewicht durch ein Unentschieden gegen Jack O'Brien nach 20 Runden.

1906. Beim Concours Central in Paris stellt Georges Crousse mit dem aus Kanada importierten Halbblüter Conspirateur einen Hochsprung-Weltrekord mit 2,35 m auf.

Der belgische Europameister im Achter, Royal Club Nautique de Gand, gewinnt als erste ausländische Mannschaft das Achterrennen bei der Henley-Regatta

Der Schwede Lindberg läuft 100 m in 10,6 sec, gemessen durch eine Stoppuhr mit Zehntelsekundenangaben.

Der US-Amerikaner Samse erreicht im Stabhochsprung mit einem Bambusstab 3,78 m.

Die US-Amerikaner Kelley und Duffy stellen die seit 1895 bestehende Weltbestzeit über 100 y in 9,6 sec ein.

FIFA einigt Europas Fußballer

Juli 1906. Die Fédération Internationale de Football Association (FIFA) wählt auf ihrem Kongreß in Bern einen neuen Präsidenten und tritt damit nach Überwindung einiger Anfangsschwierigkeiten in eine neue Entwicklungsphase ein.

Im Vorjahr war der Beitritt Deutschlands offiziell bestätigt worden (→21. 5. 1904). Es folgten Österreich, Italien und Ungarn. Entscheidend waren jedoch die Verhandlungen des Belgiers Edouard Baron de Laveleye, dem es gelang, England zum Beitritt zu bewegen. Diesem Beispiel schlossen sich auch Schottland, Wales und Irland an, nachdem die FIFA die strikte Anwendung der Regeln der englischen Football Association (FA) bekräftigt hatte. Schon plante man einen internationalen Wettbewerb mit Nationalmannschaften.

Gottfried Hinze, Präsident des Deutschen Fußball-Bundes (DFB)

Da traten in Frankreich Schwierigkeiten auf, weil sich der dortige Fußballverband spaltete. FIFA-Präsident Robert Guérin wurde durch diese Querelen derart in Anspruch genommen, daß er allmählich resignierte. Doch verzeichnete Guérin noch einen Erfolg. Als die English Ramblers auf dem Kontinent einige Spiele ohne Genehmigung der FA austragen wollten, verbot die FIFA ihren Mitgliedsländern, gegen diese Mannschaft anzutreten. Das konsequente Vorgehen machte in England starken Eindruck und beseitigte das letzte Mißtrauen gegenüber der FIFA.

Beim Kongreß in Bern läßt sich Guérin durch Vizepräsident Victor E. Schneider, Schweiz, vertreten und bittet, ihn von seinem Amt zu entbinden. Die Versammlung wählt den Briten Daniel Burley Woolfall zum neuen Präsidenten.

Die neuen Regeln der FIFA verbieten dem Torwart, bei einem Strafstoß die Torlinie zu verlassen. Er darf sich nur hin- und herbewegen, um den Elfmeterschützen zu irritieren. Außerdem schreibt die FIFA vor, daß der Ball aus Leder sein muß, daß Fußballschuhe keine Metalleinlagen haben dürfen und daß der Schiedsrichter künftig ein Spielprotokoll anzufertigen hat.

Der internationale Wettbewerb kommt vorerst nicht zustande.

Zum zweiten Mal Deutscher Fußballmeister wird der VfB Leipzig am 27. Mai 1906 vor 1100 Zuschauern in Nürnberg durch ein 2:1 über den FC Pforzheim.

Reifenwechsel müssen die Fahrer vornehmen. Szisz und Nazzaro profitieren von der Erfindung einer abnehmbaren Felge.

Szisz gewinnt erstes Grand-Prix-Rennen

26./27. Juni 1906. James Gordon Bennett hatte mit der Stiftung seines Preises für Automobilrennen dem Automobilsport und dem technischen Fortschritt eine wertvolle Starthilfe gegeben (→14. 6. 1900). Nach dem sechsten Gordon-Bennett-Rennen, das am 5. Juli 1905 in der Auvergne ausgefahren und abermals von Lucien Théry, dem Sieger des Taunusrennens (→17. 6. 1904), auf Richard-Brasier gewonnen wurde, stellte Bennett seine Ausschreibung ein. Er stiftete nun einen Gordon-Bennett-Preis für Freiballone und Luftschiffe, weil er diesen Bereich für förderungswürdiger erachtete.

Da die Gordon-Bennett-Rennen eine außergewöhnliche Popularität erlangt hatten, beschloß der Automobile Club de France gegen Ende des Jahres 1905, statt dessen einen »Grand Prix von Frankreich« auszuschreiben. Dieses Rennen, für internationale Beteiligung offen, ist nicht mehr für Ländermannschaften, sondern für einzelne Fahrer und Firmen bestimmt. Um eine gewisse Chancengleichheit zu schaffen, wird eine Gewichtsbegrenzung der Rennwagen festgelegt. Die Anforderungen des Rennens sind außerordentlich hoch. Der Circuit de la Sarthe (103 km) ist an zwei Tagen je sechsmal zu durchfahren. Das sind täglich 619,080 km, insgesamt 1238,160 km.

Zum ersten Grand Prix gehen 32 Wagen an den Start. Bei glühender Hitze scheiden am ersten Tag 16 Wagen aus, am nächsten weitere fünf. Das Rennen spitzt sich zu einem spannenden Duell zwischen dem aus Ungarn gebürtigen François (Ferencz) Szisz auf Renault und dem Italiener Felice Nazzaro auf Fiat zu. Szisz kann jedoch seinen am ersten Tag errungenen Vorsprung behaupten und bleibt in diesem Zweikampf Sieger. Den dritten Platz belegt der Franzose Albert Clément auf einem Bayard-Clément. Das Rennen wurde durch zahllose Reifenschäden beeinträchtigt. Der französische Automobilklub macht ein Defizit von 200 000 Franc.

Letzte Vorbereitungen zum Start bei den Mechanikern der Firma Itala

Materiallager und Tribüne des Automobilklubs von Frankreich während des ersten Grand-Prix-Rennens auf dem Circuit de la Sarthe

Vincenzo Florios zweiter Streich

6. Mai 1906. Nach dem Pokal (»coppa«) nun der Schild (»targa«). Der Erfolg seines ersten Rennens auf Sizilien (→10. 9. 1905) begeisterte den italienischen Grafen Vincenzo Florio derart, daß er ein zweites Rennen veranstaltet.

In einer abgelegenen Gegend Siziliens finden sich nur sechs italienische und vier französische Wagen am Start ein. Die Streckenführung von Bonfornello (etwa 50 km von Palermo entfernt) über Campofelice, Collesano, Scillato und Caltavuturo zurück zum Ausgangspunkt bietet nicht weniger Schwierigkeiten als die Coppa Florio — im Gegenteil. Am deutlichsten drückt sich der Unterschied der beiden Rennen in den Durchschnittsgeschwindigkeiten der Sieger aus. Raggio kam mit seinem 120-PS-Itala bei der Coppa auf 109 km/h. Alessandro Cagno, der die erste Targa gewinnt, erreicht hierbei mit seinem 110-PS-Itala einen Durchschnitt von nur 46,9 km/h. Cagno fährt auch die schnellste Runde mit 52,45 km/h.

Erfolg der zweiten Herkomer-Fahrt

5. bis 13. Juni 1906. Die zweite Zuverlässigkeitsfahrt um den im Vorjahr gestifteten Wanderpreis des Kunstmalers Hubert von Herkomer ist das herausragende automobilsportliche Ereignis dieses Jahres in Deutschland. Stellen sich doch nicht weniger als 133 Wagen am Start in Frankfurt am Main ein.

Neben 73 deutschen Bewerbern, unter ihnen Prinz Heinrich von Preußen, zählt man 16 französische, 15 britische, 14 belgische, zehn italienische, vier schweizerische und einen US-amerikanischen Wagen. Die Strecke führt von München über Linz, Wien, Klagenfurt und Innsbruck zum Ziel München (insgesamt 1600 km). 100 Wagen bestreiten noch das abschließende Schnelligkeitsrennen im Forstenrieder Park.

Gesamtsieger wird nach einem allzu komplizierten Punkteverfahren, das die stärkeren Wagen benachteiligt, Rudolf Stöss auf einem 18-PS-Horch. Mit einem großen Festmahl im Hotel »Vier Jahreszeiten« findet diese Fahrt auch einen glanzvollen gesellschaftlichen Abschluß.

20 Nationen bei Olympischen Zwischenspielen in Athen

22. April bis 2. Mai 1906. Mit Freuden folgten 884 Sportler aus 20 Ländern dem Ruf nach Athen zu Olympischen Zwischenspielen. Die Wettkämpfe bieten eine willkommene Gelegenheit zu einem internationalen Kräftevergleich, wie er sonst nirgends möglich ist. Außerdem können viele Europäer, denen der Weg nach St. Louis zu weit und zu teuer war, gegen die hochgerühmten US-Amerikaner antreten.

Die Initiative für diese Spiele ging von den Griechen aus, die mit Recht in den Spielen von Paris 1900 und St. Louis 1904 eine Verwässerung der olympischen Idee sahen. Sie kamen daher auf ihren ursprünglichen Wunsch zurück, die Olympischen Spiele alle vier Jahre nirgendwo anders als in Athen zu veranstalten. Pierre Baron de Coubertin hatte den Griechen das 1896 ausreden können, und er blieb auch jetzt ein strikter Gegner dieses Vorhabens. Gegen eine Auffrischung der olympischen Idee bei einem Zehnjahres-Memorial konnte er allerdings schwerlich etwas einwenden.

Die Sportler kämpfen um ihre olympischen Medaillen und erfahren später, daß es gar keine solchen waren. Bei den Leichtathleten bestätigen die US-Amerikaner Archie Hahn, James Lightbody, Martin Sheridan, Myer Prinstein und der unerreichte Ray Ewry ihre Leistungen von St. Louis (→31. 8. 1904). Den Marathonlauf auf klassischer Strecke gewinnt der Kanadier William Sherring, den Prinz Georg von Griechenland auf seiner letzten Runde applaudierend begleitet. Der beste Grieche langt erst als Fünfter an. Die Deutschen verbuchen ihren überzeugendsten Erfolg vor 40 000 Zuschauern im Tauziehen, wo sie acht herkulische Griechen ins Wanken bringen. Sensationell ist der Sieg des jungen österreichischen Schwimmers Otto Scheff, der sich später in den USA Sheff nennt, über die favorisierten Briten Henry Taylor und John Arthur Jarvis über 400 m. Im Rudern gewinnen die Italiener im Zweier, Vierer und Achter. Beim Schießen dominieren die Schweizer. Im Fußballturnier siegt die Ländermannschaft von Dänemark 5:2 über ein Team aus Smyrna (Izmir), dem fünf Briten, zwei Franzosen und vier Griechen angehören.

Endphase des 800-m-Laufs: Der US-Amerikaner Paul Pilgrim führt vor James Lightbody. In den engen Kurven des Panathenäischen Stadions versucht Johannes Runge (rechts außen) nach vorne vorzustoßen, gibt aber bald auf.

Der Kanadier William Sherring läuft als Sieger im Marathonlauf ins Stadion ein, Prinz Georg begleitet ihn auf der letzten Runde. Sherring ist 7,5 Minuten schneller als der Grieche Spyridon Louis zehn Jahre vorher.

Der Münchner Karl Kaltenbach wird überraschend Sieger im Tauziehen gegen die favorisierten Griechen.

Auch der Düsseldorfer Heinrich Rondi gehört der siegreichen deutschen Mannschaft im Tauziehen an.

Der Berliner Hermann Müller wird Neunter im Marathonlauf und einen Tag später Zweiter im 3000-m-Gehen.

Im Tennisturnier bleiben sechs griechische Damen unter sich. Elegant mit Hut schlägt Esmée Simiriotou im Endspiel Sophia Marinou 6:1, 6:4. Interessierte Zuschauer sind u. a. das griechische Königspaar, der griechische Kronprinz Konstantin, das Königspaar von Großbritannien, der Prinz und die Prinzessin von Wales. Bei den Herren gewinnt der Franzose Max Décugis das Einzel, mit Maurice Germot das Doppel und mit Marie Décugis das gemischte Doppel.

Der erste Motorflug in Europa. Santos-Dumont kurz vor der Wiederholung seines Fluges vom Oktober

Fliegender Brasilianer erntet Weltruhm

23. Oktober 1906. Auf dem Flugfeld von Bagatelle in Frankreich hebt sich ein Drachenflugapparat mit zwei Tragflächen und einem eingebauten Antoinette-50-PS-Motor vom Boden, erreicht eine Geschwindigkeit von 41,292 km/h und legt in 21,05 sec eine Strecke von 220 m zurück. Dieser Flug wird von der französischen Sportbehörde offiziell bestätigt. Der Pilot ist der in Paris lebende Brasilianer Alberto Santos-Dumont. Mit seiner Eigenbau-Konstruktion wiederholt er diesen Flug vier Wochen später noch viermal.

Es ist nicht das erste Mal, daß der Sohn eines brasilianischen Kaffeekönigs, geboren am 20. Juli 1873 in São Paulo, durch seine fliegerischen Künste Aufsehen erregt. 1897 unternahm er seine ersten Flüge mit einem Freiballon. Bald ging er zu lenkbaren Luftschiffen über, die er mit einem Explosionsmotor ausstattete. Sein spektakulärster Erfolg gelang ihm am 19. Oktober 1900, als er mit seinem Luftschiff Nr. VI den Eiffelturm umflog. Er erhielt hierfür einen Preis von 100 000 Franc, den der Pariser Industrielle Henry Deutsch de la Meurthe ausgesetzt hatte. Ein Jahr später ehrte die brasilianische Regierung Santos-Dumont mit einem Preis von 125 000 Franc für seine Leistungen, die inzwischen Weltruhm erlangt hatten. Danach wandte sich der Brasilianer dem Problem des Schraubenfluges zu. Als 1905 die Kunde nach Europa drang, daß die US-amerikanischen Brüder Orville und Wilbur Wright mit dem 388 kg schweren Doppeldecker »Flyer III«, der mit einem 21-PS-Vierzylinder-Reihenmotor ausgerüstet war, über 30 Minuten bei einer Geschwindigkeit von 50 km/h in der Luft geblieben waren, erhöhte Santos-Dumont seine Anstrengungen, bis ihm nun die ersten Flüge in Europa gelingen. Kurz zuvor war auch dem Dänen Jakob H. G. Ellehammer auf der Insel Lindholm mit einem 180 kg schweren Anderthalbdecker ein 30-m-Flug geglückt.

Santos-Dumont erhält für seinen Flug den »Coupe Archdéacon«. Ernest Archdéacon, Teilhaber der Automobilfabrik Serpollet, konstruiert selbst Flugapparate, mit denen er seit einiger Zeit Versuche anstellt. Es heißt, daß die Brüder Wright, die in den USA wenig Resonanz finden, planen, nach Europa zu kommen. Man wird dann Vergleiche zwischen der US-amerikanischen und der europäischen Flugtechnik ziehen.

»Über unerforschte Ozeane« (Karikatur in »La Vie au Grand Air«)

Santos-Dumont, der kühne Luftschiffer, der den Eiffelturm umkreist

Weltmeistertitel für Tommy Burns

23. Februar 1906. Das muß man Marvin Hart lassen, er hielt das Versprechen, das er seinem Lehrmeister James J. Jeffries gegeben hatte und nahm jeden Gegner an. So stellte er sich u. a. einem Schwarzen, dem mittlerweile jeder Weiße aus dem Weg geht. Jack Johnson heißt der Bursche, ein langer knochiger Kerl mit einem Schlag und vorzüglichem Auge. Marvin Hart schlug ihn k. o., und das gefiel den Leuten. So bekommt er nun die Chance für einen Titelkampf gegen den Kanadier Tommy Burns.

Der Kampf geht über 20 Runden und reißt niemanden vom Stuhl. Als man danach Burns zum neuen Weltmeister ausruft, ist jedermann klar, daß dieser neue »Champ« gegen Jeffries nicht den Hauch einer Chance gehabt hätte. Am 28. November 1906 bekommt auch Jack O'Brien, dem im Vorjahr ein WM-Kampf verweigert worden war, seine Titelchance. Nach 20 Runden trennt er sich von Burns unentschieden, der damit seinen Titel behält.

Sprinter treten auf der Stelle

14. Juni 1906. Mit 683 904,50 Mark erreicht der Umsatz auf deutschen Radrennbahnen in diesem Jahr eine Rekordhöhe. Dabei gibt es nur sieben Fliegerrennen, ein Zeichen für den weiteren Abstieg dieser Sportart.

Wie man die Sprinterrennen endgültig ruiniert, dafür geben in Paris der Franzose Gabriel Poulain und der Deutsche Henri Mayer ein abschreckendes Beispiel. In einem Entscheidungslauf bleiben beide Fahrer am Start balancierend stehen. Nach 20 Minuten hat Mayer einen Defekt. Das wiederholt sich dreimal. Nach erneutem Start fährt Poulin langsam bis zur nächsten Kurve und verharrt dort mit Mayer am Hinterrad 45 Minuten! Dann rollt er zur nächsten Kurve, und hier wiederholt sich dasselbe öde Spiel. Die Zuschauer randalieren und gehen nach Hause. Mayer meldet Defekt, neuer Start. Da bleiben beide Fahrer 30 Minuten lang stehen. Jetzt gehen auch die Kampfrichter. Poulain und Mayer einigen sich auf Remis und teilen die Siegprämie.

1907

Februar. Madge Syers gewinnt in Wien zum zweiten Mal die Weltmeisterschaft im Eiskunstlauf der Damen.

Frühjahr. In Moskau legt die Hygiene-Gesellschaft einen Fußballplatz auf dem Shiryaevo-Feld an. Die Satzungen der ersten russischen Fußballervereinigung, der Sokolniki, werden bestätigt.

15. 3. In Leipzig erscheint erstmals die illustrierte Monatszeitschrift »Die Athletik«. Sie propagiert volkstümlichen Sport und will den Arbeitersport in Deutschland fördern.

22. 3. Aus Jux fährt der in die Vereinigten Staaten ausgewanderte Norweger Karl Hovelsen im Central Park von Chicago auf Ski eine Wasserrutschbahn hinab. Der Zirkus Barnum & Bailey engagiert ihn für eine Sensationsnummer, in der er auf Ski über Elefanten springt.

8. 5. Tommy Burns verteidigt seinen Titel als Boxweltmeister aller Klassen in Los Angeles erneut gegen Jack O'Brien durch einen Punktsieg nach 20 Runden.

10. 5. Auf der neunten Session des Internationalen Olympischen Komitees (IOC) in Den Haag wird vorgeschlagen, bei den Olympischen Spielen in London 1908 den britischen Kampfrichtern einen ausländischen Kollegen an die Seite zu stellen.

19. 5. Deutsche Überlegenheit bei den Weltmeisterschaften im Gewichtheben in Frankfurt am Main. Im Schwergewicht Heinrich Rondi vor Heinrich Schneidereit und Georg Schleidt. Im Leichtgewicht gewinnt Johann Zewbrowski, im Mittelgewicht Andreas Lutz.

Der Deutsche Fußball-Bund (DFB) beschließt die Durchführung von Länderspielen. Der Mitgliedsbeitrag wird auf fünf Pfennig festgesetzt.

25. 5. Bei einem 24-Stunden-Automobilrennen in Point Breeze bei Philadelphia (USA) werden 1265 km von den Siegern zurückgelegt. Sie erreichten dabei eine Durchschnittsgeschwindigkeit von 53 km/h.

26.5. In Hamburg wird der Deutsche Golf-Verband gegründet, der die ersten Deutschen Meisterschaften ausschreibt. Gespielt wird nach den Regeln des Royal and Ancient Golf Club of St. Andrews.

27. 5. Erste Tourist Trophy für Motorräder auf der Insel Man. Sieger in der Einzylinderklasse: C. R. Collier auf Matchless.

29. 5. Sieger der dritten Tourist Trophy für Tourenwagen auf der Insel Man: E. Courtis auf Rover in 8:23:07,0 h.

2. 6. Vor 3000 Zuschauern in Mannheim gewinnt der Freiburger FC das Endspiel um die Deutsche Fußballmeisterschaft 3:1 gegen Viktoria 89 Berlin.

7. 6. Der Franzose Duray gewinnt die Fernfahrt Moskau–Sankt Petersburg über 545 km in 9:21 h.

7.–12. 6. Erste Horse Show in der Londoner Olympic Hall. 128 Prüfungen, für die insgesamt 1863 Nennungen aus Großbritannien, den USA, Frankreich, Belgien, den Niederlanden und Spanien abgegeben wurden. An Preisgeldern werden 6589 britische Pfund verteilt.

Juli. Bei der Tour de France erstmals Etappen in den Pyrenäen. Sieger: Lucien Petit-Breton mit der bisher höchsten Durchschnittsgeschwindigkeit von 28,47 km/h.

Mit Norman Brookes gewinnt erstmals ein Australier das Herren-Einzel in Wimbledon. Brookes, der 1904 den Australischen Tennis-Verband gegründet hat, nimmt kurz darauf Großbritannien mit der Mannschaft von »Australasia« durch ein 3:2 den Davis-Pokal ab.

2. 7. Sieger im zweiten Grand Prix auf der Rundstrecke von Dieppe über 769,88 km ist der Italiener Felice Nazzaro, der in diesem Jahr bereits die Targa Florio und den Kaiserpreis gewonnen hat. Mit seinem Fiat erreicht er einen Schnitt von 113,6 km/h (→April bis Juli 1907).

4. 7. In Colma/Kalifornien verteidigt Tommy Burns seinen Titel als Boxweltmeister aller Klassen gegen Bill Squires durch K. o. in der ersten Runde (→8. 5.1907).

1. 8. Die englische Football Association (FA) schafft die Abseitsregel in der eigenen Spielhälfte ab.

10. 8. Scipio Fürst Borghese gewinnt mit einem 50-PS-Itala die Fernfahrt Peking–Paris (seit 10. 6.) über eine Strecke von 13 000 km.

26. 8. Auf dem ersten Internationalen Kongreß der sozialistischen Jugendorganisationen in Stuttgart wird die Forderung erhoben, den Sport als Instrument der Politik einzusetzen.

26. 10. Henri Farman gelingen mit seinem Flugzeug die ersten Wendemanöver. Mit 52,7 km/h stellt er bei Issy-les-Moulineaux in der Nähe von Paris einen Weltrekord auf. Weltrekord ist auch die zurückgelegte Strecke von 285 m.

17. 11. Der Ungar Andreas Baronyi schwimmt in Wien Weltrekord über 100 m Brust in 1:24,0 min.

Dezember. In Zakopane/Polen wird der erste polnische Skiverein gegründet.

2. 12. Tommy Burns verteidigt seinen Boxweltmeistertitel in London gegen Gunnar Moir durch K. o. in der zehnten Runde (→8. 5. 1907).

7. 12. Hannes Schneider geht als Skilehrer nach Sankt Anton am Arlberg/Österreich, wo der Hotelier Karl Schuler sein Hotel den Winter über für Skiläufer offen hält.

1907. In Paris wird der internationale Schießsportverband, Union Internationale de Tir (UIT), gegründet.

Wo liegt »Australasia«?

Juli 1907. Ein schwarzes Jahr für die Internationalen Tennismeisterschaften in Wimbledon. Alle drei Titel gewinnen Ausländer. Bei den Damen wiederholt die US-Amerikanerin May Sutton ihren Erfolg von 1905, der damals schon schockierte. Zumal sie mit einem Rock auftrat, der die Fesseln entblößte. Und jetzt wieder! Doch es kommt noch schlimmer. Ein Australier namens Norman Brookes erreicht das Endspiel im Herren-Einzel und schlägt Hugh Lawrence Doherty, der fünf Jahre hintereinander unbesiegt geblieben ist. Damit nicht genug. Zusammen mit dem Neuseeländer Tony Wilding schaltet Brookes auch die legendären Doherty-Brüder im Doppel aus.

Der Neuseeländer Tony Wilding (l.) und der Australier Norman Brookes

Das Schlimmste passiert kurz darauf im Davis Cup. Da wird der Versuch der US-Amerikaner, sich den Pokal in Wimbledon von den Briten zurückzuholen, erwartungsgemäß vereitelt. Aber jetzt tritt noch ein zweiter Herausforderer auf den Plan. Brookes und Wilding spielen für ein Land, von dem noch niemand etwas gehört hat: »Australasia«. Auf Landkarten der südlichen Hemisphäre findet man es nicht. Aber das britische Weltreich ist groß, da wird es, trösten sich Beobachter, schon dazugehören. Den Davis Cup schleppt Brookes jedenfalls dorthin.

Ein Boxweltmeister verreist

8. Mai 1907. Vielleicht gefällt es dem neuen Boxweltmeister aller Klassen Tommy Burns in den USA nicht mehr. Vielleicht hat er auch Sehnsucht nach seiner angeblichen Heimat Australien. Jedenfalls mutet es merkwürdig an, daß er zum Jahresende 1907 die USA verläßt.

Als Burns in Los Angeles dem Weltmeister im Halbschwergewicht Jack O'Brien am 8. Mai Revanche gewährt, geht der Kampf abermals über 20 Runden. Beim letzten Mal erklärte man die Begegnung für Unentschieden, wonach, dem Reglement gemäß, Burns seinen Titel behielt (→23. 2. 1906). Diesmal erklärt man ihn zum Punktsieger, obwohl seine Leistung auch diesmal nicht überzeugend war. Wahrscheinlich will man die beiden ganz einfach nicht noch einmal gegeneinander boxen sehen.

Nach diesem Kampf muß Burns dringend etwas für seinen Ruf als Boxer tun, und das tut er auch. In Colma, der nicht gerade größten Stadt Kaliforniens, schlägt er Bill Squires am 4. Juli 1907 in der ersten Runde k. o. Wer aber ist Bill Squires? Da gibt es doch noch andere.

Tommy Burns, ein leichter Schwergewichtsweltmeister, verläßt die USA.

Sam Langford zum Beispiel oder Sam McYea. Aber unter diesen Boxgrößen räumt der Schwarze Jack Johnson auf. Der wäre genau der Richtige für einen Weltmeister, der Publicity braucht. Aber Burns fährt nach London. Als gäbe es nichts Dringenderes, als dort am 2. Dezember einen Gunnar Moir in der zehnten Runde k. o. zu schlagen.

Beim Start zur Fahrt Peking—Paris vor der Voyron-Kaserne

Fürst Borghese und Barzini bei ihrer Ankunft in Königsberg

Festgefahren. Der Wagen von Collignon auf verschlammten Wegen vor Kalgan in der Mongolei

Mit Menschenkraft zur Großen Mauer vor Tchang-Tao

Beim Verlassen von Tchang-Tao nach den ersten drei Etappen

Über 13 000 km mit dem Automobil von Peking nach Paris

Vor der Voyron-Kaserne in Peking flattern am 10. Juni 1907 französische Fahnen. Führende Vertreter der ausländischen Mächte sind anwesend. Mit klingendem Spiel werden um 8.30 Uhr fünf Fahrzeuge verabschiedet, die zur längsten Reise starten, die je von Automobilen angetreten wurde. Die Pariser Zeitung »Le Matin« hat diese Fahrt von Peking nach Paris ausgeschrieben. Es beteiligen sich zwei französische Dion-Bouton mit den Fahrern Cormier und Collignon, ein Contal-Dreirad, gesteuert von Pons, ein Itala mit dem Italiener Scipio Fürst Borghese am Steuer, den der Journalist Luigi Barzini begleitet, und ein niederländischer Spyker mit dem Fahrer Godard. Schon die ersten Etappen bis zur chinesischen Mauer bei Tchang-Tao stellen Autos und Fahrer vor erhebliche Schwierigkeiten. Über die Gebirgspässe müssen die Wagen gezogen werden.

Die Gesamtroute führt über Kalgan, Urgan, Irkutsk, Atschinsk, Tomsk, Kainsk, Omsk, Jekaterinburg, Perm, Kasan, Moskau, Sankt Petersburg, Eydtkuhnen, Küstrin, Berlin, Hannover und Köln nach Paris. In Sibirien muß Pons mit dem Dreirad aufgeben. Am besten kommt Fürst Borghese, der als Forschungsreisender zu Fuß, mit dem Pferd und mit dem Kamel schon ganz Asien bereist hat, mit seinem 50-PS-Itala zurecht. Er wird in Berlin begeistert empfangen und erreicht nach 60 Tagen, davon 44 Fahrtage, als erster das Ziel.

Dreifacher Triumph für Felice Nazzaro

April bis Juli 1907. Der Italiener Felice Nazzaro auf seinem Fiat ist der erfolgreichste Automobilrennfahrer dieses Jahres. Er beginnt seine einmalige Siegesserie am 21. April bei der Targa Florio. Im Gegensatz zum Vorjahr ist dieses Rennen hervorragend besetzt. Neben 26 italienischen Wagen erscheinen 14 französische und sechs deutsche Wagen am Start. Eine neue, nicht weniger schwierige Streckenführung mit zahllosen Kurven, starken Steigungen und Gefällen bei einer 150-km-Runde, die dreimal zu durchfahren ist, stellt an Fahrer und Wagen höchste Anforderungen. Nazzaro siegt in 8:17 h und erreicht eine Durchschnittsgeschwindigkeit von 53,834 km/h. Nur 28 Wagen gelangen ans Ziel.

Am 13. und 14. Juni findet erstmals in Deutschland das Rennen um den Kaiserpreis statt. Seine Organisation verschlingt die Summe von 500 000 Mark, die nur durch eine großherzige Stiftung von Kaiser Wilhelm II. aufgebracht werden kann. Für die Wagen wird ein Mindestgewicht von 1175 kg, für die Motoren ein Zylinderinhalt von höchstens 8 l vorgeschrieben. Die Rekordbeteiligung von 109 Wagen macht zwei Vorläufe am 13. Juni erforderlich. Auf einer 118-km-Rundstrecke im Taunus führt das Hauptrennen einen Tag später über 472 km. Vor einer ungeheuren Zuschauermenge bleibt das Finale spannend bis zum Schluß. Dann heißt der Sieger abermals Nazzaro, der mit einer Zeit von 5:34:26,0 h durchs Ziel fährt. Die besten Deutschen, Jörns und Michel auf Opel, folgen auf Platz drei und vier.

Zum dritten glanzvollen Ereignis der Saison wird der zweite Grand Prix von Frankreich. Diesmal limitierte der Veranstalter den Benzinverbrauch auf 30 l pro 100 km. Ausgefahren wird das Rennen am 2. Juli über eine Strecke von 770 km bei Dieppe. Auch hier gibt es eine Rekordbeteiligung von 38 Rennwagen, darunter solche bis zu 150 PS. In zehn Runden wechselt die Führung ständig. Als den Franzosen Duray bei einem Sechs-Minuten-Vorsprung ein Kugellagerbruch stoppt, ist der Weg frei zum dritten Sieg Nazzaros. Sein 130-PS-Fiat benötigt 6:46:33,0 h. Zweiter wird der Vorjahressieger François Szisz.

1908

Februar. In Sankt Petersburg erstmals Weltmeisterschaften im Eiskunstlauf der Paare. Die Deutschen Anna Hübler/Heinrich Burger holen den Titel vor dem britischen Paar Phyllis und James Johnson und den Russen Popowa/Fischer.

10. 2. Tommy Burns verteidigt seinen Titel als Boxweltmeister aller Klassen in London gegen Jack Palmer durch K. o. in der vierten Runde.

Februar/März. Bei den Weltmeisterschaften im Eisschnellauf in Davos siegt der Norweger Oscar Mathisen, Bruder des Weltmeisters von 1904, Sigurd.

17. 3. Tommy Burns schlägt in Dublin Jem Roche in der ersten Runde k. o.

5. 4. Erstes deutsches Fußball-Länderspiel. Die Nationalmannschaft des Deutschen Fußball-Bundes (DFB) verliert in Basel gegen die Schweiz 3 :5 (1:2).

18. 4. Tommy Burns schlägt in Paris Jewey Smith in der fünften Runde k. o.

19. 4. Der Deutsche Reichstag verbietet durch das Reichsvereinsgesetz den Arbeiter-Sportorganisationen wegen der Politisierung der Jugendarbeit jegliche Jugendbetreuung.

20.4. Die deutsche Fußball-Nationalmannschaft verliert ihr zweites Länderspiel gegen England in Berlin 1: 5 (0:3).

27.4.-31. 10. Spiele der IV. Olympiade in London.

30.4. Richard Fischer gewinnt in Wien als erster deutscher Sportschütze einen Weltmeistertitel. Er siegt mit der freien Pistole.

15./16. 5. Auf Initiative des französischen Publizisten Louis Magnus in Paris Gründung der Ligue Internationale de Hockey sur Glace (LIHG), des internationalen Eishockeyverbandes, mit Vertretern Frankreichs, Großbritanniens, Belgiens und der Schweiz. Deutschland und Rußland fehlen entschuldigt.

26.–28.5. Im Rahmen der 14. Kieler Woche gewinnt die »Maria Augusta« den Preis der Ostsee für Motorboote.

30. 5. Als erster Läufer erreicht der 22jährige Brite Harold Wilson in London über 1500 m eine Zeit unter vier Minuten mit 3:59,8 min.

7. 6. Das dritte Länderspiel des DFB in Wien gegen Österreich geht 2:3 (1: 1) verloren.

Auf seinem 13. Bundestag wendet sich der DFB gegen ein generelles Spielverbot an Sonntagen und gegen eine geplante Vergnügungssteuer für DFB-Veranstaltungen.

Im Endspiel um die Deutsche Fußballmeisterschaft schlägt Viktoria 89 Berlin die Stuttgarter Kickers vor 2000 Zuschauern in Berlin 3: 0.

13. 6. Tommy Burns schlägt in Paris den schon im Vorjahr besiegten Bill Squires in der achten Runde k. o.

Juli. Lucien Petit-Breton gewinnt zum zweiten Mal die Tour de France. Er steigert den Durchschnitt auf 28,74 km/h.

7. 7. Grand Prix in Dieppe. Über 769,88 km siegt Christian Lautenschlager auf Mercedes in 6:54:43,0 h mit einem Schnitt von 111, 129 km/h.

18. 7.–22. 7. Auf dem deutschen Turnfest in Frankfurt am Main mit 35 000 Teilnehmern werden erstmals Freiübungen gezeigt.

19. 7. In London Gründung der Fédération Internationale de Natation Amateur (FINA), des Welt-Schwimmverbandes.

20. 7. Der erste Präsident des Internationalen Olympischen Komitees (IOC), Demetrios Bikelas (1894-1896, danach Pierre Baron de Coubertin), stirbt im Alter von 73 Jahren in Athen.

22. 7. Der US-Amerikaner Charles Bacon stellt in London einen Weltrekord über 400 m Hürden in 55,0 sec auf.

17. 8. Emanuel Lasker verteidigt in Düsseldorf seinen Schachweltmeistertitel mit 8:3 gegen Siegbert Tarrasch.

24. 8. Tommy Burns besiegt in Sydney zum dritten Mal Bill Squires, der in der 13. Runde k. o. geht.

2. 9. Bei seiner zehnten Titelverteidigung schlägt Tommy Burns in Melbourne Bill Lang in der zweiten Runde k. o.

21. 9. Der US-Amerikaner Wilbur Wright bricht im französischen Auvours sämtliche Flugrekorde.

8. 10. Mit 1:35,0 min über 100 m ist die Magdeburgerin Maria Gerstung erste inoffizielle Weltrekordlerin im Schwimmen.

11.–15. 10. Weltrekordfahrt des Schweizer Freiballons »Helvetika« über 1212 km in 72 Stunden und 25 Minuten.

26. 11. Großer Preis von Amerika in Savannah/US-Bundesstaat Georgia. Über 688,4 km siegt der Franzose Louis Wagner, der im Juni bereits die Fernfahrt Sankt Petersburg–Moskau gewonnen hat, auf Fiat (Durchschnitt: 111,63 km/h).

2. 12. Der Verband Berliner Athletik-Vereine beauftragt eine Kommission, sportmedizinische Forschungen auszuwerten und bei Leichtathletik-Veranstaltungen anthropologische Untersuchungen anzustellen.

19. 12. Weltmeister im Gewichtheben: Johann Grafl (Deutschland) im Schwergewicht, Johann Eibl (Österreich) im Mittelgewicht.

26. 12. Jack Johnson schlägt Tommy Burns in Sydney in der 14. Runde k. o. Er ist der erste schwarze Boxweltmeister aller Klassen. Burns boxt nie wieder.

Das Tagesprogramm kostet Sixpence. Höhepunkt sind die Wettkämpfe der Leichtathleten im neuerbauten Stadion von Shepherd's Bush.

Ausstellung dient Olympia

27. April bis 31. Oktober 1908. Als Lückenbüßer war London vor zwei Jahren eingesprungen, nachdem Pierre Baron de Coubertins Bemühungen, Rom als nächsten Veranstaltungsort der Olympischen Spiele zu gewinnen, 1906 endgültig gescheitert waren. So blieben nur 24 Monate Vorbereitungszeit.
Lord Desborough of Taplow, Präsident der British Olympic Association, setzte durch, daß in Shepherd's Bush ein eigenes Olympiastadion gebaut wurde. Allein die Kosten für diesen neuartigen sportlichen Mehrzweckbau belaufen sich auf über 1 Mio. Mark. Um die Summe sowie die Kosten für die gesamte Organisation aufbringen zu können, veranstalten die Briten eine Französisch-Englische Ausstellung. Gingen 1900 und 1904 die Olympischen Spiele in Weltausstellungen weitgehend unter, muß ihnen diesmal eine Ausstellung dienstbar sein. Als ideal erweist sich die Kombination auch jetzt nicht. Zumal sich die Wettkämpfe über ein halbes Jahr erstrecken. Dennoch stehen diese Spiele im Mittelpunkt des Interesses der sportfreudigen und sportkundigen Bevölkerung.

Das Olympiastadion liegt unmittelbar neben der Französisch-Englischen Ausstellung. Neugierige können von einem Hebekran aus ins Stadion blicken.

Das zweckmäßige Olympiastadion für eine moderne Zeit

Das neuerbaute Olympiastadion in Shepherd's Bush erreicht man vom Zentrum Londons aus in 20 bis 30 Fahrminuten. In gewissem Sinne stellt der schmucklose Bau eine Sehenswürdigkeit dar.
Ein deutscher Besucher schildert seinen Eindruck: »Der Platz für die Abhaltung der Olympischen Spiele ist äußerst günstig gewählt. In unmittelbarer Nähe der Franco-Englischen Ausstellung erhebt sich der gewaltige Bau, ein kolossales Amphitheater in moderner, nüchterner Ausführung. Eisen und Zement, kein Marmor und keine Triumphbogen, aber wenn es von einer begeisterten Menge angefüllt ist, wenn die Kämpfer sich im weiten Innenraum treffen, dann mußte auch die fehlende Illusion, die das Athener Stadion bietet, nicht mehr empfunden werden. Hier war ein modernes Olympia, kein Marmorheiligtum einer Nation, sondern der Kampfplatz aller Völker! Diesem Unterschied war Rechnung getragen worden. Alles ist hier für die Ausführung des Sports geschehen. In technischer Hinsicht überragt das Londoner Stadion die athenische Arena bedeutend. Die Wettkämpfe beweisen das klar. Die Tribünen, die den Innenraum in weitem Oval umgeben, fassen ungefähr 50 000 Menschen und bieten von jedem Punkt aus einen guten Überblick. Durch eine Barriere von den untersten Sitzreihen getrennt, befindet sich die Zementbahn für die Radkonkurrenzen in einer Länge von 666 m. Diese umschließt die Bahn für die Wettläufe, die an der Innenkurve 536,45 m lang ist. Der verbleibende Raum ist mit feinem Rasen bedeckt und gibt den übrigen Vorführungen einen idealen Boden. Die Laufbahn besteht aus feiner Asche, die selbst bei Regen eine elastische und leichte Bahn garantiert. Die Kurven, das gefürchtete Moment aller deutschen Rennen, sind so weit, daß sie kaum eine Benachteiligung des außen liegenden Läufers bilden.«
Noch eine Besonderheit weist dieses Stadion auf. Vor der Haupttribüne ist ein 50 m langes Schwimmbecken angelegt, das erstmals Schwimmwettbewerbe in einem eigens dafür bestimmten Pool ermöglicht. Ein zusammenlegbarer Sprungturm wird für die Kunstspringer aufgestellt. Nie gab es vorher eine Möglichkeit, so zahlreiche unterschiedliche Wettbewerbe an einem Schauplatz zu vereinen. Das Interesse der Londoner Bevölkerung an den Spielen der IV. Olympiade entsprechend groß.

Der europäische Hochadel ist in London zahlreich vertreten. Interessierter Zuschauer ist Kronprinz Gustav Adolf von Schweden (r.).

Erstmals ziehen die 22 Ländermannschaften hinter ihren Nationalfahnen zur Eröffnungsfeier in das Stadion ein, hier die dänische Mannschaft.

Drei Läufe ohne US-amerikanischen Sieg

22. bis 25. Juli 1908. Das hat es noch nie gegeben. Die sieggewohnten US-Amerikaner gehen über 100 m, 200 m und 400 m leer aus. Die Sprintsieger kommen aus Südafrika, Kanada und Großbritannien. Über 400 m startet nur ein Läufer.
Bei den Meisterschaften in Südafrika hatte sich über 100 m Duffy für London qualifiziert. Freunde des unterlegenen Reginald Walker, eines erst 19jährigen Sprinttalents, sammelten daraufhin in Durban Geld. Sie brachten genug auf, so daß sich Walker Wochen vor den Spielen in Großbritannien gut akklimatisieren konnte.
Duffy und Walker gewinnen ihre Vorläufe über 100 m. Im Zwischenlauf scheidet Duffy als Dritter hinter den US-Amerikanern Huff und James Rector aus. Rector stellt hierbei den olympischen Rekord mit 10,8 sec ein. Mit derselben Zeit erreicht Walker das Finale. Hier geht Walker als schneller Starter sofort an die Spitze. Nach halber Distanz holt ihn Rector ein, aber da beschleunigt Walker mühelos und gewinnt sicher. Rector rettet sich als Zweiter mit hauchdünnem Vorsprung vor dem Kanadier Robert Kerr ins Ziel.
Kerr hatte in den Wochen zuvor oft mit Walker trainiert und bei einem britischen Trainer vor allem den Start gelernt. Der verschafft ihm im 200-m-Lauf sogleich einen guten Vorsprung, der bis zum Ziel allerdings rapide dahinschmilzt. Mit einem verzweifelten Satz wirft sich neben ihm der US-Amerikaner Robert Cloughen ins Ziel. Aber diesmal bleibt Kerr mit hauchdünnem Vorsprung vorn. Cloughen gehört der offiziellen US-Mannschaft nicht an. Ihn hat der Irish-American Athletic Club geschickt.
Den 400-m-Lauf gewinnt der Brite Wyndham Halswelle im Alleingang. Zu dieser Kuriosität kommt es, weil Halswelle im Finale auf nicht abgesteckten Bahnen angeblich von dem US-Amerikaner Carpenter gerempelt wird. Die Kampfrichter disqualifizieren Carpenter und ordnen eine Wiederholung des Endlaufs an. Nun erklären sich die US-Amerikaner John Taylor und Robbins mit Carpenter solidarisch, weshalb der Brite das Rennen allein laufen muß.

Der Überraschungssieger über 100 m, Reginald Walker aus Südafrika

Der Kanadier Robert Kerr schlägt über 200 m in 22,6 sec den US-Amerikaner Robert Cloughen. Bronze geht an Nathaniel Cartmell (USA).

Mit 7,48 m gewinnt der US-Amerikaner Francis C. Irons den Weitsprung.

Drei Goldmedaillen für Melvin Sheppard

14./21./25. Juli 1908. Zum ersten Mal gibt es bei Olympischen Spielen einen Staffellauf. Dabei werden 2 x 200 m, 1 x 400 m und 1 x 800 m gelaufen. Gegen die US-Amerikaner, die über 400 m den Schwarzen Taylor einsetzen, ist nicht anzukommen, und Melvin Winfield Sheppard läuft souverän den Sieg nach Hause. Um den zweiten Platz gibt es einen erbitterten Endspurt, den Hanns Braun für die deutsche Staffel gegen den Ungarn Ödön Bodor gewinnt. Am wertvollsten ist Sheppards 800-m-Sieg in Weltrekordzeit (1:52,8 min). Über 1500 m bezwingt er anschließend den Weltrekordler Harold Wilson.

Melvin Winfield Sheppard (USA) gewinnt den 1500-m-Lauf (hier im Ziel vor Harold Alexander Wilson, Großbritannien). Sheppard siegt auch über 800 m.

Medaillenflut bei den Springern

16. bis 25. Juli 1908. Drei Silbermedaillengewinner im Hochsprung hat es noch nicht gegeben. Aber was soll man tun? Drei Springer haben 1,88 m überquert, der 34jährige, für Großbritannien startende Ire Con Leahy, der 19jährige Franzose Géo André und der Ungar István Somodi. Die Mehrversuchsregel ist noch unbekannt. Und einen Stichkampf will man den dreien auch nicht zumuten. Also verteilt man großzügig Silber. Der US-Amerikaner Harry Porter springt mit 1,905 m 1,5 cm über seine Körpergröße und hat damit Gold verdient.
Die Stabhochspringer begnügen sich hingegen nicht mit nur einer Goldmedaille. Der 18jährige Edward Cooke (USA) schwingt sich mit stoischer Ruhe, während sich im Stadion ein Marathondrama abspielt (→25. 7. 1908), über 3,71 m. Diesen olympischen Rekord stellt sein Landsmann Alfred Gilbert ein. Dafür gibt es keinen Silbermedaillengewinner. Aber nach den beiden US-Amerikanern bekommen der Kanadier Edward Archibald, der Schwede Bruno Söderström und der US-Amerikaner Charles Jacobs mit jeweils 3,58 m Bronze.
Zweimal Gold holt sich, wie könnte es auch anders sein, der US-Amerikaner Ray Ewry im Weit- und Hochsprung aus dem Stand (→16. 7. 1900/; 31. 8. 1904). Diesmal hat er allerdings in dem Griechen Constantin Tsiklitiras einen äußerst hartnäckigen Gegner.

Flut von Weltrekorden bei den Schwimmwettbewerben

24. Juli 1908. Dramatische Entscheidung bei den Schwimmwettbewerben über 4 x 200 m Freistil, die erstmals auf dem olympischen Programm stehen. Die Ungarn mit József Munk, Imre Zachár, Béla Las-Torres und Zoltán Halmay gelten als Favoriten.
Ihre ersten drei Schwimmer vergrößern gegenüber den Briten John Derbyshire, Paul Radmilovic und William Foster stetig ihren Vorsprung. Henry Taylor, Sieger über 400 m und 1500 m, hat kaum noch eine Chance, den berühmten Zoltán Halmay auf den letzten Bahnen einzuholen. Da geschieht etwas Unerwartetes. 50 m vor dem Ziel dreht sich Halmay förmlich im Kreise. Ein Krampf hat ihn befallen. Mit letzter Energie zwingt er sich, die Richtung zum Ziel einzuhalten. Taylor, der von den Schwierigkeiten Halmays nichts bemerkt, kommt auf, rückt mit jedem Schlag näher. Die Zuschauer auf der Haupttribüne springen auf. Alles starrt auf Halmay, der wie gelähmt wirkt. Ist Taylor nicht schon an ihm vorbei? Halmay schlägt an und sackt im Wasser ab. Entsetzt springen seine Staffelkameraden ins Wasser, um ihn vor dem Ertrinken zu retten. Wenig später ziehen sie den leblosen Halmay an Land. Es herrscht große Aufregung. Und es dauert Stunden, bis der Ungar aus seiner Bewußtlosigkeit erwacht. Dann erst können sich die britischen Schwimmer über ihren Staffelsieg freuen, bei dem sie einen Weltrekord mit 10:55,6 min aufstellten.
Es ist nicht der erste Weltrekord, der in dem Schwimmbecken im Stadion von Sheperd's Bush, dem ersten olympischen Swimmingpool, geschwommen wurde. Schon am 16. Juli gewann Taylor die 400 m Freistil in 5:36,8 min, der erste offizielle Weltrekord über diese Strecke.
Einen Tag nach dem Staffeldrama gelingt Taylor ein weiterer Weltrekord über 1500 m Freistil, die er in 22:48,4 min gewinnt. Bereits am 20. Juli schwamm der US-Amerikaner Charles Daniels die 100 m Freistil in der Weltrekordzeit von 1:05,6 min und revanchierte sich damit für die Niederlage, die er vier Jahre zuvor in St. Louis durch den Ungarn Halmay erlitten hatte.
Mit insgesamt vier Goldmedaillen, einer Silber- und einer Bronzemedaille ist Daniels der bislang erfolgreichste Schwimmer bei Olympischen Spielen. 1907 schrieb er ein ausgezeichnetes Lehrbuch, »Speed Swimming«. Wenig nach steht ihm Zoltán Halmay, der es bei drei Olympischen Spielen auf zwei Goldmedaillen, vier Silbermedaillen und eine Bronzemedaille bringt. Ein wenig enttäuscht der österreichische Überraschungssieger beim 400-m-Schwimmen 1906 in Athen, Otto Scheff, der sich jetzt Sheff schreibt. Er wird Dritter über 400 m. Über 1500 m gibt er nach 400 m auf.
Die Deutschen wahren ihre Erfolgstradition über 100 m Rücken durch Arno Bieberstein, der es mit 1:24,6 min auch nicht unter einem Weltrekord macht. Er schlägt damit den zweitplazierten Dänen Ludvig Denn um zwei Sekunden. Und im Kunstspringen gibt es sogar einen dreifachen deutschen Erfolg durch Albert Zürner, Karl Behrens und Gottlob Walz, der seine Bronzemedaille mit dem US-Amerikaner George Gaidzik teilt, ein erfolgreiches Ergebnis für die vier Finalisten.

△ »Start zum Wettschwimmen« nennt »Sport im Bild« diese Szene. Aber derart durcheinander startet man nun doch nicht. Zumal an den Endkämpfen meist nicht mehr als vier Schwimmer teilnehmen. Es sind vielmehr Wasserballspieler zweier Mannschaften, die sich ins Bassin stürzen, um ihre Ausgangspositionen zu beziehen. Hinter Großbritannien und Belgien landet Schweden ohne Sieg beim olympischen Wasserballturnier auf Rang drei.

◁ Im Turmspringen qualifizierten sich von 23 Teilnehmern nur fünf für den Endkampf, darunter vier Schweden. Sie teilen auch die ersten Plätze unter sich auf. Hjalmar Johansson, im flatternden Gewand (Abb.), siegt vor Karl Malmström und Arvid Spångberg.

Der 23jährige Deutsche Arno Bieberstein aus Magdeburg gewinnt im Londoner White-City-Stadion über 100 m Rücken in Weltrekordzeit.

Nach dem dramatischen Finale in der 4x200-m-Freistil-Staffel wird der Brite Henry Taylor im Triumph davongetragen. Die Ungarn müssen sich mit 3,4 Sekunden Rückstand hinter den Briten vor der US-Staffel mit Silber begnügen.

Drei Spiele beim Wasserballturnier

20. bis 22. Juli 1908. Die Wasserballturniere gehörten bisher nicht zu den Glanzstücken Olympischer Spiele. Einmal nahmen nur Vereinsmannschaften teil, zum anderen waren es in Paris 1900 nur vier, in St. Louis 1904 nur drei Mannschaften. Diesmal erhoffte man sich stärkere Beteiligung. Das Turnier wurde erstmals für Ländermannschaften ausgeschrieben, und immerhin meldeten sich sechs Länder an. Doch Österreich und Ungarn zogen ihre Meldung wieder zurück.
Olympisches Gold geht an Großbritannien nach einem 9:2 über Belgien. Die Belgier haben zuvor die Niederlande (8:1) und Schweden (8:4) ausgeschaltet.

Das Drama um den armen Dorando Pietri

25. Juli 1908. Schlußtag der leichtathletischen Wettkämpfe in London. Das Stadion ist vollbesetzt. Ein Raunen geht durch die Menge, als die britische Königin einen kleinen Mann mit Bärtchen in ihre Loge bittet. Sie sagt zu ihm, und ihre Worte werden sogleich bekanntgegeben: »Ich habe kein Diplom für Sie, keine Medaille, keinen Eichenzweig, die ich Ihnen überreichen könnte. Aber nehmen Sie hier diesen Goldpokal, und ich hoffe, daß sie keine schlechte Erinnerung an unser Land mitnehmen.« Darauf braust ein Jubelsturm durchs Stadion, und der kleine Mann verbeugt sich vor der Königin.

Seit gestern diskutieren die sonst so kühlen Briten leidenschaftlich, was sich mit dem italienischen Pastetenbäcker Dorando Pietri im Stadion ereignete. Immer wieder wird der Hergang des Marathonlaufs geschildert. 56 Läufer traten im Windsor-Park vor der Terrasse des königlichen Schlosses an den Start. 42,263 km waren bis zum White-City-Stadion vermessen. Lord Desborough of Taplow, Präsident der British Olympic Association, feuerte persönlich den Startschuß ab.

Die Londoner standen in den Straßen Spalier. Jubel, als nach 5 km der Brite Jack führte. Bis zur Hälfte der Distanz stieß der Südafrikaner Charles Hefferon zur Spitze vor. Dem schlanken, sehnigen Läufer folgte ein kleiner Mann mit buschigem Schnauzbart und einem weißen Mützchen auf. Niemand kannte ihn. Wie Goliath und David sahen die beiden aus. Oder wie ein Herr und sein Diener. Dann fiel der Diener zurück, eine Minute, zwei Minuten, drei Minuten – das war vorauszusehen. Doch bei km 37, in Höhe des Wormwood-Scrubbs-Parks, brandete hinter dem Rücken des immer noch führenden Hefferon lebhafter Beifall auf. Der Kleine war wieder da. Ein Italiener namens Dorando Pietri. Und er setzte plötzlich zu einem Spurt an wie ein Kurzstreckenläufer. Hefferon war so verblüfft, daß er sofort 400 m verlor und auch noch den US-Amerikaner John Hayes vorbeiließ.

Im Stadion wurde der Sieger erwartet. Eine Sensation lag in der Luft. Aber keiner ahnte, welcher Art. Am Stadioneingang aufgeregtes Gestikulieren. Aufbrandender Jubel erstarb jäh. Der Sieger des Laufs betrat die Bahn zur letzten Runde. Er setzte taumelnd Fuß vor Fuß. Strebte in die falsche Richtung, wurde richtig eingewiesen. Der Mann war totenblaß, versuchte zu laufen, mit wackelndem Kopf und schlotternden Knien. Stürzte zu Boden, raffte sich wieder auf, von hilfreichen Händen gestützt. Taumelte dann im Zickzack wie ein Betrunkener weiter. Stürzte noch viermal. Rappelte sich wieder auf. Dann zerbrach ein Aufschrei die entsetzte Stille. Hayes lief ein. Leicht und flüssig, zur letzten Runde. Pietri lag auf der Seite, blickte sich um, begriff. Auf den Knien suchte er dem Ziel zuzukriechen. Hayes kam immer näher. Das Stadion schrillte von hysterischen Schreien. Jeder wollte dem armen Teufel helfen. Noch 5 m trennten ihn von der Ziellinie. Hayes bog in die Zielgerade ein. Da hielt es zwei Männer nicht länger. Sie sprangen hinzu, halfen Pietri auf und schubsten ihn mit einknickenden Knien über die Ziellinie. Feierten ihn als Sieger. Als Pietri Stunden später aus der Bewußtlosigkeit erwachte, erfuhr er, daß man ihn disqualifiziert hatte.

Die Marathonläufer kurz nach dem Start vor dem Schloß Windsor. Die Strecke von 42,263 km bis zum Stadion in Shepherd's Bush wird künftig allen olympischen Marathonwettbewerben zugrunde gelegt. Der spätere Olympiasieger John Hayes (USA) benötigt 2:55:18,4 h.

Pietri (2. v. r.) beklagt sich später, daß ihm Funktionäre ins Ziel halfen, um ihn dann zu disqualifizieren. Einer war Arthur Conan Doyle (r.).

London 1908 in Stichworten

Die Spiele der IV. Olympiade in London dauern vom 27. April bis zum 31. Oktober 1908. Es sind die längsten Spiele überhaupt. 2035 Teilnehmer, darunter 36 Frauen, aus 22 Ländern. 110 Wettbewerbe in 21 Sportarten. White-City-Stadion bislang größte olympische Wettkampfstätte. Die Verbindung mit der Französisch-Englischen Ausstellung und der lange Zeitraum beeinträchtigen das olympische Erlebnis. **Leichtathletik:** Überlegenheit der USA vor den stark auftrumpfenden Briten. **Ringen:** Fünf Gewichtsklassen im Freistil. Großbritannien 3 G, 4 S, 4 B. Erstmals griechisch-römisch mit Siegen für Finnland, Schweden, Italien und Ungarn. **Boxen:** Fünf Gewichtsklassen. Mit Ausnahme von Reginald Baker (Zweiter im Mittelgewicht »Australasia«) gehen alle Medaillen an Großbritannien. **Fechten:** Nur Wettbewerbe im Degen und Säbel, die von Franzosen und Ungarn beherrscht werden. **Schießen:** 18 Wettbewerbe, einschließlich Bogenschießen, auch für Frauen. Großbritannien mit acht Gold-, neun Silber- und neun Bronzemedaillen vor den USA. Erstmals **Polo**, nur von britischen Vereinsmannschaften bestritten. **Radfahren:** Sechs Bahnrennen. Großbritannien 5 G, 3 S, 1 B deutlich vor Frankreich. **Turnen:** Mehrkampf-Einzelsieg durch den Italiener Alberto Braglia, Mannschaftssieg für Schweden. **Schwimmen** und **Wasserball:** Großbritannien vor Deutschland und Schweden. Britische Überlegenheit im **Rudern, Segeln** und **Motorbootrennen. Fußball:** Sechs Mannschaften aus fünf Ländern. In der siegreichen britischen Elf kommt jeder Spieler aus einem anderen Klub. **Rugby:** Nur ein Spiel mit dem unschlagbaren Team von »Australasia«. **Hockey:** England vor Irland, Schottland und Wales. **Tennis** und **Racket:** Britische Überlegenheit. Erstmals **Eiskunstlauf:** Siege für Schweden, Großbritannien, Rußland und Deutschland.

Der Weihnachtsfeiertag in Sydney bringt eine böse Bescherung. Der Kanadier Tommy Burns (M.), von der ersten Runde an in Bedrängnis, verliert seinen Titel

Ende einer langen Flucht: Schwarzer wird Boxweltmeister

26. Dezember 1908. Um den halben Erdball ist er ihm nachgereist. Jack Johnson, der schwarze Riese und Schrecken aller weißen Boxer. Der amtierende Boxweltmeister aller Klassen, Tommy Burns, wich ihm immer wieder aus. Nicht, daß Burns keine Titelkämpfe bestritten hätte. Aber er tat es nur mit Gegnern, von denen er überzeugt war, daß er seinen Titel behalten würde. Als Johnson in London auftauchte, boxte Burns in Dublin. Bis Johnson dorthin eine Schiffspassage buchte, begab sich Burns nach Paris. Als Johnson tatendurstig auch dort erschien, entschwand Burns nach Australien. Er gab vor, daß dies seine Heimat wäre. Aber Burns war unter dem Namen Noah Brusso 1881 in Hanover, Kanada, zur Welt gekommen. Australien ist Schwindel. Aber dort schlägt schließlich die Stunde der Wahrheit. Johnson, der Burns vermutlich bis in die Antarktis verfolgt hätte, stellt den Weltmeister am 26. Dezember 1908 zum Kampf. Ein garantiertes Honorar von 120 000 Mark gibt Burns die nötige Rückendeckung.

Das Stadion von Rushcutters Bay bei Sydney ist überfüllt. Über 20 000 Zuschauer sitzen am Ring. Um 11 Uhr vormittags schlägt der Gong zur ersten Runde. Johnson, ein Modellathlet, ist fast einen Kopf größer als der Titelverteidiger, der tatsächlich auch nur 1,70 m mißt. Diesmal kommt er den Zuschauern noch viel kleiner vor. Und schon liegt er am Boden. Der Ringrichter zählt bis neun. Da steht Burns wieder aufrecht, auf wackeligen Knien.

Und nun sieht man einen seltsamen Kampf. Johnson spielt mit seinem Gegner. Er könnte ihn jederzeit ins Land der Träume schicken, aber er begnügt sich damit, Burns fürchterlich zu verprügeln. Johnson nutzt seine überlegene Reichweite und Technik aus. Seine peitschenden Schläge treffen nach Belieben. Burns wehrt sich verzweifelt. Jetzt zeigt er doch noch ein Kämpferherz. Aber er ist nicht mehr als ein lebender Sandsack. Da springen Polizisten in den Ring und beenden den Kampf. Jack Johnson ist Boxweltmeister aller Klassen — der erste schwarze Champion. Aber die Zuschauer wollen ein Unentschieden.

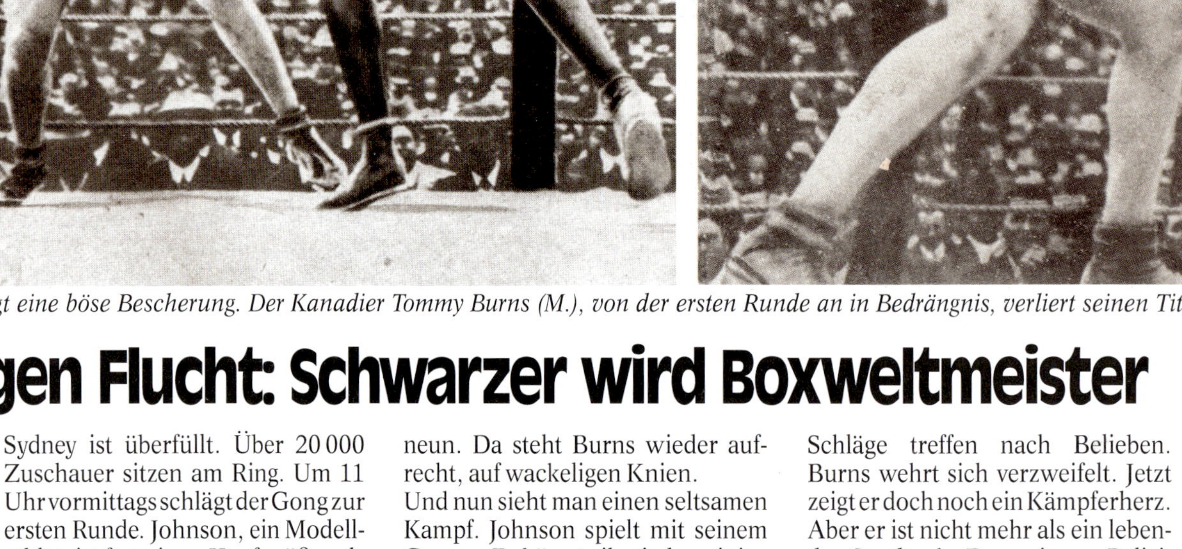

Es ist die größte Boxsensation, die Australien je erlebt hat. Die Zuschauer wollen jedoch keinen Sieg eines Schwarzen.

echnisch ist Jack Johnson (r.) dem amtierenden Weltmeister weit überlegen. Vermutlich scheut er den K. o., um das Publikum nicht gegen sich aufzubringen.

Rassenunruhen in den Südstaaten

In Sydney randalieren die Zuschauer nach dem Spruch der Kampfrichter, die Jack Johnson zum neuen Boxweltmeister erklären. Sie wollen die Fortsetzung des Kampfes. Die australischen Kampfrichter bleiben bei ihrer Entscheidung. Als die Nachricht die USA erreicht, herrscht lähmendes Entsetzen. Nur ein Gedanke beherrscht die Köpfe der weißen Rassisten: Ein Weißer muß Johnson den Titel wieder abnehmen.
In den Südstaaten wird Johnson von der schwarzen Bevölkerung wie ein Held gefeiert. »Schlagt die Weißen!« heißt eine Parole. Zahlreiche farbige Arbeiter verlassen im Jahr 1909 die Baumwollfelder, rotten sich zusammen, plündern Geschäfte und zünden Häuser an. Es kommt zu blutigen Ausschreitungen. Seit 100 Jahren läßt man Schwarze gegen Weiße boxen. Aber keiner vermaß sich je, Weltmeister zu werden.

Burns (l.) auf seiner Siegesstraße, die für ihn zur Verliererstraße wurde. Am 18. April 1908 ging Jewey Smith in Paris k. o.

Vorspiel: Burns schlägt reihenweise zweitklassige Boxer

Die Briten halten sich immer noch für die wahren Vertreter der »noble art of selfdefense«. Daher fanden sie es auch ganz angebracht, daß ein in den USA gekrönter kanadischer Boxweltmeister einmal nach »merry old England« kam, um hier seine Kunst zu zeigen.
Überrascht waren sie dann, als der britische Meister Gunnar Moir am 2. Dezember 1907 gegen diesen Tommy Burns sang- und klanglos unterging. Am 10. Februar 1908 sollte Jack Palmer die britische Ehre wiederherstellen. Ein ziemlich großer Bursche, der dem doch etwas kleinen, wenn auch kompakten Burns einheizen würde. Hohe Wetten wurden auf Palmer abgeschlossen und verloren. Denn er ging schon in der vierten Runde k. o. Burns äußerte sich recht freimütig über die Qualität britischer Boxer, die zuviel in Varietés aufträten. Und so vermöbelt er, stets auf der Flucht vor Jack Johnson, in Dublin, Paris, Sydney und Melbourne der Reihe nach Jem Roche (17. 3.), Jewey Smith (18. 4.) Bill Squires (13. 6./ 24. 8.) und Bill Lang (2. 9.).

Das erste deutsche Fußball-Länderspiel

5. April 1908. Jeder Fußballtrainer wüßte wohl gern, ob er in seiner Mannschaft wirklich die elf besten Spieler aufgeboten hat. Für die Schöpfer des offiziellen Programms der Schweizerischen Fußball-Association gibt es da keine Probleme. Hier liest man klipp und klar: »Internationaler Match — die 11 besten Spieler von Deutschland gegen die 11 besten Spieler der Schweiz — Beginn 3 Uhr auf dem Landhof (Tramhaltestelle Bad. Bahnhof und Riehenstraße) — Eintritt: Tribüne 3 Franken, I. Platz 2 Franken, II. Platz 1 Franken.« Etwas verschweigt dieses Plakat, das in Basel aushängt. Damen, von denen man voraussetzt, daß sie in männlicher Begleitung das Spiel besuchen, erhalten eine Tafel Schokolade.
Für den Deutschen Fußball-Bund

Preis 20 Cts.

Offizielles Programm
herausgegeben von der
Schweiz. Fussball-Association
Vorort Basel.

Internationaler Match
die 11 besten Spieler von
Deutschland
gegen
die 11 besten Spieler der
Schweiz
Sonntag, den 5. April 1908, Beginn 3 Uhr
auf dem Landhof
(Tramhaltestelle: Bad. Bahnhof und Riehenstrasse)

EINTRITT: Tribüne Fr. 3.—
I. Platz „ 2.—
II. Platz „ 1.—

Das »Internationale Match« Deutschland—Schweiz findet in Basel statt.

(DFB) war es völlig unmöglich, seine beste Elf aufzustellen. Denn einmal hätte kaum jemand gewußt, wer diese Spieler hätten sein sollen. Zum anderen aber hätten die Mitgliedsverbände des DFB nie und nimmer geduldet, daß irgendjemand hier nach Gutdünken eine Auswahl trifft. Da mußte gleiches Recht für alle gelten. Nimmt man einen Schwaben, muß auch ein Bayer aufgestellt werden. Auf einen Preußen kommt auch ein Sachse usw. Schließlich machte man es wie die Briten bei den Olympischen Spielen: Jeder Spieler kommt aus einem anderen Verein. Das ist schwierig genug, wenn man bedenkt, daß es weit über 100 Vereine gibt.
Viele Spieler der ersten deutschen Nationalmannschaft sehen sich dann am 5. April in Basel kurz vor Beginn des Spiels zum ersten Mal. Von einem vorbereitenden Training konnte keine Rede sein. Bei strömendem Regen haben sich rund 5000 Zuschauer eingefunden. Schiedsrichter H. P. Devitte (Großbritannien) pfeift an, und nach wenigen Minuten liegt die Schweiz durch ein Tor von Fritz Becker von Kickers Frankfurt 0:1 zurück. Die Schweizer gleichen jedoch aus und gehen bis zur Pause 3:1 in Führung. In der zweiten Halbzeit schießt Fritz Förderer vom Karlsruher FV noch ein Tor und Becker ein weiteres. Aber auch die Schweizer treffen noch zweimal und gewinnen dieses Länderspiel 5:3. Ein gerechtes und allseits zufriedenstellendes Ergebnis.

Die deutsche Ländermannschaft (v. l.): Baumgärtner, Becker, Hensel, Baumgarten, Hiller, Hempel, Förderer, Jordan, Ludwig, Kipp, Weymar

Das Ballspiel des Henri Rousseau

November 1908. Künstlerfest im »Bateau Lavoir« in der Rue Ravignan in Paris. Der spanische Maler Pablo Picasso hat Freunde eingeladen, u. a. Georges Braque, Guillaume Apollinaire, Max Jacob, Gertrude Stein. Ehrengast ist der pensionierte Zöllner Henri Rousseau, von dem Picasso für fünf Franc ein Bild gekauft hat. Rousseau erscheint mit einer Geige und wird auf einen Thron gesetzt. Es geht fröhlich zu. Rousseau hält sich und Picasso für die beiden bedeutendsten lebenden Maler. Aber außer ihnen beiden weiß es noch keiner.

Das Bild »Ballspieler« malt Henri Rousseau im Jahr 1908. Er hält sich für einen realistischen Maler. Aber alles, was er malt, gerät ihm poetisch und phantastisch. So stellt auch dieses Bild kein konkretes Spiel dar. Die Spieler, von denen zwei als Selbstportraits des Malers gelten, zelebrieren ein Ballritual.

Wilbur Wright am Steuer seines Doppeldeckers bei einem Rekordflug

Alle Flugrekorde für Wilbur Wright

21. September 1908. Nun ist es also zu Ende mit der Geheimniskrämerei der US-amerikanischen fliegenden (»flying«) Brüder Wright (→17. 12. 1903), die ihnen schon den Spottnamen die »lügenden (›lying‹) Brüder« eingetragen hatte. Orville Wright liegt nach einem schweren Sturz in einem Krankenhaus in den USA. Aber Wilbur Wright befindet sich mit seinem Aeroplan in Europa und rehabilitiert sich glänzend.
Auf dem Flugfeld von Auvours/Frankreich bricht Wilbur sämtliche bestehenden Flugrekorde: 10 km in 13:13,2 min; 20 km in 26:13,6 min; 30 km in 39:28,0 min; 40 km in 52:48,0 min; 50 km in 1:06:46,4 h. Nebenbei erreicht er noch die Rekordhöhe von 115 m und legt in einer halben Stunde 22 km zurück. Bis zum Jahresende gelingt Wilbur Wright noch ein Rekordflug unter Mitnahme eines Passagiers mit 1:09:45,4 h und ein absoluter Weltrekord über Dauer und Entfernung mit 2:20:44,2 h. In dieser Zeit legt er eine Strecke von 124,7 km zurück. Der Wright-Doppeldecker, der derart eindrucksvoll seine Leistungsfähigkeit bewiesen hat, ist mit einem 30-PS-Motor ausgestattet. Diese Rekorde geben dem Flugsport in Europa gewaltigen Auftrieb. Angeblich steht Wright in Verhandlungen mit einem Fabrikanten Weiler, dem er seine Patente für Europa verkaufen will. Nach diesen Rekorden werden sie nicht billig sein.

Petit-Breton gewinnt abermals die Tour

Juli 1908. Er ist weder klein noch ein Bretone und heißt eigentlich Lucien Mazan. Jedenfalls ist er ein großer Straßenfahrer, der größte, den Frankreich derzeit besitzt.
Lucien Petit-Breton wandelt seit Jahren auf den Spuren von Henri Desgrange, dem Begründer der Tour de France (→1. 7. 1903). Desgrange war nämlich der erste, der auf der Pariser Buffalo-Rennbahn einen Stundenweltrekord ohne Schrittmacher mit 35,325 km aufstellte. Das war 1893. Petit-Breton reihte sich 1905 in die Reihe der illustren Nachfolger von Desgrange ein, als er auf der Buffalo-Bahn 41,11 km erreichte. Damit war sein Ehrgeiz als Bahnfahrer gestillt, und er verlegte sich auf Straßenrennen. Als ob ihm Desgrange die Lust hierfür austreiben wollte, ließ er bei der vorjährigen Tour erstmals Pyrenäenpässe erklimmen. Aber gerade hier spielte Petit-Breton seine Stärke aus und war ab Bayonne nicht mehr zu gefährden.
In diesem Jahr hat Petit-Breton einen starken Konkurrenten in dem Luxemburger François Faber, einem neuen Stern am Radfahrerhimmel. Faber gewinnt drei Etappen. Petit-Breton holt gegen ihn den entscheidenden Vorsprung auf der Etappe Toulouse—Bayonne heraus. Nach einem weiteren Etappensieg Bordeaux—Nantes ist ihm der Gesamtsieg sicher. Zweimal hat er große Rückstände durch Reifenschäden wieder aufgeholt und sich hierbei als wahrer Champion erwiesen.

Französisch-deutsche Verbrüderung in Metz. Etappensieger Lucien Petit-Breton Arm in Arm mit einem preußischen Gendarm

Nach dem Sturz des Franzosen Passerieu (4. v. l.) hinter Epinal prüft Henri Desgrange (2. v. l.) das Fahrrad. Passerieu bringt es noch auf drei Etappensiege.

Petit-Breton (vorn) und Garrigou in den Pyrenäen auf dem Weg nach Bayonne. Hier fährt Petit-Breton den Sieg heraus.

Sieger der letzten Etappe: Petit-Breton (2. v. l.) vor François Faber, dem starken Luxemburger, in Paris

Wiedergeburt der Straßenrennen

Die wachsende Popularität der Tour de France wirkt ansteckend. So gibt es in diesem Jahr erstmals auch eine Tour Belgique. Und in Italien soll im nächsten Jahr nach dem Vorbild der Tour de France eine Italienrundfahrt durchgeführt werden. Da ist es erfreulich, daß auch in Deutschland die Straßenrennen eine Wiederauferstehung feiern. Keine größere Stadt, die nicht ihr eigenes »Rund-um-…«-Rennen veranstaltet, ob Berlin, Leipzig, München, Hamburg, Frankfurt am Main oder Breslau.
Das bedeutendste radsportliche Ereignis des Jahres 1908 in Deutschland ist jedoch die Fernfahrt Wien—Berlin (Start am 28. 6.). Sie wurde letztmals 1893 ausgetragen. Damals hatte man die Leistungsfähigkeit des Fahrrades mit einer solchen Prüfung beweisen wollen. Das sportliche Interesse des Publikums verlegte sich dann ganz auf die Bahnrennen. Erst jetzt, da die Tour de France mit dem Etappenort Metz auch über deutschen Boden rollt, nimmt die Anteilnahme wieder zu. Trotzdem überrascht, daß sich am Start in Floridsdorf bei Wien nicht weniger als 180 deutsche und österreichische Fahrer einfinden — ein Rekord.
Erstmals läßt man die Fahrer nicht gruppenweise starten, sondern gemeinsam losfahren. Schon bald zieht sich das Feld auseinander. Ein bislang fast unbekannter Fahrer, Hans Ludwig aus Sossenheim, fährt mit dem Schlesier Wincziers einen Vorsprung von 20 Minuten heraus. In Görlitz, nach 388 km, beginnt es zu regnen. Ludwig setzt zu einem Zwischenspurt an, dem Wincziers nicht mehr folgen kann. Zwei neue Verfolger, die Dresdner Paul Oberstein und Winzer, setzen Ludwig nach, dessen 58-Minuten-Vorsprung dahinschmilzt. Doch er rettet sich nach 28:26:18,0 h ins Ziel und ist damit 90 Minuten schneller als der Sieger vor 15 Jahren, der die 598 km noch hinter einem Schrittmacher fuhr.

1909

Februar. Das britische Paar Johnson wird in Stockholm Weltmeister im Eiskunstlauf der Paare vor zwei schwedischen Paaren.

Der Norweger Harald Smith stellt in Davos mit 48 m einen Weltrekord im Skispringen auf.

7. 2. Bei einem Hallensportfest in Berlin schlägt Hanns Braun den dreifachen US-amerikanischen Olympiasieger von St. Louis, James Lightbody, über 1000 m.

Februar/März. Der Norweger Oscar Mathisen wird in Kristiania (Oslo) erneut Weltmeister im Eisschnellauf.

15. 3. Start zum ersten Sechstagerennen Europas in Berlin (bis 21. 3.).

16. 3. In ihrem vierten Länderspiel unterliegt die deutsche Fußball-Nationalmannschaft in Oxford England 0:9 (0:5).

4. 4. Deutsche Fußball-Nationalmannschaften bestreiten an einem Tag zwei Länderspiele und kommen zu ersten Erfolgen. In Budapest 3:3 (2:2) gegen Ungarn, in Karlsruhe 1:0 (1:0) gegen die Schweiz.

9. 4. Beim sechsten Monaco-Meeting Geschwindigkeitsweltrekord durch Motorboot »Duc« mit 66,42 km/h.

1. 5. Johann Grafl wird Weltmeister im Gewichtheben (Schwergewicht) in Wien.

19. 5. Jack Johnson verteidigt seinen Weltmeistertitel im Schwergewichtsboxen in Philadelphia/US-Bundesstaat Pennsylvania durch ein Unentschieden gegen Jack O'Brien nach sechs Runden (→ 16.10.1909).

20. 5. Erstes offizielles Fußball-Länderspiel Englands auf dem Kontinent. Die Schweiz unterliegt in Basel vor 8000 Zuschauern 0:9.

27. 5.–2. 6. Auf der zehnten Session des Internationalen Olympischen Komitees (IOC) in Berlin werden die Spiele der V. Olympiade 1912 nach Stockholm vergeben. Auseinandersetzungen wegen der Radwettbewerbe.

29. 5. Der Deutsche Fußball-Bund (DFB) gewährt Vereinen, die für ihre Spiele »Lustbarkeitssteuer« zahlen müssen, Rechtsschutz. Der FC Mönchengladbach gewinnt in drei Instanzen gegen das Deutsche Reich.

30. 5. In Breslau gewinnt Phönix Karlsruhe das Endspiel um die Deutsche Fußballmeisterschaft vor 1500 Zuschauern 4:2 gegen Viktoria 89 Berlin.

Juni. Bei der Horse Show in der Londoner Olympic Hall tragen sechs Offiziersequipen erstmals einen Nationen-Cup aus. Sieger: Frankreich vor Italien, Großbritannien, Kanada, Belgien und Argentinien.

9. 6. Beim Flachrennen Guben-Krossen über 5,5 km gewinnt erstmals ein Wagen der Firma Opel mit Erich Lochner am Steuer. Schnitt: 122 km/h.

30. 6. In Pittsburgh/US-Bundesstaat Pennsylvania verteidigt Jack Johnson seinen Weltmeistertitel im Box-Schwergewicht gegen Tony Ross durch ein Unentschieden nach sechs Runden (→ 16. 10. 1909).

Juli. Mit dem Luxemburger François Faber siegt erstmals ein Nichtfranzose bei der Tour de France.

3. 7. Der Münchner Hanns Braun wird in London britischer Meister über 880 y. Deutsche Zeitungen berichten darüber erstmals auf der Titelseite.

4. 7. Die deutsche Generalität fordert vom Zentralausschuß für Jugend und Volksspiele eine Abkehr vom Turnen, dafür Wehrertüchtigung durch den Sport.

25. 7. Louis Blériot überfliegt mit einem Eindecker in 27 Minuten den Ärmelkanal und gewinnt damit den von der »Daily Mail« ausgesetzten Preis von 20 000 Franc und Weltruhm.

31. 7. In Boston/Massachusetts überwindet der US-Amerikaner Daniel Ahearne im Dreisprung erstmals die 15-m-Marke (15,39 m).

1. 8. Der Weltschwimmverband, Fédération Internationale de Natation Amateur (FINA), versucht, Ordnung in das Wettkampfchaos zu bringen. Er legt verbindliche Wettkampfstrecken, Stilarten und Rekorddistanzen fest.

21. 8. Weltrekord durch Ralph Rose im Kugelstoßen mit 15,56 m in Los Angeles.

29. 8. Bei den Deutschen Leichtathletikmeisterschaften im Frankfurter Palmengarten erstmals Kugelstoßen und Stabhochsprung. Robert Pasemann wird Deutscher Meister mit 3,31 m im Stabhochsprung, Hanns Braun mit 50,0 sec über 400 m.

9. 9. Jack Johnson und Al Kaufmann trennen sich in San Francisco nach zehn Runden »ohne Entscheidung«. Johnson bleibt Weltmeister im Box-Schwergewicht.

12. 9. Der südafrikanische Olympiasieger des Vorjahres über 100 m, Reginald Walker, schlägt in Berlin den deutschen Sprinterstar Richard Rau.

3. 10. In Magdeburg stellen die deutschen Schwimmer Oskar Schiele mit 1:05,4 min über 100 m Freistil und Walter Binner mit 1:22,2 min über 100 m Brust zwei Weltrekorde auf.

16. 10. Jack Johnson verteidigt seinen Weltmeistertitel im Box-Schwergewicht in Colma/Kalifornien gegen Stanley Ketchell durch K. o. in der zwölften Runde.

8. 11. Viktor Hémery stellt in Brookland auf einem 200-PS-Benz zwei Weltrekorde auf: Über 1 km 202,648 km/h, über die halbe Meile 205,666 km/h.

Dezember. Der deutsche Radprofi Thaddäus Robl wendet sich dem Flugsport zu.

Eine kritische Situation vor dem deutschen Tor beim Fußball-Länderspiel in Oxford, das die Engländer (weiße Hemden) 9:0 gewinnen

Englische Fußball-Lektionen

16. März 1909. Man kann den deutschen Fußballern nicht nachsagen, daß sie kneifen. Nach ihrer Niederlage im ersten Länderspiel gegen die Schweiz (3:5 am 5. 4. 1908 in Basel) luden sie sich im vorigen Jahr als nächsten Gegner gleich England nach Berlin ein. Wieder gab es eine Niederlage, die mit 1:5 noch deutlicher ausfiel. Aber immerhin hatte der Karlsruher Fritz Förderer ein Tor geschossen. Vielleicht gab das Auftrieb, der Gegeneinladung nach Oxford zu folgen.
Von der deutschen Mannschaft des ersten Englandspiels sind wegen der verzwickten Verbandsarithmetik am 16. März 1909 nur noch zwei Spieler dabei. Aber auch ein anderes Team wäre zweifellos in der Höhle des Löwen um eine Niederlage nicht herumgekommen. Sie fällt mit 0:9, zur Halbzeit 0:3, recht drastisch aus. Die Engländer erteilen den Deutschen eine Fußball-Lehrstunde und hätten ohne weiteres auch noch ein paar Tore mehr schießen können. Die Chance zu einem deutschen Ehrentreffer bot sich nie. Was macht diese Überlegenheit aus? Offenbar liegt es am System, das man als professionell bezeichnen muß. Die englischen Klubs können mit Zuschauerzahlen rechnen, von denen man in Deutschland nur träumen kann. Entsprechend sind die finanziellen Mittel der Vereine, und diese wiederum ermöglichen es, Spieler gut zu bezahlen und dafür erstklassige Leistungen zu verlangen.
Einige Wochen später setzt der englische Löwe zum Sprung auf den Kontinent an. Am 20. Mai bestreiten die Engländer ihr erstes offizielles Länderspiel gegen eine Mannschaft vom europäischen Festland. In Basel tritt ihnen die Schweiz vor nur 8000 Zuschauern entgegen. Trotz aller Anstrengungen der Mannschaft und der Anfeuerungen des Publikums erhalten die Schweizer dieselbe deftige Abfuhr wie die Deutschen. Der englische 9:0-Sieg macht den derzeitigen Klassenunterschied im europäischen Fußball deutlich. Auch die Niederländer werden in Amsterdam vor 15 000 Zuschauern 4:0 abgefertigt.

Auch die Niederlande haben gegen Englands Nationalelf keine Chance.

Die Berliner Ausstellungshalle am Zoologischen Garten mit der neu eingerichteten Radrennbahn

Das erste Sechstagerennen in Europa

15. März 1909. Altmeister August Lehr hebt die Startpistole, der Schuß kracht, 15 Fahrer treten in die Pedale, das Publikum jubelt. Ganz gleich, wie das Rennen ausgehen wird, die Sensation ist jetzt schon perfekt. Berlin erlebt sein erstes Sechstagerennen, das erste in Europa überhaupt (bis 21. 3.).

Die deutsche Reichshauptstadt wollte hinter Paris nicht mehr zurückstehen, dessen Vélodrome d'Hiver ein Zentrum des Radsports ist. Also wurde in der großen Ausstellungshalle am Zoologischen Garten eine Radrennbahn eingerichtet. Die Raumverhältnisse zwangen zur Anlage einer 150-m-Bahn. Die Kurven sind 4 m hoch, die Lauffläche der Bahn ist 5 m breit. Die Eignung einer solchen Bahn für Sechstagerennen wurde im New Yorker Madison Square Garden überprüft. Und mit einem Sechstagerennen nach US-amerikanischem Muster soll sie auch eingeweiht werden. Ein erlesenes Fahrerfeld wurde zusammengestellt, an der Spitze das Siegerpaar von New York, Moran/Floyd Mac Farland. Dazu verpflichtete man die Franzosen G. Poulain, Georges Passerieu, Marcel Berthet, Léon Georget, Edmond Jacquelin, den Niederländer John Stol, den Dänen Thornvald Ellegaard, kurz die europäische Elite.

An deutschen Fahrern nehmen u. a. teil Willy Arend, Thaddäus Robl, Arthur Stellbrink, Emanuel Kudela und Fritz Theile. Von 15 Mannschaften beenden neun das Rennen nach insgesamt 3865,7 km. Erst in der 98. Stunde fällt die Entscheidung für die routinierten US-Amerikaner vor dem niederländisch/französischen Paar Stol/Berthet. Danach folgen Brocco/Passerieu, Henri Contenet/Eugen Stabe, Robl/Stellbrink, Poulain/Georget, Arend/Oscar Peter, Rudel/Otto Pawke und schließlich Jacquelin/Max Heiny.

Dieses Rennen sorgt in Berlin für Gesprächsstoff. Im Zirkus kommt allabendlich der Clown Adolf mit einem Riesenkranz aus Stroh und einem zerbeulten Rad in die Manege und will eine Ehrenrunde fahren. Ob er denn das Rennen gewonnen habe, fragt der Zirkusdirektor. Nein, grinst der Clown. Er habe sechs Tage lang zugesehen.

Wie der Zeichner das Berliner Sechstagerennen sieht. Der US-Amerikaner Moran zieht einen Spurt an, er gewinnt mit seinem 1,92-m-Partner Mac Farland.

»Sechs Schrippen, eene Pulle Milch«

»Ick habe sechs Schrippen, eene Pulle mit Milch und zwei Pfund Weintrauben mitjebracht. Ick fahre los und wenn det alle ist, denn heere ick uff.« Dies ist die Strategie des frisch gebackenen Berliner Sechstagefahrers Techmer. Er kommt damit nicht weit. Aber die meisten Teilnehmer haben so ein Rennen nie gesehen, geschweige denn mitgemacht. »Menschenskind, sechs Tage eejal weg piddeln und nich schlafen, na ick schnappe«, meint ein anderer Lokalmatador. Er tut sich mit Kollegen zusammen, und sie sorgen dann erst einmal dafür, daß die Küche der Ausstellungshalle die Verpflegung voll übernimmt.

Da kommt man aus dem Staunen nicht heraus. »Die fahren«, stöhnt ein Proviantmeister, »mit einem Kinderwagen vor und holen Fourage, die reicht mindestens ein Jahr!« Aber erfahrene Rennfahrer wissen, daß zuviel Essen schadet. Der berühmte deutsche Flieger Willy Arend zum Beispiel ißt offenbar überhaupt nichts. Er lebt die sechs Tage und Nächte nur von Sauerstoffduschen und Champagner. Dieses Sauerstoffkabinett ist für ihn ein Segen.

Den Franzosen G. Poulain schleppt man halbtot hinein. Niemand erwartet, daß er noch einmal auf ein Rad steigen kann. Aber er kommt munter wieder heraus und fährt das Rennen zu Ende. Dem Meister Thaddäus Robl erklärt der Arzt nach einer Untersuchung mit ernster Miene, er würde ihm seine Praxis schenken, wenn er nur 24 Stunden durchhielte. Robl wird Fünfter, aber was soll er mit einer Arztpraxis anfangen? Ein Niederländer sieht immer einen riesigen Schwarzen hinter sich stehen, der ihn rausschmeißen will. Nach der Sauerstoffdusche ist der Kerl verschwunden. Bärenstarke Burschen setzen sich einfach hin und heulen. Die Manager haben es da schwer, sofern sie nicht längst eingeschlafen sind. Ein Trost jedoch bleibt: Keiner ist beim Berliner Sechstagerennen verhungert.

Der Franzose Louis Blériot mit seinem »Blériot XI«

Flug über den Kanal

Der Franzose Louis Blériot überfliegt am 25. Juli 1909 mit einem Eindecker den Ärmelkanal von Dover nach Calais. Er benötigt dazu 27 Minuten und gewinnt den von der »Daily Mail« ausgesetzten Preis von 20 000 Franc. Es ist weder der schnellste noch der höchste, auch nicht der längste Flug, der bisher gelang, aber der spektakulärste. Und für Blériot der gewinnbringendste.

Hindernisrennen mit Skiern, eine Schweizer Spezialität

Schweizer Skilaufboom

Seit der Gründung des Schweizer Skiverbandes 1904 und den ersten Meisterschaften ein Jahr später hat der Skisport in diesem Land einen enormen Aufschwung genommen. Im Februar 1909 veranstaltet man Konkurrenzen im Dauerlauf, Skispringen, im Militärlauf, im Hindernisrennen, im Stilfahren, im Damenlauf und Rennen für Jugendliche.

Der Franzose René Ricard mit dem Wunderpferd Montjoie III

Erster Concours hippique

In der Schweiz veranstaltet die Stadt Luzern im April 1909 erstmals einen Concours hippique. Die Sensation des Turniers ist der Franzose René Ricard mit seinem Schimmel Montjoie III. Mit diesem Pferd hat der Berufsreiter Ricard schon über 10 000 Franc bei Hochsprungkonkurrenzen gewonnen. Sein nächstes Ziel ist der Weltrekord, den er auf 2,36 m steigert.

Motorboot-Rekord-Meeting in Monaco

9. April 1909. Seit sechs Jahren ist das Motorboot-Meeting in Monaco das bedeutendste rennsportliche Ereignis seiner Art. In diesem Frühling erreicht es einen neuen Höhepunkt. Sechs Länder, außer Frankreich Italien, Großbritannien, die Schweiz, die Vereinigten Staaten und Deutschland, haben insgesamt nicht weniger als 98 Kreuzer und 27 Rennboote gemeldet. Die deutschen Hoffnungen ruhen auf dem Benzboot »Prinz Heinrich« und dem Mercedesboot »Liselotte«.

Noch vor Beginn der Rennen wird die kleine deutsche Flottille jedoch dezimiert. Bei einer Probefahrt in stürmischer See schlägt die »Prinz Heinrich« voll Wasser und sinkt. Herbeieilende Rettungsboote bergen die Besatzung. Aber das 15 m lange Rennboot mit einem vierzylindrigen Motor und einer 155-mm-Bohrung liegt 100 m tief auf dem Grund des Mittelmeers und wird verloren gegeben.

Um so wackerer hält sich »Liselotte«. Das Mercedesboot gewinnt die Konkurrenz der kleinen Rennboote und den »Coupe Cinzano«. Sein größter Erfolg ist jedoch der zweite Platz im Preis der Nationen. In diesem Rennen über 100 km ist das britische 700-PS-Rennboot »Wolseley-Siddeley«, das sich im Besitz des Herzogs von Westminster befindet, nicht zu schlagen. Es siegt in der Rekordzeit von 1:35:09,0 h, was einer Geschwindigkeit von 63 km/h entspricht. Sie wird jedoch noch übertroffen. Einen absoluten Geschwindigkeitsweltrekord für Motorboote erzielt im Rahmen des Monaco-Meetings das Gleitboot »Duc«, das 1 km bei fliegendem Start in 54,2 sec zurücklegt, was eine Geschwindigkeit von 66,42 km/h bedeutet.

Der Franzose Despujols gewinnt mit seinem Brasier-Motorboot »Chantecler« beim Motorboot-Meeting in Monaco den »Preis des Meeres«

Radrennfahrer gehen in die Luft

Dezember 1909. Der deutsche Radrennfahrer Thaddäus Robl erwirbt eine Flugmaschine. Mit diesem Kauf reiht sich Robl in die lange Reihe der Radsportler ein, die als Pioniere des Flugsports wirken. Die Brüder Wilbur und Orville Wright waren beide Bahn- und Straßenfahrer, bevor sie sich den Flugmaschinen zuwandten.

Großen Einfluß auf die Entwicklung von Flugmotoren üben die Erbauer von Schrittmachermaschinen aus, wie der Franzose Anzani, mit dessen Motor Louis Blériot am 25. Juli 1909 den Ärmelkanal überflog.

Groß sind aber auch die Opfer, die Radrennfahrer dem Flugsport bringen. So verunglücken tödlich die Franzosen Bertin, Comés, de Nieuport, Hourlier, Lapize, die Italiener Pollerdri, Pontechi, Ruggerone, die Österreicher Seidl und Gregl, die Briten Rolls, Stocks und Barden sowie der Schweizer Schmid und die Deutschen Breidenbach, Ehrmann, Stiefvater, Ritzenthaler und Wincziers. Auch Robl fällt seiner Flugleidenschaft zum Opfer. Am 18. Juni 1910 stürzt er bei Stettin tödlich ab.

1910

Januar. Die Deutschen Anna Hübler und Heinrich Burger werden in Berlin zum zweiten Mal Weltmeister im Eiskunstlauf der Paare.

Februar/März. In Les Avants bei Montreux erste Europameisterschaft im Eishockey. Großbritannien gewinnt mit dem Princess Club London vor Deutschland, Belgien und der Schweiz.

14. 3. Die Deutsche Sport-Behörde für Athletik richtet in Berlin die erste Geschäftsstelle eines Sportverbandes im Deutschen Reich ein. Geschäftsführer wird der Journalist Hans Borowik.

16. 3. Der US-Amerikaner Barney Oldfield stellt bei Daytona Beach in Florida mit einem 200-PS-Benz über die Meile mit fliegendem Start einen absoluten Geschwindigkeitsweltrekord auf dem Land mit 211,977 km/h auf.

24. 4. In Arnheim endet das erste Fußball-Länderspiel Deutschland–Niederlande 2:4 (2:2).

3. 5. Die Turnvorschrift für das preußische Heer verlangt erstmals leichtathletische Übungen zur Wehrertüchtigung.

8. 5. In Berlin-Charlottenburg wird die erste Aschenbahn Deutschlands eröffnet. Das 375-m-Oval weist überhöhte Kurven auf.

15. 5. Der Deutsche Fußball-Bund (DFB) richtet in Dortmund eine Geschäftsstelle ein. Der deutsche Sport beginnt sich zu organisieren.

Der Karlsruher FV wird durch ein 1:0 n. V. gegen Holstein Kiel vor 5000 Zuschauern in Köln Deutscher Fußballmeister.

16. 5. In Duisburg verliert die deutsche Fußball-Nationalmannschaft ihr erstes Länderspiel gegen Belgien 0: 3 (0: 1).

28. 5. Der US-Amerikaner Ralph Craig läuft in Philadelphia im US-Bundesstaat Pennsylvania über 200 m (ohne Kurve) Weltrekord in 21,2 sec.

11. 6. In Luxemburg elfte Session des Internationalen Olympischen Komitees (IOC). Der Zehnkampf und das Schwimmen für Frauen werden in das olympische Programm für Stockholm 1912 aufgenommen.

13. 6. Erster bekannter Hochsprung-Rekord einer Frau. Die US-Amerikanerin Carolyn Hale überspringt in New Milford 1,41m.

Juli. Der Franzose Octave Lapize gewinnt die Tour de France.

Dorothea Lambert-Chambers, vormals Douglass, gewinnt zum vierten Mal das Damen-Einzel in Wimbledon.

4. 7. Boxweltmeister Jack Johnson schlägt in Reno/US-Bundesstaat Nevada James J. Jeffries, der ein Comeback versucht, in der 15. Runde k. o.

24. 7. Die Deutsche Turnerschaft (DT) erlaubt den Sportabteilungen ihrer Vereine, sich den entsprechenden Fachverbänden innerhalb des Deutschen Reichsausschusses für die Olympischen Spiele anzuschließen.

21. 8. Das Autorennen auf den 1892 m hohen Mont Ventoux über 22 km bei ständiger Steigung mit 72 scharfen Kurven gewinnt Karl Jörns auf Opel.

28. 8. Bei den Deutschen Leichtathletikmeisterschaften im Frankfurter Palmengarten wird der US-amerikanische Olympiasieger von 1904, James Lightbody, der für den Berliner SC startet, Deutscher Meister über 800 m und 1500m.

18. 9. Der Niederländer Piet Dickentman gewinnt die »Oberweltmeisterschaft« der Berufssteher in Berlin-Steglitz.

23. 9. Bei Domodossola/Piemont stürzt der Peruaner Geo Chavez nach einem Flug über die Alpen tödlich ab.

1. 10. Beim sechsten Vanderbilt-Rennen auf Long Island/New York über 445 km kommen von 31 gestarteten Wagen nur neun ins Ziel. Der US-Amerikaner Grant, Sieger des Vorjahres, gewinnt abermals auf Alcio-Berliet in 4:15:58,3 h.

In Magdeburg schwimmt der Deutsche Kurt Bretting Europarekord über 100 m Freistil in 1:05,0 min.

In Köln wird der Deutsche Gehörlosen-Sportverband gegründet.

25. 10. Der Radsportler August Euler, der am 1. Februar das erste deutsche Flugzeugführerzeugnis erhielt, stellt einen deutschen Flug-Dauerrekord auf mit 3:06:18,0 h.

1. 11. Der Österreicher Josef Grafl wird in Wien erneut Weltmeister im Gewichtheben. Weil die Stemmer noch über keine internationale Organisation verfügen, wird ihre Teilnahme bei den Olympischen Spielen in Stockholm 1912 abgelehnt.

Dezember. Jacques de Rosier stellt in San Francisco einen Geschwindigkeitsweltrekord im Motorradfahren auf (135,305 km/h).

16. 12. Der Deutsche Walther Bathe schwimmt in Budapest Weltrekord über 100 m Brust in 1: 17,8 min.

31. 12. Im Jahr 1910 verunglückten 30 Flieger bei Motor- und Gleitflügen tödlich, u. a. am 18. Juni der Radprofi Thaddäus Robl (→ Dezember 1909).

1910. Anläßlich der Internationalen Luftfahrtausstellung in Frankfurt am Main erstes internationales Reitturnier in Deutschland. Teilnehmer: Reiter aus Deutschland, Österreich-Ungarn und Belgien.

Bisher größtes Eidgenössisches Schützenfest. Es werden 3 164 466 Gewehr- und 245 292 Revolverpatronen verschossen, 55 Festreden gehalten, 1,45 Mio. Schweizer Franken als »Gaben« ausgesetzt, 146 334 ganze, 49 467 halbe Flaschen Wein und nur 18 994 Flaschen Mineralwasser getrunken.

Eishockey-EM in Les Avants

Februar/März 1909. In Les Avants, der Schweizer Höhenstation, die schon zweimal den Schweizer Eishockeymeister gestellt hat, wird die erste Eishockey-Europameisterschaft veranstaltet. Von den sechs Mitgliedsländern des 1908 gegründeten internationalen Verbandes (Ligue Internationale de Hockey sur Glace, LIHG) sind nur vier Mannschaften vertreten. Um den Wettbewerb attraktiver zu machen, läßt die LIHG noch eine weitere Mannschaft außer Konkurrenz zu, die Oxford Canadians. Diese in Großbritannien ansässigen Spieler haben Eishockey im Mutterland dieser Sportart (Kanada) erlernt.
Favorit des Turniers ist der Prince's Club London, der schon auf zahlreichen Tourneen Eishockey in Europa bekannt gemacht hat. Die Briten tun sich schwer bei einem 1:1 gegen Belgien und einem 1:0 gegen Deutschland. Ein 5:1 am 10. März gegen die Schweiz sichert ihnen den Turniersieg vor Deutschland, das gegen Belgien 5:3 und gegen die Schweiz 3:1 gewinnt. Die Oxford Canadians schlagen die Schweiz 8:1, Deutschland 4:0 und Belgien 6:0. Der Turniersieger wird taktvoll verschont.

Die Schweizer Gastgeber (Abb.) erreichen bei der ersten Europameisterschaft im Eishockey nur den vierten Platz. Lehrmeister ist der Turniersieger Großbritannien, dessen Mannschaft des Prince's Club London mit der Nationalmannschaft identisch ist. Die außer Konkurrenz mitspielenden Oxford Canadians sind nur eine zweitklassige Amateurmannschaft.

Olympiasieger in Sibirien

Januar 1910. Bei den Eiskunstlauf-Weltmeisterschaften in Berlin fehlt der russische Läufer Panin, der bei den Olympischen Spielen in London 1908 eine Goldmedaille gewann. Panin, mit richtigem Namen Nikolai A. Kolomenkin, ist von Beruf Steuerbeamter in Sankt Petersburg (Leningrad). Dort hat er sich im vorigen Jahr zwei Monate krank schreiben lassen, um seiner Eiskunstlauf-Passion nachgehen zu können. Sein Vorgesetzter sah in einem illustrierten Journal ein Bild Panins bei einem Kürlauf im Londoner Eispalast. So wurde er nach seiner Rückkehr nach Sibirien verbannt. Freunde bemühen sich derzeit um seine Begnadigung.

Der verbannte Olympiasieger Panin alias Nikolai A. Kolomenkin

Turner überwinden nationale Grenzen

Die Erklärung der Deutschen Turnerschaft (DT) vom 24. Juli 1910, daß sich die Sportabteilungen in den Turnvereinen den entsprechenden Fachverbänden im Deutschen Reichsausschuß für die Olympischen Spiele anschließen können, ist ein bedeutsamer Schritt zur Überwindung der fast ein Jahrhundert bestehenden Gegensätze zwischen Turnen und Sport. Daß der Reichsausschuß als Adressat benannt wird, läßt noch auf einen Sinneswandel anderer Art schließen. Haben doch die streng national gesinnten Turnorganisationen — nicht nur in Deutschland — gegenüber den auf Internationalität abzielenden olympischen Ideen immer starke Zurückhaltung geübt, wenn nicht Aversion gezeigt. Nun bricht sich die Erkenntnis Bahn, daß sich nationaler Stolz sehr wohl im Kräftemessen mit den Besten der Welt bestätigen kann. Und dies, ohne deshalb bewährte Traditionen aufzugeben. Die freiere Denkungsart im Sport bewahrt die Turner gleichzeitig vor Sektierertum.

◁ Postkarten der Turner zeigen Damenturnen, den Hürdenlauf, das Barrenturnen und Freiübungen.

Riesengeschäft mit dem »Kampf des Jahrhunderts«

4. Juli 1910. Er hat diesen Kampf nicht gewollt. Dreimal hat er abgelehnt. Kein noch so hohes Dollarangebot hatte ihn umstimmen können. Die Ehre der Nation stünde auf dem Spiel? Nur weil ein Schwarzer Boxweltmeister aller Klassen ist? Was ging ihn das an. James J. Jeffries hat mit dem Boxen Schluß gemacht. Vor sechs Jahren. Und mit 35 Jahren fängt man damit nicht noch einmal an. Aber er ist der einzige ungeschlagene Weltmeister! Die Manager Tex Rickard und Jack Gleason heizten die Presse an, als sie mit dem Starrkopf nicht mehr weiterkamen. Üble Artikel wurden veröffentlicht. Jeffries mußte sich wie ein vaterlandsloser Geselle vorkommen, wenn er sich diesem Jack Johnson nicht stellte. Also unterschrieb er.

Tosender Jubel empfängt Jeffries am 4. Juli 1910 in Reno/Nevada im Ring. Er ist die Hoffnung des weißen Mannes. Jeffries empfindet nur die Affenhitze in Reno. Auch auf Johnsons Glatze perlt der Schweiß. Aber der Champion ist austrainiert bis auf die letzte Muskelfaser.

Jeffries dagegen hat in den letzten Jahren Speck angesetzt. Keine Zeit blieb, abzutrainieren. Aber sehr beweglich war der Ex-Champ ja nie im Ring. Er stand einfach da, ein »Gebirge von Mann«, an dem jeder Schlag abprallte, und irgendwann schlug er dann zu. Das tut er auch jetzt. Doch durch blitzschnelles Ausweichen nimmt Johnson jedem Schlag die Wirkung. Er tänzelt um Jeffries herum und trifft nach Belieben. Aber der Mann konnte schon immer eine Menge einstecken. Nach 15 Runden ist Jeffries sterbensmüde. Johnson schlägt ihn nieder. Zum ersten Mal liegt der Riese am Boden. Bei neun steht er wieder. Wird abermals niedergestreckt. Steht noch einmal wankend auf. Johnson schmettert einen Schlag an das ungedeckte Kinn. Jeffries ist k. o. Johnson bleibt Boxweltmeister.

Beim »Kampf des Jahrhunderts« zwischen James J. Jeffries (l.) und Jack Johnson geht es um mehr als Weltmeisterehren — es geht um die Hautfarbe. 100 000 US-Dollar wurden garantiert, 60 000 für den Sieger, 40 000 für den Verlierer. Als Kassensturz gemacht wurde, zählten die Promoter 270 775 US-Dollar. 170 775 US-Dollar Überschuß! Das hatte es noch nie gegeben.

Der »Blitzen-Benz«, das schnellste Automobil der Welt, das in Florida den Geschwindigkeitsweltrekord auf 211,977 km/h verbessert

Prominentester Teilnehmer der Prinz-Heinrich-Fahrt 1910: Prinz Heinrich von Preußen

Sieger der diesjährigen Prinz-Heinrich-Fahrt: Ferdinand Porsche auf Daimler

Start zum Vanderbilt-Rennen auf Long Island, das Grant auf Berliet gewinnt

Der Zweite beim Vanderbilt-Rennen, Parker, auf Fiat

»Blitzen-Benz« fährt Weltrekord und siegt in Savannah

Die Mannheimer Firma Benz & Cie. will sich nicht damit begnügen, mit dem »Blitzen-Benz« das schnellste Automobil der Welt gebaut zu haben. Es gilt zu prüfen, ob der »Blitzen« noch schneller fahren kann. Die Möglichkeiten der Brookland-Bahn sind erschöpft (→ 8. 11. 1909). Also geht man nach Florida, wo der berühmte Sandstrand von Daytona noch bessere Bedingungen bietet. Hier gelingt dem Briten Barney Oldfield am 16. März 1910 über die Meile mit fliegendem Start der absolute Geschwindigkeitsweltrekord mit 211,977 km/h. Am 12. November beteiligt sich Benz mit dem 200-PS»Blitzen-Benz« am Großen Preis von Amerika in Savannah im US-Bundesstaat Georgia. Auf Anhieb fährt der Deutsche Haupt die bislang schnellste Runde mit 13:28,0 min über 27,83 km, was 123,28 km/h entspricht. Haupt scheidet dann zwar aus, aber sein Markengefährte, der Brite David Bruce-Brown, gewinnt das schwere Rennen über die Distanz von 667,64 km.

Dickentman wird »Oberweltmeister«

18. September 1910. Die Veranstaltung einer »Oberweltmeisterschaft« der Berufssteher in Berlin-Steglitz mag als ein Kuriosum gelten. Nichtsdestoweniger wird sie zum größten Steherrennen, das es je gab. Und genau dies ist der gewünschte Affront gegenüber der Union Cycliste Internationale (UCI).

Die sonst so heftig miteinander zerstrittenen deutschen Radsportverbände waren nach dem skandalösen Vorfall bei den diesjährigen Profi-Weltmeisterschaften der Sprinter in Brüssel geschlossen aus dem internationalen Verband ausgetreten. In Brüssel war in einem Zwischenlauf der klar führende Deutsche Henri Mayer von dem italienischen Zielrichter Carozzi auf den zweiten Rang hinter den Franzosen Emile Friol gesetzt worden. Diese eindeutige Fehlentscheidung hatte zum Rückzug aller deutscher Fahrer, unter ihnen auch Walter Rütt, der sich für das Finale qualifiziert hatte, geführt. Seitdem herrscht Krieg zwischen den deutschen Radfahrern und der UCI.

»Oberweltmeister« der Steher wird am 18. September in Berlin der Niederländer Piet Dickentman vor dem Schweizer Fritz Ryser.

Absturz nach Flug über die Alpen

23. September 1910. Mit einem Blériot-Eindecker startet der Peruaner Geo Chavez vom schweizerischen Brig (Kanton Wallis) zu einem Flug über die Alpen, ein Traumziel jedes Aviatikers. Chavez erreicht es, bezahlt aber dafür mit dem Leben.

Als er den Simplonpaß in 2680 m Höhe überwunden hat, durchquert er die Gondoschlucht und nähert sich Domodossola in Piemont/Italien. Hier will er auftanken, denn sein Flugziel, für dessen Erreichen ein Preis von 70 000 Schweizer Franken ausgesetzt ist, heißt Mailand. Beim Landeanflug winkt Chavez fröhlich, weil er das Schlimmste hinter sich weiß. Offenbar verliert er dadurch die Kontrolle über seinen Aeroplan und stürzt ab. Im Krankenhaus, wo er seinen Verletzungen erliegt, stammelt er noch: »Ich habe Mut gehabt, aber es war entsetzlich.« Der Preis wird ihm versagt, weil er nie in Mailand ankam.

1911

22. 1. Weltmeister im Eiskunstlauf der Paare wird in Wien das deutsch-finnische Paar Ludowika Eilers/Walter Jakobsson.

Februar. Der Russe Nikolai W. Strunikow wird in Hamar und Drontheim Europa- und Weltmeister im Eischnelllauf.

März. Käthchen Paulus, die schon über 300mal mit dem Fallschirm von einem Ballon absprang, erwirbt einen Blériot-Eindecker für Flugversuche.

14. 3. Der Eishockey-Weltverband, Ligue Internationale de Hockey sur Glace (LIHG), übernimmt die kanadischen Spielregeln. Ein Spiel dauert 3x20 Minuten.

14. 4. Die deutsche Fußball-Nationalmannschaft erreicht in Berlin gegen England ein 2:2 (0: 1).

18. 4. Billard wird in Deutschland als Sport anerkannt. Gründung des Deutschen Billard-Bundes in Frankfurt am Main.

28. 4. Der Deutsche Reichsausschuß für Olympische Spiele fordert internationale Schiedsgerichte bei Europa-, Weltmeisterschaften und Olympischen Spielen.

Mai. Zum 50. Jahrestag der Proklamation des Königreichs Italien glanzvoller »Concorso ippico internazionale« in Tor di Quinto. Dabei zum ersten Mal Nationenpreis in Italien.

1. 5. Erstmals 500-Meilen-Automobilrennen in Indianapolis. Rechteckige Strecke von 4,2 km Länge, die 200mal links herum umfahren wird. Sieger: Der US-Amerikaner Ray Harroun auf Marmon-Wasp.

21.–28. 5. Erste Deutschlandfahrt der Radfahrer über 1494,1 km. Sieger: Hans Ludwig.

23. 5. In Budapest zwölfte Session des Internationalen Olympischen Komitees (IOC). Um die Olympischen Spiele 1916 bewerben sich außer Berlin noch Budapest, Alexandria und Cleveland.

9. 6. Deutscher Fußballmeister wird vor 12 000 Zuschauern in Dresden Viktoria 89 Berlin durch ein 3:1 über den VfB Leipzig.

12. 6. Zur Horse Show in der Londoner Olympic Hall (bis 24. 6.) stiftet König Georg V. anläßlich seiner Thronbesteigung einen Goldpokal im Wert von 500 britischen Pfund. Gewinner ist der russische Hauptmann Dimitri van Exe.

18. 6. In Stockholm endet das erste Fußball-Länderspiel Schweden–Deutschland 2:4 (2:2).

Juli. Bei der Tour de France erstmals Etappen auch in den Alpen. Sieger: Der Franzose Gustave Garrigou mit einem Schnitt von 27,322 km/h.

Dorothea Lambert-Chambers gewinnt zum fünften Mal das Damen-Einzel in Wimbledon. Mit Max Décugis und André Gobert erstmals Franzosen als Sieger im Herren-Doppel.

2. 7. Hanns Braun gewinnt in London erneut die britische Meisterschaft über 880 y. Robert Pasemann wird britischer Meister im Hochsprung und Stabhochsprung.

9. 7. Emil Ketterer läuft in Karlsruhe Weltrekord über 100 m in 10,5 sec.

23. 7. Erste registrierte Laufzeit einer Frau über 100 m von der Finnin Siina Simola in 13,8 sec.

13. 8. Richard Rau stellt Ketterers Weltrekord über 100 m (10,5 sec) ein. Drei deutsche Rekorde durch Robert Pasemann: Weitsprung 6,90 m, Hochsprung 1,92 m, Stabhochsprung 3,61 m.

20. 8. Der US-Amerikaner James Lightbody wird bei den Deutschen Leichtathletikmeisterschaften in Dresden erneut Deutscher Meister über 800 m und 1500 m.

4. 9. Eine US-Staffel läuft im Celtic Park von New York Weltrekord über 4x400 m in 3:18,2 min.

5. 9. Der Brite Thomas W. Burgess durchschwimmt als zweiter nach Kapitän Matthew Webb den Ärmelkanal (→ 24./25. 8. 1875).

16. 9. Der französische Radrennfahrer Édouard de Nieuport kommt bei einem Flugzeugabsturz ums Leben.

17. 9. Nach langen Querelen Gründung des Deutschen Reichsverbandes für Athletik in Dresden. Er vereint Ringer, Gewichtheber, Gewichtwerfer, Kunstkraftsportler und Rasenkraftsportler.

15. 10. Erster Weltrekord im Zehnkampf durch den Schweden Hugo Wieslander in Göteborg mit 5516 Punkten. Der deutsche Zehnkampfmeister Karl Halt erreicht am selben Tag in Münster 5180 Punkte.

5. 11. In Frankfurt am Main Gründung des Deutschen Bob- und Schlittensportverbands.

15. 11. In Paris läuft der Franzose Jean Bouin Weltrekord über 10 000 m in 30:58,8 min.

Dezember. Käthchen Brumbach oder Katie Sandwina oder »Katharina die Große« wirft 30 Pfund schwere Eisenkugeln 10 m in die Höhe und fängt sie mit dem Nacken auf.

17. 12. Gründung des Deutschen Fechterbundes in Frankfurt am Main.

1911. In Montana »Challenge Roberts of Kandahar« mit dem ersten Ski-Abfahrtslauf.

Zum zehnten Mal Endspiel um den Davis Cup. Australien gewinnt zum vierten Mal hintereinander (5:0 gegen Großbritannien).

Mit Ulrich Blaser aus La Chaux-de-Fonds wird erstmals ein Schweizer Weltmeister im Gewichtheben. Bei einer Körpergröße von 1,67 m bewältigt er beidarmig im Drücken 100 kg, im Stoßen 120 kg.

Bei einem Amateur-Fußballturnier in Brüssel siegt Böhmen vor England.

Ludowika Eilers und Walter Jakobsson, Weltmeister im Paarlauf

Neue Sterne auf dem Eis

22. Januar 1911. Die deutschen Eiskunstlauf-Olympiasieger im Paarlauf, Anna Hübler und Heinrich Burger (→ 29. 10. 1908), haben nach ihrem zweiten Weltmeistertitel im vorigen Jahr ihre Laufbahn beendet. Anna Hübler, die bei ihren Sportreisen schon immer auch als Opernsoubrette und Schauspielerin auftrat, will sich nun ganz der Bühne widmen, Heinrich Burger seiner Rechtsanwaltspraxis. Ihre Nachfolger werden bei den diesjährigen Eiskunstlauf-Weltmeisterschaften in Wien Ludowika Eilers und Walter Jakobsson.

Nach dem Gewinn von zehn Welt- und neun Europameisterschaften beschließt auch der Schwede Ulrich Salchow in diesem Jahr bei den Eiskunstlauf-Weltmeisterschaften der Herren in Berlin seine Karriere. Hier steht der Nachfolger buchstäblich auf dem Sprung, der Deutsche Meister und diesjährige WM-Zweite Werner Rittberger. Wie Salchow hat er für das Kürprogramm einen neuen Sprung kreiert.

Russischer Flitzer Nikolai

Februar 1911. Das ist neu. Ein Russe als Schnellster auf den schmalen Kufen des Eisschnellaufs überrascht die Fachwelt. Der erste Weltmeister im Eisschnellauf war 1891 der US-Amerikaner J. F. Donahue in Amsterdam. Danach wurde diese Disziplin eine Domäne der Niederländer und Skandinavier.

Als im vorigen Jahr der Russe Nikolai W. Strunikow bei den Europameisterschaften in Wiborg und bei den Weltmeisterschaften in Helsinki antrat und auf Anhieb beide Titel gewann, führte man das noch darauf zurück, daß seine Gegner den bis dahin Unbekannten unterschätzten. Dieses Jahr ist das nicht der Fall. Bei den Europameisterschaften in Hamar und den Weltmeisterschaften in Drontheim trifft Strunikow auf stärkste Konkurrenz. Wieder gewinnt er beide Titel. Am eindrucksvollsten läuft er über 5000 m, wo er den Weltrekord des Niederländers Jaap Eden mit 8:37,6 min aus dem Jahr 1895 unterbietet.

Nikolai W. Strunikow, Eisschnelläufer aus Sankt Petersburg (Leningrad)

Erste »Querfahrt durch Deutschland«

21. bis 28. Mai 1911. Schon 1909 hatten die Italiener nach dem Muster der Tour de France eine Italienrundfahrt durchgeführt. Erster Sieger war der tourerfahrene Luigi Ganna. Seitdem erfreut sich der Giro d'Italia wachsender Beliebtheit und ist aus dem radsportlichen Geschehen des Landes nicht mehr wegzudenken.
In diesem Jahr wird nun auch in Deutschland der Versuch gewagt, eine Radrundfahrt ins Leben zu rufen. Sie läßt sich freilich noch nicht mit der Tour oder dem Giro vergleichen. Ein wenig halbherzig hat man sie auch als »Querfahrt durch Deutschland« angekündigt, was nicht gerade ein attraktiver Titel ist. Die Allgemeine Radfahrer-Union gab sich zwar redliche Mühe mit der Organisation, kann aber Pannen nicht vermeiden. Die Deutschlandfahrt ist auf sechs Etappen angelegt. Breslau—Dresden 345 km, Dresden—Erfurt 301 km, Erfurt—Nürnberg 262 km, Nürnberg—Mannheim 276 km. Die fünfte Etappe, Mannheim—Köln, wird unverständlicherweise durch polizeiliche Sperrung der Rheinstraße Bingen—Köln vereitelt, weshalb man statt dessen eine Rundfahrt Mannheim—Frankfurt—Bingen—Frankfurt—Bingen improvisiert. Die letzte Etappe wird dann über 125 km von Köln nach Aachen gefahren. Erst hier sichert sich Hans Ludwig aus Sossenheim den Gesamtsieg vor dem Berliner Adolf Huschke in einem Feld von 56 Fahrern.

Hans Ludwig, Sieger der ersten Deutschlandfahrt der Radfahrer, wird auf der letzten Etappe von dem jungen Aberger (vorn) im Spurt geschlagen.

Radsportler fliegt in den Tod

16. September 1911. Die Reihe der berühmten Radrennfahrer, die als Flieger den Tod finden, reißt nicht ab. Erst im vorigen Jahr erschütterte die Sportfreunde in Deutschland und weit darüber hinaus die Nachricht, daß der allseits beliebte Thaddäus Robl mit einem Aeroplan tödlich verunglückt war (→ Dezember 1909).
In diesem Jahr trifft einen der berühmtesten französischen Radrennfahrer, Édouard de Nieuport, dasselbe Los. Wie nahe Triumph und Verhängnis beim Flugsport beieinander liegen! De Nieuport hatte sich schon vor Jahren dem Fliegen zugewandt. In diesem Sommer stellte er über Distanzen von 10 km bis 150 km mit seinem Nieuport-Eindecker nicht weniger als 19 Schnelligkeitsrekorde auf. Darunter auch solche mit Fahrgästen, die sich ihm anvertrauten. Eine Windbö beim Landeanflug in der Nähe von Verdun macht seinem Leben ein Ende.

Deutsche Leichtathleten nur in Europa an der Spitze

20. August 1911. Die Ergebnisse der Deutschen Leichtathletikmeisterschaften in Dresden, ein Jahr vor den Olympischen Spielen in Stockholm, lassen den Schluß zu, daß die deutschen Leichtathleten einen Ländervergleich nicht einmal mehr mit Großbritannien zu scheuen brauchen. Nur die US-amerikanischen Athleten stehen noch turmhoch über den Deutschen. So wird der dreimalige Olympiasieger von St. Louis 1904, James Lightbody (→ 31. 8. 1904), der längst über seine Leistungshöhe hinaus ist und in London 1908 völlig erfolglos blieb, erneut Deutscher Meister über 800 m und 1500 m, wenn auch in Abwesenheit des Münchners Hanns Braun.
Bemerkenswert ist die Leistung des Münchners Karl Halt im Zehnkampf, der am 15. Oktober in Münster erstmals mit den Disziplinen 100 m, Weitsprung, Kugelstoßen, Hochsprung, 400 m und 110 m Hürden, Diskuswurf, Stabhochsprung, Speerwurf und 1500 m durchgeführt wird. Seine 5180 Punkte sind erstklassig.
Herausragende Athleten bei den Meisterschaften in Dresden sind der Berliner Richard Rau, der den Titel über 100 m, 200 m und 110-m-Hürden gewinnt. Der Berliner Robert Pasemann wird Meister im Weitsprung und Stabhochsprung. Im Hochsprung wird er von dem neuen Talent Hans Liesche geschlagen.

Das Lächeln des Siegers. Richard Rau vom SC Charlottenburg gewinnt den 100-m-Lauf.

Robert Pasemann, Turngemeinde Berlin, Deutscher Meister im Weitsprung, überspringt im Hochsprung 1,923 m.

Pasemann wird auch Deutscher Meister im Stabhochsprung.

Käthchen Paulus, unerschrockene Pionierin des deutschen Flugsports

Die mutige Fliegerin: Käthchen Paulus

März 1911. Käthchen Paulus aus Frankfurt am Main erwirbt einen Blériot-Eindecker, um damit Flugversuche anzustellen. Der Mut der 43jährigen Dame ist erneut bewundernswert, auch wenn sie ihn schon unzählige Male unter Beweis gestellt hat. Frau Paulus hat in den vergangenen Jahren gemeinsam mit dem Ballonfahrer Lattemann 462 Auffahrten unternommen und dabei über 300 Absprünge mit dem Fallschirm absolviert. Lattemann selbst stürzte bei einem solchen Sprungversuch tödlich ab.

Die stärkste Frau: Käthchen Brumbach

Dezember 1911. Sie nennt sich auch Katie Sandwina oder schlicht »Katharina die Große«. Wer Käthchen Brumbach im Zirkus auftreten sieht, vergißt die geflügelte Rede vom sog. schwachen Geschlecht. Sie wirft 30 Pfund schwere Eisenkugeln 10 m in die Luft und fängt sie dann mit dem Nacken wieder auf. Sie läßt sich einen Amboß auf die Brust stellen und drei Männer aus Leibeskräften darauf herumhämmern. Sie hält Männer waagrecht auf ihren Armen. Sie bringt, wie nur ein professioneller Gewichtheber, Hanteln von 130 kg zur Hochstrecke. Sie soll auch einmal eine Kanone von 544 kg Gewicht geschultert haben. Sie ist die stärkste Frau der Welt seit Miss Ariotis und Josephine Blatt.

1912

Januar. Im Vorfeld der V. Olympischen Spiele Auseinandersetzungen um die Teilnahme von Ländermannschaften.

Februar. In Manchester holt sich das britische Paar Johnson zum zweiten Mal den WM-Titel im Eiskunstlauf der Paare vor dem deutsch-finnischen Paar Ludowika Eilers/Walter Jakobsson.

Erhebliches Aufsehen erregt der Deutsche Böhm-Hennes, der bei den norwegischen Skispielen am Holmenkollen in der Kombination auf den vierten Platz gelangt.

Februar/März. Der Norweger Oscar Mathisen wird in Kristiania (Oslo) zum dritten Mal Weltmeister im Eisschnellauf.

3. 4. Otto Fahr schwimmt in Magdeburg Weltrekord über 200 m Rücken in 2:48,4 min. Drei Wochen später schwimmt er Weltrekord über 100 m Rücken in 1:15,6 min.

6. 4. Kurt Bretting stellt in Brüssel über 100 m Freistil einen Weltrekord in 1:02,4 min auf.

16. 4. Als erste Frau überfliegt die US-Amerikanerin Quimby mit einem Blériot-Eindecker den Ärmelkanal.

5. 5. Eröffnung der Spiele der V. Olympiade (bis 22. 7.) in Stockholm.

18. 5. Als erster Mensch überspringt der US-Amerikaner George L. Horine in Palo Aalto 2 m.

26. 5. Der Deutsche Fußball-Bund (DFB) verbietet Schüler-Fußball und das Zuschauen von Frauen bei Fußballspielen.

Vor 10 000 Zuschauern in Hamburg schlägt der KSV Holstein Kiel den Karlsruher FV im Endspiel um die Deutsche Fußballmeisterschaft 1:0.

27. 5. Weltrekord im Diskuswurf durch den US-Amerikaner James Duncan in New York mit 47,58 m.

30. 5. Die Deutsche Turnerschaft (DT) sagt ihre Teilnahme an den Olympischen Spielen in Stockholm ab.

1. 6. Die Fédération Internationale de Football Association (FIFA) bestimmt, daß der Torwart nur noch im Strafraum den Ball mit der Hand aufnehmen darf.

8. 6. Weltrekord des US-Amerikaners Abel Kiviat in Cambridge über 1500 m in 3:55,8 min. Am selben Tag überspringt sein Landsmann Marc Wright im Stabhochsprung erstmals die 4 m mit 4,02 m (→ 11. 7. 1912).

22. 6. Hanns Braun gewinnt zum dritten Mal hintereinander die britische Meisterschaft über 880 y.

29. 6. Start zur Rad-Fernfahrt Wien–Berlin in Floridsdorf (bis 30. 6.).

Juli. Die Tour de France gewinnt mit Odile Defraye erstmals ein Belgier.

4. 7. In Las Vegas wird der Titelkampf um die Box-Weltmeisterschaft im Schwergewicht zwischen Jack Johnson und Jim Flynn nach der neunten Runde wegen Publikumstumulten von der Polizei abgebrochen.

4.–23. 7. Auf der 13. Session des Internationalen Olympischen Komitees (IOC) werden die Olympischen Spiele für das Jahr 1916 nach Berlin vergeben. Der deutsche Kaiser Wilhelm II. schickt ein Danktelegramm. Um die Olympischen Spiele 1920 bewirbt sich Amsterdam.

22.–24. 7. Fünf Weltrekorde beim Internationalen Schwimmfest in Hamburg: 100 m Freistil durch Duke Paoa Kahanamoku (USA) in 1:01,6 min. 4x100 m Freistil durch die deutsche Staffel in 4:34,0 min. 100 m und 200 m Freistil der Damen durch die Australierin Fanny Durack in 1: 18,8 min und 3:05,3 min. 100 m Brust durch die Deutsche Erna Stamm in 1:38,0 min.

August. Größter Erfolg der Schweizer Ruderer bei den Europameisterschaften in Genf. Siege im Zweier mit Steuermann, im Vierer mit Steuermann und im Achter. Im Doppelzweier Silbermedaille.

17. 8. Beim Concours hippique in Vittel zweifacher Hochsprung-Weltrekord. Im ersten Versuch überspringt François de Juge Montespieu mit Biskra 2,36 m, René Ricard schafft dieselbe Höhe mit Montjoie III im zweiten Versuch.

22. 8. Der Schweizer Oscar Egg verbessert den Stundenweltrekord im Radfahren auf 42,122 km/h.

6. 10. Das erste Fußball-Länderspiel Deutschland-Dänemark in Kopenhagen endet 1: 3 (1: 1).

21. 10. Einführung des Deutschen Sportabzeichens nach schwedischem Vorbild auf Vorschlag von Carl Diem.

17. 11. Fünf deutsche Arbeiter-Turn- und Sportverbände bilden die Zentralkommission für Sport und Körperpflege. Zweck der Organisation: »Systematische Agitation gegen die bürgerlichen gleichartigen Verbände«.

28. 11. Wiedergründung der Fédération Internationale Motocycliste (FIM) in London. Die erste Gründung erfolgte 1904 in Paris.

1912. 40. englisches Cup-Finale. Nach torlosem Ergebnis gewinnt Barnsley das Wiederholungsspiel gegen West Bromwich Albion 1:0.

Der Brite Arnold Lunn veröffentlicht ein bahnbrechendes Buch über den alpinen Skilauf, »Ski-ing«.

Großbritannien gewinnt den Davis-Pokal durch ein 3:2 gegen Australien.

Nach dem dreifachen Mercedes-Sieg 1908 erstmals wieder Grand Prix bei Dieppe. Sieger über eine Strecke von 1539,76 km der Franzose George Boillot auf Peugeot.

Erstmals Fußballmeisterschaft in Böhmen. AC Sparta Prag vor Slavia und Viktoria Zizkov.

Politischer Streit um Olympia

Januar 1912. Die wachsende Bedeutung der Olympischen Spiele zeigt sich im zunehmenden Interesse der Politiker an den Wettkämpfen. Der Einmarsch von Ländermannschaften mit Fahnen, in Stockholm erstmals mit Namensschildern geplant, hat die Aufmerksamkeit der Diplomaten geweckt, insbesondere in Wien und Sankt Petersburg. Man richtet an das Internationale Olympische Komitee (IOC) scharfe Protestnoten, die »Länder« Finnland, Böhmen und Ungarn betreffend. IOC-Präsident Pierre Baron de Coubertin, in diplomatischen Künsten nicht unerfahren, führt eine hinhaltende Korrespondenz. Hierbei wagt er es, einen kühnen Grundsatz aufzustellen. »Eine Nation«, schreibt er, »ist nicht auch schon ein unabhängiger Staat. Es gibt eine Geographie des Sports, die sehr wohl im Unterschied zur Geographie der Politik stehen kann.« Daß es ein Primat des Sports gegenüber der Politik geben könne, betrachtet man am Wiener Ballhausplatz und am Newa-Ufer als Anmaßung. Aber Coubertin verweist auf die internationalen Statuten des IOC, das die Teilnahme an den Olympischen Spielen ohne Unterschied von Rassen, Religionen und politischen Einschränkungen vorsieht. So hat das IOC olympische Komitees für Australien und Kanada anerkannt, wogegen die Regierung von Großbritannien keinen Einspruch erhob. »Wäre es mir möglich gewesen«, bekennt Coubertin, »so hätte ich nicht nur Böhmen und Finnland, sondern auch Irland und Polen einen selbständigen Platz eingeräumt.« Dafür ist die Zeit allerdings noch nicht reif.
Coubertin erinnert in Wien geschickt daran, daß der österreichisch-ungarische Kaiser auch König von Böhmen ist. Und der Zar wird auf seine Würde als Großherzog von Finnland hingewiesen. Es kommt zu einem Kompromiß. Rußland ist einverstanden, daß Finnland selbständig auftritt. Im Falle eines Sieges wird die russische Fahne mit einem finnischen Wimpel gehißt. Wien gibt im Falle Ungarn nach, da es hier schon Präzedenzfälle seit 1896 gibt. Böhmen muß jedoch unter der Bezeichnung C. O. T. (Comité Olympique Tchécoslovaque) auftreten.

Das bisher schönste Olympiaplakat in bestem Jugendstil

Der Einzug der schwedischen Turner hinter der schwedischen Fahne

Der Einzug der deutschen Olympiamannschaft mit der Reichsflagge

Mustergültige Olympische Spiele in Schwedens Metropole

5. Mai 1912. Die Olympischen Spiele in Stockholm (bis 22. 7.) werden eröffnet. Ursprünglich hatte Deutschland die Spiele der V. Olympiade durchführen sollen. Doch auf dem Kongreß des Internationalen Olympischen Komitees (IOC) in Berlin 1909 wurde der Antrag zurückgezogen, weil man die Vorbereitungszeit für zu kurz hielt.

Die Schweden vollbrachten unter der Leitung des IOC-Mitgliedes Viktor Balck, der die Nordischen Spiele (→ Februar 1905) mit Erfolg organisierte, des Industriellen und späteren IOC-Vorsitzenden (1946–1952) Sigfrid Edström und des IOC-Sekretärs Hallström, eines bekannten Sportlers, eine mustergültige Organisationsleistung. 26 Spezialkomitees mit 500 Mitarbeitern wurden eingesetzt. Die Finanzierung sicherten Lotterien, die insgesamt 3 Mio. Mark Reingewinn erbrachten. Der schwedische König Gustav V. stellte für den Bau eines Olympiastadions 10 ha seines Tiergartens zur Verfügung.

Am Fuße eines Hügels, inmitten von Birken und Fichten, errichtete der Architekt Torben Grut aus Backsteinen und unbehauenem Granit ein Bauwerk, das an die Tradition der mittelalterlichen schwedischen Architektur anknüpft. Das Stadion bietet 30 000 Zuschauern überdachte Sitzplätze.

◁ Die Mannschaft Rußlands, »Rossia«, die getrennt von derjenigen Finnlands einzieht, nachdem es eine längere diplomatische Auseinandersetzung gegeben hatte

▽ Die Mannschaft aus Schweden. Zum ersten Mal nehmen Mannschaften aus allen fünf Kontinenten teil.

Jim Thorpe schafft die sportliche Sensation von Stockholm

7. bis 15. Juli 1912. Vielleicht hat es in der Geschichte des modernen Sports noch nie ein größeres Naturtalent gegeben als den Indianer Jim Thorpe aus Oklahoma. Sein Name war in Europa bis zu den Olympischen Spielen in Stockholm völlig unbekannt. Mit Rekorden hat er bis dahin nicht von sich reden gemacht. Auf eine besondere leichtathletische Disziplin wollte sich der 24jährige offenbar nie spezialisieren. Er zeichnet sich auch nicht, wie man von seinen Mannschaftskameraden hört, durch besonderen Trainingseifer aus. Alles scheint ihm leicht zu fallen. Was er dann an Vielseitigkeit leistet, grenzt an ein Wunder.
Am 7. Juli wird erstmals bei den Olympischen Spielen ein Fünfkampf ausgetragen. Er besteht aus den Disziplinen Weitsprung, Speerwerfen, 200-m-Lauf, Diskuswerfen und 1500-m-Lauf. Nach dem 200-m-Lauf dürfen nur noch 21 Teilnehmer den Wettbewerb fortsetzen, zum abschließenden 1500-m-Lauf sind noch die sieben Bestplazierten zugelassen. Der deutsche Teilnehmer Karl Halt beklagt diesen Austragungsmodus: »Die Deutschen Waitzer, Bäurle und ich mußten nach den 200 m ausscheiden. Und wie günstig wäre für uns der zweite Teil des Fünfkampfs gewesen! Besonders im Diskuswerfen, in dem Waitzer, Bäurle und ich fast immer über 35 m erzielten, wurden von unseren Konkurrenten überaus mäßige Leistungen erbracht.« Mit Ausnahme von Jim Thorpe. Er wirft den Diskus auf 35,75 m, weiter als jeder andere. Zuvor setzte sich Thorpe im Weitsprung mit 7,07 m an die Spitze in der Gesamtwertung, behauptet sie als Dritter im Speerwurf mit 46,71 m, läuft die 200 m am schnellsten in 22,9 sec, ebenso die 1500 m in 4:44,8 min. So wird er überlegen Sieger im Fünfkampf vor dem Norweger Ferdinand Bie.
Am nächsten Tag beteiligt sich Thorpe am Hochsprung. Mit 1,87 m kommt er gemeinsam mit seinem Landsmann Egon Erickson auf den vierten Rang. Nur 2 cm fehlen ihm hier zur Bronzemedaille. Am 12. Juli nimmt Thorpe am Weitsprung teil. Mit 6,89 m wird er Siebter und schlägt damit den Deutschen Meister Robert Pasemann.
Dieses Zwischenspiel diente Thorpe offenbar nur als Einstimmung auf den Zehnkampf, der am 13. beginnt und sich über drei Tage erstreckt. Am ersten Tag sind der 100-m-Lauf, der Weitsprung und das Kugelstoßen zu bestreiten. Thorpe läuft Bestzeit in 11,2 sec, im Weitsprung erzielt er mit 6,79 m die drittbeste Weite, im Kugelstoßen mit 12,89 m Bestweite. Damit hat er schon die Führung übernommen. Am zweiten Tag springt Thorpe mit 1,87 m am höchsten, läuft über 400 m in 52,2 sec die drittschnellste Zeit, läuft über 110 m Hürden fast eine Sekunde schneller als der Nächstbeste und wirft den Diskus mit 36,98 m auf die zweitbeste Weite. Normalerweise ist ihm jetzt schon der Sieg nicht mehr zu nehmen, da kein Teilnehmer mit solch einer Beständigkeit in allen Disziplinen aufwarten kann. Am dritten Tag meistert Thorpe mühelos 3,25 m im Stabhochsprung, hat aber keine Lust mehr weiterzuspringen, da auch kein anderer Teilnehmer höher kommt. Im Speerwurf begnügt sich Thorpe mit der viertbesten Weite von 45,70 m. Dafür läuft er im abschließenden 1500-m-Lauf mit 4:40,1 min alle Konkurrenten in Grund und Boden. Mit 8412,955 Punkten siegt Thorpe vor den Schweden Hugo Wieslander (7724,495), Charles Lomberg (7413,517) und Gösta Holmér (7347,855) Punkte.
Von insgesamt 29 Teilnehmern beenden elf den Wettbewerb. Der Deutsche Karl Halt kommt mit 6682,445 Punkten in diesem denkwürdigen Zehnkampf auf einen respektablen achten Rang vor dem Österreicher J. Schäffer. Halt äußert sich über die letzte Phase des Zehnkampfs: »Ermüdung und Abspannung waren am dritten Tag bei jedem Teilnehmer ersichtlich. War es an sich schon der letzte Tag der Spiele, so sehnte jeder Kämpfer das nahe Ende des Wettkampfes herbei. Hätte uns der Indianer Jim Thorpe mit seinen gelungenen Späßen nicht aufgeheitert, ich glaube, wir wären sehr ungemütlich gewesen. Kein anderer außer Thorpe hatte den Sieg im Zehnkampf verdient. Das ist über allen Zweifeln erhaben. Er stand so überlegen über uns Mitkonkurrenten, daß wir es lebhaft bedauert hätten, wenn ihm irgendeine Übungsart mißlungen wäre. Wir bewunderten ihn, wir verehrten ihn wegen seiner erstaunlichen Vielseitigkeit. In ihm, dem Indianer Thorpe, sollen wir das Ziel unseres Strebens erblicken!« Bei der Siegerehrung gibt auch der schwedische König Gustav V. seiner Bewunderung Ausdruck. Nachdem er die olympische Goldmedaille überreicht und Jim Thorpe einen Eichenkranz aufs Haupt gedrückt hat, schüttelt er ihm lange die Hand und erklärt: »Sir, you are the greatest athlete in the world!« Thorpes Antwort ist wohl nicht ganz protokollgerecht, doch von klassischer Kürze: »Thanks, king!«
Seine Geburtsstadt im US-Staat Pennsylvania gibt sich später den Namen »Jim-Thorpe-Town«. Es ist die bisher einzige Stadt, die nach einem Olympiasieger benannt ist.

Jim Thorpe aus den USA, Olympiasieger im Fünfkampf und im Zehnkampf. König Gustav V. von Schweden nennt ihn den »größten Athleten der Welt«.

Ergebnisse des olympischen Zehnkampfs vom 13. bis 15. Juli 1912 in Stockholm

	100 m	Weit	Kugel	Hoch	400 m	Diskus	110 m Hürden	Stabhoch	Speer	1500 m
1. Jim Thorpe (USA)	11,2	6,79	12,89	1,87	52,2	36,98	15,6	3,25	45,70	4:40,1
2. Hugo Wieslander (Schweden)	11,8	6,42	12,14	1,75	53,6	36,29	17,2	3,10	50,40	4:45,0
3. Charles Lomberg (Schweden)	11,8	6,87	11,67	1,80	55,0	35,35	17,6	3,25	41,83	5:12,2

Der Südafrikaner Kenneth McArthur gewinnt den Marathonlauf.

Marathonlauf mit tödlichem Ausgang

14. Juli 1912. 98 Läufer haben ihre Meldung für den Marathonlauf abgegeben. 68 gehen an den Start. Das Thermometer steigt an diesem Tag auf 45 °C. Die Strecke führt kaum durch Waldgelände, wo ein wenig Abkühlung möglich wäre. So macht die Hitze zuerst die Chancen der Schweden zunichte, die sich auf der heimischen Strecke besonders gründlich vorbereitet hatten. Ihr bester Läufer, Ahlgren, gibt schon nach halber Distanz auf.

Erstmals wurde die Strecke mit einem Wendepunkt angelegt, der sich nahe der Sollentunakirche im Norden Stockholms befindet. Hier bildet sich eine Spitzengruppe mit dem Südafrikaner Christopher Gitsham, dem Finnen Tatu Kolehmainen und einem weiteren Südafrikaner, Kenneth McArthur. 3 km vor dem Ziel muß Kolehmainen vor der brütenden Hitze kapitulieren. Als Gitsham der Versuchung nicht widerstehen kann und ein Glas Wasser trinkt, läuft McArthur an ihm vorbei. Er behauptet eine knappe Minute Vorsprung bis ins Ziel, wo er erschöpft zusammenbricht. Gitsham langt wesentlich frischer an.

Während im Stadion der erste Doppelsieg in einem Marathonlauf gefeiert wird, stirbt im Krankenhaus der Portugiese Francisco Lazaro an den Folgen eines Hitzschlags. Der Präsident des Internationalen Olympischen Komitees (IOC), Pierre Baron de Coubertin, ist an das Krankenlager geeilt und bestimmt, daß künftig kein Marathonlauf mehr in der Mittagshitze stattfinden dürfe.

Moderne Technik bei den Leichtathleten

Mochten die Leichtathleten die Aschenbahn in London 1908 gerühmt und sogar die Laufbahn in St. Louis 1904 gelobt haben, in Stockholm begnügte man sich mit solchen Vorbildern nicht. Erstmals wurde die Laufbahn um die 54x104 m Rasenfläche auf einer dreifachen Schlackenschicht angelegt. Sie saugt den Regen besser auf, was allerdings bei den von schönem Wetter begünstigten leichtathletischen Wettbewerben nicht auf die Probe gestellt wird. Außerdem ist diese Bahn elastischer, was den Läufern zweifellos zugute kommt.

Zwei weitere technische Neuerungen führten die ehrgeizigen Organisatoren ein. Erstmals wird zur Unterstützung der Zeitnahme ein elektrisches Zeitmeßgerät eingesetzt. Es erlaubt Stoppungen auf Zehntelsekunden Genauigkeit. Die gebräuchlichen Stoppuhren zeigen nur Fünftelsekunden an. Die Handstoppung wird dadurch nicht außer Kraft gesetzt. Nach wie vor werden zumindest für den Sieger, in Stockholm für jeden Finalisten, drei Hand-Stoppuhren eingesetzt, deren Mittelwert gilt. Sie werden nach dem Rauch des Startschusses gedrückt, der eher sichtbar, als der Knall hörbar wird. Die elektrische Zeitnahme wird mit dem Schuß ausgelöst und mit dem Zerreißen des Zielbandes fixiert. Dies ermöglicht eine zusätzliche Kontrolle. Darüber hinaus wird erstmals eine Zielfotografie eingesetzt. Der Apparat befindet sich oberhalb der Ziellinie. Es bedarf einer gewissen Geistesgegenwart, den Auslöser im richtigen Moment zu bedienen.

Im 1500-m-Lauf am 10. Juli führt diese technische Neuerung zum schönsten Erfolg. Die ersten drei durchlaufen das Ziel praktisch gleichzeitig. Das Auge macht nur für den Sieger Arnold Jackson (Großbritannien) einen ganz knappen Vorsprung sichtbar. Für den Zweiten und Dritten wird jeweils exakt eine Zehntelsekunde mehr gemessen. Erst die Zielfotografie beweist zweifelsfrei, daß Abel Kiviat vor Norman Taber (beide USA) die Ziellinie passierte.

▷ *Er muß eine ruhige Hand haben, der Fotograf, der erstmals bei Olympischen Spielen den Zieleinlauf im Foto festhält. Ein wenig schwindelfrei muß er auch sein. Und natürlich bedarf es der Geistesgegenwart, im richtigen Augenblick auf den Auslöser zu drücken. Zweimal hat die neue Methode Erfolg. Einmal werden die Deutschen als Sieger im Staffellauf ersichtlich. Und im 1500-m-Lauf entscheidet das Foto über den Zweiten und Dritten.*

▽ *Die elektrische Zeitmessung, in einem Kasten im Vordergrund installiert, wird durch ein Kabel ausgelöst, das mit der Startpistole verbunden ist. Die Zeiten werden mit Zehntelsekunden-Genauigkeit gemessen.*

Erregendes Staffel-Drama in Stockholm

9. Juli 1912. Die Standardbesetzung der deutschen 4x100-m-Staffel steht in Stockholm nicht mehr zur Verfügung. Emil Ketterer, der genau vor einem Jahr in Karlsruhe mit 10,5 sec Weltrekord über 100 m gelaufen ist, fällt wegen einer Verletzung aus. So tritt die Staffel in der Besetzung Otto Röhr, Max Hermann, Erwin Kern und Richard Rau an.
Sie gewinnt ihren Vorlauf gegen Österreich. Im Zwischenlauf gegen Kanada stellt die deutsche Staffel mit 42,3 sec einen Weltrekord auf. Da die US-amerikanische Staffel im Zwischenlauf wegen Überschreitens der Wechselmarke disqualifiziert wird, rückt die Goldmedaille für die Deutschen in greifbare Nähe. Im Endlauf stehen ihnen die Staffeln Großbritanniens und Schwedens gegenüber.
Carl Diem erlebt die dramatische Entscheidung als Augenzeuge: »Ein aufregender Kampf. Deutschland hat Innenkante, England Mittelbahn, Schweden Außenbahn. Röhr büßt gegen Applegarth etwas ein und verliert beim Wechsel mit Hermann, so daß dieser gegen Jacobs und Möller mit sechs Metern Verlust die Längsseite hinunterläuft. Allmählich kommt er heran. Da entsteht beim Wechsel zu Kern eine Verwirrung. Kern ist zu früh losgelaufen und muß abstoppen, um den Stab noch innerhalb der 20-m-Marke zu erhalten. Dann geht er aber mit großer Bravour heran, so daß die beiden nebeneinander kämpfenden Stafetten von England und Schweden ungefähr mit vier Metern Vorsprung vor Rau wechseln. Dieser läuft mit dem Aufgebot aller Kraft, vermag den Schweden zu passieren und im Ziel zu d'Arcy aufzulaufen. Totenstille, niemand kennt die Entscheidung. Dann tritt plötzlich das Schiedsgericht zusammen. Drei Bahnrichter wollen gesehen haben, daß Kern beim Abnehmen des Stabes bereits die 20-m-Marke überschritten hatte. Kern versichert, es sei kurz hinter der 10-m-Marke gewesen. Die Disqualifikation wird ausgesprochen. Der Zielrichterspruch lautet: ›England Handbreite vor Deutschland.‹« Die Zielfotografie korrigiert die Zielrichter. Rau lief vor Victor d'Arcy durchs Ziel.«
Als auch ein Zeitungsfoto die Bahnrichter widerlegt, reicht Diem als deutscher Mannschaftsleiter schriftlich Protest ein.

Richard Rau jubelt im Ziel der 4x100-m-Staffel. Links der Brite d'Arcy. Die Zielrichter sehen Großbritannien vorn, die Kamera beweist: Deutschland.

Foto gegen Aussage: Jury lehnt deutschen Protest ab

Einen Tag nach dem Staffeldrama von Stockholm macht Carl Diem seinem Ärger über die Disqualifizierung der deutschen Mannschaft, an der auch sein Protest nichts ändern konnte, Luft:

»Am Abend brachte »Aftonbladet« eine Abbildung des Wechsels, bei dem Kern unmittelbar hinter der 20-m-Marke den Fuß aufsetzt und dabei in der vorgeschwungenen rechten Hand bereits den Stab hält, während Hermann, abstoppend, gerade die 20-m-Linie passiert und der linke Arm, der vorgestreckt den Stab übergeben hatte, bereits zurückschwingt. Dieses Bild beweist ohne Zweifel, daß der Wechsel zurecht erfolgt ist. Die Jury beschloß auf meinen Protest hin, daß objektive Wahrnehmungen von Renngerichtsbeamten unanfechtbar seien und daher dem Protest nicht stattgegeben werden könne, worauf nicht mehr abgestimmt wurde. Mich konnte aber nichts von der Ansicht abbringen, daß wir zu Unrecht disqualifiziert worden sind und daß es Sache der schwedischen Bahnrichter gewesen wäre, ihren Irrtum nachträglich zuzugeben.«

Das umstrittene Foto-Dokument, das den korrekten Wechsel der deutschen Staffel beweist

Ein Wunderläufer aus Finnland

7. bis 15. Juli 1912. Der einzige Sportler in Stockholm, der an einen Jim Thorpe (→ 7.–15. 7. 1912) heranreicht, ihn an Medaillenausbeute sogar noch übertrifft, ist der Finne Johan Petteri »Hannes« Kolehmainen. Sein Laufpensum in neun Tagen sagt alles über seine Leistungsfähigkeit aus. Am 7. Juli ist er Schnellster im 10 000-m-Vorlauf in 33:49,0 min. Am 8. Juli wird er Olympiasieger über diese Strecke in der olympischen Rekordzeit von 31:20,8 min. Am 9. Juli ist er Schnellster im 5000-m-Vorlauf in 15:34,6 min. Am 10. Juli wird er Olympiasieger über diese Distanz in der Weltrekordzeit von 14:36,6 min. Am 12. Juli läuft er Weltrekord im Vorlauf des 3000-m-Mannschaftslaufs in 8:36,8 min, geht aber leer aus, da die finnische Mannschaft das Finale nicht erreicht. Am 15. Juli schließlich wird er Olympiasieger im 8000-m-Querfeldeinlauf in 45:11,6 min. In der Mannschaftswertung erhält er dazu noch Silber.
In all diesen Rennen wird Kolehmainen nur einmal zur äußersten Hergabe all seiner Kräfte gezwungen, im 5000-m-Lauf, der zum ersten Mal auf dem olympischen Programm steht. Hier leistet ihm der Franzose Jean Bouin erbitterten Widerstand bis ins Ziel hinein. Beide Läufer unterbieten den Weltrekord um fast eine halbe Minute. Mit nur einer Zehntelsekunde behält Kolehmainen die Oberhand. Bouin entnervt diese Niederlage derart, daß er im 8000-m-Crosslauf, wo er als Spezialist gilt, resigniert aufgibt. Kolehmainen wurde am 9. Dezember 1889 in Kuopio geboren; er ist nur 1,69 m groß und 60 kg schwer.

»Hannes« Kolehmainen beim Passieren der Ziellinie im 10 000-m-Lauf

Ein Schuß erschreckt den »langen Hans«

8. Juli 1912. Mit sechs US-Amerikanern, zwei Briten, einem Ungarn und einem Schweden erreicht der Hamburger Hans Liesche den Endkampf im Hochsprung.
Wie es ihm ergeht, schildert er später selbst: »Wir begannen mit einer Sprunghöhe von 1,70 m, legten dann auf 1,75 m und von nun an je zwei Zentimeter höher. Bald schieden die ersten aus. Bei 1,85 m wußte ich zu meiner Erleichterung, daß ich es nur noch mit sechs Amerikanern zu tun hatte. Während es bis zu diesem Zeitpunkt verhältnismäßig flott zugegangen war, zog sich die Konkurrenz jetzt im Schneckentempo dahin. Denn der eine maß fußweise seinen Anlauf, während der andere seine Zehen massierte. 1,87 m wurden von Horine, Richards, Erickson, Thorpe und mir bewältigt. Die nächste Höhe, 1,89 m, übersprangen nur noch Horine, Richards und ich. Mich tröstete der Gedanke, an einem der drei Masten die deutsche Fahne wehen zu sehen. Bei 1,91 m riß ich zum erstenmal, kam aber beim zweiten Sprung glatt hinüber. Horine riß die 1,91 m dreimal und schied aus. Richards segelte beim dritten Sprung über die Latte. Er hatte bis zu dieser Höhe neunmal gerissen. Er wollte nun, daß ich vor ihm sprang, ich lehnte ab. Da konzentrierte sich Richards energisch, lief an und erzielte den höchsten Sprung seines Lebens: 1,93 m! Jetzt war es an mir, mich zu konzentrieren. Auf einmal krachte ein Startschuß, und das ganze Stadion erzitterte unter dem Gebrüll einer aufgeregten Menschenmasse.« Dieser Startschuß kostet den »langen Hans« möglicherweise die Goldmedaille. Der 800-m-Lauf mit dem unglücklichen Hanns Braun (→ 8.7.1912) raubte ihm die Konzentration zum Sprung.

Der US-Amerikaner Alma Richards beim olympischen Rekordsprung von 1,93 m, der ihm die Goldmedaille bringt. Hans Liesche wird mit 1,91 m Zweiter.

Coubertin rühmt Olympische Spiele

Nachdem die Leichtathleten zu Beginn der Spiele in Stockholm eine Reihe von Glanzlichtern gesetzt haben, lobt Pierre Baron de Coubertin am 22. Juli die Atmosphäre im Umfeld der Wettkämpfe der V. Olympiade:

»Fünf Wochen hindurch herrschte eine Hochstimmung der Natur, strahlender Sonnenschein, eine Brise vom Meer, sternklare Nächte. Freude über den farbenprächtigen Fahnenschmuck, Blumengirlanden, fein abgestimmte Illuminationen und über allem ein Leuchten, das niemals erlosch. In der Innenstadt ließ man der fröhlichen Jugend freien Lauf, kaum einer schlief, niemand hatte das Bedürfnis der Nachtruhe. Feste jagten sich, taten den körperlichen Leistungen aber keinen Abbruch. Das gotische Stadion wurde mit seiner technischen Vollendung zum Modell. Man erlebte mit, wie es in einen großen Bankettsaal, einen Konzert- und Tanzsaal verwandelt wurde. Alles geschah ohne großen Lärm, ohne Zeitverzug und den geringsten Fehler.«

Sechsmal Gold im Kugelstoßen, Diskus- und Speerwerfen

9. bis 13. Juli 1912. Für die drei technischen Disziplinen der Leichtathletik fand man einen neuen Austragungsmodus. Sie wurden einarmig und beidarmig ausgeschrieben. Weltrekordler Ralph Rose (USA) strebt seinen dritten Olympiasieg im Kugelstoßen an. Es kommt zu einem Zweikampf mit seinem Landsmann Patrick McDonald. Die vier gültigen Versuche im Endkampf:

▷ Patrick McDonald 14,58 m — 14,27 m — 14,78 m — 15,34 m
▷ Ralph Rose 14,98 m — 14,68 m — 15,25 m — 14,96 m

Mit seinem letzten Stoß übertrifft McDonald den Weltmeister um 9 cm. Rose kommt aber doch noch zu seiner dritten Goldmedaille. Beidarmig, 15,23 m + 12,47 m, behält er mit 17 cm die Oberhand über McDonald.
Im Diskuswerfen hat der US-amerikanische Weltrekordler James Duncan gegen den Finnen Armas Taipale nichts zu bestellen. Taipale hat eine neue Wurftechnik entwickelt, wobei er sich nicht mehr allein auf die Kraft der Arme verläßt, sondern den Schwung der Hüften und Beine in den Wurf miteinbezieht. Er siegt ein- und beidarmig mit meterweitem Vorsprung. Zu einem spannenden Zweikampf kommt es wieder im Speerwerfen. Hier versuchen die Finnen, dem schwedischen Pionier des Speerwurfs, Eric Lemming, den Vorrang streitig zu machen. Juho Saaristo hat wenige Wochen vorher einen Weltrekord mit 61,45 m aufgestellt. Doch noch einmal setzt sich der 32jährige Lemming in der einarmigen Konkurrenz gegen Saaristo knapp durch. Im beidarmigen Werfen kommt es jedoch zu einem dreifachen Sieg der Finnen, mit Saaristo an der Spitze. Lemming landet auf Rang vier.

Der Schwede Eric Lemming wird bei seiner dritten Olympiateilnahme seit 1900 noch einmal Sieger im Speerwurf.

Für den US-Amerikaner Ralph Rose reicht es in Stockholm im Kugelstoßen nur zur Silbermedaille.

Im Schwimmen fallen die Weltrekorde

10. bis 15. Juli 1912. Bei den fünften olympischen Schwimmwettbewerben bekommen die Schwimmer zum fünften Mal etwas Neues geboten, eine 100-m-Bahn. Sie nutzen sie, um Weltrekorde, die auf 25-m- oder 50-m-Bahnen geschwommen wurden, auszulöschen.
Zuerst gelingt das einem bronzehäutigen Schwimmer aus Hawaii, der die Bahn in einem Stil herunterkrault, wie man in Europa noch keinen Schwimmer hat kraulen sehen. Er stellt seinen Weltrekord im dritten Semifinale mit 1:02,4 min auf. Im Finale genügt ihm eine Zeit, die genau eine Sekunde länger ist, zum Olympiasieg. Der exotische Mann heißt Duke Paoa Kahanamoku und wird zum Publikumsliebling der Schweden. Manche halten ihn für einen Herzog aus Honolulu, was der Romantik die Krone aufsetzt, aber er heißt nur »Duke«. Als Schlußmann der US-amerikanischen 4x200-m-Staffel wird er gewaltig angefeuert, aber da ist die Mannschaft aus »Australasia« nicht zu schlagen. Dieses Land auf Coubertins sportgeographischer Landkarte trat in Wimbledon erstmals auf (→Juli 1907).

Die Australier Cecil Healy, Leslie Boardman und Harold Hardwick haben sich mit dem Neuseeländer Malcolm Champion zusammengetan und unterbieten den Weltrekord der Briten von London 1908 mit 10:11,6 min gleich um volle 44 Sekunden! Die Briten, von deren Londoner Siegerstaffel noch Willie Foster und Henry Taylor mitschwimmen, können gerade noch den dritten Rang vor der aufkommenden deutschen Staffel behaupten. Und wohin ist Taylors Weltrekordglorie über 400 m und 1500 m entschwunden? Die krault der Kanadier George Ritchie Hodgson in 5:24,4 min und in exakt 22:00,0 min zuschanden.

Duke Paoa Kahanamoku, Olympiasieger über 100 m Freistil aus Hawaii

Was bleibt da eigentlich noch für Europa übrig, zumal der US-Amerikaner Harry Hebner auch noch den Olympiasieg in der deutschen Domäne, dem 100-m- Rückenschwimmen, an sich reißt? Silber für Otto Fahr und Bronze für Paul Kellner sind da nur ein Trostpflaster.
Der Retter ist Walter Bathe. Der 20jährige Breslauer hat bereits über 100 m, 300 m und 400 m Brust Weltrekorde geschwommen. Diese verbessert er in Stockholm zwar nicht, aber da reichen auch olympische Rekorde zum Sieg über 200 m und 400 m Brust aus. Über 200 m Brust gibt es sogar einen dreifachen deutschen Erfolg. Nach Bathe schlagen Wilhelm Lützow und Kurt Malisch an. Malisch wird über 400 m Vierter, während Lützow dieses Rennen aufgibt. So ist wenigstens die deutsche Ehre gerettet. Sonst aber werden Europas Schwimmer in Stockholm deklassiert.

Deutscher Triumph im Kunstspringen

9. Juli 1912. Das erste olympische Kunstspringen in London 1908 hatte mit dem Dreifachsieg von Albert Zürner, Kurt Behrens und Gottlob Walz eine deutsche Überlegenheit sichtbar gemacht, wenngleich Walz sich den dritten Platz mit dem US-Amerikaner Gaidzik teilte.

Albert Zürner kann seinen Olympiasieg von London 1908 im Kunstspringen nicht wiederholen. Doch im Turmspringen kommt er gegen die überlegenen Schweden noch zu einer Silbermedaille.

Auch in Stockholm dominieren die deutschen Kunstspringer. Behrens kommt zwar nur zur Bronzemedaille, und Zürner wird Vierter, aber mit Paul Günther als Olympiasieger und Hans Luber als Silbermedaillengewinner ist der deutsche Triumph vollkommen. Zürner bricht noch in die schwedische Domäne des Turmspringens ein und gewinnt die Silbermedaille.

Nixen erobern ihren Platz bei den Olympischen Spielen

Vergebens hat sich der Präsident des Internationalen Olympischen Komitees (IOC), Pierre Baron de Coubertin, gegen die Teilnahme von Frauen an den Olympischen Spielen gesträubt. Er ist aber zu intelligent, um nicht einzusehen, daß eine solche Haltung als im wahren Wortsinn antiquiert erscheinen muß. So verfolgt er in der harmonischen Stockholmer Atmosphäre die ersten olympischen Schwimmwettbewerbe der Damen nicht nur mit Nachsicht, sondern mit ausgesprochenem Wohlwollen.
Es gibt in der Tat sehr viel Erfreuliches zu sehen, vor allem was die Leistungen betrifft. Am 12. Juli findet als erster Wettbewerb das 100-m-Freistil-Schwimmen statt. Von den insgesamt 42 gemeldeten Schwimmerinnen gehen hier 27 Damen aus acht Ländern an den Start. Im vierten Vorlauf schwimmt die Australierin Fanny Durack mit 1:19,8 min Weltrekord.

Durack gewinnt auch das Finale mit drei Sekunden Vorsprung vor Wilhelmine Wylie (Australien), Jennie Fletcher (Großbritannien), Grete Rosenberg (Deutschland), Annie Spiers (Großbritannien).

Einen Tag später treten 14 Damen aus drei Ländern zum Turmspringen an. Hier kann einzig die Britin Isabelle White mit der Bronzemedaille gegen fünf Schwedinnen bestehen.

Die britische Weltrekordstaffel über 4 x 100 m Freistil mit ihrer Trainerin

Höhepunkt ist am 15. Juli der Endkampf über 4x100 m Freistil. Vier Länder sind am Start. Die britischen Schwimmerinnen gelten als Favoritinnen und werden dieser Rolle souverän gerecht. In 5:52,8 min schwimmen Bella Moore, Jennie Fletcher, Annie Spiers und Irene Steer Weltrekord. Die deutsche Staffel gewinnt Silber vor den Österreicherinnen. Die Schwedinnen, bei denen die Olympiasiegerin im Turmspringen, Greta Johansson, mitschwimmt, belegen den vierten Platz.
Zum zweiten Mal bei Olympischen Spielen vertreten sind die Damen im Tennis. Die Französin Marguerite Broquedis gewinnt das Damen-Einzel gegen die Deutsche Dora Köring 4:6, 6:3, 6:4. Im gemischten Doppel kommt Köring (mit Heinrich Schomburgk) zu Gold und Broquedis (mit Albert Canet) zu Bronze. Silber geht an Schweden.

Die siegreiche Schweden-Mannschaft mit Alfred Swahn, Åke Lundeberg, Oscar Swahn, Olof Arvidsson (v. l.)

Nun sei bedankt, mein lieber Swahn

Auf den Schießständen von Kaknäs nehmen Oscar und Alfred Swahn eine Sonderstellung ein. Vater Oscar hatte schon in Paris 1900 Einzel- und Mannschaftswertung im Schießen auf den laufenden Hirsch gewonnen. Acht Jahre später wiederholte er diesen Doppelerfolg in London. Dort war am Mannschaftssieg Sohn Alfred beteiligt. So auch jetzt in Stockholm (1.—4. 7. 1912), wobei Alfred noch im Einzel gewinnt.

Dauerringen griechisch-römisch im Mittelgewicht: Asikainen (l.) und Klein

Kampfloser Ringkampfsieg für Schweden

Der Finne Alfred Asikainen und der Russe Martin Klein aus Estland ringen am 13. Juli schon zehn Stunden und 15 Minuten miteinander. Anschließend sind beide zu erschöpft, um noch gegen den Schweden Claes Johansson anzutreten. Johannsson bekommt Gold (Mittelgewicht; bis 75 kg). Als der Schwede Anders Ahlgren und der Finne Ivar Böhling neun Stunden ringen, gibt man beiden Silber (Halbschwergewicht; bis 82,5 kg).

Turnen ist immer noch Ansichtssache

Juli 1912. Wieder einmal ernten die Vorführungen der schwedischen, norwegischen und finnischen Turnerinnen im Olympiastadion den meisten Beifall des Publikums. Aber Medaillen gibt man ihnen immer noch nicht.

Wieder einmal konnte sich die Deutsche Turnerschaft (DT) nicht entschließen, eine Ländermannschaft nach Stockholm zu entsenden. Das skandinavische System paßt den Deutschen und auch den Schweizern nicht. Also blieben sie fern.

Übung am Schwebebalken beim »schwedischen« Turnen für Mannschaften. Gold geht an die Gastgeber, Silber an Dänemark, Bronze an Norwegen.

Dabei bietet das schwedische Wettkampfprogramm für jedes System etwas. Da gibt es einen Vierkampf an Reck, Barren, Seitpferd und an den Ringen. Die Einzelwertung gewinnt der Italiener Alberto Braglia vor dem Franzosen Louis Ségura und vier weiteren Italienern. Ihr Turnen ist vom skandinavischen System mindestens soweit entfernt wie Palermo von Hammerfest.

Überlegen gewinnen die Italiener auch die Mannschaftswertung vor Ungarn, Großbritannien, Luxemburg und — doch noch Deutschland, das durch eine im letzten Moment eingesprungene Riege des Akademischen Turnvereins, die sich nur nach Kräften blamiert, vertreten ist. Einen Mannschaftswettbewerb im »schwedischen System« gewinnt Schweden vor Dänemark und Norwegen. Und dann gibt es noch einen Mannschaftswettbewerb im »freien System«. Den entscheiden die Norweger für sich vor Finnland und Dänemark. Die deutschen Akademiker können hier immerhin die Riege Luxemburgs, der sie im Mannschaftskampf unterlagen, auf den letzten Platz verbannen. Wann werden sich die Turner über ihre Systeme einigen können?

König Gustav V. bei der Siegerehrung

Königliche Ehren

Für die Siegerehrung am Schlußtag der V. Olympischen Spiele (22. 7. 1912) bietet das schwedische Königshaus ein einzigartiges Arrangement. Drei Podeste sind aufgestellt. Auf dem ersten überreicht König Gustav V. die Goldmedaille mit einem Eichenkranz, auf dem zweiten Kronprinz Gustav Adolf die Silbermedaille und auf dem dritten Prinz Karl die Bronzemedaille.

Von Rosen setzte Reitwettbewerbe durch

13. bis 17. Juli 1912. Die olympischen Reitwettbewerbe in der Dressur, der Vielseitigkeitsprüfung und im Jagdspringen sind der Hartnäkkigkeit des schwedischen Grafen Clarence von Rosen, Stallmeister von König Gustav V. von Schweden, zu verdanken. Schon für 1908 hatte das Internationale Olympische Komitee (IOC) seinen Vorschlag genehmigt. Als aber in London Anmeldungen von 88 Reitern aus acht Nationen eintrafen, sah man sich dort außerstande, dies zusätzlich organisatorisch zu bewältigen. Die Schweden zeigen vier Jahre später vorbildlich, wie man so etwas macht. 62 Reiter mit 70 Pferden aus zehn Nationen erscheinen am Start. Zugelassen sind bei der Vielseitigkeitsprüfung (Military) nur aktive Offiziere mit eigenen oder der Armee ihres Landes gehörenden Pferden. In der Dressur und im Jagdspringen sind auch Zivilreiter mit eigenen Pferden zugelassen, aber keiner macht von dieser Möglichkeit Gebrauch.

Die Schweden hatten schon 1909 auf Regimentsebene mit der Auslese der besten Reiter und Pferde begonnen und diese dann in der Kavallerieschule in Strömsholm zusammengezogen. Der Sieg in vier von fünf Wettbewerben belohnt diese systematische Vorbereitung. Als kritischer Beobachter empfiehlt der Redakteur der »Sport-Welt«, Gustav Rau, das schwedische Beispiel zur Nachahmung. Seine Vorschläge gelangen bis zum deutschen Kaiser. Sie sollen für die Spiele in Berlin 1916 verwirklicht werden.

△ Der erste Olympiasieger in der Dressur, der schwedische Rittmeister Carl Bonde, auf Emperor. Er siegt vor seinen Landsleuten Gustaf-Adolf Boltenstern sen. und Hans von Blixen-Finecke. Erst an vierter Stelle kann sich der Deutsche Friedrich von Oesterley auf Condor vor zwei weiteren Schweden plazieren. Eine Mannschaftswertung gibt es nicht.

◁ Oberleutnant Friedrich von Rochow auf Idealist. Er gewinnt hinter dem Schweden Axel Nordlander die Silbermedaille in der Military-Einzelwertung. In der Mannschaftswertung erhält er ebenfalls Silber mit Richard Graf von Schaesberg-Tannheim und Eduard von Lütcken, nur knapp hinter den Schweden.

Leutnant Rabod Wilhelm von Kröcher auf Dohna. Er wird nach Stechen mit dem Franzosen Jean Cariou Zweiter.

Prinz Friedrich Karl von Preußen gehört der deutschen Equipe an, seine Ergebnisse fallen aus der Wertung.

Stockholm 1912 in Stichworten

Die Spiele der V. Olympiade in Stockholm beginnen am 5. Mai 1912 und dauern bis zum 22. Juli. Aus 28 Ländern 2547 Teilnehmer, darunter 57 Frauen. 107 Wettbewerbe in 14 Sportarten. Ein Demonstrationswettbewerb im Baseball. Hervorragende Organisation, große Begeisterung der Zuschauer, herzliche Gastfreundschaft. Endgültiger Durchbruch der Idee Olympischer Spiele. **Leichtathletik:** Große Überlegenheit der US-Amerikaner. Briten und Deutsche enttäuschen. Sensationelle Erfolge der Finnen. Gutes Abschneiden der Schweden dank gründlicher Vorbereitung. **Ringen:** Nur griechisch-römisch, am erfolgreichsten die Finnen vor den Schweden. **Fechten:** Turnier mit starker Leistungsbreite. Italiener, Belgier und Ungarn am erfolgreichsten. **Schießen:** In 18 Wettbewerben 16 Medaillen für Schweden, 14 für die USA. Im Wurftaubenschießen Silber für den Deutschen Alfred Goeldel-Bronikowen, der mit seinem Bruder Horst auch Bronze in der Mannschaftswertung gewinnt. **Moderner Fünfkampf/Reiten:** Große Überlegenheit der systematisch vorbereiteten Schweden. **Radfahren:** Nur ein Straßenrennen 320 km rund um den Mälarsee mit Einzel- und Mannschaftswertung. Start um 2 Uhr nachts. Nach fast elf Stunden Sieg des Südafrikaners Rudolph Lewis. **Turnen:** Aufgesplittertes Programm, kaum ein Leistungsvergleich möglich. **Schwimmen:** Erstmals mit Damen. Insgesamt schneiden die Deutschen am besten ab. **Rudern** und **Segeln** schwach besetzt. Großbritannien siegt vor Dänemark und den Niederlanden im bisher bestbesetzten **Fußballturnier. Tennis:** Ein Hallen-Turnier und ein Turnier im Freien. Auf Sandplatz Überlegenheit der Südafrikaner. Deutsche Medaillen: Oscar Kreuzer Bronze im Herren-Einzel, Dora Köring/ Heinrich Schomburgk Gold im gemischten Doppel, Köring Silber im Damen-Einzel.

Der Marathonlauf kommt in Mode. Den ersten in Deutschland veranstaltete Leipzig 1898. In New York (Abb.) zählt man in diesem Jahr 1500 Teilnehmer.

Erfolg für jedermann – kein Marathonlauf ohne »Amol«!

Auf diese Idee ist noch keiner gekommen. Der Berliner »Meisterläufer von Deutschland und Österreich«, Paul Nettelbeck, gibt am 6. April 1912 eine Zeitungsannonce auf. Da heißt es: »Ich sehe mich veranlaßt, Ihnen hiermit unaufgefordert meine Anerkennung auszusprechen über die gute Wirkung bei Benutzung ihrer AMOL-PRÄPARATE. Zu meiner sportlichen Tätigkeit habe ich diese verwandt und habe mich selbst bei den größten Anstrengungen in hervorragender Weise erfrischt. Ich will nur meinen unlängst aufgestellten Rekord im Laufen erwähnen, bei dem ich 17,412 km in der Stunde zurücklegte, eine Leistung, die bisher von keinem Deutschen erreicht wurde. Meine Erfolge schreibe ich zum größten Teil den Einreibungen mit Ihrer wunderbaren Flüssigkeit, Ihrem mir unentbehrlichen AMOL zu. Bitte senden Sie mir 5 Flaschen. Hochachtungsvoll Paul Nettelbeck, Gewinner des Marathonlaufes in Hamburg.« Nettelbeck trägt neuerdings bei Rennen ein Trikot mit der Aufschrift »Amol!« Ob er seine Leistungen tatsächlich dem Präparat verdankt, bleibt allerdings ungewiß.

Schweizer Brüder beleben Radsport

29. Juni 1912. Atemlose Spannung in Wien am Start des größten radsportlichen Ereignisses in Deutschland, der traditionellen Fernfahrt Wien–Berlin. Alles, was im deutschen Radsport Rang und Namen hat, ist im Vorort Floridsdorf versammelt. Unter den ausländischen Fahrern der Schweizer Franz Suter, der von Anfang an vorne mitfährt. Er gehört auch zu einer fünfköpfigen Spitzengruppe, die im Spurt das Rennen entscheidet. Suter siegt nach 23:18:05,0 h mit einer halben Radlänge vor den Deutschen Fritz Bauer und Gustav Schulze.

Nach dem Gewinn der Fernfahrt Wien–Berlin setzt Suter seine deutsche Siegesserie fort. Außer Wien–Berlin gewinnt er in diesem Jahr noch fünf bedeutende Straßenrennen und plaziert sich in fünf weiteren unter den ersten drei.

Franz Suter kam mit seinem Bruder Paul im vorigen Jahr erstmals nach Deutschland und gewann mit ihm auf Anhieb das Sechstagerennen in Hamburg. Auch Paul fuhr danach in deutschen Straßenrennen sehr stark, wurde aber oft vom Sturzpech verfolgt. Zweifellos sind die beiden Schweizer eine starke Belebung für den deutschen Radsport.

Wie George L. Horine die 2-m-Traumgrenze überwindet

18. Mai 1912. George L. Horine wurde am 3. Februar 1890 in Escondido im US-Bundesstaat Kalifornien geboren. Eine besondere Begabung für den Hochsprung besaß er nicht. Irgendwie fiel es ihm ein, im Hinterhof seines Elternhauses hoch zu springen. Allmählich bekam er Spaß daran. Er sprang im Scherensprung mit Anlauf von rechts, wobei er mit dem linken Fuß absprang. Als Oberschüler brachte er es bald auf 1,55 m, was niemanden vom Stuhl riß. Als seine Eltern umzogen, mußte er im Hinterhof des neuen Hauses seinen Anlauf umstellen. Es ging hier nur von links. Trotzdem sprang er mit dem linken Fuß ab und schlängelte sich bis 1,75 m.

Im Frühling 1910 kam er auf die Stanford-Universität, wo sich ein Sportlehrer seiner annahm. Dieser brachte ihm einen geraden Anlauf, rechtwinklig zur Latte, bei, womit sich Horine auf 1,87 m steigerte. Ein Jahr später stellte er den Hochschulrekord mit 1,93 m ein, der schon 24 Jahre alt war.

Von nun an richtete Horine seinen Ehrgeiz auf den Weltrekord von Michael Sweeney (1,97 m). Er markierte diese Höhe an seinem Türpfosten, um sie ständig vor Augen zu haben. Horine war jetzt 1,80 m groß und wog 60,5 kg. Er entzweite sich mit seinem Trainer, kehrte zu seinem Anlauf von links zurück und kam mit einer ganz eigenen Technik auf 1,984 m. Damit hatte er Sweeney den Weltrekord abgenommen. Jetzt richtete er seinen ganzen Ehrgeiz auf die 2-m-Marke. Am 18. Mai 1912 überspringt er in Palo Aalto sechs Fuß sieben Zoll, was einer Höhe von 2,007 m entspricht. Das Traumziel ist erreicht. Die International Amateur Athletic Federation (IAAF) registriert diesen Weltrekord später mit 2,01 m.

»Hauptsache drüber«, sagen sich die Hochspringer und wenden dabei die unterschiedlichsten Techniken an. Hans Fleiter sprang 1910 mit einem Salto über die Latte (r.). Wegen seiner Gefährlichkeit wurde der »Fleiter-Sprung« verboten.

Jack Johnson geht ins Exil

4. Juli 1912. Seit seinem Sieg über James J. Jeffries (→ 4. 7. 1910) ist Boxweltmeister Jack Johnson ein von den Schwarzen vergötterter, von den Weißen gehaßter, aber ungewohnt reicher Mann. Um letzteres deutlich zu machen, läßt er sich Goldzähne einsetzen. Sein Lachen wird noch attraktiver.

Weil man in den USA keinen Weißen mehr gegen ihn kämpfen lassen will, fordert Johnson den britischen Europameister »Bombardier« Billy Wells heraus. Aber die britische Regierung verbietet diesen Kampf. Da geht in den USA ein neuer weißer Stern am Boxhimmel auf. Er heißt Jim Flynn und wird sogleich als ein Mann gehandelt, der Johnson das Grinsen austreiben kann.

Jack Johnson, Boxweltmeister aller Klassen, muß außer Landes gehen. Seine siegreichen Kämpfe lösen immer wieder Rassenkrawalle in den USA aus. Ein schwarzer Weltmeister ist auf die Dauer nicht tragbar.

Der Kampf steigt in Las Vegas, und diesmal sind die farbigen Zuschauer in der Überzahl. Sie kommen voll auf ihre Kosten, denn Flynn hat gegen die gut plazierten Haken und Uppercuts von Johnson nicht den Hauch einer Chance. Als Flynn allerlei faule Tricks versucht, wie Kopfstöße und Tiefschläge, nehmen die Zuschauer eine drohende Haltung ein, so daß die Polizei den Kampf vorzeitig abbrechen läßt. Daß die Polizei seine Kämpfe beendet, ist Johnson mittlerweile schon gewohnt. Neu ist in diesem Fall, daß sie es tut, um ihn vor krummen Machenschaften zu bewahren.

An Johnsons klarem Sieg nach neun Runden gibt es nichts zu deuteln. Aber gegen wen soll der schwarze Weltmeister aller Klassen jetzt noch boxen? Er macht in San Francisco eine Bar auf. Aber dieser »Grand Palais« wird bald zum Tummelplatz von Spielern und Gaunern. Gegen sie steht Johnson auf verlorenem Posten. Das Etablissement wird von der Polizei geschlossen.

Die Schwierigkeiten Johnsons mit der US-amerikanischen Regierung nehmen derart zu, daß er sich gezwungen sieht, die USA zu verlassen. Dort wird eiligst ein Turnier mit weißen Schwergewichtlern veranstaltet, aus dem Luther McCarthy als »Interims-Weltmeister« hervorgeht.

Oscar Egg fährt Weltrekord

Weltrekordmann Oscar Egg aus der Schweiz (M.)

22. August 1912. Der Franzose Lucien Petit-Breton, der 1905 den Stundenweltrekord mit dem Fahrrad ohne Schrittmacher verbessert hatte, verlor ihn zwei Jahre später an seinen Landsmann Marcel Berthet. Dieser stellte die neue Marke auf 41,52 km/h. Petit-Breton wurmte das, er selbst jedoch konnte keinen neuen Angriff starten. Aber er hielt Ausschau nach einem Fahrer, dem eine Verbesserung zuzutrauen war.

Beim Rennen Paris—Brüssel am 9. Juni 1912 fiel ihm der 22jährige Schweizer Oscar Egg auf, der gerade erst Berufsfahrer geworden war, aber schon seit 1907 Radrennen fuhr. Auch eine Fahrradfabrik interessierte sich für den »kommenden Mann« der Profi-Radler.

Petit-Breton nahm Egg unter seine Fittiche. Als der Schweizer es in einem scharfen Probegalopp über eine halbe Stunde auf 21 km brachte, hielt Petit-Breton die Zeit für einen Stundenweltrekord-Versuch für gekommen. Auf der Pariser Buffalo-Bahn rechtfertigt Egg am 22. August die in ihn gesetzten Erwartungen. Als nach einer Stunde der Schuß für das Ende seiner Fahrt fällt, hat er 42,122 km zurückgelegt. Mit diesem Weltrekord wird der bescheidene Schweizer mit einem Schlag populär. Die Bahnen reißen sich um ihn. Gegen die Franzosen Octave Lapize, Berthet, seinen Lehrmeister Petit-Breton sowie den Niederländer John Stol gewinnt er am 6. Oktober auf der Berliner Olympia-Bahn ein Dreistundenrennen mit 116,53 km, was einem Durchschnitt von 39 km/h entspricht. Nun fehlt ihm nur noch die nötige taktische Erfahrung bei Bahnrennen.

Der »Velo-Schlitten«, mit dem die Kurgäste in Grindelwald neuerdings die Hänge hinabgleiten

Schweizer Attraktion: »Velo-Schlitten«

Schweizer Kurgäste waren um Einfälle für neue wintersportliche Attraktionen noch nie verlegen. In Grindelwald gehört in diesem Winter der »Velo-Schlitten« dazu. Schon 1892 hatte der US-Amerikaner Stevens ein »Schneefahrrad« zum Patent angemeldet. In Cortina d'Ampezzo wurde 1903 ein »Skibob«-Club gegründet, der Rennen veranstaltete. In der Schweiz trat 1910 der »Monogleit« in Aktion. Der neuartige »Velo-Schlitten« beruht aber auf dem italienischen »Skibob«. Eine Bezeichnung, die sich durchsetzt.

Der Doppelzweier des Grashoppers-Club Zürich holt Silber.

Schweizer Triumph: Ruder-Europameister

Bei den Ruder-Europameisterschaften im August 1911 in Genf kommen die Schweizer Ruderer zu ihrem bisher größten Erfolg. Europameister werden der Achter und der Vierer mit Steuermann des Grashoppers-Club Zürich, und der Zweier mit Steuermann der Société Nautique de Genève. Dazu gewinnt der Doppelzweier des Grashoppers-Club Zürich noch die Silbermedaille. Die Schweiz erhält dafür den Glandaz-Preis für den Ersten in der Nationenwertung der Europameisterschaften.

1913

Januar. Pierre Baron de Coubertin erhält nachträglich die Goldmedaille im olympischen Literaturwettbewerb.

25. 1. Der Deutsche Fußball-Bund (DFB) lehnt auf seinem 19. Bundestag in Kassel die Anstellung eines Bundestrainers ab. Vier Länderspiele des Jahres gegen England, Dänemark, die Schweiz und die Niederlande gehen sämtlich verloren.

3. 2. Johannes Runge wird Vorsitzender der Deutschen Sport-Behörde für Athletik (DSB) anstelle von Carl Diem, der zum Generalsekretär für die Olympischen Spiele 1916 in Berlin berufen wird.

10.–23. 2. Erstmals österreichischer Paarlaufsieg bei den Eiskunstlauf-Weltmeisterschaften in Stockholm durch Helene Engelmann/Karl Mejstrik vor Ludowika und Walter Jakobsson (Finnland).

Februar/März. In Helsinki wird der Norweger Oscar Mathisen zum vierten Mal Weltmeister im Eisschnellauf.

März/April. Europameisterschaften im Eishockey in München. Belgien siegt vor Böhmen und Deutschland.

19. 4. Aston Villa holt durch einen 1:0-Sieg über den FC Sunderland zum fünften Mal den englischen Fußball-Cup.

2. 5. Weltrekord des US-Amerikaners Arthur Robinson über 220 y in 20,8 sec.

6. 5. Dem Zehnkampf-Sieger von Stockholm 1912, Jim Thorpe, werden der Amateurstatus und sein Olympiasieg aberkannt.

10. 5. Auf dem Kongreß der Sozialistischen Internationale in Gent wird eine Zentrale der Internationalen Arbeiterschaft für Turnen und Sport eingerichtet.

24. 5. Luther McCarthy, der in den USA als weißer Interims-Weltmeister im Boxen gilt, erleidet in der ersten Runde eines Kampfes gegen Arthur Pelkey eine tödliche Gehirnblutung.

31. 5. Der US-Amerikanur Donald Lippincott stellt in Cambridge den Weltrekord über 200 m ein (21,2 sec).

8. 6. Einweihung des Grunewald-Olympiastadions für die Olympischen Spiele in Berlin 1916 in Anwesenheit des deutschen Kaiserpaares. Berliner Kinder erhalten schulfrei.

9. 6. Gründung eines Weltverbandes für Schwerathletik in Berlin, der Ringen, Gewichtheben, Tauziehen, Gewichtwerfen und Steinstoßen umfaßt.

22. 6. 1000-m-Weltrekord in 2:32,3 min durch den Berliner Georg Mickler in Hannover.

Juli. Henri Desgrange führt bei der Tour de France das gelbe Trikot ein, das jeweils der Fahrer trägt, der im Gesamtklassement führt. Sieger der diesjährigen Tour ist der Belgier Philippe Thys.

Dorothea Lambert-Chambers gewinnt zum sechsten Mal das Damen-Einzel in Wimbledon. Der Neuseeländer Tony Wilding siegt zum vierten Mal hintereinander im Herren-Einzel. Die Deutschen Heinrich Kleinschroth/Frederick W. Rahe erreichen das Finale im Herren-Doppel.

Der Franzose Jean Bouin läuft in Stockholm Stundenweltrekord mit 19,021 km.

12.–16. 7. Deutsches Turnfest in Leipzig mit 62 500 Teilnehmern. Turnfestsieger: Ewald Kessler.

13. 7. Gelungener Alpenüberflug durch den Schweizer Oskar Bider in einem Blériot-Eindecker von Bern nach Mailand, mit Zwischenlandung in Domodossola. Flugzeit: Vier Stunden. Am 16. Juli Rückflug von Mailand über Basel nach Bern.

28. 7. Bei den Weltmeisterschaften im Gewichtheben gewinnen in den neu festgelegten fünf Gewichtsklassen Österreicher drei Goldmedaillen, Deutsche eine und Russen eine Silber- und eine Bronzemedaille.

17. 8. Weltrekord im Hammerwerfen durch den US-Amerikaner Patrick Ryan in New York mit 57,77 m.

18. 8. Neue Fußballregel der Fédération Internationale de Football Association (FIFA). Bei Freistößen muß der Gegenspieler 10 y (9,15 m) Abstand halten.

23. 8. In Berlin Gründung der International Amateur Athletic Federation (IAAF). Ab jetzt werden offiziell Weltrekorde in der Leichtathletik geführt.

1. 10. Alvin Kraenzlein, vierfacher Olympiasieger von Paris 1900, trifft als berufener Leichtathletiktrainer in Berlin ein.

3. 11. Mit einem Festessen von 15 Gängen feiert die englische Football Association (FA) ihr 50. Jubiläum.

8. 11. Gründung eines internationalen Schlittensportverbandes für Bob und Rodeln in Dresden.

28. 11. Der schwarze Boxweltmeister Jack Johnson schlägt in Paris André Spaul in der zweiten Runde k. o.

8. 12. Der Franzose Georges Carpentier wird in London durch einen K.-o.-Sieg über »Bombardier« Billy Wells Box-Europameister.

19. 12. Der Kampf um den WM-Titel im Schwergewichtsboxen zwischen dem Champion Jack Johnson und dem Herausforderer Jim Johnson in Paris endet nach zehn Runden unentschieden.

1913. Der Geologiestudent Arnold Fanck und der Kameramann Sepp Allgeier beginnen am Monte Rosa in den Walliser Alpen mit Dreharbeiten für den ersten deutschen Film über den Skilauf.

Gründung der International Tennis Federation (ITF) mit Sitz in London.

Skandal um Athleten Thorpe

6. Mai 1913. Nachdem er zunächst in den USA wie ein Volksheld gefeiert worden ist, sieht er sich nun über Nacht verfemt und gedemütigt. Jim Thorpe, dem größten Athleten der Welt (→ 7.–15. 7. 1912), wird die Amateureigenschaft von US-amerikanischen Sportfunktionären auf Lebenszeit aberkannt. Begründung: Thorpe habe als junger Bursche Baseball für Geld gespielt.

Es handelt sich um den lächerlichen Betrag von 60 US-Dollar. Und was wußte der arme Teufel von Indianer über Olympische Spiele? Aber die US-amerikanische Athletik-Union legt den »Fall« dem Internationalen Olympischen Komitee (IOC) vor, das Thorpe seine Olympiasiege aberkennt. Unter Sportlern herrscht einhellige Empörung über dieses Pharisäertum.

IOC-Präsident Pierre Baron de Coubertin, der sich wiederholt abfällig über das Amateurproblem geäußert hat, erklärt: »Zu den Vorwürfen gegen Thorpe habe ich nichts zu sagen.« Er fühlt sich in eine Pilatusrolle gedrängt. Mit besonderer Freude nimmt er zur Kenntnis, daß der Schwede Hugo Wieslander, 1912 in Stockholm hinter Thorpe Zweiter im Zehnkampf, die ihm zugesprochene Goldmedaille nicht annimmt. Besser kann nicht zum Ausdruck gebracht werden, daß Olympische Spiele für Sportler da sind und nicht für Funktionäre.

Die Hexenjagd der Sportfunktionäre ändert nichts daran, daß Jim Thorpe der größte Athlet seiner Zeit ist und einer der größten Sportler bleiben wird.

Streit um Trainer Kraenzlein

1. Oktober 1913. Als erster bezahlter Reichstrainer für Leichtathletik tritt der viermalige Olympiasieger von Paris 1900, Alvin Kraenzlein (→ 14.–16. 7.1900), sein Amt bei der Deutschen Sport-Behörde für Athletik (DSB) an.

Der am 22. Dezember 1876 in Wien geborene US-Amerikaner spricht gut Deutsch und gilt als der geeignete Mann, die deutschen Sportler auf die Olympischen Spiele in Berlin 1916 vorzubereiten. Dies ist um so dringlicher, als im Jahrbuch des DSB die »Schmach der erlittenen deutschen Niederlagen« in Stockholm beklagt wurde.

Kaum aber ist Kraenzlein im Lande, sieht er sich heftigen Angriffen in der »Deutschen Turnzeitung« ausgesetzt: »Der Amerikaner hat nach unseren Begriffen allerhand barbarische Gewohnheiten. Sein Zigarettenrauchen und sein Spucken sind wenig vorbildlich für die deutschen Sportlehrer und alle, die es werden wollen.« Kraenzleins Verteidiger fordern, über dessen »kleine Fehler« hinwegzusehen. »In einem starken, gesunden Leibe«, rühmen sie den 37jährigen, »wohnt eine starke, dabei heitere Seele. Diese Heiterkeit des Geistes, gepaart mit Humor und Menschenkenntnis, läßt ihn instinktiv seine Lehren mit Beispielen aus seinem reichen Lebensschatz belegen. Sein Einfluß auf die menschliche Psyche ist groß.«

Die Nordseite des Berliner Grunewald-Stadions mit dem Schwimmbassin und der zusätzlichen Zuschauertribüne

Festliche Weihe des Grunewald-Stadions

8. Juni 1913. Über den denkwürdigen Tag der Einweihung des Berliner Grunewald-Stadions schreibt die Wochenzeitschrift »Sport im Bild«: »Die feierliche Einweihung des Deutschen Stadions in Gegenwart des Kaiserpaares hatte wohl an 60 000 Menschen in der neuen Anlage inmitten der Grunewald-Rennbahn versammelt, zur Hälfte Aktive, zur Hälfte Zuschauer. Die Stadionweihe wurde so zu einer glänzenden Demonstration für die Sache des Sports und des Turnens.«

Selbst Kaiser Wilhelm II., dessen Ehrenloge an einen griechischen Tempel erinnert, ist überrascht. Der Architekt Werner March hat sich das Londoner White-City-Stadion zum Vorbild genommen, zumindest was die Zweckmäßigkeit betrifft. Der 300 m lange und 120 m breite Rasenplatz wird von einer grauen Aschenbahn umschlossen, die vor der Haupttribüne auf 20 m erweitert ist, damit Kurzstreckenläufe unabhängig von Langstreckenläufen stattfinden können. Um die Laufbahn führt die Radrennbahn von 666 m Länge an der Innenkante gemessen. Gegenüber der Haupttribüne ist das 100 m lange und 22 m breite Schwimmbecken angelegt. Zu beiden Seiten befinden sich Säulenhallen mit Umkleideräumen für die Wettkämpfer. Am Schwimmbassin befindet sich eine eigene Tribüne für 3000 Zuschauer. Berlin ist für Olympia gerüstet.

◁ Bei herrlichem Wetter sehen begeisterte Zuschauer Vorführungen der Deutschen Turnerschaft, des Deutschen Lawn-Tennis-Bundes, des Deutschen Schwimmverbandes, des Deutschen Reichsverbandes für Schwerathletik, des Deutschen Radfahrer-Bundes, der Deutschen Sport-Behörde für Athletik, des Deutschen Fußball-Bundes, des Deutschen Eislauf-Verbandes und zahlreicher anderer Sportverbände.

▽ Mitglieder des Deutschen Radfahrer-Bundes begrüßen das Kaiserpaar. 10 000 Brieftauben steigen auf.

Carl Diem wird Generalsekretär

3. Februar 1913. Mit Carl Diem wird einer der fähigsten und ideenreichsten deutschen Sportfunktionäre zum Generalsekretär der Olympischen Spiele in Berlin 1916 berufen.

Diem, am 24. Juni 1882 in Würzburg geboren, wurde 1903 zum Schriftführer und 1908 zum Vorsitzenden der Deutschen Sport-Behörde für Athletik (DSB) ernannt. 1904 gründete er den Verband Berliner Athletik-Vereine. Er rief den Staffellauf Berlin—Potsdam ins Leben und erwies sich als umsichtiger Organisator von Waldläufen und Sportfesten. Die Popularisierung des Deutschen Turn- und Sportabzeichens ist im wesentlichen Diems Verdienst. Bemerkenswert ist auch seine publizistische Tätigkeit. In seinem Buch »Die Olympischen Spiele 1912« über das bislang bedeutendste internationale Sportereignis (im Selbstverlag erschienen) erweist sich Diem als ebenso sachkundiger wie objektiver Beobachter. Für die Organisation der Olympischen Spiele in Berlin gibt es keinen besseren Mann.

Ein Turnfest mit Glanz und Gloria

12. bis 16. Juli 1913. Das zwölfte Deutsche Turnfest in Leipzig bricht alle Rekorde. An den fünftägigen Wettkampfveranstaltungen nehmen insgesamt 62 500 Turner teil, die in 70 Sonderzügen angereist sind. Vor 200 000 Zuschauern führen auf dem Festplatz 17 500 Turnerinnen und Turner ihre Massen-Freiübungen vor. Exaktheit und Disziplin bestechen. Andererseits machen Übungen mit unverkennbar paramilitärischem Charakter nachdenklich. Als im Anschluß an die Vorführungen Aktive und Zuschauer gemeinsam das Deutschlandlied anstimmen, kann sich niemand der nationalistischen Emphase entziehen.

Eine Zeitschrift schreibt vom »deutschesten aller deutschen Feste«. Die Teilnahme des militaristischen Jungdeutschlandbundes zeigt, welche Art Deutschtum hier von einer Organisation, die über 1,3 Mio. Mitglieder zählt, gefördert wird. Turnen als systematische Wehrertüchtigung soll der Weltmachtpolitik des Deutschen Kaiserreichs dienen.

Neuseeländer holt vierten Wimbledonsieg

Juli 1913. Maurice E. McLoughlin mußte sich auf US-amerikanischen Zementplätzen zur US-Tennismeisterschaft emporkämpfen. Davon bringt er einen Aufschlag nach Wimbledon mit, gegen den kein Kraut gewachsen scheint. Erst im Endspiel des Herren-Einzels trifft er auf einen Gegner, der seine Aufschläge zurückbringt.

Der 30jährige Neuseeländer und dreimalige Wimbledonsieger Tony Wilding (→ Juli 1907) hat allerdings einige Mühe, den 23jährigen US-Amerikaner mit 8:6, 6:3, 10:8 niederzuhalten. Vier Wochen später ist McLoughlin dann Matchwinner im Davis-Cup-Finale USA–Großbritannien. Er holt im letzten Einzel gegen Charles P. Dixon mit 8:6, 6:3, 6:2 den entscheidenden Punkt zum 3:2-Endstand.

Die Schwäche der Briten zeigt sich in Wimbledon schon, als keiner von ihnen das Einzel-Finale erreicht. Und das Doppel Dixon/Roper Barrett tut sich im Doppel-Finale schwer, die Deutschen Heinrich Kleinschroth/Frederick W. Rahe mit 6:2, 6:4, 4:6, 6:2 zu schlagen.

Unerreicht ist nach wie vor die Britin Dorothea Lambert-Chambers, die mit einem 6:0, 6:4 über Margaret McNair zum sechsten Mal den inoffiziellen Weltmeistertitel in Wimbledon gewinnt. Weitere britische Siege gibt es im erstmals ausgetragenen Damen-Doppel und im Mixed.

Finale mit Maurice McLoughlin und Tony Wilding (vorn)

Das deutsche Doppel Rahe (l.)/Kleinschroth, das im Endspiel unterliegt

Dorothea Lambert-Chambers, zum sechsten Mal Siegerin in Wimbledon

Georges Carpentier Box-Europameister

8. Dezember 1913. Dem aus den USA emigrierten schwarzen Boxweltmeister Jack Johnson wollten die Briten auch 1913 immer noch nicht ihren sorgsam gehüteten Europameister »Bombardier« Billy Wells zum Fraß vorwerfen (→ 4.7.1912). Wells mußte sich in Paris nach einem Gegner umsehen. Von dort kam ein Mann nach London, der auch Europameister ist, allerdings im Halbschwergewicht. Ihn akzeptierte Wells zum Titelkampf.

Er hätte es besser nicht getan. Am 8. Dezember bombardiert Georges Carpentier den »Bombardier« mit harten Treffern gegen Kopf und Körper. Wells steht steif im Ring herum und tut so, als hätte er noch nie etwas von der »edlen Kunst der Selbstverteidigung« gehört. Der flinke Franzose boxt ihn nach Belieben aus. Nach 75 Sekunden wird Wells vom Ringrichter ausgezählt.

Georges Carpentier, Blitz-K.-o.-Sieger über den Briten Billy Wells und neuer Europameister im Halbschwergewicht und im Schwergewicht

Wie »Cricri« das gelbe Trikot gewinnt und wieder verliert

Juli 1913. Die Radfahrer haben Henri Desgrange (→ 1. 7. 1903) schon als Mörder verflucht, weil er sie in die Steinwüste der Pyrenäen jagte, wo die Tour de France zur Tortur wird. Aber die Zuschauer jubeln ihrem Liebling »Cricri« zu, der als erster die 2114-m-Paßhöhe des Tourmalet erklimmt. Und zwar mit fast 20 Minuten Vorsprung, nachdem er sich in den Bergen die Führung erkämpft hat.

Man erkennt Eugène Christoph am Gelben Trikot, das Desgrange bei dieser Tour erstmals für den Spitzenfahrer vorgesehen hat. Jetzt wird »Cricri« niemand mehr den Toursieg nehmen können. Da stürzt er bei der Abfahrt, bleibt zwar unverletzt, aber das Rad hat einen Gabelbruch, den er selbst reparieren muß. Nach einem Fußmarsch von 14 km erreicht er das nächste Dorf. In der Schmiede flickt er sein Rad selbst zusammen und erreicht das Etappenziel mit über vier Stunden Rückstand. Dort brummt man ihm noch eine Zeitstrafe auf, weil ein Junge in der Schmiede den Blasebalg bediente. »Cricri« kommt trotzdem noch als Siebter in Paris an, wo der 23jährige Belgier Philippe Thys von den Radsport-Fans als Toursieger gefeiert wird.

Die Qual in den Pyrenäen. Auf dem über 2000 m hohen Tourmalet langt der Franzose Christoph als erster an.

Der Siegeskranz in Paris für den Belgier Philippe Thys, der die Tour de France mit 8:17 min Vorsprung gewinnt

Massenansturm auf die Kassen des Stadions am Londoner Kristall-Palast

Zuschauerrekord beim Pokal-Endspiel

Die Fußballbegeisterung des englischen Publikums ist ungebrochen. Trotz regnerischem Wetter am 19. April 1913 kommen 120081 Zuschauer zum englischen Pokal-Endspiel zwischen Aston Villa und dem FC Sunderland in London. Die Entscheidung fällt in der 74. Minute durch ein Tor von Harold Halse. Aston Villa ist damit zum fünften Mal seit 1887 Pokalsieger. Eine Ära des Fußballs geht am 3. November zu Ende. Die Football Association (FA) feiert ihr 50jähriges Bestehen. Die Zeit der »splendid isolation« des englischen Fußballs ist mittlerweile vorbei. Fußball hat die Welt erobert. Auch England wird das zu spüren bekommen.

Auf den Pisten ziehen die Rennwagen lange Staubfahnen hinter sich her.

Autorennen mit Militärschutz in Marokko

In Casablanca starten am 29. September 1913 elf französische Rennwagen zu einer Marokko-Rundfahrt. Der sportliche Wert eines solchen Rennens ist höchst fragwürdig. Die »Straßen« von Casablanca nach Rabat, Marrakesch, Safi und Mazagan im Norden und zurück nach Casablanca verdienen diese Bezeichnung über weite Strecken kaum. Offenbar ist dieses Rennen eher eine politische Demonstration. Marokko wurde im vorigen Jahr französisches Protektorat. Noch im Juni dieses Jahres kam es zu Aufständen der Rifkabylen. Die Rennstrecke muß daher von französischen Soldaten bewacht werden. Sechs Wagen erreichen das Ziel.

Die Wiener Schule lehrt Eiskunstlauf

10. bis 23. Februar 1913. Zu einer hochklassigen Konkurrenz kommt es bei den Eiskunstlauf-Weltmeisterschaften der Paare in Stockholm im Rahmen der Nordischen Spiele. Die Deutsche Ludowika Eilers, die seit ihrer Heirat mit ihrem Partner Walter Jacobsson für Finnland startet, muß sich seit 1910 zum dritten Mal mit dem zweiten Platz begnügen. Mit Recht geben die Punktrichter der tänzerisch-musikalischen Darbietung des österreichischen Paares Helene Engelmann/Karl Mejstrik den Vorzug. Auch den dritten Rang belegt ein österreichisches Paar, Christa von Szabó und Leo Horwitz.

Das Wiener Paar Helene Engelmann/Karl Mejstrik gewinnt den Weltmeistertitel bei den Nordischen Spielen in Stockholm durch tänzerische Eleganz.

Es sind nicht die einzigen diesjährigen österreichischen Erfolge im Eiskunstlauf. In Wien verteidigt Fritz Kachler seinen Weltmeister-Titel überlegen vor seinem Landsmann Wilhelm Böckl und dem Ungarn Andor Szende. Kachlers Stärke liegt im Pflichtlaufen, während Böckl im Kürlauf brilliert. Vielleicht wird die Pflicht überbewertet. Der Deutsche Meister Werner Rittberger gelangt nur auf einen enttäuschenden siebten Rang. Ein spektakulärer Sprung reicht für eine Eiskunstlaufdarbietung von Weltklasse nicht mehr aus. Wiener Schule verrät auch die Ungarin Opika Meray-Horvath aus Budapest, die in Stockholm zum zweiten Mal den Weltmeistertitel bei den Damen gewinnt.

Olympisches Gold für Coubertin

Januar 1913. Im Innenhof der Pariser Sorbonne findet eine nächtliche Feierstunde statt. Mit Chören von Jean-Philippe Rameau und Tanzdarbietungen von Isadora Duncan. Der Sieger im olympischen Literaturwettbewerb erhält nachträglich die Goldmedaille (→ 23. 7. 1912). Das Rätsel ist gelöst: Der Autor der »Ode au sport« in französischer und deutscher Fassung ist Pierre Baron de Coubertin. Die Angabe eines deutschen und eines französischen Verfassers sollte ein Beitrag zur deutsch-französischen Verständigung sein. Das Inkognito erlaubte eine objektive Wertung.

Pierre Baron de Coubertin, Präsident des Internationalen Olympischen Komitees (IOC), der im olympischen Kunstwettbewerb, den er selbst einführte, die Goldmedaille in der Literatur gewinnt, nachdem er eine »Ode an den Sport« unter Pseudonym eingereicht hatte

1914

1. 1. In San Francisco schlägt »Gunboat« Smith in der 15. Runde Arthur Pelkey k. o. und gilt als »weißer« Weltmeister im Box-Schwergewicht.

Februar. In Sankt Moritz Weltmeister im Eiskunstlauf der Paare Ludowika und Walter Jakobsson (Finnland) vor zwei Paaren aus Österreich.

8. 2. Weltrekord im Dauerfliegen durch den Münchner Karl Ingold, der mit einem Doppeldecker 16 Stunden und 20 Minuten in der Luft bleibt.

23. 2. Weltrekord im Skispringen durch den Deutschen Edler von der Planitz mit 51,40 m beim Schanzenturnier auf dem Semmering.

Februar/März. In Kristiania (Oslo) wird der Norweger Oscar Mathisen zum fünften Mal Weltmeister im Eisschnellauf.

1. 3. Auf Vorschlag des Cheftrainers der deutschen Leichtathleten, Alvin Kraenzlein, werden für die deutschen Sportgaue Sportlehrer angestellt.

Mercedes-Sieg auf einer 473-km-Rennstrecke in Santa Monica/Kalifornien um den Vanderbilt-Pokal. Die Zeit von 5:53:41 h entspricht einer Durchschnittsgeschwindigkeit von 123 km/h.

28. 3. In Berkeley/Kalifornien Weltrekord über 100 y durch den US-Amerikaner Howard Drew in 9,6 sec.

März/April. In Berlin Europameisterschaft im Eishockey. Sieger: Böhmen vor Deutschland und Belgien.

2. 5. In Berkeley Hochsprung-Weltrekord durch den US-Amerikaner Edward Beeson mit 2,02 m.

24. 5. Willy Lützow, 200-m-Brust-Olympiazweiter von Stockholm, schwimmt in seiner Heimatstadt Magdeburg Weltrekord über 100 m und 200 m Brust in 1:16,8 min und 2:54,2 min.

31. 5. In Magdeburg wird die SpVgg Fürth durch ein 3:2 n. V. über den VfB Leipzig vor 6000 Zuschauern zum ersten Mal Deutscher Fußballmeister.

10. 6. Auf dem Kongreß der International Amateur Athletic Federation (IAAF) in Lyon werden für die Leichtathletik bei internationalen Wettkämpfen die Geräte der US-amerikanischen Firma Spalding vorgeschrieben, dazu der finnische Speer aus Birkenholz.

13.–23. 6. 16. Session des Internationalen Olympischen Komitees (IOC) in Paris. Am Abschlußtag große Feier zum 20. Jahrestag des IOC. Pierre Baron de Coubertin stellt die olympische Fahne vor (→ 23. 6. 1914)

18. 6. In Paris verbessert der Schweizer Oscar Egg zum dritten Mal den Stundenweltrekord im Radfahren (44,247 km/h).

27. 6. Der schwarze Boxweltmeister Jack Johnson schlägt in Paris Frank Moran in 20 Runden nach Punkten.

Juli. Der Belgier Philippe Thys gewinnt zum zweiten Mal die Tour de France.

Als erster Deutscher gelangt Otto Froitzheim ins Endspiel von Wimbledon, wo er dem Australier Norman Brookes unterliegt. Dorothea Lambert-Chambers gewinnt das Damen-Einzel zum siebten Mal.

4. 7. In der Leichtathletik wird der 3000-m-Hindernislauf eingeführt. Der Schwede Josef Ternström läuft in Malmö 9:49,8 min.

5. 7. Dreifacher Mercedes-Triumph beim Grand Prix in Lyon. Über 752,63 km gewinnt Christian Lautenschlager vor Wagner und Salzer.

16. 7. Der Franzose Georges Carpentier siegt in London über den »weißen« Weltmeister im Schwergewicht, »Gunboat« Smith, der in der sechsten Runde disqualifiziert wird.

24. 7. Jack Johnson schlägt in Paris Frank Moran in 20 Runden erneut nach Punkten.

Oskar Schiele gewinnt in London zum vierten Mal den Königspreis im Schwimmen.

30. 8. Otto Froitzheim und Oscar Kreuzer unterliegen in Pittsburgh/Pennsylvania in der Davis-Cup-Herausforderungsrunde Australien. Die Nachricht vom Ausbruch des Ersten Weltkrieges hat sie noch nicht erreicht. Auf der Rückreise werden sie in Gibraltar interniert (→ Juli 1914).

September. Australien gewinnt durch ein 3:2 gegen die USA den Davis Cup.

Der Radrennfahrer Walter Rütt kehrt unter falschem Namen aus den USA nach Deutschland zurück.

31. 12. Die erfolgreichsten deutschen Radrennfahrer der letzten fünf Jahre: Arthur Stellbrink bei den Dauerfahrern mit 144 140 Mark und Walter Rütt bei den Fliegern mit 80 593 Mark an Preisgeldern.

Zum Jahresende geben die deutschen Turn- und Sportorganisationen ihre Mitgliederzahlen bekannt: Deutsche Turnerschaft 1 413 558, Deutscher Fußball-Bund 161 613, Arbeiter-Turnerbund 186 958, Arbeiter-Radfahrerbund 140 000, Deutsch-Österreichischer Alpenverein 102 138, Touristenverein Naturfreunde 100 000, Deutsche Sport-Behörde für Athletik 75 000, Deutscher Schwimm-Verband 56 395 und Deutscher Ruder-Verband 29 057 Mitglieder.

1914. Der britische König Georg V. besucht erstmals das Pokal-Endspiel im Londoner Crystal-Palace-Stadion. Vor 100 000 Zuschauern schlägt Burnley Liverpool 1:0.

Erste Military auf der Horse Show in der Londoner Olympic Hall. Nach vier Tagen siegt unter 19 Teilnehmern der Belgier Delvoie.

In den USA beginnt »Babe« Ruth (eigtl. George Herman Ehrhardt) seine Laufbahn als Berufsspieler im Baseball.

Olympische Fahne als Symbol

23. Juni 1914. Im Januar behauptete eine französische Zeitung, Pierre Baron de Coubertin hätte aus Gesundheitsgründen den Vorsitz des Internationalen Olympischen Komitees (IOC) niedergelegt. Coubertin dementierte sofort.

Die Fahne weht 1914 bei den Panägyptischen Spielen.

20 Jahre nach Gründung des IOC ist die olympische Bewegung eine Macht geworden. Der glänzende Erfolg der Olympischen Spiele in Stockholm 1912 hat weltweit Widerhall gefunden. Alsbald traten Neider, Intriganten, Ehrgeizlinge auf den Plan, die dem IOC eine führende Rolle im internationalen Sport nicht zuerkennen wollen. Die Zeit ist vorbei, da man Coubertin noch als Sonderling belächelte. Als der IOC-Präsident für den 23. Juni 1914 zur 20-Jahr-Feier des IOC (→ 23. 6. 1894) in die Pariser Sorbonne einlädt, gibt ihm der französische Staatspräsident Raymond Poincaré die Ehre. Coubertin überrascht mit der Enthüllung einer olympischen Fahne. Auf weißem Grund weist sie fünf Ringe in den Farben Blau, Gelb, Schwarz, Grün und Rot auf. Die ineinander verschlungenen Ringe deuten auf die fünf Kontinente hin.

Die Brüder Graf, Meister im Kunstradfahren

Richard Graf, gefallen in Frankreich

Richard Graf, ein erstes Opfer des Krieges

Den Freunden des Radsports sind die Brüder Graf ein Begriff. Zunächst verschrieb sich Paul Graf dem Kunstradfahren und erzielte erste Erfolge in den Einer-Wettbewerben. Als sein Bruder Richard 1912 seinem Beispiel folgte, wurden beide bald im Zweier-Kunstfahren ein unbesiegbares Paar. Das Auftreten der sympathischen Brüder hat dieser Sportart viele neue Freunde gewonnen. Der Erste Weltkrieg rief Richard Graf zu den Waffen. Er bewährte sich als Melde-Radfahrer. Nachdem er einer französischen Patrouille entkommen war, wurde er für seine Tapferkeit mit dem Eisernen Kreuz ausgezeichnet. Die Freude darüber war kurz. In einem Gefecht bei Wbray-en-Laonois am 23. September 1914 durchschlägt ein Granatsplitter das Tagebuch, das er in seiner Brusttasche trägt, und trifft ihn ins Herz.

Otto Froitzheims größtes Match

Juli 1914. Der Linienrichter gibt den Ball »Aus«. Eine klare Fehlentscheidung. Sonst hätte Otto Froitzheim im fünften Satz 4:2 geführt und gute Chancen gehabt, das Finale der Internationalen Tennismeisterschaften von England in Wimbledon zu erreichen. Aber er kämpft weiter bis zum 6:6, kommt in Vorteil. Wieder eine Fehlentscheidung. Das ist der Sieg für Norman Brookes. Der Australier führte gegen Froitzheim rasch 6:2, 6:1. Dann konterte Froitzheim mit 7:5, 6:4. Niemand hätte ein solches Aufbäumen für möglich gehalten.

Knapp vier Wochen später treffen Deutsche und Australier in Pittsburgh/Pennsylvania erneut aufeinander. Es geht um den Davis Cup. Aber Brookes läßt sich diesmal nicht mehr von Froitzheim überrumpeln, und Oscar Kreuzer unterliegt dem Neuseeländer Tony Wilding. Noch auf dem Platz erreicht sie die Nachricht vom Ausbruch des Ersten Weltkriegs. Sie nehmen das nächstbeste Schiff. In Gibraltar werden sie interniert.

Christian Lautenschlager auf Mercedes (28) gewinnt den Grand Prix bei Lyon vor den Mercedes-Fahrern Wagner (40) und Salzer (39).

Dreifacher Mercedes-Triumph beim Grand Prix in Frankreich

Die empfindliche Niederlage beim Grand Prix 1908 (– 7. 7. 1908) hatte dem französischen Automobilklub zunächst einmal jede Lust genommen, weiterhin ein solches Rennen zu veranstalten. Erst sechs Jahre später fühlte man sich stark genug, mit den neuen Wagen von Peugeot und Delage die Deutschen herauszufordern. Diese gehen am 5. Juli 1914 mit vier Mercedeswagen unter insgesamt 41 Konkurrenten an den Start. Und sie haben einen Plan. Von Beginn an legt Max Sailer ein irres Tempo vor, während Christian Lautenschlager, Salzer und Wagner auf Abwarten fahren. Der erhoffte Effekt tritt ein. Die Franzosen reiben sich in der Jagd auf Sailer auf. Als Sailer mit defektem Tank ausscheidet, führt Georges Boillot auf Peugeot. Aber hinter ihm holt Lautenschlager Runde um Runde auf. In der 18. Runde geht er an Boillot vorbei und baut seine Führung auf 69 Sekunden aus. In der letzten Runde muß Boillot aufgeben. Jetzt ist der Weg frei für Salzer und Wagner. Nach 752,63 km auf der Rundstrecke bei Lyon siegt Lautenschlager in 7:08:18,4 h vor seinen beiden Stallgefährten.

Deutscher Meister nach 153 Minuten

31. Mai 1914. 4000 Zuschauer haben sich in Magdeburg zum Endspiel um die Deutsche Fußballmeisterschaft zwischen dem dreimaligen Meister VfB Leipzig und der SpVgg Fürth eingefunden. Sie erleben das dramatischste und längste Fußballspiel, das man bisher in Deutschland sah.

Die Fürther steigen hart ein, und schon in der ersten Halbzeit muß ein Leipziger verletzt vom Platz. Es ist nur gerecht, daß ein Platzverweis wegen Foulspiels auch die Fürther auf zehn Mann reduziert. Nach 90 Minuten steht das Spiel 1:1. Eine Verlängerung von zweimal 15 Minuten wird angesetzt. Danach lautet der Spielstand 2:2. Nun muß das Spiel so lange fortgesetzt werden, bis der entscheidende Treffer fällt. Dieser gelingt den Fürthern in der 153. Minute. Sie werden damit erstmals Deutscher Meister.

Fußball ist in Deutschland Volkssport geworden. Von 161 613 Mitgliedern des Deutschen Fußball-Bundes (DFB) betätigen sich über 100 000 aktiv, das sind 66 %.

Sechstagekönig Walter Rütt

September 1914. In Kiel legt ein Schiff an, dem ein Mann mit einem dänischen Paß entsteigt. Er ist auf den Namen Oskar Walter ausgestellt. Es handelt sich um den deutschen »Sechstagekönig« Walter Rütt, der sich unverzüglich bei seinem Truppenteil meldet und zwei Tage später ins Feld ausrückt.

Rütt hat eine ungewöhnliche Karriere hinter sich. Im November 1907 nahm er mit dem Niederländer John Stol am New Yorker Sechstagerennen teil und siegte. Zu dieser Zeit wagte es Rütt nicht, nach Deutschland zu kommen. Er war seinem Gestellungsbefehl nicht gefolgt und hatte Bestrafung zu befürchten. Er gewann mit dem US-Amerikaner Jack Clark ein weiteres Sechstagerennen in New York. Dann wurden Diplomaten bemüht, um Rütt die Rückkehr nach Deutschland zu ermöglichen.

Mit Clark gewann er das zweite Sechstagerennen in Berlin. In Deutschland brach ein Sechstage-Fieber aus. Überall wollte man den »Sechstagekönig« Walter Rütt fahren sehen. Er fuhr mit Stol auf der viel

Walter Rütt, der »Sechstagekönig«, Sprintweltmeister 1913 in Berlin

zu kleinen Bahn eines Radfahrerlokals bei Dresden. Beide stürzten, Rütt erlitt einen Schlüsselbeinbruch. Dennoch gewannen beide das dritte Berliner Sechstagerennen, das vierte und das fünfte. 1912 siegte Rütt in New York, 1913 wurde er Sprintweltmeister. In New York hörte er vom Kriegsausbruch.

Weltrekord-Duell Egg gegen Berthet

18. Juni 1914. Der Schweizer Radrennfahrer Oscar Egg konnte sich seines Ruhms, dem Franzosen Marcel Berthet den Stundenweltrekord abgejagt zu haben (→ 22. 8. 1912), nicht lange erfreuen. Berthet holte im August 1913 zum Gegenschlag aus, und es gelang ihm, mit 42,741 km/h den Weltrekord zurückzugewinnen.

Aber Oscar Egg konterte sofort. Ein wahres Rekordfieber war zwischen den beiden ausgebrochen. Auf der Pariser Buffalo-Bahn feuerte das Publikum den Schweizer frenetisch an, und Egg steigerte die Marke auf 43,525 km. Am 20. September 1913 erhielt Berthet dieselbe lautstarke Unterstützung, und abermals holte sich der Franzose »seinen« Weltrekord zurück, mit 43,775 km/h. War damit dieses einzigartige Duell entschieden? Schlag auf Schlag konnte es schwerlich weitergehn. Egg bereitete sich gründlich vor. Und es gelingt ihm ein dreiviertel Jahr später der entscheidende Schlag. Mit 44,247 km fährt er fast 500 m mehr als Berthet.

1915

24. 1. Erstmals seit Kriegsbeginn findet im Berliner Sportpalast wieder ein Radrennen statt. Mit diesem Wohltätigkeitsrennen beschließt der Deutsche Rennfahrer-Verband, den bisher eingestellten Rennbetrieb auf den Bahnen wieder aufzunehmen.

Februar. Bei den Skispielen am Holmenkollen gewinnt der Norweger Lauritz Bergendahl zum vierten Mal den Königspokal in der Nordischen Kombination und zum fünften Mal den 50-km-Langlauf. Sein Landsmann Amble-Omundsen stellt im Skispringen einen Weltrekord mit 54 m auf (→ Januar 1916).

6. 2. Die Australierin Fanny Durack schwimmt in Sydney 100 m Freistil in 1: 16,2 min. Sie hält damit die Freistil-Weltrekorde über 100 m, 200 m, 400 m, 800 m und 1500 m.

13. 2. Der erste Angriff von Skitruppen durch zwei Kompanien des 1. Bayerischen Schneeschuhbataillons in den Vogesen überrascht die Franzosen.

14. 2. Die Deutsche Sport-Behörde für Athletik (DSB) veranstaltet als Auftakt für vormilitärische Wettkämpfe in Düsseldorf einen »Hindenburg-Gepäckmarsch« über 25 km.

18. 3. In San Francisco wird das Internationale Olympische Komitee (IOC) bei einer Ausstellung durch einen »IOC-Tag« geehrt. Dabei wird die olympische Fahne mit den fünf Ringen erstmals in den USA gehißt.

5. 4. Jack Johnson verliert seinen Titel als Boxweltmeister aller Klassen in Havanna durch eine fragwürdige K.o.-Niederlage in der 26. Runde an Jess Willard.

10. 4. Pierre Baron de Coubertin unterzeichnet im Rathaus von Lausanne einen Vertrag, wonach das IOC künftig seinen ständigen Sitz in der Schweizer Stadt nimmt. Die Stadtverwaltung weist dem IOC wenig später das Schloß »Mon Repos« zu (→ 22. 1. 1916).

9. 5. Der Neuseeländer Tony Wilding, der zweimal das Herren-Einzel der Australischen Tennismeisterschaften und viermal das Herren-Einzel in Wimbledon gewann, fällt bei Neuve Chapelle in Belgien (→ August 1915).

30. 5. Erstmals Straßenrennen um den »Hindenburg-Pokal« bei Hannover über 200 km. In der neu eingerichteten Klasse für Militärradfahrer gewinnt Franz Krupkat in 3:44 h.

16. 7. In Cambridge Weltrekord über die Meile in 4:12,6 min durch den US-Amerikaner Norman Taber. Seine Zeit über 1500 m in 3:55,0 min ist ebenfalls Weltrekord, wird aber offiziell nicht gemessen.

August. Unter den Opfern des ersten Kriegsjahrs sind zahlreiche bekannte Sportler.

8. 8. In Forst/Niederlausitz weihen Arbeiter-Leichtathleten eine vereinseigene 400-m-Bahn ein.

September. Erstmals Rad-Weltmeisterschaft in den USA in Newark/New Jersey.

12. 9. In Leipzig »Kriegsmeisterschaft« im Radfahren über 100 km für Dauerfahrer. Vier Teilnehmer. Der Berliner Gustav Janke gewinnt in 1: 14:58,0 h mit acht Runden Vorsprung vor Arthur Stellbrink, 17 Runden vor Paul Thomas und 20 Runden vor Peter Günther.

19. 9. »Kriegsmeisterschaften« der deutschen Leichtathleten in Berlin. Der Leipziger Hans Müller läuft die 100 m in 11,0 sec und die 200 m in 24,2 sec. Hans Liesche wird zum dritten Mal Deutscher Meister im Hochsprung. Willi Dünker aus Düsseldorf kommt im Weitsprung auf 6,93 m.

29. 9. Beim Straßenrennen »Rund um Berlin« über 234 km gewinnt in der Klasse der Militärradfahrer Gustav Richter in 9:15:04,0 h.

7. 11. Die Deutsche Schwimmerschaft tritt geschlossen dem Deutschen Schwimm-Verband (DSV) bei.

31. 12. Das Jahrbuch »Rad-Welt« führt die Namen von 62 bekannten deutschen Radrennfahrern an, die im zweiten Kriegsjahr gefallen sind.

1915. Trotz des Krieges wird der englische Fußball-Cup ausgespielt. 470 Mannschaften sind beteiligt. Das Endspiel gewinnt Sheffield United gegen Chelsea 3:0.

Studenten des Dartmouth College bei Boston und der McGill-Universität von Montreal veranstalten internationale Skitreffen.

In Genf stellt Charles Lavanchy auf einem 500-ccm-Motorrad einen Weltrekord über 1 km mit 124,570 km/h auf.

Der internationale Reitsport kommt völlig zum Erliegen. Nur die Schweiz führt weiterhin nationale Springkonkurrenzen in Bern, Zürich, Basel, Thun, Genf, Saignelégier, Nyon, Moudon, Birsfelden, Vevey, Aarau und Frauenfeld durch.

Bei den letzten Tennismeisterschaften von Australien bis zum Ende des Ersten Weltkriegs gewinnen F. G. Lowe das Herren-Einzel und H. Rice/C. Todd das Herren-Doppel.

Die norwegische Tennismeisterin Molla Bjurstedt, Olympiadritte in Stockholm 1912, wird in Philadelphia US-Meisterin im Damen-Einzel.

Der US-amerikanische Olympiasieger über 100 m Freistil, Duke Paoa Kahanamoku, verbessert zweimal den Weltrekord über 100 y Freistil auf 53,8 sec und 53,2 sec.

In Deutschland wird keine Fußballmeisterschaft ausgetragen. Österreich setzt seine Meisterschaftsrunden fort. Der Wiener AC gewinnt den Titel.

Auf dem Horner Moor in Hamburg findet das traditionelle Deutsche Derby im Galopprennsport statt. Bei 14 Startern gewinnt Pontresina aus dem Gestüt Haniels unter Jockei Plüschke.

Erich Maak gründet den Deutschen Jugend-Ruder-Verband.

Zahl der Kriegstoten steigt

August 1915. Vor einem Jahr glaubte man in Deutschland noch, der Krieg sei in wenigen Monaten zu Ende. Doch nach der Schlacht an der Marne begann der Stellungskrieg. Zu Beginn dieses Jahres prophezeite die bekannte französische Wahrsagerin Madame de Thèbes das Kriegsende für März, spätestens Juli 1915. Sie irrte. Siegesmeldungen gab es zwar ständig, aber es entschied sich nichts. Nur die Zahl der Toten wuchs.

Im Sport tat man zunächst so, als sei der Krieg nur eine Begleiterscheinung, die den Sportbetrieb nicht beeinträchtigen müsse. Der Wechsel vom Sportplatz auf das »Feld der Ehre« wurde als eine gesteigerte Art internationalen Wettstreits empfunden. »Jeder Schuß ein Russ', jeder Stoß ein Franzos!«, das waren durchaus sportliche Parolen. Zum Hurra-Patriotismus war es da vom Hipp-Hipp-Hurra-Patriotismus gar nicht weit. In den Sportzeitungen rühmte man die Tatkraft, den Mut und die Entschlossenheit der Sportler im Felde, die sie vor anderen Soldaten auszeichneten. Mit Stolz verkündete man die Namen der Gefallenen. Der Preis für die sportlichen Tugenden war hoch.

Allmählich wandelte sich das Bild dieses enthusiastisch begonnenen Krieges. Auch der Sport mußte sich mit dem Geschehen an den Fronten arrangieren. In einem britischen Gefangenenlager schrieb der Tennisspieler Otto Froitzheim einen Brief an Commander Hillyard, den Sekretär des All England Club. Der Jurist beschwerte sich, daß man ihn als Zivilisten in Gibraltar von einem italienischen Schiff geholt hätte. Als Freund des britischen Königs sollte sich Hillyard dafür einsetzen, daß Froitzheim entlassen werde, um sein Vaterland verteidigen zu können. Hillyard erklärte sich für solche Anträge nicht zuständig.

Eine Ironie des Schicksals wollte, daß um diese Zeit der Neuseeländer Tony Wilding in Flandern fiel (9. 5. 1915). Jahrelang war Froitzheim Wilding hinterhergereist, um gegen ihn zu spielen. So lange, bis er endlich einmal gewann. Jetzt hatte der viermalige Wimbledonsieger endgültig verloren.

Gegenüber den sich häufenden Verlustmeldungen treten Einzelschicksale in den Vordergrund. Der Franzose Jean Bouin, Silbermedaillengewinner von Stockholm über 5000 m, der in der schwedischen Hauptstadt noch 1913 einen Stundenweltrekord mit 19,021 km lief, war bereits in der Marneschlacht gefallen. Der Luxemburger François Faber, Sieger der Tour de France 1909 und zahlreicher Straßenrennen, fand in der französischen Fremdenlegion den Tod. Da freut man sich, wenn der deutsche Weltmeister im Gewichtheben Paul Trappen im August 1915 in einem Brief aus dem Felde schreibt: »Ich habe einen Russen von 142 Pfund mit meinem kleinen Finger hochgehoben. Wie da die Russen über uns Deutsche staunten!«

Hürdenrennen bei einem Sportfest hinter der Front in den Argonnen, um die militärische Tüchtigkeit zu erhalten und die Langeweile zu vertreiben

Weltmeister Jack Johnson liegt am Boden. Ein Sieg Willards oder die Schiebung des Jahrhunderts?

WM-Titelkampf im Boxen endet mit Skandal

5. April 1915. Niemand hat den Schlag in der 26. Runde gesehen. Jack Johnson legt sich auf den Rücken, hält eine Faust vor das Gesicht, als blende ihn die Sonne, und läßt sich auszählen. Der Ringrichter zählt ziemlich schnell. Sein »Aus« beendet die Glaubwürdigkeit des vorangegangenen Kampfes um den Weltmeistertitel im Box-Schwergewicht in Havanna. Diesmal genügt die Polizei nicht, um die tobenden, »Schiebung!« brüllenden Zuschauer in Schach zu halten (→ 4. 7. 1912). Militär muß eingreifen, um die Arena zu räumen. In den Straßen von Havanna gibt es Schlägereien mit Hunderten von Verletzten.

Im Ring war es eher friedlich zugegangen. Da hatte der Weiße Jess Willard, ein großer ungeschlachter Bursche von 32 Jahren, den fünf Jahre älteren Jack Johnson herausgefordert. Der Kampf mußte auf Kuba stattfinden. Kein Polizeipräsident in den USA wollte für einen Weltmeisterschaftskampf mit Johnson die Verantwortung übernehmen. Und überhaupt hatte man in den USA genug von diesem schwarzen Weltmeister, der in weißen Schuhen, weißen Hosen und weißen Hemden herumstolzierte und obendrein eine Weiße geheiratet hatte.

In der vierten Runde hatte erst Willard genug. Johnson ging zum Angriff über. Blutend wankte der riesige Willard in seine Ecke. Die 10 000 schwarzen Arbeiter aus den Tabakfabriken und den Zuckerrohrplantagen tobten vor Begeisterung. »Kill him, Jack!« Jack schien es wahr machen zu wollen. In den Runden fünf, sechs und sieben war Willard nur noch ein hilfsloser Sandsack. Die Reporter aus New York, Philadelphia, San Francisco und Chicago nickten sich zu. Aber plötzlich schien sich Johnson zu besinnen und tat fast gar nichts mehr. In der 15. Runde ging er zu Boden, niemand wußte, warum. Allmählich wurde jedem klar, der Weltmeister war zu alt und zu müde oder man hatte ihn bestochen. Das letztere gilt schließlich als sicher. Hauptsache, die USA haben wieder einen weißen Weltmeister aller Klassen.

Nach dem »Aus« des Ringrichters in Havanna muß Militär eingreifen, um die unzufriedenen Zuschauer unter Kontrolle zu halten.

Schwimmwunder Fanny Durack

6. Februar 1915. Die 22jährige Australierin Fanny Durack ist die erste Olympiasiegerin im Schwimmen.

Bei den Olympischen Spielen des Jahres 1912 in Stockholm gewann sie mit fast drei Sekunden Vorsprung die 100 m Freistil vor Wilhelmina Wylie, ebenfalls Australien.

Im Anschluß an die Olympischen Spiele nahm sie auch an den Deutschen Meisterschaften in Hamburg teil und gewann die Titel über 100 m und 200 m. Noch im selben Jahr schwamm sie weitere Weltrekorde über 100 y in 1:06,0 min und über 300 m in 4:43,6 min. 1914 schließlich gelang ihr ein Weltrekord über eine englische Meile (1609 m) in 26:08,0 min.

Am 6. Februar 1915 fügt sie ihrer Erfolgsbilanz in Sydney weitere vier Weltrekorde hinzu: 100 m in 1:16,2 min, 150 y in 1:54,2 min, 220 y in 2:56,0 min und 500 y in 7:32,4 min.

Europäer starten bei Rad-WM in USA

September 1915. Es war eine Lieblingsidee des »langen Mac«, wie man den 1,92 m großen Sieger des ersten Sechstagerennens von Berlin, den US-Amerikaner Floyd Mac Farland, nannte (→ 15. 3. 1909), Rad-Weltmeisterschaften in den USA zu veranstalten. Er hatte auch das Zeug dazu, eine solche Veranstaltung zu organisieren. Aber im Frühjahr 1915 wurde der »lange Mac« in San José bei einem Streit mit einem Mechaniker mit einem Schraubenzieher erstochen.

Seine Idee wurde jedoch noch im selben Jahr von den Managern der Newarker Radrennbahn aufgegriffen. In Europa sind wegen des Krieges keine Rad-Weltmeisterschaften möglich, der internationale Radfahrverband (Union Cycliste Internationale, UCI) wurde nicht gefragt. Im September starten in Newark/New Jersey so renommierte Fahrer wie der Schweizer Oscar Egg, der Italiener Cesare Moretti und der aus Belgien geflohene Victor Linart. Die Organisatoren bringen allerdings nur eine Sprint-Weltmeisterschaft zustande, die der US-Amerikaner Frank Kramer gewinnt. Die UCI versagt dieser US-amerikanischen Weltmeisterschaft nachträglich die offizielle Anerkennung.

1916

Januar. Mit Victor von Podbielski stirbt der einzige Befürworter der Austragung der Olympischen Spiele in Berlin 1916 im Deutschen Reichsausschuß für Olympische Spiele.

Bei den Skispielen am Holmenkollen gewinnt der Norweger G. Gravlid den Königspokal in der Nordischen Kombination. Sein Landsmann E. Roenes siegt im 50-km-Langlauf.

22. 1. Pierre Baron de Coubertin nimmt bei der Schweizer Militärverwaltung eine Tätigkeit als Dolmetscher auf.

Februar/März. Der norwegische Weltmeister im Eisschnellauf, Oscar Mathisen, stellt einen Weltrekord über 5000 m in 8:36,3 min auf.

25. 3. Im Kampf um die Box-Weltmeisterschaft im Schwergewicht trennen sich in New York Jess Willard und Frank Moran nach zehn Runden »ohne Entscheidung«. Willard bleibt Weltmeister.

April. Der größte Ski-Angriff des Ersten Weltkrieges durch eine Kompanie italienischer Alpini gegen österreichische Stellungen auf dem Falgoridapaß in 3000 m Höhe scheitert.

13. 5. In Philadelphia läuft der US-Amerikaner James Edwin »Ted« Meredith Weltrekord über 880 y in 1:52,2 min. Seine Zeit über 800 m von 1:51,6 min ist ebenfalls Weltrekord, wird aber nicht offiziell gestoppt.

27. 5. In Columbia läuft der US-Amerikaner Bob Simpson 120 y Hürden erstmals unter 15 Sekunden in der Weltrekordzeit von 14,6 sec. Am selben Tag Weltrekord von Meredith über 440 y in 47,4 sec.

29. 5. Die Deutsche Turnerschaft (DT) entwickelt in Zusammenarbeit mit dem preußischen Kriegsministerium Wettbewerbe für ein Wehrturnen: Dreikampf aus Hindernislauf, Weitsprung und Handgranaten-Weitwurf.

30. 5. Zum dritten Mal gewinnt mit dem Italiener Dario Resta ein Nicht-Amerikaner das 500-Meilen-Automobilrennen in Indianapolis.

3. 6. Bob Simpson läuft bei einem Studentenwettkampf erneut 14,6 sec über 120 y Hürden. Binga Dismond stellt den Weltrekord über 440 y in 47,4 sec ein. Die Rekorde werden wegen des Krieges nicht bei der International Amateur Athletic Federation (IAAF) angemeldet.

10. 6. Auf seiner zehnten Bundesausschußsitzung in Hannover stellt der Deutsche Fußball-Bund (DFB) seine Illiquidität fest und verlegt seine Geschäftsstelle von Dortmund nach Kiel, wo sie von Georg P. Blaschke ehrenamtlich verwaltet wird (→ 18. 4. 1918).

26. 8. Die Leipzigerin Erna Murray stellt in Berlin einen Weltrekord über 100 m Brust in 1:36,0 min auf.

27. 8. Zweite deutsche »Kriegsmeisterschaften« der Leichtathleten in Leipzig. Richard Rau gewinnt die 200 m, wird aber über 100 m von Titelverteidiger Hans Müller geschlagen. Heinz Erler Doppelmeister über 800 m und 1500 m in 2:00,3 min und 4:10,8 min. Gerhard Gellert gewinnt die 400 m in 53,0 sec, Reinhard Wegner die 110 m Hürden in 18,0 sec. Im Hochsprung siegt Schorm mit 1,76 m, im Stabhochsprung Titelverteidiger Ludwig Gaim mit 3,43 m.

9. 9. Bei den US-Leichtathletikmeisterschaften in Newark/New Jersey gewinnt der in den USA lebende Finne Johan Petteri »Hannes« Kolehmainen über zehn Meilen zum zwölften Mal einen US-Langstreckentitel.

10. 9. In Turku läuft der Finne Einari Anttila Weltrekord über 2000 m in 5:36,2 min.

10. 10. Die Deutsche Sport-Behörde für Athletik (DSB) veranstaltet in München erstmals öffentliche Frauenwettkämpfe in der Leichtathletik.

29. 10. Zur Hebung der Volks- und Wehrkraft erklärt sich der Arbeiter-Turnerbund mit den bürgerlichen Turn- und Sportorganisationen solidarisch.

1916. Schachweltmeister Emanuel Lasker, der seinen Titel 1907 erfolgreich gegen F. Marshall (USA), 1908 gegen Siegbert Tarrasch (Deutschland), 1909 gegen D. Janowski (Polen), 1910 gegen Karl Schlechter (Österreich) und 1911 abermals gegen Janowski verteidigt hat, gewinnt einen Wettkampf gegen Tarrasch über sechs Partien, von denen er fünf gewinnt, eine endet Remis.

Der deutsche Pionier des alpinen Skilaufs, Wilhelm Paulcke, wirkt als Instrukteur und Organisator von türkischen Skiabteilungen im Kaukasus. Er baut dort auch eine Fabrikation von Skiern auf. Chef der türkischen Skitruppe ist Albert Bildstein.

Die Norwegerin Molla Bjursted gewinnt auf dem Gelände des Philadelphia Cricket Club erneut das Damen-Einzel der US-Tennismeisterschaften. Mit der US-Amerikanerin Eleanora Sears wird sie auch US-Meisterin im Damen-Doppel.

Weltrekord über 150 y Freistil durch den US-Amerikaner Herbert Vollmer in 2:29,8 min. Zwei weitere Weltrekorde durch Norman Ross über 200 m Freistil in 2:21,6 min und über 220 y Freistil in 2:21,6 min.

Österreichischer Fußballmeister wird Rapid Wien. Es ist der dritte Titelgewinn für den Verein seit 1912.

In der Schweiz wird der FC Cantonal-Neuchâtel Fußballmeister.

In Großbritannien wird erstmals für Fußballspiele der Professionals Vergnügungssteuer erhoben.

Das Deutsche Galopp-Derby gewinnt in Hamburg bei zehn startenden Pferden Amorino aus dem Gestüt von Weinberg unter Jockei Otto Schmidt (→ Juni 1918).

Das Deutsche Traber-Derby über 3200 m gewinnt in Berlin Baron Watts vom Gestüt Hansas mit Treuherz im Sulky.

Heile Sportwelt in den USA

9. September 1916. Auf dem Schlachtfeld von Verdun nimmt der Erste Weltkrieg apokalyptische Ausmaße an.

Die US-amerikanische Jugend kann sich währenddessen noch uneingeschränkt dem Sport widmen. Bei den US-Meisterschaften der Leichtathleten am 9. September in Newark/New Jersey wird deutlich, daß die US-Athleten erneut ihre Überlegenheit bewiesen hätten, wenn in einem friedlichen Europa in diesem Jahr Olympische Spiele in Berlin durchgeführt worden wären. Die Stärke der USA in der Leichtathletik beruht nicht zuletzt auf den guten Trainingsmöglichkeiten an den Hochschulen.

In Newark kommt es zu einer Art Wachablösung gegenüber Stockholm. Aus der Olympiamannschaft von 1912 ist nur noch Arlie Mucks aktiv, der damals im Diskuswurf mit 40,93 m Sechster wurde und jetzt mit 44,29 m den Meistertitel gewinnt. Mucks siegt auch im Kugelstoßen. Mit Weltrekorden werden Meister Bob Simpson über 120 y Hürden in 14,4 sec und John Halpin über die englische Viertelmeile in 49,4 sec. Zuvor lief James Edwin »Ted« Meredith Weltrekorde über 440 y und 880 y.

In Höchstform präsentiert sich bei den US-Meisterschaften auch der dreifache finnische Olympiasieger Johan Petteri »Hannes« Kolehmainen mit einem Sieg über zehn Meilen.

A. Ward, Meister über 100 m und 200 m

Der US-Amerikaner Bob Simpson (r.) bei seinem Weltrekordlauf über 120 y Hürden

»Skikönig« hat abgedankt

Januar 1916. Sieger der Nordischen Skispiele am Holmenkollen sind zwei Norweger, G. Gravlid, der den Königspokal in der Nordischen Kombination erringt, und E. Roenes im 50-km-Langlauf.

Lauritz Bergendahl, fünfmaliger Doppelsieger am Holmenkollen

Genau vor einem Jahr beendete am selben Ort ein Skiläufer seine aktive Laufbahn, der von den Norwegern als erster »Skikönig« gefeiert wurde: Lauritz Bergendahl. Seine Leistungen bei den Skispielen am Holmenkollen stehen einzigartig da. 1910 siegte er zum ersten Mal in der Kombination 18-km-Langlauf/Sprunglauf sowie im 50-km-Langlauf.

Diesen Doppelerfolg wiederholte er 1912, 1913, 1914 und 1915. Dabei gelang ihm im vorigen Jahr das einmalige Kunststück eines viermaligen Sieges. Er gewann nämlich die Kombination als Erster im 18-km-Langlauf und als Erster im Skispringen, was vor ihm noch keinem gelungen war. Außerdem siegte Bergendahl zum fünften Mal im sog. Skimarathon über 50 km.

Nicht nur die Zahl der Erfolge von Bergendahl ist einmalig, sondern auch seine Überlegenheit. So wurde der Deutsche Böhm-Hennes 1914 am Holmenkollen über 50 km mit 50 Minuten von ihm distanziert.

Hindernislauf feldmarschmäßig hinter der Front

Handgranaten-Zielwerfen auf Scheiben

Stabhochsprung mit Sturmgepäck

Vor dem Start zu einem Gepäckmarsch in Berlin-Charlottenburg

Gepäckmärsche mit Reservisten und Zivilisten sind besonders beliebt.

Neue Sportart »Schützenlauf« für robbende Soldaten

Nützliche Sportart Handgranaten-Weitwerfen für alle Dienstgrade

Medaillen aus Eisen für die Gewinner bei den »Vaterländischen Kampfspielen«

Mit Goldpokalen und Goldmedaillen ist im dritten Kriegsjahr im Deutschen Reich kein Staat mehr zu machen. Aber Meisterschaften müssen sein. Sie heißen »Kriegsmeisterschaften« oder »Vaterländische Kampfspiele«.
Letztere wurden zuerst 1914 ausgetragen und standen unter dem Motto: »Die Spiele sind ernst, das Fest ist Arbeit, das Ganze für das Vaterland.« Dieses Jahr heißt es knapp: »Unser Spiel ist Dienst fürs Vaterland.« Die Devise spiegelt sich in den einzelnen Disziplinen wider. Handgranaten-Weit- und Zielwurf gehören allemal dazu. Gepäckmärsche führen mindestens über 15 km. Beim Schwimmen springt man in voller Militäruniform ins Bassin. Vorzugsweise wird das Durchschwimmen von Flüssen geübt. Radfahren hat sich im Feld als eminent nützlich erwiesen und genießt besondere Förderung. Als »schönsten Tag im Feld« beschreibt ein Soldat ein Sportfest hinter der vordersten Linie mit 50-m-, 100-m-, 200-m- und 1500-m-Lauf. Die Erinnerung wird bald getrübt. Die Russen greifen an. Die »schönen Tage im Feld« werden, wie bald so vieles andere auch, zur Mangelware. Vor Verdun fallen zwischen Februar und Dezember 1916 auf beiden Seiten rund 700 000 Menschen. Spaß macht Sport eigentlich nur noch in den Gefangenenlagern. Da gibt es zwar keine Medaillen aus Eisen, aber eine Extraration Tabak als Siegespreis.

Olympische Spiele in Berlin abgesagt

Januar 1916. Als Staatsminister Victor von Podbielski, Präsident des Deutschen Reichsausschusses für Olympische Spiele, stirbt, steht fest, daß diese Spiele nicht stattfinden werden. Sie hätten mit Winterspielen am Feldberg im Schwarzwald beginnen sollen. Zwei Skilangläufe, ein Skispringen und die Nordische Kombination waren vorgesehen.
Auch sonst waren die Vorbereitungen mit deutscher Gründlichkeit angelaufen. Das Olympiastadion stand bereit (→ 8. 6. 1913). Carl Diem, seit → 3. Februar 1913 Generalsekretär der Olympischen Spiele 1916, hatte in einer Denkschrift Talentsuche und -förderung an Volks-, Mittel-, Berufs- und Hochschulen, die Anlage neuer Sportstätten und eine stärkere Unterstützung der Vereine gefordert. Es waren Spenden gesammelt worden. Das alles hätte dem deutschen Sport großen Auftrieb gegeben. Am 15. März 1917 beschließt man die Umbenennung des olympischen Reichsausschusses in »Deutscher Reichsausschuß für Leibesübungen« und plant eine Neuorganisation für die Nachkriegszeit.

Coubertin wirkt von Lausanne aus

22. Januar 1916. Die Schweizer Militärverwaltung erklärt sich auf Drängen von Pierre Baron de Coubertin bereit, seine Dienste als Dolmetscher in Anspruch zu nehmen. Man verspricht, ihn binnen sechs Wochen an die Front zu schicken.
Einige Monate später notiert Coubertin: »Das Versprechen wurde mit größter Unverfrorenheit nicht eingehalten.« Man überträgt ihm internationale Propaganda-Aufträge. Er nutzt sie zur Verbreitung der olympischen Idee.
Am 10. April 1915 hatte Coubertin im Rathaus von Lausanne mit der Stadt einen Vertrag geschlossen, wonach die Stadt die Errichtung »des Verwaltungszentrums und der Archive des neu entstandenen Olympismus« zusagte. Man stellte dem Internationalen Olympischen Komitee (IOC) das Schlößchen »Mon Repos« zur Verfügung. Der Sitz des IOC wurde zum Wohnort seines Präsidenten. Er gründete das Olympische Institut. Den Ausschluß der deutschen IOC-Mitglieder lehnte er ab. Das IOC sei eine neutrale Institution in einem neutralen Land.

Boxsport in den USA auf dem Tiefpunkt

25. März 1916. Seit dem → 5. April 1915 haben die US-Amerikaner endlich wieder ihren weißen Boxweltmeister, den sie nun auch in New York im Ring sehen wollen. Was sie da allerdings zu sehen bekommen, nährt nur die Zweifel, ob dieser Jess Willard wirklich Jack Johnson regulär geschlagen hat. Im Ring steht eine schlechte Kopie von James J. Jeffries. Größe und Gewicht stimmen überein, auch die mangelnde Beweglichkeit. Aber Jeffries war ein Muskelberg. Willard schleppt dagegen viel zuviel Fett mit sich herum. Jeffries konnte einen Kampf mit einem einzigen Schlag beenden. Willards Schläge treffen ungenau und werden vom Gegner leicht weggesteckt.
Als Gegner hat man Frank Moran gegen ihn aufgeboten. Dieser Frank Moran war mit Jack Johnson zweimal über 20 Runden gegangen und hatte jeweils nach Punkten verloren. Nur mit einem K.-o.-Sieg könnte Willard von seinen Qualitäten überzeugen. Aber dazu besteht in keiner Phase der Begegnung eine Aussicht. Nach zehn Runden beendet man den Kampf »ohne Entscheidung«, denn Moran will man als neuen Weltmeister nun auch nicht. An dem erfolgreichen Titelverteidiger ist niemand mehr interessiert. Aus Europa ist kein zugkräftiger Gegner zu erwarten. Also bekommt der weiße Weltmeister keinen Kampf mehr. Willard bleibt unter diesen Umständen nichts anderes übrig, als in seinem alten Beruf als Koch zu arbeiten. Dabei hätte er überhaupt bleiben sollen.

Jess Willard wird in der letzten Runde in der Ringecke hart bedrängt.

Auswanderung in die USA – das gelobte Land des Sports

Oscar Mathisen, Weltmeister im Eisschnellauf in Davos 1908, 1909, in Kristiania (Oslo) 1912, 1914 und in Helsinki 1913, geht im Dezember 1916 in die USA, um dort Berufsläufer zu werden. Es sind nicht allein die kaum noch vorhandenen Sportmöglichkeiten in Europa, die ihn dazu bewegen.
Schon oft haben norwegische Sportler in den Vereinigten Staaten ihr Glück gesucht und dort als Sportpioniere gewirkt. So die berühmten Brüder Hemmestveit, von denen Mikkel 1900 den ältesten Skiklub der USA gründete. Torjus führte das Skispringen in Michigan und Minnesota ein. 1907 folgte der Holmenkollensieger Karl Hovelsen, der erst einmal ein paar Jahre mit dem Zirkus Barnum & Bailey durch die USA zog, wo er mit Skiern über Elefanten hinwegsprang. Danach baute er in Steamboat Springs in den Rocky Mountains Sprungschanzen mit ganz neuen Profilen, die bisher unerreichte Weiten ermöglichten. Die größte dieser Schanzen nannte man ihm zu Ehren den »Hovelsen Hill«. Hier begann der erste Profizirkus des Skispringens, denn das US-Publikum wollte Sensationen sehen. Der Norweger Anders Haugen springt dort 65 m weit, während der Rekord am Holmenkollen noch bei 54 m liegt. In den USA entwickeln die Norweger auch einen Springstil mit weiter Vorlage, den sie später auch in ihrer Heimat populär machen. So dürfte auch Mathisen seinen Weg machen. Findet er keine gleichwertigen Gegner, so doch gelehrige Schüler.

Oscar Mathisen bei seinem Weltrekord über 5000 m in 8:36,0 min (1916). Er schließt damit seine Amateurlaufbahn ab.

1917

1. 1. Die Deutsche Turnerschaft (DT) gibt bekannt, daß von ihren 1,4 Mio. Mitgliedern 800 000 im Felde stehen. Namen von Gefallenen werden nicht mehr aufgeführt.

27. 1. Das militärische Generalkommando in München ordnet an, daß Frauen nur bei sportlichen Betätigungen Hosen tragen dürfen.

Februar. Bei den Skispielen am Holmenkollen gewinnt der Norweger O. Aasen den Königspokal in der Nordischen Kombination und I. Langlien den 50-km-Skilanglauf.

15. 3. Nachdem die Spiele der VI. Olympiade, die 1916 in Berlin vorgesehen waren, ausgefallen sind, ändert der Deutsche Reichsausschuß für Olympische Spiele seinen Namen in »Deutscher Reichsausschuß für Leibesübungen« (→Januar 1916). Dies kommt einer Absage an die internationale olympische Bewegung gleich.

24. 3. Das preußische Innenministerium erkennt den Arbeiter-Turnerbund als Jugendpflegeorganisation, die Wehrertüchtigung betreibt, an.

7. 5. Inoffizieller Weitsprung-Weltrekord der US-Amerikanerin Maude Deveraux in Skidmore (5,12 m).

26. 5. Der Deutsche Fußball-Bund (DFB) lehnt auf seiner Bundesausschußsitzung in Nürnberg die Wiederaufnahme von Meisterschaftsspielen im Fußball ab. Eine Einladung der Schweiz zu einem Länderspiel wird ausgeschlagen. Bei den Fußballvereinen herrscht Mangel an Bällen und Trikots.

9. 7. In Stockholm verbessert der Schwede John Zander den Weltrekord des Finnen Einari Anttila über 2000 m auf 5:31,0 min.

12. 7. John Zander unterbietet in Göteborg bei einem Rennen über 3000 m den Weltrekord des Finnen Johan Petteri »Hannes« Kolehmainen von 8:36,9 min auf 8:35,7 min.

Der Radrennsport kommt in Deutschland fast völlig zum Erliegen, da wegen der Rohstoffknappheit keine Gummireifen mehr zur Verfügung stehen.

5. 8. Bei den »Kriegsmeisterschaften« der deutschen Leichtathleten in Berlin wird Arthur Reinhardt Doppelmeister über 100 m und 200 m. Reinhard Wegner wird abermals Meister über 110 m Hürden in 17,4 sec. Gewert gewinnt den Hochsprung mit 1,60 m, der schlechtesten Leistung seit 1904. Heinrich Buchgeister wird Deutscher Meister im Speerwerfen mit neuer Bestleistung (52,53 m). Titelverteidiger Karl Schelenz siegt im Weitsprung mit 6,39 m.

Zum dritten Mal Weltrekord durch John Zander. Er läuft in Stockholm die 1500 m in 3:54,7 min.

Bei einem Leichtathletikwettbewerb in Wien erreicht die Österreicherin Adi Bierbrauer einen inoffiziellen Weltrekord über 400 m in 1: 10,0 min.

25. 8. Die Leipzigerin Erna Murray verbessert ihren Weltrekord über 100 m Brust um eine Sekunde auf 1:35,0 min.

September. Die Norwegerin Molla Bjurstedt gewinnt auf dem Gelände des Philadelphia Cricket Club zum dritten Mal das Damen-Einzel der US-Tennismeisterschaften. Mit der US-Amerikanerin Eleanora Sears holt sie zum zweiten Mal den US-Titel im Damen-Doppel. Mit dem US-Amerikaner Beals Wright siegt sie auch im gemischten Doppel.

Oktober. Erstmals »Gladiatoren-Rennen« in Krefeld über 2800 m für dreijährige und ältere Hengste und Stuten.

29. 10. Max Heiser erarbeitet für die Berliner Turnerschaft erste Regeln für ein Handballspiel.

22. 11. In Kanada Gründung der National Hockey League (NHL).

23. 12. Der Deutsche Reichsausschuß für Leibesübungen legt einen Gesetzentwurf für die Anlage von Spiel- und Sportanlagen vor. Danach sollen pro Kopf der Bevölkerung 3 m^2 an Spielfläche zur Verfügung stehen.

31. 12. Die Boxweltmeister des Jahres: Fliegengewicht: Jimmy Wilde (Großbritannien), Bantamgewicht: Kid Williams (Dänemark), Federgewicht: Johnny Kilbane (USA), Leichtgewicht: Freddie Welsh (Großbritannien), Weltergewicht: Ted Kid Lewis (Großbritannien), Mittelgewicht: Al McCoy (USA), Halbschwergewicht: »Battling« Levinsky (USA), Schwergewicht: Jess Willard (USA).

1917. Rapid Wien zum vierten Mal österreichischer Fußballmeister.

Fußballmeister der Schweiz: FC Winterthur-Weltheim.

Sieger im Stanley-Cup, Kanadas inoffizieller Weltmeisterschaft im Eishocley, die Seattle Metropolitains.

Dem Schweizer Attenhofer gelingt in Gstaad ein Skisprung von fast 40 m, die bisher größte in der Schweiz erzielte Weite.

Der US-Amerikaner Duke Paoa Kahanamoku verbessert erneut seinen Weltrekord über 100 y Freistil auf 53,0 sec.

Weltrekord des US-Amerikaners Stout über die Meile in 4:11,4 min. Der Rekord wird der International Amateur Athletic Federation (IAAF) nicht gemeldet.

Weltrekord des Norwegers Harald Ström über 5000 m im Eisschnellauf in 8:33,17 min.

Sieger im Deutschen Galopp-Derby bei 13 gestarteten Pferden: Landgraf vom Gestüt Haniels mit Jockei Kasper.

Sieger im Deutschen Traber-Derby: Bedelia Todd vom Gestüt Hansas, im Sulky Dieffenbacher.

Nach zweijähriger Unterbrechung wieder Deutsche Meisterschaften im Eiskunstlauf der Damen. Die Deutsche Meisterin der Jahre 1913 und 1914, Thea Frenssen, gewinnt den Titel.

Molla Bjurstedt US-Meisterin

September 1917. Von den aus Norwegen in die USA ausgewanderten Sportlern ist Molla Bjurstedt sicherlich die attraktivste Erscheinung. Kein nordischer Typ. Mit ihren hohen Backenknochen und dunklen Mandelaugen sieht sie eher etwas asiatisch, jedenfalls faszinierend aus. Sie bekam eine Arbeitserlaubnis als geprüfte Masseurin. Dann meldete sie sich zu einem Tennis-Turnier, das von der Seventh Regiment Armory ausgeschrieben worden war. Als ehemalige norwegische Meisterin und Bronzemedaillengewinnerin von Stockholm 1912 nahm man sie gerne auf. Sie gewann das Turnier und lehrte danach die besten US-amerikanischen Spielerinnen das Fürchten.

Molla Bjurstedt spielt ein entschlossenes Angriffstennis und verfügt über einen außerordentlich harten Vorhandschlag. Zum dritten Mal hintereinander gewinnt sie in diesem Jahr in Philadelphia die US-Meisterschaft im Damen-Einzel. Mit ihrer Partnerin Eleanora Sears siegt sie zum zweiten Mal im Doppel. Bei den Herren wird Richard Norris »Dick« Williams, US-Meister 1914 und 1916, von Robert Lindley Murray entthront. Williams war schon mit zwölf Jahren in Lausanne, wo er erzogen wurde, Schweizer Juniorenmeister. 1912 überlebte er den Untergang der »Titanic«, wobei sein Vater umkam. Murray hat einen noch stärkeren Aufschlag als der zweifache US-Meister Maurice McLoughlin, den man »Komet« nannte. Dieser Kanonen-Aufschlag setzt sich gegen das perfektere Spiel von Williams durch.

Der Aufschlag-»Kanonier« Murray wird US-Meister in Forest Hills.

Gummi wird knapp in Deutschland: Sammelstelle für beschlagnahmte Fahrradreifen

Reifenabgabe zum 100. Geburtstag

Vor 100 Jahren fuhr Karl Freiherr Drais von Sauerbronn mit seiner Laufmaschine von Mannheim bis zum Schwetzinger Relaishaus (→1. 8. 1817/ S. 114). Man gedenkt dieser Geburtsstunde des Fahrrades mit Wehmut. Denn am 12. Juli 1917 müssen wegen der eingetretenen Rohstoffknappheit in Deutschland die Fahrradreifen bei Sammelstellen abgegeben werden. Wer der Aufforderung nicht folgt, dem droht Beschlagnahme und Bestrafung. Radfahren mit Gummi dürfen nur noch Soldaten.

Als wolle man zu Drais zurückkehren, werden Holzreifen als Ersatz angeboten. Für Radrennen sind diese freilich untauglich. Die Radprofis, die für einige repräsentative Bahnrennen noch gebraucht werden, entwickeln sich zu Flickkünstlern im aussichtslosen Kampf mit dem »Platten«.

1918

Februar. Bei den Skispielen am Holmenkollen gewinnt abermals O. Aasen den Königspokal in der Nordischen Kombination. Im 50-km-Skilanglauf siegt Thorleif Haug, der neue norwegische »Skikönig«. Doch der Abstand zum Zweitplazierten, dem Schweden Johansson, ist mit 1:02,0 min so knapp wie nie zuvor.

Erstmals Bobmeisterschaften in der Schweiz. Martini/Leidhold aus Davos Meister im Zweierbob, ebenfalls aus Davos der Viererbobmeister mit Pilot Dewiel.

7. 2. Im deutschen Heer an der Westfront »Wehrturnfeste« mit Mannschaftswettkämpfen im Geschützexerzieren mit Gasmasken und mit Staffettenläufen. Als Preise Sachgeschenke und Ehrenurkunden.

18. 4. Nach einem Erlaß des preußischen Ministeriums für Unterricht und Gesundheit sollen auf Fußballplätzen künftig Kartoffeln und Rüben zur Versorgung der Bevölkerung angebaut werden.

Juni. Wegen Hafermangels werden in Deutschland Trab- und Hindernisrennen verboten.

9. 6. Großer Preis von Düsseldorf für Steher mit Schrittmacher hinter Motorrädern über 75 km. Arthur Stellbrink siegt in zwei von drei Läufen vor Franz Krupkat.

30. 6. Zum vierten Mal veranstaltet der Verband der Vereine für Leibesübungen die »Vaterländischen Kampfspiele«. Dabei Militärschwimmen in voller Uniform und ein Wasserballturnier.

7. 8. Weltrekord des Schweden John Zander in Stockholm über 3000 m in 8:33,2 min.

9. 8. Weltrekord des US-Amerikaners Duke Paoa Kahanamoku über 100 m Freistil in 1:01,4 min.

25. 8. Bei den »Kriegsmeisterschaften« der deutschen Schwimmer in Berlin schwimmt Erna Murray Weltrekord über 100 m Rücken in 1:35,2 min. Bei den Männern gewinnt über 100 m Rücken der 17jährige Erich »Ete« Rademacher in 1:26,0 min.

25. 8. Bei den »Kriegsmeisterschaften« der deutschen Leichtathleten in Berlin verteidigt Arthur Reinhardt seinen Titel über 200 m mit 22,8 sec. Über 100 m neuer Meister Arthur Schoch mit schwachen 11,8 sec. Heinz Erler zum zweiten Mal Meister über 1500 m in 4:21,1 min. Reinhard Wegner zum dritten Mal Meister über 110 m Hürden in 16,8 sec. Ludwig Gaim überwindet im Stabhochsprung 3,50 m.

28. 8. Das Kartell westdeutscher Rennvereine wendet sich entschieden gegen Pläne der Reichsregierung, Pferderennen zu verbieten. Der Ausfall der Einnahmen durch Wetten gefährde die Pferdezucht, die allein 237 000 in Rußland umgekommene Pferde ersetzen müsse.

September. Die Norwegerin Molla Bjurstedt gewinnt zum vierten Mal das Damen-Einzel der US-Tennismeisterschaften in Philadelphia. Im Herren-Doppel in Forest Hills erster US-Titel für William Tatum »Big Bill« Tilden. Robert Lindley Murray zum zweiten Mal Meister im Herren-Einzel dank seines starken Aufschlagspiels.

22. 9. Der Schwede Anatole Bolin läuft in Stockholm Weltrekord über 1000 m in 2:29,1 min.

Oktober. Roland Garros, einer der bekanntesten französischen Sportflieger, der vor dem Krieg zahlreiche Preise gewann, fällt als Kampfflieger an der Westfront.

6. 10. Der deutsche Steher-Weltmeister Peter Günther verunglückt bei einem Rennen in Düsseldorf tödlich.

7. 10. Der Sprecher der deutschen Leichtathleten, Johannes Runge, fordert den Deutschen Reichsausschuß für Leibesübungen auf, die Prüfungen für das Sportabzeichen wieder aufzunehmen.

9. 10. Hanns Braun, Bronzemedaillengewinner in London 1908 über 800 m, Silbermedaillengewinner über 400 m in Stockholm 1912, fällt als Kampfflieger an der Westfront (→ Oktober 1918).

10. 10. Bei den US-amerikanischen Meisterschaften der Leichtathleten in Newark/New Jersey siegt der Olympiateilnehmer im Zehnkampf von Stockholm, Avery Brundage, in einem Allround-Wettbewerb.

31. 12. Erfolgreichster deutscher Jockei des Jahres: F. Kasper mit 68 Siegen in Flachrennen.

Neue Boxweltmeister zum Jahresende im Bantamgewicht Pete Herman (USA), im Leichtgewicht Benny Leonard (USA), im Mittelgewicht Mike O'Dowd(USA).

Weltrekord im Skispringen durch den Norweger Anders Haugen mit 65 m auf dem »Hovelsen Hill« in Steamboat Springs/USA.

In einem doppelrundigen Schachturnier in Berlin siegt Weltmeister Emanuel Lasker mit 4 $^1/_2$ Punkten vor Akiba Rubinstein (4), Karl Schlechter (2) und Siegbert Tarrasch (1 $^1/_2$).

Österreichischer Fußballmeister wird der Floridsdorfer AC.

Schweizer Fußballmeister zum zweiten Mal seit 1907 Servette Genf.

Den Stanley-Cup in Kanada (inoffizielle Eishockey-WM) gewinnen die Toronto Arenas.

Der österreichische Allroundschwimmer Vrbancic wird in Wien Meister über 100 m Freistil in 1:13,4 min, über 200 m Brust in 3:25,6 min und über 100 m Rücken in 1:27,8 min. Poldi Rantasa Meisterin über 100 m Freistil in 1:31,3 min, über 100 m Brust in 1:42 min, über 100 m Rücken in 1:42,2 min, nachdem sie 1916 auch Meisterin im Kunstspringen war.

»Little Bill« gegen »Big Bill«

September 1918. Bei den diesjährigen US-Tennismeisterschaften der Herren in Forest Hills, seit 1915 an Stelle von Newport Austragungsort der Herren-Endausscheidungen, gelingt William Tatum »Big Bill« Tilden der Durchbruch. Er hat zwar schon 1913 und 1914 mit Mary K. Browne den Titel im Gemischten Doppel gewonnen, das besagt aber nicht viel. 1915 verlor »Big Bill«, Nummer 60 der US-amerikanischen Rangliste, gegen die Nummer 1, William M. Johnston, das Herren-Einzel. Der 1,90 m große Tilden hatte gegen den 1,68 m großen Johnston (»Little Bill«) keine Chance. »Little Bills« Vorhand-Drive ist berühmt, sein Volley unerreichbar. Mit seinem schütteren Haar und seiner bleichen Gesichtsfarbe könnte man ihn eher für einen unsportlichen Stubenhocker halten. Auf dem Platz jedoch entwickelt »Little Bill« einen unbeugsamen Siegeswillen. »Big Bill« Tilden siegt in diesem Jahr im Herren-Doppel. Der Titelgewinn ist deshalb bemerkenswert, weil sein Partner Vincent Richards erst 15 Jahre zählt.
Im Herren-Einzel siegt, wie bereits im Vorjahr, Robert Lindley Murray.

»Big Bill« Tilden, der neue Tennismeister, wollte zunächst zur Bühne.

Erneut erweist sich sein starker Aufschlag als spielentscheidend.
Bei den Damen erringt die gebürtige Norwegerin Molla Bjurstedt auf dem Gelände des Philadelphia Cricket Club, wo die US-Damen-Meisterschaften bis 1923 ausgetragen werden, ihren vierten Einzel-Titel in Folge. Der Sieg im Damen-Doppel geht an E. Goss/M. Zinderstein und im Gemischten Doppel an I. C. Wrigt/G. W. Wightman.

Garros und Braun gefallen

Oktober 1918. Das unsägliche Leid des Krieges hat das Mitgefühl der Menschen abgestumpft. Dennoch erschüttert die fast gleichzeitige Nachricht vom Fliegertod zweier der bekanntesten und beliebtesten Sportler Deutschlands und Frankreichs. Hanns Braun, der zweimalige Medaillengewinner bei Olympischen Spielen, gehörte nicht nur wegen seiner Leistungen, sondern auch wegen seiner menschlichen Haltung zu den großen Vorbildern der Jugend. Eine gleiche Wertschätzung genoß der Franzose Roland Garros, Mitglied des bekannten Klubs Stade Français. Ihm war die erste Überfliegung des Mittelmeers von Saint-Raphael/Frankreich nach Biserta / Tunesien gelungen. Garros gilt als einer der Pioniere des französischen Flugsports.

Der französische Flieger Roland Garros (3.v.l.) fällt sechs Wochen vor Abschluß des Waffenstillstands. Um dieselbe Zeit stirbt auch der Deutsche Hanns Braun den Fliegertod.

Vom einfachen Stalljungen zum Starjockei

Juni 1918. Wegen Hafermangels im vierten Kriegsjahr werden in Deutschland Trab- und Hindernisrennen verboten. Ausgenommen wegen seiner Unentbehrlichkeit für die deutsche Pferdezucht ist der Galopprennsport. Er wird zum Publikumsmagneten wie kein anderes Sportereignis in Deutschland. Weil die 50 Jahre alte Rennbahn in Hoppegarten den Andrang der Zuschauermassen nicht mehr fassen kann, finden die Berliner Rennen auf der Grunewaldbahn statt. Über 200 000 Mark werden an Eintrittsgeldern gezahlt, die Wetteinsätze gehen in die Millionen. Es ist wie ein Fieber. Alle wollen das Wunderpferd Pergolese und den deutschen Starjockei Otto Schmidt sehen.

Otto Schmidt (r.), der erste deutsche Starjockei, auf dem Sattelplatz der Berliner Grunewald-Rennbahn mit seinem Wunderpferd Pergolese

Deutsche Starjockeis hat es bis dahin noch nicht gegeben. Die deutschen Ställe verpflichteten fast ausnahmslos Ausländer wie George Archibald, Joe Childs, Johnny Reiffs, W. O'Connor u. a. Sie werden hoch bezahlt und gebührend gefeiert. 1916 kam es dann beim Deutschen Galopp-Derby in Hamburg-Horn zur Sensation. Auf schwerem Geläuf gewann ein Lehrling mit Amorino.

Von dem Pferd hörte man nie wieder etwas. Sein Jockei, 1912 schulentlassen und verwaist, war von seinem Schwager in einem Berliner Tattersall (→ 1819) untergebracht worden. Dort hatte der junge Stalldienst gemacht und als Mädchen für alles unter und mit Pferden gelebt. Eines Tages wurde der Trainer Taral auf Otto Schmidt aufmerksam und ließ ihn Pferde bewegen. Das erste Pferd, das er besteigen durfte, hieß Salute. 1915 durfte er in Hoppegarten sein erstes Rennen reiten. Weil er nur 45 kg wog, mußte er 10 kg Blei unter den Sattel nehmen. Der berühmte Archibald lieh ihm Stiefel und Reithose. Mit Adamant wurde er Vierter, bald darauf ritt er ihn erstmals zum Sieg. Nach seinem Derby-Erfolg vertraute man ihm Pergolese an. Und mit ihm wird Otto Schmidt zum deutschen Star des Turfs und zum Berliner Publikumsliebling.

Deutscher Fußball kurz vor dem Ruin

18. April 1918. Der Deutsche Fußball-Bund (DFB) benötigt so gut wie alles, vor allem aber Sinn für Humor. Da gibt das preußische Ministerium für Unterricht und Gesundheit einen Erlaß heraus, wonach das Fußballspiel im Bereich des Schulturnens ab Obersekunda erlaubt ist. In normalen Zeiten wäre solch ein Schritt begrüßt worden. Aber während des Krieges bleibt diese Anordnung reine Theorie.

Der DFB, der bereits 1916 seine Illiquidität erklären mußte, kann den Spielbetrieb seiner Vereine kaum mehr aufrechterhalten. Fußballschuhe werden an die Verbände nur noch in begrenzter Stückzahl ausgegeben. Sportbekleidung ist längst Mangelware. Und jetzt sollen auch die Fußballplätze unter den Pflug kommen. Nach dem Steckrübenwinter müssen Kartoffeln und andere Gemüsesorten vermehrt angebaut werden, um die Bevölkerung besser versorgen zu können, und dafür wird jeder Quadratmeter Boden gebraucht. Nur für wenige repräsentative Spiele, wie um den Kronprinzen-Pokal, dürfen noch auserwählte Mannschaften antreten.

Und Sonntag für Sonntag auf die Radrennbahn nach Treptow

Als jedermann glaubte, daß der Radrennsport in Deutschland wegen des Ersten Weltkrieges völlig zum Erliegen kommen müßte, ließen die Veranstalter einer kleinen Radrennbahn im Südosten Berlins den Mut nicht sinken. Ihr Beispiel riß auch andere Städte mit. In den Jahren 1915 und 1916 schrieb Treptow die meisten Rennen aus, 1917 wurde die Zahl erneut gesteigert, und ein Jahr später gibt es in Treptow keinen Sonntag ohne Rennen. Nur zweimal spielt das Wetter nicht mit, aber dafür setzt man Abendveranstaltungen an.

Wie aber hält man die Spannung beim Publikum aufrecht, wenn nur noch deutsche Fahrer zur Verfügung stehen und von denen auch nur diejenigen, die nicht im Militärdienst sind? Auch aus dieser Not machten die Treptower eine Tugend. Steherrennen wurden üblicherweise von Teams bestritten, aufeinander eingespielte Schrittmacher und Rennfahrer reisten kreuz und quer durch Europa. Da es diese Möglichkeit seit 1914 nicht mehr gab, konnten solche Teams auch nicht mehr ganzjährig beieinanderbleiben. Treptow nahm die besten in Deutschland verfügbaren Schrittmacher unter Vertrag und ließ sie mit jeweils anderen Fahrern starten. Da ein guter Schrittmacher mit einem mittelmäßigen Fahrer durchaus gegen einen erstklassigen Fahrer mit einem weniger guten Schrittmacher bestehen kann, war der Ausgang eines jeden Rennens ungewiß. Das Interesse des Publikums verlegte sich dadurch von Rennen zu Rennen mehr auf die Leistungen der Schrittmacher, weshalb Treptow im März 1918 eine eigene Meisterschaft für Schrittmacher veranstaltet. Bei den Fliegern dominiert der als Sportlehrer des Deutschen Radfahrer-Bundes vom Kriegsdienst freigestellte Sechstagekönig Walter Rütt (→ September 1914).

Die Treptower Radrennbahn hält den Radsport in Deutschland in Schwung. Das Bild zeigt ein Stunden-Mannschaftsrennen am 26. August 1917.

Steher-Weltmeister Peter Günther verunglückt 1918 tödlich.

1919

Februar. Bei den Skispielen am Holmenkollen gewinnt Thorleif Haug den Königspokal in der Nordischen Kombination und den 50-km-Langlauf.

14. 2. Weil der Deutsche Ruder-Verband Damen-Wettbewerbe ablehnt, kommt es zur Gründung eines Damen-Ruderverbandes, der zwei Monate später ein Anrudern mit 200 Teilnehmerinnen in 50 Booten veranstaltet.

15. 4. Auf der ersten Hauptversammlung des Deutschen Reichsausschusses für Leibesübungen Wahl Theodor Lehwalds zum Ersten Vorsitzenden. Der Beschluß, 1922 »Deutsche Kampfspiele« durchzuführen, bedeutet eine Absage an die olympische Bewegung.

25. 5. Maria Kießling läuft in München den ersten bekannten deutschen Frauenrekord in der Leichtathletik mit 13,5 sec über 100 m.

Juni. Erster Giro d'Italia nach dem Ersten Weltkrieg, zum sechsten Mal nach 1909 ausgefahren. Sieger ist der Italiener Constante Girardengo.

11. 6. Der Arbeiter-Turnerbund ändert auf seiner zwölften Bundestagung seinen Namen in »Arbeiter-Turn- und Sportbund« (ATSB).

23. 6. In Lausanne 17. Session des Internationalen Olympischen Komitees (IOC). Auf Vorschlag von Pierre Baron de Coubertin Vergabe der Spiele der VII. Olympiade für das Jahr 1920 nach Antwerpen. Das Recht zur Einladung wird dem belgischen Organisationskomitee zuerkannt, was den Ausschluß Deutschlands bedeutet.

Juli. »Interalliierte Spiele« im eigens dafür erbauten Pershing-Stadion am Stadtrand von Paris. Olympisches Programm mit einigen Militär-Wettbewerben.

Erstmals seit 1914 wieder Internationale Tennismeisterschaften von England in Wimbledon. Die Französin Suzanne Lenglen gewinnt das Damen-Einzel.

Die erste Tour de France nach dem Ersten Weltkrieg gewinnt der Belgier Firmin Lambot.

4. 7. Den Kampf um die Box-Weltmeisterschaft im Schwergewicht in Toledo/Ohio gewinnt Jack Dempsey durch technischen K. o. Titelverteidiger Jess Willard tritt zur vierten Runde nicht mehr an.

7. 7. Oskar Bider, der bedeutendste Schweizer Pionier des Flugsports, stürzt bei einem Akrobatiktraining am Rande des Flugplatzes Dübendorf tödlich ab.

27. 7. Gründung des Bundes Deutscher Radfahrer durch Zusammenschluß des Deutschen Radfahrer-Bundes und der Allgemeinen Radfahrerunion.

Der Journalist Gustav Putzke organisiert ein Wettschwimmen »Quer durch Berlin« über 4 km, das von 150 000 begeisterten Zuschauern verfolgt wird.

9. 8. Bei den Deutschen Meisterschaften im Gewichtheben in München werden erstmals Scheibenhanteln mit kugelgelagerten Stangen der Firma Berg verwandt. Deutsche und schweizerische Stemmer stellen damit 40 Weltrekorde auf.

17. 8. Erna Murray schwimmt in Magdeburg erneut Weltrekord über 100 m Brust in 1:33,2 min.

In Indianapolis schwimmt die zwölf Jahre und zehn Monate alte Gertrud Ederle Weltrekord über 800 m Freistil in 13:19,0 min.

24. 8. Bei den Deutschen Leichtathletikmeisterschaften in Nürnberg erstmals 5000-m-Lauf, den Carl Krümmel in 16:35,5 min gewinnt. Ebenfalls zum ersten Mal 10 000-m-Lauf, den Hermann Sonnenberg in 34:17,8 min für sich entscheidet. Erster Deutscher Meister über 4x100 m der FSV Frankfurt in 45,0 sec. Arthur Holz überwindet im Weitsprung mit 7,05 m erstmals die 7-m-Grenze.

September. Bei den US Open in Forest Hills unterliegt William Tatum »Big Bill« Tilden William M. »Little Bill« Johnston 4:6, 4:6, 3:6.

31. 10. In Berlin Gründung des Verbandes Deutscher Faustkämpfer.

23. 11. Die wieder ausgetragene Targa Florio auf Sizilien gewinnt der Franzose André Boillot auf einem Peugeot.

4. 12. Georges Carpentier verteidigt in London seinen Europameistertitel im Box-Schwergewicht gegen den britischen Meister Joe Beckett.

1919. Wegen der starken Kriegsverluste verzichten die USA auf die Teilnahme am Davis Cup. Pokalverteidiger Australien siegt 4:1 gegen Großbritannien.

Erstmals nach dem Krieg wieder 500-Meilen-Automobilrennen in Indianapolis. Sieger der US-Amerikaner Howdy Wilcox.

In Kanada erste Junioren-Wettbewerbe mit eigenem Pokal im Eishockey. Sieger im Stanley-Cup die Toronto Arenas.

Arnold Fanck setzt mit Sepp Allgeier auf dem Kreuzeck bei Garmisch-Partenkirchen die durch den Ersten Weltkrieg unterbrochenen Dreharbeiten an seinem ersten Skifilm fort.

Drei Weltrekorde durch den US-Amerikaner Norman Ross. 400 m Freistil in 5:14,6 min, 440 y Freistil in 5:14,6 min, 500 y Freistil in 5:58,8 min.

Rapid Wien zum fünften Mal seit 1912 österreichischer Fußballmeister.

FC La Chaux-de-Fonds erstmals Fußballmeister der Schweiz.

Unter den Gefallenen des Ersten Weltkrieges an bekannten Reitern die Franzosen de Champsavin und de Malherbe, die Briten Kama und Radcliff Nash, die Italiener Tappi und Bolla, die Deutschen von Lützcken und Friedrich Karl Prinz von Preußen.

Suzanne Lenglen, schon mit 15 Jahren Weltmeisterin auf dem Hartplatz, siegt in Wimbledon.

Suzanne Lenglen – der neue Tennis-Star

Die Zuschauer bei den Internationalen Tennismeisterschaften von England in Wimbledon erleben im Juli 1919 ein Finale, wie man noch keines gesehen hat. Den Platz betritt die 40jährige Dorothea Lambert-Chambers, die zwischen 1903 und 1914 siebenmal Wimbledonsiegerin war. Ihre Gegnerin, die Französin Suzanne Lenglen, ist erst 20 Jahre alt. Rasch führt sie 4:1. Doch dann beginnt die »Alte« zu kämpfen und die »Junge« zu wanken. 6:6, 8:8, noch nie mußte Suzanne so lange durchhalten. Dann schafft sie endlich das 10:8. Der zweite Satz verläuft nicht weniger dramatisch. Mit Glück wehrt Suzanne einen Satzball ab. Mit ihrem 9:7 beginnt eine neue Ära.

Rekord-Schwimmerin Erna Murray

27. Juli 1919. In der Reichshauptstadt findet erstmals ein Schwimmen »Quer durch Berlin« in der Spree statt. Gestartet wird hinter dem Reichstagsgebäude, Ziel ist nach 4000 m die Achenbachbrücke im Tiergarten. 150 000 Zuschauer verfolgen den Wettkampf. Bei den Damen siegt Erna Murray vom Schwimmklub Germania Berlin, die derzeit beste und vielseitigste deutsche Schwimmerin. Sie schwamm in den Jahren 1917 bis 1919 Weltrekorde über 100 m Brust und 100 m Rücken. Schon 1913 war sie Deutsche Meisterin über 200 m Brust, 1919 wird sie es über 100 m Rücken.

Erna Murray, Siegerin im ersten Schwimmen »Quer durch Berlin«, das von 150 000 Zuschauern begeistert verfolgt wird. Die Berlinerin hält Weltrekorde im Brust- und Rückenschwimmen und ist Deutsche Meisterin.

Erstmals wieder Tour de France

Juli 1919. Die 13. Tour de France steht unter keinem guten Stern. Zuerst gedenkt man der gefallenen Toursieger Octave Lapize, François Faber und Lucien Petit-Breton. Dann begeben sich 69 Fahrer auf die 5510-km-Strecke. Die meisten haben erst vor kurzem die Soldatenuniform ausgezogen. Trainingsmöglichkeiten bestanden vorher kaum. Das Ergebnis ist danach. Nur elf Fahrer erreichen das Ziel. Der Belgier Firmin Lambot siegt vor den Franzosen Alavoine und Eugène Christoph. »Cricri« fiel wieder durch einen Gabelbruch zurück (→ Juli 1913).

Firmin Lambot, Sieger der ersten Tour de France nach dem Ersten Weltkrieg. Der 33jährige Belgier gewinnt ein Rennen, dem die meisten Fahrer nicht gewachsen sind. Ein zu früh gewagtes Experiment, das fast einer Katastrophe gleichkommt.

Jack Dempsey, der neue Boxweltmeister aller Klassen

4. Juli 1919. Der Kampf ist nach knapp einer halben Minute entschieden. Ein fürchterlicher Herzhaken streckt Jess Willard zu Boden. Von diesem Schlag erholt er sich nicht mehr. Noch weitere sechsmal schlägt Jack Dempsey den plumpen Riesen nieder. Den Zuschauern in Toledo/Ohio gefällt das. Der junge Bursche hat einen gnadenlosen Killerinstinkt und zeigt nicht den geringsten Respekt vor einem Boxerdenkmal. Der Ringrichter müßte nach dem siebten Niederschlag den Kampf beenden. Aber so leicht will man es dem Youngster auch nicht machen. Und schließlich ist dieser Jess Willard, der einem Jack Johnson den Weltmeistertitel abnahm (→ 5. 4. 1915), einmal so eine Art Nationalheld gewesen. Man muß ihm noch eine Chance geben. Doch er hat längst nicht die geringste Chance mehr. Mit übermenschlicher Willenskraft hält sich Willard noch zwei Runden lang aufrecht. Ein lebender Sandsack. Es sind eigentlich seine heroischsten Runden im Ring. Nach dem Gongschlag zur vierten Runde bleibt er auf seinem Schemel in der Ringecke sitzen. Der Mann ist völlig erledigt.

Nicht in New York, sondern in der Provinz wagt man den Weltmeisterschaftskampf Jack Dempsey (r.) gegen den Titelverteidiger Jess Willard.

Der neue Boxweltmeister aller Klassen heißt Jack Dempsey. Als er am 24. Juni 1895 in Manassa geboren wurde, hieß er William Harrison. Im selben Jahr begrub man auf dem Armenfriedhof in Portland einen gewissen John Kelly. Er war der erste US-amerikanische Weltmeister im Mittelgewicht. Man feierte ihn als den »Unvergleichlichen«. Als Boxer nannte sich Kelly »Jack Dempsey«. Als sich Harrison 1915 entschloß, Boxer zu werden, nahm er diesen Namen an. Im selben Jahr bestritt er 27 Kämpfe, gewann 17 durch K. o., sechs nach Punkten, kämpfte dreimal unentschieden und verlor einmal. Niemanden interessierte das. 1916 arbeitete Dempsey auf einer Werft, wo mehr zu verdienen war als im Boxring. Als er 1917 dennoch wieder zu boxen anfing, verlor er ausgerechnet in seiner Geburtsstadt gegen Jim Flynn durch K. o. in der ersten Runde. Ein Jahr später wurde er in San Francisco von Willi Meehan ausgepunktet. Dann bekam er eine Revanche gegen Jim Flynn und schlug ihn in der ersten Runde k. o. Und das sollte ausreichen für einen Titelfight gegen Jess Willard? Doch gute Schwergewichtler sind rar in dieser Zeit. Jack Dempsey fand in Jack Kearns einen fähigen Manager, der wußte, wie man die Presse muntermacht. Junge Fighter müssen her, wer will von den Box-Oldtimern noch etwas wissen? Der 41jährige Jack Johnson klettert immer noch in den Ring, um drittklassige Weiße auszuknocken. Willard ist auch schon 38. Sollte es so gehen wie mit Bob Fitzsimmons, der 1914 noch sechs Runden mit Mike Sweeney unentschieden kämpfte, mit 52 Jahren!? Der 24jährige Jack Dempsey bekommt seinen Titelfight und gewinnt ihn. Das Aus für Oldtimer.

Georges Carpentier, das neue europäische Box-Idol

4. Dezember 1919. 20 000 Menschen wollen den Titelkampf um die Europameisterschaft im Box-Schwergewicht im Holborn-Stadion von London sehen. Nur 4000 erhalten gegen Goldwährung Eintrittskarten. Der britische Meister Joe Beckett soll den Titel zurückholen, den »Bombardier« Billy Wells am →8. Dezember 1913 so sang- und klanglos an den Franzosen Georges Carpentier verloren hat.

Carpentier wurde am 12. Januar 1894 in Lens geboren und fing mit 14 Jahren zu boxen an. 1911 wurde er Europameister im Weltergewicht, 1912 Europameister im Mittelgewicht, 1913 Europameister im Schwergewicht. Er schlug in diesen Gewichtsklassen die besten Boxer seiner Zeit in Europa. Gewichtsmäßig blieb er Halbschwergewichtler. Im Ring besticht er durch Ruhe und Überlegtheit, durch Eleganz und Schlagkraft. Joe Beckett bekommt diese nach einer Minute zu spüren. Eine gestochene rechte Gerade ans Kinn macht dem Kampf nach 64 Sekunden ein Ende.

Der Fotograf ist genauso schnell wie der alte und neue Europameister im Box-Schwergewicht, Georges Carpentier. In fünf Momentaufnahmen hält er die Phasen des Blitz-K.-o. durch den Franzosen gegen den Briten Joe Beckett fest.

1920

20. 1. Das Leistungsabzeichen des Deutschen Reichsausschusses für Leibesübungen (DRL) erhält die Bezeichnung »Deutsches Turn- und Sportabzeichen«.

Februar. Thorleif Haug gewinnt bei den Skispielen am Holmenkollen erneut den 50-km-Lauf und die Nordische Kombination.

27. 2. Der US-amerikanische Major Schroeder verbessert in Daytona Beach den Höhenflug-Rekord mit 10 093 m auf fast das Doppelte des Vorkriegsstandes.

April. Der Franzose Jules Rimet wird in Antwerpen zum Präsidenten der Fédération Internationale de Football Association (FIFA) gewählt.

14. 4. Der US-Amerikaner E. Walker erreicht in Daytona Beach mit einem Motorrad über 1 km eine Geschwindigkeit von 166,96 km/h.

20. 4. Die Spiele der VII. Olympiade beginnen in Antwerpen mit dem Eishockeyturnier. Offiziell eröffnet werden die Spiele erst am 14. August. Die Wettkämpfe dauern bis zum 12. September.

3./4. 5. Einen Rekord im Distanzflug stellen die Franzosen Bossoutrot/Bernard bei Villesauvage mit 1915,12 km auf (vor dem Ersten Weltkrieg 1010,9 km).

15. 5. In Berlin Gründung der Hochschule für Leibesübungen.

13. 6. Erster Deutscher Fußballmeister nach Kriegsende: 1. FC Nürnberg (2:0 gegen SpVgg Fürth vor 35 000 Zuschauern in Frankfurt am Main).

26. 6. Weltrekord über 400 m Hürden in 54,2 sec durch John Norton in Pasadena.

27. 6. Erstes Länderspiel des Deutschen Fußball-Bundes (DFB) nach Kriegsende. Deutschland unterliegt in Zürich der Schweiz 1:4.

Juli. Sieger der 14. Tour de France seit 1903 ist der Belgier Philippe Thys, der schon 1913 und 1914 gewonnen hat.

In Wimbledon gewinnt die Französin Suzanne Lenglen zum zweiten Mal das Damen-Einzel.

11. 7. In Berlin schwimmt Erich »Ete« Rademacher einen Weltrekord über 400 m Brust in 6:29,5 min.

14. 7. Auf den Bergen der Rhön wird zum ersten Mal ein Segelflug-Wettbewerb veranstaltet. Er erstreckt sich bis in den September.

15. 7. Albert Zürner, Olympiasieger im Kunstspringen in London 1908, verunglückt in Hamburg bei einem Werbeschwimmfest tödlich.

15. 8. Erste Deutsche Leichtathletikmeisterschaften der Frauen in Dresden. Maria Kießling gewinnt vier Titel: 100 m in 13,0 sec, Weitsprung 5,24 m, Kugelstoßen 8,31 m und mit der 4x100-m-Staffel des TSV 1860 München in 53,0 sec.

Erna Murray schwimmt in Darmstadt Weltrekord über 200 m Brust in 3:28,0 min.

26. 8. Auf der Rückreise von den Olympischen Spielen in Antwerpen starten die finnischen Olympiasieger Johan Petteri »Hannes« Kolehmainen und Paavo Nurmi in Berlin und gewinnen ein Halbstunden-Paarlaufen.

30. 8. Auf der 18. Session des Internationalen Olympischen Komitees (IOC) in Antwerpen weigert sich Pierre Baron de Coubertin trotz heftiger Proteste entschieden, weitere Wettbewerbe für Frauen bei den Olympischen Spielen zuzulassen.

6. 9. Jack Dempsey verteidigt seinen Weltmeistertitel im Box-Schwergewicht in Benton Harbor/Michigan gegen Billy Miske durch K. o. in der dritten Runde (→ 14. 12. 1920).

In Stockholm läuft der US-Amerikaner Jackson Scholz offiziell anerkannten Weltrekord über 100 m in 10,6 sec.

8. 9. Letzte inoffizielle Weltmeisterschaften im Gewichtheben in Wien. Die zu den Olympischen Spielen nicht eingeladenen Deutschen Wiedmann, List, Straßberger und Karl Mörke sowie der Österreicher Stritesky gewinnen die Titel.

26. 9. Die deutsche Fußball-Nationalmannschaft verliert auch ihr zweites Nachkriegs-Länderspiel. In Wien unterliegt sie Österreich 2:3.

24. 10. Erster Sieg der deutschen Fußball-Nationalmannschaft nach dem Ersten Weltkrieg. In Berlin schlägt sie Ungarn 1:0.

12. 12. Nach wiederholten Verbesserungen des Geschwindigkeitsweltrekords für Flugzeuge steigert der Franzose Sadi-Lecointe die Marke auf 313,013 km/h.

14. 12. Jack Dempsey bleibt Boxweltmeister aller Klassen durch einen K.-o.-Sieg über Bill Brennan in der zwölften Runde in New York.

1920. Nach langen und erbitterten Debatten entscheidet das IOC, Deutschland, Österreich und Ungarn bei den Olympischen Spielen zuzulassen. Doch es stellt dem ausrichtenden Land Belgien frei, die Nationen einzuladen, die teilnehmen sollen.

England tritt aus der FIFA aus, weil diese sich weigert, Deutschland, Österreich und Ungarn wegen Kriegsschuld auszuschließen.

Der US-amerikanische Allroundschwimmer Norman Ross stellt über 300 y in 3:24,8 min, 300 m in 3:45,4 min und 500 m in 6:55,8 min Weltrekorde auf.

Sieger im ersten englischen Cup-Finale nach Kriegsende: Aston Villa (1:0 gegen Huddersfield Town).

Olympischer Neubeginn

1920. Schon vor Ausbruch des Ersten Weltkriegs hatte sich Antwerpen um die Olympischen Spiele des Jahres 1920 beworben. Das Internationale Olympische Komitee (IOC) war damals geneigt, Budapest den Vorzug zu geben. Dieser Konkurrent fiel aus. Dafür meldeten nach dem Krieg mehrere US-amerikanische Städte sowie Paris und Lyon ihre Bewerbungen an. Das IOC entschied sich 1919 für die belgische Stadt Antwerpen. Man wollte einem Land, das gegen jedes Völkerrecht vom Deutschen Reich überfallen und von dessen Kriegsmaschinerie niedergewalzt worden war, diese Ehre erweisen.

Pierre Baron de Coubertin erklärte: »Wenn sich in einem solch geschichtlichen Augenblick eine Geste aufdrängte, dann doch wohl jene, die wir durch die Wahl von Antwerpen als Austragungsort geben wollten. Welche andere Kandidatur kam dieser Stadt wohl gleich?«

Der IOC-Präsident hatte die Kontinuität der olympischen Bewegung während des Krieges gesichert. Berlin bekam die Olympischen Spiele des Jahres 1916 nicht entzogen, sie galten als ausgefallen. Für 1920 stellte sich aber die Frage einer Teilnahme der Mittelmächte Deutschland, Österreich und Ungarn. Coubertin kritisierte, daß das IOC Länder von Olympischen Spielen ausschloß. Dem Veranstalterland sollte die Einladung überlassen bleiben. Alle Welt hatte Verständnis dafür, daß Belgien keine deutsche Mannschaft zu den Olympischen Spielen einlud. Auch Österreich und Ungarn erhielten keine Einladung, dagegen die neugegründete Tschechoslowakei. Andererseits erhielten das neugegründete Polen und die Russische Sozialistische Föderative Sowjetrepublik (RSFSR), die sich miteinander im Kriegszustand befinden, keine Einladungen.

Nicht nur diese Fragen waren im Vorfeld der Spiele heftig umstritten. Auch der sportliche Wert der Veranstaltung wurde bezweifelt. Viele teilnehmende Länder haben im Krieg erhebliche Menschenverluste erlitten. Zahlreiche bekannte Sportler sind gefallen oder können ihre Karrieren nicht mehr fortsetzen. Großbritannien und die USA schickten daher nur eine kleine, eher symbolische Mannschaft nach Antwerpen. Coubertin drang jedoch auf den olympischen Neubeginn. Er verwies auf die »Interalliierten Spiele« in Paris 1919, bei denen beachtliche sportliche Leistungen vollbracht worden waren. Und er wollte keinesfalls, daß es darauf hin, wie bereits angeregt wurde, zu Militärolympiaden käme.

Plakat der Spiele der VII. Olympiade in Antwerpen. Es war eine Prestigefrage, Belgien die Spiele zuzuerkennen. Doch das Land hat im Ersten Weltkrieg schwer gelitten, die Bevölkerung ist verarmt. Nur ein Jahr Vorbereitungszeit blieb, um ein Fest zu veranstalten, für das man noch die glanzvollen Tage von Stockholm 1912 in bester Erinnerung hatte. Die Aufgabe war eigentlich unlösbar, auch wenn sich die Veranstalter die größte Mühe gaben. Aber die Kontinuität der Olympischen Idee mußte nach Kriegsende unter Beweis gestellt werden.

Paavo Nurmi – der neue Star im Langlauf aus Finnland

17. August 1920. Noch sind die finnisch-französischen Duelle zwischen dem Finnen Johan Petteri »Hannes« Kolehmainen und dem Franzosen Jean Bouin über 5000 m und 10 000 m bei den Olympischen Spielen in Stockholm 1912 unvergessen. Keiner ahnte, daß sie sich acht Jahre später, wenn auch in anderer Besetzung, wiederholen. Bouin gehört zu den Opfern des Krieges. Der 20jährige Franzose Joseph Guillemot in gewisser Weise auch. Er hatte eine schwere Gasvergiftung erlitten, und es grenzte fast an ein Wunder, daß er dennoch eine sportliche Karriere beginnen und 1920 französischer Meister über 5000 m werden konnte. Guillemot gewinnt seinen Vorlauf in Antwerpen sicher. Der Finne Kolehmainen tritt 1920 nach acht Jahren 30jährig wieder an, hat aber nur für den Marathonlauf gemeldet.

Über 5000 m vertritt die Farben Finnlands ein 23jähriger wortkarger Mann namens Paavo Nurmi. Er qualifiziert sich als Vorlaufzweiter hinter dem Italiener Speroni für den Endlauf. Hier übernimmt er bald die Führung, dicht gefolgt von dem Franzosen Guillemot. Das Gespann löst sich immer mehr vom übrigen Läuferfeld. In der letzten Runde zeigt sich, daß es dem Finnen noch an Erfahrung fehlt. Er macht keinen Versuch, von Guillemot wegzukommen. Dieser aber wartet bis zur Zielkurve und zieht dann einen scharfen Spurt an. Nurmi ist überrascht und wird klar besiegt.

Im 10 000-m-Lauf am 20. August erwarten die Zuschauer eine Wiederholung dieses Duells. Aber Nurmi verliert rasch den Anschluß an Guillemot, der, gefolgt von dem Briten James Wilson, das Tempo macht. Nurmi liegt mit 20 m nahezu hoffnungslos zurück. Doch dann wiegt sich der Franzose offenbar zu früh in Sicherheit und verschleppt das Tempo. Nurmi schließt auf. Fünf Runden vor Schluß zieht Guillemot den Spurt an, aber Wilson und Nurmi halten mit. In der letzten Runde greift Nurmi an, Wilson fällt zurück, Guillemot kämpft verzweifelt, gelangt noch einmal in Führung, aber dann verschärft Nurmi erneut das Tempo und gewinnt sicher mit knapp zwei Sekunden Vorsprung seine erste Goldmedaille. Zwei weitere fügt er im Querfeldeinlauf über 8 km hinzu, wo er mit 2,6 Sekunden Vorsprung den Schweden Erik Backman schlägt und auch die Mannschaftswertung gewinnt. Ein neuer Star ist geboren.

Paavo Nurmi gewinnt in Antwerpen die Goldmedaille im 10000-m-Lauf, die Silbermedaille im 5000-m-Lauf und zweimal Gold im 8-km-Querfeldeinlauf.

»Hannes« Kolehmainen wird in Antwerpen »Marathonkönig«

In Berlin 1916 hätte Johan Petteri »Hannes« Kolehmainen seine olympische Medaillensammlung zweifellos weiter vergrößert. Aber damals mußte er sich mit Erfolgen in den USA begnügen. Mit einem Sieg im olympischen Marathonlauf will der Finne in Antwerpen seine Karriere krönen.

Es wird ein schweres Rennen über eine Strecke von 42,75 km. Nach 10 km bereits bildet sich eine Spitzengruppe mit Kolehmainen, dem Südafrikaner Christopher Gitsham, der 1912 Zweiter geworden war, dem Belgier Broos und dem Italiener Blasi. Nach dem Wendepunkt kann nur noch Gitsham dem Finnen folgen. Plötzlich läuft der Este Juri Lossmann zu den beiden Führenden auf. Er hat noch nie mit bemerkenswerten Langlaufzeiten auf sich aufmerksam gemacht, und Marathonmeisterschaften gibt es in seinem Heimatland nicht.

Aber Lossmann wächst in diesem Lauf über sich hinaus. Bei dem Versuch von Kolehmainen, ihn abzuschütteln, fällt Gitsham immer weiter zurück und gibt bald darauf das Rennen auf. Lossmann läßt nicht locker, als der Finne zum Endspurt ansetzt. Schließlich erkämpft sich Kolehmainen mit 12,8 Sekunden Vorsprung den Sieg in der olympischen Rekordzeit von 2:32:36,8 h, über vier Minuten schneller als McArthur 1912.

»Hannes« Kolehmainen läuft nach einem harten Rennen als Erster des Marathonlaufs in das Olympiastadion ein.

Der Finne Kolehmainen, dreifacher Olympiasieger von 1912 (r.), nach dem Sieg (l.: Juri Lossmann, Estland)

Der US-Amerikaner Patrick Ryan beim Gewichtwerfen

Der finnische Weltrekordler im Speerwerfen, Jonni Myyrä, gewinnt diesen Wettbewerb.

Der norwegische Zehnkampf-Sieger Helge Lövland beim Diskuswurf. Silber geht an den US-Amerikaner Brutus Hamilton.

Patrick Ryan – der »grand old man« des Hammerwurfs

18. August 1920. Das Hammerwerfen wird zu einem Wettbewerb zweier älterer Herren. Der US-Amerikaner Matthew McGrath gewann in London 1908 die Silbermedaille und vier Jahre später in Stockholm Gold. In Antwerpen tritt er im Alter von 44 Jahren noch einmal in den Ring. Beim zweiten Versuch zieht er sich eine Knieverletzung zu und muß ausscheiden. Mit der Weite des ersten Wurfes von 46,67 m bleibt ihm nur der fünfte Platz. Damit ist der Weg frei für Patrick Ryan, auch schon 37 Jahre alt.

Ryan zählt seit Jahrzehnten zu den besten Hammerwerfern, erhält aber erst jetzt seine Olympiachance. 1902 besiegte der gebürtige Ire sein großes Vorbild Tom Kiely, den Zehnkampfsieger von St. Louis 1904. 1908 fand Ryan in der Olympiamannschaft von Großbritannien keine Aufnahme. Zwei Jahre später wanderte er in die USA aus. Dort kam er auf Weiten von 55,77 m und 56,47 m, besser als der olympische Rekord, den McGrath in Stockholm aufstellte. Nach Stockholm nahmen die US-Amerikaner Ryan nicht mit, weil er die US-amerikanische Staatsbürgerschaft noch nicht besaß. Die erhielt »Paddy« erst ein Jahr später, als er mit 57,77 m Weltrekord warf und damit zum Favoriten der Olympischen Spiele 1916 wurde. Aber diese Spiele fielen aus.

In Antwerpen wird der »grand old man« des Hammerwurfs endlich mit 52,87 m Olympiasieger. Mit einer Silbermedaille muß sich Patrick Ryan im Gewichtwerfen begnügen. Hier gewinnt mit 11,265 m sein Landsmann Patrick McDonald, dem Ryan mit 10,965 m unterliegt. Bronze geht an den Schweden Carl Lindh. Es ist das letzte Mal, daß dieser Wettbewerb auf dem olympischen Programm steht.

Im Speerwerfen endet die schwedische Ära, was sich schon in Stockholm ankündigte. Gleich drei Finnen belegen die nächsten Plätze hinter dem Weltrekordmann Jonni Myyrä, der mit seinem Siegwurf, der ihm schon im ersten Versuch gelingt, nur 32 cm hinter seiner im Vorjahr in Stockholm erzielten Bestweite bleibt. Fünfter wird der Este Aleksander Klumberg-Kolmpere, der Weltrekordler im Zehnkampf. An seiner Spezialdisziplin kann Klumberg-Kolmpere nicht teilnehmen, weil er sich im Fünfkampf verletzt hat. Daher siegt der Fünfte im Fünfkampf, der Norweger Helge Lövland. Die Entscheidung fällt erst im abschließenden 1500-m-Lauf, wo Lövland dem US-Amerikaner Brutus Hamilton fast zehn Sekunden abnimmt, was ihm 34 Punkte Vorsprung einbringt. Hamilton muß sich schließlich mit der Silbermedaille begnügen.

Diese Hochsprungstudie zeigt einen Rollensprung mit gestrecktem Schwungbein, während das andere angezogen wird; der Körper führt eine Drehung aus.

Ein Weitsprung des Franzosen Piloulon (Abb.) von 6,50 m reichte nicht aus, um ins Finale zu gelangen, das der Schwede William Petersson mit 7,15 m gewinnt.

Der US-Amerikaner Frank Foss stellt mit 4,09 m im Stabhochsprung einen der wenigen Weltrekorde bei den an sportlichen Höhepunkten armen Spielen in Antwerpen auf.

Erstes olympisches Eishockeyturnier

Die kanadische Klubmannschaft, die in drei Spielen mit einem Torverhältnis von 29:1 das erste olympische Eishockeyturnier gewinnt

23. bis 29. April 1920. Eishockey ist ein schnelles Spiel. Und die Schnelligkeit, mit der Eishockey auf dem olympischen Programm erschien, überrumpelte das Internationale Olympische Komitee (IOC) und den internationalen Eishockeyverband (Ligue Internationale de Hockey sur Glace, LIHG) gleichermaßen. Denn als Mannschaften aus den USA und aus Kanada anreisten, gehörten diese noch gar nicht der LIHG als Mitglieder an. Aber die Belgier verfügen nun einmal über einen schönen Eispalast, und den will man nicht allein mit Eiskunstlauf auslasten. Am 26. April nimmt die LIHG die USA und Kanada als Mitglieder auf. Da ist die Vorrunde bereits abgeschlossen und das Turnier entschieden.
Die Klubmannschaften aus Übersee erteilen den europäischen Ländermannschaften einige Eishockeylehrstunden. Die USA überfahren die hoch eingeschätzten Schweizer 29:0. Kanada fertigt die Tschechoslowakei 15:0 ab. Schweden schaltet Belgien mit 8:0 und Frankreich mit 4:0 aus. Diese beiden Länder teilen sich den sechsten Platz.
Die Endrunde wird durch die Begegnung Kanada—USA entschieden. Nach dem 2:0 genügt den Kanadiern ein 12:1 gegen Schweden zum Olympiasieg. Die US-Amerikaner müssen für die Silbermedaille ein Spiel mehr bestreiten. Mit 7:0 und 16:0 bekommen Schweden und die Tschechoslowakei ihre Lektion erteilt. Ein 4:0 Schwedens verweist die Schweiz auf den fünften Rang. Das Spiel um die Bronzemedaille entscheidet die Tschechoslowakei mit einem 1:0 über Schweden für sich.

Eiskunstlauf vor der Eröffnungsfeier

25.—27. April. Eiskunstlauf erhält jung. Vor zwölf Jahren gewann die Britin Phyllis Johnson mit ihrem Mann James in London die olympische Silbermedaille. Als 36jährige nimmt sie in Antwerpen zuerst an der Einzelkonkurrenz teil, wo es immerhin zum vierten Rang reicht. Weil sich ihr zehn Jahre älterer Gatte nun doch zu alt fühlt, trennt sie sich von ihm auf dem Eis und gewinnt mit einem jüngeren Partner, Basil Williams, die Bronzemedaille. Der große Schwede Ulrich Salchow wird mit 43 Jahren Vierter.

Den Paarlauf in Antwerpen gewinnt das finnische Ehepaar Ludovika und Walter Jakobsson (l. neben dem finnischen Einzelläufer Ilmanen). Auch in den nächsten Jahren bleibt das Paar dieser Disziplin treu.

Der Schwede Gillis Grafström (Abb.) tritt die Nachfolge des zehnfachen Weltmeisters und Olympiasiegers von 1908 Ulrich Salchow an. Auch bei den Damen gewinnt eine Läuferin aus Schweden, Magda Julin-Mauroy.

Antwerpen 1920 in Stichworten

Die Spiele der VII. Olympiade in Antwerpen beginnen am 20. April, werden erst am 14. August offiziell eröffnet und enden am 12. September 1920. 2607 Teilnehmer, darunter 64 Frauen. 161 Wettbewerbe in 22 Sportarten. Wichtigstes Ergebnis: Die Spiele haben den Ersten Weltkrieg überstanden. **Leichtathletik:** Triumph der Finnen, die (9 G, 4 S, 3 B) mit den USA (9 G, 12 S, 8 B) fast gleichziehen. **Gewichtheben:** Ein Dreikampf aus einarmigem Reißen, einarmigem Stoßen und beidarmigem Stoßen in fünf Gewichtsklassen. Frankreich vor Belgien, Estland und Italien. **Ringen:** Griechisch-römisch in fünf Gewichtsklassen. Finnland (3 G, 4 S, 2 B) vor Schweden (2 G, 1 B). **Boxen:** In acht Gewichtsklassen kommen acht Länder zu Medaillen. USA vor Großbritannien und Kanada. **Fechten:** Überlegenheit Italiens. Sieger im Degen-Einzel der Franzose Armand Massard. **Schießen:** In zahlreichen Wettbewerben kommen die USA zu 13 Goldmedaillen, Belgien kommt im Bogenschießen zu acht Goldmedaillen. **Moderner Fünfkampf:** Schweden behauptet seine Sonderstellung, ebenso im **Reiten**. Italienischer Doppelsieg im Jagdspringen. **Polo:** Erstmals mit internationaler Beteiligung. **Radfahren:** Drei Bahn- und drei Straßenrennen. Sechs Länder kommen zu Gold. **Turnen:** Im Einzel der Italiener Giorgio Zampori vor zwei Franzosen. Drei Mannschaftswettbewerbe. Triumph der USA im **Schwimmen**. Überlegenheit der US-Amerikaner auch im **Rudern**, wo Großbritannien enttäuscht. **Segeln:** 14 Bootsklassen, nur sieben Sieger bekannt. **Fußball:** Belgien vor Spanien und den Niederlanden. **Hockey:** Großbritannien vor Dänemark und Belgien. **Rugby:** USA vor Frankreich. **Tennis:** Erstmals Medaillen für Japan. Zum ersten Mal olympisch **Eishockey**. Gold für Kanada. Im **Eiskunstlauf** Wachablösung bei den Herren. Skandinavier dominieren.

1. FC Nürnberg Deutscher Fußballmeister

13. Juni 1920. Mit elf Spielern und einem Begleiter ist die Mannschaft des 1. FC Nürnberg 3000 km durch Deutschland gefahren, hat sieben Spiele absolviert und gewonnen und sich damit für das Endspiel um die Deutsche Meisterschaft in Frankfurt am Main qualifiziert.

Deutschland ist seit dem Ende des Ersten Weltkrieges kleiner geworden, der Deutsche Fußball-Bund (DFB) jedoch größer. Er zählt fast 500 000 Mitglieder in 3000 Vereinen. Vor dem Krieg waren es 200 000 in 2000 Vereinen.

Nürnbergs Endspielgegner kommt aus der unmittelbaren Nachbarschaft. Es ist der letzte Deutsche Fußballmeister vor dem Krieg, die SpVgg Fürth. Das Spiel verläuft vor 35 000 Zuschauern zunächst ausgeglichen. Bei Nürnberg besticht die Sicherheit in der Abwehr, die von Hans Kalb organisiert wird. Im Tor erweist sich Heiner Stuhlfauth als unüberwindlich. Als Luitpold Popp vor dem Halbzeitpfiff das 1:0 erzielt, ist die Vorentscheidung gefallen. Vergebens bemühen sich die Fürther um den Ausgleich. Als Peter Szabo das 2:0 schießt, ist die Partie entschieden. Zum ersten Mal wird der 1. FC Nürnberg Deutscher Fußballmeister. Wenig später werden Stuhlfauth, Kalb und Carl Riegel in die deutsche Nationalelf berufen. Doch die 1:4-Niederlage gegen die Schweiz am 27. Juni 1920 können sie nicht verhindern.

Die Mannschaft des 1. FC Nürnberg, erster Deutscher Meister nach dem Krieg

Die FIFA versucht neu Fuß zu fassen

April 1920. Nach dem Tod ihres Präsidenten Daniel Burley Woolfall 1918 kam die Organisation der Fédération Internationale de Football Association (FIFA) nahezu zum Erliegen. Der einzige, der die Fäden noch zusammenhielt, war der ehrenamtliche Sekretär Carl Anton Wilhelm Hirschmann in Amsterdam. Hirschmann, der auch dem olympischen Komitee der Niederlande angehörte, brachte 1919 eine Delegiertenversammlung in Brüssel zustande. Sie lehnte den Antrag Englands ab, Deutschland, Österreich und Ungarn auszuschließen, worauf England, Schottland, Wales und Irland aus der FIFA austraten. Anläßlich der Olympischen Spiele in Antwerpen findet im April 1920 ein neues Zusammentreffen statt. Ein provisorischer FIFA-Verwaltungsrat wird gewählt mit dem Franzosen Jules Rimet als Präsident, dem Dänen Louis Oestrup als Vizepräsident und Hirschmann als Sekretär.

Titelseite des »Illustrierten Blatts« für den »stärksten Mann«

Die verfemten starken Männer

Bei den letzten inoffiziellen Weltmeisterschaften der Gewichtheber am 8. September 1920 in Wien führt Karl Mörke vom Kölner Klub für Kraft und Sport 1893 mit vier Zentnern auf den Schultern Kniebeugen vor. Die deutschen und österreichischen Gewichtheber stellten vor dem Ersten Weltkrieg viele der stärksten Männer in Europa. Von den Olympischen Spielen ausgeschlossen, wollen sie ihre Leistungskraft auch nach dem Krieg beweisen. Die offizielle Anerkennung bleibt ihnen jedoch weiterhin versagt.

Der Belgier Philippe Thys, zum dritten Mal Sieger der Tour

Thys gewinnt Tour de France

Nach der völlig mißglückten Tour de France des Vorjahres (→Juli 1919) verläuft das Rennen im Juli 1920 wieder in der gewohnten gut organisierten Form. Der Star des Rennens ist der aus Anderlecht bei Brüssel gebürtige Belgier Philippe Thys. Er hat die Tour 1913 und 1914 gewonnen und siegt, was noch keinem vor ihm gelang, als 30jähriger zum dritten Mal. Thys war im Ersten Weltkrieg Kampfflieger. 1917 gewann er im unbesetzten Teil Frankreichs das Rennen Tours–Paris und in Italien die Lombardei-Rundfahrt.

Der »Mankiller« in Bedrängnis

14. Dezember 1920. Als Boxweltmeister Jack Dempsey am 6. September 1920 in Benton Harbor/Michigan den Deutsch-Amerikaner Billy Miske in drei Runden im Ring zertrümmerte, hatte er sein Markenzeichen weg. Presse und Publikum ernannten ihn zum »Mankiller«, und genau das brauchen die Manager, um Kasse zu machen. Der allzu schnell erworbene Ruhm stieg Dempsey jedoch zu Kopf.

Am 14. Dezember tritt er in New York gegen Bill Brennan an, den er drei Jahre zuvor schon einmal geschlagen hat. Dafür lohnte es nicht, sich groß im Training zu schinden. In der ersten Runde überfällt Dempsey seinen Gegner mit einem Schlaghagel, um ein rasches Ende zu machen. Doch Brennan steckt ungerührt alles weg. In der zweiten Runde kontert er den anstürmenden Weltmeister mit einem knallharten Uppercut, der Dempsey sichtlich erschüttert. Brennan übernimmt die Initiative, und Dempsey beschränkt sich bis zur elften Runde auf die Verteidigung. Dann hat der Herausforderer sein Pulver verschossen, und in der zwölften Runde schlägt der »Mankiller« zu.

1921

Februar. Thorleif Haug gewinnt zum dritten Mal hintereinander bei den Skispielen am Holmenkollen den 50-km Lauf und die Nordische Kombination.

Februar/März. Der Norweger Harald Ström stellt im Eisschnellauf einen Weltrekord über 5000 m in 8:27,7 min auf.

März. Nach 27 Jahren verliert Emanuel Lasker seinen Titel als Schachweltmeister an den Kubaner José Raúl Capablanca y Graupera. Nach zehn Remis und vier Verlustpartien gibt er den Wettkampf vorzeitig auf.

17. 3. Der Präsident des Internationalen Olympischen Komitees (IOC), Pierre Baron de Coubertin, legt brieflich fest, daß die nächsten Olympischen Spiele 1924 in Paris und 1928 in Amsterdam stattfinden.

26. 3. Charles William Paddock läuft in Berkeley Weltrekord über 200 m in 20,8 sec.

März/April. An der Europameisterschaft im Eishockey in Stockholm nehmen nur zwei Mannschaften teil. Schweden gewinnt den Titel durch ein 6:4 gegen die Tschechoslowakei.

April. Erstmals Concours Hippique International Militaire in Nizza. Das Turnier wird rasch populär und eröffnet künftig traditionell die Saison der Springreiter.

23. 4. Charles William Paddock läuft in Redlands Weltrekord über 100 m in 10,4 sec.

29. 4. Adele Schacke aus Göttingen erhält als erste Frau das Deutsche Sportabzeichen.

28. 5. Delegierte aus Belgien, Italien Frankreich, Japan, den Niederlanden, Norwegen, Polen, Schweden und den USA gründen in Lausanne die Fédération Equestre Internationale (FEI). Noch in diesem Jahr tritt Deutschland der FEI bei.

12. 6. Der 1. FC Nürnberg wird vor 22 000 Zuschauern in Düsseldorf erneut Deutscher Fußballmeister durch ein 5:0 über Vorwärts Berlin.

15. 6. Auf der 19. Session des IOC in Lausanne wird die Einführung Olympischer Winterspiele abgelehnt. Die französischen Sportverbände erhalten jedoch die Erlaubnis, 1924 eine internationale Wintersportwoche durchzuführen.

22. 6. Paavo Nurmi läuft in Stockholm Weltrekord über 10 000 m in 30:40,2 min.

Juli. Suzanne Lenglen gewinnt in Wimbledon zum dritten Mal hintereinander das Damen-Einzel, mit Elisabeth »Bunny« Ryan auch zum dritten Mal das Damen-Doppel. Zum zweiten Mal Sieger im Herren-Einzel: William Tatum »Big Bill« Tilden (USA).

Sieger der 15. Tour de France wird der Belgier Léon Scieur.

2. 7. K.-o.-Sieg Jack Dempseys in der vierten Runde über den Herausforderer Georges Carpentier. Der Weltmeisterschaftskampf in Jersey City/New Jersey wird als erstes Sportereignis im Rundfunk übertragen.

August. Aus Protest gegen die ablehnende Haltung des IOC führen Frauenorganisationen in Monte Carlo Weltspiele der Frauen durch, an denen Sportlerinnen aus Frankreich, Großbritannien, den USA und der Schweiz teilnehmen.

7. 8. Erster Straßenweltmeister der Rad-Amateure wird in Kopenhagen der Schwede Gunnar Skjöld.

21. 8. Bei den Deutschen Leichtathletikmeisterschaften in Hamburg läuft Maria Kießling Weltrekord über 100 m in 12,8 sec. Sie gewinnt auch den Weitsprung mit 5,46 m. Hubert Houben wird Doppelsieger über 100 m und 200 m in 10,8 sec und 23,3 sec. Willi Dünker siegt im 400-m-Lauf mit 49,6 sec.

4. 9. Erster deutscher Leichtathletik-Länderkampf. In Basel Sieg über die Schweiz mit 75:51 Punkten.

10. 9. Erich »Ete« Rademacher verbessert in Wien seinen Weltrekord über 400 m Brust auf 6:12,9 min.

18. 9. Die Deutsche Turnerschaft (DT) richtet die erste Deutsche Meisterschaft im Handball aus. Es gewinnt der TSV Spandau 1860.

27. 9. Der US-Amerikaner Johnny Weissmuller schwimmt Weltrekord über 150 y Freistil in 1:27,4 min.

2. 10. Gustav Fröhlich schwimmt in Darmstadt Weltrekord über 100 m Rücken in 1:14,0 min. Erich »Ete« Rademacher stellt über 200 m Brust einen Weltrekord in 2:53,2 min auf.

8. 11. Erste offizielle Weltmeisterschaften im Ringen in Helsinki. Im griechisch-römischen Stil mit Anttila, Friman, Tamminen, Rosenquist, Salila ausschließlich finnische Sieger. Deutsche Ringer nehmen nicht teil.

31. 12. Nach Angaben der Deutschen Lebensrettungs-Gesellschaft (DLRG) gab es in diesem Jahr in Deutschland 8000 Tote durch Ertrinken.

1921. Die USA, die im Vorjahr den Davis Cup durch ein 5:0 aus Australien entführten, verteidigen den Pokal in New York mit demselben Ergebnis gegen Japan, das erstmals an der Herausforderungsrunde teilnimmt.

Der Automobile Club de France veranstaltet erstmals nach dem Ersten Weltkrieg wieder einen Grand Prix. Auf der Rennstrecke bei Le Mans siegt über 517,86 km Jimmy Murphy auf Duesenberg.

Streckenweltrekorde deutscher Segelflieger: Koller 4000 m, Klemperer 5000 m, Martens 7500 m.

Weltrekorde im Schwimmen durch den US-Amerikaner Norman Ross über 300 m Freistil in 3:35,2 min und über 400 m Freistil in 5:14,4 min.

Studie aus dem 800-m-Lauf, den Lucie Bréard in 2:30,2 min gewinnt

Erste Weltspiele der Frauen

August 1921. Die Frauen sind die Bevormundung durch die Männer und das Muckertum der Leichtathletik-Sportfunktionäre satt. Sie gründen 1921 einen eigenen Weltverband, die Fédération Sportive Féminine Internationale (FSFI), mit Sitz in Paris. Präsidentin wird Madame Milliat, Generalsekretärin Madame Chapuis-Delapierre.

Auf dem Unterhaltungsprogramm steht ein Reigen mit Radlerinnen.

Die Schweizerin Pianzola wird Zweite im Kugelstoßen und Speerwerfen.

Im August desselben Jahres veranstalten die Frauen ihre eigenen Weltspiele. Auch sie können sich auf die Antike berufen. Denn außer den Spielen zu Ehren des Zeus fanden in Olympia auch die Heräen zu Ehren der Hera statt, an denen nur Frauen teilnahmen und Männer nicht einmal zuschauen durften (→ ab 776). In Monte Carlo ist ihnen das erlaubt. Und sie können sportliche Leistungen der Frauen in der Leichtathletik, bei gymnastischen Vorführungen, bei einem Fechtturnier und in einem Radrennen auf der Straße bewundern. Die Teilnehmerinnen kommen aus den USA, Großbritannien, Frankreich und der Schweiz. In der Schweiz, die den Frauen das Wahlrecht vorenthält, gilt die sportliche Betätigung der Frauen immer noch als unfraulich und sogar schädlich. Die Schweizer Delegation wird ausschließlich von der Sportakademie in Genf gestellt.
Die Weltspiele der Frauen sind ein erster großer Erfolg auf dem Weg zur internationalen Anerkennung des Frauensports. Zwei Dutzend Länder treten danach dem Weltverband bei. Es wird beschlossen, die Weltspiele jedes Jahr durchzuführen.

Nurmi, der Läufer mit der Uhr in der Hand

22. Juni 1921. Der Mann ist unheimlich. Einen solchen Läufer hat es noch nie gegeben. Gegner auf der Aschenbahn scheinen für ihn überhaupt nicht zu existieren. Er läuft sein Rennen ganz für sich, wie unter einer Glasglocke. Ob einer das Tempo verschärft oder verschleppt, berührt ihn überhaupt nicht. Er richtet sich allein nach seiner Stoppuhr, die er in der Hand hält. Ab und zu wirft er einen Blick darauf. Danach teilt er sein Rennen ein. Wie ein Automat. Verlangt die Uhr einen Weltrekord, dann läuft er ihn auch. Was ist sein Geheimnis? Er gibt es nicht preis.
Auch außerhalb der Aschenbahn umgibt ihn diese Glasglocke. Reporter bringt er zur Verzweiflung. »Von Natur aus bin ich schweigsam«, erklärt er einmal. In Turku im Südwesten Finnlands wurde er am 13. Juni 1897 geboren. Mit zwölf Jahren soll er schon gelaufen sein. Mit 14 gewann er die Jugendmeisterschaft seiner Geburtstadt über 3000 m in 10:06,0 min. Beim Militär fing er an zu trainieren. Vorbild waren die Brüder Johan Petteri »Hannes« und Eero Kolehmainen.

Der Finne Paavo Nurmi, dreifacher Goldmedaillengewinner bei den Olympischen Spielen in Antwerpen, läuft in Stockholm Weltrekord über 10 000 m in 30:42,2 min. Kein Gegner treibt ihn zu dieser Bestzeit, sondern eine Stoppuhr, die Nurmi in der rechten Hand hält und immer wieder prüfend zu Rate zieht. Wie ein Uhrwerk funktioniert sein Lauf über die 25 Stadionrunden. Ein Läufer-Phänomen, wie man es noch nie gesehen hat

US-Schwimmtalent Johnny Weissmuller

27. September 1921. Obwohl von Schwimm-Weltrekorden aus den USA verwöhnt, ist der Rekord des 17jährigen Johnny Weissmuller über 150 y mit 1:27,4 min sensationell.

Johnny Weissmuller, am 2. Juli 1904 als Janoš Weissmueller in Freidorf bei Temeschburg im Banat geboren, wanderte mit seinen Eltern zweijährig in die USA aus. Die Eltern geben fälschlich einen Geburtsort in den USA an.

Weissmuller, 1,87 m groß und 85 kg schwer, hat im August bereits bei seinem ersten offiziellen Wettkampf den US-Meistertitel über 50 y errungen. Er gehört dem Illinois Athletic Club an und wird von dem bekannten Trainer William »Big Bill« Bachrach betreut, der ihn auch entdeckte. Weissmuller schwimmt täglich im Training 5000 y, und man sagt ihm eine große sportliche Zukunft voraus (→ 9. 7. 1922).

500 000 US-Dollar für den Titelkampf Dempsey-Carpentier

2. Juli 1921. Es ist wieder einmal ein »Kampf des Jahrhunderts«. Die besten und populärsten Boxer zweier Kontinente treten gegeneinander an, um den Besten der Welt zu ermitteln. Seit einem Jahr läuft das Ballyhoo. Mit Superlativen jeglicher Art. Noch nie wurden für einen Boxkampf oder für irgendeine andere Sportveranstaltung 500 000 US-Dollar ausgesetzt. Noch nie wurde für einen Boxkampf eine eigene neue Arena gebaut. Noch nie wurde ein Boxkampf über den Rundfunk übertragen. Und noch nie fanden sich an einem Boxring, wie in Jersey City/New Jersey bei New York, 120 000 Zuschauer ein.
Sie begrüßen begeistert den Franzosen Georges Carpentier, der sich zuerst mit einem eleganten Schwung in den Ring begibt. Dann empfangen brausende Ovationen den »Champ« Jack Dempsey. Der Weltmeister hat aus dem Kampf gegen Bill Brennan (→ 14. 12. 1920) Lehren gezogen und die Vorbereitungen dieses Mal mit verbissenem Ernst betrieben. Carpentier, ebenfalls topfit, aber einige Kilo leichter, wirkt gegenüber dem vor Selbstbewußtsein strotzenden Dempsey etwas nervös. Dempsey beginnt den Kampf mit überfallartigen Angriffen. Und hier zeigt sich, daß Carpentier offenbar eine falsche, zumindest gefährliche Taktik wählte. Statt dank seiner Schnelligkeit auszuweichen, abzublocken und seine überlegene Technik auszuspielen, nimmt er den offenen Schlagabtausch an. Tatsächlich trifft er Dempsey zweimal schwer, erschüttert ihn, aber Dempsey trifft öfter und härter. In der zweiten Runde dasselbe Bild. Carpentier läßt jede Vorsicht vermissen, legt seine ganze Kraft in einen vernichtenden Schlag — und bricht sich hierbei den Daumen. Die Zuschauer halten den Atem an, aber Dempsey bleibt auf den Beinen. Von nun hat Carpentier, nur mit der Linken, keine Chance mehr gegen den »Mankiller«.

120 000 Zuschauer beim »Kampf des Jahrhunderts« zwischen Jack Dempsey und Georges Carpentier in New Jersey, der im Rundfunk übertragen wird

Das »Aus« für den Franzosen Carpentier in der vierten Runde

Suzanne Lenglen – die »Göttliche«

Juli 1921. Der französische Dichter Claude Anet nennt sie die »Göttliche«. An der Côte d'Azur reißen sich Könige, Gustav V. von Schweden und Manuel von Portugal, darum, mit ihr Mixed zu spielen. In der Villa »Ariem« ihres Vaters verkehren Rudyard Kipling, Douglas Fairbanks, Mary Pickford und der Maharadscha von Kapurtala. Pierre Albarran arbeitet bereits an einer Biographie der 22jährigen. Suzanne Lenglen macht Tennismode. Bei Patou in Paris bestellt sie ihre Garderobe. Sie schlingt ein Tuch um ihr Haar, das farblich auf ihren Pullover abgestimmt ist. Beides wiederum muß mit dem Grün des Rasens oder dem Rot des Sandplatzes harmonieren. Sie ist der erste weibliche Weltstar im Tennis und im Sport überhaupt.
In Antwerpen 1920 beim Olympia-Turnier gab sie von zehn Sätzen nur vier ab (→ 23. 8. 1920). Mehr als zwei Spiele läßt sie auch in diesem Jahr im Wimbledon-Finale der US-Amerikanerin Elisabeth »Bunny« Ryan nicht, mit der sie anschließend zum dritten Mal in Folge das Doppel gewinnt. Ihre einzige Niederlage muß sie bei den US-Meisterschaften in Philadelphia hinnehmen. Molla Mollery, vormals Bjurstedt, wird damit zum siebten Mal US-Meisterin. Die »Göttliche« geht weinend vom Platz.

Der größte weibliche Star des Sports in den 20er Jahren: Die Französin Suzanne Lenglen, die seit 1919 unangefochten Wimbledon beherrscht

Erste Straßen-WM der Rad-Amateure

7. August 1921. Die ersten langersehnten Straßenweltmeisterschaften der Radrennfahrer haben eine sonderbare Vorgeschichte. Schuld daran hat ein allzu guter Bahnfahrer. Der Brite Leon Meredith gewann in den Jahren 1904 bis 1913 siebenmal die Amateur-Weltmeisterschaft der Steher. Er hatte genug Geld, sich die besten Berufsschrittmacher zu leisten und schien auch für die folgenden Jahre unschlagbar zu sein. Der internationale Radfahrerverband (Union Cycliste Internationale, UCI) kam daher auf die Idee, die seit 1893 ausgefahrenen Amateur - Steherweltmeisterschaften kurzerhand abzuschaffen und statt dessen Straßenweltmeisterschaften auszurichten. Der Erste Weltkrieg verhinderte beides.
Als 1920 in Antwerpen erstmals wieder Rad-Weltmeisterschaften stattfanden, fehlten die Amateur-Steherweltmeisterschaften auf dem Programm, aber Straßenweltmeisterschaften gab es auch nicht. Das wird jetzt endlich nachgeholt. In Kopenhagen ermitteln die Amateure ihren ersten Straßenweltmeister in einem Einzel-Zeitfahren über 190 km. Sieger wird der Schwede Gunnar Skjöld mit einem Stundenmittel von 30,158 km vor dem Dänen Nielsen und dem Briten Davey. Deutsche blieben ausgeschlossen.

Endlich Wechsel auf dem Thron des Schachweltmeisters

März 1921. Es ist heiß in Havanna. Nach zehn Remispartien und vier verlorenen Partien verzichtet Emanuel Lasker auf eine Fortsetzung des Weltmeisterschafts-Wettkampfs und verliert nach 27 Jahren seinen Titel. Neuer Schachweltmeister ist der am 19. November 1888 in Havanna geborene Kubaner José Raúl Capablanca y Graupera.
Der 20 Jahre jüngere Capablanca war ein Schach-Wunderkind. Schon mit zwölf Jahren schlug er die besten Schachspieler seines Landes. Seine ersten großen Turniererfolge erzielte er in New York 1912 und 1913. Sein Stil ist dem riskanten, phantasiereichen und tiefgründigen Spiel Laskers völlig entgegengesetzt. Capablanca spielt nüchtern und fehlerlos, weshalb man ihn auch als »Schachmaschine« bezeichnet. Das wird seinem Streben nach Vollkommenheit nicht gerecht. Es scheint paradox, daß der Mathematikprofessor Lasker auf dem Schachbrett sich von psychologischen Erwägungen und Stimmungen leiten läßt, während den Romanen Capablanca die Leidenschaft zur Logik beherrscht. Da Lasker in Havanna auch sein berühmter Kampfgeist verläßt, kommt er gegen die unerbittliche Strenge seines Herausforderers Capablanca nicht an.

Bevor er Lasker den WM-Titel abnahm, verdiente Capablanca (x) sich seinen Lebensunterhalt mit Simultanpartien in Kaffeehäusern.

Emanuel Lasker verliert nach 27 Jahren seinen WM-Titel an den Kubaner Capablanca.

1922

29. 1. Abschluß der ersten »Deutschen Kampfspiele« für Wintersportarten. Sie waren für Turner und Sportler deutscher Sprache aus aller Welt ausgeschrieben und gegen den internationalen Olympismus gerichtet.

Februar. Erstmals nach Kriegsende wieder Weltmeisterschaften im Eiskunstlauf in Davos. Helene Engelmann, 1914 Zweite, gewinnt mit Alfred Berger.

Sensation bei den Skispielen am Holmenkollen. Erstmals gewinnt kein Norweger den 50-km-Lauf. Doppelsieg der Finnen Collin und Tapani Niku, erste wintersportliche Erfolge des selbständig gewordenen Landes.

4. 3. Erich »Ete« Rademacher verbessert in Duisburg seinen Weltrekord über 200 m Brust auf 2:50,4 min.

19. 3. Erstmals Wasalauf über 87 km von Mora nach Sälen (Schweden).

30. 4. In Reval erstmals offizielle Weltmeisterschaften im Gewichtheben. Der Schweizer Henri Graf gewinnt den Titel im Federgewicht. Von 15 Medaillen gehen elf an Estland.

17. 5. Erster Nachkriegs-Geschwindigkeitsweltrekord für Automobile. Der Brite Lee Guinness erreicht auf Sunbeam 215,25 km/h.

27. 5. Beim ersten Versuch, den Mont Everest (8848m) zu ersteigen, erreicht eine britische Expedition die Höhe von 8326 m.

18. 6. Erste »Deutsche Kampfspiele« für Sommersportarten in Berlin. Sie bedeuten einen großen Erfolg für den olympisch ausgeschlossenen deutschen Sport, während die Kampfspiele für Wintersportarten wenig Resonanz gefunden hatten.

Juli. Der Belgier Firmin Lambot, der die Tour de France bereits 1919 gewann, siegt abermals.

Suzanne Lenglen gewinnt in Wimbledon das Damen-Einzel zum vierten Mal, das Damen-Doppel mit Elisabeth »Bunny« Ryan ebenfalls zum vierten Mal und zum zweiten Mal das gemischte Doppel.

9. 7. Als erster Mensch schwimmt in Alameda der US-Amerikaner Johnny Weissmuller die 100 m Freistil unter einer Minute in 58,6 sec.

25. 7. Beim ersten Deutschen Arbeiter-Turn- und Sportfest in Leipzig wird bei den Laufwettbewerben erstmals ein elektronisches Zeitmeßgerät eingesetzt.

31. 7. Zweiter Kongreß der 1921 in Moskau gegründeten Roten Sport-Internationale (RSI) in Berlin.

12. 8. In Laibach (Ljubljana) zum siebten Mal Weltmeisterschaften der Geräteturner.

18.–20. 8. Bei den Deutschen Leichtathletikmeisterschaften in Duisburg Hubert Houben Doppelsieger über 100 m und 200 m in 10,7 sec. und 22,7 sec.

Emil Bedarff läuft als erster Deutscher 10 000 m unter 33 Minuten in 32:47,6 min.

26. 8. Erstmals Bergrennen am Klausenpaß, das große Beliebtheit gewinnt. Es siegt der Schweizer Nieth auf Hispano-Suiza.

September. William Tatum »Big Bill« Tilden erklärt, daß er künftig nicht mehr an europäischen Tennisturnieren teilnehmen werde.

Georges Carpentier, Boxweltmeister im Halbschwergewicht und Europameister im Schwergewicht, schlägt in London den Briten Ted »Kid« Lewis k. o., erleidet aber wenige Monate später eine vernichtende Niederlage im Pariser Radstadion gegen den Senegalesen »Battling Siki« Louis Phal.

3. 9. Der Norweger Charles Hoff stellt in Kopenhagen einen Weltrekord im Stabhochsprung mit 4,12 m auf.

12. 9. Paavo Nurmi läuft in Stockholm Weltrekord über 5000 m in 14:35,4 min. Zuvor lief er Weltrekord über 2000 m in 5:26,3 min am 4.9. und Weltrekord über 3000 m in 8:28,6 min am 27. 8.

16./17. 9. Der Este Aleksander Klumberg-Kolmpere erreicht in Helsinki im Zehnkampf Weltrekord mit 6270 Punkten (umgerechnet auf die Wertung von 1962).

22. 9. Der erste Segelflug über eine Stunde mit drei Stunden und 21 Minuten gelingt dem Franzosen Maneyrol bei Itford Hills. Er gewinnt damit 1000 britische Pfund, die von der »Daily Mail« ausgesetzt worden sind.

24. 9. In Budapest schwimmt der Ungar Martin Sipos Weltrekord über 100 m Brust in 1:16,2 min.

14. 12. Der Hauptausschuß der Deutschen Turnerschaft (DT) faßt einen Beschluß über die »reinliche Scheidung zwischen Turnen und Sport«. Die antiquierte Auffassung findet kaum Beachtung.

22. 12. Gründung einer Internationalen Motorsport-Kommission zur Klärung von Wettbewerbs- und Hubraumfragen.

1922. In einem Park bei Mailand wird eine Rennstrecke von 5,75 km Länge eingerichtet, die Monza-Bahn. Das erste Rennen gewinnt der Italiener Pietro Bordino auf Fiat.

Im Reitsport erstmals Turnier in Stresa und auf der Piazza di Siena in Rom. Im Coliseum von Toronto erstmals Royal Winter Fair. In Zürich das erste Fahrturnier.

Im Davis Cup wird die Herausforderungsrunde abgeschafft. In New York verteidigen die USA den Pokal durch ein 4: 1 gegen Australien.

Kein Deutscher Fußballmeister, da der Hamburger SV nach zweimaligem Unentschieden gegen den 1. FC Nürnberg (2:2 in Berlin am 18. 6. und 1:1 in Leipzig am 6. 8.) auf den ihm zugesprochenen Titel verzichtet.

100 m unter einer Minute

9. Juli 1922. Als erstem Menschen gelingt es dem 18jährigen US-Amerikaner Johnny Weissmuller, die 100 m unter einer Minute zu schwimmen. Mit 58,6 sec bleibt er sogar deutlich unter dieser magischen Grenze.
Schon am 22. Mai verbesserte Weissmuller in Honolulu den 200-m-Weltrekord auf 2:15,6 min und war damit um sechs Sekunden schneller als der vielfache Weltrekordler und dreimalige Olympiasieger Norman Ross. Am 22. Juni nahm er Ross auch den 400-m-Weltrekord in 5:06,6 min ab, 9,6 Sekunden schneller als sein Vorgänger. Und nun diese neue Höchstleistung, die in der ganzen Welt Aufsehen erregt. Man erfährt, daß das »Schwimmwunder« ein schwächliches Kind war, dem der Arzt zur Kräftigung des Körpers Schwimmen verordnete. Doch der Junge war wasserscheu. Der Vater verschaffte ihm einen aufblasbaren Gummiring und führte ihn an einen nahegelegenen Bach. Gefallen fand Johnny am Schwimmen erst, als die Eltern umzogen und er den Michigan See vor der Tür hatte. Hier maß er bereits die Zeit.

Johnny Weissmuller, das Schwimmwunder aus den Vereinigten Staaten

Als er mit 15 Jahren in einen Schwimmklub eintreten wollte, nahm man ihn nicht auf, weil er dem Trainer zu schmächtig schien. Erst William »Big Bill« Bachrach erkannte seine ungewöhnliche Begabung. Unter seiner Führung begann Weissmullers steile Karriere.

Rekordschwimmer »Ete« Rademacher

4. März 1922. Erich »Ete« Rademacher vom Schwimmklub Hellas Magdeburg, der in Duisburg über 200 m Brust Weltrekord schwimmt (2:50,4 min), hat schon im Vorjahr über 400 m Brust in 6:12,8 min eine Weltrekordzeit erreicht.
1918 wurde Rademacher erstmals Deutscher Meister über 100 m Rükken, 1919 holte er sich den Titel über 100 m Brust, den er 1920 und 1921 verteidigte. Über 400 m Brust wird er von 1920 bis 1922 österreichischer Meister. Bei den diesjährigen »Deutschen Kampfspielen« siegt er über 100 m, 200 m und 400 m.

Erich Rademacher, von seinen zahlreichen Fans »Ete« genannt, spielt auch mit seinem jüngeren Bruder Joachim Wasserball. In der deutschen Nationalmannschaft ist »Ete« Torwart.

Der schnellste deutsche Läufer

18. bis 20. August 1922. Bei den Deutschen Leichtathletikmeisterschaften in Duisburg wird Hubert Houben zum zweiten Mal Deutscher Meister über 100 m und 200 m. Deutschland hat einen neuen Sprintstar.
Zwei Jahre zuvor war Houben auf einem Krefelder Sportplatz erschienen, wo gerade die Sprinter trainierten. Im Straßenanzug und mit Straßenschuhen lief er gemeinsam mit ihnen die 100 m und hängte sie alle ab. Houben spielte damals leidenschaftlich Fußball, war auch ein guter Turner und Schwimmer.

Hubert Houben, der neue deutsche Sprinterstar, trat die Nachfolge eines Richard Rau an. Er kann als der derzeit beste Kurzstreckenläufer Europas gelten.

Zwei Endspiele und doch kein Meister

1922. Wer soll den Siegeszug des zweifachen Deutschen Fußballmeisters 1. FC Nürnberg stoppen?

Der 26jährige Heiner Stuhlfauth (hier ein späteres Bild) wollte eigentlich Radrennfahrer werden, bevor er seine Fußball-Karriere als Stürmer begann und dann zum besten Torhüter der Welt beim 1. FC Nürnberg aufstieg. Mit dem von seinen Gegnern gefürchteten »langen Heiner« beginnt eine neue Ära des modernen Torwartspiels.

Im Vorjahr haben die Nürnberger Vorwärts Berlin mit 5:0 deklassiert. In diesem Jahr trotzt ihnen der Hamburger SV. Am 18. Juni trennt man sich trotz Verlängerung in Berlin 2:2 unentschieden. Ein zweites Endspiel am 6. August in Leipzig endet nach verbissenem Kampf 1:1. Was tun? Der Deutsche Fußball-Bund (DFB) spricht den Titel am 1. Oktober den Hamburgern zu. Doch die wollen ihn auf dem grünen Rasen holen, nicht am grünen Tisch.

Carpentiers Kampf um ein Comeback

September 1922. Grüne Raketen waren in Paris abgeschossen worden,als am → 2. Juli 1921 im Radio das »Aus« über Georges Carpentier im Kampf gegen Jack Dempsey erklungen war. Doch das französische Boxidol wurde mit Begeisterung in der Heimat empfangen. Hatte Carpentier doch den »Mankiller« zum Wanken gebracht und hätte ihn selbst mit gebrochenem Daumen fast noch von den Beinen geholt. Kein Wunder, daß man sich den Daumen bricht, wenn mit Vier-Unzen-Handschuhen geboxt wird. Es war ein heroischer Kampf. Im zeitlichen Abstand verklärte er sich bei den Franzosen immer mehr. Carpentier denkt nur noch an ein Comeback. Er hat unglücklich verloren und den Weltmeistertitel im Schwergewicht nicht gewonnen. Aber er ist noch Europameister im Schwergewicht und Weltmeister im Halbschwergewicht.

Den ersten Titel verteidigt er in London gegen Ted »Kid« Lewis. Lewis wird schon in der ersten Runde angezählt. Carpentier scheint wieder ganz der alte zu sein. Doch dann tritt er wenige Monate später im Pariser Radstadion gegen den Senegalesen Louis Phal an, der sich »Battling Siki« nennt.

Nicht zu Unrecht. Carpentier erleidet eine vernichtende K.-o.-Niederlage in der sechsten Runde. Der Weltmeistertitel im Halbschwergewicht ist verloren.

Europameister im Box-Schwergewicht Georges Carpentier

Redakteur erfindet den Wasalauf

19. März 1922. Wie die Tour de France, jene einzigartige Mischung aus spektakulärem Sportereignis und Volksfest, wird auch der Wasalauf von einem Journalisten erfunden. Der 62jährige Anders Per sen., Besitzer, Herausgeber und Redakteur der schwedischen Tageszeitung »Vestmanlands Läns Tidning« und Abgeordneter des schwedischen Reichstags, schrieb am 10. Februar einen Leitartikel, in dem er forderte, »einen nationalen Skilauf zur Erinnerung an die Flucht Gustav Wasas von Mora nach Sälen 1521« (→ Weihnachten 1521) durchzuführen.

Schon vier Wochen später ist es soweit. 119 Skiläufer starten in Mora, 117 erreichen nach 87 km das Ziel in Sälen. Dort ist ein Spruchband über die Strecke gespannt: »In der Väter Spur für die Siege der Zukunft.« Der Sieger des ersten Wasalaufes ist Erik Alm aus Norsjö in 7:02:49,0 h. Niemand zweifelt daran, daß es in Zukunft noch viele Sieger im Wasalauf geben wird.

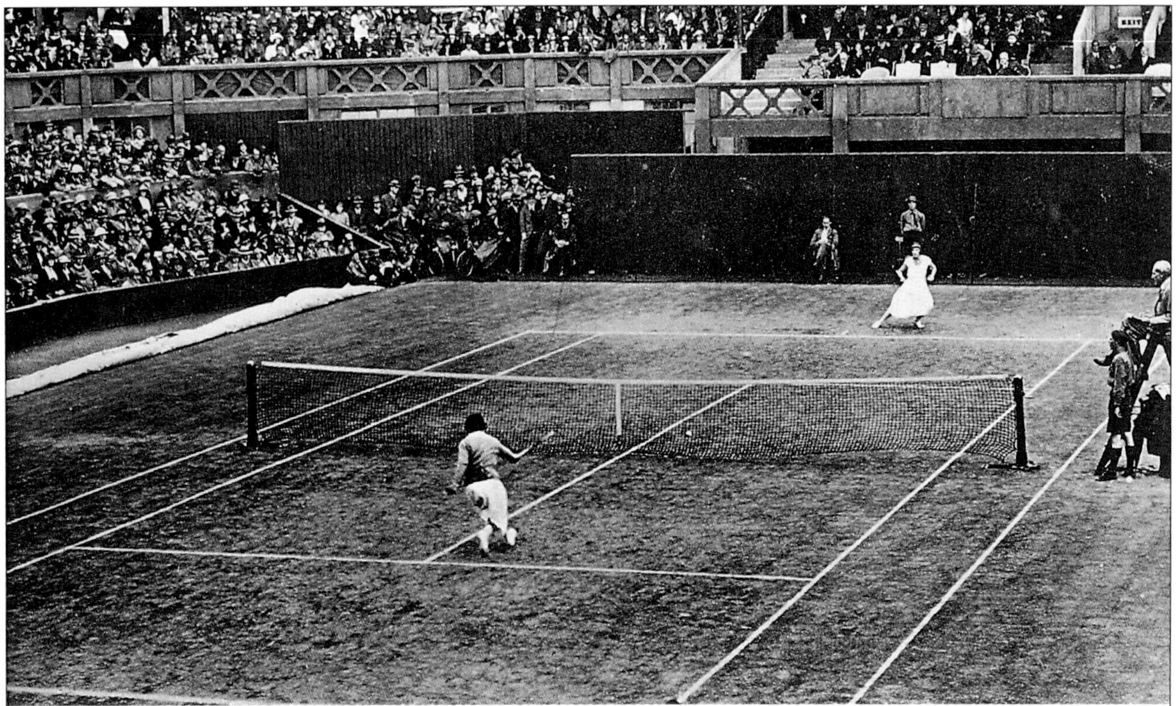

Wimbledon-Finale der Damen, das Suzanne Lenglen (hinten) gegen Molla Mallory, vormals Bjurstedt, 6:2, 6:0 gewinnt. Mr. Mallory wird um 10 000 US-Dollar ärmer.

Eine gelungene Revanche und die verlorene Wimbledon-Wette

Die hübsche Norwegerin Molla Bjurstedt hat eine gute Partie gemacht. Mr. Mallory will jedermann zeigen, daß seine Frau, die siebenfache US-Meisterin, die beste Tennisspielerin der Welt ist. Dazu gehört ein Sieg in Wimbledon. Und Mr. Mallory wettet 10 000 US-Dollar, daß seine Molla Suzanne Lenglen schlagen wird. Alles fiebert diesem Endspiel im Juli 1922 entgegen. Die Lenglen beginnt nervös und gibt zwei Spiele ab. Doch dann gewinnt sie zwölf Spiele hintereinander, und in 22 Minuten ist alles vorbei, und Mr. Mallory um 10 000 US-Dollar ärmer.

»Big Bill« Tilden ist der Größte

September 1922. »Wenn es irgendwo in der Welt«, erklärt Amerikas Tennisstar William Tatum »Big Bill« Tilden, »jemand gibt, der besser ist als ich, soll er herkommen und es beweisen.« Er mag nicht mehr nach Europa reisen. Vor allem mag er nicht mehr reisen, wenn ihm der US-amerikanische Tennisverband auf dem Schiff keine Luxuskabine und in London nicht das beste Hotel bezahlen will. Schließlich spielt er das weltbeste Tennis.

Aus Australien hat er mit »Little Bill« Johnston 1920 den Davis Cup heimgeholt und verteidigt ihn seitdem erfolgreich. Keinen einzigen Satz gab er in den Davis-Cup-Begegnungen ab. In Wimbledon gewann er 1920 und 1921. Danach verspürte er keine Lust mehr, dorthin zurückzukehren, obwohl die Briten sein gepflegtes Englisch schätzen, und die Operndiva Nellie Melba ihn wegen seines langen Pullovers einen »blauen Grizzly« genannt hat. In Abwesenheit Tildens gewinnt daher in diesem Jahr in Wimbledon zwangsläufig »Little Bill«, der zweitbeste Tennisstar der Welt.

1923

1. 1. Die deutsche Fußball-Nationalmannschaft unterliegt in Mailand Italien 0:1.

Februar. Ludovika und Walter Jakobsson werden nach 1911 und 1914 in Oslo zum dritten Mal Weltmeister im Eiskunstlauf der Paare.

25. 2. In Berlin wird der Deutsche Motorsport-Verband gegründet.

26. 2. An den Skispielen am Holmenkollen nimmt auch der norwegische Kronprinz Olaf als Skispringer teil. Er steht einen Sprung von 38,1 m. Thorleif Haug gewinnt zum fünften Mal den 50-km-Lauf, Johan Gröttumsbraaten siegt in der Nordischen Kombination.

6. 3. Johnny Weissmuller schwimmt in New Haven/Connecticut die 400 m unter fünf Minuten in 4:57,0 min und hält damit die Weltrekorde über 100 m, 200 m und 400 m.

7. 4. Zum dritten Mal Frauen-Weltspiele in Monte Carlo. An einer Gymnastikvorführung der »Amies de Versailles« nehmen 400 Frauen teil.

12. 4. Auf der 21. Session des Internationalen Olympischen Komitees (IOC) in Rom wird die deutsche Frage vertagt, was bedeutet, daß die Franzosen Deutschland zu den Olympischen Spielen nach Paris nicht einladen werden.

28. 4. Das englische Cup-Finale wird erstmals im Wembley-Stadion ausgetragen, das von fast 200 000 Zuschauern gestürmt wird. Die Bolton Wanderers schlagen West Ham United 2:0.

26./27.5. Auf dem Circuit de la Sarthe südlich von Le Mans gewinnen die Franzosen André Lagache und Albert Leonard auf Chenard & Walcker das erstmals ausgetragene 24-Stunden-Rennen mit einer Durchschnittsgeschwindigkeit von 92,064 km/h.

5. 6. Bei der ersten deutschen Küsten-Segelflugwoche erhält der Volksschullehrer Schulz-Waldensee für einen Flug über die Ostsee von Predienberg bis Pillkoppen einen Preis von 500 000 Mark.

10. 6. Deutscher Fußballmeister wird in Berlin erstmals der Hamburger SV durch ein 3:0 über Union Oberschöneweide Berlin vor 6400 Zuschauern.

Juli. Zum fünften Mal hintereinander gewinnt Suzanne Lenglen in Wimbledon das Damen-Einzel und mit Elisabeth »Bunny« Ryan das Damen-Doppel.

Zum ersten Mal seit 1911 gewinnt mit Henri Pélissier wieder ein Franzose die Tour de France.

4. 7. Jack Dempsey verteidigt seinen Weltmeistertitel im Box-Schwergewicht in Shelby/Montana gegen Tom Gibbons in 15 Runden nach Punkten.

8. 7. Bei den »Schwedischen Kampfspielen« in Göteborg krault der Schwede Arne Borg die 1500 m in der Weltrekordzeit von 21:35,3 min. Hubert Houben gewinnt den 100-m-Lauf vor dem Australier Carr.

18. 7. Rekordzahl von 215 000 Teilnehmern beim Deutschen Turnfest in München. Überlegener Turnfestsieger: Rudolf Kobs aus Breslau.

22. 7. Der Norweger Charles Hoff verbessert in Kopenhagen seinen Weltrekord im Stabhochsprung auf 4,21 m.

7. 8. Der US-amerikanische Major Henry Sullivan durchschwimmt als dritter nach Matthew Webb 1875 und Thomas W. Burgess 1911 den Ärmelkanal in 27 Stunden, 25 Minuten (→ 12. 8. 1923).

12. 8. Der Argentinier Enrique Tiraboschi durchschwimmt den Ärmelkanal in der Rekordzeit von 16 Stunden, 33 Minuten.

18. 8. Bei den Deutschen Leichtathletikmeisterschaften in Frankfurt am Main gewinnt Emil Bedarff den Titel über 5000 m in 15:14,2 min und über 10 000 m in 32:49,8 min. Hubert Houben wird zum dritten Mal Doppelmeister über 100 m und 200 m. Otto Peltzer siegt über 800 m und 1500 m.

September. Die New York Yankees erhalten ihr eigenes Baseballstadion.

1. 9. Der US-Amerikaner Johnny Ray wird in Chicago zum achten Mal US-Meister über die Meile.

7. 9. Dritter erfolgreicher Kanalschwimmer des Jahres ist der US-Amerikaner Charles Toth in 16 Stunden, 45 Minuten (→ 12. 8. 1923).

14. 9. In einem sensationellen Kampf schlägt Jack Dempsey in New York den Argentinier Luis Angel Firpo in der zweiten Runde k. o.

16. 9. Das Müngersdorfer Stadion, die größte Sportanlage Europas, wird mit einer Ansprache des Oberbürgermeisters von Köln, Konrad Adenauer, eingeweiht.

29. 9. Bernhard Skamper schwimmt in Darmstadt Weltrekord über 200 m Rücken in 2:47,1 min.

17. 10. Karl Schott beendet in Konstantinopel eine Faltbootfahrt, die er am 20. Mai antrat. Er legte von Donaueschingen aus auf der Donau und im Schwarzen Meer 2800 km zurück.

25. 11. Wegen der fortschreitenden Inflation kauft der Deutsche Fußball-Bund (DFB) 13 000 Paar Jugend-Fußballstiefel und 7000 Fußbälle.

25. 12. Carl Spengler, Arzt in Davos, stiftet einen Wanderpokal für ein internationales Turnier von Eishockey-Vereinsmannschaften.

1923. Mit Freiherr von Langen startet zum ersten Mal nach dem Ersten Weltkrieg wieder ein deutscher Reiter im Ausland. Er gewinnt mit Goliath im schwedischen Malmö eine Dressurprüfung, ein Jagdspringen und wird Dritter in der Military.

100 000 Zuschauer bei den norwegischen Skispielen am Holmenkollen

Könige am Holmenkollen

26. Februar 1923. Ein Stelldichein der Könige gibt es bei den traditionellen Skispielen am Holmenkollen vor den Toren Kristianias (Oslo).

Am Skispringen nimmt auch der norwegische Kronprinz Olaf teil.

An der Spitze der norwegische König Håkon VII. und Königin Maud, die auf Skiern das Geschehen auf den Langlaufpisten und an der Sprungschanze verfolgen. Das Springen interessiert sie besonders, denn Kronprinz Olaf nimmt an der Konkurrenz teil. Nach einem gut gestandenen 40-m-Sprung kommt er im Auslauf zu Fall. Beim zweiten Sprung stürzt er.

Unbestrittener »Skikönig« ist Thorleif Haug, der zum fünften Mal den 50-km-Langlauf gewinnt. Haug ist ebenfalls ein perfekter Skispringer. Dreimal gewann er auch die Nordische Kombination im 18-km-Langlauf und im Springen. Doch diesmal muß er sich in diesem Wettbewerb von Johan Gröttumsbraaten geschlagen geben, der seine Stärke beim Langlauf zur Geltung bringt.

Massenandrang zum Pokal-Endspiel im neuerbauten Wembley-Stadion in London. Nach Räumung des Spielfelds siegen die Bolton Wanderers über West Ham United 2:0.

200 000 Zuschauer stürmen die Wembley-Arena zum Cup-Finale

Längst war das Fußballstadion beim Kristallpalast für das traditionsreiche englische Cup-Finale zu klein geworden. In knapp einem Jahr wurde das Wembley-Stadion gebaut. Genau vier Tage vor dem Endspiel zwischen den Bolton Wanderers und West Ham United am 28. April 1923 ist es fertig. Es bietet 127 000 Zuschauern Platz, davon 90 000 auf Stehterrassen.
Nicht genug für die andrängenden Massen. Da man versäumt hat, Eintrittskarten zu drucken, drängt sich die Menge an den Drehkreuzen. Eine Panik droht, es gibt über 900 Verletzte. Die Ankunft des Königs beruhigt die Lage. Die Menschen singen »God save the king!« und retten sich damit selbst. Berittene Polizisten müssen den Platz räumen, damit das Spiel mit fast einer Stunde Verspätung überhaupt beginnen kann. Für jeden Eckball müssen erst Gassen freigemacht werden, damit der Spieler Raum zum Anlauf hat. Ein Polizist auf einem Schimmel reitet ständig die Außenlinie entlang, um den Linienrichtern freie Bahn und Durchblick zu verschaffen. An die 200 000 Zuschauer müssen ins Stadion gelangt sein. Draußen warten noch Tausende vergeblich. An den Torschreien hören sie das Ergebnis heraus.

Carl Spenglers Weihnachtsgabe

25. Dezember 1923. Es ist nicht ungewöhnlich für den Schweizer Arzt Carl Spengler, Eishockeyfan zu sein. Ganz Davos steht wie ein Mann hinter dem HC Davos.

Carl Spengler, Arzt in Davos, stiftet den Spengler-Pokal für ein internationales Turnier für Eishockeymannschaften. Es wird jeweils zwischen Weihnachten und Neujahr ausgetragen.

Doch Spengler blickt über die Grenzen des Kantons hinaus. Für ihn ist der Sport dazu da, international Brücken zu schlagen. Und dies besonders nach dem zerstörerischen Ersten Weltkrieg. Diesem Ziel soll auch das Eishockey dienen, das in der Schweiz einen enormen Aufstieg nimmt. Also stiftet Spengler einen attraktiven Pokal für den Sieger eines internationalen Turniers von Vereinsmannschaften, das alljährlich zur Weihnachtszeit ausgetragen werden soll. Die Idee findet Anklang bei den Davoser Eishockeyfreunden.
Das erste Turnier, an dem außer dem HC Davos auch noch Sparta Prag, der Wiener Eislaufverein und die Oxford University teilnehmen, ist ein voller Erfolg. Erste Pokalsieger werden die Briten.

Ende der Isolation nach Italien-Spiel

1. Januar 1923. Mehr als ein Fußballspiel ist die Begegnung Italien—Deutschland in Mailand. Das Spiel geht zwar für die Deutschen 1:3 verloren. Der Gewinn liegt jedoch darin, daß erstmals ein stillschweigender Boykott durchbrochen wird. Die neun deutschen Länderspiele nach dem Ersten Weltkrieg wurden ausschließlich gegen die ehemals verbündeten Länder Österreich und Ungarn, gegen Finnland und gegen die Schweiz, die sich gegen eine Isolierung Deutschlands gewandt hatte, ausgetragen. In Mailand wird ein Zeichen gesetzt, dem die Niederlande (0:0 am 10. 5. in Hamburg) und Norwegen (1:0 am 4. 11. in Hamburg) folgen.

Das erste Fußball-Länderspiel Deutschland—Niederlande nach dem Ersten Weltkrieg. Am 10. Mai trennen sich die Mannschaften in Hamburg 0:0

Olympia-Favorit Borg aus Schweden

8. Juli 1923. Wenn es einen europäischen Schwimmer gibt, der sich auf den Kraulstrecken mit dem US-amerikanischen Wunderschwimmer Johnny Weissmuller (→ 9. 7. 1922) vergleichen läßt, ist dies der 22jährige Schwede Arne Borg. Der Weltrekord über 1500 m in 21:35,3 min bei den »Schwedischen Kampfspielen« in Göteborg ist nicht sein erster. Schon im Vorjahr schwamm er Weltrekorde über 400 m und über 500 m.
Borg ist ein eigenwilliger junger Mann, der wegen eines Auslandsstarts militärflüchtig wurde und die Behörden mit Weltrekorden besänftigen mußte. Er genießt in Schweden große Popularität.

Der »Mankiller« schlägt den »Pampasstier«

14. September 1923. Gegen wen sollte Jack Dempsey noch boxen? In den USA gibt es keinen geeigneten Gegner, in Europa auch nicht. Da kam aus Südamerika die Nachricht, daß es dort einen Burschen gäbe, der mit einem einzigen Faustschlag einen Stier töten konnte. In New York und Buenos Aires witterte man ein Geschäft. Manager Tex Richard schaute sich diesen Luis Angel Firpo einmal an. Ein Riesenkerl, ungeschlacht und etwas unbeholfen. Man konnte sich vorstellen, daß dort, wo er hinschlug, kein Pampasgras mehr wuchs. Ob er auch boxen konnte, wußte niemand. Schon las man in den Schlagzeilen, der »wilde Pampasstier« werde den »Mankiller« auf die Hörner nehmen.

Ein »Kampf des Jahrhunderts« wird es allerdings nicht. Aber man sieht am 14. September 1923 in den Pologrounds von New York die Runde des Jahrhunderts. Man sieht vor allem, daß Firpo vom Boxen kaum eine Ahnung hat. Dempsey knallt ihm eine Rechte ans Kinn, und Firpo fällt um. Jeder andere wäre liegengeblieben, aber Firpo steht wieder auf. Dasselbe wiederholt sich noch sechsmal. Die Zuschauer und Dempsey trauen ihren Augen nicht. Und plötzlich schlägt Firpo zu. So fürchterlich, daß Dempsey durch die Seile aus dem Ring fliegt. Er landet auf dem Tisch der Presseleute und wäre kaum wieder rechtzeitig auf die Beine gekommen. Doch Journalisten schieben den »Champ« mit vereinten Kräften wieder in den Ring zurück. Eine Schiebung im wahren Sinn des Wortes. Dempsey steht wieder bei »Neun«, weil der Ringrichter in der allgemeinen Aufregung mit dem Zählen aussetzte, und rettet sich bis zum Gongschlag über die Runde. In den Pologrounds ist die Hölle los. Die 82 000 Zuschauer toben. Dempsey beginnt die zweite Runde vorsichtig und schlägt nach 57 Sekunden noch einmal genau zu. Firpo wird ausgezählt und boxt nie mehr wieder.

Luis Angel Firpo schlägt Jack Dempsey aus dem Ring. Diesen denkwürdigen Augenblick hält ein unbekannter Maler in einem Bild fest.

Toursieg geht an Henri Pélissier

Juli 1923. Ganz Frankreich feiert überschwenglich nach elf Jahren wieder einen französischen Sieger bei der Tour de France. 48 Fahrer erreichen das Ziel. 139 starteten zu den 15 Etappen über 5386 km. Nach 222:15:30,0 h langt Henri Pélissier als erster in Paris an.

Zunächst sah es nicht nach einem französischen Sieg aus. Lange Zeit trug der Italiener Ottavio Bottecchia das Gelbe Trikot. Aber in den Alpen auf der elften Etappe fiel die Vorentscheidung. Bottecchia hatte eine zu hohe Übersetzung gewählt und mußte absteigen, um einen anderen Gang einzulegen. Diesen Moment benutzte Pélissier zu einem gelungenen Ausreißversuch. Als in den Pyrenäen sein schärfster Konkurrent Jean Alavoine durch Sturz ausfiel, war der Weg für ihn frei. Er kassiert 40 000 französische Franc und gilt als Nationalheld. Zweiter wird mit über 30 Minuten Rückstand der starke Tour-Neuling Bottecchia vor dem Franzosen Bellenger.

Der 33jährige Henri Pélissier, bei der letzten Tour de France 1914 Zweiter, fuhr den entscheidenden Vorsprung am Col du Galibier in den Alpen heraus.

Erstmals 24-Stunden-Rennen in Le Mans

26./27. Mai 1923. Eine neue Zerreißprobe für Sportwagen und Prototypen findet auf dem bekannten Circuit de la Sarthe bei Le Mans statt. Je zwei Fahrer, die einander Tag und Nacht abwechseln, starten um 12 Uhr mittags und werden 24 Stunden später abgewunken. 33 Wagen beteiligen sich an diesem Rennen. Die Franzosen André Lagache/Albert Leonard siegen auf einem Chenard & Walcker.

Start zum ersten 24-Stunden-Rennen in Le Mans. 33 Waggen fahren das Rennen auf dem 17,26 km langen Kurs.

Der Chenard-Walcker-Wagen, der das Rennen mit einer Durchschnittsgeschwindigkeit von 92,064 km/h gewinnt

Dreifacher Ansturm auf den Ärmelkanal

12. August 1923. Obwohl der Ärmelkanal zwischen Dover und Calais bereits zweimal – 1875 durch Matthew Webb (→ 24./25. 8. 1875) und 1911 durch Thomas W. Burgess – durchschwommen worden ist, hat er nichts von seiner Anziehungskraft verloren. Der US-Amerikaner Henry Sullivan schaffte es am 7. August bei seinem dritten Versuch in 27 Stunden und 25 Minuten, der längsten bisher benötigten Zeit. Der Argentinier Enrique Tiraboschi, der fünf Tage später erstmals in Calais startet, schwimmt die bisher kürzeste Zeit von 16 Stunden und 33 Minuten. Charles Toth, auch von Calais aus, benötigt am 7. September nur zwölf Minuten mehr.

1924

7. 1. Gründung der Fédération Internationale de Hockey (Feldhockey, FIH) in Paris.

24. 1.–4. 2. Internationale Wintersportwoche in Chamonix. Findet beim Internationalen Olympischen Komitee (IOC) nachträglich Anerkennung als »1. Olympische Winterspiele«.

2. 2. Anläßlich des achten Skikongresses in Chamonix Gründung der Fédération Internationale de Ski (FIS), der 14 Länder beitreten. Auf Schweizer Antrag steht Deutschland der Beitritt ohne Gesuch frei.

25. 4. In Frankfurt am Main Konferenz der Roten Sport-Internationale (RSI) und der Sozialistischen Arbeiter-Sport-Internationale (SASI) zwecks gemeinsamer Ausrichtung einer ersten Arbeiter-Olympiade 1925.

4. 5. Beginn der Spiele der VIII. Olympiade in Paris (bis 27. 7.).

25. 5 . Der Finne Ville Ritola läuft in Helsinki Weltrekord über 10 000 m in 30:35,4 min.

27. 5. In Urbana Hochsprung-Weltrekord durch den US-Amerikaner Harold Osborne mit 2,03 m.

9. 6. Der 1. FC Nürnberg wird zum dritten Mal Deutscher Fußballmeister durch ein 2:0 in Berlin vor 30 000 Zuschauern gegen den Hamburger SV.

14. 6. Die deutschen Fahrer Christian Riecken und Hans Berthold gewinnen mit einem 40-PS-NAG-Rennwagen ein 24 Stunden-Rennen auf der Monza-Bahn und legen dabei mit 2583 km die längste hierbei erreichte Strecke zurück.

19. 6. Innerhalb von 70 Minuten läuft Paavo Nurmi in Helsinki Weltrekorde über 1500 m in 3:52,6 min und über 5000 m in 14:28,2 min.

25. 6. Auf der 22. IOC-Session in Paris werden Theodor Lehwald und Oskar Ruperti als Mitglieder für Deutschland berufen.

Juli. Mit Ottavio Bottecchia gewinnt erstmals ein Italiener die Tour de France.

Wegen Erkrankung muß Suzanne Lenglen in Wimbledon ihr Match gegen Elisabeth »Bunny« Ryan abbrechen und nimmt auch am olympischen Tennisturnier nicht teil.

3. 7. Gründung der Association Internationale de la Presse Sportive (AIPS) in Paris.

19.–21 7. Als Ersatz für die Nichtteilnahme an Olympischen Spielen wird für deutsche Athleten eine »Frankfurter Olympiade« veranstaltet.

August. Frauen-Olympia in Paris mit hervorragenden Leistungen in der Leichtathletik.

3. 8. Der dritte Große Preis von Europa wird bei Lyon ausgefahren. Über eine Strecke von 810,1 km siegt der Italiener Giuseppe Campari auf Alfa Romeo in einer Zeit von 7:05:34,0 h.

6. 8. Bei einem Berliner Abendsportfest besiegt Hubert Houben die US-amerikanischen Sprinterstars Charles William Paddock und Loren Murchison.

10. 8. Bei den Deutschen Leichtathletikmeisterschaften in Stettin siegt Otto Peltzer erneut über 800 m und 1500 m.

September. Der Versuch von Georges Carpentier, noch einmal zu einem WM-Kampf im Box-Schwergewicht zu kommen, scheitert durch eine K.-o.-Niederlage in der 15. Runde gegen Gene Tunney.

In Frankreich Eröffnung einer Rennstrecke bei Linas-Monthléry, die ein Autodrom für Weltrekordversuche von 2,548 km Länge aufweist.

Bei den US Open in Forest Hills schlägt William Tatum »Big Bill« Tilden »Little Bill« Johnston 6:1, 9:7, 6:2.

14. 9. Weltrekord im Diskuswurf durch den US-Amerikaner Thomas Lieb in Chicago mit 47,61 m.

12. 10. Weltrekord im Speerwurf durch den Schweden Gunnar Lindström in Eksjö mit 66,62 m.

19. 10. Im Autodrom von Linas-Monthléry fährt der Steher Jean Brunier hinter seinem Schrittmacher Lauthier Weltrekord mit 112,44 km/h.

Nach einer zehntägigen Wettkampfreise durch die UdSSR senden Berliner und Leipziger Arbeiter-Leichtathleten aus Charkow eine Grußbotschaft an den dritten Kongreß der RSI in Moskau.

21. 10. Der Versuch einer Einigung der RSI mit der SASI mißlingt. Damit bleibt die SASI alleiniger Ausrichter der Arbeiter-Olympiade in Frankfurt am Main 1925.

2. 11. Der Deutsche Fußball-Bund (DFB) lehnt auf seinem Bundestag in Berlin erneut das Berufsspielertum ab. Außerdem wird beschlossen, die Zahl der Länderspiele auf höchstens vier im Jahr zu beschränken.

9. 11. Als Reaktion auf die Erklärung der Deutschen Turnerschaft (DT) über die Scheidung zwischen Turnen und Sport konstituiert sich der Deutsche Sport-Bund (DSB) mit Leichtathleten, Schwimmern, Fußballspielern, Radfahrern und Schwerathleten.

1924. England, Schottland, Wales und Irland treten der Fédération Internationale de Football Association (FIFA) wieder bei, die sie 1920 aus Protest gegen den Nichtausschluß Deutschlands verlassen hatten (→ April 1920).

Alberto Ascari gewinnt auf Alfa Romeo den Großen Preis von Italien auf der Monza-Bahn.

Die Österreicher Helene Engelmann/ Alfred Berger werden in Manchester seit 1913 zum dritten Mal Weltmeister im Eiskunstlauf der Paare.

1. Olympische Winterspiele

24. Januar bis 4. Februar 1924. Man hatte es noch nicht gewagt, das Kind beim Namen zu nennen, und zu einer »Internationalen Wintersportwoche« nach Chamonix eingeladen. Die Veranstaltung steht jedoch unter dem Patronat des Internationalen Olympischen K omitees (IOC). Erst im nächsten Jahr beim IOC-Kongreß in Prag soll endgültig entschieden werden, ob man an die Sieger olympische Medaillen verteilt (→ 28. 5. 1925).

294 Teilnehmer aus 16 Ländern, darunter 13 Frauen, bestreiten vom 24. Januar bis zum 4. Februar 14 Wettbewerbe. Außer Eiskunstlauf und Eishockey, die schon zweimal bzw. einmal zu olympischen Ehren kamen, stehen nordische Skiwettbewerbe, Eisschnellauf und Bobfahren auf dem Programm. Die Norweger triumphieren im Skilauf, die Kanadier im Eishockey. Sie gewinnen sechs Spiele mit einem Torverhältnis von 132:3.

Erstmals nach dem Ende des Ersten Weltkriegs ist Österreich wieder eingeladen. Ein Curlingturnier und ein Militärpatrouillenlauf gelten nur als Demonstrationswettbewerbe. »Dieses schneeumrahmte Vorspiel«, erklärt Pierre Baron de Coubertin, »war in jeder Hinsicht gelungen.«

◁ Das offizielle Plakat der Winter-Wettbewerbe weist noch auf die VIII. Olympiade hin. Noch bekennt man sich nicht zu eigenständigen Olympischen Winterspielen. Den Bobfahrern stellt man frei, den Schlitten mit vier oder — wie auf dem Plakat — mit fünf Mann zu besetzen.

▽ Die Eröffnungsfeier endet nach olympischem Zeremoniell mit dem olympischen Eid. Die Veranstalter haben Glück mit dem Wetter. Im ganzen Alpengebiet regnete es tagelang. Erst in der Nacht vor Beginn fror es Stein und Bein. Das Experiment gelingt.

Thorleif Haug, der norwegische »Skikönig«, dem seine Heimatstadt Kongsberg ein Denkmal errichtet

Jacob Tullin-Thams, der norwegische »Springerkönig«, dem mit 58,5 m der bisher weiteste Sprung gelingt

»Skikönig« Thorleif Haug unschlagbar

4. Februar 1924. Von den Skispielen am Holmenkollen eilt Thorleif Haug der Ruf eines »Skikönigs« voraus. Er bestätigt ihn in Chamonix auf das Glänzendste. Das zeigt sich schon im 50-km-Lauf, wo eisige Kälte, 1000 m Höhenunterschied und ein Schneesturm das Teilnehmerfeld um ein Drittel lichten. Die Norweger erweisen sich als Sonderklasse und erreichen als einzige das Ziel unter vier Stunden. Haug langt als Sieger mit fast zwei Minuten Vorsprung vor Thoralf Strömstad an, gefolgt von Johan Gröttumsbraaten. Fast eineinhalb Minuten Vorsprung läuft Haug über 18 km vor Gröttumsbraaten heraus. Mit überlegener Haltung gewinnt er auch das Kombinationsspringen und sichert sich damit die Krone der nordischen Skiwettbewerbe, den Sieg in der Nordischen Kombination, vor drei weiteren Norwegern.

Am selben Tag beteiligt sich Haug noch am Spezialspringen, wo er hinter seinen Landsleuten Jacob Tullin-Thams und Narre Bonna sowie dem US-Amerikaner norwegischer Abstammung Anders Haugen Vierter wird. Thams besticht hier als »Springerkönig« mit zwei 49-m-Sprüngen. Dabei geht er ganz auf Sicherheit. In einem Schauspringen stellt Thams auf der Schanze von Les Bossons einen Weltrekord mit 58,5 m auf.

Tombolagewinner siegen im Bob

2./3. Februar 1924. Noch nie sind die Schweizer mit ihrem Bob, den sie »Acrobate« nennen, auf einer Bob-Bahn gefahren. Edouard Scherrer hatte bei der Tombola des Turnvereins Leysin eine hölzerne »Maschine« gewonnen. Da er sie nun einmal besaß, überredete er seine Freunde Alfred Neveu, Alfred und Heinrich Schläppi dazu, mit ihm zur Gaudi der Dorfbewohner die Straße von Leysin nach Le Sépey hinabzuschlitteln. Danach packte sie der Ehrgeiz. Doch die Anmeldung zur Wintersportwoche in Chamonix war mehr als ein Jux gedacht.

Mit einem hölzernen Bob werden die Schweizer Edouard Scherrer, Alfred Neveu, Heinrich Schläppi und Alfred Schläppi Olympiasieger.

Zu ihrer eigenen Überraschung wurden die Leysiner in die Schweizer Mannschaft aufgenommen, wo der Bob »Kismet« als Favorit gilt. Aber »Kismet« hat kein Glück auf der schwierigen Bahn am Montblanc und scheidet mit zwei weiteren Bobs aus, nachdem er im Training Bahnrekord gefahren ist. Als zur Entscheidung ein Warmwettereinbruch die Bahn aufweicht, erweist sich der schwere Holzschlitten der vier unerfahrenen Hobby-Bobber mit seinen breiten Kufen als unschlagbar.

Die Evergreens im Eiskunst-Paarlauf

28. bis 31. Januar 1924. Paarlauf erhält jung. 1910 war die Deutsche Ludovika Eilers mit ihrem finnischen Partner und späteren Mann Walter Jakobsson WM-Zweite. Danach wurden sie dreimal Weltmeister im Eiskunstlauf der Paare.
Diesmal kommt das Ehepaar Jakobsson nochmals auf den zweiten Platz, 40- und 42jährig. Sie unterliegen der 26jährigen Österreicherin Helene Engelmann, die immerhin auch schon 1913 Weltmeisterin war, mit einem anderen Partner (Otto Mejstrik).

Helene Engelmann/Alfred Berger, die österreichischen Sieger im Paarlauf vor dem finnischen Ehepaar Ludovika und Walter Jakobsson

Die elfjährige Norwegerin Sonja Henie wird Achte in Chamonix. In Berlin nennt man sie Monate später »Häseken«.

Der Österreicher Willi Böckl wird Zweiter hinter dem Olympiasieger von Antwerpen, dem Schweden Gillis Grafström.

Eislaufstar Gillis Grafström. Der Schwede wird in Chamonix zum zweiten Mal nach 1922 Weltmeister im Eiskunstlauf.

Laufwettbewerbe im mäßig besuchten Stadion von Colombes. Das Aquarell läßt nichts davon ahnen, daß in Paris Künstler wie Pablo Picasso wirken.

Paris: Die Olympischen Spiele gewinnen Weltgeltung

4. Mai bis 27. Juli 1924. Im Internationalen Olympischen Komitee (IOC) bestand keine große Neigung, die Spiele der VIII. Olympiade nach Paris zu vergeben. Die Spiele des Jahres 1900 waren noch in unguter Erinnerung. Und man wollte auch nicht wieder eine »Rumpf-Olympiade« wie in Antwerpen. Ein neutrales Land sollte der Schauplatz sein, Amsterdam galt als Favorit.

Aber Pierre Baron de Coubertin wollte es anders. Nachdem er die Olympischen Spiele über den Ersten Weltkrieg gerettet hatte, dachte er an Rücktritt. Im Sport hatte er sein Werk getan. Endlich sollten nun Studien über eine universale Erziehungsreform Vorrang haben. In Los Angeles wurde ein 100 000 Menschen fassendes Olympiastadion gebaut. Falls Paris versagte, konnte diese Stadt, dessen versicherte sich Coubertin in geheimen Verhandlungen, einspringen. Richtete Paris dagegen die Spiele angemessen aus, wäre die Zukunft mit Amsterdam 1928 und Los Angeles 1932 gesichert. Die Olympischen Spiele in Paris sollten zugleich Coubertins Abschied sein.

Diesem Wunsch konnte sich das IOC nicht verschließen. Die französische Hauptstadt wiederum setzte diesmal ihren Ehrgeiz darein, ihrem mittlerweile berühmt gewordenen Sohn ein würdiges Abschiedsfest zu bereiten. Regierung und Stadtverwaltung brachten hierfür 30 Mio. Franc auf. Ein modernes Stadion für 65 000 Zuschauer wurde in Colombes gebaut. Nachdem es in den USA 1921 beim Boxkampf Jack Dempsey gegen Georges Carpentier (→ 2. 7. 1921) und 1922 beim Autorennen in Brookland die ersten Rundfunkübertragungen im Sport gegeben hatte, sah man im Stadion von Colombes entsprechende Einrichtungen vor. Das Organisationskomitee lud Österreich, Ungarn und die Türkei zu den Olympischen Spielen ein. Auch Deutschland wollte man eine Einladung schicken unter der Voraussetzung, daß diese abgelehnt würde. Auf einen solchen Handel wollten sich aber die Deutschen nicht einlassen. Nach einigem Hin und Her verzichtete man auf die Einladung unter dem nicht unbegründeten Vorwand, daß man nicht für die Sicherheit einer deutschen Mannschaft in Paris garantieren könne.

Während der Spiele veranstaltet die Kunstmetropole Paris statt dessen im Théâtre des Champs-Élysées eine »Kunstsaison der VIII. Olympiade«, wo u. a. Willem Mengelberg mit dem Amsterdamer Concertgebouw-Orchester Ludwig van Beethovens IX. Sinfonie mit der »Ode an die Freude« von Friedrich von Schiller aufführt. Außerdem gaben noch keine Olympischen Spiele so vielen namhaften Dichtern Anregungen, wie es in Paris geschieht. Jean Giraudoux fordert die Franzosen auf, mehr Sport zu treiben und nicht nur in den Cafés herumzusitzen. Später gibt er einen Band mit Aphorismen und Maximen zum Thema Sport heraus. Jean Prévost veröffentlicht 1925 »Plaisirs des sports«. André Obey schreibt »L'orge du stade«.

Henry de Montherlant, der unter dem Titel »Les Olympiques« zwei Bände mit Gedichten, Erzählungen und Essays herausgibt, in denen er das sportliche Erleben aus eigener Erfahrung poetisch verklärt, übt scharfe Kritik an den Mißständen bei den Spielen in Paris und wehrt sich gegen die Phrasen, der Sport diene dem Frieden und der internationalen Verständigung. Er schreibt: »Der Sport, weit davon entfernt, ein besseres gegenseitiges Durchdringen der Nationen zu fördern, arbeitet in Wahrheit für den Nationalismus. Man wird vielleicht entgegnen, daß es vernunftwidrig ist, ein Volk nach seinen Sportmannschaften zu beurteilen. Aber so geschieht es. Für sich allein kann der Sport nicht die erzieherische Rolle spielen, die mancher ihm zuschreiben möchte. Der Sport ist das, was die Sitten aus ihm machen. Und die Sitten sind das, was die staatlichen Gewalten aus ihnen machen oder was sie ihnen zu sein ermöglichen. Der Sport wird innerlich erneuert sein, wenn die Gesellschaft erneuert wird.« Eine Analyse, die gültig bleibt.

Plakat für die in Paris ausgetragenen Olympischen Sommerspiele. Hinter Sportler und Weltkugel die Silhouette der französischen Hauptstadt

Eröffnungsfeier im Stadion von Colombes. Zum olympischen Eid haben sich die Delegationen der teilnehmenden Nationen auf dem Rasen aufgestellt.

Vorbeimarsch der Mannschaften an der Ehrentribüne. Die französischen Sportler grüßen Staatspräsident Gaston Doumergue und seine Gäste.

Ein »ABC« der Olympischen Spiele informiert über nationale und Weltrekorde in allen Disziplinen.

Siegerdiplom der Olympischen Sommerspiele in Paris, in die Regierung und Stadtverwaltung 30 Mio. Franc investierten

Auf der Prominententribüne im Pariser Olympiastadion (v. l.): Prinz Henry, die rumänische Kronprinzessin, der britische Kronprinz und Prinz von Wales, Eduard, sowie Frankreichs Staatspräsident Doumergue

Fünfmal Gold für Laufwunder Nurmi

Juli 1924. Dies sind die Spiele des finnischen Wunderläufers Paavo Nurmi. Was er in sechs Tagen leistet, ist und bleibt einmalig. Siebenmal geht er an den Start, siebenmal siegt er, zweimal mit olympischem Rekord, fünf olympische Goldmedaillen trägt er davon. Seine einzigartige Serie im einzelnen:

▷ 8. Juli. Vorlaufsieger über 1500 m in 4:07,6 min

▷ 9. Juli. Vorlaufsieger über 5000 m in 15:28,6 min

▷ 10. Juli. Olympiasieger über 1500 m in 3:53,6 min. Eine dreiviertel Stunde später Olympiasieger über 5000 m in 14:31,2 min

▷ 11. Juli. Vorlaufsieger im 3000-m-Mannschaftslauf

▷ 12. Juli. Olympiasieger im 10 650-m-Querfeldeinlauf in der Einzel- und Mannschaftswertung

▷ 13. Juli. Erster im 3000-m-Mannschaftslauf, Olympiasieg in der Mannschaftswertung

Diese Rennen sind keine Spaziergänge. Als Nurmi das Zielband des 1500-m-Laufs zerreißt, wird der Brite G. H. B. Stallard mit einem Kreislaufkollaps weggetragen. Er hat sich im Kampf um die Silbermedaille gegen den Schweizer Willy Schärer völlig verausgabt.

Im Querfeldeinlauf bei 36 Grad im Schatten, der »Sonnenschlacht von Colombes«, erreichen von 40 Teilnehmern nur 15 das Ziel. Der Schwede Edvin Wide, einer der großen Rivalen Nurmis, wird mit einem Hitzschlag ins Krankenhaus eingeliefert. Aber Rivalen kümmern den schweigsamen Finnen nicht.

Paavo Nurmi beim 10 650-m-Querfeldeinlauf am 12. Juli, bei dem nur 21 Läufer das Ziel erreichen

Im 10 000-m-Lauf wird Nurmi (Abb.) nicht eingesetzt. Sein Landsmann Ville Ritola siegt in Weltrekordzeit.

Nurmi im 5000-m-Lauf noch hinter seinem schwedischen Weltklasse-Rivalen Edvin Wide und Ville Ritola

Nurmi, noch an vierter Stelle, beim Querfeldeinlauf am 12. Juli, der »Sonnenschlacht von Colombes«, den er vor Ville Ritola gewinnt. Edvin Wide erleidet einen Hitzschlag.

Nurmis Sieg im 5000-m-Lauf am 10. Juli mit nur zwei Zehntelsekunden Vorsprung vor Ville Ritola, der viermal Gold und zweimal Silber gewinnt

US-Weltrekord im Weitsprung führt nicht zum Sieg

Juli 1924. Dem US-Amerikaner Robert LeGendre gelingt das Kunststück, einen Weltrekord im Weitsprung mit 7,765 m aufzustellen und trotzdem nicht Olympiasieger zu werden. Er hat für diesen Wettbewerb gar nicht gemeldet, sondern beteiligt sich am Fünfkampf. Angeblich will er seinen Landsmann William DeHart Hubbard nur ärgern, der den Weitsprung mit 7,445 m gewinnt.

LeGendre hilft sein Weltrekord nicht viel. Hinter dem Finnen Eero Lehtonen, dem Olympiasieger von Antwerpen, und dem Ungarn Elemér Somfay wird er dann nur Dritter.

Harold Osborne begeht nicht denselben Fehler wie LeGendre. Er ist ein vorzüglicher Hochspringer und ein guter Zehnkämpfer. Also nimmt er an beiden Wettbewerben teil, und er gewinnt auch beide. Mit seiner Punktzahl im Zehnkampf wäre er allerdings Jim Thorpe, dem Olympiasieger von 1912, unterlegen.

Der Este Aleksander Klumberg-Kolmpere, Weltrekordler im Zehnkampf, schreibt die Schuld an seinem enttäuschenden dritten Platz der schlechten französischen Küche zu, die er ungenießbar findet.

Robert LeGendre springt Weltrekord im Weitsprung, jedoch im Fünfkampf.

Harold Osborne, Olympiasieger im Hochsprung, im »Western-Roll«-Stil

Die »großen Drei« beherrschen die Szene

Start zum 400-m-Freistil-Finale. Von oben: Weissmuller, Arne Borg, Charlton, Ake Borg und Hatfield

Juli 1924. Das Schwimmstadion von Tourelles ist das schönste, das olympischen Wettkämpfern bisher geboten wurde. 12 Mio. Franc hat sich die Pariser Stadtverwaltung die Anlage kosten lassen. Wie 1908 in London, 1912 in Stockholm und 1920 in Antwerpen wird auf einer 50-m-Bahn geschwommen. Erstmals werden die Bahnen mit roten Korkschnüren voneinander getrennt. Selbst die verwöhnten US-Amerikaner sind zufrieden.

In dieser idealen Wettkampfstätte bleibt kein einziger olympischer Rekord bestehen. Außerdem gibt es siebenmal Verbesserungen von Weltrekorden. Das liegt freilich nicht allein am Schwimmstadion, sondern auch an den Schwimmern, von denen sich die «großen Drei« Johnny Weissmuller (USA), Andrew Murray »Boy« Charlton (Australien) und Arne Borg (Schweden) hinreißende Kämpfe liefern.

Weissmuller krault die 100 m am 20. Juli erstmals bei Olympischen Spielen unter einer Minute in 59,0 sec. Bei Arne Borg reicht es hier nur zum vierten Platz. Über 400 m erlebten 10 000 Zuschauer zwei Tage zuvor einen dramatischen Zweikampf zwischen Weissmuller und Borg, die bis zur letzten Wende Kopf an Kopf nebeneinander lagen. Erst dann gewann Weissmuller im Endspurt. Charlton wurde Dritter, Borgs Zwillingsbruder Ake Vierter. Über 1500 m am 15. Juli hatte man einen Sieg Borgs erwartet. Aber der 17jährige »Boy« Charlton kämpfte den Schweden nieder und gewann in Weltrekordzeit, nachdem Borg und Charlton schon in den Vorläufen den Weltrekord verbessert hatten. Über 4 x 200 m (20. 7.) kommen alle drei zu weiteren Medaillen in der Reihenfolge USA — Australien — Schweden. Im Schatten dieser »großen Drei« schwimmen der Hawaiianer Duke Paoa Kahanamoku, Olympiasieger über 100 m 1912 und 1920, der hinter Weissmuller Zweiter wird, sein Bruder Samuel, der sich die Bronzemedaille holt, und der 33jährige Australier Frank Beaurepaire, 1908 Silbermedaillengewinner über 400 m Kraul, Bronzemedaillengewinner über 1500 m, 1920 Dritter über 1500 m und Zweiter mit der 4x200-m-Staffel. Dieser Kollektion fügt Beaurepaire jetzt noch Bronze über 1500 m und Silber über 4 x 200 m hinzu.

Im Schatten der »großen Drei« schwimmt auch eine gewisse Gertrud Ederle aus den Vereinigten Staaten, die über 100 m Kraul (20. 7.) und 400 m Kraul (15. 7.) je eine Bronzemedaille und mit der US-amerikanischen 4x100-m-Staffel (18. 7.) eine Goldmedaille gewinnt.

Die »großen Drei« (v. l.): »Boy« Charlton (Australien), Johnny Weissmuller (USA) und Arne Borg (Schweden)

Der US-Amerikaner Albert White, Sieger im Kunst- und Turmspringen

US-Siege im Kunst- und Turmspringen

Juli 1924. Sowohl bei den Damen wie bei den Herren machen sich im Kunst- und Turmspringen bis auf eine Ausnahme nur US-Amerikaner die Medaillen untereinander streitig. Besonders knapp geht es dabei unter den Damen zu.

Elizabeth Becker kann im Kunstspringen die Olympiasiegerin von Antwerpen 1920, Aileen Riggin, auf den zweiten Platz verweisen. Doch im Turmspringen muß sie mit diesem Rang vorliebnehmen, obwohl sie mit 33,4 eine höhere Punktzahl als Caroline Smith aufweist. Aber nach Platzziffern kommt sie nur auf 10,5, während Caroline mit 11 den Sieg davonträgt. Als einzige Nicht-Amerikanerin kann die Schwedin Hjördis Töpel im Turmspringen wenigstens noch eine Bronzemedaille entführen.

Bei den Herren gelingt nicht einmal das. Albert White gewinnt das Kunst- und das Turmspringen. Dabei zieht Clarence Pinkston, Bronzemedaillengewinner und Goldmedaillengewinner von Antwerpen, in beiden Fällen den kürzeren. Er muß sich jeweils mit Bronze begnügen. Einen letzten vergeblichen Anlauf versucht der 33jährige Schwede Erik Adlerz. Er war Olympiasieger im Turmspringen 1912 und hat 1920 hinter Pinkston noch die Silbermedaille gewinnen können. Diesmal reicht es nur noch zum vierten Platz. Es ist zugleich das Ende der großen schwedischen Erfolge im Kunst- und Turmspringen.

Finale Uruguay—Schweiz (3:0): Der Schweizer Torhüter Hans Pulver kann eine gefährliche Flanke abfangen.

Das »achte Weltwunder« aus Uruguay

Mai 1924. Kaum jemand in Europa hat eine Ahnung davon, daß auch in Südamerika Fußball gespielt wird. Und wenn schon. »Was die sich in ihrem Urwald wohl zurechtkicken? Wo liegt eigentlich Uruguay?«, diese Fragen stellt man sich in Paris beim bedeutendsten Fußballturnier, das es bisher gegeben hat. 22 Ländermannschaften nehmen teil. Nur Großbritannien hält sich noch immer schmollend fern. Paris erlebt praktisch die erste Fußball-Weltmeisterschaft. So wertet man das Turnier. Fußball hat die Welt erobert. Und die Uruguayer mit ihrer Fußballkunst erobern Paris.

Plakat für das Fußballturnier

Uruguays olympischer Siegeszug, hier beim 3:0 gegen die USA, ist die Sensation nicht nur des Fußballturniers, sondern auch der Olympischen Spiele von Paris.

Ihr erstes Spiel bestreiten sie vor 5000 Zuschauern im Stadion von Colombes gegen Jugoslawien. Die Jugoslawen haben einen hervorragenden Torwart, der nichts dazu kann, daß seine Mannschaft 0:7 unter die Räder kommt. »Das war«, schreibt ein deutscher Berichterstatter, »eine Fußballdemonstration, wie ich sie noch nie erlebt habe.« Im zweiten Spiel gegen die USA, die mit allen Kräften »mauern«, begnügen sich die Ballzauberer aus Uruguay mit einem 3:0. 30 000 Zuschauer jubeln ihnen begeistert zu und vergessen dabei, daß Frankreich 1:5 verliert. Dabei sind die Uruguayer gar nicht aufs Toreschießen versessen. Ihre Freude am Spiel teilt sich unwiderstehlich mit.

Im Halbfinale scheinen sie sich ihrer Sache aber allzu sicher zu sein. Die Niederländer, die nun wissen, mit wem sie es zu tun haben, halten bis zwölf Minuten vor Schluß ein 1:1. Dann gibt Schiedsrichter Vallat den Uruguayern, die erhebliches Schußpech entwickeln, einen Strafstoß, der ihnen den Weg ins Endspiel öffnet. Dafür hat sich überraschend die Schweiz qualifiziert. 60 000 Zuschauer erleben »ein mächtiges Ringen«, so der österreichische Sportjournalist Willy Meisl, »ein Spiel von unerhörter Energieentfaltung, von imposantem Tempo.« Uruguay, das »achte Weltwunder«, gewinnt 3:0.

Paris 1924 in Stichworten

Die Spiele der VIII. Olympiade in Paris dauern vom 4. Mai bis zum 27. Juli 1924. 3092 Teilnehmer, darunter 136 Frauen, aus 44 Ländern. 140 Wettbewerbe in 18 Sportarten. Gute Wettkampfstätten. Befriedigende Organisation. Hervorragende sportliche Leistungen. **Leichtathletik:** USA überragend (12 G, 10 S, 10 B) und Finnland (10 G, 5 S, 1 B). **Gewichtheben:** Fünfkampf mit einarmigem Reißen nach freier Wahl und einarmigem Stoßen mit dem jeweils anderen Arm. Dazu beidarmig Reißen, Drücken und Stoßen. Drei Goldmedaillen für Italien, zwei für Frankreich. **Ringen:** Freistil in sieben, griechisch-römisch in sechs Gewichtsklassen. Finnland in beiden Stilarten vier Gold-, sieben Silber- und vier Bronzemedaillen. USA im Freistil vier Gold-, eine Silber- und eine Bronzemedaille. **Boxen:** Acht Gewichtsklassen. USA vor Großbritannien. **Fechten:** Italiener verlassen zweimal unter Absingen faschistischer Lieder den Saal nach Fehlurteilen. Frankreich dominiert. Erster Olympiasieg im Fechten für Frauen durch Ellen Ossier (Dänemark). **Schießen:** Zwölf Wettbewerbe. USA sechs Gold-, drei Silber- und zwei Bronzemedaillen. Familienrekord für Oscar und Alfred Swahn (1900—1924 8 G, 4 S, 5 B). **Reiten:** In der Military erstmals Sieg (Einzel und Mannschaft) für die Niederlande. **Radfahren:** Vier Bahn- und zwei Straßenrennen mit vier Gold- und zwei Bronzemedaillen für Frankreich. **Turnen:** Schweiz deutlich vor Italien. Triumph der US-Amerikaner vor Schweden und Australien im **Schwimmen. Rudern:** USA vor Schweiz und Großbritannien. **Fußball:** Beim Endspiel müssen 10 000 Zuschauer wegen Überfüllung des Stadions abgewiesen werden. Perfekte Fußballdemonstration der bislang unbekannten Ballzauberer aus Uruguay, die olympisches Gold erringen. **Rugby** und **Tennis** letztmals olympisch. **Polo** mit Sieg Argentiniens.

Hubert Houbens Olympiarevanche

6. August 1924. Der deutsche Sprinterstar Hubert Houben kauert an der Startlinie des 100-m-Laufs, neben ihm die US-Amerikaner Charles William Paddock und Loren Murchison.
Mit ein wenig Phantasie kann sich Houben um rund vier Wochen zurückversetzen. Aber er ist nicht in Paris bei den Olympischen Spielen, sondern in Berlin bei einem Abendsportfest. Er schlägt die beiden US-Amerikaner, aber es ist kein Olympiasieg. Der Brite Harold Abrahams errang olympisches Gold in 10,6 sec (→ Juli 1924). Siebenmal lief Houben in diesem Jahr die 100 m in 10,5 sec. In Kopenhagen nimmt er Paddock kurz darauf den Weltrekord über 100 y in 9,5 sec ab. Die Leistung wird offiziell nicht anerkannt. Houben ist der derzeit schnellste Sprinter der Welt.

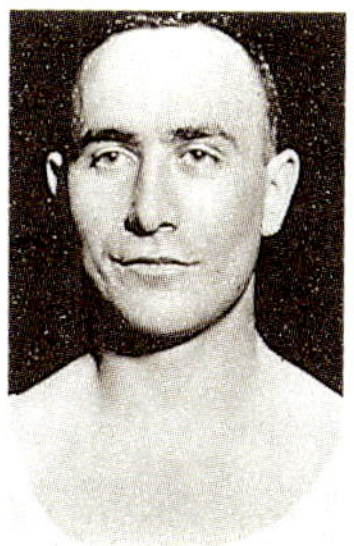
Der 26jährige Leichtathlet Hubert Houben war bereits in den Jahren 1921, 1922 und 1923 Deutscher Meister über die Distanz von 100 m und 200 m. Trotz seiner fehlenden Teilnahme in Paris gilt er als der weltweit schnellste Sprinter.

Großes Interesse an Frauen-Olympia

August 1924. Was bei den Olympischen Spielen in Paris nicht sein durfte, findet wenige Wochen später statt. Ins Olympiastadion von Colombes ziehen Ländermannschaften der Frauen ein, ganz nach olympischem Brauch mit der Fahne ihres Landes voran. Und sie finden ein Publikumsinteresse wie nie zuvor bei ihren Weltspielen. Dafür wird dem Publikum auch eine ganze Menge geboten.
Es gibt in der Leichtathletik Rekordverbesserungen am laufenden Band, obwohl sie von offiziellen Statistiken ignoriert werden. Vor allem die Britinnen zeigen hervorragende Leistungen. Aber die Französinnen und Schweizerinnen stehen ihnen wenig nach. Die »Amies de Versailles« begeistern mit Gymnastikvorführungen, an denen 400 Frauen teilnehmen. Als Clou gilt aber ein Fußballspiel zwischen der »Equipe Hirondelles« gegen die Mannschaft »Parisiana«. Wer dies für einen charmanten Spaß hielt, kommt aus dem Staunen nicht heraus. Die Damen scheuen weder gefährliches Spiel noch hartes Einsteigen. Es gibt dramatische Torszenen. Nur sind die Pariser im Fußball inzwischen verwöhnt. Eleganter spielten doch die Ballzauberer aus Uruguay (→ Mai 1924).

Bottecchia wird »Campionissimo«

Juli 1924. Zum ersten Mal gewinnt ein Italiener die Tour de France, ein hagerer, 28jähriger Bursche namens Ottavio Bottecchia. Er ist kein Tour-Neuling. Im Jahr zuvor hat er die »große Schleife« als Zweiter beendet. Aber in der überschwenglichen Freude über den Sieg des Franzosen Henri Pélissier hatte man nicht sonderlich auf den Italiener geachtet.
Jetzt schlägt die Begeisterung über den Bauernsohn aus Pordenone in Italien hohe Wellen. Sie wird ein wenig getrübt durch Interviews, die Bottecchia gibt. Er schimpft auf die Kapitalisten, die das Volk ausbeuten. Ein »Linker« also. Das macht ihn bei Firmen, die mit dem »Campionissimo« gern Reklame gemacht hätten, unbeliebt. Dabei ist dieser Bottecchia auf dem besten Wege, durch den Radsport reich zu werden.

Der junge Italiener Ottavio Bottecchia sorgt für die Sensation bei der Tour de France. Mit ihm gewinnt erstmals ein Italiener diese schwerste Radrundfahrt der Welt. Seine Glanzzeit dauert allerdings nur drei Jahre.

Georges Carpentier scheitert an Tunney

September 1924. Georges Carpentier will nicht aufgeben. Seinen Weltmeistertitel im Halbschwergewicht verlor er im →September 1922 an den Senegalesen Louis Phal, genannt »Battling Siki«. Aber er strebte einen Revanchekampf gegen Jack Dempsey um die Box-Weltmeisterschaft im Schwergewicht an. Als er vor einem Jahr im Pariser Vélodrome d'Hiver den französischen Meister Marcel Nilles in der achten Runde k. o. schlug, fühlte er sich wieder stark genug, den Weltmeister herauszufordern. Aber Dempsey wich einer Titelverteidigung aus. Für Carpentier kann der Weg zum Titel nur über einen Boxer führen, der gerade erst ins Schwergewicht übergewechselt ist und den Europameister im Schwergewicht, den Italiener Emilio Spalla, geschlagen hat. Dieser Mann heißt Gene Tunney und ist in den Vereinigten Staaten bereits ein berühmter Boxer. Carpentier lernt in ihm einen Gegner kennen, wie er unterschiedlicher zu Dempsey kaum sein könnte. Er begreift, warum man Tunney einen »Mathematiker des Rings« nennt. Dieser beherrscht die »edle Kunst der Selbstverteidigung«, besitzt aber auch die Selbstbeherrschung, auf seine Chance zu warten. In der 15. Runde geht Carpentier k. o.

Der Delage 2 LCV gehört zu den ersten Grand-Prix-Wagen (r. Louis Delage).

Neue Automobilrennstrecke fertig

Der Automobilrennsport verzeichnet seit Jahren einen enormen Aufschwung. Die Wagen werden immer schneller. Die Rennstrecken müssen dieser Entwicklung Rechnung tragen. Nach Italiens Monza-Bahn wird im September 1924 35 km von Paris entfernt die 7,82 km lange Betonpiste von Linas-Monthléry, mit einem 2,548 km langen Autodrom für Weltrekordversuche, eröffnet.

Der französische Steher Jean Brunier (mit dunklem Trikot) nach seiner Rekordfahrt im Autodrom

Steher-Weltrekordjagd im Autodrom

Kaum ist das Autodrom mit seinen überhöhten Kurven bei der neuen Automobilrennstrecke von Linas-Monthléry in der Nähe von Paris eingeweiht, jagen dort die Steher nach Rekorden. 112,44 km in einer Stunde legt der Franzose Jean Brunier am 19. Oktober 1924 hinter einem Motorrad-Schrittmacher mit Windschutzschild zurück. Sein Landsmann Gustave Ganay kommt in Daytona/Florida auf einer Zementbahn mit dem Rad hinter einem Automobil über die Meile auf 133 km/h.

1925

13. 1. Eine süddeutsche Auswahl gewinnt in Nürnberg ein Fußball-Länderspiel gegen Österreich 4:3.

18. 1. 25 000 Zuschauer bestaunen den Gewichtheber Georg Vogel, der auf einem 55 m hohen Fabrikschornstein in Aschaffenburg mehrmals einen Handstand macht.

31. 1.–22. 2. Winterspiele der ersten Internationalen Arbeiter-Olympiade in Schreiberhau/Riesengebirge.

Februar/März. Paavo Nurmi feiert auf einer USA-Tournee Triumphe.

5. 4. Erna Murray schwimmt die 200 m Brust in 3:20,2 min, ihr neunter und letzter Weltrekord.

2. 5. Weltrekord im Diskuswurf durch den US-Amerikaner Glenn Hartranft in San Francisco mit 47,89 m.

28. 5. Auf der 23. Session des Internationalen Olympischen Komitees (IOC) in Prag (26.–28. 5.) wird nach dem Rücktritt von Pierre Baron de Coubertin der Belgier Henry Graf de Baillet-Latour im zweiten Wahlgang zum neuen IOC-Präsidenten gewählt.

30. 5. Der internationale Schwimmverband (Fédération Internationale de Natation Amateur, FINA) nimmt Deutschland wieder auf und beschließt gleichzeitig die Durchführung von Europameisterschaften.

7. 6. Der 1. FC Nürnberg wird in Frankfurt am Main vor 50 000 Zuschauern zum vierten Mal Deutscher Fußballmeister durch ein 1:0 n. V. gegen den FSV Frankfurt.

13. 6. Weltrekord im Weitsprung durch den US-Amerikaner William DeHart Hubbard in Chicago mit 7,89 m.

Juli. Suzanne Lenglen gewinnt in Wimbledon zum sechsten und letzten Mal das Damen-Einzel. Mit Elisabeth »Bunny« Ryan siegt sie auch im Damen-Doppel zum sechsten Mal, mit Jean Borotra im gemischten Doppel.

Der Italiener Ottavio Bottecchia gewinnt zum zweiten Mal die Tour de France.

1. 7. Nachdem die deutsche Olympiateilnahme in Amsterdam 1928 gesichert ist, Gründung des Deutschen Olympischen Ausschusses im Reichsausschuß für Leibesübungen unter dem Vorsitz von Theodor Lehwald.

21. 7. Der Brite Malcolm Campbell steigert den Geschwindigkeitsweltrekord für Automobile auf 242,8 km/h.

25.–28. 7. In Frankfurt am Main Sommerspiele der ersten Internationalen Arbeiter-Olympiade mit 1100 Wettkämpfern aus zehn Ländern.

31. 7. Beitritt des Deutschen Verbands der Schwerathleten zum Weltverband der Ringer (Fédération Internationale de Lutte Amateur, FILA).

1./2. 8. Der Aachen-Laurensberger Rennverein führt drei Material- und Eignungsprüfungen, drei Dressurwettbewerbe, sieben Jagdspringen, einen Vielseitigkeitswettbewerb und fünf Fahrkonkurrenzen durch. Beginn der Entwicklung zum bedeutenden Turnierplatz im Pferdesport.

9. 8. Deutsche Leichtathletikmeisterschaften getrennt für Männer in Berlin und für Frauen in Leipzig. Otto Peltzer zum dritten Mal Deutscher Meister über 800 m und 1500 m.

18. 8. Die Deutsche Turnerschaft (DT) tritt aus dem Reichsausschuß für Leibesübungen aus und verzichtet damit auf die Teilnahme an den Olympischen Spielen in Amsterdam.

5. 9. Der Weltruderverband (Fédération Internationale des Sociétés d'Aviron, FISA) legt sieben Bootsgattungen fest: Einer, Doppelzweier, Zweier ohne und mit Steuermann, Vierer ohne und mit Steuermann, Achter.

13. 9. Erstes Länderspiel im Handball. Deutschland verliert gegen Österreich in Halle 3:6.

27. 9. Der Norweger Charles Hoff verbessert seinen Weltrekord im Stabhochsprung auf 4,25 m.

1. 10. Gründung des Instituts für Leibesübungen an der Universität Leipzig. Damit Körpererziehung erstmals ständiges Studienfach.

4. 10. Erna Huneus schwimmt in Aachen Weltrekord über 100 m Brust in 1:29,0 min.

Der Schwede Sten Pettersson läuft in Paris Weltrekord über 400 m Hürden in 53,8 sec.

20. 12. Erste offizielle Europameisterschaften der Ringer in Mailand. Es siegen die Ungarn Magyar, Nemeth, Keresztes, die Schweden Westergren, Svensson und der Deutsche Braun.

1925. Sieger der ersten Internationalen Tennismeisterschaften von Frankreich in Saint-Cloud/Paris: René Lacoste, Suzanne Lenglen, Jean Borotra/Lacoste, Lenglen/D. Vlasto und Lenglen/Jacques »Toto« Brugnon (→ Juli 1925).

25 Länder melden sich für den Davis Cup. Größte bisherige Teilnehmerzahl. USA gewinnen Finale in Philadelphia gegen Frankreich 5:0.

Der Schwede Arne Borg schwimmt Weltrekorde über 300 y, 300 m, 400 m, 440 y, 500 y, 500 m, 880 y, 1000 m und 1609 m.

Der US-Amerikaner Johnny Weissmuller schwimmt Weltrekorde über 100 y, 150 y und 220 y.

Auf der Krim stellen die Deutschen Nehring und Schulz Weltrekorde im Segelflug auf: 34,4 km im Streckenflug, zwölf Stunden und sechs Minuten im Dauerflug.

Der Ire Charlie Mills, erster bedeutender Traberfahrer der Welt, gewinnt nach seinen Siegen in den Jahren 1907 bis 1914 zum neunten Mal das deutsche Championat.

Als schnellste Rennstrecke Europas gilt die »Automobil-Verkehrs- und Übungsstraße« (Avus) in Berlin.

Coubertin nimmt Abschied

28. Mai 1925. Auf der 23. Session des Internationalen Olympischen Komitees (IOC) in Prag erklärt der 62jährige Pierre Baron de Coubertin seinen Rücktritt als Präsident. Nachfolger wird auf seinen Vorschlag hin der 49jährige Belgier Henry Graf de Baillet-Latour.

Coubertin macht durch diesen Schritt einem längeren Intrigenspiel ein Ende, das einen Franzosen als Präsidenten zum Ziel hatte. Der olympische Gedanke soll jedoch kein Eigentum Frankreichs, sondern der Welt sein. Mit stehender Akklamation ernennt die Versammlung Coubertin zum Ehrenpräsidenten auf Lebenszeit. Die Mehrheit der Anwesenden beschließt, die Internationale Wintersportwoche in Chamonix vom Vorjahr (→ 24. 1.–4. 2. 1924) offiziell als »1. Olympische Winterspiele« anzuerkennen. »Ich bin glücklich darüber«, erklärt Coubertin, »weil ich mir immer gewünscht hatte, diese winterliche Angliederung rechtmäßig legalisiert zu sehen. Aber ich mache mir den Vorwurf, daß ich einen Text gebilligt habe, der zu Schwierigkeiten Anlaß geben könnte.«

Coubertin behält recht. Während man die Olympischen Sommerspiele nach Olympiaden rechnet und mit lateinischen Zahlen numeriert, ganz gleich ob sie stattfinden oder nicht, zählen die Olympischen Winterspiele ab 1924 arabisch und nur, wenn sie durchgeführt werden.

Der IOC-Präsident Pierre Baron de Coubertin im Jahr seines Rücktritts

Weit gespannt sind die Interessen des Privatgelehrten Coubertin, der eine Fülle wissenschaftlicher Schriften veröffentlicht. Er schreibt über Kunstepochen, das Leben der Sterne, die Zukunft Europas und über Weltgeschichte. Alles dient einer Reform der Erziehung.

Das Internationale Olympische Komitee (IOC) in Prag. Es zählt 62 Mitglieder aus 45 Ländern. Damit sind im IOC mehr Länder vertreten als im Völkerbund.

Henri Cochet, der erstmals zwei Jahre später das Herren-Einzel in Wimbledon gewinnt

Sieger in Wimbledon: René Lacoste und Suzanne Lenglen

Henri Cochet und Jean Borotra (r.), Freunde und Rivalen

Jacques »Toto« Brugnon gewann mit der Lenglen das gemischte Doppel der French Open.

Tennis: Der Aufstieg der »vier Musketiere«

Juli 1925. Wimbledon befindet sich fest in französischer Hand. Suzanne Lenglen, von ihrer Krankheit genesen, gewinnt alle drei Titel, die an Damen zu vergeben sind. Im Einzel schlägt sie souverän die 19jährige Britin Joan Fry und gibt ihr dabei eine Tennislehrstunde.

Vorjahressieger Jean Borotra unterliegt im Einzel-Finale diesmal seinem Landsmann René Lacoste. Mit ihm zusammen schlägt er die US-Amerikaner Casey und J. Hennessey im Doppel. Es fehlen in Wimbledon auf der Siegerliste noch Jacques »Toto« Brugnon und Henri Cochet. Mit Brugnon gewann Lenglen vor wenigen Wochen das Mixed bei den ersten French Open in Saint-Cloud/Paris. Diese Sandplatz-Meisterschaften wurden ebenso souverän von den Franzosen beherrscht wie Wimbledon. Denn neben die »göttliche Suzanne«, die ihren Leistungshöhepunkt erreicht hat, treten die »vier Musketiere«, deren Aufstieg zur Weltspitze in diesem Jahr beginnt. Diesen Namen erhielten Brugnon, Borotra, Lacoste und Cochet 1923 von einem Zeitungsreporter, als sie in einer Davis-Cup-Ausscheidung Irland 4:1 ausgeschaltet hatten.

Es sind recht unterschiedliche Typen und Individualisten reinsten Wassers. Brugnon gilt als idealer Doppelspieler. Borotra, der »fliegende Baske« aus Biarritz, hat sich seine Reaktionsschnelligkeit beim spanischen Pelota geholt. Cochet begann als Sohn eines Platzwarts siebenjährig in Lyon mit dem Tennisspiel. Nur Lacoste, den sie das »Krokodil« nennen, kommt als Sohn eines Automobil-Fabrikanten aus reichem Haus.

Suzanne Lenglen (l.) empfängt den Glückwunsch von Joan Fry.

Avus – die schnellste Automobil-Rennstrecke Europas

1925. Die Berliner »Automobil-Verkehrs- und Übungsstraße«, Avus genannt, gilt als schnellste Rennstrecke Europas. Im nächsten Jahr soll sie Schauplatz für den ersten Großen Preis von Deutschland sein. Man erwartet bei diesem bedeutendsten automobilsportlichen Ereignis in Deutschland nach dem Ende des Ersten Weltkriegs internationale Beteiligung.

Die Avus, schon 1913 in Berlin zwischen Grunewald und Nikolassee geplant und terrassiert, wurde 1921 mit einem Automobilrennen eröffnet. Sie mißt 19,5 km und weist zwei 10 km lange Geraden auf, die hohe Geschwindigkeiten zulassen. Die beiden Kurven sind dagegen eng und kaum überhöht. Erster Sieger im Avusrennen wurde 1921 Fritz von Opel. Die Autorennen auf der Avus werden in Berlin zu Volksfesten. Schon an den Trainingstagen herrscht ein Massenandrang.

Als erste europäische Automobil-Rennstrecke wurde die Avus in Berlin 1921 nach achtjähriger Bauzeit freigegeben.

Ein Paavo Nurmi ist gut für jeden Kredit

Februar/März 1925. Nach seinen großen Olympiasiegen (→ 17. 8. 1920; Juli 1924) und Weltrekorden ist der Finne Paavo Nurmi weltberühmt. Mehr noch, er ist sprichwörtlich geworden. Wenn Jungen um die Wette laufen, wollen sie alle Nurmi sein. Man tauft ein Rennpferd auf seinen Namen. Er prangt auf einer Briefmarke. Eine Zigarettensorte wird sinnigerweise nach ihm, der nicht raucht, benannt. Ob er Prozente bekommt?
Nurmi schweigt und läuft. Seine diesjährige Tournee durch die Vereinigten Staaten wird zum einzigartigen Triumphzug. In 61 Tagen bestreitet er, meist in Hallen, 55 Rennen. 53 davon gewinnt er. Einmal leidet er an einer Darminfektion. Wo Nurmi auftritt, klingeln die Kassen. Auch bei ihm. Er bekommt für seine USA-Tournee angeblich 250 000 US-Dollar. Aber nie unterschreibt er eine Quittung. Dafür gewährt die US-amerikanische Regierung, dank des Wunderläufers, Finnland eine Staatsanleihe. Als er aus den Vereinigten Staaten heimkehrt, setzt ihm der Bildhauer Wäinö Aaltonen ein Bronze-Denkmal.

Endspiel um die Deutsche Meisterschaft (7. 6. 1925): Die Nürnberger (in roten Trikots) bedrängen das Frankfurter Tor.

Das Idol der Jugend – Heiner Stuhlfauth

13. Januar 1925. Ein Länderspiel Süddeutschland gegen Österreich im »Zabo« von Nürnberg. Die süddeutsche Mannschaft besteht ausschließlich aus Spielern des 1. FC Nürnberg und der SpVgg Fürth. Im Tor Heiner Stuhlfauth vom »Club«. Anfangs kommen die Österreicher mit dem Schneeboden nicht so gut zurecht. 0:3 liegen sie zur Halbzeit zurück. Aber dann fangen sie an zu zaubern. »Besser«, schreibt ein Kritiker, »kann man gar nicht Fußball spielen.« Eine Viertelstunde vor Schluß führt Süddeutschland noch 4:3. Aber die Österreicher stürmen immer noch wie entfesselt. Stuhlfauth rettet den Sieg.
Als Mittelstürmer hat er vor dem Ersten Weltkrieg bei den »Falken« angefangen. Beim FC Pfeil stellten sie den Hünen mit seinen Händen »wie Bratpfannen« ins Tor. Nach dem Krieg holte ihn der 1. FC Nürnberg. Seitdem ist er im »Club«, der besten deutschen Mannschaft, der beste deutsche Torwart. Strafraumbeherrschend, hart, stark, reaktionsschnell. Für die deutsche Jugend ist er der beste Torwart der Welt.

Internationale Arbeiter-Olympiade in Frankfurt am Main

»Arbeiter meidet den Alkohol« steht auf einem Spruchband am Eingang des Stadions. Das Frankfurter Waldstadion ist am 21. Mai 1925 eingeweiht worden und erlebt vom 25. bis zum 28. Juli mit der ersten Internationalen Arbeiter-Olympiade seine erste Veranstaltung. 100 000 Arbeitersportler bevölkern die Stadt. Auf einem Festzug, den 400 Trommler und Pfeifer der Spielmannszüge anführen, werden Transparente mitgeführt »Nie wieder Krieg«, »Nieder mit dem imperialistischen Krieg« und »Kämpft für den Achtstundentag«.
Im Stadion kämpfen 1100 Sportlerinnen und Sportler aus Großbritannien, Finnland, der Tschechoslowakei, der Schweiz, Lettland, Österreich, Belgien, Palästina, Polen und Deutschland. Es gibt Wettbewerbe in der Leicht- und Schwerathletik, im Schwimmen, Turnen, Radfahren, Rudern, Schießen, Fußball, Handball, Faustball und Schlagball. 100 000 Zuschauer wohnen einem Weihespiel »Kampf um die Erde« bei. Es zeigt den Sieg des Sozialismus über die kapitalistische Gesellschaftsordnung und klingt mit der »Internationale« aus. Es ist die »gewaltigste Kundgebung Deutschlands«.

▷ Chorsingen der »Deutschen Arbeitersänger« (DAS)

▽ Einmarsch der Sportler unter den Klängen der »Internationale«

1926

15. 1. Gründung der International Table Tennis Federation (ITTF) in Berlin (→ 7.–11. 12. 1926).

28. 1. Die US-Amerikanerin Ethel Lakkie schwimmt in Toledo Weltrekord über 100 m in 1:10,0 min.

8. 2. In Stockholm wird die Österreicherin Herma Jarosz-Szábo zum fünften Mal Weltmeisterin im Eiskunstlauf. Auf dem zweiten Rang die 14jährige Norwegerin Sonja Henie (→ 20. 2. 1927).

14. 2. Erstmals nach dem Ende des Ersten Weltkriegs Weltmeisterschaften im Eiskunstlauf der Paare und der Herren in Berlin. Das französische Paar Andrée Joly/Pierre Brunet gewinnt den Titel. Bei den Herren wird der Österreicher Willi Böckl zum zweiten Mal Weltmeister.

16. 2. Ein Tennis-Schaukampf zwischen Suzanne Lenglen und Helen Wills in Cannes endet 6:3, 8:6 für die »göttliche Suzanne«.

März. Auf einer USA-Tournee stellt Erich »Ete« Rademacher drei Weltrekorde im Brustschwimmen auf, über 200 m, 400 m und 500 m.

3. 4. Weltrekord im Diskuswurf durch den US-Amerikaner Clarence Houser in Palo Alto mit 48,20 m.

10. 4. England gewinnt in Herne Bay die erste Europameisterschaft im Rollhockey.

1. 5. Weltrekord des US-Amerikaners Roland Locke in Lincoln auf gerader Bahn über 220 y in 20,5 sec.

7. 5. Herzog Adolf Friedrich zu Mecklenburg wird Mitglied des Internationalen Olympischen Komitees (IOC) für Deutschland.

24. 5. Paavo Nurmi läuft in Berlin Weltrekord über 3000 m in 8:25,4 min.

Juni. In Saint-Cloud/Paris die letzten Turniersiege von Suzanne Lenglen im Einzel, im Doppel mit D. Vlasto und im gemischten Doppel mit Jacques »Toto« Brugnon.

13. 6. Vor 40 000 Zuschauern in Frankfurt am Main gewinnt die SpVgg Fürth das Endspiel um die Deutsche Fußballmeisterschaft gegen Hertha BSC Berlin 4:1.

Juli. Sieger der 20. Tour de France der Belgier Lucien Buysse.

3. 7. Bei den britischen Leichtathletikmeisterschaften in London gewinnt Otto Peltzer die 880 y vor dem britischen Olympiasieger Douglas Lowe in der Weltrekordzeit von 1:51,6 min.

11. 7. Erste Automobilsport-Großveranstaltung mit internationaler Beteiligung in Deutschland. Sieger im Großen Preis von Deutschland auf der Berliner Avus Rudolf Caracciola auf Mercedes.

17./18. 7. Der Finne Paavo Yrjölä erreicht in Viipuri im Zehnkampf einen Weltrekord mit 6651 Punkten (Wertung von 1962).

August. Weltmeisterschaften der Radsport-Professionals in Turin.

6. 8. Als erste Frau durchschwimmt die US-Amerikanerin Gertrud Ederle den Ärmelkanal in 14 Stunden und 39 Minuten. Sie wird in New York mit einer Konfettiparade gefeiert.

8. 8. Bei den Deutschen Leichtathletikmeisterschaften in Leipzig gewinnt Helmut Körnig bei Rückenwind die 100 m in 10,3 sec. Er holt auch den Titel über 200 m, Otto Peltzer siegt über 400 m und 1500 m.

18.–22. 8. Bei den ersten Europameisterschaften im Schwimmen in Budapest stellt Deutschland allein fünf Europameister und gewinnt den Europapokal.

24. 8. Durch einen K.-o.-Sieg nach 30 Sekunden der ersten Runde über Max Dieckmann wird im Berliner Lunapark der 20jährige Max Schmeling Deutscher Meister im Halbschwergewicht.

27. 8. Die Deutsche Sportbehörde für Athletik wird Mitglied im Frauensport-Weltverband.

28. 8. Zum fünften Mal Frauen-Weltspiele in Göteborg, offiziell zweite Weltspiele des Frauensport-Weltverbands.

Als zweite Frau durchschwimmt die US-Amerikanerin Millie Gade Corson den Ärmelkanal. Zeit: 15 Stunden, 28 Minuten.

30. 8. Als erster Deutscher durchschwimmt Ernst Vierkötter den Ärmelkanal in der bisher schnellsten Zeit von zwölf Stunden und 43 Minuten (→ 6. 8. 1926).

September. Molla Mallory, vormals Bjurstedt, gewinnt in Forest Hills zum achten Mal das Damen-Einzel der US-Tennismeisterschaften.

10. 9. In der neuen Bestzeit von elf Stunden und fünf Minuten durchschwimmt der Franzose Georges Michel den Ärmelkanal. Die Zeit wird jedoch angezweifelt.

11. 9. 30 000 Zuschauer singen stehend das Deutschlandlied, als in Berlin Otto Peltzer einen 1500-m-Lauf in der Weltrekordzeit von 3:51,0 min vor Paavo Nurmi und Edvin Wide gewinnt.

23. 9. Überraschend verliert in Philadelphia Jack Dempsey seinen Weltmeistertitel im Box-Schwergewicht durch eine Punktniederlage nach zehn Runden gegen Gene Tunney.

13. 10. Die Deutsche Turnerschaft (DT) kehrt in den Deutschen Reichsausschuß für Leibesübungen zurück, lehnt aber weiterhin eine Olympiateilnahme 1928 ab.

7.–11. 12. Erstes internationales Tischtennisturnier in London.

Weltrekord über 880 y in 1:51,6 min durch den 26jährigen Otto Peltzer (l.) bei den britischen Leichtathletikmeisterschaften in London am 3. Juli 1926

Otto Peltzer besiegt Nurmi

11. September 1926. Die Zuschauer sind aus dem Häuschen. Vier Minuten lang ein Toben und Schreien, das sich zu einem Orkan steigert. Dann springen 30 000 von ihren Sitzen auf und singen im Stadion von Berlin-Charlottenburg das Deutschlandlied. Wenig später kreist ein Flugzeug über der Menge und wirft einen Lorbeerkranz ab.

Unglaubliches ist geschehen. Otto Peltzer, auch »Otto, der Seltsame« genannt, hat den finnischen Wunderläufer Paavo Nurmi über die 1500-m-Strecke besiegt. Dafür mußte er Weltrekord laufen, und das auf einer miserablen Bahn. Niemand hätte ihm das zugetraut, nicht einmal er selbst. Seine Stärke sind die 400 m und die 800 m. Nurmis Uhr muß stehengeblieben sein, denn er kommt in diesem denkwürdigen Rennen hinter dem schwedischen Schulmeister Edvin Wide nur auf den dritten Platz.

Wide, der als spurtstark bekannt ist, hat die meiste Zeit geführt und das Tempo gemacht. Nurmi verhielt sich abwartend. Aber dann kam nicht der entscheidende Spurt von ihm oder Wide, sondern von Peltzer. Nach 3:51,0 min zerreißt er das Zielband, gut 4 m vor Wide und 10 m vor Nurmi!

Otto Peltzer (l.) und Paavo Nurmi bei einem Übungslauf in Abo (Finnland). Nach dem Sieg über 1500 m in Berlin äußert sich Peltzer zu der überraschenden Niederlage des Finnen: »Ich war bisher noch den Beweis schuldig geblieben, daß ich auch über 1500 m zur ersten internationalen Klasse gehöre. Der Beweis ist mir nun gelungen.«

Riesensensation: Gene Tunney schlägt Jack Dempsey

23. September 1926. Es ist wieder einmal ein »Kampf des Jahrhunderts«. 120 757 Zuschauer umlagern den Ring in Philadelphia. 1 895 733 US-Dollar füllen die Kassen. Boxweltmeister Jack Dempsey bekommt davon 718 868 US-Dollar. Dem Herausforderer Gene Tunney wurden 200 000 US-Dollar garantiert. Kaum jemand zweifelt daran, daß Dempsey, der »Mankiller«, der »Manassa Mauler«, den Kampf gewinnt. Er hat bisher mit seiner überlangen Reichweite, die jeder kennt, mit seinem Angriffsgeist und Vernichtungswillen Riesen von den Beinen geholt, die um etliche Kilo schwerer waren als er. Was will da Tunney, gerade dem Halbschwergewicht entwachsen, ausrichten?

Der Kampf ist auf zehn Runden angesetzt. So lang wird er kaum dauern. Nach der ersten Runde fängt es an zu regnen. Dempsey hat wieder mit überfallartigen Angriffen begonnen, sich dabei aber einen Konter eingefangen, den er nur mühsam überstand. Um so stürmischer schlägt er in den nächsten Runden auf Tunney ein. Doch seine wilden Schläge sind unkontrolliert. Tunney verteidigt eiskalt. Und dann fightet er zurück, hart und präzise. Dempseys Gesicht ist schwer gezeichnet. Acht Runden gehen an Tunney, und er ist neuer Weltmeister.

△◁ Vierte Runde: Dempsey (M.) scheitert an Tunneys geschickter Verteidigung und steckt schwere Konterschläge ein. Dempsey kann keine einzige der zehn Runden für sich entscheiden.

△ Nach dem Kampf umarmt Dempsey (mit dem Rücken zur Kamera) seinen Bezwinger, den neuen Weltmeister Tunney. Die Riesensensation ist perfekt.

◁ Das ausverkaufte Stadion von Philadelphia mit der größten Zuschauermenge, die je an einem Boxring saß. Sie erleben das klassische Duell zwischen einem Fighter und einem Boxer.

Jack Dempsey und das süße Leben eines Boxweltmeisters

Alle Welt rätselt, wie es zu der sensationellen Niederlage von Jack Dempsey gegen Gene Tunney kommen konnte. Dabei ist die Erklärung ganz einfach. Tunney trat als ein »hungriger« Boxer an. Er hatte George Carpentier eine von drei K.-o.-Niederlagen beigebracht, die dieser in 108 Kämpfen erlitt. Er hatte Jeff Smith, der in 600 Kämpfen nie k. o. gegangen war, ins Land der Träume geschickt. Er hat von 73 Profikämpfen nur einen einzigen nach Punkten verloren. Aber ans große Geld war er noch nicht gekommen. Und er hatte sich perfekt vorbereitet. Jack Dempsey dagegen hatte seit drei Jahren nicht mehr im Ring gestanden. Er unterschätzte seinen Gegner und überschätzte sich selbst.

Wahrscheinlich wollte Dempsey gar nicht mehr boxen. Was braucht ein Boxweltmeister eine schöne Nase? Dempsey ließ sich seine operieren, damit er als Filmschauspieler auftreten konnte. Die Glitzerwelt Hollywoods faszinierte ihn mehr als der Ring. Er heiratete den Filmstar Estelle Taylor und reiste mit ihr um die Welt, um überall zu zeigen, daß der stärkste Mann auch die schönste Frau besaß. Er kaufte in Los Angeles ein Luxushotel und zog Nobelherbergen dem Trainingscamp vor. Titelkämpfe ließ er an überhöhten Börsenforderungen scheitern. Er verdiente mit allerlei Geschäften leichter Geld als mit den Fäusten. Erst die unerwartete Niederlage rüttelt ihn wach. »Es wird ihm ewig zur Ehre gereichen, daß er verschmähte, sein Gesicht mit dem Handtuch zu bedecken, sondern stolz mit seinem zerschlagenen Antlitz auf sein Zimmer ging, im Herzen noch immer ein Meister«, rühmt Tunney. Aber so wird Dempsey seine Karriere nicht beenden wollen. Eine Revanche – der nächste »Kampf des Jahrhunderts« – steht an.

Der neue Weltmeister Tunney (l.) und der Ex-Weltmeister Dempsey

Der Boxstar Jack Dempsey und der Filmstar Estelle Taylor, seine Frau

Suzanne Lenglens letzter Triumph

16. Februar 1926. Es geht auf dem Tennisplatz des Hotels »Carlton« in Cannes nicht um eine Medaille bei Olympischen Spielen oder einen Titel bei den French Open oder gar in Wimbledon. Trotzdem schrieben die Zeitungen von einem »Match des Jahrhunderts«. Deshalb bot eine südamerikanische Zeitung dem Novellisten Blasco Ibáñez für einen Bericht 40 000 Franc. Deshalb bezahlte eine Filmgesellschaft für die Erlaubnis, dieses Match filmen zu dürfen, 100 000 US-Dollar.
Es geht darum, wer die größte Tennisspielerin ist, Suzanne Lenglen, die »göttliche Suzanne«, oder »Miss Pokerface« Helen Wills. Deshalb klettern Zuschauer auf Bäume und Mauern rings um den Platz. Sie sehen einen sicheren 6:3-Sieg der Lenglen im ersten Satz. Dann aber kommt die US-Amerikanerin auf. Suzanne muß einen 1:3-Rückstand aufholen. Jeder Ball wird hart umkämpft. Sie führt 5:4, 6:5 und 40:15. Nach einem Longline-Vorhandball der Wills ertönt ein »Out!« Erlöst eilt die Lenglen zum Netz. Aber Schiedsrichter Lord Hope erklärt den Ball für gut. Ein Zuschauer hatte »Aus« gerufen. Es steht 6:6 und 0:40. Suzanne scheint verloren. Plötzlich gelingt ihr alles, sie siegt 8:6 und bricht zusammen.

Rudolf Caracciola auf dem 2-l-Achtzylinder-Mercedes vom Typ »Monza« gewinnt den Großen Preis von Deutschland.

Rudolf Caracciola siegt auf der Avus

11. Juli 1926. Die erste große Automobilveranstaltung mit internationaler Beteiligung in Deutschland, der erste Große Preis von Deutschland auf der Berliner Avus (→ 1925), endet mit einem dreifachen deutschen Erfolg. Allerdings erfährt die Veranstaltung auch scharfe Kritik.
Während des Rennens ereignen sich vier schwere Unfälle, die zwei Todesopfer und zahlreiche Verletzte unter den Zuschauern fordern. Auf regennasser Fahrbahn kommt der Mercedes von Adolf Rosenberger ins Schleudern und rast gegen die Zeittafel. Zwei Helfer werden hierbei getötet. Rosenberger, einer der Favoriten des Rennens, erleidet Kopfverletzungen. Der Prager Urban Emmerich fliegt mit seinem Talbot aus der Kurve und stürzt in die Zuschauermenge.
Diese traurigen Zwischenfälle schmälern jedoch nicht den Erfolg des Fahrers, der den Großen Preis mit einem Mercedes vom Typ »Monza« überlegen gewinnt. Rudolf Caracciola fährt mit seinem 2-l-Achtzylinder eine Durchschnittsgeschwindigkeit von 135,1 km/h heraus und distanziert damit auch den NAG der 3-l-Klasse des Berliners Christian Riecken, der zwei Minuten früher startete. Dritter wird der Frankfurter Willy Cleer auf Alfa Romeo. 38 Fahrer gingen an den Start mit 22 deutschen und 16 ausländischen Fabrikaten. Caracciola, dessen besonnene Fahrweise besticht, erhält einen Goldpokal und einen Preis in Höhe von 10 000 RM.

Grand-Prix-Saison steht ganz im Zeichen von Bugatti

Albert Lory baute für die Grand-Prix-Saison 1926 einen neuen Delage-Achtzylinder. Der Wagen hat allerdings den Nachteil, daß sich infolge der Anordnung der Auspuffrohre Füße und Beine des Fahrers stark erhitzen, was häufige »Kühlstopps« erforderlich macht.
Die großen Erfolge dieses Jahres verbucht deshalb der Delage-Konkurrent Bugatti mit dem bewährten Typ 39 A. Beim Großen Preis des Automobile Club de France siegt Jules Goux auf Bugatti, beim Großen Preis von Spanien belegt Bugatti mit dem Italiener Constantini ebenfalls den ersten Platz. Einen weiteren Sieg feiern die Konstrukteure aus Molsheim beim italienischen Grand Prix in Monza.
Delage muß sich mit einem Sieg beim Großen Preis von England auf der Brookland-Bahn zufrieden geben. Wegen der ungünstigen Auspuffkonstruktion mußten sich die Piloten des Siegerfahrzeugs, Robert Sénéchal und Louis Wagner, mehrmals am Steuer ablösen. Die 1926 zum zweiten Mal durchgeführte Weltmeisterschaft für Fahrzeuge der 1,5-l-Klasse geht ebenfalls an Bugatti. Als WM-Läufe zählen die 500 Meilen von Indianapolis sowie die Grand-Prix-Rennen von Frankreich, von Europa in San Sebastian, von England und von Italien.

Der erfolgreichste Rennwagen der diesjährigen Grand-Prix-Saison, der bewährte französische Bugatti 39 A

Der Franzose Jules Goux auf einem Bugatti 35 ohne Kompressor beim Grand Prix in San Sebastian

1927

29. 1. Der Olympische Ausschuß im Deutschen Reichsausschuß für Leibesübungen beschließt, sich um die Olympischen Spiele 1936 zu bewerben. Interessiert sind Berlin, Frankfurt am Main, Köln und Nürnberg.

11. 2. Erstmals Bob-Europameisterschaften in Sankt Moritz. Im Fünferbob, dem einzigen Wettbewerb, siegt Großbritannien.

20. 2. Sonja Henie wird in Oslo Weltmeisterin im Eiskunstlauf nach umstrittener Punktrichterentscheidung.

29. 3. Geschwindigkeitsweltrekord für Automobile durch Henry Segrave auf Sunbeam in Daytona Beach/Florida mit 327,959 km/h.

17. 4. Anläßlich der Errichtung einer Stele in Olympia zur Erinnerung an die Erneuerung der Olympischen Spiele hält Pierre Baron de Coubertin eine »Rede an die Jugend der Welt«.

27. 4. Auf der 25. Session des Internationalen Olympischen Komitees (IOC) in Monaco wird bekanntgegeben, daß die Olympischen Spiele 1932 in Los Angeles stattfinden. Für 1936 sind im Gespräch Berlin, Rom, Mailand, Barcelona, Helsinki, Budapest, Alexandria und Rio de Janeiro.

21. 5. Die Sensation des Jahres: Charles A. Lindbergh beendet nach 33 Stunden und 29 Minuten in Paris den ersten Nonstop-Flug über den Atlantik.

12. 6. Der 1. FC Nürnberg wird zum fünften Mal Deutscher Fußballmeister durch ein 2:0 über Hertha BSC Berlin vor 50 000 Zuschauern in Berlin.

Weltrekorde deutscher Leichtathletinnen in Berlin: Eva von Bredow 12,8 sec über 80 m Hürden, Anneliese Hargus 37,57 m im Speerwurf (→ 7. 8. 1927).

18. 6. Der Nürburgring in der Eifel wird eröffnet.

19. 6. Sieger im zweiten Großen Preis von Deutschland auf dem am Vortag neueröffneten Nürburgring, der schwierigsten Rennstrecke Europas: Otto Merz auf Mercedes (→18. 6. 1927).

Paavo Nurmi läuft in Kuopio Weltrekord über 2000 m in 5:24,6 min.

Max Schmeling als erster Deutscher Europameister im Boxen. Der Titelverteidiger im Halbschwergewicht, der Belgier Fernand Delarge, unterliegt durch technischen K. o. in der 14. Runde.

Juli. In Luzern starten 28 Reiter aus sieben Nationen zur ersten großen nichtolympischen Vielseitigkeitsprüfung. Sieger: Sigismund Prinz von Preußen, der am folgenden Tag beim Training tödlich verunglückt.

Der Luxemburger Nicolas Frantz gewinnt die Tour de France.

Die US-Amerikanerin Helen Wills gewinnt erstmals das Damen-Einzel in Wimbledon und mit Suzanne Lenglens langjähriger Partnerin Elisabeth »Bunny« Ryan auch das Doppel.

17. 7. Sechs deutsche Rekorde bei den Deutschen Leichtathletikmeisterschaften in Berlin. Otto Peltzer läuft die 400 m Hürden in 54,8 sec.

21. 7. Erste Weltmeisterschaften für Profi-Straßenradfahrer. Auf dem Nürburgring siegt der Italiener Alfredo Binda, der in diesem Jahr auch zum zweiten Mal – nach 1925 – den Giro d'Italia gewinnt.

28. 7. Weltrekord über 1500 m Freistil in 23:44,6 min durch die US-Amerikanerin Martha Norelius. Sie hält außerdem die Weltrekorde über 200 m, 400 m und 800 m.

7. 8. Bei den Deutschen Leichtathletikmeisterschaften der Frauen in Breslau Weltrekord über 800 m in 2:23,8 min durch Lina Radke-Batschauer.

2. 9. Bei den Schwimm-Europameisterschaften in Bologna schwimmt Arne Borg Weltrekord über 1500 m in 19:07,2 min.

4. 9. Weltrekord im Weitsprung durch Gertrud Gladitsch mit 5,62 m (→ 7. 8. 1927).

10. 9. In Philadelphia gewinnt sensationell Frankreich den Davis Cup durch ein 3:2 gegen die USA.

22. 9. In Chicago bleibt Gene Tunney Boxweltmeister aller Klassen durch einen Punktsieg nach zehn Runden über Jack Dempsey.

8. 10. Der deutsche Arbeiter-Turn- und Sportbund (ATSB) bricht die Beziehungen zur UdSSR ab. Damit ist die Spaltung der Arbeitersportbewegung in Deutschland endgültig vollzogen.

28. 10. Weltrekord durch den US-Amerikaner Walter Spence über 100 m Brust in 1:14,0 min in New York.

31. 10. Differenzen zwischen dem Exekutivkomitee des IOC und der Fédération Internationale de Football Association (FIFA) über die Regelung des Verdienstausfalls von Olympiateilnehmern.

26. 11. Entgegen einem Verbot der Deutschen Sportbehörde für Athletik für Auslandsstarts fährt der deutsche Mittelstreckler Otto Peltzer zu einer Wettkampfreise in die USA und nach Australien.

29. 11. Neuer Schachweltmeister wird in Buenos Aires der Russe Alexandr A. Aljochin nach einem 6+ /3–/25 = -Sieg über den Kubaner José Raúl Capablanca y Graupera.

1927. Erstmals Mitropa Cup im Fußball mit Mannschaften aus Österreich, Ungarn, der Tschechoslowakei, Jugoslawien, Italien und der Schweiz. Sieger: AC Sparta Prag.

George Allison kommentiert erstmals ein Fußballspiel in Großbritannien (Corinthians gegen Newcastle United) über den Rundfunk.

Sonja Henie, der neue Star

20. Februar 1927. Der norwegische »Eisfloh« hat sich in eine »Eisprinzessin« verwandelt. Aus dem »Häseken«, das amüsierte, wurde eine Eiskunstläuferin, die man nun in Oslo als Weltmeisterin feiert. Erstaunlich früh für eine 15jährige, trotz unzweifelhaft großer Begabung. Nicht erstaunlich allerdings, wenn man erfährt, daß sich bereits ein Manager dieses Talents angenommen hat. Hugo Quist, der auch den Läufer Paavo Nurmi betreut, wird aus der »Eisprinzessin« eine »Eiskönigin« machen.
Vermutlich hatte Quist seine Hand im Spiel, damit in Oslo die siebenköpfige Jury mit vier Norwegern besetzt wurde. So trübt ein Schatten den Sieg von Sonja Henie, der knapper nicht hätte ausgerechnet werden können. Mit Platzziffer 7 und 369,576 Punkten gewinnt sie den Titel vor der Österreicherin Herma Jarosz-Szabo, die Platzziffer 8 und 364,54 Punkte erhält.

Die neue Weltmeisterin im Eiskunstlauf: Sonja Henie aus Norwegen

In Wien wäre das Ergebnis für die sechsmalige Weltmeisterin zweifellos umgekehrt ausgefallen. Bei der Kür wußte Sonja noch nicht zu überzeugen. Aber zweifellos gehört ihr die Zukunft.

Pionier der Rundfunkreportage: Hans Sutter während eines späteren Fußball-Länderspiels in Zürich

Radioreportagen faszinieren die Massen

Ein neuer Beruf entsteht im Jahr 1927, der des Radio-Sportreporters. In Großbritannien kommentiert George Allison zum ersten Mal vom Spielfeldrand aus über den Rundfunk ein Fußballspiel.
Beim Fußball-Länderspiel der Schweiz gegen Schweden am 6. November in Zürich sitzt auf der Tribüne in einer eigens dafür eingerichteten Kabine der Journalist Hans Sutter und berichtet vor einem Mikrofon unmittelbar über den Spielverlauf. Der Erfolg ist überwältigend. Wenig später überträgt in der Schweiz Vico Rigassi Eishockeyspiele wechselweise in deutscher, französischer, italienischer und rätoromanischer Sprache und gewinnt damit eine Popularität wie kaum ein Sportstar.
Der Rundfunk hat den Sport entdeckt, um die Massen in seinen Bann zu schlagen. Anfang der 20er Jahre hatten erste Versuche bei Sportveranstaltungen kaum mehr als eine direkte Ergebnisübermittlung erbracht. Der Funkspruch war schneller als die Zeitungsnachricht. Der neue Stil der Radioreportage zieht den Rundfunkhörer in das Geschehen mit ein.

150 000 Menschen umjubeln Lindbergh, als er, von Brüssel kommend, auf dem Londoner Flughafen Croydon landet.

Lindbergh im Alleinflug über den Atlantik

21. Mai 1927. Die Welt feiert einen neuen Helden. Der 25jährige US-amerikanische Postflieger Charles A. Lindbergh beendet eine fliegerische Pioniertat. Mit ein paar Sandwiches, einer Tafel Schokolade und einer Thermosflasche Wasser überflog er den Atlantik. Am 20. Mai um 7.52 Uhr startete er in Long Island/New York. Nach 33 Stunden und 29 Minuten landet der einmotorige Eindecker »Spirit of St. Louis«, nachdem er 5800 km mit einer Durchschnittsgeschwindigkeit von 173 km/h zurückgelegt hat, mit den letzten Tropfen Benzin in Paris.

Auf dem Flughafen Le Bourget empfängt Lindbergh eine begeisterte Menschenmenge. Er trägt einen Straßenanzug mit einem Overall und wundert sich über den Riesenrummel. Ein Schneesturm hätte ihn auf offener See fast zur Umkehr gezwungen. Die Tragflächen vereisten. Er fror. Bis auf 3 m über das aufgewühlte Meer drückte er die Maschine hinab. Um ein Haar wäre er ebenso spurlos verschwunden wie zwei Franzosen wenige Wochen vor ihm. Jetzt ist er unsterblich.

Charles Augustus Lindbergh jr., geboren am 4. Februar 1902 in Detroit, begann ein Ingenieurstudium und besuchte 1922 eine Flugschule. Er zog mit einem Flugzirkus durch die Vereinigten Staaten, bis er sich den Kauf eines eigenen Flugzeuges leisten konnte. Für den Atlantikflug fand er Geldgeber in St. Louis.

Charles A. Lindbergh beim Verlassen seiner Maschine in Paris, wo ihn eine begeisterte Menschenmenge auf dem Flughafen Le Bourget empfängt. Er erhält den Raymond-Osteig-Preis in Höhe von 25 000 US-Dollar. Er wird vom französischen Staatspräsidenten Gaston Doumergue empfangen und mit dem Kreuz der Ehrenlegion ausgezeichnet. Er muß eine Bankgesellschaft mit der Wahrnehmung seiner geschäftlichen Interessen beauftragen und Heiratsanträge ablehnen.

Lindberghs »Spirit of St. Louis« im Hangar des Pariser Flughafens Le Bourget. Die einmotorige Maschine wird von französischen Soldaten bewacht.

Russe A. Aljochin Schachweltmeister

29. November 1927. Es ist der längste Wettkampf, der je um die Schach-Weltmeisterschaft ausgetragen wurde. Am 16. September setzten sich der Titelverteidiger José Raúl Capablanca y Graupera und sein Herausforderer Alexandr A. Aljochin in Buenos Aires ans Brett. Vereinbart worden war, daß der Sieg dem zufallen sollte, der sechs Partien gewinnt. Remispartien sollten nicht zählen. Sie summierten sich jedoch. 25mal trennten sich die Gegner unentschieden. Dreimal war Capablanca erfolgreich. Nach über acht Wochen muß er sich Aljochin am 29. November zum sechsten Mal geschlagen geben und den Weltmeistertitel abtreten.

Aljochin wurde am 1. November 1892 in Moskau geboren. 16jährig gewann er das allrussische Amateurturnier. Seinen ersten internationalen Turniererfolg errang er 1912 in Stockholm. Nach dem Ersten Weltkrieg ließ er sich in Paris nieder, promovierte in Jura und erwarb die französische Staatsbürgerschaft. Zahlreiche Turniererfolge zeigen ihn als einen Spieler, der Capablancas Präzision mit einer tiefgründigen Partieanlage und phantasievoller Spielweise vereint.

Max Schmeling holt EM-Titel

19. Juni 1927. Die hohen Erwartungen, die man in den Deutschen Meister im Halbschwergewicht, Max Schmeling, gesetzt hatte, erfüllten sich. Allein achtmal stieg er in diesem Jahr bereits in den Ring. Siebenmal verließ er ihn als K.-o.-Sieger, einmal als Punktsieger. Damit hatte er sich für einen Titelkampf um die Europameisterschaft qualifiziert.

In der Dortmunder Westfalenhalle beginnt Schmeling vor 7000 Zuschauern gegen den belgischen Titelverteidiger Fernand Delarge vorsichtig. Im Nahkampf zeigt der Belgier deutliche Vorteile. In der zehnten Runde hat sich Schmeling auf seinen Gegner eingestellt und erzielt die ersten schweren Treffer. In der elften Runde wird Delarge am Auge verletzt. Jetzt hat Schmeling das Heft des Kampfes in der Hand. Zur 15. Runde tritt Delarge nicht mehr an. Schmeling ist Europameister, als erster deutscher Boxer.

Nürburgring wird Motorsport-Attraktion

18. Juni 1927. Dem Motorsport wird in der Eifel nach 24 Monaten Bauzeit eine Rennstrecke feierlich übergeben, die in der ganzen Welt nicht ihresgleichen findet. Der Rundkurs von 28,29 km Länge besteht aus einer Nordschleife von 22,835 km und einer für Motorradrennen vorgesehenen Südschleife von 7,741 km Länge. Die Straßenbreite reicht von 8 bis 20 m. Die Fahrer haben insgesamt 89 Links- und 85 Rechtskurven, Steigungen bis zu 27 % und Abfahrten bis zu 11 % zu meistern.

Das Projekt entstand auf Initiative des Landrats des Kreises Adenau, Creutz, mit dem Ziel, in einer armen, abgelegenen Gegend Arbeits- und Verdienstmöglichkeiten für die Bevölkerung zu schaffen. Die kreuzungsfreie »Prüfungsstraße« gilt auch als ein Versuchsobjekt für neue Methoden im Straßenbau bei den modernen Verkehrsverhältnissen. Sie steht gegen Entgelt jedermann für Probefahrten zur Verfügung.

Am 19. Juni 1927 wird der Nürburgring mit einem Motorrad- und einem Sportwagenrennen eröffnet. Als erster Sieger in der Sportwagenklasse bis 5000 ccm wird Rudolf Caracciola auf einem Mercedes 680 S abgewunken.

△ Start und Ziel des Nürburgrings in der Eifel mit dem Fahrerlager an der Südkurve.

◁ Die erste Startreihe beim ersten Sportwagenrennen auf dem Nürburgring. Mit Nummer 1 der spätere Sieger des Rennens, Rudolf Caracciola

Erste Rad-WM auf dem Eifel-Rundkurs

21. Juli 1927. Kaum eingeweiht, finden auf dem Nürburgring die ersten Straßen-Weltmeisterschaften der Berufsradfahrer statt. Sie starten zusammen mit den Amateuren und merken bald, warum man diese Strecke »grüne Hölle« nennt.

Der Italiener Alfredo Binda, erster Straßenweltmeister der Professionals, siegte zuvor auch im Giro d'Italia, den er bereits 1925 gewann. Als »Campionissimo« folgt er dem tödlich verunglückten Ottavio Bottecchia.

Die 18 % Steigung der »Hedwigshöhe« schaffen mit dem Rad nur die beiden Italiener Alfredo Binda und Constante Girardengo. Sie machen auch den Sieg unter sich aus. Binda erreicht nach 182,48 km das Ziel in 6:37:29,4 h, Girardengo sieben Minuten später. Der Belgier Jean Aerts wird als Fünfter Amateur-Weltmeister. Bester deutscher Teilnehmer ist Rudolf Wolke als Sechster. Von 55 Fahrern kommen nur 15 an. Der Sieger Binda erhält 1250 Franc in Gold als Siegespreis.

Leichtathletinnen bereiten sich auf Olympia vor

7. August 1927. An den Olympischen Spielen in Amsterdam dürfen im nächsten Jahr nicht nur die deutschen Sportler wieder teilnehmen, sondern erstmals auch Frauen in den leichtathletischen Disziplinen. Bei den diesjährigen Deutschen Leichtathletikmeisterschaften in Breslau meldet Lina Radke-Batschauer mit einem Weltrekord über 800 m (2:23,8 min) ihren Anspruch auf eine Medaille an. »Im Winter«, erklärt sie ihre Leistung, »halte ich mein Training so, daß Gymnastik sich mit Waldläufen abwechselt. Im Sommer laufe ich Stil- und Temporunden.«

Weltrekorde stellten in diesem Jahr bereits die Hürdenläuferin Eva von Bredow und die Speerwerferin Anneliese Hargus (am 12. 6. in Berlin) auf. Am 4. September folgt ein weiterer Weltrekord der Weitspringerin Gertrud Gladitsch.

Anneliese Hargus, die mit 37,57 m einen Speerwurf-Weltrekord aufstellt

Start zum 800-m-Lauf bei den Deutschen Leichtathletikmeisterschaften der Frauen, den Lina Radke-Batschauer im Breslauer Stadion gewinnt

Eva von Bredow wird mit 1,41 m Siegerin im Hochsprungwettbewerb.

Arne Borg: Der Welt wunderbarster Rekord

2. September 1927. Europameisterschaften der Schwimmer in Bologna. Der schwedische Wunderschwimmer Arne Borg schwimmt mit 19:07,2 min einen Fabelweltrekord über 1500 m. Bei den Olympischen Spielen 1924 in Paris hatte es für den 25jährigen Borg mit 20:41,4 min über diese Distanz nur zur Silbermedaille gereicht. Der österreichische Sportjournalist Willy Meisl kommentiert Borgs Leistung begeistert in der »Berliner Illustrierten«: »Die Zeiten haben sich geändert, auch die Rekordzeiten. Im Lauf der Leichtathleten zeigt sich dies nicht einmal so deutlich wie bei den Schnellschwimmern. In dem Tempo, in dem man früher froh war, 100 m durchzuhalten, fegt man heute über die 1500-m-Strecke. ›Man‹, das heißt freilich vorläufig nur Arne Borg und vielleicht – in gemessenem Abstand – Andrew Charlton, der ›Boy‹ aus Australien. Arne Borg schwimmt am schnellsten, wenn wirkliche Wut ihn antreibt. Im Zorn überbietet er sich selbst, ist ihm buchstäblich nichts unerreichbar. Im Vorjahr hatte der Ungar Barany ihn über die 100 m geschlagen. In einem Interview erklärte Barany, Borg verstehe von der Technik des Schnellschwimmens nicht viel. Diese Äußerung veranlaßte Borg überhaupt erst, nach Bologna zu den Europameisterschaften im Schwimmen zu reisen. Dort gewann er alle Freistil-Wettbewerbe und stellte einen Europa- und zwei Weltrekorde auf. Er kam allerdings aus der Wut erst gar nicht heraus.

Arne Borg bei seinem »wunderbarsten Rekord« in Bologna

In einem Wasserballspiel gegen Frankreich wurden ihm vier Stiftzähne eingeschlagen, und mit diesen fehlenden Zähnen zerbiß er sozusagen den Weltrekord über die 1½ Kilometer. Er ging in einem Tempo an, das, auf die Leichtathletik angewandt, etwa dasselbe bedeutete, als ob Nurmi bei einem 5000-m-Lauf die ersten 100 m in 10,8 und 400 m in 49 sec passierte und 1500 m in 3:52. Von 200 m an war Borg schneller als alle europäischen Landesrekorde über die betreffenden Strecken, von 800 m an schwamm er eine einzige Reihe fabelhafter Weltrekorde. Am deutlichsten tritt seine schier menschenunmögliche Leistung für den Laien in der 800-m-Zwischenzeit von 10 min 9 sec zutage. Es gibt keinen Schwimmverein der Welt, dessen stärkste 4-Mann-Staffel diese Zeit zu schwimmen vermöchte, und selbst bei den Olympischen Spielen in Paris wäre Herr Arne allein im Wettbewerb der Länderstaffeln noch Vierter geworden. Nehmen wir an, er hätte 1600 m statt 1500 m zu schwimmen gehabt, dann hätte er, wie seine Endzeit dartut, die zweiten 800 m um nur 5,7 sec langsamer zurückgelegt als die ersten, er hätte also über 1600 m jede Vereinsstaffel der Welt mit acht Mann geschlagen. Elf neue Landesrekorde wurden in seinem Kielwasser mit fortgerissen.«

Helen Wills wird »neue Tenniskönigin«

Juli 1927. Sie war in Paris 1924 Olympiasiegerin, in Abwesenheit der »göttlichen Suzanne«. Und sie wird nun erstmals Wimbledonsiegerin, ebenfalls in Abwesenheit der Lenglen. Im Endspiel schlägt sie die Spanierin Lili de Alvarez 6:2, 6:4. Die Reporter nennen Helen Wills »Miss Pokerface«. Die Fans sprechen von »Königin Helen«. Beides ist nicht unzutreffend. Sie verzieht beim Spiel keine Miene, spricht kein Wort. Ihre Haltung ist unnahbar.

Einen Schiedsrichter, der ihr nach dem Sieg ein Küßchen auf die Wange drücken möchte, stößt sie angewidert weg. Ein Reporter des »New York Herald« schreibt über sie: »Sie ist stark, nicht zu beeindrucken und voller Gleichmut. Sie spielt ihr Tennis mit ruhiger und seriöser Überlegenheit und konzentriert sich dabei völlig auf ihre Tätigkeit. Dies ist ein Weg zum Sieg, aber sicherlich keiner, die Zuschauer zu begeistern.« Solches liegt »Königin Helen« durchaus fern.

Die US-Amerikanerin Helen Wills bei ihrem ersten Sieg in Wimbledon

Sie spielt ihr Spiel, und sie spielt nicht für die »Galerie«. Sie überrascht nicht mit bunten Kopftüchern, sondern führt das Sonnenschild-Stirnband auf dem Tennisplatz ein. Sie ist von Haus aus reich genug, um für ihr Tennisspiel kein Geld zu kassieren. Sie verdient jedoch an einem anderen Hobby, der Malerei. Ihre Bilder verkaufen sich gut. Mit Elisabeth »Bunny« Ryan, der langjährigen Partnerin der Lenglen, gewinnt Helen Wills in Wimbledon auch das Doppel. In Forest Hills gewinnt sie die US Open.

Kampf der Superlative: Tunney – Dempsey

22. September. Die Box-Weltmeisterschaft der Superlative, ein Ereignis, über das man noch jahrelang diskutieren wird. Auf dem Soldier's Field von Chicago ist die Hölle los. 104 943 Zuschauer toben und schreien. Der Ringrichter zählt, und bei »neun« steht Gene Tunney, der Weltmeister und Titelverteidiger, wieder kampfbereit. Aber er befand sich mindestens 14 Sekunden am Boden.

Was war geschehen? Was sagte doch Tunney, als man ihn nach seinem Erfolgsrezept fragte? »Grütze im Kopf ist ebenso wichtig wie Eisen in den Muskeln.« So war er auch im Revanchekampf (→ 23. 9. 1926) dabei, Dempsey methodisch auszupunkten. Doch in der siebten Runde schlug der »Schmiedehammer« ein. Tunney fiel wie vom Blitz getroffen um. Der Ringrichter begann zu zählen. Doch Dempsey ging nicht in seine Ecke! Der Ringrichter unterbrach, ermahnte Dempsey und begann von neuem. Das rettete Tunney. Ist es nicht ausgleichende Gerechtigkeit, wenn man an die Sekunden denkt, die Dempsey gegen Luis Angel Firpo geschenkt wurden.

Sollte dies in der achten Runde die vorzeitige Entscheidung im ausverkauften Soldier's Field von Chicago gewesen sein? Dempsey (in der schwarzen Hose) trifft Tunney mit einem Körperhaken. Doch alles sollte anders kommen: klarer Punktsieg nach zehn Runden. Der alte und neue Weltmeister Gene Tunney erhält für seinen Sieg über den Mann mit der deutlich größeren Reichweite 1,25 Mio. US-Dollar.

1928

11.-19. 2. In Sankt Moritz zweite Olympische Winterspiele mit 491 Teilnehmern aus 25 Ländern.

19. 2. Geschwindigkeitsweltrekord für Automobile durch Malcolm Campbell mit seinem »Bluebird« in Daytona Beach/Florida mit 333,061 km/h.

4. 3. In Sankt Anton erstmals Arlberg-Kandahar-Rennen. Auftakt zum alpinen Skisport auf Initiative des Briten Arnold Lunn und des Österreichers Hannes Schneider.

28. 3. Franz Romer startet in Portugal zu einer Atlantiküberquerung im Faltboot. Am 30. Juli erreicht er Sankt Thomas. Am 14. September stirbt er auf der Weiterfahrt.

4. 4. Max Schmeling wird durch einen knappen Punktsieg nach 15 Runden über Franz Diener Deutscher Meister im Box-Schwergewicht.

15. 4. Lotte Mühe schwimmt in Magdeburg Weltrekord über 200 m Brust in 3:15,9 min.

28. 4. Weltrekord im Stabhochsprung durch Lee Barnes in Fresno mit 4,30 m.

5. 5. Einweihung des Deutschen Sportforums auf dem Gelände des Grunewald-Stadions in Berlin in Anwesenheit von Reichspräsident Paul von Hindenburg.

12. 5. Weltrekord über 400 m durch den US-Amerikaner Emerson Spencer mit 47,0 sec in Palo Alto.

26. 5. Beginn der Spiele der IX. Olympiade in Amsterdam (am 28. 7. offiziell eröffnet) mit 2971 Teilnehmern aus 46 Ländern (bis 12. 8.).

29. 5. Die Fédération Internationale de Football Association (FIFA) beschließt in Amsterdam, 1930 erstmals eine Fußball-Weltmeisterschaft auszurichten. Veranstaltendes Land: Uruguay.

3. 6. Eine deutsche 4x100-m-Staffel mit Arthur Jonath, Richard Corts, Hubert Houben, Helmut Körnig läuft in Berlin Weltrekord in 40,8 sec.

10. 6. Weltrekord von Lotte Mühe in Magdeburg über 100 m Brust in 1:26,6 min.

23. 6. Als erste Frau erreicht die Südafrikanerin Marjorie Clarke im Hochsprung in London 1,60 m.

Die USA verlieren die Davis-Cup-Herausforderungsrunde gegen Frankreich im Roland-Garros-Stadion in Paris 1: 4.

Juli. Der Luxemburger Nicolas Frantz gewinnt zum zweiten Mal die Tour de France.

1. 7. Weltrekord über 800 m in Brieg durch Lina Radke-Batschauer mit 2:19,6 min.

4. 7. Weltrekord durch Morgan Taylor in Philadelphia über 400 m Hürden in 52,0 sec.

14. 7. Weltrekord über 800 m durch den Franzosen Sera Martin in Paris mit 1:50,6 min.

15. 7. Lotte Mühe verbessert ihren Weltrekord über 200 m Brust in Berlin auf 3:11,6 min.

Rudolf Caracciola siegt auf Mercedes-Benz beim zweiten Großen Preis von Deutschland auf dem Nürburgring.

26. 7. Gene Tunney verteidigt in New York seinen Weltmeistertitel im Schwergewichtsboxen gegen Tom Heeney durch K. o. in der elften Runde. Er erklärt wenig später seinen Rücktritt.

29. 7. Vor 50 000 Zuschauern in Hamburg wird der Hamburger SV durch einen 5:2-Endspielsieg über Hertha BSC Berlin Deutscher Fußballmeister.

5. 8. Gründung der Fédération Internationale Amateur d'Handball (FIAH) in Amsterdam.

12.–22. 8. In Moskau erste Sommer-Spartakiade der Roten Sport-Internationale (RSI) als kommunistische Gegenveranstaltung zu den Olympischen Spielen. Einziger deutscher Sieger ist der Ringer Werner Seelenbinder.

15. 8. Der Schwede Erik Lundkvist wirft in Stockholm erstmals den Speer über die 70-m-Marke mit 71,01 m (→August 1928).

19. 8. Helmut Körnig läuft in Berlin einen Europarekord über 200 m in 20,9 sec, der 26 Jahre Bestand hat.

26. 8. Emil Hirschfeld übertrifft im Kugelstoßen erstmals die 16-m-Grenze nach einer Weltrekordserie in Bochum mit 16,04 m (→August 1928).

9. 9. Der Franzose Louis Chiron gewinnt auf Bugatti den Großen Preis von Italien auf der Monza-Bahn. Der Italiener Materassi rast ins Publikum und tötet 23 Zuschauer.

Sylvio Cator aus Haiti springt in Paris Weltrekord mit 7,93 m.

7. 10. Paavo Nurmi läuft in Berlin einen Stundenweltrekord mit 19 210 m. Dabei verbessert er auch den Weltrekord über 15 000 m und über zehn Meilen.

1928. Die US-Amerikanerin Helen Wills, »Miss Pokerface«, gewinnt erstmals in einer Saison alle großen Tennis-Titel: Zum zweiten Mal das Damen-Einzel in Wimbledon, zum fünften Mal den US-Titel im Damen-Einzel und zum ersten Mal die Internationalen Meisterschaften von Frankreich.

In Italien erstmals Mille Miglia, das größte Rundstreckenrennen für Sportwagen, mit Start und Ziel in Brescia.

Aus Protest gegen die strikte Auslegung der Amateurstatuten tritt England erneut aus der Fédération Internationale de Football Association (FIFA) aus (→April 1920).

Für den Transfer von David Jacks von den Bolton Wanderers zum FC Arsenal wird erstmals die Rekordsumme von 10 000 britischen Pfund gezahlt.

2. Olympische Winterspiele

11. bis 19. Februar 1928. Die 2. Olympischen Winterspiele sind die ersten, auf die man sich planmäßig vorbereiten konnte. Die Schweizer Organisatoren und die Gemeinde von Sankt Moritz gaben sich die größte Mühe, einen mustergültigen Verlauf sicherzustellen. Das Wettkampfprogramm ist das gleiche wie vier Jahre zuvor, doch die Beteiligung und das Zuschauerinteresse sind ungleich größer (→24. 1. bis 4. 2. 1924).

Zum Schrecken der Veranstalter und zum Nachteil der Sportler werden diese Winterspiele aber durch ungewöhnliche Witterungsverhältnisse stark beeinträchtigt. Seit Menschengedenken ist die zweite Februarwoche im Hochtal des Engadin die schneesicherste des ganzen Jahres. Daher hatte man nach Prüfung der Statistiken diesen Termin ausgewählt. Aber diesmal gibt es einen Tauwettereinbruch und sogar Regenfälle. Die Zeiten der Ski- und Eisschnelläufer leiden unter nassem Schnee und weichem Eis.

Offizielles Plakat der Spiele in Sankt Moritz. Bei diesen Winterspielen stellten die Veranstalter erstmals ein Ärzteteam zusammen, das Untersuchungen über die Beanspruchung des Körpers bei sportlichen Höchstleistungen in einer Höhenlage von 1800 m durchführt. Neben dem Ziel wurde eine Baracke aufgestellt, die u. a. mit einer Röntgenapparatur und einem Elektrokardiographen ausgerüstet ist. Der Ergebnisbericht kommt zu dem Schluß, daß einem gesunden, gut trainierten Körper Höchstleistungen auch in Hochlagen zumutbar sind.

Die Eröffnungsfeier. Den olympischen Eid spricht der Schweizer Hans Eidenbenz, der in der Nordischen Kombination den 19. Rang erreicht.

Johan Gröttumsbraaten im Ziel des 18-km-Langlaufs. Er gewinnt mit solchem Vorsprung, daß ihm auch der Sieg in der Nordischen Kombination sicher ist.

»Skikönig« Gröttumsbraaten

17./18. Februar 1928. Vor vier Jahren stand der Norweger Johan Gröttumsbraaten in Chamonix noch im Schatten des »Skikönigs« Thorleif Haug. Immerhin hatten ein zweiter Platz im 18-km-Lauf und zwei dritte Plätze im 50-km-Lauf und in der Nordischen Kombination seine Klasse angezeigt. In der Kombination, dem wertvollsten nordischen Wettbewerb, tritt er, wie am Holmenkollen, auch in Sankt Moritz die Nachfolge von Haug an. Fast wäre der Wettbewerb wegen strömenden Regens buchstäblich ins Wasser gefallen. Doch in der Nacht vor dem 18-km-Lauf sanken die Temperaturen unter den Gefrierpunkt. Die Streckenführung wird geändert, vermutlich auf 20 km, aber niemand mißt das nach. Gröttumsbraaten gewinnt mit solchem Vorsprung, daß er beim Skispringen nicht mehr gefährdet werden kann. Er siegt vor seinen Landsleuten Vinjarengen und Snersrud. Bester Mitteleuropäer ist der Deutsche Ludwig Boeck.

Kein Risiko braucht Gröttumsbraaten mehr beim Springen einzugehen.

Per Erik Hedlunds einsamer 50-km-Lauf

14. Februar 1928. Schon unter normalen Bedingungen ist die Strecke des 50-km-Langlaufs schwer genug. Ein schwieriges Gelände, Steigungen von insgesamt 1200 m bis zu 2100 m Höhe verlangen den Läufern alles ab. Als starker Föhn einsetzt und die Sonne vom Himmel sticht, quälen sich die Läufer durch den nassen Schnee. 11 von 41 geben das zermürbende Rennen auf, darunter zwei Finnen. Wer zum falschen Wachs griff, bleibt chancenlos, so die favorisierten Norweger.

Die Schweden haben ihre Skier noch am besten präpariert. Dennoch braucht der Sieger Per Erik Hedlund die längste Zeit, die jemals ein Olympiasieger über 50 km lief. Da er als einer der ersten Läufer startet, rennt er über 30 km allein durch die Loipe, ohne jemals einen Gegner in Sichtweite zu haben, den er jagen könnte, oder hinter sich einen Verfolger zu spüren. Als einziger erreicht er mit 4:52:03,0 h eine Zeit unter fünf Stunden. Die nächstschnellsten Läufer, auch zwei Schweden, distanziert Hedlund um eine Viertelstunde. Wer von den restlichen Teilnehmern unter sechs Stunden ins Ziel gelangt, bucht noch eine gute Zeit. Den Ärzten bietet sich vorzügliches Studienmaterial. Hedlund wirkt, das wird hervorgehoben, als er das Ziel erreicht, noch erstaunlich frisch. Die deutsche Mannschaft verzeichnet als Erfolg, daß Otto Wahl als bester Mitteleuropäer auf Platz zehn einkommt.

Fast durchweg im Alleingang bestreitet der Schwede Per Erik Hedlund den 50-km-Lauf bei schwierigsten Wetterbedingungen. Er bestätigt die Untersuchungen der Ärzte, die für Höchstleistungen in Höhenlagen das Alter von 24 bis 32 Jahren ermittelt hatten. Hedlund ist 31 Jahre alt. Im Ziel wirkt er trotz der Strapazen erstaunlich frisch.

Clas Thunbergs verlorene Siege

13./14. Februar 1928. Das Wetter und das Lospech bringen den Finnen Clas Thunberg um den Ruhm, als größter Eisschnelläufer aller Zeiten in die Sportgeschichte einzugehen. Bei regulären Verhältnissen hatte er in Chamonix 1924 Goldmedaillen über 1500 m, 5000 m und in der damals noch gesonderten Vierkampfwertung erlaufen. Eine Silbermedaille über 10 000 m und eine Bronzemedaille über 500 m kamen hinzu. In Sankt Moritz beginnt er sensationell mit einem Sieg über den norwegischen Weltrekordler Roald Larsen über 500 m. Im letzten Lauf gelingt es dem Norweger Bernt Evensen, Thunbergs olympischen Rekord von 43,4 sec zu egalisieren. So gibt es Gold für beide.

Ivar Ballangrud (Norwegen), Sieger im Eisschnellauf über 5000 m

Herrschte bei den Sprints am Vormittag schon leichtes Schneetreiben, blieben die Bedingungen doch für alle gleich. Ab Mittag verschlechtert sich jedoch das Wetter. Sturmböen kommen auf, das Eis wird weich. Für Thunberg, der als zwölfter starten muß, ist keine annehmbare Zeit mehr möglich.

Am nächsten Tag gibt es ein spannendes Duell zwischen Thunberg und Evensen über 1500 m, das der Finne auf der Zielgeraden für sich entscheidet und sich damit den Olympiasieg sichert. Denselben Erfolg über 10 000 m verhindern fußhohe Wasserlachen auf der Bahn. Der Wettbewerb wird abgebrochen und kann auch nicht mehr nachgeholt werden.

Gruppenbild mit Eiskunstläuferinnen. Was sie im Wettbewerb zeigen, gehört zu den Höhepunkten der Winterspiele.

Erstes olympisches Gold für Sonja Henie

14. bis 17. Februar 1928. Die Wettbewerbe im Eiskunstlauf leiden zwar unter dem schlechten Eis, bei den Damen noch mehr als bei den Herren, doch nicht unter den Leistungen der Teilnehmer. Die unebensten Stellen auf der Eisfläche werden durch Bänder abgegrenzt. Das zwingt bei den Kürläufen zu einigen Improvisationen, die aber letztlich das eindrucksvolle Gesamtbild nicht trüben.

Bei den Herren verteidigt der schwedische Meister Gillis Grafström seine führende Position abermals gegen den derzeitigen Weltmeister Willy Böckl aus Österreich. Noch ein anderer Österreicher weiß zu gefallen, der Wiener Karli Schäfer. Er wird Vierter. Grafström, ein würdiger Nachfolger des unvergessenen Ulrich Salchow, besticht durch seine Sicherheit in der Pflicht und die Fehlerlosigkeit seiner Kür. Böckl läuft kraftvoller und dynamischer, damit aber auch riskanter. Bei den gegebenen Eisverhältnissen sind daher Unsauberkeiten unvermeidlich. Der österreichische Preisrichter setzt ihn gleichwohl auf den ersten Rang, Schäfer gar auf den zweiten, noch vor Grafström. Dieselbe Parteilichkeit läßt sein belgischer Kollege walten, der seinen Landsmann Robert van Zeebroeck auf den ersten Rang setzt und Grafström auf den dritten. Am Schluß siegt der Schwede denkbar knapp mit Platzziffer 12 vor Böckl mit 13. Dieses Ergebnis entspricht eher den tatsächlichen Kräfteverhältnissen der beiden Rivalen als den dargebrachten Leistungen.

Am Olympiasieg der Norwegerin Sonja Henie gibt es nichts zu deuteln. Von sieben Punktrichtern erhält sie Platzziffer 8 vor der Österreicherin Fritzi Burger mit Platzziffer 25. Auch mit der Punktzahl von 2452,25 liegt sie gegenüber der Zweiten, der Österreicherin Fritzi Burger mit 2248,50, überlegen vorne. Sowohl in der Pflicht als auch in der Kür schneidet sie am besten ab.

Das französische Paar Andrée Joly/Pierre Brunet gewinnt Gold im Paarlauf.

Skeletonfahrer locken Zuschauer

17. Februar 1928. Mehr als die Bobrennen, wo ohnehin nur zwei statt vier Fahrten durchgeführt werden, lockt das Skeletonfahren die Zuschauer an den berühmten Cresta Run. Eigentlich stürzen sich die Fahrer hier nur bäuchlings auf einem 50 kg schweren Schlitten die 1231 m lange schmale Eisrinne mit der Höhendifferenz von 167 m hinab, wobei sie angeblich Geschwindigkeiten bis zu 125 km/h erreichen.

Wer auf dem Cresta Run gewinnen will, muß schon alljährlich in Sankt Moritz seinen Winterurlaub beim Trainieren und Wettrennen verbringen. Wie etwa der Bahnrekordhalter, der britische Earl of Northesk, oder die US-amerikanischen Brüder Jennison und John Heaton. Diese machen nach drei Fahrten die Medaillen untereinander aus, wobei sich der Earl wegen eines Fahrfehlers in der großen Kurve mit dem dritten Platz hinter Jennison und John begnügen muß. Jennison distanziert John um eine Sekunde.

Erstes Arlberg-Kandahar-Rennen

4. März 1928. Im alpinen Skilauf gibt es zwar meisterliche Fahrer in der Schweiz, in Deutschland und Österreich, aber nirgendwo nationale Meisterschaften.

Der erste internationale Wettbewerb im Abfahrtslauf, Slalom und Riesenslalom wird auf Betreiben des Briten Arnold Lunn und des Österreichers Hannes Schneider bei Sankt Anton durchgeführt. Der Name des Rennens, Arlberg-Kandahar, geht auf den Stifter des Pokals, Frederick Leigh Earl Robert of Kandahar, zurück.

Die alpinen Wettkämpfer versammeln sich Punkt 8 Uhr am Startplatz. Dort legt man aufgrund der gerade herrschenden Schneeverhältnisse die Startreihenfolge fest. Im Slalom gibt es je einen Durchgang auf weichem Schnee und auf harter Piste. Am meisten ist darauf zu achten, daß keiner auf dem Skistock »reitet«. Gewertet wird die Kombination. Es siegt Benno Leubner. Wo der erste Arlberg-Kandahar-Sieger den alpinen Skilauf erlernte? Als Mitwirkender bei einem der ersten Skifilme, »Der große Sprung« von Arnold Fanck.

Sommerspiele der IX. Olympiade in Amsterdam eröffnet

28. Juli 1928. Ganz Amsterdam prangt im Flaggenschmuck. Für das neuerbaute Olympiastadion erhält der Architekt Jan Wils die Goldmedaille im olympischen Kunstwettbewerb. Es faßt 40 000 Zuschauer. Doppelt so viele wollen an diesem Tag die Eröffnungsfeier der IX. Olympischen Sommerspiele sehen. Das Stadion liegt nicht weit vom Stadtzentrum entfernt. Außer Segeln, Rudern und einigen Reitwettbewerben können alle Sportarten in seinem Umkreis abgewickelt werden. Das ist ein großer Vorteil gegenüber früheren Olympischen Spielen. Einen Nachteil brocken sich die Veranstalter selbst ein. Sie vergeben die Fotorechte exklusiv an eine Firma. Aber Fotografieren ist ein neues Hobby der Massen. Die Besucher müssen ihre Apparate an den Kassen abgeben. Das gibt viel Ärger. Die Jagd der Polizei nach illegal belichteten Filmen nimmt skandalöse Ausmaße an. Zuletzt verweigert die Firma die Lizenzsumme, weil ihr Monopol nicht gewahrt blieb.

△ Das Olympiastadion in Amsterdam beim Einzug der Mannschaften aus 46 Ländern. Die deutsche Mannschaft hat als dritte von rechts Aufstellung genommen. Manche Mannschaften bieten in Nationaltrachten ein farbenfrohes Bild.

◁ Den olympischen Eid spricht im Namen aller Teilnehmer der niederländische Fußball-Internationale und Standardverteidiger Harry Denis.

▽◁ Die deutsche Mannschaft beim Einmarsch. Sie fällt durch ihren exakten Gleichschritt auf. Die Fahne trägt der Wetzlarer Paulus.

Der neue IOC-Präsident Henry Graf de Baillet-Latour erkärt zu den Spielen: »Man muß gegen die überbordende Begeisterung der Massen ankämpfen, die natürlich eine Vorliebe fürs Schauspiel haben, und darf deshalb die Erziehung der Zuschauer nicht vernachlässigen, die im sportlichen Geist erzogen werden müssen, so zwar, daß sie ihre Anerkennungsäußerungen nicht bloß für ihre Landsleute reservieren, sondern der besten Leistung Beifall zollen lernen.« Die selbsternannten Erzieher glauben immer noch, den Sport fest im Griff haben zu müssen. Es ist ein Gedanke aus dem 19. Jh., über den die Zeit hinweggeht. (Abb.: Das offizielle Plakat der Sommerspiele der IX. Olympiade strahlt nach zehn Jahren Frieden Optimismus aus.)

Verpatzte Staffel

Näher an einer Goldmedaille waren die deutschen Sprinter noch nie. Georg Lammers, der Dritte über 100 m, Helmut Körnig, der Dritte über 200 m, Richard Corts, der Lammers schon schlug, und Hubert Houben, der jeden Sprinter schlagen kann, das muß die schnellste Staffel der Welt sein. Läuferisch ist sie es wohl auch. Aber zu einem erfolgreichen Staffellauf gehören drei perfekte Wechsel. Über 4 x 100 m am 5. August 1928 klappt der erste, der zweite noch besser, der dritte zwischen Houben und Körnig geht daneben. Aus der Traum vom Gold.

◁ Start zur 4 x 100-m-Staffel der Herren. Der Deutsche Lammers auf der vierten Bahn (3. v. l.)

Paavo Nurmi erreicht in Amsterdam Leistungsgrenze

4. August 1928. Schon im Vorlauf des 3000-m-Hindernislaufs sah jeder, daß Paavo Nurmi von Hürdentechnik keine Ahnung hat. Er versuchte es mit einer Art Hochsprung, aber so, wie kein Hochspringer zu springen pflegt. Als er an den Wassergraben kam, fiel er in voller Länge hinein. Der Franzose Duquesne konnte das nicht mitansehen. Er stoppte ab und half dem berühmten Finnen wieder auf die Beine. Nurmi bedankte sich, indem er Duquesne im Vorlauf schlug.

Im Endlauf passiert dasselbe. Doch diesmal sucht Duquesne seine Chance zu nutzen. Er wird Sechster. Nurmi gleicht seine Handicaps an den Hindernissen im Lauf wieder aus. Aber zur Goldmedaille langt es doch nicht. Diese muß er seinem Landsmann Toivo Loukola überlassen, der sich ganz auf den Hindernislauf spezialisiert hat. Am Tag zuvor mußte sich Nurmi ebenfalls einem Landsmann geschlagen geben. Den 5000-m-Lauf gewann Ville Ritola. Über dieses Ergebnis wird viel gerätselt. Allgemein glaubt man an eine Absprache. Willy Meisl, einer der bekanntesten österreichischen Sportjournalisten, geht der Sache nach: »Allzu leicht ließ der »Fliegende Finne« seinen Landsmann auf der letzten Geraden davonlaufen, allzu oft hatte die finnische Führung schon die Hand im Spiel gehabt. Überdies hatte Nurmi, was er im 10 000-m-Lauf peinlichst vermied, diesmal auf der Strecke lange geführt. Man hatte ihn lachen gesehen, alles ungewohnte Zeichen, die Mißtrauen weckten. Wollte vielleicht Finnland, daß Ritola zu einer Goldmedaille kam? Und hatte sich Nurmi am Ende absichtlich schlagen lassen? Auch ich hatte das Gefühl, daß dem so war, bis ich Nurmi nach dem Rennen auf dem Rücken auf dem Stadionrasen liegen sah, sichtlich erschöpft und einiger Ruhe bedürftig. Noch nie hat Nurmi vor Zuschauern solche Schwächen gezeigt, immer hatte er den Anschein der Unberührtheit nach noch so großer Leistung aufrecht erhalten. Später sprach ich mit beiden Meistern und einigen finnischen Führern. Es war keine abgekartete Sache gewesen.« Souverän hatte Nurmi am 29. Juli den 10 000-m-Lauf gewonnen. Da war er der Unbesiegbare gewesen, wie eh und je. Vergebens hatten Ritola und Edvin Wide Tempo zu machen versucht. Nurmi hatte mühelos mitgehalten. Und seinem Endspurt war keiner mehr gewachsen gewesen. Mit olympischem Rekord erlief Nurmi die neunte Goldmedaille.

Die olympische Erfolgsbilanz des finnischen Wunderläufers

1920	5 000 m	15:00,0 min Silbermedaille
	10 000 m	31:45,8 min Goldmedaille
	8 000 m Cross	27:15,0 min Goldmedaille-Einzelwertung
	8 000 m Cross	27:15,0 min Goldmedaille-Mannschaft
1924	1 500 m	3:53,6 min Goldmedaille
	5 000 m	14:31,2 min Goldmedaille
	10 650 m Cross	32:54,8 min Goldmedaille-Einzelwertung
	10 650 m Cross	32:54,8 min Goldmedaille-Mannschaft
	3 000 m Team	8:32,0 min Goldmedaille-Mannschaft (1.)
1928	10 000 m	30:18,8 min Goldmedaille
	5 000 m	14:40,0 min Silbermedaille
	3 000 m Hindernis	9:31,2 min Silbermedaille

Nurmis Probleme am Wassergraben kosten ihn die Goldmedaille.

Nurmi siegt im 10 000-m-Lauf. Noch liegt er allerdings hinter Ritola.

Ville Ritola, der in den USA lebt, bezwingt Nurmi im 5000-m-Lauf.

Der Algerier El Quafi, der überraschende Marathonsieger

Der irische Hammerwerfer O'Callaghan siegt mit dem letzten Wurf.

Die Kanadierin Ethel Catherwood gewinnt mit Weltrekord.

Erste Goldmedaille für die deutsche Leichtathletik durch Lina Radke

Staunender Sieger im Marathonlauf

5. August 1928. Wie siegt man im Marathonlauf? Offenbar am sichersten, wenn man läuft und läuft und läuft und keine Ahnung hat, wo man sich befindet. Der 29jährige Kolonialfranzose Mohamed El Quafi, vier Jahre zuvor in Paris noch Siebter, hat niemanden an der Strecke, der ihm Bescheid gibt, wie er diesmal im Rennen liegt. Weil er sich noch recht frisch fühlt, legt er Tempo zu und wundert sich, daß er niemanden überholt. Er wunderte sich noch, als er das Zielband zerreißt.

Ein Greenhorn von der Grünen Insel

30. Juli 1928. Es ist nichts Neues, daß die besten Hammerwerfer aus Irland kommen. Aber daß einer mit 23 Jahren zum ersten Mal einen Hammer schwingt und ein Jahr später Olympiasieger wird, das gab es noch nicht. Patrick O'Callaghan aus Kanturk gelingt dieses unerwartete Kunststück, noch dazu, als niemand mehr damit rechnet. Denn der Schwede Ossian Skiöld führt mit 51,29 m, und so weit kam O'Callaghan noch nie. Bis er im allerletzten Wurf 10 cm weiter wirft.

»Miss Olympia« Olympiasiegerin

5. August 1928. Es gibt zwar keinen Wettbewerb, in dem man eine »Miss Olympia« kürt, aber in einer Schönheitskonkurrenz wäre die Kanadierin Ethel Catherwood nicht zu schlagen.

Wenn andere Hochspringerinnen zwischendurch Dehn- und Streckübungen machen, zieht Ethel einen Taschenspiegel und Lippenstift hervor und sorgt für ein makelloses Make-up oder spielt Mundharmonika. Im weniger attraktiven Schottenstil springt sie 1,59 m.

Lina Radke siegt im 800-m-Endlauf

2. August 1928. Im olympischen Endlauf über 800 m übernimmt die Japanerin Kinue Hitomi die Führung. Nach knapp 300 m schließen Marie Dollinger und Lina Radke-Batschauer zu ihr auf. Dann stürmt die schwedische Weltrekordlerin Inga Gentzel nach vorn, macht das Tempo in die letzte Runde hinein. 300 m vor dem Ziel zieht Lina einen scharfen Spurt an, die Schwedin fällt ab, doch die Japanerin kommt noch einmal stark auf. Sie treibt Lina zum Weltrekord in 2:16,8 min.

Die deutschen Damen dominieren im Fechtturnier

1. August 1928. Auch die »blonde He« ist allein dem Aussehen nach eine Werbung für den Frauensport. Die 17jährige deutsche Meisterin im Fechten, Helene Mayer, hat sich aber auch sportlich optimal vorbereitet. Sie besuchte jedes Turnier im Ausland, wo sie mit Gegnerinnen rechnete, die ihr auch in Amsterdam gegenüber stehen konnten. So kennt sie fast alle der 27 Teilnehmerinnen ziemlich gut.

Die Planchen beim Fechtturnier der Damen sind stets vom Publikum dicht umlagert. Nach den Vorrunden, in denen u. a. die dänische Titelverteidigerin von Paris, Ellen Osiier, ausschied, steht ein großer deutscher Erfolg bereits fest. Denn drei Deutsche stehen im Finale der letzten acht. Helene Mayer hat bisher nur ein Gefecht verloren, gegen die Britin Muriel B. Freeman. Im Finale schlägt sie auch diese und alle anderen Konkurrentinnen. Freeman wird mit sechs Siegen Zweite. Aber darauf folgen auf den nächsten Rängen die bereits 41jährige Offenbacherin Olga Oelkers mit vier Siegen und die Münchnerin Erna Sondheim mit drei Siegen. Oelkers kommt wie die »blonde He« aus der erfolgreichen Offenbacher Fechtschule Gazzera.

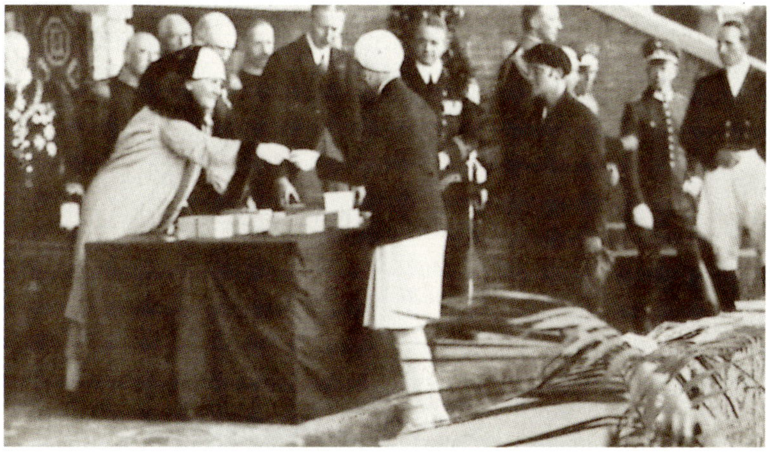

Helene Mayer empfängt die olympische Goldmedaille aus den Händen der niederländischen Königin Wilhelmina. Hinter ihr wartet Hilde Schrader.

17 Jahre alt ist die deutsche Olympiasiegerin im Florett-Einzel, H. Mayer.

Deutsches Fußball-Debakel in Amsterdam

3. Juni 1928. Es hatte so gut begonnen. Das erste Spiel der deutschen Fußballmannschaft am 28. Mai gegen die Schweiz, den Olympiafinalisten von 1924, lockte das Publikum in Massen herbei. Die deutsche Elf wies klangvolle Namen auf: Heiner Stuhlfauth, Hans Kalb, Georg Knöpfle, Ludwig Leinberger, Josef Pöttinger, Ludwig und Richard Hofmann, jeder Fan kennt sie. Und sie wurden ihrem Ruf gerecht. Nach einem fairen Spiel gewannen die Deutschen 4:0. Damit stieg die Spannung für das nächste Spiel. Denn die Olympiasieger von Paris, die Ballzauberer aus Uruguay, sind am 3. Juni die Gegner.

Die Südamerikaner tun sich mit dem selbstbewußten Spiel der athletischen Deutschen schwer. Die Aktionen sind auf beiden Seiten hektisch und nervös. Unglücklicherweise wird die Partie von einem ägyptischen Schiedsrichter geleitet, dem einige Abgründigkeiten des Fußballs fremd sind. Deutscher Härte begegnen die »Urus« mit versteckten Fouls. Als Pedro Petrone in der 36. Minute das Führungstor erzielt, läßt sich ausgerechnet der deutsche Mannschaftskapitän Kalb zu einem brutalen Foul hinreißen. Youssuf Mohamed stellt ihn, zu Recht, vom Platz. Gleich darauf erzielt Hector Castro das 2:0. Damit ist das Spiel eigentlich entschieden. Die zweite Halbzeit bietet nur noch ein unschönes Gewürge mit zwei Platzverweisen. Tore fallen noch durch Castro zum 3:0 (65. Minute), durch Richard Hofmann 3:1 (81. Minute) und durch Petrone zum 4:1 (84. Minute). Schwerer als die Niederlage drückt die deutsche Mannschaft der Vorwurf, wenig olympischen Geist bewiesen zu haben. Das kann weder durch die Schwäche des Schiedsrichters noch durch Tricks des Gegners entschuldigt werden.

Turbulenzen vor dem argentinischen Tor beim Endspiel gegen Uruguay

Nach zwei Endspielen gegen Argentinien (1:1/2:1) ist Uruguay Olympiasieger.

Die Hockey-Wundermannschaft aus Britisch-Indien. Noch besteht sie nicht gänzlich aus Indern, und für den Sieg wird die britische Flagge gehißt.

Stockkünstler aus Indien sorgen für Hockeysensation

Die Hockeyspieler eröffnen am 26. Mai 1928 die Olympischen Spiele fünf Wochen vor der offiziellen Eröffnungsfeier. Es fehlt unter den neun teilnehmenden Ländern überraschend der Titelverteidiger Großbritannien. Dafür tritt eine Mannschaft aus Britisch-Indien an, und damit erschließt sich eine neue Dimension des Hockeyspiels. Wie die Inder mit Schläger und Ball umgehen, das hat man in Europa noch nicht gesehen. Gleich den Kanadiern auf dem Eis, zaubern die Inder auf dem Rasen. Ihre fünf Spiele sind Lehrstunden: 5:0 gegen Dänemark, 9:0 gegen Belgien, 6:0 gegen die Schweiz, 6:0 gegen Österreich und 3:0, im Finale, gegen die Niederlande. Die deutsche Mannschaft kommt durch eine überraschende 1:2-Niederlage gegen die Niederlande um den Genuß einer indischen Hockeylektion und tröstet sich mit der Bronzemedaille.

Amsterdam 1928 in Stichworten

Die Sommerspiele der IX. Olympiade in Amsterdam beginnen am 26. Mai 1928, werden am 28. Juli offiziell eröffnet und enden am 12. August. 3014 Teilnehmer, darunter 290 Frauen, aus 46 Ländern. 123 Wettbewerbe in 15 Sportarten. Niederländische Regierung versagte finanzielle Unterstützung. Privatspenden ermöglichen die Durchführung der Spiele. Erstmals Entzünden des olympischen Feuers auf einem eigens errichteten Turm. **Leichtathletik:** USA knapp vor Finnland. Deutschland mit einer Gold-, zwei Silber- und sechs Bronzemedaillen achtbar. **Gewichtheben:** Fragwürdige Entscheidungen der Schiedsrichter infolge fehlender fester Regeln. Deutschland (2 G, 1 S) und Österreich (2 G) führend. **Ringen:** Finnland und Schweden verdrängen die USA und die Schweiz im Freistil. Griechisch-römisch Deutschland (1 G, 2 S, 1 B) am erfolgreichsten. **Boxen:** Krasse Fehlentscheidungen. Forderung, diese Sportart aus dem olympischen Programm zu streichen. **Fechten:** Hochklassiges Turnier. Im Florett und Degen Frankreich vor Italien. Ungarn gewinnt Vormachtstellung im Säbel zurück. **Moderner Fünfkampf:** Dominanz Schwedens mit Gold und Silber, Deutschland Bronze. **Reiten:** Glanzvolle Wettbewerbe. Deutschland in der Dressur, die Niederlande in der Military, Spanien im Jagdspringen führend. **Radfahren:** Je vier Medaillen für Dänemark, die Niederlande und Großbritannien. **Turnen:** Triumph der Schweiz. Danach Tschechoslowakei und Jugoslawien. **Schwimmen** und **Kunstspringen:** Die Hälfte der Medaillen an die USA. Überraschungssiege der Japaner. **Rudern:** Siege für sechs Länder. **Segeln:** Nur drei Bootsklassen, drei Länder siegen. Südamerika dominiert im **Fußball** mit Uruguay und Argentinien. Bronze für Italien. Danach unerwartet Ägypten. Bestbesetztes Turnier im **Hockey** mit sensationellem Auftreten Britisch-Indiens.

Magische Grenzen in der Leichtathletik überschritten

August 1928. Manche kommen durch die Olympischen Spiele erst in Schwung. Emil Hirschfeld zum Beispiel. Als Weltrekordler mit 15,79 m ging er ins olympische Kugelstoßen. Damit wäre er in Amsterdam Zweiter geworden, mit 15,72 m wurde er jedoch nur Dritter.
Der US-Amerikaner John Kuck holte sich mit 15,87 m nicht nur den Olympiasieg im Kugelstoßen, sondern auch den Weltrekord. Den wenigstens will Hirschfeld wiederhaben. Am 18. August stellt er in Berlin Kucks Weltrekord ein. Am 26. August wuchtet er in Bochum vor 10 000 Zuschauern die Kugel auf die »magische Grenze« von 16 m. Wenig später übertrifft er sie mit 16,04 m. Für Olympia zu spät.
Damit braucht der schwedische Speerwerfer Erik Lundqvist nicht zu hadern. Ihm reichten 66,60 m zum Olympiasieg. Im heimatlichen Stockholm wirft er dann am 15. August 70,10 m und 71,01 m.
Strittiger geht es bei den Damen zu. Da wurden die 1,59 m der Kanadierin Ethel Catherwood als Weltrekord im Hochsprung gebucht. Doch sie war bei den Ausscheidungen in Halifax bereits 1,60 m gesprungen. Die Niederländerin Carolina Gisolf war in Maastricht sogar über 1,607 m gekommen, und die Südafrikanerin Marjorie Clarke hatte bereits am 23. Juni in London 1,60 m erreicht.

Die Olympiasechste Marjorie Clark übersprang als erste Frau 1,60 m.

Olympiasieger Erik Lundqvist wirft als erster den Speer über 70 m.

Olympiadritter Emil Hirschfeld stößt die Kugel als erster über 16 m.

Olympia-Revanche von Körnig
Zwei Chancen auf eine Goldmedaille hat der deutsche Sprinter Helmut Körnig in Amsterdam vertan. Der Leistungsdruck hemmte ihn im 200-m-Lauf. Da mußte er sich mit Bronze begnügen. Beim 4x100-m-Endkampf brachte er die Staffel durch seinen Frühstart beim Wechsel um sicheres Gold. Bei einem internationalen Meeting am 19. August 1928 läuft Körnig (l.) im Berliner Grunewald-Stadion auf einer 600-m-Bahn über 200 m mit 20,9 sec Europarekord und ist damit schneller als Percy Williams.

Neue Tennis-Arena in Paris für die Davis-Cup-Sieger

Juli 1928. Die »vier Musketiere« René Lacoste, Jean Borotra, Jacques »Toto« Brugnon und Henri Cochet hatten im Vorjahr den Davis Cup nach Frankreich entführt. Beim nächsten Mal mußten die US-Amerikaner nach Paris kommen, wenn sie ihn wiederhaben wollten. Das Interesse nach dem französischen Sieg war riesengroß. Nur gab es keine Tennisanlage, die solch einem bedeutenden Anlaß gerecht wurde.
Die Pariser Stadtväter stellten am Rand des Bois de Boulogne ein 3 ha großes Gelände zur Verfügung. Die Finanzierung wurde gesichert. In einem Jahr entstand eine Anlage mit einem Centre Court, neun Aschenplätzen und zwei Hartplätzen. Sie wurde nach dem Klubmitglied von Stade Français, dem kurz vor Ende des Ersten Weltkriegs gefallenen Flieger Roland Garros, benannt.
Am 19. Mai 1928 wurde das 8000 Zuschauer fassende Stadion mit einem Damen-Länderkampf eingeweiht. Zwei Tage später fanden hier erstmals die French Open statt. Für die US-Amerikaner wird das Roland-Garros-Stadion im Juli zur uneinnehmbaren Festung. Sie verlieren den Davis Cup mit 1:4.

Das neue Roland-Garros-Stadion beim Davis-Cup-Match Frankreich—USA. Borotra/Cochet (vorn) gegen Hunter/Tilden

Karikatur im »Simplicissimus«: Max Schmeling (l.) und Franz Diener

Schmeling siegt im Schwergewicht

4. April 1928. Nur 2½ Minuten brauchte Max Schmeling im Januar, um seinen Europameistertitel gegen den Italiener Bonaglia zu verteidigen. Die »Vossische Zeitung« prophezeite in einer Schlagzeile: »Schmeling kann Weltmeister werden!« Doch zunächst gab er seinen Titel ab und wechselte ins Schwergewicht. Am 4. April punktet er im ausverkauften Berliner Sportpalast nach 15 Runden den Deutschen Meister Franz Diener aus.

Caracciola-Sieg am Nürburgring

15. Juli 1928. Der Große Preis von Deutschland wird zum zweiten Mal auf dem Nürburgring ausgetragen (→ 18. 6. 1927). Das Rennen geht als »Sonnenschlacht in der Eifel« in die Motorsportgeschichte ein.
Otto Merz liegt in Führung. Bei der Verfolgungsjagd mit dem Mercedes-Benz SSK erschöpft sich Rudolf Caracciola derart, daß er nicht mehr weiterfahren kann. Christian Werner, dessen Wagen bereits ausgefallen war, löst ihn am Steuer ab. Ein Reifenschaden in der letzten Runde bringt Merz um den Sieg, der Caracciola/Werner gemeinsam zugeschrieben wird.
Das Rennen überschattet ein tödlicher Unfall, der erste auf dem Nürburgring. Der Prager Vincenz Junek zerschellt mit seinem Bugatti 35 B an einer Felswand.

Tilden und die Diplomatie

Juli 1928. William Tatum »Big Bill« Tilden ist der Liebling des Publikums und der Schrecken der Tennisfunktionäre. Er reizt sie nicht nur durch ständige Kritik, sondern tut obendrein noch etwas ganz und gar Verwerfliches. Er spielt nicht nur Tennis, er schreibt auch noch darüber. Für einen Zeitungsartikel kassiert er 5000 US-Dollar und mehr. Da er sich wegen des Davis Cups wieder einmal nach Europa bequemen mußte (→ September 1922), berichtet er täglich über das Wimbledon-Turnier. Das geht der US-amerikanischen Lawn Tennis Association über die Amateur-Hutschnur. Sie verhängt eine Sperre.
Die Davis-Cup-Ausscheidung in Italien gewinnen die US-Amerikaner ohne Tilden, der darüber nur schreibt. Aber das Finale in Paris im Juli ist für die Franzosen ohne »Mr. Tennis« undenkbar. Der Davis Cup ist für sie nur die Hälfte wert, wenn er nicht gegen Tilden verteidigt wird. Zumal extra für diesen Anlaß ein neues Stadion errichtet wurde (→ Juli 1928). Die Volksseele kocht. Sollen Frankreichs »vier Musketiere« gegen eine zweite Garnitur antreten?

Damit Tilden in Paris spielt, sieht sich der US-amerikanische Botschafter genötigt, über den Atlantik zu telefonieren und die Tennisgewaltigen zu beschwören, daß die US-amerikanisch-französische Völkerfreundschaft auf dem Spiel stehe. Tilden darf spielen. Er wird erst nach dem verlorenen Match vom US-Verband erneut gesperrt.

Zum zweiten Mal »Tour de Frantz«

Juli 1928. Offenbar steckt der französische Radsport in einer Krise. Seit 1911 hat es nur zwei französische Tour-de-France-Sieger gegeben. Zuletzt, 1923, Henri Pélissier.

Nach dem Tour-Sieg von François Faber 1909 war Nicolas Frantz der zweite Luxemburger, der die schwerste Radrundfahrt der Welt gewann. Sein zweiter Sieg fällt noch überlegener aus als der Vorjahres-Triumph.

Nach ihm siegte der Italiener Ottavio Bottecchia zweimal hintereinander (1924/25). Ihn fand man 1927 auf einer Landstraße bei Gramona mit einem Schädelbruch, an dessen Folgen er wenige Tage später starb. Zunächst hieß es, er sei beim Training gestürzt, später kam heraus, daß er in einem Weinberg Trauben gepflückt und ein Bauer mit Steinen nach ihm geworfen hatte. So endete ein »Campionissimo«. Der Luxemburger Nicolas Frantz gewinnt in diesem Jahr die Tour ebenfalls zum zweiten Mal hintereinander. Ungefährdet. Er gewinnt fünf von 22 Etappen. Seine Gesamtzeit beträgt 192:48:58,0 h. Der Franzose André Leducq langt 50 Minuten später an.

Premiere für »Rak 2« auf der Berliner Avus

Zehntausende von Zuschauern erleben am 23. Mai 1928 die Premiere von »Rak 2« auf der Berliner Avus mit Fritz von Opel am Steuer. Der Wagen erreicht in acht Sekunden 100 km/h und eine Spitzengeschwindigkeit von 230 km/h. Opel hat das Raketenauto mit dem Ingenieur Maximilian Valier konstruiert. Seine Versuche zielen auf die Entwicklung von Raketentriebwerken für Flugzeuge.

Dem Raketenauto gingen Versuche mit unbemannten Flugzeugen voraus.

Fritz von Opel nach beendeter Fahrt

1929

Januar. Dem österreichischen Segelflieger Robert Kronfeld gelingt der erste Hochgebirgs-Segelflug in den Alpen (31 Minuten).

Februar. Die Österreicher Lily Scholz/Otto Kaiser, in den Vorjahren dreimal WM-Zweite, werden in Budapest Weltmeister im Eiskunstlauf der Paare.

Sieger im zweiten Arlberg-Kandahar-Rennen der Schweizer Zogg im Abfahrtslauf und der Deutsche Neuner im Slalom. Neuner gewinnt auch die Kombination. Bei den Damen Abfahrts- und Kombinationssieg durch die Britin Sale-Barker.

9. 3. Weltrekord im Diskuswurf durch den US-Amerikaner Eric Krenz in Palo Alto mit 49,90 m.

11. 3. Geschwindigkeitsweltrekord für Automobile durch Henry O'Neal de Hane Segrave auf »Golden Arrow« in Florida mit 372,456 km/h.

11. 4. Auf seiner 27. Session in Lausanne wählt das Internationale Olympische Komitee (IOC) auf Empfehlung der Wintersport-Fachverbände Lake Placid als Austragungsort der 3. Olympischen Winterspiele 1932.

14. 4. Erstes Automobilrennen um den Großen Preis von Monaco, der in den Straßen der Stadt ausgefahren wird. Es siegt der Brite William C. F Grover-Williams auf Bugatti, Rudolf Caracciola auf Mercedes wird Dritter.

18. 4. Die Deutsche Helene Mayer wird in Neapel Europameisterin im Fechten.

15. 5. In Madrid verliert die englische Fußball-Nationalmannschaft gegen Spanien mit 3:4 erstmals ein Länderspiel gegen eine Mannschaft vom europäischen Kontinent.

Juni. Alfredo Binda gewinnt zum dritten Mal hintereinander den Giro d'Italia.

8. 6. Unter Benutzung nicht genehmigter Startblöcke erreicht der US-Amerikaner George Simpson in Chicago über 100 y 9,4 sec.

27. 6. Max Schmeling schlägt im New Yorker Yankee-Stadion den Spanier Paolino Uzcudun vor 40 000 Zuschauern in 15 Runden nach Punkten und erwirbt damit, außer 74 000 US-Dollar, eine Anwartschaft auf einen Weltmeisterschaftskampf.

Juli. Henri Cochet gewinnt nach 1927 zum zweiten Mal das Herren-Einzel in Wimbledon, wie vor ihm Jean Borotra (1924 und 1926) und René Lacoste (1925 und 1928).

Der Belgier Maurice Dewaele gewinnt die Tour de France.

28. 7. Zum vierten Mal hintereinander unterliegt Hertha BSC Berlin im Endspiel um die Deutsche Fußballmeisterschaft. In Nürnberg wird vor 50 000 Zuschauern die SpVgg Fürth seit 1914 zum dritten Mal Deutscher Meister durch einen 3:2-Sieg.

August. Der österreichische Segelflieger Robert Kronfeld stellt beim Rhönwettbewerb fünf Weltrekorde auf: 102 km Streckenflug, 143 km Strecken- und 2025 m Höhenflug, 150 km Strecken- und 2589 m Höhenflug. Er erhält dafür u. a. den Hindenburg-Pokal.

Der Schweizer Josias Hartmann gewinnt in Stockholm seinen zehnten Weltmeistertitel im Schießen.

25. 8. Der farbige US-Amerikaner Eddie Tolan stellt in Kopenhagen zum zweiten Mal den Weltrekord über 100 m in 10,4 sec ein.

Der Schwede Erik Wennström läuft in Stockholm Weltrekord über 110 m Hürden in 14,4 sec.

19. 9. Ernst Henne fährt auf BMW in München absoluten Geschwindigleitsweltrekord für Motorräder mit 216,75 km/h.

Oktober. Erste Radball-Weltmeisterschaft in Berlin. Sieger: G. Schreiber/E. Blersch.

6. 10. Nach einer von japanischen Zeitungen bezahlten Wettkampfreise über Warschau, Moskau und Wladiwostok gewinnen deutsche Leichtathleten einen Länderkampf gegen Japan.

Der Deutsche Fußball-Bund (DFB) lehnt auf seinem Bundestag in Breslau eine Teilnahme an der Fußball-Weltmeisterschaft in Uruguay, vornehmlich aus Kostengründen angesichts der Weltwirtschaftskrise, ab.

Dezember. Bisher erfolgreichstes Jahr der deutschen Fußball-Nationalmannschaft. In Mannheim 7:1 gegen die Schweiz (10. 2.), in Turin 2:1 gegen Italien (28. 4.), in Berlin 1:1 gegen Schottland (1. 6.), in Köln 3: 0 gegen Schweden (23. 6.), in Altona 4:0 gegen Finnland (20. 10.).

Die US-Amerikanerin Helen Wills gewinnt erneut die Damen-Einzel in Roland Garros, Wimbledon und Forest Hills.

Die »vier Musketiere« René Lacoste, Jacques »Toto« Brugnon, Jean Borotra und Henri Cochet verteidigen in Paris zum zweiten Mal erfolgreich den Davis Cup mit 4:1 gegen die USA.

Sieger im zehnten Deutschen Spring-Derby in Hamburg bei starker internationaler Beteiligung mit insgesamt 52 Startern wird Marten von Barnekow auf Derby.

Zwei Schwimm-Weltrekorde durch den Schweden Arne Borg über 1000 y Freistil in 11:55,4 min und über eine englische Meile in 21:06,8 min.

Die 16jährige US-Amerikanerin Helen Madison schwimmt Weltrekord über 100 m Freistil in 1:08,0 min.

In Zürich wird der Belgier Georges Ronsse zum zweiten Mal Weltmeister der Straßen-Radrennprofis vor dem Luxemburger Nicolas Frantz und dem Italiener Alfredo Binda.

1929. Die populärsten Torhüter der 20er Jahre sind der Spanier Ricardo Zamora, der Tscheche František Planicka und der Deutsche Heiner Stuhlfauth.

Die Jagd auf den absoluten Geschwindigkeitsweltrekord. Für den US-Amerikaner Lee Bible endet sie mit einem »Triplex« in Daytona tödlich.

Rekordjagd mit dem Tod

11. März 1929. »99,99 %, das ist der Ruhm!« Auf diese Formel bringt der britische Major Henry O'Neal de Hane Segrave das Erfolgsgeheimnis bei der Jagd auf den absoluten Geschwindigkeitsweltrekord.

Neunmal wurde der Rekord nach dem Ersten Weltkrieg verbessert, von 215,25 km/h auf 334,022 km/h. Segrave war der erste, der 1927 die Grenze von 300 km/h durchbrach. Es schien ein Sport für Briten zu sein. Malcolm Campbell und Segrave jagten einander den Ruhm ab. Doch die letzte Marke hält der US-Amerikaner Rayton Keech. Ein anderer US-Amerikaner, Frank Lockhart, erreichte bereits 370 km/h, als ein geplatzter Reifen sein Leben beendete.

Segraves »Golden Arrow« birgt 875 PS unter der Haube. Sein Zwölfzylinder-Napier-Lion-Motor dreht 3300mal in der Minute. Auf dem

Henry Segrave

Lee Bible

Sandstrand von Daytona/Florida jagt er mit dem Wagen zweimal in entgegengesetzter Richtung über die Meßstrecke. Auf 372,456 km/h steht danach der Rekord.

Segrave ergänzt sein Erfolgsrezept noch mit einem zweiten Satz: »100%, das ist der Tod.« Zwei Tage später versucht der US-Amerikaner Lee Bible den Weltrekord Segraves zu überbieten. Er riskiert 100% und verunglückt tödlich.

Henne auf Segraves Spuren

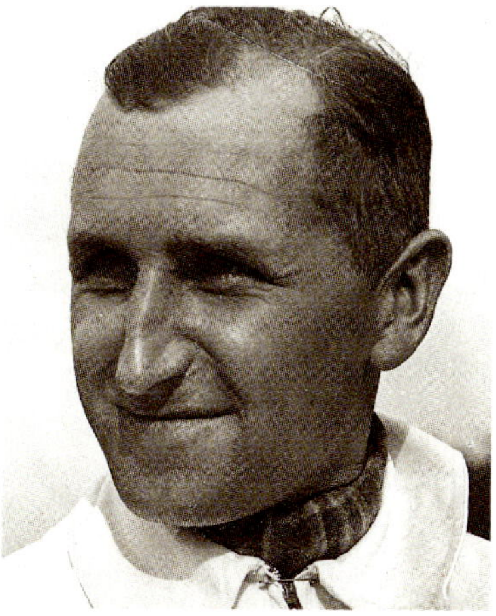

Ernst Henne, der auf BMW Geschwindigkeitsweltrekord fährt

19. September 1929. Was den Automobilisten recht ist, muß den Motorradfahrern billig sein. Billiger jedenfalls als der »Golden Arrow« des Briten Segrave kommt den Münchner BMW-Werksfahrer Ernst Henne die Weltrekordjagd zu stehen. Er braucht dazu keinen Sandstrand in Florida, sondern nur eine bayerische Landstraße. Als Stromlinienverkleidung dient ein nach hinten spitz zulaufender Sturzhelm und am Hintern eine Art Tüte, wie sie ABC-Schützen am ersten Schultag tragen. Und was Henne aus dem Motor heraushielt, bleibt sein Geheimnis. Über 216,75 km/h fuhr noch kein Motorrad.

Erste Niederlage für Englands Elf

15. Mai 1929. England hat durch seine ständigen Austritte aus der Fédération Internationale de Football Association (FIFA) und die Wiedereintritte nur erreicht, daß es den Anschluß an den internationalen Fußball verlor. Das bekommen die englischen Fußballer am 15. Mai im Metropolitan-Stadion von Madrid vor 25 000 Zuschauern schmerzhaft zu spüren.

Gegen Spanien erleiden die Erfinder des mittlerweile weltweit verbreiteten Soccer ihre erste Niederlage auf dem europäischen Kontinent. Sie mag mit 3:4 knapp ausfallen, aber immerhin holen die Spanier einen 1:3-Rückstand auf und schießen vier Tore. Zum andern wirkt Wundertorwart Ricardo Zamora so unsicher, daß er ausgepfiffen wird. Erst am Tag darauf ergibt eine ärztliche Untersuchung bei ihm einen Bruch des Brustbeins. Trotzdem hat er durchgestanden. Der Versager wird wieder zum Volkshelden. Und der Nimbus der Unbesiegbarkeit des Fußball-Lehrmeisters England ist zerstört.

Nicht nur Kimme und Korn

August 1929. Dank der eidgenössischen Schützentradition gehörten die Schweizer zu den erfolgreichsten Schützen der Vorkriegszeit. Bei 18 Weltmeisterschaften wurden sie mit dem Stutzer auf der 300-m-Distanz nur ein einziges Mal geschlagen. Konrad Stäheli wurde als bester Einzelschütze gefeiert. Damit war es nach dem Ersten Weltkrieg zunächst schlagartig zu Ende. Hatten die Schweizer das Schießen verlernt?

Der Grund lag woanders. Man hatte einen waffentechnischen Fortschritt verschlafen. 1921 stellten die US-Amerikaner bei der internationalen Schützen-Union (Union Internationale de Tir, UIT) den Antrag, Diopter, Ringkorn und Schlingriemen zuzulassen. Die europäischen Länder stimmten zu, ohne die Tragweite der Neuerung abzusehen. Im selben Jahr gingen den Schweizern bei den Weltmeisterschaften in Lyon die Augen auf. Sie hatten gegen die US-Amerikaner keine Chance. Es dauerte ein paar Jahre, bis sie einen neuen Bundesstutzer entwickelt hatten, mit Diopter und Tunnelkorn. Dazu kam eine Verbesserung der Präzision durch eine neue Patrone.

Meisterschütze Josias Hartmann, zehnfacher Einzel-Weltmeister

Seit 1925 treffen die Tell-Söhne wieder ins Schwarze. Josias Hartmann wurde von 1925 bis 1927 Weltmeister. Auch in diesem Jahr holt er in Stockholm alle Titel.

Weltmeisterschaft im Zweier-Radball

Oktober 1929. Als die deutschen Kunstradfahrer Paul und Otto Lüders 1901 spaßeshalber in Berlin einen Ball durch die Halle trieben, den sie mit dem Vorderrad schnickten, ahnten sie nicht, daß sie damit einen neuen Sport entdeckt hatten (→ 10. 3. 1901).

28 Jahre später wird auf Antrag des Bundes Deutscher Radfahrer vom Weltverband das Zweier-Radballspiel anerkannt. Noch im Oktober 1929 werden die ersten Weltmeisterschaften in Berlin ausgerichtet. Gespielt wird auf einem 12x15 m großen Spielfeld. Die Tore messen 2x2 m. Spieldauer: Zweimal sieben Minuten. Der ca. 600 g schwere Stoffball von 20 cm Durchmesser darf nur mit dem Vorder- oder Hinterrad ins gegnerische Tor getrieben werden. Im Torraum ist die Abwehr des Balles mit der Hand in jeder Höhe erlaubt.

Bei den deutschen Saal-Radsport-Anhängern findet das Spiel großen Anklang. Die Frankfurter G. Schreiber/E. Blersch werden die ersten Weltmeister.

Ricardo Zamora – Torwart-Idol mit den »magischen Händen«

Der Spanier Ricardo Zamora stellt selbst den Ruhm eines Toreros in den Schatten, und das will in Spanien etwas heißen. Schon mit 17 Jahren hütete er 1918 das Tor des FC Barcelona. Zwei Jahre später stand er im Tor der spanischen Fußball-Nationalmannschaft beim Olympia-Turnier in Antwerpen. Seine fabelhafte Reaktionsschnelligkeit hat Zamora sich nach eigener Aussage beim Pelota erworben. Er ist hochgewachsen, setzt aber nicht nur seine körperlichen Vorzüge, sondern auch seine Intelligenz und sein Showtalent ein. Er betritt den Platz stets schwarz gekleidet, mit blendendweißen Knieschützern und gelben Handschuhen. Er bewegt sich mit aufreizender Lässigkeit und strahlt eine unerschütterliche Ruhe aus. Die schärfsten Bälle greift Zamora mit seinen »magischen Händen«. Er brilliert auf der Torlinie und beherrscht den Strafraum. Er kennt seinen Wert. Für 120 000 Reichsmark kauft Real Madrid ihn 1929 von Barcelona.

Zamora, Spaniens Wundertorwart (Abb. r.), wird als bester Torhüter der Welt gepriesen. Für die Rekordsumme von 120 000 RM wechselt er 1929 von Barcelona zum Erzrivalen Real Madrid. Weitere Torwartidole ihrer Zeit sind der Deutsche Heiner Stuhlfauth, fünfmal Deutscher Meister mit dem 1. FC Nürnberg, 21 Länderspiele (Abb. l.), und der Tscheche František Planicka von Slavia Prag, Mannschaftskapitän der tschechischen Nationalmannschaft (Abb. M.).

1930

Januar. Österreich siegt bei den Akademischen Winterspielen in Davos.

25. 1. Erster Viererbob-Weltmeister wird in Caux Italien mit Zanietta, Biasini, Dorini und Rossi. Der internationale Bobverband (Fédération Internationale des Bobsleigh et Tobogganing, FIBT) beschließt in Caux, alljährlich Weltmeisterschaften im Zweier- und Viererbob auszurichten. Der Fünferbob wird abgeschafft.

Februar. Die Norwegerin Sonja Henie, der Österreicher Karl Schäfer und das französische Paar Joly/Brunet werden in New York Weltmeister im Eiskunstlauf.

10. 2. Bei der Eishockey-Weltmeisterschaft in Chamonix und in Berlin wird Deutschland Europameister durch ein 2:1 über die Schweiz.

26. 2. Auf dem Kongreß des Ski-Weltverbandes (Fédération Internationale de Ski, FIS) in Oslo, an dem sich 15 Länder beteiligen, wird die Durchführung alpiner Weltmeisterschaften mit Abfahrt und Slalom beschlossen (→ Februar 1931).

Februar/März. In Davos läuft der Finne Clas Thunberg im Eisschnellauf Weltrekord über 1000 m in 1:28,4 min, der Norweger Ivar Ballangrud über 5000 m in 8:21,6 min.

17. 5. Der US-Amerikaner Eric Krenz wirft in Palo Alto den Diskus erstmals über 50 m mit 51,03 m.

22. 5. Auf der 28. Session des Internationalen Olympischen Komitees (IOC) in Berlin bewirbt sich Lausanne um die Olympischen Spiele 1944, dem 50. Jubiläumsjahr des IOC.

12. 6. Im Kampf um den vakanten Weltmeistertitel im Box-Schwergewicht in New York wird der US-Amerikaner Jack Sharkey in der vierten Runde wegen Tiefschlags disqualifiziert. Max Schmeling wird zum Weltmeister erklärt.

22. 6. Hertha BSC Berlin, zum fünften Mal im Endspiel, wird in Düsseldorf vor 45 000 Zuschauern Deutscher Fußballmeister durch ein 5:4 gegen Holstein Kiel.

Juli. Helen Wills-Moody gewinnt zum vierten Mal in Wimbledon das Damen-Einzel. William Tatum »Big Bill« Tilden wird nach 1920 und 1921 mit 37 Jahren zum dritten Mal Wimbledon-Sieger im Herren-Einzel.

Mit André Leducq gewinnt seit 1923 wieder ein Franzose die Tour de France. Erstmals treten statt Fabrikmannschaften Ländermannschaften an, was das Interesse an der Tour stark erhöht.

4. 7. In Dallas übertrifft die US-Amerikanerin Mildred Didrikson erstmals die 40-m-Marke im Speerwerfen mit 40,62 m.

12. 7. In Berlin erstmals Kinder-Spartakiade der kommunistischen Arbeitersportler mit Leichtathletikwettbewerben für 10- bis 14jährige.

13.–30. 7. Erste Fußball-Weltmeisterschaft. 13 Länder nehmen in Uruguay teil. Erster Weltmeister wird der zweimalige Olympiasieger Uruguay.

19./20. 7. Der Finne Akilles Järvinen stellt in Viipuri einen Weltrekord im Zehnkampf auf mit 7036 Punkten (Wertung von 1962) auf.

9. 8. Der Kanadier Percy Williams läuft in Toronto Weltrekord über 100 m in 10,3 sec.

23. 8. Der US-Amerikaner Paul Jessup wirft in Pittsburgh Diskus-Weltrekord mit 51,73 m.

25. 8. Der Westdeutsche Spielverband erklärt 14 Spieler des FC Schalke 04 zu Berufsfußballern und schließt den Verein von der Meisterschaftsrunde aus.

6.–9. 9. Zum sechsten Mal Frauen-Weltspiele in Prag. Weltrekord im Speerwurf durch die Deutsche Else Schumann mit 42,32 m.

14. 9. Zum vierten Mal innerhalb von vier Wochen verbessert der Finne Matti Järvinen den Weltrekord im Speerwerfen auf zuletzt 72,93 m.

3. 10. Die erstmals ausgetragene Europa-Bergmeisterschaft wird im rumänischen Klausenburg entschieden. In diesem letzten Wertungsrennen sichert sich Hans Stuck den Gesamtsieg in der Rennwagenklasse. Man nennt ihn »König am Berg«.

5. 10. Der Franzose Jules Ladoumègue läuft in Paris als erster die 1500 m unter 3:50 min in 3:49,2 min.

15. 10. Krise im Deutschen Schwimm-Verband. Wegen Propagierung nationalsozialistischer Parolen wird der Vorsitzende Hans Geisow zum Rücktritt gezwungen.

November. Der Schweizer Günter Oskar Dyrenfurth erreicht auf einer Expedition mit dem 7473 m hohen Jongsang Peak den höchsten bis dahin bestiegenen Gipfel im Himalaya.

6. 11. In Cork verbessert der Brite J. S. Wright den absoluten Motorrad-Geschwindigkeitsweltrekord auf 242,59 km/h.

7. 12. Die Interessengemeinschaft zur Wiederherstellung der Einheit im deutschen Arbeitersport führt den Wehrsport ein.

1930. Die US-Amerikanerin Helen Madison schwimmt sieben Weltrekorde im Freistil: 150 y in 1:40,4 min, 200 m in 2:34,6 min, 220 y in 2:34,8 min, 300 y in 3:39 min, 300 m in 3:59,5 min, 500 y in 6:16,4 min und 1609 m in 24:34,6 min.

Alfredo Binda wird in Brüssel zum zweiten Mal Straßen-Radweltmeister der Professionals.

In Paris verteidigt Frankreich zum dritten Mal erfolgreich den Davis Cup durch ein 3:2 gegen die USA.

Der Bob Deutschland II, der nach ungünstiger Fahrt den dritten Platz belegt

Erste Bob-Weltmeisterschaft

25. Januar 1930. Bobfahren etablierte sich als Wintersport, nachdem es zweimal auf dem Programm der Olympischen Winterspiele gestanden hatte. In Sankt Moritz hatte Karl »Dädi« Feierabend erstmals eine neuartige Ganzstahlkonstruktion vorgestellt. Dieser »Teufelsschlitten« erregte bei Publikum und Fachleuten solches Aufsehen, daß sich der Konstrukteur vor Aufträgen kaum mehr retten konnte.

Bei der ersten Viererbob-Weltmeisterschaft in Caux hilft den Schweizern allerdings der Wunderbob ebensowenig wie den Deutschen ein Bahnrekord. Sieger werden die Italiener vor den Schweizern und dem zylinderförmig verkleideten deutschen Bob »Fram III«.

Erster Abfahrts-Weltrekord

Januar 1930. Bei den Akademischen Winterspielen in Davos protestieren die Tschechen gegen die Durchführung von Slalom- und Abfahrtswettbewerben. Vergebens. Das Rad der Entwicklung des alpinen Skilaufs läßt sich nicht mehr zurückdrehen. Für das nächste Jahr schreibt die Fédération Internationale de Ski (FIS) sogar Weltmeisterschaften aus (→ Februar 1931). In Davos gewinnen die Österreicher Abfahrt, Slalom und Kombination. Ihre Überlegenheit wird auf eine Wunderwaffe zurückgeführt. Der Halleiner Alpinist Rudolf Lettner hatte die Idee, die Lebensdauer der Skier dadurch zu verlängern, daß er Metallstreifen an den Seiten anbrachte. Diese zunächst verlachten »Lettnerkanten« verbesserten die Lauftechnik.

Im Engadiner Saluvertal stellt kurz darauf der Österreicher Guzzi Lantschner auf einer 150 m langen Meßstrecke mit 50 m Anlauf einen Geschwindigkeitsweltrekord auf Skiern mit 105,675 km/h auf.

Bei Wengen finden zum ersten Mal Lauberhornrennen im alpinen Skilauf statt. Der Slalom wird in Innerwengen ausgetragen. Die Abfahrt wird vom Lauberhorn aus gefahren. Sieger der ersten Lauberhornabfahrt ist Hans Gertsch (Abb.).

Uruguay gewinnt erstes Worldcup-Turnier im Fußball

13. bis 30. Juli 1930. Erst war die Freude groß, daß endlich ein Weltmeisterschafts-Turnier im Fußball stattfinden sollte. Dann war die Enttäuschung um so größer. Plötzlich hatten die europäischen Verbände, die so eifrig dafür plädiert hatten, keine Lust mehr. Südamerika? Die Reise kam zu teuer. In Europa herrschen Wirtschaftskrise und Arbeitslosigkeit.
Der Präsident der Fédération Internationale de Football Association (FIFA), Jules Rimet, beschwor die Funktionäre, Uruguay nicht im Stich zu lassen. Vergebens. Nur Frankreich, Belgien, Rumänien und Jugoslawien entschlossen sich zur Fahrt über den großen Teich.

In Montevideo kann das Eröffnungsspiel im neuerbauten Stadion nicht stattfinden. Eine Regenperiode wirft sämtliche Terminpläne um. Obwohl über 1000 Arbeiter fast Tag und Nacht arbeiten, wird das Stadion »Centenario« erst am sechsten Spieltag fertig. Dann bewundern Fachleute die größte Fußball-Arena der Welt.
Beim Endspiel Uruguay gegen Argentinien werden nur 80 000 in das 100 000 Zuschauer fassende Stadion eingelassen. Für die Veranstalter ist es die Traumpaarung. Das Vorspiel dazu wächst sich zum Alptraum aus. Diesseits und jenseits des Rio de la Plata beginnt eine Pressekampagne, als stünde ein Krieg bevor. Von Buenos Aires aus stechen ganze Dampferflottillen in See. Einige Schiffe verirren sich im Nebel auf der 200-km-Strecke oder laufen auf Grund. Die Sicherheitsvorkehrungen sind nicht zu überteffen.
Der belgische Schiedsrichter Langenus besteht darauf, daß kein einziger argentinischer Revolver ins Stadion gelangt. Außerdem fordert er, hinter jedem Tor eine Leibwache zu seinem persönlichen Schutz aufzustellen.
Den 4:2-Sieg Uruguays kommentiert FIFA-Präsident Rimet: »Nie zuvor habe ich solche Beispiele von emotioneller Leidenschaft, Enthusiasmus und Begeisterung erlebt. Als die Fahne Uruguays am Siegesmast hochstieg, die Spieler des Weltmeisters weinend dem Fahnentuch nachschauten, schien sich das ganze Volk des Weltmeisters im Stolz auf diesen Erfolg zu verbinden.«

1:1-Ausgleich im Finale gegen Uruguay durch den Argentinier Guillermo Stabile

Fußball-Weltmeisterschaft zur Hundertjahrfeier des Staates Uruguay. Das Stadion »Centenario«, das größte der Welt, ist erst am sechsten Spieltag fertig.

Botazza, der Torwart der argentinischen Mannschaft, streckt sich vergeblich: Iriarte erhöht zum 3:2 und schafft so den entscheidenden Vorsprung.

Uruguay (v. l.): Ballesteros, Nasazzi, Mascheroni, Fernandez, Andrade, Gestido, Dorado, Scarone, Castro, Cea, Iriarte

Max Schmeling Boxweltmeister durch Disqualifikation

12. Juni 1930. »One-two-three-four-five-six-«, da ertönt der Gong. Ende der vierten Runde im Weltmeisterschaftskampf Jack Sharkey gegen Max Schmeling im New Yorker Madison Square Garden. Schmeling krümmt sich am Boden. Hat ihn der Gong vor dem K.o. gerettet? Wird er den Kampf fortsetzen können? Die Zuschauer randalieren, am Ring herrscht Aufregung. Schmelings Manager reklamiert »Tiefschlag«. Joe Jacobs springt in den Ring, spricht heftig auf den Ringrichter Crowley ein. Aber der hat nichts von einem Tiefschlag gesehen. Doch der Punktrichter Harold Barnes bezeugt, daß es ein klarer Tiefschlag war. Sharkeys Betreuer bedrängen den Ringrichter. Das Publikum johlt und pfeift.

Die Ringpause ist zu Ende. Jetzt müßte der Kampf fortgesetzt oder ein Urteil verkündet werden. Der Ringrichter bleibt unschlüssig. Ein Reporter des mächtigen Hearst-Pressekonzerns klettert durch die Seile und droht mit einem Skandal, wenn Sharkey nicht disqualifiziert würde. Hektische Diskussionen, Handgemenge. Schmeling krümmt sich auf seinem Ringschemel. Plötzlich verkündet der Lautsprecher: »Jack Sharkey disqualification. The winner and the new champion Max Schmeling!«

Der neue »Champ« kann die Hände nicht triumphierend hochreißen. Schmeling wird unter Buh-Rufen in seine Kabine getragen. Ein Arzt stellt eindeutig Tiefschlag fest. Aber die New Yorker Boxkommission erkennt Schmeling nicht als Weltmeister an. Und als Schmeling nach seiner Rückkehr im Berliner Sportpalast als Weltmeister vorgestellt wird, ertönt ein Pfeifkonzert. Man mag keinen Boxer, der am Boden liegend Weltmeister wird. Das hat es noch nie gegeben. Dabei hatte sich der »schwarze Ulan vom Rhein« seinen Titelkampf redlich verdient.

Am 27. Juni 1929 schlug er im »Garden« den eisenharten »baskischen Holzfäller« Paolino Uzcudun in 15 Runden eindeutig nach Punkten. Diese Ausscheidung war erforderlich geworden, nachdem Gene Tunney seinen Titel kampflos abgegeben hatte. Schmeling unternahm nach dem Uzcudun-Kampf eine Schaukampftournee durch 24 US-amerikanische Städte. Die US-Amerikaner begannen ihn seitdem zu mögen. Sie mochten Sharkey, eigtl. Joseph Paul Zukauskas, nicht, nachdem der Einwanderer ostentativ in eine US-amerikanische Fahne gewickelt aufgetreten war.

Im Kampf gegen Sharkey gingen die ersten drei Runden klar an Sharkey. Er versuchte, Schmeling in Dempsey-Manier mit einem Schlaghagel frühzeitig niederzustrecken. In der vierten Runde begann die Wende. Schmeling konterte, traf, Sharkey zeigte Wirkung. Vielleicht war der Tiefschlag Verzweiflung. Doch jetzt macht man sich über Schmeling lustig. Der neue Weltmeister aller Klassen muß erst noch beweisen, daß er ein würdiger Weltmeister ist.

Jack Sharkey (l.) greift in der ersten Runde Max Schmeling heftig an. Schmeling wird in die Verteidigung gedrängt.

In der zweiten Runde werden den Zuschauern stürmische Angriffe Sharkeys geboten. Schmeling (l.) wartet auf eine Konterchance. Doch auch diese Runde geht an den Herausforderer Sharkey.

Die Wende zeichnet sich erst in der vierten Runde ab. Sharkey (l.) ermüdet, Schmeling gelingen die ersten Wirkungstreffer. Geduckt setzt sich Sharkey zur Wehr.

Der Niederschlag. Schmeling (am Boden) krümmt sich, schmerzhaft getroffen, preßt die Hand auf den Unterleib. Der Ringrichter beginnt zu zählen.

Der Gongschlag ertönt. Schmeling spürt noch immer die Wirkung des Tiefschlags und krümmt sich. Ringrichter Crowley beugt sich zu ihm nieder, Sharkey wartet in der Ecke.

Dramatik im Ring. Manager Joe Jacobs diskutiert mit dem Ringrichter (r. hinten). Trainer Max Machon zieht Schmeling in seine Ecke.

Hertha BSC wird Fußballmeister

22. Juni 1930. Endlich hat es die »Hertha« geschafft. Mit einem 5:4 über Holstein Kiel vor 45 000 Zuschauern in Düsseldorf werden die Berliner Deutscher Fußballmeister. Schon als die Mannschaft von Hertha BSC Berlin auf den Platz läuft, hat sie einen einmaligen Rekord in der deutschen Fußballgeschichte aufgestellt. Zum fünften Mal hintereinander hat sie das Endspiel erreicht. Viermal war sie unterlegen. 1926 gegen die SpVgg Fürth in Frankfurt am Main 1:4, 1927 gegen den 1. FC Nürnberg in Berlin 0:2, 1928 gegen den Hamburger SV in Hamburg 2:5, 1929 gegen die SpVgg Fürth in Nürnberg 2:3.
Treibende Kraft der Mannschaft und wiederholt spielentscheidend ist der Halbrechte und zehnfache Nationalspieler Hans Sobeck. »Hanne«, der populärste Sportler Berlins, spielt technisch virtuos, intelligent und beweist immer wieder seine Schußkraft. Er gibt der Mannschaft den moralischen Rückhalt, das fünfte Endspiel, das nach dem 3:3 der Halbzeit noch auf des Messers Schneide steht, zu gewinnen.

Am Ende der Tour 1930 (v. l.): Archambaud, Stoepel, Sieronski und Leducq

Toursieg für »Dédé« Leducq

Juli 1930. Frankreichs Radfans haben wieder einen neuen Liebling. André »Dédé« Leducq gewinnt die Tour de France. Es ist seit 1923 der erste französische Sieg. Er macht die »große Schleife« zu einem wahren Volksfest. Leducq wurde schon als 15jähriger von der Rennleidenschaft gepackt. Er trat in die berühmte Rennfahrerschule des Veloklubs »Le Vallois« ein. Fünf Jahre später wurde er Weltmeister der Amateur-Straßenfahrer. 1927 wechselte er ins Profi-Lager und beendete seine erste Tour als Vierter. Ein Jahr später gewann er Paris—Roubaix und wurde Zweiter bei der Tour hinter dem Luxemburger Nicolas Frantz. In diesem Jahr liefert er sich einen dramatischen Kampf mit dem Italiener Learco Guerra, den er um 20 Minuten distanziert.

Schweizer auf vier Himalaya-Gipfeln

November 1930. 1924 wurde die britische Mount-Everest-Expedition mit olympischen Medaillen ausgezeichnet. Der Leiter, Brigadier-General Charles Granville Bruce, erhielt die Goldmedaille. 13 Expeditionsmitglieder bekamen vergoldete Silbermedaillen. Bruce verhieß, seine Goldmedaille auf dem Gipfel des Mount Everest niederzulegen. Dazu kam es nicht. Die Briten scheiterten zuletzt am Kangchendzönga, der etwas leichter zu besteigen ist.
Hier versucht sich in diesem Jahr die internationale Schweizer Himalaya-Expedition unter Leitung des Geologen und Bergsteigers Prof. Dr. Günter Oskar Dyrenfurth. Sowohl ein Vorstoß über die Nordseite wie über den Nordwestsporn muß wegen Lawinengefahr und unüberwindlicher Schwierigkeiten abgebrochen werden. Dagegen gelingt der bisher höchste Gipfelsieg im Himalaya mit dem Jongsang Peak (7473 m). Außerdem werden der Nepal Peak Dodang (7153 m), der Nyima Peak (7150 m) und der Ramtang Peak (7105 m) bezwungen.

Frankreichs Nurmi Jules Ladoumègue

5. Oktober 1930. Eine Unaufmerksamkeit hat Jules Ladoumègue 1928 in Amsterdam den Olympiasieg über 1500 m gekostet. Als er in der Zielkurve den führenden Finnen Eino Purje praktisch stehen ließ, hielt er das Rennen für gewonnen. Da stieß vom fünften Platz der Finne Harri Larva vor und überraschte den Franzosen. Bevor dieser auf den Spurt noch reagieren konnte, war er im Ziel, aber als Zweiter.
Trotzdem feiern die Franzosen Ladoumègue als zweiten Paavo Nurmi. Er läuft zwar nicht mit einer Uhr, hat sich aber eine Laufmaschine konstruiert, auf der er trainiert. Mit Erfolg, denn er läuft Weltrekorde über 1000 m in 2:23,6 min und 2000 m in 3:21,8 min. Im Olympiastadion von Colombes/Paris, wo Nurmi mit seinem Doppelsieg über 1500 m und 5000 m seine spektakulärsten Leistungen vollbrachte (→ Juli 1924), läuft Ladoumègue am 5. Oktober 1930 als erster Mensch die 1500 m unter 3:50,0 min in der Weltrekordzeit von 3:49,2 min.

Schwimm-Wunder Helen Madison

Während der einstmalige US-amerikanische Wunderschwimmer Johnny Weissmuller nach seinen Olympiasiegen eine Karriere als Filmschauspieler begann, wo er einen Urwaldmenschen namens Tarzan verkörpert, wuchs in den Vereinigten Staaten ein neues Schwimmwunder heran, diesmal ein weibliches.
Erst 17 Jahre zählt Helen Madison, und schon hat sie über die Hälfte aller möglichen Weltrekorde im Kraulschwimmen gebrochen. Von 150 y bis zu einer Meile schwamm sie viele Weltbestzeiten und bewies damit eine erstaunliche Stärke auf kurzen wie auf langen Strecken. Wieder rätselt man, wie solche Leistungssteigerungen möglich sind. Die klimatischen Bedingungen Kaliforniens mögen dazu beitragen. Jedenfalls kann man jetzt schon Olympiasiege der Madison für 1932 voraussagen.

◁ Die US-amerikanische Rekordschwimmerin Helen Madison als Covergirl der »Berliner Illustrirten«

1931

31. 1. Bei den Bob-Weltmeisterschaften in Oberhof gewinnen Deutsche den Titel im Zweier- und Viererbob.

Februar. Bei den Nordischen Ski-Weltmeisterschaften im thüringischen Oberhof gewinnt der Norweger Johan Gröttumsbraaten den 18-km-Lauf und die Kombination, Birger Ruud das Skispringen.

Erste Alpine Ski-Weltmeisterschaften in Mürren/Schweiz. Sieger bei den Damen die Britin Esme »Muffie« Mac Kinnon im Abfahrtslauf und Slalom, bei den Herren die Schweizer Walter Prager im Abfahrtslauf und David Zogg im Slalom.

Februar/März. Weltrekord des Finnen Clas Thunberg im Eisschnellauf über 500 m in 42,6 sec in Sankt Moritz.

März/April. Bei der Eishockey-Weltmeisterschaft in Krynica/Polen Kanada vor den USA und Österreich, das damit Europameisterwird.

23. 4. Wegen des bevorstehenden Spanischen Bürgerkrieges Abbruch der Sitzung des Internationalen Olympischen Komitees (IOC) in Barcelona. Um die Olympischen Spiele 1936 bewerben sich nur noch Berlin und Barcelona. Eine Entscheidung fällt nicht.

13. 5. In einer brieflichen Abstimmung entscheidet das IOC, die Olympischen Spiele nach Berlin zu vergeben. Auch die Winterspiele sollen in Deutschland stattfinden.

24. 5. In Berlin unterliegt die deutsche Fußball-Nationalmannschaft Österreich 0:6. Siegeszug des österreichischen »Wunderteams«, das 14 Spiele ungeschlagen bleibt.

30. 5. Weltrekord über 440 y durch Victor Williams in Philadelphia in 47,4 sec.

1. 6. Die Deutsche Helene Mayer, die »blonde He«, wird in Wien abermals Europameisterin im Fechten.

Cilly Aussem siegt im Damen-Einzel bei den French Open in Roland Garros (→ 3. 7. 1931).

14. 6. Hertha BSC Berlin wird erneut Deutscher Fußballmeister durch ein 3:2 in Köln vor 60 000 Zuschauern über den TSV München 1860.

20. 6. Der Österreicher Robert Kronfeld überfliegt mit dem Segelflugzeug den Ärmelkanal und gewinnt 1000 britische Pfund, die von der »Daily Mail« ausgesetzt worden sind.

Juli. Die 25. Jubiläums-Tour-de-France gewinnt der Franzose Antonin Magne.

3. 7. Als erste Deutsche gewinnt Cilly Aussem das Damen-Einzel in Wimbledon.

Max Schmeling verteidigt seinen Weltmeistertitel im Schwergewichtsboxen in Cleveland gegen William »Young« Stribbling durch K. o. in der 15. Runde.

15. 7. Helen Madison schwimmt acht Weltrekorde im Freistil: 100 y in 1:00,0 min, 100 m in 1:06,6 min, 400 m in 5:31,0 min, 440 y in 5:31,0 min, 500 m 7:12,0 min, 1000 y in 13:23,6 min, 1000 m in 14:44,8 min, 1500 m in 23:17,2 min. Sie hält damit die Weltrekorde über sämtliche Strecken.

17. 7. Die in Berlin begonnene und dann verbotene zweite Spartakiade der Roten Sport-Internationale (RSI) wird in Moskau beendet.

19. 7. Zum dritten Mal gewinnt Rudolf Caracciola seit 1926 und 1928 den Großen Preis von Deutschland auf dem Nürburgring. In seinem Mercedes SSKL schlägt er die Bugattifahrer Louis Chiron und Achille Varzi.

19.–26. 7. Zweite Arbeiter-Olympiade der nichtkommunistischen Sozialistischen Arbeiter-Sport-Internationale (SASI) in Wien.

24. 7. Paavo Nurmi läuft in Helsinki seinen 24. und letzten Weltrekord in 8:59,6 min über zwei Meilen.

31. 7. Zwei Münchner Studenten wagen erstmals die Besteigung des Matterhorns über die Nordwand. Sie werden im folgenden Jahr mit der olympischen Goldmedaille geehrt.

August. Der Italiener Learco Guerra gewinnt die Straßen-Weltmeisterschaft der Radprofis in Dänemark.

16. 8. Weltrekord im Kugelstoßen durch Grete Heublein in Bielefeld mit 13,70 m.

30. 8. Bei den dritten Europameisterschaften im Schwimmen in Paris gewinnen Olga Jordan und Ewald Riebschläger die Titel im Kunstspringen.

6. 9. Nach Gründung der Fédération Internationale de Tir à l'Arc (FITA) in Warschau erstmals Weltmeisterschaften im Bogenschießen in Lemberg.

1. 10. Bei einern Abendsportfest des SC Charlottenburg in Berlin bleiben über 5000 m die Deutschen Max Syring und Friedrich Schaumburg hinter Paavo Nurmi (14:47,6 min) erstmals unter 15 Minuten mit 14:49,6 min und 14:54,6 min.

3. 10. Rudolf Ismayr wird in Luxemburg Europameister im Gewichtheben.

11. 10. Der für Deutschland antretende Ungar Jean Földeak wird in Budapest Europameister im Freistilringen.

17. 10. Zwei Weltrekorde in Tokio durch Chuhei Nambu im Weitsprung mit 7,98 m und Mikio Oda im Dreisprung mit 15,58 m.

Die Franzosen verteidigen erneut den Davis Cup durch ein 3:2 gegen Großbritannien.

In Rom gewinnt die erstmals auf der Piazza di Siena antretende deutsche Springreiter-Equipe mit Ernst Hasse, Richard Sahla und Harald Momm die »Copa d'Oro«.

Malcolm Campbell steigert den Geschwindigkeitsweltrekord für Automobile auf 396,04 km/h.

Birger Ruud gewinnt den WM-Titel im Skispringen auch 1935 und 1937.

Erstes nordisches FIS-Rennen

Februar 1931. Obwohl der Skisport in das olympische Programm aufgenommen wurde, herrscht im internationalen Wettbewerb noch ein ziemliches Durcheinander. Die Fédération Internationale de Ski (FIS) förderte den Wirrwarr eher noch. So scheiterte seit Gründung des internationalen Verbandes in Chamonix 1924 jeder Antrag, Weltmeisterschaften auszurichten. Vor allem sträubten sich die Skandinavier dagegen. Dabei haben die Nordischen Spiele der Schweden längst keine internationale Bedeutung mehr. Und bei den – allerdings immer noch berühmten – Skispielen am Holmenkollen bleiben die Skandinavier weitgehend unter sich. In Mitteleuropa wurden wiederum mehr die alpinen Wettbewerbe gefördert, für die man in Skandinavien wenig Interesse zeigt. So veranstaltete die FIS von 1924 bis 1927 in den nordischen Wettbewerben sog. »Rendezvous-Rennen«, die als Vorläufer von Weltmeisterschaften gelten können. 1925 in Johannisbad gab es dabei nur tschechische Sieger, da andere Länder sich bei diesem »Rendezvous« nicht einfanden. So faßte man auf dem FIS-Kongreß in Zakopane 1929 den Beschluß, jährlich »FIS-Rennen« zu veranstalten, die den Rang von Weltmeisterschaften haben sollten. Als Austragungsort wurde Oberhof bestimmt. Dort weigert man sich jedoch, alpine Wettbewerbe durchzuführen. Daher kommt es zu einer Zweigleisigkeit der FIS-Meisterschaften.
Bei den ersten nordischen Wettbewerben in Oberhof dominieren erwartungsgemäß die Norweger.

Der Norweger Birger Ruud siegt in Oberhof überlegen im Skispringen.

Erstes alpines FIS-Rennen in Mürren

Februar 1931. Wieder einmal sind die Briten Pioniere des alpinen Skisports. Weil Oberhof die Durchführung alpiner Wettbewerbe absagte, sprang der Skiclub of Great Britain ein. Die Briten waren bisher ohnehin die einzigen, die eine nationale alpine Skimeisterschaft austrugen. Weder in der Schweiz noch in Österreich oder Deutschland kennt man bislang alpine Skimeister. Es gibt dort zwar nationale und internationale Rennen, aber keine nationalen Meisterschaften.

In Mürren, dem Hauptquartier von Arnold Lunn, der den Kandahar Skiclub gründete und die Arlberg-Kandahar-Skirennen organisiert (→ 4. 3. 1928), hat man für das erste alpine FIS-Rennen die beste Erfahrung. Leider wird diese Premiere durch das Wetter stark beeinträchtigt. Massen von Neuschnee bereiten schier unüberwindliche Schwierigkeiten.

Die größte Anstrengung haben die Abfahrtsläufer zu überstehen, um erst einmal an den Startplatz zu gelangen. Über 800 m Höhendifferenz durch den Tiefschnee aufwärts zu stapfen, lassen manchem die Knie zittern. Sieger wird der Schweizer Walter Prager, der als einziger von allen Teilnehmern ohne Sturz den verkürzten Hang wieder herunterkommt.

Der Schweizer Walter Prager, Sieger im Abfahrtslauf, beim Slalom

Die nächsten Ränge belegen die Schweizer Otto Furrer, den sie wegen seiner Größe das »Matterhorn« nennen, Fritz Steuri und Ernst Feuz. Der Slalom wird nur noch außer Konkurrenz ausgefahren. Der Schweizer David Zogg gilt als Erster vor dem Österreicher Toni Seelos und dem Deutschen Friedl Däuber. Eine Kombinationswertung gibt es unter diesen Umständen nicht. Einige Wochen später gewinnt dann bei idealen Bedingungen am selben Ort »Matterhorn« Furrer die Kombination im vierten Arlberg-Kandahar-Rennen vor dem Österreicher Rudi Matt.

David Zogg, einer der Pioniere des alpinen Skilaufs in der Schweiz, gilt als erster Slalomweltmeister, nachdem er das FIS-Rennen in Mürren gewonnen hat. Das Bild zeigt ihn beim Abfahrtslauf, wo er stürzt. Der Abfahrtssieger Prager belegt im Slalom den fünften Platz.

17jährige Britin wird erste FIS-Meisterin

Februar 1931. Wegen der ungünstigen Witterungsverhältnisse in Mürren beschränken sich die ersten FIS-Meisterschaften für die Damen auf den Slalomwettbewerb. Dieser hat als selbständiger Einzelwettbewerb bis dahin noch nirgends eine Anerkennung oder Wertung erfahren. Slalom fand immer in Verbindung mit dem Abfahrtslauf statt. Eine Einzelwertung nahm man nur bei den Kandahar-Rennen vor. Sonst war stets der Beste in der Kombination gefragt. Und da kam es wieder vor allem auf die Leistung im Abfahrtslauf an. Hier gibt es in Mürren eine eindeutige Favoritin in der Österreicherin Inge Lantschner aus Innsbruck. Sie hat 1928 in Steinhaus am Semmering die erste alpine Meisterschaft Österreichs gewonnen, die aber nur inoffiziell als solche galt.

Neben der hochfavorisierten Inge starten in Mürren auch ihre Schwester Hadi sowie ihre Brüder Otto, Helmut und Guzzi Lantschner. Gegen diesen Familienclan setzt sich die Britin Esme »Muffie« Mac Kinnon vom Skiclub of Great Britain im Slalom durch. Die Abfahrt gilt als irregulär, deshalb gibt es auch keine Kombinationswertung.

Slalomsiegerin beim Arlberg-Kandahar-Rennen wird die Österreicherin Hadi Lantschner (Abb.). In Mürren unterliegt sie der Britin Esme »Muffie« Mac Kinnon.

Toni und Franz Schmid, Bezwinger der Matterhorn-Nordwand

Matterhorn-Anstieg durch die Nordwand

31. Juli 1931. Um Mitternacht kriechen zwei Bergsteiger aus einem Zelt, das sie in 2400 m Höhe an der Nordflanke des Matterhorns errichtet haben. Die beiden Münchner Studenten, der 26jährige Franz Schmid und sein 22jähriger Bruder Toni, waren mit Fahrrädern nach Zermatt gekommen. Dann stiegen sie zur Hörnihütte auf. Von ihrem Biwakplatz aus nehmen sie den schwerstmöglichen Weg zum Gipfel, den bisher keiner versucht hat. Noch 2082 m!

Als der Tag dämmert, steigen sie in die Eiswand mit 60 % Steile ein. Sie schlagen keine Stufen, sondern setzen die Steigeisen schräg an. Jede Seillänge sichern sie mit Haken. Auf einer Felsrippe essen sie eine Tafel Schokolade. Nur eine kurze Rast, dann muß es weitergehn. Die Felswand wird noch steiler. Plötzlich bricht ein Steinbrocken unter Tonis Fuß weg. Er stürzt, krallt sich an einem Vorsprung fest, hängt ungesichert frei über dem Abgrund. Er muß durchhalten, bis ihm sein Bruder zu Hilfe kommen kann. Jede Unbesonnenheit kann jetzt beide das Leben kosten. Um 20.30 Uhr am Abend ruhen sie auf einem Sims erschöpft aus. Es wird schon dunkel, so daß es nicht mehr ratsam ist weiterzusteigen.

Beim nächsten Sonnenaufgang erreichen sie den Gipfel. Der leichtere Abstieg ist für sie noch schwierig genug, denn sie waren noch nie zuvor am Matterhorn. Am 3. August um die Mittagszeit langen sie wieder in der Hörnihütte an.

Max Schmeling rehabilitiert sich

3. Juli 1931. Herausgefordert worden war Max Schmeling bereits reichlich von der schlechten Presse, die er nach seinem Weltmeisterschaftssieg gegen Jack Sharkey hatte (→ 12. 6. 1930). Es wurde höchste Zeit, daß er sich im Ring einem Herausforderer stellte.

Als Schmeling wieder in die Vereinigten Staaten fährt, erwartet ihn ein Gegner, der höher einzuschätzen ist als der Ex-Litauer Sharkey. William »Young« Stribbling hat bisher 300 Kämpfe bestritten, davon 116 durch K. o. gewonnen. Noch niemals wurde er im Ring ausgezählt. Die Wetten in Cleveland/Ohio stehen 7:5 auf seinen Sieg.

Es wird ein Kampf, wie er für Schmeling typisch werden soll. Man kennzeichnet ihn als »langsamen Starter«. In Wahrheit boxt Schmeling mit Kalkül. Er läßt sich Zeit, die Schwächen seines Gegners herauszufinden. Sein Vorbild, das er nie im Ring sah, wäre Gene Tunney gewesen. Stribbling kämpft sich müde an Schmeling, der ihn mit seinen Kontern zermürbt. In der 15. Runde geht Stribbling erstmals in seinem Boxerleben k. o. Schmeling, nie ernstlich gefährdet, hat einen souveränen Kampf geführt und sich seines Titels würdig erwiesen.

Der US-Amerikaner Wood (l.) nach seinem Wimbledonsieg über Perry

Nach seinem Sieg über Borotra (r.) gibt Shields (l.) wegen einer Verletzung auf.

Nach dem Endspiel: Hilde Krahwinkel (r.) gratuliert Cilly Aussem.

Weltsensation in Wimbledon

3. Juli 1931. Ein deutsch-deutsches Finale hat es bei den Internationalen Tennismeisterschaften von England in Wimbledon noch nie gegeben. Im Damen-Einzel stehen sich Cilly Aussem und Hilde Krahwinkel gegenüber. Vielleicht gäbe es dieses Endspiel nicht, wenn Helen Wills-Moody nicht nach vier Wimbledonsiegen hintereinander in diesem Jahr ihre Malerei der Reise nach Großbritannien vorgezogen hätte.

Hilde Krahwinkel hatte als Leichtathletin auf eine Teilnahme an den Olympischen Spielen verzichtet und eine Tenniskarriere vorgezogen. Sie ist eine kraftvolle und leichtfüßige Spielerin. Jeder favorisiert sie gegenüber der grazilen Cilly Aussem. Doch Cilly, noch leichtfüßiger und vor allem einfallsreicher als Hilde, holt sich den Wimbledon-Titel und sorgt damit für die Tennis-Sensation des Jahres.

Cilly Aussem – der neue Tennisstar

Die Begeisterung in Köln kennt keine Grenzen, als man im Juli 1931 die deutsche »Tennis-Prinzessin«, Roland-Garros- und Wimbledonsiegerin Cilly Aussem empfängt. So jung, so hübsch, so zierlich und freundlich und obendrein so erfolgreich — ein deutsches Tenniswunder. Am 4. April 1909 kam sie in der Domstadt zur Welt, mit 14 Jahren griff sie erstmals zum Tennisschläger, mit 16 war sie deutsche Juniorenmeisterin, zwei Jahre später Deutsche Meisterin.

Dann erfolgte ein Rückschlag. Sie hielt den Leistungsstreß körperlich und nervlich nicht mehr durch. Ihre kometengleiche Karriere schien beendet. Da wendete sich ihre Mutter verzweifelt an »Mr. Tennis« persönlich. Und was William Tatum »Big Bill« Tilden mit seinen Schülern nie gelang, glückte ihm mit einer Schülerin, er führte sie zur Weltklasse. Eine harte Vorhand, ein mehr plazierter als scharfer Aufschlag, eine angeschnittene Rückhand und eine Vorliebe für Stoppbälle sind nicht das Erfolgsgeheimnis. Eher ihre Präzision und die Entschlossenheit, nie aufzugeben. Doch vor allem erläuft Cilly ihre Siege. Sie ist unstreitig die Nummer zwei der Welt hinter Helen Wills-Moody.

Straßen-WM der Radprofis gegen die Uhr

August 1931. Zum ersten und letzten Mal wird die Straßen-Weltmeisterschaft der Radprofis in einem Rennen gegen die Uhr ausgetragen. Es ist eine Konzession an den Veranstalter Dänemark, das sich damit einen Vorteil für sein Fahrrad-Idol Falck Hermansen verspricht. Was zehn Jahre zuvor bei den Amateuren mit dem Sieg des Dänen Villy Falck Hansen gelang, soll sich wiederholen.

Die Strecke mißt 172 km. Drei Kontrollstellen sind zu passieren, mit einigen Handicaps. In Baarsen, nach 98 km, müssen die Fahrer sich in eine Kontrolliste eintragen. In Koege, nach 139 km, darf der Ort nur mit 15 km/h durchfahren werden. 17 Fahrer stellen sich zum Start im Zwei-Minuten-Abstand. Darunter der Sieger der diesjährigen Deutschlandrundfahrt und Achter der Tour de France, der Dortmunder Erich Metze.

Gegenwind und welliges Gelände erschweren das Rennen. Nach dem Wendepunkt geben Hermansen und Metze auf. Die Italiener haben längs der Strecke eine Telefonleitung gelegt und sind am besten über den Stand des Rennens informiert. Sieger wird Learco Guerra in 4:53:43,0 h, 5:17,0 min vor dem Franzosen Le Drogo.

Erich Metze startet zum Einzelzeitfahren über 172 km, mit dem die Rad-Weltmeisterschaft der Berufsfahrer in Dänemark ausgetragen wird.

1932

Februar. Bei den Alpinen Ski-Weltmeisterschaften Doppelsieg der Schweizerin Rösli Streiff (Slalom und Kombination). Paola Wiesinger (Italien) siegt im Abfahrtslauf. Bei den Herren siegen Otto Furrer (Schweiz) in der Kombination, Friedrich Däuber (Deutschland) im Slalom und Guzzi Lantschner (Österreich) in der Abfahrt.

4.–13. 2. In Lake Placid dritte Olympische Winterspiele mit 307 Teilnehmern aus 17 Ländern.

24. 2. Malcolm Campbell übertrifft mit »Bluebird II«, einem Napier-Spezial-Rennwagen, erstmals die 400-km/h-Grenze mit 404,499 bzw. 408,721 km/h über 1 km und die Meile.

28. 3. Reichskongreß der Kommunistischen Kampfgemeinschaft. Letzter Versuch, eine »Einheitsfront« des deutschen Arbeitersports zu bilden, scheitert.

3. 5. Auf der Berliner Avus gewinnt Rudolf Caracciola zum vierten Mal den Großen Preis von Deutschland, diesmal auf Alfa Romeo.

4. 6. Benjamin Eastman läuft in San Francisco Weltrekord über 800 m in 1:50,0 min und über 880 y in 1:50,9 min.

11. 6. Das Exekutivkomitee des Internationalen Olympischen Komitees (IOC) fordert ein entschiedenes Vorgehen gegen den Halb-Professionalismus im olympischen Sport.

12. 6. FC Bayern München erstmals Deutscher Fußballmeister durch ein 2:0 vor 55 000 Zuschauern in Nürnberg über Eintracht Frankfurt.

Ellen Braumüller verbessert in Berlin ihren Speerwurf-Weltrekord auf 44,64 m.

14. 6. Während eines Olympiatests läuft in Berlin die 4x100-m-Staffel mit Helmut Körnig, Georg Lammers, Erich Borchmeyer, Arthur Jonath Weltrekord in 40,6 sec.

18. 6. Die US-Amerikanerin Nan Gindele wirft in Chicago Weltrekord mit dem Speer mit 46,74 m.

19. 6. Am Vormittag in Hagen Diskus-Weltrekord durch Grete Heublein mit 40,84 m, am Nachmittag in Lódź durch Jadwiga Wajsowna mit 42,43 m.

Weltrekord über 5000 m durch den Finnen Lauri Lehtinen in Helsinki mit 14:17,0 min.

21. 6. Max Schmeling verliert in New York seinen Weltmeistertitel im Box-Schwergewicht durch eine Punktniederlage nach 15 Runden gegen Jack Sharkey.

27. 6. Weltrekord im Speerwerfen durch den Finnen Matti Järvinen in Turku mit 74,02 m.

Juli. Bei der Tour de France wird die Zahl der Etappen von 24 auf 21 herabgesetzt, die Rasttage in den Pyrenäen werden gestrichen. Zum zweiten Mal siegt der Franzose André Leducq.

Helen Wills-Moody gewinnt in Wimbledon zum fünften Mal das Damen-Einzel.

3. 7. Den Grand Prix von Frankreich, ein Fünfstundenrennen auf der Rundstrecke von Reims, gewinnt der Italiener Tazio Nuvolari auf Alfa Romeo.

16. 7. Weltrekord im Stabhochsprung durch Bill Graber in Palo Alto mit 4,37 m.

30. 7.–14. 8. Spiele der X. Olympiade in Los Angeles mit 1331 Teilnehmern aus 38 Ländern.

September. Gustav Rau, Chefredakteur des »St. Georg«, veranstaltet in Düsseldorf ein einmaliges Internationales Amazonenturnier, an dem 60 Reiterinnen aus vier Nationen teilnehmen. In 26 Prüfungen ist Käthe Franke mit acht Siegen am erfolgreichsten.

20. 9. Der US-Amerikaner A. Garfield Wood erreicht als erster mit einem Motorboot über 200 km/h (200,980 km/h).

24. 9. Weltrekord im Kugelstoßen durch den Tschechen František Douda in Prag mit 16,20 m.

3. 11. Absoluter Geschwindigkeitsweltrekord für Motorräder durch Ernst Henne auf BMW mit 244,399 km/h.

21. 11. Die Fédération Equestre Internationale (FEI) verbietet das Benutzen der Peitsche bei Turnieren, führt beim Concours Hippique International Officiel (CHIO) die Zeitmessung ein, schließt Damen bei Mannschaftswettbewerben aus und verfügt, daß außerhalb der Olympischen Spiele Nationalhymnen nur noch beim Großen Preis der Nationen gespielt werden.

1. 12. Ernst Derichs schwimmt als erster Deutscher in Düsseldorf die 100 m unter einer Minute in 59,6 sec.

3. 12. Vom deutschen Olympiaausschuß werden als Austragungsort für die vierten Olympischen Winterspiele die bayerischen Gemeinden Garmisch und Partenkirchen, die zu einer Gemeinde vereinigt werden sollen, bekanntgegeben.

7. 12. Mit einer 3:4-Niederlage gegen England in Stamford Bridge endet die Siegesserie des österreichischen »Wunderteams« im Fußball.

1932. Mit Irmgard von Opel auf Nanuk gewinnt erstmals im Reitsport eine Frau in Wien eine internationale Vielseitigkeitsprüfung.

Zum zweiten Mal Grand Prix von Tunis. Auf der Rundstrecke von Karthago siegt zum zweiten Mal der Italiener Achille Varzi auf Bugatti mit einem Schnitt von 145,242 km/h.

Frankreich verteidigt in Paris den Davis Cup durch ein 3:2 gegen die USA,

Der Österreicher Leo Gasperl erreicht bei Sankt Moritz auf Skiern eine Geschwindigkeit von 136,3 km/h.

Winterspiele in Lake Placid

4. bis 13. Februar 1932. Wer immer die Idee hatte, Olympische Winterspiele in Lake Placid zu veranstalten, sie war schlecht. Schlecht wird das Geschäft für die Veranstalter. Sie investierten 600 000 US-Dollar und haben am Schluß noch ein Defizit von 1 Mio. US-Dollar.

Schlecht ist das Wetter in dem 568 m hoch gelegenen Ort im Norden des Staates New York. In Spezialzügen muß Schnee herangeschafft werden, um die Pisten für den Skilanglauf zu präparieren. Die Eiskunstlauf-Wettbewerbe hatte man im Freien durchführen wollen. Doch dazu ist es viel zu warm. Die dafür vorgesehene Eisfläche schwimmt. In aller Eile baut man eine Halle, die 3000 Zuschauer faßt. Aber für 7000 Zuschauer werden Eintrittskarten verkauft. Am Ende des Auslaufs der Spezialspringer wartet ein kleiner See auf die Abschwingenden. Wer nicht rechtzeitig scharf genug abbremst, nimmt ein unfreiwilliges Bad und muß dann durchnäßt und schnatternd auf dem Sprungturm den nächsten Start erwarten.

Schlecht ist vom sportlichen Standpunkt aus, daß die US-Amerikaner mit Unterstützung der Kanadier im Eisschnellauf den Rudelstart mit Vor- und Zwischenläufen durchsetzten. Die Befürchtungen der Skandinavier vor diesem bislang ungebräuchlichen Modus erweisen sich als nur allzu berechtigt. Alle Unsitten der »Ellenbogentaktik« und des Auflaufenlassens werden derart ausgiebig angewandt, daß zum ersten Mal bei Olympischen Spielen ein Schiedsrichter die Sportler öffentlich zu mehr Fairness ermahnen muß. Mit mäßigem Erfolg.

Das offizielle Plakat der 3. Olympischen Winterspiele in Lake Placid

Schlecht ist auch die Beteiligung mit 307 Sportlern aus 17 Ländern. Die USA und Kanada stellen mit 92 bzw. 68 Aktiven über die Hälfte aller Wettkämpfer. Schlecht benimmt sich auch das US-amerikanische Publikum. Ihm ist nur an Sensationen, Show und nationalen Erfolgen gelegen. Den Ski-Wettbewerben steht es völlig verständnislos gegenüber. Davon zeugt eine Karikatur in der örtlichen Presse: Unter den Langläufern hält der US-Amerikaner die Startnummer 13 unschlüssig in der Hand und tippt sich auf die Stirn, als halte er es für hirnverbrannt, auf schmalen Brettern hinter den Europäern herzukeuchen. Die Skilangläufe finden dann auch unter Ausschluß der Öffentlichkeit statt, denn kein Zuschauer verirrt sich an die Loipe.

Die Norweger Hovde, Rustadstuen, der US-Amerikaner Monsen, der Schwede Utterstörm, der Finne Lappalainen, der Schwede Eriksson, der Pole Czech

Bobfahren mit dem letzten Aufgebot

Februar 1932. Die neuerbaute Bobbahn erweist sich als sehr schwierig. Bei 2366 m Länge und einem Gefälle von 9,8 % weist sie 26 Kurven auf, darunter eine tückische Zickzack-Kurve, in der viele scheitern.
Aus dieser Kurve fliegt beim Training der vom deutschen Weltmeister Zahn gesteuerte Viererbob. Der Schlitten fliegt 50 m durch die Luft und kracht zwischen Felsbrocken und Gehölz zu Boden. Zahn bricht sich einen Arm, Hans Mehlhorn eine Hand, der Bremser Rossner erleidet eine Wirbelsäulenverletzung. Auch der zweite deutsche Bob saust mit 100 km/h aus der Kurve und bleibt in einem Baum hängen. Fahrer Grau bricht sich ein Schulterblatt, Bremser Brehme erleidet einen Armbruch, Gehirnerschütterung und Quetschungen.
Darauf stellt ein deutscher Zuschauer, von Mumm, aus zufällig anwesenden Deutsch-US-Amerikanern eine neue Mannschaft zusammen. Außer von Mumm hat noch keiner jemals in einem Bob gesessen. Sie werden in den Finalläufen, die erst am 15. Februar, nach der Schlußfeier, stattfinden, Siebte. Die Zuschauer, enttäuscht darüber, daß es zuwenig Stürze gibt, werfen Eisstücke, Steine und Baumzweige in die Bahn, damit die Sache noch mehr Pfiff bekommt.
Steuermann Hanns Kilian stellt mit dem Rest der beiden deutschen Bobs, Mehlhorn, Max Ludwig und Bremser Sebastian Huber, eine Mannschaft zusammen und holt damit die Bronzemedaille hinter USA I mit dem Olympiasieger von Sankt Moritz, Fiske, und USA II. Erstmals gibt es auch Rennen im Zweierbob. Die US-amerikanischen Brüder Hubert und Curtis Stevens gewinnen.

Der deutsche Weltmeister Zahn (l.) gratuliert den Bobfahrern von USA I.

Der deutsche Zweierbob in der gefährlichen Zickzack-Kurve, die mehreren Bob-Besatzungen, besonders den deutschen, zum Verhängnis wird

Kanada bangt um den Eishockey-Sieg

Februar 1932. Weil beim Eishokkeyturnier nur vier Mannschaften antreten, läßt man, um die Sache spannender und die Kassen voll zu machen, jede zweimal gegen jede in einer Vor- und Rückrunde spielen. Um den Sieg kann es nur zwischen Kanada und den USA gehen. Deutschland braucht nur Polen zu schlagen, um zur Bronzemedaille zu kommen.
Frenetisch vom einheimischen Publikum angefeuert, leisten die US-Amerikaner den sieggewohnten Kanadiern verbissen Widerstand. Im zweiten Drittel des ersten Spiels gehen sie unter tosendem Jubel 1:0 in Führung. Im Schlußdrittel gleichen die Kanadier aus. Als sie in der Verlängerung das 2:1 erzielen, ist das der Turniersieg. Denn das Rückspiel endet trotz zweimaliger Verlängerung 2:2.
Das erste Spiel Deutschland gegen Polen leidet unter einem heftigen Schneesturm. Gustav Jaenecke schießt das Führungstor, kurz darauf gleichen die Polen aus. Erst im letzten Drittel gelingt den Deutschen das 2:1. Im Rückspiel leisten die Polen beim 4:1 kaum noch Widerstand. Deutschland ist Dritter.

Eishockey-Thriller Kanada—USA. Nach zwei Spielen und insgesamt drei Verlängerungen kommen die Kanadier so knapp wie nie mit 4:3 zum Olympiasieg.

Das Ende der Ära Gillis Grafström

Februar 1932. Auch in der hastig erbauten Eishalle sind die Eisverhältnisse nicht ideal. So wirft ein Sturz in der Eiskunstlauf-Pflicht den Schweden Gillis Grafström bei seinem vierten Olympiastart bereits zurück. In der Kür steht er dem Österreicher Karli Schäfer kaum nach. Doch nach drei Olympiasiegen reicht es diesmal nur zur Silbermedaille. Dennoch ein ehrenvoller Abgang. Dritter wird der vielbeschäftigte Kanadier Montgomery Wilson, der mit seiner Frau Constance im Paarlauf Fünfter wird.
Gefeierter Publikumsliebling ist die Norwegerin Sonja Henie, die sehr geschickt in ihre Kür Showelemente einbaut, mit denen sie genau den US-amerikanischen Publikumsgeschmack trifft. Die Österreicherin Fritzi Burger muß sich wie in Sankt Moritz mit dem zweiten Platz begnügen.
Im Paarlauf kommen Andrée und Pierre Brunet (Frankreich) nach der Bronzemedaille in Chamonix zu ihrer zweiten Goldmedaille nach Sankt Moritz.

Sonja Henie, der neue Eiskunstlaufstar. Die 20jährige Norwegerin zeigt sich auf dem Höhepunkt ihres Könnens. Ihr Olympiasieg erfolgt einstimmig mit sieben Richterstimmen.

Der Schwede Gillis Grafström, nach drei olympischen Goldmedaillen und einer Silbermedaille, dazu drei Weltmeistertiteln, der erfolgreichste Eiskunstläufer nach dem Ersten Weltkrieg

Der Österreicher Karli Schäfer, vier Jahre zuvor in Sankt Moritz noch Vierter, entthront den dreimaligen Olympiasieger Grafström. Er zeigt sich in Pflicht und Kür überlegen.

Olympische Sommerspiele der Rekorde in Los Angeles

30. Juli bis 14. August 1932. Noch nie sind Olympische Spiele mit einem derartigen propagandistischen Aufwand populär gemacht worden. Die Werbung lief, als wäre es darum gegangen, einen Monumentalfilm anzukündigen, den Cecil B. De Mille in Hollywood gedreht hat. Cover-Girls posierten am sonnigen Strand von Long Beach mit bunten Riesenbuchstaben, die OLYMPIC GAMES 1932 auf den Titelseiten der illustrierten Blätter signalisierten. Auf Veranstaltungen trugen hübsche Mädchen diese Buchstaben als Blumengebinde durch die Straßen.

Acht Jahre haben die US-Amerikaner auf diesen Tag gewartet. So lange schon steht das prächtige Coliseum als Olympiastadion bereit. Die Mannschaften aus Europa sind überwältigt von der stimmungsvollen Atmosphäre, die sie empfängt. Als ständige Begleiterinnen und Betreuerinnen stehen den weiblichen Olympiateilnehmern junge Damen der Gesellschaft aus allen Bundesstaaten der USA zur Verfügung. Die männlichen Teilnehmer werden zum ersten Mal in einem eigens erbauten olympischen Dorf untergebracht. Auf einem Hochplateau unweit des Pazifischen Ozeans hat man in einem großen Oval, umgeben von weiten Rasenflächen, 800 kleine Holzhäuser errichtet. Die gesamte Anlage kostete 300 000 US-Dollar.

Für Unterkunft und Verpflegung müssen pro Kopf 2 US-Dollar täglich bezahlt werden. Dafür steht jeder der 38 Nationen ein eigener Koch zur Verfügung. Es gibt täglich frische Wäsche, Seife, Handtücher. Bäder, Sauna und Massage sorgen für Hygiene und Entspannung. Für die ärztliche Betreuung stehen die modernsten Einrichtungen bereit. Jede Nation hat einen Dolmetscher, der sich um Sonderwünsche kümmert. Als die Deutschen um eine zweite Wolldecke bitten, bekommen sie prompt eine ausgehändigt.

Daß überhaupt eine deutsche Mannschaft nach Los Angeles gekommen ist, grenzt an ein Wunder. Die Stimmung in Deutschland ist für die Olympischen Spiele nicht günstig. Man hat andere Sorgen. Carl Diem, der deutsche Mannschaftsführer, schreibt in seinem Tagebuch: »Wie die Expedition eigentlich zustande gekommen ist, bleibt rätselhaft. Die Geldsammlung des Deutschen Reichsausschusses ist mißglückt, das Reich hat abgelehnt, auch Amerika hat nichts geschickt. Die Verbände haben kein Geld und die Sportsleute auch nicht. Aber sie schwimmen auf dem Ozean.« Der Empfang durch Deutsch-Amerikaner in Los Angeles übertrifft alle Erwartungen am ersten Tag der Spiele. Nicht minder eindrucksvoll für alle Teilnehmer sind das mit 105 000 Menschen bis auf den letzten Platz gefüllte Olympiastadion und die farbenprächtige Eröffnungsfeier, wo 2000 Sängerinnen und Sänger die olympische Hymne anstimmen. Organisatorisch klappt alles wie am Schnürchen, die Begeisterung der Zuschauer reißt jeden mit. Olympia in der Traumfabrik.

Die festlich geschmückten Straßen von Los Angeles bei strahlender Sonne. Olympische Hochstimmung erfüllt die Stadt, wie man sie – außer in Athen – nie zuvor erlebt hat. Die US-amerikanische Gastfreundschaft ist überwältigend.

Der US-amerikanische Vizepräsident Charles Curtis (M.) erklärt die Olympischen Spiele »zur X. Olympiade moderner Zeitrechnung« für eröffnet.

Das Olympiaplakat strahlt den naiven Optimismus der Veranstalter aus.

Der US-Fechter George C. Calnan leistet den olympischen Eid.

Zwei Goldmedaillen für »Mitternachts-Expreß« Eddie Tolan

1. August 1932. Mit großer Spannung wird der 100-m-Endlauf erwartet. Als einziger Europäer hat der Deutsche Arthur Jonath dieses Finale neben drei US-Amerikanern, einem Südafrikaner und einem Japaner erreicht.

Nach einem Fehlstart kommt beim zweiten Mal der Japaner Yoshioka am besten ab, führt nach halber Strecke. Doch dann fliegt der dunkelhäutige US-Amerikaner Thomas Edward »Eddie« Tolan heran, gewinnt rasch einen Vorsprung. Da zieht bei 80 m der athletische Ralph Metcalfe stark an, erreicht Tolan auf der Ziellinie. Die handgestoppten Zeiten lauten für Tolan 10,3—10,3—10,4. Für Metcalfe 10,3—10,3—10,3. Die elektrische Zeitnahme gibt für beide Läufer 10,38 sec an. Tolan hält sich für geschlagen und beglückwünscht Metcalfe. Doch nach längerer Prüfung der Zielfotografie wird Tolan zum Sieger erklärt.

Tolan ist der erste Farbige, der einen olympischen Laufwettbewerb gewinnt. Auf dem College hatte man den 1,65 m großen Brillenträger für zu klein befunden, um bei Sprintwettbewerben oder Staffeln mitzulaufen. Jetzt nennt man ihn den »Mitternachts-Expreß«. Bei all der Aufregung um den Sieger des Rennens übersieht man fast, daß Jonath als schnellster Weißer die Bronzemedaille gewinnt.

Über 200 m am 3. August will Metcalfe sich revanchieren. Aber er bleibt ein Pechvogel. Im Zwischenlauf läuft er olympischen Rekord genau wie Tolan. Aber im Endlauf startet er von einer falschen Markierung. So wird er nur Dritter und kann damit gerade noch Jonath abfangen. Der »Mitternachts-Expreß« braust, diesmal ungefährdet, zuerst durchs Ziel. Mit olympischem Rekord, deutlich vor dem US-Amerikaner George Simpson, der über 100 m Vierter war. Wer soll nun diesen drei Meistersprintern den Staffelsieg streitig machen? Niemand anders als die US-amerikanische Mannschaftsführung. Sie stellt sie gar nicht erst auf. Robert Kiesel, Emmet Toppino, Hector Dyer und Frank Wykoff, Schlußmann der siegreichen Staffel von 1928, gewinnen auch ohne sie. In der Weltrekordzeit von 40,0 sec. Da bleibt den Deutschen Helmut Körnig, Walter Hendrix, Erich Borchmeyer und Jonath nur ein ehrenvoller zweiter Platz.

Der Zieleinlauf über 100 m: Tolan (vorn r.) dann Metcalfe (2. v. r.), als dritter Jonath vor Simpon und Yoshioka

Erstmals auf dem »Treppchen«. Die Siegerehrung auf dem neu eingeführten Podium mit Metcalfe, Tolan, Jonath (v. l.)

Der Zieleinlauf über 200 m. Tolan, der sich auf der Geraden enorm steigerte, mit 1 m Vorsprung im Ziel. Simpson knapp vor Metcalfe, der von einer Staffelmarke startete und 203 m lief. Jonath (vorn) vor dem Argentinier Luti, abgeschlagen der Südafrikaner Walters. Die US-Amerikaner haben ihre Vormachtstellung im Sprint zurückgewonnen. Damit es nicht so aussieht, daß sie dies allein zwei Farbigen verdanken, setzen sie über 4x100 m nur Weiße ein, die Weltrekord laufen. Die deutsche Staffel sichert sich vor den Italienern die Bronzemedaille.

Frank Wykoff als Schlußläufer zum zweiten Mal im Ziel der 4 x 100-m-Staffel, die in Weltrekordzeit gewinnt

Letzter Wechsel der US-Amerikaner in der 4 x 400-m-Staffel. Karl Warner übergibt an William Carr, der schon den Einzelwettbewerb in Weltrekordzeit gewann. Auch die US-Staffel siegt mit Weltrekord. Die Deutschen werden Vierte.

Über diesen Zieleinlauf im 100-m-Zwischenlauf rätseln die Zielrichter.

Polin ist schnellste Läuferin der Welt

2. August 1932. Den Weltrekord über 100 m hält die Niederländerin Tollina Schuurmann mit 11,9 sec. Sie scheidet im Zwischenlauf auf unglückliche Weise aus, wo sie nach über einstündiger Beratung der Zielrichter Vierte wird. Die Polin Stanislawa Walasiewicz stellt den Weltrekord im Vorlauf, Zwischenlauf und Endlauf ein und siegt sicher vor der Kanadierin Hilda Strike.
In den USA, wo sie seit Jahren lebt und läuft, ist die schnelle Polin unter dem Namen Stella Walsh bekannt. Die US-Amerikaner verdrießt es, daß sie sich nicht naturalisieren läßt. Aber Stanislawa zieht ihre Stellung als Stenotypistin bei der polnischen Botschaft vor.

Die siegreichen US-Damen in der 4x100-m-Staffel: Bremen, Rogers, Furtsch, Carew (v. l.)

Paavo Nurmi auf Lebenszeit disqualifiziert

Sie lassen Paavo Nurmi nach Los Angeles anreisen. Dann schlagen sie ihm das Tor des Olympiastadions vor der Nase zu. Es ist der widerlichste Akt von Heuchelei und Perfidie, den die moderne Sportgeschichte kennt. Niemand hat für die Weltgeltung des Sports in den 20er Jahren mehr bewirkt als der schweigsame Läufer aus Finnland. Niemand hat bei Olympischen Spielen größere und sensationellere Leistungen vollbracht als Nurmi. Kaum ein Name ist bekannter als seiner. Nurmi ist das Sport-Idol seiner Zeit. Und dieser Mann wird von Sportfunktionären kurz vor Beginn der Olympischen Spiele — so ein zeitgenössischer Kommentar — »umgebracht«.
Die infame Intrige geht von einem vielfachen Dollarmillionär aus, der Anstoß daran nimmt, daß ein Läufer, der als »König der Aschenbahn« die Zuschauer, wo immer er auftritt, fasziniert, Geld erhält. Der Mann heißt Avery Brundage, seit 1928 Präsident der Amateur Athletic Union (AAU) der USA, seit 1929 Vorsitzender des Nationalen Olympischen Komitees der USA. Daß Nurmi für seine Rennen Geld verlangt, weiß jeder und gilt als selbstverständlich. Einmal könnte er seine Wettkampfreisen aus eigener Tasche gar nicht bezahlen, zum andern füllt er jedem Veranstalter die Kasse. Wenn Nurmi verschiedentlich mehr kassiert als andere, weniger zugkräftige Läufer, ist das nur recht und immer noch billig. Nurmi lebt seit fast zwei Jahrzehnten nur für den Sport,und der Sport lebt von ihm. Wovon lebt Nurmi, wenn er seine Karriere beendet hat? Das interessiert freilich keine US-amerikanischen Dollarmillionäre. Man hätte Nurmi längst nach den Buchstaben des absurden Amateurparagraphen überführen und bestrafen können. Wie z. B. den US-amerikanischen Sprinter Charles William Paddock, zweimaliger Olympiasieger 1920, der seinen berühmten Zielsprung in aller Welt gut verkaufte. Als man ihn 1928 zum Professional erklären wollte, verbat sich Brundage jede Einmischung in innere US-amerikanische Angelegenheiten. Die Offiziellen sahen auch darüber hinweg, daß der kanadische Doppel-Olympiasieger von 1928, Percy Williams, nach seiner Rückkehr ein Auto und 20 000 US-Dollar bekam, wobei es nicht blieb.
Williams darf in Los Angeles dennoch teilnehmen. Es muß unbedingt Nurmi sein, an dem ein Exempel statuiert werden soll. Wie es 1913 Jim Thorpe war. Das Unerträgliche an der Handlungsweise der Sportfunktionäre liegt in der selbstgerechten Pose des Sittenwächters, der glaubt, eine Ethik des Sports wahren zu müssen. Einmal wird dabei seit eh und je ungerührt mit zweierlei Maß gemessen, was die Glaubwürdigkeit ad absurdum führt. Zum andern aber gibt es keine Ethik des Sports an sich. Das ist eine Anmaßung der Sportführer, um einen moralischen Machtanspruch zu rechtfertigen.
Die doppelte Gemeinheit des Richterspruchs im »Fall Nurmi« liegt im Zeitpunkt. Nurmi, am 13. Juni 1897 in Loimaa bei Turku geboren, ist 35 Jahre alt. Er steht am Ende seiner sportlichen Laufbahn. Sein letztes Ziel ist es, seine einmalige Karriere mit dem Sieg im olympischen Marathonlauf zu krönen. Nur darauf hat er noch hingearbeitet. Ein Mindestmaß an Fairneß, von der in Festreden soviel die Rede ist, hätte geboten, ihm diesen ehrenvollen Abschied zu gönnen. Statt dessen jagt man ihn mit Schimpf und Schande davon. Und das geschieht nach Meldeschluß, am 29. Juli 1932 in Los Angeles, so daß die finnische Mannschaft plötzlich im 10 000-m-Lauf und im Marathonlauf mit einem Mann weniger dasteht. Natürlich hätte sie ganz anders geplant, wenn sie frühzeitig gewußt hätte, daß Nurmi nicht starten darf.
Die Hand zu diesem Bubenstück reicht der Präsident der International Amateur Athletic Federation (IAAF), der Schwede Sigfrid Edström. Und »Beweismaterial« wird willfährig besorgt vom Vorsitzenden des deutschen Leichtathletik-Verbandes, Karl Ritter von Halt. Nurmi erhält sofort Angebote von Managern aus den USA, aus London, Paris und Berlin. Er lehnt sie alle ab. Er hat genug vom Laufen. Und er hat genug vom Sport. Doch seine Statue vor dem Stadion in Helsinki wird stehenbleiben, viel, viel länger, als er lebt.
Auch den »Nurmi« Frankreichs und Olympia-Zweiten von 1928 über 1500 m, Jules Ladoumègue, hatte der Bannstrahl der Disqualifikation auf Lebenszeit getroffen. Ladoumègue stört das wenig. Vom Ruhm seiner Lauferfolge kann er nicht leben, und er lebt gern gut. So läuft er auch gegen Pferde und tritt im Zirkus auf. Ein guter Läufer konnte schon immer gut Geld verdienen. Er ist nicht auf Arenen angewiesen, wo nach Regeln gelaufen werden soll, die schon antiquiert waren, als man sie dem Sport aufzwang.

Der Skandal: Paavo Nurmi muß die Koffer packen. In Finnland wird seine Disqualifikation nicht anerkannt. Aber Nurmi beendet 1933 seine Laufbahn, in der er insgesamt 29 Weltrekorde aufstellte und bei Olympischen Spielen neun Gold- und drei Silbermedaillen gewann.

Die noble Geste eines Lords und eine Runde zuviel

1. August 1932. Den »Lord« läßt er im Umkleideraum. Auf der Aschenbahn ist er »der Burghley«, der 1928 überraschend den 400-m-Hürdenlauf gewann . Der US-Olympiasieger 1924 und Weltrekordhalter Frederick Morgan Taylor (→ Juli 1924) war vor vier Jahren nur Dritter geworden. Er trainierte weiter und wollte Revanche. David Lord Burghley auch. Das stundenlange Stehen in der glühenden Hitze bei der Eröffnungsfeier am 30. Juli wollte er sich ersparen. Denn am nächsten Tag begannen die Vorläufe. Als er feststellte, daß Taylor als Fahnenträger der US-Mannschaft einmarschieren würde, änderte er seinen Entschluß. Er wollte keinen Vorteil vor seinem Rivalen haben.
Am nächsten Tag verlor Burghley gegen Taylor über 400 m Hürden um Brustbreite. Im Endlauf am 1. August kommen beide gleichzeitig ins Ziel. Aber Burghley wird mit der besten Zeit, die er jemals gelaufen ist, nur Vierter. Taylor gewinnt erneut Bronze und ist damit der einzige, der im 400-m-Hürdenlauf bei drei Olympischen Spielen zu einer Medaille kommt.
Der Brite Thomas Evenson wird Zweiter im 3000-m-Hindernislauf. Da stellen die Kampfrichter fest, daß sie eine Runde zuviel haben laufen lassen. Für den Sieger, den Finnen Volmari Iso-Hollo, spielt das keine Rolle. Aber bei der 3000-m-Marke lief der US-Amerikaner Joseph McCluskey an zweiter Stelle. Was tun? »Wo das Ziel ist, ist das Ziel, und da war ich Dritter«, entscheidet McCluskey.

Start zum 800-m-Endlauf. 3. v. r. Otto Peltzer, der nach einer Runde aufgibt. Der Brite Thomas Hampson (l.) siegt in 1:49,7 min.

In Weltrekordzeit gewinnt Bill Carr (r.) den 400-m-Lauf vor Ben Eastmann.

Der Kanadier Edwards (vorn) führt im 800-m-Vorlauf.

Ein Favoritensieg über 1500 m durch den Italiener Luigi Beccali

Packender Zweikampf USA – Finnland beim 5000-m-Endlauf

5. August 1932. Im 5000-m-Lauf bahnt sich eine Sensation an. Niemand hatte erwartet, daß jemand die Finnen Lauri Lehtinen und Lauri Virtanen gefährden könnte. Doch nachdem die beiden 4000 m geführt haben, schiebt sich der US-Amerikaner Ralph Hill zwischen sie.
Lehtinen verschärft das Tempo, Hill aber bleibt ihm auf den Fersen, dafür fällt Virtanen zurück. Das Stadion kocht. In der letzten Runde beginnt Lehtinen zu spurten, Hill folgt ihm wie ein Schatten. Eingangs der Zielgeraden läßt sich Lehtinen etwas nach außen tragen. Offenbar wollte Hill gerade zum Überholen ansetzen, sieht den Weg versperrt und kurvt wieder nach innen. Aber da hat Lehtinen bereits wieder dicht gemacht. Die Menge tobt. Hat der erfahrene Lehtinen Hill absichtlich behindert? Hill hat keine Kraft mehr. Lehtinen siegt mit Brustbreite. Die Kampfrichter beraten. Hill weigert sich, Protest einzulegen. Die Frage, ob er unfair behindert wurde, beantwortet er mit »Nein«.
Erst am nächsten Tag findet die Siegerehrung statt. Lehtinen gewann zu Recht. Lehtinen und Hill tauschen ihre Mannschaftsabzeichen aus. Die Zuschauer jubeln über den Sieg des Sports.

Das Feld des 5000-m-Laufs, als Lehtinen noch vor Virtanen führt

Schwimmwunder aus Japan

9. August 1932. Als der Japaner Hisakichi Toyoda als Schlußschwimmer der 4x200-m-Staffel anschlägt, schaut Johnny Weissmuller auf der Zuschauertribüne seine Stoppuhr an und schüttelt den Kopf. Das Ding muß kaputt sein, und »Tarzan« hätte gute Lust, sie ins Schwimmbecken zu werfen, wo die US-Amerikaner gerade mit zwölf Sekunden abgehängt wurden. Aber da wird die Zeit bekanntgegeben: 8:58,4 min. Die Stoppuhr ist in Ordnung. Völlig in Unordnung geraten ist die Schwimmwelt. Dieser Staffelerfolg mit einer Fabelzeit, erstmals unter neun Minuten, setzt nur den Schlußpunkt unter die größte Sensation dieser Olympischen Spiele.

Eine neue Ära ist angebrochen. Die Zeit der »großen Drei« im Schwimmsport ist endgültig vorbei. Von ihnen geht nur Andrew »Boy« Charlton noch einmal an den Start. Er schwimmt über 400 m fünf Sekunden schneller als 1928, wo er die Silbermedaille gewann, und drei Sekunden schneller als der damalige Überraschungssieger Alberto Zorilla. Doch trotz dieser beachtlichen Verbesserung wird er im Finale nur Sechster und Letzter! Dabei sind die 400 m das einzige Rennen, das mit Clarence Crabbe ein US-Amerikaner gewinnt, vor dem Franzosen Jean Taris. Dann erst folgen die Japaner Tsutomu Oyokota, Takashi Yokoyama und Nobora Sugimoto.

In den übrigen Wettbewerben siegen die Japaner. Da bieten die US-Amerikaner den Schwimmern das schönste Stadion an, das ihnen jemals bei Olympischen Spielen zur Verfügung stand. Und dort erleiden sie ihre vernichtendste Niederlage. Denn die Japaner siegen gleich doppelt und dreifach. Über 100 m Freistil Yasuji Miyazaki und Tatsugo Kawaishi. Über 1500 m Freistil Kusuo Kitamura und Shozo Makino. Über 100 m Rücken Masaji Kiyokawa, Tsohio Irie und Kentaro Kawatsu. Über 200 m Brust Yoshiyuki Turuta und Reizo Koike. In sämtlichen Endläufen schwimmen drei Japaner mit. Nur über 1500 m sind es nur zwei. Die Krönung ist dann die Staffel. Und dieses phänomenale Schwimmwunder wird von Burschen vollbracht, die, bis auf den Amsterdam-Veteranen Turuta, erst zwischen 15 und 17 Jahren alt sind. Von guten Trainingszeiten hatte man zwar über den allzu Stillen Ozean etwas läuten gehört. Aber eine derartige Leistungsexplosion hatte niemand erwartet.

Auch im Kunst- und Turmspringen bricht eine neue Ära an, die ganz von den US-Amerikanern geprägt wird. Zwei Gründe sind dafür ausschlaggebend: Ein neuartiges Sprungbrett, das den Sprungstil revolutioniert, und ideale ganzjährige Trainingsmöglichkeiten, die eine für europäische Springer unerreichbare Perfektion ermöglichen. Der einzige, der mit den US-Amerikanern mithalten kann, ist der Ägypter Simaika, der in Kalifornien lebt, aber wegen Verbandsstreitigkeiten nicht an den Konkurrenzen teilne-

Finish über 100 m: Alle sechs Finalisten schwimmen unter 60 Sekunden.

Drei Siege für Helen Madison

12. August 1932. Die Medaillenbilanz bei den Schwimmwettkämpfen wird für die US-Amerikaner etwas verschönt durch die Erfolge der Damen. Das gilt im wörtlichen Sinne für Eleanor Holm, die außer dem 100-m-Rückenschwimmen auch jederzeit eine Schönheitskonkurrenz gewonnen hätte.

Die 18jährige Dorothy Poynton gewinnt das Turmspringen.

Auf Goldmedaillenjagd macht sich auch die vielfache Weltrekordlerin Helen Madison, und sie enttäuscht die hochgespannten Erwartungen nicht. Über 100 m schlägt sie die Niederländerin Willemijntje den Ouden mit einer vollen Sekunde. Doch über 400 m erwächst der »Königin des Schwimmsports« in der kleinen Lenore Kight, die niemand kennt, eine Riesengegnerin. Sie hat keinerlei Respekt vor der Madison, aber auch noch keinerlei Erfahrung. Bei jeder Wende verliert sie gut ein bis anderthalb Meter. Doch sie holt diesen Rückstand immer wieder auf! 10 000 Zuschauer springen auf und schreien sich die Kehlen heiser, als der Nobody der Weltmeisterin auf der letzten Bahn ein Kopf-an-Kopf-Rennen liefert. Helen muß ihren Weltrekord um zweieinhalb Sekunden unterbieten, um mit einer Zehntelsekunde Vorsprung zu gewinnen. Mit einer besseren Wendetechnik hätte Kight gewonnen. Leichter holt sich Helen ihr drittes Gold mit der 4x100-m-Staffel in Weltrekordzeit.

Start über 400 m Freistil. Im Vordergrund die Siegerin Helen Madison (USA)

Ein einziges Mal droht auch in den Schwimmwettbewerben der Damen die »gelbe Gefahr«. Über 200 m Brust, der einstigen Domäne deutscher Schwimmerinnen, gibt es auf den letzten 50 m ein packendes Rennen zwischen der bis dahin führenden Dänin Else Jacobsen, der Australierin Claire Dennis und der Japanerin Hideko Maehata. Auf halber Bahn schwimmen sie noch auf einer Linie, dann läßt die Dänin etwas nach. Aber die Japanerin leistet Widerstand bis zum Zielanschlag und muß sich erst hier um eine Zehntelsekunde geschlagen geben.

Gänzlich unangefochten bleiben im Kunst- und Turmspringen, wie bei den Herren, die US-Amerikanerinnen. Sie treten während des Jahres, ebenso wie die Herren, so oft in Schauspringen auf, daß man ihren

Gold für Yasuji Miyazaki

Start über 400 m: Im Vordergrund der Sieger Clarence Crabbe (USA)

1500 m Freistil: Kitamura (l.), Makino

men darf. So kann man ihn nur in den in den USA besonders beliebten Schauspringen bewundern, wo noch Schwierigeres gewagt und Besseres geboten wird als im olympischen Wettbewerb. Das nach seinem Erfinder sog. Brandsten-Brett läßt sich von jedem Springer auf die von ihm bevorzugte Federung nach Belieben einstellen. Das ermöglicht selbst vom 3-m-Brett aus eher ein Fliegen als Springen. Alles Eckige der Bewegungen weicht einem geschmeidigen Fluß. Hier können der Deutsche Leo Esser am Brett als Fünfter und der Österreicher Josef Staudinger am Turm als Vierter nur Ehrenplätze erreichen.

Im Wasserballturnier, an dem sich nur fünf Länder beteiligen, sind die Deutschen als Olympiasieger von Amsterdam Titelverteidiger. Sie verlieren ihre Chancen gleich im ersten Spiel gegen Ungarn. In diesem vorweggenommenen Endspiel führt Ungarn wie vier Jahre zuvor zur Halbzeit 2:0. Doch danach folgt nicht wie damals ein erfolgbringender Ansturm der Deutschen, sondern die Ungarn ziehen überlegen auf 6:0 davon. Erst dann gelingen durch Hans Schwartz, mit Viermeter-Strafwurf, und Fritz Gunst zwei Gegentreffer. In ihrer Enttäuschung über diese deftige Abfuhr ahnen die Deutschen nicht, daß sie sich ausgerechnet in diesem Spiel die Silbermedaille sicherten. Denn diese gerät nach der verlorenen Goldenen noch in Gefahr, als den Deutschen gegen die USA nur ein 4:4 gelingt. Nur das um zwei Treffer bessere Torverhältnis sichert den Deutschen den zweiten Platz vor den USA.

Gold 200 m Brust: Claire Dennis (AUS)

Helen Madison (l.) und Lenore Kight, Gold und Silber über 400 m Freistil

Gold 100 m Rücken: Eleanor Holm

Amateurstatus streng genommen in Zweifel ziehen könnte.

Am wenigsten kann ein solcher Verdacht die erst 14jährige Katherine Rawls treffen, die, wie vier Jahre zuvor Dorothy Poynton in Amsterdam im selben Alter, die Silbermedaille im Kunstspringen gewinnt. Neben dem Fleiß und der Trainingsmöglichkeit gehört schon eine ungewöhnliche Begabung dazu, in einem solchen Alter perfekte Leistungen mit höchsten Schwierigkeitsgraden zu erbringen. Die überragende Kunstspringerin Georgia Coleman ist freilich nicht zu bezwingen. Coleman hätte auch das Turmspringen für sich entschieden, wenn sie nicht einen Sprung verpatzt hätte, der ihr sonst mit traumhafter Sicherheit gelingt. So kommt die nunmehr 18jährige Dorothy am Turm zum Olympiasieg, während sich Georgia Coleman wie 1928 mit Silber begnügen muß.

Im Kunstspringen fehlt es Olga Jordan, der einzigen nach Los Angeles entsandten deutschen Schwimmerin, an Erfahrung mit dem ungewohnten Brandsten-Brett. Sie hätte sonst durchaus Chancen auf einen Medaillenrang gehabt. So muß sie sich mit dem ehrenvollen, aber undankbaren vierten Rang begnügen. Die Österreicherin Magdalene Epply plaziert sich im Kunstspringen als Sechste vor und im Turmspringen als Siebte hinter der Japanerin Etsuko Kamakura.

An die einstige schwedische Vorherrschaft im Kunst- und Turmspringen erinnert nur noch Lala Sjöqvist als Vierte im Turmspringen, wo sie 1928 Bronze gewann.

Neue Regeln verbessern das Boxturnier

9. bis 13. August 1932. Nach den schlechten Erfahrungen bei den letzten olympischen Boxturnieren 1924(→ 15.–20. 7. 1924)und 1928 war es höchste Zeit für einige Neuerungen. So amtiert der Ringrichter wieder innerhalb des Rings und hat damit eine weitaus bessere Übersicht und Kontrolle über die Kämpfe. Die Zusatzrunde ist abgeschafft. Sie wurde bisher angesetzt, falls der Kampf nach drei Runden als unentschieden galt. Wenn sich die Kämpfer jedoch in der dritten Runde, wie es oft geschah, völlig verausgabt hatten, konnte eine vierte Runde gesundheitliche Schäden zur Folge haben. Die Punktrichter sind ab jetzt gehalten, nach drei Runden einen Sieger zu bestimmen.

In den Wertungen erhält, bei den Amateuren mit vollem Recht, der »Boxer« wieder Vorrang vor dem »Fighter«. Die »edle Kunst der Selbstverteidigung« soll gefördert werden gegenüber dem brutalen Drauflosschlagen. Das allgemeine Niveau der olympischen Kämpfe in Los Angeles trägt diesen Kriterien bereits Rechnung. So gibt es in insgesamt 85 Kämpfen nur eine einzige K.-o.-Niederlage. Der Mexikaner Cruz erleidet sie im Mittelgewicht in der zweiten Runde gegen den US-Amerikaner Carmen Barth.

Die US-Amerikaner sind mit zwei Gold- und drei Bronzemedaillen wieder am erfolgreichsten vor den Südafrikanern und Argentiniern, die je zwei Olympiasieger stellen. Die Deutschen bieten eine komplette Mannschaft in allen acht Gewichtsklassen auf. Drei Boxer erreichen den Endkampf. Im Bantamgewicht unterliegt Hans Ziglarski, der zu überhastet und unkontrolliert angreift, dem Kanadier Horace Gwynne, dem technisch besten Boxer des Turniers. Im Federgewicht liefert Josef Schleinkofer dem Argentinier Carmelo Robledo einen beherzten Kampf und verliert ganz knapp. Umstritten ist die Niederlage Erich Campes gegen Edward Flynn im Weltergewicht. Selbst das US-amerikanische Publikum buht den Landsmann aus, der mit 60:59 Punkten Sieger wird.

Gold im Boxen, oben v. l.: Lovell (ARG), Carstens (SAF), Barth (USA), Flynn (USA). Knieend v. l.: Stevens (SAF), Gwynne (Kanada), Robledo (ARG)

Was willst du mit dem Dolche, sprich?

4. bis 7. August 1932. Der aufregendste Moment des Ringerturniers spielt sich in der Garderobe ab. Erbost über seine Niederlage gegen Jakob Brendel, zückt der Italiener Marcello Nizzola einen Dolch und stürzt sich auf den ahnungslosen Deutschen. Ein baumlanger US-amerikanischer Polizist greift sich den hitzigen Bantamgewichtler und schultert ihn, allerdings etwas stilwidrig. Nizzola kämpfte sizilianisch, während der Polizist im Freistil vorging. Brendel hat noch den Nerv, anschließend den Franzosen Louis François auf der Matte zu bezwingen, was ihm die Goldmedaille sichert. Nizzola muß sich griechisch-römisch mit Silber begnügen.

Weitere Silbermedaillen gehen an die Deutschen Wolfgang Ehrl, Eduard Sperling und Jean Földeak. Földeak mußte abspecken, um im freien Stil im Weltergewicht antreten zu können. Das kostete ihn jedoch zuviel Kraft für eine Medaille. Die überragenden Ringer sind die Schweden Ivar Johansson und Carl Westergren. Johansson gewinnt Gold im griechisch-römischen und im freien Stil. Der mittlerweile 37jährige Westergren wird seit 1920 zum dritten Mal Olympiasieger.

Jakob Brendel, Olympiasieger im Bantamgewicht im Ringen

Georg Gehring (l.) gewinnt gegen den Schweden Carl Westergren.

Rudolf Ismayr, Olympiasieger im Mittelgewicht und Weltrekordler

Gewogen und zu schwer befunden

31. Juli 1932. Der Gewichtheber Josef Straßberger, in Amsterdam mit dem Weltrekord im olympischen Dreikampf von 372,5 kg Olympiasieger, verbessert seine damalige Leistung um 5 kg. Aber das ist kein Weltrekord mehr, nicht einmal olympischer Rekord. Und obendrein bringt der Tscheche Václav Psenicka dieselbe Last zur Hochstrecke. Der leichtere der beiden Stemmer, Psenicka, erhält die Silbermedaille. Dazu muß man nicht die Waage bemühen. Straßberger ist Bronze sozusagen auf den Leib geschrieben. Ein zweiter Tscheche, Jaroslav Skoblar, wird mit 380,0 kg stärkster Mann dieses Gewichtheberturniers.

Das Olympic Auditorium bietet den Schwerathleten einen Schauplatz, wie sie ihn schöner noch nie vorgefunden haben. Leider finden ihre Wettbewerbe nur mäßiges Publikumsinteresse. Die Deutschen kamen mit reichlich Vorschußlorbeeren nach Los Angeles und müssen froh sein, daß sie neben Straßbergers Bronzemedaille im Schwergewicht und Hans Wölperts Silbermedaille im Federgewicht in Rudolf Ismayr wenigstens einen Olympiasieger stellen können. Der Münchner stemmt im Dreikampf des Mittelgewichts einen Weltrekord mit 345,0 kg. In seinem letzten Versuch gelingt ihm ein olympischer Rekord im Reißen, der ihm einen entscheidenden Vorsprung vor dem Italiener Carlo Galimberti verschafft.

Einer der erfolgreichsten Turner in Los Angeles ist der Ungar István Pelle, der Gold in der Bodenübung und am Seitpferd und Silber im Fünfkampf gewinnt.

Romeo Neri (Italien) siegt am Barren und im Fünfkampf

Turnwettbewerbe im »wilden Westen«

August 1932. Nur in Athen 1896 waren noch drei Turner weniger am Start. In Los Angeles fehlen von den starken europäischen Turnnationen die Schweiz, die Tschechoslowakei und Jugoslawien ebenso wie die deutschen Turner.

Die Gunst der Stunde nutzen die US-Amerikaner, indem sie ausgefallene und nicht mehr gebräuchliche Wettbewerbe aufs Programm setzen. So den »Akrobatensprung« von einem Federsprungbrett, Keulenübungen und das altehrwürdige Tauhangeln. Hier sammeln die Einheimischen Medaillen.

Als einziger Schweizer ist Georg Miez angereist, der zugleich der einzige in Los Angeles vertretene Medaillengewinner von Amsterdam ist. Ihn will man jedoch nicht mitturnen lassen, weil er keiner Riege angehört. Ungarn und Italiener setzen sich dafür ein, daß man den Olympiasieger von 1928 wenigstens an einem Einzel-Fünfkampf teilnehmen läßt. Dieser beginnt mit dem — erstmals olympischen — Bodenturnen. Miez bekommt hier eine Wertung, die ihn derart erbost, daß er auf eine weitere Mitwirkung verzichtet. Den Fünfkampf gewinnt der Italiener Romeo Neri. Er erhält Gold in der Einzel- und Mannschaftswertung und am Barren und ist damit der erfolgreichste Turner in Los Angeles.

Die letzte Goldmedaille für einen Toten

14. August 1932. Die letzte Siegerehrung der Olympischen Sommerspiele in Los Angeles. Nur am mittleren Fahnenmast steigt langsam eine Flagge hoch. Es sind die deutschen Farben. 105 000 Zuschauer hören stehend die deutsche Nationalhymne, die in den vergangenen zwei Wochen selten erklang. Geehrt wird nicht ein Teilnehmer dieser Spiele. Der deutsche Mannschaftsführer Theodor Lewald nimmt die olympische Goldmedaille für die Brüder Toni und Franz Schmid entgegen, die im Jahr zuvor die Nordwand des Matterhorns durchstiegen haben (→ 31. 7. 1931). Das Internationale Olympische Komitee (IOC) hat diese Leistung den alpinen Pioniertaten im Himalaya gleichgestellt. Toni Schmid erlebt diese Ehrung nicht mehr. Er ist noch im Jahr seines großen Triumphs bei einem Alleingang in den Bergen tödlich abgestürzt.

Schlußfeier. Der Präsident des Internationalen Olympischen Komitees (IOC) Graf Baillet-Latour (r.) erklärt die X. Olympischen Spiele für beendet, nachdem er die olympische Fahne dem Bürgermeister von Los Angeles überreicht hat, der sie vier Jahre aufbewahren wird. Auf der Anzeigetafel erscheint der Satz: »Möge der olympische Gedanke sich seinen Weg bahnen durch die Zeiten.«

Los Angeles 1932 in Stichworten

Die Spiele der X. Olympiade in Los Angeles dauern vom 30. Juli bis zum 14. August 1932. Aus 37 Ländern 1408 Teilnehmer, davon 127 Frauen. 126 Wettbewerbe in 15 Sportarten. Erhebliche Leistungssteigerungen. Hochgespannte Erwartungen in bezug auf Organisation und Sportstätten übertroffen. Bislang größte Zuschauerzahl mit 1,5 Mio. Größtes Olympiastadion mit 105 000 Plätzen. **Leichtathletik:** 19 Weltrekorde und 31 olympische Rekorde. Triumph der USA (16 G, 13 S, 6 B). **Gewichtheben:** Deutschland verliert seine führende Position an Frankreich. **Ringen:** Schweden und Finnen in beiden Stilarten erfolgreich. Im Freistil dominieren die USA. **Boxen:** Erhebliche Verbesserung der Regeln und der Kriterien der Wertung. Zwölf Länder kommen zu Medaillen. **Fechten:** Italien (2 G, 3 S, 2 B) am erfolgreichsten vor Frankreich und Ungarn mit je zwei Siegen. **Schießen:** Nur zwei Wettbewerbe. Im Pistolenschießen der Italiener Renzo Morigi vor dem Deutschen Heinz Hax. Geringe Beteiligung im **Reiten**. Zu schwere Parcours beeinträchtigen die Wettbewerbe. Zu leichte Strecke im **Radfahren**, geringes Publikumsinteresse am Bahnfahren. Italien und Frankreich dominieren. **Turnen:** Größte Medaillenausbeute der USA bei Abwesenheit der stärksten Turnnationen. Sensationelle Erfolge Japans im **Schwimmen**. Vollständiger US-Triumph im Kunst- und Turmspringen. **Rudern:** Mustergültige Regattastrecke in Long Beach. Gold für USA (3), Großbritannien (2), Polen (1) und Deutschland (1). Nur geringe Beteiligung im **Segeln**. USA vor Schweden und Frankreich. Nur drei Mannschaften im **Hockey**, dem einzigen Ballturnier. Indien vor Japan und USA. Bei den **Kunstwettbewerben** kommen in neun Sparten zehn Länder zu Medaillen. Die meisten (3 G, 4 S, 2 B) gehen an die USA. Einmalige Goldmedaille im **Bergsteigen** für zwei Deutsche.

Max Schmeling verliert Weltmeistertitel

21. Juni 1932. »We are robbed!« schreit Joe Jacobs in das Ringmikrofon hinein, nachdem Ringrichter Smith das Urteil verkündet hat: »Sieger nach Punkten und neuer Weltmeister Jack Sharkey!« In Deutschland hören die Boxfans gegen 5 Uhr in der Frühe einen schwer atmenden Max Schmeling sagen: »Ich glaube nicht, daß ich verloren habe.« In Schmelings Garderobe kommt New Yorks Oberbürgermeister Jimmy Walker und erklärt: »Ein glattes Fehlurteil. Für mich sind Sie der wahre Sieger.« Aus Los Angeles kommt ein Telegramm: »Die Entscheidung ist so faul, daß sie bis nach Kalifornien stinkt.« Am Ring erlärt Gene Tunney den Journalisten: »Ich hätte den Sieg an Max gegeben. Es war noch nie da, daß einer von uns durch reine Verteidigungstaktik Weltmeister wurde so wie Jack.«
Was war geschehen? Nach seinem Sieg über William »Young« Stribbling hatte Schmeling drei Herausforderer um den Weltmeistertitel im Box-Schwergewicht (→ 3. 7. 1931). Den Mittelgewichtsweltmeister Mickey Walker, den Italiener Primo Carnera und Jack Sharkey. Schmeling gab Sharkey den Vorzug. Beide waren sich eine Revanche schuldig (→ 12. 6. 1930).

Durch Punktrichter Mathison und Ringrichter »Gunboat« Smith, einen Freund Sharkeys, verliert Max Schmeling (l.) in New York seinen Titel 1:2.

Sie ließ sich auch dem Boxpublikum am besten verkaufen. Auf Long Island/New York wurde eigens ein neues Stadion für den Kampf gebaut. Es faßt 70 000 Zuschauer, unter ihnen am 21. Juli die Ex-Champs James J. Corbett, Jack Dempsey und Gene Tunney. Großer Beifall, als die beiden Kämpfer um 22 Uhr in den Ring klettern. Die ersten drei Runden verlaufen überraschend ruhig. Schmeling ist mittlerweile als langsamer Starter bekannt. Aber Sharkey müßte als Herausforderer den Kampf machen. Erst in der vierten Runde greift er überfallartig an. Schmeling kontert kühl. Von der siebten Runde an zeigt Sharkey deutlich Ermüdungserscheinungen. Schmeling geht zum Angriff über. Sharkeys linkes Auge schließt sich. Schmeling sucht den entscheidenden Treffer anzubringen, aber Sharkey ist ein gerissener Ringfuchs und klammert sich über die Runden. Am Punktsieg Schmelings kann niemand zweifeln, auch nicht der Ringrichter.

Der »blaue Vogel« fliegt über 400 km/h

24. Februar 1932. Als am 13. Juni 1930 auf dem Windermeresee Henry O'Neal de Hane Segrave mit dem Motorboot »Miss England« einen Geschwindigkeitsweltrekord auf dem Wasser aufstellte, verunglückte er tödlich. Malcolm Campbell hatte damit seinen schärfsten Konkurrenten im Kampf um den absoluten Geschwindigkeitsweltrekord auf dem Lande verloren, aber dem Weltrekord jagte er vergebens nach.
Er suchte ständig nach geeigneten Rennpisten. So versuchte er es vergeblich in Südafrika in der Oase Verneuk Pan oder auf den »Salines Grandes« bei Cordoba in Argentinien. Sein neuester Rekordwagen, »Bluebird II« entstand in Zusammenarbeit mit dem Konstrukteur Montague Napier. Er ist mit einem 1400 PS starken Napier Flugzeugmotor ausgerüstet, der eine Höchstgeschwindigkeit von 480 km/h ermöglichen soll. Aber auf welchem Terrain? Campbell entscheidet sich für Daytona Beach in Florida, und hier erreicht er endlich sein großes Ziel. Er durchfährt 1 km und die Meile mit fliegendem Start in 404,499 km/h bzw. 408,721 km/h und ist damit der schnellste Automobilist der Welt.

Tazio Nuvolari auf Alfa Romeo, Sieger im Großen Preis von Italien

Rudolf Caracciola beim Training zum Avusrennen in Berlin im Mai 1932

Alfa Romeo – das neue Wunderauto aus Mailand beherrscht den Grand-Prix-Sport

3. Mai 1932. *Deutschlands beliebtester Automobilrennfahrer, Rudolf Caracciola, gewinnt zum vierten Mal den Großen Preis von Deutschland, der in diesem Jahr wieder auf der Berliner Avus ausgefahren wird. Er feiert diesen Erfolg jedoch nicht auf dem sieggewohnten Mercedes-Benz. Die deutsche Automobilfirma hat sich im vorigen Jahr vom Rennsport zurückgezogen. So stieg Caracciola auf einen Alfa Romeo vom Typ »Monza« um. Mit diesem Wagen gewann er in diesem Jahr bereits das Kesselbergrennen, die Meisterschaft von Polen und den Großen Preis von Lemberg.*
Am 5. Juli wird in Italien beim dortigen Grand Prix ein neuer Typ dieses Achtzylinders an den Start geschoben, der P 3. Dieses Fahrzeug, von dem zunächst nur sechs Exemplare gebaut wurden, gilt als das neue Wunderauto im Automobilrennsport. Die derzeitige freie Formel schreibt für die Rennen lediglich die Dauer von mindesten fünf und maximal zehn Stunden vor. Hier scheint der Alfa mit seinem Roots-Kompressor derzeit unschlagbar zu sein. Italien hat dazu einen neuen Fahrer-Star mit Tazio Nuvolari, der nach dem Großen Preis von Italien auch den Großen Preis von Frankreich gewinnt. Wie Caracciola begann auch Nuvolari als Motorradrennfahrer, wobei er 1925 in der 350-ccm-Klasse Europameister wurde.

Paul Meißner verewigt das österreichische »Wunderteam« auf einem Gemälde (Historisches Museum der Stadt Wien).

Die »Schmieranski-Elf« als Wunderteam

7. Dezember 1932. Österreichs »Wunderteam« im Fußball entstand, wie es sich dortzulande gehört, im Caféhaus. Hier, und in ihren Gazetten, hatten Wiener Sportjournalisten den Verbandskapitän Hugo Meisl so lange mit ihrem berüchtigten »Schmäh« überzogen, bis er ihnen einen Zettel hinwarf mit den klassischen Worten: »Da habt's euer Schmieranski-Team.« Sie lasen die Namen: Rudolf Hiden, Roman Schramseis, Pepi Blum, Georg Braun, Josef Smistik, Karl Gall, Karl Zischek, Fritz Gschweidl, Matthias Sindelar, Toni Schall und Adolf Vogl. Beim Namen Sindelar schnalzten sie genießerisch mit der Zunge.

Am 16. Mai 1931 fegte diese Mannschaft auf der Wiener Hohen Warte die in Europa noch ungeschlagenen Schotten mit 5:0 vom Platz. Eine Woche später bekam Deutschland in Berlin eine 6:0-Packung. Die Revanche im Wiener Stadion vier Monate später fiel mit 5:0 kaum weniger deftig aus. Das Jahr 1931 endete mit einem 8:1 gegen die Schweiz.

Das Jahr 1932 begann mit einem 8:2 gegen Ungarn. In neun Spielen hintereinander blieb das »Wunderteam« ungeschlagen, bei einem Torverhältnis von 39:7. Diese Serie beendet eine Niederlage, die fast einem Erfolg gleichkommt. In Stamford Bridge behält England, auf eigenem Boden noch unbesiegt, knapp mit 4:3 die Oberhand.

Die österreichische Elf, von Hugo Meisl als »Schmieranski-Team« bezeichnet, die Schottland mit 5:0 besiegte. Die Tore schossen Zischek (2), Schall, Vogl und Gschweidl. Dieselbe Mannschaft schlug Deutschland 6:0 mit Toren von Schall (3), Zischek, Gschweidl und Vogl. Beim 5:0-Rückspiel schossen Sindelar (3), Gschweidl und Schall die Tore für die »Wunderelf«.

Deutscher Zweiter der Tour de France

Juli 1932. Der größte Erfolg eines deutschen Straßenradfahrers bei der schwersten Radrundfahrt der Welt gelingt Kurt Stöpel.

Nach über 4000 km liegt er nur ganze drei Sekunden hinter dem Sieger André Leducq, der die Tour de France nach 1930 zum zweiten Mal gewinnt. Das neue Reglement beschert jedem Etappensieger eine Zeitgutschrift von vier Minuten. Durch seine Tagessiege holt »Dédé« jene 24 Minuten Vorsprung heraus, die nach reiner Fahrzeit nur noch drei Sekunden gewesen wären. Mit Recht überreicht daher Leducq seinen Siegerstrauß an Frau Stöpel mit den Worten: »Madame Stöpel, wir beide, Kurt und ich, haben die Tour de France gewonnen.«

Der 24jährige Stöpel gewann 1928 sein erstes Amateur-Rennen. 1930 wurde er Berufsfahrer. Bei den Weltmeisterschaften jenes Jahres in Lüttich kam er hinter Alfredo Binda, Learco Guerra und Georges Ronsse als Vierter an. Bei der Deutschlandrundfahrt desselben Jahres wurde er Zweiter. Als Vorbereitung für die Tour nahm Stöpel in diesem Jahr am Giro d'Italia teil, den er als Fünfter beendete.

Stöpel erweist sich bei der Tour als guter Kletterer und mutiger Abfahrer. Die Frankreichrundfahrt ist zwar um vier Etappen gekürzt worden, dafür fallen jedoch die Ruhetage weg. Den Ausschlag für den Toursieg von Leducq gaben letztlich seine größeren Sprintqualitäten. Von der dritten Etappe von Nantes nach Bordeaux an trug Leducq das Gelbe Trikot und gab es bis Paris nicht mehr ab.

Frankreichs André »Dédé« Leducq, Toursieger knapp vor Kurt Stöpel

1933

4. 2. Die Fédération Internationale de Bobsleigh et de Tobogganing (FIBT) verbietet Bobfahren für Frauen und das Anwärmen der Kufen.

27. 2. Die nationalsozialistische deutsche Reichsregierung löst den Arbeiter-Turn- und Sport-Bund (ATSB) auf.

16. 3. Der deutsche Reichskanzler Adolf Hitler empfängt in Berlin das Organisationskomitee für die Olympischen Spiele 1936.

20. 3. Kurt Hornfischer wird in Helsinki Ringer-Europameister im Schwergewicht.

21. 3. Die Kommunistische Kampfgemeinschaft für Rote Sporteinheit wird in Deutschland verboten, ihr Vermögen in Berlin beschlagnahmt.

31. 3. Der US-amerikanische Rückenschwimmer Adolphe Kiefer praktiziert in Cleveland erstmals die Saltowende.

8. 4. Die Deutsche Turnerschaft (DT) schließt als Mitglieder »Marxisten und Juden« aus.

12. 4. Der Weltverband der Turner, die Fédération Internationale Gymnastique (FIG), trifft eine Regelung für das Frauen-Kunstturnen.

28. 4. Hans von Tschammer und Osten wird zum Reichssportkommissar ernannt und mit dem Neuaufbau des deutschen Sports beauftragt.

13. 5. Weltrekord im Hochsprung durch den US-Amerikaner Walter Marty in Fresno mit 2,05 m.

20. 5. Weltrekord über 110 m Hürden durch den US-Amerikaner Jack Keller in Evanston mit 14,1 sec.

25. 5. Zum sechsten Mal Weltrekord im Speerwerfen durch Matti Järvinen in Mikkeli mit 74,28 m.

Juni. Hilde Krahwinkel/Gottfried von Cramm siegen in Wimbledon im gemischten Doppel.

8. 6. Ein Comebackversuch von Max Schmeling scheitert in New York durch K. o. in der zehnten Runde gegen Max Baer.

9. 6. Bei der 31. Session des Internationalen Olympischen Komitees (IOC) in Wien garantieren die deutschen IOC-Mitglieder, daß Juden an den Olympischen Spielen in Berlin teilnehmen dürfen. Das IOC akzeptiert Garmisch-Partenkirchen als Austragungsort der 4. Olympischen Winterspiele 1936.

11. 6. Vor 60 000 Zuschauern in Köln gewinnt Fortuna Düsseldorf das Endspiel um die Deutsche Fußballmeisterschaft gegen den FC Schalke 04 3: 0.

17.6. Weltrekord über 100 y in 9,4 sec durch den 19jährigen US-Amerikaner Jesse Owens in Chicago.

29. 6. Boxweltmeister aller Klassen wird der Italiener Primo Carnera durch einen K.-o.-Sieg in der sechsten Runde über Jack Sharkey in New York.

Juli. Sieger der Tour de France ist der Franzose Georges Speicher.

15. 7. Weltrekord über die Meile durch den Neuseeländer Jack Lovelock in Princeton mit 4:07,6 min.

21. 7. Eröffnung des 15. Deutschen Turnfestes in Stuttgart mit einer Ergebenheitsadresse an das nationalsozialistische Regime.

22./23. 7. Weltrekord im Zehnkampf durch Hans-Heinrich Sievert in Hamburg mit 8467,62 Punkten (Wertung von 1920 = 6999 Punkte nach der Wertung von 1962).

August. Der Österreicher Max Bulla gewinnt die erste Tour de Suisse.

6. 8. Eine Frauenstaffel des VfB Breslau läuft Weltrekord über 3x800 m in 7:37,4 min.

13. 8. Der Österreicher Gregor Hradetzky wird auf der Elbe erster Deutscher Meister im Faltbootfahren.

20. 8. Das IOC genehmigt die Durchführung von Kanuwettbewerben bei den Olympischen Spielen 1936.

Erste Kanu-Europameisterschaften in Prag. Deutsche Kanuten gewinnen vier Gold-, zwei Silber- und sechs Bronzemedaillen.

10. 9. Beim Großen Preis von Italien auf der Monza-Bahn wird ein Ölfleck drei Fahrern zum Verhängnis. Die Italiener Mario Borzacchini und Giuseppe Campari sowie der Pole Graf Stanislaus Czaykowski verunglücken tödlich.

17. 9. Der Italiener Luigi Beccali läuft in Mailand Weltrekord über 1500 m in 3:49,0 min.

23. 9. In Cardiff gewinnen deutsche Motorradfahrer erstmals die Internationale Sechstagefahrt von England.

8. 10. Erstmals Kanu-Wildwasserrennen in Aar/Schweiz.

10. 10. Hitler ordnet in einer Besprechung mit Reichsinnenminister Wilhelm Frick, Reichspropagandaminister Joseph Goebbels, Reichssportkommissar von Tschammer und Osten und Theodor Lewald, dem Vorsitzenden des Deutschen Olympischen Ausschusses, die prunkvolle Ausrichtung der Olympischen Spiele 1936 an.

22. 10. Primo Carnera verteidigt in Rom seinen Weltmeistertitel im Box-Schwergewicht gegen den Spanier Paolino Uzcudun durch einen Punktsieg nach 15 Runden.

29. 11. Österreichs »Wunderteam« trotzt vor 62 000 Zuschauern im Glasgower Hampden Park Schottland ein 2:2 ab und ist damit die erste Mannschaft des europäischen Kontinents, die auf englischem Boden in einem offiziellen Länderspiel unbesiegt bleibt.

1933. Beim englischen Cup-Finale, FC Everton gegen Manchester City (3:0), tragen die Spieler erstmals Rückennummern, von 1 bis 11 und 12 bis 22.

Ringrichter Donovan zählt bis zehn, aber Jack Sharkey rührt sich nicht. Der riesige Italiener Primo Carnera ist neuer Boxweltmeister aller Klassen.

Ein Riese wird Weltmeister

29. Juni 1933. Als der riesige Italiener Primo Carnera den Ring im New Yorker Madison Square Garden betritt, eilt ihm der Ruf eines Totschlägers voraus. Am 10. Februar 1933 hatte er Ernie Schaaf k. o. geschlagen, der ohnmächtig weggetragen worden war. Drei Tage später starb Schaaf.

Jack Sharkey zeigt sich davon unbeeindruckt und beherrscht Carnera in den ersten fünf Runden boxerisch eindeutig. Der Riese ist zu unbeweglich, und mit seiner Schlagkraft scheint es nicht weit her zu sein. Da stößt Carnera in der sechsten Runde eine rechte Gerade heraus, die Sharkey auf die Kinnspitze trifft. Zum zweiten Mal ist ein Europäer Boxweltmeister aller Klassen.

Carnera grüßt im Schwarzhemd.

Das Aus für Schmeling

8. Juni 1933. Ein Mann, der seinen Boxweltmeistertitel in einem Kampf verliert, in dem er sich als Sieger fühlte, muß an ein Comeback denken. Obwohl das ungeschriebene Gesetz des »They never come back« solche Versuche scheinbar zum Scheitern verurteilt, ging Max Schmeling diesen schweren Weg. Er trat noch im Jahr seiner umstrittenen Niederlage gegen Jack Sharkey (→ 21. 6. 1932) gegen Mickey Walker an, der ihn herausgefordert hatte, als Schmeling noch Weltmeister gewesen war. Walker wurde in der achten Runde kampfunfähig aus dem Ring genommen.

Am 8. Juni 1933 tritt Schmeling gegen den Kalifornier Max Baer an. In Boxkreisen vertritt man inzwischen die Ansicht, daß eigentlich nicht Primo Carnera Ernie Schaaf im Ring totgeschlagen hat, so sehr man es ihm hätte zutrauen können. Schaaf hatte ein Jahr vor seinem unseligen Kampf (→ 29. 6. 1933) eine vernichtende Niederlage gegen den ungemein hart schlagenden Baer erlitten. Sie dürfte eine Hirnschädigung verursacht haben, die ihm zum Verhängnis wurde. Schmeling geht gegen Baer in der zehnten Runde k. o. Er sieht den Schlag kommen, ist aber unfähig, zu reagieren.

Erstmals Tour de Suisse

August 1933. Seit es die Tour de France und den Giro d'Italia sowie die Deutschlandrundfahrt gibt, diskutierte man auch in der Schweiz über eine eigene Radrundfahrt. Erst zum 50. Jahrestag der Gründung des Schweizer Radfahrer- und Motorradfahrer-Bundes (SRB) wird der Plan verwirklicht.
60 Berufsfahrer versammeln sich auf dem Stampfenbachplatz in Zürich am Start zur ersten Tour de Suisse. Sie führt in sieben Etappen über 1253 km und bietet auf zahlreichen Gebirgsstrecken erhebliche Schwierigkeiten. Das Publikumsinteresse übertrifft alle Erwartungen. Der Rundfunk begleitet die Tour von Anfang bis zum Ende, die Zeitungen geben Extrablätter heraus. Zehntausende von Zuschauern kommen auf Fahrrädern an die Rennstrecke.
Die erste Etappe von Zürich nach Davos gewinnt der Italiener Luigi Macchi. Ihm streift man das im Gegensatz zur Tour de France (gelb) oder zum Giro (rosa) weiße Trikot des Etappensiegers über. Gesamtsieger wird der Österreicher Max Bulla vor dem Schweizer Albert Büchi. Bulla siegte 1931 in der »Touristenklasse« der Tour de France, wobei er mehrere Etappen gewann, was vor ihm noch keinem gelang.
Die erste, gut organisierte Tour de Suisse ist ein Erfolg und eine publikumswirksame Bereicherung des radsportlichen Rennkalenders.

Der Österreicher Max Bulla, Sieger der ersten, auf Initiative des Schweizer Radsportpräsidenten veranstalteten Tour de Suisse in 39:46:46 h

Jack Crawford (r.) nach seinem Wimbledonsieg über Ellsworth Vines

Deutscher Sieg in Wimbledon

Juni 1933. Im Tennis-Mekka Wimbledon geht mit dem Sieg von Jean Borotra und Jacques »Toto« Brugnon im Herren-Doppel die Ära der »vier Musketiere« zu Ende.
Als neuer Star tritt bereits der Australier Jack Crawford auf. Er hat das Grand-Slam-Turnier in Melbourne gewonnen, in Roland Garros Henri Cochet geschlagen und bezwingt jetzt auch den aufschlagstarken US-Amerikaner Ellsworth Vines.
Hilde Krahwinkel kommt mit Gottfried von Cramm zum Sieg im Gemischten Doppel, ohne im gesamten Turnier einen einzigen Satz abgegeben zu haben.

Hans-Heinrich Sievert, der neue Weltrekordler im Zehnkampf

Zehnkampf-Rekord durch Sievert

22./23. Juli 1933. Eigentlich sollte Hans-Heinrich Sievert schon 1930 nach einem Knochenabriß auf Anraten des Arztes seine sportliche Laufbahn aufgeben. Aber er setzte sie fort in der schwierigsten körperlichen Zerreißprobe, die es gibt, im Zehnkampf. Seine Verletzungsanfälligkeit brachte ihn dann in Los Angeles um eine schon greifbare Medaille (→ 5./6. 8. 1932).
Jetzt revanchiert er sich in Hamburg und nimmt dem US-amerikanischen Olympiasieger im Zehnkampf, James Bausch, den bei den Olympischen Spielen in Los Angeles aufgestellten Weltrekord ab (8467,62 Punkte).

Deutscher Sportbetrieb von NS-Regime gleichgeschaltet

Das vom Deutschen Reichstag am 23. März 1933 mit 444 gegen 94 Stimmen verabschiedete Gesetz »zur Behebung der Not von Volk und Reich«, das sog. Ermächtigungsgesetz, begründet die Diktatur des Nationalsozialismus. Zu seinen Zielen gehört auch die »Gleichschaltung« des Sports.
Dessen führender Repräsentant, Staatssekretär Theodor Lewald, ist als »Halbjude« für die neuen Machthaber nicht mehr tragbar. Er legt sein Präsidentenamt beim Deutschen Reichsausschuß für Leibesübungen (DRL) »freiwillig« nieder. Lewald bleibt jedoch Präsident des Olympischen Organisationskomitees für die Olympischen Spiele 1936. In dieser Funktion dient er sozusagen als »politisches Feigenblatt« gegenüber dem IOC.
Diese Zwiespältigkeit ist charakteristisch für das Vorgehen der NS-Machthaber in den nächsten zwei Jahren. Nachdem der deutsche Reichskanzler Adolf Hitler die Möglichkeit erkannt hat, die Olympischen Spiele für Propagandazwecke auszunutzen, genießen die deutschen Sportorganisationen eine gewisse Schonzeit. Einerseits will die Reichsregierung eine effektive, leistungsmotivierte Sportbewegung, andererseits verfolgt das NS-Regime konsequent Pläne einer völligen Neuorganisation.
Die deutsche Turn- und Sportbewegung und die Zentralkommission für Arbeitersport und Körperpflege (ZA) gliedern sich mit 6 625 029 bzw. 1 302 334 Mitgliedern in den DRL ein. An ihre Stelle treten mit Erlaß des Reichssportkommissars Hans von Tschammer und Osten vom 24. Mai 1933 15 Fachverbände. Nur diese haben künftig das Recht, Meisterschaften durchzuführen. Das ist das Ende des Arbeitersports und der konfessionellen Sportverbände. Die früheren Sportorganisationen beruhten in der Regel auf sieben selbständigen Regionalverbänden. Diese werden aufgelöst. Statt dessen gliedert man die Fachverbände den 16 Partei-Gauen ein. Der nunmehr straff zentralisierte Sport wird von einem »Reichsführerring« unter dem Vorsitz des am 14. Dezember zum Reichssportführer ernannten von Tschammer und Osten geleitet. Diese Neuordnung raubt den Sportorganisationen auch ihr Vermögen. Die Sportler machen sich das kaum bewußt. Der Übungsbetrieb läuft vorerst noch in den gewohnten Bahnen.

1934

Februar. Bei den Alpinen Ski-Weltmeisterschaften in Sankt Moritz gewinnt Christl Cranz die Titel der Damen im Slalom und in der Kombination. Franz Pfnür wird Weltmeister bei den Herren im Slalom, der Schweizer Zogg in der Abfahrt und Kombination.

Weltrekord im Skispringen durch den Norweger Birger Ruud mit 92 m in Planica.

3. 2. Weltrekord im Eisschnellauf über 5000 m durch den Österreicher Max Stiepl in 8:18,9 min.

19. 2. Alfonso Téophilo Brown verteidigt in Paris seinen Boxweltmeistertitel im Bantamgewicht durch einen Punktsieg gegen Young Pérez.

1. 3. Primo Carnera verteidigt seinen Weltmeistertitel im Box-Schwergewicht gegen Tommy Loughran in Miami durch einen Punktsieg nach 15 Runden.

2. 3. Der US-Amerikaner Peter Fick schwimmt in New Haven Weltrekord über 100 m Freistil in 56,8 sec.

15. 4. Weltrekord durch die Niederländerin Willie den Ouden über 100 m Freistil in 1:04,8 min.

28. 4. Walter Marty verbessert in Palo Alto seinen Hochsprung-Weltrekord auf 2,06 m.

8. 5. Das Exekutivkomitee des Internationalen Olympischen Komitees (IOC) erkennt Handball als olympische Sportart an.

19. 5. Auf der 32. Session des IOC in Athen unterbreitet Theodor Lewald den Plan von Carl Diem, zur Eröffnung der Olympischen Spiele 1936 einen Fackellauf über 3075 km von Olympia nach Berlin durchzuführen.

27. 5.–10. 6. Zweite Fußball-Weltmeisterschaft in Italien. 31 Länder bewarben sich um die 16 Plätze der Endrunde. Deutschland qualifizierte sich durch ein 9:1 über Luxemburg.

3.–12. 6. Bei den zehnten Turn-Weltmeisterschaften in Budapest die Schweiz vor der Tschechoslowakei und Deutschland. Erster deutscher Turnweltmeister: Ernst Winter am Reck.

14. 6. Der US-Amerikaner Max Baer Boxweltmeister im Schwergewicht durch einen K.-o.-Sieg in der elften Runde über Primo Carnera in New York.

16. 6. Weltrekord über die Meile durch Glenn Cunningham in Princeton mit 4:06,7 min.

24. 6. FC Schalke 04 erstmals Deutscher Fußballmeister durch ein 2:1 in Berlin vor 45 000 Zuschauern über den 1. FC Nürnberg.

30. 6. William Bonthron schlägt in Milwaukee Glenn Cunningham über 1500 m in der Weltrekordzeit von 3:48,8 min.

Juli. Antonin Magne gewinnt zum zweiten Mal die Tour de France.

8. 7. Hans-Heinrich Sievert verbessert in Hamburg seinen Zehnkampf-Weltrekord auf 8790,46 Punkte (7292 Punkte nach der Wertung von 1962; → 22./23. 7. 1933; September 1934).

14. 7. Weltrekord im Kugelstoßen durch Gisela Mauermayer mit 14,38 m in Warschau.

26. 7. Weltrekord über 400 m Hürden durch Glenn Hardin mit 50,6 sec in Stockholm.

August. Die Schweizerin Hettie Dyrenfurth besteigt auf der Himalaya-Expedition ihres Mannes den Westgipfel des Sia Kangri, 7315 m.

5. 8. Weltrekord im Kugelstoßen durch den US-Amerikaner Jack Torrance mit 17,40 m in Oslo.

6. 8. Weltrekord über 110 m Hürden in Oslo durch den US-Amerikaner Percy Beard in 14,2 sec.

10. 8. Der Ruder-Weltverband, die Fédération Internationale des Sociétés d'Aviron (FISA), legt auf seinem Kongreß in Luzern die Regattastrecke auf 2000 m fest.

11. 8. Bei den siebten und letzten Weltspielen der Frauen in London gewinnen deutsche Leichtathletinnen neun von elf Wettbewerben. Weltrekord über 80 m Hürden durch Ruth Engelhard in 11,6 sec.

18. 8. Der Brite E. Temme, der den Ärmelkanal 1927 von Calais nach Dover durchschwamm, durchschwimmt ihn als erster zum zweiten Mal, von Dover nach Calais.

25. 8. Weltrekord im Diskuswurf durch den Schweden Harald Andersson in Oslo mit 52,42 m.

26. 8. Weltrekord über 100 m in 11,7 sec durch die Polin Stanislawa Walasiewicz in Warschau.

September. Erstmals gewinnt in Hamburg mit Irmgard von Opel auf Nanuk eine Frau das Deutsche Spring-Derby.

Erstmals Leichtathletik-Europameisterschaften in Turin, noch ohne Frauen. Deutsche gewinnen sieben von 22 Titeln. Weltrekord durch Matti Järvinen im Speerwurf mit 76,66 m.

Bei Weltmeisterschaften im Bahnradsport in Leipzig gewinnt Erich Metze den Titel bei den Stehern.

2. 9. Nach 36 Siegen seit 1921 erste Niederlage deutscher Leichtathleten in einem Länderkampf. Gegen Schweden 100,5:101,5.

16. 9. Weltrekorde im Dreisprung in Osaka durch die Japaner Masao Harada mit 15,75 m und Kenkichi Oshima mit 15,82 m.

Großbritannien, das Frankreich im Vorjahr den Davis Cup abnahm, verteidigt in Wimbledon den Pokal durch ein 4:1 gegen die USA.

Die Schweizerin Anni Rüegg wird Weltmeisterin im Slalom.

Christl Cranz siegt im Abfahrtslauf und in der Kombination.

Alpine Ski-Weltmeisterschaft

Februar 1934. Der alpine Skisport ist aus den Geburtswehen noch nicht heraus. Im Vorjahr, als erstmals Alpine und Nordische Weltmeisterschaften an einem Ort, in Innsbruck, ausgetragen wurden, blieben die Norweger fern. Sie protestierten damit gegen die schweizerischen und österreichischen Alpinen, die als die Besten ihrer Zeit im Winter Skiunterricht geben.
Einer der erfolgreichsten Österreicher, der Doppelweltmeister in Innsbruck, Toni Seelos, nahm sich als Skitrainer der deutschen Skiläufer an. Der Erfolg bleibt ihm auch hier treu. Erstmals wird in diesem Jahr ein Deutscher Weltmeister. Franz Pfnür gewinnt in Sankt Moritz den Slalom und wird Zweiter in der Abfahrt und in der Kombination. Noch besser schneidet Christl Cranz bei den Damen ab, als Weltmeisterin im Slalom und in der Kombination, neben einem zweiten Platz in der Abfahrt. Die Schweizer David Zogg und Anni Rüegg sichern sich die übrigen Titel.
Erstmal veranstalten die Schweizer Meisterschaften in der Kombination Langlauf, Skisprung, Slalom und Abfahrt. Das fördert zwar die Allroundtalente, benachteiligt aber die Spezialisten.

Auf dem »Goldenen Thron«

August 1933. Der »Dämon Himalaya« schlägt das Schweizer Ehepaar Dyrenfurth in seinen Bann. Aber nicht magische Kräfte treiben sie auf die Gipfel des »Goldenen Throns« (7750 m) oder den Ost- und Westgipfel der »Königin Mary« (7775 m und 7380 m) oder den Sia-Kangri-Westgipfel, den höchsten Punkt, den bislang eine Frau betrat. Sie drehen vielmehr einen Spielfilm mit Gustav Diessl unter diesem Titel.

Gipfelstürmer und Filmemacher im Himalaya. Am Queen Mary Peak v. l. Günter Oskar Dyrenfurth, Hettie Dyrenfurth, Albrecht Höcht und Hans Ertl. Die Schweizer Expedition ist auch ein geschäftlicher Erfolg.

Max Baer zertrümmert Primo Carnera

14. Juni 1934. Man kann es nicht mehr mitansehen. Der Superschwergewichtler, der ungeschlachte Riese, der Boxweltmeister, der allein durch seinen gewaltigen Körper Furcht einflößt, wird zusammengeschlagen, zu Boden geschmettert, einmal, zweimal, dreimal, viermal, fünfmal, sechsmal, siebenmal, achtmal, neunmal, zehnmal —, dann endlich nimmt der Ringrichter den Italiener Primo Carnera aus dem Kampf, der längst einer Hinrichtung gleichkommt. Amerika hat wieder einen, »seinen«, Boxweltmeister aller Klassen. Max Baer hat den Europäern gezeigt, wer Herr im Ring ist. Erst diesem Max Schmeling, dann diesem italienischen Monstrum. New York feiert den neuen »Champ«.

Boxweltmeister aller Klassen

1882	John Lawrence Sullivan (USA)
1892	James J. Corbett (USA)
1897	Bob Fitzsimmons (Großbritannien)
1899	James J. Jeffries (USA)
1906	Tommy Burns (Australien)
1908	Jack Johnson (USA)
1915	Jess Willard (USA)
1919	Jack Dempsey (USA)
1926	Gene Tunney (USA)
1930	Max Schmeling (Deutschland)
1932	Jack Sharkey (USA)
1933	Primo Carnera (Italien)
1934	Max Baer (USA)

Schon in der ersten Runde muß Carnera zweimal zu Boden. Er sagt nach dem Kampf, daß er sich hierbei den Knöchel verstauchte und deshalb den Angriffen Baers nicht mehr ausweichen konnte. Daß er trotzdem bis zur elften Runde durchhält, ist fast ein physisches Wunder. Denn Baer ist der härteste Schläger im Ring seit Jack Dempsey.
Man webt später Legenden um Carnera, daß er eigentlich überhaupt in keinen Boxring gehörte, sondern nur ein Opfer geschäftstüchtiger Manager war. Sein Aufstieg zum Weltmeister sei weitgehend Schiebung gewesen. Aber Carnera hat den gerissenen Ringfuchs Jack Sharkey entthront und seinen Titel im Vorjahr in Rom gegen den eisenharten Basken Paolino Uzcudun in 15 Runden verteidigt und im März 1934 in Miami den ehrgeizigen US-Amerikaner Tommy Loughran, einen weiteren Titelanwärter, klar ausgepunktet. Skrupellose Manager haben den gutmütigen Riesen zwar ausgebeutet, aber den guten Ruf eines tapferen Faustkämpfers soll man ihm nicht auch noch stehlen.

△△Max Baer, geboren in Omaha/Nebraska, wird gefeiert, weil er den WM-Titel in die USA zurückholt.

△ Primo Carnera kehrt nach dem Zweiten Weltkrieg in die USA zurück und bringt es als Catcher zu Wohlstand.

◁ Der Anfang vom Ende in der ersten Runde. Die Filmkamera hält fest, wie Max Baer mit einer vorbereitenden linken Geraden Primo Carnera veranlaßt, seine linke Hand zu senken. Darüber hinweg schlägt Baer einen rechten Haken, in den er sein ganzes Körpergewicht legt. Der Schlag trifft den Italiener voll am Kinn, Weltmeister und Herausforderer gehen zu Boden.

»Panama« Brown — »Rätsel der Kraft«

19. Februar 1934. Alfonso Teóphilo Brown ist 1,75 m groß und verfügt mit ausgebreiteten Armen über eine Spannweite von 1,80 m, wie Jack Dempsey. Aber »Panama« Brown ist Bantamgewichtler. Zum Publikumsliebling bringt es solch ein leichter Mann nur, wenn er ein Boxkünstler ist. Und als Schwarzer wird er nur gefeiert in einer Stadt wie Paris, wo man auch eine Joséphine Baker vergöttert und wo ein Boxer aus Panama Freundschaft schließen kann mit einem Dichter wie Jean Cocteau, der ihn als das »Rätsel der Kraft« bezeichnet.
Diese Kraft steckt vor allem in der rechten Faust Alfonsos, und vor ihr versucht sich der Herausforderer um den Weltmeistertitel, Young Pérez aus Tunesien, 15 Runden lang zu hüten. Als »Panama« Brown seinen Titel als überlegener Punktsieger verteidigt, buht ihn das Pariser Publikum aus. Die Presse empfiehlt ihm, sich eine Weile wieder in den Urwald zu begeben, um dort seine aggressiven Instinkte zurückzugewinnen. Was niemand weiß: Brown hatte sich im Training die rechte Hand verletzt. Durch zwei Novokainspritzen vor dem Kampf wurde sie gefühllos und schwoll im Handschuh an. Er hat Glück, daß sie ihm nach dem Kampf nicht amputiert werden muß. Als Brown den Schweizer Dubois in Genf k.o. schlägt, bricht er sich zwei Mittelhandknochen. Das »Rätsel der Kraft« ist oft gar nicht sehr poetisch.

Al »Panama« Brown (r.) verteidigt seinen WM-Titel im Bantamgewicht.

Italien gewinnt zweites Worldcup-Turnier im Fußball

27. Mai bis 10. Juni 1934. Für die Fédération Internationale de Football Association (FIFA) wird die zweite Fußball-Weltmeisterschaft in Italien ein voller Erfolg. 3,6 Mio. Lire an Einnahmen stehen 1,4 Mio. an Ausgaben gegenüber. Da fällt für jede teilnehmende Mannschaft ein schöner Batzen ab.
Der »Coupe Jules Rimet« ist zur begehrtesten Trophäe im Fußball geworden, wertvoller als die olympische Goldmedaille. Das Fernbleiben des Titelverteidigers Uruguay wird ebenso leicht verschmerzt wie die Abstinenz der Engländer. Weil sich 31 Länder angemeldet hatten, mußten erstmals Qualifikationsspiele ausgetragen werden, um die Endrunde auf 16 Teams zu beschränken.

Stürmerstar Oldrich Nejedly
Er spielt wie eine Mischung aus dem Torschützenkönig von 1930, Guillermo Stabile, und dem Österreicher Matthias Sindelar. Für 20 000 Kronen lockte der berühmte Klub Sparta Prag das junge Talent Oldrich Nejedly aus der Provinz. Er schoß für seinen Klub in 421 Spielen 391 Tore. Seine größte Leistung in Italien vollbringt er im Halbfinale, wo er Deutschland mit drei Toren ganz allein »erschießt«.

Deutschland beginnt mit einem 5:2 gegen Belgien, wobei Edmund Conen drei Tore gelingen. Gegen die Schweden, die Conen scharf bewachen, schießt Karl Hohmann die beiden Treffer zum 2:1-Sieg.
Nach der 1:3-Niederlage gegen die Tschechoslowakei geht es um den dritten Platz gegen Österreich. Ein Blitzstart mit Toren von Ernst Lehner und Conen schockt die Österreicher. Nach einem 2:1, 3:1 und 3:2 erlahmt ihre Kraft, und Deutschland feiert den Sieg als Triumph.
Italiens Weg ins Finale ist skandalös. Nach einem 7:1 über die USA treten die »Azzurri« in Florenz im Viertelfinale gegen Spanien an. 35 000 Zuschauer wollen sie zum Sieg jubeln. Doch zu bejubeln ist nur ein Mann, der 38jährige spanische Torwart Ricardo Zamora. Die Spanier erzielen nach einer halben Stunde durch Regueiro den Führungstreffer, und alle Versuche der Italiener, den Ausgleich zu erzwingen, scheitern an ihm. Da muß der Schiedsrichter zu Hilfe kommen. Der Belgier Baert drückt beide Augen zu, als Zamora von Giovanni Ferrari hart gerempelt wird und einen Torschuß daher nicht abwehren kann. Humpelnd hält Zamora das Unentschieden bis zum Ende der Verlängerung. Zum Wiederholungsspiel kann er nicht mehr antreten. Es wird durch den Schweizer Unparteiischen Mercet entschieden. Ein von Giuseppe Meazza regelwidrig erzieltes Tor für Italien erkennt er an, den einwandfreien Ausgleichstreffer der Spanier annulliert er. Die FIFA sperrt Mercet auf Lebenszeit, aber Italien ist im Halbfinale.
Im Mailänder San-Siro-Stadion treffen die »Azzurri« auf Österreich, Vier Monate zuvor hatten sie ein Länderspiel in Turin glatt 2:4 verloren. Aber jetzt läuft eine andere Mannschaft ein. Fachleute fragen sich, woher sie diesen Luigi Monti, diesen Enrico Guaita, diesen Raimondo Orsi kennen. Es sind die Stars der argentinischen Nationalelf vom Worldcup-Turnier 1930. Sie haben plötzlich ihre italienischen Ahnen entdeckt, was vielen Argentiniern nicht schwerfällt, und spielen nun für Italien. Trotzdem muß den Italienern wieder der Schiedsrichter zum Sieg verhelfen. Diesmal ist es der Schwede Eklind, der sich zu einer Schiebung hergibt. Einen scharfen Flachschuß Guaitas bekommt Österreichs Torwart Peter Platzer nicht gleich richtig zu fassen. Als er nachgreift, rempelt ihn Meazza mitsamt dem Ball über die Linie.
Im Finale trifft Italien auf die Mannschaft der Tschechoslowakei. Der Held des Endspiels in Rom vor 50 000 Zuschauern, unter ihnen Italiens Ministerpräsident und Duce Benito Mussolini, ist 30 Jahre alt und heißt František Planicka. An seinen Glanzparaden scheitern alle italienischen Angriffe.
Als in der 70. Minute der Tscheche Puc das Führungstor erzielt, herrscht Totenstille. Schwedens »bewährter« Schiedsrichter Eklind übersieht die übelsten Fouls von Monti und Eraldo Monzeglio. Nach einer turbulenten Szene erzielt Orsi den Ausgleich. In der Verlängerung häufen sich die Fouls auf beiden Seiten. Als Angelo Schiavio der Siegtreffer gelingt, resignieren die Tschechen. Rein spielerisch hätten sie den Titel verdient.

Deutschlands schußgewaltigerMittelstürmer Edmund Conen vom FV Saarbrücken (M.) erzielt bei der verheißungsvollen 5:2-WM-Premiere in Florenz gegen Belgien drei Treffer.

Schock für Italien im Endspiel. Puc trifft zum 1:O für die Tschechoslowakei. Das Ergebnis wird der spielerischen Überlegenheit der Tschechen mehr als gerecht. Bis zur 80. Spielminute sehen sie wie die sicheren Sieger aus.

Italiens Weltmeisterelf. Stehend (v. l.): Combi, Monti, Ferraris IV, Allemandi, Guaita, Ferrari. Sitzend (v. l.): Schiavio, Meazza, Monzeglio, Bertolini, Orsi

Steher-Weltmeister Metze aus Dortmund

September 1934. Deutschland ist zum siebten Mal Ausrichter der Weltmeisterschaften im Bahnradsport und zum zweiten Mal im Straßenfahren.
Zum Höhepunkt der Weltmeisterschaftstage in und um Leipzig wird die Entscheidung der Steher über 100 km auf der Bahn von Leipzig-Lindenau. Nach einem spannenden Duell siegt der Dortmunder Erich Metze hinter seinem Schrittmacher Karl Saldow in 1:23:53,4 h vor dem Kölner Paul »Indi« Krewer.
Metzes Erfolg ist um so bemerkenswerter, als er noch vor wenigen Jahren neben Kurt Stöpel der beste deutsche Straßenfahrer war. Er gewann 1931 die Deutschlandrundfahrt über 4037,6 km mit einer Fahrzeit von 138:25:06,0 h vor Otto Thierbach und dem zweimaligen Tour-de-France-Sieger Nicolas Frantz aus Luxemburg. Im selben Jahr wurde Metze bei der Tour de France als bester Deutscher Achter. Trotz dieser Erfolge zog es ihn zum Bahnradsport, bei dem in Deutschland mehr zu verdienen ist.

Jack Torrance (USA), Weltrekordler im Kugelstoßen mit 17,40 m in Oslo

Gisela Mauermayer, Weltrekordlerin im Kugelstoßen mit 14,38 m

Hans-Heinrich Sievert, Weltrekordler im Zehnkampf mit 7292 Punkten

Leistungssteigerungen der Leichtathleten

September 1934. In Turin werden die ersten Leichtathletik-Europameisterschaften ausgetragen. An den Wettkämpfen nehmen nur Männer teil. Der Finne Matti Järvinen wirft mit dem Speer Weltrekord (76,66 m).
Seit Beginn dieser Saison werden überall in der Welt neue Rekorde aufgestellt. Die Leistungsentwicklung nimmt sprunghaft zu. Und jeder hat als großes Ziel die nächsten Olympischen Spiele vor Augen.
Der deutsche Zehnkämpfer Hans-Heinrich Sievert verbesserte am 8. Juli seinen Weltrekord in Hamburg auf 8790,46 Punkte (7292 Punkte nach der Wertung von 1962; → 22./23. 7. 1933). Doch Europameister kann er nicht werden. In Turin hindert ihn eine Verletzung am Titelgewinn. Das ist die Kehrseite der erstrebten olympischen Medaille. Je größer der Einsatz auf dem Weg dorthin, desto mehr wächst die Gefahr, am entscheidenden Tag nicht fit zu sein.

Irmgard von Opel auf Nanuk ist auf allen Turnierplätzen als Publikumsliebling gern gesehen.

Irmgard von Opel gewinnt Spring-Derby

Ihr Vater Heinrich von Opel, der im Ersten Weltkrieg in Palästina Dienst getan hatte, brachte einen Araberhengst namens Sherif Effendi mit. Auf ihm gewann Irmgard von Opel 1920 ihr erstes Jagdspringen. 14 Jahre später, im September 1934, ist sie die erste Frau, die in Hamburg Klein-Flottbek das Deutsche Spring-Derby für sich entscheiden kann.
Im Stechen bezwingt sie auf ihrem Graditzer Schimmel Nanuk die Stars der Hannoveraner Kavallerieschule, Harald Momm auf Baccarat und Heinz Brandt auf Baron IV. Es ist weder das erste noch das letzte Mal, daß die hessische Amazone die europäische Offizierselite auf großen Turnieren besiegt. Mit Nanuk bestreitet sie auch erfolgreich die Military, die sie zwei Jahre zuvor in Wien ebenfalls als erste Frau gewann.

Die deutsche Riege belegt bei den Turn-Weltmeisterschaften in Budapest den dritten Platz.

Überlegene Schweizer Turner in Budapest

Bei den Turn-Weltmeisterschaften in Budapest vom 3. bis 12. Juni 1934 kommen die Schweizer Turner zu ihrem bislang größten Erfolg. In acht Wettbewerben, an denen sich 13 Nationen beteiligen, stellen sie sechsmal den Sieger, dazu kommen noch zweite und dritte Plätze.
In der Nachfolge von Georges Miez ist Eugen Mack der überragende Turner. Er wird Weltmeister im Mehrkampf mit 15 Disziplinen, Einzel- und Mannschaftswertung. Dazu gewinnt er am Barren, am Pauschenpferd und im Pferdsprung. In der Bodenübung bekommt er Silber, am Reck Bronze. Weitere Silbermedaillen gehen an Sepp Walter am Barren und an Edi Steinemann am Pauschenpferd und im Pferdsprung. Die Schweiz ist damit führend in der Turnkunst.

1935

Februar. Bei den Alpinen Ski-Weltmeisterschaften in Mürren gewinnt Christl Cranz bei den Damen Abfahrt und Kombination, der Österreicher Anton Seelos bei den Herren Slalom und Kombination.

Der deutsche Viererbob mit Hanns Kilian am Steuer wird zum zweiten Mal Weltmeister.

Weltrekord im Skispringen mit 99 m durch den Schweizer Fritz Kainersdörfer in Ponte di Legno/Italien.

Die Ungarn Emilie Rotter/Lászlo Szollaś zum vierten Mal Weltmeister im Eiskunstlauf der Paare in Budapest. Bei den Damen zum zehnten Mal Sonja Henie, bei den Herren zum fünften Mal Karl Schäfer.

14. 2. Der Bob-Weltverband, die Fédération Internationale de Bobsleigh et de Tobogganing (FIBT), richtet auf einem Kongreß in Sankt Moritz eine Sektion Rennrodeln ein und beantragt beim Internationalen Olympischen Komitee (IOC) vergeblich die Zulassung dieser Sportart bei den Olympischen Winterspielen.

16. 2. Die International Table Tennis Federation (ITTF) legt in London fest, daß es nur noch »Spieler« gibt. Die Begriffe Amateur und Professional werden gestrichen.

28. 2. Auf der 33. Session des IOC in Oslo werden Skilehrer von Olympischen Winterspielen ausgeschlossen. Fußballspieler werden beim olympischen Turnier in Berlin nur zugelassen, wenn sie keinen Verdienstausfall beanspruchen.

1. 3. In Prag kommt es zu einer Annäherung zwischen der kommunistischen Roten Sport-Internationale (RSI) und der Sozialistischen Arbeiter- Sport-Internationale (SASI). Planung einer Aktionsgemeinschaft zur Agitation gegen das nationalsozialistische Deutschland.

3. 3. Weltrekord durch eine Magdeburger Vereinsstaffel über 4x200 m Freistil mit Schulze, Schlüter, Schwarz, Deiters in 9:22,2 min.

15. 3. Weltrekord durch Erwin Sietas in Düsseldorf über 200 m Brust in 2:42,4 min.

28. 4. Diskus-Weltrekord durch Willy Schröder in Magdeburg mit 53,10 m.

25. 5. In Ann Arbor »day of the days«: Jesse Owens stellt in 45 Minuten fünf Weltrekorde auf: 200 m und 220 y in 20,3 sec, 200 m Hürden und 220 y Hürden in 22,6 sec und 8,13 m im Weitsprung.

1. 6. Weltrekord im Stabhochsprung durch Keith Brown in Boston mit 4,39 m.

13. 6. James J. Braddock wird in New York neuer Weltmeister im Schwergewichtsboxen durch einen Punktsieg über Max Baer.

23. 6. FC Schalke 04 zum zweiten Mal Deutscher Fußballmeister durch ein 6:4 vor 74 000 Zuschauern in Köln gegen den VfB Stuttgart.

Juli. Helen Wills-Moody zum siebten Mal Wimbledonsiegerin im Damen-Einzel.

Der Belgier Romain Maes gewinnt die Tour de France.

11. 8. Toni Merkens wird in Leipzig Sprint-Weltmeister der Amateure. Bei den Radsport-Professionals siegt zum vierten Mal der Belgier Joseph Scherens.

21. 8. Beim Versuch, die Eiger-Nordwand zu durchsteigen, erfrieren die Münchner Max Sedlmayr und Karl Mehringer im »Todesbiwak«.

22. 8. Nach einem Erlaß der deutschen Reichssportführung dürfen nur »Arier« das Reichssportabzeichen erwerben.

25. 8. Gisela Mauermayer wirft in Dresden zum sechsten Mal Diskus-Weltrekord mit 47,12 m.

8. 9. In Tokio läuft der Japaner Yasuo Ikenaka die Marathonstrecke in der bisherigen Bestzeit von 2:26:44,0 h.

5. 11. Der deutsche Reichskanzler Adolf Hitler sichert die Teilnahme von Juden an den Olympischen Spielen 1936 zu.

7. 12. In Paris Gründung eines Internationalen Komitees zur Verteidigung des olympischen Gedankens mit dem Ziel einer Koordination von Boykottbewegungen gegen die Olympischen Spiele in Deutschland.

8. 12. Erstmals Endspiel um den Deutschen Fußball-Pokal. In Düsseldorf siegt vor 55 000 Zuschauern der 1. FC Nürnberg 2:0 über den FC Schalke 04.

14. 12. Weltrekord im Dreisprung durch den Australier Jack Metcalfe in Sydney mit 15,78 m.

18. 12. Der Niederländer Machgielis Euwe entthront Alexandr A. Aljochin als Schachweltmeister durch einen 9:8 Wettkampfsieg in Amsterdam.

31. 12. Rekordjahr des Deutschen Fußball-Bundes (DFB): Von 17 Länderspielen werden 13 gewonnen. Ein Unentschieden (1:1) gegen Norwegen, drei Niederlagen (1:2 gegen Spanien, 1:3 gegen Schweden, 0:3 gegen England).

1935. Der Siegeszug der »Silberpfeile« beginnt. Rudolf Caracciola auf Mercedes-Benz gewinnt den Grand Prix von Frankreich und von Tripolis, Bernd Rosemeyer auf Auto Union siegt auf dem Masaryk-Ring bei Brünn.

Malcolm Campbell steigert mit »Bluebird II« in Daytona Beach den Geschwindigkeitsweltrekord für Automobile auf 485,175 km/h.

Nach 16 Jahren erstmals Null-Fehler-Ritte beim Deutschen Spring-Derby in Hamburg. Im Stechen siegt Günter Temme mit Egly vor Neckelmann auf Raubritter.

Die kanadischen Winnipeg Monarchs schlagen die Schweizer im Weltmeisterschaftsfinale in Davos 4:2.

Eishockey-Weltmeisterschaft in Davos

Erstmals ist die Schweiz Gastgeber einer Weltmeisterschaft im Eishockey (19.–27. 1. 1935). Die Chance wird genutzt. Die Schweizer Mannschaft ist stärker und populärer als je zuvor. Dies vor allem dank des »-ni«-Sturms, so genannt nach dem Stürmerterzett Bibi Torriani, Hans und Pic Cattini. Nach Siegen über Schweden, die Niederlande, Großbritannien, Frankreich und die Tschechoslowakei erreichen die Schweizer das Endspiel gegen die Winnipeg Monarchs. Sie leisten den Kanadiern beherzten Widerstand und unterliegen nur knapp 2:4. Der Europameister des Vorjahres, Deutschland, scheidet schon in der ersten Runde aus.

Willi Bogner, bei der Nordischen Ski-WM Dritter in der Kombination

Christl Cranz, alpine Weltmeisterin in Kombination und Abfahrt

WM-Titel für Christl Cranz

Februar 1935. Christl Cranz empfiehlt sich bei den Alpinen Ski-Weltmeisterschaften in Mürren erneut als erste Anwärterin auf eine Goldmedaille bei den kommenden Olympischen Winterspielen in Garmisch-Partenkirchen. Bei den Herren macht mit Emile Allais zum ersten Mal ein Franzose mit zweiten Plätzen in der Abfahrt und in der Kombination auf sich aufmerksam. Erstmals gelingt in diesem Jahr mit Willi Bogner einem Deutschen ein dritter Rang in der Nordischen Kombination, wo der Norweger Oddbjörn Hagen, zweifacher Holmenkollensieger und Weltmeister, als Olympiafavorit gilt.

Jesse Owens und der »day of the days«

25. Mai 1935. Jesse (James Cliveland) Owens macht an diesem Tag Sportgeschichte.
Anlaß ist das »Big Ten Meeting«, eines der wichtigsten Universitäts-Sportfeste der USA. Schauplatz ist das Ferry Field der Michigan University in Ann Arbor. Jesse Owens tritt für die Mannschaft des Ohio State College im Kurzstreckenlauf, Hürdenlauf und im Weitsprung an.
Der farbige Sohn eines arbeitslosen Baumwollpflückers hatte seine Aufnahme in das College, wo einer der besten Leichtathletiktrainer des Landes, Larry Snyder, wirkt, davon abhängig gemacht, daß sein Vater einen festen Job bekäme.
Um 15.15 Uhr in Ann Arbor Start über 100 y. Jesse schnellt aus den selbstgegrabenen Startlöchern, siegt mit 5 y Vorsprung vor Bobby Grieve in 9,4 sec. Weltrekord eingestellt. Um 15.25 Uhr Aufruf zum Weitsprung. Jesse legt sein Handtuch bei der 8-m-Marke an die Sprunggrube. Der Weltrekord des Japaners Nambu steht bei 7,98 m. Jesse stürmt die Anlaufbahn hinab, trifft den Absprungbalken genau. »Ich glaubte, der Sprung nähme gar kein Ende«, erzählt er später. 8,13 m! Ein Fabelweltrekord. Aber Jesse muß zum Start über 220 y auf gerader Bahn. Jesse siegt in 20,3 sec. Weltrekord für 220 y und 200 m. Das Publikum verlangt eine Ehrenrunde. Jesse hat dazu keine Zeit. Er muß zum Hürdenlauf über 220 y, eine Strecke, die er nur selten läuft und kaum trainiert hat. Um 16 Uhr fällt der Startschuß. Jesse gewinnt in 22,6 sec. Weltrekord für 220 y und 200 m. Fünf Weltrekorde und ein eingestellter Weltrekord in 45 Minuten. Das hat es noch nie gegeben.
Über Nacht macht der »day of the days« von Ann Arbor den 21 jährigen Jesse Owens weltberühmt. Ein zurückhaltender junger Mann, der Publikum und Presse gleichermaßen durch die elegante Art, in der er seine Erfolge erzielt, fasziniert.

Jesse Owens, der neue Weltstar der Leichtathletik, der in Ann Arbor in 45 Minuten fünf Weltrekorde aufstellt und damit selbst einen Paavo Nurmi in den Schatten stellt. Als »brauner Blitz« oder als »schwarzer Panther« ziert der 21jährige die Titelseiten der internationalen Sportpresse.

Tennisspielerin Helen Wills-Moody

Helen Nr. 1 und 2

Nur wenn Helen Wills-Moody einmal das Malen oder Schreiben dem Tennisspiel vorzog, gewannen andere Damen in Wimbledon (→ Juni 1931).
Im Juli 1935 stellt sie sich einer anderen Helen, gegen die sie bei den US-Meisterschaften in Forest Hills wegen eines Hexenschusses aufgegeben hatte. Aber Wills-Moody bleibt vor Helen Jacobs Helen Nummer eins.

Max Baer und das süße Leben eines Champs

13. Juni 1935. Jack Dempsey, der das süße Leben eines Champions ausgiebig genossen hatte, hätte ihm eine deutliche Warnung sein müssen (→ 23. 9. 1926).
Max Baer war auf eine Weise Boxweltmeister aller Klassen geworden, wie sie spektakulärer gar nicht mehr vorstellbar ist. Das Bild, wie ein Riese niedergeschlagen wird und nicht nur einmal, sondern zehnmal, beschäftigte die Phantasie nicht nur aller Boxfans. Der Mann, der dazu in der Lage war, mußte als eine Art »Superman« gelten. Schließlich hielt sich Max Baer selbst dafür. Er vergaß, daß die boxerischen Fähigkeiten eines Primo Carnera dessen körperlichen Ausmaßen nicht entsprachen. Er vergaß, daß schon sein erster Treffer den Kampf praktisch entschieden hatte und für die restlichen zehn Runden eher Carnera für seine Nehmerqualitäten Bewunderung verdiente (→ 14. 6. 1934). Und Max Baer vergaß zu trainieren. Weil man ihn aber nicht nur auf Partys herumreichen, sondern auch wieder einmal im Ring sehen wollte, akzeptierte er einen Titelkampf gegen einen Boxer, dessen beste Zeit vorbei war, falls er jemals eine gute hatte.
James J. Braddock ist keiner der jungen »hungrigen« Boxer wie jener Steve Hamas, der im Vorjahr Max Schmeling die Hoffnung auf ein Comeback einmal mehr zerschlug. Er ist ein Ringveteran, den Baer nicht sonderlich ernst nimmt, den zu schlagen auch kaum Ruhm bringt.
Nach farblosen 15 Runden in New York wird Braddock zum Punktsieger und neuen Weltmeister erklärt. Der vierte Boxweltmeister aller Klassen in vier Jahren. Auch das gab es noch nie.

Unzureichend vorbereitet und seinen erfahrenen Gegner unterschätzend, verliert Max Baer seinen Weltmeistertitel in New York an James J. Braddock (M.).

Nürnberger »Club« erster Pokalsieger

8. Dezember 1935. Während in England das 59. Pokal-Finale zwischen Sheffield Wednesday und West Bromwich Albion (4:2) wie eh und je die Massen mobilisierte, werden in Düsseldorf 55 000 Zuschauer Zeuge des ersten deutschen Pokal-Endspiels. Es ist eine Begegnung zwischen Jung und Alt. Der ruhmreiche 1. FC Nürnberg gewinnt 2:0 (0:0) gegen die »Knappen« des FC Schalke 04.
Die Gelsenkirchener, als Skandalmannschaft wegen Professionalismus 1930 vom Spielbetrieb ausgeschlossen, wurden ein Jahr später wieder zugelassen.
Als Schalke 1934 durch ein 2:1 über den 1. FC Nürnberg erstmals Deutscher Meister wurde und den Titel ein Jahr später gegen den VfB Stuttgart mit einem 6:4 verteidigte, schwärmte die deutsche Fußballwelt vom »Schalker Kreisel« — in Schwung gesetzt von Fritz Szepan und in Gang gehalten von dessen Schwager Ernst Kuzorra. Das ist die Fußballzukunft.

Das »Todesbiwak« am Eiger

21. August 1935. Als die Münchner Max Sedlmayr und Karl Mehringer in die Eiger-Nordwand einsteigen, drängen sich vor den Gasthäusern in Grindelwald und auf der Kleinen Scheidegg die Menschen vor den Fernrohren.

Sie sehen, wie zwei Könner das Unmögliche wagen. Sie kommen zuerst gut voran. Man schließt Wetten auf sie ab. Am dritten Tag machen sie nur geringe Fortschritte. Dann schlägt das Wetter um. Die Riesenwand hüllt sich in Nebel. Am fünften Tag reißen die Wolken auf, und man sieht die beiden, die Unvorstellbares mitgemacht haben, dem Gipfel zustreben. Dann wird es Nacht, und es stürmt weiter.

Vier Wochen später finden Suchtrupps 600 m unter dem Gipfel zwei Erfrorene im »Todesbiwak«.

Gut gelaunt reisen die Münchner Max Sedlmayr (l.) und Karl Mehringer zur Besteigung der Eiger-Nordwand an und bereiten sich auf ihren Aufstieg vor.

Neue Ära der »Silberpfeile«

1935. Die erste Ära des Automobilrennsports endete 1914 mit einem Schock für die Franzosen. Drei Mercedes belegten die ersten Plätze beim Grand Prix von Frankreich.

Erst 21 Jahre später beginnt auf der Rennstrecke von Linas-Monthléry eine neue Ära, abermals mit drei Mercedes-Benz-Rennwagen auf den Plätzen eins (Rudolf Caracciola), zwei (Manfred von Brauchitsch) und vier (Luigi Fagioli). Für den Grand Prix nach der neuen 750-kg-Rennformel hat Konstrukteur Nibel den Mercedes-Rennwagen entworfen. Ferdinand Porsche schuf für Auto Union einen Rennwagen, in dem der Fahrer vor dem Motor sitzt. Die »Silberpfeile« treten ihren Siegeszug an. Caracciola gewinnt in Tripolis, Bernd Rosemeyer auf dem Masaryk-Ring bei Brünn.

Start zum Grand Prix von Frankreich in Linas-Monthléry. In der ersten Reihe rechts der spätere Sieger Rudolf Caracciola auf Mercedes-Benz

IOC-Präsident ermahnt Hitler

5. November 1935. Eine Audienz von Henry Graf de Baillet-Latour beim deutschen Reichskanzler Adolf Hitler war aus zwei Gründen notwendig geworden. Einmal fühlte sich Hitler über den »anmaßenden Ton« gekränkt, mit dem der Präsident des Internationalen Olympischen Komitees (IOC) darauf bestand, daß die Olympischen Spiele in Berlin nach den Regeln des IOC durchzuführen seien.

Andererseits beunruhigten den Grafen die vom Deutschen Reichstag am 15. September 1935 erlassenen »Nürnberger Gesetze« gegen die deutschen Juden.

Baillet-Latour beschwichtigte die US-Mitglieder im IOC: »Seit März bin ich in enger Verbindung mit Herrn von Tschammer und Osten, der mir die Versicherung gab, daß Juden aufgefordert worden sind, in die deutschen Mannschaften einzutreten.« Auch die Einladung Palästinas sei zugesichert worden. Hitler bestätigt am 5. November in Berlin diese Forderungen.

Ein Schulmeister wird Schachweltmeister

18. Dezember 1935. Überraschend und doch nicht ganz unerwartet verliert Alexandr A. Aljochin seinen Weltmeistertitel im Schach in Amsterdam an den Niederländer Machgielis Euwe. Überraschend, weil Aljochin gleichwohl als der phantasiereichere Schach»künstler« gilt. Nicht unerwartet, weil Euwe sich seit Jahren als der beste Herausforderer qualifizierte.

Der 34jährige Mathematiklehrer gewann seine ersten großen internationalen Turniere in Amsterdam und Hastings 1922 und 1924. Seitdem zeichnet er sich durch die Beständigkeit seiner Leistungen aus. Die Stärke Euwes liegt im theoretischen Wissen.

Der neun Jahre ältere Aljochin zeigte in den seit dem 3. Oktober ausgetragenen 30 Matchpartien doch verschiedentlich Ermüdungserscheinungen und unterliegt schließlich mit neun Verlust- und acht Gewinnpartien bei 13 Remis.

Teilnehmer in Hastings. 1. Reihe: Georg Thomas (Großbritannien), Salo Flohr (Tschechoslowakei), Michail M. Botwinnik (UdSSR), José Raúl Capablanca (Kuba), 2. Reihe: A. Lilienthal (Ungarn), L. Prins (Niederlande), der blinde Brite Rupert Cross, die Russin Vera Menchik, 3. Reihe: G. Koltanowski (Belgien), P. S. Milner-Barry (Großbritannien), Machgielis Euwe (Niederlande) und die Deutsche Sonja Graf

1936

18. 1. Weltrekord im Eisschnellauf über 500 m in 42,4 sec durch den US-Amerikaner Allan Potts in Oslo.

2. 2. Die US-Amerikanerin Kit Klein wird in Stockholm erste Vierkampf-Weltmeisterin im Eisschnellauf.

6.–16. 2. In Garmisch-Partenkirchen 4. Olympische Winterspiele mit 757 Teilnehmern aus 28 Ländern.

21.–29. 2. Die Olympiasieger im Eiskunstlauf, Sonja Henie, Karl Schäfer und Maxie Herber/Ernst Baier, werden in Paris Weltmeister.

7. 3. Mit 150,5 kg im Stoßen bringt der Mittelgewichtler Helmut Opschruf erstmals mehr als das Doppelte des eigenen Körpergewichts zur Hochstrecke.

13. 3. Weltrekord über 200 m Brust in 1:20,2 min durch Hanni Hölzner in Plauen.

15. 3. Weltrekord im Skifliegen durch den Österreicher Sepp Bradl in Planica mit 101,50 m.

24. 3. Auf der Autobahn Frankfurt am Main-Heidelberg stellt Hans Stuck auf Auto Union fünf Weltrekorde auf, über zehn Meilen, 50 km, 50 Meilen, 100 km und 100 Meilen.

12. 4. Höhepunkt der Entwicklung im Rollsport. In Stuttgart Weltmeisterschaften im Rollhockey (Sieger: England) sowie Europameisterschaften im Kunst- und Schnellauf.

19. 4. Weltrekord über 20 km durch den Argentinier Juan Zabala in München mit 1:04:00,2 h.

6. 5. Österreichs Fußball-Nationalelf gelingt im ausverkauften Wiener Stadion erstmals ein Sieg über England (2:1).

14. 6. Nach seinem Sieg im Eifelrennen auf Auto Union wird Bernd Rosemeyer von Reichsführer-SS Heinrich Himmler zum SS-Obersturmführer ernannt.

18. 6. Nach sechs Jahren zehnter Weltrekord im Speerwurf durch Matti Järvinen in Helsinki mit 77,23 m.

19. 6. Weltrekord durch den US-Amerikaner Archie Williams in Chica-go über 400 m in 46,1 sec und den Schweden Gunnar Höckert in Stock-holm über 3000 m in 8:14,8 min.

In einem Qualifikationskampf um die Weltmeisterschaft im Box-Schwergewicht schlägt Max Schmeling in New York sensationell Joe Louis durch K. o. in der zwölften Runde.

20. 6. Weltrekord durch Jesse Owens über 100 m in 10,2 sec in Chicago.

21. 6. Der 1. FC Nürnberg wird zum sechsten Mal Deutscher Fußballmeister durch ein 2:1 n. V. über Fortuna Düsseldorf vor 45 000 Zuschauern in Berlin.

Juli. Der Brite Fred Perry wird zum dritten Mal hintereinander Einzel-Sieger in Wimbledon nach Sieg über Gottfried von Cramm. Die US-Amerikanerin Helen Jacobs gewinnt das Damen-Einzel gegen die Deutsch-Dänin Hilde Krahwinkel-Sperling.

Sieger in der Tour de France der Belgier Sylvère Maes.

4. 7. Weltrekord im Stabhochsprung durch den US-Amerikaner George Varoff mit 4,43 m in Princeton.

11. 7. Zum achten Mal seit 1930 Weltrekord im Diskuswurf durch Gisela Mauermayer in Berlin mit 48,31 m.

21. 7. Entzündung des olympischen Feuers im heiligen Hain von Olympia und Start des Staffellaufs durch sechs Länder nach Berlin.

18.–21. 7. Tragödie in der Eiger-Nordwand. Andreas Hinterstoisser, Edi Rainer, Willi Angerer und Toni Kurz kommen nach einem Wettersturz beim Rückweg um.

31. 7. Auf der 35. Session des Internationalen Olympischen Komitees (IOC) in Berlin Vergabe der Olympischen Spiele 1940 an Tokio. Der US-Amerikaner Avery Brundage wird IOC-Mitglied.

1.–16. 8. Spiele der XI. Olympiade in Berlin mit 3980 Teilnehmern aus 49 Ländern.

11. 8. Die International Amateur Athletic Federation (IAAF) legt als Limit für erlaubten Rückenwind bei Rekorden 2 m/sec fest.

13. 8. Bei einer Tagung der Fédération Internationale de Football Association (FIFA) in Berlin bewirbt sich Deutschland um die Ausrichtung der Fußball-Weltmeisterschaft 1938, verzichtet aber zugunsten Frankreichs.

27. 8. Weltrekord über 110 m Hürden durch Forrest Towns in Oslo (13,7 sec).

6. 9. Der zweifache Tour-de-France-Sieger Antonin Magne wird in Bern Straßenweltmeister, bei den Amateuren der Schweizer Edgar Buchwalder.

13. 9. Nach seinem Sieg im Großen Preis von Italien ist Bernd Rosemeyer Automobil-Europameister, der zweite nach Rudolf Caracciola 1935.

10. 10. Anstelle des wegen des Scheiterns der deutschen Fußball-Nationalmannschaft bei den Olympischen Spielen entlassenen Otto Nerz wird Joseph »Sepp« Herberger Reichstrainer.

11. 11. Auf der Autobahn Frankfurt am Main-Darmstadt übertrifft Rudolf Caracciola auf Mercedes-Benz den 10-Meilen-Geschwindigkeitsweltrekord von Hans Stuck (286,45 km/h Durchschnitt) in 2:53,73 min mit 337 km/h Durchschnitt.

1936. Bei der Henley-Regatta, der inoffiziellen Ruder-Weltmeisterschaft, erstmals Sieg im Achter, dem »Grand Challenge Cup«, durch den Schweizer FCZ.

Olympia in Garmisch

6. Februar 1936. Der Präsident des Internationalen Olympischen Komitees (IOC) hatte Reichskanzler Adolf Hitler eingeladen, als Staatsoberhaupt die Winterspiele in Garmisch-Partenkirchen feierlich zu eröffnen. Nach Rücksprache mit Reichsinnenminister Wilhelm Frick gab Hitler seine Zusage.

Unmittelbar vor der Eröffnungsfeier fand ein Zusammentreffen zwischen Graf Henry de Baillet-Latour und Hitler im Beisein des Präsidenten des Organisationskomitees, Karl Ritter von Halt, statt. Der IOCPräsident machte hierbei Hitler noch einmal darauf aufmerksam, daß die Olympischen Winterspiele eine Veranstaltung des IOC wären und nicht zu Propagandazwecken benutzt werden dürften. Vor allem bat er Hitler, keine Rede zu halten, sondern sich einzig auf den Satz zu beschränken: »Ich erkläre die 4. Olympischen Winterspiele in Garmisch Partenkirchen für eröffnet!« Diesen Satz übergab Graf Henry de Baillet-Latour auf einem Blatt maschinengeschrieben.

Leichtes Schneetreiben begleitet die Mannschaften beim Einzug ins vollbesetzte Skistadion. Jubel braust auf, als die Mannschaften aus Frankreich und Großbritannien den »deutschen Gruß« entbieten. Eine Abordnung der Deutschen Kriegsmarine hißt die olympische Flagge. Die Sonne bricht durch die Wolken, als Adolf Hitler die Winterspiele offiziell für eröffnet erklärt.

Mit größter Spannung sieht man den ersten alpinen Wettbewerben bei Olympischen Winterspielen entgegen. Sie wurden allerdings im Vorfeld durch Zwistigkeiten der Fédération Internationale de Ski (FIS) mit dem IOC beeinträchtigt. Einmal ließ das IOC nur eine Wertung in der Alpinen Kombination zu. Dann wurde allen Skilehrern die Amateureigenschaft aberkannt. Aus Protest gegen diese starre Haltung schickte Österreich und die Schweiz ihre besten Skiläufer erst gar nicht.

Das offizielle Olympiaplakat läßt den »deutschen Gruß« ahnen

Einzug der Mannschaften aus 28 Ländern ins Skistadion. Hinter der Hakenkreuzflagge Reichssportführer Hans von Tschammer und Osten

Ivar Ballangrud, dreimal Gold und einmal Silber

Ivar Ballangruds Triumph

Die Wettbewerbe im Eisschnellauf finden vom 11. bis 14. Februar 1936 auf dem Rießersee statt. Da eine Natureisfläche Spannungen ausgesetzt ist, die zu Rissen und Falten im Eis führen können, sägte man ein großes Oval aus der Eisdecke und trennte es von der übrigen Eisfläche durch eine offen gehaltene Wasserrinne ab. So entstand eine schwimmende Eisplatte, auf der die Läufer ihre Runden drehen.
Am erfolgreichsten ist der 32jährige Norweger Ivar Ballangrud, der über 500 m, 5000 m und 10 000 m Bestzeit läuft. Nur über 1500 m wird er von seinem Landsmann Charles Mathiesen überraschend bezwungen.

Der siegreiche Schweizer Viererbob mit Pilot Pierre Musy

Schweizer Bobfahrer vorn

Mit der Bobbahn haben sich die Veranstalter viel Mühe gemacht. Aus dem Rießersee wurden Eisblöcke ausgesägt, um damit die Kurven auszubauen. Die Konstruktion erweist sich aber nicht als wetterfest genug. Immer wieder beschädigen die schweren Schlitten das Eismauerwerk. Daher müssen die Rennen (vom 11.—15. 2.) oft unterbrochen werden.
Die deutschen Hoffnungen auf einen Erfolg des Garmischer Bobpiloten Hanns Kilian erfüllen sich nicht. Sein bestes Resultat ist der fünfte Platz im Zweierbob. Hier gewinnt USA I vor Schweiz II. Im Viererbob kommen die Schweizer zu einem Doppelerfolg.

0:11 kommt Lettland gegen Kanada unter die Räder.

Sensation im Eishockey

Mit 15 Mannschaften weist das Eishockeyturnier (vom 6.—16. 2.) eine Rekordbeteiligung auf. Man teilt nach einer Vorrunde eine Zwischenrunde ein. Danach behalten die Spielergebnisse zweier Mannschaften auch für die Endrunde Gültigkeit. Dieser später heftig kritisierte Modus hilft, die Kanadier zu entthronen. Denn in der Zwischenrunde geht die Mannschaft Großbritanniens, die überwiegend aus naturalisierten Kanadiern besteht, gegen Kanada 1:0 in Führung. Die Kanadier gleichen aus. Als die Briten erneut in Führung gehen, ist die erste kanadische Niederlage besiegelt. Den Briten genügt ein 0:0 gegen die USA zum Olympiasieg.

Sonja Henie wird zum dritten Mal Olympiasiegerin

9. bis 15. Februar 1936. 84 Teilnehmerinnen und Teilnehmer aus 17 Ländern beim Eiskunstlauf bedeuten einen Rekord. Die Eisbedingungen im Eisstadion sind sehr gut, das Publikum nimmt bei schönem Winterwetter an den Vorführungen lebhaften Anteil.
Die 23jährige Norwegerin Sonja Henie erreicht mit ihrem dritten Olympiasieg den Schweden Gillis Grafström und wird damit zur erfolgreichsten Eiskunstläuferin aller Zeiten. Aber der Sieg wird ihr diesmal schwer gemacht, und sie verdankt ihn letztlich nur ihrer Routine und Sicherheit. Die 15jährige Britin Cecilia Colledge zeigt Sonja Henie, daß es für sie Zeit wird abzutreten.
Souveräner als die Henie wiederholt der Österreicher Karl Schäfer seinen Olympiasieg. Den Grundstein legt er bereits in der Pflicht. Doch seine Kür übertrifft an Schwierigkeiten der Figuren und an Leichtigkeit des Vortrags alles sonst Gebotene.

Im Paarlauf gibt es ein deutsch-österreichisches Duell zwischen Maxi Herber/Ernst Baier und den Geschwistern Ilse und Erik Pausin. Die Deutschen haben sich eine eigene Musik schreiben lassen und setzen in der Übereinstimmung von Klang und Bewegung und in der sportlichen Exaktheit neue Maßstäbe. Dagegen besticht der tänzerisch-musikalische Charme der Pausins das Publikum im Eisstadion.

Maxi Herber und Ernst Baier, die deutschen Sieger im Paarlauf, die als Favoriten nur knapp, aber doch verdient vor dem österreichischen Geschwisterpaar Pausin gewinnen.

Knicks vor dem Diktator: Hitler gratuliert Sonja Henie, der erfolgreichsten Eiskunstläuferin, zum dritten Olympiasieg, der diesmal knapper ausfiel als erwartet.

Ein Ölzweig aus Olympia, von Spiridon Louis, dem ersten Marathonsieger 1896

Das Olympia-Plakat. Vergleicht man es mit jenem von Los Angeles 1932, unterscheiden sich Welten. Dabei wird das US-amerikanische Plakat gewiß nicht nach Kriterien der grafischen Gestaltung vorzuziehen sein. Aber es atmet den Geist des Spiels und der Jugend. Hier dagegen zeigt sich pathetisch das »neue Deutschland«, verräterisch mit Heldenpose und dem Siegeswagen auf dem Brandenburger Tor.

Olympische Spiele in Berlin

1. bis 16. August 1936. Die Spiele der XI. Olympiade waren vom Internationalen Olympischen Komitee (IOC) 1931 in Barcelona an ein anderes Deutschland vergeben worden. Boykottbewegungen gegen das NS-Regime konnten die Spiele jedoch nicht verhindern. Der gelungene Auftakt in Garmisch-Partenkirchen zerstreute zudem die letzten Bedenken. Das IOC ließ sich willig über die wahren Absichten des Veranstalters täuschen und erliegt einer perfekten Organisation und meisterhaften Regie.

Es begann mit einer Ehrengabe des »Führers« in Höhe von 10 000 Reichsmark an Pierre Baron de Coubertin, der sich in verzweifelten pekuniären Verhältnissen befand. Es findet am Eröffnungstag seine Fortsetzung mit der Erklärung Adolf Hitlers an die Adresse des IOC, daß Deutschland die Ausgrabungen in Olympia fortsetzen und vollenden werde. Zudem wird mit dem Reichssportfeld in Berlin eine Anlage geboten, die in der Welt ihresgleichen sucht. Es wurde eine olympische Glocke gegossen mit der Inschrift »Ich rufe die Jugend der Welt«. Es wurde nach antikem Muster ein Dreifuß für das olympische Feuer aufgestellt. Nach einer Idee von Carl Diem, dem Generalsekretär des Organisationskomitees, wurde das olympische Feuer am 21. Juli in einem Parabolspiegel im heiligen Hain von Olympia entzündet und von 3075 Fackelläufern über ebenso viele Kilometer durch sechs Länder nach Berlin getragen. Eine »Olympia Zeitung« erscheint für die Dauer der Spiele. Der Rundfunk überträgt in 41 Länder. Das Fernsehen beginnt mit ersten Übertragungsversuchen. Und Leni Riefenstahl dreht mit 80 Kameramännern einen olympischen Monumentalfilm.

Die große Olympia-Show in Berlin begeistert das deutsche Volk und setzt die ganze Welt in Erstaunen. Vier Wochen später verheißt Hitler auf dem »Parteitag der Ehre« in Nürnberg »ein neues Olympia«. Vertrauten versichert er, daß Deutschland unter Leitung der »Wackelgreise des IOC« die »letzte internationale Olympiade« beging.

Plakat zum olympischen Fackellauf von Olympia nach Berlin

Der Deutsche Fritz Schilgen hat als letzter Läufer die Fackel ins Berliner Olympiastadion getragen und soeben das olympische Feuer im Dreifuß entzündet.

Das 100 000 Zuschauer fassende Olympiastadion. In der Mitte der Haupttribüne die »Führerloge«, wo bei Hitlers Ankunft die »Führerstandarte« gehißt wird

Hitler betritt an der Spitze des IOC das Stadion, begleitet von Henry Graf de Baillet-Latour (M.).

Als letzte von 49 Mannschaften ziehen die deutschen Teilnehmer ins Stadion ein.

Vor den aufmarschierten Mannschaften läuft erstmals der Läufer mit der Fackel.

Der Münchner Gewichtheber Rudolf Ismayr, Olympiasieger in Los Angeles, spricht den Eid.

Das Luftschiff »Hindenburg« kreist am Eröffnungstag mit der olympischen Fahne über dem Reichssportfeld.

Jesse Owens – der Superstar der Olympischen Spiele

2. bis 9. August 1936. Jesse Owens siegt, wann immer er startet, und wird zum Publikumsliebling der Berliner. Daß Adolf Hitler sich geweigert haben soll, ihm die Hand zu schütteln, ist eine Legende. Schon am zweiten Tag der Spiele bittet Henry Graf de Baillet-Latour Hitler, von Siegerempfängen in der »Führerloge« abzusehen. Und da startet Owens erst im 100-m-Vorlauf, wo er den olympischen Rekord mit 10,3 sec einstellt. Am Nachmittag stellt er mit 10,2 sec seinen eigenen Weltrekord ein. Aber erstmals wird die Windgeschwindigkeit gemessen; da der Rückenwind über 2 m/sec liegt, wird der Weltrekord nicht anerkannt. 24 Stunden später siegt Owens im Halbfinale mit 10,4 sec und im Finale mit 10,3 sec.

Am 4. August muß Owens Vorläufe über 200 m bestreiten und sich für den Weitsprung qualifizieren. Letzteres mißlingt fast. Owens tritt zweimal über. Erst im letzten Versuch meistert er die für ihn an sich lächerlichen 7,15 m. Die 200 m läuft er bei 3,3 m/sec Gegenwind in olympischer Rekordzeit von 21,1 sec. Im Zwischenlauf wiederholt er diese Zeit. Anschließend siegt er im Duell mit Luz Long im Weitsprung. Am nächsten Tag gewinnt Owens die 200 m in 20,7 sec. Am 9. August setzt er den Schlußpunkt mit dem 4x100-m-Staffelsieg.

Jesse Owens mit deutlichem Vorsprung im Ziel des 100-m-Endlaufs. Erneut Zweiter Ralph Metcalfe. Der Niederländer Martinus Osendarp wird Dritter.

Beim letzten Sprung landet Owens bei 8,06 m in der Sprunggrube. Der olympische Rekord wird jedoch wegen Rückenwindes von 3,5 m/sec nicht anerkannt.

Jesse Owens beim Start zum 200-m-Endlauf, den er in 20,7 sec gewinnt. Er schlägt damit den Zweiten, Mack Robinson, um vier Zehntelsekunden.

Italiener Lanzi verschenkt Sieg

4. August 1936. Den US-Amerikanern entstand fast über Nacht in dem 1,89 m langen John Woodruff eine Riesenbegabung auf der 800-m Strecke. Er ist zwar ein Naturtalent, verfügt aber über keine internationale Erfahrung. Daher gilt Mario Lanzi als Favorit. Ihm spielen jedoch die Funktionäre einen Streich.

Um Rangeleien in der Kurve kurz nach dem Start zu vermeiden, verlegen sie den Start auf die Mitte der Zielgeraden. Daran denkt Lanzi jedoch im Eifer des Gefechts nicht mehr und setzt seinen Endspurt viel zu spät an. Woodruff, der keine Mühe hat, das langsame Rennen von der Spitze her zu laufen, ist bereits Sieger, als Lanzi Meter um Meter herankommt. Aber ihm fehlt die halbe Zielgerade, wo er Woodruff noch hätte abfangen können.

Der US-Amerikaner Williams (2. v. l.) im Ziel des 400-m-Laufs

Start zum 800-m-Endlauf von der Mitte der Zielgeraden aus

Archie F. Williams, 1935 400-m-Weltrekord in 46,1 sec

Das Staffel-Drama der deutschen Damen

4. August 1936. Noch überlegener als Jesse Owens gewinnt die 18jährige US-Amerikanerin Helen Stephens den 100-m-Lauf der Damen. Die kräftige, 1,80 m große Farmerstochter aus Missouri, über die Sprintstrecke noch ungeschlagen, läuft im Vor- und Zwischenlauf 11,4 sec und 11,5 sec. Diese Zeiten, deutlich unter dem Weltrekord von Stanislawa Walasiewicz von 11,7 sec aus dem Jahr 1934, werden aber als Weltrekorde wegen zu starken Rückenwinds nicht anerkannt. Die deutliche Überlegenheit der Stephens ist jedoch mit bloßem Auge zu erkennen. So auch im Endlauf, den die US-Amerikanerin vor der Polin in 11,5 sec gewinnt.

In diesem Endlauf kündigt sich eine Goldmedaille an, die den deutschen Damen in der 4x100-m-Staffel am 9. August trotz der unschlagbaren Helen Stephens sicher zu sein scheint. Denn unter den sechs Finalistinnen über 100 m sind drei Deutsche: Käthe Krauß als Dritte, Marie Dollinger als Vierte und Emmy Albus als Sechste.

Nach den Vorläufen über 4 x 100 m stimmt die Rechnung. Die US-Amerikanerinnen kommen auf 47,1 sec, die Deutschen laufen mit Ilse Dörffeldt in 46,4 sec einen phantastischen Weltrekord. Ein wenig Unbehagen bringt die Verlosung. Die Deutschen ziehen die vierte Bahn und haben damit die US-Amerikanerinnen hinter sich. Aber schon nach dem ersten Wechsel besteht kein Grund zur Sorge mehr. Emmy Albus fegt um die Kurve und wechselt an Käthe Krauß mit deutlichem Vorsprung. Diese vergrößert ihn noch, bevor sie Marie Dollinger weiterschickt. Als Dollinger in die Zielgerade einbiegt, schwillt der brausende Jubel im Stadion noch mehr an. Diesen Abstand wird Helen Stephens nie mehr wettmachen können. Der Sieg ist sicher. Dollinger übergibt an Ilse Dörffeldt — da fällt der Staffelstab auf die Aschenbahn! Der Sturm der Begeisterung schlägt in einen einzigen Aufschrei des Entsetzens um. Die beiden unglücklichen Läuferinnen stoppen ab, verbergen die weinenden Gesichter in den Händen. Niemand achtet mehr groß darauf, wer diese Staffel gewinnt — die USA. Das Thema des Tages, der Woche und darüber hinaus bleibt die schnellste Damen-Staffel der Welt, die den Sieg verschenkte.

Schon nach 80 m führte Helen Stephens (r.) im 100-m-Endlauf mit 2 m Vorsprung. Sie siegt überlegen vor der Polin Stanislawa Walasiewicz (l.).

Erst die Zielfotografie kann die Plazierung im 80-m-Hürdenlauf ausmachen. Dann steht die Italienerin Trebisonda Valla (3. v. l.) als Siegerin fest.

4x100 m: Beim Wechsel in der Zielgeraden entfällt den Deutschen der Stab.

Gelungene Revanche von John Lovelock

6. August 1936. Sechs Finalisten des 1500-m-Laufs standen auch vier Jahre zuvor in Los Angeles im Endlauf: Der Sieger Luigi Beccali aus Italien, der Zweitplazierte John Cornes aus Großbritannien, der Drittplazierte Philip Edwards aus Kanada, der Viertplazierte Glenn Cunningham aus den USA, der Fünftplazierte Eric Ny aus Schweden und der damals Siebte, John Lovelock aus Neuseeland. Von ihnen traut man Beccali und Cunningham am meisten zu. Lovelock hat Gesundheitsprobleme. Einmal mußte er nach einem Sturz vom Pferd wegen Beinbeschwerden aussetzen. Dann litt er an Schlafstörungen und an Platzangst. Deshalb bestritt er nur wenige Rennen pro Jahr, und keines stempelte ihn zum Favoriten für Berlin. Aber Lovelock kann sich im entscheidenden Augenblick voll konzentrieren, und er hat sich planmäßig vorbereitet.

John Lovelock aus Neuseeland, der Überraschungssieger über 1500 m

Vom Start weg geht Cunningham in Führung. Nach einer Runde löst ihn Ny ab. Nach 1000 m übernimmt jedoch Cunningham wieder die Spitze, aber Lovelock folgt ihm, läßt sich nicht abschütteln und spurtet bei 1200 m an dem überraschten US-Amerikaner vorbei. Cunningham versucht vergeblich, noch einmal heranzukommen. Aber Lovelock, der die letzten 400 m in 56,8 sec und die letzten 200 m in phänomenalen 28,8 sec läuft, siegt in der Weltrekordzeit von 3:47,8 min.

Der Triumph der Leni Riefenstahl

Leni Riefenstahl, am 22. August 1902 in Berlin geboren, zuerst Tänzerin, dann Schauspielerin und Filmregisseurin, hatte die Idee, im Jahr 1933 über den Parteitag der Nationalsozialistischen Deutschen Arbeiterpartei (NSDAP) in Nürnberg, der unter dem Motto »Sieg des Glaubens« stand, einen Dokumentarfilm zu drehen. Dieser noch weitgehend improvisierte Streifen fand bei Adolf Hitler solchen Anklang, daß die Riefenstahl auch den Auftrag für einen Film über den Reichsparteitag 1934 erhielt. Mit »Triumph des Willens« gelang der Riefenstahl der bedeutendste Propagandafilm jener Zeit.
Diese Linie soll der Olympiafilm, der in zwei Teilen, »Fest der Schönheit« und »Fest der Völker«, geplant ist, fortsetzen. Die Regisseurin gründete für die Realisierung des Vorhabens eine eigene Filmgesellschaft und erhielt jede denkbare Unterstützung. Schon beim Bau des Olympiastadions wurden besondere Durchgänge für Kameras, die auf Schienen laufen, und für die Techniker vorgesehen. Unterwasserkameras verfolgen die Schwimmwettkämpfe, Schienenwagen die Ruder- und Kanuregatten, Boote die Segelwettfahrten. Vom Zeppelin, von Flugzeugen und von Ballonen aus wird gefilmt. Monatelang vorher probten die Kameramänner bei Sportveranstaltungen die besten Einstellungen und Belichtungen. Die besonderen Bedingungen jeder Sportart wurden sorgfältig registriert. Noch nie wurde ein Sportfilm mit derartiger Akribie vorbereitet und mit einem solchen technischen und personellen Aufwand hergestellt. Es dauert über zwei Monate, um das Material von 400 000 Filmmetern überhaupt erstmals zu sichten. Noch nie wurden Olympische Spiele auf solch aufwendige und eindrucksvolle Art der Nachwelt überliefert. Der zweimal abendfüllende Film setzt auf dem Gebiet der modernen Sportdokumentation neue Maßstäbe.

Die Wunderstaffel und ihre Wunderläufer

9. August 1936. Genau genommen hat die US-amerikanische 4x100-m-Staffel zwei Wunderläufer, einen bekannten und einen unbekannten. Der bekannte ist Jesse Owens, der als Startläufer antritt. Er übergibt seinen Stab bereits mit 5 m Vorsprung an Ralph Metcalfe, den Unglücksraben von Los Angeles (→ 1. 8. 1932).
Metcalfe vergrößert noch den Vorsprung, bis er Foy Draper auf die Reise schickt. Der müßte schon seinen Stab verlieren, um die US-Amerikaner von der Siegesbahn herabzustoßen. Aber das Verhängnis der deutschen Damen (→ 4.8.1936) wiederholt sich nicht. Frank Wykoff stiebt nach dem letzten Wechsel davon. Als er das Ziel passiert, werden 39,8 sec gestoppt. Ein unglaublicher Weltrekord, der 20 Jahre bestehen bleibt. Erstmals lief eine Staffel unter 40 Sekunden. Und ihr zweiter Wunderläufer heißt Frank Wykoff. Er ist seit 1928 zum dritten Mal Schlußläufer einer siegreichen US-Staffel über 4x100 m bei Olympischen Spielen. Bei der Fülle von Sprinttalenten in seinem Land ein Wunder an Beständigkeit über ein Jahrzehnt hinweg, auch wenn er im Einzelwettbewerb 1928 und 1936 als Vierter nicht zu einer Medaille kam.
Das Interesse der Zuschauer richtet sich zuletzt auf den spannenden Kampf um die übrigen Plätze. Vier Läufer langen fast gleichzeitig an, der Italiener Tullio Gonelli, der Niederländer Martinus Osendarp, der Deutsche Gerd Hornberger und der Argentinier Beswick. Die Zielfotografie weist Gonelli vor Osendarp, Hornberger und Beswick aus. Doch Osendarp hatte seinen Stab verloren. So kommen die deutschen Sprinter zur Bronzemedaille.
Nach ihrer Wunderstaffel stellen die US-Amerikaner über 4x400 m eine Staffel auf, die eher zum Verwundern ist. Denn sie verzichten auf ihren souveränen Goldmedaillengewinner über 400 m, Archie F. Williams, und gleich auch noch auf den Bronzemedaillengewinner James Lu Valle. Das aber rächt sich. Als erster wechselt der Kanadier Limon vor dem US-Amerikaner Harold Cagle, dann aber kämpft der Brite Godfrey Rampling den Kanadier Edwards und den US-Amerikaner Robert Young nieder. Bis ins Ziel laufen die Briten noch zwei Sekunden Vorsprung heraus.

Erster Wechsel der 4x1oo-m-Staffel. Owens (2. v. r. verdeckt) übergab an Metcalfe. Den Kurvenvorsprung der Kanadier zwei Bahnen weiter hat er aufgeholt.

Der letzte Wechsel der 4 x 400-m-Staffel. Die Briten haben bereits einen klaren Vorsprung vor den US-Amerikanern, hinten die Deutschen als Vierte

Freude bei der deutschen 4 x 400-m-Staffel über die Bronzemedaille. V. l. Friedrich von Stülpnagel, der als zweiter Läufer 48,3 sec lief, Harry Voigt, der mit 46,6 sec als dritter Läufer den entscheidenden Beitrag leistete, Rudolf Harbig, der mit letzter Kraft mit 47,6 sec einen winzigen Vorsprung ins Ziel rettete, und Startläufer Helmut Hamann, der auf 49,3 sec kam. Es ist der erste Erfolg von Rudolf Harbig.

Forrest Towns (2. v. r.) läuft Weltrekord im Zwischenlauf über 110 m Hürden.

Glenn Foster Hardin (l.), Sieger über 400 m Hürden, mit dem Kanadier John Loaring

Zwei Hürden-Weltrekordler werden in Berlin Olympiasieger

Sie sind beide 1,88 m groß und 75 kg schwer. Der 22jährige US-Amerikaner Forrest Towns hatte sich ein Hochschulstipendium als Hochspringer ersprungen. Sein Trainer schulte ihn zum Hürdenläufer um. Mit solchem Erfolg, daß Towns am 19. Juni 1936 in Chicago über die 110 m Hürden Weltrekord in 14,1 sec lief. Der Rekord ist sozusagen noch warm, als er später nach Berlin kommt. Towns stellt im Zwischenlauf seinen Weltrekord ein. Den Olympiasieg sichert er sich mit 14,2 sec. Die eigentliche Sensation gelingt Towns drei Wochen später. Da läuft er in Oslo über dieselbe Distanz 13,7 sec. Sein Landsmann Glenn Foster Hardin, vier Jahre älter, hatte schon vier Jahre zuvor in Los Angeles die Silbermedaille über 400 m Hürden erlaufen. Seinen Weltrekord lieferte er zwei Jahre später in Stockholm mit fabelhaften 50,6 sec nach. Starker Gegenwind macht am 6. August eine solche Zeit in Berlin unmöglich, aber am überlegenen Sieg des Weltrekordlers gibt es keinen Zweifel.

Nächtliches Stabhochsprung-Drama

5. August 1936. Der letzte Wettbewerb des Tages im Olympiastadion ist längst beendet, als die Entscheidung im Stabhochsprung erst beginnt. Um 19 Uhr haben 4,15 m übersprungen die US-Amerikaner Earle Meadows, William Sefton und William Graber, die Japaner Shuhei Nishida und Sueo Oe.
Die Dämmerung bricht herein, Scheinwerfer werden eingeschaltet, die Latte wird bei 4,25 m aufgelegt, noch rund 60 000 Zuschauer harren in fieberhafter Spannung aus. Meadows reißt, Sefton kommt auf Anhieb hinüber, Nishida auch, Oe reißt, auch Graber. Im zweiten Versuch meistern Meadows und Oe die Höhe, Graber scheidet nach mißlungenem dritten Versuch aus. Inzwischen ist es Nacht geworden. In der Kühle wickeln sich die Wettkämpfer in Wolldecken. 4,35 m werden aufgelegt.
Alle vier reißen im ersten Versuch. Dann schwingt sich Meadows nach fünfstündigem Kampf über die Latte. Keinem gelingt das mehr. Nishida, Oe und Sefton müssen jetzt noch um Silber und Bronze stechen. Sefton scheidet aus. Die japanische Mannschaftsleitung schreibt Nishida Silber zu. Später teilen die beiden ihre Medaillen und fügen sie, halb Silber, halb Bronze, neu zusammen.

Für die Qualifikationshöhe von 1,85 m im Hochsprung zog Cornelius Johnson erst gar nicht den Trainingsanzug aus. Der US-Amerikaner wird Olympiasieger.

Der Japaner Oe zu Beginn des Stabhochsprungwettbewerbs

Diskus-Gold für Gisela Mauermayer

2. August 1936. Es ist die erste olympische Entscheidung in Berlin. Den Endkampf im Speerwerfen der Frauen eröffnet die Polin Maria Kwasniewska mit einem guten 41,80-m-Wurf. Die Frankfurterin Tilly Fleischer, Bronzemedaillengewinnerin in Los Angeles, kommt nur auf 38,60 m. Doch mit der Gelassenheit einer erfahrenen Wettkämpferin schleudert sie im nächsten Durchgang den Speer auf 44,69 m, olympischer Rekord! Riesenjubel im ausverkauften Olympiastadion. Da kommt die Polin nicht mehr heran. Dafür steigert sich die Deutsche Luise Krüger auf 43,29 m. Als Tilly mit 45,18 m noch eins draufsetzt, ist der deutsche Doppelsieg gesichert. Ein begeisternder Auftakt dieser Olympischen Spiele. Zwei Tage später tritt mit Gisela Mauermayer die Weltrekordlerin im Diskuswerfen in den Wurfkreis. Wieder legt eine Polin, Jadwiga Wajsowna, mit 44,69 m eine Weite vor, die olympischen Rekord bedeutet. Gisela Mauermayer, als vorletzte Werferin des ersten Durchgangs, kontert sofort. Ein Aufschrei der Menge quittiert einen Wurf von 47,63 m. Das ist bereits der Sieg. Wajsowna kommt zwar noch auf 46,22 m, aber das sichert ihr nur die Silbermedaille, fast 7 m vor Paula Mollenhauer, der 39,80 m für die Bronzemedaille genügen. An diesem Wettbewerb beteiligt sich auch die US-Amerikanerin Helen Stephens, die am selben Tag so überlegen den 100-m-Lauf gewonnen hat (→4. 8. 1936). Doch sie fällt in der Vorentscheidung aus.

Eichenlaub für Tilly Fleischer

Hans Woellke, Olympiasieger im Kugelstoßen

Kenneth Carpenter, Olympiasieger im Diskus

Gerhard Stöck, Olympiasieger im Speerwurf

Karl Hein, Olympiasieger im Hammerwurf

Großes Debakel der Weltrekordler im Kugelstoßen, Speerwerfen und Diskuswerfen

Im Hammerwerfen konnte der US-Amerikaner Patrick Ryan seinen Weltrekord von 57,77 m aus dem Jahr 1913 erst 1920 in olympisches Gold verwandeln. Sein Weltrekord besteht immer noch.
Im Kugelstoßen, Diskuswerfen und Speerwerfen treten vom 2. bis 6. August 1936 in Berlin die amtierenden Weltrekordler an. Doch keiner von ihnen holt eine Medaille. In seltsamer Eintracht enden alle drei jeweils auf Rang fünf. Als erster der US-Amerikaner Jack Torrance im Kugelstoßen. Er bleibt mit seinem besten Stoß um 2 m hinter seinem Weltrekord zurück. Mit seinem ersten Stoß von 15,96 m übernimmt der Deutsche Hans Woellke die Führung. Der Finne Sulo Bärlund übertrifft ihn im zweiten Durchgang mit 16,03 m. Im vorletzten Durchgang steigert sich der Finne auf 16,12 m. Darauf aber wuchtet Woellke die Kugel auf 16,20 m. Olympischer Rekord und Sieg.
Die Sensation gelingt Gerhard Stöck im Speerwerfen, wo er, ebenfalls mit dem vorletzten Wurf, die sieggewohnten Finnen bezwingt. Der deutsche Diskus-Weltrekordler Willi Schröder hätte fast nicht einmal das Finale erreicht, wo die US-Amerikaner Kenneth Carpenter und Gordon Dunn zu einem Doppelsieg kommen. Dasselbe gelingt den Deutschen Karl Hein und Erwin Blask, die im Hammerwerfen die goldene und die silberne Medaille holen.

Weltrekord im Zehnkampf durch US-Amerikaner Morris

7. August 1936. Wenn man nach Los Angeles je auf eine deutsche Dominanz im Zehnkampf gehofft hatte, so ist sie in Berlin beendet, bevor der Wettkampf beginnt. Der zweimalige Weltrekordler Hans-Heinrich Sievert, den eine Verletzung vier Jahre zuvor um eine olympische Medaille brachte, kann diesmal wegen einer Verletzung erst gar nicht antreten. Der zweitbeste deutsche Zehnkämpfer, Gerhard Stöck, muß ebenfalls wegen einer Verletzung passen. So bleiben nur noch Erwin Huber und Helmut Bonnet übrig. Huber kann sich nach einer bravourösen Leistung im 1500-m-Lauf noch auf den vierten Platz vorkämpfen.
Die Medaillen machen die US-Amerikaner unter sich aus. Ihr überragender Mann ist ein Weltrekordler, der nicht als solcher gilt. Glenn Morris hat bei den US-Meisterschaften in Milwaukee am 26./27. Juni seinen zweiten Zehnkampf überhaupt bestritten. Er kam dabei auf 7880 Punkte, das waren 56 Punkte mehr als Sieverts noch gültiger Weltrekord aus dem Jahr 1934. Aber entweder wurde das Ergebnis bei der International Amateur Athletic Federation (IAAF) nicht eingereicht, oder es war nicht protokollgerecht. Jedenfalls wurde dieser Weltrekord nie anerkannt. Morris schert sich wenig darum. Er stellt in Berlin bei seinem dritten Zehnkampf mit 7900 Punkten abermals einen Weltrekord auf, an dem es diesmal nichts zu rütteln gibt. Mit seinem Olympiasieg beendet der 24jährige Morris dann auch seine Sportkarriere. Er zieht eine Filmkarriere vor.
Hollywood macht ihm ein Angebot, denn es wird ein Nachfolger für Johnny Weissmuller als Tarzan gesucht. Und da scheint ein Olympiasieger im Zehnkampf genau der Richtige zu sein. Aber diesmal hat Morris keinen Erfolg. Sein erster Film bleibt auch sein letzter.

Robert Clark überwindet im Hochsprung 1,80 m. Mit 7601 Punkten wird er Zweiter im Zehnkampf.

Die drei Erstplazierten im Zehnkampf (v. l.): Robert Clark (Silber), Glenn Morris (Gold), Jack Parker (Bronze)

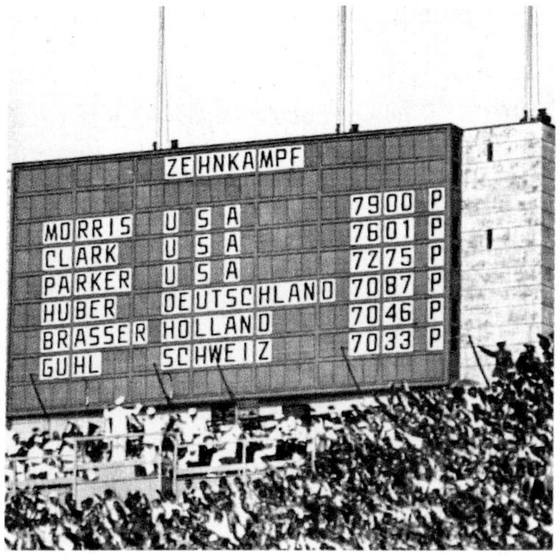

Am Ende des Zehnkampfs dominieren die USA auf der Anzeigetafel im Olympiastadion.

Japaner und »Meisjes« triumphieren über die USA

9. bis 15. August 1936. An Schönheit und Zweckmäßigkeit steht das Berliner Schwimmstadion dem Pool von Los Angeles nicht nach. Und was dort die kalifornische Sonne hinzutat, besorgt hier das Kraftwerk Spandau, das durch eine Dampffernheizung die Wassertemperatur ständig auf 21 bis 23 °C hält.

Mit großer Spannung erwartet man das Duell zwischen Japan und den USA. Aber für die erste Sensation sorgt weder ein US-Amerikaner noch ein Japaner, sondern der Ungar Ferenc Csik. Er gewinnt die 100 m Freistil vor den Japanern Masanori Yusa, Shigeo Arai und Masaharu Taguchi. US-Weltrekordler Peter Fick wird nur Sechster. Dann geht es aber weiter wie bei einem Schlagabtausch: 400 m Kraul Jack Medica (USA) vor den Japanern Shumpei Uto und Shozo Makino. 1500 m Kraul Noboru Terada vor Medica und Uto. 100 m Rücken die US-Amerikaner Adolf Kiefer und Albert Van de Weghe vor Masaji Kiyokawa. 200 m Brust Tetsuo Hamuro vor dem Deutschen Erwin Sietas und Reizo Koike.

An Olympiasiegen steht es jetzt 2:2 zwischen Japan und den USA. Die Entscheidung in diesem Schwimm-Zweikampf muß in der 4x200-m-Staffel fallen. Sie kann eindeutiger nicht sein. Die Japaner verbessern ihren Fabelweltrekord von Los Angeles, der einen Johnny Weissmuller an seiner Stoppuhr zweifeln ließ, noch einmal um fast sieben Sekunden. Gegen ihre 8:51,5 min kommen weder die US-Amerikaner noch die Ungarn an. In der Gesamtbilanz fällt den Japanern noch eine weitere Goldmedaille zu durch Hideko Maehata über 200 m Brust der Damen.

Die US-Amerikanerinnen vermögen diesmal die Gesamtbilanz nicht auszugleichen, sondern erleiden eine vernichtende Niederlage gegen die Niederländerinnen. Die »Meisjes« gewinnen außer den 200 m Brust sämtliche Schwimmwettbewerbe, einschließlich der Staffel. Mit Hendrika »Ria« Mastenbroek, Goldmedaille über 100 m Kraul, 400 m Kraul und in der 4x100-m-Staffel, Silbermedaille über 100 m Rücken, stellen sie den erfolgreichsten Schwimm-Olympioniken überhaupt. Einzig im Kunst- und Turmspringen bleiben die US-Amerikaner unangefochten.

Ferenc Csik stiehlt den Japanern und US-Amerikanern über 100 m Kraul die Schau. Sein Sieg ist der größte Erfolg der Ungarn seit den Zeiten von Alfred Hajós und Zoltan Halmay.

Endphase im 100-m-Rückenschwimmen. Weltrekordmann Adolf Kiefer (Bahn 5) schlägt an vor seinem Landsmann Albert Van de Weghe (Bahn 4).

200-m-Brust: Erwin Sietas freut sich über die Silbermedaille, die er hinter dem Japaner Hamuro (r.) gewinnt.

Nach spannendem Endkampf siegt Jack Medica über 400 m Kraul vor den Japanern Shumpei Uto und Shozo Makino.

Jack Medica bei der Wende im 1500-m-Kraulschwimmen. Der Japaner Terada ist ihm bereits enteilt.

Für den Leni-Riefenstahl-Film über die Olympischen Spiele filmt ein Kameramann vom Schlauchboot aus probeweise einen Vorlauf bei den Schwimmwettkämpfen.

Die japanische 4 x 200-m-Weltrekordstaffel (v. l.): Shigeo Sugiura, Shigeo Arai, Masanori Yusa, Masaharu Taguchi. Sie siegte in 8:51,5 min.

Grünau: Der größte Erfolg des deutschen Rudersports

14. August 1936. Die Tribünen am Ziel der Regattastrecke sind mit 30 000 Zuschauern voll besetzt. Viele Tausende lagern an den Ufern des Langen Sees von Grünau.
Zuerst startet bei der bisher am stärksten besetzten olympischen Ruderregatta der Vierer mit Steuermann. Die Schweizer gehen in Führung, bei 1000 m ziehen die Deutschen gleich. Nach hartem Bord-an-Bord-Kampf siegen Hans Maier, Walter Volle, Ernst Gaber, Paul Söllner und Fritz Bauer von der Mannheimer »Amicitia« und dem Ludwigshafener RV. Danach der Zweier ohne Steuermann. Führung von Argentinien und Dänemark. Nach 1000 m kommen die Deutschen auf, versteuern sich etwas, dann aber siegen Willi Eichhorn/Hugo Strauß vom Mannheimer RC mit 1 1/2 Längen. Den dritten deutschen Sieg fährt im Einer ganz überlegen Gustav »Gummi« Schäfer vom Dresdener RV heraus. Im Zweier mit Steuermann gehen die Italiener in Führung vor Frankreich. Wieder schließen bei 1000 m die Deutschen auf. Gerhard Gustmann/Herbert Adamski und Dieter Arend von der Olympiazelle Grünau rudern bis zum Ziel noch drei Längen Vorsprung heraus. Im Vierer ohne Steuermann geht die Schweizer Crew zum zweiten Mal ins Rennen und muß bald die Deutschen ziehen lassen.
Fünf Rennen, fünf deutsche Siege! Im Doppelzweier endet die Serie. Die Briten Jack Beresford/Leslie Southwood kämpfen Willy Kaidel/Joachim Pirsch von der Olympiazelle nieder. Den Achter bestreitet die RG Wiking Berlin. Die Schweizer, von denen vier Ruderer zum dritten Mal im Boot sitzen, fallen bald zurück. Bei 1400 m kämpfen Italiener und Deutsche um die Führung. Dann kommen überraschend die US-Amerikaner und siegen im Endspurt.
Im Schatten des größten deutschen Rudererfolges steht der größte olympische Ruderer überhaupt. Der Brite Beresford, geboren am 1. Januar 1899, gewann Silber im Einer 1920, Gold im Einer 1924, Silber im Achter 1928, Gold im Vierer ohne Steuermann 1932 und jetzt zum dritten Mal Gold im Doppelzweier. Kein Ruderer war jemals so lange und keiner sowohl als Sculler wie als Riemenruderer derart erfolgreich.

»Gummi« Schäfer, Olympiasieger im Einer. Im Vorlauf schlägt er den Österreicher Hasenöhrl, im Zwischenlauf den US-Amerikaner Barrow.

Der 37jährige Jack Beresford (hinten), der bei seiner fünften Olympiateilnahme seit 1920 im Doppelzweier mit Leslie Southwood die Goldmedaille gewinnt

Der siegreiche deutsche Vierer mit Steuermann von der Mannheimer »Amicitia« und dem Ludwigshafener RV, der den einmaligen deutschen Siegeszug eröffnet

Der deutsche Vierer ohne Steuermann vom Würzburger RV mit (v. l.) Rudolf Eckstein, Anton Rom, Martin Karl, Wilhelm Menne siegt nach einem Fehlstart.

Knappe Entscheidung im Achter. Binnen einer Sekunde schießen drei Boote über die Ziellinie, wo die Zeiten elektronisch gestoppt werden: USA 6:25,4 min, Italien 6:26,0 min, Deutschland 6:26,4 min. Erst dann folgt Großbritannien mit 6:30,1 min vor Ungarn und der Schweiz. Insgesamt hatten 14 Länder Achter gemeldet, mehr als je zuvor.

Überlegenheit der deutschen Reiter

12. bis 18. August 1936. Sieben von zwölf möglichen Medaillen in drei Einzel- und drei Mannschaftswettbewerben gehen an die deutschen Reiter. Von 18 erreichbaren Medaillen insgesamt teilen sich elf Länder in die restlichen elf. Das macht die deutsche Überlegenheit deutlich. Den Siegeswillen verkörpert beispielhaft Freiherr Konrad von Wangenheim. Er stürzt mit Kurfürst beim Geländeritt der Military im Teich schwer und bricht sich das Schlüsselbein. Dennoch sitzt er ohne fremde Hilfe wieder auf und beendet den Ritt in guter Zeit. Zum abschließenden Jagdspringen muß ihm der geschiente Arm festgebunden werden.

Die Sieger im Dressurreiten (v. l.): Oberleutnant Heinz Pollay, Major Friedrich Gerhard und Rittmeister Hermann von Oppeln-Bronikowski

Größter Erfolg der deutschen Turner

10./11. August 1936. Noch nie hat es bei olympischen Turnwettbewerben 100 000 Zuschauer gegeben, wie auf der Dietrich-Eckart-Freilichtbühne. Zum ersten Mal hatte man die Pflicht für Männer und Frauen auf Schmalfilmen aufgenommen, die vor dem Wettkampf an alle beteiligten Nationen verschickt wurden. Dadurch erreichte man eine weitgehende Übereinstimmung der Kampfrichter.
40 Jahre hat es gedauert, bis deutsche Turner ihre Erfolge von 1896 nun wiederholen können. Sie gewinnen die Mannschaftswertung im Zwölfkampf vor der Schweiz und Finnland. Mit Alfred Schwarzmann, Sieger in der Einzelwertung des Zwölfkampfs und im Pferdsprung, Dritter am Barren und Reck, und Konrad Frey, Sieger am Seitpferd und am Barren, Zweiter am Reck, Dritter im Zwölfkampf und im Bodenturnen, stellen sie die erfolgreichsten Teilnehmer.
Bei den Schweizern krönt Georges Miez seine olympische Laufbahn mit dem Sieg im Bodenturnen. Seit 1924 hat er damit insgesamt vier Gold-, drei Silbermedaillen und einmal Bronze gewonnen.
Bei den Damen gewinnen die Deutschen ihren ersten internationalen Wettbewerb überhaupt. Der Mannschafts-Achtkampf fordert zwei Gruppenübungen und je eine Pflicht- und Kürübung am Parallelbarren, am Schwebebalken und im Pferdsprung. In den Gruppenübungen werden die Riegen von acht Turnerinnen geschlossen gewertet.

Die deutschen Turnerinnen, die den Mannschafts-Achtkampf gewinnen

Der Deutsche Alfred Schwarzmann, mit drei Gold- und zwei Bronzemedaillen der erfolgreichste Turner, bei einer Standwaage in der Bodenübung

Berlin 1936 in Stichworten

Die Spiele der XI. Olympiade in Berlin dauern vom 1. bis zum 16. August 1936. Rekordteilnahme von 49 Ländern mit 4066 Athleten, darunter 328 Frauen. 147 Wettbewerbe in 20 Sportarten. Noch nie zuvor erreichte organisatorische Vollkommenheit. Einsatz aller staatlichen Hilfsmittel. Rundfunkübertragungen in 41 Länder. Leni Riefenstahl filmt die Spiele. **Leichtathletik:** Einführung automatischer Meßgeräte und Verbesserung der Zielfotografie. Zwölf Weltrekorde, 27 olympische Rekorde. USA vor Deutschland und Finnland. Weitere 21 Länder kommen zu Medaillen. **Gewichtheben:** Mit Abstand an erster Stelle Ägypten und Deutschland. **Boxen:** Bestbesetztes Turnier mit großer Leistungsbreite. Deutschland, Argentinien und Frankreich führend. **Fechten:** Erstmals elektronische Trefferanzeige. Italien und Ungarn am erfolgreichsten. **Schießen:** Nur drei Wettbewerbe. **Moderner Fünfkampf:** Ende der schwedischen Siegesserie. Der Deutsche Gotthard Handrick vor dem US-Amerikaner Charles Leonhard und dem Italiener Silvano Abba. **Reiten:** Vollständiger Triumph auch der deutschen Pferdezucht, da alle deutschen Reiter mit deutschen Pferden beritten sind. **Radfahren:** Überlegenheit Frankreichs. **Turnen:** Großer deutscher Erfolg bei Damen und Herren. Danach die Schweiz. **Schwimmen:** Japan behauptet seine Überlegenheit. Bei den Damen Triumph der Niederlande. **Rudern:** Einmaliger deutscher Erfolg. Erstmals **Kanu. Segeln:** Auf der Kieler Förde siegen in vier Bootsklassen vier Länder. **Fußball:** Überraschungssieg einer italienischen Studentenmannschaft. Die deutsche Mannschaft scheidet gegen Norwegen aus. Indien im **Hockey** erneut hoch überlegen. Deutschland holt Silber. Erstmals **Basketball** mit den USA vor Kanada und Mexiko. Erstmals **Feldhandball** mit Sieg Deutschlands vor Österreich und der Schweiz.

Riesensensation: Max Schmeling schlägt Joe Louis k. o.

19. Juni 1936. Wegen Regens mußte der Kampf um 24 Stunden verschoben werden. Das New Yorker Yankee-Stadion ist dann mit 40 000 Zuschauern längst nicht voll besetzt. Man erwartet zuwenig von dieser Begegnung und gibt Max Schmeling gegen den neuen US-amerikanischen Wunderboxer Joe Louis höchstens zwei Runden. Die Wetten stehen 10:1 für Louis.

Schmeling galt vor dem Kampf eigentlich als längst abgeschrieben. Aber nachdem er seinen international renommierten Landsmann Walter Neusel am 26. August 1934 in Hamburg in neun Runden zur Aufgabe gezwungen und den Revanchekampf gegen Steve Hamas kurz darauf überlegen gewonnen hatte, holte man ihn noch einmal nach New York. Schließlich war Schmeling einmal Boxweltmeister aller Klassen. Da hat ein Ausscheidungskampf um das Herausforderungsrecht an den Weltmeister James J. Braddock Sinn.

Schmeling hat also kaum eine Chance, aber er hat etwas gesehen. Beim Kampf Louis gegen Paolino Uzcudun beobachtete er, daß Louis jedesmal nach einer linken Geraden die Hand etwas sinken ließ.

Als der Kampf Schmeling—Louis beginnt, sitzen in Deutschland um 3 Uhr in der Nacht Millionen von Sportfans vor den Volksempfängern. Entgegen seiner Gewohnheit greift Schmeling sofort an. Er beeindruckt Louis mit einer Rechten ins Gesicht. Aber dann kommt Louis. In der dritten Runde sieht es schlecht für Schmeling aus. Eine starke Schwellung unter seinem linken Auge bereitet Sorgen. In der vierten Runde will Louis ein Ende machen. Er peitscht die Linke heraus, einmal, zweimal. Doch als er zum dritten Schlag ansetzt, senkt er etwas die Hand. Und da kracht ihm Schmelings Rechte ans Kinn. Der »braune Bomber« wankt, geht zu Boden, Ringrichter Donovan beginnt zu zählen, die Zuschauer toben. Bei »fünf« steht Louis wieder. Er hat den härtesten Schlag eingesteckt, der ihn je traf. Louis geht in den Clinch, ist verwirrt, wird vorsichtiger. Aber er kann seinen Stil nicht mehr ändern. Was immer er verzweifelt versucht, Schmeling findet stets wieder die Lücke für seine rechte Gerade. In der zwölften Runde trifft sie zum letzten Mal, vernichtend. Joe Louis ist endgültig k. o.

Die Boxsensation des Jahrhunderts: Der bisher ungeschlagene 22jährige »braune Bomber« Joe Louis wird von Ringrichter Donovan ausgezählt. Max Schmeling vollführt Freudensprünge im Ring. Niemand hatte ihm diesen Sieg zugetraut. Nach diesem gelungenen Comeback hat der Deutsche Aussicht, gegen Weltmeister Braddock antreten zu können.

Das Ende in der zwölften Runde. Nach einem letzten schweren Treffer durch Schmelings rechte Gerade sackt Louis in sich zusammen, hält sich aber noch am Ringseil fest. Doch er kommt nicht mehr auf die Beine, sondern bleibt am Boden.

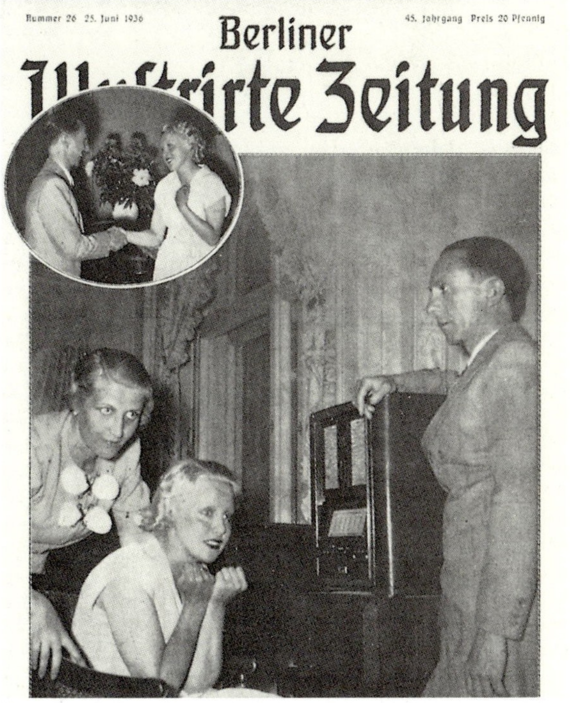

Der Sieg Schmelings wird als Erfolg des Dritten Reiches gefeiert. Reichspropagandaminister Joseph Goebbels posiert mit Frau Magda (l.) und Schmelings Gattin, der Filmschauspielerin Anni Ondra, vor dem Rundfunkgerät.

Fred Perry und Gottfried von Cramm (v. l.) nach ihrem Wimbledonfinale

Fred Perrys dritter Streich

Zwei Deutsche haben im Juli 1936 das Endspiel der Internationalen Tennismeisterschaften von England in Wimbledon erreicht. Deutschlands Nummer eins Gottfried von Cramm, Sieger in Roland Garros, unterliegt dem Briten Fred Perry glatt 1:6, 1:6, 0:6. Für Großbritanniens Tennis-As ist es der dritte Wimbledonsieg in Folge.

Bei den Damen verliert Hilde Sperling-Krahwinkel in Abwesenheit von Helen Wills-Moody nach heftigem Widerstand gegen Helen Jacobs. Es ist der erste Wimbledonsieg der US-Amerikanerin in ihrem fünften Endspiel.

Der Belgier Silvère Maes, Sieger in der 30. Tour de France

Zweimal Maes und die Tour

Zum zweiten Mal hintereinander fährt ein Belgier als Sieger der Tour de France vor 50 000 Zuschauern im Pariser Prinzenpark-Stadion ein (2. 8. 1936). Zum zweiten Mal heißt er Maes, aber es ist nicht der Vorjahressieger Romain, sondern Silvère Maes, der diesmal die 30. Tour in der Gesamtzeit von 143:47:32,0 h gewinnt. Mit 17 Minuten Rückstand folgt ihm der Franzose Antonin Magne, der die Tour 1931 und 1934 gewann. Als Favorit galt in diesem Jahr Maurice Archambaud, der aber durch einen schweren Sturz in den Pyrenäen weit zurückfiel.

Tazio Nuvolari jagt Bernd Rosemeyer beim Eifelrennen

Rosemeyers Regenrennen

Die Eifel zeigt sich im Sommer 1936 von ihrer unfreundlichsten Seite. Doch trotz Nebel und Regenwetter finden sich am 14. Juni 250 000 Zuschauer am Nürburgring ein. Sie erleben einen packenden Zweikampf zwischen dem Italiener Tazio Nuvolari auf Alfa Romeo und dem Deutschen Bernd Rosemeyer auf Auto Union. Während Nuvolari auf regennasser Fahrbahn und bei schlechten Sichtverhältnissen auf der kurvenreichen Strecke auf Sicherheit bedacht ist, riskiert Rosemeyer Kopf und Kragen. Sein Draufgängertum sichert ihm den Sieg.

Neue Tragödie in der Eiger-»Mordwand«

18. bis 21. Juli 1936. Das Schicksal der beiden Münchner Bergsteiger am Eiger im Vorjahr schreckte nicht ab (→ 21. 8. 1936). Gleich zwei Seilschaften steigen, zunächst unabhängig voneinander, in die Eiger-Nordwand ein. Die Bayern Andreas Hinterstoisser und Toni Kurz, die Österreicher Edi Rainer und Willy

Durch die »Spektive« der Kleinen Scheidegg kann man noch sehen, daß sich die beiden Paare zusammentun. Angerer wird offenbar durch einen Steinschlag verletzt, versucht aber mit Hilfe der anderen, den Aufstieg fortzusetzen.

Stein- und Eislawinen zwingen zum Rückzug. Dabei schlägt das Wetter um. Am Stollenloch der Jungfraubahn bietet der Streckenwärter Tee an. Doch die Vier wollen sich beim Abstieg beeilen und lehnen ab. Hinterstoisser, der beim Aufstieg einen Quergang erschlossen hat, der später nach ihm benannt wird, macht sich vom Seil los, um ungesichert diese Schlüsselstelle zu erreichen. Sie ist aber in entgegengesetzter Richtung nicht passierbar, und der 19jährige Hinterstoisser hatte beim Aufstieg das Seil, das ihn hier gerettet hätte, wieder eingezogen. Er stürzt die Wand hinab. Eine Eislawine erfaßt Angerer und Rainer. Angerer stürzt ab und erhängt sich an seinem eigenen Seil. Rainer wird rücklings an einen Mauerhaken gerissen, wo er hilflos erfriert. Nur Toni Kurz kann sich befreien und auf einen winzigen Felsvorsprung retten, wo er unter fürchterlichen Strapazen die Nacht übersteht.

Trotz Schneestürmen und schlechter Sicht versuchen der Bergführer Schlunegger und die Brüder Glatthard eine Rettungsaktion. Kurz steigt unter unsäglichen Schwierigkeiten mit einem erfrorenen Arm noch 40 m ab. Die Retter kommen bis auf wenige Meter an ihn heran und können ihn an einem Seil sichern. Doch weil ein Knoten nicht durch einen Karabinerhaken geht, kann Kurz die letzten Meter nicht überwinden. Nach verzweifelten Anstrengungen kippt er im Seil vornüber und stirbt vor Erschöpfung.

Schlechte Sicht erschwert die Rettungsaktion in der Eiger-Nordwand. Keiner der vier wagemutigen Alpinisten überlebt das Abenteuer.

»Sepp« Herberger wird Reichstrainer

10. Oktober 1936. Nach der schmachvollen Niederlage im olympischen Fußballturnier (→ 3.–15. 8. 1936) wurde Reichstrainer Otto Nerz seines Amtes enthoben.

Joseph Herberger, er selbst unterschreibt mit »Seppl«, der neue Reichstrainer im Fachamt Fußball. Er tritt die Nachfolge von Otto Nerz an, den er als seinen Lehrmeister anerkennt.

Nachfolger wird sein bisheriger Assistent, Joseph »Sepp« Herberger. Am 28. März 1897 in Mannheim geboren, spielte Herberger dort bei Waldhof und beim VfR, später bei Hertha BSC Berlin. Dreimal, gegen Finnland 1921, gegen Italien 1924 und gegen die Niederlande 1926, wurde er in die Nationalelf berufen. Er gilt als ein Praktiker, der bei den Spielern Vertrauen genießt.

1937

Januar. Sonja Henie beendet ihre Sportkarriere und gründet in den USA eine Eisrevue, mit der sie Dollar-Milionärin wird.

Februar. Hans-Heinrich Brinckmann debütiert mit beispiellosem Erfolg in der deutschen Springreiter-Equipe. Mit 44 Siegen, davon 16 im Ausland, wird er überlegen deutscher Champion.

11.–18. 2. Bei den Alpinen Ski-Weltmeisterschaften in Chamonix gewinnen alle drei Titel bei den Damen Christl Cranz, bei den Herren der Franzose Emile Allais.

17.–27. 2. Weltmeister im Eishockey wird in London Kanada vor Großbritannien und der Schweiz.

9. 5. Hermann Lang gewinnt auf Mercedes-Benz überraschend den Großen Preis von Tripolis. Drei Wochen später siegt er auch im Avusrennen.

29. 5. Weltrekorde im Stabhochsprung durch die US-Amerikaner Bill Sefton und Earle Meadows, die in Los Angeles 4,54 m überwinden.

30. 5. Gino Bartali gewinnt zum zweiten Mal den Giro d'Italia (8.—30. 5).

20. 6. Über 100 000 Zuschauer beim Fußball-Endspiel im Berliner Olympiastadion. FC Schalke 04 zum dritten Mal Deutscher Meister durch ein 2:0 über den 1. FC Nürnberg.

Sechs Mitglieder einer deutschen Himalaya-Expedition kommen nach einem Wettersturz am Nanga Parbat im Himalaya ums Leben.

22. 6. Fünfter Weltmeister im Box-Schwergewicht innerhalb von fünf Jahren wird in Chicago Joe Louis durch K. o. in der achten Runde über James J. Braddock, der einem Weltmeisterschaftskampf gegen den Herausforderer Max Schmeling ausgewichen war.

3. 7. Erstmals Sieg eines deutschen Achters im »Grand Challenge Cup« der Royal-Henley-Regatta.

6. 7. Oslo bewirbt sich um die Olympischen Winterspiele 1940. Avery Brundage und Karl Ritter von Halt werden in das Exekutivkomitee des Internationalen Olympischen Komitees (IOC) gewählt.

11. 7. Weltrekorde über 800 m und 880 y durch den US-Amerikaner Elroy Robinson in 1:49,6 min in New York.

18. 7. Weltrekord über 10 000 m in 30:05,6 min durch den Finnen Ilmari Salminen in Kouvola.

20. 7. In einem denkwürdigen Finale unterliegt Gottfried von Cramm in Wimbledon bei der Davis-Cup-Begegnung Deutschland–USA dem US-Amerikaner Donald Budge.

25. 7. Der Franzose Roger Lapébie gewinnt die Tour de France. Der Deutsche Erich Bautz gewinnt zwei Etappen und trägt drei Tage das gelbe Trikot (→ 30. 6.–25. 7.1937).

1. 8. In Berlin Weltrekorde über 100 m in 11,7 sec durch die Polin Stanislawa Walasiewicz. Die Südafrikanerin Barbara Burke läuft 80 m Hürden in 11,6 sec.

12. 8. Weltrekord im Hochsprung durch den US-Amerikaner Melvin Walker mit 2,09 m in Malmö.

26. 8. Der Bochumer Walter Lohmann gewinnt die Steher-Weltmeisterschaft in Kopenhagen.

30. 8. Joe Louis verteidigt in New York seinen Weltmeistertitel im Box-Schwergewicht gegen den Briten Tommy Farr durch einen Punktsieg nach 15 Runden.

1. 9. Der Erlaß zur Gründung eines »Reichssportamtes« bedeutet die faktische Gleichschaltung des Sports im nationalsozialistischen Deutschland.

2. 9. Pierre Baron de Coubertin, Erneuerer der Olympischen Spiele, stirbt im Alter von 74 Jahren in Lausanne.

12. 9. Weltrekord im Gewichtheben-Dreikampf in Paris durch Josef Manger mit 420 kg.

Rudolf Caracciola ist nach seinem fünften Sieg im großen Preis von Deutschland auf dem Nürburgring und dem Sieg auf dem Rundkurs in Livorno erneut der erfolgreichste Automobilrennfahrer Europas.

2. 10. Weltrekord über 200 m Brust in 2:56,9 min durch die Niederländerin Jopie Waalberg in Gent.

3. 11. Der Franzose Maurice Archambaud fährt in Mailand Stundenweltrekord mit dem Rad und kommt auf 45,767 km.

19. 11. Der US-Amerikaner George Eyston verbessert auf dem Salzsee von Bonneville im US-Staat Utah den absoluten Geschwindigkeitsweltrekord mit dem Spezialrennwagen »Thunderbolt« auf 502,33 km/h.

28. 11. Ernst Henne auf BMW fährt absoluten Motorrad-Geschwindigkeitsweltrekord mit 279,503 km/h. Bei dem Versuch, diesen Rekord vier Wochen später zu überbieten, verunglückt der Brite Eric Fernihough tödlich.

16. 12. Der Russe Alexandr A. Aljochin gewinnt in Rotterdam den Schachweltmeistertitel zurück durch einen 17½:12½-Sieg über den Titelverteidiger Machgielis Euwe.

31. 12. Im ersten Jahr unter Reichstrainer Joseph »Sepp« Herberger bleibt die deutsche Fußball-Nationalmannschaft in elf Länderspielen ungeschlagen. Aus zehn Siegen, bei einem Unentschieden, ragt das 8:0 gegen Dänemark in Breslau hervor, Geburtsstunde der »Breslauer Elf« (→ 16. 5. 1937).

Nach zehn Jahren holen sich die USA in Wimbledon durch ein 4:1 über Großbritannien den Davis Cup zurück.

Sonja Henie: »Wenn Sie mit Ihrem Geld nicht auskommen, machen Sie es wie ich. Arbeiten Sie 18 Stunden am Tag, und fangen Sie mit sieben Jahren an.«

Eis-Diva wird Hollywoodstar

Januar 1937. Ein häßliches Entlein ist Sonja Henie nicht gerade. Nur, daß aus dem pausbäckigen »Häseken« ein Hollywoodstar werden könnte, traut ihr so leicht keiner zu. Aber das »Mädchen mit den goldenen Schlittschuhen« will Geld aus ihren Sportmedaillen machen, viel mehr Geld, als sie im Sport verdiente. Vater Willem war ein Meister im Spesenabrechnen für seine zielbewußt gemanagte Tochter, die als Vierjährige zum ersten Mal mit Schlittschuhen auf dem Eis stand. Der Olympiasieg 1936 war der 24jährigen Eis-Diva schwer gefallen. Sie merkte, daß es galt, abzutreten. Im Januar 1937 beendet sie ihre Sportkarriere.

Aber sie sieht noch bessere Möglichkeiten als den Film. Sie versichert ihre Beine für 375 000 US-Dollar und opfert 300 000 US-Dollar, um die erste Eisrevue der Welt zu gründen. Sie wird ihr eigener Produzent und ihr eigener Star. »Hier wird Schlittschuh gelaufen« heißt ihre erste Revue, mit der sie in den USA auf Tournee geht. Sie spielt 4 Mio. US-Dollar ein. Die nächsten Shows heißen »Sterne auf dem Eis«, »Hut ab vor den Schlittschuhläufern«, »Eis-Show 1948« usw. Es gehen nach ihr noch viele Eisstars und Eissternchen zur Eisrevue, aber keine macht dabei soviel Geld wie Sonja. Mit 40 Jahren schätzt man ihr Vermögen auf über 15 Mio. US-Dollar.

Sonja Henies Erfolgsbilanz

	OS	WM	EM
1927		x	
1928	x	x	
1929		x	
1930		x	
1931		x	x
1932	x	x	x
1933		x	x
1934		x	x
1935		x	x
1936	x		

Hollywoods Filmmogul Darryl F. Zanuck macht aus der weltbekannten Sonja Henie ein Glamourgirl. Sie bekommt einen Fünfjahresvertrag und dreht Revuefilme: »Die Eiskönigin«, »One in a Million«, »This Ice«, »Adoptiertes Glück«, »My lukky Star«, »Sun Valley Serenade«, »Ice Land«. Schon nach drei Jahren hat sie 2 Mio. US-Dollar verdient.

Sonja Henie, das »Mädchen mit den goldenen Schlittschuhen«, die als Managerin Millionen Dollar macht

Siege für Christl Cranz und Emile Allais

11. bis 18. Februar 1937. Es wurde Zeit, daß die Fédération Internationale de Ski (FIS) Ordnung in ihre internationalen Wettbewerbe brachte. Seit 1931 werden FIS-Rennen ausgetragen, die man als inoffizielle Weltmeisterschaften wertet (→ Februar 1931). Seit 1924 gelten olympische Skirennen auch als Weltmeisterschaften. 1936 war das nicht der Fall, weil die Schweizer und Österreicher nicht nach Garmisch-Partenkirchen kamen oder kommen durften. Nun also finden in Chamonix die ersten offiziellen Ski-Weltmeisterschaften statt.

Die sportliche Sensation sind die Franzosen, die bis dahin im alpinen Skilauf keine Rolle spielten. Zwar hat der 25jährige Emile Allais im Vorjahr mit der olympischen Bronzemedaille in der Alpinen Kombination überrascht, doch die Überlegenheit, mit der er jetzt den Abfahrtslauf und den Slalom und damit die Kombination mit der Idealnote gewinnt, verblüfft. Er habe den »Christiania pur aval« erfunden, heißt es von dem dreifachen Weltmeister, und nicht er allein beherrscht diese Art Stromlinienstil. Sein Landsmann Maurice Lafforgue sichert sich mit dem zweiten Platz in der Abfahrt auch die Vizeweltmeisterschaft in der Kombination.

Souverän mit drei Weltmeistertiteln bestätigt die Deutsche Christl Cranz ihre Überlegenheit bei den Damen, die sie seit 1934 zur erfolgreichsten alpinen Skiläuferin macht. Aber auch sie steht nicht allein. Käthe Grasegger wird Zweite im Slalom, Dritte in der Abfahrt und Kombination. Lisa Resch vervollständigt die deutschen Erfolge in Chamonix mit einem dritten Platz im Slalom.

Christl Cranz auf der Titelseite der »Berliner Illustrirten Zeitung«

Dreifacher Weltmeister Emile Allais auf der Titelseite von »L'Illustration«

Kanadas Revanche für Olympia 1936

17. bis 27. Februar 1937. London ist für den achtfachen Eishockeyweltmeister Kanada der richtige Ort, sich für die Niederlage gegen Großbritannien bei den Olympischen Winterspielen im vergangenen Jahr zu revanchieren. In der Endrunde verlieren die Briten gegen Kanada klar 0:3, die Schweizer nur knapp 1:2, die Deutschen deutlich 0:5. Die deutsche Mannschaft wird mit demselben Ergebnis von den Briten abgefertigt, gegen die Schweiz gibt es sogar eine 0:6-Packung. Dies, obwohl mit Gustav Jaenicke der populärste deutsche Eishockeyspieler seiner Zeit auf dem Eis steht. Aber er steht ziemlich allein. Die Schweizer dagegen haben den »-ni«-Sturm, die beste Angriffsreihe, die sie je besaßen. »Bibi« Torriani, Hans Cattini und Pic Cattini schossen in 329 internationalen Begegnungen 246 Tore.

Die 0:2-Niederlage der Schweizer gegen Großbritannien, das damit Europameister wird, beweist, daß der Olympiasieg der Briten doch nicht so ganz zufällig war.

Pierre de Coubertin – das Vermächtnis eines Humanisten

2. September 1937. »So bedrängend auch die Trauer über den einst frohen Lebensmorgen und den strahlenden Mittag sein mag, wenn sich die Nacht des Todes für den Menschen naht, und so sehr er auch die schlimmste Gefahr gefürchtet haben mag, ein nutzloses Leben gelebt zu haben: Die Gewißheit, sein Werk vollendet zu sehen, gibt ihm die notwendige Kraft, alle Hoffnungslosigkeit zu ertragen.«

Am 25. Juni dieses Jahres verlieh die Stadt Lausanne Pierre Baron de Coubertin die Ehrenbürgerschaft. Einige Wochen zuvor hatte der 74jährige einen leichten Herzanfall erlitten. Er maß dem keine Bedeutung bei. Coubertin war es nicht gewohnt, andere mit seinen Unpäßlichkeiten zu behelligen. Seine Gesundheit galt als robust. Doch er schrieb in jenen Tagen: »Meine Seele verlangt danach, zu ihrem geheimnisvollen Grund zurückzukehren: ein armer, kleiner Fleck, weit entfernt von der Vernünftigkeit der ganzen Welt.«

In Frankreich bemüht man sich, eine Stiftung zu gründen, die Coubertin die drückendsten finanziellen Sorgen abnähme und die Fortsetzung seiner wissenschaftlichen Arbeit ermöglichte. Aber ist sein Werk, zumindest was die Olympischen Spiele anlangt, trotz aller Widerstände nicht gelungen? »O, welche Freude, beim Nahen der letzten Stunde der Welt gerade ins Angesicht schauen zu können, zu wissen, daß man ihr standgehalten hat, ihr gar zu trotzen vermochte ...«

Die letzte Aufnahme von Pierre Baron de Coubertin, geboren in Paris am 1. Januar 1863. 1883 Begegnung mit Thomas Arnold, dem Headmaster von Rugby. 1894 Gründung des Internationalen Olympischen Komitees (IOC). 1925 Rücktritt als IOC-Präsident und Gründung eines Weltbundes für Pädagogik.

Ende August besuchte Coubertin seinen jahrzehntelangen Freund Francis Messerli, den Generalsekretär des Nationalen Olympischen Komitees der Schweiz. Coubertin setzte ihn zum Testamentsvollstrecker ein und bat ihn, sein geistiges Erbe in der olympischen Bewegung zu bewahren. Wenige Tage später, am 2. September, geht Coubertin im Park Lagrange in Genf spazieren. Nach seiner Gewohnheit mit kurzen schnellen Schritten. Niemand sieht, daß er sich plötzlich ans Herz greift, wankt. Passanten finden ihn tot auf einer Bank. Kurz vor seinem Tod schrieb er den Satz nieder: »Die Selbstüberwindung verleiht höchstes Glück. Der Erfolg ist nicht das Ziel, sondern nur Mittel, um noch nach Höherem zu streben. Das Individuum erhält nur in dem Maße Wert, indem es auf die ganze Menschheit bezogen bleibt. Es ist dazu geschaffen, mit Leidenschaft tätig zu sein und mit Selbstbescheidung zu sterben.«

Der Schalker Mannschaftskapitän Ernst Kuzorra mit dem Siegerkranz nach dem 2:0-Sieg gegen den 1. FC Nürnberg

Schalke zum dritten Mal Fußballmeister

20. Juni 1937. Als die Schalker nach ihren siegreichen Meisterschafts-Endspielen 1934 und 1935 im vorigen Jahr das Finale gar nicht erst erreichten, erklärte Mutter Thiemeyer, die Wirtin des Vereinshauses am Schalker Markt: »Wenn sie verlieren, dann empfangen wir sie besonders herzlich. Dann spielt die Musik nochmal so schön, denn dann wollen wir es ihnen besonders deutlich sagen, daß wir immer hinter ihnen stehen.« Diesmal werden die Schalker nach ihrer Rückkehr aus Berlin besonders herzlich empfangen, obwohl sie gewonnen haben. Denn einmal ist es der dritte Meistertitel der einstmals Verfemten, und zum anderen wurden die alten Rivalen vom 1. FC Nürnberg als Favoriten gehandelt. Es wird ein Triumphzug durch ein Spalier von über 150 000 Menschen, der die Spieler, deren Namen nicht nur in Schalke jeder Junge kennt, durch die Straßen Gelsenkirchens begleitet.

Im Berliner Olympiastadion verfolgen 101 000 Zuschauer ein spannendes Spiel. Die Schalker zeigen sich, wie erwartet, zwar spielerisch überlegen, verlieren sich aber nie ins allzu Spielerische. Die Nürnberger, Meister des Vorjahres, sehen sich einer konzentrierten Mannschaft gegenüber, die in einer soliden Deckung jeden Angriff abfängt. Ein blitzschneller Konter in der 25. Minute führt durch Ernst Pörtgen auf Paß von Ernst Kalwitzki zum 1:0. In der zweiten Halbzeit verstärken die Nürnberger ihre Angriffe. Aber sie verfangen sich immer wieder im Schalker Abwehrnetz. Als zehn Minuten vor Schluß Kalwitzki das 2:0 erzielt, ist die Partie entschieden. Es ist ein hochverdienter Sieg der mannschaftlichen Disziplin und der taktischen Reife.

Szepan dirigiert »Schalker Kreisel«

Fritz Szepan, der meisterhafte Dirigent des »Schalker Kreisels«, lernte das Fußballspielen auf den Straßen Gelsenkirchens. Dort sah ihn der einige Jahre ältere Ernst Kuzorra und holte ihn in die Mannschaft des FC Schalke 04. Die beiden bekamen 1930 Angebote von anderen Vereinen, als die Mannschaft gesperrt wurde. Aber von Schalke geht man nicht weg. Schalke ist mehr als ein Fußballverein. Es ist die Heimat der »Knappen«, was nur ein Gelsenkirchener nachempfinden kann. Und dort entstand die schönste Art Fußball, die es je in Deutschland gab. Manchmal ist sie zu schön, um auch erfolgreich zu sein. Ballverliebt kreiseln die Schalker dann zuviel.

Nürnberg in Bedrängnis, Torwart Georg Köhl faustet Ernst Kuzorra den Ball vom Kopf. 101 000 Zuschauer erleben die Schalker in Hochform.

Traumfußball der »Knappen«

1937 ist das größte Jahr in der Vereinsgeschichte des FC Schalke 04. Es beginnt mit einem Paukenschlag. Die Profi-Mannschaft des englischen Erstligisten FC Brentfort unternimmt eine Deutschland-Tournee. Dabei kommt der Hamburger SV mit 0:3 unter die Räder, Hertha BSC Berlin mit 0:4.

Dann laufen die Briten in der Gelsenkirchener Glückauf-Kampfbahn ein, wo sie vor 40 000 begeisterten Zuschauern ein königsblaues Wunder erleben. Noch nie hatten die Söhne des Fußball-Mutterlandes etwas von einem »Kreisel« gehört. Als sie von den Schalkern 6:2 überfahren werden, glauben sie, einen bösen Traum erlebt zu haben. Nach diesem Spiel ist den Schalkern keine deutsche Mannschaft mehr gewachsen. Und was 1935 nicht klappte, glückt 1937: Das »Double«, der Sieg sowohl in der Meisterschaft als auch im Pokal. In Köln schlagen die Schalker vor 72 000 Zuschauern am 9. Januar 1938 Fortuna Düsseldorf durch Tore von Szepan und Kalwitzki 2:1.

Die Standardbesetzung der Mannschaft in dieser Saison lautet: Ernst Klodt, Ernst Bornemann, Otto Schweißfurth, Rudi Gellesch, »Ötte« Tibulski, Walter Berg, Ernst Kalwitzki, Fritz Szepan, Ernst Pörtgen, Ernst Kuzorra und Adolf Urban. Sie beherrschen den »Kreisel« perfekt. Helmut Schön, der ihn als Spieler des Dresdner SC am eigenen Leib kennenlernt, erläutert diese effektive Spielweise: »Man stellt sich darunter vor, daß Schalke auf dem Platz herumkreiselte. Das Gegenteil war der Fall. Durch ihr direktes Zusammenspiel brachten die Schalker den Gegner zum Kreiseln — weil er nicht wußte, wo der Ball gerade war. Manchmal spielten die Schalker aber tatsächlich so, wie man es sich unter einem Kreisel vorstellt: Sie paßten quer und zurück. Das Spiel schien sich auf der Stelle zu drehen. Aber dann kam die Explosion, der Steilpaß, der Schuß!«

Ernst Henne fährt auf einer 500er BMW-Rennmaschine Weltrekord.

Henne auf Rekordjagd

Seit 1929 jagt Ernst Henne hinter dem Motorrad-Geschwindigkeitsweltrekord her. Damals kam er auf 216,050 km/h. Er steigerte diese Marke fast Jahr für Jahr, denn nach dem Rekord jagten auch der Italiener Taruffi, die Briten Wright und Eric Fernibough. Am 28. November 1937 werden auf der Autobahn bei Frankfurt am Main für Henne 279,503 km/h gestoppt. Es ist sein 76. Weltrekord auf BMW.

Hermann Lang gewinnt den Großen Preis von Tripolis auf Mercedes-Benz.

Mercedesstar »Hermännle«

Jetzt haben die Untertürkheimer auch einen waschechten Schwaben unter ihren Topfahrern. Hermann Lang aus Bad Cannstatt hatte bei Mercedes als Monteur den Wagen von Luigi Fagioli betreut. Als er verbotenerweise auf der Monza-Bahn ein paar schnelle Runden drehte, gab man ihm eine Chance. In Tripolis gewinnt der 31jährige am 9. Mai 1937 seinen ersten Grand Prix, drei Wochen später siegt er auf der Avus.

Rudolf Caracciola wird auf Mercedes-Benz Europameister.

»Caratsch« Europameister

Rudolf Caracciola ist auch 1937 der erfolgreichste Automobilrennfahrer Europas. Von acht Grand-Prix-Rennen des Jahres gewinnt er mit seinem Mercedes-Benz vier. Nach dem Sieg auf dem Masaryk-Ring ist er auch auf dem Nürburgring der Erste. Nach dem Sieg im Schweizer Bremgarten setzt er am 12. September den Schlußpunkt auf der Rundstrecke in Livorno. Damit ist die Ära der 750-kg-Formel beendet.

Tod am »Schicksalsberg der Deutschen«

20. Juni 1937. Vor drei Jahren nannte man den Nanga Parbat »Schicksalsberg der Deutschen«. Diese Schlagzeile bestätigt sich auf tragische Weise. Sechs Mitglieder der fünften deutschen Himalaya-Expedition kommen mit neun nepalesischen Trägern in einer einzigen Nacht nach einem Wettersturz durch eine Lawine in den Schneefeldern des 8125 m hohen Berges um. Nur der Bergsteiger Ulrich Luft, der Wissenschaftler Erich Troll und der britische Verbindungsoffizier Donald B. Smart können sich retten.
Ein Brite, A. F. Mummery, hatte 1895 als erster den Nanga Parbat angegangen. Er gelangte als Alleingeher bis auf etwa 6200 m Höhe und ist dann beim Übergang in das Rakhiot-Tal verschollen. 1932 gelangte die erste deutsche Expedition unter Leitung von Willy Merkl bis zum Rakhiot Peak, sah sich aber wegen der Wetterverhältnisse zum Rückzug gezwungen.
1934 brach Merkl erneut mit einer deutschen Expedition in den Himalaya auf. Auf der zwei Jahre zuvor erkundeten Route kamen sie bis auf das »Silberplateau« am Nanga Parbat. A. Drexel erkrankte und starb an den Anstrengungen des Aufstiegs. P. Aschenbrenner und E. Schneider erreichten eine Höhe von 7800 m und hofften, den Gipfel am nächsten Tag bezwingen zu können. Die Wissenschaftler der Expedition begannen, eine Karte zu erarbeiten. Da brach ein rasender Schneesturm los. Beim Rückweg fanden Merkl, Uli Wieland, Willi Walzenbach und sechs Sherpas den Tod. Der Nanga Parbat wurde zum Inbegriff des Scheiterns im Himalaya.

Mitglieder der fünften deutschen Himalaya-Expedition vor der Abreise (v. l.): Troll, Mühlritter, Hepp, Fankhauser, Hartmann, Wien und Pfeffer

Machtübernahme im deutschen Sport

1. September 1937. Mit dem Erlaß zur Gründung eines »Reichssportamtes« wird der Sport in Deutschland gleichgeschaltet. Es geschieht mit Verzögerung. Im Vorjahr hatte der Sport dem Dritten Reich gute Dienste geleistet. Die große olympische Show verfehlte ihre propagandistische Wirkung weltweit nicht.
Fünf Tage vor Beginn des »Reichsparteitages der Arbeit« in Nürnberg (6.—13. 9. 1937) bekennen die NS-Machthaber in dem Erlaß Farbe. Das Reichssportamt habe die Aufgabe, »den gesamten deutschen Sport auf das einheitliche Ziel der körperlichen Ertüchtigung und der Wehrhaftmachung des deutschen Volkes auszurichten«.
In Nürnberg verknüpft der deutsche Reichskanzler Adolf Hitler dann den militärischen Aspekt mit dem rassehygienischen Standpunkt der NS-Ideologie: Er fordert die »Züchtung eines neuen Menschen«, der sich in den »herrlichen Körpern der Hunderttausende und Millionen« auch im Sport darzustellen habe.

Von Cramm/Budge — das Spiel der Spiele

20. Juli 1937. Gottfried von Cramm und Donald Budge hatten sich erst vor vierzehn Tagen auf dem Centre Court in Wimbledon gegenübergestanden. Das Endspiel der Internationalen Tennismeisterschaften von England gewann der US-Amerikaner glatt 6:3, 6:4, 6:2. Jetzt geht es um den entscheidenden dritten Punkt in der Davis-Cup-Begegnung Deutschland—USA.

Es scheint, daß ein anderer von Cramm auf dem Platz steht. Unbekümmert und mit dem Selbstbewußtsein des frischgebackenen Wimbledonsiegers hämmert Budge seine Aufschläge übers Netz und jagt seine Volleys hinterher. Aber die Bälle kommen zurück, als prallten sie von einer Gummiwand ab. Wo Budge seine Kraft einsetzt, antwortet von Cramm mit Präzision. Das Spiel hält sich im ersten Satz die Waage bis zum 6:6, was schon als ein Erfolg des Deutschen angesehen wird. Budge überrascht dieser zähe Widerstand, und er verliert den Satz mit 6:8. Das stärkt das Selbstvertrauen von Cramms. Wieder bleibt die Entscheidung bis zum 5:5 offen, und wieder macht dann von Cramm die entscheidenden beiden Spiele zum Satzgewinn. »Gottfried is inimitable!« meint der Berichterstatter Wallis Myers.

Gottfried von Cramm beim Wimbledon-Finale gegen Donald Budge

Donald Budge während »Spiels der Spiele« im Davis Cup gegen Cramm

Aber Budge ist noch nicht geschlagen. Und von Cramm haben diese beiden Sätze viel Anstrengung und Konzentration gekostet. Als Budge immer häufiger Asse serviert und seine Longline-Passierschläge immer sicherer landen, muß von Cramm den dritten Satz mit 4:6 abgeben. Als er dann verhältnismäßig rasch den vierten Satz mit 2:6 verliert, rätseln die Zuschauer, ob dies aus taktischen Gründen geschah, um alle Kraft für den entscheidenden letzten Satz zu sammeln, oder ob die physische Stärke des US-Amerikaners sich zwangsläufig durchsetzt.

Der fünfte Satz scheint die Frage zu beantworten. Von Cramm hat zur Form seiner ersten beiden Sätze zurückgefunden, mehr noch, er deklassiert Budge förmlich. Im Nu liegt Budge 1:4 zurück. Und von Cramm hat Aufschlag. »Ich habe noch nie solche fünf Sätze durchgehalten«, gesteht Budge seinem Trainer beim Seitenwechsel. Aber er sagt auch, er werde es schon noch schaffen. Darauf hätte jedoch in Wimbledon niemand mehr einen Penny gewettet. Aber Tennis ist ein diabolisches Spiel. Von Cramm verliert seinen Aufschlag. Budge von nun an nicht mehr. Abermals Aufschlagverlust — es steht 4:4.

Die Zuschauer sind aufgesprungen und applaudieren jedem Ballwechsel. Beide Spieler bieten Supertennis. 5:5, 6:6, dann wieder Aufschlagverlust von Cramms zum 6:7. Danach läßt sich Budge das letzte, alles entscheidende Spiel von dem Deutschen nicht mehr abnehmen.

US-Mannschaftsführer Pate (2. v. r.) empfängt den Davis Cup.

Die US-amerkanischen Sieger im Davis Cup (v. l.): Donald Budge, Frank Parker, Bitsy Fraut und Gene Mako nach ihrem Sieg über Deutschland in Wimbledon

Der Kronprinz von Wimbledon

Kaum jemand hat sich im Tennis-Mekka Wimbledon je solche Achtung und Beliebtheit erworben durch entscheidende Spiele, die er verlor, wie Gottfried von Cramm. Dreimal stand er im Endspiel. 1935 und 1936 unterlag er dem Briten Fred Perry. Als Perry ins Lager der Berufsspieler übertrat, schien der Weg endlich frei zu sein für den ersehnten Wimbledonsieg des »Tennisbarons«. Aber da tritt ihm 1937 der neue Ranglistenerste der USA, Donald Budge, entgegen.

Im Endspiel verliert von Cramm klar in drei Sätzen und bleibt der »ewige Zweite« oder der beste Spieler, der in Wimbledon nicht gewonnen hat. Darüber trösteten zwei Siege in Roland Garros 1934 und 1936 kaum hinweg. Später fällt von Cramm politisch in Ungnade und wird vom deutschen Verband nicht mehr für Wimbledon gemeldet. Aber einmal gewann er dort doch, mit Hilde Krahwinkel 1933.

Tennis-Reisender »Henner« Henkel

20. Juli 1937. Als Gottfried von Cramm mit seinem »Spiel der Spiele« gegen Donald Budge »für Deutschland die Freundschaft Englands erkämpft«, wie eine Londoner Zeitung schreibt, erlebt der zweite deutsche Davis-Cup-Spieler Heinrich Henkel, den alle »Henner« nennen, das Drama mit. Henkel kann sich an ein ähnliches Spiel erinnern. Am 14. Juli 1935 lag er in der Davis-Cup-Begegnung in Prag gegen den Tschechen Josef Caska mit 2:6, 3:5 aussichtslos zurück. Aber der schmale, drahtige Henkel drehte das Spiel noch um. Das war sein Durchbruch zur Weltklasse.

1937 schlug er erstmals Gottfried von Cramm, gewann durch einen Dreisatzsieg gegen den Briten Bunny Austin das Herren-Einzel in Roland Garros und mit von Cramm auch das Doppel. Er wird die Nummer drei der Weltrangliste und geht auf Tennis-Weltreise. Er schlägt Roderich Menzel in Kairo und wird 1937 mit von Cramm in Forest Hills US-Doppel-Meister.

Tour der Leiden und der Leidenschaften

30. Juni bis 25. Juli 1937. Die 31. Tour de France sorgt für zwiespältige Eindrücke. 98 Fahrer starten zur 4415 km langen »Tour der Leiden«, die aus deutscher Sicht zunächst Erfreuliches bringt.

Der deutsche Straßenmeister aus Dortmund, Erich Bautz, gewinnt die vierte Etappe von Metz nach Belfort mit drei Minuten Vorsprung und kann nach einem weiteren Etappensieg das gelbe Trikot drei Tage lang behaupten. Dann muß er es an einen Mann abgeben, in dem Italien die neue große Radsport-Hoffnung sieht. Gino Bartali, der zweimalige italienische Straßenmeister und zweimalige Giro-d'Italia-Gewinner, muß auf seiner ersten Tour allerdings noch Erfahrungen sammeln und wird durch Pannen zurückgeworfen.

Von der neunten Etappe an übernimmt der Vorjahressieger, Belgiens Sylvère Maes, die Führung. Ihn verfolgt der Franzose Roger Lapébie, dem Maes in den Pyrenäen zu enteilen droht. Da leisten die Zuschauer tatkräftig Hilfe und schieben ihren Favoriten die Gipfel hinauf. Da dies mehrfach geschieht, kann die Jury kein Auge mehr zudrücken und bestraft Lapébie mit einem Zeitabzug. Nun lassen die Zuschauer ihre Wut an Maes aus. Sie behindern und beschimpfen ihn. Damit nicht noch Schlimmeres passiert, zieht die belgische Rennleitung ihre gesamte Mannschaft zurück. Damit wird Maes zweifellos um den sicheren Sieg gebracht. Der Jubel, der in Paris Lapébie als Sieger empfängt, wird außerhalb Frankreichs kaum geteilt. Anerkennung verdient dagegen Erich Bautz, der das schwerste Radrennen der Welt als Neunter beendet.

Begeisterung herrscht in der Schweiz. Nicht allein weil Leo Amberg in Genf als Etappensieger ankam. Amberg fuhr auch in den Pyrenäen sehr stark, trumpfte auf der vorletzten Etappe im Zeitfahren auf und beendet die Tour als Dritter. Es ist der größte Erfolg, den ein Schweizer bisher beim »grand» boucle« erreicht hat.

Der Weltmeister im Steherrennen, Walter Lohmann aus Bochum

Henri Desgrange (M.), der Begründer der Tour de France, mit den italienischen Fahrern Gino Bartali (l.) und Francesco Camuzzo

Roger Lapébie gewinnt die Tour de France nach Ausscheiden der Belgier.

Weltrekorde auf der »Pista magica«

3. November 1937. Beim »Rekord der Rekorde«, dem Stundenweltrekord im Radfahren ohne Schrittmacher, hatte 1914 der Schweizer Oscar Egg im Duell mit dem Franzosen Marcel Berthet mit 44,247 km das letzte Wort behalten. Der Rekord hielt 19 Jahre. Die französische Revanche gelang erst 1933, als Maurice Richard auf der Bahn von St. Truiden in Belgien die Marke auf 44,777 km heraufsetzte.

Die Rekordjagd begann erst richtig, als die neue Vigorelli-Bahn in Mailand zur Verfügung stand, die man bald die »Pista magica« nannte. Auf ihr fuhr der Italiener Giuseppe Olmo 1935 45,090 km. Richard konterte 1936 mit 45,325 km. Am 29. September 1937 trat der Niederländer Frans Slaats in die Pedale und steigerte den »Rekord der Rekorde« auf 45,558 km. Das wiederum ließ Maurice Archambaud nicht ruhen. Schließlich stand die Ehre Frankreichs auf dem Spiel, denn der erste offizielle Stundenwelttrekordler hieß Henri Desgrange, der 1893 auf der berühmten Pariser Buffalo-Bahn mit 35,325 km den Anfang gemacht hatte. Archambaud legt am 3. November 1937 auf der »Pista magica« in einer Stunde 282 m mehr zurück als Slaats. Auf 45,840 km steht damit der Stundenweltrekord, der in nur vier Jahren eine Verbesserung um mehr als 1000 m erfuhr (→7. 11. 1942).

Pistensieger 1935: Giuseppe Olmo

»Luft« Lohmann gewinnt Steher-WM

26. August 1937. Als der Bochumer Walter Lohmann 1934 mit dem Kölner Viktor Rausch das 30. Berliner Sechstagerennen gewann, ahnte er nicht, daß dies sein letzter Sechstagesieg sein würde. Nach seinem vierten Platz mit Adolf Schön in Paris und Antwerpen im selben Jahr ahnte er auch nicht, daß dies seine letzten Sechstagerennen überhaupt waren. Denn die neue Dachorganisation des deutschen Sports, der Deutsche Reichsbund für Leibeserziehung (DRL), hat Sechstagerennen zu »unwürdigen Spektakeln« erklärt und verboten. Das hinderte Reichspropagandaminister Joseph Goebbels nicht daran, die Radrennfahrer Gustav Kilian und Heinz Vopel mit dem »Wilhelm-Gustloff-Preis« für besondere Leistungen im Ausland auszuzeichnen. Sie gewannen 30 »Sixdays« in den USA.

Walter Lohmann verlegte sich auf Steherrennen und brachte es dabei 1936 bereits auf 14 Siege. Bei der diesjährigen Weltmeisterschaft in Kopenhagen krönt »Luft«, wie man ihn wegen seines geringen Gewichts nennt, seine neue Karriere am 26. August mit dem Weltmeistertitel. Auf der Ordrup-Bahn fährt er die 100 km hinter Motoren in 1:35:25 h. Man bezeichnet »Luft« Lohmann als »Sprinter-Steher« wegen seines rasanten Antritts und der pausenlosen Attacken, mit denen er seine Gegner zermürbt. Er fährt zwei Weltrekorde und wird zum weltbesten Steher seiner Zeit.

1938

28. 1. Klassenweltrekord von Rudolf Caracciola auf Mercedes-Benz mit 432,692 km/h auf der Frankfurter Autobahn. Beim Versuch, die Zeit zu verbessern, verunglückt Bernd Rosemeyer wenige Stunden später tödlich.

Februar. Weltrekord im Skifliegen durch den Österreicher Joseph »Sepp« Bradl mit 107 m in Planica.

Zum zweiten Mal Briten Weltmeister im Viererbob mit Pilot Frederic McEvoy.

Der US-amerikanische Boxweltmeister im Federgewicht und im Weltergewicht Henry Armstrong gewinnt den Weltmeistertitel auch im Leichtgewicht.

6. 2. Erstmals Weltmeisterschaft im Hallenhandball in Berlin. Sieger: Deutschland.

9. 2. Mit Billigung des Internationalen Olympischen Komitees (IOC) wird in Berlin ein Olympisches Institut unter Leitung von Carl Diem eingerichtet.

23. 2. Joe Louis verteidigt seinen Weltmeistertitel im Box-Schwergewicht in New York gegen Nathan Mann durch K. o. in der dritten Runde.

23. 2. Der Weltskiverband (Fédération Internatinale de Ski, FIS) erkennt das Skifliegen an und legt dafür Regeln fest.

5. 3. Weltrekord über 4 x 100 m Freistil in 4:03,6 min durch den Bremer SV auf Norderney.

18. 3. Das IOC berät auf seiner 37. Session in Ägypten über die Olympischen Spiele 1940, die für Sapporo und Tokio vorgesehen sind. Wegen des Chinesisch-Japanischen Krieges Kontakt mit Oslo, Sankt Moritz und Helsinki.

1. 4. Joe Louis verteidigt seinen WM-Titel in New York gegen Harry Thomas durch K. o. in der fünften Runde.

Eine Berliner Schwimmer-Staffel verbessert den 4 x 100-m-Weltrekord im Freistil auf 4:02,4 min.

2. 4. Zum 90. Mal »Boatrace« Oxford–Cambridge. Oxford gewinnt mit 2½ Längen. Damit 42 Siege für Oxford, 47 für Cambridge, einmal totes Rennen.

4.–19. 6. Dritte Weltmeisterschaft im Fußball in Frankreich. Italien gewinnt erneut den Titel.

22. 6. Joe Louis verteidigt seinen WM-Titel in New York gegen Max Schmeling durch K. o. in der ersten Runde.

26. 6./3. 7. Hannover 96 Deutscher Fußballmeister durch ein 3:3 n. V. und ein 4:3 n. V. über den FC Schalke 04 vor jeweils 100 000 Zuschauern in Berlin (→ 3. 7. 1938).

2. 7. Helen Wills-Moody zum achten Mal Wimbledonsiegerin, womit sie Dorothy Lambert-Chambers übertrifft.

4. 7. Suzanne Lenglen, die »göttliche Suzanne«, erfolgreichste Tennisspielerin der 20er Jahre, stirbt 39jährig in Paris (→ 2. 7. 1938).

10. 7. Deutschland wird Weltmeister im Feldhandball durch ein 23: 0 gegen die Schweiz.

16./17. 7. Weltrekord im Fünfkampf durch Gisela Mauermayer in Stuttgart mit 4391 Punkten, umgerechnet nach der Wertungstabelle von 1954.

19. 7. Erster deutscher Leichtathletik-Rekord durch einen Österreicher, Karl Kontratschek, mit 15,28 m im Dreisprung.

24. 7. Erstbesteigung der Eiger-Nordwand durch Heinrich Harrer, Fritz Kasparek, Andreas Heckmair und Ludwig Vörg.

31. 7. Mit Gino Bartali gewinnt erstmals seit 1925 wieder ein Italiener die Tour de France (5.–31. 7.).

5. 8. Erstmals Kanu-Weltmeisterschaften in Växholm/Schweden.

10. 8. Weltrekord durch den Japaner Tomika Asu Amano über 1500 m Freistil in 18:58,8 min in Tokio.

21. 8. Weltrekord über 4 x 100 m Freistil in 3:59,2 min durch eine US-Staffel beim Erdteil-Länderkampf Europa–USA in Berlin.

25. 8. Als erste Deutsche durchschwimmt die 34jährige Anni Weynell den Ärmelkanal. Sie benötigt 15 Stunden, 33 Minuten.

27. 8. Hammerwurf-Weltrekord durch Erwin Blask mit 59 m in Stockholm.

3. 9. Nach Verzicht Japans vergibt das Exekutivkomitee des IOC die Olympischen Spiele 1940 an Sankt Moritz (Winter) und Helsinki (Sommer).

11. 9. Der Italiener Tazio Nuvolari gewinnt auf Auto Union den Großen Preis von Italien, Rudolf Caracciola wird Dritter und Europameister.

16. 9. Absoluter Geschwindigkeitsweltrekord für Automobile durch George Eyston mit 575,340 km/h.

25. 9. Erstmals Grand Slam im Tennis: Nach Turniersiegen bei den australischen, französischen und englischen Meisterschaften in diesem Jahr gewinnt der US-Amerikaner Donald Budge auch das Herren-Einzel der US-Meisterschaften.

16. 10. Weltrekord im Speerwurf durch den Finnen Yrjö Nikkanen mit 78,70 m in Kotka.

21. 12. Der Deutsche Reichsbund für Leibesübungen wird in »Nationalsozialistischer Reichsbund für Leibesübungen« umbenannt.

1938. Letztes englisches Pokal-Finale vor dem Zweiten Weltkrieg. Preston North End schlägt Huddersfield Town 1:0. Das neunte 1:0-Ergebnis in 19 Endspielen seit 1920.

Hochsprung-Weltrekord im Reitsport mit 2,44 m durch den Italiener Gutierrez auf Osoppo.

Alexandr A. Aljochin, der seinen Titel von Machgielis Euwe zurückgewinnt

Aljochin erneut Schachweltmeister

16. Dezember 1937. Die 30. und letzte Partie des Schachwettkampfes zwischen dem Weltmeister Machgielis Euwe und dem Ex-Weltmeister Alexandr A. Aljochin gewinnt der Titelverteidiger. Aber den Titel hat der Niederländer zu diesem Zeitpunkt bereits verloren. Denn der Endstand spricht mit 17½:12½ Punkten deutlich für Aljochin, dem damit als erstem Schachweltmeister ein Comeback gelingt.

Das Ergebnis kommt nicht unerwartet. Es war eine Überraschung, als Aljochin vor zwei Jahren seinen Titel an Euwe verlor. Eine gewisse Spielmüdigkeit war bei dem in Frankreich lebenden Russen damals unverkennbar. Der trockene Stil des niederländischen Mathematiklehrers lag ihm wenig. Das hohe Risiko, das Aljochin oft einzugehen liebte, verwirrte Euwe nicht. Kühl und methodisch hielt er den kleinsten Vorteil fest und kam damit zum Erfolg. Das war eine Herausforderung für Aljochin, der sich diesmal in Rotterdam wieder in alter Brillanz vorstellte.

Unvergessen sind seine Titelverteidigungen 1929 und 1934 gegen Jefim Bogoljubow, auch ein emigrierter Russe, der in Deutschland heimisch wurde. Bogoljubow übt einen starken Einfluß auf das Schachspiel in Deutschland aus und ist einer der populärsten Turnierspieler. Bogoljubow, der Praktiker, Euwe, der Theoretiker, Aljochin, das Genie – die drei Großmeister der Zeit.

Dreifachmeister Henry Armstrong

Februar 1938. Das gelang noch keinem Boxer. Binnen elf Monaten vom Frühjahr vorigen Jahres an gewann Henry Armstrong die Weltmeistertitel im Federgewicht, im Weltergewicht und jetzt im Leichtgewicht.

Man nennt den 138 Pfund leichten Sohn eines farbigen Iren und einer Cherokee-Indianerin »Hammering Hank« oder »Hurricane Henry«. Als eines von 15 Kindern soll der Kleine sich seine Kraft dadurch geholt haben, daß er auf Bäume eindrosch. »Keiner meiner späteren Gegner«, pflegt er zu sagen, »ist so stark wie eine alte Eiche.« Armstrong fing als Schuhputzer an, bevor ihn ein Manager in ein »Gym« holte. Mit kleinen Leuten ist im Boxen meist kein großes Geld zu machen. Aber wer sich gleich drei Weltmeistergürtel holt, kann es auch zu 1 Mio. US-Dollar bringen. Das Geld bringt dann zwar der Manager durch, und Armstrong muß nach 174 Kämpfen, von denen er 98 durch k. o. gewinnt, wieder als Hilfsarbeiter sein Brot verdienen, aber das bleibt er nicht lange. Eines Tages entdeckt er: »Den Menschen zu helfen, ist das Schönste. Jedenfalls ist es viel besser als sie k. o. zu schlagen.« Armstrong wird Baptistenprediger und hat damit mehr Erfolg als im Ring. Die Schlagkraft seiner Argumente steht jener seiner Fäuste offenbar nicht nach. Man nennt ihn jetzt den »Punching Preacher«.

Henry Armstrong (M.) nach seinem Sieg im WM-Kampf im Leichtgewicht

Rudolf Caracciola – populärster deutscher Rennfahrer

28. Januar 1938. Er kann nicht mehr richtig gehen, aber Autofahren kann er noch. Wenn ihn auch ein verkürztes Bein zum Humpeln zwingt, bis zum Gaspedal kommt er noch. Auf der Autobahn Frankfurt am Main—Darmstadt fährt Rudolf Caracciola an diesem Morgen auf Mercedes-Benz Geschwindigkeitsweltrekord mit 432,692 km/h.

Vor fünf Jahren schien die Karriere von »Caratsch« beendet zu sein. 1926 hatte sie begonnen, als er seinen ersten Grand Prix auf der Berliner Avus gewann. Seitdem war er der Topfahrer von Mercedes-Benz. 1932 zog sich die Firma vom Rennsport zurück. 1933 meldete Caracciola mit einem privaten Alfa Romeo für den Großen Preis von Monaco. Beim Training versagten die Bremsen. Er krachte gegen eine Mauer. Acht Monate lag er in Gips. Als er danach zum Skiurlaub in die Schweiz fuhr, verlor er seine Frau durch ein Lawinenunglück. 1935 kam Mercedes wieder mit den neuen »Silberpfeilen« (→ 1935). Und mit ihnen kehrte auch Caracciola auf die Rennpisten zurück. Man nennt ihn einen Mathematiker am Volant. »Caratsch« fährt seine Rennen mit gelassenem Kalkül.

Rennfahrer-Idol Rudolf Caracciola (vorn, am Start zum Grand Prix in Pau 1938) gewinnt 15 Grand-Prix-Rennen, wird zweimal Berg- und viermal Europameister.

◁ Der Mercedes-Benz-Rekordwagen, mit dem Rudolf Caracciola auf der Autobahn Frankfurt—Darmstadt einen seiner insgesamt 17 Weltrekorde aufstellt

1935 hängte er beim Eifelrennen auf dem Nürburgring auf den letzten Metern einen Auto-Union-Wagen ab. An dessen Steuer saß ein Nachwuchsfahrer, Bernd Rosemeyer. Im nächsten Jahr war Rosemeyer der neue Star. Er gewann die Großen Preise auf dem Nürburgring, auf der Monza-Bahn und im Bremgarten. Der 27jährige wurde Europameister vor dem 35jährigen Caracciola und dem 44jährigen Italiener Tazio Nuvolari. Die deutsche Jugend hatte in dem burschikosen Draufgänger Rosemeyer ein neues Idol. Für den Älteren wagt der Junge zuviel. Caracciola sagte ihm einmal, man dürfe nur 50 % Risiko auf sich nehmen. Rosemeyer lachte darüber. Er setzt lieber alles auf eine Karte. 1937 feierte »Caratsch« abermals ein Comeback. Er holte sich den Europameistertitel zurück (→ S. 412). Seine Grand-Prix-Wagen testet er auf Rekordfahrten.

Bernd Rosemeyer bei Rekordfahrt tödlich verunglückt

28. Januar 1938. Es ist gegen 11 Uhr am Vormittag dieses kalten Wintertages an der Autobahn Frankfurt am Main—Darmstadt. Dr. Feuereißen, der Rennleiter der Firma Auto Union, steigt in den Telefonwagen, um die Meldungen der Streckenposten abzuhören: »Kilometer 5 durchgefahren!« — »Kilometer 7,6 Bernd vorbei!« — »Kilometer 8,6 vorbei!« — »Kilometer 9,2 — der Wagen ist verunglückt!« Voller Schrecken fährt das Team zur Unfallstelle. Hinter einer Autobahnüberführung sehen sie die Wagentrümmer. Im Wald finden sie den Fahrer. Er liegt da, als ob er schliefe. Aber Bernd Rosemeyer ist tot. Eine Windbö hat den Wagen bei über 400 km/h erfaßt und gegen die Brückenböschung geschleudert.

Knapp eineinhalb Stunden zuvor war Rudolf Caracciola mit Mercedes-Benz auf derselben Strecke ein neuer Geschwindigkeitsrekord auf normalen Straßen mit 432,692 km/h geglückt. Dann brach er die Rekordversuche ab, weil der Wind zu stark wurde. Kurz darauf traf Rosemeyer ein. Als er vom neuen Rekord der Konkurrenz hörte, unternahm er sofort eine Probefahrt. Caracciola wollte ihn noch warnen. Aber aus Furcht, mißverstanden zu werden, damit ihm der Rekord bliebe, sagte er nur: »Viel Glück, Bernd!«

△ Der Auto-Union-Rekordwagen, mit dem Rosemeyer auf der Reichsautobahn 1937 über eine Meile mit stehendem Start 223 km/h erreichte

◁ Eines der letzten Bilder des beliebten Rennfahrers Bernd Rosemeyer mit Elly Beinhorn, der bekannten Fliegerin, mit der er verheiratet war

»Max steh' auf! — Max, Max steh' auf!!«

22. Juni 1938. Diesen verzweifelten Ruf des Rundfunkreporters am Ring in New York hören Hunderttausende von Deutschen an den Volksempfängern in den frühen Morgenstunden dieser Sommernacht. Wer sich seinen Kaffee noch nicht rechtzeitig gekocht hatte, um zum Kampf Max Schmeling—Joe Louis hellwach zu sein, kommt zu spät. Als man sich gerade gemütlich hingesetzt hat, ist der Kampf schon zu Ende. Wie konnte das nur geschehen?

Man hatte in Deutschland nicht mitbekommen, in welcher Atmosphäre Schmeling in den USA empfangen worden war. Man wollte, daß der Box-Nationalheld Schmeling in den USA ein Unrecht wiedergutmachte, das ihm und damit allen Deutschen widerfahren war (→ 22. 6.1937). Wenige in Deutschland machten sich bewußt, daß in den USA ein Unrecht viel stärker empfunden wird, das Deutsche Juden antun. Das bekam Schmeling zu spüren. Hunderte von Drohbriefen warnten ihn, zum Kampf anzutreten. Er steht dann im Ring so allein, wie wohl nie ein Boxer zuvor. Sein alter Sekundant Doc Casey hatte ihn aus politischen Gründen verlassen. Sein Manager Joe Jacobs wurde aus undurchsichtigen Gründen disqualifiziert. Auf dem Weg in den Ring müssen Schmeling 25 Polizisten von der Zuschauermenge im Yankee-Stadion abschirmen, die ihn beschimpft, bespuckt und mit Bananenschalen bewirft.

Max schlägt sich sein Handtuch um den Kopf und betritt den Ring, wo sein Gegner auf Revanche brennt, und 70 000 seine Niederlage herbeischreien. Als Schmeling vor zwei Jahren Louis sensationell geschlagen hatte (→19. 6. 1936), führte er den Sieg vor allem darauf zurück, daß er »etwas gesehen« hätte. Nun hatte man auf seiten von Louis auch »etwas gesehen«. Das sah freilich jeder. Schmeling braucht eine gewisse Anlaufzeit. Diese Anlaufzeit läßt ihm Louis diesmal nicht. Er überfällt ihn vom Gongschlag an mit einem Schlaghagel, der Schmeling nicht die Spur einer Konterchance läßt. Schon ein erster linker Haken trifft ihn an der Schläfe und wirft ihn in die Seile. Louis hämmert auf ihn ein. »Hau ihn um!« - »Mach' ihn fertig! « tobt die Menge. Schmeling ist an sich erfahren genug, mit solch einer Situation fertig zu werden. Doch er hat Pech. Im Abdrehen trifft ihn ein Körperhaken in der Nierengegend. Ein Aufwärtshaken streckt ihn zu Boden, bei »acht« steht er wieder auf. Aber er ist erledigt. Noch zweimal schlägt ihn Louis nieder, dann wirft Trainer Max Machon das Handtuch. Aber Ringrichter Donovan hängt es in die Seile. Erst als Machon — verbotenerweise — in den Ring springt, um Schmeling vor gesundheitlichen Schäden zu schützen, wird der Kampf beendet.

Der Kampf der 124 Sekunden auf den Titelseiten der Sport-Gazetten

Schmelings Weg zur Revanche

Max Schmeling wollte nach der ihm widerfahrenen Schiebung mit James J. Braddock (→22. 6. 1937) nie mehr in die USA. Da aber der von der International Boxing Union (IBU) für ihn zum Titelkampf vorgesehene Brite Tommy Farr einen Titelkampf mit Joe Louis vorzog, den er am 30. August 1937 in New York nach Punkten verlor, blieb Schmeling nichts anderes übrig, wenn er doch noch Weltmeister werden wollte.

Am 13. Dezember 1937 boxte er in New York gegen den kaum bekannten US-Amerikaner Harry Thomas und gewann durch technischen K. o. in der achten Runde. Am 30. Januar 1938 trat er in der Hamburger Hanseatenhalle gegen den Empiremeister Ben Foord an. Gegen den Südafrikaner gelang ihm ein klarer Punktsieg. Am 16. April überprüfte er seine Form in der Hanseatenhalle gegen den US-Amerikaner Steve Dudas. In der dritten Runde schlug er den stürmisch angreifenden US-Amerikaner erstmals zu Boden. Von da an stand Dudas auf verlorenem Posten.

Nach sieben Niederschlägen warfen die Sekundanten von Dudas in der fünften Runde das Handtuch.

Das Handtuch hängt auf dem Ringseil, Donovan weist Machon (l.) zurück.

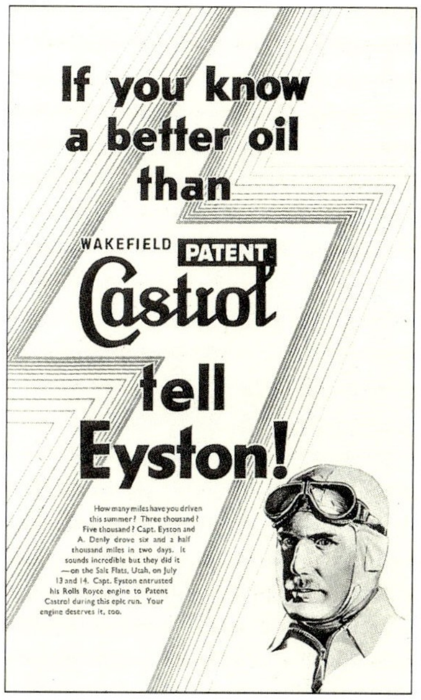

George Eyston, schnellster Mensch auf dem Land, als Reklamefigur

Eystons »Blitz« entscheidet Duell

16. September 1938. Wie schon gegen Ende der 20er und Anfang der 30er Jahre treiben auch in diesem Jahr wieder zwei Briten den absoluten Geschwindigkeitsweltrekord auf dem Land im Duell in die Höhe (→11. 3. 1929; 24.2.1932). Damals hatte der zuletzt geadelte Malcolm Campbell mit seinem berühmten »Bluebird« in 13 Jahren zehn Weltrekorde aufgestellt. Mit 219,378 km/h begann er 1923. Zuletzt stellte er die Marke 1935 mit einem Campbell-Special auf 485,175 km/h. Die vermochte auch sein ebenfalls geadelter Rivale Henry O'Neal de Hane Segrave nicht mehr zu überbieten. Das gelang erst 1937 George Eyston, der seinen »Blitz« mit zwei Rolls-Royce Motoren von 3000 PS Leistung auf 556,101 km/h trieb.

In diesem Jahr ersteht ihm ein Rivale. Sein Landsmann John Cobb schießt mit einem Railton-Napier von 2500 PS Leistung auf dem Salzsee von Bonneville im US-Staat Utah die Meile hin und zurück in der Durchschnittsgeschwindigkeit von 563,471 km/h. Aber dieser Rekord hat nur einen einzigen Tag Bestand. Am 16. September nimmt Eyston die Herausforderung an und erreicht mit seinem »Blitz« die neue Marke von 575,340 km/h. Pro Minute frißt sein Wagen bei dieser Rekordfahrt 221 Treibstoff. Für Cobb ist das Duell damit aber noch nicht zu Ende.

Italien mit Glück und Talent wieder Fußballweltmeister

4. bis 19. Juni 1938. Die Vertreter Südamerikas hatten darauf bestanden, daß die Fußball-Weltmeisterschaft abwechselnd in Amerika und Europa ausgetragen werden sollte. Darüber stritt man zwei Jahre. Um den Verdiensten des Präsidenten der Fédération Internationale de Football Association (FIFA), Jules Rimet, entgegenzukommen, vergab man das Turnier schließlich doch nach Frankreich. Daraufhin sagten Argentinien und Uruguay demonstrativ ab. So kommen aus der Neuen Welt nur die Mannschaften aus Kuba und Brasilien nach Europa. Die Brasilianer treten in Frankreich mit der Selbstsicherheit des künftigen Weltmeisters auf. Solchem Anspruch genügt jedoch nur der Stürmerstar Leonidas da Silva, der allein gegen Polen vier Tore schießt, davon zwei barfuß. Leonidas wird zum Torschützenkönig des Turniers, aber auch zum verhängnisvollen Joker. Denn um ihn für das Endspiel zu schonen, stellt ihn der brasilianische Trainer ausgerechnet gegen Italien im Halbfinale nicht auf, worauf die Brasilianer, die schon gegen Polen erst in der Verlängerung gewannen, mit 1:2 verlieren. Ein Schatten war auf Leonidas gefallen, als er im Viertelfinal-Wiederholungsspiel gegen die Tschechoslowakei durch ein unbeherrschtes Foul dem berühmten Torwart František Planicka den Arm brach, was diesen zur Beendigung seiner Karriere zwang.

Wie gegen Italien müssen die Brasilianer auch im Spiel um den dritten Platz gegen Schweden einem 0:2-Rückstand hinterherlaufen. Ohne Leonidas, gegen Italien, blieb das vergeblich. Mit Leonidas gelingt noch ein 4:2 über Schweden.

Das Endspiel bestreiten im Stade Colombes vor 55 000 Zuschauern der Titelverteidiger Italien und Ungarn. Die Ungarn hatten den leichteren Weg ins Finale mit einem 6:0 über Niederländisch-Indien, einem 2:0 über die von ihren Heldentaten gegen Deutschland erschöpften Schweizer(→ 4.6.1938) und einem 5:1 über Schweden. Die Italiener hatten weit mehr Mühe beim 2:1 gegen Norwegen, beim 3:1 über Frankreich und beim 2:1 über Brasilien. Die italienische Mannschaft ist zweifellos stärker als vor vier Jahren. Ihre Taktik, aus einer stabilen Deckung heraus blitzschnell zum Angriff überzugehen, hat schon in der sechsten Minute Erfolg. Ein brillantes Zusammenspiel zwischen Silvio Piola und Gino Colaussi führt zum 1:0. Aber die Ungarn kontern sofort. Sas und Titkos gelingt auf fast die gleiche Weise der Ausgleich. Die Ungarn spielen eleganter, künstlerischer als die Italiener, oft ein wenig zu ballverliebt. Das rächt sich, als Piola nach rasantem Zusammenspiel mit Giuseppe Meazza und Giovanni Ferrari zum 2:1 trifft. Fast gelingt den Ungarn im Gegenzug wieder der Ausgleich, aber die Italiener haben diesmal Glück. Als Colaussi noch vor dem Halbzeitpfiff auf 3:1 erhöht, scheint die Partie entschieden. Doch die Ungarn geben sich noch keineswegs geschlagen. Sie setzen alles auf eine Karte, und in der 71. Minute gelingt György Sarosi der Anschlußtreffer. Unter den stürmischen Anfeuerungsrufen des Publikums greifen die Ungarn weiter an. Aber mitten in diese Drangperiode stößt wieder einer der typischen Gegenangriffe der Italiener. Ein Doppelpaßspiel zwischen Piola und Amedeo Biavati schließt der italienische Mittelstürmer mit dem 4:2 ab. Die dritte Fußball-Weltmeisterschaft ist entschieden.

Italiens Trainer Vittorio Pozzo schwingt den Jules-Rimet-Pokal, den die »Squadra Azzurra« zum zweiten Mal gewinnt.

»Großdeutsches« Debakel in Paris

4. Juni 1938. Ein strahlend schöner Pfingstsamstag in Paris. Unter den 30000 Zuschauern im Prinzenpark-Stadion viele Deutsche, die sich auf einen Sieg ihrer Mannschaft über die Schweiz freuen. Schließlich haben die Schweizer seit zwölf Jahren nicht mehr gegen Deutschland gewonnen. Und jetzt treten sie gar gegen »Großdeutschland« an. Als der Schweizer Trello Abegglen an der Seitenlinie behandelt wird, schießt Josef Gauchel das 1:0. Aber dabei bleibt es nicht lange. Abegglen kommt wieder ins Spiel und köpft das 1:1 . Und dabei bleibt es.

Eine Blamage für »Großdeutschland«. Was ist aus der sieggewohnten »Breslauer Elf« (→ 16.5.1937) geworden? Sie tritt nicht an. Deutschland und Österreich hätten bei der WM eine gute Chance gehabt. Doch nach dem »Anschluß« Österreichs an das Deutsche Reich am 13. März 1938 sollte »im Namen des Führers« eine »großdeutsche« Mannschaft aufgeboten werden. Reichstrainer Joseph »Sepp« Herberger wußte, daß aus zwei sehr guten Mannschaften keine Supermannschaft entsteht, wenn deren Spielweise und -auffassung zu unterschiedlich sind. Aber der »Führer« wußte es besser. Am 9. Juni knacken die Deutschen den Schweizer »Riegel« schon in der neunten Minute, und danach fabrizieren die Eidgenossen ein Eigentor. Was soll da noch passieren? Der Schweizer Anschlußtreffer wird als Schönheitsfehler hingenommen. In der zweiten Halbzeit muß Aebi verletzt vom Platz. Aber in der 60. Minute kommt er wieder, gibt eine Flanke herein und es steht 2:2. Als Abegglen binnen vier Minuten das 3:2 und das 4:2 erzielt, steht die ganze Schweiz kopf.

Wiens Torwart Rudolf Raftl ist noch eine der Stützen in der deutsch-österreichischen Mannschaft.

Toursieg für Gino Bartali

31. Juli 1938. Italien hat einen neuen »Campionissimo«. Zum ersten Mal seit 1925 gewinnt wieder ein Italiener die Tour de France. Und dies in souveränem Stil mit 18:27,0 min Vorsprung auf den Belgier Félicien Verwaeke.

Gino Bartali, am 18. Juli 1914 in Ponte a Emma bei Florenz geboren, begann seine Karriere 1931. Die Ärzte rieten ihm vom Radsport ab, da sein Herz zu schwach wäre. Der junge Mann hörte nicht auf solche Warnungen. Vielmehr trainierte er dort, wo es bei Radfahrern am schwersten wird, am Berg. Als »Allievo« gewann Bartali zehn Rennen, als »Junior« weitere 30. 1935 wurde er Berufsfahrer und im selben Jahr italienischer Meister. 1936 zeigte er seine Stärke beim Gewinn des Giro d'Italia, ein Sieg, den Bartali ein Jahr später wiederholte. In diesen Rundfahrten demonstrierte Bartali seine besondere Taktik. Bei langen und steilen Anstiegen legt er den großen Gang ein, stellt sich in die Pedale und fährt dem Feld davon. Bis er sich gezwungen sieht, Erholungspausen einzulegen, sind die Verfolgergruppen bereits gesprengt. Sobald er dennoch eingeholt wird, beginnt das zermürbende Spiel aufs neue. Diese Fahrweise kostet viel Kraft. Als Bartali sich im vorigen Jahr nach seinem zweiten Girosieg erstmals an der Tour de France beteiligte, erkannte er, daß zwei derart schwere Rundfahrten innerhalb weniger Wochen hintereinander mit dieser Methode nicht zu gewinnen sind.

1938 nahm Bartali daher nicht am Giro teil, um sich ganz auf die Tour zu konzentrieren. Dieser Plan führt zum Erfolg, ebenso wie die kluge Strategie Bartalis, sich auf den Flachetappen zurückzuhalten und dem Belgier Verwaeke lange Zeit das gelbe Trikot zu überlassen. Am 2360 m hohen Izoard ging Bartali dann zum Angriff über und zog seinen Konkurrenten unwiderstehlich davon. Bartalis Toursieg wird mit der Reife eines erfahrenen Meisters errungen, die bei einem erst 24jährigen erstaunlich ist. Von den 96 gestarteten Fahrern erreichen nach 4728 km nur 55 das Ziel.

Gino Bartali (l.), Sieger der Tour de France, der neue »Campionissimo«

Hannover Meister nach 240 Minuten

3. Juli 1938. Dramatischer als in diesem Jahr wurde noch nie um den Titel des Deutschen Fußballmeisters gekämpft. Kampf ist auch die Devise für Hannover 96, um den berühmten »Schalker Kreisel« außer Gefecht zu setzen.

Im ersten Spiel am 26. Juni kreiselten die Schalker programmgemäß auf 2:0 davon, bis Rudi Gellesch ein Eigentor unterlief und die Brüder Meng ein 3:3 erzwangen.

Beim Wiederholungsspiel am 3. Juli vor 100 000 Zuschauern im Berliner Olympiastadion gehen die Hannoveraner in Führung. Ernst Kuzorra gleicht aus. Dann in der 71. Minute 2:1 durch Kuzorra, in der 72. durch Richard Meng 2:2, in der 73. durch Fritz Szepan 3:2. Aber ein Handspiel bringt die Schalker durch Elfmeter in der 87. Minute um den sicher geglaubten Sieg. Drei Minuten vor Ablauf der Verlängerung glückt Erich Meng der Siegtreffer.

Erster Grand-Slam-Sieger Donald Budge

25. September 1938. Es sah zunächst mehr nach großem Schlamm aus, bevor Donald Budge der »große Knall« (slam, engl.; Knall) gelingt. Anhaltende Regenfälle verzögerten die Entscheidung bei den US-Tennismeisterschaften in Forest Hills, bis Budge im Finale Herren-Einzel gegen seinen Doppelpartner Gene Mako antreten kann.

Endspielsiege von Budge 1938

Turnier	*Finalgegner*	*Ergebnis*
Melbourne	John Bromwich (AUS)	6:4, 6:2, 6:1
Paris	Roderich Menzel (TCH)	6:3, 6:2, 6:4
Wimbledon	Henry W. Austin (GBR)	6:1, 6:0, 6:3
Forest Hills	Gene Mako (USA)	6:3, 6:8, 6:2, 6:1

Der rothaarige und sommersprossige, lange und schlaksige Kalifornier war zuerst mehr an Baseball und Football interessiert, bevor sein Bruder in ihm das Interesse für Tennis weckte. Von da an erlebte Budge einen rapiden Aufstieg. Er wurde US-Juniorenmeister, kam ins US-Davis-Cup-Team und erschien 1937 erstmals in Wimbledon, wo er ebenso gewann (Einzel, Doppel, Mixed) wie anschließend in Forest Hills (Einzel, Mixed). 1938 setzte er seine Siegesserie im Einzel in Melbourne, Paris und Wimbledon fort. Mit einem Finalsieg über Mako in Forest Hills krönt er am 25. September seine Leistung. Niemals zuvor hat ein Spieler in einem Kalenderjahr die vier großen internationalen Tennisturniere gewonnen. Vom Grand Slam im Tennis wurde bisher nur geredet, jetzt hat ihn ein Weltklassespieler tatsächlich geschafft.

In eineinhalb Jahren seit Wimbledon 1937 gab Budge bei 24 siegreichen Einzelspielen nur ganze vier Sätze ab. 1938 holt er sich in Wimbledon und Forest Hills auch die Titel im Doppel und im Mixed. Der Grand Slam wird für Budge zum großen Geschäft.

Der US-Amerikaner Donald Budge, der erste Tennisspieler, dem es gelingt, die großen internationalen Tennisturniere in Melbourne, in Roland Garros, in Wimbledon und Forest Hills in einem Kalenderjahr zu gewinnen. Der 22jährige machte eine Blitzkarriere als Amateur und tritt nach seinem Grand-Slam-Erfolg als Profi gegen Ellsworth Vines und Fred Perry an.

Helen Wills-Moody gelingt der einmalige Rekord in Wimbledon.

Das letzte Finale: Wills und Lenglen

2. Juli 1938. Sie waren die großen Rivalinnen im Damen-Tennis der 20er Jahre. Suzanne Lenglen, die »Göttliche«, und Helen Wills. Als die nunmehr 33jährige ein letztes Mal nach Wimbledon kommt, gewinnt sie dort zum achten Mal den Titel. Die Radioübertragung hört in einem Pariser Krankenhaus Suzanne Lenglen. Es war ihr letzter Wunsch. Zwei Tage später stirbt sie im Alter von 39 Jahren.

1939

25. 1. Joe Louis verteidigt seinen Weltmeistertitel im Box-Schwergewicht in New York gegen John H. Lewis durch K. o. in der ersten Runde.

Februar. Weltmeister im Zweierbob werden in Cortina d'Ampezzo die Belgier R. Lunden/J. Coops, im Viererbob die Schweiz mit Fritz Feierabend.

3.–12. 2. Bei der Eishockey-Weltmeisterschaft in Basel und Zürich Kanada vor USA und der Schweiz, die damit Europameister wird.

11.–19. 2. Bei den Nordischen Ski-Weltmeisterschaften in Zakopane gewinnt Gustav »Gustl« Berauer als erster Mitteleuropäer die Nordische Kombination.

12.–19. 2. Bei den Alpinen Ski-Weltmeisterschaften in Zakopane gewinnt Christl Cranz in allen drei Disziplinen. Insgesamt kommt sie, einschließlich der beiden Olympiasiege 1936, auf 14 Weltmeisterschaftstitel.

19. 2. Maxie Herber/Ernst Baier zum vierten Mal Weltmeister im Paarlauf vor den österreichischen Geschwistern Ilse und Erik Pausin.

Februar/März. Weltmeister im Eisschnellauf-Vierkampf die Finnen Verné Lesche bei den Damen und Birger Wasenius bei den Herren.

15. 4. Weltrekord über 100 m Brust in 1:07,3 min durch den US-Amerikaner Dick Hough in New Haven/Connecticut.

17. 4. Joe Louis schlägt in Los Angeles Jack Roper in der ersten Runde k. o.

29. 5. Weltrekord im Hochsprung durch die Britin Dorothy Odam mit 1,66 m in Brentwood.

18. 5. Der Italiener Giovanni Valetti gewinnt zum zweiten Mal den Giro d'Italia (28. 4.–18. 5.).

9. 6. Oslo und Sankt Moritz erklären sich außerstande, die Olympischen Winterspiele 1940 auszurichten. Das Internationale Olympische Komitee (IOC) vergibt sie auf seiner 38. Session in London erneut an Garmisch-Partenkirchen.

16. 6. In Helsinki Weltrekord über 5000 m in 14:08,8 min durch den Finnen Taisto Mäki.

Georg »Schorsch« Meier gewinnt die Senior-Tourist-Trophy auf der Insel Man.

18. 6. Der FC Schalke 04 wird zum vierten Mal Deutscher Fußballmeister durch ein 9:0 gegen Admira Wien vor 100 000 Zuschauern in Berlin.

25. 6. Der Brite Richard »Dick« Seaman, im Vorjahr auf Mercedes-Benz Sieger im Großen Preis von Deutschland auf dem Nürburgring, verunglückt in Belgien tödlich (→ 20. 8. 1939).

28. 6. Joe Louis verteidigt seinen Weltmeistertitel gegen Tony Galento in New York durch K. o. in der vierten Runde.

2. 7. In der Stuttgarter Adolf-Hitler-Kampfbahn schlägt Max Schmeling Box-Europameister Adolf Heuser in der ersten Runde k. o.

9. 7. Die US-Amerikanerin Alice Marble gewinnt in Wimbledon (20. 6.–9. 7.) die Titel im Einzel, Doppel und gemischten Doppel. Ebenso ist der US-Amerikaner Bobby Riggs dreimal erfolgreich.

9. 7. In Berlin läuft Friedrich-Wilhelm Hölling über 400 m Hürden einen neuen Europarekord in 51,6 sec.

15. 7. Sensationeller Weltrekord über 800 m in 1:46,0 min durch Rudolf Harbig in Mailand.

23. 7. Weltrekord durch die Italienerin Claudia Testoni über 80 m Hürden in 11,3 sec in Garmisch-Partenkirchen.

30. 7. Der Belgier Silvère Maes gewinnt zum zweiten Mal die Tour de France (→10.–30. 7.1939).

Weitsprung-Weltrekord durch Christel Schulz mit 6,12 m in Berlin.

12. 8. Weltrekord durch Rudolf Harbig über 400 m in 46,0 sec in Frankfurt am Main.

20. 8. Nach seinem fünften Saisonsieg beim Automobilrennen im Berner Bremgarten steht Hermann Lang als Europameister fest.

17. 9. Weltrekord über 10 000 m durch Taisto Mäki in 29:52,6 min, damit erstmals unter 30 Minuten, in Helsinki.

18. 9. Diskus-Weltrekord durch Nina Dumbadse (UdSSR) mit 49,11 min in Moskau.

20. 9. Joe Louis verteidigt seinen Weltmeistertitel in Detroit gegen Bob Pastor durch K. o. in der elften Runde.

22. 9. Weltrekord im 100-m-Rückenschwimmen durch die Niederländerin Cor Kint in Rotterdam mit 1:10,9 min.

November. In Garmisch-Partenkirchen werden die Vorbereitungen für die Olympischen Winterspiele endgültig eingestellt.

26. 11. Vor 90 000 Zuschauern im Berliner Olympiastadion schlägt die »großdeutsche« Fußball-Nationalmannschaft Italien 5:2.

31. 12. Die »großdeutsche« Fußball-Nationalmannschaft trug in diesem Jahr 15 Länderspiele aus. Davon wurden neun gewonnen, vier verloren – darunter ein 1:2 gegen Luxemburg–, zwei endeten unentschieden.

1939: Die Fédération Internationale de Football Association (FIFA) führt allgemein die Rückennummern bei Fußballmannschaften ein.

Bei den Weltmeisterschaften im Schießen in Luzern gewinnt der Schweizer Karl Zimmermann seinen 28. Weltmeistertitel.

Absoluter Geschwindigkeitsweltrekord für Automobile durch den Briten John Cobb auf dem Salzsee bei Bonneville in Utah mit 595,027 km/h (→ 16. 9. 1938).

Sensationen in Zakopane

11. bis 19. Februar 1939. Was der »großdeutschen« Fußball-Nationalmannschaft bei der Weltmeisterschaft im vorigen Jahr mißriet (→ 4. 6. 1938), macht die »großdeutsche« Skimannschaft in der Hohen Tatra mehr als wett. Der Sudetendeutsche Gustav »Gustl« Berauer gewinnt als erster Mitteleuropäer den Titel in der Nordischen Kombination, und der Salzburger Joseph »Sepp« Bradl schlägt im Skispringen den berühmten Birger Ruud.

Auf einer beinharten 18-km-Loipe mit einem 6-km-Anstieg gleich zu Beginn kommt Berauer auf dem blanken Holz seiner Ski ins Ziel. Doch er behält Anschluß. Das Springen muß entscheiden. Hier gilt der finnische Holmenkollensieger Emil Kvanli als Favorit. Doch gerade im Springen hat sich Berauer durch ein Spezialtraining mit dem Norweger Schiefloe stark verbessert. Kvanli kann seinen Rückstand nach dem Lauf nicht ausgleichen, andere Konkurrenten stürzen, aber Berauer steht zwei Supersprünge in einwandfreier Haltung.

»Gustl« Berauer, im Riesengebirge geboren, entreißt den Skandinaviern als erster Mitteleuropäer in Zakopane den Weltmeistertitel in der Nordischen Kombination. Berauer, ein zäher Langläufer, verbessert sich so stark im Springen, daß er den Rückstand nach dem Lauf gegenüber den läuferisch stärkeren Norwegern und Finnen wettmachen kann.

WM-Evergreen Christl Cranz

12. bis 19. Februar 1939. Die überragende Läuferin bei den Alpinen Ski-Weltmeisterschaften in Zakopane ist einmal mehr Christl Cranz. Sie gewinnt Abfahrt und Slalom und damit auch die Kombination. Seit 1934 hat sie 14 Weltmeistertitel gesammelt, ein unerreichter Rekord.

Christl Cranz, am 1. Juli 1914 in Brüssel geboren, lernte ihre ersten Schwünge in Grindelwald. 1928 siedelte die Familie nach Freiburg im Breisgau über. Seit 1931 gewann Christl fast alle Schwarzwaldrennen. Dann wurde sie die Weltbeste. Der Arlberger »Pepi« Jennewein als Sieger in der Abfahrt und der Innsbrucker »Heli« Lantschner als Sieger in der Alpinen Kombination tragen noch zum Triumph der »großdeutschen« Skimannschaft bei.

Kanadier holen 11. Eishockey-WM

3. bis 12. Februar 1939. Bei der Eishockey-Weltmeisterschaft in Basel und Zürich läßt sich Kanada wieder einmal durch eine Vereinsmannschaft vertreten. An den Trail Smoke Eaters beißen sich gleichwohl alle anderen Mannschaften die Zähne aus.

In acht Spielen skoren die Kanadier 42mal, bei nur einem einzigen Gegentor. Die USA werden Zweite. Um den Europameistertitel muß die Schweiz mit der zuletzt punktgleichen Tschechoslowakei noch ein Entscheidungsspiel bestreiten. Sie gewinnt es 2:0 mit der besten Mannschaft, die es dort je gab. Denn neben dem berühmten »-ni«-Sturm läuft auch noch der »-er«-Sturm in Basel aufs Eis, mit Charly und Hertli Kessler sowie Heini Lohrer.

Georg Meier siegt bei Tourist Trophy

16. Juni 1939. Mit Georg »Schorsch« Meier gewinnt zum ersten Mal seit 1907 ein nichtbritischer Fahrer die Senior-Tourist Trophy auf der Insel Man. Es ist die Sensation in einem Motorradrennen, bei dem es in drei Jahrzehnten mehr Tote als Sieger gab.
Für die Motorradfans ist die 60,36 km lange Strecke, die sechsmal durchfahren werden muß, der schönste Kurs der Welt. Für nüchterne Beobachter sind die 200 Kurven pro Runde, durch die mit über 100 km/h hindurchgejagt wird, eine Bahn ins Jenseits.
»Schorsch« Meier, auf seiner 500-ccm-BMW, stellt sich dieser Herausforderung. Die Straße, mit der Inselhauptstadt Douglas als Start und Ziel, meist kaum 6 m breit, an Gartenmauern entlang, um Hausecken herum, auf welliger Fahrbahn, teilweise über Kopfsteinpflaster, mit Anstiegen bis zu 1000 m und steilen Abfahrten, überfliegt er mit 143,723 km/h Durchschnittsgeschwindigkeit – nach nur sieben Tagen, die für das Kennenlernen und Training auf diesem Kurs zur Verfügung stehen, eine enorme Leistung. Der deutsche Triumph bleibt jedoch nicht ungetrübt. An der Ballaugh Bridge kracht der BMW-Fahrer Karl Gall an einen Betonpfeiler. Neun Tage später erliegt er im Krankenhaus seinen Verletzungen.

Vierter Titel für das »Königspaar«

19. Februar 1939. *Zum vierten Mal seit Garmisch-Partenkirchen 1936 werden Maxie Herber und Ernst Baier Weltmeister im Eiskunstlauf der Paare. Und zum vierten Mal bleibt den Wiener Geschwistern Ilse und Erik Pausin nur der zweite Platz. Dabei sind sie in Budapest dem Sieg über das »Königspaar« so nah wie nie zuvor.*
Maxie Herber hatte wegen einer Verletzung mit dem Training aussetzen müssen. Dennoch läuft das Paar eine recht schwierige Kür sehr sicher. Allerdings ist zu spüren, daß dieser Sicherheit die künstlerische Gestaltung etwas zum Opfer fällt. Aber die Preisrichter honorierten mit Platzziffer 8 und 11,64 Punkten gegenüber Platzziffer 13 mit 11,40 Punkten für die Pausins die Pionierleistung von Ernst Baier im Eiskunstlauf. Sie wollen im Richtungsstreit zwischen sportlich-künstlerischem und tänzerischem Eiskunstlauf nicht anders entscheiden als in den Jahren zuvor. Die glänzende Tagesform der ebenfalls für Deutschland angetretenen Pausins gerät dabei gegenüber der grundsätzlichen Auffassung vom Eiskunstlauf ins Hintertreffen. Die deutsch-österreichische Ära im Paarlauf endet.

◁ Maxie Herber aus München und Ernst Baier aus Zittau prägen den Eiskunst-Paarlauf der 30er Jahre.

Lang gewinnt EM auf Mercedes-Benz

20. August 1939. »I weiß gar nedde, wie des möglich is, daß i no do bin«, sagte Hermann Lang erschüttert nach dem Grand Prix in Spa-Francorchamps am 25. Juni dieses Jahres. Stockend schildert er, was er mit ansah: »Nasser Boden, schlüpfrige Kurven, Seaman kommt ins Schleudern, Wagen kommt von der Bahn, dreht sich wie ein Karussell um einen Baum. Auspuff abgerissen, Benzinleitung zerreißt, Flammen. Wagen Brandfackel. Dick verbrennt elend.«
Lang gewann das Rennen in Spa-Francorchamps, wie zuvor schon den Grand Prix in Pau, in Tripolis und das Eifelrennen. Nach seinem fünften Saisonsieg im Berner Bremgarten am 20. August steht er als Europameister fest.

»Großdeutsche« Siegesserie im Fußball

Tor für Deutschland beim 5:2 gegen Italien. Torschütze Ernst Lehner reißt die Arme hoch, während Olivieri den zurückgeprallten Ball festhält.

26. November 1939. Die »großdeutsche« Fußball-Nationalmannschaft besiegt in einem Freundschaftsspiel vor 90 000 Zuschauern im Berliner Olympiastadion Italien 5:2. Allerdings gelingt dieser Erfolg nicht gegen den Weltmeister, denn nur zwei Spieler aus der italienischen Meistermannschaft von 1938 gehören noch der neuformierten »Squadra Azzurra« an.
Wozu im vorigen Jahr beim Worldcup-Turnier in Frankreich die Zeit nicht mehr ausreichte (→ 4. 6. 1938), das ist Reichstrainer Joseph »Sepp« Herberger inzwischen gelungen. Die Mischung aus reichsdeutschen und österreichischen Spielern wurde zu einer Einheit. Die Länderspielbilanz dieses Jahres macht es deutlich: Von 15 Spielen werden neun gewonnen.

Sensation in Mailand: »1:46,6 min – Recordo del mondo!«

15. Juli 1939. Als der Sprecher in der Mailänder Arena den Weltrekord von Rudolf Harbig bekanntgibt, antwortet ihm nur mäßiger Beifall. Zu wenig interessierte Zuschauer haben sich am ersten Tag des Leichtathletik-Länderkampfes Italien—Deutschland eingefunden. Nur wenige Kenner erwarten auf der vorzüglichen 500-m-Laufbahn gespannt ein erneutes Duell zwischen dem italienischen Meister Mario Lanzi und dem Deutschen Rudolf Harbig.
Der Dresdener hatte im Vorjahr in Paris den Europameistertitel über 800 m in 1:50,6 min gewonnen und hierbei Lanzi geschlagen. Inzwischen war er schon unter 1:50,0 min gelaufen, aber Lanzi auch.
In Mailand versucht Lanzi die Flucht nach vorn. Er legt ein scharfes Tempo vor und passiert die 400-m-Marke in 52,5 sec. Harbig bleibt ihm auf den Fersen. Die beiden anderen Läufer, der Deutsche Brandscheidt und der Italiener Bellini, sind bereits abgeschlagen. Lanzi versucht, den Deutschen abzuschütteln. Aber was hat Trainer Woldemar Gerschler seinem Schützling eingeschärft? »Geizen mit jeder Zehntelsekunde!« Lanzi scheint mit seinem Tempolauf zu enteilen. Er führt noch in die Zielkurve hinein, aber dann kommt Harbig. Plötzlich sieht es so aus, als bliebe Lanzi stehen. Jedenfalls verfügt er über keine Kraft mehr, sein Tempo zu steigern. Er verkrampft, als er Harbig neben sich sieht. Und Harbig läuft Lanzi auf den letzten 50 m auf und davon. Lanzi resigniert, selbst Brandscheidt kommt noch fast an ihn heran. Gleichwohl sind 1:49,0 min eine hervorragende Zeit für Lanzi. Aber die 1:46,6 min Harbigs sind ein Fabelweltrekord, der 15 Jahre bestehen bleibt.
14 Tage später treten die beiden erneut gegeneinander an. Wieder siegt Harbig, diesmal in 1:48,7 min vor Lanzi mit 1:49,2 min. Und noch ein letztes Mal in diesem Jahr wiederholt sich das Duell Harbig—Lanzi. Diesmal über 400 m am 12. August bei einem Sportfest in Frankfurt am Main. Wieder legt Lanzi mit aller Kraft los, biegt mit 5 m Vorsprung in die Zielgerade ein. Dann setzt Harbig zu seinem gefürchteten fulminanten Endspurt an und erreicht in der Weltrekordzeit von 46,0 sec als Erster das Ziel.

Rudolf Harbig im Ziel des denkwürdigen 800-m-Laufs in der Weltrekordzeit von 1:46,6 min beim Leichtathletik-Länderkampf Italien—Deutschland in Mailand. Abgeschlagen der Italiener Mario Lanzi, der 700 m lang führte

Mit 18 Jahren Weitsprung-Weltrekord

30. Juli 1939. Eine Traumgrenze in der Frauen-Leichtathletik ist überboten. Die erst 18jährige Westfälin Christel Schulz landet bei einem Weitsprung nach 6,12 m in der Sprunggrube. Damit übertrifft sie bei einem Sportfest mit Teilnehmern aus zwölf Nationen im Berliner Olympiastadion vor 30 000 begeisterten Zuschauern die bisherige Weltbestleistung der Japanerin Kinue Hitomi aus dem Jahr 1928.

Die Markierungen des deutschen Rekords und des Weltrekords überspringt Christel Schulz beim Leichtathletik-Sportfest in Berlin mit 6,12 m.

Das Sportfest in Berlin gilt als Olympiaprüfung der deutschen Leichtathleten, bei der auch der Wiener Stabhochspringer Haunzwickel mit einer ungewöhnlichen Leistung den Italiener Romeo, den Norweger Kaas und den Japaner Mayeda übertrifft, die ihn sämtlich früher schon geschlagen haben.
Auch Christel Schulz wurde zu ihrem Weltrekordsprung durch die starke Konkurrenz mit der Niederländerin Francina »Fanny« Koen angespornt, die mit 5,97 m bis auf 1 cm an den alten Weltrekord herankommt.
Christel Schulz ist allerdings nicht die erste Frau, die über die 6-m-Grenze springt. Die Polin Stanislawa Walasiewicz erreichte im Vorjahr in Łódź 6,04 m und die Deutsche Erika Junghanns aus Naumburg in Weißenfels 6,07 m. Beide Rekorde wurden jedoch nicht offiziell anerkannt, da die vorschriftsmäßigen Bedingungen nicht eingehalten wurden.

1940

Januar. Bei den Australischen Tennismeisterschaften in Melbourne, den letzten während des Zweiten Weltkriegs, gewinnt Adrian Quist das Einzel und mit John Bromwich das Doppel.

2. 1. Albert Richter, deutscher Radweltmeister der Amateure 1932, wird beim Versuch, in die Schweiz zu fliehen, an der Grenze verhaftet und begeht in Lörrach Selbstmord.

11. 1. Die »großdeutsche« Eishockey-Nationalmannschaft verliert ein Länderspiel gegen das Reichsprotektorat Böhmen und Mähren 1: 5.

15. 1. Das Deutsche Reich stellt für die Olympia-Bauten in Garmisch-Partenkirchen weitere 850 000 Reichsmark zur Verfügung.

Februar. Zum letzten Mal vor der Besetzung Norwegens durch deutsche Truppen (9. 4. 1940) Skispiele am Holmenkollen mit Wettbewerben im 18-km-Langlauf, im 50-km-Langlauf, Spezialsprunglauf und in der Kombination.

9. 2. Joe Louis verteidigt seinen WM-Titel im Box-Schwergewicht in New York gegen den Argentinier Arturo Godoy durch einen Punktsieg nach 15 Runden.

März. Der Schwede Arthur Hägblad gewinnt als erster Läufer den seit 1922 ausgetragenen Wasalauf über 89 km von Mora nach Sälen zum vierten Mal (→ 19. 3. 1922).

2. 3. Trotz des Krieges findet auf der Themse in London das traditionelle Achterrennen zwischen Oxford und Cambridge statt. Cambridge gewinnt mit fünf Längen Vorsprung.

29. 3. Joe Louis verteidigt in New York seinen Titel als Boxweltmeister aller Klassen gegen Jonny Paychek durch K. o. in der achten Runde.

April. Wegen des Russisch-Finnischen Krieges werden die Olympischen Sommerspiele in Helsinki endgültig abgesagt. Das Plakat für die Spiele der XII. Olympiade, das Paavo Nurmi vor einer Weltkugel zeigt, ist bereits gedruckt und ausgeliefert (→ 15. 1. 1940).

Zum zweiten Mal seit 1931 deutscher Sieg bei der Mille Miglia. Bäumer/Huschke von Hanstein auf BMW legen die 1485 km lange Strecke in 8:54:46,6 h zurück, was auf den Landstraßen einem Durchschnitt von 166,723 km/h entspricht.

1. 4. Die Produktion von Spikes muß im Deutschen Reich als nicht kriegswichtig gedrosselt werden. Für Sportvereine wird eine Rationierung eingeführt.

3. 5. Weltrekord über 110 m Hürden in 13,7 sec durch den US-Amerikaner Fred Wolcott in Austin.

30. 5. Der US-Amerikaner Wilbur Shaw auf Maserati gewinnt zum dritten Mal das 500-Meilen-Automobilrennen in Indianapolis.

2. 6. Erster großer Erfolg des Italieners Fausto Coppi durch Sieg beim Giro d'Italia (→ 17. 5.–2. 6. 1940).

20. 6. In New York besiegt Joe Louis in einem Revanchekampf Arturo Godoy durch K. o. in der achten Runde.

21. 6. Janusz Kusocinski, Olympiasieger über 10 000 m 1932, wird in Palmiry bei Warschau als polnischer Widerstandskämpfer von den deutschen Besatzungstruppen hingerichtet.

29. 6. Weltrekord im Stabhochsprung durch den US-Amerikaner Cornelius Warmerdam in Fresno mit 4,60 m.

21. 7. Deutscher Fußballmeister wird zum fünften Mal der FC Schalke 04 durch ein 1:0 gegen den Dresdner SC vor 95 000 Zuschauern in Berlin.

September. Alice Marble gewinnt zum vierten Mal das Damen-Einzel in Forest Hills. Mit ihrer Partnerin Sarah Fabyan gewinnt sie auch zum vierten Mal das Damen-Doppel, mit Bobby Riggs das Mixed. Erster großer Erfolg von Jack Kramer durch Doppelsieg mit Ted Schroeder.

1. 9. Die »großdeutsche« Fußball-Nationalmannschaft schlägt Finnland in Leipzig 13:0. Es ist der höchste deutsche Länderspielsieg seit 1912 (16:0 gegen Rußland am 1. 7. beim Olympischen Fußballturnier in Stockholm).

15. 9. Weltrekord über 400 m Freistil in 5:00,1 min durch die Dänin Ragnhild Hveger. Weitere Weltrekorde in diesem Jahr: 300 m in 3:42,5 min, 500 m in 6:27,4 min, 1000 m in 14:09,2 min, 1500 m in 21:10,1 min.

3. 11. Dreikampf-Weltrekord im Federgewicht mit 335 kg durch den koreanisehen Gewichtheber Su Il Nam, der unter dem japanischen Namen Juitsu Nan geführt wird.

16. 12. In seinem vierten diesjährigen Titelkampf schlägt Joe Louis in Boston Al McCoy in der sechsten Runde k. o.

31. 12. Trotz des Zweiten Weltkrieges zehn Länderspiele der »großdeutschen« Fußball-Nationalmannschaft. Davon werden fünf gewonnen, drei verloren, zwei enden unentschieden (→ 1. 9. 1940).

1940. Der Pionier des alpinen Skilaufs, Hannes Schneider, der 1938 nach dem Anschluß Österreichs an das Deutsche Reich in die USA emigriert war, richtet in North Conway ein Wintersportzentrum ein. 1955 ehrt man ihn dort mit einer Gedenktafel.

Letztmals während des Zweiten Weltkriegs Concours hippique auf der Piazza di Siena in Rom. Den Nationenpreis bei sechs teilnehmenden Mannschaften gewinnt die deutsche Equipe mit Harald Momm, Hans-Heinrich Brinckmann, Kurt Hasse und Weidemann. Es ist der 38. deutsche Sieg im Nationenpreis seit 1928.

Die New York Rangers gewinnen seit 1933 zum zweiten Mal den Stanley Cup im Eishockey.

Im Meiji-Stadion von Tokio veranstaltet man als Generalprobe eine Jugend-Olympiade, an der Jugendliche unter 18 Jahren aus 31 Nationen teilnehmen.

Olympische Spiele abgesagt

15. Januar 1940. In den euphorischen olympischen Tagen 1936 hatte das Internationale Olympische Komitee (IOC) weit vorausgeschaut. Die Spiele der XII. Olympiade 1940 wurden nach Sapporo und Tokio, die Spiele der XIII. Olympiade 1944 nach Cortina d'Ampezzo und London vergeben. Ein Jahr nach dem Ausbruch des Chinesisch-Japanischen Krieges übermittelte das japanische Organisationskomitee dem IOC im Juli 1938 den Verzicht auf die Austragung der Spiele.
Für die Winterspiele bot sich zuerst Oslo an, wo man jedoch, wegen der gleichzeitig geplanten Ski-Weltmeisterschaften, die Kosten scheute.

Plakat mit der Statue Paavo Nurmis

Darauf bewarb sich Sankt Moritz. Die Schweizer wollten aber in der Frage, ob Skilehrer, d. h. Professionals, an den Spielen teilnehmen dürften, das IOC zum Nachgeben bewegen. Vergebens. Das IOC beharrte darauf, alpine Skiwettbewerbe, an denen Profis teilnehmen, nur als Demonstrationswettbewerbe zuzulassen. Anfang Juni 1939 lehnten die Schweizer die Aufnahme von Ski-Demonstrationswettbewerben in das Programm der Winterspiele 1940 endgültig ab. Das Exekutivkomitee des IOC wandte sich daraufhin an das deutsche IOC-Mitglied Karl Ritter von Halt mit der Frage, ob Deutschland nicht bereit sei, abermals die Olympischen Winterspiele durchzuführen.
Nachdem Adolf Hitler zugestimmt hatte, vergab die IOC-Session in London auf Vorschlag des Exekutivkomitees am 9. Juni 1939 den Auftrag an Garmisch-Partenkirchen. Am 27. Juni brachte der »Völkische Beobachter« die Schlagzeile: »Winterolympiade 1940 noch gewaltiger!« 12 000 Skiläufer sollten von den Hängen sternförmig auf den »Führer« zufahren, der hierauf 50 Skihütten im Inland und 20 im Ausland stiften wollte. Das deutsche Organisationskomitee gab dann jedoch wegen des Krieges den Auftrag offiziell an das IOC zurück. Am 15. Januar 1940 stellt Reichsfinanzminister Johann Ludwig Graf Schwerin von Krosigk noch einmal 850 000 Reichsmark zur Fertigstellung der Olympia-Bauten in Garmisch-Partenkirchen zur Verfügung.

Albert Richter, eine der großen Hoffnungen des deutschen Radsports

Das tragische Ende von Albert Richter

2. Januar 1940. Der 27jährige Kölner Albert Richter war ein verschlossener Mensch. Er spielte gern auf seiner Geige, was ungewöhnlich für einen Radrennfahrer ist. Seine Karriere begann 1932, als er den Grand Prix von Paris gewann. Die Franzosen nannten ihn den »deutschen Achtzylinder«. Ein Jahr später wurde er Profi und schlug den besten Sprinter seiner Zeit, den sechsfachen belgischen Weltmeister Jeff Scherens. Richter war Gegner des NS-Regimes, hatte sein Geld in die Schweiz gebracht und wollte über die Grenze. Er wird gefaßt und begeht Selbstmord.

Fausto Coppi, der neue Star des italienischen Radsports

Coppis erster Sieg beim Giro d'Italia

17. Mai bis 2. Juni 1940. Italiens »Campionissimo« Gino Bartali erwächst im eigenen Land ein neuer Rivale. Der Stil, in dem der 20jährige Neuling im Profi-Lager, Fausto Coppi, seinen ersten Giro d'Italia gewinnt, verheißt eine große Karriere. Der fast blinde Masseur Cavanna hatte den Jungen entdeckt, als er noch auf einem klapprigen Fahrrad Metzgerwaren ausfuhr. 1938 gewann Coppi sein erstes Amateurrennen. 1939 siegte er fünfmal. Immer kam er weit vor den Verfolgern am Ziel an. Bei der Piemont-Rundfahrt brachte ihn nur ein Reifendefekt um den Sieg über Bartali.

Ernst Kuzorra mit einem weiteren Meisterschaftskranz

Schalke 04 erster »Kriegsmeister«

21. Juli 1940. Die erste Kriegs-Fußballmeisterschaft bringt dem FC Schalke 04 im Berliner Olympiastadion den fünften Titel ein. Aber es ist ein mühsamer 1:0-Sieg über den Dresdner SC. Kein Vergleich mit dem unwiderstehlichen Sturmlauf gegen Admira Wien im vorigen Jahr (→ 18. 6. 1939). Die Mannschaft um Fritz Szepan und Ernst Kuzorra hat ihren Höhepunkt überschritten. Mit dem Dresdner SC stellt sich der Nachfolger vor. In Helmut Schön hat die Mannschaft einen hervorragenden Regisseur, in Richard Hofmann einen schußgewaltigen Stürmer.

Fritz Walter (r.), die neue Fußballentdeckung beim 7:3 gegen Bulgarien

Traumfußball gegen Finnen in Leipzig

1. September 1940. Die »großdeutsche« Fußball-Nationalmannschaft ist die stärkste Europas, in ihrer derzeitigen Form gewiß auch der Welt. Das 13:0 gegen Finnland in Leipzig ist der höchste Länderspielsieg seit 1912. Ihm ging ein 9:3 gegen Rumänien am 14. Juli in Frankfurt am Main voraus. Der Wiener Wilhelm Hahnemann schießt in beiden Spielen acht Tore. Auf insgesamt fünf Treffer kommt der neue Mittelstürmer, der gegen Rumänien sein Länderspieldebüt gab, der Pfälzer Fritz Walter. In ihm hat Joseph »Sepp« Herberger offenbar den Nachfolger für Fritz Szepan gefunden.

Zweiter Weltkrieg stoppt internationale Sportwettkämpfe

Mitten zwischen den zweiten und dritten Weltmeisterschaftslauf der Berufssprinter mit dem Belgier Jeff Scherens und dem »fliegenden Holländer« Arie van Vliet war im Vorjahr im Mailänder Velodrom die Nachricht vom Ausbruch des Zweiten Weltkrieges geplatzt. Die Entscheidung um den Weltmeistertitel erfolgte nicht mehr. Die Fahrer verließen die Stadt und kehrten in ihre Heimatländer zurück. Der internationale Sportverkehr erfuhr seitdem eine starke Einschränkung.

Auf nationaler Ebene muß in Frankreich 1940 die Tour de France ausfallen. Dagegen wird in Italien trotz des Krieges noch der Giro d'Italia ausgefahren. Wie eine Trotzreaktion wirkt es, wenn in Großbritannien, wo seit Januar Butter, Fleisch und Zucker rationiert sind, das traditionelle »Boatrace« ausgetragen wird. Zum beliebten Fußballpokal-Endspiel in Wembley kommt es jedoch seit 1939 nicht mehr.

Im Deutschen Reich werden nicht nur die Lebensmittel rationiert, sondern auch Stahl für die Fabrikation von Spikes. Noch knapper wird bald der Treibstoff für Kraftwagen. Jeder Tropfen Benzin wird für Flugzeuge und Panzer gebraucht. Für den Zivilbetrieb gibt es Ersatz. Man fährt mit Flüssiggas, Holzgas, Torf und Anthrazit. Die Buna-Werke errichten in der Nähe des Vernichtungslagers Auschwitz in Polen einen Betrieb zur Fabrikation von Kunstgummi für Autoreifen. Billige Arbeitskräfte liefert das Lager.

Trotz solcher kriegsbedingter Maßnahmen soll der Sport nach dem Willen der NS-Führung nicht brachliegen, im Gegenteil. Schließlich hat allein der Motorsport mit den teuren Rekordfahrten eines Rudolf Caracciola entscheidend zur Perfektion der deutschen Kriegsmaschinerie beigetragen. Der deutsche Sportbetrieb soll ostentativ weitgehend aufrecht erhalten werden.

Am 15. März wird die Errichtung eines »Kriegssportausschusses« beantragt, der für »unumgänglich notwendig« gehalten wird. Der entsprechende Erlaß am 20. Juni liefert die Begründung: »Die Leibesübungen sind von besonderer Bedeutung für die Ertüchtigung unseres Volkes. Während des Krieges bilden sie ein wichtiges Mittel zur Erhaltung der Widerstandskraft der Nation.«

1941

1. 1. Joe Louis verteidigt seinen Weltmeistertitel im Box-Schwergewicht gegen Red Burman in New York durch K. o. in der fünften Runde.

2.–9. 2. Bei den Meisterschaften der Fédération Internationale de Ski (FIS) in Cortina d'Ampezzo unterliegt Christl Cranz im Slalom der Italienerin Celina Seghi.

17. 2. Zweite Titelverteidigung von Joe Louis in Philadelphia durch K. o. in der zweiten Runde über Gus Dorazio.

23. 2. Weltrekord im Eisschnellauf durch den Schweden Åke Seyffarth über 5000 m in 8:13,7 min.

7. 3. Weltrekordspringen auf der Skiflugschanze in Planica: Rudi Gehring 108 m, Max Mair 109 m, Hans Lahr 111 m, Paul Kraus 112 m, Gehring 118 m.

19. 3. Weltrekord über 200 m Brust in 2:55,5 min durch Anni Kappell in Düsseldorf.

21. 3. Dritte Titelverteidigung von Joe Louis in Detroit durch K.-o.-Sieg in der 13. Runde über Abe Simon.

8. 4. Vierte Titelverteidigung von Joe Louis. In St. Louis K.-o.-Sieg über Tony Musto in der neunten Runde.

10. 4. Als erster Mensch hebt der US-Amerikaner Steve Stanko im Olympischen Dreikampf 454 kg, was 1000 englischen Pfund entspricht. Die Leistung wird nie als Weltrekord angemeldet.

27. 4. Weltrekord im 30-km-Gehen in 2:30:33,6 h durch den Deutschen Hermann Schmidt.

30. 4. Weltrekord im Gewichtheben der Mittelgewichtsklasse mit 128,5 kg im Drücken durch den Russen Grigori Nowak in Nowosibirsk.

13. 5. Weltrekord über 400 m Freistil in 4:38,5 min durch den US-Amerikaner William Smith in Honolulu in einem Salzwasserbecken.

23. 5. Joe Louis gewinnt in Washington einen Titelkampf gegen Buddy Baer durch Disqualifikation Baers in der siebten Runde.

24. 5. Weltrekord über 1000 m in 2:21,5 min durch Rudolf Harbig in Dresden (→ 29. 6. 1941).

31. 5. Weltrekord über 440 y in 46,4 sec durch den US-Amerikaner Grover Klemmer in Berkeley.

6. 6. Der US-Amerikaner Cornelius Warmerdam verbessert seinen Weltrekord im Stabhochsprung in Compton auf 4,72 m.

15. 6. In Wien schlägt die »großdeutsche« Fußball-Nationalmannschaft Kroatien 5:1.

17. 6. Weltrekord im Hochsprung durch den US-Amerikaner Lester Steers mit 2,108 m in Los Angeles.

18. 6. Joe Louis verteidigt in New York zum sechsten Mal in diesem Jahr seinen Weltmeistertitel im Box-Schwergewicht gegen Billy Conn, der nach Punkten in Führung lag, durch K. o. in der 13. Runde.

20. 6. Weltrekord im Diskuswurf mit 53,26 m durch den US-Amerikaner Archie Harris in Palo Alto.

22. 6. Deutscher Fußballmeister wird zum ersten und einzigen Mal Rapid Wien durch ein 4:3 über den FC Schalke 04 vor 95 000 Zuschauern in Berlin.

Helmut Hamann, 1936 Olympiadritter in der deutschen 4x400-m-Staffel, fällt am ersten Tag des deutschen Überfalls auf die UdSSR.

29. 6. Der US-Amerikaner Grover Klemmer stellt in Philadelphia mit 46,0 sec den 400-m-Weltrekord von Rudolf Harbig ein.

19. 7. Der zweimalige deutsche Europameister (1934 und 1938) im Weitsprung Wilhelm Leichum fällt in Rußland.

20. 7. Weltrekord im Gewichtheben im Drücken der Schwergewichtsklasse mit 145 kg durch Josef Manger in Freising.

23. 7. Der deutsche Europameister über 400 m Hürden (1934) Hans Scheele fällt in Rußland.

10. 8. Weltrekord über 1500 m in 3:47,6 min durch den Schweden Gunder Hägg in Stockholm.

23. 8. Weltrekord über 4x800 m in 7:30,4 min durch eine deutsche Staffel mit Rudolf Harbig in Braunschweig (→ 29. 6. 1941).

September. Der US-Amerikaner Bobby Riggs gewinnt die US-Tennismeisterschaften in Forest Hills, das einzige bedeutende Tennisturnier, das weiterhin ausgetragen wird. Im Herren-Doppel wiederholen Jack Kramer/Ted Schroeder ihren Vorjahressieg.

29. 9. Joe Louis verteidigt seinen Titel als Boxweltmeister aller Klassen zum siebten Mal in einem Jahr, ein einmaliger Rekord. In New York schlägt er Lou Nova in der sechsten Runde k. o.

26. 10. Weltrekord im Diskuswurf mit 53,34 m durch den Italiener Adolfo Consolini in Mailand.

2. 11. Der Dresdner SC schlägt den FC Schalke 04 im deutschen Pokal-Finale vor 65 000 Zuschauern in Berlin 2: 1.

31. 12. Die »großdeutsche« Fußball-Nationalmannschaft trug in diesem Jahr neun Länderspiele aus. Davon wurden sechs gewonnen, zwei verloren (1:2 gegen die Schweiz am 20. 4. in Bern, 2:4 gegen Schweden am 5. 10. in Stockhohn), eines (1:1 gegen Dänemark am 16. 11. in Dresden) endete unentschieden.

1941: Weltrekorde der Dänin Ragnhild Hveger über 800 m Freistil in 10: 52,5 min, über 1500 m in 20:57,0 min und über 400 m Rücken in 5:38,2 min.

Die Italienerin Celina Seghi (l.) mit Christl Cranz nach dem Slalom in Cortina d'Ampezzo

Celina Seghi bezwingt Christl Cranz

2. bis 9. Februar 1941. *Bei den Meisterschaften der Fédération Internationale de Ski (FIS) in Cortina d'Ampezzo, die als Weltmeisterschaften nicht anerkannt werden, kann im Slalom die zierliche Celina Seghi unter dem Jubel der Zuschauer erstmals die sieggewohnte Christl Cranz schlagen. Die Leichtigkeit und Eleganz der Italienerin erinnert an den Stil der Franzosen Emile Allais und James Couttet. Christl Cranz ist mit ihrer kraftvollen Fahrweise im Abfahrtslauf überlegen und gewinnt damit die Alpine Kombination. In der Nordischen Kombination siegt Gustav »Gustl« Berauer.*

Aus Skispringern werden Skiflieger

7. März 1941. Seit der Österreicher Joseph »Sepp« Bradl den Bann gebrochen hatte und von der Skisprungschanze in Planica auf 101,5 m hinabgesegelt war, hatte das Skispringen eine neue Dimension gewonnen. Die Zeit der Weitenjäger brach an. Bradl steigerte seinen Weltrekord 1938 auf 107 m.

In diesem Jahr machen in Planica gleich vier Springer Jagd auf Bradls Bestmarke. Und alle vier mit Erfolg. Zuerst gelingt dem Deutschen Rudi Gehring ein Sprung, eher schon ein Flug, auf 108 m. Aber dieser Weltrekord hat nicht lange Bestand. Schon im nächsten Durchgang fliegt der Südtiroler Max Mair auf 109 m hinab. Auch dieser Weltrekord wird wenig später übertroffen. Hans Lahr landet an der 111-m-Marke.

Aber noch ist diese hochklassige Konkurrenz ohne Beispiel nicht entschieden. Paul Kraus schnellt sich vom Sprungtisch, 112 m zeigen die Weitenrichter an, als er aufsetzt. Das läßt Gehring, der dieses Rekordfest begann, nicht ruhen. Mit 118 m setzt er den sensationellen Schlußpunkt.

Weltrekorde im Eisschnellauf

23. Februar 1941. Der erst 21jährige schwedische Meister im Eisschnellauf über 1500 m, 5000 m und 10 000 m, Åke Seyffarth, läuft in Davos zwei Weltrekorde.

Getrieben von seinem Landsmann Göthe Hedlund, erreicht er zuerst über 3000 m 4:47,4 min und anschließend über 5000 m 8:13,7 min.

Weltrekordler Åke Seyffarth

Sensationelle Schalker 3:4-Niederlage gegen Rapid Wien

22. Juni 1941. Als sich der scharf geschossene Ball des Freistoßes über die Spielermauer und über den sich vergeblich streckenden Hans Klodt hinweg ins obere Dreieck des Tores senkt, kommt es den Schalkern vor, als erlebten sie einen bösen Traum. Rapid Wien führt im Endspiel um die »großdeutsche« Fußballmeisterschaft vor 95 000 Zuschauern im Berliner Olympiastadion wenige Minuten vor Schluß 4:3.

Als bald nach Beginn der zweiten Halbzeit der Schalker Linksaußen Hinz das 3:0 schoß, schien die Partie gelaufen. Ein Ehrentor konnte man den Wienern noch gönnen. Aber dann kam Franz Binder, den die Wiener »Bimbo« nennen. Die Schalker wußten um die Schußkraft dieses fast 2 m langen, etwas steifen Stürmers. Otto Tibulski nahm sich seiner an, dennoch schoß »Bimbo« das 3:2. Als ihm kurz darauf gleich fünf Schalker den Weg zum Tor versperrten, fand »Bimbo« ein Schlupfloch zum 3:3. Mit dem Freistoß zum 4:3-Endstand vollendet »Bimbo« seinen Hattrick.

»Bimbo« Binder bombt — während Schalker und Wiener Spieler auf den Schützen starren, fliegt der Ball ins Netz.

Dresdner SC schlägt Schalke im DFB-Pokal

2. November 1941. Im Endspiel um den deutschen Vereinspokal unterliegt der FC Schalke 04 vor 65 000 Zuschauern im Berliner Olympiastadion dem Dresdner SC 1:2.

Treibende Kraft des Dresdner Spiels ist Richard Hofmann, der, ebenso wie Franz »Bimbo« Binder bei Rapid Wien, immer für einen Hattrick gut ist. In Fußball-Länderspielen gelangen ihm allein fünf, davon einer gegen England 1930. Gegen Schweden schoß er 1929 sogar sechs Tore hintereinander, drei davon wurden allerdings nicht anerkannt. Insgesamt kam Hofmann zwischen 1927 und 1933 in 25 Länderspielen auf 24 Tore. Eines schoß er im Olympiaturnier 1928 beim Skandalspiel gegen Uruguay (→ 3. 6. 1928). Da trat er allerdings nicht nur gegen den Ball, sondern auch einem Gegner in den Hintern. Nach einem schweren Autounfall schien seine Karriere beendet zu sein. Er verlor ein Ohr, und wegen Beeinträchtigung seines Gleichgewichtssinns war er eigentlich nicht mehr fußballtauglich. Doch beim Dresdner SC feiert der 35jährige ein Comeback.

Im Siegerkranz: Richard Hofmann zwischen Helmut Schön (l.) und Ernst Kuzorra

Neuer Spielertyp in der Nationalelf

15. Juni 1941. Der neugebildete Staat Kroatien unterliegt der »großdeutschen« Fußball-Nationalmannschaft in Wien 1:5. Die Siegtreffer für die Deutschen erzielen Ernst Lehner (2), Fritz Walter (2) und Ernst Willimowski.

Insgesamt trägt die deutsche Nationalmannschaft in diesem Jahr neun Länderspiele aus. Walter erzielt in acht Begegnungen sieben Treffer. Aber nicht diese Torausbeute stempelt ihn zum neuen deutschen Fußballstar. In Fritz Walter reifte ein Spielertyp heran, den man als das Gehirn der Mannschaft bezeichnen kann. Fast ebensooft wie am gegnerischen taucht er auch am eigenen Strafraum auf. Der Torjäger ist sich nicht zu schade, Tore des Gegners zu verhindern.

Walter ist kein »Sturmtank«, der in der gegnerischen Hälfte auf Vorlagen lauert, vielmehr baut er die Angriffe oft in der eigenen Spielhälfte auf. Mit seinen präzisen Vorlagen setzt er seine Nebenleute optimal ein, was die Torerfolge eines Helmut Schön, Lehner, Willimowski oder Edmund Conen beweisen.

Das technische Können eines Gene Tunney gepaart mit der Schlagkraft eines Jack Dempsey sorgen für den kometenhaften Aufstieg des »braunen Bombers« (r. mit Lou Nova).

Joe Louis: Sieben erfolgreiche Titelfights in einem Jahr

Nach dem Blitz-K.-o. über Max Schmeling am →22. Juni 1938 hatten die Bewohner von Harlem mit Transparenten dazu aufgefordert, Louis zum US-Präsidenten zu wählen. Das war etwas unrealistisch. Aber tatsächlich tut Louis viel, um Ressentiments gegen Farbige in den USA abzubauen. Louis weicht keiner Titelverteidigung aus. Je viermal schlug er seine Herausforderer 1939 und 1940, davon siebenmal durch K. o. Seine sieben Titelkämpfe 1941 sind ein einmaliger Rekord. Nach dem japanischen Überfall auf Pearl Harbor am 7. Dezember 1941 meldet sich Louis zur Armee. Dort bestreitet er Schaukämpfe, für 27 US-Dollar Sold pro Monat. Gegen Buddy Baer und Abe Simon, die er beide in diesem Jahr schlägt, stellt er sich Anfang des nächsten Jahres noch zu Revanche-Titelkämpfen. Die Börse stiftet er Wohlfahrtseinrichtungen der US-Army.

Bekannte Sportler Opfer des Krieges

22. Juni 1941. Am selben Tag, als Franz »Bimbo« Binder die Spieler des FC Schalke 04 in Berlin aus allen Meisterschaftsträumen schießt (→ 22. 6. 1941), beginnt der deutsche Überfall auf die Sowjetunion. An diesem ersten Tag fällt auf russischem Boden der deutsche 400-m-Läufer Helmut Hamann. Hamann gewann mit der deutschen 4x400-m-Staffel 1936 die olympische Bronzemedaille.

In Berlin blieb damals etwas im Schatten des Duells Jesse Owens und Luz Long der deutsche Weitspringer Wilhelm Leichum, der mit 7,73 m nur um 1 cm hinter dem Japaner Naoto Tajima die Bronzemedaille verfehlte und sich mit dem Italiener Arturo Maffei den vierten Platz teilte. Zu Bronze kam Leichum dennoch in der 4x100-m-Staffel. Long verbesserte 1937 den Europarekord noch auf 7,90 m, aber Leichum wurde 1938, wie schon 1934, Europameister. Am 19. Juli 1940 fällt auch Leichum in Rußland. Wenige Tage später (am 23. 7.) folgt der 400-m-Hürden-Europameister von 1934, Hans Scheele. Die Leistungen Scheeles waren gegen Ende der 30er Jahre nur von Georg Glaw und dem Europarekordler F.-W. Hölling übertroffen worden. Glaw fiel bereits 1940 in Frankreich, Hölling fällt am 22. Juni 1941 in Rußland.

Mit Fleiß zur Weltspitze

29. Juni 1941. Bei den US-Leichtathletikmeisterschaften in Philadelphia erleben die wenigen Zuschauer das schnellste 400-m-Rennen der bisherigen Sportgeschichte. Über eine Bahn mit nur einer Kurve und ohne Bahneinteilung jagen sechs Läufer. Der 20jährige, 1,88 m große Kalifornier Grover Klemmer siegt in 46,0 sec und stellt damit Rudolf Harbigs Weltrekord aus dem Jahr 1939 ein. Gleichauf an zweiter Stelle werden die ebenfalls 20jährigen Kerns und Bourland mit 46,1 sec gestoppt. Es folgen Diebolt mit 46,4 sec, Herbert mit 46,8 sec und Campbell mit 46,9 sec.

Als Rudolf Harbig von diesem phantastischen Rennen hört, unternimmt er in Paris einen Angriff auf seinen 400-m-Weltrekord, der ihm nun nicht mehr allein gehört. Aber ohne starke Konkurrenz und bei heftigem Wind kommt er nur auf 46,7 sec. Obwohl Harbig über gute Sprintqualitäten verfügt — er läuft 100 m in 10,6 sec und 200 m in 21,5 sec —, liegt seine Stärke doch eher auf der 800-m-Strecke. Dies bestätigte bereits sein Weltrekord, den er am 24. Mai 1941 über 1000 m in 2:21,5 min in Dresden erzielte. Auch seine Leistung beim 4x800-m-Staffelweltrekord in Braunschweig am 23. August 1941 ist dafür ein weiterer Beweis.

Die 1000 m stellen jedoch die Grenze von Harbigs Leistungsfähigkeit dar, denn über 1500 m gelangen ihm bisher keine überragenden Zeiten. Nach dem Urteil seines Trainers Woldemar Gerschler verfügt Harbig über keine ungewöhnliche Organkraft. Seine Erfolge sind ausschließlich auf Fleiß und Training zurückzuführen.

Adolfo Consolini, Italiens Weltrekordler

Diskusweltrekorde

Am 20. Juni 1941 wirft der US-Amerikaner Archie Harris in Palo Alto Weltrekord mit 53,28 m. Am 26. Oktober 1941 übertrifft ihn der 24jährige Adolfo Consolini in Mailand mit 53,34 m.

Schwimmwunder Ragnhild Hveger

1941. 350 m lang führte bei den Olympischen Spielen 1936 die 15jährige Dänin Ragnhild Hveger über 400 m Freistil. Dann wurde sie von der Niederländerin Hendrika »Ria« Mastenbroek noch mit einer Sekunde abgefangen. Zwei Jahre später wurde die Dänin Europameisterin über 100 m und 400 m Freistil und mit der 4 x 100-m-Staffel. Danach begab sie sich auf Rekordjagd. 1940 hätte es wohl kaum eine sicherere Anwärterin auf olympische Goldmedaillen gegeben als das dänische Schwimmwunder.

In den vier Jahren von 1937 bis 1941 schwamm sie auf den Strecken von 100 y bis zu einer Meile insgesamt 44 Weltrekorde. Ihre Stärke liegt im Kraulstil, aber drei Weltrekorde schwamm sie auch über 200 m und 400 m Rücken.

1942

1. 1. Der Skisport in Deutschland wird eingestellt.

9. 1. Joe Louis verteidigt seinen Weltmeistertitel im Box-Schwergewicht in New York gegen Buddy Baer durch K. o. in der ersten Runde.

25. 1. Hein ten Hoff wird in Breslau Europameister der Amateure im Box-Schwergewicht.

6. 2. Der Präsident des Internationalen Olympischen Komitees (IOC), Henry Graf de Baillet-Latour, erliegt nach Erhalt der Nachricht, daß sein Sohn, der für ein freies Belgien kämpfte, bei einer militärischen Übung in den USA tödlich verunglückt ist, einem Herzanfall.

27. 3. Joe Louis verteidigt seinen WM-Titel im Schwergewichtsboxen in New York gegen Abe Simon durch K. o. in der sechsten Runde.

23. 5. Weltrekord im Stabhochsprung durch den US-Amerikaner Cornelius Warmerdam in Modesto/Kalifornien mit 4,77 m. Dies bleibt die beste Leistung mit einem Bambusstab.

21. 6. Weltrekord im Speerwurf mit 47,24 m durch Anneliese Steinhauer in Frankfurt am Main.

5. 7. Der FC Schalke 04 wird zum sechsten Mal Deutscher Fußballmeister durch ein 2:0 über Vienna Wien vor 90 000 Zuschauern in Berlin.

17. 7. Weltrekord über 1500 m in 3:45,8 min durch den Schweden Gunder Hägg in Stockholm (→ 20. 9. 1942).

September. Ted Schroeder gewinnt das Einzel der US-Tennismeisterschaften in Forest Hills. Bei den Damen siegt erstmals Pauline Betz.

2. 8. Der Schweizer Ferdy Kübler gewinnt zum ersten Mal die Tour de Suisse (29. 7.–2. 8.).

20. 9. Weltrekord durch Gunder Hägg über 5000 m in 13:58,2 min in Göteborg.

Francina »Fanny« Blankers-Koen stellt in Amsterdam den Weltrekord über 80 m Hürden in 11,3 sec ein.

29. 9. Der Nationalsozialistische Reichsbund für Leibesübungen stiftet das Versehrten-Sport-abzeichen. Es ist zunächst nur für Kriegsversehrte vorgesehen.

7. 11. Der Italiener Fausto Coppi verbessert den Stundenweltrekord im Radfahren in Mailand auf 45,871 km.

22. 11. Letztes Fußball-Länderspiel der »großdeutschen« Nationalmannschaft während des Zweiten Weltkriegs. In Preßburg 5:2 gegen die Slowakei.

Gunder Hägg: 10 Weltrekorde in 12 Wochen

20. September 1942. Gegenüber Siegesmeldungen von den Kriegsschauplätzen verlieren sportliche Meldungen immer mehr an Gewicht. Dennoch gelingt dem schwedischen Läufer Gunder Hägg im Sommer 1942 eine Sensation. Er schüttelt die Weltrekorde nur so aus den Beinen. Innerhalb von knapp zwölf Wochen stellt er zehn Weltrekorde auf.

Häggs Weltrekorde im Jahr 1942

1. 7.	Meile	Göteborg	4:06,1
3. 7.	2 Meilen	Stockholm	8:47,8
17. 7.	1500 m	Stockholm	3:45,8
21. 7.	2000 m	Malmö	5:16,4
23. 8.	2000 m	Österreich	5:11,8
28. 8.	3000 m	Stockholm	8:01,2
4. 9.	Meile	Stockholm	4:04,6
11. 9.	3 Meilen	Stockholm	13:35,4
20. 9.	3 Meilen	Göteborg	13:32,4
20. 9.	5000 m	Göteborg	13:58,2

Der Schwede Gunder Hägg, größter Langstreckenläufer seiner Zeit

Den Schlußpunkt setzt er in Göteborg über 5000 m in 13:58,2 min. Wie kommt ein solches Laufwunder zustande? Sicherlich mit Hilfe eines starken Konkurrenten, den Hägg in dem »laufenden Schulmeister« Arne Andersson im eigenen Land gefunden hat. Die beiden treiben einander zu immer höheren Leistungen. Und sie füllen damit in Schweden die Stadien. Die Zuschauer kommen in Massen, um die beiden gegeneinander laufen zu sehen, den eleganten Hägg und den zähen, kämpferischen Andersson. Schwedische Journalisten schwärmen von Hägg als einem »Traumläufer«. Sein Stil sei locker und mute leicht an, sein Schritt sei raumgreifend, aber unverkrampft, er laufe klug und taktisch geschickt, aber er könne auch kämpfen. Die beiden Rivalen lassen sich ihre Galavorstellungen gut bezahlen. 500 bis 1000 Kronen kassieren sie für jeden Start.
Hägg fährt später auf einem Tanker inmitten eines Geleitzuges trotz U-Boot-Gefahr in die USA. Dort siegt er in verräucherten Hallen zwar weiter, aber er gesteht: »Dieses amerikanische Abenteuer hat mich ruiniert.« Andersson läuft inzwischen Weltrekord über 1500 m in 3:45,0 min, den Hägg, nach Göteborg heimgekehrt, mit 3:43,0 min unterbietet. Aber ihre große Zeit ist noch vor Kriegsende vorbei.

Die »fliegende Hausfrau«

20. September 1942. Francina »Fanny« Blankers-Koen stellt in Amsterdam den Weltrekord der Italienerin Claudia Testoni über 80 m Hürden in 11,3 sec ein. Francina, die »fliegende Hausfrau«, ist zweifellos eines der vielseitigsten und vielversprechendsten Leichtathletik-Talente der Zeit. Schon mit 14 Jahren bestritt sie Wettbewerbe.
Ihre Karriere begann sie 18jährig bei den Olympischen Spielen in Berlin 1936. Sie hatte die Olympiaausscheidung im 100-m-Lauf und im Hochsprung gewonnen. Der niederländische Verband nominierte sie für den Hochsprung. Vermutlich hätte sie über 100 m in Anbetracht der Zeiten, die sie damals schon lief, eine Medaille gewonnen. Im Hochsprung wurde sie mit 1,55 m nur Sechste, später Fünfte, nachdem die deutsche Europameisterin und Weltrekordlerin (1,70 m) Dora Ratjen zwei Jahre später als Zwitter disqualifiziert worden war.
Bei den Europameisterschaften in Wien 1938 fiel Francina erstmals als Sprinterin auf, neben der unverwüstlichen Polin Stanislawa Walasiewicz. Ein Jahr später mußte die 18jährige Christel Schulz in Berlin Weltrekord springen, um Francina im Weitsprung zu bezwingen (→ 30. 7. 1939).
1940 heiratete Francina den Trainer und Sportjournalisten Jan Blankers, der 1936 in Berlin als Zehnkämpfer angetreten war. Im Frühjahr 1942 kam ihr Sohn Jan zur Welt. Wer glaubte, die Karriere der Hausfrau und Mutter sei damit beendet, wurde jetzt eines Besseren belehrt.

»Fanny« Blankers-Koen beim Weltrekord über 80 m Hürden in Amsterdam

Höhenflug mit dem Bambusstab

23. Mai 1942. Als Cornelius Warmerdam sich in Modesto/Kalifornien mit einem Bambusstab über 4,77 m schwingt, ist ganz Amerika aus dem Häuschen. Seine Fans vom Club »Admires of Warmerdam« stürmen nach jedem seiner Rekordsprünge auf den Platz, zerschlagen die Sprunglatten und nehmen die Bruchstücke als Souvenirs mit nach Hause.
Am 13. April 1940 übersprang »Dutch« in Berkeley als erster Mensch die Traumgrenze von 15 Fuß (4,57 m). Seine 4,77 m steigert er in der Halle noch auf 4,79 m. Fast ein Jahrzehnt bleibt er unbesiegt, nur eine Olympiateilnahme ist ihm versagt. »Zehn Jahre«, sagt er später, »bin ich mit dem Stab gesprungen, begriffen habe ich die Technik erst richtig, als ich 27 Jahre alt war, und da war es schon zu spät.« Am Anfang dieser zehn Jahre stand eine kuriose Niederlage in Dresden. Dort hatte man eigens ihm zuliebe einen prächtigen Ehrenpreis ausgesetzt. Der Deutsche Wolfgang Hartmann kam bis 3,80 m. Warmerdam ließ erst bei 4,00 m die Latte auflegen und riß dreimal. Der Ehrenpreis blieb in Deutschland.

Fausto Coppi fährt Stundenweltrekord

7. November 1942. Als Fausto Coppi auf der Mailänder »Pista magica« in einer Stunde 45,871 km zurücklegt, ist das für ihn mehr als die Verbesserung des alten Weltrekords des Franzosen Maurice Archambaud (→ 3. 11. 1937). Der Rekord bedeutet für ihn einen weiteren Schlag gegen seinen »Campionissimo«-Rivalen Gino Bartali.
Die Rivalität, fast Haß, hat ihren Ursprung im Jahr 1940, als beide den Giro d'Italia in derselben Fabrikmannschaft von Legnano bestritten. Selbstverständlich hatte Bartali als Kapitän der Mannschaft gegenüber dem 20jährigen Profidebütanten Coppi den Anspruch auf Unterstützung. Aber Coppi scherte sich nicht darum (→ 17. 5.–2. 6. 1940). »Wer mich schlagen will«, erklärte er kaltschnäuzig, »soll schneller fahren als ich.« In diesem Jahr gibt es wegen des Krieges keinen Giro. Coppi wird italienischer Straßenmeister. Aber Bartali ist nicht am Start. Er hat sich in ein Kloster zurückgezogen.

IOC-Präsident Baillet-Latour tot

6. Februar 1942. Der 66jährige Henry Graf de Baillet-Latour erliegt in Brüssel einem Herzanfall.
Baillet-Latour war seit 1903 Mitglied des Nationalen Olympischen Komitees für Belgien. 1908 und 1912 leitete er die belgischen Olympiamannschaften. 1920 war er Präsident des Organisationskomitees der Spiele der VII. Olympiade in Antwerpen. 1925 wurde er Nachfolger von Pierre Baron de Coubertin.
Baillet-Latours Amtsführung im Internationalen Olympischen Komitee (IOC) kennzeichnete die Noblesse eines Edelmanns. Sie blieb in den 30er Jahren dennoch zwiespältig. Einerseits trat Baillet-Latour den Zumutungen Adolf Hitlers entschieden entgegen und wahrte die Souveränität des IOC über die Olympischen Spiele in Berlin (→ 5. 11. 1935). Andererseits betrieb er die Vergabe der Olympischen Winterspiele 1940 an Garmisch-Partenkirchen zu einem Zeitpunkt, da über die kriegerischen Absichten Hitlers kein Zweifel mehr bestand.

Christl Cranz (M.) spendet ihre Ski für die Wehrmacht.

Skispende – Beitrag für den »Endsieg«

Ski- und Wintersachenspende für den Sieg

Weil die deutsche Wehrmacht im Vorjahr unzulänglich ausgerüstet dem schweren Wintereinbruch an der Ostfront ausgeliefert war, wird die Bevölkerung im Deutschen Reich am 1. Januar 1942 zur Spende von Woll-, Pelz- und Skisachen aufgerufen. Insbesondere die Wintersportler werden aufgefordert: »Wenn ihr Eure Skier und Eure Skiausrüstung der Wehrmacht abliefert, dankt ihr nicht nur den Soldaten, unter denen sich viele Eurer Sportkameraden befinden, für ihren heldenhaften Einsatz. Eure Gabe ist zugleich ein wichtiger Beitrag zur Erringung des deutschen Endsieges!«
Am 14. Januar wird in Berlin das Ergebnis der Sammelaktion bekanntgegeben. Über 67 Mio. Einzelstücke wurden an den Sammelstellen abgeliefert. Die Spenden für die Frontsoldaten füllen 4003 Eisenbahnwaggons.

1943

20. 1. Der ungarische Olympiasieger im Fechten (1928 und 1932) Attila Petschauer wird als Jude in einem deutschen Konzentrationslager in der Ukraine umgebracht.

15. 2. Im Vernichtungslager Auschwitz/Polen wird der polnische Widerstandskämpfer Josef Noji, Olympiafünfter über 5000 m in Berlin 1936, ermordet.

21. 3. Der US-Amerikaner Charles William Paddock, Olympiasieger 1920 und Weltrekordsprinter, stürzt bei einem Erkundungsflug tödlich ab.

22. 3. Hanns Woellke, Olympiasieger im Kugelstoßen 1936, fällt als Polizeioffizier im Kampf gegen Partisanen an der Ostfront.

4. 5. Der Franzose Georges »Géo« André, Sprecher des olympischen Eides 1924 und olympischer Medaillengewinner 1908 und 1920 (Hochsprung, 4x400-m-Staffel), wird als Mitglied der Résistance in Frankreich von der deutschen Besatzung ermordet.

9. 5. Weltrekord über 100 m Brust in 1:19,8 min durch Gisela Graß in Leipzig. Sie schwimmt einen Teil der Strecke im Schmetterlingsstil.

30. 5. Weltrekord im Hochsprung durch Francina »Fanny« Blankers-Koen mit 1, 71 m in Amsterdam.

27. 6. Deutscher Fußballmeister wird vor 80 000 Zuschauern in Berlin erstmals der Dresdner SC durch ein 3:0 gegen FV Saarbrücken.

13. 7. Luz Long, Silbermedaillengewinner 1936 und Europameister im Weitsprung mit 7,90 m, stirbt in Italien an den Folgen einer Kriegsverletzung.

5. 8. Weltrekord über 800 m in 2:12,0 min durch die Russin Jewdokia Wassiljewa in Moskau.

17. 8. In Göteborg Weltrekord über 1500 m in 3:45,0 min durch den Schweden Arne Andersson.

September. In Forest Hills gewinnt Pauline Betz zum zweiten Mal das Einzel der US-Tennismeisterschaften. Im Doppel siegen zum zweiten Mal Louise Brough/ Margaret Osborne-Dupont.

5. 9. Francina »Fanny« Blarkers-Koen läuft in Amsterdam Weltrekord über 100 m in 11,5 sec, der jedoch nicht anerkannt wird, da sie mangels geeigneter Gegnerinnen gegen Männer antritt.

19. 9. Weltrekord im Weitsprung mit 6,25 m durch Francina »Fanny« Blankers-Koen in Leiden.

3. 10. Eine französische Frauenstaffel läuft in Paris Weltrekord über 3x800 m in 7:15,8 min.

Niederlande feiern F. Blankers-Koen

5. September 1943. Sie ist niederländische Meisterin über 100 m, über 200 m, im 80-m-Hürdenlauf, im Hochsprung und Weitsprung. Da sie in ihrem Land keine geeigneten Gegnerinnen mehr findet, tritt sie in Amsterdam über 100 m gegen Männer an. Sie läuft die Strecke in 11,5 sec. Das ist Weltrekord. Aber er wird nicht anerkannt, weil die International Amateur Athletic Federation (IAAF) gemischte Konkurrenzen nicht zur Kenntnis nimmt.
Gültigkeit hat dagegen der Weltrekord im Hochsprung vom 30. Mai. Da übersprang »Fanny« Blankers-Koen als erste Frau mit 1,71 m die bisherige Traumgrenze von 1,70 m. Drei Monate später nimmt sie Revanche an der deutschen Weitspringerin Christel Schulz. In Leiden springt sie am 19. September 1943 Weltrekord mit 6,25 m.
Diese Leistungen sind nicht allein auf die enorme Begabung und den Fleiß der »Unvergleichlichen«, wie man sie in den Niederlanden nennt, zurückzuführen. Sie sind auch das Verdienst ihres Trainers und Ehemanns Jan Blankers. Blankers ist Chefcoach des Niederländischen Leichtathletikverbandes, eine optimale Voraussetzung für die jetzt 25jährige »Fanny«. Sie gehört auch zu den überragenden Sportlern dieser Zeit, denen eine Teilnahme an Olympischen Spielen 1940 versagt blieb. Und es besteht kaum ein Zweifel, daß auch die Olympischen Spiele 1944 dem Krieg zum Opfer fallen.

»Fanny« Blankers-Koen vor ihrem Weitsprung-Weltrekord von 6,25 m

Rudolf Harbig in Uniform mit seiner Frau

Ex-Weltrekordler Emil Hirschfeld (r.) als Feldwebel

Ex-Weltmeister Max Schmeling als Fallschirmspringer

Ex-Weltrekordler im Zehnkampf Akilles Järvinen

»Totaler Kriegseinsatz« beendet fast sämtliche sportlichen Aktivitäten

Im Berliner Sportpalast hält Reichspropagandaminister Joseph Goebbels am 18. Februar 1943 eine Rede zur moralischen Wiederaufrüstung der deutschen Bevölkerung nach der militärischen Katastrophe von Stalingrad (Wolgograd). Sie gipfelt in der rhetorischen Frage: »Wollt ihr den totalen Krieg?« Ein vieltausendstimmiges »Ja!« dröhnt ihm aus der fanatischen Menge entgegen. Wenige Monate später, nachdem Führer und Reichskanzler Adolf Hitler ihn zum »Reichsbevollmächtigten des totalen Kriegseinsatzes« ernannt hat, veranlaßt Goebbels den weitgehenden Abbau sportlicher Aktivitäten.

Der »totale Krieg« fordert in diesem Jahr auch unter bekannten deutschen Sportlern weitere Opfer. So fällt am 13. Januar in Rugland der Davis-Cup-Spieler Heinrich »Henner« Henkel (→ 20. 7. 1937). Am 3. März fällt der Olympiasieger im Kugelstoßen 1936 Hans Woellke in der Ukraine. Die beiden Skiläufer »Guzzi« Lantschner, Zweiter, und Rudi Cranz, Bruder von Christl, Sechster in der Alpinen Kombination 1936, fallen ebenfalls in Rußland. Luz Long, Silbermedaillengewinner 1936 und Europameister im Weitsprung, stirbt am 13. Juli in einem Lazarett in Italien.

Gisela Graß: Weltrekord in neuem Stil

9. Mai 1943. Gisela Graß, Deutsche Meisterin im Brustschwimmen über 200 m in 2:59,0 min, schwimmt in Leipzig Weltrekord über 100 m Brust in 1:19,8 min.

Weltrekorde deutscher Brustschwimmer und -schwimmerinnen haben Tradition. Doch Gisela Graß bringt ihre Bestleistung auf eine ungewöhnliche und bisher einzigartige Weise zustande. Sie wendet den sog. Schmetterlingsstil an. Diese »Butterfly«-Technik zeigte 1933 erstmals der US-Amerikaner Jack Sieg. Später wurde sie von seinem Landsmann Arnold Brydenthal weiter perfektioniert. Beide Arme werden hierbei gleichzeitig über dem Wasser nach vorn geworfen und danach unter Wasser rückwärts durchgezogen. Dabei müssen die Schultern bei geradegehaltenem Körper waagrecht über dem Wasser liegen. Die Fédération Internationale de Natation Amateur (FINA) hat diese Technik als zum Brustschwimmen gehörig anerkannt. Sie wird allerdings nur selten angewandt, da sie besonders kraftraubend ist.

Gisela Graß ist die erste Europäerin und wohl eine der ersten Schwimmerinnen überhaupt, die diese Technik erfolgreich einsetzt. Sie hält allerdings nicht die vollen 100 m in diesem Schmetterlingsstil durch. Sie beginnt damit zunächst unmittelbar nach dem Start, doch nach 50 m geht sie in den klassischen Stil des Brustschwimmens über, um dann erst wieder auf den letzten 20 m zu »schmettern«. Bei einer Intensivierung des Krafttrainings könnte die neue Weltrekordlerin, wie sie nach ihrem aufsehenerregenden Erfolg erklärt, auch die gesamte 100-m-Strecke durchstehen und ihre Zeit noch verbessern. Über größere Distanzen wird man aber wohl die Mischform beibehalten müssen.

Gisela Graß bei ihrem Weltrekord im Brustschwimmen, bei dem sie erstmals die neue Technik des Schmetterlingsstils erfolgreich anwendet

Dresdner SC zum ersten Mal Meister

27. Juni 1943. Trotz der verfügten Einschränkung des Sportbetriebs in Deutschland werden die Fußballmeisterschaft und die Pokalrunde durchgeführt.

Nachdem im Vorjahr der FC Schalke 04 seinen sechsten Meistertitel durch ein 2:0 gegen Vienna Wien gewonnen hatte und damit Gleichstand mit dem traditionsreichen 1. FC Nürnberg erreichte, gelingt in diesem Jahr dem Dresdner SC der seit langem ersehnte und hochverdiente Titelerfolg. Er fällt gegen den FV Saarbrücken vor 80 000 Zuschauern im Berliner Olympiastadion mit 3:0 deutlich aus. Nur in der ersten Halbzeit können die Saarländer das Spiel offen halten. Dann aber setzt sich das größere spielerische Können der Sachsen, die auch über die stärkeren Spielerpersönlichkeiten wie Helmut Schön und Richard Hofmann verfügen, durch.

Am 31. Oktober 1943 wird Vienna Wien, der unterlegene Meisterschafts-Finalist, in Stuttgart vor 45 000 Zuschauern Pokalsieger durch ein 3:2 n. V. über den Luftwaffen-Sportverein Hamburg.

1944

12. 2. Weltrekord über 200 m Freistil in 2:06,2 min durch den US-Amerikaner William Smith in Columbus/Ohio.

4. 3. Weltrekord über 100 m Rücken in 2:19,3 min durch den US-Amerikaner Adolf Kiefer in Annapolis/Maryland.

5. 3. Der deutsche Weltrekordläufer Rudolf Harbig fällt bei Kiew.

29. 3. Ferenc Csik, Olympiasieger 1936, Ungarns Schwimm-Idol, wird bei einem Luftangriff auf Budapest in einem Krankenhaus getötet. (→ 5. 3. 1944).

13. 4. Weltrekord über 100 m Freistil in 55:9 min durch den US-Amerikaner Alan Ford in New Haven/Connecticut.

22. 4. Weltrekord über 100 m Butterfly in 1:19:3 min durch Gisela Graß in Leipzig (→ 9. 5. 1943).

17. 6.-3. 7. In Lausanne Feier zum 50. Jahrestag des Internationalen Olympischen Komitees (IOC). Der Schwede Sigfrid Edström wird interimistisch Nachfolger des am → 6. Februar 1942 verstorbenen IOC-Präsidenten Henry Graf de Baillet-Latour.

7. 7. Weltrekord über 1500 m in 3:43,0 min durch Gunder Hägg in Göteborg.

22. 7. Heinz Brandt, Olympiasieger im Jagdspringen 1936, stirbt an den Verletzungen, die er beim Attentat auf Führer und Reichskanzler Adolf Hitler am 20. Juli erlitt.

14. 8. Weltrekord im Diskuswurf mit 49,88 m durch die Russin Nina Dumbadse in Moskau.

25. 8. Weltrekord über 10 000 m durch den Finnen Viljo Heino mit 29:35,4 min in Helsinki.

September. Pauline Betz und Louise Brough/Margaret Osborne-Dupont gewinnen zum dritten Mal bei den US-Tennismeisterschaften in Forest Hills. Mit Billy Talbert siegt Margaret Osborne-Dupont zum zweiten Mal im gemischten Doppel.

18. 9. Karl Ritter von Halt, deutsches Mitglied des IOC, wird als Nachfolger für den am 25. März 1943 verstorbenen Hans von Tschammer und Osten zum Reichssportführer ernannt.

24. 10. Werner Seelenbinder, Olympiavierter im Ringen 1936, wird als kommunistischer Widerstandskämpfer in Brandenburg-Görden hingerichtet.

4. 11. Der dreimalige ungarische Olympiasieger im Säbelfechten (1932 und 1936) Endre Kabos stirbt in einer Straßenbahn, als deutsche Truppen die Margarethenbrücke in Budapest sprengen.

Francis Messerli spricht über die »Lehre des Pierre de Coubertin«.

Kein Jubel zum 50. Jahrestag des IOC

Man gedenkt des verstorbenen Präsidenten Henry Graf de Baillet-Latour. Die Olympischen Spiele mußten zweimal ausfallen, ihre Zukunft ist ungewiß. Die Stadt Lausanne hat dennoch große Anstrengungen unternommen, den 50. Jahrestag der Gründung des Internationalen Olympischen Komitees (IOC) vom 17. Juni bis 3. Juli 1944 festlich zu begehen.
In der Vorhalle des Schlosses »Mon Repos« wird eine Gedenktafel enthüllt mit der Inschrift: »Der Olympismus sucht wie in einem Strahlenbündel alle miteinander wetteifernden Grundsätze zur Vervollkommnung des Menschen zu vereinen.« Davon ist die Zeit weiter entfernt denn je.

Rudolf Harbig bei Kiew gefallen

5. März 1944. Der deutsche Weltrekordläufer Rudolf Harbig fällt an der Ostfront bei Kiew. Obwohl inzwischen fast jede deutsche Familie Opfer des Krieges zu beklagen hat, weckt doch die Erinnerung an diesen großen Sportler allgemein Mitgefühl. Viele haben auch noch den Ungarn Ferenc Csik in Erinnerung, der 1936 so sensationell über 100 m Freistil die Goldmedaille gewann (→ 9.–15. 8. 1936). Csik kommt als Arzt in einem Budapester Krankenhaus bei einem Bombenangriff am 29. März um.
Ein anderer Olympiasieger von 1936 fällt am 20. Juni in Rußland: Toni Merkens. Nicht an die Öffentlichkeit dringt der Tod des deutschen Ringermeisters Werner Seelenbinder, der 1942 als Mitglied einer kommunistischen Widerstandsgruppe gegen den Naziterror festgenommen wurde und am 24. Oktober 1944 hingerichtet wird. Am 21. November stirbt in Hamburg während eines Luftangriffs Adolf Jäger, Fußballpionier der Jahre 1908 bis 1924 (Altona 93).

»Soll das wirklich Tennis sein, Pauline?«

September 1944. Die US-Tennismeisterschaften in Forest Hills stehen im Zeichen der Frauen. Der US-Meister des Vorjahres, Joe Hunt, wird als Kampfflieger mit seinem Flugzeug im Pazifischen Ozean vermißt. Pauline Betz, die beim Spiel aus Ärger Selbstgespräche zu führen pflegt, gewinnt zum dritten Mal. Die starke Konkurrenz mit Doris Hart, Margaret Osborne-Dupont und Louise Brough läßt sie manchmal an ihrem Können zweifeln. »Warum«, fragt sie sich dann, »spiele ich nicht lieber Bridge?«

Tennis zugunsten des US-amerikanischen Roten Kreuzes findet während des Krieges auf den Plätzen des West Gide Tennis Club in Forest Hills mehr Publikum als die US-amerikanischen Meisterschaften. Zumal für den guten Zweck noch einmal der 41jährige William Tatum »Big Bill« Tilden (im Vordergrund rechts am Ball) mit seinem Partner Welby van Nova im Doppel gegen Frank Kovacs und John Nogrady (im Hintergrund) den Schläger schwingt. Bei den US-Meisterschaften siegt im Herren-Einzel Frank Parker. Im Herren-Doppel holen Bob Falkenburg und Donald McNeill in Forest Hills den Meistertitel.

1945

29. 1. Gustav Felix Flatow, Olympiasieger 1896 am Barren und am Reck, ein Berliner Jude, stirbt im Konzentrationslager Theresienstadt. Sein Vetter Alfred Flatow, ebenfalls Olympiasieger 1896 (Barren, Reck), wird in Theresienstadt vergast.

14. 2. Heinz Schlauch, Europameister im Schwimmen mit sechs Europarekorden 1938, fällt bei Kämpfen am Niederrhein.

21. 2. Der Brite Erie Liddel, Olympiasieger 1924, der als Missionar nach China ging, stirbt in einem japanischen Internierungslager in Weisien.

17. 3. Werner Birr, Weltrekordschwimmer in der 4x100-m-Staffel 1938 und Europameister 1938 in der 4x200-m-Staffel, wird in Berlin wegen angeblicher Fahnenflucht von der Feldgendarmerie erschossen.

27. 4. Bei letzten Kämpfen in der Lüneburger Heide fällt der Schachspieler Klaus Junge.

Mai. Die alliierten Siegermächte des Zweiten Weltkriegs verbieten in Deutschland das Turnen.

Juni. Die Fédération Internationale de Football Association (FIFA) schließt Deutschland aus dem Fußball-Weltverband aus.

28. 6. Der Kriminalkommissar Karl Helfmann aus Frankfurt am Main erhält von den US-Militärbehörden die Erlaubnis, für Sonntag, den 8. Juli 1945, ein Fußballspiel in dem Frankfurter Vorort Niederrad zu organisieren.

17. 7. Weltrekord über die Meile in 4:01,3 min durch den Schweden Gunder Hägg in Malmö.

12. 8. Emil Benecke, Weltrekordschwimmer und Olympiasieger im Wasserball 1928, stirbt in einem russischen Kriegsgefangenenlager in Riga.

24. 8. Erstes Treffen des Exekutivkomitees des Internationalen Olympischen Komitees (IOC) nach dem Ende des Zweiten Weltkriegs in London mit Sigfrid Edström (Schweden), Avery Brundage (USA), Lord Aberdare (Großbritannien). Für die Olympischen Winterspiele 1948 liegen Bewerbungen von Sankt Moritz und Lake Placid vor. Für die Sommerspiele bewerben sich Baltimore, Los Angeles, Minneapolis, Philadelphia, Lausanne und London.

17. 12. Mit der Direktive Nr. 23 regelt der Alliierte Kontrollrat die sportlichen Aktivitäten in den vier Besatzungszonen Deutschlands.

1945. In den USA erstmals Meisterschaften im Synchronschwimmen.

Der deutsche Sport nach der Stunde Null

17. Dezember 1945. Dem totalen Krieg folgte die totale Niederlage. Deutschland ist in vier Besatzungszonen aufgeteilt, die unter militärischer Verwaltung der USA, Großbritanniens, Frankreichs und der Sowjetunion stehen.
Unter welchen Voraussetzungen künftig Sport betrieben werden kann, bestimmt am 17. Dezember die Direktive Nr. 23 des Alliierten Kontrollrats »Limitation and Demilitarization of Sport in Germany«. Sie wird in Berlin erlassen und lautet: »1. Verboten ist jegliche Aktivität von Sportorganisationen und von solchen Organisationen, die der militärischen bzw. vormilitärischen Körperertüchtigung dienen (Klubs, Vereine, Anstalten und andere Organisationen) und die in Deutschland vor der Kapitulation bestanden. Diese sind ab 1. Januar 1946 aufzulösen. 2. Verboten ist innerhalb der deutschen Bevölkerung das Betreiben und die Entwicklung von Organisationen, die der militärischen Körperertüchtigung dienen, insbesondere solcher, die sich mit Luftfahrt, Fallschirmspringen, Segelflug, Fechten, Schießen mit Feuerwaffen u. a. befassen. 3. Verboten ist die Unterrichtung in sportlicher Betätigung militärischer oder militärähnlicher Natur bzw. das Betreiben eines solchen Unterrichts in deutschen Lehranstalten, öffentlichen und politischen Organisationen, Firmen und Fabriken und in allen sonstigen Organisationen. 4. Erlaubt ist die Errichtung nicht-militärischer Sportorganisationen lokalen Charakters. Diese Organisationen sollen nicht über den Bereich eines Kreises hinausgehen und sollen seitens öffentlicher oder privater Körperschaften mit einer über Kreisebene hinausragenden Organisation keinerlei Beaufsichtigung oder Unterweisung erfahren, noch Gelder erhalten, ausgenommen mit Genehmigung durch den Zonenkommandeur, die sich ausschließlich auf solche Sportarten begrenzen soll, denen unter keinen Umständen irgendwelche militärische Bedeutung beigemessen werden kann. Jede neu gegründete Sportorganisation lokalen Charakters bedarf der Genehmigung durch die örtliche Alliierte Besatzungsbehörde. Die körperliche Ertüchtigung wird auf Grundlagen der Heilhygiene und des Ausgleichssports erfolgen, unter Ausschluß solcher Übungen, die militärähnlichen Charakter besitzen. 5. Die Durchführung der Bestimmungen dieser Anordnung wird durch die Zonenkommandeure in Deutschland sichergestellt« (→ 17./18. 4. 1948).

Carl Diem, bis 1944 Direktor des Internationalen Olympischen Instituts

Fußball zwischen Trümmern

28. Juni 1945. Die erste Lizenz für die Durchführung eines Fußballspiels auf deutschem Boden nach dem Ende des Zweiten Weltkriegs erwirkt der Kriminalkommissar Karl Helfmann in Frankfurt am Main. Nach vielen vergeblichen Versuchen und schroffen Ablehnungen erhält er ein Dokument, das ihm die Durchführung eines Fußballspiels zwischen dem FC Union Niederrad und dem Sportverein Frankfurt erlaubt.
Damit hat Helfmann aber noch keine Mannschaften. Denn er braucht Spieler, die keiner NS-Organisation angehört haben, und solche sind rar. Er bringt sie zusammen, und 5000 Zuschauer erleben dieses erste Spiel, das Frankfurt 7:1 gewinnt.

In der US-Zone wird ab November 1945 eine Süddeutsche Fußballmeisterschaft ausgetragen. Der FC Bayern München (Abb.) macht sich Hoffnungen auf den Titel.

Das letzte Opfer — Schachtalent Junge

27. April 1945. Elf Tage vor Unterzeichnung der deutschen Gesamtkapitulation in Reims am 7. Mai fällt in einem längst sinnlos gewordenen Kampf bei Welle in der Lüneburger Heide eine der größten deutschen Schachbegabungen: Klaus Junge.
In den Taschen des toten Leutnants findet man die Notation einer Fernschachpartie, die Junge mit einem Partner Nowarra spielte, von dem seit Dezember 1944 keine Nachricht mehr kam und der seitdem als verschollen gilt.
Junge wurde am 1. Januar 1924 in Chile geboren und lebte seit 1928 in Hamburg. Seine ersten internationalen Turniere bestritt er als 18jähriger Abiturient 1942. Sensationell besiegte er in Salzburg den Schachweltmeister Alexandr A. Aljochin und wurde hinter Aljochin und Paul P. Keres Dritter. In Warschau und Krakau erreichte er hinter Aljochin bereits den zweiten Platz, und in Prag mußte der Weltmeister den ersten Platz mit Klaus Junge teilen. Es war Junges größter Erfolg und sein letztes Turnier.

1946

Februar. Erstmals nach dem Ende des Zweiten Weltkriegs wieder Nordische Skispiele am Holmenkollen. Sieger im Spezialspringen Asbjörn Ruud, Weltmeister 1938 und Bruder von Birger Ruud.

Der Schwede Nils Karlsson wiederholt seinen Vorjahressieg beim Wasalauf.

17. 2. In Moskau spielen Sportstudenten auf Bandyfeldern erstmals Eishockey nach kanadischen Regeln.

14. 4. Weltrekord im Diskuswurf mit 53,34 m durch den Italiener Adolfo Consolini in Mailand.

30. 5. Sieger im ersten 500-Meilen-Rennen von Indianapolis nach dem Ende des Zweiten Weltkriegs der US-Amerikaner George Robson auf Adam-Sparks.

Juni. Das erste englische Cup-Finale nach dem Zweiten Weltkrieg gewinnt Derby County im Londoner Wembley-Stadion gegen Charlton Athletic 4:1 n.V.

7. 6. Gino Bartali gewinnt den ersten Giro d'Italia nach Ende des Zweiten Weltkriegs. Er hat die Italienrundfahrt bereits 1936 und 1937 gewonnen (→ 15. 5.–7. 6.1946).

8. 6. Weltrekord im Diskuswurf mit 54,93 m durch den US-Amerikaner Robert Fitch in Minneapolis.

19. 6. Joe Louis, der drei Jahre bei der US-Army diente und vor Soldaten Schaukämpfe bestritt, verteidigt erstmals seit 1942 seinen Titel als Boxweltmeister aller Klassen. In New York schlägt er Billy Conn in der achten Runde k.o.

7./8. 7. In Stuttgart treffen sich Vertreter aus Bayern, Württemberg, Baden und Hessen zu einem ersten Gedankenaustausch über die Neuorganisation des Sports in Deutschland. Der Begriff »Landessportbund« kommt erstmals ins Gespräch (→ 17./18. 4. 1948).

20. 7. Gino Bartali gewinnt, wie schon im Vorjahr, die Tour de Suisse (13.–20. 7.;→ 15. 5.–7. 6. 1946).

21. 7. Dreifacher Triumph für Alfa Romeo beim ersten Nachkriegs-Grand-Prix in Genf.

18. 9. Joe Louis verteidigt seinen Weltmeistertitel im Box-Schwergewicht in New York gegen Tami Mauriello durch K. o. in der ersten Runde.

20. 9. Weltrekord durch den Franzosen Alexandre Jany über 200 m Freistil in 2:05,4 min in Marseille.

November. Sensationelle Siege im Nationenpreis beim Concours Hippique International Officiel (CHIO) im Madison Square Garden von New York und im Coliseum von Toronto durch eine mexikanische Equipe unter Führung des Majors Humberto Mariles Cortes.

12./13. 11. In Marl wird ein »Zonensportrat« gegründet mit Vertretern aus Nordrhein-Westfalen, Niedersachsen, Hamburg und Schleswig. Am Jahresende gibt es Landessportbünde in Bayern, Bremen, Hamburg, Hessen, Niedersachsen und Nordrhein-Westfalen.

31. 12. Bei den Professionals werden als Boxweltmeister geführt: Jackie Paterson/Großbritannien (Fliegen), Manuel Ortiz/USA (Bantam), Sal Bartolo und Willie Pep/USA (Feder, von unterschiedlichen Verbänden anerkannt), Ike Williams/USA (Leicht), Freddie Cochrane/USA (Welter), Tony Zale und Billy Soose/USA (Mittel, von unterschiedlichen Verbänden anerkannt), Gus Lesnevich/USA (Halbschwer), Joe Louis/USA (Schwer).

1946. In das Internationale Olympische Komitee (IOC) werden 13 neue Mitglieder berufen. Darunter der Franzose Armand Massard, Olympiasieger 1920 (Degen-Einzel), der Niederländer Charles Ferdinand Pahud de Mortanges, Olympiasieger 1924, 1928, 1932 (Military-Mannschaft und -Einzel), der Schweizer Albert Mayer, der Österreicher Ritter von Mauthner-Markhof und Prinz Jean von Luxemburg.

Jede Wieder- oder Neugründung eines deutschen Turn- oder Sportvereins bedarf einer Lizenz der zuständigen Militärregierung.

Auf dem ersten Nachkriegskongreß der Ligue Internationale de Hockey sur Glace (LIHG) wird beschlossen, die nächste Eishockey-Weltmeisterschaft 1947 in Prag durchzuführen.

Unter den Reiter-Offizieren wird der Verlust zahlreicher bekannter Reiter der Vorkriegszeit beklagt: Die Deutschen Kurt Hasse, Heinz Brandt, Sahla, Ludwig Stubbendorff, Rudolf Lippert, der Italiener Borsarelli, der Österreicher Ziegler, der Japaner Takeichi Nishi, der US-Amerikaner Drake, die Polen Dziadulski, Kazimierz Szosland, Dobrzanski, Sokolowski und Bilwin sind gefallen.

Erstmals nach dem Ende des Zweiten Weltkriegs wieder alle vier Grand-Slam-Turniere. In Australien siegen John Bromwich und Nandy Bolton, in Roland Garros der Franzose Marcel Bernard und die US-Amerikanerin Margaret Osborne-Dupont, in Wimbledon der Franzose Yvon Pétra und die US-Amerikanerin Pauline Betz, die auch zum vierten Mal in Forest Hills gewinnt, wo Jack Kramer erstmals im Einzel siegt.

Die USA gewinnen in Melbourne durch ein 5:0 gegen Australien den Davis Cup zurück.

Im ersten Stanley-Cup-Wettbewerb (Eishockey) seit 1943 siegen die Toronto Maple Leafs.

Erste Weltmeister im Radsport nach dem Ende des Zweiten Weltkriegs bei den Profis: Hans Knecht/Schweiz (Straße), Jean Robic/Frankreich (Cross), Jan Derksen/Niederlande (Sprint), Elia Frosio/Italien (Steher), Gerrit Peters/Niederlande (Verfolgung).

Erster österreichischer Fußballmeister nach dem Ende des Zweiten Weltkriegs wird Rapid Wien.

Keine Chance hat Billy Conn (M.) gegen Joe Louis, den Weltmeister im Schwergewicht. Zwei linke Kopfhaken beenden in der achten Runde den Kampf.

Millionen sehen Joe Louis

19. Juni 1946. 45 000 Zuschauer sitzen am Ring im New Yorker Yankee-Stadion, als Joe Louis erstmals nach dem Ende des Zweiten Weltkriegs seinen Weltmeistertitel im Box-Schwergewicht verteidigt. Und erstmals verfolgen Millionen von Zuschauern diesen Kampf im Fernsehen, vorwiegend in eigens eingerichteten Fernsehräumen.

Louis ist mittlerweite 32 Jahre alt und hat seinen letzten Titelkampf vor vier Jahren bestritten. Es zeigt sich, daß der »braune Bomber« von seinem großen Können nichts verloren hat. Nach vier vorsichtig geführten Runden ergreift Louis die Offensive. In der sechsten Runde geht Conn erstmals zu Boden, in der achten Runde wird er ausgezählt.

König Georg VI. (l.) überreicht Jack Nicholas, dem Mannschaftskapitän von Derby County, den Pokal.

Erstmals wieder englisches Cup-Finale

Juni 1946. *Im 63. englischen Cup-Finale steht es im Londoner Wembley-Stadion zwischen Derby County und Charlton Athletic nach 80 Minuten immer noch 0:0. Aber dann reißt es die Zuschauer von den Sitzen. Charltons Verteidiger Turner befördert den Ball ins eigene Netz. Verzweifelt stürmt Charlton, erhält eine Minute später einen Freistoß. Aus 30 m Entfernung hämmert der unselige Turner den Ball in Richtung Tor, diesmal von County, der Ball trifft! Derby County gewinnt in der Verlängerung 4:1.*

Nach 17 Jahren französischer Sieg im Herren-Einzel von Wimbledon durch Yvon Pétra

Pauline Betz (r.) mit Doris Hart im Doppel der inoffiziellen Weltmeisterschaft

Margaret Osborne-Dupont (Abb.) gewinnt mit Louise Brough das Doppel.

Die US-Amerikanerin D. Bundy, glücklose Mixed-Partnerin von G. E. Brown

Der Australier Dinny Pails scheitert im Viertelfinale.

Jack Kramer (Abb.) verliert gegen Jaroslav Drobny.

Unter den Aufschlägen des Franzosen Pétra zerreißt das Netz in Wimbledon

Die Schäden, die deutsche Bomben im Zweiten Weltkrieg auch in Wimbledon anrichteten, hat man wieder repariert. Aber dann kommt Yvon Pétra. Als auf dem seit sechs Jahren nicht mehr bespielten Centre Court die Aufschläge Pétras gegen das Netz krachen, zerreißt das brüchig gewordene Gewebe. So eindrucksvoll setzt sich der erste französische Wimbledonsieger seit 1929 in Szene. Sein Vorgänger hieß Henri Cochet (→ Juli 1925), mit dem Pétra einige Spiele machte, bevor er nach Wimbledon ging. Er verlor gegen den 45jährigen, dem aber ein ganzes Turnier zu anstrengend ist. Gegen den US-Amerikaner Thomas Brown braucht Pétra im Endspiel fünf Sätze.
Bei den Damen siegt die US-Amerikanerin Pauline Betz, von der man in Europa schon viel gehört hatte. Die blonde Pauline imponiert durch eine knallharte Rückhand und ist diesmal mit ihrem Spiel weitgehend zufrieden. Im Finale hat sie wenig Mühe mit Louise Brough. Brough revanchiert sich mit Margaret Osborne-Dupont im Damen-Doppel.

Der »radelnde Mönch« siegt

15. Mai bis 7. Juni 1946. Gino Bartali ist nicht sehr gesprächig. Warum er sich während des Zweiten Weltkriegs in ein Kloster zurückzog, verrät er nicht. Fragen hierüber weist er brüsk ab. Für seinen Rivalen Fausto Coppi, der in Kriegsgefangenschaft geriet, bedeutete das eine Art Fahnenflucht, was die gegenseitige Animosität vertieft. Jedenfalls muß Bartali, der schon immer eine asketische Lebensweise führte, die Zeit im Kloster gut bekommen sein.
Bei der verregneten Straßenweltmeisterschaft in der Schweiz gab er zwar auf, worauf Coppi auch ausstieg, aber beim Giro d'Italia rollt er sich so gut ein, daß er gewinnt.
Sein drittes rosa Trikot als Gewinner des Giro 1936, 1937 und 1946 widmet der »radelnde Mönch« der Madonna di Ghisallo, der Schutzpatronin der Radrennfahrer in ihrer Kapelle hoch über dem Comer See. Papst Pius XII. empfängt ihn in Audienz, ernennt ihn zum päpstlichen Kammerherrn und ruft den Gläubigen auf dem Petersplatz zu: »Ihr sollt siegen wie Bartali!«
Wenige Wochen später, am 20. Juli, gewinnt Bartali auch die Tour de Suisse (13.—20. 7.).

Hoher technischer Standard von Alfa Romeo und Fahrkunst entscheiden.

Erster Grand Prix für Alfa Romeo

21. Juli 1946. 50 000 Zuschauer finden sich in Genf zum ersten Grand Prix nach dem Zweiten Weltkrieg ein. Sie sehen ein spannendes Rennen, das mit einem dreifachen Erfolg für Alfa Romeo endet. Der Sieger, der 40jährige Giuseppe »Nino« Farina, ist in der Schweiz kein Unbekannter. Er gewann dort den Grand Prix 1939.
Auch in Deutschland gibt es ein erstes Autorennen. Den Bergpreis im Schwarzwald gewinnt Hermann Lang auf einem sieben Jahre alten BMW-Sportwagen.

1947

8. 1. Der 32jährige irische Fußballer Peter Doherty kommt nach seinem Wechsel vom Pokalsieger Derby County zu Huddersfield Town auf die Rekord-Gesamtablösesumme von 27 500 britischen Pfund.

22. 1. Der 42jährige Max Schmeling erhält von der US-Militärregierung die Erlaubnis, in der US-amerikanischen Besatzungszone Deutschlands wieder zu boxen.

Februar: Geschwindigkeitsweltrekord auf Ski mit 159,292 km/h durch den Italiener Zenò Colb bei Cervinia.

11. 2. Erste Bob-Weltmeisterschaften nach dem Zweiten Weltkrieg in Sankt Moritz. Fritz Feierabend steuert den Schweizer Zweier- und Viererbob zum Sieg.

16. 2. In Stockholm erstmals nach dem Ende des Zweiten Weltkriegs Weltmeisterschaften im Eiskunstlauf. Die Kanadierin Barbara Ann Scott, der Schweizer Hans Gerschwiler, die Belgier Micheline Lannoy/Pierre Baugniet gewinnen die Titel.

26. 2. Den mit Läufern aus vier Nationen international besetzten 50-km-Lauf bei den Nordischen Skispielen am Holmenkollen und den 18-km-Lauf gewinnt der Schwede Nils Karlsson, der in diesem Jahr auch zum dritten Mal im Wasalauf siegt.

März. Erstmals nach dem Zweiten Weltkrieg wieder alpine Skiwettbewerbe bei Sankt Anton. Arlberg-Kandahar-Sieger der Italiener Zeno Colò (Abfahrt), die Franzosen Penz und James Couttet (Slalom und Kombination), die Italienerin Celina Seghi (Abfahrt und Kombination) und die Österreicherin Trude Beiser (Slalom).

9. 4. Als erster deutscher Sportler erhält Gottfried von Cramm eine Genehmigung der britischen Besatzungsbehörde zu einer Auslandsreise. Der »Tennisbaron« soll in Stockholm die schwedische Davis-Cup-Mannschaft trainieren.

März/April. Bei der Eishockey-Weltmeisterschaft in Prag gewinnt den Titel erstmals die Tschechoslowakei vor Schweden, Österreich, der Schweiz und den USA.

11. 5. Vor 140 000 Zuschauern im Glasgower Hampden-Park besiegt England eine europäische Fußball-Auswahl 6:1.

20. 6. »Campionissimo« Fausto Coppi gewinnt den Giro d'Italia (24. 5.–20. 6.; → 25. 6.–21. 7.1947).

25. 6.–21. 7. Erstmals seit 1939 wieder Tour de France. Sieger: Jean Robic (Frankreich).

28. 6. Weltrekord über 440 y in 46,3 sec durch den Jamaikaner Herbert McKenley in Berkeley.

29. 6. Weltrekord im Speerwerfen mit 48,21 m durch die Österreicherin Herma Bauma in Wien.

7. 7. Jack Kramer gewinnt in Wimbledon das Einzel und mit Bob Falkenburg auch das Doppel. Die US-Amerikanerin Margaret Osborne-Dupont siegt bei den Damen im Einzel. Das Doppel gewinnen Doris Hart/Patricia Todd (USA; → 30. 6.–7. 7. 1947).

15. 7. Der Schwede Lennart Strand stellt in Malmö den Weltrekord von Gunder Hägg über 1500 m in 3:43,0 min ein.

17. 7. Weltmeister im Box-Mittelgewicht wird in Chicago durch technischen K. o. in der sechsten Runde über Tony Zale der Italo-Amerikaner Rocky Graziano.

29.–31. 8. Die USA verteidigen den Davis Cup in New York durch ein 4:1 gegen Australien.

September. Nach seinen Siegen im Einzel und mit Ted Schroeder im Doppel in Forest Hills wird Jack Kramer Tennis-Professional. Das Damen-Einzel der US-Tennismeisterschaften gewinnt Louise Brough.

14. 9. Bei den Schwimm-Europameisterschaften in Monte Carlo Weltrekorde durch den Franzosen Alexandre Jany über 400 m Freistil in 4:35,2 min und durch die dänische Frauenstaffel über 4x100 m in 4:32,2 min.

16. 9. Absoluter Geschwindigkeitsweltrekord für Automobile durch den Briten John Cobb auf dem Salzsee in Utah mit 648 km /h.

19. 9. Weltrekord durch den Franzosen Alexandre Jany über 100 m Freistil in 55,8 sec in Mentone.

28. 9. Zwei Weltrekorde im Gewichtheben Schwergewicht durch den US-Amerikaner John Davis in Philadelphia: 455 kg im olympischen Dreikampf und 174,5 kg im Stoßen.

Nach achtjähriger Pause gelingt Max Schmeling durch K. o. in der siebten Runde über Werner Vollmer im Frankfurter Waldstadion ein Comeback.

5. 12. Joe Louis verteidigt seinen Weltmeistertitel im Box-Schwergewicht in New York gegen Jersey Joe Walcott durch einen zweifelhaften Punktsieg nach 15 Runden.

30. 12. Bei einem Fußballspiel zwischen Bari und Lecce kommt es wegen eines umstrittenen Tores zu Zuschauerkrawallen. Die Polizei schießt in die Menge. Nach mehr als einer Stunde zählt man 15 Tote, darunter sieben Polizisten. Der Schiedsrichter, der den Krawall auslöste, rettete sich in die Kabine.

1947. Aus Kreisen der ehemaligen deutschen Arbeitersportbewegung sowie von seiten der katholischen und protestantischen Kirchen wird ein Verzicht auf die Neugründung eigenständiger Sportorganisationen angeboten, falls beim Neuaufbau des deutschen Sports weltanschauliche Toleranz gewährleistet werde.

In Europa wieder acht CHIO-Turniere (Concours Hippique Internationale Officiel). Dominierende Equipe Frankreich mit Pierre Jonquères d'Oriola, die vier Nationenpreise gewinnt.

Ria Baran/Paul Falk: Deutsche Meister im Eiskunst-Paarlauf

Neue Weltmeisterin im Eiskunstlauf: Barbara Ann Scott aus Kanada

Neue Sterne auf dem Eis

16. Februar 1947. Alle Voraussetzungen, ein neuer Publikumsliebling auf dem Eis zu werden, bringt die 18jährige Kanadierin Barbara Ann Scott mit.
Klein und zierlich, erinnert sie an die unvergessene Sonja Henie. Der Norwegerin gleicht sie auch in der absoluten Sicherheit ihres Vortrags. So schafft sie die Voraussetzung für den Titelerfolg bei den Eiskunstlauf-Weltmeisterschaften in Stockholm bereits in der Pflichtübung. Ihre Kür besticht durch Eleganz und Grazie. Sie darf als eine sichere Favoritin für die Olympischen Winterspiele im nächsten Jahr in Sankt Moritz gelten.

Mit gleicher Bestimmtheit kann man das von dem Schweizer Weltmeister Hans Gerschwiler nicht sagen. Zu knapp fällt die Entscheidung zu seinen Gunsten gegenüber dem US-Amerikaner Richard »Dick« Button aus. Der 25jährige Gerschwiler, Neffe eines berühmten Schweizer Eiskunstlauftrainers, gefällt durch eine solide und exakte Vorführung. Der 18jährige US-Amerikaner jedoch wagt Sprungkombinationen, wie man sie in solcher Kühnheit noch nicht gesehen hat. Das Wagnis fordert seinen Tribut durch gelegentliche Unsicherheiten. Kann er sie überwinden, gehört ihm die Zukunft.

»Mr. G« und der »Tennisbaron«

9. April 1947. Die Freundschaft zu König Gustav V. von Schweden, der als »Mr. G« an der Côte d'Azur Tennisturniere bestritt, dürfte Gottfried von Cramms Leben gerettet haben, als ihn die Geheime Staatspolizei (Gestapo) nach dem Attentat auf Adolf Hitler vom 20. Juli 1944 Verhören unterzog. Es war nicht das erste Mal, daß die Gestapo von Cramm vorlud. Einmal war er mit Gefängnis davongekommen. Obwohl im Rußlandfeldzug verwundet und mit dem Eisernen Kreuz ausgezeichnet, blieb er verdächtig. Am 9. April 1947 erhält von Cramm von der britischen Besatzungsmacht die Erlaubnis, nach Schweden zu reisen.

König Gustav V. von Schweden (l.) mit Schützling Gottfried von Cramm

Französischer Sieg bei der Tour de France

25. Juni bis 21. Juli 1947. Es ist die erste Tour de France nach dem Ende des Zweiten Weltkriegs und die 34. seit 1903. Die Franzosen hoffen auf einen französischen Sieg. Sie können das um so mehr, als die beiden italienischen »Campionissimi« Gino Bartali und Fausto Coppi sich in diesem Jahr ganz auf ihr Prestigeduell beim Giro d'Italia konzentrierten. Bei dieser Kraftprobe fuhren die beiden Erzrivalen nicht mehr in derselben Mannschaft.
Coppi war zu Bianchi gewechselt, wo er Kapitän ist. Bartali rollte sich wie im Vorjahr bei der Tour de Suisse ein und gewann sie zum zweiten Mal. Coppi konterte als italienischer Straßenmeister. Aber das waren eher Vorspiele. Die Fans fieberten dem Giro entgegen (24. 5.–20. 6. 1947). Der »radelnde Mönch« genoß immer noch größere Popularität als der spröde Coppi. Bartali, der zähe Kletterer, gewann auch den Bergpreis des Giro. Doch Coppi lag nach 3865 km mit 1:43,0 min Vorsprung vor Bartali und feierte damit ebenfalls ein erfolgreiches Comeback nach sieben Jahren.

Bei der Tour de France, die diesmal in ihre 21 Etappen die belgische Hauptstadt Brüssel und Luxemburg einbezieht, erwartet man ein solch dramatisches Duell nicht, sondern rechnet mit einem Sieg des französischen Mannschaftskapitäns René Vietto. Vietto gewinnt auch zwei Etappen und trägt 15 Tage lang das gelbe Trikot. Aber in den schweren Alpenetappen entscheidet der Bretone Jean Robic die »Tour der Leiden« für sich. Nach 4640 km in 144:11:25,0 h langt er am 21. Juli mit 3:38,0 min Vorsprung in Paris an. Vietto wird nur Fünfter. Robic kassiert die Rekordsumme von 500 000 Franc für seinen Sieg.

Der Bretone Jean Robic, der auf den schwierigsten Abschnitten der traditionellen Tour de France, den Alpenetappen, den überraschenden Gesamtsieg herausfährt

US-Siegesserie in Wimbledon

30. Juni bis 7. Juli 1947. So souverän wie in diesem Jahr spielten die US-Amerikanerinnen und US-Amerikaner noch nie in Wimbledon auf. Sie gewinnen nicht nur sämtliche Titel, sie gewinnen sie auch ausschließlich gegen US-amerikanische Endspielgegner. Am souveränsten von allen präsentiert sich im Finale am 7. Juli Jack Kramer.
Noch immer gilt ein Wimbledonsieg inoffiziell als die Weltmeisterschaft im Tennis. Er ist das Sprungbrett zum Professionalismus. Während aber Altmeister William Tatum »Big Bill« Tilden dreimal siegte, bevor er Profi wurde, genügte Bobby Riggs 1939 ein Wimbledonsieg.
Jack Kramer, seit 16 Monaten ungeschlagen, folgt seinem Beispiel. Er holt sich in diesem Jahr noch den US-Titel in Forest Hills und unterschreibt anschließend einen Profivertrag. Noch im Dezember 1947 tritt er im Madison Square Garden gegen Riggs an. Trotz Schneesturm und Verkehrsstau lassen sich 15 114 Zuschauer das Vergnügen 248 000 US-Dollar kosten.

Joe Louis am Boden – Punktsieg durch Rechenfehler

5. Dezember 1947. Jersey Joe Walcott ist ein Pechvogel. Zeitlebens stand er im Schatten von Joe Louis, dem er auch als Sparringspartner diente. Schlecht gemanagt, blieb Walcott, obwohl er Klasseboxer wie Joe Maxim, Lee Oma und Joe Baksi geschlagen hatte, immer nur ein guter Mann für das Rahmenprogramm. Die Chance zu einem Titelkampf im Schwergewicht kommt spät. Vielleicht zu spät.
Als Louis und Walcott im New Yorker Madison Square Garden in den Ring steigen, stehen die Wetten 12:1 für den Titelverteidiger. 6:5 lauten die Odds, daß Walcott innerhalb der ersten fünf Runden k. o. geht.
Der Kampf ist gerade 118 Sekunden alt, da knallt Walcott eine Rechte an den Kopf von Louis, der taumelt und fällt. 18 000 Zuschauer springen auf. Louis am Boden, das sah man zuletzt vor elf Jahren, und das war das bisher einzige Mal, und es war die »Sensation des Jahrhunderts« im Kampf gegen Max Schmeling (→ 19. 6. 1936). Nach drei Sekunden steht Louis wieder kampfbereit. Aber den Kampf macht der Herausforderer Walcott. In der vierten Runde wieder ein schwerer Treffer Walcotts, und wieder geht Louis zu Boden. Diesmal braucht er acht Sekunden, bis er wieder steht, dann rettet ihn der Gong. Bis zur achten Runde liegt Walcott haushoch in Führung. Dann fightet Louis wütend zurück, übernimmt die Initiative. Aber er vermag Walcott nicht zu erschüttern. Nach 15 Runden müßte die Entscheidung eindeutig sein. Aber das Kampfgericht verkündet: Sieger nach Punkten: Joe Louis!
Die Zuschauer protestieren. Walcotts Manager stellt fest, daß sich ein Punktrichter verrechnet hat. Walcott liegt mit 37:32 Punkten vorn. Die Entscheidung soll angefochten werden, aber sie ist gefallen. Walcott ist und bleibt ein Pechvogel.

Die Boxsensation von New York: Joe Louis in der vierten Runde zum zweiten Mal am Boden. Doch Jersey Joe Walcott wird durch ein Fehlurteil um den verdienten Sieg gebracht. Dieser Schatten liegt auf Louis' 24. erfolgreicher Titelverteidigung.

1948

30. 1.–8. 2. In Sankt Moritz 5. Olympische Winterspiele mit 713 Teilnehmern aus 28 Ländern.

Februar. Weltmeisterin im Eiskunstlauf in Davos zum zweiten Mal Barbara Ann Scott, bei den Herren erstmals der US-Amerikaner Richard »Dick« Button und im Paarlauf erneut das belgische Paar Micheline Lannoy/Pierre Baugniet.

Februar/März. Weltmeister im Eisschnellauf-Vierkampf die Russin Maria Isakowa und der Norweger Odd Lundberg.

Der Niederländer Arie van Vliet wird nach zehn Jahren erneut Sprint-Weltmeister.

15. 3. Weltrekord im Skifliegen durch den Schweizer Fritz Tschannen in Planica mit 120 m.

21. 3. Das berühmt-berüchtigte Grand National Steeplechase in Aintree gewinnt zum ersten Mal seit 50 Jahren eine Stute.

23. 3. Der Vizepräsident des Internationalen Olympischen Komitees (IOC), Avery Brundage, verweigert in New York dem Eishockey die olympische Anerkennung.

12. 4. In Frankfurt am Main Gründung eines Deutschen Fußball-Ausschusses. Zum Ersten Vorsitzenden wird Peco Bauwens gewählt. Ziel ist die Durchführung einer Deutschen Fußballmeisterschaft (→ 8. 8. 1948).

17. 4. Weltrekord über 110 m Hürden in 13,6 sec durch den US-Amerikaner Harrison Dillard in Lawrence/Kansas. Im Kugelstoßen Weltrekord mit 17,68 m durch Charles Fonville.

17./18. 4. In München tagen Vertreter von »Landessportverbänden« und »Facharbeitsgemeinschaften« aus den drei westlichen Besatzungszonen Deutschlands, um über Möglichkeiten einer zentralen Organisation des deutschen Sports zu beraten.

16. 5. Das Kandidaten-Turnier um den seit 1945 (Tod Alexandr A. Aljochins) vakanten Titel des Schachweltmeisters in Den Haag und Moskau (seit Dezember 1947) zwischen dem niederländischen Ex-Weltmeister Machgielis Euwe, dem US-Amerikaner Samuel Reshevsky und den Russen Michail M. Botwinnik, Wassili Smyslow und Paul P. Keres gewinnt Botwinnik.

24. 5. Der 43jährige Max Schmeling verliert in Hamburg gegen den 40jährigen Walter Neusel über zehn Runden nach Punkten.

6. 6. Sieger des Giro d'Italia (15. 5.–6. 6.) der Italiener Fiorenzo Magni.

19. 6. Der Schweizer Ferdy Kübler gewinnt nach 1942 zum zweiten Mal die Tour de Suisse (12. 6.–19. 6.).

25. 6. Joe Louis, der »braune Bomber«, verteidigt im New Yorker Yankee-Stadion seinen Weltmeistertitel im Box-Schwergewicht zum 25. Mal, ein einmaliger Rekord. Er schlägt Jersey Joe Walcott in der siebten Runde k. o.

14. 7. Weltrekord im Hammerwerfen mit 59,02 m durch den Ungarn Imre Nemeth in Tata.

25. 7. Nach zehn Jahren gewinnt Gino Bartali zum zweiten Mal die Tour de France, die zum 35. Mal ausgefahren wurde (30. 6.–25. 7.).

20. 6.–2. 7. Die US-Amerikanerin Louise Brough gewinnt in Wimbledon im Einzel, im Doppel (mit Margaret Osborne-Dupont) und im Mixed (mit John Bromwich).

2. 7. Weltrekord über 400 m in 45,9 sec durch den Jamaikaner Herbert McKenley in Milwaukee.

29. 7.–14. 8. Spiele der XIV. Olympiade in London mit 4099 Teilnehmern aus 59 Ländern. Sportler aus Deutschland und Japan bleiben ausgeschlossen. Die UdSSR sagte wegen der großen Kriegszerstörungen ab.

8. 8. Endspiel um die erste Deutsche Fußballmeisterschaft nach dem Ende des Zweiten Weltkriegs. Mannschaften aus der sowjetischen Besatzungszone nahmen nicht teil. Der 1. FC Nürnberg wird zum siebten Mal seit 1920 Deutscher Fußballmeister.

Weltrekord im Diskuswurf mit 53,25 m durch Nina Dumbadse in Moskau.

5. 9. Die USA verteidigen in New York den Davis Cup durch ein 5: 0 gegen Australien.

12. 9. Weltrekord im Speerwerfen mit 48,63 m durch die österreichische Olympiasiegerin Herma Bauma in Wien.

21. 9. Weltmeister im Box-Mittelgewicht wird in Jersey City der Franzose Marcel Cerdan durch technischen K. o. in der zwölften Runde über Tony Zale. Cerdan ist der erste Europäer, der seit 1938 in den USA eine Chance zu einem Titelkampf erhielt.

2. 10. Erster Grand Prix in Großbritannien nach dem Zweiten Weltkrieg. Auf dem Flughafen Silverstone gewinnt vor 100 000 Zuschauern der Italiener Luigi Villoresi auf Maserati.

10. 10. Weltrekord im Diskuswurf mit 55,33 m durch Adolfo Consolini in Mailand.

Schweizer Fußballmannschaften bestreiten trotz des alliierten Verbotes, Deutschland am internationalen Sportverkehr teilnehmen zu lassen, Freundschaftsspiele gegen deutsche Stadtauswahlmannschaften.

31. 10. Nach einer Punktniederlage gegen den Halbschwergewichtler Richard »Riedel« Vogt in der Berliner Waldbühne vor 34 000 Zuschauern erklärt Max Schmeling seinen Rücktritt vom Boxsport.

Dezember. Wegen Verstoßes gegen die Amateurbestimmungen muß Schweden seine olympische Goldmedaille von London in der Dressur-Mannschaft zurückgeben.

5. Olympische Winterspiele

30. Januar bis 8. Februar 1948. Man nennt diese Winterspiele später etwas abschätzig »Hotel-Olympiade«, denn allzu viele Zuschauer finden sich im verkehrsmäßig doch etwas abgelegenen Engadiner Tal nicht ein. Besonders die skandinavischen Länder beklagen bei den nordischen Wettbewerben mangelndes Interesse. Aber allein die Durchführung dieser Winterspiele beweist, daß das Werk von Pierre Baron de Coubertin auch den Zweiten Weltkrieg gut überstanden hat. Nur die UdSSR hält diese Veranstaltung nicht für angebracht. Doch unter den 77 Wettkämpferinnen und 636 Wettkämpfern aus 28 Ländern, die ins Eisstadion von Sankt Moritz einziehen, befinden sich erstmals Mannschaften aus Dänemark und Island, aber auch aus Chile, Korea und aus dem Libanon. Wegen Devisenknappheit können die meisten Teilnehmer mit fünf Franken Taschengeld zwar keine großen Sprünge machen, aber die Stimmung ist prächtig wie die Landschaft, die Organisation einwandfrei.

Als der Schweizer Bundespräsident Enrico Celio nach Sankt Moritz kam, um die Winterspiele zu eröffnen, mußte er zuvor das Internationale Olympische Komitee (IOC) zur Einigkeit ermahnen. Leider vergeblich. Man leistet sich einen Eishockeystreit, der groteske Formen annimmt. Die US-Amerikaner haben zwei Mannschaften zur Stelle. Eine von der Amateur Hockey Association (AHA), die von der Ligue Internationale de Hockey sur Glace (LIHG), dem internationalen Dachverband, anerkannt wird, und eine von der Amateur Athletic Union (AAU), die vom Nationalen Olympischen Komitee (NOK) der USA nominiert wurde. Treibende Kraft in diesem Zwist ist der US-amerikanische NOK-Präsident und IOC-Vizepräsident Avery Brundage, dem die AHA-Spieler nicht amateurmäßig genug sind. Unmittelbar nach der Eröffnungsfeier ist ein Eishockeyspiel Schweiz gegen USA angesetzt, das AHA-Spieler bestreiten. Das IOC weist die Polizei an, die Spieler am Betreten der Eisfläche zu hindern. Dies lassen sich die Schweizer Organisatoren nicht gefallen, und die Zuschauer sehen ein spannendes Spiel.

Die Sonne von Sankt Moritz scheint am Eröffnungstag der Winterspiele.

Nach zwölf Jahren brennt wieder das olympische Feuer. Den olympischen Eid spricht in Sankt Moritz der Eishockeyspieler »Bibi« Torriani.

Mit einer verwegenen und dennoch beherrschten Fahrt gewinnt der Franzose Henri Oreiller (l.) überraschend den schwierigen Abfahrtslauf. Die einzige Medaille für Österreich bei den Herren gewinnt der zweitplazierte Franz Gabl (r.).

Der Schweizer Karl Molitor (l.), vor heimischem Publikum und auf vertrautem Gelände einer der Favoriten, wird Dritter im Abfahrtslauf und teilt diesen Rang zeitgleich mit seinem Landsmann und Teamkameraden Rolf Olinger (r.).

Der endgültige Durchbruch der alpinen Skiwettbewerbe

Februar 1948. Zum ersten Mal gibt es olympische Medaillen für Abfahrt, Slalom und Alpine Kombination. Damit ist die lange umstrittene gleichberechtigte Anerkennung des alpinen Skilaufs neben dem nordischen Skilauf vollzogen.

Einige Entscheidungen fielen bereits, bevor die Spiele begannen. Die Schweizer verloren bei den intensiven Trainingsvorbereitungen in Rudolf Rominger und Paul Valär zwei ihrer aussichtsreichsten Medaillenkandidaten. Noch schlimmer traf es die Franzosen. Jean Blanc, 1946 der erste Nachkriegssieger in der Lauberhorn-Abfahrt, hatte sich wochenlang in die Bergeinsamkeit zurückgezogen, um zu trainieren. Er kam in Hochform nach Sankt Moritz. Ein letztes Mal noch wollte er die Abfahrtstrecke testen. Er stürzte, brach sich das Bein und lag weinend im Schnee.

Diese Abfahrt, vom Piz Nair bis zum Ziel zwischen Sankt Moritz und Celerina über 3300 m bei 890 m Höhenunterschied, hat es in sich. Weltmeister Rominger, der den Kurs plante, rechnete, daß der Olympiasieger dafür nicht mehr als drei Minuten benötigen darf. Man teilt die 125 Starter in zwei Gruppen ein. Von 50 Fahrern nimmt man an, daß sie herunterkommen, vom Rest erwartet man es kaum. Tatsächlich ist das Rennen nach den ersten 25 Läufern entschieden. Pech hat dabei, nach dem Ausfall von Blanc, Frankreichs Favorit James Couttet. Er erwischt die Startnummer eins, aber die Piste ist nach drei Vorläufen noch zu weich. Der Abfahrtsweltmeister von 1938 endet auf Rang 13. Pech hat Italiens Hoffnung Zeno Colò, der sein Draufgängertum mit einem Skibruch bezahlt. Auch der zweitbeste Italiener, Lacedelli, fällt durch Sturz aus.

Von neun alpinen Medaillen gewinnen zwei Franzosen fünf. Links der erfolgreichste Teilnehmer Henri Oreiller, rechts sein Lehrer James Couttet

Einen Joker haben noch die Franzosen im Spiel. Der 22jährige Henri Oreiller fiel bisher vor allem als Stimmungskanone auf. Als er nach einer riskanten Fahrt in 2:55,0 min durchs Ziel schießt, ist er zur Skikanone geworden. Erst 4,2 Sekunden später langt der Österreicher Franz Gabl an. Einträchtig mit derselben Zeit von 3:00,6 min teilen sich die Eidgenossen Molitor und Olinger den dritten Platz. Den Kombinations-Slalom gewinnt Couttet zwar überlegen, aber es reicht nur zum dritten Platz in der Alpinen Kombination. Seinem Schüler Oreiller reicht der fünfte Platz für den Gesamtsieg vor dem Schweizer Karl Molitor. Im Spezial-Slalom, erstmals bei Olympischen Winterspielen ausgetragen, scheint endlich die Stunde für Couttet zu schlagen. Der Franzose sieht auch wie der sichere Sieger aus. Aber im letzten Lauf riskiert der Schweizer Edi Reinalter alles und gewinnt mit dem schnellsten Lauf des Tages. Weniger risikofreudig ist Reinalter mit seiner Berufsbezeichnung. Der Skilehrer vom »Kulm«-Hotel wird vom Kurverein als »Bürodiener« geführt.

»Skikrieg«: Ende oder Neubeginn?

Der »Skikrieg« zwischen dem Internationalen Olympischen Komitee (IOC) und dem Internationalen Skiverband (Fédération Internationale de Ski, FIS), der die Olympischen Winterspiele 1936 beeinträchtigt hatte (→ 6. 2. 1936) und noch die Verhandlungen von Sankt Moritz mit dem IOC 1939 belastete, wurde beigelegt. Skilehrer gelten nun als Amateure. Der Keim zu einem neuen Konflikt ist aber bereits gelegt. Die Fremdenverkehrsvereine in den Alpenländern und die Sportartikelhersteller interessieren sich für den alpinen Skilauf und seine Breitenwirkung. Nationale Skischulen, nationale Skitechniken und nationale Skiausrüstungen werden propagiert. Ihre Güte muß sich bei olympischen Wettbewerben beweisen, weshalb man die Sportler an monatelangen Trainingslagern teilnehmen läßt. Da spielt es keine Rolle mehr, ob jemand Skilehrer ist oder nicht. Aber ob sich das noch mit dem Amateurstatus, wie er vom IOC verfochten wird, vereinbaren läßt, bleibt fraglich. Zumal den Siegern Medaillen als Lohn kaum genügen dürften.

Sensation bei den Damen

Februar 1948. Die Abfahrtsstrecke für die Damen vom Piz Nair nach Salastrains über 2,5 km bei einem Höhenunterschied von 600 m weist nicht entfernt so viele Schwierigkeiten auf wie es bei den Herren der Fall war. 16 Kontrolltore sorgen dafür, daß die Schußfahrt nicht zu schnell gerät. Nur auf etwa halber Distanz bereitet eine Bodenwelle den Läuferinnen Schwierigkeiten. Und an ihr scheitern fast alle.

Zwei Favoritinnen gibt es für dieses Rennen, die Französin Georgette Thiollière und die Italienerin Celina Seghi, die einmal Christl Cranz bezwang. Beide begraben ihre Hoffnungen an dieser Bodenwelle. Auch die Schweizerin Hedy Schlunegger von der Wengeralm muß an dieser Stelle in den Schnee und glaubt nicht mehr an eine Siegeschance. Doch abgerechnet wird am Schluß. Und da zeigt sich, daß Hedy mit sechs Zehntelsekunden vor der Österreicherin Trude Beiser vorn bleibt. Das ist eine faustdicke Überraschung, aber noch keine Sensation.

Eine kleine Überraschung, eher für Kenner, bietet die Norwegerin Laila Schou Nilsen. Sie hat vor zwölf Jahren in Garmisch-Partenkirchen als 16jährige sensationell den schnellsten Abfahrtslauf hingelegt. Aber dafür gab es damals noch keine Goldmedaille. In der Kombination mußte sich Laila dann mit Bronze begnügen. Jetzt ist sie wieder am Start und gelangt immerhin noch auf Rang sieben.

Die Sensation bahnt sich auf den Slalomstrecken an. Im Kombinationsslalom fährt im ersten Durchgang die 13. des Abfahrtslaufs, die US-Amerikanerin Gretchen Frazer, die zweitbeste Zeit hinter der Österreicherin Erika Mahringer und zeitgleich mit Trude Beiser. Nun, das mochte ein Zufall sein. Schlunegger und Seghi vergeben durch Stürze ihre Chancen für Kombinationsmedaillen. Im zweiten Durchgang legt Gretchen Slalombestzeit hin. Darüber ist nun doch das Staunen groß. Beim Einmarsch waren die US-Amerikanerinnen lediglich durch ihre schicken Skianzüge und rote Samtkäppchen, passend zu den Schuhen, aufgefallen. Daß eine von ihnen erstmals eine Skimedaille nach Übersee entführen würde, hätte niemand gedacht. Und nun hat Gretchen hinter Trude Beiser und vor Erika Mahringer Silber geholt.

Aber damit nicht genug. Im Spezialslalom lastet nun ein Druck der Erwartung auf der 28jährigen US-Amerikanerin. Aber das macht ihr nichts aus. Es macht ihr auch nichts aus, als sie die ungeliebte Startnummer eins zieht. Sie schwingt sich rasant und beherrscht durch die 30 Tore und legt eine Zeit von 59,7 sec vor. Es bleibt die Bestzeit. Nur die Österreicherin Mahringer kommt bis auf eine Zehntelsekunde heran. Dann folgen die Schweizerin Antoinette Meyer und die französischen Schwestern Georgette und Suzanne Thiollière. Von allen übrigen Läuferinnen hat keine mehr eine Siegeschance. Aber damit ist das Rennen noch nicht entschieden. Das ist es erst, als Gretchen ihre Bestzeit vom ersten Lauf im zweiten Lauf noch um 2,2 Sekunden unterbietet. Das zerrt an den Nerven der Konkurrentinnen. Georgette Thiollière, furios gestartet, bleibt an einem Tor hängen. Ihre Schwester Suzanne rutscht an einer Bodenwelle ab und läßt ein Tor aus. Als auch die Französin Schmitt-Couttet durch Sturz ausfällt, hat die Schweizerin Meyer, die im zweiten Durchgang alles wagt und die Bestzeit von Frazer noch um fünf Zehntelsekunden unterbietet, den zweiten Platz sicher. Aber der Sieg ist der US-Amerikanerin nicht mehr zu nehmen, die Sensation ist perfekt.

Die Überlegenheit der US-Amerikanerin täuscht ein wenig darüber hinweg, daß zwischen der Siegerin und der Vierten nur ein Zeitunterschied von 1,6 Sekunden besteht. Im Schatten dieser Sensation steht auch die Plazierung von drei weiteren US-Amerikanerinnen auf den Rängen acht, neun und elf. Der alpine Skilauf gewann einen neuen Kontinent.

Die Skisensation von Sankt Moritz. Die US-Amerikanerin Gretchen Frazer gewinnt Gold im Slalom und Silber in der Alpinen Kombination.

Die Schweizerin Hedy Schlunegger beim Abfahrtslauf auf der Corriglia, den sie trotz eines Aufsetzers gewinnt

Die Österreicherin Trude Beiser gewinnt Silber in der Abfahrt und Gold in der Alpinen Kombination.

Der zweite Medaillenerfolg für die Schweiz durch Antoinette Meyer, die Silber im Spezialslalom gewinnt

Das schönste traurigste und das erfolgreichste Mädchen

Februar 1948. Darüber sind sich alle einig. Die US-amerikanische Eiskunstläuferin Gretchen Merrill ist das schönste Mädchen von Sankt Moritz. Aber sie ist nicht nur schön, sondern auch ehrgeizig und macht sich Hoffnung auf eine Goldmedaille. Tatsächlich macht sie auf dem Eis eine fabelhafte Figur. Davon kann sich jeder überzeugen, denn Gretchen tritt – eine Revolution! – in einem enganliegenden schwarzen Trikot an. Aber das ist auch schon das Beste an ihrer Kür. Und da sie bereits nach der Pflicht einen erheblichen Rückstand aufweist, endet sie auf Rang acht. Da fließen die Tränen, und das schönste wird zum traurigsten Mädchen.

Das meistfotografierte Mädchen von Sankt Moritz ist vom ersten Tag an die kanadische Weltmeisterin Barbara Ann Scott. Sie ist nicht so schön wie Gretchen, aber herzig. Ein liebes Kind und ungemein fleißig. Selbst das »Keep smiling« wirkt eintrainiert. Natürlich führt sie bereits nach der Pflicht. Und an der Kür gibt es nichts auszusetzen. Goldmedaille auf die Hand, und der Revuevertrag wird unterschrieben.

Bei den Herren brennt der US-Amerikaner Richard »Dick« Button ein Sprungfeuerwerk auf dem Eis ab. Ein Grätschsprung, von ihm kreiert, trägt künftig seinen Namen. Selbst die Zuschauer sehen ein, daß ihr Hans Gerschwiler mit Silber zufrieden sein muß.

◁ Die belgischen Weltmeister Micheline Lannoy/Pierre Baugniet gewinnen überlegen das Paarlaufen. Von allen drei Eiskunstlaufwettbewerben ist dies leistungsmäßig doch der schwächste. Neue Impulse wie bei der sportlich akzentuierten Darbietung von Barbara Ann Scott oder gar bei Richard »Dick« Button gibt es nicht.

▽ Die drei Medaillengewinner bei den Herren (v. l.): Button, der überlegene Sieger, der Schweizer Hans Gerschwiler, Weltmeister des Jahres 1947, damals noch vor Button, und der Österreicher Edi Rada, letzter Vertreter der »Wiener Schule«

Barbara Ann Scott, der neue Star auf dem Eis. Die Kanadierin wird anschließend erneut Weltmeisterin und tritt noch im Dezember 1948 in New York in einer Eisrevue auf. In die Schweiz kehrt sie später als Star der Londoner Revue »Ice Rhapsody« zurück.

△ Bronzemedaille für die in der Schweiz geborene Britin Jeanette Altwegg

◁ Silbermedaille für die Österreicherin Eva Pawlik, die etwas unterbewertet wird

Mit der Ziehharmonika auf Rekordjagd

15. März 1948. Wo ein Sportler mit einer Ziehharmonika auftaucht, herrscht immer gute Laune. Das war schon mit Henri Oreiller vor wenigen Wochen bei den Olympischen Winterspielen in Sankt Moritz so, und jetzt ist es bei den Skiflugwochen in Planica mit dem Schweizer Fritz Tschannen wieder so. Für den Skispringer aus Adelboden ist die Musik aber kein Hobby, sondern sein Beruf. Sein Hobby ist Skifliegen. Da steht der Rekord in Planica auf 118 m, aufgestellt von dem Deutschen Rudi Gehring → am 7. März 1941. Bei seinem ersten Versuch im Wettbewerb landet Tschannen bei 104 m und findet das doch ziemlich weit. Bei seinem zweiten Sprung kommt er auf 114 m und glaubt, damit seine Grenze erreicht zu haben. Sein Landsmann Charles Blum wird begeistert umjubelt, als er an der 121-m-Marke aufsetzt. Er kann den Weltrkordsprung aber nicht stehen, knickt ein und muß mit einer Bänderzerrung ausscheiden. Das sollte eine Warnung sein. Aber Tschannen sieht nur, daß eine solche Weite möglich ist und wagt in seinem letzten Sprung noch einmal alles. Er fliegt bis 122 m hinab, bleibt auf den Brettern und ist neuer Weltrekordler.
Der Schweizer setzt seine Karriere in Europa nicht fort, sondern geht in die USA. Dort ist die Mischung aus Ziehharmonikaspielen und Skispringen unwiderstehlich.

Fritz Tschannen (Abb.) ist der erste Schweizer Ski-»flieger«, der nach dem Österreicher Gustav »Sepp« Bradl — 101 m 1936 und 107 m 1938 — und dem Deutschen Rudi Gehring — 118 m 1941 — über 100 m springt. In Planica verbessert er den sieben Jahre alten Weltrekord auf 122 m.

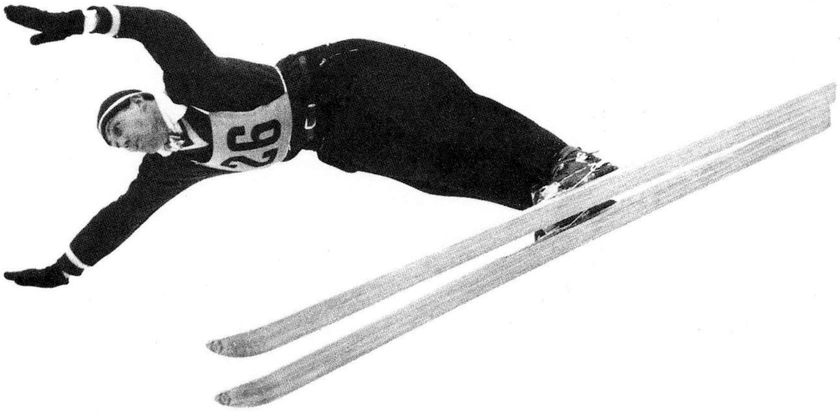

Neuauflage des Eishockeystreits

23. März 1948. Wer angenommen hatte, daß mit dem Kompromiß in letzter Stunde der blamable Eishockeystreit von Sankt Moritz ausgestanden war, kannte Avery Brundage nicht. Nicht zu Unrecht hatte die Schweizer Zeitung »Sport« dem US-amerikanischen Dollarmillionär »diktatorisches Verhalten vorgeworfen.
In New York erklärt Brundage, der im Internationalen Olympischen Komitee (IOC) gegenüber dem 78jährigen Präsidenten Sigfrid Edström aus Schweden praktisch das Sagen hat, daß der internationale Eishockeyverband (Ligue Internationale de Hockey sur Glace, LIHG) nicht mehr das Recht habe, den Eishockeysport olympisch zu vertreten. Die Sache wird so weit getrieben, daß das IOC Eishockey als olympische Sportart nicht mehr anerkennt. Dagegen wehren sich jedoch die Norweger, die eigens für 1952 ein neues Eishockeystadion planen und auf die Einnahmequelle eines publikumswirksamen Eishockeyturniers nicht verzichten wollen. Der IOC-Beschluß muß zurückgenommen werden.

Der Sport in Deutschland organisiert sich

17./18. April 1948. In München treffen sich Vertreter von deutschen »Landessportverbänden« aus der US-amerikanischen und britischen Besatzungszone und von 15 »Facharbeitsgemeinschaften« aus der französischen Besatzungszone. Es ist die erste große Sportkonferenz auf dem Boden der künftigen Bundesrepublik Deutschland. Offiziere der drei westlichen Besatzungsmächte nehmen an dieser Tagung teil. Sie verstehen ihre Aufgabe weniger als argwöhnische Kontrolleure, sondern mehr als freundschaftliche Berater.
In den westlichen Besatzungszonen hatte sich der deutsche Sport seit 1945 lediglich auf Länderebene organisieren dürfen.
In der US-amerikanischen Besatzungszone schlossen daraufhin Landessportbünde die Vereine zusammen, in der britischen Zone wurden Landesfachverbände zu Trägerorganisationen, und in der französischen Zone entstanden Kreissportverbände.
Diese organisatorische Aufsplitterung und die von den Alliierten neu festgelegten Ländergrenzen schränken den innerdeutschen Sportverkehr stark ein. Daher sollen Fachverbände Zuständigkeit über die Ländergrenzen hinaus erhalten, was der Direktive Nr. 23 des Alliierten Kontrollrates vom → 17. Dezember 1945 widerspricht. In München gründet man dennoch Arbeitsausschüsse, die Pläne für eine Zentralorganisation des deutschen Sports ausarbeiten soll.

Gewerkschafter Heinrich Sorg, Befürworter eines deutschen Sportbunds

Prälat Wolker, Vorkämpfer der Einheitsbestrebungen im deutschen Sport

Schweizer Radstar Ferdy Kübler

19. Juni 1948. Der neue Schweizer Radstar ist so neu nicht, denn Ferdy Kübler gewann die Tour de Suisse bereits 1942. Neu ist jedoch der Stil, in dem er in diesem Jahr seinen zweiten Sieg herausfährt.
D. h., Ferdy änderte nicht seinen Stil, am wenigsten sein Temperament, er änderte sein taktisches Verhalten. Kübler ist ein Kämpfertyp, was ihn populär machte. Er fährt mit einer unerbittlichen Verbissenheit, mit der er sich die Sache oft nur selbst schwer macht. 1947 hatte er es dem Italiener Gino Bartali zeigen wollen und in Bellinzona vom Start weg ein scharfes Tempo vorgelegt, um die Alpenetappe der Tour de Suisse über den Sankt Gotthard und den Furkapaß im Alleingang zu durchstürmen. Das bekam ihm nicht gut. Kübler, hieß es nach dem Sieg von Bartali, fährt mehr mit den Beinen als mit dem Kopf. Aber Ferdy hat nachgedacht. Sein diesjähriger Tour-de-Suisse-Sieg zwingt Kritiker zum Umdenken.

Eröffnung der Olympischen Sommerspiele in London

29. Juli 1948. Als nach zwölfjähriger Unterbrechung der Cambridge-Student John Mark mit der olympischen Fackel ins vollbesetzte Wembley-Stadion einläuft, kann sich keiner der 84 000 Zuschauer der feierlichen Bedeutung dieser Stunde entziehen. Wie erstmals 1936 wurde das olympische Feuer im heiligen Hain von Olympia an der Sonne Griechenlands entzündet. Eine britische Fregatte brachte die Fackel nach Bari, von dort trugen sie Staffelläufer durch Italien, die Schweiz und Frankreich bis zur Kanalküste.

Die Spiele der XIV. Olympiade werden als ein Fest des Friedens, zumindest der Friedenshoffnung, begangen. Die Briten begegnen diesen Spielen zunächst mit Understatement. London, von Kriegsschäden immer noch gezeichnet, hat kaum olympischen Schmuck angelegt. Auf äußerliche Repräsentation wird weitgehend verzichtet. Man mußte sich allerdings auch angesichts der angespannten Wirtschaftslage kaum in Unkosten stürzen, da alle erforderlichen Sportanlagen vorhanden sind.

Am Vorabend der Eröffnungsfeier hatte der britische Altphilologe Gilbert Murray im Rundfunk erklärt, daß Athen um 400 v. Chr. nach 27 Jahren Krieg die meistgehaßte Stadt Griechenlands gewesen sei, dennoch habe ein Athener in Olympia teilnehmen und siegen können. Aber ernsthaft hatte die Teilnahme von Deutschen und Japanern an den Londoner Spielen 1948 nicht zur Debatte gestanden. Einen kleinen deutschen Beitrag gab es dennoch. Am neu angelegten »Olympic Way«, der von den Schnellbahnstationen zum Stadion führt, haben deutsche Kriegsgefangene mitgearbeitet.

Die Rekordzahl von 49 teilnehmenden Ländern 1936 wird in London mit 59 Nationen deutlich übertroffen. Die kleinste Mannschaft stellt Malta mit einem Teilnehmer. Er wird besonders herzlich empfangen, denn seine Fahne schmückt das Sankt-Georgs-Kreuz für das tapfere Durchhalten der Insel während des Zweiten Weltkriegs. Auch der einzige Teilnehmer aus Singapur erhält besonderen Beifall. Die zahlenmäßig stärkste Mannschaft kommt aus den USA. Der Einzug der Mannschaft Großbritanniens wird zur nationalen Demonstration.

Plakat der Olympischen Sommerspiele. Schon am 24. August 1945 hatte sich das Exekutivkomitee des IOC für London als Austragungsort entschieden, am 5. September 1946 wurde der Beschluß in Lausanne bestätigt.

John Mark, der letzte Fackelläufer, gefilmt von der Rank Corporation, entzündet das olympische Feuer.

Don Finlay, Bronzemedaillengewinner 1932 und Silbermedaillengewinner 1936, spricht den olympischen Eid.

Nach dem Einmarsch der Mannschaften aus 59 Nationen mit insgesamt 4099 Aktiven erklärt König Georg VI. von Großbritannien (vorn, 4. v. l.) in der Königsloge neben seiner Gemahlin die Spiele der XIV. Olympiade für eröffnet.

Fliegende Hausfrau Blankers-Koen

2. August 1948. Strahlender Sonnenschein beim 100-m-Endlauf der Damen. Francina »Fanny« Blankers-Koen geht sofort in Führung. Anfangs hält die Australierin Shirley Strickland noch mit, dann kommt die Britin Dorothy Manley auf. Aber »Fanny« gewinnt mit drei Zehntelsekunden Vorsprung in 11,9 sec.
Zwei Tage später steht der Endlauf über 80 m Hürden an. Hier erweist sich die Britin Maureen Gardner als starke Gegnerin und läßt sich nicht abschütteln. Gleichauf fliegen sie über die letzten Hürden, zeitgleich in 11,2 sec werfen sie sich ins Ziel. Wer hat gewonnen? Erst die Zielfotografie weist einen hauchdünnen Vorsprung für die Niederländerin nach. Beim 200-m-Finale am 6. August regnet es in Strömen. »Fannys« gute Laune trübt das nicht. Trotz schwerer Bahn läuft sie in 24,4 sec eine Superzeit und gewinnt.
Die 4 x 100 m (7. 8.) kann eine Läuferin allein nicht gewinnen, doch drei Läuferinnen können sie verlieren. »Fanny« bekommt als Schlußläuferin den Stab mit 5 m Rückstand. Sie überrennt die Dänin Nissen, die Britin Gardner, die Kanadierin Jones, und kurz vor dem Ziel noch die Australierin King. Es ist der schnellste 100-m-Lauf ihres Lebens.

»Fanny« Blankers-Koen gewinnt ihre erste Goldmedaille über 100 m in 11,9 sec (o. l.), eine weitere über 200 m (o. r.), die dritte im 4 x 100-m-Staffellauf (u. l.) und schließt die Goldserie mit einer Zeit von 11,2 über 80 m Hürden ab (u. r.).

»Ich bin so gern in der Küche wie auf dem Sportplatz«

Eigentlich ist Francina »Fanny« Blankers-Koen als Mutter von zwei Kindern mit ihren 30 Jahren für Olympische Spiele schon zu alt. Da treten erstmals junge Farbige aus den USA und aus Jamaika an, gazellengleiche Geschöpfe. Auch Läuferinnen aus Australien und Großbritannien waren schon gute Zeiten gelaufen. Aber »Fanny« schockte die Konkurrenz sechs Wochen vor Beginn der Spiele mit zwei Weltrekorden. Sie lief in Amsterdam die 100 m ein weiteres Mal in 11,5 sec, diesmal gegen weibliche Konkurrenz (→5. 9. 1943) und 80 m Hürden in 11,0 sec. So überrascht es sie am allerwenigsten, daß sie in London vier Goldmedaillen gewinnt.
Sie hätte gern noch zwei mehr gewonnen. Denn im Weitsprung und im Hochsprung ist sie die »regierende« Weltrekordlerin. Da hätte sie gern auch mitgemacht. Aber der niederländische Nationaltrainer streicht ihre Anmeldung in Anbetracht des Zeitplans. »Ich muß meinem Mann gehorchen«, erklärt die »fliegende Hausfrau« den Reportern, die so etwas gern hören. »Er leitet mein Training und bestimmt meine Starts bei Wettkämpfen. Ich hätte in London allzu gerne meine Chance im Weit- und Hochsprung verteidigt, doch wollte Jan mir diese Wettbewerbe nicht auch noch zumuten, wo ich doch in den andern vier Disziplinen so stark beansprucht war. Es hätten mir sonst sichere Felle davonschwimmen können.« Die britische Presse feiert »Fanny« jedenfalls als die »Unvergleichliche«.
Im Frühjahr 1948 hatte es in den Niederlanden Staatsempfänge für die Generäle Dwight D. Eisenhower und Bernard Law Montgomery gegeben, die als Befreier des Landes begeistert gefeiert wurden. Der Empfang für »Fanny« bei ihrer Rückkehr aus London stellt den Jubel für die Alliierten weit in den Schatten. Über 200 000 Menschen säumen die Straßen von Amsterdam. Die vierfache Olympiasiegerin sitzt in einer Staatskarosse, die von vier Schimmeln gezogen wird. Königin Juliana schlägt sie als Heldin der Nation zum Ritter. Nie zuvor sind einer Sportlerin solche Ehrungen widerfahren.
»Sport treibe ich aus Freude«, erklärt »Fanny« anschließend. »Der Sport ist ein Bestandteil meines Lebens, und dieses Leben ist für mich die Familie. In London sehnte ich mich am meisten nach meinen beiden Kindern, der zweieinhalbjährigen Fanny und unserem siebenjährigen Jan. Glauben Sie mir, ich bin so gern zu Hause in der Küche wie auf dem Sportplatz, denn das Kochen macht mir ebensolche Freude wie die Leichtathletik. In dieser habe ich mir jetzt noch ein Ziel gesetzt. Um meine Vielseitigkeit unter Beweis zu stellen, will ich nun im Frauen-Fünfkampf ein Resultat erzielen, das so schnell nicht wieder erreicht werden wird. Mit dieser Erinnerung möchte ich mich dann von der Aschenbahn verabschieden.«
Sie hält Wort. Drei Jahre später stellt sie im neuen Frauen-Fünfkampf, bestehend aus Kugelstoßen, Hochsprung, 200-m-Lauf am ersten Tag, 80 m Hürden und Weitsprung am zweiten Tag, in Amsterdam den ersten offiziellen Weltrekord auf.

Im Ziel des 100-m-Laufs. Erst jubelt LaBeach (2. v. r.), dann Ewell (r.), doch der Sieger heißt Dillard (l.).

Erstmals vier Farbige im 100-m-Finale

31. Juli 1948. Zum ersten Mal treten unter den sechs 100-m-Finalisten vier farbige Läufer an den Start. Zwei von ihnen starten für die USA, einer für Panama, einer für Großbritannien. Nur der US-Amerikaner Melvin Patton, der zu den Favoriten zählt, und der Brite Alistair McCorquodale sind Weiße. Zum ersten Mal schnellen sich die Sprinter auch aus Startblöcken hoch. Norwood Ewell kommt am besten ab, Patton wird ein Opfer seiner Nerven und »verschläft« den Schuß. Nach etwa halber Distanz stürmt Harrison Dillard vor, läuft gleichauf mit Ewell und dem Panamesen Lloyd LaBeach. Sie werfen sich gleichzeitig über die Ziellinie. Der älteste von ihnen, der schon 30jährige Ewell, vollführt einen Freudentanz. Er sieht sich als Sieger. Aber Dillard hält sich auch dafür, und das Zielfoto gibt ihm recht.
Patton, der über 100 m nur als Fünfter einkam, will sich über 200 m am 3. August revanchieren. Die Hälfte der 200-m-Finalisten sind andere Läufer als beim 100-m-Finale, aber das Verhältnis von vier Farbigen zu zwei Weißen bleibt bestehen. Patton kommt schon als erster aus der Zielkurve und verteidigt einen knappen Vorsprung bis ins Ziel. Der unglückliche Ewell wird abermals nur Zweiter, LaBeach erneut Dritter. Niemand zweifelt daran, daß die US-Amerikaner die 4x100 m am 7. August gewinnen. Dann käme Ewell zu seiner ersehnten Goldmedaille. Natürlich laufen die US-Amerikaner die schnellste Zeit, aber sie werden disqualifiziert, und die Goldmedaille erhalten die Briten.

Der US-Amerikaner Melvin Patton (3. v. l.) im Ziel des 200-m-Laufs, vor Norwood Ewell (l.) und dem Panamesen Lloyd LaBeach (r.).

Der letzte Wechsel der US-Amerikaner in der 4 x 100-m-Staffel: 5 m vor den Briten hat Dillard an Patton übergeben.

Avery Brundage (vorn, r.), Präsident des US-NOK, protestiert gegen die Disqualifikation seiner Staffel.

Ein Richterspruch wird annulliert

Die Briten haben es ziemlich eilig mit der Siegerehrung nach der 4x100-m-Staffel. Denn durch die Disqualifikation der US-Amerikaner wegen Überschreitens der Wechselmarke kommen sie zu ihrer ersten und einzigen Goldmedaille in der Leichtathletik. Doch die Rank-Corporation hat den Staffellauf gefilmt. Die Zeitlupe beweist eindeutig, daß sich die Bahnrichter irrten. Die Markierung, die beim Wechsel zwischen den Unglücksraben Ewell und Wright angeblich überlaufen worden war, befindet sich auf der Nebenbahn!
Jede Zeitung veröffentlicht diese Fotos. Daraufhin legt die US-amerikanische Mannschaftsleitung Protest ein. Genau das hatten die Deutschen 1912 in Stockholm auch getan, als ihre siegreiche Staffel zugunsten der Briten disqualifiziert worden war, und sie ein Zeitungsfoto vorlegen konnten, das den Irrtum eines Bahnrichters bewies. Der Protest wurde damals abgelehnt (→9. 7. 1912). Gegen die Tatsachenentscheidung eines Schiedsrichters gab es keine Einspruchsmöglichkeit. Aber diesmal gibt es sie doch. Die Briten müssen ihre Goldmedaillen am 9. August den US-Amerikanern aushändigen.

Der Doppelsieg Jamaikas im 400-m-Lauf. Arthur Wint (122) vor Herbert McKenley (90) und Melvin Whitfield (136, USA)

Melvin Whitfield (136) übernimmt über 800 m die Führung. Zuletzt kommt nur noch Arthur Wint (2. v. l.) auf.

Schwarze Wunderläufer aus der Karibik

5. August 1948. Der Ruhm ist ihnen vorausgeeilt. Herbert McKenley aus Jamaika hatte den 400-m-Weltrekord von Rudolf Harbig aus dem Jahr 1939 am 2. Juli, vier Wochen vor Beginn der Olympischen Spiele in London, mit 45,9 sec um eine Zehntelsekunde unterboten.

Über die 400 m gilt er als Favorit. Wieder geht er das Rennen in enormem Tempo an. Früher zählte man die 400 m zu den Mittelstrecken. Sie sind zu Sprintstrecken geworden. Der Lauf wird gleichwohl nicht allein durch Schnelligkeit, sondern auch durch Intelligenz entschieden. McKenley läuft auf Bahn zwei, holt rasch die Kurvenvorgaben der Läufer auf den Bahnen fünf und sechs auf. Auf Bahn drei läuft sein Landsmann Arthur Wint, der in der Zielkurve noch knapp vor McKenley von der Vorgabe zehrt. Er versucht aber nicht, mit McKenley, der zum Endspurt ansetzt, gleichauf zu bleiben, sondern läßt ihn 4 m Vorsprung gewinnen. Der fast 2 m große Wint weiß, daß McKenley sein Tempo nun nicht steigern kann und setzt mit Riesenschritten zum Angriff an. McKenley wird völlig überrumpelt, der Weltrekordler noch mit zwei Zehntelsekunden geschlagen, ein überraschender Doppelerfolg für Jamaika.

Wint war am 2. August bereits im 800-m-Endlauf aufgefallen. Hier lief der US-Amerikaner Melvin Whitfield einem überlegenen Sieg entgegen, als auf der Zielgeraden wie ein Geist Wint auftauchte und mit seinen unglaublich raumgreifenden Schritten den Vorsprung geradezu verschlang. Der Franzose Marcel Hansenne, dem man einen Sieg zutraute, wurde Dritter.

Wer soll den Wunderläufern aus Jamaika mit George Rhoden, Leslie Laing, McKenley und Wint die 4x400 m am 7. August streitig machen? Die US-Amerikaner versuchen die Flucht nach vorn, holen einen 10-m-Vorsprung heraus, der aber dahinschmilzt. Entschieden wird das Rennen durch einen Schrei Wints, der mit einer Muskelzerrung von der Bahn humpelt.

Nach 60 m Brust-an-Brust-Kampf siegt Eriksson (194) vor Strand.

Gold für Schweden im 1500-m-Lauf

6. August 1948. Der Filmvertrag mit Hollywood liegt schon bereit für Lennart Strand, der so oft für Gunder Hägg und Arne Andersson als »Hase« lief. Es fehlt nur noch die Goldmedaille über 1500 m.

Strand ist erst im letzten Moment in London angekommen. Beim Endlauf regnet es in Strömen, die Bahn ist schwer. Auf der Zielgeraden kämpft ihn sein Landsmann Henry Eriksson nieder.

Emil Zátopek — die »tschechische Lokomotive« kommt

30. Juli 1948. Es ist der erste Tag der leichtathletischen Wettbewerbe in London. In glühender Hitze treten die 10 000-m-Läufer an. Als Favorit gilt der amtierende Weltrekordler Viljo Heino aus Finnland. Gehört hatte man auch schon von dem Tschechen Emil Zátopek. Jetzt sieht man ihn, und was man sieht, ist fürchterlich. Der Mann läuft, als läge er in den letzten Zügen und würde die nächste Runde nicht überstehen. Aber in diesem unmöglichen Stil überrundet er sämtliche 32 Konkurrenten. »Nein, nein«, erklärt er anschließend, »das war keine großartige Leistung. Heino litt sehr stark unter der Hitze, und die andern zählten ja nicht.«

Beim 5000-m-Lauf am 2. August rufen die sonst so kühlen Briten »Emil, Emil!« Diesmal regnet es, und außer Zátopek scheint nur noch der Niederländer Willem Slijkhuis zu »zählen«. Er liefert dem »verrückten Emil« eine Sprinteinlage. Zátopek hält mit, bis der Belgier Gaston Reiff zu einem Spurt ansetzt. Bevor Emil kontern kann, ist Reiff im Ziel.

Der Belgier Gaston Reiff (2. v. l.) hatte sich ganz auf den 5000-m-Lauf konzentriert. Auf regendurchweichter Bahn behält er stets Anschluß an Emil Zátopek (l.). Als dieser auf den letzten Metern etwas nachläßt, setzt er zum entscheidenden Spurt an und gewinnt überraschend.

Ein 17jähriger wird Zehnkampf-Sieger

5./6. August 1948. Eine gespenstische Szenerie. Das Stadion ist leer. Es regnet immer noch, wie schon den ganzen Tag. Es geht auf Mitternacht. In der Dunkelheit blitzen unten an der Laufbahn Taschenlampen auf. Als suchten Verirrte einen Weg durch ein englisches Moor. Einige Läufer quälen sich schemenhaft um die Runden. Ein paar Unentwegte in Regencapes feuern sie an. Ihre Rufe verhallen im weiten Rund. Unter den Ausharrenden auch die Eltern eines College-Boys aus Kalifornien, der Unwahrscheinliches leistet. Ein großer, kräftiger, schlaksiger Junge, wie es viele in den USA gibt.

Aber dieser eine, Robert »Bob« Mathias, schreibt heute Sportgeschichte. Er kann diesen letzten, den zweitägigen Wettbewerb endgültig abschließenden 1500-m-Lauf nicht mehr gewinnen. Der Schwede Erik Peter Andersson ist eine halbe Minute schneller, soweit man das auf dem regennassen Zifferblatt überhaupt verfolgen kann. Auch den Argentinier Enrique Kistenmacher kann Robert nicht mehr erreichen. Aber das ist nicht entscheidend. Er darf nur den Franzosen Ignace Heinrich nicht aus den Augen verlieren. Es ist schwer, in der nächtlichen Schwärze den Abstand abzuschätzen. Doch kann man ohnehin nicht mehr tun, als das letzte Quentchen Kraft aus sich herauszuholen. Als Mathias das Ziel erreicht, ist er der jüngste Zehnkampfsieger, den es je bei Olympischen Spielen gab. Die Punktzahl von 7139 ist zwar weit vom Weltrekord von Glenn Morris mit 7900 Punkten aus dem Jahr 1936 entfernt, aber unter den gegebenen extremen Bedingungen ist die Leistung von Mathias kaum geringer einzuschätzen.

Mathias wird als Naturtalent gefeiert, weil er sich vor drei Monaten erstmals im Stabhochsprung versucht hatte und vor drei Stunden, fast ohne die Latte zu sehen, 3,50 m übersprang. Aber das ist es nicht allein. Bei den miserablen Witterungsbedingungen in London sah jeder Zehnkämpfer schlecht aus. Nur Mathias gab sein Bestes.

Zeitgleich in 11,2 sec am Ziel des 100-m-Laufs: Mathias (r.) und Mullins

Mit dem Diskuswurf am zweiten Tag übernimmt Mathias die Führung.

Der Schwede John Mikaelsson, überlegener Sieger im 10 000-m-Gehen

Schweden holen Geher-Medaillen

7. August 1948. 1936 wurde der Schweizer Arthur Schwab Silbermedaillengewinner im 50-km-Gehen. Zwölf Jahre später holt sich sein Sohn Fritz hinter den Schweden John Mikaelsson und Ingemar Johansson Bronze über 10 000 m.

Der Brite Harold Whitlock hatte 1936 Gold über 50 km geholt. Dasselbe erhoffte man von seinem Bruder Rex. Aber ein Sonnenstich schaltete ihn aus. Der Schwede John Ljunggren, der vom Militärdienst befreit worden war, weil er Plattfüße hat, gewann in 4:41:52,0 h.

Wenn Micheline Ostermeyer forte spielt

Juli/August 1948. Bei den bisherigen Olympischen Spielen hätte man eine Frau, die zwei Goldmedaillen und eine Bronzemedaille gewann, als die größte Athletin gefeiert. Die Französin Micheline Ostermeyer hat das Pech, daß es in London mit Francina »Fanny« Blankers-Koen noch eine größere gibt.

Dabei steht Micheline in der Vielseitigkeit der Niederländerin wenig nach. Als Pianistin muß sie auf ihre Hände besonders acht geben. Vielleicht hat sie aber gerade zur Kräftigung ihrer Fingermuskeln Kugelstoßen und Diskuswerfen trainiert. In beiden Disziplinen wird sie Olympiasiegerin (30. 7./4. 8.). Im Hochsprung schwingt sich die Französin, während »Fanny« sich zur 4x100-m-Staffel rüstet, noch zur Bronzemedaille auf. In einem ist Micheline der »fliegenden Hausfrau« jedenfalls überlegen. Sie kann besser Klavier spielen.

Pech hat im Hochsprung am 7. August die Britin Dorothy Tyler-Odam. 1936, als sie noch unter ihrem Mädchennamen Odam antrat, übersprang sie mit 1,60 m dieselbe Höhe wie die Olympiasiegerin, die Ungarin Ibolya Csák, die im Stichkampf über 1,62 m kam. Jetzt, zwölf Jahre später, steigert sich Dorothy auf 1,68 m. Olympischer Rekord! Aber die farbige US-Amerikanerin Alice Coachman schafft diese Höhe auch. Und weil sie zuvor einen Sprung ausließ, erhält sie, dank der neuen Mehrversuchsregel, die Goldmedaille.

Eine »Olympiaveteranin« ist auch die 33jährige Österreicherin Herma Bauma, die 1936 Vierte im Speerwerfen wurde. Sie war damals durch eine Armverletzung gehandikapt und gab danach das Speerwerfen ganz auf. Erst nach dem Ende des Zweiten Weltkriegs begann sie wieder systematisch zu trainieren. In London gilt sie als Favoritin, ist es aber nicht mehr, seit sie zu Beginn des Jahres eine Mandeloperation mit Sepsis fünf Wochen ins Bett und drei Monate zur Aussetzung des Trainings zwang. Den kaum noch erhofften Olympiasieg erreicht sie mit ihrem allerletzten Wurf.

Micheline Ostermeyer, Olympiasiegerin Diskuswurf und Kugelstoßen

Der Siegsprung von Olgar Gyarmati

Erstmals Gold im Frauen-Weitsprung

4. August 1948. Das hätte sich Francina »Fanny« Blankers-Koen auch gern geholt. Aber sie muß über 80 m Hürden starten. So kann die hübsche Ungarin Olga Gyarmati mit 6,695 m Olympiasiegerin werden.

Triumphe und Tragödien im Empire-Swimmingpool

Zielfoto des 100-m-Kraul-Finales: Bahn 2 der Schwede Per-Olof Olsson (6.), Bahn 3 der Franzose Alexandre Jany (5.), Bahn 4 der US-Amerikaner Keith Carter (4.), Bahn 5 der Sieger Walter Ris, Bahn 6 der US-Amerikaner Alan Ford (2.), Bahn 7 der Ungar Géza Kádas (3.), Bahn 8 der Niederländer Szilaard (7.)

Juli/August 1948. Sie ist das Schmuckstück der olympischen Sportstätten in London. Eine Mehrzweckhalle, in der man nicht nur schwimmen, sondern auch boxen, Tennis und Eishockey spielen kann. Doch in erster Linie ist der Empire-Swimmingpool gegenüber dem Wembley-Stadion das derzeit prachtvollste Hallenbad Europas. Wenn allerdings die Sonne auf das gewaltige Glasdach brennt, entstehen für die Zuschauer tropische Temperaturen. Da haben es die Schwimmer gut, sie dürfen ins Wasser. Mancher von ihnen hat dabei jedoch wenig Freude. So der vielfache französische Weltrekordler Alexandre Jany. Auf ihm ruhen die Hoffnungen nicht nur Frankreichs, sondern ganz Europas. Er ist der einzige, der in Abwesenheit der Japaner den US-Amerikanern Olympiasiege streitig machen kann.

Als der Startschuß zum 100-m-Freistil-Finale kracht (31. 7.), löst sich die lastende Spannung in ohrenbetäubendem Geschrei der 10 000 Zuschauer. Kopf an Kopf wirbeln die Schwimmer nebeneinander. Führt Ford oder Kádas oder Ris oder Carter? Wo steckt Jany? Niemand weiß, wer gewonnen hat, als die Schwimmer anschlagen. Es dauert lange, bis das Ergebnis auf der Anzeigetafel erscheint. Dann fällt ein Mädchen auf den Zuschauerrängen in Ohnmacht. Es ist Ginette Jany. Ihr Bruder Alexandre wurde nur Fünfter. Nach den US-Amerikanern Walter Ris und Alan Ford ist der Ungar Géza Kádas Dritter. Wird sich Jany über 400 m revanchieren? Er muß es. Ein Weltrekordler kann nur einmal versagen. Doch im Zwischenlauf ist es nicht Jany, der den besten US-Amerikaner William Smith mit einer Superzeit schlägt, sondern der Ungar Kádas. Mit der siebtschnellsten Zeit rutscht Jany gerade noch ins Finale (4. 8.). Und da muß sich endlich der wahre Jany zeigen. Aber die arme Ginette fällt abermals in Ohnmacht. Alex wird nur Sechster! Smith und James McLane setzen die US-amerikanische Siegesserie fort.

Der wahre Jany zeigt sich lediglich am 3. August in der 4x200-m-Staffel. Da geht er völlig aussichtslos als sechster und letzter Schwimmer ins Rennen. Mit einer großartigen Energieleistung gewinnt er trotzdem noch für Frankreich die Bronzemedaille. Aber niemand, außer Ginette, achtet darauf. Denn die eigentliche Staffel-Sensation spielt sich im Duell zwischen den USA und Ungarn ab. Die Japaner sind nicht da, aber ihr phantastischer Weltrekord von 8:51,5 min aus dem Jahr 1936 besteht noch. Die Ungarn schwimmen 8:48,4 min und treiben die US-Amerikaner zu dem Fabelweltrekord von 8:46,0 min mit Walter Ris, James McLane, Wallace Wolf und William Smith.

Ein Mann steht hinter diesen Erfolgen, der Trainer der US-Mannschaft, Bob Kiphut. Sein Triumph wird vervollständigt durch einen US-Doppelsieg über 100 m Rücken und einen US-Dreifachsieg im 200-m-Brustschwimmen. Hier hat kein orthodoxer Brustschwimmer mehr eine Chance, da wird nur noch »geschmettert«.

Auch bei den Damen gibt es eine US-amerikanische Staffel-Sensation. Greta Andersen, die nach ihrem Ohnmachtsanfall im 400-m-Vorlauf darauf besteht, am 6. August die 4x100-m-Staffel mitzuschwimmen, gibt der dänischen Schlußschwimmerin 2 m Vorsprung mit. Das sollte zum Olympiasieg reichen. Aber Ann Curtis, Zweite über 100 m hinter Andersen, kämpft nicht nur die Niederländerin Johanna Termeulen, sondern auch die Dänin Fritze Carstensen nieder. Danach ist sie so erschöpft, daß man sie aus dem Bassin heben muß.

Mit dem Staffelsilber wird die Dänin Karen-Margarete Harup zur erfolgreichsten Schwimmerin, die außerdem noch Silber über 400 m Freistil (7. 8.) hinter Curtis und Gold über 100 m Rücken (5. 8.) gewinnt.

Schwimm-Olympiasiegerin fast ertrunken

5. August 1948. Der ungarische Staffelschwimmer Elemér Szathmári sitzt am Beckenrand und schaut dem dritten Vorlauf der Damen über 400 m zu. Als er sieht, wie eine der Schwimmerinnen nach 150 m ohne einen Laut plötzlich absackt, reagiert er sofort. Mit einem Hechtsprung taucht er ins Wasser und holt die ohnmächtig gewordene Dänin Greta Andersen vom Grund des Empire-Pools herauf. Ohne seine rasche Reaktion wäre die Olympiasiegerin über 100 m wahrscheinlich ertrunken.

Das Drama um Greta Andersen (M.). Nachdem Szathmári sie gerettet hat, kommt auch Nancy Lee zu Hilfe.

Das Ruder-Drama von Kelly jr. in Henley

5. bis 9. August 1948. Niemand hat mit größerer Besessenheit auf einen Sieg in Henley hingelebt als John B. Kelly sen. und John B. Kelly jr. Der Vater, der im Einer und Doppelzweier in den Jahren 1920 und 1924 drei Goldmedaillen erruderte, hat es nie verwunden, daß er in Henley als Handwerker nicht starten durfte (→ 29. 8.1920). Wie so oft muß der Sohn das Trauma des Vaters dadurch gutmachen, daß er es besser macht. Die olympische Regatta in Henley bietet hierzu die ideale Gelegenheit. Aber die Voraussetzungen sind nicht ideal. Das klassische Henley kennt nur einen Zwei-Boote-Start mit K.-o.-System. Die Fédération Internationale des Sociétés d'Aviron (FISA) will wenigstens einen Drei-Boote-Start.
John Kelley jr., von vornherein zum Favoriten gestempelt, hat es im Halbfinale mit dem Briten Rowe und dem Uruguayer Eduardo Risso zu tun. Rowe trägt die Hoffnungen seiner Landsleute. Risso kennt niemand. Als Kelly den heftig angefeuerten Rowe mit einer Länge distanziert hat, konzentriert er sich darauf, diesen sicheren Vorsprung zu halten. Risso liegt schon vier Längen zurück. Aber plötzlich beginnt der Uruguayer zu spurten. Kelly reagiert, völlig überrascht, zu spät. Risso siegt um wenige Zentimeter.

△ Einen nie gefährdeten, überlegenen Olympiasieg fährt der Achter der USA (vorn) gegen Großbritannien und Norwegen heraus.

◁ John B. Kelly jr. brach nach seiner überraschenden Niederlage im Boot zusammen und mußte herausgehoben werden. Sein Vater John B. Kelly sen. (r.) führt mit einem Betreuer den nicht nur physisch, sondern auch psychisch völlig Erschöpften hinweg. Der Australier Mervyn Wood schlägt den Überraschungssieger des Halbfinales Eduardo Risso im Finale mühelos. Auch der Italiener Romolo Catasta hat im Einer-Finale nie eine Chance.

Entscheidung erst beim allerletzten Ritt

14. August 1948. Das Jagdspringen um den Preis der Nationen im Wembley-Stadion beschert den 85 000 Zuschauern am letzten Tag der Olympischen Spiele noch einmal Wechselbäder von Hoffnungen und Enttäuschungen. Die Spannung steigt fast ins Unerträgliche. Denn die doppelte Entscheidung des Tages, Sieg in der Einzel- und Mannschaftswertung, liegt jetzt auf den Schultern des letzten Reiters, des letzten Starters der Spiele überhaupt, und auf dem Rücken seines Pferdes.
Der mexikanische Oberst Humberto Mariles Cortés reitet ein auf Arete. Er reitet verhalten, will Zeitfehler in Kauf nehmen. Doch am Wassergraben spritzt es. Aber es bleibt bei 6,25 Fehlerpunkten: Sieg für Mariles Cortés und sensationeller Triumph für Mexiko vor den Mannschaften aus Spanien und Großbritannien.

Oberst Humberto Mariles Cortés auf Arete bei seinem Ritt, der ihm im Einzel und Mexiko Gold im Preis der Nationen einträgt

London 1948 in Stichworten

Die Spiele der XIV. Olympiade in London dauern vom 29. Juli bis zum 14. August 1948. Aus 59 Ländern 4099 Teilnehmer, darunter 385 Frauen. 151 Wettbewerbe in 18 Sportarten. Das Programm wird als zu überladen kritisiert. **Leichtathletik:** Zu niedrig angesetzte Qualifikationswerte ziehen die Wettbewerbe in die Länge. USA überragend vor Schweden. Finnland sinkt in die Mittelmäßigkeit zurück. **Gewichtheben:** Große Leistungssteigerung der USA. Danach Ägypten. Weitere sechs Länder kommen zu Medaillen. **Ringen:** Schweden muß seine einstige Vorherrschaft mit der Türkei teilen. **Boxen:** Südafrika und Italien sind am erfolgreichsten vor Argentinien und Ungarn. **Fechten:** Frankreich dominiert wieder vor Italien im Florett und Degen. Ungarn behauptet die Führung im Säbel. **Schießen:** Acht Länder teilen sich zwölf Medaillen. Siege für die Schweiz, die USA und für Peru. **Reiten:** Erfolge der Franzosen in allen drei Disziplinen. Schweizer Sieg in der Dressur. Überraschend US-Amerikaner in der Military. Sensationell Mexiko im Jagdspringen. **Radfahren:** Frankreich am erfolgreichsten vor Großbritannien, Italien und Belgien. **Turnen:** Knappe Niederlage der favorisierten Schweiz durch Finnland. Abgeschlagen Ungarn und die ČSSR. **Schwimmen:** Triumph der USA. Nur Dänemark kommt bei den Damen zu zwei Gold- und zwei Silbermedaillen. **Rudern:** Führend sind Großbritannien und USA. **Kanu:** Erstmals Wettbewerb für Damen. Schweden im Kajak, Tschechen im Canadier überlegen. **Segeln:** Die USA, Kuba und Argentinien vor Europa. Mäßiges Interesse am **Fußball** der Amateure. Gold für Schweden vor Jugoslawien und Dänemark. **Hockey:** Indien erneut Sieger vor Großbritannien und den Niederlanden. **Basketball:** Überlegener Sieg der USA. Silber für Frankreich, Bronze für Brasilien. Zum letzten Mal olympische Kunstwettbewerbe.

50 000 sehen Revanchekampf Louis – Walcott

25. Juni 1948. Eine Revanche war Joe Louis nach seinem fragwürdigen Punktsieg Jersey Joe Walcott, auch »The Old Nigger« genannt, schuldig (→5. 12. 1947). Aber Walcott wußte sehr wohl, daß Louis bisher noch jeden Gegner, der ihn einmal besiegt hatte, im Revanchekampf schlug. Louis wiederum ahnte, daß er am Ende seiner Karriere stand.
50 000 Fans füllen das Yankee-Stadion in New York und empfangen die beiden Kontrahenten mit Ovationen. Die ersten Runden bringen ein vorsichtiges Abtasten. Aber in der dritten Runde kracht eine Rechte Walcotts an Louis Kinn. Und Louis geht zu Boden. Wie beim Kampf im vorigen Jahr. Ist das jetzt das Ende des Weltmeisters? Louis steht wieder auf. Wie im vorigen Jahr. Aber er ist müde geworden. Walcott macht den Kampf. Er führt nach Punkten. Das tat er im vorigen Jahr auch. Deshalb will er durch K. o. gewinnen. In der siebten Runde ermahnt der Ringrichter beide Kämpfer zu mehr Aktivität. Sammelt Walcott Kraft für den entscheidenden Schlag? Da kommt zur elften Runde Louis aus der Ecke, wie in alten Zeiten. Er überfällt Walcott mit einem Schlaghagel. Die Zuschauer toben. Und Walcott geht schwer k. o. Louis bleibt Champion.

Shakehands bei der Unterzeichnung des Vertrages für den Revanchekampf (v. l.): Joe Louis, Eddie Sagan vom New Yorker Athletikverband und Joe Walcott

Max Schmeling verläßt endgültig den Boxring

Ein anderer Boxer erklärt wenige Monate nach dem 25. Sieg von Joe Louis seinen Rücktritt, sein ehemaliger Gegner Max Schmeling.
Schmeling hatte im Zweiten Weltkrieg seinen Besitz in Pommern verloren und mußte wieder boxen. In Hamburg trat der 43jährige Schmeling am 24. Mai gegen den auch schon 40jährigen Walter Neusel an. Nach zehn Runden war Neusel eindeutig Punktsieger.
Auf der Berliner Waldbühne sucht Max am 31. Oktober seine letzte Chance gegen den Deutschen Halbschwergewichtsmeister Richard »Riedel« Vogt. Trotz kühler Witterung zieht der Kampf noch einmal 24 000 Zuschauer an. Doch der neun Jahre jüngere Vogt deckt die konditionellen Schwächen des deutschen Box-Idols schonungslos auf. Max ist zu langsam geworden und verfügt auch nicht mehr über die Schlagkraft, um einen Kampf mit einem Treffer zu entscheiden.

Nürnberg erneut Deutscher Meister

8. August 1948. In diesem Jahr stirbt der seit 1925 amtierende Präsident des seit 1945 nicht mehr existierenden Deutschen Fußball-Bundes (DFB), Felix Linnemann. Im vergangenen Jahr hatten die westlichen Besatzungsmächte in ihren Zonen Meisterschaften zugelassen. Nach Gründung eines »bizonalen Fußballausschusses« ließen die Franzosen schließlich am 12. April 1948 die Gründung eines Deutschen Fußball-Ausschusses zu, dessen Vorsitz der ehemalige Schiedsrichter Peco Bauwens übernahm. Damit war der Weg frei zur ersten Deutschen Fußballmeisterschaft nach dem Zweiten Weltkrieg.
Das Endspiel am 8. August erreichen der 1. FC Nürnberg und der 1. FC Kaiserslautern. 300 000 Kartenbesteller wollen dieses 39. Endspiel seit 1903 sehen. 75 000 finden Einlaß im Müngersdorfer Stadion in Köln. Zwei Kopfballtore durch Konrad Winterstein und Hans Pöschl in der zwölften und 25. Minute bringen die Nürnberger in Führung. Aber die Kaiserslauterer stecken nicht auf. In der 69. Minute gelingt der Anschlußtreffer. Doch der Ausgleich gelingt nicht mehr. Nürnberg ist zum siebten Mal Meister und damit erfolgreichster deutscher Fußballklub.

»Forza Vecchio!« - Bartalis Tour-Triumph

25. Juli 1948. »Vorwärts Alter!« so rufen die italienischen Tifosi Gino Bartali liebevoll zu. Und der 34jährige »Alte« schafft, was noch keinem gelungen ist: Er gewinnt nach zehn Jahren die Tour de France zum zweiten Mal. Er hat in den Alpen und in den Pyrenäen wie ein Junger mit seinem scharfen Antritt wieder alle Konkurrenten abgehängt. In den Abfahrten verschenkte er in waghalsiger Fahrt keinen Meter. Er gewinnt sieben von 21 Etappen und kommt mit 26 Minuten und 16 Sekunden Vorsprung vor dem Belgier Brik Schotte in Paris an.

▷ Bartali (l. hinter Lazarides und Brule) konzentriert sich auf die Tour, die Coppi nicht bestreitet. Das schmälert jedoch nicht seinen Erfolg.

▷▷ Sieger der Bergetappe bei Passo Pordoi in den Dolomiten: Gebirgspezialist Fiorenzo Magni

Schweden verlieren Dressur-Medaille

Dezember 1948. Nach den absurden Amateurregeln gelten Offiziere als Amateure, Unteroffiziere als Profis. Da die Schweden in dem Unteroffizier Gehnäll Persson einen vorzüglichen Dressurreiter besitzen, ernannten sie ihn vor den Olympischen Spielen in London zum Leutnant. Dabei wurde abgemacht, daß Persson anschließend wieder degradiert würde!
Persson gewann Mannschafts-Gold. Dummerweise kam er einmal mit seinem Unteroffizierskäppi zum Training. Der französische Sekretär der Fédération Equestre Internationale (FEI), Hector, bemächtigte sich dieses Corpus delicti und deckte die Maskerade auf. Fünf Monate nach Beendigung der Spiele müssen die Schweden nun ihre Goldmedaillen an die Franzosen abtreten. Aber die Sache machte so viel Ärger, daß man den Paragraphen streicht.

1949

5. 2. Beim Concours Hippique Internationalional (CHI) in Viña del Mar Hochsprung-Weltrekord mit 2,47 m durch den 15jährigen Huaso unter dem chilenischen Capitano Alberto Larraguibel.

März. Der Schwede Nils Karlsson, »Mora Nisse« genannt, gewinnt zum fünften Mal hintereinander den Wasalauf.

1. 3. Joe Louis verzichtet auf seinen Weltmeistertitel im Schwergewicht und zieht sich ungeschlagen vom Boxsport zurück.

April. Die Eishockey-Weltmeisterschaft in Stockholm gewinnt die ČSSR vor Kanada und den USA. In der Vorrunde besiegt Kanada Dänemark mit dem Rekordergebnis von 47:0.

4. 5. Bei einem Flugzeugabsturz in einem Vorort von Turin finden alle Spieler der Mannschaft des FC Turin den Tod.

7. 5. Weltrekord durch den US-Amerikaner Melvin Patton über 200 m in 20,2 sec in Los Angeles.

14. 5. Der Schweizer Emanuel de Graffenried gewinnt auf Maserati den Grand Prix von England in Silverstone.

11. 6. Weltrekord über 10 000 m in 29:28,2 min durch den Tschechen Emil Zátopek in Ostrau.

12. 6. »Campionissimo« Fausto Coppi gewinnt seit 1940 zum dritten Mal den Giro d'Italia (21.5.–12.6.; → Mai–Juli 1949).

22. 6. Im Kampf um den vakanten WM- Titel im Box-Schwergewicht besiegt Ezzard Charles in Chicago Jersey Joe Walcott in 15 Runden nach Punkten. Der Weltmeistertitel wird nur von der National Boxing Association (NBA) anerkannt.

Juli. Louise Brough gewinnt zum dritten Mal das Einzel der Internationalen Tennismeisterschaften von England in Wimbledon.

1. 7. Trotz scharfen Protests der alliierten Besatzungsmächte, daß die Gründung einer zentralen, die drei Besatzungszonen übergreifenden deutschen Sportorganisation unzulässig sei, wird in Stuttgart der Deutsche Fußball-Bund (DFB) wiedergegründet.

Deutscher Fußballmeister wird in Stuttgart erstmals der VfR Mannheim durch ein 4:3 n. V. über Borussia Dortmund.

9. 7. Weltrekord im Diskuswurf mit 56,46 m durch den US-Amerikaner Fortune Gordien in Lissabon.

17. 7. In Bad Homburg gründen Vertreter aller bislang bestehenden deutschen Sportorganisationen in den westlichen drei Besatzungszonen die Arbeitsgemeinschaft deutscher Sport.

24. 7. Fausto Coppi gewinnt die Tour de France (30. 6.–24. 7.). Er ist der erste, der in einem Jahr Giro und Tour gewinnt (→ Mai–Juli 1949).

28. 7. Weltrekord im Kugelstoßen mit 17,79 m durch den US-Amerikaner Jim Fuchs in Oslo.

5. 8. Weltrekord im Speerwerfen mit 53,41 m durch die Russin Natalja Smirnitskaja in Moskau.

10. 8. Ezzard Charles verteidigt seinen NBA-Weltmeistertitel im Box-Schwergewicht in New York durch technischen K. o. in der siebten Runde gegen den Halbschwergewichts-Weltmeister Gus Lesnevich.

14. 8. Erneut Weltrekord im Diskuswurf mit 56,97 m durch Fortune Gordien in Hämeenlinna.

Weitsprung-Weltrekord im Reitsport mit 8,10 m durch Cœur Joli unter dem Niederländer B. J. van der Voort.

26.–28. 8. Die USA verteidigen in New York den Davis Cup durch ein 4:1 gegen Australien (→ September 1949).

September. Der 20jährige Pancho Gonzales gewinnt das Finale der US-Tennismeisterschaften in Forest Hills gegen den Favoriten Ted Schroeder.

1. 9. Weltrekord über 10 000 m in 29:27,2 min durch den Finnen Viljo Heino in Kouvala.

4. 9. Weltrekord im Hammerwurf mit 59,57 m durch den Ungarn Imre Németh in Kattowitz.

24. 9. In Bonn Gründung des Nationalen Olympischen Komitees für Deutschland (NOK), das trotz der politischen Teilung die Zuständigkeit für ganz Deutschland beansprucht. Präsident wird Herzog Adolf Friedrich zu Mecklenburg.

14. 10. Ezzard Charles verteidigt seinen NBA-Weltmeistertitel im Box-Schwergewicht in San Francisco gegen Pat Valentino durch K. o. in der 14. Runde.

22. 10. Erneut Weltrekord über 10 000 m in 29:21,2 min durch Emil Zátopek in Ostrau.

28. 10. Marcel Cerdan, der seinen Weltmeistertitel im Box-Mittelgewicht am 16. Juni dieses Jahres an Jake LaMotta verloren hat, stürzt auf dem Flug zu einem Revanchekampf über der Azoreninsel São Miguel tödlich ab (→ 4. 5. 1949).

30. 10. Weltrekord im Kugelstoßen mit 14,86 m durch die Russin Klaudia Tochenowa in Tiflis.

1949. Großbritannien setzt sich bei der Fédération Internationale de Football Association (FIFA) für die Wiederzulassung Deutschlands im internationalen Spielverkehr ein. Die FIFA hebt das Spielverbot für deutsche Mannschaften auf, verlangt aber jeweils die Genehmigung der zuständigen Militärregierung (→ 1. 7. 1949).

In Hamburg erstmals nach dem Ende des Zweiten Weltkriegs wieder Deutsches Spring-Derby. Es siegt Käthe Schmidt-Metzger auf Fenek.

»Mora Nisse« wird zur Ski-Legende

März 1949. Die Legende vom Wasalauf stammt aus dem Jahr 1521 (→ Weihnachten 1521).
Nils Karlsson, »Mora Nisse« genannt, fügt eine neue Legende hinzu. 1943 bestritt er seinen ersten Wasalauf, den er gewann. 1944 verlor er auf den letzten 100 m der 89 km gegen Gösta Andersson mit einer Sekunde Rückstand. Dann gewinnt er 1945, 1946, 1947, 1948 und 1949. Er wird auch 1950 und 1951 siegen. 1952 ist er krank. 1953 bestreitet er seinen zehnten und letzten Wasalauf und siegt in 5:01:55,0 h, der schnellsten Zeit überhaupt.

Kein Weltmeister trotz Rekordsieg

April 1949. Als die kanadischen Sudbury Seniors beim ersten Eishockey-WM-Spiel in Stockholm die Österreicher 7:0 abfertigen, mag das noch angehen. Als aber die Dänen nach einem 47:0 vom Eis schleichen, müssen kommenden Gegnern die Schläger zittern.
Aber dann kommt es ganz anders. Den Seniors gelingt gegen Schweden nur ein 2:2 und gegen die Schweiz nur ein 1:1. Und als sie gegen die Tschechen gar noch 2:3 verlieren, sind diese Weltmeister. Zum zweiten Platz verhilft den Kanadiern nur das bessere Torverhältnis.

Trümmer der Maschine, in der die Spieler des Fußballmeisters FC Turin ums Leben kommen. Die Mannschaft wird posthum zum Meister 1949 erklärt.

Tragischer Tod von Idolen

4. Mai 1949. Eine Schreckensnachricht erschüttert die Fußballwelt. Die Mannschaft des FC Turin stürzt in einem östlichen Vorort Turins mit dem Flugzeug ab.
Nach einem Spiel gegen Benfica Lissabon, das 2:3 verloren ging, befindet sich die italienische Meisterelf in einer Chartermaschine auf der Rückreise. Beim Landeanflug auf Turin streift das Flugzeug mit einer Tragfläche die Basilika auf dem Supergahügel. Die Tragfläche reißt ab, das Flugzeug stürzt in den Hof der Kirche und geht in Flammen auf. 31 Menschen kommen um, 18 Spieler, darunter Bacigalupo, Maroso, Ossola, Valentino Mazzola, der siebenfache Nationalspieler, Menti, Ballarin, Loik, der Tscheche Schubert und Rigaminti: Namen, die jeder in Italien kennt. Dazu der britische Trainer Leslie Lievesley, die Konditionstrainer und Mannschaftsbegleiter.

Knapp ein halbes Jahr später herrscht in Frankreich tiefe Trauer über den Tod eines Box-Idols. Marcel Cerdan, der aus Algerien stammende Europameister im Mittelgewicht, hatte im Vorjahr im Weltmeisterschaftskampf den US-amerikanischen Titelhalter Tony Zale so schwer zusammengeschlagen, daß dieser demoralisiert seine Karriere aufgab. Cerdan erlebte in Paris einen triumphalen Empfang. Am 16. Juni 1949 verliert der Franzose seinen Titel in Detroit auf unglückliche Weise an Jake LaMotta. Schon in der ersten Runde erleidet er eine Schulterverletzung. Cerdan hält noch bis zur zehnten Runde durch, muß dann aber den Kampf aufgeben. Cerdan brennt auf Revanche, die im November stattfinden soll. Auf dem Flug nach New York am 20. Oktober zerschellt seine Verkehrsmaschine am Piz Algariva auf der Azoreninsel São Miguel.

Neuorganisation des deutschen Sports

1. Juli 1949. Im Stuttgarter Staatstheater wird der Deutsche Fußball-Bund (DFB) wiedergegründet. Die drei westlichen Besatzungsmächte erklären die Gründung für ungesetzlich, da eine zonenübergreifende deutsche Sportorganisation den Anweisungen der Direktive Nr. 23 des Alliierten Kontrollrats(→ 17. 12. 1945) zuwiderlaufe. Dasselbe widerfährt dem Deutschen Turner-Bund (DTB) und dem Deutschen Schützen-Bund (DSB). Doch die Entwicklung ist nicht mehr aufzuhalten.

Beim zweiten Endspiel um die Deutsche Fußballmeisterschaft nach dem Zweiten Weltkrieg am 10. Juli 1949 vor 92 000 Zuschauern im Stuttgarter Neckarstadion wird die Fahne des DFB gehißt.

Als erstem deutschem Sportverband gelingt dem Deutschen Schwimm-Verband (DSV) am 5. September 1949 mit Unterstützung des US-amerikanischen Generalsekretärs der Fédération Internationale de Natation Amateur (FINA), Max Ritter, die Aufnahme in einen internationalen Verband.

Das Nationale Olympische Komitee Deutschlands (NOK) wartet mit seiner Neugründung bis zum → 24. September 1949, vier Tage nachdem mit der Vereidigung der ersten Regierung der Bundesrepublik Deutschlands unter Bundeskanzler Konrad Adenauer die deutsche Zweistaatlichkeit endgültig festgeschrieben worden ist.

NOK gegründet

24. September 1949. *Im festlich geschmückten Saal der Bundeskanzlei in Bonn wird das Nationale Olympische Komitee (NOK) für Deutschland wiedergegründet. Präsident wird Herzog Adolf Friedrich zu Mecklenburg. Sigfrid Edström, Präsident des Internationalen Olympischen Komitees (IOC), telegrafiert: »Ich hoffe, daß die Entwicklung des olympischen Sports in Deutschland vorwärts gehen wird und daß die deutschen Sportsleute bei den kommenden Olympischen Spielen in Helsinki gute Erfolge haben werden.«*

◁ NOK-Präsidium (v. l.): Willi Daume, Peco Bauwens, Herzog A. F. zu Mecklenburg, Max Danz, Carl Diem

Furioses Gastspiel von Pancho Gonzales

September 1949. Bei den diesjährigen Tennismeisterschafen in Wimbledon hatte man eine der größten Tennisbegabungen nur im Doppel kennengelernt. Der 20jährige Pancho Gonzales, in Los Angeles als Sohn mexikanischer Eltern geboren, gewann mit Frank Parker.

Im August holte Pancho beim 4:1-Davis-Cup-Sieg gegen Australien in New York zwei Punkte. Jetzt steht er im Finale gegen Wimbledonsieger Ted Schroeder bei den US-Meisterschaften in Forest Hills. Nach 16:18, 2:6 sieht Schroeder wie der sichere Sieger aus. Dann spielt Gonzales wie entfesselt: 6:1, 6:2, 6:4! Solche Leute braucht der »Tenniszirkus«.

Wimbledonsiegerin Louise Brough

Wimbledonsieger Ted Schroeder

Fausto Coppi – der größte Radrennfahrer aller Zeiten

Mai bis Juli 1949. Was Fausto Coppi in diesem Jahr leistet, davon träumten Radrennfahrer seit 40 Jahren. Er gewinnt den Giro d'Italia und die Tour de France.

Der Giro wird am 21. Mai in Palermo gestartet. Nach 3860 km erreicht Coppi am 12. Juni das Ziel in Mailand, 23 Minuten und 47 Sekunden vor Gino Bartali. Während die Menge Coppi mit Sprechchören feiert, verschwindet Bartali wortlos im Hotel. Bei der Tour will er sich revanchieren. Die Sache wird prekär, weil beide in der italienischen Nationalmannschaft fahren müssen. Für Coppi bahnt sich eine Katastrophe an, als ihn auf der fünften Etappe ein Franzose rempelt. Er stürzt, bleibt unverletzt, aber die Gabel seines Vorderrads ist gebrochen. Es dauert zwölf Minuten, bis der Materialwagen kommt. Doch er hat nur ein viel zu kleines Ersatzrad. Als Coppi ans Etappenziel kommt, hat er 43 Minuten Rückstand auf das gelbe Trikot. Aussichtslos. Er will aufgeben. Mannschaftsleiter Alfredo Binda beschwört ihn, für die Mannschaft weiterzufahren und — für Bartali. Wie Coppi gegen den starken Bergfahrer Bartali den Gesamtsieg doch noch aus dem Feuer reißt, ist beinahe unfaßbar. Den entscheidenden Vorsprung holt er am Kleinen Sankt Bernhard heraus, wo er bei der Abfahrt auf vereister Straße Kopf und Kragen riskiert.

Fausto Coppi (r.) beim Anstieg zum Kleinen St. Bernhard auf der 17. Etappe der Tour de France, wo er den entscheidenden Vorsprung gegenüber Gino Bartali herausfährt. In Paris beträgt der Vorsprung Coppis vor Bartali 10:55 min.

1950

21. 1. Der am 10. Juli 1949 verbotene Deutsche Fußball-Bund (DFB; → 1. 7. 1949) wird wiederbegründet und beantragt seine Aufnahme in die Fédération Internationale de Football Association (FIFA).

Februar. Der Schweizer Andreas Däscher kreiert im Skispringen den »Tropfenstil«, der bald von den Finnen nachgeahmt wird (→ März 1950).

23. 2. Leonid Meschkow schwimmt in Minsk 100 m Brust in 1:07,0 min. Es ist der erste Schwimm-Weltrekord eines Russen.

März. Bei den Alpinen Ski-Weltmeisterschaften in Aspen/Colorado siegen die Österreicherinnen Trude Jochum-Beiser (Abfahrt) und Dagmar Rom (Slalom und Riesenslalom). Der Italiener Zeno Colò wird Weltmeister in der Abfahrt und im Riesenslalom, der Schweizer Georges Schneider im Slalom.

Weltrekorde beim Skifliegen in Oberstdorf durch den Österreicher Willi Gantschnigg mit 124 m, den Deutschen Sepp Weiler mit 127 m und den Schweden Dan Netzell mit 135 m.

April. Bei der Eishockey-Weltmeisterschaft in London siegt Kanada vor den USA. Die Schweiz wird Europameister.

Mai. Im Rahmen der dreitägigen Pfingstregatta in Flörsheim, mit 125 ausgeschriebenen Rennen die größte in Deutschland nach dem Zweiten Weltkrieg, erstmals Wettbewerb im Wasserskispringen.

19. 5. Beim Sommergarten-Turnier am Funkturm, der ersten größeren reitsportlichen Veranstaltung in Berlin nach dem Zweiten Weltkrieg, gewinnt Elke Brandt den Großen Preis von Berlin nach zweimaligem Stechen auf dem Holsteiner Meteor.

13. 6. Als erster Nicht-Italiener gewinnt der Schweizer Hugo Koblet den Giro d'Italia (→ 24. 5.–13. 6. 1950).

24. 6.–16. 7. Vierte Fußball-Weltmeisterschaft in Brasilien. Zum zweiten Mal wird Uruguay Weltmeister (→ 16. 7.1950).

29. 6. Weltrekord durch Francina »Fanny« Blankers-Koen über 220 y in 24,2 sec in Brescia.

29./30. 6. Weltrekord im Zehnkampf mit 7453 Punkten durch Robert »Bob« Mathias (USA) in Tulare.

1. 7. Hugo Koblet gewinnt nach dem Giro d'Italia auch die Tour de Suisse (24. 6.–1. 7.; → 24. 5.–13. 6. 1950).

4. 7. In Turku Weltrekord durch den Tschechen Emil Zátopek über 10 000 m in 29:02,6 min.

8. 7. In Wimbledon (26. 6.–8. 7.) gewinnt die US-Amerikanerin Louise Brough zum dritten Mal hintereinander das Damen-Einzel.

10. 7. Der US-Amerikaner Dick Attlesey läuft mit 13,5 sec in Fresno Weltrekord über 110 m Hürden.

5./6. 8. Mäßige Leistungen bei den Deutschen Leichtathletikmeisterschaften in Stuttgart.

7. 8. Ferdy Kübler gewinnt als erster Schweizer die Tour de France (13. 7.–7. 8.; → 24. 5.–13. 6. 1950).

15. 8. Ezzard Charles schlägt in New York Freddy Beshore in der 14. Runde k. o., wird aber nur von der National Boxing Association (NBA) als Schwergewichts-Weltmeister anerkannt.

22. 8. Weltrekord durch George Rhoden (Jamaika) über 400 m in 45,8 sec in Eskilstuna.

Zum dritten Mal innerhalb eines Jahres verbessert Jim Fuchs den Weltrekord im Kugelstoßen (17,95 m in Eskilstuna).

23.–27. 8. Leichtathletik-Europameisterschaften in Brüssel ohne deutsche Teilnahme (→ 4. 7. 1950).

25.–27. 8. Australien gewinnt den Davis Cup gegen die USA in New York 4:1.

28. 8. Der Deutsche Leichtathletik-Verband (DLV) wird wieder in die International Amateur Athletic Federation (IAAF) aufgenommen.

3. 9. Giuseppe Farina gewinnt in Monza den Großen Preis von Italien und sichert sich damit den ersten WM-Titel in der Formel 1.

27. 9. Ezzard Charles schlägt Joe Louis in New York in 15 Runden nach Punkten und wird allgemein als Boxweltmeister aller Klassen anerkannt.

Oktober. In Saarbrücken wird ein Nationales Olympisches Komitee für das Saarland gegründet und auf französischen Vorschlag vom Internationalen Olympischen Komitee (IOC) anerkannt.

Tennisprofi Jack Kramer, Wimbledonsieger 1947, beendet seine aktive Laufbahn.

22. 10. In Leipzig wird die Deutsche Hochschule für Körperkultur gegründet. Sie entwickelt sich zum Zentrum der Leibeserziehung und des Höchstleistungssports in der DDR.

November. Die Fédération Equestre Internationale (FEI) stellt die Wiederaufnahme des deutschen Verbandes der Reit- und Fahrvereine zurück.

9. 11. Weltrekord im Kugelstoßen mit 15,02 m durch die Russin Anna Andrejewa in Ploesti.

22. 11. Nach Aufnahme in die FIFA erstes Fußball-Länderspiel der deutschen Nationalmannschaft nach dem Zweiten Weltkrieg. Sie gewinnt gegen die Schweiz in Stuttgart 1:0.

5. 12. Ezzard Charles verteidigt seinen Weltmeistertitel im Box-Schwergewicht gegen Nick Barone durch K. o. in der elften Runde in Cincinnati.

10. 12. Gründung des Deutschen Sport-Bundes (DSB) in Hannover. Zum Präsidenten wird der Industrielle Willi Daume gewählt.

Skisprung-Weltrekordler Dan Netzell. 1868 lag der Rekord bei 19 m.

Riesenschanze in Oberstdorf

März 1950. Die Skispringer beschäftigen sich eingehend mit Aerodynamik. Heini Klopfer baute in Oberstdorf eine Riesenschanze, die neue Rekordweiten zuläßt. Im Februar dieses Jahres kreiert der Schweizer Andreas Däscher den »Tropfenstil«, bei dem der Springer mit angelegten Armen möglichst wenig Luftwiderstand bietet.

Es sieht kühn aus, wie Däscher im März bei der Skiflugwoche in Oberstdorf durch die Luft schwebt. Aber es fehlt ihm etwas an der Dynamik des Absprungs. Den ersten Weltrekord auf der neuen Schanze stellt der Österreicher Willi Gantschnigg mit 124 m auf. Der Deutsche Sepp Weiler segelt anschließend nach hergebrachter Art mit weit nach vorn gestreckten Armen auf 127 m.

Dann kommt der Schwede Dan Netzell wahrhaft geflogen. Er setzt bei 135 m auf und steht diesen neuen Super-Weltrekord. Däschers »Tropfenstil« wird bald darauf von finnischen Skispringern nachgeahmt.

Der aerodynamische Sprungstil des Schweizers Andreas Däscher

Heiratsanträge für »Dagi«

März 1950. Erstmals finden Alpine Ski-Weltmeisterschaften in den USA statt. In Aspen/Colorado ist manches anders als in Europa. Das erfährt die 21jährige Innsbrucker Studentin Dagmar Rom, die Weltmeisterin im Slalom und Riesenslalom wird. Als sie Berge von Telegrammen öffnet, sind es nicht Glückwünsche, sondern Heiratsanträge. Um eine Olympiahoffnung seines Landes nicht zu verlieren, verlobt sich der Mannschaftsleiter mit der schönen »Dagi«.

Keep smiling in Colorado (v. l.): Dagmar Rom nach ihrem Slalomsieg mit der Italienerin Celina Seghi, die Dritte, und Erika Mahringer, die Zweite wurde. In der Abfahrt siegt die Österreicherin Trude Jochum-Beiser.

Kübler und Koblet gewinnen Tour und Giro

24. Mai bis 13. Juni 1950. Das Interesse der Zuschauer beim diesjährigen Giro d'Italia gilt einem neuen Duell der beiden »Campionissimi« Fausto Coppi und Gino Bartali. Doch dann fährt zur allgemeinen Überraschung der Schweizer Hugo Koblet als Etappensieger in Locarno ein, darauf auch in Vicenza und bekommt das rosa Trikot übergestreift. Das kann nicht lange dauern, denn nun geht es in die Dolomiten. Dort stürzt Coppi und scheidet mit einem Beckenbruch aus. Und trotz seiner Kletterqualitäten kann der 36jährige, nun allzu alte Bartali den Schweizer nicht halten. Als in der vorletzten Etappe Koblet durch fünf Reifendefekte noch einmal in Gefahr gerät, unterstützen ihn alle Schweizer quer durch die Fabrikmannschaften. Und dann fährt erstmals ein Ausländer als Giro-Sieger in Rom ein.
Wenige Wochen später gelingt dem Schweizer der zweite Triumph in diesem Jahr, wenn auch in bescheidenerem Rahmen: Koblet siegt auch bei der Tour de Suisse, die im Vorjahr sein Landsmann Ferdy Kübler, der »Adler von Adliswil«, gewann.
Die Schweizer Siege beim Giro und bei der Schweizrundfahrt spornen Kübler an. Der »Fou pédalant«, wie ihn die Franzosen geringschätzig nennen, gewinnt bei der Tour de France (13. 7.—7. 8.) das erste Zeitfahren und hängt sich in den Pyrenäen an das Hinterrad des führenden Fiorenzo Magni. Dann kommt es zu einem skandalösen Zwischenfall, als französische Fanatiker am Aspin-Paß Bartali bespucken und mit Faustschlägen traktieren. Um Schlimmeres zu vermeiden, ziehen die Italiener alle Fahrer zurück. Kübler will das ihm zufallende gelbe Trikot nicht geschenkt. Mit dem Belgier Stan Ockers unternimmt er auf der nächsten Etappe einen erfolgreichen Ausreißversuch und fährt die gesamte französische Konkurrenz in den Keller. Beim anschließenden Zeitfahren hängt er Ockers ab und langt mit neun Minuten Vorsprung in Paris als Sieger an. Es ist die zweite Rad-Sensation des Jahres durch einen Schweizer.

Keine Begeisterung bei der Ehrenrunde von Ferdy Kübler in Paris

Der Schweizer Ferdy Kübler (r.) in den Pyrenäen in Führung vor dem Franzosen Louison Bobet (M.) und dem Belgier Constant Ocker (dahinter verdeckt)

Darlene Hart (r.) gratuliert Louise Brough zum gewonnen Halbfinale.

Wimbledon-Triumph für Louise Brough

8. Juli 1950. Die US-Amerikanerin Louise Brough gewinnt in Wimbledon — obwohl sie manchmal vor Nervosität selbst beim Aufschlag neben den Ball schlägt — nicht nur zum dritten Mal hintereinander das Damen-Einzel. Mit ihrer Doppel-Partnerin Margaret Osborne-Dupont, die sie im Einzel-Finale schlägt, gewinnt sie auch das Damen-Doppel, zum vierten Mal seit 1946. Um das Erfolgsmaß voll zu machen, siegt Louise noch im Mixed, auch zum vierten Mal seit 1946, mit verschiedenen Partnern, diesmal mit Eric Sturgess.

Mathias bricht seinen Schwur

29./30. Juni 1950. »Nie wieder!« schwor Robert »Bob« Mathias, als er vor zwei Jahren zu fast mitternächtlicher Stunde im Londoner Wembley-Stadion Olympiasieger im Zehnkampf wurde (→ 5./6. 8. 1948). Nicht die Gegner hatten ihm so sehr zugesetzt, sondern das Wetter.
Anschließend setzten ihm die Trainer zu, denn ein solches Talent konnte man nicht mit 19 Jahren aufs Altenteil ziehen lassen. »Bob« konnte sich im Speerwurf und Stabhochsprung noch erheblich verbessern. In Tulare bricht er nicht nur seinen Schwur, sondern mit 7453 Punkten (Wertung von 1962) auch den 1936 in Berlin von Glenn Morris aufgestellten Weltrekord.

Power-Tennis von Profi Jack Kramer

Oktober 1950. Weltbestes Tennis bekommt man, jedenfalls bei den Herren, immer weniger in Wimbledon zu sehen. Weder Bob Falkenburg (1948) noch Ted Schroeder (1949) oder Budge Patty (1950) wären Wimbledonsieger geworden, hätten sich Jack Kramer oder Pancho Gonzales nicht allzu schnell ins Profilager abgesetzt.
Kramer gewann 1947 in Wimbledon durch sein unerhört hartes Serve- und Volleyspiel mit ermüdender Überlegenheit. Und das schadet ihm in diesem Jahr auch als Profi. Eine Wettkampfserie gegen Gonzales endet 96:26. So vertreibt man die Zuschauer. Kramer sieht das ein und wird vom Star des Tenniszirkus zu dessen Manager.

Ein Mann wird zum Mythos

4. Juli 1950. Nach dem 5000-m- und 10 000-m-Endlauf bei den Olympischen Spielen in London (→ 30. 7. 1948) waren zwei Rechnungen offen geblieben. Eine betraf den Überraschungssieger Gaston Reif, der über 5000 m Emil Zátopek geschlagen hatte. Bei den Leichtathletik-Europameisterschaften in Brüssel (23.—27. 8. 1950) hoffen 60 000 Zuschauer, daß er diesen Erfolg wiederholt. Aber die beschwörenden Rufe »Gaston! Gaston!« nutzen nichts, als die »tschechische Lokomotive« in der letzten Runde unter Volldampf davonrast.
Andererseits verwand der Finne Viljo Heino sein klägliches Ausscheiden in London nicht. 1949 überraschte er mit einem Weltrekord über 10 000 m, den niemand dem 35jährigen mehr zugetraut hätte. Aber ungestraft forderte man Zátopek nicht heraus. Er lief schon sieben Wochen später sechs Sekunden schneller als Heino. Am 4. Juli tritt er in Turku an. Die Finnen sehen dieses verzerrte, gequälte Gesicht, den hin- und herwackelnden Kopf, die hochgezogenen Schultern und halten es nicht für möglich, daß man auf diese Art überhaupt laufen kann. Wenn aber Emil irgendwo verkrampft erscheint, unterhalb der Hüften ist er es nicht. Da schauen die Leute nur zu wenig hin. Als er das Zielband beim 10 000-m-Lauf nach 29:02,6 min zerreißt, hat er Heinos Weltrekord um fast eine halbe Minute zur Makulatur gemacht. Von nun an entsteht um Zátopek ein Mythos der Unbesiegbarkeit.

Uruguay erneut Fußballweltmeister – Brasilien in Tränen

16. Juli 1950. Die Wetten stehen 1000:1 für Brasilien. 205 000 Zuschauer füllen das Maracana-Stadion in Rio de Janeiro. 6,3 Millionen Cruzeiros wurden an den Kassen eingenommen, ein Rekordergebnis. Das ganze Land fiebert dem größten Triumph seit dem Unabhängigkeitstag 1821 entgegen. Uruguays Trainer Juan Lopez hat sich eine Taktik ausgedacht: Frühzeitig die brasilianischen Spielzüge stören, massiert abwehren und gegebenenfalls blitzschnell angreifen.

Die Taktik der »Urus« funktioniert. Die Brasilianer kommen nie richtig zur Entfaltung, und so steht es zur Halbzeit 0:0. Dieses Unentschieden würde den Brasilianern genügen, denn sie benötigen nur noch einen einzigen Punkt für den Titel. Zwei Minuten nach dem Wiederanpfiff scheint das Maracana-Stadion in die Luft zu fliegen. Zizinho gibt Friaca eine Maßvorlage, dieser schüttelt Victor Andrade ab und schießt ein zum 1:0. Das muß der Weltmeistertitel sein. Erleichtert fangen die Brasilianer an, mit dem Ball zu zaubern. Sie erfreuen sich ihrer Spielkunst und rechnen damit, daß weitere Tore von selber fallen. Es schießt sie nur keiner. Dafür wird die brasilianische Abwehr sorglos, und darauf haben die Uruguayer, die sich durch den Führungstreffer nicht beeindrucken ließen, gewartet. Plötzlich flitzt Alcides Ghigghia los, niemand kann ihn halten, er flankt nach innen, dort nimmt Juan Schiaffino den Ball direkt aus der Luft und schmettert ihn ins Tor.

Totenstille senkt sich über das Riesenstadion, und für drei Zuschauer trifft das wörtlich zu, sie erliegen einem Herzschlag. Die brasilianischen Spieler haben aber noch nichts verloren – lediglich ihr Selbstvertrauen. Ihr Spielfluß und ihr ganzer Spielwitz sind dahin. Die Uruguayer bleiben ihrer Linie treu, ersticken jeden Angriffsversuch der Brasilianer im Keim und schicken wieder Ghigghia mit einer weiten Vorlage los. Kein Brasilianer kann ihm folgen, auch kein Uruguayer. Also kurvt Ghigghia nach innen und überrascht Brasiliens Torwart mit einem Flachschuß aus spitzem Winkel. Das Unfaßbare ist geschehen. Uruguay führt 2:1. Ein Zuschauer begeht Selbstmord. Die brasilianischen Spieler verlassen Minuten später weinend das Spielfeld.

◁ Uruguay ist zum zweiten Mal seit 1930 Weltmeister. Die Titelträger in den hellen Jerseys, stehend v. l.: Varela, Torhüter Maspoli im dunklen Pullover, Tejera, Gonzales, Gambetta und Andrade, Neffe des berühmten Andrade aus den 20er Jahren. Kniend v. l.: Ghigghia, Perez, Miguez, Schiaffino und Moran. Die Uruguayer verdanken ihren Erfolg einer disziplinierten Mannschaftsleistung. Ein Flachschuß von Ghigghia markiert den 2:1-Siegtreffer. Trotz spielerischer Überlegenheit der Brasilianer bezwingt die kluge Taktik der Uruguayer den hohen Favoriten auf eigenem Boden.

Erstes Länderspiel im Neckarstadion

22. November 1950. Am Anfang der deutschen Fußball-Länderspiel-Geschichte steht die Schweiz. Am → 5. April 1908 verlor die deutsche Fußball-Nationalmannschaft in Basel 3:5. 1920, beim ersten Länderspiel nach dem Ersten Weltkrieg, verloren die Deutschen in Zürich 1:4. Fünf Jahre nach dem Ende des Zweiten Weltkriegs gibt es im ersten Nachkriegs-Länderspiel, wieder gegen die Schweiz, in Stuttgart einen 1:0-Sieg, durch einen Handelfmeter Dieter Burdenskis. Zuvor hatte ein Schweizer einen Kopfball Ottmar Walters per Hand abgewehrt.

Schon zuvor hatten die Schweizer verbotenerweise Freundschaftsspiele mit deutschen Städtemannschaften ausgetragen und dafür von der Fédération Internationale de Football Association (FIFA) Geldbußen auferlegt bekommen. Um die Strafen bezahlen zu können, hatte die Züricher Zeitschrift »Sport« zu einer öffentlichen Sammlung aufgerufen. Der Schweizer Fußballfunktionär Ernst Thommen drang bei der FIFA entschieden darauf, daß Deutschland wieder aufgenommen wurde. Für das Länderspiel in Stuttgart hätten dreimal soviel Karten verkauft werden können, als für die rund 73 000 Zuschauer, die das Neckarstadion faßt.

Ein Jahr zuvor war Joseph »Sepp« Herberger zum Bundestrainer bestellt worden und hatte zum ersten Lehrgang der Nationalmannschaft eingeladen. »Acht verlorene Jahre aufzuholen«, erklärt er nach dem Stuttgarter Spiel, »ist sehr schwer.«

Formel 1 markiert eine neue Ära

3. September 1950. Die große Zeit der »Silberpfeile« in den 30er Jahren ist noch unvergessen (→ 1935). Doch die Rennwagen von Mercedes-Benz und Auto Union sind nur noch Museumsstücke. Rudolf Caracciola und Hans Stuck stehen am Ende ihrer Rennfahrer-Karriere. Der Automobilrennsport nahm nach dem Zweiten Weltkrieg einen Aufschwung durch die Ausschreibung einer Automobil-Weltmeisterschaft für Fahrer der Formel 1. Diese Formel schreibt seit 1947 Rennwagen von 1,5 l Hubraum mit bzw. 4,5 l Hubraum ohne Kompressor vor. Die Fédération Internationale de l'Automobile (FIA) wertet folgende Großen Preise für den Weltmeistertitel: Schweiz, Großbritannien, Monaco, Belgien, Frankreich, Italien sowie die 500 Meilen von Indianapolis. Auf den Rennstrecken begegnet man bekannten Namen. So fahren noch der 52jährige Luigi Fagioli und der 44jährige Giuseppe Farina, der 51jährige Louis Chiron, und selbst der 58jährige Tazio Nuvolari setzt sich noch ans Steuer. Es gab auch bereits die ersten prominenten Todesopfer mit Achille Varzi 1948 im Berner Bremgarten und Jean-Pierre Wimille 1949 in Argentinien. Mit seinem Sieg beim Großen Preis von Italien am 3. September 1950 sichert sich Farina die erste Formel-1-Weltmeisterschaft.

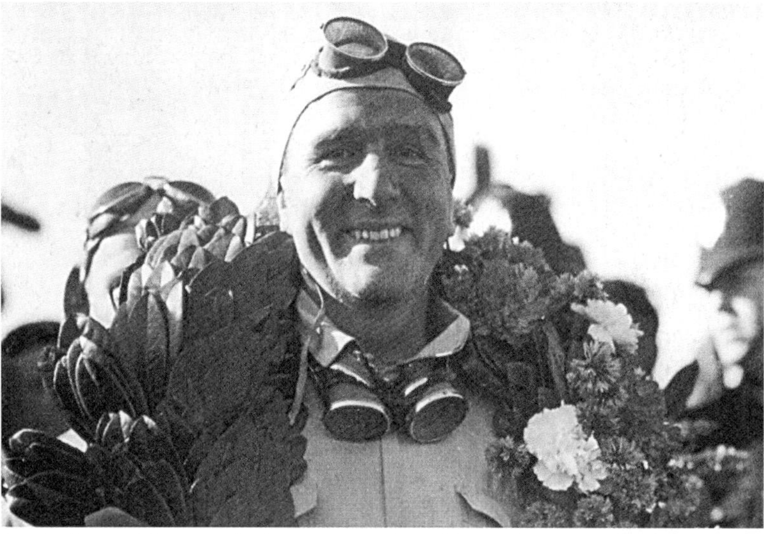

Der Italiener Giuseppe Farina ist nach Grand-Prix-Siegen in Silverstone, Bern und Monza auf Alfa Romeo erster Automobilweltmeister der Formel 1.

1951

5. 1. Gründung der Deutschen Olympischen Gesellschaft (DOG) im Senckenberg-Museum in Frankfurt am Main. Präsident wird Georg von Opel. Zweck: Finanzierung der deutschen Olympiateilnahme in Oslo und Helsinki, deren Kosten auf 1,25 Mio. DM veranschlagt werden.

12. 1. Ezzard Charles verteidigt seinen Weltmeistertitel im Box-Schwergewicht gegen Lee Oma in New York durch K. o. in der zehnten Runde.

29. 1. Anderl Ostler mit Bremser Lorenz Nieberl Weltmeister im Zweier- und Viererbob in Alpe d'Huez.

Februar. Ria Baran und Paul Falk werden in Mailand Weltmeister im Eiskunstlauf der Paare.

14. 2. »Sugar« Ray Robinson wird Boxweltmeister im Mittelgewicht durch einen technischen K.-o.-Sieg über Jake LaMotta in der 13. Runde in Chicago.

März. Weltrekord im Skifliegen durch den Finnen Tauno Luiro mit 139 m in Oberstdorf.

Erstmals Panamerikanische Spiele für die Länder des amerilanischen Kontinents in Buenos Aires.

7. 3. Ezzard Charles verteidigt seinen Weltmeistertitel durch einen Punktsieg nach 15 Runden gegen Jersey Joe Walcott in Detroit.

16. 3. Beim 34. Berliner Sechstagerennen (11.–16. 3.) siegen Gustav Kilian und Heinz Vopel.

April. Bei der Eishockey-Weltmeisterschaft in Paris siegt Kanada vor Schweden und der Schweiz.

12. 4. Motorrad-Geschwindigkeitsweltrekord durch Wilhelm Herz auf einer 500-ccm-NSU mit 289,796 km/h.

22. 4. Gründung des Nationalen Olympischen Komitees (NOK) der DDR in Berlin (Ost).

8. 5. Auf der Session des Internationalen Olympischen Komitees (IOC) in Wien Anerkennung des NOK der UdSSR. Auflage an das NOK der DDR, für 1952 einer gesamtdeutschen Olympiamannschaft beizutreten.

26. 5. Weltrekord über 220 y (mit Kurve) durch Andrew Stanfield mit 20,6 sec in Philadelphia.

30. 5. Ezzard Charles verteidigt seinen Weltmeistertitel gegen Joey Maxim in 15 Runden nach Punkten in Chicago.

9. 6. Weltrekord durch Herbert Klein über 200 m Brust in 2:27,3 min in München.

Juli. Nach Ferdy Kübler gewinnt mit Hugo Koblet zum zweiten Mal ein Schweizer die Tour de France.

Die wegen eines deformierten Knies gehbehinderte US-Amerikanerin Doris Hart gewinnt Damen-Einzel, -Doppel und Mixed in Wimbledon.

7. 7. Weltrekord im Hochsprung durch Sheila Llerwill mit 1,72 m in London.

10. 7. »Sugar« Ray Robinson verliert seinen Weltmeistertitel durch eine Punktniederlage nach 15 Runden gegen den Briten Randy Turpin in London.

14. 7. Die europäische Jahresbestzeit von Alice Köckritz über 200 m in 25,2 sec erste herausragende Leistung einer Sportlerin aus der DDR.

18. 7. Neuer Boxweltmeister im Schwergewicht Jersey Joe Walcott durch K.-o.-Sieg in der siebten Runde über Ezzard Charles in Pittsburgh.

August. Weltrekord im Pferd-Weitsprung durch den Spanier Lopez del Hierro auf Amado Mio mit 8,30 m in Barcelona.

18. 8. Einen Marathonlauf auf der klassischen Strecke von Marathon nach Athen gewinnt bei 38 °C der Deutsche Wilhelm Hogrefe.

26. 8. Weltrekord über 800 m in 2:12,0 min von Nina Pletnewa (UdSSR) in Minsk.

12. 9. »Sugar« Ray Robinson gewinnt den Weltmeistertitel im Mittelgewicht zurück durch einen technischen K.-o.-Sieg in der zehnten Runde über Randy Turpin in New York.

15./16. 9. Weltrekord im Fünfkampf durch Francina »Fanny« Blankers-Koen mit 4692 Punkten in Amsterdam.

29. 9. Emil Zátopek (ČSSR) läuft als erster Mensch in einer Stunde über 20 km (Weltrekord mit 20,052 km/h in St. Boleslav).

30. 9. Weltrekord im Dreisprung mit 16,01 m, damit erstmals über 16 m, durch Adhemar Ferreira da Silva in Rio de Janeiro.

Oktober. Automobilweltmeister der Formel 1 wird der Argentinier Juan Manuel Fangio auf Alfa Romeo.

20. 10. Die »Mediterraneischen Spiele« in Alexandria/Ägypten, an denen fast alle Mittelmeerstaaten teilnahmen (seit 5. 10.), enden mit einem organisatorischen und sportlichen Mißerfolg.

26. 10. In seinem letzten Boxkampf unterliegt Joe Louis durch K. o. in der achten Runde Rocky Marciano.

14. 11. Das IOC läßt erstmals bei Olympischen Spielen Reiterinnen zu.

Dezember. Weltrekord des Norwegers Hjalmar Andersen im Eisschnellauf über 5000 m in 8:07,3 min in Oslo. Andersen hält auch den Weltrekord über 10 000 m mit 16:57,4 min.

Die deutsche Bundesregierung hegt Bedenken gegen eine deutsche Teilnahme an den Olympischen Winterspielen in Oslo 1952. Man befürchtet antideutsche Ressentiments.

1951. Erster Grand Slam im Herren-Doppel: Ken McGregor und Frank Sedgman gewinnen in diesem Jahr die Australian Open, die French Open, die British Open und die US Open.

Küßchen und Siegerkränze für die Gewinner Gustav Kilian (l.) und Heinz Vopel beim 34. Berliner Sechstagerennen

Die »Sechstagekaiser« sind wieder da

16. März 1951. *Küßchen von der 19jährigen »Miß Berlin 1951« Karin von Kuenheim für die Sieger. Für den 46jährigen Gustav Kilian und den 43jährigen Heinz Vopel ist es fast wie in alten Zeiten, als die beiden ihren Ruhm als »Sechstagekaiser« in den USA erwerben mußten.*
Beim 34. Berliner Sechstagerennen siegen Kilian/Vopel mit Rundenvorsprung vor den Italienern Rigoni/Teruzzi. Für Kilian ist es in seiner letzten Saison der 34. Sechstagesieg insgesamt, Vopel kommt auf 32. Sie sind die erfolgreichsten Deutschen im Sechstage-Karussell, das, was selten vorkommt, in diesem Jahr mit Rudi Mirke auch ein Todesopfer fordert.

Ohne Geld kein Olympia

5. Januar 1951. Die deutschen Sportler dürfen wieder an Olympischen Spielen teilnehmen. Aber können sie es überhaupt? Das Nationale Olympische Komitee (NOK) hat zwar in dem 36jährigen Willi Daume einen dynamischen Schatzmeister, aber über Schätze verfügt er nicht. Oslo und Helsinki liegen nicht gerade aus der Welt, aber allein die Reisekosten sind unerschwinglich. Die neugegründete Deutsche Olympische Gesellschaft (DOG) will Geld sammeln und mehr als das. »Wenn ich diese Gründung richtig verstehe«, schreibt Bundespräsident Theodor Heuss, »soll sie mithelfen, daß das sportliche Leben nicht in Banalität und Kommerzialisierung aufgeht.«

In Frankfurt a. M. wird Georg von Opel (2. v. l.) zum DOG-Präsidenten gewählt. Es gratulieren (v. l.) Carl Diem, Herzog zu Mecklenburg, Ritter von Halt.

Endlich am Ziel angelangt! Jersey Joe Walcott (l.) wird in Pittsburgh Weltmeister im Schwergewicht.

»The Old Nigger« wird doch Weltmeister

Wie alt Jersey Joe Walcott wirklich ist, weiß niemand genau, er selbst eingeschlossen. Mindestens so alt wie Joe Louis, zählt er vermutlich schon 40 Lenze. Aber er erlebt seinen dritten Frühling. 20 Jahre mußte er warten, bis er eine Titelchance gegen Louis bekam. Da wurde er um den Sieg betrogen, und die Revanche verlor er (→ 5. 12. 1947; 23. 6. 1948).
1949 kämpfte er um den vakanten WM-Titel im Box-Schwergewicht und verlor gegen Ezzard Charles in 15 Runden nach Punkten. Am 7. März 1951 verliert er in Detroit gegen Charles abermals in 15 Runden nach Punkten. Offenbar will man »The Old Nigger« nicht als Weltmeister haben. Aber eine allerletzte Chance gibt man ihm noch. Am 18. Juli schlägt Walcott in Pittsburgh in der 55. Sekunde der siebten Runde Charles k. o.

Randy Turpin (r.) gelingt es, »Sugar« Ray Robinson zu entthronen, doch nur für zwei Monate.

»Sugar« Ray Robinson, Künstler im Ring

Sie nennen ihn »Sugar«. Dieser Mittelgewichtler stiehlt den Weltmeisterschaftskämpfen im Schwergewicht mittlerweile die Show. »Sugar« Ray Robinson boxt wie in einem Lehrfilm. Er beherrscht das gesamte Schlagrepertoire perfekt, bewegt sich elegant wie ein Tänzer und ist obendrein ein unerbittlicher Kämpfer. Am 14. Februar 1951 zwingt er den zähen Jake LaMotta in Chicago in der 13. Runde zur Aufgabe und holt damit den Weltmeistertitel. Am 10. Juli verliert er ihn gegen den Mulatten Randy Turpin in London durch eine Punktniederlage nach 15 Runden. Bei der Revanche in New York am 12. September wird Turpin so fürchterlich zusammengeschlagen, daß der Ringrichter ein Ende machen muß. Ein Ende auch für Turpins Karriere, der sich, wie LaMotta, von dieser Niederlage nie erholt.

Joe Louis: Ein Nimbus wird zerstört, ein Mensch vernichtet

26. Oktober 1951. Auch nach seiner schwachen Vorstellung gegen Ezzard Charles (→ 27. 9. 1950) boxte Joe Louis weiter, mußte er weiter boxen. Man stellte ihn gegen Boxer, die er vielleicht noch schlagen konnte. Er schlug Cesar Brion nach Punkten und Freddie Beshore k. o., er punktete Omelio Agramonte zweimal in zehn Runden aus und schlug Andy Walker in der zehnten Runde k. o., er schlug Lee Savold in der sechsten Runde k. o., punktete Brion abermals in zehn Runden aus und danach Jimmy Bivins. Es waren acht Kämpfe in neun Monaten. Alle gewonnen, aber zuviel für einen mittlerweile 37jährigen.
Doch mit dieser Erfolgsliste läßt sich noch einmal große Kasse machen, indem man den »braunen Bomber« gegen die neue »weiße Hoffnung« stellt, gegen Rocky Marciano. Der 28jährige Italo-Amerikaner ist ein kraftstrotzender Bursche. Es ist eine Schande, ihn auf den ausgebrannten Louis loszulassen. Wenn Charles keinen »Killerinstinkt« hatte, Marciano hat ihn. Falls Charles Mitleid mit Louis gehabt haben sollte, Marciano hat es nicht. Er zertrümmert Louis gnadenlos. Es ist ein beschämendes Ende für den größten Boxer, den man bisher im Ring sah. Louis, gesundheitlich schwer angeschlagen, wird seine Steuerschulden nie mehr los. Der eigene Sohn läßt ihn in eine Nervenheilanstalt einweisen, aus der er nach einem halben Jahr wieder freikommt. Schließlich endet Louis in »Cesar's Palace« in Las Vegas als Faktotum.

△ Der letzte wuchtige Haken von Rocky Marciano, der Joe Louis in der achten Runde endgültig zu Boden streckt. Weit öffnet sich damit die Zukunftsvision eines jungen Mannes.

◁ »An old man's dream ended«, kommentiert die Presse sentimental das Bild einer Tragödie. Joe Louis träumt nicht mehr, und aus dem »Land der Träume« gibt es für ihn nur noch ein böses Erwachen.

Koblet gewinnt »Tour der Leiden«

Juli 1951. Ein Radrennfahrer, der bei einer solchen Schinderei wie der Tour de France die Herzen der Damen höher schlagen läßt, ist neu. Und einer, dem man noch an den zermürbenden Steigungen des Aubisque oder Tourmalet Charme nachsagt, den hat es noch nicht gegeben. Der Schweizer Hugo Koblet bringt dieses Kunststück zustande. Er fährt mit einer Eleganz, als gäbe es bei der »Tour der Leiden« auch noch einen Schönheitspreis zu gewinnen. Aber er fährt nicht nur schön, sondern auch schnell und vor allem kühn.
Koblet gewinnt das Zeitfahren von Rennes nach Angers scheinbar mühelos. Auf der elften Etappe wagt er dann eine 135 km lange Solofahrt. Niemand im Fahrerfeld glaubt, daß er eine solche Parforcetour allein auf sich gestellt durchhält. Der Mann muß übergeschnappt sein. Es ist eben seine erste Tour. Aber der schöne Hugo gewinnt auch diese Etappe. Und wie ein alter Hase schlägt er in den Pyrenäen zu, holt sich hier endgültig das Gelbe Trikot und radelt dann, als habe er nur gerade mal den Eiffelturm umrundet, 22 Minuten vor dem Franzosen Raphael Geminiani im Pariser Prinzenpark-Stadion ein. Seinem Charme kann sich kein Franzose entziehen. Sie feiern ihn als »Pédaleur de charme«.

Doris Hart, dreifache Wimbledonsiegerin trotz körperlichem Handicap

Die einzigartige Doris Hart

Juli 1951. *In Wimbledon das Damen-Einzel, das Damen-Doppel und das gemischte Doppel zu gewinnen, ist keine einmalige Leistung mehr. Aber einzigartig ist, daß ein behinderter Mensch eine solche Leistung zustande bringt. Doris Hart trug von einer Kinderlähmung in der Jugend ein deformiertes Knie davon. Sie humpelt nicht gerade über den Platz, aber richtig laufen kann sie auch nicht. Man begegnet ihr nicht mit Mitleid, sondern mit Bewunderung.*

Die Australier Frank Sedgman (l.)/Ken McGregor, das beste Doppel der Welt

Grand Slam im Herren-Doppel

Die Australier Frank Sedgman und Ken McGregor holen 1951 als erstes Herren-Doppel den Grand Slam. Sie gewinnen im Januar die Internationalen Tennismeisterschaften von Australien in Melbourne, siegen im Mai in Roland Garros/Paris, im Juli in Wimbledon und schließlich im September in Forest Hills bei den US-Meisterschaften. Außerdem verhelfen sie ihrem Land in diesem Jahr erneut zum Davis Cup (3:2 über die USA in Sydney).

40jähriger Juan Manuel Fangio Automobilweltmeister

Oktober 1951. Juan Manuel Fangio hatte sich verrechnet. Er glaubte, nach dem Großen Preis von Italien in Monza schon Weltmeister zu sein und hatte ganz vergessen, daß es noch den Großen Preis von Spanien in Barcelona zu fahren gab. In Monza war er ausgeschieden. Der Italiener Alberto Ascari gewann und kam bis auf einen Punkt an Fangio heran. Erst der Sieg in Barcelona im Oktober sichert ihm den Titel.
Fangio, als viertes von sieben Kindern italienischer Einwanderer am 24. Juni 1911 in Balcarce bei Buenos Aires geboren, begann als Lehrling in einer Automobilwerkstatt. Mit seinem Bruder bastelte er sich aus einem alten Ford eine Art Rennwagen zusammen, mit dem er als 17jähriger seine ersten Rennen bestritt. Ein Jahr später beteiligte er sich am 10 000-km-Rennen von Buenos Aires nach Lima und zurück, einer fürchterlichen Strapaze. Er wurde zum bedeutendsten Rennfahrer Südamerikas, was aber noch nicht viel bedeutete. 1948 schickte ihn Argentiniens Staatschef Juan Domingo Perón nach Europa, wo er viel lernte. Ein Jahr später gewann er auf einem Maserati den Großen Preis von San Remo. Nachdem er in weiteren sechs großen Rennen gesiegt hatte, feierte man ihn als Fahrgenie. Nun ist der 40jährige Argentinier zum ersten Mal Formel-1-Weltmeister.

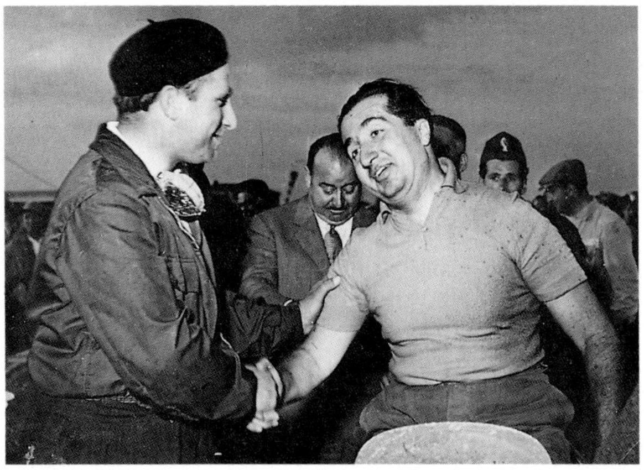

Rivalen auf der Rennbahn: Fangio (l.) u. Ascari (Italien)

Formel-1-Weltmeister Fangio (2. v. r. neben seiner Frau)

1952

Januar. Den traditionsreichen Spengler-Cup im Eishockey gewinnt in Davos erstmals seit 1928 mit dem EV Füssen wieder ein deutscher Klub.

3. 1. In der DDR werden erstmals Titel »Meister des Sports« vergeben.

1.–10. 2. Erstmals Tischtennis-Weltmeisterschaften in Asien. Japaner gewinnen in Bombay vier Titel.

14.–25.2. Bei den 6. Olympischen Winterspielen in Oslo erstmals nach dem Ende des Zweiten Weltkriegs wieder deutsche Olympiateilnahme.

März. Erstmals Weltmeisterschaft im Eistanz. Sieger die Briten Jean Westwood/Lawrence Demmy.

13. 3. »Sugar« Ray Robinson verteidigt seinen Weltmeistertitel im Box-Mittelgewicht gegen Carl »Bobo« Olson durch einen Punktsieg nach 15 Runden in San Francisco (→ 25. 6. 1952).

19. 3. Die Deutsche Olympische Gesellschaft (DOG) gibt bekannt, daß zur Olympiateilnahme in Helsinki noch ein Betrag von 460 000 DM aufzubringen ist, und fordert die Bevölkerung zur Teilnahme an verschiedenen Spendenaktionen auf.

1. 4. Durch schriftliche Umfrage entscheidet die Ligue Internationale de Hockey sur Glace (LIHG) über die Aufnahme der UdSSR.

1.–10. 4. Erstmals beziehen Schwimmer aus der DDR ein Trainingslager in der UdSSR.

16. 4. »Sugar« Ray Robinson schlägt in Chicago Rocky Graziano in der dritten Runde k.o. (→ 25. 6. 1952).

30. 4.–13. 5. Die »Internationale Friedensfahrt«, im Radsport seit 1948 zwischen Prag und Warschau ausgetragen, führt erstmals von Warschau durch die DDR über Berlin nach Prag. Sieger der Brite Ian Steel in 57:06:17,0 h.

Mai. Zum ersten Mal nach dem Zweiten Weltkrieg beteiligt sich Mercedes-Benz mit dem neuen 300 SL an der traditionsreichen Mille Miglia mit Start und Ziel in Brescia. Karl Kling und Rudolf Caracciola erreichen Rang zwei und vier.

Juni. Dritte und letzte sportlich bedeutende Weltmeisterschaft im Feldhandball. In Zürich siegt die Bundesrepublik Deutschland vor Schweden und der Schweiz. Künftig wird Feldhandball mehr und mehr von Hallenhandball verdrängt.

5. 6. Jersey Joe Walcott verteidigt seinen Weltmeistertitel im Box-Schwergewicht gegen Ezzard Charles durch einen Punktsieg nach 15 Runden in Philadelphia (→ 23. 9.1952).

25. 6. Beim Kampf um den Boxweltmeistertitel im Halbschwergewicht gegen Joey Maxim im New Yorker Yankee-Stadion gibt »Sugar« Ray Robinson bei 40 °C nach der 13. Runde aus Erschöpfung auf und erklärt danach seinen Rücktritt vom Boxsport.

26.–30. 6. Erstmals schreibt das Bundesinnenministerium eine »Olympia-Jugendfahrt« aus. Zur Endausscheidung treten in Berlin 680 Jugendliche an. 110 jungen und 50 Mädchen qualifizieren sich zur Teilnahme an einem Jugendzeltlager auf der Insel Seurasaari.

29. 6. Werner Lueg läuft im Berliner Olympiastadion Weltrekord über 1500 m in 3:43,0 min.

Juli. Der Italiener Fausto Coppi gewinnt nach seinem Sieg im Giro d'Italia auch die Tour de France.

In Wimbledon siegt Doris Hart mit Shirley Fry erneut im Doppel. Im Damen-Einzel erster Sieg für Maureen Conolly (»Little Mo«).

Erstmals seit 1939 wird beim CHIO-Reitturnier in Aachen (Concours Hippique International Officiel) wieder ein Nationenpreis ausgetragen. Sieger: Italien mit Piero d'Inzeo, Raimondo d'Inzeo und Salvatore Oppes.

19. 7.–3. 8. Sommerspiele der XV. Olympiade in Helsinki. Erstmals Teilnahme von Sportlern aus der UdSSR.

24. 7. Beim Ministerrat der DDR wird ein Staatliches Komitee für Körperkultur und Sport eingerichtet. Vorsitzender: Manfred Ewald.

17.–29. 8. Erstmals Frauen-Weltmeisterschaft im Volleyball in Moskau mit acht Ländern. Sieg der UdSSR vor Polen und der ČSSR.

September. Das Deutsche Spring-Derby in Hamburg-Flottbek, erstmals wieder international ausgeschrieben, hat zum ersten Mal einen nichtdeutschen Sieger mit dem US-Amerikaner John Russel auf Battler.

Automobilweltmeister der Formel 2 wird der Italiener Alberto Ascari auf Ferrari.

1. 9. In Berlin (Ost), Leipzig und Neubrandenburg Gründung der ersten Kinder- und Jugendsportschulen.

22. 9. Der Deutsche Sport-Bund (DSB) bricht wegen der sportpolitischen Ausklammerung Westberlins den Sportverkehr mit der DDR ab (»Oberweseler Beschlüsse«).

23. 9. Boxweltmeister im Schwergewicht Rocky Marciano durch K.-o.-Sieg in der 13. Runde über Jersey Joe Walcott in Philadelphia.

27. 9. John Cobb, Geschwindigkeitsweltrekordler zu Land und zu Wasser, verunglückt tödlich bei einem Schnellboot-Rekordversuch.

November. Dreifacher Erfolg des Mercedes-Benz 300 SL mit Karl Kling, Hermann Lang und dem US-Amerikaner Peter Fitch bei der Carrera Panamericana über 3200 km in Mexiko.

Dezember. Erste Weltrekorde russischer Eisschnelläufer: Sergejew über 500 m in 41,2 sec, Tscheikin über 1500 m in 2:12,9 min und Mamonow über 5000 m in 8:03,7 min.

Ein nordisches Volksfest

14. bis 25. Februar 1952. Der Präsident des Nationalen Olympischen Komitees (NOK) der USA, Avery Brundage, beim Eishockeystreit in Sankt Moritz vor vier Jahren unrühmlich hervorgetreten (→ Februar 1948; 23. 3. 1948), möchte die olympischen Winterspiele am liebsten abschaffen. Wer die 6. Olympischen Winterspiele in Oslo miterlebt, findet diesen Gedanken ebenso weltfremd wie sportfremd. Der Sport ist nun einmal nicht für puritanische Ideologen da, sondern für die Menschen, denen er unvergeßliche Erlebnisse beschert.

Die Bundesregierung in Bonn hatte gegen eine deutsche Teilnahme starke Bedenken. Es gab eine heftige öffentliche Diskussion über das Für und Wider. Norwegen hatte schwer unter dem deutschen Überfall und der Besatzungszeit gelitten. Da befürchtete man antideutsche Ressentiments. Aber die Norweger beschämen solchen Kleinmut mit ihrer überwältigend herzlichen Gastfreundschaft, auch den deutschen Sportlern und Besuchern gegenüber. In Oslo liegt kein Schnee. Aber man begegnet einer Bevölkerung auf Skiern, die sich an der Station der »Holmenkolbanen« drängt. Zuschauer und Aktive sind da gar nicht mehr zu unterscheiden. Alle nehmen begeistert teil an einem großen nordischen Volksfest.

Plakat für Oslo, Treffpunkt von 623 Wettkämpfern/innen aus 30 Ländern

Eröffnung der Winterspiele

15. Februar 1952. In Morgedahl, dem Heimatort von Sondre Nordheim, dem man das erste Skidenkmal setzte, wurde das olympische Feuer entzündet. Dort, in den Bergen und Wäldern von Telemark, steht die Wiege des modernen Skilaufs, dessen erste Botschafter die Brüder Torjus und Mikkel Hemmetsveit wurden.

Über 270 km wurde die Fackel nach Oslo getragen. Der 52jährige Lauritz Bergendahl, der erste »Skikönig« vom Holmenkollen, übergibt sie im Bislett-Stadion an den 19jährigen Eigil Nansen. Er ist ein Neffe des berühmten Polarforschers Fridtjof Nansen, dessen Buch »Auf Schneeschuhen durch Grönland« dem Skilauf in Mitteleuropa die entscheidenden Impulse gab (→ 1888). Der Skispringer Thorbjörn Falkanger spricht den olympischen Eid. Der Eisschnelläufer Hjalmar Andersen trägt die norwegische Fahne. Er wird zum Idol dieser Spiele. Es ist ein Tag lebendiger Geschichte.

Das olympische Feuer aus Morgedahl

Der Skispringer Falkanger spricht den Eid.

Deutschland ist erstmals wieder dabei.

Norsker am Norefjell und in der »Hölle von Roedkleiva«

15. bis 19. Februar 1952. Zwei Vorurteile werden widerlegt: In Norwegen gäbe es keine tauglichen alpinen Strecken, und die Stärke der »Norsker« läge nun einmal im nordischen Skilauf.
120 km nördlich von Oslo hat man in das Bergmassiv des Nore am Ufer des Kröderen-Sees eine Schneise in den Wald geschlagen. Der Hang für den Riesenslalom ist völlig vereist. Es muß Schnee herbeigeschafft werden, damit man Schwünge machen kann. Der routinierte Italiener Zeno Colò versucht es zuerst und steht dann kopfschüttelnd am Ziel. Er wundert sich nicht, daß die Österreicher Christian Pravda und Toni Spiß schneller herunterkommen als er. Er wundert sich eher, daß überhaupt so viele herunterkommen. Plötzlich schießt einer herab, als gäbe es keine Bodenwellen, die jeden Läufer durchschütteln. Dazu mit einer Skiführung, wie von der Schnur gezogen. Hinter dem Ziel bricht der Läufer zusammen. Die beschwingte Fahrt raubte ihm die letzte Kraft. Aber er ist der Sieger, der Norweger Stein Eriksen.

Gold im Riesenslalom und Silber im Slalom für Stein Eriksen

Silber im Riesenslalom und Bronze im Abfahrtslauf für Christian Pravda

Gold im Slalom und Silber im Abfahrtslauf für Othmar Schneider

Am nächsten Tag beim Abfahrtslauf wird die Fahrt noch schneller. Colò hat schon im Jahr zuvor diesen Hang studiert, ihn immer wieder abgefahren und sich jede kritische Stelle eingeprägt. Aber in diesem Jahr ist alles viel kritischer geworden. Doch Colò weiß, daß er alles riskieren muß, wenn er gewinnen will. Das müssen andere auch, nur es bringt nichts, bei jeder Bodenwelle 20 bis 30 m durch die Luft zu fliegen und danach rudernd wieder sein Gleichgewicht zu suchen. Dieser Hang muß wirklich durch»gestanden« werden. Colò gewinnt die Goldmedaille vor den Österreichern Othmar Schneider und Christian Pravda.
Der Slalomhang von Roedkleiva bei Oslo mußte mit einem hölzernen Gerüst auf 160 m Höhendifferenz gebracht werden. In der Mitte bricht er mit 40 Grad Neigung in die Tiefe ab, was vielen zum Verhängnis wird. Am besten meistert Schneider diese Klippe, bei der Eriksen erst im zweiten Lauf den ersten Platz verliert. Und mit Guttorm Berge schwingt sich ein zweiter Norweger in die Medaillenränge.

Stars und Sterne: Andy, Dagmar, Trude, Mirl und Ossi

Februar 1952. Die US-Amerikanerin Andy Mead-Lawrence kam nicht als unbeschriebenes Blatt zu den Winterspielen, wie in Sankt Moritz vier Jahre zuvor Gretchen Frazer. Sie schockte schon vor einem Jahr beim Kandaharrennen die alpine Konkurrenz und tritt nun in Oslo als Favoritin an. Sie wird dieser Rolle gerecht und gewinnt zwei Goldmedaillen. Aber noch mehr imponiert sie als großartige Kämpferin. Im erstmals bei Olympischen Winterspielen ausgetragenen Riesenslalom siegt sie souverän. Beim Abfahrtslauf stürzt sie schwer. Niemand hätte ihr übel genommen, wenn sie aufgegeben hätte. Doch sie rafft sich wieder auf und jagt noch, als ginge es um den Sieg, auf Rang 17. Im ersten Lauf des Slalom schneidet sie ein Tor zu hoch an, überschlägt sich und stürzt mit dem Rücken voran den Hang hinab. Wieder rafft sie sich hoch, stapft 10 m hinauf und holt aus dem verkorksten Lauf noch das Beste heraus. Und mit einem phänomenalen zweiten Lauf sichert sie sich den Sieg.

Trude Jochum-Beiser (Abb.) gewinnt den Abfahrtslauf vor Mirl Buchner. Weltmeisterin Dagmar Rom kommt durch einen Sturz nur auf Rang fünf.

Siegerinnen im Slalom: Andy Mead-Lawrence (l.) und Ossi Reichert

Dagmar Rom hatte einen Seitensprung zum Film unternommen, und die Funktionäre grübelten darüber, ob sie die Starletrolle ihrer Schönheit oder ihren Skikünsten verdankte. Den Konflikt zwischen Amouren und Amateuren entschieden sie pragmatisch. »Dagi« revanchiert sich mit Silber im Riesenslalom.
Trude Jochum-Beiser als altes alpines Schlachtroß zu bezeichnen, wäre ungalant gegenüber einer 25jährigen. Aber sie hatte bei Olympischen Winterspielen und Weltmeisterschaften 1948 und 1950 schon zwei Gold- und zwei Silbermedaillen herausgefahren, so daß ihr der Sieg im Abfahrtslauf durchaus zusteht. Die große Überraschung ist jedoch Mirl Buchner, die als einzige Teilnehmerin in allen drei Disziplinen zu Medaillen kommt. Ossi Reichert vervollständigt mit Slalomsilber den deutschen Erfolg.

Erstmals Damen beim Skilanglauf

23. Februar 1952. Es hatte heftige Diskussionen gegeben, ob man Damen einen 10-km-Skilanglauf überhaupt zumuten könne. Der Wettbewerb wird zu einer Demonstration der Befürworter und zu einem Triumph der Finninnen. Die Siegerin Lydia Wideman stammt aus jenem Teil Kareliens, der nach dem Zweiten Weltkrieg an die UdSSR fiel. Sie zog mit einem Flüchtlingstreck auf finnisches Gebiet. Auf Skiern. Die Zweite Mirja Hietamies läuft ebenso gern Ski wie sie tanzt. Man sieht es. Die Dritte Siiri Rantanen ist Mutter von zwei Kindern und fährt zu Hause auf Skiern einkaufen. Beste Mitteleuropäerin ist die Deutsche Hanni Gehring auf Rang 13.

Die Finnin Lydia Wideman, Siegerin des ersten 10-km-Laufs für Damen

Ski der Sieger heiß begehrt

20. Februar 1952. Man sieht es ihnen an, ihren Rissen und Schrammen, daß sie 50 km hinter sich haben. Die finnischen Birkenski glitten nicht nur durch Schnee, sie knirschten auch auf Eis, auf Zweigen, an Felsen entlang. Als Veikko Hakulinen nach der Siegerehrung des 50-km-Langlaufs umdrängt wird, will man nicht nur Autogramme von ihm. Man will seine Ski! Es sind kostbare Reliquien. So verschenkt sie der neue »Skikönig«. Auch von Stein Eriksen will man Ski. Aber der Norweger verkauft sie nur. Er ist Skifabrikant. »Eriksen-Ski« werden zum großen Renner.

Geglückte Revanche in der »Nordischen«

17./18. Februar 1952. Man kann darüber streiten, ob es einen Vorteil für die Norweger bedeutet, daß in der Nordischen Kombination erstmals das Springen vor dem Laufen ausgetragen wird. Als der dreimalige Sieger am Holmenkollen, Simon Slattvik, nach seinem ersten Sprung stürzt, stehen die Chancen des Norwegers schlecht. Doch der 34jährige steht danach auf seiner Hausschanze 67 m und 66,50 m. Heikki Hasu, Olympiasieger 1948 und Weltmeister 1950, kommt zweimal auf 63 m. Jetzt beginnt das große Rechnen. Die Entscheidung kann nur zwischen diesen beiden fallen. Wie schnell Hasu auf der Loipe ist, sah man bei der 4x10-km-Staffel. Slattvik muß die 18 km schneller laufen als er sie je zuvor lief, wenn er seinen Vorsprung aus dem Springen behaupten will.

Den 18-km-Lauf bestreiten die Kombinierer zusammen mit den Spezialisten. Es ist der Lauf, bei dem die Zuschauer Hallgeir Brenden zum Sieg schreien (→ 20. 2. 1952). 16 Punkte Vorsprung hat Slattvik nach dem Springen. Aber was bedeutet das umgerechnet in Zeit? Da rätseln selbst die Fachleute. Was kann Slattviks Vorsprung noch wert sein, als Hasu hinter den Spezialisten Brenden, Tapio Mäkelä und Paavo Lonkila nur um vier Sekunden die Bronzemedaille verpaßt? Als Viertbester erreicht er somit das Ziel, Slattvik rangiert auf dem 15. Platz. Spricht da nicht alles für den Sieg Hasus? Aber die Zeiten zählen. Hasu ist 3:16,0 min schneller als Slattvik. Doch Hasu bekommt nur 11,9 Punkte. Slattvik ist Sieger der Nordischen Kombination.

Der Norweger Simon Slattvik, Sieger in der Nordischen Kombination

Heikki Hasu (Finnland) wird in der Nordischen Kombination Zweiter.

Krönender Abschluß am Holmenkollen

24. Februar 1952. Sechs Königsgardisten in schwarzen Uniformen mit goldenen Tressen, weiße Federbüsche auf den Mützen, treten vor den Schanzentisch. Ihre Trompetensignale verkünden das Eintreffen der königlichen Familie. Kein »Skikönig«, ein richtiger König empfängt die Huldigung seines Volkes. 180 000 Zuschauer drängen sich erwartungsvoll Kopf an Kopf um die Sprungschanze. Der äußere Rahmen am Holmenkollen könnte nicht eindrucksvoller sein.

Die sportlichen Bedingungen sind jedoch nicht optimal. Das Wetter, eher frühlingshaft, macht den Schnee weich. Da muß man sich schon gut auskennen auf der schwierigen Schanze. Das mußte der schwedische Weitenjäger Dan Netzell erfahren, der beim Training stürzte und sich das Schlüsselbein brach. Die sportlichen Bedingungen sind hart. Es gibt keinen Probedurchgang. Zwei Sprünge entscheiden alles.

Eine ungünstige Ausgangsposition hat der Norweger Arnfinn Bergmann. Er muß mit Startnummer 6 als einer der ersten von 39 Teilnehmern über den Bakken. Der kritische Punkt liegt bei 71 m. Bergmann setzt mit vorzüglicher Haltung bei 67,5 m auf. Nur einer übertrifft ihn noch im ersten Durchgang um einen halben Meter, Thorbjörn Falkanger, der Sprecher des olympischen Eides. Der Österreicher Gustav »Sepp« Bradl, der im Training zweimal bis an die 70-m-Marke heranflog, kommt nur auf 60 m, was ihn derart schockt, daß er zum zweiten Durchgang gar nicht mehr antritt. Sensationell ist nach dem ersten Durchgang mit 66,50 m der Deutsche Toni Brutscher Dritter. Bergmann steigert sich im zweiten Durchgang auf 68 m. Das gelingt keinem mehr. Falkanger springt 4 m kürzer, auch Brutscher kommt nur noch auf 62,50 m. Aber er teilt sich mit dem Norweger Naes den vierten Rang und wird damit zum populärsten Deutschen in Oslo.

Bei frühlingshaften Temperaturen stehen 180 000 Zuschauer dichtgedrängt an der Holmenkollen-Schanze beim abschließenden Spezialspringen.

Ganz Norwegen im »Hjallis«-Fieber

19. Februar 1952. An diesem Tag reißen die Passanten in Oslo und in anderen norwegischen Städten den Zeitungsverkäufern ein Extrablatt aus der Hand. Darauf steht als Schlagzeile in riesigen Lettern lediglich »16:45,8«. Jeder norwegische Dreikäsehoch, der noch nicht einmal das kleine Einmaleins gelernt hat, weiß, was das bedeutet: »Hjallis« hat auch den 10 000-m-Lauf gewonnen. Und obendrein lief er diese 10 000 m in Weltrekordzeit.

»Hjallis« ist der Held dieser Olympischen Winterspiele. Drei Tage lang platzte das Bislett-Stadion fast aus allen Nähten. Mehr als 32 000 gehen nun einmal nicht hinein, trotzdem standen draußen noch Tausende an den Kassen. Über Lautsprecher wurden sie darüber unterrichtet, was drinnen vor sich ging. Auch als sie einsahen, daß die Stadiontore endgültig geschlossen bleiben mußten, harrten sie weiter geduldig aus. Als wollten sie wenigstens dieselbe Luft atmen wie ihr Idol »Hjallis«.

Am ersten Tag der Eisschnellaufwettbewerbe war der Andrang nicht entfernt so groß gewesen. Denn über 500 m ging Hjalmar Andersen nicht an den Start. Da mochten die US-Amerikaner Kenneth Henry und Donald McDermott den Sieg ruhig unter sich ausmachen.

Aber so richtig los ging es erst mit dem 5000-m-Lauf. Da mußte man »Hjallis« beistehen. Denn dieser gutmütige Mensch hatte einigen Niederländern das Eisschnellaufen derart beigebracht, daß sie so gut sein sollten wie er selbst. So gut wie »Hjallis«? Das konnte nicht sein. Über 5000 m lief der Niederländer Kees Broekman 8:21,6 min. Aber noch schneller, nämlich volle elf Sekunden, erlief »Hjallis« seine erste Goldmedaille. Um die zweite mußte man zittern. Über 1500 m legte ein anderer Niederländer, Wim van der Voort, 2:20,6 min vor. Keine überragende Zeit, aber das Eis war nicht sonderlich gut. Man mußte die »Hjallis«-Rufe während seines Laufs und den »Hjallis«-Jubel nach dem Lauf bis hinauf zum Holmenkollen hören. Um zwei Zehntelsekunden hatte »Hjallis« den Niederländer abgehängt. Beim 10 000-m-Lauf brauchte niemand zu zittern. Da zog »Hjallis« dem Niederländer Broekman unaufhaltsam davon. Extrablatt und Extraklasse. Hjalmar Andersen. Ein stiller, bescheidener, von dem ganzen Wirbel um ihn herum etwas verschreckter Mensch. In Drontheim führt er ein kleines Sportgeschäft.

»Hjallis« Andersen (vorn), erfolgreichster Teilnehmer der Winterspiele

Publikumsliebling Jacqueline du Bief

Schöne Jacqueline

Als die temperamentvolle Pariserin Jacqueline du Bief am 16. Februar 1952 ihre Kür läuft, werden Sportjournalisten zu Poeten: »Das Eis schmolz unter ihren Kufen!« Auch die Herzen der Zuschauer schmelzen. Nur die Herzen der Preisrichter bleiben aus Stein. Sie setzen sie ungerührt auf Rang drei.

Gold für Ria und Paul Falk und zweimal Beethoven

17. Februar 1952. Als die ersten Takte von Ludwig van Beethovens »Egmont«-Ouvertüre erklingen und das deutsche Paar Ria und Paul Falk den ersten Einlaufbogen exakt einspringt, herrscht atemlose Spannung. Eine andere Ouvertüre war vorausgegangen.

Als Favoriten im Paarlauf hatte die Presse das US-amerikanische Geschwisterpaar Karol und Peter Kennedy im voraus gefeiert. Sie kamen als zweites Paar auf das Eis des Bislett-Stadions, das 240 Tiefstrahler in gleißendes Licht tauchten. Die US-Amerikaner begannen in furiosem Tempo. Alle Sprünge und Figuren gelangen mühelos. Die Zuschauer jubelten ihnen zu. Die Fachleute hatten offenbar recht. Im langsamen Teil ließ die Spannung etwas nach, zum Schluß auch das Tempo. Völlig erschöpft beendeten die Geschwister ihre Kür, die zuletzt Konditionsschwächen verriet. Dennoch eine Wertung um 5,7 herum. Danach die Ungarn Marianne und Laszlo Nagy. Sie hielten ihren tänzerischen Schwung durch, aber es fehlte an Schwierigkeiten.

Erst als elftes von 13 Paaren kommen die Falks. Sie werden Beethoven vollauf gerecht. Das Publikum wagt kaum zu atmen. Dann perfekter Gleichklang der Bewegungen zur »Oberon«-Ouvertüre von Carl Maria von Weber. Zuallerletzt abermals Beethoven. Die »Ode an die Freude« erklingt bei der Siegerehrung.

Am Tag zuvor brannte Richard »Dick« Button ein brillantes Feuerwerk auf dem Eis ab, das dem US-Amerikaner mit haushoher Überlegenheit zum zweiten Mal den Olympiasieg sicherte. Bei den Damen waren Feuerwerke à la Jacqueline du Bief weniger gefragt. Da siegte die solide Pflichtläuferin Jeanette Altwegg. Und sie bleibt der Pflicht treu. Sie geht nicht, wie Jacqueline, zur Revue, sondern für einen Wochenlohn von 30 Franken als Betreuerin von Waisenkindern in ein Schweizer Pestalozzi-Dorf.

Die Britin Jeanette Altwegg, Dritte 1948, wird Olympiasiegerin.

Richard »Dick« Button wiederholt seinen Olympiasieg von 1948.

Fortsetzung der deutschen Paarlauf-Tradition durch Ria und Paul Falk

Ein lebendes Denkmal trägt die Fackel

19. Juli 1952. Niemand kann sich dem Gefühlsüberschwang dieser Stunde entziehen. Es regnet leicht. Doch die Stimmung ist erwartungsvoll. Die Jugend der Welt aus 69 Ländern ist im Olympiastadion von Helsinki angetreten und wartet auf den Läufer mit der olympischen Fackel. Wer es sein mag? Darüber gibt es Gerüchte und Vermutungen. Dann erscheint im Stadiontor im traditionellen blauen finnischen Läuferdreß ein älterer, fast kahlköpfiger Herr. Ein Aufschrei aus 70 000 Kehlen empfängt ihn. Überflüssig, daß auf der Anzeigetafel groß der Name NURMI aufleuchtet. Der größte aller Olympioniken läuft auf der Aschenbahn, von Ovationen begleitet, wie er sie zur Zeit seiner Siege kaum je mit solcher Herzlichkeit empfing. Es sind nicht allein die Finnen, die von ihren Sitzen aufspringen und ihrem berühmten Landsmann applaudieren. Jeder, der um den Rang einer Persönlichkeit, die Sportgeschichte gemacht hat, weiß, stimmt in diese Demonstration einer gerechten Wiedergutmachung ein. Der 55jährige läuft noch mit jener Leichtigkeit, die ihm früher ermöglichte, sein Tempo nach der Stoppuhr einzuteilen. Draußen vor dem Stadion ging man an seiner Statue aus Bronze vorbei. Dieses Werk eines Bildhauers, das auch auf den Olympiaplakaten zu sehen ist, mag man bewundern. Ein Denkmal, für die Ewigkeit bestimmt. Aber das Denkmal lebt noch. Als Nurmi mit seiner Fackel das olympische Feuer entzündet, weinen viele Menschen. Es sind Freudentränen. Diese Spiele beginnen mit einem Höhepunkt, der einzigartig bleiben wird.

Heikki Savolainen, zum fünften Mal Teilnehmer an Olympischen Spielen

Es sind Spiele ohne Pomp und Pose. Das Stadion von Helsinki faßt normalerweise 45 000 Zuschauer, was im allgemeinen auch ausreicht. Die Finnen, Meister der Holzverarbeitung, erweiterten es mit einer Zusatzkonstruktion auf 70 000 Plätze. Improvisiert, aber praktisch und formschön. Die Wohnungsnot zwang zur Erstellung von 14 zwei- bis dreistöckigen Häusern in Käpylä, die zunächst als olympisches Dorf dienen. Für die Teilnehmer werden olympische Dörfer künftig zu eigenen Stadtteilen. Als die ersten Athleten in Käpylä einziehen, rücken die letzten Handwerker ab. Manche Autogramme stellt den Buben noch ein Klempner aus. Die weiblichen Teilnehmer werden im Krankenschwesterninstitut Töölö untergebracht. Doch noch ein drittes Athletenquartier ist erforderlich. Die Russen, die zum ersten Mal seit 1912 wieder an den Olympischen Spielen teilnehmen, wollen mit kapitalistischen Sportlern nicht unter einem Dach wohnen. Die Ostblockstaaten erklärten sich mit den Sowjets solidarisch. Die völkerverbindende olympische Idee mußte vor der sozialistischen Ideologie zurückweichen. Die Sportler bekommen eine Ausweich-Unterbringung im Studentenwohnheim von Otaniemi. Dort gibt es allerdings keine Trainingsmöglichkeiten. Die Reporter machen eine Sensation daraus, als plötzlich ein Tscheche in Käpylä seine Runden dreht. »Warum«, beantwortet er ihre Fragen, »soll ich hier nicht trainieren, wenn hier die bessere Laufbahn ist?« Eine Art Schwejk namens Emil Zátopek. Ein großes Problem macht freilich in allen olympischen Quartieren den Mannschaftsleitungen sämtlicher Länder erheblich zu schaffen. Es gibt unwahrscheinlich viel und außerordentlich gut zu essen.

Bei der Eröffnungsfeier steigen Hunderte von Tauben über dem Stadion auf.

Zwei deutsche Mannschaften

Das ganze Deutschland sollte es sein. Und dann ist es doch nur das halbe. Trotzdem ziehen zwei deutsche Mannschaften ins Olympiastadion ein. Die Sportführung der DDR sollte ein gemeinsames Nationales Olympisches Komitee (NOK) mit dem in der Bundesrepublik anerkannten bilden und lehnte ab. Die Ostdeutschen bleiben ausgeschlossen. Neben 173 Athleten und 32 Athletinnen aus dem Westen dürfen jedoch 31 Teilnehmer und fünf Teilnehmerinnen aus dem Saarland eine eigene Mannschaft stellen.

Saksa — die bundesdeutsche Olympiamannschaft zieht ins Stadion ein.

Finnlands legendärer Paavo Nurmi entzündet das olympische Feuer.

Emil Zátopek – das Laufphänomen der Spiele in Helsinki

Juli 1952. Als ob Paavo Nurmi das Leitmotiv dieser Spiele angegeben hätte, wird der tschechische Wunderläufer Emil Zátopek zu ihrem überragenden Athleten.
Beim 10 000-m-Lauf in London 1948 lief er als einziger unter 30 Minuten (→ 30. 7. 1948). Am 20. Juli 1952 bleiben sechs Läufer unter dieser Grenze. Aber es »zählt« wieder nur Zátopek. Am Start hatte er sich ganz bescheiden in der zweiten Reihe aufgestellt. Der Australier Perry und der Russe Alexandr Anufrijew diktieren das Tempo. Dann quält sich Zátopek mit rollendem Kopf, heraushängender Zunge und verzerrter Grimasse an die Spitze. Er behauptet, er sähe nur so aus, weil er sich ärgere, nicht schnell genug zu laufen. Der Mann ist ein Schalk. Ärgern tun sich die andern, die seinen Zwischenspurts, die so selbstzerstörerisch anmuten, nicht mehr folgen können. Nach 5000 m bleibt Zátopek nur noch der kleine zähe Algerien-Franzose Alain Mimoun auf den Fersen. In der 18. Runde kommt auch Mimoun nicht mehr mit. Zátopek siegt in 29:17,0 min, knapp fünf Sekunden über dem Weltrekord, und wird im Triumph davongetragen.
Um so größer ist die Spannung vor dem 5000-m-Lauf vier Tage später. Da gilt der Deutsche Herbert Schade, der kurz vor den Spielen die Weltbestzeit von 14:06,6 min lief, als Favorit. Danach hat er sich den »Fahrplan« für das Rennen aufgebaut. Und er führt das Rennen an, Runde um Runde, wie ein Uhrwerk, als leite ihn Nurmis Stoppuhr. Doch in der letzten Runde geraten alle Pläne durcheinander. Der Brite Christopher Chataway stößt vor, dann der Brite Gordon Pirie, Zátopek keucht heran mit seinem ewigen Schatten Mimoun. Sechsmal wechselt die Führung kurz hintereinander. Dann ist Schade wieder vorn. Im Ausgang der Zielkurve stürzt Chataway, und Zátopek stürmt an dem entnervten Schade vorbei, der auch noch Mimoun ziehen lassen muß. Zátopek siegt in 14:06,6 min.
Den Marathonlauf bestritt Zátopek noch nie im Wettkampf. Als er am 27. Juli mit 2½ Minuten Vorsprung von Ovationen empfangen ins Stadion von Helsinki einläuft, sieht man einen anderen Zátopek. Gelöst, völlig entspannt, heiter legt er die letzte Runde zurück.

△ Die dramatische Endphase des 5000-m-Laufs. Chataway ist gestürzt, Zátopek läuft als erster in die Zielgerade vor Mimoun und Schade.

◁ Kurz vorher ständiger Führungswechsel zwischen Schade, Chataway, Zátopek und Mimoun.

Zátopek Seite an Seite mit dem Schweden Jansson im Marathonlauf

Zátopek im Ziel des Marathonlaufs: Drei Goldmedaillen in sieben Tagen

Im Sternzeichen der Zátopeks

Man findet etwas Mystisches oder Magisches im Leben zweier Stars. Am 19. September 1922 wurde Emil Zátopek in Kaprivnice als das Zweitjüngste von sechs Kindern eines mährischen Tischlers geboren. Am selben Tag erblickte in Uherste Radice Dana Ingerová als Tochter eines Regierungsbeamten das Licht der Welt. Beide Kinder wuchsen in sehr unterschiedlichen Milieus auf. Emil arbeitete in der Fabrik, bei den Bata-Schuhwerken in Zlin. Sein erstes Lauftraining bestritt er in schweren Schnürstiefeln. Er konnte sich keine Turnschuhe leisten. Außerdem war Krieg. Er blieb auch später noch bei dieser Methode. Eigentlich lief er immer, als hätte er schwere Stiefel an. Eine andere Trainingsmethode kam hinzu.
Beim Militär kümmerte sich der Sportlehrer Kerssenbrock um das fleißige Lauftalent. Er hatte zufällig einen Artikel des deutschen Sportlehrers Toni Nett über das Intervalltraining gelesen, dem auch Rudolf Harbig seine Erfolge verdankte. Das war genau das Richtige für Emil Zátopek.
Dana Ingerová studierte auf der Universität von Prag. Sie betrieb Sport und zeigte ein besonderes Talent für den Speerwurf. Nach Abschluß ihres Studiums wurde sie Sportjournalistin und Redakteurin der Wochenzeitschrift »Ruch« (Bewegung). Als tschechische Meisterin im Speerwerfen lernte sie auf dem Sportplatz Emil Zátopek kennen, den Mann mit dem unmöglichen Laufstil. Mit 25 Jahren heirateten sie. Ein Jahr später wurde Emil in London Olympiasieger im 10 000-m-Lauf.
Vier Jahre später nehmen Emil Zátopek und Dana Zátopková an den Olympischen Spielen in Helsinki teil. Am selben Tag, an dem Emil Olympiasieger im 5000-m-Lauf wird, siegt Dana, nur wenig später, im Speerwurf. Ein erfolgreiches Paar unter einem Glücksstern.

Thriller und Gags, Lachen und Weinen auf der Laufbahn

25. Juli 1952. Zum Thriller wird der 3000-m-Hindernislauf. Und zwar auf eine Art, wie sie sich ein Sensationsreporter vorher nicht hätte ausdenken können. Es kommt zur unmittelbaren Konfrontation der USA mit der UdSSR, allein schon nervenprickelnd genug. Außerdem geht der 28jährige Russe Wladimir Kasantzew als Favorit an den Start. Er lief erst unmittelbar vor den Spielen inoffiziellen Weltrekord. Der 29jährige US-Amerikaner Horace Ashenfelter gilt als krasser Außenseiter. Wann gab es je bemerkenswerte US-Amerikaner im Hindernislauf? Ashenfelter ließ sich erst auf dem Trainingsplatz von Käpylä in die richtige Technik beim Überwinden des Wassergrabens einweisen. Um dem Duell zwischen diesen beiden Kontrahenten, das sich im Endlauf abzeichnet, noch eine letzte Würze zu geben: Beide sind Kriminalbeamte, der eine bei der US-amerikanischen Bundespolizei, der andere beim sowjetischen Ministerium für Innere Angelegenheiten. Solche Erfindungen wagt nur die Wirklichkeit. Beim Rennen selbst führt Kasantzew bis zum letzten Wassergraben. Dort stolpert er, und Ashenfelter, der sich bisher an seiner Seite hielt, gewinnt mit einem eleganten Satz den entscheidenden Vorsprung.

Auch im 1500-m-Lauf einen Tag später führt bis in die Zielgerade hinein ein Weltrekordler, der Deutsche Werner Lueg. Er führt noch bis 20 m vor dem Ziel. Dann spurtet Josef Barthel aus Luxemburg an ihm vorbei und mit ihm der US-Amerikaner Robert McMillan. Lueg fällt aus allen Träumen. Barthel kann seinen Sieg nicht fassen, sitzt in Tränen aufgelöst und muß von Betreuern getröstet werden.

Niemand tröstet dagegen den Jamaikaner Herbert McKenley. Vor vier Jahren schon hat ihm über 400 m Arthur Wint den Sieg vor der Nase weggeschnappt. In Helsinki läuft er am 21. Juli die 100 m und am 25. Juli die 400 m. Und nicht die Zeit, nur die Zielfotografie verurteilt ihn abermals zweimal zum Zweiten, einmal hinter dem US-Amerikaner Lindy Remigino (100 m) und einmal hinter George Rhoden (Jamaika, 400 m). Erst in der 4x400-m-Staffel kommt McKenley mit Rhoden, Wint und Leslie Laing am 27. Juli zum ersehnten Gold.

Zieleinlauf über 400 m (v. l.): George Rhoden (Jamaika, 1.), Ollie Matson (USA, 3.) Herbert McKenley (Jamaika, 2.), Karl-Friedrich Haas (Deutschland, 4.), Arthur Wint (Jamaika, 5.) und Malvin Whitfield (USA, 6.)

Zielfoto des 100-m-Endlaufs: Lindy Remigino (USA), dritter von oben, gewinnt vor Herbert McKenley (Jamaika), zweiter von oben.

Die entscheidende Phase des 800-m-Laufs: In der Zielkurve Malvin Whitfield (USA) vor Arthur Wint (Jamaika) und Heinz Ulzheimer.

Die entscheidende Phase des 1500-m-Laufs: In der Zielkurve führt der Deutsche Werner Lueg vor dem Luxemburger Josef Barthel.

Endphase des 110-m-Hürdenlaufs: Der US-Amerikaner Harrison Dillard, der vor vier Jahren in London eher versehentlich Gold über 100 m und 4x100 m gewann, gewinnt bei den Spielen in Helsinki endlich »seine« Goldmedaille.

Die Entscheidung im 3000-m-Hindernislauf: Nach spannendem Zweikampf zwischen dem Russen Kasantzew und dem US-Amerikaner Ashenfelter gewinnt Ashenfelter beim letzten Sprung den Vorsprung zum Sieg.

Die Australierin Marjorie Jackson (r.) gewinnt vor Daphne Hasenjager-Robb den 100-m-Lauf in 11,5 sec, womit sie den Weltrekord von Francina »Fanny« Blankers-Koen aus dem Jahr 1948 einstellt.

In der 4x100-m-Staffel laufen die USA und Deutschland Weltrekord in 45,9 sec, die Zielfotografie entscheidet für die USA. Die Australierinnen, die nicht zu schlagen gewesen wären, verlieren den Stab.

80 m Hürden: Das Ende für die Niederländerin Blankers-Koen (2. v. r.) an der dritten Hürde, als sie schon hinter Shirley de la Hunty-Strickland (3. v. r.) und der Deutschen Maria Sander (4. v. r.) zurückliegt.

Die Frauen trumpfen auf

22. bis 26. Juli 1952. Seit Francina »Fanny« Blankers-Koen zum Star der Olympischen Spiele in London wurde, ist die Frauen-Leichtathletik endgültig aus ihrem Aschenbrödeldasein herausgetreten. Die Frauen faszinieren mit ihren Leistungen nicht weniger als die Männer. Nur einmal stockt den Zuschauern in einem Gefühl von Betroffenheit, fast Mitleid, der Atem. Da steht am Start des 80-m-Hürdenlaufs die 34jährige »Fanny«, die schon zur Legende geworden ist und es trotzdem noch einmal versuchen will. Den Endlauf hat sie erreicht. Dann stieben die so viel Jüngeren davon, »Fannys« Schritte sind zu kurz, sie stolpert an der dritten Hürde, stürzt, geht, kaum noch beachtet, von der Bahn. Die Zuschauer feiern die Australierin Shirley de la Hunty-Strickland als Siegerin und die Deutschen Maria Sander und Anneliese Seonbuchner als Dritte und Vierte. Und sie feiern die Australierin Marjorie Jackson, die überlegen den 100-m- und 200-m-Lauf gewinnt. Sie feiern die Deutsche Marianne Werner, die den überstarken Russinnen die Silbermedaille im Kugelstoßen wegnimmt. Sie feiern Dana Zátopková, die kurz nach dem 5000-m-Sieg ihres Mannes den Speer auf eine Weite schleudert, die sie nie mehr erreicht, aber auch keine der favorisierten Russinnen. Und sie bleiben ein wenig reserviert gegenüber einer Alexandra Tschudina, die mit Silber im Speerwurf und im Weitsprung und mit Bronze im Hochsprung ihre Vielseitigkeit beweist.

Statement für die Fotografen nach dem 80-m-Hürdenlauf (v. l.): Anneliese Seonbuchner (4.) und Maria Sander (3., beide Deutschland), Maria Golubnitschaja (UdSSR, 2.), die Siegerin in der Weltrekordzeit von 10,9 sec, Shirley de la Hunty-Strickland (Australien), und die Britin Jean Desforges (5.)

Die Südafrikanerin Esther Brand gewinnt den Hochsprung mit 1,67 m und bleibt damit in Helsinski 5 cm unter dem Weltrekord.

Dana Zátopková schleudert kurz nach dem 5000-m-Sieg ihres Mannes Emil Zátopek den Speer auf die Siegesweite von 50,47 m.

Die Russin Nina Dumbadse (Abb.) holt Bronze im Diskuswurf hinter Jelisaweta Bagrjantsewa. Mit 51,42 m siegt Nina Romoschkova.

Sensationell bricht im Kugelstoßen die Deutsche Marianne Werner (r. mit Gertrud Kille) in die Reihe der überlegenen Russinnen ein.

Der siegreiche US-amerikanische Achter. Für den Achter des Kölner RV 1877 war es schon ein Erfolg, den Endlauf der letzten fünf Boote von 14 gestarteten erreicht zu haben. Hier spielt sich die Entscheidung jedoch ohne die Deutschen ab. Großbritannien, immer noch ohne Medaille, glaubt, mit den US-Amerikanern mithalten zu können. Sie liefern ihnen bei 1000 m einen begeisternden Bord-an-Bord-Kampf, aber dann ziehen die US-Amerikaner uneinholbar davon.

In den Schären von Meilahti

23. Juli 1952. Rauh ist die See, die in die weite Bucht zwischen den föhrenbestandenen Inseln hereindringt, kaum gebändigt von einer Barriere aus Lastkähnen und Baggern. Rudern unter der Devise »Zurück zur Natur!«

Rauh werden auch viele Hoffnungen zerstört. Es vollzieht sich der zweite Akt des Dramas John B. Kelly jr., der den zweiten Anlauf im längst zerstobenen Kielwasser seines Vaters unternimmt (→5.–9. 8. 1948). Nach einem verzweifelten Bord-an-Bord-Rennen mit dem Polen Teodor Kocerka hängen beide Skuller zusammengebrochen in ihren schmalen Booten, treiben wie Schiffbrüchige dahin. Niemand vermag vom Ufer aus zu sagen, wer gewonnen hat. Erst die Zielfotografie wirft Kelly abermals aus allen Medaillenträumen. Aber wird Kocerka nach diesem Rennen noch Kraft für das Finale haben? Kraft hat jedenfalls der Russe Juri Tjukalow, das sieht man an seinem muskelbepackten Körper. Nur Kraft allein genügt bei einem Skuller nicht. Aber der Russe ist dem Olympiasieger von 1948 Mervyn Wood auch technisch gewachsen. In brillantem Stil gewinnt er die erste Goldmedaille im Rudern für sein Land.

Den siebten Sieg der US-Amerikaner im Achter seit 1920 können allerdings auch die Russen nicht verhindern.

Die erste Goldmedaille für die UdSSR im Rudern holt der Skuller Juri Tjukalow. Dazu kommt noch Silber im Doppelzweier und im Achter.

Ein Maurer wird »Segelprofessor«

Juli 1952. So etwas hat man in der Bucht von Liuskasaari und wohl auch in keinem anderen Segelrevier je gesehen. Da wird nach dem Start zu einer Wettfahrt der Finn-Dinghy-Klasse ein Boot wegen Fehlstarts zurückgepfiffen. Das Feld segelt davon. Nach erneutem Start schippert der Pechvogel seinen 27 Konkurrenten chancenlos hinterher. An der Wendeboje kreuzt er auf Rang 24. Aber das Ziel erreicht er als Erster.

Der Däne Paul Elvström hat schon vor vier Jahren in der Firefly-Klasse an der Küste von Torquay die Ein-Mann-Bootsrennen gewonnen. Diesmal steht den Seglern einheitlich eine Konstruktion des Schweden Sarby zur Verfügung. Dieses Finn-Dinghy mit einer Segelfläche von 10 m^2 erweist sich als sehr schnell und wendig. Doch seine souveräne Beherrschung vor allem bei den starken und oft wechselnden Windverhältnissen in der finnischen Meeresbucht erfordert fast akrobatische Geschicklichkeit. Elvström wird mit diesem Boot, mit Wind und Wetter am besten fertig. Er wird so überlegen Olympiasieger wie kein anderer vor ihm. Das drücken allein die Punktzahlen aus. Der Brite Charles Currey 5449, der Schwede Rickard Sarby, der Schöpfer des Bootes, 5051, der Niederländer Jacobus Hermanns de Jong. 5033, folgen einander in normalen Abständen. Elvström siegt mit 8209 Punkten! Sie nennen den gelernten Maurer »Segelprofessor«.

Nur einmal Gold für »Kanot-Gert«

27./28. Juli 1952. Die junge Geschichte des olympischen Kanusports weist schon einen Helden auf, Gert Fredriksson. Der 1,67 m große Feuerwehrmann aus Nyköping, Schweden, startet im Einer-Kajak über 1000 m und 10 000 m. In London gewann er zwei Goldmedaillen. Nur einmal, bei der Weltmeisterschaft 1950, schlug ihn der Finne Thorvald Strömberg.

Fredriksson hängt über 1000 m am Gestade von Taivallahti Strömberg um zwei Zehntelsekunden ab. Über 10 000 m kämpft Strömberg unter dem Jubel seiner Landsleute auf den letzten 100 Metern »Kanot-Gert« nieder.

Die dramatische Endphase im Einer-Kajak über 10 000 m: Der Finne Thorvald Strömberg (120), vorn, setzt sich im Endspurt gegen Schwedens berühmten »Kanot-Gert« Fredriksson (97) durch und gewinnt. Er ist nach seinem Sieg mit drei Goldmedaillen und einer Silbermedaille der bisher erfolgreichste Kanute.

Die Hamburger Egon Drews (l.) und Wilfried Soltau gewinnen im Zweier-Canadier über 1000 m und über 10 000 m jeweils die Bronzemedaille.

Russen setzen neue Maßstäbe im Turnen

19. bis 23. Juli 1952. Beim Turnen trumpfen noch einmal Veteranen auf. Der 40jährige Alfred Schwarzmann, Zwölfkampfsieger 1936, gewinnt die Silbermedaille am Reck. Finnlands Sprecher des olympischen Eides, der 45jährige Heikki Savolainen, verhilft bei seiner fünften und letzten Olympiateilnahme seiner Mannschaft noch zu einer Bronzemedaille.
Auch die über 30jährigen Schweizer Jack Günthard und Josef Stalder kommen zu Medaillen. Aber die Zukunft gehört den Russen. Sie stellen in Viktor Tschukarin den Zwölfkampfsieger und gewinnen die Mannschaftswertung. Die Russen spielen am Seitpferd und an den Ringen Kraft und Kondition aus, wie man es zuvor noch nie gesehen hat. Verblüffend aber auch das erstmalige Auftreten der Japaner. Jede Riege stellt acht Turner, wobei man für die Mannschaftswertung jeweils die drei schwächsten Resultate streichen kann. Die Japaner treten nur mit fünf Turnern an. Sie können sich keinen Ausfall leisten und erreichen dennoch den fünften Rang unter 29 Nationen.
Überlegen gewinnen auch die russischen Damen den erstmals ausgetragenen Achtkampf durch Maria Gorokhovskaja und die Mannschaftswertung vor Ungarn. Nur die Ungarinnen Margit Korondi und Agnes Keleti können am Stufenbarren und in der Bodenübung den Russinnen Gold abnehmen.

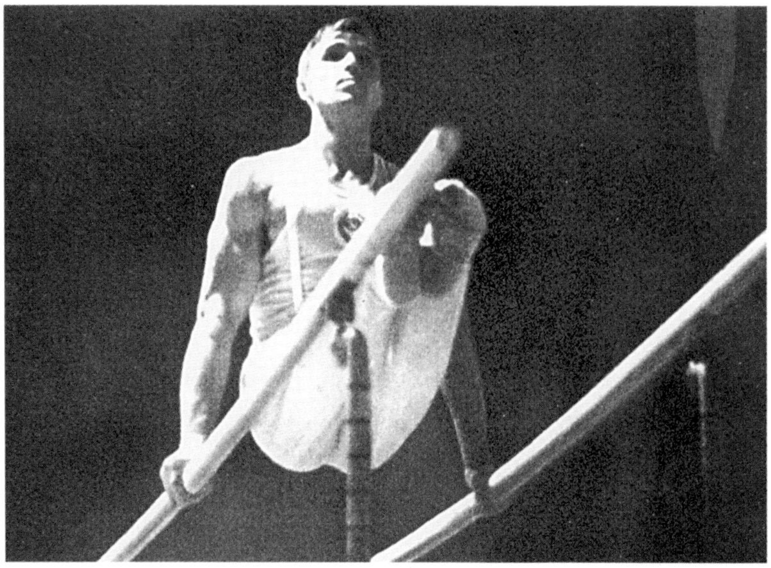

Viktor Tschukarin (UdSSR), der überragende Turner. Sieger im Zwölfkampf Einzel- und Mannschaftswertung, Sieger am Seitpferd und im Pferdsprung, Zweiter an den Ringen und Zweiter am Barren. Sonst an allen Geräten von exakter Zuverlässigkeit, zeigt Tschukarin nur im Bodenturnen eine Schwäche.

Mit der Einführung des Achtkampfs und der Einzelwertung in der Bodenübung, im Pferdsprung, am Stufenbarren und am Schwebebalken tritt das Frauenturnen in eine neue Wettkampfphase. Die Russinnen dominieren. Abb.: Galina Urbanovitsch, in Helsinki Fünfte im Pferdsprung

Im Fechten: Frankreich, Italien, Ungarn

21. Juli bis 1. August 1952. Die großen Fechtnationen teilen sich die Siege im Florett, Degen und Säbel. Zwei Fechter überragen. Edoardo Mangiarotti fügt seiner Medaillenkollektion zwei Goldmedaillen im Degen und zwei Silbermedaillen im Florett hinzu. Sein Bruder Dario holt Silber mit dem Degen.
Aladár Gerevich, seit 1932 bei allen Olympischen Spielen erfolgreich, ist 42jährig noch mit dem Säbel für Silber im Einzel und für Gold in der Mannschaft gut. Die 45jährige Ilona Elek stellt sich ihnen würdig an die Seite. Erst im Stichkampf um die Goldmedaille unterliegt die Olympiasiegerin von 1936 und 1948 der Italienerin Irene Camber.

Die Ungarn zeigen erneut ihre Überlegenheit im Säbelfechten. Pál Kovács (l.), Bronzemedaillengewinner von 1948, siegt vor Aladár Gerevich und Tibor Berczelly. Mit Rudolf Kárpáti, Jenö Hámori und Dániel Magay schlagen die Ungarn im Finale Frankreich 13:3, die USA 13:3 und Italien 8:7.

Helsinki 1952 in Stichworten

Die Spiele der XV. Olympiade in Helsinki dauern vom 19. Juli bis zum 3. August 1952. Aus 69 Ländern 4925 Teilnehmer, darunter 518 Frauen. 151 Wettbewerbe in 17 Sportarten. Herzliche Atmosphäre. Mit 1,5 Mio. Zuschauern erstaunlich hohe Beteiligung für das kleine Land. Erstmals Teilnahme der UdSSR. Wieder zugelassen Japan und Deutschland. **Leichtathletik:** Die USA steigern ihre Erfolgsbilanz von London. Kein Sieg für die Russen bei den Herren. ČSSR 4 x Gold dank der Familie Zátopek, Jamaika 2 x Gold, 3 x Silber dank seiner Läuferelite. **Gewichtheben:** USA und UdSSR dominieren. **Ringen:** UdSSR stärkste Nation, deutlich vor Schweden, Ungarn und der Türkei. Erfolge von Iran, Libanon und Japan. **Boxen:** Erstmals zehn Gewichtsklassen. USA mit 5 x Gold stärkste Nation. Zweiter Sieg durch den Ungarn László Papp. 16 Länder kommen zu Medaillen, obwohl Bronze nicht vergeben wird. **Fechten:** Erfolge für Frankreich, Italien, Ungarn. **Schießwettbewerbe:** Zehn Länder kommen zu Medaillen. Überraschend der Sieg des 17jährigen Kanadiers George Patrick Genereux im Tontaubenschießen. **Moderner Fünfkampf:** Erstmals Mannschaftswertung mit Sieg Ungarns. **Reiten:** Großer Erfolg der Schweden in der Dressur und Military. Danach Deutschland und Frankreich. **Radfahren:** Erfolge für Italien, Belgien und Australien. **Turnen:** Triumph der UdSSR. **Schwimmen:** USA vor Japan und Frankreich. Bei den Damen Überlegenheit der Ungarinnen. **Rudern:** Leistungsbreite wie nie zuvor. 14 Länder teilen sich 21 Medaillen. **Kanu:** Führend Finnland und Schweden im Kajak. **Segeln:** USA vor Skandinavien. **Fußball:** Ungarn überragend. Deutschland schaltet überraschend Brasilien aus. **Hockey:** Indien weiter ungefährdet. **Basketball:** Den USA erwächst in der UdSSR ein starker Gegner. **Wasserball:** Ungarn siegt.

Fausto Coppi gewinnt erneut Giro und Tour

Juli 1952. 1949 gewann Fausto Coppi als erster Fahrer in einem Jahr den Giro d'Italia und die Tour de France. Drei Jahre später wiederholt er diesen Triumph.
Wieder droht ihm in den Alpen ein Reifendefekt zum Verhängnis zu werden. Da geschieht ein kleines Wunder. Gino Bartali, sein Erzrivale, bietet dem am Straßenrand Winkenden sein Rad an. Aber Coppi lehnt ab. Bartali hat noch eine Siegchance. Coppi wartet mehrere Minuten, bis Carrea kommt, der aussichtslos im Rennen liegt. Dann jagt Coppi in glühender Hitze den Mont Ventoux hinauf. Er gewinnt noch die schwere Alpenetappe. In den Pyrenäen stürzen sich die Fahrer in den Nebel. Hier holt sich Coppi den entscheidenden Vorsprung.

Fausto Coppi am Mont Ventoux. Vor wenigen Wochen gewann der Italiener auch den Giro. Coppis Bruder Serse, der auch Radrennen fuhr, stürzte im Vorjahr bei der Zielankunft in Turin zu Tode. Coppi selbst hat schon mehrere schwere Stürze überstanden und riskiert trotzdem alles in den schweren Abfahrten der Alpen und Pyrenäen.

Coppi, den Strauß des Tour-de-France-Siegers in der erhobenen Rechten, inmitten der italienischen Mannschaft

Die 17jährige Wimbledonsiegerin Maureen Conolly (USA)

»Little Mo« siegt in Wimbledon

Juli 1952. Sie begann als Ballmädchen und war eigentlich Linkshänderin. Weil ihr erster Tennislehrer der Überzeugung war, eine Linkshänderin könne es im Tennis nicht weit bringen, schulte er Maureen Conolly auf rechts um. Dem kleinen Energiebündel machte das nichts aus. 1951 gewann sie mit 16 Jahren die US-Meisterschaft in Forest Hills. Als sie ein Jahr später nach Wimbledon kommt, nennt man sie »Little Mo«. Das ist keineswegs ein Kosename, der von Maureen abgeleitet wurde. Vielmehr hieß so ein berühmtes US-amerikanisches Kanonenboot. Das wird allen Gegnerinnen schnell klar. »Little Mo« donnert ihnen Volleys um die Ohren und fegt jede vom Platz.

Erste Volleyball-WM der Frauen in Moskau

17. bis 29. August 1952. Volleyball gewinnt immer größere Beliebtheit, vorläufig vor allem in den Ostblockstaaten. Nach den ersten Weltmeisterschaften der Männer 1949 in Prag treten 1952 in Moskau acht Ländermannschaften der Frauen an: UdSSR, Polen, Bulgarien, ČSSR, Rumänien, Ungarn, Frankreich und Indien. Die Russinnen, die im Vorjahr in Rom die erste Europameisterschaft gewonnen haben, werden ihrer Favoritenrolle gerecht. Unter Führung ihrer überragenden Spielerin Alexandra Tschudina erreichen sie das Endspiel ohne Satzverlust. Hier schlagen sie die Polinnen glatt 3:0.

Die erste Weltmeisterschaft im Volleyball der Frauen findet unter freiem Himmel im Dynamo-Stadion in Moskau statt. Die Russinnen, die schon seit den 30er Jahren Meisterschaften austragen, gewinnen den Titel durch einen Dreisatzsieg im Endspiel gegen Polen.

Weltmeistertitel für Alberto Ascari

September 1952. Die bisherige Formel 1 war ausgelaufen, und Alfa Romeo hatte seine Rennwagen zurückgezogen. Juan Manuel Fangio stieg auf Maserati um, erlitt aber auf der Monza-Bahn einen schweren Unfall. Verletzungen am Rückenwirbel machen es fraglich, ob er seine Karriere überhaupt noch fortsetzen kann.
Damit war der Weg frei für Alberto Ascari, Sohn eines berühmten italienischen Rennfahrers, der 1925 in Linas-Monthléry tödlich verunglückte. Ascari gewinnt 1952 auf dem Formel-2-Ferrari sechs von sieben Grand-Prix-Rennen.

Starker Abgang eines deutschen Boxers

Es ist schon ein starkes Stück, wie Peter Müller am 7. Juni 1952 mit triumphierend erhobenen Händen wie ein Gladiator durch die erstarrte Zuschauermenge im Kölner Eisstadion schreitet. Vorher hat er ein Schauspiel geboten, wie man es noch in keinem Boxring der Welt gesehen hat. Zuerst schlug er den Ringrichter k. o., dann drosch er auf alles ein, was sich im Ring bewegte, versehentlich auch auf seinen Gegner. Dann aber auf dessen Trainer und dessen Manager, die versuchten, dem Ringrichter zu Hilfe zu eilen. Müller verließ die Walstatt in der Pose des Siegers.

Der Kampf wurde sofort abgebrochen und Stretz zum Sieger der 50. Deutschen Meisterschaft im Mittelgewicht erklärt. Der Sportausschuß des Verbandes Westdeutscher Faustkämpfer schließt Müller im Einverständnis mit dem Bund deutscher Berufsboxer (BdB) lebenslänglich vom Boxsport aus.

Die Kölner nennen ihren Lokalmatador liebevoll »de Aap«. Das deutet auf einige Exzentrizitäten hin, die einen gewissen Unterhaltungswert haben. Und immerhin war Müller deutscher Mittelgewichtsmeister und wollte es an diesem denkwürdigen Abend wieder werden. Da soll ihn aber der böse Hans Stretz festgehalten und sonstwie malträtiert haben, worüber sich »de Aap« lautstark beschwerte. Als ihm der Ringrichter solches untersagte, kam es zum Amoklauf.

Ein unerhörtes Schauspiel wird den Zuschauern im Kölner Eisstadion geboten. In der achten Runde des Meisterschaftskampfes im Mittelgewicht greift der Exmeister Peter Müller plötzlich Ringrichter Max Pippow an.

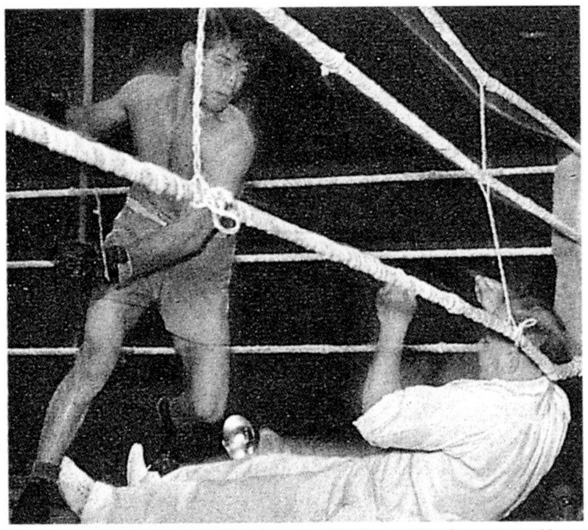

Pippow stürzt nach einem linken Haken Müllers rückwärts zu Boden. Zwar fangen ihn die Seile im Ring noch ab, doch er rührt sich nicht mehr.

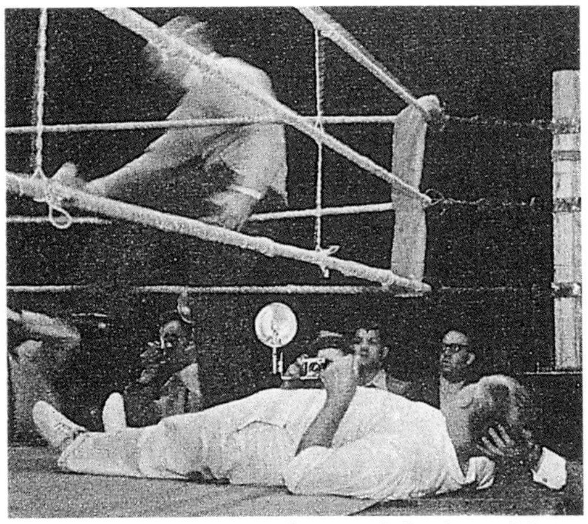

Der Zeitnehmer stützt den Kopf des bewußtlosen Ringrichters, während Müllers Trainer in den Ring steigt, um Müller und Stretz zu trennen.

In stummem Entsetzen wendet sich Trainer Jupp Besselmann von seinem Schützling ab, dessen Boxkarriere nach diesem Amoklauf beendet ist.

Dreifacher Sieg der »Silberpfeile«

November 1952. Mit dem 300 SL von Mercedes-Benz feiern die berühmten deutschen »Silberpfeile« eine Wiederauferstehung.

Nach einem ersten erfolgreichen Test bei der Mille Miglia suchte man das derzeit schwerste Autorennen aus, die Carrera Panamericana, die 1951 zum ersten Mal ausgefahren wurde. Sie führt in acht Tagesetappen über 3200 km durch das mexikanische Hochland und stellt an Fahrer und Material höchste Anforderungen. Die drei Mercedeswagen mit Karl Kling, Hermann Lang und dem US-Amerikaner Peter Fitch beherrschen das Rennen und erzielen einen sensationellen Erfolg.

Improvisiertes Reifendepot. Während bei Fitch die Reifen gewechselt werden, rollt Hermann Lang an.

1953

31. 1. Bei den Bob-Weltmeisterschaften in Garmisch-Partenkirchen verunglückt der Schweizer Felix Endrich tödlich.

März. Der Schwede Nils Karlsson, »Mora Nisse«, gewinnt 36jährig seit 1943 zum neunten Mal den Wasalauf.

März. Eine Gruppe schwedischer und finnischer Parlamentarier schlägt das Internationale Olympische Komitee (IOC) für den Friedensnobelpreis vor.

28. 3. Der US-amerikanische Fünfkampf- und Zehnkampf-Olympiasieger von 1912 Jim Thorpe (Indianername Wa-Tho-Huck, »Strahlender Pfad«), stirbt 65jährig. Seine Geburtsstadt nimmt den Namen Jim-Thorpe-Town an. Erste nach einem Sportler benannte Stadt.

April. Zu Ehren der künftigen Königin von Großbritannien und Nordirland, Elisabeth II. (Krönung am 2. 6. 1953), erstmals »Coronation Rallye«, später »East African Rallye«, dann »Safari Rallye«, in Afrika.

Konrad Freiherr von Wangenheim, Held des Military-Wettbewerbs bei den Olympischen Spielen in Berlin 1936, stirbt in einem sowjetischen Kriegsgefangenenlager.

14.–17. 4. Das IOC beschließt auf seiner Session in Mexiko City, die erstmals unter dem Vorsitz des neuen Präsidenten Avery Brundage durchgeführt wird, die Olympischen Sommerspiele 1956 trotz des ungewohnten Termins vom 22. November bis 8. Dezember in Melbourne/Australien zu belassen.

22.–24. 4. Die »Badminton Horse Trials«werden erstmals als Military-Europameisterschaften ausgetragen.

Mai. Der Genfer Architekt Paul Bogni richtet in Locarno eine Kleingolfbahn mit 18 Hindernissen und Löchern ein und läßt sich den Namen »Minigolf« gesetzlich schützen.

3. 5. Im 70. englischen Cup-Endspiel (»Stan's Cupfinal«) schlägt Blackpool dank Stanley Matthews die Bolton Wanderers 4:3.

15. 5. Rocky Marciano verteidigt seinen Weltmeistertitel im Box-Schwergewicht gegen Jesey Joe Walcott durch K. o. in der ersten Runde in Chicago.

29. 5. Der Neuseeländer Edmund Percival Hillary ersteigt mit dem Sherpa Tenzing Norgay erstmals den Mount Everest im Himalaya (8848 m). Wird von der britischen Königin Elisabeth II. geadelt.

31. 5. Der Weltruderverband (Fédération Internationale des Sociétés d'Aviron, FISA) beschließt die Einführung von Ruder-Europameisterschaften für Frauen.

5. 6. Parry O'Brien (USA) stößt in Compton erstmals die Kugel mit 18,04 m über die 18-m-Marke.

13.–20. 6. Erstmals Weltmeisterschaften im Springreiten. In Paris siegt der Spanier Francisco Goyoaga.

27. 6. Nach zwölf Jahren verbessert der US-Amerikaner Walter Davis den Hochsprung-Weltrekord in Daytona um 1 cm auf 2,12 m.

Juli. Zum ersten Mal »Gymnaestrada« in Rotterdam.

3. 7. Der Österreicher Hermann Buhl ersteigt als erster den Gipfel des Nanga Parbat im Himalaya (8125 m) im Alleingang.

19. 7. Weltrekord im Dreisprung mit 16,23 m durch den Russen Leonid Tscherbakow in Moskau.

26. 7. Der Franzose Louison Bobet, Tour-de-France-Vierter 1948, Tour-de-France-Dritter 1950, gewinnt erstmals die »große Schleife«.

2. 8. Weltrekord über 3000 m Hindernis durch den Finnen Olavi Rintenpää in 8:44,4 sec in Helsinki.

2.–9. 8. In Hamburg 16. Deutsches Turnfest mit Ansprache des Bundespräsidenten Theodor Heuss.

8. 8. Weltrekord im Speerwerfen durch Bud Held (USA) mit 80,41 m in Pasadena.

8./9. 8. Weltrekord im Fünfkampf mit 4704 Punkten durch die Russin Alexandra Tschudina in Bukarest.

22. 8. Zum zweiten Mal in zwei Monaten Weltrekord im Diskuswerfen durch Fortune Gordien (USA), zuletzt auf 59,28 m, in Pasadena.

27. 8. Weltrekord über 800 m in 2:07,3 min durch die Russin Nina Otkolenko-Pletjenewa in Moskau.

30. 8. Italiens »Campionissimo« Fausto Coppi wird in Lugano Radweltmeister im Straßenfahren.

September. Als erste Frau gewinnt die US-Amerikanerin Maureen Conolly im Tennis den Grand Slam.

5. 9. Weltrekord im Hammerwerfen durch den Norweger Sverre Strandli mit 62,36 m in Oslo.

20. 9. Weltrekord über 400 m Hürden in 50,4 sec durch Jurij Litujew (UdSSR) in Budapest.

24. 9. Rocky Marciano bleibt Schwergewichtsweltmeister durch einen K.-o.-Sieg in der elften Runde über Roland LaStarza in New York.

Oktober. Alberto Ascari erneut Automobilweltmeister auf Ferrari.

9. 10. Weltrekord im Kugelstoßen durch die Russin Galina Zybina mit 16,20 m in Malmö.

1. 11. Weltrekord durch Emil Zátopek über 10 000 m in 29:01,6 min in Stara Boleslav.

11. 11. William Tatum »Big Bill« Tilden, »Mister Tennis« der 20er Jahre, stirbt verarmt 60jährig in einem New Yorker Krankenhaus.

24. 11. Im Londoner Wembley-Stadion erste Heimniederlage Englands im Fußball gegen Ungarn mit 3:6.

Stanley Matthews (r.), der erste britische Fußballer, der zum »Sir« geadelt wird, nach seinem größten Spiel im Pokalfinale gegen die Bolton Wanderers

Stan-Matthews-Cup-Finale

3. Mai 1953. Es ist das aufregendste englische Pokal-Finale, das es bisher gab. Blackpool hat zum dritten Mal seit 1948 das Endspiel im Wembley-Stadion erreicht. Nach zwei Niederlagen wird dieses Endspiel für den 38jährigen Dribbelkünstler Stanley Matthews die letzte Chance zum Pokalgewinn sein. Sie schwindet, als schon nach 90 Sekunden der Torjäger der Bolton Wanderers das 1:0 erzielt. Erst nach 35 Minuten gelingt Blackpool der Ausgleich. Aber die Wanderers bleiben überlegen und ziehen auf 2:1 und 3:1 davon. Nur noch 20 Minuten zu spielen. Da beginnt »Old Stan« zu zaubern. Er wirbelt durch die Abwehrreihen der Wanderers und schlägt Flanke auf Flanke nach innen. Eine erwischt Mortensen und der setzt den Anschlußtreffer zum 3:2 ins Netz. Jetzt steht das Publikum wie ein Mann hinter Matthews. Noch drei Minuten. Freistoß für Blackpool an der Strafraumgrenze, Mortensen sieht eine Lücke: 3:3. Jetzt ist die Hölle los. Noch drei Sekunden! Matthews ist nicht zu stoppen, Maßflanke auf Perry und Tor!

Walcotts »Never come back«

15. Mai 1953. Jetzt nennen sie Jersey Joe Walcott schon den »Methusalem von Campden« und geben sein Alter mit 45 Jahren an. Doch der Mann kommt in Chicago ohne ein Gramm Fett am Körper völlig austrainiert in den Ring. Vorher wurde Joe Louis herzlich begrüßt. Alle Experten sind sich einig, daß der Kampf nicht lange dauern wird, aber die Wetten stehen nur 2:1 für Rocky Marciano. So gut hat man den Titelfight von Philadelphia noch in Erinnerung (→ 23. 9 .1952).
Aber Rocky läßt sich diesmal nicht in der ersten Runde überraschen, sondern fällt seinen Herausforderer mit einem Schlaghagel an. Walcott kommt nicht von den Seilen weg. Nach 2:25,0 min kracht ein rechter Schwinger Marcianos an sein Kinn. Der Kampf ist beendet.

Walcott, ausgezählt, kann es noch nicht fassen, verloren zu haben.

Mt. Everest – der höchste Berg der Erde ist bezwungen

29. Mai 1953. Zum ersten Mal betritt der Fuß eines Menschen den Gipfel des höchsten Berges der Erde. Der Neuseeländer Edmund Percival Hillary und der Sherpa Tenzing Norgay stehen auf dem Mount Everest, 8848 m über dem Meeresspiegel. Es ist der Erfolg der beiden stärksten und zähesten Mitglieder einer großen, kampfkräftigen Mannschaft und zugleich Ergebnis einer mustergültigen Gemeinschaftsleistung.
Die Expedition war wie ein Feldzug organisiert worden. Der Leiter John Hunt, Oberst im britischen Generalstab, gebot über 14 weiße Mitarbeiter, fast alle mit Himalaya-Erfahrung, 35 auserlesene Sherpas und 300 Träger. Die Ausrüstung war die beste, über die je eine Himalaya-Expedition verfügte. Entscheidend waren neuentwickelte Sauerstoffgeräte, die Tagesleistungen ermöglichten, die früher undenkbar waren. Man führte zusammensteckbare Leitern mit zur Überwindung von Gletscherspalten, neueste Kälteschutzmittel, Primuskocher, die in dünner Luft funktionieren, und sogar einen leichten Minenwerfer zum Abschießen von Lawinen.
Hillary, Bienenzüchter aus Profession und Bergsteiger aus Passion, erklärt den Reportern: »Ich unternehme meine Expeditionen nicht aus wissenschaftlichem Interesse, mich treibt nur die Abenteuerlust.«

Die ersten Menschen auf dem Mount Everest: Edmund Percival Hillary (l.) und der Sherpa Tenzing Norgay

Hillary (l.) und der Sherpa Tenzing Norgay im Basislager nach der Rückkehr vom höchsten Gipfel der Erde.

Im Alleingang auf den Gipfel des Nanga Parbat: Hermann Buhl

Hermann Buhl vor seinem Gipfelsieg

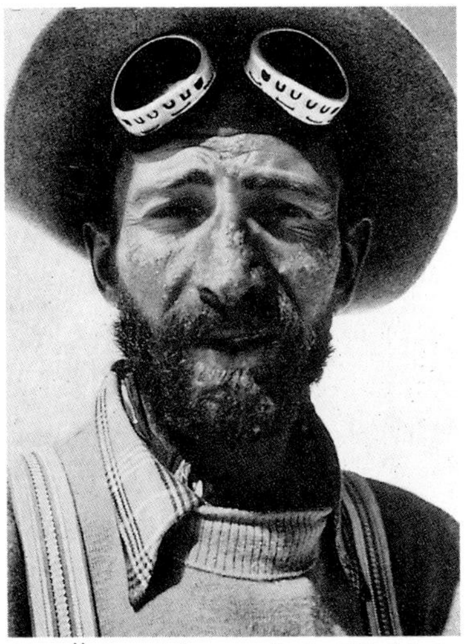

Der Österreicher nach der Rückkehr

Hermann Buhls Alleingang

3. Juli 1953. Am »Schicksalsberg der Deutschen« bricht wegen einer Monsunwarnung die Expeditionsleitung das Unternehmen Nanga Parbat ab.
Um 2 Uhr nachts versucht es trotzdem der Österreicher Hermann Buhl allein. Ohne Seil, ohne Sauerstoffgerät. Vor ihm liegen immerhin noch 1225 m bis zum Gipfel. Er erreicht ihn nach 17 Stunden, eine unvorstellbare Leistung. Aber er muß wieder zurück. Er hat nichts mehr zu essen und zu trinken. In einer steilen Wand überfällt ihn die Nacht. Auf einem schmalen Felsvorsprung muß er sich festklammern. Wenn er einschläft, stürzt er ab oder wacht nie mehr auf. Er übersteht die Nacht ohne Biwaksack in 8000 m Höhe bei 20 Grad Kälte. Am Morgen übersteigt er einen Vorgipfel und überquert mit nur noch einem Steigeisen den langgestreckten »Silbersattel«. 41 Stunden nachdem Buhl das Lager V verlassen hatte, taumelt er in die Arme seiner Freunde, die ihn längst verloren glaubten.

Zu Ehren der neuen Königin

Die bevorstehende Krönung von Elisabeth II. zur Königin von Großbritannien und Nordirland führt zu extremen Steigerungen sportlicher Aktivitäten im Commonwealth. Die einen besteigen der neuen Königin zu Ehren den höchsten Berg der Erde. Andere starten die »Coronation Rallye«, ein Autorennen, das sich nur Verrückte ausgedacht haben können. Die Strecke führt über 4500 km durch die britischen Kolonien Kenia, Uganda und Tanganjika. 57 Wagen finden sich im April 1953 am Start in Nairobi ein. Hat schon die Carrera Panamericana einen berüchtigten Ruf wegen ihrer Straßenverhältnisse (→ November 1952), gibt es hier praktisch gar keine Straßen. Die Fahrer jagen bei glühender Hitze über staubige Pisten und landen unversehens in einem »Schlagloch« von 200 m Länge, 5 m Breite und 4 m Tiefe, das mit Wasser gefüllt ist. Oder in einer Elefantenherde. Trotzdem erreichen 16 verbeulte Fahrzeuge das Ziel. Und immerhin gibt es bei der »Coronation Rallye« auch einen deutschen Erfolg. Die in Kenia ansässigen Sieger Dix/Larsen — nur Einheimische und Landeskundige konnten diese Rallye gewinnen — fuhren einen VW 1200.

Weltrekordler Parry O'Brien überwindet die 18-m-Marke.

O'Briens Weltrekord-Show

Wenn Parry O'Brien zum Kugelstoßen antritt, wird der Ring zur Bühne. Er will allerdings weniger gefallen, sondern bringt erst einmal Kampfrichter und Konkurrenten zur Verzweiflung. Er säubert den Boden, auf dem niemand Dreck erkennt. Er wischt die Kugel mit dem Handtuch ab und führt dabei Selbstgespräche. Wenn jeder glaubt, jetzt stößt er, beginnt das Ritual von vorn. Im Mai 1953 stößt er als erster Mensch die Kugel auf 18 m, am 5. Juni 1953 auf 18,04 m.

Weltrekordler Fortune Gordien versagt vor großem Publikum.

Weltrekord vor 53 Gästen

Fortune Gordien sagt von sich selbst, daß er kein Talent zum Diskuswerfen habe. Aber er hat nur schwache Nerven und versagt bei großen internationalen Wettkämpfen. Dem Weltrekordler nahm Sim Iness in Helsinki den Olympiasieg. Im Juni 1953 nimmt er ihm auch mit 57,93 m den Weltrekord. Als die Leichtathletik-Saison eigentlich schon zu Ende ist, kontert Gordien mit 58,10 m. Und am 22. August schleudert er die Scheibe vor 53 Zuschauern auf 59,28 m.

Maureen Conolly, erste Grand-Slam-Siegerin

Grand Slam für »Little Mo«

Als Maureen Conolly im Juli 1953 nach Wimbledon kommt, hat sie bereits die Australian Open in Melbourne und die French Open in Roland Garros/Paris gewonnen. In Wimbledon wird ihr der Sieg jedoch schwer gemacht. Doris Hart leistet erbitterten Widerstand und gibt sich erst 8:6, 7:5 geschlagen. Mit dem Titelgewinn bei den US-Tennismeisterschaften in Forest Hills im September 1953 ist die 18jährige Maureen als erste Frau Grand-Slam-Siegerin.

Fausto Coppi Superstar und seine »Dame in Weiß«

30. August 1953. Was bleibt für Fausto Coppi noch zu gewinnen? Nachdem er in diesem Jahr zum fünften Mal im Giro d'Italia siegte. Zweimal gewann er die Tour de France. 1949 und 1952 siegte er jeweils in beiden Rennen. Er bekam den »Challenge Desgrange-Colombo« für die beste Jahresleistung. Er triumphierte auf den bekanntesten »Classiques«. Er war Verfolgungs-Weltmeister und ist Stundenweltrekordler. Ärzte fanden heraus, daß Coppis Atmungskapazität bei 6 l liegt, gegenüber max. 4,5 l im Durchschnitt. Daß er ein besonders starkes Herz besitzt. Dazu ungewöhnlich lange Beine bzw. ideale Hebelverhältnisse.

Der Schweizer Hugo Koblet scheidet bei der diesjährigen Tour de France nach einem Sturz vorzeitig aus.

Nach vergeblichen Angriffen Gino Bartalis holte sich Louison Bobet (Abb.) in den Pyrenäen den Toursieg.

Fausto Coppi (l.) als strahlender Sieger bei der Weltmeisterschaft im Straßenradfahren in Lugano

Was Coppi einzig noch fehlt, ist das Regenbogentrikot für Straßenfahrer. Dafür verzichtet er in diesem Jahr auf die Tour. Der 30. August 1953. Ein heißer Sonntag in Lugano, eine schwere Strecke. In der 13. von 18 Runden greift Coppi an. Bald kann ihm nur noch der Belgier Derijcke folgen. Am zweitletzten Aufstieg nach Crespera hängt Coppi auch diesen Verfolger ab und gewinnt den Weltmeistertitel mit sechs Minuten Vorsprung.

Ein Sieg anderer Art kommt Coppi teuer zu stehen. Eine geheimnisvolle »Dame in Weiß« taucht seit Lugano als seine ständige Begleiterin auf. Es handelt sich um die verheiratete Giulia Locatelli-Occhini. Coppi, ebenfalls verheiratet, verläßt seine Frau und lebt mit Giulia zusammen. Ihr Mann schickt Polizisten hinter dem Paar her. Es kommt zum Prozeß. Coppi wird wegen Ehebruchs zu zwei Monaten Gefängnis mit Bewährung verurteilt.

1954

16./17. 1. Bei den Eisschnellauf-Weltmeisterschaften im Vierkampf in Sapporo/Japan gewinnt Boris Schilkow vor Oleg Gontscharenko und Ewgenij Grischin (alle UdSSR).

17. 1. Erstmals Weltmeisterschaft im Hallenhandball in Göteborg. Schweden vor der Bundesrepublik Deutschland.

14.–21. 2. Bei den Nordischen Ski-Weltmeisterschaften in Falun erstmals Erfolge der Russen durch Wladimir Kusin (30 km und 50 km) und Lubow Kosyrjewa (10 km und 3x5-km-Staffel).

19. 2. Die Westdeutsche Gundi Busch wird in Oslo Weltmeisterin im Eiskunstlauf.

20. 2. Weltrekord im Weitsprung durch die Neuseeländerin Yvette Williams mit 6,28 m in Gisborne.

20./21. 2. Bei den Eisschnellauf-Weltmeisterschaften der Frauen in Oslo gewinnt Lidia Selilowa vor Schukowa und Kondakowa (alle UdSSR).

28. 2.–7. 3. Bei den Alpinen Ski-Weltmeisterschaften in Are dreifacher Sieg des Norwegers Stein Eriksen (Slalom, Riesenslalom und Kombination), zweifacher Sieg der Schweizerin Ida Schöpfer (Abfahrt und Kombination).

7. 3. In Stockholm wird die UdSSR erstmals Eishockeyweltmeister, vor Kanada und Schweden.

4. 4. Zum 100. Mal »Boatrace« Oxford–Cambridge. Oxford siegt mit viereinhalb Längen.

22. 4. Weltrekord über 400 m Lagen in 5:18,3 min auf einer 25-m-Bahn in Dresden durch Alfred Spengler.

5. 5. Parry O'Brien verbessert in Des Moines zum dritten Mal den Weltrekord im Kugelstoßen (18,23 m).

6. 5. Roger Bannister läuft in Oxford die »Traummeile« in 3:59,4 min.

30. 5. Weltrekord über 5000 m in 13:57,2 min durch Emil Zátopek in Paris.

1. 6. Weltrekord durch Emil Zátopek über 10 000 m in 28:54,2 min in Brüssel.

4. 6. Weltrekord über 1500 m in 3:42,8 sec durch Wes Santee (USA) in Compton.

16. 6.–4. 7. Fünfte Fußball-Weltmeisterschaft in der Schweiz. Deutschland wird sensationell Weltmeister.

17. 6. Rocky Marciano verteidigt in New York seinen Weltmeistertitel im Box-Schwergewicht gegen Ezzard Charles durch einen Punktsieg nach 15 Runden.

20. 6. In Madrid zweite Weltmeisterschaften im Springreiten. Weltmeister: Hans Günter Winkler.

21. 6. Weltrekord über 1500 m in 3:41,8 sec durch John Landy (Australien) in Turku.

28. 6.–1. 7. Bei den Turn-Weltmeisterschaften in Rom gewinnen die Russen die Mannschaftswertung bei Damen und Herren, den Zwölfkampf durch Wiktor Tschukarin und den Achtkampf durch Tamara Manina.

3. 7. Nach mehrfachen vergeblichen Anläufen wird der Tscheche Jaroslav Drobny Wimbledonsieger. Maureen Conolly gewinnt zum dritten Mal das Damen-Einzel.

11. 7. Werner Haas gewinnt auf NSU den Großen Preis der Niederlande in Assen und sichert sich damit die Motorrad-Weltmeisterschaft in der 250-ccm-Klasse.

24.–26. 7. Bei den Kanu-Weltmeisterschaften in Macon/Frankreich gewinnen Steinhauer/Miltenberger den Titel im Zweier-Kajak für die Bundesrepublik Deutschland, Therese Zenz wird im Kajiak-Einer Weltmeisterin für die Saar.

August. Emil Zátopek gewinnt bei den Leichtathletik-Europameisterschaften in Bern den 10 000-m-Lauf in 28:58,0 min.

1. 8. Der Franzose Louison Bobet gewinnt zum zweiten Mal die Tour de France (8. 7.–1. 8.).

18.–22. 8. Erstes Deutsches Turn- und Sportfest in Leipzig gilt als Beginn der »neuen Tradition der sozialistischen Körperkultur« in der DDR.

22. 8. Juan Manuel Fangio ist nach seinem Sieg beim Großen Preis der Schweiz in Bern-Bremgarten auf Mercedes-Benz W 196 erneut Automobilweltmeister.

28. 8. Erster offizieller Weltrekord im 3000-m-Hindernislauf durch den Ungarn Sandor Rozsnoi mit 8:49,6 min in Bern.

29. 8. Weltrekord über 5000 m in 13:56,6 min durch Wladimir Kuz (UdSSR) bei den Leichtathletik-Europameisterschaften in Bern (→ August 1954).

3. 9. Bei den Schwimm-Europameisterschaften in Turin Titel durch die Westdeutsche Ursula Happe im Brustschwimmen und Jutta Langenau (DDR) im Schmetterling-Stil.

17. 9. Rocky Marciano schlägt Ezzard Charles in New York in der achten Runde k. o.

13. 10. In London Weltrekord über 5000 m in 13:51,6 min durch Christopher Chataway.

23. 10. In Prag Weltrekord über 5000 m in 13:51,2 min durch Wladimir Kuz.

31. 10. Heinz Fütterer stellt in Yokohama den Weitrekord von Jesse Owens über 100 m in 10,2 sec ein.

28. 12. Die USA gewinnen in Sydney durch ein 3:2 über Australien den Davis-Cup.

Russen neue Ski-Großmacht

14. bis 21. Februar 1954. Russische Sportler nehmen erstmals an Weltmeisterschaften im nordischen Skilauf teil. Für Fachleute kaum verwunderlich, überraschen die Erfolge der Russen dennoch.

Es kommt in Falun auf schweren Loipen in idealem Gelände zu einem Zweikampf zwischen Russen und Finnen, der sich letztlich auf zwei überragende Läufer konzentriert, Veikko Hakulinen und Wladimir Kusin. Hakulinen, der brillante Stilist, der scheinbar mühelos durch die verschneiten Wälder gleitet, gewinnt den 15-km-Lauf und entscheidet die 4x10-km-Staffel. Über 30 km und über 50 km wird er von Kusin bezwungen, einem Läufer, der offenbar über unerschöpfliche Kraftreserven verfügt. Den Fachleuten drängt sich das Bild vom Künstler und vom Handwerker auf, das freilich schief ist. Ohne Kondition kann auch kein Hakulinen zwei Gold- und zwei Silbermedaillen in einer Woche erlaufen. Und ohne stilistisches Können kann auch Kusin auf schwieriger Strecke nicht allein durch Kraft bestehen.

Gerangel bei der 3x5-km-Staffel zwischen Kosyrjewa (r.) und Polkunen

Bei den Frauen leisten ebenfalls nur die Finninnen den Russinnen Widerstand. Sie unterliegen allerdings in der 3x5-km-Staffel und müssen über 10 km der Russin Lubow Kosyrjewa den Sieg überlassen. Mit dem Auftreten der Russen wird es für Mitteleuropäer noch schwerer, in den nordischen Skiwettbewerben mitzuhalten.

Gundi Busch Weltmeisterin

19. Februar 1954. Bei den Eiskunstlauf-Europameisterschaften in Bozen im Januar 1954 führte die 18jährige Gundi Busch nach der Pflicht uneinholbar. Doch bei der Kür stürzte sie. Nur knapp bekam sie dennoch den Titel.

Bei den Weltmeisterschaften in Oslo vier Wochen später führt die US-Amerikanerin Tenley Albright nach der Pflicht uneinholbar. Doch bei der Kür im Bislett-Stadion stürzt sie. Gundi dagegen läuft eine einwandfreie Kür und erhält den Titel.

Die in Mailand geborene Gundi Busch wurde bereits mit fünf Jahren aufs Eis gestellt und von ihrem Vater gemanagt. Mit 15 Jahren wurde sie Dritte bei den Deutschen Meisterschaften und Sechste bei den Europameisterschaften. 1953 war sie Zweite bei Europa- und Weltmeisterschaften. Drei Monate nach ihrem Weltmeisterschaftserfolg unterschreibt sie einen Profivertrag bei der »Hollywood Ice Revue«. Die lange Mühe hat sich damit für sie gelohnt.

Die Schweden (links Stürmer Stig Andersson) trotzen den Russen in Stockholm ein 1:1-Unentschieden ab.

UdSSR schlägt Kanada bei Eishockey-WM

Nach dem »Russenschreck« bei den Nordischen Ski-Weltmeisterschaften in Falun sieht man in Stockholm dem Auftritt der Russen bei der Eishockey-Weltmeisterschaft im März 1954 mit gemischten Gefühlen entgegen.
Die Schweden haben ihren WM-Titel zu verteidigen, die Kanadier wollen ihren 16. WM-Titel und fordern nach einigen Freundschaftsspielen in Europa Verstärkung an. Dann schlagen sie die Schweiz 8:1, Deutschland 8:1, Schweden 8:0, Norwegen 8:1, Finnland 20:1. Die Eishockeywelt scheint in Ordnung zu sein. Mühsam erreichen die Russen das Endspiel. Und da erleben die Kanadier am 7. März ein sensationelles 2:7-Debakel.

Mit halb von Wasser vollgeschlagenem Boot und einer halben Länge Vorsprung siegt Oxford (r.).

100. »Boatrace« Oxford – Cambridge

Im April ist das Wetter in London noch schlechter als gewöhnlich. Niemand verspürt Lust, sich leichtbekleidet in ein schmales Boot zu setzen und 6,7 km stromaufwärts gegen Wind und Wellen anzurudern.
Aber die Studenten aus »Oxbridge« tun das schon seit 100 Jahren. Und an den Ufern zwischen Putney und Mortlake stehen ältere Herren am Ufer der Themse mit hell- oder dunkelblauen Rosetten an den Mützen und schreien sich die Kehlen heiser. Darunter einige »Oxbridge«-Sieger, die als Großväter noch ihre Enkel siegen sehen. 54mal gewann Cambridge, 1877 gab es ein totes Rennen. Am 4. April 1954 gewinnt Oxford zum 45. Mal.

Roger Bannister läuft die »Traummeile«

6. Mai 1954. An der Iffley Road in Oxford treten Studenten der Universität zu einem Vergleichskampf gegen eine britische Leichtathletikauswahl an. Die Gelegenheit will der 25jährige Roger Bannister zu einem Angriff auf die »Traummeile« (die Meile in einer Zeit unter vier Minuten) nutzen. Seine Kommilitonen Christopher Brasher und Christopher Chataway wollen ihn dabei als »Hasen« unterstützen. Brasher soll in den ersten Runden das Tempo machen, dann will ihn Chataway ablösen. Bannister soll sich immer im Windschatten des Führenden halten. Und es ist ziemlich windig an diesem Tag. Bis vor einer Stunde hat es noch geregnet.
Um 17.32 Uhr löst Ray Barkway den Startschuß. Sechs Läufer nehmen das Rennen auf, Brasher geht sofort in Führung. Nach der ersten Runde werden 57,4 sec gestoppt, nach halber Distanz 1:58,0 min. Jetzt stößt Chataway vor, Bannister folgt, die Gangart erscheint ihm zu langsam, er ruft: »Schneller, schneller!« Doch Chataway hat ein untrügliches Tempogefühl, er läuft seine Runden wie ein Uhrwerk. Nach einer Dreiviertelmeile werden 3:00,4 min gestoppt. Brasher ist weit zurückgefallen. Chataway wird langsamer, jetzt muß Bannister aufs Ganze gehn. Für die letzten 400 y bleibt ihm weniger als eine Minute. Keiner »zieht« ihn im Endspurt, der noch zur Steigerung des Tempos zwingt. Im Ziel bricht Bannister zusammen. Erst allmählich wird ihm bewußt, daß er als erster Mensch die Meile in 3:59,4 min und damit unter vier Minuten gelaufen ist.

Roger Bannister am Ziel einer magischen Grenze und eines Traums. Nach dem Olympiasieg über 1500 m in Helsinki 1952 hatte der Medizinstudent seine Karriere beenden wollen. Aber er wurde nur Vierter. Da setzte er sich zum Ziel, bei den Europameisterschaften in Bern und den Empire Games in Vancouver 1954 zu gewinnen und die »Traummeile« zu laufen. Nun hat er alle drei Ziele erreicht.

Vom Traum zur Wirklichkeit

Es gibt nichts, was Wissenschaftler nicht beweisen können und als neueste Erkenntnis verkünden. Dabei sind die Behauptungen von heute meist die Irrtümer von morgen.
Der US-amerikanische Professor Lietzke hat anhand von zahlreichen Formeln und Gleichungen nachgewiesen, daß es einem Menschen unmöglich sei, 1609,35 m unter vier Minuten zu laufen. Der Brite Bill Curley soll das 1807 erstmals versucht haben. Natürlich wettete er darauf, daß er es könnte und gewann die zehn britischen Pfund. Allerdings legte er alle 400 Meter eine Pause von vier Minuten ein. Der Schwede Gunder Hägg lief 1945 die Meile in 4:01,3 min. 1953 lief der Australier John Landy 4:02,8 min, der Brite Roger Bannister 4:03,6 min, der US-Amerikaner Wesley Santee 4:02,4 min. Die Meile war 1954 reif. Für Bannister, Landy und andere!

Hans Günter Winkler auf Halla am 20. Juni in Madrid

H. G. Winkler Weltmeister

Bei den zweiten Weltmeisterschaften im Springreiten 1954 in Madrid schreibt der Modus im Finale dreimaligen Pferdewechsel vor. Hans Günter Winkler erweist sich dabei als einfühlsamster Reiter. Ihm unterlaufen in vier Umgängen nur vier Fehler mit Pagoro. Am wenigsten kommen seine Konkurrenten mit Halla zurecht.

Drobny bei seinem Match gegen den Australier Cooper

Drobny Wimbledonsieger

Selten erhielt ein Wimbledonsieger solche Ovationen wie der 32jährige Tscheche Jaroslav Drobny. Im Vorjahr hatte er gegen Budge Patty eines der längsten Spiele 8:6, 16:18, 3:6, 8:6, 12:10 gewonnen und scheiterte dann an Vic Seixas. Am 3. Juli 1954 schlägt er den 19jährigen Australier Ken Rosewall 13:11, 4:6, 6:2, 9:7.

Ezzard Charles wird in der achten Runde ausgezählt.

Rocky bleibt Champion

Am 17. Juni 1954 war Rocky Marciano in New York gegen Ezzard Charles über einen Punktsieg nach 15 Runden nicht hinausgekommen. Charles hatte sich damit einen Revanchekampf verdient, bei dem er dem Weltmeister am 17. September in New York auch stark zusetzt. Doch dann trifft Rocky vernichtend.

Emil Zátopek im Zenit seiner Laufbahn

August 1954. Als Emil Zátopek zu den Leichtathletik-Europameisterschaften nach Bern kommt, hält er die Weltrekorde über 5000 m, 10 000 m, 20 000 m, 25 000 m, 30 000 m, über sechs Meilen, zehn Meilen und 15 Meilen und den Stundenweltrekord. Wie macht er das? Ein russischer Trainer, der dieses Erfolgsgeheimnis ergründen will, fragt ihn, ob er eine spezielle Ausgleichsgymnastik betreibe. Zátopek grinst: »Sobaka (tschech.; Hund) betreibt doch auch keine Gymnastik, und wie schnell kann er laufen! Wenn er aufwacht, dehnt und streckt er sich nur ein wenig und jagt im nächsten Augenblick einer Katze nach. Ich mache es wie Sobaka.«
Nachdem sich Zátopek in Bern ein wenig gedehnt und gestreckt hat, jagt er über 10 000 m dem Russen Wladimir Kuz nach. Er gewinnt in 28:58,0 min. Zur selben Stunde wird seine Frau Dana Zátopková Europameisterin im Speerwerfen.
Über 5000 m wird Zátopek nur Dritter. Er hat dafür eine einfache Erklärung. »Ich bin Sportsmann und ehrlich genug, zu sagen, daß ich einen schlechten Tag hatte. Und es ist heute unmöglich, bei derartigen Meisterschaften zwei schwere Rennen zu laufen, die Konkurrenz ist zu stark geworden.« Zátopek verlor nicht nur den 5000-m-Lauf, sondern auch seinen Weltrekord über diese Distanz. Kuz kann sich seiner Zeit von 13:56,6 min aber nicht lange freuen. In London jagt ihm am 13. Oktober 1954 Christopher Chataway mit 13:51,6 min den Weltrekord wieder ab. Doch Kuz kontert zehn Tage später in Prag mit 13:51,2 min. Die Jagd auf Zátopeks Rekorde hat begonnen.

Emil Zátopek bei seinem Weltrekordlauf über 5000 m in 13:57,2 min am 30. Mai 1954 im Stadion von Colombes in Paris. Zwei Tage später lief er in Brüssel Weltrekord über 10 000 m in 28:54,2 min. Der 31jährige steckt sich als nächstes Ziel den Sieg im Marathonlauf bei den Olympischen Spielen in Melbourne 1956.

Heinz Fütterer – der »weiße Blitz«

31. Oktober 1954. In Bern holte sich ein deutscher Läufer gleich zwei Europameistertitel. Heinz Fütterer siegte über 100 m in 10,5 sec und über 200 m in 20,9 sec, was gleichzeitig Europarekord war. Der »weiße Blitz«, wie man ihn nennt, ist damit noch nicht am Ende seiner Leistungsmöglichkeiten angelangt.
In Yokohama stellt Fütterer über 100 m den 18 Jahre alten Weltrekord von Jesse Owens in 10,2 sec ein. Das gelang vor ihm nur den US-Amerikanern Harold Davis und Barney Ewell, dem Panamesen Lloyd La Beach und dem Briten McDonald Bailey. Bei derselben Veranstaltung verbessert Fütterer auch den Europarekord über 200 m auf 20,8 sec. Fütterer läuft die 100 m insgesamt zweimal in 10,2 sec, dreimal in 10,3 sec, 18mal in 10,4 sec und 38mal in 10,5 sec. Fütterer ist ein ungewöhnlich kraftvoller Sprinter. Seine besondere Stärke liegt im Kurvenlauf, was ihm über 200 m zugute kommt. Seine Verletzungsanfälligkeit hindert ihn bei Olympischen Spielen an größeren Erfolgen.

Die Riesensensation von Bern – Deutschland schlägt Ungarn

4. Juli 1954. Es nieselt leicht im Berner Wankdorf-Stadion, als der britische Schiedsrichter Ling das Endspiel der fünften Fußball-Weltmeisterschaft zwischen Deutschland und Ungarn anpfeift. Unter den 60 000 Zuschauern feuern viele Deutsche ihre Mannschaft an. Sie werden bald ernüchtert.

Das Spiel dauert noch keine sechs Minuten, da legt Jószef Bozsik den Ball Sándor Kocsis vor, dessen Schuß prallt an dem hochspringenden Werner Liebrich ab, Ferenc Puskás vor die Füße, der aus nächster Nähe einschießt. Nur zwei Minuten später stoppt der deutsche Verteidiger Werner Kohlmeyer den Ball, niemand bedrängt ihn, doch er gibt zurück, Torwart Toni Turek, überrascht, bekommt den Ball nicht gleich zu fassen, Zoltán Czibor sprintet herbei und schlägt ihn ins Tor. 2:0 nach acht Minuten! Man hatte den Ungarn eingeschärft, dies seien nicht dieselben Deutschen, gegen die sie 8:3 gewonnen hatten. Aber offenbar sind sie es doch. Die Ungarn übersehen allerdings, daß diese beiden frühen Tore nicht zwingend herausgespielt, sondern Geschenke des Zufalls waren. Das letzte war Folge eines groben Fehlers.

Und schon eine Minute nach diesem fatalen Treffer steht es 2:1! Die Ungarn lassen im Gefühl ihrer Überlegenheit den deutschen Linksaußen Hans Schäfer durchlaufen, dessen Flanke versucht Gyula Grosics mit den Händen, der deutsche Halbrechte Max Morlock mit den Beinen zu erreichen, Morlock ist mit einem Grätschschritt schneller und drückt den Ball über die Linie. Durch das Stadion geht ein Stöhnen, durch die deutsche Mannschaft ein Ruck. Die Zuschauer schreien begeistert unter ihren Regenschirmen hervor.

In der 17. Minute erzielen die Deutschen einen Eckball. Den hatten sie oft geübt. Fritz Walter gibt den Ball mit Effet herein, Grosics greift daneben, der Ball fällt Helmut Rahn vor die Füße, und gegen dessen Schuß ist kein Kraut gewachsen: 2:2, und das Spiel hat kaum begonnen. Die Ungarn sind schockiert, werden wütend und verzetteln sich in Einzelaktionen. In der 84. Minute, als jeder mit einer Verlängerung rechnet, fliegt der Ball Rahn vor die Füße. Drehung, Schuß, Tor!! Sechs Minuten später ist Deutschland zum ersten Mal Weltmeister.

Das 1:0 in der sechsten Minute von Ferenc Puskás durch einen »Abstauber«, nachdem der Ball an Werner Liebrich abprallte. Toni Turek hat keine Abwehrchance.

Das 2:0 für Ungarn in der achten Minute durch Zoltán Czibor nach einer mißglückten Rückgabe Werner Kohlmeyers (3). Das Spiel scheint bereits entschieden zu sein.

Der deutsche Anschlußtreffer, als Max Morlock (r.) eine Minute später in eine flache Flanke von Hans Schäfer hineingrätscht, und Gyula Grosics zu spät kommt.

Der Ausgleich in der 17. Minute nach einem Eckball Fritz Walters durch einen flachen, harten Schuß von Helmut Rahn. Das Spiel ist nach vier Toren wieder offen.

Das Siegestor sechs Minuten vor Spielende. Nach Rahns Gewaltschuß liegt der Ball im Netz, Grosics streckt sich vergebens. Deutschland ist Weltmeister. Für die Ungarn ist es die erste Niederlage seit vier Jahren. Als »Triumph der Künstler mit Ball und Geist« bezeichnet eine Sport-Fachzeitschrift den Sieg der »Helden von Bern«.

Wunderelf und wird erstmals Fußballweltmeister

Die Heimkehr der »Helden von Bern«

Die Rückkehr des neuen Fußballweltmeisters am 5. Juli wird von Lindau an zum Triumphzug. Winkende Menschen stehen an den Bahnhöfen. Ganz Deutschland scheint zur Begrüßung auf den Beinen zu sein. In München drängen die Jubelnden Kopf an Kopf. Eine Art nationaler Hysterie ist ausgebrochen, als hätten sich die Deutschen in Bern für den verlorenen Zweiten Weltkrieg revanchiert. Unseligerweise hält der Präsident des Deutschen Fußball-Bundes (DFB), Peco Bauwens, eine Rede mit chauvinistischen Untertönen. Prompt warnt die ausländische Presse vor dem Wiedererwachen des teutonischen Größenwahns.

Die »Helden von Bern« wissen kaum, wie ihnen geschieht. Bei ihrem triumphalen Einzug ins vollbesetzte Berliner Olympiastadion entzündet der 800-m-Läufer Günther Dohrow das olympische Feuer. Bundespräsident Theodor Heuss überreicht das Silberne Lorbeerblatt und betont die »Pflicht des Sports, sich außerhalb der Politik« zu halten.

Auch Bundesinnenminister Gerhard Schröder sieht sich beim Empfang in Bonn am Tag darauf veranlaßt, die Akzente wieder etwas geradezurücken. Er mahnt: »Wir werden nicht in die Gefahr kommen, falsche Maßstäbe anzulegen. Jedem wirklichen Sportsmann sind die Grenzen des Sports gegenwärtig und selbstverständlich. Alles kommt darauf an, wie er selbst seinen Sieg empfindet. Triumph und Niederlage haben selbstverständlich keine Bedeutung für die positive oder negative Einschätzung des Volks, dem er angehört.« Aber er erklärt auch: »Wir sind nicht so reich wie andere Nationen an Anlässen und Symbolen, die ein starkes, gemeinsames Erleben ermöglichen. Deshalb sind wir um so dankbarer für jedes Ereignis, das uns ein echtes Gemeinschaftsgefühl vermittelt.«

△ Die deutsche Weltmeisterelf (v. l.): Fritz Walter, Toni Turek, Horst Eckel, Helmut Rahn, Ottmar Walter, Werner Liebrich, Jupp Posipal, Hans Schäfer, Werner Kohlmeyer, Karl Mai, Max Morlock

◁◁ Fritz Walter, der deutsche Mannschaftskapitän, wird mit der Jules-Rimet-Trophäe auf den Schultern begeisterter Zuschauer vom Platz getragen. Schweizer Polizisten haben Mühe, die Menge zu bändigen.

◁ Sepp Herberger ist der Vater des Erfolges. Auch er, den man noch vor wenigen Wochen verdammte, wird im Triumph vom Platz getragen.

Im Triumphzug durch Deutschland. Die Ankunft der Weltmeister in Berlin. An den Straßen jubelnde Menschen. Noch nie war Fußball in Deutschland so populär.

Bundespräsident Theodor Heuss im Berliner Olympiastadion bei der Verleihung des Silbernen Lorbeerblatts, der höchsten deutschen Sportauszeichnung

»El Chueco« Juan Manuel Fangio und die »Silberpfeile«

22. August 1954. Der Argentinier Juan Manuel Fangio gewinnt auf Mercedes-Benz W 196 den Großen Preis der Schweiz im Berner Bremgarten.

Es war wie eine Wiedergeburt, als sich Fangio am 17. Januar 1954 hinter das Steuer eines Maserati-Rennwagens setzte. Fangio hatte sich dieses Fahrzeug geliehen, denn keine Firma wollte das Risiko eingehen, ihn als Werksfahrer einzusetzen. Man hatte nicht geglaubt, daß er nach seinem schweren Sturz 1952, an dessen Folgen er noch das ganze Jahr 1953 laborierte, wieder auf die Rennstrecken zurückkehren würde. Als Fangio den Großen Preis von Argentinien in Buenos Aires gewonnen hatte, feierten ihn seine Landsleute überschwenglich. Sie nennen ihn zärtlich »El Chueco«, den »Krummbeinigen«.

Am 20. Juni gewann er mit seinem Maserati den Großen Preis von Belgien in Spa-Francorchamps. Dann war endlich der neue Mercedes-Benz nach der neuen Formel 1, die 2,5 l Hubraum ohne Kompressor vorschreibt, einsatzbereit. Mercedes-Rennleiter Alfred Neubauer hatte den argentinischen Wunderfahrer längst als Top-Piloten ausersehen. Und »El Chueco« mit dem »Silberpfeil«, das ergab eine unwiderstehliche Kombination.

Fangio gab sein Debüt beim Großen Preis von Frankreich am 4. Juli in Reims und gewann auf Anhieb vor seinem Stallgefährten Karl Kling. Am 1. August setzte er seinen Siegeszug auf dem Nürburgring fort, wo der Große Preis von Europa ausgefahren wurde. Nach dem Sieg im Großen Preis der Schweiz im Berner Bremgarten am 22. August ist ihm bereits der Weltmeistertitel sicher. Am 5. September gewinnt Fangio auf der Monza-Bahn den Großen Preis von Italien. Es ist sein sechster Grand-Prix-Sieg in diesem Jahr. Nebenbei ist Fangio auch bei Sportwagenrennen im Mercedes 300 SL erfolgreich. Dieses Fahrzeug geht in Serienproduktion und wird zu einem deutschen Exportschlager. Was Fangio betrifft, ist sich die Fachwelt darüber im Klaren, daß niemand in der nächsten Rennsaison die Traumkombination Fangio-Mercedes schlagen kann.

Juan Manuel Fangio empfängt auf dem Nürburgring die Glückwünsche des Bundespräsidenten Theodor Heuss.

Gelungener Einstand. Beim Großen Preis von Frankreich in Reims gewinnen die Mercedes-Benz-Formel-1-Wagen mit Juan Manuel Fangio und Karl Kling.

Motorrad-As Werner Haas

11. Juli 1954. Werner Haas sichert sich durch seinen Sieg beim Großen Preis der Niederlande in Assen auf NSU die Motorrad-Weltmeisterschaft in der 250-ccm-Klasse.

Der Motorrad-Rennsport hatte in Deutschland nach dem Zweiten Weltkrieg rasch einen Wiederaufschwung genommen. Er wurde gefördert durch stärkere und schnellere Maschinen, die von den Firmen BMW und NSU auf den Markt gebracht wurden. Durch Stromlinienverkleidung erreichten sie größere Geschwindigkeiten.

Im vorigen Jahr gab es überraschend einen deutschen Weltmeister und gleich einen zweifachen. Der Nürnberger Haas gewann den Titel in der 125-ccm- und 250-ccm-Klasse und erhielt dafür das Silberne Lorbeerblatt. Nach dem WM-Lauf in Assen beteiligt sich der populärste deutsche Motorradrennfahrer an der berühmt-berüchtigten Tourist Trophy auf der Insel Man, scheidet aber nach zwei schweren Stürzen aus. Es gibt dennoch einen NSU-Sieg durch den Österreicher Rupert Hollaus.

Haas wechselt 1955 zur Sportfliegerei, bei der der 29jährige 1956 tödlich verunglückt.

USA holen Davis Cup zurück

28. Dezember 1954. Das Schwierigste am Davis Cup sei gewesen, hatte der Australier Lew Hoad 1950 getönt, den Pokal gut genug zu verpacken, so daß er die Schiffsreise von den USA nach Australien unbeschädigt überstand. Dieses Problem haben vier Jahre später die US-Amerikaner.

Im Januar 1954 hatten Hoad und Ken Rosewall, die man die »Zwillinge« nennt, in Melbourne zum vierten Mal dafür gesorgt, daß die berühmte »Salatschüssel« im Lande blieb. Bevor der US-Trainer Bill Talbert diesmal seine Schützlinge Vic Seixas und Tony Trabert nach Sydney schickte, steckte er sie zwei Monate in ein Trainingslager. Die »Zwillinge« dagegen hatten sich schon ein wenig müde gespielt. Die Australier setzen daher beim Davis-Cup-Finale in Sydney neben Hoad Rex Hartwig im Doppel ein. Trotzdem holen die US-Amerikaner mit 6:2, 4:6, 6:2, 10:8 hier den entscheidenden Punkt. Zuvor hatte Wimbledonsieger Seixas seinen Angstgegner Rosewall 8:6, 6:8, 6:4, 6:3 geschlagen. Und Trabert rächt sich an Hoad mit einem Viersatzsieg für dessen lose Sprüche.

1955

Januar. Diskussionen über den Tod im Boxring, nachdem der Olympiasieger im Schwergewicht 1952 Edward Sanders in seinem achten Profikampf in der elften Runde k. o. ging und 18 Stunden später starb. Er ist das 111. Todesopfer seit 1946.

Schweden erklärt sich bereit, in Stockholm vom 10. bis zum 17. Juni 1956 die olympischen Reitwettbewerbe durchzuführen, die in Melbourne wegen der australischen Quarantänebestimmungen nicht stattfinden können.

Ein Comeback von Hjalmar Andersen bei den Eisschnellauf-Europameisterschaften in Davos schlägt fehl.

Februar. Erste Weltmeisterschaften im Rodeln in Oslo. Sieger: Im Einsitzer der Norweger Anton Salvesen, im Doppelsitzer die Österreicher Krausner/Thaler, bei den Damen die Österreicherin Karla Kienzl.

Der Schweizer Fritz Feierabend beendet seine Karriere 47jährig mit einem Sieg im Zweierbob bei den Bob-Weltmeisterschaften in Sankt Moritz. Auch im Viererbob Schweizer Sieg durch Fritz Kapus.

März. Bei der Eishockey-Weltmeisterschaft in der Bundesrepublik Deutschland (Köln, Krefeld, Düsseldorf, Dortmund) siegt Kanada vor der UdSSR und ČSSR. Deutschland hinter USA und Schweden auf Rang sechs.

2. 3. Repräsentanten aus 29 Ländern gründen in Wien die Union Européenne de Football Association (UEFA). Auf französischen Vorschlag Beschluß, einen Europapokal der Landesmeister auszutragen. Start im September.

16. 3. Weltrekord im Dreisprung mit 16,56 m durch Adhemar Ferreira da Silva bei den zweiten Panamerikanischen Spielen in Mexiko City.

18. 3. Weltrekord über 400 m in 45,4 sec durch Lou Jones (USA) bei den Panamerikanischen Spielen.

16. 5. Rocky Marciano verteidigt seinen Weltmeistertitel im Box-Schwergewicht durch technischen K. o. in der neunten Runde über Don Cockell in San Francisco.

26. 5. Der italienische Automobilrennfahrer Alberto Ascari verunglückt in Monza tödlich.

Juni. Die US-Amerikanerin Louise Brough gewinnt in Wimbledon zum vierten Mal seit 1948 das Damen-Einzel.

1. 6. Katastrophe beim 24-Stunden-Rennen in Le Mans. 82 Tote und über 100 Verletzte.

Juli. Louison Bobet gewinnt zum dritten Mal die Tour de France.

Der Präsident des Internationalen Olympischen Komitees (IOC), Avery Brundage, erklärt in Düsseldorf vor der westdeutschen Presse, daß die Anerkennung des Nationalen Olympischen Komitees (NOK) der DDR wieder rückgängig gemacht werde, wenn die Verhandlungen über eine gesamtdeutsche Olympiamannschaft scheiterten.

1.–10. 7. Im Rahmen des Concours Hippique International Officiel in Aachen dritte Weltmeisterschaften im Springreiten. Hans Günter Winkler verteidigt seinen Titel erfolgreich.

15. 7. Weltrekord über 3000 m Hindernis in 8:45,4 min durch den Finnen Pentti Karvonen in Oslo.

16.–25. 7. Die zweiten Mittelmeerspiele in Barcelona verzeichnen einen guten Publikumserfolg, aber keine überragenden sportlichen Leistungen. Frankreich am erfolgreichsten vor Italien und Ägypten.

28. 7. Weltrekord über 1500 m durch Sandor Iharos in 3:40,8 min in Helsinki (→ 23. 10. 1955).

31. 7. Erster Weltmeistertitel für den DDR-Sport durch das Damenteam im Einer-Kajak in Ljubljana.

August. Hans Günter Winkler gewinnt auf Halla das 25. Deutsche Spring-Derby in Hamburg mit einem Null-Fehler-Ritt. Erstmals auch Deutsches Dressur-Derby, mit Willy Schultheis auf Thyra als Sieger.

4. 8. Nach 16 Jahren verbessert der Belgier Roger Moens in Oslo den Weltrekord von Rudolf Harbig über 800 m auf 1: 45,7 min.

Weltrekord der Australierin Shirley de la Hunty-Strickland über 100 m in 11,3 sec in Warschau.

10. 9. Der junge Boxprofi Ingemar Johansson aus Schweden schlägt in Göteborg den deutschen Ex-Europameister (1952) im Schwergewicht Hein ten Hoff in der ersten Runde k. o.

Weltrekord über 5000 m durch Sandor Iharos in 13:50,8 min in Budapest (→ 23. 10. 1955).

11. 9. Zum zweiten Mal Weltrekord über 3000 m Hindernis durch den Polen Jerzy Chromik, nach 8:41,2 min in Brünn auf 8:40,2 min in Budapest.

18. 9. Weltrekord über 5000 m durch Wladimir Kuz (UdSSR) in 13:46,8 min in Belgrad (→ 23. 10. 1955).

21. 9. Rocky Marciano verteidigt seinen Weltmeistertitel durch K. o. in der neunten Runde gegen Archie Moore in New York (→ 16. 5. 1955).

Oktober. Juan Manuel Fangio auf Mercedes-Benz zum dritten Mal Automobilweltmeister der Formel 1.

23. 10. Weltrekord über 5000 m durch Sandor Iharos in 13:40,6 min in Budapest.

9. 12. »Sugar« Ray Robinsons Comeback nach fast dreijähriger Ringpause mit K.-o.-Sieg in der zweiten Runde über Carl »Bobo« Olsen in Chicago.

Dezember. Australien gewinnt in Adelaide den Davis Cup durch ein 5:0 über die USA zurück.

Beim Endspiel um die Eishockey-Weltmeisterschaft im Krefelder Eisstadion vor 9000 Zuschauern erzielt Mike Shalaga den ersten Treffer zum 5:0-Sieg.

Kanada revanchiert sich

März 1955. Die Schmach der Niederlage gegen die UdSSR bei der Eishockey-Weltmeisterschaft in Stockholm wollte der Rekord-Weltmeister Kanada nicht auf sich sitzen lassen. Er schickt ein Jahr später die »Penticton V's« in die Bundesrepublik Deutschland. Es ist zwar wieder, wie bei den Kanadiern üblich, keine Nationalauswahl, sondern eine Vereinsmannschaft, aber der kanadische Amateurmeister gilt als das beste Team, das bisher zu den Weltmeisterschaften aufgeboten wurde. Mit gutem Grund.
Beim Überprüfen der Nationalität der Spieler anhand der Pässe findet sich nämlich bei zehn Kanadiern die Berufsbezeichnung »Eishockeyspieler«. Da geht es am grünen Tisch fast noch lebhafter zu als auf dem Eis. Aber die kanadischen Offiziellen beschwichtigen das Präsidium des internationalen Eishockeyverbandes. Diese Leute seien alle vor zwei Jahren reamateurisiert worden. Ja, dann! Es ist eine ausgekochte Ex-Profi-Truppe, die da wie in guten alten Zeiten erst einmal sieben Mannschaften der Endrunde die Eishockeyleviten liest. Die Deutschen bekommen es zweistellig 10:1. Da sich auch die Russen ungeschlagen den Weg ins Endspiel bahnen, kommt es zur mit Spannung erwarteten Revanche. Da werden die Russen am 6. März mit 5:0 (1:0, 2:0, 2:0) gnadenlos entzaubert.

Kein Comeback für »Hjallis«

Januar 1955. Hjalmar Andersen, dreifacher Goldmedaillengewinner in Oslo 1952, hatte seine Schlittschuhe nach den Olympischen Winterspielen an den Nagel gehängt. Als russische Läufer begannen, seine Rekorde wegzuradieren, holte er die Schuhe wieder vom Speicher.
Bei idealen Eisverhältnissen treten bei den Europameisterschaften in Davos gegen »Hjallis« an: Ewgenij Grischin, Oleg Gontscharenko, Boris Schilkow. Beim abschließenden 10 000-m-Lauf geht es nur noch zwischen Andersen und Schilkow um den Titel. »Hjallis« läuft 16:55,2 min, eine Superzeit. Wenn Schilkow noch gewinnen will, muß er 17:22,0 min laufen. Als er in 17:16,1 min durchs Ziel schießt, ist »Hjallis« geschlagen. Um 350tausendstel Punkte! Andersen nimmt Schilkow auf die Schultern und trägt ihn zur Siegerehrung.

Der Norweger Hjalmar »Hjallis« Andersen, dreifacher Goldmedaillengewinner bei den Olympischen Winterspielen in Oslo 1952, versucht 32jährig bei den Europameisterschaften im Eisschnellaufen in Davos ein Comeback.

Katastrophe in Le Mans – das Rennen geht weiter

1. Juni 1955. Abgründe des Entsetzens tun sich auf bei der fürchterlichsten Katastrophe der Motorsportgeschichte in Le Mans. Mindestens 30 Tote, so heißt es zunächst, dann über 70! Aber das 24-Stunden-Rennen läuft immer noch, und am Sonntag nachmittag wird man im Rahmen der Sendung »Sport und Unterhaltung« den Sieger feiern.

Jeder Kommentar wird zu einem Horrortrip in den Bereich der Unmenschlichkeit. Der Brite Mike Hawthorn überholt mit seinem Jaguar den Konkurrenten Macklin mit über 200 km/h und biegt dann scharf zu den Boxen ab. Dieses Manöver und Macklins Ausweichversuch lösen die Katastrophe aus. Leveghs Mercedes gerät ins Schleudern, prallt an die Bande und schlägt wie eine flammende Bombe mitten in die dichtgedrängten Zuschauer ein.

Es ist unmenschlich, Hawthorn zum Schuldigen am Tod von 82 Menschen zu erklären, weil seine Fahrweise »riskant und unsportlich« war. Welcher Fahrer, der gewinnen will, muß nicht ständig Risiken auf sich nehmen? Hawthorn erklärt, er habe ein Handzeichen gegeben. Es ist unmenschlich, zu unterstellen, daß mit einem Handzeichen bei über 200 km/h »alles klar« sein muß. Juan Manuel Fangio, der unmittelbar hinter Levegh fuhr, reagierte instinktiv auf dessen verzweifelt hochgereckte Hand und schreibt dem seine Rettung zu. Es ist unmenschlich, daß der Rennleiter Charles Faroux sich weigert, das Rennen abzubrechen, weil »Firmen wie Jaguar und Ferrari sonst hunderte von Millionen Schadenersatz hätten verlangen können«. Das Rennen muß angeblich weitergehen, damit die über 100 Verletzten ungestört abtransportiert werden können. Aber müssen danach über 100 000 Menschen weiter an der Rennstrecke verharren und dort die Nacht verbringen? Damit sie sich, wie Faroux Reportern gegenüber zynisch feststellt, am nächsten Morgen »wieder für den Kampf zwischen den grünen, weißen und roten Wagen begeistern« können!

Zweieinhalb Stunden nach dem Start des 24-Stunden-Rennens von Le Mans wird die Rennstrecke zum Schlachtfeld.

In Pierre Leveghs aufprallendem Wagen explodieren 200 l Treibstoff, zerreißen Wagen und Fahrer, Metallteile fetzen wie Granatsplitter in die Menge.

Hawthorn (1) bremst scharf, Macklin (2) schleudert in die Zuschauer, Levegh (3) streift Macklin und prallt gegen die Böschung, Fangio (4) fährt vorbei.

Der 36jährige Alberto Ascari vor seinem letzten Start in Monza

Glück und Unglück Alberto Ascaris

26. Mai 1955. Als der Italiener Alberto Ascari beim Großen Preis von Monte Carlo aus dem Tunnel schoß, sein Ferrari ins Schleudern geriet und über die Kaimauer hinweg 30 m tief ins Meer stürzte, gab keiner mehr einen Pfifferling für das Leben des Fahrers. Doch wie ein Wunder überlebte der Automobilweltmeister der Jahre 1952 und 1953.

Acht Tage später dreht er auf der Monza-Bahn einige Trainingsrunden. Das Tempo ist nicht allzu hoch. Plötzlich bricht der Wagen aus unerklärlicher Ursache aus und prallt gegen einen Baum. Ascari ist tot.

Die US-Amerikanerin Louise Brough bei ihrem Comeback in Wimbledon

Vierter Sieg für Louise Brough

Juni 1955. Der Wimbledonsieg der 32jährigen Louise Brough, die das Einzel bereits in den Jahren 1948, 1949 und 1950 gewonnen hat, steht im Schatten des tragischen Schicksals von Maureen Conolly.

Nach ihrem dritten Wimbledonsieg im Vorjahr bekam sie von ihrer Heimatstadt ein Reitpferd geschenkt. Mit ihm stürzte »Little Mo«, die US-amerikanische Reporter auch als »killer in curls« (Mörderin in Locken) bezeichneten. Dabei wurde ihr Bein derart zertrümmert, daß sie mit 20 Jahren ihre sportliche Karriere aufgeben mußte.

Der belgische Polizist Roger Moens läuft in Oslo 800-m-Weltrekord.

Roger Moens bricht Harbigs Weltrekord

4. August 1955. Der Belgier Roger Moens erinnert sich an seinen 800-m-Weltrekordlauf in Oslo: »Es war 19.05 Uhr, etwa 24 Grad warm. 12 000 Zuschauer brüllten unaufhörlich »Audun, Audun«! Ich klemmte mich hinter Boysen, dann preschte ich in der Kurve nach vorn und merkte auf der Gegengeraden, Boysen ist gar nicht da. Ich lief wie besessen und wußte im Ziel, es mußte eine gute Zeit sein. Ein Freund stürmte auf mich zu und zeigte auf seine Stoppuhr. Tatsächlich hatte ich es geschafft. 1:45,7 min. Ich fühlte mich wie der König der Welt.«

Louison Bobet gewinnt zum dritten Mal hintereinander die Tour de France.

Dritter Tour-Sieg für Louison Bobet

Juli 1955. Eine Tour de France ohne Gino Bartali, der seine Karriere endgültig beendet hat, ohne Fausto Coppi, dem man den Paß entzog und wegen der Affäre mit der »Dame in Weiß« den Prozeß machte (→ 30. 8. 1953), ohne Hugo Koblet oder Fiorenzo Magni, was ist sie sportlich noch wert?

Für die Franzosen zählt Louison Bobet, dem ernsthafte Konkurrenten in dem Belgier Brankart und — überraschend — in dem Luxemburger Charly Gaul erwachsen. Doch mit Unterstützung seiner Mannschaft siegt Bobet.

Einmalige Erfolge der deutschen Reiter

1. bis 10. Juli 1955. Beim Concours Hippique International Officiel (CHIO) in Aachen qualifiziert sich Hans Günter Winkler mit Halla für die dritte Weltmeisterschaft im Springreiten.

Nach Punktgleichheit mit Raimondo d'Inzeo auf Merano treten zum Stechen Winkler mit Halla und d'Inzeo mit Nadir an. Mit Nadir bleibt Winkler fehlerlos, mit Halla unterlaufen ihm vier Fehler. Als d'Inzeo beide Pferde mit vier Fehlern über den Parcours bringt, ist Winkler zum zweiten Mal Weltmeister.

Fritz Thiedemann gewinnt mit Meteor den Großen Preis von Aachen. Dann setzt die deutsche Equipe mit dem Sieg im Großen Preis der Nationen mit insgesamt 0 Fehlern einen sensationellen Schlußpunkt.

Die deutsche Equipe mit (v. l.) Fritz Thiedemann auf Meteor, Alfons Lütke-Westhues auf Ala, Walter Schmidt auf Kiel und Hans Günter Winkler auf Halla

Der kurze Ruhm des Sandor Iharos

23. Oktober 1955. Der 1,81 m große Armeeoffizier Sandor Iharos lenkte erstmals die Aufmerksamkeit auf sich, als er am 28. Juli 1955 in Helsinki Weltrekord über 1500 m lief.

Am 10. September entriß er dem Russen Wladimir Kuz in Budapest den Weltrekord über 5000 m. Kuz holte ihn sich acht Tage später in Belgrad wieder zurück. Doch Iharos läßt nicht locker. Am 23. Oktober treibt er den Rekord auf 13:40,6 min. Der bleibt ihm, vorerst.

Iharos läuft insgesamt 25 Weltrekorde von 1500 m bis 10 000 m. Doch nach dem ungarischen Volksaufstand 1956 erlischt der neue Star wie eine Sternschnuppe. Flucht, keine Teilnahme in Melbourne, ruhmloses Ende in der Fremde.

Rocky Marcianos letzter Kampf in New York: Archie Moore (l.) weicht einem linken Haken des Titelverteidigers aus. Aber Marciano ist nicht zu stoppen.

Das »Aus« für Moore: In der neunten Runde geht der Herausforderer k. o. Marciano tritt als ungeschlagener Weltmeister aller Klassen vom Boxsport zurück.

Rocky Marciano als Champion ungeschlagen

16. Mai 1955. In den USA mangelt es an geeigneten Gegnern für den Boxweltmeister im Schwergewicht Rocky Marciano. Da trifft es sich gut, daß sich der britische Meister Don Cockell als Herausforderer der Alten Welt gegen die Neue Welt anbietet. Gegen Cockell sieht Marciano fast zierlich aus. Aber er schlägt den Briten in San Francisco in der neunten Runde k. o.

Cockell bleibt in den USA und hofft auf einen Revanchekampf. Aber man setzt ihm zuerst den Farbigen Nino Valdes vor, gegen den er noch schneller verliert. Danach hebt wieder die Diskussion darüber an, ob sich Schwarze besser zum Boxen eignen als Weiße. Einer, der es wissen muß, Manager Jack Salomon, erklärt hierzu: »Nie habe ich größeren Unsinn gehört. Wenn ein Mann Weltmeister sein will, muß er sich als der Beste ausweisen, ob der Gegner weiß, schwarz oder gelb ist.« Es ist mehr eine soziale als eine Rassenfrage. In den USA suchen einfach mehr Farbige den sozialen Aufstieg durch Boxen als Weiße.

Marciano tritt am 21. September in New York wieder gegen einen Farbigen an, den 42jährigen Weltmeister im Halbschwergewicht Archie Moore, der wenigstens in Größe und Gewicht ganz gut zu Marciano paßt und außerdem mit allen Ringwassern gewaschen ist. Moore hält immerhin neun Runden stand, bis ihn ein Volltreffer ereilt, nach dem es kein Aufstehen mehr gibt. Marciano hat seinen Titel zum sechsten Mal erfolgreich verteidigt.

Als er danach Rücktrittsabsichten äußert, will ihm das niemand glauben. Der Mann ist erst 32 Jahre alt und hat keinen Gegner zu fürchten. Aber sein Manager Al Weill, den man »The West« nennt, weil er stets Westen trägt, redet Marciano zu, aufzuhören. Das ist ungewöhnlich für einen Berufsstand, der in dem zweifelhaften Ruf steht, seine Schützlinge gnadenlos zu »verheizen«. Aber Weill hat gesehen, wie sich Marciano im Ring verausgabt. Ein Schwergewichtler ohne körperliche Vorteile in Größe, Reichweite und Gewicht und ohne überragende Technik, der seine Erfolg nur erzielt, wenn er beinahe pausenlos wie ein Dampfhammer zuschlägt, muß sich verbrauchen. Wie Joe Louis will Marciano nicht enden. Er befolgt den Rat und läßt sich auch in den kommenden Jahren trotz verlockender Angebote nicht mehr zu einem Comeback überreden.

Archie Moore (r.) kommt mit einer linken Geraden durch. In der zweiten Runde hat er den Weltmeister sogar am Boden. Aber mit Fortdauer des Kampfes setzt sich die Zermürbungstaktik des ständig angreifenden Rocky Marciano durch. »Es ist gerade so«, erklärt Moore, »als wenn man gegen einen Flugzeug-Propeller boxt.« Es ist seinem verschwollenen Gesicht nach dem K. o. anzusehen.

Zweites Comeback für »Sugar« Ray

9. Dezember 1955. Nach 30 Monaten hatte »Sugar« Ray Robinson im Januar 1955 seinen Job als Tänzer wieder an den Nagel gehängt (→ 25. 6. 1952). Nicht daß Robinson kein guter Tänzer gewesen wäre. Im Boxring war er es ohne Zweifel. Als er in einem Pariser Nachtlokal einen Cancan hinlegte, stürmten am nächsten Tag Autogrammjäger sein Hotel. Damals pflegte Robinson noch mit einem Hofstaat zu reisen, der einen Manager, einen Privatsekretär, vier Trainer, fünf Pfleger, zwei Detektive, einen Arzt, einen Küchenchef und einen Golflehrer einschloß. Das konnte sich ein Stepptänzer natürlich nicht mehr leisten. Aber Robinson lebte gern auf großem Fuß. Da blieb nur die Rückkehr in den Ring. Mittlerweile war er jedoch 35 Jahre alt und hatte fast drei Jahre nicht geboxt. In der Presse machte man sich über seine Comeback-Pläne lustig. Als er gegen »Tiger« Jones antrat und klar nach Punkten verlor, schrieb man ihn endgültig ab. Aber er bekam dann doch noch einen Titelfight gegen den Weltmeister Carl »Bobo« Olsen am 9. Dezember 1955 in Chicago. Robinson schlägt ihn in der zweiten Runde k. o. Im Ring faucht er in die Mikrofone: »Diesen Kritikern habe ich es diesmal gezeigt. Ich habe etwa genauso viel einstecken müssen an Beleidigungen nach meiner Niederlage gegen Jones wie ein Mann vertragen kann. Das hat mich wie ein Gespenst verfolgt. Aber jetzt ist es vorbei.«

K.-o.-Niederlage beendet Karriere

10. September 1955. »Nie wieder in den Ring!« stöhnt Hein ten Hoff, als er in Göteborg nach 140 Sekunden ausgezählt wird. Nach 43 Profikämpfen, von denen er 32 gewann, sieben verlor und vier unentschieden boxte, nachdem er mehrmals Deutscher Meister, 1952 Europameister war und sogar einmal mit Jersey Joe Walcott über die Runden ging, beendet Ingemar Johansson ten Hoffs Karriere. Die Profi-Karriere des Schweden Johansson (»Thors Hammer«), der bei den Olympischen Spielen 1952 disqualifiziert worden war (→ 2. 8. 1952), beginnt hingegen erst.

1956

20. 1.–5. 2. In Cortina d'Ampezzo 7. Olympische Winterspiele.

Februar. Der Schweizer Walter Osterwalder wird 45jährig seit 1947 zum siebten Mal Weltmeister im Radball. Dreimal war er Zweiter.

5. 5. Im englischen Cup-Finale schlägt Manchester City Birmingham City im Londoner Wembley-Stadion 3: 1. Im Tor von Manchester der Deutsche Bert Trautmann.

Weltrekord im Hochsprung mit 1,74 m durch die Britin Thelma Hopkins in Belfast.

18. 5. »Sugar« Ray Robinson verteidigt seinen Weltmeistertitel im Box-Mittelgewicht erneut gegen Carl »Bobo« Olsen durch K. o. in der vierten Runde in Los Angeles.

Juni. Mit Charly Gaul gewinnt erstmals ein Luxemburger den Giro d'Italia.

9. 6. Dave Sime (USA) läuft zum zweiten Mal Weltrekord über 200 m auf gerader Bahn in 20,0 sec in Tanger. Vier Wochen zuvor 20,1 sec in Durham.

10. 6.–17. 6. In Stockholm Olympische Reiterspiele, die zu den Sommerspielen der XVI. Olympiade gehören (→ 16. 6. 1956).

12. 6. Erstes Endspiel im Fußball-Europapokal der Landesmeister. In Paris siegt Real Madrid über Stade Reims 4:3.

19. 6. Weltrekord in 13:36,8 min über 5000 m durch den Briten Gordon Pirie in Bergen.

22. 6. Weltrekord über 110 m Hürden in 13,4 sec durch Jack Davis (USA) in Bakersfield.

29. 6. Stundenweltrekord im Radfahren mit 46,259 km durch Jacques Anquetil auf der Mailänder Vigorelli-Bahn.

Weltrekord über 400 m Hürden in 49,5 sec durch Glenn Davis bei den Olympia-Ausscheidungen in Los Angeles.

Weltrekord im Hochsprung durch Charles Dumas (USA) mit 2,15 m in Los Angeles.

30. 6. Weltrekord über 400 m in 45,2 sec durch Lou Jones (USA) in Los Angeles.

Juli. Vierte Weltmeisterschaft im Springreiten in Aachen. In Abwesenheit des verletzten Hans Günter Winkler Sieg des Italieners Raimondo d'Inzeo.

6. 7. Der Australier Lew Hoad gewinnt nach den Australian Open in Melbourne und den French Open in Roland Garros/Paris auch das Herren-Einzel in Wimbledon, Mit Ken Rosewall gewinnt er das Doppel in Melbourne, Wimbledon und Forest Hills.

14. 7. Weltrekord im Hochsprung durch die Rumänin Iolanda Balas mit 1,75 m.

Weltrekord über 3000 m Hindernis in 8:39,8 min durch Semyon Rshischtschin in Moskau.

15. 7. Weltrekord über 10 000 m durch den Ungarn Sandor Iharos in 28:42,8 min in Budapest.

26. 7.–10. 8. Geschwindigkeitsweltrekord für Motorräder durch Wilhelm Herz mit 339 km/h auf NSU auf dem Salzsee von Bonneville in Utah. Insgesamt 34 Weltrekorde in verschiedenen Klassen durch Herz und H. P. Müller.

3. 8. Weltrekord über 1500 m in 3:40,6 min durch den Ungarn Istvan Rozsavölgyi in Tata.

Weltrekord über 100 m in 10,1 sec durch den US-Amerikaner Willie Williams in Berlin. Einen Tag später stellt am selben Ort sein Landsmann Ira Murchison den Weltrekord ein.

11. 9. Weltrekord über 10 000 m durch Wladimir Kuz in 28:30,4 min in Moskau.

15. 9. In Hannover schlägt die UdSSR die deutsche Fußball-Nationalmannschaft 2:1.

16. 9. Weltrekord über 3000 m Hindernis in 8:35,6 min durch Sandor Rozsnyoi in Budapest.

19. 9. Stundenweltrekord im Radfahren mit 46,393 km durch Ercole Baldini auf der Vigorelli-Bahn in Mailand (→ 29. 6. 1956).

Oktober. Juan Manuel Fangio zum dritten Mal Formel-1-Weltmeister.

15. 10. Weltrekord im Kugelstoßen durch die Russin Galina Zybina mit 16,76 m in Taschkent.

19. 10. Die Fédération Internationale de Natation Amateur (FINA) beschließt einheitliche Regeln für Synchronschwimmen.

20. 10. Weltrekord über 400 m Freistil in 4:47,2 min und über 800 m Freistil in 10:30,9 min durch die Australierin Lorraine Crapp in Melbourne.

30. 10. Weltrekord über 1500 m Freistil in 19:59,5 min – erstmals unter 20 Minuten – durch die Australierin Ilsa Konrads.

November. Der Australier Murray Rose schwimmt Weltrekorde über 400 m und 1500 m Freistil in 4:27,0 min bzw. 17:59,5 min.

22. 11.–8. 12. In Melbourne Sommerspiele der XVI. Olympiade.

30. 11. Im Kampf um den vakanten WM-Titel im Box-Schwergewicht schlägt Floyd Patterson Archie Moore in Chicago in der fünften Runde k. o.

Dezember. Australien verteidigt den Davis Cup in New York durch ein 5:0 gegen die USA.

31. 12. Insgesamt 397 Weltrekorde von Sportlern aus 24 Nationen wurden 1956 aufgestellt.

Im Eisstadion von Cortina d'Ampezzo spricht Giuliana Minuzzo-Chenal vor 819 Teilnehmern, davon 132 Frauen, aus 32 Ländern den olympischen Eid.

Die elektronischen Spiele

20. Januar bis 5. Februar 1956. Die Kulisse ist grandios. Die malerischen Berge der Dolomiten sind in natura noch eindrucksvoller als in jedem Reiseprospekt: Der Monte Cristallo, die Tofana, der Monte Sorapis, die Faloria, die Tre-Croce-Gruppe, der malerische Misurinasee. Wie eine Operndekoration für Winter-Festspiele vor exklusivem Publikum. Geschmackvoll in Chaletform fügt sich das Eisstadion in den feudalen Wintersportort Cortina d'Ampezzo ein.

Und es gibt lauter Premieren: Zum ersten Mal spricht mit der Skiläuferin Giuliana Minuzzo-Chenal eine Frau den olympischen Eid. Zum ersten Mal nehmen Russen an Olympischen Winterspielen teil. Zum ersten Mal tritt eine gesamtdeutsche Olympiamannschaft auf. Und zum ersten Mal schaut die ganze Welt zu, jedenfalls die Fernsehwelt.

Als der Eisschnelläufer Guido Caroli die olympische Fackel ins Eisstadion trägt, stürzt er über ein Fernsehkabel.

Einige Journalisten machen eine schockierende Erfahrung. Wer vor Sonnenaufgang bei 25 Grad Kälte die 2000 m hohe Tofana hinaufsteigt und zwischen schroffen Felsen im Nebel beim Abfahrtslauf Schemen an sich vorüberhuschen sieht, erlebt wohl einen olympischen Wettbewerb winterlichster Art hautnah mit. Aber er sieht eigentlich nichts. Er weiß aufgrund der vom Winde verwehten Lautsprecherdurchsagen nicht einmal, wer gewonnen hat. Das erfährt er erst nach rund fünf Stunden Auf- und Abstieg, z. T. bis zum Bauch im Schnee, im Pressezentrum. Da sitzen die Kollegen bei einem Drink in bequemen Fernsehsesseln, vom frühen Morgen an, und haben jeden Läufer vom ersten bis zum letzten Meter genau verfolgen können. Sie wissen mehr, als jemals ein Reporter »vor Ort« hat in Erfahrung bringen können. Und nicht nur sie. So vollständig informiert ist jeder, der einen Fernsehapparat besitzt, und das sind -zig Millionen. Sensible Journalistengemüter, gewohnt, Abwesenden zu schildern, was sich in der Sportwelt ereignete, beginnen, am Sinn ihres Berufsstandes zu zweifeln. Die Welt kommt den Leuten ins Haus. Nicht nur weil Sophia Loren in einem hinreißenden Skianzug auftritt, wird einem klar: Hier wird zwar keine Oper aufgeführt, aber ein Film gedreht. Natürlich ein Monumentalfilm.

Toni Sailer, der »Blitz von Kitz« – Superstar von Cortina

Toni Sailer beim Riesenslalom auf dem Weg zu seiner ersten Goldmedaille. Er kommt zwar nicht als unbeschriebenes Blatt des alpinen Skilaufs nach Cortina, sondern hat sich bereits den Titel »Blitz von Kitz« erworben, aber als Favoriten gelten seine Mannschaftskameraden aus Österreich, besonders Anderl Molterer und Ernst Hinterseer.

3. Februar 1956. Wegen Schneemangels darf auf der überlangen Riesenslalompiste nicht trainiert werden. Erfahrene Leute wie Andreas Molterer, Ernst Hinterseer, beeindruckt das wenig. Als der 20jährige Toni Sailer aus Kitzbühel mit Startnummer 18 ins Rennen geht, ist die Piste nicht besser geworden. Zudem hat Molterer mit 3:06,3 min eine Riesenzeit vorgelegt. Sailer wird mit 3:00,1 min gestoppt. »Daß er mich gleich um sechs Sekunden geputzt hat?!« schüttelt Molterer ratlos den Kopf.

Zwei Tage später der Slalom. Auch auf dem Col Druscié konnte nicht trainiert werden. Die Organisatoren spritzten Wasser auf den Hang, das stellenweise zu Klumpen gefror. Die Piste ist gefährlich und völlig unberechenbar. Beim ersten Durchgang Nebel mit Sichtweiten bis 30 m. Zeitweise leichter Schneefall. Sailer beeindruckt das alles nicht. Auch nicht, daß von 89 Teilnehmern 32 ausscheiden. Er läuft in beiden Durchgängen Bestzeit.

Zuletzt der Abfahrtslauf. Nur ein Nonstop-Training auf dem steilen Tofana-Hang, wo über 3461 m Geschwindigkeiten bis 140 km/h erreicht werden. Beim Start 24 Grad Kälte, scharfer Wind. Von den ersten 24 gesetzten Fahrern scheiden zehn aus. Sailer hört es, fegt mit Startnummer 14 los. Diesmal »putzt« er Molterer mit vier Sekunden. Die dritte Goldmedaille. Dazu noch eine vierte für die Weltmeisterschaftswertung. Das hat es noch nie gegeben.

Der Superstar von Cortina. Er gewinnt alle drei alpinen Rennen unter ungünstigen Bedingungen.

Eine dramatische 4x10-km-Staffel erleben die Zuschauer in Cortina d'Ampezzo. Verzweifelt jagt der Finne Viitanen (hier beim letzten Wechsel mit Hakulinen) hinter dem Russen Anikin her, aber der Sieg ist der UdSSR nicht mehr zu nehmen.

Finnlands Veikko Hakulinen (Abb.) gewinnt den erstmals ausgetragenen 30-km-Lauf vor dem Schweden Sixten Jernberg. Über 50 km wird Hakulinen hinter Jernberg Zweiter.

Die Russin Ljubow Kosyrjewa gewinnt den 10-km-Lauf. In der 3x5-km-Staffel revanchieren sich die Finninnen Polkunen, Hietamies und Rantanen für die Niederlage der Männer.

Die Nordische Kombination spitzt sich zu einem Zweikampf des Norwegers Sverre Stenersen, Bronzemedaillengewinner von Oslo, mit dem Schweden Bengt Eriksson (Abb.) zu, den Stenersen dank einer überragenden Laufleistung gewinnt. Sensationell der dritte Platz des Polen Franciszek Gron-Gasienica.

Bei den Damen gibt es in den alpinen Wettbewerben die ersten Goldmedaillen für die Schweiz. Renée Colliard (Abb.) gewinnt überraschend den Slalom, wo ihre Teamgefährtin Madeleine Berthod favorisiert war. Berthod scheidet jedoch durch Sturz aus. Dafür gewinnt sie später den Abfahrtslauf.

Bei einem Gewichtslimit im Viererbob von 400 kg gewinnen die Schweizer Kapus, Diener, Alt und Angst.

Triumph der Russen im Eisschnellauf. Über 10 000 m rettet der Schwede Sigvard Ericsson Skandinaviens Ehre.

Sensationeller Sieg der Russen im Eishockey vor USA und Kanada, dessen Vorherrschaft damit zu Ende geht

Im Eiskunstlauf Hayes Alan Jenkins (USA) vor Ronald Robertson und seinem Bruder David Jenkins

Der dramatische Augenblick am Rivierator, als Winkler zusammenzuckt und die Bügel verliert. Eine Verletzung macht das Weiterreiten kaum mehr möglich.

Es kommt einem Wunder gleich, daß auf dem schweren Parcours einem fast hilflosen Reiter der erste fehlerlose Ritt des Tages gelingt.

Das Wunder von Stockholm – ein unvergleichlicher Ritt

16. Juni 1956. Vom Weltmeister Hans Günter Winkler mit Halla erwartet man den ersten fehlerlosen Ritt im Preis der Nationen. Lebhafter Beifall empfängt das Paar. Der Wassergraben, die klobige Mauer, die dreifache Kombination und andere Hindernisse werden in meisterhaftem Stil überwunden. Am Rivierator, beim vorletzten Sprung, streckt sich Halla unvermutet. Winkler verliert den Steigbügel. Beim Aufsprung zuckt der Reiter zusammen, krümmt sich. Halla ist führungslos. Jedes andere Pferd wäre jetzt ausgebrochen. Aber Halla spitzt die Ohren, geht das letzte Hindernis an,reißt das Gatter, aber trägt ihren Reiter ins Ziel. Die deutsche Mannschaft führt mit 28 Fehlerpunkten vor Großbritannien 32 und Italien 39. Winkler wird aus dem Sattel gehoben. Er hat eine schmerzhafte Quetschung erlitten. Es ist fraglich, ob er noch reiten kann.
Im zweiten Durchgang verbessern Alfons Lütke-Westhues auf Ala und Fritz Thiedemann auf Meteor das Ergebnis. Der deutsche Sieg ist greifbar nahe. Doch Winkler stellt bei einem Probesprung auf dem Sattelplatz fest, daß er unfähig ist, Halla durchzuparieren. Man entschließt sich zu einer Morphiumspritze. Dann reitet Winkler ein. Das Publikum erstarrt. Da hält sich ein gepeinigter Mann mühsam im Sattel und weiß nicht, wie er den schweren Parcours bewältigen soll. Aber Halla weiß es.
Winkler vermag kaum auf die Stute einzuwirken. Jetzt müßte er treiben vor dem Wassergraben. Wenn er nicht durchpariert, bleibt sie stehen in der dreifachen Kombination. Im totenstillen Stadion hört man Winklers Schmerzensschreie bei jedem Aufsprung. Halla trägt ihren Reiter mit aufmerksam spielenden Ohren fehlerlos bis über das letzte Gatter. »Ich weiß nicht, wie ich das der Stute danken soll«, stammelt Winkler, als man ihn fast besinnungslos vor Schmerzen aus dem Sattel hebt.

Der schwedische Major Henri St. Cyr wiederholt in der Dressur seinen Sieg von 1952 in der Einzel- und Mannschaftswertung mit Juli. Auch die Dänin Lis Hartel, Silber 1952, kann ihren Erfolg wiederholen. Dritte wird Liselott Linsenhoff.

Wegen der strengen australischen Einfuhrbestimmungen für Pferde gibt es als einmaliges Intermezzo die Olympischen Reiterspiele in Stockholm. Durch den königlichen Gast aus Großbritannien wird fast ein Staatsbesuch mit olympischer Umrahmung daraus. Königin Elisabeth II. und ihre Schwester Margaret sind bei allen Wettbewerben interessierte und fachkundige Zuschauer. Im Stockholmer Olympiastadion treten vom 10. bis 17. Juni 150 Teilnehmer, darunter elf Frauen, aus 29 Ländern an.

Fragwürdiger Test für Olympiaturnier

15. September 1956. So muß das olympische Fußballturnier zu einer sportlichen Farce werden. Die Ungarn fanden in Helsinki 1952 das Team, dessen Siegeszug erst im Weltmeisterschafts-Endspiel 1954 gestoppt wurde(→ 4. 7. 1954). Die Russen testen ihre Olympiaelf für Melbourne gegen den Weltmeister Deutschland in Hannover. Es tritt ihnen zwar nicht die Weltmeisterelf von Bern entgegen, sondern eine Mannschaft, die sich im Neuaufbau mit Blick auf die Fußball-Weltmeisterschaft des Jahres 1958 befindet. In Melbourne werden die Russen keinem der deutschen Spieler wiederbegegnen. Dahin muß Joseph »Sepp« Herberger, wie die anderen westlichen Länder auch, lupenreine Amateure schicken, d. h. eine zweite Garnitur.

Die Bulgaren lösen das Amateurproblem, indem sie die Spieler ihrer Nationalmannschaft einfach unter anderen Namen anmelden. Die Hauptsache, sie klingen bulgarisch. Die Russen haben solche Tricks nicht nötig. Lew Jaschin, Eduard Strelzow, Boris Tatuschin, Igor Netto und Co. treten in Melbourne als olympisch sanktionierte Amateure an. Das 2:1 gegen die Deutschen gibt ihnen Selbstbewußtsein.

Bert Trautmann wird Cupsieger

5. Mai 1956. *Das klingt wie ein modernes Märchen, und es beginnt so: Es war einmal ein deutscher Kriegsgefangener, der im britischen »PoW-Camp 50« Fußball spielte. Man stellte den langen Lulatsch ins Tor. Da bewährte er sich gegen englische Klubmannschaften in über 90 Spielen, deren Reinerlös dem Roten Kreuz zufloß. Nach seiner Entlassung holte ihn einer dieser Klubs, und so blieb der Bremer in Großbritannien. 1949 stellte ihn Manchester City als Profi ins Tor. Sechs Jahre später spielte er im Cup-Finale, verlor gegen Newcastle United 1:3.*

Ein Jahr später betritt er wieder das Wembley-Stadion als »Spieler des Jahres«. Manchester führt 3:1 gegen den 8:3-Favoriten Birmingham, als Trautmann dem einschußbereiten Murphy mit einem Hechtsprung den Ball vom Fuß nimmt. Dabei trifft ihn Murphy im Nacken. Trautmann hält die letzte Viertelstunde bis zum Abpfiff durch, Manchester gewinnt 3:1.

Wie jedes Märchen endet auch dieses mit einer Königin. Elisabeth II. überreicht ihm den Cup.

◁ Das Titelbild des »Kicker« zum englischen Cup-Finale Manchester United—Birmingham City (3:1)

Europacup der Landesmeister – ein Riesenerfolg

12. Juni 1956. So schnell wurde im Sport wohl noch nie eine Idee verwirklicht. Am 16. Dezember 1954 veröffentlichte die französische Sportzeitung »L'Equipe« einen Beitrag, in dem sie das Ausspielen eines Pokals durch die 16 renommiertesten europäischen Fußballklubs vorschlug. Die Fédération Internationale de Football Association (FIFA) erklärte sich als nicht zuständig. Doch im März 1955 wurde ein europäischer Fußballverband, die Union Européenne de Football Association (UEFA), gegründet. Sie griff den Vorschlag auf, aber als Pokalrunde der europäischen Fußballmeister.

Am 4. September 1955 wurde das erste Spiel zwischen Sporting Lissabon und Partizan Belgrad ausgetragen. Bis zum Endspiel in Paris haben 800 000 Zuschauer 29 Spiele begeistert verfolgt. Ein unglaublicher Erfolg auf Anhieb.

Zum Endspiel zwischen Real Madrid und Stade Reims reisten die Zuschauer in Extrazügen aus Madrid und Reims an. Das Spiel stürzt sie in Wechselbäder der Gefühle. Nach zehn Minuten führen die Franzosen 2:0. In der 14. Minute erzielt der Argentinier Alfredo di Stefano den Anschlußtreffer. In der 30. Minute gleicht Rial für Madrid aus. Sieben Minuten nach Wiederanpfiff schießt der Spanier Hidalgo den Führungstreffer, aber für Reims. Fünf Minuten später gleicht Joseito wieder aus. Jetzt steht das Spiel auf des Messers Schneide. In der 79. Minute glückt Rial der Siegtreffer für Real. Ein wahres Fußballfest voller Spannung und Dramatik.

Nach dem 4:3-Sieg über Stade Reims begleiten begeisterte Fans die Spieler von Real Madrid bei ihrer Ehrenrunde im Pariser Prinzenpark-Stadion.

Alfredo di Stefano wurde am 4. Juli 1926 in Buenos Aires geboren.

Der Australier Lew Hoad als strahlender Wimbledonsieger

Lew Hoads Wimbledonsieg

6. Juli 1956. *Als der Australier Lew Hoad nach Wimbledon kommt, hat er schon das Herren-Einzel in Melbourne und in Roland Garros gewonnen. Im Endspiel schlägt er nun Ken Rosewall 6:2, 4:6, 7:5, 6:4.*

Hoad und Rosewall haben den US-Amerikanern im vorigen Jahr mit einem 5:0 den Davis Cup wieder abgenommen und schicken sie in diesem Jahr mit demselben Ergebnis nach Hause. Hoad fehlt jetzt nur noch der Sieg in Forest Hills zum Grand Slam. Doch diesen Triumph verdirbt ihm — Ken Rosewall.

Jacques Anquetil bricht den 14 Jahre alten Stundenweltrekord.

Zum Weltrekord beurlaubt

29. Juni 1956. *Mit 19 Jahren wurde Jacques Anquetil Profi-Radfahrer und zeigte im Preis der Nationen erstmals einem Louison Bobet und Geminiani das Hinterrad. Dann mußte er zum Militär. Als das Verteidigungsministerium einen Sonderurlaub gewährt, greift er auf der Mailänder Vigorelli-Bahn den Stundenweltrekord an. Beim dritten Versuch kommt er am 29. Juni 1956 als erster Mensch mit 46,159 km/h über die 46-km/h-Grenze. Er hat nicht lange Freude daran. Am 19. September erreicht der Italiener Ercole Baldini in Mailand 46,393 km/h.*

Floyd Patterson (r.) wird durch Sieg über Archie Moore Weltmeister.

Um Rocky Marcianos Erbe

30. November 1956. *Rocky Marciano war am 27. April 1956 ungeschlagen zurückgetreten. Um den vakanten WM-Titel im Box-Schwergewicht stehen sich in Chicago der 42jährige Archie Moore, der zuletzt mit Marciano die Fäuste kreuzte, und der 21jährige Floyd Patterson gegenüber. Patterson war vier Jahre zuvor in Helsinki Olympiasieger im Mittelgewicht. Er verfügt über eine brillante Technik und bewegt sich für einen Schwergewichtler ungemein schnell. »Old Archie« geht in der fünften Runde k. o., Patterson tritt Rockys Erbe an.*

Jahr der Weltrekorde und scheiternder Weltrekordler

31. Dezember 1956. Sportler aus 24 Nationen stellten 1956 insgesamt 397 Weltrekorde auf. Diese Rekordflut hat zwei Ursachen. Einmal das gesteigerte sportliche Wettrüsten, das der Ostblock dem Westen immer stärker aufzwingt. Zum andern die Olympischen Sommerspiele, die erst im November/Dezember stattfinden. Allerdings werden die wenigsten Weltrekordler des Jahres auch Olympiasieger. Grotesk geht es bei den US-Sprintern zu. Da läuft der Mulatte Willie Williams am 3. August im Berliner Olympiastadion die 100 m als erster Mensch in 10,1 sec. Nach Melbourne schickt man ihn nicht, denn er konnte sich bei der US-Ausscheidung zuvor nicht qualifizieren. Einen Tag später läuft der 1,57 m große Ira Murchison exakt dieselbe Zeit. Wieder einen Tag später treten Williams und Murchison gegeneinander an. Murchison siegt, in 10,1 sec. Am 20. Oktober läuft Leamon King in Kalifornien ebenfalls 10,1 sec. Er darf nur als Ersatzmann nach Melbourne. Mit Murchison kommt er dort zu Staffel-Gold.

Auf den langen Strecken liefern sich der Russe Wladimir Kuz, der Brite Gordon Pirie und der Ungar Sandor Iharos Weltrekord-Fernduelle. Nur Kuz triumphiert bei den Olympischen Spielen, ist aber ein Jahr später so ausgebrannt, daß er seine Karriere aufgibt.

Willie Williams läuft als erster Mensch 100 m in 10,1 sec

Der US-Amerikaner Glenn Davis (l.) läuft über 400 m Hürden Weltrekord.

Wladimir Kuz in Moskau bei seinem Weltrekord über 10 000 m in 28:30,4

Einzug der Deutschen ins Olympiastadion. Österreich ist am unmittelbarsten von der Ungarn-Tragödie betroffen, die Mannschaften aus den Niederlanden, Spanien und der Schweiz fernhält.

▷ Das offizielle Plakat der XVI. Olympiade in Melbourne, auf dem das Känguruh nicht fehlen darf

Sommerspiele im Winter

22. November 1956. Zur Eröffnung der Sommerspiele der XVI. Olympiade winkt von den Kaufhäusern in Melbourne überlebensgroß der Weihnachtsmann. In Australien herrscht der Frühling. Das »Olympic Festival« geht unmittelbar in das »Christmas Festival« über.

Es ist alles ein wenig paradox. Dabei sind die Australier mit ihrem Termin den Europäern schon soweit wie möglich entgegengekommen. Eine Umstellung der Trainingspläne mußten sie jedoch der Mehrzahl aller teilnehmenden Athleten zumuten. Doch damit hatten sich die australischen Sportler seit 60 Jahren abzufinden. Von Anfang an beteiligten sie sich an den Olympischen Spielen. Es ist ein Akt der Gerechtigkeit, daß sie endlich auch als Gastgeber auftreten dürfen. Und es ist nicht ihre Schuld, daß mehrere Länder ihrer Einladung nicht folgen. Voraus ging die Tragödie des von den Russen blutig niedergeschlagenen ungarischen Volksaufstands. Und die Sueskrise, wo Großbritannien und Frankreich glaubten, wie in alten Kolonialzeiten ihre militärischen Muskeln spielen lassen zu müssen.

Eine Zeitlang plädierte man dafür, diese Spiele des Friedens in einer Welt der kriegerischen Auseinandersetzungen gar nicht stattfinden zu lassen. Es werden dann Spiele in sachlicher, nüchterner Atmosphäre. Organisatorische Mängel durch die Unerfahrenheit der Veranstalter macht die herzliche Gastfreundschaft der Bevölkerung wieder wett. Die am häufigsten gestellte Frage an die Besucher aus aller Welt lautet: »Do you like Melbourne?« Diese nach allen Seiten amorph ausufernde Stadt macht das Bejahen nicht leicht. Aber man begegnet der Mischung aus geheimer Furcht und naivem Lokalpatriotismus mit Sympathie. Eine besondere Attraktion hat Australien schon erlebt, bevor die Spiele beginnen. Es war der olympische Fackellauf von Cairns nach Melbourne, mit 2782 Meilen der bis dahin längste in der olympischen Geschichte. Von den 9 Mio. Einwohnern Australiens hatten sich 3 Mio. am Weg der Läufer eingefunden. Die olympische Fackel brachte dem fünften Kontinent auf jeder Meile ihres Weges etwas, dessen Fehlen die Australier als Mangel empfinden: Geschichte.

Ronald Clarke, Juniorenweltrekordler über die Meile, bringt nach dem längsten Fackellauf das Feuer aus Griechenland ins Stadion.

Australiens Meilenweltrekordler John Landy spricht bewegt den olympischen Eid für 3184 Teilnehmer aus 67 Ländern.

Der »Olympic Torch« aus Glühbirnen vor Flinders Station, dem Zentrum der Stadt. Er wird für wenige Wochen zum Wahrzeichen von Melbourne.

6 x Gold für die schnellste Frau und den schnellsten Mann

26. November 1956. Sie ist noch ein Wettkampf-Greenhorn und hat es mit Grünem zu tun. Man kann sich die 18jährige Australierin Betty Cuthbert gut als Floristin vorstellen. Aber als Wunderläuferin? Dazu gehört wohl mehr Kraft, wie sie die muskulöse Deutsche Christa Stubnick zeigt, die Betty auch im 100-m-Zwischenlauf schlägt. Oder man erwartet einen raumgreifenden Schritt, der die langbeinige Shirley de la Hunty-Strickland am 28. November ein zweites Mal zum Olympiasieg über 80 m Hürden trägt. Doch Betty läuft nicht, sie schwebt förmlich im 100-m-Endlauf davon und über 200 m am 30. November ebenso, beidemal mit olympischem Rekord. In der 4x100-m-Staffel (1. 12.) zeigt das kleine Persönchen dann, daß sie auch kämpfen kann. Im Vorlauf liefen die Australierinnen Weltrekord, die Deutschen aber auch. Im Endlauf verpatzen die Deutschen ihre Chancen beim Wechsel, die Australierinnen durch Betty fast auch. Die Britin Armitage fegt mit großem Vorsprung die Zielgerade hinab, aber Betty fängt sie noch ab und sichert ihrer Staffel mit 44,5 sec einen phantastischen Weltrekord.

Betty Cuthbert mit letzter Kraft. Als Schlußläuferin der 4x100-m-Staffel fängt sie die Britin Heather Armitage noch kurz vor dem Ziel ab.

Robert »Bob« Morrow (r.), der »Blitz aus Texas«, im Ziel des 100-m-Laufs, den er vor seinem Landsmann Thane Baker, dem Australier Hector Hogan, dem US-Amerikaner Ira Murchison, dem Deutschen Manfred Germar als bestem Europäer und Michael Agostini aus Trinidad gewinnt

Alles andere als zierlich tritt der US-amerikanische Sprinter Robert Morrow auf. Mit seinen 1,87 m und 81 kg ist er einer der stämmigsten Sprinter, die man bisher sah. Man traut ihm ohne weiteres zu, daß er über 100 m die 10,2 sec nur so aus den Beinen schüttelt. Er schlug auch in den USA den 10,1-sec-Sprinter Ira Murchison. Im September 1956 erlitt der Kraftprotz aus Texas jedoch eine Darminfektion und verlor 7 kg Gewicht. Nur weil er sich bereits für Melbourne qualifiziert hatte, nahm man ihn mit. Niemand wußte jedoch, ob Morrow diesen Rückschlag rechtzeitig würde aufholen können. In Melbourne ist Morrow jedoch wieder voll da. Er gewinnt am 24. und 27. November überlegen die 100 m, die 200 m, und am 1. Dezember radiert er mit Murchison, Leamon King und Thane Baker noch den 20 Jahre alten Weltrekord über 4x100 m mit 39,5 sec aus.

Die Sprinter stehlen damit fast den Langstreckenläufern die Schau. Dort erlebt man die Tragödie des Briten Gordon Pirie und den Triumph des Russen Wladimir Kuz über 10 000 m und 5000 m.

Sensation im 1500-m-Lauf. Klaus Richtzenhain (134) und Australiens Star John Landy (162) werden von dem Iren Ron Delany überspurtet.

Das Drama im 10 000-m-Lauf. Wladimir Kuz (l.) zwingt mit ständigen Zwischenspurts dem Briten Gordon Pirie sein Tempo auf.

Nach dem 5000-m-Lauf kann sich auch Pirie (l.) freuen. Er versuchte nicht, Kuz zu folgen, sondern sichert sich Silber vor Derek Ibbotson.

Marathonlauf — Warten auf Emil Zátopek. Aber als Erster läuft Alain Mimoun (Abb.) ein, der sich so oft mit dem zweiten Platz begnügen mußte.

Die Entscheidung im Hochsprung fällt erst in der Dunkelheit nach acht Stunden. Die Zuschauer harren aus, denn der Australier Charles Porter hält bis 2,10 m mit. Dann »straddelt« der US-amerikanische Weltrekordler Charles Dumas (Abb.) mühelos über 2,12 m und gewinnt.

Den Weitsprung beeinträchtigen eine zu kurze Anlaufbahn und schlechtes Wetter mit böigen Winden. Die Konkurrenz gewinnt Gregory Bell (Abb.) mit mäßigen 7,83 m.

Im Stabhochsprung gewinnt der »fliegende Pastor« Bob Richards mit 4,56 m seine dritte olympische Medaille seit 1948.

»Diskuskönig« Fortune Gordien versucht in Melbourne zum dritten Mal seit 1948, endlich die Goldmedaille zu gewinnen. Aber ihn bezwingt Al Oerter.

Programmgemäß gewinnt Parry O'Brien das Kugelstoßen in Melbourne. Seit 1952 verbesserte der 24jährige US-Amerikaner achtmal den Weltrekord.

Speerwerfen ohne den US-Amerikaner Bud Held, der als erster über 80 m warf. Der Norweger Egil Danielsen (Abb.) siegt mit dem Weltrekord von 85,71 m.

Die Russin Irina Begljakowa (Abb.) hatte im Diskuswerfen schon die Glückwünsche zum Olympiasieg entgegengenommen, als ihr im letzten Wurf die Tschechin Olga Fikotová noch überraschend Gold entreißt.

Der Siegeswurf der Lettin Inese Yaunzeme im Speerwerfen mit 53,86 m. Hinter der Chilenin Marlene Ahrens und der Russin Konjajewa wird Dana Zátopková Vierte. Yaunzeme bleibt 1,62 m unter dem Weltrekord von Nadeschda Konjajewa (6. 8. 1954).

Das Kugelstoßen gewinnt die gewichtige Russin Tamara Tyschkevitsch vor Galina Zybina (r.) und Marianne Werner.

Rekordfest im Schwimmstadion

November/Dezember 1956. Wie ein mächtiges Geisterschiff mit durchsichtigem Rumpf wirkt das Schwimmstadion neben dem Yarrafluß. In diesem architektonischen Prunkstück der Olympiastadt sind die Australier schlechte Gastgeber. In 13 Schwimmwettbewerben behalten sie acht Goldmedaillen und weitere fünf Silber- und Bronzemedaillen ein. Von einem Zweikampf USA—Japan bei den Herren oder Ungarn—USA bei den Damen ist keine Rede mehr.

Bei den Damen spalten Dawn Fraser und Lorraine Crapp die Zuschauer in zwei Parteien. Die beiden Rivalinnen, die eine aus Adelaide, die andere aus Sydney, schenken einander nichts, teilen sich schließlich jeweils Platz eins und zwei über 100 m und 400 m Kraul (1./7. 12.) und unterbieten mit Faith Leech und Sandra Morgan den 4x100-m-Weltrekord der Ungarinnen von Helsinki um fast sieben Sekunden (6. 12.).

Bei den Herren holen sich John Henricks, John Devitt und Gary Chapman über 100 m gleich alle drei Medaillen (30. 11.). Murray Rose gibt über 400 m und 1500 m (4./7. 12.) dem Japaner Tsuyoshi Yamanaka und dem US-Amerikaner George Breen zweimal das Nachsehen. Und in der 4x200-m-Staffel (3. 12.) stoßen Rose, Henricks, Devitt und Kevin O'Halloran mit dem phantastischen Weltrekord von 8:23,6 min in neue Dimensionen vor. Daneben ein glückliches und trauriges Ende zweier deutscher Schwimm-Karrieren.

Der Weltrekordler im Brustschwimmen, Herbert Klein, wollte nach seiner bitteren Enttäuschung in Helsinki Schluß machen. Dann packte es ihn aber noch einmal und er schaffte die Olympiaqualifikation. Ohne sich voll auszugeben, gewinnt er seinen Vorlauf gegen den Russen Igor Zaseda. Doch wegen eines verbotenen Beinschlags wird Klein vom Kampfgericht disqualifiziert. Auch die 30jährige Hausfrau Ursula Happe kam doch noch nach Melbourne, obwohl sie eigentlich nach dem Europameistertitel über 200 m Brust 1954 aufhören wollte. Die Außenseiterin tritt gegen viel jüngere Konkurrentinnen an, erreicht das Finale (30. 11.) und hält hier auch dem Angriff der berühmten Ungarin Éva Székely stand.

Murray Rose, Sieger über 400 m und 1500 m Freistil. Nach seiner Niederlage über 400 m wollte sich der US-Amerikaner George Breen unbedingt über 1500 m revanchieren. Im Zwischenlauf schwimmt er in 17:59,5 min einen sensationellen Weltrekord. Doch Rose bleibt im Finale davon unbeeindruckt.

Ursula Happe spielt im Finale über 200 m Brust ihre ganze Erfahrung und Reife aus. Sie sichert sich sofort einen Vorsprung, der die Gegnerinnen verunsichert. Während sich diese in der Aufholjagd überhasten, zieht Ursula ihren ruhigen Stil gleichmäßig durch und behält die Ruhe bis zum letzten Meter.

»Schnittig wie ein Rennboot« finden die Zuschauer Dawn Fraser, die über 100 m Kraul mit 1:02,2 min einen Weltrekord schwimmt. Die 19jährige fügt eine weitere Goldmedaille in der Staffel und eine Silbermedaille über 400 m hinzu. Es ist der spektakuläre Auftakt einer Karriere, die spektakulär enden wird.

Der US-Amerikaner Bob Clotworthy (Abb.) gewinnt überlegen das Kunstspringen. Im Turmspringen siegt der Mexikaner Joaquin Capilla.

Pat McCormick beherrscht, wie in Helsinki vier Jahre zuvor, erneut das Kunst- und Turmspringen, nachdem sie ihren Trainer geheiratet hat.

Überragende Russen und Japaner bei den Turnern

6. Dezember 1956. In der Halle des Glaciariums halten die Zuschauer den Atem an, und nicht nur sie. Trainer, Betreuer, Turner, die auf ihren Einsatz warten, sie alle starren zum Reck. Dort zeigt der Japaner Takashi Ono eine Kürübung, wie man sie noch nie gesehen hat. Die Fachleute notieren die schwierigsten Teile: Riesenfelge rückwärts, Riesenfelge rücklings vorwärts, Riesenfelge im Ellgriff, Pirouette. Das Ganze ist mit einer Leichtigkeit, Sicherheit und in unfaßbarem Tempo geturnt, daß der US-amerikanische Trainer Gene Wettstone ausspricht, was alle empfinden: »Ono hat das geturnt, von dem die anderen nur träumen. Unglaublich, daß ein Mensch dies zuwege bringen kann.« Ono bekommt die Goldmedaille am Reck für seine einzigartige Demonstration.

Die Goldmedaille im Zwölfkampf (4./6. 12.) bekommt Ono nicht. Nach sechs Pflicht- und sechs Kürübungen in sechs Disziplinen rechnen die Kampfrichter für den Russen Wiktor Tschukarin 114,25, für Ono 114,20 Punkte aus. Knapper geht es nicht. Es ist aber weniger ein bemerkenswertes Rechenkunststück als vielmehr ein Bubenstück skandalöser Parteilichkeit.

Gerechter geht es bei den Damen zu. Die Russin Larissa Latynina (dreimal Gold, einmal Silber) und die Ungarin Agnes Keleti (zweimal Gold, zweimal Silber) sind eine Klasse für sich. Ihr Händedruck gehört zu den bewegenden Augenblicken in Melbourne.

Der Russe Albert Asarjan beeindruckt an den Ringen durch die Ausdauer und Sicherheit in den Kraftteilen.

Takashi Ono beim Abgang nach seiner spektakulären Reckübung. Der Zwölfkampf-Zweite ist bester Turner.

Gold im Pferdsprung, ex aequo mit dem Russen Muratow, für den Deutschen Helmuth Bantz

◁◁ Larissa Latynina gewinnt Gold im Pferdsprung, Bodenturnen und Achtkampf, dazu Silber am Stufenbarren.

◁ Agnes Keleti gewinnt die Goldmedaille am Stufenbarren und Schwebebalken sowie Silber im Bodenturnen und im Achtkampf.

Veteranen erfolgreich beim Fechten in der St.-Kilda-Halle

23. November bis 5. Dezember 1956. Es hat schon einen Hauch von Nostalgie, als die Österreicherin Ellen Müller-Preis seit 1932 zum fünften Mal beim olympischen Fechtturnier antritt. Die 44jährige wird Siebte. Als bekanntem Gesicht seit Los Angeles begegnet sie nur noch Aladár Gerevich, der sich mit seinen 46 Jahren wie gewohnt die Goldmedaille mit der ungarischen Säbelmannschaft abholt.

Auch der 37jährige Edoardo Mangiarotti sammelt zwei weitere Goldmedaillen mit der italienischen Florett- und Degenmannschaft ein. Der 36jährige Rudolf Kárpáti, der seit 1948 Säbelgold hortet, verteidigt diesmal die ungarische Hegemonie auch im Säbel-Einzel.

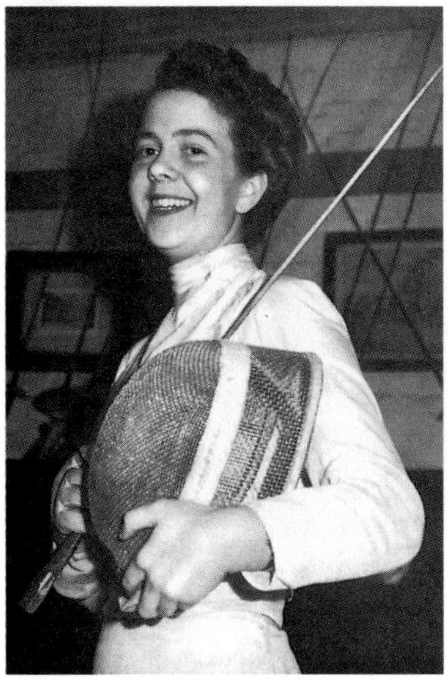

△ Ein viel beachteter Augenblick: Die russischen Säbelfechter beglückwünschen die Ungarn, im Vordergrund Lew Kusnetzow (l.) und Aladár Gerevich.

◁ Überraschungssiegerin im Damenflorett wird die Britin Gillian Mary Sheen.

Der »Herkules von Tennessee«

26. November 1956. Was ihm den Sieg brachte, hätte ihm um ein Haar eine vernichtende Niederlage bereitet. Es ist 3 Uhr in der Frühe. Immer noch harren Zuschauer im Exhibition Building beim Gewichtheben aus. Nur ein Mann ist im Schwergewicht noch im Wettbewerb. Paul Anderson, der »Herkules von Tennessee«, der erste Mensch, der 500 kg im Dreikampf bewältigte. Nun ist das dem Argentinier Humberto Silvetti ebenfalls gelungen. Mit ihm gleichziehen kann Anderson nur, wenn er im Stoßen 187,5 kg bewältigt. Das ist für ihn keine unlösbare Aufgabe. Aber Anderson hatte sich einer Abmagerungskur unterzogen. Und das kostete ihn Kraft. Er steht vor der Hantel. Der Schweiß auf seiner Stirn perlt nicht vor Anstrengung, sondern aus Angst. Mit zwei Versuchen ist er schon gescheitert. Schafft er es beim dritten Mal nicht, verspielt er nicht nur den Sieg, er fällt völlig aus der Wertung. Hätte er nur nicht abgespeckt. Doch dann stemmt er die Hantel mit verzweifelter Anstrengung. Und jetzt gehört ihm die Goldmedaille, weil er weniger wiegt als der Argentinier.
Gewogen wird auch das 2:1-Urteil, das Wilfried Dietrich, dem »Kran von Schifferstadt«, den Sieg gegen den Russen Anatolij Parfenow zusprach. Die Jury hebt diese Entscheidung nach Protest der Russen auf, was Dietrich, den besten Schwergewichtsringer, um Gold bringt.

Der Finne Taisto Kangasniemi schaltet im Freistil-Turnier den US-Amerikaner Lewis aus und gewinnt Bronze hinter dem Türken Kaplan.

Wilfried Dietrich wirft den Schweden Hans Antonsson dem Punktrichter auf den Tisch, vermutlich aus Zorn für ein kassiertes Urteil.

Paul Anderson, der »Herkules von Tennessee«, muß um seinen Ruf, der stärkste Mann der Welt zu sein, bangen. Letztlich gibt für seinen Sieg das geringere Körpergewicht den Ausschlag. Ungefährdet bleibt ein anderer US-amerikanischer Gewichtheber, Tommy Kono. Er wird auch zum »Mister Universum« gewählt.

Dritter Olympiasieg für László Papp

1. Dezember 1956. Ungarische Erfolge sind in Melbourne populär. Aber als László Papp, mit 31 Jahren Veteran des Boxturniers, den US-Amerikaner José Torres schlägt, dröhnt die Halle. Die Zuschauer wissen, daß hier ein Boxer zum dritten Mal Olympiasieger wird, eine einmalige Leistung.
Ähnlich hoch schlagen die Wogen der Begeisterung, als im Schwergewicht der Russe Lew Mukhin und der US-Amerikaner Peter Rademacher durch die Seile klettern. Der eine braungebrannt kraftstrotzend. Der andere käsig, schwammig. Und dann verdrischt Rademacher den Russen fürchterlich in dieser emotionsgeladenen Begegnung.

Ein sporthistorischer Augenblick: Wolfgang Behrendt wird vom Ringrichter zum Sieger über den Koreaner Soon Chun Song erklärt.

Der Bantamgewichtler Wolfgang Behrendt (r.) vom Prenzlauer Berg in Berlin (Ost) erkämpft die erste olympische Goldmedaille für die DDR.

Nach seinem dritten Olympiasieg erhält László Papp (r.) als erster Boxer des Ostblocks eine Lizenz für eine Profikarriere im »goldenen Westen«.

Der Italiener Ercole Baldini siegt im Straßenfahren, ohne allerdings große Unterstützung von seiner Mannschaft zu finden.

Der Franzose Michel Rousseau bei seiner Ehrenrunde nach dem Sieg im 1000-m-Sprint über den Italiener Guglielmo Pesenti

Gewaltsam müssen drei Iren am Start zum Straßenrennen gehindert werden, weil ihr Verband nicht der Union Cycliste Internationale (UCI) angehört.

Schwacher Trost für Australiens Radfans

6. Dezember 1956. Die Goldmedaillie im 2000-m-Tandemfahren kommt kurios zustande. Die Australier Ian Browne und Anthony Marchant verlieren Vorlauf und Hoffnungslauf und sind damit normalerweise ausgeschieden. Im zweiten Vorlauf fahren die Russen den Deutschen Ziegler/Neuser ins Rad. Beide Tandems stürzen. Zur Wiederholung können die Russen wegen Verletzung nicht mehr starten. Jeder denkt, daß damit die Deutschen weiterkommen. Nur die Verbandsfunktionäre denken anders. Aus unerfindlichen Gründen müssen die ziemlich lädierten Deutschen gegen die Australier zu einem weiteren Hoffnungslauf antreten. Als diese gewinnen, ist für sie der Weg zur Goldmedaille frei.

Im Straßenrennen am 7. Dezember über 181,731 km, das in glühender Hitze nur 44 von 88 Fahrern beenden, siegt der Favorit, Italiens Radstar Ercole Baldini, nach einem Ausreißversuch 50 km vor dem Ziel.

Zum Haareausraufen ist dem jugoslawischen Torhüter Petar Radenkovic zumute, nachdem Rußlands Anatoly Isajew den Siegtreffer erzielt hat. Was die Mannschaften danach als Fußball bieten, bringt den Australiern »Soccer« nicht näher.

Balbir Singh erzielt gegen Deutschland das 1:0. Doch bei diesem Ergebnis bleibt es. Der Ballzauber von Indiens Hockeyspielern ist verblaßt. Die Deutschen gewinnen dagegen durch ein 3:1 gegen Großbritannien die Bronzemedaille.

Sensationelle Mannschaftsspiele

November/Dezember 1956. Die Fußballsensation: Die russischen Staatsamateure bereiteten sich seit vier Jahren systematisch auf dieses Olympiaturnier vor. Und in Indonesien kennt man Fußball wohl nur vom Hörensagen. Als das Spiel nach 120 Minuten 0:0 steht, glaubt man Augen und Ohren nicht zu trauen. Dagegen verblaßt, daß die UdSSR das Wiederholungsspiel und schließlich auch das Turnier gewinnt.

Die Basketballsensation: Das Spiel Brasilien-UdSSR dauert statt 1 1/4 Stunden eine halbe Stunde länger. 68 Fouls bedeuten einen neuen olympischen Rekord. Fünf Brasilianer und vier Russen werden im Verlauf der »Kampfhandlungen« in die Kabinen geschickt. Edson Bispo dos Santos, den man nach einem Leberhaken vom Platz trägt, kommt nach fünf Minuten zurück und knockt einen Russen aus.

Melbourne 1956 in Stichworten

Die Spiele der XVI. Olympiade in Melbourne dauern vom 22. November bis zum 8. Dezember 1956. Teilnehmer: 2813 Männer und 371 Frauen aus 67 Ländern. 150 Wettbewerbe in 17 Sportarten. Höhepunkt des sportlichen Prestigekampfes UdSSR–USA. Erstmals gesamtdeutsche Olympiamannschaft bei Sommerspielen. **Leichtathletik:** Nochmals Steigerung der USA (16 G, 10 S, 5 B). Danach UdSSR und Australien vor Großbritannien und Deutschland. Trotz zu harter Laufbahn und oft kühler Witterung 27 olympische Rekorde und vier Weltrekorde. **Gewichtheben:** Alle ersten und zweiten Plätze teilen sich die USA und die UdSSR, bis auf den Argentinier Humberto Selvetti. **Ringen:** Russen bauen ihre Vormachtstellung weiter aus. Schweden erstmals seit 1908 ohne Sieg. **Boxen:** Erstmals die UdSSR vor Großbritannien und Rumänien. Beide Unterlegene des Halbfinales erhalten künftig Bronzemedaillen. **Fechten:** Italien vor Frankreich und Ungarn. **Schießen:** Überlegener Erfolg der UdSSR, schwere Niederlage der USA. **Moderner Fünfkampf:** Erstmals Wertung nicht nach Platzziffern, sondern nach Punkten. In der Mannschaft UdSSR vor USA und Finnland. **Radfahren:** Drei Siege für Italien, zwei für Frankreich. **Turnen:** Triumph der überbewerteten Russen gegenüber den stark verbesserten Japanern bei den Herren. Bei den Damen UdSSR und Ungarn gleichstark. **Schwimmen:** Triumph Australiens. Erstmals Sieg für Mexiko im Turmspringen. **Rudern:** USA vor UdSSR. **Kanu:** UdSSR vor Rumänien. Skandinavien nur noch erfolgreich durch Gert Fredriksson. **Segeln:** Stürmische Regatten mit Siegen für Schweden (2), Dänemark, USA und Neuseeland. **Fußball:** Überlegenheit der Staatsamateure. **Hockey:** Indien siegt zum letzten Mal. **Basketball:** Überraschender Publikumserfolg mit USA vor UdSSR und Uruguay.

1957

2. 1. Gene Fullmer wird Boxweltmeister im Mittelgewicht durch einen Punktsieg nach 15 Runden über »Sugar« Ray Robinson in New York.

25. 1. In Davos Gründung der Fédération de Luge de Course (FIL), des internationalen Rennrodelverbandes, der sich damit vom internationalen Bob- und Schlittensportverband trennt und noch im selben Jahr vom Internationalen Olympischen Komitee (IOC) als olympisch anerkannt wird.

28. 1. Weltrekord des Australiers John Devitt über 100 m Freistil in 54,6 sec auf einer 50-m-Bahn.

Februar. Der von Evaldo d'Andrea konstruierte und von dem Schmied E. D. Podar gebaute Podar-Bob kommt nach den Olympischen Spielen in Cortina d'Ampezzo 1956 bei den Bob-Weltmeisterschaften in Sankt Moritz zum Einsatz. International verdrängt er den Schweizer Feierabend-Bob.

Erstmals Sieg eines Mitteleuropäers im Skispringen am Holmenkollen durch den 19jährigen Helmut Recknagel aus der DDR.

März. Kanada und die USA nehmen aus politischen Gründen an der Eishockey-Weltmeisterschaft in Moskau nicht teil. Weltmeister wird Schweden vor der UdSSR und der ČSSR.

Beim vierten Internationalen Kongreß der Herz- und Lungenspezialisten des »American College of Chest Physicians« erläutert Professor Hugo W. Knipping aus Köln erstmals eingehend den Begriff »Bewegungstherapie«.

17. 3. Bei den Tischtennis-Weltmeisterschaften in Stockholm gewinnen Japaner die Titel im Damen- und Herren Einzel und in der Mannschaftswertung der Damen und Herren.

27. 4. Weltrekord im Stabhochsprung erstmals nach 15 Jahren um 1 cm mit 4,78 m durch Robert Gutowski (USA) in Palo Alto.

Wassili W. Smyslow wird Schachweltmeister nach Wettkampfsieg über Michail M. Botwinnik mit 12,5:9,5 Punkten in Moskau.

28. 4. Gründung des Deutschen Turn- und Sport-Bundes (DTSB) in der DDR. Präsident: Rudi Reichert.

1. 5. Der Weltschwimmverband (Fédération Internationale de Natation Amateur, FINA) erkennt nur noch Leistungen als Weltrekorde an, die auf 50-m-Bahnen geschwommen werden.

»Sugar« Ray Robinsons zweites Comeback durch K.-o.-Sieg über Gene Fullmer in der fünften Runde in Chicago.

9. 6. Zum 40. Mal seit 1909 Giro d'Italia. Sieger der Italiener Gastone Nencini vor Louison Bobet, Ercole Baldini und dem Vorjahressieger Charly Gaul.

23. 6. Borussia Dortmund wird mit derselben Mannschaft wie im Vorjahr Deutscher Fußballmeister durch ein 4:1 über den Hamburger SV in Hannover.

27. 6. Der 33jährige österreichische Bergsteiger Hermann Buhl stürzt am Chogolisa im Himalaya tödlich ab.

6. 7. Mit der US-Amerikanerin Althea Gibson gewinnt erstmals eine Farbige das Damen-Einzel in Wimbledon. Der Australier Lew Hoad wiederholt seinen Vorjahressieg, was zuletzt Donald Budge 1938 gelang.

10.–14. 7. Zweite »Gymnaestrada« in Zagreb, die sich damit als Weltturnfest der Gymnastik durchgesetzt hat.

11. 7. Weltrekord über 1500 m in 3:40,2 min durch Olavi Salonen in Turku.

12. 7. Weltrekord über 1500 m in 3:38,1 min durch den Tschechen Stanislaus Jungwirth in Stara Boleslav.

13. 7. Weltrekord im Hochsprung mit 2,16 m durch Jurij Stepanow in Leningrad.

21. 7. Der Franzose Jacques Anquetil gewinnt erstmals die Tour de France (27. 6.–21. 7.).

29. 7. Floyd Patterson verteidigt seinen Weltmeistertitel im Box-Schwergewicht durch K.-o.-Sieg in der zehnten Runde über Tommy »Hurricane« Jackson in NewYork(→ 22. 8. 1957).

August. In Moskau finden die Internationalen Jugend-Freundschaftsspiele statt.

4. 8. Mit dem Sieg beim Großen Preis von Deutschland auf dem Nürburgring sichert sich der Argentinier Juan Manuel Fangio auf Maserati zum fünften Mal die Automobil-Weltmeisterschaft der Formel 1.

22. 8. Floyd Patterson verteidigt seinen Weltmeistertitel gegen den Olympiasieger von Melbourne, Peter Rademacher, durch K. o. in der sechsten Runde in Seattle.

September. Willi Daume, Präsident des Deutschen Sport-Bundes (DSB), übergibt anläßlich der fünften Makkabiade in Tel Aviv ein »Haus des Deutschen Sport-Bundes« als Geschenk der deutschen Jugend an die israelische Jugend.

4. 9. Erstmals Europachampionat der Springreiter in Rotterdam. Sieger: Hans Günter Winkler.

18. 9. Stundenweltrekord im Radfahren durch den Franzosen Roger Rivière auf der Vigorelli-Bahn in Mailand.

23. 9. Carmen Basilio Boxweltmeister im Mittelgewicht durch einen Punktsieg nach 15 Runden über »Sugar« Ray Robinson in New York.

24. 9. Auf der 53. Session des IOC in Sofia wird Volleyball als olympische Sportart für Frauen und Männer anerkannt.

13. 10. Weltrekord durch Wladimir Kuz über 5000 m in 13:35,0 min in Rom.

Der Viererbob-Weltmeister von Sankt Moritz mit Hans Zoller, Hans Theler, Robert Küderli und Heinz Leu, die den neuen Podar-Bob erwarben

Siegeszug der Podar-Bobs

Februar 1957. Der italienische Wintersportverband sparte nicht mit Totogeldern, um für die Winterspiele in Cortina d'Ampezzo eine erfolgreiche neue Bobkonstruktion zu entwickeln. Die Konstruktion von Evaldo d'Andrea beruht auf einem tiefen Chassis, einer aerodynamischen Haube, zwei Stoßbügeln, einer Art Differential, federnd montierten Kufen und einem Rückenteil, das bis zu 16 cm verschoben werden kann. Der nach dem Schmied E. D. Podar benannte Bob bewährte sich. Bei den Weltmeisterschaften in Sankt Moritz treten die italienischen Silbermedaillengewinner von 1956 im Zweierbob, Eugenio Monti und Renzo Alverà, mit dem Podar-Bob einen Siegeszug an, der vier Jahre anhält. Ihr Pech, daß es bei den Winterspielen in Squaw Valley 1960 keine Bobrennen gibt. Der ins Ausland freigegebene Verkauf von Podarschlitten wird im Viererbob von den Schweizern genutzt.

Erfolg mit »Penholdergriff«

17. März 1957. Als mit dem Japaner Sato 1952 erstmals ein Asiate Weltmeister wurde in einem Spiel, das in Europa unter dem Namen Ping-Pong bekannt wurde, brauchte das kaum zu überraschen. Wohl aber wunderten sich seine Gegner, daß er den Schläger wie einen Tuschpinsel hielt. Dieser »Penholdergriff« gilt seitdem als eines der Geheimnisse japanischer Tischtennis-Erfolge. In diesem Jahr stellt Japan bei den Damen erstmals und bei den Herren zum fünften Mal die Weltmeister.

Bei den Tischtennis-Weltmeisterschaften in Stockholm empfängt die siegreiche japanische Mannschaft aus den Händen von Ivor Montagu, dem Präsidenten der International Table Tennis Federation (ITTF), den Courbillon Cup.

Smyslow gewinnt Schach-Weltmeisterschaft

27. April 1957. Im großen Saal des Tschaikowski-Konzerthauses in Moskau brandet Beifall auf für Wassili W. Smyslow. Vielleicht empfängt er ihn mit gemischten Gefühlen. Denn Smyslow wollte ursprünglich Sänger werden. Jetzt feiert man ihn für eine stillere Kunst. Als Michail M. Botwinnik in der 22. Partie des Wettkampfes um die Schach-Weltmeisterschaft in ein Remis einwilligt, steht es 12,5:9,5, und er hat seinen Titel verloren. Die restlichen zwei der 24 angesetzten Partien brauchen nicht mehr gespielt zu werden.

Der 46jährige Botwinnik war ein Schachwunderkind. Mit 15 Jahren zwang er bei einer Simultanvorstellung in Moskau den damaligen Weltmeister José Raúl Capablanca y Graupera zur Aufgabe. Der Kubaner sagte ihm eine große Zukunft voraus. Mit 20 Jahren war der in Sankt Petersburg (Leningrad) geborene Botwinnik erstmals russischer Schachmeister. Nach zahlreichen Erfolgen bei großen internationalen Turnieren gewann er 1948 in einem Kandidatenturnier den nach Alexandr A. Aljochins Tod seit 1946 vakanten Weltmeistertitel. Seitdem verteidigte Botwinnik seinen Titel zweimal gegen David Bronstein und einmal gegen Smyslow. In allen drei Begegnungen genügte ihm ein Unentschieden zum Erfolg. Daher sind auch diesmal die Meinungen der Experten geteilt.

Botwinnik ist ein Schachwissenschaftler, der über eine eminente Erfahrung und Sicherheit verfügt. Der zehn Jahre jüngere Smyslow wurde mit 17 Jahren Schachmeister in seiner Geburtsstadt Moskau. Er ist ein einfallsreicher Taktiker auf dem Brett und hat Botwinniks Spielweise genau analysiert. Dadurch glückten ihm in der ersten Hälfte des Wettkampfes einige Überraschungserfolge. Nach zwölf Partien stand es 7:5. Aber schon in der 13. Partie kam Botwinnik auf 7:6 heran, und der Ausgang blieb offen. Dann aber gelang es Smyslow als erstem Spieler, Botwinnik drei Niederlagen hintereinander zuzufügen. Diesen Vorsprung vermochte der Weltmeister nicht mehr aufzuholen. Als er sich erhebt, um seinem Nachfolger zu gratulieren, hat Botwinnik jedoch bereits die vertragliche Vereinbarung für einen Revanchekampf in der Tasche. Smyslow erfreut sich seines Titels nicht lang. Schon im nächsten Jahr holt ihn sich Botwinnik zurück. Die russische Hegemonie im Schach bleibt ungefährdet.

Michail M. Botwinnik (l.) und Wassili Smyslow bei ihrem zweiten Weltmeisterschaftskampf im Moskauer Tschaikowski-Saal. Smyslow gewinnt mit 12,5:9,5.

Jacques Anquetil – Champion der Tour

21. Juli 1957. Seinen Militärdienst hatte er hinter sich. Wer immer mit dem schmalen Blondschopf Jacques Anquetil zu tun bekam, merkte, daß er von einem verzehrenden Ehrgeiz geradezu besessen war. Daß er schon mit 18 Jahren französischer Meister der Amateur-Straßenfahrer und mit 19 Profi wurde, daß er Fausto Coppis Stundenweltrekord überbot, das waren für ihn nur Etappen eines Weges, auf dem er sich immer höhere Ziele steckte.

Als der 23jährige im Juni/Juli 1957 seine erste Tour de France fährt, geht er vom Start weg auf Sieg aus. Auf der zehnten von 22 Etappen holt er sich das Gelbe Trikot und gibt es bis Paris nicht mehr ab. Als ihn 35 000 Zuschauer im Prinzenpark als Nachfolger des dreifachen Toursiegers Louison Bobet begeistert empfangen, hat Anquetil über die 4555-km-Strecke knapp eine Viertelstunde Vorsprung vor dem zweitplazierten Belgier Marcel Janssens herausgefahren. Ein Tourneuling im Stil eines Meisters. Im Trubel dieses Erfolges geht der sensationelle dritte Platz des Österreichers Adolf Christian unter, der nur zweieinhalb Minuten nach dem Belgier den größten Erfolg eines Fahrers aus der Alpenrepublik bei der »Tour der Leiden« herausfährt.

Der lange Weg der Farbigen Althea Gibson zum Weltruhm

6. Juli 1957. Sie schwänzte die Schule und stahl wie ein Rabe, und hübsch sah sie auch nicht gerade aus. Daß sie nicht völlig auf die schiefe Bahn geriet, verdankte sie vielleicht »Sugar« Ray Robinson, der Althea Gibson ein Saxophon schenkte. Weil sie musikalisch war, kam sie damit im Harlem Society Orchestra unter. Vielleicht war sie dafür doch nicht musikalisch genug, denn dessen Direktor drückte ihr eines Tages einen Tennisschläger in die Hand. Damit spielte sie sich bis zu den US-Meisterschaften in Forest Hills durch, wo sie als erste Farbige einen Umkleideraum für Weiße benutzen durfte. Dort besaß sie jedoch die Taktlosigkeit, Ginger Rogers vom Platz zu fegen. Das war ihrer weiteren Karriere nicht förderlich. Sieben Jahre später steht sie im Wimbledon-Finale, das erstmals Königin Elisabeth II. besucht. Unter eisigem Schweigen schlägt sie mit knallharten Aufschlägen und temperamentvollen Angriffen die US-Amerikanerin Darlene Hard überlegen 6:3, 6:2. Althea Gibson erklärt danach: »Es ist ein langer Weg zwischen einem Ball mit dem Herzog von Devonshire und der Bowling-Bahn von Jefferson City, Missouri, wo man wegen seiner Hautfarbe vor die Tür gewiesen wird.«

Althea Gibson beim Wimbledon-Finale gegen Darlene Hard im Angriff

Darlene Hards Glückwunsch, eine ungewohnte Geste für Althea Gibson

Königin Elisabeth II. ehrt die erste Farbige in Wimbledon.

Dortmunder Doppel

Das hat es im deutschen Fußball wiederholt gegeben, daß ein Verein seinen Meistertitel im folgenden Jahr verteidigte. Aber noch nie gelang das einer Mannschaft in derselben Aufstellung. Borussia Dortmund bringt das mit Heinz Kwiatkowski, Wilhelm Burgsmüller, Herbert Sandmann, Elwin Schlebrowski, Max Michallek, Helmut Bracht, Wolfgang Peters, Alfred Preißler, Alfred Kelbassa, Alfred Niepieklo und Helmut Kapitulski fertig. Sie schlagen am 23. Juni 1957 den Hamburger SV 4:1.

▷ Dortmunds Kelbassa (r.) schießt in der 16. Minute vor 78 000 Zuschauern in Hannover das 1:0.

Weltmeister Fangio

Es spielt keine Rolle, in welches Fahrzeug sich Juan Manuel Fangio setzt. Weltmeister wird er allemal. 1951 auf Alfa Romeo, 1954 und 1955 auf Mercedes-Benz, 1956 auf Ferrari. Von 51 Grand-Prix-Rennen, die er fuhr, gewann er 24, wurde elfmal Zweiter, einmal Dritter, sechsmal Vierter. 48mal startete er aus der ersten Reihe, 23mal fuhr er die schnellste Runde. Am 4. August 1957 sichert er sich auf Maserati seinen fünften WM-Titel durch einen Sieg beim Großen Preis von Deutschland auf dem Nürburgring.

▷ Juan Manuel Fangio auf Maserati bei seinem Sieg im Großen Preis von Deutschland

Wechselnder Sieg

»Sugar« Ray Robinson kann sich seines Titels im Mittelgewicht (→ 9. 12. 1955) nicht lang erfreuen. Am 2. Januar 1957 verliert er ihn in New York an Gene Fullmer. Wieder wird der 37jährige als »Box-Opa« verspottet. Aber es ist noch kaum einem Boxer gut bekommen, Robinson zu schlagen. Beim Rückkampf in Chicago am 1. Mai 1957 geht Fullmer in der fünften Runde k. o. Als Robinson am 23. September seinen Titel an Carmen Basilio verliert, holt er ihn ein halbes Jahr später abermals zurück. Zum vierten und letzten Mal.

▷ Robinson (r.) bei seinem dritten Comeback durch K. o. in der fünften Runde gegen Fullmer

Floyd Patterson bleibt Weltmeister

22. August 1957. Nachdem Tommy Jackson, den seine Manager als »Hurrikan« oder »Bestie des Boxrings« anpreisen, den Vertrag zum Titelkampf mit dem bisher jüngsten Schwergewichtsweltmeister der Boxgeschichte, Floyd Patterson, unterschrieben hatte, tönte er: »Der ganze Ring wird in Blut gebadet sein, gleich von Anfang an.« Vielleicht hatte man Jackson zu heiß gebadet, bevor er solche Sprüche klopfte, die aber nun einmal zum US-amerikanischen Boxgeschäft gehören.

Im Ring hatte Jackson von Anfang an nichts zu bestellen. Der »Hurrikan« war nur ein laues Lüftchen und die »Bestie« ging in der zehnten Runde k. o. Mangels weiterer Bestien und Wirbelstürme im Boxring kamen die Manager auf eine gloriose Idee: Weltmeister gegen Olympiasieger! Wie Peter Rademacher in Melbourne den Russen verdroschen hatte (→ 1. 12. 1956), darüber freute sich ganz Amerika. Das war genau der richtige Mann, um als neue »weiße Hoffnung« gegen Patterson anzutreten.

Niemand scherte sich darum, daß der 30jährige Rademacher seine Boxkünste lediglich bei der Armee gelernt hatte und noch nie in einem Profiring stand. Es ist verantwortungslos, einen Debütanten gegen den Weltmeister zu stellen. Man wettet nur, in welcher Runde Rademacher k. o. gehen wird. Immerhin hält er sich am 22. August 1957 in Seattle bis zur sechsten Runde.

Gescheitertes Jugend-Festival

August 1957. Schon lange gilt die Absicht der UdSSR, mit den Spartakiaden eine Art sozialistisches Gegen-Olympia ins Leben zu rufen, als gescheitert.

Ein neuer Versuch mit den Internationalen Jugend-Freundschaftsspielen in Moskau ist kaum ermutigend. Obwohl man gegenüber den 35 000 Teilnehmern einen riesigen Propagandaaufwand entfaltet, ruft die »Komsomolskaja Prawda« dazu auf, »die schädlichen Einflüsse zu bekämpfen, die sich beim Jugend-Festival gezeigt haben. Rußlands Jugend kann vielem nicht zustimmen, was die Repräsentanten kapitalistischer Länder darlegten«.

1958

Februar. Der Franzose André Dufraisse wird zum fünften Mal hintereinander Weltmeister im Rad-Querfeldeinfahren.

1.–9. 2. Bei den Alpinen Ski-Weltmeisterschaften in Badgastein gewinnt der Österreicher Toni Sailer drei Titel. Bei den Damen zwei Titel für die Kanadierin Lucille Wheeler.

6. 2. Bei einem Flugzeugabsturz in München kommen sieben Mitglieder der englischen Fußballmannschaft von Manchester United ums Leben.

12.–16. 2. Bei den Eiskunstlauf-Weltmeisterschaften in Paris gewinnt die US-Amerikanerin Carol Heiss zum dritten Mal den Titel.

22. 2. Weltrekord über 200 m Freistil durch die Australierin Dawn Fraser in Melbourne mit 2:14,7 min (→ 10. 8. 1958).

25. 2. Der fünfmalige Automobilweltmeister Juan Manuel Fangio wird in Havanna von kubanischen Rebellen Fidel Castros entführt und nach 25 Stunden wieder freigelassen.

25. 3. Viertes Comeback »Sugar« Ray Robinsons als Boxweltmeister im Mittelgewicht durch Punktsieg nach 15 Runden über Carmen Basilio in Chicago.

2. 4. Die deutsche Fußball-Nationalmannschaft unterliegt der ČSSR in Prag 2:3.

10. 5. Michail M. Botwinnik gewinnt den Weltmeistertitel im Schach durch ein 12,5:10,5 über Wassili W. Smyslow in Moskau zurück.

17./18. 5. Weltrekord im Zehnkampf durch Wassili Kusnetzow mit 7760 Punkten in Krasnodar.

18. 5. Der FC Schalke 04 wird zum siebten Mal Deutscher Fußballmeister durch ein 3:0 über den Hamburger SV in Hannover.

29. 5. Real Madrid gewinnt in Brüssel zum dritten Mal den Europapokal der Landesmeister durch ein 3:2 n. V über den AC Mailand.

8.–29. 6. Sechste Fußball-Weltmeisterschaft. In Schweden gewinnt Brasilien zum ersten Mal den Titel.

18. 6. Floyd Patterson verteidigt seinen Weltmeistertitel im Box-Schwergewicht durch technischen K. o. in der zwölften Runde gegen Roy Harris in Los Angeles.

Der Italiener Pasquale Fornara gewinnt zum vierten Mal seit 1952 die Tour de Suisse (11.–18. 6.). Der Deutsche Hennes Junkermann wird Zweiter.

20. 6. Weltrekord im Hammerwerfen durch Harold Conolly mit 68,68 m in Bakersfield.

30. 6. Weltrekord über 400 m in 45,2 sec durch Lou Jones in Los Angeles.

2. 7. Weltrekord über 3000 m Hindernis in 8:32,9 min durch den Polen Jerzy Chromik in Warschau.

3. 7. Fritz Thiedemann gewinnt das zweite Springreiter-Europachampionat in Aachen.

5. 7. Die US-Amerikanerin Althea Gibson gewinnt zum zweiten Mal das Damen-Einzel in Wimbledon. (23. 6.–5. 7.). Mit der Brasilianerin Maria Esther Bueno siegt sie zum dritten Mal im Damen-Doppel, zuvor mit Darlene Hard und Angela Buxton.

20. 7. Weltrekord über 100 m Brust in 1:20,3 min durch Karin Beyer (DDR) in Berlin (Ost).

Der Luxemburger Charly Gaul gewinnt die 45. Tour de France (26. 6.–20. 7.).

27./28. 7. Weltrekord im Zehnkampf durch Rafer Johnson mit 7896 Punkten in Moskau.

28. 7. Weltrekord im Dreisprung durch Oleg Rjachowskij mit 16,59 m in Moskau.

6. 8. Weltrekord über 400 m Hürden in 49,2 sec durch den US-Amerikaner Glenn Davis in Budapest.

10. 8. Weltrekord über 100 m Freistil in 1:01,2 min durch Dawn Fraser in Schiedam.

19.–24. 8. Bei den Europameisterschaften der Leichtathleten in Stockholm gewinnt Armin Hary den 100-m-Lauf, Manfred Germar den 200-m-Lauf und Martin Lauer die 110 m Hürden.

28. 8. Weltrekord über 1500 m in 3:36,0 min durch den Australier Herb Elliott in Göteborg.

31. 8. Der Italiener Ercole Baldini gewinnt die Straßenrad-Weltmeisterschaft der Professionals in Reims. Bei den Amateuren siegte einen Tag vorher der viermalige »Sportler des Jahres« in der DDR, Gustaf-Adolf Schur.

23. 9. Der Franzose Roger Rivière verbessert auf der Mailänder Vigorelli-Bahn erneut den Stundenweltrekord im Radfahren auf 47,346 km.

18. 10. Die Rumänin Iolanda Balas verbessert in Bukarest ihren Weltrekord im Hochsprung zum fünften Mal in diesem Jahr von 1,78 m auf 1,83 m.

19. 10. Der Brite Mike Hawthorn steht nach seinem zweiten Platz auf Ferrari beim Großen Preis von Marokko auf dem Kurs von Ain Dab als Formel-1 Weltmeister fest.

30. 10. Zum dritten Mal in diesem Jahr Weltrekord im Speerwurf durch Birute Zalogaitite mit 57,49 m in Tiflis. Davor Anna Pazera 57,40 m.

1./2. 11. Weltrekord im Fünfkampf mit 4872 Punkten durch Galina Bystrowa in Tiflis.

Dezember. Die USA gewinnen den Davis Cup in Brisbane durch ein 3:2 über Australien.

Das Ende einer ebenso kurzen wie erfolgreichen Ära. Toni Sailer in Badgastein im Riesenslalom auf dem Weg zu drei Goldmedaillen in der Alpinen Ski-WM

Der Abschied des Toni Sailer

1. bis 9. Februar 1958. Noch ziert der »Blitz von Kitz« als dreifacher Weltmeister die Titelseiten der Illustrierten. Bald wird oder will er es nur noch als Filmstar tun.
In Badgastein zeigt Toni Sailer bei den Alpinen Ski-Weltmeisterschaften zum letzten Mal sein überragendes Können. Er gewinnt den Weltmeistertitel im Abfahrtslauf, im Riesenslalom und in der Alpinen Kombination.
Zehn Goldmedaillen in zwei Jahren. Die Konkurrenten rätseln, wie er das macht. Der Franzose Vuarnet stellt fest: Nicht mit Kraft, sondern idealer Gleichgewichtsverlagerung, immer geduckter Haltung und High Speed vom Start bis ins Ziel.

Siegerehrung mit (v. l.) Josl Rieder, Toni Sailer, Roger Staub und F. Bonlieu

Toni Sailer (r.) in dem Film »Der schwarze Blitz« (1958). Unter der Regie von Hans Grimm glänzt das Skias allein durch seine sportlichen Talente.

Mit Charly Gaul gewinnt nach 30 Jahren wieder ein Luxemburger die Tour durch konstante Leistungen in allen Etappen.

Charly Gaul gewinnt dramatische Tour

20. Juli 1958. Charly Gaul, 1,73 m groß, 64 kg schwer, feiert seinen größten Erfolg, als er in Paris als Sieger einer Tour de France einfährt, die an Überraschungen reich und spannend bis zum Schluß war.
Niemand rechnete mit einem Sieg des Luxemburgers, als in der französischen Mannschaft der dreifache Toursieger Louison Bobet und der neue Star Jacques Anquetil antraten. Doch Bobet stürzte in den Pyrenäen schwer, und Anquetil schied nach der 22. Etappe mit einer Lungenentzündung aus. Dafür fuhr der italienische Neuling Vito Favero ein starkes Rennen und trug meist das Gelbe Trikot. »Bergkönig« wurde der Spanier Federico Bahamontes. Gaul, der beim Giro d'Italia (18. 5.—8. 6.) Dritter wurde und seine sechste Tour fuhr, entschied den Sieg beim Zeitfahren, endgültig erst im letzten von Besançon nach Dijon.

Leistungstief der Nationalmannschaft

2. April 1958. Im letzten Spiel vor der WM-Endrunde in Schweden unterliegt die deutsche Fußball-Nationalmannschaft in Prag der ČSSR 2:3. Die negative Länderspielbilanz des Weltmeisters hat tragikomische Züge. Die »Helden von Bern« fielen einer Gelbsuchtinfektion zum Opfer, die Dopinggerüchte aufkommen ließ. Doch waren nur Traubenzuckerinjektionen nachweisbar. Von den nächsten zehn Länderspielen verloren die Deutschen sieben. Bundestrainer Joseph »Sepp« Herberger versuchte, aus dem Stamm und jungen Talenten eine neue Mannschaft zu formen. Er holte Fritz Walter zurück, der seine Karriere bereits beendet hatte. Einen Spieler holte er sogar aus dem Gefängnis. »Boss« Helmut Rahn konnte nach Bern mit dem Feiern nicht mehr aufhören. Er wurde im »Ruhrpott« von Wirtshaus zu Wirtshaus gereicht und landete schließlich mit dem Wagen volltrunken in einer Baugrube. Für ein Probespiel bekam er einen Tag Urlaub, schoß ein Tor und versprach, bis Schweden topfit zu sein.

Die Trümmer der britischen Chartermaschine, die wegen vereister Tragflächen in München-Riem abstürzte

Flugzeugabsturz mit Manchester United

6. Februar 1958. *Zweimal mißlingt der Start der zweimotorigen Chartermaschine der BEA bei dichtem Schneetreiben in München-Riem. Beim dritten Mal rast das Flugzeug in ein Haus am Ende der Rollbahn, explodiert und gerät in Brand. Ein schwerer Schlag für den englischen Fußball.*
Von den 44 Insassen können 21 nur noch tot geborgen werden. Darunter sieben Mitglieder der Mannschaft von Manchester United, die in Belgrad durch ein 3:3 das Halbfinale im Europapokal erreicht hatte. Unter den Schwerverletzten befindet sich der Trainer Matt Busby, der diese Mannschaft, die man die »Busby-Babes« nannte, neu aufgebaut hatte.

Juan Manuel Fangio (r.) wird nach seiner Freilassung von kubanischen Fans erleichert empfangen.

Fangio in Kuba von Rebellen entführt

25. Februar 1958. *Als Juan Manuel Fangio sein Hotel in Havanna verläßt, wird ihm der Lauf einer Maschinenpistole in den Rücken gedrückt, und zwei andere Bewaffnete fordern ihn unmißverständlich auf, in einen Wagen einzusteigen, der mit quietschenden Reifen davonfährt.*
Fangio wollte an einem 500-km-Sportwagenrennen teilnehmen, das er im Vorjahr gewonnen hatte, wofür er einen Kuß von »Miss Kuba« und einen Riesenpokal von Präsident Fulgenico Batista y Zaldívar empfing. Nun haben ihn Rebellen entführt, die ihn 24 Stunden später wieder freilassen. Das Rennen wird schließlich ohne den prominenten Rennfahrer gestartet.

Titelverteidiger scheitert in der »Hölle von Göteborg«

8. bis 29. Juni 1958. In der Gruppe 1 der WM-Endrunde in Schweden bekommt es Deutschland mit Argentinien, Nordirland und der ČSSR zu tun. In Malmö führen die Argentinier, kaum daß das Spiel begonnen hat, 1:0. Nach 20 Minuten zirkelt Fritz Walter eine Vorlage Helmut Rahn auf den Fuß, der das 1:1 erzielt. Hiervon angespornt, trifft ein junger Mittelstürmer namens Uwe Seeler zum 1:2. Dann stürmen die Argentinier. Der Ausgleich hängt in der Luft, bis Rahn überraschend aus spitzem Winkel das 1:3 erzielt. Gegen die ČSSR und Nordirland genügt den Deutschen zum Gruppensieg jeweils ein 2:2.

Im Viertelfinale treffen die Deutschen auf Jugoslawien. Die »Jugos« spielen wunderschön fürs Auge, aber ein Bombenschuß von Rahn wirft sie aus dem Turnier.

Im Halbfinale am 24. Juni gegen Schweden versuchen die Deutschen im Ulleval-Stadion cool ihr bewährtes Rezept. Walter bedient Rahn, auf den sich gleich drei Schweden stürzen, Rahn paßt zu Hans Schäfer, und der schießt das 0:1. Neun Minuten später bringt Niels Liedholm den Ball im deutschen Strafraum mit der Hand unter Kontrolle, der Pfiff des ungarischen Schiedsrichters bleibt jedoch aus. Die Schweden erzielen den Ausgleich. Danach geht es bergab. Walter wird zusammengetreten, Erich Juskowiak nach einem Revanchefoul vom Platz gestellt, Schweden gewinnt 3:1.

Schock gegen Argentinien, als schon in der zweiten Minute Corbattas Schuß Fritz Herkenrath bezwingt

Aber Helmut Rahns Tore bringen den Ausgleich und sichern den 3:1-Sieg gegen die Argentinier.

Nach einem Zusammenprall mit Hans Schäfer kann der Torwart der ČSSR den Ball nur noch hinter der Linie sichern.

Verheißungsvoller Auftakt gegen Schweden in Göteborg: Deutschland führt 1:0 durch Schäfer. Dann folgt ein enttäuschendes Spiel voller Fouls.

Der Platzverweis von Erich Juskowiak ist der Anfang vom Ende im Halbfinale gegen Schweden; wenig später muß auch Fritz Walter verletzt ausscheiden.

Brasilien wird Weltmeister mit Fußball in Vollendung

24. Juni 1958. Im zweiten WM-Halbfinale trifft Brasilien auf Frankreich. Eine Mannschaft, die bisher mit ihrer Spielkunst Bewunderung erregt hat, gegen eine Mannschaft, deren Angriffsschwung begeistert. Die Brasilianer lassen sich nicht dadurch beirren, daß der walisische Schiedsrichter ein Tor des säbelbeinigen Garrincha aus unerfindlichen Gründen nicht anerkennt oder daß Just Fontaine Torhüter Gylmar zum ersten Mal hinter sich greifen läßt. Durch Didi und Vava führen sie zur Halbzeit 2:1, und danach wird ein neuer Star geboren. Der 17jährige Pelé, den Trainer Feola nur als Ersatz mitgenommen hatte und erst nach Verletzung Mazzolas einsetzt, schießt das 3:1, 4:1 und 5:1. Die begeisterten Zuschauer glauben, die Harlem Globetrotters des Fußballs auf dem Platz zaubern zu sehen.
Was können die Schweden im Endspiel am 29. Juni dagegen bestellen? Die »Heja-Heja«-Rufe haben im Rasunda-Stadion in Anwesenheit des schwedischen Königspaares nicht mehr den aggressiven Klang wie gegen die Deutschen. Als Nils Liedholm in der vierten Minute das 1:0 erzielt, kennt der Jubel keine Grenzen. Sollte ein Wunder geschehen, ähnlich wie in Bern? Aber das Tor rüttelt die Brasilianer auf. Garrincha beginnt mit sinnverwirrenden Dribblings, paßt danach zweimal zu Vava, und es steht 1:2. Nach der Halbzeit erleben die Zuschauer ein Tor, wie sie noch nie eines gesehen haben. Didi flankt scharf nach innen, Pelé fängt den Ball mit der Brust auf, läßt ihn über das Knie vor dem verdutzten Gustafsson abrollen, schlenzt ihn mit der Fußspitze über den Kopf, dreht sich herum und schießt das 1:3. Als hätte man Rastelli auf den Fußballplatz geholt. Jetzt konzentrieren sich die Schweden ganz auf die Bewachung Garrinchas und Pelés, worauf Zagalo das 1:4 schießt. Danach hat der Schiedsrichter mit den Schweden Erbarmen, erspart ihnen einen Elfmeter nach einem schweren Foul von Parling und schreibt ihnen ein eindeutiges Abseitstor gut. Was tut's? Tausendsassa Pelé setzt mit dem 2:5 den Schlußpunkt. Die Brasilianer sind jubelnde und bejubelte Weltmeister. Einzig Pelé muß getröstet werden, denn Tränen des Glücks überwältigen ihn. Die Fußballwelt hat eine Sternstunde erlebt.

Die brasilianische Mannschaft präsentiert sich nach ihrem Endspielsieg den Fotografen (stehend v. l.): Zito, Djalma Santos, Bellini, Nilton Santos, Orlando, Gylmar; (knieend v. l.): Garrincha, Didi, Pelé, Vava, Zagalo; ganz links der brasilianische Trainer Feola, der die Mannschaft erfolgreich zum WM-Sieg geführt hat

△ Schwedens König Gustav VI. Adolf (l.) bei der Begrüßung der Mannschaften vor dem Endspiel Schweden—Brasilien im Rasunda-Stadion. Für den 33jährigen schwedischen Torhüter Kalle Svensson (r.) ist es das 78. Länderspiel.

◁ Die Sensation von Stockholm ist der 17jährige Pelé, der jüngste Stürmer im Aufgebot der Brasilianer (r.). Als Ersatzmann im Viertelfinale eingesetzt, erzielt er bei dieser WM sechs Treffer.

Stockholm: Westdeutsche Leichtathleten steigern sich

19. bis 24. August 1958. Bei den Leichtathletik-Europameisterschaften in Stockholm erklärt der niederländische Nationaltrainer Jan Blankers resigniert: »Wir Kleinen, was haben wir bei Europameisterschaften noch zu suchen? Wie sollen wir gegen die Großen ankommen?«
Der Schein gibt ihm recht. Die »großen Vier« in Stockholm sind die UdSSR, Deutschland, Großbritannien und Polen. In 36 Wettbewerben überlassen sie den übrigen 23 teilnehmenden Ländern nur vier Siege. Aber dieses Zahlenbild trügt. Die russischen Staatsamateure müssen erkennen, daß ihre rigorosen Trainingsmethoden keineswegs mehr Siege garantieren.
Besonders augenfällig ist der Aufschwung der westdeutschen Leichtathleten innerhalb der gesamtdeutschen Mannschaft. Von ihnen sagte noch vor drei Jahren Emil Zátopek: »Ihr lebt zu gut, ihr fahrt lieber Auto, ihr seid zu faul.« Jetzt gewinnen: Armin Hary die 100 m, Manfred Germar die 200 m, Martin Lauer die 110 m Hürden, Germar, Heinz Fütterer, Lauer und Hary die 4x100-m-Staffel, Liesel Jakobi den Weitsprung, Marianne Werner das Kugelstoßen. Außerdem laufen über 400 m Karl-Friedrich Haas und Carl Kaufmann auf die Ränge drei und vier. Als für die deutschen Sieger Ludwig van Beethovens »Ode an die Freude« erklingt, stimmen die deutschen Zuschauer die dritte Strophe des Deutschlandliedes an.

Mit Manfred Germar, Heinz Fütterer, Martin Lauer und Manfred Steinbach (v. l.) stellt die deutsche 4x100-m-Staffel den Weltrekord ein.

Überraschung bei den Leichtathletik-Europameisterschaften in Stockholm. Armin Hary gewinnt die 100 m in 10,3 sec vor dem Deutschen Meister Manfred Germar und dem Briten Peter Radford. Mit Germar siegt Hary auch über 4x100 m. Die schlechten Wetterverhältnisse in Stockholm lassen überragende Zeiten nicht zu, aber der allgemeine Leistungsstandard ist erheblich gestiegen. Hary läuft wenige Wochen später die 100 m in 10,0 sec. Der Weltrekord wird wegen abschüssiger Bahn nicht anerkannt.

Die Rumänin Iolanda Balas überspringt in Cluj als erste Frau die 1,80-m-Marke und steigert diesen Weltrekord noch auf 1,81 m, 1,82 m und 1,83 m. Bei den Olympischen Spielen in Melbourne wurde sie mit 1,67 m nur Fünfte.

Al Oerter wirft in Fayetteville den Diskus auf 61,721 m, aber wegen eines Formfehlers wird dieser erste Wurf über 60 m nicht anerkannt.

Der Australier James Herbert »Herb« Elliot läuft in Göteborg Weltrekord über 1500 m in 3:36,0 sec. Er wird von Percy Cerutti trainiert.

Martin Lauer (l.) beim 110-m-Hürdenlauf in Augsburg, wo die westdeutschen Leichtathleten einen sensationellen Länderkampfsieg gegen die UdSSR mit 115:105 Punkten erzielen. Doppelsiege gibt es über 100 m und 200 m, Ludwig Müller besiegt die russischen Langstreckler über 5000 m und 10 000 m.

Ercole Baldini – der neue Radstar Italiens

31. August 1958. Ercole Baldinis bisher größtes Erfolgsjahr war 1956, als er Verfolgungsweltmeister wurde, den Stundenweltrekord brach und in Melbourne die olympische Goldmedaille gewann. Danach gab es für den Amateur keine lohnenden Ziele mehr.

Seine Profi-Karriere eröffnete Baldini mit dem Titel eines italienischen Straßenmeisters im Vorjahr. Bei seinem ersten Giro d'Italia wurde er 1957 hinter Gastone Nencini, seinem schärfsten Rivalen im eigenen Land, und Frankreichs Tour-Idol Louison Bobet Dritter.

Dieses Jahr gewann er den Giro vor dem Belgier Jos Brankart, den eine Handverletzung bei der Tour zur Aufgabe zwang, und vor Charly Gaul, der sich erfolgreich für die Tour einrollte. Anschließend konzentrierte sich Baldini ganz auf die Straßen-Weltmeisterschaft in Reims. Und hier gelingt ihm am 31. August über die 277-km-Strecke der Sieg über Bobet, den das Publikum frenetisch anfeuert. Dritter wird der Franzose André Darrigade.

Ein in Westdeutschland kaum beachteter, aber in der DDR begeistert gefeierter Erfolg gelang am 30. August bei den Amateuren Gustaf Adolf Schur, der den Titel im Spurt vor den Belgiern Paulissen und Dewolf gewann. Schur ist einer der populärsten Sportler der DDR.

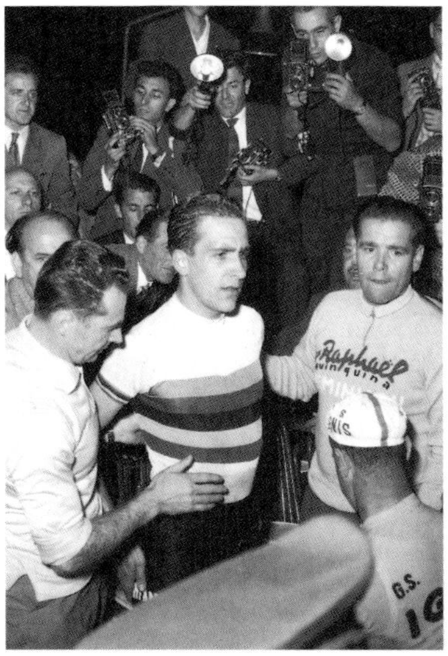

△ Der Franzose Roger Rivière fuhr 1957 auf der Mailänder Vigorelli-Bahn als erster Mensch mit 46,923 km/h über 46 km in einer Stunde. Ein Jahr später verbessert er seinen Stundenweltrekord über 10 km und 20 km und wird außerdem in diesem Jahr französischer Verfolgungsmeister. Seine erfolgversprechende Karriere endet 1960 mit einem schweren Sturz bei der Tour de France.

◁ Der Italiener Ercole Baldini im Regenbogentrikot des Weltmeisters im Straßenradfahren der Professionals in Reims. Er setzte sich erfolgreich gegen die französischen Asse Louison Bobet und André Darrigade und gegen das französische Publikum durch.

Hawthorn gewinnt WM der Formel 1

19. Oktober 1958. Nachdem Juan Manuel Fangio seine Karriere beendet hatte, erwartete man allgemein einen Briten als Nachfolger in der Formel-1-Weltmeisterschaft. Und dies konnte eigentlich nur Stirling Moss sein, Fangios erbittertster Rivale. Moss riskierte oft genug Kopf und Kragen, um Fangio einen Sieg abzujagen, aber der besonnene Argentinier blieb ihm überlegen.

In dieser Saison gewann Moss auf einem Cooper den Großen Preis von Argentinien, mit einem Vanwall die Grand-Prix-Rennen in Portugal und in den Niederlanden.

Moss siegt auch beim Großen Preis von Marokko am 19. Oktober, doch Weltmeister wird Mike Hawthorn, der mit seinem Ferrari auf dem Kurs von Aiu Dab Zweiter wird, ansonsten nur den Grand Prix von Frankreich gewann, jedoch das bessere Punktekonto aufweist.

Mike Hawthorn erklärt nach dem Gewinn des Weltmeistertitels in der Formel 1 seinen Rücktritt. Ein Jahr später verunglückt er in Großbritannien mit seinem Jaguar auf einer Landstraße tödlich.

Dawn Fraser – eine Australierin auf Weltrekordjagd

10. August 1958. Die Australierin Dawn Fraser schwimmt in Schiedam Weltrekord über 100 m Freistil in 1:01,2 min. Sechs Monate zuvor war sie in Melbourne die 200 m Freistil in der Weltrekordzeit von 2:14,7 min geschwommen.

Wer die 20jährige näher kennenlernt, könnte sie leicht für eine Ulknudel halten. Aber ein Kind des Glücks war die Tochter eines Hafenarbeiters in Sydney unter acht Geschwistern nicht. Sie litt unter Bronchitis und trat deshalb in einen Fußballklub ein. Erst mit 13 Jahren begann sie zu schwimmen, und der Weg zum Olympiasieg über 100 m in Melbourne war noch weit und hart. Als sie am 21. Februar 1956 mit 18 Jahren ihren ersten Weltrekord – 100 m in 1:04,5 min – schwamm, dachte sie noch nicht im entferntesten daran, daß sie rund 40 weitere Weltrekorde schwimmen würde. Um ihren Lebensunterhalt zu verdienen, arbeitete sie tagsüber in der Fabrik, abends als Serviererin. Damit sparte sie etwas Geld, um ein oder zwei Wochen nur trainieren zu können. Später erklärt sie: »Das war eine wichtige Voraussetzung für meine Erfolge. Nachdem ich so viele Entbehrungen auf mich genommen hatte, konnte ich nicht mehr aufhören. Ich wollte nun die Früchte ernten, die heute sehr vielen Talenten gleich beim Beginn der Karriere in den Schoß gelegt werden.«

Die Australierin Dawn Fraser auf Weltrekordjagd. Sie bleibt acht Jahre lang die schnellste Kraulschwimmerin auf den kurzen Strecken.

Die Karriere Dawn Frasers begann, als sich der Trainer Harry Gallagher ihrer annahm und sie veranlaßte, nach Adelaide überzusiedeln, wo sie einen Job als Verkäuferin, später als Sekretärin bekam. Und vor allem fand sie dort bessere Trainingsbedingungen vor.

Dawn schwimmt nicht nur schnell, sondern auch schön. Sie gleitet mit harmonischen Bewegungen durch das Wasser, wobei die Fachkenner auf einen Armzug drei Beinschläge konstatieren. Die Armzüge sind ruhig und kraftvoll, die schraubenartigen Beinschläge wirken wie der Antrieb eines Heckmotors. Ihre Bronchitis hat sie längst überwunden.

1959

Januar. Der Australier John Konrads schwimmt in Sydney Weltrekorde über 200 m Freistil in 2:02,2 min, über 400 m Freistil in 4:19,0 min und über 800 m Freistil in 8:59,6 min.

14. 1. Die Australierin Ilsa Konrads, Schwester von John, schwimmt in Sydney Weltrekord über 1500 m Freistil in 19:25,7 min.

Februar. Der kanadische Skiläufer John Semmelink verunglückt beim Kandahar-Abfahrtsrennen am Garmischer Kreuzeck tödlich. Darauf heftige Diskussionen über die Gefährlichkeit von Abfahrtsstrecken.

13. 2. Die US-Amerikaner weigern sich, in Squaw Valley eine Bob-Bahn zu bauen. Aus diesem Grund finden 1960 keine olympischen Bobwettbewerbe statt. Das Internationale Olympische Komitee (IOC) und die Fédération Internationale de Bobsleigh et de Tobogganing (FIBT) erheben keinen Einspruch.

März. Eishockey-Weltmeisterschaft in acht Städten der ČSSR. Der Eishockey Weltverband (Ligue Internationale de Hockey sur Glace, LIHG) erhält für die Fernseh-Übertragunsrechte 110 000 Schweizer Franken. Weltmeister Kanada vor der UdSSR und ČSSR.

5. 4. Bei den 25. Tischtennis-Weltmeisterschaften in Dortmund gewinnen Japaner sechs von sieben Titeln. Erstmals mit Jung Kuo-tuan ein Chinese Weltmeister.

26. 4. Weltrekord im Kugelstoßen mit 17,25 m durch Tamara Press in Naltschik.

Mai. Sensationeller Sieg einer russischen Springreiterequipe im Preis der Nationen in Paris vor Deutschland, USA, Italien, Großbritannien, Spanien und Frankreich.

1. 5. Floyd Patterson verteidigt seinen Weltmeistertitel im Box-Schwergewicht durch K.-o.-Sieg in der elften Runde über den Briten Brian London in Indianapolis.

2. 5. Beim traditionellen Kentucky-Derby in Churchill Downs wird erstmals der Sieger durch ein farbiges Zielfoto ermittelt.

3. 5. Weltrekord im Dreisprung durch Oleg Fjedossejew mit 16,70 m in Naltschik.

16./17. 5. Weltrekord im Zehnkampf mit 7957 Punkten durch Wassili Kusnetzow in Moskau.

5. 6. Weltrekord im Speerwurf mit 86,04 m durch Al Cantello (USA) in Compton.

14. 6. Weltrekord im Diskuswurf mit 59,91 m durch den Polen Edmund Piatkowski in Warschau.

19. 6. Mit Hans »Hennes« Junkermann gewinnt zum zweiten Mal seit 1934 ein Deutscher die Tour de Suisse (→ 11.–19. 6. 1959).

26. 6. Neuer Boxweltmeister im Schwergewicht der Schwede Ingemar Johansson durch technischen K.o. in der dritten Runde über Floyd Patterson in New York.

Juli. Heftige Diskussionen über den Beschluß bei der 55. IOC-Session in München, »Rotchina« wieder ins IOC aufzunehmen und »Nationalchina« zu veranlassen, unter NOK (Nationales Olympisches Komitee) Taiwan aufzutreten.

4. 7. Die Brasilianerin Maria Esther Bueno gewinnt das Damen-Einzel in Wimbledon. Bei den Herren siegt der Peruaner Alejandro Olmedo.

7. 7. Weltrekorde über 110 m Hürden in 13,2 sec und über 200 m Hürden in 22,5 sec durch Martin Lauer in Zürich.

12. 7. Fritz Thiedemann gewinnt in Hamburg-Flottbek seit 1950 zum fünften Mal das Deutsche Spring-Derby. Einmaliger Rekord.

18. 7. Der 30jährige Spanier Federico Bahamontes gewinnt die Tour de France. Jacques Anquetil wird Dritter (→ 25. 6.–18. 7. 1959).

21. 7. Sensationeller Weltrekord einer US-Herren-Staffel über 4 x 100 m Freistil in 3:44,4 min in Tokio.

1. 8. Weltrekord im Kugelstoßen durch Parry O'Brien mit 19,30 m in Albuquerque.

11. 8. Rudi Altig wird in Amsterdam Weltmeister im Einer-Verfolgungsfahren der Amateure.

29.–31. 8. Australien gewinnt in Forest Hills den Davis Cup durch ein 3:2 über die USA.

September. Bei den dritten Panamerikanischen Spielen in Chicago Weltrekorde durch Nancy Ramey über 100 m Schmetterling in 1:09,1 min, Carin Cone über 100 m Brust in 1:11,4 min und durch die US-Damen-Staffel über 4 x 100 m Lagen in 4:44,6 min.

12. 9. Weltrekord über 400 m in 53,4 sec durch Maria Itkina in Krasnodar.

13./14. 9. Weltrekord im Fünfkampf mit 4880 Punkten durch Irina Press in Krasnodar.

21. 9. Zum siebten Mal Weltrekord im Hochsprung durch Iolanda Balas. 1,84 m in Bukarest.

2. 10. Auf ihrer fünften Bundestagung fordert die Deutsche Olympische Gesellschaft (DOG) durch ihren Präsidenten Georg von Opel die Verwirklichung eines »Goldenen Plans« für den Übungsstättenbau. Nach der größten Pressekampagne, die es auf dem Gebiet des Sports in Deutschland je gab, erlangt der »Goldene Plan« Gesetzeskraft in Bund, Ländern und Gemeinden.

12. 12. Der Australier Jack Brabham wird mit Cooper-Climax Formel-l Weltmeister.

Eine unerwartete 3:5-Niederlage der Kanadier gegen die ČSSR in Prag gefährdet beinahe noch den schon sicheren Weltmeistertitel für die Belleville McFarlands.

Kanadier feiern zu früh

März 1959. Für die Belleville McFarlands läuft bei der Eishockey-Weltmeisterschaft in der Tschechoslowakei alles nach Plan. In der Vorrunde walzen sie die Schweiz mit 23:0 nieder, Polen mit 9:0, und der Gastgeber ČSSR kommt mit 7:2 noch glimpflich weg.
Als sie in der Endrunde nach einem 6:0 über Finnland, einem 5:0 über Schweden und einem 4:1 über die USA auch den »Erzfeind« UdSSR mit 3:1 abgefertigt haben, treffen bereits stapelweise die Glückwunschtelegramme aus Kanada ein. Es steht nur noch als letztes Spiel eine Begegnung gegen die ČSSR aus.
Unter dem Toben des Publikums in Prag unterliegen die wohl etwas vom Feiern übernächtigten Kanadier 3:5. Damit sind sie plötzlich punktgleich mit der UdSSR. Jetzt entscheidet das Torverhältnis. Erst als dieses knapp zu ihren Gunsten ausfällt, können sie weiterfeiern.

Abfahrtslauf in den Tod

Februar 1959. Den 23jährigen Kanadier John Semmelink beschreibt der österreichische Journalist Martin Maier: »Ein Junge mit Sommersprossen im Gesicht und das Herz just so fröhlich getupft. Er trug gerne seinen Tiroler Hut, gönnte jedem seinen Erfolg und sprach vom Skilauf, daß man meinen konnte, er spräche von seiner Liebsten.«
Beim Abfahrtslauf des Kandaharrennens in Garmisch-Partenkirchen fliegt Semmelink in einem Streckenstück, das man die »Hölle« nennt, aus der Bahn, schießt mit 80 km/h 30 m durch die Luft, stößt noch während des Sturzes Schreie des Entsetzens aus, landet in einer vereisten Schneerinne und stürzt dann noch 80 m tief ab. Er schlägt mit dem Kopf auf einen Felsen auf und stirbt wenige Stunden später.
In der öffentlichen Diskussion weisen die Veranstalter jede Mitverantwortung an dem Unfall zurück und behaupten, die Strecke sei nicht schwerer als andere. Fest steht, daß von den 16 weltbesten Läufern der Gruppe 1 auf der vereisten Piste neun nicht ins Ziel kamen, daß die »Hölle« nicht mit Fangnetzen abgesichert war, daß sich dort die Zuschauer drängten, daß dort der Fernsehkameramann stand, weil er Stürze erwartete, daß die von der FIS (Fédération Internationale de Ski) vorgeschriebenen 40 m breiten Abfahrtschneisen nur 10 m breit waren, daß Andreas Molterer im Ziel ausrief »Wahnsinn!« und Forrer stammelte »O Gott! O Gott!« Maiers letztes Wort hierzu: »Unverzeihlich wäre es, bliebe Semmelinks Tod vergeblich und löste er den alpinen Skirennlauf nicht aus seiner Umarmung von Industrie, Geschäft, Fremdenverkehr und dem Gladiatorenspiel mit dem Leben.«

Zielfotografie entscheidet Kentucky-Derby

2. Mai 1959. Sie ist vom Allerfeinsten. Auf einem Turm, 50 m von der Ziellinie entfernt, ist eine 1750-m-Kamera installiert, die durch einen 1,5 mm breiten Schlitz auf ein 5 cm breites Sichtfeld eingestellt ist. Der Film in der Kamera bewegt sich, wie die Techniker ausgetüftelt haben, in der gleichen Geschwindigkeit wie galoppierende Pferde. Dadurch werden die bisher bei Zielfotografien entstehenden Verzerrungen und Unschärfen vermieden. Durch Markierungen auf dem Filmstreifen kann der Sieger des Kentucky-Derbys einwandfrei ermittelt werden. Und zwar in Farbe. Das erspart viel Ärger und vor allem Streit um viel Geld. Denn das Kentucky-Derby ist das Non plus ultra des Galopprennsports der USA. Es wird für dreijährige Vollblüter über eine Distanz von 2011 m ausgetragen.
Am 17. Mai 1875 wurde es in Churchill Downs bei Louisville im US-Bundesstaat Kentucky erstmals gestartet. 14 der 15 Jockeis waren Schwarze, auch der Sieger Lewis auf Aristides. 1885 erklärte der Stadtrat von Louisville den Tag des Kentucky-Derbys zum Feiertag. Damals brauchte es schon 16 Eisenbahnwaggons, um die Pferde nach Louisville zu bringen. Der Sieger des 85. Kentucky-Derbys 1959 heißt Willie Shoemaker auf Tomy Lee.

Das erste farbige Zielfoto über den Einlauf beim berühmten Kentucky-Derby

Tour de Suisse für Hans Junkermann

11. bis 19. Juni 1959. Mit dem Kölner Hans »Hennes« Junkermann geht ein neuer Stern am bisher ziemlich wolkenverhangenen deutschen Radfahrerhimmel auf. »Hennes« wurde als 24jähriger Profi im vorigen Jahr deutscher Verfolgungsmeister und machte international mit einem zweiten Platz bei der Tour de Suisse auf sich aufmerksam. Auf diese Rundfahrt konzentrierte sich Junkermann in diesem Jahr besonders, mit dem Erfolg, daß er sie als erster Deutscher seit 1934 gewinnt.
Erstmals wird in diesem Jahr ein Bergzeitfahren durchgeführt, und gerade auf dieser schweren Etappe sichert sich Junkermann den Vorsprung für den Gesamtsieg. Er nimmt danach achtmal an der Tour de France teil, wobei er sich als Vierter (1960), Fünfter (1961) und Neunter (1963 und 1964) plaziert.

»Hennes« Junkermann, Sieger in der Tour de Suisse. Er ist nach 25 Jahren der zweite Deutsche, der diese Rundfahrt gewinnt. 1962 wiederholt er seinen Erfolg.

Patterson verliert WM-Titel an Außenseiter Johansson

26. Juni 1959. Die Journalisten bemäkeln, daß sie im Trainingscamp von »Thors Hammer« nichts zu sehen bekamen, mit dem Ingemar Johansson im Vorjahr Eddie Machen in der ersten Runde zu Boden streckte, den Briten Erskine in der 13. Runde und den Deutschen Heinz Neuhaus in der vierten Runde k.o. schlug. Das verschaffte ihm den Titelkampf, bei dem er gegen Floyd Patterson offenbar nicht den Hauch einer Chance hat. Besonders da Johansson seine Nächte vor dem Kampf in Nightclubs verbrachte.
Viel zu sehen ist in den ersten beiden Runden im New Yorker Yankee-Stadion zunächst nicht. Patterson, dem man nachsagt, daß er ein »Glaskinn« besitzt, beginnt, wie gewohnt, vorsichtig. In der zweiten Runde bringt er zwei Treffer an, die den Schweden nicht beeindrucken. Dafür läßt Johansson nach zwei steifen linken Geraden erstmals »Thors Hammer« sausen, worauf Patterson mit verdutztem Gesicht eiligst den Rückzug antritt. In der dritten Runde trifft »Thors Hammer« voll, und Patterson ist erledigt. Er kommt zwar bei sieben wieder hoch, aber Johansson schlägt ihn noch sechsmal nieder, bis der Ringrichter ein Einsehen hat. Johansson, der »Drückeberger« von Helsinki 1952 (→ 2. 8. 1952), ist Weltmeister.

»Thors Hammer« schlägt ein bei Patterson, der von diesem Augenblick an ein geschlagener Mann ist.

Siebenmal muß Patterson in der dritten Runde des Weltmeisterschaftskampfes gegen Johansson zu Boden.

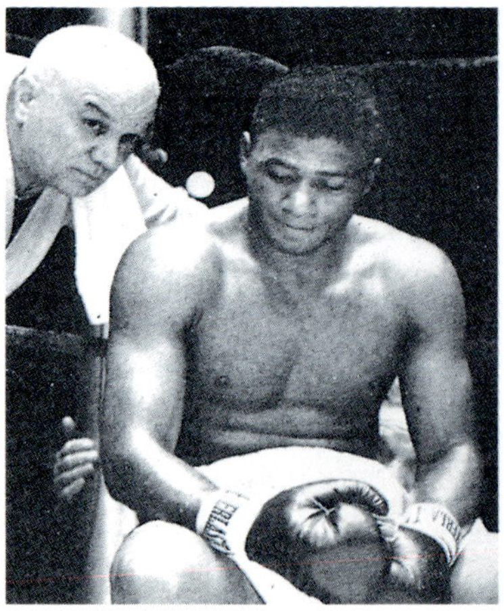

Vom Ringrichter aus dem Kampf genommen, sitzt Patterson nach dem »Aus« benommen in seiner Ecke.

Calhoun (l.) kommt am 9. September nach Wuppertal, tritt über 110 m Hürden gegen Lauer (r.) an und verliert.

Martin Lauer läuft zwei Weltrekorde

7. Juli 1959. Der 22jährige Kölner Martin Lauer, das Multitalent der deutschen Leichtathletik, hat schon immer jedem, der es hören, und noch lieber jedem, der es nicht hören wollte, die Wahrheit gesagt. Man darf ihm also glauben, wenn er später schreibt: »Ich wußte schon, daß ich Weltrekord laufen würde, als ich in München ins Flugzeug stieg. Ich freute mich auf diesen Weltrekord und war mir so sicher, wie man das im Augenblick höchsten Selbstvertrauens sein kann.«

Beim internationalen Leichtathletik-Meeting auf dem Züricher Letzigrund findet Lauer ideale Bedingungen vor. Bei 30 °C und leichtem Rückenwind gewinnt er den 110-m-Hürdenlauf vor dem US-Amerikaner Billy May, dem Münchner Walter Pensberger und dem Schweizer Arnold Tschudi, der in diesem Lauf den Schweizer Rekord auf 14,4 sec verbessert. Lauer aber unterbietet mit 13,2 sec den Weltrekord des US-Amerikaners Jack Davis um zwei Zehntelsekunden. Knapp eine Stunde danach läuft er mit 22,5 sec über 200 m Hürden einen weiteren Weltrekord auf der 400-m-Bahn. Diese Zeiten gehen als Sensationsmeldungen um die Welt. Lee Calhoun, der Olympiasieger von Melbourne, kann sie kaum glauben. Hierzu bemerkt Martin Lauer: »Die nackte Tat allein genügt schon lange nicht mehr, einer sportlichen Leistung gerechten Glanz zu verleihen, sie tritt in den Hintergrund, und das heroisierende Beiwerk wird zum Wesentlichen.«

Fritz Thiedemanns fünfter Streich

12. Juli 1959. Im vorigen Jahr wurden zum 30. Deutschen Spring-Derby erstmals alle bisherigen Sieger nach Klein-Flottbek eingeladen. Dem Publikum stellten sich zehn Reiterinnen und Reiter vor, darunter Irmgard von Opel (1934) und Hans-Joachim Andreae (1921).

Fritz Thiedemann hatte das Derby bereits dreimal gewonnen, 1950 mit Loretto, 1951 mit Meteor und 1954 mit Diamant. 1958 fügte er den Sieg mit Finale hinzu. 1959 siegt er mit Retina. Außerdem wurde Thiedemann zweimal Zweiter, dreimal Dritter. Mit Meteor plazierte er sich achtmal, insgesamt in zwölf Jahren mit verschiedenen Pferden 21mal.

Fritz Thiedemann gewinnt zum fünften Mal das Spring-Derby. Mit Retina schlägt er Alwin Schockemöhle auf Ramona, die vom selben Vater abstammt.

Mit Volleys und Spitzenhöschen

4. Juli 1959. Als Althea Gibson im vorigen Jahr ihren zweiten Wimbledonsieg im Einzel feierte, trat sie im Doppel mit einem brasilianischen Teenager an, der aufschlug wie ein Holzfäller. Die Zuschauer fanden das zierliche Persönchen mit dem melodischen Namen Maria Esther Bueno »lovely«. In diesem Jahr erscheint die Bueno in Wimbledon mit Spitzenhöschen unter dem kurzen Tennisröckchen. Damit hatte sie einige Wochen zuvor die gesamte Männerwelt Roms zu Tennisfans bekehrt. Wimbledons ehrwürdige Klubherren finden sie aber gar nicht mehr »lovely«, sondern »shocking«. Sie schlägt Darlene Hard 6:4, 6:3.

Mit der 19jährigen Maria Esther Bueno gewinnt erstmals eine Brasilianerin das Damen-Einzel in Wimbledon. Bei den Herren gewinnt mit Alejandro Olmedo erstmals ein Peruaner.

»Adler von Toledo« wird Toursieger

25. Juni bis 18. Juli 1959. »Bergkönig« war der Spanier Federico Bahamontes schon. Jetzt schlägt er auf der 13. Etappe der Tour de France von Albi nach Aurillac zu. Zwar langen die Franzosen Henri Anglade und Jacques Anquetil eine Minute vor ihm an, aber der auch in diesem Jahr favorisierte Vorjahressieger Charly Gaul rutscht mit 15 Minuten Rückstand in den Keller. In den Alpen greift der 30jährige »Adler von Toledo« erneut an. Zwar ist Gaul 30 Sekunden vor ihm in Grenoble. Aber Bahamontes hat das Gelbe Trikot und behält es bis Paris.

Ganz Spanien jubelt, weil mit Federico Bahamontes zum ersten Mal ein Spanier die Tour de France gewinnt. Der »Adler von Toledo« gehört schon seit Jahren zu den stärksten Bergfahrern und holte in den Bergetappen den entscheidenden Vorsprung heraus.

Rudi Altig – der Yogi auf dem Fahrrad

11. August 1959. Als man den Mannheimer Rudi Altig zum Viertelfinale des 4000-m-Amateur-Verfolgungsfahrens im Amsterdamer Olympiastadion aufruft, steht er auf dem Kopf. Allerdings nicht, weil vorher der Italiener Mario Valotto den bisherigen Weltrekord um volle acht Sekunden unterboten hat. Es ist Altigs Methode, sich auf das bevorstehende Rennen zu konzentrieren. Sein Trainer Karl Ziegler hat sie ihm beigebracht. Ziegler kam aus dem Zweiten Weltkrieg mit schwerem Rheuma zurück, gegen das die Ärzte kein Mittel fanden. Er studierte darauf asiatische Medizin und wurde gesund. Altig schwört auf seine Ratschläge. Als er seinen Lauf beendet, gehört der Weltrekord mit 4:53,8 min ihm. Im Halbfinale entgeht der Schweizer Trepp mit knapper Not einer Überrundung.

Altig, ein 22jähriger Hüne von 1,85 m Größe und 85 kg Gewicht, zeigt vor dem Endlauf gegen den Italiener Valotto keinerlei Nervosität. Nach seinem obligaten Kopfstand kommt er aus der Kabine, klopft seinem Gegner auf die Schulter und versichert ihm: »Ich mag dich leide, schad, daß ma gegeneinanner fahre müsse.«

Vielleicht verstand Valotto nicht genug Mannheimerisch, aber nach einigen Runden findet er das auch »schad«. Altig nimmt ihm Runde für Runde 5 bis 10 m ab, obwohl der Italiener eine größere Übersetzung wählte. Altig führt mit 60 m Vorsprung, als ihm kurz vor Beginn der letzten Runde der Vorderreifen platzt. Nach dem Reglement wird das Rennen abgebrochen, aber da der Schaden 500 m vor dem Ziel passiert, gewertet. Altig ist Weltmeister! Es war auch offensichtlich, daß der resignierende Italiener ihn nicht mehr hätte gefährden können. Jetzt stehen die deutschen Zuschauer kopf und tragen Altig auf den Schultern zur Siegerehrung.

Rudi Altig mit dem Regenbogentrikot zwischen Trepp und Valotto

Im November 1959 fährt Altig Weltrekorde über 1 km und 5000 m.

»Goldener Plan« für mehr Sportstätten

2. Oktober 1959. Auf der sechsten Mitgliederversammlung der Deutschen Olympischen Gesellschaft (DOG) in Hannover erhebt ihr Präsident Georg von Opel Forderungen für den Übungsstättenbau. Es fehlen demnach 9500 Sportanlagen mittlerer Größe, 11 350 Schulturnhallen, 16 000 kleinere Hallen, 2200 Freibäder, 400 Hallenbäder, 3000 Lehrschwimmbecken, 30 000 Kinderspielplätze. Für die Verwirklichung dieses Bauprogramms, das von Opel als »Goldenen Plan« bezeichnet, wären in zehn Jahren von Bund, Ländern und Gemeinden 6,3 Mrd. DM aufzubringen.

Die DOG stellt aber nicht nur diese ungeheure Forderung, sie weist auch in einer Denkschrift nach, wie sie zu realisieren ist. Der »Goldene Plan« wird in den Jahren 1960 bis 1970 nicht nur erfüllt, sondern für weitere zwei Dekaden fortgeschrieben und gewinnt Gesetzeskraft in Bund, Ländern und Gemeinden. Er ist die bedeutendste gesellschaftspolitische Leistung des Sports in der Bundesrepublik Deutschland, die auf Privatinitiative zurückgeht.

Der entscheidende Biß in die Hose des ahnungslosen Fortuna-Stürmers Wöske

Erster Preis für Hundebiß beim Fußball

Mit dem ersten Preis für das beste Sportbild des Jahrs 1960 wird ein Schnappschuß des Fotografen Norbert Seifert ausgezeichnet.

»Alf ist eigentlich kein Beißer«, hatte die »Bild-Zeitung« am 30. April 1959 die prämierte Szene aus dem Bundesliga-Spiel Fortuna Düsseldorf—1. FC Köln untertitelt. Fortunas Stürmer Dieter Wöske war so unglücklich in das gegnerische Tor gefallen, daß Ordnerhund Alf von der Düsselbrücke seine gute Erziehung vergaß und Wöskes Hose zwischen die Zähne nahm. Düsseldorf verlor das Spiel 3:4, wofür der Hund allerdings nichts konnte.

Jack Brabham auf Cooper-Climax wird Automobilweltmeister der Formel 1.

Formel-1-Weltmeister mit Muskelkraft

Seit 1958 ist für die Formel-1-Rennwagen Flugbenzin von 100 bis 130 Oktan vorgeschrieben. Was nutzt es aber dem Fahrer, wenn ihm in der letzten Runde das Benzin ausgeht? Dem Australier Jack Brabham passiert das am 12. Dezember 1959 im Zwölf-Stunden-Rennen von Sebring. Er schiebt seinen Cooper-Climax allein bis ins Ziel.

Das ging aber doch wohl etwas über Menschenkraft, denn dort bricht er vor Erschöpfung zusammen. Das Rennen hat er zwar verloren, aber die entscheidenden Punkte für den Weltmeistertitel hat er sich geholt.

1960

2. 1. Italiens »Campionissimo« Fausto Coppi stirbt 40jährig an einer Lungenentzündung. Vor der Kapelle »Madonna del Ghisallo« wird eine Bronzebüste aufgestellt.

Februar. Bei den Bob-Weltmeisterschaften in Cortina d'Ampezzo gewinnt der Italiener Eugenio Monti den Titel im Zweier- und Viererbob.

18.–28. 2. In Squaw Valley (USA) 8. Olympische Winterspiele.

12. 3. Weltrekord über 100 m Brust durch die 17jährige Wiltrud Urselmann in 1:19, 1 min in Zürich.

Mai. Die internationale reiterliche Vereinigung (Fédération Equestre Internationale, FEI) beschließt wegen der parteiischen Richterurteile, die olympischen Dressurwettbewerbe in Rom zu filmen und erst aufgrund der Filmbeurteilung die Rangfolge zu bestimmen.

8. 5. Michail N. Tal wird Schachweltmeister durch einen 12 ½: 10 ½-Wettkampfsieg über Michail M. Botwinnik.

18. 5. Real Madrid gewinnt zum fünften Mal in Folge den Europacup der Landesmeister durch ein 7:3 über Eintracht Frankfurt in Glasgow.

28. 5. Weltrekord über 200 m mit Kurve in 20,5 sec durch den Briten Peter Radford in Wolverhampton.

Juni. Jacques Anquetil gewinnt den Giro d'Italia.

Die Brasilianerin Maria Esther Bueno gewinnt zum zweiten Mal das Damen-Einzel in Wimbledon.

4. 6. Weltrekord im Speerwurf mit 59,55 m durch Elvira Ozolina in Bukarest.

6. 6. Weltrekord über 200 m Brust durch Wiltrud Urselmann in 2:50,2 min in Oberbruch.

20. 6. Floyd Patterson gelingt in New York erstes Comeback der Boxgeschichte im Schwergewicht durch K. o. in der fünften Runde über den Schweden Ingemar Johansson.

21. 6. Weltrekord über 100 m in 10,0 sec durch Armin Hary in Zürich.

26. 6. Weltrekord über 3000 m Hindernis in 8:31,4 min durch den Polen Zdzislaw Krzyszkowiak in Tula (UdSSR).

Weltrekord über 100 m Schmetterling durch Lance Larson (USA) in 59,0 sec, erstmals unter einer Minute, in Los Angeles.

Juli. Sieger der Tour de France wird der Italiener Gastone Nencini.

1. 7. Zum vierten Mal seit April Weltrekord im Hochsprung durch John Thomas (USA) mit zuletzt 2,22 m in Palo Alto/Kalifornien.

2. 7. Weltrekord im Stabhochsprung mit 4,80 m durch Don Bragg in Palo Alto.

3. 7. Weltrekrd über 800 m in 2:04,3 sec durch Ludmilla Schewzowa in Moskau.

8./9. 7. Weltrekord im Zehnkampf durch Rafer Johnson mit 8063 Punkten in Eugene/Oregon.

9. 7. Weltrekord über 200 m in 22,9 sec durch Wilma Rudolph (USA) in Corpus Christi/Texas.

10. 7. Weltrekord im Hochsprung durch Iolanda Balas mit 1,86 m in Bukarest.

24. 7. Weltrekord über 80 m Hürden in 10,5 sec durch Gisela Birkemeyer (DDR) in Leipzig.

5. 8. Weltrekord im Dreisprung, erstmals über 17 m, mit 17,03 m durch den Polen Jozef Schmidt in Olsztyn (Allenstein/Polen).

7. 8. Weltrekord im Weitsprung mit 6,40 m durch Hildrun Claus (DDR) in Erfurt.

12. 8. Zum fünften Mal seit März Weltrekord im Kugelstoßen, zuletzt Bill Nieder mit 20,06 m, erstmals über 20 m in Walnut.

Nach 25 Jahren (Jesse Owens; → 25. 5. 1935) Weltrekord im Weitsprung mit 8,21 m durch Ralph Boston in Walnut.

Weltrekord im Hammerwurf mit 70,30 m, erstmals über 70 m, durch Harold Conolly in Walnut.

13. 8. Weltrekord im Kugelstoßen durch Tamara Press mit 17,78 m in Moskau.

17. 8. Die Schwedin Jane Cederquist schwimmt Weltrekord über 800 m in 9:55,6 min in Uppsala.

25. 8.–11. 9. In Rom Sommerspiele der XVII. Olympiade.

September. Als erste Frau gewinnt Maria Esther Bueno den Grand Slam im Damen-Doppel. Mit Christine Truman in Melbourne, mit Darlene Hard in Roland Garros, Wimbledon und Forest Hills.

4. 9. Erstmals Weltpokal der Fußballmeister. Nach einem 0: 0 in Montevideo siegt Real Madrid über Penarol Montevideo 5:1 in Madrid.

Ende September. Fünfte Weltmeisterschaft im Springreiten. Den Titel gewinnt Raimondo D'Inzeo.

15. 10. Weltrekord über 10 000 m durch Pjotr Bolotnikow mit 28:18,8 min in Kiew.

17./18. 10. Weltrekord im Fünfkampf mit 4972 Punkten durch Irina Press in Kiew.

November. Der Australier Jack Brabham wird erneut Formel-l-Weltmeister.

Dezember. Australien mit 4:1 über Italien Davis-Cup-Sieger in Sydney.

Der neunfache Motorradweltmeister Carlo Ubbiali (Italien) beendet 31jährig seine Karriere.

Olympia erschließt Skigebiet

18. bis 28. Februar 1960. Diese Olympischen Winterspiele hatten schon eine vernichtende Kritik gefunden, bevor sie begannen. Das Internationale Olympische Komitee (IOC) vergab sie nicht an einen Ort oder eine Stadt, sondern an einen weißen Fleck auf der Landkarte. IOC-Präsident Avery Brundage sprach von einem »Loch in den Bergen«. Offenbar hatten geschäftstüchtige Manager das IOC übers Ohr gehauen.

Das Gebiet um den 1900 m hoch gelegenen, 37 km langen und 21 km breiten Lake Tahoe war ein bekanntes und gut erschlossenes Feriengebiet für den Sommer. Dann wurden die US-Staaten Kalifornien und Nevada angezapft, um Millionen US-Dollar für ein Abenteuer völlig ungewissen Ausgangs in das »Tal der Indianerfrau« zu investieren. Ein Skigebiet wurde damit erschlossen, das Olympische Winterspiele mit einem Schlag in der ganzen Welt bekannt machen soll. Eine ganzjährige Feriensaison ist damit gesichert.

Einladung in eine Terra incognita; der nächste Flughafen ist Reno.

Der Grundbesitz in einer »desert area« stieg enorm im Wert, und dort ein Hotel hinzusetzen, zahlt sich aus. Die Rechnung geht besser auf, als Skeptiker erwarteten.

△ Walt Disney führt Regie, und die Jugend aus den umliegenden Colleges strömt herbei, 1285 mit Musikinstrumenten, 2650 mit Gesang. Alle Zuschauer werden eingeflogen und mit Bussen herangebracht und stapfen zünftig wintersportlich gekleidet im Schnee herum.

◁ Carol Heiss, vierfache Weltmeisterin im Eiskunstlauf, spricht den olympischen Eid. Die US-Fahne trägt Donald McDermott, Silbermedaillengewinner über 500 m Eisschnelllauf 1952. Andrea Mead-Lawrence hatte die olympische Fackel vom Papoose Peak heruntergebracht und an Kenneth Henry übergeben.

Der Franzose Jean Vuarnet, Sieger im Abfahrtslauf. Die Strecke führt vom Squaw Peak über 3095 m bei 758 m Höhenunterschied über eine schwierige, aber einwandfrei präparierte Piste.

Der Sieger im Riesenslalom Roger Staub aus der Schweiz. Die baumlosen Hänge sind für Zuschauer und Berichterstatter ideal. Selbst vom Ziel her kann man das Rennen gut verfolgen.

Gold für Österreich durch Ernst Hinterseer im Slalom. Er kommt als einziger alpiner Läufer auf zwei Medaillen. Auch die Silbermedaille im Slalom geht an einen Österreicher, Mathias Leitner.

Drei Rennen, drei Sieger und drei Tage Nervenkitzel

21. bis 24. Februar 1960. Es begann, indem es nicht anfing. Die ganze Nacht vor dem Abfahrtslauf am 18. Februar schneite es. Die Piste war nicht befahrbar. Sollten die Kritiker recht behalten? Die Verschiebung um drei Tage zerrte an den Nerven der Läufer.

So wird am 21. Februar zuerst der Riesenslalom gestartet. Und da gibt es einen Sieger, der dann doch keiner ist. Als der Schweizer Roger Staub durchs Ziel fast taumelt, hat er sich bei der Fahrt vom KT 22 über 1830 m herab durch 56 Tore völlig verausgabt. Er hat gekämpft wie nie zuvor, spürt fast noch jede Stange an der Schulter. Wochenlang hatte er sich ganz allein im Zermatter Tal auf dieses Rennen vorbereitet. Besser konnte er nicht mehr fahren, konnte eigentlich niemand fahren. Als er seine Zeit durch den Lautsprecher hört, ist er fassungslos. Vier Zehntel schlechter als Pepi Stiegler aus Österreich, nur Zweiter! Durch Tränen der Enttäuschung starrt er auf die Anzeigetafel. Und traut seinen Augen nicht. Sein Name erscheint an erster Stelle und bleibt da! Pepi war, voller Ungeduld, neun Zehntel zu früh gestartet und bekam diese Zeit auf seine Laufzeit zugeschlagen. Die Schweizer feiern ihren ersten alpinen Olympiasieger.

Für den Abfahrtslauf am 22. Februar haben die Franzosen eine neue Waffe mitgebracht, den Metallski. Und vermutlich gab er auch wirklich den Ausschlag. Denn obwohl der französische Mannschaftskapitän Charles Bozon zu wenig wagt, der Favorit Adrien Duvillard um so mehr, was er mit einem bösen Sturz bezahlt, gibt es einen französischen Sieg durch Jean Vuarnet sowie Bronze für Guy Perillat. Knapp vor den 19jährigen Franzosen schiebt sich aber Hans Peter Lanig, dessen Silbermedaille die Sensation dieses Abfahrtslaufes ist, bei dem als bester Österreicher Karl Schranz auf Rang sieben ankommt. Eine noch größere Sensation scheint sich zwei Tage später anzubahnen, als der junge Deutsche Willy Bogner im ersten Lauf des Slalom Bestzeit fährt. Der Stil, in dem er durch die Tore schwingt, weckt für den zweiten Lauf höchste Erwartungen. Doch er fädelt an einem Tor ein, muß zurücksteigen, stürzt noch einmal. »Ich mußte alles riskieren«, sagt er danach, »sonst kann man nicht gewinnen.« Der Sieger heißt schließlich Ernst Hinterseer aus Österreich, der schon im Riesenslalom die Bronzemedaille gewann.

Triumph der Technik

Sie heißen »Sno-Cats« und »Sno-Boys« und kurven an den steilsten Hängen herum, um den Schnee nach Maß zurechtzubügeln. Sie ersetzen Kompanien von Soldaten, die sonst Pisten präparieren. Die Loipen der Langläufer werden von Schneepulverisierungsmaschinen so hergerichtet, als hätte die Natur die Flocken frisch geliefert. Um unerwünschte Schneebretter abzuschießen, steht eine Flakkanone bereit. Eine elektronische Datenverarbeitungsanlage liefert die Ergebnisse, sobald der letzte Läufer durchs Ziel kommt.

Heidi und Barbi und Penny Pitou

20. bis 26. Februar 1960. KT 22 ist nicht die Bezeichnung für einen trigonometrischen Punkt im »Tal der Indianerfrau«. Es ist eine Abkürzung. Angeblich hat das Kind der ersten amerikanischen Familie, die mit Ski den 2247 m hohen Berg bestiegen hatte, bei der Abfahrt 22 »kickturns« gemacht. So entstehen in der Neuen Welt Namen und Legenden.

Die Abfahrtsläuferinnen müssen am 20. Februar einen direkteren Weg wählen. Da heißt es resolut zu Werk gehen. Und wer die 19jährige Oberstaufenerin Heidi Biebl kennt, dem wird eines zumindest bald klar: Resolut ist sie. Sie macht nicht viel Federlesens vor dem Lauf und nach dem Lauf schon gar nicht.

D. h., vor dem Lauf hat sie trainiert wie eine Besessene: Radfahren in den Bergen bis zu 16 % Steigung, Geländeläufe und Querfeldeinläufe. »Drei Hosen«, lacht sie, »habe ich mir dabei zerrissen.« Ein Mädel, das sich Hosen zerreißt, ist für den Abfahrtslauf wie geschaffen.

Doch nach dem Lauf schimpft sie wie ein Rohrspatz: »Ganz oben an der Linkskurve hab' ich ein Tor falsch angeschnitten!« Mit bitterbösem Gesicht schaut sie auf die Anzeigetafel, wo sie immerhin als Erste eine volle Sekunde vor der US-Amerikanerin Penny Pitou aufscheint. »Das Rennen ist noch lange nicht vorbei!« wehrt sie ab.

Als es dann bei dieser Reihenfolge bleibt, wird ihr der ganze Trubel rasch zu bunt. »Diese Reporter!« — »Das mag ich nicht!« — »Ich will jetzt meine Ruh' haben!« faucht sie um sich. Und als sie endlich im Quartier ist, gesteht sie, wovon sie jetzt träumt: »Am liebsten wär' mir jetzt ein Linsengericht!« Das kann ihr im fernen Wilden Westen keiner bieten.

Ganz anderer Art ist Barbi Henneberger. Draufgängertum liegt ihr fern. Sie betrachtet den Skilauf als eine ästhetische Angelegenheit und so fährt sie auch Slalom. Sie tanzt um die Tore und vergißt darüber die Zeit, die am 26. Februar immerhin zur Bronzemedaille reicht.

Amerikas Publikumsliebling Penny Pitou ist mit ihrer Unbekümmertheit und mädchenhaften Frische fast ein wenig wie eine Mischung aus Heidi und Barbi. Was auch in zwei Silbermedaillen zum Ausdruck kommt.

Die Siegerinnen im Slalom (v. l.): Betsy Snite (USA) Silber, Anne Heggtveit (Kanada) Gold, Barbi Henneberger (Deutschland) Bronze. Die Kanadierin siegte mit drei Sekunden Vorsprung vor der Zweiten und sieben Sekunden vor der Dritten.

Die Deutsche Heidi Biebl auf der Abfahrtsstrecke. Sie gewinnt das Rennen überlegen vor der US-Amerikanerin Penny Pitou. Den dritten Platz belegt überraschend die erst 16jährige Österreicherin Traudl Hecher, die in ihrem couragierten Stil an Heidi Biebl erinnert. Beachtliche Plazierungen auch für die Deutschen Anneliese Meggl (6.) und Sonja Sperl (7.)

Als die Schweizerin Yvonne Ruegg (Abb.), eine Abfahrtsspezialistin, beim Riesenslalom durchs Ziel kommt, schätzt man ihre Zeit noch nicht als sehr gut ein. Vor allem nicht, als die Zwischenzeiten Heidi Biebls gemeldet werden. Aber Heidi stürzt im Zielhang. Als auch Penny Pitou die Zeit Yvonne Rueggs verfehlt, steht die Schweizerin als Siegerin fest.

Die leichtgewichtige Kanadierin Ann Heggtveit (Abb.) erweist sich im Slalom als überlegene Kämpferin. 54,0 sec im ersten Durchgang sind eine Zeit, die ihr keine Konkurrentin streitig macht. Mit diesem Vorsprung ist ihr nach 55,6 sec im zweiten Lauf Gold sicher. In der Kombination verweist sie Sonja Sperl und Barbi Henneberger auf die Plätze zwei und drei.

Mit Georg Thoma gewinnt erstmals ein Mitteleuropäer die olympische Goldmedaille in der Nordischen Kombination. In Reit im Winkl verbesserte Thoma vor allem seine Laufstärke.

Mit 69 m stellt Georg Thoma in Squaw Valley einen neuen Schanzenrekord auf; am Auslauf der Schanze freut sich der Sprungbeste über sein herausragendes Ergebnis.

Ein stolzer Tag für Georg Thoma, der die Goldmedaille gewinnt. Auf dem Siegespodest (v.l.) Thormod Knutsen (Norwegen, 2.), Thoma und Nikolai Gusakow (UdSSR, 3.)

Die Fahne der gesamtdeutschen Olympiamannschaft weht auch an der großen Sprungschanze für einen deutschen Sieger. Mit dem Thüringer Helmut Recknagel gewinnt das olympische Spezialspringen erstmals ein Mitteleuropäer.

Der »nordische« Postbote aus Hinterzarten erläuft Gold

22. Februar 1960. Es ist die größte Sensation dieser Olympischen Winterspiele und sie findet praktisch unter Ausschluß der Öffentlichkeit statt. Denn am Tag des Abfahrtslaufs sind am McKinney Creek die nordischen Kombinierer unter sich.

Für die Experten ist der Fall ohnehin klar: Es wird einen norwegischen Sieg geben. Zwar hatte der 22jährige Schwarzwälder Georg Thoma das Springen am Vortag mit 69 m und 67,5 m gewonnen. Aber es war bekannt, daß dieser Bursche weit und sauber springen kann. Nur in der Loipe wird ihm das nicht viel helfen. Seine 221,5 Punkte vor dem Russen Dimitri Koschkin (219,5) bedeuten, daß der Russe über 15 km nur 17 Sekunden schneller laufen muß als Thoma. Und für Norwegens Thormod Knutsen (217,0) dürfte es auch kein Problem sein, eine Minute aufzuholen. Thoma selbst schätzt seine Chancen so ein: »Wenn's gut geht, dann reicht's für den sechsten Platz.«

Nach 5 km hat Thoma schon 16 Sekunden gegenüber Knutsen verloren, und der schwierigste Teil der Strecke kommt erst.

Nach 10 km beginnt ein fieberhaftes Rechnen. Thoma hat gegen Knutsen wieder 13 Sekunden gutgemacht. Koschkin hat schon eineinhalb Minuten auf ihn verloren, der Norweger Arne Larsen hat fast eine Minute Rückstand, Ristola müßte zwei Minuten schneller laufen als Thoma, der ihm im Nacken sitzt. Thoma läuft um eine Medaille! Falls er sich nicht übernommen hat. Doch »Jörgli« steht das Rennen durch, kämpft bis zum letzten Meter, wartet dann auf den Norweger Knutsen, der sieben Minuten nach ihm gestartet ist: 6 — 7 — 8 — Thoma hat gewonnen!

Die Sensation von Zürich: Armin Hary vor Müller und Schüttler im Ziel des wiederholten 100-m-Laufs, der ihm endgültig den Weltrekord in 10,0 sec sichert

Harys »unglaubliche« 10,0

21. Juni 1960. Schon am 6. September 1958 kam die Meldung über den Fernschreiber: »Armin Hary ist in Friedrichshafen 100 m in 10,0 gelaufen.« Aber dann wurde das Gefälle der Bahn vermessen. Man kam auf 11 cm. 10 cm sind nur erlaubt. Der Weltrekord wurde nicht anerkannt.

Für das Leichtathletik-Meeting im Züricher Letzigrund hat Hary Startsperre wegen der bevorstehenden Olympischen Spiele in Rom. Doch die Schweizer Veranstalter, denen es aus gleichem Grund an zugkräftigen Stars mangelt, erwirken eine Ausnahmegenehmigung. Aber sie kommt so spät, daß Hary am 21. Juni keinen Platz mehr im Flugzeug bekommt. Im letzten Augenblick klappt es dennoch, weil ein Passagier zurücktritt. Als Hary am Abend den 100-m-Lauf gewinnt, zeigen die Uhren 10,0 - 10,0 - 9,9 - 9,8. Die Zielrichter schütteln ungläubig den Kopf. Der Starter behauptet, Hary habe einen Frühstart gemacht, er konnte ihn nur nicht zurückschiessen, weil seine Pistole angeblich versagte. Der Weltrekord wird nicht anerkannt. Hary tobt.

Wenigstens zwei Läufer müssen sich zu einem Wiederholungslauf bereit erklären. Hary kann den Kölner Schüttler und den Schweizer Müller dazu überreden. Um 20.15 Uhr wird der Lauf wiederholt. Mit einem anderen Starter. Der Start klappt einwandfrei. Die Uhren zeigen 10,0 - 10,0 - 10,1 - 10,0. Weltrekord! Was gibt es daran zu deuteln?

Die schnellsten 100-m-Läufer

Luther Cary	USA	10,8	1891
Emile de Ré	BEL	10,8	1893
Louis Atcherley	GBR	10,8	1895
Harry Bealton	GBR	10,8	1895
Harald Andersson	SWE	10,8	1896
Isaac Westergren	SWE	10,8	1898
Walter Tewksbury	USA	10,8	1900
Frank Jarvis	USA	10,8	1900
Jean Carré	FRA	10,8	1901
Roger Kuhn	FRA	10,8	1903
Grimaldi Passat	FRA	10,8	1903
Harald Grünfeldt	DEN	10,8	1903
Geo Malfait	FRA	10,8	1903
Erik Frick	SWE	10,8	1903
Vincent Duncker	SAF	10,8	1905
Knut Lindberg	SWE	10,8	1906
Knut Lindberg	SWE	10,6	1906
Reginald Walker	SAF	10,6	1908
Richard Rau	GER	10,6	1911
Emil Ketterer	GER	10,5	1911
Richard Rau	GER	10,5	1911
Charles W. Paddock	USA	10,4	1921
Helmut Körnig	GER	10,4	1926
Hubert Houben	GER	10,4	1927
Jakob Schüller	GER	10,4	1927
Ernst Geerling	GER	10,4	1928
Richard Corts	GER	10,4	1928
Georg Lammers	GER	10,4	1928
Eugen Eldracher	GER	10,4	1929
Eddie Tolan	USA	10,4	1929
Percy Williams	CAN	10,3	1931
Eddie Tolan	USA	10,3	1931
Arthur Jonath	GER	10,3	1932
Ralf Metcalfe	USA	10,3	1932
Erich Borchmeyer	GER	10,3	1934
Eulace Paecock	USA	10,3	1934
Christian Berger	HOL	10,3	1934
Takayoshi Yoshioka	JPN	10,3	1935
Jesse Owens	USA	10,2	1936
Harold Davis	USA	10,2	1941
Lloyd LaBeach	PAN	10,2	1943
Norwood Ewell	USA	19,2	1948
Emmanuel McDonald Bailey	GBR	10,2	1951
Heinz Fütterer	FRG	10,2	1954
Bobby Morrow	USA	10,2	1956
Ira Murchison	USA	10,2	1956
Thane Baker	USA	10,2	1956
Willie Williams	USA	10,1	1956
Ira Murchison	USA	10,1	1956
Leamon King	USA	10,1	1956
Roy Norton	USA	10,1	1959
Charles Tidwell	USA	10,1	1960

Die Jury berät noch sieben Minuten, bis sie die Zeit offiziell bekannt gibt. Ganz glaubt man sie erst, als drei Wochen später für den Kanadier Harry Jerome in Saskatoon genau dieselbe Zeit gestoppt wird. Die Schallmauer ist erreicht.

Coppis tragisches Ende

2. Januar 1960. Um die Weihnachtstage verlangte ein Sterbender die letzte Ölung. Pater Lorenzo Ferrarazzo gab sie nur unter einer Bedingung. Fausto Coppi sollte, wenn er wieder gesund würde, Giulia Locatelli entsagen und wieder zu seiner Frau Bruna zurückkehren. Von diesem Versprechen wurde auch das christliche Begräbnis abhängig gemacht. Coppi gelobte es. Der Vierzigjährige wußte, daß er nicht mehr lange zu leben hatte.

In der letzten Zeit hatte man immer weniger von großen Erfolgen, um so mehr von seiner Liebesaffäre mit der »Dame in Weiß« gehört. Jagten ihn früher seine Gegner auf den Radpisten, so verfolgten ihn jetzt Prozesse und Schadensersatzklagen. Der längere Entzug seines Reisepasses machte Auslandsstarts unmöglich. Einmal bekam er auch Startverbot in Italien. Coppi wurde zu zwei Monaten Gefängnis verurteilt, brauchte sie dann aber nicht abzusitzen. Giulia Locatelli dagegen verbrachte ein paar Tage hinter Gittern. Der Radrennfahrer Coppi war über seine beste Zeit hinaus. Um einmal allen Querelen zu entgehen, machte er mit Giulia eine Reise nach Afrika. Dort befiel ihn ein Virus, der den Ärzten unbekannt war. Er litt unter starken Leistenschmerzen und wurde immer schwächer. Der Mann mit der »Pferdelunge« erliegt einer Lungenentzündung.

Die »Dame in Weiß« trägt Schwarz am Sarg ihres Geliebten.

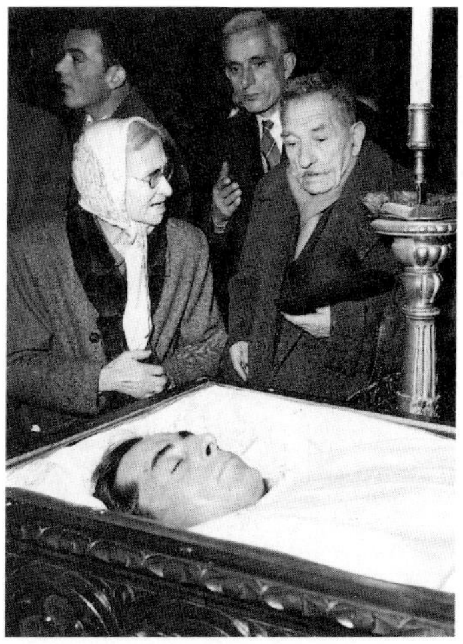

Tausende von Trauernden defilieren am Sarg des »Campionissimo«.

Die Kollegen Bobet, Bartali, Anquetil, Magni, Baldini, Maspes, Darrigade, Kübler, De Filippis, Ronchini, Baffi, Binda, Venturelli tragen den Sarg.

Rom: Moderne Sommerspiele in der »ewigen Stadt«

25. August bis 11. September 1960. Die Olympischen Spiele haben ein Ausmaß angenommen, das es künftig nur Weltstädten ermöglicht, sie durchzuführen. Im Rom des Circus maximus und der »panem et circenses« kehren sie auf klassischen Boden zurück.
Der Fackelläufer wurde in Crotone bejubelt, das einst als griechische Siedlung viele der berühmtesten Sieger von Olympia gestellt hatte. Während man 1956 in Melbourne die Olympischen Spiele als ein historisches Ereignis zu begreifen suchte, kann man sie in Rom gar nicht anders erleben. Auf Schritt und Tritt begegnen einem in der »ewigen Stadt« Zeugen einer über 2000 Jahre alten Geschichte. Die Veranstalter beziehen geschickt die antike Tradition in das moderne Sportfest ein. In den Thermen des Caracalla wird geturnt, in der Basilika des Maxentius gerungen. Als Ziel des Marathonlaufs dient der imposante Konstantinsbogen vor dem Kolosseum. Die Fackelläufer kommen die Via Appia Antica entlang, vorbei am wuchtigen Grabmal der Caecilia Metella. Das alles beschert einzigartige und unvergeßliche Bilder.
Der Architekt Luigi Nervi bereicherte die Sportarchitektur um zwei Glanzstücke, den »Palazzo dello Sport« und den »Palazetto dello Sport«. Die Schönheit und Zweckmäßigkeit dieser Bauten kann neben altehrwürdigen Palästen der Stadt bestehen. So schließt sich der Kreis zwischen Vergangenheit und Gegenwart. Und in Gestalt des »Echo-Satelliten«, der deutlich sichtbar seine Bahn am mediterranen Himmel zieht, nimmt auch die Zukunft teil.
Das sportliche »Wettrüsten« zwischen den USA und der UdSSR führte nicht zur Entmutigung anderer Länder, sondern zu einer allgemeinen Leistungssteigerung. Die gesamtdeutsche Mannschaft hatte sich nach langem Flaggenstreit auf eine schwarz-rot-goldene Fahne mit den olympischen Ringen geeinigt. Sie hätte noch bessere Erfolge erzielt, wenn bei den zermürbenden west-ostdeutschen Ausscheidungen viele Sportler nicht schon vorzeitig eine – wegen der wachsenden Stärke des Sports in der DDR – Leistung hätten erbringen müssen, die sie in Rom nicht mehr wiederholen können.

Das Plakat mit Romulus und Remus und der kapitolinischen Wölfin lockt mehr Teilnehmer und Länder zu den Olympischen Spielen als je zuvor. Die Spiele in Rom werden als die schönsten und eindrucksvollsten gefeiert.

Das neuangelegte Olympiastadion am Monte Mario faßt 100 000 Zuschauer, ohne wuchtig zu wirken. Der Einzug der Mannschaften aus 83 Ländern dauert bei herrlichem Sommerwetter eineinhalb Stunden.

Das Publikum verhält sich kühl, reagiert ungeduldig, als Verteidigungsminister Giulio Andreotti eine viel zu lange Rede hält. Erst mit dem Einzug des jungen Fackelläufers Giancarlo Peris kommt allmählich Stimmung auf.

Die gesamtdeutsche Mannschaft mit der olympischen Kompromißfahne. Sie wird getragen von Fritz Thiedemann, der zum dritten Mal an Olympischen Spielen teilnimmt. In der ersten Reihe (v. l.) Gerhard Stöck und Max Danz (halb verdeckt) aus der BRD, Heinz Schöbel und Manfred Ewald aus der DDR

Der Diskuswerfer Adolfo Consolini, Olympiasieger 1948, Olympiazweiter 1952, Olympiasechster 1956, spricht den olympischen Eid.

Und Hary ist doch der Schnellste!

1. September 1960. Wissenschaftler bescheinigen Armin Hary enorm schnelle Reaktionsfähigkeit.
Die meisten halten ihn jedoch für einen Filou, der durch Hineinfallen in den Startschuß Zehntelsekunden klaut. Hary kommt nicht als Favorit nach Rom. Inzwischen lief auch der Kanadier Harry Jerome 100 m in 10,0 sec. und angeblich auch der Südafrikaner Jefferys. Und die drei US-Amerikaner Dave Sime, Frank Budd und Ray Norton prophezeien, in Rom werde sich zeigen, wer der schnellste Sprinter ist.
Im Viertelfinale wirft der übergroße Erwartungsdruck Jerome und Jefferys aus dem Rennen. Aber Hary hängt Sime um 1 m ab! Mit Cowboyhemd und Strohhut geht er fröhlich winkend an den Start zum Finale gegen die drei US-Amerikaner, den Briten Redford und den Kubaner Figuerola.
Erster Start, Fehlstart. Aber ein Schuldiger wird nicht ausgemacht. Beim zweiten Fehlstart ist es eindeutig Hary. »A posto!« Da hebt der Kubaner die Hand. Sein Startblock ist locker. Geruhsam macht er ihn wieder fest. Wer hat die Nerven, das durchzustehen? Harys dritter Start glückt, schon nach 20 m ist er vorn und bleibt es bis ins Ziel.

Bis es überhaupt zum gelungenen Start des 100-m-Endlaufs kommt, haben die Teilnehmer Längeres und wohl auch Schwereres durchzuhalten als im Lauf selbst. Hinter dem Ziel taumelt Dave Sime und fällt hin, bleibt liegen und will den Kopf gar nicht mehr heben. Fühlt er, daß er geschlagen ist, obwohl er am Schluß noch stark aufkam und fast gleichzeitig mit Hary (vorn) das Zielband zerriß? Mit gesenkten Köpfen verlassen Sime (2.), Budd (5.) und Norton (6.) das Stadion.

Hary nötigt dem spröden römischen Publikum Respekt ab. Aber Begeisterung kommt erst auf, als der Italiener Livio Berruti (Abb.) den 200-m-Lauf gewinnt. Der US-Amerikaner Carney ist geschlagen, auch der Franzose Abdou Seye.

In der 4x100-m-Staffel wollen sich die US-Amerikaner revanchieren. Und es scheint zu gelingen, als Dave Sime eine Brustbreite vor Martin Lauer das Ziel erreicht. Aber auch hier bleibt den US-Sprintern die letzte Demütigung nicht erspart. Wegen Überschreitens der Wechselmarke disqualifiziert, müssen sie den Deutschen den Sieg in 39,5 sec (Weltrekord eingestellt) überlassen.

Totes Rennen über 400 m? Erst das Zielfoto läßt erkennen, wie knapp Davis (vorn) vor Kaufmann gewonnen hat, dem ein Weltrekord nicht zum Sieg reicht.

Trotz Weltrekord Zweiter

6. September 1960. Erschrocken blickt der US-Amerikaner Otis Davis zur Seite, als sich neben ihm mit einem verzweifelten Satz der Deutsche Carl Kaufmann ins Ziel des 400-m-Laufs wirft. Mit 5 m Vorsprung war Davis in die Zielgerade eingebogen. Die holt keiner mehr auf. Aber Kaufmann schafft es doch. Er läuft in 44,9 sec Weltrekord.

Den 800-m-Lauf entscheidet keine Weltrekordzeit und keine Zielfotografie, sondern die Taktik. Und zwar die falsche, was den favorisierten Weltrekordler Roger Moens aus Belgien betrifft. Gefahr drohte ihm nur, glaubte Moens, durch den starken Georg Kerr von den Antillen, der auf der zweiten Bahn rechts neben Moens zum erwarteten Schluß-Angriff ansetzte. Als Moens (halb verdeckt) sicher ist, Kerrs Angriff abgeschlagen zu haben, spurtet völlig überraschend der Neuseeländer Peter Snell (Abb. vorn) an ihm vorbei.

Sensation im Marathonlauf: Als erster Läufer eilt ein Barfüßiger dem Konstantinsbogen zu. Es ist der Äthiopier Abebe Bikila.

Vom Kilometer 20 an hatte der Marokkaner Rhadi Ben Abdesselem im Marathonlauf geführt. Kaum einer kennt ihn. Hinter ihm folgte mit der Nummer 11 Bikila Abebe oder Abebe Bikila. Keiner der Experten hat den Namen je gehört. Er wird noch wochenlang falsch geschrieben. Als die Nacht hereinbricht, stehen Bersaglieri mit Fackeln an der Via Appia. Sie leuchten einem dunkelhäutigen Läufer, der seinen Verfolger Rhadi längst abgeschüttelt hat.

Am 5. August 1960 hatte Jozef Schmidt als erster Mensch im Dreisprung mit 17,03 m die 17-m-Grenze übersprungen. In Rom siegt er mit 16,81 m.

Der US-Amerikaner John Thomas sprang Weltrekorde fast nach Belieben. Bei 2,22 m hält er ihn zuletzt. Er fängt erst bei 2,14 m an. 2,16 m reißt Thomas dreimal, und sensationell siegt der Russe Robert Schawlakadse (Abb.).

Manfred Steinbach bei seinem letzten Sprung, der ihn die Traumgrenze von 8 m erreichen läßt. Daß diese Leistung nicht einmal zu einer Medaille reicht, hätte er sich vorher niemals träumen lassen. Er wird nur Vierter.

8,00 m weit und doch keine Medaille

2. September 1960. Ein kurioser Weitsprungwettbewerb: Der US-Amerikaner Ralph Boston führt mit 8,12 m vor seinem Landsmann Irvin Roberson mit 8,03 m. Dann folgen der Russe Igor Ter-Owanesian mit 7,90 m und der Deutsche Manfred Steinbach mit 7,81 m. Die Sache dürfte entschieden sein. Aber jeder hat noch einen letzten Sprung. Boston verbessert sich nicht mehr. Wozu auch? So weit wie er sprang nicht einmal Jesse Owens 1936. Der Russe läuft an. Fliegt weit hinaus. 8,04 m, das ist der zweite Platz! Jetzt will auch Steinbach noch einmal zeigen, was in ihm steckt. Dreimal ist er übergetreten. Jetzt kommt er genau ab: 8,00 m, und doch zu wenig! Bei allen Olympischen Spielen von 1948 an wäre das Gold gewesen. Roberson hat noch einen Versuch. Es ist der allerletzte Sprung des Wettbewerbs. Der US-Amerikaner sammelt sich lange. Dann läuft er an, ein wilder Satz — 8,11 m! Fast hätte er noch Boston übertroffen.

Könige der Athleten im Zweikampf

5./6. September 1960. Nie wurde ein olympischer Zehnkampf knapper entschieden, als zwischen dem US-Amerikaner Rafer Johnson und dem Chinesen Chuan-Kwang Yang aus Taiwan. An der Universität in Los Angeles bekam Yang ein Stipendium, wurde Studienkollege von Johnson, trainierte zusammen mit ihm. Sie wurden Freunde.

Sie beginnen ihren Zehn-Zweikampf bei 38 Grad im Schatten, laufen nach einem Wolkenbruch in der Nacht die 400 m in 48,1 sec und 48,3 sec. Am zweiten Tag fegt stürmischer Wind durchs Stadion. Nach 37 Stunden muß der 1500-m-Lauf entscheiden. Yang war in sieben Übungen besser als Johnson, doch dieser hat im Kugelstoßen und Diskuswerfen einen Vorsprung von 78 Punkten herausgeholt. Wenn Yang zehn Sekunden schneller läuft, gehört ihm der Sieg. Der schwere Johnson versucht, sich hinter dem sehnigeren Yang zu halten. Yang ist zwar schneller, aber am Schluß fehlen ihm sieben Sekunden.

△ Wie in Melbourne machen US-Amerikaner im Diskuswerfen die ersten drei Plätze unter sich aus. Aber nur der Sieger bleibt mit Al Oerter (Abb.) derselbe wie vor vier Jahren. Wie damals Fortune Gordien, scheitert diesmal der Weltrekordler Richard Babka an seinen Nerven.

◁ Die beiden großen Sieger des Zehnkampfs (v. l.): Der Chinese Yang (2.) und der US-Amerikaner Johnson (1.)

Als Wilma Rudolph durchs Ziel des 100-m-Endlaufs fliegt, ist nur der Schatten der nächsten Läuferin, der Britin Dorothy Hyman, zu sehen. Niemand ahnt, daß die »schwarze Gazelle« eine Kinderlähmung überstand.

Die Russin Wera Krepkina (Abb.) gewinnt den Weitsprung mit 6,37 m vor Elzbieta Krzesinska (6,27 m) und Hildrun Claus (6,21 m).

Die Russin Elvira Ozolina bei Lockerungsübungen vor dem entscheidenden Durchgang im Speerwerfen, das sie mit 55,98 m gewinnt

Wilma Rudolph: Ästhetik mit Weltklasse

2./5. September 1960. Würde man ihr am Strand von Ostia begegnen, hielte man sie für ein Topmodell der Zeitschrift »Ebony«. »Black is beautiful!« Es ist schon ein Genuß, ihr zuzusehen, wenn sie nur geht. Und wenn sie gar läuft, geraten die Berichterstatter ins Schwärmen. Nicht nur weil sie gewinnt, das versteht sich von selbst. Sie läuft so, wie man träumt, laufen zu können, oder wie man überhaupt nur in Träumen läuft. Ob sie einen schlechten Start hat, wie im 100-m-Endlauf am 2. September, oder eine starke Gegnerin wie Jutta Heine über 200 m (5.9.), gleichviel: Wilma Rudolph schwebt einfach davon. Worauf beruht das Geheimnis der Schnelligkeit dieses graziösen Geschöpfs? »Wir waren zu Hause 19 Kinder«, erklärt sie trocken, »da mußte man schon rennen, damit man an den Tisch kam und noch einen Bissen erwischte.«

Die Rumänin Iolanda Balas kommt mit 1,85 m bis auf 1 cm an ihren Weltrekord heran und gewinnt den Hochsprung mit 14 cm Vorsprung vor den Nächstplazierten. Nie war die Überlegenheit in dieser Disziplin größer.

Über 800 m muß die Russin Ludmila Schewtzowa (l.) ihren eigenen Weltrekord von 2:04,3 min einstellen, um zu gewinnen. Fast wird sie noch von der Australierin Brenda Jones (M.) abgefangen. Dritte wird die Deutsche Ursula Donath.

Die Russin Tamara Press (Abb.) gewinnt das Kugelstoßen mit 17,32 m. Im Diskuswurf wird sie Zweite hinter Nina Ponomarjewa.

Takashi Ono, der wahre Zwölfkampfsieger von Rom, der von den Punktrichtern um die Goldmedaille gebracht wird. Er siegt mit Endo, Aihara, Tsurumi, Takemoto und Mitsukuri in der Mannschaft.

Die Russin Larissa Latynina wiederholt ihren Achtkampfsieg von Melbourne und gewinnt auch das Bodenturnen (Abb.). Am Schwebebalken erreicht sie den zweiten Platz hinter der Tschechin Eva Bosáková.

Japaner entthronen Russen

5./7. September 1960. Vor acht Jahren kamen sie zu den Olympischen Spielen, um zu lernen. Jetzt sind sie die Meister. Wenn der Sieg der japanischen Mannschaft über die Russen auch knapp ausfällt, zeigt das nur, daß sie sich gegen die Kampfrichter durchsetzen müssen.

Das trifft mit besonderer Schwere erneut Takashi Ono, dem man wie in Melbourne den Zwölfkampfsieg mit einem halben Punkt weniger stiehlt. Er aber bleibt der beste Interpret des rhythmisch-beschwingten Turnens mit dem vollen Risiko höchster Schwierigkeitsgrade gegenüber dem maschinenmäßigen Sicherheitsturnen der Russen. Durch die Japaner wurde das Turnen auf die Ebene schöpferischer Phantasie erhoben.

Der Moderne Fünfkampf wird erst im Geländelauf entschieden und wird zu einem Triumph der Ungarn: Ferenc Nemeth (Abb.) vor Imre Nagy.

Rudolf Kárpáti (vorn) wahrt die ungarische Säbeltradition durch den Sieg im Einzel und mit der Mannschaft.

Treffer für Heidi Schmid (l.) bei ihrer Begegnung mit der Italienerin Antonella Ragno. Sie verlor nur zweimal.

Gold für Schmid – »Finale« für Gerevich

1./10. September 1960. Im Palazzo dei Congressi herrscht atemlose Spannung beim Gefecht zwischen der Russin Galina Gorokova und der Rumänin Maria Vicol (1. 9.). Es steht 3:3, der nächste Treffer entscheidet. Als die Russin trifft, bricht bei den Deutschen ohrenbetäubender Jubel aus. Denn das ist der Sieg für die 21jährige Augsburger Musikstudentin Heidi Schmid.

Der 50jährige Ungar Aladar Gerevich beendet mit dem Mannschaftssieg in Rom (10. 9.) eine einmalige olympische Karriere, die ihm seit 1932 sieben Goldmedaillen, eine Silber- und zwei Bronzemedaillen im Säbelfechten eingebracht hat.

Die »Ratzeburger« krönen Rudererfolg

3. September 1960. Auf dem Albaner See feiern die deutschen Ruderer den größten Erfolg seit 1936. Sensationell ist der Sieg im Achter, der die seit 1920 andauernde Siegesserie der USA beendet.
Der Ratzeburger Studienrat Karl Adam revolutionierte den Rudersport. Er führte u. a. das Intervalltraining ein, verbreiterte die Ruderblätter und dachte sich eine neue Anordnung der verstellbaren Ausleger aus. Im Zweier mit Steuermann trug der im Bug liegende Steuermann, der auf eine Idee Georg von Opels zurückgeht, zu den Erfolgen bei. Der Vierer mit Steuermann eröffnete die deutsche Siegesserie, der überraschend noch der Ost-Berliner Achim Hill die Silbermedaille im Einer hinzufügte.

Prinz Konstantin von Griechenland, Drachenboot-Sieger (hinten), Königin Friederike (r.), Prinzessin Irene (l.) und Prinz Bernhard der Niederlande

△ Der deutsche Achter mit (v. l.) Steuermann Willi Padge, Manfred Rulffs, Walter Schröder, Frank Schepke, Kraft Schepke, Karl-Heinz von Groddeck, Karl-Heinz Hopp, Klaus Bittner und Hans Lenk gewinnt mit einer Länge Vorsprung vor Kanada. Die Tschechoslowaken holen die Bronzemedaille.

◁ Vor Neapel findet die bisher größte olympische Segelregatta statt. Der überragende Segler ist erneut der Däne Paul Elvström, der seit 1948 zum vierten Mal Gold in der Ein-Mann-Bootsklasse gewinnt. Zweiter wird der Russe Alexandr Tschutschelow. Die UdSSR beteiligt sich erstmals an einer olympischen Segelregatta und gewinnt Gold in der Starbootklasse.

◁◁ Der Schwede Gert Fredriksson (l.) gewinnt mit Sven-Olov Sjödelius im 1000-m-Zweier-Kajak. Im 1000-m-Einer-Kajak wird er Dritter. Der 40jährige »Kanot-Gert« beendet 1960 seine olympische Karriere mit insgesamt sieben Goldmedaillen und einer Bronzemedaille seit 1948.

◁ Die einzig wirkliche gesamtdeutsche Olympiamannschaft in Rom ist die siegreiche 4 x 500-m-Kajak-Staffel mit Dieter Krause (DDR), Paul Lange (BRD), Günter Perleberg (DDR) und Friedhelm Wentzke (BRD). Als Perleberg später nach Westdeutschland übersiedelt, wird er vom Deutschen Turn- und Sportbund (DTSB) der DDR »wegen unwürdigen Verhaltens« ausgeschlossen.

Ein Fußballfest: Madrid schlägt Frankfurt 7:3

18. Mai 1960. »Noch vor wenigen Jahren«, erklärt Ebbe Schwartz, Präsident der Union Européenne de Football Association (UEFA), »wären zu einem nichtbritischen Endspiel kaum mehr als 10 000 Zuschauer gekommen.« Der Glasgower Hampden Park aber ist mit 135 000 Zuschauern bis auf den letzten Platz besetzt, als die Mannschaften von Real Madrid und Eintracht Frankfurt zum Endspiel des Europapokals der Landesmeister einlaufen. Die Frankfurter erhalten stärkeren Beifall als der viermalige Pokalgewinner. Dies, obwohl sie ausgerechnet den Glasgow Rangers den Weg in dieses Finale versperrt haben, und zwar mit einem deftigen 6:1 und 6:3. Jetzt genießen sie in Glasgow Heimvorteil. Das merken sie, als Kreß in der 19. Minute das 0:1 schießt. Mit Beifall sparen da die Schotten nicht. Die Frankfurter trumpfen selbstbewußt auf und holen beinahe zwingende Torchancen gegen den Favoriten heraus.

Wenn da nicht dieser Alfredo di Stefano wäre, der, sträflich vernachlässigt, binnen dreier Minuten aus dem 0:1 ein 2:1 macht. Und als der Schiedsrichter schon zum Halbzeitpfiff ansetzt, nutzt der Neospanier Ferenc Puskás eine Unstimmigkeit zwischen Torwart Loy und Verteidiger Eigenbrodt zum dritten Tor. Das entspricht eigentlich nicht dem Spielverlauf.

Zehn Minuten nach Wiederanpfiff läßt sich Puskás eine Elfmeterchance zum 4:1 nicht entgehen. Von nun an zaubert Madrid. Puskás, der ohnehin noch eine Rechnung mit den Deutschen offen hat, schießt das 5:1 und 6:1. Als Erwin Stein auf 6:2 verkürzt, stellt di Stefano umgehend mit 7:2 den alten Abstand wieder her. Ein weiteres Tor Steins hat nur noch kosmetischen Wert. Die Eintrachtler bilden am Schluß Spalier und applaudieren ihren Gegnern.

◁ Nach dem fünften Pokalsieg (v. l.) Canario, Dominguet, Marguitos, di Stefano

Real Madrid weltbester Klub

Im Fußball-Weltpokal siegt Real Madrid am 4. September 1960 nach einem 0:0 im Hinspiel gegen Penarol Montevideo in Madrid 5:1.

Europapokal des Landesmeister:

1956 **Real Madrid**—Stade Reims 4:3 (2:2), 40 000 Z., Paris

1957 **Real Madrid**—FC Florenz 2:0 (0:0), 125 000 Z., Madrid

1958 **Real Madrid**—AC Mailand 3:2 (0:0) (2:2), 70 000 Z., Brüssel

1959 **Real Madrid**—Stade Reims 2:0 (1:0), 70 000 Z., Stuttgart

1960 **Real Madrid**—Eintracht Frankfurt 7:3 (3:1), 135 000 Z., Glasgow

Di Stefano — ein genialer Spieler

Er selbst bezeichnet sich in einem Interview als einen Rembrandt oder Picasso des Fußballs. Natürlich hält er Fußball für eine Kunst.

Real Madrid kaufte den Argentinier für 700 000 DM. Im ersten Spiel gegen den Erzrivalen FC Barcelona schoß di Stefano vier Tore zum 5:0. Reals Trainer, der Brasilianer Fleitas Solich, sagt von ihm: »Alfredo di Stefano ist in jeder Hinsicht ein perfekter Fußballspieler. Er besitzt einzigartige Spielübersicht, grandiose Improvisationsbegabung und den Instinkt für den Torschuß. Er erledigt ein Laufpensum, das einem Emil Zátopek zur Ehre gereichen würde. Er hilft in der eigenen Abwehr aus, um schon im nächsten Augenblick die Abwehr des Gegners zu narren. So etwas gibt es auf der ganzen Welt nicht mehr.« Eine Erklärung für sein Genie gibt der meist wortkarge di Stefano nicht. Sein Genie ist sein immenser Fleiß.

Patterson bricht das Gesetz des »They never come back«

20. Juni 1960. 31 892 Zuschauer kommen in den New Yorker Polo Ground, um die Revanche zu sehen, die der schwedische Weltmeister Ingemar Johansson seinem Herausforderer Floyd Patterson gibt.

Patterson klettert schweißtriefend in den Ring. Johansson lacht und winkt fröhlich. In der ersten Runde zeigt Patterson die gewohnte Vorsicht, stößt aber ständig die Linke vor, fügt Johansson eine Platzwunde am Auge zu. In der zweiten Runde greift Patterson stürmisch an. Johansson wartet auf eine Konterchance, sieht sie, trifft, Patterson taumelt, aber Johansson setzt nicht nach. In der dritten Runde hält Patterson den Schweden mit der Linken in Schach. Die Wunde über dem Auge des Schweden blutet stark. In der vierten Runde schlägt abermals »Thors Hammer« ein. Aber Patterson erholt sich in der Pause und beginnt die fünfte Runde mit einem Schlaghagel. Johansson, am Kopf getroffen, wird bis neun angezählt. Als er kontern will, fängt er einen Kinntreffer ein und geht k. o.

Vielleicht hatte sich Ingemar Johansson (l.) zu sicher gefühlt. Der schwedische Boxweltmeister im Schwergewicht ist kein großer Trainierer. Er verläßt sich auf die Schlagkraft seiner rechten Hand. Floyd Patterson (r.) dagegen lebt allein für den Boxsport. Er muß seine körperlichen Nachteile durch Fleiß wettmachen. Er hat immer wieder den Film von seiner Niederlage studiert. Und doch treibt ihn »Thors Hammer« zweimal an den Rand einer Niederlage.

Grand Slam für Maria Esther Bueno

September 1960. *In Wimbledon waren in diesem Jahr ihre Spitzenhöschen etwas dezenter. Dennoch sah sich die Klubleitung veranlaßt, strenge Vorschriften für Tennisdessous zu erlassen. Das Spiel der Maria Esther Bueno ist reifer geworden. Sie bestach bei ihrem zweiten Wimbledonsieg im Juni 1960 mit ihrem Einfallsreichtum. In der US-Amerikanerin Darlene Hard hat sie nicht nur eine Freundin, sondern auch eine Doppelpartnerin gefunden, mit der sie im Mai in Paris, im September in Wimbledon und im Juni in Forest Hills erfolgreich ist. Mit der Britin Christine Truman legte sie in Melbourne den Grundstein zum ersten Grand Slam einer Frau im Doppel.*

Vielleicht mutet sie ihrem zarten Körper doch etwas zuviel zu. Krankheiten, zwei Meniskusoperationen, ein Tennisarm zwingen sie wiederholt zu Rücktrittserklärungen. Sie gewinnt zwar 1964 noch einmal in Wimbledon, aber mit 25 Jahren ist sie ausgebrannt. In São Paulo setzt man ihr ein Denkmal, und ihr Bild wird auf einer Briefmarke verewigt.

◁ Maria Esther Bueno bei ihrem 6:3-6:2-Sieg über die Belgierin Christiane Mercelis in Wimbledon

Weltrekordlerin Irina Press beim Hallentraining in Leningrad

Dritter Weltrekord von Irina Press

17./18. Oktober 1960. Schon zweimal hatte die Russin Irina Press vor den Olympischen Spielen in Rom den Weltrekord im Fünfkampf verbessert. In Kiew gelingt es ihr zum dritten Mal. Doch mit 4972 Punkten verfehlt sie knapp ihr Ziel, die 5000er-Grenze zu übertreffen. Im nächsten Jahr wird die Reihenfolge des Fünfkampfs auf 80 m Hürden, Kugelstoßen, Hochsprung, Weitsprung und 200-m-Lauf geändert.

Carlo Ubbiali tritt zurück

Dezember 1960. Motorradsport im Wandel. Nach dem Rückzug von NSU kam die Zeit der italienischen Firmen Mondial, Moto Guzzi, MV Agusta. Es war auch die Zeit von Carlo Ubbiali, des »Größten unter den Kleinen«. Wie John Surtees in den letzten Jahren mit sieben Weltmeistertiteln und 38 Grand-Prix-Siegen die 350-ccm- und 500-ccm-Klasse beherrschte, so Ubbiali seit 1951 mit neun Weltmeistertiteln, 39 Siegen, 20 zweiten Plätzen in Grand-Prix-Rennen die 125-ccm- und 250-ccm-Klasse. Ein Angebot aus Japan lehnte der 31jährige ab.

Carlo Ubbiali gehört zu den erfolgreichsten Motorradrennfahrern des letzten Jahrzehnts. Der Italiener, der auch dreimal die Tourist Trophy gewann, widmet sich künftig seinem Motorradgeschäft.

Michail N. Tal Weltmeister

8. Mai 1960. Muß der 49jährige Schachweltmeister Michail M. Botwinnik jetzt doch dem Alter Tribut zollen? Seine 10½:12½-Niederlage gegen den 23jährigen Michail N. Tal ist die Schachsensation von Moskau. Es ist nicht allein die Jugend, die den Sieg davonträgt, sondern Phantasie und Wagemut. Tal stellt seine Gegner durch überraschende Spielzüge vor schwierige Probleme. Sie sind theoretisch zwar lösbar, aber meist nicht in der zur Verfügung stehenden Zeit. So wird Botwinnik ein Opfer der Zeitnot, die ihm Tal aufzwingt.

Michail N. Tal (l.) hat den Weltmeister überrumpelt. Mit gewagten Opferkombinationen bringt er Botwinnik (r.) in Verwirrung. Es ist eine Art psychologischer »Kriegführung«, der Tal, den man als »Figurenzauberer« bezeichnet, seinen Titelgewinn verdankt.

1961

3. 2. Bei den »Milrose Games« in New York benutzt der US-Amerikaner Aubrey Dooley beim Stabhochsprung erstmals einen Glasfiberstab.

15. 2. Fast die gesamte Eiskunstlaufelite der USA kommt bei einem Flugzeugabsturz am Brüsseler Flughafen ums Leben.

März. Erstmals seit 1905 mit Henk van der Grift ein Niederländer Weltmeister im Eisschnellauf in Göteborg.

Der Schwede David Johansson gewinnt den Wasalauf in der Rekordzeit von 4:45:10,0 h

Weltrekord im Skifliegen mit 141 m durch den Jugoslawen Joze Slibar in Oberstdorf.

4. 3. »Sugar« Ray Robinson verliert 41jährig seinen Weltmeistertitel im Box-Mittelgewicht an Gene Fullmer durch eine Punktniederlage nach 15 Runden in Las Vegas.

6.–12. 3. Erstmals Winterbesteigung der Eiger-Nordwand durch die deutsch-österreichische Seilschaft Toni Hiebeler, Anton Kinshofer, Andreas Mannhardt und Walter Amberger.

12. 3. Eklat bei der Eishockey-Weltmeisterschaft in Genf. Die Mannschaft der Bundesrepublik Deutschland tritt gegen die DDR wegen des Flaggenstreits nicht an. Weltmeister Kanada vor ČSSR und UdSSR.

In Dortmund erstmals Rumänien Weltmeister im Hallenhandball durch ein 9:8 gegen die ČSSR nach zweimaliger Verlängerung.

17. 3. Floyd Patterson verteidigt seinen Weltmeistertitel im Box-Schwergewicht gegen Ingemar Johansson durch K. o. in der sechsten Runde in Miami Beach.

Mai. Erstmals Fußball-Europapokal der Pokalsieger. AC Florenz 2:0 und 2:1 über Glasgow Rangers.

11. 5. Michail M. Botwinnik gewinnt in Moskau seinen Weltmeistertitel im Schach durch ein 13:8 gegen Michail N. Tal zurück.

20. 5. Weltrekord im Stabhochsprung, erstmals mit Glasfiberstab, mit 4,83 m durch George Davies (USA) in Boulder (→ 3. 2. 1961).

28. 5. Weltrekord über 3000 m Hindernis in 8:31,2 min durch Grigorij Taran in Kiew.

Juni. Der Australier Rod Laver gewinnt das Herren-Einzel in Wimbledon.

1. 6. Weltrekord im Speerwurf mit 86,74 durch den Italiener Carlo Lievore in Mailand.

3. 6. Wilfried Dietrich wird Weltmeister im Freistilringen, Schwergewicht, in Yokohama.

Der internationale Skiverband (Fédération Internationale de Ski, FIS) schreibt für das Skispringen 70-m- und 90-m-Schanzen vor.

23. 6. Nach Abschluß der deutschen Wiederausgrabungsarbeiten wird das Stadion von Olympia feierlich an den griechischen Kultusminister übergeben. Gründung einer Olympischen Akademie.

24. 6. Durch ein 3:0 über Borussia Dortmund vor 82 000 Zuschauern in Hannover wird der 1. FC Nürnberg zum achten Mal Deutscher Fußballmeister.

Juli: Zum 25. Mal CHIO (Concours Hippique International Officiel) in Aachen. Rekordbeteiligung mit Reitern aus 20 Nationen. Die Europameisterschaft der Springreiter gewinnt der Brite David Broome.

16. 7. Weltrekord im Weitsprung mit 6,48 m durch Tatjana Tschelkanowa in Moskau.

Zum vierten Mal Weltrekord im Hochsprung durch Iolanda Balas in Sofia mit zuletzt 1,91 m, erstmals über 1,90 m.

Zum zweiten Mal seit 1957 gewinnt Jacques Anquetil die Tour de France (25. 6.–16.7.).

19. 7. Weltrekord über 100 m in 11,2 sec durch Wilma Rudolph in Stuttgart.

10. 8. Weltrekord über 3000 m Hindernis in 8:30,4 min durch Zdzislaw Krzyszkowiak in Walcz.

11. 8. Weltrekord im Diskus durch Jay Silvester mit 60,56 m, erstmals über 60m, in Frankfurt am Main. Neun Tage später in Brüssel 60,72 m.

16. 8. Abbruch der deutsch-deutschen Sportbeziehungen durch den Deutschen Sport-Bund (DSB) wegen des Baues der Berliner Mauer (13.8.).

Weltrekord im Weitsprung mit 8,28 m durch Ralph Boston in Moskau.

20. 8. Der US-Amerikaner Chet Jastremski schwimmt zum sechsten Mal Weltrekord über 100 m Brust, in 1:07,5 min.

31. 8. Zum dritten Mal Weltrekord im Hochsprung durch Valerij Brumel mit zuletzt 2,25 m in Sofia.

10. 9. Beim Großen Preis von Italien auf der Monza-Bahn verunglückt Wolfgang Graf Berghe von Trips tödlich. 15 Tote unter den Zuschauern.

20. 9. Weltrekord über 100 m Freistil durch den Brasilianer Manuel dos Santos mit 53,6 sec in Rio de Janeiro.

Zum dritten Mal Weltrekord im Diskus mit zuletzt 58,98 m durch Tamara Press in London.

2. 12. Bei den Judo-Weltmeisterschaften in Paris sensationeller Sieg des Niederländers Antonius Geesink in der Offenen Klasse.

4. 12. Floyd Patterson verteidigt seinen Weltmeistertitel im Box-Schwergewicht gegen Tom McNeely durch K. o. in der vierten Runde in Toronto.

Dezember. Australien verteidigt den Davis Cup in Melbourne zum zweiten Mal gegen Italien, mit 5:0.

Niederländer vorn bei Eisschnellauf-WM

März 1961. Die 45 000 Zuschauer in Göteborg reiben sich die Augen. Nicht der haushohe Favorit Viktor Kositschkin wird Vierkampf-Weltmeister im Eisschnellauf, sondern Henk van der Grift. Und hinter dem zweitplazierten Russen kommt wieder ein Niederländer, Liebrechts, Norwegens Johannesen wird Elfter.

Mit Henk van der Grift gewinnt nach 56 Jahren wieder ein Niederländer den Weltmeistertitel. Folge: Die Niederlande wollen vermehrt Kunsteisbahnen bauen, damit die Eisschnelläufer nicht mehr zum Training nach Norwegen fahren müssen.

Winterbesteigung der Eiger-Nordwand

6. bis 12. März 1961. Während der ersten, perfekt vorbereiteten Winterbesteigung der Eiger-Nordwand durch die Deutschen Toni Hiebeler, Anton Kinshofer, Andreas Mannhardt und den Österreicher Walter Almberger herrscht auf der Kleinen Scheidegg ein Medienrummel wie nie zuvor.

Einer der ersten Bergsteiger, die die Eiger-Nordwand im Winter bezwingen, ist der deutsche Andreas Mannhardt. Zusammen mit drei Alpinisten gelingt ihm die Besteigung des 3974 m hohen Gipfels.

Strahlende Gesichter der Kanadier nach ihrem WM-Sieg über die UdSSR

Die US-Mannschaft vor dem Abflug mit der Unglücksmaschine

Deutsch-deutscher Eishockey-Eklat

12. März 1961. Mit Pfiffen für die abwesende Mannschaft der Bundesrepublik Deutschland und demonstrativem Beifall der Schweizer Zuschauer für die auf dem Eis angetretene Mannschaft der DDR endet die Eishockey-Weltmeisterschaft in Genf. Der westdeutsche Verband beantragte, das Spiel ohne Flaggen- und Hymnenzeremoniell auszutragen, da er es für unzumutbar hält, Symbole eines deutschen Staates zu ehren, den er nicht anerkennt. Der internationale Verband lehnte ab. Das Spiel zählt 5:0 für die DDR. Die kanadischen Trail Smoke Eaters stehen bereits als Sieger vor der ČSSR und der UdSSR fest.

Eiskunstlauf-WM in Prag abgesagt

15. Februar 1961. Wieder fordert ein Flugzeugabsturz den Tod einer Sportmannschaft (→ 4. 5. 1949; 6. 2. 1958). Eine Chartermaschine vom Typ Boeing 707 der belgischen Fluggesellschaft Sabena stürzt von New York kommend vor der Landebahn des Brüsseler Flughafens Zaventem ab. Unter den 73 Toten ist die gesamte Eiskunstlaufelite der USA zu beklagen. Die bekanntesten der Opfer sind die Trainerin Maribel Vinson-Owen, neunfache US-Meisterin und Olympiadritte 1932, die Trainer Deane Mc Minn, Eddie Scholdan und die Paare Inga und Ray Hadley, Laurie und Bill Hockox, Pat und Bob Dineen.

Neunmal schlägt Floyd Patterson (r.) am 4. Dezember 1961 in Toronto in vier Runden Tom McNeely zu Boden, bis dieser hilflos in den Seilen hängt.

Weltmeister Floyd Patterson zerstört die »weiße Hoffnung«

Da Floyd Petterson in seinem Comeback-Kampf gegen Ingemar Johansson am → 20. Juni 1960 immerhin zweimal gewackelt hat, gab man dem Schweden eine letzte Chance. Aber Ingemar hat inzwischen einen Film gedreht, einen Fischdampfer gekauft und ein Tiefbauunternehmen gegründet. Solch vielfältige Interessen vertragen sich nicht mit einem harten Boxtraining. So geht er am 17. März 1961 in Miami Beach sang- und klanglos k. o. Fieberhaft suchen die Manager nach einer neuen »weißen Hoffnung«. Sie lassen den plumpen Riesen Tom McNeely gegen Patterson antreten. Doch dieser Koloß steht auf tönernen Füßen.

Rumänien gewinnt Hallenhandball-WM

12. März 1961. Das Endspiel der vierten Hallenhandball-Weltmeisterschaft in der Dortmunder Westfalenhalle wird man nicht so schnell vergessen. Für die 12 000 Zuschauer bleibt es spannend bis zur letzten Sekunde, nach zweimaliger Verlängerung. Dann haben die Rumänen den Turnierfavoriten ČSSR 9:8 bezwungen. Aber »wie« das geschah, verursacht ein Rauschen im Blätterwald.

Die führende Sportzeitschrift der Schweiz, »Sport«, schreibt sogar von einem »Todesstoß« gegen den Handball. Das schnelle Angriffsspiel der immer beliebteren Hallensportart erstickten die Rumänen wie eine »Boa constrictor«. Sie ermordeten die Schönheit um des Erfolges willen. Aber der Erfolg rechtfertigt im Sport längst viele Mittel. Die Rumänen haben jedenfalls in Redl einen »Wundertorwart«. In Covaci ein Konditionswunder, er pausierte von 80 Minuten vier. Die ganze Mannschaft spielte mit Kraft und Wucht. Und sie warf das entscheidende Tor.

Skandal beim Pokal-Finale

Mai 1961. Erst kürzlich entfesselte das Wiener Fußballpublikum einen der bisher größten Skandale beim Europacup-Spiel der Landesmeister Rapid Wien gegen Benfica Lissabon. Das Spiel mußte beim Stand von 1:1 wegen Zuschauerausschreitungen abgebrochen werden.

Jetzt spielen sich in Glasgow beim ersten Endspiel um den Europapokal der Pokalsieger zwischen Glasgow Rangers und AC Florenz ähnliche Szenen ab. Das Publikum wirft Gegenstände auf den Platz, zerrt die italienische Fahne herunter, die Polizei muß die Spieler schützen. Milan schießt in der zwölften und in der 89. Minute den Sieg für Florenz heraus, Caldow setzt zwischendurch einen Strafstoß neben das Tor. Beim Rückspiel in Florenz stellen der Schwede Hamrin und Milan den Sieg sicher. McMillan erzielt das Ehrentor für Glasgow.

Nach dem ersten Finale im Pokalwettbewerb der Pokalsieger, das mit Hin- und Rückspiel ausgetragen wird, liegen bereits 20 Anmeldungen für die nächste Runde vor. (Abb.: Halbfinale Rapid Wien—Benfica Lissabon). Die Pokalwettbewerbe fanatisieren das Publikum.

Aubrey Dooley beim ersten Stabhochsprung mit einem Glasfiberstab

Revolution im Stabhochsprung

3. Februar 1961. Bei den »Milrose Games« im New Yorker Madison Square Garden führt Aubrey Dooley erstmals im Stabhochsprung einen Glasfiberstab vor. Er schwingt sich damit über 3,50 m. Im Mai 1961 springt George Davies mit diesem Stab Weltrekord mit 4,83 m. Der Kunststoffstab wird vom internationalen Verband genehmigt.

Wilfried Dietrich (r.) ist nach seinem Olympiasieg auch Weltmeister.

Wilfried Dietrich siegt in Yokohama

3. Juni 1961. Man nennt ihn den »Kran von Schifferstadt« nicht nur, weil er in diesem Jahr nebenbei noch deutscher Vizemeister im Gewichtheben wird oder auf der Ringermatte schwerste Lasten hebt, sondern weil er als Kranführer anfing. Seit 1956 ist Dietrich im Freistilringen unbesiegt und bleibt es auch bei den Weltmeisterschaften in Japan.

Das Ende einer Legende im Judo

2. Dezember 1961. Für die Japaner bricht in Paris eine Welt zusammen. Im fernen Nippon kann man die Meldung kaum glauben: Ein Niederländer hat in der Offenen Klasse den Weltmeistertitel im Judo gewonnen.
Der Zusammenbruch vollzog sich mit Verzögerung. Mit unergründlichem Lächeln nahmen Japans Judokas die Nachricht auf, daß es in Europa einen Judomeister des siebten Dan-Grades geben sollte. Einen höher qualifizierten gibt es nicht, und der niederländische Europameister stand damit auch ganz allein da. Als Akio Kaminaga Antonius Geesink bei den Judo-Weltmeisterschaften in Paris auf der Matte entgegentrat, verbeugte sich vor ihm ein blonder, 1,98 m großer Riese von 131 kg Gewicht. Und Judo ist die »sanfte Kunst«, in der man durch eine Meisterschaft des Nachgebens Sieger bleibt. Davon schien der Niederländer, wie könnte es auch anders sein, nichts zu wissen. Geesink ist kein Mann, der nachgibt. Aber Kaminaga wurde von ihm fast erdrückt und schied aus. Im Halbfinale wurde Takashi Kigo schon nach 1:20,0 min Opfer eines Ippon. Der niederländische Herkules beherrscht auch alle Griffe. Doch da gab es noch den Weltmeister Kenji Sone, Japans Judo-Idol. Nach acht Minuten ist er Weltmeister und Idol gewesen. Aus Geesinks Umklammerung gab es kein Entrinnen. Noch bei der Siegerehrung steht den Japanern die Fassungslosigkeit im Gesicht geschrieben.

Iolandas Höhenflug endet bei 1,91 m

16. Juli 1961. Die Rumänin Iolanda Balas hat im Hochsprung neue Dimensionen erschlossen. 1956 sprang sie ihren ersten Weltrekord mit 1,75 m. Danach steigerte sie die Marke kontinuierlich: 1957 — 1,76 m, 1958 — 1,78 m, 1,80 m, 1,81 m, 1,82 m, 1,83 m, 1959 — 1,84 m, 1960 — 1,85 m, 1,86 m, 1961 — 1,87 m, 1,88 m, 1,90 m, 1,91 m. Damit scheint ihr Höhendrang gestillt. 14 Weltrekorde in fünf Jahren mit einer Steigerung um insgesamt 16 cm. Eine einzigartige Leistung. Als erste Frau überwand sie dabei die Grenzen von 1,80 m und 1,90 m.

△ *Der Crash in Monza, der Graf Berghe von Trips und 15 Zuschauer das Leben kostet*

▷ *Wolfgang Graf Berghe von Trips (l.) mit Stirling Moss und Huschke von Hanstein bei einer Besprechung am Nürburgring*

Der Todessturz des Berghe von Trips

10. September 1961. Wolfgang Graf Berghe von Trips, von den Briten »Taffy« genannt, gilt als der Gentleman unter den Rennfahrern. Als er in Monza in seinen Ferrari steigt, steht er mit 33 Punkten kurz vor dem Gewinn der Formel-1-Automobil-Weltmeisterschaft. Er wäre dann der erste Deutsche, der diesen Titel gewinnt.
In der zweiten Runde des Rennens versucht Jim Clark mit seinem Lotus auf der Geraden 220 m vor der Südkurve Trips auszubremsen. Die Wagen touchieren, beide überschlagen sich. Clarks Lotus kommt wieder auf die Räder, der Fahrer bleibt unverletzt. Trips wird herausgeschleudert und tödlich verletzt. Sein Wagen fliegt in die dichtgedrängten Zuschauer. 15 von ihnen werden nur noch tot geborgen. Das Rennen geht weiter. Der US-Amerikaner Phil Hill gewinnt auf Ferrari den Grand Prix von Monza. Er wird mit 34 Punkten Weltmeister.

Max Morlock mit der Meisterschale im Niedersachsenstadion von Hannover nach dem 3:0-Sieg über Borussia Dortmund vor 82 000 Zuschauern

1. FC Nürnberg zum achten Mal Deutscher Fußballmeister

24. Juni 1961. *Junger Wein in alten Schläuchen. Die neuformierte Mannschaft des 1. FC Nürnberg gewinnt im ersten Jahr von Trainer Herbert Widmayer den Titel und macht den »Club« zum deutschen Rekordmeister. Schon in der sechsten Minute hechtet Kurt Haseneder in eine Vorlage von Gustav Flachenecker und köpft den Ball ins Tor. Die Nürnberger bleiben überlegen. Erst in der letzten Viertelstunde vor der Pause kommen die Borussen auf. Aber ausgerechnet in dieser Drangperiode führt ein Nürnberger Konter über Josef Zenger und Heinz Strehl zum 2:0 durch Heiner Müller in der 44. Minute. Als zehn Minuten nach Wiederanpfiff Schiedsrichter Schulenburg einen Dortmunder Anschlußtreffer wegen eines vorangegangenen Fouls nicht anerkennt, wird das Spiel ruppig. Ein Abwehrfehler von Geisler in der 67. Minute wird von Müller ausgenutzt, er lockt Heinz Kwiatkowski aus dem Tor, bedient den freistehenden Strehl, der mühelos zum 3:0-Endstand einschiebt.*

1962

Januar. Mit dem Jahrespreis 1961 für den besten Sportkommentar in den USA wird US-Präsident John F. Kennedy ausgezeichnet. In einem Aufsatz hat er die »Verweichlichung« der US-amerikanischen Jugend gegeißelt und mehr Sport gefordert.

Februar. Bei den Nordischen Ski-Weltmeisterschaften in Zakopane Olympiasieger Helmut Recknagel (DDR) Sieger auf der 90-m- und Dritter auf der 70-m Schanze.

3. 2. Weltrekord über 800 m in 1:44,3 min durch den Neuseeländer Peter Snell in Christchurch, sieben Jahre nach Roger Moens.

3./4. 2. Erstmals Winterbesteigung der Matterhorn-Nordwand (4478 m) durch die Schweizer Hilti von Allmen und Paul Etter.

11.–18. 2. Bei den Alpinen Ski-Weltmeisterschaften in Chamonix zwei Titel für die Österreicherin Marianne Jahn und zwei Titel für den Österreicher Karl Schranz.

3. 3. Weltrekord über 800 m in 2:01,2 min durch die Australierin Dixie Willis in Perth.

23. 4. In Goodwood schwerer Unfall des britischen Automobilrennfahrers Stirling Moss, der daraufhin seine Karriere beendet.

2. 5. Im Fußball-Europapokal der Landesmeister gewinnt zum zweiten Mal Benfica Lissabon (5:3 über Real Madrid in Amsterdam).

18. 5. Weltrekord im Kugelstoßen mit 20,08 m durch Dallas Long in Los Angeles.

24. 5. Weltrekord über 400 m Lagen in 4:53,8 min durch Gerhard Hetz in Moskau.

30. 5.–17.6. In Chile siebte Fußball-Weltmeisterschaft. Weltmeister zum zweiten Mal Brasilien.

10. 6. Weltrekord im Weitsprung durch Tatjana Tschelkanowa mit 6,53 m in Leipzig.

Weltrekord im Weitsprung durch Igor Ter-Owanesian mit 8,31 m in Eriwan.

22. 6. Weltrekord im Stabhochsprung mit 4,94 m durch den Finnen Pentti Nikula in Kauhava.

23. 6. Erster Box-WM-Kampf auf deutschem Boden: Gustav »Bubi« Scholz unterliegt dem Weltmeister im Halbschwergewicht Harold Johnson (USA) nach Punkten,

1. 7. Weltrekord im Diskuswurf durch Al Oerter mit 62,45 m in Chicago.

15. 7. Jacques Anquetil gewinnt zum dritten Mal die Tour de France (24. 6.–15. 7.).

19. 7. Absoluter Geschwindigkeitsweltrekord auf dem Fahrrad mit Schrittmacher durch den 42jährigen Franzosen José Meiffret mit 204,77 km/h auf der Autobahn bei Freiburg.

21. 7. Weltrekord im Hammerwurf durch Harold Conolly mit 70,77 m in Palo Alto.

11. 8. Weltrekord über 10 000 m durch Pjotr Bolotnikow in 28:18,2 min in Moskau.

16. 8. Die US-Amerikanerin Carolyn House schwimmt in Chicago 1500 m Freistil erstmals unter 19 Minuten in 18:44,0 min.

17. 8. Der Australier Murray Rose schwimmt in Chicago Weltrekord über 400 m Freistil in 4:13,4 min. Acht Tage später in Los Altos Weltrekord über 800 m in 8:51,5 min.

18.–25. 8. Die Schwimm-Europameisterschaften in Leipzig werden von den westdeutschen Sportlern boykottiert (»Mauerbeschluß«).

5. 9. Im Wiederholungsspiel – nach 1:1 in Glasgow am 19. Mai – gewinnt Atletico Madrid den Fußball-Europapokal der Pokalsieger durch 3:0 über AC Florenz in Stuttgart.

September. Grand Slam für den Australier Rod Laver nach Turniersiegen in Melbourne, Roland Garros, Wimbledon und Forest Hills.

9. 9. Erstmals Ruder-Weltmeisterschaften auf dem Rotsee bei Luzern.

12. 9. Weltrekord im Kugelstoßen mit 18,55 m durch Tamara Press in Belgrad.

12.–19. 9. An den Leichtathletik-Europameisterschaften in Belgrad nimmt, nach Ausscheidungen in Prag und Malmö, eine gesamtdeutsche Mannschaft teil (52 Sportler aus der Bundesrepublik, 49 aus der DDR).

25. 9. Sonny Liston Boxweltmeister im Schwergewicht durch K.-o.-Sieg in der ersten Runde über Floyd Patterson in Chicago.

29. 9. Weltrekord im Hochsprung durch Valerij Brumel mit 2,27 m in Moskau.

Oktober. Der Brite Graham Hill auf BRM wird Automobilweltmeister der Formel 1.

6. 10. Der Deutsche Fußball-Bund (DFB) beschließt die Einführung der Fußball-Bundesliga und des professionellen Fußballs in der Bundesrepublik Deutschland (→ 29. 6. 1963).

23 10. Weltrekord über 400 m in 51,9 sec durch die Nordkoreanerin Sim Kim Dan in Pjöngjang.

27. 10. Als erste Frau schwimmt die Australierin Dawn Fraser 100 m Freistil unter einer Minute in 59,9 sec.

Dezember. Neuer Transfer-Rekord im Fußball. Manchester United kauft Denis Law vom AC Turin für 116 000 britische Pfund.

Mexiko, erstmals im Davis-Cup-Endspiel (Herausforderungsrunde), unterliegt in Brisbane Australien 0:5.

Nach der Rückkehr vom Gipfel (v. l.): von Allmen, Etter, Siegert, Schlömmer, Hanschke, Bittner, Kremke

Die Sieger an der Matterhorn-Nordwand

3./4. Februar 1962. *Gleich drei Seilschaften wollen die erste Winterbesteigung der Matterhorn-Nordwand versuchen. Die Schweizer Hilti von Allmen/Paul Etter, die Österreicher Erich Krempke/Leo Schlömmer und die Deutschen Werner Bittner/Rainer Hanschke/Peter Siegert. Sie treffen sich eher zufällig in der Hörnlihütte und sind so vernünftig, keinen Wettlauf zum Gipfel zu veranstalten. Die Schweizer erhalten den Vortritt, erreichen am Sonntag um 15.30 Uhr den Gipfel. Am Montag gelingt auch den Österreichern und Deutschen der schwierige Aufstieg. Nach ihrer Rückkehr, bei der von Allmen Erfrierungen erleidet, werden sie in Zermatt gefeiert.*

Die Politik und Chamonix

11. bis 18. Februar 1962. Reicht die Berliner Mauer bis in die französischen Alpen? Die Regierung Frankreichs verbietet ostdeutschen Sportlern die Einreise zu den Alpinen Ski-Weltmeisterschaften. Die Fédération Internationale de Ski (FIS) will sie daher nicht als Weltmeisterschaften gelten lassen. Darüber wird gestritten, solange die Sportler ihre Rennen fahren. Zuletzt sind dann Michel Bozon (Slalom), Marielle Goitschel (Kombination), Marianne Jahn (Slalom, Riesenslalom), Christl Haas (Abfahrt), Karl Schranz (Abfahrt, Kombination), Egon Zimmermann (Riesenslalom) doch Weltmeister. Ein DDR-Alpiner hätte aller Voraussicht nach ohnehin keine Chance gehabt.

Populärster Sieger im französischen Chamonix ist der Österreicher Karl Schranz (Abb.), der endlich einmal die hohen Erwartungen erfüllt, die man in ihn setzte. Überlegen wie er gewinnt auch Christl Haas die Abfahrt, die sie als einzige Läuferin in der Hocke fährt.

Fußball-Weltmeisterschaft trotz Erdbebenkatastrophe

30. Mai bis 17. Juni 1962. 1960 wurde Chile von einer der schwersten Erdbebenkatastrophen seiner Geschichte erschüttert. Viele Fußballstadien waren zerstört, und man hatte Wichtigeres wiederaufzubauen als diese. Man wollte dem Land die Durchführung der Fußball-Weltmeisterschaft daher nicht zumuten. Aber Chile bestand darauf und sah es als nationale Aufgabe an, das internationale Ereignis zu gestalten. Unter einem wenig glücklichen Stern steht auch die deutsche Teilnahme. Im ersten Spiel gegen Italien wird den Leistungen ein 0:0 nur allzu gerecht. »Safety first« bestimmt auch die Spiele gegen die Schweiz (2:1) und Chile (2:0).

Am 10. Juni haben sie es zum dritten Mal bei einer Weltmeisterschaft mit Jugoslawien zu tun, und da bleibt Trainer Joseph »Sepp« Herberger bei seiner bewährten Taktik, die »Jugos« kommen zu lassen und im geeigneten Moment zu kontern. Aber diesmal steht ihm kein Helmut Rahn zur Verfügung, der die »jugos« zweimal »erschoß« (→ 14. 6.–4. 7. 1954; 8.–29. 6. 1958). Uwe Seeler trifft zwar in der zweiten Minute die Querlatte, aber dabei bleibt es. Die Deutschen warten auf ihre Chance bis zur 85. Minute, dann schießt Radakovic das Siegtor.

Vor jedem Spiel paradieren chilenische Soldaten preußisch-exakt im Stadio Nacional von Santiago.

Deutschland—Italien 0:0. Wolfgang Fahrian bei einer fast mißglückten Abwehr. Der Ball landet vor Siviori (M.).

Deutschland—Schweiz 2:1. Vergebens streckt sich der Schweizer Elsener nach einem Schuß von Uwe Seeler.

Deutschland—Chile 2:0. Auch hier das zweite Tor durch Mittelstürmer Seeler, der in einen Flankenball hineinhechtet und an Chiles Torwart Escuti vorbei einköpft. Das erste deutsche Tor fiel durch einen Foulelfmeter, den Horst Szymaniak vollstreckte. Doch sonst verläuft die Begegnung auf beiden Seiten betont fair. Der deutsche Erfolg beruht auf dem taktischen Konzept von Bundestrainer Joseph »Sepp« Herberger, das die Fußball-Fachzeitschrift »Kicker« mit den Worten charakterisiert: »Sie spielen kaltblütig aus der Abwehr heraus.« Die Frage bleibt offen, wie weit man mit dieser Kontertaktik kommen kann.

Deutschland—Jugoslawien 0:1. Das Aus für die deutsche Nationalmannschaft. Vergebens streckte sich Fahrian nach einem Gewaltschuß des Jugoslawen Radakovic aus 14 m Entfernung. Das deutsche Sicherheitsspiel beschwor letztlich die Niederlage fünf Minuten vor Schluß herauf. Verdient haben die Jugoslawen den Sieg eigentlich schon seit acht Jahren. Bei beiden vorangegangenen Weltmeisterschaftsbegegnungen waren sie den Deutschen spielerisch überlegen. Die Jugoslawen litten aber unter ihrer Schußschwäche und unterlagen der mit Glück gepaarten Kampfkraft der Deutschen.

WM-Cup bleibt in Brasilien

13. Juni 1962. Das Traum-Endspiel findet schon im Halbfinale statt: Chile gegen Brasilien. Die Fédération Internationale de Football Association (FIFA) verlegte das Spiel nach Santiago, damit 77 000 Fans sehen können, wie ihre Mannschaft »brasilianischen Kaffee mahlt«. Über die Anden kurvten 2000 Personenwagen und zahlreiche Autobusse, damit der Weltmeister in seiner schweren Stunde nicht ohne heimischen Beistand bleibt.

Vom Anpfiff an typisch südamerikanischer Fußball. In der neunten Minute ein Bilderbuchtor. Zagalo flitzt die Linie entlang, flankt nach innen, Amarildo versucht einen Fallrückzieher, der Ball trudelt Garrincha versehentlich vor die Füße, und der drischt ihn von der Strafraumecke ins Tor. 20 Minuten später köpft Garrincha einen Eckball Zagalos zum 2:0 ein. Kurz vor dem Pausenpfiff begeht Zito ein unnötiges Foul, Toro jagt den Strafstoß ins Netz: 2:1. Das Stadion birst fast auseinander. Doch gleich nach Wiederbeginn köpft Vavá das 3:1. Perus Schiedsrichter Yamasaki schenkt den Chilenen einen völlig unberechtigten Hand-Elfmeter: 3:2. Ein Erdbeben scheint das Stadion zu erschüttern. Aber Vavá schlägt noch einmal zu zum 4:2. Der Weltmeister ist da, wo er hingehört, im Endspiel. Diese Begegnung gegen die ČSSR ist unpopulär, das Stadion nicht einmal ausverkauft.

Die Tschechen fühlen sich aber in ihrer Außenseiterrolle wohl. Josef Masopust schießt in der 15. Minute das 1:0. Von diesem Schrecken haben sich die brasilianischen Schlachtenbummler noch nicht erholt, da steht es 1:1 durch den jungen Amarildo, den man, etwas voreilig, den »weißen Pelé« nennt. Nach der Pause zeigt sich, daß die Mannschaft den richtigen Pelé bitter nötig hätte. Auch Garrincha fällt aus, der zwar mitspielt, aber ohne daß man es merkt. Die Tschechen sind dem Führungstor näher als die Brasilianer.

Es fällt eher durch Zufall. Popluhar wehrt zu schwach ab, der Ball prallt zu Amarildo, der schaltet den herauslaufenden Schroif durch einen Heber aus, Zito köpft ins leere Tor. Erleichterter Jubel. Aber die Tschechen bleiben gefährlich. Erst als Schroif, von der tiefstehenden Sonne geblendet, bei einem Flankenball danebengreift, kann Vavá »abstauben« und den 3:1-Sieg sichern.

Szene aus der Halbfinal-Begegnung zwischen Brasilien und Chile

Dreimal Brasilien—ČSSR. Das Führungstor der Tschechen durch Masopust in der 15. Minute. Den Brasilianern gelingt noch vor der Halbzeit der Ausgleich …

… Amarildo überlistet den ihm entgegenlaufenden Schroif mit einem Heber. Zito köpft den Ball zum 2:1 für den Titelverteidiger ins leere Tor …

Die brasilianischen Verteidiger Nilton Santos (6) und Dos Santos (r.) in Aktion im Halbfinale Brasilien—Chile. Der Titelverteidiger siegt 4:2.

… Die Entscheidung: Schroif kann den Ball von der Sonne geblendet nicht festhalten, Vavá ist zur Stelle und schießt ein zum 3:1-Endstand.

Jacques Anquetil (M.), der erfolgreichste Tour-Fahrer, mit Jos Planckaert (r.) und Publikumsliebling Raymond »Poupou« Poulidor

Anquetils dritter Toursieg

15. Juli 1962. Ein Massensturz auf regennasser Straße hätte auf der letzten Etappe der Tour de France Jacques Anquetil fast noch den Sieg gekostet. Um so herzlicher wird er gefeiert, als er trotz einer schmerzhaften Schulterverletzung das Ziel in Paris vor dem Belgier Planckaert und vor Raymond Poulidor erreicht. Viel Beifall auch für Rudi Altig, der als erster Deutscher das Grüne Trikot des punktbesten Fahrers trug. Nach der Bergwertung (1933) war die Punktwertung 1953 eingeführt worden.

Kampfszene zwischen Harold Johnson (l.) und Gustav Scholz

»Bubi« Scholz verliert WM-Kampf

23. Juni 1962. Gustav »Bubi« Scholz trägt den ersten Weltmeisterschaftskampf auf deutschem Boden in Berlin-West aus. Gegen Harold Johnson (USA, Halbschwergewicht) unterliegt er nur knapp.

Start der Achter zum dritten Vorlauf auf dem Rotsee bei den Ruder-Weltmeisterschaften. Mit der Nummer 3 die Ratzeburger, die späteren Titelgewinner

Die ersten Ruder-Weltmeisterschaften auf dem »Göttersee«

9. September 1962. *Der Rotsee bei Luzern ist nicht rot, sondern tiefgrün, aber den Namen »Göttersee« verdient er zurecht, denn er ist für Regatten wie geschaffen. Zwischen zwei Hängen windgeschützt, bietet er sechs Booten Platz. Hier finden sich am Finaltag 45 000 Zuschauer ein, um die letzten von 500 Ruderern aus 25 Nationen um die ersten Weltmeistertitel kämpfen zu sehen. Die Begeisterung der Einheimischen hält sich in Grenzen, als die Westdeutschen den Zweier ohne, Zweier mit, Vierer ohne, Vierer mit und den Achter gewinnen. Demonstrativen Beifall erhalten daher die Franzosen Duhamel/Monnereau für ihren Sieg im Doppelzweier. Als aber nach des Russen Iwanows Titelerfolg ein etwas angedudelter Schweizer auf den Tisch steigt und die »Internationale« anstimmt, führt ihn sofort die Polizei ab. Da verstehen die Eidgenossen keinen Spaß.*

Rod Lavers Weg zum Grand Slam

September 1962. Er ist nicht sehr groß, rothaarig, sommersprossig, Linkshänder, wiegt 68 kg. Doch er hat einen Unterarm wie Rocky Marciano und ein Handgelenk wie Floyd Patterson. Weil er stets einen Tennisball oder eine Stahlfeder in der Hosentasche mit sich herumträgt, die er zusammendrückt.

Im Januar 1962 kämpfte er in Sydney drei Stunden, bis er Geoff Pares 10:8, 18:16, 7:9, 7:5 geschlagen hatte. In Roland Garros mußte er sich im Mai auf Sand umstellen. »Die Hauptsache ist dabei eine Engelsgeduld. Es ist gar nicht schlecht, wenn man sich etwas zu essen mitbringt«, so Laver. Martin Mulligan führte gegen ihn mit zwei Sätzen und 40:30 beim Stand von 5:4 im dritten Satz. Doch Laver gibt nie einen Ball, geschweige denn ein Spiel verloren. Im Finale führte Roy Emerson mit zwei Sätzen und 3:0 im dritten Satz, aber Laver gewann. In Wimbledon hatte er es im Juni zuerst mit Manuel Santana zu tun, der 16:14, 5:1 führte und trotzdem noch 7:9, 2:6, 2:6 verlor. Gegen Fraser und Mulligan gab Laver dann keinen Satz mehr ab.

Königin Elisabeth II. übergibt Rod Laver den Wimbledon-Pokal.

Im September steht er bei den US Open in Forest Hills vor dem größten Erfolg eines Tennisspielers seit 1938 (→ 25.9.1938). Laver schlägt Emerson im Finale 6:2, 6:4, 5:7, 6:4. Im Dezember verhilft er Australien gegen Mexiko zum Davis-Cup-Sieg und unterschreibt danach einen Profivertrag.

Patterson nach 126 Sekunden k. o.

25. September 1962. Sonny Liston ist alles andere als ein Sonnyboy. Der herkulische Schwarze kam im Gefängnis zum Boxen und ist nichts anderes als ein brutaler Schläger.

Sonny Liston, der »häßliche Bär«, verkündete, daß er Floyd Patterson im Ring »zertrümmern« würde. Was dann auch geschieht. Immerhin bringt der Kampf dem entthronten Weltmeister pro Sekunde 15 880 US-Dollar ein.

Floyd Pattersons Manager Gus D'Amato versuchte bislang, einen Kampf seines Schützlings mit ihm zu vermeiden. Aber Liston hat von 25 Kämpfen 24 durch K. o. gewonnen, und es ist Patterson, der sich ihm stellen will. Er steht nicht lang. Vor 35 000 Zuschauern in Chicago deckt Liston den Titelverteidiger mit schweren Schlagserien ein. Nach einer Dublette zum Kinn wird Patterson ausgezählt.

Ende der Karriere von Stirling Moss

23. April 1962. Es ist ein Wunder, daß er noch lebt. Beim Rennen in Goodwood blockieren die Bremsen seines Lotus-Climax. Der Wagen zerschellt an einer Absperrmauer. Es dauert eine halbe Stunde, bis man

Schon nach seinem ersten schweren Unfall hatte man eine Rückkehr von Stirling Moss zum Automobilrennsport nicht für möglich gehalten. Obwohl er auch diesmal im Krankenbett noch Comeback-Pläne hegt, muß er einsehen, daß seine Karriere endgültig ohne Weltmeistertitel beendet ist.

den Schwerverletzten aus dem Cockpit befreien kann. Stirling Moss war der beste Rennfahrer neben Juan Manuel Fangio. Von 1955 bis 1961 wurde er sechsmal Zweiter, einmal Dritter in der WM. 1960 flog sein Wagen beim Training in Belgien mit 200 km/h von der Bahn. Moss brach sich beide Beine, einen Rückenwirbel und das Nasenbein, feierte aber ein Comeback.

1963

20. 1. Als erster Deutscher stellt Günter Traub einen Weltrekord im Eisschnellauf-Vierkampf mit 184,638 Punkten in Madonna di Campiglio auf. Am selben Tag erreicht in Hamar der Norweger Knut Johannesen 183,035 Punkte.

25. 1. In seinem 17. Profikampf schlägt der bisher unbesiegte Schwergewichtler Cassius Clay in der dritten Runde, wie vorhergesagt, Charlie Powell k. o. und erklärt anschließend in Pittsburgh »I am the greatest!«.

6. 2. Entscheidung in Lausanne: Die Bundesrepublik Deutschland und die DDR treten mit eigenen Mannschaften zu den Spielen der XVIII. Olympiade in Innsbruck und Tokio an, jedoch mit gleicher Kleidung sowie der schwarz-rot-goldenen Fahne mit den olympischen Ringen.

24. 2. Weltrekord im Eisschnellauf-Vierkampf durch den Schweden Jonny Nilsson mit 178,447 Punkten in Stockholm.

28. 2. Marika Kilius/Hansjürgen Bäumler Weltmeister im Paarlauf in Cortina d'Ampezzo.

16. 3. Erneut Eklat bei der Eishockey-Weltmeisterschaft (→ 12. 3. 1961). Beim Abspielen der deutschen Nationalhymne nach dem 4:3-Sieg der Bundesrepublik über die DDR wenden die DDR-Spieler den Westdeutschen den Rücken zu. Weltmeister in Stockholm zum dritten Mal seit 1954 die UdSSR, vor Schweden und der ČSSR.

18. 3. Mit Georg Thoma siegt erstmals ein Mitteleuropäer am Holmenkollen in der Nordischen Kombination.

23. 3. Weltrekord über 200 m in 20,3 sec durch Henry Carr (USA) in Tempe.

27. 4. Weltrekord im Diskuswurf durch Al Oerter mit 62,62 m in Walnut.

27./28. 4. Erstmals Weltrekord durch einen Chinesen aus Taiwan. Yang Chuan-Kwang im Zehnkampf mit 8089 Punkten in Walnut.

29. 4. Indonesiens Staatschef Achmed Sukarno gründet in Djakarta die »Games of the New Emerging Forces« (GANEFO) als Protest gegen das Internationale Olympische Komitee (IOC), das die Mitgliedschaft Indonesiens aussetzte. Indonesien hatte Taiwan und Israel die Einreise zu den vierten Asiatischen Spielen verweigert.

15. 5. Europapokal der Pokalsieger: Tottenham Hotspurs-Atletico Madrid 5:1 in Rotterdam.

19. 5. Weltrekord im Diskuswurf durch Tamara Press mit 59,29 m in Moskau.

20. 5. Im 25. Wettkampf um die Schach-Weltmeisterschaft gewinnt Tigran Petrosjan durch ein 12,5:9,5 über Michail M. Botwinnik den Titel in Moskau.

22. 5. Europapokal der Landesmeister: AC Mailand-Benfica Lissabon 2:1 in London.

23.6.–14. 7. 50. Tour de France seit 60 Jahren. Sieger: Jacques Anquetil, sein vierter Tour-Sieg seit 1957.

29. 6. Im letzten Endspiel um die Deutsche Fußballmeisterschaft vor Einführung der Bundesliga schlägt Borussia Dortmund den 1. FC Köln in Stuttgart 3:1.

3. 7. Weltrekord im Speerwurf durch die Russin Elvira Ozolina mit 59,78 m in Moskau.

4. 7. Die Australierin Margaret Smith gewinnt in Wimbledon das Damen-Einzel und mit ihrem Landsmann Ken Fletcher auch das Gemischte Doppel. Beiden gelingt in diesem Jahr im Mixed als erstem Paar der Grand Slam.

21. 7. Letzter Weltrekord im Hochsprung durch Valerij Brumel mit 2,28 m in Moskau.

22. 7. Sonny Liston verteidigt seinen Weltmeistertitel im Box-Schwergewicht gegen Floyd Patterson erneut durch K. o. in der ersten Runde in Las Vegas.

2./3. 8. Als erster Bergsteiger erreicht der Schweizer Michel Darbellay den Gipfel der Eiger-Nordwand im Alleingang.

24. 8. Die US-Amerikaner Brian Sternberg und John Pennel treiben viermal den Weltrekord im Stabhochsprung über 5 m, zuletzt Pennel in Coral Gables mit 5,20 m.

1. 9. Weltrekord über 100 m Schmetterling in 1:06,1 min durch die Niederländerin Ada Kok in Soestduinen.

7. 9. Weltrekord über 3000 m Hindernis in 8:29,6 min durch den Belgier Gaston Roelants in Löwen.

8. 9. Nach seinem Sieg im Großen Preis von Italien auf der Monza-Bahn steht der Brite Jim Clark auf Lotus als Automobilweltmeister der Formel 1 fest.

15. 9. Vierter Weltmeistertitel und Weltrekord im Gewichtheben, Schwergewicht-Dreikampf, mit 557,5 kg durch den Russen Juri Wlassow in Stockholm.

12. 10. Weltrekord über 400 m Lagen in 4:50,2 min durch Gerhard Hetz in Tokio.

14.-19. 10. Kurzfristig nach Baden-Baden verlegte 60. Session des IOC, weil den Vertretern Südafrikas die Einreise nach Nairobi, das ursprünglich als Tagungsort vorgesehen war, verweigert worden ist.

23. 10. Zum 100. Jahrestag der Gründung der englischen Football Association (FA) schlägt die englische Nationalelf im Wembley-Stadion eine Weltauswahl 2: 1.

Dezember. In Adelaide gewinnen die USA den Davis Cup durch ein 3:2 über Australien.

18. 12. Weltrekord über 10 000 m durch den Australier Ronald Clarke in 28:15,6 min in Melbourne.

Ein Großmaul hält Wort: Cassius Clay

25. Januar 1963. Nach seinem Olympiasieg in Rom wurde er Profi. Seitdem bestritt er 17 Kämpfe und wechselte, 1,90 m groß, 92 kg schwer, ins Schwergewicht. Der

Die »Louisville Sponsor Group« hält Cassius Clay für ein »Huhn, das einmal goldene Eier legt«. Er selbst hegt daran nicht den geringsten Zweifel. Mit der Parole »I am the greatest« füllt er jetzt schon die Boxkampfarenen.

junge Mann erklärte: »Ich bin der großartigste, kühnste, schnellste und schönste Berufsboxer der Welt.« Von seinem zehnten Kampf an sagte er die Runde voraus, in der seine Gegner fallen würden. Am 19. Juni besiegt Clay im Londoner Wembley-Stadion vor 55 000 Zuschauern den Empire-Meister Henry Cooper in der fünften Runde durch K. o. – wie er es den wettfreudigen Briten vorausgesagt hatte.

Weltrekordler für nur drei Stunden

20. Januar 1963. Der Deutsche Günter Traub stellt in Madonna di Campiglio einen Weltrekord im Eisschnellauf-Vierkampf auf, der acht Jahre lang von dem Russen Sakunenko gehalten worden ist. Drei

Im Eisschnellauf-Vierkampf über 500 m, 1500 m, 5000 m und 10 000 m taucht erstmals ein deutscher Name in der Weltrekordliste auf. Günter Traub kommt in Madonna di Campiglio auf 184,638 Punkte.

Stunden später jagt der Norweger Kunt Johannesen Traub den Rekord wieder ab.
Der 23jährige Traub kommt vom Rollschuhlauf, wo er Weltmeister und Weltrekordler ist. Auf den Eisschnellauf, bisher eine Domäne der Skandinavier, Russen und Niederländer, verlegte er sich eher als Autodidakt. Traub wird zu einem der beliebtesten deutschen Sportler.

V. l.: Protopopow/Belousowa (UdSSR, Silber), Bäumler/Kilius (BRD, Gold), Schuk/Gawrilow (UdSSR, Bronze)

WM-Titel für Kilius/Bäumler

28. Februar 1963. Es ist wie im vorigen Jahr in Prag. Marika Kilius und Hansjürgen Bäumler müssen mit der Startnummer 3 aufs Eis. Damals gewann Bäumler der ungünstigen Ausgangsposition eine positive Note ab. »Wir legen einfach hohe Noten vor«, ermunterte er Marika, »da müssen die andern erst einmal darüberkommen.« Eine Minute später lagen beide auf dem Eis. Klirrend waren ihre Schlittschuhe aneinander geknallt. Der Traum vom Weltmeistertitel war ausgeträumt. In diesem Jahr sagt Bäumler lieber nichts. Aber diesmal zeigt das Paar in Cortina d'Ampezzo eine brillante Kür mit einem Notendurchschnitt von 5,8. Und diese Wertung übertrifft dann tatsächlich keiner mehr. Der Traum hat sich erfüllt.

Dieses Traumpaar wurde eher mit sanfter Gewalt zueinandergeführt. Marika Kilius begann ihre Paarlaufkarriere mit Franz Ningel. Mit ihm erntete sie in Cortina, wo man ihr jetzt Blumen überreicht, schon einmal Apfelsinen. Die warfen die erbosten Italiener 1956, weil ihnen das Paar unterbewertet erschien. Marika wuchs jedoch Franz bald über den Kopf. Da mußte ein neuer Partner her, aber Bäumler strebte eher eine Einzelkarriere an. Nach dem ersten Probetraining folgten bald der Deutsche Meistertitel 1958 und als bisheriger Höhepunkt die olympische Silbermedaille 1960.

Das deutsche Traumpaar Marika Kilius/ Hansjürgen Bäumler war vor seinem Weltmeistertitel dreimal Deutscher Meister und sechsmal Europameister.

Das russische Paar Ludmilla Belousowa/Oleg Protopopow ist mit seinem tänzerisch-musikalischen Stil stärkster Rivale von Kilius/Bäumler.

Georg Thoma siegt am Holmenkollen

18. März 1963. Es ist eine Premiere und eigentlich auch ein Comeback. Der sensationelle Olympiasieg von Georg Thoma in der Nordischen Kombination 1960 (→ 22. 2. 1960) konnte noch als ein Zusammentreffen ungewöhnlicher Umstände gelten. Die Frage, wie sich der Schwarzwälder in künftigen internationalen Wettbewerben behaupten würde, blieb zunächst offen. Bei den Weltmeisterschaften in Zakopane 1962 stürzte Thoma beim Springen, seiner Paradedisziplin, zweimal und landete mit mehreren Rippenbrüchen im Krankenhaus. Durch Arne Larsen kam der Titel wieder in norwegische Hand.

Um zu sehen, wo er nach diesem Rückschlag wirklich steht, begibt sich Thoma in diesem Jahr in die Höhle des Löwen. Erst wer am traditionsreichen Holmenkollen die Norweger schlägt, gilt als einer der wirklich Großen der Nordischen Kombination. Thoma ist der Beste im Springen und der Schnellste im Laufen und siegt als erster Deutscher mit einmaliger Überlegenheit.

Allein durch die Eiger-Nordwand

2./3. August 1963. Vollzog sich die erste Winterbesteigung der Eiger-Nordwand noch unter einem nie dagewesenen Medienrummel (→ 6.–12. 3. 1961),findet nun eine viel spektakulärere alpinistische Leistung fast unbemerkt statt. Der 29jährige Schweizer Michel Darbellay, Bergführer aus Orsieres im Wallis, verläßt am frühen Morgen des 2. August die Kleine Scheidegg. 30 Stunden später steht er auf dem Gipfel des Eiger. Hinter ihm liegt ein Alleingang durch die extrem schwere, gefährliche Wand, die schon zahlreiche Todesopfer forderte. 1800 m Klettern vom Einstieg in die riesige Wand bei 2100 m Höhe bis zum 3970 m hohen Gipfel ohne Seilsicherung, ohne Seilgefährten, ohne Zuspruch, ohne Zwischenbiwak, ohne Hilfe im Falle der Not. Drei Bergsteiger, der Österreicher Adolf Mayr im August 1961, der Schweizer Adolf Derungs im Juli 1962 und der Österreicher Dieter Marchart im August 1962, wagten vor ihm dieses unmöglich scheinende Unternehmen und scheiterten.

Jim Clark am Steuer des neuen Lotus 25 beim Großen Preis von Italien auf der Monza-Bahn, wo er seinen fünften Grand-Prix-Sieg herausfährt

Jim Clark gewinnt Automobil-Weltmeisterschaft im Liegen

Colin Chapman, Chefkonstrukteur der britischen Lotus-Werke, dachte an alles. Er baute den aerodynamischsten, leichtesten und niedrigsten Rennwagen, den es bisher in der Formel 1 gegeben hat. Den kaum 60 kg leichten 27jährigen Schotten Jim Clark setzte er nicht, sondern legte ihn hinters Steuerrad. Freilich kennt er Jim Clark als einen exzellenten Fahrer. Und mit diesem Lotus ist Clark kaum zu schlagen. Er gewinnt 1963 sieben von zehn Grand-Prix-Rennen. Mit 25 Punkten Vorsprung vor dem Vorjahres-Weltmeister Graham Hill steht Clark nach seinem Sieg in Monza am 8. September als neuer Automobilweltmeister der Formel 1 fest.

Tigran Petrosjan Schachweltmeister

20. Mai 1963. In Moskau verliert Michail M. Botwinnik endgültig seinen Schachweltmeistertitel. Im über zwei Monate dauernden Wettkampf gegen den 33jährigen Armenier Tigran Petrosjan zeigte der 52jährige Titelverteidiger Ermüdungserscheinungen. Zumal er es bei Petrosjan, den man als »Analysiermaschine« bezeichnet, mit einem »Steher« zu tun hatte. Petrosjan ist ein Sicherheitsfanatiker, der sich mit kleinsten Positionsvorteilen begnügt, die er systematisch zum Erfolg ausbaut. Nach 19 Partien führt er nun mit drei Punkten uneinholbar.

Der Armenier Tigran Petrosjan wird neuer Schachweltmeister. In der 25. Weltmeisterschaft entthront er Michail M. Botwinnik mit 12,5:9,5 Punkten nach der 22. Partie.

Vom Amateur zum Profi: DFB führt die Bundesliga ein

29. Juni 1963. Als der Dortmunder Mannschaftskapitän Willi Burgsmüller im Stuttgarter Neckarstadion vor 75 000 Zuschauern nach dem 3:1 über den 1. FC Köln triumphierend die Meisterschale hochhebt, ist dies das letzte Mal nach dem bisherigen Spielsystem.

Im nächsten Jahr wird der 52. Deutsche Fußballmeister seit 1903 in der neugegründeten Bundesliga ermittelt. Den entsprechenden Beschluß faßte der Deutsche Fußball-Bund (DFB) im Dezember 1962 auf seinem Bundestag in Dortmund. Lange wurde im DFB-Beirat darüber diskutiert, ob man 20, 18 oder 16 Vereine zulassen sollte. Für die Vereine stand dabei viel Geld auf dem Spiel. Wonach sollten sich die Auswahlkriterien richten? Nach heftigen Kontroversen einigte man sich darauf, in der neuen Profiliga 16 Mannschaften zuzulassen.

Nach einem komplizierten Bewertungssystem wurden die Leistungen der letzten zwölf Jahre zugrunde gelegt. Dabei erhielt der Deutsche Meister 20 Punkte, der Vizemeister zehn Punkte usw. Dasselbe galt für Pokalsieger und Pokalzweite. Vereine, deren Gesamtpunktzahl um 50 Punkte nach oben oder unten differierte, galten als sportlich gleichwertig. Den Ausschlag gab dann das Abschneiden in der jüngsten Vergangenheit, letztlich in den Regionalligen 1962/63.

Für 30 Vereine ergaben sich nach diesem Schema folgende Punktzahlen:

▷ SÜD: 1. FC Nürnberg 447, Eintracht Frankfurt 420, Karlsruher SC 419, VfB Stuttgart 408, Kickers Offenbach 382, Bayern München 288, TSV 1860 München 229

▷ WEST: 1. FC Köln 466, Borussia Dortmund 440, FC Schalke 04 396, Alemannia Aachen 285, SC Preußen Münster 251, Meidericher SV 250, Fortuna Düsseldorf 255, Westfalia Herne 222, Schwarz-Weiß Essen 167, Rot-Weiß Oberhausen 154

▷ NORD: Hamburger SV 518, Werder Bremen 396, VfL Osnabrück 313, Hannover 96 309, FC St. Pauli 303, Holstein Kiel 294, Eintracht Braunschweig 276

▷ SÜDWEST: 1. FC Kaiserslautern 464, 1. FC Saarbrücken 384, FK Pirmasens 382, Borussia Neunkirchen 376

▷ BERLIN: Hertha BSC 364, Tasmania 1900 324

Davon scheiden 14 Vereine aus.

Als Karl-Heinz Schnellinger Dortmunds Torhüter Bernhard Wessel versetzt und in der 75. Minute einschießt, erzielt er nur das Ehrentor für die hochfavorisierten Kölner. Dortmund führt zu diesem Zeitpunkt bereits 3:0 und gewinnt seinen dritten Meistertitel.

Die ersten 16 der Bundesliga

Hertha BSC Berlin
Eintracht Braunschweig
SV Werder Bremen
Borussia Dortmund
Eintracht Frankfurt
Hamburger SV
1. FC Kaiserslautern
Karlsruher SC
1. FC Köln
Meidericher SV
TSV 1860 München
SC Preußen Münster
1. FC Nürnberg
1. FC Saarbrücken
FC Schalke 04
VfB Stuttgart

Kraftspringer Valerij Brumel

21. Juli 1963. *Als Valerij Brumel in Moskau die Hochsprunglatte bei 2,28 m überquert, ist das sein sechster Weltrekord seit 1961. Insgesamt verbesserte sich der Sportstudent in vier Jahren um 27 cm. Er schaffte das, indem er das Training revolutionierte. Brumel bringt es im Jahr nicht nur auf 3000 Trainingssprünge, er stemmt auch 84 000 kg Gewicht. Mit 192 kg im Nacken macht er Kniebeugen, im Reißen stemmt er 105 kg, im Stoßen 135 kg. Viel für einen »Leicht«athleten.*

▷ Valerij Brumel beim letzten seiner sechs Weltrekorde in Moskau mit 2,28 m

Die Revanche von Yang im Zehnkampf

27./28. April 1963. Das dramatische Zehnkampf-Duell zwischen dem US-Amerikaner Rafer Johnson und dem Nationalchinesen Yang Chuan-Kwang bei den Olympischen Spielen in Rom ist unvergessen. Den Olympiasieg mußte Yang Johnson überlassen (→ 5./6. 9. 1960).

Den Weltrekord nimmt er ihm in diesem Jahr in Walnut/US-Bundesstaat Kalifornien ab. Yang erreicht dabei als erster Zehnkämpfer mehr als 9000 Punkte. Yang versucht innerhalb des Zehnkampfs sogar den Weltrekord im Stabhochsprung zu übertreffen, scheitert aber dreimal an 5,04 m.

Yang Chuan-Kwang bei seinem Zehnkampf-Weltrekord in Walnut

Yang und Johnson im Vergleich

Disziplin	*1963 Yang*	*1960 Johnson*
100 m	10,7 sec	10,6 sec
Weit	7,17 m	7,55 m
Kugel	13,22 m	15,85 m
Hoch	1,91 m	1,78 m
400 m	47,74 sec	48,6 sec
110 m Hürden	14,0 sec	14,5 sec
Diskus	40,99 m	51,97 m
Stabhoch	4,84 m	3,97 m
Speer	71,74 m	71,10 m
1500 m	5:02,4 min	5:09,9 min

Yangs 9121 Punkte erhalten sozusagen Ewigkeitswert, da im nächsten Jahr das Bewertungssystem wieder einmal geändert wird. Der schwedische Ingenieur Axel Jörnbäck erarbeitete eine neue Wertungstabelle, die 1964 offiziell eingeführt wird. Danach hat Yang 8089 Punkte.

Grand Slam im Gemischten Doppel

4. Juli 1963. *Die Australierin Margaret Smith, erstmals Wimbledonsiegerin im Einzel, ist die athletischste Spielerin, die man nach dem Zweiten Weltkrieg auf dem Tennisplatz gesehen hat.*

Stürmt sie ans Netz, ist an ihr kaum ein Vorbeikommen. Das zahlt sich besonders im Doppel aus, wo sie männliche Partner vorzieht. Mit ihrem Landsmann Ken Fletcher gewinnt sie in diesem Jahr die vier großen Turniere in Melbourne, Paris, Wimbledon und Forest Hills.

▷ Die Australier Ken Fletcher und Margaret Smith, erste Grand-Slam-Gewinner im Gemischten Doppel

Juri Wlassow, der »vollendete Athlet«

15. September 1963. Der »stärkste Mann der Welt« hat schon immer die Phantasie der Menschen beschäftigt. Als der 27jährige Russe Juri Wlassow in Stockholm seinen eigenen Weltrekord im Dreikampf des Gewichthebens auf 557,5 kg verbessert und zum vierten Mal hintereinander Weltmeister im Schwergewicht wird, nennt ihn der schwedische Journalist Torsten Tegner einen »vollendeten Athleten«.

Als der deutsche Olympiasieger von 1932, Rudolf Ismayr, Wlassow 1960 in Rom sah, bezeichnete er ihn als »einen ebenmäßig und harmonisch gebauten vergrößerten Mittelgewichtler«. Wlassows Trainer stellt in Stockholm andere Betrachtungen an: »Diese Dreikampfleistung kann als phantastisch bezeichnet werden und veranlaßt uns wieder, über die Möglichkeiten des Menschen nachzudenken.« Er denkt dabei an die »Traumgrenze« von 600 kg. Wlassow selbst traut das am ehesten seinem Landsmann Leonid Tschabotdinski zu.

Zwei Weltrekorde für Ronald Clarke

18. Dezember 1963. 1956 trug Ronald Clarke die olympische Fackel vor 103 000 Zuschauern ins Stadion von Melbourne. Anschließend erklärte der 19jährige: »Die Runde im Stadion war eindrucksvoller und erhebender als alle Weltrekorde, die ich in Zukunft vielleicht noch laufen werde.«

Es dauert sieben Jahre, bis Clarke seinen ersten Weltrekord läuft, und dann werden es, beinahe versehentlich, gleich zwei. Nur 23 Schaulustige haben sich an diesem Dezembernachmittag auf einem Sportplatz in Melbourne eingefunden, wo 23 Läufer zu einem Sechsmeilenrennen starten. Die beiden Zahlen sind verbürgt: 22 laufen nur für einen. Sie haben einen genauen Zeitplan ausgetüftelt, nach dem Clarke Weltrekord laufen soll. Es gibt kein taktisches Gerangel. Die jeweiligen »Hasen« oder die Überrundeten geben ihm immer die Laufbahn frei. Und es klappt. Bei 9696 m jubeln alle »Weltrekord!«. Clarke stoppt ab. Aber sie haben auch die 10 000 m markiert. Clarke spurtet noch eine Runde und holt den Weltrekord auch hier.

1964

29. 1.–9. 2. In Innsbruck 9. Olympische Winterspiele.

Februar. Weltrekorde im Skifliegen in Oberstdorf durch den Tschechen Dalibor Motejlek mit 142 m und den Italiener Nilo Zandanel mit 144 m.

25. 2. Cassius Clay Boxweltmeister im Schwergewicht durch technischen K. o. über Sonny Liston in der siebten Runde in Miami Beach.

26. 2. Marika Kilius/Hansjürgen Bäumler in Dortmund zum zweiten Mal Weltmeister im Paarlauf. Weltmeisterin zum dritten Mal die Niederländerin Sjoukje Dijkstra.

29. 2. Zum zwölften Mal Weltrekord über 100 m Freistil durch die Australierin Dawn Fraser. In Sydney 58,9 sec.

März. Bei der fünften Hallenhandball-Weltmeisterschaft in der ČSSR gewinnt Rumänien erneut den Titel.

4. 4. Weltrekord über 200 m mit Kurve in 20,2 sec durch Henry Carr (USA) in Tempe.

12. 4. Die deutsche Skiläuferin Barbi Henneberger, Bronzemedaillengewinnerin im Slalom 1960, und der US-amerikanische Skiläufer Budd Werner kommen bei Filmaufnahmen mit Willy Bogner im Schweizer Saluvertal in einer Lawine um.

16. 4. Als erste Frau beendet nach vier Wochen die US-Amerikanerin Geraldine Mock einen Alleinflug um die Erde.

24. 4. Weltrekord über 200 m Freistil in 1:58,2 min durch Hans-Joachim Klein in Dortmund.

25. 4. Weltrekord im Diskuswurf durch Al Oerter mit 62,94 m in Walnut.

26. 4. Sensation beim Eifelrennen auf dem Nürburgring. Der Schweizer Luigi Taveri gewinnt, was noch nie zuvor gelang, die Rennen in der 80-ccm-, 125-ccm- und 250-ccm-Klasse.

Mai. Tumulte beim Fußball-Länderspiel Peru gegen Argentinien in Lima. 350 Tote und über 500 Verletzte.

9. 5. Nach Abschluß der ersten Bundesliga-Saison im Fußball erstmals nach dem neuen Austragungsmodus 1. FC Köln Deutscher Meister (→ 29. 6. 1963).

12. 5. Joseph »Sepp« Herberger tritt in den Ruhestand. Nachfolger als Trainer der deutschen Fußball-Nationalmannschaft wird Helmut Schön.

13./15. 5. Europapokal der Pokalsieger: Sporting Lissabon–MTK Budapest 3:3 in Brüssel. Das Wiederholungsspiel in Antwerpen gewinnt Lissabon 1:0.

27. 5. Europapokal der Landesmeister: Inter Mailand–Real Madrid 3:1 in Wien.

7. 6. Jacques Anquetil gewinnt zum zweiten Mal seit 1960 den Giro d'Italia.

Juli. Jacques Anquetil gewinnt zum vierten Mal in Folge und zum fünften-Mal insgesamt die Tour de France.

4. 7. Die Brasilianerin Maria Esther Bueno gewinnt zum zweiten Mal das Damen-Einzel in Wimbledon und erregt erneut Aufsehen durch ihre Spitzenhöschen.

Weltrekord im Weitsprung durch Tatjana Tschelkanowa mit 6,70 m in Moskau.

25. 7. Weltrekord im Stabhochsprung durch Fred Hansen (USA) mit 5,28 m in Los Angeles.

Dallas Long steigert den Weltrekord im Kugelstoßen zum dritten Mal in diesem Jahr auf zuletzt 20,68 m in Los Angeles.

August. Als erste Frau ersteigt die Schweizerin Daisy Voog die Eiger-Nordwand unter Führung von Werner Bittner.

2. 8. Weltrekord im Diskuswurf mit 64,55 m durch den Tschechen Ludvik Danek in Turnov.

28. 8. Weltrekord über 100 m Rücken in 1:00,8 min durch Ernst-Joachim Küppers in Berlin.

2. 9. Weltrekord im Speerwurf mit 91,72 m, erstmals über 90 m, durch den Norweger Terje Pedersen in Oslo.

12. 9. Weltrekord im Weitsprung durch Ralph Boston mit 8,34 m in Los Angeles.

13. 9. Weltrekord über 400 m Hürden in 49,1 sec durch Rex Cawley (USA) in Los Angeles.

Weltrekord über 100 m Freistil in 52,9 sec durch den Franzosen Alain Gottvalles in Budapest.

1. 10. Mit dem 35jährigen Schweizer Erich Jonas, bisher Sekretär des Schweizer Uhrenfabrikantenverbandes, stellt das Internationale Olympische Komitee (IOC) zum ersten Mal einen hauptamtlichen Generalsekretär als Nachfolger des bisherigen Otto Mayer an.

10.–24. 10. In Tokio Sommerspiele der XVIII. Olympiade.

23. 10. Die International Amateur Athletic Fédération (IAAF) erkennt die DDR als gleichberechtigtes Mitglied an und beschließt die Austragung eines Europapokals.

25. 10. Automobilweltmeister der Formel 1: John Surtees (Großbritannien) auf Ferrari.

5./6. 11. Binnen 24 Stunden Tod zweier der bekanntesten Schweizer Sportler. Tour-de-France-Sieger Hugo Koblet durch Autounfall und Göpf Kottmann, Bronzemedaillengewinner im Skiff in Tokio, durch Taucherunfall (→ 5. 11. 1964).

Dezember. In Cleveland/Ohio gewinnt Australien durch ein 3:2 über die USA den Davis Cup zurück.

25 000 t Schnee für Innsbruck

29. Januar bis 9. Februar 1964. Tatsächlich finden zweierlei Spiele statt. In Seefeld erlebt man Winterspiele, in Innsbruck macht der Föhn Frühlingsspiele daraus. Zwei Monate lang war kein Schnee auf das »goldene Dachl« gefallen. In dieser Jahreszeit ein Phänomen, an das sich auch die ältesten Tiroler nicht erinnern können. Weit vorausschauende Organisatoren haben an den Zufahrtsstraßen nach Seefeld, in die Axamer Lizum, nach Igls und zum Patscherkofel einen gewaltigen Fahrzeugpark bereitgestellt, um jederzeit die Schneefreiheit der Verkehrswege sicherzustellen. Jetzt dient diese Armada dazu, aus den Hochtälern 25 000 t Schnee zum Präparieren der Pisten herbeizuschaffen.

Schneekristalle finden sich nur in Seefeld, in Innsbruck schmelzen sie.

In Österreich, einem nicht so begüterten Land, gab es heftige Kritik über den Aufwand bei diesen 9. Olympischen Winterspielen. Das Wort vom »Gigantismus« ging um. Dabei hatte der Innsbrucker Bürgermeister Lugger die willkommene Gelegenheit genutzt, die Infrastruktur seiner Stadt zu verbessern und mit dem Eisstadion und dem Bergisel-Stadion um zwei Schmuckstücke zu bereichern. Das Wettkampfprogramm ist abermals erweitert worden, ein nicht mehr zu bremsender Zug der Zeit. Die Zahl der Teilnehmer überschreitet erstmals die 1000er-Grenze. Aber es kommen auch fast 1 Mio. Zuschauer. Am Ende freut man sich doch über ein allen Fährnissen abgerungenes gelungenes Fest. Und am Tag nach der Schlußfeier fällt dann auch endlich der ersehnte Schnee. Bei der Eröffnungsfeier senken die angetretenen Mannschaften die Fahnen zum Zeichen der Trauer. Bevor die Spiele begannen, wurden sie von zwei Todesfällen überschattet. Der Australier Ross Milne verkantete beim Abfahrtstraining seine Ski, flog von der Piste, wurde gegen einen Baum geschleudert und brach sich das Genick. Er war zu jung und unerfahren für die schwere alpine Strecke, die Geschwindigkeiten über 100 km/h ermöglicht. Beim Rodeltraining flog der für Großbritannien startende 50jährige Pole Kay Skrzypecki aus der Bahn und starb an einem Schädelbruch. Er war zu alt für diesen Sport, bei dem die schmalen Schlitten mit 80 km/h durch eine Eisrinne flitzen.

Das österreichische Heer macht mobil zu einem Schnee-Großeinsatz.

Prominenteste Gäste: Schah Resa Pahlawi und Farah Diba

Riesenslalom der »Goitschel-Sisters«

1. Februar 1964. 40 000 Menschen hat es in der Axamer Lizum noch nie auf einem Fleck gegeben. »Damit konnte niemand rechnen«, erklärt Friedl Wolfgang, der Präsident des Organisationskomitees. »Damenskirennen zogen bisher auch in den Zentren Gastein und Montafon höchstens 10 000 Besucher an. Der Überfall der Zuschauermassen auf die Lizum gehört zu den epochalen Ereignissen des alpinen Skilaufs.« Das ist der eine augenfällige Triumph in diesem Alpental. Der andere sind die französischen Schwestern Christine, 19 Jahre, und Marielle, 18 Jahre, Goitschel aus dem Skiort Val d'Isère. Marielle, die man wegen ihres losen Mundwerks »Zazie« nennt, bekommt im zweiten Lauf des Slalom strikte Anweisung des Trainers Honoré Bonnet, nur noch auf Sicherheit zu fahren. Denn Christine hat die Goldmedaille schon sicher. Gehorsam zügelt »Zazie« ihr Temperament und begnügt sich mit der Silbermedaille.
Im Riesenslalom zwei Tage später ergibt sich fast dieselbe Situation. Wieder fährt Christine Bestzeit, und schon wollen die Reporter Siegesinterviews. »Warten sie noch, bis meine Schwester herunterkommt«, wehrt Christine ab, »die wird heute gewinnen.« Die Reporter lachen. Doch erst kommt noch die US-Amerikanerin Saubert und erreicht mit 1:53,11 min exakt dieselbe Zeit wie Christine. Jetzt muß Marielle aufs Ganze gehen, und das braucht man ihr nicht zweimal zusagen. Sie fegt in 1:52,24 min durch die 57 Tore und macht den zweiten französischen Doppel- und Familienerfolg perfekt. Frankreichs Staatspräsident Charles de Gaulle schickt ein Glückwunschtelegramm. Und »Zazie« sprudelt nach ihrem Sieg im Riesenslalom auf den Schultern ihrer begeisterten Landsleute heraus, daß sie sich am Abend mit ihrem Skifahrerkollegen Jean-Claude Killy verloben werde, obwohl dieser im Riesenslalom nur Fünfter geworden sei. Bevor die Reporter zum Telefon eilen, fragen sie sicherheitshalber Christine. Das ist ein ernsthaftes Mädchen, und sie nickt bedeutungsvoll. Nur Killy weiß von nichts. »Diese frechen Gören«, grinst er. Und die »Goitschel-Sisters« geben zu, daß sie sich über diese Geschichte köstlich amüsierten.

◁ Marielle Goitschel bei ihrer Siegesfahrt im Riesenslalom, bei der sie alles wagen muß, um ihre Schwester Christine noch zu schlagen. Vor ihnen haben sich noch nie zwei Schwestern die Gold- und Silbermedaille bei Olympischen Spielen geteilt.

Egon Zimmermann gewinnt Abfahrt

30. Januar 1964. Ein merkwürdiger Abfahrtslauf. Durch den Wald am Patscherkofel zieht sich eine bis zum letzten Augenblick gehätschelte Schneepiste. Die Mannschaftsführer der schwächeren Fahrer empfehlen Vorsicht. Der Österreicher Egon Zimmermann hat beim Nonstoptraining nichts riskiert, »weil ich mich nicht zerschunden und zerschlagen aus dem Wald tragen lassen wollte«. Die Österreicher stempeln hartnäckig den Deutschen Wolfgang Bartels zum Favoriten, hoffen aber inbrünstig, daß ein Österreicher gewinnt. Wer sonst, als der Weltmeister Karl Schranz? Aber Schranz fährt, als lähme ihn die Startnummer 13. Bartels ist Schnellster nach halber Distanz. Im Ziel ist er Dritter. Mit 74 Hundertstelsekunden siegt Zimmermann vor dem Franzosen Léo Lacroix.

Die Startnummer 7 fand Egon Zimmermann gerade richtig. Da bekam er schon Anhaltspunkte über die Ergebnise einiger seiner schärfsten Konkurrenten. Am Latschenfleck wagt er den direkten Zugang zum Ochsenschlag. Da holt er die entscheidenden Hundertstelsekunden heraus. Die 40 000 Zuschauer erwarten von ihm auch den Sieg im Riesenslalom. Aber da verletzt sich Zimmermann beim Training an einem Absperrseil am Auge und stürzt im Rennen.

Neunmal verloren Ludmilla Belousowa/Oleg Protopopow (Abb.) bisher gegen Marika Kilius und Hansjürgen Bäumler.

»Unkeusche Suzanne« erzürnt die Deutschen

29. Januar 1964. Die Winterspiele sind noch keine zwölf Stunden alt, und schon gibt es nicht nur für die deutschen Schlachtenbummler im Innsbrucker Eisstadion, sondern für ganz Deutschland eine Buhfrau. Sie heißt Suzanne Francis-Morrow, Punktrichterin aus Kanada. Sie beginnt mit extrem niedrigen Noten, was unangenehm auffällt.

Als sie aber das kanadische Paar Debbi Wilkes/Guy Revell extrem hoch bewertet, bricht der Entrüstungssturm über ihr zusammen. Jetzt ist diese »unkeusche Suzanne« auch an der Niederlage des deutschen Traumpaares Marika Kilius/Hansjürgen Bäumler schuld. Aber gerade dafür kann sie gleichwohl nichts. Dafür gibt es mehrere Gründe. Einmal die Tatsache, daß es gute Ideen schwer haben, sich gegen schlechte Sportfunktionäre durchzusetzen. Es ist kaum möglich, den Kürlauf zweier gleich guter Paare gerecht zu beurteilen, wenn ihre Vorführungen über eine Stunde auseinanderliegen. Statt Leistungsgruppen einzuteilen, läßt man 17 Paare in einem undurchsichtigen Plastiksack herumfingern. Bäumler zieht die Nummer 2, Oleg Protopopow die 9. Daraus folgt: Kilius/Bäumler zeigen einen uninspirierten Sicherheitslauf, Belousowa/Protopopow steigern sich zu ihrer bisher besten Darbietung. Das Ergebnis ist gerecht. Bis auf Platz drei für das kanadische Paar.

Die Souvenir-Postkarte mit den Olympiasiegern Kilius/Bäumler war schon gedruckt und mit Briefmarke und Datumstempel versehen. Aber die Rechnung der geschäftstüchtigen fliegenden Händler, die vor dem Stadion auf ihre begeisterten Kunden warten, geht nicht auf, die Punktrichter rechnen anders. Das Souvenir wird zur Kuriosität.

Als letzter Kürläufer stellt Manfred Schnelldorfer seinen Sieg sicher.

Olympische Goldmedaille für die Niederländerin Sjoukje Dijkstra

Das Laufwunder Lidia Skoblikowa

Februar 1964. Sie kommt schon mit zwei olympischen Goldmedaillen nach Innsbruck. Dort gewinnt sie noch vier weitere hinzu. Überlegen mit vier Zehntelsekunden über 500 m, mit einer Sekunde über 1000 m, mit fast drei über 1500 m und fast vier über 3000 m.

Was ist das für ein Mensch? Lidia Skoblikowa hat nicht die harten Züge anderer russischer Hochleistungssportlerinnen. Wenn man sie anspricht, reagiert sie scheu, abweisend. Aus Publicity macht sie sich nichts. Selbst dem Moskauer Reporter spricht sie nur stockend ins Mikrofon. Man läßt es sich übersetzen. Eine linientreue Phrase. Sie habe die vier Goldmedaillen für die Sowjetunion gewonnen. Sie lehrt Biologie an einer Schule in Tscheljabinsk. In Innsbruck lehrt sie Eisschnellauf. Wenn man sie im Stadiongang mit ihren Laufgenossinnen überrascht, sprüht sie vor Energie. Die Worte klingen herrisch. Wenn sie längst als Siegerin feststeht, geht sie erst von der Bahn, wenn sie auch der letzten russischen Läuferin ihre Tips gegeben hat. Sie läuft wirklich »zur Ehre ihrer Mannschaft« und nicht allein für sich.

Pater Bauers »Donnervögel«

Februar 1964. Am Sieg der Russen im Eishockeyturnier gibt es vorher und nachher keinen Zweifel.

Die Kanadier schickten eine Studentenmannschaft nach Europa, unter Leitung des Paters David Bauer. Was die »Donnervögel« auf einer Tournee zeigten, kommentierte die Presse: »Die bravste kanadische Mannschaft, die man je sah.« Aber das war eine fromme Täuschung.

In Innsbruck spielt sie mit Donner und Blitz. Und da zeigt sich, daß Pater Bauer nicht allein auf Gott, sondern auf einen guten Tormann vertraut. Vielleicht hätte er das nicht tun sollen. Seth Martin muß im Spiel gegen die ČSSR verletzt vom Eis. Von da an geht es mit den Kanadiern bergab. Zuletzt stehen sie mit zehn Punkten da, wie Schweden und die ČSSR. Und dank eines unerforschlichen Ratschlusses des internationalen Eishockeyverbandes erhalten die Kanadier, zum ersten Mal, keine olympische Medaille.

Siegerehrung bei den Eiskunstlauf-Weltmeisterschaften in Dortmund (v. l.): Debbi Wilkes/Guy Revell (Kanada, 3.), Marika Kilius/Hansjürgen Bäumler (Deutschland, 1.), Ludmilla Belousowa/Oleg Protopopow (UdSSR, 2.)

Kilius/Bäumler: Revanche in Dortmund

26. Februar 1964. Die Anmeldung für Marika Kilius und Hansjürgen Bäumler zu den Eiskunstlauf-Weltmeisterschaften in Dortmund reichte erst im allerletzten Augenblick eine Frau Elli Sillmann ein, Managerin einer Eisrevue. Und man fand auch einen großartigen »Aufhänger«, der das Publikum in die Westfalenhalle strömen ließ. Es galt für Kilius/Bäumler die »Schmach von Innsbruck« zu rächen. Das angeblich um den Sieg geprellte Traumpaar schwebt mit einem Hubschrauber auf dem Gelände des Westfalenparks ein. Auf dem Eis sieht es zunächst nicht nach einer gelingenden Revanche aus. Nach der Pflichtvorführung setzen fünf von neun Punktrichtern Marika Kilius/Hansjürgen Bäumler, wie in Innsbruck, nur auf Platz zwei. Jetzt glauben die beiden an eine Verschwörung. Bäumler will zur Kür gar nicht mehr antreten. Aber dann laufen sie doch, diesmal nach den Protopopows, aufs Eis. Sie riskieren alles, lassen die Musik sogar schneller laufen und werden zum zweiten Mal Weltmeister. Weil ruchbar wird, daß sie schon vor Innsbruck einen Revuevertrag unterschrieben, geben sie ihre olympischen Silbermedaillen zurück. Medaillen interessieren sie jetzt nicht mehr. Das Traumpaar läuft nur noch für Traumgagen.

Wird Skifliegen Olympiadisziplin?

Februar 1964. Wenige Tage nach Beendigung der 9. Olympischen Winterspiele findet im Birgsautal bei Oberstdorf vor 40 000 Zuschauern auf Heini Klopfers Riesenschanze ein Skifliegen statt.

Mehr als je zuvor wird hier darüber diskutiert, ob Skifliegen olympisch werden müsse. In Innsbruck wurde erstmals bei Winterspielen auf zwei Schanzen gesprungen. Diese Regelung war und bleibt umstritten. Das zeigen allein die Ergebnisse: Veikko Kankkonen 1./2., Toralf Engan 2./1., Torgeir Brandtzaeg 3./3., Matous 4./22., Neuendorf 5./8., Recknagel 6./7., Kjell Sjoeberg 33./5. Es ist normal, daß ein Skispringer einmal auf einer Schanze »einbricht«, wie Matous, oder mit einer Schanze nicht zurechtkommt, wie Sjoeberg. Sonst aber sind die Ergebnisse fast gleich. Viel sinnvoller wäre es, ein Skispringen durchzuführen und ein Skifliegen. Aber darüber entscheiden Leute, die von beidem nichts verstehen.

Der Schwede Sjoeberg fliegt in Oberstdorf auf 141 m hinaus und stellt damit den Weltrekord des Jugoslawen Slibar aus dem Jahr 1961 auf derselben Schanze ein. Der Tscheche Dalibor Motejlek übertrifft ihn mit 142 m. Und dann steht der 26jährige Italiener Nilo Zandanel (1,67 m groß, 63 kg schwer) mit 144 m die größte bisher erreichte Weite. Bei den Olympischen Winterspielen kam er auf der kleinen Schanze in Seefeld auf Platz 37, auf der Bergisel-Schanze in Innsbruck auf Platz 25!

Lawinentod bei Dreharbeiten im Saluvertal

12. April 1964. Barbi Henneberger und Willy Bogner gelten als »Traumpaar« auf Ski. Beide haben an den Olympischen Winterspielen 1960 und 1964 teilgenommen. Ob Medaillen oder nicht, kümmerte sie dabei weniger. Der Skilauf als solcher fasziniert sie.

»Ski-Faszination« soll der Film heißen, den Bogner drehen will. Klar, daß da 27 Sportfreunde, alles Olympiateilnehmer, mitmachen. Im Saluvertal bei Samedan/Schweiz sind die unberührten Hänge wegen Lawinengefahr gesperrt. Gefahr? Da sind sie im Sport ganz anderes gewöhnt. Die Landschaft ist grandios, das Wetter herrlich. »Kamera läuft!« Sie schwingen den Hang hinab, da lösen sich zwei Lawinen. Alle laufen davor weg, Barbi und Budd Werner geraten mitten hinein. Erst am Nachmittag findet man sie, tot. Bogner will den Film nicht mehr zu Ende drehen. Zweimal muß er sich vor Bündner Gerichten verantworten. Barbis Eltern bitten ihn, den Film fertigzustellen. Die Kritiker urteilen: »Ein Dokument der Lebensfreude, eine jubelnde Hymne an die Schönheiten des weißen Sports.«

Die Skifreunde Gerhard Prinzing, Fritz Wagnerberger, Barbi Henneberger und, mit Maske, »Luggi« Leitner (v. l.) am Tag vor der Katastrophe

Tokio: Teurer als Olympia ist den Gastgebern ihr Ruf

10. bis 24. Oktober 1964. Für den Sporthistoriker »eroberten die Olympischen Spiele den asiatischen Kontinent«. Den Japanern geht es um mehr. Sie haben den Schock einer vernichtenden militärischen Niederlage nach 2000jähriger Geschichte noch nicht überwunden. Gastgeber der Welt zu sein, bedeutet eine Art psychologischer Regeneration.
Gespart wurde nicht. Kenzu Tange schuf mit dem »National Gymnasium« im Yoyogi-Sportzentrum ein Wunderwerk der Sportarchitektur. Diese schönste und kühnste Schwimmhalle der Welt nennt der Bauunternehmer und Präsident des Internationalen Olympischen Komitees (IOC), Avery Brundage, eine »Kathedrale des Sports«. Bewundernswert das Komazawa-Sportzentrum, das Ashihara Joshinobu in zwei Jahren erbaute. Der Kommandoturm erinnert im Stil an eine Pagode. Die Nippon Budokan Hall ist einem Tempel in Nara nachempfunden. 7,6 Mrd. DM soll alles gekostet haben. Straßenbauten in der 10-Millionen-Stadt Tokio inbegriffen.

△ Kaiser Hirohito erklärt die Sommerspiele der XVIII. Olympiade für eröffnet. Das olympische Versprechen wird von Takashi Ono abgelegt. Der erste olympische Rekord wird mit der Zahl der teilnehmenden Länder (94) aufgestellt.

◁ Das inoffizielle Plakat der Olympischen Spiele zeigt das hohe Niveau japanischer Fotokunst. Daß sich die Spiele in der riesigen Stadt nicht verlieren, ist ein kleines Wunder. Alle Verkehrsprobleme, die in Tokio normalerweise schon groß genug sind, werden mustergültig gelöst.

Die olympischen Ringe über dem Fudschijama, Japans heiligem Berg. Zwei Welten begegnen sich auf einem gemeinsamen Fest.

Eröffnung im Meiji-Stadion

10. Oktober 1964. Die Eröffnungsfeier der Spiele der XVIII. Olympiade in Tokio steht unter dem Motto »Farbe und Klang«. Für vertraute Farben sorgen allein schon Fahnen und Kleidung von 94 Mannschaften. Ungewohnt muten die Klänge an, die das Stadion erfüllen. Sie rühren von gewaltigen Tempelgongs her und von elektronischer Musik. Sinnfälliger hätte sich Japan als Gastgeber nicht präsentieren können. Das Festhalten an alten Traditionen auf der einen Seite und die Anwendung modernster Techniken auf der anderen Seite kennzeichnen Land und Volk. Das Zeremoniell läuft auf die Sekunde genau ab.

Yoshinoro Sakai, der letzte Fackelläufer, der in der Flammenschale das olympische Feuer entzündet, wurde in der Nähe von Hiroschima geboren, am 6. August 1945, in derselben Stunde, als die Atombombe auf diese Stadt fiel und Hunderttausende in Sekundenschnelle tötete: Japans Mahnung für den Weltfrieden. Ursprünglich sollte die Fackel entlang der alten »Seidenstraße« durch Asien getragen werden. Das war aus politischen Gründen nicht möglich.

Der kraftstrotzende Bob Hayes (r.) gewinnt den 100-m-Lauf in 10,0 sec, erstmals elektronisch gestoppt, womit er den Weltrekord einstellt.

Henry Carr (r.) kam als Vierter der US-Olympiaqualifikation nur gnadenhalber nach Tokio. Er gewinnt den 200-m-Lauf (Abb.) und mit der 4x400-m-Staffel.

Bronze für Nobody aus Kenia

16. Oktober 1964. Es ist schon Sensation genug, als der Neuseeländer Peter Snell nach vier Jahren erneut den 800-m-Lauf gewinnt.

Die Fachleute sind sich einig, wenn dieser Dritte – wie heißt er doch? – ein wenig taktisch klüger gelaufen wäre, wäre er Zweiter geworden. Im telefonbuchdicken alphabetischen Verzeichnis der 5140 Teilnehmer steht hinter dem Namen Wilson Kiprugut: Größe 1,72 m, Gewicht 76 kg, geboren 1938. Er gewinnt die erste olympische Medaille für Kenia. In den Vor- und Zwischenläufen stürmte er immer vorneweg, als könnte er keinen Konkurrenten von hinten sehen. Dasselbe Rezept erprobte er auch im Endlauf. Erst bei einer Rempelei in der Zielkurve verlor er etwas die Übersicht. Niemand hat je von ihm gehört. Aber wer kannte vor vier Jahren einen Abebe Bikila? Dieser Äthiopier gewinnt zum zweiten Mal den Marathonlauf, was noch keinem gelang.

Nachdem er seinen Olympiasieg von 1960 in Rom über 800 m wiederholt hat, gewinnt der Neuseeländer Peter Snell (466) auch den 1500-m-Lauf (Abb.) überlegen vor dem Tschechen Josef Odlozil und seinem Landsmann John Davies. Dieser Doppelerfolg in den Mittelstrecken gelang zuletzt dem Briten Albert Hill in Antwerpen 1920, allerdings bei wesentlich schwächerer Konkurrenz.

Der 5000-m-Lauf wird erst auf den letzten Metern im Spurt entschieden. Überraschend gewinnt der US-Amerikaner Robert Schul (719) vor dem Deutschen Harald Norpoth (209). Der Franzose Michel Jazy (124) wird von dem US-Amerikaner William Dellinger (nicht im Bild) noch auf der Ziellinie abgefangen. Fünfter wird ein Läufer aus Kenia, Kipchoge Keino (388). Wie sein Landsmann Wilson Kiprugut, Bronzemedaillengewinner über 800 m, hat er noch nie etwas mit einem Trainer zu tun gehabt. Auf dem sechsten Platz landet der Neuseeländer William Baillie (468).

Noch führt der Australier Ronald Clarke (r.) im 10 000-m-Lauf. Als der US-Amerikaner Billy Mills (l.) zum Spurt ansetzt, wird er von dem Tunesier Mohammed Gammoudi mit der Hand beiseite gedrängt. Trotzdem gewinnt Mills den zweiten Langstreckenlauf. Gammoudi überspurtet Clarke, den man als Weltrekordler für den Favoriten gehalten hatte. Vierter wird der Äthiopier Mamo Wolde.

Überlegen gewinnt die US-Amerikanerin Wyomia Tyus (2. v. l.) den 100-m-Lauf in 11,4 sec.

Vierte Goldmedaille für die Australierin Betty Cuthbert (M.) im 400-m-Lauf. Silber für Ann Packer (l.)

800-m-Gold für Ann Packer (M.), Silber für Maryvonne Dupureur (l.), Bronze für Ann Chamberlain

Bei den Damen: Die Hübschesten sind auch die Besten

14. Oktober 1964. Die blonde, knabenhaft schlanke Mary Rand aus Großbritannien gewinnt den Weitsprung nicht durch Glück vor der überraschend starken 18jährigen Polin Irena Kirszenstein und der russischen Weltrekordlerin Tatjana Tschelkanowa. Mary springt in der Weitsprungkonkurrenz und im Fünfkampf (16./17. 10.) insgesamt zehnmal. Kein Sprung ist unter 6,50 m. So fällt der Weltrekord geradezu zwangsläufig.

Mit dem Weltrekord von 5246 Punkten gewinnt die stämmige Russin Irina Press den Fünfkampf. Dieser besteht in Tokio erstmals aus 80 m Hürden, Kugelstoßen, Hochsprung, Weitsprung, 200-m-Lauf. Der Hürdenspezialistin Press kam diese neue Mischung entgegen. Doch sie siegt nur dank des Kugelstoßens, wo sie das Eisen auf 17,16 m wuchtet. Mary kommt nicht weiter als auf 11,05 m und gewinnt Silber. Aber sie holt sich in der Staffel (21. 10.) noch Bronze und kann nun zu jedem Kleid den passenden Medaillenschmuck anlegen.

Die grazile, brünette Britin Ann Packer vermag ihre Enttäuschung nicht zu verbergen, als ihr im 400-m-Lauf (17. 10.) Betty Cuthbert (Australien) die Goldmedaille wegschnappt. Da galt sie als Favoritin, über 800 m nicht. Doch hier entlädt sich der Frust auf den letzten 100 m, und sie gewinnt in der Weltrekordzeit von 2:01,1 min (20. 10.).

Seit Melbourne 1956, wo sie Fünfte wurde, hat die Rumänin Iolanda Balas keinen Hochsprungwettbewerb mehr verloren. Mit 1,90 m und dem Olympiasieg schließt sie eine einmalige Weltrekord- und Siegesserie ab.

Mary Rand trumpft mit einem Weitsprung-Weltrekord von 6,76 m auf. Außer dieser Goldmedaille gewinnt sie noch Silber im Fünfkampf und Bronze in der 4x100-m-Staffel.

Die elektronische Zeitnahme gibt für die ersten drei Läuferinnen im 80-m-Hürdenlauf 10,5 sec an. Der Zielfilm weist Karin Balzer (r; DDR) mit 5 cm vor der Polin Tereza Ciepla und Pamela Kilborn (Australien) als Siegerin aus.

Die grandiose Schwimmhalle wird durch ein olympisches Rekordfest der weltbesten Schwimmer würdig eingeweiht. Das größte »Hallenbad« der Welt bietet 15 000 Sitzplätze und ist mit modernsten elektronischen Zeitnehmern ausgerüstet.

Die Schwimmkönigin und die Kaiserfahne

13. Oktober 1964. Ungewöhnlich ist, daß die »alte Dame« Dawn Fraser zum dritten Mal seit 1956 die 100-m-Freistil gewinnt. Noch ungewöhnlicher, da sie bei einem schweren Autounfall ihre Mutter verlor und mit einer Wirbelverletzung bis vor drei Monaten noch in einem Stützkorsett steckte.

Der Sieg muß angemessen gefeiert werden. Dawn durchschwimmt einen Kanal am kaiserlichen Palast und klaut eine Fahne, als Souvenir. Die australischen Funktionäre verstehen keinen Spaß und brummen der größten Schwimmerin, die sie je hatten und haben werden, zehn Jahre Sperre auf.

Niemand hatte der 26jährigen Dawn Fraser (vorn) noch ein Comeback zugetraut. Sie schlägt die 15jährige Sharon Stouder (M.) über 100 m mit vier Zehntelsekunden und gewinnt Silber mit der Staffel.

Der US-Amerikaner Don Schollander (Abb.) ist mit vier Goldmedaillen erfolgreichster Schwimmer in Tokio. Er gewinnt die 400 m Freistil vor Frank Wiegand (Deutschland) und Allan Wood (Australien).

Der Australier Robert Windle schüttelt einem Offiziellen die Hand, nachdem er olympisches Gold über 1500 m Freistil vor John Nelson (USA) und seinem Landsmann Allan Word gewonnen hat.

Siegerehrung nach der 4x100-m-Staffel der Herren. Der Präsident des Internationalen Olympischen Komitees (IOC), Avery Brundage, zeichnet den US-amerikanischen Startschwimmer Stephen Edward Clark mit der Goldmedaille aus.

Deutsche 4x200-m-Kraulstaffel mit (v. l.) Hetz, Klein, Wiegand und Gregor. Obwohl es beim Training zu Spannungen zwischen den Funktionären kam, glückte am Ende die deutsch-deutsche Kooperation der Staffelschwimmer.

Deutsch-deutsche Staffelerfolge

Oktober 1964. Drei Silbermedaillen in den Staffeln sind die größten deutschen Schwimmerfolge seit 1912. Es schwimmen über 4 x 100 m Lagen (16. 10.): Ernst-Joachim Küppers (BRD), Egon Henninger (DDR), Horst-Günter Gregor (DDR), Hans-Joachim Klein (BRD). Über 4 x 200 m (18. 10.): Horst-Günter Gregor (DDR), Gerhard Hetz (BRD), Frank Wiegand (DDR), Hans-Joachim Klein (BRD). Über 4 x 100 m (14. 10.): Horst Löffler (BRD), Frank Wiegand (DDR), Uwe Jacobsen (BRD), Hans-Joachim Klein (BRD).

Der Japaner Yukio Endo wird überlegener Sieger im Zwölfkampf. Er gewinnt noch Gold mit der Mannschaft, Gold am Barren und Silber im Bodenturnen. Ein längst verdienter Triumph für Japans Turnkunst

Franco Menichelli gelingt es, in die Spitzengruppe der Japaner und Russen beim Zwölfkampf einzubrechen. Er gewinnt außerdem Gold im Bodenturnen, Silber an den Ringen und Bronze am Barren.

Der Jugoslawe Miroslav Cerar wird Olympiasieger am Seitpferd, am Reck gewinnt er Bronze. Der Slowene aus Ljubljana kam zum Turnen, weil er als Kind schwächlich und kränklich war.

Letztes Gold für Larissa Latynina

23. Oktober 1964. Finale im Bodenturnen. Klavierakkorde rauschen auf, für Kenner das »Scherzo« aus der Humoreske von Anton Dvořák. Eine Könnerin setzt die Musik in Bewegung um. Tänzerisch wie eine Primaballerina des Bolschoi-Balletts. Mit atemraubenden Flickflacks, gehockten und gestreckten Salti. Mit einer triumphierenden Pose heischt sie Bestnoten. Und erhält dreimal 9,9, zweimal 9,8. Es ist die letzte Goldmedaille für Larissa Latynina. Insgesamt sammelte sie seit 1956 neun Gold-, fünf Silber- und vier Bronzemedaillen.

Die Tschechin Vera Čáslavská ist die neue »Turnkönigin«. Sie wird Nachfolgerin der Russin Larissa Latynina.

Zweimal gesiegt und doch verloren

15. Oktober 1964. Um Gold im Damen-Florett kämpfen nur noch die Ungarin Ildiko Ujlaki-Rejtö, die Italienerin Antonella Ragno und die Deutsche Helga Mees. Mees schlägt die ungarische Weltmeisterin sensationell 4:2, verliert aber gegen die Italienerin 0:4. Als Ragno Rejtö unterliegt, stehen die drei wieder gleich. Im Stichkampf revanchiert sich Mees gegen Ragno mit 4:2, und Rejtö verweist die Italienerin mit 4:1 auf den dritten Platz. Ein zweites Mal läßt sich dann Ildiko von Helga nicht mehr schlagen.

Helga Mees (r.) aus Saarbrücken stößt überraschend in die Finalrunde vor und hat nach einem Sieg über die Russin Galina Gorokhova bereits eine Medaille sicher. Als sie die Ungarin Ildiko Ujlaki-Rejtö schlägt, ist Gold greifbar nahe. Im Stichkampf unterliegt sie dann doch 0:4.

Noch im Fallen pariert der Russe Grigori Kiss einen Angriff des Italieners Gianluigi Saccaro. Kiss gewinnt das Degenfechten im Stechen vor Henry Hoskyns, Guram Kostava und Saccaro.

Ruderregatta wie vom Winde verweht

15. Oktober 1964. »Dies war die irregulärste Regatta, die ich je erlebt habe«, stöhnt der Präsident des Deutschen Ruder-Verbandes (DRV), Walter Wülfing.
Die Toda-Regattastrecke im Norden Tokios, parallel zum Arakawafluß künstlich abgesteckt, ist Maßarbeit. Schnurgerade, 2,4 km lang, breit genug für sechs Boote. Doch die Finalrennen beginnen am Vormittag mit über einer Stunde Verspätung und enden erst bei Einbruch der Dunkelheit. Es wird länger darüber diskutiert, ob überhaupt gerudert werden soll, als die Rennen dauern. In Anwesenheit des Kronprinzenpaares wollen die Japaner partout nicht abbrechen. Die Fahnen knattern im Wind, der einmal den Bahnen 6 und 5 steif entgegenbläst, einmal die Bahnen 1 und 2 jählings von der Seite packt. Das Losglück wird entscheidend, und jedes Rennen gleicht einem Würfelspiel. Mit einer Goldmedaille, zweimal Silber und einmal Bronze fühlen sich die Deutschen unter Wert geschlagen.

Siegerehrung für Göpf Kottmann (Schweiz, Bronze), Wjatscheslaw Iwanow (UdSSR, Gold) und Achim Hill (GER)

Beim Start des Vierer mit Steuermann blies der Wind mit 5,8 m/sec aus Nordost. Davon profitierten die Deutschen auf Bahn 6 (hier bei der Siegerehrung). Sie hätten aber auch unter normalen Verhältnissen gewonnen.

Der Achter-Vorlauf muß durch Zielfoto entschieden werden. Die Ratzeburger (hinten) siegen knapp vor Jugoslawien (vorn) und Italien (M.). Im Finale unterliegen die Deutschen dem US-Achter.

Sieger im 1000-m-Canadier-Einer: Jürgen Eschert (Gold), Andrei Igorov (l., Silber) und Eugeny Pentiaev (r., Bronze)

Willi Kuhweide in Ost-West-Flaute

Oktober 1964. Mit einem unerledigten Protest nach den ostwestdeutschen Olympia-Ausscheidungen kommt Willi Kuhweide zur Sagami Bay. Das Tauziehen der Funktionäre war so lange gegangen, bis die International Yacht Racing Union fünf Ausscheidungsrennen zwischen dem Westberliner Kuhweide und dem Ostberliner Bernd Dehmel angesetzt hatte. Da verzichtete das NOK-Ost. Nach diesem Nervenkrieg kann Kuhweide starten.

Start der 33 Finn-Dinghis zur letzten Wettfahrt in der Sagami Bay. Kuhweide führt bereits mit großem Punktvorsprung.

Olympiasieg in der letzten Wettfahrt: Willi Kuhweide (1.), Barrett (2.) und Wind (3.) auf dem Siegertreppchen

Die deutschen Olympiasieger im 4000-m-Mannschaftsverfolgungsfahren Claesgens, Henrichs, Link und Streng (M.)

Im Tandem gewinnt Deutschland die Bronzemedaille hinter Italien (Gold) und der UdSSR.

Der Italiener Giovanni Pettenella (r.) gewinnt Silber im 1000-m-Zeitfahren und Gold im Fliegerrennen.

Glücksräder in Hachioji

Oktober 1964. Bevor die Radfahrer starten dürfen, finden erst einmal Untersuchungen statt. Man will nicht, daß wieder einer, wie in Rom, tot vom Rad fällt. Pillen werden beschlagnahmt, Ampullen aus dem Verkehr gezogen. Alle Medaillengewinner müssen zu einer ärztlichen Untersuchung.

Vielleicht hat das viele Prognosen durcheinandergebracht. So traute niemand den Niederländern den Mannschaftssieg im Straßenfahren zu (14. 10.). Auch nicht den Schweden den dritten Platz, den sie mit drei Brüdern herausfahren. Bei den deutschen Verfolgungsfahrern brauchte Lothar Claesgens Spritzen, nicht um topfit zu sein, sondern um eine Angina loszuwerden. Das zehrt an den Kräften und den Nerven im entscheidenden Rennen gegen die Italiener (21. 10.). Niemand weiß, wer eigentlich vorne liegt. Das weiß man auch am Ende des Rennens nicht. Auf dem Zielfoto ist ebenfalls nichts zu erkennen. Erst die elektronische Zeitmessung macht die Deutschen mit sieben Hundertstelsekunden zu Siegern.

Zwölf Jahre nach Helsinki gewinnt der Franzose Pierre Jonquères d'Oriola erneut das Jagdspringen. Hermann Schridde (l.) erhält Silber, der Brite Peter Robeson Bronze. Schridde gewinnt mit Kurt Jarasinski und Hans Günter Winkler außerdem den Preis der Nationen.

Vor acht Jahren trat der Finne Pentti Linnosvuo mit der Scheibenpistole an den Schießstand, schoß 556 Ringe und gewann im Stechen Gold. In Rom kam er vier Jahre später mit der Schnellfeuerpistole auf 587 Ringe. Wieder war ein Stichkampf erforderlich, da blieb dem Finnen Silber. Jetzt kommt er 31jährig mit der Schnellfeuerpistole auf 592 Ringe. Da ist kein Stechen mehr nötig.

Die siegreiche deutsche Dressurmannschaft (v. l.): Josef Neckermann auf Antoinette, Reiner Klimke auf Dux, Harry Boldt auf Remus. In der Einzelkonkurrenz kam Boldt hinter dem Schweizer Henri Chammartin auf Rang zwei, Neckermann auf Rang fünf und Klimke auf Rang sechs. Die Mannschaftskonkurrenz war bei den Olympischen Spielen in Rom nicht ausgetragen worden.

Mit 73:59 gegen die UdSSR gewinnen die USA das Basketballturnier. Bronze sichert sich Brasilien mit einem 76:60 über Puerto Rico.

In einem überaus harten Endspiel holen sich die Inder (in den hellen Trikots) mit einem 1:0 gegen Pakistan erneut Gold im Hockeyturnier.

Fußball fand in Japan wenig Interesse. Die Ungarn gewinnen das Endspiel gegen die ČSSR 2:1. Abb.: Das Siegtor durch Ferenc Bene

Ein Triumph für Japans Frauen

23. Oktober 1964. *In dieser letzten Nacht der Spiele der XVIII. Olympiade erleben Japans Frauen ihren größten Triumph. Als Geishas genießen sie zwar schon lange Weltruf, wenn auch manchmal einen etwas zweifelhaften. Als Hostessen waren sie in ihrer Liebenswürdigkeit und Hilfsbereitschaft unübertrefflich. Aber als Goldmedaillengewinnerinnen erzielen sie in einer archaischen Männerwelt einen Durchbruch.*

Die ganze Nation fiebert am Fernsehen mit den Zuschauern in der Komazawa-Sporthalle, die einem Tollhaus gleicht, als die Japanerinnen die dreifachen Volleyball-Weltmeisterinnen aus der UdSSR in drei Sätzen 15:11, 15:8, 15:13 bezwingen. Ein Sieg der Gewandheit und Hingabe über Kraft und Härte. Zum ersten Mal stand Volleyball auf dem olympischen Programm. Trainer Hirofumi Daimatsu wollte »das Unmögliche erreichen«. Der Erfolgsnacht gingen viele lange Trainingsnächte voraus. Denn Daimatsus Mädchen arbeiten tagsüber in einer Textilfabrik. »Wenn die Russinnen fünf Stunden trainieren, müssen wir sieben Stunden trainieren«, forderte er. Da gab es oft Tränen. Aber nicht soviel wie in der Stunde des Glücks.

▷ Die Japanerinnen werfen ihren Trainer Daimatsu nach ihrem Sieg überglücklich in die Luft.

Tokio 1964 in Stichworten

Die Spiele der XVIII. Olympiade in Tokio dauern vom 10. bis 24. Oktober 1964. Aus 94 Ländern 5140 Teilnehmer, darunter 683 Frauen. 166 Wettbewerbe in 19 Sportarten. Bisher teuerste Spiele. Großartige Sportanlagen. Mustergültige Planung des visuellen Erscheinungsbildes. Liebenswürdige Gastfreundschaft. **Leichtathletik:** USA gewinnen zwölf von 24 Wettbewerben. UdSSR nur dank der Frauen vor Großbritannien und Deutschland. **Gewichtheben:** 15 Weltrekorde und 144 olympische Rekorde. UdSSR (4 G, 3 S) am erfolgreichsten. Abfall der USA. **Ringen:** Japan mit fünf Siegen in den leichten Gewichtsklassen beste Nation. **Judo:** Erstmals olympisch, Dominanz Japans mit Ausnahme der Offenen Klasse. Gold für Antonius Geesink. **Boxen:** Das bisher schlechteste Turnier. Polen und UdSSR am erfolgreichsten. **Fechten:** UdSSR und Frankreich vor Ungarn, dessen Säbelmannschaft erstmals seit 1928 sieglos bleibt. **Schießen:** Triumph der USA, UdSSR erstmals ohne Sieg. **Moderner Fünfkampf:** Ungarn und UdSSR führend. **Reiten:** Italien in der Military, Deutschland in Dressur und Jagdspringen Mannschaft, Frankreich im Jagdspringen und Schweiz in der Dressur Einzel. **Radfahren:** Italien dominiert mit 3 G und 4 S. **Turnen:** Der »japanische Stil« setzt sich auch im Einzel durch. Bei den Frauen entthront Vera Čáslavská die Russinnen. **Schwimmen:** Rekordfest mit 14 Welt-, zwölf Europa-, 61 olympischen Rekorden. 16 von 22 Goldmedaillen für die USA. **Rudern:** Ende der deutschen Überlegenheit. **Kanu:** UdSSR vor Deutschland und Rumänien. Comeback Schwedens. **Segeln:** USA zwar sieglos, doch insgesamt am erfolgreichsten. **Fußball:** Schwach besetztes Turnier. Erstmals Medaille für Deutschland. **Hockey:** Knapper Sieg für Indien. **Basketball:** USA überlegen. **Volleyball:** Zum ersten Mal. Siege der UdSSR und Japans.

Clay: »I am the greatest!« – das Großmaul ist Weltmeister

25. Februar 1964. Sonny Liston hat seine 17 oder 34 Vorstrafen — da schwanken die Angaben ein wenig — leichter weggesteckt als das, was ihm in Miami Beach vor 16 000 Zuschauern in der Convention Hall widerfährt und wovon weitere 100 000 Zuschauer in 250 Kinos Zeugen werden, nicht zu reden von Millionen an den Bildschirmen.

Der »häßliche Bär«, wie ihn der »schönste Boxer der Welt«, Cassius Clay, taufte, erscheint mit einer groben Kapuze im Ring. Er gleicht eher einem domestizierten Gorilla. Es ist der 109. Kampf um eine Schwergewichts-Weltmeisterschaft und sicher einer der merkwürdigsten.

Liston gilt als 5:1-Favorit. Über seine verheerende Schlagkraft gibt es keinen Zweifel. Seinen Gegnern wird es schon flau im Magen, wenn man ihn aus dem Frotteemantel wickelt. Nicht so Clay. Er tanzt im Ring herum, bemüht sich, Liston lächerlich zu machen und albert mit dem Publikum. Ernsthafte Boxfans wünschen diesem Angeber die längst fällige Tracht Prügel. Als der Kampf beginnt, erreicht Clays Frechheit einen Höhepunkt. Clay läßt die Arme sinken und provoziert Liston zuzuschlagen. Liston versucht es. Aber es sieht aus, als wolle einer mit einem 30pfündigen Vorschlaghammer eine Mücke treffen. Zwei Runden lang boxt Liston gegen ein Phantom. In der dritten Runde schlägt Clay mehrmals so schnell und genau zu, daß Liston kaum zu reagieren vermag. Seine Augenbraue öffnet sich. Vom Gerinnungsmittel, das man in der Pause daraufschmiert, gerät etwas auf Clays Stirn, rinnt mit dem Schweiß in sein Auge, das stark brennt. Clay glaubt, man wolle ihn vergiften und will aufgeben. Sein Trainer muß ihn in den Ring zur fünften Runde regelrecht schieben. Wütend läßt Clay eine Schlagserie los und trifft den unbeholfenen Liston nach Belieben. Auch in der nächsten Runde kann Liston nicht so schnell schauen wie Clay schlägt. Als der Gong zur siebten Runde erklingt, bleibt Liston auf seinem Schemel sitzen. Der Ringarzt stellt eine Schulterverletzung fest. Weil eine Schiebung vermutet wird, bestätigen acht Ärzte des Hospitals den Befund.

Clay wollte diesmal die Runde seines Sieges nicht voraussagen, weil er fürchtete, das Publikum käme nicht mehr, wenn es ohnehin vorher wüßte, wann der Kampf zu Ende sei. Daher schrieb er ein Gedicht: »Clay tritt gegen Liston an, Liston will weichen,/ noch einen Zoll zurück, und er wird sich ins Publikum schleichen. Clay schlägt eine Rechte, ein herrliches Ding,/ und die Rechte hebt Liston glatt aus dem Ring./Er fliegt immer höher, der Ringrichter hebt schon die Hand,/ er kann erst zählen, wenn Liston ist wieder an Land./Liston kommt außer Sicht, und die Menge wird wild./Überm Atlantik erscheint Liston auf dem Radarbild./Wer glaubte denn, da einen Kampf man erwartet,/zu sehn, wie ein menschlicher Satellit wird gestartet?/ Ja, das Volk an der Kasse wußte noch nicht gewiß,/daß es zuschauen sollte einer Sonny-Finsternis.«

Nach dem Sieg tanzt Clay durch den Ring und schreit »I am the greatest!«

Cassius Clay (l.) — der bisher jüngste Schwergewichtsweltmeister. Liston ist der Schnelligkeit Clays nicht gewachsen. Er trifft nicht, wird aber getroffen. Zur siebten Runde tritt er wegen einer Schulterverletzung nicht mehr an.

Australiens Rebellen gewinnen Davis Cup

Dezember 1964. Die Situation im Tennis wird immer unhaltbarer. Kaum hat ein Spieler in Wimbledon gewonnen, geht er zu den Profis. Die Folge ist, daß das beste Tennis nicht mehr bei den Grand-Slam-Turnieren geboten wird. Das beeinträchtigt in diesem Jahr auch das Davis-Cup-Finale.
Die Australier konnten den Verlust von Lew Hoad und Rod Laver nicht verkraften. So holten sich die US-Amerikaner 1963 die berühmteste »Salatschüssel« der Welt. Der australische »Tennispapst« Harry Hopman hatte zudem die unglückliche Idee, den Verband zu einer Sperre aller Spieler zu veranlassen, die mehr als 210 Tage im Jahr im Ausland spielten. Amateure waren das freilich auch nicht. Sie bekamen ihr Geld unter dem Tisch, wie in den guten alten Zeiten. Als man Roy Emerson nach seinem Amateurstatut fragte, antwortete er: »Was ist das?« Dieser Emerson rebellierte gegen den Verbandsbeschluß und wurde disqualifiziert. Mit ihm die anderen Aufmüpfigen Fred Stolle, Bob Hewitt, Martin Mulligan und Ken Fletcher. Hewitt wurde darauf Südafrikaner, Mulligan ging nach Italien, Fletcher nach Hongkong. Diesen Verlust konnte der Verband nun doch nicht mehr ausgleichen. Er begnadigte Emerson und Stolle. Gerade zur rechten Zeit. Die beiden holen prompt den Davis Cup aus Cleveland/Ohio zurück.
Emerson ist der athletischste Tennisspieler seiner Zeit. In Wimbledon verlor er im Vorjahr das Viertelfinale in einem denkwürdigen Spiel mit fünf Sätzen gegen Wilhelm Bungert. Anschließend schüttelte ihn ein Weinkrampf. In diesem Jahr holte er sich durch Siege in Melbourne, Wimbledon und Forest Hills das nötige Selbstvertrauen. Er verdankt sie einem Bombenaufschlag, nach dem er sofort ans Netz stürmt. Bungert hatte sich fast mitten ins Feld gestellt, um diese Aufschläge zu retournieren, bevor Emerson am Netz war. Außer seiner Kraft verfügt Emerson über eine ungewöhnliche Schnelligkeit. »Känguruhs sind schneller als ich«, räumt er ein, »aber welches Känguruh spielt schon besser Tennis?«

Der Australier Roy Emerson, stärkster Spieler des Jahres auf den Grand-Slam-Turnieren in Melbourne, Wimbledon und Forest Hills

Neues Motorrad-As aus der Schweiz

26. April 1964. Luigi Taveri, 1,62 m groß, 58 kg leicht, war der erste Schweizer, der Motorradweltmeister wurde. Er gewann den Titel mit einer 125-ccm-Honda 1961, siegt in diesem Jahr erneut und noch einmal 1966. Als er seine Karriere beendet, hat er in rund 500 internationalen Rennen 100 Siege herausgefahren, davon 30 Grand-Prix-Siege. Sein größter Erfolg war der Sieg in der Tourist Trophy auf der Insel Man, die er 1962 in der Rekordgeschwindigkeit von 142,556 km/h gewann. Sein spektakulärstes Ergebnis gelingt ihm jedoch in diesem Jahr auf dem Nürburgring beim Eifelrennen mit einem bisher einmaligen Hattrick. Er gewinnt die Rennen in der 50-ccm-, 125-ccm- und 250-ccm-Klasse.

Luigi Taveri, erfolgreichster Motorradfahrer der Schweiz, dreimaliger Weltmeister in der 125-ccm-Klasse. Er trägt als Testfahrer wesentlich zur Entwicklung der Honda bei.

Der »Chef« geht – Herbergers Abschied als Bundestrainer

12. Mai 1964. »Fast drei Jahrzehnte, einmalig in der Welt, wurde unsere Nationalmannschaft von Sepp Herberger aufgebaut, geformt, betreut und geführt. Er ist allen Fußballfreunden, nicht nur in Deutschland, sondern in aller Welt, ein Begriff geworden. Wir danken unserem Sepp Herberger für alles, was er für den Deutschen Fußball-Bund getan hat. Ich glaube, sein schönster Tag war der 4. Juli 1954, der Tag, an dem die von ihm geführte Mannschaft die Fußball-Weltmeisterschaft nach Deutschland brachte. Deshalb überreichen wir ihm als bleibende Erinnerung an diesen Tag eine Nachbildung der Weltmeisterschaftstrophäe.« Mit diesen Worten verabschiedet der Präsident des Deutschen Fußball-Bundes (DFB), Hermann Gösmann, den deutschen Bundestrainer. 70 000 Menschen im Niedersachsenstadion von Hannover rufen »Hipp, Hipp, Hurra!« und klatschen Beifall.
Seine Diplomarbeit an der Deutschen Hochschule für Leibesübungen in Berlin hatte Herberger 1930 über das Thema »Der Weg zur Höchstleistung im Fußballsport« geschrieben. Sie wurde mit »sehr gut« bewertet. Die Note »genügend« erhielt er in Psychologie, dem Fach, das seine Stärke war.

Der »Chef« der Nationalelf mit Adi Dassler (l.) in Berlin

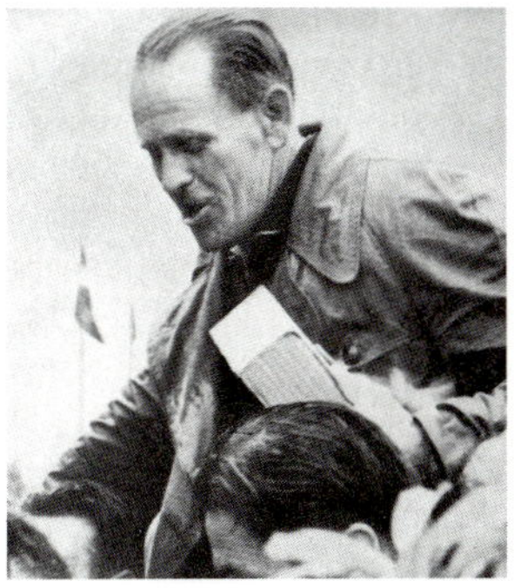

Herberger nach der WM 1954, seinem größten Triumph

Herberger mit seinen Spielern Haller (l.) und Seeler

Die gute Seele an seiner Seite: Herberger mit seiner Ehefrau

Der alte und der neue Trainer: Nachfolger Helmut Schön (r.)

Surtees gewinnt Formel-1-WM

25. Oktober 1964. Im letzten Rennen der Saison wird die Formel-1-Weltmeisterschaft entschieden. Bis zu diesem Zeitpunkt führt nach Punkten Graham Hill auf BRM vor John Surtees auf Ferrari und Jim Clark auf Lotus. Einer der drei Briten wird Weltmeister. Jeder ist als Fahrer ein Könner. Es kommt darauf an, wessen Wagen in dem schweren 400-km-Rennen in Mexiko City durchhält.

Clark, der lange wie der sichere Sieger aussieht, fällt durch einen Defekt zurück. Hill verliert sogar vier Runden. Erst gegen Schluß des Rennens erkennt Surtees seine Titelchance und begnügt sich damit, den zweiten Platz hinter dem US-Amerikaner Gurney auf Brabham zu halten. Und das genügt. Mit einem Punkt Vorsprung vor Hill gewinnt Surtees, der Sieger vom Nürburgring und von Monza, den Titel.

Mit Surtees hatte vor einigen Jahren einer der erfolgreichsten Motorradrennfahrer die Ledermontur ausgezogen, um auf Rennwagen umzusatteln (→ Dezember 1960). Nur wenige Motorradfahrer hatten bisher im Rennwagen Erfolg. Nach Bernd Rosemeyer und Tazio Nuvolari ist Surtees der dritte.

Koblet und Kottmann tödlich verunglückt

5. November 1964. Eine Sportlertragödie erschüttert die Schweiz. Hugo Koblet, der einstige »Pédaleur de Charme«, Giro- und Tour-Gewinner, Radfahreridol der 50er Jahre, rast in der Nacht zwischen Mönchaltorf und Esslingen mit dem Auto in voller Fahrt gegen einen Baum. Aus dem völlig zertrümmerten Wagen wird ein Sterbender geborgen. Die Unfallursache auf der einsamen Landstraße bleibt rätselhaft.

Während sich die Ärzte noch vergebens um den Schwerverletzten bemühen, kommt 24 Stunden später die neue Hiobsbotschaft: Gottfried »Göpf« Kottmann ertrank als Taucher bei einem militärischen Nachtmanöver. Der Schweizer Ruderer hatte auf sein Boot in japanischen Schriftzügen gemalt »Ich will Tokio sehen«. Er sah es und gewann dort im Einer überraschend die Bronzemedaille (→ 15. 10. 1964).

Jacques Anquetil in den Pyrenäen, wo er sich das Gelbe Trikot vor seinem hartnäckigen Verfolger Raymond Poulidor erkämpft und bis Paris verteidigt

Jacques Anquetils fünfter und schwerster Sieg in der Tour

Juli 1964. *»Diese Tour«, schreiben die Reporter, »wird erst auf der Ziellinie entschieden!« Das stimmt nur indirekt, denn die letzte Etappe ist ein Zeitfahren über 27,5 km. Beim Start steht freilich der Gesamtsieger noch keineswegs fest. Jacques Anquetil trägt zwar das Gelbe Trikot, aber Raymond Poulidor liegt nur 14 Sekunden zurück. Nach 20 km sind es nur noch drei Sekunden! Die Menge jubelt »Pou-Pou« zu, dem sie — endlich! — den Toursieg gönnt. Aber nach 24 km beträgt der Abstand wieder zehn Sekunden.*

Im Prinzenpark-Velodrom herrscht atemlose Spannung. Wird es Poulidor doch noch schaffen? Da kommt Anquetil, der Sekundenzeiger der großen Uhr läuft, jetzt müßte »Pou-Pou« folgen, aber es ist Rudi Altig, der von Freiburg bis zu den Alpen das Gelbe Trikot trug und jetzt noch einmal seine Sprintqualitäten zeigt. Als Poulidor eintrifft, hat Anquetil die 4504 km 21 Sekunden schneller hinter sich gebracht als der »ewige Zweite« Poulidor. Es ist der knappste Toursieg seit 1921, aber es ist der Sieg, den sich Anquetil so brennend wünschte. Erstmals seit Fausto Coppi (1949 und 1952) hat wieder ein Straßenfahrer in einem Jahr Giro und Tour gewonnen. Erstmals gewinnt einer die Tour viermal hintereinander. Und Anquetil ist der erste, der die Tour fünfmal gewinnt.

1965

Januar. Erstmals durch die Fédération Internationale de Ski (FIS) anerkannter Geschwindigkeitsweltrekord im Skifahren. Auf einer 100-m-Meßstrecke in Cervinia kommt Ludwig Leitner (BRD) auf 172,744 km/h.

Februar. Bei den Eisschnellauf-Weltmeisterschaften in Oslo gewinnt der 20jährige Norweger Per Ivar Moe den Titel.

6. 2. Weltrekord über 80 m Hürden in 10,4 sec durch die Australierin Pamela Kilborn in Melbourne.

23. 2. Als erster Fußballspieler wird Stanley Matthews von der britischen Königin geadelt. Zwei Monate später Abschiedsspiel für Sir »Stan«.

März. Georg Thoma gewinnt zum dritten Mal hintereinander die Nordische Kombination am Holmenkollen, was zuletzt dem Norweger Thorleif Haug 1919 bis 1921 gelang.

Weltrekord im Skifliegen mit 145 m durch Peter Lesser (DDR) in Kulm.

Der australische Schwimmverband verhängt über die schnellste Kraulerin der Welt und dreifache Olympiasiegerin (1960, 1964, 1968) Dawn Fraser wegen »ungebührlichen Benehmens« eine zehnjährige Sperre (→ 13. 10. 1964).

4. 5. Der Australier Ronald Clarke läuft seit Januar 1965 zum dritten Mal Weltrekord über 5000 m. In Los Angeles 13:25,8 min (→ 1965).

8. 5. Weltrekord im Kugelstoßen durch Randy Matson (USA) mit 21,52 m in College Station, erstmals über 21 m.

19. 5. Europapokal der Pokalsieger: West Ham United–TSV 1860 München 2:0 in London.

25. 5. Cassius Clay/Muhammad Ali verteidigt seinen Weltmeistertitel im Box-Schwergewicht gegen Sonny Liston durch K. o. in der ersten Runde in Lewiston.

27. 5. Europapokal der Landesmeister: Inter Mailand–Benfica Lissabon 1:0 in Mailand.

29. 5. Weltrekord im Weitsprung durch Ralph Boston mit 8,35 m in Modesto.

30. 5. Als erster Europäer seit 1916 gewinnt der Brite Jim Clark das 500-Meilen-Rennen von Indianapolis.

19. 6. Der Brite Mike Hailwood gewinnt die Tourist Trophy auf der Insel Man mit gebrochener Windschutzscheibe und wird in diesem Jahr Motorradweltmeister in der 500-ccm-Klasse.

20. 6. Zum zweiten Mal Weltrekord im Hammerwurf über 70 m durch Harold Connolly mit 71,26 m in Walnut, drei Wochen vorher 71,06 m in Ceres.

Juli. Erstmals Weltmeisterschaften im Springreiten für Reiterinnen. In Hickstead siegt die Britin Marion Coakes vor der US-Amerikanerin Kathy Kusner.

3. 7. Der Australier Roy Emerson und die US-Amerikanerin Margret Smith gewinnen zum zweiten Mal die Einzel in Wimbledon (21. 6.–3. 7.).

4. 7. Weltrekord über 10 000 m durch Ronald Clarke mit 27:39,4 min in Oslo (→ 1965).

18.–25. 7. Erstmals Afrikanische Spiele in Brazzaville/Kongo, an denen 2500 Sportler aus 27 Nationen teilnehmen.

August. 14 000 Teilnehmer aus 42 Ländern bei der vierten Gymnaestrada in Wien.

7. 8. Weltrekord über 3000 m Hindernis in 8:26,4 min durch den Belgier Gaston Roelants in Brüssel.

8. 8. Weltrekord über 200 m in 22,7 sec durch die Polin Irena Kirszenstein in Warschau.

11. 8. Letzter Weltrekord im Diskus-Wurf durch Tamara Press mit 59,70 m in Moskau (→ 9. 9. 1965).

5. 9. Als erster Brite wird Tom Simpson in San Sebastian Radweltmeister im Straßenfahren vor dem Deutschen Rudi Altig.

19. 9. Letzter Weltrekord im Kugelsto-Ren durch Tamara Press mit 18,59 m in Kassel.

8. 10. Das Internationale Olympische Komitee (IOC) beschließt auf seiner 63. Session in Madrid, daß ab 1968 selbständige Olympiamannschaften der Bundesrepublik Deutschland und der DDR an Olympischen Spielen teilnehmen sollen.

Oktober. Der Brite Jim Clark wird zum zweiten Mal Automobilweltmeister der Formel 1 auf Lotus (→ 30. 5. 1965).

Der 55jährige Walter Herrlau legt zum 35. Mal die jährliche Prüfung für das Deutsche Sportabzeichen ab.

12. 10. Weltrekord im Diskuswurf durch Ludvik Danek mit 65,22 m in Sokolov.

November. Auf dem Großen Salzsee in Utah treiben die US-Amerikaner Art Arfons mit »Green Monster« und Craig Breedlove mit »Spirit of America« den absoluten Geschwindigkeitsweltrekord für Automobile auf 927,869 km/h und 966,571 km/h.

22. 11. Cassius Clay/Muhammad Ali verteidigt seinen Weltmeistertitel gegen Floyd Patterson durch K. o. in der elften Runde in Las Vegas.

30. 11. Weltrekord über 5000 m durch den Kenianer Kipchoge Keino mit 13:24,2 min in Auckland.

Dezember. Australien gewinnt zum 20. Mal den Davis Cup. In Sydney 4:1 gegen Spanien, das erstmals das Finale erreicht hatte.

1. 12. Nach 25 Profijahren und 202 Kämpfen beendet »Sugar« Ray Robinson 45jährig seine Karriere.

Beim Kölner ASV-Sportfest 1964 schlug der Australier Ronald Clarke (r.) seinen französischen Rivalen Michel Jazy über die 5000-m-Distanz.

Reisender in Weltrekorden

1965. Als sich Ronald Clarke die Filmaufzeichnung des 10 000-m-Laufs von Tokio mehrmals angesehen hatte, stellte er fest: »Es war die einzige Chance, ein großes Rennen zu gewinnen, und ich habe sie nicht genutzt.« Aber der Australier war nicht der Mann, der deshalb resignierte. Er blieb ein Besessener des Laufs und wurde zu einem Globetrotter in Rekorden.

Drei Wochen nach seiner Niederlage von Tokio im 5000-m-Lauf besiegte er am 7. November 1964 in Melbourne den US-amerikanischen Olympiasieger Bob Schul mit fast 50 m Vorsprung. Schuls Laufbahn war schon zu Ende, die von Clarke schien erst zu beginnen.

Am 4. Mai 1965 läuft Clarke Weltrekord über 5000 m in Los Angeles. Am 29. Mai gewinnt er ein Zweimeilenrennen in Modesto, am 10. Juni ein Dreimeilenrennen in Toronto. Am 16. Juni läuft er Weltrekord über 10 000 m in Turku. Am 30. Juni wird er in einem 5000-m-Lauf in Helsinki Dritter hinter dem Franzosen Michel Jazy und dem Kenianer Kipchoge Keino. Am 2. Juli verliert er in Turku über diese Strecke abermals gegen Keino. Vier Tage später schlägt er Keino in Stockholm. Am 10. Juli läuft er Weltrekord über drei Meilen in London. Am 14. Juli über sechs Meilen und über 10 000 m in Oslo. Am 16. Juli gewinnt er einen 5000-m-Lauf in Paris.

Insgesamt läuft Clarke in 37 Tagen 15 Rennen mit 77 Wettkampfkilometern in 13 Städten. Elfmal gewinnt er, fünfmal läuft er Weltrekord. Er verdient sein Geld als Verkäufer von Sportschuhen. Aber er hat sein Haus verkauft, um diese Rennreisen bis zu den Olympischen Spielen 1968 in Mexiko City finanzieren zu können. Weit populärer als er ist in Melbourne sein Bruder. Der spielt Quarterback beim Rugby.

Randy Matson stößt in College Station als erster mit 21,52 m die Kugel über 21 m.

Ralph Boston springt zum sechsten Mal Weltrekord im Weitsprung: 8,35 m in Modesto.

Der Belgier Gaston Roelants verbessert seinen Weltrekord über 3000 m Hindernis auf 8:26,4 min.

»Sugar« Ray Robinson alias Walker Smith, geboren in den Slums von Detroit, erhielt 1951 den Diamantengürtel als bester Boxer des Jahres (l.), 14 Jahre später verabschiedet er sich von seinen Fans (M.).

»Sugar« Ray Robinson nach 202 Profikämpfen: Abschied vom »größten Boxer aller Zeiten«

1. Dezember 1965. *Der Madison Square Garden in New York, Schauplatz legendärer Boxkämpfe, wird zum Ort eines einmaligen Ereignisses. Ein Boxer schiebt sich mühsam durch die dichtgedrängte Menge der 12 000 Zuschauer, in normaler Kampfaufmachung, darüber ein kurzer weißer Frotteebademantel. Er besteigt den Ring ohne Boxhandschuhe, geht in die Ringmitte und verbeugt sich. Ein Beifallssturm brandet auf. Aber es findet kein Kampf statt. Mühsam verschafft sich der Sprecher am Mikrofon Gehör: »Ladies and Gentlemen ... Dies ist eigentlich kein Anlaß zur Freude, denn es ist zweifelhaft, ob wir etwas Ähnliches jemals wieder erleben ... Dies hat es bisher weder in der Geschichte des Madison Square Garden noch in der Geschichte des Boxens gegeben ... Der größte Boxer, der jemals gelebt hat ... Sugar Ray Robinson!« Robinson verbeugt sich und lächelt. Aber es ist ein etwas trauriges Lächeln. Vor einem Monat, als der 45jährige gegen Joey Archer verlor, beschloß er endgültig, die Handschuhe an den Nagel zu hängen. 202 Profikämpfe hat er bestritten, davon 109 durch K. o. gewonnen, 66 nach Punkten. Sechsmal kämpfte er unentschieden, einmal lautete die Entscheidung »no contest«, da der Gegner disqualifiziert wurde. 18 Kämpfe verlor er nach Punkten, einen, gegen Joey Maxim, durch Aufgabe. Fünfmal wurde er Weltmeister. Der Verband der Boxberichterstatter wählt ihn, der zwischendurch als Tänzer im Revuen auftrat, zum »größten Boxer aller Zeiten«.*

Mit 17 500 PS bis hart an die Schallmauer

November 1965. Im Vorjahr stellte Donald Campbell den absoluten Weltrekord zu Lande auf: 648,72 km/h. Ein Jahr später fällt eine ganze Armada auf dem Salzsee in Utah ein, um diese Marke zu übertreffen.

Die Brüder Bob und Bill Summers jagen ihren benzingetriebenen »Goldenrod« auf 658,667 km/h, aber diese geringe Verbesserung lohnte den Aufwand nicht. Man hat sich höhere Ziele gesteckt. Diese sind aber mit einem Kolbenmotor nicht mehr zu erreichen. Walt Arfons kommt auf den Raketenantrieb zurück, den Fritz von Opel schon in den 20er Jahren erstmals auf der Berliner Avus ausprobierte (→ 23. 5. 1928). Doch sein Feuerstuhl wird so heiß, daß die Karosserie zu schmelzen beginnt. Immerhin kam man bei inoffizieller Messung an die 900 km/h.

Am 7. November 1965 schiebt Art Arfons sein »Green Monster« auf die Bonneville Salt Flats. Dieses Ungetüm ist mit einem 17 500 PS starken Düsentriebwerk ausgestattet, mit dem im allgemeinen Starfighter durch die Lüfte donnern. Auf den Meßstrecken von einem Kilometer und einer Meile kommt das Gefährt auf 927,869 km/h. Die Schallgrenze ist nahe, aber für Arfons bleibt sie unerreichbar. Doch gilt »unerreichbar« auch für den »Spirit of America«? Craig Breedlove rollt den fast 12 m langen Düsenwagen auf die schnurgerade schwarze Linie, die sich über die harte Salzkruste zieht. Die kerosinbetriebenen Triebwerke heulen auf und treiben das Fahrzeug auf 966,571 km/h.

Der »Spirit of America« des US-Amerikaners Craig Breedlove, von Düsenmotoren angetrieben, verbessert auf dem Bonneville-Salzsee von Utah den absoluten Geschwindigkeitsweltrekord viermal und stellt die Höchstmarke zuletzt auf 966,571 km/h. Damit endet zunächst eine lebensgefährliche Rekordjagd.

Jim Clark siegt in Indianapolis

30. Mai 1965. In Indianapolis gewinnt der Schotte Jim Clark das berühmt-berüchtigte 500-Meilen-Rennen, was ein halbes Jahrhundert lang keinem Europäer mehr gelang. Clark gewinnt in diesem Jahr auch den Grand Prix in Silverstone, obwohl er in jeder Kurve den Motor abschalten muß, weil der Öldruck rapide sinkt. Er gewinnt mit seinem Lotus in Zandvoort, East London/Südafrika und auf dem Nürburgring, in Spa-Francorchamps und in Clermont-Ferrand. Nach 1963 sichert er sich damit zum zweiten Mal den Titel eines Formel-1-Weltmeisters.

Jim Clark ist der erfolgreichste Rennfahrer des Jahres. Keiner vor ihm gewann in einem Jahr die Formel-1-Weltmeisterschaft und die 500 Meilen von Indianapolis.

1966

. **Februar.** Abbruch der Viererbob-Weltmeisterschaften in Cortina d'Ampezzo nach tödlichem Unfall von Toni Pensbergen

Bei den Nordischen Ski-Weltmeisterschaften in Oslo siegt in der Nordischen Kombination Georg Thoma vor Franz Keller und dem Schweizer Alois Kälin.

März. Niederländischer Triumph bei den Eisschnellauf-Weltmeisterschaften in Göteborg. Cornelius Verkerk vor Ard Schenk.

Weltrekord im Skifliegen mit 146 m durch den Norweger Björn Wirkola in Vikersund.

30. 3. Muhammad Ali verteidigt seinen Weltmeistertitel im Box-Schwergewicht gegen George Chuvalo durch einen Punktsieg nach 15 Runden in Toronto.

April. Bei der Eishockey-Weltmeisterschaft in Ljubljana und Zagreb siegt die UdSSR vor der ČSSR und Kanada. Die Bundesrepublik Deutschland qualifiziert sich durch den Sieg in der B-Gruppe für Gruppe A.

26. 4. Das Internationale Olympische Komitee (IOC) vergibt auf seiner Session in Rom die Sommerspiele der XIX. Olympiade 1972 nach München.

5. 5. Europapokal der Pokalsieger: Borussia Dortmund–FC Liverpool 2:1 in Glasgow. Erster Europapokalsieg einer deutschen Mannschaft.

7. 5. Weltrekord über 200 m auf gerader Bahn in 19,5 sec durch Tommie Smith (USA) in San José.

11. 5. Europapokal der Landesmeister: Real Madrid-Partizan Belgrad 2:1 in Brüssel. Sechster Europapokalsieg von Real Madrid.

14. 5. Weltrekord im Stabhochsprung mit 5,32 m durch Bob Seagren (USA) in Fresno.

21. 5. Auf einer Europatournee schlägt Muhammad Ali in London Henry Cooper durch technischen K. o. in der sechsten Runde (→ September 1966).

Juni. Der 46jährige Pierre Jonquères d'Oriola wird in Buenos Aires Weltmeister im Springreiten.

Gianni Motta gewinnt den Giro d'Italia.

11. 6. Weltrekord über 200 m mit Kurve in 20,0 sec durch Tommie Smith in Sacramento.

22. 6. Fritz Stange aus Stuttgart wird in Toledo (USA) Ringerweltmeister im Bantamgewicht griechisch-römisch.

Juli. Der Franzose Lucien Aimar gewinnt die Tour de France.

Zum letzten Mal Weltmeisterschaft im Feldhandball in Österreich. Nur sechs Länder nehmen teil. Sieger: Bundesrepublik Deutschland.

1./2. 7. Wimbledonsiege durch den Spanier Manuel Santana, erstmals spanischer Sieg, und die US-Amerikanerin Billie Jean King.

5. 7. Weltrekord über 5000 m durch Ronald Clarke in 13:16,6 min in Stockholm.

11.–30. 7. In England achtes World-cup-Turnier im Fußball. England erstmals Weltmeister durch 4:2-Endspielsieg n. V. über Deutschland.

14.–24. 7. 39. Schießsport-Weltmeisterschaften in Wiesbaden mit 1023 Sportschützen aus 49 Nationen, größte internationale Sportveranstaltung auf deutschem Boden seit den Olympischen Spielen Berlin 1936.

23. 7. Weltrekord im Stabhochsprung mit 5,34 m durch John Pennel (USA) in Los Angeles.

23./24. 7. Weltrekord im Zehnkampf durch Russ Hodge mit 8230 Punkten in Los Angeles.

August. In Bern erstmals Weltmeisterschaften im Dressurreiten. Überragender deutscher Erfolg mit Josef Neckermann auf Mariano vor Harry Boldt und Reiner Klimke.

4.–14. 8. Erstmals Alpine Ski-Weltmeisterschaften auf dem südamerikanischen Kominent. In Portillo/Chile gewinnen Franzosen sechs von acht Titeln.

6. 8. Muhammad Ali schlägt in London Brian London in der dritten Runde k. o. (→ September 1966).

28. 8. Rudi Altig wird auf dem Nürburgring Radweltmeister der Profi-Straßenfahrer.

September. Erstmals Turn-Weltmeisterschaften in Deutschland. Sieg der Japaner und Tschechinnen.

Bei den achten Leichtathletik-Europameisterschaften in Budapest werden erstmals alle Teilnehmerinnen von drei Ärztinnen untersucht.

In Burghley erstmals Weltmeisterschaft in der Vielseitigkeitsprüfung (Military). Sieger der Argentinier Carlos Moratorio.

4. 9. Der Australier Jack Brabham auf Brabham-Repco steht nach seinem Sieg im Großen Preis von Italien in Monza als Formel-1-Weltmeister fest.

5. 9. Die International Amateur Athletic Federation (IAAF) beschließt, bei Großveranstaltungen Dopingkontrollen durchzuführen.

10. 9. Muhammad Ali schlägt im Frankfurter Waldstadion Karl Mildenberger in der zwölften Runde k. o. (→ September 1966).

15. 10. Weltrekord über 800 m in 1:44,3 min durch Ralph Doubell (USA) in Mexiko City.

14. 11. In seinem fünften Kampf des Jahres schlägt Muhammad Ali in Houston Cleveland Williams in der dritten Runde k. o.

Dezember. Australien verteidigt in Melbourne den Davis Cup gegen Indien, das erstmals die Herausforderungsrunde erreicht hatte, mit 4: 1.

Georg Thomas größter Sieg

Februar 1966. Georg Thomas Olympiasieg 1960 war sensationell (→ 22. 2. 1960). Seine Siege am Holmenkollen 1963, 1964 und 1965 waren einzigartig (→ 18. 3. 1963).

Sein Sieg bei den diesjährigen Weltmeisterschaften ist sein schwerster, sein größter und sein letzter. Beim ersten Sprung stürzt er. Ausgerechnet auf der zwar schwierigen, ihm aber mittlerweile vertrauten Holmenkollenschanze. Im zweiten Sprung muß er alles wagen und steht 74,50 m. Im dritten Sprung geht er auf Sicherheit: 71,50 m. Damit beendet Thoma das Springen als Zweiter. Mit 76 m und 77 m rangiert vor ihm ein anderer Deutscher, der sieben Jahre jüngere Franz Keller.

Georg Thoma wird Weltmeister in der Nordischen Kombination.

Im 15-km-Lauf gibt es einen eindeutigen Favoriten in dem Schweizer Alois Kälin. Doch Kälin rangiert im Springen auf Rang 34. Nach dem Lauf ist er Dritter! Er lief fast sechs Minuten schneller als Keller. Thoma kann dem führenden Keller in der Loipe 2,05 Minuten abnehmen. Ob das reicht? Er erkämpft sich den Weltmeistertitel mit 1,62 Punkten Vorsprung. Als Thoma durchs Ziel keucht, stößt er hervor: »Ich höre auf!« Später fügt er hinzu: »Diese Quälerei kann ich nicht mehr durchhalten.« Später befragt, ob es ihm mit solchen Äußerungen ernst sei, bekräftigt er: »Als es gar nicht mehr gehen wollte, da sagte ich mir auf diesen 15 Kilometern, daß ich aufhören müsse.« Und dann erklärt er: »Ich wollte aber nicht als Verlierer, sondern als Sieger abtreten.«

Hollands Vierkampf-Duo

März 1966. Als die Niederländer erstmals auf ihre schöne neue Kunsteisbahn in Deventer zur Eisschnelllauf-Europameisterschaft einladen, lassen sie ihren Gästen keinen Stich. Den Vierkampf gewinnt Ard Schenk, ein 21jähriger Modellathlet, 1,90 m groß, 90 kg schwer. Seine Stärke liegt gleichermaßen über 500 m wie beim Elfstädtelauf über mehr als 100 km. Er ist ein Ästhet des Eisschnellaufs.

Bei den Weltmeisterschaften in Göteborg macht am zweiten Tag ein Föhneinbruch die Bahn weich. Das ist gerade richtig für den kleineren, leichteren und robusteren Cornelius, genannt »Cees«, Verkerk. In Deventer war er hinter Schenk Zweiter. In Göteborg läuft er über 1500 m und 10 000 m die Konkurrenz aus den Schuhen. Da er zuvor schon die 5000 m gewonnen hat, ist ihm der WM-Titel nicht mehr zu nehmen.

Ard Schenk in Aktion. Bei den Eisschnellauf-Vierkampf-Weltmeisterschaften in Göteborg kommen die sieggewohnten Russen erstmals seit 1953 zu keiner Medaille. Cornelius Verkerk beweist über alle Distanzen seine Überlegenheit.

Dortmunds Torwart Hans Tilkowski kann den Ball nach einer Attacke von Liverpools Mittelstürmer St. John (M.) noch vor dessen Füßen abfangen.

Dortmund holt Europacup

5. Mai 1966. Die Wetten für das Europacup-Endspiel der Pokalsieger zwischen dem FC Liverpool und Borussia Dortmund stehen 7:1. Und 20 000 Liverpoolfans stehen im Hampden Park von Glasgow wie ein Mann hinter ihrer Elf. Und im berüchtigten »Hampden-Roar« wurden schon mancher Mannschaft die Knie weich.

Die Borussen bewahren Ruhe und Kaltschnäuzigkeit. Sie lassen die Briten kommen und beschränken sich auf wenige, aber stets gefährliche Konter. Das Spiel steht eine Stunde lang auf des Messers Schneide. Dann ist der schnelle »Siggi« Held wieder einmal nicht zu halten und überwindet Liverpools Torwart Lawrence mit einem plazierten Flachschuß. Totenstille im Rund. Sieben Minuten später die Krise des Spiels. Hunt erzielt den Ausgleich, aber der Ball war zuvor klar im Aus. Die Dortmunder protestieren. Als das Spiel weitergeht, bleiben die Borussen besonnen und konzentriert. Damit verdienen sie sich den Sieg in der Verlängerung durch ein Tor von Reinhard Libuda.

Die Herrschaft von Billie Jean King

1./2. Juli 1966. Man hatte in Wimbledon nicht vergessen, daß vor vier Jahren die als Nummer eins gesetzte Australierin Margaret Smith schon in der ersten Runde von einer kleinen 18jährigen US-Amerikanerin aus dem Turnier geworfen wurde. Jene Billie Jean Moffitt stand zwar in beiden Sätzen am Rand einer Niederlage, schaffte aber doch den sensationellen Sieg. Das war ein Energiebündel. Natürlich brauchte sie erst noch Stehvermögen. Billie Jean heiratet 1966 den Rechtsanwalt Larry King, der sie künftig managt. Ihr Wimbledonsieg ist keine große Überraschung mehr.

Mit der King gewinnt aber nicht nur eine perfekte Tennisspielerin, sondern eine Tennis-Suffragette. Sie ist eine aggressive Anhängerin der US-amerikanischen Frauenbewegung »Women's Liberation« und kämpft für die Gleichberechtigung des Damen-Tennis mit dem Herren-Tennis. Damit sieht es außerhalb von Wimbledon, wo die Tradition auch das Damen-Tennis heiligt, kläglich aus. Damen-Tennis gilt als langweilig, eine These, die im Tennissport immer wieder auftaucht. Billie Jean King leidet an einem Jugendtrauma. Im Los Angeles Tennis Club mußte sie erleben, daß talentierte Jungen Reisezuschüsse erhielten, Billie Jean, die talentierte Tochter eines Feuerwehrmanns, jedoch nicht. Seitdem gilt ihr Tennis als eine snobistisch männlich orientierte Angelegenheit.

Dieses Trauma bekommen künftig Veranstalter zu spüren. Denn sie befolgt einen eisernen Grundsatz: »Geld ist das einzige, was die Leute respektieren. Als Berufssportler muß man zeigen, was man gewonnen hat. Danach wird man eingeschätzt.«

Billie Jean King gewinnt 22jährig das Damen-Einzel in Wimbledon gegen Maria Esther Bueno.

»Ich bin hier, um zu kämpfen«

September 1966. Da sitzt er leibhaftig bei seiner ersten Pressekonferenz auf deutschem Boden. Ernst, gesammelt, hellwach. Er sei hier, um zu kämpfen, nicht, um zu reden. Im Ring habe jeder eine Chance, warum nicht auch Karl Mildenberger? Er sei Black Muslim geworden, weil er später als Priester tätig werden möchte. Er trete zurück, sobald er im Ring geschlagen werde. Vorläufig sehe er niemanden, der das könnte. Er werde um sieben Pfund leichter in den Ring steigen als gegen Brian London und noch schneller sein. Noch schneller! Am Schluß erhalten alle Journalisten eine Schallplatte. Sie sei ohne seinen Willen entstanden, und er finde sie scheußlich. Der Titelsong lautet: »I am the greatest!«

Vor dem ersten Weltmeisterschaftskampf im Schwergewicht in Deutschland machten im Frankfurter Waldstadion Joe Louis und Max Schmeling Shakehands. Dann zeigt Ali (l.), daß er mit der Rechtsauslage Karl Mildenbergers keine Probleme hat. Mildenberger bleibt nichts als Tapferkeit gegenüber einem weit überlegenen Boxer.

Am Morgen vor dem Kampf gegen Mildenberger müssen US-amerikanische Militärpolizisten Ali in einem Frankfurter Kaufhaus vor stürmischen Autogrammjägern schützen. Von seinen boxerischen Qualitäten ist man in Europa erst überzeugt, seit er in London Henry Cooper in der sechsten und Brian London in der dritten Runde k. o. schlug.

Das »Aus« für Feldhandball

Juli 1966. Nur noch sechs Ländermannschaften haben sich in Wien zu einem Weltmeisterschafts-Turnier im Feldhandball eingefunden, für das kein Publikumsinteresse mehr besteht.
Ein modernes Ballspiel, erst vor 50 Jahren erfunden, liegt im Sterben. Seine ursprüngliche Form überlebte sich. Man zieht ein Spiel vor, für das man kein Spielfeld von der Größe eines Fußballplatzes benötigt. Und man will ganzjährig spielen können. Handball gilt als eine deutsche Schöpfung, hat aber Vorbilder im dänischen »Haandbold« und im tschechischen »Házená«. Und von diesen Ländern gingen auch die Impulse für das witterungsunabhängige Hallenhandball aus.
1935 traten sich Mannschaften Dänemarks und Schwedens zum ersten Länderspiel im Hallenhandball gegenüber. 1938 spielte man neben dem Feldhandballweltmeister erstmals auch einen Hallenhandballweltmeister aus. Beide Titel gingen an Deutschland. Nach dem Zweiten Weltkrieg versuchte man in dreijährigem Turnus wechselweise Feldhandball- und Hallenhandball-Weltmeisterschaften durchzuführen. Aber das Interesse der Zuschauer an Feldhandball ließ in dem Maße nach, wie das Interesse an Hallenhandball stieg.

Stationen im Feldhandball

- ▷ 1917: Der Turner Max Heise sucht ein Ballspiel für Frauen
- ▷ 1919: Carl Schelenz stellt Regeln für Handball auf
- ▷ 1925: 1. Handball-Länderspiel Deutschland—Österreich
- ▷ 1927: Deutsche Handballregeln international verbindlich
- ▷ 1928: Gründung der Internationalen Amateur-Handball-Föderation
- ▷ 1930: 1. Damen-Länderspiel Deutschland—Österreich
- ▷ 1935: Erstes Länderspiel im Hallenhandball zwischen Dänemark und Schweden
- ▷ 1936: 1. Olympisches Handballturnier. Deutschland vor Österreich und der Schweiz
- ▷ 1938: 1. WM: Deutschland
- ▷ 1946: Gründung der Internationalen Handball Federation (IHF)
- ▷ 1948: 2. WM: Schweden
- ▷ 1949: 1. Damen-WM: Ungarn
- ▷ 1952: 3. WM: Bundesrepublik Deutschland
- ▷ 1955: 4. WM: Bundesrepublik Deutschland
- ▷ 1956: 2. Damen-WM: Rumänien
- ▷ 1959: 5. WM: Deutschland
- ▷ 1960: 3. Damen-WM: Rumänien
- ▷ 1963: 6. WM: DDR
- ▷ 1966: 7. WM: Bundesrepublik Deutschland

Erstmals gibt es bei den 39. Schießsport-Weltmeisterschaften auch Wettbewerbe für Frauen, die sich bisher nur an Herren-Konkurrenzen beteiligen konnten.

Ein Weltfest der Schützen

14. bis 24. Juli 1966. Die 39. Schießsport-Weltmeisterschaften in Wiesbaden-Freudenberg sind die größte internationale Sportveranstaltung auf deutschem Boden seit 1936. Aus 49 Nationen kommen 1023 Schützen und Schützinnen. Von letzteren ist die US-Amerikanerin Margaret Thompson am erfolgreichsten. Im Dreistellungskampf tritt sie allein gegen 121 männliche Konkurrenten an und wird mit gleicher Ringzahl wie der Bronzemedaillengewinner Vierte. Er schoß nur eine Mouche mehr.
Bei den Siegerehrungen spielt man in Wiesbaden keine Nationalhymnen und zieht keine Fahnen auf. Schützenpräsident Georg von Opel erklärt bei der Abschlußfeier: »Uns geht es mehr um Sensibilität als um Sensationen. Das waren Weltmeisterschaften der Freude und Freundschaft. Vielleicht erleben wir es noch, daß die Menschen nur schießen lernen, um gesund zu bleiben, und nicht mehr, um zu töten. Es ist die Aufgabe des Menschen, aus dem Schlechtestmöglichen das Bestmögliche zu machen.«

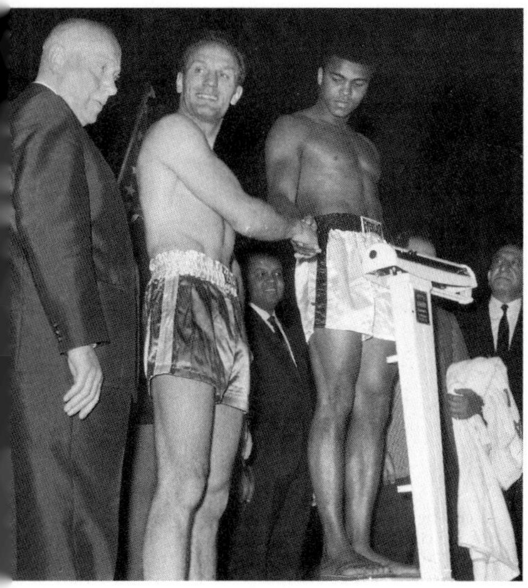

Odeon, London, Leicester Square, 21. Mai 1966. Bevor es in den Ring geht, müssen die beiden Rivalen am Morgen auf die Waage. Noch lächelt Henry Cooper (M. neben seinem Manager Jim Wicks) beim obligatorischen Händeschütteln mit Ali für die Fotografen.

Szene aus dem Film der Rank Organisation über den Kampf zwischen Ali (l.) und Cooper in London. 40 000 Zuschauer im Arsenal Football Ground erleben den Champion in Bestform. Eine Serie von Kopftreffern in der fünften Runde leitet das Aus für Cooper ein.

Nach einer Minute und 38 Sekunden einer packenden sechsten Runde blutet Cooper stark aus einer klaffenden Wunde an der linken Augenbraue. Ringrichter George Smith aus Edinburgh untersucht Coopers Verletzung und bricht den Kampf ab. »I'm sorry«, versichert er ihm. Muhammad Ali bleibt Schwergewichts-Boxweltmeister durch technischen K. o.

Schock vor Beginn der Fußball-WM: Der Cup ist gestohlen

11. bis 30. Juli 1966. Von einer Abschaffung der Fußball-Weltmeisterschaften ist längst keine Rede mehr. 1963 hatte die Football Association (FA), der älteste Fußballverband der Welt, 100jähriges Bestehen gefeiert. Da fand es die Fédération Internationale de Football Association (FIFA) angebracht, England, das sich so lange von der FIFA ferngehalten und bei den bisherigen Weltmeisterschaften auch nicht sonderlich ruhmreich abgeschnitten hatte, die Weltmeisterschaft zu übertragen. FIFA-Präsident Sir Stanley Rous übernahm auch die Leitung des Organisationskomitees und versprach eine mustergültige Veranstaltung.

Um die Teilnahme im Fußball-Mutterland bewarben sich 72 der 100 FIFA-Mitgliederländer, mehr als je zuvor. Bei der Einteilung der Qualifikationsrunden wies man Europa neun Gruppen zu. Afrika sollte mit Asien nur eine Gruppe bilden. Damit wurde man zwar der Spielstärke, nicht aber der Zahl der Länder in diesen Kontinenten gerecht. Afrika forderte gleiches Recht für alle. Die FIFA blieb bei ihrer Entscheidung. Aus Protest zogen 15 afrikanische Länder ihre Meldung zurück. Südafrika wurde wegen seiner Apartheidpolitik von der FIFA zurückgewiesen. Weil Südkorea nicht gegen Nordkorea spielen wollte, blieben in Asien Nordkorea und Australien unter sich. Zwei Begegnungen in Kambodschas Hauptstadt Phnom Penh endeten überraschend 6:1 und 3:1 für Nordkorea. »Ausgerechnet!« stöhnte man in Deutschland und Schweden, als beide Länder in eine Gruppe gelost wurden, wo Zypern nur als Prügelknabe diente. 1:1 endete das erste Spiel in Berlin. Ein 2:1 in Stockholm, wo die Deutschen zuletzt 1911 gewonnen hatten, machte ihnen den Weg nach England frei.

Nach der Verlosung der 16 Endrundenteilnehmer finden die Engländer, daß sie es mit Uruguay, Frankreich und Mexiko leicht, die Deutschen, daß sie es mit Argentinien, Spanien und der Schweiz schwer haben. Die Brasilianer fühlen sich jedem Gegner gewachsen, die Nordkoreaner keinem. Trainer Alf Ramsey verkündet jedermann, England würde Weltmeister.

Die erste Sensation gab es bereits, bevor das Turnier begann. Der »Coupe Jules Rimet« war verschwunden! Man hatte ihn im Rahmen einer Sportbriefmarken-Ausstellung in einer Vitrine bewundern können. Wohl allzusehr, denn er wurde gestohlen. Wie alles in England hatte auch dies Tradition. 1895 verschwand der Liga-Pokal aus einem Schaufenster und blieb unauffindbar (→ 11./12. 2. 1895). Ganz Scotland Yard suchte auch jetzt fieberhaft nach dem kostbaren Stück, aber vergebens. Doch in einem Londoner Vorgarten spürte ein streunender Terrier namens Pickles die begehrte Trophäe auf. Das Turnier konnte beginnen.

Das Viermillionblatt »Daily Mirror« bringt die Schlagzeile: »Go on England, you can lead the world again!«

Portugal—Brasilien (3:1): In der 30. Minute tritt der Portugiese Morais Pelé im Liverpooler Goodison Park derart zusammen, daß er nur noch eine Statistenrolle spielen kann. Zu diesem Zeitpunkt führt Portugal im fünften Spiel der Gruppe 3 2:0.

Fast von der Torauslinie schmettert gegen Spanien Lothar Emmerich den Ball aus spitzestem Winkel unter die Querlatte. Das spektakulärste Tor des ganzen Turniers, allerdings ein unumstrittenes. Es öffnet Deutschland den Weg ins Viertelfinale.

Die Deutschen haben Glück mit den Schiedsrichtern und gegnerischen Toren. Im Viertelfinale gegen Uruguay wehrt Karl-Heinz Schnellinger einen Ball auf der Torlinie mit der Hand ab. Der Fotograf sieht es, der Schiedsrichter nicht.

Die unlösbare Frage: Tor oder kein Tor – England siegt 4:2

30. Juli 1966. Es ist das 200. Spiel eines WM-Turniers, das Wembley-Stadion mit 96 924 Zuschauern ausverkauft, das Wetter regnerisch. Als Außenseiter fühlen sich die Deutschen so wohl, daß Helmut Haller nach zwölf Minuten das Führungstor schießt. Ganz England stockt der Atem. Trainer Alf Ramsey grämt sich, weil er Jimmy Greaves, einen der besten englischen Stürmer, nicht aufstellte, sondern Geoffrey Hurst. Aber gerade dieser Hurst erzielt sechs Minuten später den Ausgleich, wenn auch aus abseitsverdächtiger Position.
Nach der Pause wird das Spiel härter, verbissener. Ein Abwehrfehler von Horst Höttges führt zum 2:1 durch Martin Peters. Die Zuschauer feiern schon den Sieg. Aber die Deutschen resignieren nicht. Sie resignieren nie in solchen Situationen. Das vergessen die Briten. Drei Sekunden vor dem Schlußpfiff drischt Lothar »Emma« Emmerich den Ball nach innen, wo ihn einige Engländer und einige Deutsche verfehlen. Aber Wolfgang Weber erwischt ihn und schiebt ihn ins Tor. In der Verlängerung muß die Kondition entscheiden. Aber es entscheidet in der 100. Minute das ominöse »dritte Tor«. Hurst knallt den Ball unter die Querlatte, der Ball springt auf den Boden, prallt hoch und wird von Weber ins Aus geköpft. Die Engländer schreien »Tor!«, die Deutschen erwarten einen Eckball. Schiedsrichter Gottfried Dienst stand zu weit weg, um ein Tor erkennen zu können. Nach heftigen Reklamationen der englischen Spieler befragt er den russischen Linienrichter Tofik Bachramow. Der stand noch weiter weg als Dienst, entscheidet aber auf Tor, und Dienst zeigt zur Mitte. Danach ist bedeutungslos, daß Hurst in der letzten Minute noch das 4:2 erzielt. Das Tor ist irregulär, denn die Zuschauer laufen schon auf den Platz. Aber Dienst erkennt auch diesen Treffer an. England ist Weltmeister, nicht unverdient. »Wir haben 2:2 verloren«, lautet der Tenor der deutschen Presse. Die stets sachliche Fachzeitschrift »Sport« in Zürich beweist anhand von Fotos, daß es kein Tor war. Die Briten beweisen anhand eines Films das Gegenteil. Doch es gibt kein Fotodokument, das eindeutig beweist, ob der Ball vor oder hinter der Torlinie aufschlug.

Ein Schock für ganz England ist das deutsche Führungstor in der zwölften Minute durch Helmut Haller (2. v. r.). Englands Torwart Gordon Banks kommt zu spät, Verteidiger Jack Charlton hat nur noch das Nachsehen.

Der Ausgleich durch einen Kopfball des frei stehenden Hurst sechs Minuten später. Torwart Hans Tilkowski glaubt an eine Abseitsstellung Hursts und reagiert zu spät.

Das 2:1 für England in der 78. Minute durch Peters (16). Damit scheint das Spiel entschieden. Nicht zu Unrecht, denn in der zweiten Halbzeit sind die Engländer kampfstärker.

Das 3:2 und die Akteure (v.l.) Weber, Hurst und Tilkowski. Die Regel lautet: »Der Ball muß mit allen seinen Teilen die Torlinie zwischen Torpfosten und Querlatte überschritten haben.«

Wie ein Sommer zum Ski-Winter wird

4. bis 14. August 1966. Zum Kongreß der Fédération Internationale de Ski (FIS) in Athen 1963 erschien ein Herr Navarete und bewarb sich um Alpine Ski-Weltmeisterschaften. Er war weder Abgesandter eines Skiverbandes noch eines Landes, sondern Manager eines Hotels in Portillo. Portillo? Kein Mensch wußte, wo das lag. Angeblich in den Anden, 3000 m hoch. Da mußte es immerhin Schnee geben. Vermutlich viel zuviel. Alpine Rennen hatte es dort noch nie gegeben. Und an Alpine Ski-Weltmeisterschaften im August wagte kein normaler Mensch auch nur zu denken.

Aus all diesen zwingenden Gründen finden sie dort gleichwohl drei Jahre später statt. Die Journalisten fühlen sich nicht wohl in ihrem Hotel, vor dessen Haustür es im Vorjahr sechs Tote durch Lawinen gegeben hat. Sie machen sich auf Abenteuer gefaßt und erleben ein Märchen. Märchenhaft bietet sich die Hochgebirgslandschaft mit ihren Viertausendern um den Aconcagua dar. Märchenhaft lacht die Sonne zwölf Tage lang vom blauen Himmel. Märchenhaft auch die Erfolge der Franzosen, die von 24 Medaillen 16 mitnehmen. Märchenhaft der Einsatz von 1200 Soldaten. Und märchenhaft der Profit von Señor Navarete. FIS-Präsident Marc Hodler erklärt: »Was Portillo mit seinen Pisten geboten hat, ist in Europa einfach nicht möglich.«

Ski-Weltmeisterschaften im August, das Abenteuer in den Anden. Optimale Wetterbedingungen in 3000 m Höhe und überraschend gut präparierte Pisten

Marielle Goitschel, erfolgreichste Teilnehmerin in Portillo: Silber in der Abfahrt hinter der Österreicherin Schinegger und im Slalom hinter Annie Famose, Gold im Riesenslalom und in der Alpinen Kombination

Der Franzose Jean-Claude Killy gewinnt den Abfahrtslauf und die Kombination. Frankreichs Trainer Honovré Bonnet gelang es am besten, seine Mannschaft im August in Hochform zu bringen.

Überraschend bricht der 25jährige Italiener Carlo Senoner (Abb.) in die Reihe der erfolgreichen Franzosen ein und schlägt Guy Périllat und Killy im Slalom. Im ersten Lauf fuhr der Schwede Bengt-Erik Grahn Bestzeit.

Rudi Altig gewinnt Straßen-Rad-WM

28. August 1966. Zu den Bahn-Rad-Weltmeisterschaften in Frankfurt am Main kommen im September an acht Tagen 20 000 Zuschauer. Zur Straßen-Rad-Weltmeisterschaft der Profis auf dem Nürburgring kommen am 28. August 120 000. Schon für Autorennfahrer ist diese Strecke eine der schwersten. Rudi Altig wagt einen Ausreißversuch, der aussichtslos scheint. Alles oder nichts. Seine Bärenkräfte und sein Siegeswille helfen ihm, durchzuhalten. Der Zieleinlauf liest sich wie ein Who's Who der »Hall of Fame« des Radsports: Rudi Altig, Jacques Anquetil, Raymond Poulidor, Gianni Motta, Jean Stablinski, Italo Zilioli. Nach diesem größten Erfolg seiner Karriere erhält Altig auch die höchste Sportauszeichnung der Bundesrepublik Deutschland, das Silberne Lorbeerblatt. Diesmal wird der Mannheimer auch »Sportler des Jahres«, und zwar mit stolzen 4324 Punkten, nachdem er in den vergangenen beiden Jahren jeweils nur Zweiter wurde.

Dortmund erlebt Sieg der Turnkunst

September 1966. Die Turn-Weltmeisterschaften, die in diesem Jahr erstmals in Deutschland stattfinden, bedeuten eine Wende in zweierlei Hinsicht. Die Turnkunst erreicht wirklich den Rang einer »Kunst«. Und es zeichnet sich ein Triumph der Jugend ab.

Dem mag die 24jährige Vera Čáslavská widersprechen. Aber sie hat den neuen Turnstil der Frauen geprägt und bewahrt noch dank der Kraft ihrer Persönlichkeit die führende Position. Gefährdet wird sie jedoch von der 16jährigen Natalia Kutschinskaja und von Larissa Petrik. Diese jungen Russinnen turnen mit einer mitreißenden Unbekümmertheit. Die Frage, ob Artistik und Akrobatik oder Ballett und Gymnastik stellt sich nicht mehr in dieser Gegensätzlichkeit.

Ähnlich zeichnet sich die Entwicklung bei den Herren ab. Die Zeit der 30jährigen ist zu Ende. Die Japaner dominieren zwar, aber den Einzeltitel gewinnt der junge Michail Woronin. Eurovision übermittelt in 27 Länder neue Visionen der Turnkunst.

1967

Januar. Nach Spielen am Polarkreis wird die ČSSR in Stockholm erstmals Hallenhandballweltmeister.

4.1. Der Brite Donald Campbell, Sohn des Geschwindigkeitsweltrekordlers Sir Malcolm Campbell, verunglückt beim Versuch, seinen eigenen Weltrekord mit dem Motorboot von 444,61 km/h zu brechen, auf dem Coniston-See tödlich.

1.–5. 2. Erstmals Weltmeisterschaften im Skibob in Bad Hofgastein. Dominanz der Österreicher.

6. 2. Muhammad Ali verteidigt seinen Weltmeistertitel im Box-Schwergewicht gegen Ernie Terrel durch Punktsieg nach 15 Runden in Houston.

März. Weltrekorde im Skifliegen durch den Schweden Kjell Sjoeberg mit 148 m und den Norweger Lars Grini mit 150 m in Oberstdorf.

22. 3. Muhammad Ali schlägt Zora Folley in New York in der siebten Runde k. o.

April. Weltrekord im Skifliegen mit 154 m durch den Österreicher Reinhold Bachler in Vikersund.

Erste Weltcup-Gesamtsieger im alpinen Skilauf der Franzose Jean-Claude Killy und die Kanadierin Nancy Greene (→ 5.1.1967).

Die UdSSR zum siebten Mal seit 1954 Eishockeyweltmeister, vor Schweden und Kanada, in Wien.

22. 4. Weltrekord im Kugelstoßen durch Randy Matson mit 21,78 m in College Station.

28. 4. Sensationell gewinnt der VfL Gummersbach den Europapokal im Hallenhandball durch ein 17:13 über Dukla Prag in Dortmund.

Die World Boxing Association (WBA) und der World Boxing Council (WBC) erkennen Muhammad Ali nicht mehr als Weltmeister an, da er sich weigert, dem Einberufungsbefehl der US-Army zu folgen.

13./14. 5. Weltrekord im Zehnkampf durch Kurt Bendlin mit 8319 Punkten in Heidelberg.

20. 5. Weltrekord über 400 m in 44,5 sec durch Tommy Stimm (USA) in San José.

21. 5. Nach dem Fall Erika Schinegger, Abfahrtsweltmeisterin 1966, eigentlich ein Mann (Erich), beschließt die FIS Sexkontrollen.

25. 5. Europapokal der Landesmeister: Celtic Glasgow – Inter Mailand 2:1 in Lissabon.

26. 5. In Berlin Gründung der Stiftung Deutsche Sporthilfe. Vorsitzender wird Josef Neckermann.

27. 5. Der 65jährige Francis Chichester erreicht nach neunmonatiger Weltumsegelung mit seiner winzigen Jacht »Gipsy Mouth IV« Plymouth. Die britische Königin Elisabeth II. ernennt ihn zum »Sir«.

31. 5. Europapokal der Pokalsieger: Bayern München – Glasgow Rangers 1:0 n. V. in Nürnberg.

Juni/Juli. Innerhalb von sechs Wochen läuft der australische Weltrekordler Ronald Clarke 16 Rennen, von denen er 14 gewinnt.

3. 6. Erster offizieller Weltrekord über 1500 m durch die Britin Annie Smith mit 4:17,3 min in London.

11. 6. Zum 50. Mal seit 1909 Giro d'Italia (19. 5. – 11. 6.), Sieger: Felice Gimondi.

23. 6. Weltrekord im Stabhochsprung mit 5,38 m durch Bob Seagren in Bakersfield.

7. 7. Nach 30 Jahren erreicht mit Wilhelm Bungert ein Deutscher wieder das Finale in Wimbledon (26. 6. – 9. 7.). Er unterliegt dem Australier John Newcombe. Zweiter Sieg von Billie Jean King, die auch das Damen-Doppel und das Gemischte Doppel gewinnt.

8. 7. Weltrekord über 1500 m in 3:33,1 min durch Jim Ryun (USA) in Los Angeles (→ Juli 1967).

13. 7. Tod des 29jährigen Briten Tom Simpson beim Aufstieg zum Mont Ventoux bei der Tour de France (30. 6. – 23. 7.). Ursache nach Autopsie: Doping.

27. 7. Weltrekord über 200 m Schmetterling in 2:06,4 min durch den 18jährigen US-Amerikaner Mark Spitz in Winnipeg (→ Juli 1967).

20. 8. Weltrekord über 1500 m Freistil durch Debbie Meyer (USA) in 17:50,2 min, erstmals unter 18 Minuten, in Philadelphia.

2. 9. Der 22jährige Belgier Eddy Merckx wird im niederländischen Heerlen Profi-Straßenweltmeister.

27. 9. Jacques Anquetil fährt auf der Mailänder Vigorelli-Bahn Stundenweltrekord mit 47,494 km, der aber nicht anerkannt wird, weil Anquetil nicht zur Dopingkontrolle erscheint.

22. 10. Der Neuseeländer Denis Hulme wird auf Brabham-Repco Automobilweltmeister der Formel 1.

24. 10. Weltrekord über 1500 m in 4:15,6 min durch die Niederländerin Maria Gommers in Sittard.

30. 10. Stundenweltrekord mit 48,093 km durch den Belgier Ferdinand Bracke in Rom (→ 27. 9. 1967).

5. 11. Weltrekord im Diskuswurf durch Liesel Westermann mit 61,26 m, erstmals über 60 m, in São Paulo.

26. 12. Weltrekord im Eisschnellauf über 500 m in 39,5 sec durch Erhard Keller in Inzell.

26. – 28. 12. Australien verteidigt in Brisbane den Davis Cup gegen Spanien mit 4:1.

Ali (l.) bei einer Pressekonferenz nach seinem Gerichtstermin. Wer sein Bekenntnis zum Islam für Theater gehalten hat, sieht sich getäuscht.

Ali verweigert Diensteid

28. April 1967. Nachdem er Ernie Terrell in 15 Runden nach Punkten und Zora Folley in der siebten Runde k. o. geschlagen hat, sieht er keinen Gegner mehr für sich im Ring. Muhammad Ali sieht aber auch keinen Feind in Vietnam. Vor der Erfassungskommission der US-Army in Houston/Texas weigert er sich, den Eid auf die US-amerikanische Fahne abzulegen. Vor Gericht erscheint er mit dem Koran und erklärt, daß er als Geistlicher aus Gewissensgründen keinen Kriegsdienst leisten könne. Wegen Militärdienstverweigerung verurteilt man ihn zu fünf Jahren Gefängnis und 10 000 US-Dollar Strafe. Die Boxverbände erkennen ihm den WM-Titel ab.

Ali als Prediger. Als Boxer kostet ihn seine Haltung ca. 10 Mio. US-Dollar.

König des Ski-Weltcups

5. Januar 1967. Als der Österreicher Heini Messner in Berchtesgaden den Abfahrtslauf gewinnt und im Riesenslalom auf den achten Rang kommt, ist er der erste Gesamtleader im alpinen Ski-Weltcup. Die Idee wurde im August 1966 in Portillo (→ 4. – 14. 8. 1966) von dem Schweizer Journalisten Serge Lang, dem US-amerikanischen Trainer Bob Beattie und dem Österreicher Sepp Sulzberger ausgeheckt. Skiverbandspräsident Marc Hodler gab vorzeitig grünes Licht, die Fédération Internationale de Ski (FIS) später den offiziellen Segen. Damit hat man alpine Skirennen für die ganze Saison attraktiv gemacht.

Der spätere Weltcup-Sieger Jean-Claude Killy (M.) in Val d'Isère

Vorsprung durch »Hubschrauber« Schmidt

28. April 1967. Und »Heut' ist Handball-Feiertag« steht auf dem Transparent, mit dem die 34 000-Seelen-Stadt Gummersbach ihre Helden empfängt. In der Dortmunder Westfalenhalle haben sie ein Handballwunder vollbracht. Erst hielten die Pokal-Neulinge gegen Dukla Prag, einer Mannschaft aus lauter Weltmeistern, bis 11:11 mit. Dann gelang Bölter ein Aufsetzer aus spitzem Winkel, Kriesten jagte den Ball ins Netz und Hansi Schmidt, der »menschliche Hubschrauber«, holte den Drei-Tore-Vorsprung heraus, den sie nicht mehr hergaben. Die Zuschauer rasten, 17:13! Der Rest ist Jubel.

Der VfL Gummersbach wird Europapokalsieger im Hallenhandball.

»Bulle« Roth schießt Bayern zum Cup

31. Mai 1967. Die Glasgow Rangers bringen nach Nürnberg zum Pokal-Endspiel der Pokalsieger schottisches Wetter mit. Und sie spielen auch in der ersten Halbzeit, als ob sie sich ganz zu Hause fühlten. Nach der zweiten Halbzeit steht es immer noch 0:0. Aber das Spiel war so aufregend, daß ein Zuschauer einem Herzinfarkt erlag.
In der Verlängerung gelingt den Schotten ein Tor, das der Schiedsrichter wegen Regelwidrigkeit nicht anerkennt. Auf schwerem Boden werden die Beine schwer. Als der unermüdliche Ohlhauser die schottische Abwehrkette mit einer Steilvorlage austrickst, erläuft »Bulle« Roth den Ball. Mit letzter Kraft schlägt er ihn fallend ins Tor.

Trainer »Tschik« Cajkovski mit dem Torschützen »Bulle« Roth, der in der Verlängerung das Siegtor für Bayern München gegen Glasgow schoß

»Bester Profi schlägt besten Amateur«

7. Juli 1967. 30 Jahre nach Gottfried von Cramm steht wieder ein Deutscher im Endspiel von Wimbledon (→ 20. 7. 1937). Der Weg dorthin war für Wilhelm Bungert nicht leicht. Er mußte zuvor sechs Gegner ausschalten. Dafür benötigte er insgesamt 29 Sätze.
So ist Bungert nicht mehr der Frischeste, als er gegen den Australier John Newcombe antritt. Dieser hat nur zu Beginn Schwierigkeiten mit den giftigen Returns des Deutschen. Dann setzt er sich in knapp 70 Minuten leicht 6:3, 6:1, 6:1 durch. Die »Times« überschreibt ihren Bericht: »Der beste Profi der Welt schlug den besten Amateur!«

Wilhelm Bungert (r.) und John Newcombe mit dem Wimbledon-Pokal

Kurt Bendlin wird »König der Athleten«

13./14. Mai 1967. Im Frühjahr 1966 schien seine Karriere nach zwei Meniskusoperationen beendet. Wochenlang blieb er ans Bett gefesselt. Ungeduldig fing er wieder an zu trainieren. Schlug Ratschläge in den Wind. Heimlich stemmte er Gewichte. »Nur Eisen gibt Kraft.« In Heidelberg bestreitet der 24jährige Sportstudent Kurt Bendlin seinen zehnten Zehnkampf. Die Bedingungen sind ideal. Die Stärke des 1,83 m großen und 86 kg schweren Athleten liegt in seiner Ausgeglichenheit. Nach 34 Jahren gibt es wieder einen deutschen Zehnkampf-Weltrekordler. Das Geheimnis seines Erfolgs: »Ich habe eben mehr trainiert als die andern.«

Kurt Bendlin übertrifft mit 8319 Punkten den Zehnkampf-Weltrekord des US-Amerikaners Russ Hodge vom Juli vorigen Jahres um 89 Punkte.

Adelstitel für Weltumsegler

27. Mai 1967. Im Hafen von Plymouth heulen die Schiffsirenen. Eine gewaltige Flottille von Booten und Schiffen aller Art gibt einer 18 m langen Segelyacht namens »Gipsy Mouth IV« das Ehrengeleit. Vor 226 Tagen war diese Nußschale zu einer Weltumseglung in See gestochen. An Bord der 65jährige Francis Chichester. Der leibhaftige alte Mann und das Meer. 46 000 km hat er zurückgelegt. Manchmal, zwischen Kap Hoorn und Sydney, fand er es »ein wenig ungemütlich«.
100 000 feiern in Plymouth ihren Seehelden. In ganz Großbritannien bricht ein wahrer Chichester-Rummel aus. Das hat er nun davon. Chichester, vier Wochen später »Sir«, betrachtet sich durchaus als Rebell und Außenseiter. In seiner Weltumseglung sieht er die »letzte Chance, in der Welt des Konformismus sein Leben zu leben«. Ein Leben, dessen baldiges Ende durch Lungenkrebs ihm die Ärzte vor fünf Jahren vorausgesagt hatten.

Der Tod fährt mit bei der Tour de France

13. Juli 1967. Start zur 13. Etappe der Tour de France. Bis dahin hatten einige Tourneulinge ein höllisches Tempo vorgelegt. Alte Tourhasen schimpften. »Was soll denn aus denen werden, wenn es in die Berge geht?« Aber sie mußten mithalten. Zwischen Straßburg und Belfort Nebel und Regen. Der erste Träger des Gelben Trikots, der Spanier Errandonea, gab auf. Felice Gimondi und Poulidor, »Raymond national«, fielen zurück. Im Gesamtklassement führt Roger Pingeon. Aber das will noch nichts heißen.
Die 13. Etappe geht von Marseille nach Carpentras. Es ist mit 211,5 km eine der kürzeren Etappen. Aber sie führt über den 1902 m hohen Mont Ventoux, einen baumlosen Kreidefelsen. Der Dichter Francesco Petrarca hat ihn vor mehr als 500 Jahren erstmals bestiegen und darüber begeistert berichtet. Die Radfahrer müssen binnen einer Stunde einen Höhenunterschied von 1800 m überwinden. Es geht 20 km nur bergauf. Und es ist heiß, mörderisch heiß, fast 50 °C.
Beim Anstieg stürzt der 29jährige Brite Tom Simpson vom Rad, bleibt eine Weile wie besinnungslos liegen. Aber Tommy ist ein zäher Bursche. Vor zwei Jahren war er überraschend Straßenweltmeister. Jetzt liegt er in der Tour an achter Stelle. Da bleibt man nicht liegen, wenn es hart wird. Er läßt sich von den Helfern des Begleitwagens aufs Rad heben und anschieben. Bald darauf stürzt er wieder, fällt einfach vom Rad. Die Helfer sind sofort zur Stelle. Tommys Augen blicken glasig. Alle Wiederbelebungsversuche bleiben ohne Erfolg. Ein Hubschrauber bringt Simpson ins Krankenhaus nach Avignon. Wie ein Lauffeuer verbreitet sich die Nachricht unter den Fahrern. »Der kommt durch«, ist die einhellige Meinung aller Beteiligten.
Spät am Abend Pressekonferenz in einer ehemaligen Kirche. Tourleiter Felix Lévitan gibt den Tod von Tom Simpson bekannt. Viele Fahrer weinen. Tommy war ein lustiger Bursche. Ein Sunnyboy des Radsports. Hatte diesen vertrackten britischen Humor. Sie machen sich nicht recht bewußt, daß der Tourarzt Dr. Dumas sich weigert, einen Totenschein auszustellen. Am nächsten Tag steht in den Zeitungen als Todesursache »Hitzschlag«. Es ist der 14. Juli, Frankreichs Nationalfeiertag. Aber keine Stimmung kommt auf. Sie lassen Tommys besten Freund Barry Hoban die Etappe gewinnen. Tour-Direktor Jacques Goddet nennt das »die Botschaft von Zuneigung und Trauer zu tragen, wie eine Flamme, die nie mehr verlöschen soll«. Dann geht die Tour weiter, die Roger Pingeon gewinnt. Auf Korsika hatte sich Simpson ein Haus gebaut, das er nicht mehr beziehen wird.

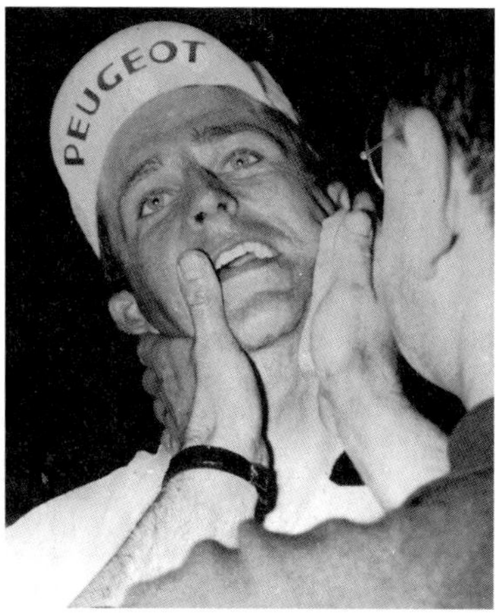

△ Nachdem Simpson zum zweiten Mal vom Rad gestürzt ist, kommt jede Hilfe zu spät. Aufputschmittel haben in Verbindung mit der Hitze zum tödlichen Kreislaufkollaps geführt.

◁ Der Brite Tom Simpson beim Anstieg am Mont Ventoux

Doping – tödliche Seuche des Sports

Die 54. Tour de France ist noch nicht zu Ende, als Tour-Direktor Jacques Goddet bekanntgibt »Simpson war schuldig!« Die Todesursache heißt nun Ortedrin. Bei der Autopsie hat man Methyl-Amphetamine im Blut nachgewiesen. Im Trikot von Tom Simpson fand man zwei Tablettenröhrchen ohne Aufschrift. Sie waren leer bis auf eine Tablette. Hätte er sie alle auf einmal geschluckt, wäre es Selbstmord gewesen, den Simpson nicht beabsichtigte. Erst in Verbindung mit der Hitze wurde die Dosis tödlich. Genau wie bei dem dänischen Radfahrer in Rom 1960 (→ 26. 8. 1960). Seitdem weiß man von dieser Gefahr.
Vor einem Jahr hatte Simpson in einer Artikelserie erklärt, er könne mit seinem Körper machen, was er wolle. In der Schweiz gab es 1961 bei den Bahn-Rad-Weltmeisterschaften erstmals eine überraschende polizeiliche Razzia. In den Fahrerkabinen fand man eine derartige Menge von Spritzen, Pillen, Granulat, Zäpfchen hochwirksamer Art, daß man damit die gesamte Einwohnerschaft von Zürich hätte umbringen können. Die pharmazeutische »Kunst« ist allen Kontrollen voraus. Und notfalls lassen sich die Fahrer ihre Blasen mit fremdem Urin füllen.

Stundenweltrekord wird nicht anerkannt

27. September 1967. Was treibt den 33jährigen Jacques Anquetil noch einmal auf die Mailänder Vigorelli-Bahn, um den Stundenweltrekord anzugreifen? 1956 hat er sich in dieser Rekordliste verewigt (→ 29. 6. 1956). Kann er nicht ertragen, daß nun Roger Rivière die Bestmarke hält?
An der Bahn kniet seine Frau mit der Stoppuhr. Und Anquetil übertrifft Rivière um rund 150 m (47,494 km). Doch dann erscheint er nicht zur Dopingkontrolle. Angeblich hat ihn kein Arzt konsultiert. Der Rekord wird nicht anerkannt. Vier Wochen später löscht ihn ohnehin der Belgier Ferdinand Bracke aus (48,093 km).

Anquetil beim Stundenweltrekord

Neuer Rekord durch Bracke in Rom

Neuer Radstar Eddy Merckx

2. September 1967. Die Straßenweltmeisterschaft im niederländischen Heerlen wird von der ersten Runde an von dem 22jährigen Belgier Eddy Merckx beherrscht. 20mal sind 13,25 km zu durchfahren. Merckx unternimmt sofort einen Ausreißversuch. Vor drei Jahren wurde er Weltmeister bei den Amateuren nach langer Alleinfahrt. Diesmal setzen ihm der Italiener Motta, der Spanier Saez und der Niederländer Janssen nach. Aber Merckx, der in dieser Saison schon 27 Rennen gewonnen hat, siegt nach 6:44:42,0 h im Spurt vor Janssen und Saez.

Am 23. Juni 1967 läuft Jim Ryun in Bakersfield/Kalifornien Meilenweltrekord mit 3:51,1 min. Sieben von acht Läufern bleiben unter vier Minuten.

Mark Spitz, neuer US-»Wunderschwimmer« mit drei Weltrekorden

Sportler des Jahres: Mark Spitz und Jim Ryun

Juli 1967. Amerika hat einen neuen Wunderschwimmer. Der 18jährige Mark Spitz stellt sechs Weltrekorde auf. Über 400 m Kraul 4:10,6 min und 4:08,8 min. Über 100 m Schmetterling 56,3 sec und 55,7 sec. Über 200 m Schmetterling 2:06,4 min und 2:05,7 min.

Trotzdem setzt die internationale Presse Spitz bei der Wahl zum »Sportler des Jahres« nur auf den zweiten Rang. Hier siegt, wie schon im Vorjahr, der 20jährige Mittelstreckler Jim Ryun. Dieser 1,88 m große, 75 kg schwere Jüngling, der seit einer Drüsenerkrankung schlecht hört, der schlecht sieht, an Rheuma leidet und vom Heuschnupfen geplagt wird, lief im vergangenen Jahr Weltrekorde über 880 y in 1:44,9 min und die Meile in 3:51,3 min. Dabei passierte er die 1500 m in 3:36,1 min, knapp über dem Weltrekord des Australiers Herb Elliott.

Der britische 3000-m-Hindernis-Olympiasieger von 1956, Chris Brasher, sagt über den Weltrekordler Ryun: »Dieser Junge übertreibt sogar noch die Exzesse des Zátopek-Trainings. Man sieht ihm förmlich an, daß er trotz seiner Jugend schon keinen Spaß mehr am Laufen hat. Ryun ist ein Roboter, der auf Leistung getrimmt ist. Er wird sensationelle Leistungen schaffen, dann geht sein Stern unter. Es gibt Grenzen, die man nicht ungestraft überschreiten kann.«

Clark gewinnt – Hulme wird Weltmeister

22. Oktober 1967. In Mexiko City feiern 150 000 Zuschauer den Sieger im letzten Grand Prix des Jahres. Es ist der Schotte Jim Clark, der mit seinem Lotus dieses Rennen zum dritten Mal gewinnt. Mehr noch. Mit 1:48,13 min fuhr Clark die schnellste Runde. Mit 1:59:28,0 h Gesamtzeit bleibt er als erster auf diesem Kurs unter zwei Stunden. Und mit einem Schnitt von 163,220 km/h übertrifft er die Fabelzeit eines Juan Manuel Fangio. Es ist zudem der vierte Grand Prix, den Jim Clark in diesem Jahr gewinnt. Nur Weltmeister wird er nicht.

Der WM-Titel geht an den 31jährigen Neuseeländer Denis Hulme, der ganz auf Sicherheit fuhr, weil ihm der vierte Platz zur Weltmeisterschaft reicht. Hulme gewann in dieser Saison von elf Grand-Prix-Rennen zwei, dreimal wurde er Zweiter, dreimal Dritter. Clark gewann zwar viermal, kam aber fünfmal nicht an. Clark riskierte mehr als Hulme, für den nicht nur in Mexiko City die Devise »Safety first« gilt.

Hulme schnappt aber in diesem letzten Rennen nicht nur Clark den Titel weg, sondern auch Jack Brabham, der bis dahin in der Gesamtwertung führte. Das ist von besonderer Delikatesse, denn der Neuseeländer fährt einen Brabham-Repco und gibt seinem Chef das Nachsehen.

Siege für Denis Hulme in Zandvoort und auf dem Nürburgring. Im letzten Grand Prix der Saison in Mexiko City gewinnt er den Formel-1-Weltmeistertitel.

Liesel Westermann – Diskus-Weltrekord

5. November 1967. So kommen Karrieren zustande: Bei einem Sportfest des Turnvereins der 7000-Seelen-Gemeinde Sulingen durfte die stämmige Liesel jeweils den geworfenen Diskus wieder zurücktragen. Das wurde ihr auf die Dauer zu blöd. Also warf sie die Scheibe zurück.

Rund zehn Jahre später schleudert sie den Diskus als erste Frau auf 61,26 m. Wie bei ihrem deutschen Rekord von 59,30 m einige Wochen zuvor, gelingt ihr der Erfolg mit dem letzten Wurf. Die Kampfrichter in São Paulo haben ihr Bandmaß noch nie so weit aufgezogen. Es ist ein gutes Jahr für Liesel. Im Frühjahr hat sie an der Pädagogischen Hochschule in Göttingen ihr Lehrerinnenexamen mit »sehr gut« bestanden.

Liesel Westermann hatte den Weltrekord »drin«, und bei ihrem fünften Wurf in São Paulo flog der Diskus bereits über 60 m, aber sie trat dabei über. Aber sie hatte noch eine letzte Chance und nutzte sie.

Die Tragik des Ronald Clarke

Juni/Juli 1967. Der Australier Ronald Clarke jagt immer noch einem großen Sieg nach. Von 880 y bis zum Marathonlauf startet er über jede Strecke. 1966 bestritt er in acht Wochen 19 Rennen. Über 5000 m und über drei Meilen lief er Weltrekord. 14 Rennen gewann er, viermal wurde er Zweiter. Aber die Statistik verrät nicht die bittersten Niederlagen. Das bedeutendste Leichtathletikereignis nach Tokio 1964 waren für Clarke die »Empire Games« im kanadischen Kingston. Hier trat er über drei Meilen und über sechs Meilen an. Über drei Meilen unterlag er dem Kenianer Kipchoge Keino, über sechs Meilen dem Kenianer Naftali Temu.

1967 läuft Clarke in sechs Wochen 16 Rennen. 14mal gewinnt er, zweimal wird er Zweiter. Über zwei Meilen läuft er Weltrekord. Es ist sein 17. bisher. Nur wichtige Rennen kann er nicht gewinnen.

1968

6. – 18. 2. In Grenoble 10. Olympische Winterspiele.

3. 3. Der Österreicher Emmerich Danzer zum dritten Mal Weltmeister im Eiskunstlauf. Zum vierten Mal im Paarlauf Ludmilla und Oleg Protopopow.

4. 3. Joe Frazier schlägt in New York Buster Mathis in der elften Runde k. o. und wird vom World Boxing Council (WBC) als neuer Weltmeister im Box-Schwergewicht anerkannt.

April. Jean-Claude Killy (Frankreich) und Nancy Greene (Kanada) erneut Gesamtsieger im alpinen Weltcup.

Im Tennis erstmals »offene Turniere« für Amateure und Professionals. Zuerst in Bournemouth (Großbritannien), danach Roland Garros/Paris, Wimbledon und Forest Hills.

7. 4. Der Schotte Jim Clark verunglückt bei einem Formel-2-Rennen auf dem Hockenheimring tödlich.

27. 4. Jimmy Ellis schlägt in Oakland nach einem ausgeschriebenen Turnier Jerry Quarry in 15 Runden nach Punkten und wird von der World Boxing Association (WBA) als neuer Weltmeister im Schwergewicht anerkannt (→ 4. 3. 1968).

20. – 29. 5. Deutsches Turnfest in Berlin zum 100. Jahrestag der Gründung der Deutschen Turnerschaft (DT) mit der Rekordzahl von 40 118 Teilnehmern.

23. 5. Europapokal der Pokalsieger: AC Mailand – Hamburger SV 2:0 in Rotterdam.

25. 5. Weltrekord im Diskuswurf durch Jay Silvester mit 66,54 m in Modesto.

29. 5. Europapokal der Landesmeister: Manchester United – Benfica Lissabon 4:1 n. V. in London.

Juni. Zum zehnten Mal in Biel 100-km-Lauf mit dem Teilnehmerrekord von 1371 Läufern.

10. 6. Erstmals Europameisterschaft im Fußball. Italien gewinnt in Rom durch ein 2:0 über Jugoslawien.

12. 6. Der 28jährige Mittelgewichtler Jupp Elze geht in Dortmund in der 15. Runde gegen den Italiener Carlos Duran k. o., fällt in ein Koma und stirbt acht Tage später.

Der Belgier Eddy Merckx gewinnt den Giro d'Italia (20.5. – 12. 6.).

16. 6. Letztmals Weltrekord über 80 m Hürden in 10,2 sec durch Vera Korssakowa (UdSSR) in Riga.

20. 6. Die US-Amerikaner Jim Hines, Charlie Greene und Ronnie Ray Smith laufen in Sacramento Weltrekord über 100 m in 9,9 sec, erstmals unter zehn Sekunden.

23. 6. Weltrekord im Speerwurf durch Janis Lusis (UdSSR) mit 91,98 m in Saarijärvi.

24. 6. Joe Frazier verteidigt seinen Weltmeistertitel in New York durch K. o. in der zweiten Runde über den Mexikaner Manuel Ramos.

6. 7. Rod Laver gewinnt zum dritten Mal seit 1961 das Herren-Einzel in Wimbledon. Billie Jean King gewinnt das Damen-Einzel zum dritten Mal hintereinander.

7. 7. Zum vierten Mal gewinnt der Brasilianer Nelson Pessoa das Deutsche Spring-Derby in Hamburg.

17. 7. Weltrekord über 3000 m Hindernis in 8:24,2 min durch den Finnen Jouko Kuha in Stockholm.

21. 7. Mit Jan Janssen gewinnt erstmals ein Niederländer die Tour de France (28. 6. – 21. 7.)

24. 7. Weltrekord im Diskuswurf durch Liesel Westermann mit 62,54 m in Werdohl.

11. 9. Weltrekord über 400 m Hürden in 48,8 sec durch Geoff Vanderstock (USA) in South Lake Tahoe.

12. 9. Weltrekord im Stabhochsprung durch Bob Seagren mit 5,41 m in South Lake Tahoe.

14. 9. Jimmy Ellis verteidigt seinen WBA-Weltmeistertitel gegen Floyd Patterson durch einen Punktsieg nach 15 Runden in Stockholm (→ 4. 3. 1968).

Weltrekord im Hammerwurf durch den Ungarn Gyula Zsivotzky mit 73,76 m in Budapest.

Weltrekord über 400 m in 44,1 sec durch Larry James (USA) in South Lake Tahoe. Die Zeit von Lee Evans, der mit 44,0 sec den Lauf gewinnt, wird nicht anerkannt, da er mit »Bürstenschuhen« (68 Spikes) lief.

18. 9. Weltrekord im Diskuswurf mit 68,40 m durch Jay Silvester (USA) in Reno.

22. 9. Weltrekord im Kugelstoßen durch Margitta Gummel (DDR) mit 18,87 m in Frankfurt an der Oder.

10. 10. Stundenweltrekord mit 48,653 km durch den Dänen Ole Ritter auf der neuen Radrennbahn in Mexiko City.

12. – 27. 10. In Mexiko City Sommerspiele der XIX. Olympiade, mit »Black-Power«-Demonstration.

22. 10. Der internationale Leichtathletikverband (International Amateur Athletic Federation, IAAF) ersetzt bei den Damen die 80 m Hürden durch 100 m Hürden.

3. 11. Der Brite Graham Hill wird auf Lotus-Ford Automobilweltmeister der Formel 1.

November. In New York Eröffnung des vierten Madison Square Garden seit 1883. Moderne sportliche Mehrzweckhalle mit 20 000 Sitzplätzen.

Dezember. Die USA gewinnen zum 20. Mal den Davis Cup durch ein 4:1 über Australien in Adelaide.

Eröffnungsfeier in Grenoble, wo in weit auseinanderliegenden Wettkampfstätten die bisher aufwendigsten Olympischen Winterspiele veranstaltet werden

Teuerste Spiele in Grenoble

6. bis 18. Februar 1968. Die Teilnehmer der 10. Olympischen Winterspiele begegnen einander allesamt nur zweimal: Bei der Eröffnungs- und bei der Schlußfeier. Sonst wohnen die alpinen Skiläufer in Chamrousse, die nordischen in Autrans, die Rodler warten in Villard de Lans auf Frost, meist vergebens, die Bobfahrer machen in Alpe d'Huez die Nacht zum Tage. Nur die Eissportler logieren in Grenoble.

Diese Winterspiele kosteten rund 1 Mrd. DM. Es sind die teuersten bisher. Aber drei Viertel der Summe wurden in die Infrastruktur gesteckt. Die aufstrebende Industriestadt mit 250 000 Einwohnern, darunter 20 000 Studenten, erkannte die Chance, zu einer Drehscheibe für Handel und Verkehr zu werden. Die hierfür erforderlichen Investitionen überstiegen das städtische Budget bei weitem. Weder vom Departement noch von Paris war in absehbarer Zeit finanzielle Hilfe zu erwarten. Diese brachten erst die Olympischen Winterspiele. Für Grenoble bedeuten sie einen Sprung in die Zukunft. Die Einheit des olympischen Sportfests geht freilich verloren. Wer alle Sportstätten besichtigen will, braucht dafür eine Tagesreise. Als Zuschauer muß man sich pro Tag für einen Wettbewerb entscheiden. Wenn man Glück hat, findet er auch statt. Organisatorisch lösen die Veranstalter alle Probleme. Das Interesse der Einwohner von Grenoble ist jedoch gering. Nur zu den alpinen Wettbewerben strömen die Zuschauer, und da kommen sie voll auf ihre Kosten. Denn bei

Plakat der 10. Olympischen Winterspiele am Fuße des Montblanc

Chamrousse findet die »Killyade« statt. Jean-Claude Killy wird zum Liebling der »Grande Nation«.

Zur Eröffnungsfeier versammeln sich um Staatspräsident Charles de Gaulle 60 000 Zuschauer in einem aus Stahlrohrgerüsten improvisierten Stadion. Fallschirmspringer landen in olympischen Ringen, Rosen regnen vom Himmel, elektronische Musik martert die Ohren, Chöre öffnen den Mund zum Gesang, den Tonbänder schon vorwegnehmen, der Herzschlag des Fackelläufers Alain Calmat pocht elektronisch verstärkt aus den Lautsprechern. Wo das Herz dieser Spiele schlägt, bleibt ungewiß. Irgendwo hinter den Bergen der Umgebung muß der Winter sein.

Jean-Claude Killys erster Streich: Gold im Abfahrtslauf vor Guy Périllat und Jean-Daniel Daetwyle

Jean-Claude Killys zweiter Streich: Gold im Riesenslalom vor Willy Favre und Heinrich Messner

Jean-Claude Killys dritter Streich: Gold im Nebel-Slalom vor Herbert Huber und Alfred Matt

Killy auf Goldsuche in den Nebeln von Chamrousse

Februar 1968. Chamrousse ist als Nebelloch bekannt. Alpine Skiwettbewerbe dorthin zu verlegen, konnte zu einem Glücksspiel werden. Zuletzt wird ein Trauerspiel daraus. Schon der Abfahrtslauf kann zunächst nicht stattfinden, weil außer Nebel ein orkanartiger Wind das Rennen unmöglich macht.

Einen Tag später (9. 2.) rast Frankreichs Skiveteran Guy Perillat mit Startnummer 1 vom Croix de Chamrousse die 2890 m der Piste Casserousse in 1:59,93 min hinab. Wie gut diese Zeit ist, merkt man erst, als kein Heinrich Messner und kein Karl Schranz, kein Prinzing und kein Vogler oder Daetwyler die Strecke unter zwei Minuten schaffen. Das gelingt erst mit Startnummer 14 Jean-Claude Killy, der mit traumwandlerischer Sicherheit die kürzeste Linie findet und Perillat mit acht Hundertstelsekunden schlägt. So knapp dieser Sieg war, so überlegen gewinnt Killy den Riesenslalom, der erstmals in zwei Läufen an zwei Tagen ausgetragen wird.

Der zu Recht strahlende Sieger hat bisher vor allem Nervenstärke bewiesen. Die benötigen im Slalom (17. 2.) alle Teilnehmer in unzumutbarem Maße. Zuerst denkt sich die Fédération Internationale de Ski (FIS) ein kompliziertes Qualifikationsverfahren aus, das alle Fahrer benachteiligt, die sich durch ihre bisherigen Leistungen einen Platz in der ersten Startgruppe verdient hatten. Die Fahrer drohen mit Streik. Hartnäckige Nebelschwaden machen diesen Streitereien ein Ende. Doch der Nebel weicht nicht. Zehntausende Zuschauer sehen nichts als Schemen zwischen kaum sichtbaren Stangen. Einmal bricht kurz die Sonne durch, da fährt Killy Bestzeit. Dann wird der Nebel noch dichter. Nach dem zweiten Lauf ist Killy Dritter hinter dem Norweger Haakon Mjoen und Karl Schranz, der sich für den Sieger hält. Zwei Stunden lang. Dann werden er und Mjoen disqualifiziert, weil sie angeblich ein Tor ausließen. So bleibt Killys dritte Goldmedaille nebulös.

Der Norweger Ole Ellefsaeter (M.) hatte nach 25 km einen großen Vorsprung herausgeholt. Auf der zweiten Hälfte der 50 km mußte er noch gegen den Russen Wedenin um den Sieg kämpfen.

Der Schweizer Josef Haas (Abb. bei der Staffel) schafft die zweite Sensation im Langlauf. Erstmals gewinnt mit ihm ein Mitteleuropäer im 50-km-Lauf eine Medaille. Er bezwingt den Norweger Pal Tyldum.

Die 30jährige Schwedin Toini Gustafsson (links) bricht die russische Vorherrschaft im Skilanglauf. Sie gewinnt über 5 km und 10 km und läuft in der Staffel die schnellste Zeit aller Teilnehmerinnen.

Peggy Fleming – Elfe auf dem Eis

11. Februar 1968. Der Lichtblick auf dem Eis kommt aus Amerika. Im Paarlauf gleitet Oleg Protopopow mit seiner Frau Ludmilla nicht mehr an jener Grenze vorbei, wo der Eiskunstlauf zum Eiskitschlauf wird, sondern er überschreitet sie.
Bei den Herren leisten sich die Punktrichter gleich mehrere Bewertungsskandale. Da wird es zur wahren Labsal, Peggy Fleming zuzuschauen. Das ist ein ganz anderer Typ als die stämmige Sjoukje Dijkstra, die vor vier Jahren mit kraftvollen Sprüngen imponierte. Eine Eiskunstathletin. Peggy dagegen ist ein zartes Geschöpf. Woher soll sie Kraft zu Sprüngen nehmen? Man rechnet nach, daß sie 20 Sprünge aller Schwierigkeitsgrade zeigt. Aber sie springt nicht, sie schwebt. Wie eine Libelle über einem zugefrorenen Teich. Daran können nicht einmal Punktrichter etwas verderben. Zumal Peggy auch ihre Pflichtaufgaben gewissenhaft löst.
Neben diesem Lichtblick ein Lichtfünkchen: Künftig sollen Pflicht und Kür nicht mehr im Verhältnis 60:40, sondern 50:50 bewertet werden. Die Pflichtübungen kurzweg abzuschaffen, wagt man nicht.

Hinter dem Österreicher Wolfgang Schwarz gewinnt der US-Amerikaner Timothy Wood (Abb.) Silber im Eiskunstlauf. Bronze holt sich der Franzose Patrick Péra. Der mehrfache Welt- und Europameister Emmerich Danzer aus Österreich landet auf Platz vier.

Mit der Idealnote Platzziffer 9 gewinnt die US-Amerikanerin Peggy Fleming bei den Damen. Sie bietet die überzeugendste Leistung im Eiskunstlauf überhaupt. Sie muß auch in den folgenden Jahren keine Gegnerin fürchten, aber die Eisrevue wartet bereits.

◁ Die Sieger im Paarlauf (v. l.): Silber für Tatjana Schuk/Aleksander Gorelik (UdSSR), Gold für Ludmilla Belousowa-Protopopow/Oleg Protopopow (UdSSR), Bronze für Margot Glockshuber/Wolfgang Danne (BRD). Die Protopopows gewinnen überlegen mit Platzziffer 10. Aber der affektierte Stil ihres Programms täuscht über die sportlichen Schwächen hinweg.

Tor für die UdSSR im Spiel gegen die ČSSR: Turbulente Szenen prägen das Spiel der Eishockey-Giganten.

Die UdSSR muß Kanada besiegen, das die ČSSR schlug. Das 2:2 gegen Schweden kostet die ČSSR Gold.

Nach dem fünften Tor der Russen endgültig geschlagen: Kanadas Torhüter am Boden

ČSSR schlägt UdSSR und verpaßt doch den Olympiasieg

15. Februar 1968. Das Spiel der Spiele dieses olympischen Eishokkeyturniers beginnt mit halbstündiger Verspätung. Die 15 000 Zuschauer feuern die Tschechen an.
28 Sekunden nach Spielbeginn führen die Russen 1:0. Alles wie gehabt. Seit sieben Jahren verlieren die Tschechen gegen die Russen. Doch am Ende des ersten Drittels steht es 3:1 für die ČSSR. Die Halle tobt. Im zweiten Drittel kommen die Russen auf 3:2 heran, aber am Ende haben die Tschechen wieder ihren Zwei-Tore-Abstand mit 4:2 hergestellt. Eine Sensation bahnt sich an. Sie scheint perfekt, als in der 56. Minute Jirik auf 5:2 erhöht. In der Halle umarmen einander wildfremde Menschen, die Spieler auf der Auswechselbank führen Freudentänze auf. Aber die Russen geben sich nicht geschlagen, holen auf: 5:3, 5:4! Totenstille auf den Rängen. Noch 2:26 min sind zu spielen. Powerplay auf das tschechische Tor. Dann zählt die Menge die letzten Sekunden — Sirene — aus!

»Fiesta olimpica« in Mexiko mit makabren Vorzeichen

12. bis 27. Oktober 1968. Seit Jahren werden Vorberichte über Olympische Spiele in Mexiko City von der Schlagzeile begleitet »Der Tod läuft mit!« Intensiv wie nie zuvor suchen Mediziner und Wissenschaftler herauszufinden, ob sportliche Höchstleistungen in 2000 m Höhe nicht doch lebensgefährlich sind. Einige Länder bereiteten ihre Sportler in einem speziellen Höhentraining vor. Dann alarmierten andere Meldungen. Am »Platz der drei Kulturen« hätte es Zusammenstöße mit Studenten gegeben. Von einigen Toten hörte man. Später sollen es über 500 gewesen sein. Journalisten wurde vorausgesagt, daß sie die Fahrt vom Flughafen zum Hotel kaum zurücklegen könnten, ohne daß ihnen blaue Bohnen um die Ohren flögen. Schließlich kommt man in eine überaus farbenfrohe und mit olympischen Girlanden reich geschmückte, in eine vor Vitalität fast berstende Stadt. Aber sie steht wie unter einem Belagerungszustand. Das dauert an bis zur Schlußfeier. Die Mariachis, Mexikos allgegenwärtige Musikanten, versuchen, die Beklemmung zu zerstreuen. Andererseits sieht man eine solche Menge an Militär, daß man den Eindruck gewinnt, die allgemeine Mobilmachung sei angeordnet worden. Doch dann liest man wieder Spruchbänder »Todo es posibile en la paz«. In dieser Wirrnis von Gegensätzen findet sich der Europäer erst allmählich zurecht. Er traut den organisatorischen Fähigkeiten der Mexikaner wenig zu.

Trotzdem kommt ein Sportfest zustande, dessen Schauplätze über eine riesige Fläche verteilt sind. Und alles hat »Grandezza«. Man staunt über eine Grafik-Olympiade, über ein kaum zu bewältigendes Kulturangebot, über die Galerie der Kinderzeichnungen am Chapultepec-Park, die »Ruta de la Amistad« mit ihren kühnen Skulpturen, die Satellitentürme des Deutschen Matthias Goeritz. Und man lernt Geduld und empfindet diese Eigenschaft als recht erholsam. Zuletzt haben auch die Mexikaner gegenüber ihren immer eiligen Gästen aus Übersee einen Lernprozeß vollzogen. Sie sagen nicht mehr »uno momento«, sondern »momentito«. Da zieht unendliche Gelassenheit in deren Seelen ein. Denn mexikanische »Augenblickchen« können lang dauern.

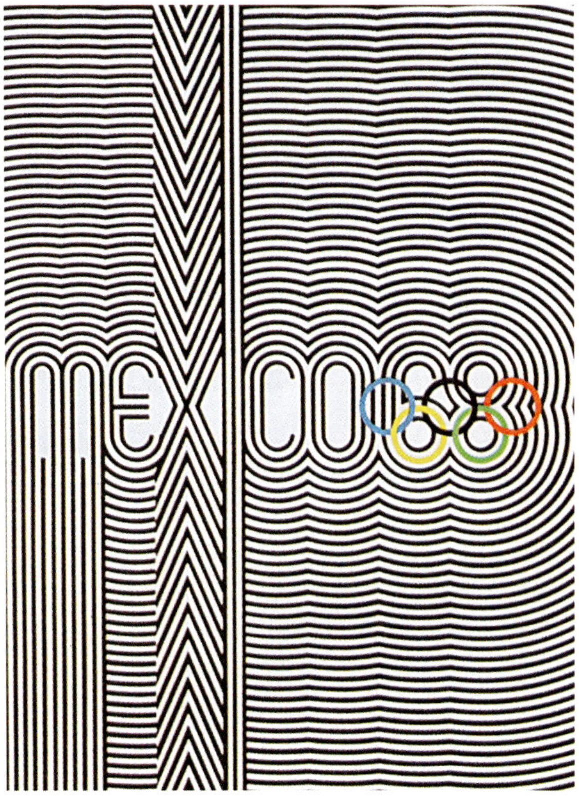

Plakat der Olympischen Spiele in Mexiko City, die sich u.a. durch mustergültige Sportstätten auszeichnen.

Mit Enriqueta Basilio Sotelo entzündet im Stadion der Universität erstmals eine Frau das olympische Feuer.

»Black Power« auf dreierlei Art

16. Oktober 1968. Auf einer »Konferenz der schwarzen Jugend« beschlossen im Vorjahr 200 US-amerikanische farbige Sportler, die Olympischen Spiele in Mexiko zu boykottieren. Es gab eine öffentliche Auseinandersetzung zwischen dem militanten Führer der Farbigen, Harry Edwards, der gegen die Rassendiskriminierung kämpft, und Jesse Owens, der die Ideen von Martin Luther King vertritt. Das olympische Komitee der USA reagierte gelassen. Bevor Sportler zum Boykott aufriefen, sollten sie sich erst einmal qualifizieren. Das taten die Besten jener 200. Sie boykottierten aber nicht, sondern entschlossen sich zu einer Demonstration.

Auf dem Siegertreppchen recken die Gold- und Bronzemedaillengewinner des 200-m-Laufs, Tommie Smith und John Carlos, schwarzbehandschuhte Fäuste hoch. Die Mexikaner haben dafür überhaupt kein Verständnis, die Weltöffentlichkeit findet das Schauspiel kläglich, die US-amerikanische Mannschaftsführung schließt die beiden aus der Mannschaft aus. Dafür gewinnen Schwarze in der Leichtathletik immerhin zehn von 15 Goldmedaillen für die Vereinigten Staaten.

Die überwältigende Demonstration »schwarzer Stärke« gelingt jedoch den Sportlern aus Schwarzafrika. Ihre Überlegenheit drückt sich nicht allein in den Goldmedaillen vom 1500-m- bis zum Marathonlauf aus, sondern auch in der Leistungsbreite.

John Carlos (r., hier vor Tommie Smith, 259) siegt über 200 m in der Weltrekordzeit von 19,8 sec.

»Black Power« auf dem Siegertreppchen: Die farbigen US-Amerikaner Tommie Smith und John Carlos (v. l.) recken die geballten Fäuste. Sie nutzen ihren sportlichen Sieg für eine politische Demonstration. »Black Power« ist eine Bewegung, die sich zur Kultur der schwarzen Amerikaner bekennt.

Schneller Sprint in dünner Luft

Oktober 1968. Die Leistungsexplosion beginnt im Sprint. In neun Vorläufen über 100 m werden 1x10,0 sec, 3x10,1 sec gestoppt. In vier Zwischenläufen 2x10,0 sec, 6x10,1 sec. Im Halbfinale 1x10,0 sec, 5x10,1 sec. Vier Läufer scheiden mit 10,2 sec aus. Der Endlauf (14.10.) wird zum schnellsten Sprintwettbewerb überhaupt.
Jim Hines (USA) gewinnt in 9,9 sec vor Lennox Miller (Jamaika) und Charlie Greene (USA), jeweils 10,0 sec.

Der schnellste 100-m-Lauf, den man bisher sah, wird ausschließlich von farbigen Läufern bestritten. Jim Hines schafft Gold, vor dem Jamaikaner Miller und dem Amerikaner Greene.

Der Kenianer Wilson Kiprugut, Außenseiter in Tokio, wird im 800-m-Lauf auf den letzten Metern von dem Australier Ralph Doubell (1.) überspurtet.

Der Kenianer Kipchoge Keino (M.) deklassiert über 1500 m den US-amerikanischen Weltrekordler Jim Ryun (300) in einem phänomenalen Tempolauf.

Die Kenianer Amos Biwott und Benjamin Kogo zermürben über 3000 m Hindernis durch Zwischenspurts die weiße Weltelite (hier am Wassergraben).

Kipchoge Keino aus Kenia – der »Pionier von Afrika«

20. Oktober 1968. Der 1500-m-Lauf soll das Rennen des Jim Ryun sein. Aber es kommt alles ganz anders. Vom Start weg legt der Kenianer Ben Jipcho ein höllisches Tempo vor. 400 m in 55,0 sec, 800 m in 1:55,3 min. Nur Kipchoge Keino, den Kenias Staatspräsident Jomo Kenyatta als »Pionier Afrikas« bezeichnet hatte, folgt ihm. Es war zuvor ungewiß, ob Keino überhaupt nach Mexiko kommen würde. Als er doch kam, wußte man nicht, wie er leistungsmäßig einzuschätzen war. Er startete im 10 000-m-Lauf und gab auf. Dann startete er über 5000 m und wurde von dem Tunesier Mohammed Gammoudi nur um zwei Zehntelsekunden geschlagen. Als Jipcho nach 800 m aussteigt, wird die Taktik klar. Keino muß das Tempo durchziehen, was kein Experte in dieser Höhenlage für möglich hält. Zwei Deutsche versuchen ihm zu folgen, Bodo Tümmler und Harald Norpoth. Sie lauern auf die Schwäche Keinos und lassen seinen Vorsprung nicht zu groß werden. Aber Keino wird nicht schwächer. Dafür überspurtet auf der Zielgeraden Ryun die beiden Deutschen. Nur greift er zu spät an. Keino gewinnt olympisches Gold. Die Silbermedaille beendet die Karriere des 21jährigen US-amerikanischen Wunderläufers Jim Ryun frühzeitig. Nach der Enttäuschung in Mexiko bestreitet er noch ein Rennen, gibt aber vorzeitig auf. »Ich hatte Angst vor einer Niederlage«, entschuldigt er sich, »und so lange ich dieses Gefühl nicht los werde, laufe ich nicht mehr.« Er wird das Gefühl nie mehr los.

Mamo Woldes Marathon-Spaziergang

20. Oktober 1968. Diese Bilder erschreckten die ganze Welt: Am Ziel der Langstreckenläufe Zusammengebrochene unter Sauerstoffmasken. Und nun gar Marathonlauf. Abebe Bikila gibt keuchend auf. Dem Belgier Roelants werden die Beine schwer wie Blei. Der Australier Clayton, der im Vorjahr die schnellste Marathonzeit überhaupt lief, quält sich voran. Nur der Äthiopier Mamo Wolde bleibt taufrisch. Er läuft ins Stadion, durchs Ziel, setzt sich einen Strohhut auf und hängt an die 42 km noch eine Ehrenrunde an. Doch im Stadion herrscht Totenstille. Sie dauert noch an, als drei Minuten später der Japaner Kimihara und der Neuseeländer Ryan einlaufen. Niemand will von den Marathonläufern Notiz nehmen. Alles starrt wie gebannt auf den Hochspringer Fosbury. »Bis zum 30. Kilometer bin ich eigentlich nur spazierengegangen«, erklärt Wolde den staunenden Reportern, »dann erst wurde es mir zu bunt. Ich begann mit dem eigentlichen Rennen.« Da sehnten sich die anderen längst nach einer Sauerstoffdusche.

Olympiasieg mit »Fosbury-Flop«

20. Oktober 1968. An Versuchen, durch allerlei Kniffe oder Tricks die Leistung zu verbessern, hat es nie gefehlt. Da warf ein Spanier den Speer wie einen Diskus, um ihn durch wirbelnde Körperdrehung auf größere Weiten zu bringen. Da zog sich ein russischer Hochspringer einen »Katapultschuh« an, der seine Wirkung nicht verfehlte. Und ein US-amerikanischer Sprinter lief mit einem »Bürstenschuh« Weltrekord. All das belegte die International Amateur Athletic Federation (IAAF) mit einem Bann.

Als ruchbar wurde, daß ein US-Amerikaner rücklings über die Latte springt, runzelten die Regelexperten nicht die Stirn, sondern brachen in Gelächter aus. Spaßvögel sind bei Olympischen Spielen erlaubt. Und niemand traut dem 21jährigen Richard »Dick« Douglas Fosbury aus Portland/Oregon zu, daß er am Vormittag die Qualifikation übersteht. Aber dann breitet sich nach anfänglichem Amüsement unter den 100 000 Zuschauern das große Staunen aus. Als Fosbury die Latte auf die Weltrekordhöhe von 2,29 m legen läßt, wird mit wütendem Zischen äußerste Stille gefordert. Fosbury scheitert zwar, aber mit dem olympischen Rekord von 2,24 m ist er Olympiasieger.

Wie hat er das gemacht? Er fand einen Weg, die Anlaufgeschwindigkeit zu steigern und auf direktem Weg in Höhe umzusetzen. Auf diese Idee kam der 1,93 m große Dick, als er im Straddlestil bei 1,83 m ständig scheiterte. Was er austüftelte, sieht so aus: Ein Anlauf von links mit acht Schritten, fast im Sprinttempo. Dann schwingt kein Bein empor, sondern die linke Schulter schraubt sich hoch. Liegt das Becken über der Lattenhöhe, kippt der Oberkörper ab. Die Beine werden wie bei einer Art Salto rückwärts nachgezogen. Lange Beine und ein kurzer Oberkörper fördern diese Technik. Eine der verblüffendsten Erfindungen der Leichtathletik hat Erfolg. Fosbury erntet jedoch nicht nur Bewunderung. Jeder Junge, selbst jedes Mädel, übt plötzlich begeistert den »Fosbury-Flop«, und da wird wirklich ein Flop daraus. Denn wer in den üblichen Sandgruben rücklings landet, kann froh sein, wenn er nicht mit angeknackstem Rückenwirbel ins Krankenhaus muß.

Beamons Sprung ins nächste Jahrhundert

18. Oktober 1968. Der Weitsprung hat eigentlich noch gar nicht begonnen. Der erste Durchgang. Wer schaut da schon groß hin?

Die ersten drei Weitspringer treten alle über. Verständlich. Man muß sich erst einmal an die Bedingungen gewöhnen. Der leichte Rückenwind, die federnde Tartanbahn, die Höhenluft, das spielt alles eine Rolle. Der erste gültige Sprung des Wettbewerbs gelingt dem US-Amerikaner Bob Beamon. Er trifft genau den Absprungbalken. Wer hinsieht, wundert sich, wie hoch er hinausfliegt. Nach der Landung hüpft er noch dreimal weiter wie ein Frosch. Dann herrscht an der Sprunggrube ein chaotisches Durcheinander. Die automatische Meßanlage reicht nicht aus. Sie endet bei 8,60 m. 25 Zentimeter über dem Weltrekord. Wer springt schon so weit? Aber Beamon landete eindeutig weiter. Kann das möglich sein? Ein Stahlmeßband wird geholt. Beamon steht ratlos in dem Trubel. Als auf der elektrischen Anzeige die Zahlen 8 9 0 aufscheinen, begreift er noch nichts. Selbst als ihm Ralph Boston auf die Schulter klopft und dorthin deutet. Er muß ihm das erst in feet und inches übersetzen. Dann macht Beamon einen Freudensprung. Im Stadion steigert sich das Raunen zum Beifallssturm. Beamon ist einer Ohnmacht nahe. Seine Konkurrenten sind geschockt und deprimiert. Der Wettbewerb ist eigentlich zu Ende, bevor er begonnen hat. Ein Gewitterguß kühlt die Gemüter ein wenig ab.

Beamon macht noch einen zweiten Sprung, landet bei 8,04 m, packt seine Sachen und geht. Was soll er noch hier? Im olympischen Dorf ist Bob Beamon der meistgefrotzelte Athlet. »Hallo Bob, noch ein wenig mehr drive, und du wärst in eine Umlaufbahn geraten!« – »He Bob, sie haben deinen Freudensprung gemessen. 8,95 m!« – »Weißt du schon? Dein Sprung wird nicht anerkannt. Da müßte man sämtliche Sprunggruben umbauen!« Bob kann darüber nicht mehr lachen. Man springt nicht ungestraft ins nächste Jahrhundert.

Bob Beamons 8,90-m-Sprung in Mexiko City. Bevor er zu den Olympischen Spielen kam, war sein weitester Sprung 8,39 m mit Rückenwind.

Eine neue Idee revolutioniert den Hochsprung. Der »Fosbury-Flop«, zuerst verlacht, führt zum Erfolg.

Die erste Goldmedaille für die Bundesrepublik Deutschland gewinnt in Mexiko City Ingrid Becker im Fünfkampf. Links neben ihr Liese Prokop

Die Entscheidung im abschließenden 200-m-Lauf. Mit der schnellsten Zeit sichert sich Ingrid Becker (r.) den Sieg vor Liese Prokop und Annamária Tóth.

Heides Leid, Ingrids Freud

15./16. Oktober 1968. Heide Rosendahl legt ein Bein auf die Hürde und beugt sich nach vorn. Muskellockerung, tausendmal praktiziert. Da, ein Aufschrei, Betreuer eilen herbei. Muskelzerrung! Der Wettkampf zu Ende, bevor er beginnt. Dabei galt Heide als Favoritin im Fünfkampf, nachdem sie bis auf 35 Punkte an den Weltrekord von Irina Press herangekommen war.

»Es war furchtbar«, sagt Ingrid Becker, »ich habe erst kurz vor dem Hürdenlauf davon erfahren. Natürlich hat mir diese schlimme Nachricht zugesetzt.« Offenbar so sehr, daß sie in der zweiten Übung, dem Kugelstoßen, nur 11,48 m erreicht. Die Österreicherin Liese Prokop kommt auf 14,61 m. »Nach dem Kugelstoßen«, sagt Ingrid nachher, »hatte ich die Hoffnung fast schon aufgegeben.« Für den Hochsprung läuft sie sich unter einem Schirm warm. Bei strömendem Regen schwingt sie sich über 1,71 m. Nach einem 6,43-m-Weitsprung liegt sie noch 22 Punkte hinter der führenden Österreicherin zurück.

Der abschließende 200-m-Lauf muß die Entscheidung bringen. Ingrid stellt mit 23,45 sec den deutschen Rekord ein. Und das ist der Olympiasieg für die 26jährige.

Nach dem Kugelstoßen hatte Ingrid Becker eigentlich kaum noch Aussicht, den Wettbewerb zu gewinnen. Zu weit lag sie zurück.

Mit ihrem Weitsprung übertraf Ingrid Becker die führende Österreicherin Liese Prokop um 46 cm und sah danach noch eine Chance.

Erfindung des Höhentrainings

Der Tod läuft nicht mit in Mexiko City, wie die Schlagzeilen der Presse vorher orakelten. Es gibt Zusammenbrüche aus Sauerstoffnot und Überanstrengung, die aber keine ernsteren Schäden nach sich ziehen. Die Mediziner und Trainer hatten, nicht zuletzt bei den vorolympischen Wettbewerben 1967, festgestellt, daß keine Gefahr für Sportler besteht, die in Höhen bis zu 2500 m Höchstleistungen zu erbringen haben, wenn eine entsprechend lange Adaptionsphase, verbunden mit sinnvollen Trainingseinheiten, in entsprechender Höhenlage vorausgegangen ist.

Den überzeugenden Beweis hierfür erbringen die Läufer aus Kenia. Nairobi liegt 1660 m hoch, das kenianische Trainingscamp Thompson-Fall in 2200 m Höhe. Hier ständig zu leben und zu trainieren erklärt die Überlegenheit, die Kenia sieben Medaillen einträgt.

Die ersten Erfahrungen mit dem Höhentraining führten zur Erkenntnis, daß in allen Ausdauersportarten Höhentraining auch im Flachland etwas »bringt«. Für acht bis zehn Tage wird die Leistungsdisposition deutlich verbessert. Höhentrainingslager werden daher nach Mexiko zu einer ständigen Einrichtung.

Der 1,86 m große und 66 kg schwere Roland Matthes aus Erfurt schwimmt nach Meinung der Experten nicht im, sondern auf dem Wasser. Man rechnet über Jahre mit der Überlegenheit des 17jährigen Siegers über 100 m- und 200 m Rücken.

Zwischenfall bei der Siegerehrung 200 m Lagen: John Ferries (USA, Bronzemedaille) bricht erschöpft zusammen. Seine Landsleute Charles Hickcox (Gold) und Gregory Buckingham (Silber) stützen ihn.

Himmel und Hölle beim Schwimmen in der Alberca Olimpica

Oktober 1968. Den ersten Rekord der Schwimmwettbewerbe stellten die Funktionäre auf. Sie vermehrten sie von 18 auf 29. Davon hoffen die US-Amerikaner möglichst alle zu gewinnen. Fünf Goldmedaillen will sich allein der Wunderschwimmer Mark Spitz holen. Der weltbeste Allroundschwimmer gewinnt keine einzige in den Einzelwettbewerben. Zweimal Staffelgold zählt für ihn nicht. Als es über 100 m Schmetterling nur zu Silber reicht, will er erst gar nicht zur Siegerehrung kommen. Über 200 m Schmetterling braucht er das nicht. Da wird er Letzter. Es ist die Hölle.

Himmlisch findet es dagegen der 18jährige Australier Michael Wenden, der den siegessicheren US-Amerikanern Gold über 100 m- und 200 m Freistil abnimmt. Und geradezu demütigend empfinden jeweils drei US-Amerikaner ihre Niederlagen im Rückenschwimmen über 100 m und 200 m durch den 17jährigen Roland Matthes aus der DDR.

In den siebten Himmel wird jedoch ein anderer 17jähriger getragen, der Mexikaner Felipe Muñoz. Über 200 m Brust schwimmt er nach 100 m dort, wo man ihn erwartet, zwei Sekunden hinter dem russischen Weltrekordler Vladimir Kossinsky. Doch dann entpuppt sich Felipe als der wahre Wunderschwimmer, und die Alberca Olimpica droht zu bersten. Ein neuer mexikanischer Volksheld steigt aus den Fluten. Mexikos Guillermo Echevarria wird über 1500 m Sechster. Er versagt und erlebt die Hölle der Verachtung.

Der Australier Michael Wenden (Abb.) gewinnt die 100 m Freistil in Weltrekordzeit (52,2 sec). Er beherrscht auch die 200 m, wo er sechs Zehntelsekunden vor dem fünffachen Olympiasieger von Tokio, Don Schollander, anschlägt.

Der Mexikaner Felipe Muñoz gewinnt überraschend, vom Publikum frenetisch angefeuert, über 200 m Brust und wird danach auf den Schultern seiner Landsleute als neuer Volksheld im Triumph davongetragen.

Die Schwimmstars werden immer jünger. Bei den Damen gewinnt die 16jährige Deborah »Debbie« Meyer aus Sacramento im Freistil über 200 m, 400 m und 800 m. Über alle drei Strecken hält sie auch seit 1968 die Weltrekorde.

Die Weltrekordlerin über 100 m- und 200 m Schmetterling Ada Kok (Abb.) vergibt den Sieg über 100 m durch Unkonzentriertheit. Über 200 m muß sie ihren Weltrekord in 2:24,7 min einstellen, um Helga Lindner (DDR) zu schlagen.

Vera Cáslavská – Königin der Spiele

Oktober 1968. Als die tschechische Turnerin Vera Cáslavská in Mexiko eintrifft, wird sie gefragt, ob sie in den letzten Monaten ausreichend Zeit fand, zu trainieren. »Nein«, lautet die Antwort, »auf unseren Sportplätzen standen russische Panzer.«
Im Wettkampf gibt es keinen Händedruck, keinen Glückwunsch zwischen Rivalinnen sozialistischer Länder. Veras Gesicht erstarrt zur Maske, wenn die russische Fahne gehißt wird. Bleich vor Entschlossenheit turnt sie ihre Übungen. Das Toben des Publikums entlockt ihr kein Lächeln. Die Mexikaner wüten, wenn sie ungerecht bewertet wird und erzwingen einmal sogar die Änderung einer zu niedrigen Wertung. Erst als alles vorüber, alles gewagt und alles gewonnen ist, sieht sie wieder aus wie eine hübsche junge Frau. Gelöst und erleichtert. Die Königin der Spiele.
Sie widmet je eine Goldmedaille dem Staatspräsidenten Ludvík Svoboda, dem Parteisekretär Alexander Dubcek, dem Ministerpräsidenten Oldrich Cerník und dem Parlamentspräsidenten Josef Smrkovsky. Millionäre schicken ihr Heiratsanträge, die Welt steht ihr offen. In der Kathedrale von Mexiko City heiratet sie demonstrativ ihren Landsmann, den 1500-m-Läufer Josef Odlozil. Mit ihm kehrt sie nach Prag zurück, eine Königin und eine Patriotin.

Vera Cáslavská ist der Star der Turnerinnen: Am Stufenbarren gewinnt sie Gold (l.). Ihre Kolleginnen beglückwünschen sie zu ihrem Triumph (M.). Gemeinsam mit der Russin Petrik zeigt sie die beste Bodenübung (r.) und holt erneut Gold.

Vera Cáslavská beim Pferdsprung, den sie vor Erika Zuchold (DDR) und Ginaida Woronina aus der UdSSR gewinnt

Der Japaner Sawao Kato, Sieger im Zwölfkampf Einzel und Mannschaft. An den Ringen kommt Kato im Geräte-Einzelkampf nur noch zu Bronze hinter Nakayama und Woronin, da er sich beim Bodenturnen verletzte.

Der russische Weltmeister Michail Woronin unterliegt im Zwölfkampf nur knapp. Im Einzel gewinnt er Gold im Pferdsprung, Silber an den Ringen, am Barren und am Reck sowie die Bronzemedaille am Seitpferd.

Turn-Comeback für die Japaner

Oktober 1968. Trotz Vera Cáslavská gewinnen die Russinnen die Mannschaftswertung im Achtkampf. Dagegen fällt die Niederlage der russischen Männer vernichtend aus. Nur der Einzelsieg im Zwölfkampf gelingt Sawao Kato gegenüber Michail Woronin mit fünf Hundertstelpunkten denkbar knapp. Doch außer Woronin kann sich nur Sergej Diamidow als letzter unter vier Japanern der ersten Sechs plazieren. Da sich Kato verletzt, holt sich Akinori Nakayama an den Geräten die meisten Siege.
Das Geheimnis des japanischen Erfolges bringt Trainer Akitomo Kaneko auf die Formel: »Rechte Geisteshaltung und künstlerisches Gewissen des Meisters sind mehr als die noch so fein gegliederte Analyse.«

Der siegreiche Deutschland-Achter mit Steuermann Günther Tiersch, Horst Meyer, Dirk Schreyer, Rüdiger Henning, Wolfgang Hottenrott, Lutz Ulbricht, Egbert Hirschfelder, Jörg Siebert und Nico Ott. Ott sprang kurzfristig für den erkrankten Roland Böse ein. Nach dem Sieg tritt er seine Goldmedaille an den Mannschaftskameraden ab. Der Deutsche Ruder-Verband läßt für ihn eine Sondermünze prägen. Silber geht an den Achter aus Australien, Bronze an die UdSSR.

Ein Achter siegt mit neun Mann

19. Oktober 1968. Als Roland Böse, der Bugmann des deutschen Achters aus dem Sprechzimmer des Mannschaftsarztes Herbert Reindell kommt, rinnen ihm Tränen übers Gesicht. »Es war eine verteufelte Entscheidung, die wir treffen mußten«, sagt der Mediziner, »aber ich konnte nicht verantworten, daß ein Mann mit einer fiebrigen Angina sich den Anstrengungen eines Endlaufs aussetzt, gerade hier in Xochimilco, wo wir Kreislaufzusammenbrüche in Serie erleben.« Trainer Karl Adam: »Ich hätte mitheulen können.«

Aber er muß sich nach einem Ersatz umsehen, am Morgen der Entscheidung. Nico Ott vom ausgeschiedenen Vierer wird bestimmt. Ott: »Ich habe das mit gemischten Gefühlen aufgenommen. Ich wußte, ich würde jemandem den Platz wegnehmen und sah andererseits natürlich meine einmalige Chance.« Äußerlich ruhig bringt die Mannschaft ihr Boot zu Wasser. Aber der Zweifel macht unsicher, ob die Umstellung zu verkraften ist. Ott quält der Gedanke, zu enttäuschen.

Die Neuseeländer gehen in Führung. Aber Adam murmelt: »Sie machen alles richtig.« Und dann gewinnt dieser Achter mit einer Sekunde Vorsprung. Nico Ott gibt seine Goldmedaille Roland Böse. »Er hat sie sich schon vorher verdient.« Der Präsident des Deutschen Ruder-Verbandes, Claus Heß, läßt für Ott ein Sonderexemplar der olympischen Goldmedaille prägen.

Jochen Meißner aus Mannheim (l.) gratuliert dem Goldmedaillengewinner im Einer, dem Niederländer Jan Wienese. Im Finale führte Meißner bis zur 1000-m-Marke. Dann kam bei starkem Gegenwind Wienese auf.

Der Schlagmann des ungarischen Vierers ohne erhält nach dem Endlauf eine Sauerstoffdusche. Das Schlauchboot mit der Sauerstoffmaske muß nach dem Ziel in Xochimilco bei den Ruderern ständig eingesetzt werden.

Der deutsche Zweier-Kajak mit Annemarie Zimmermann und Roswitha Esser im Endlauf (Vordergrund). Dahinter UdSSR und Rumänien. Die Deutschen wiederholen ihren Sieg von 1964.

Der 22fache Deutsche Meister Detlef Lewe kann sein Ziel, im Einer-Canadier zu gewinnen, nicht erreichen und muß sich mit Silber trösten. Der Steuerbordfahrer hatte Schwierigkeiten mit dem Wind.

Die Drachenboote vor Acapulco. Hier gewinnen nur Könner. Der US-amerikanische Segelmacher »Buddy« Friedrichs erzielt mit vier Tagessiegen und zwei zweiten Plätzen das beste Resultat.

Ein Sportmärchen im Velodrom

18. Oktober 1968. Weltrekorde im Bahnradfahren werden in Mexiko bedeutungslos. Das liegt an der Bahn und an der Luft.
Es muß aber noch an etwas anderem liegen. Der 19jährige Franzose Daniel Rebillard, 1,84 m, 72 kg, kommt als Ersatzmann nach Mexiko. Dort muß er sich erst noch gegen Darmet qualifizieren. Er trägt nicht den windschlüpfigen Einstückanzug aus Seide. Seine Reifen sind nicht mit Helium aufgepumpt. Aber er radelt mit einer 52:12-Übersetzung im 4000-m-Verfolgungsfahren Stars wie Rupert Kratzer oder dem dänischen Weltrekordler Mogens Frey auf und davon.

Die drei besten Radfahrer in der 400-m-Verfolgung: Xaver Kurmann (Bronze), Daniel Rebillard (Gold) und Mogens Frey (Silber)

Frankreichs Sprint-Weltmeister Daniel Morelon (r.), in Tokio 1964 Bronzemedaillengewinner, gewinnt das Fliegerrennen.

Zeitfahren auf dem »Periferico«

15. Oktober 1968. Als der Schuß kracht, startet nicht die erste Mannschaft zum Zeitfahren, vielmehr hat ein Mexikaner unter den Zuschauern seinem Leben ein Ende gemacht. Einigen Fahrern wird übel. Auf dem »Periferico« zermürben Hitze und Wind. Die Weltmeister-Brüder Erik, Gösta, Sture und Tomas Pettersson haben Mühe, den Zusammenhalt zu wahren. Die Niederländer gewinnen mit fast zwei Minuten vor den Schweden. Am Ziel sind Kabinen aufgebaut für die Dopingkontrolle. Aber das Sanitätspersonal macht Siesta. Da stört man nicht, um Wasser zu lassen.

Einzel-Zeitfahren im Schatten der Satellitentürme des deutschen Bildhauers Matthias Goeritz

Wie ein Uhrwerk arbeiten die Beine der bundesdeutschen Athleten, die um den Sieg im Vierer-Verfolgungsfahren kämpfen. Nach der Freude über den Sieg kommt die Enttäuschung über die Disqualifikation. Eine Unachtsamkeit von Jürgen Kissner bringt das Team um die Goldmedaille.

Das Bahn-Vierer-Drama

21. Oktober 1968. Bei der Siegerehrung des Bahn-Vierers bleibt das Podest für die vier Silbermedaillengewinner leer. Und das ist eigentlich eine lange Geschichte.
Die Deutschen hatten mit einem Weltrekord das Finale erreicht. Der Sieg gegen die Dänen schien nur eine Formsache und fiel auch deutlich aus. Doch die Sieger wurden disqualifiziert. Fest steht, daß Jürgen Kissner auf den letzten 100 m Karlheinz Henrichs berührte. Sei es, um einen Sturz abzuwehren, sei es, um ihn instinktiv anzuschieben, wozu er eigentlich keine Kraft mehr besaß. Das kann als Regelverstoß geahndet werden. Fest steht, daß die Deutschen davon keinen Vorteil hatten. Fest steht, daß Kissner vier Jahre zuvor aus der DDR in die Bundesrepublik kam. Fest steht, daß damals wegen des »Falles Kissner« der DDR-Trainer Gallinge zum Jugendtrainer degradiert wurde. Und fest steht, daß als Bahnkommissar im Velodrom dessen Sohn Jürgen die Disqualifikation verfügte.

Mexiko 1968 in Stichworten

Die Spiele der XIX. Olympiade in Mexiko City dauern vom 12. bis 27. Oktober 1968. Aus 112 Ländern 5531 Teilnehmer, darunter 781 Frauen. 182 Wettbewerbe in 18 Sportarten. Mustergültige Sportanlagen. Trotz Weiträumigkeit reibungsloser Ablauf. Farbfernsehübertragung über Satelliten in alle Länder. **Leichtathletik:** Ungeahnte Leistungssteigerung. Weltrekorde 48x überboten, 26x eingestellt. Farbige US-Amerikaner dominieren auf den kurzen, Afrikaner auf den mittleren und langen Laufstrecken. Kenia (3 G, 4 S, 1 B) bei den Herren stärker als UdSSR (3 G, 1 S, 3 B). **Gewichtheben:** Leistungssteigerung in den leichten und mittleren Klassen. UdSSR vor Polen und Japan. **Ringen:** 15 Nationen teilen sich die Medaillen. Im Freistil sensationelle Erfolge der Mongolen. **Boxen:** Weiteres Vordringen farbiger Boxer aus jungen Nationen. **Fechten:** Leichte Überlegenheit der UdSSR. Ungarn, Polen, Rumänien dichtauf vor Frankreich und Italien. **Schießen:** Wieder Überlegenheit der UdSSR. Überraschend gleichauf mit USA die Bundesrepublik Deutschland. **Moderner Fünfkampf:** Im Einzel der Schwede Ferm, in der Mannschaft Ungarn. **Reiten:** BRD und UdSSR dominieren in der Dressur, im Jagdspringen USA und Kanada. Military irregulär. **Radsport:** Vier von sieben Goldmedaillen für Frankreich. **Turnen:** Triumph der Japaner bei den Herren, Vera Čáslavskás bei den Damen. **Schwimmen:** 23 G, 15 S, 20 B für die USA. Dibiasi (Italien) und Duchkova (ČSSR) gewinnen Turmspringen. **Rudern:** Sechs Länder in sieben Klassen siegreich. DDR vor Bundesrepublik Deutschland. **Kanu:** Dominanz der Ungarn. **Segeln:** Zwölf Länder teilen sich 15 Medaillen. **Fußball:** Eine Farce. **Hockey:** Pakistan vor Australien und Indien. **Basketball:** USA vor Jugoslawien und UdSSR. **Volleyball:** Bei Damen und Herren UdSSR vor Japan.

Joe Frazier (r.) siegt im Titelkampf gegen Buster Mathis.

Buster Mathis (l.) wehrt sich gegen Joe Frazier letztlich vergeblich.

Floyd Patterson (l.), der Mann mit dem »Glaskinn«, verliert gegen Jimmy Ellis.

Um das Erbe des »Größten«: Joe Frazier und Jimmy Ellis auf dem Weg zum Boxer-Thron

4. März 1968. *Alte Bekannte stehen sich im Madison Square Garden in New York gegenüber. »Fleischklops« Buster Mathis und »Smoky« Joe Frazier kämpfen um die Nachfolge des gesperrten Muhammad Ali. Zweimal hatte der Dreizentnerkoloß Mathis bei der Olympiaqualifikation 1964 Frazier geschlagen, brach sich aber dabei die Hand. Dafür flog Frazier nach Tokio und holte sich die olympische Goldmedaille.*

Für den ehemaligen Fleischergesellen Frazier gründete ein Baptistenprediger eine Aktiengesellschaft. Mit 250 US-Dollar war man dabei. Nach 19 Siegen, davon 17 durch K. o., sind die Aktien auf 3350 US-Dollar gestiegen. Sie steigen um mindestens das Fünffache weiter, als der Ex-Fleischergeselle den »Fleischklops« in elf Runden weich klopft. Frazier gewinnt damit den Weltmeistertitel aller Klassen der New York State Athletic Commission (NY). Die World Boxing Association (WBA) trägt dagegen ein Turnier aus, an dem sich Frazier nicht beteiligt. Hier gewinnt am 27. April mit Jimmy Ellis ein Sparringspartner von Muhammad Ali nicht gerade überzeugend gegen Jerry Quarry nach 15 Runden. Als Ellis am 14. September in Stockholm gegen den 33jährigen Floyd Patterson antritt, zerschlägt ihm dieser in der zweiten Runde das Nasenbein. Dennoch siegt Ellis über 15 Runden nach Punkten.

Gehirnblutung: Elze stirbt nach Boxkampf

12. Juni 1968. In der Kölner Sporthalle kämpfen der italienische Europameister im Mittelgewicht Carlos Duran und sein deutscher Herausforderer Jupp Elze um den Titel. Die Zuschauer begeistern sich an einem dramatischen Kampf, den die Journalisten treffend als »Ringschlacht« bezeichnen würden, wenn er kein so tragisches Ende nähme.

Nach 14 Runden führt Elze beim niederländischen Ringrichter Krom mit zwei Punkten. In der 15. und letzten Runde trifft ihn Duran beim Abdrehen am Hinterkopf. Elze geht zu Boden, steht auf, als der Ringrichter zählt, hebt die Hand zur Aufgabe, setzt sich auf den Schemel in seiner Ringecke und weint. Darauf verliert er das Bewußtsein. Eine halbe Stunde später liegt der 28jährige im OP der Universitätsklinik. Trotz aller Bemühungen erwacht er nicht mehr aus dem Koma und stirbt acht Tage später. Todesursache: Gehirnblutungen. Die Obduktion ergibt, daß Elze mit drei verschiedenen chemischen Substanzen gedopt war. Elze, der im Boxkampf immer alles gab, gab dadurch zuviel.

Jupp Elze (l.) in der 15. Runde des schweren Kampfes gegen Carlos Duran. Er reagiert fast nur noch unbewußt. Zur Ringtragödie tragen auch die neu eingeführten Acht-Unzen-Handschuhe bei. Sie sollen die Wirkung von Treffern abschwächen, haben aber zur Folge, daß Elze zuviele Kopftreffer nimmt. Bei Sechs-Unzen-Handschuhen wäre er vermutlich früher k. o. gegangen, aber dafür mit dem Leben davongekommen.

Der Tod auf dem Hockenheimring

7. April 1968. Um 12.45 Uhr springt bei einem Europapokalrennen der Formel 2 auf dem Hockenheimring ein Reifen von der Felge eines Lotus Ford Cosworth. Bei 250 km/h gerät der Wagen ins Schleudern, fliegt aus der Bahn und prallt gegen einen Baum. Aus den Trümmern wird Jim Clark tot geborgen.

Der 32jährige Schotte ist mit 25 Grand-Prix-Siegen der erfolgreichste Formel-1-Pilot und galt als Weltmeister-Favorit. Er war als besonnener Fahrer bekannt, der lieber ein Rennen verlor, als Risiken einzugehen. Es war sein erster Unfall. Er galt als perfekter Rennfahrer.

Die Nachricht vom Tod Jim Clarks löst Fassungslosigkeit aus. Der Schotte war bei seinen Rennfahrerkollegen als netter Kerl und wahrer Gentleman beliebt. Niemand neidete ihm seine großen Erfolge.

Erste Fußball-Europameisterschaft für Gastgeber Italien

10. Juni 1968. Für die westdeutschen Fußballer löste ein Trauma das andere ab. Da kam eine Europameisterschaft gerade recht, um sich für das berühmt-berüchtigte »dritte Tor« (→ 30. 7. 1966) zu revanchieren. Aber die Genugtuung, die Engländer auszuschalten, wurde nicht den Deutschen zuteil, sondern den Jugoslawen. Die Deutschen scheiterten dafür an den Albanern! Nach einem 6:0 in Dortmund schien ein Sieg in Tirana, der, um weiterzukommen, notwendig war, nur eine Formsache. Aber das Spiel endete mit einem 0:0-Debakel. Obwohl die Albaner in vier Spielen kein einziges Tor geschossen hatten, gelang ihnen damit die größte Fußballsensation ihrer Geschichte.

Das Endspiel bestritten dann in Rom am 8. Juni Jugoslawien und Italien. Der Schweizer Schiedsrichter Gottfried Dienst, der schon in London 1966 seinen Diensteifer für das Gastgeberland bewiesen hatte, blieb auch in Rom seiner krummen Linie treu. Er verweigerte den Jugoslawen einen eindeutigen Elfmeter, als in der 25. Minute Ferrini den einschußbereiten Pavlic 5 m vor dem Tor einfach umstieß, und benachteiligte die Jugoslawen auch sonst in skandalöser Weise. Die bessere Mannschaft mußte sich mit einem mageren 1:1 zufrieden geben. Das Wiederholungsspiel bestreiten die Italiener mit fünf neuen Spielern. Ein klares Abseitstor durch Luigi Riva belehrt die Jugoslawen, daß sie in Rom nicht gewinnen dürfen.

Die Mannschaft des frischgebackenen italienischen Europameisters (v. l.): Facchetti, Rosato, Zoff, Mazzola, Anastasi, De Sisti, Burgnich, Guarneri, Riva, Salvadore, Domenghini. Nach dem 1:1 im ersten Finale, das die Italiener nur durch Losglück erreicht hatten, gelang der Sieg gegen Jugoslawien erst im Wiederholungsspiel (2:0). Hier waren die Italiener die stärkere Mannschaft, während die Jugoslawen müde wirkten und nach Rivas Abseitstor resignierten.

Janku rettet vor Müller (r.). Sechsmal mußte Albaniens Torwart im EM-Spiel gegen Deutschland hinter sich greifen.

Vier Wochen nach dem Albanien-Spiel verloren die Deutschen am 3. Mai 1967 ihr EM-Spiel gegen Jugoslawien 0:1.

Eddy Merckx siegt beim Giro zweimal

12. Juni 1968. Als Belgiens Jungstar Eddy Merckx den 51. Giro d'Italia mit einem Sieg auf der ersten Etappe begann, rechnete niemand damit, daß er das Rosa Trikot auf den folgenden rund 4000 km nicht mehr hergeben würde. Als er auf der zwölften Etappe beim Anstieg zu den 2320 m hohen Drei Zinnen in Nebel, Eis und Schnee die Konkurrenz deklassierte, durfte das nicht mit rechten Dingen zugegangen sein. Eine Dopingkontrolle wurde angeordnet. Und sie hatte Erfolg. Italiens Stars Gimondi, Motta und Balmamion wurden überführt. Merckx war sauber und gewinnt als erster Belgier, mit 5:03 min Vorsprung.

Der Giro d'Italia wird zum Triumph für den 22jährigen Eddy Merckx, der ihn als erster Belgier gewinnt.

Erster Toursieg für Niederlande

21. Juli 1968. »Wenn ich diese Tour nicht gewinne, gewinne ich nie«, hatte Jan Janssen vor dem Start erklärt. Es sah auch 21 Etappen lang nicht so aus, als ob der 28jährige Niederländer gewinnen würde.

In Abwesenheit der gesperrten italienischen Dopingsünder diktierten die Belgier van Springel und Ferdinand Bracke die 55. Tour. Erst im abschließenden Zeitfahren über 54,7 km von Melun nach Paris bietet sich dem langen Niederländer noch eine allerletzte Chance. Und diese nutzt er. Er nimmt dem führenden van Springel fast eine Minute ab und das genügt zum Sieg mit 38 Sekunden Vorprung nach 4665 km.

Ole Ritter auf Weltrekordjagd

10. Oktober 1968. Das Velodromo Olimpico in Mexiko City genoß schon bald nach seiner Einweihung den Ruf, weltrekordträchtig zu sein. Der 27jährige Däne Ole Ritter folgt diesem Ruf. Zuvor trainierte er drei Wochen in Rom, wo der Belgier Ferdinand Bracke den Stundenweltrekord 1967 über die 48-km-Marke getrieben hatte.

In Mexiko rollte Ritter sich in der Höhenluft behutsam ein und fuhr am 4. Oktober Weltrekorde über 5 km, 10 km und 20 km heraus. Ohne Spezialmaterial gelingt es dem Dänen, den Stundenweltrekord sechs Tage später auf 48,653 km zu steigern.

Dreimal 9,9 sec über 100 m - Wer ist der Schnellste?

20. Juni 1968. Als bei den US-amerikanischen - Leichtathletikmeisterschaften in Sacramento beim ersten 100-m-Vorlauf der 21jährige Farbige Jim Hines in 9,8 sec gewinnt, kommen die 9000 Zuschauer im Hughes-Stadion in Hochstimmung. Es kümmert sie wenig, daß diese Fabelzeit wegen eines Rückenwindes von 2,75 m/sec nicht als Weltrekord anerkannt wird. Denn sie erleben ein Sprintrekordfest, wie es noch keines auf einer Aschenbahn gegeben hat.

Als am späten Abend der 100-m-Wettbewerb nach Vor- und Zwischenläufen abgeschlossen ist, zählt man insgesamt 22mal Zeiten von 9,8—9,9 sec und 10,0 sec. Davon waren elf wegen zu starken Rückenwindes irregulär. Gleich drei Läufer aber werden mit der Weltrekordzeit von 9,9 sec anerkannt. Dies ist um so erstaunlicher, als zwei sichere US-amerikanische 10,0-Läufer, Oliver Ford und William Turner, gar nicht teilnahmen.

Im Zwischenlauf unter Flutlicht bei 16 °C und 0,78 m/sec Rückenwind läuft Jim Hines als erster die 100 m in 9,9 sec. Der 19jährige Ronnie Ray Smith kommt dabei handgestoppt auf dieselbe Zeit. Vier weitere Teilnehmer laufen 10,0 sec. Bei dreien von ihnen genügt diese Zeit nicht einmal fürs Finale. Charlie Greene erreicht im zweiten Zwischenlauf ebenfalls 9,9 sec. Den Endlauf gewinnt Greene vor Hines in 10,0 sec. Als Hines bei den Olympischen Spielen am 14. Oktober dieses Jahres auf der Tartanbahn von Mexiko City mit 9,95 sec elektrisch gestoppt wird, gilt er als der schnellste Mann der Welt.

Dies ist jedoch nicht aus den offiziellen Weltrekordtabellen abzulesen. Der US-Amerikaner Bob Hayes lief bereits beim olympischen Finale in Tokio 1964 auf einer Aschenbahn als erster Mensch die 100 m ohne Rückenwind unter zehn Sekunden. Drei Kampfrichter stoppten für ihn mit der Hand 9,8—9,9—9,9. Doch offiziell galt die elektrische Zeitmessung, die in der Regel um eine Zehntelsekunde schlechter ist, weil sie das menschliche Reaktionsvermögen und den manuellen Stoppvorgang ausschaltet. Die elektrische Zeitnahme registrierte für Hayes 9,98 sec. Diese Zeit ging als 10,0 sec in die Sieger- und Rekordlisten ein. Bei der 4x100-m-Staffel legte Hayes in Tokio als Schlußläufer die 100 m, wenn auch mit fliegendem Start, in phänomenalen 8,6 sec zurück. Ihm gebührt in Wahrheit der Ruhm, der bisher schnellste Mann der Welt gewesen zu sein.

Seit Armin Harys 10,0 sec 1960 wird Jagd auf den 100-m-Weltrekord gemacht. Greene (Abb.) durchbricht die »Schallmauer« als Dritter mit 9,9 sec.

Über 400 m siegt der US-amerikanische Läufer Lee Evans in 43,8 sec.

Graham Hill wird Weltmeister der Formel 1

3. November 1968. Wieder einmal fällt die Entscheidung in der Formel-1-Weltmeisterschaft im letzten Rennen der Saison in Mexiko City. Nach dem tragischen Unfall von Jim Clark (→ 7. 4. 1968) rivalisieren noch der 39jährige Brite Graham Hill auf Lotus-Ford und sein 29jähriger Landsmann Jackie Stewart auf Matra-Ford um den Weltmeistertitel.

Hill hat im Mai die beiden Grand Prix in Monaco und in Spanien gewonnen. Stewart siegte in Zandvoort, auf dem Nürburgring und vor vier Wochen in Watkins Glen. Im Gesamtpunktergebnis führt Hill noch knapp.

Das erwartete Duell zwischen den beiden, bei dem der neuseeländische Titelverteidiger Denis Hulme auf seinem McLaren-Ford auch noch eine, wenn auch ganz geringe, Chance hat, bestimmt den Verlauf des Rennens, das in 64 Runden über 324 km führt. Die Hitze und die schwierige Strecke mit dem schlechten Straßenbelag fordern den Fahrern größte Anstrengungen ab. Entschieden wird das Duell durch den Bruch der Benzinpumpe in Stewarts Wagen. Damit ist der Weg frei für Hill, der als Sieger und damit zum zweiten Mal nach 1962 als Formel-1-Weltmeister am Ziel abgewunken wird.

Der Brite Graham Hill auf Lotus-Ford bei seinem Sieg im Großen Preis von Mexiko, der ihm zum zweiten Mal seit 1962 den Formel-1-Weltmeistertitel sichert

Lavers Comeback im Tennis-Mekka

6. Juli 1968. Wimbledon ist wieder der Ort, an dem sich die weltbesten Tennisspieler bei den Internationalen Meisterschaften von England gegenübertreten können. Das Tennis-Mekka drohte seine sportliche Bedeutung zu verlieren, als es seine Tore vor den Profispielern schloß. In diesem Jahr sind die British Open erstmals offen für alle, und die Zuschauer erleben die glanzvolle Rückkehr des Australiers Rod Laver.

Der 29jährige fertigt seinen Landsmann Tony Roche in einer Stunde 6:3, 6:4, 6:2 ab. Es ist Lavers dritter Wimbledonsieg ohne Satzverlust. Der Brite Fred Perry, der einzige, der nach dem Zweiten Weltkrieg dreimal in Wimbledon gewinnen konnte, sagt über Laver: »Er kann zu jeder Zeit das beste Tennis spielen, hat Nerven wie Drahtseile, die leichten Füße eines Tänzers und die Kraft eines Baumfällers. Er ist wahrhaft der Größte im Tennis.«

1969

2. 2. Die erste Kunsteis-Rodelbahn der Welt wird in Königssee in Bayern eingeweiht. Länge 1114 m mit 16 Kurven bei 117 m Höhenunterschied.

März. Der Schwede Janne Stefansson gewinnt zum siebten Mal den Wasalauf. 1965 lief er in 4:35:03 h die bisher schnellste Zeit über die ca. 90 km.

April. Nach einer 0:2- und einer 3:4-Niederlage der UdSSR gegen die ČSSR bei der Eishockey-Weltmeisterschaft in Stockholm Unruhen in der ČSSR. Die UdSSR wird, punktgleich mit Schweden und der CSSR, Weltmeister durch das bessere Torverhältnis.

22. 4. Joe Frazier verteidigt seinen Weltmeistertitel im Box-Schwergewicht, der nur von der New York State Athletic Commission (NY) anerkannt wird, gegen Dave Zyglewicz durch K. o. in der ersten Runde in Houston.

Mai. Auf seiner 68. Session entscheidet das internationale Olympische Komitee (IOC) in Warschau, daß Nordkorea unter der Bezeichnung »Demokratische Volksrepublik Korea« an den Olympischen Spielen in München teilnehmen kann.

21. 5. Europapokal der Pokalsieger: Slovan Preßburg – FC Barcelona 3:2 in Basel.

28. 5. Europapokal der Landesmeister: AC Mailand – Ajax Amsterdam 4:1 in Mailand.

Juni. Felice Gimondi gewinnt zum zweiten Mal den Giro d'Italia.

Als erster deutscher Fußballmannschaft nach dem Zweiten Weltkrieg und als zweiter Mannschaft überhaupt (1937 FC Schalke 04; → 20. 6. 1937) gelingt dem FC Bayern München das »Double«, Meisterschaft und Pokalsieg.

Das Stuttgarter Architekturbüro Behnisch und Partner erhält den Ersten Preis im Wettbewerb für die »Gestaltung des Oberwiesenfelds« in München für die Olympischen Spiele 1972.

15. 6. Weltrekord im Hammerwurf mit 74,52 m durch Romuald Klim (UdSSR) in Budapest.

18. 6. Weltrekord im Speerwurf mit 92,70 m durch den Finnen Jorma Kinnunen in Tampere.

20. 6. Erster offizieller Weltrekord über 100 m Hürden in 13,3 sec durch Karin Balzer (DDR) in Warschau.

21. 6. Weltrekord im Stabhochsprung mit 5,44 m durch John Pennel (USA) in Sacramento.

23. 6. Joe Frazier verteidigt seinen NY-Weltmeistertitel im Box-Schwergewicht gegen Jerry Quarry durch K. o. in der siebten Runde in New York.

Juli. Der Belgier Eddy Merckx gewinnt die Tour de France (→ Juni 1969).

Der Australier Rod Laver wird seit 1961 zum vierten Mal Wimbledonsieger und gewinnt in diesem Jahr als bisher einziger Tennisspieler zum zweiten Mal den Grand Slam.

2. 7. Weltrekord über 1500 m in 4:12,4 min durch die Italienerin Paola Pigni in Mailand.

2. – 6. 7. Erneut Rekordbeteiligung bei der fünften Gymnaestrada in Basel.

13. 7. Weltrekord im Kugelstoßen mit 20,09 m, erstmals über 20 m, durch Nadeshda Tschishowa in Chorzow.

14. 8. Weltrekord über 400 m Freistil In 4:04,0 min durch Hans Fassnacht (BRD) in Louisville.

19. 8. Weltrekord über 3000 m Hindernis in 8:22,2 min durch Wladimir Dudin (UdSSR) in Kiew.

23./24.8. Erstmals Schwimm-Europapokal in Würzburg, Sieger bei den Damen und Herren: DDR.

5. 9. Karin Balzer läuft zum dritten Mal Weltrekord über 100 m Hürden in 12,9 sec in Berlin (Ost).

7. 9. Der Brite Jackie Stewart wird auf Matra Automobilweltmeister der Formel 1.

16. – 21. 9. Bei den Leichtathletik-Europameisterschaften in Athen Teilboykott der Mannschaft der Bundesrepublik Deutschland wegen des Falles Jürgen May.

16. 9. Weltrekord im Kugelstoßen durch Nadeshda Tschishowa mit 20,43 m in Athen.

18. 9. Die Französinnen Nicole Duclos und Colette Besson laufen Weltrekord über 400 m in 51,7 sec in Athen.

20. 9. Weltrekord über 1500 m in 4:10,7 min durch die Tschechin Jaroslava Jehlickova in Athen.

Weltrekord im Hammerwurf mit 74,68 m durch Anatoli Bondartschuk (UdSSR) in Athen.

27. 9. Zum zweiten Mal in diesem Jahr Weltrekord im Diskuswurf durch Liesel Westermann mit 63,96 m in Hamburg.

Oktober. Bei den Tischtennis-Weltmeisterschaften in München gewinnen die Japaner sämtliche Titel bei den Damen und Herren.

4./5. 10. Weltrekord im Fünfkampf mit 5352 Punkten durch die Österreicherin Liese Prokop in Wien.

19. 11. Vor 200 000 Zuschauern im Maracana-Stadion von Rio de Janeiro erzielt Pelé sein 1000. Tor.

Dezember. Rumänien erreicht erstmals die Herausforderungsrunde im Davis Cup und unterliegt den USA in Cleveland/Ohio 0:5.

10./11. 12. Weltrekord im Zehnkampf mit 8417 Punkten durch Bill Toomey (USA) in Los Angeles.

Die ČSSR schlägt 2x die UdSSR, Schweden 2x die ČSSR und die UdSSR 2x Schweden. 25 Tore gegen die USA sichern der UdSSR (Abb.) den Titel.

Eishockey ohne Shakehands

April 1969. Stockholm erlebt bei der Eishockey-Weltmeisterschaft einen zweiten »Prager Frühling«, als die ČSSR die UdSSR 2:0 schlägt. Nach diesem Sieg singt die Mannschaft die tschechische Nationalhymne und verläßt die Eisfläche ohne den üblichen Händedruck mit den Unterlegenen. Auch die Einladung zum Essen in der sowjetischen Botschaft lehnen die Tschechen ab. Erstaunlicherweise gewinnen sie auch das Rückspiel 4:3. Auch dieses Spiel endet ohne Shakehands. »Es ist Sache der Verlierer, den Siegern die Hand zu reichen«, erklären die Offiziellen. Die tschechischen Spieler küssen statt dessen das Eis. Die UdSSR wird, punktgleich mit Schweden und der ČSSR, aufgrund des besseren Torverhältnisses trotzdem Weltmeister. Die Tschechen dazu: »Wir sind hierhergekommen, um die Russen zu schlagen.«

Janne Stefansson revanchiert sich

März 1969. In Squaw Valley 1960 wurde Janne Stefansson ein Opfer der Höhenlage. Er verlor bei der 4 x 10-km-Staffel über drei Minuten,

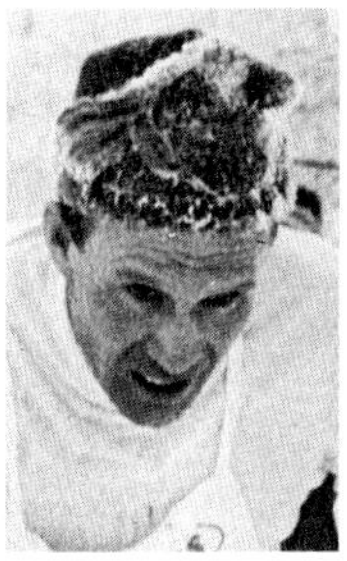

Der 34jährige Janne Stefansson gewinnt den Wasalauf in diesem Jahr zum siebten Mal. Nur Schwedens legendärer Nils Karlsson gewann diesen 89-km-Lauf einmal mehr als Stefansson.

was den Schweden nicht nur den Sieg, sondern eine Medaille kostete. Das olympische Staffelgold holte Janne 1964 nach. Aber als Rehabilitation dient ihm der Wasalauf. Hier schlug er Schwedens »Skikönig« Sixten Jernberg 1962 und 1964 und die skandinavische Elite in acht Jahren siebenmal.

Erstmals WM auf Kunsteis-Rodelbahn

2. Februar 1969. »Eine phänomenale Anlage«, urteilt der Präsident des internationalen Rodelverbandes (Fédération Internationale de Luge de Course, FIL), der Österreicher Bert Isatitsch, als er die erste Kunsteis-Rodelbahn der Welt in Königssee im Berchtesgadener Land besichtigt. Bund und Land haben sich das Wunderwerk 3,5 Mio. DM kosten lassen. Der Rodler genießt eine herrliche Aussicht.
Die DDR protestierte gegen die Ansetzung der Weltmeisterschaft schon im Februar, weil die Bahn im internationalen Wettbewerb noch nicht erprobt worden sei. Der Verband weist den Protest zurück.
Die Weltmeistertitel gewinnen bei den Damen die DDR, bei den Herren die Österreicher. Für den Polen Stanislaw Paczka erweist sich die neue Bahn als zu schnell. Er fliegt aus der S-Kurve, prallt gegen einen Baum und ist tot.

Rod Laver gewinnt den zweiten Grand Slam

Juli 1969. Auf Platz 4 in Wimbledon vollzieht sich unter Ausschluß der Öffentlichkeit fast eine Sensation. Der Inder Premjit Lall bringt den dreimaligen Wimbledonsieger Rod Laver an den Rand einer Niederlage. Erst nach fünf Sätzen gibt sich der Außenseiter geschlagen.

Statt sich am nächsten Tag von diesem schweren Spiel zu erholen, trainiert Laver zwei Stunden lang Aufschläge und holt sich dann noch für weitere zwei Stunden einen Trainingspartner. Es geht ihm nicht allein um den Wimbledonsieg, sondern um den zweiten Grand Slam. Er hat diese Absicht vorher angekündigt, und alle Konkurrenten wollen ihm diese Suppe versalzen. Im Januar gewann er das Turnier in Melbourne, wo ihn Tony Roche nach 7:5, 22:20 bei glühender Hitze zu fünf Sätzen zwang. Er schlug im Mai in Paris, unterbrochen von Regenschauern, Dick Crealy, der schon mit zwei Sätzen führte. Dann stand er im Endspiel gegen Ken Rosewall, den man, nach Lavers Worten, nur an einem »Supertag« schlagen kann. Er schlug ihn. Er schlägt in Wimbledon Stan Smith, den »Turm von Pasadena«, und den kommenden Star Arthur Ashe. Gegen John Newcombe gelingt ihm der vierte Sieg in Wimbledon. Mit dem Sieg in Forest Hills im September holt er sich den Grand Slam.

△ Laver gelingt der zweite Grand Slam nach 1962 (Gewinn der Meisterschaften von Frankreich, England, Australien und der USA).

◁ Der australische Linkshänder Laver, hier in Wimbledon, gilt als größter Tennisspieler aller Zeiten. 1971 gewinnt er mehr als 1 Mio. US-Dollar Preisgeld.

Die Demütigung des Eddy Merckx

Juni 1969. Nicht nur, daß mit Eddy Merckx im Vorjahr überhaupt ein Belgier den Giro d'Italia gewonnen hatte, wurmte die Italiener. Mehr noch brachte die Blamage bei der Dopingkontrolle das Blut der »Tifosi« zum Kochen (→ 12. 6. 1968). Dagegen mußte in diesem Jahr etwas geschehen. Um so mehr, als Merckx den diesjährigen Giro im gleichen Stil angeht.

Nach der 16. Etappe wird er, uneinholbar in Führung, des Dopings überführt und disqualifiziert. Der Weg ist frei für den Girosieg von Felice Gimondi, die Ehre Italiens wiederhergestellt. Die Sache ist nur mehr als faul. Merckx wurde bereits achtmal als Träger des Rosa Trikots kontrolliert. Befund negativ. Die 16. Etappe ist eine der leichtesten, das Feld blieb geschlossen. Absurd, sich dafür zu dopen. Merckx beschwört seine Unschuld. Aber man hat ihn reingelegt. Er revanchiert sich auf seine Weise. Er gewinnt wenige Wochen später seine erste Tour de France. Und nicht nur das. Er wird auch Punktsieger nach sechs Etappensiegen, er gewinnt den Bergpreis und die Kombinationswertung und mit seiner Mannschaft noch das Teamklassement. Mehr ist bei der Tour nicht zu gewinnen. Und er gewinnt seinen guten Ruf zurück.

Pelé schießt sein 1000. Tor

Pelé holt im Maracana-Stadion von Rio de Janeiro nach seinem 1000. Tor den Ball aus dem Netz.

19. November 1969. Es mag wohl sein, daß man in Brasilien davon hörte, in diesem Jahr habe der Mensch den Mond betreten. Doch in diesem Land feiert man ein historisches Datum anderer Art. In der 79. Minute des Fußballspiels zwischen dem FC Santos und Vasco da Gama schießt Edson Arantes do Nascimento, weltweit bekannt als Pelé, sein 1000. Tor. Der Staatspräsident ordnet einen Feiertag an, eine Sonderbriefmarke wird gedruckt, Denkmäler werden errichtet.

Im Oktober 1956 spielte der 16jährige Mulatte erstmals beim FC Santos. Er wuselte durch die Deckung der Corinthians, schnickte den Ball aufs Knie, danach auf den Kopf, versetzte zwei Verteidiger und schob den Ball durch die Beine des verdutzten Torwarts ins Netz. Das war Pelés Tor Nummer eins.

Double für Bayern München

Gerd Müller, zweifacher Torschütze im Pokal-Finale FC Bayern München gegen den FC Schalke 04 in Frankfurt

Juni 1969. In München wird ein Fußballfest gefeiert. Ausgerechnet der FC Bayern, die Mannschaft, die man 1963 als »nicht bundesligafähig« abqualifiziert hat, wird Deutscher Meister. Aus dem Triumphzug vom Stadion zum Viktualienmarkt wird zwar wegen strömenden Regens nichts Rechtes. Aber das läßt sich später nachholen.

Aus dem Frankfurter Waldstadion kehren die Bayern auch noch als Pokalsieger heim. Dort war bei brütender Sommerhitze der ruhmreiche FC Schalke 04 der Gegner. Schon in der 13. Minute schoß »kleines dickes Müller«, wie Ex-Trainer Zlato »Tschik« Cajkovski Münchens Torjäger nannte, das 1:0. Ein 25-m-Schuß von Pohlschmidt brachte sechs Minuten später den Ausgleich. Noch vor dem Halbzeitpfiff schoß Gerd Müller den Siegtreffer.

Deutsch-deutscher Leichtathletik-Skandal

16. bis 21. September 1969. In das Karaiskakis-Stadion von Athen bläst ein scharfer Wind vom Piräus her. Er macht den Athleten zu schaffen, offenbar auch den Organisatoren. Die Fotografen stürzen sich auf den Franzosen Sarteur, aber Europameister über 100 m ist der Russe Valeri Borsow. Sie stürzen sich auf die, freilich höchst fotogene, Französin Colette Besson, aber Europameisterin über 400 m ist Nicole Duclos. Das erfährt man erst später. Das griechische Publikum ist an allem nur mäßig interessiert. Diese Europameisterschaften prägt ein Skandal, den der Präsident der International Amateur Athletic Federation (IAAF), Marquess of Exeter, und der Präsident des Deutschen Leichtathletik-Verbandes (DLV), Max Danz, zu verantworten haben.

Fotografen und »Offizielle« umringen Europas beste 800-m-Läuferinnen. Auf dem Podest stehen Nicolic, die Siegerin Board und Nielsen (v. l.).

Startverbot für Jürgen May

Jürgen May, Weltrekordler über 1000 m, war 1967 von der DDR in die Bundesrepublik Deutschland übergewechselt. Nach internationalen Maßstäben ein alltäglicher Vorgang, nach DDR-Doktrin eine Art Landesverrat. May fuhr nach Athen als Mitglied und Medaillenkandidat der DLV-Mannschaft. Einen Tag vor der Eröffnungsfeier legte die DDR gegen seinen Start Protest ein. Von dieser Möglichkeit wußte Danz, hielt sie aber vor der Mannschaft geheim. Er hoffte, daß »sein Freund«, der Marquess of Exeter, dem Protest nicht stattgeben würde. Die entsprechenden Paragraphen der IAAF waren in diesem besonderen deutsch-deutschen Fall nicht eindeutig. Ihre Auslegung lag im Ermessen des IAAF-Präsidenten. Er entschied allein Danz überschätzte die freundschaftlichen Gefühle des Marquess. Dem Briten war die Gewogenheit der Ostblockstaaten wichtiger.

Ein letzter Versuch einer Delegation mit der Olympiasiegerin Ingrid Becker, den ehemaligen Olympiasieger Exeter umzustimmen, blieb ergebnislos. Die westdeutsche Mannschaft erklärte sich hierauf mit May solidarisch. Gegen den Willen ihres Präsidenten beschloß sie den Boykott der Wettkämpfe. Nur um die griechischen Gastgeber nicht zu verletzen, reiste sie nicht sofort ab, sondern beteiligte sich an der Eröffnungs- und Schlußfeier sowie an den Staffeln.

Erfolg für die deutsche 4x100-m-Staffel: Jahn, Stöck, Hähnle und Becker (v. l.) werden Dritte.

Jürgen May, 1967 aus der DDR geflohener Leichtathletik-Weltrekordler, dessen »Fall« die Gemüter erhitzt

Der Marquess of Exeter (r.) mit Max Danz im Hotel »Frankfurter Hof« in Frankfurt am Main vor Beginn einer Tagung der IAAF am 24. Februar 1968

Der Fernkampf im Fünfkampf

4./5. Oktober 1969. Im August lief die Österreicherin Liese Prokop in Wien die 100 m Hürden in 13,9 sec, stieß die Kugel 14,51 m, sprang 1,72 m hoch, 6,07 m weit und lief die 200 m in 24,9 sec. Das war mit 5089 Punkten Weltrekord. Liese wollte in Athen gegen die Olympiasiegerin Ingrid Becker und die noch stärker eingeschätzte Heide Rosendahl ihre führende Stellung beweisen. Als beide nicht antraten, wurde Liese zwar Europameisterin, blieb aber mit 5030 Punkten unter ihren Möglichkeiten. Es fehlte die Motivation. Acht Tage später erreichte Heide Rosendahl in Hamburg 5155 Punkte. Jetzt war die Motivation wieder da. In Wien holt sich Liese jetzt mit 5352 Punkten den Weltrekord.

Liesel Westermanns Weltrekord aus Wut

27. September 1969. »So ein Schitt, heute klappt aber überhaupt nichts!«, ruft Liesel Westermann beim Länderkampf in Hamburg Rita Jahn zu. »Schitt« war es auch in Mexiko, wo ein Gewitterregen die Weltrekordlerin um die olympische Goldmedaille brachte. In Berlin (Ost) warf sie am 18. Juni Weltrekord mit 62,70 m. Dann wollte sie in Athen Europameisterin werden. Wieder »Schitt«. Wutgeladen tritt sie in den Wurfkreis. Wenigsten etwas Gegenwind, das ist gut für den Diskus. Er fliegt auf 63,96 m!

Zehn Zehnkämpfe in sieben Monaten

10./11. Dezember 1969. Der Olympiasieg genügt dem US-Amerikaner nicht. Bill Toomey will auch den Weltrekord im Zehnkampf. Kurt Bendlin hält ihn mit 8319 Punkten. Im April gab Toomey in Walnut nach acht Übungen auf. Im Juni kam er in Los Angeles auf 8169, im selben Monat in Bakersfield auf 7818, im Juli in Los Angeles auf 7938, im August in Augsburg auf 8116 Punkte, danach in Warschau auf 8076, im September in South Lake Tahoe auf 8137, im Oktober in Los Angeles auf 8277 und auf 8270 Punkte. Im Dezember erreicht er endlich 8417 Punkte, eine Parforcetour ohnegleichen.

1970

Februar. Erstmals Alpine Ski-Weltmeisterschaften im Grödner Tal. Der 51jährige Karl Schranz gewinnt den Titel im Riesenslalom, der 21jährige Schweizer Bernhard Russi im Abfahrtslauf.

Bei den Nordischen Ski-Weltmeisterschaften in der Hohen Tatra gewinnen die Russen sieben von zehn Titeln.

Bei den Vierkampf-Eisschnellauf-Weltmeisterschaften in Oslo Sieg durch den Niederländer Ard Schenk.

1. 2. Bei den Rodel-Weltmeisterschaften in Königssee siegt Josef Fendt. Silber und Bronze für Christa Schmuck und Elisabeth Demleitner.

16. 2. Joe Frazier wird nach K.-o.-Sieg in der vierten Runde über Jimmy Ellis in New York von allen Boxverbänden als Weltmeister anerkannt.

März. Der Basketballspieler Lou Alcindo, der sich später Kareem Abdul-Jabbar nennt, beginnt in Los Angeles seine 20jährige Profikarriere.

Bei den Eiskunstlauf-Europameisterschaften in Leningrad gewinnen die Geschwister Angelika und Erich Buck die Silbermedaille im Eistanz.

In West Allis erstmals Weltmeisterschaften für Eisschnellauf-Sprinterinnen. Die Russin Titowa siegt vor Nina Statkewitsch (UdSSR) und der Niederländerin Atje Keulen-Deelstra.

Bei der siebten Hallenhandball-Weltmeisterschaft in Frankreich siegt Rumänien zum dritten Mal (nach Verlängerung über die DDR).

April. Bei den Eiskunstlauf-Weltmeisterschaften in Ljubljana verteidigen Gabriele Seyfert (DDR) sowie Irina Rodnina/Alexej Ulanow (UdSSR) ihre Titel (→ März 1970).

29. 4. Europapokal der Pokalsieger: Manchester United – Gornik Hindenburg 2:1 in Rom.

6. 5. Europapokal der Landesmeister: Feyenoord Rotterdam – Celtic Glasgow 2:1 n. V. in Madrid.

15. 5. Das Internationale Olympische Komitee (IOC) schließt Südafrika wegen seiner Apartheidpolitik mit 25:3 Stimmen aus.

31. 5. – 21. 6. Neuntes Worldcup-Turnier im Fußball in Mexiko. Brasilien wird zum dritten Mal Weltmeister.

9. 6. Der Belgier Eddy Merckx gewinnt zum zweiten Mal den Giro d'Italia (→ Juni 1970).

Juli. Die US-Amerikanerin Margaret Court-Smith gewinnt seit 1965 zum zweiten Mal das Damen-Einzel in Wimbledon. Ihr gelingt in diesem Jahr als zweiter Frau der Grand Slam (→ September 1970).

Bei den zweiten Dressur-Weltmeisterschaften in Aachen gewinnt die Russin Elena Petuschkowa auf Pepel. Auch die Mannschaftswertung geht an die UdSSR.

Siebte Weltmeisterschaften der Springreiter. In La Baule siegt der Brite David Broome.

4. 7. Weltrekord über 3000 m Hindernis in 8:22,0 sec durch den Australier Kerry O'Brien in Berlin.

12. 7. Weltrekord über 200 m in 22,4 sec durch Chi Cheng (Taiwan) in München.

19. 7. Eddy Merckx gewinnt zum zweiten Mal die Tour de France.

23. 7. Weltrekord über 400 m in 51,0 sec durch Marilyn Neufville (Jamaika) in Edinburgh.

26. 7. Weltrekord über 100 m Hürden in 12,7 sec durch Karin Balzer (DDR) in Berlin (Ost).

August. Zweite Weltmeisterschaften in der Vielseitigkeitsprüfung in Punchestown. Sieg der Britin Mary Gordon-Watson auf Cornisman V.

1. – 5. 8. Erstmals Weltmeisterschaften im Modernen Fünfkampf in der Bundesrepublik Deutschland. Sieg der Ungarn im Einzel durch Kelemen und mit der Mannschaft.

3. 9. Weltrekord im Weitsprung mit 6,84 m durch Heide Rosendahl in Turin.

Weltrekord im Stabhochsprung mit 4,46 m (nach 4,45 m am 17. 6.) durch Wolfram Nordwig in Berlin.

4. 9. Beim Training zum Großen Preis von Italien auf der Monza-Bahn verunglückt der deutsche Automobilrennfahrer Jochen Rindt tödlich.

5./6. 9. Weltrekord im Fünfkampf mit 5406 Punkten durch Burglinde Pollak (DDR) in Erfurt.

4. 10. Jochen Rindt wird posthum Weltmeister der Formel 1, da nach den Rennen in Watkins Glen (USA) seine Punktzahl nicht mehr überboten werden kann (→ 5. 9. 1970).

24. 10. Weltrekord im Stabhochsprung mit 4,49 m durch den Griechen Christos Papanicolaou in Athen.

26. 10. Nach Erteilung einer Kampfgenehmigung durch den Gouverneur von Georgia kehrt Muhammad Ali in Atlanta mit einem K.-o.-Sieg in der dritten Runde über Jerry Quarry in den Ring zurück.

1. 11. Joe Frazier verteidigt seinen Weltmeistertitel im Box-Schwergewicht gegen Bob Foster durch K. o. in der zweiten Runde in Detroit.

November. Triumph der Japaner bei den Turn-Weltmeisterschaften in Ljubljana. Russen erstmals seit 18 Jahren ohne Medaille.

7. 12. Muhammad Ali schlägt den Argentinier Oscar Bonavena in New York über zehn Runden nach Punkten.

Dezember. Die Bundesrepublik Deutschland, erstmals im Davis-Cup-Finale, unterliegt in Cleveland/Ohio den USA 0:5.

Das russische Paar Irina Rodnina/Alexej Ulanow verteidigt bei den Eiskunstlauf-Weltmeisterschaften in Ljubljana seinen im Vorjahr errungenen Titel.

Zuerst WM, dann Abitur

März 1970. Das Geschwisterpaar Angelika und Erich Buck aus Ravensburg kommt zu seinem bisher größten Erfolg, als es bei den Eiskunstlauf-Europameisterschaften in Leningrad die Silbermedaille im Eistanzen gewinnt.

Vor der Teilnahme an der Weltmeisterschaft in Ljubljana im April steht jedoch ein Hindernis. Angelika muß ihr Abitur machen, denn vom Eistanzen kann man nicht leben. Aber da greift wie ein Deus ex machina der Kultusminister von Baden-Württemberg ein und verfügt: Angelika darf das Abitur nachholen. Das beschwingt ihren Eistanz enorm, und die Geschwister gewinnen die Bronzemedaille mit einer harmonischen Kür von großer Musikalität.

Die Ravensburger trennen jedoch noch Welten von der Darbietung der russischen Weltmeister Ludmilla Pakhomova/Alexander Gorschkow. Was diese beiden zu einer höchst schwierigen Klaviermusik aufs Eis zaubern, eröffnet dem Eistanz ganz andere Dimensionen. Das Publikum spürt, daß hier etwas Neues entsteht. Der Eistanz tritt als gleichrangige Disziplin fordernd neben den Eiskunstpaarlauf.

Wenn sich die Frage noch nicht aufdrängt, ob künstlerische Elemente heute nicht eher im Eistanz als im Paarlauf zu finden sind, liegt das einmal an der noch ziemlich einsamen Klasse Pakhomova/Gorschkows. Zum andern an Irina Rodnina. Dieses kleine Persönchen entzündet neben ihrem Partner Alexej Ulanow ein Feuer auf dem Eis, das dem Paarlauf noch einmal Faszination verleiht. Mit ihr triumphiert das Ewigweibliche bei einem Paar. Daran können sich viele nicht sattsehen. Smirnova/Sureikin laufen hingegen harmonischer, eleganter, sozusagen gleichberechtigter. Aber sie bieten den Punktrichtern weniger sportliche Schwierigkeiten. Geradezu tragisch muten gegenüber diesen beiden Paaren die Protopopows an. Sie zelebrieren nur noch kitschiges Eiskunstlauf-Biedermeier. So rasch wandeln sich im Sport Leistungsansprüche und Stile.

Gabriele Seyfert, Vizeweltmeisterin 1966 bis 1968, ist seit einem Jahr die unbestrittene Königin auf dem Eis.

Joe Frazier Weltmeister aller Verbände

16. Februar 1970. Angelo Dundee, der Manager des Boxweltmeisters außer Diensten Muhammad Ali, ahnte, als er im März 1968 Joe Frazier gegen Buster Mathis boxen sah, daß er auf das falsche Pferd gesetzt hatte, als er Jimmy Ellis unter Vertrag nahm. Dieser ehemalige Sparringspartner Alis blieb immer dessen schlechte Kopie.
Als in jenem Jahr Ellis das Ausscheidungsturnier der World Boxing Association (WBA) gewann, und Frazier nach seinen K.-o.-Siegen über Mathis und den Mexikaner Manuel Ramos von der New York State Athletic Commission (NY) als Weltmeister ausgerufen wurde, war es logisch, diese beiden Weltmeister gegeneinander antreten zu lassen. Aber es war nicht vorteilhaft. Jedenfalls nicht für Angelo Dundee. Er zögerte diese Begegnung zwei Jahre hinaus.
Das Publikum war es hochzufrieden, denn es sollte statt dessen wieder einmal eine »weiße Hoffnung« zum Zuge kommen. Erst schwor der Argentinier Oscar Bonavena, den Weltmeistertitel endlich nach Südamerika zu holen. Von 36 Kämpfen hatte er 27 durch K. o. gewonnen. Doch Bonavena verlor gegen Ellis, der ihn sogar zweimal am Boden hatte, und gegen Frazier. Dann trat der Kalifornier irischer Abstammung Jerry Quarry an. Er verlor gegen Ellis in 15 Runden nach Punkten und wurde gegen Frazier nach der siebten Runde aus dem Kampf genommen. Quarry protestierte leidenschaftlich gegen diese Entscheidung. Aber er hatte den pausenlos geschlagenen Hakenserien Fraziers nichts als Tapferkeit entgegenzusetzen. Sein einziger Stolz blieb, vor beiden Weltmeistern kein Knie gebeugt zu haben. Das war aber auch das Ende der weißen Hoffnungen.
So wurde der Kampf Frazier-Ellis unausweichlich. Vor 18 000 Zuschauern im New Yorker Madison Square Garden macht Frazier vom ersten Gongschlag an den Kampf in dem Stil, der ihm den Beinamen »Lokomotive« eingetragen hat. Ständig unter Dampf, schlägt er mit geducktem Kopf seine Hakenserien. Ellis kann ihn nicht auf Distanz halten. In der vierten Runde muß er bis »neun« zu Boden. Gleich darauf kracht wieder eine wuchtige Rechte an sein Kinn. Der Gong rettet ihn, aber Dundee wirft das Handtuch. »Er traf mich mit einem furchtbaren Haken«, stammelt Ellis, als sich der Nebel in seinem Hirn lichtet, »ich konnte einfach nicht mehr. Angie brach ab, weil er erkannt hatte, daß ich fertig war.« Das sah jeder.

Ein Produkt der Cloverlay Inc.

Joe Frazier kommt am 12. Januar 1944 als Sohn einer kinderreichen Farmerfamilie in Beaufort/South Carolina zur Welt. Früh muß er seinem Vater, der einen Arm verlor, auf dem Feld helfen. Früh, mit 16, heiratet er, geht in die Stadt, arbeitet in einer Fleischfabrik. Mit 20 wird er Olympiasieger, danach ist er arbeitslos. Sein Amateurtrainer »Yank« Durham findet Sponsoren. Die Cloverlay Inc. nimmt Frazier lästige Probleme wie Sorge für den Lebensunterhalt, Trainer, Wohnung und Steuern ab.

▷ Am 16. Februar 1970 knockt Frazier (l.) Ellis in New York in der vierten Runde aus.

US-Basketball-Idol Kareem Abdul-Jabbar (x)

Ein Star tritt an

März 1970. *Als Lou Alcindo, der sich später Kareem Abdul-Jabbar nennt, seine Karriere beginnt, ahnt er nicht, daß er ein Basketball-Idol werden wird. Nach 20 Profijahren ereignet sich in New York etwas Einmaliges: Die Zuschauer im Madison Square Garden applaudieren einem Spieler der Los Angeles Lakers, obwohl diese gegen die New York Knicks gewonnen haben. Sie feiern einen Basketballer, der noch nie für einen New Yorker Club mit seinem berühmten »Sky Hook« Punkte machte: 38 387 in 1580 Spielen.*

Kampf zwischen Sport und Geld — Manager und »Promoter« bestimmen das Boxgeschäft

Das Plausible bei einem Weltmeister liegt darin, daß es von ihm nur jeweils einen einzigen gibt. Gerade darin liegt aber auch das Mißliche für Manager, die an Weltmeistern verdienen wollen. Und das ist in besonderem Maß im Berufsboxsport der Fall. Es ginge noch an, wenn es jedes Jahr einen anderen Weltmeister gäbe. Aber Boxweltmeister, die ihren Titel über Jahre erfolgreich verteidigen, werden von den Managern, die sie nicht unter Vertrag haben, als schreiende Ungerechtigkeit empfunden.
Das hat man schon in den Pionierzeiten des Profiboxens klar erkannt. Da gab es Weltmeister an der US-amerikanischen Ostküste und Westküste oder nur in New York. Und für die Briten war ursprünglich die Boxwelt ohnehin jenseits der britischen Inseln zu Ende. Um hier Ordnung hineinzubringen, wurde 1911 die International Boxing Union (IBU) mit Sitz in Paris gegründet. Von ihr hört man hin und wieder heute noch. Sie hat es schwer auf dem US-amerikanischen Boxmarkt, den die World Boxing Association (WBA) in New York beherrscht. Mit ihr rivalisiert mit wechselndem Erfolg der World Boxing Council (WBC) mit Sitz in Mexiko City. Dessen Präsident gilt als »Promoter« und macht auch keinen Hehl daraus. In New York gibt es noch die New York State Athletic Commission (NY), die ab und zu mit Anerkennungen oder Nichtanerkennungen im Weltmeisterangebot mitmischt. Da es trotzdem noch zu wenig Boxweltmeister gibt, die sich vermarkten lassen, vermehrt man neuerdings die Zahl der Gewichtsklassen.

Joe Louis, der »braune Bomber«, Boxweltmeister aller Klassen von 1937 bis 1949

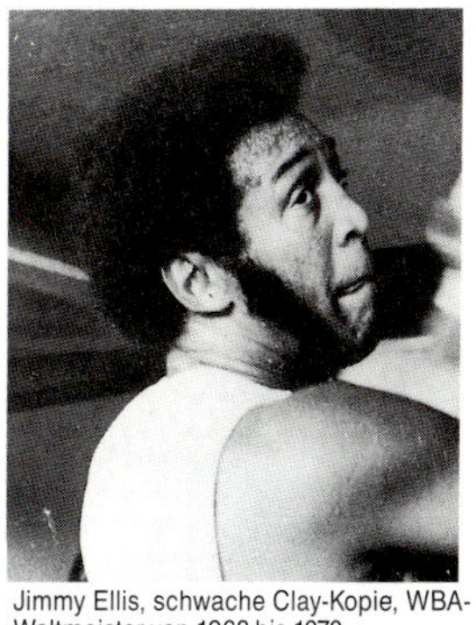

Jimmy Ellis, schwache Clay-Kopie, WBA-Weltmeister von 1968 bis 1970

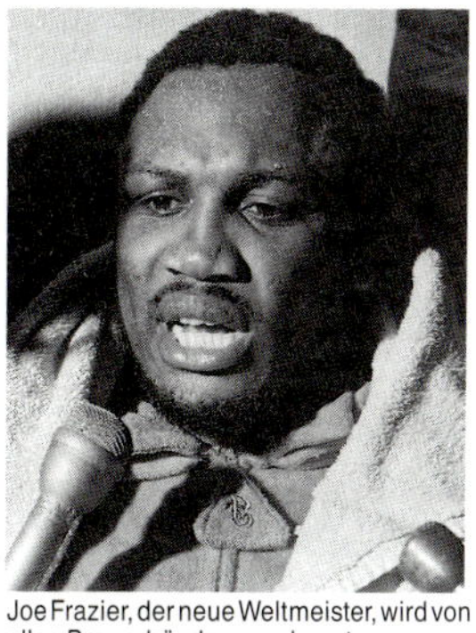

Joe Frazier, der neue Weltmeister, wird von allen Boxverbänden anerkannt.

Muhammad Ali wurde der WM-Titel 1967 nach Wehrdienstverweigerung aberkannt.

Brasilien wird zum dritten Mal Fußballweltmeister

3. Juni 1970. Schon das erste Spiel der Brasilianer bei der neunten Fußball-Weltmeisterschaft in Mexiko gegen ihren Endspielgegner von 1962 ČSSR ist eines der schönsten. Zwar schießt Petras das erste Tor, aber die Brasilianer brauchen oft so etwas, um richtig aufzuwachen. Noch vor Ende der Halbzeit erzielt Rivellino den Ausgleich. Danach stellt Pelé die Zeichen auf Angriffsfußball total und skort zum 2:1. Vor zwölf Jahren war der 17jährige Pelé die Fußballsensation in Schweden, 1962 in Chile ein Pechvogel, 1966 in England Opfer eines brutalen Fouls. Bei seiner vierten WM-Teilnahme ist er ein Fußball-Wunder.

Gegen den Titelverteidiger England am 7. Juni gelingt es Mullery, Pelé weitgehend kaltzustellen. Das hindert Pelé allerdings nicht, Jairzinho mit einer maßgerechten Vorlage zum spielentscheidenden 1:0 zu bedienen. Mit diesem Sieg über den Weltmeister beginnt in Mexiko bereits der Karneval von Rio. Dagegen kommen die Rumänen nicht an (10. 6.). Wieder zeigt Pelé mit dem Führungstreffer, wo es lang geht.

Im Viertelfinale (14. 6.) gegen Peru beschränkt sich Pelé auf meisterliche Regie. Er macht das Spiel schnell, wenn es erforderlich ist, oder drosselt das Tempo, je nach Bedarf. Eher im Schongang gewinnen die Brasilianer 4:2.

Mit alten Rivalen haben sie es im Halbfinale am 17. Juni zu tun. Die Uruguayer gehen nach 18 Minuten in Führung und danach hart zur Sache, um den Brasilianern jede Freude am Angriffsfußball zu verderben. Der spanische Schiedsrichter steht ihnen dabei zur Seite und verweigert den Brasilianern zwei klare Elfmeter. Pelé hält sich zurück, er möchte gern mit heilen Knochen das Endspiel erreichen. Das ist gesichert, als Clodoaldo ausgleicht und Jairzinho und Rivellino auf 3:1 erhöhen.

Im Endspiel am 21. Juni geht es nicht allein um den Titel, sondern auch um den endgültigen Besitz des »Coupe Jules Rimet«. Denn wie Brasilien war auch Italien bisher zweimal Weltmeister. Als Pelé in der 17. Minute zum 1:0 trifft, beginnt der Karneval vorzeitig auch in Rio. Der Ausgleich durch Roberto Boninsegna beeindruckt die Brasilianer überhaupt nicht. Sie steigern sich in der zweiten Halbzeit in einen wahren Spielrausch hinein. 2:1 — 3:1 — 4:1!

Italiens Torhüter Dino Zoff streckt sich vergeblich: Nach Vorlage von Pelé verwandelt Carlos Alberto (4) zum 4:1.

Pelé (4. v. l.) nimmt zum vierten Mal an einer Fußball-WM teil.

Dritter WM-Titel krönt Pelés Laufbahn

Ein Jahrhundert-Fußballer wie Pelé hört nicht einfach von heute auf morgen auf. Zum Empfang der brasilianischen Weltmeister-Mannschaft kommt Staatspräsident Emilio Carastazu Medici zum Flughafen. Der Jules-Rimet-Pokal gehört nach dreimaligem Gewinn Brasilien. Oder Pelé. Brasilien im Jubel.

Ein Jahr später, am 18. Juli 1971, bestreitet Pelé im Maracana-Stadion von Rio de Janeiro gegen Jugoslawien sein 110. und letztes Länderspiel. Er spielt nur eine Halbzeit lang. Dann zieht er sein Trikot mit der Rückennummer 10 aus und läuft eine Ehrenrunde. Als Pelé winkend das Stadion verläßt, brechen 180 000 Zuschauer in Tränen aus. Das Spiel endet 2:2, aber wen interessiert das schon? Brasilien versinkt in Trauer über diesen Verlust.

Krieg Honduras gegen El Salvador

Bei den WM-Qualifikationsspielen der Mittelamerika-Gruppe ging es im Sommer 1969 zwischen Honduras und El Salvador um das Weiterkommen. El Salvador verlor in Honduras 0:1 und gewann das Rückspiel 3:0. Die Fédération Internationale de Football Association (FIFA) ordnete ein Entscheidungsspiel in Mexiko City an. Als »Pipo« Rodriguez in der 102. Minute das Siegtor zum 3:2 für El Salvador schoß, brach zwischen beiden Staaten ein Krieg aus. Salvadorianer wurden in Honduras verprügelt und ausgeplündert. Man zündete ihre Häuser an. Einfuhr- und Ausfuhrsperren wurden verhängt, Truppen in Marsch gesetzt. Es wurde scharf geschossen. Man zählte 200 Tote und über 1000 Verletzte. Die Vermögensschäden gingen in Millionenhöhe. Erst als die Menschenrechtskommission der UNO schlichtend eingriff, wurde der Krieg beendet.

Der Thriller von Leon: Deutschland schlägt England 3:2

14. Juni 1970. »Ich hoffe«, sagt Englands Trainer Sir Alf Ramsey vor diesem Spiel, »die Deutschen bringen keine Rachegedanken mit.« Auf deutscher Seite wird das auch entschieden bestritten. Rache? Nein. Revanche aber wohl. Und da herrscht große Zuversicht, daß sie auch gelingt. Sogar der sonst eher übervorsichtige deutsche Trainer Helmut Schön erklärt: »Wir werden sie schlagen.« So überzeugt hatten die deutschen Spieler den »Langen«, wie sie ihren Trainer nennen, noch nie erlebt. Aber auch die Engländer strotzen vor Selbstsicherheit. Es stört sie nicht, daß die Deutschen in Leon quasi ein Heimspiel bestreiten. Nicht allein wegen der 3000 deutschen Schlachtenbummler. Auch die restlichen 20 000 Zuschauer stehen geschlossen hinter ihren »Alemanos«, als der argentinische Schiedsrichter um 12 Uhr mittags das WM-Viertelfinale anpfeift. Die Schützenhilfe nutzt den Deutschen aber wenig, denn nach einer halben Stunde schießt Mullery das Führungstor. Ein Spiel mit einem Rückstand zu beginnen, ist bei den Deutschen fast schon Tradition. Sie drängen beherzt auf den Ausgleich, doch rennen sich in der stabilen Abwehr der Engländer fest. Als fünf Minuten nach Beginn der zweiten Halbzeit Peters mit einem überraschenden Schuß ins kurze Eck auf 2:0 erhöht, glaubt niemand mehr an eine Revanche für Wembley. Auch Englands Trainer Ramsey schließt eine solche Möglichkeit aus und denkt bereits ans nächste Spiel. Er winkt eine Viertelstunde später seinen alten Kämpen Bobby Charlton vom Platz, um ihn für das Halbfinale zu schonen, und wechselt dafür Bell ein. Das stellt sich als folgenschwerer Fehler heraus. Wie 1966 im Londoner Wembley-Stadion (→ 30. 7. 1966) haben sich auch in Leon die beiden Spielerpersönlichkeiten Franz Beckenbauer und Charlton gegenseitig neutralisiert.

»Juanito«, das Maskottchen der Fußball-Weltmeisterschaft

Befreit von Bobby diktiert Beckenbauer von nun an das Spiel. In der 69. Minute gelingt ihm nach herrlichem Alleingang der Anschlußtreffer. Das schockt die Engländer keineswegs. Sie sind clever genug, ein 2:1 über die Zeit zu retten. Auch Helmut Schön wechselt aus. Jürgen Grabowski kommt für den erschöpften Reinhard Libuda, Willi Schulz für den verletzten Horst Höttges. Damit gewinnt das deutsche Spiel noch mehr an Tempo. Im englischen Strafraum spielt sich eine turbulente Szene nach der andern ab. Die Zuschauer schreien sich die Kehlen heiser. Neun Minuten vor Spielende treibt Karl-Heinz Schnellinger den Ball in hohem Bogen 30 m nach vorn. Uwe Seeler springt hoch und köpft ein zum 2:2. »Mit dem Ohr habe ich ihn erwischt«, grinst er. Bei der Verlängerung in der heißesten Zeit des Tages wirken die Engländer wie ein angeschlagener Boxer im Ring. Und das dritte Tor schießen diesmal die Deutschen. Durch den Mann, der bei ihnen für entscheidende Tore zuständig ist, Gerd Müller. Die Revanche ist geglückt. Charlton, der sich dieses Drama von der Auswechselbank ansehen mußte, erklärt: »Daß Deutschland ein ebenso schwerer Gegner wie 1966 im WM-Finale werden würde, darüber waren wir uns alle einig. Aber daß die Deutschen nach dem 0:2-Rückstand noch über eine solche Kampfmoral verfügen würden, vor der wir einfach kapitulieren mußten, das hätte ich nie für möglich gehalten.« Und Trainer Ramsey knurrt: »Ich kann mich nicht erinnern, daß eine englische Mannschaft jemals nach einer 2:0-Führung verloren hätte –, und meine Erinnerung reicht weit zurück.«

Die Entscheidung in der Verlängerung. Gerd Müller (l.) schießt in der 108. Minute das 3:2. Weltmeister England scheidet in Leon im Viertelfinale aus.

Noch ein Jahrhundertspiel mit deutscher Beteiligung

17. Juni 1970. Als die beiden Mannschaften das Aztekenstadion in Mexiko City zum Halbfinale betreten, werden die Deutschen von den 80 000 Zuschauern mit Ovationen, die Italiener mit Pfiffen empfangen. Die »Helden von Leon« haben bereits Fußballgeschichte geschrieben. Die Italiener andererseits haben das Kunststück fertiggebracht, mit einem Tor in drei Spielen Gruppensieger zu werden.

In der achten Minute gehen die Italiener durch Roberto Boninsegna in Führung. Wieder einmal liegen die Deutschen früh zurück und laufen dem Ausgleich nach. Da, in der 91. Minute, der mexikanische Schiedsrichter Yamasaki läßt noch etwas nachspielen, schlägt Jürgen Grabowski eine flache Flanke nach innen, der nach vorne gerückte Verteidiger Karl-Heinz Schnellinger grätscht hinein, und es steht 1:1. Wer dachte, das Englandspiel sei der Höhepunkt an Dramatik gewesen, erlebt jetzt einen Superthriller. Gerd Müller erwacht zu sich selbst und markiert das 2:1. Zwei Minuten später gleicht Tarcisio Burgnich aus. In der 104. Minute zeigt endlich Italiens Goalgetter Luigi Riva, was er kann. Das 2:3 muß die Entscheidung sein. Aber in der 110. Minute zerstört der »schreckliche« Müller diese italienische Hoffnung. Als man bereits mit einem Losentscheid rechnet, gelingt dem erst in der zweiten Halbzeit eingewechselten Gianni Rivera das 3:4.

Das Drama Deutschland–Italien im Aztekenstadion von Mexiko City. Gerd Müller (r.) gleicht in der Verlängerung zum 3:3 aus. Noch ist das Spiel offen.

Margaret Court-Smith auf dem Weg zum Grand Slam nach ihrem Sieg über Billie Jean King in Wimbledon

Court-Smith holt sich den Grand Slam

September 1970. Nach dem Endspiel im Damen-Einzel von Forest Hills stöhnt die US-Amerikanerin Rosa Maria Casals: »Wenn man über das Netz schaut, sind dort nur Beine und Arme — zum Fürchten. Man bringt es einfach nicht fertig, den Ball außerhalb ihrer Drives zu schlagen.« Diese Erfahrung machte vor ihr u. a. auch die derzeit beste deutsche Tennisspielerin Helga Niessen. Sie kam unter die letzten acht, und da trat ihr die Australierin Margaret Court-Smith entgegen. Zwei Wochen zuvor in Roland Garros/Paris scheiterte Helga Niessen ebenso. In diesem Jahr scheiterten aber alle Tennisspielerinnen an der athletischen Linkshänderin.
Margaret kam bereits mit dem Sieg in Melbourne nach Paris, schlug im Wimbledon-Finale Billie Jean King und hat jetzt nach ihrem Sieg über Casals als zweite Frau nach der US-Amerikanerin Maureen Conolly 1953 (→ September 1953) den Grand Slam gewonnen. Für sie ist es nicht der erste, aber der wertvollste Grand Slam. Denn sie gewann diesen Titel bereits 1963 mit ihrem Landsmann Ken Fletcher und 1965 mit verschiedenen Partnern. Damit erschöpft sich die Erfolgsserie der am 16. Juli 1942 in Albury, einer Stadt im Staat New South Wales, geborenen Margaret Smith keineswegs. Sie gewinnt die Australischen Meisterschaften in den Jahren 1960 bis 1973 insgesamt elfmal. In Roland Garros ist sie zwischen 1962 und 1973 fünfmal erfolgreich. In Wimbledon siegt sie 1963, 1965 und 1970, in Forest Hills 1962, 1965, 1969, 1970 und 1973. Ihre Stärken sind das kraftvolle Serve-and-Volley-Spiel und ein stark unterschnittener Rückhand-Slice. Sie ist die beste Tennisspielerin ihrer Zeit.

Deutschland spielt um den Davis Cup

Dezember 1970. Um die US-Amerikaner im Davis Cup herausfordern zu können, mußten die Deutschen erst Dänemark 4:1, Ägypten 5:0, Belgien 5:0, die UdSSR 3:2, Indien 5:0 und Spanien 4:1 ausschalten. Letzteres gelang nur, weil im Düsseldorfer Rheinstadion ein Asphaltplatz angelegt worden war, wo die spanischen Sandplatzspezialisten Santana und Orantes den 31jährigen Wilhelm Bungert und Christian Kuhnke unterlagen. In Cleveland/Ohio ist dann gegen Arthur Ashe und Cliff Richey sowie das Doppel Stan Smith/Bob Lutz kein Kraut mehr gewachsen. Immerhin spielt Kuhnke gegen Ashe das bisher längste Einzel der Davis-Cup-Geschichte, das er 8:6, 12:10, 7:9, 11:13, 4:6 verliert.

Deutschland steht erstmals im Endspiel um den Davis Cup. Einer der Stützen im deutschen Team ist der 31jährige Christian Kuhnke.

Brite David Broome gewinnt Spring-WM

Juli 1970. Das Finale der Weltmeisterschaften im Springreiten im französischen Seebad La Baule erreichen von 27 Teilnehmern aus 14 Nationen die Briten Harvey Smith mit Mattie Brown und David Broome mit Beethoven, der Italiener Graciano Manchinelli mit Fidux und der Deutsche Alwin Schockemöhle mit Donald Rex. Letzterer erweist sich in vier Umgängen unter vier Reitern als das beste Pferd. Als bester, nervenstärkster und routiniertester Reiter gewinnt jedoch Broome nach drei Null-Fehlerritten mit vier Fehlerpunkten, die Donald Rex unterlaufen, den Titel.

Niederlagen für deutsche Reiter

Juli 1970. »Bald spielt niemand mehr mit uns«, hatten die erfolgsverwöhnten deutschen Dressurreiter bereits befürchtet. Da wirkt die doppelte Niederlage bei den Weltmeisterschaften in Aachen als heilsamer Schock. Sie fällt bei der Mannschaft mit zwei Punkten Rückstand denkbar knapp aus. Auch in der Einzelwertung verhelfen nur drei Punkte der Moskauer Biochemikerin Elena Petuschkowa auf Pepel zum Sieg über Liselott Linsenhoff mit Piaff. Aber der russische Erfolg ist verdient.

Geglückte Revanche des Eddy Merckx

Juni 1970. Zwar hatte Eddy Merckx nach dem Dopingskandal im Vorjahr (→ Juni 1969) geschworen, nie mehr seinen Fuß auf italienischen Boden zu setzen. Aber wer ihn kannte, wußte, daß er sich auf andere Art revanchieren würde. Er tritt zum Giro an und fährt zum dritten Mal die Konkurrenz in Grund und Boden. Diesmal aber feiern ihn die »Tifosi« als »Campionissimo« und vergöttern ihn geradezu. Eddys begleitender Arzt, der mit Argusaugen über die Reinheit des Merckxschen Urins wachte, erklärt den hingerissenen Reportern: »Eddy ist für den Radsport, was Beethoven für die Musik gewesen ist.« Derart beschwingt holt sich Eddy Merckx wenige Wochen später auch den Sieg in der Tour de France.

Die 23jährige Heide Rosendahl, Weltrekordlerin im Weitsprung

Heide Rosendahls Weltrekordsprung

3. September 1970. In Mexiko bei den Olympischen Spielen 1968 hatte Heide Rosendahl im Fünfkampf Verletzungspech, im Weitsprung enttäuschte sie mit 6,40 m als Achte. In Turin bei den Studentenweltspielen gelingt ihr mit 6,84 m der Weltrekord. Sehenswert ist, wie sie springt. Das dauert erst mal seine Zeit. An der Ablaufmarke trippelt sie nervös auf der Stelle, als gehorchten ihr die Beine nicht mehr. Die Arme baumeln lose am Körper, die Hände zittern. Dann wirft sie den Kopf in den Nacken, zögert immer noch, wippt drei-, viermal nach vorn. Dann endlich läuft sie an.
In Stuttgart bringt man die mittlerweile zur »Miß Leichtathletik« gekürte Weitsprung-Weltrekordlerin um den Weltrekord im Fünfkampf. Den hatte die 19jährige Burglinde Pollack am 5./6. September in Erfurt auf 5406 Punkte verbessert. Heide kommt in Stuttgart auf 5399 Punkte. Aber in Stuttgart stoppt man ihre Laufzeiten elektrisch, in Erfurt wurde bei Burglinde mit der Hand gestoppt. Das macht einen Unterschied von 25 Punkten zum Nachteil von Heide aus. Das Pech bleibt ihr im Fünfkampf eben treu.

Ein Toter wird Formel-1-Weltmeister

5. September 1970. Training zum Großen Preis von Italien in Monza. Um 15.24 Uhr fliegt der rot-gelb lackierte Lotus mit der Nummer 22 in der Parabolica-Kurve bei rund 250 km/h von der Bahn. Die Bremswelle ist gebrochen. Der Fahrer wird tot geborgen. Jochen Rindt, der erste Deutsche, der Formel-1-Weltmeister wird, erhält den Titel posthum am 4. Oktober 1970.
Rindt wurde am 16. April 1942 in Mainz geboren. Als er 15 Monate alt war, kamen seine Eltern in Hamburg bei einem Bombenangriff ums Leben. Er wuchs in Graz bei seinen Großeltern auf und begann seine Rennfahrerkarriere als Österreicher. Seinen ersten Erfolg fuhr er 1965 beim 24-Stunden-Rennen in Le Mans heraus. Dann holte ihn Colin Chapman. 1969 gewann Rindt den Grand Prix in Watkins Glen. Als er 1970 die ersten fünf Grand-Prix-Rennen siegreich beendet hatte, beschloß Rindt, mit dem Weltmeistertitel seine Karriere zu beenden. Er war hochintelligent und auch geschäftstüchtig genug, um danach andere Pläne zu verfolgen. Wie ernst es ihm mit seinem Vorsatz war, nach dieser Saison aufzuhören, beweist sein Versprechen an seine Frau Nina, eine Finnin. Er wollte ihr 10 000 britische Pfund zahlen, wenn er sein Versprechen brechen sollte. Doch vorher zahlte er mit seinem Leben.

△ Jochen Rindt freut sich über einen seiner ersten Erfolge in Langenlebarn bei Wien. Nach einem schweren Unfall als Formel-1-Pilot beim Großen Preis von Spanien auf der Montjuich-Rennstrecke 1969 kam er noch einmal glimpflich davon, schwor aber, daß 1970 seine letzte Saison sein sollte. Nach fünf Grand-Prix-Siegen hätte sein Weltmeistertitel nach dem Großen Preis von Italien bereits endgültig feststehen können. Er erhält den Titel posthum.

◁ Den WM-Pokal nimmt Jochen Rindts Frau Nina (M.) entgegen. Bei einer »Jochen-Rindt-Show«, einer Sportwagenschau in den Essener Messehallen, ist sie Ehrengast mit Jackie Stewart (l.) und Rolf Stommelen (r.).

Debakel der russischen Turner-Riege

November 1970. In der Tivoli-Halle von Ljubljana erleben die russischen Turner bei den Weltmeisterschaften ein Debakel wie noch nie zuvor. Zum ersten Mal seit ihrem ersten internationalen Auftreten bei den Olympischen Spielen in Helsinki vor 18 Jahren fahren sie ohne eine einzige Medaille nach Hause.
Man hat den Zweikampf zwischen Japanern und Russen schon oft als ein Duell zwischen Künstlern und Handwerkern bezeichnet. Nie wird ein solcher, doch etwas allzu pauschaler Vergleich so deutlich wie diesmal. Dabei haben die Japaner ihren Olympiasieger von Mexiko, Sawao Kato, gar nicht dabei. Dafür wird Zwölfkampf-Weltmeister der 22jährige Eizu Kenmotsu, der es noch nie zum japanischen Meister gebracht hat. Am spektakulärsten setzt sich jedoch der WM-Zweite Mitsuo Tsukuhara in Szene, der einen neuen Pferdsprung kreiert: Ein eingesprungenes Rad mit Vierteldrehung und Rückwärtssalto.
Bei den Damen vergibt Karin Janz (DDR) den Achtkampf-Sieg durch Sturz vom Stufenbarren. Dadurch kommt die Russin Ludmilla Turischtschewa zum Erfolg.

Der japanische Weltmeister Eizu Kenmotsu am Seitpferd. Er wurde bereits 1968 Weltmeister im Mannschaftsturnen. Bei der WM 1970 siegt Kenmotsu auch am Reck. Als erster schafft er den gestreckten Salto rückwärts mit dreifacher Schraube.

1971

Januar. »Skikrieg« zwischen dem Präsidenten des Internationalen Olympischen Komitees, Avery Brundage, und der Fédération Internationale de Ski (FIS). Brundage verlangt den Ausschluß von zehn Skiläufern von den kommenden Olympischen Winterspielen.

3. 1. Schwerste Katastrophe im englischen Fußball mit 66 Toten und über 200 Verletzten im Glasgower Ibrox-Park durch Einsturz einer Tribüne.

Februar. Skandal bei den Bob-Welt-Meisterschaften in Cervinia. Insgesamt 35 Stürze in zwei Wochen. Der Spanier Luis Lopez verunglückt tödlich.

23. – 27. 2. Eiskunstlauf-Weltmeisterschaften in Lyon. Pfiffe für die Weltmeisterin Beatrix Schuba (Österreich), deren Sieg nach der Pflicht bereits feststeht. Rodnina/Ulanow gewinnen erneut den WM-Titel im Paarlauf.

März. Überragender Eisschnelläufer der Niederländer Ard Schenk, der in Göteborg abermals Weltmeister wird und alle Weltrekorde bis auf 500 m hält (→ März 1966).

Sieger bei den Eisschnellauf-Sprintweltmeisterschaften in Inzell: Erhard Keller (Bundesrepublik Deutschland) und Ruth Schleiermacher (DDR).

8. 3. »Kampf des Jahrhunderts«: Joe Frazier verteidigt seinen Weltmeistertitel im Box-Schwergewicht gegen Muhammad Ali durch einen Punktsieg nach 15 Runden in New York.

April. Eishockey-Weltmeisterschaft in der Schweiz ohne Kanada. Die UdSSR vor ČSSR und Schweden.

Bei den Tischtennis-Weltmeisterschaften in Nagoya/Japan drei Titel für die Chinesin Lin Hui-Cheng. Im Herren-Einzel der Schwede Stellan Bengtsson, im Herren-Doppel die Ungarn Tibor Klampar/Istvan Jonyer.

Sieger im alpinen Ski-Weltcup die 18jährige Österreicherin Annemarie Pröll und der Italiener Gustav Thöni.

4. 4. Der VfL Gummersbach gewinnt zum dritten Mal den Europapokal der Landesmeister im Hallenhandball. Steaua Bukarest unterliegt in der Dortmunder Westfalenhalle 16:17.

14. 4. »Ping-Pong-Diplomatie«: Der chinesische Ministerpräsident Chou En-lai empfängt ein US-amerikanisches Tischtennisteam.

28. 5. Europapokal der Pokalsieger: Chelsea London – Real Madrid 2:1 im Wiederholungsspiel in Athen.

2. 6. Europapokal der Landesmeister: Ajax Amsterdam – Panathinaikos Athen 2:0 in London.

10. 6. Erstmals schwedischer Sieg beim Giro d'Italia durch Gösta Pettersson.

Juli. Der Australier John Newcombe gewinnt zum dritten Mal seit 1967 das Herren-Einzel in Wimbledon. Im Damen-Einzel Sieg der farbigen Australierin Evonne Goolagong.

3. 7. Weltrekord im Hochsprung durch Pat Matzdorf (USA) mit 2,29 m in Berkeley.

9. 7. Weltrekord im Hammerwurf mit 74,90 m durch Uwe Beyer in Stuttgart.

11. 7. Weltrekord über 800 m durch Hildegard Falck in 1:58,3 min, erstmals unter zwei Minuten, in Stuttgart.

18. 7. Der Belgier Eddy Merckx gewinnt zum dritten Mal hintereinander die Tour de France (→ Juli 1971).

31. 7. Weltrekord über 100 m Hürden in 12,6 sec durch Karin Balzer (DDR) in Berlin (Ost).

August. 4050 Teilnehmer aus 31 amerikanischen Ländern bei den sechsten Panamerikanischen Spielen in Cali/Kolumbien. Kuba mit 106 Medaillen zweitstärkste Nation hinter den USA.

5. 8. Weltrekord im Dreisprung durch den Kubaner Pedro Perez Duenas mit 17,40 m in Cali.

15. 8. Weltrekord über 1500 m durch Karin Burneleit (DDR) in 4:09,6 min in Helsinki.

Der Brite Jackie Stewart auf Tyrrell zum zweiten Mal Automobilweltmeister der Formel 1 (→ 24.10.1971).

September. Prinzessin Anne von Großbritannien wird in Burghley Europameisterin in der Vielseitigkeitsprüfung mit Doublet als Beste in der Dressur und im Geländeritt sowie fehlerlos im Springen.

4. 9. Weltrekord im Hammerwurf mit 76,40 m durch Walter Schmidt (DDR) in Lahr.

Weltrekord im Hochsprung durch Ilona Gusenbauer (Österreich) mit 1,92 m in Wien.

Weltrekord im Diskuswurf durch Faina Melnik (UdSSR) mit 64,88 m in München.

Oktober. Der Italiener Giacomo Agostini, »Crazy Ago«, zum dritten Mal Motorradweltmeister in der 350-ccm- und 500-ccm-Klasse.

John Kelly jr., dreimaliger Olympiateilnehmer und nun Präsident der Amateur Athletic Union (AAU) der USA, richtet heftige Angriffe gegen das »total veraltete« Amateurstatut und erklärt: »Zwei Drittel aller Athleten, die den olympischen Eid ablegen, lügen.«

24. 10. Der Schweizer Rennfahrer Jo Siffert verunglückt in Brands Hatch tödlich.

November. Erstmals Worldcup-Turnier im Hockey. Weltmeister wird in Barcelona Pakistan.

Dezember. Einführung des WCT-(World Championship Tennis) Turniers. Erster Weltmeister der Australier Ken Rosewall.

Die USA verteidigen den Davis Cup durch ein 3:2 gegen Rumänien in Charlotte/North Carolina.

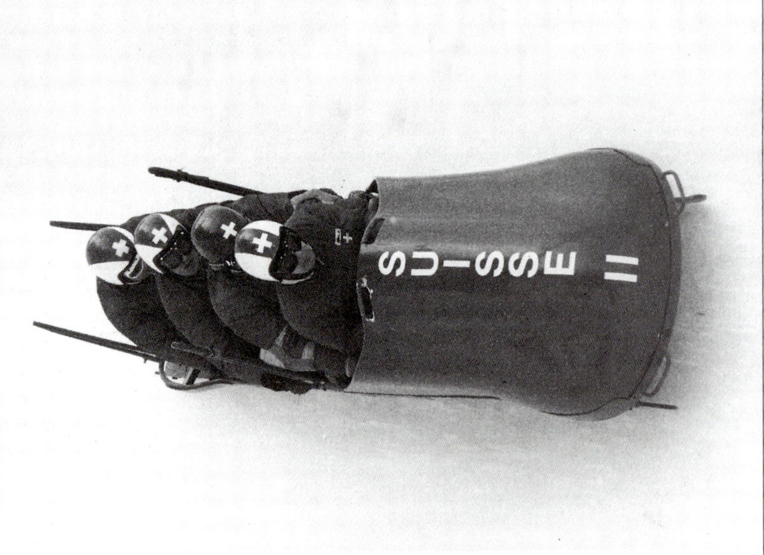

Nach 14 Jahren wieder Gold für Schweizer Bobfahrer mit Stadler, Forster und den Brüdern Schärer

Bob-Skandal in Cervinia mit Todessturz

Februar 1971. *Obwohl die Bob-Bahn in Cervinia als zu schnell und gefährlich berüchtigt ist, wird dort gegen das Reglement gefahren. Das Reglement verlangt andererseits von Bobfahrern keinerlei Qualifikation. Jeder kann sich in den zentnerschweren Schlitten setzen, wenn er sich zuvor genügend Mut antrinkt. So muß sich bei den Bob-Weltmeisterschaften der Schweizer Trainer seine kanadische Mannschaft aus den Bars zum Start holen. Es gibt 37 Stürze, nicht nur von Neulingen. Der Spanier Luis Lopez, ein Konditionstrainer, der für den Bremser, dem unwohl wurde, einspringt, stürzt zu Tode. Die Ergebnisse, von dem ebenso unfähigen wie arroganten italienischen Verbandspräsidenten manipuliert, sind sportlich eine Farce.*

Dritter Pokalsieg für Gummersbach

4. April 1971. Im Vorjahr hat der VfL Gummersbach in der Dortmunder Westfalenhalle durch ein 14:11 über Dynamo Berlin zum zweiten Mal den Europapokal der Landesmeister gewonnen. Jetzt verteidigt er den Titel gegen den Favoriten Steaua Bukarest mit 17:16.

Nach einem Zitterspiel über 9:8, 12:11, 13:12, 14:13 zum Pokalsieg

Ping-Pong-Taktik – US-Team in China

14. April 1971. Seit 1949 haben mehr US-Amerikaner den Mond betreten als China. Die chinesische Einladung an eine US-amerikanische Tischtennis-Mannschaft gilt daher als Sensation. Wird ein kleiner Zelluloidball den Weltball verändern? Doch vielleicht wollen die Chinesen, die gerade bei den Weltmeisterschaften in Japan neun Medaillen, davon vier Goldmedaillen, gewannen, die US-Amerikaner in Peking nur blamieren? Keineswegs. Die Spiele finden unter Ausschluß der Öffentlichkeit statt.

Auf dem Platz des Himmlischen Friedens werden die US-Amerikaner von über 10 000 Chinesen umdrängt und bestaunt. Einer von ihnen, ein Riese mit schulterlangen Haaren, muß ihnen wie der Yeti, der sagenhafte Schneemensch des Himalaya, vorkommen. Daß hier mit Tischtennis ein politisches Spiel getrieben wird, ist einsichtig. Doch von einem Triumph des Sports in der Politik oder gar über die Politik zu schwärmen, scheint verfrüht.

»The Fight« – Alis und Joes »Kampf des Jahrhunderts«

8. März 1971. »The Fight« bricht alle Rekorde. Noch nie standen sich im Ring zwei ungeschlagene Weltmeister gegenüber. Noch nie wurden zwei Boxern für einen Kampf 2,5 Mio. US-Dollar garantiert. Der New Yorker Madison Square Garden füllte sich noch nie mit 20 455 Zuschauern, die an Eintrittsgeldern 1 352 951 US-Dollar zahlten. Sogar für Kinoplätze in den US-amerikanischen Städten werden 1000 US-Dollar berappt.

Die beiden Gegner könnten kaum unterschiedlicher sein. Muhammad Ali: 1,90 m, 97 kg, Reichweite 2,08 m. Joe Frazier: 1,82 m, 94 kg, Reichweite 1,86 m. Frazier ist eine »Kampfmaschine«. Ein unermüdlicher Hakenschläger von zerstörender Kraft, der sich nicht abschütteln läßt. Ali sieht sich im Ring als »Schmetterling«, der nicht zu fassen ist, und als »Biene«, die sticht. Er ist ein Boxkünstler, der einem Faustgefecht ästhetische Qualitäten abzugewinnen versucht.

Joe Frazier (r.) und Muhammad Ali in der 15. Runde ihres Weltmeisterschaftskampfes. Frazier gewinnt nach Punkten.

Als routinierter Entertainer sagt Ali das Ende des Kampfs voraus. Die Fernsehgemeinde liest auf einem Zettel in Druckbuchstaben FRAZIER FALLS IN 6. Darunter kritzelte Ali noch in Handschrift: »Ich sage voraus, daß alle Frazierfans und Boxexperten schockiert sein werden, wie leicht ich Joe Frazier schlagen werde, welcher wie ein Amateur aussehen wird gegenüber Muhammad Ali; und sie werden bewundernd anerkennen, daß ich der wahre Champion aller Zeiten bin.« Bei der Vorstellung tänzelt Ali durch den Ring und rempelt Frazier zweimal provozierend an. Dieser beginnt den Kampf hakenschlagend in gewohnter Manier. Aber Ali tänzelt jetzt nicht mehr. Er läßt Frazier gelassen auf sich eintrommeln. Dabei gibt er dem Publikum durch Gesten zu verstehen, daß ihm das gar nichts ausmacht. Diese Tatenlosigkeit ist Wahnsinn, doch sie hat Methode. In den Ringpausen redet Angelo Dundee auf ihn ein, aber Ali läßt sich längst von niemandem mehr etwas sagen. Man beginnt zu ahnen, daß er Frazier nicht bekämpfen, sondern lächerlich machen will. Das rächt sich, als Frazier schwer trifft. Erst in der fünften Runde zeigt sich darauf der wahre Ali, der Frazier nach Belieben mit Schlägen eindeckt. Danach setzt er sein frivoles Spiel fort. In der achten Runde legt Clay den Arm auf das Ringseil und wehrt Frazier, der nun wirklich wie ein Amateur wirkt, nur lässig mit einer Hand ab. Das Publikum begreift die Ungeheuerlichkeit, die ihm da geboten wird. In der neunten Runde bekommt Frazier wieder furchtbare Prügel. Aber Ali hat sein Spiel übertrieben. Jetzt fehlt ihm die Kraft, um ein Ende zu machen. Frazier fightet, schwer gezeichnet, wutentbrannt zurück und schlägt Ali in der 15. Runde mit seinem berühmten linken Haken zu Boden. Das ist der knappe Sieg in einem bizarren Kampf.

Evonne Goolagong – ein Tenniswunder

Juli 1971. In der Welt des Sports werden immer wieder moderne Märchen wahr. Wer hätte je für möglich gehalten, daß ein »Aboriginal« Australiens in Roland Garros und Wimbledon die Tennisköniginnen Margaret Court-Smith und Billie Jean King entthronen könnte. Der 19jährigen Evonne Goolagong gelingt das ohne Satzverlust.

Die Tochter eines Schafzüchters der australischen Urbevölkerung war von dem Tennistrainer Vic Edwards als Naturtalent entdeckt, ausgebildet und schließlich adoptiert worden. Sie spielt Tennis um der Schönheit dieses Spiels willen und vergißt dabei manchmal, daß es auch ums Gewinnen geht.

Phänomen auf dem Rad: Eddy Merckx

Juli 1971. Daran muß man sich wohl gewöhnen. Wenn Eddy Merckx bei der Tour de France startet, gewinnt er auch. Er macht das mit Vorankündigung. So reckt er seinen rechten Arm hoch als Zeichen eines Ausreißversuchs. Alle Konkurrenten helfen darauf einander, ihn zu verfolgen und zu halten. Vergebens. Ob auf Flachetappen oder Bergetappen, ob im Zeitfahren oder in einem Massenspurt, ob bei Hitze oder im Schnee: Merckx bleibt vorn. Er ist kein medizinisches Wunder. Seine Lunge faßt 6,05 l, die von Fausto Coppi faßte 7 l. Alle großen Radchampions hatten irgendwo eine Schwäche. Eddy Merckx, zum dritten Mal Toursieger, hat keine.

Anne siegt bei der Military-Europameisterschaft.

Prinzessin Anne

September 1971. *Elisabeth II. von Großbritannien und ihr Mann, Prinz Philip, überreichen ihrer Tochter Anne den Pokal.*

Hildegard Falck läuft Weltrekord

11. Juli 1971. Im Stuttgarter Neckarstadion geht es nicht allein um Meistertitel, sondern auch um die Teilnahme an den Olympischen Spielen des nächsten Jahres in München, mehr noch, um das Selbstvertrauen, dort auch gut bestehen zu können. Dafür hat Uwe Beyer mit seinem Weltrekord im Hammerwurf schon gesorgt. Jetzt zeigt die Wolfsburger Lehrerin Hildegard Falck über 800 m eine imponierende Leistung. Ohne eine ernsthafte Gegnerin verbessert sie ihren eigenen deutschen Rekord in einem einzigartigen Tempolauf um 4,5 Sekunden. Damit bleibt sie als erste Frau auf dieser Strecke unter zwei Minuten.

Jo Siffert auf BRM beim Großen Preis von Deutschland am 31. Juli 1971

Der Brite Jackie Stewart wird auf Tyrrell-Ford zum zweiten Mal Formel-1-Weltmeister.

Schweizer Formel-1-Fahrer Siffert stirbt beim »Victory Race« in Brands Hatch

24. Oktober 1971. *Die Formel-1-Saison ist zu Ende. Jackie Stewart hat mit dem neuen Tyrrell-Rennwagen überlegen zum zweiten Mal den Weltmeistertitel gewonnen. Weil der diesjährige Große Preis von Mexiko abgesagt wurde, veranstaltet man im britischen Brands Hatch ein »Victory Race« zu Ehren von »Jackie the Hair«. Es geht eigentlich um nichts mehr.*

Der Schweizer Jo Siffert hat 1968 auf dieser Strecke seinen bisher größten Erfolg errungen, als er auf einem Lotus den Grand Prix von Großbritannien gewann. »Seppi« genießt in der Schweiz große Popularität, weil er sich vom einfachen Karosseriespengler zum erfolgreichen Rennfahrer emporarbeitete. Nach einem mißglückten Start mit seinem BRM stößt der WM-Vierte hinter Peter Gethin, Emerson Fittipaldi und Stewart bis zur 15. Runde auf Rang vier vor. Hinter ihm fährt John Surtees, der sieht, wie »Seppis« Wagen plötzlich ausbricht, gegen einen Erdwall prallt, sich überschlägt und in Flammen aufgeht, in denen Siffert erstickt. Man vermutet einen Materialfehler.

Giacomo Agostini auf MV Agusta

Oktober 1971. In der vergangenen Saison fuhr Giacomo Agostini auf MV Agusta 19 Grand-Prix-Siege heraus. Dies ist ein einmaliger Rekord. Einmalig ist auch der diesjährige dritte Sieg hintereinander bei der berüchtigten Tourist Trophy, und zwar sowohl in der 350-ccm- als auch in der 500-ccm-Klasse.

Agostini sieht aus wie ein Filmstar. Aber sie nennen ihn »Crazy Ago«, weil er, wo er startet, kaum zu schlagen ist. In den letzten Jahren gewann er 90% der Rennen, die er bestritt. Er hat die Nachfolge des Briten Mike Hailwood angetreten. Aber Agostini ist drauf und dran, »Mike the Bike« an Erfolgen zu übertreffen. Er fährt elegant und mit großem taktischem Geschick. Man sah ihn nur ganz selten einmal stürzen. Aber solche Zwischenfälle verliefen stets glimpflich. Agostini geht keine unnötigen Risiken ein. Wenn es jedoch darauf ankommt, zeigt er auch sein Kämpferherz. Die Zahl seiner Fans, nicht nur in Italien, geht in die Millionen. »Crazy Ago« ist auf dem Weg, der erfolgreichste Motorradrennfahrer aller Zeiten zu werden. Mit seiner MV Agusta hält er bis jetzt dem Ansturm der neuen japanischen Motorradfirmen stand.

Tennis als Tanz der Vampire

Dezember 1971. Ein italienischer Rechtsanwalt aus Ancona sah eines Tages einen Tennisspieler, der völlig anders aussah, als man sich Tennisspieler vorstellt, und bot ihm 500 US-Dollar für einige Schaukämpfe in Italien. Der Mann erschien und war sein Geld wert, das auf 600 US-Dollar erhöht wurde. Er kam aus Bukarest, hieß Ion Tiriac und sah jedenfalls so aus, wie man sich den unsterblichen Dracula vorstellt. Und er brachte ein 20jähriges Tennistalent namens Ilie Nastase mit, das man bald »König der Zigeuner« nannte. Das war Nastase zwar nicht, aber er sah wiederum danach aus.

Die beiden brachten exotisches Leben in die internationale Tennisbude und waren bald für lumpige 600 US-Dollar nicht mehr zu haben. Dafür sorgte schon Tiriac, der geschäftstüchtigere der beiden Rumänen.

Sie spielten auf dem Platz nicht nur Tennis, sondern noch eine ganze Reihe anderer Rollen. Ilie unternahm Freudentänze, die man zwischen den weißen Linien noch nie gesehen hatte. Ion überschüttete ihn, wenn er einen Fehler machte, mit transsylvanischen Flüchen und schüttelte die Fäuste. Wenn Ilie verlor, benahm er sich unausstehlich. Aber sein Hotel wurde von hundertenübergeschnappter Teenager belagert. Als Ion von dem jüngeren Landsmann im Können überflügelt wurde, ging die Partnerschaft in die Brüche. Die beiden wollten nur noch den US-Amerikanern den Davis Cup abnehmen. Als Nastase sein Einzel gegen Stan Smith verliert, heißt es, er habe das Match für 10 000 US-Dollar verkauft. Aber das stimmt nicht. Die Rumänen verkaufen sich auf dem Platz teuer genug.

Tiriac (l.) und Nastase bringen ihr Land erstmals ins Davis-Cup-Finale, wo sie den USA 2:3 unterliegen.

Nach dem Sieg Dank an Allah

November 1971. 40 000 DM ließ sich die Fédération Internationale de Hockey (FIH) den Weltpokal kosten, um dessen Besitz zum ersten Mal in Barcelona gespielt wird. Das wertvolle Stück darf nach Abschluß des WM-Turniers zollfrei nach Pakistan eingeführt werden. Denn die Pakistaner, die den Pokal gewinnen, sind sämtlich Zollbeamte, denen der Staat reichlich Mußestunden für das Hockeyspiel gewährt.

Nach dem 1:0-Sieg im Endspiel gegen Spanien im Hockey-Stadion des feudalen Club de Polo Barcelona knieen sie nieder, nach Mekka gewandt, und verrichten ein Dankgebet. Vermutlich auch dafür, daß der Schiedsrichter nicht sah, wie ein pakistanischer Hockeyschläger auf dem Oberschenkel eines Spaniers zerbrach. Denn Hockey ist ein rauhes Spiel geworden.

Die indischen Ballkünstler sind froh, wenigstens, wie in Mexiko City 1968, Dritte zu werden. Weniger froh sind die deutschen Europameister und die niederländischen EM-Zweiten, die die Asiaten das Fürchten lehren wollten. Beim Spiel um Platz vier und fünf bleiben sie in Regionen unter sich, die sie weit hinter sich gelassen zu haben glaubten.

1972

31. 1. Der österreichische Skiläufer Karl Schranz wird auf Betreiben von Avery Brundage, Präsident des Internationalen Olympischen Komitees (IOC), von den Olympischen Winterspielen in Sapporo ausgeschlossen und in Wien demonstrativ begeistert empfangen.

Februar. Erstmals Vierkampf-Sprintweltmeisterschaften im Eisschnellauf in Oslo. Titel bei den Damen Monika Pflug (Bundesrepublik Deutschland), bei den Herren Leo Linovesi (Finnland).

3.–13. 2. In Sapporo 11. Olympische Winterspiele.

März. Erstmals Weltmeisterschaft im Skifliegen. Der Schweizer Walter Steiner gewinnt in Planica mit 155 m und 158 m.

9. 3. Irina Rodnina/Alexej Ulanow werden in Calgary zum vierten Mal Paarlaufweltmeister. Im Einzel zum zweiten Mal Titelgewinn durch Beatrix Schuba (Österreich) und Ondrej Nepela (ČSSR).

17. 3. Wegen Bestechungsverdachts sperrt der Deutsche Fußball-Bund (DFB) Spieler des FC Schalke 04 von der Nationalelf aus.

April. Weltcupsieger im alpinen Skilauf zum zweiten Mal Annemarie Pröll (Österreich) und Gustav Thöni (Italien).

21. 4. Ende der russischen Siegesserie im Eishockey. Erstmals Weltmeisterschaft nicht mehr identisch mit olympischem Turnier. ČSSR siegt in Prag mit 3:2 über die UdSSR.

30. 4. Erster Sieg einer deutschen Fußball-Nationalmannschaft auf britischem Boden. Gegen England 3:1 in London (→ 18. 6. 1972).

Mai. Europapokal der Pokalsieger: Glasgow Rangers – Dynamo Moskau 3:2 in Barcelona.

Erstmals Weltmeisterschaften im Vierzugfahren (Pferdesport, Mehrspänner) in Münster. Sieger der Schweizer Auguste Dubay.

Europapokal der Landesmeister: Ajax Amsterdam – Inter Mailand 2:0 in Rotterdam.

3./17. 5. Erstmals Endspiele um den UEFA-Pokal. Tottenham Hotspurs – Wolverhampton Wanderers 2:1/1:1.

27. 5. Der US-Amerikaner Mark Donahue jr. fährt mit 3:04:05,54 h Rekordzeit beim 500-Meilen-Rennen in Indianapolis (Durchschnitt: 262,261 km/h).

Juni. Eddy Merckx gewinnt zum dritten Mal den Giro d'Italia.

15. 6. Weltrekord über 100 m Hürden durch Annelie Ehrhardt (DDR) in 12,5 sec.

18. 6. Deutschland wird durch ein 3:0 über die UdSSR in Brüssel Fußball-Europameister.

Juli. Billie Jean King gewinnt zum vierten Mal seit 1966 das Damen-Einzel in Wimbledon, Sie siegt auch in Roland Garros und Forest Hills.

2. 7. Weltrekord im Stabhochsprung durch Bob Seagren (USA) mit 5,63 m.

6. 7. Weltrekord im Speerwurf mit 93,80 m durch Janis Lusis (UdSSR).

23. 7. Eddy Merckx gewinnt zum vierten Mal die Tour de France.

22. 8. Das IOC schließt auf Druck von zwölf schwarzafrikanischen Staaten Rhodesien von den Olympischen Sommerspielen in München aus.

23. 8. Als Nachfolger von Avery Brundage wählt das IOC den irischen Lord Michael Morris Killanin zum Präsidenten.

26. 8. – 11. 9. In München Sommerspiele der XX. Olympiade mit Terrorangriff auf die israelische Mannschaft.

2. 9. Auf Drängen der Fernsehgesellschaften wird bei den US-Tennismeisterschaften in Forest Hills erstmals das Tie-Break eingeführt, um die Spieldauer abzukürzen.

Der US-Amerikaner Bobby Fischer wird Schachweltmeister durch ein 12:9 über den Russen Boris Spasski in Reykjavík (→ Juli/August 1972).

14. 9. Weltrekord über 3000 m Hindernis in 8:20,8 min durch den Schweden Anders Gärderud.

Der 25jährige Brasilianer Emerson Fittipaldi wird auf Lotus Automobilweltmeister der Formel 1.

20. 9. Weltrekord über 5000 m durch den Belgier Emil Puttemans in 13:13,0 min.

23. 9. Weltrekord im Diskuswurf durch Argentina Menis (Rumänien) mit 67,32 m.

24. 9. Weltrekord im Hochsprung durch die Bulgarin Jordanka Blagojeva mit 1,94 m.

18. 10. Weltrekord im Dreisprung durch Viktor Sanejew (UdSSR) mit 17,44 m in Moskau.

25. 10. Stundenweltrekord im Radfahren mit 49,431 km durch Eddy Merckx in Mexiko City. Merckx fährt dabei auch Weltrekorde über 10 km in 11:53,2 min und 20 km in 24:06,8 min.

Dezember. Davis-Cup-Finale in Bukarest: USA – Rumänien 3:2.

31. 12. Als erster Professional-Golfer gewann der 32jährige Jack Nicklaus (USA) in einem Jahr über 300 000 US-Dollar an Preisgeldern.

Muhammad Ali bestritt in diesem Jahr sechs Kämpfe, von denen er zwei nach Punkten, gegen Mac Foster und George Chuvalo, und vier durch K. o., gegen Jerry Quarry, Al Lewis, Floyd Patterson, Bob Foster, gewann.

Karl Schranz (M.) wird in Wien von einer begeisterten Menschenmenge empfangen, als hätte er mindestens drei olympische Goldmedaillen gewonnen.

Krise um den Fall Schranz

31. Januar 1972. Die 11. Olympischen Winterspiele haben vor Beginn ihre Sensation, als ihnen der 84jährige Präsident des Internationalen Olympischen Komitees (IOC), Avery Brundage, in seiner Eröffnungsrede zur 72. IOC-Session jede Existenzberechtigung abspricht. Seine Rede ist eine einzige Beleidigung der japanischen Gastgeber und ein Affront gegenüber allen Wintersportlern, denen die Amateureigenschaft pauschal abgesprochen wird.

Karl Schranz, Österreichs Ski-Idol

Einen Tag später schließt das IOC mit 28:14 Stimmen den 33jährigen Österreicher Karl Schranz von der Teilnahme aus. In einer stürmischen Pressekonferenz erklärt Brundage: »Ich habe Schranz nicht disqualifiziert, das IOC hat es nicht getan, er selbst war es.« Diese Erklärung ist der Gipfel puritanischer Heuchelei. In der österreichischen Mannschaft wird heftig über die Konsequenz der Abreise diskutiert. Schließlich beschließen die Vertreter der Ski-Industrie, des Ski-Verbandes und des Nationalen Olympischen Komitees (NOK), dazubleiben. Schranz selbst wird in dieser Komödie zur tragischen Figur. Der seit über einem Jahrzehnt beständigste Skiläufer kommt nicht zu seiner vierten Olympiateilnahme. »Ich nehme zur Kenntnis, daß ich für alle büßen muß«, sind seine Abschiedsworte.

Telegene Eröffnungsfeier

3. Februar 1972. Sapporo auf der Insel Hokkaido hat sich die erste Ausrichtung Olympischer Winterspiele auf asiatischem Boden etwas kosten lassen. Fast 2 Mrd. DM gaben die Japaner dafür aus. 39 000 Zuschauer füllen das neue Makomanai-Eisstadion, davon 4324 mit Freikarten, 2400 Funktionäre des Organisationskomitees, 1500 VIPs, ebenso viele Journalisten, 3000 Mitwirkende und 1600 Wettkämpfer aus 35 Nationen.

Nach einem Feuerwerk am hellichten Tag eröffnet Kaiser Hirohito die Winterpiele. Winterlich kühl bleibt der Beifall, als IOC-Präsident Avery Brundage einige Sätze auf japanisch spricht. Von einer Krise der Olympischen Winterspiele ist keine Rede mehr. Und Karl Schranz hat man schon längst vergessen.

Ski-Festival voller Überraschungen am Mount Eniwa

5. Februar 1972. Ein erfahrener Skiläufer aus Oberbayern erklärt angesichts der 2110 m langen Eisschlucht am Mount Eniwa, er würde seine Tochter übers Knie legen, wenn sie da herunterfahren wolle. Bei der 17jährigen Schweizerin Marie-Theres Nadig wurde das versäumt. Das pausbäckige Mädchen, das erst vor zwei Jahren seine ersten Rennen bestritt und in der Skiwelt keiner kennt, kommt in 1:36,68 min herabgefegt. Diese Zeit erreicht nicht einmal Annemarie Pröll, die mit dem Gefühl »Rache für Schranz« im Herzen fährt.

Daß dieser Sieg der kleinen Schweizer Handelsschülerin kein Zufall war, zeigt sich im Riesenslalom (8. 2.) am Mount Teine. Da gewinnt sie abermals vor Annemarie Pröll, der Favoritin. So wird sie geradewegs von der Alm als alpine Sensation ins Licht der Weltöffentlichkeit katapultiert. Die Reporter haben mit ihr ihre liebe Not. Nicht daß Marie-Theres einsilbig wäre. Aber über zwei Silben geht sie kaum hinaus. Bei den Herren könnte es am Mount Eniwa heißen: 007 jagt Goldfinger. Denn im letzten James-Bond-Film mußte sich Sean Connery mit Ski ein Gefälle bis zu 37 Grad hinunterstürzen. Das doubelte für ihn der Schweizer Bernhard Russi. Was immer Avery Brundage von solchen Trainingsmethoden halten mag, Russi holt sich im Abfahrtslauf (7.2.) die Goldmedaille. Und da sein Landsmann Roland Collombin Zweiter wird, geraten die alpinen Wettbewerbe zu einem Schweizer Festival, das sich auch im Riesenslalom (9./10. 2.) fortsetzt. Da kann sich nur der Italiener Gustav Thöni schneller als Edmund Bruggmann und Werner Mattle an zwei Tagen den Berg herabschwingen.

Im Spezialslalom (11. 2.) müssen 42 Läuferinnen nicht nur den Weg durch 56 bzw. 52 Tore finden, sondern auch durch dicke Schneestürme. Nur 19 kommen an. Es siegt auch hier mit der 21jährigen US-Amerikanerin Barbara Cochran ein Nobody. Den krönenden Schlußpunkt aller Überraschungen setzt aber »Paquito«. Mit dem Mut eines Toreros stürzt sich Francisco Fernandez-Ochoa in die Slalomtore und vollführt einen winterlichen Flamenco. Die Südtiroler Brüder Gustav und Roland Thöni können dazu nur sagen: »Olé!«

◁△ Bernhard Russi fährt die 2636 m lange Abfahrtsstrecke in 1:51,43 min. Fachleute sind sich einig, daß ihm auch Karl Schranz den Sieg nicht hätte nehmen können. Der Schweizer hat sich als Stuntman für den neuen James-Bond-Film gut vorbereitet.

△ Der 20jährige Gustav Thöni aus Südtirol gewinnt überlegen den Riesenslalom. Mit der Silbermedaille im Spezialslalom wird er zum erfolgreichsten alpinen Skiläufer.

◁ Sensationell ist der Sieg von Francisco Fernandez-Ochoa (M.) im Spezialslalom. Zum ersten Mal gewinnt ein Sportler aus Spanien bei Olympischen Winterspielen.

Revanche der Russinnen für Grenoble

Februar 1972. Seit die Frauen über 5 km und 10 km laufen (1964), wurden beide Rennen stets von derselben Läuferin gewonnen. Galina Kulakowa macht da keine Ausnahme. Über 5 km (9. 2.) gewinnt sie mit fünf Sekunden Vorsprung, über 10 km (6.2.) mit fast 37 Sekunden. Als Schlußläuferin der Staffel (12. 2.) vervollständigt sie den Triumph. Japans Trainer hatte inbrünstig gehofft, daß eine seiner vier Läuferinnen unter die ersten 20 käme. Aber Hiroko Takahashi langt als beste Japanerin als 34. an.

Die 29jährige Galina Kulakowa war zwei Jahre zuvor Weltmeisterin über 5 km und Dritte über 10 km. Mit ihren drei olympischen Goldmedaillen ist sie die erfolgreichste Teilnehmerin der Winterspiele. Vier Jahre zuvor hatte Galina in Grenoble Silber über 5 km und Bronze mit der Staffel gewonnen. Mit diesen Erfolgen ist der Medaillenhunger der russischen Lehrerin aber noch längst nicht gestillt.

Irina Rodnina/Alexej Ulanow gewinnen überlegen den Paarlauf und sind damit die überzeugendsten Sieger bei den Eiskunstlaufwettbewerben in Sapporo.

Von der Schanze abgehoben

Der Japaner Yukio Kasaya (Abb.) siegt auf der 70-m-Schanze mit Sprüngen von 84 m und 79 m vor seinen Landsleuten Konno und Aochi.

Kür und Pflicht im Eiskunstlauf

Februar 1972. Das soll es künftig nicht mehr geben: Daß man mit der neunt»besten« Kür Olympiasiegerin werden kann wie die Österreicherin Beatrix Schuba.
Überlegen Olympiasieger wird das Moskauer Paar Irina Rodnina/Alexej Ulanow vor seinen Leningrader Rivalen Ludmilla Smirnowa/Andrej Surajkin. Aber man wird das Siegerpaar nie mehr auf dem Eis bewundern können. Hier dominiert die Kür eindeutig über die Pflicht. Denn Alexej heiratet Ludmilla.

Die Österreicherin Beatrix Schuba führt bereits nach der Pflicht.

Überraschungssieger in der Nordischen Kombination wird Ulrich Wehling (Abb., DDR) nach viertem Platz im Springen und drittem Platz im 15-km-Lauf.

Auf der Bob-Bahn dominieren Deutsche und Schweizer

4./5. Februar 1972. »Dann kamen die deutschen Panzer«, schreiben die japanischen Zeitungen nach dem bundesdeutschen Doppelerfolg im Zweierbob. Dreimal rast Bob Deutschland II mit dem 31jährigen Wolfgang Zimmerer und dem 26jährigen Peter Utzschneider durch den 1563 m langen Eiskanal am Mount Teine. Mit einem sensationellen Bahnrekord im letzten Lauf sichern sich hinter ihnen noch Horst Floth/Pepi Bader Silber. Jean Wicki (Bronze) revanchiert sich im Viererbob (11./12. 2.). Nicht mit einem Panzer, sondern mit einem altmodischen Podar-Bob. Der 39jährige Schweizer feiert nach vier guten Läufen mit Hans Leutenegger/Werner Camichel/Edy Hubacher den Olympiasieg im Schnee des Auslaufs mit einem Purzelbaum.

△ Der von dem Schweize Jean Wicki gesteuerte Podar-Viererbob (Abb.) gewinnt auf der ausgezeichneten Bob-Bahn am Mount Teine vor Italien und Deutschland.

▷ Probesitzen im Zweierbob: Pilot Wolfgang Zimmerer (vorn) mit seinem Bremser Peter Utzschneider

Deutschland wird mit »Traumfußball« Europameister

18. Juni 1972. Der Weg der deutschen Fußball-Nationalmannschaft ins Endspiel um die Europameisterschaft in Brüssel führte im Viertelfinale über das Wembley-Stadion in London. Dort erhielten die Engländer am 30. April 1972 eine Fußball-Lehrstunde wie bei dem denkwürdigen 3:6-Debakel gegen Ungarns Wunderteam am →24. November 1953. Denn nicht durch den deutschen Kampfgeist wurden sie bezwungen, sondern durch »Traumfußball aus dem Jahr 2000«, so die französische Sportzeitung »L'Equipe«.

Das Spiel der Deutschen prägte nicht eine so herausragende Spielerpersönlichkeit wie Franz Beckenbauer, sondern als bester Spieler auf dem Platz brillierte Günter Netzer. Der 28jährige Spielmacher von Borussia Mönchengladbach führte Regie mit genialen Einfällen und millimetergenauen Pässen, so daß die Engländer phasenweise wie Anfänger wirkten. Nach dem 0:1 in der 29. Minute durch Uli Hoeneß gelang den Engländern in der 77. Minute zwar der Ausgleich, aber dann konnte Bobby Charlton im Strafraum Siggi Held nur durch ein Foul stoppen. Netzer schoß den Elfmeter so scharf, daß der Ball Torwart Gordon Banks die Hand nach hinten riß. Danach setzte Gerd Müller den Schlußpunkt zum 1:3.

Dieser spektakuläre Sieg und vor allem die Art, wie er herausgespielt wurde, macht die Deutschen, nach einem 2:1-Sieg im Halbfinale gegen Belgien, zu Favoriten im EM-Finale gegen die UdSSR im Brüsseler Heysel-Stadion. Sie setzen die Russen vom Anpfiff an unter Druck. In der 27. Minute knallt Netzer nach einem Zusammenspiel mit Beckenbauer den Ball an die Querlatte, dieser springt zurück, Jupp Heynckes vor die Füße, der schiebt ihn zu Müller, und es steht 1:0. Die Russen gehen nun Netzer hart, manchmal zu hart an. Dafür gewinnt Herbert Wimmer Spielraum und nutzt ihn in der 62. Minute zum 2:0. Fast zwangsläufig fällt das 3:0 durch Müller nach Vorlage von Georg Schwarzenbeck. Der britische Journalist Brian Glanville kabelte vor dem Spiel an seine Zeitung: »Wenn die Deutschen das Finale verlieren, dann wird der internationale Fußball um fünf Jahre zurückgeworfen.« Diese Gefahr ist gebannt.

△ Die »Traumelf« (v. l.): Franz Bekkenbauer, Sepp Maier, Georg Schwarzenbeck, Jupp Heynckes, Günter Netzer, Herbert Wimmer, Gerd Müller, Horst-Dieter Höttges, Erwin Kremers, Paul Breitner, Uli Hoeneß

◁ Ein typisches Tor von Gerd Müller (M.). Flankiert von zwei russischen Verteidigern schiebt er den Ball an Torwart Rudakow vorbei ins Netz zum 3:0 im EM-Finale gegen die UdSSR in Brüssel.

◁▽ Mit doppelter Bewachung und harter Gangart versuchen die Russen, die Kreise Netzers zu stören.

▽ Jubel nach dem dritten Tor. Resignation bei den Russen

Die beschwingte Eröffnungsfeier der heiteren Spiele

26. August 1972. Keine Feldhaubitzen kündigen bei der Eröffnung der Spiele der XX. Olympiade das Eintreffen des Bundespräsidenten Gustav Heinemann an, sondern Alphörner. Keine Marschmusik empfängt die Mannschaften im Münchner Olympiastadion, sondern Kurt Edelhagen mit seiner Band. Nicht jeder der 122 Nationen konnte eine typische Weise auf den Leib arrangiert werden. Aber die Italiener werden mit »Tiritomba« begrüßt, die Russen mit »Kalinka«, die Spanier mit einem Paso doble, die Briten mit einem Song der Beatles, die Franzosen mit »Monsieur 100 000 Volt«, die Asiaten mit fernöstlichem, die Muselmanen mit arabischem Tonkolorit, die US-Amerikaner mit »When the Saints go marching in« und zuletzt die Deutschen mit »Horch, was kommt von draußen rein«.

Dann umtanzen die Jungen und Jüngsten die Mannschaften. Die sonst so steife Übergabe der olympischen Fahne durch den mexikanischen Bürgermeister an seinen Münchner Kollegen wird durch Mariachis und »Goaßlschnalzer« belebt. Berchtesgadener Böllerschützen kündigen den letzten von 5976 Fackelläufern an, den je ein Athlet aus Asien, Amerika, Australien und Ozeanien empfängt, ein sinnfälliger neuer Akzent des entstaubten Eröffnungszeremoniells. Zuletzt beeindrucken die Zuschauer zu einer beschwörenden Musik des Polen Krysztof Penderecki die Worte eines uralten Orakelspruchs des Gottes Apollon.

Der Einmarsch von 122 Mannschaften ist der schönste Festzug in München seit Begründung des Oktoberfestes.

Um 16.59 Uhr entzündet der 18jährige deutsche 1500-m-Jugendmeister Günther Zahn das olympische Feuer.

Die 22jährige Heidi Schüller spricht das olympische Gelöbnis. Die Fahne hält Detlev Lewe.

Bayerns Metropole wird zur olympischen Landschaft – eine Welt für Sport und Spiel

Als ein Ort der Lebensfreude genoß das »Millionendorf« München schon immer einen weltweiten Ruf. Sinnigerweise genau 1972 Mio. DM machen endgültig eine Millionenstadt aus Bayerns Metropole, ohne daß sie ihren gemütlichen Charakter verliert. Für einige Wochen verwandelt sie sich in eine olympische Landschaft, in der Fahnentücher mit den Farben lichtblau, lichtgrün und weiß Spielfreude signalisieren. Sie erfaßt jeden, der diesen Bereich betritt. Auf dem Marienplatz vor dem Rathaus lösen die Folkloregruppen einander ab, als träten sie hier jahraus jahrein auf. Über Schwabings Nachtschwärmerviertel spannt sich der Bogen nach »Schwabylon«, wie Erich Kästner die »Spielstraße« nennt, wo Künstler den Sport hintertreiben und karikieren. Und dann ist man bereits auf dem Oberwiesenfeld, das an sich bereits ein Aha-Erlebnis bietet. Die als notorische Grantler bekannten Ur-Münchner drücken ihre Zufriedenheit mit dem olympischen Abenteuer durch das Wort höchster bajuvarischer Anerkennung aus: »Hund samma!«

Das offizielle Olympia-Emblem, das schließlich aus 2333 Entwürfen nach einem Vorschlag von Otl Aicher mit einem Computer entwickelt wurde

Willi Daume, Präsident des Organisationskomitees, der die »heiteren Spiele« konzipierte und sie zehn Tage lang verwirklicht, präsentiert die Medaillen.

Valeri Borsow – Sprinter aus der Retorte

31. August 1972. Am Abend des 10 000-m-Laufs sitzen die US-amerikanischen Sprinter Robert Taylor, Eddie Hart und Reynaldo Robinson mit ihrem Trainer Stan Wright im Fernsehstudio der ABC und verfolgen interessiert das Geschehen im Olympiastadion. Sie scherzen noch, als dort die Läufer zum 100-m-Zwischenlauf an den Start treten. Eigentlich gehören sie dazu. Nach dem ersten Schrecken stürzen sie zum Wagen. Aber nur Taylor kommt noch zu seinem Zwischenlauf zurecht. Hart und Robinson haben den Anschluß verpaßt. Schuld ist der Trainer, der sich auf einen 18 Monate alten Terminplan verließ.

So etwas wäre den russischen Betreuern nie passiert. Sie haben den 22jährigen Ukrainer Valeri Borsow seit Jahren mit den neuesten wissenschaftlichen Methoden systematisch aufgebaut und bei den Europameisterschaften 1970 zum Doppelerfolg über 100 m und 200 m geführt. Sechsmal trat Borsow seitdem auch gegen US-amerikanische Sprinter an und blieb dabei ebensooft ungeschlagen. Den 100-m-Endlauf am 1. September gewinnt er gegen den noch verbliebenen US-Amerikaner Taylor leicht in elektronisch gestoppten 10,14 sec auf der Rekortanbahn, die etwas weicher ist als die Tartanbahn in Mexiko City 1968. Erst danach läßt man Borsow auch die 200 m bestreiten, wo er sich im Endlauf (4. 9.) in 20,00 sec gegen drei, diesmal andere, US-Amerikaner durchsetzt. Damit bleiben die USA zum dritten Mal seit 1896 ohne Sieg auf den Sprintstrecken. Andererseits gewann noch nie ein Europäer beide Sprintstrecken, und dieser Doppelsieg gelingt überhaupt einem Sprinter seit Bobby Morrow 1956 erst zum zweiten Mal.

Überlegener Olympiasieg des Russen Valeri Borsow (932) über 100 m

Spiel mit Hürden und Hindernissen

2. September 1972. Kipchoge Keino, Afrikas berühmtester Läufer, hat zwischen 1500 m und 10 000 m schon auf jeder Distanz gewonnen. Nur der 3000-m-Hindernislauf ist für ihn noch Neuland. Das sieht man, denn er tritt fast jede Hürde um, und den Wassergraben scheint er für ein Planschbecken zu halten. Aber da es zwischendurch auch noch etwas zu laufen gibt, wird er dennoch Olympiasieger.

Ein anderer Afrikaner überwindet über 400 m (2. 9.) alle Hürden wie von einer Schnur gezogen. Ob er weiß, daß er Weltrekord läuft? Jedenfalls weiß er, daß er gewonnen hat, denn er spendiert als Zugabe, einen Freudentanz-Lauf. »Was für ein Bua?«, fragen die Münchner. Vor den Spielen wußte man nichts über John Akii-Bua. Nach seinem Sieg erfährt man alles über ihn. Er hat nicht weniger als 42 Geschwister, die sein Vater mit sieben Ehefrauen zeugte. Und er will so schnell wie möglich nach Uganda zurückkehren, um zu heiraten. Vorerst allerdings nur eine Frau.

Finne Vasala vor Kenianer Keino

10. September 1972. Den 1500-m-Lauf gewinnt überraschend der Finne Pekka Vasala in 3:36,3 min vor dem Kenianer Kipchoge Keino, Goldmedaillengewinner von Mexiko City 1968. Der Neuseeländer Rodney Dixon holt Bronze.

Der Finne Vasala im Ziel des 1500-m-Laufs. Im Endspurt setzte er sich gegen den Kenianer Keino durch.

Langlaufstar Lasse Viren

3. September 1972. In den ersten Runden des 10 000-m-Laufs stürzt der Finne Lasse Viren, der Tunesier Mohammed Gammoudi fällt über ihn. Beide rappeln sich wieder auf, doch Gammoudi gibt bald auf. Viren überholt nach 6000 m den führenden Briten David Bedford, auf dessen Sieg ein Freund 200 britische Pfund gewettet hat, und siegt in der Weltrekordzeit von 27:38,4 min. Im 5000-m-Lauf (10. 9.) läuft Viren die letzten 1609 m in 3:59,4 min. Das ist exakt die Zeit, die Roger Bannister 1954 für die »Traummeile« benötigte (→ 6. 5. 1954).

Viren (r.) auf den Spuren von Paavo Nurmi. Er setzt mit seinen Siegen über 5000 m und 10 000 m die finnische Langlauftradition fort, die nach dem Auftreten der afrikanischen Läufer für immer beendet zu sein schien.

Ein Münchner wird Sieger im Marathon

10. September 1972. Der US-Amerikaner Frank Shorter, 1,78 m lang und 59 kg dünn, übernimmt in seiner Geburtsstadt München schon nach 15 km die Führung und gibt sie bis ins Stadion nicht mehr ab, das er nach 2:12:19,8 h erreicht.

Shorter auf der Marathonstrecke. Zweiter wird der Belgier Karel Lismont, Dritter Mamo Wolde.

Düstere Schatten über den Staffeln

10. September 1972. Als die Läufer zur 4 x 400-m-Staffel an den Start treten, bleibt eine Bahn leer. Die US-Amerikaner Vince Matthews und Wayne Collett hatten nach ihrem ersten und zweiten Platz über 400 m die Siegerehrung zu Black-Power-Mätzchen benutzt. Avery Brundage verstand keinen Spaß und ließ beide auf Lebenszeit sperren. Matthews und Collett entfalten auf der Zuschauertribüne vor dem Startschuß eine schwarze Fahne. Das wirkt nach dem Terroristenüberfall im olympischen Dorf (→ 5./6. 9. 1972) doppelt deplaziert.

Nach Ausfall der US-Amerikaner machen sich die Deutschen berechtigte Hoffnung auf eine Medaille, wenn nicht gar den Sieg. Doch ein Schwächeanfall des Schlußläufers Karl Honz bringt sie um beides. Kenia gewinnt Gold vor Großbritannien und Frankreich.

Zur 4x100-m-Staffel ist der Einsatz der Deutschen fraglich, da Manfred Ommer, geschockt von den Ereignissen, nach Hause fährt, und Gerd Wucherer als verletzt gilt. Doch Wucherer springt ein und hilft, die Bronzemedaille herauszulaufen. Pechvogel Eddie Hart (USA) bekommt endlich Gelegenheit, als Schlußläufer gegen Valeri Borsow (UdSSR) anzutreten. Er schlägt ihn auch, allerdings nur dank des Vorsprungs, den ihm seine Staffelkameraden mitgaben.

Die US-Staffel stellte über 4x100 m in 38,19 sec einen Weltrekord auf.

Die 4x400-m-Staffel der Bundesrepublik Deutschland beim letzten Wechsel

Ende der deutschen Ära im Zehnkampf

7./8. September 1972. Drei Ärzte bemühen sich an der Sitzbank bei der Weitsprunganlage um Horst Beyer. Noch nie hat der 32jährige einen Zehnkampf aufgegeben. Aber das Knie wird immer dicker, es ist sinnlos weiterzumachen. Nicht anders ergeht es dem Bundesdeutschen Hans-Joachim Walde und DDR-Hoffnung Joachim Kirst, der nach dem ersten Tag mit 19 Punkten vor dem Russen Nikolai Awilow führt. Nur 21 von 34 Wettkämpfern beenden die Konkurrenz. Awilow siegt verdient, da er in neun von zehn Übungen persönliche Bestleistung bringt. Seine 8454 Punkte sind Weltrekord.

Nach sechs von zehn Übungen ist der Russe Nikolai Awilow (Abb. l. beim Weitsprung) bereits nicht mehr zu gefährden. Er gibt weiter sein Bestes bis zum Weltrekord. Zweiter wird sein Landsmann Leonid Litwinenko (Abb. r. beim Weitsprung), der nach dem ersten Tag noch an 21. Stelle lag.

Goldmedaille für faires Publikum

Was viele Berichterstatter empfinden, spricht Jean Eskenazy, Sportchef von Frankreichs größter Tageszeitung »France Soir«, in einer Journalistenrunde aus:

»Wißt ihr, wie mein Aufmacher morgen heißt? Goldmedaille für das Publikum! Wir haben den Deutschen einfach nicht zugetraut, daß sie diesen goldenen Sonntag ihrer Leichtathleten so verkraften würden. Bei aller legitimen Begeisterung spürt man da soviel Fairneß, Kennerschaft und Heiterkeit, wie ich es bisher nur einmal bei Olympischen Spielen erlebt habe, nämlich 1952 in Helsinki. Erinnert euch mal an den letzten Versuch des Russen Janis Lusis beim Speerwerfen. 80 000 zitterten um Klaus Wolfermann, aber nicht einer wäre auf den Gedanken gekommen, den Russen in seiner Konzentration zu stören. So etwas nenne ich Fairneß und gleiche Bedingungen für alle. Ich habe keinen falschen Ton gehört und mußte an die Olympischen Spiele von Melbourne denken, wo das Publikum nur Augen für die Australier hatte. Australier mit nichtssagenden Plazierungen wurden wie Volkshelden gefeiert, und Weltrekorde gingen unbeachtet unter. Das Münchner Publikum dagegen ist »connaisseur«. Es läßt sich von jeder außergewöhnlichen Leistung ohne Rücksicht auf die Nationalität des Athleten begeistern. Und wenn ich an die Atmosphäre beim 10 000-m-Lauf denke, dann muß ich mich fragen, ob ich so etwas überhaupt je erlebt habe. Glaubt mir, Freunde, dies hier ist ein Erlebnis, das nicht wenige Leute dazu bringen wird, ihre Ansicht über Deutschland zu revidieren.«

Die große Begeisterungsfähigkeit des Münchner Publikums bekommt auch die kleine Russin Olga Korbut zu spüren. »Oletschka« wird zum erklärten Publikumsliebling. Darüber findet die tschechische Kampfrichterin Marlocova doch Grund zur Klage: »Sie haben Ludmilla Turitschewa, die eine Doppelschraube zeigte, was selbst bei Männern selten ist, völlig vergessen.«

100 m in 11,07 sec und Ulrike Meyfahrt »überflopt« alle

2. September 1972. Man sieht deutlich, wie überlegen Renate Stecher aus Jena die 100 m gewinnt. Gut 1,5 m vor der Australierin Raelene Boyle zerreißt sie das Zielband. Auf der Anzeigetafel erscheint als Siegeszeit 11,07 sec. Da müßte man dem Publikum erklären, daß diese elektronisch gemessene Zeit handgestoppten 10,9 sec entspricht. Und das bedeutet, daß so schnell noch nie eine Frau gelaufen ist. Die 10 vor dem Komma war bisher eine Domäne der Männer im Sprint. Renate, die 69 kg auf 1,70 m verteilt, wirkt nicht wie die »schwarze Gazelle« Wilma Rudolph, die auf der Tribüne sitzt. Dort sitzt auch die grazile Chinesin Chi Cheng, die zuerst mit 11,0 sec Weltrekord lief. Sie ist verletzt.

Renate Stecher stellt auch über 200 m (7. 9.) mit 22,40 sec den Weltrekord der Chinesin ein und läßt dabei mit ihrem kraftvollen Stil erneut die Australierin Boyle hinter sich. Hildegard Falck verfehlt ihren Weltrekord über 800 m um eine Zehntelsekunde, aber nicht die Goldmedaille. Mit der Weltrekordzeit von 4:01,4 min gewinnt die Russin Ludmilla Bragina die erstmals olympischen 1500 m (7. 9.).

Die Riesensensation ereignet sich jedoch beim Hochsprung. Bei den Männern schwingt sich nur der etwas exzentrische US-Amerikaner Dwight Stones am 10. September rückwärts über die Latte. Die Bronzemedaille beweist nicht, daß dies die erfolgreichste Methode ist. Bei den Frauen (4. 10.) »flopt« ein 16jähriges Mädchen, und das wirkt so, als täte sie es aus reinem Spaß an der Freud'. Um die Siegerin zu beglückwünschen, ist eigens der österreichische Staatspräsident angereist, dem man versicherte, das könne nur Ilona Gusenbauer sein, die mit 1,92 m den Weltrekord hält. Ilona springt aber nur 1,88 m, und das schafft auch die Bulgarin Jordanka Blagojeva, nur mit weniger Versuchen. Beide scheitern an 1,90 m. Und da ist plötzlich die 16jährige Ulrike Meyfarth allein im Wettbewerb und sie kann sich darüber ausschütten vor Lachen. Und die Zuschauer kugeln sich vor Vergnügen. Da macht sich so eine Göre den Jux, rückwärts zu springen und gewinnt womöglich noch. Die Latte liegt auf 1,92 m. Und Ulrike »flopt« und sitzt lachend und winkend auf dem Schaumgummipolster.

Renate Stecher (r.) siegt über 100 m. Sie gewinnt auch über 200 m.

»Gold«-Heide Rosendahl

Daß Weltrekorde keine Olympiasiege garantieren, zeigt sich immer wieder. Der Erwartungsdruck wirkt oft lähmend. Um so mehr könnte das bei Heide Rosendahl der Fall sein, denn sechs Tage nach der Eröffnungsfeier hat es immer noch keine Goldmedaille für die bundesdeutsche Mannschaft gegeben. Als Heide mit ihrem ersten Weitsprung bei 6,78 m landet, verfehlt sie ihren Weltrekord nur um 6 cm. Sie übertrifft diese Weite allerdings nicht mehr. Aber der Bulgarin Diana Jorgowa gelingt ein Satz über 6,70 m. Die Messung muß unbestechlich sein. Sie ergibt 6,77 m.

Heide Rosendahl (Abb.) gewinnt den Weitsprung knapp vor der Bulgarin Diana Jorgowa. Mit der 4x100-m-Staffel holt Heide ihr zweites Gold.

Ulrike Meyfarth gewinnt sensationell den Hochsprung. Die Unbekümmertheit der 16jährigen begeistert das Publikum im Olympiastadion.

Hildegard Falck (l.) wird auf den letzten Metern noch von der Russin Niele Sabaite bedrängt und sichert sich den Sieg über 800 m knapp.

Knapp rettet Heide Rosendahl (l.) den Sieg in der 4x100-m-Staffel vor Renate Stecher (2. v. l.). Mit 42,81 sec stellen die Bundesdeutschen den Weltrekord ein.

Das 4x100-m-Staffel-Gold

Mit Tränen begann es. Um den vierten Staffelplatz bewarben sich Ingrid Mickler und Christiane Krause. Ingrid erhielt den Vorzug. Doch als sich Elfgard Schittenhelm zwei Tage vor dem Vorlauf verletzt, darf Christiane einspringen. Im Endlauf am 10. September startet sie fulminant gegen die DDR-Meisterin Evelyn Kaufer, gibt den Stab an Ingrid, die auf der Geraden gegen Christina Heinrich keinen Meter preisgibt, dann fegt Annegret Richter um die Kurve und übergibt an Heide Rosendahl, mit einem halben Meter Vorsprung vor Renate Stecher. Aber das wird nicht reichen. Diese letzten 100 m reißen die 80 000 Zuschauer von den Sitzen und Millionen aus den Fernsehsesseln.

Palästinensische Mörder zerstören die heiteren Spiele

5./6. September 1972. Dienstag. Protokoll der Ereignisse:
4.40 Uhr: Fünf Männer klettern über den Zaun des Olympischen Dorfs. Monteure der Post halten sie für heimkehrende Sportler.
4.45 Uhr: In der Conollystr. 31 wirft sich der israelische Trainer Mosche Weinberg gegen die Wohnungstür, vor der vermummte Gestalten auftauchen, und wird erschossen.
4.50 Uhr: Tumult im Haus. Aus den Parterrefenstern flüchten israelische Sportler.
5.21 Uhr: Die Polizei wird alarmiert. Scharfschützen werden angefordert.
6.40 Uhr: Erste Verhandlungen.
8.50 Uhr: Ultimatum der Terroristen: Freilassung von 200 gefangenen Palästinensern und freier Abzug mit den israelischen Geiseln.
17 Uhr: Das Ultimatum wurde zweimal verlängert. Drohung mit Geiselmord.
20.30 Uhr: Eine Vereinbarung kommt zustande. Die Terroristen fliegen in zwei Hubschraubern mit den Geiseln zum Flugplatz Fürstenfeldbruck.
22.35 Uhr: Auf dem Tower des Flugplatzes verlöschen die Scheinwerfer. Schüsse krachen.
23.35 Uhr: Das Fernsehen meldet, alle Geiseln seien entkommen, die Terroristen tot.
1.32 Uhr: Das Schießen wird eingestellt. Drei Terroristen sind überwältigt, fünf tot. Neun Geiseln wurden ermordet.

»The games must go on!«
Aus der Rede des IOC-Präsidenten Avery Brundage: »Wir beklagen unsere israelischen Freunde ... Es ist eine traurige Tatsache in unserer unvollkommenen Welt, daß, je größer und bedeutender die Olympischen Spiele werden, sie um so mehr unter wirtschaftlichem, politischem und jetzt auch kriminellem Druck stehen. Ich bin überzeugt, daß die Weltöffentlichkeit mit mir einer Meinung ist, daß wir nicht zulassen können, daß eine Handvoll Terroristen diesen Kern internationaler Zusammenarbeit und guten Willens zerstört. Die Spiele müssen fortgesetzt werden!«

Auf der Trauerfeier am 6. September spricht der Chef der Mission der israelischen Mannschaft, Schmul Laikin.

△ IOC-Präsident Brundage spricht den entscheidenden Satz aus, daß die Spiele fortgesetzt werden. Bundespräsident Gustav Heinemann verurteilte zuvor jene Länder, die den Terrorismus unterstützen, und betonte, daß Konflikte zwischen Völkern nicht mit Gewalt gelöst werden können. Die Meinungen darüber, ob man die Spiele fortsetzen solle, bleiben geteilt. Es sind jedenfalls nicht mehr dieselben Spiele wie zuvor.

◁ Polizeibeamte in Trainingsanzügen sichern den Block des olympischen Dorfes, in dem die Terroristen ihre Opfer aus der israelischen Mannschaft festhalten. Hans-Dietrich Genscher verhandelt mit den Geiselnehmern. Inzwischen treten die Regierungen in Bonn und Tel Aviv miteinander in Verbindung. Erreicht wird zunächst jedoch nur eine zweimalige Verlängerung des Ultimatums.

Mark Spitz mit sieben Goldmedaillen der »Spitzenstar«

5. September 1972. Die Szene im Pressezentrum ist makaber. Die Journalisten drängen herbei, um etwas Neues über die Vorgänge im olympischen Dorf zu erfahren, aber auf dem Programm steht ein Interview mit Mark Spitz. Er muß so spaßige Fragen beantworten wie, ob er sich das Schwimmstadion als Swimmingpool in seinen Garten setzen wolle, als Souvenir. Als bekannt wird, daß es im olympischen Dorf zwei Tote gab, fordert Spitz, der jüdischen Glaubens ist, Geleitschutz an. Als am nächsten Tag das ganze Ausmaß des Massakers (→ 5./6. 9. 1972) bekannt wird, verläßt der erfolgreichste Athlet der Spiele von München fluchtartig die Stadt.

Spitz kam zu diesen olympischen Schwimmwettbewerben als der Versager von Mexiko 1968. Dort blieb der egozentrische junge Mann allzuweit hinter den Erfolgen zurück, die er zuvor großspurig angekündigt hatte. Der Schock der erlittenen Enttäuschung saß tief.

Der US-Amerikaner Mark Spitz ist der erfolgreichste Teilnehmer an den Olympischen Spielen in München und an Olympischen Spielen überhaupt. Er gewinnt vier Goldmedaillen in Einzel- und drei Goldmedaillen in Staffel-Wettbewerben.

Unter Schwimmern gilt der 22jährige fast schon als alter Mann. Man wußte, daß er darauf brannte, sich zu rehabilitieren und daß er wie ein Besessener trainiert hatte. Aber niemand hätte eine derartige Leistungsexplosion erwartet, wie man sie überhaupt noch nie bei Olympischen Spielen erlebte. Spitz trat zu 13 Rennen an. Er gewann die 100 m Freistil in 51,22 sec, die 200 m Freistil in 1:52,78 min, die 100 m Schmetterling in 54,27 sec, die 200 m Schmetterling in 2:00,70 min. All das sind Weltrekordzeiten. Drei weitere Goldmedaillen fügte er mit der 4x100-m-Freistil-Staffel (3:26,42 min), der 4x200-m-Freistil-Staffel (7:35,78 min) und der 4x100-m-Lagen-Staffel (3:48,16 min) hinzu. Auch das sind Weltrekordzeiten.

Mark Andrew Spitz Superstar, 1,86 m groß, 71 kg, Student der Zahnmedizin aus Modesto in Kalifornien. Über dem sportlichen Training fürchtet er, das Studium der hebräischen Sprache zu vernachlässigen. Er schwimmt 34 Weltrekorde.

Shane Gould – Australiens »Golden Girl«

August/September 1972. Von der 15jährigen Shane Gould behaupten ihre Betreuer, man müsse für sie ein neues Wort für Bescheidenheit erfinden. Doch dem australischen Schwimmwunderkind geht der Ruf voraus, im Freistilschwimmen unschlagbar zu sein. Um so größer ist die Überraschung, als sie über 200 m Lagen gewinnt. Einen Tag darauf die zweite Überraschung. Über 100 m Freistil reicht es nur zu Bronze, und darüber weint Shane bitterlich. Über 400 m Freistil legt sie daher von Anfang an los, als müßte sie nicht nur am Ziel, sondern auch an der 100-m-, 200-m- und 300-m-Marke Erste sein, und das alles gelingt ihr, und mit 4:10,4 min ein Weltrekord obendrein.

Zwei Tage später revanchiert sie sich für die 100-m-Schlappe. Über 200 m schwimmt sie Weltrekord, das ist die dritte Goldmedaille. Zwei Tage später gibt der US-Trainer der ebenfalls erst 15jährigen Keena Rothhammer den Rat, über 800 m Freistil von Anfang an aufs Ganze zu gehn, weil Shane am Ende ihrer Leistungsreserven sein müsse. Die Rechnung geht auf, aber Keena muß Weltrekord schwimmen, um Shane zu schlagen. Shane ist fast untröstlich. Es wurmt sie überhaupt, daß sie mit ihren fünf Einzelstarts nicht fünfmal gewann und damit diesen Spitz übertreffen konnte. Ganz so bescheiden ist sie doch nicht.

Die Australierin Shane Gould ist mit drei Goldmedaillen, einer Silber- und einer Bronzemedaille die erfolgreichste Schwimmerin der Spiele.

Perfekte Technik verhöhnt Sportler

30. August 1972. Die Zuschauer pfeifen und wollen sich nicht beruhigen. Sie pfeifen die Anzeigetafel aus. Da waren gleich nach dem Ende des 400-m-Lagen-Schwimmens für den Schweden Gunnar Larsson und den US-Amerikaner Tim McKee die Zeiten 4:31,98 min erschienen. Platten am Ende der Schwimmbahn geben sofort nach Berührung exakt die Zeit an. Perfekt. Zwei Goldmedaillengewinner also. Es war auch wirklich ein spannendes Rennen. Aber da kommt eine Berichtigung: 1. Larsson 4:31,981 min, 2. McKee 4:31,983 min. Das ist ein Unterschied von zwei Tausendstelsekunden nach 400 Metern. Oder weniger als drei Millimeter. Messen kann man das vielleicht, aber begreifen nicht.

»Spatz von Minsk« siegt – Turnermut wird nicht belohnt

August 1972. Bei den Turnerinnen gibt es drei Siegerinnen. Eine gewinnt das Publikum für sich, eine gewinnt die meisten Medaillen, und eine gewinnt den wertvollsten Wettbewerb, den Achtkampf.
Eine alte Theaterweisheit besagt, daß man, um Erfolg beim Pubikum zu haben, nur Kinder auf die Bühne zu stellen braucht. Olga Korbut ist zwar schon 17 Jahre alt, aber mit ihren 1,55 m und 38 kg wirkt sie noch wie ein Kind. Doch wenn sie zur Übung antritt, sprüht sie vor Charme und Temperament. Und wenn sie dann auf dem Schwebebalken einen Rückwärtssalto, was noch keine Turnerin vor ihr wagte, sicher steht, ist sie bereits das Lieblingskind der Münchner. Und als ihr die Punktrichterinnen für eine spektakuläre Übung am Stufenbarren nur 9,80 Punkte zubilligen, wird das als Kindesmißhandlung von 11 000 Menschen mit einem wütenden Pfeifkonzert geahndet. Mit drei Goldmedaillen und einer Silbermedaille gewinnt »Oletschka« jedoch reichlich Edelmetall.
Erfolge russischer Turnerinnen sind nicht überraschend. Um so bewundernswerter, wenn gegen diese starke Konkurrenz Karin Janz aus der DDR die meisten Medaillen davonträgt. Sie gewinnt im Pferdsprung und am Stufenbarren, wird im Achtkampf nur ganz knapp geschlagen, kommt mit der Mannschaft noch zu einer zweiten Silbermedaille und auf dem Schwebebalken zu Bronze. Etwas im Schatten dieser beiden bleibt die Achtkampfsiegerin Ludmilla Turischtschewa. Mit 20 Jahren eine schöne, etwas in sich gekehrte Frau, von der ihr Trainer sagt, daß sie keine absoluten Stärken habe, aber auch keine Schwächen.
Bei den Herren wollten die Japaner alle acht Goldmedaillen gewinnen, müssen sich dann aber mit fünf begnügen. Das liegt teils daran, daß sie zuviel riskieren oder sich manchmal zu sicher fühlen. So kommt es zu einer doppelten Sensation im Pferdsprung, wo die Japaner mit neuen kühnen Kreationen Pionierarbeit leisten. Sie gewinnen nicht nur nicht, sondern gehen gänzlich leer aus, was niemand für möglich hielt. Es gewinnt aber auch kein Russe, sondern Klaus Köste aus der DDR. Köste zeigt nicht die schwierigsten, aber die am sichersten gestandenen Sprünge. Nicht nur die Japaner wagen zuviel, auch die Russen Klimenko und Andrianow, die sich auf die Wagestücke der Japaner einstellen, aber immerhin Silber und Bronze mitnehmen können. Im Vergleich hierzu läuft es mit Sawao Katos Sieg im Zwölfkampf, mit dem Mannschaftssieg der Japaner, mit den Medaillengewinnen Akinori Nakayamas, Mitsuo Tsukaharas, Victor Klimenkos und Nikolai Andrianows ganz normal ab.

Olga Korbut am Schwebebalken. Im Achtkampf bringt sie ein Fehler am Stufenbarren um die fast sichere Medaille.

Wie schon 1968 bei den Olympischen Spielen in Mexiko City siegt der Japaner Sawao Kato im Zwölfkampf.

Im Fechten ist alles anders geworden

September 1972. Das Bayerische Armeemuseum hat in der Messehalle auf dem Oberwiesenfeld ein paar Relikte aus der Historie ausgestellt. Ein germanisches Schwert, einen Bihänder aus dem Mittelalter, ein französisches Rapier, einen Husarensäbel. Die Fechterinnen und Fechter werfen nur flüchtige Blicke auf die Vitrinen, denn die Vergangenheit hat bei diesem olympischen Fechtturnier ausgespielt wie nie zuvor. Italiener und Franzosen mit Florett und Degen, Ungarn mit dem Säbel, das waren, von wenigen Ausnahmen abgesehen, einst die Fixpunkte bei der Medaillenvergabe.
Diesmal ist alles anders. Es blieb dem 33jährigen Polen Witold Woyda unbenommen, zum vierten Mal an Olympischen Spielen teilzunehmen. Aber diesmal gewinnt er Gold im Florett gegen den Budapester Arzt Jenö Kamuti. Und mit der polnischen Mannschaft holt er sich das zweite Gold dazu. Ein anderer ungarischer Doktor, Csaba Fenyvesi, holt sich dafür zweimal Gold mit dem Degen, wo die Schweizer sensationell Silber gewinnen. Ungarns Domäne, der Mannschaftssieg im Säbel, wird von den Italienern erstritten. Und das Einzel gewinnt der Russe Viktor Sidiak. Bei den Damen holt Antonella Ragno-Lonzi Gold im Florett-Einzel. Ihr Vater Saverio verwahrt zu Hause vier olympische Medaillen aus den 30er Jahren.

Die Italienerin Antonella Ragno-Lonzi (r.) im Kampf gegen die Russin Belova ist Olympiasiegerin, als die Französin Demaille die Russin Gorochowa schlägt.

Fünfkampf-Sieg am fünften Tag

August 1972. Fünfmal wurde der 34jährige Ungar Andras Balczo schon Weltmeister, aber bei zwei Olympischen Spielen hat er vergeblich auf Gold gehofft.
Dazu ist jetzt die letzte Gelegenheit. Aber die besseren Chancen liegen bei dem Russen Boris Onischtschenko, der vor dem Geländelauf am fünften Tag mit 75 Punkten Vorsprung führt. Das bedeutet: Balczo muß die 4000 m im Gelände 25 Sekunden schneller bewältigen als der Russe. Eine kaum lösbare Aufgabe. Außerdem startet Onischtschenko erst, wenn Balczo seinen Lauf längst hinter sich hat, kann also sein Tempo nach dessen Zeit richten. In glühender Hitze läuft Balczo ein erbarmungsloses Rennen gegen die Uhr. Dann wartet er auf Onischtschenko. Er traut seinen Augen kaum, denn da wankt ein Geschlagener heran, und Balczo erreicht sein Lebensziel: Gold im Fünfkampf.

Szene aus dem Hockey-Finale Bundesrepublik Deutschland—Pakistan (1:0)

Pakistans doppelte Niederlage

10. September 1972. *Schon in der Vorrunde war Pakistan der deutschen Hockeymannschaft 1:2 unterlegen. Im Endspiel treffen sie erneut aufeinander. Als Michael Krause in der 62. Minute das »goldene« Siegtor erzielt, häufen sich die Fouls auf seiten der Pakistani. Bei der Siegerehrung benehmen sie sich derart rüpelhaft, daß der Verband sie auf Lebenszeit sperrt.*

In letzter Sekunde gewinnt die UdSSR Gold im Basketball gegen die USA.

Sieg in letzter Sekunde

9. September 1972. *Das Endspiel UdSSR—USA wird erst 15 Stunden nach der Schlußsirene entschieden. Die Russen führen 49:48 und wollen den Vorsprung noch 37 Sekunden halten. Nach einem Foul noch drei Sekunden. Collins wirft: 49:49, 49:50, die US-Amerikaner feiern den Sieg. Doch die Uhr war nicht zurückgestellt. Noch eine Sekunde. Da wirft Below das 51:50.*

München 1972 in Stichworten

Die Spiele der XX. Olympiade in München dauern vom 26. August bis 11. September 1972. Aus 121 Ländern 7863 Teilnehmer, darunter 1251 Frauen. 187 Wettbewerbe in 22 Sportarten. Spiele der kurzen Wege. **Leichtathletik:** Rückschlag für USA. BRD elf Medaillen, 6 G. Große Leistungssteigerung der DDR. **Schwimmen:** Mark Spitz überragend. Bei den Frauen fünf Medaillen für Shane Gould (Australien). **Rudern:** Triumph der DDR. 1 G, 1 B für BRD. **Kanu:** Erstmals Wildwasser-Slalom. 4 G für DDR, 2 S, 1 B für BRD. Sonst 6 G für UdSSR. **Reiten:** Sieg der Briten Military Einzel und Mannschaft. Dressur Einzel BRD, Mannschaft UdSSR. Jagdspringen Einzel Italien, Mannschaft BRD. **Ringen:** 5 G für UdSSR, 3 G für USA, 2 G für Japan im Freistil. 3 G für UdSSR, je 2 G für Japan und Bulgarien, je 1 G für Ungarn und ČSSR griechisch-römisch. **Judo:** 3 G für Japan, 2 G für die Niederlande. **Boxen:** Kuba am erfolgreichsten (3 G, 1 S, 1 B). BRD 1 G durch Kottysch, und 1 B. **Gewichtheben:** Zum letzten Mal olympischer Dreikampf. In neun Gewichtsklassen je 3 G für UdSSR und Bulgarien. Überraschungssieg des Norwegers Jensen im Leichtschwergewicht. **Fechten:** Polen im Florett, Ungarn im Degen, Russen und Italiener im Säbel. **Schießen:** Erstmals seit 1920 wieder Bogenschießen, 2 G für USA. Siege für den Nordkoreaner Ho Jun Li mit 599 von 600 Ringen im Kleinkaliber liegend und von Konrad Wirnhier im Skeet. **Moderner Fünfkampf:** Ungarn im Einzel-, UdSSR im Mannschaftswettbewerb. **Radsport:** Siege von sechs Ländern in sieben Wettbewerben. **Turnen:** Überlegenheit der UdSSR und der DDR bei den Damen. Bei den Herren Japan vor UdSSR und DDR. **Fußball:** Polen. **Handball:** Jugoslawien. **Basketball:** Erstmals UdSSR. **Hockey:** Erstmals BRD vor Pakistan und Indien. **Volleyball:** Japan vor DDR bei den Herren, UdSSR bei den Damen.

Szene aus dem Fußball-Finale, das Polen gegen Ungarn 2:1 gewinnt

Staatsamateure im Fußballturnier

10. September 1972. Europameister und Lokalmatador Uli Hoeneß konnte als Edelamateur die Olympiaelf der Bundesrepublik Deutschland nicht in Medaillennähe führen. Die Staatsamateure aus Ungarn, Polen, der UdSSR und DDR schicken seit je ihre besten Fußballer zu olympischen Turnieren und keine zweiten Garnituren. Das Endspiel gegen Ungarn gewinnen die Polen durch Tore von Kazimierz Deyna.

Hallenhandball: Der Olympiasieger Jugoslawien gegen Rumänien

Zum ersten Mal Hallenhandball

10. September 1972. 500 000 DM waren in die Vorbereitung der Handballer der Bundesrepublik Deutschland investiert worden. Sie erreichen dafür Rang 6. Die 10 000 Zuschauer begeistern sich an den Jugoslawen, die sich durch ein 13:12 über den Weltmeister Rumänien den Weg ins Endspiel geöffnet hatten. Nach einer Handball-Lehrstunde gegen die Tschechen sind sie mit 21:16 die ersten Olympiasieger.

144 Minuten benötigen die Russinnen gegen die Japanerinnen.

Japans Freud und Leid im Volleyball

8. September 1972. Das Traumziel der japanischen Volleyballspielerinnen ist die Wiederholung des Sieges von Tokio 1964. Jetzt geht es nach vier Sätzen um die Entscheidung. Kraft und größere Nervenstärke bringen den Russinnen mit 15:11 den Sieg. Da stehen Nippons Töchter mit den Silbermedaillen um den Hals und weinen bitterlich. Auch der Sieg der japanischen Männer einen Tag später kann sie nicht trösten.

»Zweikampf des Jahrhunderts« im Schach

Juli/August 1972. Es würde das Fassungsvermögen des menschlichen Verstandes weit übersteigen, wollte man alle Begleitumstände vor und während dieser Schachweltmeisterschaft zu schildern versuchen. Als sie am 2. Juli 1972 in Reykjavík beginnen soll, sitzt Bobby Fischer noch in einem New Yorker Hotelzimmer und fordert 30% aller Einnahmen. Eine Handhabe, den nicht angetretenen Herausforderer des Weltmeisters Boris Spasski zu disqualifizieren, hat die Fédération Internationale des Echecs (FIDE) nicht. Der Wettkampf wäre vermutlich gar nicht zustande gekommen, hätte nicht unerwartet ein Londoner Bankier 50 000 britische Pfund ausgesetzt, wenn Fischer nach Island käme.

Als über die Aufteilung dieser Summe Einigung erzielt ist, kommt er tatsächlich. Die erste Partie spielt er lustlos, schlägt, was jeder Kiebitz sofort sieht, einen »vergifteten« Bauern und verliert. Zur zweiten Partie erscheint er nicht. Als Schiedsrichter Lothar Schmid daher die Partie für Fischer verloren gibt, wird er von der Weltpresse als ein Held gefeiert. Fischer schöpft nun jede Möglichkeit eines Psychoterrors aus, bis die Russen mit der Behauptung kontern, er arbeite mit irgendwelchen Strahlungen oder chemischen Substanzen. Fischer spielt aber auch geniales Schach, wählt zu jeder Partie eine andere Eröffnung und führt nach dem 0:2-Rückstand im Handumdrehen 6½:3½. Die 13. Partie beim Stand von 7:5 wird entscheidend. Als Spasski nach 74 Zügen aufgeben muß, ist der Titel praktisch verloren. Fischer gewinnt 12½:8½.

Exzentrisch und genial: Der 29jährige US-Amerikaner Bobby Fischer

Eddy Merckx beim Stundenweltrekord im Velodromo Olimpico

Eddy Merckx fährt Stundenweltrekord

25. Oktober 1972. Sie nennen Eddy Merckx wegen seiner Erfolgs-Unersättlichkeit mittlerweile »Le cannibale«. Seinen diesjährigen vierten Sieg in der Tour de France im Juli verspeiste er eher nebenbei. Er hatte ein höheres Ziel.

Etappen des Stundenweltrekords

1893	Henri Desgrange FRA	35,325 km
1898	W. W. Hamilton USA	40,781 km
1905	Lucien Petit-Breton FRA	41,110 km
1913	Marcel Berthet FRA	43,775 km
1914	Oscar Egg SUI	44,247 km
1933	Maurice Richard FRA	44,777 km
1935	Giuseppe Olmo ITA	45,090 km
1937	Frans Slaats HOL	45,485 km
1937	Maurice Archambaud FRA	45,767 km
1942	Fausto Coppi ITA	45,848 km
1956	Jacques Anquetil FRA	46,159 km
1956	Ercole Baldini ITA	46,393 km
1958	Roger Rivière FRA	47,346 km
1967	Ferdinand Bracke BEL	48,093 km
1968	Ole Ritter DEN	48,653 km

Im Velodromo Olimpico von Mexiko City verbessert Merckx den Stundenweltrekord des Dänen Ole Ritter um 778 m auf 49,431 km. Sein Masseur Guillaume Michels muß ihn danach völlig erschöpft vom Sattel heben.

Jacques Anquetil, dessen Stundenweltrekord vom Jahr 1967 mit 47,494 km nicht anerkannt worden war, weil er sich keiner Dopingkontrolle unterzogen hatte, verfolgt die Fahrt von Merckx als Fernsehkommentator. Er erklärt danach: »Ich war sehr skeptisch. Merckx hat mich aber eines Besseren belehrt. Ich kenne keinen, der diesen Rekord in absehbarer Zeit verbessern kann, es sei denn Merckx selbst.« Dazu Merckx: »Eines Tages wird es einen Fahrer geben, der besser ist als ich.«

Ali auf dem Weg zum Comeback

31. Dezember 1972. 31 Profikämpfe hatte Muhammad Ali gewonnen. Nach seiner ersten Niederlage im denkwürdigen Kampf gegen Joe Frazier (→ 8. 3. 1971) ließ er seinen Kiefer untersuchen.

Am nächsten Tag tönte er vor der Presse: »Schaut mich an! Mit Ausnahme von diesem verdammten Haken in der 15. Runde keine Spur in meinem Gesicht. Und schaut euch Frazier an!« Dessen Gesicht sah aus, als wäre es in eine Häckselmaschine geraten. Man konnte Ali verstehen, daß er bis zuletzt geglaubt hatte, nach Punkten zu führen, wenn man im Kino auf Breitwand mit Zeitlupeneinlagen den Film des Kampfes sah. Aber Manager Dundee hatte recht, wenn er sagte: »Mit Pastetenbacken gewinnt man keine Runden.«

Ohne alle Mätzchen trat Ali danach gegen neun Gegner an. Noch 1971 schlug er Jimmy Ellis und Jürgen Blin k. o. sowie Buster Mathis nach Punkten. 1972 gewann er zwei Kämpfe nach Punkten (Mac Foster, George Churalo) und vier durch K. o. (Jerry Quarry, Al Lewis, Floyd Patterson, Bob Foster).

Fittipaldi ist Weltmeister

14. September 1972. Als der 25jährige Brasilianer Emerson Fittipaldi mit seinem Lotus Ford-Cosworth auf der Monza-Bahn als Sieger im 43. Großen Preis von Italien abgewunken wird, ist er der bisher jüngste Automobilweltmeister der Formel 1. Er hat bei diesem Rennen endgültig alle anderen Größen dieser Jahre wie Jackie Stewart, Denis Hulme, Jackie Ickx, Clay Regazzoni und Chris Amon in imponierendem Stil geschlagen.

Vor vier Jahren kam Fittipaldi nach Großbritannien und schaffte schon zwei Jahre später den Sprung vom Lotus-59-Formel-3-Wagen bis zum Lotus-Formel-1-Team. Die schwierige Grand-Prix-Strecke von Brands Hatch ist sein Lieblingskurs.

Emerson Fittipaldi, der neue junge Star im Formel-1-Rennkarussell. Nach dem Sieg auf der Monza-Bahn steht er als Weltmeister fest.

1973

1. 1. Den 48. Internationalen Silvesterlauf in São Paulo gewinnt der Kolumbianer Viktor Mora mit Streckenrekord über 8,5 km in 23:24,2 min.

2.–18. 1. In Lagos/Nigeria zweite Afrikanische Spiele. Erfolgreichste Teilnehmerin die Ägypterin Affifi Faten mit sieben Goldmedaillen im Schwimmen. Bei den Herren siegt Ben Jipcho/Kenia über 3000 m Hindernis und 5000 m.

7. 1. Erster internationaler Wettbewerb für Eisschnellauf-Professionals in Den Haag. Sieger: Erhard Keller und Ard Schenk.

19./20. 1. Weltrekorde im Eisschnelllauf-Vierkampf durch Sheila Young (USA) mit 173,450 Punkten und über 100 m in 41,8 sec in Davos.

22. 1. George Foreman Weltmeister im Box-Schwergewicht durch technischen K. o. in der zweiten Runde über Joe Frazier in Kingston.

4. 2. Das Internationale Olympische Komitee (IOC) überträgt die 12. Olympischen Winterspiele 1976, deren Durchführung Denver nicht mehr gewährleisten kann, an Innsbruck.

10./11. 2. Weltmeister im Zweierbob Wolfgang Zimmerer/Peter Utzschneider in Lake Placid.

11. 2. Weltrekord über 1500 m Freistil in 16:56,9 sec, erstmals unter 17 Minuten, durch die Australierin Shane Gould in Adelaide.

18. 2. Der Belgier Raymond Ceulemans wird in Kairo zum elften Mal Weltmeister im Dreiband-Billard.

28. 2. Trotz Protest des Deutschen Fußball-Bundes (DFB) tritt die Fußballmannschaft von Eintracht Braunschweig erstmals mit Produktwerbung auf den Spielertrikots an.

3. 3. Irina Rodnina wird mit ihrem neuen Partner Alexander Saizew zum fünften Mal Weltmeisterin im Paarlauf.

4. 3. Beim 50. Wasalauf von Mora nach Sälen 8759 Teilnehmer. Sieger der Finne Pauli Siitonen in 4:22:11,0 h.

24. 3. Weltcupsieger im alpinen Skilauf zum dritten Mal Annemarie Pröll (Österreich) und Gustav Thöni (Italien).

1. 4. Überraschende Punktniederlage von Muhammad Ali nach zwölf Runden gegen Ken Norton in San Diego (→ 22. 1. 1973).

9. 4. Bei den Tischtennis-Weltmeisterschaften in Sarajevo bei den Damen am erfolgreichsten Südkorea vor China und Japan, bei den Herren Schweden vor China und Japan.

Bei den Südafrikanischen Spielen in Pretoria erstmals Boxkampf zwischen einem Schwarzen und einem Weißen, den der Schwarze Mzukisi Skweyiya durch K. o. gewinnt.

15. 4. Die UdSSR wird in Moskau zum elften Mal Weltmeister im Eishockey. Danach Schweden und ČSSR. Die Bundesrepublik Deutschland steigt in die B-Gruppe ab.

Weltrekorde über 200 m Lagen in 2:23,01 min und 100 m Schmetterling in 1:03,05 min durch Kornelia Ender (DDR) in Berlin (Ost).

28. 4. Nach seinem 751. Spiel für Manchester United und 106 Länderspielen beendet Bobby Charlton seine Karriere als Profi-Fußballer.

5. 5. Weltrekord im Speerwurf mit 94,08 m durch Klaus Wolfermann in Leverkusen.

Weltrekord im Kugelstoßen durch Al Feuerbach (USA) mit 21,82 m in San José.

16. 5. Europapokal der Pokalsieger: AC Mailand–Leeds United 1:0 in Saloniki.

10./23. 5. UEFA-Pokal-Endspiele: FC Liverpool–Borussia Mönchengladbach 3:0/0:2. Pokalsieger: Liverpool.

30. 5. Europapokal der Landesmeister: Zum dritten Mal Ajax Amsterdam durch 1:0 über Juventus Turin in Belgrad.

7. 6. Renate Stecher (DDR) läuft als erste Frau 100 m unter elf Sekunden in 10,9 sec in Ostrava.

19. 6. Weltrekord im 3000-m-Hindernislauf in 8:19,8 min durch Ben Jipcho (Kenia) in Helsinki.

28. 6. Weltrekord über 800 m in 1:43,7 min durch Marcello Fiasconaro (Italien) in Mailand.

Juli. Fünfter Wimbledonsieg im Damen-Einzel durch Billie Jean King.

22. 7. Der Spanier Luis Ocaña gewinnt die Tour de France (→ Juli 1973).

August. Günter Netzer wird als erster zum zweiten Mal zum »Fußballer des Jahres« gewählt und wechselt für etwa 4 Mio. DM zu Real Madrid.

In Belgrad erstmals Weltmeisterschaften im Schwimmen. Überragende Leistungen von Kornelia Ender (DDR) und John Naber (USA).

20. 9. In einem Schaukampf besiegt Billie Jean King im Astrodome von Houston/Texas Bobby Riggs in drei Sätzen 6:4, 6:3, 6:3.

7. 10. Der Schotte Jackie Stewart wird seit 1969 zum dritten Mal Automobilweltmeister der Formel 1 auf Tyrrell-Ford und beendet seine Karriere.

November. Die Fédération Internationale de Football Association (FIFA) schließt die UdSSR von der Teilnahme an der Fußball-Weltmeisterschaft 1974 aus, weil sie sich weigert, zu einem Qualifikationsspiel im Stadion Santiago de Chile anzutreten.

Dezember. Australien gewinnt den Davis Cup durch ein 5:0 über die USA in Cleveland/Ohio.

31. 12. Weltrekord des Jahres im Transfer. FC Barcelona bezahlt an Ajax Amsterdam für Johan Cruyff 6,6 Mio. DM.

Foreman schlägt Frazier

22. Januar 1973. Angesichts der imponierenden Kampfserie von Muhammad Ali will auch Joe Frazier nicht ganz untätig bleiben. Was immer ihn bewog, George Foreman als Gegner zu akzeptieren, stellt sich als Fehlkalkulation heraus.
Foreman war Olympiasieger 1968 wie Frazier 1964, das hat nicht viel zu bedeuten. Foreman hatte zuletzt zwei sehr gute Schwergewichtler, Gregorio Peralta und Ken Norton, kurzrundig k.o. geschlagen. Er zeigte dabei nichts, was man nicht von ihm wußte: Ein Mann von erheblicher Schlagkraft, sofern er traf, aber schwerfällig im Ring. Er ist mit 1,96 m um einiges größer als Ali, aber auf dieses Format hatte sich Frazier mit seinen Haken eingeschossen.
In Kingston/Jamaika steckt »Smoking Joe« wohl immer noch der Kampf gegen Ali (→ 8.3.1971) in den Knochen, vielleicht hat er Foreman auch unterschätzt, vielleicht ist es Pech, daß er früh einen mächtigen Schlag einfängt. Jedenfalls hat er nicht den Hauch einer Chance. Nach 1½ Runden rettet ihn der Ringrichter vor gesundheitlichen Schäden. Nach seinem Sieg erklärt Foreman, daß er der glücklichste Mann der Welt sei, daß Geld ihm nicht alles bedeute und daß er auf einem College studieren wolle. Der neue Weltmeister sagt auch: »Ich mag Leute nicht, die herumgehen und behaupten ›Ich bin der Größte, ich bin der König‹.

George Foreman (r.) ist Weltmeister nach seinem Sieg über Joe Frazier.

Niemand hat das Recht, solche Behauptungen aufzustellen.«
Muhammad Ali setzt indessen seinen Siegeszug fort. In Las Vegas schlägt er den britischen Europameister Joe Bugner, den nur seine Tapferkeit auf den Beinen hält, nach Punkten. Aber am 1. April erleidet Ali seine zweite Niederlage. Er verliert in San Diego gegen Ken Norton nach Punkten. Aber viel schlimmer noch, diesmal ist sein Kiefer nach einem wuchtigen Haken gebrochen. Des schönen Alis Antlitz sieht aus wie ein einseitig zusammengepreßter Luftballon. Da bleibt das Großmaul eine Weile stumm.

Erste Frau unter 11 sec über 100 m

7. Juni 1973. Nun ist Renate Stecher aus der DDR auch nach elektronischer Zeitnahme die schnellste Frau der Welt. Im tschechischen Ostrava läuft die zweifache Olympiasiegerin vor der Kubanerin Carmen Valdes über 100 m in 10,9 sec durchs Ziel.
»Fanny« Blankers-Koen lief 1948 11,5 sec, Wilma Rudolph 1961 11,2 sec, Irena Kirszenstein 1965 11,1 sec, Wyomia Tyus 1968 11,0 sec. Die Rekordzeiten werden nach wie vor nur in Zehntel nach dem Komma angegeben, wobei Zeiten bis zu 0,04 abgerundet, ab 0,05 auf das nächste Zehntel aufgerundet werden. Nach wie vor werden nebeneinander Weltrekorde handgestoppt und elektronisch gestoppt geführt.

Wolfermann am Weltrekordziel

5. Mai 1973. Olympiasieger im Speerwerfen wurde in München Klaus Wolfermann, Weltrekordler blieb Janis Lusis mit 93,80 m. Als er jetzt in Leverkusen den Speer auf 94,08 m schleudert, ist es Weltrekord.

Klaus Wolfermann

1974

Januar. Zum zweiten Mal nach 1957 (Sueskrise) wird die Rallye Monte Carlo, wegen der Ölkrise, nicht ausgefahren.

28. 1. Muhammad Ali qualifiziert sich durch einen Punktsieg über Joe Frazier nach zwölf Runden in New York zu einem WM-Titelkampf im Box-Schwergewicht.

29. 1. – 10. 2. Große österreichische Erfolge bei den 23. Alpinen Ski-Weltmeisterschaften in Sankt Moritz. Die 18jährige Hanni Wenzel Weltmeisterin für Liechtenstein.

Februar. Wolfgang Zimmerer/Peter Utzschneider erneut Weltmeister im Zweierbob in Sankt Moritz. Zimmerer gewinnt auch den Titel im Viererbob.

2. 2. Weltrekord über 1500 m in 3:32,2 min durch Filbert Bayi (Tansania) in Christchurch.

17. 2. In Kairo werden 48 Menschen zu Tode getrampelt, als Zuschauer vor dem Fußballspiel Zamalek – Dukla Prag Absperrungen durchbrechen.

März. Bei den Biathlon-Weltmeisterschaften in Minsk erstmals Titel über 10 km. Sieger der Finne Suutarinen, der auch über 20 km gewinnt.

April. Weltcupsieger im alpinen Skilauf die Österreicherin Annemarie Moser-Pröll, zum vierten Mal, und Piero Gros (Italien).

Bei den Eiskunstlauf-Weltmeisterschaften in München zum fünften Mal Titelgewinn im Eistanz für Ludmilla Pachomowa/Alexander Gorschkow (UdSSR). Im Einzel Christine Errath und Jan Hoffmann (DDR).

UdSSR erneut Eishockeyweltmeister in Helsinki. Kanada nimmt abermals nicht teil. Dopingfälle bei der tschechischen und polnischen Mannschaft.

Mai. Europapokal der Pokalsieger: 1. FC Magdeburg – AC Mailand 2:0 in Rotterdam.

Endspiele um den UEFA-Cup: Feyenoord Rotterdam – Tottenham Hotspurs 2:2/2:0.

17. 5. Europapokal der Landesmeister: Bayern München – Atletico Madrid 1:1, im Wiederholungsspiel 4:0 für Bayern München in Brüssel.

Juni. Eddy Merckx gewinnt nach der Tour de Suisse zum vierten Mal den Giro d'Italia (→ September 1974).

13. 6. – 7. 7. In der Bundesrepublik Deutschland zehnte Fußball-Weltmeisterschaft. Deutschland wird zum zweiten Mal Weltmeister.

Juli. Jimmy Connors (USA) Wimbledonsieger. Er gewinnt auch in Melbourne und Forest Hills. Bei den Damen erstmals Chris Evert (USA).

Geschwindigkeitsweltrekord auf Ski durch den US-Amerikaner Steve McKinney mit 189,473 km/h am Monte-Rosa-Gletscher bei Cervinia.

Zum letzten Mal Weltmeisterschaften für Springreiterinnen. In La Baule zum zweiten Mal Titelgewinn für die Französin Janou Tissot-Lefèbvre.

21. 7. Eddy Merckx gewinnt zum fünften Mal die Tour de France (→ September 1974).

Hartwig Steenken (Bundesrepublik Deutschland) auf Simona Weltmeister im Springreiten in Hickstead.

30. 7. Weltrekord über 1000 m in 2:13,9 min durch Richard »Dick« Wohlhuter (USA) in Oslo.

August. Dressur-Weltmeisterschaften in Kopenhagen. Reiner Klimke siegt auf Mehmed, in der Mannschaftswertung mit Liselott Linsenhoff und Karin Schlüter.

Weltrekord im Speerwurf durch Ruth Fuchs (DDR) mit 67,22 m in Rom.

Erstmals Ruder-Weltmeisterschaften für Damen. Auf dem Rotsee bei Luzern vier Titel in sechs Bootsklassen für die DDR.

September. Bei den Leichtathletik-Europameisterschaften in Rom vier Zehnkämpfer über 8000 Punkte.

Eddy Merckx feiert sein zehnjähriges Jubiläum als Radprofi mit dem vierten Weltmeistertitel im Straßenradfahren in Montreal.

Rekordteilnahme mit 1099 Schützen aus 62 Nationen bei den Schieß-Weltmeisterschaften in Thun und Bern. Zwölf Weltrekorde.

Bei den Weltmeisterschaften in der Vielseitigkeitsprüfung in Burghley erstmals Siege der USA mit Bruce Davidson auf Irish Cap und in der Mannschaftswertung.

9. 10. Der Brasilianer Emerson Fittipaldi auf Lotus erneut Automobilweltmeister der Formel 1.

23. 10. Das Internationale Olympische Komitee (IOC) vergibt die Spiele der XXII. Olympiade 1980 nach Lake Placid und Moskau.

28. 10. Bei den Turn-Weltmeisterschaften in Varna gewinnt Eberhard Gienger (Bundesrepublik Deutschland) den Titel am Reck.

30. 10. Muhammad Ali gelingt das Comeback als Weltmeister im Box-Schwergewicht durch K.-o.-Sieg über George Foreman in Kinshasa. Der US-amerikanische Schriftsteller Norman Mailer schreibt darüber ein Buch.

Dezember. Die US-amerikanische Eiskunstläuferin Janet Lynn, olympische Bronzemedaille 1972, schließt den bisher höchstdotierten Dreijahresvertrag der Sportgeschichte über 1,5 Mio. US-Dollar ab.

Kein Endspiel um den Davis Cup, da sich Indien weigert, gegen Südafrika anzutreten.

Hanni Wenzel, die Überraschungssiegerin für Liechtenstein im Slalom bei den Alpinen Ski-Weltmeisterschaften in Sankt Moritz

Ski-Überraschungssieger

29. Januar bis 10. Februar 1974. Hanni Wenzel ist 18 Jahre alt, hat einen deutschen Paß, trainiert mit den Schweizerinnen, startet für Liechtenstein und wird Weltmeisterin im Slalom. Die Französin Fabienne Serrat sieht aus, als wäre sie zu einer Miß-Wahl nach Sankt Moritz gekommen und wird Weltmeisterin im Riesenslalom und in der Kombination. Die Österreicherin Annemarie Moser-Pröll hat schon 31 Weltcupsiege hinter sich, und wird endlich Weltmeisterin in der Abfahrt.

Der Österreicher David Zwilling hat noch nie einen Abfahrtslauf gewonnen und wird gerade in dieser Disziplin Weltmeister. Nur daß der Italiener Gustav Thöni Weltmeister im Slalom und Riesenslalom wird, kann als normal gelten. In der Maloja-Nebelschlange verlieren die sieggewohnten Schweizer Läufer völlig die Orientierung.

Der Österreicher David Zwilling, Überraschungssieger der Abfahrt

Bob-WM in Sankt Moritz

Februar 1974. Eine Woche nach den Alpinen Ski-Weltmeisterschaften sieht es in Sankt Moritz wieder so aus, wie man es von Postkarten her gewohnt ist.

Aber den Schweizer Bobfahrern nutzt auch die Sonne des Engadin nichts. Voller Zuversicht aufgrund ihrer WM-Erfolge im vorigen Jahr in Lake Placid müssen sie auf dem heimatlichen Cresta-Run Niederlagen im Zweierbob und im Viererbob hinnehmen. Die Deutschen Wolfgang Zimmerer/Peter Utzschneider bestätigen im Zweierbob ihren Erfolg von Sapporo. Und im Viererbob gelingt es Zimmerer mit der Besatzung Wurzer/Utzschneider/Schumann, auch den zweiten WM-Titel zu gewinnen.

Während Schweizer und Deutsche um die Weltmeistertitel rivalisieren, erwächst ihnen neue Konkurrenz, zunächst nur vom Hörensagen. Da wird im thüringischen Oberhof eine Kunsteis-Bobbahn nach neuesten wissenschaftlichen Erkenntnissen gebaut, und der Armeesportclub Vorwärts nimmt sich der Piloten an. Auch ein Wunderschlitten soll im Bau sein. Nun rüstet die DDR auch im Bobsport auf.

World-Cup in Deutschland: durch Müller im Endspiel

Juni/Juli 1974. Nach einem spektakulären 35-m-Tor gegen Chile in Berlin, einem mühelosen 3:0 gegen Australien und einem schockierenden Tor von Jürgen Sparwasser zum 1:0 für die DDR in Hamburg, ist die Mannschaft der Bundesrepublik Deutschland Zweiter der Gruppe 1. Am 26. Juni trifft sie auf Jugoslawien, und Gerd Müller entscheidet wieder einmal das Spiel.
Gegen Schweden (30. 6.) steht es nach einem 0:1, 1:1, 2:1, 2:2 in Düsseldorf auf spitz und knopf. Auch als der in der 65. Minute eingewechselte Jürgen Grabowski zum 3:2 trifft, ist noch nichts entschieden. Erst ein Elfmeter besiegelt die 4:2 Niederlage der Schweden nach einem dramatischem Spiel.
Gegen Polen im Halbfinale ist eigentlich kein Spiel möglich. Der Rasen des Frankfurter Waldstadions steht unter Wasser. Die Feuerwehr rückt an, um den Platz abzusaugen, auf dem der Ball, nach einstündiger Verspätung, ein Eigenleben führt. Es bleibt fraglich, ob unter normalen Bedingungen ein Sieg gegen die schnellen Polen gelungen wäre. So schießt Müller das Tor, das den Weg ins Endspiel öffnet.

△ Der Augenblick, der in der Bundesrepublik Deutschland Schrecken und in der DDR Jubel auslöst: Jürgen Sparwasser (14) schießt am 22. Juni in Hamburg in der 78. Minute das Siegtor gegen eine westdeutsche Mannschaft, die sich als Favorit fühlt. Berti Vogts (l.) und Torhüter Sepp Maier (r.) sind konsterniert.

▷ Halb Wasserball, halb Fußball beim Halbfinale Bundesrepublik Deutschland–Polen. Trotzdem Gefahr vor Maiers Tor: Gadocha schießt, Beckenbauer wirft sich entgegen.

Niederlande mit Glanz ins Finale

26. Juni 1974. »Oranje boven!« Nach einem 2:0 gegen Uruguay, einem 0:0 gegen Schweden und einem 4:1 gegen Bulgarien treten die Niederländer als Gruppensieger gegen Argentinien in Gelsenkirchen weltmeisterlich auf.
In der zwölften Minute überspielt Johan Cruyff einige hilflose Verteidiger, zuletzt noch Torwart Carnevali, und zeigt eines des sehenswertesten Tore des Turniers. Zwölf Minuten später knallt Verteidiger Krol den Ball aus dem Hinterhalt ins Netz. Die Argentinier kommen zu keiner nennenswerten Torchance, Rep und Cruyff setzen noch zwei Tore drauf. Gegen die DDR (30. 6.), die ihr Heil in massierter Verteidigung sucht, schlägt Neeskens blitzartig in der achten Minute zu, Rensenbrink in der 59., es ist ein Sieg der Intelligenz. Weltmeister Brasilien sucht am 3. Juli seine letzte Chance und schnürt die Niederländer ein. Doch binnen einer Viertelstunde entscheidet Cruyff das Spiel.

△ Der schußstarke Johan Neeskens, für alle niederländischen Strafstöße zuständig, bildet durch oft traumhaftes Zusammenspiel ein wirkungsvolles Spielertandem mit dem Mannschaftskapitän Johan Cruyff.

◁ Johan Cruyff, der niederländische Spielmacher, Mannschaftskapitän und dreifache Torschütze, ist die treibende Kraft seiner Mannschaft. Cruyff, der bei Ajax Amsterdam groß wurde, hat nie etwas anderes gelernt als Fußballspielen. Dies aber perfekt. Er demonstiert seine überlegene Klasse im Spiel gegen Brasilien als Flügelstürmer mit einer Maßflanke auf Neeskens ebenso wie als selbstvollstreckder Mittelstürmer nach einer Flanke Krols.

Deutschland wird zum zweiten Mal Fußballweltmeister

7. Juli 1974. Das Spiel im ausverkauften Münchner Olympiastadion beginnt mit einem Paukenschlag. Nach 57 Sekunden besteht der erste Ballkontakt eines deutschen Spielers darin, daß Sepp Maier den Ball aus dem Netz holt. Es steht damit nicht nur 1:0 für die Niederlande, die ganze Spielkonzeption von Bundestrainer Helmut Schön steht in Frage. Denn sie beruhte im wesentlichen darauf, daß Berti Vogts den niederländischen Spielmacher Johan Cruyff kaltstellte. Aber der entwischte ihm in der ersten Minute, Uli Hoeneß konnte ihn nur mit einem Foul im Strafraum bremsen, und den von Schiedsrichter Taylor verhängten Elfmeter setzt Neeskens unhaltbar in die Maschen.

80 000 Zuschauern verschlägt es den Atem, die Millionen Leute an den Fernsehern vergessen, ihre Nüsse zu knacken. Am liebsten würden sie das Gerät abschalten, wenn sie sich nicht daran erinnerten, daß deutsche Fußballmannschaften traditionsgemäß erst nach 90 oder 120 Minuten endgültig geschlagen sind. Die Niederländer vergessen das offenbar. Statt jetzt mit aller Kraft zu stürmen und dem angeschlagenen Gegner den Garaus zu machen, verzögern sie das Spiel, als ginge es um nichts anderes, als diesen knappen Vorsprung über die Zeit zu retten. Das gibt den Deutschen Luft, ihr Spiel zu organisieren und die niederländische Abwehr mehr und mehr unter Druck zu setzen.

Als Jansen sich in der 25. Minute nicht anders zu helfen weiß, als Bernd Hölzenbein im Strafraum zu Fall zu bringen, verwandelt Paul Breitner den fälligen Elfmeter kaltblütig. jetzt stürmen nur noch die Deutschen. Zwei Minuten vor dem Pausenpfiff schießt nach einem Flankenlauf von Rainer Bonhof der von drei Niederländern umringte Gerd Müller in seiner unnachahmlichen Art das 2:1.

Die Niederländer kommen wie verwandelt aus der Kabine und ziehen jetzt ihr gewohntes Angriffsspiel auf, daß den Deutschen Hören und Sehen vergeht. Nur einer fällt bei den Niederländern aus: Johan Cruyff. Er ist überall, aber ständig ist Berti Vogts bei ihm. Cruyff kann das Spiel nicht mehr herumreißen. Mit Glück und Kampf bis zur letzten Minute verteidigen die Deutschen ihren knappen Vorsprung.

△ Das entscheidende Tor durch Gerd Müller (2. v. l.) in der 43. Minute nach einer Flanke von Bonhof. Müller ist damit der absolute WM-Torschützenkönig mit 14 Treffern 1970 und 1974.
◁◁ Helmut Schön mit dem neuen FIFA-Weltpokal.
◁ Nach dem erlösenden Schlußpfiff umarmt Franz Beckenbauer Bundestrainer Helmut Schön.

Die deutsche Weltmeisterelf (v. 1.): Franz Beckenbauer, Sepp Maier, Georg Schwarzenbeck, Rainer Bonhof, Bernd Hölzenbein, Jürgen Grabowski, GerdMüller, Wolfgang Overath, Berti Vogts, Paul Breitner, U1i Hoeneß.

Eddy Merckx, der größte Radrennfahrer aller Zeiten

September 1974. Der einzigartige Siegeszug eines einzigartigen Fahrers, der in seinem Wesen eher phlegmatisch wirkt und dem Ärzte kopfschüttelnd keine außergewöhnlichen körperlichen Vorzüge attestieren, begann in diesem Jahr bei der Tour de Suisse.

Eddy Merckx bestritt diese Rundfahrt zum ersten Mal und übernahm gleich nach dem einleitenden Zeitfahren das Führungstrikot. Das ließ er sich auch bis zum Schluß nicht mehr abnehmen, was der Tour de Suisse viel an Spannung nahm. Aber bei dieser Rundfahrt hatte sich Eddy nur für den Giro d'Italia eingerollt. Das war auch nötig, denn dort wollten die neuen Hoffnungen der »Tifosi« Gian Battista Baronchelli und Francesco Moser sowie der erfahrene Felice Gimondi Merckx den Sieg streitig machen. Die Entscheidung fiel an den »Drei Zinnen von Lavaredo«, die Merckx bereits als Träger des Rosa Trikots erreichte. Hier schien er dem Angriff Baronchellis und Gimondis zu erliegen. Aber er überwand eine Schwächeperiode und rettete noch zwölf Sekunden Vorsprung ins Ziel. Und die verteidigte er bis zur letzten Etappe zu seinem vierten Girosieg.

Danach die Tour de France. Hier stand die ganze Nation hinter Raymond Poulidor, der im Vorjahr durch Sturz seine Chancen verloren hatte und jetzt Eddy bezwingen wollte, dessen Kräfte nicht unerschöpflich sein konnten. Sie waren es offenbar doch. Noch knapper als den Giro gewann Merckx mit 8,41 sec Vorsprung auch zum fünften Mal die Tour. Poulidor wurde zum dritten Mal Zweiter.

200 000 Zuschauer verfolgen acht Wochen später in Montreal an einem schweren Rundkurs das Rennen um die Weltmeisterschaft im Straßenradfahren. Bald bildet sich eine Spitzengruppe heraus mit Merckx, dem Italiener Santambrogio, dem Belgier van Springel und dem Franzosen Poulidor. Zuletzt kann an den Steigungen des Mont Royal nur noch Poulidor dem führenden Merckx folgen. Frankreichs Publikumsliebling Poupou, von dem es seit mehr als zehn Jahren immer wieder heißt »Zweiter hinter wem?«, wird abermals Zweiter hinter Merckx, der seinen vierten Weltmeistertitel gewinnt. Jemand hat ausgerechnet, daß es vom 16. Juli 1961 an neben 34 Etappensiegen in der Tour de France und 32 Siegen in den Frühjahrs- und Herbst-Classiques insgesamt auf Bahn und Straße 625 Siege waren.

Aber wenn Eddy auch nur ans Siegen denkt, er denkt deshalb doch nicht nur an sich. Einen Teil seiner Gagen spendet er wohltätigen Zwecken.

Eddy Merckx (r.) zum vierten Mal seit 1964, 1967, und 1971 Weltmeister im Straßenradfahren. Er gewinnt vor dem Franzosen Raymond Poulidor.

Eddy Merckx startet erstmals bei der Tour de Suisse und gewinnt.

Eddy Merckx gewinnt zum vierten Mal den Giro d'Italia.

Eddy Merckx gewinnt zum fünften Mal die Tour de France.

Der 1914 geborene Italiener Bartali und sein 1919 geborener Landsmann Coppi waren die Stars ihrer Zeit wie in späteren Jahren der Franzose Anquetil und der Belgier Merckx.

Sieger	Gino Bartali	Fausto Coppi	Jacques Anquetil	Eddy Merckx
Giro d'Italia	1936, 1937, 1946	1940, 1947, 1949, 1952, 1953	1960, 1964	1968, 1970, 1972, 1973, 1974
Tour de France	1938, 1948	1949, 1952	1957, 1961, 1962, 1963, 1964	1969, 1970, 1971, 1972, 1974
Weltmeisterschaft		1953		1967, 1971, 1974

Leichtathletik-EM in Rom – Olympiarevanche und Test

September 1974. Die Europameisterschaften der Leichtathleten in Rom geben ein merkwürdiges Leistungsbild. Einerseits stehen sie im Zeichen von Olympiarevanchen und sind entsprechend rückwärtsgewandt, andererseits sind sie ein erster Test auf dem Weg zu den Olympischen Spielen 1976.

Herausragende Athletin ist die Polin Irena Szewinska, die 1965 als 19jährige Weltrekord über 100 m lief und in Rom die schnellste Frau der Welt, Renate Stecher (DDR), über 100 m und 200 m schlägt. Die ostdeutschen Sprinterinnen revanchieren sich mit dem Sieg in der 4x100-m-Staffel, wo sie mit 42,51 sec Weltrekord laufen müssen, um die bundesdeutsche Staffel zu bezwingen.

Mit einem Weltrekord von 67,22 m im Speerwerfen beeindruckt Ruth Fuchs (DDR). Ulrike Meyfahrth wird im Hochsprung nur Siebte. Finnlands Doppel-Olympiasieger Lasse Viren endet über 10 000 m auf demselben Rang. Karl Honz rehabilitiert sich mit dem Europameistertitel über 400 m, dennoch verliert die 4x400-m-Staffel der Bundesrepublik Deutschland abermals gegen die Briten.

△ Olympiasiegerin Ruth Fuchs (DDR) verbessert ihren Weltrekord im Speerwerfen um über 2 m und ist damit schon jetzt Favoritin für Olympia 1976.

△◁ Olympiasieger Valeri Borsow (vorn) gewinnt auch in Rom den 100-m-Lauf, vor dem Italiener Pietro Mennea. Über 200 m startet er nicht und überläßt Mennea den Sieg vor dem Deutschen Manfred Ommer.

◁ Die 28jährige Polin Irena Szewinska, früher Kirszenstein (Abb.), gewinnt sensationell den 100-m- und 200-m-Lauf vor der Favoritin Renate Stecher (DDR).

Bruce Davidson, Doppel-Weltmeister in der Military

USA Military-Weltmeister

September 1974. Schon dreimal — 1964, 1968 und 1972 — haben US-amerikanische Vielseitigkeitsreiter bei Olympischen Spielen die Silbermedaille gewonnen. Jetzt gelingt ihnen im britischen Military-Eldorado Burghley erstmals der Sieg in der Weltmeisterschaft. Den Einzelwettbewerb gewinnt Bruce Davidson mit Irish Cap unter 58 Reitern aus zwölf Nationen vor seinem Landsmann Michael Plumb mit Good Mixture. Den Mannschaftswettbewerb gewinnen die USA vor Großbritannien und der Bundesrepublik Deutschland.

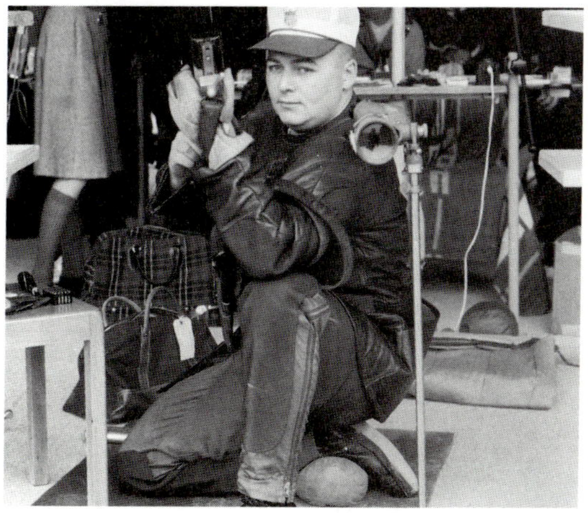

Freigewehr-Olympiasieger Lones Wigger (USA) wird Weltmeister.

Rekord-WM im Schießen

September 1974. 77 Jahre nach der ersten Weltmeisterschaft im Schießen bricht die 41. WM in Thun alle Rekorde: 1099 Schützen aus 62 Nationen nehmen teil, 130 Journalisten aus 21 Ländern berichten, und 11 000 Zuschauer schauen bei einer Sportart zu, in der es eigentlich kaum etwas zu sehen gibt. Die Schützen stellen zwölf neue Weltrekorde auf und egalisieren weitere sieben. Die Aktiven aus der UdSSR (23 G, 11 S, 8 B) sind am erfolgreichsten vor den USA (15 G, 15 S, 11 B). Die Schweizer gewinnen keinen einzigen Titel.

Emerson Fittipaldi wird zum zweiten Mal Formel-1-Weltmeister.

Fittipaldis zweiter Titel

9. Oktober 1974. Als im vorigen Jahr Jackie Stewart beim Training zum Grand Prix der USA vom Tod seines Teamkollegen François Cevert hörte, trat er vom Formel-1-Sport zurück. »Jackie the Hair« stand zum dritten Mal als Weltmeister fest, hatte 99 Grand-Prix-Rennen gefahren, davon 27 gewonnen, ein bisher einmaliger Rekord.

Mit seinem Rücktritt wurde der Weg frei für den Brasilianer Emerson Fittipaldi, der im Lotus »John Player Special« nach 1972 seinen zweiten Formel-1-Weltmeistertitel herausfährt.

Muhammed Alis Comeback in Kinshasa

30. Oktober 1974. In einer afrikanischen Tropennacht kommt es in Kinshasa/Zaïre zu einem der sensationellsten Kämpfe der Boxgeschichte. Es gilt als sicher, daß der 25jährige George Foreman mit seiner gewaltigen Schlagkraft seinen Weltmeistertitel im Schwergewicht gegen den 32jährigen Muhammad Ali verteidigen wird.

Der Kampf beginnt, und schon nach 30 Sekunden schmettert Ali Foreman eine rechte Gerade ins Gesicht. Jeder hatte erwartet, daß Ali mit seiner Linken florettartig versuchen würde, sich Foreman vom Leib zu halten. Kein normaler Mensch beginnt einen Kampf mit rechten Geraden. Aber Ali tut meist nicht, was man von ihm erwartet, und er ist jedenfalls kein normaler Boxer.

Foreman fightet wütend zurück und beginnt gerade damit seine Selbstzerstörung. Ali hält diese Wut in Gang, spricht ständig mit seinem Gegner, verspottet ihn. Und er läßt sich in die Seile drängen, sogar in der Ringecke festnageln und Foreman auf sich eindreschen. Er kann nicht alle Schläge abblocken, aber er verkraftet Foremans Treffer und schlägt dann blitzschnell, hart und präzise zurück. Foreman geht er nach einer fürchterlichen Links-Rechts-Links-Kombination in der achten Runde k. o.

△ Die letzten Schläge, mit denen Ali (M.) in der achten Runde Foreman zu Boden streckt. Es ist das zweite Comeback eines Schwergewichts-Weltmeisters.
◁ Den Weg zum Titelkampf eröffnete sich Ali (r.) durch einen Punktsieg über Joe Frazier.

Eberhard Gienger mit vollem Risiko

28. Oktober 1974. Die Vorbereitung« von Eberhard Gienger auf die Turn-Weltmeisterschaften in Varna bestand in einem Kuraufenthalt im Schwarzwald nach einem Muskelfaserriß, einem Meniskusanriß, einer Fersenbeinfrissur und einer schweren Grippe. Kaum entlassen, wurde ihm am 31. Juli das Knie aufgeschnitten und daraus ein erbsengroßes Stück Knorpel entfernt. Er schleppte sich auf Krücken in die Turnhalle, um wenigstens den Oberkörper in Form zu halten.

Als Gienger in Varna wider Erwarten das Reck-Finale erreicht, entschließt er sich, bei seiner Übung alles zu riskieren. Er nimmt sich die »Endo-Grätsche« im Ellgriff vor, einen schwierigen Übungsteil, den er bisher im Training geturnt hatte. Im Umkleideraum sieht er den Japaner Shigeru Kasamatsu liegen, den Rücken mit Akupunkturnadeln gespickt. Dem geht es also auch nicht besser. Gienger turnt eine schwungvolle Kür. Den Abgang nach einem Doppelsalto mit Schraube steht er sicher: 9,85 Punkte, das ist der Weltmeistertitel.

Die neuen jungen Stars von Wimbledon

Juli 1974. Von dem kühlen blonden 19jährigen Mädchen Christine Marie Evert aus Fort Lauderdale in Florida schwärmen neuerdings die Reporter. Einer behauptet allerdings, sie gleiche einem Apfelkuchen: Appetitlich anzuschauen, süß und schwer im Magen liegend. Vermutlich trifft das für amerikanische Apfelkuchen zu.

Chris liegt jedenfalls ihren Gegnerinnen im Magen, denen sie in diesem Wimbledonturnier keinen einzigen Satz abgibt. Noch im vorigen Jahr verlor sie das Endspiel gegen Billie jean King 0:6, 5:7. Aber die große Zeit der Court und King neigt sich dem Ende zu. Evonne Goolagong, die Unberechenbare, und Chris Evert, die Beständigere, sind die neuen Jungstars.

1974 wird ihr bisher erfolgreichstes Jahr, das sie mit 261 460 US-Dollar an Preisgeldern abschließt. Während ihr Spiel, bei dem sie nach Aussage ihrer Konkurrentinnen nicht einmal schwitzt, den Zuschauer häufig kalt läßt, trifft das Gegenteil für die Person James Scott Connors zu. Dieser 21jährige US-Amerikaner entpuppt sich nicht nur als ein temperamentvoller Spieler, sondern auch als ein unausstehlicher Querulant. Er tobt herum, wenn ihm eine Linienrichter- oder Schiedsrichterentscheidung nicht paßt, wie man es in Wimbledon derart noch nic erlebte.

Auch für Jimmy Connors wird 1974 zum ersten großen Erfolgsjahr.

Der 21jährige US-Amerikaner Jimmy Connors hatte angekündigt: »Wenn ich nach Wimbledon komme, gibt es 127 Verlierer und mich.« Er sollte recht behalten. Und es sollte der Anfang eines jahrelangen Erfolgs sein.

Die 19jährige US-Amerikanerin Chris Evert gewinnt in Wimbledon.

1975

Februar. In Cervinia Zweierbob-Weltmeister die Italiener Alverà/Perruquet, im Viererbob Schweiz mit Erich Schärer, Camichel, Benz und Paul Schärer.

März. In Colorado Springs wird mit Sergej Wolkow erstmals ein Russe Weltmeister im Eiskunstlauf der Herren. Bei den Damen siegt die Niederländerin Dianne de Leeuw, bei den Paaren zum dritten Mal Irina Rodnina/Alexander Saizew.

23. 3. »Curling-Wunder« in Perth/Schottland. Bei der 17. Weltmeisterschaft siegt erstmals die Schweiz über Kanada, USA und Schottland.

24. 3. Muhammad Ali verteidigt seinen Weltmeistertitel im Box-Schwergewicht gegen Chuck Weppner (USA) durch K. o. in der 15. Runde in Cleveland/Ohio (→ 30. 9. 1975).

29. 3. Weltrekorde im Eisschnellauf über 500 m in 37,00 sec durch Ewgenij Kulikow (UdSSR) und über 1000 m in 1:23,46 min durch Tatjana Awerina (UdSSR) in Medeo.

3. 4. Der Russe Anatoli Karpow wird vom internationalen Schachverband (Fédération Internationale des Echecs, FIDE) zum Weltmeister erklärt, da sich Titelverteidiger Bobby Fischer dem Herausforderer nicht zum Wettkampf stellt.

April. Bei der Eishockey-Weltmeisterschaft in Düsseldorf und München siegt die UdSSR vor der ČSSR und Schweden.

Weltcupsieger im alpinen Skilauf erneut Annemarie Moser-Pröll und Gustav Thöni.

Der internationale Skiverband (Fédération Internationale de Ski, FIS) verbietet wegen der Gefahr bei Stürzen einen lackierten Renndreß.

Mai. UEFA-Pokal-Endspiele: Borussia Mönchengladbach – Twente Enschede 0:0/5:1.

Europapokal der Pokalsieger: Dynamo Kiew – Ferencvaros Budapest 3:0 in Basel.

3. 5. Weltrekord im Pferde-Weitsprung mit 8,40 m durch den Südafrikaner André Ferreira mit Something in Johannesburg.

16. 5. Als erste Frau besteigt die Japanerin Junko Tabai den Gipfel des Mount Everest (8848 m).

Muhammad Ali verteidigt seinen Weltmeistertitel im Box-Schwergewicht gegen Ron Lyle (USA) durch K. o. in der elften Runde in Las Vegas (→ 30. 9. 1975).

28. 5. Europapokal der Landesmeister: Bayern München – Leeds United 2:0 in Paris.

Juni. Erstmals Dressur-Europameisterschaften in der UdSSR. Überlegener Sieg der Schweizerin Christine Stückelberger auf Granat vor Harry Boldt (Bundesrepublik Deutschland) auf Woyceck in Kiew.

Die Russin Faina Melnik wirft in Zürich als erste Frau den Diskus über 70 m (70,20 m).

30. 6. Muhammad Ali verteidigt seinen Weltmeistertitel im Box-Schwergewicht gegen den Briten Joe Bugner in 15 Runden nach Punkten in Kuala Lumpur und äußert Rücktrittsabsichten (→ 30. 9. 1975).

Juli. Billie Jean King gewinnt in Wimbledon zum sechsten Mal im Damen-Einzel und zum 19. Mal in Wimbledon überhaupt. Mit Arthur Ashe (USA) siegt erstmals ein Farbiger im Herren-Einzel.

20. 7. Der Franzose Bernard Thévenet gewinnt nach dem Giro d'Italia im Juni auch die Tour de France (→ Juli 1975).

August. Der Schweizer Gianclaudio »Clay« Regazzoni fährt auf einem Ferrari beim Großen Preis von Deutschland auf dem Nürburgring die schnellste Runde in 7:06,4 min = 192,79 km/h auf der 22,835 km langen Nordschleife.

Der 20jährige Alexander Pusch (Bundesrepublik Deutschland) wird in Budapest erstmals Weltmeister im Degenfechten. Er ist der jüngste Degenweltmeister aller Zeiten.

30. 8. Bei den Ruder-Weltmeisterschaften in Nottingham gewinnt Peter-Michael Kolbe (Bundesrepublik Deutschland) den Titel im Einer.

September. Weltmeister im Straßenradfahren wird der Niederländer Hennie Kuiper in Yvoir.

17. 9. Adolf Seger wird in Minsk Weltmeister im Freistilringen der Mittelgewichtsklasse.

21. 9. Rolf Milser wird in Moskau Weltmeister im Gewichtheben der Leichtschwergewichtsklasse.

30. 9. Muhammad Ali verteidigt seinen Weltmeistertitel im Box-Schwergewicht gegen Joe Frazier durch technischen K. o. in der 14. Runde in Manila.

Oktober. Der Österreicher Niki Lauda wird Automobilweltmeister der Formel 1 auf Ferrari.

Der Italiener Giacomo Agostini wird seit 1966 zum achten Mal Motorradweltmeister in der 500-ccm-Klasse. Von 1968 bis 1974 war »Crazy Ago« auch Weltmeister in der 350-ccm-Klasse.

Erfolgreichster Radfahrer der Amateurflieger ist der Franzose Daniel Morelon mit sieben WM-Titeln und zwei olympischen Goldmedaillen seit 1966.

12. – 26. 10. In Mexiko City siebte Panamerikanische Spiele. USA 246 Medaillen, Kuba 133, Kanada 91.

15. 10. Weltrekord im Dreisprung mit 17,89 m durch Joao Carlos de Oliveira in Mexiko City.

Dezember. Schweden gewinnt in Stockholm erstmals den Davis Cup durch ein 3:2 über die ČSSR.

Szene aus dem Spiel UdSSR—Finnland. Die Finnen verlieren beide Begegnungen mit 8:4 und 5:2 und belegen in der Weltmeisterschaft den vierten Rang.

WM-Titel für »Eis-Sputniks«

April 1975. Sechs Nationen der Gruppe A jagen in Düsseldorf und München, acht der Gruppe B in Sapporo und sieben der Gruppe C in Sofia nach dem Puck. Es geht um den WM-Titel, um Aufstieg oder Abstieg. In dieser keineswegs klassenlosen Gesellschaft wird die UdSSR ein weiteres Mal Eishockeyweltmeister, ohne Punktverlust, vor der ČSSR und Schweden.

Im fernen Sapporo kämpfen die Bundesrepublik Deutschland und die DDR um den Aufstieg. Beide erreichen ein 12:2-Punktverhältnis, doch die DDR hat das bessere Torverhältnis. Aber beide dürfen in die Gruppe A.

Am 24. Juli 1975 endet im Eishockey die fast 30jährige Herrschaft des Iren John Francis Ahearne, Präsident des internationalen Verbandes. Der 74jährige hat viel für den europäischen Eishockeysport getan und kaum weniger dafür, daß die Kanadier den Weltmeisterschaften fernbleiben. Überraschend wird nicht der Niederländer Fred Schwers zum Nachfolger gewählt, sondern der Deutsche Günther Sabetzki.

Streit um Hochglanzdreß

April 1975. Krach, Disqualifikationen und Boykottdrohungen begleiten die laufende Skisaison. Eine österreichische Textilfirma hat einen im Windkanal getesteten Renndreß kreiert, der durch Lackierung der Außenhaut Hundertstel- und Zehntelsekunden bringt. Die glatte Fläche erweist sich aber als gefährlich bei Stürzen.

Unbeeindruckt vom »Skikrieg« mit außen oder innen lackierten Anzügen fahren Annemarie Moser-Pröll und Gustav Thöni (Abb.) neuen Weltcup-Siegen entgegen. Annemarie holt sich bereits den fünften Titel. Thöni gewinnt zum vierten Mal.

WM-Verzicht von Bobby Fischer

3. April 1975. Die Schachwelt bedauert, daß eines ihrer größten Genies an keinem Turnier mehr teilnehmen will. Ex-Weltmeister Machgielis Euwe, Präsident der Fédération Internationale des Echecs (FIDE), verlautbart: »Sein Benehmen ist unentschuldbar. Er lebt in einer anderen Welt.«
Robert James Fischer, am 9. März 1943 in Chicago geboren, war schon immer schwierig. Im Alter von zwei Jahren ließen sich seine Eltern, ein deutscher Physiker und eine Schweizerin, scheiden. Er wuchs bei seiner Mutter in Brooklyn auf und galt mit 13 Jahren als Schachwunderkind. Seine Karriere begleiteten Skandale. Den Russen warf er eine Verschwörung vor, weil sie stets als Mannschaft gegen ihn anträten, während er nicht einmal einen Sekundanten hatte. Er wollte allerdings auch keinen. Nach seinem WM-Triumph 1972 mied er die Öffentlichkeit.
Nach dem Verzicht Fischers erklärt die FIDE den Russen Anatoli Karpow, der sich im Kandidatenturnier gegen Lew Polugajewski, Boris Spasski und Viktor Kortschnoi durchgesetzt hat, zum Weltmeister.

Arthur Ashe siegt in Wimbledon

Juli 1975. Im Viertelfinale von Wimbledon tritt dem 32jährigen farbigen US-Amerikaner Arthur Ashe ein 19jähriger Schwede gegenüber, der sein langes blondes Haar mit einem gestreiften Frotteeband zusammenhält. Er heißt Björn Borg, spricht kein Wort, verzieht keine Miene, als er den ersten Satz 6:2 gewinnt, und ebensowenig, als er die nächsten Sätze 4:6, 6:8, 1:6 verliert. Im Endspiel hat es »Mr. Ace«, wie man Ashe auch wegen seines mächtigen Aufschlags nennt, mit Jimmy Connors zu tun. Der sprach vorher um so mehr, schwor, Ashe vom Platz zu fegen, schimpft wie ein Rohrspatz und verliert 1:6, 1:6, 7:5, 4:6. Ashe ist damit der erste farbige Wimbledonsieger.
Er hat einen ähnlichen Werdegang hinter sich wie Althea Gibson (→ 6. 7. 1957). In die Tennisklubs der Weißen durfte der Sohn eines Polizisten aus Richmond im Staat Virginia nicht eintreten. Er lernte das Spiel in öffentlichen Parks. Später nahm sich Pancho Gonzales des Talents an. »Ich war nicht besonders fleißig, wenn es darum ging, Bälle zu schlagen«, gibt Ashe zu, »ich wollte Spaß an der Sache haben und nicht ein Knecht dieses Sports werden.« Als er 1968 als erster Farbiger die US-Meisterschaft gewann, erklärte er: »Plötzlich wurde mir bewußt, daß ich Verantwortung zu tragen hatte. Also habe ich mich meinen Aufgaben gestellt. Ich mußte das in aller Öffentlichkeit aussprechen, was Millionen unserer farbigen Bürger ungehört zum Himmel schrien: Menschenrechte, Gleichheit vor dem Gesetz, soziale Sicherheit.«

Der US-Amerikaner Arthur Ashe gewinnt das Wimbledon-Finale.

Frauen bezwingen den Mount Everest

16. Mai 1975. Seit der Erstbesteigung durch Edmund Percival Hillary und den Sherpa Tenzing Norgay am → 29. Mai 1953 ist der 8848 m hohe Gipfel des Mount Everest weitere zwölfmal bestiegen worden.
In diesem Jahr wird der höchste Berg der Erde erstmals von einer Frauenexpedition belagert. Es sind Japanerinnen unter Leitung von E. Hisano. Eine der fähigsten Alpinistinnen, Junko Tabei, gerät bei einem ersten Aufstiegsversuch in eine Lawine, wird aber nur leicht verletzt. Sie läßt sich dadurch nicht abschrecken. Nach Einrichtung von Zwischenlagern verschlechtert sich das Wetter. Junko Tabei steigt dennoch über die Südflanke auf und erreicht mit dem Sherpa Sirdar Ang Tsering den Gipfel. Nach gelungener Rückkehr wird sie in Japan als Heldin gefeiert.
Eine Woche später unternehmen die Chinesen eine Großexpedition. Zusammen mit acht Männern gelingt der Tibeterin Phantong als zweiter Frau der Gipfelerfolg über die Nordflanke. Knapp drei Jahre später, im Oktober 1978, gelingt der Polin Wanda Rutkiewicz der Aufstieg.

Bernard Thévenet gewinnt mit 2:47 min Vorsprung die Tour.

Thévenet Toursieger

Juli 1975. *Im vorigen Jahr resignierte Bernard Thévenet, es sei aussichtslos, die Tour de France zu gewinnen, wenn Eddy Merckx mitfahre. Jetzt ist der 27jährige Franzose bei seiner sechsten Tour-Teilnahme der erste, der Merckx besiegt. Danach sieht es zunächst nicht aus. Erst auf der Etappe Nizza—Praloup verhilft ein Schwächeanfall von Merckx nach Zusammenprall mit einem Zuschauer Thévenet zum Erfolg.*

Faina Melnik aus der UdSSR wirft als erste Frau über 70 m.

Faina Melniks Superwurf

Juni 1975. *Der Züricher Letzigrund war schon immer ein rekordträchtiges Gelände. Allerdings vornehmlich für Läufer. So wundert sich niemand, daß der US-Amerikaner Rod Milburn die 110 m Hürden in 13,1 sec läuft. Aber als Faina Melnik die 1-kg-Scheibe über die 70-m-Grenze wirft, mit 70,20 m fast 4 m weiter als ihr eigener Weltrekord, da herrscht doch allgemeines Staunen und Bewunderung.*

Siegerehrung (v. l.): Likomsky (Silber), Pusch (Gold), Osztrics (Bronze)

Degenweltmeister Pusch

August 1975. *In Budapest, wo es an sachkundigen Zuschauern nicht mangelt, fragt man sich, wie ein 20jähriger in der Finalrunde nach Siegen über den Russen Lukomski, den Ungarn Osztrics, den Österreicher Lindner, den Russen Abuschachmetow und den Schweizer Kauler Weltmeister im Degenfechten werden kann. Die Erklärung liegt in der Medaillenschmiede von Emil Beck in Tauberbischofsheim.*

1976

Januar. Joginder Singh (Kenia) gewinnt zum dritten Mal seit 1965 die East African Safari Rallye.

Die US-Amerikanerin Sheila Young gewinnt seit 1973 zum dritten Mal die Vierer-Sprint-Weltmeisterschaft im Eisschnellauf.

Februar. »Materialschlacht« im Umfeld der olympischen Skiwettbewerbe. »Lochski« der Österreicher, »Geierschnabel« der Schweizer. Gebogene Skistöcke, Kugeln statt Teller. Bei den Anzügen Fischhaut und Turbokeil (→ 15. 2. 1976).

4. – 15. 2. In Innsbruck 12. Olympische Winterspiele.

20. 2. Muhammad Ali verteidigt seinen Weltmeistertitel im Box-Schwergewicht gegen den Belgier Jean Pierre Coopman durch K. o. in der fünften Runde in San Juan.

März. Zum 140. Mal das berühmt-berüchtigte Grand National Steeplechase in Aintree bei Liverpool.

7. 3. Weltrekord im Skifliegen mit 176 m durch Toni Innauer (Österreich) in Oberstdorf.

April. Weltcupsieger im alpinen Skilauf Rosi Mittermaier (Bundesrepublik Deutschland) und Ingemar Stenmark (Schweden).

Bei der Eishockey-Weltmeisterschaft in Kattowitz die ČSSR vor der UdSSR und Schweden.

Der Kanadier Reggie Leach erzielte in der Saison 1975/76 der National Hockey League für die Philadelphia Flyers 80 Tore (Rekord).

8. 4. In Berlin (Ost) Weltrekorde im Gewichtheben: Im Stoßen (Leichtschwer) Rolf Milser (Bundesrepublik Deutschland) mit 207,5 kg, im Reißen zweites Schwergewicht Valentin Christow (Bulgarien) mit 185,0 kg.

30. 4. Muhammad Ali verteidigt seinen Weltmeistertitel im Box-Schwergewicht gegen Jimmy Young durch einen Punktsieg nach 15 Runden in Landover.

Mai. UEFA-Pokal-Endspiele: FC Liverpool – FC Brügge 3:2/1:1.

1. 5. Weltrekord über 20 000 m durch Jos Hermens (Niederlande), in 57:24,2 min in Papendal.

5. 5. Europapokal der Pokalsieger: RSC Anderlecht – West Ham United 4:2 in Brüssel.

12. 5. Europapokal der Landesmeister: FC Bayern München – Saint Étienne 1:0 in Glasgow.

24. 5. Muhammad Ali verteidigt seinen Weltmeistertitel im Box-Schwergewicht gegen den Briten Richard Dunn durch einen K.-o.-Sieg in der fünften Runde in München.

Juni. Zum 25. Mal Vielseitigkeitsprüfung in Badminton vor 150 000 Zuschauern. Sieg der Britin Lucinda Prior-Palmer, deren Pferd Wide Awake bei der Ehrenrunde tot zusammenbricht.

Felice Gimondi gewinnt zum dritten Mal den Giro d'Italia (→ Juni/Juli 1976).

5. 6. Weltrekord über 100 m Rücken in 1:01,51 min durch Ulrike Richter (DDR) in Berlin (Ost).

12. 6. Weltrekord über 100 m in 11,04 sec durch Inge Helten (Bundesrepublik Deutschland).

20. 6. Fußballeuropameister wird die ČSSR gegen die Bundesrepublik Deutschland nach einem 5:3 im Elfmeterschießen in Belgrad.

22. 6. Weltrekord im Stabhochsprung mit 5,70 m durch Dave Roberts (USA) in Eugene.

26. 6. Weltrekord im Speerwurf mit 94,58 m durch Miklos Nemeth (Ungarn) in Montreal.

28. 6. Weltrekord über 1500 m durch Tatjana Kasankina in 3:56,0 min in Podolsk.

Juli. In Wimbledon erstmals Sieg durch den Schweden Björn Borg. Die US-Amerikanerin Chris Evert gewinnt zum zweiten Mal das Damen-Einzel.

Der Belgier Lucien van Impe gewinnt die Tour de France (→ Juni/Juli 1976).

17. 7. – 1. 8. In Montreal Sommerspiele der XXI. Olympiade mit Boykott der afrikanischen Staaten wegen Südafrika.

August. Die 18jährige Kanadierin Cindy Nicholas durchschwimmt den Ärmelkanal hin und zurück in 19:55 h, die schnellste Doppelüberquerung überhaupt.

1. 8. Schwerer Unfall des Österreichers Niki Lauda beim Formel-1-Rennen auf dem Nürburgring.

7. 8. Weltrekord über 3000 m in 8:27,2 min durch Ludmilla Bragina (UdSSR) in College Park.

14. 8. Weltrekord über 100 m Freistil in 49,44 sec durch Jonty Skinner (USA) in Philadelphia.

23. 8. Giacomo Agostini beendet nach seinem 122. Sieg in einem WM-Lauf seine Karriere als erfolgreichster Motorradrennfahrer aller Zeiten (→ Oktober 1975).

28. 9. Muhammad Ali verteidigt seinen Weltmeistertitel gegen Ken Norton durch einen Punktsieg nach 15 Runden in New York und erhält dafür die bisher höchste Summe von 8,5 Mio. US-Dollar.

Oktober. Der Brite James Hunt wird auf McLaren-Ford Automobilweltmeister der Formel 1.

Dezember. Als erster deutscher Verein gewinnt der FC Bayern München den Fußball-Weltpokal (2:0/0:0 gegen Cruzeiro Belo Horizonte).

Italien gewinnt in Santiago erstmals den Davis-Cup durch ein 4:1 über Chile.

Mannschaften aus 36 Nationen ziehen ins Bergisel-Stadion in Innsbruck ein.

Die »einfachen« Winterspiele

4. Februar 1976. Das olympische Feuer wird gleich in zwei Flammenschalen entfacht. Innsbruck demonstriert, daß es bereits zum zweiten Mal in zwölf Jahren Olympische Winterspiele veranstaltet.

Ursprünglich sollten sie in Denver/Colorado stattfinden. Doch dort erzwangen Umweltschützer eine Volksabstimmung. Und das Volk sprach sich dagegen aus, daß man in den Bergen Schneisen in die Wälder schlug, um Skipisten anzulegen, und die Rocky Mountains den Sportfreaks zuliebe derart verunstaltete, wie das mit den Alpen bereits geschehen ist. Die Österreicher sprangen ein. Sie verziehen dem Internationalen Olympischen Komitee (IOC) den Fall Schranz (→ 13. 1. 1972), zumal der Amerikaner Avery Brundage abgedankt hatte, und der neue IOC-Präsident Lord Michael Morris Killanin dem Wintersport und überhaupt allem und jedem wohlgesonnen ist.

»Auf den Tag genau vor drei Jahren«, ruft Österreichs Kultusminister Fred Sinowatz stolz, »hat das Internationale Olympische Komitee Innsbruck beauftragt, zum zweiten Mal die Olympischen Winterspiele durchzuführen.« Dann versagt das Mikrofon. Als ihm ein neues gereicht wird, erntet er von 60 000 Zuschauern Applaus mit der Bemerkung: »Es sind eben doch die einfachen Spiele!« Sie sind freilich ebensowenig »einfach«, wie sie es vor zwölf Jahren waren.

Geheimwaffe »Lochski« macht Furore

Der deutsche Abfahrer Michael Veith präsentiert den »Lochski«.

Bevor die Olympischen Winterspiele beginnen, schlägt in Innsbruck die Nachricht wie eine Bombe ein, die Österreicher hätten einen neuen Ski erfunden, der Franz Klammer den Sieg im Abfahrtslauf sichern würde. Erst hält man das Ganze für einen Werbegag, um die Konkurrenz zu verunsichern. Aber dann wird die Geheimwaffe der Öffentlichkeit präsentiert. Ski mit Löchern vorn. Im Windkanal sollen sie Hundertstelsekunden gebracht haben. Allerdings, den Abfahrtslauf bestreitet Klammer doch mit herkömmlichen »normalen« Ski.

»The Rosi Games«: Rosi Mittermaier wird »Skikönigin«

8. Februar 1976. Mit ihren 25 Jahren ist Rosi Mittermaier von der Winklmoos-Alm schon eine Seniorin im alpinen Skizirkus. Der Abfahrtslauf ist ihre schwächste Disziplin. Noch nie in zehn Jahren hat sie eine Weltcup-Abfahrt gewonnen. Der Skilauf scheint ihr trotzdem immer noch Spaß zu machen. 50 000 Zuschauer sind in die Axamer Lizum gekommen, wo die Österreicherin Brigitte Totschnig als Favoritin gilt. Von Brigitte kommen auch die besten Zwischenzeiten. Nach 1:46,68 min fegt sie mit einer Topzeit durchs Ziel und wird stürmisch umjubelt. Als von Rosi Mittermaier, die furios gestartet sein muß, eine Zwischenzeit gemeldet wird, die um vier Zehntelsekunden besser ist als die von Brigitte, beruhigt man sich. Das wird sich schon noch ändern. Aber bei der zweiten Zwischenzeit ist Rosi acht Zehntel schneller. jetzt ertönen »Rosi-Rosi«-Rufe. Und die erschallen noch bis in die Nacht hinein, als Rosi mit 1:46,16 min Gold gewonnen hat. Sie nimmt es mit ihrem rosigen Lachen hin, während Brigitte die hellen Tränen über die Wangen laufen. Von einer »Schlappe« murren die Österreicher, über einen »schwarzen Tag« klagen die Schweizer. Doch eine Konkurrentin gesteht: »Der Rosi mag ich diese Goldmedaille von Herzen gönnen. Sie hat sich diesen Lohn redlich verdient.«

Als Rosi auch noch Gold im Slalom gewinnt (11. 2.), sagt das keine mehr. Exodus aus Reit im Winkl. »Außer den Alten und Kranken«, sagt Schwester Evi, »sind alle hier.« Und sie feuern ihre Rosi an, die auf tückischer Piste leicht und elegant im ersten Durchgang zweitbeste Zeit läuft. Sieben Läuferinnen stürzen im zweiten Lauf, dann setzt sich Weltmeisterin Hanni Wenzel an die Spitze. Doch mit einem wahren »Traumlauf« holt Rosi ihr zweites Gold und muß von der Polizei geschützt werden.

Im Riesenslalom (13. 2.) verfehlt sie knapp die Zeit, die Kathy Kreiner mit Startnummer 1 vorgelegt hat. Keine alpine Skiläuferin war bei Olympischen Winterspielen je erfolgreicher. Als Rosi von den Reportern bestürmt wird, ob sie sich nicht gräme, daß sie diesmal verloren hat, antwortet sie mit ihrem strahlenden Lachen: »Ich habe nicht verloren, sondern Silber gewonnen.«

Im ersten Slalom-Durchgang stürzt Weltmeisterin Fabienne Serrat, läßt Monika Kaserer ein Tor aus und hat Marie-Theres Nadig nur einen Skistock in der Hand. Rosi Mittermaier (Abb.) bleibt 0,09 sec. hinter der Bestzeit von Pamela Behr. Im zweiten Durchgang nimmt Rosi der führenden Pamela über eine Sekunde ab. Sie gewinnt in 1:30,54 min vor der Italienerin Claudia Giordani und Hanni Wenzel aus Liechtenstein.

Franz Klammers Abfahrtstriumph

5. Februar 1976. Diesem Tag fiebert ganz Österreich entgegen. Man will sozusagen als Lohn für die Rettungsaktion Olympische Winterspiele den Sieg im Abfahrtslauf. Den muß der Franz Klammer gewinnen, wenn es eine Gerechtigkeit gibt. Aber wo gibt es die schon? Klammer wurde auf Schritt und Tritt verfolgt, als müsse er seinen Sieg, den er erst herausfahren soll, jedermann vorab bestätigen.

Der Steilhang am Patscherkofel war stark vereist, weshalb man Salz auf die Strecke streute. Das würde zweifellos die Chancen der Läufer mit höheren Startnummern – bis 74 – beeinträchtigen. Aber nach Startnummer 15 zählt ohnehin kein Läufer mehr. Die trägt der 22jährige Kärntner Klammer, und als er startet, hat der 27jährige Schweizer Bernhard Russi eine Zeit vorgelegt, die um eine volle Sekunde schneller ist als die beste Trainingszeit, die der Schweizer Philippe Roux erzielt hat. Dabei hatte man erwartet, daß durch das Salz die Piste langsamer würde. Atemlose Spannung unter 60 000 Zuschauern, die mit Fahnen, Kuhglocken und reichlich Obstler den Berg hinaufgestapft sind. Als Klammer die Schlüsselstelle am »Ochsenschlag« passiert, meldet Toni Sailer durch das Funkgerät: »Der Franz ist weg.« Nur drittbeste Zwischenzeit. Aber im Ziel ist der Franz wieder da, mit neuer Bestzeit. Für Österreich sind damit die Spiele gerettet. Manchmal siegt doch die Gerechtigkeit.

Franz Klammer auf dem Weg zur Abfahrts-Goldmedaille, die er mit 1:45,73 min vor dem Schweizer Bernhard Russi in 1:46,06 min gewinnt

»Bill« Koch – die Sensation von Seefeld

5. Februar 1976. Während Innsbruck noch vom Jubel über den Abfahrtssieg Franz Klammers widerhallt, kommt aus Seefeld seltsame Kunde. Dort sind die Nordischen unter sich in einer märchenhaften Winterlandschaft, während durch das 600 m tiefer gelegene Inntal der Föhn bläst.

Wer sich dort im Pressezentrum die Zeit nimmt, einen Blick auf die Fernsehübertragung des 30-km-Laufs zu werfen, hört, wie sich der Kommentator amüsiert, daß nach 10 km mit fünftbester Zeit ein US-Amerikaner gestoppt wird. Ein Greenhorn, dem es die Russen und Skandinavier schon zeigen werden. Aber nach 20 km ist dieser — wie heißt er doch gleich? Koch?? — mit viertbester Zeit in Medaillennähe. Aber das kann nicht wahr sein. Der berühmte Endspurt der erfahrenen nordischen Läufer steht ja noch aus. Aber dieser Koch hat auch noch etwas zuzusetzen, und zuletzt muß der Russe Sergej Saweljew froh sein, daß er mit knapp 28 Sekunden vor Bill Koch die Goldmedaille rettet. Zum ersten Mal gehen bei einer olympischen Siegerehrung in einem nordischen Wettbewerb die »Stars and Stripes« am Mast hoch.

Koch kommt aus Vermont und stammt von niederländischen Eltern ab. Er begann im Alter von 13 Jahren mit dem Skilauf. Über 15 km (18. 2.) wird er Sechster hinter Nikolai Baschukow, über 50 km (14. 2.) überschätzt er seine Möglichkeiten, führt bei halber Distanz, kommt aber erst als 13. hinter dem Norweger Ivar Formo ins Ziel. Doch in der 4x10-km-Staffel (11. 2.) läuft er die schnellste Zeit aller Teilnehmer. Keß erklärt der 20jährige, das College müsse jetzt eben warten, bis er seine Ski-Karriere beendet habe. Das College wartet noch acht Jahre lang. Aber so gut wie in Seefeld ist Bill nie mehr. Er hatte schon recht, als er nach seiner Silbermedaille meinte: »Dies wird für immer der schönste Tag in meinem Leben bleiben.«

Der US-Amerikaner William »Bill« Koch, die Sensation von Seefeld

Helena Takalo, Gold über 5 km, Silber über 10 km und mit der Staffel

Der Russe Nikolai Baschukow (M.) gewinnt in Seefeld den 15-km-Lauf.

Die Schrecksekunde der Helena Takalo

7. Februar 1976. Die 1,57 m zierliche und 56 kg leichte Finnin Helena Takalo ist kein heuriger Hase im nordischen Skilauf. Schon 1968 nahm sie in Grenoble teil, und 1972 gewann sie mit der Staffel die Silbermedaille.

Jetzt muß sie es in Seefeld ganz allein auf sich gestellt mit den übermächtigen Russinnen aufnehmen. Deren beste Läuferin Raissa Smetanina läuft über 5 km einem sicheren Sieg entgegen. Das haben ihr die Streckenposten mit den Funkgeräten bereits mitgeteilt. Was soll auf den letzten 500 m noch passieren? Da bekommt jedoch die kleine Takalo etwas, was die Finnen »Sisu« nennen. Das ist unübersetzbar. Ein Mensch leistet dann einfach etwas, was er eigentlich gar nicht mehr leisten kann. Helena Takalo nimmt Smetanina noch eine Sekunde ab und gewinnt Gold.

Diese Schrecksekunde will Raissa nicht noch einmal erleben. Über 10 km (10. 2.) legt sie derart los, daß sie nach halber Distanz einen Vorsprung von zehn Sekunden vor Helena hat. Das müßte wohl reichen. »Sisu« hat man nun einmal nicht alle Tage. Aber Helena holt auf. Sekunde um Sekunde. Zuletzt fehlt ihr nur noch eine einzige zum Sieg. Raissa hat gewonnen, aber der Schreck steht ihr noch im Gesicht geschrieben. »Die Strecke hätte ein paar hundert Meter länger sein müssen«, lächelt das Energiebündel Helena. Aber sie ist zufrieden mit Silber und legt in der 4x5-km-Staffel (12. 2.) noch einmal Silber dazu.

Im Skispringen Österreich gegen DDR

7. Februar 1976. Die Stimmung ist emotional aufgeheizt. Im letzten Augenblick wurde jeder neue technische Schnickschnack an den Ski der Österreicher, wie Stabilisatoren an den Skienden, mit Schaumstoff stromlinienförmig verkleidete Bretter etc., verboten.

Hans-Georg Aschenbach (DDR) legt in Seefeld zwei wunderbare Sprünge über 84,5 m und 82 m hin und erklärt: »Toni Innauer hat verloren, weil er während der Vierschanzentournee zuviel gewonnen hat.« Daß der 17jährige Toni nicht einmal zu einer Medaille kommt, sondern nur Siebter wird, verzeihen die einheimischen Fans nicht.

60 000 Zuschauer wollen am 15. Februar auf der 90-m-Schanze am Bergisel Toni Innauer siegen sehen. Er wird allerdings nur Zweiter, aber wenigstens hinter Karl Schnabel. »Ich hätte nicht gedacht, daß ich es packe«, sagt der Sieger. »Ich riskierte einen Sprung ins Nichts und habe gewonnen. Seefeld war eine Enttäuschung. Allerdings: Ich schäme mich für die Zuschauer. Sie haben uns alle mit ihren Pfiffen gegen die DDR-Sportler beleidigt.«

Hans-Georg Aschenbach ist nach der Weltmeisterschaft im Skifliegen 1973 und zwei WM-Titeln in Falun 1974 einer der erfolgreichsten Skispringer.

Erstmals Eistanz – erstmals ein Salto

Februar 1976. Zum ersten Mal ist das Eistanzen olympisch. Und wie um diese Entscheidung zu rechtfertigen, erlebt man den langweiligsten Eiskunst-Paarlauf seit langem.
»Keine einzige Vorstellung«, urteilt der Olympiasieger Manfred Schnelldorfer, »hat die Note 5,9 verdient. « Er dient haben sie sich Irina Rodnina/Alexander Saizew, wie gehabt.
Doch beim Eistanz füllen die Zuschauer die Halle bis auf den letzten Platz. 18 Paare tanzen, und Johann Strauß läßt grüßen. Wenn sich Ludmilla Pachomowa mit ihrem Mann Alexander Gorschkow auf dem Eis bewegt, grüßt das berühmte Bolschoi-Ballett. Einen dreifachen russischen Erfolg können überraschend die US-Amerikaner Collen O'Connor/James Millns verhindern. Da grüßt die »West Side Story«. Die Antwort auf die Frage, ob Eistanz olympisch bleiben soll, fällt den Organisatoren bei 600 000 DM Mehreinnahme leicht. Auf ihre Kosten kommen auch die Zuschauer, als der US-Amerikaner Terry Kubicka erstmals auf dem Eis einen Salto rückwärts zeigt. Damit erschreckt er die Preisrichter derart, daß er auf Rang sieben landet.
Weniger sprungfreudig zeigen sich die 21 Damen. Von insgesamt sechs Dreifachsprüngen steht die zwölfjährige Elena Wodoresowa allein drei. Dorothy Hamill meidet derartige Kunststücke überhaupt. Ihr Vorsprung nach der Pflicht reicht für einen risikolosen Schaulauf aus. So siegt Denver zweimal in Innsbruck, denn dort wohnt Trainer Carlo Fassi, der sowohl Dorothy Hamill als auch den Briten John Curry zu Goldmedaillengewinnern machte. Der Selfmade-Eiskünstler, Kanadas Toller Cranston, hatte seine Siegchance schon nach der unleidigen Pflicht eingebüßt. Curry gesteht: »Als mich Toller Cranston bei der Siegerehrung beglückwünschte, tat er mir leid. Toller ist mein Freund, und ich weiß, wie sehr er darunter leidet, wenn seine Kunst von den Preisrichtern nicht anerkannt wird. Das war die Chance meines Lebens. Man wird mir daher nicht verübeln, daß ich auch in der Stunde des Triumphs die Objektivität der Preisrichter anzweifele. Sie haben mir in Innsbruck viel gegeben, in den Jahren davor aber auch viel genommen.«

Der US-Amerikaner Terry Kubicka zeigt in der Kür erstmals einen Salto.

Keine Chance für Künstler im Eiskunstlauf: Kanadas Toller Cranston

Piet Kleine folgt Ard Schenk

Februar 1976. Das Erbe des dreifachen Eisschnellauf-Goldmedaillengewinners von Sapporo 1972, Ard Schenk, soll Hans van Helden antreten. Er läuft auch drei Medaillen heraus, aber immer nur Bronze. Beim 10 000-m-Lauf mißt man endlich minus 5 °C, aber es schneit. Norwegens Weltrekordler Sten Stensen läuft 14:53,30 min, denkt, das reicht, und geht feiern. Die Feier wird gestört, weil da ein Niederländer konstant Rundenzeiten um 35 Sekunden läuft. Das will sich Stensen ansehen. Und er traut seinen Augen nicht, als Piet Kleine das Rennen in 14:50,59 min. beendet.

Piet Kleine (Niederlande) gewinnt olympisches Gold über 10 000 m.

Drei Medaillen für die US-Amerikanerin Sheila Young: Gold über 500 m, Silber über 1500 m, Bronze über 1000 m. »Für mich erfüllte sich ein schöner Traum«, freut sie sich: »aber er hat mich auch viel Geld gekostet, denn wir haben in den USA nur eine Eisbahn. Meine Karriere geht damit zu Ende. Im Sommer werde ich heiraten.«

»Eierköpfe« kämpfen um Rodelmedaillen

Februar 1976. Länger, viel viel länger als die insgesamt acht Läufe von 26 Rodlerinnen und 43 Rodlern sowie die zwei Läufe von 19 Doppelsitzern dauern die Diskussionen über die Rodelschlitten. Was da »Eggheads» im wörtlichen Sinne ausgeheckt haben, ist so rasch gar nicht zu durchschauen, noch weniger, ob da alles regelgerecht zugeht.
Aber nicht nur bei den Schlitten wartet man mit überraschenden Neuerungen auf. Die Polinnen erscheinen wie Mitglieder des Ku-Klux-Klan mit meterhohen spitzen Mützen. Die Deutschen laufen tatsächlich wie Eierköpfe herum dank birnenförmiger Helme. Als ausgerechnet der überall Verschwörungen witternde DDR-Favorit Hans Rinn als einziger auf einem Modell aus dem Jahr 1972 an den Start geht, wird er nur Dritter und muß sich mit Gold im Doppelsitzer schadlos halten.
Bei den Damen nutzt Elisabeth Demleitner ihre Plastikbirne nichts. Zwei Rundköpfe aus der DDR, Margit Schumann und Ute Rührold, sind schneller.

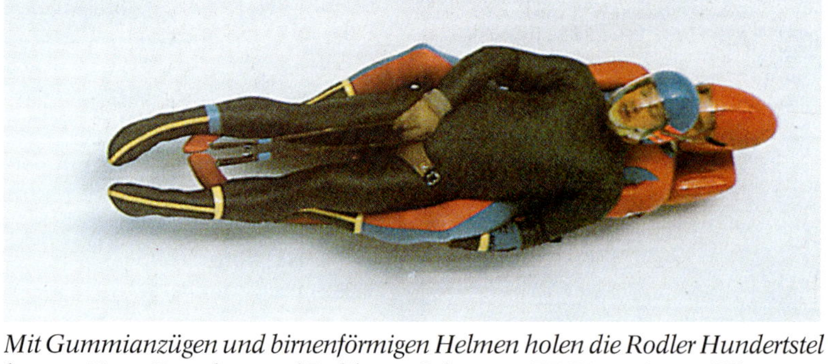

Mit Gummianzügen und birnenförmigen Helmen holen die Rodler Hundertstel heraus: Hans Brandner und Balthasar Schwarm (BRD) gewinnen Silber.

ČSSR wird Fußballeuropameister nach Elfmeterschießen

20. Juni 1976. Die Spieler, die den Europameisterschaftspokal triumphierend in die Höhe halten und einander weiterreichen, tragen die Trikots der deutschen Nationalmannschaft. Aber darin stecken die Tschechen, die nach einem Endspielthriller mit den unterlegenen Deutschen die Jerseys tauschten. Ein wenig ernüchtert schauen die Deutschen in roten Hemden mit dem weißen Löwen auf der Brust zu. Es war wieder mal eines jener Endspiele, wie sie für deutsche Fußballnationalmannschaften typisch zu sein scheinen.

Beide Mannschaften laufen nicht gerade leichtfüßig ins Stadion »Roter Stern« in Belgrad ein. Sie haben beide zwei schwere Halbfinalspiele hinter sich, die erst nach Verlängerung entschieden wurden. Die ČSSR erkämpfte bei wolkenbruchartigem Regen ein 1:1 gegen die Niederlande. Dann setzten beide Mannschaften das Spiel nur noch mit zehn Mann fort, da der Schiedsrichter zwei rote Karten zeigte. Doch der tschechische Trainer konnte in der Verlängerung noch zwei Auswechselspieler einsetzen, die das 3:1 schafften. Die Deutschen hatten gegen ihren alten Rivalen Jugoslawien nach 90 Minuten ein 2:2 erreicht, weil ein Auswechselspieler kurz vor Spielende noch den Ausgleich geschafft hatte. In der Verlängerung schoß derselbe Spieler noch zwei weitere Tore. Er heißt Müller. Mit Vornamen allerdings Dieter. Aber die jugoslawischen Zuschauer raunten, daß die Deutschen in entscheidenden Situationen offenbar immer einen Müller aus dem Ärmel ziehen.

Zum Endspiel sind nur 33 000 Zuschauer gekommen. Die Eintrittspreise sind zu hoch, und am Fernsehschirm sieht man alles eher noch besser. Nach einer halben Stunde führen die Tschechen 2:0. Bei beiden Toren sah Sepp Maier nicht sonderlich gut aus. Niemand gibt mehr einen Pfifferling für die Deutschen, aber dann »müllert« es wieder. In der zweiten Halbzeit vollbringt der 35jährige tschechische Torwart Viktor wahre Wunder. Das Spiel geht in die 91. Minute. Nur noch ein Eckball, den Rainer Bonhof hereingibt, Viktor greift daneben, reklamiert, gerempelt worden zu sein, aber der Ball liegt, von Bernd Hölzenbein mit dem Hinterkopf erwischt, im Tor, und das Tor gilt. Alles ist offen.

In der Verlängerung quälen sich 22 total erschöpfte Akteure. Und danach will eigentlich keiner die Elfmeter schießen. Dennoch: Masny 1:0, Bonhof 1:1, Nehoda 2:1, Heinz Flohe 2:2, Ondrus 3:2, Hans Bongartz 3:3. Die Nerven sind zum Zerreißen gespannt. Jurkemic 4:3. Dann tritt Uli Hoeneß an, jagt den Ball übers Tor und möchte sich verkriechen. Antonin Panenka vollstreckt zum 5:3!

△ Jubelnd reißt Antonin Panenka die Arme hoch, Sepp Maier hat das Nachsehen. Geschickt hat der Tscheche den deutschen Torhüter »verladen«, der sich in eine Ecke warf, während Panenka den Ball zum 5:3 in die Tormitte schob.

◁ Im Elfmeterschießen des EM-Finales Deutschland—ČSSR jagt Uli Hoeneß beim Stand von 4:3 für die ČSSR einen Gewaltschuß in die Wolken. Es ist erstaunlich, daß sieben Tore fallen, bis ein Spieler seine Elfmeterchance nicht nutzen kann. Der Tscheche Panenka als nächster Schütze hat nun die Entscheidung auf dem Fuß.

Mit einem Kopfball erzielte der eingewechselte Dieter Müller im Halbfinale gegen Jugoslawien den 2:2-Ausgleich, der zur Verlängerung führte.

Der tschechische Europameister in den Jerseys des Titelverteidigers. Die ČSSR schlug zuvor England, Portugal, die UdSSR und die Niederlande.

»Safety first« für die Olympischen Spiele in Montreal

17. Juli 1976. Das Stadion sollte nach den Plänen der Organisatoren ein Jahrhundertwerk werden. Kennzeichen ein gewaltiger Turm an dessen Ostseite. Doch zur Eröffnungsfeier steht dort nur ein riesiger Baukran. Man nimmt das nicht tragisch. Kanada hatte einen ungewöhnlich langen und harten Winter hinter sich. Und nobody is perfect. Aber perfekt sind die Sicherheitsmaßnahmen. Sie werden so rigoros gehandhabt, daß jeder die Gewißheit hegt, ein Terroranschlag wie in München könne sich nicht wiederholen. Die 75 000 Zuschauer der Eröffnungsfeier begrüßen mit besonderer Herzlichkeit die Mannschaften aus Israel, den benachbarten USA und aus Neuseeland.

△ Hans Günter Winkler, zum sechsten Mal Teilnehmer an Olympischen Spielen, trägt beim Einmarsch die Fahne der BRD-Mannschaft.

◁ Das olympische Feuer wird von der Britisch-Kanadierin Sandra Henderson und dem Französisch-Kanadier Stephane Prefontaine entzündet, erlischt jedoch für die afrikanischen Sportler sofort wieder. Einige Mannschaften marschieren zur Eröffnungsfeier ein und reisen später ab.

▽ Folklore-Festival zur Eröffnung. Offiziell nehmen 88 Mannschaften teil, bei den Wettkämpfen tauchen Sportler aus 92 Nationen auf.

Athleten als Opfer der Politik

119 Länder hatten gemeldet und reisten mit ihren Mannschaften an. Zur Eröffnungsfeier ziehen nur 94 Nationen ein, bei der Schlußfeier sind es noch 84. Die Olympischen Spiele erleben ihren ersten Boykott. Der nichtige Anlaß: Eine neuseeländische Profimannschaft hatte, wie eh und je, eine Rugby-Tournee durch Südafrika unternommen. Die politische Erpressung: Der »Oberste Afrikanische Sportrat« forderte den Ausschluß Neuseelands und drohte andernfalls mit der Abreise der afrikanischen Mannschaften. Die Mitschuld des Internationalen Olympischen Komitees (IOC): 1972 hatte das IOC der Erpressung nachgegeben und die Rhodesier nach Hause geschickt (→ 22. 8. 1972). Das ermutigte zu der neuen Erpressung. Die Entscheidung: Das IOC blieb hart und lehnte die Forderung ab. Die Afrikaner hatten sich selbst jede Kompromißmöglichkeit verschlossen und reisten ab. Der Sport in Afrika wird dadurch in seiner Entwicklung stark zurückgeworfen.

Als die Schirmherrin der Spiele, die britische Königin Elisabeth II., die Eröffnungsformel spricht, steht in den Reihen der britischen Olympiamannschaft ihre Tochter Anne. Kanadas Staatspräsident Pierre Elliott Trudeau hatte seinerseits für einen Eklat gesorgt, als er aus politischen Rücksichten auf die Volksrepublik China die Mannschaft Taiwans zur Abreise zwang.

Kein Comeback für Borsow und die USA

24. Juli 1976. Valeri Borsow weiß um seinen Herausforderer. Der Jamaikaner Donald Quarrie hatte in München seine Sprintchancen wegen einer Verletzung nicht wahrnehmen können. Seitdem arbeitete er darauf hin, wie Borsow den Doppelsieg über 100 m und 200 m (→ 31. 8. 1972) zu schaffen.

Es sieht über 100 m ganz danach aus, daß dieses Vorhaben gelingt. Doch im Ziel reißt einer triumphierend den Arm hoch und kommt im Freudentaumel erst auf der Gegengeraden zum Stehen. Es ist Hasely Crawford aus Trinidad. Die Zielfotografie bestätigt seinen Erfolg. Auch der 26jährige Crawford hatte in München nach wenigen Metern seine Medaillenhoffnungen wegen einer Oberschenkelzerrung begraben müssen. Doch galt er in Montreal nur als Außenseiter. Da startete der US-Amerikaner Harvey Glance als Favorit, er wird nur Vierter, und so bleiben die USA erstmals seit 1928 über 100 m ohne Medaille.

Über 200 m zwei Tage später tritt Borsow nicht mehr an, seine Zeit ist vorbei. Die US-Amerikaner hoffen jedoch mit dem angeblich weltbesten Kurvenläufer Millard Hampton zu gewinnen. Aber Quarrie gibt in der Kurve keinen Zentimeter preis und siegt vor Hampton und dem US-Amerikaner Dwayne Evans. Ihr Gold müssen sich die USA in den Staffeln holen.

△ Zieleinlauf über 100 m: Überrascht blickt der Jamaikaner Donald Quarrie nach links, wo auf der Innenbahn unerwartet Hasely Crawford aus Trinidad triumphierend die Hand hochreckt. Valeri Borsow ist als Dritter geschlagen, ebenso der US-Amerikaner Harvey Glance (2. v. l.).

◁ Nur der Regen verhindert einen Weltrekord der US-amerikanischen 4x100-m-Staffel mit (v. l.) Harvey Glance, John Jones, Millard Hampton, Steven Riddick. Mit 38,33 sec bleibt sie unter der Bestzeit von München (38,19 sec). Mit 33 Hundertstelsekunden Rückstand folgt die Staffel der DDR vor der UdSSR.

Deutscher Sieg im Marathonlauf

31. Juli 1976. Nur 24 Stunden nach seinem Sieg über 5000 m tritt Lasse Viren zum Marathonlauf an. Er wird immerhin Fünfter. Frank Shorter, Goldmedaillengewinner von München, hofft erneut auf einen Erfolg in Abwesenheit der Afrikaner. Bei strömendem Regen folgt nach 30 km nur noch Waldemar Cierpinski dem stürmisch angefeuerten US-Amerikaner. Der 27jährige, 58 kg leichte Läufer aus der DDR war erst in diesem Jahr vom Hindernislauf auf Marathon umgestiegen.

Waldemar Cierpinski aus der DDR, der erste deutsche Sieger in einem olympischen Marathonlauf (Abb.), wird am Ziel von dem zweitplazierten, in München geborenen US-Amerikaner Frank Shorter beglückwünscht, denn Cierpinski lief sicherheitshalber eine Runde mehr.

Als er bemerkt, daß Shorter stets beim Bergablaufen Schwierigkeiten hat, holt er sich auf Gefällstrecken den entscheidenden Vorsprung. Ein Marathonsieg mit Zugabe: »Als ich im Ziel war«, erklärt Cierpinski, »zeigte der Rundenanzeiger noch immer eine Runde. Sicherheitshalber bin ich deshalb noch eine Runde mehr gelaufen.« Shorter muß sich mit der Silbermedaille begnügen.

Alberto Juantorena aus Kuba siegt in elegantem Laufstil.

Doppelsieger Juantorena

25./29. Juli 1976. Noch nie hat ein Läufer bei Olympischen Spielen die 400 m und 800 m gewonnen. Der Kubaner Alberto Juantorena walzt auf diesen Strecken seine Gegner geradezu nieder. Unerhört kraftvoll, mit raumgreifendem Schritt. Seine Medaillen widmet er Fidel Castro.

Lasse Vi-en (r.), der Wunderläufer aus Finnland

Zweimal Gold für Lasse Viren

26./30. Juli 1976. Lasse Viren läßt es langsam angehen im 10 000-m-Lauf. Der Portugiese Carlos Sousa Lopez macht das Tempo. Aber in der letzten Runde ist Lasse nicht mehr zu halten. Ähnlich geht es über 5000 m. Vier Jahre hat man von Viren kaum etwas gehört. Jetzt siegt er wieder nach Belieben.

Edwin Moses (l.), Laufästhet und neuer Hürdenstar aus den USA

Weltrekordler Edwin Moses

25. Juli 1976. Es gibt nur wenige Läufer, die über 400 m exakt mit 13 Schritten auf den 40 m zwischen den Hürden auskommen. Dem 20jährigen US-Amerikaner Edwin Moses, 1,85 m groß, gelingt das scheinbar mühelos. Er gewinnt mit der Weltrekordzeit von 47,64 sec.

Die einzige Medaille für Kanada in der Leichtathletik gewinnt Greg Joy mit Silber im Hochsprung.

Absturz eines Buhmanns

31. Juli 1976. Man macht sich beim Publikum von Montreal nicht beliebt, wenn man öffentlich erklärt, die Kanadier seien unfähig, Olympische Spiele zu organisieren. Der US-Amerikaner Dwight Stones, Weltrekordler im Hochsprung mit 2,31 m, schert sich nicht darum, wenn ihn deshalb die Zuschauer mit Buhrufen »begrüßen«. Er bringt im Gegenteil durch abschätzige Gesten die Volksseele zum Kochen. Aber auch im Hochsprung kommt Hochmut vor dem Fall.

Als Stones dreimal an für ihn lächerlichen 2,21 m scheitert, erlebt das Stadion einen Jubelsturm. Er steigert sich zum Orkan, als sich der 20jährige Kanadier Greg Joy über 2,23 m schwingt. Es macht nichts, daß der Pole Jacek Wszola noch 2 cm höher springt, was ihm die Goldmedaille sichert.

Mit diesem Sprung vergibt Weltrekordler Dave Roberts (USA) die Goldmedaille im Stabhochsprung.

Sieger mit drei Sprüngen

26. Juli 1976. So mancher Wettbewerb im Stabhochsprung hat mit Spannung und Dramatik bis tief in die Nacht hinein olympische Geschichte gemacht. Als diesmal bei hereinbrechender Dunkelheit allein noch der US-amerikanische Weltrekordler Dave Roberts die Latte auf 5,60 m legen läßt, blickt man eher gelangweilt hin. Der Mann hält den Weltrekord mit 5,70 m und wird daher kaum Schwierigkeiten haben.

Er hat sie jedoch mit dem stärker einsetzenden Regen und scheitert dreimal. Damit ist die Konkurrenz auf kuriose Weise beendet. Drei Springer überwanden 5,50 m, drei 5,45 m. Hieraus errechnet sich die Plazierung nach der Zahl der gelungenen Versuche. Und da stellt sich heraus, daß der Pole Tadeusz Slusarski mit drei Sprüngen Gold gewinnt.

Zehnkampfweltrekord mit 8618 Punkten: Der US-Amerikaner Bruce Jenner, »König der Athleten«

Sonnyboy Bruce Jenner

29./30. Juli 1976. Er betritt das Olympiastadion als Sonnyboy und verläßt es zwei Tage später als Superman. Bei der abschließenden Pressekonferenz findet der Olympiasieger im Zehnkampf die goldenen Worte: »Das Training wird mir nicht abgehen, aber die Bewunderung der Zuschauer, die der einzige Lohn des Amateursportlers ist!«

Bruce ist auch ein Showman. Alle Welt weiß, daß seine Frau Chrystie als Stewardeß sein Training finanziert. Sie sitzt stets auf der Tribüne in einem Shirt mit der Aufschrift »Go, Jenner, Go!« und führt Buch. In acht von zehn Disziplinen übertrifft Jenner seine persönlichen Bestleistungen und alle Konkurrenten. Mit 8618 Punkten verbessert er seinen Weltrekord aus dem Vorjahr. Die Bewunderung der Zuschauer sucht er nun als Filmstar.

Schwere Leichtathleten und ihre Ärzte

24. Juli 1976. Die US-amerikanischen Kugelstoßer Allan Feuerbach und George Woods erklären ihre enttäuschende Plazierung als Vierter bzw. Siebter damit, von ihren Ärzten falsch beraten worden zu sein. Diese verhältnismäßig neue Ausrede im Hochleistungssport hat einen sachlichen Hintergrund.

Jahrelang haben Sportärzte den von ihnen betreuten Athleten Anabolika nicht nur empfohlen, sondern auch verabreicht. Jetzt wird das als Doping geahndet. Und mehr oder weniger dieselben Ärzte raten vom Gebrauch der Anabolika ab oder überführen die Athleten des Mißbrauchs. Da muß mancher Trainingsplan, der auf Muskelzuwachs ausgerichtet ist, durcheinandergeraten. So werden Wettbewerbe zu einer Art Würfelspiel.

Keine Erklärung finden die Deutschen Karl-Hans Riehm und Walter Schmidt für ihr Versagen im Hammerwerfen (28. 7.). Mit 79,30 m hält Schmidt den Weltrekord, mit 78,52 m gelang Riehm der bisher beste Wurf des Jahres. In Montreal werfen drei Russen weiter, wenn auch, wie der Sieger Juri Sedych mit 77,52 m, nicht entfernt so weit wie vor den Spielen die Deutschen. Waren es auch hier die Ärzte?

Der Russe Juri Sedych (Abb.) gewinnt das Hammerwerfen vor seinen Landsleuten Alexej Spiridonow und Anatoli Bondartschuk.

Mit seinem ersten Sprung sichert sich Arnie Robinson Gold.

Wer zuerst schockt, siegt am besten

29. Juli 1976. Arnie Robinson, in München 1972 nur Dritter im Weitsprung, nahm vier Jahre Anlauf, springt 8,35 m und ist damit Olympiasieger. Randy Williams, in München Erster, kommt über 8,11 m und Silber nicht hinaus.

100-m-Finish: Annegret Richter (BRD, vorn) vor Renate Stecher (DDR, M.) und Inge Helten (BRD, hinten). Keiner hatte mit diesem Triumph gerechnet.

Gold für Annegret Richter

25. Juli 1976. Zwei Dortmunderinnen in einem olympischen 100-m-Endlauf hat es auch noch nicht gegeben. Eine von ihnen, Inge Helten, kam mit dem elektronisch gestoppten Weltrekord von 11,04 sec nach Montreal. Die andere, Annegret Richter, lief dort im Zwischenlauf Weltrekord mit 11,01 sec. Als schnellste Frau der Welt gilt aber immer noch Renate Stecher (DDR), die zweifache Olympiasiegerin von München.

Diese brisante Besetzung verursacht drei Fehlstarts. Die Nervosität spürt man noch auf der Tribüne. Mit dem vierten Schuß stürmt Stecher an die Spitze, nach halber Strecke zieht auf der Innenbahn Helten gleich, doch den stärksten Endspurt hat Richter. Sie gewinnt in 11,08 sec vor Stecher 11,13 sec und Helten 11,17 sec. Zwei Dortmunderinnen mit Medaillen im Olympiafinale – ein Fabelergebnis! In der 4x100-m-Staffel kommt für beide noch Silber hinzu. »An einen Medaillenerfolg in Montreal«, gesteht Annegret, »habe ich erst in den letzten 14 Tagen geglaubt. Meine Form wurde immer besser, ich spürte das. Im Vorlauf war ich ganz locker, und die Gelöstheit blieb auch in den weiteren Läufen. Im Ziel des 100-m-Endlaufs war Inge Helten sicherer als ich, daß ich gewonnen hatte.«

Über 200 m (28. 7.) schlägt Annegret abermals Renate Stecher, aber im Ziel findet sie sich zwei Hundertstelsekunden hinter Bärbel Eckert, mit der niemand gerechnet, und auf die Annegret wohl auch nicht geachtet hat. Aber sie ist mit ihrer Zeit von 22,39 sec hochzufrieden, denn so schnell lief sie diese Strecke noch nie. Helten wird Fünfte, vor der Russin Tatjana Prorotschenko. Fünf deutsche Frauen, 3x DDR, 2x Bundesrepublik, auf den ersten Plätzen im 200-m-Lauf sind auch eine olympische Rarität.

Der BRD-Staffel, hier beim Wechsel, fehlen vier Hundertstel an Gold.

Triumph des DDR-Teams und der Polin Irena Szewinska

29. Juli 1976. Die 30jährige Polin Irena Szewinska krönt ihre zwölfjährige Laufbahn mit einem Weltrekord über 400 m in 49,29 sec und dem überlegenen Olympiasieg.

1964 gewann Irena, damals Kirszenstein, erstmals olympisches Gold mit der Staffel, dazu Silber über 200 m und im Weitsprung. 1968 in Mexiko holte sie Gold über 200 m und Bronze über 100 m, 1972 in München Bronze über 200 m.

In den anderen Frauenwettbewerben triumphiert die DDR. Im Fünfkampf (25./26. 7.) nahmen die Ostdeutschen gleich alle drei Medaillen mit. Dabei blieb der Weltrekordlerin Burglinde Pollack wieder nur Bronze. Sigrun Siegl und Christine Laser buchten fünf Punkte mehr, und zwar beide insgesamt 4745. Sigrun siegte, weil sie in drei Wettbewerben besser abschnitt als Christine.

Im Speerwerfen (24. 7.) bewies die Weltrekordlerin Ruth Fuchs ihre Ausnahmestellung mit ihrem zweiten Olympiasieg. Auch die zweitplazierte Marion Becker stammt aus der DDR, heiratete aber nach Rumänien und bescherte nun der Bundesrepublik Deutschland Silber. Eine Enttäuschung bereitete Ulrike Meyfarth im Hochsprung (28. 7.). Aber der Italienerin Sara Simeoni und Bulgariens Jordanka Blagojewa nutzte ihr Versagen nichts. Sie scheiterten an der Weltrekordlerin Rosemarie Ackermann (DDR).

Erfolgreichste Leichtathletin der letzten zwölf Jahre: Irena Szewinska

Unangefochten siegt Ruth Fuchs (DDR) im Speerwurf.

Mit gleicher Punktzahl wie Christine Laser siegt Sigrun Siegl im Fünfkampf.

Goldregen für Schwimmer aus dem »goldenen« Westen

18. bis 27. Juli 1976. John Naber ist nicht so erfolgreich wie Mark Spitz, aber beliebter. Wenn der fast 2 m lange schnauzbärtige Strahlemann mit breitem Lachen und dem Victory-Zeichen die Schwimmhalle betritt, wissen die US-amerikanischen Zuschauer, daß der liebe Gott auf ihrer Seite ist. Und der blonde John aus Kalifornien steigt nicht nur zum fröhlichen Herumplanschen ins Wasser. Naber gewinnt die 100 m- und 200 m Rücken in Weltrekordzeiten, wobei er über 200 m die Zwei-Minuten-Schallmauer mit 1:59,19 min durchbricht. Dazu noch Silber über 200 m Freistil und zweimal Gold mit den Staffeln machen ihn zum erfolgreichsten Schwimmer in Montreal.

Ihm wenig nach steht James Montgomery. Auch er durchbricht eine Schallmauer: 100 m Freistil in 49,99 sec, erstmals unter 50 Sekunden. Mit Bronze über 200 m Freistil und zweimal Gold in den Staffeln kommt auch er zu einer ansehnlichen Medaillenkollektion.

Brian Goodell, Weltrekordhalter über 400 m und 1500 m Freistil, schwimmt mit Weltrekorden auf beiden Strecken seinen Konkurrenten auf und davon. Mike Bruner ließ sich eine Glatze scheren und meint nach seinen 200 m Delphin: »Ich glaube, das ist die beste Zeit, die ich je geschwommen bin.« Er hat recht und bekommt Gold. So hatte die psychologische Motivation, für »Gott und das Vaterland« zu schwimmen, Erfolg.

Mit dem Olympiasieg im Turmspringen beendet der Italiener Klaus Dibiasi seine Karriere. Er sammelte bei Olympischen Spielen, Welt- und Europameisterschaften neun Gold- und fünf Silbermedaillen.

Start zum 100-m-Rückenschwimmen mit John Naber (vorn)

Dem Briten David Wilkie gelingt es als einzigem, den US-Amerikanern eine Goldmedaille zu entreißen. Über 200 m Brust gewinnt er in Weltrekordzeit.

Jim Montgomery schwimmt als erster Mensch 100 m unter 50 Sekunden.

Der Italiener Klaus Dibiasi ist zum dritten Mal Sieger im Turmspringen.

Siegeszug der »Flying Fräuleins from East Germany«

18. bis 25. Juli 1976. Nur ein einziges Mal können die US-Girls den Siegeszug der DDR-Mädchen mit den tiefen Stimmen stoppen. In der 4x100-m-Freistil-Staffel holt die dreimal in Einzelwettbewerben unterlegene Shirley Babashoff als Schlußschwimmerin einen nicht mehr erhofften Sieg heraus. In Weltrekordzeit, darunter ging es nicht.

Zuvor wollte es kein Ende mit Kornelia Ender nehmen. Die 17jährige begann ihren Medaillenfischzug im Swimmingpool mit dem Sieg über 100 m Freistil. Dann vollbrachte sie ihr Meisterstück, als sie über 100 m Schmetterling gewann und 20 Minuten danach auch die 200 m Freistil. Sämtliche drei Olympiasiege in Weltrekordzeit. Ein weiterer Weltrekord plus Gold kommt mit der 4x100-m-Lagen-Staffel hinzu.

Dreimal Gold schwimmt Ulrike Richter über 100 m- und 200 m Rükken und in der Lagen-Staffel heraus. Die 15jährige Petra Thuemer gewinnt die 400 m und 800 m Freistil, jeweils mit Weltrekordzeit. Mit Weltrekord holt sich Ulrike Tauber Gold über 400 m Lagen und fügt Silber über 200 m Schmetterling hinzu. Wie sagt der Manager des US-Damenteams, Bogart, nach dem 4x100-m-Staffelsieg? »Wir verlassen diese Halle jetzt mit einem besseren Geschmack im Mund.« Ein wenig mehr Glory statt Chlor.

Andrea Pollack (DDR), Gold über 200 m Schmetterling, Silber über 100 m Schmetterling, Staffel-Gold

Kornelia Ender (DDR), Gold über 100 m Kraul, 200 m Kraul, 100 m Schmetterling und mit der Staffel

Ulrike Richter (DDR), Goldmedaille über 100 m- und 200 m Rücken und mit der 4x100-m-Lagen-Staffel

Gold krönt Arbeit von Trainer Kilian

20. bis 24. Juli 1976. Der bärenstarke 20jährige Gregor Braun aus Neustadt an der Weinstraße dämpft zuerst die Erwartungen, die man auf ihn im 4000-m-Verfolgungsfahren setzt. Seine nur viertbeste Zeit ist aber vergessen, als er im Achtelfinale den zweifachen Schweizer Juniorenweltmeister Robert Dill-Bundi in der letzten Runde einholt. Danach hat auch der Australier Garry Sutton nichts zu bestellen. Hart wird Braun im Halbfinale von dem Russen Wladimir Osokin gefordert, den er erst in der letzten Runde knapp bezwingt. Der Niederländer Herman Ponsteen hat es gegen Weltmeister Thomas Huschke (DDR) leichter. Aber auch er unterliegt Braun. »Ich habe in der Nacht zuvor geträumt, daß ich gewinne. Das hat mich sehr beeindruckt. Außerdem hat mich Trainer Gustav Kilian glänzend eingestellt. Jetzt muß ich mich auf das Viererrennen konzentrieren, das bereits morgen beginnt.« Der deutsche Bahnvierer mit Gregor Braun, Hans Lutz, Peter Vonhof und Günter Schumacher fährt in der Qualifikation zwar nur die drittschnellste Zeit (Kilian: »Ich bin das schon gewohnt«), aber dann wird die ČSSR förmlich deklassiert. Im Halbfinale fahren die Deutschen gegen die Briten nicht nur schnell, sondern auch harmonisch. »Vom vordersten Fahrer bis zum hintersten müssen alle wie in einer Luftblase eingeschlossen sein«, sagt Kilian. Eine homogene Einheit aus vier Fahrern. Zum vierten Mal bei Olympischen Spielen fügt Kilian sie zusammen. Nach der Silbermedaille in Tokio 1964 fährt sein Team zum dritten Mal hintereinander olympisches Gold heraus.

Der deutsche Vierer im 4000-m-Mannschaftsverfolgungsfahren mit Peter Vonhof, Hans Lutz, Gregor Braun und Günther Schumacher, der im Endlauf überlegen gegen die UdSSR gewinnt. Bronze geht an Großbritannien.

Margaret Murdock (USA), erste Medaillengewinnerin im Schießen

Margaret Murdock um Gold bestohlen

21. Juli 1976. Den Kleinkaliber-Dreistellungskampf beenden Lanny Bassham und Margaret Murdock mit 1162 Ringen. Zweimal Gold also, das IOC ist einverstanden. Aber es findet sich ein Regeldreh, die erste Medaillengewinnerin im Schießen mit Silber abzufinden.

Sieg für Granat – Abschied für Hans Günter Winkler

Juli 1976. Die Vorrangstellung der deutschen Dressurreiterei bestätigt sich im idyllischen Bromont, 85 km von Montreal, mit dem überlegenen Mannschaftssieg von Harry Boldt auf Woyceck, Reiner Klimke auf Mehmed und Gabriela Grillo auf Ultimo glanzvoll. Doch in der Einzelkonkurrenz glänzt die Schweizerin Christine Stückelberger mit ihrem elfjährigen Holsteiner Wallach Granat, den sie vor einigen Jahren für 10 000 DM erworben hat. »Nein«, sagt sie anschließend, »Harry Boldts Vorführung konnte ich mir nicht ansehen. Das wäre über meine Nerven gegangen. Ich wußte nur eines: Diesmal hatte ich in den 28 Lektionen des Grand Prix Special keine Fehler begangen wie in der Mannschaftsprüfung.« Das bestätigen auch die Richter.
Bei den Military-Reitern geht über eine Teilnehmerin eine Schreckensnachricht um. Sie stürzt mit ihrem Pferd Goodwill am Hindernis 19 des Military-Geländeritts. Die grazile Person kommt unter das Pferd zu liegen, wie die Zuschauer entsetzt beobachten, rafft sich jedoch hoch und versucht wieder aufzusitzen. Als es ihr endlich gelingt, beendet sie den Ritt, wie, weiß sie später selbst nicht mehr. Nach dem abschließenden Jagdspringen rangiert sie auf Rang 24. Nach einem Bulletin des königlichen Leibarztes hat die Reiterin, Prinzessin Anne von Großbritannien, eine Gehirnerschütterung, Prellungen am rechten Arm, den Rippen und an der Wange erlitten.
Ohne Sturz und ohne Fehler in zwei Umläufen, überlegen wie nie ein Springreiter zuvor, obwohl verletzt in einem Korsett reitend, gewinnt Alwin Schockemöhle mit Warwick das Jagdspringen. Hans Günter Winkler hatte sich eigentlich schon aus der olympischen Arena verabschiedet, aber nun reitet er zum sechsten Mal bei Olympischen Spielen ein. Beim Preis der Nationen ist er mit Torphy der zweitbeste Reiter der deutschen Equipe. Neben dieser Silbermedaille hat der 50jährige seit 1956 noch fünf Goldmedaillen und eine Bronzemedaille erritten.

Die Schweizerin Christine Stückelberger auf Granat gewinnt mit einer fehlerlosen Darbietung die Goldmedaille in der Dressur.

Silber für Hans Günter Winkler bei seiner sechsten Olympiateilnahme

Die 14jährige Rumänin Nadia Comaneci gewinnt am Stufenbarren mit der höchstmöglichen Punktzahl 20,000 Gold. Am Schwebebalken erhält sie »nur« 19,950. Die beste Turnerin wird auch Siegerin im Achtkampf.

Neues Turn-Wunderkind Nadia Comaneci

Juli 1976. Das Frauenturnen wurde längst zum Mädchenturnen. In Montreal hat es sich zum Kinderturnen gewandelt.

Zum erwarteten Mannschaftsgold der Russinnen trägt mit der 1,33 m großen, 30 kg leichten Maria Filatowa eine 15jährige bei. Noch ein Jahr jünger ist die Rumänin Nadia Comaneci. Dieses meist ernst und versonnen dreinblickende Kind, als scheue es das Erwachen in das Erwachsenendasein, turnt mit einer unfaßbaren Sicherheit und Perfektion schwierigste Übungen, besonders an den heiklen Geräten wie dem Stufenbarren und dem Schwebebalken. Insgesamt siebenmal ziehen die Punktrichterinnen für sie die Höchstnote 10, eine noch nie dagewesene Huldigung. In München sah man diese Zahl kein einziges Mal. Noch zweimal die 10 erhält die Russin Nelli Kim. Sie ist dem Kindesalter gerade entwachsen und weiß bereits, daß sie ein hübsches Mädchen ist. Im Gerätewettkampf teilen sich Nadia und Nelli die vier Goldmedaillen. Im Achtkampf distanziert Nadia Nelli souverän. Eine »Turnkönigin« mag man sie gleichwohl nicht nennen. Eher ein Turnprinzeßchen, aber aus dem Märchenbuch.

Bei den Herren holen die Japaner mit einer imponierenden Leistung Mannschaftsgold. Doch als erfolgreichster Turner setzt sich der Russe Nikolai Andrianow in Szene.

Lange Nächte in Tauberbischofsheim

Juli 1976. Das ist eine Geschichte, die das Leben schrieb. Aber nur das Leben kann es sich leisten, solche Geschichten zu erfinden. Da sah ein Friseurmeister in einem verträumten Frankenstädtchen in der Filmwochenschau einen Fechtwettbewerb. Das begeisterte ihn derart, daß er Schere und Rasiermesser beiseite legte und fechten lernte. Aus dem Friseurmeister wurde ein Fechtmeister. Emil Beck verkaufte sein Geschäft und brachte es zum Bundestrainer.

In Montreal erlebt er seinen bisher größten Triumph. Seine Schüler Alexander Pusch und Jürgen Hehn gewinnen Gold und Silber im Degenfechten. Gold mit der Mannschaft, wie bei der Weltmeisterschaft 1973, war auch angestrebt. Aber die Konzentration hatte doch etwas nachgelassen, und so blieb es bei Silber. Gold holen sich dafür die deutschen Florettfechter.

In Tauberbischofsheim wird geflaggt, da fieberte die ganze Stadt am Bildschirm mit. »Ich kann es einfach nicht begreifen, daß ich Olympiasieger geworden bin«, stammelt Pusch. Und Hehn: »Ich denke an unseren Trainer Emil Beck, dem wir beide alles zu verdanken haben.«

Zwei Deutsche, zwei Ungarn, ein Pole und ein Schwede im Degen-Finale. Alexander Pusch (Abb.: Pusch beim Sieg über den Ungarn Istvan Oestricz) gewinnt Gold nach Stichkampf gegen Jürgen Hehn und den Ungarn Gyoezoe Kulcsar.

Montreal 1976 in Stichworten

Die Spiele der XXI. Olympiade in Montreal dauern vom 17. Juli bis 1. August 1976. Vermutlich 94 Länder mit 7334 Teilnehmern, darunter 1473 Frauen. Boykott der afrikanischen Länder. Gute Organisation, strenge Sicherheitsmaßnahmen. **Leichtathletik:** DDR mit 11 G, 7 S, 9 B, deutlich vor den USA (6.G, 8 S, 7 B). **Schwimmen:** Überlegenheit der USA bei den Herren, der DDR bei den Damen. Dibiasis dritter Sieg im Turmspringen. **Rudern:** DDR 5 G, 1 S, 2 B. Erstmals rudern auch Frauen in sechs Bootsklassen. DDR 4 G, 1 S, 1 B, Bulgarien 2 G. **Kanu:** 31 von 33 Medaillen an Ostblockstaaten . UdSSR am erfolgreichsten. **Segeln:** Bestes Ergebnis der Bundesrepublik Deutschland: 2 G, 1 B, ein vierter und sechster Rang. **Turnen:** Bei den Damen Comaneci und Kim überragend. Bei den Herren Andrianow. Japaner verteidigen knapp Mannschaftsgold. **Boxen:** USA mit 5 G, 1 S, 1 B vor Cuba mit 3 G, 3 S, 2 B, in elf Gewichtsklassen. **Ringen:** UdSSR 5 G, 2 S im Freistil, 7 G, 2 S, 1 B griechisch-römisch. Bundesrepublik Deutschland 2 B. **Judo:** Japan 3 G, 1 S, 1 B vor UdSSR mit 2 G, 1 S, 1 B. Erstmals wieder japanischer Sieg in der Offenen Klasse durch Uemura. **Gewichtheben:** Erstmals olympischer Zweikampf mit Reißen und Stoßen. Verwirrung durch Anabolikaverbot. **Fechten:** Bisher größter Erfolg bundesdeutscher Athleten mit 2 G, 2 S. **Schießen:** DDR 2 G, 2 S, USA 2 G, 1 S, Bundesrepublik Deutschland 1 G, 1 S, 1 B, UdSSR 1 G, 1 S, 1 B. **Moderner Fünfkampf:** Außenseitersiege durch Polen und Briten. **Reiten:** Bundesrepublik Deutschland am erfolgreichsten (2 G, 3 S, 1 B), USA in der Military. **Fußball:** DDR, Polen, UdSSR. **Hockey:** Neuseeland, Australien, Palzistan. **Handball:** Erstmals Damen: UdSSR, DDR, Ungarn. **Basketball:** Erstmals Damen: UdSSR, USA, Bulgarien. **Volleyball:** Damen: Japan, Herren: Polen.

Ein »Eisberg« in Wimbledon

Juli 1976. Gemessen an den kreischenden Teenagern, die Wimbledon überschwemmen, könnte man meinen, die Beatles träten im Doppel gegeneinander an.
Aber nicht die Pilzköpfe aus Liverpool entfesseln diesen Furor, sondern ein junger Mann mit eher madonnenhafter Haartracht. Im Gegensatz zu den Beatles gibt er nicht den leisesten Ton von sich. Und im Gegensatz zu so ziemlich sämtlichen Tennisspielern verzieht er bei Ballwechseln, wie immer sie ausgehen, keine Miene. Man fragt sich, was die Girls an diesem ausdruckslosen 20jährigen Schweden für einen Narren gefressen haben, aber derartige Fragen stellt man sich seit Äonen vergebens. Man fragt sich aber auch, wie es kommt, daß dieser Bursche gewinnt. Jedenfalls steht er unerschütterlich an der Grundlinie und schlägt die Bälle in der Regel einmal öfter übers Netz als sein Gegner. Er bedient sich dabei fast ausschließlich eines Schlages, den man Topspin nennt.
Er schlägt im Viertelfinale den Argentinier Guillermo Vilas 6:3, 6:0, 6:2, in einem Spiel wie Feuer und Eis. Dem US-Amerikaner Roscoe Tanner hilft sein Kanonenaufschlag im Halbfinale ebenfalls nichts, er scheidet 4:6, 7:9, 4:6 aus. Das Finale Ilie Nastase—Björn Borg versetzt die Girls auf den Rängen in ein Delirium. Nastase verliert 4:6, 2:6, 7:9.

So überraschend emotional reagiert Schwedens »Eisberg« Björn Borg auf seinen ersten Sieg in Wimbledon.

Mit einem Tor von Gerd Müller (4. v. l.) beginnt im Münchner Olympiastadion der schwere Weg des FC Bayern zum Gewinn des Weltpokals.

Weltpokal für die Bayern

Dezember 1976. Als Südamerikas Meister Belo Horizonte in München an einem kühlen Winterabend im ersten Spiel um den Weltpokal eine 0:2-Niederlage einstecken muß, fragt man sich, was dieser Vorsprung im heißen Rio de Janeiro beim Rückspiel wert ist. Nicht viel, sind sich die Brasilianer sicher. Vor 130 000 Zuschauern haben die Bayern nur einen Verbündeten, den Regen. Bald mischen sich darein Knallkörper, von denen einer an Jupp Kapellmanns Oberschenkel explodiert, bald Flaschen, von denen eine an Trainer Dettmar Kramers Stirn zerschellt. Aber die Bayern triumphieren mit einem 0:0.

Lauda auf dem Nürburgring verunglückt

1. August 1976. Um 14.30 Uhr ereignet sich auf dem Nürburgring beim Großen Preis von Deutschland ein schrecklicher Unfall. Am Fernsehschirm sieht man, wie ein Wagen in der zweiten Runde von der Strecke abkommt und gegen einen Felsen prallt. Er schleudert auf die Straße zurück, geht in Flammen auf und wird von zwei nachfolgenden Wagen gerammt. Zwei Männer stürzen sich in das Inferno und zerren den Fahrer heraus. Es kommt einem Wunder gleich, daß der Mann, der über eine Minute lang in den Flammen saß, lebend geborgen werden kann. Es ist der Weltmeister Niki Lauda.
Als man ihn in die Mannheimer Universitätsklinik einliefert, erteilt ihm erst einmal ein Priester die Letzte Ölung. Der Fall scheint hoffnungslos. Giftige Dämpfe der brennenden Kunststoffkarosserie des Ferrari haben die Lunge verätzt, von der Hitzeeinwirkung und den Brandwunden ganz abgesehen. Vier Tage und Nächte bemühen sich die Spezialisten und bringen Niki Lauda ins Leben zurück.

Nur wenige Zuschauer sind Augenzeugen des schweren Unfalls von Niki Lauda. Helfer eilen herbei, um den brennenden Wagen zu löschen.

42 Tage später steigt der Mann mit verstümmeltem Ohr, kaum vernarbten Brandwunden und halb abgesengter Kopfhaut wieder in einen Rennwagen. Bei der ersten Trainingsrunde auf der Monza-Bahn habe er wahnsinnige Angst empfunden, gesteht er später ein.
Ohne Arturo Merzario, der mit Guy Edwards unter Lebensgefahr in die Flammenhölle drang, wäre Lauda in seinem Wagen hilflos verbrannt. Ob er sich da an Roger Williams erinnerte, der 1973 in Zandvoort dieses Schicksal erlitt? Damals rügte man die Fahrer, die ungerührt weiter ihre Runden drehten. Aber Lauda hatte einen seiner losen Sprüche parat: »Ich werde fürs Fahren und nicht fürs Parken bezahlt.«

Abschied von zwei Radsport-Veteranen

Juni/Juli 1976. Es ist das Schicksal mancher Großer im Sport, daß sie im Schatten eines noch Größeren stehen, wie etwa Eddy Merckx.
Der hagere Italiener Felice Gimondi gewann schon 1965 in seinem ersten Profijahr die Tour de France. Mit Siegen im Giro d'Italia 1967 und 1969 und dem Weltmeistertitel 1973 in Barcelona hat er große Leistungen vollbracht. Mit 34 Jahren startet er in diesem Jahr noch einmal beim Giro und verabschiedet sich mit seinem dritten Sieg.
Weniger triumphal, dafür um so rührender, geht es bei der diesjährigen Tour de France zu. Da startet mit 40 Jahren als ältester Teilnehmer des Feldes zum 14. und letzten Mal »Pou-Pou«. Jeder weiß, daß er auch diesmal nicht gewinnen wird, aber die Franzosen jubeln ihm unter Tränen zu. Raymond Poulidor wird Dritter, der grandioseste Verlierer, den es je gab. Der kleine Belgier Lucien van Impe, 1,67 m groß, 57 kg schwer, rollt aus dem Schatten seines Idols Merckx und siegt vor Joop Zoetemelk (Niederlande).

1977

Januar. Den Italienern Munari/Manucci gelingt zum vierten Mal ein Sieg in der Rallye Monte Carlo (erstmals auf Lancia).

Nach 19monatiger Wettkampfpause überraschendes Comeback der Österreicherin Annemarie Moser-Pröll mit Plazierungen 3-1-2-2 in ihren ersten Ski-Weltcuprennen.

Eric Heiden (USA) gewinnt erstmals den Sprint-Vierkampf und den Großen Vierkampf im Eisschnellauf.

Februar. Bobweltmeister in Sankt Moritz Hans Hiltebrand (Schweiz) im Zweierbob, Meinhard Nehmer (DDR) im Viererbob.

3. 3. Bei den Eiskunstlauf-Weltmeisterschaften in Tokio Irina Rodnina im Paarlauf zum neunten Mal Weltmeisterin (mit Alexander Saizew). Bei den Damen erstmals Linda Fratianne (USA). Dagmar Lurz (Bundesrepublik Deutschland) Dritte.

April. Weltcupsieger im alpinen Skilauf Lise-Marie Morerod, erstmals eine Schweizerin, und Ingemar Stenmark (Schweden).

Kanada nimmt seit 1970 erstmals wieder an der Eishockey-Weltmeisterschaft teil. In Wien ČSSR vor Schweden, UdSSR und Kanada.

Mai. UEFA-Pokal-Endspiele: Juventus Turin – Atletico Bilbao 1:0/1:2.

11. 5. Europapokal der Pokalsieger: Hamburger SV – RSC Anderlecht 2:0 in Amsterdam.

16. 5. Muhammad Ali schlägt in Landover den Spanier Alfredo Evangelista nach Punkten.

25. 5. Europapokal der Landesmeister: FC Liverpool – Borussia Mönchengladbach 3:1 in Rom.

29. 5. Der 42jährige US-Amerikaner Anthony Joseph Foyt jr. gewinnt seit 1961 zum vierten Mal das 500-Meilen-Rennen von Indianapolis und ist damit der erfolgreichste Fahrer auf dieser Strecke.

Juni. Borussia Mönchengladbach wird zum fünften Mal Deutscher Fußballmeister und ist damit erfolgreichster Verein seit Einführung der Bundesliga.

11. 6. Weltrekord über 400 m Hürden in 47,45 sec durch Edwin Moses (USA) in Los Angeles.

Juli. Der Große Preis von Deutschland wird auf dem Hockenheimring ausgetragen, da sich die Fahrer aus Sicherheitsgründen weigern, weiter auf dem Nürburgring zu fahren.

1. 7. Als erste Frau läuft Marlies Göhr (DDR) Weltrekord über 100 m unter elf Sekunden in 10,88 sec in Dresden.

3. 7. Beim 100. Tennisturnier in Wimbledon gewinnt die Britin Virginia Wade das Damen-Einzel. Der Schwede Björn Borg wird zum zweiten Mal Wimbledonsieger (→ Juli 1977).

24. 7. Bernard Thévenet gewinnt zum zweiten Mal die Tour de France. Dietrich Thurau (Bundesrepublik Deutschland) trägt über mehrere Etappen das Gelbe Trikot (→ Juli 1977).

August. Weltmeister im Straßenradfahren der Professionals wird in San Cristobal Francesco Moser (Italien).

Der 92jährige Südafrikaner Duncan McLean läuft die 100 m in 21,7 sec.

17. 8. Weltrekord über 100 m Brust in 1:02,86 min durch Gerald Mörken (Bundesrepublik Deutschland) in Jönköping.

20. 8. Weltrekord im Kugelstoßen mit 22,32 m durch Helena Fibingerova (ČSSR) in Nitra.

21. 8. Weltrekord über 800 m durch Alberto Juantorena (Kuba) in 1:43,4 min in Sofia.

26. 8. Als erste Frau überwindet Rosemarie Ackermann (DDR) in Berlin (West) im Hochsprung die 2-m-Marke.

27. 8. Weltrekord über 100 m Schmetterling in 54,18 sec durch Joseph Bottom (USA) in Berlin (Ost).

11. 9. Weltrekord im Speerwurf durch Kathy Schmidt (USA) mit 69,32 m in Fürth.

18. 9. Weltrekord im Fünfkampf mit 4839 Punkten durch Nadeshda Tkatschenko (UdSSR) in Lille.

23. 9. In Stuttgart wird mit Michel Broillet ein Schweizer, garantiert ohne Anabolika, was als bemerkenswert gilt, Weltmeister im Gewichtheben, Reißen Erstes Schwergewicht, mit 170 kg.

28. 9. Die längste je gefahrene Auto-Rallye von London nach Sydney über 31 107 km gewinnen nach sechs Wochen Andrew Cowan, Colin Malkin und Michael Brad auf Mercedes 280 E.

29. 9. In einem Weltmeisterschaftskampf im Box-Schwergewicht der World Boxing Association (WBA) schlägt Muhammad Ali in New York Earnie Shavers über 15 Runden nach Punkten.

2. 10. Niki Lauda wird auf Ferrari zum zweiten Mal Automobilweltmeister der Formel 1.

November. Windsurfing wird vom Hobby – ca. 50 000 Surfer in der Bundesrepublik Deutschland – zum Hochleistungssport. Als Weltrekord sind registriert 172,5 km in 25:19 h durch Jan Laperre (Belgien).

Dezember. Nach neun Siegen in zehn Starts über 1500 m (Bestzeit: 3:34,45 min) wird Steven Ovett in Großbritannien zum Läufer des Jahres erklärt.

Australien gewinnt in Sydney den Davis Cup durch ein 3:1 über Italien.

6. 12. Als die bisher jüngste Turnerin bei einem internationalen Wettbewerb startet in Brighton die Polin Anita Jokiel (Alter: Elf Jahre, zwei Tage).

Weltcup-Duell der Damen

April 1977. Als Frau Moser, geborene Pröll, vor fast zwei Jahren vom alpinen Wettkampfsport zurücktrat, schien die Bahn frei zur Jagd auf den Weltcup, auch für Schweizerinnen. Vor allem kam dafür »Boubou« in Frage, wie man Lise-Marie Morerod zu nennen pflegt. Sie ist Spezialistin im Slalom und Riesenslalom, fährt auch manchmal eine couragierte Abfahrt.

Die Saison begann mit einem Paukenschlag. Annemarie Moser-Pröll meldete ihr Comeback an. Völlig unmöglich, waren sich alle Fachleute einig. Nach 19 Monaten Wettkampfpause würde die 24jährige nie mehr den Anschluß an den Skizirkus finden. Aber »La Pröll« lehrte die Konkurrenz das Fürchten, als wäre sie nie weggewesen. Zum Jahresende 1976/77 führte sie im Weltcup 89:70 vor »Boubou«. Dann wechselte die Führung fast nach jedem Rennen.

Ende Januar stürzte Annemarie bei der Abfahrt in Schruns, »Boubou« holte 45 Punkte Vorsprung heraus. »Ich gebe mich geschlagen«, erklärte die Pröll, aber das tat sie keinesfalls.

Lise-Marie Morerod gewinnt als erste Schweizerin den alpinen Weltcup.

266:251 für Morerod steht es vor den Rennen in Heavenly Valley. Dann siegt »Boubou« im Riesenslalom, Annemarie wird in der Abfahrt nur Fünfte. 269:226, ist das die Entscheidung? Die Rechnung stimmt. Morerod gewinnt als erste Schweizerin den Weltcup. Doch Salut für Annemarie.

Weltmeisterin Linda Fratianne

Eisprinzessin aus dem »Kohlenpott«

3. März 1977. Linda Fratianne, vor einem Jahr auf Rang 8, und Dagmar Lurz, auf Rang 10, rücken in Tokio bei den Eiskunstlauf-Weltmeisterschaften acht Sprossen höher. Dabei schwebt Linda graziös übers Eis. Bei Dagmar sieht selbst die Kür noch nach Pflicht aus. Aber sie kommt eben aus dem Ruhrgebiet, wo alles hart erarbeitet wird.

Kanadas Comeback mit Bodychecks

April 1977. Die Rückkehr der Kanadier zum Eishockey-Weltmeisterschaftsturnier, in Wien mit viel Spannung erwartet, geschieht auf andere Art als angenommen. Die Kanadier dürfen soviel Profis der National Hockey League (NHL) aufbieten wie sie wollen. Aber die Besten stehen zum Zeitpunkt des Wiener WM-Turniers gar nicht zur Verfügung. Was daher den Spielern der zweiten oder dritten Garnitur an Klasse fehlt, ersetzen sie durch rauheste Gangart.

Die Kanadier stellen zwei neue Rekorde auf: 64 Strafminuten in einem einzigen Spiel und 33 Strafminuten, die mit Carol Vadnais ein einziger Spieler abbrummen muß. Allmählich treffen bessere NHL-Profis ein, aber eine Medaille haben sich die Kanadier schon verscherzt. Der beste NHL-Star in Wien spielt für Schweden, und mit Ronald Eriksson und dem schier unüberwindlichen Goalie Göran Högosta fehlt den Schweden gegen den erfolgreichen Titelverteidiger ČSSR zuletzt nur ein einziges Tor und ein Punkt.

Ein »Jahrhundertspiel« zum Jubiläum

Juli 1977. Zu Beginn des 100. Tennisturniers auf dem Rasen von Wimbledon stellt der Herzog von Kent alte Meister vor. Zum Abschluß des Wettbewerbs kann die Herzogin in Virginia Wade eine britische Siegerin im Damen-Einzel präsentieren.

Auf dem Weg ins Herren-Finale trifft der US-Amerikaner Jimmy Connors auf einen 18jährigen Landsmann, der in der Qualifikation den Deutschen Karl Meiler ausgeschaltet hatte und bis ins Halbfinale vordrang. Der selbstbewußte Bursche heißt John McEnroe. Connors gewinnt relativ klar 6:3, 6:3, 4:6, 6:4, verliert aber seinen Ruf als »bad boy«. Denn gegen die Wutausbrüche und Unflätigkeiten dieses McEnroe nimmt sich »Jimbo« wie ein Musterknabe aus.

Im anderen Halbfinale liefern sich Björn Borg und Vitas Gerulaitis ein »Jahrhundertspiel«, würdig der Hundertjahrfeier. Die Zuschauer und die königlichen Vertreter sind begeistert und feiern die beiden Spieler. Das Ergebnis 6:4, 3:6, 6:3, 3:6, 8:6 sagt wenig über die Dramatik und Brillanz eines Spiels aus, das eine neue Legende schafft, während man die alten Legenden beschwört.

Im Endspiel steckt Borg dieser Fünfsatzkampf noch in den Knochen. Als es nach vier Sätzen (3:6, 6:2, 6:1, 5:7) im fünften Satz 4:4 steht, ist noch alles möglich. Aber in den entscheidenden Ballwechseln scheitert Connors an Borgs Gelassenheit.

△ Zum zweiten Mal gewinnt der Schwede Björn Borg (Abb.) in Wimbledon nach zwei hart umkämpften Fünfsatzerfolgen gegen Vitas Gerulaitis und Jimmy Connors.

◁ Zur Freude der Briten gewinnt Virginia Wade das Damen-Einzel des Jubiläumsturniers.

Dietrich Thurau – der »blonde Engel«

Juli 1977. Das hat es noch nie gegeben: Ein Deutscher dominiert die Tour de France. Der 23jährige Frankfurter Dietrich Thurau gewinnt den Prolog in Fleurance und zieht sich nach dem ersten 30-km-Zeitfahren in Bordeaux das Gelbe Trikot über. Ein flotter Roller, aber da kommen erst die Pyrenäen. Als »Didi« sein »Gelbes« auch über den Aspin, Tourmalet und Aubisque rettet, feiern ihn die Franzosen als »blonden Engel«.

Den Tourfavoriten Eddy Merckx, Lucien van Impe, Joop Zoetemelk kann es nur recht sein. Sie greifen erst in den Alpen an. Im Bergzeitfahren setzt sich Bernard Thévenet an die Spitze. Aber Thurau kontert noch einmal und gewinnt die 16. Etappe. Die Entscheidung fällt im Anstieg nach Alpe d'Huez. Da verliert Thurau zwölf Minuten, und nun setzt sich endgültig Thévenet vor van Impe und den Niederländern Jan Kuiper und Zoetemelk durch. Aber was ist mit Eddy Merckx? Er quält sich am Ende seiner Kräfte mit einer schweren Magenverstimmung den Glandon-Paß hoch, begleitet von einem Arztwagen und verfolgt von Reportern, die auf seine Aufgabe lauern. Sie wollen sehen, wie ein Großer ganz klein wird. Mit 14 Minuten Rückstand auf den Etappensieger langt Merckx in Alpe d'Huez an. Aber Merckx gibt nicht auf. Er fährt diese Tour zu Ende und hat als Sechster mehr geleistet als bei all seinen Toursiegen zuvor.

Rosemarie Ackermann überspringt 2,00 m

26. August 1977. Schon beim Herunterfallen auf die Schaumgummipolster schlägt sie beide Hände vors Gesicht, als wolle sie nicht glauben, daß die Latte liegenbleibt. Oder will sie nicht sehen, wie sie doch noch herunterfällt? Doch um 20.14 Uhr ist eine neue Traumgrenze der Leichtathletik durchbrochen. Rosemarie Ackermann aus der DDR übersprang als erste Frau die 2-m-Grenze. Mit einem Sprungstil der Vergangenheit erschloß sie die neue Dimension der Zukunft. Denn Rosemarie blieb dem Straddle treu, obwohl man seit Richard »Dick« Fosbury auch den Frauen größere Höhen nur noch im Rückwärtsgang zutraut (→ 20. 10. 1968).

Die Italienerin Sara Simeoni beherrscht diese neue Technik bereits perfekt, und eher hätte man ihr den ersten Sprung über 2 m zugetraut. Rosemarie ist allerdings seit 1974 ungeschlagen. Als sie zum Saisonbeginn bei den Hallen-Europameisterschaften in San Sebastian wegen einer Verletzung aufgeben mußte, schien die Saison verkorkst. Nach ihrem sensationellen Sprung wird Rosemarie Ackermann von 31 Sportredaktionen zur »Weltsportlerin des Jahres« gewählt.

Die »Weltsportlerin des Jahres« – im Berliner Olympiastadion als erste Frau über 2,00 m.

Dietrich Thurau im Gelben Trikot bei der ersten Etappe der Tour de France

1978

6. 1. Weltrekord über 800 m Freistil in 8.34,86 min durch die 15jährige Australierin Michelle Ford.

7. 1. Erster Profi-Boxweltmeister aus einem sozialistischen Land wird der Jugoslawe Mate Parlov im Halbschwergewicht in Mailand.

Februar. Erneut Titel in der Abfahrt für Annemarie Moser-Pröll bei den Alpinen Ski-Weltmeisterschaften.

5. 2. Weltmeister im Hallenhandball wird die Bundesrepublik Deutschland durch ein 20:19 über die UdSSR in Kopenhagen.

15. 2. Leon Spinks wird Weltmeister im Box-Schwergewicht durch einen knappen Punktsieg nach 15 Runden über den 36jährigen Muhammad Ali in Las Vegas.

März. Überraschende Erfolge bei den Nordischen Ski-Weltmeisterschaften in Lahti durch den Polen Jozef Luszczek und den Franzosen Jean-Paul Pierrat.

April. Weltcupsieger im alpinen Skilauf Hanni Wenzel (Liechtenstein) und Ingemar Stenmark (Schweden).

8. 4. Weltrekord über 5000 m in 13.08,4 min durch Henry Rono (Kenia) in Berkeley.

Mai. UEFA-Pokal-Endspiele: PSV Eindhoven – Bastia 0:0/3:0.

3. 5. Europapokal der Pokalsieger: RSC Anderlecht – Austria Wien 4:0 in Paris.

10. 5. Europapokal der Landesmeister: FC Liverpool – FC Brügge 1:0 in London.

22. 5. Weltrekord über 3000 m Hindernis in 8:05,4 min durch Henry Rono in Seattle.

1. 6. – 25. 6. In Argentinien elftes Worldcup-Turnier im Fußball. Argentinien wird Weltmeister.

4. 6. Weltrekord über 200 m in 22,06 sec durch Marita Koch (DDR) in Karl-Marx-Stadt.

10. 6. Weltrekord über 100 m Hürden in 12,48 sec durch Grazina Rabsztyn (Polen) in Fürth.

11. 6. Weltrekord über 10 000 m durch Henry Rono in 27:22,5 min in Wien.

Juni/Juli. Anatoli Karpow verteidigt auf den Philippinen seinen Schachweltmeistertitel gegen Viktor Kortschnoi.

Juli. Der Franzose Bernard Hinault gewinnt erstmals die Tour de France.

9./10. 7. Zum dritten Mal Wimbledonsieg durch Björn Borg. Bei den Damen erstmals Martina Navratilova.

August. In Portillo steigert der US-Amerikaner Steve McKinney den Geschwindigkeitsweltrekord auf Ski erstmals über 200 km/h mit 200,222 km/h.

6. 8. Weltrekord im Hammerwurf durch Karl-Hans Riehm (Bundesrepublik Deutschland) mit 80,32 m in Heidenheim.

9. 8. Weltrekord im Diskuswurf durch Wolfgang Schmidt (DDR) mit 71,16 m in Berlin (Ost).

19. 8. Weltrekord im Diskuswurf durch Evelin Jahl (DDR) mit 70,72 m in Dresden.

20. 8. Gert Wiltfang (Bundesrepublik Deutschland) wird mit Roman Weltmeister im Springreiten in Aachen.

25. 8. – 6. 9. Weltmeisterschaft im Volleyball der Frauen in der UdSSR. Kuba vor Japan und UdSSR.

27. 8. Weltmeister der Straßenradfahrer auf dem Nürburgring Gerrie Knetemann (Niederlande).

28. 8. Der US-Amerikaner Mario Andretti wird auf Ferrari Automobilweltmeister der Formel 1.

31. 8. Weltrekord über 400 m in 48,94 sec durch Marita Koch (DDR) bei den Leichtathletik-Europameisterschaften in Prag (→ August/September 1978).

In Prag Weltrekord im Hochsprung mit 2,01 m durch Sara Simeoni (Italien; → August/September 1978).

In Prag Weltrekord im Weitsprung durch Wilma Bardauskiene (UdSSR) mit 7,09 m (→ August/September 1978).

2. 9. In Prag Weltrekord über 400 m Hürden durch Tatjana Selenzowa (UdSSR) in 54,89 sec (→ August/September 1978).

10. 9. Auf der Monza-Bahn verunglückt der Schwede Ronnie Petersson tödlich. Er ist der 73. Formel-1-Rennfahrer seit 1948.

16. 9. Muhammad Alis zweites Comeback als Boxweltmeister im Schwergewicht der World Boxing Association (WRA) durch Punktsieg nach 15 Runden über Leon Spinks in New, Orleans. (→ 15. 2. 1978).

24. 9. Endspiel der ersten Hockey-Weltmeisterschaft der Damen in Madrid: Niederlande – Bundesrepublik Deutschland 1:0.

26. 9. – 6. 10. Weltmeisterschaften im Schießen in Seoul ohne Teilnahme der Ostblockstaaten. Die Bundesrepublik Deutschland kommt zu fünf Goldmedaillen.

8. 10. Bei den Weltmeisterschaften im Gewichtheben in Gettysburg (4. – 8. 10.) gewinnt Rolf Milser (Bundesrepublik Deutschland) den Titel im Mittelschwergewicht Zweikampf.

5. 11. Peter-Michael Kolbe zum zweiten Mal Weltmeister im Einer in Hamilton/Neuseeland.

Dezember. Die USA gewinnen den Davis Cup durch ein 4:1 gegen Großbritannien in New York.

Letzter großer Triumph für Ali: Der WBA-Titel gegen Leon Spinks (16. 9. 1978). Zaungast am Ring (r. unten): »Rocky«-Darsteller Sylvester Stallone

Zweites Comeback für Ali

15. Februar 1978. Als Muhammad Ali nach seinem Kampf gegen Joe Frazier in Manila glaubte, im Boxerring dem Tod begegnet zu sein (→ 30. 9. 1975), hätte er das Zeichen der Zeit verstehen sollen. Der World Boxing Council (WBC) erkor einen eigenen Weltmeister in Larry Holmes, der in Las Vegas Ken Norton auspunktete und in 37 Profikämpfen ungeschlagen war. Ali akzeptierte als Herausforderer für seinen WBA-Titel (World Boxing Association) den Neu-Profi Leon Spinks. Nach 15 Runden erklärt man den Olympiasieger des Vorjahres zum Punktsieger. Ali hatte Mühe, sich den jungen Fighter vom Leib zu halten.

Spinks steigt seine Weltmeisterwürde zu Kopf. Er lebt in Saus und Braus und klettert dann seinerseits am 16. September zum Revanchekampf wie ein alter Mann in den Ring. Ali boxt ihn nach Punkten aus und feiert sein zweites Comeback.

Geschwister siegen bei Alpiner Ski-WM

Februar 1978. Die Alpinen Ski-Weltmeisterschaften in Garmisch-Partenkirchen geraten zwar zu einem Pröll-Festival, denn die 25jährige Österreicherin gewinnt mit ihrem 28. Abfahrtssieg auch den WM-Titel. Dazu noch den Titel in der Kombination. Aber die Schau stehlen ihr in Bayern Maria Epple mit ihrem Sieg im Riesenslalom und Irene Epple mit Silber in der Abfahrt.

Auch Liechtenstein präsentiert sich mit den Geschwistern Andreas Wenzel (Gold in der Abfahrt, Silber im Riesenslalom) und Hanni (Silber in der Kombination) sowie Paul und Willi Frommelt geradezu als alpine Großmacht. Eine solche vertritt allein der Schwede Ingemar Stenmark, der als Weltmeister im Slalom und Riesenslalom seine Weltcup-Resultate bestätigt.

Überraschungen in eisiger Loipe

März 1978. Es ist eine altbewährte Taktik der Russen, jeweils im ersten Rennen der Nordischen Ski-Weltmeisterschaften, dem Lauf über 30 km, die Konkurrenz das Fürchten zu lehren. In Lahti fühlen sie sich auch bei beißender Kälte auf eisiger Loipe wie zu Hause und laufen den Skandinaviern auf und davon. Bei Zwischenzeiten taucht immer wieder ein Name auf, der schwer zu entziffern ist. Ein Pole, der einzige, der hierherkam. Als Saweljew und Simjatow im Ziel sind, und die Zuschauer wenigstens von Pitkänen noch eine Medaille erhoffen, gehört diese einem gewissen Jozef Luszczek.

Anschließend gewinnt er den 15-km-Lauf. Das ist die Sensation von Lahti. Da wundert sich niemand mehr, daß ein Franzose, Jean-Paul Pierrat, über 50 km als Dritter ankommt.

Argentinien als WM-Austragungsort heftig umstritten

1. bis 25. Juni 1978. Es ist die polizeilich bestbewachte Fußball-Weltmeisterschaft bisher. Wenn dennoch keine gedrückte Atmosphäre aufkommt, ist es der überwältigenden Gastfreundschaft des liebenswerten argentinischen Volkes zu verdanken. Die Farbenpracht in Buenos Aires muß vieles verdecken. Die Militärdiktatur des Generals Videla weckt in der Welt Mißtrauen und ruft Proteste hervor. Südamerika war mit der »Mundial« zweifellos an der Reihe, aber mußte Argentinien das Gastgeberland sein? Die Organisation Amnesty International forderte die Bundesrepublik Deutschland auf, den Weltmeistertitel nicht in einem Land zu verteidigen, wo politische Gegner gefoltert werden oder spurlos verschwinden. Doch der Präsident des Deutschen Fußball-Bundes (DFB), Hermann Neuberger, hielt nichts von sportlichem Boykott. Wie die Olympischen Spiele bewiesen hatten (→ 17. 7. 1976), schadete man damit nur sich selbst. Außerdem hatte man Neuberger zum Präsidenten des Organisationskomitees der »Mundial« berufen. In dieser Position glaubte er intern mehr in humanitärem Sinne bewirken zu können als durch spektakuläre Demonstrationen.

Für die Fernsehtechniker gab es ganz andere Probleme. Argentinien strahlt seine Fernsehprogramme nur in Schwarzweiß aus. Die Welt ist aber mittlerweile durch das Farbfernsehen verwöhnt. Und Fußball gewinnt nun einmal optisch durch Farben. Als die Verlosung im Teatro San Martin vorgenommen wurde, erwies sich auch dieses Problem als gelöst. 16 hübsche junge Damen in den Volkstrachten der 16 Endrunden-Teilnehmerländer boten farbenprächtigen Augenschmaus. Die Fußballfunktionäre, Nationaltrainer und über 400 Journalisten hatten dafür kaum einen Blick. Sie interessierte jetzt nur die Auslosung der Gruppen durch Ricardo, den dreijährigen Enkel von Joao Havelange, Präsident der Fédération Internationale de Football Association.

Fassungslos blicken Rolf Rüssmann und Sepp Maier dem Schuß des Österreichers Hans Krankl zum 2:3 nach.

Das argentinische Maskottchen bringt der deutschen Mannschaft kein Glück. Aber es ist nicht fehlendes Glück, daß der Weltmeister sang- und klanglos ausscheidet. Schon das Eröffnungsspiel gegen Polen sieht bei einem enttäuschenden 0:0 einen Weltmeister, der auch in den folgenden Spielen eher darauf bedacht ist, nicht zu verlieren, als zu gewinnen.

Toor! – Tooor!! – Toooor!!! für Österreich

21. Juni 1978. Dieser Schrei widerhallt in den Alpentälern zwischen Vorarlberg und dem Burgenland. Österreichs neuer Volksheld heißt Hans Krankl. Er schoß im ersten WM-Spiel gegen Spanien das Siegtor, was Österreich den ersten WM-Sieg seit 24 Jahren bescherte. Er schoß das Siegtor gegen Schweden, was Österreich den Gruppensieg vor Brasilien einbrachte. Dann bekamen die Österreicher in der zweiten Finalrunde jedoch eine kalte 1:5-Dusche durch die Niederlande, und beim 0:1 gegen Italien endete der Höhenflug. Gegen Deutschland geht es um nichts mehr. Die Deutschen brauchen dagegen zwei Punkte zum Einzug unter die letzten Vier. Sie machen in Cordoba das Spiel, schießen das 1:0 und das 1:1 durch Eigentor von Berti Vogts. Aber dann kommt Krankl. Nach einem sehenswerten Volleyschuß, einer sog. »Bogenlampe«, gehen bei den Deutschen alle Lichter aus. Der Ausgleich von Bernd Hölzenbein bewirkt gar nichts. Krankl-Bewacher Rolf Rüssmann wankt als zitterndes Nervenbündel über den Platz, und drei Minuten vor Schluß »erschießt« Krankl den Weltmeister.

Jubel um Österreichs Torjäger Krankl. Die Österreicher feiern mit dem 3:2 ihren ersten Sieg über Deutschland nach 47 Jahren.

3:1-Sieg nach Verlängerung – Argentinien ist Weltmeister

25. Juni 1978. Die lebensfrohe Stadt Buenos Aires liegt da wie ausgestorben. Auf den großen Plätzen und Avenidas ruht der Verkehr. 80 000 »Hinchas« füllen das River-Plate-Stadion. Der Rest der Bevölkerung sitzt in Kinos oder vor Fernsehgeräten. Ganz Argentinien fiebert dem Anpfiff entgegen. Der Schiedsrichterausschuß kann sich sechs Stunden nicht darüber einig werden, wer das Endspiel leiten soll. Sein Vorsitzender, der Italiener Franchi, bestimmt daher seinen Landsmann Sergio Gonella.

Gonella beanstandet die Handmanschette von René van de Kerkhof. Obwohl der Niederländer schon vier Spiele mit diesem Stützverband bestritt, soll er jetzt eine zusätzliche Bandage anlegen, weil sonst Verletzungsgefahr für argentinische Spieler bestehe.

Nach diesem Nervenkrieg kann dann endlich mit einiger Verspätung das Endspiel beginnen. Es wird von Gonella, großzügig gegenüber einigen Härten auf beiden Seiten, einwandfrei geleitet. Die Niederländer nahmen sich offenbar vor, die Argentinier kommen zu lassen. Sie müssen dem tosenden Anfeuerungssturm der Zuschauer ebenso standhalten wie den lebhaften Angriffen der Spieler. Mit schnellen Gegenstößen und harten Weitschüssen bleiben sie jedoch gefährlich. In der 38. Minute trifft der Argentinier Mario Kempes mit einem plazierten 10-m-Schuß zum 1:0. Das Spielfeld versinkt unter Papierschnitzeln, die Argentinier gehen mit weltmeisterlichen Gefühlen in die Pause.

Österreichs Trainer Happel, der die Niederländer betreut, wechselt den schwachen Rep gegen den langen Nanninga aus und treibt seine Mannschaft zum Angriff. In der 82. Minute köpft Nanninga den längst verdienten Ausgleich. Die Zuschauer werden ruhiger und erstarren, als Rensenbrink kurz vor dem Schlußpfiff den Ball an den Pfosten knallt.

In der Verlängerung sind die Argentinier frischer. Zwingende Spielzüge ergeben sich zwar nicht, das Spiel verkrampft. Aber ein zwingender Kempes schießt in der 104. Minute das 2:1. Zehn Minuten später bedient Kempes den freilaufenden Bertoni, der das 3:1 erzielt. Das Stadion versinkt im Freudentaumel.

△ *Das spielentscheidende Tor durch Mario Kempes, der schon in der ersten Halbzeit den argentinischen Führungstreffer erzielte. Danach ist die Widerstandskraft der Niederländer endgültig gebrochen. Und die vom Niederländer Nanninga erzwungene Verängerung hat ihre Entscheidung.*

◁ *Eine Spielszene mit dem Argentinier Americo Gallego, dem Niederländer René van de Kerkhof und Argentiniens Mannschaftskapitän Daniel Passarella (v. l.).*

Mit 6:0 Sieg ins Endspiel

2. Juni 1978. Beim Eröffnungsspiel Deutschland–Polen riefen deutsche Schlachtenbummler »Aufhören! Aufhören!«. Am nächsten Tag schrieben die Zeitungen, die Deutschen hätten einen Festtag verdorben. jetzt holen ihn die argentinischen Fußballer nach. Doch 80 000 »Hinchas« erleben einen Schock, als Ungarn nach einem Blitzstart in Führung geht. Der Ausgleich wird als Sieg bejubelt, der aber erst in der 83. Minute durch Bertoni gesichert ist. Das Spiel gegen Frankreich (6. 6.) wird noch besser. Ein allerdings fragwürdiger Elfmeter bringt das 1:0. Als Michel Platini ausgleicht, sind die Franzosen dem Sieg näher. Doch ihr Torwart Demanes verletzt sich, und der Ersatztorwart wird von Luque mit einem 25-m-Schuß überrascht.

Nach einer 0:1-Niederlage gegen Italien (10. 6.) kommt Argentinien als Gruppenzweiter weiter. Unvorhergesehen trifft der Gastgeber nach einem 2:0-Sieg über Polen (14. 6.) auf einen anderen Gruppenzweiten: Brasilien. Diese Begegnung hatte man eigentlich als Endspiel erhofft. Nun findet sie am 18. Juni in Rosario vor nur 46 000 Zuschauern statt. Die Brasilianer verheißen eine »Hölle von Rosario«, doch sie entfachen nur ein Strohfeuer. Wer sich für 1000 DM auf dem Schwarzmarkt eine Karte kaufte, hätte das Geld besser für einen Fernsehapparat angelegt. Brasilien sieht sich nach dem 0:0 gegen Argentinien, einem 3:0 über Peru und einem 3:1 über Polen schon im Endspiel. Um dorthin zu gelangen, muß Argentinien gegen Peru gewinnen, aber mit vier Toren Unterschied. Das hält niemand für möglich. Aber wunderbarerweise gewinnen die Argentinier 6:0. Der »Himmel von Rosario« beschert ihnen nach 48 Jahren doch noch die Endspielteilnahme.

Zum zweiten Mal im WM-Finale

11. Juni 1978. Im letzten Gruppenspiel der ersten Finalrunde gegen die Niederlande führen die Schotten 3:1. Noch ein Tor, und sie kommen weiter. Aber dieses Tor schießt Rep zum 3:2. Der Sieg nützt den Schotten nichts. Das Torverhältnis eliminiert sie. Danach bringen sich die Niederländer mit einem 5:1 über Österreich (14. 6.) in Spiellaune gegen Deutschland. Die Deutschen müssen gewinnen, wenn sie noch eine Endspielchance haben wollen. Sie gehen am 18. Juni auch zweimal in Führung, aber zweimal gleichen die Niederländer aus. Für sie ist das Unentschieden ein Sieg, für die Deutschen eine Niederlage.

Italiens Endspielträume scheinen sich am 21. Juni zu erfüllen, als Brandts ein Eigentor unterläuft. Ein 1:0 halten können die Italiener. Doch Brandts gleicht wieder aus, und ein 35-m-Schuß von Arie Haan bringt die Niederländer ans Ziel.

Bernard Hinault (r.) vor dem Niederländer Gerrie Knetemann, der Straßenweltmeister wird

Martina Navratilova (Abb.) gewinnt gegen Chris Evert erstmals das Damen-Einzel in Wimbledon.

Gert Wiltfang aus Stuhre bei Bremen mit Roman. Er gewinnt in Aachen die WM im Springreiten.

Hinaults erster Toursieg

Juli 1978. Diese Tour de France hat es in sich. Nach dem Start in Leiden wird wegen starken Regens kein Gelbes Trikot vergeben. Das zieht sich dann später Klaus-Peter Thaler über.
Nach dem Zeitfahren der achten Etappe erscheint der 23jährige Bretone Bernard Hinault auf Rang vier. Aber da sind noch Bernard Thévenet, Pollentier und Jan Kuiper stark im Rennen. Es gibt erstmals einen Fahrerstreik wegen zu kurzer Ruhepausen. Aber am Puy de Dôme stehen 1 Mio. Zuschauer. Dann gibt Thévenet auf, wird Pollentier disqualifiziert, weil er fremden Urin bei sich trug, Kuiper stürzt und bricht sich das Schlüsselbein. Beim 72-km-Zeitfahren Metz–Nancy fährt Hinault den Sieg heraus.

Martinas Wimbledonsieg

9./10. Juli 1978. Martina Navratilova kann die Tränen nicht zurückhalten, als sie bei ihrem Wimbledondebüt den Silberteller überreicht bekommt, dazu 6500 britische Pfund. »jetzt können sie mich zu Hause nicht mehr totschweigen«, erklärt sie. Denn die 21jährige Tschechoslowakin ist seit ihrer Emigration in die USA in der CSSR eine Unperson. 25mal trat sie gegen Chris Evert an, 20mal verlor sie. Im Wimbledon-Finale stand es nach 2:6, 6:4 im dritten Satz 2:4. Aber mit einer Energieleistung schaffte Martina das 5:5, ein Break und den Sieg. Als Björn Borg in seinem dritten Wimbledon-Finale Jimmy Connors mit 6:2, 6:2, 6:3 geradezu deklassiert, stößt er einen Schrei aus, wirft den Schläger in die Luft und sinkt in die Knie.

Gert Wiltfang Weltmeister

20. August 1978. Ovationen von 50 000 Zuschauern in Aachen, als Gert Wiltfang von Bundespräsident Walter Scheel den Weltmeisterschaftspreis im Springreiten entgegennimmt. Nach dem enttäuschenden fünften Platz in der Mannschaftskonkurrenz hatte man nicht mehr mit diesem deutschen Erfolg gerechnet.
Wiltfang bringt fertig, was noch nie vor ihm einem Weltmeister gelang. Nach seinem Roman reitet er Boomerang von Eddie Macken (Irland), Pandur von Johan Heins (Niederlande) und Jet Run von Michael Matz (USA) sämtlich fehlerlos. »Bei so einer Weltmeisterschaft«, rät Wiltfang, »muß man alle Umläufe ruhig durchreiten, und an den Titel darf man nicht denken.«

Höhepunkte der Leichtathletik in Prag

August/September 1978. Leichtathletik-Europameisterschaften in Prag. Die Litauerin Vilma Bardauskiene, die erste Frau, die im Weitsprung die 7-m-Marke überwand, sprang bereits in der Qualifikation mit 7,09 m Weltrekord. Der frischgebackene Weltrekordler im Hammerwurf, Karl-Hans Riehm, wird dagegen im Wettkampf nur Dritter. Da kommt keiner gegen Juri Sedychs Nervenkraft an.
Voll Zorn schleudert Michael Wessing den Speer auf 89,12 m und hofft, daß jetzt etwas anders wird: »Ich kann werfen, was ich will, geredet wird immer nur von Wolfermann.«
Geredet wird jedoch von einem neuen Langlaufstar, dem Italiener Venenzio Ortis, der die 5000 m vor dem Schweizer Ryffel gewinnt und über 10 000 m vom Finnen Martti Vainio nur knapp geschlagen wird.
Geredet wird auch über die Weltrekorde von Marita Koch, Sara Simeoni und Tatjana Selenzowa.
Daß der Weg zur Popularität weit ist, erfährt der 20jährige Europameister im 400-m-Hürdenlauf, Harald Schmid, bei der Pressekonferenz. Die tschechische Dolmetscherin begrüßt ihn: »Herzlichen Glückwunsch, Herr Helmut Schmidt.«

◁ ◁ Die Litauerin Vilma Bardauskiene überbietet schon in der Qualifikation ihren Weltrekord um 2 cm.

◁ Die Italienerin Sara Simeoni wird mit der Weltrekordhöhe von 2,01 m Europameisterin.

1979

Februar. Bei den Bob-Weltmeisterschaften in Königssee Titel für Erich Schärer/Sepp Benz (Schweiz) im Zweier- und Stefan Gaisreiter (Bundesrepublik Deutschland) im Viererbob.

Der US-Amerikaner Eric Heiden gewinnt seit 1977 zum dritten Mal die Eisschnellauf-Weltmeisterschaften im Großen Vierkampf in Oslo und im Sprint-Vierkampf in Inzell. Eine einzigartige Leistung.

März. Bei den Eiskunstlauf-Weltmeisterschaften in Wien gewinnt seit 29 Jahren, in Abwesenheit von Irina Rodnina/Alexander Saizew, mit Tai Babilonia/Randy Gardner wieder ein US-amerikanisches Paar.

17./18. 3. Weltmeisterschaft im Skifliegen in Planica mit 125 000 Zuschauern. Den Titel gewinnt Armin Kogler (Österreich).

23. 3. WBC(World Boxing Council)-Weltmeister im Box-Schwergewicht Larry Holmes verteidigt seinen Titel gegen Ossie Ocasio durch K. o. in der siebten Runde in Las Vegas.

April. Weltcupsieger im alpinen Skilauf, nach neuem Modus, Annemarie Moser-Pröll (Österreich) und Peter Lüscher (Schweiz).

Bei der Eishockey-Weltmeisterschaft in Moskau gewinnt die UdSSR zum 16. Mal seit 1954 den Titel.

6. 4. Weltrekord über 200 m Brust in 2:28,36 min durch Lina Katschuschite (UdSSR) in Potsdam.

8. 4. Die Volksrepublik China wird Mitglied des Internationalen Olympischen Komitees (IOC).

Mai. UEFA-Pokal-Endspiele: Borussia Mönchengladbach – Roter Stern Belgrad 1:1/1:0.

Der TV Großwallstadt wird Europapokalsieger der Landesmeister im Hallenhandball gegen SC Rostock durch 14:10/16:18.

6. 5. Bei den Tischtennis-Weltmeisterschaften in Pjöngjang/Nordkorea Mannschaftssieger Ungarn bei den Herren und China bei den Damen.

16. 5. Europapokal der Pokalsieger: FC Barcelona – Fortuna Düsseldorf 4:3 n. V. in Basel.

30. 5. Europapokal der Landesmeister: Nottingham Forest-FF Malmö 1:0 in München.

22. 6. Larry Holmes verteidigt seinen WBC-Weltmeistertitel im Box-Schwergewicht gegen Mike Weaver durch K. o. in der elften Runde in Las Vegas.

Juli. Björn Borg gewinnt zum vierten Mal das Herren-Einzel in Wimbledon. Sieg im Damen-Einzel für Martina Navratilova (ČSSR/USA). Im Damen Doppel 20. Wimbledontitel für Billie Jean King.

1. 7. Weltrekord über 200 m in 21,71 sec durch Marita Koch in Karl-Marx-Stadt.

5. 7. Sebastian Coe läuft in Oslo Weltrekord über 800 m in 1:42,33 min (17. 7. 1979).

17. 7. Ebenfalls in Oslo läuft Sebastian Coe Weltrekord über die Meile in 3:38,96 min.

22. 7. Der Franzose Bernard Hinault gewinnt zum zweiten Mal die Tour de France.

August. Cornelia Hanisch (Bundesrepublik Deutschland) wird in Melbourne Weltmeisterin im Fechten.

13./14. 8. Tragödie bei der »Fastnet-Race«-Segelregatta in der Irischen See. 15 Segler ertrinken im Orkan.

15. 8. Zum dritten Mal in diesem Jahr Weltrekord über 1500 m durch den Briten Sebastian Coe. In Zürich 3:32,1 min.

Erstmals Segel-Weltmeisterschaften für Frauen in Rochester am Ontariosee. Siege für Schweden und Großbritannien.

9. 9. Der Südafrikaner Jody Scheckter wird Automobilweltmeister der Formel 1 auf Ferrari.

12. 9. Weltrekord über 200 m in 19,72 sec durch Pietro Mennea (Italien) in Mexiko City.

28. 9. Larry Holmes verteidigt seinen WBC-Weltmeistertitel im Box-Schwergewicht gegen Ernie Shavers durch K. o. in der elften Runde in Las Vegas.

29./30. 9. Weltbestleistung »aller Zeiten« über 20 km in 1:18:49,0 h durch Daniel Bautista (Mexiko) bei den inoffiziellen Weltmeisterschaften in Eschborn.

30. 9. Österreichs Formel-1-Fahrer Niki Lauda erklärt seinen Rücktritt vom Automobilrennsport. Er will nicht mehr »im Kreis herumfahren«.

20. 10. Box-Weltmeisterschaftskampf im Schwergewicht um den durch Rücktritt von Muhammad Ali im Juni freigewordenen WBA(World Boxing Association)-Titel. »Big« John Tate (USA) schlägt den Südafrikaner Gerrie Coetze in 15 Runden nach Punkten in Pretoria.

25. 11. Der 1. FC Köln kauft den Engländer Tony Woodcock als bisher teuersten Bundesligaspieler für 2,6 Mio. DM.

Dezember. Die USA gewinnen zum 26. Mal den Davis Cup durch ein 5:0 über Italien in San Francisco.

3. – 9. 12. In Fort Worth/US-Bundesstaat Texas 20. Turn-Weltmeisterschaften. Erstmals seit 1958 wieder Mannschaftssieg der UdSSR bei den Herren. Zwei Titel für den US-Amerikaner Kurt Thomas. Bei den Damen siegt das rumänische Team über die seit 1954 ungeschlagene UdSSR.

Paukenschläge in Heidens Sinfonien

Februar 1979. Eric Heiden, 1,87 m groß, 87 kg schwer, Student in Madison, gewinnt zum dritten Mal die Eisschnellauf-Weltmeisterschaften im Großen Vierkampf in Oslo mit dem größten Vorsprung seit 1884, im Sprint-Vierkampf in Inzell mit dem größten Vorsprung seit dessen Einführung 1970.
Allein in diesem Jahr stellt Heiden sechs Weltrekorde auf. In der 95jährigen Geschichte des Eisschnellaufs gab es noch keinen Allround-Athleten wie ihn. »Ich trainiere härter als die Konkurrenz, in der Woche zwischen 20 und 24 Stunden. Meine Kraftübungen bestehen in 300 Kniebeugen mit 60—80 kg Gewicht auf den Schultern. Mit acht Jahren stand ich zum erstenmal auf Schlittschuhen.« Kaum jemand in den USA kennt Heiden.

Wenig Glanz bei Eiskunstlauf-WM

März 1979. Einmal mehr zeigt sich bei den Eiskunstlauf-Weltmeisterschaften in Wien, daß der neue Modus aus Pflicht, Kurzprogramm und Kür nur einen halbherzigen Kompromiß darstellt, der die Überbewertung der längst als überflüssig betrachteten Pflicht nicht beseitigt. So kann der Russe Wladimir Kowalew mit einer mäßigen Kür, in der er nur zwei dreifache Sprünge bietet, Weltmeister werden. Dagegen bleibt dem Briten Robert Cousins mit sechs Dreifachsprüngen und einer Kür, die 15mal die Note 5,9 erhält, nur Silber. Der US-Amerikaner Charles Tickner bekommt mit fünf Dreifach- und vier Doppelsprüngen nicht einmal eine Medaille. Bei den Damen verscherzen sich Anett Pötzsch Gold und Dagmar Lurz Bronze durch Stürze.

Nach ihrem gelungenen Comeback ist Annemarie Moser-Pröll wieder erfolgreichste und vielseitigste alpine Skiläuferin und gewinnt abermals den Weltcup.

Das Phänomen Moser-Pröll

April 1979. Marie-Theres Nadig hat den Humor dafür. »Wißt ihr«, fragt sie in Schruns ihre alpinen Konkurrentinnen, »weshalb wir im Sommer alle in die Kraftkammer gehn?« Gespannt erwarten sie ein neues Trainingsgeheimnis. »Damit wir im Winter die Annemarie auf die Schultern heben können!« Dazu gibt es oft Gelegenheit, ob nach einem Abfahrtslauf, Riesenslalom oder Slalom. Annemarie Moser-Pröll schnappt im letzten Rennen noch der Liechtensteinerin Hanni Wenzel den Weltcup weg, es ist ihr sechster. Nach 41 Weltcupsiegen und zwei WM-Titeln ist sie immer noch nicht »satt«.
Den neuen Weltcupmodus nennt man nicht ohne Grund die »Anti-Stenmark-Formel«. In der Praxis wirkt sie sich so aus: Ingemar Stenmark gewinnt 13 Weltcuprennen, der Schweizer Peter Lüscher nur eines. Aber Weltcupsieger wird Lüscher. Man hat ausgetüftelt, daß Stenmark mehr »Streichpunkte« erhält als Lüscher »Wertungspunkte«. Der Durchschnitt triumphiert, der Leistungssport wird zur Farce. Angeblich soll diese Zahlenakrobatik die Vielseitigkeit fördern.

Sebastian Coe – ein ungewöhnlicher Star

17. Juli 1979. Als Sebastian Coe in Oslo dem Neuseeländer John Walker den Weltrekord über die Meile »abnimmt«, entschuldigt er sich bei ihm. Walker antwortet kurz: »Das ist Geschichte.« Nach seinem Weltrekord über 800 m am 5. Juli, ebenfalls in Oslo, hatte allerdings auch »Seb«, wie ihn seine Freunde nennen, eingeräumt: »Weltrekorde sind geliehen, da sie ein anderer eines Tages brechen wird.«

Coe, den sein Vater Peter betreut, macht vieles anders als andere. Er hält nichts von 200 Trainingskilometern pro Woche. Er läuft ohne festgelegtes Programm, nach Lust und Laune. Es sind pro Tag oft nicht mehr als 15 Minuten, höchstens aber zwei Stunden. Er haßt jegliche Routine. Für Coe ist Laufen »eine großartige Form der Flucht. Wenn man nicht mit der Stoppuhr läuft, ist es, als ob man automatisch geführt würde, und es entspannt einen dann auch geistig.«

Der 22jährige Brite ist sich über den Stellenwert seines Sports im klaren. »Es geschieht schon einmal, daß ich das Laufen zu ernst nehme. Ich bin meiner Leistung und meinem Training vollkommen verpflichtet, aber es muß noch etwas anderes im Leben geben. Ich laufe und trainiere, aber ich gehe neben dem Sport meiner beruflichen Karriere nach und führe ein intensives gesellschaftliches Leben. Wie jede andere Sportart kann auch Leichtathletik zum total verzehrenden und nur in sich schauenden Sport werden. Hier sind ein großer Kreis von Freunden und natürlich meine Familie eine Hilfe. Es gibt nichts Schlimmeres, als wenn bei Tisch über Sport gesprochen wird, gerade dann, wenn man von einem schweren Rennen oder harten Training nach Hause kommt oder wenn man anschließend mit Freunden ausgeht und über sich sprechen soll.«

Vor Sebastian Coe geht man im Züricher Letzigrund in die Knie. Als er am 15. August zu nächtlicher Stunde über 1500 m an den Start geht, macht ihm der Wind etwas zu schaffen, aber Gegner fordern ihn nicht. Die letzten 750 m läuft er allein vorneweg, das sachkundige Publikum bejubelt, als Coe das Ziel passiert hat, einen Weltrekord mit 3:32,1 min.

Jahr der Rekorde in Wimbledon

Juli 1979. Martina Navratilova braucht nur eine Stunde, um Chris Evert im Wimbledon-Finale 6:4, 6:4 abzufertigen. Sie erhält dafür 39 000 US-Dollar. Weitere 7600 US-Dollar erhält die neue »Queen« für ihren Sieg im Doppel. Soviel hat noch nie eine Tennisspielerin bei einem Turnier verdient. Martina verdankt das ihrer Doppelpartnerin Billie Jean King. Die 35jährige US-Amerikanerin, die sich immer energisch für die Gleichberechtigung der Frauen einsetzte, wenn sie die Gleichbezahlung auch noch nicht erreichte, feiert ihren 20. Wimbledontitel, ein Rekord.

Wimbledonrekord ist auch Björn Borgs vierter Sieg in Folge. Der Schwede schlägt den US-Amerikaner Roscoe Tanner, der seine Aufschläge mit 228,76 km/h übers Netz schmettert und 14 Asse serviert. Nach fünf Sätzen ist er mit 6:7, 6:1, 3:6, 6:3, 6:4 gleichwohl besiegt.

Wimbledon verzeichnet in diesem Jahr mit 343 044 Zuschauern an zwölf Spieltagen bei 599 Spielen einen Zuschauerrekord. Einen Rekord verzeichnet man auch bei dem 23jährigen Borg, dessen Preisgelder man auf 7 Mio. DM schätzt.

Katastrophe beim »Fastnet-Race«

13./14. August 1979. Am »Fastnet-Race«, das zum Gewinn des Admiral's Cup zählt, nehmen 306 Hochseejachten teil. Sturmwarnungen nimmt man nicht ernst. Als in der Nacht ein Orkan losbricht, versäumen viele Skipper, einen Hafen anzulaufen, weil sie auf ihre Chancen nicht verzichten wollen.

Am nächsten Tag sucht die Marine mit Schnellbooten und Helikoptern nach Schiffbrüchigen und Überlebenden. Nur 128 Schiffe überstanden den Sturm, 23 Jachten sind gesunken, 15 Segler ertrunken. Es ist die schlimmste Katastrophe, die sich bei einer Segelregatta ereignete. Doch abgebrochen wird nicht. Der Royal Ocean Racing Club will die Durchgekommenen nicht um den Lohn des Sieges bringen. Der Australier Ted Turner wird seines Sieges nicht recht froh. Doch dann meint er, es werde nicht der letzte Sturm sein, den eine Segelregatta zu überstehen hatte.

Keine Chance hat der Südafrikaner Gerrie Coetze (r.) gegen »Big« John Tate.

Der US-Amerikaner Tate nach seinem Sieg über Coetze in Pretoria

John Tate Boxweltmeister aller Verbände im Schwergewicht

Muhammad Ali ist nach seinem zweiten Comeback (→ 15. 2. 1978) im Juni 1979 wieder einmal zurückgetreten. Die World Boxing Association (WBA) sucht fäusteringend nach einem neuen Weltmeister aller Klassen, denn Larry Holmes vom World Boxing Council (WBC) will sie partout nicht anerkennen. Dieser ungeschlachte Bursche schlägt jeden k. o., der ihm im Ring präsentiert wird. Der Mann mag ein guter Boxer sein, aber ein Entertainer ist er nicht.

Außerdem sucht man in den USA wieder einmal nach einer »weißen Hoffnung«. Aparterweise in Südafrika. Da läßt man am 20. Oktober 1979 vor 81 000 Zuschauern im Rugby-Stadion von Pretoria auf den Lokalmatador Gerrie Coetze den Olympiadritten von Montreal, »Big« John Tate, 1,91 m groß, 110 kg schwer, los. Nach 15 Runden kann man nichts anderes tun, als Tate zum Punktsieger erklären.

Tate hat nicht viel von seinem Titel. Er kassiert »nur« 400 000 US-Dollar. So wenig war lange kein Weltmeister mehr wert.

Begeisterung in Forth Worth für Kurt Thomas (USA), der den WM-Titel am Reck und im Bodenturnen gewinnt und im Zwölfkampf Silber holt

WM mit Überraschungen

3. bis 9. Dezember 1979. Die 20. Turn-Weltmeisterschaften in Fort Worth/US-Bundesstaat Texas bringen eine ganze Reihe von Überraschungen.
Bei den Damen entthronen in der Mannschaftswertung die Rumäninnen die seit 1954 sieggewohnten Russinnen.
Während die 22jährige Nelli Kim den Achtkampf vor der 15jährigen Maxi Gnauck aus der DDR gewinnt, muß sich Maxi den Weltmeistertitel am Stufenbarren mit der Chinesin Yan Hong Ma teilen.
Bei den Herren können die Russen erstmals seit 1962 den Japanern wieder den Mannschaftssieg entreißen. In dem 22jährigen Alexander Ditiatin stellt die UdSSR auch den Zwölfkampfsieger mit der bisherigen Höchstpunktzahl 118,250. Sensationell ist der zweite Platz im Zwölfkampf durch den US-Amerikaner Kurt Thomas, der dazu Weltmeister im Bodenturnen und am Reck wird.

Gegen die mehr und mehr umstrittenen »Turnkinder« setzt sich in Fort Worth im Mehrkampf noch einmal die 22jährige Russin Nelli Kim, die in Sibirien geborene Tochter eines Koreaners und einer Russin, durch. In den Geräte-Endkämpfen kommt Nelli nur noch zu Silber im Bodenturnen und am Schwebebalken.

1980

9./10. 1. Überraschend gewinnt die 18jährige Karin Enke (DDR) den Vierkampf der Sprint-Weltmeisterschaften im Eisschnellauf in West Allis/USA.

25. 1. Durch Walter Röhrl/Christian Geistdörfer erstmals seit 20 Jahren deutscher Sieg bei der Rallye Monte Carlo.

3. 2. Larry Holmes verteidigt seinen WBC (World Boxing Council)-Weltmeistertitel im Schwergewicht gegen Lorenzo Zanon durch K. o. in der sechsten Runde in Las Vegas.

13. 2. – 24. 2. In Lake Placid 13. Olympische-Winterspiele.

März. Weltrekord im Skifliegen durch Armin Kogler (Österreich) mit 176 m in Harrachov.

Weltcupsieger im alpinen Skilauf Hanni und Andreas Wenzel (Liechtenstein).

Mit einem Sieg im Parallelslalom in Saalbach beendet Annemarie Moser-Pröll ihre Karriere. Mit 63 Weltcupsiegen seit 1970 ist »La Pröll« die bisher erfolgreichste alpine Skiläuferin.

Erstmals gewinnt mit Walter Mayer ein Österreicher den Wasalauf (89 km in 4.08,2 h).

15. 3. Bei den Eiskunstlauf-Weltmeisterschaften in Dortmund Titel für Anett Pötzsch und Jan Hoffmann (DDR). Silber für Dagmar Lurz (Bundesrepublik Deutschland).

31. 3. Larry Holmes verteidigt seinen WBC-Weltmeistertitel im Schwergewicht durch K. o. in der achten Runde gegen Lou Jones in Las Vegas.

April. Als weltbester Sportler des Jahrzehnts von 1970 bis 1980 gilt der russische Gewichtheber im Superschwergewicht Wassili Alexejew, der in dieser Zeit 80 Weltrekorde aufstellte.

Mai. UEFA-Pokal-Endspiele: Eintracht Frankfurt – Borussia Mönchengladbach 2:3/1:0.

14. 5. Europapokal der Pokalsieger: FC Valencia – Arsenal London 5:4 nach Elfmeterschießen in Brüssel.

28. 5. Europapokal der Landesmeister: Nottingham Forest – Hamburger SV 1:0 in Madrid.

Juni. Bernard Hinault gewinnt den Giro d'Italia.

Weltrekord im Zehnkampf mit 8649 Punkten durch Guido Kratschmer (Bundesrepublik Deutschland) in Mainz.

13. 6. Weltrekord über 100 m Hürden in 12,36 sec durch Grazyna Rabsztyn (Polen) in Warschau.

20. 6. »Sugar« Ray Leonard verliert gegen den 37jährigen Roberto Duran seinen bisher einzigen Profikampf nach Punkten (→ 25. 11. 1980).

22. 6. Deutschland wird in Rom zum zweiten Mal Fußballeuropameister.

5. 7. Als erster gewinnt Björn Borg zum fünften Mal das Herren-Einzel in Wimbledon. Bei den Damen Comeback von Evonne Cawley-Goolagong.

7. 7. Larry Holmes verteidigt seinen WBC-Weltmeistertitel im Schwergewicht gegen Scott Ledoux durch K. o. in der siebten Runde in Minneapolis.

16. 7. Das Internationale Olympische Komitee (IOC) wählt als Nachfolger von Lord Michael Morris Killanin den Spanier Juan Antonio Samaranch zum Präsidenten.

19. 7. – 3. 8. In Moskau Sommerspiele der XXII. Olympiade mit Boykott von 30 Nationen.

20. 7. Der 34jährige Niederländer Joop Zoetemelk gewinnt die erstmals in Frankfurt am Main gestartete Tour de France (→ Juli 1980).

21./22. 7. Bei den olympischen Schwimmwettbewerben bleibt als erste Frau Barbara Krause über 100 m Freistil unter 55 Sekunden in 54,79 sec, als erster Mann Wladimir Salnikow über 1500 m unter 15 Minuten in 14:58,27 min (→ Juli 1980; 22. 7. 1980).

13. 8. Weltrekord über 1500 m in 3:52,47 min durch Tatjana Kasankina (UdSSR) in Zürich.

15.8. Weltrekord über 1500 m in 3:32,1 min durch den Briten Sebastian Coe in Zürich.

17. – 22. 8. Erstmals Weltmeisterschaften im Modernen Fünfkampf der Frauen in London. Titel für Anne Ahlgren (Schweden) und die Mannschaft von Großbritannien.

30./31. 8. Bei den Straßen-Rad-Weltmeisterschaften in Sallanches gewinnen die Titel Elizabeth Heiden (USA) und Bernard Hinault (Frankreich).

3. – 7. 9. Bei den Bahn-Rad-Weltmeisterschaften in Besançon gewinnt der Japaner Koichi Nakano zum vierten Mal den Titel im Sprint, Wilfred Peffgen siegt zum dritten Mal bei den Stehern.

29. 9. Der Australier Alan Jones wird auf Williams-Honda Automobilweltmeister der Formel 1.

2. 10. WBC-Weltmeister im Schwergewicht Larry Holmes verteidigt seinen Titel gegen Muhammad Ali durch technischen K. o. in der zehnten Runde in Las Vegas.

25. 11. »Sugar« Ray Leonard holt sich in New Orleans durch K. o in der achten Runde über Roberto Duran seinen WBC-Weltmeistertitel im Weltergewicht zurück.

29./30. 11. Erstmals Weltmeisterschaften im Judo für Frauen. In New York am erfolgreichsten Österreich mit drei Titelgewinnen in acht Gewichtsklassen.

Dezember. Die ČSSR gewinnt den Davis Cup durch ein 4:1 über Italien in Prag.

Die ersten Olympischen Winterspiele auf Kunstschnee

13. bis 24. Februar 1980. Von Montreal in die Adirondack-Berge nach Lake Placid sind es drei Autostunden. Fast solange brauchen die Journalisten nach der Eröffnungsfeier der 13. Olympischen Winterspiele ins Pressezentrum, zu Fuß. Busse gibt es nur wenige, die einzige Straße ist hoffnungslos verstopft.
Im Pressezentrum grüßt ein Transparent: »Welcome World — We Are Ready.« Gegen Ende der »Olympics in Perspective« ist tatsächlich jeder fix und fertig. Schlangestehen übt man geduldig als Training für die Sommerspiele in Moskau.
Erst allmählich bekommen 5000 freiwillige Helfer unter Reverend Bernard Fell die Organisation besser in den Griff. Weil 1932 Lake Placid bei den 3. Olympischen Winterspielen unter Schneemangel litt, hat man diesmal vorgesorgt. Eine Unmenge von Schneekanonen wurde aufgefahren, als hätte man der launischen Natur den Krieg erklärt. Mit dem abgefeuerten Kunstschnee wurden jedoch einwandfreie Bedingungen geschaffen, und so sind zum Schluß alle Teilnehmer und Besucher zufrieden.

Zur Eröffnungsfeier der 13. Olympischen Winterspiele tragen Militärkadetten das Sternenbanner.

Auch die zweiten Winterspiele bringen dem Ort kein Glück. Das Organisationskomitee muß Konkurs anmelden.

Eric Heiden – der Eislaufstar, der in der Kälte bleibt

Februar 1980. Der US-amerikanische Eisschnelläufer Eric Heiden ist der größte Olympiasieger, den es je bei Olympischen Winterspielen, ja überhaupt bei Olympischen Spielen gab. Denn selbst ein Mark Spitz steht zwar mit sieben Goldmedaillen in der Statistik, aber drei davon bekam er in Staffel-Wettbewerben, während Heiden fünf Goldmedaillen in Einzelrennen erläuft. Er läuft die legendären Größen des Eisschnellaufs wie Clas Thunberg, Ivar Ballangrud, Hjalmar Andersen, Ard Schenk in die Zweitrangigkeit.
Nach seinen Siegen wird Heiden enthusiastisch gefeiert. Er selber verzieht jedoch keine Miene. Er zeigt kein Lächeln, winkt seinen Landsleuten nicht zu, freut er sich überhaupt? Wenn man sich vorstellt, welche Freudentänze Fußballer nach einem Tor aufführen, muß einem dieser Heiden wahrhaftig wie ein Roboter vorkommen. Seine Trainerin Diane Holum, Olympiasiegerin über 1500 m in Sapporo 1972, hat ihn programmiert.

Eric Heiden bei seinem 1000-m-Sieg über Gaetan Boucher. Mit fünf Goldmedaillen ist Heiden der erfolgreichste Teilnehmer der Winterspiele.

Die Spezialisten der jeweiligen Strecken treten in Lake Placid gegen ihn an. Der Russe Eugen Kulikow glaubt Heiden über 500 m (15. 2.) schlagen zu können. In der Zielkurve schon fliegt der US-Amerikaner an ihm vorbei. Über 1000 m (19. 2.) fordert ihn der Kanadier Gaetan Boucher heraus. Mit fast zwei Sekunden Rückstand wird er abgefertigt. Über 1500 m (21. 2.) tritt der Norweger Kai Arne Stenshjemmet gegen Heiden an, ein Läufer, stilistisch eleganter als der Kraftprotz Heiden. Doch dessen Kraft ist unerschöpflich. 1,33 sec liegt Stenshjemmet im Ziel zurück. Aber die Stärke des Norwegers ist die 5000-m-Distanz. Und da setzt er Heiden gehörig zu (16. 2.). Trotzdem hat der US-Amerikaner mit 0,99 sec Vorsprung am Ende das bessere Ergebnis. Jetzt muß ihn der russische Weltrekordler Viktor Leschkin über 10 000 m (23. 2.) packen. Aber Heiden läuft Weltrekord und schlägt den Russen um 200 m. Wer bei der Siegerehrung in seinen Zügen liest, erkennt immerhin eines: Stolz.

Zum dritten Mal »Skikönig«

18./19. Februar 1980. Was dem 27jährigen Ulrich Wehling aus Oberwiesenthal gelingt, hat noch nie einer der legendären nordischen »Skikönige« fertiggebracht. Der in Halle an der Saale geborene Sportlehrer wird seit 1972 zum dritten Mal Olympiasieger in der Nordischen Kombination. Keiner seiner Gegner aus Sapporo hielt sich so lange in der Spitzenklasse dieses schwierigen Wettbewerbs, geschweige denn an erster Stelle. Sein Erfolg in Lake Placid ist freilich mehr etwas für Kenner.
Spektakulärer geht es in den Loipen zu, die sich wie einzementierte Schienenstränge durch die Wälder am Mount van Hoevenberg ziehen. Da legt der 25jährige Russe Nikolai Zimjatow in vier Rennen 105 km zurück, erläuft sich Gold über 30 km und 50 km (14./23. 2.) und als Schlußläufer der 4x10 km-Staffel (20. 2.). Nur über 15 km (17. 2.) verfehlte er Bronze um fünf Sekunden. Aber das ist eine Ewigkeit im Vergleich zu dem Rückstand, der den Finnen Juha Mieto die Goldmedaille kostete. Nach rund 42 Minuten Laufzeit war der Schwede Thomas Wassberg eine Hundertstelsekunde schneller. Die Zeitmessung machte möglich, was nicht sichtbar war.

Nikolai Zimjatow (vorn), Gold im 30-km- und 50-km-Langlauf

Ersatzmann siegt

14. Februar 1980. Leonhard Stock, ein 22jähriger aus dem Zillertal, begann die Saison mit einer Schulterverletzung. Doch er gab nicht auf und wird Ersatzmann im österreichischen Olympiateam.
Als er vor Ort die schnellsten Trainingszeiten fährt, darf er am Whiteface Mountain starten. Leichter Naturschnee rieselt auf den Kunstschnee herab, als er mit Startnummer 9 nach 1:45,50 min durchs Ziel schießt. Das ist eine gute Zeit, aber ist sie gut genug? Bis zur Startnummer 19 muß er warten und bangen, dann steht sein Sieg fest. Er kann es nicht ganz fassen, Nachfolger eines Franz Klammer geworden zu sein.

Toni Innauer, Olympiasieger auf der 70-m-Schanze

Ulrich Wehling, Gold in der Nordischen Kombination

Leonhard Stock, Gold in der Abfahrt

Gold für Liechtenstein und für Annemarie Moser-Pröll

17. Februar 1980. Am Whiteface Mountain steht – nach acht Jahren – eine Revanche an. In Sapporo hatte die Favoritin Annemarie Pröll den Abfahrtslauf gegen die junge Marie Theres Nadig verloren. Was nutzte es Annemarie, daß sie in den folgenden Jahren zur erfolgreichsten Skiläuferin aller Zeiten wurde? Ohne einen Olympiasieg fehlt diesem Ruhm der goldene Glanz.
Diesmal ist die Nadig Favoritin gegenüber der 27jährigen Österreicherin. Es wird bei 18 Minusgraden und Durchschnittsgeschwindigkeiten von 99,6 km/h das schnellste Abfahrtsrennen, das es für Damen je bei Winterspielen gab.
In den Zweikampf der alten Rivalinnen mischt sich eine Läuferin ein, die bisher nur im Slalom und Riesenslalom herausragte: Hanni Wenzel. Sie fährt schneller als die Nadig. Am schnellsten fegt jedoch Annemarie Moser-Pröll den Hang hinab. Jetzt ist sie wirklich die größte Läuferin der letzten zehn Jahre.
Bei den Spielen in Lake Placid ist hingegen Hanni Wenzel die Größte. Den Riesenslalom (20./21. 2.) gewinnt sie mit einem Rekordvorsprung von über fünf Sekunden. »Begreifen«, meint sie, »werde ich diese erste Goldmedaille für Liechtenstein wohl erst später.« Da hat sie schon die zweite Goldmedaille im Slalom (23. 2.).

In einem perfekten Lauf zeigt Annemarie Moser-Pröll (Abb.) noch einmal ihr ganzes Können. Sie gewinnt den Abfahrtslauf vor Hanni Wenzel und Marie-Theres Nadig.

Hanni Wenzel auf Rosi Mittermaiers Spuren: Wie die Deutsche 1976 holt sie für Liechtenstein vier Jahre später zwei Goldmedaillen und eine Silbermedaille.

Irina Rodnina beendet mit Alexander Saizew ihre einmalige Karriere mit der dritten olympischen Goldmedaille seit 1972.

Standing Ovation für Denise Biellmann

23. Februar 1980. Da hält es die Zuschauer im Olympic Fieldhouse nicht mehr auf den Sitzen, als die 17jährige Schweizerin Denise Biellmann ihre Kür beendet hat. Zu fetziger Discomusik hatte sie vier Dreifachsprünge geboten und eine Pirouette gezeigt, wie man sie noch nicht gesehen hat.
Die Zuneigung ist gegenseitig. »Die Begeisterung des Publikums hat mich zur Höchstleistung angespornt«, erklärt Denise glücklich. Eine Medaille bekommt sie allerdings nicht. Die sind nach der Pflicht längst für Anett Pötzsch, Linda Fratianne und Dagmar Lurz reserviert.

Anett Pötzsch (Abb., DDR) gewinnt gegen die favorisierte Linda Fratianne.

Buhrufe für Linitschuk/Karponossow, die im Eistanz siegen

Die letzte Kür von Irina Rodnina

Als die 30jährige Irina Rodnina mit Alexander Saizew am 17. Februar 1980 ihren letzten Lauf auf olympischem Eis beendet hat, kullern dicke Tränen aus ihren großen Kulleraugen. Der eine oder andere Fernsehzuschauer wird eine heiße Träne mitverdrücken, denn dies ist die Abschiedstunde einer einzigartigen Eiskunstläuferin. Viermal war Irina seit 1969 Weltmeisterin mit Alexander Ulanow. Weitere sechsmal mit Saizew. Mit ihm befolgte sie Oleg Protopopows Rat: »Ohne Liebe geht der Paarlauf nicht.« 1979 wurde sie Mutter.
Man kennt Irina jedoch schlecht, wenn man ihr in diesem Augenblick sentimentale Regungen unterstellt. Irina weint aus Wut. Denn ihr unterliefen ein paar Patzer, die das Paar die dritte Goldmedaille kosten könnten. Auch Alexander schaut so traurig drein, als hinge nun einige Zeit der Haussegen schief. Rührung erfaßt dagegen die Punktrichter. Sie übersehen, was jeder sonst gesehen hat, und geben Irina und Alexander Gold aus reiner Gewohnheit. Die eigentlichen Rivalen sind noch weit tränenreicher ausgeschieden. Tai Babilonia/Randy Gardner hatten entnervt aufgegeben, nachdem Randy beim Aufwärmen viermal gestürzt war.

US-Studenten stürzen das Eishockey-Denkmal UdSSR

22. Februar 1980. Das letzte Testspiel gegen die »Eissputniks« verlor die US-Olympia-Auswahl noch 3:10. Mit einem Kostenaufwand von 1,2 Mio. US-Dollar hatte der Coach der Universität Minnesota, Herbert Brooks, sechs Monate lang eine Studentenmannschaft vorbereitet.
Beim Spiel gegen die UdSSR hängen die US-Amerikaner am Radio, denn das Fernsehen überträgt erst zwei Stunden später. Die Russen führen 1:0, die Boys gleichen aus. Die Russen führen 2:1, die Boys ziehen gleich. Die Russen führen 3:2, nicht lange, dann steht es 3:3. Als Mike Eruzione das Siegtor schießt, gerät ein Land in einen Siegestaumel.

Mit diszipliniertem Spiel und unbändigem Kampfgeist entthronen die US-Amerikaner die Russen und sichern sich den Olympiasieg.

»Beat the Russians!«
Der US-amerikanische Admiral Nimitz funkt im Indischen Ozean zu einem sowjetischen Aufklärungsschiff: »Olympic hockey, United States 4, Soviet Union 3.« Im Weißen Haus werden die Spieler triumphal empfangen. Die Marineband spielt »God Bless America« und »This is My Country«. US-Präsident Jimmy Carter begrüßt jeden Spieler und bezeichnet ihren Sieg als die atemberaubendste Sensation nicht nur der olympischen Geschichte, sondern der gesamten Sportgeschichte: »Unsere olympischen Athleten sind Helden!« Die Mannschaft löst sich danach auf.

Guido Kratschmer, nach seinem Zehnkampf-Weltrekord »König der Athleten«, darf anschließend nur als Zuschauer zu den Olympischen Spielen reisen.

Boykott: Verschenkte Medaillen und entmündigte Sportler

Als bei den Olympia-Qualifikationskämpfen im Juni 1980 in Eugene die US-Amerikaner ihre Olympiamannschaft ermittelt haben, wird sie im Weißen Haus empfangen. US-Präsident Jimmy Carter überreicht jedem Mannschaftsmitglied eine eigens geprägte Medaille. Anschließend führt man die Athletinnen und Athleten in den Zoo.

Als Guido Kratschmer im selben Monat mit 8649 Punkten einen Weltrekord aufstellt, ist er einer der ersten Anwärter für eine Goldmedaille in Moskau. Er kann seine Chance nicht nutzen. Der Präsident des Deutschen Sport-Bundes (DSB), Willi Weyer, vertritt nicht die Interessen der Sportler, sondern ebenfalls die Boykott-Politik.

Zoetemelk gewinnt im zehnten Anlauf

Juli 1980. Schon beim Start in Frankfurt am Main übernimmt Bernard Hinault die Führung bei der Tour de France. Die Hoffnung, daß sich Lokalmatador Dietrich Thurau erfolgreich in Szene setzt, wird enttäuscht. Aus dem einstigen »blonden Engel« (→ Juli 1977) ist längst ein blasses Ex-Talent geworden, dessen Doping-Affären Schlagzeilen machten. Hinault scheint gewillt, seinem Sieg im Giro d'Italia den dritten Toursieg hinzuzufügen. Doch je mehr sich das Wetter verschlechtert, um so mehr verschlimmert sich sein Knie. Cortisonspritzen helfen nicht. Vor den Pyrenäen steigt Hinault aus.

Jetzt schlägt die Stunde für Joop Zoetemelk, der zeitweise bis zu vier Minuten hinter Hinault herfuhr. In den Bergen holt sich Joop das Gelbe Trikot. Er ist 34 Jahre alt und gewinnt im zehnten Anlauf endlich die Tour. »Ich hatte das Glück«, erklärt der Niederländer seine Kraftreserven, »mir im Frühjahr das Schlüsselbein zu brechen.« Wieder genesen, trainierte er um so härter.

Ein »Skikönig« mit Namen Meyer

März 1980. Es ist noch stockdunkel in Sälen, als sich die Wasaläufer am Start versammeln: 300 Läufer der Weltelite in Gruppe 1, 2000 qualifizierte Rennläufer in Gruppe 2, 3000 in Gruppe 3 und 6000 Volksläufer in Gruppe 4. Bei 14 Grad minus starten die Gruppen in 100 m Abstand. Darunter einer, der stolz darauf ist, einmal als 79. ins Ziel gekommen zu sein: Georg Thoma.

Im Vorjahr legte der Schwede Ole Hassis die 89 km in der Rekordzeit von 4:05,58 h zurück. Diesmal gibt es eine weitere Sensation. Nach einem dramatischen Endspurt gewinnt mit knapp 5 m Vorsprung in 4:08,2 h ein völlig unbekannter Läufer namens Walter Meyer. Erstmals wird mit ihm ein Mitteleuropäer Sieger im Wasalauf. Die Zuschauer umdrängen den 22jährigen Österreicher. Reporter, die noch nie etwas von einem nordischen Skiläufer aus Österreich gehört haben, wollen wissen, welche Rolle er in seinem Heimatland spiele. »Dahoam?« strahlt der neue Skikönig, »da bin i nix!«

Kleiner Mann ganz groß

25. November 1980. Der neue Publikumsliebling der US-Boxfans ist kein Schwergewichtler, sondern der Weltergewichtler »Sugar« Ray Leonard. Im vorigen Jahr gewann er den Weltmeistertitel der National Amateur Boxing Federation (NABF) gegen Pete Ranzany durch K. o. in der vierten Runde, verteidigte ihn gegen Andy Price durch K. o. in der ersten Runde und holte sich den WM-Titel des World Boxing Council (WBC) gegen Wilfred Benitez durch K. o. in der 15. Runde. Im März 1980 schlug er Dave »Boy« Green in der vierten Runde k. o.

In Montreal verlor »Sugar« Ray Leonard am 20. Juni 1980 seinen Weltmeistertitel im Weltergewicht gegen Roberto Duran. Doch im Revanchekampf in New Orleans ein halbes Jahr später (25. 11.) schlägt er Duran in der achten Runde k. o. Leonard kassiert Börsen, wie man sie in den unteren Gewichtsklassen bisher nicht kannte.

Endspiel-Drama in Wimbledon

5. Juli 1980. Das Endspiel zwischen Björn Borg und John McEnroe ist eines der dramatischsten in der Geschichte von Wimbledon.

»Bad boy« McEnroe beherrscht offenbar jeden Schlag besser als Borg, macht aber auch viele Fehler. McEnroe punktet am Netz, Borg rührt sich nicht von der Grundlinie weg. Er leistet sich acht Doppelfehler, gewinnt aber schließlich durch seine Beständigkeit und unerschütterliche Ruhe. Das Spiel dauert fast fünf Stunden. Allein ein Tiebreak im vierten Satz ist 23 Minuten lang erbittert umkämpft, bis ihn McEnroe mit 18:16 für sich entscheidet. Insgesamt wehrt der US-Amerikaner acht Matchbälle ab, bis er sich 1:6, 7:5, 6:3, 6:7, 8:6 geschlagen geben muß. Borgs fünf Wimbledonsiege hintereinander sind ein Rekord. Daneben verblaßt der zweite Wimbledonsieg von Evonne Cawley-Goolagong nach einem 6:1, 7:6 über Chris Evert. Ebenfalls kaum zur Kenntnis genommen wird der zweite Geschwister-Sieg im Mixed seit 1926 durch Tracy und John Austin.

Deutschland zum zweiten Mal Fußballeuropameister

22. Juni 1980. Fast bis zur letzten Minute ging Jupp Derwall, seit 1978 Nachfolger von Helmut Schön als Trainer der deutschen Fußball-Nationalmannschaft, mit sich zu Rate, ob er den 29jährigen Hünen Horst Hrubesch, den man »das Ungeheuer« nennt, aufstellen sollte.
Als im Olympiastadion in Rom um 20.30 Uhr das Europameisterschafts-Endspiel Deutschland gegen Belgien vor 55 000 Zuschauern angepfiffen wird, läuft Hrubesch als Mittelstürmer ein. Zehn Minuten später schießt er das 1:0. Danach zeigt sich die deutsche Mannschaft großzügig im Vergeben von Torchancen. Als Belgiens van der Eycken in der zweiten Halbzeit einen umstrittenen Strafstoß zum Ausgleich nutzt, erwachen die Deutschen aus ihrer lähmenden Siegesgewißheit. Doch der neue Angriffsschwung scheitert wiederholt an Belgiens Torhüter Jean-Marie Pfaff. Niemand wünscht sich jedoch ein Unentschieden mit der Nervenprobe eines Elfmeterschießens.
In der 89. Minute schlägt Karl-Heinz Rummenigge einen Eckball herein. Aus einer Spielertraube steigt wie das Ungeheuer von Loch Ness Hrubesch empor und wuchtet den Ball mit dem Kopf zum 2:1-Endstand ins Tor.
Nach dem Schlußpfiff feiert Derwall seinen ersten großen Erfolg. Verlierer dieser Europameisterschaft ist der Europäische Fußballverband. Die Spiele fanden ein mäßiges Zuschauerinteresse, zumal Italien nur Vierter wird.

△ 2:1-Siegtor im Finale gegen Belgien in der 89. Minute durch Kopfball von Horst Hrubesch (2. v. r.). Den Weg ins Endspiel ebnete sich Deutschland durch ein 1:0 gegen Titelverteidiger ČSSR in Rom, ein 3:2 gegen die Niederlande in Turin und ein 0:0 gegen Griechenland in Neapel.

◁ Die siegreiche deutsche Mannschaft mit (stehend v. l.) Karl-Heinz Rummenigge, Harald Schumacher, Bernd Cullmann, Bernd Schuster, Hans-Peter Briegel, Horst Hrubesch, Uli Stielike und Trainer Jupp Derwall. Davor (v. l.) Klaus Allofs, Manfred Kaltz, Bernard Dietz, Karl-Heinz Förster und Hansi Müller. Briegel wurde gegen Belgien in der 55. Minute ausgewechselt.

Während Karl-Heinz Förster und Manfred Kaltz (v. l.) jubeln, mahnt Hermann Neuberger, Präsident des DFB, es ginge nicht an, alle vier Jahre mit einem Minus nach Hause zu fahren. Womit er den finanziellen Mißerfolg der EM meinte.

Horst Hrubesch, der zweifache Torschütze des Endspiels, mit dem Europameisterschafts-Pokal. Seine Aufstellung als Mittelstürmer war bis kurz vor Spielbeginn noch fraglich. Nun ist er der Held des Tages.

XXII. Olympische Sommerspiele in Moskau trotz Boykott

19. Juli bis 3. August 1980. »Dafür müssen sie bezahlen«, erklärte US-Präsident Jimmy Carter, als sowjetische Truppen am 26. Dezember 1979 in Afghanistan einmarschierten. Ein schmerzhaftes Mittel für die UdSSR wäre z. B. die Einstellung der US-amerikanischen Weizenlieferungen gewesen. Das hätte die Farmer allerdings viel Geld und den Präsidenten Stimmen gekostet. So weit geht die Solidarität mit den Afghanen nicht.
Carter verzichtete auf Politik zugunsten politischer Propaganda. Niemand erwartete im Ernst, daß die Nichtteilnahme von Sportlern an den Olympischen Spielen in Moskau die UdSSR dazu bewegen könnte, ihre Truppen wieder abzuziehen. Zu zahlen haben letztlich einzig und allein die Sportler. Denn Carter erwartete Solidarität mit seinem Olympiaboykott auch von den NATO-Verbündeten. Sie wurde nicht geleistet, außer von der Bundesrepublik Deutschland. Nicht einmal Großbritanniens »eiserne Lady« Margaret Thatcher konnte die britischen Sportler davon abhalten, nach Moskau zu fahren.

Olympische Eröffnungsfeier im Lenin-Stadion. 102 000 Zuschauer sind selbst Akteure bei farbenfrohen Schaubildern. Der exakt einstudierte Wechsel von bunten Tüchern verwandelt die Ränge in ein Panorama von Bildern und Schriften.

30 Staaten kommen nicht
In Moskau fehlen: Albanien, Argentinien, Bahrein, Bermuda, Cayman, China, Bundesrepublik Deutschland, Gambia, Honduras, Hongkong, Indonesien, Israel, Japan, Kanada, Kenia, Liechtenstein, Malaysia, Malawi, Mauretanien, Norwegen, Pakistan, Paraguay, Philippinen, Saudi-Arabien, Singapur, Thailand, Tunesien, Türkei, Uruguay, USA. Weitere 33 Länder beantworteten die Einladung zu den Spielen der XXII. Olympiade nicht.

Von 145 Nationalen Olympischen Komitees (NOK) lassen 81 ihre Mannschaften teilnehmen. 16 davon protestieren gegen die sowjetische Afghanistan-Politik, indem sie bei der Eröffnungsfeier in Moskau nicht hinter ihrer Nationalfahne, sondern mit der olympischen Fahne oder mit der jeweiligen NOK-Fahne ins Stadion einziehen. Solche Kosmetik bleibt jedoch bedeutungslos. Die Feier bietet eine perfekt organisierte Show, die keineswegs in sozialistisches Propagandatheater ausartet.

△ Bär »Mischa« wirbt als Maskottchen für das Gastgeberland. Die Sportstätten erweisen sich als mustergültig. Sie verteilen sich zwar auf die ausgedehnte Millionenstadt, aber ein gut funktionierendes Transportsystem überwindet alle räumlichen Schwierigkeiten. Das olympische Dorf ist eines der schönsten, das es bisher gab. Olympische Atmosphäre bietet Moskau allerdings wenig.

◁ Mit der olympischen Fahne bekunden einige Länder (Abb.: Dänemark) ihre Verbundenheit mit den Spielen, wollen sich jedoch von den Gastgebern distanzieren. Das IOC hat die UdSSR zwar als »politischen Störenfried« bezeichnet, der Durchführung der Spiele jedoch »für würdig« befunden. Sowjetische Athleten halten in weißbehandschuhten Händen Friedenstauben hoch.

Zwei spritzige Sprinter von 28 Jahren

25. Juli 1980. Als der Italiener Pietro Mennea im 100-m-Halbfinale als Sechster in 10,58 sec ausscheidet, registriert man es achselzuckend. Der Mann nimmt schon zum dritten Mal an Olympischen Spielen teil und ist mit seinen 28 Jahren über seine besten Zeiten wohl hinaus. Außerdem wird er sich als frischgebackener Doktor der Rechte weitere Ziele stecken als auf einer Kurzstreckenlaufbahn.
Der 100-m-Olympiasieger Allan Wells ist jedoch nicht jünger als Mennea. Der Schotte gilt als Spätentwickler. Im Ziel liegt er, in 10,25 sec zeitgleich mit dem Kubaner Silvio Leonard, knapp vorn. Die Spekulationen, ob ihm das bei einer Teilnahme der farbigen US-Sprinter auch gelungen wäre, ist müßig und ungerecht. Man kann nur Gegner schlagen, die an den Start gehen. Und schon mancher hochgehandelte Favorit hat bei Olympischen Spielen versagt, gerade auf den Sprintstrecken.
Wells ist seit langem ungeschlagen und bewährt sich in Moskau als Musterbeispiel an Konzentration. Der Sieg scheint ihm auch drei Tage später über 200 m sicher. Aber da taucht 50 m vor dem Ziel in aussichtsloser Position auf der Außenbahn wie ein Phönix aus der Asche Pietro Mennea auf. Er hebt schon vor der Ziellinie triumphierend die Hand. Er schlägt Wells mit zwei Hundertstelsekunden und den Jamaikaner Donald Quarrie, Olympiasieger von Montreal 1976, um eine Zehntelsekunde.
Mennea, vor vier Jahren in Montreal über 200 m Vierter, vor acht Jahren in München Bronzemedaillengewinner, ist eine der großen Sprinterpersönlichkeiten des letzten Jahrzehnts.

Pietro Mennea (3. v. l.) im Ziel des 200-m-Laufs. Der Brite Allan Wells (4. v. l.), Olympiasieger über 100 m, wird Zweiter vor Donald Quarrie (2. v. r.).

Miruts Yifter beim Sieg über 5000 m vor Suleiman Nyambui aus Tansania

Laufphänomen Miruts Yifter

27. Juli/1. August 1980. Ob er Miruts Yifter heißt oder Muruse Yefter, weiß er selbst nicht. Ob er 35 Jahre alt ist oder 40, weiß er auch nicht. Er sieht eher aus wie 50. Und wie man Langstrecken läuft, scheint der 1,62 m große und 56 kg leichte Äthiopier schon gar nicht zu wissen. Am allerwenigsten wissen seine Konkurrenten, wie sie ihn über 5000 m und 10 000 m schlagen sollen.
Was dieser kleine, zähe Mann treibt, scheint mörderisch. Fast auf jeder 1000-m-Zwischendistanz legt er irrsinnige Spurts ein. Dann wieder vertrödelt er das Tempo, als wolle er am liebsten aus dem Rennen aussteigen. Nur Suleiman Nyambui aus Tansania und Yefter-Yifters Landsmann Mohammed Kedir scheint diese verwirrende Taktik nicht weiter zu stören. Und der Finne Kaarlo Maaninka läuft mit dem Mut der Verzweiflung sein Rennen, als ob es den Äthiopier gar nicht gäbe.
Am Ziel ist Yifter aber, wie beim Wettlauf zwischen Hase und Igel, immer der Erste. Lasse Viren, der zweimalige Olympiasieger auf den beiden Langstrecken 1972 und 1976, diesmal über 10 000 m Fünfter, registriert die Leistung voll Bewunderung. Sein Landsmann Maaninka ist mit Bronze über 5000 m und Silber über 10 000 m hochzufrieden, unterlag er doch nur einem Phantom. Selbst der Schweizer Markus Ryffel und der Österreicher Dietmar Millonig genießen als Fünfter und Sechster über 5000 m noch ein Erfolgserlebnis. Freilich ohne Anteilnahme des Publikums.

Duell Coe-Ovett endet »unentschieden«

26. Juli/1. August 1980. Die beiden britischen Mittelstrecken-Stars liefen zwei Jahre nicht gegeneinander, weil keiner gegen den anderen verlieren wollte. In Moskau widerfährt es jedem, wenn auch auf unerwartete Art.
Der 800-m-Weltrekordler Sebastian Coe ist auf seiner Spezialstrecke taktisch nicht recht im Bilde und läßt sich vor dem Ziel überspurten, ausgerechnet von Steven Ovett. Der 1500-m-Weltrekordler Ovett verpaßt dagegen auf seiner Distanz den Anschluß, als Jürgen Straub (DDR) nach 900 m zu spurten beginnt. Coe stürmt anschließend 150 m vor dem Ziel an Straub vorbei. Ovett hingegen erreicht nicht einmal mehr Straub und geht lediglich als Dritter durchs Ziel.

Die bittere Stunde des Sebastian Coe (254): Über 800 m überrumpelt ihn sein Erzrivale Steven Ovett (279).

Der Triumph des Sebastian Coe (254): Über 1500 m kann er Steven Ovett (2. v. l.) schlagen.

Pole Malinowski schlägt Afrikaner

31. Juli 1980. Im 3000-m-Hindernislauf rechnet man erneut mit einer afrikanischen Auseinandersetzung (→ Oktober 1968; 2. 9. 1972). Spannung weckt nur, ob Filbert Bayi aus Tansania seine Ankündigung wirklich wahrmachen kann, diese Strecke erstmals unter acht Minuten zu laufen.
Bis zur letzten Runde sieht auch alles danach aus, als Bayi an einem Hindernis ins Stolpern gerät. Bis er wieder richtig Tritt faßt, ist der Pole Bronislaw Malinowski an ihn herangekommen, der bisher eher als Beobachter des zu erwartenden Endkampfes zwischen Bayi und dem Äthiopier Eshetu Tura mitlief. Malinowski erkennt seine unverhoffte Chance und läßt Bayi am letzten Hindernis hinter sich.
Wenn es in Moskau einen Olympiasieger nur dank des Boykotts gibt, ist es Volker Beck (DDR). Seine 48,70 sec über 400 m Hürden (26. 7.) liegen weit hinter den 47,85 sec des Europameisters Harald Schmid und den 47,13 sec des US-amerikanischen Weltrekordlers Edwin Moses.

Maurizio Damilano geht 20 km zum Gold

24. Juli 1980. Falls der Italiener Maurizio Damilano die Bürde einer ruhmreichen Tradition empfindet, als er zum 20 km Gehen startet, kann er die Last mit seinem Zwillingsbruder Giorgio teilen. Schließlich konnten sich beide auf vielen Trainingskilometern oft an die insgesamt fünf Goldmedaillen eines Ugo Frigerio, Giuseppe Dordoni und Abdon Pamich erinnern.
Nach 5 km gehen die beiden 23jährigen nicht mehr Schulter an Schulter, wie sonst so oft. Maurizio hat sich dem Russen Solonin und dem Mexikaner Bautista angeschlossen und weiß, daß er jetzt auf keinen Fall mit dem Fuß ohne Bodenberührung bleiben darf. Nichts ist riskanter, als wenn die Geher versuchen, auf den letzten Kilometern Tempo zu machen und in einen Laufschritt verfallen. Ein Kampfrichter-Wunder geschieht: Solonin und Bautista werden wegen Laufens disqualifiziert.
Als Maurizio Damilano das Lenin-Stadion nach knapp eineinhalb Stunden betritt, empfängt ihn eisiges Schweigen. Erst über eine Minute später, als Pjotr Potschentschuk hereinkommt, regt sich Beifall, der bei dem Dritten Roland Wieser wieder verebbt. Dafür versteht es eine kleine Gruppe italienischer Schlachtenbummler, ihre Begeisterung über die erste Goldmedaille ihres Landes bei den Spielen in Moskau um so lautstärker kundzutun. Für Maurizio ist das Glück erst zehn Minuten später vollkommen. Da trifft sein Bruder Giorgio als Elfter ein.

Maurizio Damilano, Gewinner der Goldmedaille im 20 km Gehen

Marathon-Gold für Waldemar Cierpinski

1. August 1980. Nur eine Ausnahmeerscheinung wie der Äthiopier Abebe Bikila, glaubte man bisher, konnte den Marathonlauf zweimal hintereinander gewinnen. Als vor vier Jahren der Ostdeutsche Waldemar Cierpinski Frank Shorter ausmanövrierte (→ 31. 7. 1976), zollte man ihm eher als Zufallssieger Beifall. Seitdem startete er noch einmal 1978 bei den Europameisterschaften in Prag, wo er Vierter wurde. Es schien der Abschied des unscheinbaren Läufers aus Neugattersleben bei Halle zu sein.
Und unscheinbar tritt der 30jährige in Moskau zum Marathonlauf an, wo die Fernsehkamera den Läuferpulks über den Roten Platz und die Moskwa entlang folgt. Sie folgt den drei Russen Dschumanassarow, Kotow und Mossejew, dem Finnen Lasse Viren, dem Äthiopier Nedi. Erst auf den letzten Kilometern begleitet sie Cierpinski, der wieder ein taktisches Meisterstück vollbringt und zur unverhohlenen Enttäuschung der Zuschauer im Lenin-Stadion als Erster einläuft.

Gerd Wessing beweist Nervenstärke, als er ungeachtet ständiger Störungen durch eintreffende Marathonläufer, mit 2,36 m Weltrekord springt.

Die drei größten Sprünge

30. Juli 1980. Die Entscheidung im Stabhochsprung spitzt sich zu. Eine für die Moskowiter besonders unpopuläre Konstellation: Ein Russe gegen zwei Polen. Alle drei überwinden 5,65 m, dazu auch der französische Weltrekordler Philippe Houvion. Als der 27jährige Wladyslaw Kosakiewicz sich auf den nächsten Sprung vorbereitet, pfeifen die Zuschauer, um ihn in der Konzentration zu stören. Aber den Polen scheint das nur zu motivieren, er schwingt sich über 5,78 m. Weltrekord und Olympiasieg.
Im Hochsprung (1. 8.) gilt der polnische Weltrekordler und Olympiasieger von Montreal Jacek Wszola als Favorit. Deshalb gönnen die Zuschauer eher dem 23jährigen, unbekannten Gerd Wessing aus Schwerin mit einem Weltrekordsprung über 2,36 m den Sieg. Im Weitsprung (28. 7.) sicherte sich Lutz Dombrowski mit im Flachland bislang unerreichten 8,54 m den Sieg.

Juri Sedych wirft Hammer zum Rekord

31. Juli 1980. Jeder Fernsehzuschauer sieht es ganz deutlich: Juri Sedych tritt bei seinem zweiten Versuch im Hammerwurf mit dem linken Fuß auf den Rand des Ringes. Nur der Kampfrichter drückt beide Augen zu und läßt die rote Fahne unten. Die 7 kg schwere Kugel aus Wolfram fliegt 81,46 m weit. Das sind 20 cm weniger als der Weltrekord seines Landsmannes Litwinow. Da Litwinow nicht weiter kommt als 80,64 m, wäre der eigentlich ungültige Wurf der Olympiasieg, wenn Sedych diesen Makel nicht selbst tilgt, was er tut: Er schleudert das Gerät auf 81,80 m und gewinnt zum zweiten Mal Gold.
»Der hat zu schwache Schultern. Das wird nichts«, hatte der russische Cheftrainer der Hammerwerfer, Anatoli Bondartschuk, Olympiasieger in München, abgewunken, als Sedych zu ihm gekommen war. Aber Sedych ersetzt mangelnde Kraft durch Schnelligkeit und Explosivität. Was er jedenfalls nicht hat, sind schwache Nerven. Im entscheidenden Moment wirft er am besten.

Die Überlegenheit der russischen Hammerwerfer beweist der erneute Sieg von Juri Sedych (Abb.), vor Sergej Litwinow und Juri Tamm.

Zu einem leichten Sieg kommt der Brite Daley Thompson im Zehnkampf.

Zehnkampf-Sieg für Daley Thompson

25./26. Juli 1980. Vielleicht hätte Guido Kratschmer doch besser Urlaub auf einer Mittelmeerinsel machen und den ganzen Sport vergessen sollen, statt nach Moskau zu fahren und sich vom frühen Morgen an im mäßig besetzten Stadion den Zehnkampf anzuschauen und dabei Tantalusqualen zu erleiden. Sein Weltrekord gerät sowenig in Gefahr wie der Olympiasieg des Briten Daley Thompson vor zwei Russen und zwei Österreichern. »Dieser Wettbewerb war zu gewinnen«, ist Kratschmers bitterer Kommentar.

Laufwettbewerbe ein Olympia der Damen

Juli/August 1980. Sportlich hochkarätiger als die Laufwettbewerbe der Herren sind die Läufe der Damen. Einige Zeitungen sprechen daher nicht ganz zu unrecht von einer »Damen-Olympiade«, obwohl eigentlich nur ein Zweikampf um die Leistungs-Vorherrschaft zwischen der DDR und der UdSSR stattfindet. Von 96 Endkampfplätzen in zwölf Einzelwettbewerben werden nur 16 von Athletinnen aus westlichen Ländern belegt. Auch ohne Boykott sähe dieses Verhältnis nicht wesentlich anders aus. Opfer der Leistungssteigerung werden einige Sportlerinnen mit berühmten Namen. Polens Irena Szewinska hat bei ihrer fünften Olympiateilnahme mit ihren 34 Jahren nicht mehr den Hauch einer Chance. Ruth Fuchs, die überragende Speerwerferin des vergangenen Jahrzehnts, nimmt mit einem achten Rang, die ehemalige Weltrekordlerin im Hochsprung Rosemarie Ackermann mit einem vierten Rang Abschied von der internationalen Bühne.

Der Zweikampf DDR—UdSSR beginnt am 26. Juli mit einer Überraschung, die einer Vorentscheidung gleichkommt. Die 100 m gewinnt nicht die hochfavorisierte Weltrekordlerin Marlies Göhr, sondern mit einer Hundertstelsekunde Vorsprung Ludmilla Kondratjewa. Göhr muß sich ihre Goldmedaille mit Hilfe von Romy Müller, Bärbel Wöckel und Ingrid Auerswald mit der 4x100-m-Staffel holen (1. 8.). Bärbel Wöckel bringt die DDR durch ihren Sieg über 200 m (30. 7.) in Front. Bereits zwei Tage zuvor war Marita Koch über 400 m einmal mehr nicht zu schlagen.

Die Russinnen trumpfen auf den Mittelstrecken auf. Nadeschda Olisarenko muß über 800 m (27. 7.) Weltrekord in 1:53,5 min laufen, da ihre alte Bestzeit von 1:54,9 min, die sie mit Tatjana Kasankina teilte, von Olga Minejewa eingestellt wird. Kasankina konzentriert sich auf die 1500 m und gewinnt klar vor Christiane Wartenberg.

Über 100 m Hürden (28. 7.) siegt die Russin Vera Komissowa vor Johanna Klier. Als die Russinnen mit zwei Zehntelsekunden Vorsprung die 4x400-m-Staffel vor der DDR gewinnen (1. 8.), haben sie bereits in den Laufwettbewerben den Zweikampf zu ihren Gunsten entschieden.

Ludmilla Kondratjewa (r.) wirft sich vor Marlies Göhr (3. v. l.) ins Ziel des 100-m-Laufs. Halb verdeckt von der Siegerin die Dritte Ingrid Auerswald (2. v. r.)

Mit 48,60 sec hält Marita Koch (r.) den Weltrekord über 400 m. Mit 48,88 sec wird sie ihrer Favoritenrolle gerecht. Sie gewinnt vor der athletischen Tschechin Jarmila Kratochvilova und vor Christina Lathan (DDR). Über 4x400 m wird die DDR, die den Weltrekord hält, von den Russinnen geschlagen.

Noch ist das Feld der Läuferinnen im 1500-m-Endlauf dicht beisammen. Olympiasiegerin wird die Weltrekordlerin Tatjana Kasankina (UdSSR, 4. v. l.) vor Christiane Wartenberg (DDR, Silber) und Nadeschda Olisarenko (UdSSR, r.).

Sara »Nazionale« beim Höhenflug

26. Juli 1980. Es sieht wirklich antiquiert aus, wenn Rosemarie Ackermann als einzige von acht Finalistinnen im Hochsprung nicht »flopt«. Als sie an 1,94 m dreimal scheitert, scheidet mit ihr auch ein Sprungstil, der gute alte Straddle, bei Olympischen Spielen aus.
Wenn dagegen Sara Simeoni rücklings über die Latte schwebt, schwärmen die italienischen Journalisten: »Come una elegante libellula.« Nach 1,94 m ist auch für die Polin Urszula Kielan und die Ostdeutsche Jutta Kirst Endstation. Als die Libelle aus Verona beim zweiten Versuch über 1,97 m gleitet, ist der Wettbewerb entschieden, aber noch nicht beendet. Sobald Sara Simeoni ihre Freudentränen getrocknet hat, will sie noch ihren eigenen Weltrekord von 2,01 m überbieten. Dreimal versucht sie sich an 2,02 m. Und noch ihr Scheitern hat Eleganz. Sara Simeoni wurde am 19. April 1953 in Riodi bei Verona geboren. Mit 17 Jahren verbesserte sie erstmals den Landesrekord.

Die Italienerin Sara Simeoni, Weltrekordlerin im Hochsprung mit 2,01 m, gewinnt die Konkurrenz souverän mit dem olympischen Rekord von 1,97 m.

Letzter Weltrekord für Tkatschenko

24. Juli 1980. Vor vier Jahren war Nadeschda Tkatschenko bei den Olympischen Spielen in Montreal im Fünfkampf Fünfte, und drei Mädchen aus der DDR teilten sich die Medaillen. Danach wurde der abschließende 200-m-Lauf durch einen 800-m-Lauf ersetzt.
Vor zwei Jahren überführte man Nadeschda bei den Europameisterschaften in Prag des Dopings und sperrte sie. Aber das ist mittlerweile vergeben und vergessen. Und überblickt man die Olympischen Spiele in Moskau insgesamt, scheint es überhaupt noch nie ein Dopingproblem gegeben zu haben. Inzwischen hatte sich Olga Kuragina mit der Weltrekord-Punktzahl von 4856 als Favoritin etabliert. Diese Marke übertrifft sie in Moskau mit 4875 Punkten, aber das reicht nur zur Bronzemedaille. Olga Rukawischnikowa überschreitet erstmals die 4900-Punkte-Grenze mit 4937. Nadeschda aber gelangt über die 5000er-Traumgrenze mit 5083 Punkten und sichert sich Gold.

Wladimir Salnikow durchbricht 1500-m-Traumgrenze

22. Juli 1980. Um 19.10 Uhr schnellen sich in der Schwimmhalle am Prospekt Mira vor 7000 Zuschauern acht Schwimmer von den Startblöcken. Vor ihnen liegen 1500 m. Vor ihnen liegt auch eine Traumgrenze, die als unerreichbar gilt. Vor vier Jahren schwamm der US-Amerikaner Brian Goodell bei seinem Olympiasieg die Weltrekordzeit von 15:02,40 min.
Sergej Waizechowski, Cheftrainer der UdSSR, erwartet in allen Rennen Weltrekordzeiten, nur nicht über 1500 m. »Dafür ist die Konkurrenz für Wladimir einfach zu schwach.« Aber der 20jährige Wladimir Salnikow kümmert sich nicht um die Konkurrenz. Er wird von Bahn zu Bahn stärker, und als er anschlägt, leuchtet die Fabelzeit von 14:58,27 min von der Anzeigetafel auf. Eine Sternstunde des Schwimmsports. Und der einzige Weltrekord bei den Herren in Moskau.
Salnikow gewinnt auch zwei Tage später über 400 m mit olympischem Rekord. Mit der Goldmedaille in der 4x200-m-Staffel (23. 7.) ist er der erfolgreichste Schwimmer dieser Olympischen Spiele.

Falk Hoffmann (DDR), der 1972 und 1976 erfolglos an Olympischen Spielen teilnahm, siegt im Turmspringen.

Wladimir Salnikow (UdSSR) bei seinem Weltrekord über 1500 m, die er unter 15 Minuten schwimmt. Er gewinnt auch über 400 m und mit der 4x200-m-Staffel.

Mit Jörg Woithe (DDR, Bahn 4), den man einen »Roland Matthes in Bauchlage« nennt, ist erstmals ein Deutscher schnellster 100-m-Schwimmer bei Olympischen Spielen.

Dreimal Gold im Rückenschwimmen für Rica Reinisch

Dreimal Gold im Freistilschwimmen für Barbara Krause

DDR-Schwimmerinnen auf Gold-Kurs

Juli 1980. Wandelt sich das Bild der DDR-Schwimmerinnen? Statt der herkulischen Mädchen mit den tiefen Stimmen, von denen die Trainer sagten, sie seien nun einmal zum Schwimmen und nicht zum Singen da, tritt eine 15jährige an, wie es massenweise 15jährige gibt.

Nur sind wenige so schnell im Rükkenschwimmen wie die kleine Dresdenerin Rica Reinisch, die über 100 m (23. 7.) gleich drei Weltrekorde hintereinander schwimmt und über 200 m (27. 7.) noch einen dazu. Und mit der 4 x 100-m-Lagenstaffel (20. 7.) heimst sie noch einen weiteren Weltrekord samt Goldmedaille ein. Gegen sie ist die 21jährige Barbara Krause schon eine alte Dame, weshalb man sie nicht für die Lagenstaffel nominierte. Aus Wut schwimmt sie über 100 m Freistil schon im Vorlauf Weltrekord, den sie im Finale (21. 7.) auf 54,79 sec verbessert. »Babs« gewinnt auch über 200m Freistil (24. 7.), ausnahmsweise ohne Weltrekordzeit.

Mit Ausnahme der Russinnen über 200 m Brust kann nur die Australierin Michelle Ford über 800-m-Freistil die DDR-Schwimmerinnen schlagen.

Olympia-Turnen: »Dressierte Lebewesen«

Juli 1980. Das Frauenturnen wird in Moskau repräsentiert von der Russin Jelena Dawidowa (1,40 cm, 34 kg), der Russin Natalia Schaposchnikowa (1,48 m, 36 kg), der Ostdeutschen Maxi Gnauck (1,48 m, 36 kg). Die einstmalige Turnkönigin Vera Čáslavská sagt dazu: »Unter inhumanen Bedingungen werden Mädchen von fünf Jahren bereits auf Hochleistungssport getrimmt, ohne Rücksichten auf ihre eigentliche Entwicklung in diesen Jahren zu nehmen. Was man dann im Wettkampf sieht, sind Vorführungen von dressierten Lebewesen.«

Journalisten vermuten sogar genetische Eingriffe, die medizinische Kommission des Internationalen Olympischen Komitees (IOC) verabschiedet eine Resolution, der Internationale Turnverband setzt das Mindestalter auf 15 Jahre herauf. Ändern wird sich dadurch nichts. Ebensowenig an skandalösen Punktrichterinnen-Entscheidungen, die die Rumänin Nadia Comaneci um Gold im Achtkampf bringen.

Die 18jährige Jelena Dawidowa, Gold im Achtkampf und mit der Mannschaft der UdSSR, Silber am Schwebebalken, Vierte im Pferdsprung

Moskau 1980 in Stichworten

Die Spiele der XXII. Olympiade in Moskau dauern vom 19. Juli bis 3. August 1980. Nur 81 Länder mit ca. 5677 Teilnehmern, darunter 1227 Frauen. Der Boykott beeinträchtigt den sportlichen Wert der Spiele nur teilweise. 36 Weltrekorde, 39 Europarekorde. Perfekte Organisation, hervorragende Sportanlagen. Kühle Atmosphäre, wenig objektives Publikum. **Leichtathletik:** In 38 Wettbewerben UdSSR 15 G, DDR 11 G. **Schwimmen:** 3 G für Salnikow, Krause und Reinisch zeugen für Überlegenheit der UdSSR und DDR. **Rudern:** Einmaliger Erfolg der DDR bei Herren und Damen. **Kanu:** Führend UdSSR und DDR. **Segeln:** In Tallinn 2 G für Brasilien, 2 S für Österreich, nur 1 G für UdSSR. **Turnen:** Mannschaftssiege der UdSSR bei Herren und Damen, auch im Zwölfkampf und Achtkampf. **Boxen:** Kuba überragend mit 6 G, 2 S. **Ringen:** Nahezu vollständiger Triumph der UdSSR mit 6 G, 1 S, 1 B im Freistil, 5 G, 2 S, 1 B griechisch-römisch. **Judo:** Goldmedaillen für sechs Länder, davon Frankreich und UdSSR je zwei. **Gewichtheben:** Weitere Leistungssteigerung. UdSSR in zehn Klassen 5 G, 3 S. **Fechten:** Frankreich 4 G, 1 S, 1 B vor UdSSR 3 G, 3 S, 2 B. **Schießen:** Weltrekorde in sieben Wettbewerben. Finnland und UdSSR siegen im **Bogenschießen. Reiten:** Wettbewerbe werden mangels Beteiligung zur Farce. Dressur-Gold für Österreich. **Radsport:** Dominanz der UdSSR und der DDR. **Fußball:** ČSSR gewinnt Endspiel gegen DDR 1:0. Dritter UdSSR. **Hockey:** Nur sechs Länder. Indien gewinnt Endspiel gegen Spanien 4:3. Erstmals Damen-Turnier. Überraschend Zimbabwe vor ČSSR und UdSSR. **Handball:** DDR vor UdSSR und Rumänien bei den Herren. Bei den Damen nur sechs Länder. UdSSR vor Jugoslawien und DDR. **Basketball:** Überraschend UdSSR nur Dritter hinter Jugoslawien und Italien. Bei den Damen UdSSR vor Bulgarien und Jugoslawien.

Samaranch zum IOC-Präsidenten gewählt

16. Juli 1980. Den Präsidenten des deutschen Nationalen Olympischen Komitees (NOK), Willi Daume, umgibt in Moskau ein Hauch von Tragik. Er hatte die Vision »heiterer« Olympischer Spiele in München 1972. Nach zehn Tagen wurde dieser Traum von Politverbrechern zerschlagen (→ 5./6. 9. 1972). Gleichwohl durfte er sich Hoffnungen auf die Nachfolge von Lord Michael Morris Killanin als Präsident des Internationalen Olympischen Komitees (IOC) machen. Als den deutschen Sportlern der Boykott der Olympischen Spiele in Moskau abgefordert wurde, wandte sich Daume dagegen. Die Politiker waren stärker. Damit verlor der Präsident des deutschen NOK die letzte Chance, IOC-Präsident zu werden. Der Spanier Juan Antonio Samaranch, der im Moskauer Haus der Gewerkschaften am Marx-Prospekt im ersten Wahlgang mit absoluter Mehrheit gewählt wird, arbeitete auf dieses Ziel schon lange mit unbeirrbarer Konsequenz hin. 1966 wurde er ins IOC gewählt. Ein kleiner drahtiger Mann, höflich und zurückhaltend, der seine Dynamik hinter gespielter Lässigkeit verbirgt. Der studierte Volkswirt bewies als Gouverneur von Katalonien Organisationstalent, Sachverstand und unbedingte Autorität. Als nach dem Tod des Diktators Francisco Franco Bahamonde die UdSSR wieder diplomatische Beziehungen zu Spanien aufnahm, ging Samaranch als Botschafter nach Moskau, wo sich der Katalane als Diplomat bewährte. Im IOC wirkte Samaranch in den Jahren 1968 bis 1974 in zehn Kommissionen mit. Von 1972 bis 1978 war er unter Killanin IOC-Vizepräsident. Danach blieb er im Exekutivkomitee. Für Insider war er der logische Nachfolger Killanins. Ein Jahr später bietet ihm Daume als Organisator der 84. Session des IOC in Baden-Baden Gelegenheit, seinen Führungsstil zu demonstrieren. Es wird jedem einsichtig, daß der neue IOC-Präsident weiß, was er will, und Geduld, Mut und Beharrlichkeit besitzt, es auch durchzusetzen.

Juan Antonio Samaranch, neuer Präsident des Internationalen Olympischen Komitees (IOC)

Willi Daume, Präsident des Nationalen Olympischen Komitees für Deutschland

86 Jahre Arbeit für Olympia

Juan Antonio Samaranch ist der siebte Präsident des am → 23. Juni 1894 auf Initiative von Pierre Baron de Coubertin gegründeten Internationalen Olympischen Komitees (IOC):

▷ 1894—1896: Dimetrios Bikelas, Griechenland. Eine Konzession an das Veranstalterland der I. Olympischen Spiele.

▷ 1896—1925: Pierre Baron de Coubertin, Frankreich. Begründer der Olympischen Spiele der Neuzeit.

▷ 1925—1942: Henri Graf de Baillet-Latour, Belgien. Wirkte im Geiste Coubertins.

▷ 1942—1952: Sigfrid Edström, Schweden. Organisator der Olympischen Spiele in Stockholm 1912, die den Durchbruch der Idee bedeuteten.

▷ 1952—1972: Avery Brundage, USA. Starrsinniger Verfechter des Amateurideals.

▷ 1972—1980: Lord Michael Morris Killanin, Irland. Gutwillig und tolerant, aber hilflos gegenüber den Pressionen der Politik.

▷ Ab 1980: Juan Antonio Samaranch, Spanien. Schöpfer der »offenen Spiele«.

Muhammad Alis Tragödie und der »Mörder von Easton«

2. Oktober 1980. Vor diesem Kampf warnten Muhammad Ali gute Freunde, aber er hat zuwenig davon, und auf die hörte er nicht. Er will als Weltmeister der World Boxing Association (WBA) den WBC(World Boxing Council)-Weltmeister Larry Holmes schlagen und noch einmal der Allergrößte sein. »Cesar's Palace« in Las Vegas baute eigens einen Box-Pavillon für diesen Kampf. Alle Plätze sind ausverkauft, das Fernsehen stieg groß ein. 8 Mio. US-Dollar soll Ali, 6 Mio. Holmes kassieren.
Holmes, gutmütig und bärenstark, den man wegen seiner schnellen K.-o.-Siege zum »Mörder von Easton« hochjubelte, damit der Mann etwas Farbe bekam, meinte, Ali könnte keine acht Runden mehr gehen, und am besten wäre ein rascher K. o. für ihn. Er meinte es gut. Ali speckte in fünf Monaten von 129,4 kg auf 98,7 kg ab. Mit Hilfe von Thyoxinpillen, denen er später die Schuld an seiner Kraftlosigkeit gibt. Er wird zum Punchingball für Holmes. Entsetzt wenden sich Frank Sinatra, Gregory Peck, Arthur Ashe, Floyd Patterson und »Sugar« Ray Robinson von dieser Ringtragödie ab.
Nach der zehnten Runde wirft Alis langjähriger Betreuer Angelo Dundee endlich das Handtuch. Schwer gezeichnet im Gesicht, auf dessen Unversehrtheit er nach jedem Kampf immer so stolz war, verläßt Ali den Ring und stiehlt sich unter Buhrufen davon.

Schon nach der achten Runde will der Ringrichter den einseitigen Kampf Ali (l.)—Holmes vorzeitig beenden.

Nach der zehnten Runde gibt Alis Betreuer Angelo Dundee endlich das Zeichen zur Aufgabe.

1981

Januar. Erstmals Fußballturnier der Weltmeister, »Mundialito«, in Uruguay. Sieger: Uruguay.

11. – 15. 2. Bei den 25. Weltmeisterschaften im Biathlon in Lahti gewinnt Frank Ullrich (DDR) zum vierten Mal den Titel über 10 km.

26. 2. Weltrekord im Skifliegen durch Armin Kogler (Österreich) mit 180 m in Oberstdorf.

März. Weltcupsieger im alpinen Skilauf Marie-Theres Nadig (Schweiz) und Phil Mahre (USA).

5. 3. Bei den Eiskunstlauf-Weltmeisterschaften in Hartford/Connecticut gewinnt mit Denise Biellmann erstmals eine Schweizerin den Titel.

April. Zum ersten Mal nach 152 Jahren sitzt beim »Boatrace« Oxford – Cambridge im Oxford-Achter mit Susan Brown eine »Steuerfrau«.

3. 4. Weltrekord über 100 m Freistil in 49,36 sec durch Ambrose Gaines (USA) in Austin/Texas.

9. 4. Larry Holmes verteidigt seinen WBC(World Boxing Council)-Weltmeistertitel im Box-Schwergewicht gegen den Kanadier Trevor Berbick in 15 Runden nach Punkten in Las Vegas.

12. 4. Joe Louis, Boxweltmeister im Schwergewicht von 1937 bis 1949, stirbt in Las Vegas im Alter von 66 Jahren an Herzversagen.

25. 4. Europapokal im Hallenhandball für TuS Nettelstedt durch 17:14/14:16 über Empor Rostock in Lübbecke.

Mai. UEFA-Pokal-Endspiele: Ipswich Town – AZ 67 Alkmaar 3:0/2:4.

13. 5. Europapokal der Pokalsieger: Dynamo Tiflis–FC Carl Zeiss Jena 2:1 in Düsseldorf.

27. 5. Europapokal der Landesmeister: FC Liverpool – Real Madrid 1:0 in Paris.

10. 6. Weltrekord über 800 m in 1:41,73 min durch Sebastian Coe (Großbritannien) in Florenz.

12. 6. Larry Holmes verteidigt seinen WBC-Weltmeistertitel gegen Leon Spinks durch K. o. in der dritten Runde in Detroit.

Juli. Bernard Hinault gewinnt seit 1978 zum dritten Mal die Tour de France (→ 19. 7. 1981).

4. 7. John McEnroe (USA) entthront beim 75. Turnier in Wimbledon den fünfmaligen Sieger Björn Borg. Bei den Damen zum dritten Mal seit 1974 Chris Evert.

Weltrekord über 200 m Lagen durch Ute Geweniger (DDR) in 2:11,73 min in Berlin (Ost).

24. 7. – 2. 8. In Santa Clara/Kalifornien erstmals »World Games« als Weltspiele der nichtolympischen Sportarten.

16. 8. Weltrekord über 100 m Schmetterling in 57,93 sec durch Mary T. Meagher (USA) in Milwaukee. Zwei Tage später über 200 m Schmetterling 2:05,96 min.

19. 8. Weltrekord über 110 m Hürden in 12,93 sec durch Renaldo Nehemiah (USA) in Zürich.

26./28. 8. Steven Ovett verbessert den acht Tage alten Meilenweltrekord von Sebastian Coe in Koblenz auf 3:48,4 min. Coe kontert in Brüssel mit 3:47,3 min (→ September 1981).

26. – 30. 8. Ute Enzenauer (Bundesrepublik Deutschland) wird in Prag Weltmeisterin im Straßenradfahren. Bei den Herren gewinnt den Titel Freddy Maertens (Belgien).

September. Martin Knosp aus Urloffen bei Offenburg wird in Skopje Weltmeister im Freistilringen in der Klasse bis 74 kg.

3. – 6. 9. Bei den Ruder-Weltmeisterschaften in München ist die DDR bei den Herren am erfolgreichsten, die UdSSR bei den Damen. Peter Michael Kolbe siegt erneut im Einer.

16. 9. Thomas Hearns, der einzige Boxer, der in fünf Gewichtsklassen Weltmeister war, verliert gegen »Sugar« Ray Leonard durch K. o. in der 14. Runde in Las Vegas.

Oktober. Die Tschechen Jan und Jendrich Pospisil werden in Heerlen zum 15. Mal seit 1965 Weltmeister im Radball.

Der Brasilianer Nelson Piquet wird auf Brabham-BMW Automobilweltmeister der Formel 1.

Nach Siegen in 15 Grand-Prix-Rennen steht Anton Mang als Motorradweltmeister in der 250-ccm- und der 350-ccm-Klasse fest.

25. 10. Weltbestleistung im Marathonlauf mit 2:08:12,7 h durch Alberto Salazar (USA) in New York.

6. 11. Larry Holmes verteidigt seinen WBC-Weltmeistertitel im Schwergewicht gegen Ron Snipes durch K. o. in der elften Runde in Pittsburgh.

November. Anatoli Karpow verteidigt seinen Titel als Schachweltmeister mit 6:2 nach 18 Partien gegen Viktor Kortschnoi in Meran.

23. – 29. 11. Bei den 21. Turnweltmeisterschaften in Moskau Russen am erfolgreichsten. Der Chinese Li Yuejiu siegt im Bodenturnen. Silber für Eberhard Gienger am Reck.

Dezember. Zum 70. Mal Davis Cup. Die USA gewinnen das Finale gegen Argentinien in Cincinnati 3:1.

12. 12. Bei seinem letzten Comeback-Versuch unterliegt Muhammad Ali in Nassau dem Kanadier Trevor Berbick in zwölf Runden nach Punkten.

1981. US-Regisseur Martin Scorcese inszeniert mit Robert de Niro in der Hauptrolle den Boxfilm »Raging Bull« (Wie ein wilder Stier).

Uruguay schlägt im Finale des Turniers der Ex-Weltmeister Brasilien 2:1.

Uruguay gewinnt erstmals »Mundialito«

Januar 1981. *Weil 1930 die erste Fußball-Weltmeisterschaft in Uruguay stattfand und der Gastgeber damals Fußballweltmeister wurde, luden geschäftstüchtige Manager in Montevideo im Vorjahr aus Anlaß des 50jährigen Jubiläums zu einem Turnier der Weltmeister ein. Für diese »Mundialito« wurde ein »Copa de Oro« gestiftet. Da alles nach dem Gold drängt, folgen der Einladung im Januar 1981 außer Uruguay die Ex-Weltmeister Brasilien, Italien, Deutschland, Argentinien und, da England absagt, der zweimalige Vizeweltmeister Niederlande. Das 1:2 der deutschen Mannschaft gegen Argentinien wird noch als Ausrutscher betrachtet, das 1:4 gegen Brasilien als Debakel. Insgesamt 373 000 Zuschauer sehen brillanten Fußball mit überlegenen Südamerikanern. Das Endspiel gewinnt Uruguay nach Siegen über die Niederlande (2:0) und Italien (2:0) gegen Brasilien 2:1.*

Die »Biellmann-Pirouette«

Die Pirouette, mit der Denise Biellmann Weltmeisterin wird

5. März 1981. Zum ersten Mal wird eine Schweizerin Weltmeisterin im Eiskunstlauf. Es schmälert diesen Erfolg nicht, daß Annett Pötzsch wegen einer Verletzung nicht antreten kann, Linda Fratianne zur Revue gegangen ist und Dagmar Lurz ihre Karriere beendet hat.

Mit einer brillanten Kür schlägt Denise Biellmann die Gewinnerin der Kurzkür, Katarina Witt (DDR), und die nach der Pflicht führende Österreicherin Claudia Kristofics-Binder. 15 000 Zuschauer im Coliseum von Hartford/Connecticut bereiten ihr stehende Ovationen. Nicht nur für die »Biellmann-Pirouette«, die zu ihrem Markenzeichen wurde, auch für den dreifachen Lutz.

Die 18jährige Denise (1,60 m, 54 kg) vereint tänzerischen Schwung und akrobatisches Können. Sie wird solche Fähigkeiten künftig bei »Holiday on Ice« nutzbringender anwenden als in sportlichen Arenen.

Frank Ullrich (DDR) wird zum vierten Mal Biathlonweltmeister.

Weltrekordweite beim Skifliegen

26. Februar 1981. Bei der Qualifikation zur Weltmeisterschaft im Skifliegen in Oberstdorf steht der Österreicher Armin Kogler die Weltrekordweite von 180 m und erreicht damit einmal mehr ein sportliches Traumziel. Im vorigen Jahr stellte er mit 176 m in Harrachov den Weltrekord ein.
Bei den dreitägigen Titelkämpfen wird Kogler erst am letzten Tag Tagessieger, zuvor wird er zweimal von dem Finnen Juri Puikkonen übertroffen, der nach der Endabrechnung auch den Weltmeistertitel im Skifliegen erhält.

Der Österreicher Armin Kogler erreicht beim Skifliegen in Oberstdorf die Weltrekordweite von 180 m und wird 1981 auch Weltcupsieger im Skispringen.

Biathlon ist keine militärische Übung

11. bis 15. Februar 1981. Nicht ohne Grund zeigten die Russen ihren bisher erfolgreichsten Biathleten Alexander Tichonow in einem Fernsehfilm bei einer Skijagd in Sibirien. Man will diesem Zweikampf aus Skilaufen und Schießen den Ruch einer militärischen Übung nehmen und ihn auf seinen Ursprung zurückführen.
In Ruhpolding richtete man für die deutschen Skijäger ein Trainingszentrum ein. Bei den diesjährigen Weltmeisterschaften im finnischen Lahti holen Franz Bernreiter, Hans Estner, Peter Angerer und Gerhard Winkler die Silbermedaille.

Martin Knosp – mehr als ein Weltmeister

September 1981. Beim Weltmeisterschaftsturnier im Freistilringen in Skopje/Jugoslawien wird der 21jährige Martin Knosp aus Urloffen, einer 3500-Seelen-Gemeinde nördlich von Offenburg, überlegen Weltmeister in der Klasse bis 74 kg. Mehr noch, man wählt ihn zum besten Ringer des Turniers.
Mit den Leistungen, die Knosp in Skopje zeigt, wäre er angesichts der Konkurrenz beim olympischen Turnier in Moskau 1980 mit Sicherheit Olympiasieger geworden.
Weltergewichtler im Ringen genießen hingegen nicht die Popularität eines »Krans von Schifferstadt«, wie einstmals Wilfried Dietrich. Doch Knosp ist der beste Ringer, den es seit Dietrich mit Ausnahme des Freiburgers Adolf Seger in Deutschland gegeben hat. Hauptdarsteller ist der 21jährige jedenfalls auf Videofilmen, die von der Konkurrenz gedreht werden, um seine Griffe und seine Technik zu studieren.

Von Martin Knosp (hier beim EM-Finalsieg gegen den Finnen Ruahala am 25. April 1980) sagt ein Konkurrent: »Das ist der unangenehmste Ringer, den ich kenne. Der ringt nicht mit einem, sondern treibt nur an.« Man nennt ihn auch einen »Sprinter auf der Matte«.

Der Mythos von Oxbridge und die Ehre, ein »Blue« zu sein

Die folgende Anekdote ist, wenn nicht wahr, so doch absolut glaubwürdig: Ein Primaner aus London fährt nach Oxford und ruft vom Bahnhof aus den Rektor des Colleges an. »Ist dort der Rektor? Ich möchte in ihr College aufgenommen werden.« Etwas indigniert, aber selbstbeherrscht, fragt der Rektor: »Was für Examina haben sie auf ihrer Schule abgelegt?« Der Anrufer antwortet: »Das Abitur.« – »Das Abitur?!« schreit nun der Rektor in den Hörer. »Wissen Sie denn nicht, daß wir eine Warteliste von einigen tausend Primanern haben?« – »Natürlich weiß ich das«, antwortet der Primaner ungerührt, »aber ich habe nicht nur für meine Schule, sondern auch für unsere Grafschaft erfolgreich Kricket gespielt.« – »Bleiben Sie, wo Sie sind«, beschwört ihn der Rektor, »wir schicken ein Taxi!«
Diese Geschichte findet jedenfalls jeder Primaner bestätigt, der sich in »Oxbridge«, wie man die Universitäten Oxford und Cambridge gemeinsam nennt, mit dem Hinweis bewirbt, er habe in Marlow bei einer der Schülerregatten am Schlag eines siegreichen Bootes gesessen. Denn Kricket rangiert in »Oxbridge« hinter Rudern. Wer es schafft, durch Teilnahme am »Boatrace« zum »Blue« zu avancieren, hat für sein weiteres Leben ausgesorgt. Er hat schon beim Studium ausgesorgt, denn niemand will von einem »Blue« eine wissenschaftliche Leistung verlangen. Kein Arbeitgeber wird so taktlos sein, nach einem Abgangszeugnis zu fragen, wenn er einen »Blue« vor sich hat. Bezeichnenderweise rudern die »Blues« ihr »Race« nicht etwa in »Oxbridge«, sondern in London. In »Oxbridge« saufen sie nur danach. Es gab sogar einmal einen Ruderklub für Frauen in »Oxbridge«, der jedoch nach wenigen Jahren wieder aufgelöst wurde. Rudern gilt als Männersache.
Oxford bricht im April 1981 mit der Tradition: Erstmals sitzt beim »Boatrace« im Oxford-Achter mit Susan Brown eine »Steuerfrau«. Vermutlich waren die siegreichen »Blues« in diesem Jahr schon vor dem Rennen blau.

Die Oxford-»Blues« mit Steuerfrau Susan Brown, erste Frau beim »Race«

»Bad Boy« John McEnroe mit einer Zeichensprache, die man in Wimbledon nicht zu sehen gewohnt ist

Zwei WM-Titel für Motorrad-As Mang

Oktober 1981. Sein Vorgänger als Motorradweltmeister, Dieter Braun, sagt von ihm: »Der Mang war überhaupt kein sonderliches Talent.« Anton Mang würde nicht widersprechen. Zum einen spricht er ohnehin nicht viel, und zum andern mag das so gewesen sein. Jetzt ist es anders. Mang steht im Oktober 1981 nach 15 Grand-Prix-Siegen als Weltmeister in der 250-ccm- und in der 350-ccm-Klasse fest. Er gilt als der beste deutsche Solofahrer aller Zeiten. Mit Sepp Schlögl, den man als Weltmeister der Mechaniker bezeichnet, weil er aus der Werks-Kawasaki immer noch ein paar PS mehr herausholt, bildet er ein kaum schlagbares Gespann.

Mang beginnt seine Rennen zurückhaltend, wartet, bis sich die Positionen klären und rollt dann das Feld von hinten auf. Die Verpflichtung gegenüber dem Publikum fiel ihm schwer, als der Finne Nevala in diesem Jahr auf dem Nürburgring tödlich verunglückte. »Eigentlich hätte man das Rennen boykottieren müssen«, so Mang. Doch ein Idol muß weiterfahren.

Auch das Fußballspiel mit einem Tennisschläger ist eine Wimbledon-Neuheit. Doch ungeachtet aller Flegeleien wird McEnroe Wimbledonsieger.

McEnroe entthront Borg

4. Juli 1981. Es stimmt nicht, daß John McEnroe unbeliebt ist. Er wird von jugendlichen Fans männlichen Geschlechts mit Schlachtgesängen begrüßt. »Mac, die Schnauze« ist ein Bursche nach ihrem Herzen, das Gegenteil von Björn Borg, den die Mädchen anhimmeln. Unbeliebt ist McEnroe bei den Schiedsrichtern.

Im Wimbledon-Finale bekommt er drei Strafen über insgesamt 3200 US-Dollar aufgebrummt. Schiedsrichter in Wimbledon lassen sich ungern als »Hurensöhne« bezeichnen, was noch einer der gelindesten Ausdrücke McEnroes ist. Aber er kann Tennis spielen. Seine Schläge verblüffen selbst Björn Borg.

Borg hatte es diesmal nicht leicht, das Finale zu erreichen. Gegen Vitas Gerulaitis mußte er mit 7:6, 7:5, 7:5 hartnäckigen Widerstand überwinden. Und gegen Jimmy Connors lag er schon 0:6, 4:6 zurück, bis er doch noch 6:3, 6:0, 6:4 gewann.

Gegen McEnroe sieht Borg noch bis zum zweiten Satz wie der Sieger aus. Nach einem 6:4 im ersten Satz erkämpft der 22jährige US-Amerikaner im zweiten Satz ein Tiebreak, und Borg gibt den Satz mit 6:7 ab. Das ist die Wende. Auch den dritten Satz entscheidet McEnroe im Tiebreak für sich. Nach drei Stunden, 25 Minuten steht es 4:6 im vierten Satz. Borg, der sich nicht mehr steigern kann, ist nach 41 Spielen in Wimbledon erstmals geschlagen.

Alle Wimbledonsieger werden Ehrenmitglied im altehrwürdigen All England Lawn-Tennis Club. McEnroe wird diese Auszeichnung nach seinen Ausfällen auf dem Rasen jedoch strikt verweigert.

Dritter Toursieg für Bernard Hinault

19. Juli 1981. Souverän gewinnt der Franzose Bernard Hinault zum dritten Mal die Tour de France. Als Sieger jedes Zeitfahrens und einer Alpen-Etappe hat er in Paris einen Vorsprung von einer Viertelstunde. Ein Phänomen dieser Tour war das Fehlen von Bergfahrern oder »Kletterkönigen« unter den 149 Teilnehmern. Das ging so weit, daß der Schweizer Freuler und die belgischen Brüder Planckaert vertraglich vereinbarten, nur die Flachetappen zu fahren und vor den Alpen auszusteigen. Und viele Zuschauer rieben sich verwundert die Augen, als nach einer Pyrenäen-Etappe der Australier Anderson das Gelbe Trikot trug.

Bernard Hinault gewinnt zum dritten Mal seit 1978 die Tour de France. Siebenmal hatte der Sieger mehr als 15 Minuten Vorsprung.

»World Games« – Dabeisein ist alles

24. Juli bis 2. August 1981. Ähnlich wie die ersten »World Games« in Santa Clara/Kalifornien begannen vor 85 Jahren auch die Olympischen Spiele. Als Kuriosität wurden sie, ohnehin weitgehend unter Ausschluß der Öffentlichkeit, von niemandem ernst genommen.

In Santa Clara treten Sportlerinnen und Sportler in folgenden Sportarten an: Badminton, Baseball, Bodybuilding (Männer und Frauen), Bowling, Flossenschwimmen, Gewichtstemmen, Karate, Racket, Rollsport, Softball, Taekwondo, Trampolin, Tauziehen, Trockenangeln, Wasserball für Frauen, Wasserski. Es sind Sportarten, die sich als olympische Aschenbrödel betrachten und damit rechnen, dies auch zu bleiben. Die Aktiven wollen keineswegs eine Gegen-Olympiade ins Leben rufen, sondern lediglich ihr eigenes »Weltfest« begehen. Allerdings kennen die Teilnehmer der »World Games« keine Unterschiede zwischen Amateuren und Professionals. Außerdem treten sie nicht in Nationalmannschaften an: Da ihre Sportarten in ihren Ländern nicht unterstützt werden, brauchen sie diese auch nicht zu repräsentieren. Entsprechend werden für Sieger keine Nationalhymnen gespielt und keine Fahnen gehißt. Die Sportler kommen auf eigene Kosten und zum eigenen Vergnügen zusammen, ohne sich fremdem Leistungsdruck zu unterwerfen.

Diese Weltspiele fangen dort an, wo die Olympischen Spiele enden sollen. Die Teilnehmer tragen Buttons mit farbigen Bändern, auf denen steht »I was there«. Und das ist für alle die Hauptsache, während bei den Olympischen Spielen das bloße Dabeisein eben doch nicht alles ist und es auch niemals war.

Die Frage, ob diese Weltpremiere als Erfolg gelten kann, ist jedoch nur für die Teilnehmer zu bejahen.

Coe und Ovett weiter auf Weltrekordjagd

September 1981. Angeblich geschah es bei den Leichtathletik-Europameisterschaften in Prag 1978. Da ging Sebastian Coe im 800-m-Lauf die ersten 400 Meter unter 50 Sekunden an. Sein Landsmann Steven Ovett hielt sich an seinen Fersen. Als Coe auf der Zielgeraden die Puste ausging, wurden auch Ovett die Beine schwer. Nutznießer und Europameister wurde Olaf Beyer aus der DDR. Seitdem soll Ovett kein Wort mehr mit Coe gesprochen haben. Als bei den Olympischen Spielen in Moskau 1980 jeder auf der Spezialstrecke des anderen die Goldmedaille erlief, kamen sich die beiden Intimfeinde auch nicht näher. Seitdem setzen sie ihr Fernduell fort.

Im Frühsommer 1981 zeigte Coe mit der Weltrekordzeit von 1:41,72 min, wer über 800 m wirklich der beste ist. Längst ging ihm auf der Zielgeraden nicht mehr die Luft aus. Die Presse geriet ins Schwärmen, Coe demonstriere die »Kunst des Mittelstreckenlaufs«. Nachdem das 55-kg-Leichtgewicht Coe die 800 m demonstriert hatte, griff er auch den Meilenweltrekord an, der eigentlich dem 75 kg schweren Ovett gehörte. Coe lief am 18. August 1981 Weltrekord im Züricher Letzigrund, Ovett konterte am 26. August in Koblenz, und Coe war zwei Tage später in Brüssel wieder schneller.

Beim Weltcupfinale im September in Rom gibt es über 800 und 1500 m keine Weltrekorde, weil sich die beiden Rivalen wieder einmal aus dem Wege gehen. Coe genügen 1:46,18 min, um den US-Amerikaner Robinson und den Ostdeutschen Wagenknecht zu schlagen. Ovett spielt geradezu mit dem Neuseeländer Walker und dem Ostdeutschen Beyer, indem er die letzte Runde in 53,6 sec und die letzten 200 Meter wie ein Sprinter in 26,0 sec runter»bürstet«. Seine 3:34,95 min bleiben gleichwohl weit hinter dem Weltrekord. Allmählich können die beiden Briten, wenn sie einander weiterhin auf den Mittelstrecken meiden, nur noch Weltrekordzeiten erreichen, wenn sie »Hasen« engagieren. Nicht jeder gibt sich dafür her. In einem allerdings sind sich Coe und Ovett völlig einig. Auf Weltrekordjagd gehen sie nicht unter 25 000 DM Startgeld.

Nach seinem Meilenweltrekord in 3:48,5 min am 18. August erlebte Sebastian Coe die größte Ovation, die einem Sportler auf Schweizer Boden zuteil wurde.

Peter-Michael Kolbe wird zum dritten Mal Weltmeister im Einer.

Dritter WM-Titel für Ruderer Kolbe

3. bis 6. September 1981. Die Ruderstrecke in Oberschleißheim bei München ist Schauplatz der achten Ruder-Weltmeisterschaften. Bei den Herren ist die DDR am erfolgreichsten, bei den Damen die UdSSR. Im Einer holt sich Peter-Michael Kolbe nach 1975 und 1978 seinen dritten WM-Titel. In Montreal 1976 hatte sich der vierfache Deutsche Meister hinter dem Finnen Pertti Karpinen mit Silber begnügen müssen.

»Hosenscheißer« Karpow bleibt Schachweltmeister

November 1981. Anatoli »Tolja« Karpow zeigt sich »amüsiert« über den Rummel um die Schach-Weltmeisterschaft. Sie diene der Publicity für diesen Sport. Viktor Kortschnoi, der sich wieder als Herausforderer durchgesetzt hat, versucht erneut einen Nervenkrieg zu entfesseln.

Kortschnoi verliert gleich die erste Partie, und nach vier Partien – nur gewonnene zählen – steht es 3:0 für Karpow. Mit Sicherheit telefoniert »Tolja« nicht jeden Abend mit dem Spezialcomputer in Moskau. Er hat 7000 Schachbücher mitgebracht, um in der häuslichen Analyse gegebenenfalls ungewöhnliche Varianten nachschlagen zu können. Und er spielt mit großem Selbstbewußtsein und einer Sicherheit, mit der er Kortschnoi immer wieder in Zeitnot bringt. Nach der zwölften Partie, es steht 4:1, werden Kortschnoi 15 000 Schweizer Franken Strafe angedroht, weil er Karpow wiederholt »Du Hosenscheißer!« nannte. Dann besinnt sich »Viktor der Schreckliche« auf die Figuren auf dem Brett und gewinnt die nächste Partie.

Schon rechnet man mit einer Aufholjagd. Aber nach der 18. Partie hat Karpow mit 6:2 sein Ziel erreicht.

Die Schach-WM beginnt mit einer Sensation. Nach wochenlangem Tauziehen stimmt die sowjetische Delegation zu, daß Kortschnoi mit der Schweizer Flagge antritt und daß bei der Eröffnungszeremonie für ihn, der seit vier Jahren in der Schweiz lebt, die Schweizer Nationalhymne gespielt wird.

1982

12. 1. Bei der Hockey-Weltmeisterschaft in Bombay siegt Pakistan vor Deutschland.

18. 1. Ivan Lendl (ČSSR) gewinnt das Tennis-Masters-Turnier in New York.

22. 1. Die 50. Rallye Monte Carlo gewinnen die Deutschen Walter Röhrl/Christian Geistdörfer auf Opel Ascona.

Februar. Drei Goldmedaillen für die Schweizerin Erika Hess bei den Alpinen Ski-Weltmeisterschaften in Schladming. Fünfter WM-Titel für Ingemar Stenmark.

Drei Goldmedaillen für die Norwegerin Berit Aunli bei den Nordischen Ski-Weltmeisterschaften in Oslo.

4. 2. Nach 91 Jahren wird in Lyon mit Norbert Schramm wieder ein Deutscher Europameister im Eiskunstlauf. Im Eistanz elfmal die Note 6 für das britische Paar Jayne Torville/Christopher Dean (→ März 1982).

Schweizer Siege im Zweier- und im Viererbob in Sankt Moritz.

Weltmeister im Eisschnellauf Großer Vierkampf Karin Enke (DDR) in Inzell, Hilbert van der Duim (Niederlande) in Assen.

20./21. 2. Erstmals Weltmeisterschaften im Skeleton. Der Österreicher Gert Elsässer gewinnt in Sankt Moritz.

März. Weltcupsieger im alpinen Skilauf Erika Hess (Schweiz) und Phil Mahre (USA; → Februar 1982).

Scott Hamilton (USA) wird in Kopenhagen zum zweiten Mal Weltmeister im Eiskunstlauf. Bei den Damen Elaine Zayak (USA), im Paarlauf Baess/Thierbach (DDR).

7. 3. Weltmeister im Hallenhandball in Dortmund die UdSSR vor Jugoslawien. Titelverteidiger Bundesrepublik Deutschland auf Rang sieben. Danach Entlassung von Trainer Vlado Stenzel.

29. 3. Die Deutsche Silvia Hanika gewinnt das Tennis-Masters-Turnier in New York gegen Martina Navratilova.

29. 4. Die UdSSR zum 18. Mal Eishockeyweltmeister in Helsinki.

Mai. UEFA-Pokal-Endspiele: IFK Göteborg – Hamburger SV 1:0/3:0.

10. 5. Erstmals gewinnen die USA die Tennis-Mannschaftsweltmeisterschaft in Düsseldorf.

12. 5. Europapokal der Pokalsieger: FC Barcelona – Standard Lüttich 2:1 in Barcelona.

26. 5. Europapokal der Landesmeister: Aston Villa – Bayern München 1:0 in Rotterdam.

27. 5. Rekordtransfer im Fußball. Der FC Barcelona bezahlt für den Argentinier Diego Armando Maradona 18,25 Mio. DM.

6. 6. Bernard Hinault gewinnt zum zweiten Mal den Giro d'Italia.

10. 6. Weltmeister im Springreiten wird in Dublin Norbert Koof (BRD).

11. 6. – 11. 7. In Spanien zwölfte Fußball-Weltmeisterschaft. Weltmeister wird zum dritten Mal nach 1934 und 1938 Italien.

12. 6. WBA(World Boxing Association)-Schwergewichtsweltmeister Larry Holmes verteidigt seinen Titel durch K. o. in der 13. Runde über Gerry Cooney in Las Vegas.

20. 6. Dreifacher Triumph des neuen Porsche 936 beim 24-Stunden-Rennen in Le Mans mit 204,1 km/h Rekorddurchschnitt.

Juli. Jimmy Connors gewinnt seit 1974 zum zweiten Mal, Martina Navratilova seit 1978 zum dritten Mal das Einzel in Wimbledon.

25. 7. Bernard Hinault gewinnt zum vierten Mal die Tour de France.

29. 7. – 7. 8. Bei den Schwimm-Weltmeisterschaften in Guayaquil je zwei Titel für Michael Groß (BRD), Wladimir Salnikow (UdSSR), Greg Louganis (USA) und Petra Schneider (DDR).

29. 8. Reiner Klimke zweifacher Dressurweltmeister in Lausanne.

September. Weltmeister im Straßenradfahren der Italiener Giuseppe Saronni im Spurt vor Greg LeMond (USA), Sean Kelly (Irland) und Joop Zoetemelk (Niederlande) in Goodwood.

4. 9. Todessturz des Schweizers Ernst Baumann bei den Military-Weltmeisterschaften in Luhmühlen. Dritter tödlicher Unfall bei einer Vielseitigkeitsprüfung in diesem Jahr.

6. – 12. 9. Weltrekorde bei den Leichtathletik-Europameisterschaften in Athen durch Ulrike Meyfahrth (BRD) im Hochsprung mit 2,02 m und Daley Thompson (Großbritannien) mit 8744 Punkten im Zehnkampf.

26. 9. Erstmals wird mit Keijo »Keke« Rosberg ein Finne Automobilweltmeister der Formel 1, auf Williams-Honda.

20. 10. Beim UEFA-Pokalspiel Spartak Moskau – FC Haarlem in Moskau 60 Tote beim Verlassen des Stadions.

November. Die USA gewinnen in Grenoble den Davis Cup mit 3:1 gegen Frankreich.

2. 11. Walter Röhrl wird zum zweiten Mal Rallye-Weltmeister (→ Januar 1982).

16. 11. Beim Fußballspiel America – Deportivo Cali in Kolumbien 24 Tote und über 50 Verletzte durch Panik, weil Zuschauer auf die unteren Ränge urinieren.

28. 11. Der 72jährige Hans Frömming gewinnt in München-Daglfing mit Isenburg sein 5555. Trabrennen seit 1926 und ist damit der erfolgreichste Trabrennfahrer der Welt.

»God save Queen Erika«

Februar 1982. Es geht manches ein wenig drunter und drüber bei den Alpinen Ski-Weltmeisterschaften in Schladming.
Als nach dem neu eingeführten eigenen Kombinationswettbewerb die Nationalhymne zur Siegerehrung der Damen ertönt, ist es die englische. Auf dem Podest mit der 1 steht jedoch die 20jährige Schweizerin Erika Hess. Gefaßt singen einige Schweizer laut »God save Queen Erika«. Und das trifft nach einigen Tagen wirklich zu, denn das fröhliche Naturtalent aus dem Kanton Nidwalden gewinnt außer der Goldmedaille in der Kombination den WM-Titel auch im Riesenslalom und im Slalom.
Im Riesenslalom holt die neue »Skikönigin« schon im ersten Lauf einen beachtlichen Vorsprung heraus. Im zweiten Lauf fährt sie ganz auf Sicherheit. Im Slalom scheint nach acht Sekunden alles vorbei zu sein, als sie hart gegen eine Stange prallt, herumgeschleudert wird und nur wie durch ein Wunder das nächste Tor nicht verfehlt. Diesmal macht sie den Rückstand in einem rasanten zweiten Lauf wieder wett.
Die Gastgeber müssen dagegen bis zum vorletzten Tag warten, als Harti Weirathers Abfahrtssieg die Skiehre Österreichs rettet. Erika Hess gewinnt im März als beste Skifahrerin der Saison noch den Weltcup.

Die Schweizerin Erika Hess, Weltmeisterin in der Alpinen Kombination, im Riesenslalom und im Slalom

»Skikönigin« auch in Oslo

Februar 1982. Auch bei den Nordischen Ski-Weltmeisterschaften in Oslo gibt es eine »Skikönigin«. Die 26jährige Norwegerin Berit Aunli gewinnt unter den Augen ihres Königs Gold über 5 km, 10 km und in der Staffel sowie Silber über 20 km. Der Thriller in Oslo ist jedoch die 4x10-km-Staffel der Herren. Als die Schlußläufer Braa und Sawaljow nach einem 800 m langen erbitterten Ringen Seite an Seite durchs Ziel stürmen, kann weder die Zeitmessung noch die Jury eine Differenz feststellen. Gold für Norwegen und die UdSSR. Gleich darauf wiederholt sich das Drama zwischen Mieto und Schröder. Auch keine Skispitze Unterschied. Finnland und die DDR teilen sich die Bronzemedaille.

Der Norweger Oddvar Braa (l.) stürzt neben dem Russen Alexander Sawjalow durchs Ziel der 4x10-km-Staffel, Norwegen und die UdSSR siegen ex aequo.

Zum Triumph des Eistanzes wird die Vorführung der britischen Weltmeister Jayne Torville/Christopher Dean.

Künstler Schramm scheitert an der Pflicht

März 1982. Der Eiskunstläufer Toller Cranston sagt nach den Weltmeisterschaften in Kopenhagen: »Mit Schramm fängt ein ganz neues Kapitel des Eiskunstlaufs an. Er macht das, was Curry, Cousins und ich immer gewollt haben. Mit seinen Schritten und Bewegungen drückt er seine Gefühle und Gedanken aus, aber er hat dafür neue Mittel gefunden und das Kapitel der 80er Jahre begonnen.«

Was Cranston so klar erkennt, empfinden auch die Zuschauer bei der Eiskunstlauf-WM. Sie bejubeln eine einzigartige und originelle künstlerische Darbietung, wie man sie noch nie auf dem Eis sah. In viereinhalb Minuten gibt es keine Sekunde Leerlauf. Das Faszinierende aber ist die Fröhlichkeit, die der Deutsche Norbert Schramm ausstrahlt und vermittelt. Das Schwerste wirkt bei ihm leicht, spielerisch. Hier wird beinahe auf Schritt und Sprung Neuland betreten, als würde der Eiskunstlauf ganz neu erfunden.

Europameister Norbert Schramm entwickelt einen neuen Stil.

Weltmeister wird Schramm mit seiner Leistung freilich nicht. Der kleine US-Amerikaner Scott Hamilton, der phantasielos Sprung an Sprung reiht und die Zwischenzeit fast nur mit Anläufen für seine Sprünge füllt, wird dem Eiskünstler vorgezogen. Natürlich hatte Hamilton sich in der Pflicht schon einen ausreichenden Vorsprung verschafft.

Schramm spricht offen aus, was längst jeder denkt: »Die Pflicht sollte im Wettkampf abgeschafft werden, das ist unser aller Meinung. Niemand von uns Läufern will sie beibehalten, selbst jene nicht, die darin ihre Stärke haben.«

Weltrekorde leicht verrückt

Weltrekorde aufzustellen, ist für Normalsterbliche ins Unerreichbare entrückt. Allerdings sind der Phantasie des Menschen bei Rekordversuchen keine Grenzen gesetzt.

Der Schwede Palmquist läßt in 2:10 h einen Fußball 20 100mal auf seinem Kopf aufdotzen. Der Australier Reunalf drischt 125:20 h lang auf einen Punchingball ein, natürlich ohne die leiseste Absicht, jemals einen Boxring zu betreten. Der Kanadier Trudeau klettert in 31 sec auf eine 30,4 m hohe Kiefer. Der US-Amerikaner Woodrich bleibt 182 Tage und zwei Minuten auf einem Baum sitzen. Der Schotte O'Kane schafft einen Marathonlauf in 5:29 h, mit einem rohen Ei auf einem Teelöffel.

Frauen erstreben praktischere Rekorde. Die Australierin Wall braucht nur 28,2 sec zum Bettenmachen. Die Britin Robinson bringt in zwei Stunden 3795mal einen Faden durch ein Nadelöhr. Miß Thomson wirft in einem Londoner Stadion ein 907 g schweres Nudelholz 48 m weit. Sie bleibt unverheiratet.

Längst füllen derartige zweifelsfrei verbürgte Weltrekorde ein dickes Buch. Und es werden immer neue Absurditäten ersonnen, allein, um in diesem Buch Aufnahme zu finden.

Comeback des Rallyeweltmeisters Walter Röhrl auf Opel

22. Januar 1982. Es war eine Sensation, als Walter Röhrl vor zwei Jahren mit seinem Beifahrer Christian Geistdörfer die traditionsreiche Rallye Monte Carlo gewann und im gleichen Jahr Weltmeister wurde. Dieser deutsche Erfolg nach 20 Jahren gelang Röhrl mit einem Fiat.

Für 1981 schloß er mit Mercedes-Benz ab. Doch kaum hatte die Saison begonnen, zog sich die Firma aus dem Rennsport zurück. Der Weltmeister stand ohne Auto da und bekam auch keines mehr.

Nach 14 Monaten erzwungener Untätigkeit fährt Röhrl in diesem Jahr seinen zweiten Monte-Carlo-Sieg mit einem Opel Ascona heraus. Fast wäre auch der Vertrag mit Opel geplatzt, weil ein Sponsor, der das Opel-Rallyeteam für 4,5 Mio. DM gekauft hatte, von Röhrl verlangte, an 30 Tagen im Jahr für Reklameveranstaltungen zur Verfügung zu stehen. Röhrl drohte mit Rücktritt, falls er »diesen zirkusähnlichen Rummel mitmachen« müßte. Der Sponsor gab schließlich nach.

Bei seinem zweiten Monte-Carlo-Sieg verweist Röhrl den Finnen Mikkola mit dem weit überlegenen Audi Quattro auf den zweiten Platz. Nach seinem erfolgreichen Comeback führt Walter Röhrl nach sieben von zwölf Läufen in der Weltmeisterschaftswertung. Der 35jährige Oberpfälzer, der schon aufhören wollte, will jetzt noch zwei oder drei weitere Jahre Rallye fahren.

Ganz Spanien im Fußball-Weltmeisterschaftsfieber

11. Juni bis 11. Juli. Spanien ist Schauplatz der zwölften Fußball-Weltmeisterschaft. Die Fédération Internationale de Football Association (FIFA) zählt inzwischen 150 Mitgliedsländer und fand es an der Zeit, den Austragungsmodus zu ändern. So wurde beschlossen, die Teilnehmerzahl an der WM-Endrunde von 16 auf 24 Länder zu erhöhen. Statt bisher 38 würden in Spanien 52 Spiele stattfinden.
Für das Veranstalterland ergaben sich erhebliche organisatorische und finanzielle Probleme. In nicht weniger als 14 Städten wurden Spiele angesetzt, und dort mußten die Fußballstadien in einen Zustand gebracht werden, der weltmeisterlichen Ansprüchen genügte. In Madrid, Barcelona, Malaga und Sevilla gab es erstklassige Stadien. In Elche lag der Platz an der untersten Grenze des Zumutbaren. Dazwischen rangierten Vigo und La Coruña, Gijon und Oviedo, Alicante, Bilbao und Valladolid, Valencia und Saragossa.
Der neue Austragungsmodus sieht eine Finalrunde mit sechs Gruppen zu je vier Ländern vor. Die Erst- und Zweitplazierten jeder Gruppe werden in der zweiten Finalrunde auf vier Gruppen zu je drei Ländern verteilt. Die vier Gruppensieger bestreiten das Halbfinale, dessen Sieger gelangen ins Endspiel.
Die Auslosung ergab:
▷ Gruppe 1: Italien, Polen, Peru, Kamerun
▷ Gruppe 2: Deutschland, Algerien, Chile, Österreich
▷ Gruppe 3: Argentinien, Belgien, Ungarn, El Salvador
▷ Gruppe 4: England, Frankreich, ČSSR, Kuwait
▷ Gruppe 5: Spanien, Honduras, Jugoslawien, Nordirland
▷ Gruppe 6: Brasilien, UdSSR, Schottland, Neuseeland.

Diskussionen, welche Gruppen stärker oder schwächer sind, werden durch den Turnierverlauf gegenstandslos. Es gibt keine »kleinen Länder« mehr. Im Eröffnungsspiel schlägt Belgien Weltmeister Argentinien 1:0, Algerien gewinnt 2:1 gegen Deutschland, Italien kommt gegen Kamerun über ein 1:1 nicht hinaus, die ČSSR spielt 1:1 gegen Kuwait, Spanien 1:1 gegen Honduras, die Schotten müssen mächtig aufdrehen, um die Neuseeländer noch 5:2 abzufertigen.

4,6 Mio. DM kostete die glanzvolle Eröffnungsfeier im Nou-Camp-Stadion von Barcelona.

Ein Skandalspiel in Gijon

25. Juni 1982. Als Horst Hrubesch im Spiel gegen Österreich in der elften Minute das 1:0 für Deutschland erzielt, fangen zwei Mannschaften an zu rechnen. »Paßt eh!« denken die Österreicher. Mit dieser knappen Niederlage werden sie Gruppenzweiter und kommen dann in die Gruppe D der zweiten Finalrunde, wo sie lieber spielen als in der Gruppe B. Und den Deutschen reicht das 1:0 auch. Sie sind damit durch das bessere Torverhältnis Gruppensieger vor den punktgleichen Österreichern und Algeriern. Wozu etwas riskieren? Allerdings sind noch 79 Minuten zu spielen. Genau das tun beide Mannschaften nicht.

Der letzte ernsthafte Spielzug in der Begegnung Deutschland—Österreich: Horst Hrubeschs 1:0. Danach werden die Zuschauer um Fußball betrogen.

Keine Werbung für den Fußball

Nach dem unrühmlichen Ende des Spiels Deutschland—Österreich in Gijon stehen bei den Fernsehanstalten und in den Zeitungsredaktionen die Telefone nicht mehr still. Man bedauert dort, daß man die Anrufer nicht an Mittelfeldspieler Paul Breitner und Bundestrainer Jupp Derwall weiterverbinden kann, die als der geistige Vater und der hilflose Dulder des Skandalspiels beschimpft werden.
Nicht nur die Algerier, die das knappe 1:0 um den zweiten Platz in der Gruppe 2 bringt, fühlen sich zu Recht betrogen. Auch die Fans machen klar, daß sie auf solche unsportlichen Siege lieber verzichten. Beim Deutschen Fußball-Bund (DFB) wiegelt man ab und glaubt, die Aufregung lege sich wieder. Aber dieses Spiel wird der deutschen Nationalmannschaft nicht verziehen. Sie bekommt es nach der WM zu spüren.

Entscheidung um Mitternacht: Der Thriller von Sevilla

8. Juli 1982. Im Sanchez-Pizjuan-Stadion in Sevilla ist es um 21 Uhr mit 33 °C noch recht warm. Für die Mannschaften von Deutschland und Frankreich geht es an diesem Abend um den Einzug ins Finale der zwölften Fußball-WM.
Dabei fällt erneut ein Schatten auf die deutsche Mannschaft, als Battiston eine weite Vorlage von Platini erläuft und mit Harald Schumacher zusammenprallt. Der deutsche Torwart schlägt dem Franzosen ein paar Zähne aus und läßt ihn benommen liegen, ohne sich zu entschuldigen.
Am Ende der regulären Spielzeit steht es immer noch 1:1. In der Verlängerung ziehen die Franzosen auf 3:1 davon. Niemand gibt mehr etwas auf die Deutschen, als der eingewechselte Karl-Heinz Rummenigge auf 3:2 verkürzt. Kurz vor Schluß gleicht Klaus Fischer mit einem akrobatischen Fallrückzieher aus. Erstmals gibt es bei einer Fußball-WM ein Elfmeterschießen. Die Trainer reichen Zettel mit je fünf Namen ein. Nach Losentscheid beginnen die Franzosen. Alain Giresse trifft zum 3:4. Manfred Kaltz gleicht aus zum 4:4. Amoros erhöht auf 4:5. Paul Breitner verwandelt zum 5:5. Rocheteau läßt Schumacher keine Chance: 5:6. Ulrich Stielike schießt, Ettori hält. Stielike bricht als weinendes Häuflein Elend zusammen. Während Littbarski tröstend zu ihm eilt, schießt Six, und Schumacher hält! Danach gleicht Littbarski zum 6:6 aus. Platini vollstreckt zum 6:7. Rummenigge tritt an und schafft das 7:7. Die Zuschauer stöhnen. Jetzt muß der nächste Treffer endgültig entscheiden. Bossis läuft an, schießt scharf nach links unten – Schumacher hält. Bis dahin legte jeder Schütze den Ball persönlich auf den Elfmeterpunkt wie ein rohes Ei. Horst Hrubesch, das »Ungeheuer«, sieht den Ball auf dem weißen Punkt liegen, läuft an und hämmert ihn zum 8:7-Endstand ins Netz.

Der Fallrückzieher von Klaus Fischer zum 3:3 schockt Frankreich und reißt ein fast schon verlorenes Spiel herum. Es kommt zum Elfmeterschießen.

Horst Hrubesch schießt Deutschland mit dem letzten Elfmeter ins Finale.

Italien ungefährdet zum dritten Mal Fußballweltmeister

11. Juli 1982. Unter den 90 000 Zuschauern im ausverkauften Bernabeu-Stadion in Madrid sind ein Drittel Italiener. Auf der Ehrentribüne das spanische Königspaar, der italienische Staatspräsident Sandro Pertini, der deutsche Bundeskanzler Helmut Schmidt, der Staatspräsident von Nicaragua, der Ministerpräsident von Tunesien, der ehemalige US-Außenminister Henry Kissinger.
Von Spielbeginn an ist die Taktik der Italiener klar: Die Deutschen erwarten, ihre Angriffe stören und dann zu blitzschnellen Gegenstößen ansetzen. Die Deutschen spielen zu sehr in die Breite, statt durch Angriffe über die Flügel die massierte italienische Abwehr aufzureißen.
In der 24. Minute scheint eine Vorentscheidung zu fallen. Hans-Peter Briegel bringt im Strafraum Conti zu Fall, und der brasilianische Schiedsrichter Coelho entscheidet auf Elfmeter. Doch Cabrini schießt am Tor vorbei. Danach verstärkte Nervosität auf beiden Seiten. Sie setzt sich nach der torlosen Halbzeit noch eine Viertelstunde fort. Dann führt eine Kombination von Gentile und Rossi zum 1:0.
Das Spiel nimmt an Tempo zu. In der 69. Minute schießt Tardelli nach einem Rückpaß von Rossi das 2:0. Den Deutschen fehlt jetzt die Kraft und die spielerische Intelligenz, noch eine Wende herbeizuführen. Neun Minuten vor Schluß erhöht Altobelli auf 3:0. Der Ehrentreffer durch einen Weitschuß von Verteidiger Paul Breitner zwei Minuten später hat nur noch kosmetische Bedeutung.

Der neue Titelträger. Oben v. l. Zoff, Antonioni, Seirea, Gentile, Collovati, Graziani. Unten v. l. Rossi, Conti, Oriali, Cabrini, Tardelli. In der achten Minute wurde der verletzte Graziani gegen Altobelli ausgewechselt. Zwei Minuten vor Schluß schickte Trainer Enzo Bearzot noch Causio ehrenhalber aufs Feld. Die Spieler trugen ihren zuerst kritisierten Trainer nach dem Schlußpfiff auf den Schultern davon.

Hinault gewinnt Giro und Tour

25. Juli 1982. Bernard Hinault gelingt, was vor ihm nur die drei größten Radrennfahrer fertigbrachten: Der zähe Bretone gewinnt nach einem Sieg im Giro d'Italia auch die Tour de France, wie Fausto Coppi (1949 und 1952), Jacques Anquetil (1964) und Eddy Merckx (1960, 1972 und 1974).
Hinault beherrschte diese 69. Tour nicht weniger souverän wie im vorigen Jahr. Obwohl der Australier Phil Anderson diesmal sensationell zehn Tage das Gelbe Trikot trug, obwohl sich der Schweizer Beat Breu als »Bergkönig« entpuppte, obwohl der Ire Sean Kelly als Träger des Grünen Trikots für den Punktbesten seine Stärke zeigte, fährt Hinault zuletzt mit sechseinhalb Minuten vor dem Zweiten in Paris ein. Dieser Zweite aber ist Joop Zoetemelk. Er erreicht diesen Rang bei der Tour schon zum sechsten Mal, dreimal war er Vierter, einmal Fünfter und Achter.

Überraschungssieg bei Springreit-WM

10. Juni 1982. Niemand erwartete, daß ein Deutscher bei den Weltmeisterschaften der Springreiter in Dublin eine Chance hätte. Besonders nicht, als Paul Schockemöhle erklärte, er traue sich für den Pferdewechsel zu wenig reiterliches Können zu. Und schon gar nicht, als Titelverteidiger Gert Wiltfang vorzeitig die Heimreise antrat.
Als der 27jährige Bauernsohn Norbert Koof aus Willich überraschend das Finale erreicht, glaubt niemand, daß er sich gegen den Briten Malcolm Pyrah, den Franzosen Michel Robert und den Iren Gerry Mullis durchsetzen kann. Aber dann bringt Koof nicht nur seinen Fire, sondern auch Towerlands Angle zark, Ideal de la Haye und Rockbarton fehlerlos über den Parcours und holt den WM-Titel. Mit je zwölf Fehlern müssen Pyrah und Robert um den zweiten Rang stechen. Ganz Willich ist stolz auf seinen Reiter.

Klimke und Ahlerich sind ein »Gold«-Team

29. August 1982. Niemand zweifelte, daß die Equipe der deutschen Dressurreiter mit Reiner Klimke, Uwe Schulten-Baumer und Gabriela Grillo in Lausanne den Weltmeistertitel gewinnen würde.
Fraglich ist hingegen, ob Klimke in Lausanne, in der »Höhle der Löwin«, die Schweizerin Christine Stückelberger mit ihrem phänomenalen Dressurpferd Granat würde schlagen können. Aber Granat ist 17 Jahre alt, und da sind Pferde nicht mehr ganz so geschmeidig wie Menschen in diesem Alter. Dennoch beträgt der Vorsprung, der Klimke mit Ahlerich vor Stückelberger auf Granat den Sieg bringt, am Schluß nur zwölf Punkte.
Das objektive Schweizer Publikum erkennt die Entscheidung an, und Klimke ist glücklich, »weil ich merkte, das Publikum drückte mit seinem Beifall aus, daß ich die bessere Leistung geboten hätte«.

Zweimal Silber für Helmut Rethemeier

4. September 1982. Als Helmut Rethemeier mit seinem Holsteiner Santiago in Luhmühlen zum 7410 m langen Geländeritt startet, weiß er, daß zuvor einer seiner Konkurrenten zu Tode gestürzt ist.
Der Schweizer Ernst Baumann beging allerdings den schwerwiegenden Fehler, die Military-Weltmeisterschaften mit einem Ersatzpferd zu bestreiten, das er erst zwei Tage kannte. Das im schwierigen Gelände überforderte Pferd stürzte am vorletzten der 32 Hindernisse und begrub Baumann unter sich. Baumann brach das Genick.
Rethemeier, der auch schon bei Olympischen Spielen einen Geländeritt mit gebrochener Rippe beendete, verliert seine Chance auf die Goldmedaille erst im abschließenden Springen, wo ein Balken zuviel fällt. So muß er sich, wie die Mannschaft, mit Silber begnügen, hinter der Britin Lucinda Green.

Zehn Jahre nach ihrem Olympiasieg wird Ulrike Meyfarth mit 2,02 m Hochsprung-Europameisterin.

Zehnkampf (v. l.): Silber für Hingsen, Gold für Thompson, Bronze für Siegfried Stark

Harald Schmid (r.) wird Europameister über 400 m Hürden in der Europarekordzeit von 47,48 sec.

Die Leichtathletik-EM in Athen bringt Überraschungen

6. bis 12. September 1982. Seit der Beschießung durch die Türken hat die Akropolis nicht mehr derart in ihren Grundfesten gebebt wie nach dem Speerwurf von Anna Verouli. Erstmals in der 48jährigen Geschichte der Leichtathletik-Europameisterschaften gewinnt eine Griechin den Titel.
Mit Blick auf den 100. Jahrestag der Olympischen Spiele der Neuzeit im Jahr 1996 hat man in Athen ein neues Olympiastadion gebaut. Es ist fast täglich ausverkauft. 450 000 Zuschauer finden sich an sieben Tagen zu den Wettkämpfen ein. 650 000 Menschen säumen die klassische Strecke von Marathon nach Athen beim ersten Marathonlauf der Frauen. Bei drückender Hitze gewinnt eine 1,57 m große Portugiesin, die noch nie einen Lauf über eine solche Strecke bestritt und in Griechenland eigentlich nur Urlaub machen wollte: Rosa Mota.
Ein Comeback feiert Ulrike Meyfarth mit einem Weltrekord im Hochsprung (2,02 m). 1972 war sie die jüngste Olympiasiegerin der Leichtathletik.
Die begeistert mitgehenden Griechen bejubeln einen völlig unbekannten Läufer namens Hans-Peter Ferner, der, in mäßigen 1:46,33 min, den zur Zeit berühmtesten Mittelstreckler, den Weltrekordler Sebastian Coe, über 800 m schlägt.
Auch über 5000 m wird ein britischer Weltrekordler überrumpelt. David Moorcroft geht hinter Werner Schildhauer und dem Überraschungssieger Thomas Wessinghage, der mit 30 Jahren zu seinem ersten internationalen Erfolg kommt, erst als Dritter durchs Ziel.
Mit besonderer Spannung verfolgen die Zuschauer den Zehnkampf des Olympiasiegers Daley Thompson mit Jürgen Hingsen, der als frischgebackener Weltrekordler nach Athen kam. Der nervenstarke Brite, der Hingsen schon im 100-m-Lauf eine halbe Sekunde abnimmt, übertrifft die 8723 Punkte des Deutschen jedoch um 20 Punkte.
Nervenstärke zeigt auch der 21jährige Dietmar Mögenburg, der bei einem Wolkenbruch als einziger 2,30 m überwindet. Dagegen gestehen Hartmut Weber, Harald Schmid und Patriz Ilg Nervosität vor den Rennen ein. Aber sie gewinnen trotzdem über 400 m, 400 m Hürden und im 3000-m-Hindernislauf. Die letzte Überraschung beschert die International Amateur Athletic Federation (IAAF): Leichtathleten dürfen künftig Geld nehmen.

1983

24. 1. Ivan Lendl (ČSSR) gewinnt das Masters-Turnier in New York.

Februar. Bei den Bob-Weltmeisterschaften in Lake Placid gewinnen erneut Schweizer mit Ralph Pichler und Ekkehard Fasser im Zweier- und im Viererbob.

Der 43jährige US-amerikanische Golfspieler Jack Nicklaus erreicht die Traumgrenze von 4 Mio. US-Dollar an Preisgeldern und gilt als erfolgreichster Golfer aller Zeiten.

März. Weltrekord im Skifliegen durch Pavel Ploc (ČSSR) mit 181 m in Harrachov (ČSSR).

Weltcupsieger im alpinen Skilauf: Tamara McKinney und Phil Mahre (beide USA).

Das von den Filmstars Jane Fonda und Sydne Rome propagierte Aerobic wird in der Bundesrepublik Deutschland populär.

8. – 14. 3. Bei den Eiskunstlauf-Weltmeisterschaften in Helsinki hinter Rosalynn Sumners und Scott Hamilton (USA) Silbermedaillen für Claudia Leistner und Norbert Schramm (BRD). Im Eistanz Titel für Jayne Torvill/Christopher Dean.

10. – 23. 4. Bei der fünften Hockey-Weltmeisterschaft der Damen in Kuala Lumpur zum dritten Mal Titelgewinn für die Niederlande.

Mai. Bei den 37. Tischtennis-Weltmeisterschaften in Tokio gewinnen die Chinesen 17 von 20 möglichen Medaillen.

UEFA-Pokal-Endspiele: RSC Anderlecht – Benfica Lissabon 1:0/1:1.

1. 5. Der VfL Gummersbach gewinnt den Europapokal der Hallenhandball-Landesmeister gegen ZSKA Moskau im Rückspiel mit 19:15 (Hinspiel 13:14).

2. 5. Nur durch das bessere Torverhältnis wird die UdSSR in München Eishockeyweltmeister vor der ČSSR und Kanada.

11. 5. Europapokal der Pokalsieger: FC Aberdeen – Real Madrid 2:1 n. V. in Göteborg.

15. 5. Weltrekord im Speerwurf mit 99,72 m durch Tom Petranoff (USA) in Los Angeles.

25. 5. Europapokal der Landesmeister: Hamburger SV – Juventus Turin 1:0 in Athen.

5. 6. Weltrekord im Zehnkampf mit 8777 Punkten durch Jürgen Hingsen (BRD) in Bernhausen.

Weltmeister Giuseppe Saronni gewinnt seit 1979 zum zweiten Mal den Giro d'Italia.

8. 6. Weltrekord über 100 m in 10,81 sec durch Marlies Göhr (DDR) in Berlin (Ost).

11. 6. Erster Weltrekord der Leichtathletik durch einen Chinesen der Volksrepublik China: 2,37 m im Hochsprung durch Zhu Jianhua in Peking, 2,38 m am 22. August.

Juli. Martina Navratilova gewinnt zum vierten Mal, John McEnroe zum zweiten Mal das Einzel in Wimbledon.

2. 7. Weltrekorde über 100 m in 10,79 sec durch Evelyn Ashford (USA) und durch Calvin Smith (USA) in 9,93 sec in Colorado Springs.

21. – 30. 7. Fecht-Weltmeisterschaften in Wien. Alexander Romankow (UdSSR) zum fünften Mal Weltmeister im Florett. Im Degen Titel für Elmar Borrmann (BRD).

24. 7. Der Franzose Laurent Fignon gewinnt die 70. Tour de France.

7. – 14. 8. In Helsinki erste Leichtathletik-Weltmeisterschaften mit 158 Ländern. Die Bundesrepublik Deutschland gewinnt zweimal Gold, fünfmal Silber und einmal Bronze.

20. – 27. 8. Erfolgreichste Teilnehmer bei den Schwimm-Europameisterschaften in Rom Michael Groß (BRD) mit vier und Birgit Meineke (DDR) mit fünf Goldmedaillen.

26. 8. Weltrekord im Hochsprung mit 2,04 m durch Tamara Bykowa (UdSSR).

31. 8. Weltrekord über 400 m Hürden in 47,02 sec durch Edwin Moses (USA) in Koblenz.

September. Björn Borg erklärt seinen Rücktritt vom Tennissport. In seiner zehnjährigen Karriere verdiente er 80 Mio. DM, davon 10 Mio. durch Tennisspielen.

4. 9. Bei den Ruder-Weltmeisterschaften in Duisburg größter Erfolg der Bundesrepublik Deutschland seit 1970 mit drei Goldmedaillen und einer Bronzemedaille.

Oktober. Triumph der UdSSR bei den Turnweltmeisterschaften in Budapest. Doch China gewinnt die Herren-Mannschaftswertung.

16. 10. Der Brasilianer Nelson Piquet Automobilweltmeister der Formel 1 auf Brabham-BMW.

11. 12. Fußball-Weltpokal: Gremio Porto Alegre – Hamburger SV 2:1 in Tokio.

26. – 28. 12. Australien gewinnt in Melbourne den Davis Cup durch ein 3:2 über Schweden.

1983. 36 US-amerikanische Profisportler verdienten in diesem Jahr über 1 Mio. US-Dollar. An der Spitze Boxweltmeister im Mittelgewicht Marvin »Marvelous« Hagler mit 7,5 Mio.» US-Dollar.

Weltweit erfolgreichster Sportmanager ist der US-Amerikaner Mark McCormack. Seine »International Management Group« hat über 200 Spitzensportler unter Vertrag, u. a. Björn Borg, Jackie Stewart, Bernhard Russi, John Newcombe, Evonne Cawley-Goolagong, James Hunt und Jean-Claude Killy.

»Golden Bear« Jack Nicklaus, der bislang erfolgreichste Golfspieler, beim kraftvollen Drive während der offenen US-Meisterschaften

Bester Golfer aller Zeiten

Februar 1983. Der US-Amerikaner Jack Nicklaus hat durch das Meistern eines Balles von 46 g Gewicht als erster Golfspieler mehr als 4 Mio. US-Dollar an Preisgeldern verdient. Der 44jährige Nicklaus gewann dreimal die British Open (1966, 1970, 1978), viermal die US Open (1962, 1967, 1972, 1980), fünfmal die US-Profimeisterschaft (1963, 1971, 1973, 1975, 1980) und fünfmal das berühmte Masters-Turnier (1963, 1965, 1966, 1972, 1975). Dieser einmalige Rekord macht ihn zum besten Golfer aller Zeiten.

Als Nicklaus seine Karriere begann, nannte man ihn »Golden Bear«, zunächst wegen seiner fülligen Statur. Der Name blieb, als er von 97 kg auf 85 kg abgespeckt hatte. Die Betonung liegt seitdem mehr auf »Golden«.

Preisgelder hat der Golfmillionär eigentlich gar nicht mehr nötig, denn längst verdient er mit der Vermarktung des Golfsports das Vielfache. Seine »Golden Bear Inc.« setzt im Jahr über 300 Mio. US-Dollar um. Sein Erfolgsgeheimnis liegt in seiner Konzentrationsfähigkeit: »Wenn ich mich mit etwas beschäftige, will ich mich zu 100 % nur mit diesem Thema abgeben. Dieser Grundsatz hat mir in meinem Leben mehr als alles andere geholfen. Auf dem Golfplatz denke ich nur an Golf. Und im Geschäft denke ich nur ans Geschäft.« Und es sind große Geschäfte, an die der Golfdesigner, Golfprodukte-Hersteller und Golfplatz-Sanierer denkt.

Ein Star huldigt eigener Legende

Nicht weit von seinem Wohnsitz im US-Staat Ohio entfernt hat Jack Nicklaus einen Golfplatz anlegen lassen. Es ist einer von vielen, und doch ist Muirfield Village ein ganz besonderer Platz.

Der Name erinnert an einen traditionsreichen Platz der »Honorable Company of Edinburgh Golfers« in Schottland. Aber Muirfield ist alles andere als eine Kopie. »Muirfield kopiert nichts«, erklärt Nicklaus. »Hier habe ich alle Erinnerungen zusammengetragen, die ich auf allen Plätzen der Erde sammeln konnte.« Und da Nicklaus immer noch neue Erinnerungen sammelt, erfährt Muirfield Village auch immer wieder Veränderungen.

Jedes Jahr veranstaltet Nicklaus auf diesem Platz ein »Memorial Tournament« zum Gedenken an sich selbst. So entstehen Traditionen, denn niemand zweifelt daran, daß dieses Turnier seinen Schöpfer überleben wird. 1973 wurde die Anlage eingeweiht. 1987 wird sie Schauplatz des Ryder Cups sein, des bedeutendsten Mannschaftswettbewerbs im Golf, den die USA seit 1979 dreimal gewannen.

Höchstnoten für »Zirkusnummer«

8. bis 14. März 1983. Man hätte annehmen können, daß das britische Eistanzpaar Jayne Torvill/Christopher Dean alle Benotungsrekorde bereits gebrochen hätte. Doch mit ihrer neuen Kreation versetzen sie die Preisrichter bei den Eiskunstlauf-Weltmeisterschaften in Helsinki geradezu in einen Sechsertaumel.
Schon für die Kurzkür wird die Höchstnote siebenmal gezogen. Bei der »Zirkusnummer«, die sich das Paar aus Nottingham einfallen ließ, gibt es in der B-Note von allen neun Kampfrichtern die 6, in der A-Note ebensooft eine 5,9. Kein anderes Paar erreicht im Eistanz diesen Rekord.
Im Paarlauf haben die Russen Elena Walowa/Oleg Wassiljew trotz einer faszinierenden Kür Mühe, das Publikum mitzureißen. Eine veritable »Zirkusnummer« bietet bei den Herren der 19jährige Alexander Fadejew, der erstmals in einer WM-Kür einen vierfachen Toe-Loop wagt. Er muß sich bei der Landung leicht mit der Hand aufstützen, weshalb ihn die Punktrichter auf Rang vier verbannen. Weltmeister wird abermals der kleine Springkobold Scott Hamilton vor dem deutschen Europameister Norbert Schramm, der einmal mehr mit künstlerischer Phantasie vergebens gegen veraltete Sprungakrobatik anläuft.
Bei den Damen kann Katarina Witt eine verkorkste Pflicht durch eine brillante Kür nicht wettmachen, so siegt überraschend die 18jährige Rosalynn Sumners (USA).

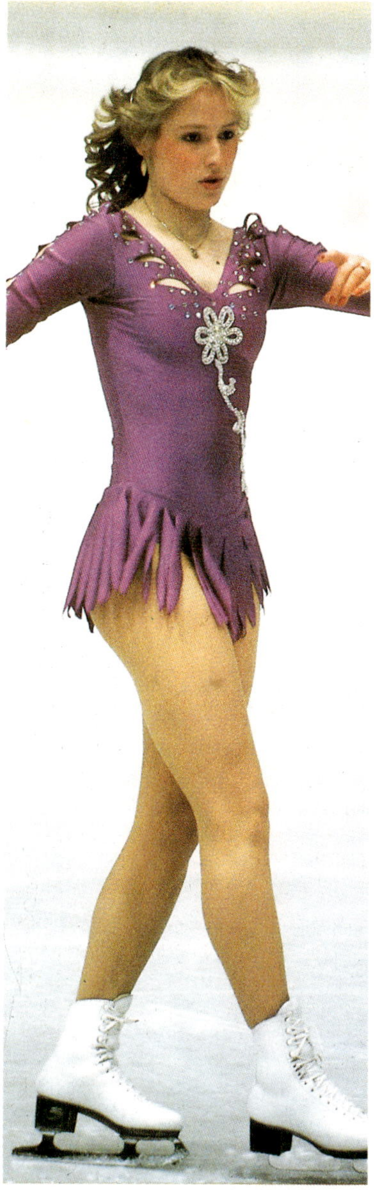

Claudia Leistner bei ihrer Kür, mit der sie die Silbermedaille bei der Weltmeisterschaft in Helsinki gewinnt

Neuer Modus – alter Meister

2. Mai 1983. Der neue Austragungsmodus bei der Eishockey-Weltmeisterschaft sieht vor, daß die vier besten Mannschaften die Finalrunde noch einmal bei Null beginnen und die Ergebnisse der Vorrunde nicht mehr gewertet werden. Zweck dieser Regelung ist es, das Turnier bis zum letzten Tag spannend zu machen. Bislang stand der neue Weltmeister in der Regel am Ende der Vorrunde bereits fest, das Interesse der Zuschauer nahm entsprechend ab.
Die Änderung erfüllte ihren Zweck. 135 000 Zuschauer bei der Endrunde in München sind ein Rekord. Die Spannung verspürte UdSSR-Trainer Viktor Tichonow am eigenen Leib. Er nahm nach eigenem Bekunden 8 kg ab. Gegen den Erzrivalen ČSSR kamen die »Eissputniks« über ein 1:1 nicht hinaus. Die Torhüter Kralik und Tretjak verhinderten weitere Treffer.
Die Russen müssen daher im letzten Spiel Kanada schlagen, um als 19maliger Weltmeister mit Kanada gleichzuziehen. Dagegen wehren sich die Kanadier mit fast allen Mitteln und gehen auch in Führung. Doch dann setzt sich das verwirrende Kombinationsspiel der Russen immer zwingender durch. Bei der Schlußsirene steht es 8:2. Das sichert der UdSSR das bessere Torverhältnis mit der punktgleichen ČSSR und den Weltmeistertitel.

Keine Chance gegen den Weltmeister UdSSR hat die Mannschaft der Bundesrepublik Deutschland bei ihrer 0:6-Niederlage in Dortmund. Doch der fünfte Rang ist ein Erfolg und sichert die Zugehörigkeit zur Gruppe A.

Aerobic oder der neue Weg zu Schönheit und Schlankheit

Der Mensch ist nur mit Sauerstoff lebensfähig. Das ist keine neue Erkenntnis. Genau das meint aber im wörtlichen Sinn »aerobic«. Neu ist jedoch, was unter diesem Zauberwort betrieben wird. D. h., ganz so neu ist es keineswegs. Nur kann man mit dem Wort »Freiübungen« niemanden mehr begeistern.
Aerobic hingegen ist »schick«. »Schick« sind vor allem die Accessoirs: Hautenge farbenfrohe Trikots, »legwarmers« (Beinwärmer), Stirnbänder, Gürtel, Slipper. Und »schick« ist es, gymnastische Übungen im Rhythmus moderner Popmusik zu betreiben. Ob Aerobic ein neuer Massensport wird oder nur eine Modeerscheinung ist, bleibt vorerst offen. In den USA betreiben es 30 Mio. US-Amerikanerinnen, in der Bundesrepublik Deutschland ca.1,5 Mio. Frauen. Jedenfalls ist es ein Sport, der Körpermassen dort zu Leibe geht, wo man keine wünscht.
Propagiert wird der neue Weg zu Schönheit und Schlankheit vor allem von den Filmschauspielerinnen Jane Fonda und Sydne Rome. Beide waren allerdings schon vorher schlank und schön.

Die US-amerikanische Filmschauspielerin Jane Fonda schreibt ein »Work-Out-Book« über Aerobic, das ein Bestseller wird. Der Deutsche Sport-Bund (DSB) versucht die neue Gymnastik-Modewelle in sein Breitensportprogramm »Trimming 130« zu integrieren.

Erste Leichtathletik-Weltmeisterschaften in Helsinki

7. bis 14. August 1983. Über dem Olympiastadion von Helsinki wehen mehr Nationalfahnen als vor dem Gebäude der Vereinten Nationen in New York. Nicht einmal bei Olympischen Spielen zählte man jemals 158 Ländermannschaften.
Star der ersten Weltmeisterschaften der Leichtathleten ist der US-Amerikaner Carl Lewis, der in insgesamt 80 Sekunden Gold im 100-m-Lauf, im Weitsprung und mit der 4x100-m-Staffel gewinnt. Der Australier Robert de Castella benötigt für seinen Marathonsieg 2:10:03,0 h. Star ist auch der US-Amerikaner Edwin Moses, der über 400 m Hürden seit 1977 in 33 Rennen ungeschlagen ist. Bei den Frauen wagt die US-Amerikanerin Mary Decker über 3000 m ein schnelles Anfangstempo und führt dann bis zum Schluß. Über 1500 m schlägt sie drei Russinnen im Spurt. Die Norwegerin Grete Waitz wird Marathonweltmeisterin. Marita Koch (DDR) gewinnt über 200 m, wird über 100 m Zweite und läuft in den siegreichen 4x100-m- und 4x400-m-Staffeln. Die Tschechin Jarmila Kratochvilova wird Weltmeisterin über 400 m und 800 m, wobei sie über 400 m mit 47,99 sec als erste Frau unter 48 Sekunden bleibt. Die Finnin Tiina Lillak beschert mit ihrem Speerwurf den Gastgebern den einzigen Sieg.

Der US-Amerikaner Carl Lewis (M.) gewinnt den 100-m-Lauf vor Calvin Smith. Christian Haas (Bundesrepublik Deutschland, l.) wird Sechster. Weltmeister im Weitsprung wird Lewis mit 8,55 m nach nur drei Versuchen.

Schärfster Rivale von Edwin Moses (Abb.) ist in Helsinki der 25jährige Deutsche Harald Schmid. Doch er findet nicht den optimalen Laufrhythmus und kann mit 48,61 sec den trotz böiger Winde flüssig laufenden Moses nicht gefährden. Moses gewinnt in 47,50 sec. Auch als sich nach der sechsten Hürde die Schnürsenkel seiner Laufschuhe lösten, blieb er davon unbeeindruckt.

Die US-Amerikanerin Mary Decker gewinnt über 3000 m mit einem Start-Ziel-Sieg, über 1500 m im Spurt.

Der Chinese Zhu Jianhua kommt als Weltrekordler mit 2,37 m nach Helsinki und kriecht nach jedem Sprung in einen Schlafsack, weil es ihm zu kalt ist. Bis 2,29 m springt er ohne Fehlversuch. Dann stört der Jubel der Zuschauer über den finnischen Speerwurfsieg seine Konzentration, und er wird nur Dritter.

Jürgen Hingsen, der Beste, wenn Daley Thompson nicht in der Nähe ist

Daley Thompson, im entscheidenden Moment topfit und nervenstark

Zweite Schlappe für Hingsen

7. bis 14. August 1983. Star des Zehnkampfs bei der Leichtathletik-WM ist der Brite Daley Thompson, der sich von seinem deutschen Konkurrenten Jürgen Hingsen nicht beeindrucken läßt (→ 6. – 12. 9. 1982) und Weltmeister wird.

Sensationell ist der Sieg von Willi Wülbeck über 800 m. Sensationell sind die Siege der 19jährigen Russen Gennadi Awdejenko und Sergej Bubka im Hochsprung und Stabhochsprung. Imponierend sind die ersten Plätze von Patriz Ilg im 3000-m-Hindernislauf und von Alberto Cova (Italien) im 10 000-m-Lauf. Überraschend siegen der Ire Eamon Coghlan und der Jamaikaner Bertland Cameron über 5000 m und über 400 m.

Willi Wülbeck war zehnmal Deutscher Meister über 800 m, aber internationale Erfolge blieben ihm bisher versagt. In Helsinski krönt er seine sportliche Laufbahn nun mit dem Weltmeistertitel.

Höhenflug des »Albatros«

20. bis 27. August 1983. Bei den Schwimm-Weltmeisterschaften des vorigen Jahres in Guayaquil wählte die Weltpresse Michael Groß, den überragenden Athleten der Titelkämpfe, zum »outstanding swimmer«. Groß gewann zwei Goldmedaillen (200 m Freistil, 200 m Schmetterling), eine Silbermedaille (100 m Schmetterling) und zwei Bronzemedaillen (4x200 m Freistil, 4x100 m Lagen). Nie zuvor hatte der Deutsche Schwimmverband (DSV) bei Olympischen Spielen oder Weltmeisterschaften über einen derart erfolgreichen Schwimmer verfügt. Deutsche Journalisten deklinierten »Groß, größer, am größten«.

Bei den diesjährigen Europameisterschaften in Rom erfüllt der 1,99 m große Offenbacher, den man wegen seiner langen Arme »Albatros« nennt, einmal mehr alle Erwartungen. Er gewinnt die 200 m Freistil in der Weltrekordzeit von 1:47,87 min, die 100 m Schmetterling in der Europarekordzeit von 54,00 sec, die 200 m Schmetterling in der Weltrekordzeit von 1:57,95 min. Weltrekord mit 7:20,40 min schwimmt er auch mit der 4x200-m-Freistil-Staffel. Mit der 4x100-m-Lagenstaffel wird er Zweiter.

Groß ist ein Individualist und gilt als schwierig. Gegenüber lästigen Fragestellern kann er schroff und arrogant sein. Aber in der Mannschaft erweist er sich als kameradschaftlich. Als Alexander Schowtka im Vorlauf über 4x200 m Freistil eine mäßige Zeit schwimmt, wollen ihn die Funktionäre zum Finale nicht mehr einsetzen. Aber Groß stärkt dem verzweifelten Schowtka den Rücken (»Junge, da mußt du durch!«) und sorgt dafür, daß er in der Staffel bleibt, die dann Weltrekord schwimmt.

Ein weibliches Pendant zu Groß ist die DDR-Schwimmerin Birgit Meineke, die über 100 m Freistil, 200 m Freistil und mit den drei Staffeln gewinnt. Mit Ute Geweniger (Gold über 100 m, 200 m Brust, 200 m Lagen) und Astrid Strauß (Gold über 400 m und 800 m Freistil) festigt die DDR ihre Überlegenheit bei den Damen. Die Bundesrepublik Deutschland rangiert mit 15 Medaillen hinter der DDR (40) und der UdSSR (22).

Michael Groß, der erfolgreichste Schwimmer in Rom. Er gewinnt viermal Gold, einmal Silber und schwimmt drei Weltrekorde.

Birgit Meineke, mit fünf Goldmedaillen erfolgreichste Schwimmerin. Sie gewinnt die 100 m und 200 m Freistil und siegt mit der 4x100-m-, der 4x200-m Freistilstaffel (Weltrekord) und der 4x100-m-Lagenstaffel (Weltrekord).

Dreimal Gold zum 100. Geburtstag des Ruderverbands

4. September 1983. Niemanden wundert es, daß der 30jährige Peter-Michael Kolbe bei den Ruder-Weltmeisterschaften in Duisburg-Wedau zum vierten Mal den Titel gewinnt. Aber daß zwei weitere deutsche Skuller, Andreas Schmelz und Georg Agrikola, die von der Vorherrschaft Kolbes im Einer frustriert waren und sich zu einem Doppelzweier zusammentaten, auf Anhieb die Bronzemedaille herausrudern, versetzt die Zuschauer an der Regattastrecke in Begeisterung.

Und als ob beim Deutschen Ruder-Verband (DRV) eine Skullerblüte ausgebrochen wäre, holen sich Michael Dursch, Raimund Hörmann, Albert Hedderich und Dieter Wiedemann den Titel im Doppelvierer. In Ermangelung eines Steuermanns werfen sie ihren Trainer Richard Wecke ins Wasser. Wecke geht noch ein zweites Mal baden, als der Vierer ohne mit Guido Grabow, Jörg Puttlitz, Volker Grabow und Norbert Keßlau Weltmeister wird.

Seit den ersten Ruder-Weltmeisterschaften auf dem Rotsee bei Luzern (→ 9. 9. 1962) war der DRV nicht mehr so erfolgreich. Ein Wermutstropfen im Freudenbecher: Der Deutschland-Achter erreicht nicht einmal das Finale.

◁△ Nach dem Erfolg des deutschen Doppelzweiers Andreas Schmelz/ Georg Agrikola kann ein begeisterter Ruderfan es nicht erwarten, zu gratulieren. Er springt zur Gratulation ins Wasser, bevor das Boot anlegt.

△ Der 30jährige Peter-Michael Kolbe wird zum vierten Mal Einer-Weltmeister. Aber diesmal steht er mit seinem Sieg nicht allein.

◁ Sensationell gewinnt außer dem Doppelvierer auch der Vierer ohne mit Keßlau, Grabow, Puttlitz, Grabow (Abb. v. l.) die Goldmedaille.

Mit 600 PS zur Formel-1-Weltmeisterschaft

16. Oktober 1983. Nach einem zweiten Titelgewinn des 31jährigen Brasilianers Nelson Piquet sah es zu Beginn der Formel-1-Saison nicht aus. Er gewann zwar mit seinem Brabham-BMW-Turbo im März programmgemäß den Grand Prix von Brasilien im heimischen Rio de Janeiro, blieb danach jedoch lange erfolglos.

Nach elf von 15 WM-Läufen setzte sich der Franzose Alain Prost mit Siegen in Le Castellet, Spa-Francorchamps, Silverstone und Zeltweg mit insgesamt 51 Punkten an die Spitze. Piquet schien mit 37 Punkten schon abgeschlagen. Aber dann riß bei Prost der Faden, während plötzlich Piquet das Siegen wieder lernte. Die endgültige Entscheidung fällt in Südafrika. 100 000 Zuschauer verfolgen ein spannendes Rennen der hochtourigen Wagen in glühender Hitze. Als Prost ausscheidet, kann es sich Piquet leisten, auf Ankommen zu fahren. Der dritte Platz hinter seinem Stallgefährten Ricardo Patrese und Angelo De Cesaris auf Alfa Romeo reicht, um Alain Prost denkbar knapp mit 59 Punkten abzufangen. Dritter in der Gesamtwertung wird René Arnoux auf Ferrari.

Die erste Formel-1-Saison mit den neuen Turbo-Rennwagen gewinnt der Brasilianer Nelson Piquet mit einem Brabham BMW.

Björn Borg beendet seine Karriere

September 1983. Als Jimmy Connors in Flushing Meadow, wo seit 1978 die US Open ausgetragen werden, nach seinem fünften Titelgewinn seit 1974 vom Platz geht, ist plötzlich keine Rede mehr von ihm. Bevor die Fernsehzuschauer ihren »Jimbo« bei der Siegerehrung fröhlich begießen können, hören sie die Meldung, Björn Borg sei zurückgetreten. Er habe das einem Reporter in einem Telefongespräch aus Bangkok mit der Begründung mitgeteilt, er hätte keine Lust mehr, den Turnierstreß weiter mitzumachen.

Wäre Borg 36 Jahre alt, nickte jeder verständnisvoll mit dem Kopf. Aber der fünffache Wimbledonsieger ist erst 26 und steht im Zenit seiner Leistungskraft. Rund 80 Mio. DM hat Borg im Verlauf seiner Karriere verdient. Wegen seiner stoischen Ruhe auch »Eis-Borg« genannt, zählt er zu den besten Spielern, die man je auf einem Tennisplatz sah.

1984

19./23. 1. Der Italiener Francesco Moser verbessert in Mexiko City zweimal den Stundenweltrekord auf 50,809 km (erstmals über 50 km) und auf 51,151 km.

22. – 27. 1. Nach ihren Siegen auf Fiat Abarth 1980, auf Opel Ascona 1982, auf Lancia Rallye 1983 gewinnen Walter Röhrl/Christian Geistdörfer auf Audi-Quattro zum vierten Mal die Rallye Monte Carlo.

7. – 19. 2. In Sarajevo 14. Olympische Winterspiele mit ca. 1530 Athleten aus 49 Ländern.

März. Weltcupsieger im alpinen Skilauf Erika Hess und Pirmin Zurbriggen (beide Schweiz).

1. – 4. 3. Erstmals Biathlon-Weltmeisterschaften der Damen. Verena Tchernikowa in Chamonix Gold über 5 km, 10 km und in der 3x5-km-Staffel.

17. 3. Weltrekord im Skifliegen durch den Finnen Matti Nykänen mit 185 m in Oberstdorf.

23./24. 3. Weltrekorde im Eisschnelllauf Großer Vierkampf durch Andrea Schöne (DDR) mit 171,669 Punkten und Wiktor Schascherin (UdSSR) mit 160,887 Punkten in Medeo.

25. 3. Bei den Eiskunstlauf-Weltmeisterschaften in Ottawa erhält das britische Paar Jayne Torvill/Christopher Dean – einstimmig – 13mal die Note 6 und gewinnt zum vierten Mal den Titel.

Mai. UEFA-Pokal-Endspiele: Tottenham Hotspurs – RSC Anderlecht 1:1/1:1. Elfmeterschießen 4:3 für Tottenham.

5./6. 5. Weltrekord im Siebenkampf mit 6867 Punkten durch Sabine Paetz (DDR) in Potsdam.

8. 5. Das Nationale Olympische Komitee (NOK) der UdSSR beschließt den Boykott der Olympischen Sommerspiele in Los Angeles. Mit Ausnahme von Rumänien folgen alle Ostblockstaaten dem Boykott.

16. 5. Europapokal der Pokalsieger: FC Juventus Turin – FC Porto in Basel 2:1.

23. 5. Weltrekord über 200 m Freistil in 1:57,75 min durch Kristin Otto (DDR) in Magdeburg.

27. 5. Weltrekord im Kugelstoßen durch Natalia Lissowskaja (UdSSR) mit 22,53 m in Sotschi.

30. 5. Europapokal der Landesmeister: FC Liverpool – AS Rom 4:2 nach Elfmeterschießen in Rom.

8./9. 6. Weltrekord im Zehnkampf mit 8798 Punkten durch Jürgen Hingsen (BRD) in Mannheim.

10. 6. Weltrekord im Hochsprung mit 2,39 m durch Zhu Jianhua (China) in Eberstadt (→ 20. 7. 1984).

13. – 27. 6. In Frankreich siebte Europameisterschaft im Fußball. Frankreich gewinnt den Titel.

22. 6. Weltrekord über 400 m Hürden in 53,58 sec durch Margarita Ponomarewa (UdSSR) in Kiew.

2. 7. Rekordtransfer im Fußball: Der Argentinier Diego Armando Maradona wechselt für 24 Mio. DM vom FC Barcelona zum SSC Neapel.

Weltrekord über 10 000 m durch Fernando Mamede (Portugal) in 27:13,81 min in Stockholm.

3. 7. Weltrekord im Hammerwerfen durch Juri Sedych (UdSSR) mit 86,34 m in Cork (→ 20. 7. 1984).

8. 7. Martina Navratilova gewinnt zum fünften Mal, John McEnroe zum dritten Mal das Einzel in Wimbledon. Mit Pam Shriver gelingt Navratilova in diesem Jahr der Grand Slam im Damen-Doppel.

20. 7. Weltrekord mit Ewigkeitswert im Speerwurf durch Uwe Hohn (DDR) mit 104,80 m in Dresden. Die IAAF schreibt danach eine Änderung des Speeres vor.

Weltrekord im Hochsprung mit 2,07 m durch Ludmilla Andonowa (Bulgarien) in Ost-Berlin (→ 20. 7. 1984).

21. 7. Weltrekord über 100 m Freistil in 54,79 sec durch Barbara Krause (DDR) in Moskau.

22. 7. Laurent Fignon gewinnt zum zweiten Mal die Tour de France.

28. 7. – 12. 8. In Los Angeles Spiele der XXIII. Olympiade mit Teilnahmerekord trotz des Boykotts der Ostblockstaaten.

22. 8. Weltrekord über 100 m in 10,76 sec durch Evelyn Ashford (USA) in Zürich.

23. 8. Weltrekord über 100 m Brust in 1:08,28 min durch Sylvia Gerasch (DDR) in Moskau.

26. 8. Weltrekord im Diskuswurf durch Zdenka Silhava (ČSSR) mit 74,56 m in Nitra.

Weltrekord über 3000 m in 8:22,62 min durch Tatjana Kasankina (UdSSR) in Leningrad.

31. 8. Weltrekord im Stabhochsprung mit 5,94 m durch Sergej Bubka (UdSSR) in Rom (→ 20. 7.1984).

18. 9. Als erster Mensch überquert der 56jährige US-Amerikaner Joe Kittinger den Atlantik mit einem Ballon und stellt damit einen Langstreckenrekord über 5600 km auf.

21. 10. Nach erfolgreichem Comeback wird Niki Lauda im letzten Rennen der Saison in Estoril/Portugal auf McLaren-Honda zum dritten Mal seit 1975 Automobilweltmeister der Formel 1.

Weltbestzeit im Marathonlauf mit 2:08,05 h durch den Briten Steve Jones in Chicago.

Dezember. Schweden gewinnt den Davis Cup durch ein 4:1 gegen die USA in Göteborg.

80 000 DM kostete das Spezialrad, mit dem Francesco Moser den Stundenweltrekord verbessert. Insgesamt 1,5 Mio. DM wurden investiert.

Neuer Stundenweltrekord

19./23. Januar 1984. Als man Eddy Merckx vor zwölf Jahren in Mexiko City vom Rad hob, sagte Jacques Anquetil, nur Merckx könnte seinen Stundenweltrekord von 49,432 km noch übertreffen (→ 25. 10. 1972). Nun gelingt es dem Italiener Francesco Moser gleich zweimal innerhalb von fünf Tagen.

Noch nie wurde ein Weltrekordversuch mit solchem wissenschaftlichem und personellem Aufwand, nie mit soviel Sponsorship vorbereitet. Die Italiener spachtelten im 20 Jahre alten »Velodromo Olimpico« von Mexiko City sorgfältig alle Risse und Schrunden aus. Vorausgegangen waren Versuche im Windkanal. Man entwickelte ein neues Fahrrad, schwerer als alle, die bisher benutzt worden waren. Es wurde mit Scheibenrädern ausgestattet, d. h. genau genommen sind es keine Scheiben, sondern dicht gezogene, stromlinienförmig gefeilte Speichen, die keinen Luftwiderstand bieten. Das Vorderrad ist kleiner als das Hinterrad, auf der Gabel ist ein sog. Kuhhornlenker befestigt, der dem Fahrer die aerodynamisch günstigste Stellung ermöglicht.

Auch der 32jährige Moser wurde mit wissenschaftlicher Akribie vorbereitet. Francesco Conconi, Professor der Biochemie, fütterte einen Computer mit Mosers Daten und schickte ihn zum günstigsten Zeitpunkt ins Rennen. Auf Anhieb radelt Moser in einer Stunde 50,809 km herunter. Vier Tage später 51,151 km. Mit jedem Pedaltritt hat er dabei 8,17 m zurückgelegt. Die schockierten Belgier rechnen aus, daß Merckx mit einem entsprechenden Fahrrad auf 51,500 km gekommen wäre.

Erste Skijagd für Frauen

1. bis 4. März 1984. 35 Frauen aus zwölf Ländern laufen in Chamonix am Fuß des Montblanc mit Kleinkalibergewehren auf dem Rücken durch die Loipen. In drei Wettbewerben, über 5 km, 10 km und in der 3x5-km-Staffel, tragen sie die erste Biathlon-WM für Damen aus.

Mit drei Goldmedaillen ist die Russin Verena Tschernikowa erfolgreichste Teilnehmerin. Über 10 km gewinnt die Norwegerin Sanna Gronlid Silber und die Österreicherin Großegger Bronze. In der Staffel kommen die Norwegerinnen als Zweite, die US-Amerikanerinnen als Dritte ins Ziel.

Der Deutsche Ski-Verband hat seinen Biathlon-Referenten Peter Bayer als Beobachter nach Chamonix entsandt. Sein Eindruck: »Von der Ästhetik her ist festzustellen, daß die Frauen im Können, im Einsatzwillen und dem gezeigten Ernst im Wettkampf ihren männlichen Kollegen in nichts nachstehen. Ein weiterer Schritt zur sportlichen Emanzipation ist vollzogen.«

Olympische Winterspiele in Sarajevo: »Nema problema«

7. bis 19. Februar 1984. Die Idee, in Sarajevo Olympische Winterspiele zu veranstalten, wurde am Stammtisch geboren.

Als das reiche Denver 1977 die Ausrichtung der nächsten Winterspiele absagte und Innsbruck erneut einspringen wollte, kamen Funktionäre in der Hauptstadt der jugoslawischen Teilrepublik Bosnien und Herzegowina auf die Idee, daß sich genausogut Sarajevo um die Ausrichtung der Spiele bewerben könnte. Nach etlichen Slibowitz war Bürgermeister Anto Sucic für den Plan gewonnen. Er gestand später: »Wir wußten aber damals nicht, was da alles auf uns zukommen sollte.«

Ohne große Illusionen fuhr man 1978 nach Athen, wo das Internationale Olympische Komitee (IOC) die Winterspiele vergab, und hätte sich nicht gegrämt, wenn der schwedische Dauerbewerber Aare/Falun den Zuschlag erhalten hätte. Aber das IOC fand es opportun, zum ersten Mal ein sozialistisches und zugleich blockfreies Land zu olympischen Ehren kommen zu lassen.

In Sarajevo erkannte man die einmalige Chance. »Die Grundvoraussetzungen für den Skitourismus, Berge und Schnee, bringen wir mit«, versicherte Pressechef Pavel Lukac. »Uns fehlt nur die notwendige Infrastruktur. Mit den Winterspielen wollen wir den Leuten bewußt machen, daß man auch bei uns, und nicht nur in den Alpenländern, einen dreiwöchigen Skiurlaub verbringen kann.«

252 Mio. DM mußten für Olympiabauten und weitere 147 Mio. für die Organisation aufgebracht werden. In Artur Takac, dem früheren technischen Direktor des IOC, gewann man einen erfahrenen Organisator. Und als sich die US-amerikanische Fernsehgesellschaft ABC bereit fand, 92 Mio. US-Dollar für die Fernsehrechte zu zahlen — insgesamt brachte der Verkauf der Übertragungsrechte Sarajevo 102 Mio. US-Dollar ein —, waren auch alle finanziellen Probleme gelöst. Zumal die findigen Organisatoren mit den Baufirmen Festpreise in Landeswährung abschlossen. Der Dinar aber fiel, der Dollar stieg. »Nema problema«, hörte daher jeder, der sich skeptisch in Sarajevo umsah. Ein Problem heißt allerdings »Magla«. Der Nebel legt oft den Flugplatz lahm. Aber wie sich zeigen sollte, nicht nur diesen.

△ Zu den 14. Olympischen Winterspielen treten im Kosevo-Stadion 1530 Teilnehmer aus 49 Nationen an. Rund 60 000 Zuschauer kommen nach Bosnien. Alle Sportanlagen wurden rechtzeitig fertig.

◁ Skisprunganlage Malo Polje. Vorn das Maskottchen Vucko, das Wölfchen. Noch nie fanden Olympische Spiele auf dem Balkan statt, noch nie in einer südlicheren Stadt.

◁▽ Erstmals wird das olympische Feuer auf dem Balkan entzündet, in einer Halbmillionenstadt mit über 80 Moscheen und zahllosen Basaren.

▽ Jugoslawiens Ski-Star Bojan Krizaj legt das olympische Versprechen ab.

Jubel und Pfiffe in der Schneehölle am Berg Bjelasnica

Februar 1984. Bevor sich der idyllisch gelegene Berg Bjelasnica in eine Schneehölle verwandelt, gehen einige Sportler dort durch ein Fegefeuer. Es war zwar zu erwarten, daß die 25 000 Zuschauer am Hang des Riesenslalom die Jugoslawen Bojan Krizaj, Boris Strel und Jure Franko vom Start bis ins Ziel mit Jubelstürmen begleiten würden. Aber unerwartet ist doch das gellende Pfeifkonzert, das dem Schweizer Max Julen, dem Liechtensteiner Andreas Wenzel und dem Österreicher Franz Gruber entgegengellt. Julen macht das nichts aus. Im Gegenteil, ihn motiviert dieser Psychoterror. Er holt Gold vor Franko und Wenzel.
Der Abfahrtslauf muß mehrmals verschoben werden. Der einzige, der es vorher für möglich hielt, daß der 24jährige Kalifornier Bill Johnson Sieger der Königsdisziplin werden könnte, war Bill selbst. Als nach der ständigen Ungewißheit, wann das Rennen denn endlich stattfinden könnte und unter welchen Bedingungen, favorisierten Läufern wie Franz Klammer, Helmut Höflehner oder Pirmin Zurbriggen die Knie weich werden, fegt Bill unbekümmert mit 104,5 km/h den Hang hinab. Da kommen nur noch zwei im letzten Moment eingesetzte Ersatzfahrer, Peter Müller (Schweiz) und Anton Steiner (Österreich), in die Nähe.
Im Slalom teilen sich die US-amerikanischen Zwillinge Phil und Steve Mahre Gold und Silber vor dem Franzosen Didier Bouvet.

Der Schweizer Max Julen (Abb.) fühlt sich im Riesenslalom siegessicher, denn Ingemar Stenmark und Marc Girardelli dürfen in Sarajevo wegen ihrer Profilizenz nicht starten.

Für den US-Amerikaner Phil Mahre (Abb.) ist es am letzten Tag der Winterspiele fast ein wenig zuviel des Glücks. Er gewinnt den Slalom vor seinem Zwillingsbruder Steven.

Mit Bill Johnsons Sieg im Abfahrtslauf gewinnt zum ersten Mal ein US-Amerikaner eine Goldmedaille im alpinen Skilauf (Abb.). Für Österreich ist die Bronzemedaille für Anton Steiner Zeichen eines Debakels, denn es bleibt die einzige Medaille bei diesen Winterspielen. Peter Müller rettet mit dem zweiten Rang in der Abfahrt die Ehre der Schweiz.

Doppelt gesiegt hält länger: Gold für Michela Figini

Februar 1984. Als der Abfahrtslauf der Damen wegen »schlechter Sicht und mangelnder Sicherheit« nach langen Diskussionen abgebrochen wird, führt die 18jährige Schweizerin Michela Figini.
Als erste Läuferin der olympischen Geschichte muß sie am nächsten Tag zum zweiten Mal zur Abfahrt starten. Als das Rennen beendet ist, heißt die Siegerin erneut Michela Figini. Experten tönen nun, man hätte das Rennen zehnmal ansetzen können, die Siegerin hätte immer Figini geheißen. Damit tut man Maria Walliser unrecht. Sie liegt nur fünf Hundertstelsekunden zurück.
Kein Experte sagt die Siegerin im Slalom voraus. »Wer ist Paoletta Magoni?« schaut man sich ratlos an. Eine 19jährige Italienerin, die als einzige – wie Bill Johnson – fest davon überzeugt war, eine Medaille zu holen. Nie hätte das Debbie Armstrong (USA) auch nur zu träumen gewagt. »Leute, ich kann euch gar nicht sagen, wie ich mich fühle«, ruft sie im Ziel des Riesenslalom.

Michela Figini auf Siegesfahrt im abgebrochenen Abfahrtslauf. Sie gewinnt auch die Wiederholung.

Debbie Armstrong aus Seattle gewinnt im Slalom die dritte Goldmedaille für die Mannschaft der USA.

Neuer »Skikönig« Gunde Svan

Februar 1984. Es ist schon fast Tradition, daß der erste nordische Laufwettbewerb von Russen gewonnen wird. Sie kommen stets wie entfesselt aus dem Trainingslager.
So stürmt auch in Sarajevo Nikolai Simjatow, der Sieger von Lake Placid, über die 30 km, gefolgt von Alexandr Sawjalow und Wladimir Sachnow. Ein Schneesturm, der die Loipe zum Teil verweht, stört die Russen wenig. In das russische Terzett drängt sich ein 22jähriger Schwede und verhindert einen dreifachen Erfolg der UdSSR.

Drei Tage später läßt Gunde Svan über 15 km die drei Finnen Aki Karvonen, Harri Kirvesniemi und Juha Mieto hinter sich. Wieder drei Tage später kommt es zum direkten Duell mit Simjatow in der 4x10-km-Staffel. Beide gehen als Schlußläufer gleichzeitig auf die Strecke, zuletzt hat Svan den Russen niedergekämpft. Wieder drei Tage später greift Svan auch nach Gold über 50 km. Doch da läßt sich der erfahrene Schwede Thomas Wassberg nicht bezwingen. Svan erläuft Silber.

Nikolai Simjatow (Abb.), um den es vier Jahre lang still war, wiederholt über 30 km seinen Olympiasieg von Lake Placid vor Alexandr Sawjalow.

Der Schwede Gunde Svan, gewinnt die Goldmedaille über 15 km und in der 4x10-km-Staffel, Silber über 50 km und Bronze über 30 km.

Dreimal Gold und dreimal Tränen

Februar 1984. Sobald sie durchs Ziel spurtet, beugt sie sich vornüber, damit man nicht sieht, wie ihr die Tränen in die Augen schießen. Dreimal weint sie. Am liebsten würde sich Marja-Liisa Hämäläinen irgendwo verstecken. Dabei ist der 28jährigen Finnin aus Simpele in Karelien klar, daß sie jedesmal ganz überlegen gewonnen hat. Vielleicht denkt sie an die Weltmeisterschaften vor zwei Jahren in Oslo. Da fragte sie, völlig enttäuscht und frustriert, ihren Trainer, ob es noch Sinn hätte, weiterzumachen. Dieser antwortete: »Mach weiter. Du wirst noch Gold machen.«
Aber man weiß, was solche Aufmunterungen wert sind. Nichts, wenn man nicht selbst daran glaubt. Und in Sarajevo macht Liisa Gold: Über 10 km, über 5 km und über 20 km. Einmal reicht es nur zur Bronzemedaille: In der 4x5-km-Staffel gibt es vom Start weg keinen Zweifel am Sieg der Norwegerinnen Inger Nybraaten, Anne Jahren, Brit Pettersen und Berit Aunli. Aber überraschend stark laufen die Tschechinnen. Deren Schlußläuferin Kveta Jeriova läßt die Finnin nicht an sich herankommen und läuft über drei Sekunden schneller als Liisa. Darüber weint sie jedoch nicht. Über Bronze lacht sie.

Marja-Liisa Hämäläinen, die finnische Skikönigin, gewinnt die Goldmedaille in allen drei Einzelkonkurrenzen und kommt mit der Staffel noch zu Bronze.

Zwei Leichtgewichtler kommen im Skiflug groß raus

Februar 1984. Nach dem Springen auf der 70-m- und 90-m-Schanze in Malo Polje steht für den deutschen Trainer Ewald Roscher das Erfolgsrezept in dieser Disziplin fest. »Bei Jens und Matti stimmt das Verhältnis Größe zu Gewicht derart perfekt, daß sie, bei auch nur gleichwertigem technischem Können, den andern davonfliegen müssen.« Schaut man sich diesen Jens Weißflog und Matti Nykänen an, kann man Roscher nur zustimmen: Weißflog ist 1,63 m groß und wiegt 51 kg, Nykänen bringt es bei 1,76 m auf 59 kg. Vergeblich hungerten die österreichischen »Adler« ab. Ihre Schwingen bleiben geknickt wie ihre Fans. Vergeblich schreien 60 000 Zuschauer einen Erfolg von Primoz Ulaga herbei. Weißflog gewinnt auf der kleinen Schanze vor Nykänen. Matti holt die Goldmedaille auf der Großschanze.

△ Der Finne Matti Nykänen (Abb.) gewinnt auf der 90-m-Schanze mit Springen von 116 m und 111 m und 231,2 Punkten vor Jens Weißflog (DDR), der mit Sprüngen von 107 m und 107,5 m 213,7 Punkte erhält.

▷ Jens Weißflog (Abb.) gewinnt auf der 70-m-Schanze mit Sprüngen von 90 m und 87 m und 215,2 Punkten vor Matti Nykänen mit Sprüngen von 91 m und 84 m und 214,0 Punkten. Dritter wird der Finne Jari Puikkonen.

Als alle noch über das Wetter und das schlechte Eis schimpfen, läuft Karin Enke Weltrekord über 1500 m in 2:03,42 min.

Gaetan Boucher, Gold über 1000 m und 1500 m, Bronze über 500 m

Streit um Profis beim Eishockey

Februar 1984. Vier Tage vor Beginn des Eishockeyturniers bekam das Internationale Olympische Komitee (IOC) eine Schwarze Liste auf den Tisch gelegt mit Namen von Profispielern, die in Sarajevo antreten sollten. 26 Spieler wurden aus dem Verkehr gezogen.

Für den Titelverteidiger USA, der schon zur Vorrunde US-Zuschauer in die Skenderija-Eishalle lockt, beginnt das Turnier ernüchternd. Die US-Boys verlieren 2:4 gegen Kanada und erreichen nicht einmal die Finalrunde. Dort bleiben die Kanadier ohne jeglichen Punktgewinn. Die Medaillen gehen an die UdSSR, die ČSSR und Schweden. Dabei hat die UdSSR nur im letzten Spiel gegen den alten Rivalen ČSSR einige Mühe, bis mit einem 2:0 der sechste Olympiasieg seit 1956 feststeht.

Der deutschen Mannschaft bleibt neben dem fünften Rang die Genugtuung, in dem 33jährigen Erich Kühnhackl mit 14 Punkten den besten Spieler des Turniers (acht Tore, sechs Torpässe) gestellt zu haben.

Als bester Eishockeyspieler aller Zeiten wird der 31jährige Wladimir Tretjak gefeiert, der bei vier Olympischen Spielen mit drei Goldmedaillen und einer Silbermedaille und bei zehn gewonnenen Weltmeisterschaften das Tor der UdSSR hütete.

Die Rivalinnen aus Dresden

Februar 1984. Bei den Herren gibt es niemanden, dem man zutraut, im Eisschnellauf die Nachfolge von Eric Heiden (→ Februar 1980) anzutreten. Bei den Damen dagegen sollte Karin Enke für Goldmedaillen auf allen vier Laufstrecken gut sein. Es werden auch vier Medaillen für die 22jährige Dresdenerin, aber nur zwei davon sind aus Gold, zwei immerhin aus Silber.

Karin Enke startet mit einer Niederlage über 500 m gegen Christa Rothenburger (DDR). Anschließend gewinnt sie jedoch programmgemäß die 1000 m und die 1500 m. Zweite wird Andrea Schöne, die auch aus Dresden kommt. Sie ist ein ganz anderer Typ als die athletische, 75 kg schwere Karin, die als Eiskunstläuferin begann. Andrea (1,63 m, 58 kg) hat eher die Figur für Tänze und Sprünge. Das hinderte die 23jährige jedoch nicht daran, zahlreiche Weltrekorde aufzustellen.

Über 3000 m hatte Andrea, damals Mitscherlich, schon 1976 in Innsbruck olympisches Silber gewonnen. Damit will sie sich in Sarajevo nicht begnügen. Sie nimmt ihrer Rivalin Karin 1,5 Sekunden ab. Niemand sonst konnte die beiden Schnellen aus Dresden gefährden.

Ein Sterben in Schönheit zu den Klängen des »Bolero«

14. Februar 1984. Mit ihrem neuen Programm reißen Jayne Torvill und Christopher Dean die Zuschauer im Zetra-Eisstadion zu wahren Begeisterungsstürmen hin. Einfallsreich hatten sich die nunmehr 26jährige und ihr 25jähriger Partner schon wiederholt gezeigt. Was sie mit Trainerin Betty Callaway für Sarajevo kreierten, übertrifft hingegen alles Vorangegangene. Auf Maurice Ravels »Bolero«, einer Musik mit ebenso monotonem wie unerbittlichem Rhythmus, bauten sie eine hinreißende Geschichte von Liebe und Leidenschaft, Lust und Tod auf.

Neben diesem »Traumpaar von Sarajevo« verblassen alle anderen Darbietungen. So der erstmals gestandene vierfache Toe-Loop des Russen Fadejew. Und Olympiasiegerin Katarina Witt »stirbt« erst vier Jahre später sehr schön. Aber allein (→ 27. 2. 1988).

Jayne Torvill und Christopher Dean zum Abschluß ihres »Bolero«, der ihnen stürmische Ovationen einbringt

Ganz knapp gewinnt Katarina Witt.

Den Werfern werden die Stadien zu klein

20. Juli 1984. Seit 19.52 Uhr hat die International Amateur Athletic Federation ein Problem. Der 1,98 m große, 115 kg schwere Uwe Hohn, Unterleutnant der DDR-Volksarmee, schleudert in Berlin (Ost) den Speer auf 104,80 m oder von Fußballtor zu Fußballtor.
Entweder beginnt man nun weltweit mit dem Bau größerer Stadien, oder man verlagert den Schwerpunkt der Speere um 4 cm zur Spitze hin, was solche Weiten unmöglich macht. Der internationale Verband entscheidet sich für die letzte, billigere Lösung. Inzwischen ist der Russe Juri Sedych allerdings im Hammerwerfen bei 86,34 m angelangt, was weitere Wettbewerbe im Stadion lebensgefährlich macht.
Spielraum gibt es noch nach oben. So steigern sich am 31. August in Rom der Franzose Thierry Vigneron und der Russe Sergej Bubka im Stabhochsprung auf 5,91 m und 5,94 m. Um Mitternacht scheitert Bubka dreimal an der Traumgrenze von 6 m.
Höhenflüge auch im Hochsprung: Nur sieben Minuten nach Uwe Hohns »Wurf des Jahrhunderts« schwingt sich die unbekannte Bulgarin Ludmilla Andonowa, ebenfalls in Berlin (Ost), über 2,07 m.
Bekannter ist Zhu Jianhua, der beim traditionellen Hochsprung-Meeting in Eberstadt seinem Ruf mit 2,39 m gerecht wird. »Von ihm kann man nicht viel lernen«, mosern seine Konkurrenten, »er springt gegen alle Regeln der Kunst.« Aber er springt Weltrekorde.

Zhu Jianhua (Abb.), 1,94 m groß, springt mit 2,39 m Hochsprung-Weltrekord. Dietmar Mögenburg und Carlo Thränhardt folgen mit 2,36 m.

◁ Wie Zhu steigert auch Hammerwerfer Juri Sedych den Weltrekord. Seine Annäherung an die 90-m-Grenze wirft die Frage auf, ob man das Wurfgerät nicht ändern muß.

▽ Uwe Hohn hat mit dem Speer eine Weite von 104,80 m erreicht, die nicht mehr übertroffen werden darf.

»Urplötzlich wird es still in dir«

Über die Grenzen menschlicher Leistungsfähigkeit wird man diskutieren, solange es sportliche Rekorde gibt. Noch unergründet sind Ursachen von Höchstleistungen zu einem ganz bestimmten Zeitpunkt.
US-amerikanische Wissenschaftler analysierten 4500 Sportberichte und stießen auf Kräfte, die man »Psi« nennt. Den Finnen hat man als irrationale Energiequelle schon immer »Sisu« nachgesagt, den Japanern »Es«. Reporter beschwören den »olympischen Geist«.
Nicht nur Wissenschaftler, sondern auch Sportler suchen daher gleichsam nach einem Riß in einem Vorhang. Juri Wlassow: »Auf dem Höhepunkt einer ungeheuren und erfolgreichen Anstrengung wird es urplötzlich still in dir. In solch einem Augenblick bist du überzeugt, daß du alle Kräfte dieser Welt besitzt. Es gibt keinen wertvolleren Augenblick im Leben …« Billie Jean King: »Es ist ein vollkommenes Zusammenspiel von gewaltiger Aktion, die in einer Atmosphäre vollkommener Stille stattfindet. Wenn das geschieht, dann möchte ich das Spiel aufhalten und in das Mikrofon rufen: ›Das ist es, um was es eigentlich geht!‹« Toller Cranston: »Das Publikum war ganz still, schaute gebannt zu und empfand das Geschehen voraus. Ich fühlte plötzlich, wie ein elektrischer Schlag durch die Menge ging. Sie verstanden!« Der Baseballexperte Richard Grossinger: »Gelegentlich haben einige Spieler die besten Ballspiele ihres Lebens geliefert, nachdem sie ihre eigentlichen körperlichen Werkzeuge scheinbar verloren hatten.«
Es scheint, als eröffne sich solchen Sportlern eine vierte Dimension. Der Wunsch, diesen Augenblick mitzuerleben, lockt die Zuschauer vom Bildschirm weg in Stadien und Sporthallen. Nur dort können sie den »Riß im Vorhang« miterleben, der das Geheimnis menschlicher Höchstleistungen lüftet.

»Häuptling Silberlocke« nach Fußball-EM am Marterpfahl

13. bis 27. Juni 1984. 20 000 deutsche Schlachtenbummler erleben in Straßburg eine Enttäuschung, als sich bei der Fußball-Europameisterschaft Titelverteidiger Deutschland von Portugal 0:0 trennt. Die Presse höhnt: »Deutschland Europameister im Querspielen.«

Das 2:1 gegen Rumänien ist nicht geeignet, die Reputation der Mannschaft zu verbessern. Sie verdankt es Rudi Völler, daß sie mit seinen zwei Toren zu zwei Punkten kommt.

Im dritten Vorrundenspiel wird wieder einmal gerechnet: Als die Spanier im Pariser Prinzenpark-Stadion nicht einmal einen Strafstoß an Torwart Harald Schumacher vorbeibringen, erhalten die Deutschen den Trainerratschlag: »Ein 0:0 reicht!« Diese seltsame Art, Fußballer zu motivieren, wird prompt bestraft. Den Spaniern reicht ein 0:0 keineswegs, sie schießen 40 Sekunden vor Spielende das 1:0. Für Deutschland ist das Turnier beendet. Presse und Publikum fordern den Kopf von Bundestrainer Jupp Derwall, dem man noch die Weltmeisterschaft in Spanien nachträgt (→ 25. 6. 1982). Eine Woche später tritt »Häuptling Silberlocke« zurück.

Die Europameisterschaft steht mittlerweile ganz im Zeichen von Michel Platini. Er schoß das 1:0 gegen Dänemark, skorte dreimal beim 5:0 Frankreichs gegen Belgien und ebensooft beim 3:2 gegen Jugoslawien. Beim 3:2 gegen Portugal öffnet »Platinissimo« den Franzosen den Weg ins Endspiel.

Dort ist es wieder Platini, der Spaniens Torwart Arconada mit einem überraschenden Schuß überrumpelt. Kurz vor dem Abpfiff sichert Bellone Frankreich mit seinem Treffer zum 2:0-Endstand den Europameistertitel. Über Platini urteilt Pelé: »Er besitzt das nicht erlernbare Talent, zum richtigen Zeitpunkt genau das Richtige zu machen.« Neben Platini verfügt die französische Mannschaft in Joël Bats, Maxime Bossis, Jean Tigana, Alain Giresse über weitere hervorragende Spieler.

Es gibt bei der EM 1984 in Frankreich aber auch einen erfolgreichen deutschen Trainer. Sepp Piontek betreut die dänische Nationalmannschaft, die begeisternden Angriffsfußball bietet, aber in Alan Simonsen einen ihrer besten Spieler durch Beinbruch verliert.

△ Michel Platini (M., im Finale gegen Spanien) ist der Star der EM. Sein Freistoßtor in der 57. Minute des Endspiels ist sein neuntes Tor in fünf Spielen und sichert Frankreich den Titelgewinn. Der Ball fliegt an der Mauer der Abwehrspieler vorbei in die Arme von Torwart Arconada, der den Ball jedoch ins Tor rutschen läßt.

◁ Ausgerechnet einer der besten Spieler der dänischen Mannschaft, Preben Elkjaer-Larsen, jagt nach einem 1:1 n. V. gegen Spanien beim Elfmeterschießen als letzter Schütze den Ball am spanischen Tor vorbei. Damit hat Spanien das Endspiel erreicht, was viele Beobachter eher den Dänen gegönnt hätten.

Das »Aus« für den Europameister, das zugleich das »Aus« für den bundesdeutschen Nationaltrainer Jupp Derwall bedeutet. Eine zaghafte deutsche Elf, die sich gegen Spanien mit einem 0:0-Unentschieden zufriedengeben wollte, wird in der letzten Minute überrascht. Eine weite Vorlage wird von Antonio Maceda mit einem wuchtigen Kopfball an Torwart Schumacher vorbei ins Tor befördert.

XXIII. Olympische Sommerspiele im Zeichen Hollywoods

28. Juli 1984. Weniger den 92 000 Zuschauern im Coliseum als vielmehr den 2 Mrd. Fernsehzuschauern wird bei der Eröffnungsfeier der Spiele der XXIII. Olympiade klar, daß Los Angeles in der Nähe von Hollywood liegt.
Stanley Kubrick führt offenbar Regie, als ein düsengetriebener Astronaut wie von einem anderen Stern ins Stadion einschwebt. Von Gene Kelly könnte die Idee stammen, 84 blaubefrackte Pianisten auf 84 blauen Flügeln George Gershwins »Rhapsodie in blue« spielen zu lassen. Beim Zug der Planwagen hätte ein John Ford die Hand im Spiel haben können. Und Ronald Reagan spielt wirklichkeitsnah den ersten US-Präsidenten, der Olympische Spiele eröffnet.
Auch für sportliche Symbolik ist gesorgt. Gina Hemphill, eine Enkelin von Jesse Owens, bringt das olympische Feuer, Rafer Johnson, Zehnkampf-Sieger von 1960, entzündet die Flamme. Wie für die Kamera arrangiert versinkt um 20 Uhr die Sonne als glutroter Ball langsam im Pazifik. Auf der Anzeigetafel, die zur Videowand wird, kann man das Naturschauspiel verfolgen.

△ Die NASA steht Pate bei diesem Gag: Getreu der dramaturgischen Regel »Man muß mit einem Höhepunkt anfangen und sich dann langsam steigern« eröffnet ein fliegender Mensch die fast vierstündige Eröffnungsfeier. David Wolper inszeniert eine effektvolle Show.

◁ Trotz des Boykotts durch 15 Ostblockstaaten verzeichnet Los Angeles eine Rekordteilnahme von 140 Ländern. Es sind die ersten »offenen« Spiele, und es ist paradox, daß die »Staatsamateure«, die nie etwas anderes waren als verkappte Profis, fernbleiben. Edwin Moses bereiten die Sprachhürden des olympischen Versprechens weit mehr Schwierigkeiten als die Hürden auf der Laufbahn.

»Mr. Olympia« Peter Ueberroth – das Finanzgenie der Spiele

Olympische Spiele wollte man in Los Angeles schon haben, sie durften nur keinen Cent an Steuergeldern kosten. Allein das Beispiel von Montreal, das immer noch seine Schulden aus dem Jahr 1976 abstottert, schreckte ab. Also suchte man zur Finanzierung eines notorisch defizitären Unternehmens, wie es Olympische Spiele traditionell sind, private Geschäftsleute.
Schließlich gelang es den Organisatoren, für die Veranstaltung, zu der Mannschaften aus 140 Ländern anreisen, den Chef eines Reisebüros als Manager zu gewinnen. Peter Ueberroth äußerte spontan: »Je größer das Desaster ist, desto mehr reizt mich die Aufgabe.« Das war der richtige Mann.
Die Ausschreibung für die Errichtung der Olympia-Bauten in Los Angeles begann mit dem Satz: »Arrangements are to be spartan.« In Olympia weigerte man sich, das Feuer im heiligen Hain zu entzünden, als bekannt wurde, daß jeder, der in den USA 1000 y mit der Fakkel laufen wolle, 3000 US-Dollar zahlen müsse. 15 000 km führte die Strecke durch 33 Bundesstaaten. Man mußte sie künstlich verlängern, weil sich zu viele Fackelläufer und Fackelkäufer meldeten.
1980 in Lake Placid brachten 381 Firmen 9 Mio. US-Dollar an Sponsorgeldern ein. Ueberroth beschränkte die Zahl der Sponsoren strikt auf 30, doch mußte jedes Unternehmen mindestens 4 Mio. US-Dollar zahlen. Die Firmen rannten ihm die Tür ein. Wer zu spät kam, durfte dafür das Velodrom bauen oder ein Schwimmbad oder die Schießanlage.
Ueberroth stellte 50 000 ehrenamtliche Helfer ein und feuerte jeden auf der Stelle, der ihm eine Spesenrechnung vorlegte. Als die ABC 225 Mio. US-Dollar für die Fernsehrechte zahlte, hatte Ueberroth die Hälfte seines 500-Mio.-Etats längst gedeckt. Coca-Cola zahlte 35 Mio. US-Dollar für Werbemaßnahmen und stiftete weitere 15 Mio. US-Dollar dem Organisationskomitee. McDonald's spendete 55 Mio. US-Dollar und — fürs spartanische Leben — 9 Mio. Buletten.

Peter Ueberroth organisierte die Spiele, die »niemand haben wollte«.

Das alles geschah nicht aus Liebe zur olympischen Idee. Diese Zuwendungen zahlen sich aus. Die ABC verkauft für ihre 180 Sendestunden Werbespots im Wert von 615 Mio. US-Dollar. Andere Sponsoren werben auf 5,8 Mio. verkauften Eintrittskarten.
Inzwischen hat auch das Internationale Olympische Komitee (IOC) die Zeichen der Zeit erkannt. Ein internationales Marketing-Unternehmen bietet dem IOC 1 Mrd. US-Dollar für die Welt-Fernsehrechte an den Sommerspielen in Seoul 1988. Juan Antonio Samaranch lehnt ab. Nicht aus ethischen Beweggründen: Er weiß, daß damit mehr zu verdienen ist. Am Schluß verbucht Topmanager Ueberroth 225 Mio. US-Dollar Gewinn. Olympia als Riesengeschäft. Das hat es noch nie gegeben. Das US-Magazin »Time« präsentiert zum Jahreswechsel Peter Ueberroth als »Man of the Year«.

»Go for Gold!« – Carl Lewis, Spitzenstar mit Starallüren

August 1984. Die seltsame Geschichte eines Superstars, der sich im Olympiastadion seines Heimatlandes auspfeifen lassen muß, hat eine Vorgeschichte. Carlton McHinly Lewis, seit den Leichtathletik-Weltmeisterschaften im Vorjahr bereits als »Carl der Große« gepriesen, sagte voraus, er werde in Los Angeles vier Goldmedaillen gewinnen. Er tut das auf solch arrogante Art, daß sich das Publikum gefreut hätte, wäre es ihm nicht gelungen.

Die 100 m gewinnt Lewis mit einer Leichtigkeit, als handle es sich um ein besseres Training. Besonders seine Temposteigerung ab 70 m fasziniert. Doch seine 9,99 sec sind kein Weltrekord. Das trübt ein wenig das Gold.

Zwei Tage später packt Lewis im Weitsprung nach 8,54 m seine Sachen. Er weiß, daß keiner seiner Konkurrenten weiter kommen wird. Er hätte noch drei Sprünge, um den Weltrekord von Bob Beamon anzugreifen. Die schenkt er sich. Angeblich, um sich für die 200 m zu schonen. Dafür pfeift man ihn aus. Ein Superstar hat sich nicht zu schonen. Die 200 m gewinnt Lewis zwei Tage später so sicher, daß niemand glaubt, er habe dafür Schonung nötig gehabt. Die Siegerzeit von 19,80 sec ist jedoch ebenfalls kein Weltrekord.

Was Lewis wirklich zu leisten vermag, zeigt er in der 4x100-m-Staffel. Als Schlußläufer legt er die 100 m bei fliegendem Start mit genau 45 Schritten in 8,94 sec zurück. Der Weltrekord gehört der Staffel mit 37,83 sec. Vier Goldmedaillen sind schön und gut. Aber vier Weltrekorde, das wäre »super« gewesen.

Carl Lewis (915) holt über 100 m unangefochten in 9,99 sec olympisches Gold.

△ Über 200 m gewinnt Carl Lewis (915) vor seinen Landsleuten Kirk Baptiste und Thomas Jefferson. Er geht die Strecke schneller an als je zuvor, aber zum Weltrekord reicht die Siegerzeit nicht.

▷ Mit der 4x100-m-Staffel siegt Carl Lewis in Weltrekordzeit mit Calvin Smith (r. mit Lewis beim letzten Wechsel), Sam Graddy und Ron Brown. Jamaika und Kanada folgen auf den nächsten Plätzen. Die Staffel der Bundesrepublik Deutschland erreicht hinter Italien den fünften Rang.

◁ Im Weitsprung schlägt Carl Lewis (Abb.) mit 8,54 m seinen Landsmann Gary Honey und den Italiener Giovanni Evangelisti, die beide 8,24 m erreichen.

Comeback für Sebastian Coe

11. August 1984. Auf dem Siegerpodium steht ein Athlet mit ekstatisch verklärtem Gesicht und reckt die Arme zum Himmel, als wolle er übernatürlichen Kräften danken, die ihm zu einer Wiedergeburt verhalfen. Es ist Sebastian Coe in der Stunde seines größten Triumphs. Nach seiner Niederlage bei den Europameisterschaften in Athen 1982 und seinem Fehlen bei den Weltmeisterschaften in Helsinki 1983 hatte man den Briten schon abgeschrieben. Seine Weltrekorde könne er nur gegen die Uhr laufen, in harten Wettkämpfen enttäusche er. Schnell wurde aus einem Idol ein Versager. Und deutete sich das beim 800-m-Lauf nicht wieder an? Coe wurde zwar, wie vor vier Jahren, Zweiter, aber stärker beeindruckte der Brasilianer Joaquim Cruz, der Coe keine Siegchance ließ.

Der Brasilianer Joaquim Cruz (093) überrascht den Briten Sebastian Coe (359) auf seiner 800-m-Spezialstrecke mit einem kraftvollen Spurt.

Im 1500-m-Lauf stürmt Coe sofort an die Spitze, sieht aber nach 200 m ein, daß dies zu nichts führt. Die Führung überläßt er dem US-Amerikaner Steve Scott, dem der Sudanese Omar folgt. 59,00 sec für die ersten 400 m. Und das Rennen bleibt schnell. Bei 800 m wird als Zwischenzeit 1:56,81 min gestoppt. Scott macht weiter die Pace, Coe bleibt dichtauf, gefolgt von dem Spanier Abascal und Steve Cram. Nach 1200 m in 2:53,00 min führt Abascal vor den drei Briten Coe, Cram und Ovett. Scott fällt weit zurück und gibt auf. 350 m vor dem Ziel wankt Ovett nach einem Kollaps von der Bahn. Auf der Zielgeraden zieht Cram den Spurt an, aber plötzlich scheint es, als wüchsen Coe Flügel. Er schlägt Cram mit fast einer Sekunde Vorsprung, verbessert seinen olympischen Rekord von Moskau um sechs Sekunden. Eine imponierende kämpferische Leistung. Die beweist zur Freude der Zuschauer im 400-m-Lauf der 23jährige US-Amerikaner Alonzo Babers, der zuerst 45,17 sec, 44,75 sec und 45,81 sec laufen mußte, um den Endlauf zu erreichen. Dort zwingt er sich zu einer weiteren Steigerung, um in 44,27 sec Gabriel Tiacoh zu schlagen. Wo dieser plötzlich herkam, erfährt er erst beider Siegerehrung: Von der Elfenbeinküste.

Coe hält hinter Cruz knapp den zweiten Platz. Bronze über 800 m geht an den US-Amerikaner Earl Jones vor Konchellah (Kenia) und Sabia (Italien).

Gonzalez' langer Marsch

10. August 1984. Als am Ziel des 50-km-Gehens der Mexikaner Raul Gonzalez unter Blumen fast begraben wird, und freudetrunkene Mexikaner ihm mehr Nationalfähnchen in die Hände drücken als er halten kann, ist Los Angeles für einen Tag und eine lange Nacht wieder mexikanisch, was es bis 1848 war.

Bis zu diesem großen Augenblick hat Gonzalez einen langen Marsch zurückgelegt. 1976 kam er in Montreal beim 20 km Gehen als Fünfter an, rechtzeitig genug, um seinem Landsmann Daniel Bautista zum Olympiasieg zu gratulieren. 1980 in Moskau wurde Gonzalez über 20 km Sechster. Vor einer Woche wollte er endlich gewinnen, bezwang auch den Sieger von Moskau, Maurizio Damilano, aber Gonzalez' Landsmann Ernesto Canto, der vom Start weg führte, ging sieben Sekunden schneller.

Als Gonzalez diesmal nach 3:47:26 h im Coliseum eintrifft, feiern ihn die Zuschauer, weil ihnen der Stadionsprecher mitteilt, daß der nächste Geher noch weit zurückliegt. So wird die letzte Runde zur Ehrenrunde für Gonzales.

Der Mexikaner Raul Gonzalez gewinnt bei seiner dritten Olympiateilnahme seit 1976 Silber über 20 km und Gold über 50 km Gehen.

Hochsprung-Roulette

11. August 1984. Ein Hochspringer sollte nicht unter Druck stehen. Den Chinesen Zhu Jianhua belastet sein Weltrekord. Der US-Amerikaner Dwight Stones trägt die Bürde des Lokalmatadors. Der Schwede Patrik Sjoeberg muß sich als der neue Himmelsstürmer erweisen.

Der Deutsche Dietmar Mögenburg will gewinnen, sonst nichts. Daß man dies nur den drei anderen zutraut, beflügelt ihn. Seine völlige Unberührtheit verunsichert die Konkurrenten. Die Präzision, mit der Mögenburg, stets im ersten Versuch, 2,15 m, 2,21 m, 2,27 m, 2,31 m, 2,33 m und 2,35 m überspringt, verblüfft. Zhu, der von 2,31 m auf 2,35 m erhöhen läßt, scheitert dreimal an dieser Höhe. Sjoeberg, der 2,33 m überwand, ebenso. Stones kommt über 2,31 m nicht hinaus. Sechsmal hat Mögenburg auf Gold gesetzt. Jede Zahl war ein Treffer. Zuletzt läßt er die Latte als Olympiasieger noch auf die Weltrekordhöhe von 2,40 m legen. Aber die Spannung ist weg. Nach drei Versuchen heißt es für ihn: »Rien ne va plus.«

Als Mann ohne Nerven bestreitet Dietmar Mögenburg (Abb.) das Hochspringen. Auf die Minute topfit, hochkonzentriert und technisch perfekt, genügen ihm sechs Sprünge zur Goldmedaille. Ihn motiviert die gespannte Atmosphäre des Wettkampfes, an der der Chinese Zhu Jianhua scheitert.

Carlos Lopez gewinnt »Hitze-Marathon«

August 1984. Am letzten Tag der Sommerspiele im sonnigen Kalifornien wird der Marathonlauf bei 29 Grad im Schatten zu einer Hitzeschlacht. Der Niederländer Gerard Nijboer, Silbermedaillengewinner von Moskau, steigt erschöpft aus, der australische Weltmeister Robert de Castella reibt sich im Kampf mit Ikangaa aus Tansania, Nzau aus Kenia und Robleh aus Djibuti auf.

Merkwürdigerweise überstehen nicht die Afrikaner die hohen Temperaturen am besten, sondern der Ire John Treacy und der Brite Charles Spedding, die sich noch auf der letzten Stadionrunde ein Spurtfinish leisten.

Sieger wird ein Läufer, der schon seit Jahren zu den besten Langstreckenläufern zählt, aber in großen Rennen immer wieder geschlagen wurde. Für den 37jährigen Portugiesen Carlos Lopes ist dieser Marathonlauf die letzte Chance, zu einem Erfolg zu kommen. Er nutzt sie, als er auf den letzten 5 km auf glühendem Asphalt zum Schlußangriff ansetzt. Seine 2:09:21 h sind die schnellste Zeit, die je in einem Marathonlauf bei Olympischen Spielen gelaufen wurde.

Im 5000-m-Lauf hält sich der Portugiese Antonio Leitao an den Favoriten Said Aouita. Das tun auch der Brite Tim Hutchings, der Kenianer Paul Kipkoech und der Schweizer Markus Ryffel, in Moskau immerhin Fünfter. Als in der drittletzten Runde der Marokkaner das Tempo verschärft, können Hutchings und Kipkoech nicht mehr folgen. Leitao versucht, Anschluß zu halten, Ryffel aber wagt das Unmögliche, er greift Aouita an. Bei diesem Duell bleibt Leitao auf der Strecke. Aouita gibt in der Schlußrunde keinen Zentimeter Boden preis, aber Ryffel erkämpft mit der Silbermedaille seinen größten Erfolg.

Den 10 000-m-Lauf gewinnt der Italiener Alberto Cova gegen seinen schärfsten Rivalen, den Finnen Martti Väiniö, gleich zweimal: Erstens siegt er mit vier Sekunden Vorsprung, zweitens wird Väiniö wegen Dopings disqualifiziert.

Der Marokkaner Said Aouita (Abb., r.) gewinnt den 5000-m-Lauf in 13:05,59 min. vor dem überraschend starken Schweizer Markus Ryffel. Der in Italien lebende Aouita zählte auch zu den Favoriten des 1500-m-Laufs. Er verzichtete jedoch auf einen Start, um sich auf die 5000 m am vorletzten Tag der Spiele zu konzentrieren.

Triumph für den Portugiesen Carlos Lopes (Abb.), der im Marathon die einzige Goldmedaille für sein Land gewinnt. Er erreicht das Ziel eine halbe Minute vor seinen Verfolgern, dem Iren John Treacy und dem Briten Charles Spedding.

Weltmeister Alberto Cova, nun auch Olympiasieger über 10 000 m, bei der Ehrenrunde

Zum zweiten Mal seit 1976 Gold für Edwin Moses über 400 m Hürden

Harris entscheidet Duell Moses–Schmid

5. August 1984. Harald Schmid, nie sehr gesprächig vor oder nach einem wichtigen Rennen, äußert nach dem 400-m-Hürdenlauf knapp: »Es war ein gutes Rennen für mich.«

Für viele Deutsche, die auf einen Sieg Schmids gehofft hatten, ist das Ergebnis eine Enttäuschung. Sie können sich nicht in die Psyche eines Sportlers versetzen, der weiß, daß er sich optimal vorbereitete und sein Bestmögliches leistete.

Harald Schmid mußte vor den Olympischen Spielen mit dem fragwürdigen Ruf leben, der beste 400-m-Hürdenläufer nach Edwin Moses zu sein. Nun ist er nicht einmal mehr das. Ob er wirklich glaubte, Moses in Los Angeles schlagen zu können, wird man nie erfahren. Sein ganzes Streben darauf gerichtet hatte er sicherlich. Niemand ist unbesiegbar.

Die Kurvenvorgabe auf der 400-m-Strecke klärt meist erst nach der Zielkurve die wirklichen Positionen. Vielleicht erkannte ein noch siegesgewisser Schmid an diesem Punkt, daß es auch diesmal nicht reichen würde. Er rannte gegen ein Phänomen an, das ihm wie ein Phantom entglitt. Er war zu sehr auf Moses fixiert, um zu bemerken, daß es noch jemanden gab, der den großen Moses jagte. Und so hatte Schmid im Ziel nicht allein gegen Moses verloren, sondern auch gegen den 19jährigen US-Amerikaner Danny Harris. Nach so einem ernüchternden Ergebnis empfindet ein Athlet die Frage »Wie war ihnen danach zumute?« ebenfalls als Hürde.

Die US-Amerikanerin Evelyn Ashford kurz vor dem Ziel des 100-m-Laufs, den sie in 10,97 sec gewinnt

Valerie Brisco-Hooks (l.) wird überlegene Siegerin über 200 m und 400 m und gewinnt mit der Staffel.

Chandra Cheeseborough in Führung nach dem letzten Wechsel in der 4x400-m-Staffel

US-Läuferinnen über 100, 200 und 400 m unschlagbar

August 1984. Auch auf dem Laufsteg einer Modenschau machten sie eine gute Figur: Valerie Brisco-Hooks, Evelyn Ashford, Chandra Cheeseborough, Florence Griffith und Jackie Joyner. Im Coliseum von Los Angeles machen sie auf der Laufbahn Furore.

Evelyn Ashford im Wechsel mit Marlies Göhr die schnellste Frau der Welt, hat diesmal wegen des Boykotts ihre Rivalin aus der DDR nicht zu fürchten. Wohl aber die Erinnerung an die Weltmeisterschaft des letzten Jahres, als sie im 100-m-Endlauf nach 50 m mit einer Muskelzerrung zusammenbrach.

In Los Angeles startet sie schlecht. Alice Brown eilt ihr davon. Nach 70 m löst sich die Verkrampfung von Evelyn und sie gewinnt in 10,97 sec mit der schnellsten Zeit, die eine Frau bisher bei Olympischen Spielen über 100 m lief. Es ist die erste Goldmedaille für die US-Damen im Sprint seit 16 Jahren.

In der 4x100-m-Staffel kommt sechs Tage später noch einmal Gold dazu. Da läuft auch Chandra Cheeseborough mit, die Silbermedaillengewinnerin über 400 m. Chandra holt sich ihre zweite Goldmedaille unmittelbar danach mit der 4x400-m-Staffel. Hier fällt für die 24jährige Valerie Brisco-Hooks bereits die dritte Goldmedaille ab. Damit ist sie die erfolgreichste Leichtathletin in Los Angeles.

Eigentlich hatte Valerie ihre Karriere nach der Geburt ihres Sohnes vor zwei Jahren beenden wollen. Als sie dann wieder zu trainieren anfing, lief sie die 200 m nie unter 23 Sekunden und die 400 m nie unter 52 Sekunden. Über beide Distanzen gewinnt sie nun Gold, was noch keiner Läuferin vor ihr bei Olympischen Spielen gelang. Sie siegt in 21,81 sec und 48,83 sec im Sprint und in der Mittelstrecke. Niemals zuvor lief eine Frau bei Olympischen Spielen diese Zeiten.

Im Silberglanz erstrahlen daneben die schwarzen Perlen Florence Griffith über 200 m und Jackie Joyner im Siebenkampf.

Entscheidung im 1500-m-Lauf: Die Italienerin Gabriella Dorio (226), über 800 m Vierte, überrascht die Rumänin Doina Melinte mit ihrem Endspurt.

Hohe Favoritinnen scheitern

August 1984. Die zweifache Weltmeisterin über 1500 m und 3000 m, Mary Decker, konzentriert sich allein auf die 3000-m-Strecke, wo ihr in der für Großbritannien startenden Südafrikanerin Zola Budd eine Rivalin zum Verhängnis wird: Eine Rempelei bringt beide um ihre Chancen. Den Olympiasieg sichert sich die Rumänin Maricica Puica. Im 1500-m-Lauf stürmt die Rumänin Doina Melinte, die schon über 800 m gewann, ihrem zweiten Sieg entgegen, als sich in der Zielkurve aus dem Pulk der Läuferinnen Gabriella Dorio löst. Die Italienerin sichert sich die Goldmedaille vor Melinte und Puica.

Die Sensation von Los Angeles im 400-m-Hürdenlauf: Nawal El Moutawakel, die »Läuferin des Königs«, gewinnt als erste Frau eine olympische Goldmedaille für Marokko.

Nawal, des Königs Hürdenläuferin

8. August 1984. Als 13. der Weltrangliste geht Nawal in Los Angeles an den Start. Wenn sie 10 m vor der Ziellinie nicht schon jubelnd die Arme hochgeworfen hätte, wäre sie noch Weltrekord gelaufen. So lief sie gleich weiter in den unvergänglichen Ruhm, erste Olympiasiegerin im 400-m-Hürdenlauf geworden zu sein und — was weitaus schwerer wiegt — als erste Marokkanerin eine olympische Goldmedaille gewonnen zu haben.

»Vom Harem in die Hall of Fame« überschreiben die Zeitungen ihre Berichte, aber Nawal El Moutawakel kommt weder aus einem Serail noch wird sie als emanzipierte Muselmanin dort Einzug halten. Sie kommt direkt aus Bloomington. König Hassan II. von Marokko hatte sie auf die Indiana University geschickt, damit sie dort Erfahrungen über leichtathletische Betätigungen von Frauen sammelte. Selten war ein Stipendium nützlicher angelegt.

Die US-Amerikanerin Joan Benoit übernimmt im Marathonlauf schon nach 3 km die Führung und gewinnt in 2:24:52 h.

Olympiasiegerin Claudia Losch

Marathon-Drama in der letzten Runde

5. August 1984. Der Jubel im Stadion über den Sieg der US-Amerikanerin Joan Benoit im ersten olympischen Marathonlauf für Frauen verstummt jäh. Die Zuschauer erstarren vor Schreck. Die 39jährige Skilehrerin Gaby Andersen-Schiess bietet das Horrorbild, das Skeptiker immer vorausgesagt hatten.
Torkelnd, mit einknickenden Beinen, quält sie sich sieben Minuten lang über die letzte Runde. Die Schweizerin hatte in der Hitze nach 40 km versäumt, ihren Flüssigkeitshaushalt in Ordnung zu bringen.

Die Schweizerin Gaby Andersen-Schiess erreicht im Marathon den 37. Platz mit viel Mühe und Not. Sie erholt sich aber rasch von dem Hitzestau.

Winzige Spanne zum großen Glück

3. August 1984. »Ich glaube«, meint die 24jährige Westfälin Claudia Losch, »meine Weite kann sich bei Olympia sehen lassen.« Sie wäre damit vor vier Jahren in Moskau allerdings nur Sechste geworden.
Im vierten Versuch hatte die Rumänin Mihaela Loghin, der schon Stöße über 21 m gelungen waren, die Kugel auf 20,47 m gewuchtet. Claudia behält die Ruhe, vor allem, als sich Mihaela nicht mehr steigern kann. Mit ihrem letzten Versuch nutzt sie ihre Chance. Die Kugel landet bei 20,48 m — das ist Gold.

Die »alten Damen« überspringen die »jungen Hüpfer«

10. August 1984. Als die 16jährige Ulrike Meyfarth unmittelbar nach ihrem sensationellen Olympiasieg 1972 dreimal an der Weltrekordhöhe von 1,94 m scheiterte, antwortete sie, nach dem Grund befragt: »Die Suppe war weg.« Sie war danach lange weg. Kläglich ausgeschieden in Montreal 1976, ausgeladen in Moskau 1980, konnten eigentlich keine olympischen Blütenträume mehr reifen, die schon so früh einmal Früchte getragen hatten. Sie sprang dann noch einmal Weltrekord mit 2,03 m.
Inzwischen liegt die Weltrekordlatte auf 2,07 m. Durch den Boykott bleiben die 28jährige Meyfarth und die auch nicht mehr junge Sara Simeoni im Finish unter sich. Die »alten Damen« des Hochsprungs schwingen sich über 2 m, Evergreen Meyfarth noch 2 cm höher. Nun ist die Suppe zur Gänze ausgelöffelt.

△ Im Zweikampf mit der Italienerin Sara Simeoni, 1976 Silber, 1980 Gold, wird Ulrike Meyfarth (Abb.) in Los Angeles zum zweiten Mal Olympiasiegerin im Hochsprung. Sie steigerte sich von 1972 bis 1984 bei Olympischen Spielen um 10 cm, verfehlt jedoch den Weltrekord von Ludmilla Andonova um 5 cm.

◁ Ulrike Meyfarth, das Strahlen der Siegerin, die Freude einer jungen Frau, ganz anders als das verschmitzte Lachen eines Backfischs vor zwölf Jahren. Die Wiederholung eines Olympiasieges nach so langer Zeit ist einmalig in der Geschichte der Olympischen Spiele. Mit 2,02 m springt sie olympischen Rekord.

Olympiasiegerin Glynis Nunn

Knapper Sieg im ersten Siebenkampf

4./5. August 1984. Beim ersten olympischen Siebenkampf der Frauen vermißt man die osteuropäischen Athletinnen. Den Weltrekord hält seit dem 6. Mai 1984 Sabine Paetz (DDR) mit 6867 Punkten. Weitere Bestleistungen erreichten 1984 die Russin Schubenkowa (6799) und die Ostdeutsche Vater (6722).

Australien vor USA und BRD

	Nunn (AUS)	Joyner (USA)	Everts (FRG)
100 m Hürden	13,02	13,63	13,54
Hoch	1,80	1,80	1,89
Kugel	12,82	14,39	12,49
200 m	24,06	24,05	24,05
Weit	6,66	6,11	6,71
Diskus	35,58	44,52	32,62
800 m	2:10,57	2:13,03	2:09,05
Punkte	6390	6385	6363

Als Favoritin gilt in Los Angeles die farbige US-Amerikanerin Jackie Joyner, die in diesem Jahr schon 6520 Punkte erreichte. Der Wettkampf wird ungewöhnlich spannend, als die unbekannte Australierin Glynis Nunn, die in keiner Weltbestenliste steht, in Höchstform antritt.
Als die Westdeutsche Sabine Everts im Hochsprung mit 1,89 m Nunn und Joyner um 9 cm übertrifft, hat sie allerdings nicht nur eine Medaille sicher, sondern sogar eine Siegeschance. Sie ist in vier Disziplinen die Beste, Joyner in dreien, Nunn nur in einer. In der Gesamtwertung ist die Reihenfolge jedoch genau umgekehrt. Nie wurde ein Siebenkampf knapper entschieden.

US-Staffel stoppt »goldene Serie« von Groß

Juli/August 1984. Die Ankündigung, er werde vier Goldmedaillen gewinnen, überläßt der Schwimmer Michael Groß in Los Angeles dem US-Amerikaner Pablo Morales und denjenigen, die den Lokalfavoriten hochjubeln. Groß selber gibt kaum einen Ton von sich, wenn man ihm Fragen stellt. Mehr als drei beantwortet er ohnehin nicht. Publicity läßt sich mit ihm nicht machen. Aber populär wird er dennoch. Noch nicht nach zwei Siegen, aber nach zwei Niederlagen.
Als er am 24. Juli zum Finale über 200-m-Freistil vom Startblock schnellt, zieht er seinen Konkurrenten uneinholbar davon und siegt mit 1:47,44 min in Weltrekordzeit. Sechs Tage später glaubt er über 100 m Schmetterling an keine Siegchance gegen den US-amerikanischen Weltrekordler Morales. Die Vorlaufzeiten von 53,38 sec und 54,02 sec stützen diese Prognose. Morales führt auch die ersten 50 m deutlich vor Groß. Doch 10 m vor dem Ziel holt ihn der »Albatros« mit mächtigen Schlägen ein und gewinnt in der Weltrekordzeit von 53,08 sec. Wenig später steht auch die Entscheidung über 4x200-m-Freistil an. Hier schwimmt Groß mit 1:46,89 min die schnellste Zeit, die jemals über diese Strecke gestoppt wurde. Der US-Schlußschwimmer Bruce Hayes braucht 1:48,41 min und ist doch um einen Handschlag eher am Ziel: Weltrekord mit 7:15,69 min vor den deutschen Verlierern mit 7:15,73 min. »Es bedurfte vier US-Boys, um Groß zu stoppen!« schreibt die »Los Angeles Times«.
Der Siegeszug des Westdeutschen wird drei Tage später tatsächlich gestoppt: Über 200 m Schmetterling hält er Morales sicher in Schach. Aber im letzten Augenblick läßt sich Groß von dem 17jährigen Australier Jon Sieben in der Weltrekordzeit von 1:57,04 min überrumpeln. »Die Zeit stimmt«, grinst Groß.
Bei Thomas Fahrner hilft das nichts. Ihm gelingt das Kunststück, über 400-m-Freistil olympischen Rekord zu schwimmen und sich danach auf Rang neun wiederzufinden. Dabei hätte er Gold gewinnen können, wenn er im Vorlauf nicht siegessicher die Zeit verschlafen hätte. Alle verzweifelten Zurufe seines Trainers überhörte Fahrner. Und zu seiner Verblüffung sah er sich dann mit der neuntbesten Zeit aus dem Finale ausgeschlossen. Das »kleine Finale« gewinnt er in 3:50,01 min. Zum Olympiasieg genügen dem US-Amerikaner George Dicarlo schließlich »nur« 3:51,23 min.

△ Michael Groß gewinnt zwei Gold- und zwei Silbermedaillen.

◁ Der US-Amerikaner Rick Carey gewinnt drei Goldmedaillen, über 100 m Rücken, über 200 m Rücken und mit der Lagenstaffel.

Der Kanadier Alex Baumann gewinnt in der Weltrekordzeit von 2:01,42 min die 200 m Lagen und in der Weltrekordzeit von 4:17,41 min die 400 m Lagen. Die 200 m Lagen standen bisher nur 1968 auf dem olympischen Programm.

Siegerinnen lächeln über und unter Wasser

Juli/August 1984. Zum ersten Mal steht Synchronschwimmen auf dem olympischen Programm. Allerdings bleiben dem interessierten Publikum trotz des klaren Wassers im Swimmingpool mancherlei Feinheiten verborgen. Immerhin lächeln die Schwimmerinnen, wenn sie an die Wasseroberfläche kommen. Vermutlich lächeln sie auch unter Wasser. Am überzeugendsten ist das Synchronschwimmen im Duo. Da schwimmen zwei Nixen oberhalb und unterhalb des Wasserspiegels. Die US-Amerikanerin Tracie Ruiz ist die erste Olympiasiegerin in dieser graziösen Kunst. Sie siegt vor der Kanadierin Carolyn Waldo und der Japanerin Miwako Motoyoshi. Mit Candy Costie gewinnt sie auch im Duo, vor einem kanadischen und einem japanischen Paar.

△ Tiffany Cohen gewinnt in olympischer Rekordzeit Gold über 400 m Freistil und über 800 m Freistil.

▷ Die US-Amerikanerin Mary T. Meagher gewinnt über 100 m Schmetterling, über 200 m Schmetterling und mit der 4x100-m-Lagenstaffel souverän.

Drei Goldmedaillen auch für die US-Amerikanerin Tracy Caulkins über 200 m Lagen, 400 m Lagen und in der 4x100-m-Lagenstaffel.

Tiffany Cohen, die 14malige US-Meisterin, lacht erst, als sie in olympischer Rekordzeit zu zwei Goldmedaillen über 400 m- und 800 m Freistil kommt. Auch Mary T. Meagher, US-Star im Schmetterling, spart sich ihr Lächeln für die Siegerehrung auf, die sie nach 100 m, 200 m und nach der 4x100-m-Lagenstaffel gleich dreimal auf dem obersten »Treppchen« erlebt. Tracy Caulkins hat dasselbe Erfolgserlebnis nach 200 m- und 400 m Lagen sowie in der Lagenstaffel. Als Vierte über 100 m Brust verfehlt sie das »Treppchen« nur knapp. Vielleicht verginge den US-Amerikanerinnen bei einer Teilnahme der DDR-Schwimmerinnen das Lachen.

Überraschend sind die Erfolge der Niederländerinnen. Jolanda de Rover gewinnt über 200 m Rücken und kommt zu Bronze über 100 m Rücken. Petra van Staveren gewinnt über 100 m Brust, wo — ebenfalls überraschend — die Belgierin Ingrid Lempereur als Dritte anschlägt. Annemarie Verstappen sammelt zweimal Bronze über 100 m- und 200 m Freistil, dazu Silber in der 4x100-m-Freistilstaffel. Über 100 m Schmetterling verfehlt sie als Vierte Bronze nur um zwei Zehntelsekunden. Die Britin Sarah Hardcastle gewinnt Silber über 400 m Freistil und Bronze über 800 m Freistil.

Zu einer kleinen Medaillensammlung bringt es auch die Westdeutsche Karin Seick als Dritte über 100 m Schmetterling und in der 4x100-m-Freistilstaffel, dazu kommt Silber mit der 4x100-m-Lagenstaffel. Ina Beyermann erschwimmt Bronze über 200 m Schmetterling und Silber mit der 4x100-m-Lagenstaffel. Petra Zindler komplettiert mit der Bronzemedaille über 400 m Lagen ein Erfolgspaket, wie es der Deutsche Schwimmverband noch nie bei Olympischen Spielen, Herren und Damen zusammengenommen, schnüren konnte.

Greg Louganis, ein Phänomen im Kunst- und Turmspringen

Greg Louganis – »The Magic Man«

August 1984. Fiele der Sohn eines griechischen Einwanderers und einer Hawaiianerin, Gregory Louganis, beim letzten Versuch vom Sprungturm ins Wasser, wäre er trotzdem Olympiasieger. So aber nutzt der »Magier« des Turmspringens die Gelegenheit, als erster mit über 700 Punkten zu gewinnen.

Bei seinen Konkurrenten tun sich nur die Ansager schwer. Im Kunstspringen gewinnt Tan Liangde Silber, im Turmspringen holt Li Kongscheng die Bronzemedaille. Auch zu Gold kommen Chinas Kunstspringer: Zhou Jihong gewinnt das Turmspringen der Damen.

Erstmals siegt mit Zhou Jihong eine Chinesin im Turmspringen.

»Energiebündel« Mary Lou

Li Ning gewinnt Gold am Seitpferd, an den Ringen und im Bodenturnen.

August 1984. Woher soll die neue Turnkönigin kommen, wenn nicht aus Rumänien, neben Jugoslawien der einzige osteuropäische Staat, der sich nicht am Boykott der Spiele von Los Angeles beteiligt? Aber gegen Ecaterina Szabo setzen die US-Amerikaner ein Wundermittel ein: 1,42 m klein, ein kompaktes Muskelpaket von 42,5 kg Gewicht. Von nun an ist das Wort »explosiv« angebracht. Denn »explosiv« sind nicht nur die Darbietungen von Mary Lou Retton, sondern »explosiv« reagiert auch das Publikum. Die leicht verstörten Punktrichterinnen fühlen sich an einen Boxring versetzt.

Den Achtkampf gewinnen die Rumäninnen mit einem Punkt Vorsprung vor den US-Amerikanerinnen. Jeweils 79,05 Punkte gehen auf das Konto von Ecaterina und Mary Lou. In der Einzelwertung führt Ecaterina bis zum letzten Durchgang mit fünf Hundertstelpunkten. Als Mary Lou dann beim Pferdsprung einen gestreckten Tsukahara mit ganzer Schraube so fest steht, als hätte man sie in der Matte festgeschraubt, hebt sich fast die Decke des Pauley Pavillon. Mary Lou ist mit 0,050 Punkten Vorsprung Achtkampfsiegerin. Ohne rumänische Hilfe hätte sie kaum gewonnen. Denn ihr Trainer heißt Bela Karoly. Er machte Nadia Comaneci zur Turnkönigin (→ Juli 1976), emigrierte 1981 in die USA und betreibt in Houston eine Gymnastikschule.

Bei den Turnern geht es nicht ganz so geräuschvoll zu, obwohl die US-Amerikaner sensationell die Mannschaftswertung im Zwölfkampf gewinnen. Der eigentliche Zweikampf spielt sich jedoch zwischen dem Chinesen Li Ning und dem Japaner Koji Gushiken ab. Li Ning, dessen Namen man mit »Stille« übersetzt, was zu ihm paßt, erturnt dreimal Gold, zweimal Silber und einmal Bronze. Der 27jährige Gushiken bringt es auf zweimal Gold, einmal Silber und zweimal Bronze. Aber er gewinnt den Einzelsieg im Zwölfkampf vor dem überraschend starken US-Amerikaner Peter Vidmar und Li Ning. Japaner erstaunt das nicht. Denn der Name Gushiken bedeutet auf deutsch »Glück«.

Mary Lou Retton, Amerikas Publikumsliebling, siegt in der Achtkampf-Einzelwertung und kommt zu je zwei weiteren Silber- und Bronzemedaillen.

Ecaterina Szabo gewinnt vier Goldmedaillen und eine Silbermedaille.

Im Smoking und langen Abendkleid zum Fechtturnier

August 1984. In festlicher Garderobe erscheint das Stammpublikum des Terrace Theatre von Long Beach zum olympischen Fechtturnier. Der Kampf zwischen Cornelia Hanisch und der Chinesin Ju Jie Luan ist nicht weniger spannend als das Bühnen-Duell zwischen Hamlet und Laertes. Erstmals wird eine Chinesin Fecht-Olympiasiegerin. Cornelia holt sich ihre Goldmedaille mit der westdeutschen Mannschaft, wie die Degenfechter. Im Florett dominiert der Italiener Mauro Numa. Der Franzose Jean François Lamour gewinnt Gold und Silber mit dem Säbel.

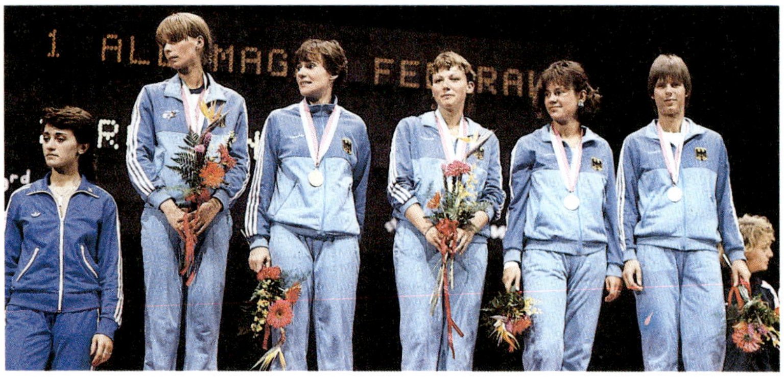

Gold für die deutsche Damen-Mannschaft im Florett (v. l.): Christiane Weber, Cornelia Hanisch, Zita Funkenhauser, Sabine Bischoff und Ute Wessel

Goldmedaillen für die italienische Florettmannschaft (v. l.): Mauro Numa, Stefano Cerioni, Andrea Borella, Angelo Scuri und Andrea Cipressa

Technik triumphiert bei den Radrennfahrern im Velodrom

Der Deutsche Fredy Schmidtke (Abb.) landet im Sprint abgeschlagen auf Rang acht. Doch im 1000-m-Zeitfahren setzt sich der 23jährige 18fache Deutsche Meister gegen eine starke Konkurrenz durch. Mit 1:06,10 min gewinnt er vor dem Kanadier Curtis Harnett in 1:06,44 min und dem Franzosen Fabrice Colars in 1:06,44 min die Goldmedaille.

August 1984. Vor der Materialschlacht der Radrennfahrer im Velodrom gibt es zwei Hitzeschlachten. Zum ersten olympischen Straßenrennen der Damen treten 45 Radlerinnen in die Pedale. Die Strecke führt über 79,2 km durch das hügelige Gelände von Mission Viejo. 44 Teilnehmerinnen erreichen das Ziel, fünf von ihnen zeitgleich in 2:11:14 h. Bei näherer Prüfung stellt sich die US-Amerikanerin Connie Carpenter-Phinney vor Rebecca Twigg und der couragierten Westdeutschen Sandra Schumacher als Olympiasiegerin heraus. Connie hat bereits Olympiaerfahrung. Zwölf Jahre zuvor startete sie in Sapporo im Eisschnellauf.

Beim Straßenrennen der Herren über 190,2 km wird die Hitze unerträglich. Von 175 Fahrern scheiden 80 aus. In einem dramatischen Spurt schlägt der 24jährige US-Amerikaner Alexi Grewal den Kanadier Steve Bauer. Grewals Vater ist ein indischer Sikh, seine Mutter deutscher Herkunft. Dritter wird der Norweger Dag Otto Lauritzen. Er hatte sich beim Fallschirmspringen ein steifes Knie geholt, weshalb ihm Ärzte Radfahren als Therapie verordneten. Das 100-km-Mannschaftsfahren auf dem Artesia Freeway gewinnen die Italiener.

Im Velodrom triumphiert die Technik. Stromlinienförmige Sturzhelme, windschlüpfrige Trikots, »Kuhhornlenker«, Scheibenräder, Aluminiumräder — alles nach dem Prinzip: Erlaubt ist, was Erfolg bringt. Der US-Amerikaner Steve Hegg gewinnt das 4000-m-Verfolgungsfahren vor dem Deutschen Rolf Gölz mit fast vier Sekunden Vorsprung. Sein Landsmann Mark Gorski siegt im Sprint, der Belgier Roger Ilegems im ersten olympischen Punktefahren vor Uwe Messerschmidt und dem Mexikaner José Manuel Youshimats.

Am Ziel des ersten olympischen Straßenrennens für Damen: Im Spurt gewinnt Connie Carpenter-Phinney (2. v. r.) vor Rebecca Twigg und Sandra Schumacher.

Wie aus Rädern Scheiben wurden

Zweifellos hatten die Italiener nicht zwei Professoren und einige hundert Millionen Lire aufgewandt, nur damit Francesco Moser eine Stunde lang Rad fuhr (→ 19./23. 1. 1984). Sämtliche italienischen Bahnradfahrer treten im Velodrom von Dominguez Hills mit Stundenweltrekord-Rädern à la Moser an.

Wie in Mexiko City haben die US-Amerikaner die Piste mit einem Kunststoffbelag überzogen, der kaum Reibung bietet. Sie taten noch mehr. Weil sie bisher mit ihren Rädern immer hinterherfuhren, entwickelten sie die erste vollständig aus Aluminium bestehende Rennmaschine. Außerdem verkleinerten sie nicht nur das Vorderrad, sondern auch das Hinterrad. Statt der üblichen 28-Zollfahren sie 26- und 24-Zoll-Räder. Dem internationalen Radsportverband ist alles recht. Auch daß die Räder keine Räder mehr sind, sondern Scheiben

△ Der Schweizer Jörg Müller kommt im 4000-m-Verfolgungsfahren auf Rang 15, im Punktefahren auf Rang vier. Die Italiener werden im 4000-m-Verfolgungsfahren durch eine Niederlage gegen die Australier nur Vierte. Die Deutschen verzichten im Gegensatz zu den Schweizern auf das Scheibenrad.

◁ Nach »Werkspionage« in der DDR und UdSSR kauften die US-Amerikaner mit Helium zu füllende Reifen in der Bundesrepublik Deutschland, Scheibenräder in der Schweiz, Radkränze in Italien und holten sich Materialratschläge bei der NASA. Der enorme Aufwand zahlt sich mit vier Goldmedaillen, drei Silbermedaillen und zwei Bronzemedaillen in den acht Radwettbewerben aus.

Erstes olympisches Fußballturnier der Professionals

August 1984. In Los Angeles sind erstmals Professionals zu einem olympischen Fußballturnier zugelassen, mit der Einschränkung, daß sie noch an keiner Weltmeisterschaft teilgenommen haben. Die Fédération Internationale de Football Association (FIFA) fürchtete andernfalls die Olympiakonkurrenz zu den World-Cup-Turnieren.

Die Franzosen gewinnen vor 101 000 Zuschauern in der Rose Bowl von Pasadena gegen Brasilien Gold durch Tore von Brisson und Xuereb. Jugoslawien wird Dritter durch einen 5:2-Sieg über die Bundesrepublik Deutschland.

Der Werbeeffekt des Fußballs bleibt gering. Die US-Amerikaner ziehen auch nach dem Olympia-Turnier American Football dem europäischen Soccer vor.

Hitze und Härte bestimmen das Hockey-Endspiel vor 20 000 Zuschauern in Monterey. Auf dem glatten Kunstrasen gehen die Deutschen 1:0 in Führung. Nach dem Ausgleich der Pakistani geht das Spiel in die Verlängerung. In der elften Minute der Verlängerung sichert sich Pakistan den Olympiasieg. Auch bei den Hockeydamen kommt die Bundesrepublik Deutschland zu Silber.

△ *Im Volleyball-Finale unterliegen die US-Damen den Chinesinnen deutlich 0:3. Bei den Herren setzen sich die US-Amerikaner gegen Brasilien durch.*

△▷ *Dramatisch bis zur letzten Sekunde ist das Endspiel im Handball, das die Jugoslawen mit 18:17 gegen die deutsche Mannschaft gewinnen. Auch bei den Damen wird die Mannschaft Jugoslawiens Olympiasieger.*

▷ *Die Koreanerinnen stehen im Basketball gegen die US-Amerikanerinnen auf verlorenem Posten.*

▷▷ *Keinen ernsthaften Gegner hat die Mannschaft der USA im Basketball. Sie siegt 95:65 über Spanien.*

Gigantische Show zum Ende der Spiele

12. August 1984. Ein Ufo bestimmbarer Herkunft schwebt über dem Coliseum von Los Angeles. Ihm entsteigt ein ätherisches Wesen und verkündet vom Himmel hoch: »Ich bin einen langen Weg gekommen, um das Beste zu sehen, was die Menschheit vollbracht hat: Olympische Spiele!« An der Wahrheit dieser Aussage konnte auch ein neuerlicher Boykott der Spiele nichts ändern. Er bewies lediglich die Nutzlosigkeit politischer Kraftakte gegenüber dem größten sportlichen Ereignis, das zum ebenso einzigartigen wie unersetzlichen Medienereignis wurde.

In Kalifornien erfüllten sich schon viele Träume. Für die Chinesen finden sie in 15 Gold-, acht Silber- und neun Bronzemedaillen sinnfälligen Ausdruck. Die Rückkehr Chinas in die olympische Familie nach 64 Jahren wog das Fernbleiben anderer Länder auf. Das Feuerwerk, das nach dem Erlöschen des olympischen Feuers ausbricht, könnten die Chinesen mitgebracht haben, die ein solches Spektakel zumindest erfanden.

In Kalifornien gibt es aber auch aus vielen Träumen ein böses Erwachen. So liest mancher mit gemischten Gefühlen die Ankündigung »See you again in Seoul 1988«. Das Internationale Olympische Komitee (IOC) hätte schwerlich einen heikleren Ort für die Austragung der nächsten Spiele finden können.

Mit Lionel Richies: »Hallo to you all!« findet die Schlußfeier der Spiele der XXIII. Olympiade jedoch einen versöhnlichen Ausklang.

△ Mit Feuerwerk und Showeinlage endet die Schlußfeier im Coliseum.

◁ Der Regisseur des Spektakels meint: »Wenn ich von jedem Zuschauer im Stadion oder am Fernsehen nur eine Träne erhalte, dann war die Show richtig.«

▽ Auf Wiedersehen in Seoul – ohne Boykott!

Los Angeles 1984 in Stichworten

Die Spiele der XXIII. Olympiade in Los Angeles dauern vom 28. Juli bis 12. August 1984. Aus 140 Ländern 6735 Teilnehmer, darunter 1567 Frauen. Erstmals wieder Teilnahme Chinas. Erstmals private Organisation. Erstmals »offene Spiele« durch Entschärfung des Amateurparagraphen. **Leichtathletik:** Carl Lewis überragend, ebenso US-Läuferinnen. Westdeutsche Erfolge durch Meyfarth, Losch, Danneberg, Mögenburg. Thompson zum zweiten Mal Zehnkampfsieger. **Schwimmen:** Herausragend Groß und Louganis, Caulkins, Meagher, Cohen. Erstmals Synchronschwimmen. **Rudern:** Dritter Sieg Karppinens im Einer. **Kanu:** Bei den Herren Neuseeland 4 G, bei den Damen Schweden 2 G, 1 S. **Segeln:** Erstmals Surfen, Sieg für die Niederlande. USA 3 G, Neuseeland 2 G, Spanien 1 G. **Turnen:** China vor starken US-Amerikanern. Bei den Damen Szabo und Retton als Stars. Erstmals **Rhythmische Sportgymnastik. Boxen:** Skandalöse Urteile vor chauvinistischem Publikum. **Ringen:** Im klassischen Stil 10 G an acht Länder, im Freistil Dominanz der USA. **Judo:** Japan beste Nation mit 4 G, 1 B vor Korea 2 G, 2 S, 1 B. **Gewichtheben:** Sensationelle chinesische Doppelsiege in den leichten Gewichtsklassen. **Fechten:** Italien 3 G, 1 S, 1 B, Frankreich 2 G, 2 S, 2 B, Bundesrepublik Deutschland 1 G, 2 S, 1 B. **Schießen:** Chinesen überraschen bei Damen und Herren mit 3 G, 3 B. **Moderner Fünfkampf:** Dominanz Italiens mit 2 G, 1 B. **Reiten:** Einzel- und Mannschaftssieg der USA im Jagdspringen, Bundesrepublik Deutschland in Dressur. Military Neuseeland und USA. **Radfahren:** Erstmals Straßenrennen für Damen. Insgesamt USA vor Bundesrepublik Deutschland. **Fußball:** Frankreich. **Hockey:** Pakistan Herren, Niederlande Damen. **Handball:** Jugoslawien Herren und Damen. **Basketball:** USA Herren und Damen. **Volleyball:** USA Herren, China Damen.

1985

1. 1. Den Silvesterlauf in São Paulo gewinnen die Portugiesen Rosa Mota und Carlos Lopes.

6. 1. Das erstmals ausgetragene Masters-Juniorenturnier in Birmingham gewinnt der 17jährige Deutsche Boris Becker.

13. 1. John McEnroe (USA) gewinnt das Tennis-Masters-Turnier in New York.

25. 1. Weltmeister in der Nordischen Kombination wird in Seefeld Hermann Weinbuch (BRD) im Einzel und mit der Mannschaft.

Februar. Die Schweiz ist die erfolgreichste Nation bei den Alpinen Ski-Weltmeisterschaften in Bormio. Titelgewinn im Riesenslalom durch Markus Wasmeier (BRD).

15. 3. Weltrekord im Skifliegen durch Matti Nykänen (Finnland) mit 191 m in Planica.

Larry Holmes verteidigt seinen Weltmeistertitel im Box-Schwergewicht gegen David Bey durch technischen K. o. in der zehnten Runde in Las Vegas.

23. 3. Weltcupsieger im alpinen Skilauf: Michela Figini (Schweiz) und Marc Girardelli (Luxemburg).

April. Polo-Boom in Großbritannien, seit Sarah Ferguson im Fernsehen erklärte, sie habe Prinz Andrew auf dem Poloplatz kennengelernt.

15. 4. Erstmals gewinnt mit Bernhard Langer ein Deutscher das Golf-Masters-Turnier in Augusta/US-Bundesstaat Georgia.

21. 4. Weltbestleistungen im Marathonlauf mit 2:07:11 h durch Carlos Lopes (Portugal) in Rotterdam und Ingrid Kristiansen (Norwegen) mit 2:21:6 h in London.

Mai. Die »International Sports, Culture and Leisure Licensing« (ISL) erwirbt vom Internationalen Olympischen Komitee (IOC) für 300 Mio. US-Dollar die werblichen Nutzungsrechte der olympischen Ringe bis 1989.

UEFA-Pokal-Endspiel: Real Madrid – Videoton Szekesfehervar 3:0/0:1.

3. 5. Die ČSSR wird Eishockeyweltmeister in Prag vor Kanada und der UdSSR.

11. 5. 52 Tote und 60 Verletzte bei einem Tribünenbrand im Fußballstadion von Bradford.

15. 5. Europapokal der Pokalsieger: FC Everton – Rapid Wien 3:1 in Rotterdam.

27. 5. In einem Gedränge vor einem Fußballstadion in Mexiko City kommen zehn Menschen ums Leben, 50 werden verletzt.

29. 5. Europapokal der Landesmeister: Juventus Turin – FC Liverpool 1:0. Im Brüsseler Heysel-Stadion 39 Tote und über 400 Verletzte bei Zuschauerausschreitungen.

16. 6. Weltrekord im Dreisprung mit 17,97 m durch Willie Banks (USA) in Indianapolis.

29. 6. Weltrekorde über 400 m Freistil in 3:47,80 min und über 200 m Schmetterling in 1:57,01 min durch Michael Groß (BRD) in Remscheid.

Juli. Zweite »World Games« in London mit Teilnehmern aus 60 Ländern.

7. 7. Erstmals Wimbledonsieg durch einen 17jährigen, nichtgesetzten, deutschen Spieler, Boris Becker.

13. 7. Weltrekord im Stabhochsprung mit 6,00 m durch Sergej Bubka (UdSSR) in Paris.

21. 7. Bernard Hinault gewinnt seit 1978 zum fünften Mal die Tour de France.

Größter deutscher Erfolg bei Fecht-Weltmeisterschaften: Cornelia Hanisch in Barcelona zum dritten Mal seit 1979 Weltmeisterin.

27. 7. Weltrekorde in Oslo über 5000 m in 13:00,40 min durch Said Aouita (Marokko), über die Meile in 3:46,30 min durch Steve Cram (Großbritannien) und über 10 000 m in 30:59,42 min durch Ingrid Kristiansen (Norwegen).

4. 8. Weltrekord über 100 m Freistil in 48,95 sec durch Matt Biondi (USA) in Mission Viejo.

5. – 11. 8. Michael Groß gewinnt bei den Schwimm-Europameisterschaften in Sofia sechs Goldmedaillen und stellt einen Weltrekord über 200 m Schmetterling in 1:56,65 min auf.

14. 8. Zum dritten Mal gewinnt ein deutsches Seglerteam den Admiral's Cup.

23. 8. Weltrekord über 1500 m in 3:29,45 min durch Said Aouita in Berlin (West).

4. 9. Weltrekord im Hochsprung durch Igor Paklin (UdSSR) mit 2,41 m in Kobe.

21. 9. Mit Michael Spinks entthront erstmals ein Halbschwergewichtsweltmeister einen Schwergewichtsweltmeister: Larry Holmes verliert in Las Vegas in 15 Runden nach Punkten.

22. 9. Weltrekorde in Berlin (Ost) über 400 m Hürden in 53,56 sec durch Sabine Busch (DDR), im Weitsprung mit 7,44 m durch Heike Drechsler (DDR) und im Kugelstoßen mit 22,62 m durch Ulf Timmermann (DDR).

6. 10. Alain Prost auf McLaren-Honda Automobilweltmeister der Formel 1.

Weltrekord über 400 m in 47,6 sec durch Marita Koch (DDR) in Canberra.

9. 11. Garri Kasparow wird Schachweltmeister durch ein 13:11 gegen Anatoli Karpow in Moskau.

Dezember. Schweden gewinnt den Davis Cup durch ein 3:2 gegen Deutschland in München.

Die Portugiesin Rosa Mota am Ziel des 60. Silvesterlaufs in São Paulo

60. Silvesterlauf in São Paulo

1. Januar 1985. Bevor in aller Welt Kirchenglocken das neue Jahr einläuten, bricht in São Paulo/Brasilien ein Höllenspektakel los. In schwüler Hochsommernacht strömen über 1 Mio. Menschen auf die Straßen und vollführen mit Sambatrommeln, Blasinstrumenten und Feuerwerkskörpern einen ohrenbetäubenden Lärm.

Über 7000 Aktive versammeln sich zum Silvesterlauf, der seit 1925 zum 60. Mal veranstaltet wird. Auf der Avenida Paulista, wo der Start erfolgt, herrscht ein beängstigendes Gedränge. Wer sich nicht weit genug vorne einreiht, gerät hoffnungslos ins Hintertreffen. Die Strecke durch die Stadt ist zwar nur 7500 m lang, aber besonders das letzte Stück, eine lange Steigung die Avenida Consolaçoa hinauf, hat es in sich. Ein Startschuß erfolgt nicht, er wäre bei dem fortwährenden Krachen auch gar nicht zu hören. Dafür muß man die brasilianische Nationalhymne genau kennen. Denn ihr letzter Ton ist das Startsignal.

Der Portugiese Carlos Lopes wird Sieger des traditionellen Silvesterlaufs.

Wolken von Konfetti regnen auf die Teilnehmer herab, die während der letzten halben Stunde des alten Jahres ein Jubel begleitet, wie er ihnen in ihrem ganzes Leben noch nicht zuteil wurde. An prominenten Gästen wurden für hohe Gagen der Marathon-Olympiasieger von Los Angeles, Carlos Lopes, und die Bronzemedaillengewinnerin des ersten olympischen Damen-Marathon, Rosa Mota, beide aus Portugal, eingeladen.

Der 37jährige Lopes tritt sogleich die Flucht nach vorn an und läuft ungefährdet als erster sportlicher Sieger des neuen Jahres durchs Ziel. Schwerer hat es Rosa Mota. Ihr heftet sich die 14jährige, barfuß laufende Brasilianerin Jorilda Sabino an die Fersen. Mit letzter Kraft kann Rosa auf der für sie ungewohnt kurzen Strecke Sieg und Renommee retten.

Erst seit 1949 findet der Silvesterlauf unter internationaler Beteiligung statt. Rekordsieger ist bisher der Belgier Gaston Roelants, der das neue Jahr 1964, 1965, 1967 und 1968 auf solch stürmische Art begann. Den Streckenrekord hält der Kolumbianer Victor Mora seit 1973 mit 23:24,2 min.

Matti Nykänen an der 200-m-Grenze

15. März 1985. Vor 16 Jahren stand Manfred Wolf aus der DDR in Planica einen 165-m-Sprung. Es war die vierte Verbesserung des Weltrekords im Skifliegen bei den damaligen Weltmeisterschaften. Eröffnet hatte den Rekordreigen der Norweger Björn Wirkola mit 156 m.
Im Auslauf der tschechischen Großschanze stand damals der Österreicher Sepp Bradl, der als erster Mensch im März 1936, ebenfalls in Planica, über 100 m gesprungen war. Befragt, wo er die Grenzen des Skifliegens sähe, gab er zur Antwort: »Man wird eines Tages 200 Meter weit fliegen, wenn man eine Schanze dafür hat.«
Bradl sollte den Tag nicht mehr erleben. Aber fast hätte sich seine Voraussage jetzt schon erfüllt. Die Schanze von Planica weist zwar keine wesentlichen Veränderungen auf, sondern entspricht in ihren Möglichkeiten den anderen »Flug«-schanzen in Oberstdorf und Harrachov. Doch das Skimaterial wurde verbessert, die Anzüge sind noch windschlüpfiger, und die Springer verstehen die Thermik noch besser zu nutzen.
Im vorigen Jahr in Oberstdorf verbesserte der Finne Matti Nykänen den Weltrekord auf 182 m und 185 m. Er begann in diesem Jahr beim ersten offiziellen Training in Planica mit 187 m und erhöht nun den Weltrekord auf 191 m. Einsetzender Schneefall und aufkommender Wind verhindern größere Weiten.

Der Finne Matti Nykänen kommt bei den Weltmeisterschaften im Skifliegen in Planica auf die Weltrekordweite von 191 m.

2,75 Mio. DM für eine einzige Goldmedaille

Februar 1985. 84 Firmen investierten in dieser Saison 650 000 DM in die deutsche alpine Skimannschaft. Das Bundesinnenministerium stellte weitere 2,1 Mio. DM bereit.
So wird der Stoßseufzer des DSV-Pool-Managers Heinz Krecek vor den Alpinen Weltmeisterschaften in Bormio/Italien verständlich: »Nur mit einer Medaille können wir die Industrie weiter bei Laune halten.«
Danach sieht es zunächst nicht aus. Der Schweizer Pirmin Zurbriggen wird Erster in Abfahrt und Kombination, der Schwede Jonas Nilsson siegt überraschend im Slalom. Erst im Riesenslalom erfüllt Markus Wasmeier mit einer Goldmedaille deutsche Hoffnungen.

Markus Wasmeier siegt bei den Alpinen Ski-Weltmeisterschaften in Bormio.

Dynamik statt Ästhetik: Der neue Stil beim Skilanglauf

25. Januar 1985. Was sich bei den Olympischen Winterspielen in Sarajevo andeutete, kommt bei den Nordischen Ski-Weltmeisterschaften in Seefeld voll zum Durchbruch: Der Skilanglauf verändert sein Erscheinungsbild. Das rhythmische Dahingleiten in der Loipe, selbst noch bei Anfängern von ästhetischem Reiz, weicht einem kraftraubenden Dahinstürmen im Schlittschuhschritt.
Mit einem Gleit- und einem Schubski hatte erstmals der Finne Siitonen versucht, Tempo zu gewinnen. Jetzt versuchen es alle. Der Schwede Gunde Svan perfektionierte dann diese Technik, zu der nicht nur erhebliche Kondition, sondern auch ungewöhnliche Armkraft gehört.
In Seefeld stürmt Hermann Weinbuch mit ungewachsten Ski vom sechsten Platz nach dem Springen in oder eher neben der Loipe zum Sieg in der Nordischen Kombination.
Auch die Norwegerin Anette Böe »skatet« zu zweimal Gold, einmal Silber und einmal Bronze.

Hermann Weinbuch gewinnt mit der neuen Lauftechnik Gold in der Nordischen Kombination.

Der Schwede Gunde Svan erläuft Gold über 30 km und 50 km und Bronze mit der 4x10-km-Staffel.

Golf-Sensation in Augusta

15. April 1985. Der Stoff, aus dem im Golf die Träume sind, ist grün. Gemeint sind nicht die »Greens«, wo mancher Golfer beim Putten jäh aus allen Träumen gerissen wird, sondern ein maßgeschneiderter Blazer. Diesen erhält jeder, der in den USA das »Masters« gewinnt, eines der berühmtesten Golfturniere auf einem der schwierigsten Golfkurse der Welt. Daß dies in diesem Jahr mit Bernhard Langer erstmals einem Deutschen gelingt, mutet wie ein modernes Sportmärchen an.

Der 27jährige Bernhard Langer wird Sieger im Masters-Turnier.

Vor drei Jahren wurde Langer erstmals vom Augusta National Golf Club eingeladen, denn nur Eingeladene dürfen dort spielen. Nach zwei Runden schied er resigniert aus. Der Kurs mit seinen 44 Bunkern und einem halben Dutzend Seen sei »gänzlich unspielbar«.

Wer bei den raffiniert im Grün plazierten »holes« eine 72er Runde spielt, gehört zu den ganz Großen des Golf. Langer gelingen in diesem »Laboratorium zur Beobachtung der menschlichen Psyche«, wie ein Zyniker den Augusta-Golfkurs nennt, vier Runden mit 72-74-68-68 Schlägen. Das sind sechs Schläge »unter Par«. Vor drei Jahren brauchte Langer in zwei Runden elfmal drei Putts zum Einlochen. Diesmal in vier Runden nur einmal drei.

Eishockey-Sensation in Prag

3. Mai 1985. Wäre die Eishockey-Weltmeisterschaft noch nach altem Reglement ausgetragen worden, hätten die russischen »Eissputniks« nach der Vorrunde ihren WM-Titel sicher gehabt. Mit 14:0 Punkten aus sieben Spielen führten sie die Tabelle an. U. a. hatten sie die ČSSR 5:1 abgefertigt.

Aber die vier Endrundenteilnehmer beginnen wieder bei Null, und da kommt es gleich im ersten Spiel zur Riesensensation. Die Tschechen fügen den Russen mit 2:1 nach sieben Jahren die erste WM-Niederlage bei. Bedingungslose Härte und frühzeitiges Blockieren der russischen Angriffe waren das Erfolgsrezept. Danach schlägt die ČSSR die USA 11:2 und Kanada 5:3.

Die ČSSR wird in Prag Weltmeister im Eishockey. Die westdeutsche Mannschaft verliert gegen die ČSSR 1:6 (Abb.), bleibt aber in der A-Gruppe.

Eskalation sinnloser Gewalt im Fußball

29. Mai 1985. Das Traumfinale im Europacup der Landesmeister zwischen dem FC Liverpool und Juventus Turin im Brüsseler Heysel-Stadion wird zum Alptraum.

Alkoholisierte Liverpool-»Fans« durchbrechen eine Maschendraht-Absperrung zum benachbarten Block und prügeln, mit Stangen, Flaschen, Messern und Bierdosen bewaffnet, auf italienische Zuschauer ein. Als eine Panik ausbricht, werden mehr als 20 Menschen beim Versuch zu fliehen, zwischen einem Absperrgitter und einer Tribünenmauer eingekeilt und erdrückt oder zu Tode getrampelt, als die Mauer einstürzt.

Die belgischen Polizeikräfte stehen dem Chaos hilflos gegenüber. Mit 85minütiger Verspätung pfeift Schiedsrichter André Daina das Spiel schließlich an. Das scheint vielen unfaßbar, aber es dient dazu, eine noch größere Katastrophe zu verhindern. Juventus gewinnt 1:0. 39 Menschen sind ums Leben gekommen, über 400 wurden verletzt. Der Fußball hat seine schwerste Niederlage erlitten.

Vermummt, mit Schlagstöcken und Eisenstangen bewaffnet, die sie von den Stehtribünen abrissen, griffen die »Hooligans« aus Liverpool die italienischen Fans brutal an.

Die Tribüne bietet ein Bild der Zerstörung. 39 Menschen kamen ums Leben. Die UEFA schließt danach britische Mannschaften von Europapokalspielen aus.

Aufgestaute Aggressionen

Es trifft zu, daß die Sicherheitsvorkehrungen im Brüsseler Heysel-Stadion, wie seit langem bekannt, unzureichend sind. Es trifft zu, daß fahrlässigerweise Eintrittskarten, die für Engländer bestimmt waren, an Italiener verkauft wurden, die sich dann im Stadion Block an Block mit den berüchtigten »Hooligans« wiederfanden. Es trifft zu, daß die Brüsseler Polizei die Gefahr völlig unterschätzte und keinerlei Vorsorge getroffen hatte. Es trifft zu, daß britische Fußballfans schon wiederholt durch Gewalttaten und Straßenterror auffielen. Aber ist das alles?

Das Fußballrowdytum ist keineswegs ein britisches, sondern ein internationales Problem. Wo immer sich in einer Gesellschaft, insbesondere in deren benachteiligten Randgruppen, Aggressionen aufstauen, entladen sie sich früher oder später in Gewaltakten gegen alle vermeintlichen Gegner.

Boris Becker aus Leimen, jüngster Wimbledonsieger aller Zeiten

17jähriger Boris Becker siegt in Wimbledon

7. Juli 1985. Um 17.26 Uhr Ortszeit ist die größte Sensation seit mehr als 100 Jahren Tennis in Wimbledon perfekt. Mit Boris Becker gewinnt zum ersten Mal ein nichtgesetzter Spieler, zum ersten Mal ein 17jähriger und zum ersten Mal ein Deutscher das Herren-Einzel.
Das Endspiel gegen den US-Amerikaner Kevin Curren dauert drei Stunden, 18 Minuten und wird allein in der Bundesrepublik Deutschland von 11,19 Mio. Fernsehzuschauern live verfolgt. Die Schlagzeilen der Weltpresse übertreffen sich: »Einer der Größten aller Zeiten!« — »Wimbledons Wunderkind« — »Kaiser Boris I.« — »Boris, Boris über alles!« — »So etwas hat es noch nie gegeben!« »Superstar geboren« »Talentiertester Tennisspieler aller Zeiten« — »History Boy« — »Spieler des Jahres 2000« — »Der beste Botschafter, den Deutschland je hatte«.
In Wimbledon gewann Becker sein erstes Spiel gegen den 32jährigen US-Amerikaner Hank Pfister nach einem 1:2-Satzrückstand und einer Unterbrechung wegen Regens. Dann schlug er den US-Amerikaner Matt Anger 6:0, 6:1, 6:3, wobei seine Kanonenaufschläge auffielen. Das Spiel gegen den Schweden Nyström, zwei Tage unterbrochen, stand im fünften Satz 4:5 und 5:6. Becker gewann 9:7. Auch Tim Mayotte führte mit 2:1 Sätzen und verlor. Der Schwede Anders Jarryd gewann einen Satz und einen Satzball und verlor. Nun hieß er schon »Bumm-Bumm-Boris«. Aber auch Kevin Curren deklassierte mit seinem Aufschlag einen Jimmy Connors und schaltete John McEnroe aus.
Im Finale zeigt sich Boris als der bessere Rückschläger. Mit 6:3, 6:7, 7:6, 6:4 schreibt er Wimbledongeschichte.

Boris Becker in Aktion. Richard von Weizsäcker kommt als erster Bundespräsident ins Aktuelle Sportstudio des ZDF, um ihn zu beglückwünschen.

Bernard Hinault am Ziel seiner Träume

21. Juli 1985. Wie vor ihm Jacques Anquetil und Eddy Merckx feiert Bernard Hinault in diesem Jahr nach seinem dritten Sieg im Giro d'Italia den fünften Sieg in der Tour de France. Was Merckx 1974 schaffte, Girosieg, Toursieg und Weltmeistertitel, gelingt Hinault jedoch nicht. WM-Sieger wird Joop Zoetemelk.

Cornelia Hanisch krönt ihre Karriere

21. Juli 1985. Nach Gold und Silber bei den Olympischen Spielen in Los Angeles wollte Cornelia Hanisch ihre Karriere beenden. Doch »die Mädchen haben mich gebraucht«, sagt die 33jährige Lehrerin aus Offenbach. Sie wird zum dritten Mal Einzel-Weltmeisterin und führt ihre »Mädchen« zum Mannschaftstitel.

Bubka überspringt Schallmauer von 6 m

13. Juli 1985. Um 12.10 Uhr trifft Sergej Bubka aus Moskau kommend in Paris ein. Er beginnt im Jean-Bouin-Stadion einen Stabhochsprung-Wettkampf mit 5,70 m. Damit hat er bereits gewonnen. Er läßt danach die Latte auf die Weltrekordhöhe von 6,00 m legen, die er im dritten Versuch meistert.

Aktive begeistert von »World Games«

Juli 1985. Wenig Interesse zeigen die Londoner an den zweiten »World Games«. Die Teilnehmer an 23 nichtolympischen Sportarten haben jedoch viel Spaß und auch Erfolg. Die Iren, befragt, was man zum Tauziehen benötige, antworten: »Ein Seil, einen Platz und eine Brauerei.«

Bernard Hinault gewinnt zum dritten Mal den Giro d'Italia und zum fünften Mal die Tour de France.

Bei den Fecht-Weltmeisterschaften in Barcelona wird Cornelia Hanisch zum dritten Mal Weltmeisterin.

Der 21jährige Russe Sergej Bubka aus Donezk überspringt bei einem Sportfest in Paris erstmals 6,00 m.

Der strahlende Sieger im Bodybuilding bei den zweiten Weltspielen der nichtolympischen Sportarten

1986

1.–6. 2. Erste Trickski-Weltmeisterschaft im französischen Tignes. Kanada am erfolgreichsten vor USA.

16. 2. Weltrekord im Eisschnellauf über 10 000 m in 14:12,14 min durch den Norweger Geir Karlstad in Inzell.

März. Erstmals Bob-Weltmeisterschaften im Normbob. Wolfgang Hoppe (DDR) und Erich Schärer (Schweiz) gewinnen in Königssee die Titel im Zweier- und im Viererbob.

9. 3. Bei den Weltmeisterschaften im Skifliegen in Bad Mitterndorf siegt der Österreicher Andreas Felder mit 191 m.

15. 3. Weltcupsieger in der Nordischen Kombination: Hermann Weinbuch (BRD).

22. 3. Bei den Eiskunstlauf-Weltmeisterschaften in Genf gewinnen die US-Amerikaner Debi Thomas und Brian Boitano die Titel im Einzel.

22. 3. Weltcupsieger im alpinen Skilauf: Maria Walliser (Schweiz) und Marc Girardelli (Luxemburg).

28. 4. Ohne Punktverlust wird die UdSSR in Moskau Weltmeister im Eishockey vor Schweden und Kanada. Rekord mit 20 Titeln vor Kanada (19).

Mai. UEFA-Pokal-Endspiele: Real Madrid – l. FC Köln 0:2/5:1.

2. 5. Europapokal der Pokalsieger: Dynamo Kiew – Atletico Madrid 3:0 in Lyon.

7. 5. Europapokal der Landesmeister: Steaua Bukarest – FC Barcelona 2:0 nach Elfmeterschießen in Sevilla.

19. 5. Sensationeller Sieg der 16jährigen Steffi Graf (BRD) über die Weltranglisten-Erste Martina Navratilova (USA) bei den Internationalen Damen-Tennis-Meisterschaften in Berlin (West).

25. 5. Bei den Weltmeisterschaften in der Vielseitigkeitsprüfung (Military) siegt die Britin Virginia Leng in Gawler/Australien.

31. 5.–29. 6. In Mexiko 13. Fußball-Weltmeisterschaft. Argentinien holt zum zweiten Mal den Titel.

6. 6. Weltrekord im Diskuswurf durch Jürgen Schult (DDR) mit 74,08 m in Neubrandenburg.

21. 6. Weltrekord im Weitsprung durch Heike Drechsler (DDR) mit 7,45 m in Reval (Tallinn).

23. 6. Weltrekord über 100 m Schmetterling in 52,84 sec durch Pablo Morales (USA).

28. 6. Weltrekord über 200 m Schmetterling in 1:56,24 min durch Michael Groß.

Juli. Die 17jährige Anja Fichtel aus Tauberbischofsheim wird in Sofia Weltmeisterin im Florett-Einzel.

5. 7. Weltrekord über 10 000 m in 30:13,75 min durch Ingrid Kristiansen (Norwegen) in Oslo.

6. 7. Boris Becker gewinnt zum zweiten Mal das Herren-Einzel in Wimbledon.

7. 7. Weltrekord im Speerwurf (85,38 m) durch Tom Petranoff (USA) in Helsinki mit dem von der International Amateur Athletic Federation (IAAF) vorgeschriebenen Speer, der die Weiten um 20% verkürzt.

9. 7. Weltrekord im Stabhochsprung durch Sergej Bubka mit 6,01 m in Moskau.

13. 7. Bei den Weltmeisterschaften im Springreiten in Aachen siegt mit Gail Greenough (Kanada) erstmals eine Frau.

27. 7. Als erster US-Amerikaner gewinnt Greg LeMond die Tour de France.

1./2. 8. Weltrekord im Siebenkampf mit 7151 Punkten durch Jackie Joyner (USA) in Houston.

10. 8. Erstmals Grand Prix der Formel 1 in einem Ostblockland, in Ungarn auf dem Hungaroring. Sieger: Nelson Piquet auf Williams-Honda.

14.–23. 8. Schwimm-Weltmeisterschaften in Madrid. Bei den Damen gehen 13 von 16 Titeln an die DDR.

24. 8. Peter-Michael Kolbe wird in Nottingham zum fünften Mal seit 1975 Ruderweltmeister im Einer.

26.–31. 8. Harald Schmid bei den Leichtathletik-Europameisterschaften in Stuttgart zum dritten Mal Europameister über 400 m Hürden.

8. 9. Zum vierten Mal in diesem Jahr Weltrekord über 100 m Hürden durch Jordanka Donkowa (Bulgarien) mit zuletzt 12,26 sec in Ljubljana.

6. 10. Garri Kasparow verteidigt seinen Schachweltmeistertitel gegen Anatoli Karpow in London und Leningrad.

16. 10. Der Südtiroler Reinhold Messner hat mit der Ersteigung des Lhotse (8516 m) als erster Mensch alle 14 Achttausender im Himalaya bezwungen.

17. 10. Das Internationale Olympische Komitee (IOC) vergibt die Spiele der XXV. Olympiade 1992 nach Albertville und Barcelona. Letztmals Winterspiele und Sommerspiele in einem Jahr.

26. 10. Der Franzose Alain Prost wird auf McLaren-Porsche Automobilweltmeister der Formel 1.

22. 11. Der 20jährige Mike Tyson schlägt in Las Vegas bei einem WBC (World Boxing Council)-Weltmeisterschaftskampf im Schwergewicht den Kanadier Trevor Berbick k. o.

Dezember. Australien gewinnt den Davis Cup durch ein 3:2 über Schweden in Melbourne.

Start des Viererbobs Österreich II bei den erstmals mit einem Einheitsschlitten ausgetragenen Bob-Weltmeisterschaften im bayerischen Königssee

Bob-WM im Einheits-Look

März 1986. Um die Ergebnisse bei Bobrennen wieder mehr von den Bobfahrern statt von den Bobfahrzeugen abhängig zu machen, hat sich die Fédération Internationale de Bobsleigh et Tobogganing (FIBT) zu einer neuen Vorschrift entschlossen, die dem technischen Wettrüsten ein Ende machen soll.

Der neue sog. Normbob ist zwar nicht für alle Fahrer in der Konstruktion absolut identisch, er darf jedoch nicht schmaler als 70 cm sein, was das Ende der »Sowjetzigarre« bedeutet (→ Februar 1984). Verboten wurde die in der DDR entwickelte hydraulisch gefederte Kufen-Einzelaufhängung.

Bei den Weltmeisterschaften in Königssee zeigt der bewährte Pilot Wolfgang Hoppe, daß er mit dem Einheits-Zweierbob ebensogut zurechtkommt wie zuvor mit seiner Spezialmarke »Wartburg«.

Doch im Viererbob bleibt die DDR erstmals seit 1975 ohne Medaille. Hier krönt der 40jährige Schweizer Erich Schärer seine Karriere als einer der erfolgreichsten Bobfahrer aller Zeiten. Mit einem von seinem Kollegen Hiltebrand ausgeliehenen Schlitten wird er zum siebten Mal Weltmeister. Insgesamt fährt Schärer bei Europa- und Weltmeisterschaften und Olympischen Spielen elf Medaillen heraus.

1 DM pro Meter für den Weltrekord

16. Februar 1986. 14,5 Mio. DM kostete die Renovierung der Eisschnelllaufbahn in der 3750-Seelen-Gemeinde Inzell im Chiemgau. 5000 Besucher aus den Niederlanden bejubeln zur Einweihung Hein »Heintje« Vergeer, der mit 161,937 Punkten Weltmeister im Großen Vierkampf wird.

Der Stuttgarter Ingenieur Werner Deyle hat außerdem 10 000 DM ausgesetzt für denjenigen, der auf »seiner« Bahn den Weltrekord von 14:21,51 min über 10 000 m bricht. Um 16 Uhr nimmt der Norweger Geir Karlstad das Rennen auf. Als er das Ziel durchfliegt, bleiben die Uhren auf 14:12,14 min stehen.

Großer Andrang bei Skiakrobaten

1. bis 6. Februar 1986. Erstmals genehmigte die Fédération Internationale de Ski (FIS) den Skiakrobaten Weltmeisterschaften, die sich die Gemeinde Tignes in Savoyen 3,5 Mio. DM kosten ließ. 350 Medienvertreter und 5000 Zuschauer erleben Trickski de Luxe.

Die Kanadier Alain Larouche (Kombination), Lloyd Langlois (Springen) und Jane Bucher (Ballett) sind am erfolgreichsten vor den USA mit Mary Jo Tiampo (Buckelpiste) und Maira Quintana (Springen). Weitere Titel gehen an Conny Kissling (Schweiz, Kombination), Eric Berthon (Frankreich, Buckelpiste) und Richard Schnabl (BRD, Ballett).

Halbvolle Stadien beim 13. World-Cup-Turnier in Mexiko

31. Mai bis 29. Juni 1986. Nachdem Kolumbien die Ausrichtung der 13. Fußball-WM aus finanziellen und organisatorischen Gründen abgelehnt hatte, war Mexiko eingesprungen, das als erstes Land zum zweiten Mal ein World-Cup-Turnier im Fußball ausrichtet. Als im September des vergangenen Jahres ein Erdbeben Mexiko City erschütterte, dessen Schäden auch acht Monate später noch unübersehbar sind, wollte man keinesfalls auf die Ausrichtung der »Mundial« verzichten. Der erste Weltmeister steht auch schon fest: »Mexico Campion Mundial de la Amistad« (Mexiko – Weltmeister der Freundschaft). Was aber hat das Volk wirklich von dieser »Mundial«? Es gab Arbeitsplätze für den Ausbau der Stadien in Puebla, Toluca, Leon, Irapuato, Guadalajara, Monterrey, Queretaro und Nezahualcoyotl. Es gibt Jobs in der Organisation und im Dienstleistungsbereich, aber nur für kurze Zeit. Es kommen Devisen in ein Land, dessen Währung von Tag zu Tag mehr zerfällt. Vielleicht wird der Tourismus angeregt, wenn auch nicht in Mexiko City. In der Millionenstadt mit der einstmals besten Luft der Welt kann man vor Benzindämpfen kaum noch atmen.
Die Organisation funktioniert bis auf einen Punkt einwandfrei: All die schönen Fußballstadien sind mit wenigen Ausnahmen wenig, manchmal geradezu kläglich gefüllt. Man sperrt das Volk mit zu hohen Eintrittspreisen von der »Mundial« aus. Der Präsident der Féderation Internationale de Football Association (FIFA), Joao Havelange, auf diesen Mißstand angesprochen, meint, das Volk könne sich die Spiele im Fernsehen anschauen. Das klingt wie Marie Antoinettes »Sollen sie doch Kuchen essen!«, als das französische Volk nach Brot schrie. Gerade weil die Ausrichter einer Fußball-WM mittlerweile durch die hohen Fernseheinnahmen finanziell gar nicht mehr auf Zuschauer in den Stadien angewiesen sind, muß man diesen den Besuch ermöglichen. Denn Sport ist und bleibt ein Schauspiel, das »live« sein Publikum braucht, damit es lebendig bleibt und nicht zur technischen Konserve verkommt. Ein Defizit bei den Finanzen gibt es in Mexiko nicht. Jedoch ein Defizit an Menschlichkeit gegenüber einem liebenswerten Volk.

Zweimal scheitern Brasiliens Elfmeterschützen an Frankreichs Torwart Joël Bats, der die besseren Nerven hat.

Auch Luis Fernandez behält die Nerven und schießt Frankreich mit dem letzten Elfmeter ins Halbfinale.

Elfmeterschießen entscheidet Fußball-Drama in Guadalajara

21. Juni 1986. Nachdem 120 Minuten lang die beste Mannschaft Amerikas und die beste Mannschaft Europas eines der denkwürdigsten Spiele geboten haben, die man je bei einer Fußball-WM gesehen hat, muß die Entscheidung im Viertelfinale Brasilien–Frankreich im Elfmeterschießen fallen.
Als erster Schütze tritt Socrates an, Kopf und Vollstrecker der brasilianischen Mannschaft. Er nimmt kaum Anlauf, ein Schuß – und ein doppelter Aufschrei. Entsetzen im brasilianischen, Begeisterung im französischen Lager. Joël Bats hat gehalten! Yannick Stopyra nutzt den nächsten Elfmeter zum 2:1 für Frankreich. Alemao und Manuel Amoros treffen, auch Zico und Patrick Battiston. Dann gleicht Branco zum 3:3 aus. Mit Michel Platini tritt der Kopf und Vollstrecker der französischen Mannschaft an. Er schießt – und ein doppelter Aufschrei. Entsetzen im französischen, Begeisterung im brasilianischen Lager. Der Ball flog über das Tor!
In dieser zum Zerreißen gespannten Atmosphäre nimmt Julio Cesar Anlauf, schießt – und Bats hält. Ein doppelter Aufschrei ungläubigen Staunens. jetzt liegt die endgültige Entscheidung bei Luis Fernandez. Er nimmt Anlauf, schießt – 4:3 (1:1, 1:1, 1:1) für Frankreich.
Die Brasilianer waren in der 17. Minute durch Careca in Führung gegangen, noch vor dem Halbzeitpfiff hatte Platini ausgeglichen. Beide Mannschaften boten mitreißenden Angriffsfußball in Vollendung.

Leichter 2:0-Sieg Deutschlands über Frankreich

25. Juni 1986. Das Stadion in Guadalajara ist nicht ausverkauft, der Himmel bewölkt, der Rasen vom nächtlichen Regen schwer. In der neunten Minute des Halbfinales Deutschland-Frankreich rutscht ein an der Strafraumecke von Andreas Brehme geschossener flacher Freistoß unter Torwart Joël Bats hindurch ins Netz.
Der glückliche Treffer beflügelt das deutsche Spiel, das zum ersten Mal überzeugend wirkt. Als die Franzosen immer hektischer auf den Ausgleich drängen, zeigt sich, daß ihnen die Kraft fehlt. Ihr Spiel gleicht abgestandenem Champagner, lediglich die Gütemarke ist noch erkennbar. Vor allem der Glanz von Michel Platini ist erloschen.
Kurz vor Spielende hebt Rudi Völler den Ball über den weit herausgelaufenen Bats hinweg und schiebt ihn zum 2:0 ins Tor. Deutschland ist zum fünften Mal in einem WM-Endspiel. Frankreichs Staatspräsident François Mitterrand hatte eine »Concorde« bereitstellen lassen, um beim Finale anwesend zu sein. Zum Spiel um den dritten Platz kommt er nicht.

Michel Platini, bedrängt von Dietmar Jacobs, vermag als Spielmacher und Vollstrecker das Spiel der französischen Mannschaft nicht mehr herumzureißen. Vergeblich laufen die Franzosen einem frühen Rückstand nach. Anders als die Deutschen in einer solchen Situation haben sie nicht mehr die Kraft, alle Reserven zu mobilisieren.

Maradona wird zum besten Spieler des Turniers in Mexiko gewählt.

Argentinien holt zweiten WM-Titel

Das 1:0 für Argentinien durch den (verdeckten) Verteidiger Brown, der einen Freistoß von Burruchaga einköpft

Nach dem 2:0 durch den Halblinken Valdano scheint das Spiel entschieden.

Das Anschlußtor von Rummenigge, nach einem Eckball Brehmes

Schockierte Argentinier nach dem 2:2 durch Völler nach Eckball von Brehme

Die Entscheidung: Briegel kommt zu spät, Burruchaga schießt das 3:2

29. Juni 1986. WM-Finale Deutschland–Argentinien im Azteken-Stadion von Mexiko City.

Die Deutschen haben Anstoß und tragen sofort einen zügigen Angriff vor, wie man es von ihnen bisher gar nicht gewohnt war. Eckball in der ersten Minute, Andreas Brehme schlägt ihn herein, Diego Armando Maradona klärt. in der 21. Minute wird Maradona von Lothar Matthäus zum wiederholten Mal gefoult. Der brasilianische Schiedsrichter Arppi Filho zeigt Matthäus die Gelbe Karte. Den Freistoß zirkelt Jorge Burruchaga vor das deutsche Tor. Harald Schumacher irrt durch den Strafraum, greift ins Leere, aber José Luis Brown springt hoch, köpft den Ball ins Tor und sinkt nieder zu einem Dankgebet.

In der zweiten Halbzeit pflegte bislang Maradonas große Stunde zu schlagen. Doch im Endspiel weicht Matthäus Maradona nicht von der Seite, und notfalls eilt Dietmar Jakobs zu Hilfe. Da aber öffnen sich Lücken für Burruchaga und Jorge Valdano. Und für präzise Pässe ist Maradona immer noch gut.

Jetzt zeigt sich, daß die Argentinier ihr Spiel nicht einzig und allein auf Maradona ausrichten. In der 56. Minute erzielt Valdano scheinbar mühelos das 2:0. Das dürfte die Entscheidung sein, denken die Argentinier. Sie vergessen, daß sich die Deutschen auch nach einem 0:2-Rückstand nie geschlagen geben. Aber es ist nur noch eine halbe Stunde zu spielen. Die Argentinier lassen die Deutschen kommen, und plötzlich liegt der Ball nach einem Eckstoß von Brehme im Tor 2:1 in der 73. Minute durch Karl-Heinz Rummenigge. Neun Minuten später der zweite Schock: Wieder ein Eckball von Brehme, und Rudi Völler köpft ein zum 2:2.

Aber dieser Schock lähmt die Argentinier nicht, sondern rüttelt sie auf. Sie machen endlich wieder Tempo, als jage sie das Gespenst der Verlängerung oder gar eines Elfmeterschießens über den Rasen. Und diesmal ist es Burruchaga, der Hans-Peter Briegel davonläuft und dem herauseilenden Schumacher mühelos das Nachsehen gibt. Das ist die endgültige Entscheidung.

Boris Beckers zweiter Streich in Wimbledon

6. Juli 1986. Vor einem Jahr kam ein 17jähriger Rotschopf aus Leimen nach Wimbledon, benahm sich wie ein Lausejunge, als er zwischendurch mit dem Tennisball Fußball spielte, wartete mit einem Aufschlag auf, der mit ca. 300 km/h gemessen wurde, und schwang sich zum Wimbledonsieger auf (→ 7. 7. 1985).
In diesem Jahr kommt ein Tenniscrack mit Wohnsitz in Monte Carlo, durch Werbeverträge u. a. mit Coca-Cola, Puma, ellesse, der Deutschen Bank bereits Multimillionär, ein 18jähriger, den kreischende Teenager in T-Shirts mit der Aufschrift »Boris« empfangen, ein junger Mann, der kaum noch in irgendeiner Stadt der Erde über die Straße gehen kann, ohne erkannt zu werden, der mit keinem Mädchen ausgehen darf, ohne daß man ihm eine Affäre andichtet.
Gemanagt wird Becker von dem rumänischen Ex-Profi Ion Tiriac, der vor Jahren mit seinem Doppel-Partner Ilie Nastase für Aufsehen auf den internationalen Plätzen gesorgt hatte (→ Dezember 1971).
Becker wird in Wimbledon als Nummer vier gesetzt. Er schlägt den Argentinier Eduardo Bengoechea 6:4, 6:2, 6:1, den US-Amerikaner Tom Gullikson 6:4, 6:3, 6:2 und hat etwas Mühe mit dem Australier Paul McNamee beim 6:4, 6:4, 4:6, 6:4. Im Achtelfinale schaltet er den Schweden Mikael Pernfors 6:4, 7:6, 6:2 aus, im Viertelfinale den Tschechen Miroslav Mecir 6:4, 6:2, 7:6. Nach dem Sieg über den Franzosen Henri Leconte mit 6:2, 6:4, 6:7, 6:3 steht Becker erneut im Finale. Hier trifft er auf die Nummer eins im Welttennis, den in den USA lebenden Tschechen Ivan Lendl, der schon lange auf einen Wimbledonsieg brennt. Aber Becker siegt 6:4, 6:3, 7:5.

Mit geballter Faust motiviert Boris Becker sich zum Sieg. Wimbledon hat zwar bereits seine Hundertjahrfeier hinter sich, aufgrund kriegsbedingter Unterbrechungen gewinnt der Deutsche mit seinem zweiten Wimbledonsieg jedoch erst neun Jahre später die 100. All England Championships. Im Januar hatte Becker das Masters-Finale gegen Ivan Lendl in New York 3:6, 6:7, 3:6 verloren. Beim Turnier in Chicago im März konnte er sich mit 7:6, 6:3 revanchieren. In Roland Garros schied Becker gegen Mikael Pernfors aus.

Steffi, das neue deutsche Tenniswunder

19. Mai 1986. Martina Navratilova, gebürtige Tschechin, nach ihrer US-Einbürgerung in der ČSSR eine »Unperson«, hat eigens ihre Eltern nach Berlin (West) eingeladen, um ihnen »einen Sieg zu schenken«. Nach dem Endspiel, das nur 64 Minuten dauert, sieht man die Nummer eins des Damen-Welttennis in Tränen aufgelöst. Die 16jährige Deutsche Steffi Graf hat sie mit 6:2, 6:3 vom Platz gefegt.
Es ist der bisher spektakulärste Sieg eines Tennis-Wunderkindes, das mit 13 Jahren die Schule verließ und Profi wurde. 1982 war sie die zweitjüngste Spielerin, die der Ranglisten-Computer jemals erfaßte, mit Rang 214. Um ihr Talent sinnvoll zu fördern, managt sie ihr Vater Peter Graf.
In diesem Jahr feiert Steffi ihren ersten Grand-Prix-Sieg: Beim Turnier in Hilton Head Island schlägt sie im Finale die 15 Jahre ältere Chris Evert. Der zweite Turniersieg folgt in Amelia Island nach einem dramatischen Endspiel gegen Claudia Kohde-Kilsch.
Als sie in Roland Garros/Paris, von einer Erkältung gehandikapt, im Viertelfinale gegen Hana Mandlikova ausscheidet, grämt sie sich nicht sonderlich: »Ich habe ja noch viel Zeit, die Nummer eins in der Welt zu werden.«

Himmelhoch jauchzend: Steffi Graf nach ihrem Sieg in Berlin

Zu Tode betrübt: Martina Navratilova nach ihrer Niederlage

Erster Toursieg für US-Amerikaner

27. Juli 1986. Als erster US-Amerikaner fährt Greg LeMond als Sieger der Tour de France in Paris ein. 3:10 min nach ihm kommt sein Stallgefährte Bernard Hinault an.
Schon im vorigen Jahr hätte LeMond gewinnen können. Aber als Hinault eine Schwächeperiode hatte, mußte er ihm aus Stalldisziplin zum fünften Toursieg verhelfen. In diesem Jahr steuerte Hinault seinen sechsten Toursieg an. Aber diesmal war LeMond sich selbst der Nächste. Als er auf der 17. Etappe von Gap zum Col de Granon das Gelbe Trikot übernahm, gab er es nicht wieder her. Bernard Tapie, Teamchef von »La-Vie-Claire«, ließ LeMond gewähren. Hauptsache, der Sieger kommt aus seiner Mannschaft.

Greg LeMond im Ziel nach der Etappe Pau—Luchon. Er gewinnt die 73. Tour de France, als erster US-Amerikaner.

Florett-Gold für Tauberbischofsheim

Juli 1986. Im vorigen Jahr mußte noch einmal Cornelia Hanisch einspringen. In diesem Jahr sind die deutschen Fecht-Küken flügge. Bei den Weltmeisterschaften in Sofia stehen sich im Florett-Finale zwei 17jährige Freundinnen gegenüber. Die Russin Olga Woschtschakina und die Vizeweltmeisterin Sabine Bischoff haben die beiden schon auf die Plätze drei und vier verwiesen. Jetzt kann es nur noch eine deutsche Weltmeisterin geben, die blonde Anja Fichtel oder die dunkle Sabine Bau. Mit 8:3 gewinnt Anja, doch es gibt zwei strahlende Siegerinnen.

Die Kanadierin Gail Greenough, Weltmeisterin im Springreiten

Gail Greenough auf »Mr. T« unschlagbar

13. Juli 1986. Zum ersten Mal setzt sich in Aachen bei den Weltmeisterschaften im Springreiten eine Frau gegen drei Konkurrenten, den US-Amerikaner Conrad Homfeld, den Briten Nick Skelton und den Franzosen Pierre Durand, durch. Die Kanadierin Gail Greenough meistert wie ihren Mr. T alle anderen Pferde. Paul Schockemöhles Deister verweigerte zuvor dreimal. So mußte sein Reiter zuschauen.

Die Norwegerin Ingrid Kristiansen läuft Weltrekord über 10 000 m.

Ingrid Kristiansen ist beste Langstrecklerin

5. Juli 1986. Die 30jährige Norwegerin Ingrid Kristiansen verbessert im Osloer Bislett-Stadion ihren Vorjahres-Weltrekord über 10 000 m um 45,68 sec. Mit ihren 30:13,74 min ist sie nur 7,5 Sekunden langsamer als Paavo Nurmi bei seinem Weltrekord 1924. Nicht einmal Nurmi hielt jedoch in einem Jahr die Weltrekorde über 5000 m, 10 000 m und die Weltbestzeit im Marathon, die Ingrid mit 2:21,06 h läuft.

Michael Groß sichert sich zwei Weltmeistertitel im Schwimmen.

Der »Albatros« wird Doppel-Weltmeister

14. bis 23. August 1986. Michael Groß ist nicht der einzige Star bei den Schwimm-Weltmeisterschaften in Madrid, wenngleich er die Titel über 200 m Freistil und 200 m Schmetterling gewinnt. Auch der Deutsche Rainer Henkel wird zweimal Weltmeister, über 400 m- und 1500 m Freistil. Beide übertrifft jedoch die 20jährige Kristin Otto (DDR) mit vier Goldmedaillen und einer Silbernen.

Peter-Michael Kolbe gewinnt in Nottingham seinen fünften WM-Titel.

Erneutes Comeback für Ruderer Kolbe

24. August 1986. Nach der herben Enttäuschung von Los Angeles (→ Juli/August 1984) beendete Peter-Michael Kolbe wieder einmal seine Karriere. Doch wieder einmal feiert er ein Comeback. Bei den Ruder-Weltmeisterschaften in Nottingham wird der 33jährige zum fünften Mal Weltmeister im Einer. »Noch nie habe ich soviel trainiert wie diesmal«, bekennt Kolbe. »Jetzt mache ich weiter bis Seoul 1988.«

Gelungene EM-Premiere der Leichtathleten in Stuttgart

26. bis 31. August 1986. Es dauerte 52 Jahre, bis in Deutschland erstmals eine Europameisterschaft der Leichtathleten stattfindet. In Stuttgart werden über 1000 Teilnehmer aus 31 Nationen begeistert empfangen. Die 43 Wettbewerbe beeinträchtigt zwar regnerisches Wetter, aber an Spannung und Überraschungen bleibt nichts zu wünschen übrig.

Das Zehnkampf-Duell gewinnt Daley Thompson zum achten Mal gegen Jürgen Hingsen. Ein britisches Mittelstrecken-Duell gibt es zwischen Sebastian Coe und Steve Cram, das Coe (Erster über 800 m, Zweiter über 1500 m) gegenüber Cram (Dritter über 800 m, Erster über 1500 m) für sich entscheidet.

Seine Wettkampfstärke beweist einmal mehr Juri Sedych mit einem Weltrekordhammerwurf von 86,74 m. Mit 84,86 m gewinnt Klaus Tafelmeier das Speerwerfen. Sergej Bubka packt seinen Stab erst aus, als alle Konkurrenten bereits ausgeschieden sind. Dann hat er es nur noch mit seinem Bruder Wassili zu tun. Harald Schmid wird zum dritten Mal Europameister über 400 m Hürden. Der Schweizer Günthör gewinnt mit 22,22 m zum ersten Mal das Kugelstoßen.

Phänomenal stark sind die italienischen Langstreckenläufer, mit einem Dreifachsieg über 10 000 m und einem Doppelsieg im Marathonlauf, wo es zum ersten Mal seit 90 Jahren eine Medaille für einen Deutschen, Manfred Steffny, gibt.

△ Der 29jährige Harald Schmid erkämpft sich an einem regnerischen Abend um 20.41 Uhr zum dritten Mal den Europameistertitel über 400 m Hürden.

◁ Daley Thompson (Abb.) hält auch diesmal wieder den Angriffen der deutschen Zehnkämpfer Jürgen Hingsen und Siegfried Wentz stand.

Reinhold Messner auf dem Dach der Welt

16. Oktober 1986. Welche Gefühle bewegen den südtiroler Bergsteiger Reinhold Messner auf dem Gipfel des Lhotse, nachdem er als erster Mensch alle 14 Achttausender des Himalaya bezwungen hat? »Mich packte eine riesige Freude, aber da war kein Stolz. Ich fühlte mich nicht als Held, auch nicht als Ausnahmebergsteiger. Ich war zufrieden, daß es nun hinter mir lag. Die Nach-Achttausender-Zeit konnte beginnen. Ich fühlte mich leicht und frei, weil die ganze Welt vor mir lag.«

Vor 16 Jahren begann Messner diesen wahrhaft steilen Weg. Als er 1970 nach dem Gipfelsieg am Nanga Parbat auf der Rückkehr seinen Bruder Günther verlor und selbst dem Tod nur knapp entging, wollte er das Bergsteigen aufgeben. Später bestieg er den Nanga Parbat im Alleingang. Sämtliche Achttausender bezwang er ohne Sauerstoffgerät und drang dabei in Höhen vor, von denen man früher annahm, in ihnen nicht mehr leistungsfähig sein zu können.

Er schlug nie einen Bohrhaken in die Felsen. 16 Jahre forderte er das Unmögliche heraus und vollbrachte es. »Dieses Hineingetauchtsein in das Nichts an den großen Bergen hat mir mehr als alle Erfahrungen und immer wieder die existentielle Problematik des Menschen vor Augen geführt. Warum sind wir da, woher und wohin? Ich fand keine Antwort; es gibt keine, wenn ich die Religionen ausklammere. Nur das Aktivsein im Dasein hebt die wesentlichen Fragen des Lebens auf.«

Reinhold Messner beim Aufstieg zum Makalu, dem 13. Achttausender, den er am 26. September 1986 im Himalaya bezwingt

Messners Gipfelsturm

27. Juni 1970	Nanga Parbat	8125 m
25. April 1972	Manaslu	8163 m
10. August 1975	Hidden Peak	8068 m
8. Mai 1978	Mount Everest	8848 m
12. Juli 1979	K 2	8611 m
28. Mai 1981	Shisha Pangma	8046 m
6. Mai 1982	Kangchenzönga	8586 m
24. Juli 1982	Gasherbrum II	8035 m
7. August 1982	Broad Peak	8047 m
5. Mai 1983	Cho Oyu	8201 m
24. April 1985	Annapurna	8091 m
15. Mai 1985	Dhaulagiri	8167 m
26. September 1986	Makalu	8463 m
16. Oktober 1986	Lhotse	8516 m

»Die wahre Kunst des Bergsteigens ist das Überleben«, versichert Messner. »Schwierig wird es dort, wo wir das bisher Geleistete beherrschen und noch einen Schritt darüber hinausgehen wollen. Dorthin, wo noch niemand war; dorthin, wo einem kaum noch jemand folgt oder versteht ... Nicht Idealismus oder Heroismus waren meine Triebfedern, sondern der Wunsch, mich auszudrücken ... Und wie ich zweifelte! Wie oft habe ich mich gefragt, ob ich weitermachen sollte. 16 Jahre lang immer wieder zu scheitern und neu anzufangen, das war der Schlüssel zu diesem Erfolg.«

Garri Kasparows (Abb.) Bilanz gegen Anatoli Karpow: 10 +, 7—, 31 =

Garri Kasparow verteidigt Titel

6. Oktober 1986. Zwölf Partien der Schach-WM wurden in London gespielt, zwölf in Leningrad.

Nach 22 Partien führt Kasparow mit 11,5:10,5. Karpow kann nur noch Weltmeister werden, wenn er die letzten beiden Partien gewinnt. Doch die 23. Partie endet Remis. Kasparow hat seinen Titel mit 5 +, 4—, 15 = verteidigt.

Der Wettkampf bot Schach vom Besten. Kasparow führte schon mit drei Punkten, als Karpow noch einmal aufholte. Das Preisgeld von ca. 2 Mio. DM stiften Kasparow und Karpow den Opfern der Kernreaktor-Katastrophe von Tschernobyl.

K.-o.-Schläger Mike Tyson – der jüngste Boxweltmeister

22. November 1986. Letzter Zahltag für den 32jährigen, aus Jamaika stammenden Kanadier Trevor Berbick in Las Vegas: Nach elfjähriger Profikarriere verliert er nach 2:35 min der zweiten Runde den WM-Titel des World Boxing Council (WBC) im Schwergewicht an den 20jährigen Mike Tyson.

Der bullige Herausforderer, Berbick an Größe und Reichweite unterlegen, beginnt den Kampf vom Gongschlag an mit einem Schlaghagel. Er erinnert in seinem Stil an »Smoking Joe« Frazier. Doch schlägt er wuchtiger und brutaler zu. Als eine ansatzlos geschlagene Linke Berbick von den Beinen holt, rettet ihn nur noch der Ringrichter vor schlimmerer Bestrafung.

Tyson begann seine »Karriere« 13jährig in Brooklyn mit Taschendiebstählen und Raubüberfällen. Die Schule besuchte er nur ein Jahr. Bei Bandenkämpfen fiel er der Polizei und Talentsuchern auf. Bei der Qualifikation zu den Olympischen Spielen in Los Angeles versagte er kläglich. Doch inzwischen hat er sich zu einem wilden Schläger entwickelt. Ein »Taifun« fegt durch die Boxringe der USA.

Keine zwei Runden widersteht der bisherige WBC-Weltmeister Trevor Berbick (r.).

1987

Januar. Bei den Bob-Weltmeisterschaften in Sankt Moritz gewinnen die Schweizer mit den Piloten Ralph Pichler und Hans Hiltebrand die Titel im Zweier- und Viererbob.

Februar. Überragend bei den Alpinen Ski-Weltmeisterschaften in Crans-Montana die Schweizer Maria Walliser und Pirmin Zurbriggen. Frank Wörndl (Bundesrepublik Deutschland) überraschend Slalom-Weltmeister.

Bei den Nordischen Ski-Weltmeisterschaften in Oberstdorf am erfolgreichsten der Schwede Thomas Wassberg.

Bei den Tischtennis-Weltmeisterschaften in Delhi gewinnen die Chinesen alle Titel bis auf das Damen-Doppel (Korea).

4. 2. Dennis Conner gewinnt mit der US-amerikanischen Yacht »Stars and Stripes« den America's Cup.

März. Weltcupsieger im alpinen Skilauf die Schweizer Maria Walliser und Pirmin Zurbriggen.

6. 3. Fußballtorwart Harald Schumacher wird nach Erscheinen seines Buches »Anpfiff« aufgrund der darin enthaltenen Enthüllungen über Doping in der Bundesliga vom Deutschen Fußball-Bund (DFB) aus der Nationalmannschaft ausgeschlossen.

7. 3. Mike Tyson schlägt in Las Vegas James »Bonecrusher« Smith in zwölf Runden nach Punkten und wird danach auch von der World Boxing Association (WBA) als Schwergewichtsweltmeister anerkannt.

14. 3. Eiskunstlaufweltmeister in Cincinnati: Katarina Witt (DDR) und Brian Orser (Kanada). Bei den Paaren: Jekaterina Gordejewa/Sergej Grinkow (UdSSR).

6. 4. »Sugar« Ray Leonhard schlägt in Las Vegas Marvin »Marvelous« Hagler in 15 Runden nach Punkten.

10. 4. Die 26jährige deutsche Leichtathletin Birgit Dressler stirbt infolge eines »Allergieschocks«.

18. 4. Erstmals gesponsertes Fußball-Länderspiel: Deutschland – Italien in Köln 0:0.

Mai. UEFA-Pokal-Endspiele: IFK Göteborg – Dundee United 1:0|1:1.

3. 5. Überraschend gewinnt Schweden die Eishockey-Weltmeisterschaft in Wien durch das bessere Torverhältnis vor der UdSSR und der ČSSR.

13. 5. Europapokal der Pokalsieger: Ajax Amsterdam – Lokomotive Leipzig 1:0 in Athen.

22. 5. Weltbestleistung im Weitsprung (Flachland) durch Robert Emmijan (UdSSR) mit 8,86 m in Zachkadsor.

27. 5. Europapokal der Landesmeister: FC Porto – FC Bayern München 2:1 in Wien.

6. 6. Mit einem Sieg über Martina Navratilova (USA) in Paris gewinnt die 17jährige Steffi Graf erstmals ein Grand-Slam-Turnier.

Juni. Der Ire Stephen Roche gewinnt den Giro d'Italia (→ Juli 1987).

17. 6. Nach seinem zehnten Titelgewinn ist der FC Bayern München deutscher Fußball-Rekordmeister.

Juli. Der Ire Stephen Roche gewinnt die Tour de France.

5. 7. Martina Navratilova wird zum achten Mal Wimbledonsiegerin. Bei den Herren siegt überraschend der Australier Pat Cash.

22. 7. Weltrekord über 5000 m erstmals unter 13 Minuten in 12:58,35 min durch den Marokkaner Said Aouita in Rom.

26. 7. Im längsten Match der Davis-Cup-Geschichte schlägt Boris Becker in Hartford/Connecticut John McEnroe in sechs Stunden und 39 Minuten 4:6, 15:13, 8:10, 6:2, 6:2.

August. Bei den Europameisterschaften im Schwimmen in Straßburg gewinnt die DDR 18 Goldmedaillen.

1. 8. Nach seinem Punktsieg über zwölf Runden gegen Tony Tucker in Las Vegas wird Mike Tyson von allen drei Weltboxverbänden als Weltmeister anerkannt (→ 7. 3. 1987).

12. 8. Sieg der deutschen Tennis-Damenmannschaft über die USA im Endspiel um den Federation Cup in Vancouver.

13. 8. Weltrekord im Kugelstoßen durch den Italiener Alessandro Andrei mit 22,91 m in Viareggio.

29. 8. – 6. 9. Leichtathletik-Weltmeisterschaften in Rom mit einem Fabelweltrekord des Kanadiers Ben Johnson über 100 m in 9,83 sec (→ 30. 8. 1987).

30. 8. Der Schweizer Urs Freuler wird in Wien zum siebten Mal Weltmeister im Punktefahren.

6. 9. Nach seinen Siegen beim Giro und bei der Tour wird Stephen Roche in Villach auch Straßen-Weltmeister der Rad-Profis (→ Juli 1987).

31. 10. Der Brasilianer Nelson Piquet wird seit 1981 zum dritten Mal Automobilweltmeister der Formel 1, auf Williams-Honda.

22. 11. Steffi Graf gewinnt das Masters-Turnier in New York gegen die Argentinierin Gabriela Sabatini.

Dezember. »Staatsaffäre« wegen eines Zwischenfalls bei einem Kricketmatch Pakistan – England in Faisalabad.

19. 12. Garri Kasparow (UdSSR) verteidigt seinen Schachweltmeistertitel gegen Anatoli Karpow durch ein 12:12 in Sevilla.

20. 12. Schweden gewinnt den Davis Cup durch ein 5:0 gegen Indien in Göteborg.

Vor der australischen Küste von Freemantle holt sich der 44jährige Skipper Dennis Conner den 1983 verlorenen America's Cup zurück.

USA gewinnen America's Cup

4. Februar 1987. Schreckliches war vor vier Jahren geschehen. Die USA hatten nach 132 Jahren ihren Nimbus als weltbeste Seglernation verloren.

Die wertvollste Segeltrophäe dieser Erde, eine 69 cm hohe Kanne ohne Boden aus 3,8 kg schwerem Silber, fast so häßlich wie der kaum minder berühmte Davis Cup, wurde von dem Australier Peter Gilmour mit seiner Yacht »Australia II« von den Gestaden der USA in einen fernen Kontinent entführt.

Diese Schmach ließ den unterlegenen Dennis Conner nicht ruhen. Er wollte den America's Cup zurückholen, koste es, was es wolle. Es kostete etwa 32 Mio. DM. Ein Syndikat wurde gegründet, der Automobilkonzern Ford, die US-Luftfahrtbehörde und sogar die NASA halfen großzügig. Eine schnittige Hochsee-Yacht wurde gebaut, erhielt den Namen »Stars and Stripes«, und gegen sie hat Gilmours »Kookaburra III« in diesem Jahr nicht den leisesten Windhauch einer Chance.

Australiens Premierminister Bob Hawks (r.) übergibt Dennis Conner süßsauer lächelnd die kostbare Segeltrophäe. Ein Jahr lang trainierte Conner seine Crew, zwölf Herausforderer aus sechs Nationen mußte er aus dem Feld schlagen.

Pirmin Zurbriggen auf dem Weg zum Sieg im Super G. Außerdem gewinnt er den Riesenslalom.

Frank Wörndl (Abb.) siegt sensationell im Slalom, wo überraschend der Deutsche Armin Bittner Dritter wird.

Schweizer Triumph bei Alpiner Ski-WM

Februar 1987. Die Königin des Wallis heißt Maria Walliser. Mit zwei Goldmedaillen und einer Bronzemedaille ist sie die erfolgreichste alpine Skiläuferin bei den Weltmeisterschaften in Crans-Montana. Und eine Schönheitskonkurrenz gewänne sie ebenfalls.

»Skikönig« wird Pirmin Zurbriggen, der bei der Eröffnungsfeier noch im Helikopter sitzt, denn die Termine im Skizirkus werden immer enger. Er holt sich je zwei Gold- und zwei Silbermedaillen.

Die Schweizer überlassen ihren Gästen von zehn Titeln nur zwei. Einer geht am letzten Tag im Slalom an Frank Wörndl, der in den letzten zehn Jahren kein einziges wichtiges Rennen gewinnen konnte.

Anderes Gold geht verloren: Die Organisatoren machen einen Verlust von 4 Mio. Schweizer Franken.

Maria Walliser (Abb.) gewinnt den Abfahrtslauf und den Super G, jeweils vor Michela Figini, und wird im Riesenslalom hinter Vreni Schneider und der Jugoslawin Mateja Svet Dritte. Der Musical-Hit »Maria-Maria-Maria« gewinnt im Wallis neue Aktualität.

Eislaufkönigin Katarina Witt

14. März 1987. Bei der Siegerehrung der Eiskunstlauf-Weltmeisterschaften verdrückt die sonst so coole Katarina Witt ein paar Tränen. Danach gesteht sie, wieder gefaßt: »Ich denke, daß dies meine beste Leistung war, die ich je gegeben habe.« Diese Leistung war nötig, um der US-Amerikanerin Debra Thomas den im Vorjahr in Genf gewonnenen WM-Titel wieder abzujagen, und zwar ausgerechnet in Cincinnati, der Höhle des Löwen. »Es war nicht leicht für mich«, versichert Katarina, »hinter Debi zu laufen.«

Vielleicht war es sogar gut, daß sie nach Debra lief, deren Kür einen Beifallssturm entfesselte. Als Maria in der »Westside Story« rührte Katarina Witt das US-amerikanische Publikum. Und da außerdem alle Sprungkombinationen, selbst ein sicher gestandener dreifacher Rittberger, einwandfrei gelangen, bewog sie auch die Punktrichter, sie mit Platzziffer 4,4 vor den beiden US-Amerikanerinnen Thomas (6,0) und Kadavy (7,4) einzureihen.

Bei den Herren gibt es die zweite Enttäuschung für die US-Amerikaner. Der Kanadier Brian Orser bewältigt ein schwieriges Programm mit einem dreifachen Axel 30 Sekunden vor dem Abschluß seiner Kür fehlerlos. Sowohl sein Rivale Brian Boitano als auch der Russe Alexander Fadejew besiegen sich durch Unsicherheiten und mangelnde Risikofreude selbst.

Nordische Ski-WM wird in Oberstdorf zum Volksfest

Februar 1987. Mit 360 000 Zuschauern in zehn Tagen erwirbt sich Oberstdorf als Austragungsort der Nordischen Ski-Weltmeisterschaften den Ruf eines »Holmenkollen Mitteleuropas«.

Die Loipen werden erstmals auf unterschiedliche Weise durchmessen. Die 15 km und 30 km (bzw. 5 km und 10 km bei den Damen) sind im klassischen Diagonalschritt zu laufen, die 50 km (bzw. 20 km) und die Staffeln im Schlittschuhschritt.

Bei den Herren gibt es einen Thronwechsel, denn nicht der Schwede Gunde Svan, der sich in einer Formkrise befindet, wird der große Triumphator, sondern sein Landsmann, der 31jährige Thomas Wassberg, der Gold über 30 km und mit der Staffel sowie Silber über 15 km und 50 km erläuft. Beidemal muß er sich einem Italiener beugen, dem jungen Marco Albarello und dem 37jährigen Maurilio De Zolt, den die Fans »Il Grillo« nennen. Der Mannschaftssieg in der Nordischen Kombination ist der größte Erfolg der bundesdeutschen Läufer.

Fulminanter Staffelstart. Hier kommt der Schwede Gunde Svan mit Hilfe seiner Mannschaftskameraden Oestland, Wassberg und Mogren zu Gold, seiner einzigen Medaille bei dieser Weltmeisterschaft überhaupt. Die Schweden siegen vor der UdSSR und Norwegen. Die Russen kommen mit der Damenstaffel Ordina, Gavriluk, Ptitsyna, Reztsowa zu ihrem einzigen WM-Titel in Oberstdorf.

Tony Tucker (l.) in Bedrängnis beim Weltmeisterschaftskampf gegen Mike Tyson in Las Vegas. Nach seinem klaren Punktsieg ist Tyson seit neun Jahren der erste Schwergewichts-Weltmeister, den alle drei US-Boxverbände anerkennen.

Mike Tyson Boxweltmeister aller Verbände

7. März 1987. In Las Vegas läßt man »Iron Mike« Tyson, der von bislang 28 Profikämpfen 25 vorzeitig durch K. o. entschied, auf James Smith los, den Schwergewichts-Boxweltmeister der World Boxing Association (WBA), den man mit dem furchterregenden Beinamen »Bonecrusher« schmückt.

Smith krümmt Tyson kein Haar, und auch Tysons Knochen bleiben heil. Die Zuschauer erwarten, daß Smith möglichst schnell demoliert wird, aber zum allgemeinen Erstaunen bleibt er zwölf Runden lang auf den Beinen, obwohl er manchmal ins Wanken gerät. Auf den Punktzetteln wird Tyson mit 120:106 als klarer Sieger notiert. Was sich mit 1,5 Mio. US-Dollar für den neuen Weltmeister zweier Verbände (WBA und World Boxing Council, WBC) auch lohnt.

Aber aller guten Weltmeisterdinge sind in den USA drei. Weil die International Boxing Federation (IBF) Michael Spinks, der sich weigerte, gegen Tony Tucker anzutreten, den Titel aberkannte, geht es für Tyson am 1. August 1987, erneut in der Spielermetropole Las Vegas, gegen Tucker um alles oder nichts.

Die 7600 Zuschauer am Ring im Hilton Hotel wittern eine Sensation, als der 1,98 m lange Tucker den wild anstürmenden Tyson nach 20 Sekunden mit einem linken Aufwärtshaken voll am Kinn erwischt. Tyson, sichtlich durchgeschüttelt, bewährt sich in diesem für ihn ungewohnt kritischen Augenblick als »Ironman«. Doch dieser Schlag bleibt Tuckers bester Moment im ganzen Kampf. Von nun an benutzt er seine um 27 cm längere Reichweite vorwiegend dazu, sich den Schläger Tyson möglichst vom Leib zu halten. Das gelingt ihm auch zwölf Runden lang, aber danach gibt es an dem eindeutigen Punktsieg Tysons nicht den geringsten Zweifel.

»Sugar« Ray straft alle Kritiker lügen

6. April 1987. Wenn er Marvin »Marvelous« Hagler schlagen wolle, müsse er schon einen Ringpfosten herausziehen, höhnte noch am Abend vorher die »Las Vegas Review«.

»Sugar« Ray Leonard, der öfter seinen Rücktritt erklärte als Elizabeth Taylor heiratete, kehrt nach 1059 Tagen Ringpause zurück, um in Las Vegas gegen den seit zwölf Titelkämpfen ungeschlagenen Mittelgewichts-Weltmeister Hagler anzutreten. Der Mann ist für den 31jährigen Leonard, der wegen einer Netzhautablösung in den meisten US-Staaten Boxverbot hat, einige Nummern zu groß. Doch Leonhard zeigt der staunenden Welt, wie ein Klasseboxer einen Schläger deklassiert.

»Sugar« Ray Leonard (r.) schlägt in Las Vegas sensationell in zwölf Runden Marvin »Marvelous« Hagler eindeutig nach Punkten.

Birgit Dressel stirbt nach Allergie-Schock

10. April 1987. Nachdem die 26jährige deutsche Leichtathletin Birgit Dressel in die Mainzer Universitätsklinik eingeliefert worden ist, schreit sie stundenlang vor Schmerzen. Bevor ihr Linderung zuteil wird, stirbt sie qualvoll. Die Todesursache lautet »Allergieschock«.

Schockierend sind die Einzelheiten, die eine entsetzte Öffentlichkeit erfährt: Auslöser des »toxisch-allergischen Geschehens« war eine überhöhte Dosis von 5 g des Schmerzmittels Metamizol in Form von zwei Ampullen des Präparates Buscopan compositum, das ihr in der Klinik verabreicht wurde. Offenbar in Unkenntnis der Tatsache, daß Birgit Dressel zuvor gegen einen vermeintlichen Hexenschuß Spritzen erhalten hatte. Noch weniger unter Berücksichtigung der Tatsache, daß die ehrgeizige Siebenkämpferin seit Jahren unter dem Einfluß von Medikamenten stand, und dies in einem Ausmaß, wie man es sich bei einer angeblich »gesunden« Sportlerin nur schwer vorstellen kann.

17 Tage nach Dressels Tod verbietet das Bundesgesundheitsamt das Schmerzmittel Metamizol. Ein 120-seitiges Sachverständigengutachten stellt fest, daß spätestens um 16.30 Uhr am Einlieferungstag der Schockzustand hätte erkennbar sein müssen und möglicherweise das Leben der Patientin hätte gerettet werden können.

Kricket ist in England sogar ein Politikum

Dezember 1987. In England ist Kricket ein Mythos. Als er angekratzt wird, verdrängt dies alle Schlagzeilen von den Titelseiten der Tagespresse, löst eine heftige Debatte im Unterhaus aus und veranlaßt das Außenministerium zu einer beschwichtigenden Reaktion.

Bei einem Spiel in Faisalabad beschimpfte der Kapitän des britischen Teams den pakistanischen Schiedsrichter: Nicht einmal seine Schwiegermutter ließe er nach Pakistan reisen, da die Briten hier seit 35 Jahren betrogen würden! »Obwohl Cricketter keinen engelsgleichen Charakter haben«, räumt die »Times« ein, »haben sie für gewöhnlich die Tugend der Selbstdisziplin.«

Die Weltsensation: Der Kanadier Ben Johnson (M.) verbessert den 100-m-»Höhenweltrekord« von 9,93 sec um eine volle Zehntelsekunde im Flachland.

Ben Johnson stellt in 9,83 sec »Fabelweltrekord« auf

30. August 1987. Leichtathletik-Weltmeisterschaften in Rom. Um 18.40 Uhr kauern sich acht Läufer zum Start des Endlaufs nieder. Aller Augen ruhen auf dem vierfachen Olympiasieger und dreifachen Weltmeister Carl Lewis und dem Kanadier Ben Johnson. Für beide geht es nicht nur um das Prestige, sondern auch um viel Geld. Die sonst so verwöhnten Römer genießen zwei Lauf-Gladiatoren. Sie wurden nebeneinander auf den Startbahnen 5 (Johnson) und 6 (Lewis) ausgelost. Bei 26 Grad im Schatten ist es fast windstill, bei einer Luftfeuchtigkeit von 61%.

Als der Startschuß kracht, schnellt der 1,80 m große, muskelbepackte Kanadier ungemein reaktionsschnell vom Startblock. Der 8 cm größere, schlankere Lewis liegt sofort deutlich zurück. Bei 50 m führt Johnson schon mit 1 m. Jetzt muß das berühmte Finish des US-Amerikaners kommen. Doch Lewis holt kaum auf. Johnson reckt schon Meter vor dem Ziel triumphierend den rechten Arm hoch. Läuft gleich weiter in die Stadionkurve, winkend. Lewis eilt seinem Bezwinger nach und gratuliert ihm.

Die Goldmedaillen mit der 4x100-m-Staffel und im Weitsprung mit 8,67 m können Carl Lewis nicht über die 100-m-Niederlage hinwegtrösten.

Fassungsloses Staunen, als die Zeiten auf der Anzeigetafel aufscheinen. Lewis stellte mit 9,93 sec den Weltrekord von Calvin Smith ein, dem er seit vier Jahren hinterherjagte. Für Johnson leuchten 9,83 sec auf. Eine Zehntelsekunde schneller auf einer Strecke, auf der es bisher nur Rekordverbesserungen um Hundertstel gab. Der Jubel im Stadion steigert sich zum Orkan. Johnson erklärt in der Pressekonferenz: »Auf diesen Augenblick habe ich lange gewartet. Er passierte am richtigen Ort zur richtigen Zeit. Das freut mich. Mein ganzes Ziel ist jetzt Seoul, Gold bei den Olympischen Spielen« (→ 24. 9. 1988).

1988

22. 1. Mike Tyson verteidigt seinen Weltmeistertitel im Box-Schwergewicht gegen Larry Holmes durch K. o. in der vierten Runde in Atlantic City.

23. 1. Die zehnte Rallye Paris – Dakar fordert fünf Tote (→ 25. 12. 1988).

Steffi Graf gewinnt die Australian Open in Melbourne (→ 10. 9. 1988).

25. 1. Die französische Sportzeitschrift »L'Equipe« erhält in Paris den olympischen Pokal des Internationalen Olympischen Komitees (IOC).

13. – 28. 2. In Calgary 15. Olympische Winterspiele.

März. Weltcupsieger im alpinen Skilauf die Schweizer Michela Figini und Pirmin Zurbriggen.

7. 3. Zum zweiten Mal nach 1928 Doppelsieg im Wasalauf: Nach 4:47,04 h und 89 km überqueren die schwedischen Brüder Örjan und Anders Blomqvist gemeinsam die Ziellinie.

26. 3. Katarina Witt (DDR) wird in Budapest erneut Weltmeisterin im Eiskunstlauf und beendet anschließend ihre Karriere.

23. 4. Weltrekord im Flug mit Muskelkraft. Der 31jährige griechische Radsportler Kanellos Kanellopoulos fliegt 119 km in 3:54 h von Kreta nach Santorin.

11. 5. Europapokal der Pokalsieger: KV Mechelen – Ajax Amsterdam 1:0 in Straßburg.

13. 5. Bei den Squash-Weltmeisterschaften in Amsterdam siegt der Pakistaner Jahangir Khan über seinen Landsmann Jashir Khan.

Mai. UEFA-Pokal-Endspiele: Bayer Leverkusen – Español Barcelona 0:3/3:0. Elfmeterschießen 3:2 für Bayer Leverkusen.

25. 5. Europapokal der Landesmeister in Stuttgart: PSV Eindhoven – Benfica Lissabon 0:0 n. V., Elfmeterschießen 6:5 für Eindhoven.

4. 6. Steffi Graf gewinnt die French Open in Roland Garros/Paris (→ 10. 9. 1988).

8. 6. Die International Skating Union (ISU) beschließt die Abschaffung der Eiskunstlauf-Pflicht ab 1990.

9. 6. Weltrekord im Stabhochsprung mit 6,05 m durch Sergej Bubka (UdSSR) in Bratislava.

10. – 25. 6. Fußball-Europameisterschaft in der Bundesrepublik Deutschland. Den Titel gewinnen die Niederlande.

12. 6. Erstmals in der 80jährigen Geschichte des Giro d'Italia gewinnt mit Andy Hamsten ein US-Amerikaner diese Rundfahrt.

Weltrekord im Weitsprung mit 7,52 m durch Galina Christiakowa (UdSSR) in Moskau.

27. 6. Mike Tyson verteidigt seinen Weltmeistertitel im Box-Schwergewicht gegen Michael Spinks durch K. o. in der ersten Runde in Atlantic City (→ 22. 1. 1988).

2. 7. Steffi Graf gewinnt das Damen-Einzel in Wimbledon, Boris Becker unterliegt im Endspiel dem Schweden Stefan Edberg (→ 10. 9. 1988).

9. 7. Weltrekord im Diskuswurf mit 76,80 m durch Gabriele Reinsch (DDR) in Neubrandenburg.

11. 7. Zum dritten Mal Weltrekord über 100 m Rücken durch Igor Poljanski (UdSSR) in Reval.

16. 7. Weltrekorde über 100 m in 10,49 sec durch Florence Griffith-Joyner und im Siebenkampf mit 7215 Punkten durch Jackie Joyner-Kersee in Indianapolis.

24. 7. Der Spanier Pedro Delgado gewinnt die 75. Tour de France.

Erstmals gewinnt eine Frau einen WM-Punkt in einem Motorradrennen. Die Finnin Taru Rinne belegt beim Grand Prix in Le Castellet in der 125-ccm-Klasse den 14. Platz.

11. 8. Wayne Gretzky, Eishockeystar der Edmonton Oilers, wechselt für eine Transfersumme von ca. 20 Mio. US-Dollar zu den Los Angeles Kings.

17. 8. Erster Weltrekord über 400 m nach 20 Jahren, in 43,29 sec durch Butch Reynolds (USA) in Zürich.

8. 9. Als jüngster Kanalschwimmer legt der elfjährige Brite Thomas Gregory die Strecke von Kap Gris Nez nach Dover in 11:45 h zurück.

10. 9. Mit ihrem Sieg in Flushing Meadow gewinnt Steffi Graf als dritte Frau den Grand Slam. Durch ihren Olympiasieg drei Wochen später wird sie zur erfolgreichsten Tennisspielerin aller Zeiten.

15. 9. Nach seiner Entscheidung, künftig Olympische Winter- und Sommerspiele nicht mehr in einem Jahr durchzuführen, vergibt das IOC die 16. Olympischen Winterspiele 1994 nach Lillehammer/Norwegen.

17. 9. – 2. 10. In Seoul Sommerspiele der XXIV. Olympiade.

30. 10. Der Brasilianer Ayrton Senna wird auf Honda-McLaren Automobilweltmeister der Formel 1.

Dezember. Patrick Ewing und David Robinson sind mit je 3,25 Mio. US-Dollar Jahresgage Spitzenverdiener im US-amerikanischen Basketball.

5. 12. Boris Becker gewinnt in New-York erstmals das Masters-Turnier.

16. – 18. 12. Deutschland gewinnt erstmals den Davis Cup durch ein 4:1 über Schweden in Göteborg.

31. 12. Deutsche Firmen wandten im abgelaufenen Jahr rund 1,5 Mrd. DM für Sport-Sponsoring auf.

Eröffnungsfeier der 15. Olympischen Winterspiele im MacMahon-Stadion von Calgary in der Provinz Alberta mit 1800 Sportlern aus 57 Ländern

Olympia-Winter in Calgary

13. bis 28. Februar 1988. Insgesamt 325 540 000 US-Dollar zahlten Fernsehanstalten weltweit für die Übertragungsrechte der 15. Olympischen Winterspiele in Calgary. Ein Rekord. Die kanadische 600 000-Einwohner-Stadt hat daher keine finanziellen Probleme. Schnee hat sie allerdings auch keinen.

Einen weiteren Rekord feiern die Calgarians mit der naiven Freude von Siedlern im Wilden Westen — erst vor 100 Jahren wurden am Bow River die ersten Blockhäuser gebaut — beim Fackellauf. Es ist mit 18 000 km der bisher längste Lauf. Ihn beschließt ein zwölfjähriges Mädchen, die bislang jüngste Läuferin. Vor ihr trug ein 101jähriger, der älteste Läufer bisher, die Fackel.

Ins MacMahon-Stadion, das der Universität gehört, wackeln bei der Opening Ceremony Dinosaurier, mit denen die Kanadier ihre Historie ein wenig anreichern. Bei der »Wow! What a show!«, wie die Presse jubelt, klappt zwar nicht alles, aber das ist das Nette daran.

Nach Indianern in historischen Trachten kommen die Planwagen. Den Leuten wird warm ums Herz. Der Stallgeruch dieser Stadt um den Saddledome, den Stampede-Park und den Corral, setzt sich aus Stroh, Kuhmist und Pferdedung zusammen. Man wird hier keinen Olympiasieger, und sei es ein Kanadier, auch nur entfernt so enthusiastisch feiern wie einen Weltmeister im Rodeo. Das ist der Genius dieses Ortes.

Ein rauher Wind verweht die Luftballons. Von der Eröffnungsfeier haben die Fernsehzuschauer mehr als die frierenden Anwesenden auf den Rängen.

Zweimal Gold für Tomba »la bomba« am Mount Allan

Februar 1988. Bereits im Vorfeld der 15. Winterspiele wurde kritisiert, daß sich der Zeitplan der Wettbewerbe nach den Wünschen des Fernsehens richten sollte. Aber wer bezahlt, bestimmt die Speisefolge. Nur hatte man die Rechnung ohne den Chinook gemacht. So nennen die Indianer einen Wind, der abwechselnd von Hawaii oder Alaska über Ebenen und Gebirge streicht. Für die Skifahrer spielt die Richtung kaum eine Rolle. Wenn am Mount Allan die Fahnen knattern, können sie ihre Bretter wieder einpacken. Und die Zuschauer haben einen Tagesausflug nach Nakiska, was in der Sprache der Cree-Indianer »Treffpunkt« bedeutet, vergeblich gemacht.

Vergeblich ist für die Abfahrer das Grübeln darüber, ob die ursprüngliche Auslosung für sie günstiger war als die neue, nachdem ein Rennen verschoben werden mußte. Der Schweizer Peter Müller hadert jedenfalls mit seinem Schicksal. Er erwischt beim zweiten Mal die Startnummer eins und wird, wie schon 1984 in Sarajevo, nur Zweiter im Abfahrtslauf. Seinen Landsmann Pirmin Zurbriggen stört das nicht im geringsten. Von ihm sagte der Österreicher Leonhard Stock, man müsse schon einen Baum auf die Strecke werfen, um ihn am Abfahrts-Sieg zu hindern. Niemand wirft einen Baum, nicht einmal der Chinook, und so fegt Pirmin die 3000 m als einziger Teilnehmer in einer Zeit unter zwei Minuten herab.

So souverän gewinnt als erklärter Favorit nur der Italiener Alberto Tomba den Riesenslalom. Als erster von über 100 Teilnehmern stiebt er durch die 40 Tore. Keiner ist mehr schneller. Sein Erfolgsrezept faßt er in einem Satz zusammen: »Alle haben erwartet, daß ich gewinne, also habe ich gewonnen.« Als der Sessellift Zurbriggen und Martin Hangl zum Start schaukelt, sehen sie unter sich, wie der österreichische Mannschaftsarzt Jörg Oberhammer von einer Pistenraupe zu Tode gewalzt wird. Hangl ist danach unfähig, zu starten. Doch Pirmin nutzt seine Chance und wird Dritter.

Von Tomba »la bomba« erwartet man noch den Sieg im Slalom. Er erfüllt auch diese Erwartung, aber da geht es um 6 mm. Diese fehlen Frank Wörndl nach zwei Durchgängen, um den Superstar der alpinen Wettbewerbe zu entthronen. Mit der schnellsten Zeit verabschiedet sich als Fünfter Ingemar Stenmark.

Außer Tomba und Zurbriggen kommen auch der Franzose Franck Piccard als Sieger im erstmals olympischen Super G und Dritter in der Abfahrt und der Österreicher Hubert Strolz als Sieger in der Alpinen Kombination und Zweiter im Riesenslalom zu je zwei Medaillen.

Der Italiener Alberto Tomba, genannt »La bomba«, bei seinem Sieg im Riesenslalom. Er gewinnt auch Gold im Slalom.

Der Schweizer Pirmin Zurbriggen gewinnt Gold in der Abfahrt und Bronze im Riesenslalom.

Der Franzose Franck Piccard gewinnt Gold im Super G und Bronze im Abfahrtslauf.

Der Österreicher Hubert Strolz gewinnt Gold in der Alpinen Kombination und Silber im Riesenslalom.

Sensationeller Sieg der Deutschen Marina Kiehl (Abb.) im Abfahrtslauf vor Brigitte Oertli (Schweiz)

Die Österreicherin Sigrid Wolf (Abb.) gewinnt den Super G vor Michela Figini und Karen Percy.

Die Schweizerin Vreni Schneider gewinnt überlegen die Goldmedaille im Riesenslalom und im Slalom.

Windböen am Hang: Nur »mit Wut im Bauch« zum Sieg

Februar 1988. Der Schweizer Cheftrainer Karl Frehsner würde den Mount Allan am liebsten in die Luft sprengen. Möglichst mit der Jury, die den Start zum Abfahrtslauf der Damen nach längerem Hin und Her freigegeben hat. Michela Figini mault über »irreguläre Verhältnisse«. Sie hat die Startnummer neun und kommt auch als Neunte ins Ziel. Die Bestzeit von 1:25,86 min über die 2036 m lange Strecke bei einer Höhendifferenz von 619 m und 63 % Hangneigung an der steilsten Stelle legte bei gleichen Pistenverhältnissen mit der Startnummer acht Marina Kiehl vor. Auch sie hatte Wut, als sie sich schon in der zweiten Kurve fast hinsetzte. »Jetzt ist alles aus«, dachte sie, »jetzt kannst du es einfach nur noch so runterrennen lassen.« Eine Windbö am berüchtigten Buffalo-Sprung steckte sie eher verächtlich weg. Ohne Illusionen glitt sie über den letzten Streckenabschnitt mit dem sinnigen Namen »Ruhm und Ehre«. Und genau das wird ihr dann nach einigem nervenaufreibenden Warten zuteil.
Die sieggewohnten Schweizer können nur schwer verwinden, daß weder Maria Walliser noch die Figini gewonnen haben. Und wenn nicht außerplanmäßig Brigitte Oertli zu Silber gekommen wäre, hätten sie alles versucht, um das Rennen annullieren zu lassen.
Als Vreni Schneider im Slalom und im Riesenslalom Gold holt, sind allerdings auch die Eidgenossen zufrieden. Glücklich ist Christa Kinshofer-Güthlein über Silber im Riesenslalom und Bronze im Slalom.

Raissa Smetanina – stiller »Langlaufstar«

Februar 1988. Die Russin Raissa Smetanina zählt zu den größten Skilangläuferinnen.
Bei Olympischen Spielen startete sie erstmals 1976 in Innsbruck. Sie gewann Gold über 10 km und mit der 4x5-km-Staffel, wobei sie die schnellste Zeit aller Teilnehmerinnen lief, sowie Silber über 5 km. In Lake Placid gewann sie 1980 Gold über 5 km und Silber mit der Staffel. Über 10 km wurde sie Vierte. 1984 in Sarajevo gewann sie Silber über 10 km und über 20 km. Mit der Staffel wurde sie Vierte.
In Calgary setzt man die »alte Dame« in der Staffel nicht mehr ein. Aber über 10 km erläuft sie hinter Vida Ventsene (UdSSR) Silber und über 20 km hinter Tamara Tikhonowa und Anfissa Reztsowa (ebenfalls UdSSR) Bronze. Diese Läuferinnen könnten ihre Töchter sein. Raissa ist eine bescheidene, zurückhaltende Frau, aber immer erfolgreich, immer ein Vorbild für alle anderen.

△ Die russischen Langläuferinnen geben sich nur in einem von vier Rennen geschlagen. Über 5 km kommt Tamara Tikhonowa (Abb.) zu Silber hinter der Finnin Marjo Matikainen. Zwei Goldmedaillen erläuft Tikhonowa über 20 km und mit der 4x5-km-Staffel. Über 10 km wird sie Fünfte.

◁ Anfissa Reztsowa (Abb.) sichert mit der Silbermedaille über 20 km vor Raissa Smetanina einen dreifachen Erfolg der Russinnen. Mit der Staffel gewinnt sie dazu Gold vor den Norwegerinnen. Insgesamt gehen von zehn möglichen Medaillen im Damen-Langlauf acht in die UdSSR. Vida Ventsene steuert Gold über 10 km und in der Staffel sowie Bronze über 5 km bei.

Eisschnellauf-Duell: »Yvonne – DDR 3:0«

28. Februar 1988. Wer zum 5000-m-Eisschnellauf der Damen, der erstmals bei Olympischen Winterspielen ausgetragen wird, ins Olympic Oval kommt, den empfängt ein Transparent: »Yvonne—DDR 2:0«. Man muß Niederländer sein, um diese Inschrift gebührend würdigen zu können.
Die DDR war mit einer Eliteschar von Eisflitzerinnen wie Karin Enke-Kania, Andrea Schöne-Ehrig, Christa Rothenburger und Gabi Schönbrunn-Zange nach Calgary gekommen, um in der etwas stickigen Halle die fünf verfügbaren Goldmedaillen abzuholen. Dann war über 500 m die US-Amerikanerin Bonnie Blair schneller. Rothenburger gewann zwar anschließend programmgemäß die 1000 m, aber dabei sollte es bleiben. Über 1500 m schlug das bisher kaum bekannte »Meisje« Yvonne van Gennip die Kania und über 3000 m die Ehrig.
Um diesen Siegeszug zu stoppen, legt die Ehrig im Eisoval über 5000 m einen Weltrekord in 7:17,12 min vor. Yvonne bleibt davon jedoch völlig unbeeindruckt. Mit einem etwas neugierigen Gesichtsausdruck dreht sie ihre Runden, als liefe sie auf den heimischen Grachten. Nach 1800 m ist sie noch zwei Hundertstelsekunden hinter dem Weltrekord zurück, nach 3000 m ist sie eine Sekunde schneller. Und sie wird nicht Opfer ihres Tempos, sondern steigert sich noch. Auf 7:14,13 min steht am Schluß die Weltrekordmarke. Daran rührt keine mehr.

Die Niederländerin Yvonne van Gennip wird durch Siege im Eisschnellauf über 1500 m, 3000 m und 5000 m erfolgreichste Athletin in Calgary.

Der erfolgreichste Eisschnelläufer ist der Schwede Tomas Gustafson mit zwei Weltrekorden und jeweils Gold über 5000 m und 10 000 m.

Der überlegene Doppelsieger im Biathlon Frank-Peter Rötsch

Gold im Biathlon trotz Strafminuten

Februar 1988. Drei Strafminuten auf der 20-km-Strecke und ein Fehlschuß bei der 10-km-Runde können Frank-Peter Rötsch (DDR) nicht am Sieg im Biathlon hindern. Als überragender Läufer holt er alle Rückstände auf.

Carmen-Rivalinnen »Kati« und »Debi« tanzen um Gold

27. Februar 1988. Ein tränenreicher Abend. Kein Wunder, denn Carmen stirbt sozusagen zweimal hintereinander.
Doch zunächst weint die kleine Japanerin Midori Ito. Aber sie weint vor Freude. Sie hat mehr schwierige Sprünge aufs Eis gezaubert als die drei Medaillengewinnerinnen zusammen und ist überglücklich über ihren fünften Platz.
Dann weint die Kanadierin Elizabeth Manley. Auch bei ihr sind es Freudentränen. Sie hätte nie zu träumen gewagt, daß sie sich mit einer Silbermedaille zwischen die beiden Carmen-Rivalinnen Katarina Witt und Debra Thomas würde drängen können. Nur »Debi« weint bei der Siegerehrung nicht. Sie starrt in ein Loch, in das sie sich gern verkröche. Dafür weinen ihre Fans.
Wochen- und monatelang zog sich das Ballyhoo um das Duell der »roten« gegen die »schwarze« Carmen. Als Katarina Witt im Saddledome in dekorativer Todespose erstarrt, dürfte ihr klar sein, daß die Goldmedaille dahin ist. Für den künstlerischen Ausdruck bekommt sie zwar verdientermaßen hohe Noten. Aber hinsichtlich der Schwierigkeiten bleibt noch genügend Spielraum, den Debra Thomas nutzen kann, wenn sie alles wagt. Dieses Bewußtsein kann beflügeln oder lähmen.
Nach wenigen Sekunden verpatzt »Debi« einen Dreifachsprung und ist nur noch ein Häuflein Elend auf dem Eis. Sie spult ihre Kür zu Ende und weiß, daß sie zwei Tode stirbt.
Sie sei die bessere Carmen gewesen, behauptet Katarina trotzig. Sie wird das auch noch in einem Film zu beweisen versuchen. Die beste Carmen bleibt jedoch Laura del Sol in dem gleichnamigen Film des Spaniers Carlos Saura. Aber Laura kann nicht Schlittschuh laufen. Und wenn sie es könnte, schmölze unter dem Stakkato ihrer Beine das Eis. Katarinas Film wird ein Flop.

△ Das Eiskunstlauf-Duell gegen den Kanadier Brian Orser (Abb. r.) gewinnt der US-Amerikaner Brian Boitano (Abb. l.) durch eine perfekte Kür.

◁ Katarina Witt wird mit ihrer Carmen-Interpretation zum zweiten Mal Olympiasiegerin. Wenige Wochen später verteidigt sie ihren Weltmeistertitel und geht als erste DDR-Läuferin zur Revue »Holiday on Ice«.

Niederlande Fußballeuropameister durch 2:0 über UdSSR

10. bis 25. Juni 1988. Ihr erstes Spiel bei der Fußball-Europameisterschaft in der Bundesrepublik Deutschland verlieren die Niederländer gegen die UdSSR 0:1. Danach bahnen sie sich mit einem 3:1 über England, einem 1:0 über Irland und einem 2:1 über Deutschland den Weg ins Finale. Die Russen spielen 1:1 gegen Irland, schlagen England ebenfalls 3:1 und Italien 2:0. Beide Mannschaften kennen sich und richten danach ihre Taktik aus. Im Finale versuchen die Russen durch konsequentes Forechecking niederländische Angriffe im Keim zu ersticken. Das gelingt bis zur 33. Minute. Da kann Dassajew einen Freistoß von Ruud Gullit nur mit einer Glanzparade ins Aus lenken. Den darauffolgenden Eckball köpft Gullit ins Tor. Die Russen sind konsterniert. Michailischenko und Belanow vergeben überhastet Ausgleichschancen.

In der zweiten Halbzeit muß die UdSSR angreifen. Jetzt zeigen die Niederländer, daß auch sie Forechecking im Programm haben. Sie beschränken sich auf blitzschnelle Konter. Niemand ahnt etwas Böses, als Muhrens den Ball quer über den ganzen Platz schlägt. Solche Flanken sah man schon dutzendweise. Aber was dann geschieht, sieht man selten. Marco van Basten erläuft diesen Ball, erreicht ihn erst spät, im spitzen Winkel vom Tor, drischt ihn aber aus vollem Lauf über den verdutzten Dassajew zum 2:0 ins Netz. Die Partie ist entschieden.

△ Ruud Gullit, mit Marco van Basten der überragende Spieler nicht nur der niederländischen Mannschaft, sondern der gesamten Europameisterschaft, bedrängt die russische Abwehr. Er springt auch bei dem Eckball am höchsten, mit dem er den Führungstreffer erzielt. Der 25jährige spielt beim AC Mailand und wird »Fußballer des Jahres 1988«.

◁ Der niederländische Kapitän Ruud Gullit nimmt aus den Händen des UEFA-Präsidenten Jacques Georges den Henry-Delaunay-Pokal entgegen. Als beste Mannschaft des Turniers hatten die Niederländer im Halbfinale die Bundesrepublik Deutschland 2:1 ausgeschaltet. Auch Bundeskanzler Helmut Kohl (M.) freut sich über den Sieg des Oranje-Teams.

Florence, die schnellste Frau

16. Juli 1988. Sie war schon immer ein extravagantes Geschöpf. Zeitweise trug sie ihre bunt lackierten Fingernägel 30 cm lang. Allerdings verlor Florence Griffith, inzwischen mit dem Olympiasieger im Dreisprung von Los Angeles, Al Joyner, verheiratet, dadurch zuviel Zeit für Maniküre.

1984 erlief sie die Silbermedaille über 200 m. Bei der Leichtathletik-WM 1987 in Rom wollte sie auf dieser Distanz gewinnen und trat bei 40 Grad im Schatten im Anzug einer Eisschnelläuferin mit Kapuze an. Es reichte aber auch hier nur zum zweiten Platz. Daraufhin sattelte »Flojo« auf die 100-m-Distanz um.

Bei den diesjährigen US-Olympiaqualifikationen in Indianapolis fällt sie zuerst durch eine neue Dress-Kreation auf. Das linke Bein ist nackt, wie es die modernen Leichtathletiktrikots, die eher Badeanzügen gleichen, erlauben. Das rechte Bein ist verhüllt bis zum Knöchel. Florence läuft damit im 100-m-Vorlauf 10,60 sec. Ein Weltrekord, der nur wegen zu starken Rückenwinds nicht anerkannt wird. Im Zwischenlauf werden 10,49 sec gestoppt. Der Wind kam diesmal von der Seite.

Florence Griffith-Joyner bei ihrem Fabelweltrekord in Indianapolis über 100 m in 10,49 sec

Steffi Graf gewinnt als erste Deutsche den Grand Slam

10. September 1988. Steffi Graf und Chris Evert hatten im Finale der Australian Open in Melbourne im Januar dieses Jahres gerade 15 Minuten gespielt, als der Regen kam. Nach 90minütiger Pause ging es unter geschlossenem Schiebedach weiter. Steffi sah sich in der Pause im Fernsehen den Boxkampf Mike Tyson—Larry Holmes an. Beim Stand von 6:1, 5:1 hatte sie eine Krise. Sie wollte schnell Schluß machen, und Chris kam noch auf 6:6 heran. Das Tiebreak entschied. »Sie ist auch nur ein Mensch«, meinte Chris.

Im Juni in Paris fand das Endspiel schon im Halbfinale statt. Gabriela Sabatini gab sich erst nach harter Gegenwehr geschlagen. Die junge Russin Zwerewa, die Martina Navratilova ausgeschaltet hatte, wurde gedemütigt.

Im Juli in Wimbledon lag Steffi im Endspiel gegen Martina Navratilova 5:7, 0:2 zurück. Dann gewann sie gegen die 31jährige neun Spiele hintereinander. Damit war die Widerstandskraft der achtfachen Wimbledonsiegerin gebrochen. Der Grand Slam, an den Steffi in Melbourne noch nicht zu denken gewagt hatte, war nach dem Wimbledonsieg in greifbare Nähe gerückt.

Nachdem Evert zum Halbfinale von Flushing Meadow/USA nicht antreten konnte, nimmt Gabriela Sabatini Steffi im Endspiel einen Satz ab, unterliegt dann aber ihrer konditionell stärkeren Gegnerin im dritten Satz. Nach der US-Amerikanerin Maureen Connolly (1953) und der Australierin Margaret Court-Smith (1970) ist die 19jährige Deutsche die dritte Gewinnerin des Grand Slam.

Grand Slam in Melbourne

Graf—Jonsson (NOR)	6:3, 6:4
Graf—Thompson (AUS)	6:0, 6:1
Graf—MacGregor (USA)	6:1, 6:2
Graf—Lindqvist (SWE)	6:0, 7:5
Graf—Mandlikova (AUS)	6:2, 6:2
Graf—Kohde-Kilsch (FRG)	6:2, 6:3
Graf—Evert (USA)	6:1, 7:6

Grand Slam in Roland Garros

Graf—Guerree (FRA)	6:0, 6:4
Graf—Reis (USA)	6:1, 6:0
Graf—Sloane (US)	6:0, 6:1
Graf—Tauziat (FRA)	6:1, 6:3
Graf—Fulco (ARG)	6:0, 6:1
Graf—Sabatini (ARG)	6:3, 7:6
Graf—Zwerewa (URS)	6:0, 6:0

Grand Slam in Wimbledon

Graf—Hu Na (USA)	6:0, 6:0
Graf—Quentrec (FRA)	6:2, 6:0
Graf—Phelps (USA)	6:3, 6:1
Graf—Fernandez (USA)	6:2, 6:2
Graf—Paradis (FRA)	6:3, 6:1
Graf—Shriver (USA)	6:1, 6:2
Graf—Navratilova (USA)	5:7, 6:2, 6:1

Grand Slam in Flushing Meadow

Graf—E. Minter (AUS)	6:1, 6:1
Graf—Bollegraf (HOL)	6:1, 6:0
Graf—Herreman (FRA)	6:0, 6:1
Graf—Fendick (USA)	6:4, 6:2
Graf—K. Maleeva (BUL)	6:3, 6:0
Graf—Evert (USA)	ausgefallen
Graf—Sabatini (ARG)	6:3, 3:6, 6:1

Steffi Graf mit der begehrtesten Tennistrophäe, der Siegerschale von Wimbledon. Als zweite Deutsche nach Cilly Aussem (1931) gewinnt sie dieses Turnier.

Im ersten olympischen Tennisturnier nach 64 Jahren in Seoul gewinnt Steffi Graf Gold. In Paris 1900 gewann Charlotte Cooper die erste Frauen-Medaille.

Steffi Graf mit dem Pokal der French Open im Roland-Garros-Tennis-Stadion von Paris. Sie verlor in sieben Spielen keinen Satz, gewann in 14 Sätzen sechsmal 6:0, viermal 6:1, zweimal 6:3, einmal 6:4 und einmal gegen Gabriela Sabatini im Tiebreak 7:6. Im Finale gegen die Russin Zwerewa gab sie kein Spiel ab.

Die Sieger im Davis Cup (v. l.): Boris Becker, Patrick Kühnen, Trainer Nicolas Pilic, Eric Jelen und Carl-Uwe Steeb. Die Schweden unterliegen in Göteborg 1:4.

Davis Cup für Deutschland

16. bis 18. Dezember 1988. Zum ersten Mal in der 88jährigen Davis-Cup-Geschichte gewinnt eine deutsche Mannschaft die begehrte »Salatschüssel«. Zweimal erreichten bisher Deutsche das Finale. 1970 unterlagen sie den USA, 1985 Schweden.

Mats Wilander bestreitet das erste Match gegen den Stuttgarter Carl-Uwe Steeb, den er vermutlich unterschätzt. Bevor er sich auf den unerwarteten Widerstand einstellen kann, liegt er zwei Sätze zurück. Nun aber zeigt Wilander, was es heißt, die Nummer eins herauszufordern. Er zieht nach Sätzen wieder gleich. Im fünften Satz jedoch steigert sich Steeb zum Spiel seines Lebens. Er ringt Wilander 8:6 nieder. Es ist die erste und wohl auch größte Sensation dieses Wettbewerbs, und wahrscheinlich schon die Entscheidung. Denn Boris Becker, der sich darauf eingestellt hatte, einen 0:1-Rückstand aufzuholen, tritt höchst motiviert gegen Stefan Edberg an und läßt ihm in drei Sätzen nicht die geringste Chance.

Diese 2:0-Führung am ersten Tag beflügelt auch das Doppel Bekker/Eric Jelen. Obwohl Edberg/Anders Jarryd mit zwei Sätzen in Führung gehen, werden auch sie in fünf Sätzen geschlagen. So ist der Cup schon am zweiten Tag in deutscher Hand. Die letzten Einzel am dritten Tag sind nur noch Formsache.

Zweifelhafter Toursieg

24. Juli 1988. Als dritter Spanier nach Federico Bahamontes (1953) und Luis Ocaña (1973) fährt Pedro Delgado als Sieger der Tour de France in Paris ein. Mit einem stattlichen Vorsprung von 7:13 min vor dem Niederländer Steven Rooks.

Ganz Spanien jubelt, aber der Rest der Radwelt rümpft die Nase. Delgado wurde bei einer Dopingkontrolle Probenicid nachgewiesen. Dieses entzündungshemmende Medikament hat die nützliche Eigenschaft, die Einnahme von Anabolika nicht mehr nachweisbar zu machen. Das Internationale Olympische Komitee (IOC) führt es deshalb auf seiner Dopingliste, der internationale Radsportverband jedoch nicht. So wird Delgado freigesprochen, ein Freispruch zweiter Klasse und eine Komödie dritter Klasse.

Pedro Delgado gewinnt die Tour de France mit erlaubter, jedoch umstrittener chemischer Unterstützung.

Siegerehrung in Paris für Pedro Delgado (r.) und die Französin Jeannie Longo. Longo, die erfolgreichste französische Radfahrerin, gewinnt die Tour de France der Frauen zum zweiten Mal. Wie Delgado fuhr auch sie den entscheidenden Vorsprung in den Gebirgsetappen heraus, nur ohne Präparate.

Boris Becker siegt im Masters

Beide haben in dieser Saison Rückschläge erlitten. Boris Becker konnte wegen einer Verletzung am olympischen Tennisturnier nicht teilnehmen. Ivan Lendl verlor in Flushing Meadow nach 157 Wochen die Weltranglistennummer eins an den Schweden Mats Wilander. Im Masters-Turnier der zwölf weltbesten Tennisspieler stehen sie sich am 5. Dezember 1988 im New Yorker Madison Square Garden im Endspiel gegenüber. Lendl hat dieses Turnier schon fünfmal gewonnen. Nach über fünfstündigem Kampf gewinnt Becker mit einem Netzroller im Tiebreak zum ersten Mal. Beim 5:7, 7:6, 3:6, 6:2, 7:6 überraschte Becker mit häufigen Attacken am Netz.

Von Paris ans Ende der Welt

25. Dezember 1988. Am ersten Weihnachtsfeiertag starten in Versailles 241 Tourenwagen, 155 Motorräder und 76 Lastwagen zur elften Rallye Paris—Dakar.

Alle Proteste, dieses sportlich völlig sinnlose Unternehmen einzustellen, blieben fruchtlos. Im Januar dieses Jahres waren Kees van Loevezijn auf einem DAF und Patrick Canado mit einem Range Rover tödlich verunglückt. Ein mitfahrender Kameramann überrollte eine Frau und ein Kind. Ein weiteres Kind erhöhte die Zahl der Unfallopfer auf bisher insgesamt 24. Die führenden Finnen Ari Vatanen und Juha Kankkonen blieben in der Wüste liegen und hatten Glück, daß sie gefunden wurden, bevor sie verdursteten. Der französische Favorit Cyril Neveu wurde mit Beinbrüchen zurück nach Paris geflogen.

Die Karawane der elften Rallye bewegt sich zuerst nach Barcelona, wo sie nach Tunis eingeschifft wird. Von dort führt die Route erstmals, wegen politischer Unruhen in Algerien, mit Zustimmung von Umar Muammar Al Kadhdhafi über unwegsame Pisten, die sich leicht im Nirgendwo verlieren, durch die Libysche Wüste südwärts bis Termit in Niger. Von dort geht es westlich weiter durch Mali, die Goldküste und Senegal nach Dakar.

HARMONY – die Beschwörungsformel der Spiele in Seoul

17. September 1988. Dämonen tanzen im Stadion. Mit furchterregenden Fratzen. Als ihr Toben dem Höhepunkt zustrebt, recken sich plötzlich rings um den Stadionrand Riesenmasken drohend auf. Das Chaos zeigt sein Schreckensgesicht. Um es zu besiegen, ist die Jugend der Welt nach Seoul gekommen. HARMONY ist das Zauberwort, das die Dämonen verjagt.
Die Koreaner wissen mit Symbolen umzugehen. Ihre Fahne zeigt die chinesischen Zeichen Yin und Yang, bei den Koreanern um-yang, Chiffre für den Dualismus, der das Universum beherrscht. Das weibliche und das männliche Prinzip, die passiven und die aktiven Kräfte, die Wärme und die Kälte vereinigen sich nach ständigem Wechselspiel in einem Kreis der Harmonie. Die vier Zeichen aus dem Weisheitskanon des »I Ging« verweisen vordergründig auf die Himmelsrichtungen und die vier Elemente. Doch Kiën bezeichnet auch den Himmel und das Schöpferische schlechthin. Kun nimmt es auf, als die Erde und das Empfangende, die Hingabe. Kan steht für Wasser, zugleich für das Abgründige, Gefährliche, das überwunden werden muß. Das Lichtzeichen Li verkündet den Besitz von Großem. Ein Volk, das solchen Zeichen folgt, fühlt sich in die Weltordnung eingebunden.
Vor 35 Jahren war Seoul, die Hauptstadt von Südkorea, ein Trümmerhaufen. Ein Krieg, der beinahe die ganze Menschheit in seinen Abgrund gerissen hätte, hatte das Land verwüstet und schließlich geteilt. Die Stadt wurde wieder aufgebaut, es entstand eine Metropole westlichen Stils, eine Großstadt des nächsten Jahrtausends mit humaner Atmosphäre.
Nur die Teilung ist noch nicht überwunden. Auch das stellt die Eröffnungsfeier der XXIV. Olympischen Sommerspiele symbolisch dar: Zwei Parteien dringen aufeinander ein, in unversöhnlichem Gegensatz, bäumen sich gegeneinander auf. Die Schlußapotheose deutet Versöhnung an. Aber die Dämonen sind noch nicht endgültig vertrieben. Nicht weit, jenseits des 38. Breitengrads, verkündet die Nachrichtenagentur von Pyongyang, die über die Eröffnungsfeier kein Wort verliert, in Seoul sei die Cholera ausgebrochen, und die Olympiagäste verließen fluchtartig das Land. Soviel zur Glaubwürdigkeit kommunistischer Staaten, zu denen die neue Botschaft von Glasnost und Perestroika noch nicht vorgedrungen ist.
Die Spiele von Seoul waren bis zum letzten Augenblick gefährdet. Jetzt beginnen sie mit der Rekordzahl von 160 teilnehmenden Mannschaften. Erstmals seit 1972 beeinträchtigt kein Boykott das olympische Fest. Es beginnt schon vor der Feier im Stadion auf dem Hanfluß, der Seoul in zwei Hälften teilt. 160 Windsurfer mit Segeln in 160 Landesfarben gleiten heran, von über 500 reich geschmückten Schiffen eskortiert. Die Koreaner haben sich bei allem nicht nur etwas gedacht, sie haben an alles gedacht. Die Rostra für die Redner im Stadion dreht sich exakt für die Dauer einer Ansprache im Kreis, damit sich jeder im Rund angesprochen fühlt. Zum Kandelaber des olympischen Feuers auf einer von Tempelkunst inspirierten Betonsäule hebt ein Lift den letzten Läufer empor mit der Fackel, die das ganze Volk mittrug. Das olympische Versprechen legen eine Athletin und ein Athlet im Duett ab. Und den Einzug der 160 Mannschaften begleitet die Melodie »Freude, schöner Götterfunken«. Dann ist plötzlich der Stadionrasen ganz leer. Pause für das fast schon übersättigte Auge. Ein kleiner Junge treibt einen silbernen Reifen über das Feld, selbstvergessen, als habe er sich draußen von der Straße ins Stadion verlaufen. Was sind olympische Ringe auch anderes als Reifen, mit denen man spielt? Um für eine Weile die Dämonen zu vertreiben. Zwei Wochen HARMONY. Das ist fast zuviel verlangt.

△ 100 000 Zuschauer im Olympiastadion von Seoul und etwa 1 Mrd. Fernsehzuschauer erleben das vierstündige überwältigende Schauspiel der Eröffnungsfeier.

◁ 160 Mannschaften mit etwa 10 000 Teilnehmern treten an. Die Bundesrepublik Deutschland stellt mit 533 Offiziellen und Athleten das viertgrößte Aufgebot.

Start zum 100-m-Endlauf: (v. l.) Mitchell (USA), Williams (CAN), Johnson (CAN), Smith (USA), Christie (GBR), Lewis (USA), Stewart (JAM), Silva (BRA)

Tiefer Fall von Ben Johnson - Goldmedaille aberkannt

24. September 1988. Über keinen olympischen 100-m-Endlauf wurde vorher soviel geredet, geschrieben und gestritten. Als sich die acht Läufer auf die Startblöcke niederkauern, ahnt niemand, daß das Gerede nach dem Rennen noch zunimmt.

Carl Lewis, der auf Revanche für seine Niederlage in Rom brennt (→ 30. 8. 1987), wartete unter dem Jubel der zahlreichen US-amerikanischen Zuschauer in den Vor- und Zwischenläufen mit Superzeiten auf. Ben Johnson hätte um ein Haar die Qualifikation für den Endlauf verpaßt. Das Image von Lewis wurde völlig umfrisiert. Aus dem arroganten Schnösel wurde ein netter, bescheidener Junge. Über Johnson dagegen verbreitete man Greuelmärchen. Sein Weltrekord sei ihm zu Kopf gestiegen. Das süße Leben. Trainingsrückstand. Lange Verletzungspause. Da würde wohl nichts mehr aus dem großen Duell.

Endlich der Startschuß. Wie eine Rakete schießt Johnson von der Startrampe. Bei 50 m hat er schon 1 m Vorsprung. Lewis blickt zu ihm hinüber, in ungläubigem Staunen. Da werden ihm die Beine schwer. 2 m vor dem Ziel blickt Johnson nach links, dann reckt er den Arm triumphierend in die Höhe. Ein überlegener Sieg. Und eine phantastische Zeit. 9,79 sec! Der erste Mensch, der innerhalb eines Jahres unter 9,9 sec und 9,8 sec lief.

Drei Tage später hat die Leichtathletik Ruhetag und liefert dennoch eine Riesensensation. Johnson, heißt es, sei gedopt gewesen. Wie ein Dieb wird er davongejagt. Die Olympischen Spiele erleben ihren größten Skandal.

△ Der Kanadier Ben Johnson im Ziel des 100-m-Laufs in der Weltrekordzeit von 9,79 sec. Abgeschlagen mit 9,92 sec der US-Amerikaner Carl Lewis. Drei Tage später wird bekanntgegeben, daß die Dopingprobe bei Johnson ein positives Ergebnis erbracht habe. Er muß seine Goldmedaille zurückgeben.

◁ Ben Johnson (2. v. r.) bei seiner Ankunft in Toronto, nachdem er Seoul fluchtartig verlassen hat. Vom kanadischen Verband erhält er eine zweijährige Wettkampfsperre. Ein junger Mensch, der sich aus ärmlichsten Verhältnissen auf die Höhe des Ruhms und des Reichtums emporgearbeitet hat, wird von einer Gesellschaft verfemt, für die allein der Erfolg zählt.

Kenias Läufergarde beherrscht Mittel- und Langstrecken

Oktober 1988. Der höchstdotierte afrikanische Läufer heißt Said Aouita. Er besitzt eine prachtvolle Villa in Casablanca, erhält von König Hassan II. von Marokko einen Monatsscheck über 4000 DM und lebt in Italien. Auf allen Distanzen zwischen 800 m und 10 000 m ist er in den letzten Jahren immer für eine Weltbestzeit gut gewesen. In Seoul konzentriert er sich allein auf die 800 m.

Er hat es im Finale mit dem Olympiasieger von 1984, dem Brasilianer Joaquim Cruz, mit dem Briten Peter Elliott und dem Brasilianer José Barbosa zu tun. Alles Läufer, die er kennt und glaubt, schlagen zu können. Im Ziel ist Paul Ereng aus Kenia der Erste. Ihn kannte er nicht.

Über 1500 m gilt der Brite Steve Cram als Favorit, aber Elliott ist schneller. Noch schneller als beide spurtet Peter Rono (Kenia) ins Ziel.

Der 3000-m-Hindernislauf wird zu einer Art Zwiegespräch zwischen den Kenianern Julius Kariuki und Peter Koech, wobei Kariuki das letzte Wort behält.

Den afrikanischen Schlußpunkt setzt der wenig bekannte John Ngugi über 5000 m.

△◁ Paul Ereng (651) im Ziel des 800-m-Laufs. Der Marokkaner Said Aouita (733) schließt die Augen, als traue er ihnen nicht, daß er als Favorit hinter dem Kenianer und Brasiliens Joaquim Cruz (115) nur Dritter wird.

△ Überraschungssieger über 5000 m: John Ngugi (Kenia). Silber geht an Dieter Baumann (BRD), Bronze an Hansjörg Kunze (DDR).

◁ Stimmungsbild vom 3000-m-Hindernislauf, den die Kenianer Julius Kariuki und Peter Koech überlegen beherrschen

Edwin Moses und das Ende einer Ära

25. September 1988. Einmal mußte das Ende der Ära Edwin Moses im 400-m-Hürdenlauf kommen. Zwischen dem 26. August 1977, als er in Berlin gegen Harald Schmid verlor, und dem 4. Juni 1987, als er in Madrid von seinem Landsmann Danny Harris geschlagen wurde, blieb der Weltrekordler in 122 Rennen unbesiegt.

Er war Olympiasieger 1976 und 1984, Weltmeister 1983 und 1987. Im vorigen Jahr in Rom behauptete er noch einmal hauchdünn die Spitze vor Harris und Schmid. Die Ära Moses war auch eine Ära Schmid, der immer in seinem Schatten lief.

In Seoul hat der 31jährige Schmid die Startbahn 1, vor sich seine vermeintlich schärfsten Rivalen, die US-Amerikaner Kevin Young und den 32jährigen Moses. So günstig konnte er in einem wichtigen Rennen seinen alten Rivalen noch nie kontrollieren. Aber dieses Rennen bestimmen andere.

Der US-Amerikaner André Phillips auf Bahn 6 jagt in Riesensätzen davon und gewinnt völlig ungefährdet. Unerwartet Zweiter wird der Senegalese El Hadj Amadou Dia Ba, der im Vorjahr bei den Weltmeisterschaften den fünften Platz belegt hatte. Edwin Moses rettet für sich die Bronzemedaille, ein imponierender Abgang. Schmid wird Siebter.

Noch nicht zu Ende ist die Ära Roger Kingdom im 110-m-Hürdenlauf. Der US-amerikanische Olympiasieger von Los Angeles wiederholt seinen Erfolg eindrucksvoll.

Moses (l.) verabschiedet sich mit Bronze. Schmid (r.) wird Siebter. Überraschend gewinnt der US-Amerikaner Phillips den 400-m-Hürdenlauf.

Marathon-Gold für Italiener Bordin

2. Oktober 1988. Der bärtige Italiener Gelindo Bordin gleicht einem Condottiere. Er hat sich die Eroberung der olympischen Goldmedaille im Marathonlauf zum Ziel gesetzt. 1986 war er in Stuttgart Europameister geworden. Bei den Weltmeisterschaften 1987 liefen vor ihm der Kenianer Douglas Wakiihuri und Houssein Ahmed Saleh aus Djibuti ins römische Olympiastadion ein. Auf den letzten Kilometern in Seoul sind diese drei wieder unter sich.

Nach 38,75 km läuft Saleh 15 m vor Wakiihuri, im selben Abstand folgt Bordin. Nach 40 km hat Saleh seinen Vorsprung auf 30 m vergrößert, aber Bordin greift jetzt Wakiihuri an. Saleh blickt sich um und erkennt, daß noch nichts entschieden ist. Bei 40,60 km hat Bordin Saleh eingeholt. Der Mann aus Djibuti kann sich nicht mehr steigern. Dafür kommt Wakiihuri noch einmal heran. Doch Bordin läuft lachend ins Stadion ein. Dann küßt der siegreiche Condottiere die Laufbahn.

DDR-Zehnkämpfer entthronen den »König der Athleten«

29./30. September 1988. Die Ära Daley Thompson geht zu Ende. Die Westdeutschen Jürgen Hingsen und Siegfried Wentz haben daher in Seoul gute Chancen, den »König der Athleten« endlich zu entthronen.

Christian Schenk, im Vorjahr bei den Weltmeisterschaften noch Fünfter, wird in Seoul »König der Athleten«.

Hingsen verspielt diese Möglichkeit auf geradezu groteske Weise. Wentz verspielte seine Medaille durch Leichtsinn: Nachdem er sich beim Fußballspielen verletzt hatte, fuhr er zwar trotzdem aus Reklamegründen nach Seoul, mußte aber schließlich auf eine Teilnahme verzichten.

Daley Thompson sieht gegen die beiden führenden DDR-Athleten Christian Schenk und Torsten Voss am zweiten Tag keine Siegeschance mehr. Doch er kämpft noch um eine Medaille. Beim ersten Versuch im Stabhochsprung bricht ihm beim Anlauf der Stab. Er stürzt, verletzt sich an der Hand und zieht sich eine Oberschenkelprellung zu. Jetzt könnte er mit Anstand aussteigen. Aber er quält sich noch über 4,80 m und 4,90 m und bleibt auch nach dem Speerwerfen Dritter.

Zum nächtlichen 1500-m-Lauf vor 500 Zuschauern tritt er mit bandagiertem Bein an. Aber das Handicap ist zu groß, der Kanadier Steen läuft ihm davon. Thompson wird mit 22 Punkten Rückstand Vierter. Doch nie war er größer als bei dieser Niederlage.

Jürgen Hingsen wird mit drei Fehlstarts im 100-m-Lauf zur komischen Figur.

Modellathlet mit schwachen Nerven

29. September 1988. Einen Zehnkämpfer, der in bester körperlicher Verfassung die ersten 5 m des einleitenden 100-m-Laufs nicht erreicht, hat es noch nie gegeben. Nach drei Fehlstarts wird der Westdeutsche Jürgen Hingsen disqualifiziert.

Sein Trainer erklärt angesichts der Tragikomödie, die von den Fernsehzuschauern weltweit staunend verfolgt wird: »Es hat sich gezeigt, daß wir zwar den Körper hingekriegt haben, aber nicht seinen Kopf.« Damit war das Trainerteam überfordert.

Jackie – die stille »Queen« im Stadion

23./24. September 1988. Alle Welt hatte über den 100-m-Weltrekord, den Florence Griffith-Joyner bei den US-Olympiaqualifikationen in Indianapolis gelaufen war, gesprochen (→ 16. 7. 1988). Viel weniger Aufhebens hatte man von dem Weltrekord im Siebenkampf gemacht, den Jackie Joyner-Kersee mit 7215 Punkten – ebenfalls in Indianapolis – aufstellte.

Im Olympiastadion von Seoul stiehlt »Flo-Jo« zwar allen anderen die Show, Jackie hingegen übertrifft ihren Siebenkampf-Weltrekord noch um 76 Punkte. Mit 12,69 sec im 100-m-Hürdenlauf hätte sie im Einzelwettbewerb noch die Bronzemedaille gewonnen. Ihre 7,27 m im Weitsprung hätten im Einzelwettbewerb zum Sieg gereicht. Sie gewinnt den Weitsprung dann mit 7,40 m. 1,86 m im Hochsprung, 15,80 m im Kugelstoßen, 22,56 sec im 200-m-Lauf, 45,66 m im Diskuswerfen und 2:08,51 min im 800-m-Lauf verschaffen ihr fast 400 Punkte Vorsprung vor der nächstplazierten Sabine John aus der DDR.

Jackie, 1,78 m groß, 70 kg schwer, vollbringt diese großartige Leistung eher unauffällig. Nur Fachleute bewundern ihre souveräne Sicherheit in ganz entgegengesetzten Disziplinen. Auf der Pressekonferenz sitzt sie still und bescheiden dabei, während ihr Trainer und Ehemann Bob Kersee das große Wort führt. Die 26jährige Olympiasiegerin und Weltrekordlerin im Siebenkampf sei durchaus noch steigerungsfähig, erklärt der Trainer. Doch der Ehemann möchte seine Frau künftig nicht mehr den Anstrengungen der ständigen Mehrfachbelastung aussetzen und empfiehlt, daß sie sich nunmehr dem 400-m-Hürdenlauf zuwende.

Jackie Joyner-Kersee gewinnt den Weitsprung mit 7,40 m.

Jackie Joyner-Kersee gewinnt den Siebenkampf mit 7291 Punkten.

Der amerikanische Traum wurde wahr

In den Slums von St. Louis, so die moderne Legende, verfolgten die Geschwister Al und Jackie Joyner im Fernsehen die Olympischen Spiele von Montreal 1976. Auch sie wollten daraufhin weltweit bewundert werden.

Acht Jahre später wurde Al in Los Angeles Olympiasieger im Dreisprung. Jackie verfehlte die Goldmedaille im Siebenkampf nur um fünf Punkte.

Die Erfüllung des amerikanischen Traums vollbrachte Bob Kersee, ein Hexenmeister der Leichtathletik, der in einer Athletenschule in Los Angeles Olympiasieger »produziert«.

Der Clan wurde zur großen Familie, als Bob das Multitalent Jackie heiratete und Al die Sprinterin Florence Griffith. Diese wollte zu ihrem Olympia-Auftritt unbedingt »etwas Aufregendes« anziehen. Die US-Mannschaftsleitung verbot es ihr jedoch.

Dreimal Gold für »Flo-Jo«

Florence Griffith-Joyner, Gold über 100 m, 200 m, 4x100 m, Silber 4x400 m

September 1988. Zu den Vorläufen über 100 m tritt Florence Griffith-Joyner mit ihrer Eisschnellaufkapuze an, bei 30 Grad im Schatten.

Vor dem Finale tummeln sich gleich mehrere Kapuzenträger auf der Laufbahn. Es sind US-amerikanische Läufer, die »Flo-Jo« teils karikieren, teils wie Herolde ankündigen. Dann tritt sie selbst auf. Ohne Schnickschnack. Die bunten Fingernägel sind nicht länger als 5 cm. Sie trägt den US-amerikanischen Damendress, der freilich längst nicht so aufregend aussieht wie ihre Kreation von Indianapolis (→ 16. 7. 1988). Aber »Flo-Jo«, der die Mannschaftsleitung sogar mit Disqualifikation drohte, wenn sie sich modische Extravaganzen herausnähme, ist auch so aufregend genug. In ihre schwarzen Locken hat sie rote und weiße Bänder geflochten. Wenn sie zum Start niederkniet, wirft sie beide Arme in die Höhe, als wolle sie die Sonne beschwören. Im Semifinale läuft sie Heike Drechsler (DDR) davon und im Finale Evelyn Ashford (USA). Im Ziel reckt sie die Hand mit ausgestrecktem Zeigefinger, die absolute Nummer eins signalisierend. Dann kniet sie nieder, küßt die Laufbahn und begibt sich sogleich mit der US-Fahne auf eine Ehrenrunde.

Im 200-m-Lauf wiederholt sich dasselbe Schauspiel. Der Jubel der zahlreichen US-amerikanischen Zuschauer, die sonst von den Leistungen einer der schwächsten US-Olympiamannschaften seit langem nicht gerade verwöhnt werden, steigert sich zum Orkan.

Superstar und Showtalent: Florence Griffith-Joyner versteht es, sich mediengerecht in Szene zu setzen.

Aber dennoch wirkt die Show ein wenig schal. Man denkt an Heike Drechsler, der man zugemutet hat, an einem Tag den 200-m-Zwischenlauf, das Weitsprung-Finale, in dem sie von Jackie Joyner-Kersee erst im letzten Sprung geschlagen wird, und danach den 200-m-Endlauf zu bestreiten. Einem Carl Lewis hat man zwischen diesen beiden Wettbewerben zwei Tage Pause eingeräumt. Und man denkt an Ben Johnson, der mit der glamourösen »Flo-Jo« allerdings nicht zu vergleichen ist. Nur in der Art, wie sie ihre Rennen gewinnt, und im Stil der Siegesposen, gleicht sie ihm völlig.

Rosa Motas langer Weg zum Marathon-Olympiasieg

23. September 1988. Seit die Portugiesin Rosa Mota beim ersten olympischen Marathonlauf für Damen 1984 in Los Angeles Bronze gewonnen hatte, träumte die Weltmeisterin und zweifache Europameisterin vom Olympiasieg.

In Seoul übernimmt das 45 kg leichte Energiebündel vom ersten Kilometer an die Führung. Als könnte sie es kaum erwarten, am Ziel zu sein. Die Strecke ist anspruchsvoll, feuchte Schwüle drückt mit 38 °C. Nach halber Distanz halten sich noch zwölf Läuferinnen an Motas Seite. Das ist für sie ungewohnt. Sie verschärft das Tempo. Ihre stärkste Gegnerin, die Norwegerin Grete Waitz, wird ein Opfer der Hitze und gibt auf. Bei 30 km hat Rosa noch drei Verfolgerinnen im Nacken. Bei 40 km führt sie vor der australischen Läuferin Lisa Martin mit 50 m. Sie blickt sich um und lächelt. Und weiß: Die Goldmedaille kann ihr keine Läuferin mehr nehmen.

Die Rumänin Paula Ivan (466) Gold über 1500 m vor den Russinnen Lailoute Baikauskaite und Tatjana Samolenko, Silber über 3000 m hinter Samolenko

Die Portugiesin Rosa Mota (r.), Siegerin im Marathonlauf

Zwei Schwimm-Superstars: Kristin Otto und Matt Biondi

September 1988. In der 22jährigen Kristin Otto brennt die Schmach von Los Angeles. Nicht, weil die DDR 1984 zum Olympiaboykott gezwungen war. Das verschaffte ihr eher Genugtuung. Man hatte sie vielmehr für das Olympiateam gar nicht aufgestellt.
Ihre Karriere hatte 1982 bei den Weltmeisterschaften in Guayaquil mit einem Titel über 100 m Rücken und in der 4x100-m-Freistilstaffel, die Weltrekord schwamm, begonnen. Den Sportfunktionären war die ungewöhnliche Vielseitigkeit dieser 1,85 m großen und 70 kg schweren Schwimmerin offenbar unheimlich. In Madrid wurde sie 1986 Weltmeisterin über 100 m Freistil und 200 m Lagen, dazu in der Freistil- und Lagenstaffel, von denen die erstere ebenfalls Weltrekord schwamm.
In Seoul startet Kristin in sechs Wettbewerben und gewinnt sechs Goldmedaillen. Keine Schwimmerin war bei Olympischen Spielen je erfolgreicher. Sie beginnt ihren Siegeszug über 100 m Freistil in 54,93 sec, dreht sich dann sozusagen um und fügt Gold über 100 m Rücken in 1:00,89 min hinzu. Es folgt ein Sieg über 100 m Schmetterling in 59,00 sec, zuletzt ist sie auch in den neu eingeführten 50 m Freistil mit 25,49 sec die schnellste. Dazu kommen noch zwei Staffelsiege.
Mit sieben Goldmedaillen hofft der US-Amerikaner Matthew Biondi, Kristin Otto zu übertrumpfen. Aber schon beim ersten Start über 200 m Freistil muß er sich mit Bronze hinter dem völlig unbekannten Australier Duncan Armstrong und dem Schweden Anders Holmertz begnügen. Im zweiten Versuch über 100 m Schmetterling wird er um eine Hundertstelsekunde geschlagen. Diese Zeit erhält Ewigkeitswert, denn der Olympiasieger Anthony Nasty stammt aus Surinam, woher noch niemals ein Goldmedaillengewinner kam. Erst über 100 m Freistil in 48,63 sec und über 50 m Freistil in der Weltrekordzeit von 22,14 sec sowie in den drei Staffeln kommt Biondi zu fünf Goldmedaillen.
Etwas im Schatten dieser Superstars steht der 34jährige Russe Wladimir Salnikow, der nach acht Jahren seinen Olympiasieg über 1500 m Freistil wiederholt. Oder auch Greg Louganis, das Sprungphänomen von Brett und Turm. Er sichert sich in beiden Disziplinen erneut Gold.

△ Duncan Armstrong, Matt Biondi und Michael Groß (v. l.). Der US-Amerikaner Biondi startet in sieben Wettbewerben und gewinnt sieben Medaillen: Gold über 50 m Freistil und 100 m Freistil, mit der 4x100-m-Freistilstaffel, mit der 4x200-m-Freistilstaffel und mit der 4x100-m-Lagenstaffel, Silber über 100 m Schmetterling und Bronze über 200 m Freistil.

◁ Anthony Nasty aus Surinam kann seinen Olympiasieg kaum fassen. Zum ersten Mal erklingt bei einer Siegerehrung die Nationalhymne seines Landes, das nur über ein einziges Schwimmbad verfügt. Dort konnte Nasty sein Schwimmkönnen allerdings nicht vervollkommnen. Dazu mußte er erst als Student in die USA gehen, wo man sein Talent erkannte und förderte.

Kristin Otto nach ihrem Sieg im 100-m-Rückenschwimmen. Mit sechs Goldmedaillen ist sie am erfolgreichsten.

Die US-Amerikanerin Janet Evans, noch ein Schulmädchen, überrascht mit Siegen über 400 m und 800 m.

Die Kanadierin Carolyn Waldo gewinnt im Synchronschwimmen Gold im Einzel und im Doppel.

21 Medaillen in 15 Wettbewerben für UdSSR

September 1988. Nichts kann die Überlegenheit der russischen Turner besser verdeutlichen als die Plazierung im Zwölfkampf: Gold für Wladimir Artemow, Silber für Valeri Ljukin, Bronze für Dimitri Bilosertschew.
Cheftrainer Arkajew kommentiert das Ergebnis: »Sie sind alle gleich stark und gleich stabil. Wenn einer der drei Gold gewonnen hat und der andere nicht, so ist das eine Sache der Tagesform. Damit wird nicht ausgesagt, wer der Beste dieser drei ist.« Als Zwölfkampfsieger erwartet hatte man den 21jährigen Bilosertschew. Aber ein Fehler am Reck warf ihn zurück.
Am knappsten fällt der Sieg im Achtkampf aus. Die Goldmedaille sichert sich die 19jährige Elena Schuschunowa erst mit dem letzten Pferdsprung. 0,025 Punkte trennen sie danach von der quirligen Rumänin Daniela Silivas, die sich in den Gerätefinals mit drei Goldmedaillen revanchiert.
Den überlegensten Sieg feiert in der Rhythmischen Sportgymnastik Marina Lobatsch mit der Rekordpunktzahl von 80,00. Sie bleibt als einzige fehlerlos. Insgesamt nehmen die Russen in 15 Wettbewerben 13 Gold-, fünf Silber- und drei Bronzemedaillen mit.

Der Flug zum Gold: Elena Schuschunowa, Olympiasiegerin im Achtkampf

Olympiasieger im Zwölfkampf: Wladimir Artemow

Die Rumänin Daniela Silivas gewinnt dreimal Gold.

Jüngster Sieger im Pentathlon

September 1988. Die Italiener bringen in den Modernen Fünfkampf ihre Erfahrung und das Erfolgserlebnis von den Olympischen Spielen in Los Angeles ein, wo Daniele Masala Gold und Carlo Massullo Bronze im Einzel und beide den Mannschaftssieg gewannen. Die Ungarn wollen nach ihrer erzwungenen Olympiaabstinenz 1984 wieder an die alte Erfolgstradition anknüpfen.
Von Anfang an gibt es in Seoul im Einzel ein Duell zwischen dem Ungarn Janos Martinek und Massullo. Martinek geht nach dem Reiten in Führung. Im Fechten und Schwimmen baut er seinen Vorsprung weiter aus. Im Schießen jedoch bricht der Ungar schwer ein, und der Italiener holt auf. Bei 4188 Punkten Martineks gegenüber 4139 Punkten Massullos ist im abschließenden 4000-m-Geländelauf noch alles möglich. Massullo hat den Vorteil, hinter Martinek zu starten, so daß ihm dessen Zeit zugerufen werden kann. Er läuft auch fast acht Sekunden schneller, aber das reicht nicht. Der 23jährige Ungar wird jüngster Sieger im Modernen Fünfkampf. Mit Attila Mizser und Laszlo Fabian gewinnen die Ungarn auch Gold mit der Mannschaft vor Italien.

Vollständiger Triumph der westdeutschen Fechterinnen

September 1988. Im Kampf um die Medaillen im Florett-Einzel steht die Ungarin Zsuzsanna Janosi allein drei westdeutschen Fechterinnen gegenüber. Als es für sie gegen Anja Fichtel um Gold geht, läßt sie ihrem Temperament freien Lauf. Bis zum Stand von 5:5 hält sich das Gefecht die Waage. Den sechsten Treffer Anjas will die Ungarin nicht wahrhaben. Sie schleudert ihre Maske weg, schreit den Schiedsrichter an, im Hintergrund tobt der Trainer, und alle Ungarn in der fast leeren Halle gestikulieren heftig. Anja bleibt kühl und setzt noch zwei weitere Treffer.
Wenig später tritt Zsuzsanna gegen Zita Funkenhauser an. Da geht es immerhin noch um Bronze. Es wird der Thriller des späten Abends. Die Trefferskala zeigt die Fieberkurve des Gefechts an: 1:0 - 1:1 - 2:1 - 3:1 - die Ungarin auf dem Weg zum Sieg - 3:2 - 3:3 - 4:3 - 4:4 - 5:4 - 5:5 - 6:5 - 6:6 - 6:7 - erstmals geht die Deutsche in Führung - 7:7 - 7:8 - 8:8 - 8:9 - 9:9 - der nächste Treffer muß entscheiden, und Zita setzt ihn.
Um Gold und Silber kreuzen danach Anja Fichtel und Sabine Bau die Klingen, wie sie es in Tauberbischofsheim schon so oft taten. Mit 6:1 zieht Anja davon, als Sabine noch einmal auf 7:5 herankommt. Aber der nächste Treffer entscheidet über die spektakuläre Rangfolge Fichtel, Bau, Funkenhauser.

△ Nach dem Einzel gewinnen Anja Fichtel (Abb.), Sabine Bau, Zita Funkenhauser, Annette Klug, Christine Weber auch Mannschaftsgold.

◁ Jubel über den Sieg im Degenfechten: Der Deutsche Arnd Schmitt bezwingt in einem nervenaufreibenden Finale den Franzosen Philippe Riboud. Eine Sekunde vor Schluß führte Schmitt 8:7, als Riboud noch ausglich.

Der Achter (v. l.) Steuermann Klein, Möllenkampf, Mellinghaus, Wessling, Schulz, Eichholz, Domian, Maennig, Rabe

Nach 20 Jahren holt Achter wieder Gold

25. September 1988. Seit den Zeiten von Karl Adam (→ 19. 10. 1968) träumt die deutsche Rudergemeinde von einem erneuten Olympiasieg im Achter. In Seoul ist die Erfüllung des Traums nahe. Das Boot, das am Start liegt, ist seit 15 Rennen ungeschlagen. Die Siege imponierten derart, daß die DDR darauf verzichtete, einen Achter nach Seoul zu schicken.

Die Mitglieder der Crew mit einer Durchschnittsgröße von 1,98 m bei 93 kg Gewicht waren auf dem Dortmund-Ems-Kanal zusammengewachsen. Ralf Holtmeyer hat sie trainiert, Klaus Walkenhorst schuf die organisatorischen Grundlagen.

Vom Start weg werden die Deutschen von den US-Amerikanern hart bedrängt. Bei 1000 m lösen sie sich mit einem kräftigen Zwischenspurt. Dafür kommen jetzt die Russen auf. Aber der deutsche Achter rudert einen Sieg mit einer Bootslänge heraus. Erfolgreichste Deutsche sind dennoch die Ruderer der DDR. Sie gewinnen den Vierer mit und ohne und stellen sensationell in Thomas Lange den Sieger im Einer.

Peter-Michael Kolbes Olympia-Drama, dritter Akt. Erstmals hatte sein Rivale, der Finne Pertti Karppinen, nicht einmal das Finale erreicht. Der 35jährige Hamburger (vorn) ruderte schneller als je zuvor. Aber der 24jährige Thomas Lange schlägt ihn.

Wind und Wellen in der Suyong Bay

20. bis 28. September 1988. Angesichts der Abwässer der größten Hafenstadt Koreas, die sich vor Pusan ungeklärt in die Suyong Bay ergießen, versuchen die Segler, möglichst nicht zu kentern. Den Deutschen Albert Batzill/Peter Lang mißlingt dieser Versuch mit ihrem Flying Dutchman gleich in der ersten Wettfahrt, den Brüdern Wolfgang und Joachim Hunger ausgerechnet 5 m vor dem Ziel.

Die deutschen Segler gehen im 100. Jahr ihres Verbandes leer aus, obwohl sie mit Hilfe des Instituts für Meereskunde in Kiel versucht hatten, die Kuroshio-Strömung bei ihren Olympia-Vorbereitungen auf der Elbe zu simulieren. Diese starke Gezeitendrift führt noch mancherlei Strand- oder Hafengut mit sich, wie man es in solch irritierender Vielfalt auf der Elbe doch nicht gewohnt ist.

Am wenigsten scheinen die Unbilden des Japanischen Meeres den Franzosen auszumachen. Seit 16 Jahren segeln sie hinter einer olympischen Goldmedaille her. Vor Pusan holen sie sich gleich zwei, in der Tornado- und der 470er-Klasse.

Der beste Windsurfer kommt aus Neuseeland. Der beste Finn-Dinghi-Segler aus Spanien. Nur den USA gelingt mit dem Olympiasieg der Damen in der 470er-Klasse sowie zwei Silber- und zwei Bronzemedaillen eine größere Ausbeute. Die Reihe der Sieger vervollständigt die DDR in der Soling-, Dänemark in der Flying-Dutchman- und Großbritannien in der Star-Klasse.

Unersättliche Medaillensammler bei den Kanuten

1. Oktober 1988. Eine Medaille kommt bei erfolgreichen Kanuten nicht allein. Die 15fache Weltmeisterin Birgit Schmidt ist enttäuscht, daß es einmal Silber und nur zweimal Gold wird. Im Einer schnappt ihr die Bulgarin Wanja Guecheva den Sieg weg, die ihrerseits noch Silber und Bronze dazulegt.

Der US-Amerikaner Greg Barton erpaddelt zwei Goldmedaillen, den Neuseeländern Ian Ferguson/Paul MacDonald gelingt das auch, ebenso dem Ungarn Zsolt Gyulai.

Die russischen Canadier Viktor Newelski/Nikolai Juralski fahren ebenfalls zwei Goldmedaillen heraus.

Der US-Amerikaner Greg Barton (l.) siegt im Zweier-Kajak mit Norman Bellingham über 1000 m mit 3:32,42 min.

Die Bulgarin Vania Guecheva (M.) siegt im Einer-Kajak, wird Zweite im Zweier-Kajak und Dritte im Vierer-Kajak.

Zweimal Gold für die 21jährige Nicole Uphoff aus Duisburg, die als bisher jüngste Dressurreiterin mit dem elfjährigen westfälischen Wallach Rembrandt im Einzel und mit der Mannschaft gewinnt

Die siegreiche deutsche Mannschaft in der Vielseitigkeitsprüfung mit (v. l.) Claus Erhorn, Ralf Ehrenbrink, Matthias Baumann und Thies Kaspareit. Zuletzt gelang ein Olympiasieg 1936.

Fair überließ Wolfgang Brinkmann, der schon Gold mit der Mannschaft im Jagdspringen holte, seinen Platz im Einzel dem Ersatzmann Karsten Huck (Abb.). Dieser verpaßt im Stechen den Sieg nur knapp.

Deutsche Reiter sitzen in allen Sätteln »goldrichtig«

September/Oktober 1988. Den Geländekurs der »Buschreiter« auf der Wondang-Ranch säumen weiße und violette Margeriten. Einige der 32 Hindernisse wurden noch nie von einem Pferd angeritten. Kaum ein Reiter hat sie jemals gesehen. Wer sprang schon aus einem Teich heraus durch ein buddhistisches Tempeltor?

Nicht im mindesten irritieren läßt sich der Neuseeländer Mark Todd, der mit Charisma die Strecke, auf der sieben von 47 Reitern scheitern, fehlerlos zurücklegt.

Die Leistung der deutschen Reiter wird deutlich, als das Ergebnis der Equipe vorliegt. Sie gewinnen Gold in der schwierigen Vielseitigkeitsprüfung, was zuletzt 1936 gelang.

Ein zweites Wunder folgt. Nach dem eher selbstverständlichen Sieg der deutschen Dressur-Equipe setzt sich in der Einzelwertung eine Reiterin durch, die noch vor 15 Monaten kaum jemand kannte. Und gerade bei Dressurrichtern muß man sich erst einmal hochdienen, was in der Regel Jahre dauert. Als die 21jährige Nicole Uphoff als letzte Starterin von 18 Teilnehmern mit Rembrandt ins Dressurviereck einreitet, weiß sie immerhin, daß keiner ihrer Konkurrenten fehlerlos gegangen ist. Das verleitet sie jedoch nicht zur Vorsicht. Vielmehr bietet sie eine couragierte, schwungvolle Darbietung und wird jüngste Olympiasiegerin in der Dressur.

Als auch die Springreiter-Equipe Gold gewinnt, hat nur Ersatzmann Karsten Huck noch keine Medaille. Er holt, weil man ihm den Vortritt läßt, Bronze im Einzelspringen.

Zwei Medaillen mit Schlittschuh und Rad

September 1988. Der Tatendrang der 28jährigen Dresdnerin Christa Rothenburger ist in diesem Jahr nicht zu bremsen. In Calgary gewann sie bei den Olympischen Winterspielen die Goldmedaille im Eisschnellauf über 1000 m.

Im Velodrom von Seoul ist sie erneut am Start. Das Oval läßt sie nicht los. Sie sprintet mit dem Rad um die Bahn und wird nur von der Russin Elena Salumiä geschlagen. Christa ist die erste Sportlerin, die in einem Jahr bei Winter- und Sommerspielen eine Medaille gewinnt.

Ein anderer Rad-Star aus der DDR ist Lutz Hesslich. Der 29jährige wiederholt nach acht Jahren seinen Olympiasieg im Sprint. Mit dem 28jährigen Olaf Ludwig geht auch der Sieg im 196,8-km-Straßenfahren an die DDR. Hier überraschen die Westdeutschen Bernd Gröne und Christian Henn mit den Plätzen zwei und drei.

Dagegen enttäuschen die Bahnfahrer. Zwar kommt Robert Lechner im 1000-m-Zeitfahren zu einer Bronzemedaille, aber der Vierer im 4000-m-Verfolgungsfahren kreiselt auf Rang zehn. Immerhin bessert Jutta Niehaus mit dem zweiten Platz im 82-km-Straßenfahren die westdeutsche Medaillenbilanz auf.

Massenspurt vor dem Ziel beim 82-km-Straßenrennen der Damen. Die Niederländerin Monique Knol (M.) siegt vor der Westdeutschen Jutta Niehaus (l.).

Gold und Silber für Silvia Sperber

Schützin Silvia

Die erste Goldmedaille der Spiele von Seoul geht an die Russin Irina Tschilowa im Schießen mit dem Luftgewehr. Die erste deutsche Medaille schießt Silvia Sperber heraus. Mit einem Ring weniger holt sie Silber. Im KK-Dreistellungskampf wird es Gold.

Handball-Wunder Korea

September/Oktober 1988. Im athletischen, oftmals harten Damen-Handball traute man den zierlichen Koreanerinnen wenig zu.
In Seoul erleben die teilnehmenden Länder eine böse Überraschung. Was den Koreanerinnen an Robustheit fehlt, machen sie durch Schnelligkeit und Spielwitz mehr als wett. Nachdem sie die Mannschaft aus Norwegen mit 23:20 besiegt haben, stehen sie in ihrem letzten Spiel den Russinnen gegenüber. Mit 21:19 machen sie die Sensation perfekt.
Bei den Herren erreicht Korea das Endspiel nach Siegen über so renommierte Teams wie Ungarn (22:20), die DDR (23:22) und die ČSSR (29:28). Sie bewiesen Nervenstärke und mitreißenden Siegeswillen. Gegen die UdSSR haben sie dann allerdings keine Chance mehr.

Im Handball spielen die Koreanerinnen mit 21:19 einen sensationellen Sieg gegen die hoch favorisierten Russinnen heraus.

Eine Überraschung ist der Sieg der USA über die UdSSR im Volleyball.

Zwei Final-Thriller im Volleyballturnier

September/Oktober 1988. Das hatten sich die Russinnen leichter vorgestellt: Gegen die Peruanerinnen brauchen sie im Volleyball-Finale zwei Stunden, bis sie die Südamerikanerinnen 10:15, 12:15, 15:13, 15:7, 17:15 bezwungen haben. Die russischen Männer dagegen konnten sich kaum vorstellen, daß sie gegen die USA 15:13, 10:15, 4:15, 8:15 verlieren würden.

Hand in Hand entschweben Hodori und Kobi in den Weltraum

2. Oktober 1988. *Wie übermütige Kinder, die nur noch Unfug im Kopf haben, stürmen die Athletinnen und Athleten zur Schlußfeier ins Stadion. Wer weiß, was sie noch alles anstellen würden, ginge nicht plötzlich das Licht aus. Alle werden ganz ruhig. Melancholie des Abschieds breitet sich aus.*
Dann wird es hell und die Atmosphäre sehr koreanisch. Tempelgesänge werden angestimmt. Die Milchstraße wird hereingetragen, auf der die Weltkugel in den Kosmos rollt. Die Maskottchen von Seoul und Barcelona, der Tiger Hodori und der Bär Kobi, begeben sich auf eine vierjährige Umlaufbahn. Lampions glühen auf den Rängen. Der letzte Tag der Sommerspiele endet in einer pyromanischen Orgie.

Seoul 1988 in Stichworten

Die Spiele der XXIV. Olympiade in Seoul dauern vom 17. September bis 2. Oktober 1988. Aus 160 Ländern etwa 10 000 Teilnehmer. 237 Wettbewerbe in 24 Sportarten. 31 Länder stellen Sieger, 52 kommen zu einer Medaille. Erste Spiele ohne Boykott seit 1972. **Leichtathletik:** USA mit 13 G, 7 S, 6 B vor UdSSR (10 G, 6 S, 10 B) und DDR (6 G, 11 S, 10 B). **Gewichtheben:** UdSSR mit 6 G am erfolgreichsten. 1 S, 2 B für die Bundesrepublik Deutschland. **Ringen:** Mit je 4 G im klassischen und im freien Stil wahrt die UdSSR ihre Führung. **Boxen:** In zwölf Gewichtsklassen stellen die USA drei, Korea und die DDR je zwei Sieger. **Judo:** Korea übertrifft mit 2 G, 1 B Japan (1 G, 2 B). **Fechten:** Bundesrepublik Deutschland 3 G, 2 S, 1 B vor Italien (1 G, 1 S, 2 B). **Schießen:** In 13 Wettbewerben 4 G für UdSSR, 8 G für andere Länder. 3 G für Korea im **Bogenschießen. Moderner Fünfkampf:** 2 G für Ungarn, 2 S für Italien. **Reiten:** Bundesrepublik Deutschland mit 4 G, 1 B überragend vor Frankreich. **Turnen:** Bei den Herren UdSSR mit 5 G, 5 S, 2 B vor der DDR. Bei den Damen UdSSR mit 4 G, 2 S, 3 B vor Rumänien (3 G, 3 S, 2 B). **Schwimmen:** Bei den Herren USA 7 G, 5 S, 1 B vor UdSSR (2 G, 1 S, 5 B). Bei den Damen DDR 10 G, 5 S, 7 B vor USA (3 G, 4 S, 5 B). **Wasserball:** Jugoslawien vor USA und UdSSR. **Rudern:** In acht Bootsklassen der Herren 3 G für die DDR, 2 G für Italien. Bei den Damen in sechs Bootsklassen 5 G für die DDR. **Kanu:** DDR 3 G, 4 S, 2 B vor UdSSR (3 G, 3 S). **Segeln:** In acht Bootsklassen Siege für sieben Länder. **Radfahren:** UdSSR 4 G, 2 S, 2 B vor DDR (3 G, 1 S, 1 B). **Tennis:** Erstmals seit 64 Jahren. USA 2 G, 1 S, 2 B vor ČSSR (1 G, 1 S, 1 B). **Tischtennis:** Erstmals. Korea 3 G, 1 B vor China (2 G, 2 S, 1 B). **Volleyball:** USA und UdSSR. **Handball:** UdSSR und Korea. **Basketball:** UdSSR und USA. **Hockey:** Großbritannien und Australien. **Fußball:** UdSSR.

1989

Januar/Februar. Bei den Alpinen Ski-Weltmeisterschaften in Vail gewinnt der Deutsche Hansjörg Tauscher überraschend den Titel im Abfahrtslauf.

Februar. Erstmals in der Sportgeschichte Saudi-Arabiens dürfen bei der Fußball-Weltmeisterschaft der Junioren in Riad Frauen, in männlicher Begleitung und verschleiert, das Stadion besuchen.

Bei den Nordischen Ski-Weltmeisterschaften in Lahti gewinnt die Finnin Marjo Matikainen in fünf Rennen fünf Medaillen.

12. 2. Abschiedsspiel für den populärsten ägyptischen Sportler, den Fußballer Mahmoud Al Khatib, genannt »Bibo«, im Nasser-Stadion von Kairo. Ihm soll eine 4 m hohe Statue errichtet werden.

26. 2. Mike Tyson verteidigt seinen Weltmeistertitel im Box-Schwergewicht gegen den Briten Frank Bruno durch technischen K. o. in der fünften Runde in Las Vegas.

9. 4. Bei den Tischtennis-Weltmeisterschaften in Dortmund erstmals Titel für Deutschland durch Steffen Fetzner und Jörg Roßkopf im Herren-Doppel.

15. 4. Fußball-Katastrophe in Sheffield. Durch Überfüllung des Stadions 108 Tote und über 200 Verletzte.

Mai. UEFA-Pokal-Endspiele: SSC Neapel–VfB Stuttgart 2:1/3:1.

Erstmals wird in Berlin bei einem Tennis-Grand-Prix-Turnier eine elektronische Linienüberwachungsanlage installiert.

10. 5. Europapokal der Pokalsieger: FC Barcelona–Sampdoria Genua 2:0 in Bern.

25. 5. Europapokal der Landesmeister: AC Mailand–Steaua Bukarest 4:0 in Barcelona.

30. 5. Der Brasilianer Emerson Fittipaldi erhält für seinen Sieg im 500-Meilen-Rennen von Indianapolis die Rekordsumme von 1001604 US-Dollar.

11. 6. Sensation in Paris: Die 17jährigen Arantxa Sanchez (Spanien) und Michael Chang (USA) gewinnen die French Open.

12. 6. Für einen Weltmeisterschaftskampf im Mittelgewicht in Las Vegas werden »Sugar« Ray Leonard und Thomas Hearns rund 50 Mio. DM Börse garantiert. Der Kampf endet nach zwölf Runden unentschieden.

2. 7. Die deutsche Frauen-Fußball-Nationalmannschaft wird in Osnabrück durch ein 4:1 über Norwegen Europameister.

3. 7. Weltrekord über 3000 m Hindernis durch den Kenianer Peter Koech mit 8:05,35 min in Stockholm.

9. 7. In Wimbledon gewinnt Steffi Graf zum zweiten Mal hintereinander das Damen-Einzel, Boris Becker siegt bei den Herren zum dritten Mal seit 1985.

10. 7. Weltrekord über die Meile durch die Rumänin Paula Ivan in 4:15,61 min in Nizza.

17. 7. Nach Abschluß der Fecht-Weltmeisterschaften in Denver verzeichnet der Deutsche Fechter-Bund mit zwei Gold-, fünf Silber- und zwei Bronzemedaillen den größten Erfolg in seiner 78jährigen Geschichte.

22. 7. Mike Tyson verteidigt seinen Weltmeistertitel im Schwergewicht in Atlantic City gegen Carl Williams durch K. o. nach 93 Sekunden (→ 26. 2. 1989).

23. 7. Sensationell gewinnt der US-Amerikaner Greg LeMond auf der letzten Etappe im Zeitfahren die Tour de France mit acht Sekunden Vorsprung vor dem Favoriten Laurent Fignon.

29. 7. Weltrekord im Hochsprung mit 2,44 m durch den Kubaner Javier Sotomayor in San Juan/Puerto Rico.

20. 8. Erster Leichtathletikweltrekord durch einen Mexikaner: Arturo Barrios läuft in Berlin (West) 10000 m in 27:08,23 min.

Bei den Ringer-Weltmeisterschaften in Martigny zwei Titel für den Deutschen Ringer-Bund (DRB) im griechisch-römischen Stil Leicht- und Schwergewicht.

28. 8. Der US-Amerikaner Greg LeMond gewinnt in Chambéry auch den Weltmeistertitel im Straßenradfahren (→ 23. 7. 1989).

10. 9. Nach dem Olympiasieg in Seoul gewinnt der Achter der Bundesrepublik Deutschland den Titel bei den Ruder-Weltmeisterschaften in Bled, jedoch in anderer Besetzung.

Als erster Deutscher gewinnt Boris Becker die US Open in Flushing Meadow. Am Tag zuvor gewann auch Steffi Graf dieses Grand-Slam-Turnier.

24. 9. Nach seinem zweiten Platz beim Großen Preis von Portugal steht Alain Prost auf McLaren-Honda zum dritten Mal als Formel-1-Weltmeister fest.

22. 10. Bei den Kunstturn-Weltmeisterschaften in Stuttgart gewinnt mit Andreas Aquilar seit 15 Jahren wieder ein Westdeutscher einen Titel.

November: Edson Arantes do Nascimento, bekannt als Pelé, erklärt, bei den Präsidentschaftswahlen in Brasilien 1992 kandidieren zu wollen.

15. 11. Deutschland qualifiziert sich durch ein 2:1 über Wales in Köln für die Fußball-Weltmeisterschaft in Italien 1990. Österreich glückt die Qualifikation durch ein 3:0 über die DDR.

15.–17. 12. In Stuttgart gewinnt Deutschland das Davis-Cup-Finale gegen Schweden 3:2.

Hansjörg Tauscher, der erste deutsche Abfahrtsweltmeister seit Heli Lantschner 1939, der eigentlich Österreicher war, bei seiner Siegesfahrt in Vail

Ski-WM am Beaver Creek

Januar/Februar 1989. Die Alpinen Ski-Weltmeisterschaften in Vail im US-Staat Colorado können zunächst nicht stattfinden, weil es schneit. Zudem sinkt die Kälte auf minus 30 °C.
Als die Rennen beginnen können, schimpfen die Abfahrer über eine Passage namens »Rattle Snake«, eine Art schlangenförmiger Hohlweg. Dort findet sich überraschend Hansjörg Tauscher am besten zurecht. »Ich glaube«, meint dann ahnungsvoll der erste deutsche Abfahrtsweltmeister nach der Siegerehrung, »da kommt jetzt einiges auf mich zu.«
Mit dem Weltmeistertitel in der Abfahrt revanchiert sich die schöne Maria Walliser für die Häme, die ihr bei den Olympischen Winterspielen in Calgary entgegengeschlagen war, als sie keine Goldmedaille gewann. Die Jugoslawin Mateja Svet sichert sich im Slalom endlich verdientermaßen den ersten Rang. Karin Dedler und »Michi« Gerg freuen sich über Bronze. Und Rudolf Nierlich wird gleich Doppelweltmeister, im Slalom und im Riesenslalom.

Ein finnisches Volksfest

Februar 1989. Über eine halbe Mio. Zuschauer machen die Nordischen Ski-Weltmeisterschaften in Lahti zu einem finnischen Volksfest.
»Skikönigin« ist die hübsche Marjo Matikainen, die fünfmal startet und dabei, ganz gleich ob im klassischen oder Skating-Stil, fünf Medaillen gewinnt. Die Finnin Marja-Liisa Kirvesniemi, die in Sarajevo 1984 drei olympische Goldmedaillen erlief, siegt über 10 km und mit der Staffel. Als ihr Mann Harri über 15 km Weltmeister wird und mit der Staffel Silber einfährt, gibt es noch eine Familienfeier.
Die Schweden feiern ihre Staffel und Gunde Svan als Weltmeister über 15 km und 50 km. Um Skandinaviens Glück voll zu machen, holen sich die Norweger in der Nordischen Kombination die Titel im Einzel und mit der Mannschaft.

Marjo Matikainen, Gold über 15 km und über 4x5 km, Silber über 10 km, Bronze über 10 km und 50 km

Dortmund erlebt einen Tischtennis-Thriller

9. April 1989. Die Dortmunder Westfalenhalle steht kopf. 10 000 Zuschauer feiern eine Sensation, wie es sie seit über einem halben Jahrhundert nicht mehr gegeben hat: Deutsche werden Weltmeister im Tischtennis. Das war zuletzt 1926 geschehen, als dieser Sport noch eine Aschenbrödelrolle gespielt hatte. Inzwischen wurde er olympisch, und der Präsident des Internationalen Olympischen Komitees (IOC), Juan Antonio Samaranch, gab sich die Ehre, um in Dortmund mitzuerleben, daß die Ping-Pong-Artisten nicht nur aus dem Fernen Osten kommen.

Jubel nach dem entscheidenden Punkt: Die Deutschen Jörg Roßkopf (l.) und Steffen Fetzner werden in der Dortmunder Westfalenhalle Weltmeister.

Das Endspiel im Herren-Doppel taucht die Zuschauer in ein Wechselbad der Gefühle. Jörg Roßkopf, 19 Jahre, und Steffen Fetzner, 20 Jahre, treten gegen die erfahrenen Leszek Kucharski und Zovan Kalinic aus Polen und Jugoslawien an. Eigentlich haben die beiden Deutschen ihre Sensation schon hinter sich. Im Halbfinale schalteten sie die chinesischen Weltmeister und Olympiasieger Longcan Chen/Quingguang Wei mit 2:1 Sätzen aus. Eine Steigerung scheint kaum mehr denkbar.

Der erste Satz geht mit 18:21 an die polnisch-jugoslawische Kombination. Doch dann ziehen »Rossi« und »Speedy« mit 21:17 gleich. Der dritte Satz wird zum Thriller. Bei jedem Ballwechsel geht es um alles oder nichts. Als der Sieg mit 21:19 feststeht, umarmen sich in der Halle wildfremde Menschen.

Die neuen Doppel-Weltmeister gehören seit 1984 der Mannschaft von Borussia Düsseldorf an.

Fittipaldi, Sieger in Indianapolis

Emerson Fittipaldis Millionen-Comeback

30. Mai 1989. Der Brasilianer Emerson Fittipaldi hat seine Karriere eigentlich schon hinter sich. 1972 war er der jüngste Formel-1-Weltmeister. 1975 gewann er in Silverstone sein 14. und letztes Grand-Prix-Rennen. Doch nun setzt sich der 42jährige »Fitti« in einen Penske-Chevrolet und gewinnt die mörderischen 500 Meilen von Indianapolis. Er kassiert für seinen späten Sieg die Summe von 1 001 604 US-Dollar.

Fußball-Katastrophe in Sheffield fordert 108 Todesopfer

15. April 1989. Für 108 Menschen wird das Fußballstadion von Sheffield zur Todesfalle. Über 200 Personen erleiden Verletzungen, darunter Hirnschäden wegen Sauerstoffmangels.

Nach einer verhängnisvollen Fehlentscheidung der Polizei drängen, während das Pokal-Halbfinale zwischen dem FC Liverpool und Nottingham Forest schon begonnen hat, über 4000 Fans auf eine Stehtribüne, die bereits überfüllt ist. Die Drängenden, von den Schlachtgesängen der Nottingham-Fans auf der gegenüberliegenden Stadionseite erregt, ahnen nicht, daß sie die Menschen auf der Tribüne zerdrücken.

Die 3 m hohen Stahlgitter, die verhindern sollen, daß Zuschauer aufs Spielfeld stürmen, erweisen sich als unüberwindlich. Vergeblich wird nach Stahlschneidern gesucht. Zu spät werden Notausgänge aufs Spielfeld geöffnet. Stahlrohre, mit denen die Stehplatztribüne unterteilt ist, werden verbogen. Wer dagegengedrückt wird, hat kaum eine Überlebenschance. Als immer mehr Tote und Sterbende aufs Spielfeld getragen werden, erweisen sich die medizinischen Hilfsmittel als völlig unzureichend. Schwerverletzte werden auf Reklameschildern weggetragen. Niemand war auf eine Katastrophe solchen Ausmaßes in dem veralteten Stadion vorbereitet. Die Regierung beschließt eine Überprüfung aller Sicherheitsvorkehrungen.

Flucht aus dem Chaos auf die höher gelegene Tribüne. Während einige ihr Leben retten, ist anderen das Ausmaß der Gefahr noch gar nicht bewußt.

Hilfe, die zu spät kommt. An den Stahlgittern spielten sich unbeschreibliche Szenen ab, als Zuschauer vor den Augen machtloser Ordnungskräfte erstickten.

Zwischen Blumen blutbefleckte Kleidungsstücke, die von den Hilfskräften nach der Katastrophe eingesammelt wurden und von dem Drama zeugen

Michael Chang ist der jüngste Sieger bei den French Open in Roland Garros. Der Sohn eines Einwanderers aus Taiwan erhält 291 752 US-Dollar.

Der Aufstand der Teenager

11. Juni 1989. Bei den French Open im Roland-Garros-Stadion von Paris stehen sich im Achtelfinale der Weltranglistenerste Ivan Lendl und der US-Amerikaner chinesischer Abstammung Michael Chang gegenüber.
Zwar sieht es zunächst so aus, als ob der 17jährige aus Taiwan gegen Lendl nicht den Hauch einer Chance hat, doch schließlich hat der gebürtige Tscheche das Nachsehen und scheidet vollkommen unerwartet in fünf Sätzen 6:4, 6:4, 3:6, 3:6, 3:6 aus. Michael Chang schlägt danach auch Agenor und Tchesnokow in vier Sätzen und gewinnt das Endspiel gegen einen fassungslosen Stefan Edberg 6:1, 3:6, 4:6, 6:4, 6:2. Im Finale der Damen tritt Steffi Graf die 17jährige Spanierin Arantxa Sanchez entgegen. Sie lacht, wenn Steffi mit einer krachenden Vorhand einen Punkt macht, und freut sich diebisch, wenn sie mit ihrer beidhändigen Rückhand Steffi austrickst. Sie hat Freude am Spiel und gewinnt sensationell 7:6, 3:6, 7:5.

Siege für Steffi und Boris

9. Juli 1989. Nachdem Steffi Graf im Wimbledon-Finale Martina Navratilova 6:2, 6:7, 6:1 abgefertigt hat, läßt sie ihren Tränen freien Lauf. Sie hängt sich ein Handtuch über den Kopf, damit es niemand sieht. Fast muß Martina sie bei der Siegerehrung noch trösten.
Die achtmalige Wimbledonsiegerin, die bei diesem Endspiel erkennen mußte, daß ihre Zeit endgültig vorbei ist, will zwar noch nicht aufhören, gesteht aber ein: »Vielleicht werde ich nun eifersüchtig sein auf Chris Evert, wenn sie Golf spielt oder Ski läuft, während ich immer noch hier draußen stehe, schwitze und von den Jungen abgeschossen werde.« Das hat die 20jährige Steffi Graf auch schon erfahren. Die Niederlage gegen Arantxa Sanchez in Paris saß wie ein tiefer Stachel in ihr. Steffi dachte jedoch nicht daran aufzuhören, sondern trainierte härter als je zuvor, und das bekommen ihre Gegnerinnen zu spüren. »Ich wollte diesen Sieg für mich haben«, sagt sie, als die Tränen getrocknet sind, »und jetzt ist er schöner als alle anderen.«
Bei den Herren läßt ein gereifter Boris Becker Stefan Edberg im Finale beim 6:0, 7:6, 6:4 nicht den Hauch einer Chance. Auch Becker schätzt seinen dritten Wimbledonsieg höher ein als die vorangegangenen. Er äußert sich ähnlich wie Steffi Graf: »Über die letzten zwei oder drei Jahre habe ich soviel härter arbeiten müssen, und ich bin nun stolzer als in früheren Jahren.« Auch er brauchte die bittere Erfahrung des Vorjahres, als Favorit in Wimbledon schon in der zweiten Runde sang- und klanglos auszuscheiden. Oder die Enttäuschung, wegen einer Verletzung seine Chance in Seoul nicht wahrnehmen zu können.

Steffi Graf und Boris Becker mit ihren Wimbledon-Trophäen. Steffi gewinnt nach 1988 zum zweiten, Boris nach 1985 und 1986 zum dritten Mal.

Deutschlands Fußball-Damen werden Europameister

2. Juli 1989. In Osnabrücks Innenstadt herrscht ein Verkehrschaos. Das Fußballstadion an der Bremer Brücke ist mit 22 000 Zuschauern überfüllt, weitere 3000 müssen abgewiesen werden. Das hat es bei einem Frauen-Fußballspiel noch nie gegeben. Mit einem 4:1 über Titelverteidiger Norwegen sichert sich die deutsche Nationalmannschaft den Europameistertitel.
»Das ging total unter die Haut«, gesteht Heidi Mohr, die ein Tor zum 4:1 schoß. Weitere Tore erzielten Angelika Fehrmann und zweimal Ursula Lohn.
Mit der Spielführerin Silvia Neid hat Trainer Gero Bisanz eine begeisterungsfähige und begeisternde Mannschaft geformt. Sportjournalisten, die sich auf Fußballfeldern neu orientieren müssen, geraten ins Grübeln. Wie bezeichnet man z. B. im Damen-Fußball einen »Manndecker«?
Beim Deutschen Fußball-Bund (DFB) hat man den Frauen-Fußball bisher nicht recht für voll genommen. Auch Erfolgstrainer Udo Lattek tat das nicht. Aber er leistet Abbitte und zieht das Fazit: »Das spielerische Niveau hat sich enorm verbessert, die Mädchen haben sich in einem austrainierten Zustand vorgestellt. Die Technik ist sicherlich so gut wie die eines durchschnittlichen Bundesligafußballers.«

Halbfinale Deutschland—Italien bei der Fußball-Europameisterschaft der Damen. Das Spiel zweier gleichwertiger Mannschaften wird durch Elfmeterschießen entschieden.

Jubel der deutschen Fußball-Damen nach dem 4:1-Endspielsieg über Norwegen. V. l. Heidi Mohr, Angelika Fehrmann, Jutta Nadenbach und Silvia Neid

Greg LeMonds Meisterstück

23. Juli 1989. In Paris feiert man zwar den 200. Jahrestag der Französischen Revolution, dennoch erwarten die Radsportfans auf den Champs Élysées ihren »Sonnenkönig«. Er heißt Laurent Fignon und führt die Tour de France mit 50 Sekunden Vorsprung vor dem US-Amerikaner Greg LeMond an. Wer soll ihm auf den letzten 24,5 km von Versailles nach Paris noch den Sieg streitig machen?

Greg LeMond bei der 19. Etappe der Tour de France in Aix les Bains. Nach 21 Etappen und 3261 km siegt er auf den letzten Metern.

Die Sensation passiert: Beim abschließenden Zeitfahren ist LeMond 58 Sekunden schneller als Fignon und gewinnt damit die Tour mit acht Sekunden Vorsprung. Es ist der bislang knappste Toursieg, der mit dem bislang höchsten Preisgeld (1,5 Mio. Franc) belohnt wird.

Die französische Sportwelt ist schockiert. Die renommierte »L'Equipe« fragt in einer Schlagzeile »Ist Gott ein Kalifornier?« Aber Wissenschaftler behaupten, daß LeMond seinen Sieg, den er erst auf den letzten 3 km herausfuhr, eher dem Windkanal verdankt. Dort war ein neuer Sturzhelm kreiert worden. Fignon dagegen fuhr barhaupt und hatte sein langes Haar zum Pferdeschwanz gebunden. LeMond fuhr mit einem Lenker, wie er beim Triathlon üblich ist. Die Arme liegen eng aneinander. Fignon benutzte noch den schon wieder überholten Kuhhornlenker. Außerdem hält sich LeMond einen Aerodynamikberater, während Fignon offenbar gar nicht weiß, wofür er einen solchen brauchen könnte.

Aber es geht auch ohne modernste Technik: Einige Wochen nach seinem Toursieg gewinnt LeMond die Straßenweltmeisterschaft in Chambéry. Drei Sekunden vor Fignon. Auf einem gewöhnlichen Rennrad.

Der Kubaner Javier Sotomayor bei seinem Hochsprung-Weltrekord in San Juan/Puerto Rico. Er verbessert seine eigene Rekordmarke von 2,43 m um 1 cm.

Sotomayor überspringt 2,44

29. Juli 1989. »Ich widme diesen Weltrekord dem kubanischen Volk, meinen puertoricanischen Brüdern und allen Lateinamerikanern«, erklärt Javier Sotomayor nach seinem Hochsprungweltrekord in San Juan. Am 8. September des Vorjahres übersprang er in Salamanca 2,43 m. Er wäre anschließend in Seoul zweifellos Olympiasieger geworden, wenn Fidel Castro aus Solidarität mit Nordkorea seine Mannschaft nicht zu Hause gelassen hätte.

In San Juan/Puerto Rico muß der 21jährige, 1,96 m große Kubaner mit den Zentralamerikanischen Spielen vorliebnehmen. Zu Beginn des Wettbewerbs läßt er die Latte auf 2,40 m legen, eine Höhe, die außer ihm bisher nur vier Hochspringer überwunden haben. Er meistert sie im ersten Versuch. Danach erhöht er auf 2,44 m oder acht Fuß, Traumgrenze in der angelsächsischen Sportwelt. Mit dem ersten Versuch reißt er. Unter rhythmischem Klatschen der Zuschauer gelingt der zweite Versuch.

»Mark the Shark« und andere Haie im Millionengeschäft

Die führende US-amerikanische Sportzeitschrift »Sports Illustrated« bezeichnet den 58jährigen Mark McCormack als den »größten Geldmacher diesseits von Kuwait«. McCormack verfügt über keine Ölquellen, sondern über etwas viel Einträglicheres. Er managt rund 400 Höchstleistungssportler. Wer in diesen illustren Kreis Aufnahme finden will, muß schon mehr als 1 Mio. US-Dollar im Jahr verdienen. Dann ist »Mark the Shark« unter Umständen bereit, sich seiner anzunehmen. Und das sieht bei Marks Schützlingen etwa so aus: »Wir beantworten ihre Post, legen ihr Geld an, kaufen Grundstücke für sie, organisieren ihren Terminplan, handeln ihre Verträge aus und füttern, wenn nötig, auch schon mal ihre Katzen.« Dafür stehen in 18 Büros rund um die Erde 400 Angestellte zur Verfügung. Mark verschweigt nicht, daß er sich seine umfassende Betreuung mit 30 bis 40% Einnahmenanteil vergüten läßt. Was dem Sportler damit scheinbar verloren geht, holt Mark durch seine Vertragsverhandlungen wieder herein.

Der US-Amerikaner Mark McCormack managt Sportstars.

Marks »International Management Group« (IMG) ist ein Wirtschaftsimperium, das sich mit dem Management von Sportlern längst nicht mehr begnügt. 1982 organisierte er z. B. den Besuch von Papst Johannes Paul II. in Großbritannien. Er bedauerte damals jedoch, daß er seinen Klienten nicht dazu bewegen konnte, vor laufenden Fernsehkameras eine Coca-Cola zu trinken.

McCormack ist nicht der einzige Hecht im Karpfenteich der Sportvermarktung. Der verstorbene Firmenchef Horst Dassler, auch »Herr der Ringe« genannt, hat mit seiner »International Sports, Culture und Leisure Marketing AG« (ISL) mit Sitz in Luzern ein nicht weniger gewinnträchtiges Sportvermarktungsunternehmen geschaffen.

Aber es geht im Sport nicht allein um Millionengewinne, sondern auch um Millioneninvestitionen. Die Firma Philip Morris gab allein 1988 150 Mio. DM an Sponsorgeldern aus. Die Formel-1-Rennen wären ohne großzügige Sponsoren gar nicht durchführbar. Deutsche Firmen ließen 1983 an Sponsorgeldern 50 Mio. DM in den Sport fließen. 1989 werden es schätzungsweise 1 Mrd. DM sein. Die hoch verschuldeten Bundesligaklubs werden von Firmen am Leben erhalten. Der olympische Hochleistungssport in der Bundesrepublik Deutschland befindet sich durch die »Stiftung deutsche Sporthilfe« in den Händen der Wirtschaft.

Boxspektakel mit zwei Ringveteranen

12. Juni 1989. Weil man in Las Vegas wieder einmal einen richtigen Boxkampf sehen möchte und keine Hausschlachtung à la Mike Tyson, bietet man zwei Veteranen im Mittelgewicht gegeneinander auf. Der 33jährige »Sugar« Ray Leonard und der 30jährige Thomas Hearns waren sich nach einem dramatischen Kampf am → 16. September 1981 acht Jahre lang aus dem Weg gegangen. Der Kampf wurde mit Werbegetöse als »The War« propagiert, und zwei US-Senatoren »bestätigen« im Roseland Ballroom von Washington eine offizielle »Kriegserklärung«.

»Es geht um Leben und Tod!« tönte »Hitman« Hearns, einst die »Kobra von Detroit«, bevor ihm Leonard die Giftzähne zog. Wie im Krieg geht es in erster Linie ums Geld. 13 Mio. US-Dollar erhält Leonard, 11 Mio. Hearns. Dazu prozentuale Anteile am Gewinn. Leonard, mit 120 Mio. US-Dollar der reichste Boxer aller Zeiten, zieht in den Krieg, obwohl Hearns schwor: »Ich werde dich töten, Ray!« Aber die Toten dieses Krieges leben nach dem Kampf alle noch. Da japst Leonard: »Tommy, laß uns nach Hause gehen und uns ausruhen.«

Schon während des Kampfes ruhen die beiden Krieger aus. Über zwölf Runden bieten Leonard und Hearns nur phasenweise Proben ihres einstigen Könnens. Dieser Krieg wird mit Platzpatronen geführt, aber auch das will gekonnt sein. Leonard muß in der dritten und elften Runde den Ringboden aufsuchen und müßte eigentlich nach Punkten verlieren. Aber damit verlören die Promoter einen schier unerschöpflichen Dukatenesel. Also wird ein Unentschieden errechnet.

Leonard (l.) und Hearns trennen sich nach zwölf Runden unentschieden.

Tysons Kämpfe sind in Minuten beendet

26. Februar 1989. Nach acht Monaten Ringpause tritt Mike Tyson, der von 113 kg auf 98 kg abspecken mußte, gegen den farbigen Briten Frank Bruno an. Ein sympathischer Bursche, der von den Zuschauern in Las Vegas mit Beifall begrüßt wird und nach 13 Sekunden bereits auf dem Boden sitzt. In der fünften Runde bewahrt ihn der Ringrichter vor weiteren Schlägen.

Kurz darauf investiert der ebenfalls 1,90 m lange Carl Williams 34 000 DM in eine ganzseitige Anzeige für die Sonntagsausgabe der »New York Post«: »Does Mike Tyson fear The Truth?« Tyson fürchtet jedenfalls nicht Williams, sondern schlägt ihn am 22. Juli in Atlantic City in 93 Sekunden k. o.

Die Wilberforce University in Ontario ernennt den Mann, der seinen Gegnern das Nasenbein ins Gehirn treiben möchte, zum Doktor honoris causa der Geisteswissenschaften. Eine solche Ehre wurde nicht einmal Muhammad Ali zuteil. Der konnte wenigstens dichten.

Der Westdeutsche Claudio Passarelli (l.) besiegt im griechisch-römischen Finale der 68-kg-Klasse in Martigny den Franzosen Ghani Jalouz.

Im Degen-Finale der 63. Fecht-WM in Denver setzt sich die »deutsche« Schweizerin Anja Straub (r.) im Einzel gegen Ute Schaeper durch.

Von der Loipe auf die Matte

20. August 1989. Nach der Durststrecke im Olympiajahr 1988 feiert der Deutsche Ringer-Bund in Martigny zwei Weltmeister. Im griechisch-römischen Stil gewinnt der 24jährige Claudio Passarelli aus Schifferstadt den Titel im Leichtgewicht und der 24jährige Gerhard Himmel aus Goldbach siegt im Schwergewicht.

Ihr Weg zum Erfolg führte bei Bundestrainer Heinz Ostermann u. a. über die Loipe im Skilanglauf. Er ließ sie auf Rädern durch den Schwarzwald strampeln und setzte sie in Kanus. »Nur stur auf der Matte üben, ist doch zu trist«, versichert er. »Da wären mir die Jungs weggelaufen. Wir trainieren so abwechslungsreich wie niemand sonst.«

Fechtmedaillen aus Denver

17. Juli 1989. Es ist eine Riesenüberraschung, als der 20jährige Alexander Koch vom OFC Bonn im Halbfinale der Fecht-Weltmeisterschaften in Denver den Olympiasieger von 1984, Italiens Mauro Numa, mit 10:6 ausschaltet.

Im Florett-Finale steht Koch vor 800 Zuschauern in der »Boettcher Concert Hall« dem 29jährigen Franzosen Philippe Omnes gegenüber. Rasch liegt er zwei Treffer zurück, zieht aber wieder gleich. Noch weitere zweimal gelingt ihm dieses Kunststück. Dann steht der Franzose dreimal vor dem Siegtreffer, doch den setzt Koch zum 12:11.

24 Stunden später gewinnt Felix Becker, ebenfalls aus Bonn, die erste deutsche Medaille im Säbelfechten.

Boris Becker wird zum Matchwinner im Davis-Cup-Finale

15. bis 17. Dezember 1989. Vor der entscheidenden Begegnung im Davis Cup zwischen dem Titelverteidiger Deutschland und dem Herausforderer Schweden widmete die Hamburger »Bild-Zeitung« ihrem einstigen Star-Kolumnisten die herbe Schlagzeile »Warum lügst du, Boris?« Der Star des deutschen Herren-Tennis läßt sich durch solche verbalen Schläge unter die Gürtellinie jedoch nicht beirren. In der Stuttgarter »Hanns-Martin-Schleyer-Halle« spielt der beste Boris Becker, den man je gesehen hat.

Die Fernsehzuschauer in der ersten Reihe erleben die Spiele besonders preisgünstig mit, in der angenehmen Gewißheit, daß VIPs für sechs Logenplätze 25 000 DM bezahlten, Champagner, Hummer und Kaviar inbegriffen.

Carl-Uwe Steeb helfen in der ersten Begegnung gegen Mats Wilander die »Charly-Charly!«-Rufe in seiner Heimatstadt wenig. Er legte im Vorjahr mit seinem Sieg über den Schweden den Grundstein zum ersten deutschen Davis-Cup-Sieg. Es war zu erwarten, daß Wilander auf Revanche brannte. Sie gelingt ihm mit 5:7, 7:6, 6:7, 6:2, 6:3 zuletzt recht deutlich. Anschließend tritt Becker gegen Stefan Edberg an, dem er vor kurzem erst beim Masters-Turnier in New York unterlag. Aber diesmal wird Edberg in 114 Minuten mit 6:2, 6:2, 6:4 geradezu hinweggefegt. »Er ließ mir nicht die kleinste Chance«, stammelt der Unterlegene ziemlich fassungslos.

Becker und Eric Jelen gelten inzwischen als ein Weltklasse-Doppel und werden diesem Ruf auch gegen Anders Jarryd/Jan Gunnarsson mit 7:5, 7:6, 6:7, 3:6, 6:4 gerecht. Wieder ist Becker der beherrschende Spieler auf dem Platz. Eine Steigerung scheint kaum noch möglich zu sein. Aber Wilander, der Ivan Lendl vor kurzem vom ersten Platz der Weltrangliste verdrängt hat, wird von Becker im Einzel mit 6:2, 6:0, 6:2 geradezu gedemütigt. »Boris hat sein bestes Tennis aller Zeiten gespielt«, zuckt der Schwede resigniert die Achseln. Trotz Beckers Superleistung ist der zweite Davis-Cup-Sieg aber auch der Erfolg einer Mannschaft von Freunden, die seit 1000 Tagen ungeschlagen ist.

Boris Becker gegen den Schweden Mats Wilander. Becker, so die »Süddeutsche Zeitung«, bietet in der Stuttgarter »Hanns-Martin-Schleyer-Halle« »Tennis in Perfektion«. Die Niederlage von Carl-Uwe Steeb im letzten Match gegen Stefan Edberg ist nur noch ein Schönheitsfehler.

Eric Jelen, Trainer Pilic und Boris Becker (v. l.), der mit seinen Siegen in den Einzeln dem deutschen Davis-Cup-Team auch den zweiten Titelgewinn sichert

Boris Becker (l.) und Erich Jelen im Doppel gegen Jarryd/Gunnarsson

Deutscher gewinnt WM im Kunstturnen

22. Oktober 1989. *In der Stuttgarter »Hanns-Martin-Schleyer-Halle« feiert man nach 15 Jahren wieder einen deutschen Weltmeister im Kunstturnen. Andreas Aquilar bekommt an den Ringen 9,875 Punkte und überholt damit Andreas Wecker aus der DDR, der bis dahin mit 9,862 Punkten führte.*

In einem herzlichen Brief versichert Aquilar Wecker, der sich verschaukelt fühlt, er hätte genauso den Titel verdient.

◁ Der deutsche Weltmeister Andreas Aquilar besticht vor allem durch seine Kraftteile an den Ringen.

1990

1. 1. Den 65. Silvesterlauf von São Paulo gewinnt zum vierten Mal hintereinander der Mexikaner Rolando Vera.

2. 1. Der Eishockeyspieler Wayne Gretzky wird von der US-amerikanischen Nachrichtenagentur AP zum Sportler des Jahrzehnts gewählt.

6. 1. Dieter Thoma gewinnt als erster Deutscher (BRD) seit 30 Jahren die Vierschanzentournee und wird drei Wochen später in Vikersund auch Weltmeister im Skifliegen.

20. 1. Die 50. Hahnenkamm-Abfahrt in Kitzbühel wird wegen Schneemangels erstmals in zwei »Sprints« auf verkürzter Strecke ausgetragen.

28. 1. Die San Francisco 49er gewinnen zum vierten Mal die »Superbowl«, die US-amerikanische Football-Meisterschaft. Quarterback Joe Montana gilt als bester Footballspieler aller Zeiten.

12. 2. Seinen Weltmeistertitel im Schwergewicht verliert sensationell Mike Tyson durch K. o. in der zehnten Runde gegen James »Buster« Douglas in Tokio.

13. 2. Der Südtiroler Reinhold Messner und der Deutsche Arved Fuchs beenden die erste Durchquerung der Antarktis zu Fuß, bei der sie seit Oktober 1989 an 2740 km zurücklegten.

17./18. 2. Weltmeister im Eisschnelllauf-Vierkampf werden in Innsbruck der Norweger Johann-Olav Koss und zuvor in Calgary Jacqueline Börner (DDR).

3. 3. Weltrekord über 3000 m Gehen durch Beate Anders (DDR) in 11:59,36 min bei den Hallen-Europameisterschaften der Leichtathletik in Glasgow.

11. 3. Sensationell besiegt Schweden im Hallenhandball-Weltmeisterschafts-Finale in Prag die UdSSR 27:23.

24. 3. Weltrekord im Speerwurf mit 89,10 m durch den Schweden Patrick Boden (→ 6. 6. 1990).

Weltrekord über 50 m Freistil in 21,98 sec; damit bleibt der US-Amerikaner Tom Jager in Nashville/Tennessee erstmals unter 22 Sekunden.

25. 3. Kanada siegt bei der ersten Eishockey-Weltmeisterschaft der Frauen in Ottawa.

1. 4. Im Berufsboxsport herrscht Chaos: Vier Weltverbände führen in 17 Gewichtsklassen 61 Weltmeister.

Mai. Zum 22. Mal wird die UdSSR in der Schweiz Eishockeyweltmeister.

2./16. 5. UEFA-Pokal-Endspiele: Juventus Turin–AC Florenz 3:1/0:0 (→ 16. 5. 1990).

9. 5. Europapokal der Pokalsieger: Sampdoria Genua–RSC Anderlecht 2:0 n. V. in Göteborg.

12. 5. Der FC Bayern München wird zum zwölften Mal Deutscher Fußballmeister.

23. 5. Europapokal der Landesmeister: AC Mailand–Benfica Lissabon 1:0 in Wien.

6. 6. Den 73. Giro d'Italia gewinnt Gianni Bugno (→ 22. 7. 1990).

Weltrekord im Kugelstoßen durch den US-Amerikaner Randy Barnes mit 23,12 m in Los Angeles.

10. 6. Bei den French Open siegen die Jugoslawin Monica Seles und Andres Gomez (Ecuador; → Juni/Juli 1990).

8. 6.–8. 7. Im 14. World-Cup-Turnier in Italien wird die Bundesrepublik Deutschland Fußballweltmeister.

8. 7. Bei den British Open in Wimbledon gewinnen Martina Navratilova und der Schwede Stefan Edberg (→ Juni/Juli 1990).

9. 7. Anja Fichtel wird in Lyon zum zweiten Mal Fecht-Weltmeisterin.

22. 7. Sieger der Tour de France wird zum dritten Mal der US-Amerikaner Greg Lemond.

Weltrekord im Speerwurf mit 90,98 m durch Steve Backley, Großbritannien, in London.

12. 8. Nach seinem Turniersieg in Cincinnati (USA) ist der Schwede Stefan Edberg Nr. 1 der Tennis-Weltrangliste.

27. 8.–1. 9. Star der 15. Leichtathletik-Europameisterschaften in Split ist die 20jährige Katrin Krabbe mit drei Goldmedaillen. Heike Drechsler siegt im Weitsprung.

22. 9.–7. 10. Bei den 11. Asienspielen in Peking gewinnt China 183 von 310 Wettbewerben.

19.–21. 10. Bei den 44. Ringer-Weltmeisterschaften im griechisch-römischen Stil in Rom gewinnt die UdSSR sechs Titel in zehn Gewichtsklassen.

21. 10. Ayrton Senna drängt beim Großen Preis von Japan seinen Rivalen Alain Prost von der Strecke und wird damit vorzeitig Formel 1-Weltmeister

25. 10. Neuer Box-Weltmeister im Schwergewicht wird in Las Vegas Evander Lolyfield durch technischen k. o. in der 3. Runde über James »Buster« Douglas.

27. 10.–4. 11. Bei den 16. Ruder-Weltmeisterschaften auf dem Lake Barrington in Tasmanien wird Deutschland erfolgreichste Nation.

15. 12. Mit dem Beitritt des Deutschen Turn- und Sportbundes (DTSB) der ehemaligen DDR zum Deutschen Sportbund (DSB) ist die deutsche Vereinigung auch im Sport vollzogen.

Auftakt zum Gewinn der Vierschanzentournee: In Oberstdorf siegt Dieter Thoma (Abb.) mit 215 Punkten vor Josef Heumann aus Oberaudorf (210).

Überflieger Dieter Thoma

6. Januar 1990. Zwanzig Jahr'— rotes Haar, dazu die passenden Sommersprossen, 1,78 groß, 63 kg leicht, geboren in der Schwarzwälder Erholungsmetropole Hinterzarten: Das ist der neue Superstar im Skispringen. Zuerst sah es mehr nach Schwarzwaldklinik aus. Im Sommer 1989 säbelte man Dieter Thoma den halben Meniskus heraus. Zwei Monate war an Training nicht zu denken. Fraglich, ob er überhaupt im Winter würde starten können. Aber dann wagte er sich am 30. Dezember in Oberstdorf doch auf die Schattenbergschanze und stand im Licht als Sieger des ersten Springens der Vierschanzentournee. Auf der Olympiaschanze in Garmisch-Partenkirchen (1. 1.) und auf der Bergiselschanze in Innsbruck (3. 1.) spitzte sich der Kampf um den Gesamtsieg zu zwischen Thoma, Jens Weissflog und dem Tschechen Frantisek Jez. Auf der heimischen Außenleitnerschanze in Bischofshofen ist Weissflog Favorit. Er scheitert. Dafür siegt Jez. Als aber Thoma seinen zweiten Sprung mit 111,5 m steht, ist er der Gesamtsieger. Das gelang einem Westdeutschen mit Max Bolkart zuletzt 1960. Nach diesem sensationellen Erfolg scheint jedoch die Saison für Thoma nach einem schweren Sturz in Liberec zu Ende zu sein. Aber der Schwarzwälder steckt auch eine schwere Gehirnerschütterung weg und wagt sich als Greenhorn des Skifliegens zur Weltmeisterschaft auf die Großschanze im norwegischen Vikersund. Weiter als 125 m hat es ihn noch nie hinausgetragen. Jetzt steht er 171 m und 166 m und wird Weltmeister vor Matti Nykänen und Jens Weissflog.

Vierschanzentournee 1989/90

Plazierung	Punkte	Weiten (m)
Oberstdorf (30. 12.)		
1. Dieter Thoma (Hinterzarten)	215	(113,5/108)
2. Josef Heumann (Oberaudorf)	210	(113/106)
3. Jens Weissflog (DDR)	208	(109/107)
4. Risto Laakkonen (Finnland)	205,5	(108/107)
5. Ari-Pekka Nikkola (Finnland)	203,5	(110/104)
6. Frantisek Jez (ČSSR)	200,5	(109,5/103)
7. Matti Nykänen (Finnland)	199,5	(108/103)
8. Franz Neuländtner (Östereich)	199	(107/103,5)
9. Rune Olijnyk (Norwegen)	198,5	(104/107,5)
10. Ernst Vettori (Österreich)	197	(100/108)
Ole-Gunnar Fidjestoel (Norwegen)	197	(106,5/105)
Garmisch-Partenkirchen (1.1.)		
1. Jens Weissflog (DDR)	220,5	(101/103,5)
2. Risto Laakkonen (Finnland)	219	(102,5/102)
3. Frantisek Jez (ČSSR)	218,5	(102/105,5)
4. Matti Nykänen (Finnland)	218	(103,5/101,5)
5. Dieter Thoma (Hinterzarten)	216	(103,5/101)
6. Heinz Kuttin (Österreich)	215,5	(104/101)
7. Ernst Vettori (Österreich)	215,5	(102/102)
8. Rune Olijnyk (Norwegen)	214,5	(103/101)
9. Ari-Pekka Nikkola (Finnland)	214,5	(101,5/101)
10. Pavel Ploc (ČSSR)	214	(104,5/101)
Innsbruck (3.1.)		
1. Ari-Pekka Nikkola (Finnland)	227	(108/108,5)
2. Jens Weissflog (DDR)	226,5	(107/108)
3. Ernst Vettori (Österreich)	222	(107,5/103)
4. Josef Heumann (Oberaudorf)	221,5	(105/107)
5. Risto Laakkonen (Finnland)	220	(108/102)
6. Dieter Thoma (Hinterzarten)	217,5	(109/100)
7. Virginio Lunardi (Italien)	216,5	(107/102,5)
8. Werner Haim (Österreich)	216	(101,5/106)
9. Andreas Felder (Österreich)	215,5	(103,5/106)
10. Frantisek Jez (ČSSR)	215	(101/107)
Bischofshofen (6.1.)		
1. Frantisek Jez (ČSSR)	227	(110/109)
2. Dieter Thoma (Hinterzarten)	222	(106,5/111,5)
3. Ole Gunnar Fidjestoel (Norw.)	218	(108/107)
4. Ernst Vettori (Österreich)	217	(105/107)
5. Werner Haim (Österreich)	216,5	(108/104)
6. Vegaard Opas (Norwegen)	212	(105/105,5)
7. Rune Olijnyk (Norwegen)	211,5	(101/107)
8. Miran Tepes (Jugoslawien)	205	(103/101,5)
9. Ari-Pekka Nikkola (Finnland)	203	(105/97,5)
10. Alexander Pointner (Öster.)	202,5	(100/102,5)
Endstand		
1. Dieter Thoma (Hinterzarten)	870,5	
2. Frantisek Jez (ČSSR)	861	
3. Jens Weissflog (DDR)	855	

Tyson, der »Unbesiegbare«, geht k. o.

11. Februar 1990. Tokio erlebt einen »Kampf des Jahrhunderts«, dessen Held Octavio Meyran heißt. Er stammt aus Mexiko, einem liebenswerten Land, dessen Zeitgefühl von der Zauberformel »mañana«, in dringenderen Fällen von dem geflügelten Wort »uno momento« bestimmt wird. Als Mike Tyson in der achten Runde des Kampfes um die Box-Weltmeisterschaft im Schwergewicht seinen Herausforderer James »Buster« Douglas mit jenem legendären linken Haken von den Beinen holt, mit dem er schon einige Dutzend Gegner ins Land der Träume schickte, benötigt Meyran 13 Sekunden, um bis zehn zu zählen. Dann rettet Douglas der Gong.

Gut erholt kommt »Buster« danach aus seiner Ecke und verabreicht dem Weltmeister eine Tracht Prügel, wie dieser sie noch nie im Ring einstecken mußte. Mitte der zehnten Runde findet sich »Iron-Mike« in einer Lage wieder, in die er gewöhnlich seine Gegner versetzte. Diesmal braucht Meyran 14 Sekunden, bis er bei zehn anlangt. Er hätte sich ruhig noch etwas mehr Zeit lassen können. 30 000 Japaner stehen auf ihren Stühlen und toben. Den US-Fernsehkommentatoren verschlägt es die Sprache. Nicht dagegen Tysons Manager Don King. Er veranlaßt den Präsidenten des World Boxing Council (WBC), José Sulaiman, die Entscheidung zu annullieren und Douglas nicht als Weltmeister anzuerkennen. Sulaiman, auch ein Mexikaner, will darüber innerhalb von neun Tagen entscheiden. Die World Boxing Association (WBA) schließt sich dem an. So wird der Kampf, in dem beide Boxer k. o. gingen, zunächst einmal mit Protesten und Intrigen fortgesetzt.

Schließlich steigt die US-amerikanische Öffentlichkeit in den Ring und macht den Machenschaften der Boxverbände ein Ende. James »Buster« Douglas wird von der International Boxing Federation (IBF), dem WBC und der WBA endgültig als Weltmeister anerkannt.

Mike Tyson am Boden in der zehnten Runde des Titelkampfes gegen James »Buster« Douglas. Der Ringrichter braucht 14 Sekunden, um bis zehn zu zählen.

Douglas nach seinem zunächst angefochtenen Sieg über Tyson in Tokio

Wayne Gretzky, das »achte Weltwunder«

2. Januar 1990. Bei der Wahl zum US-»Sportler des Jahrzehnts« schlägt der kanadische Eishockeystar Wayne Gretzky nationale Idole der USA wie den größten Football-Quarterback aller Zeiten, Joe Montana, den phänomenalen Basketballer »Magic« Johnson, den als unbesiegbar geltenden Boxweltmeister aller Klassen Mike Tyson, den besten US-Radrennfahrer, Greg LeMond, und den sechsfachen Olympiasieger Carl Lewis.

Vor zwei Jahren hatte »das achte Weltwunder« nach dem vierten Gewinn des Stanley Cups weinend Abschied von den Edmonton Oilers genommen. Ganz Kanada weinte mit. Einige sprachen sogar von Landesverrat. Zumal Gretzky noch bis zum Jahr 1999 vertraglich gebunden war und deshalb die Nummer 99 als Rückennummer trug. Aber seine Frau Janet Jones wollte in Hollywood ihre Film- und Fernsehkarriere nicht aufgeben und erwartete ein Kind. So traten die Los Angeles Kings in den 900 000-Dollar-Jahresvertrag ein und zahlten eine streng vertrauliche Transfersumme. In Los Angeles galt noch der Rekord von Gordie Howe, der in 26 Saisons bei 1767 Spielen auf 1850 Treffer gekommen war. Gretzky übertraf ihn in elf Saisons bei nur 780 Spielen. Dabei erzielte er 32 Hattricks, schoß neunmal vier Tore und viermal fünf.

Stürze in Serie beim Hahnenkammrennen

20. Januar 1990. Das 50. Hahnenkamm-Abfahrtsrennen auf der berühmten »Streif« in Kitzbühel sollte zu einem Höhepunkt des Skiwinters werden. Es wird zu einem Tiefpunkt des alpinen Skisports.

Als die »Streif« fast gänzlich schneefrei blieb, scheute man in Kitzbühel weder Kosten noch Mühen, Schnee herbeizuschaffen. Aus Hubschraubern wurde er auf die Strecke geschüttet. Vergeblich. In der Nacht schwamm weg, was am Tag aufgeschüttet worden war. Vernünftigerweise hätte man das Rennen absagen müssen. Aber das geht heutzutage nicht mehr. Die Skifirmen, der Fremdenverkehr, die Sponsoren, die Sportverbände, das Fernsehen könnten Schaden nehmen. Daß von über drei Dutzend gestürzten Skiläufern in zwei verkürzten »Sprintrennen« keiner ernsthaft Schaden nimmt, ist ein Wunder. Der Norweger Atle Skaardal entreißt dem Lokalmatador Höflehner mit zwei Hundertstelsekunden den Jubiläumssieg.

Eine Palme als Trost für fehlenden Schnee beim 50. Hahnenkammrennen, das der Norweger Atle Skardaal unter ungünstigen Bedingungen gewinnt

Joe Montana und die »Superbowl«

28. Januar 1990. Wer Joe Montana ist, erklärt ein American-Football-Fachmann wie Chris Collinsworth: »Joe Montana ist kein Mensch. Ich will ihn nicht Gott nennen, aber er liegt irgendwo dazwischen.« Und Trainer Dan Reeves, dessen Denver Broncos im Kampf um die berühmte »Superbowl« den 49ern aus San Francisco 10:55 unterliegen, wünscht, Montana nie mehr zu sehen. Die 70 000 Zuschauer im Louisiana-Superdome von New Orleans finden das Spiel, um das wochenlang Wirbel gemacht wurde und das alle Dollar- und sonstigen Rekorde brach, langweilig. Joe, 33 Jahre, 1,87 m, 90 kg, ist einfach zu gut. Er spielt kaum wie ein Mensch, wohl auch nicht wie ein Gott. Aber doch irgendwie dazwischen.

Gianluca Vialli (l.) mit der Siegertrophäe

Pokaltriumph für Genua

9. Mai 1990. Die diesjährigen Europapokal-Endspiele beginnen mit lauter Superlativen. Als im Ulleval-Stadion von Göteborg nach 120 Minuten das Endspiel um den Pokal der Pokalsieger zwischen Sampdoria Genua und dem dreifachen Cupgewinner RSC Anderlecht beim Stand von 2:0 abgepfiffen wird, stammelt Italiens Stürmerstar Gianluca Vialli: »Das ist der Sieg meines Lebens.« Genuas jugoslawischer Trainer Boskov erklärt mit Tränen in den Augen: »Das ist das schönste Geschenk, das ich je bekommen habe.« »Gazzetto dello Sport« findet die Schlagzeile »Vialli GOOL!« Genuas Fans, die bis zur 105. und 107. Minute warten mußten, bis Vialli sie mit seinen Toren erlöste, bereiten ihrer Mannschaft bei der Heimkehr einen triumphalen Empfang.

Drei Tore sichern den Sieg von »Juve«.

Pokaltriumph für Turin

16. Mai 1990. Auf das Fortissimo von Göteborg folgt ein Mezzoforte in Avellino. Und trotzdem bedeutet es eine Steigerung. Das zweite UEFA-Pokal-Endspiel zwischen Juventus Turin und dem AC Florenz endet 0:0. Ein italienischer Sieger stand von vornherein fest. Und niemand zweifelte daran, daß »Juve« seinen 3:1-Erfolg aus dem Hinspiel von Turin behaupten würde. Zumal die Florentiner wegen Ausschreitungen ihrer Fans Platzverbot hatten und das Rückspiel in der Verbannung bestreiten mußten. Erst in der letzten halben Stunde wurde es in Avellino spannend, als die Turiner ihren Vorsprung nur noch mit zehn Mann verteidigten. Turins Trainer Dino Zoff beklagt nach diesem Triumph sein »grausames Schicksal«: Nach 18 Jahren wechselt Dino »Nazionale« zu Lazio Rom.

Mailands Trainer Arrigo Sacchi mit dem Pokal

Pokaltriumph für Mailand

23. Mai 1990. Im Wiener Praterstadion wird Fußballgeschichte geschrieben. »Gazzetto dello Sport« jubelt: »Alle Titel gehören uns!« Das hat es in der Geschichte des Europapokals noch nie gegeben. 57 000 Zuschauer sahen über eine Stunde lang ein ausgeglichenes Endspiel um den Europacup der Landesmeister. Benfica Lissabon gelang es, AC Mailands Torjäger Marco van Basten in Schach zu halten. Ruud Gullit, der nach langer Verletzungspause erstmals 90 Minuten durchhielt, fehlte es noch an Kraft. Aber dafür schoß der dritte Niederländer in Mailands Diensten, Frank Rijkaard, in der 68. Minute das Siegtor. »Dieser Sieg ist der schönste«, erklärt Mailands Mäzen, der Medienmogul Silvio Berlusconi, »weil er am schwierigsten war.«

Auftakt der Formel-1-Saison: Drei Rennen – drei Sieger

13. Mai 1990. Die Formel-1-Saison 1990 verspricht seit langem wieder spannend zu werden. Zu unangefochten beherrschten in den letzten Jahren die McLaren-Honda-Wagen mit den Weltmeistern Alain Prost (1989) und Ayrton Senna (1988) das Grand-Prix-Geschehen.
Mit Beginn dieses Jahres kam Bewegung in den Rennzirkus. Zunächst einmal durch überraschende Fahrerwechsel: Prost verließ das erfolgversprechendste Team und ging zu Ferrari. Der Österreicher Gerhard Berger tauschte gern seinen Platz bei Ferrari gegen einen Sitz im McLaren. Nur paßt er mit seinen 1,84 m Länge vorläufig schlecht hinein und hat Schwierigkeiten beim Schalten. Es hat schon einen tragikomischen Zug, daß für einen 13 Mio. DM teuren Fahrer kein maßgeschneidertes Cockpit eingerichtet werden kann.

Zunächst begann die Saison wie gewohnt. Ayrton Senna gewann auf McLaren-Honda in Phoenix/USA. Alain Prost siegte in Interlagos/Brasilien, allerdings auf Ferrari. In Imola fiebern am 13. Mai 150 000 »Ferraristis« einem Erfolg ihrer heimischen Firma entgegen. Sie geraten in ein Wechselbad der Gefühle. Senna rast zu nahe an den kollidierten Capelli und Nakajima vorbei und muß mit einer demolierten Felge in der vierten Runde aufgeben. Die Führung übernimmt danach überraschend der Belgier Thierry Boutsen auf einem Williams-Renault. Als ein Elektronikschaden ihn in der 18. Runde zur Aufgabe zwingt, setzt sich Gerhard Berger an die Spitze und fährt einem scheinbar sicheren Sieg entgegen. Vor einem Jahr, als er in einem Ferrari saß, hätte man ihm noch zugejubelt. Jetzt begleitet den McLaren-Piloten

Ricardo Patrese auf Williams-Renault gewinnt mit fünf Sekunden Vorsprung auf Gerhard Berger den Grand Prix von Imola.

Schweigen. Um so größer die Begeisterung, als zehn Runden vor dem Ende des Rennens der 36jährige Italiener Ricardo Patrese Berger überholt. Der seit sieben Jahren erfolglose Veteran schlägt in seinem 195. Grand-Prix-Rennen den legendären McLaren überraschend mit einem Williams-Renault. Mit Alessandro Nannini wird ein weiterer Italiener Dritter, wenn auch nur in einem Benetton-Ford.

Eröffnungsfeier der 14. Fußball-Weltmeisterschaft, für die sich 24 Länder qualifizierten, im ausverkauften Mailänder Giuseppe-Meazza-Stadion

Italia '90: Auftakt mit Mannequin-Gala und Mailänder Scala

8. Juni 1990. Mailand zeigt, was es zu bieten hat. Die auf dem Rasen des Giuseppe-Meazza-Stadions verstreuten Bälle gehören jedoch zweifellos der FIFA, die das 14. Worldcup-Turnier im Fußball nach Italien vergab. Die bunten Bälle sehen aus wie dicke Knospen, und als solche erweisen sie sich auch, als sie zu Blütensternen aufplatzen. Dazu singen Gianna Nannini und ihr Texter Edoardo Bonnato »Un estate italiana« (Ein italienischer Sommer).

Dann wird die Laufbahn um das Rasenrechteck zum Laufsteg. Vier Kontinente werden symbolisiert — Australien konnte sich nicht qualifizieren —, und noch nie stellten sie sich so sinnenfroh dar. Unverblümt zeigen bezaubernde Mannequins, was sich Mailands Modezaren wünschen: Ihre Kreationen der ganzen Welt. Der Europalook wurde von Gianfranco Ferre in Grün entworfen und zieht die Blicke besonders dort an, wo mit Stoff gespart wurde. Valentinos Amerikalook kommt in kurz geschürztem Rot daher. Die Damen tragen Kopfzierate, die als weibliche Adaption des guten alten Cowboyhutes, der auch in geschlossenen Räumen niemals abgenommen wird, gelten können. Mila Schon kleidete Asien in fließende gelbe Seide, die in einer Mischung aus indischem Sari und tibetischem Mönchsgewand durchaus weltliche Reize vermittelt. Missoni wählte Schwarz als Grundton für Afrika, aber darauf appliziert er soviel Buntheit, wie sie dieser vitale Kontinent zu bieten pflegt.

Dem Fest fürs Auge folgt der Ohrenschmaus. Ricardo Muti dirigiert den Gefangenenchor aus Giuseppe Verdis »Nabucco« mit jener Feierlichkeit, wie sie der heimlichen italienischen Nationalhymne gebührt. Danach entschwebt der größte Ball als Fußball-Globus blütenübersät gen Himmel.

Währenddessen demonstrieren vor dem Stadion einige hundert Metallgewerkschafter gegen die immensen Kosten für den Ausbau der Stadien in Udine, Verona, Florenz, Turin, Mailand, Genua, Neapel, Bari, Palermo, Cagliari, Bologna und Rom. Aber was bedeutet das in einem Land, wo schon vor fast zwei Jahrtausenden für Gladiatorenspiele das Kolosseum erbaut wurde?

Die Eröffnung der WM gerät zur Modenschau. Asien präsentiert sich mit Modellen von Mila Schön in Gelb.

Grün ist für den italienischen Modeschöpfer Gianfranco Ferre die hoffnungsfrohe Farbe Europas.

Rot von Kopf bis Fuß erscheinen die Damen, die, von Valentino gekleidet, Amerika repräsentieren.

Die bunte Vielfalt Afrikas kontrastiert mit dem schwarzen Grundton der von Missoni kreierten Kostüme.

Die »Kleinen« spielen groß auf

8. bis 14. Juni 1990. Weltmeister Argentinien wollte man die Ehre, das Eröffnungsspiel zu bestreiten, nicht allzu schwer machen und loste als Gegner Kamerun aus. Es fällt dann allerdings nur ein einziges Tor, aber das schlägt wie eine Bombe ein. Ein gewisser Omam Biyik erzielt es in der 67. Minute. Und dabei bleibt es. Die Weltmeister schleichen vom Platz, als hätte sie ein Voodoozauber in einen bösen Traum versetzt.

Drei Tage später versinkt dagegen ganz Costa Rica in einen Freudentaumel. Ein gewisser Cayasso schießt in der 49. Minute des Spiels gegen Schottland ein Tor, und dem haben die Schotten nicht das geringste mehr entgegenzusetzen.

Niemand traut den Niederländern gegen Ägypten eine ähnliche Blamage zu. Die Namen Marco van Basten, Ruud Gullit, Frank Rijkaard garantieren allein die Endspielteilnahme des Europameisters. In Palermo dauert es allerdings 59 Minuten, bis Wim Kieft das Führungstor gelingt. Dann müssen die Berichterstatter den Namen Abdel el Ghani buchstabieren, denn dieser gleicht in der 82. Spielminute durch Foulelfmeter aus. Darauf geraten die Menschen in ganz Ägypten außer Rand und Band.

Italien jubelt über das 1:0 der Squadra azzurra über Österreich. Dasselbe Ergebnis gilt fünf Tage später als Schande, denn es wird, mühsam, gegen die USA erzielt, wo man »Soccer« für ebenso langweilig hält wie hierzulande Baseball.

Hätte schließlich jemand vorausgesagt, daß Kamerun gleichzeitig mit Italien bereits nach zwei Spielen das Achtelfinale erreicht haben würde, hätte man ihn zum Psychiater geschickt. Aber ein 38jähriger »unbezähmbarer Löwe« namens Miller bringt im zweiten Gruppenspiel gegen Rumänien mit zwei Toren binnen weniger Minuten diese Sensation zustande.

Aber nicht genug der Wunder. Der italienische Staat hat für die Spieltage ein striktes Alkoholverbot verfügt. Wer in einer Trattoria seine Spaghetti nicht trocken herunterwürgen will, bestellt zähneknirschend eine Karaffe Wasser. Der Kellner bringt es, als schäme er sich dessen, in einer häßlichen Blechkanne. Und siehe da: Daraus fließt Chianti!

△ *Die Sensation im ersten Spiel der 14. Fußball-WM: 22 Minuten nach dem Wiederanpfiff zur zweiten Halbzeit erzielt Omam Biyik mit dem Kopf das 1:0 für Außenseiter Kamerun. Den konsternierten Argentiniern gelingt es nach diesem Treffer nicht mehr, das Blatt des Spiels zu wenden.*

◁ *Nur knapp einer Blamage entgeht Europameister Niederlande im Gruppenspiel gegen Ägypten. Das magere 1:1 spiegelt den derzeitigen Leistungsstand des Europameisters, dessen Italien-Stars Marco van Basten, Frank Rijkaard und Ruud Gullit nicht in der Lage sind, gegen eine taktisch und kämpferisch gut eingestellte ägyptische Mannschaft ihr Spiel zu machen.*

Glanzlos geht Schottland gegen Costa Rica 0:1 unter. Ebenso wie der englische wirkt auch Schottlands Fußball gegenüber dem Spielwitz der »Fußballzwerge« antiquiert.

Gegen die US-College-Truppe gelingt der Squadra azzurra nur ein 1:0. Fußball im Schongang bei den auf Titelgewinn programmierten Italienern.

Der Augenblick, da ganz Argentinien der Atem stockt: Maradona scheitert beim Elfmeterschießen. Dennoch gewinnen die Argentinier mit 3:2.

Wieder ist es Italiens neuer Stürmerstar Salvatore »Toto« Schillaci (l.), der gegen die sich zäh wehrenden Iren das entscheidende Tor schießt.

Die letzten vier von 24 — eine illustre Fußball-Gesellschaft

30. Juni bis 1. Juli 1990. Wer möchte noch ein argentinischer Hincha sein, nachdem die von den Deutschen mit 4:1 abgefertigten Jugoslawen dem Weltmeister im Viertelfinale nach 120 Minuten ein 0:0 abtrotzten? Wer möchte noch an Diego Armando Maradona glauben, nachdem dieser beim Elfmeterschießen den Ball an Ivkovic nicht vorbeibrachte? Als danach Troglio den Ball an den Pfosten knallt, droht eine Welt unterzugehen. Da ersteht Argentinien in Ersatztorwart Goycochea ein Retter in höchster Not. Er hält zwei Elfmeter, und Jugoslawien vergibt den sicheren Sieg. Wer will noch ein Hooligan sein, als Kamerun gegen England sieben Minuten vor Schluß 2:1 führt? Da drohte zumindest die britische Insel unterzugehen. Milla schießt zwar in diesem Spiel keine zwei Tore, bereitete jedoch beide Treffer Kameruns vor. Dem Fußball-Lambada stehen die Engländer zeitweise fast hilflos gegenüber. Ihnen ersteht in dieser Not ein Retter im Schiedsrichter, der zwei Elfmeter verhängt, und in Gary Lineker, der beide Strafstöße verwandelt. Und Kamerun vergibt durch mangelnde Cleverness den schon sicheren Sieg.
Dies widerfährt um ein Haar noch den Deutschen. Sie gehen gegen die Tschechen programmgemäß 1:0 in Führung und können eigentlich nicht mehr verlieren, als die Tschechen nach einer Roten Karte nur mehr zehn Mann auf dem Platz haben. Von da an ist aber bei den Deutschen allein noch Franz Beckenbauer sehenswert. Er bietet am Spielfeldrand die hinreißende Pantomime eines an elf eigentlich wohlgeratenen Söhnen verzweifelnden Vaters. Vermutlich stößt er alle Flüche des hierfür reichhaltigen bajuwarischen Wortschatzes aus. Aus dieser Not erlöst ihn und die bangenden Zuschauer der Schlußpfiff.
Im letzten Viertelfinale Irland-Italien schießt in der 37. Minute Schillaci das entscheidende Tor. Man fragt sich freilich allmählich, was aus den Italienern werden soll, wenn Schillaci einmal kein Tor schießt. Jedenfalls setzen sich unter die letzten vier ein Weltmeister und drei Ex-Weltmeister durch. König Fußball hat einen illustren Hofstaat um sich versammelt.

Nach anfänglicher Überlegenheit bringt erst ein Foulelfmeter durch Mannschaftskapitän Lothar Matthäus (l.) das deutsche Siegtor gegen die ČSFR.

Zweimal retten tschechische Verteidiger auf der Torlinie. In der zweiten Halbzeit gerät der knappe Sieg der deutschen Mannschaft doch noch in Gefahr.

Beinahe wirft die Sensationsmannschaft Kameruns auch noch England aus dem Turnier. Dank ihrer spielerischen Überlegenheit hätte sie den Sieg verdient. Den Engländern hilft jedenfalls, wie schon gegen Belgien, das Glück. Die Mannschaft Kameruns scheidet im Triumph aus dem Turnier.

Italien in Tränen – Gastgeber scheitern im Halbfinale

Noch jubelt Italien bei Schillacis Führungstor.

Ernüchterung nach dem Ausgleich durch Caniggia (2. v. l.)

3. Juli 1990. Der italienische Fußballsommer verhagelt in einer Julinacht und wird sich von dieser Katastrophe so bald nicht mehr erholen. Die 14. Fußball-Weltmeisterschaft ist für das Gastgeberland nicht mehr, was sie war oder vielmehr hätte werden sollen. Alle finanziellen Opfer, alle organisatorischen Schwierigkeiten, alle Krawalle mit Fußballrowdies, leider auch mit deutschen, all das wäre vergessen und vergeben worden, wenn die Squadra azzurra den Weltmeistertitel errungen hätte. Nicht einmal der Gewinn aller drei Europokale, was noch keinem anderen Land gelungen ist, kann über den entgangenen Weltpokal hinwegtrösten. Wie konnte das geschehen?
Argentinien hat sich nur mit sehr viel Glück in dieses Halbfinale geschlichen. Dagegen schien Italien seiner Favoritenrolle bislang in jedem Spiel gerecht geworden zu sein. Und die Italiener beginnen auch mit einem stürmischen Angriffswirbel, und, wie gewohnt, schießt Toto Schillaci das 1:0 in der 18. Minute. Das muß die Siegesstraße sein. Aber sie endet in einer Sackgasse. In der zweiten Halbzeit spielen die Argentinier stärker als je zuvor, und die Kräfte der Italiener lassen sichtlich nach. Fast zwangsläufig gelingt dem wieselflinken Caniggia der Ausgleich durch Kopfball, wobei Libero Baresi und Torwart Zenga unsicher reagieren. Vergeblich schickt Trainer Vicini darauf Baggio und Serena aufs Feld, aber es ist zu spät, um dem Spiel noch eine Wende zu geben. In der Verlängerung kommt, was zu erwarten war. Der Schiedsrichter schickt den Argentinier Giusti wegen einer Tätlichkeit vom Platz, die außer dem Linienrichter niemand gesehen hat. Aber auch gegen zehn Mann können die Italiener nichts ausrichten. So kommt es zum Lotteriespiel des Elfmeterschießens. Und wieder wird Goycochea zum Helden des Tages. Er hält die Schüsse von Donadoni und Serena. Zenga dagegen wählt stets die der Flugbahn des Balles entgegengesetzte Richtung. Und wer gehofft hat, Maradona würde abermals den Ball vom Elfmeterpunkt aus nicht ins Tor bringen, kannte Maradona nicht. So etwas passiert ihm nicht zweimal hintereinander. Somit findet sich Argentinien, was der Mannschaft niemand zugetraut hatte, im Endspiel wieder.

Deutsche im Glück bei Elfmeter-Thriller gegen England

4. Juli 1990. Wenn es gegen die »Powerkrauts« geht, sind die Engländer hochmotiviert. Als die Mannschaften einlaufen, wartet Beckenbauer mit einer Überraschung auf. Er setzt den bisher nicht überzeugenden Thomas Häßler und den bisher kaum eingesetzten Olaf Thon ein. Die Absicht ist einleuchtend. Zwei Leichtgewichte sollen mit ihrer Schnelligkeit und technischen Brillanz den englischen Kraftfußball aus den Angeln heben.
Die Rechnung will nicht recht aufgehen. Das Ausscheiden Völlers durch Verletzung bringt Beckenbauers Kalkül ins Wanken. Riedle kann Völler einmal mehr nicht ersetzen. Klinsmann rennt sich im Bemühen, seine Leistung aus dem Spiel gegen die Niederlande zu wiederholen, in der stabilen englischen Abwehr fest. Matthäus bemüht sich, eine zweite Gelbe Karte, die ihn für das Endspiel sperren würde, im Rückwärtsgang zu vermeiden. So fällt etwas glücklich durch einen Freistoß Brehmes, der von Verteidiger Parker abgefälscht wird, nach einer Stunde das 1:0. Parker macht seine unfreiwillige Hilfe 20 Minuten später wieder gut, als er eine Flanke nach innen schlägt, die sowohl Klaus Augenthaler als auch Thomas Berthold verpassen und dafür Jürgen Kohler maßgerecht Lineker vorlegt. Dessen Schuß bleibt unerreichbar. In der Verlängerung findet keine der beiden Mannschaften einen Weg, dem Glücksspiel des Elfmeterschießens zu entrinnen. Brehme, Matthäus und Riedle gleichen kaltblütig die Tore aus, die Lineker, Beardsley und Platt vorlegen. Nachdem der von Pearce geschossene nächste Elfmeter sich in den Schienbeinen Illgners verfangen hat, schießt Thon kaltschnäuzig das 4:3. Nun liegt die allerletzte Chance der Engländer bei ihrem sichersten Elfmeterschützen Chris Waddle. Er jagt den Ball über die Querlatte. Das Bild, wie ihn Matthäus anschließend tröstet, wird zum Markenzeichen eines fairen Spiels.

Mit Glück überwindet Brehme Peter Shilton (Abb.).

Ernüchterung nach Ausgleich durch Lineker (l.)

Deutschland zum dritten Mal Fußballweltmeister - Elfmeter

8. Juli 1990. Die Angst des Torwarts vor dem Elfmeter. Wenn es einen Torwart gibt, der diese Angst nicht verspürt, dann Argentiniens Goycochea.

Viermal hat er schon Elfmeterschützen zur Verzweiflung gebracht und damit die Spiele gegen Jugoslawien und Italien entschieden. Die Fernsehkamera zeigte sein entschlossenes Gesicht in Großaufnahme. Fast schien er die Elfmeterschützen hypnotisieren zu wollen. In der 85. Minute des Endspiels gegen die Bundesrepublik Deutschland in Rom tritt ihm Andreas Brehme gegenüber. Das Turnier hat mehrmals bewiesen, daß die Angst des Elfmeterschützen größer sein kann als die des Torwarts. Die Fernsehkamera schwenkt auf das Gesicht Brehmes. Das Antlitz eines Fußball-Gladiators. Ein harter, flacher Schuß —, der Ball könnte nicht knapper am linken Torpfosten vorbei ins Netz zischen. Aber auch kaum knapper an den Fingerspitzen Goycocheas vorbei, der sich reaktionsschnell in die richtige Ecke warf. Millimeterarbeit zweier Meister ihres Fachs. Der eine von beiden wird darauf Weltmeister, denn dieses Duell entscheidet das 14. World-Cup-Turnier.

Ironischerweise fällt die Entscheidung auf eine Art, wie sie Argentiniens Trainer Bilardo offensichtlich angestrebt, wenn auch in ihrem Ausgang anders erhofft hatte. Was ist Gerechtigkeit? Eine Frage, die bei dieser Weltmeisterschaft im allgemeinen und nach dem Endspiel im besonderen weltweit diskutiert wird. Sie ist im Leben ebensowenig selbstverständlich wie im Sport. Manchmal schleicht sie sich erst nach Umwegen ein. Argentinien ist ein ungeliebter Finalist. Nur mit viel Glück hatte die Mannschaft das Finale erreicht, von dem sie ausgerechnet Italien ausschloß. Nun lief zweifellos nicht die stärkste argentinische Mannschaft ins Olympiastadion ein. Durch die Kartenkunststücke der Schiedsrichter blieben der zweifache Torschütze Caniggia, der abwehrstarke Olarticoechea und die Weltmeister von 1986 Giusti und Batista gesperrt. Was konnte der argentinische Trainer unter diesen Umständen anderes versuchen, als in 120 Minuten ein 0:0 anzustreben, um dann im Lotteriespiel des Elfmeterschießens das große Los zu ziehen?

Das komplette Aufgebot des DFB mit dem World Cup. Gegen Argentinien spielten Thomas Berthold, Bodo Illgner, Jürgen Kohler, Guido Buchwald, Rudi Völler, Klaus Augenthaler. Pierre Littbarski, Andreas Brehme, Thomas Häßler, Jürgen Klinsmann und Lothar Matthäus. Im Endspiel wurde Stefan Reuter gegen Berthold ausgewechselt. In anderen Spielen eingesetzt: Uwe Bein, Andreas Möller, Hans Pflügler, Karl-Heinz Riedle, Olaf Thon. Teamchef: Franz Beckenbauer.

Franz Beckenbauer erklärte demgegenüber vor dem Spiel ein wenig leichtfertig, das Finale würde für die Deutschen das leichteste der bisherigen Spiele. So ließ sich das Spiel zunächst auch an. Die Deutschen stürmten, reihten eine Torchance an die andere, die Argentinier kamen aus ihrer Spielhäfte kaum mehr heraus, und um Maradona hatte Buchwald eine Bannmeile gezogen, die er nicht zu durchbrechen vermochte. So verging die erste Halbzeit im Fluge, aber es stand immer noch 0:0. Wie war das zu erklären? Völler erwies sich als zu unkonzentriert im Abschluß, Klinsmann verzettelte sich, Littbarski schoß überehrgeizig daneben, Berthold flankte zu überhastet. So schaltete sich in der zweiten Halbzeit Augenthaler ins Angriffsspiel ein. Und er hatte den Führungstreffer auf dem Fuß, wenn ihm Goycochea die Beine nicht weggezogen hätte. Vielleicht wollte der mexikanische Schiedsrichter zu diesem Zeitpunkt das Endspiel nicht mit einem Strafstoß entscheiden. Er dachte sich wohl, bei ihren vielen Chancen kommen die Deutschen schon noch zu einem »regulären« Tor. Aber je länger dieses Tor ausblieb, um so mehr verkrampften die deutschen Aktionen. Als zehn Minuten vor Spielende die Argentinier plötzlich im deutschen Strafraum auftauchten, sah man es mit Unbehagen. Wie leicht konnte bei einem Eckball ein Unheil geschehen. Ein argentinisches Tor wäre zu diesem Zeitpunkt ein schreiendes Unrecht gewesen. Oder doch nicht? Hatten die Deutschen nicht 80 Minuten lang ihre Siegchance gehabt, aber trotz drückender Überlegenheit nicht genutzt? Da pfiff Schiedsrichter Mendez einen Strafstoß, als Völler auf dem Weg zum Tor neben Sensini zu Boden stürzte, und zeigte, von argentinischen Spielern leidenschaftlich bedrängt, auf den ominösen Punkt. Die Hoffnung, daß die Deutschen ein »reguläres« Tor erzielen würden, hatte er wohl aufgegeben. Seine Elfmeterentscheidung war vielleicht nicht berechtigt, aber gerecht.

Die Entscheidung des Endspiels in der 85. Minute. Andreas Brehme bezwingt mit einem plazierten Strafstoß Argentiniens Torwart Goycochea.

Katrin Krabbe, die erfolgreichste Athletin in Split, beim Start im Endlauf über 100 m; sie siegt in 10,89 sec.

DDR-Leichtathleten dominieren bei EM

27. August bis 1. September 1990. Bei den 15. Leichtathletik-Europameisterschaften im jugoslawischen Split avanciert die 20jährige Neubrandenburgerin Katrin Krabbe mit drei Goldmedaillen über 100 m, 200 m und mit der 4x100-m-Staffel zum absoluten Superstar.

Zum letzten Mal nehmen die Leichtathletikverbände aus der DDR und der Bundesrepublik Deutschland getrennt teil. An der Überlegenheit der ostdeutschen Athletinnen und Athleten zweifelte niemand. Mit zwölf Gold-, zwölf Silber- und zehn Bronzemedaillen schneiden sie vor Großbritannien und der UdSSR am erfolgreichsten ab. Die DLV-Sportler rangieren auf dem sechsten Rang mit dreimal Gold, zweimal Silber und zweimal Bronze.

Für die DDR sammeln besonders die Aktiven des SC Neubrandenburg Medaillen. Außer Katrin Krabbe tragen dazu bei: Grit Breuer mit Siegen über 400 m und mit der 4x400-m-Staffel, Sigrun Wodars und Christine Wachtel, die über 800 m die ersten beiden Plätze erlaufen. Dazu die Siegerin im Kugelstoßen Astrid Kumbernuss. Sie erreichen zusammen mehr Edelmetall als der gesamte DLV bei dieser EM.

Die einzige Goldmedaille, die der DLV bei den Männern einbringen kann, will der 23jährige Dietmar Haaf, mit 8,25 m Sieger im Weitsprung, seinem Verband nicht gönnen. »Diese Medaille habe ich für mich gewonnen«, erklärt der Schwabe grimmig. Obwohl ein Stuttgarter Autokonzern die Leichtathletik kräftig fördere, wisse er wohl nicht, wo Kornwestheim liege. Auch die Sporthilfe tat nichts dazu, daß der 1,73 m kleine Athlet große Sprünge machen konnte. Das wird sich nun vermutlich ändern.

Ratlosigkeit herrscht bei der britischen Sprinterstaffel. Mit 37,98 sec laufen Darren Braithwaite, John Regis, Marcus Adams und Linford Christie die 4 x 100 m zwar schneller, als je eine britische Staffel zuvor. Doch die vorprogrammierten Goldmedaillen bekommen die Franzosen Max Morinière, Daniel Sangouma, Jean-Charles Trouabel und Bruno Marie-Rose umgehängt. Ihre 37,79 sec lösen Schockwellen bis nach Kalifornien (USA) aus, wo Carl Lewis, Sam Graddy, Ron Brown und Calvin Smith ihren 37,83-sec-Weltrekord verlieren.

Drei Medaillen auch für den Briten Linford Christie (l.): Gold über 100 m in 10,00 sec, Bronze über 200 m in 20,33 sec und Silber mit der 4x100-m-Staffel

Heike Drechsler bei ihrem Sieg im Weitsprung mit 7,30 m

Heike Drechsler bleibt weiter ein Top-Star

August 1990. Sie steht ein wenig im Schatten von Katrin Krabbe, dem neuen Stern am Leichtathletik-Himmel: Heike Drechsler, die sich mit ihren 7,30 m im Weitsprung keineswegs verstecken muß, entscheidet doch den Wettbewerb für sich und verteidigt erfolgreich ihren EM-Titel aus dem Jahr 1986. Seit mehr als sieben Jahren ist die fünffache Medaillen-Gewinnerin der WM 1987 und der Olympischen Spiele 1988 einer der Top-Stars der DDR-Leichtathletik. Nicht nur im Weitsprung, auch über die 200-m-Distanz ist sie erfolgreich (1986 Europameisterin). In diesem Jahr wird sie allerdings über 200 m »nur« Silbermedaillen-Gewinnerin.

WM-Titel für die nervenstarke Anja Fichtel

9. Juli 1990. »Man kann nicht immer vier Mädels im Finale haben«, erklärt Emil Beck, der Fecht-Großmeister aus Tauberbischofsheim. Und davon auch noch drei auf dem »Treppchen« wie in Seoul, ließe sich dazu ergänzen.

Bei den 64. Weltmeisterschaften in Lyon erreicht die Weltcup- und Masters-Siegerin Anja Fichtel als einzige Deutsche das Finale. Ihre so oft erfolgreichen Mitstreiterinnen Sabine Bau und Zita Funkenhauser strauchelten vorzeitig. Dabei erwischte es die fassungslose Zita am härtesten. Schon im allerersten Gefecht des 64er-Feldes kam für sie das unvorhergesehene Aus. Die intensive Vorbereitung war umsonst, alle Hoffnungen waren dahin, noch bevor das Turnier für sie richtig begonnen hatte.

Im Finale kommt sich Anja dann doch ein wenig alleingelassen vor. Aber im Gefecht gegen Tatjana Sadowskaja aus der Sowjetunion zeigt die allzeit kühl auf den Sieg konzentrierte Favoritin beim Stand von 5:3, 3:5 und 3:3 Nerven. »Ich hatte Krämpfe im rechten Oberschenkel und fühlte mich körperlich schlecht. Ich dachte, ich bekomme keine Luft mehr. Alle riefen ›Beweg dich!‹, aber es ging nicht.« Plötzlich aber lächelt Anja Fichtel wieder ins Publikum und setzt kurz darauf die beiden entscheidenden Treffer. »Als ich das sah«, sagt später ihr Trainer Harald Hein, »wußte ich, daß sie Weltmeisterin wird.«

Bei den Herren müssen sich die Florettfechter aus Tauberbischofsheim sowohl im Einzel- als auch im Mannschaftswettbewerb mit dem undankbaren vierten Rang bescheiden. Die gleiche Plazierung erreichen auch die Degenfechter, von denen jedoch Thomas Gerull und Arnd Schmitt noch mit jeweils einer Gold- und Bronzemedaille in der Einzelkonkurrenz brillieren.

Gerull beendet nach diesem Erfolg seine Karriere, und Arnd Schmitt hat schon Jahre zuvor Tauberbischofsheim den Rücken gekehrt. Nicht alles, was glänzt, kommt eben von der Tauber. Die Säbelfechter z. B., die mit einem 9:6 über Frankreich überraschend Bronze erkämpfen, stammen aus den rheinischen Fechthochburgen.

Ungewohntes Debakel für die erfolgsverwöhnten Florettfechterinnen aus Tauberbischofsheim. Im Mannschaftswettbewerb erreichen sie nur den fünften Rang. Allein Anja Fichtel (Abb.) wird den Erwartungen gerecht.

Deutsche Ruderer auf Tasmanien vorn

27. Oktober bis 4. November 1990. Bei den Ruder-Weltmeisterschaften auf der Insel Tasmanien werden die zwei deutschen Teams mit acht Gold-, vier Silber- und sechs Bronzemedaillen erfolgreichste Nation. Prunkstück ist der Dortmunder Achter, den Trainer Ralf Holtmeyer mit Steffes-Mies, Korte, Richter, Balster, Dietrich, Weyrauch, Ungemach, Baar und Steuermann Klein auf dem Dortmund-Ems-Kanal neu formierte und zum Titel führt. Kanada liegt im Ziel fast eine Sekunde zurück, die Crew aus Rostock/Ost-Berlin wird um mehr als drei Sekunden distanziert.

Erst zwölf Wochen vor dem WM-Start nahm ein Ruderer nach einem Jahr Pause auf dem Elster-Saale-Kanal bei Halle das Training wieder auf. Als Olympiasieger, zweifacher Weltmeister im Einer und Doppel-Weltmeister im Doppelzweier brauchte sich Thomas Lange in der ehemaligen DDR keine Sorgen um die Ernährung seiner vierköpfigen Familie zu machen. Er brach seine Karriere ab, um Medizin zu studieren. Jetzt muß er seine Zukunftspläne ändern. Er bedarf der Unterstützung durch die Sporthilfe, und der Neubeginn stand wegen familiärer Probleme zunächst unter keinem guten Stern. Doch auf dem Lake Barrington gewinnt Thomas Lange mit Stefan Ullrich im Doppelzweier die Silbermedaille. 1991 will der Sculler wieder auf den Einer umsteigen (→ 25. 8. 1991).

Zusammenschluß der deutsch-deutschen Sportverbände

15. Dezember 1990. In Hannover erfolgt der Zusammenschluß des Deutschen Sportbundes (DSB) mit dem Deutschen Turn- und Sportbund (DTSB) der ehemaligen DDR. Zum Präsidenten wird Hans Hansen, der bisherige Präsident des DSB, gewählt. Damit ist die Einheit des deutschen Sports auf höchster organisatorischer Ebene vollzogen. Der Teilnahme einer gesamtdeutschen Olympiamannschaft 1992 in Albertville und Barcelona steht nichts mehr im Wege. Zunächst müssen aber zwei Sportsysteme zusammenwachsen, die nie zusammengehörten. Denn anders als in der Bundesrepublik hatten internationale Erfolge im Höchstleistungssport in der DDR eine eminente politische Bedeutung.

Das ließ sich der Staat auch einiges kosten. Was die ostdeutsche Bevölkerung davon hielt, tat sie nach der Wende auf Spruchbändern kund: »Kein Geld für Stasi, Partei und Spitzensport!« Doch die Kassen der neuen Bundesländer sind ohnehin leer. Die meisten Spitzensportler wandern in den Westen ab.

Dem DSB wird vor allem ein Ziel nachgesagt: Deutschland zur Nr. 1 bei Olympischen Spielen zu machen. Das mag 1992 gelingen. Aber was kommt dann? Das »Bewährte« des DTSB soll erhalten bleiben, verspricht Hansen. Doch viel Bewährtes ist gar nicht zu bezahlen. Experten sagen Ostdeutschland als sportliches Notstandsgebiet voraus. So rechnen Experten vor, daß z. B. zu DDR-Zeiten für 328 Athleten der Leistungskader A bis C 188 Trainer zur Verfügung standen. Im sonst so »goldenen« Westen müssen sich 188 Kadermitglieder mit 23 Landestrainern begnügen. Die systematische Talentsuche schon fast vom Kindergartenalter an, die frühzeitige Bestimmung für spezielle Sportarten mit entsprechenden Bildungswegen, praktisch die ganze Basis des DDR-Sportwunders, existiert nicht mehr. Die Jugend, durch Arbeitslosigkeit und fehlende Aufstiegschancen ohnehin frustriert, reagiert mit z. T. heftigen Aggressionen, die sich oftmals in Rowdietum z. B. auf den Zuschauerrängen im Fußballstadion ausdrücken.

NOK-Präsident Willi Daume ist bezüglich des DDR-Sports nicht am »Waschen schmutziger Wäsche« interessiert, womit er wohl die Doping-Praktiken meint. Schlimmer erscheint den Offiziellen die Enttarnung von Sportlern als Stasi-Mitarbeiter. Da tickt noch manche Zeitbombe. Denn für die Staatssicherheit war es wichtig, daß keiner der sportlichen Weltreisenden die Gelegenheit nutzte, dem »Paradies der Sporttätigen« zu entfliehen. Das können jetzt ungehindert zahlreiche Trainer und Sportler tun, die von Bespitzelungen berichten.

1991

6. 1. Garri Kasparow verteidigt in Lyon seinen Schach-Weltmeistertitel gegen Anatoli Karpow mit 12:11.

12. 1. Der deutsche Schwimmer Michael Groß zieht sich vom Leistungssport zurück (→ 13. 1. 1991).

13. 1. Mit dem 1500-m-Rennen gehen die Schwimm-Weltmeisterschaften in Perth, Australien, zu Ende (seit 3. 1.). USA ist erfolgreichste Mannschaft vor China.

27. 1. Mit seinem Sieg beim Grand-Slam-Turnier in Melbourne wird Boris Becker erstmals Nr. 1 der Tennis-Weltrangliste.

Februar. Bei den 40. Nordischen Ski-Weltmeisterschaften in Val di Fiemme (6.–17. 2.) gibt es sensationelle Erfolge der Österreicher. Bei den Damen überragt Jelena Wialbe, UdSSR.

3. 2. In Saalbach-Hinterglemm gehen die 31. Alpinen Ski-Weltmeisterschaften zu Ende.

10. 2. Rudi Lochner wird Weltmeister im Zweierbob.

23. 2.–24. 2. Sieger bei den Eisschnelllauf-Sprint-Weltmeisterschaften in Inzell Igor Shelesowski, UdSSR, und Monique Garbrecht, Deutschland.

24. 2. Am Schlußtag der Biathlon-WM in Lahti gewinnt Mark Kirchner Gold über 20 km.

März. Bei den 81. Weltmeisterschaften im Eiskunstlaufen in München (3.–17. 3.) begeisternde Leistungen u. a. im Paarlauf und im Eistanz.

11. 3. Nach 186 Wochen wird Steffi Graf als Nr. 1 der Tennis-Weltrangliste von der Jugoslawin Monica Seles abgelöst.

April. Comeback-Versuche von Björn Borg, Mark Spitz, Larry Holmes, Lester Piggott. (→ 19. 4. 1991).

19. 4. Evander Holyfield verteidigt seinen Box-WM-Titel im Schwergewicht gegen George Foreman durch Punktsieg in Atlantic City.

19. 4.–4. 5. Bei den 55. Eishockey-Weltmeisterschaften in Turku siegt Schweden vor Kanada und UdSSR.

27. 4. Diego Maradona in Buenos Aires wegen Drogenaffären verhaftet.

8./22. 5. UEFA-Pokal-Endspiel: Inter Mailand–AS Rom 2:0/0:1.

15. 5. Europapokal der Pokalsieger: Manchester United–FC Barcelona 2:1 in Rotterdam.

29. 5. Europapokal der Landesmeister: Roter Stern Belgrad–Olympique Marseille 0:0/5:3 (nach Verlängerung und Elfmeterschießen) in Bari.

2. 6. Weltrekord im Speerwurf durch den Finnen Seppo Räty mit 96,96 m in Punkalaidun.

9. 6. Sieger bei den French Open werden Monica Seles und Jim Courier, USA (→ 7. 7. 1991).

15. 6. Weltrekord über 100 m in 9,90 sec durch den US-Amerikaner Leroy Burrell in New York.

15. 6. Der 1. FC Kaiserslautern wird nach 38 Jahren zum dritten Mal Deutscher Fußballmeister.

16. 6. Der 31jährige Italiener Franco Chioccioli aus Arezzo gewinnt den 74. Giro d'Italia.

7. 7. Sensation in Wimbledon: Michael Stich siegt über Boris Becker. Steffi Graf erreichte am Vortag ihren dritten Einzelsieg.

14.–28.7. Weltrekorde bei den Europameisterschaften im Schießen in Bologna durch Ralf Schumann (596 Freie Pistole), Michael Jakosits (397 Laufende Scheibe Mixed) und Axel Wegner (223 Skeet).

24.–28. 7. Bei den Judo-Weltmeisterschaften in Barcelona Deutschland erfolgreichste Nation mit 3 Gold-, 2 Bronzemedaillen.

28. 7. Sieger der 78. Tour de France wird der Spanier Miguel Indurain.

August. Bei den Rad-Weltmeisterschaften in Stuttgart (14.–25. 8.) ist Deutschland erfolgreichste Nation mit 6 Gold, 4 Silber, 1 Bronze (Bahn) und 1 Silber (Straße).

August. In Paris ist Deutschland erfolgreichste Nation überhaupt in der 53jährigen Geschichte der Kanu-Weltmeisterschaften (21.–25. 8.) mit insgesamt 8 Gold, 4 Silber, 4 Bronze bei Damen und Herren.

25. 8. Bei den Ruder-Weltmeisterschaften in Wien (seit 19. 8.) verteidigt der Achter seinen Titel.

26. 8.–8. 9. Mit ihrem Sieg bei den US-Open in Flushing Meadow werden Monica Seles und Stefan Edberg wieder Nr. 1 der Tennis-Weltrangliste.

31. 8. Bei der Leichtathletik-WM in Tokio (24. 8.–1. 9.) springt Mike Powell sensationell 8,95 m weit.

6.–15. 9. Bei den 26. Weltmeisterschaften im Kunstturnen in Indianapolis, USA, ist erfolgreichste Nation die UdSSR mit insgesamt 9 Gold, 6 Silber, 3 Bronze.

20. 10. Der Brasilianer Ayrton Senna wird auf McLaren-Honda in Suzuka, Japan, zum dritten Mal Automobil-Weltmeister der Formel 1.

8. 11. Earvin »Magic« Johnson, Basketball-Idol der USA und angeblich reichster Sportler der Welt, gibt seine HIV-Infizierung bekannt.

10. 11. Surferin Jutta Müller gewinnt auf Hawaii die Weltmeisterschaft.

25. 11. Die deutschen Fußballerinnen ziehen bei der WM in China unbesiegt ins Halbfinale ein.

1. 12. Mit 3:1 gewinnt die französische Davis-Cup-Mannschaft den Pokal gegen die USA.

Der Österreicher Klaus Sulzenbacher: In der Nordischen Kombination Silber im Einzel-, mit Günter Csar und Klaus Ofner Gold im Mannschaftswettbewerb

»Nordische« überraschen

Februar 1991. Seit 100 Jahren nordischer Kombination hat es das noch nie gegeben: In Val di Fiemme gewinnen völlig überraschend für die favorisierten Skandinavier die Österreicher – der Schlußläufer spaziert förmlich über die Ziellinie, in der Hand ein rot-weiß-rotes Fähnchen. Kaum bemerkt durch den überschwenglichen Jubel der Alpenländler, kommt der Franzose Guy ins Ziel. Das bedeutet Silber für Frankreich. Und noch eine Überraschung – die drei Japaner gewinnen Bronze. Danach wundert man sich bei diesen 40. Nordischen Skiweltmeisterschaften über nichts mehr. Nicht darüber, daß der 19jährige Überraschungssieger auf der 120-m-Schanze, der Jugoslawe Franci Petek, mit nur einem Lungenflügel durch die Lüfte segelt. Und nicht darüber, daß Heinz Kuttin, der Neujahr noch mit schwersten Verletzungen in ein Krankenhaus eingeliefert werden mußte, schon knapp sieben Wochen später wieder mit Rekord auf der Normalschanze Weltmeister wird und mit der Mannschaft noch eine zweite Goldmedaille gewinnen kann.

Dagegen wurden Jelena Wialbe aus der Sowjetunion allein fünf Goldmedaillen zugetraut. Es bleibt schließlich bei »nur« dreimal Gold und einmal Silber. Für eine weitere außergewöhnliche Leistung sorgen die Italienerinnen Bice Vanzetta, Manuela Di Centa, Gabriella Paruzzi und Stefania Belmondo, die die Silbermedaille in der Staffel mit nach Hause nehmen können.

Kirchner auf Gold »abonniert«

24. Februar 1991. *Mit nackten Waden, weil es ihm auf den 20 km in den Wäldern um Lahti zu warm wurde, läuft der Biathlet Mark Kirchner (Abb.) ins Ziel. Der »Schmale«, wie sie den 21jährigen (1,78 m, 68 kg) nennen, wäre mit seinen zwei WM-Titeln über 10 km und mit der 4x7,5-km-Staffel schon zufrieden gewesen. »Einfach nur laufen und gut schießen«, nahm er sich für das letzte Rennen vor, erläuft sich sein drittes Gold mit 30 sec Vorsprung auf Alexander Popow (UdSSR). In der Staffel war der Oberhofer mit dem 34jährigen Fritz Fischer, Ricco Groß und Frank Luck erfolgreich.*

Favoritenstürze bei Ski-WM – Eberharter »rettet« Österreich

Die 20jährige Pernilla Wiberg wird die erste Weltmeisterin Schwedens in einem alpinen Ski-Wettbewerb.

Der Österreicher Stefan Eberharter gewinnt überraschend im Super G und in der Alpinen Kombination.

Der für Luxemburg startende Marc Girardelli gewinnt den Slalom, stürzt aber in der Alpinen Kombination.

3. Februar 1991. Zum Abschluß der 31. Alpinen Ski-Weltmeisterschaften im österreichischen Saalbach-Hinterglemm (seit 21. 1.) liegt die Bevölkerung des Gastgeberlandes im Freudentaumel – mit elf Medaillen sind die Alpenländler erfolgreichste Nation.

Dabei kam vieles anders als erwartet: Überschattet vom Golfkrieg, befürchteten die Veranstalter zunächst die Absage der WM durch den Internationalen Ski-Verband; außerdem war lange Zeit nicht sicher, ob die US-amerikanischen Sportlerinnen und Sportler überhaupt anreisen würden. Das Publikum an den Hängen begrüßt die US-Aktiven bei jedem ihrer Starts mit großem Jubel, egal, wie das Endergebnis ausfällt.

In der »Königsdisziplin«, dem Abfahrtslauf, setzen die Österreicher ihre ganzen Hoffnungen auf den amtierenden Weltcupsieger Helmut Höflehner, der als zwölfter an den Start geht. Da passiert das Unfaßbare: Höflehner stolpert aus der Startkabine heraus. Der Favorit, der schon seit Jahren zu den weltbesten Abfahrtsläufern gehört, verheddert sich und gibt nach wenigen Metern auf. Den 40 000 begeisterten Fans bleibt der Jubel im Hals stecken, als über eine Videoleinwand die Szene immer und immer wieder wiederholt wird. Es gewinnt schließlich der Schweizer Franz Heinzer.

Bald macht das Wort »Favoritensterben« die Runde, denn Doppel-Olympiasieger Alberto Tomba (Italien), der nach dem ersten Lauf im Riesenslalom an erwartet erster Stelle liegt, scheidet im zweiten Durchgang aus. Österreichs Abfahrts-Weltmeisterin Petra Kronberger zieht sich beim Super G einen Bänderriß zu. Und der Wahl-Luxemburger Marc Girardelli, der den Slalom gewinnt, bringt sich durch einen Sturz um alle Siegesaussichten in der Alpinen Kombination.

Daß die Österreicher schließlich doch noch Grund zum lautstarken Jubel haben, liegt nicht zuletzt an dem Tiroler »Sonnyboy« Stefan Eberharter. Völlig überrascht reagieren die Experten auf seinen Sieg im Super G. Er jagt den Hang förmlich herunter und läßt die Plazierten fast zwei Sekunden hinter sich. Doch damit hat Eberharter noch nicht genug: In der Kombination zeigt sich der Abfahrtsneunte auch als hervorragender Slalomfahrer – seine Plazierungen verschaffen ihm in der Gesamt-Kombinationswertung den zweiten WM-Titel, sein Team-Gefährte Günther Mader wird Gesamtdritter.

Zur Positiv-Bilanz der Österreicher gehören außerdem der erste Platz von Rudi Nierlich im Riesenslalom, die Slalom-Silbermedaille von Thomas Stangassinger, der Doppel-Erfolg von Ulrike Maier (Gold) und Anita Wachter (Bronze) im Super G sowie Maiers zweiter Rang im Riesenslalom und Ingrid Salvenmosers dritter Platz im Slalom.

Die Mannschaft des Deutschen Ski-Verbandes enttäuscht bei der WM mit dem schlechtesten Ergebnis seit 1982. Das Debakel wird einzig durch die Bronzemedaille von Traudl Hächer im Riesenslalom ein wenig gemildert. Dieser Erfolg freut sie um so mehr, als die 28jährige, die schon seit 14 Jahren im alpinen »Ski-Zirkus« dabei ist, bereits mehrfach abgeschrieben wurde. Mit der hohen Startnummer 26 erläuft sie sich noch einen Platz auf dem Siegertreppchen. Im Zieleinlauf verrät sie Journalisten mit einem Lächeln ihr Erfolgsgeheimnis: »Wer verheiratet ist, hat nichts mehr zu verlieren.«

Zufriedenstellender ist die Bilanz für die Veranstalter: Die 200 000 Zuschauer im Salzburger Land sorgten für einen neuen Besucherrekord bei einer Ski-WM. Zwar hat das 14tägige Spektakel insgesamt umgerechnet rund 21 Mio. DM gekostet, doch der Werbewert, den die Fernsehübertragungen in alle Welt bedeuten, ist für die Verantwortlichen von unschätzbarem Wert. Die Stimmen der Kritiker, die durch den Ski-Tourismus weitere Naturschäden an den Berg- und Waldhängen befürchten, gehen indes im allgemeinen Lob unter.

Kristi Yamaguchi, US-Amerikanerin japanischer Herkunft, siegt bei den Damen vor Tonya Harding und Nancy Kerrigan (beide USA).

Kurt Browning (CAN): Weltmeister vor Victor Petrenko (UdSSR) und Tod Eldredge (USA)

»Sternstunden« bei der Eiskunstlauf-WM

März 1991. Bei den 81. Eiskunstlauf-Weltmeisterschaften in München (12. – 17. 3.) läuft das Paar Natalia Mischkutionok, 20 Jahre, und Artur Dimitrijew, 23, aus der Sowjetunion zum »Liebestraum« von Franz Liszt. Und das ist eine Kampfansage! Denn dieses Musikstück galt als Markenzeichen der berühmten Protopopows, die damit dem Eiskunstlauf in den 60er Jahren eine neue Richtung gaben. Nach ihrem Rücktritt geriet der Paarlauf immer mehr in den Schatten der Eistänzer. Dort wurden neue Ideen entwickelt, und das Publikum zog interessante Themen, mit künstlerischer Brillanz dargeboten, der üblichen Sprung-Akrobatik vor.
Als aber Natalia und Artur das Eis verlassen, begleitet sie ein wahrer Beifallssturm. Das Publikum spürt, daß es soeben eine »Sternstunde des Sports« miterlebt hat. Natalia Mischkutionok und Artur Dmitrijew eröffnen mit ihrer Interpretation eine neue Ära des Paarlaufs, zeigen mit ihren Darbietungen auf Eis den Weg in die Zukunft.
Wenn es allein nach dem Publikum gegangen wäre, hätten die Sieger im Eistanz mit dem französischen Geschwisterpaar Isabelle und Paul Duchesnay von vornherein festgestanden. Ihnen verdankt der Eistanz der letzten Jahre die stärksten Impulse. Doch mit einem Titel wurden sie dafür bisher nicht belohnt. In diesem Jahr knüpfen sie mit »Missing II«, einer Kür voller Lebensfreude und künstlerischem Ausdruck, an die Vorjahresdarbietung, den südamerikanischen Freiheitskampf, an. Das bringt ihnen endlich den WM-Titel, wenn auch die Plazierten Marina Klimowa und Sergej Ponomarenkow sowie Maja Usowa und Alexander Schulin (beide Paare UdSSR) hervorragende Leistungen aufs Eis brachten.

Mit ihrer ausdrucksstarken, phantasievollen Kür können die Geschwister Isabelle und Paul Duchesnay in diesem Jahr auch die Preisrichter überzeugen.

Miese Mathematik im Eishockey-Spiel

19. April bis 4. Mai 1991. Erstaunliches erleben die Zuschauer beim vorletzten Spiel um die Eishockey-Weltmeisterschaft in Turku. Kanada führt kurz vor Spielende mit 7:4 gegen die USA. Das Spiel ist entschieden. Da winkt der US-Coach seinen Torwart heraus und setzt für ihn einen weiteren Stürmer ein. Solche Maßnahmen sind üblich, wenn eine Mannschaft kurz vor Schluß ein Tor zurückliegt und nach dem Motto »Alles oder nichts« noch einen Punkt retten will. Daß die USA aber in 15 Sekunden drei Tore aufholen, ist unmöglich. Statt dessen bringen die Kanadier den Puck noch weitere zweimal im leeren US-Tor unter. Das Publikum fühlt sich zurecht »verschaukelt« und pfeift beide Mannschaften gellend aus.
Denn exakt einen 9:4-Sieg braucht Kanada, um im Falle eines Punktgleichstandes mit Schweden und der UdSSR aufgrund des besseren, erschwindelten Torverhältnisses Weltmeister zu werden.
Die Sowjets, denen Rang 3 bereits sicher ist, machen Kanada aber einen Strich durch die Rechnung, verlieren gegen Schweden 1:2 und überlassen ihnen so den Titel. Ein neuer Austragungsmodus verhindert künftig dererlei Tricks.

Durch »Zufälle« zum Bob-Weltmeister

10. Februar 1991. Der erste Zufall war eine lange Nacht in einem Bistro in Königssee. Dort ließ sich Rudi Lochner vom späteren Bundestrainer Peter Hell zum Bobfahren überreden. Der zweite Zufall war die Begegnung mit Markus Zimmermann, der Lochners Bob bremsen sollte. Der dritte Zufall war beider Zusammentreffen mit dem Bastler Franz Grassl, der einen Serienschlitten zu einem Spezialgerät ummodelte. Der vierte Zufall war, daß Wolfgang Hoppe seinen Zweierbob verkaufte, den ein Dresdener Flugzeugwerk entwickelt und gebaut hatte. Der fünfte Zufall war, daß der SC Riessersee die berühmten »Remscheider Kufen«, deren Speziallegierung kaum mehr bekannt ist, zur Verfügung stellte. Der Weltmeistertitel für Lochner und Zimmermann in Altenberg ist somit nach vier Läufen kein Zufall mehr.

Ein Schwimmer-»Big-Race« im schnellen Pool von Perth

13. Januar 1991. Die ersten Schwimm-Weltmeisterschaften auf dem fünften Kontinent plätschern ohne die sonst übliche Rekordflut dahin. Da kommt die Meldung der Zeitung »Sunday Australian« gerade richtig: »It's war now over 1500« (Es gibt Krieg über 1500). Was war geschehen? Die Australier Kieren Perkins, 17, und Glen Houseman, 19, sollen laut Zeitungsbericht bei den Commonwealth-Spielen den acht Jahre alten Weltrekord des UdSSR-Schwimmers Wladimir Salnikow von 14:54,76 min unterboten haben. Der Potsdamer Jörg Hoffmann bezweifelt dies öffentlich.

Damit war das »big race« über 1500 m Freistil schon eröffnet, bevor die Favoriten Perkins, Houseman, Hoffmann und der Kölner Stefan Pfeiffer von den Startblöcken schnellen. Wie erwartet legt Perkins ein Tempo vor, als gehe es um eine Sprintstrecke. Doch er zieht Hoffmann und Pfeiffer mit, während Houseman zurückfällt. Nach 700 m übernimmt Hoffmann knapp die Führung, aber Perkins und Pfeiffer bleiben dicht auf. Bei 1000 m kann Pfeiffer den beiden Führenden nicht mehr folgen. Hoffmann versucht vergebens, Perkins abzuschütteln und muß seiner Stärke auf den letzten 100 m vertrauen, die als Schwäche von Perkins gelten.

Er zieht den Endspurt an, aber Perkins schließt unter den frenetischen Anfeuerungsrufen der 6000 Zuschauer noch einmal auf. Die letzte Bahn begleitet ein vielstimmiger Schrei, der jedoch jäh verstummt: Hoffmann schlägt nach 14:50,36 min an, Perkins nach 14:50,58 min, beide liegen unter dem alten Weltrekord. Pfeiffer bleibt in 14:59,34 min noch unter der einst magischen 15-Minuten-Grenze. Salnikow kommt mit einer Flasche Sekt zur Pressekonferenz und feiert dieses »big race« mit.

Der 20jährige Jörg Hoffmann, befragt, was er während der Siegerehrung empfand, als die Nationalhymne gespielt und die schwarzrotgoldene Fahne aufgezogen wurde: »Es war ein schönes Gefühl, erster gesamtdeutscher Weltmeister über 400 m und 1500 m zu sein. Welche Hymne dabei gespielt wurde, war mir ziemlich egal. Ich konnte da nicht viel empfinden, auch wenn mein andächtiges Verhalten vielleicht anderes vermuten ließ.«

Jörg Hoffmann nach seinem Sieg in neuer Weltrekordzeit von 14:50,36 min gegen den Australier Kieren Perkins in einem der denkwürdigsten 1500-m-Wettbewerbe der Schwimmgeschichte. Stefan Pfeiffer erreicht den dritten Platz.

Der »Albatros« beendet seine Karriere mit vier Medaillen

12. Januar 1991. Es soll zum Abschied noch ein Weltrekord sein. Michael Groß, bereits vielbeschäftigter Sportjournalist, der ein Jahr lang mit dem Schwimmen pausiert hat, will über 200 m Schmetterling zum dritten Mal Weltmeister werden. Doch der »Albatros« zeigt Nerven. Viel zu sehr auf den Rekord fixiert, geht er das Rennen zu schnell an. Als der Australier Melvin Stewart anschlägt, gehört ihm der Titel und mit 1:55,69 min auch der neue Weltrekord. Groß umarmt seinen Bezwinger. Da mußte einer immerhin Weltrekord schwimmen, um ihn, den »alten Mann«, in seinem letzten Einzelrennen zu schlagen.

Zuvor hatte sich Groß im dritten Anlauf einen Herzenswunsch erfüllt: Gold mit der 4x200-m-Freistilstaffel. Nach Peter Sitt, Steffen Zesner und Stefan Pfeiffer stellte er den Sieg mit 1:46,86 min sicher. So schnell schwamm nicht einmal der Einzelsieger über die 200-m-Strecke. Silber über 100 m Schmetterling und Bronze mit der 4x100-m-Lagenstaffel nahm Groß fast nebenbei mit. Der dreimalige Sportler des Jahres und beste deutsche Schwimmer aller Zeiten verabschiedet sich in Perth vom Leistungssport.

Michael Groß – vom Sportstar zum Sportjournalisten und Fernsehkommentator. Der Übergang vollzieht sich für den Germanistikstudenten nahtlos.

Wegen der enormen Spannweite seiner Arme machte sich Michael Groß in seiner Paradedisziplin Schmetterling als »Albatros« einen Namen.

»All German Tennis Championships« in Wimbledon

7. Juli 1991. Das gab es bei 104 zurückliegenden Wimbledonturnieren noch nie: Drei Deutsche erreichen die beiden Einzel-Endspiele. Bei Boris Becker und Steffi Graf bedeutet das keine große Überraschung. Aber wer, so fragt nicht nur die britische Presse, ist Michael Stich? Dieser 22jährige, 1,92 m lange schlaksige Bursche aus Elmshorn soll in Memphis ein Turnier gewonnen haben. Was sagt das schon? Es weckt zunächst also keine Aufmerksamkeit, daß Stich den US-Amerikaner Goldie 6:4, 6:1, 6:2 ausschaltet, danach die Italiener Nargiso 6:4, 7:6, 7:6 und Camporese 7:6, 6:2, 6:7 und 6:4. Alexander Wolkow (UdSSR) besiegt Stich nur mit Glück 4:6, 6:3, 7:5, 1:6, 7:5. Aber dann läßt er dem 20jährigen US-Amerikaner Jim Courier, der ihn bei den French Open im Juni im Halbfinale ausspielte, mit 6:3, 7:6, 6:2 keine Chance. Ein Meisterstück liefert Stich auch gegen den Wimbledonsieger des Vorjahres, Stefan Edberg. Das 4:6, 7:6, 7:6, 7:6 wird zum Thriller und beweist die Nervenstärke des Newcomers. Das gewonnene Selbstvertrauen spielt Stich gegen Boris Becker aus, der mit sich und seinem Schicksal hadert. Vor 13 107 Zuschauern gewinnt Stich nach zweieinhalb Stunden ungefährdet 6:4, 7:6, 6:4. »Game, set and match Stich« verkündet der ebenfalls völlig perplexe Schiedsrichter. 82 Asse schlägt Stich bis zum Sieg, mit umgerechnet 720 000 DM kassiert er sein bisher höchstes Preisgeld.

Steffi Graf fehlte, als sie am Vortag zum Endspiel gegen die Argentinierin Gabriela Sabatini den Platz betrat, das Selbstvertrauen, das Stich durch das Turnier geleitet hatte. Die letzten fünf Spiele hat sie gegen ihre Angstgegnerin verloren. Seit 18 Monaten ist ihr kein Grand-Slam-Sieg mehr gelungen, die Weltranglistenführung hat sie an Monica Seles verloren. Im ersten Satz spielte die »alte« Graf, mit harten Aufschlägen und ihrer krachenden Vorhand: 6:4. Beim zweiten Satz befiel sie die Unsicherheit, kein entscheidendes Spiel mehr gewinnen zu können: 3:6. Im dritten Satz schien beim Stand von 4:5 alle Siegeszuversicht geschwunden. Doch da zeigte auch Sabatini Nerven. Vielleicht entschied ein Netzroller. Einen erlösenden Aufschrei entriß Steffi Graf dann der Matchpunkt zum 8:6.

Boris Becker verliert Selbstbewußtsein und innere Ruhe – auf dem Court beschimpft er sich und seinen Gegner.

Kühl und gelassen reagiert Michael Stich auf seinen Sieg. »Was ist schon ein Star? Ich hoffe, ich bleibe derselbe.«

Der 20jährige US-Amerikaner Jim Courier wurde zum Überraschungssieger bei den French Open im Stadion Roland Garros. Im Endspiel schlug er Andre Agassi (USA), der zuvor Boris Becker ausgeschaltet hatte, in fünf Sätzen 3:6, 6:4, 2:6, 6:1 und 6:4.

Rückkehr der französischen Musketiere

1. Dezember 1991. Nach 59 Jahren gewinnt Frankreich wieder den Davis-Cup durch einen 3:1-Sieg gegen USA. Henri Leconte, Guy Forget sowie Teamchef Yannick Noah werden zu Helden der Nation. Noahs »Joker« Leconte: »Ich finde kaum Worte. Das ist sensationell, sagenhaft, traumhaft, unfaßbar!«

Mit einen Freudentanz feiern die Spieler und Betreuer der französischen Davis-Cup-Mannschaft unter Teamchef Yannick Noah (l.) den Sieg, den Guy Forget (r.) mit seinem Einzelerfolg über Pete Sampras zum 3:1 sicherte.

Radsportler bei WM in bestechender Form

August 1991. »Was sollte ich mir hier den Draht aus der Mütze fahren?«, schmunzelte der Stuttgarter Michael Glöckner nach dem Endlauf im 4000-m-Einer-Verfolgungsfahren bei der Rad-WM in der Stuttgarter Hanns-Martin-Schleyer-Halle. Als er merkte, daß der Leipziger Jens Lehmann stärker fuhr als er, hielt er sich zurück, um sich für den Mannschaftswettbewerb zu schonen. Da würde Lehmann dann nicht sein Gegner, sondern sein Partner sein.

Dieser Vierer mit Lehmann, Glöckner, dem Stuttgarter Andreas Walzer und dem Berliner Stefan Steinweg fährt bereits im Halbfinale gegen Dänemark mit 4:06,24 min neuen Weltrekord. Bundestrainer Wolfgang Oehme hat die besten Radsportler aus den alten und neuen Bundesländern ausgewählt. Gegen den Titelverteidiger UdSSR spulen die vier, mit ihren weißen Helmen tief geduckt über den dreieckigen Lenker der schwarzen Spezialräder, wie ein Uhrwerk ihr Programm herunter. Stetig vergrößern sie ihren Vorsprung. Bis ins Ziel schert keiner aus. Dann steht der Sieg fest. Die Verfolgungstriumphe der Männer spornen auch die Neu-Kölnerin Petra Roßner an. Sie gewinnt das 3000-m-Verfolgungsfahren.

Mit sechsmal Gold, viermal Silber und einmal Bronze wird Deutschland erfolgreichste Nation der Rad-Weltmeisterschaften.

△ Der deutsche Vierer siegt im 4000-m-Mannschaftsverfolgungsfahren mit 5,25 sec Vorsprung vor der UdSSR in der Stuttgarter Schleyer-Halle.

◁ Das Finale bei den Amateur-Sprintern gewinnt der Berliner Jens Fiedler (l.) vor Bill Huck (Berlin) in 10,85 sec.

Auf Hawaii surft Jutta Müller zur WM

10. November 1991. Als 16jährige wurde Jutta Müller bei einem Hochschulkurs auf einem Baggersee als Surftalent entdeckt. Sieben Jahre später gewinnt die Brettartistin in Maui auf Hawaii drei Weltmeistertitel im Profisurfen. Eine märchenhafte Karriere erreicht auf einer Märcheninsel ihren Höhepunkt.

Dabei ging es nicht ohne Rückschläge ab. Erst im Jahr 1990 zog Jutta sich nach einem schweren Sturz bei Windstärke acht einen Lungenriß zu. »Danach«, gesteht sie ein, »stand der Respekt vor den Naturgewalten auf der Kippe zur Angst«.

Die Saison war lang und schwer, führte rund um den Globus, und die Konkurrenz wird zum Teil mit Millionenbeträgen gesponsort. »Profisurfen ist harter Leistungssport. Schließlich trainieren wir sechs bis sieben Stunden am Tag.«

In Maui bringt ein verpatztes Kursrennen noch einmal den Titelgewinn in Gefahr. Doch ein zweiter Platz im Slalom und ein dritter Rang im Wellenreiten sichern schließlich den WM-Titel in der Gesamtwertung. Dann glückt auch noch der WM-Sieg im Kursrennen, und damit steht auch erstmals ein deutscher Mannschaftssieg fest. So erfüllt sich auch für die WM-Vierte, Nathalie Siebel, den Weltmeisterschaftssiebten Bernd Flessner und Robby Seeger, Zehnter der WM, auf Hawaii ein Traum.

Mit Eleganz zum Toursieg: Miguel Indurain

28. Juli 1991. Kein einziges Mal auf den 3940 km der 78. Tour de France hebt sich der Spanier Indurain aus dem Sattel. Als das baskische Kraftpaket (1,88 m, 80 kg) den spanischen Etappenort der Tour erreicht, johlen ihm die Fans entgegen: »Du fährst wie eine Großmutter!« Ein paar Tage später entzünden sie Kerzen für ihn, denn Indurain zieht das Gelbe Trikot über und behält es.

Bestechend die Eleganz seines Fahrstils: Selbst die schwierigsten Bergetappen meistert er ohne sichtbare Zeichen der Anstrengung. Beim letzten Zeitfahren von Lugny nach Mâcon über 57 km nimmt der 27jährige seinen stärksten Rivalen Bugno, LeMond und Chiapucci sogar eine halbe bis eine Minute ab und fährt als überlegener Sieger in Paris ein.

Als vierter Spanier gewinnt Miguel Indurain die Tour de France. Der Baske dominierte vor allem auch auf den kräftezehrenden Bergetappen.

US-Damen spielen weltbesten Fußball

25. November 1991. In der Verlängerung des Viertelfinal-Fußballspiels gegen Dänemark schießt Mittelstürmerin Heidi Mohr in letzter Minute das Siegtor für die deutsche Nationalmannschaft bei der ersten Weltmeisterschaft der Damen in China. Ungeschlagen ziehen die Europameisterinnen von 1989 (→ 2. 7. 1989) und 1991 damit ins Halbfinale ein. Dort ist allerdings Endstation für die Spielerinnen um Bundestrainer Gero Bisanz. Das erwartet starke Team aus den USA gewinnt 5:2. Im Spiel um Platz drei müssen sich die Deutschen der schwedischen Mannschaft geschlagen geben. Turniersieger werden schließlich die US-Fußball-Frauen, die im Finale Norwegen 2:1 besiegen.

Ruderer liegen schon auf Olympia-Kurs '92

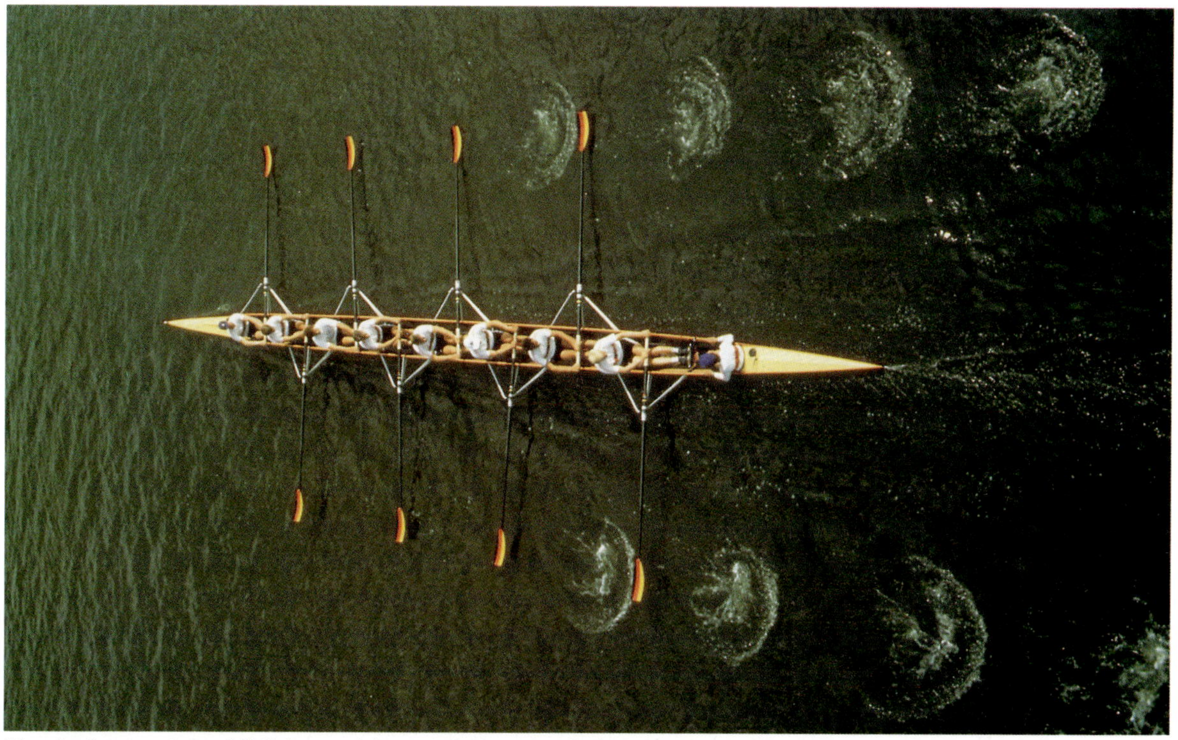

Eine im letzten Augenblick improvisierte Achtermannschaft des Dortmunder Ruder-Leistungszentrums wird auf der Neuen Donau in Wien Ruder-Weltmeister. Trotz Verletzungsprobleme sind die Deutschen unschlagbar.

25. August 1991. Nichts läßt in diesem Jahr auf einen Erfolg des deutschen Achters bei den Ruder-Weltmeisterschaften in Wien auf der Neuen Donau hoffen. Die WM wurde nicht sehr trainingsintensiv angegangen, da sie eher als Etappe auf dem Weg zu den Olympischen Spielen gilt. Die Erfolgs-Crew des Vorjahres (4. 11. 1991) mußte umbesetzt werden. Kurz vor dem Start zum Vorlauf fallen Mark Mauerwerk und Frank Richter verletzungsbedingt aus. Trainer Ralf Holtmeyer bleibt nichts anderes übrig, als die Zweier-Meister Jürgen Hecht und Wolfgang Klapheck ins Achterboot zu beordern. Jetzt macht sich keiner Illusionen mehr.

Der Vorlauf ist mit Vizeweltmeister Kanada, den USA und der UdSSR stark besetzt. Der Trainer tritt die Flucht nach vorn an, gibt die Weisung, mit einem Blitzstart loszulegen. Diese Überraschungstaktik trägt dem deutschen Boot bis 500 m vor dem Ziel eine Länge Vorsprung ein. Dann spurten die Kanadier heran. Bei den letzten 20 Schlägen läßt die deutsche Crew stark nach. Aber sie rettet den Sieg und damit den Finaleinzug.

Dasselbe Rezept wird auch im Endlauf angewandt. Wieder wird die Konkurrenz überrumpelt, der deutsche Achter zieht eine dreiviertel Länge davon, und Kanada resigniert. Mit 0,7 sec Vorsprung kommt der Dortmund-Achter ins Ziel.

Wenn man will, dann geht alles, behauptet Thomas Lange. Der 27jährige ist inzwischen wieder vom Doppelzweier auf den Einer umgestiegen. Sein Comeback könnte nicht eindrucksvoller sein. Auch er qualifiziert sich bereits im Vorlauf für das Finale, dies aber in 6:41,29 min, der schnellsten Zeit, die jemals ein Sculler für die 2000-m- Strecke benötigt hat. Danach ist es für ihn nur noch eine Formsache, sich im Endlauf das WM-Gold zu holen.

Mit dem Sieg im Achter hat das Dortmunder Ruder-Leistungszentrum sein Pulver noch nicht verschossen. Der Ruhr-Vierer, in dem sich die Achter-Olympiasieger Bahne, Rabe und Armin Eichholz mit den vorjährigen Achter-Weltmeistern Matthias Ungemach und Armin Weyrauch zusammengefunden haben, wird von Steuermann Dederding ungefährdet vor dem rumänischen und polnischen Boot zum WM-Gewinn gesteuert.

Mit insgesamt siebenmal Gold, zweimal Silber und dreimal Bronze schneidet Deutschland im Rudern als erfolgreichste von 41 teilnehmenden Nationen ab. Zum »Goldregen« tragen noch die Potsdamerinnen Kathrin Boron/Beate Schramm im Doppelzweier und die RG Potsdam/Berlin mit Köppen/Schmidt/Krüger/Sorgers im Doppelvierer sowie die beiden Doppelzweier der Leichtgewichtsklasse mit Buchheit/von Warburg und Waldi/Weber bei.

Deutsche Kanuten sind erfolgreich wie niemals zuvor

August 1991. Mit acht goldenen sowie je vier silbernen und bronzenen Medaillen erzielt der Deutsche Kanu-Verband das beste Ergebnis in seiner 77jährigen Geschichte. In der 53jährigen Geschichte der Kanu-WM hat keine Nation jemals so viele Medaillen gewonnen.

Der KC Charlottenburg gilt mit seinen Sportlern als erfolgreichster Kanuclub der Welt. Worin liegt das Geheimnis der erstaunlichen Harmonie in der gerade erst vereinigten deutschen Mannschaft? Torsten Gutsche, der mit Kay Bluhm einmal Gold und zweimal Silber im Zweier-Kajak gewinnt: »Ich bin früher nicht für Honecker gefahren und siege heute nicht für Kohl oder irgend jemand, der sich unsere Erfolge an die Brust heften will.«

Olympiateam-Mitglied Katrin Borchert geht bei der WM im Kanu-Einer (500 m) und im -Vierer (500 m) an den Start.

In der Olympia-Kernmannschaft: Slalom-Fahrer Frank Hemmer und Thomas Loose vom Kanu-Club Hohenlimburg

Nach 22 Jahren und 316 Tagen übertrifft der 27jährige US-Amerikaner Mike Powell mit 8,95 m im Duell mit Carl Lewis den »Jahrhundertsprung« Bob Beamons.

8,95 m – Mike Powells »Sprung in ein neues Jahrtausend«

31. August 1991. An der Weitsprunganlage im Nationalstadion von Tokio schlägt bei der Weltmeisterschaft (23. 8. –1. 9.) eine historische Stunde der Leichtathletik: Mehr als 20 Jahre nach dem »Jahrhundertsprung« des US-Amerikaners Bob Beamon über 8,90 m in der Höhenluft von Mexiko (→ 18. 10. 1968) springt Mike Powell aus den USA 8,95 m weit »ins nächste Jahrtausend«.

Dabei liefert er sich mit dem Favoriten Carl Lewis einen spannenden Wettkampf. Zunächst gelingt Lewis eine tadellose Serie: 8,68 m – xx – 8,83 m – 8,91 m! Weltrekord? Nein! Er jubelt zu früh, denn 2,9 m/sec Rückenwind sind mehr als zulässig. Dann kommt Powell, der in seinen besten Versuchen noch nicht überzeugend wirkte. Der Olympiazweite von Seoul 1988 schnellt sich im fünften Versuch auf 8,95 m – und das bei einem Rückenwind von nur 0,3 m/sec! Das ist der sichere Weltrekord! Ungläubig starrt Lewis auf die Anzeigetafel. Powell wagt nicht, sich schon zu freuen; Lewis hat noch zwei Sprünge, doch nun ist bei ihm »die Luft raus«. Dann erst überwältigt Powell das Glück: »All die Tage habe ich nur davon geträumt und darum gebetet, Weltmeister zu werden und Weltrekord zu springen.« Lewis: »Mike hatte nur einen großen Sprung. Und der war es.«

Gemildert wurde die Enttäuschung für Lewis durch ein Erfolgserlebnis sechs Tage zuvor: Sechs Sprinter hockten in Startposition zum Endlauf über 100 m auf der neuentwikkelten Kunststoffbahn der Japaner. Lewis war nur einer der Favoriten, denn die Londoner Buchmacher z. B. sahen Weltrekordler Leroy Burrell (USA, 9,90 sec) vorn. Nach halber Strecke lief er, mit Dennis Mitchell (USA), dem Briten Linford Christie, dem Jamaikaner Ray Stewart und Frank Fredericks aus Namibia, deutlich vor Lewis. Doch der sprintete die schnellsten 50 m seines Lebens. Im Ziel: Lewis 9,86 sec – Weltrekord! Burrell 9,88, Mitchell 9,91, Christie 9,92, Fredericks 9,95, Stewart 9,96 sec – alle Finalisten blieben in diesem schnellsten 100-m-Rennen aller Zeiten unter 10 sec! Vor 55 000 begeisterten Zuschauern tanzten die drei US-Amerikaner sogar auf dem Rasen Reggae. Carl Lewis: »30 Jahre alt zu werden und in einem Rennen alles zusamenzubringen, um Weltrekord zu laufen, das ist das Höchste.«

Wer soll ihnen den Sieg in der 4x100-m-Staffel noch streitig machen? Mit Startläufer Andre Cason, Burrell, Mitchell und Lewis laufen die US-Sprinter in 37,50 sec neuen Weltrekord vor den Franzosen (37,87 sec) und den Briten (38,09 sec).

Aber auch die deutschen Sportler müssen sich hinter ihren Leistungen in keinster Weise verstecken: Katrin Krabbe verweist die schon völlig verunsicherte Favoritin Merlene Ottey aus Jamaika über 100 m und 200 m auf Platz drei und holt mit der 4x100-m- und der 4x400-m-Staffel noch Bronzemedaillen.

Aufsehen erregt eine andere deutsche Athletin bereits vor Beginn des Wettbewerbs. Hochspringerin Heike Henkel spaziert mit einem weißen T-Shirt zur Wettkampfanlage, auf dem zu lesen steht: »To be top without doping« (Ganz vorn sein ohne Doping). Und Heike Henkel tritt den Wahrheitsbeweis dieser Devise an. Fünfmal nimmt sie Anlauf und meistert die jeweilige Höhe jeweils im ersten Sprung: Dann gehört ihr mit 2,05 m der verdiente Weltmeistertitel.

Spektakulärer Zieleinlauf über 100 m: (v. l.) Dennis Mitchell (USA) 3., Carl Lewis (USA) 1., Linford Christie (Großbritannien) 4., Leroy Burrell (USA) 2., Frank Fredericks (Namibia) 5., Raymond Stewart (Jamaika) 6., alle laufen unter 10 sec.

1992

6.1. Der 16jährige Finne Toni Nieminen wird jüngster Sieger der Vierschanzen-Tournee. Mit ihm setzt sich endgültig der V-Stil durch.

13.1. Josef Neckermann, Gründer der Stiftung Deutsche Sporthilfe und zweifacher Olympiasieger, stirbt im Alter von 79 Jahren.

25.1 Die Gemeinschaft Unabhängiger Staaten (GUS) wird nur noch in Albertville und Barcelona als Mannschaft auftreten. Ab 1. Januar 1993 werden sportlich 15 selbständige Staaten anerkannt.

25./26.1. Monica Seles und Jim Courier gewinnen das erste Tennis-Grand-Slam-Turnier in Melbourne (Australien).

26.1. Weltrekord im Speerwurf durch den Briten Steve Backley (91,46 m) in East Coast Bay, Auckland. Alle Rekorde mit aufgerauhtem Schaft sind ungültig.

2.2. Mike Kluge (29) holt sich den Titel bei den Rad-Cross-Weltmeisterschaften der Profis in Leeds.

8.-23.2. Rekordbeteiligung bei den XVI. Olympischen Winterspielen in Albertville, wo die deutsche Mannschaft als erfolgreichste abschneidet.

15.2. Wegen des Verdachts der Doping-Manipulation werden die Sprinterinnen Katrin Krabbe, Grit Breuer (Neubrandenburg) und Silke Möller aus Rostock vom DLV suspendiert

29.2./1.3. Bei den Sprint-Vierkampf-Weltmeisterschaften der Eisschnellläufer in Oslo gewinnen die Chinesin Ye Qiaobo und der Russe Igor Schelesowski die Titel.

1.3. Doppelsieg für Williams-Renault durch Nigel Mansell und Ricardo Patrese beim ersten Formel-1-Grand Prix der Saison in Kyalami, Südafrika.

2.3. Bei Schwimmwettkämpfen im US-amerikanischen Indianapolis gibt es zwei neue Weltrekorde: Anita Nall, 200 m Brust in 2:25,35 min und Jenny Thompson, 100 m Freistil in 54,48 sec.

8.3. Doppel-Olympiasiegerin Gunda Niemann gewinnt in Heerenveen die Vierkampf-Europameisterschaft im Eisschnellauf.

22.3. Überraschend gewinnt der Italiener Roberto Sighel die Vierkampf-Weltmeisterschaft im Eisschnellauf der Herren in Calgary.

Erstmals wird in Harrachov (ČSFR) mit Norika Kasai ein Japaner Weltmeister im Skifliegen.

26.3. Mike Tyson (25), Ex-Box-Weltmeister im Schwergewicht, wird in Indianapolis zu sechs Jahren Haft wegen Vergewaltigung verurteilt.

3./6.4. Der Australier Kieren Perkins schwimmt in Canberra Weltrekord über 400 m Freistil in 3:46.37 min und über 1500 m Freistil in 14:48,40 min.

4.4. Am 138. Achterrennen Oxford gegen Cambridge nimmt mit Dirk Bagert erstmals ein Deutscher teil.

5.4. Der Rechtsausschuß des DLV hebt die Suspendierung von Katrin Krabbe, Grit Breuer und Silke Möller auf

20.4. Die französischen Brüder Herbaud stellen in einem Doppelsitzer mit 1436 km in 13 Stunden einen Fabel-Weltrekord im Segelfliegen auf.

6.5. Europapokal der Pokalsieger: Werder Bremen – AS Monaco 2:0 in Lissabon.

13.5. Zweites UEFA-Pokal-Endspiel: Ajax Amsterdam – AC Turin 2:0/0:0.

20.5. Europapokal der Landesmeister: FC Barcelona – Sampdoria Genua 1:0 in London.

6./7.6. Monica Seles und Jim Courier gewinnen das Tennis-Grand-Slam-Turnier French Open im Stadion Roland Garros.

20.6. Evander Holyfield verteidigt seinen Weltmeistertitel im Box-Schwergewicht gegen den 44jährigen Larry Holmes durch einen Punktsieg nach zwölf Runden in Las Vegas.

26.6. Dänemark gewinnt das Endspiel gegen Deutschland um die Fußball-Europameisterschaft (seit 10.6.).

28.6. Freispruch vom Verdacht der Doping-Manipulation für Katrin Krabbe, Grit Breuer und Silke Möller durch den Arbitration Paneel, der höchsten Instanz des Internationalen Leichtathletik-Verbandes in London.

4./5.7. Steffi Graf und Andre Agassi siegen im Finale des Tennis-Grand-Slam-Turniers von Wimbledon.

26.7. Der Spanier Miguel Indurain verteidigt bei der 79. Tour de France seinen Titel. Sieger der letzten Etappe von Defence nach Paris wird der Deutsche Olaf Ludwig.

25.7.–9.8. XXV. Olympische Sommerspiele in Barcelona mit Rekordbeteiligung. – S. 853–871

16.8. Der Brite Nigel Mansell wird bereits fünf Rennen vor Saisonabschluß beim »Großen Preis von Ungarn« in Budapest Formel-1-Weltmeister.

30.8. Michael Schumacher gewinnt beim Großen Preis von Belgien in Spa sein erstes Formel-1-Rennen.

31.8. bis 2.9. Michael Hübner wird bei der Bahnrad-WM in Valencia Doppel-Weltmeister im Sprint und Keirin.

13.9. Abschluß der Paralympics in Barcelona: Deutschland nach den USA zweitbeste Mannschaft mit 171 Medaillen (61–50–60).

24.10. Egidius Braun wird Präsident des Deutschen Fußball-Bundes.

25.10. Olaf Ludwig gewinnt als erster Deutscher den Weltcup der Straßenrad-Profis nach dem abschließenden 56-km-Einzelzeitfahren auf Mallorca.

13.11. Riddick Bowe (USA) durch einen Punktsieg gegen seinen Landsmann Evander Holyfield neuer Profi-Boxweltmeister im Schwergewicht.

»Fall Krabbe«: Freispruch

28. Juni 1992. In London spricht das Schiedsgericht des Leichtathletik-Weltverbandes (IAAF) die Neubrandenburger Sprinterinnen Katrin Krabbe und Grit Breuer sowie Silke Möller aus Rostock vom Verdacht frei, ihre Doping-Proben manipuliert zu haben.

Am 24. Januar wurden bei einem Trainingslager in Südafrika Urinproben der drei Leichtathletinnen entnommen. Diese Proben erwiesen sich als identisch. Daraufhin suspendierte der Deutsche Leichtathletikverband (DLV) die drei Läuferinnen am 15. Februar – ihnen drohte eine vierjährige Sperre. Dagegen gingen Krabbe, Möller und Breuer mit juristischen Mitteln vor und erreichten, daß der Rechtsausschuß des DLV bereits am 5. April die Suspendierung aufheben mußte. Das nationale und auch das internationale Sportgericht entschieden nach dem Grundsatz »Im Zweifel für den Angeklagten«, da die vom DLV vorgelegte »lückenlose Indizienkette« einer genauen Überprüfung nicht standhielt.

Der »Fall Krabbe« wird nach wie vor in der Öffentlichkeit heftig diskutiert. Vor allem der Boulevardpresse wird vorgeworfen, Katrin Krabbe, die Doppelweltmeisterin über 100 und 200 m von 1991 und eine der größten Medaillenhoffnungen für die Olympischen Sommerspiele 1992, persönlich zu diskreditieren.

Viele Sportler werten die Vorgehensweise des Verbandes als »Racheakt« westdeutscher Funktionäre gegen die Athleten, die nach der deutschen Einheit nicht zu finanzstarken Vereinen in den Westen abgewandert sind, sondern ihren heimischen Vereinen die Treue halten. Die Integration von Sportlern aus Ost und West in gemeinsamen Mannschaften werde so erheblich erschwert.

Die Affäre um die drei ostdeutschen Sportlerinnen, in die auch ihr Trainer Thomas Springstein verwickelt ist, zeigt aber vor allem das Dilemma des Dopings im Spitzensport: Zuschauer und Verbände fordern immer bessere Leistungen. Will der Athlet diese Erwartungen erfüllen, bleibt ihm häufig keine andere Wahl, als zu unerlaubten, leistungssteigernden Mitteln zu greifen. Werden jedoch Doping-Fälle aufgedeckt (→24.9.1988), so entrüstet sich eben diese Öffentlichkeit. Vor solchem Hintergrund fordern eine Reihe hoher Sportfunktionäre die kontrollierte Freigabe von Doping-Präparaten.

Katrin Krabbe, Grit Breuer und Silke Möller erklären kurz nach dem Freispruch, sie seien dem psychischen Druck der Affäre nicht gewachsen und würden deshalb auf einen Start in Barcelona verzichten. Im August geraten Krabbe und Breuer erneut unter Doping-Verdacht.

Springwunder Nieminen

6. Januar 1992. Das erst 16 Jahre alte Springwunderkind Toni Nieminen aus Finnland gewinnt mit dem Abschlußspringen in Bischofshofen die Vierschanzentournee. Vorher hatte der bisher jüngste Sieger der schwersten Springveranstaltung der Welt auch in Oberstdorf und Innsbruck triumphiert. Lediglich in Garmisch-Partenkirchen besiegte ihn der Österreicher Andreas Felder mit 0,5 Punkten Vorsprung.

Der junge Finne aus Lahti springt unkompliziert und mit traumhafter Sicherheit: Nerven scheint der Youngster keine zu haben. Und vor allem beherrscht er den V-Stil, der erheblich mehr Weite bringt. Die Punktrichter bewerten die V-Springer zwar schlechter als Teilnehmer, die den herkömmlichen Stil bevorzugen; beide hinken aber einer unaufhaltsamen Entwicklung hinterher. Denn das Publikum will Weiten sehen und sonst gar nichts.

Die Zweit- und Drittplazierten der Gesamtwertung, der 19jährige Werner Rathmayer und der 17jährige Martin Höllwarth, bestätigen den neuen Trend. Die beiden Österreicher sind ebenfalls V-Springer.

Die eindrucksvolle Demonstration dieses Terzetts zeitigt noch eine Nebenwirkung. Die deutschen Mitfavoriten Dieter Thoma und Jens Weißflog, Sieger der Jahre 1990 und 1991, haben zu keinem Zeitpunkt eine Chance und sind am Ende der Tournee völlig demoralisiert. Auch haben sie die Entwicklung verschlafen. Thoma gesteht: »Das mit dem V-Stil haben wir nicht so ernst gesehen, müssen aber nun mit den Konsequenzen leben.«

»Zersiedelte« Fernseh-Spiele

8. bis 23. Februar 1992. Die XVI. Olympischen Winterspiele nur dem französischen Ort Albertville zuzuordnen, ist eine irreführende Untertreibung. Dort finden zwar Eröffnungs- und Schlußfeier statt, auch das Pressezentrum steht dort, doch die Wettkämpfe werden außerdem in Les Saisies, Courchevel, Val d'Isère, Les Ménuires, Méribel, Tignes, Les Arcs, La Plagne, Val Thorens, Brides-les-Bains und Pralognan ausgetragen.

Die zweifellos gelungene Eröffnungsfeier läßt keinesfalls vergessen, daß die Vergabe der Olympischen Winterspiele nach Albertville in jeder Hinsicht umstritten war. Wegen der fehlenden Infrastruktur schien der Ort in den Savoyer Alpen denkbar ungeeignet; Ökologen befürchteten irreparable Schäden durch Eingriffe in die Natur. Das Internationale Olympische Komitee (IOC) ließ jedoch solche Einwände nicht gelten; es vergab die Spiele nach Albertville, weil die Franzosen die Gewähr für eine optimale Vermarktung boten. Ob die kleinen Orte, die zu olympischen Ehren kommen, mit den Folgekosten fertig werden, ist aber höchst zweifelhaft. Unstrittig hingegen ist die Tatsache, daß die Infrastruktur im Voralpengebiet von Savoyen erheblich verbessert worden ist.

Um die negativen Kritiken im Vorfeld zu entkräften, wurde mit Jean-Claude Killy ein Nationalheld an die Spitze des Organisationskomitees berufen. Killy hatte die Winterspiele 1968 in Grenoble, die als warnendes Beispiel hätten dienen können, zur »Killyade« gemacht, weil er in jeder alpinen Disziplin die Goldmedaille gewann.

Bewunderung ernten die Franzosen bei der Eröffnungsfeier. Die zweieinhalbstündige Show lohnt fast schon allein die 1,2 Mrd. Franc für die Vergabe der Fernsehrechte. Die technische Perfektion der Tanzdarbietungen und die Spezialeffekte ziehen die Zuschauer in dem eigens hierfür errichteten Stahlrohrstadion und an den Fernsehgeräten rund um den Globus in ihren Bann. Das olympische Feuer trägt der ehemalige Fußball-Weltklasseprofi Michel Platini in die Arena: Die Frage, wie dies noch mit dem olympischen Geist zu vereinbaren sei, stellt sich angesichts der »Ver-Profisierung« der Spiele nicht mehr.

Auf der anderen Seite beklagen viele Athleten und Zuschauer das fehlende Flair. Die »Zersiedelung« der Spiele auf nicht weniger als zwölf Wettkampfstätten läßt ebensowenig olympische Atmosphäre aufkommen wie die Tatsache, daß lediglich den überragenden Teilnehmern Aufmerksamkeit geschenkt wird. Zum ersten Mal seit 1936 zieht wieder eine Olympiamannschaft ein, die für nur ein Deutschland startet. 10 x Gold, 10 x Silber, 6 x Bronze: Die deutsche Mannschaft ist die erfolgreichste vor der Gemeinschaft Unabhängiger Staaten und Norwegen (Österreich Rang vier, Schweiz Rang 14).

Angeführt von einer »Schneeflocke« zieht die deutsche Mannschaft ein.

Jean-Claude Killy (l.), der Organisator der XVI. Olympischen Winterspiele

Der Norweger Finn Christian Jagge, der auch noch keinen Erfolg bei einem Weltcuprennen verbucht hat, bezwingt im Slalom Olympiasieger Alberto Tomba.

Patrick Ortlieb aus Österreich, der noch nie ein Weltcuprennen gewonnen hat, rast auf der 3048 m langen Strecke zum wichtigsten Sieg seines Lebens.

Andre Kjetil Aamodt (Norwegen) gewinnt den Super G vor Marc Girardelli und seinen Landsleuten Thorsen und Furuseth. Im Riesenslalom holt er Bronze.

Überraschungssieg im Abfahrtsrennen

Überraschungssiegerin im Abfahrtslauf: Kerrin Lee-Gartner, Kanada. 18/100 sec trennen die Siegerin von der Fünften.

16. Februar 1992. Drei Hundertstel Sekunden entscheiden über einen Medaillenplatz im Abfahrtslauf der Damen. Durch den winzigen Rückstand, kürzer als ein Wimpernschlag, bleibt für die 19jährige Deutsche Katja Seizinger nach 2270 m Schußfahrt nur der undankbare vierte Platz. Als Anwärterin auf den Olympiasieg gehandelt, muß sie sich schließlich der Kanadierin Kerrin Lee-Gartner (Gold), der US-Amerikanerin Hilary Lindh und der Österreicherin Veronika Wallinger (Bronze) geschlagen geben — drei bisher sieglosen Außenseiterinnen, die auch die Experten zuvor nicht auf der Rechnung hatten.

»Die Sicht war nicht regulär«, meint Katja, doch mindert das die Enttäuschung nur wenig. Fünf Minuten saß die Aufsteigerin der Saison im Starthäuschen fest, weil das Rennen nach einem Sturz der Schweizerin Chantal Bournissen unterbrochen worden war. Das Warten gerät ihr nicht zum Vorteil, ebensowenig wie der österreichischen Weltmeisterin Petra Kronberger, die auf Rang fünf landet. Danach wird die Sicht besser, eine Tatsache, von der Lee-Gartner und auch Lindh (Startnummer 16) profitieren.

Im Riesenslalom beweist die Schwedin Pernilla Wiberg, daß ihr Weltmeistertitel vom Vorjahr kein Zufall war: Sie verweist Diane Roffe (USA) und Andrea Wachter (Österreich) auf die Plätze zwei und drei.

Für Petra Kronberger werden die folgenden Wettkampftage aber noch zu »goldenen« Spielen: »Mir ist ein Jahrhundertlauf gelungen«, macht sich die »Skikönigin von Albertville« nach dem Gewinn der Alpinen Kombination mit dem Sieg im Spezialslalom das schönste Geschenk zum 23. Geburtstag. Freude auch bei Annelise Coberger (Neuseeland) und Blanca Fernandez-Ochoa (Spanien) über Silber und Bronze im Slalom, den ersten Medaillen für ihre Länder bei diesen Spielen.

Von der Französin Carole Merle wird vor heimischem Publikum ein Olympia-Titel erwartet. Jubelnd empfangen die Zuschauer sie nach dem Super G im Zielraum, doch die Italienerin Deborah Compagnoni schnappt ihr Gold weg. »Ich habe die Verpflichtung mir selbst gegenüber erfüllt«, wehrt die 28jährige Carole jede Enttäuschung ab. Der Stil, in dem Compagnoni den Super G gewinnt, läßt Italiens Journalisten bereits von einem »weiblichen Tomba« schwärmen. Ganz so abwegig ist der Vergleich nicht: Schließlich haben die beiden im vergangenen Sommer gemeinsam trainiert. Für die 19jährige sind die Spiele allerdings nach dem Erfolg beendet, denn im Riesenslalom zieht sie sich einen Kreuzbandriß zu.

Mit der Sonne um die Wette strahlt Katja Seizinger über ihre Bronzemedaille im Super G, obwohl sie im Zieleinlauf »einen Bock gebaut« hat. »Nicht schlecht« findet sie ihre Plazierung und kündigt gleich darauf an: »In zwei Jahren in Lillehammer werde ich wieder zuschlagen.«

Die Österreicherin Petra Kronberger bei ihrer Siegesfahrt im Slalom. Mit Kombinationsgold ist sie die erfolgreichste der alpinen Olympiateilnehmer '92.

Das Siegerinnen-Terzett im Super G: (v. l.) Katja Seizinger, Deutschland, 3., Deborah Compagnoni, Italien, 1., und Carole Merle, Frankreich, 2.

Die Medaillensammler sind auf den Loipen unterwegs

Februar 1992. Es gibt verschiedene »Rezepte«, um in Ski-Wettbewerben zum Erfolg zu kommen. Die erfolgreichsten haben die Norweger ausprobiert: Vegard Ulvang z. B. durchquerte Grönland auf Skiern. Björn Daehlie hingegen verbrachte den Sommer auf Hawaii mit »ein bißchen Jogging«. Hinzu kam bei beiden und ihren Teamgefährten ein zweimonatiges Gletschertraining. Auf eindrucksvolle Weise demonstrieren sie bei Olympia die Resultate ihrer Vorbereitungen: Es gibt im Langlauf keinen Wettbewerb ohne norwegischen Sieg, sei es im klassischen oder im freien Stil.

Über 30 km verteilen Ulvang (Gold), Daehlie (Silber) und Terje Langli (Bronze) die Medaillen unter sich. Vertauschte Rollen dann beim neuen Wettbewerb, der Langlauf-Kombination: Über 10 km klassisch und 15 km im freien Stil gewinnt Daehlie vor Ulvang und Giorgio Vanzetta aus Italien.

Beim »Spaziergang« über 10 km ist dann wieder Ulvang an der Reihe: Olympiagold vor dem Italiener Marco Alborello und dem Schweden Christer Majbäck.

Den einsamen Kampf in der Loipe über die 50 km meistert erneut Daehlie bravourös: Einzig den Italienern gelingt es, in die Phalanx des skandinavischen Teams einzudringen: Hinter dem Doppelolympiasieger erreichen Maurilio De Zolt und Vanzetta die Medaillenplätze zwei und drei.

Keine Frage, daß der Sieg in der 4x10-km-Staffel ebenfalls wieder nach Norwegen geht: Langli, Ulvang, Daehlie und Kristen Skjeldal lassen Italien und Finnland keine Chance. Eine eindrucksvollere Werbung für die Spiele in Lillehammer 1994 kann es nicht geben.

Für ihr Land werben können Ljubow Jegorowa und Jelena Wialbe nicht, denn das Staatengebilde GUS (Gemeinschaft Unabhängiger Staaten) wird es bei den nächsten Winterspielen in zwei Jahren nicht mehr geben. So werben sie durch ihre Leistungen für ihren Sport.

Doch nicht die haushohe Favoritin Wialbe wird in Les Saisies zur »Königin der Loipe« gekürt, sondern die 25jährige Sibirierin Jegorowa aus Tomsk. Bei ihrem 15-km-Auftaktsieg schockt sie die Konkurrenz mit einem Vorsprung von über einer Minute im Ziel auf Marjut Lukkarinen (Finnland) und Wialbe. Bei Nieselregen über 10 km ist sie sich schon nach gut der Hälfte der Strecke ihres Sieges sicher und kommt 24,1 sec vor der Italienerin Stefania Belmondo und erneut Wialbe auf Platz drei an.

Wialbe muß die Vorrangstellung der Teamgefährtin akzeptieren, die sich nur einmal beim 5-km-Sprint der Finnin Lukkarinen geschlagen geben muß. Gold kann es für sie nur noch in der Staffel über 4 x 5 km gemeinsam mit Jegorowa, Lasutina und Raissa Smetania – die sich damit ihre zehnte Olympia-Medaille seit 1976 erläuft – geben. Mehr als 20 sec hinter ihnen holen sich die Norwegerinnen Silber und die Italienerinnen Bronze.

Deren Starläuferin Stefania Belmondo bringt als einzige Läuferin Farbe in die augenscheinliche Übermacht der GUS-Sportlerinnen: Keinen Zweifel läßt das energiegeladene Persönchen, 44 kg auf 1,57 m, daß sie im Abschlußlauf über 30 km Gold will. Es wird ein hartes Rennen, bei 25 km liegt Jegorowa gerade noch 3 sec zurück. Doch der »Loipenfloh«, wie Stefania von ihren Fans liebevoll genannt wird, wehrt auch den letzten Angriff ab und distanziert ihre Verfolgerin bis zum Ziel um 19,9 sec; Platz drei erläuft sich wieder Jelena Wialbe.

Der Norweger Vegard Ulvang bei seinem Siegeslauf über die 30 km

Der Skatingstil liegt Ulvang weniger, über 15 km wird er Zweiter, über 50 km (Abb.) erreicht er, wohl etwas ausgebrannt, Rang neun.

Die Stärke Björn Daehlies ist der Skatingstil. Er siegt mit je einer Minute Vorsprung über 15 km vor Ulvang und über 50 km (Abb.) vor De Zolt (Italien).

▷ Die Italienerin Stefania Belmondo: Gold über 30, Silber über 15 km Skating, Bronze mit der Staffel, 4. und 5. über 5 und 15 km klassisch (Abb.)

Teenager lösen Generationswechsel im Skisprung aus

Der gerade 16jährige Toni Nieminen gewinnt die Goldmedaille auf der Großschanze und im Mannschaftsspringen, hinzu kommt eine Bronzemedaille auf der Normalschanze. Er beherrscht perfekt den V-Stil, ohne den international Erfolge im Skispringen in Zukunft wohl nicht mehr möglich sind. Am bittersten erfahren das die deutschen Skispringer, die eine von Punktrichtern vergeblich gebremste Entwicklung geradezu »verschliefen«. Die ganz jungen Springer haben die besten Möglichkeiten, sich schnell an die neue Technik zu gewöhnen.

Februar 1992. Toni Nieminen heißt der große Sieger beim Skispringen; nicht nur wegen seiner Medaillen, denn er kehrt auch als Millionär von den Olympischen Winterspielen zurück. Zuerst sah es allerdings so aus, als hätte der Sieger der Vierschanzentournee (→ 6. 1. 1992) keine Chance gegen Österreichs »Adler«. Auf der Normalschanze feiert der 27jährige Ernst Vettori endlich den lange ersehnten Einzeltriumph. Mit deutlichem Punktvorsprung läßt er die »jungen Hüpfer«, seinen 17jährigen Landsmann Martin Höllwarth und den 16jährigen Nieminen, hinter sich. Da Heinz Kuttin als Sechster und Andreas Felder als Neunter landen, zweifelt niemand mehr am Sieg der Österreicher im Mannschaftsspringen von der 120-m-Großschanze. Aber da bestätigt sich Toni erneut als Springwunder. Mit 123 und 122 m überfliegt er zweimal den kritischen Punkt und stürzt die vor seinem letzten Sprung mit 30 Punkten führenden Österreicher aus allen Siegträumen. Daraufhin erklärt Teenager Toni, jetzt wolle er auch den Einzelwettbewerb gewinnen. Und das tut er auch. Die olympische Chronik verzeichnet nun auch den jüngsten Olympiasieger der Winterspiele.
Mit drei Silbermedaillen in drei Springen fliegt Junioren-Weltmeister Martin Höllwarth im V-Stil, dem Zeichen für »Victory« (Sieg), auf einen der vordersten Plätze in der Weltelite – sicher auch ein Verdienst von Erfolgstrainer Innauer. Den deutschen Springern Weißflog und Thoma, die den »Siegesstil« trotz intensiven Trainings noch nicht perfekt beherrschen, bleibt da wieder nur das Nachsehen.

Mit einem Lächeln ins Ziel – Japan feiert Kombinierer

18. Februar 1992. Überschäumende Freude herrscht im Land der aufgehenden Sonne nach dem für die meisten anderen Teams am Start völlig unerwarteten Sieg der japanischen Mannschaft in der Nordischen Kombination.
Dabei sieht zunächst alles nach einem »normalen« Verlauf aus: Die Norweger stürmen nach vorn wie eh und je, Österreicher und Franzosen kämpfen um die Plätze. Doch allen voraus laufen völlig ungefährdet Reiichi Mikata, Takanori Kono und Kenji Ogiwara – und vollbringen damit die größte Sensation dieser Winterspiele. Niemand in der Konkurrenz hatte den 3. Rang bei der Weltmeisterschaft im Vorjahr so richtig ernst genommen; inzwischen aber wurde das ohnehin leistungsstarke Team noch weiter verbessert.
Im Einzel genießt der 23jährige Fabrice Guy das Bad in einem Meer aus blau-weiß-roten Landesfahnen. Schon beim Springen schuf er sich eine gute Ausgangsposition für den Langlauf und kommt sicher als Erster ins Ziel. Ohne Chance auf den Sieg bleibt Österreichs Hoffnungsträger Klaus Sulzenbacher: Ihm bleibt »nur« Platz drei, denn völlig überraschend wird er kurz vor dem Ziel vom Franzosen Silvain Guillaume noch überholt, der damit den Doppelerfolg für das Gastgeberland komplettiert.

Die umjubelten Sieger in den Einzelwettbewerben der Nordischen Kombination: Fabrice Guy (r.) und Silvain Guillaume, beide aus Frankreich

▷ Kenji Ogiwara bleibt genug Zeit, auf dem Weg zum Ziel seine Landesfahne zu schwenken. Japans Team siegt überlegen in der Nordischen Kombination.

Silbern schimmernd rodelt der Berchtesgadener Georg Hackl im Eiskanal zur Goldmedaille. Für »Turbo-Schorsch« erfüllt sich damit ein Lebensraum.

Alte Schlitten fahren gut: Hackl in Bestzeit zum Sieg

10. Februar 1992. Mit einem nagelneuen Schlitten sollte der Berchtesgadener Georg Hackl im Eiskanal die Gold-Spur finden. Schon bei den Tests wollte es aber nicht klappen. Also holt er seinen alten Schlitten wieder hervor, mit dem er in Calgary 1988 Silber gewann. Mit dem vertrauten Stück fährt er in vier Läufen dreimal Bestzeit. Den Sieg feiert »Schorsch« Hackl nicht mit Champagner. Da geht's mit »a Moaß und a paar Weißwürscht« hoch her.
Überlegenheit wird auch Susi Erdmann aus Oberhof zugetraut. Aber im ersten Lauf fährt sie die erste Kurve viel zu hart an und fällt fast aussichtslos zurück. Nun muß die Europa- und Weltmeisterin zeigen, daß sie kämpfen kann. Wie macht man das, wenn es um Sekundenbruchteile geht? Die 24jährige besinnt sich auf ihre Erfahrung und ihr Können. Im letzten Lauf fährt sie Bestzeit und freut sich danach über die Bronzemedaille, als wäre sie aus Gold.
Gold und Silber gehen nach Österreich: Die Schwestern Doris und Angelika Neuner, 20 und 22 Jahre jung, bescheren damit die Sensation im Eiskanal. Die beiden Tirolerinnen gelten als Naturtalente, denen ein ehemaliger Mannschaftskamerad Susis den letzten Schliff gab. Klaus Bonsack, für den sich im vereinigten deutschen Sport kein Platz fand, ging als Trainer nach Österreich. Mit Markus Prock und Markus Schmidt brachten es zwei weitere seiner Schützlinge hinter Hackl zu Medaillen.
Für die bisher ungeschlagenen Weltcupsieger und Europameister Hansjörg Raffl/Norbert Huber aus Südtirol ist der Olympiasieg im Doppelsitzer fast eine Formsache. Vielleicht fühlen sie sich ihrer Sache zu sicher. In beiden Durchgängen unterlaufen ihnen kleine Fehler, die sich zu größeren Zeitverlusten summieren. Kaltblütig nutzen Stefan Krauße/Jan Behrendt ihre Chance und fahren mit zweimal Bestzeit zum Sieg. In ihrem Sog vervollständigen Yves Mankel und Thomas Rudolph den deutschen Erfolg.

Ski-Akrobaten und »Rennfahrer« begeistern Publikum

13. Februar 1992. Zum ersten Mal kämpfen Freestyle-Buckelpistenfahrer um olympische Medaillen: Auf der 300 m langen Strecke begeistern sie das Publikum mit ihren Sprüngen und Läufen zu Rock-'n'-Roll-Musik; die Kampfrichter bewerten die Sprünge (25%), Geschwindigkeit (25%) und Technik (50%). Erste Olympiasieger werden Edmond Grospiron (Frankreich) und Donna Weinbrecht (USA). Der deutschen Medaillenhoffnung Tatjana Mittermayer bleibt nur der undankbare vierte Platz.
Noch nicht anerkannt sind Freestyle-Ballett und -Springen: Im Demonstrationswettbewerb faszinieren aber die Leistungen der Sportlerinnen und Sportler.
Vorgeführt wird auch ein Abfahrtslauf, der dem »freien Fall« nahekommt: Fast 230 km/h schnell geht es beim Speedskiing die Piste mit bis zu 70% Gefälle herunter.

Beim Speedskiing gibt es statt Medaillen Weltrekorde: 229,229 km/h für Michael Prufer aus Frankreich, 219,245 km/h für Tarja Mulari aus Finnland

◁ Akrobatische Sprünge und spannende Läufe zu moderner Musik dominieren beim Buckelpistenfahren in Tignes. Bei den Damen gibt es Gold für die USA, bei den Herren Gold und Silber für Frankreich.

Deutsche Damen schnell auf dem Eis

9. Februar 1992. Die erste Goldmedaille feiert die gesamtdeutsche Olympiamannschaft bereits am ersten Wettkampftag: Die 25jährige Erfurterin Gunda Niemann läuft über 3000 m die Konkurrenz in Grund und Boden. Nur eine kommt mit der Endzeit in ihre Nähe, ihre gleichaltrige Freundin Heike Warnicke. Motivierender als dieser Doppelerfolg kann der Auftakt für das deutsche Team nicht sein.

Ein sensationelles Comeback gelingt Jacqueline Börner über 1500 m. Bei einem Verkehrsunfall erlitt sie vor erst 21 Monaten schwerste Verletzungen an Kniescheibe und Sprunggelenk und läßt nun mit 5/100 sec die Topfavoritin Niemann hinter sich. Ein weiterer deutscher Doppelerfolg zeichnet sich über 5000 m ab: Wieder sind Gunda Niemann und Heike Warnicke das Siegesgespann. Aber da flitzt noch völlig überraschend das 19jährige »Küken« des deutschen Damenaufgebots hinzu. Die Berlinerin Claudia Pechstein verdrängt »Meisje« Carla Zijlstra (Niederlande) aus den Medaillenrängen und macht den Triumph des Siegerterzetts komplett. Als Erfolg wertet auch die 32jährige Christa Luding ihre Bronzemedaille über 500 m. Sie ist die einzige Sportlerin, die seit 1984 bei Winter- und Sommerspielen zu fünf Erfolgen kam. »Endlich eine Medaille« freut sich Monique Garbrecht: Sie holt Bronze über 1000 m, über 500 m blieb ihr nur Rang vier.

Die US-Amerikanerin Bonnie Blair schreibt ein Stück Eisschnellaufgeschichte: Sie verteidigt ihr Olympia-Gold von 1988 über 500 m und siegt über 1000 m. Die Chinesin Qiaobo Ye, schon über 500 m auf dem zweiten Platz, gibt sich nur mit 2/100 sec Rückstand geschlagen.

Souverän wiederholt auch Uwe-Jens Mey über 500 m seinen Olympiasieg von 1988. Die 1000 m muß May wegen Grippe absagen. So bekommt Außenseiter Olaf Zinke seine Chance – und gewinnt mit 1/100 sec Vorsprung. Niemand hatte dem 28jährigen Berliner eine solche Leistung zugetraut. Er sich auch nicht. Über einen 10. Platz bei der Sprint-WM 1990 kam er noch nie hinaus. »Ich fasse es nicht«, stöhnt er, »das ist der totale Wahnsinn!«

Nieselregen macht die Bahn schwer im 5000-m-Lauf, als der 1,90-m-Hüne Geir Karlstad (Norwegen) seine Runden mit der Präzision eines Uhrwerks abspult. Bei seiner dritten Olympiateilnahme will der 28jährige den Sieg und bekommt ihn. Sein Teamgefährte Johann Olav Koss nutzt seine erste Olympiachance zum Gold über 1500 m. Jungtalent Adne Söndral erläuft Silber.

4000 holländische Fans hofften bisher vergeblich auf einen Olympiasieg. Die Damen gingen leer aus. Leo Visser muß sich mit zweimal Bronze, Falko Zandstra mit Silber begnügen. Und im abschließenden 10 000-m-Lauf legen Koss und Karlstad Superzeiten vor. Als aber Bart Veldkamp (Niederlande) diese noch weiter nach unten schraubt, regnen nach Abschluß des Rennens Tulpen auf ihn herab.

Erstmals seit 1932 gibt es wieder olympische Wettbewerbe im Short Track. Der Rudelstart auf einem 111-m-Oval in der Halle führt zu spannenden Zweikämpfen und spektakulären Stürzen. Neue Weltrekorde werden aufgestellt. Das Publikum geht begeistert mit. Von zwölf Medaillen fallen je drei an Südkorea und Kanada, zwei an die USA und je eine an Nordkorea, China, Japan und die GUS.

Uwe-Jens Mey (r.) bei seinem Siegeslauf gegen den Japaner Miyabe. Meys stärkster Rivale, der US-Amerikaner Dan Jansen, wurde von den Japanern Toshiyuki Kuroiwa und Junichi Inoue aus den Medaillenrängen gedrängt.

◁ Gunda Niemann aus Erfurt am Start. Die erfolgreichste Eisschnellläuferin in Albertville erläuft sich die Goldmedaille über 3000 und 5000 m, dazu die Silbermedaille über 1500 m. Nur drei Wochen später wird sie außerdem noch Weltmeisterin im Vierkampf in Heerenveen.

◁◁ Die US-Amerikanerin Bonnie Blair hatte bereits vor vier Jahren in Calgary die Goldmedaille über 500 m und Silber über 1000 m gewonnen. Bei den Winterspielen in Albertville wird sie ihrer Favoritenrolle erneut gerecht und siegt diesmal auf beiden Strecken.

Triumph des Liebestraums, Tragik der »West Side Story«

17. Februar 1992. Es sollte für das französische Publikum der Höhepunkt der Winterspiele werden. Das Geschwisterpaar Isabelle und Paul Duchesnay, das dem Eistanz so viele neue Impulse geschenkt hat, tritt als amtierender Weltmeister an. Endlich hatte im Jahr zuvor ihr kreativer Mut bei den Punktrichtern Anerkennung gefunden. Die olympische Goldmedaille soll die Krönung ihrer Karriere sein, zugleich die Bestätigung revolutionärer Ideen. Wer wollte an ihrem Erfolg zweifeln? Niemand – außer den Duchesnays selbst. Sie haben den Mut verloren, ihrem Stil treu zu bleiben. Eine halbherzige Rückkehr zum Konventionellen bremst den Elan ihrer Vorführung. Die »West Side Story« sah man auf der Bühne schon hinreißend getanzt, aber kaum je so eckig und verkrampft wie von den Duchesnays auf dem Eis. Schon vor Bekanntgabe der Wertungsnoten wird die Enttäuschung der Zuschauer spürbar. Das Petersburger Paar Marina Klimowa/Sergej Ponomarenko gewinnt nach Bronze 1984 in Sarajevo, Silber 1988 in Calgary nun verdient Gold – und dazu die Herzen des Publikums.

Das gelingt ebenso überzeugend Natalja Mischkutionok/Artur Dmitriew. Sie lassen sich auf keine Experimente ein, sondern wiederholen ihre Interpretation des »Liebestraums«, die ihnen im Vorjahr den Weltmeistertitel einbrachte. Erneut verzaubern sie die Zuschauer mit der künstlerisch perfekten Kür; die Konkurrenz bleibt chancenlos.

Im Wettbewerb der Damen triumphiert das Lächeln Asiens. Mit Kristi Yamaguchi, US-Amerikanerin in der vierten Generation, steht erstmals eine Eiskunstläuferin japanischer Herkunft auf dem Siegespodest. Neben ihr die Japanerin Midori Ito, in allen Eisarenen als kleines Springwunder gefeiert. Ihr akrobatisches Können reicht jedoch nicht an die Eleganz des Laufs und die Ausstrahlung Yamaguchis heran. Ein Debakel erlebt die mitfavorisierte dunkelhäutige Französin Surya Bonaly. Die Europameisterin muß sich mit Rang fünf bescheiden.

Bei den Herren macht mehr als der solide »Handwerker« Viktor Petrenko (Gold) ein »Mr. Nobody«, Paul Wylie, mit einer spritzig-originellen Kür auf sich aufmerksam, für die er verdient mit Silber belohnt wird.

△ Mit ihrem »Liebestraum« faszinieren die Russen Natalja Mischkutionok/Artur Dmitriew im Paarlauf einmal mehr das Publikum in der Eishalle.

◁ Eistanz in vollendeter Perfektion präsentieren Marina Klimowa und Sergej Ponomarenko aus St. Petersburg auf der Eisfläche – sie holen unangefochten ihre erste Goldmedaille bei Olympischen Spielen.

Die US-Amerikanerin Kristi Yamaguchi ist 21 Jahre alt, 1,53 m graziös und 42 kg leicht; sie gewinnt überlegen Gold.

Mit dem 22jährigen Viktor Petrenko siegt in einer mäßig besetzten Konkurrenz zum ersten Mal seit 1908 ein Russe.

»Danish Dynamite«: Vom Liegestuhl zum EM-Gewinn

26. Juni 1992. Ein Fußballmärchen wird Wirklichkeit: Dänemark schlägt vor nur 37 000 Zuschauern im ausverkauften Ullevi-Stadion von Göteborg im Endspiel um die Europameisterschaft Deutschland 2:0 und stellt damit Rechnungen von Experten und Buchmachern auf den Kopf – mit einem »Ersatzteam« als Europameister hatte nun wirklich niemand gerechnet.

Die Dänen jubeln über den größten Sporterfolg für ihr kleines Land: Mit Spiellaune zum »historischen Sieg«

Jugoslawien ausgeschlossen

Kurz vor Beginn der »Euro 92« schloß sich die UEFA dem Boykott der Vereinten Nationen gegen das vom Bürgerkrieg erschütterte Rest-Jugoslawien an und verweigerte der Fußballelf die Teilnahme.
Die Dänen wurden nachträglich eingeladen. Nationaltrainer Richard Möller-Nielsen trommelte die Mannschaft aus ihren Urlaubsorten zusammen. Ohne Trainingslager, aber »mit Spaß am Fußballspielen« fuhr das Team praktisch vom Liegestuhl aus nach Schweden.

Thomas Brolin (Schweden, l.), mit drei Treffern Torschützenkönig

Der dänische Torwart Peter Schmeichel wird zum »Elfmeterheld« gegen Holland

Thomas Häßler reift in Schweden zum Weltklassespieler.

Nach dem 0:0 gegen Mitfavorit England und der 0:1-Niederlage gegen Gastgeber Schweden scheint sicher, daß die Dänen schon bald ihren Urlaub fortsetzen können. Doch dann schicken sie die Franzosen, die als »Geheimtip« gehandelt werden, mit einem 2:1-Sieg nach Hause. Koffer packen müssen auch die Engländer nach dem torlosen Unentschieden gegen Frankreich und der 1:2-Niederlage gegen Schweden, das mit 5:1 Punkten als Tabellenführer ins Halbfinale einzieht. In Gruppe 2 müssen die Deutschen zittern: Im Auftaktspiel gegen die Gemeinschaft Unabhängiger Staaten (GUS) rettet in letzter Minute ein raffiniertes Freistoßtor von Thomas Häßler das 1:1. Doch Kapitän Rudi Völler bricht sich den Arm, steht nicht mehr zur Verfügung – ein weiterer Schlag nach dem Ausfall von Lothar Matthäus bereits vor dem Turnier.
Mit 1:3 wird der Weltmeister von den brillant aufspielenden Niederländern deklassiert. Trotz des 2:1-Sieges gegen Schottland ist das deutsche Team auf die Hilfe eben dieses Gegners angewiesen, denn der GUS würde ein Sieg gegen die aussichtslos zurückliegenden Schotten reichen, um sich neben Holland für die Runde der letzten vier zu qualifizieren. Aber die Männer von der Insel kämpfen um die Fußballehre und zwingen die GUS mit 3:0 in die Knie. Selten wird eine gescheiterte Mannschaft so triumphal empfangen wie die Schotten in ihrer Heimat.
Im ersten Halbfinale trifft die deutsche Elf auf Schweden. Nach dem mühelosen 3:2-Sieg sinnen sie auf Wiedergutmachung gegen die Holländer, die Bundestrainer Berti Vogts als Endspielgegner vermutet. Doch der Titelaspirant muß sich mit den munteren Ex-Urlaubern abmühen: Zweimal gehen die Dänen in Führung, erst vier Minuten vor Schluß erzielt Frank Rijkaard das erlösende 2:2. Die Verlängerung bleibt torlos – Elfmeterschießen. Die Holländer zeigen Nerven: Marco van Basten scheitert am dänischen Torwart Peter Schmeichel. »Elfmetertöter« Hans van Breukelen muß dagegen fünfmal hinter sich greifen – sensationell erreichen die Dänen mit 7:6 (5:4) Toren das Endspiel. Noch träumt auch Deutschland ein Fußballmärchen: Daß sich nämlich erstmals der Weltmeister auch die europäische Fußballkrone aufsetzt. Die Elf beginnt technisch versiert, doch nach dem frühen Führungstor durch Jon Jensen in der 19. Minute irrt sie nur noch einfallslos auf dem Spielfeld umher. Gegen die aufopfernd kämpfenden Dänen, die eigentlich »stehend k. o.« sein müßten, gelingt nichts mehr. Vielmehr schießt Kim Vilfort zum entscheidenden 2:0 ein.
Die Spieler, die sich in der Öffentlichkeit längst den Titel des »Sympathie«-Weltmeisters erworben haben, stellen viele Fußballtheorien von Trainingslagern oder Abschottung vor den Spielen in Frage. »Wir haben viel gearbeitet, Bier getrunken und gelacht, ... das ist dänische Mentalität«, erklärt Fleming Povlsen den Titelgewinn.

Olympische Spiele sind an einem Wendepunkt angelangt

25. Juli 1992. 65 000 Zuschauer im Olympiastadion der katalanischen Hauptstadt Barcelona und rund 13,5 Milliarden Menschen an den Fernsehgeräten in aller Welt erleben die Eröffnungsfeier der 25. Olympischen Sommerspiele. Schon zu Beginn wird klar, daß die Spiele zu einem gigantischen Medienspektakel ausgeartet sind. Zahlen belegen dies: Insgesamt werden 259 Gold-, 258 Silber- und 298 Bronzemedaillen vergeben. 9850 Athleten vertreten 172 Länder oder gehen als Einzelwettkämpfer an den Start; 6300 Funktionäre betreuen sie. 11 386 Journalisten sind akkreditiert. 4700 Sicherheitsbeamte mit 400 Polizeihunden sind aufgeboten. 102 000 freiwillige Helfer sollen einen reibungslosen Ablauf gewährleisten. Allein die Eröffnungsfeier kostet 45 Mio. DM. Die 7500 Mitwirkenden und 317 Musiker haben dafür 750 Stunden geprobt.

Christina Hoyos, Königin des Flamenco, trägt einen Hauch von Andalusien in das Olympiastadion am Monjuïc.

Pseudomythisches Spektakel

Spanische und katalanische Folklore mit der Flamencotänzerin Christina Hoyos als optischem Höhepunkt bildet den Rahmen der Eröffnungsfeier. Kernstück ist jedoch die Darbietung der Theatergruppe »La Fura des Baus«. In ausdrucksstarken Bildern benutzt sie den antiken Mythos des Herakles, um die Brücke aus der Vergangenheit in das Katalonien der Gegenwart zu schlagen. Die Schauspieler stellen die Besatzung eines Segelschiffes dar, die sich gegen Meerungeheuer durchsetzt und nach abenteuerlicher Irrfahrt an Land geht, um eine neue Stadt zu gründen. Schließlich war das antike »Empuries«, das heutige Barcelona, ein westlicher Außenposten der hellenischen Zivilisation. Daß ein behinderter Athlet mit einem Pfeilschuß das olympische Feuer entzündet, soll die Symbolhaftigkeit verstärken: Menschlicher Wille kann alle Widerstände überwinden – doch auch dies ist nur Schauspiel, wenn auch spektakulär.

Tenöre und Primadonnen

Als Highlight wird der Auftritt von Megastars der Musikwelt angekündigt: Josép Carreras, Placido Domingo und Teresa Berganza tragen mit der katalanischen Primadonna assoluta, Montserrat Caballé, Szenen aus Opern mit spanischem Kolorit vor. Caballé singt zudem eine Hymne auf Barcelona. Wer wegen der schlechten Akustik im Stadion nicht alles hören kann, wird von der Phonoindustrie getröstet: Die CD liegt bereits in allen Souvenirläden zum Kauf bereit – es bleibt die Frage, was der Auftritt mit Olympischen Spielen zu tun hat.

Nationaler Wirrwarr

Der Einmarsch der Teilnehmer dokumentiert die dramatischen Veränderungen im Osten Europas. Es marschiert die Mannschaft der Gemeinschaft Unabhängiger Staaten (GUS) ein, ein Land, das es schon nicht mehr gibt. Bei Siegerehrungen in Einzelwettbewerben verwandeln sich GUS-Athleten ihrer Nationalität entsprechend in Weißrussen oder Georgier mit entsprechender Hymne und Fahne. Die serbischen Teilnehmer betreten wegen des Bürgerkriegs in Jugoslawien als Einzelstarter das Stadion. Die ehemalige Basketballmannschaft Jugoslawiens spielt unter kroatischer Flagge und kann als einzige dem US-»Dream-Team« zumindest in Ansätzen noch Paroli bieten.

Den Zehnkampf gewinnt der Tschechoslowake Robert Zmelik. Bei ihm wird die Frage bedeutsam, ob er Tscheche oder Slowake ist. Im Radsprint wird Erika Salumae als erste Olympiasiegerin Estlands gefeiert; 1989 wurde sie noch Weltmeisterin für die UdSSR in dieser Disziplin.

Alle Macht den Fernsehgeräten

Wie sehr das Fernsehen Besitz von den Spielen ergriffen hat, zeigt sich bei einem Blick auf die Pressetribüne. Die Reporter schauen meist nicht mehr ins Stadionoval hinab, sondern kommentieren die Bilder, die sie auf ihren Monitoren sehen. Die Wirklichkeit vor ihren Augen kommt erst zur wahren Wirkung durch die Vermittlung der Elektronik. So erschließt sich z. B. bei den Turmspringern und -springerinnen durch das Fernsehen eine zusätzliche ästhetische Komponente. Die Kamera folgt den Sportlern von der Plattform hinab, wo sie die Zeitlupe in einen blauen Spiegel eintauchen läßt, der in silberne Kristalle zerspringt. Unterwasserkameras vermitteln dem Zuschauer das Gefühl, wirklich hautnah an den Schwimmwettbewerben teilzunehmen. So meinen manche, daß die Banalität der Wirklichkeit erst durch Medien überwunden wird. Totale Medienabhängigkeit hat aber auch ihre Schattenseiten. Jene Journalisten, die die Eröffnungsfeier im Pressezentrum am Bildschirm verfolgen wollen, um ihren Heimatredaktionen unmittelbar anschließend zu berichten, werden Opfer einer Panne: Fast während der gesamten Zeremonie fallen die Bildschirme aus.

IOC-Präsident als Finanzmagnat

Daß die Spiele inzwischen ein gewaltiges Medienspektakel geworden sind, bei dem durch Werbeeinnahmen und den Verkauf von Senderechten Milliarden umgesetzt werden, ist das »Verdienst« von Juan Antonio Samaranch, dem Präsidenten des Internationalen Olympischen Komitees (IOC). Der geborene Barcelonese steht diesem Gremium seit 1980 vor. Er hat die Olympischen Spiele und das IOC in ein Wirtschaftsimperium umgewandelt, wobei nach Meinung seiner Kritiker die Sportler auf der Strecke bleiben. Sie seien nur noch notwendiges Beiwerk im Schacher um Profite. Die olympische Devise heißt nicht mehr, »Dabeisein ist alles«, sondern »Go for Gold!«

Linford Christie: Mit 32 Jahren endlich Gold

1./5. August 1992. Experten haben es schon immer vorausgesagt: Mit 30 Jahren kann ein Sprinter nichts mehr werden. Am Tag seines größten Erfolges beweist Linford Christie, daß man sogar mit 32 Jahren sehr wohl noch etwas werden kann: Olympiasieger nämlich – und das als einziger Läufer im Finale, der in 9,93 sec unter 10 sec bleibt.

Der farbige Brite mit Geburtsort Jamaika ist seit zehn Jahren aus dem internationalen Sportgeschehen nicht wegzudenken: Er gilt als schnellster Europäer, die Silbermedaille von Seoul 1988 – nach der Doping-Disqualifikation von Ben Johnson, der sich bis zum Halbfinale versucht zu rehabilitieren, dann aber fast unbemerkt als letzter ausscheidet – war sein bisher größter Erfolg. Im Finale von Barcelona hätte man allerdings eher die US-Amerikaner Dennis Mitchell und Leroy Burrell oder den als Geheimtip gehandelten Frank Fredericks aus Namibia vorn vermutet. Doch Christie, der nur »möglichst schnell vom Start zum Ziel« kommen will, läßt ihnen keine Chance.

Das Finale des 200-m-Laufs erreicht Christie nicht. Er scheidet im Halbfinale aus. Dabei befindet er sich in namhafter Gesellschaft. Denn auch für den als Favorit angesehenen US-Weltmeister Michael Johnson, ist im Halbfinale »Endstation«. Dagegen verfehlt Mike Marsh im Semifinale den 14 Jahre alten Weltrekord des Italieners Pietro Mennea, gelaufen in Mexikos Höhenluft, mit 19,73 sec nur um 1/100 sec. Im Finale genügen Marsh, der »vielleicht ein bißchen müde« ist, 20,13 sec, um sich gegen Fredericks und Michael Bates durchzusetzen. Doch die Tage von Menneas Weltrekord dürften gezählt sein, denn der 25jährige Marsh hat seine Möglichkeiten noch nicht ausgeschöpft.

Der Brite Linford Christie ist mit 32 Jahren der älteste Gewinner in einem 100-m-Finale; er siegt vor Fredericks und Mitchell (2. u. 3. v. r.).

Mit Kevin Young beginnt neue Ära

3./6. August 1992. Der US-Amerikaner Kevin Young sorgt mit seiner »Fabelzeit« von 46,78 sec über 400 m Hürden für den ersten Leichtathletik-Weltrekord in Barcelona. Er ist der erste Mensch, der diese Distanz in weniger als 47 sec bewältigt.

Seit 1976 beherrschte sein Landsmann Edwin Moses die Strecke, mußte sich erst in Seoul 1988 mit Bronze begnügen. Doch sein Weltrekord – 47,02 sec, gelaufen in Koblenz am 31. August 1983 – blieb bestehen: Young bleibt gleich 24/100 sec unter der Bestmarke und läuft noch ganz locker durchs Ziel.

Die mit Erfolgen bisher nicht verwöhnten deutschen Leichtathleten finden den fünften Platz von Hürdensprinter Florian Schwarthoff über die 110 m respektabel. Er selbst ist jedoch maßlos enttäuscht. Fest hatte er mit einer Medaille gerechnet, die auch in seinen Möglichkeiten lag. Doch im Endlauf zeigt er Nerven, ihm unterlaufen Fehler an der fünften und sechsten Hürde, und zuletzt fehlen ihm 3/100 sec zur Bronzemedaille. Es siegt der Kanadier Mark McKoy vor den US-Amerikanern Tony Dees und Jack Pearce.

US-Staffeln über 4 x 100 und 4 x 400 im Weltrekordrausch

8. August 1992. Für die 100 und 200 m hatte sich Carl Lewis, sechsfacher Goldmedaillengewinner von Los Angeles 1984 und Seoul 1988 gar nicht qualifizieren können. Die US-amerikanischen Auswahlkriterien kennen keine Rücksicht auf vergangene Verdienste, auch wenn das Können noch vorhanden ist. So reiste Lewis eigentlich »nur« zum Weitsprung an. Doch als Mark Witherspoon im 100-m-Halbfinale die Achillessehne reißt, bekommt Lewis seine Chance in der 4 x 100-m-Staffel. Und er zeigt, was er »drauf hat«. Die im 100-m-Lauf verblaßte US-Sprinterherrlichkeit erhält neuen Glanz. Das Charisma von Lewis reißt auch Mike Marsh, Leroy Burrell und Dennis Mitchell zu einem neuen Weltrekord mit. Als Carl Lewis nach 37,40 sec die Ziellinie durchfliegt, ist der 31jährige mit acht Goldmedaillen der erfolgreichste Leichtathlet seit den Zeiten des Finnen Paavo Nurmi. »Es wird noch eine Weile dauern«, bekennt er, »bis ich die wirkliche Bedeutung dieser Medaillen begriffen habe.« Die Manager des »Santa Monica Track Club« reagieren schneller. Für 50 000 $ kann jeder Sportfestveranstalter »Lewis & Co.« engagieren.

Die US-Sprinter verbessern den Weltrekord, den sie erst bei der WM im Vorjahr – noch mit Andre Cason – aufgestellt haben, um 1/10 sec. Der Weltrekord über 4 x 400 m hält schon 24 Jahre allen Angriffen stand. Es sieht auch in Barcelona nicht danach aus. Bis zuletzt bestehen Unklarheiten über die Aufstellung der US-Staffel. Michael Johnson schied über 200 m wegen einer nicht näher bezeichneten Krankheit aus. Um so größer die Überraschung, daß er als dritter Läufer der 4 x 400-m-Staffel putzmunter in Erscheinung tritt. Schon nach dem Start wird deutlich, daß weder die Kubaner noch die Briten die Amerikaner ernsthaft gefährden können. Andrew Valmon und Quincy Watts, die schon im Vorjahr bei der WM zur damals von den Briten geschlagenen US-Staffel gehörten, gehen in Führung, und Johnson kann den Vorsprung verteidigen. Ohne einen Lewis geht es auch in diesem Rennen nicht. Doch es ist Steve Lewis, Olympiasieger in Seoul und Silbermedaillengewinner in Barcelona über 400 m, der die Weltrekordzeit von 2:55,74 min sicherstellt.

Das Quartett verbessert um 42/100 sec den ältesten Weltrekord in der Leichtathletik. Die deutsche Staffel verlor im Vorlauf den Stab, was über 4 x 400 m immerhin gewissen Seltenheitswert hat.

Stabwechsel im 4 x 400-m-Endlauf der Herren bei den US-Amerikanern (vorn). Kein Team kann ihnen den Weg zu Gold und Weltrekord versperren.

Favoriten auf den Mittelstrecken vorn

5./8. August 1992. Der 22jährige US-Amerikaner Quincy Watts gewinnt die 400 m in 43,50 sec. Dabei verweist er in seinem zweitschnellsten Rennen überhaupt seinen Landsmann Steve Lewis und Samson Kitur aus Kenia auf die Medaillenplätze zwei und drei.
Die beiden US-Amerikaner beherrschen das gesamte Rennen. Auf den letzten 100 m hat Watts jedoch das größere Stehvermögen und distanziert Lewis um noch 0,71 sec. Der in Detroit geborene Watts spielte in seiner Schulzeit Basketball, bevor seine Sprintqualität entdeckt wurde. Über 100 und 200 m war jedoch die Konkurrenz im eigenen Team zu groß; deshalb wechselte er bald auf die 400 m.
Die 800 m werden von »Afrikas Lungen« beherrscht: Die Kenianer William Tanui (1:43,66 min) und Nixon Kiprotich (1:43,70 min) holen Gold und Silber. Im Finish kommt der US-Amerikaner Johnny Gray noch mächtig auf; ihm bleibt jedoch 0,27 sec hinter Kiprotich »nur« Bronze. Die Läufer aus dem Hochland diktieren über die gesamte Strecke das Tempo und werden ihrer Favoritenrolle völlig gerecht.
Am ereignisreichen vorletzten Wettkampftag feiern die spanischen Zuschauer im Olympiastadion einen neuen Volkshelden. Fermin Cacho gewinnt vor den Augen von König Juan Carlos die 1500 m in 3:40,12 min. Er besiegt die afrikanischen Eliteläufer in Gestalt von Rachid El-Basir (Marokko), Mohamed Sulaiman (Katar) und den Kenianern Chesire und Birir. Die Favoriten begehen allerdings einen taktischen Fehler, legen nur langsames Durchgangstempo vor. So behält Cacho, der Zweite der vorjährigen Hallen-Weltmeisterschaft, noch genügend Reserven, um im Endspurt ganz vorn zu laufen.
Die sich für den Überraschungssieger anschließende Gratulationstour ist mit Sicherheit anstrengender als die Strapazen des Rennens.

Dramatischer Kampf bis zum Ziel über 800 m (v. l.): Die Kenianer Nixon Kiprotich (3.) William Tanui (1.) und Johnny Gray aus den USA (3.)

Skandal im 10 000-m-Lauf: Der überrundete Boutayeb (l.) spurtet noch einmal vor Chelimo und Skah.

Der »Schwabenpfeil« trifft ins Schwarze

8. August 1992. »Trainiert, gegessen und geschlafen« – so »simpel« sehen die Vorbereitungen von Dieter Baumann für das 5000-m-Rennen aus. Die hervorragenden Zeiten, die Baumann im Vorfeld der Spiele gelaufen war, war den scheinbar übermächtigen Läufern aus Afrika eine Warnung: Entsprechend gehen sie zunächst das Rennen scharf an, um Baumann die Kraft zu nehmen. Dann aber befürchten sie, ihrem eigenen Tempo zum Opfer zu fallen und halten sich etwas zurück. Bei 4000 m hält sich Baumann taktisch klug in der Spitzengruppe und kontrolliert das Feld aus hinterer Position. Doch dann sieht er sich von den Kenianern Paul Bitok und Yobes Ondieki, den Äthiopiern Fita Bayisa und Borku Bikila sowie dem Marokkaner Brahim Boutayeb eingekesselt. Viele Zuschauer fragen sich, wie er da noch rauskommen soll. In der letzten Runde können Boutayeb und Ondieki zwar das Tempo nicht halten, schließen aber eingangs der Zielgeraden wieder auf. »Ich betete«, gesteht Baumann später, »daß sich eine Lücke auftut.« Er bleibt auf der Innenbahn – und da ist die ersehnte Lücke! Bayisa drängt nach außen, gerade noch früh genug, daß der »Schwabenpfeil« seinen gefürchteten Spurt durchziehen kann. Er siegt in 13:12,52 min, seiner zweitbesten Zeit, vor Bitok und Bayisa.
Trainiert wird der Individualist von seiner Lebensgefährtin Isabelle Hozang. Er schreibt seinen Erfolg dem »privaten Wohlbefinden« zu.

Taktisch klug kann Dieter Baumann (2. v. l.) noch im letzten Moment in die Phalanx der afrikanischen Läufergarde einbrechen.

Olympiasieger nur für zwölf Stunden

3. August 1992. Im skandalösesten 10 000-m-Lauf in der olympischen Geschichte siegt der Marokkaner Khalid Skah im Spurt gegen den Kenianer Richard Chelimo.
Vorausgegangen ist ein nie gesehener Vorfall: Nach 23 von 25 Runden führen Chelimo und Skah einsam das Rennen an. Sie überrunden den Marokkaner Hammou Boutayeb, der hierauf überraschend und entgegen den Regeln zu einem Zwischenspurt ansetzt, wieder vor Chelimo einbiegt und das Tempo drosselt. Die beiden nehmen Chelimo in die Zange, behindern seinen Lauf. Erst, als ein hilfloser Funktionär Boutayeb von der Bahn ziehen will, läßt der sich wieder zurückfallen. Im Spurt schließlich besiegt Skah den Kenianer – ein abgekartetes Spiel, wie jeder vermutet.
Die kenianische Mannschaftsführung legt zwar sofort Protest ein, woraufhin Skah auch disqualifiziert und Chelimo zum Olympiasieger erklärt wird. Nach Studium des Videofilms kommt die Jury jedoch zum Schluß, daß keine Behinderung durch Skah vorlag. Der tatsächliche Rennablauf wird also bestätigt.
Bei der Siegerehrung wird Skah aber vom wütenden Publikum ausgepfiffen, Chelimo muß sich zwar mit der Silbermedaille begnügen, ist aber der moralische Sieger.
Die deutschen Teilnehmer schieden schon in den Vorläufen aus.

Der tiefe Sturz des Himmelstürmers

3./7. August 1992. Sergej Bubka leistet sich den »Flop« der Olympischen Spiele. 6,20 m seien bei ihm drin, verkündet er vor den Spielen, und jeder glaubt es. Der Weltrekordhalter, der seit 1983 bei Weltmeisterschaften und Olympischen Spielen ungeschlagen ist, der Mann, der seit Jahren für jeden Sportfestveranstalter, der ihm ein paar Tausender hinblättert, seinen eigenen Weltrekord – weit über 6 m – um noch einen weiteren Zentimeter verbessert, scheitert im Endkampf des Stabhochsprungs zweimal an der für ihn lumpigen Anfangshöhe von 5,70 m. Dann läßt er die Latte auf 5,75 m legen, bei der er sonst erst zu springen beginnt. Diesmal hört er damit auf. Er reißt erneut, ihm gelingt kein einziger gültiger Versuch. Kommentarlos verläßt der Russe in Diensten des OSC Berlin enttäuscht das Stadion. Maxim Tarassow aus der GUS reichen dann 5,80 m zum Sieg.
Bei dem Kubaner Javier Sotomayor genügen im Hochsprung-Wettbewerb 2,34 m. Noch vier weitere Springer überwinden diese Höhe. Doch Sotomayor benötigt dazu weniger Versuche. Er widmet seine Goldmedaille voller Stolz dem »ganzen kubanischen Volk«.

△ *Noch fürchtet Javier Sotomayor, sein letzter Sprung könnte nicht für den Sieg reichen. Doch dann feiert er Gold für Kuba.*

◁ *Der erfolgverwöhnte Bubka ist konsterniert: Er kann sich sein Versagen im Stabhochsprung nicht erklären.*

Neuer Weltrekord vom Wind verweht

4. August 1992. Der US-Amerikaner Mike Conley jubelt nach seinem letzten Versuch im Dreisprung: 18,17 m – Weltrekord. Dann trommelt er mit den Fäusten wütend auf die Erde. Zu früh gefreut: Der Sprung wird zwar gültig gegeben. Conley hat mit seiner Weite auch den Olympiasieg inne. Doch der Weltrekord wird nicht anerkannt. Der bleibt weiterhin bei 17,97 m durch Willie Banks. Es werden beim Dreisprung nämlich nur 2,0 m/sec Rückenwind für die Rekordlisten toleriert. Bei Conley zeigt die Meßanlage 2,1 m/sec an. Der Schubunterschied ist verstandesmäßig kaum zu erfassen. Aber im Sport behalten nun einmal Zahlen das letzte Wort. Seine Konkurrenten Charles Simpkins (USA, 17,69 m) und Frank Rutherford (BAH, 17,36 m) läßt Conley weit hinter sich. Aber bei Rutherford herrscht im Gegensatz zu Conley ungetrübte Freude. Denn ihm gelingt etwas viel Dauerhafteres als ein Weltrekord, der früher oder später doch einmal übertroffen wird. Rutherford kann nie mehr übertroffen werden, denn er gewinnt mit Bronze die erste olympische Medaille für die Bahamas. Nur zwei Sprünge entscheiden

Drei Zentimeter entscheiden den »Kampf der Giganten«

6. August 1992. Die Entscheidung im Weitsprung wird mit größter Spannung erwartet. Von einem Duell zwischen Carl Lewis und Mike Powell erhofft sich jeder eine Wiederholung des Thrillers bei der WM in Tokio (31. 8. 1991). Dort brach Lewis mit 8,91 m den legendären 8,90-m-Weltrekord von Bob Beamon in Mexiko-City 1968. Danach aber übertrumpfte Powell ihn noch mit 8,95 m. Doch zu dem scheinbar vorprogrammierten »Kampf der Giganten« kommt es nicht: Die Entscheidung in diesem Wettbewerb fällt praktisch mit nur zwei Sprüngen, mit Lewis' erstem und Powells letztem.
Die 8,67 m, die Lewis gleich in seinem ersten Sprung vorlegt, werden vom Publikum als Auftakt registriert. Eine Herausforderung, auf die Powell sicher sofort reagieren wird. Aber der Weltrekordhalter bleibt in seinen ersten fünf Versuchen weit unter seinen Möglichkeiten. Das erscheint kaum glaublich. Doch auch Lewis muß nach seinem letzten Sprung entsetzt feststellen, daß er keinen Zentimeter weitergekommen ist. Er muß nun hilflos zusehen, wie Powell sich auf seinen letzten Sprung vorbereitet. Daß er zur Bestleistung in der Lage ist, daran besteht nicht der geringste Zweifel. In diesem kritischen Augenblick nehmen die beiden Konkurrenten Zuflucht zum Gebet.
Doch es hilft Powell nicht: Auf der Anzeigetafel leuchten »nur« 8,64 m auf. Der enttäuschte Zweite gratuliert »Carl dem Großen«, der später gesteht: »Ich habe gedacht, man müßte weiter zum Sieg springen.«

◁◁ *Carl Lewis läßt sich nach seinem Sieg feiern: Für ihn ist es die gelungene Revanche für die WM-Niederlage 1991.*

◁ *Mike Powell, dem alle Welt nach seinem »Jahrtausendsprung« auch den Olympiasieg zutraute, ist von seinem Ergebnis zunächst enttäuscht.*

Sensationelles Comeback von Gail Devers über 100 m

August 1992. Außer sich vor Freude tanzt die Siegerin des 100-m-Laufs über die Bahn. Sie feiert nicht nur ihr Olympiagold, sondern zugleich den Sieg über ihre Krebserkrankung. Noch vor einem Jahr drohte Gail Devers nach der Chemotherapie die Amputation der Beine. Doch sie gab nicht auf. »Ohne Bestrahlung wäre ich tot«, sprudelt sie überglücklich heraus. »Niemand weiß, was ich durchgemacht habe.« Jeder gönnt ihr den Triumph, in 10,82 sec die Jamaikanerin Juliet Cuthbert (10,83 sec) und die Russin Irina Priwalowa (10,84 sec) besiegt zu haben. »Mein Sieg ist für alle, ich liebe das Leben!«, jubelt sie. Nur die viertplazierte Gwen Torrence giftet als schlechte Verliererin: »Drei in diesem Rennen waren nicht sauber, zwei von ihnen stehen über mir« – eine Äußerung, die die Konkurrenz scharf zurückweist.

Gail, eigentlich Hürdenspezialistin, läuft auf ihrer Spezialstrecke einer sicheren zweiten Goldmedaille entgegen. Doch sie stürzt an der letzten Hürde, und so gewinnt mit Paraskevi Patoulidou erstmals eine Griechin eine olympische Goldmedaille. Auch sie ist überwältigt von ihrem Glück. Und sogar die spanische Königin Sophie, ehemals griechische Prinzessin, gratuliert.

Fassungslos erlebt Gwen Torrence die Siegerehrung im 200-m-Lauf. Unaufhaltsam rinnen die Tränen, als für sie die Hymne der USA erklingt. Tief muß der Frust in der 27jährigen gesessen haben, die bisher immer am großen Erfolg vorbeilief und im 100-m-Lauf trotz der Abwesenheit ihrer Angstgegnerin Krabbe nur Vierte wurde.

Doch auch Gwen beruhigt sich wieder, als sie noch Gold mit der 4 x 100-m- und Silber mit der 4 x 400-m-Staffel gewinnt.

Bei ihrer Äußerung über das Doping bleibt sie dennoch. Und jedem Einsichtigen ist inzwischen klar, daß sich IOC-Präsident Samaranch »seine« Spiele nicht durch einen Dopingskandal verderben läßt. Ein paar »Nobodies« werden ohne Aufhebens nach Hause geschickt, um den Schein zu wahren. Sonst ergeben 1827 Dopingproben nichts Aufregendes. Gleichwohl erklärt der australische Leichtathletiktrainer Kelvin Giles nach der Rückkehr von seinen fünften Olympischen Spielen: »Ich habe Insider-Informationen von allen Teams, und es gab so viele Drogen wie nie zuvor. Es hat sich überhaupt nichts geändert. Die Leute sind im olympischen Dorf herumgelaufen und haben sich darüber unterhalten, welche Drogen sie gebrauchen. Die Spiele sind nicht dopingfrei und werden es niemals sein.« Dennoch sind die Athleten empört über den Dopingfall fern von Barcelona. Katrin Krabbe verscherzt sich auch bei den Sportlern im deutschen Lager, die ihr noch zu Beginn der Jahres die Stange hielten, die letzten Sympathien.

Auch in modernen Märchen wachsen die Bäume nicht in den Himmel. Die US-Amerikanerin Gail Devers, sensationelle Siegerin über 100 m, stürzt im 100-m-Hürdenlauf an der letzten Hürde (1–4), als sie schon nach dem zweiten Gold griff.

Der Zieleinlauf über 100 m: Es siegt Gail Devers (r.) vor Juliet Cuthbert (2. v. r.) und Irina Priwalowa; Merlene Ottey (2. v. l.) wird 5.

Endlich der ersehnte Sieg: Über 200 m reißt Gwen Torrence (3. v. l.) jubelnd vor Juliet Cuthbert (Jamaika) die Arme in die Höhe.

Henkel und Drechsler zittern um ihre Siege

7./9. August 1992. Heike Drechsler und Heike Henkel gelten als sichere Trümpfe im bisher enttäuschenden deutschen Leichtathletik-Team. Zwei Vorzeige-Athletinnen, wie man sie sich attraktiver nicht vorstellen kann. Doch wer annimmt, sie brauchen sich ihre Goldmedaillen lediglich abzuholen, sieht sich auf die Folter gespannt.
Zwar qualifiziert sich die »Weitsprung-Heike« wie gewohnt fast im Vorübergehen mit 7,08 m für das Finale. Doch im entscheidenden Augenblick bleibt sie dreimal unter 7 m! Dabei hatten Inessa Kravets (GUS) und Titelverteidigerin Jackie Joyner-Kersee (USA) in ihren ersten Sprüngen schon 7,12 m und 7,07 m vorgelegt. Erst im vierten Sprung gelingt Heike Drechsler ein Satz auf 7,14 m. Sie zweifelt, ob das reicht. Aber ihr gelingt kein besserer Sprung, der letzte ist sogar ungültig. Doch auch Inessa kann sich nicht steigern. Das große Zittern herrscht dann vor Jackies letztem Sprung: In Tokio flog sie auf 7,40 m hinaus. Und mehr als 7,14 m hat sie allemal drin. Aber Jackie winkt nach der Landung lächelnd ab. Dann beglückwünscht sie Heike herzlich, zwei Gegnerinnen im Wettkampf, die nun wieder zwei Freundinnen sind.
Heike Henkel hatte sich vorgenommen, jeden Sprung im ersten Versuch zu nehmen, um ihrer Hauptrivalin Stewka Kostadinowa (BUL) keinen Vorteil einzuräumen. Doch die 1,97 m reißt Heike zweimal. Sie kann sich kaum erinnern, daß sie diese Höhe nicht auf Anhieb schaffte. Auch für sie beginnt das große Zittern. Noch ein Fehlversuch, und alles ist aus. Beim dritten Versuch aber fällt die Latte nicht, doch dafür ein Stein von zahllosen Herzen. Als Kostadinowa zum dritten Mal an dieser Höhe scheitert, schwingt sich Heike befreit über 2,00 m – läßt nun auch noch die Rumänin Galina Astafei hinter sich – und dann über 2,02 m zu ihrem allgemein erwarteten Sieg empor.

Heike Henkel freut sich über Hochsprung-Gold. Zuvor hatte sie sich als »Zugabe« über 2,06 m versucht.

Weitspringerin Heike Drechsler kann sich selbst Beifall spenden, als sie sich ihrer Goldmedaille sicher ist.

Jackie unerreicht im Siebenkampf

1./2. August 1992. Weltrekordlerin Jackie Joyner-Kersee zeigt in Barcelona wieder Extra-Klasse: Die erfolgreiche Siebenkämpferin, zwischen 1985 und 1991 in zwölf Wettbewerben ungeschlagen, wurde nur bei der WM 1991 durch eine Verletzung gestoppt, die den Weg zum Titel für Sabine Braun freimachte.
Vor dem olympischen Siebenkampf sagt Jackies Ehemann und Trainer Bob Kersee: »Jackies schlechte Tage sind besser als die besten Tage irgendeiner anderen.« Er hat wohl recht. Denn in Barcelona hat Jackie zwei ausgesprochen gute Tage. Sabine dagegen leistet sich einen schwachen 200-m-Lauf und einen verpatzten Weitsprung. Damit schwindet die minimale Gold-Hoffnung, auch Silber muß sie Irina Belowa aus der GUS überlassen.
»Viele halten mich für unbesiegbar«, erklärt Jackie nach dem Wettkampf, »aber ich muß mich immer wieder quälen und motivieren.« Bestimmt hat sie damit recht, doch sieht man der 30jährigen die Belastung kaum an. Sie siegt mit 199 Punkten Vorsprung, und das, obwohl Belowa ihre Bestleistung um 324 Punkte steigert. »Für mich ist sie die größte Athletin aller Zeiten«, schwärmt Bruce Jenner, Zehnkampfsieger von 1976. Und auch er hat damit recht.

Letzter Versuch entscheidet über Sieg und Niederlage

August 1992. Eigentlich haben sich alle schon mit dem Ergebnis im Speerwurf abgefunden. Die Favoritin Natalja Schikolenko aus Usbekistan führt mit 68,26 m, die 25jährige Silke Renk aus Halle ist mit 67,24 m und der damit sicheren Silbermedaille zufrieden, Karen Forkel ist es mit der Bronzemedaille für ihren 66,86-m-Versuch sowieso.
Aber Silke hat noch einen letzten Versuch. Sie wirft gewöhnlich recht gleichmäßige Serien ohne große Schwankungen nach oben oder unten. Doch bei ihrem letzten Versuch verrechnet sie sich, verstolpert den Anlauf und kommt gerade noch einen Zentimeter vor der Abwurflinie zum Stehen. »Das ging schief«, davon ist sie fest überzeugt. Doch der Wurf ist gültig, die Tafel zeigt 68,34 m an. Silke führt einen Freudentanz auf und zeigt mit Daumen und Zeigefinger immer wieder die acht Zentimeter Vorsprung an, die ihr den Sieg bringen. Geradezu als Spezialistin für letzte Versuche gilt Kathrin Neimke im Kugelstoßen. Schon dreimal bescherte ihr diese Kunst Medaillen, bei der WM 1987, bei den Olympischen Spielen 1988 und bei der EM 1990. Die Würfel in Gestalt der vier Kilogramm schweren Kugeln scheinen bereits gefallen. Swetlana Kriweljowa (GUS) führt mit 21,06 m vor der Chinesin Zhihong Huang (20,47 m) und der Kubanerin Belsy Laza (19,70 m). Aber dann wuchtet Kathrin in ihrem schon berüchtigten letzten Versuch die Kugel auf 19,78 m. Den Abstand, mit dem sie die Kubanerin vom Bronzeplatz verdrängt, kann sie wie Silke Renk mit zwei Fingern angeben.
In der Konkurrenz der Diskuswerferinnen bringt kein einziger Versuch die favorisierte Ilke Wyludda aus Leipzig auch nur in die Nähe der Medaillenränge. Enttäuscht findet sie sich auf Rang neun wieder. Es siegt überraschend Maritza Marten (CUB, 70,06 m) vor Swetanka Christowa (GUS, 67,78 m) und Daniela Costian (AUS, 66,24 m).

Die Kubanerin Maritza Marten im Abwurfring: Sie siegt beim Diskuswurf in der Damenkonkurrenz mit ihrem Versuch über 70,06 m.

Jewgeni Sadowij wird neuer Mega-Star der Schwimmer

Juli 1992. Die Schwimmstars aus Kalifornien kommen mit hohen Erwartungen nach Barcelona, erhalten aber schnell eine kalte Dusche. Auch die Deutschen müssen sich der Überlegenheit anderer Teilnehmer geschlagen geben. Die GUS-Schwimmer laufen allen anderen Aktiven den Rang ab.

Fast symptomatisch für ihre Überlegenheit ist die 50-m-Sprintentscheidung: Es siegt Alexander Popow vor den enttäuschten Matt Biondi und Tom Jager. Die deutsche Medaillenhoffnung Nils Rudolph landet im Finale abgeschlagen auf Rang 8. Popow durchbricht auch über 100 m Freistil die Vormachtstellung der USA, die keinen der Medaillenränge erreichen. Als Superstar entpuppt sich Popows Mannschaftsgefährte, der gerade 19jährige Jewgenij Sadowyi. Souverän setzt er sich über 200 und 400 m Freistil (Weltrekord) durch. Für Vize-Weltmeister Stefan Pfeiffer aus Hamburg bleibt nur Platz sieben. Und mit der 4x200-m-Freistil-Weltrekordstaffel holt sich Sadowyi schließlich sein drittes Gold.

Von den US-Amerikanern fällt der Sieger über 100 m Brust, Nelson Diebel, auf, der sein Comeback nach einem Unfall, bei dem er sich beide Handgelenke brach, überschwenglich feiert. Sein zweites Gold mit den Schwimmern in der 4x100-m-Lagenstaffel neben Rousse, Morales und Olsen in 3:36,93-Weltrekordzeit empfängt er bereits routinierter. Der 27jährige Pablo Morales feiert nach Silber 1984 über 100 m Freistil auch einen »zweiten Frühling«.

Der Ungar Tamas Darnyi, schon in Seoul Olympiasieger über 200 und 400 m Lagen, wird erneut auf beiden Strecken seiner Favoritenrolle gerecht. Einen neuen Nationalhelden feiern indes die Spanier: Ihr Landsmann Martin Lopez-Zubero wurde über 100 m Rücken Vierter, mußte sich dem Kanadier Mark Tewksbury sowie Jeff Rouse und David Berkoff (beide USA) geschlagen geben. Wahre Begeisterungsstürme begleiten ihn dann auf der 200-m-Strecke. Und hier distanziert der Weltmeister von 1991 die Konkurrenz und läßt mit 4/10 sec Vorsprung Wladimir Selkow (GUS) und Stefano Battistelli wie schon in Perth keine Chance. Eine gelungene Revanche für die WM im Vorjahr feiert Kieren Perkins (Australien) über 1500 m Freistil: Er unterbietet seinen eigenen Weltrekord in 14:43,48 min um fast fünf Sekunden; der als deutlicher Mitfavorit geführte Jörg Hoffmann kommt im Endlauf noch hinter dem Australier Glen Houseman nur auf Platz drei.

Kunstspringer Albin Killat sieht bei seiner dritten Olympiateilnahme Gold in Reichweite. Doch der achte Sprung des 30jährigen, ein dreieinhalbfacher Salto vorwärts gehechtet vom Dreimeterbrett, endet mit einem Bauchplatscher. Killat taucht auf Rang 10 hinab, es siegt der US-Amerikaner Mark Lenzi. Beim Turmspringen greift der 20jährige Jan Hempel nach Silber. Doch der vorletzte Sprung, ein dreieinhalbfacher Auerbachsalto gehockt, befördert den 20jährigen Dresdner auf den unbefriedigenden 4. Rang. Es siegt Shuwei Sun aus China.

Ein »Thriller«-Finale erleben die Zuschauer beim Wasserballturnier. Die favorisierten Spanier sehen eine aufopfernd kämpfende italienische Mannschaft, die den Gastgebern nach viermal sieben Minuten Spielzeit (0:1, 2:3, 3:2, 2:1) ein 7:7-Unentschieden abtrotzt. Eine dreiminütige Verlängerung endet torlos. In der zweiten Verlängerung trifft jedes Team einmal ins Netz. Erst die dritte Verlängerung bringt die Entscheidung für den Sensationssieger Italien. Die Mannschaft der GUS gewinnt Bronze durch einen 8:4-Erfolg über die USA.

△ Jewgeni Sadowij beim Start über 400 m Freistil, die er in Weltrekordzeit von 3:45,00 min gewinnt. Mit insgesamt drei Goldmedaillen wird Sadowij erfolgreichster Teilnehmer der Schwimmwettbewerbe.

◁ Die Medaillengewinner über 1500 m Freistil: Ein sichtlich enttäuschter Jörg Hoffmann (r.), dem nicht nur der Australier Kieren Perkins (l.) vom Start weg uneinholbar in der Fabel-Weltrekordzeit von 14:43,48 min davonschwamm. Auch der zweite Australier, Glen Housman, überläßt dem Weltmeister im Sog Perkins' nur noch Rang drei. Damit gelingt den Australiern die Revanche für ihre WM-Niederlage in Perth 1991.

Dreimal Gold für Krisztina Egerszegy – Skandal im DSV

Sie bleibt still in der Freude des Sieges: Die Ungarin Krisztina Egerszegy gewinnt drei Goldmedaillen.

In ihrer Siegesfreude schreit Dagmar Hase auch die Wut über »unfähige Funktionäre« hinaus.

Die 14jährige Franziska van Almsick kann ihren Fans viermal nach Medaillengewinnen zuwinken.

Juli 1992. Die Ungarin Krisztina Egerszegy ist mit 3 x Gold – über 100 m Rücken (1:00,68 min), als Titelverteidigerin über 200 m Rücken (2:07,06 min) und über 400 m Lagen (4:36,54 min) – erfolgreichste Schwimmerin in Barcelona. Hingegen bleiben die US-Amerikanerinnen weit hinter den Erwartungen zurück: Nur Nicole Haislett (200 m Freistil), Janet Evans (800 m Freistil) und Summer Sanders (200 m Schmetterling) steigen auf dem Siegertreppchen nach ganz oben. Darüber hinaus können nur die 4x100-m-Freistil- und die 4x100-m-Lagenstaffel in Weltrekordzeiten die Goldmedaillenbilanz noch verbessern.

Vor allem die Asiatinnen machen bei den Spielen in Barcelona auf sich aufmerksam: Es dominiert die Chinesin Li Lin mit Gold über 200 m Lagen, Silber über 200 m Brust und 400 m Lagen. Ihre Teamgefährtin Jong Zhuang holt sich den Titel über 100 m Freistil, Yang Wenji schlägt nach 50 m Freistil in Weltrekordzeit von 24,79 sec an.

Aus Japan kommt die gerade erst 14jährige Kyoko Iwasaki: Sie läßt über 200 m Brust weder Li Lin noch der US-amerikanischen Weltrekordhalterin und Favoritin Anita Nall auf Platz drei eine Chance.

Von den deutschen Schwimmerinnen gilt die 14jährige Franziska van Almsick als Zukunftshoffnung. Eine Medaille wird von ihr nicht erwartet. Sie soll erst einmal olympische Atmosphäre schnuppern. Doch die kesse Berliner Göre fühlt sich in der Piscina Bernat Picornell auf Anhieb wie zu Hause. Mit zwei Silbermedaillen – über 200 m Freistil und mit der 4x100-m-Lagenstaffel – sowie zwei Bronzemedaillen – über 100 m Freistil und mit der 4x100-m-Freistilstaffel – kann sie mehr als zufrieden nach Hause fahren. Bronzemedaillen für das Team des Deutschen Schwimmverbandes (DSV) erringen auch Kerstin Kielgaß (200 m Freistil), Daniela Hunger (200 m Lagen) und Jana Henke (800 m Freistil).

Für eine der größten Sensationen sorgt die 22jährige Magdeburgerin Dagmar Hase. Sie startet über 400 m Freistil, eigentlich Paradedisziplin ihrer Freundin Astrid Strauß; die aber ist nach der Affäre um ihr angebliches Doping in Barcelona nicht dabei. Nach einem dramatischen Finish schlägt sie in 4:07,18 min die haushohe Favoritin Janet Evans (4:07,37 min) – die erste Niederlage des US-Stars seit sechs Jahren. Fassungslos starrt »Daggie« auf die Anzeigetafel: »Ein Wahnsinn!« jubelt sie. »Ich wollte nur dranbleiben, damit es Silber wurde.«

Aus den Tränen der Freude werden kurz nach der Siegerehrung Tränen der Wut. Dagmar setzt zu einem Rundumschlag gegen die Funktionäre an. »Köpfe müssen rollen!« reagiert sie auf die »menschenverachtende« Behandlung von Astrid Strauß. Daß dann ausgerechnet auch noch der DSV-Doping-Beauftragte Harm Beyer an ihrer Siegerehrung teilgenommen habe, empfindet sie als Unverschämtheit. Diese Meinung wird in Teilen des Verbandes bestätigt, die mehr Sensibilität im Umgang mit den Sportlern fordern. Aus der Sensation wird ein Skandal im DSV-Lager, der allerdings bei vielen Aktiven kaum Unterstützung findet. Dennoch erklärt Beyer seinen Rücktritt, und NOK-Präsident Willi Daume räumt ein, daß beim DSV »reiner Tisch« gemacht werden müsse.

Wofür könnte Synchronschwimmen im Duett besser geeignet sein, als für Zwillinge? Das haben sich die US-Trainer auch gedacht. Die 28jährigen »Twins« Karen und Sarah Josephson, vor vier Jahren bereits Gewinnerinnen der Silbermedaille, tauchen nunmehr »vergoldet« wieder auf. Die Schwestern Penny und Vicky Vilagos (Kanada) gleichen sich ebenfalls wie ein Ei dem anderen – sie gewinnen Silber vor den Japanerinnen Fumiko Okuno und Aki Takayama, die nicht miteinander verwandt sind.

Die Chinesinnen Min Gao (vom 3-m-Brett) und die 14jährige Minxia Fu (vom 10-m-Turm) dominieren in den Sprungwettbewerben. Riesige Freude bei Brita Baldus, die im Kunstspringen mit ihrem letzten Sprung – einem eineinhalbfachen Auerbachsalto mit zweieinhalb Schrauben – noch Bronze holt.

Die 14jährige Chinesin Minxia Fu läßt hoch über den Dächern von Barcelona durch ihre Sprünge keinen Zweifel an ihrer Vormachtstellung im Turmspringen.

Sport und Kunst zugleich: Beim Synchronschwimmen kommt es auf Schwierigkeitsgrad, Ausstrahlung und die nahezu identischen Bewegungen an.

Ausnahmeturner Witali Scherbo

Juli/August 1992. Freude und Wehmut zugleich herrscht bei den Turnern der GUS-Mannschaft, die im Kunstturnen vor China und Japan siegt. Das Team »verteidigt« zwar seinen Titel, vertritt aber kein Land: Bei der Siegerehrung wird eine neutrale Fahne gehißt und eine neutrale Hymne gespielt. In der Zwölfkampf-Einzelwertung sieht es schon anders aus. Da siegt Ausnahmeturner Witali Scherbo für Weißrußland. Noch nie wurde diese Fahne bei internationalen Sportfesten gesehen, die Musik der Hymne klingt in den Ohren der meisten Zuschauer noch völlig fremd. Doch sie gewöhnen sich recht bald daran: Denn in den Gerätefinals siegt der 20jährige Scherbo noch an den Ringen, am Barren, am Seitpferd und beim Pferdsprung. Mit sechsmal Gold wird Scherbo erfolgreichster Athlet dieser Olympischen Spiele.

Seine Sicherheit bei den schwierigsten Übungen besticht: »Ein Turner wie von einem anderen Stern. Einmal habe ich auch versucht, die Ringe zu kreuzen wie Witali bei seiner Goldübung«, erzählt Andreas Wecker später. »Dabei hat es mir fast die Arme abgerissen.« Und Wecker zählt zu den vielseitigen Ausnahmekönnern. Mit Silber am Reck sowie Bronze an den Ringen und am Seitpferd und dem vierten Rang im Achtkampf ist er der erfolgreichste der deutschen Riege.

Mit Höchstschwierigkeiten gespickt ist die Damen-Konkurrenz – die GUS-Mannschaft gewinnt mit 0,587 Punkten vor Rumänien, auf Platz drei folgen die USA. Vor allem in den Gerätefinals wird allerdings deutlich, wie sehr das Frauen- zum Kinderturnen entartet. Vermutungen und Befürchtungen werden laut, daß die jungen Mädchen Hormone erhalten, die das Wachstum hemmen – viele sprechen von Verbrechen an der Gesundheit junger Menschen, die niemand kontrollieren kann. Der ästhetische Reiz verfliegt beim Anblick gedrillter Gliederpuppen, wandelt sich in Mitleid. Die Kampfrichter bewerten hingegen den Schwierigkeitsgrad – bei der Chinesin Lu Li am Stufenbarren mit der Höchstnote 10,0.

Wer Turn-Eleganz will, ist bei der Rhythmischen Sportgymnastik richtig. Es fasziniert Alexandra Timoschenko durch vollendete Bewegung.

Andreas Wecker ist in Barcelona der erfolgreichste deutsche Turner. Im Zwölfkampf erreicht er mit der deutschen Mannschaft den vierten Rang, ebenso in der Einzelwertung. In den Geräteendkämpfen teilt er die Silbermedaille am Reck punktgleich mit Grigori Misjutin aus der Ukraine, die Bronzemedaille an den Ringen mit dem Chinesen Xiao-shuang Li. Außerdem erturnt er Bronze am Seitpferd sowie jeweils den 7. Rang im Bodenturnen und am Barren.

◁ Witali Scherbo bei seinem siegreichen Pferdsprung. Der mit sechs Goldmedaillen erfolgreichste Teilnehmer der Olympischen Spiele in Barcelona siegt im Zwölfkampf mit der Mannschaft der GUS. Bei den Gerätefinalen gewinnt er außer dem Pferdsprung am Seitpferd, an den Ringen und am Barren. Am Boden- und Reckturnen nimmt er nicht teil. Für die Siege in der Einzelwertung wird er mit der Fahne und der Hymne von Weißrußland geehrt.

Bei den Wettbewerben der Turn-»Winzlinge« wird Lu Li aus China im Achtkampf 34. Doch am Stufenbarren erreicht sie die Höchstpunktzahl 10 und gewinnt die Goldmedaille. Auf dem Schwebebalken erturnt sie hinter Tatjana Lyssenko aus der GUS punktgleich mit der US-Amerikanerin Shannon Miller die Silbermedaille. Damit übertrifft sie Li Li und Chun-Mi Li, 14. und 20. im Achtkampf.

▷ Die Rumänin Lavinia Milosovici beendet das Bodenturnen mit der Höchstpunktzahl 10. Punktgleich mit der Ungarin Henrietta Onodi gewinnt sie die Goldmedaille im Pferdsprung. In der Mannschaftswertung des Achtkampfs holt sie Silber, in der Einzelwertung gewinnt sie hinter Tatjana Gutsu (GUS) und Shannon Miller (USA) Bronze. Zudem wird sie 4. am Stufenbarren und 8. am Schwebebalken.

Ob auf Straße oder Bahn: Rad-Vierer sind unschlagbar

Juli/August 1992. Im Straßen-Vierer fährt die erste vereinte deutsche Mannschaft zum ersten Olympiasieg seit 28 Jahren. Noch hoffen die völlig erschöpften Bernd Dittert, Michael Rich, Uwe Peschel und Christian Meyer im Schatten der Box am Autodrom des Circuit de Catalunya nur auf den Sieg. »Das ging über die Schmerzgrenze«, stammelt einer der Fahrer. Ob sie gewonnen haben, wissen sie zu diesem Zeitpunkt noch nicht.

Wegen des Luftwiderstandes hatten die vier nur eine einzige Wasserflasche mitgenommen. Bei extrem hoher Luftfeuchtigkeit und glühendheißen Temperaturen ohne größere Schattenflächen fahren sie mit einem Stundenmittel von 49,322 km/h die Strecke entlang. Erst als sie den Anstieg zur letzten der vier 25-km-Runden heraufkeuchen, ruft ihnen Trainer Peter Weibel erstmals eine Zwischenzeit zu. Vorher wollte er sie nicht irritieren. Denn die italienischen Weltmeister führten bis dahin nach jeder Runde. »6 Sekunden vor den Italienern!« hören sie durchs Megaphon. Das ist zu wenig, denn gegen die Italiener, die drei Minuten nach ihnen starteten, verloren sie im Vorjahr bei der WM in Stuttgart mit 2:23 min Rückstand. Das deutsche Quartett legt zu, nach 2:01,39 h sind sie im Ziel. Erst als nach drei Minuten keine Italiener in Sicht sind, bricht unbeschreiblicher Jubel aus. Mit einer Minute Vorsprung haben sie ihre schärfsten Konkurrenten abgehängt. Ausgerechnet die Südländer erlitten einen Hitzeeinbruch und gestehen ein, daß die Deutschen besser waren.

Eine Premiere erleben die Zuschauer in der Einzel-Verfolgung: Jens Lehmann verliert nicht nur das Finale, er wird sogar von dem Briten Chris Boardman eingeholt. Das hat es bei Olympischen Spielen noch nie gegeben. Lehmann zeigt sich als fairer Verlierer, schreibt dieses Ergebnis nicht dem »Wunderrad« Boardmans zu. Er erklärt, daß er sich für die Mannschaft schonen wollte, als er bei 2500 m merkte, daß er keine Siegchance mehr besaß.

Und so kommt er doch noch zum ersehnten Gold. Mit dem Verfolgungs-Vierer, der wie ein gut geölter Vierzylindermotor um das Oval des Velodrom d'Horta surrt, fahren Lehmann, Michael Glöckner, Stefan Steinweg und Guido Fulst ganz nach vorn. So schnell wie sie, 4:08,791 min, ist noch nie in einer Freiluftarena gefahren worden.

Schon mehr zu kämpfen hat da Jens Fiedler im Sprint. Den entscheidenden dritten Lauf gegen den Australier Garry Neiwand gewinnt er mit hauchdünnem Vorsprung, muß sechs Minuten warten, bis das Ergebnis des Fotofinishs bestätigt wird: »Ein unbeschreibliches Gefühl, bei der Siegerehrung da oben zu stehen«, bekennt der 22jährige. Später erfährt er, daß er die 1000. olympische Medaille für Deutschland seit 1896 gewonnen hat. Bei solchen Erfolgen kommen sich die Viertplazierten Jens Glücklich im Zeitfahren und Erik Zabel im Einer-Straßenfahren schon ein wenig unglücklich vor.

Im 3000-m-Einzel-Verfolgungsfahren der Damen hat es Petra Roßner nicht mit Gegnerinnen zu tun, die auf »Wunderrädern« sitzen. Trotzdem liegt sie gegen Australiens Straßen-Olympiasiegerin Kathryn Watt bald um zwei Sekunden zurück. Doch dann macht die 25jährige Studentin der Ernährungswissenschaften aus Leipzig Zehntel um Zehntel gut und siegt nach 3:41,753 min mit 1,685 sec Vorsprung. Im Radsprint der Frauen unterliegt Annett Neumann der routinierteren Erika Salumae. Diese siegte bereits 1988 in Seoul für die UdSSR. Jetzt wird sie als erste Olympiasiegerin aus Estland gefeiert.

»Über die Schmerzgrenze hinaus« fuhr der deutsche Straßen-Vierer mit Michael Rich, Uwe Peschel, Christian Meyer und Bernd Dittert zum verdienten Olympiasieg mit einer Minute Vorsprung vor Italien.

Annett Neumann (l.) aus Cottbus fährt beim Radsprint im Velodrom d'Horta hinter der Estländerin Erika Salumae in »Lauerposition«. Es reicht nicht: Salumae gewinnt und wird als erste Olympiasiegerin aus Estland gefeiert. Dritte wird Ingrid Haringa (HOL).

▷ Das Finish im Radsprint zwischen dem Australier Garry Neiwand, der geradezu »anlehnungsbedürftig« erscheint, und dem Sieger Jens Fiedler – das Zielfoto bestätigt das Ergebnis.

Deutsche Dressurreiter »sahnen ab« – Debakel im Springen

Juli/August 1992. Angesichts der Leistungen der deutschen Dressurreiter im Königlichen Poloclub gehen selbst den Fachleuten die Superlative aus. Bereits in der Mannschaftswertung gibt es Höchstnoten: Uneinholbar liegen im Endresultat Nicole Uphoff auf »Rembrandt«, Monica Theodorescu (Grunox), Isabelle Werth (Gigolo) und Klaus Balkenhol (Goldstern) mit 5224 Punkten vor den Niederländern (4742 Punkte) und dem Team der USA (4643) vorn.

Dabei erhält Nicole Uphoff für ihre Vorstellung mit 1768 Punkten die höchste Wertung, die jemals vergeben wurde, und legt damit den Grundstein zur Titelverteidigung der deutschen Mannschaft.

Auch im Einzel liegt die 25jährige Speditionskauffrau vorn. Aber ihre stärkste Rivalin, Europameisterin Isabelle Werth, verfolgt sie auf Gigolo mit einem Abstand von nur sechs Punkten. Nach dem entscheidenden Grand-Prix-Special muß die Rheinbergerin jedoch einräumen: »Schade, ich habe alles gegeben. Aber die Fehler bei den fliegenden Wechseln auf der Mittellinie kosteten wertvolle Punkte, und dann ist Gigolo auch noch vor der Pirouette umgesprungen. Da war alles vorbei.« Dabei hat auch die Jurastudentin keinen Grund, Trübsal zu blasen. Denn hinter Uphoff erhält sie mit 1551 die zweithöchste Punktzahl, die je in einem Grand-Prix-Special vergeben wurde. Nicole bekam von den Wertungsrichtern 1626 Punkte. »Sie hat keinen Fehler gemacht«, bestätigt Isabelle, »sie war großartig und hat deshalb verdient gewonnen.«

Die Fachleute überschlagen sich nahezu, als Nicole Uphoff das Dressurviereck mit ihrem 15jährigen westfälischen Wallach »Rembrandt« verläßt: Der sechsmalige Dressur-Olympiasieger Reiner Klimke stellt fest: »Schöner kann man kaum noch reiten.« Der fünffache Olympiasieger im Jagdspringen Hans Günter Winkler bestätigt: »Es war wunderbar.« Und der kritische Bundestrainer Harry Boldt erklärt: »Wenn es je einen fast perfekten Ritt gegeben hat, dann heute. Vielleicht hätten die Trabversalen noch etwas stärker sein sollen, aber das war auch alles. Rembrandt war topfit wie Nicole. Und das Pferd besticht immer wieder durch sein erstklassiges Gleichmaß. Da folgt ein Höhepunkt dem andern.« Die 25jährige Nicole gesteht nach dem Sieg: »Als ich aus dem Stadion ritt, bin ich fast vom Pferd gefallen. Mir wurde richtig schwarz vor Augen.« Auch für die favorisierte Titelverteidigerin ist Siegen noch nicht selbstverständlich.

Überglücklich ist auch der 52jährige Polizeihauptmeister Klaus Balkenhol, der mit seinem Streifenpferd Goldstern Bronze gewinnt. Mannschaftsgold und alle drei Medaillen im Einzel, das gab es noch nie bei Olympischen Spielen.

Bei den Military-Reitern kann es der 49jährige Herbert Blöcker kaum fassen, daß ihn seine 16jährige »Feine Dame«, die doch schon als eine ältere Pferdedame gelten kann, ausgerechnet auf der Geländestrecke von El Montanya, die erst von Tierschützern entschärft werden mußte, in die Medaillenränge getragen hat. Im abschließenden Jagdspringen unterliefen seiner nicht mehr ganz so spritzigen Dame lediglich Zeitfehler, was aber immer noch für die Silbermedaille hinter dem Australier Matthew Ryan auf »Kibah Tic Toc« ausreicht. Zusammen mit Cord Mysegaes auf »Ricardo«, Ralf Ehrenbrink auf »Kildare« und Matthias Baumann auf »Alabaster« gibt es dazu noch Mannschaftsbronze hinter Australien und Neuseeland.

Ein Debakel erleben die deutschen Springreiter im Preis der Nationen, den die Niederlande vor Österreich und Frankreich gewinnt. Die deutsche Equipe, in Seoul noch Olympiasieger, endet auf dem 11. Rang. Zwar wird der Parcours des allzu unerfahrenen Spaniers Alvarez de Bohorques heftig kritisiert, aber Hans Günter Winkler bemerkt spitz: »Das ist eben olympisch.« Olympiawürdig ist dann, wie sich Ludger Beerbaum auf »Classic Touch« von diesem Tiefpunkt hocharbeitet. Mit zwei fehlerlosen Ritten wird er Erster vor Piet Raymakers auf »Ratina Z« (Niederlande) und Norman Dello Joio auf »Irish« (USA).

Pech für Ludger Beerbaum, als ihm beim zweiten Umlauf im »Preis der Nationen« der Nasenriemen des Zaumzeugs reißt. Glück für ihn, daß er rechtzeitig aus dem Sattel steigt und so von »Classic Touch« nicht mitgeschleift wird.

▷ Im Einzel holt Beerbaum Versäumtes nach: Der strahlende Sieger holt in zwei fehlerfreien Ritten und schnellem Tempo das Beste aus seinem Pferd »Classic Touch« und gewinnt die Goldmedaille.

Die siegreiche deutsche Dressur-Equipe mit (v. l.) Isabelle Werth (Silber), Nicole Uphoff (Gold) und Klaus Balkenhol (Bronze) nach der Siegerehrung in der Einzelwertung. Mit vier Goldmedaillen in den olympischen Dressurwettbewerben 1988 und 1992, dazwischen wurde sie auch Europameisterin und Weltmeisterin, ist die 25jährige Nicole Uphoff bereits die erfolgreichste Dressurreiterin, die es je gegeben hat. Zusammen mit Monica Theodorescu reiten die drei Einzelsieger nahezu ohne Konkurrenz auch zum Mannschaftsgold.

Fünf Schuß in vier Sekunden, insgesamt 100 an zwei Tagen, hat Ralf Schumann abzufeuern, er siegt mit 885 Ringen.

Michael Jakosits der zweite deutsche Goldmedaillengewinner im Schießen. Die laufende Scheibe trifft er am besten.

Schnelle Schützen haben Gold im Visier

Juli/August 1992. Traditionsgemäß wird der erste Sieger bei Olympischen Spielen auf dem Schießstand gefeiert. Es ist die 18jährige Südkoreanerin Yeo Kab-Soon, die mit dem Luftgewehr 498,5 Punkte herausschießt und sich vor Wessela Letschewa (Bulgarien) und der »unabhängigen olympischen Teilnehmerin« Aranka Binder Gold holt. Binders Medaillengewinn wurde durch die IOC-Entscheidung möglich, Sportler aus Ex-Jugoslawien trotz des Bürgerkriegs zuzulassen.

Ein serbischer Schütze verdrängt beim Kleinkaliber liegend den Deutschen Hubert Bichler aus den Medaillenrängen. Im letzten Schuß fehlt ihm ein Millimeter zum Gold. Doch nach einer 9,8 erhält der ringgleiche Stevan Pletikosic Bronze wegen des besseren Finalresultats.

Mit einer 10 im letzten Schuß mit der Schnellfeuerpistole beendet Ralf Schumann eine Glanzvorstellung. Mit insgesamt 885 Ringen distanziert er den Letten Afnasijs Kuzmin mit 882 Ringen deutlich.

Wenig Zeit bleibt den Schützen bei der laufenden Scheibe, die in nur 2,5 sec vorbeirennt. Nach einem nervenaufreibenden Finale gewinnt Michael Jalzosits mit nur einem Punkt vor Anatoli Asrabajew von der GUS. »Ich bin völlig fertig«, gesteht der Sieger, »und einfach nur glücklich.« Nervenkraft im Stechen beweist die Chinesin Shan Zhang, die das erstmals ausgetragene offene Skeetschießen gewinnt. Zuvor holt sie alle 200 Scheiben herunter und stellt damit neuen Weltrekord auf.

Basketball wie von einem anderen Stern

8. August 1992. Das US-amerikanische »dream team« erfüllt seine »Mission«, gewinnt erwartungsgemäß das Basketballturnier.

Zum ersten Mal schickten die USA keine Collegemannschaft zu den Olympischen Spielen, sondern Profis der NBA-Liga. Sie spielen Basketball nicht nur, sie demonstrieren es. Bei allen acht Begegnungen »packen« die übrigen Stars um Earvin »Magic« Johnson und Michael Jordan ihren Gegnern über hundertmal den Ball in den Korb. Für das Endspiel gegen Kroatien werden auf dem Schwarzmarkt Karten für 3000 US-Dollar gehandelt. 12 500 Zuschauer im Sportpalast von Barcelona rasen, als die Kroaten mit 25:23 in Führung gehen. Doch die US-Boys lassen sich nicht beeindrucken: 117:85 lautet das standesgemäße Endresultat.

Die deutschen Basketballer erreichen mit dem 7. Rang die bisher beste Olympia-Plazierung.

Die Basketball-Millionäre aus den USA sind die Sensation des olympischen Turniers. Das »dream team« wird seinem Ruf gerecht und erteilt allen konkurrierenden Mannschaften denkwürdige Lehrstunden. Selten schwärmen unterlegene Mannschaften von ihren Niederlagen wie bei diesem Turnier. IOC-Präsident Juan Antonio Samaranch behält es sich persönlich vor, den US-Ballzauberern die olympische Goldmedaille umzuhängen. Charles Barkley erweist sich im Verlauf des Turniers als gefährlicher Korbjäger, der das Publikum mit faszinierendem Spiel – und provokativen Bemerkungen mitreißt.

Barcelona 1992 in Stichworten

An den Sommerspielen der XXV. Olympiade vom 25. Juli bis 9. August nehmen Sportlerinnen und Sportler aus 172 Nationen teil, darunter erstmals »unabhängige« Athleten und die Mannschaft der »Gemeinschaft Unabhängiger Staaten (GUS)«. Außerdem sind Teilnehmer der Republik Südafrika zum ersten Mal seit den Sommerspielen 1960 in Rom wieder dabei; ebenso wie Kuba, das zuletzt zu den Spielen in Moskau 1980 eine Mannschaft geschickt hatte. Es gibt 257 Wettbewerbe in 28 Sportarten. 37 Staaten stellen Goldmedaillengewinner, 64 Länder insgesamt kommen zu Medaillen. Im Medaillenspiegel führt die GUS (112) vor den USA (108) und Deutschland (82). Erstmals auf dem olympischen Programm steht Badminton und – nicht zuletzt hinsichtlich der Spiele 1994 in Atlanta – das Lieblingsspiel der US-Amerikaner, Baseball. Zu den sogenannten Demonstrationssportarten zählen Rollhockey, Pelota, ein tennisartiges Spiel zweier Spieler gegen eine Mauer, und Teakwondo. »Doping« bleibt eines der Hauptschlagworte, wenn auch während der Spiele keine spektakulären »Fälle« aufgedeckt werden. Einige »Ex-Doping-Sünder« versuchen z. T. erfolgreich ihr Comeback, wenige unbekannte Sportler werden wegen unerlaubter Manipulation von den Spielen ausgeschlossen; es wird über neue Methoden der Kontrolle spekuliert. In der Leichtathletik sind die US-Athleten mit 12 G, 8 S und 11 B überragend vor der GUS mit 7 G, 11 S und 3 B und GER mit 4 G, 1 S und 5 B. Im Boxen unterstreicht Kuba seine Vormachtstellung mit 7 G, 2 S vor GER mit 2 G, 1 S, 1 B und den USA mit je lx G, S und B. Im Bogenschießen ist Südkorea weiterhin dominierend (2 G, 2 S). Fest in asiatischer Hand sind auch die Tischtennis-Wettbewerbe: CHN mit 3 G, 2 S, 1 B vor Südkorea mit 5 B. Im Badminton ist Indonesienführend mit 2 G, 2 S, 1 B vor Südkorea (2 G, 1 S, 1 B).

Brite Nigel Mansell erfüllt sich mit 39 Jahren seinen Traum

16. August 1992. Sehr früh in der Formel-1-Saison wird die Weltmeisterschaft entschieden. Schon nach dem elften von 16 Rennen – beim Großen Preis von Ungarn auf dem Hungaroring in Budapest – setzt sich der 39jährige Brite Nigel Mansell (Williams-Renault) die Krone auf. Selten zuvor haben ein Fahrer und ein Auto so die Saison beherrscht. Nach den ersten zehn Rennen hat Mansell acht Siege auf seinem Konto, erst im sechsten Lauf wird er erstmals besiegt. Am Saisonende weist Mansell schließlich mit 108 Punkten fast doppelt soviele Zähler auf wie sein Markenkollege Riccardo Patrese (Italien/56), der WM-Zweiter wird. Für Nigel Mansell erfüllt sich mit dem Titel ein Lebenstraum, nachdem er zuvor dreimal Vize (1986, 1987, 1991) geworden war. Mit neun Sasisonsiegen am Ende der WM stellt der Brite zudem einen Rekord auf. Überraschend ist, daß sich Mansell danach aus der Königsklasse des Automobilrennsports zurückzieht. »Ich fühle mich von meinem Team schlecht behandelt, deshalb steige ich aus«, gibt der neue Weltmeister noch in der laufenden Saison bekannt, nachdem vom Williams-Rennstall mit mehreren anderen Fahrern verhandelt worden war und Mansells Gehalt drastisch gekürzt werden sollte. Der Brite kehrt 1994 noch einmal in die Formel 1 zurück, bestreitet vier Grand Prix' für Williams und gewinnt in Australien. Nach zwei Rennen für McLaren 1995 geht er nach 185 Grand Prix (32 Poles, 31 Siege, 480 Punkte) endgültig in den Ruhestand.

Formel-1-Weltmeister Nigel Mansell in seinem Williams-Renault beim Großen Preis von Ungarn auf dem Hungaroring

Olaf Ludwig gewinnt als erster Deutscher den Rad-Weltcup

25. Oktober 1992. Vorzeigesportler, Publikumsliebling, Supersprinter, Olympiasieger, mehrfacher Tour de France-Etappensieger, Leitfigur – all das trifft auf Straßenradprofi Olaf Ludwig zu. Am 25. Oktober 1992 stockt der gebürtige Thüringer seine Referenzen weiter auf: Als erster Deutscher gewinnt er den Rad-Weltcup, die Trophäe für den besten Fahrer des gesamten Jahres. Für Ludwig reicht angesichts seines Vorsprungs aus den vorangegangenen Rennen ein 14. Platz im abschließenden 56-km-Einzelzeitfahren auf Mallorca für den größten Triumph seiner Profi-Laufbahn. Nach den Italienern Gianni Bugno und Maurizio Fondriest ist Olaf Ludwig der dritte Sieger in dieser Härteprüfung in Sachen Spitzenleistungen auf höchstem Niveau von Anfang März bis Ende Oktober. Ludwig ist im Frühjahr der Held der Eintages-Klassiker (Sieger beim Astel Gold Race, Zweiter bei Paris-Roubaix), im Sommer erfolgreich bei der Tour de France (Gewinner auf der Champs Elysees in Paris), im Herbst Dritter beim Klassiker Paris-Tours. Peter Post, Chef von Ludwig im Panasonic-Rennstall: »Olaf ist eben ein kompletter Rennfahrer.« Im November wechselt Ludwig von der Straße auf die Bahn. In Dortmund verliert er erst in der allerletzten Runde mit seinem Partner Peter Pieters aus Holland.

Olaf Ludwig während der 19. Thüringer Burgenfahrt im Juni 1992 (o.). Drei Monate später krönt er eine großartige Saison mit dem Gewinn des Rad-Weltcups. Kurz danach sattelt er zur Bahn um, wo er mit seinem Partner Peter Pieters fährt. Ein Jahr später gewinnt er die 13. Etappe der Tour de France. (o.l.)

Egidius Braun wird Präsident des Deutschen Fußball-Bundes

24. Oktober 1992. Der Mann kann mit Millionen umgehen, denn von 1977 bis 1992 hat Egidius Braun das Amt des Schatzmeisters im Deutschen Fußball-Bund ausgeübt. Ab 24. Oktober ist der 67jährige Aachener Kartoffelhändler und spätere Unternehmensberater (geb. 27. Februar 1925) auf andere Art und Weise der Herr über Millionen – als DFB-Präsident nämlich über 5,3 Millionen Mitglieder im größten Sportfachverband der Welt. Braun wird damit Nachfolger des im September 1992 verstorbenen Hermann Neuberger. Der sozial engagierte Katholik, der fast jeden Sonntag um 13 Uhr im Augustinerinnen-Kloster in Aachen-Walheim als Hobby-Musikant die Orgel bedient, erhält wegen seiner Menschenfreundlichkeit und Kirchentreue den Beinamen »Pater Braun«. Sein Credo: »Ich bin gern Funktionär, aber in erster Linie will ich Mensch bleiben.« Bei den DFB-Bundestagen 1995 und 1998 wird Egidius Braun – auch Vizepräsident und Schatzmeister der UEFA – für zwei weitere dreijährige Amtszeiten mit großer Mehrheit als DFB-Präsident bestätigt. Erst danach kündigt er seinen Rückzug an.

Egidius Braun (r.) und Alan Rothenberg, Präsident des US-Verbandes (l.), gratulieren Lothar Matthäus zum 100. Länderspiel.

Ein großer Trainer verliert den Kampf gegen den Krebs

14. November 1992. Als Ernst Happel stirbt, da ist die Betroffenheit unter Trainerkollegen, Fußball-Profis, Fans und Journalisten gleichermaßen groß. Happel, in Wien geboren, verkörpert das, was man gemeinhin unter »Wiener Schmäh« versteht. Ein Grantler mit hintersinnigem Humor, der die Spieler duzt, die ihn ihrerseits mit »Herr Trainer« ansprechen müssen. Happel, in Deutschland bekannt durch seine Jahre beim Hamburger SV (1981–87), gehört mit 18 Titeln zu den Erfolgreichsten der Branche. Mit dem HSV wird der 1925 geborene Österreicher Europacup-Gewinner bei den Meistern, UEFA-Pokalfinalist, zweimal Deutscher Meister und DFB-Pokalsieger. Als Spieler stand er bei Rapid Wien, Vienna und Racing Paris als Stopper und Verteidiger auf dem Feld, bestritt 51 Auswahlpartien für Österreich (1947–58, WM-Endrunden 1954 und 1958). Ab 1962 ist er Trainer – bei ADO Den Haag, Feyenoord Rotterdam (Europacup der Meister, Weltcup), FC Sevilla, FC Brügge (zwei EC-Finals), der niederländischen Nationalmannschaft (1978 WM-Zweiter), Standard Lüttich, dem HSV, FC Tirol und als Teamchef der Auswahl Österreichs. Der damalige HSV-Manager Günter Netzer bezeichnet Happel als den »bestmöglichen Mann, ein Genie«. Der propagiert Offensivfußball und kümmert sich ansonsten nicht um die Öffentlichkeit: »Schreib'ns', was woll'n, is mir eh wurscht!« Das Schreiben des Arztes, der ihm 1986 andeutet, daß er an Krebs erkrankt sei, liest Happel nicht zu Ende: »Rutscht mir den Buckel runter. Hab' ich an Krebs, na dann hab' ich an Krebs.«
Nachdem er kurz vor seinem 66. Geburtstag stirbt, erweisen ihm 5000 Trauergäste – darunter eine Delegation vom Hamburger SV (Kranzschleife »Servus, Ernst Happel«) – auf dem Hernalser Friedhof von Wien die letzte Ehre.

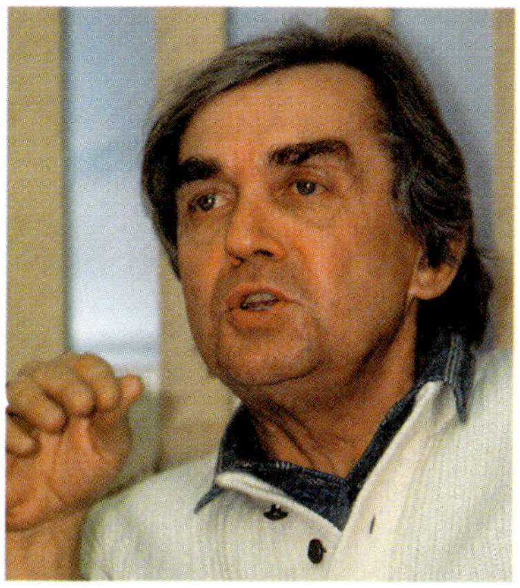

Ernst Happel gehörte auf der europäischen Fußballbühne zu den ganz großen Trainern.

Boris Becker wird Tennis-Weltmeister – am 25. Geburtstag

22. November 1992. 6:4, 6:3 und 7:5 gewinnt Boris Becker in Frankfurt/Main das Finale um die ATP-Weltmeisterschaft gegen den US-Amerikaner Jim Courier – und es scheint, als habe es der »Rote«, der zuvor sein Auftaktmatch gegen Pete Sampras verloren, aber danach gegen den Tschechen Peter Korda, den Schweden Stefan Edberg und den Kroaten Goran Ivanisevic gewonnen hatte, besonders eilig. Denn genau am Tag des mit 1,09 Mio. Dollar honorierten Erfolges feiert Becker seinen 25. Geburtstag, was die 9000 Zuschauer zu stehenden Ovationen auf den Publikumsliebling veranlaßt.
Becker: »So viel Unterstützung durch das Publikum hatte ich in Deutschland noch nie. Das war unglaublich. Die Zuschauer haben sagenhaft geholfen.« Der Deutsche wird nach seinem beeindruckenden Erfolg, mit dem er nach 1988 (Sieg gegen Ivan Lendl) zum zweiten Mal ATP-Weltmeister wird, auch von den Journalisten mit wahren Lobeshymnen für sein Spiel bedacht. »Der beste Becker, den man je sah«, schreibt die österreichische »Presse«. Für den Leimener bedeutet der Triumph nach eigener Aussage sehr viel. »Ich habe hier den Zweiten, Vierten und zum Schluß den Ersten der Weltrangliste nacheinander geschlagen. Wenigstens für heute abend fühle ich mich als Nummer 1 in der Welt.«

Boris Becker mit gewohnt kraftvollem Einsatz im ATP-WM-Finale

1993

6. 1. Andreas Goldberger (Österreich) wird Gesamtsieger der 41. Vierschanzen-Tournee.

27. 1. Die Berliner Olympia GmbH übergibt in Lausanne die Bewerbung für die Olympischen Spiele 2000.

30. 1. Monica Seles (Jugoslawien/später in den USA eingebürgert) gewinnt das Finale der Australian Open in Melbourne gegen Steffi Graf mit 4:6, 6:3 und 6:2. Bei den Männern siegt tags darauf Jim Courier (USA) gegen Stefan Edberg (Schweden) mit 6:2, 6:1, 2:6 und 7:5.

6. 2. Der frühere Tennisspieler Arthur Ashe (USA) stirbt in New York im Alter von 49 Jahren an der Immunschwäche Aids. Der einzige farbige Wimbledonsieger (1975) hatte sich bei einer Bluttransfusion infiziert.

7. 2. 52. Eisschnellauf-WM Berlin: dritter Mehrkampf-Titel in Folge für Gunda Niemann.

20. 3. Henry Maske wird in Düsseldorf durch Punktsieg gegen Charles Williams Profi-Boxweltmeister im Halbschwergewicht.

30. 3. Der Deutsche Leichtathletik-Verband spricht die Sprinterinnen Katrin Krabbe, Grit Breuer und Manuela Derr vom Dopingverdacht frei. Geringe Sperren wegen »Sportwidrigkeit«.

12. 4. Ludger Beerbaum gewinnt in Göteborg als erster Deutscher den Springreiter-Weltcup.

30. 4. Monica Seles (USA) wird beim Tennis-Turnier in Hamburg von einem Zuschauer durch einen Messerstich schwer verletzt.

26. 5. Fußball-Europapokal-Finale der Landesmeister in München: Olympique Marseille-AC Mailand 1:0.

5. 6. Werder Bremen wird nach 1965 und 1988 zum dritten Mal Deutscher Fußball-Meister.

12. 6. 50. Endspiel um den DFB-Pokal: Bayer Leverkusen schlägt die Amateure von Hertha BSC mit 1:0.

3. 7. Steffi Graf wird zum fünften Mal Wimbledon-Siegerin – durch ein 7:6, 1:6, 6:4 gegen Jana Novotna (Tschechien).

4. 7. Deutschland gewinnt durch ein 71:70 über Rußland sensationell erstmals die Basketball-EM der Männer.

25. 7. Die 80. Tour de France endet in Paris mit dem dritten Sieg in Folge für den Spanier Miguel Indurain.

27. 7. Javier Sotomayor (Kuba) erzielt mit 2,45 m Hochsprung-Weltrekord.

8. 8. Bei der EM der Schwimmer und Wasserspringer in Sheffield wird Deutschland mit 15mal Gold, sechsmal Silber und achtmal Bronze erfolgreichste Nation. Überragend: Franziska van Almsick mit sechs Titeln.

22. 8. Die Leichtathletik-WM in Stuttgart endet mit einem großartigen Zuschauererfolg. Sportliche Bilanz für Deutschland: 2 x Gold, 2 x Silber, 4 x Bronze.

28. 8. Jan Ullrich wird Straßenrad-Weltmeister der Amateure.

4. 9. Dressur-EM in Lipica: 15. Gold in Folge für Deutschland.

18. 9. Torhüter Andreas Köpke (1.FC Nürnberg) wird Deutschlands »Fußballer des Jahres«.

26. 9. Dirk Raudies wird Motorrad-Weltmeister in der 125-ccm-Klasse.

5. 10. Basketball-Superstar Michael »Air« Jordan, bestverdienender Berufssportler der Welt, erklärt seinen Rücktritt.

13. 10. Seles-Attentäter Günther Parche wird »wegen gefährlicher Körperverletzung« zu zwei Jahren auf Bewährung verurteilt.

14. 11. Uta Pippig gewinnt den 24. New York-Marathon.

17. 11. Lothar Matthäus löst mit seinem 104. Auswahleinsatz beim Länderspiel gegen Brasilien in Köln (2:1) Franz Beckenbauer als Rekord-Nationalspieler ab.

21. 11. Michael Stich wird in Frankfurt/M. durch ein 7:6, 2:6, 7:6, 6:2 gegen Pete Sampras (USA) ATP-Tennis-Weltmeister.

25. 11. Schwimmerin Franziska van Almsick, Boxer Henry Maske und die Basketballer werden zu Deutschlands »Sportlern des Jahres« gewählt.

5. 12. Deutschlands Handball-Frauen gewinnen das WM-Finale gegen Dänemark nach Verlängerung mit 22:21.

12. 12. Jockey Peter Schiergen stellt mit 144 Siegen einen neuen Jahresrekord im deutschen Galopprennsport auf. Die alte Bestmarke von Otto Schmidt (143) stammte aus dem Jahr 1924.

18. 12. Die mehrfache Eiskunstlauf-Olympiasiegerin und Weltmeisterin Katarina Witt erreicht bei den Deutschen Meisterschaften in Herne bei ihrem Comeback nach mehrjähriger Wettkampfpause Platz 2 hinter Tanja Szewczenko.

Berlin tappt in Olympia-Falle

27. Januar 1993. Eine große Vision soll es sein: Olympische Spiele im wiedervereinten Berlin. Doch schon 1993 ist die Unterstützung in der Bevölkerung für das für den Sommer 2000 geplante Ereignis nur geteilt. Als am 27. Januar eine dreiköpfige Berliner Delegation im Chateau de Vidy, dem Sitz des IOC in Lausanne, das dreibändige »Bid-Buch« übergibt, ist Optimismus noch erste Bewerber-Pflicht. Auch IOC-Präsident Juan Antonio Samaranch spricht höflich von einer »perfekten Präsentation«. 541, alles in allem 3,96 Kilogramm schwere Seiten sind aber ein Dreivierteljahr später bei der IOC-Entscheidung am 23. September in Monte Carlo nicht schwergewichtig genug, den provinziellen Eindruck der Berliner Bewerbung, den Beigeschmack von Skandalen und Skandälchen, den allgegenwärtigen Dilettantismus und den schnell wuchernden Olympia-Filz zu übertünchen. Die Erklärung des Regierenden Bürgermeisters Eberhard Diepgen nach der Übergabe der Bewerbungsschrift wirkt schon bald wie bittere Ironie: »Eine Stadt, die sich Großes – wie eine Olympiabewerbung – zutraut, strahlt weltweit Kraft und Dynamik aus.«

Abschlußfeier bei der Leichtathletik-WM in Stuttgart: Die deutschen Athleten werben für die Gastfreundschaft von Berlin.

Berlins Olympia-Maskottchen für 2000: Hostess Barbara zeigt voller Zuversicht die gelben Plüschbären.

Henry Maske macht das Boxen wieder hoffähig

Die linke Gerade von Henry Maske (l.) trifft voll ins Ziel. Charles Williams wird schwer getroffen. Nach dem Kampf in der Düsseldorfer Philipshalle präsentiert der neue Champ im Halbschwergewicht seinen WM-Gürtel (rechts mit Trainer Manfred Wolke). Für Maske war es der 20. Sieg in seinem 20. Profi-Kampf. Das Urteil der Kampfrichter war einstimmig und eindeutig: 115:111, 116:111 und 118:110.

20. März 1993. Das Datum ist nicht deshalb ein sporthistorisches, weil erstmals ein ehemaliger DDR-Athlet Profi-Boxweltmeister wird, sondern, weil dieser Tag eine ganze Sportart aus der »Schmuddelecke« holt. Der Faustkampf der Preisboxer ist dank Henry Maske wieder hoffähig geworden. In der DDR Vorzeige-Amateur (Olympiasieger 1988, Weltmeister 1989, dreimal Europameister) und NVA-Oberleutnant, wechselte er nach dem Ende der DDR am 1. April 1990 in den Profi-Stall von Promoter Wilfried Sauerland. Maske boxt mit Kopf und Fäusten gleichermaßen, kann sich artikulieren – er lockt Prominente aus Politik, Wirtschaft, Kultur und Sport an den Ring. So auch am 20. März 1993, als Maske nach 19 erfolgreichen Profiauftritten gegen mehr oder minder hilflose Gegner in der Düsseldorfer Philipshalle gegen den starken Weltmeister Charles »Prince« Williams (USA) antritt. Der darf seinen Beinamen nach den 12 Runden Ringschlacht behalten, aber Henry Maske – damals noch in Frankfurt (Oder) zu Hause – nimmt ihm den Weltmeister-Gürtel des Profiboxverbandes IBF ab. 115:111, 116:111 und 118:110 werten die Punktrichter für den neuen Champion. 7000 Zuschauer feiern den zielstrebigen Verteidigungskünstler mit »Henry, Henry«-Sprechchören. Das ist erst der Beginn seines Aufstiegs zum Nationalhelden und zum Besserverdienenden des Berufssports. Der, der von seinen Promotern den Beinamen »Gentleman« bekommen hat, darf nun zur Kasse bitten und auf opulente Kampfbörsen hoffen. Diese Hoffnung erfüllt sich ebenso wie die auf Rekord-TV-Einschaltquoten (17,51 Mio. am 14.10. 1995 beim zweiten WM-Kampf gegen Graciano Rocchigiani). Unerfüllt aber bleibt Maskes Traum vom Rücktritt als ungeschlagener Profi-Weltmeister. Am 23. November 1996 verliert er in München gegen den US-Amerikaner Virgil Hill nach Punkten.

Die unendliche Posse um Sprintweltmeisterin Katrin Krabbe

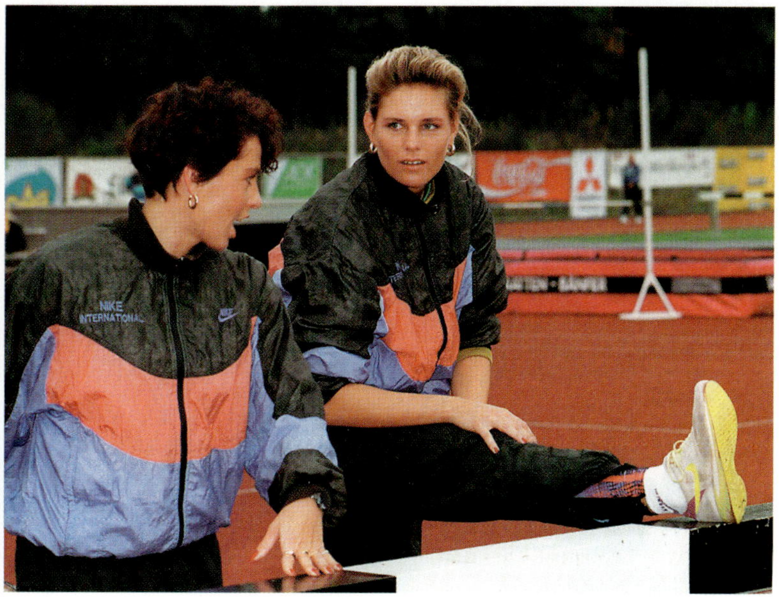

25.9.: Katrin Krabbe (r.) und Grit Breuer beim Stadionfest in Schwerin im Rampenlicht

30. März 1993. Keine ist so schnell wie sie, keine so umstritten. Die blonde Neubrandenburger Schönheit Katrin Krabbe, 1991 in Tokio zweifache Sprint-Weltmeisterin und »Weltsportlerin des Jahres«, fällt fast so schnell, wie sie aufgestiegen ist. Im Januar 1992 werden bei ihr und weiteren Athletinnen aus der Gruppe von Trainer Thomas Springstein nach Tests in Südafrika manipulierte Dopingproben festgestellt. Es folgt eine Posse von Suspendierung, Aufhebung der Sperre, Verhandlungen vor Schiedsgerichten – und im Juli 1992 eine erneute »positive Probe«. Das Asthma-Mittel Clenbuterol ist diesmal der »Schnellmacher«. Wieder folgt eine Suspendierung und abermals deren überraschende Aufhebung. Am 30. März 1993 spricht der DLV-Rechtsausschuß Katrin Krabbe, Grit Breuer und Manuela Derr vom Dopingverdacht frei. Krabbe und Breuer werden wegen einer »Sportwidrigkeit« (Medikamenten-Mißbrauch) mit einer einjährigen Sperre belegt.

Doch damit ist das Ganze noch nicht beendet: Die Leichtathletik-Weltföderation IAAF verhängt am Schlußtag der Stuttgarter WM eine weitere Zwei-Jahres-Sperre bis zum 23. August 1995. Krabbe kehrt nie wieder auf die Laufbahn zurück, Breuer schafft später ein erfolgreiches Comeback.

Messer-Attacke auf Monica Seles

30. April 1993. Ein »schwarzer Freitag« für den Tennissport. Es ist 18.50 Uhr, als sich am Hamburger Rothenbaum im Viertelfinalmatch zwischen Monica Seles (USA) und Magdalena Maleewa (Bulgarien) ein korpulenter Mann von seinem Platz auf der Kopftribüne erhebt und sich in Richtung Bank der US-Amerikanerin begibt. In der allgemeinen Unruhe beim Seitenwechsel achtet keiner auf ihn. Als er direkt hinter Monica Seles ist, zückt er ein Messer. Günter Parche, arbeitsloser Dreher aus Thüringen, sticht zu. Seles schreit, springt auf, rennt auf den Platz in Richtung Netz, bricht dort bewußtlos zusammen. Parche wird überwältigt und abgeführt. In den Verhören erklärt er, er sei Steffi-Graf-Fan und könne es nicht ertragen, daß Seles die Nummer 1 im Damentennis sei. Danach werden die Sicherheitsvorkehrungen bei allen großen Turnieren verstärkt. Für Monica Seles sind Depressionen, Angstzustände, Alpträume und Schlafstörungen die wochen- und monatelangen Folgen. Erst mehr als zwei Jahre später (29. 7. 1995) steht Seles bei einem Schaukampf gegen Martina Navratilova wieder auf dem Tennisplatz. In Deutschland ist sie seit 1993 nie wieder angetreten.

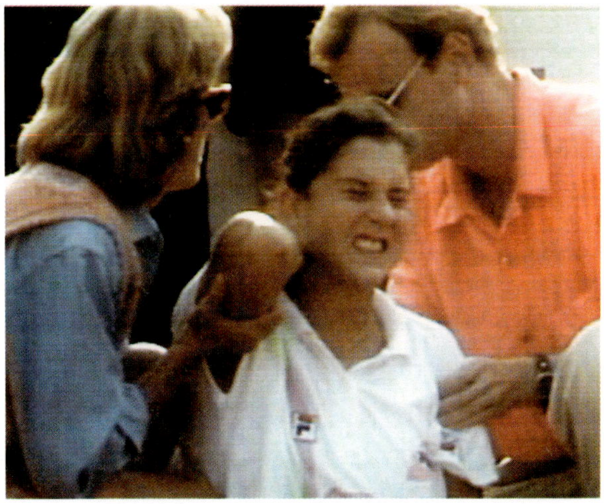

Soeben hat der Attentäter Günter Parche auf Tennis-Star Monica Seles eingestochen. Die Amerikanerin schreit auf, läuft zum Netz. Sofort eilt ein Arzt herbei. Seles wird auf ihren Stuhl geführt, das Match abgebrochen. Erst im Juli 1995 kann der Tennis-Star wieder auf einem Court stehen. Juristisches Nachspiel: Dreieinhalb Jahre nach der Messerattacke fordert die ehemalige Weltranglisten-Erste vom Hamburger Veranstalter 24,4 Mio. DM Schmerzensgeld.

Deutschland erstmals Basketball-Europameister

4. Juli 1993. Seit 1935 gibt es die Basketball-EM der Männer, seit 1935 hat Deutschland nie eine Medaille gewonnen. Platz 5 (1985 für die Bundesrepublik) war bis 1993 das beste Ergebnis. Die EM im eigenen Land aber wird der Auslöser für einen Boom unter den Körben. In der Vorrunde verliert Deutschland noch gegen Estland, in der Zwischenrunde gegen Frankreich und Kroatien. Doch dann zeigen die langen Kerls von Bundestrainer Svetislav Pesic (1987 nach Deutschland geholt) echte Kämpfer-Qualitäten. Spanien wird im Viertelfinale mit 79:77, Griechenland in der Vorschlußrunde mit 76:73 geschlagen. Als Außenseiter zieht man ins Finale gegen den 14maligen Champion Rußland ein – und gewinnt am Ende mit 71:70! Held der Partie wird Center Christian Welp, der noch vor der EM mit dem energischen Bundestrainer Pesic aneinandergeraten ist. Er verwandelt drei Sekunden vor Schluß einen krachenden Dunking zum 70:70-Ausgleich, wird dabei gefoult und erhält einen Bonus-Freiwurf. Den verwandelt er so seelenruhig, als sei es die einfachste Sache der Welt.

Kapitän Hansi Gnad (Nr.12) nimmt den Pokal in Empfang.

Beerbaum springt in neue Dimensionen

12. April 1993 Deutschlands Reiter waren von jeher Weltklasse, aber dennoch gab es in ihrer Erfolgsstatistik noch Lücken. Zum Beispiel beim Weltcup. So dauert es bis zum 15. Finale des Wettstreits der Springer-Weltelite unter dem Hallendach, ehe Ludger Beerbaum diese schließt. Am 12. April gewinnt er im Scandinavium von Göteborg als erster Deutscher die dreitägige Prüfung über die Hindernisse vor dem Briten John Whitaker und dem US-Amerikaner Michael Matz. Nachdem Beerbaum im Jahr zuvor Olympiasieger auf Classic Touch geworden war, reitet er nun in Göteborg mit Ratina Z ein neues Erfolgspferd. Beerbaum, Publikumsliebling und ein Horseman, der mit dem Hintern fühlt und siegt, wird zum erfolgreichsten Reiter der 90er Jahre – dreimal Olympiasieger (1988 und 1996 Mannschaft, 1992 Einzel), zweimal Weltmeister (1994 und 1998 Mannschaft), dreimal Europameister (1997 Einzel, 1997 und 1999 Mannschaft).

Als erster Deutscher gewinnt Ludger Beerbaum (auf Ratina Z) den Weltcup der Springreiter. Im Scandinavium von Göteborg ist der zweifache Weltmeister und dreimalige Europameister der Publikumsliebling.

Ein Leichathletik-Fest, wie es bisher noch nicht da war

Die Topstars der WM: Moses Kiptanui (l.) gewinnt den 3000-m-Hindernislauf, Gail Devers (M.) holt Gold über 100 m Hürden, Jan Zelezny (r.o.) gelingt ein Speerwurf-Weltrekord, und Zehnkämpfer Dan O'Brien (r.u.) enteilt den Konkurrenten nicht nur beim Weitsprung.

22. August 1993. Als in Stuttgart am 22. August die 4. Leichtathletik-WM zu Ende geht, ist die Begeisterung groß. Niemals zuvor hat es mit 1689 Teilnehmern aus 187 Ländern so viele Aktive gegeben, niemals zuvor kamen so viele und vor allem so enthusiastische Zuschauer.

Was für ein Fest: 585 000 feiern acht Tage lang die weltbesten Läufer, Springer, Werfer und Mehrkämpfer auf eine unglaubliche Weise mit La-Ola-Wellen. 180 000 säumen die Marathonstrecke, als die klassische Distanz auf dem Programm steht. Die Weltmeister, die erstmals ein im WM-Ort hergestelltes Nobelauto als Siegprämie in Empfang nehmen dürfen, kommen aus 20, die Medaillengewinner aus 36, die Finalisten aus 66 Ländern. Deutschland stellt mit Diskuswerfer Lars Riedel und Weitspringerin Heike Drechsler zwei Champions, gewinnt außerdem zweimal Silber und viermal Bronze. Mit Linford Christie (GB/100 m), Michael Johnson (USA/400 m), Noureddine Morceli (Algerien/1500 m), Haile Gebreselassie (Äthiopien/10 000 m), Javier Sotomayor (Kuba/Hochsprung), Sergej Bubka (Ukraine/Stabhoch), Dan O'Brien (USA/Zehnkampf), Merlene Ottey (Jamaika/200 m), Gail Devers (USA/100 m und 100 m Hürden) und Trine Hattestad (Norwegen/Speer) hat die Veranstaltung zahlreiche herausragende Sieger.

Erstaunlich vor allem die Goldmedaillenserie von Chinas Langstrecklerinnen, die nach intensivierten Dopingkontrollen in späteren Jahren allerdings schnell wieder verebbt.

Franzi, der erste gesamtdeutsche Sportstar

Eine 15jährige Berliner Schwimmerin erobert die Welt: Franziska van Almsick holt an den ersten drei Tagen schon 4 mal Gold, gewinnt in Sheffield am Ende 6 mal Gold und einmal Silber.

8. August 1993. Als im Ponds-Forge-Bad zu Sheffield die Schwimm-EM zu Ende geht, ist ein Rekord gebrochen. Franziska van Almsick, 15jährige Berlinerin mit tollem Wassergefühl und kesser Lippe, gewinnt im 50-Meter-Becken sechsmal Gold und einmal Silber. Zuvor führten Michael Groß (6mal Gold bei den EM 1985), Kristin Otto (5mal Gold EM 1987) und Ute Geweniger (5mal Gold EM 1981) die Erfolgsstatistik an. »Franzi«, 1992 als jeweils zweifache Olympia-Zweite und -Dritte zum Liebling der Massen und der Medien erkoren und zu Deutschlands »Sportlerin des Jahres« gewählt, wird zum ersten echten gesamtdeutschen Sportstar nach der Wende in der DDR. Und schon damals zur ersten Millionärin im Schwimmsport. Manager Werner Köster, der aus dem Journalismus kommt, macht seinen Schützling später auch in Zeiten ausbleibenden sportlichen Erfolgs zum dauernachgefragten Werbeträger von Kosmetik über Jogger-Brot bis zu Bademoden. Auch andere Top-Athleten der Sportart profitieren von der gesteigerten Aufmerksamkeit für das Schwimmen, geraten allerdings selten in die Schlagzeilen der Sportpresse. Dagmar Hase, Jana Henke, Sylvia Gerasch, Daniela Hunger, Jörg Hoffmann – alle gewinnen sie Einzel-Gold in Sheffield, aber sie bleiben, mit »Franzi« verglichen, dennoch »kleine Fische«.

Die »Geburtsstunde« des Jan Ullrich bei der WM in Oslo

28. August 1993. Bundestrainer Peter Weibel erweist sich nach dem Straßeneinzelrennen der Radamateure bei der WM in Oslo als glänzender Prophet: »Jan Ullrich wird einmal bei der Tour de France unter den ersten Zehn zu finden sein.« Eine Prognose, die der junge Mann später mehr als erfüllt. Anlaß für Weibels Zuversicht: Jan Ullrich ist gerade in großartiger Manier Weltmeister im 184 km langen WM-Rennen geworden. In der letzten der 10 Runden ergreift der gebürtige Rostocker die Initiative, löst sich mit vier Fahrern vom Hauptfeld und gewinnt mit taktischer Schläue den Endspurt auf der Zielgeraden. Der 19jährige ist damit Nachfolger berühmter DDR-Vorgänger wie »Täve« Schur, Bernhard Eckstein, Bernd Drogan, Uwe Raab und Uwe Ampler. Und im wiedervereinten Deutschland gilt er schon vor seinem Wechsel zu den Berufsradlern als Nachfolger von Dietrich »Didi« Thurau, der Ende der 70er mehrfach das Gelbe Trikot des Führenden der Tour de France tragen durfte.

Jan Ullrich reißt die Arme hoch. Sensationell gewinnt der 19jährige die Amateur-Rad-WM von Oslo. 10 Runden vor Schluß hat der gebürtige Rostocker im Rennen die Initiative ergriffen. Nach 184 km läßt er im Spurt der Konkurrenz dann keine Chance. Bundestrainer Peter Weibel ahnt damals schon: »Er wird einmal bei der Tour de France unter den ersten Zehn zu finden sein.« Nicht nur das: Er wird sie auch gewinnen.

Beim Rennen der Profis in Oslo – bis 1995 wird noch getrennt geradelt – gewinnt übrigens einer, der später einer der härtesten Kontrahenten Ullrichs um die Siegerschleifen werden wird: Lance Armstrong, der US-Amerikaner.

Dirk Raudies: Motorrad-Weltmeister mit Mini-Budget

Weltmeister Dirk Raudies

Raudies (Nr. 5) rast auf dem Hockenheimring vorne weg. Nur der Japaner Sakata (8) bleibt noch dran.

26. September 1993. 1,62 m klein, um die 50 Kilogramm leicht – und dennoch der Größte. Das steht am 26. September nach dem 14. Motorrad-WM-Lauf der Achtelliterklasse auf dem Kurs von Jarama (Spanien) in Bezug auf Dirk Raudies fest. Der Oberschwabe aus Biberach gewinnt im Laufe der Saison neun Rennen und am Ende die Weltmeisterschaft mit 280 Punkten vor dem Japaner Sakata (266). Elf Jahre nach Toni Mangs letztem Titel (1982/ 350 ccm) und 23 Jahre nach Dieter Brauns 125-ccm-Championat meldet sich also wieder ein Deutscher in der Biker-Weltelite zurück. Raudies ist dabei ein Weltmeister mit Minimal-Budget – ein Techniker (Schwager Uli Maier) und zwei Aushilfs-Schrauber bilden sein Team. Nach dem Triumph erfüllt er sich einen Jugendtraum und legt sich einen Porsche Carrera zu.

Michael »Air« Jordan gibt dem Basketball einen Korb

5. Oktober 1993. Als Basketball-Megastar Michael »Air« Jordan am 5. Oktober seinen sofortigen Rücktritt erklärt, ist ganz Amerika geschockt. Nach neun Jahren NBA sei es »an der Zeit, etwas anderes zu machen«, erklärt der Mann, über den sein Dream-Team-Kollege Larry Bird sagte: »Mein Gott, das ist Gott, verkleidet als Michael Jordan.« Als er abtritt, hat er drei NBA-Titel mit den Chicago Bulls gewonnen, war zweimal Olympiasieger. Doch sein Abschied bleibt nicht endgültig: Am 19. März 1995 streift er wieder das Bulls-Trikot über. Ein Comeback, das sogar die Wallstreet-Kurse beeinflußt. Mit seinem Team gewinnt Jordan in seiner zweiten Karriere drei weitere NBA-Championate (1996–98). Als er am 13. Januar 1999 in einer vom US-TV-Sender CNN weltweit ausgestrahlten Pressekonferenz schließlich tatsächlich die Sportschuhe an den Nagel hängt, tritt er mit zahlreichen Rekorden für die Ewigkeit ab. 29 277 Punkte hat er insgesamt in seiner NBA-Laufbahn erzielt, in 37 Matches mehr als 50 Punkte gemacht.

Michael »Air« Jordan, der König der Lüfte, ist unterm Korb nicht zu stoppen.

Jordan entrollt beim All-Star-Game ein Banner mit seiner legendären »23«.

Deutsche Frauen wieder Spitze: Handball-Weltmeister

◁ Der komplette Kader der Frauen-Nationalmannschaft, die in Norwegen ein kleines Wunder schafft. Bundestrainer Lothar Döring (hintere Reihe l.) ist der Macher des Teams, das im Finale nach einem Krimi siegt.

▷ Bianca Urbanke (l., gegen Dänemarks Anja Andersen) wird zur Heldin des Endspiels.

5. Dezember 1993. Der deutsche Handball, einst in Ost und West ein sportliches Glanzstück, aber nach der Wende im Osten bei Männern und Frauen in der Mittelmäßigkeit versunken, meldet sich bei der WM des »schwachen Geschlechts« in Norwegen eindrucksvoll zurück: 13 Jahre nach dem Olympiasieg der DDR-Männer (1980) und 15 Jahre nach den letzten WM-Titelgewinnen (Frauen DDR, Männer BRD) präsentieren sich die Handballerinnen im WM-Finale gegen Dänemark ganz stark. Nach 14:17-Rückstand schafft die von Lothar Doering betreute Mannschaft 34 Sekunden vor Abpfiff den Ausgleich gegen die geschockten Skandinavierinnen – und in der Verlängerung durch einen Treffer der überragenden Bianca Urbanke 40 Sekunden vor Spielende noch den 22:21-Sieg.

1994

6. 1. Jens Weißflog (Oberwiesenthal) gewinnt als erster Skispringer die Vierschanzentournee zum vierten Mal.

12. 2. Thomas Muster (Österreich) wird als 13. Spieler seit 1973 Weltranglisten-Erster im Tennis.

27.2. Abschluß der Winterspiele: Deutschland wird mit neun Gold-, sieben Silber- und acht Bronze-Medaillen Dritter der Nationenwertung hinter Rußland (11–8–4) und Norwegen (10–11–5).

5. 3. Motorsport-Rennlegende Huschke von Hanstein stirbt im Alter von 85 Jahren.

16. 3. Nach vier Jahren Ringabstinenz, davon drei in Haft, gewinnt Mike Tyson (USA) mit einem K. o. in der dritten Runde über Frank Bruno (GB) den Profibox-Titel im Schwergewicht (WBC).

17. 3. Jens Weißflog beendet mit Platz 6 beim Weltcup-Springen am Holmenkollen seine aktive Laufbahn.

7. 4. Amateurbox-EM in Velje (Dänemark): Gold für Luan Krasniqi (Schwer), Sven Ottke (Mittel) und Oktay Urkal (Halbwelter).

15. 4. Uta Pippig gewinnt zum dritten Mal hintereinander den Boston-Marathon.

15. 5. Bayern München gewinnt mit 3 : 1 gegen Girondins Bordeaux erstmals den UEFA-Cup im Fußball.

18. 5. Der 1. FC Kaiserslautern und Eintracht Frankfurt, Gründungsmitglieder der Fußball-Bundesliga (seit 1963), steigen erstmals ab.

20. 5. Willi Daume, Ex-DSB-Präsident und Präsident des NOK, stirbt in München im Alter von 82 Jahren.

9. 6. Deutschland startet mit einem 2 : 0 gegen Tschechien in die Fußball-EM in England.

16. 6. Die Chicago Bulls werden nach 4 : 2 Siegen gegen die Seattle Super-Sonics (mit dem Deutschen Detlef Schrempf) im Playoff-Finale der US-Profiliga zum vierten Mal NBA-Champion.

22. 6. Axel Schulz scheitert auch im dritten Anlauf auf den WM-Thron der Profibox-Schwergewichtler: Punktniederlage gegen Michael Moorer (USA) in Dortmund.

30. 6. Durch ein Golden Goal von Mittelstürmer Oliver Bierhoff in der Verlängerung zum 2 : 1-Endstand gegen Tschechien wird Deutschland nach 1972 und 1980 zum dritten Mal Fußball-Europameister.

6. 7. Steffi Graf gewinnt zum siebten Mal Wimbledon. Bei ihrem 100. Turnier und 20. Grand-Slam-Titel besiegt sie Arantxa Sanchez (Spanien) mit 6:3, 7:5.

7. 7. Deutschland scheidet bei der Fußball-WM nach einem 1:2 gegen Bulgarien im Viertelfinale aus.

17. 7. Brasilien gewinnt nach einem 0:0 nach 90 Minuten im WM-Finale gegen Italien das Elfmeterschießen mit 3:2 und wird nach 1958, 1962 und 1970 zum viertenmal Welt-meister.

19. 7. Eröffnung der XXVI. Olympischen Sommerspiele in Atlanta, an denen erstmals alle 197 IOC-Mitgliedsländer teilnehmen.

21. 7. Der Däne Bjarne Riis gewinnt die 83. Tour de France vor seinem Team Telekom-Kollegen Jan Ullrich.

4. 8. Abschluß der Olympischen Spiele in Atlanta: Deutschland (20x Gold – 18x Silber – 27x Bronze) wird drittbeste Nation hinter den USA (44–32–25) und Rußland (26–21–16).

25. 8. Abschluß der 10. Sommer-Paralympics der weltbesten Behindertensportler in Atlanta. Die USA (46–46–65) gewinnen die Medaillenwertung vor Australien (42–37–27) und Deutschland (40–58–51).

6. 9. Franziska van Almsick gewinnt bei der Schwimm-WM in Rom mit Weltrekord (1:56,78 min) über 200 m Freistil die einzige deutsche Goldmedaille.

3. 10. Radprofi Olaf Ludwig beendet seine Laufbahn.

13. 10. Der Brite Damon Hill sichert sich mit seinem Sieg beim Formel-1-WM-Finale in Suzuka (Japan) den WM-Titel.

10. 11. Im WM-Schwergewichtskampf (WBA) der Box-Profis besiegt Evander Holyfield (USA) Titelverteidiger Mike Tyson in der 11. Runde durch technischen K. o.

23. 11. Henry Maske, IBF-Boxweltmeister im Halbschwergewicht, unterliegt in München in seinem Abschiedskampf WBA-Champion Virgil Hill (USA).

3. 12. Manfred von Richthofen wird zum neuen Präsidenten des Deutschen Sportbundes gewählt.

17. 12. Dariusz Michalczewski (Hamburg) schlägt Cruisergewichts-Weltmeister Nestor Giovanni (Argentinien) k.o. und ist als erster Deutscher Profi-Champion in zwei Gewichtsklassen (außerdem Halbschwer).

Hollywood on ice in Detroit

6. Januar 1994. Eiskunstlauf wird an diesem Tag mit einem Schlag zum größten Medienereignis des Sports im 94er Olympia-Winter – und dies im direkten Wortsinn. Wenige Stunden vor Beginn der US-Meisterschaften in Detroit wird Nancy Kerrigan (24) Opfer eines Attentats. Ein 22jähriger Mann namens Shane Stant schlägt während des Trainings mit einem eisernen, ausziehbaren Polizeiknüppel auf das rechte Knie der Olympia-Dritten von 1992 ein. Die muß daraufhin auf die Teilnahme an der Olympia-Qualifikation verzichten, wird aber dennoch mit der Meisterin Tonya Harding für Lillehammer nominiert. Zwei Wochen später werden Stant und dessen Onkel Derrick Smith, Fahrer des Fluchtautos, und kurz danach Shawn Eckardt und Jeff Gilloly, Leibwächter und Ex-Ehemann von Tonya Harding, verhaftet. Die Verdachtsmomente und Indizien, daß Harding in den Anschlag auf ihre Konkurrentin verwickelt ist, steigen. Gilloly legt das Geständnis ein, daß er alles eingefädelt habe – und wird zu zwei Jahren Gefängnis und 100 000 Dollar Geldstrafe verurteilt. Gegen Tonya Harding wird derweil ermittelt, aber sie kann dennoch ihren Olympiastart durchsetzen. Nach der Drohung, das NOK der USA auf 25 Mio. Dollar Schadensersatz zu verklagen, schließt man am Eröffnungstag der Spiele in Lillehammer mit den Anwälten Hardings das Abkommen, daß sie starten darf und im Gegenzug die Klage zurücknimmt. Während Olympia wird »Hollywood on ice« zum Quoten-Hit.

Krieg auf dem Eis: Tonya Harding (l.) und Nancy Kerrigan würdigen sich während des Trainings in der Eishalle von Hamar keines Blickes. Umso mehr sind sie ein gefundenes Thema besonders für die US-amerikanischen Medien.

Der sinnlose Tod der Ulli Maier

29. Januar 1994. Es ist ein »schwarzer Samstag« für den alpinen Skisport: Die 26jährige Österreicherin Ulrike Maier erliegt knapp zweieinhalb Stunden nach einem schweren Sturz bei der Kandahar-Abfahrt in Garmisch-Partenkirchen den Folgen eines Genickbruchs. Sie hinterläßt die vierjährige Tochter Melanie und den Lebensgefährten Hubert Schweighofer. Ereignet hat sich der Unfall auf einem eher ungefährlichen Streckenabschnitt, auf dem zwar Geschwindigkeiten bis 120 km/h erreicht werden, der aber keine besonderen Schwierigkeiten aufweist. Doch Ulli Maier verkantet den rechten Ski, fliegt von der Piste und prallt mit dem Schulterbereich auf einen abgepolsterten Pfosten am Streckenrand, an dem eine Zeitmessung angebracht ist. Von dort stürzt sie in eine Mulde, verliert den Helm, rutscht auf die Rennstrecke zurück, schlägt dort zweimal mit ungeschütztem Kopf auf und bleibt bewußtlos und mit Herzstillstand liegen. Ulrike Maiers Tod auf der Piste ist kein Einzelfall – sie ist das 16. Opfer (das erste weibliche) – seit 1959, zu denen auch solchen Größen des Metiers wie Sepp Walcher (Österreich), Abfahrts-Weltmeister von 1978, gehören. Die Österreicherin hat zuvor einmal gesagt, »dem Schicksal kann man sowieso nicht entrinnen«. 1989 war sie Super-G-Weltmeisterin geworden, im dritten Monat schwanger.

Lillehammer – nie war Winter-Olympia schöner gewesen

12. Februar 1994. 16 bemerkenswerte Tage beginnen mit Eröffnung der XVII. Olympischen Winterspiele im norwegischen Lillehammer. Daß das weltgrößte Sportereignis im Gastgeberland »Chefsache« ist, ist eine Selbstverständlichkeit. König Harald V. hat als Segler (1964, 1968 und 1972) dreimal an Sommerspielen teilgenommen, sein Vater Olav war 1928 sogar Gold-Gewinner im Boot. Kronprinz Haakon schließlich ist bei der Eröffnung der letzte Fackelträger des olympischen Feuers – so sportlich kann Monarchie sein.
1737 Athleten aus 67 Ländern, über 8000 Medienvertreter, Touristen und Abertausende Zuschauer erleben gut zwei Wochen lang ein Sportspektakel in riesigen Dimensionen. Und eine 22 000-Einwohner-Kleinstadt beweist allen pessimistischen Prognosen zum Trotz, daß Olympia noch Wärme statt nur Geschäft, noch Herzlichkeit statt nur Markt, noch Fairplay statt Betrug und Manipulation, noch Traum statt Trauma sein kann. Nicht einmal der Wettergott mag sich da sperren: Klirrende minus 20 Grad, Schnee und strahlende Wintersonne im Übermaß liefern die visuellen Zutaten zu einem grandiosen Festival, das in 61 Wettbewerben Geschichten von Gewinnern und Verlierern schreibt, von Überraschten und Enttäuschten, von Siegern, die lange nach den Golddekorierten ins Ziel kommen, von bitteren und seligen Tränen.

△ Imposante Eröffnung der Spiele von Lillehammer. Der Blick von der kleinen Olympiaschanze zeigt ein grandioses Spektakel.

◁ Auch Norwegens König Harald V. (M.), seine Frau Sonja und IOC-Präsident Samaranch (r.) sind begeistert.

Erstmals finden die Winterspiele jährlich getrennt von denen des Sommers statt – nach Albertville 1992 folgt schon 1994 Lillehammer, um von da einen alternierenden Zwei-Jahres-Rhythmus zu erreichen. Das schafft auch Raum für längere Spiele und eine Ausdehnung des Programms. Doch Trickski oder Shorttrack rühren die langlaufbegeisterten Norweger weit weniger als die Wettbewerbe auf den schmalen Brettern. 225 000 der insgesamt 1,2 Mio. Zuschauer kommen zu den Rennen der Loipen-Stars, ziehen mit Kind und Kegel hinaus in den Wald und in das Zielstadion – die übliche Einsamkeit des Skilangläufers ist für die Olympia-Tage in Lillehammer aufgehoben. Rußland wird am Ende der 16 Tage erfolgreichste Nation sein – mit 11 Gold-, acht Silber- und vier Bronze-Medaillen. Dahinter folgen die norwegischen Gastgeber mit 10 Gold-, 11 Silber- und fünf Bronze-Medaillen und Deutschland mit neun Gold-, sieben Silber- und acht Bronzemedaillen. Gleich neun Athleten dürfen sich über mehr als eine Olympia-Goldene freuen – vornweg die dreifachen Sieger Ljubow Jegorowa (Rußland/Skilanglauf – außerdem einmal Silber) und Eisschnellläufer Johann Olav Koss (Norwegen). Zu den doppelten Olympiachampions gehören auch die Deutschen Markus Wasmeier (Ski alpin) und Jens Weißflog (Skispringen).

Nobody Moe mit 103 Sachen zum Gold in der Abfahrt

13. Februar 1994. Fünfmal haben Österreicher den olympischen Abfahrtslauf gewonnen, dreimal Franzosen, zweimal Schweizer, je einmal ein Italiener und ein US-Amerikaner. Jetzt wollen die norwegischen Fans erstmals einen Landsmann siegen sehen – und Kjetil André Aamodt scheint ihre Hoffnungen zu erfüllen. Bei 1:45,79 min bleiben die Uhren für den Lokalmatadoren nach den 3035 m der technisch schwierigen Strecke am Kvitfjell stehen. Doch unmittelbar nach ihm macht der US-amerikanische Außenseiter Tommy Moe die Goldstimmung am »Weißen Berg« wieder zunichte – vier Hundertstel ist der 23jährige schneller und wird im Ziel von First Lady Hillary Clinton empfangen. Moe, schon als 15jähriger Vierter bei den US-Meisterschaften und 1989 Junioren-Weltmeister, hat bis zu seiner goldenen olympischen Talfahrt mit 103,3 km/h kein einziges Weltcup-Rennen gewinnen können – nun schnappt er den 40 000 Norwegern am Fuße des eiskalten Kvitfjell den Olympiasieg vor der Nase weg. Aber ein bißchen Glanz vom Gold fällt dennoch auf sie ab. Denn die Vorfahren des in Alaska lebenden Sohnes eines Stahlkonstrukteurs aus Montana stammen väterlicherseits aus der Nähe von Oslo, mütterlicherseits spielt Schweden eine Rolle. Soll heißen: Zur Kälte fühlen sich die Moes hingezogen. Und so nimmt Tommy, der in seiner Jugend zweimal aus dem US-Team geflogen war, weil er beim Marihuana-Rauchen erwischt worden war, die Tiefsttemperaturen höchst gelassen: »Man muß nur dicke Schuhe tragen, damit die Füße warm bleiben.«

Überraschungssieg durch den US-Amerikaner Tommy Moe: Bei der WM war er noch Fünfter, jetzt rast er als Schnellster zu Tal. Norwegens Nationalheld Aamodt wird am Ende nur Zweiter. Die Goldstimmung am »Weißen Berg« ist dahin.

»Schorsch« Hackls Krimi im Eiskanal von Hunderfossen

Georg Hackl am Start. Gleich rast er den Eiskanal von Hunderfossen hinunter und sichert sich Gold.

14. Februar 1994. »Das war ein Krimi, wie ich ihn noch nie erlebt habe«, sagt Georg Hackl, der 27jährige Naturbursche aus Berchtesgaden, und rings um ihn herum fließt im »Kufenstüberl« an der Bahn in Hunderfossen bei Lillehammer das Hefeweizen, und die Weißwürste dampfen.

Was Hackl meint, ist die olympische Rennschlitten-Konkurrenz, in der er den österreichischen Favoriten Markus Prock wie zwei Jahre zuvor auf Platz zwei verwiesen hat. 13 Tausendstel weniger stehen bei »Turbo-Schorsch« nach vier Läufen in der Ergebnisliste – »ein Mückenschiß«, wie er drastisch, aber zutreffend die paar Zentimeter Differenz nach viermal 1365 m Talfahrt mit 110 m Höhenunterschied durch 16 Kurven kommentiert. Prock zeigt sich als fairer Verlierer: »Der Schorsch ist eben ein absoluter Wettkampftyp.«

Und einer, der auf Ahnungen hört. Vor den Spielen war er als Fahnenträger für die Eröffnung im Gespräch, lehnte aber auf Anfrage ab. Weil noch nie ein Fahnenträger der deutschen Mannschaft (bis 1988 der westdeutschen) Gold gewonnen habe, »und ich abergläubisch bin«. Markus Prock, im Saisonverlauf bis dahin dominierend, tut Hackl fast ein wenig leid. Und in bestem Bayrisch verkündet er: »Und da kemm' i, und stoab ihm dös Ding ab. A bißl schlechts G'wissen hoab i scho.« Seine Goldene widmet der Hackl-Schorsch, wie er allgemein genannt wird, übrigens seinem langjährigen Trainer Sepp Lenz. Dem war Anfang September bei einem schweren Unfall in der Bahn von Winterberg das linke Bein abgetrennt worden. In Lillehammer steht er – mit Krükken bewaffnet – bereits wieder am Eiskanal von Hunderfossen. »Er ist der Mensch, dem ich alles verdanke«, sagt Hackl. Der Mensch, dem die zweite Olympia-Goldene des weltbesten Rodlers gehört.

Ganz Norwegen feiert Johann Olav Koss, den Boss

16. Februar. Am 13. Februar hat er die 5000 m gewonnen, drei Tage später läßt Johann Olav Koss über 1500 m mit seinem zweiten Weltrekord das zweite Gold folgen – und ist spätestens jetzt der Nationalheld der Norweger. Nachdem er die vom NOK seines Landes in Aussicht gestellte Siegprämie von 250 000 Kronen für die Hilfsorganisation Olympic Aid hergibt, löst er in Norwegen eine regelrechte Spendenwelle aus. Koss zeigt, daß er nicht nur als Sportler eine große Persönlichkeit ist. Er erklärt: »Olympische Spiele sind wichtig, aber wir dürfen dabei nicht vergessen, was um uns herum passiert, sonst hätte das alles keinen Sinn.« Der Medizinstudent, der Elch-Reiten als Hobby angibt, kann auch mit dem Vorschlag, vor dem »Wikingschiff« von Hamar (so wird die olympische Eisschnellauf-Halle von Hamar wegen ihrer Form genannt) neben dem Denkmal des dreifachen norwegischen Olympiasiegers von 1952, Hjalmar Andersen, seine Statue aufzustellen, wenig anfangen. »Das Geld wäre in einer Hilfsaktion für Kinder in Kriegsgebieten besser angelegt«, sagt er. So klar wie er im Kopf ist, so schnell ist Koss auf dem Eis. Über 1500 m hängt er den »fliegenden Holländer« Rintje Ritsma ab, der auf der Schlußrunde den Kontrahenten ziehen lassen muß. Und Ard Schenk, dreifacher Olympiasieger von 1972 und 1994 in Lillehammer Chef de Mission der Niederländer, weiß schon vier Tage vor Koss' nächstem Auftritt, was dann am 20. Februar tatsächlich eintritt: »Johann ist der beste Schlittschuhläufer der Welt, er gewinnt auch die 10 000 Meter.« Gesagt, getan. Nach dem dritten Triumph mit dem dritten Weltrekord liegt Koss ganz Norwegen zu Füßen. Die Zeitungen überschlagen sich in Superlativen: »Koss erobert die Welt«, »Koss von einem anderen Planet«, »Koss – die schnellste Legende der Welt«, »Mit Koss ins 21. Jahrhundert«. Letzteres aber nicht mehr auf Schlittschuhen – nur drei Monate nach den Olympischen Spielen beendet der Superstar am 19. Mai 1994 seine sportliche Laufbahn.

▷ Dreimal Gold für den norwegischen Nationalhelden Johann Olav Koss. Daumen hoch, so wird man »König der Spiele«.

Wasi: 300 000 Mark in 90 Sekunden

17. Februar 1994. Auf diese anderthalb Minuten in Hafjell hat Markus Wasmeier lange warten müssen. 1985 war der Bundeswehr-Oberfeldwebel aus dem bayrischen Schliersee in Bormio Weltmeister im Riesenslalom geworden, danach gab es – mal durch Verletzungen, mal durch Stürze, mal durch simples Pech – Rückschläge über Rückschläge. Doch am 17. Februar steigt »Wasi« wie Phönix aus der Asche. Den 2754 m langen olympischen Super-G über 641 m Höhenunterschied mit 41 Toren absolviert er nach 1:32,53 min als Schnellster – acht Hundertstel vor Abfahrtssieger Tommy Moe (USA). Für »Wasi Wahnsinn« ist das Gold zum Karriere-Ende eine riesige Genugtuung: »Es sind meine dritten Spiele. Zweimal bin ich als Favorit hingefahren und kam ohne Medaille zurück. Diesmal hat mir kaum einer etwas zugetraut, und ich steh oben: Oanmal kimmt jeder dran!« Und der Bayer weiß auch, daß sich das Gold versilbern läßt. Schon das Super-G-Gold ist ein einträgliches Geschäft: 150 000 Mark Prämie von Skiausrüster Atomic und Bindungshersteller Ess, 30 500 Mark vom Deutschen Skiverband, 15000 DM von der Sporthilfe, 12 500 in Gutscheinen von Textilausrüster Bogner. Dazu kommen Prämien von Brillenhersteller Uvex und von Audi. Insgesamt ergibt das 300 000 Mark in anderthalb Minuten. Und das ist erst der Anfang …

Blick auf die Anzeigentafel: Wasi jubelt.

Der große Tag des »ewigen Versagers«

18. Februar 1994. Ein Dauer-Pechvogel wird am 18. Februar im »Wikingschiff« von Hamar zum Glückskind: Dan Jansen (USA), mit dem Image des ewigen Olympiaversagers ausgestattet, schafft in seinem letzten Kufen-Auftritt das »Goldstück« und beendet seine scheinbar unendliche Geschichte von Pech, Tragik und Nervenschwäche. Mit Weltrekord von 1:12,43 min stürmt der 28jährige Eissprinter bei seinen vierten Olympischen Spielen durch das Ziel – eine Befreiung nicht nur für den mehrfachen Weltmeister, der der Jüngste von neun Geschwistern ist. Ehefrau Robin und viele aus der Familie sind vor Ort. Nach dem Sieg laufen die Tränen, 11 000 Zuschauer feiern Jansen mit Standing Ovations.

Diese Sympathie-Bekundung hat einen ernsten Hintergrund: Immer wieder war Jansen vergeblich dem großen olympischen Erfolg nachgelaufen. 1984 in Sarajevo wird er über 500 m Vierter, 1988 in Calgary stürzt er auf der Kurzdistanz, nachdem er am Tag zuvor erfahren hat, daß seine Schwester an Leukämie gestorben ist. Vier Jahre später in Albertville spielen die Nerven wieder nicht mit: Platz 4. Und auch in Lillehammer kann er über 500 m als Weltrekordler seine Favoritenrolle nicht bestätigen – er wird nur Achter. Vor den 1000 m sagt er: »Jetzt ist alles egal, ich laufe so gut es geht.« Eric Heiden, fünffacher Olympiasieger von 1980, lobt den Landsmann nach seinem Auftritt: »Seine Leistung ist umso fabelhafter, wenn man an den unvorstellbaren Druck denkt, unter dem er stand.«

Für Dan Jansen ist »diese Medaille eine ganz besondere, sicher die wichtigste meiner sportlichen Laufbahn«.

Die Olympia-Eishalle von Hamar steht Kopf: Der Amerikaner Dan Jansen läuft Weltrekord.

In fremden Kleidern zur Königin gekrönt

19. Februar 1994. Als eine Skidemonstration vom anderen Stern beschreiben Beobachter den Abfahrtslauf von Katja Seizinger. Die im olympischen Super-G zuvor ausgeschiedene Mitfavoritin legt am Kvitfjell auf den 3035 m talwärts eine halbe Ewigkeit zwischen sich und die Konkurrenz. Nach 1:35,93 min bleibt die elektronische Zeitnahme für die 21jährige Deutsche stehen, erst 0,66 sec dahinter folgt mit der US-Amerikanerin Picabo Street die Zweite. Die Geschlagene erkennt den verdienten Triumph der besten Abfahrerin der 90er Jahre neidlos an: »Die Katja ist unglaublich. Ich hoffe, ich werde eines Tages auch mal so gut skifahren wie sie.« Und auch der deutsche Damen-Cheftrainer Rainer Mutschler kommt nicht um überschwengliches Lob herum: »Sie ist einfach ein Skigenie. Das Skigefühl, das sie auszeichnet, kann man nicht erlernen.« Dabei hat Katja Seizinger sogar noch mit unerwarteten Hindernissen zu kämpfen – erst geht ihr Koffer mit der gesamten Rennausrüstung auf dem Flug von Frankfurt nach Oslo verloren, dann muß sie – wie im Super G – mit einem geliehenen Ski-Anzug auf die Piste gehen. Die in der Abfahrt nicht startende Teamkollegin Ulrike Stangassinger hilft aus – Katja Seizinger läßt sich in fremden Kleidern zur Königin krönen. Rund 300 000 Mark an Prämien bringt ihr der Olympia-Sieg ein, aber die emotional oft etwas unterkühlt wirkende Ausnahmeathletin bekennt: »Ich fahre nicht wegen des Geldes, sondern weil es Spaß macht.«

Katja Seizinger »fliegt«.

»Floh vom Fichtelberg« beißt wieder zu

Unser Gold-Quartett von Lillehammer (v.l.): Jens Weißflog, Hansjörg Jäkle, Dieter Thoma und Christoph Duffner.

Jens Weißflog, der erfolgreichste Weitenjäger.

20. Februar 1994. Die Lebenserwartung von »Flöhen« ist im allgemeinen nicht allzu hoch. Die des »Floh vom Fichtelberg« ist es sehr wohl – im sportlichen Sinne. Der Oberwiesenthaler Jens Weißflog, schon seit Beginn der 80er Jahre in der Skispringer-Weltspitze, hat diesen Beinamen wegen seiner Mini-Maße von 1,68 m Körpergröße und 52 kg Gewicht erhalten. 1984 gewinnt der Erzgebirgler in Sarajevo Gold auf der Normal- und Silber auf der Groß-Schanze. Im traditionellen, klassischen Sprungsstil mit paralleler Brettführung. Danach kann der kleine, große Mann seine olympische Medaillen-Kollektion nicht weiter aufstocken – bis Lillehammer 1994. Einstweilen wird im vom Schweden Jan Bokloev erfundenen »Frosch«- oder V-Stil mit weit gespreizten Latten von den Schanzen geflogen. Und Weißflog zeigt, daß er auch das meisterhaft beherrscht. Vor 32 000 Zuschauern kontert er am 20. Februar den Lokalmatadoren Espen Bredesen aus, der mit 135,5 m im 1. Durchgang gegen 129,5 m des Deutschen die Gold-Erwartungen der Norweger hochgeschraubt hat. 133 m weit fliegt Weißflog im Finale, fängt Bredesen ab, der sich mit 122 m bescheiden muß – acht Punkte Vorsprung für den »Floh«, der wieder kräftig zugebissen hat. Danach führt er erst einen Tanz im Skianzug auf, kniet dann im Schnee vor dem olympischen Feuer, hält das Gesicht in den Händen vergraben und läßt die Freudentränen laufen. »Das war heute der schönste Sieg meiner Karriere«, sagt der Oberwiesenthaler. Sein Trainer Reinhard Heß spricht vom »besten Weißflog, den es je gab«. Die Experten ordnen ihn nun sogar vor den Schanzenlegenden Birger Ruud (Norwegen) und Matti Nykänen (Finnland) ein.

Bonnie Blair, Spitze im Eissprint

23. Februar 1994. Lieblingsgetränk Milch, Lieblingsspeisen Krebs und Erdnußbutter, Lieblingshobby Golf, Lieblingsschmuck – Goldmedaillen! Bonnie Blair, die 29jährige US-Eisflitzerin, ersprintet sich am 23. Februar in Hamar bereits ihre fünfte bei Olympischen Spielen. Nach den 500 m vier Tage zuvor gewinnt sie auch die doppelt so lange Strecke vor der Erfurterin Anke Baier ganz souverän. Ihre 1:18,74 min und die 1,38 sec Vorsprung vor der Überraschungs-Zweiten bedeuten Eissprint-Welten. Bonnie Blair, die zum vierten Mal an Olympischen Spielen teilnimmt, ist mit der Handvoll Gold und einer weiteren Bronzemedaille die beste US-Winterolympionikin aller Zeiten – zuvor war das Eisschnellaufkollege Eric Heiden mit fünf Siegen. Dreimal in Folge hat sie die 500 m gewonnen – 1988, 1992 und 1994. Ein Kunststück, das dem Kufen-Blizzard aus Illinois noch niemand vormachte. Fast 60 Fans aus der Familie sind bei Blairs viertem und fünftem Olympia-Gold dabei, singen nach den Siegläufen lautstark »My Bonnie lies over the Ocean«. Bonnie Blair, jüngstes von sechs Geschwistern, bestätigt mit den beiden Siegen in Lillehammer ihren Ruf als »Frau, die keine Stürze kennt«. Sie besitzt zudem eine große Trittsicherheit und begeht auch keinen Übersetzungsfehler zwischen den einzelnen Schritten.

Jegorowa: Hätte sie wirklich nur Maultaschen gegessen

21. Februar 1994. Wer sonst als das russische Quartett sollte das Skistaffelrennen in Lillehammer gewinnen? Als Schlußläuferin Ljubow Jegorowa über den Zielstrich kommt, ist es für die 27jährige aus St. Petersburg die dritte Goldmedaille in Lillehammer (zuvor Siegerin über die klassischen 5 km und im Jagdrennen), eine weitere silberne kommt dazu. Damit ist sie die erfolgreichste Athletin der Spiele von 1994 und zu diesem Zeitpunkt die erfolgreichste olympische Wintersportlerin überhaupt, denn schon zwei Jahre zuvor in Albertville schaffte sie einen goldenen Dreier mit zwei silbernen Zugaben. »Dieses Staffelgold war für mich das schönste, weil ich damit in der ewigen Statistik ganz oben stehe – und was für große Namen der Sportgeschichte folgen hinter mir!« Auf die Frage, was sie denn so stark mache, antwortet der Loipen-Star: »Da gibt es kein Geheimnis – hartes Training. Doch halt, eins habe ich vergessen, was mich in Form bringt: Das sind die Pelmeni meiner Mutter.« Pelmeni also, zu denen man hierzulande wohl Maultaschen sagen würde. Eine Aussage, an die man sich drei Jahre später erinnert. Bei der WM in Trondheim/Norwegen wird Jegorowa nach dem 5-km-Rennen, das sie als Erste beendet, bei einer Doping-Probe positiv getestet, disqualifiziert und gesperrt. Die Russin erklärt, sie habe nicht gewußt, daß das Aufputschmittel Bromantan auf der Verbotsliste stehe.

Auf und davon: Ljubow Jegorowa enteilt der Konkurrenz. Später kommt heraus: Die 27jährige aus St. Petersburg war gedopt.

Trickski = Freestyle: Eine Premiere, die alle begeistert

24. Februar 1994. Bei den »klassischen« Alpinen haben sich die erfolgsverwöhnten Schweizer Männer mit einer Silbermedaille durch Urs Kälin im Riesenslalom zufrieden geben müssen, bei den erstmals im olympischen Programm vertretenen Freestyle-Springern holen sie überraschend Gold. Der 28jährige Andreas Schönbächler, allseits nur »Sonny« genannt, düpiert mit seinem Dreifachsalto mit vier Schrauben gleich drei kanadische Verfolger. Und er darf sich dafür vor allem bei seinem belorussischen Trainer Wladimir Alejnik bedanken, der einst als Wasserspringer 1976 und 1980 olympisches Bronze und Silber gewann.
Freestyle oder auch Trickski wird von den Traditionalisten des Sports skeptisch beargwöhnt – im Kanthaugen-Stadion gleich neben den Bakken, auf denen Weißflog & Co. so glänzen, bejubeln zehntausende Zuschauer die akrobatisch-rasanten Sprünge und bestätigen damit überzeugend die olympische Daseinsberechtigung der Disziplin mit dem Image des Exoten unter den Skisportarten.
Im Finale zeigen die 12 Besten zwei verschiedene Sprünge, bei denen von den Juroren Landung, Ausführung, Höhe und Länge bewertet werden. Rund 3,5 sec dauert einer der atemberaubenden Luftsalti – »da haben manche Zuschauer gerade mal die Schneebrille geputzt«, sagt Elfie Simchen, einzige deutsche Finalistin in vier Wettbewerben (neben dem Springen noch Buckelpistenfahren) und am Ende Neunte. Im übrigen: Englisch ist »Amtssprache« im Freestyle. Deshalb hören die Sprünge auch auf solch schöne Namen wie Daffy (Aufrechtsprung), Randy (zweifache Schraube), Rudy (einfache Schraube) oder Zudnik (nordischer Sprung).
Heute gehört das Trickskifahren längst zu den Trendsportarten. Es ist aus dem olympischen Programm nicht mehr wegzudenken. Vor allem die Kids lieben diesen Sport.

Diese Ski-Akrobaten haben schon was auf dem Buckel: 1988 war das Buckelpistenfahren noch olympische Demonstrationssportart, seit 1992 werden auch Medaillen vergeben. Das Freestyle-Springen (o.r.) gewinnt in Lillehammer Lina Tscherjazowa.

Wasmeier schafft das zweite Goldwunder im Riesenslalom

23. Februar 1994. Sechs Tage nach dem sensationellen ersten Goldstreich im Super-G läßt Markus Wasmeier in Hafjell im Riesenslalom den zweiten folgen – und der ist noch überraschender als Nummer 1. Immerhin hat der Bayer damit erst zum zweiten Mal in seiner alpinen Ski-Karriere überhaupt einen Riesenslalom gewonnen – 1985 bei der WM in Bormio und nun neun Jahre später bei den Olympischen Spielen in Lillehammer. Sein bestes Weltcup-Resultat war ein zweiter Rang im Dezember 1984 im italienischen Sestriere.
Auf der Piste in Hafjell hat »Wasi« nach dem Super-G-Gold nichts zu verlieren – locker und frei im Kopf fährt er in seinem eleganten Stil, der als technisch antiquiert gilt, ins Tal und zeigt erstaunt mit dem Finger auf seine Brust, als nach dem ersten Lauf Platz 3 für ihn angezeigt wird. Im zweiten Lauf legt Wasmeier noch »eine Schippe drauf« und rast mit 2:52,46 min an die Spitze. Der Schweizer Urs Kaelin schafft es nicht, ihn zu unterbieten, bleibt zwei Hundertstel über der Zeit. Auch der Österreicher Christian Mayer, Schnellster im ersten Durchgang, hat 12 Hundertstel mehr als Wasmeier auf seinem Konto – und löst im Zielraum beispiellose Freudenszenen bei den deutschen Fans aus. »Das ist der absolute Höhepunkt meiner Karriere, die Krönung zur Krönung«, jubelt Wasmeier und tanzt mit den norwegischen Blumenmädchen Polka.

Wasi einfach wunderbar: Elegant tänzelt der Schlierseer an der Stange vorbei. Am Ende reicht es zum zweiten Gold.

4 x 7,5 km: Ende gut, alles Gold

Startläufer Ricco Groß liegt in Führung und bringt das deutsche Team schon zum Auftakt auf die Siegerstraße.

26. Februar 1994. »Knapp vorbei ist auch daneben« – auf diesen volkstümlichen Nenner bringt Mark Kirchner, Doppel-Olympiasieger von Albertville 1992, das Abschneiden der deutschen Biathleten in Lillehammer vor der abschließenden 4x7,5-km-Staffel der Männer. Dreimal Silber und zweimal Bronze haben die Winterzweikämpfer in den Frauen- und Männerwettbewerben auf ihrem Konto, als Ricco Groß, Frank Luck, Kirchner und Schlußmann Sven Fischer den Wettbewerb aufnehmen. Am Ende feiert das Quartett einen ungefährdeten Start-Ziel-Sieg mit gut einer Minute Vorsprung auf die nach den Einzelkonkurrenzen klar favorisierten Russen – und verteidigt damit den Titel von Albertville. Trainer Frank Ullrich lobt: »Das Rennen hier ging noch über das von 1992 hinaus. Eine solche Geschlossenheit eines Teams habe ich seit Jahren nicht mehr erlebt. Die Jungs haben sich souverän durchgeboxt.«

Besonders glücklich über das Gold ist Mark Kirchner, der nach seinen großartigen Erfolgen zu Beginn der 90er Jahre als »Außerirdischer« gefeiert wurde, aber dann lange mit einem Formtief zu kämpfen hatte. In Lillehammer zeigt er schon als Solist mit den Plätzen 7 (20 km) und 12 (10 km) alte Klasse – Ränge, die aber von einigen Zeitungen dennoch als »Absturz« bezeichnet werden. Kirchner ärgert sich über diese Sichtweise: »Du bist sofort der Arsch, wenn du nicht ganz oben stehst. Als Held der Nation tut man sich natürlich leichter, aber wieviel Schweiß, wieviel hartes Training auch hinter einem siebten Platz stecken, wird einfach vergessen.«

Nur CBS siegt beim »Showdown on Ice«

25. Februar 1994. Das Happy-End fällt aus, aber die wochenlange Inszenierung des Melodrams unter dem imaginären Titel »Die Schöne und das Biest« erfüllt ihren Zweck. Der US-TV-Sender CBS erreicht bei der Übertragung der Kür im Eiskunstlauf der Damen mit Nancy Kerrigan (die Schöne) und Tonya Harding (das Biest) eine Rekordquote. Schon beim Kurzprogramm zuvor waren 48,5 Prozent der 9,2 Mio. US-Fernsehhaushalte auf Empfang – nun wird dieses Ergebnis noch einmal übertroffen. »Showdown on Ice« nennen die TV-Macher das Spektakel, das sie in einen anhaltenden Quoten-Rausch versetzt. CBS-Sportchef Neil Pilson gibt zu, daß das »Eisenstangen-Attentat« vom 6. Januar die Olympischen Spiele für seinen Sender erst richtig zum Erfolg macht: »Hätten wir ein Drehbuch schreiben müssen, wir hätten es nicht besser hinbekommen.«

Auch die Finanzverantwortlichen von CBS jubeln, denn pro Stunde werden 19 Werbespots á 30 sec ausgestrahlt – jeder bis zu 350 000 Dollar teuer. »Humanizing« nennt sich verharmlosend, was in epischer Breite über den »großen Teich« ins gelobte Land flimmert. Da stört es auch nicht, daß sich das Duell der ungleichen US-Amerikanerinnen bereits nach der Kurzkür erledigt hat. Nancy Kerrigan führt, Tonya Harding ist nach einem Wackler beim Dreifach-Lutz nur Zehnte. Beim großen Finale im Amphitheater von Hamar setzt Harding zwar noch einmal dramatische Akzente – wegen eines gerissenen Schlittschuh-Schnürsenkels bricht sie die Kür ab und darf diese später wiederholen –, doch mehr als Platz 8 kommt am Ende nicht heraus. Sie bleibt damit sogar einen Rang hinter Katarina Witt, die nach ihrem olympischen Abschied 1988 mit der unvergessenen »Carmen«-Kür noch einmal auf das Wettkampf-Eis zurückgekehrt ist und zum Antikriegslied »Sag mir, wo die Blumen sind« eine bewegende Vier-Min.-Darbietung zeigt.

Doch auch Tonya Hardings Rivalin Nancy Kerrigan gewinnt die Goldmedaille nicht. Die 16jährige Ukrainerin Oksana Bajul, ein Waisenkind, läuft mit einer grandiosen Kür noch an ihr vorbei.

Czudajs Trotzreaktion im Eiskanal

27. Februar 1994. Sechs Hundertstel sind es am Ende nach vier dramatischen Läufen, die dem Schweizer Bob-Piloten Gustav Weder am Doppel-Erfolg im Eiskanal von Hunderfossen fehlen. Doch nach dem Zweier-Gold verpaßt der Eidgenosse das Dacapo gegen einen, der als ausgemachter Präzisionsarbeiter gilt. Der Sachse Harald Czudaj (Altenberg) brilliert im ersten Lauf, hängt Weder dort um 13 Hundertstel ab. Der entscheidende Vorsprung, wie sich zeigen soll. Der Schweizer kämpft, Czudaj hält dagegen. Der Vorsprung schmilzt, aber zu bedächtig: Eine Hundertstel im zweiten, je drei im dritten und vierten ist Gustav Weder schneller – es reicht für Czudaj und seine Hintermänner Karsten Brannasch, Olaf Hampel und Alexander Szelig. »Ich hätte Haus und Hof, mein ganzes Geld dagegen gesetzt, wenn mir jemand vor den Spielen gesagt hätte, ich werde Olympiasieger«, sagt der Pilot, der wenige Tage zuvor, am 14. Februar, seinen 31. Geburtstag gefeiert hat. Seit 1987 mischt Czudaj, ein ehemaliger Kanute, in der Bob-Weltklasse mit, jetzt bejubelt er seinen größten Erfolg. Dabei war die Czudaj-Crew kurz vor Olympia noch beim Training schwer gestürzt. »Vielleicht war das ein gutes Omen, denn wer fällt, der kann auch wieder hoch steigen«, sagt Czudaj.

Harald Czudaj, Karsten Brannasch, Olaf Hampel, Alexander Szelig

Der bittere Tod des Ayrton Senna

1. Mai 1994. Es ist das wohl schwärzeste Wochenende der Formel-1-Geschichte: Auf der Hochgeschwindigkeitsstrecke von Imola sterben beim Großen Preis von San Marino gleich zwei Rennfahrer – beim Abschlußtraining der Österreicher Roland Ratzenberger (31) und tags darauf, am 1. Mai 1994, der nach Aussagen vieler Experten beste Pilot aller Zeiten, der Brasilianer Ayrton Senna (34).
Im dritten WM-Rennen der Saison schießt der dreimalige Weltmeister mit mehr als 300 km/h aus der gefürchteten Tamburello-Kurve und danach frontal gegen eine Betonmauer. Dabei wird Sennas Kopf förmlich zerschmettert, noch am Unfallort verliert er Gehirnflüssigkeit. Der Mann aus Sao Paulo ist auf der Stelle tot. Das Rennen wird dennoch 35 min nach dem Unfall neu gestartet. Michael Schumacher fährt als Sieger schließlich mit erhobener Faust durchs Ziel, der Zweitplazierte Nicola Larini absolviert mit der Ferrari-Fahne in der Hand eine Ehrenrunde.

Der Brasilianer Ayrton Senna kurz vor dem Start in Imola.

Ayrton Sennas Tod stürzt die Formel 1 in eine tiefe, aber aus der Retrospektive betrachtet, nur kurzzeitige Identitätskrise. Senna, laut Ex-Weltmeister Niki Lauda »der Beste von allen«, hat 161 Grand Prix bestritten, 41 Siege, 65 Pole Positions und drei WM-Titel (1988, 1990 und 1991) geholt. Virtuosität, Kampfgeist, Entschlossenheit und Fitneß machten Ayrton Senna da Silva (so sein voller Name), der 1984 sein Formel-1-Debüt erlebte, zur Nummer 1 am Lenkrad. Der Perfektionist hat über seinen Job mehr nachgedacht, als fast alle seiner Kollegen: »Am Ende läuft es darauf hinaus, seine Gedanken, seinen Körper, sein Herz, seine Grenzen so gut wie möglich zu verstehen, um dann alles in einer Weise zusammenzusetzen, die Träume zur Realität werden läßt.« Sennas Landsmann Nelson Piquet, ebenfalls dreimal Formel-1-Champion, hat angesichts der Dauerbeschwörung wachsender Sicherheit im Automobilrennsport eine eher furchterregende Vision: »Der Tag wird kommen, an dem wir mit Tempo 300 gegen die Mauer fahren. Das Fahrzeug bleibt heil, die Ingenieure sind sehr zufrieden, dem Fahrer wird dabei das Hirn durch den Schädel gejagt, das Herz herausgerissen und die Knochen werden zermalmt, aber was soll's.« Mit Sport hätte diese Formel 1 nichts mehr zu tun.

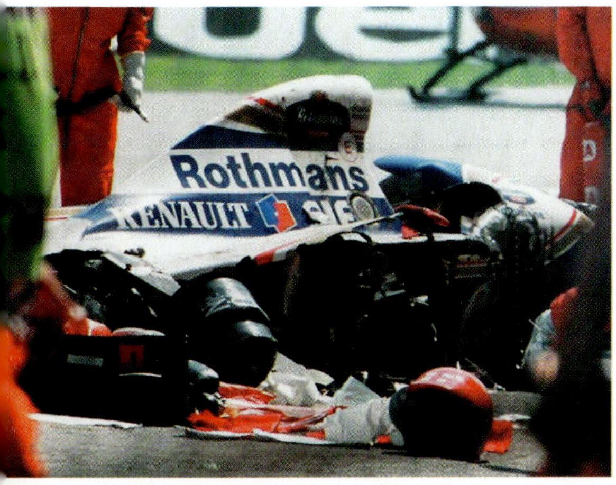

Senna ist tödlich verunglückt, sein Wagen ist nur noch Schrott. Für den Piloten kommt nach dem Unfall jede Hilfe zu spät. Fast drei Jahre später erst beginnt in Imola die Gerichtsverhandlung zur Klärung seines Unfalltodes.

Kiel wieder im Handball-Himmel

20. April 1994. Es ist ein April-Mittwoch, an dem in Kiel der Handball-Himmel voller Geigen hängt. Nach 34 Jahren in der Warteschleife gewinnt der THW (Turnverein Hassee Winterbek) nach 1957, 1962 und 1963 seine vierte Deutsche Meisterschaft der Handball-Männer. Schon zwei Spieltage vor Abschluß der Bundesliga steht der Triumph des Klubs fest. Die Fans besingen ihre Helden, der Schampus fließt in der Ostseehalle in Strömen, Stoffzebras – angesichts der gestreiften THW-Trikots die angesagten Maskottchen – sind in der schleswig-holsteinischen Metropole ausverkauft.
In Sachen Handball ist Kiel auch bundesweit die Hauptstadt. Bestes Heimteam, beste Auswärtsmannschaft, beste Abwehr, bester Liga-Torschütze (Thomas Knorr), bestes Publikum (7000 Zuschauer bei jedem Heimspiel, 6000 Dauerkarten) – da kommt kein Konkurrent heran. Manager Uwe Schwenker, Ex-Nationalspieler, und der kroatische Coach Zvonomir »Noka« Serdarusic (75 Länderspiele für Jugoslawien) sind die Architekten einer Erfolgsserie, die sich mit den Meistertiteln 1995, 1996, 1998, 1999 und 2000 fortsetzen wird.

IOC: 100 Jahre und kein bißchen weise

23. Juni 1994. Als im Jahr 1994 das 100. Gründungsjubiläum des Internationalen Olympischen Komitees begangen wird, da ist dieses mächtiger, reicher, größer und einflußreicher denn je. Als »Weltregierung des Sports« bezeichnet sich das Gremium gerne, in dessen Exekutive vor allem betagte Herren sitzen, denen nachgesagt wird, daß sie in ihrer Mehrzahl wenig von demokratischen Spielregeln, dafür aber um so mehr von Macht-Erhaltung und Macht-Ausbau verstehen.
Der Gründungskongreß 1894 in Paris, eigentlich nur als Jahreskongreß der »Union der französischen Leichtathletikvereine« gedacht, war von Pierre Baron de Coubertin flugs um einen Tagesordnungspunkt »Möglichkeit einer Wiedereinführung der Olympischen Spiele« erweitert worden. 78 Delegierte von 37 Sportorganisationen aus neun Ländern waren am 23. Juni 1894 dabei, als Athen als erster Austragungsort für die Olympischen Spiele der Neuzeit festgelegt wurde. Gleichzeitig verabschiedet man Regeln, wer bei sportlichen Wettkämpfen als Amateur zu gelten hat. Neben der Wahl des ersten IOC werden die Beschlüsse von Paris zur Grundlage der ersten Satzung. Was später daraus wird, ist bis in die Gegenwart Gegenstand von zum Teil sehr heftigen Kontroversen über die Rolle und das Selbstverständnis des IOC.
Amtsmißbrauch, Korruption, immer mehr Markt statt Tempel, Kommerzialisierung und Professionalisierung, Doping, die Öffnung für immer neue Trendsportarten und im Gegenzug die Opferung wertvoller Traditionen der Körperkultur zugunsten einer Werbe- und Fernseh-Gesellschaft, die die Entwicklung des Sports diktiert – das sind die wichtigsten Stichworte der Olympischen Bewegung in der Gegenwart.
Beim IOC-Kongreß 1981 in Baden-Baden war der sogenannte »Amateur-Paragraph« aufgehoben worden. Der seit dem Jahre 1980 amtierende Spanier Juan Antonio Samaranch leitete die Vermarktung des Spitzensports ein. Ein Trend, dessen Ende trotz der Reformen am Ende des Jahrtausends nicht erkennbar ist.

Die XV. Fußball-WM erobert Amerika

Erwartungsfroh: deutsche Fans beim Eröffnungsspiel.

17. Juni 1994. Als mit dem Eröffnungsspiel Deutschland – Bolivien in Chicago die XV. Fußball-WM beginnt, da sind die Zweifel längst verflogen. Fußball in den USA, im Mutterland des Baseballs, des Basketballs und vor allem des American Football? Konnte das gut gehen? Es geht gut, und wie!
Als die WM vier Wochen später mit dem Finalsieg der Brasilianer gegen Italien abgepfiffen wird, da hatten im Durchschnitt 70 000 Zuschauer pro Spiel ihrer Begeisterung freien Lauf gelassen – zehntausend mehr als bei der bisherigen Rekord-WM 1950 in Brasilien. ARD-Mann Heribert Faßbender feiert die Fans als eigentliche Sieger der Weltmeisterschaft: »Sie waren phantastisch, machten die WM zu einem wahren Happening.« Der Gastgeber verspricht sich für die Zeit nach dem Turnier einen gewaltigen Aufschwung für den »Soccer« in den USA. Begonnen hat die Geschichte des zwischenzeitlich vergessenen Fußballs in Amerika schon 1620 mit der Landung der legendären Pilgerväter in Plymouth Rock (Massachusetts), die damals von den hiesigen Indianern ein Spiel namens »Pasuckquakkohowog« übernahmen, was sich mit »zum Ballspiel zusammenfinden« übersetzen läßt. Einstweilen gilt Fußball in den USA als am schnellste wachsende Mannschaftssportart. Doch ebenso viel wie das rein Sportliche zählt im »Land der unbegrenzten Möglichkeiten« das Business. Bei der Soccer-WM 1994 übertrifft der Gesamtumsatz des Spektakels die 1-Mrd.-Dollar-Grenze, allein aus dem Verkauf von 3,6 Mio. Eintrittstickets für die 52 Spiele in neun Städten fließen 270 Mio. in den Einnahme-Topf. Und selbst die härtesten Vorbehalte gegen den angeblich »unamerikanischen«, weil ausschließlich auf die Handhabung der Füße beschränkten Sport schmelzen dahin. Wie die von Tom Weir, Star-Kolumnist der Tageszeitung »USA Today«, der vor der WM bissig geschrieben hatte: »Jetzt will uns der Rest der Welt einreden, daß dieser Fußball das Größte ist.«
Das Erlebnis aber widerlegt Weir. Keine Hooligans, keine Randale – eine riesiges, friedliches Fußballfest.

US-Präsident Clinton und Kanzler Kohl als Ehrengäste.

Klinsi nimmt das erste Geschenk an

17. Juni 1994. Erstmals gewinnt Deutschland ein WM-Eröffnungsspiel. 1:0 zum Auftakt der Gruppe C gegen Bolivien! Weil die Mannen um Lothar Matthäus und Jürgen Klinsmann 1990 Weltmeister geworden sind, dürfen sie das Eröffnungsspiel des Turniers bestreiten, aber sie tun wenig, um die Begeisterung der erwartungsfrohen US-Amerikaner auf den Rängen zu entfachen. 63 117 Zuschauer warten vergeblich auf Spielfreude, Kabinettstückchen, rasante Szenen.

Jürgen Klinsmann entwischt dem Bolivianer Marco Sandy.

Stattdessen müssen die Bolivianer Schützenhilfe leisten, um den Fehlstart für den Noch-Weltmeister zu verhindern. Ein krasses Mißverständnis zwischen Torwart Trucco und Abwehrchef Quinteros verschafft Klinsmann freie Bahn und ermöglicht nach 61 min den goldenen Treffer zum mageren 1:0. Die Gluthitze in der Soldier-Field-Arena allein kann es nicht gewesen sein. Aber noch hat Berti Vogts das Argument des Siegers: »Das ist wie beim Baseball. Wer die Taktik nicht versteht, versteht den Fußball nicht. In den Gruppenspielen muß taktisch gespielt werden.«

Der Deutsche Thomas Berthold (r.) geht energisch in den Zweikampf mit Spaniens Mittelfeldmann Andoni Goicoechea.

Da strahlen die deutschen Fans noch: Liza (l.) und Nathan Lichtenfeld als »Fahnenträger« im Stadion.

WM-Achtelfinale: 7:1 für Europas Fußballnationen

2. bis 5. Juli 1994. Eine reichlich verrückte Vorrunde überstehen acht Teams, die das Achtelfinale der WM spielen. In Gruppe A kommen Rumänien und die Schweiz direkt weiter, Gastgeber USA zieht als einer der vier Besten unter den sechs Gruppen-Dritten glücklich ein. Gruppe B sieht Brasilien und Schweden vorn, die stark eingeschätzten Russen und Kamerun fahren nach Hause. Deutschland und Spanien sind die Glücklichen in Gruppe C.

In Gruppe D bringen es Nigeria, Bulgarien und Argentinien auf jeweils sechs Zähler – die Südamerikaner sind der zweite Gruppe-Dritte, der weiterkommt. In Gruppe E verbucht am Ende jede Mannschaft einen Sieg, ein Unentschieden und eine Niederlage. Die Reihenfolge: Mexiko (4 Punkte/3:3 Tore), Irland (4/2:2 – direkter Vergleich gegen Italien 1:0), Italien (4/2:2) und Norwegen (4/1:1). Den »Wikingern« fehlt damit ein einziges Tor – die Azzuri entgehen als viertbester Gruppen-Dritter am Ende hauchdünn dem Aus. Gruppe F macht mit den Niederlanden (6 Punkte/4:3 Tore – direkter Vergleich gegen Saudi-Arabien 2:1), Saudi-Arabien (6/4:3) und Belgien (6/2:1) die nächste WM-Runde komplett.

Zehn Mannschaften aus Europa, drei aus Südamerika, dazu Nigeria, Saudi-Arabien und Gastgeber USA – schöne, bunte Fußballwelt mit entsprechenden Helden. Da ist zum Beispiel der langmähnige US-Verteidiger Alexi Lalas oder Rußlands Mittelstürmer Oleg Salenko, der in der Vorrunde gleich sechs Tore schießt. Oder Kolumbiens Wuschelkopf Carlos Valderrama und Nigerias Supertechniker Okocha, Amunike, Amokachi und Oliseh, Italiens Baggio, Bulgariens Letchkov, Hollands Bergkamp, Saudi-Arabiens Amin. Oder der große, kleine Diego Armando Maradona. Das begnadete Fußball-Genie wird nach dem 2:1 seiner Argentinier gegen Nigeria mit einer positiven Dopingprobe erwischt – sein Ausschluß von der WM ist die unausweichliche Folge.

Und auch dies ist eine traurige WM-Geschichte: Im kolumbianischen Medellin wird Verteidiger Andres Escobar von Killern getötet, weil er mit seinem Eigentor die 1:2-Niederlage gegen die USA eingeleitet hat. Drogenbosse hatten bei illegalen Wetten Beträge in Millionenhöhe verloren und deshalb den Auftrag zum Töten erteilt – Escobar wird mit 12 Schüssen vor einem Restaurant regelrecht hingerichtet.

Müdes 3:2, da zeigt Stefan Effenberg den Stinkefinger …

27. Juni 1994. Nur gegen erstaunliche wenige Länder weist Deutschlands Nationalmannschaft eine negative Bilanz auf: Ägypten, Algerien, Argentinien, Brasilien, DDR, England, Italien und Schweden sind darunter. Viel hat nicht gefehlt, und es wäre auch noch Fußballzwerg Südkorea hinzugekommen …

Im dritten WM-Vorrundenspiel rettet das Team von Berti Vogts ein 3:2 über die Zeit. Statt des von Berti Vogts angekündigten Feuerwerkes, mit dem nach den zwei schwachen Auftritten gegen Bolivien und Spanien Wiedergutmachung betrieben werden soll, folgt ein erneut müder Kick. Selbst die schnelle 3:0-Führung durch zwei Tore von Klinsmann (12. und 37.) und eins von Karlheinz Riedle (20.) unter tatkräftiger Mithilfe der Abwehr der Asiaten gibt keine Sicherheit. In Halbzeit 2 findet ein Spiel auf ein Tor – das der Deutschen – statt. Der Fußball-Riese wankt wie ein schwergetroffener Boxer, aber er fällt nicht. Die Südkoreaner verkürzen durch Treffer von Hwang (52.) und Hong (63.) schnell auf 2:3, danach folgt im Backofen von Dallas eine blamable Demontage des Mythos der deutschen Auswahl, körperlich und kämpferisch allen anderen überlegen zu sein. Matthäus muß eine halbe Stunde vor Spielende angeschlagen vom Rasen, WM-Neuling Stefan Effenberg wird eine Viertelstunde vor dem Abpfiff ausgewechselt. Den pfeifenden deutschen Fans zeigt der lange Blonde den »Stinkefinger« – eine Geste, die ihm traurige Berühmtheit verschafft. DFB-Präsident Egidius Braun empfiehlt Bundestrainer Berti Vogts noch in der Nacht die Suspendierung des übermütigen Nationalspielers. Der Teamchef verkündet 24 Stunden später die Verbannung: »Unter meiner Regie spielt Effenberg nie wieder.«

Nach der WM-Pleite 1998 in Frankreich wird Vogts wortbrüchig, holt den Mittelfeldmann für zwei Länderspiele (2.9. – 2:1 gegen Malta, 5.9. – 1:1 gegen Rumänien) zurück.

Danach erklärt Stefan Effenberg seinen endgültigen Abschied aus der A-Auswahl.

Die WM in den USA geht trotz der spielerischen Dauermisere für die deutsche Nationalmannschaft mit ihren hochbezahlten Bundesliga-Spielern weiter: Als Sieger der Gruppe C zieht man ins Achtelfinale gegen Belgien ein.

Deutschland scheidet aus: »Berti, bitte geh!«

10. Juli 1994. Aus und vorbei, Deutschlands Kicker müssen bei der Fußball-WM in den USA die Koffer packen. 2:1 siegen die Bulgaren im Viertelfinale, was als eine der größten Sensationen dieser WM gilt. Ein Foulelfmeter von Lothar Matthäus in der 49. Minute bringt die Vogts-Elf in Führung. Wieder einmal sieht es so aus, als bringe man die kostbare Führung über die Zeit. Doch ein Freistoß des genialen Spielmachers Christo Stoitchkov (76.) und ein Flugkopfball von Jordan Letchkov nur 3 min später kippen das Geschehen – jetzt rennt Deutschland die Zeit davon. Ironie der Geschehnisse: Letchkov erzielt ansonsten seine Tore in der Bundesliga für den Hamburger SV. Daß jede schwarze Serie einmal zu Ende geht, das hatten die Bulgaren beim von 72 416 Zuschauern beobachteten Spiel in der Football-Arena der New York Giants eindrucksvoll bewiesen. Keines ihrer bis dato 16 WM-Spiele hatten sie gewonnen – nur sechs Remis erreicht.
In Deutschland vollzieht sich nach dem WM-Aus das übliche Schauspiel: Statt kritischer Analyse folgen gegenseitige Schuldzuweisungen, Spieler-Rücktritte aus der Auswahl. »Bild« läutet schon mal die Götterdämmerung ein: »Unsere Elf nur noch ein Trümmerhaufen – Berti, bitte geh!«

Der Anfang vom deutschen Ende: Letchkov gewinnt das Flugkopfball-Duell gegen den kleinen Thomas Häßler. Und zieht jubelnd ab. In der 79. Minute des Spiels gegen Bulgarien sind auch die letzten deutschen Träume dahin. Der Titelverteidiger scheidet nach dem 1:2 aus, die Bulgaren stehen dagegen überraschend im Halbfinale. Danach beginnt eine von der Boulevard-Presse angezettelte Diskussion über den Rücktritt des Bundestrainers, dem das schlechte Abschneiden der deutschen Mannschaft angelastet wird.

Der vierte Fußball-Weltmeister-Titel für Pelés Erben

17. Juli 1994. 120 min dauert es, und dann noch einmal 9 min und 11 sec, ehe sich Jubel auf der einen und Tränen auf der anderen Seite entladen. 0:0 steht es nach den regulären 90 min des WM-Finales zwischen Brasilien und Italien, torlos auch nach der 30minütigen Verlängerung. Dann folgt im ausverkauften Rose-Bowl-Stadion von Los Angeles (94 194 Zuschauer) das Elfmeterschießen. Es muß entscheiden, ob Italien oder Brasilien als erstes Land zum vierten Male Weltmeister wird. Die ersten Schützen für beide Teams zeigen, daß auch hochbezahlte Profis nur mit Wasser kochen: Franco Baresi knallt das Leder über das Tor, Marcio Santos scheitert an Italiens Torwart Pagliuca. Dann treffen die beiden nächsten da wie dort, ehe Claudo Tafferel den Schuß von Stürmer Daniele Massaro (AC Mailand) hält. Der beim VfB Stuttgart spielende Carlos Dunga bringt die Brasilianer mit 3:2 in Führung, im Gegenzug vergibt Superstar Roberto Baggio. Danach gibt es kein Halten mehr für eine riesige Fiesta Brasiliana. Gewonnen hat am Ende das Team mit der größten Spielkultur und der sichtbar größten Spiellust. Daß am Ende das Elfmeterschießen helfen muß, ist gegen Italiens Minimalisten.
Wie sich die Romario, Bebeto, Aldair, Cafu, Dunga, Taffarel, Jorginho nach der »Tetra Brasilia«, dem vierten WM-Gold nach 1958, 1962 und 1970 an den Händen hälten, singen und tanzen, das ist Ausdruck von Leidenschaft. Gefühl besiegt Kalkül, echtes Herz implantierte Taktik-Schrittmacher – das bleibt das schöne Fazit einer großen, verückten, mitreißenden Weltmeisterschaft. Den Sieg widmen die Brasilianer ihrem am 1. Mai 1994 tödlich verunglückten Formel-1-Weltmeister Ayrton Senna. Drei Monate vor der WM hatte man sich noch in Paris getroffen. »Damals haben wir einander versprochen, daß er und wir jeweils den vierten WM-Titel gewinnen. Deshalb war dies unsere Hommage an Senna«, sagt Torwart Taffarel nach dem Triumph.
Der hat sich übrigens für jeden einzelnen Spieler gelohnt: Neben dem FIFA-Pokal (100 000 Dollar Materialwert) kassiert jeder brasilianische Weltmeister rund 232 000 Mark Siegprämie. Hätten die Deutschen gewonnen, hätten sie sich über 125 000 DM pro Mann freuen dürfen. WM-Dritter werden die Schweden, die zuvor im Halbfinale gegen Brasilien 0:1 verloren. In einem Match voller Spielfreude gewinnen sie gegen Bulgarien 4:0.

Der Brasilianer Paulo Sergio schnappt sich den heißbegehrten World-Cup nach dem Finale.

Nelson Pessoa aus Brasilien, der Grandseigneur im Sattel

21. August 1994. Seit 1920 wird das Deutsche Springderby in Hamburg-Kleinflottbek geritten – nur von 1940 bis 1948 gab es eine Pause. Eduard Pulvermann, Kaufmann und passionierter Jagdreiter, hat sich den mit 1230 m ungewohnt langen Parcours mit 17 klobigen Naturhindernissen wie Ricks, Planken, Mauern, Gräben und Gattern ausgedacht – und damit eine der schwersten Hindernislandschaften für Springreiter hinterlassen. Als der 1944 von der Gestapo ermordete Pulvermann gleich bei der Premiere 1920 bei der Kombination Steilsprung-Wassergraben-Steilsprung aus dem Sattel rutscht, spöttelt ein Kollege: »Das war Pulvermanns Grab.« Noch heute trägt das 14. Hindernis des Derbys, bei dem der Erfinder als bestes Ergebnis einen sechsten Platz verbuchen konnte, diesen Namen. Erster Sieger 1920 war der Hamburger Paul Hell. Sein Pferd bekam einen Eichenkranz, er das Blaue Band. Beides ist auch noch beim Derby am 21. August 1994 aktuell, aber als Zubrot gibt es auch 50 000 Mark Siegprämie. Die holt sich wieder einmal der Brasilianer Nelson Pessoa – 59 Jahre alt, und kein bißchen reitmüde. Auf seinem 17jährigen Wallach Vivaldi bleibt der Grandseigneur des Springsattels

ohne Abwurf, was bis zum Jahre 1994 von insgesamt gut 2200 Reitern nur ganzen 122 gelang. Pessoa, der seit 1956 in Europa lebt und 1966 auch europäischer Champion war, hat das Blaue Band erstmals 1962 gewonnen.
Der Reiz des Derbys liegt in seiner Andersartigkeit gegenüber gewöhnlichen Parcours. Nur noch im englischen Hickstead gibt es etwas Ähnliches. Hans Günter Winkler, erfolgreichster Springreiter aller Zeiten, schwört deshalb auch auf dieses besondere Ereignis: »Es ist einfach etwas ganz Besonderes, beim Derby zu starten. Die Atmosphäre allein ist schon einmalig.«
Der Name Pessoa hat auch noch auf lange Sicht viele Chancen auf Einträge in die Hamburger Siegerliste: Nelsons Sohn Rodrigo ist längst einer der Weltbesten des Metiers. Er wird Weltmeister 1998.

◁ *Nelson Pessoa in Aktion: Der brasilianische Springreiter nimmt jedes Hindernis ohne Mühe, belegt am Ende mit 0 Fehlerpunkten (nach 91,17 sec) den ersten Platz. Ohne Fehler zu bleiben, das gelang in 64 Derby-Jahren nur 122 Reitern. Jahre später tritt Nelsons Sohn Rodrigo in die Fußstapfen des Vaters und wird einer der erfolgreichsten Springreiter der Welt werden.*

EM in Helsinki: Geteilte Leichtathletik-Herrschaft in Europa

7. bis 14. August 1994. Helsinki ist Gastgeber der Leichtathletik-EM des Jahres 1994. In der Bilanz ergibt sich kein überraschendes Bild: bei den Männern dominieren die Briten, bei den Frauen die Russinnen. Deren Heimatland ist erstmals unter eigener Flagge vertreten – und am Ende mit 10 Gold-, 8 Silber- und 7 Bronze-Medaillen die klare Nummer 1 unter den Nationen. Star der »Sbornaja« ist Irina Priwalowa, die beide Sprint-Titel souverän gewinnt. Landsmann Rodion Gataullin holt sich in Abwesenheit von Sergej Bubka mit überragenden sechs Metern Stabhochsprung-Gold.
Eine Rekordzahl von 44 Ländern ist in der finnischen Metropole vertreten, von denen 24 Medaillen gewinnen. Deutschlands Athleten schließen mit fünf Titeln (Dieter Baumann/5000 m, Heike Drechsler/Weitsprung, Ilke Wyludda/Diskus, Sabine Braun/Siebenkampf, 4x100-m-Staffel Frauen), vier Silber- und fünf Bronze-Medaillen ab. 254 500 Zuschauer verfolgen die Abendwettkämpfe, 26 500 sind bei den Qualifikationen am Vormittag dabei. Weitere herausragende Athleten sind Sprinter Linford Christie (GB), der zum dritten Mal in Folge die 100 m für sich entscheidet, Heike Drechsler, der gleiches im Weitsprung gelingt, und der britische 400-m-Läufer Roger Black, dessen Sieg mit der Staffel ihn zu Harald Schmid, dem bis dato mit sechs Titeln erfolgreichsten EM-Goldmedaillensammler aufschließen läßt.

◁ *Da ist die Welt für Dieter Baumann noch in Ordnung: Er holt den EM-Titel über 5000m. 2000 wird er des Dopings überführt.*

Franziska van Almsicks wundersamer WM-Sieg in Rom

Erst jubelt Franzi, dann fließen Tränen: Der Weltrekord-Sieg über 200 m Freistil – nichts für schwache Nerven.

6. September 1994. Franziska van Almsick, seit den Olympischen Spielen 1992 der deutschen Medien sportliches Lieblingskind, ist immer für eine Geschichte gut. So auch bei den Schwimm-WM in Rom (1.–11. 9.). Die Favoritin auf den 200 m Freistil pokert im Vorlauf, um das Finale auf einer der von ihr bevorzugten Außenbahnen schwimmen zu können. Aber die 16jährige Berlinerin, 1993 in Sheffield sechsfache Europameisterin, verzockt sich. Nur Neuntschnellste nach den Vorrennen wird sie, hinter der Magdeburgerin Dagmar Hase, die den letzten Platz im Endlauf erwischt. Van Almsick im B-Endlauf, Deutschlands einzige mögliche WM-Goldene futsch – der Schock bei Athletin, Trainer Dieter Lindemann, bei den Verbandsfunktionären sitzt tief. Franzis Freund Steffen Zesner, selbst Rom-Starter und seinerseits gerade so ins 200-m-Freistil-Finale geschwommen, hatte vorher gewarnt: »Mädel, mach nicht denselben Mist und spekuliere. Und dann dachte ich, ich sehe nicht recht.«

Franziska van Almsick hat Gold verloren, ehe sie überhaupt ernsthaft darum geschwommen ist. Daß sie dennoch eine zweite Chance erhält, ist schon Teil zwei der Geschichte um Franzi Megastar. Zwar sagt ihr Manager Werner Köster noch vor dem Endlauf: »Wir sind hier bei einer WM, und da will auch Dagmar Hase sicher jede Chance nutzen und nicht der Platzhalter für Leute sein, die sich verspekuliert haben«. Aber dann verzichtet die Magdeburgerin auf ihren Finalstart, die Neunte rückt nach – und schwimmt auf Bahn 8 zum Gold und zum Weltrekord von 1:56,78 min. Den alten hielt seit 1986 die Chemnitzerin Heike Friedrich mit 1:57,55 min. Ob sie ihre Goldmedaille nicht mit Dagmar Hase teilen wolle, wird Franziska van Almsick danach etwas provokativ gefragt: »Ich bin ihr sehr dankbar. Aber im Endlauf bin ich allein geschwommen, habe mich bis ins Ziel durchgewürgt. Ich denke, ich behalte die Medaille so, wie sie ist. Das hat mit Dagmar nichts zu tun.«

George Foremans Sensations-Comeback mit 46 Jahren

5. November 1994. Las Vegas, das Spielerparadies, ist der Ort, an dem der boxende Prediger George Foreman am 5. November ein neues Kapitel in der Boxgeschichte aufblättert. Genau 20 Jahre und eine Woche nach seiner WM-Niederlage in der als »Rumble in the Jungle« bekannt gewordenen Ringschlacht in Kinshasa (Zaire) holt sich der 46jährige farbige Koloß sensationell den Weltmeistertitel im Schwergewicht zurück. Der 20 Jahre jüngere Michael Moorer, der in einem einseitigen Gefecht klar in Führung liegt, kassiert nach 2 min der zehnten Runde eine trockene kurze Rechte von Foreman ans Kinn. Der Kampf kippt nicht nur, er wird zugunsten des »Oldie« beendet. »Bad Boy« Moorer stürzt zu Boden, beide Arme weit ausgestreckt, bleibt über 2 min im Ringstaub liegen. 12 127 Zuschauer im MGM Grand Hotel feiern den mit 46 Jahren und zehn Monaten ältesten Schwergewichts-Weltmeister aller Zeiten.

Noch älter als Champion war nur der »Halbschwere« Archie Moore (USA), der 1961 als 48jähriger den Titel niederlegte. Der älteste Boxer, der je einen regulären Kampf bestritt, war 1961 der 65jährige Walter Edgerton (USA), der damals seinen 20 Jahre jüngeren Kontrahenten John Henry Johnson in der vierten Runde k. o. schlug.

Foreman macht für seinen Triumph höhere Mächte verantwortlich, betet noch im Ring andächtig zu Gott. Und der passionierte »Hamburger«-Liebhaber sieht sich als Beispiel für alle Älteren: »Gute Athleten können auch noch zwischen 45 und 55 Jahren Topleistungen schaffen. Die nächste Sensation von mir wird mit 65 kommen.«

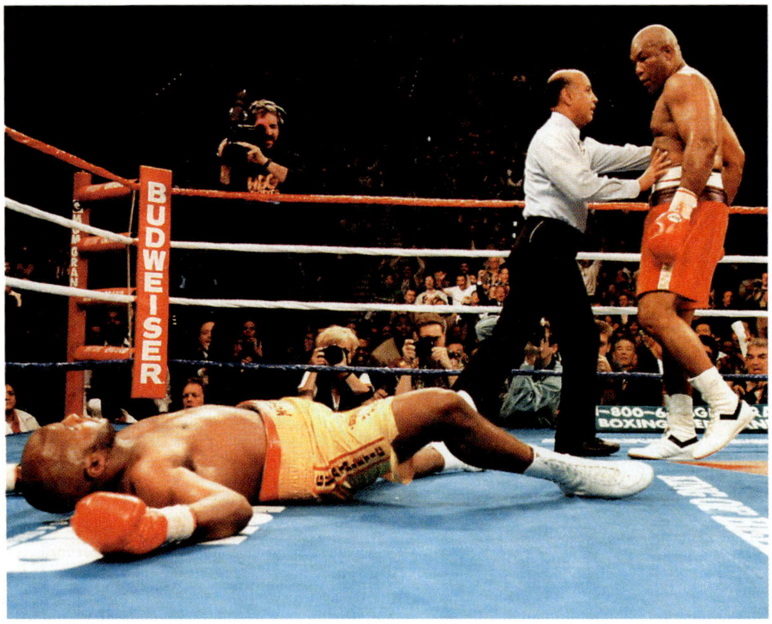

Der alte Foreman haute Michael Moorer um.

Im Kampf selbst ist Foremans »luck punch« in der 10. Runde die Rettung für den schon erschlafften Herausforderer. Sein Trainer Angelo Dundee, der auch Muhammad Ali und Sugar Ray Leonard in der Ringecke betreute, animiert Foreman: »Knock ihn aus! Das schaffst du noch.« 2 min später hat Dundee seinen zwölften Weltmeister. Moorer wird über seine Niederlage mit 7,5 Mio. Dollar Kampfbörse getröstet, Foreman kassiert für seinen 73. Erfolg (bei nur vier Niederlagen) vier Mio. Und verkündet unermüdlich seine Botschaft: »Niemand braucht an der Midlife Crisis zu verzweifeln. Er muß nur etwas tun. Zum Beispiel boxen.«

Schon 1968 war George Foreman Box-Olympiasieger in Mexiko. Am 22. Januar 1973 holt er sich den Profi-WM-Titel von Joe Frazier durch einen Knockout in der 2. Runde. Dann kommt der »Rumble in the jungle« gegen Ali, schließlich von 1977 bis 1987 eine zehnjährige Ringpause.

Spritziger Schumi: Nach dem Sieg steht er voll »unter Wasser«.

Der Crash zwischen Schumacher (l.) und Damon Hill – am Ende hilft er nur dem Deutschen.

Schumi wird erstmals Formel-1-Weltmeister

13. November 1994. Erst Crash, dann Champion – so läuft das im Formel 1-Zirkus. Am 13. November 1994 kommt der 25jährige Michael Schumacher im australischen Adelaide in seinem 52. Grand Prix zwar nur bis zur 36. von 81 Runden, aber er wird dennoch neuer Weltmeister. Einer der größten Triumphe eines Deutschen in der Nachkriegsgeschichte des Sports.

Der fällt zwar mit einem Punkt Vorsprung im Gesamtklassement vor dem Briten Damon Hill denkbar knapp aus, ist aber der Tatsache geschuldet, daß Hill von Schumachers Ausfall nicht profitieren kann. Denn am Crash des Kerpeners ist Hill direkt beteiligt, beide Titel-Rivalen neutralisieren sich, so daß es beim am Wochenende davor in Suzuka hergestellten Zwischenstand von 92:91 bleibt.

Der entscheidende Crash: Schumacher kommt, in Führung liegend, von der Strecke ab, touchiert eine Mauer, schleudert zurück auf die Fahrbahn, genau vor dem Williams des Briten. Der versucht, den Benetton Schumachers innen zu passieren, doch das Loch ist schon zu – der Zusammenprall unvermeidlich. Für den Deutschen bedeutet das sofort, für Damon Hill nach Boxenstop das Ende der Dienstfahrt – und das Ende der Formel-1-WM.

Dennoch gilt Michael Schumacher allgemein als verdienter Weltmeister, der über die Saison betrachtet der Beste war. Acht Siege in 16 WM-Rennen lassen ihn auch die Sperre in vier Läufen wegen diverser Regelverstöße im Benetton-Team verkraften. »Während die Bergers, Mansells oder früher Alesi relativ aggressiv fahren, fährt Schumacher wie ein echter Champion: rund, ausgeglichen und mit wahnsinnig viel Gefühl im Hintern«, lobt ihn der fünfmalige Weltmeister Juan Manuel Fangio (Argentinien). Schumacher-Manager Willi Weber vergißt auch in der Stunde des größten Erfolges das Geschäftliche nicht: »Für uns geht es jetzt darum, den WM-Titel noch zu vergolden, so wie das Boris Becker nach seinem ersten Wimbledonsieg 1985 gemacht hat.« Für 1995 winkt dem neuen Champion ein Jahreseinkommen von geschätzen 35 Mio. Mark aus Gehalt, Werbeeinnahmen und Sponsorenprämien. Experten errechnen daraus schon mal vorab den Arbeitslohn des Mittzwanzigers: Bei einer durchschnittlichen Renndauer von 90 min beträgt »Schumis« Stundensalär 1,5 Mio., pro Rennminute 25 000, pro km 7500 Mark. 1989 hatte der Kerpener seine Formel-Laufbahn für ein Taschengeld von 1000 Mark begonnen. Angefangen hatte Schumachers motorsportliche Karriere im Alter von 14 auf der Kartbahn seines Vaters Rolf.

Nur elf Jahre später ist er nicht nur der erste deutsche Formel-1-Weltmeister, sondern mit 25 Jahren und zehn Monaten auch der zweitjüngste Champion hinter Emerson Fittipaldi (Brasilien/1972–25 Jahre und acht Monate).

Die große Martina Navratilova nimmt Abschied in New York

15. November 1994. Der Abschied kommt schneller als erwartet – beim Damen-Masters in NewYork verliert Martina Navratilova ihr Match gegen Gabriela Sabatini (Argentinien) mit 4:6 und 2:6. Es ist das 1650. einer unvergleichlichen Tennis-Karriere und nach 1438 Siegen die 212. Niederlage. Danach packt die 38jährige das Racket in die Sporttasche. Für immer, was das große Turniertennis angeht.

Das ist der sportliche Abschied einer Jahrhundert-Athletin, deren Rekorde Bestand für die Ewigkeit haben könnten. 1974 gewinnt die gebürtige Tschechin in Orlando (USA) ihr erstes Profiturnier, zwanzig Jahre später in Paris das 167. und letzte (dazu kommen 165 im Doppel). 18 Grand-Slam-Titel im Einzel (drei Australian Open, zwei French Open, neun in Wimbledon, vier US Open) sammelt sie, dazu kommen 31 im Doppel und sechs im Mixed. 20,1 Mio. Dollar Preisgeld fließen auf ihr Konto, insgesamt steht sie 332 Wochen auf Platz 1 der Weltrangliste der Damen. Am 16. Januar 1984 startet Martina Navratilova eine Serie von 74 Einzelsiegen in Folge – auch das ein Rekord.

Keine Spielerin hat so wie sie das Damentennis revolutioniert. Mitte der 70er Jahre machte die 1978 in die USA geflüchtete Navratilova aus dem wenig spektakulären Grundlinien-Geplänkel einen athletischen Hochleistungssport, in dem physische Fitneß einen großen Stellenwert bekam. »Serve and Volley« nennt sich der Stil, der in der Praxis mit der Folge Aufschlag, Netzattacke, Punkt umgesetzt wird.

Auch außerhalb des Centre Court sorgt Martina Navratilova für Schlagzeilen. Sie bekennt sich früh dazu, nur Frauen zu lieben, muß dafür im prüden Amerika Einnahmeverluste hinnehmen, weil Sponsoren abspringen.

Ein letzter Gruß ins Publikum, die Tennislegende geht: In Filderstadt sagt Martina Navratilova Goodbye.

1995

3. 1. Fußball-Idol Pele legt seinen Eid als Sportminister Brasiliens ab.

8. 1. Gunda Niemann wird in Heerenveen zum sechsten Mal Eisschnellauf-Europameisterin.

26. 1. Erstmals in der 64jährigen Geschichte der Alpinen Ski-WM werden die Wettbewerbe wegen Schneemangels am Austragungsort (Sierra Nevada/Spanien) abgesagt.

1. 2. Die Chemnitzer Mandy Wötzel/ Ingo Steuer gewinnen Paar-Gold bei den Eiskunstlauf-EM in Dortmund.

19. 2. Steffi Graf bezwingt im Finale des Hallenturniers in Paris-Bercy Mary Pierce (Frankreich) mit 6:2, 6:2 und wird wieder Weltranglisten-Erste.

4. 3. Freistilringer Reiner Heugabel gewinnt bei den Deutschen Meisterschaften seinen 14. Titel in Serie und übertrifft damit die alte Bestmarke des Klassikers Wilfried Dietrich (13).

5. 3. Gunda Niemann wird nach 1991, 1992 und 1993 zum vierten Mal Eisschnellauf-Mehrkampf-Weltmeisterin.

15. 3. Alba Berlin gewinnt im Finale gegen Stefanel Mailand den Korac-Cup und damit die erste europäische Vereinstrophäe für den deutschen Männer-Basketball.

25. 3. Nach 1095 Tagen Gefängnis ist Ex-Profiboxweltmeister Mike Tyson wieder auf freiem Fuß.

26. 3. Deutschlands Fußball-Damen werden nach 1989 und 1991 durch ein 3:2 gegen Schweden zum dritten Mal Europameister.

10. 4. Andre Agassi (USA) ist erstmals Weltranglisten-Erster im Tennis.

22. 4. Axel Schulz (Frankfurt/O.) unterliegt in Las Vegas im Schwergewichts-WM-Kampf umstritten gegen George Foreman.

7. 5. Finnland wird mit einem 4:1-Finalsieg über Schweden erstmals Eishockey-Weltmeister.

24. 5. Ajax Amsterdam besiegt den AC Mailand im Europacup-Finale der Landesmeister mit 1:0.

27. 5. Henry Maske verteidigt seinen WM-Titel in Dortmund gegen Herausforderer Graciano Rocchigiani nur äußerst umstritten.

17. 6. Borussia Dortmund wird zum vierten Mal Deutscher Fußball-Meister.

24. 6. DFB-Pokalfinale: Borussia Mönchengladbach schlägt den VfL Wolfsburg mit 3:0.

9. 7. Boris Becker unterliegt in seinem siebten Wimbledon-Finale Pete Sampras mit 7:6, 2:6, 4:6 und 2:6.

17. 7. Juan Manuel Fangio (Argentinien), in den 50er Jahren fünfmal Formel-1-Weltmeister, stirbt im Alter von 84 Jahren.

23. 7. Miguel Indurain (Spanien) gewinnt zum fünften Mal in Folge die Tour de France.

29. 7. Fast 27 Monate nach dem Messer-Attentat von Hamburg feiert Monica Seles in einem Schaukampf gegen Martina Navratilova in Atlantic City (6:3, 6:2) ihr Comeback.

4. 8. Eröffnung der 5. Leichtathletik-WM in Göteborg mit 1946 Aktiven aus 192 Nationen.

7. 8. Der Brite Jonathan Edwards übertrifft im Dreisprung mit seinen Versuchen von 18,16 m und 18,29 m erstmals die 18-m-Marke.

21. 8. Manfred Donike (62), Kölner Antidoping-Experte, auf dem Flug nach Johannesburg gestorben.

27. 8. Abschluß der Schwimm-EM in Wien: Deutschland hinter Russland (17–2–4) mit 13 Gold-, 13 Silber- und 11 Bronze-Medaillen zweitbeste Nation.

9. 9. Steffi Graf gewinnt durch ein 7:6, 0:6 und 6:3 gegen Monica Seles (USA) zum vierten Mal die US Open in New York.

1. 10. Erster Sieg eines Deutschen bei einem Formel-1-WM-Rennen auf dem Nürburgring durch Michael Schumacher.

6. 10. Mathias Sammer (Borussia Dortmund) wird Deutschlands »Fußballer des Jahres«.

22. 10. Michael Schumacher verteidigt mit einem Sieg in Aida (Japan) seinen Formel-1-WM-Titel erfolgreich.

29. 10. 5000. Sendung der ARD-Sportschau.

9. 12. Axel Schulz unterliegt in seinem zweiten Schwergewichts-WM-Kampf in Stuttgart dem Südafrikaner Frans Botha.

15. 12. Der Europäische Gerichtshof verkündet das sogenannte »Bosman-Urteil«: Nach einer Klage des belgischen Fußball-Profis Jean-Marc Bosman wird verfügt, daß Transfersummen nach Ablauf eines Vertrages und die Ausländerregelung in nationalen Meisterschaften von EU-Staaten mit europäischem Recht nicht vereinbar sind.

Gunda läuft allen davon

8. Januar 1995. Erst wollte sie Volleyballerin werden, dann versuchte sie sich als Hürdenläuferin. Schließlich wird Gunda Niemann Ende der 80er Jahre zur Eisschnellläuferin umgeschult. Zunächst hagelt es Stürze, dann serienweise Siege. Seit Beginn der 90er läuft die kräftige Thüringerin der Konkurrenz mehr und mehr davon. Ihr Ehrgeiz läßt sie Trainingspensen absolvieren, die die hinterherlaufenden Kontrahentinnen respekt- und neidvoll von »Gunda Gnadenlos« sprechen lassen. 1995 beginnt für die Kufenflitzerin mit ihrem sechsten Mehrkampf-EM-Sieg in Heerenveen. Die Holländer lieben die Deutsche für ihre Art, Eisschnellaufen zu kämpfen und widmen ihr Fangesänge wie einer Lokalmatadorin: »Gunda bedankt!« Einen Monat nach dem sechsten EM-Gold holt sich Niemann im norwegischen Savalen auch die Mehrkampf-Weltmeisterschaft – ihre dritte.

Keine läuft so elegant wie sie: Gunda Niemann gleitet wie eine Königin übers Eis. Zum vierten Mal erobert sie den Thron bei der Eisschnelllauf-Mehrkampf-Weltmeisterschaft im norwegischen Savalen. Über alle vier Strecken läuft sie die beste Zeit. Am Ende steht sie ganz oben auf dem Treppchen und holt sich den verdienten Lohn ab: die Gold-Medaille.

Sie küßten und sie schlugen sich

1. Februar 1995. Paarläufer sind zur Harmonie verpflichtet – zumindest auf dem Eis. Oft hat die Sportart besondere »Beziehungsgeschichten« geliefert – mitunter tragische, dramatische, turbulente. Selten entsprach das auf dem Eis gezeigte innige Zweier-Verständnis dem Leben ohne Schlittschuhe. So auch beim Chemnitzer Duo Mandy Wötzel/Ingo Steuer. Erst mochten sie sich nicht sonderlich, dann liebten sie sich, schließlich stritten und trennten sie sich – aber nicht als sportliches Paar. Der Erfolg gibt ihnen am Ende recht. Nach dem EM-Gold in Dortmund schreibt der »Sport-Informationsdienst«: »Sie verloren die Liebe, aber sie gewannen den Titel.« 1993 hatten die Sachsen in ihrer ersten gemeinsamen Saison auf Anhieb EM- und WM-Rang 2 erreicht, aber danach im Olympiajahr nach einer Verletzungsserie viel Pech.

Piroutte ins Glück: Mandy Wötzel und Ingo Steuer bei ihrer Siegerkür in der Dortmunder Westfalenhalle.

Alba Berlin gewinnt den Korac-Cup

15. März 1995. Der Mannschaftsname ist der des Hauptsponsors, einer Recyclingfirma. Deren Werbespruch »Alba – alles bestens entsorgt« wird von den Berliner Basketballern unter den Körben sportlich exzellent umgesetzt. Im Korac-Cup marschiert das Team von Trainer Svetislav Pesic bis ins Finale durch und trifft dort auf den hohen Favoriten Stefanel Mailand. Nach einem 87:87 auswärts gewinnen die »Albatrosse« am 15. März vor 10 000 Zuschauern in der ausverkauften Berliner Deutschlandhalle mit dem 85:79-Erfolg als erstes deutsches Basketballteam eine internationale Vereinstrophäe. Bis auf Spielmacher Sasa Obradovic (Serbe) und Top-Scorer Teoman Alibegovic setzt Alba Berlin dabei übrigens ausschließlich auf deutsche Spieler. In den folgenden Jahren löst Alba Rekordmeister Bayer Leverkusen als nationale Nummer 1 ab, entfacht in der Hauptstadt einen Basketball-Boom und macht den Weg der gezielten Entwicklung junger Talente über den Kooperationspartner TuS Lichterfelde zum Erfolgsmodell.

▷ Verschwitzt, aber glücklich: Erfolgs-Coach Svetislav Pesic stemmt den Korac-Cup.

Mike Tyson: Aus der Zelle in den Ring

25. März 1995. Es ist Samstag früh, 6.14 Uhr, als Mike Tyson nach 1095 Tagen Haft das Gefängnis mit dem irreführenden Namen Indiana Youth Center in Plainfield verläßt. Seit dem 15. April 1992 hat der ehemalige Box-Weltmeister aller Klassen dort als Häftling Nummer 922 355 eingesessen, nachdem er wegen Vergewaltigung der Studentin Desiree Washington im Juli 1991 zu sechs Jahren Haft verurteilt worden war. Wegen guter Führung darf der in den Slums von New York aufgewachsene Tyson, der zwischen März 1985 und Juni 1991 in 41 Profikämpfen nur einmal verloren hat, die Haftanstalt für minderschwere Fälle vorzeitig verlassen.

In die Freiheit zurückgekehrt, fährt der während der Haft zum Islam konvertierte Ex-Champion als erstes in eine nahe gelegene Moschee, wo er zusammen mit Boxlegende Muhammad Ali eine halbe Stunde lang betet. Mehr als 200 Reporter, 50 Fernsehkameras und vier TV-Helicopter warten auf den Moment, in dem sich die Gefängnistüren öffnen. Tysons kurze Erklärung: »Ich freue mich, draußen und auf dem Heimweg zu sein. Ich danke allen, die mir geholfen haben. Ich werde bald mehr zu sagen haben.« Das »Mehr« folgt dann im Ring am 19. August in Las Vegas. Tysons Comeback gegen Peter McNeeley (USA) dauert 89 sec, dann geht sein Gegner nach einem krachenden rechten Aufwärtshaken an den Kinnwinkel zu Boden. Mike Tyson verdient 280 899 Dollar pro Sekunde, insgesamt eine Bruttobörse von 25 Millionen – Rekord für einen Nichttitelkampf.

Mike Tyson in Handschellen

Foreman schummelt sich zum Sieg

22. April 1995. Ironie des Schicksals: Wohl selten hat eine Niederlage einen Sportler so beliebt und populär gemacht wie im Falle des Boxers Axel Schulz. Am 22. April 1995 verliert der »sanfte Riese« aus Frankfurt/Oder in Las Vegas höchst umstritten im Kampf um die Schwergewichts-WM gegen den 47jährigen George Foreman. Zwei der drei Punktrichter aus dem US-Bundesstaat Nevada sehen den Oldie vorn – nach Ansicht fast aller Beobachter ein Fehlurteil. US-Promoter Cedric Kushner: »Außer in den USA hätte Axel in jedem anderen Land der Welt nach Punkten gewonnen.« Schulz' Brutto-Kampfbörse beträgt 500 000 Mark, der im Gesicht nach dem Kampf stark lädierte Foreman streicht 10 Millionen Dollar für seinen schwachen Auftritt beim 78. Profikampf seiner Karriere (74 Siege, davon 68 k. o., vier Niederlagen) ein. Der streng religiöse Laienprediger mit der Killerfaust lobt den deutschen Kontrahenten, den er zuvor als »tasmanischen Teufel« bezeichnet hatte, indirekt: »Gegen ihn werde ich nie mehr antreten.« Schulz weiß instinktiv, daß er wohl die Chance seines Lebens verpaßt hat, oder besser – um diese betrogen wurde. »Das beschissene Gefühl, auf gut deutsch gesagt, ist, daß ich den Titel verdient, aber nicht gewonnen habe.«
Ein Magazin schreibt nach dem Schlagabtausch im Spielerparadies vor 11 000 Zuschauern vom »Triumph der Niederlage« für Axel Schulz. Der Schützling von Trainer Manfred Wolke kann später allerdings nie mehr an seine Leistung aus dem Foreman-Kampf anschließen. Er verliert zwei weitere WM-Fights gegen Frans Botha (Südafrika) und Michael Moorer (USA). Dennoch bleibt er Publikumsliebling und Großverdiener des Berufssports.

Rechts-links-Kombination: Axel Schulz (r.) attackiert George Foreman. Doch am Ende hilft dem Deutschen seine starke Leistung nicht. Er verliert umstritten. Der Wolke-Schützling bleibt dennoch Liebling der Massen.

Indurain, Außerirdischer auf Rädern

23. Juli 1995. Ein »Außerirdischer« auf Rädern: Der Spanier Miguel Indurain strickt weiter an seinem legendären Ruf, als er am 23. Juli 1995 zum fünften Mal in Folge auf dem Pariser Champs Elysee als Sieger der Tour de France über den Zielstrich fährt. Niemand vor ihm hat dieses Kunststück geschafft – nicht der berühmte »Kannibale« Eddy Merckx (Belgien), nicht die Franzosen Jacques Anquetil oder Bernard Hinault, nicht der US-Amerikaner Greg Lemond. Schier unbezwingbar ist der drahtige Mann aus Navarra in der ersten Hälfte der 90er Jahre und wird mit vier Millionen Mark Jahresgage zum Top-Verdiener der Branche. Neben den Tour-Siegen 1991 bis 1995 gewinnt er auch zweimal den Giro d'Italia (1992, 1993), wird zum Abschluß seiner Karriere 1996 in Atlanta Olympiasieger im Zeitfahren. Der Kampf gegen die Uhr war die Spezialdisziplin des baskischen Bauernsohnes, dessen kraftvolle Eleganz auf dem Velo von niemanden erreicht wurde. Weltmeister 1995, 1994 Stunden-Weltrekordler mit einem Schnitt über 53 Stundenkilometern- Indurain tritt die Pedale mit hoher Übersetzung (1992 in Luxemburg 54:12) und erhält den Beinamen »Mörder mit den zwölf Zähnen«. 1995 bekommt Spaniens populärster Sportler aller Zeiten den Olympischen Orden des IOC, nachdem er bei der WM den Straßen-Einzeltitel seinem jahrelangen »Wasserträger« Abraham Olano »schenkt«, indem er den Teamkameraden davonziehen läßt.

Triumphator Indurain

Straßenköter »Rocky« contra Gentleman

27. Mai 1995. Eine wirklich schöne Mediengeschichte: Da der frühere DDR-Vorzeige-Staatsamateur, dort der Bad Boy, der Pitbull, der bissige Straßenköter, der sich hochgeboxt hat. Henry Maske contra Graciano Rocchigiani: Der Schöne und das Biest, der Ossi als Ersatz-Identifikation für eine ganze Region, der Wessi-Underdog als Beispiel für Selbstbehauptung.
»Eine Frage der Ehre« ist der WM-Fight am 27. Mai in Dortmund zwischen dem aktuellen und dem früheren Champion ziemlich martialisch betitelt. »Das ganze Gequatsche bringt nichts. Der Bessere soll gewinnen. Und fertig«, bellt »Rocky« vor dem 12-Runden-Gang auf seine ehrliche Art. Nach dem erstaunlichen 117:111,116:113 und 116:114-Punktsieg für Maske zweifeln viele Beobachter an, daß eben das geschehen ist. In der sehr ausgeglichenen Ringschlacht hat Herausforderer Rocchigiani Weltmeister Maske zweimal – in der 9. und in der Schluß-Runde – am Rande des Knockout. Nur noch im Unterbewußtsein bringt der Champion den Kampf über die Zeit – und gewinnt dennoch mit unerklärlichem Punktevorsprung. Die einen nennen es Beschiß, Rocchigiani selbst bleibt in der ersten Reaktion zurückhaltend: »Ich hoffe, daß ich eine Revanche bekomme, weil ich nicht glaube, daß Henry so leicht damit leben kann zu hören, daß er nur mit Glück gewonnen hat.« Damit behält er recht – am 14. Oktober 1995 steigt in München »Eine Frage der Ehre, Teil 2«. Diesmal klettert ein durch die Fehler beim ersten Duell geläuterter Henry Maske durch die Ringseile in der vollbestezten Dortmunder Westfalenhalle. Vor 12 400 Zuschauern gewinnt Maske klar mit 3:0 Richterstimmen (117:111, 116:112, 115:113) und poliert damit sein ramponiertes Image wieder auf.

Maske verteidigt mit letzter Kraft gegen »Rocky« (l.).

US-Leichtathleten bei der WM (fast) unschlagbar

800-m-Siegerin Ana Fidelia Quirot aus Kuba in Jahresweltbestzeit.

Der US-Amerikaner Michael Johnson schafft das Double über 200 und 400 m.

Der erste Streich von Astrid Kumbernuss. Sie gewinnt mit 21,22 m.

Der äthiopische Langstreckenläufer Haile Gebreselassie läuft allen davon.

5. August 1995. 2–2–2 – so lautet die deutsche Medaillenbilanz bei den 5. Leichtathletik-WM vom 5. bis 13. August im Ullevi-Stadion von Göteborg (Schweden), wo 1804 Athleten aus 191 Ländern starten. Alles andere als ein Traumergebnis, nach dem Motto: fußlahm, aber stark in den Armen!

In den Läufen ist bei den Männern Steffen Brands vierter Platz über 3000 m Hindernis enttäuschend, bei den Frauen kommen die beiden Staffeln immerhin auf die Ränge drei (4x100 m) und vier (4x400 m). Melanie Paschke (200 m) und Heike Meissner (400 m Hürden) rennen ebenfalls knapp an den Medaillen vorbei. Die deutsche Leichtathletik-Ehre retten müssen die Stoßer und Werfer: Lars Riedel gewinnt mit dem Diskus nach Tokio 1991 und Stuttgart 1993 schon seine dritte WM, Astrid Kumbernuss schafft dies mit der Kugel erstmals – aber dafür um so überlegener. 21,22 m als Siegerweite bedeuten 1,18 m Vorsprung auf die zweitplatzierte Chinesin Huang Zhihong. Weiteres Edelmetall für das DLV-Team holen Hochspringerin Alina Astafei (Silber), Diskuswerferin Ilke Wyludda (Silber) und Speerwerfer Boris Henry (Bronze).

Für die großen Schlagzeilen bei der WM aber sorgen andere. Michael Johnson (USA) schafft das Gold-Double über 200 und 400 m. Mit Wilson Kipketer gewinnt ein eingebürgerter Kenianer für Dänemark den 800-m-Titel. Noureddine Morceli (Algerien), Ismail Kirui (Kenia) und Haile Gebreselassie (Äthiopien) sind die Matadoren in grandiosen Läufen über 1500, 5000 und 10 000 m. Sergej Bubka (Ukraine) bleibt mit seinem fünften Titel in Folge der »Herr der Lüfte« im Stabhochsprung. Der Kubaner Ivan Pedroso fliegt 8,70 m weit in die Sandgrube, der Brite Jonathan Edwards gar 18,29 m im Dreisprung. Die Frauen halten mit Klasse-Leistungen dagegen: Gwen Torrence (USA) zum Beispiel mit 10,85 sec über 100 m, Marie-Jose Perec (Frankreich) mit 49,28 sec über die Stadionrunde, Ana-Fidelia Quirot (Kuba) mit 1:56,11 min über 800 m oder Gail Devers (USA) mit 12,68 sec im Hürdensprint. Die USA sind am Ende die klare Nummer 1 der Weltleichtathletik: 12 Gold-, zwei Silber- und fünf Bronzemedaillen sichern dem Land der »unbegrenzten Möglichkeiten« einen klaren Vorsprung vor den Verfolgern in der Medaillenwertung.

Jonathan Edwards Sprünge für die Dreisprung-Ewigkeit

7. August 1995. »Es ist fast lächerlich. Da scheinen die 18 m so viele Jahre ein unerfüllbarer Traum zu sein, und dann springe ich sie gleich zweimal in 20 Minuten.« Der 29jährige Brite Jonathan Edwards sagt das am Montagabend des 7. August 1995 nach dem WM-Finale im Dreisprung im Ullevi-Stadion von Göteborg. Viermal war der strenggläubige Vikarssohn, der noch 1991 seine WM-Teilnahme in Tokio absagte, weil sein Wettbewerb auf einen Sonntag fiel und er den Gottesdienst nicht versäumen wollte, in den Monaten zuvor schon jenseits der 18-m-Marke gelandet – immer wehte zu starker Rückenwind, so daß die Weltrekordanerkennung verwehrt blieb. In Göteborg aber zeigt sich Edwards davon unbeeindruckt – 18,16 m im ersten, gar 18,29 m im zweiten Versuch. Das Publikum feiert ihn mit minutenlangen Ovationen. Man ist Zeuge einer sporthistorischen Leistung gewesen, die mit dem 8,90-m-Weitsprung des US-Amerikaners Bob Beamon 1968 in Mexiko verglichen wird. Edwards weist solche Superlative bescheiden zurück. »Beamon ist eine Legende des Sports, ich bin ein ganz gewöhnlicher Junge. Es ist schwer für mich, eine Verbindung zu sehen zwischen der Person, die ich bin, und der, zu der ich gemacht werde.«

Der Brite, der jeden Starrummel meidet (»Der Glaube an Gott ist für mich die Basis meines ganzen Lebens«) hat eine einzigartige, bis dahin nie gesehene Technik. Bundestrainer Eckhard Hutt: »Während die anderen abspringen, prellt er vom Boden weg, ähnlich wie ein Flummi. Das kann nur er. Er produziert einfach keine Bremsstöße, weil er den Fuß mit einer unglaublichen Schnelligkeit zu Boden bringt.« So wird Edwards der erste Dreispringer überhaupt, der zwei Weltrekorde in einem Wettbewerb aufstellt. Biomechaniker analysieren seinen Sprungablauf: 6,05 m Hop, 5,22 m Step und 7,05 m Jump ergeben den Fabel-Weltrekord. Edwards amüsiert das Medientheater: »Die Dinge, die mich wirklich bewegen, sind, ein guter Christ, Ehemann und Familienvater zu sein.«

Sprungwunder Jonathan Edwards.

Der Marathon-Mann und sein vierter Streich im Becken

27. August 1995. Die Rechnung ist ganz simpel: 1500 m Freistil in 15 min, das sind 15mal die hundert Meter in exakt 60 Sekunden. Wer's schafft, ist Kraul-Weltklasse. Das Problem – normale Menschen erreichen die Minutengrenze nicht ein einziges Mal. Jörg Hoffmann, knapp 2 m groß, 93 Kilo schwer und mithin ein schwimmender »Kleiderschrank«, wurde 1991 in Perth Weltmeister auf der Marathon-Strecke im 50-m-Becken – seine 14:50,36 min sind auch im Jahr 2000 noch Europarekord. Bei der 22. Schwimm-EM, die am 27. August 1995 in Wien zu Ende geht, schafft Jörg Hoffmann einen weiteren Rekord: Zum vierten Mal in Folge wird er Europameister auf »seiner«, der 1500-m-Strecke. Ein Kunststück, das vor ihm nur Michael Groß mit vier Siegen in Serie auf einer Strecke (200 m Schmetterling, 1981–87) erreicht hat. »Mich hatte in Wien kaum einer auf der Rechnung, deshalb hat dieser Titel besonders Spaß gemacht«, sagt er hinterher. Und ergänzt: »Dieser Sieg ist für mich das Größte, höher einzuschätzen als die beiden WM-Goldmedaillen über 400 und 1500 m Freistil von Perth.«

Kraftpaket Hoffmann: Bei der EM in Wien holt er auf seiner Lieblingsstrecke 1500 m den vierten Titel.

Insgesamt holen Deutschlands Schwimmer zehn Titel – sieben die Frauen, drei die Männer (neben Hoffmann noch der Berliner Steffen Zesner über 400 m Freistil und die 4x200-m-Kraulstaffel) – und behaupten sich als Nummer 1 in Europa. Außerdem bemerkenswert bei der EM: Der Starrummel um die Berlinerin Franziska van Almsick, die mit fünfmal Gold zwar erfolgreichste Teilnehmerin wird, aber auf ihrer Paradestrecke 200 m Freistil das Finale verpaßt und im B-Finale aus Trotz drei Sekunden schneller schwimmt als Europameisterin Kerstin Kielgaß. Star bei den Männern ist der Russe Alexander Popow, der im Freistilsprint und mit den Staffeln vier Goldmedaillen gewinnt und mit Abstand der Erfolgreichste wird.

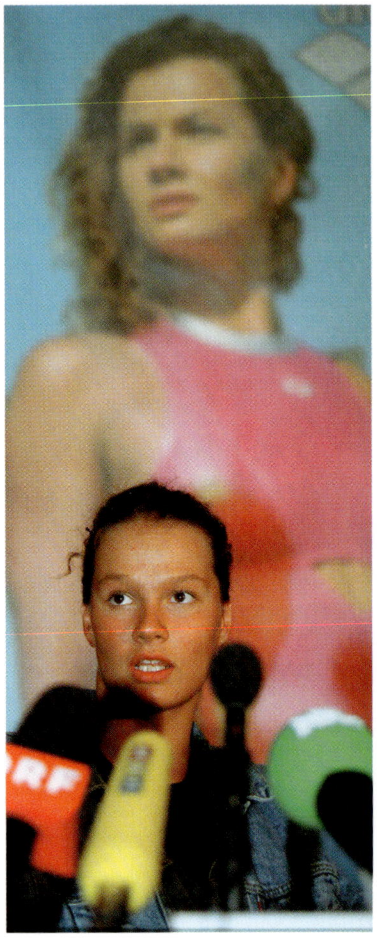

Viele Fragen an Franzi nach dem Aus über 200 m Freistil...

Michael Schumachers Meisterstück – wieder Weltmeister!

22. Oktober 1995. Nomen est omen: Aida heißt die japanische Stadt, in der Formel-1-Pilot Michael Schumacher am 22. Oktober eine große Oper am Lenkrad seines Benetton-Renault aufführt. Mit seinem achten Saisonsieg macht der Kerpener nach bis dahin exakt 3798,492 km bei noch zwei ausstehenden Rennen in Suzuka (wo er ebenfalls siegt) und Adelaide (wo er ausfällt) bereits alles klar und wird mit 26 Jahren der jüngste Fahrer der Grand-Prix-Geschichte, der seinen WM-Titel verteidigt. »Micha Nationale« liefert in Aida ein Meisterstück ab, deklassiert die Konkurrenz fast nach Belieben – sogar mit mehr Boxenstopps. Mit seiner Fahrweise strickt »Schumi« kräftig weiter an der eigenen Legende. In Spa und auf dem Nürburgring bereitet er den Fans Formel-1-Sternstunden. Vor Schumacher haben es mit Ascari, Fangio, Brabham, Senna und Prost nur fünf Piloten geschafft, zweimal in Folge Champion in der Vollgas-Branche zu werden. Schumacher ist auch nach vier Jahren Formel 1 und Millionen-Einnahmen überzeugt, sich selbst treu geblieben zu sein: »Ich bin eigentlich immer noch der Kerpener Kartfahrer von früher, als ich 1984 erstmals Deutscher Juniorenmeister wurde. Wenn andere meinen, ich sei ein eiskalter Rennroboter, dann kennen sie mich nicht.« Am 25. August 1991 hatte Schumacher seinen ersten Formel-1-Grand Prix bestritten, am 8. September 1991 kam er erstmals ins Ziel – als Fünfter. Seine Siegpremiere feierte er am 30. August 1992 im 18. Rennen im belgischen Spa. In seinem zweiten Jahr im Boliden wird er WM-Dritter und bester Formel-1-Einsteiger seit 1966 (Jackie Stewart/Schottland). 1994 folgt der erste WM-Titel für einen Deutschen, 1995 das Dacapo.

Läßt sich von seinen Fans feiern: Schumacher nach dem erneuten WM-Triumph. Da ist die Siegerfaust verständlich.

Bosman: Eine Fußball-Revolution der besonderen Art

15. Dezember 1995. Jean-Marc Bosman – jeder kennt heute den Namen des belgischen Durchschnitts-Fußballers, der zwar mal Jugendnationalspieler seines Landes war, aber als Profi in den 80er Jahren nie den großen Durchbruch schaffte.

Bosman, das steht für eine Fußball-Revolution der besonderen Art, für eine folgenschwere Umwälzung im gesamten Sport, die ihresgleichen sucht. Im Juni 1990 will der damals 25jährige Mittelfeldspieler nach Ablauf seines Vertrages beim FC Lüttich zum französischen Zweitligisten Dünkirchen wechseln. Lüttich fordert 800 000 Dollar Ablöse, Dünkirchen weigert sich zu zahlen. Der belgische Klub verwehrt Bosman daraufhin den Transfer und entläßt ihn. Im August verklagt der arbeitslose Berufssportler den Verein und den belgischen Fußballverband auf Schadenersatz. Ein Gericht entscheidet, daß Bosman für den Drittligisten Saint Quentin spielen darf, eine weitere Instanz bestätigt im Mai 1991 das Urteil, demzufolge ein ungehinderter Wechsel rechtens sei. Zugleich fragt es beim Europäischen Gerichtshof in Luxemburg an, wie es die EU-Richtlinien über die freie Wahl des Arbeitsplatzes künftig auslegen soll. Dessen deutscher Generalanwalt Carl Otto Lenz empfiehlt schließlich am 20. September 1995, zu entscheiden, daß das bisher gehandhabte Transfersystem im Fußball rechtswidrig ist. EU-Kommissar Karel van Miert erklärt, Fußball sei ein wirtschaftliches Betätigungsfeld, das durch die internationalen Marktgesetze der EU geregelt werden solle. Am 15. Dezember 1995 schließlich ist die Welt des Sports nicht mehr dieselbe wie vorher. Der Europäische Gerichtshof urteilt, daß Transfersummen nach Ablauf eines Vertrages und die Ausländerregelung in nationalen Meisterschaften von EU-Staaten mit dem europäischen Recht nicht vereinbar sind. Den betroffenen 18 Verbänden in den damals 15 EU-Ländern bleibt keine Zeit zu reagieren – es gibt keine Einspruchsmöglichkeit, der Urteilsspruch gilt ab sofort. Jean-Marc Bosman danach: »Ich habe fünf Jahre für mein Recht gekämpft. Ich hoffe, in einigen Jahren werden Spieler sich daran erinnern, was ich positiv bewirkt habe.« Deutschlands Auswahlkapitän Jürgen Klinsmann ist einer der wenigen, der schon damals erkennt, was dem Belgier zu verdanken ist: »Er hat etwas Großartiges geleistet. Es stimmt ja, seit dem Bosman-Urteil verdienen wir viel, viel mehr.« Außerdem erhalten die Spieler längere Verträge, mehr Macht. Für Bosman ist der Erfolg vor Gericht lange ein Pyrrhus-Sieg. Er lebt zeitweise in der Garage seiner Eltern, seine Frau verläßt ihn, ihm werden Alkoholprobleme nachgesagt. Nur spärlich zeigen sich Respekt und Anerkennung. Die UNESCO zeichnet ihn mit einem »Ehrenpreis für Kampfesmut« aus, Brasiliens Sportminister Pele würdigt ihn als Vorbild für alle Fußball-Profis und setzt nach Bosman-Vorbild ein neues Transfergesetz im Land des mehrmaligen Weltmeisters durch.

Vor der Urteilsverkündung stecken der belgische Fußball-Profi Jean-Marc Bosman (M.) und zwei seiner Anwälte, Marc Lucan (l.) und Jean-Claude Dupont, am 15. Dezember 1995 im Gerichtssaal die Köpfe zusammen.

Fußball-Europa fügt sich nach einem ersten Aufschrei über die angebliche Zerstörung des Fußballs dem Rechtsspruch. Monatelang hatte die UEFA versucht, mittels Geheimdiplomatie die von Jean-Marc Bosman losgetretene Entwicklung zu verhindern und damit dem zähen Belgier als Einzelkämpfer nicht zugetraut, daß er den langen Atem und die Argumente besitzt, die Fußballwelt in ihren Grundfesten zu erschüttern. Bosmans Resümee: »Es ist wichtig zu beweisen, daß es sich um Menschen und nicht um Waren handelt, mit denen Geschäfte gemacht werden.« Heute spielen in der deutschen Bundesliga mehr Ausländer denn je, in einigen Mannschaften liegt ihr Anteil sogar deutlich über dem der deutschen Kicker.

Die ARD-Sportschau feiert ihre 5000. Sendung

Ein kurzzeitiger Erbe alter Sportschau-Legenden: Jörg Wontorra.

29. Oktober 1995. Adi Furler ist am frühen Samstagabend des 29. Oktober 1995 zu Besuch bei einer »alten Dame«. Die ARD-Sportschau, bei deren Erstsendung am 4. Juni 1961 der Turfexperte bereits zum »Inventar« gehörte, wird 5000 Sendungen alt. Seit diesem Datum hat sich das gute Stück zu einer Institution entwickelt, bei der sich auch schon vor der Wende Deutschland einig Fernsehland vor dem Bildschirm versammelte. Bei der Premiere moderiert Ernst Huberty, der später nach dem Österreicher Hugo Morero (stirbt 1968 bei den Olympischen Spielen in Mexiko) als »Mister Sportschau« zweiter Chef der Sendung wird, ehe er 1982 über eine unkorrekte Spesenabrechnung stolpert und Heribert Faßbender Platz machen muß.

Erst neun Wochen nach der Uraufführung am 4. Juni 1961 taucht übrigens erstmals Fußball in der »Sportschau« auf – in einem Fünf-Minuten-Beitrag vom Spiel Tasmania Berlin gegen Altona 93. Später wird des Deutschen liebste Sportart das dominierende Element, ehe mit Beginn der 90er Jahre die millionenschwere Vergabe der Senderechte an Privatsender die »Sportschau« in eine Existenzkrise stürzt. Unter den Reportern der ersten Stunde findet man Namen wie Wim Thoelke, Karl Senne, Harry Valerien, Heinz Maegerlein, Rudi Michel, Günther Isenbügel, Armin Basche. »Tor des Monats«, »Tor des Jahres« und die von Furler 1969 erfundene Wahl des »Galopper des Jahres« werden zu festen Bestandteilen der Sendung. Faßbender erklärt das Geheimnis der »Sportschau« dennoch aus ihrem Puritanismus: »Die Sportschau kommt ohne Firlefanz aus.

1996

6. 1. Jens Weißflog (Oberwiesenthal) gewinnt als erster Skispringer die Vierschanzentournee zum vierten Mal.

7. 1. Eishockey-Verteidiger Udo Kießling (EV Landshut) bestreitet gegen die Schwenninger Wild Wings seine 1000. Ligabegegnung in der höchsten nationalen Spielklasse.

12. 2. Thomas Muster (Österreich) wird als 13. Spieler seit 1973 Weltranglisten-Erster im Tennis.

23. 2. Fußball-Altbundestrainer Helmut Schön stirbt im Alter von 80 Jahren in Wiesbaden. Er war mit der Nationalmannschaft 1972 Europa- und 1974 Weltmeister geworden.

5. 3. Motorsport-Rennlegende Huschke von Hanstein stirbt im Alter von 85 Jahren.

10. 3. Katja Seizinger aus Halblech gewinnt als erste deutsche alpine Skirennläuferin seit Rosi Mittermaier (1976) den Gesamt-Weltcup.

16. 3. Nach vier Jahren Ringabstinenz, davon drei in Gefängnishaft, gewinnt Mike Tyson (USA) mit einem K. o. in der dritten Runde über Frank Bruno (GB) den Profibox-Titel im Schwergewicht (WBC).

17. 3. Jens Weißflog beendet mit Platz 6 beim Weltcup-Springen am Holmenkollen seine aktive Laufbahn.

21. 3. Als erster deutscher Verein gewinnen die Frauen des BTV Wuppertal den Basketball-Europapokal der Landesmeister mit einem 76:62-Erfolg über SFT Como (Italien).

7. 4. Amateurbox-EM in Velje (Dänemark): Gold für Luan Krasniqi (Schwer), Sven Ottke (Mittel) und Oktay Urkal (Halbwelter).

15. 4. Uta Pippig gewinnt zum dritten Mal hintereinander den Boston-Marathon.

15. 5. Bayern München gewinnt mit 3:1 gegen Girondins Bordeaux erstmals den UEFA-Cup im Fußball.

18. 5. Der 1. FC Kaiserslautern und Eintracht Frankfurt, Gründungsmitglieder der Fußball-Bundesliga (seit 1963), steigen erstmals ab.

20. 5. Willi Daume, Ex-DSB-Präsident und Präsident des NOK, stirbt in München im Alter von 82 Jahren.

21. 5. Fußball-Nationalstürmer Rudi Völler gibt sein Abschiedsspiel in Leverkusen: »Rudis Team« verliert gegen Deutschland 1:3.

9. 6. Deutschland startet mit einem 2:0 gegen Tschechien in die Fußball-EM in England.

10. 6. Durch ein Tor des Ex-Kölners Uwe Krupp gewinnt das Eishockey-Team von Colorado Avalanche den Stanley-Cup in der nordamerikanischen Profiliga NHL.

16. 6. Die Chicago Bulls werden nach 4:2 Siegen gegen die Seattle SuperSonics (mit dem Deutschen Detlef Schrempf) im Playoff-Finale der US-Profiliga zum vierten Mal NBA-Champion.

22. 6. Axel Schulz scheitert auch im dritten Anlauf auf den WM-Thron der Profibox-Schwergewichtler: Punktniederlage gegen Michael Moorer (USA) in Dortmund.

30. 6. Durch ein »Golden Goal« von Mittelstürmer Oliver Bierhoff in der Verlängerung zum 2:1-Endstand gegen Tschechien wird Deutschland nach 1972 und 1980 zum dritten Mal Fußball-Europameister.

6. 7. Steffi Graf gewinnt zum siebenten Mal Wimbledon. Bei ihrem 100. Turnier und 20. Grand-Slam-Titel besiegt sie Arantxa Sanchez (Spanien) mit 6:3,7:5.

19. 7. Eröffnung der XXVI. Olympischen Sommerspiele in Atlanta, an denen erstmals alle 197 IOC-Mitgliedsländer teilnehmen.

21. 7. Der Däne Bjarne Riis gewinnt die 83. Tour de France vor seinem Team Telekom-Kollegen Jan Ullrich.

4. 8. Abschluß der Olympischen Spiele in Atlanta: Deutschland (20 Gold-18 Silber-27 Bronze) drittbeste Nation hinter den USA (44–32–25) und Rußland (26–21–16).

25. 8. Abschluß 10. Sommer-Paralympics der weltbesten Behindertensportler in Atlanta: die USA (46–46–65) gewinnen die Medaillenwertung vor Australien (42–37–27) und Deutschland (40–58–51).

25. 8. Reinhard Libuda, der zwischen 1963 und 1971 26 Länderspiele für Deutschland bestritt, stirbt im Alter von 52 Jahren. Libuda (264 Bundesligaspiele für Schalke 04 und Borussia Dortmund) erzielte am 5. Mai 1966 beim EC-Finale gegen den FC Liverpool in Glasgow mit einer »Bogenlampe« aus fast 50 Metern den entscheidenden Treffer zum 2:1.

14. 9. Der erstmals ausgetragene Eishockey-Weltcup endet im dritten Spiel in Montreal mit einem 5:2 für die USA über Gastgeber Kanada.

3. 10. Radprofi Olaf Ludwig beendet seine Laufbahn.

13. 10. Der Brite Damon Hill sichert sich mit seinem Sieg beim Formel-1-WM-Finale in Suzuka (Japan) den WM-Titel.

10. 11. Im WM-Schwergewichtskampf (WBA) der Box-Profis besiegt Evander Holyfield (USA) Titelverteidiger Mike Tyson in der 11. Runde durch technischen K. o.

23. 11. Henry Maske, IBF-Boxweltmeister im Halbschwergewicht, unterliegt in München in seinem Abschiedskampf WBA-Champion Virgil Hill (USA).

12.–15. 12. Bei den 1. Kurzbahn-EM der Schwimmer in Rostock gewinnen die deutschen Athleten 14 Titel. Erfolgreichste Sportlerin ist die Hamburgerin Sandra Völker mit fünf Goldmedaillen.

Weißflogs Krönung

6. Januar 1996. Im Schanzen-Auslauf in Bischofshofen sucht Jens Weißflog mühsam nach Worten: »Es ist ein Traum, daß ich mit 31 Jahren auf der von mir nicht besonders geliebten Schanze, auf der ich exakt vor 13 Jahren erstmals ganz oben stand, meinen 31. Weltcupsieg feiern konnte.« Mit diesem Triumph feiert der »Floh vom Fichtelberg« den vielleicht größten Erfolg seiner beispiellosen Skispringer-Karriere, denn viermal die deutsch-österreichische Vierschanzentournee zu gewinnen, das hat noch kein Weitenjäger geschafft. 1984, 1985, 1991 und nun 1996 – allein die Jahreszahlen verdeutlichen das Ausnahmekönnen des sportlichen Dauerbrenners aus dem Erzgebirge. Weißflog schafft damit einen krönenden Abschluß seiner Laufbahn, zweitplazierte Norweger Björn Wirkola. Mit seinem zehnten Tagessieg in Bischofshofen egalisiert Weißflog auch diese Bestmarke von Wirkola, der gemeinsam mit dem Oberwiesenthaler und Helmut Recknagel (Steinbach-Hallenberg) vor Bischofshofen die Tournee-Annalen mit drei Gesamtsiegen anführte. Der grandiose Erfolg sorgt auch nicht dafür, daß das Jens »rückfällig« wird. »Jetzt bin ich ein Vierteljahrhundert Skispringer, ich meine, das reicht.« Und Mutter Weißflog, die angekündigt hat, sie werde die Ski des Sohnes eigenhändig zersägen, wenn dieser umkippt, kann das Werkzeug im Keller lassen.

Am 17. März bestreitet Jens Weißflog am Holmenkollen bei Oslo sein letztes Wettkampfspringen (Platz 6) – nach rund 18 000 Schanzenflügen in seiner langen Karriere. Am 15. Juni folgt daheim an der Fichtelbergschanze vor 15 000 begeisterten Fans noch ein Abschiedsspringen auf Matten.

Weißflog jubelt: Vierter Sieg bei der Vierschanzentournee

deren Ende er vor der Tournee angekündigt hat. Nebenbei darf sich der dreimalige Olympiasieger, der insgesamt 15 Medaillen bei Olympia und WM gewonnen hat, auch über 82 300 Mark Sprungprämien freuen, die durch weitere 22 000 Mark vom deutschen Verband aufgestockt werden. Für Weißflog freilich zählt der sportliche Wert noch mehr: »Ich hoffe, daß meine Tournee-Rekorde einige Zeit bestehen bleiben«, sagt er. Mit 659 Tourneepunkten, die für die Plätze eins bis zehn vergeben werden, hat er 135 mehr auf seinem Konto als der

Am 8. Oktober 1996 verleiht Bundespräsident Roman Herzog dem nach der Sportkarriere in die Hotelbranche gewechselten »Überflieger« das Bundesverdienstkreuz, eine Auszeichnung, mit der sein »vorbildliches und faires Auftreten, mit dem er für Deutschland und Sachsen in der Welt viel Sympathie und Anerkennung gewinnen konnte«, gewürdigt wird.

»Pippi Langlauf«: Erst gekrönt und dann geknickt

15. April 1996. »Pippi Langlauf« wird sie von der Berliner »B. Z.« genannt, und in der Tat ist die Marathon-Rennerin Uta Pippig eine ähnliche Sympathieträgerin wie die Buchfigur der Schwedin Astrid Lindgren. Strahlend, Kußhändchen verteilend, eine Frohnatur – auch nach ihrer 42,195 km langen, schweißtreibenden Arbeit per pedes. In den USA gewinnt sie mit ihrem Auftreten jede Menge Fans. Im April 1995 joggt sie sogar mit Präsident Bill Clinton. In New York, Berlin und Boston hat die Läuferin mit den zwei Wohnsitzen (Berlin und Boulder/Colorado) die Konkurrenz hinter sich gelassen. Der Klassiker in Boston aber, den man »Mother of Marathon« nennt, der liegt ihr besonders am Herzen. Den 100. am 15. April gewinnt sie trotz schwerer Magenprobleme auf der Strecke – es ist ihr dritter Erfolg in Serie auf der Traditionsstrecke. Vor rund zwei Millionen Zuschauern passiert die 30jährige nach 2:27:12 Std. das Ziel mit knapp anderthalb Minuten Vorsprung auf die Kenianerin Tegla Loroupe und kassiert insgesamt 300 000 Dollar. Schon ab Kilometer zehn rebelliert

Uta Pippig schreibt Geschichte: Als erste Läuferin gewinnt sie zum dritten Mal den Boston-Marathon.

Pippigs Körper mit Bauchschmerzen, Durchfall, Menstruationsbeschwerden – aber sie hält durch. »Überall hätte ich aufgegeben, aber nicht in Boston«, sagt die Gewinnerin hinterher. Bei 25 km hat sie sich wieder herangekämpft, muß zwar später Loroupe noch einmal ziehen lassen, aber bei Kilometer 40 sind deren Kräfte verbraucht, und Uta Pippig fliegt förmlich vorbei – den Boston-Hattrick vor Augen. Als sie glücklich winkend durchs Ziel läuft, bleibt sie mit ihrem Erfolg seit 1992 im Marathon ungeschlagen.

Später bekommt Uta Pippigs Karriere einen unerwarteten Knick. Im Oktober 1998 wird bekannt, daß eine am 23. April des Jahres beim Training in Boulder genommene Doping-Probe »positiv« ist. Die Analyse ergibt einen erhöhten Anteil männlicher Geschlechtshormone, Pippig wird vom Verband suspendiert. Die Athletin beteuert ihre Unschuld, weist auf zahlreiche Ungereimtheiten und Verfahrensfehler hin. Nach Ablauf der folgenden zweijährigen Sperrre am 22. April 2000 darf Uta Pippig ab Ostersonntag 2000 wieder laufen. Sie kündigt an, künftig für die USA zu starten. Zwischen Pippig und dem DLV wird ein Vergleich geschlossen, nachdem die Läuferin zuvor das Schiedsgericht des Deutschen Sportbundes angerufen hatte, um die Sperre als rechtswidrig zu erklären. Dies geschieht ebensowenig wie die Feststellung eines Dopingverstoßes. Damit bleibt das Vergehen ohne abschließende Klärung. Der Streit hat sich erledigt, Schadensersatzansprüche werden nicht gestellt.

Bayern Münchens gelungene Strafarbeit im UEFA-Cup

15. Mai 1996. Bayern München im UEFA-Cup, das ist für den deutschen Rekordmeister, der sich eher in der Champions League sieht, fast schon Strafarbeit. Wenn die denn aber doch zu verrichten ist, dann – bitteschön! – wenigstens erfolgreich. In der Saison 1995/96 schaffen die Bayern das, ziehen ins Finale gegen Girondins Bordeaux ein. Nach Siegen gegen Lok Moskau, die Schotten aus Raith, Benfica Lissabon, Nottingham Forest und den FC Barcelona sind die Deutschen Favorit in den beiden Endspielen.

Die Begleitmusik beim »FC Hollywood« ist aber wieder einmal recht schrill. Denn wenige Tage vor der ersten Partie gegen Bordeaux am 1. Mai in München wird Trainer Otto Rehhagel nach der 0:1-Heimniederlage gegen Hansa Rostock in der Bundesliga entlassen. Bis zum Saisonende, so wird sofort bekanntgegeben, soll die Mannschaft von Franz Beckenbauer betreut werden. Als der »Kaiser« am 30. April

Keeper Kahn (r.) und sein Team auf der Ehrenrunde

Jürgen Klinsmann im Duell mit Lizarazu

1996 um 10.14 Uhr zum zweiten Mal nach 1993/94 das Training beim FC Bayern übernimmt, stehen 3000 Fans als Zaungäste am Spielfeldrand. Seine Premiere hat der »Kaiser« beim ersten UEFA-Cup-Finalspiel gegen Girondins Bordeaux. Vor 63 000 Zuschauern siegt der Gastgeber durch Tore von Thomas Helmer und Mehmet Scholl mit 2:0 gegen die Franzosen. Zwar vergibt Bayern in den zwei Wochen bis zum Rückspiel die Deutsche Meisterschaft (Dortmund holt sich den Titel), aber im UEFA-Cup hält man sich schadlos. 3:1 gewinnen die Münchner durch Treffer von Scholl, Emil Kostadinow und Jürgen Klinsmann auch die zweite Begegnung und dürfen sich erstmals seit 20 Jahren wieder über einen europäischen Triumph freuen. Am Marienplatz wird danach ausgiebig gefeiert. Der Name Rehhagel fällt dabei nicht – gleichwohl ist eigentlich er der Vater des internationalen Triumphs.

Football's coming home – EM im Mutterland des Fußballs

40 000 bunte Luftballons steigen in die Höhe. Das EM-Fest kann beginnen. Auch die Fans sind schon bester Stimmung.

8. bis 30. Juni 1996. Die Skepsis vor dem Turnier ist groß, sie bestätigt sich aber nicht. Die Fußball-EM in England, von den Organisatoren unter das Motto »Football Comes Home« gestellt, weil sich das Inselkönigreich immer noch als Mutterland der Sportart begreift, bleibt – von Ausnahmen abgesehen – ohne größere Hooligan-Randale. Die Stimmung in den Stadien ist fröhlich und freundlich. Wenngleich ein Bombenattentat der IRA in einem Einkaufszentrum vom Manchester am 15. Juni (300 Verletzte) natürlich die gute Laune lähmt.

Erstmals wird dieses Turnier mit 16 Mannschaften gespielt, unter ihnen acht ehemalige Titelträger. Das macht die EM zu einem Drei-Wochen-Marathon, aber auch zu einem einträglichen Geschäft. Über 250 Mio. Mark Einnahmen bedeuten für die UEFA einen goldenen Fischzug. 100 Mio. Mark davon stammen aus dem Verkauf der Fernsehrechte, bis zu 120 Mio. Mark kommen aus Ticket-Erlösen, für 100 Mio. werden die Werberechte von der Schweizer Agentur ISL an elf Großsponsoren verkauft (55 Mio. Mark davon gehen an die UEFA). Auch die 16 Teilnehmer dürfen Kasse machen. 112,5 Mio. Mark schüttet die UEFA aus, minimal 4,5 Mio., maximal beim Titelgewinn 13,5 Mio. Mark.

Und schließlich sorgen die nationalen Verbänden dafür, daß auch die Spieler einen dicken Batzen Geld einstreichen dürfen. 360 000 Mark pro Mann versprechen die Niederländer ihren Kickern für den EM-Gewinn, nur 10 000 Mark weniger die Spanier. Deutschlands Nationalspieler müssen sich dagegen mit 100 000 Mark bei Finaleinzug bescheiden. Trotz dieser Motivation muß sich England im Eröffnungsspiel am 8. Juni im Londoner Wembley-Stadion mit einem mageren 1:1 gegen den Fußball-Zwerg aus der Schweiz begnügen.

Arrivederci! Smicer zerstört Italiens Träume

19. Juni 1996. Deutschland-Italien, diesen Fußball-Dauerknüller gibt es bei der EM in England schon in der Vorrunde. Und die Azzuri aus dem Süden Europas stehen in diesem für sie entscheidenden Spiel mit dem Rücken zur Wand: Zwar hat Italien 2:1 gegen Rußland gewonnen, aber anschließend 1:2 gegen Tschechien verloren. Um alle Eventualitäten auszuschließen, muß nun gegen Deutschland gewonnen werden, will man das Viertelfinale – zuvor erklärtes Maximalziel – erreichen.

Das Treffen der beiden Fußball-Giganten am 19. Juni erleben 50 000 Zuschauer. Die Italiener beginnen wie die Feuerwehr, und haben schon nach neun Minuten die Riesenchance zur Führung: Sammer verliert den Ball an Casiraghi, der stürmt allein auf Torhüter Andreas Köpke zu, will an ihm vorbeiziehen. Der Keeper grätscht dem Italiener in die Beine – Elfmeter! Gianfranco Zola tritt an, zielt nach rechts unten, doch Köpke hält. Italien stürmt weiter, ist nach einem Platzverweis von Thomas Strunz ab der 69. Minute gar in Überzahl – und bringt doch nichts Zählbares zustande. Köpke am Boden, Köpke in der Luft, Köpke Herrscher im Strafraum, Köpke links, Köpke rechts – der Torhüter wird für die gegnerischen Stürmer zur uneinnehmbaren Festung. Es bleibt beim 0:0, und Italien ist auf russische Hilfe angewiesen.

Diese Hoffnung scheint sich zu erfüllen, 3:2 führen die Russen gegen Tschechien in Liverpool. Dann trifft 90 Sekunden vor Spielende der eingewechselte Vladimir Smicer zum Ausgleich. Damit ist Italien aus dem Europameisterschaftsturnier zur großen Trauer der Azzuri-Fans ausgeschieden – punktgleich zwar mit den Tschechen, aber der direkte Vergleich entscheidet über Gruppenplatz 2 hinter den souveränen Deutschen zu deren Gunsten.

Deutschlands gelungener EM-Auftakt vor 42 000 Zuschauern

9. Juni 1996. Als für Deutschlands Nationalmannschaft am 9. Juni 1996 mit dem Gruppenspiel gegen Tschechien im traditionsreichen Stadion Old Trafford, wo ansonsten Manchester United die Fans elektrisiert, die EM beginnt, da ahnt niemand, daß sich diese beiden Teams am Finaltag des Championats wiedertreffen werden. 42 000 Zuschauer werden Zeuge, wie das Team von Bundestrainer Vogts erstmals seit 1980 nach drei aufeinanderfolgenden Remis wieder ein EM-Auftaktspiel gewinnt. Das verdiente 2:0 durch Tore von Christian Ziege (26.) und Andreas Möller (32.) wird von Vogts mit dem 4:1-Eröffnungsmatch der 90er WM gegen Jugoslawien verglichen, aber zugleich mahnt er an, »daß mir nach einer sehr guten Stunde die folgenden 30 Minuten nicht gefallen haben«. Nicht gefallen hat ihm auch der Verletzungsausfall von Manndekker Jürgen Kohler, dem nach einer Viertelstunde Tschechiens Stürmer Pavel Kuka mit dem Hintern aufs Knie fällt – Innenbandriß, EM beendet. Aber der Anfang für ein erfolgreiches Turnier ist gemacht. Später wird Berti Vogts bilanzieren: »Der Star ist die Mannschaft.«

Halbfinale: Entscheidung erst im Elferschießen

26. Juni 1996. Ehe es soweit ist, ehe feststeht, daß es bei der Euro 1996 dasselbe Finale wie 1976 – damals gewannen die tschechischen Außenseiter 5:3 im Elfmeterschießen – geben wird, steht Schwerstarbeit für vier Teams auf dem Programm. Tschechen und Franzosen bringen 120 Minuten lang keinen Treffer zustande, wobei vor allem die abwartende und zögerliche Equipe Tricolore enttäuscht, die jeden spielerischen Glanz vermissen läßt. Im Elfmeterschießen verwandeln auf beiden Seiten die ersten fünf Schützen, dann vergibt Mittelfeldmann Reynald Pedros. Miroslav Kadlec, dem Libero des des Bundesligisten 1. FC Kaiserslautern, bleibt es vorbehalten, die Franzosen nach Hause zu schicken. Daheim in Prag und im ganzen Land steigt das längst ausgebrochene Fußballfieber, der Wenzelsplatz in der Hauptstadt erlebt frühsommerliche Dauerparties.

Auch die Begegnung zwischen den alten Rivalen England und Deutschland muß in das ungeliebte Elfmeterschießen. Alan Shearer und Stefan Kuntz erzielen in der 3. und 16. Minute frühe Tore, weitere kommen im Wembleystadion zunächst nicht dazu. Also Elfmeterschießen! Auch hier verwandeln die ersten fünf Schützen auf beiden Seiten. Dann hält Andreas Köpke den Schuß von Verteidiger Gareth Southgate – und der umstrittene deutsche Mittelfeld-Star Andreas Möller von Borussia Dortmund hat die Chance, Deutschland ins Finale zu bringen. »Ich war mir eigentlich relativ sicher, daß ich ihn reinmache«, sagt der Dortmunder später. Sicher war sich offenbar auch Bundestrainer Berti Vogts. »Ich habe schon vorher zu Andreas Möller gesagt: Du bist unser sechster Schütze und schießt uns ins Finale. Das hat er auch getan.«, diktiert er den Journalisten.

»Golden Goal« macht Deutschland zum Europameister

Das erste »Golden Goal« der EM-Geschichte: Oliver Bierhoff (l.) zieht aus der Drehung ab. Kuntz und Bode schauen überrascht. Aber gleich ist der Ball drin. Die Tschechen sind geschlagen. Der neue Europameister heißt Deutschland.

30. Juni 1996. »We are the champions« – der Song der Rockgruppe Queen dröhnt durchs Londoner Wembleystadion. Aber er gilt nicht den im Halbfinale im Elfmeterschießen gescheiterten Gastgebern, sondern deren Bezwinger Deutschland. 2:1 heißt es vor 76 000 Zuschauern nach einem spannenden Finale gegen Tschechien, das durch eine bei den EM erstmals angewandte Regelneuerung entschieden wird. »Golden Goal« nennt sich das, was im Eishockey unter dem Namen »Sudden Death« firmiert. Steht es nach der regulären Spielzeit unentschieden, dann entscheidet in der folgenden Verlängerung der nächste Treffer. Nur wenn es beim Remis bleibt, wird ein Elfmeterschießen ausgetragen.
Im Endspiel gehen die Tschechen durch einen verwandelten Foulelfmeter von Patrick Berger 1:0 in Führung. Sammer soll Poborsky im Strafraum gefällt haben, eine Fehlentscheidung, wie hinterher die TV-Zeitlupen beweisen. 59 Minuten sind jetzt gespielt, zehn Minuten später wird Stürmer Oliver Bierhoff für Mehmet Scholl eingewechselt. Vier Minuten ist der Italien-Profi auf dem Platz, dann landet sein Kopfball im Kasten von Torwart Kouba. Dabei bleibt es – Verlängerung!
Statt nach dreißig ist diese nach fünf Minuten zu Ende, nachdem Bierhoffs abgefälschter Schuß aus der Drehung dem tschechischen Torwart durch die Hände gleitet und langsam ins Eck trudelt. Das erste Golden Goal der Fußball-Turniergeschichte bringt Deutschland den dritten EM-Sieg nach 1972 und 1980. Ein englischer Kommentator formuliert in Anspielung auf das EM-Motto (Football's coming home): »Fußball kommt heim nach Deutschland.« Mit Andreas Köpke, Matthias Sammer und Dieter Eilts werden drei deutsche Spieler ins All-Star-Team der EM gewählt.

Klinsi jubelt, auch die Queen strahlt.

Der glanzlose Kommerz von Olympia in Atlanta/Georgia

Die Spiele sind eröffnet. Hier sieht noch alles glänzend aus…

19. Juli 1996. Hauptsache Superlative! Als am 19. Juli 1996 in Atlanta die XXVI. Olympischen Sommerspiele eröffnet werden, da ist es 100 Jahre her, daß 295 Athleten – ausschließlich Männer – aus 13 Ländern dem Ruf des Franzosen Pierre de Coubertin gefolgt waren und in Athen bei den ersten Spielen der Neuzeit antraten. Welche Entwicklung in einem Jahrhundert: Erstmals sind in der Coca-Cola-Metropole im US-Bundesstaat Georgia alle 197 IOC-Mitgliedsländer vertreten – alles in allem 10 788 Athleten, von denen am Ende 1879 Medaillengewinner sein werden. 6000 Architekten und Bauarbeiter sind an der Errichtung und Fertigstellung der olympischen Sportstätten beteiligt, 42 500 Freiwillige unterstützen Organisation und Ablauf. Zwei Milliarden Dollar, 2000 Bäume und ein komplettes städtisches Zentrum investiert die Südstaaten-City in die Jahrhundertspiele – aber dennoch bleiben Eindrücke und Erinnerungen zwiespältig.

Zu den wunderbaren und unvergeßlichen Momenten gehört zweifellos der Auftritt des von der Parkinsonschen Krankheit gezeichneten früheren Box-Olympiasiegers und Profiweltmeisters Muhammad Ali, der das Olympische Feuer entzündet und Gänsehaut bereitet. Eine Inszenierung mit Hollywood-Kalkül, die dank des sanften Lächelns des Jahrhundertathleten dennoch eine einzigartige Magie hat.

Ansonsten aber müht sich Atlanta von Tag zu Tag um Schadensbegrenzung. Die internationale Kritik ist harsch – Kommerziade nennen die Beobachter spöttisch und verärgert das, was selbst aus Sicht der Tageszeitung »USA Today« den »Charme eines Sommerschlußverkaufes« hat. Hinzu kommen organisatorische Pannen, Transportprobleme, eine mal laxe, mal überzogene Sicherheitsstrategie, unzählige ahnungslose Helfer und ein total überfordertes Computer-Informationssystem für die Medien. So vermeidet es IOC-Präsident Juan Antonio Samaranch beim Farewell am 4. August auch bewußt, seine Standardformel von den »besten Spielen aller Zeiten« zu verwenden. Ein simples »Well done, Atlanta!« muß reichen. Und der ansonsten für alle Marketing-Dinge zu habende Spanier fügt an: »Die private Organisation der Spiele ist nur in den Vereinigten Staaten machbar, sonst nirgendwo auf der Welt. Ich glaube nicht, daß wir Olympische Spiele weiterhin ausschließlich privat organisieren sollten.«

So bleibt ein Bild krasser Gegensätze von diesem Sportspektakel, das Bild von Problemspielen für die Nachwelt. Da hochklassige Leistungen und irrsinnige, manchmal fast hysterische (weil nationalistische) Begeisterung der Zuschauer, dort provinzielle Kommerzkirmes (für Organisationschef Billy Payne »ein Ausdruck freien Unternehmergeistes«) und Bombenterror bei einem Anschlag im Centennial Park. Das Kürzel für das Organisationskomitee ACOG wird zeitweise sarkastisch mit »Atlanta can't organize games« aufgelöst. Das deutsche IOC-Mitglied Dr. Thomas Bach spricht von einem »Olympia der zwei Gesichter«. Das schöne Gesicht, das sei das des Olympia des Sports, der Athleten. Acht Millionen Zuschauer wollen die Olympioniken in den 271 Entscheidungen in 26 Sportarten sehen. 1896 in Athen hat man im übrigen in zehn Sportarten mit 42 Wettbewerben um Gold, Silber und Bronze gestritten.

Ali gibt Präsident Clinton Tips, wie man sich durchboxt.

Märchen aus 1001 Nacht

Eine Frau aus Syrien gewinnt den Siebenkampf. Ghada Shouaa holt 5893 Punkte. Die Medaille ist das erste Gold für Syrien.

29. Juli 1996. Noch so eine wunderbare Geschichte, wie sie in den Planspielen des Hochleistungssports nicht vorgesehen ist und doch wieder und wieder vorkommt und damit das Wettkämpfen der Athleten für die Zuschauer so anziehend macht: Ghada Shouaa, 23 Jahre alt, Siebenkämpferin aus einem kleinen syrischen Ort namens Maharda, gewinnt in Atlanta die Königsdisziplin der Leichathletinnen. 217 Punkte Vorsprung hat sie am Ende vor der Weißrussin Natascha Sasanowitsch – die erste olympische Goldmedaille für Syrien, ein Märchen aus 1001 Nacht, schier unglaublich.
Bei ihrer Olympia-Premiere 1992 in Barcelona noch auf Rang 25, hatte das außergewöhnliche Bewegungstalent mit dem WM-Titel 1995 Medaillenansprüche für Atlanta angemeldet. Gerade mal 3000 Leichtathleten gibt es in ihrem Heimatland, als Ghada Shouaa im Sommer 1996 zum olympischen Gipfelsturm ansetzt. Die orthodoxe Christin, die im Land der Muslime wie eine Nationalheldin verehrt wird, hält im übrigen auch die Landesrekorde in allen Einzeldisziplinen des Mehrkampfes. Das freilich hat nichts mit Märchen aus 1001 Nacht, sondern ausschließlich mit dem harten Training zu tun, das die lange Zeit in einer Elektronik-Fabrik arbeitende Athletin aufgenommen hat, nachdem sie Fulltime-Leichtathletin wurde.

Bailey ganz relaxed zum Weltrekord

Juli/August 1996. Das Kernstück der Olympischen Spiele ist die Leichtathletik – und die Läufe, vor allem die Sprints, spielen von jeher die Hauptrolle in dieser einzigartigen Inszenierung mit jubelnden und tragischen Helden, mit Statisten, die unversehens zu zentralen Figuren werden, mit Stehaufmännchen, auf die vorher niemand nur einen Pfifferling gesetzt hätte. Die Leichtathletik in Atlanta ist gekennzeichnet durch überragende Leistungen: Der Kanadier Donovan Bailey gewinnt die 100 m mit neuem Weltrekord von 9,84 sec und später mit seinen Teamkameraden auch überlegen die Staffel vor den USA. Der 28jährige, 1981 von Jamaika nach Kanada emigriert, hat sich im Einzelrennen von den Fehlstarts der Konkurrenz nicht beeindrucken lassen und erklärt: »Ich kann mit Streß gut umgehen und denke nur an meinen Lauf – das ist alles. Alles, was ich in diesem Rennen tun will, ist relaxed bleiben.« Relaxed stürmt er in 9,84 sec – Weltrekord! – durchs Ziel, fünf Hundertsel vor Frankie Fredericks. Obwohl nun der schnellste Mann der Welt, will Bailey noch mehr. In Atlanta wird er zum Olympiasieger im »Nebenberuf«, denn Bailey kann ein abgeschlossenes Studium als Marketing Consultant vorweisen.

Bailey schreit seine Freude im Ziel heraus.

Carl Lewis ist endlich zuhause angekommen

Der Kraftakt des Carl Lewis

29. Juli 1999. Geliebt haben die Amerikaner ihren Carl Lewis erst ganz am Ende. Der herausragende Leichtathlet des Jahrhunderts, schließlich neunmal Olympiasieger und achtmal Weltmeister, als er abtritt, rennt und springt auf eine Weise, die seine Disziplinen als einzigartige Kombination von Ästhetik, Eleganz, Kraft und Schnelligkeit kombiniert. Ein Star, der sich seiner Rolle bewußt ist und keinen Nebenpart zu spielen bereit ist. Als er 1984 in Los Angeles nach zwei Versuchen im Weitsprung-Finale den Wettbewerb beendet (und natürlich dennoch gewinnt), um sich für die Sprints zu schonen, da quittiert es das Heimpublikum mit Pfiffen. Nein, ein Liebling der Fans ist Carl, der Große, nicht.
Der Abschied von der Leichtathletik-Bühne verändert die Beziehung. Am 29. Juli gewinnt der 35jährige Texaner mit 8,50 m souverän den Weitsprung und stiehlt sogar 400-m-Sieger Michael Johnson die Schau. Sein Abschied von der olympischen Arena wird neben Muhammad Alis Auftritt zu Beginn einer der emotionalsten Momente der Spiele. An der Sandgrube des Stadions kniet »King Carl« nieder wie ein kleiner Junge am Buddelkasten und füllt eine Handvoll des rieselnden Etwas in eine kleine Plastiktüte. »Für meine neunte Goldmedaille mußte ich mich am meisten quälen, aber sie war auch meine Wichtigste«, sagt Lewis und wischt sich verstohlen eine Träne aus dem Augenwinkel. Daß er der »Größte« ist, das realisieren die 82 000 im Stadion erst in dem Moment, wo Carl Lewis sich selbst nicht mehr als der »Größte« fühlt.

Deutschland zeigt Muskeln: Mit Diskus und Kugel Nummer 1

Wurfgewaltig: Lars Riedel aus Chemnitz schleudert den Diskus auf 69,40 m.

Glückselig: Ilke Wyludda kämpft mit den Tränen.

Kraftvoll: Astrid Kumbernuss wirft die Kugel 20,56 m weit.

Juli/August 1996. Lars Riedel, Ilke Wyludda, Astrid Kumbernuss – gleich dreimal ertönt in Atlanta nach den Wettbewerben mit Diskus und Kugel die deutsche Nationalhymne. Die Schwerathleten mit dem Bundesadler auf der Brust gehen als Favoriten in den Wurf- und Stoßring. Eine Rolle, mit der sie zum Teil unangenehme Erfahrungen gemacht haben. Denn schon 1992 in Barcelona galten die beiden Chemnitzer Riedel und Wyludda als erste Goldanwärter beim Vergleich der Weltbesten mit der klassischen Scheibe. Doch Riedel schaffte die Qualifikation nicht, Wyludda war nicht nervenstark und blieb mit 62,16 m auf Platz 9 hängen. Diesmal läuft (fast) alles anders: Zwar bringt sich der starke Sachse erst mit seinem dritten Versuch in den Endkampf, aber dann ist aller Nervenballast abgelegt und seine 69,40 m im fünften Durchgang deklassieren den zweitplatzierten Weißrussen Wladmir Dubrowtschik (66,60 m) geradezu. Zwischendurch wählt Riedel, zuvor schon dreimal in Folge Diskus-Weltmeister, eine besondere Form der Selbstberuhigung: Bei einer provozierten Toilettenpause benutzt er das »Örtchen« als Refugium zur mentalen Sammlung, was sich auf wunderbare Weise auch in der danach folgenden Weite niederschlägt. Einen solchen Ausflug brauchen Ilke Wyludda und Kugelstoßerin Astrid Kumbernuss bei ihren Goldauftritten im Ring von Atlanta nicht. Wyludda hätte den Olympiasieg mit allen ihren fünf gültigen Würfen gewonnen, und auch die mit ihrer durchtrainierten, athletischen Figur gar nicht so recht dem Bild der Kugelstoßerinnen früherer Tage entsprechende Neubrandenburgerin macht schon mit dem ersten Versuch von 20,56 m alles klar. Einen Klassenunterschied von mehr als einem halben Meter hinter ihr folgt die Chinesin Sui Xinmei (19,88 m) – auch optisch ein auffälliger Widerpart zu Astrid Kumbernuss.

Der 42. Sieg in Folge seit Februar 1995 ist der Mecklenburgerin dennoch schwerer gefallen, als das Ergebnis es ahnen läßt. »Gold und Kumbernuss – das schien für die meisten doch das Einfachste von der Welt. Aber gerade das hat mich fertig gemacht. Ich habe meine Beine gar nicht gespürt, und nur gedacht, weg mit der Kugel.«

Ein Erfolgsrezept, das auch nach Olympia weiter funktioniert: Astrid Kumbernuss bleibt 1996 in allen ihren Wettkämpfen ungeschlagen und schafft zum Saisonabschluß Sieg Nummer 50 in Serie.

Deutschlands schönstes Silber gehört Frank Busemann

1. August 1996. Nicht er hat gewonnen, sondern Weltrekordler Dan O'Brien (USA). Wie erwartet, mit 116 Punkten vor dem Zweiten. Der aber heißt ganz überraschend Frank Busemann. Gerade mal 21 Jahre alt ist der angehende Bankkaufmann, der seine bis dato größten Erfolge als Europa- und Weltmeister der Junioren 1993 und 1994 über 110 m Hürden errungen hat. Einstweilen ist er zur »Königsdisziplin der Leichtathletik« gewechselt – unverbraucht, ehrgeizig, respektlos. »Wo habt ihr denn den gefunden?«, fragt O'Brien, nachdem Busemann im Weitsprung mit 8,07 m ein Resultat erreicht, wie noch kein Mehrkämpfer vor ihm. Die 95er Bestleistung des Dortmunders von 7944 Punkten hört sich nicht mehr als respektabel an, aber sie gewinnt an Wert, wenn man weiß, daß dies Frank Busemanns erster Zehnkampf überhaupt war.

Ein junger Deutscher auf dem Höhenflug: Frank Busemann überspringt locker 4,80 m.

Fünf Bestleistungen schafft der Youngster bei seinem fünften Zwei-Tage-Auftritt und olympischen Einstand – am Ende summiert sich das zu erstaunlichen 8706 Punkten und Olympia-Silber. »Ich habe die ganze Zeit gedacht, ich werde irre«, sagt Busemann. »Im Moment habe ich einfach bei allem, was ich mache, unheimlich viel Glück. Ihr könnt mich auch Gustav Gans nennen.« Trainer-Vater Franz-Josef, in Atlanta auf der Tribüne dabei, hat den Sohn über die Jahre sorgsam aufgebaut. »Er hat Beine wie ein Pfingstochse, aber die Arme sind so dünn wie Krampfadern eines Spatzes«, beschreibt er den in zwei Tagen zum Liebling einer ganzen Nation aufgestiegenen Filius. »Ich habe es mir abgewöhnt, bei Frank an Grenzen zu glauben.«

Jeannie Longo mit 37 Jahren: Virtuosin auf dem Rad

21. Juli 1996. 102 Kilometer sind zu absolvieren im Straßenradrennen der Frauen – und am Ende fährt wieder die als erste durchs Ziel, die schon seit Jahren an der eigenen Legende strickt. 37 Jahre alt ist die Französin Jeannie Longo-Ciprelli, als die bis dahin zehnmalige Weltmeisterin erstmals Olympiasiegerin wird. 1992 in Barcelona hatte sie sich noch mit Platz 2 begnügen müssen, diesmal hängt sie alle Kontrahentinnen ab, kommt 25 Sekunden vor der Italienerin Imelda Chiappa über den Zielstrich. Schon 1981 hat sie ihre ersten WM-Medaillen gewonnen – Silber in Prag im Straßenfahren, Bronze im tschechischen Brno in der Einerverfolgung.

Jeannie Longos Weg zum Radsport ist dabei nur einem Zufall geschuldet – ihre flinken Beine verdankt sie letztendlich ihren flinken Händen. Pianistin sollte sie werden, doch der Klavierlehrer wohnt etliche Kilometer entfernt. Ein Weg, den sie mit dem Fahrrad zurücklegt. »Am Ende war ich dem Radfahren verfallen, das Klavier hatte ausgespielt.« Wahrscheinlich ein Glücksfall für die Velo-Branche, denn die Französin strampelt sich bis 1996 mit ihrer internationalen Medaillensammlung, mit vier Siegen bei der Tour de France der Frauen, mit zig französischen Meisterschaften und Weltrekorden auf der Bahn in den Rang einer lebenden Legende. Der Olympiasieg von Atlanta krönt diese Rolle. Auch durch die Art und Weise, wie die mit dem früheren Ski-Alpinen Patrice Ciprelli (1976 Weltcup-Gesamtsieger in der Kombination) ihren Triumph »organisiert« – zur Halbzeit des Rennens initiiert sie eine dreiköpfige Ausreißergruppe, um sie später auf der regennassen Peachtree von Atlanta zu sprengen und allein dem Gold entgegenzufahren. Jeannie Longo fährt so virtuos Rad, wie die weltbesten Pianisten ihr Instrument bedienen.

Die französische Radrennfahrerin Jeannie Longo kann es kaum fassen: Im vierten Anlauf gewinnt sie bei Olympia endlich ihre erste Goldmedaille. Im Ziel hebt sie ihren Arm zum Zeichen des Sieges (r.).

Jens Fiedler mit schnellem Antritt zum doppelten Gold

28. Juli 1996. Daniel Morelon, Lutz Heßlich, Jens Fiedler – so heißt seit dem 28. Juli 1996 in Atlanta das Triumvirat der Radsprinter. Denn da macht der Chemnitzer es dem Franzosen und seinem Cottbuser Landsmann nach, zum zweitenmal olympisches Gold zu gewinnen. »Das Schöne an Olympia ist, daß man sich danach vier Jahr ausruhen kann«, witzelt der 26jährige Fiedler hinterher und kündigt damit zugleich weitere olympische Starts an. Der Deutsche, vor den Spielen schon fast abgeschrieben, nachdem er seinem WM-Titel 1991 und dem Olympiasieg 1992 keine weiteren Goldtaten folgen ließ, hat es im Finale mit dem US-amerikanischen Lokalmatadoren Marty Nothstein zu tun, der zuvor lautstark erklärt, keinen Gegner zu fürchten. Aber Fiedler, Schlitzohr, Taktiker und Kraftprotz mit einem überragenden zweiten Antritt, zeigt dem 97-Kilo-Hünen in beiden Läufen das Hinterrad – erst im Foto-Finish und dann auf souveräne Art und Weise durch einen von vorn gefahrenen Spurt.

Woran es lag, daß er nach drei mißglückten Weltmeisterschaften im Sprint wieder die Nummer 1 werden konnte, erklärt Fiedler so: »Endlich bin ich im Kopf wieder frei und kann an die Sache viel ruhiger und unverkrampfter rangehen als bisher. Großen Anteil hat auch mein Trainer Carsten Schmalfuß, der keine Akkreditierung erhalten konnte, auf eigene Kosten angereist war und mich über Handy mit Tips versorgte.« Gleiches gilt für seinen Radkollegen Michael Hübner, mit dem Fiedler 3000 Dollar zusammentelefoniert hat. »Aber das war es mir wert. Und immerhin, es hat sich gelohnt.«

Augen-Blicke des Glücks: Jens Fiedler (l.) und Judith Arndt haben Spaß an ihren Medaillen.

Schümann hat die Nase im Gold-Wind

Jochen Schümann holt sein drittes Olympia-Gold im Segeln und schwenkt stolz die deutsche Fahne.

2. August 1996. Drei aus fünf – so lautet die olympische Erfolgsquote von Segler Jochen Schümann nach der 96er Regatta in Savannah. Fünfmal dabei, dreimal Gold gewonnen – ein Meisterstück angesichts der vielen Unwägbarkeiten der Sportart. 1976 in Kingston hat der Berliner den Olympia-Sieg im Finn-Dinghy geholt, zwölf Jahre später siegt er in Pusan mit seinen Vorschotern Thomas Flach und Bernd Jäkel im Soling. In Atlanta fährt das Trio nun den zweiten Erfolg ein. »Schümann ist der genialste Segler, den es in Deutschland je gegeben hat«, sagt Axel Güpner, Teamchef der Deutschen in Savannah über den 1,88 m großen, 90 kg schweren Skipper. Schümann ist damit zugleich dem berühmten Dänen Poul Elvström auf den Fersen, der von 1948 bis 1960 viermal hintereinander Olympia-Gold in einer Einhandjolle gewann. Elvström startete noch 1988 gemeinsam mit seiner Tochter olympisch im Tornado – es war seine neunte Teilnahme an den Spielen. Rekordhalter ist der Österreicher Hubert Raudaschl, der als 53jähriger in Savannah zum zehnten Male dabei ist. Auch Schümann wird nach Atlanta weitermachen – vier Jahre später in Sydney erlebt er mit neuer Crew seine sechsten Olympischen Spiele.

Sir Steven: Gold mit deutscher Hilfe

28. Juli 1996. Nur vier Athleten haben in ihrer Sportart vier olympische Goldmedaillen in Folge gewonnen. Nach dem dänischen Segler Poul Elvström (1948–60), dem ungarischen Fechter Aladar Gerevich (1948–60) und US-Diskuswerfer Al Oerter (1956–1968) gehört seit dem 28. Juli 1996 auch der britische Ruderer Steven Redgrave dazu. Genauer gesagt, Sir Steven Redgrave, denn die englische Königin Elisabeth II. hat die sportlichen Verdienste des 1,95 m großen, 105 kg schweren Modellathleten um das Heimatland mit dem Adelstitel »Commander of Empire« gewürdigt. Redgrave saß 1984 in Los Angeles im goldenen Vierer mit, 1988 in Seoul mit Andy Holmes im Zweier ohne (zudem gewann er Bronze im Zweiter mit), 1992 mit seinem neuen Partner Matthew Pinsent wieder im Zweier ohne – und in Atlanta wiederholt er das Kunststück. Danach verkündet er zwar lauthals: »Wenn mich noch einmal jemand in der Nähe eines Bootes erwischt, kann er mich erschießen.« Der am 23. März 1962 geborene zweifache Familienvater darf danach froh sein, daß niemand von seinem Angebot Gebrauch macht, denn schon 1997 sitzt er wieder im Boot und wird Weltmeister.

Das »Dream Team« im Zweier ohne: Steven Redgrave (r.) und Matthew Pinsent

Birgit Fischer fischt noch mehr Kanu-Titel

3./4. August 1996. 0,36 Sekunden fehlen Birgit Fischer am Ende zum Spitzenplatz in der deutschen Olympiamedaillen-Statistik, die Dressurreiter Dr. Reiner Klimke mit sechs Goldenen und zwei Bronzenen einnimmt. Dahinter folgt Schwimmerin Kristin Otto (6–0–0) – und dann schon die »Grande Dame« des Kanurennsports, die auf dem Lake Lanier bei Atlanta mit dem Kajak-Vierer ihre Olympiasiege auf fünf steigert und mit Platz zwei im Zweier gemeinsam mit Ramona Portwich zum dritten Mal Silber einfährt. Eben jene 0,36 sec hinter den Schwedinnen Agneta Andersson/Susanne Gunnarsson. Für Birgit Fischer (34) ist das kein Grund zur Enttäuschung. Ihre einzigartige Karriere, neben den fünf Olympiasiegen bis 1996 außerdem durch 21 Weltmeistertitel geziert, ist auch nach ihren vierten Olympischen Spielen im übrigen noch lange nicht beendet – Sydney 2000 sieht die Ausnahmeathletin vier Jahre später ein fünftes Mal am Start. Fischers exponierte Stellung im Spitzensport hat nicht nur mit ihren außergewöhnlichen Leistungen über einen langen Zeitraum zu tun. 1986 und 1989 brachte sie ihre Kinder Ole und Ulla zur Welt, zog sie später nach der Trennung von ihrem Mann allein auf, bewirtschaftete ein Haus, trainierte – und gewann. Fast drei Jahre Pause von 1989 bis zum Frühjahr 1992 konnten nicht verhindern, daß sie – auf die Regattastrecken zurückgekehrt – in Barcelona auf Anhieb Olympiasiegerin im Einer wird. In Atlanta erklärt sie, was sie antreibt: »Seit mehr als einem Vierteljahrhundert ist meine Lust auf Kanurennen die Gleiche geblieben – die Lust am Schnellfahren, an der Körperbeherrschung, am Siegen.«

Birgit Fischer verrichtet Maßarbeit auf dem Lake Lanier.

Naim Suleymanoglu: Ein Muskelzwerg hebt noch mehr ab

22. Juli 1996. Gerade mal 1,50 Meter mißt Naim Suleymanoglu, der 29jährige türkische Gewichtheber – aber das hindert ihn nicht, Rekordlasten zu stemmen, als sei dies ein reines Vergnügen. In Atlanta schafft der Muskelzwerg, der seine Laufbahn in seinem Geburtsland Bulgarien unter dem Namen Naum Schalamanow begonnen hat, ehe er 1986 in einer Nacht- und Nebelaktion über Australien und London in seine neue Heimat flüchtete, das Kunststück, in der 100jährigen olympischen Geschichte des Gewichthebens der erste zu sein, der dreimal in Folge Olympiasieger wird. Mit Zweikampf-Weltrekord von 335 kg (147,5 kg Reißen/187,5 kg Stoßen) läßt der 22malige Weltmeister der Konkurrenz mit technisch perfekten Hebungen keine Chance. Für den lebenslustigen jungen Mann bedeutet der goldene Hattrick eine Verbesserung seiner Einkünfte. Zu seinen 21 Häusern in Istanbul und Ankara kommen als Olympia-Prämie noch ein Haus im Wert von 750 000 Mark, zehn Kilogramm 24karätiges Gold – Wert 200 000 Mark – und eine französische Nobelkarosse.

Er ist mit seinen 1,50 m eigentlich ein Zwerg. Doch an diesem Tag ist Naim Suleymanoglu der Größte. Der Türke holt sich Gold in der Federgewichtsklasse. Der 22malige Weltmeister ist seit 13 Jahren nicht zu schlagen.

Großer Moment für den Schützen, den sonst keiner kennt

25. Juli 1996. Nicht nur Sportler, auch Journalisten stehen bei Olympia unter Leistungsdruck. Besonders gefragt: Erfolgsgeschichten! Das sechs Tage lange Warten auf die erste deutsche Goldmedaille in Atlanta hat am Donnerstag, 25. Juli, endlich ein Ende. Es ist 11.20 Uhr Ortszeit, als Christian Klees, eigentlich kein Anwärter aufs Treppchen, sein Kleinkaliber-Gewehr in die Ecken stellen und die Arme zum Jubel hochreißen kann. 70mal hintereinander hat er zuvor in den kleinen Ring von eineinhalb Zentimetern getroffen – 704,8 Punkte, 1,3 Zähler über dem Weltrekord des Dänen Jens Harskov – die deutsche Teamleitung ist erlöst. »Das war kein Stein, das war ein Felsbrocken, der mir vom Herzen gefallen ist«, sagt Ulrich Feldhoff, Chef de Mission. Der 28jährige Klees aus Eutin, unversehens zum »Retter der Nation« aufgestiegen, nimmt den Verlust seiner durch nichts getrübten Anonymität und die drängelnde Aufmerksamkeit der Medien halb genießend, halb amüsiert zur Kenntnis. Er weiß, daß nach den Spielen wieder Schützenalltag einkehren wird und vermutlich vier Jahre vergehen müssen, ehe den zielsicheren Athleten wieder ähnliche Aufmerksamkeit zuteil wird. »Ich hoffe schwer, daß ich meinen Erfolg jetzt auch vermarkten kann. Ansonsten wird meine Fraue sagen: Geh arbeiten, schaff Geld ran!« Und es soll noch besser kommen für Deutschlands Schützen an diesem Tag: Wenig später gewinnt auch der Suhler Ralf Schumann mit der Schnellfeuerpistole Gold – wie 1992 in Barcelona. Er ist damit der erste Deutsche überhaupt, der zwei Olympiasiege in Folge schafft. Seit 15 Monaten unbesiegt, geht er als Favorit an den Schießstand und füllt diese Rolle mit unglaublicher Souveränität aus. Sein Teamgefährte Ralf Leonhardt beschreibt die Trefferkünste des Waffenmechanikers mit einem musikalischen Vergleich: »Ralf ist der Mozart des Sportschießens. Gegen ihn sind wir anderen alle nur Dorfmusikanten.« Für Schumann selbst ist das Gold die Krönung: »Es ist für mich wertvoller als der Erfolg vor vier Jahren, weil ich die Selbststeuerung nahezu optimal gepackt habe. Das war absolute Sahne.«

Gewinnt Gold im Liegend-Wettkampf: Christian Klees

Judoka Udo Quellmalz macht seinen Kindertraum wahr

25. Juli 1999. Acht Jahre alt war Udo Quellmalz, da sah er daheim in Leipzig den Kinderfilm »Euch wird ich's zeigen« – und wurde danach Judoka. Der Traum, der Stärkste, der Beste zu sein, der treibt ihn auch 1996 in Atlanta an. Zweimal war er schon Weltmeister (1991, 1995), einmal Zweiter, einmal Dritter und 1992 in Barcelona erkämpft er sich die olympische Bronzemedaille. Zehn Minuten und 36 Sekunden braucht er im World Congress Center von Atlanta, um sich schließlich den »Traum des Lebens« zu erfüllen – Olympiasieger!

Nach dem Sieg gegen Nakamura (r.) ballt Udo Quellmalz die Fäuste.

Karch Kiraly wird im Sand zum König der Volleyballer

28. Juli 1996. Beach-Volleyball nennt sich eine jener Trendsportarten, deren Drängen ins olympische Programm von den Traditionalisten mit größtem Argwohn betrachtet wird. Die Premiere im Sand des künstlichen Atlanta-Beach aber baut Vorbehalte schnell ab. »Wir waren als erste Sportart überhaupt bereits sieben Monate vor den Spielen ausverkauft. Jeden Tag haben 20 000 Zuschauer auf vollen Tribünen erstklassigen Sport gesehen. Das ist das Maximum«, bilanziert Gilles Petit (Frankreich), der Verantwortliche des Internationalen Volleyballverbandes FIVB. Hinzu kommen auch großartige TV-Einschaltquoten. 4,24 Mio. Deutsche sitzen vor den Fernsehschirmen, als das deutsche Top-Duo Jörg Ahmann/Axel Hager – am Ende 11. – im Drittrundenmatch gegen die US-Amerikaner Karch Kiraly/Kent Steffes antritt. Kiraly (übersetzt König), Sohn ungarischer Emigranten, wird in Atlanta zum König der Volleyballspieler. Denn als erster Schmetterkünstler am Netz gewinnt er zum dritten Mal olympisches Gold, nachdem er zuvor 1984 und 1988 der herausragende Akteur des siegreichen US-Indoor-Volleyballteams gewesen war. Kiralys Wechsel aus der Halle ins Freie hat sich längst bezahlt gemacht. Der erfolgreichste Volleyballspieler aller Zeiten hat mit seinen Preisgeldern inzwischen die Millionen-Dollar-Grenze überschritten. In Atlanta läuft »Beach« der Hallen-Variante des Volleyball klar den Rang ab – vier Jahre später in Sydney stellt sich die Frage nicht mehr, ob Funsport ins Olympia-Programm gehört. Beach-Volleyball ist klar gesetzt.

Komm her und laß dich knutschen: Kent Steffes (o.) und Karch Kiraly feiern den Olympiasieg im Beach-Volleyball auf ihre besondere Art. Die US-Amerikaner besiegten ihre Landsleute Mike Dodd/Todd Whitmarsh klar in zwei Sätzen. Für Karch Kiraly ist es bereits das dritte Gold bei Olympia (nach 1984 und 1988 in der Halle).

Als Wecker wie ein Wassereimer auf der Matte stand

Der Berliner Andreas Wecker zeigt eine glänzende Vorstellung am Reck. Sie wird mit Gold belohnt.

Wecker strahlt nach starker Leistung.

29. Juli 1996. 51 Sekunden lang ist die Übung am Reck, die Andreas Wecker Gold beschert. 51 Sekunden vor 32 573 begeisterten Zuschauern im Georgia Dome von Atlanta, die die mit drei Super-Flugelementen gespickte Vorstellung des 26jährigen Berliners mit staunendem Respekt verfolgen und dann beim Abgang, von dem Wecker sagt, er habe »gestanden wie ein voller Wassereimer«, in einen Beifallsturm ausbrechen. »Das Publikum hat mich quasi hingestellt, zementiert.« 9,85 Punkte vergeben die Kampfrichter – der Sieg! 25 Medaillen hat der 1,63 m kleine, aber an den Geräten ganz große Muskelprotz bei internationalen Meisterschaften gewonnen. Europameister, Weltmeister, Olympiasieger – Andreas Wecker ist der Vorturner der Nation. »Er ist ein Kristallisationspunkt, ein Vorbild, das wir pflegen müssen«, sagt Verbandspräsident Jürgen Dieckert. 1988 der jüngste deutsche Turner überhaupt, der jemals an Olympischen Spielen teilgenommen hat, ist Andreas Wecker später mit seiner Teilnahme in Sydney im Jahre 2000 auch der erste seiner Branche, der viermal olympisch startet. Weckers Gold-Rezept klingt einfach, ist aber schwer nachzumachen: »Ich habe versucht, den Kampfrichtern keinen Anlaß zu geben, irgend etwas abzuziehen. Das ist mir gelungen, es war vielleicht die beste Übung meines Lebens.« Die hat er vorher sogar schon bei seinen Mannschaftskameraden angekündigt: »Heute laß ich mal wieder 'ne Kuh fliegen!«

Olympia-Debütant Kirchhoff: Doppelgold dank Apfelsaft

Kirchhoff auf seinem Siegerpferd

4. August 1996. Das Rezept ist so simpel ausgesprochen, wie schwer umzusetzen. Einfach null Fehler reiten, und man ist vorn dabei auf dem olympischen Parcours. Uli Kirchhoff, 29 Jahre alt, Olympia-Debütant und zuvor gerade mal durch den Deutschen Meistertitel 1996 etwas stärker aufgefallen, bewältigt mit seinem Hengst Jus de Pommes (übersetzt: Apfelsaft) nicht nur im Preis der Nationen die olympischen Hindernisse gleich mehrfach ohne Abwurf und verhilft dem deutschen Quartett mit Franke Sloothaak, Ludger Beerbaum und Lars Nieberg damit zum überlegenen Gold. Auch zum Abschluß der Spiele am 4. August zieht er der neue Springreiter-Star Olympias zwei makellose Bahnen im Einzelwettbewerb und wird nach Kurt Hasse (1936), Hans Günther Winkler (1956), Alwin Schockemöhle (1976) und Ludger Beerbaum (1992) der fünfte deutsche Olympiasieger als Solist in der Geschichte der Disziplin. Wie Schockemöhle und Beerbaum kommt Kirchhoff dabei ohne Fehler über die Runden. Nachdem am Tag zuvor schon Dressurreiterin Isabell Werth nach Team- auch Einzel-Gold gewonnen hat, unterstreicht ihr Sieg-Partner im Springsattel abermals die herausragende Rolle Deutschlands als dominierendes Pferdeland auf der Welt. Mit den vier Olympiasiegen von Atlanta haben die Reiter aus dem schwarz-rot-goldenen Team damit insgesamt 31 olympische Gold-, 17 Silber- und 20 Bronzemedaillen geholt. Kirchhoff, ein Junge vom Lande (Leitspruch: »Leck' mich, meinte der Hahn, und flog in den Propeller«), kam spät zur Spitze der Springreiterei. Sein Vater hatte bei Paul Schockemöhle als Pferdepfleger begonnen, Sohn Ulrich arbeitete später fünf Jahre bei dessen Bruder Alwin. Kurze Zeit danach folgt der Aufstieg nach ganz oben – mit zwei Olympiasiegen. Und ein nicht erwarteter Fall: Wenige Wochen nach den Spielen von Atlanta geht Kirchhoffs Goldpferd Jus de Pommes ein.

Kirchhoff mit Goldmedaille

Dream Team II: Der Himmel ist das Limit für die US-Boys

4. August 1996. Acht Spiele, acht Siege – für passionierte Wetter bietet das Basketball-Turnier der Männer in Atlanta wenig Möglichkeiten zum Geldverdienen. Denn die »Dream Team II« genannte USA-Mannschaft aus Stars der NBA marschiert wie erwartet ungefährdet zur Goldmedaille. Im Finale sind die starken Jugoslawen beim 69:95 ohne Chance. Für das US-Publikum, das schon die Schmach einer Baseball-Finalniederlage ausgerechnet gegen Kuba verdauen muß, ist der Olympiasieg Pflicht. Und auch die Giganten der NBA, die in Atlanta nicht im Olympischen Dorf, sondern in einem Luxushotel in der Innenstadt wohnen, erwarten nicht weniger als Gold von sich selbst. Charles Barkley, Grant Hill, David Robinson, Scottie Pippen, Karl Malone, Shaquille O'Neal, Hakeem Olujawon und andere sind eine grandiose Fortsetzung des Dream Team I von Barcelona mit Michael Jordan, Patrick Ewing, Earvin »Magic« Johnson und Larry Bird. Die Atlanta-Mannschaft enttäuscht ihre Fans nicht, zaubert unter den Körben und müht sich, den Auftrag des südafrikanischen Bischofs Desmond Tutu, der zu einem Trainingsbesuch vorbeischaute, umzusetzen: »Der Himmel ist das Limit, seht zu, daß ihr ihn erreicht.«

Dieses Dream Team II ist ein Traum. Danilovic (l.) wird von O'Neal gestoppt. Payton (o.r.) und O'Neal sind stolz.

Eine Bombe trifft mitten in das Herz von Olympia

27. Juli 1996. 35 000 Polizisten, Soldaten und Mitarbeiter von Sicherheitsfirmen sollen in Atlanta dafür sorgen, daß über 10 000 Sportler, 17 000 Medienvertreter und Hunderttausende von Zuschauern sicher sind. »Atlanta wird in diesem Sommer der sicherste Platz der Welt sein. Wir haben überall unsere Hände im Spiel. Es wird sicher kleine Drohungen geben, aber wir erwarten keine Zwischenfälle«, verkündet Bill Rathburn, Sicherheitschef des Organisationskomitees ACOG. Die größte Sicherheitsstreitmacht, die jemals für ein Ereignis in den USA in Friedenszeiten mobilisiert wird, kostet 303 Mio. Dollar. Dank modernster Überwachungsgeräte verfüge man über das »beste Sicherheitssystem der olympischen Geschichte«, meint Rathburn. Doch weder seine Überzeugung noch die Dollar-Millionen können verhindern, daß am 27. Juli nachts um 1.25 Uhr im mit 40 000 Zuschauern bevölkerten Centennial Park eine Rohrbombe explodiert. Chaos, Panik: Am Ende werden 111 Menschen verletzt, zwei sterben.

Schon bei der Eröffnungsfeier hat es eine Panne gegeben, als ein als Sicherheitsbeamter verkleideter Mann sich mit einer geladenen Pistole in die Arena einschleicht und erst 75 min vor Beginn der Zeremonie entdeckt und verhaftet wird. Die Explosion der Bombe trifft direkt ins »Herz der Spiele«, denn der öffentliche und nicht als Sicherheitszone deklarierte Centennial Olympic Park ist eigens für die Jahrhundertspiele inmitten des Zentrums für 50 Mio. Dollar erbaut worden. Die Anlage mit zahlreichen Vergnügungszelten und Showbühnen liegt direkt zwischen dem Pressezentrum und dem Fernsehzentrum der Spiele. Im Umkreis von nur rund 100 Metern befinden sich mehrere Sportstätten für die Spiele und First-Class-Hotels, in denen IOC-Mitglieder und das Dream Team der US-Basketballer wohnen. Nach der Explosion der mit Nägeln und Schrauben gefüllten Rohrbombe, deren Metallstücke bis zu 100 Meter weit fliegen, werden die Sicherheitsmaßnahmen im Stadtkern drastisch verschärft, der Centennial Park bleibt mehrere Tage geschlossen. Aber schon um 5.19 Uhr, knapp vier Stunden nach dem zweiten Anschlag in der Geschichte der Olympischen Spiele (nach dem Attentat auf die israelische Mannschaft in München 1972), erklärt IOC-Generaldirektor Francois Carrard: »Die Spiele werden fortgesetzt. Ich wiederhole: Die Spiele werden fortgesetzt!«

Das Attentat wird zur Schlagzeile. Tickets sind aber weiterhin begehrt. Auch wenn Olympia unter Polizeischutz steht.

Wieviel Geld aus Gold werden kann – der Lohn der Olympiamedaillen

4. August. Mit dem Abschluß der Olympischen Spiele schlägt die Stunde der Statistiker, der Rechner und Berechner, die Stunde der Bilanzen in Dollar und Mark. Wie erwartet sind die USA das erfolgreichste Land: Mit 44 Gold-, 32 Silber- und 25 Bronzemedaillen werden die Gastgeber deutlich die Nummer 1 unter den Nationen vor Rußland (26-21-16) und Deutschland (20-18-27). Alles in allem sind 79 der 197 Teilnehmerländer an der Medaillenvergabe beteiligt, 53 davon haben mindestens einmal Gold gewonnen. Beides sind olympische Rekorde. Die größte Enttäuschung liefern wohl die Briten, die mit einer einzigen Goldmedaille durch Speerwerfer Steve Backley die Heimreise antreten müssen. Was andererseits einen immensen Spareffekt bedeutet, denn auf der Ausgabenseite in Sachen Olympia-Prämien steht nur ein kleiner Betrag. Die höchsten Beträge für Medaillen hat Israel mit umgerechnet 250 000, 150 000 und 100 000 Mark ausgelobt – am Ende steht das Land mit einmal Bronze in der Statistik. Danach folgen Mexiko (185 000 Mark für Gold), Spanien (120 000) und Rußland (75 000). Ein US-amerikanischer Olympiasieger kassiert 225 000 Mark, ein deutscher 15 000 Mark. Für Platz 2 zahlt die Sporthilfe 10 000, für drei 7500 Mark als »leistungsbezogene Kostenerstattung«.

FBI-Experten untersuchen die Unglücksstelle. Zwei Menschen wurden getötet, 110 weitere wurden verletzt.

Ein Spektakel für die TV-Geschichte

Juli/August 1996. Vor Ort gibt es für die Olympischen Sommerspiele in Atlanta geharnischte Kritik, an den Bildschirmen dagegen werden sie nach einer Marketing-Analyse des IOC ein bisher unerreichtes Spektakel der internationalen Fernsehgeschichte. 19,6 Mrd Zuschauer in 214 Ländern verfolgen die insgesamt 25 000 Stunden Fernsehübertragungen – eine Steigerung gegenüber Barcelona 1992 um 18 Prozent. Den höchsten Zuwachs erreichen die USA mit 222 Prozent auf 2,5 Mrd, ein Symptom für die außergewöhnliche Rolle der Ereignisnähe. Hinter Asien (knapp 8 Mrd) findet Atlanta in Europa (3,9 Mrd) sowie Süd- und Mittelamerika (3,6 Mrd) den meisten Anklang. In Deutschland nimmt die Gesamtzuschauerzahl trotz auf 520 gesteigerten Übertragungsstunden um 22,5 % ab. Auch das auf den Tagesdurchschnitt verteilte Zuschauerinteresse an den Spielen von Atlanta ist mit 1,208 Mrd absoluter Rekord. Zum Vergleich: Die Winterspiele 1994 in Lillehammer erreichten 669 Millionen Zuschauer, die Fußball-WM 1994 in den USA 618 Mio. Zuschauer, die Fußball-EM 1996 445 Mio. und die Leichtathletik-WM 1995 412 Millionen Zuschauer.

Die Abschlußfeier: Gloria Estefans großer Auftritt

Paralympics: Behinderte werben mit Leistung

25. August 1996. 3500 behinderte Athleten sind bei den 10. Paralympics in Atlanta am Start, die am 25. August 1996 nach zweiwöchigen Wettkämpfen an den Sportstätten, wo zuvor die Stars der Olympischen Spiele wetteiferten, zu Ende gehen. Deutschlands Sportler belegen in der Nationenwertung mit 40 Gold-, 58 Silber- und 51 Bronze-Medaillen hinter den USA (46–46–65) und Australien (42–37–27) Platz drei. »Unsere Mannschaft hat Großes geleistet, nun hoffen wir durch Systematisierung unserer Nachwuchsarbeit eine noch breitere Basis zu schaffen«, sagt Chef de Mission Dr. Karl Quade. Er verweist auf die mit der Teilnahme von mehr Nationen verstärkte Konkurrenz, die für den Behindertensport und seine Außenwirkung insgesamt positiv ist. »Heute wird viel härter trainiert. Wir haben hier mehr als 200 Weltrekorde und paralympische Bestleistungen gesehen. Die meisten Medaillengewinner von Barcelona hätten mit ihren damaligen Ergebnissen hier keine Chance gehabt.« Theodor Zühlsdorf, Präsident des Deutschen Behindertensport-Verbandes, hofft, daß der Erfolg der Paralympics als Auslöser einer neuen Begeisterung für den Behindertensport insgesamt dienen kann: »Die breite Berichterstattung in den Medien hat bewiesen, daß die Paralympics als das angesehen werden, was sie auch sind: ein Top-Sportereignis, bei dem hochklassiger Spitzensport geboten wird.«
Zu den Stars im deutschen Team von Atlanta zählt unter anderem die Rollstuhlathletin Marianne Buggenhagen, die mit ihren Goldmedaillen im Kugelstoßen und Diskuswerfen nach den vier Siegen von Barcelona ihre Paralympics-Goldsammlung auf sechs vergrößert.

Der Franzose Lachaud (r.) hebt die Füße in seinem Rollstuhl und versucht, Kam Loi aus Hongkong zu attackieren.

Atlanta 1996 in Stichworten

Spiele der XXVI. Olympiade in Atlanta vom 19. Juli bis 4. August: 197 Länder mit 10 788 Athleten, 35 Prozent davon Frauen. Rekord: 217 Wettbewerbe in 26 Sportarten (1992: 203, davon 161 für Männer, 97 für Frauen und 13 offene.
Badminton: 2 G für Südkorea, je 1 G für Dänemark, Indonesien, China. **Basketball:** Beide Siege für die USA. **Fechten:** 4 G für Rußland, 3 G Italien, 2 G Frankreich, 1 G Rumänien. Deutschland enttäuschend: nur 1 B für Florett-Damen. **Gewichtheben:** 2 G für Rußland, Türkei, China und Griechenland, 1 G für Kuba, Ukraine. 2 S und 1 B für Deutschland (Huster, Caruso, Weller). **Handball:** Kroatien (Männer) und Dänemark (Frauen). **Judo:** 2 G für Japan und Frankreich bei den Männern, deutsches Gold für Udo Quellmalz. Bei den Frauen: 7 G für sieben Länder. **Kanurennsport:** Männer – 3 G für Deutschland, 2 G Italien und Tschechien; Frauen – 1 G für deutschen Kajak-Vierer. **Kanuslalom:** Oliver Fix (D) gewinnt K 1. **Kunstturnen:** Gold für Andreas Wecker am Reck. Bei Männern am erfolgreichsten Rußland und China, bei Frauen USA und Ukraine mit je 2 G. **Leichtathletik:** Dominierend die USA mit 13 G. Drei Olympiasiege für Deutschland durch Riedel, Wyludda (beide Diskus) und Kumbernuss. **Radsport:** Frankreich auf Bahn und Straße 5 G. Deutscher Sieg durch Jens Fiedler (Sprint). **Reiten:** Deutschland vorn: 4 G. **Rudern:** 2 G für beide deutschen Doppelvierer. **Schießen:** 3 G für Rußland, je 2 G für Deutschland, Italien, China, Australien. **Schwimmen:** Überlegene US-Amerikaner mit 13 G, Deutschland ohne Titel. **Segeln:** 2 G für Spanien und Brasilien, Gold im Soling für Schümann-Crew. **Softball:** USA. **Tennis:** Andre Agassi und Lindsay Davenport (USA). **Tischtennis:** China komplett: 4 G. **Volleyball:** Niederlande (Männer) und Kuba. **Wasserball:** Spanien. **Wasserspringen:** 3 G China, 1 G Rußland.

Der weiche Riese verliert den Erbstreit

22. Juni 1996. Wieder mal probiert, wieder nichts passiert – auch im dritten WM-Kampf seiner Karriere schafft es Schwergewichtler Axel Schulz am 22. Juni im Dortmunder Westfalenstadion beim Open-Air-Faustkampf vor 20 000 Zuschauern nicht, sich den Titel zu schnappen. Michael Moorer, für eine Kampfbörse von 3,5 Mio. Mark über den »großen Teich« auf den alten Kontinent gekommen, diktiert den »Kampf ums Erbe«, wie der Fight um die vakante IBF-Schwergewichtskrone vom übertragenden Sender RTL tituliert wird. Das 2:1-Richterurteil, in der Fachsprache Split Decision genannt, schmeichelt dem Unterlegenen. 115:113 wertet der Italiener Walter Cavallieri pro Schulz, und ist damit ziemlich einsam. Das 116:113 des Engländers Dave Parris und das 115:113 von John Stewart (USA) entsprechen dem tatsächlichen Ringgeschehen eher. Denn zwei Drittel des Kampfes überläßt der wieder einmal abwartende, zögerliche Schulz die Initiative dem Kontrahenten aus Monessen (Pennsylvania), der in seinen bis dato 37 Ringauftritten nur einmal verloren hat – am 5. November durch Knockout gegen George Foreman. Henry Maske, Augenzeuge des mißgeglückten Versuchs seines Stallkollegen, ihm als Champion nachzufolgen, kritisiert: »Man muß früher anfangen, seine Chancen zu suchen, nicht erst 30 Sekunden vor Schluß.« Der »weiche Riese« Axel Schulz dagegen hat sich besser in Erinnerung. »Ich meine, ich habe den schwachen Kampf gegen Botha vergessen gemacht und an die Leistung gegen Foreman angeknüpft. Das war der Beweis, daß ich mitboxen kann. Ich bin noch lange nicht am Ende, und ich denke, ich kriege auf jeden Fall einen vierten Anlauf.«

Moorer ist der König im Ring, Schulz (l.) ist verzweifelt.

Da freilich soll er sich täuschen. Um die Weltmeisterschaft boxt er nie wieder, nach dem verlorenen EM-Kampf gegen Wladimir Klitschko drei Jahre später beendet er seine Profi-Karriere ohne Titel. Seiner Popularität tut das allerdings keinen Abbruch. Jean-Marcel Nartz, Matchmaker im Profistall von Wilfried Sauerland, sagt: »Den mögen die Leute auch noch, wenn er zehnmal verloren hat.«

Danish Dynamite im Radsattel: Riis gewinnt die Tour

21. Juli 1996. Frankreichs Hauptstadt bekommt am 21. Juli 1996 eine neue Schreibweise: Pa-Riis. Denn erstmals fährt an diesem Tag ein Däne namens Bjarne Riis als Sieger der 83. Tour de France über den Zielstrich auf dem Champs Elysees. Im Jahr zuvor schon Dritter, gewinnt der 32jährige am Ende nach 3763,5 Rundfahrt-Kilometern mit 1:41 min auf Jan Ullrich, seinen Mannschaftskameraden vom Team Telekom, der damit die bis dato beste deutsche Tour-Platzierung von Kurt Stöpel aus dem Jahr 1932 wiederholt. Rund 100 000 dänische Fans sind nach Paris gereist, um den Sieg ihres Nationalhelden mitzufeiern. »Das ist der schönste Tag in meinem Leben. Nicht zu glauben, daß so viele Dänen hier waren«, sagt Riis, der als Kapitän ein starkes Telekom-Team an seiner Seite weiß. Der Gesamtsieg für den seit der neunten der 21 Etappen im Gelben Trikot fahrenden Dänen, das Weiße Trikot für Ullrich als besten Nachwuchsfahrer, das »Grüne« für den Sprintspezialisten Erik Zabel sowie fünf Etappensiege sind eine stolze Bilanz für die Bonner Telekomer. Der große Tour-Verlierer ist aber der fünfmalige Gewinner Miguel Indurain, der sich am Ende mit dem 11. Rang begnügen muß.

20. Grand-Slam-Titel: Steffi Grafs siebter Wimbledon-Sieg

6. Juli 1996. Husten, Schnupfen und gerade abklingende Erkältung können Steffi Graf bei ihrer zwölften Turnierteilnahme bei den All England Championships in Wimbledon nicht aufhalten. Sie zieht zum achten Mal in das Finale des Rasenturniers ein, ihre Gegnerin am 6. Juli 1996 ist die Spanier Arantxa Sanchez, die nach 88 min mit 6:3 und 7:5 geschlagen vom Centre Court geht und im 36. Duell mit der Deutschen zum 28. Mal verliert.

Steffi Graf bietet zeitweise Tennis wie vom anderen Stern und verbucht nicht nur ihren siebten Wimbledon-Erfolg, sondern auch einige eindrucksvolle Rekorde nebenbei. Es ist der 100. Turniersieg ihrer Karriere, ihr 20. Grand-Slam-Titel und schließlich noch der 800. Einzelsieg auf der Profitour der Tennis-Damen. Ungewohnt locker und gelöst kommentiert Steffi Graf danach ihren Auftritt: »Einfach unglaublich. Es war wie ein Traum. Als ich hierher kam, dachte ich nie und nimmer, daß es möglich ist. Es war eine unglaubliche Leistung von mir, und ich bin wahnsinnig stolz auf mich.«

◁ Steffi Graf konzentriert sich, returniert mit ihrer Rückhand einen Ball von Arantxa Sanchez-Vicario. Die Spanierin ist im Finale ohne Chance. Die Brühlerin präsentiert die berühmte Silberschale ganz stolz den Fotografen. Dieser Erfolg ist zugleich der 100. Turniersieg ihrer atemberaubenden Karriere.

Wie der Vater, so der Sohn: Damon Hill Formel-1-Weltmeister

13. Oktober 1996. Nach 16 Läufen der Formel-1-WM 1996 ist Damon Hill endlich sein Verlierer-Image los. Der Sieg im letzten Saisonrennen beim Großen Preis von Japan in Suzuka macht den 36jährigen Briten endgültig zum Weltmeister. Im dritten Anlauf ist er damit am Ziel seiner Träume und sorgt zudem für ein Novum: Erstmals seit der WM-Einführung 1950 gewinnt der Sohn eines früheren Grand-Prix-Piloten die WM-Krone. Naheliegend, daß der Williams-Fahrer da den Triumph seinem Vater Graham widmet, der bis zu seinem Tod bei einem Flugzeugabsturz im Jahre 1975 zwei Titel (1962, 1968) und 14 WM-Läufe gewonnen hat. »Das ist der schönste Tag in meinem Leben. Ich wünschte nur, mein Vater hätte das noch miterleben können«, sagt Damon Hill. Trotz des am Ende mit 97 Punkten überlegen herausgefahrenen Sieges vor Jacques Villeneuve (78) und Michael Schumacher (59) ist Hill aber ein tragischer Weltmeister. Denn sechs Wochen vor dem Titelgewinn ist er mit dem Wechsel zum zweitklassigen Arrows-Team seinem Rausschmiß bei Williams-Renault zuvorgekommen – wohl wissend, daß damit seine Chancen in der Folgesaison gegen Null tendieren. In England muß sich Hill den Respekt hart erarbeiten, zugleich gilt er als »nettester Lügner«. Jahrelang schwindelte der Vater dreier Kinder (zwei Söhne, eine Tochter) bei seiner Altersangabe, machte sich zwei Jahre jünger, um seine Chancen auf einen Job in der Formel zu verbessern. Mit 24 sitzt Damon Hill erstmals im Rennauto, Michael Schumacher hat da schon 24 WM-Läufe und einen Sieg auf seinem Konto.

Schampus-Dusche von Häkkinen (r.) für den neuen Formel-1-Weltmeister Hill (M.). Auch Schumacher hat Spaß.

»Time to say Goodbye« für Gentleman Henry Maske

23. November 1996. Ungeschlagen will er abtreten, als Vereinigungs-Weltmeister von IBF und WBA. Doch daraus wird nichts am 23. November in der Münchner Olympiahalle. Sein Kontrahent, der WBA-Champion Virgil Hill (USA), verdirbt dem 32jährigen den Abschiedskampf. Maske verliert verdient mit 2:1-Richterstimmen (115:113, 116:113, 112:116). Verhalten, fast statisch, verlaufen die ersten der 12 Runden, Hill aber ist aktiver, beweglicher, schlägt häufiger, bringt Linksrechts-Kombinationen. Maske wacht spät auf, zu spät, ohne zu seiner boxerischen, dominanten Linie zu finden. Damit kassiert er in seinem letzten Profifight und zwölften WM-Kampf seine erste Niederlage, und auch die drei Millionen Mark Kampfbörse können ihn nicht trösten. »Ich habe meinen letzten Kampf verloren, und das tut mir leid«, sagt er mit brüchiger Stimme ins Publikum. »Heute abend habt ihr mir im ersten Moment darüber hinweggeholfen.« Danach geht Maske im Ring zu Boden, stiert auf die Bretter, die 23 Jahre lang sein Boxer-Leben bedeuteten – große Bühne zwischen Drama und Tragödie. Viele Beobachter halten hinterher Maskes vor dem Kampf erfolgte Ankündigung seines Abschiedes für mitentscheidend für den Ausgang. Auch Trainer Manfred Wolke: »Das war Henrys schwächster Kampf. Der Hill war doch nix, noch vor zwei Jahren hätte der Henry so einen im Ring aufgeraucht. Wenn der ganze Rummel um den Rücktritt nicht gewesen wäre, hätten wir heute einen völlig anderen Maske gesehen.«
Die eigens für Maskes ultimatives Boxer-Finale komponierte Hymne »Time to say Goodbye« hat am Ende eine äußerst zutreffende Doppeldeutigkeit. Die bestätigt auch Maske-Manager Wilfried Sauerland: »Henry hat den richtigen Zeitpunkt für seinen Abschied gefunden. Das war nicht mehr der Maske, der noch vor zwölf Monaten geboxt hat.«

Bitterer Abschied: Maske reckt zwar noch die Faust, verliert gegen Hill aber nach Punkten und weint noch im Ring.

1997

2. 1. Der fünfmalige Tour de France-Sieger Miguel Indurain (Spanien) gibt seinen Rücktritt bekannt.

19. 1. Rodel-WM in Igls (Österreich): Georg Hackl zum dritten Mal nach 1989 und 1990 Weltmeister.

20. 1. Der Brasilianer Ronaldo (FC Barcelona) wird Weltfußballer 1996 vor George Weah (Liberia).

25. 1. Die Schweizerin Martina Hingis gewinnt mit den Australian Open in Melbourne ihr erstes Grand-Slam-Turnier.

2. 2. Eisschnellauf-Sprint-WM in Hamar (Norwegen): Franziska Schenk holt mit Vier-Strecken-Sieg Gold.

4. 2. Vor 100 Jahren fand auf dem Berliner Halensee das erste Eishockeyspiel auf deutschem Boden statt.

10. 2. Marc Girardelli (Luxemburg), mit elf WM-Medaillen und fünf Weltcup-Gesamtsiegen erfolgreichster Alpiner aller Zeiten, gibt seinen Rücktritt bekannt.

19. 3. Mandy Wötzel/Ingo Steuer (Chemnitz) werden in Lausanne Eiskunstlauf-Weltmeister der Paare.

22. 3. Erik Zabel gewinnt als zweiter Deutscher nach Rudi Altig (1968) den Radklassiker Mailand-San Remo.

28. 3. 100. Geburtstag des früheren Fußball-Nationaltrainers Sepp Herberger.

31. 3. Martina Hingis (Schweiz) löst Steffi Graf an der Spitze der Tennis-Weltrangliste der Damen ab.

13. 4. Mit dem Rekordvorsprung von 12 Schlägen wird der 21jährige farbige US-Amerikaner Eldrick »Tiger« Woods jüngster Sieger der US Masters im Golf.

27. 4. Heinz-Harald Frentzen gewinnt in Imola seinen ersten Formel-1-Grand Prix.

4. 5. Hugo Simon (Österreich) holt sich bereits zum dritten Mal den Springreiter-Weltcup.

18. 5. Trabrennfahrer Heinz Wewering feiert in Dinslaken der 1200. Erfolg seiner Karriere im Sulky und ist damit die Nummer 1 in Europa.

21. 5. Schalke 04 gewinnt gegen Inter Mailand das Finale des UEFA-Cups und holt sich damit den ersten europäischen Titel der Klubgeschichte. Hinspiel und Rückspiel waren jeweils 1:0 ausgegangen. In Mailand entschied Schalke den Wettbewerb im Elfmeterschießen (4:1).

24. 5. Bayern München wird zum 14. Mal Deutscher Fußballmeister.

26. 5. Vor 30 Jahren wurde in Berlin die Stiftung Deutsche Sporthilfe gegründet.

28. 5. Europapokalfinale der Landesmeister in München: Borussia Dortmund schlägt Juventus Turin mit 3:1.

8. 6. Gustavo Kuerten (Brasilien) gewinnt das French Open-Finale im Tennis gegen Sergi Bruguera (Spanien) mit 6:3, 6:4 und 6:2 und ist erster ungesetzter Sieger seit Mats Wilander (Schweden) 1982.

3. 7. Nach seiner Viertelfinal-Niederlage gegen Pete Sampras (USA) in Wimbledon erklärt Boris Becker, daß er nicht mehr bei großen Turnieren spielen wird.

4. 7. Michael Stich verliert das Wimbledon-Halbfinale gegen Cedric Pioline (Frankreich) und tritt ebenfalls zurück.

12. 7. Vierter Titelgewinn für Deutschlands Fußball-Frauen bei der EM in Oslo durch einen 2 : 0-Finalsieg gegen Italien.

27. 7. Mit Jan Ullrich gewinnt erstmals ein Deutscher die Tour de France.

10. 8. Die Leichtathletik-WM in Athen endet mit fünf Titelgewinnen, einer Silber- und vier Bronze-Medaillen für Deutschland.

17. 7. Isabell Werth wird zum vierten Mal in Folge Dressur-Europameisterin.

26. 7. Carl Lewis (USA), neunmaliger Olympiasieger im Sprint und Weitsprung, bestreitet beim ISTAF in Berlin seinen letzten offiziellen Wettkampf nach 17jähriger Karriere.

19. 10. Deutscher Dreifach-Erfolg beim 21. Ironman der Triathleten auf Hawaii: Thomas Hellriegel gewinnt vor Jürgen Zäck und Lothar Leder.

26. 10. Abschluß der Formel-1-WM in Jerez (Spanien): Michael Schumacher landet in der 47. Runde beim Versuch, den innen überholenden Jaques Villeneuve (Kanada) zu stoppen, im Kiesbett. Villeneuve fährt weiter, wird Dritter – und erstmals Weltmeister.

2. 12. Fußball-Weltpokal in Tokio: Borussia Dortmund – Cruzeiro Belo Horizonte (Brasilien) 2 : 0.

7. 12. Wahl der deutschen »Sportler des Jahres«: Astrid Kumbernuss (Kugelstoßen), Jan Ullrich und Team Telekom (Rad).

13. 12. Ein betrunkener Deutscher ersticht bei der Handball-WM in Berlin zwei dänische Fans.

Die junge Wilde: Martina Hingis

25. Januar 1997. Keine Chance für Mary Pierce im Finale der Australian Open in Melbourne! Die kapriziöse französische Schönheit wird von einer Kindfrau erbarmungslos vom Platz gefegt. 6:2, 6:2 heißt es am Ende für die 16 Jahre und vier Monate alte Schweizerin Martina Hingis, die damit nicht nur die bislang jüngste Gewinnerin des Turniers auf dem fünften Kontinent überhaupt, sondern auch jüngste Grand-Slam-Siegerin seit 1968 wird. Zuvor durfte sich Monica Seles (USA) dieses inoffiziellen Titels erfreuen.
Hingis hat zwar zuvor in drei Begegnungen gegen »Queen Mary« nicht einen Satz gewonnen, doch sie geht selbstbewusst in das Match gegen die sechs Jahre ältere Französin, als gebe es an ihrem Sieg nicht den geringsten Zweifel. Die in Kosice geborene Slowakin, die im Alter von acht Jahren mit ihren Eltern in die Schweiz kommt, krönt mit dem Triumph ihren beispiellosen Aufstieg in der Tennis-Hierarchie der Frauen, nachdem sie erst am 14. Oktober 1994 Berufsspielerin geworden war. Hingis rückt damit auf den zweiten Platz der Weltrangliste vor – in Sichtweite von Steffi Graf. Ihr Manager ist voll des Lobes: »Martina ist schon jetzt die kompletteste Tennisspielerin aller Zeiten.« Und die »junge Wilde« schiebt ohne Respekt vor großen Namen nach: »Steffi ist sicher nach wie vor eine große Spielerin, aber im Moment bin ich die Beste der Welt.«

Siegerin Martina Hingis

Sprint-Königin mit doppeltem Triumph

2. Februar 1997. »Wenn sie lächelt, schmilzt das Eis«, hat eine Zeitung schwärmend geschrieben, und am 2. Februar 1997 hat Eissprinterin Franziska Schenk jede Menge Grund zu strahlender Freude. Da, wo die Thüringerin drei Jahre zuvor überraschend olympisches 500-m-

Siegerin Franziska Schenk

Bronze gewonnen hat, da wird sie nun im »Wikingschiff« von Hamar so souverän Weltmeisterin, wie man es souveräner nicht schaffen kann. Je zweimal werden die 500 und 1000 m gelaufen, immer ist Franziska Schenk die Schnellste. Und verwirklicht damit die Prognose, die die fünffache Olympiasiegerin Bonnie Blair schon in Lillehammer verkündet hatte: »Achtet auf dieses Mädchen, es wird mal meine Nachfolgerin.« Was die inzwischen zurückgetretene US-Amerikanerin als TV-Kommentatorin vor Ort miterlebt.
Schon am ersten Tag liegt die gerade zur »Schönsten Sportlerin Thüringens« gekürte Studentin klar in Führung, am zweiten baut sie diese noch aus. Tags zuvor war sie in der »Bild«-Zeitung im Eva-Kostüm in überdimensionaler Größe abgebildet worden, die Nacktheit nur mit Silberfarbe übertüncht. Besser wäre da wohl Gold gewesen … Manager Johannes Keßler bewertet die Aufregung darum als Bestätigung des Außenseiterdaseins der Kufen-Sportart: »Im Eisschnellauf erregt man durch so ein Foto mehr Aufmerksamkeit als durch Siege.«

Erik Zabel, König der Sprinter im Sattel

Zabel (2.v.r.) rast allen davon und gewinnt.

22. März 1997. Mit dem französischen Komiker Bourvil in der Hauptrolle war das Leinwand-Spektakel »Schußfahrt nach San Remo« ein riesiger Kino-Erfolg. Mit dem deutschen Sprinterkönig Erik Zabel im Sattel wird die sportliche Aufführung desselben Themas ein Rad-Ereignis. Am 22. März 1997 schreibt sich der 26jährige gebürtige Berliner in die Annalen der Radsport-Geschichte ein, als er mit dem Sieg beim 88. Frühjahrsklassiker Mailand-San Remo seinen bislang größten Karriere-Triumph feiert. 29 Jahre nach dem Sieg von Rudi Altig an gleicher Stelle macht Zabel mit einer taktischen Meisterleistung und der Hilfe seiner Kollegen vom Team Telekom den zweiten deutschen Erfolg beim »La Primavera« perfekt. Nach 294 km gewinnt er nach fast sieben Stunden den Spurt aus einer 30köpfigen Führungsgruppe. Erik Zabel, der damit sein Lieblingsrennen für sich entscheidet, bleibt nach dem Rennen trotz des Jubels zurückhaltend: »Der Sieg bedeutet nicht alles, aber vielleicht auch sehr viel. Möglicherweise war es am Ende doch der Erfolg meines Lebens, den ich auch der Unterstützung meiner Familie verdanke und meinem Sohn Rick widme. Ich halte mich nicht für den besten Fahrer und hoffe, daß ich mich jetzt nicht verändere.«
Aussagen, die ein Jahr später etwas anders ausfallen: Am 21. März wiederholt Zabel nämlich seinen Triumph, ist diesmal der stärkste Sprinter einer 20köpfigen Gruppe. »Das ist ein unglaublich schöner Tag für mich«, sagt er diesmal. »Im Gegensatz zum Vorjahr hatten mich alle als Favorit auf der Rechnung, trotzdem habe ich wieder gewonnen.«

»Tiger« Woods' erstes Meisterstück

13. April 1997. Als sich der 21jährige Eldrick »Tiger« Woods am 13. April nach den US Masters in Augusta das grüne Jackett des Siegers überstreift, da haben die Journalisten an ihre Sender und Zeitungen längst eine ganze Serie von Superlativen gekabelt. Woods ist der jüngste Gewinner aller Zeiten, der erste Farbige auf dem Masters-Thron, der Sieger mit dem größten Vorsprung auf den Zweiten – 12 Schläge! Satte 486 000 Dollar streicht der Golfaufsteiger für den Erfolg ein und stockt damit seine Gewinnbörse innerhalb eines knappen Jahres auf knapp zwei Mio. auf.
Im August 1996 hat der junge Mann aus Cypress (Kalifornien) sein erstes Profiturnier bestritten, nachdem er zuvor dreimal in Folge USA-Amateurchampion (auch das natürlich ein Rekord) geworden war und danach einen 40-Mio-Dollar-Vertrag über fünf Jahre mit Sportausrüster Nike abschließen durfte.
Im Raketentempo schlägt er sich an die Spitze der Profibranche vor – gleich sein erstes Masters-Turnier überhaupt gewinnt er in Augusta (Georgia). Zum Vergleich: Der Brite Nick Faldo (Sieger 1989) und der

Tiger Woods schlägt den Ball aus einem Bunker.

Deutsche Bernhard Langer (1985) durften sich erst im 14. Profi-Jahr als Augusta-Gewinner feiern lassen. Tiger Woods' Auftritt bei den US Open ist dem Veranstalter 450 000 Dollar wert – eine weitere Rekordmarke.
Obwohl die Karriere des farbigen Golfers, den die Medien als »Mozart des Grüns« preisen, gerade erst begonnen hat, ist er bereits der bestbezahlte Aktive in seiner Sportart. Die 1-Mio-Dollar-Preisgeldgrenze hatte Woods schon nach neun Profiturnieren überboten, vor ihm hielt der Südafrikaner Ernie Els die Bestmarke mit 27 Starts. Tiger Woods, der nach seinem 21. Geburtstag seinen eigentlichen Vornamen zugunsten des von Vater Earl ausgesuchten aufgab, löst in den USA eine regelrechte »Tigermania« aus.

100. Geburtstag von Sepp Herberger

28. März 1997. Fußball-Nationaltrainer, dieser Job ist in Deutschland vor allem dank ihm eine außergewöhnliche Würde und Bürde geworden – Sepp Herberger. Ein strenger Feldherr, den die Leute liebten und den sie Sepp, Seppl oder Muggele nannten. Denn eigentlich hieß er Josef. Als am 28. März 1997 sein 100. Geburtstag gefeiert wird, da reiht sich eine Hommage auf den »Alten von Weinheim« an die andere. Herberger, so behaupten Demoskopen, ist nach Konrad Adenauer der bekannteste Deutsche der Nachkriegszeit. Der aus einer Mannheimer Arbeiterfamilie stammende Herberger hatte den Deutschen im Westen mit dem sensationellen 3:2-WM-Sieg seiner Mannschaft gegen Ungarn am 4. Juli 1954 in Bern zu einem »Wir-sind-wieder-wer«-Gefühl verholfen. 1950 offiziell Bundestrainer geworden, führt er in 162 Länderspielen mit 92 Siegen, 26 Remis und 44 Niederlagen Regie. 1964 übergibt er das Amt an seinen bisherigen Assistenten Helmut Schön.
Am 28. April 1977 stirbt er, wenige Stunden nach dem Länderspiel Deutschland-Nordirland, an den Folgen eines Herzinfarkts. Seinen Sarg tragen bei der Beerdigung am 5. Mai 1977 die 54er-Weltmeister Morlock, Rahn, Liebrich, Mai, Schäfer und Eckel. Fritz Walter muß auf diese Ehrbezeugung wegen einer Hüftoperation verzichten. Berühmt geblieben sind bis heute auch Sepp Herbergers wundersam-simple Fußball-Weisheiten: »Der Ball ist rund«, »Der nächste Gegner ist immer der schwerste«, »Ein Spiel dauert 90 Minuten« oder »Nach dem Spiel ist vor dem Spiel«.

Sonderbriefmarke zum 100. Geburtstag

UEFA-Pokal: Schalke 04 bringt den Cup in den Pott

21. Mai 1997. Aus dem Aschenbrödel wieder eine Prinzessin geworden: Schalke 04, einst siebenmal Deutscher Fußballmeister (zuletzt 1958) und in den 30er Jahren mit den legendären Ernst Kuzorra und Fritz Szepan als beste Vereinsmannschaft der Welt gepriesen, gewinnt im Guiseppe-Meazza-Stadion gegen Inter Mailand im Elfmeterschießen den UEFA-Cup und verewigt sich damit in den Europapokal-Annalen. 1:0 hatten die Königsblauen zwei Wochen zuvor im Gelsenkirchener Parkstadion gegen die Italiener gesiegt, 1:0 zugunsten des Gastgebers lautet auch das Resultat des Rückspiels – wobei der Chilene Zamorano erst fünf Minuten vor Ende der regulären Spielzeit für den Treffer sorgt. In den zwei mal 15 min Verlängerung bleibt es trotz Inter-Überlegenheit dabei, so daß das Elfmeterschießen über den Ausgang entscheiden muß. Und in dem wird Torhüter Jens Lehmann zum Helden der Schalker und sichert der Mannschaft von Huub Stevens den größten Erfolg in der bis dahin 93jährigen Vereinsgeschichte. Während für die »Knappen« Ingo Anderbrügge, Olaf Thon, Martin Max und Marc Wilmots vom Punkt treffen, schafft das bei Inter nur Youri Djorkaeff. Aaron Winter aber verschießt und Lehmann pariert den Schuß von Zamorano – das Aus für den Favoriten. 20 000 mitgereiste Schalke-Fans verwandeln die Inter-Arena in ein blau-weißes Freudenmeer, die übrigen 61 675 Zuschauer registrieren den Gästetriumph mit schweigendem Entsetzen. Schalke 04 hat sich den Erfolg erarbeitet und verdient, darf als fünfte deutsche Mannschaft nach Borussia Mönchengladbach (1979), Eintracht Frankfurt (1980), Bayer Leverkusen (1988) und Bayern München (1996) die 15 Kilo schwere Trophäe mit nach Hause nehmen und in den Trophäenschrank stellen. Daheim im Parkstadion haben rund 30 000 Anhänger das Spektakel auf einer Großleinwand verfolgt. Der Fangesang »Steh auf, wenn du ein Schalker bist« wird zum Hit der Saison.

16 kg schwer ist der Silberpokal, den Schalkes Kapitän Olaf Thon nach dem Rückspielsieg bei Inter Mailand in die Höhe stemmt. Die Königsblauen haben soeben als fünfter deutscher Klub den UEFA-Cup gewonnen. Der größte Erfolg der Schalker Vereinsgeschichte. Im Hintergrund: Präsident der europäischen Fußball-Union Lennart Johansson, der Olaf Thon den Cup gerade überreicht hat.

Borussia Dortmund stürmt Europas Fußball-Gipfel

28. Mai 1997. Ausgerechnet im Münchner Olympiastadion findet der große Coup der Dortmunder Borussia statt. Im Champions League-Finale der europäischen Landesmeister fühlen sich die von Trainer Ottmar Hitzfeld glänzend eingestellten Schwarz-Gelben auf dem Rasen des FC Bayern pudelwohl und lassen dem haushohen Favoriten Juventus Turin beim 3:1-Sieg keinen Stich. Der kopfballstarke Mittelstürmer Karl-Heinz Riedle (2 Treffer) und der in der 72. Minute eingewechselte 21jährige Youngster Lars Ricken (mit einer frechen 22-m-Bogenlampe über den verdutzten Juve-Torhüter Peruzzi hinweg) besorgen die Tore für Dortmund, Alessandro del Piero macht den Gegentreffer.

Für Juve setzt sich damit die unangenehme Bekanntschaft mit Bundesliga-Klubs fort. 1983 hatte der Hamburger SV, letzter deutscher Meistercup-Gewinner vor der Borussia, gegen die Mannschaft von Trainer Giovanni Trapattoni mit 1:0 gewonnen. Nun folgt erneut eine Niederlage gegen einen Außenseiter und Turins Trainer muß respektvoll anerkennen: »In keinem anderen Land können sich Mannschaften so auf ein Spiel konzentrieren.« Für fünf Spieler in den Reihen der Borussen ist der Sieg ein ganz besonderes Erfolgserlebnis, schließlich haben Jürgen Köhler, Andreas Möller, Stefan Reuter, Paulo Sousa und Julio Cesar zuvor schon im Juve-Trikot gekickt. Außerdem ist das 3:1 von München eine wohltuende Revanche für die Niederlage im UEFA-Cup-Finale 1993, als die Turiner in zwei Spielen (3:0 und 3:1) klar dominierten. Jetzt gewinnt Dortmund in seinem 100. Europacup-Auftritt (53 Siege, 15 Remis, 32 Niederlagen und 214:123 Tore) den 7,5 kg schweren, 75 cm hohen Europapokal, dessen Silberwert von 60 000 Mark durch die daraus resultierenden Einnahmen weit übertroffen wird. Mit dem elften Spiel des Wettbewerbs – zuvor hat man Widzew Lodz, Steaua Bukarest, Atletico Madrid, AJ Auxerre und Manchester United ausgeschaltet – hat Borussia Dortmund 32 Mio. Mark eingenommen und den Umsatz um 30 Prozent auf 125 Mio. gesteigert. Manager Michael Meier stellt zufrieden fest: »Wenn man den Landesmeister-Cup gewinnt, ist das ein Imagewert für den Verein, der durch die Vermarktung über Jahre kaum auszurechnen und in Mark nicht zu beziffern ist. An den Finalsieg des HSV 1983 erinnert sich zum Beispiel heute noch jeder.«

Dortmunds Spieler (l. Kree, r. Chapuisat) feiern den zweifachen Torschützen Karlheinz Riedle (mit Pokal).

Jan Ullrich – der erste Deutsche gewinnt die »Tour der Leiden«

27. Juli 1997. Paris sieht einen strahlenden Sieger: Als erster Deutscher in der 94jährigen Geschichte der Tour de France gewinnt der gebürtige Rostocker Jan Ullrich bei der bedeutendsten Radrundfahrt der Welt – und steigt als 23jähriger mit einem Schlag in die Garde der berühmtesten deutschen Sportler wie Max Schmeling, Franz Beckenbauer, Boris Becker, Steffi Graf oder Michael Schumacher auf. Nach 21 Etappen und 3942 km kommt Ullrich bei der 84. Tour mit 9:09 min Vorsprung vor dem Franzosen Richard Virenque ins Ziel – die größte Differenz zwischen Erstem und Zweitem seit 1984 – und er liegt sogar 14:03 min vor dem Italiener Marco Pantani. Nach Platz 2 als Tour-Debütant folgt damit für den Allrounder Ullrich, der genauso gut Zeitfahren kann, wie er über die Alpen klettert, nur ein Jahr später die Krönung des Profi-Daseins, auf die das Gros der Branche ein Radlerleben vergeblich wartet.

Über eine Million Zuschauer feiern den jungen Deutschen im Gelben Trikot in Paris begeistert, und der kann nach der Zieldurchfahrt, wo ihn seine Mutter Marianne empfängt, endlich an den Triumph glauben: »Das ist ein unglaubliches Gefühl, ich hatte noch Angst bis zum letzten Meter.« Ullrich freilich wird nicht müde zu betonen, daß sein Sieg auch einer des gesamten Teams ist. In der Tat ist die 97er Frankreich-Rundfahrt eine Tour der Deutschen – neben dem Gelben Trikot und dem Titel des besten Nachwuchsfahrers für Ullrich holt sich Erik Zabel zum zweiten Mal das »Grüne« für den besten Sprinter, das Team Telekom erstmals den Mannschaftssieg. Zabel gewinnt drei Etappen, Ullrich zwei.

Die Erfolgsgeschichte zahlt sich mit rund 1,2 Mio. Mark aus dem Prämientopf der Tour aus, allein 700 000 Mark davon bringt Ullrichs Sieg ein. Einnahmen mit der Zukunftsgarantie auf weiteres Wachstum. Denn nach Meinung aller Experten ist Jan Ullrichs Tour-Triumph von 1997 erst der Beginn einer großen Karriere. Bernard Hinault, fünfmaliger Toursieger: »Jan ist so komplett, er hat alles. Von seiner körperlichen Stärke her kenne ich keinen, der ihm ähnlich wäre. Er hat die Ruhe. Er hat den Willen, sich zu überwinden und die Fähigkeit zu leiden, mehr als alle anderen. Er wird fünfmal, warum nicht sechs- oder siebenmal, die Tour gewinnen.«

Eigentlich war Ullrich als »Wasserträger« für seinen Teamkollegen Bjarne Riis, den 96er-Tour-Gewinner, in die Rundfahrt gestartet. Doch auf der zehnten Etappe, der zweiten durch die Pyrenäen, übernimmt Jan Ullrich das Regiment vom entkräfteten und angeschlagenen Dänen, erobert nach 10 km Alleinfahrt hinauf zum Arcalis erstmals das Gelbe Trikot. »Diesen Tag werde ich mein Leben lang nicht vergessen. Ein Jugendtraum hat sich erfüllt.« Das Maillot Jaune des Spitzenreiters behält er 12 Etappen lang bis ins Ziel – und löst damit in Deutschland einen regelrechten Ullrich-Boom aus. In Bonn, wo Hauptsponsor Telekom am Tag nach der Tour das Radteam empfängt, feiern 20 000 Fans Ullrich & Co. begeistert.

Die großen Drei: Ullrich (M.), der Zweitplazierte Virenque (l.) und Pantani.

△ ▷ Ullrich in Gelb. Er fuhr die Tour mit voller Konzentration und wurde am Ende für die Strapazen mit dem Gesamtsieg gekrönt.

▷ Jan bekam die Trophäe in Paris überreicht. Sein Lohn für die Tour der Leiden.

Athen: Generationenwechsel bei der Leichtathletik-WM

10. August 1997. Als am 10. August 1997 in Athen die 6. Leichtathletik-WM zu Ende geht, da ist sie das erste WM ohne Weltrekord. Trotz 60 000 Dollar Preisgeld für den jeweiligen Sieger, 40 000 für Platz zwei und 20 000 für Platz drei. Erstmals dürfen bei dieser WM per »Wild Card« auch die Titelverteidiger starten, so sie sich national nicht qualifiziert haben. Davon profitiert 400-m-Läufer Michael Johnson, der bei den US Trials verletzt fehlte. Er wird der erste »Wild Card«-Weltmeister der Geschichte. 41 Länder tragen sich in die Medaillenstatistik ein. Die USA werden abermals erfolgreichste Nation (7 Gold-, 3 Silber-, 8 Bronzemedaillen), müssen aber gegenüber der WM 1995 in Göteborg (12 Titel) und den Olympischen Spielen 1996 in Atlanta (13) deutliche Einbrüche hinnehmen. Deutschland folgt auf Rang zwei (5–1–4). Die

Sprinterkönigin Marion Jones (USA)

Kumbernuss auf dem Weg zum Sieg

deutschen Goldmedaillen gehen auf das Konto von Hammerwerfer Heinz Weis, Diskuswerfer Lars Riedel, Kugelstoßerin Astrid Kumbernuss, Siebenkämpferin Sabine Braun und die 4x400-m-Staffel der Frauen. *Das* Highlight der WM schlechthin ist aber der sechste Titelgewinn in Serie von Stabhochspringer Sergej Bubka (Ukraine). Zum vierten Mal in Folge siegt Lars Riedel, zum dritten Male dürfen Haile Gebreselassie (Äthiopien/ 10 000 m) und Michael Johnson (400 m) auf das oberste Podest. Trotz der Erfolge der arrivierten Alt-Stars vollzieht sich in Athen ein Generationenwechsel unter den Athleten – nur 13 der Göteborg-Weltmeister verteidigen ihren Titel, nur 10 der 44 Olympiasieger (inklusive drei Staffeln) von Atlanta sind auch ein Jahr später vorn. Die neuen Stars heißen zum Beispiel Marion Jones und Maurice Greene.

Maurice Greene bejubelt sein Gold.

Deutschlands 400-m-Staffel im Gold-Rausch

Michael Johnson (M.) wirft sich ins Ziel.

Sergej Bubka, dem Himmel wieder ein Stück näher

10. August 1997. Die Prognose hat kein allzu großes Risiko: Das, was der ukrainische Stabhochspringer Sergej Bubka am 10. August 1997 schafft, ist ein Rekord für die Ewigkeit. Mit 6,01 m wird er in Athen Weltmeister – zum sechsten Mal in Folge. 1983 in Helsinki, 1987 in Rom, 1991 in Tokio, 1993 in Stuttgart, 1995 in Göteborg – stets hieß der Sieger Bubka. Als er am 14. August 1983 in Helsinki erstmals Gold gewinnt, ist er 19 Jahre und 253 Tage alt.

1984 markiert er mit 5,85 m seinen ersten Freiluft-Weltrekord. Weitere 16 folgen, scheibchenweise und prämienträchtig Zentimeter um Zentimeter. Am 31. Juli 1994 fliegt er in Sestriere (Italien) über 6,14 m. Am 10. August 1997 ist Bubka 33 Jahre und 249 Tage alt, aber immer noch der Primus unter seinesgleichen. Dabei hat man dem »Oldie« vor den WM kaum Chancen eingeräumt. Nach Achillessehnenproblemen konnte er nur 60 Prozent des Üblichen trainieren, stand mit einer für seine Verhältnisse höchst bescheidenen 5,70-m-Saisonbestleistung in den Statistiken. Die egalisiert er in Athen bei seiner ersten Finalhöhe, für die er zwei Versuche braucht. Erst bei 5,91 m macht er weiter, schafft auch das im zweiten Anlauf. Als der Russe Maxim Tarassow 5,96 m überspringt, hat Bubka »noch einen besser«. Die 6,01 m im ersten Versuch sind sein 43. Sprung über mehr als sechs Meter. Und es sollte nicht sein letzter sein.

Wieder einmal dem Himmel so nah: »Magier« Sergej Bubka hat die 6-m-Marke überquert und kann sich erneut als Weltmeister krönen lassen.

»King Carl« Lewis beendet seine Läufer-Karriere

Noch wenige Sekunden bis zu Lewis' letztem Start.

Abschied von zwei Superstars: Christie (l.) und Lewis.

26. August 1997. Das ISTAF im Berliner Olympiastadion erlebt am 26. August 1997 einen ganz besonderen Moment. Der 36jährige Carl Lewis (USA) gibt beim Leichtathletik-Meeting in der deutschen Hauptstadt seine Abschiedsvorstellung. Kein Zufall, daß der Jahrhundert-Athlet dafür diesen Ort wählt. »Berlin ist für mich etwas ganz Besonderes. Es bewegt mich sehr, meinen Abschied dort geben zu dürfen, wo mein großes Vorbild Jesse Owens viermal Olympiasieger wurde.« Beim ISTAF absolviert »King Carl« als Schlußläufer einer Dream-Team-Sprintstaffel mit Donovan Bailey (Kanada), Frankie Fredericks (Namibia) und Leroy Burrell (USA) die letzten 100 Wettkampf-Meter seiner einzigartigen Laufbahn. Zehn Jahre alt ist Carl Lewis, als er Owens trifft – eine Begegnung, die ihn enorm inspiriert. »Damals nahm ich mir fest vor, der größte Leichtathlet aller Zeiten zu werden.« Was ihm tatsächlich gelingt: neun Olympiasiege, darunter vier in Folge im Weitsprung, acht WM-Titel und neun Freiluft-Weltrekorde machen ihn nach 17 Karriere-Jahren zum unerreichten Superstar seiner Sportart. 65mal hintereinander blieb er zwischen Februar 1981 und August 1991 im Weitsprung ungeschlagen, ehe diese Serie für die Ewigkeit bei den WM in Tokio durch Mike Powells 8,95-m-Weltrekord beendet wird. Als er abtritt, tut Lewis das mit dem selben grenzenlosen Selbstbewußtsein, mit dem er sich jahrelang in den Stadien präsentiert hat: »Es wird immer nur einen Carl Lewis geben. Ich bin und bleibe einzigartig.«

Carl Lewis wird immer in den Herzen der Fans bleiben.

Deutschlands »Eisenmänner« hart und erfolgreich wie nie

19. Oktober 1997. Kailua-Kona heißt das Wimbledon des Triathlon-Sports. Am 19. Oktober 1997 findet dort auf Hawaii der 21. Ironman statt – 3,8 km Schwimmen, 180 km Radfahren und die klassischen 42,195 km Marathon im Laufen sind zu absolvieren. Deutschlands Männer gelten dabei als Favoriten, und sie werden dieser Rolle überzeugend gerecht. Thomas Hellriegel vom TV Witten gewinnt am Ende nach 8:33:01 Std. bei Temperaturen von fast 40 Grad in den Lavafeldern und bei heftigem Wind als erster Deutscher und zweiter Europäer den legendären Wettkampf.

Doch damit nicht genug: Mit Jürgen Zäck (Koblenz) und Lothar Leder (Darmstadt) nehmen zwei Landsleute auch die übrigen Podestplätze ein. »Ich bin dreimal durch die Hölle gegangen. Das war der brutalste Ironman, den ich je gemacht habe. Für mich ist ein Traum in Erfüllung gegangen«, sagt Hellriegel im Ziel völlig entkräftet und dem Kollaps nahe, nachdem er den letzten Lauf-Kilometer mit einer Deutschlandfahne in der Hand absolviert hat. Als »Schmerzensgeld« erhält »Iron Tom« 62 000 Mark Siegprämie. In den beiden Jahren zuvor war Hellriegel jeweils drei Kilometer vor dem Ziel abgefangen worden und auf Platz 2 gelandet. Sein Trainingsaufwand im Jahr 1997 für den Sprung nach ganz oben: 1200 Std. Training mit 700 km Schwimmen, 21000 km Radfahren und 4000 km Laufen.

Super-Trio: Zäck (M.), Hellriegel (l.) und Leder.

1998

12.1. Die FIFA kürt den Brasilianer Ronaldo zum »Weltfußballer des Jahres 1997«

17.1. Erster und einziger Titel für Deutschland bei der Schwimm-WM in Perth durch die 4x200-m-Freistilstaffel der Frauen. Tags darauf endet das Championat, bei dem die USA (17x Gold), Rußland (11) und Australien (7) am erfolgreichsten abschneiden. Die deutschen Schwimmer und Wasserspringer kommen auf 14 Medaillen (1–7–6).

9.2. Georg Hackl gewinnt bei den Winterspielen in Nagano sein drittes Olympiagold in Folge und ist damit der erfolgreichste Rodler aller Zeiten.

22.2. Abschluß der Olympischen Winterspiele in Nagano: Der Norweger Björn Dählie schafft im 50-km-Skilanglauf seinen achten Olympiasieg seit 1992 und avanciert damit zum erfolgreichsten Wintersportler. Beste Nation wird Deutschland mit 12 Gold-, neun Silber- und acht Bronze-Medaillen.

1.3. Als erster Deutscher gewinnt Sven Hannawald den Gesamt-Weltcup im Skifliegen.

10.3. Giovanni Trapattoni, Trainer von Fußball-Rekordmeister FC Bayern München, wird mit einem legendären Wutausbruch zur Kultfigur: »Struuunz!«, »Schwach wie Flasche leer«, »Ich habe fertig!«.

15.3. Katja Seizinger gewinnt nach 1996 zum zweiten Mal den Gesamtweltcup vor ihren deutschen Teamkolleginnen Martina Ertl und Hilde Gerg. Bei den Männern siegt mit Hermann Maier erstmals seit 1970 (Karl Schranz) wieder ein Österreicher.

15.3. Bei den Winter-Paralympics der weltbesten Behindertensportler wird Deutschland (14 Gold, 17 Silber, 13 Bronze) zweitbeste Nation hinter Norwegen (17–10–12).

15.3. Deutscher Dreifach-Erfolg bei der Allround-WM der Eisschnellläuferinnen in Heerenveen: Gunda Niemann vor Claudia Pechstein und Anni Friesinger.

21.3. Erik Zabel gewinnt wie 1997 den Radklassiker Mailand-San Remo.

5.4. Borussia Düsseldorf gewinnt als erster Klub zum sechsten Mal den Europapokal der Landesmeister der Tischtennis-Männer (Finalsieg gegen Alfaterna/Italien).

3.5. Deutschland zeigt Muskeln: Bei der EM der Gewichtheber in Riesa gewinnen Monique Riesterer, Marc Huster, Oliver Caruso und Ronny Weller die Titel.

13.5. Der FC Chelsea stoppt mit einem 1:0 im Europacup-Finale der Pokalsieger den Durchmarsch des VfB Stuttgart.

16.5. DFB-Pokalfinale: Bayern München schlägt den MSV Duisburg 2:1.

17.5. Der Leipziger Uwe Ampler gewinnt zum vierten Mal die »Internationale Friedensfahrt« der Radsportler.

20.5. Real Madrid gewinnt in Paris durch ein 1:0 gegen Juventus Turin zum siebten Male den Europacup der Landesmeister.

15.6. Erstes Spiel der deutschen Nationalmannschaft bei der Fußball-WM in Frankreich: 2:0 gegen die USA. Es folgen ein 2:2 gegen Jugoslawien (21.6.), ein 2:0 gegen Iran (25.6.) und das 2:1 gegen Mexiko im Achtelfinale (29.6.).

4.7. Im WM-Viertelfinale in Lyon gegen Kroatien verlieren Deutschlands Fußballer mit 0:3 und scheiden aus dem Turnier aus.

5.7. Der US-Amerikaner Pete Sampras holt mit einem Fünfsatzsieg gegen Goran Ivanisevic (Kroatien) zum fünften Mal in sechs Jahren den Tennis-Titel in Wimbledon.

8.5. Drei Tage vor dem Start der Frankreich-Rundfahrt der Radprofis beginnt die beispiellose »Tour Scandaleuse«: Willy Voet, Masseur des Festina-Teams, wird mit 400 Ampullen EPO und diversen Anabolika erwischt.

12.7. Fußball-WM-Finale in Paris: Frankreich schlägt Brasilien mit 3:0.

18.7. Beginn der 17. Leichtathletik-EM in Budapest, die am 23.7. mit sieben Titelgewinnen für Deutschland endet.

7.9. Fußball-Bundestrainer Hans-Hubert (»Berti«) Vogts tritt zurück. Sein Nachfolger wird zwei Tage später Erich Ribbeck.

21.9. Florence Griffith-Joyner (USA), dreifache Sprint-Olympiasiegerin von Seoul 1988, stirbt 38jährig an Herzversagen.

1.10. Die deutsche Dressur-Equipe wird in Rom zum achten Mal seit 1966 Weltmeister.

7.10. Marathon-Läuferin Uta Pippig wird vom DLV wegen der Einnahme anaboler Steroide suspendiert.

24.10. Sven Ottke nimmt mit einem Punktsieg Charles Brewer (USA) in Düsseldorf den IBF-Boxweltmeister-Titel im Supermittelgewicht ab.

1.11. Mit einem Sieg beim Saisonfinale der Formel-1-WM in Suzuka (Japan) wird der Finne Mika Häkkinen (McLaren-Mercedes) erstmals Weltmeister.

Nagano 98: Die größten Winterspiele der Geschichte

Symphonie auf dem Eis, vorgeführt von Shizuka Arakawa (Japan)

7. Februar 1998. One World – unter diesem Motto steht am 7. Februar 1998 die Eröffnung der größten Olympischen Winterspiele der Geschichte in Nagano. 2339 Athleten aus 72 Ländern wetteifern in 68 Wettbewerben 16 Tage lang um Gold, Silber und Bronze. Die Zeremonie ist ein Spiegelbild traditioneller japanischer Kultur, auch die massigen Sumo-Stars fehlen nicht. »Zehn Minuten frieren, ein Leben lang Erinnerung«, kommentiert der 234 kg schwere, in Hawaii geborene Yokozuna Akebono seinen Auftritt. Zwei Stunden dauert das farbenprächtige Spektakel vor 55 000 Zuschauern im Stadion und zwei Billionen an den Fernsehgeräten in der ganzen Welt. Das große Finale ist Beethovens »Ode an die Freude«, gesungen von einem Chor von 2000 Stimmen im Stadion und gleichzeitig – per Satelliten-Verbindung simultan mitzuerleben – von Chören in Peking, Berlin, Kapstadt, New York und Sydney.
Erstmals hat das IOC die Dauer der Eröffnung auf zwei Stunden begrenzt – zwei Stunden als faszinierende Mischung von Jahrhunderte alter japanischer Kultur und Würde sowie modernster Technologie. Das eigens von Andrew Lloyd Webber für die Winterspiele komponierte Friedenslied »When the Children Rule the World« gehört ebenso zur Botschaft des Ereignisses wie der Auftritt des britischen Anti-Landminen-Aktivisten Chris Moon, der bei einem Räumeinsatz in Afrika eine Hand und ein Bein verloren hat und gemeinsam mit einem blinden Kind an der Hand mit der Olympischen Fackel ins Stadion einläuft. Als Kaiser Akihito schließlich die feierliche Startformel spricht, sind die von den Organisatoren versprochenen »Spiele des Herzens« eröffnet.
Spiele, die schon vor den ersten Wettkämpfen Rekorde markiert haben. Mit mehr als drei Milliarden Mark Gesamtkosten erlebt Nagano das teuerste Winter-Olympia aller Zeiten. Allein in die Eischnellauf-Arena »M-Wave« werden 480 Mio. gesteckt. 377 Fernsehkameras, Mini-Mikrofone im Eis der Bobbahn und der Kunst- und Schnellauf-Arena sollen den olympischen Geist in aller Welt sichtbar und hörbar machen.

Eine Schneeblume als Fahnensymbol der Olympiade

4,6874 Zentimeter entscheiden über Gold

11. Februar 1998. Silke Kraushaar vor Barbara Niedernhuber, Thüringen vor Bayern – so lautet der Einlauf beim olympischen Rodelfinale der Frauen im »Spirale« genannten Eiskanal von Iizuna Kogen in der Nähe von Nagano. Viermal binnen zweier Tage sind die Damen in den hautengen Anzügen rücklings je 1194 m zu Tal gefahren, insgesamt also 4776 m. Am Ende liegen zwischen Platz 1 und 2 zwei Tausendstelsekunden – der geringste Abstand, den es je in einer olympischen Rodelkonkurrenz gegeben hat.
Umgerechnet ergibt diese Differenz 4,6874 cm Vorsprung für Silke Kraushaar, die jahrelang nur die zweite Geige unter den deutschen Weltklasse-Athletinnen spielte. Erst mit 27 erlebt sie so ihre Olympia-Premiere, zuvor waren stets andere in den Qualifikationen schneller. »Nicht nur einmal wollte ich alles hinschmeißen. Aber am Ende hat sich mein optimistisches Gemüt durchgesetzt und ich habe weitergemacht«, blickt sie in Nagano zurück. Die Ausdauer zahlt sich spät, aber dann gleich golden aus: »Ich bin mental stärker geworden. Früher habe ich meist Nervenflattern gehabt und entscheidende Fehler gemacht. Jetzt kann ich Druck einfach besser verarbeiten.« Das beweist Silke Kraushaar auf eindrucksvolle Weise beim olympischen Showdown. Sechs Tausendstel liegt sie vor dem vierten Lauf noch hinter Barbara Niedernhuber zurück, danach weist die elektronische Zeitmessung das kaum wahrnehmbare Plus von zwei Tausendsteln aus. »Eigentlich hätte es zwei Goldmedaillen geben müssen«, sagt Bundestrainer Thomas Schwab voller Anerkennung nach dem dramatischen Kopf-an-Kopf- oder angesichts der Schlittenlage besser Fuß-an-Fuß-Rennen seiner beiden Schützlinge.

Die Gewinnerinnen (v.l.): Barbara Niedernhuber (Silber), Silke Kraushaar (Gold) und Angelika Neuner (Bronze)

Der Turbo-Bayer saust wieder allen davon

9. Februar 1998. Vier Läufe, vier Bestzeiten – und jede Menge leicht genervte Kontrahenten. Die Abwandlung des beliebten Silvester-Einakters aufs olympische Rodeln heißt: The same procedure as every games – Georg Hackl. Immerhin einer von denen, die in Nagano durch die von Eismeistern aus Altenberg, Oberhof und Königsseegepfegte Bahnrasen, kann von sich behaupten, den Turbo-Bayern auf seiner Plasteschale bei Olympischen Spielen schon mal hinter sich gelassen zu haben:
Jens Müller, vor zehn Jahren 1988 Goldmedaillengewinner vor dem Hackl-Schorsch, wird in der »Spirale« von Nagano Dritter. Ein paar Hundertstel vor dem Thüringer wird der Italiener Armin Zöggeler Zweiter, gleich eine halbe Sekunde voraus aber fährt der Mann, der olympisches Gold abonniert zu haben scheint und mit dem dritten Sieg zum erfolgreichsten Schlittenfahrer aller Zeiten wird.
Einen zweiten wie ihn wird es nicht geben. Er kann auch bei den nächsten Olympischen Spielen 2002 in Salt Lake City noch gewinnen …« Hackl selbst bleibt bei solchen Vorschußlorbeeren freundlich zurückhaltend: »Einen Olympiasieg kannst du absolut nicht planen. Es kommt sowieso wie's kommt.« Eben.

Christoph Langens Team mit Diät zum Gold im Eiskanal

Deutschland II im Ziel: Pilot Christoph Langen (vorn) und seine starke Crew sind überglücklich.

21. Februar 1998. Nomen est omen: Christoph Langens Aschaffenburger Wohnanschrift in der »Frohsinnstraße 9« bekommt in Nagano eine zusätzliche Berechtigung. Denn da wird der 35jährige ehemalige Zehnkämpfer mit seinen Hintermännern Markus Zimmermann, Olaf Hampel und Marco Jacobs Olympiasieger im Viererbob, nachdem er wenige Tage zuvor im Zweier schon Bronze gewonnen hat. Mit sechs Zehnteln Vorsprung auf den Schweizer Bob mit Marcel Rohner an den Lenkseilen fällt der Triumph höchst überlegen aus. »Wir sind am besten mit den Wetterbedingungen klar gekommen, hatten den stärksten Start und machten die wenigsten Fehler«, sagt Langen und spielt damit auf die schwierigen Begleiterscheinungen wie Regengüsse und Schneefälle an, die am Ende dazu führen, daß am ersten Tag ein Lauf gestrichen wird und schließlich nur drei in die Wertung kommen. Zum dritten Mal in der olympischen Geschichte nach St. Moritz 1928 (nach Fön-Einbruch nur zwei Läufe) und Grenoble 1968 (wegen Tauwetters nur zwei Läufe) finden damit nicht die üblichen vier Talfahrten statt. Für den Erfolg haben Langen & Co. sogar eine Diät auf sich genommen. Denn nachdem das bisherige Vierer-Stamm-Mitglied Kai-Uwe Kohlert gegen den zwei Meter großen und 115 kg schweren Diskuswerfer Marco Jakobs ausgetauscht wurde, mußte sich der Rest der Besatzung 20 kg abhungern, um das erforderliche Gewichtslimit von 630 kg einschließlich Bob einhalten zu können.

Niemann besiegt ihre Angst

11. Februar 1998. Hoch, runter, wieder hoch – Gunda Niemanns olympische Achterbahn ist nach zwei Olympiasiegen 1992 und dem verpaßten Gold 1994 in Lillehammer als Favoritin auf gleich drei Strecken in Nagano wieder ganz oben angelangt. Mit Power und Nervenstärke holt sich die 31jährige auf ihrer »Angststrecke« 3000 m, auf der sie vier Jahre zuvor stürzte, ihren dritten Olympiasieg. »An den Sturz von 1994 habe ich nicht gedacht. Ich war damals sehr traurig, aber das hat für den heutigen Tag keine Bedeutung gehabt«, sagt sie hinterher jubelnd. Mit perfekter Strategie war sie zuvor ihr Rennen gelaufen, hatte mit 4:07,29 min den Weltrekord nur um 16 Hunderstel verfehlt. »Ich habe die Nerven behalten und an mich selbst geglaubt«, erklärt Niemann ihren Erfolg, der durch die Plätze zwei und drei von Claudia Pechstein und Anni Friesinger sogar zum deutschen Dreifach-Triumph wird.

Wie aufgedreht: Gunda Niemann nach ihrem Sieg

Claudias Jahrhundert-Sieg

Grand Dame im »Anzug«: Claudia Pechstein

20. Februar 1998. »Jahrhundertrennen« nennen die Beobachter hinterher, was sie am 20. Februar 1998 im olympischen 5000-m-Wettbewerb der weltbesten Eisschnelläuferinnen erleben. Erst bleibt die Erfurterin Gunda Niemann als erste Athletin der Welt mit 6:59,65 min unter der Sieben-Minuten-Grenze, dann wird sie in einer dramatischen Jagd auf die Bestzeit noch von Claudia Pechstein abgefangen. Die Berlinerin, die zwei Tage später 26 Jahre alt wird, ist am Ende vier Hundertstel schneller – und fassungslos. »Nach Gundas Zeit habe ich gedacht, es wird wohl auf Silber gehen. Meine Beine waren total hart. Es war mein Traum, den Sieg von Lillehammer zu wiederholen. Ich finde, das ist eine tolle Leistung. Das muß mir erst mal einer nachmachen.« Sagt Claudia Pechstein und kündigt zugleich weitere sportliche Großtaten an: »Jetzt will ich 2002 in Salt Lake City den goldenen Hattrick über die 5000 m schaffen.«

Die letzten 100 Meter mit Fahne zum Gold

21. Februar 1998. In den Einzelwettbewerben der Biathleten geht für die deutschen Asse fast nichts, in den Staffelkonkurrenzen aber rehabilitieren sie sich eindrucksvoll. Erst siegen am 19. Februar die Frauen mit Uschi Disl, Martina Zellner, Katrin Apel und der ihren sportlichen Abschied feiernden zehnfachen Weltmeisterin Petra Behle, die damit endlich auch ihr erstes Olympia-Gold auf ihrem Konto hat. Dann machen es die Männer zwei Tage später nach. Mit

20 sec Vorsprung vor Favorit Norwegen laufen Ricco Groß, Peter Sendel, Sven Fischer und Frank Luck über den Zielstrich. Die Vier landen einen Start-Ziel-Sieg, und der Thüringer Schlußmann hat dabei das besondere Vergnügen, die letzten 100 m winkend mit der deutschen Fahne zurückzulegen, die ihm von einem Oberhofer Olympia-Touristen gereicht wird. Für die deutsche Staffel ist es der dritte olympische Sieg in Folge.

◁ Volltreffer (v.l.): Sven Fischer, Peter Sendel, Ricco Groß und Frank Luck gewinnen Gold.

Die Glücksgefühle der fliegenden Holländer

Februar 1998. Die Schmach Lillehammer, die tilgen die Niederländer – die Eisschnellauf-Nation schlechthin – in Nagano gründlich. 1994 hatten sie sich mit einmal Silber und dreimal Bronze begnügen müssen, vier Jahre später treten sie als fliegende Holländer mit Turboqualitäten auf den Klappschlittschuhen auf. Gianni Romme ist der Star auf den langen Männerstrekken, er gewinnt überlegen Gold über 5000 und 10 000 m. Teamkollege Ids Potsma ist der Schnellste über 1000 m. Bei den Frauen ist Marianne Timmer die überragende Athletin, die mit ihrem doppelten olympischen Gold-Coup über 1000 und 1500 m sogar den erfolgsverwöhnten deutschen Damen die Schau stiehlt. Architekt des Oranje-Aufschwungs ist vor allem der US-Amerikaner Peter Mueller als Coach, der den zwischenzeitlich verlorengegangenen »fighting spirit« wieder weckt. Mueller, 1976 selbst 1000-m-Olympiasieger, war übrigens bei seinem Triumph 22 Jahre vor dem von Timmer drei Sekunden langsamer als die von ihm betreute Athletin.

Seizinger und das Ski-Dream-Team Katja – Hilde – Martina

Katja Seizinger rast zum Abfahrts-Gold.

Deutscher Dreifach-Erfolg (v.l.): Ertl, Seizinger und Gerg jubeln.

16. Februar 1998. Jahrelang galt Katja Seizinger als verbissene Perfektionistin der alpinen Skibranche, die kaum zu Gefühls-Ausbrüchen zu bewegen ist. Fotografen erzählten gern von den vergeblichen Mühen, Bilder zustande zu bringen, auf denen die rasante Blondine sichtbare Freude über erreichte Erfolge zum Ausdruck brachte. Am 16. Februar 1998 aber erleben nicht nur die Männer mit den langen Objektiven am Mount Karamatsudake eine ganz »neue« Katja Seizinger. Nachdem fünf Tage zuvor der Super-G noch nicht die Erfüllung der Medaillenträume brachte, schafft die 25jährige vom SC Halblech in der 2518 m langen Abfahrt das Kunststück, ihren Olympiasieg von Lillehammer 1994 zu wiederholen. »Sie gehört nun zu den Besten, die es jemals gab«, kommentiert Seizingers Trainer Wolfgang Maier. Möglicherweise löst das alle Gefühlsfesseln bei der Ausnahmeathletin, aus der so viel Emotionen wie noch nie zuvor heraussprudeln. Im Zielraum umarmt sie Rodel-König Georg Hackl und nahezu aufgelöst fast jeden, der ihr über den Weg läuft. »Mit dem einen Gold freilich bescheidet sich Katja Seizinger in Nagano nicht. Schon einen Tag darauf läßt sie Nummer 2 in der Alpinen Kombination aus Abfahrt und Slalom folgen – und wird dabei auf dem Siegerpodest von ihren Teamkolleginnen Martina Ertl und Hilde Gerg assistiert. Das schnelle Pisten-Trio schafft damit den 13. deutschen Dreifach-Erfolg bei Winterspielen. Acht davon gehen auf das Konto der Rodler, drei auf das der Eisschnelläuferinnen, einer auf das der Nordisch Kombinierten.

Dem Triple im alpinen Zweikampf folgt am 19. Februar der Sensationssieg von Hilde Gerg im Slalom mit sechs Hundertstel Vorsprung auf die Italienerin Deborah Compagnoni und zum Abschluß tags darauf noch einmal eine Bronzemedaille im Riesenslalom durch Katja Seizinger (Siegerin: Compagnoni). Das Ergebnis: Die beste deutsche Alpin-Bilanz aller Zeiten und die Geburt des Ski-Dream-Teams Katja-Hilde-Martina.

»Herminator«: Der Champion, der ein Maurer war

Nicht umsonst hat Hermann Maier (hier auf dem Weg zum Super-G-Gold) den Spitznamen »Herminator«.

16. Februar 1998. Hermann Maier strickt bei den alpinen Wettbewerben in Nagano weiter an der eigenen Legende. Drei Tage nach einem Horrorsturz beim Abfahrtslauf ist der 25jährige Österreicher beim Super-G wieder voll da – und holt sich überlegen die Goldmedaille. Bei der Abfahrt hat es den 90-kg-Athleten mehrere Meter durch die Luft geschleudert, der danach auf den Schultern aufschlug und die Fangnetze durchbrach. »Ich hatte ein paar Probleme mit meinem Knie und meiner Schulter. Am Start mußte ich mental einen Moment des Zweifels überwinden, aber als ich meinen Rhythmus gefunden hatte, war alles okay«, beschreibt der »Herminator« hinterher seinen zweiten olympischen Auftritt.

Erst im Dezember 1996 war er von den österreichischen Verantwortlichen für höhere Aufgaben entdeckt worden, als er als Vorläufer in einem Weltcup-Rennen schneller war als die meisten Stars. Toni Sailer, der Dreifach-Olympiasieger von 1956, lobt den Naturburschen über den grünen Klee: »Er hat eine wunderbare Technik und enorme Kraft. Damit kann er eine Linie fahren wie kein anderer. Wenn es normal läuft und er sich nicht mit der Vorgabe des Gewinnen-Müssens belastet, ist er nicht zu schlagen – jedenfalls, wenn er im Ziel ankommt.« Das bestätigt der »Außerirdische« am 19. Februar noch einmal, als er im Riesenslalom seine zweite Goldmedaille gewinnt – ebenso überlegen wie die im Super-G. Kommentar von »Hermann the Monster«: »Schon mit acht Jahren wollte ich Olympiasieger werden. Vor zwei Jahren habe ich noch als Maurer gearbeitet, und jetzt bin ich Champion – einfach unglaublich.«

Nicola und die Halfpipe

Yamanaouchi bei Nagano: Nicola Thost aus Pforzheim springt in die Herzen der Menschen in aller Welt. In der Qualifikation hatte sie nur das zweitbeste Ergebnis erzielt. Doch im Finale setzt sie sich gegen die Norwegerin Stine Brun Kjeldaas und Shannon Dunn aus den USA durch. Der Lohn ist die Goldmedaille.

12. Februar 1998. Manchmal stimmt er eben doch, der gute Lateinerspruch vom Veni, vidi, vici. Zum Beispiel bei Snowboarderin Nicola Thost. Am Dienstag kommt sie im Olympiaort Nagano an, am Mittwoch sieht sie die Strecke – und schon am Donnerstag siegt sie in Kanbayashi bei der Halfpipe-Olympiapremiere, um tags darauf, am Freitag, dem 13., bereits wieder aus Japan abzufliegen. Der Kurzkommentar der 20jährigen Olympiasiegerin aus Pforzheim: »Ich habe einen effizienten Job gemacht und Fun gehabt.« Kurios: Erst kurz vor dem Start des zweiten Laufs erreicht sie die Rampe, Sicherheitskräfte, die den Tenno schützen wollen, halten sie auf.

Tara ist jüngste Siegerin

20. Februar 1998. Die legendäre Norwegerin Sonja Henie, dreifache Olympiasiegerin im Eiskunstlaufen, wird in Nagano einen Rekord los. Denn die 15jährige US-Amerikanerin Tara Lipinski wird an diesem Tag die jüngste Goldgewinnerin in der Geschichte des Schlittschuhsports und ist gut zwei Monate jünger als Henie bei ihrem ersten Erfolg am 16. Februar 1928 in St. Moritz.

Lipinski, ein nur 1,53 m kleines und 35 kg leichtes Sprungwunder fliegt wie ein Gummiball über das Eis des White Ring von Nagano und glänzt vor allem mit ihrer einmaligen Kombination von zwei dreifachen Rittbergern. Im Duell mit ihrer ausdrucksstarken Landsfrau Michelle Kwan hat sie damit ein deutliches 6:3-Plus bei den Preisrichtern.

In den übrigen Wettbewerben dominiert die russische Eislauf-Schule. Wie 1994 in Lillehammer feiert man drei Olympiasiege bei den Herren (Ilja Kulik), Paaren (Oksana Kasakowa/Artur Dmitriew) und im Eistanz (Pascha Gritschuk/Jewgeni Platow) sowie den Gewinn von insgesamt sechs der zwölf Medaillen.

Tara Lipinski (USA) gewinnt überraschend Gold. Die 15jährige ist die jüngste Medaillengewinnerin dieser Sportart.

Dominik Hasek, unbezwingbarer Eishockey-Gott

22. Februar 1998. Tschechien gegen Rußland heißt am 22. Februar 1998 das Finale des Eishockeyturniers der Männer. 1:0 durch ein Tor von Petr Svoboda in der 49. min endet der »Klassiker«, der zuvor als Duell zwischen der UdSSR und der CSSR bei WM und Olympischen Spielen seine vielfache Aufführung erlebte. Garant des Erfolges der Tschechen ist vor allem Torwart Dominik Hasek, der sich als nahezu unbezwingbarer Fänger im Puckhagel erweist. Ganze sechsmal im Turnierverlauf muß er hinter sich greifen, im Viertelfinale gegen die USA (4:1) entnervt er die NHL-Stars im Team der Nordamerikaner ebenso wie im Halbfinale die Kanadier um den großen Wayne Gretzky, die nach dem 1:1 nach regulärer Spielzeit im Penalty-Schießen an Hasek verzweifeln und den Goalie kein einziges Mal bezwingen. Wladislaw Tretjak, der legendäre russische Torwart lobt den Kollegen: »Er hat gehalten wie ein Gott.« Hasek selbst, in der NHL bei den Buffalo Sabres unter Vertrag und als »The Dominator« gefeiert, bleibt bescheiden: »Ich mache meine Arbeit, mehr nicht.« Daß er als »Bester Torwart« des Turniers ausgezeichnet wird, versteht sich fast von selbst. Die Auszeichnungen für die Stürmer und Verteidiger erhalten der Russe Pawel Bure und der Kanadier Rob Blake.

Neben dem Turnier der Männer gibt es erstmals auch eins der Frauen – im Finale gewinnt die USA mit 3:1 gegen Kanada.

▷ *Vor seinem Tor ist Endstation: Dominik Hasek ist eine Eishockey-Legende. Hier vernagelt er den Kasten, als der Russe Andrej Kowalenko (Nummer 51) heranrauscht. Im Finale siegen Haseks Tschechen mit 1:0 gegen Rußland. Hasek ist auch hier nicht zu bezwingen. Im gesamten olympischen Turnier greift er nur sechsmal hinter sich.*

Björn Dählie, der erfolgreichste Winter-Athlet aller Zeiten

Auf und davon: Björn Dählie

Da darf man vor lauter Freude hinplumpsen. Björn Dählie ist nach dem 50-km-Rennen erschöpft, aber glücklich. Schließlich hat er Gold geholt. Seine achte Gold-Medaille bei Olympia insgesamt.

22. Februar 1998. »Wenn es einen Athleten gibt, der mit Michael Jordan im gleichen Atemzug genannt werden darf, dann ist das der Langläufer Björn Dählie.« Das sagt Stephen Seiler (USA), Physiologe und Sportwissenschaftler, der den norwegischen Loipenstar jahrelang mit Untersuchungen begleitet hat, um hinter dessen Erfolgsgeheimnis zu kommen. Am Ende sieht seine Schlußfolgerung so aus: »Björn Dählie ist ein physiologisches Wunder.« Was der 30jährige Perfektionist auf Skiern bei den Olympischen Spielen in Nagano eindrucksvoll bestätigt. Gold über 10 km klassisch (12. Februar), Silber im darauf aufbauenden 15-km-Jagdrennen (14. Februar), Gold mit der 4x10-km-Staffel (18. Februar) und schließlich nochmals Gold am Abschlußtag auf der 50-km-Freistilstrecke – die olympische Bilanz des Wikingers kann keiner toppen. In Nagano nicht und mit den Medaillengewinnen bei seinen dritten Spielen auch in der Gesamtschau auf die Wintersportgeschichte nicht. Mit acht Gold- und vier Silberplaketten wird Dählie zum erfolgreichsten Winterathleten aller Zeiten. Im Jagdrennen gewinnt übrigens sein Landsmann Thomas Alsgaard, der in Nannestad bei Oslo, dem Heimatort der beiden, in der selben Straße nur 200 m entfernt von Dählie wohnt. So flachst der Zweite nach der verlorenen »Straßenmeisterschaft« in Nagano denn auch: »Freunde sind wir natürlich nicht mehr. Schließlich will jeder in unserer Straße der Beste sein.« Der Beste ist Dählie dann aber unbestritten im 50 km langen Skimarathon, der ihm die achte Goldmedaille beschert. In der Nacht zuvor hatte er daheim seine Frau angerufen und ihr gesagt, »sie soll nicht traurig sein, wenn ich diesmal nur als 30. ins Ziel komme. Irgendwie hatte ich mit den Wettbewerben schon abgeschlossen, mir fehlte jede Motivation.« Wohl dem, der mit solchen Voraussetzungen dennoch gewinnt. Während des Rennens holt Dählie alles aus sich heraus, läuft sich in einen regelrechten Rausch, in dem er die Kräfte wie im Unterbewußtsein mobilisiert. Mit letzter Energie schleppt er sich ins Skistadion, rettet wenige Sekunden Vorsprung auf den Schweden Jonsson und bleibt minutenlang erschöpft und reglos im Schnee liegen. »So platt wie diesmal war ich noch nie nach einem Rennen. Diese Medaille habe ich mir wirklich verdient, denn ich war total kaputt und habe mich hundertprozentig verausgabt.«

Daumen hoch! Die Leistung des Norwegers Björn Dählie kann sich wirklich sehen lassen. Er hat Gold wahrlich verdient.

Ronaldo aus Brasilien: Wunderknabe mit goldenem Schuh

12. Januar 1998. Ronaldo – wer sonst? Zum zweiten Mal in Folge wird der brasilianische Wunderstürmer mit dem wohlklingenden Namen Ronaldo Luiz Nazario de Lima von den Nationaltrainern zum »Weltfußballer des Jahres« gewählt. Gerade mal 21 Jahre alt ist der junge Mann und wird schon als »Fußballschuh Gottes«, als »Il Fenomeno« oder »Erlöser« gepriesen. 1997 – jenes Jahr, für das die Auszeichnung gilt – hat er in 70 Pflichtspielen 60 Tore geschossen und Inter Mailand zur Zahlung der Rekordablöse von 52 Mio. Mark veranlaßt, um sich die Dienste des Goalgetters zu sichern. Der Supertechniker gibt sich trotz der überschwänglichen Lobpreisungen bescheiden: »Ich fühle mich nicht als bester Spieler der Welt, ich bin nur der Profi, über den am meisten geredet wird.«

Als seine steile Karriere begann, war Ronaldo zunächst noch Toreverhinderer. Im Social Ramos Clube seines Geburtsortes Bento Ribeiro stand der Zehnjährige zwischen den Pfosten. Schon vier Jahre später war er mit 49 Treffern bester Jugendtorschütze des Landes. Als Lohn schenkten ihm die Eltern zu Weihnachten ein Paar Nike-Fußballschuhe. 1998 kassiert Ronaldo drei Mio. Mark Jahresgage von dem US-Ausrüster allein dafür, daß er dessen Schuhe trägt. Bei Cruzeiro Belo Horizonte hatte Ronaldo seinen ersten Profivertrag unterschrieben – vom ersten Gehalt kaufte er Mutter Sonia ein Sofa. Immer noch aber bleiben Träume offen – wie der vom Weltmeistertitel. 1994 in den USA kam er nicht zum Einsatz, 1998 bei der WM in Frankreich verlor Brasilien mit 0:3 gegen die Gastgeber.

Juventus-Star Edgar Davids (im Vordergrund) kann den Brasilianer Ronaldo (Inter Mailand) kaum vom Ball trennen.

Giovanni Trapattoni is Abgang: »Ich habe fertig«

Traps Nachfolger ist gefordert.

Er hat alles probiert, doch am Ende hat er fertig: Giovanni Trapattoni wird Kult in der Bundesliga.

10. März 1998. Wut kann legendär machen. So geschehen bei Giovanni Trapattoni, dem Trainer des FC Bayern München. Eine Woche vor seinem 59. Geburtstag explodiert der Fußball-Lehrer, der mit dem FCB 1997 seinen 24. persönlichen Titel gewonnen hat. Der elegante Coach bietet auf der Pressekonferenz ungewollt Kultisches. Seine Replik auf öffentliche Kritik der Spieler Thomas Strunz, Mario Basler und Mehmet Scholl an seiner Taktik nach drei Bayern-Niederlagen in Folge wird zu einer wahren Brandrede: »Ein Trainer ist nicht ein Idiot! Ein Trainer sehen, was passieren in Platz. In diese Spiel es waren zwei, drei oder vier Spieler, die waren schwach wie Flasche leer! Haben Sie gesehen Mittwoch, welche Mannschaft hat gespielt Mittwoch? Hat gespielt Mehmet, oder gespielt Basler, oder gespielt Trapattoni? Diese Spieler beklagen mehr als spielen! Wissen Sie, warum die Italien-Mannschaften kaufen nicht diese Spieler? Weil wir haben gesehen viele Male solche Spiel. Haben gesagt, sind nicht Spieler für die italienische Meisters. Struuuunz! Strunz ist zwei Jahre hier, hat gespielt zehn Spiele, ist immer verletzt. Was erlauben Strunz? Ich bin müde jetzt Vater diese Spieler, eh, verteidige immer diese Spieler! Ich habe immer die Schulde über diese Spieler. Einer ist Mario, ein anderer ist Mehmet! Strunz dagegen, egal, hat nur gespielt 25 Prozent diese Spiel! Ich habe fertig!« Trapattonis abrupter Abgang vor der verdutzten Journalistenschar.

Erik Zabel und sein perfektes Rennen nach San Remo

21. März 1998. Sieben Stunden, zehn min und 14 sec Gesäß- und Beinstrapazen muß Erik Zabel am 21. März 1998 ertragen, dann darf er sich in San Remo feiern lassen. In sensationeller Manier gewinnt der 27jährige Telekom-Star auf der Via Roma nach 294 km von der Spitze weg den Sprint einer 20köpfigen Gruppe vor den beiden Franzosen Magnien und Moncassin. Damit schafft der Deutsche als erster nach Laurent Fignon (1988/1989) wieder ein Sieg-Dacapo bei dem wohl berühmtesten Frühjahrsklassiker. »Ich habe auf der Zielgeraden mein Herz in die Hand genommen«, jubelt Zabel hinterher. Das ist am Ende auch nötig, denn auf den letzten 27 km muß der Superspurter die Arbeit ganz allein machen, weil sich die anderen sieben Telekom-Fahrer zuvor auf der Strecke in der Arbeit für Zabel aufgerieben haben. Danach beginnt ein gnadenloses Ausscheidungsfahren nach dem Motto »Nur die Härtesten überleben«, doch Erik Zabel läßt sich nicht abhängen. Am 164 m hohen Poggio, einem 3,3 km langen Anstieg, ist er immer noch dran – und von da aus sind es nur noch 5300 m bis ins Ziel. Rund 300 m vor der Linie schlägt Zabels Moment – er stößt nach vorn und gewinnt souverän. Telekoms sportlicher Leiter Rudy Pevenage lobt: »Erik ist ein perfektes Rennen gefahren.«
Der Berliner mit Wohnsitz in Unna bezeichnet das Rennen nach San Remo als »meine Nummer 1 unter allen Ein-Tagesfahrten«, und entsprechend motiviert geht er dabei zu Werke. »Auf der Strecke wachsen mir jedesmal regelrecht Flügel.«

Erik Zabel einfach unwiderstehlich: Erneut gewinnt der deutsche Telekom-Profi den Radklassiker Mailand – San Remo. Die Konkurrenz läßt er hinter sich und kommt vor den Franzosen Emmanuel Magnien (r.) und Frederic Moncassin (l.) ins Ziel. Nur acht Fahrern gelang es seit 1907, zweimal hintereinander zu siegen.

Mit Heimvorteil in Heber-Laune: Huster, Weller & Co.

3. Mai 1998. Das sächsische Riesa erlebt Ende April, Anfang Mai bei der 77. EM im Gewichtheben eine unerwartete Demonstration der Stärke von den deutschen Eisenstemmern. Als die EM am 3. Mai beendet wird, haben muskulöse Männer und Frauen erstmals mehr als einen Zweikampftitel auf ihrem Konto. Marc Huster (Klasse bis 85 kg), Oliver Caruso (bis 94 kg) und der Superschwere Ronny Weller gewinnen dreimal Gold bei den Männern, bei den Frauen siegt Monique Riesterer (über 75 kg). »So etwas habe ich noch nie erlebt. Das macht mich stolz und ist die Krönung der siebenjährigen Arbeit mit der Mannschaft«, kommentiert Bundestrainer Frank Mantek den Auftritt. »Unser Konzept ist voll aufgegangen. Jetzt können wir die große Schnauze haben.« Für Mantek, 1980 selbst Olympia-Dritter, sind die EM-Triumphe vor allem eine Chance auf einen »Gewichtheber-Boom« und auf neue Sponsoren für die Topathleten. »Wir müssen unseren Sport in den Schlagzeilen halten, wollen wir nicht irgendwann weg vom Fenster sein.«

> Ronny Weller ist Europas stärkster Mann (r.). Sein Jubel ist genauso grenzenlos wie der von Marc Huster (r. außen).

Das »Weiße Ballett« gewinnt die Champions League

Duell der Rasta-Männer: Edgar Davids (l.) stürzt. Clarence Seedorf von Real Madrid hat ihn in die Zange genommen.

20. Mai 1998. Jahrelang war das »Weiße Ballett«, wie Real Madrid wegen der Farbe seiner Sportkleidung und seiner Spielkunst zugleich genannt wurde, fußkrank. Da blieben die Erfolge aus den großen 50er und 60er Jahren, als Stars wie de Stefano, Santamaria, Gento, Didi oder Kopa für die Spanier zauberten, nur eine wehmütige Erinnerung. Fünfmal in Folge hatte Real von 1956 bis 1960 den Europacup der Landesmeister gewonnen, ließ dann 1966 noch einen weiteren Sieg folgen. Doch dann tat sich trotz eines superteuren Spielerkaders nicht mehr allzuviel, wenn man von den UEFA-Pokalgewinnen 1985 und 1986 absieht. Erst 1998 soll die Erlösung bringen: Das »Weiße Ballett« tanzt unter dem Taktstock des deutschen Trainers Jupp Heynckes fast wieder wie in allerbesten Zeiten. In den Gruppenspielen läßt der 27malige spanische Meister, 17fache nationale Pokalsieger mit 70 000 Vereinsmitgliedern (!) und über tausend Fanclubs Rosenborg Trondheim, Olympiakos Piräus und den FC Porto hinter sich. Dann sind zwei deutsche Klubs Opfer der wiedererwachten Spielkunst der Madrilenen: Im Viertelfinale kommt das Aus für Bayer Leverkusen (1:1 und 0:3), im Halbfinale das für Champions League-Titelverteidiger Borussia Dortmund (0:2 in Madrid, 0:0). Dabei schreibt die Partie im Bernabeu-Stadion unrühmliche Geschichte, nachdem randalierende »Fans« zunächst ein Tor umreißen und danach eine schier endlose Reparaturposse folgt, die erst nach über einer Stunde vorbei ist, als ein Ersatzgehäuse vom Trainingsgelände herbeigeschafft ist. Selbst Real-Präsident Lorenzo Sanz bekennt: »Ich schämte mich wie noch nie in meinem Leben.« Unter Protest und nur auf Wunsch der UEFA, die weitere Ausschreitungen unter den 90 000 befürchtet, tritt Borussia Dortmund an, das zudem durch Ausschluß-Drohung und angekündigter 600 000-Mark-Sanktion zur fast schon nächtlichen Arbeitsverrichtung gezwungen wird. 2:0 gewinnen die Gastgeber durch Tore von Morientes und Karembeu – da sind selbst Stadionsperre für zwei EC-Spiele und insgesamt 1,56 Mio. Mark Geldstrafe zu verkraften. Die ersatzgeschwächte Borussia kann im 0:0-Rückspiel das Blatt nicht mehr wenden – Real steht im Finale gegen Juventus Turin.

Acht zu sechs im Vergleich der errungenen europäischen Vereinstrophäen steht es vor dem Finale am 20. Mai in der neuen »Amsterdam Arena« für die »Königlichen«, danach hat Madrid dank des 1:0 durch den Jugoslawen Predrag Mijatovic in der 67. min seinen Vorsprung weiter ausgebaut. 45 700 Zuschauer erleben einen alles in allem verdienten Sieg der Spanier, an dem neben Trainer Heynckes mit Torwart Bodo Illgner auch noch ein zweiter Deutscher entscheidend beteiligt ist. 11 640 Tage nach Reals sechstem Meistercup am 11. Mai 1966 gegen Partizan Belgrad folgt nicht nur der siebte Streich für das Star-Ensemble im Meistercup, sondern daheim in der spanischen Metropole auch eine überbordende Fiesta der Freude, die den Verkehr für mehrere Stunden lahmlegt. Real Madrid, hochverschuldet, darf sich zudem über einen warmen Geldregen freuen, der die Vereinskasse etwas entlastet. Jeder der 24 Champions League-Vereine hat 2,4 Mio. Mark Startgeld erhalten. Dazu kommen pro Vorrundensieg weitere 1,2 Mio. (bei Remis 0,6), im Viertelfinale 3,6 und im Halbfinale 3,9 Mio. im Erfolgsfalle – und für die beiden Endspielkontrahenten je nach Ausgang 4,8 oder sechs Mio. Mark. Gewinnen also lohnt sich – aber für manche ist das Nachspiel weniger segensreich. Jupp Heynckes verliert trotz Reals größtem Erfolg seit 32 Jahren seinen Trainerjob, Bodo Illgner wird alsbald ins zweite Glied delegiert und sieht die Spiele entweder von der Ersatzbank oder der Tribüne.

Die Amsterdam-Arena ist fest in spanischer Hand. Die Stars von Real Madrid jubeln nach dem 1:0-Erfolg gegen Juventus Turin. Erstmals seit 1966 ist Real wieder Europas Champ. Insgesamt gewinnen die Spanier die Trophäe zum siebten Mal. Pedrag Mijatovic hatte das Tor des Tages für die Spanier erzielt. Danach: grenzenloser Jubel.

Eine Fußball-WM zwischen Traum und Alptraum

10. Juni 1998. Nichts geht mehr im großen Fußballgeschäft unterhalb der Superlativ-Schwelle. Schon das Stade de France in der krisengeschüttelten Kleinstadt Saint-Denis nördlich von Paris, wo am 10. Juni 1998 die XVI. Weltmeisterschaft eröffnet und am 12. Juli auch enden wird, ist dafür ein unübersehbarer baulicher Ausdruck. 780 Mio. Mark Baukosten hat die Arena verschlungen, 17 ha Fläche wurden von der französischen Regierung für die gesamte Anlage zur Verfügung gestellt. Das Gesamtgewicht des Stadions beträgt 500 000 Tonnen – so viel wie 50 Eiffeltürme. 45 km lang sind die Sitzreihen, aneinandergesetzt können sie den Ärmelkanal zwischen Boulogne und Dover überbrücken. Die kleinste der 148 Logen ist für eine Jahresmiete von 210 000 Mark zu haben, die luxuriöseste für eine Mio. Mark.

32 Länder, so viele wie noch nie, ermitteln die beste Mannschaft der Welt. 64 Spiele in 33 Tagen bedeuten einen immensen logistischen Aufwand – über 6000 Polizisten sind täglich im Einsatz, um Ausschreitungen zu verhindern.

Doch auch sie können nicht verhindern, daß deutsche Hooligans am 21. Juni in den Abendstunden nach dem Spiel Deutschland – Jugoslawien in Lens auf ihre brutale Weise Bekenntnis von einer Geisteshaltung abgeben, die Entsetzen, Abscheu, Wut und Ohnmacht hinterläßt. Ihr Opfer ist der Gendarm David Nivel, 44 Jahre alt, verheiratet, Vater zweier Söhne. Mit unglaublicher Rücksichtslosigkeit und Vorsatz gehen vier Gewalttäter gegen den Ordnungshüter vor, prügeln ihn mit Fußtritten, einem Holzbrett und dem 30 cm langen metallenen Gasgranatenaufsatz des eigenen Gewehrs – obwohl schon reglos am Boden liegend – unter gegenseitigen Anfeuerungsrufen ins Koma. Nivel liegt monatelang dort, erleidet irreparable Körper- und Hirnschäden, ist nach dem Überfall auf einem Auge blind. Arm und Hand sind teilweise gelähmt. Der zuvor sehr sportliche Polizist ist durch das Hooligan-Attentat zum Pflegefall geworden.

WM-Eröffnungsfeier in Paris. Das Stade de France ist Schauplatz einer farbenfrohen, ideenreichen Show.

Auf dem Weg zum WM-Titel: Die großen Fußball-Nationen in Not

Juni 1998. Argentiniens Weltmeister-Coach von 1978, Cesar Luis Menotti, stellt sarkastisch fest: »Alle Deutschen stammen aus derselben Fabrik, vermutlich einem Stahlwerk.« Freilich, wen stört's, wenn am Ende denn doch der WM-Titel herauskommt? Und zunächst läßt sich das Turnier ganz nach bewährter deutscher Tradition an – bestenfalls solide, meist aber schlechter spielen, und dennoch nicht verlieren. Los geht's am 15. Juni in Paris mit einem 2:0 gegen die USA durch Tore von Möller und Klinsmann, das niemanden vom Sessel reißt, weil der Kontrahent als Team der unbegrenzten Harmlosigkeit auftritt. Sechs Tage später in Lens fällt beim 2:2 gegen Jugoslawien die verdiente Niederlage nach 0:2-Rückstand aus, weil sich die spielerisch höchst überlegenen Stojkovic, Mijatovic & Co. eine Viertelstunde vor Ende in Arroganz gefallen und den Deutschen ein Unentschieden schenken. Ein abgefälschter Schuß von Michael Tarnat und ein wuchtiger Kopfball von Oliver Bierhoff nähren die Mär von der nimmermüden deutschen Kampfkraft, die Fußball-Wunder zu produzieren versteht. Lothar Matthäus, einst von Vogts aus dem Kader verdammt, kehrt in dieser Begegnung endgültig in die Auswahl zurück. Auch im dritten Gruppenspiel am 25. Juni in Montpellier gegen den Iran schießt Deutschland zwei Tore – diesmal durch Bierhoff und Klinsmann (50. und 58. min), aber es ist wie die beiden Vorgänger ein Auftritt ohne Inspiration, ohne Ideen, ohne Ansatz dafür, daß man denen auf den Rängen, die dafür bezahlt haben, etwas zu bieten gedenkt. Drei schwache Kicks und dennoch Gruppen-Erster – warum soll es nicht so weitergehen? Die Deutschen bleiben in Montpellier, wo sie auch das Achtelfinale gegen Mexiko austragen. Abermals reichen zwei Treffer aus, um unter die besten Acht des Turniers zu kommen. Wie gegen Jugoslawien ist es die Schlußviertelstunde, die der Vogts-Elf gehört, nachdem zuvor alles nach einem Sieg der Südamerikaner aussieht. Klinsmann (75.) und Bierhoff (86.), die Erfolgsstürmer, machen spät das 0:1 von Hernandez (47.) wett. Und Jürgen Klinsmann behauptet gar überzeugt: »Ich habe keine Sekunde lang Angst gehabt. Wir wußten, früher oder später machen wir das Tor.« Der Bundestrainer zeigt sich generös in der Bewertung dessen, was ein Wiener Journalist als »Schweinekick« bezeichnet: »Die Mannschaft hat sich gequält, insgesamt bin ich sehr zufrieden – sogar mit der spielerischen Leistung.«

Schwer tun sich allerdings auch andere »Große« im Achtelfinale und bleiben zum Teil sogar noch unter dem von Deutschland gesetzten bescheidenen Limit. Italien zum Beispiel beim 1:0 gegen Norwegen, Gastgeber Frankreich, der dasselbe Ergebnis gegen Paraguay erst nach Verlängerung zustandebringt, Kroatien, das Rumänien mit einem verwandelten Foulelfmeter von Suker nach Hause schickt, oder die Niederlande, für die Edgar Davids in der Schlußminute das 2:1 gegen Jugoslawien erzielt. Die Glanzlichter im Achtelfinale in spielerischer Hinsicht setzen Brasilien (4:1 gegen Chile) und Dänemark (4:1 gegen Nigeria), in Sachen Spannung die Argentinier, die nach einem 2:2 gegen England nach 120 min beim Elfmeterschießen (4:3) einen Treffer besser sind.

Deutschlands höchste Niederlage seit 12 Jahren

4. Juli 1998. »Fußball ist ein Spiel für 22 Leute, und am Ende gewinnt immer Deutschland.« So hat Englands Stürmerstar Gary Lineker (1984 bis 1992 in 80 Länderspielen 48 Tore, u. a. WM-Torschützenkönig 1986 mit sechs Treffern) einst gewitzelt. Doch schon die 94er WM in den USA hatte dieses scheinbar eherne Fußball-Gesetz heftig ins Wanken gebracht – freilich um zwei Jahre später bei der EM in England umso dramatischer bestätigt zu werden. Schlecht gespielt, aber Europameister geworden – ein Prinzip, auf dessen Wiederholung die Anhänger nun bei der WM in Frankreich vergeblich hoffen. Am 4. Juli 1998 ist im WM-Viertelfinale in Lyon gegen Kroatien der Glücks-Dauerbonus endgültig verbraucht. Und auch die Beschwörung der Vergangenheit verhindert das verdiente Ausscheiden nach dem 0:3 gegen Kroatien nicht. Denn justament auf den Tag genau 44 Jahre zuvor hatten Fritz Walter & Co. das »Wunder von Bern« vollbracht und durch das 3:2 gegen Ungarn den ersten WM-Titel für die DFB-Mannschaft geholt. »Wir müssen uns daran gewöhnen, daß wir nicht die Erfinder des Fußballs sind«, hört man danach von Bundestrainer Berti Vogts und dies ist nach keineswegs qualifizierter Referee-Schelte und tumben Verschwörungstheorien des obersten nationalen Übungsleiters seine wohl beste verbale Leistung im Turnier. Freilich paßt sich der Trainer damit nur der Vorstellung seiner Schützlinge auf dem Platz an. Manndecker Christian Wörns leitet vor 44 000 Zuschauern in Lyon unfreiwillig den Untergang mit ein, als er in der 40. min von der Seite auf Kroatiens Davor Suker zufliegt, den Stürmer trifft, als der Ball längst weg ist – und dafür logischerweise »Rot« vom norwegischen Schiedsrichter Pedersen sieht. Damit wird die deutsche Abwehr gegen die spielstarken kroatischen Individualisten (die im EM-Viertelfinale 1996 noch 1:2 gegen Deutschland verloren) löchrig – Tore sind eine Frage der Zeit. Kurz vor dem Halbzeitpfiff schafft Jarni das psychologisch wichtige 1:0, in der Schlußphase – Vogts hat mit den Einwechslungen der zwei Angreifer Ulf Kirsten und Olaf Marschall gerade die Karte »Alles oder nichts« gezogen – lassen Vlaovic (80.) und Suker (85.) zwei weitere Treffer folgen.

Die Statistik zeigt, daß es nicht irgendeine Pleite ist: Im 100. Länderspiel mit Vogts als Bundestrainer hat es die höchste Niederlage seit zwölf Jahren gesetzt (Oktober 1986 1:4 in Österreich). Bei einer WM ist das 0:3 gar die schwerste Schlappe seit vierzig Jahren (1956 in Schweden 3:6 gegen Frankreich beim Spiel um Platz 3).

Die Kroaten bejubeln das dritte Tor gegen Deutschland.

Zidane führt Frankreich zum WM-Titel im eigenen Land

12. Juli 1998. Frankreich im Freudentaumel und im Dauer-Feierrausch – die Nationalkicker der »Grande Nation« machen es möglich. Zwei Tage vor dem Nationalfeiertag besiegen sie im WM-Finale vor 80 000 Zuschauern im ausverkauften Pariser Stadion St. Denis die Brasilianer mit deren ureigensten Waffen – Esprit, Kreativität, Spielkultur – sensationell klar mit 3:0 (2:0). Überragender Architekt des Erfolges auf dem Platz ist dabei Mittelfeld-Regisseur Zinedine Zidane, der Mann mit der verantwortungsträchtigen Nummer 10 auf dem Trikot. In der 27. min bringt er per Kopf die Franzosen in Führung, in der Nachspielzeit der ersten Hälfte wiederholt der Mann mit dem Riesengefühl im Fuß die Übung mit »Köpfchen« – 2:0. Die Franzosen (zuvor 2:1 im Halbfinale gegen Kroatien) dominieren, die Brasilianer (im Halbfinale nach 1:1 nach Verlängerung 4:2-Sieger im Elfmeterschießen gegen die Niederländer) wirken bemüht, aber uninspiriert. Auch der große Stürmerstar Ronaldo bleibt blaß. Später stellt sich heraus, daß er Magen-Probleme hatte. Das, was den viermaligen Champion bis dahin auszeichnete – der Genius des Augenblicks –, fehlt diesmal dem Spiel. Selbst als die Gastgeber nach dem Platzverweis von Marcel Desailly gut zwanzig Minuten vor Ultimo nur noch zu zehnt auf dem Feld stehen, kommt nie das Gefühl auf, das Finale könnte noch einmal eine dramatische Wende nehmen. Stattdessen trifft Defensivmann Emmanuel Petit noch einmal zum glorreichen Schlußpunkt einer Weltmeisterschaft, die von den Experten danach als Triumph des »Fußballspielens« über das bloße »Fußball kämpfen«, als Sieg von Inspiration und Kreativität über taktische Einengung bewertet wird. Eine Konstellation, die Mannschaften wie Frankreich, Brasilien, Kroatien oder die Niederlande unabhängig vom Endplatz zu Siegern des Turniers macht. Deutschland, England oder Spanien dagegen gehören zu den großen Verlierern dieser Weltmeisterschaft.

Sieger Zidane: Vorher hat er per Kopf das 1 : 0 (l.) erzielt.

Die Fußball-WM 1998 in Zahlen

Tore: 171 in 64 Spielen, das entspricht einem Schnitt von 2,67 pro Begegnung. Das ist der zweitschlechteste nach Italien 1990 (2,21). 1954 in der Schweiz gab es mit 5,38 Treffern pro Spiel die torhungrigsten Stürmer.
Torjäger: Der Kroate Davor Suker, bei Real Madrid unter Vertrag, trifft sechsmal. Seit 1978 hat kein Schützenkönig mehr diese Marke übertroffen. Erfolgreichster Stürmer der WM-Geschichte ist Just Fontaine (Frankreich) mit 13 Toren bei der Endrunde 1958.
Zuschauer: Insgesamt 2,86 Mio., was eine Stadionauslastung von 95 % bedeutet. Durch die kleineren Arenen kann die 94er Rekordmarke (3,57 Mio.) nicht erreicht werden.

Die skandalöseste Tour de France aller Zeiten

Juli/August 1998. Am 11. Juli 1998 beginnt die 85. Tour de France, am 2. August endet sie auf den Pariser Champs-Elysees. Dazwischen liegen drei Wochen, die vor allem für die vielen Radsport-Enthusiasten dieses legendären Rennens eine wahre »Tour der Leiden« werden. Der »Fall Festina«, der drei Tage vor dem Startschuß durch die Verhaftung des Team-Masseurs Willy Voet ausgelöst wird, tritt eine Lawine los, die den eh im Geruche manipulativer Nachhilfe stehenden Straßenradsport in den Sumpf totaler Unglaubwürdigkeit zu ziehen droht.

Von 189 in Dublin gestarteten Fahrern aus 21 Mannschaften rollen am Ende nach 21 Etappen und 3877,1 km gerade noch 96 über den Zielstrich in Paris. Zuvor haben sechs Teams das Radsport-Spektakel teilweise fluchtartig verlassen, nachdem am 17. Juli die Festina-Mannschaft von der Tour ausgeschlossen worden war. Dopingfunde, Geständnisse von Fahrern und Offiziellen, Verhöre durch die französische Polizei, die zum Teil mit drastischer Rigorosität vorgeht, Fahrerstreiks – die Fans erleben 1998 eine Tour der Negativschlagzeilen und Schreckensmeldungen.

Dennoch kündigen die vier Hauptsponsoren der nach Olympischen Spielen und Fußball-WM drittgrößten Sportveranstaltung der Welt schon während des laufenden Skandals an, daß man dem Ereignis auf jeden Fall bis 2003 treu bleibt. 17 bis 20 Millionen Francs pro Jahr lassen sich die Bank Credit Lyonnais, Fiat, die Supermarkt-Kette Champion und Coca-Cola ihr Engagement kosten. Daneben greifen noch acht »offizielle Partner« (je drei bis sieben Mio. Francs) und zehn »offizielle Ausrüster« (je zwei bis drei Mio. Francs) in die Firmenkassen, um an der Tour zu partizipieren und zu verdienen. Für 250 000 bis 350 000 Francs kann man darüber hinaus das Recht kaufen, vor dem Fahrerfeld in der Werbekarawane mitzufahren.

All das sind »profitable Argumente« dafür, trotz einer »Tour de Dope« weiterzumachen. Die Leistung der Radsportler, deren Preise und Prämien (12 Mio. Francs) mit knapp fünf Prozent im Gesamtetat des Veranstalters Societe du Tour de France (STF) zu Buche schlagen, geraten bei der 98er Frankreich-Rundfahrt völlig in den Hintergrund. Italiens Kletterkünstler Marco Pantani gewinnt schließlich dank seiner Stärke in den Bergen mit 3:21 min vor Telekom-Star Jan Ullrich und 4:08 min vor dem Überraschungs-Dritten Bobby Julich (USA). Ullrich, nach Platz 2 1996 bei seiner Tour-Premiere und dem Sieg 1997 erneut Vize, lobt Pantani als »den Besten dieser Tour«, läßt aber zugleich seine innere Zerissenheit angesichts des Verlaufs erkennen. »Der Dopingskandal, das Auftreten der Polizei und die Streiks, das war alles ganz schlimm. Ich habe versucht, mich auf den Sport zu konzentrieren, sonst geht man im Kopf kaputt. Das alles hat soviel Moral und Kraft gekostet, natürlich nicht nur bei mir. Meine Moral war am Ende.« Und bei den Radsport-Fans in aller Welt wohl auch.

▷ *Virenque im Dopingsumpf: Sein Teamchef Roussel (rechts) unter Druck*

»Pistolen-Pete« Sempres wird endgültig zur Legende

Pete Sampras, König von Wimbledon: Jetzt ist er eine Legende.

5. Juli 1998. »Pistolen-Pete« nennen ihn die einen, »Mister Perfect« die anderen – einig aber sind sich beide darin, daß der US-Amerikaner Peter Sampras der weltbeste Tennisspieler aller Zeiten ist. Ein inoffizieller Titel, den der 26jährige am 5. Juli 1998 wieder einmal auf eindrucksvolle Weise bestätigt. Zum fünften Male innerhalb von sechs Jahren nämlich gewinnt Sampras die All England Championships in Wimbledon nach einem spannenden dreistündigen Finale gegen den Kroaten Goran Ivanisevic mit 6:7 (2:7), 7:6 (11:9), 6:4, 3:6 und 6:2.

»Dieser Titel hat für mich etwas ganz Spezielles«, sagt der US-Amerikaner. »Zu Beginn des Jahres war ich ziemlich ausgebrannt, aber in Wimbledon finde ich immer irgendwie zu meiner Form zurück. Goran tut mir wirklich leid, dreimal im Finale und dreimal verloren – aber so ist das im Sport.«

Sampras darf sich über 1,3 Mio. Mark Preisgeld freuen, aber wichtiger ist ihm der elfte Grand-Slam-Titel, mit dem er mit dem Schweden Björn Borg und seinem Idol Rod Laver gleichzieht. Der ultimative Grand-Slam-Rekord des Australiers Roy Emerson (12) ist für »Mister Perfect« nur noch einen Sieg entfernt, doch Sampras will sich nicht unter den Druck setzen lassen: »Es wäre schön, diesen Rekord zu schaffen. Aber ich will vor allem mit mir, meinem Leben und meinem Tennis zufrieden sein.« Das kann er am 5. Juli 1998 in Wimbledon, auch wenn er den 32 Assen von Ivanisevic nur 12 entgegensetzen kann. Die Entscheidung in der wegen der allzugroßen Dominanz der Aufschläge nicht hochklassigen, aber jederzeit spannenden Neuauflage des Finals von 1994 fällt unter den Augen der Ehrengäste Juan Antonio Samarach und Boris Becker in der Royal Box erst im fünften Satz. Bis dahin hat Sampras konstanter, Ivanisevic mit seiner ständig zwischen Assen und Doppelfehlern wechselnden Spielweise aber spektakulärer agiert. Trotz der fast schon historischen Dimension von Sampras' Erfolgen, gehören im Wimbledon-Duell deshalb viele Sympathien dem kroatischen Kontrahenten des US-Amerikaners.

»Was soll ich tun? Rauschende Festen feiern? Schiedsrichter beleidigen und meine Gegner verprügeln? Hollywood auf dem Centre Court – das ist nicht meine Welt. Ich will als bester Tennisspieler akzeptiert werden.

Leichtathletik-EM: Drechsler schafft EM-Grand mit Vieren

18.–23. Juli 1998. Die 17. Leichtathletik-Europameisterschaft ist es, die am 18. Juli in der ungarischen Hauptstadt Budapest beginnt. Eine Standortbestimmung für die besten Deutschen in der olympischen Königsdisziplin auf der halben Wegstrecke zu den nächsten Sommerspielen in Sydney im Jahre 2000. Eine, die erfreulich endet. Denn mit Platz 1 in der Länderwertung mit acht Gold-, sieben Silber- und acht Bronzemedaillen schließen die Asse des DLV eine Woche später als die Nummer 1 des Kontinents ab. 44 Nationen haben an dem Wettbewerb teilgenommen, 26 den Sprung in die Medaillenränge geschafft. Erfreulich im deutschen Team: Nicht mehr nur die »alten«, erfahrenen Athleten sind auf der Haben-Seite zu nennen, auch aufstrebende junge Sportler melden ihre Ambitionen an. Vornweg zu nennen: der 20jährige Thüringer 800-m-Läufer Nils Schumann und der 25jährige Berliner 3000-m-Hindernisspezialist Damian Kallabis. Beide werden sensationell Europameister, schlagen mit couragiertem Auftreten und ohne Angst vor großen Namen die Arrivierten ihrer Disziplinen. Wie gehabt präsentieren sich auch die Stoßer und Werfer von ihrer guten Seite: Lars Riedel und Franka Dietzsch holen die Diskus-Titel, Tanja Damaske ist Europas beste Speerwerferin. Grit Breuer ist nach dem Sieg als Solistin über die Stadionrunde auch Garantin für den Erfolg der 4x400-m-Staffel. Das achte Gold schließlich holt eine Athletin, für die das Attribut »Forever young« zu gelten scheint: Weitspringerin Heike Drechsler. In Budapest gewinnt die 33jährige ihren vierten EM-Titel in Folge – und das nach einer seit 1995 anhaltenden Verletzungsmisere mit ausgezeichneten 7,16 m. Damit bleibt es bei ihrer einmaligen Serie, alle ihre EM-Siege mit Weiten jenseits der 7-m-Marke errungen zu haben, die bei den Flügen in die Sandgrube nach wie vor das Maß aller Dinge in Sache Weltklasse bedeutet. Später in der Saison, beim Weltcup-Finale in Johannesburg (11.–13. September) setzt »Miss Jumping« ihrem grandiosen Comeback noch ein Sahnehäubchen auf. Im Weitsprung gewinnt sie mit 7,07 m und bringt der US-Amerikanerin Marion Jones nach 35 Siegen in Folge die erste Niederlage bei.
Übrigens: Auch Nils Schumann und Damian Kallabis werden Weltcup-Sieger.

Heike Drechsler (l.) im Weitsprung und Nils Schumann (r.) über 800 m überzeugten.

Griffith-Joyner: Der Tod der schnellsten Frau aller Zeiten

21. September 1998. Ihre Zeiten scheinen bestimmt für die Ewigkeit – 10,49 sec ist Florence Griffith-Joyner im Jahre 1988 über 100 m gesprintet, 21,34 sec über die doppelte Distanz. Dreimal ist die am 21. Dezember 1959 in Los Angeles geborene extrovertierte Afroamerikanerin in Seoul Olympiasiegerin geworden, eine der größten Athletinnen in der Geschichte der Leichtathletik überhaupt. Als sie in der Nacht zum 21. September 1998 erst 38jährig überraschend stirbt, verzichten nur wenige Agenturen und Zeitungen auf versteckte Doping-Hinweise. Wie sich später nach genauen Untersuchungen und nach der Obduktion erweisen wird, zu unrecht. Herzversagen und ein im Schlaf erlittener epileptischer Anfall, als dessen Ursache eine zuvor nicht entdeckte Hirn-Geschwulst über dem linken Augen diagnostiziert wird, werden als für den Tod verantwortlich festgestellt. »Flo-Jo's« Aufstieg zur Ausnahmeathletin war eine jener außergewöhnliche Karrieren, mit denen Farbige in den USA ihren vorgezeichneten Lebensbahnen zu entrinnen versuchen. Als siebtes von elf Kindern einer Großfamilie in den Slums von L. A. aufgewachsen, machte die Sprinterin erstmals 1978 mit einer 100-m-Zeit von 10,85 sec (rückenwindbegünstigt) auf sich aufmerksam. Bei den Spielen in ihrer Heimatstadt 1984 gewann sie Silber über 200 m, vier Jahre später atomisierte sie die bisherigen Rekorde – und wurde zur Weltsportlerin gewählt. Doch schon ein Jahr später, am 25. Februar 1989, trat sie zurück, wurde 1993 Mutter von Tochter Mary Ruth. Immer mal wieder wurden Comeback-Pläne, bis hin zum Marathon, kolportiert. Stets wurden sie ad acta gelegt. Aber auch außerhalb der Tartanbahn war Florence Griffith-Joyner, verheiratet mit dem 84er Dreisprung-Olympiasieger Al Joyner, eine schillernde Persönlichkeit. Schnell, schön, extravagant im äußeren Erscheinungsbild mit grellem Body und schrill bemalten, zehn cm langen Fingernägeln, beliebt. Sie war erfolgreich als Designerin, Kinderbuchautorin und Schauspielerin. USA-Präsident Bill Clinton reagierte bewegt: »Wir wurden geblendet von ihrer Geschwindigkeit, überwältigt von ihrem Talent und im Bann gehalten von ihrer Ausstrahlung. Sie hat nie vergessen, wo sie herkam.«

Kein Sportfan wird Florence Griffith-Joyner je vergessen.

Der »ewige Amateur« wird Profi-Boxweltmeister

24. Oktober 1998. »Es war ein brutaler Kampf. Ich bin jetzt ganz froh, aber kein Held. Ich will jetzt einfach Ruhe haben und muß meine Wunden lecken. Ich will jetzt nur noch in Urlaub.« Das sagt in der Nacht vom Samstag zum Sonntag des 25. Oktober 1998 kurz nach Mitternacht in der Düsseldorfer Philipshalle ein Faustkämpfer, der gerade Weltmeister geworden ist. Sven Ottke, gebürtiger Berliner und allseits von seinen Verehrern nur »Svennie« genannt, hat dem US-Amerikaner Charles Brewer dessen IBF-Weltmeistertitel im Supermittelgewicht (76,203 kg) abgenommen. Völlig entkräftet, verbeult und demoliert hört sich der ob seiner schnellen Beine »Phantom« genannte Deutsche das Urteil an: 115:113 und 116:112 lauten die Pro-Ottke-Entscheidungen, 117:111 die des US-Kampfrichters George Hill für Brewer. Jahrelang hatte Ottke als »ewiger Amateur« gegolten, war zweimal Europameister, WM-Dritter, elfmal Deutscher Meister in der Sportart geworden, für die er bis zu seinem überraschenden Wechsel nach den Olympischen Spielen von Atlanta gar als Personifizierung galt. Viele sprachen ihm die Fähigkeit ab, wie ein Profi zu kämpfen – in der Philipshalle aber wird er schon im 13. Kampf, schneller als Maske oder Michalczewski, Champion in seinem Limit.

Sven Ottke (r.) läßt Charles Brewer keine Chance im Ring.

Mika Häkkinen: Ein großer Formel-1-Weltmeister

1. November 1998. Spannung ist angesagt beim »Großen Preis von Japan« in Suzuka. Denn die Ausgangsposition nach 15 von 16 Rennen um die Formel-1-Weltmeisterschaft verspricht ein Finale furioso. Der Finne Mika Häkkinen führt mit 90 Punkten vor Michael Schumacher, der nur vier Zähler dahinter lauert. 51 Runden auf dem 5864 km langen Kurs stehen auf dem Programm – 298,868 km bis zum Titel für McLaren-Mercedes oder Ferrari. Und wie zuvor bereits zweimal in dieser Konstellation setzt sich wieder McLaren durch. 1976 in Fuji hatte Ferrari-Pilot Niki Lauda im strömenden Regen und bei dichtem Nebel aufgegeben, weil ihm – zweieinhalb Monate nach seinem schweren Unfall auf dem Nürburgring – die Verhältnisse zu gefährlich erschienen. Weltmeister wurde mit einem dritten Platz in diesem Lauf James Hunt. 1990 holte sich der Brasilianer Ayrton Senna seinen zweiten Titel, nachdem er in der ersten Kurve der Startrunde mit Alain Prost (Ferrari) kollidiert war. Auch diesmal hat McLaren das bessere Ende für sich, auch diesmal kommt der Ferrari-Bolide nicht ins Ziel. Um 14.15 Uhr Ortszeit in Suzuka ist das Duell um den Titel entschieden, als auf der Start-Ziel-Geraden Schumachers rechter Hinterreifen explodiert und einen Schauer aus Funken und fliegenden Gummifetzen hinterläßt. Zu diesem Zeitpunkt, in Runde 31, fährt der Kerpener auf Platz 3 hinter Häkkinen und Eddie Irvine. Eine Konstellation, die für Schumachers dritten Titel nicht ausgereicht hätte. Wirklich entscheidend ist der Reifenplatzer mithin nicht. Zunächst hatte Schumacher schon allein dadurch fast alle Chancen eingebüßt, daß ihm beim zweiten Startversuch – den ersten hatte Jarno Trulli mit abgestorbenem Motor gestoppt – ebenfalls der Motor ausging. Danach mußte er laut Reglement von hinten starten, die Siegchancen waren angesichts der Aufholjagd dahin. Häkkinen, vom ersten Rennen in Melbourne an in Führung in der WM-Wertung, ist am Ende auch aus Schumachers Sicht ein verdienter Weltmeister. Acht Grand-Prix-Siege hat der Finne am Ende auf seinem Konto, Michael Schumacher nur sechs. Die beiden übrigen gehen an David Coulthard und Damon Hill. Häkkinen, am 10. November 1995 in Adelaide so schwer verunglückt, daß er nur knapp einer Hirnoperation entgeht, und der dennoch schon im Frühjahr 1996 wieder im Formel-1-Cockpit sitzt, ist ein Typ, von dem sein Teamchef Ron Dennis sagt, »für ihn ist Gewinnen Bestimmung, er ist der absolute Siegertyp«. 1993 hat er einige Monate im selben Team wie Ayrton Senna gearbeitet und dabei eine Lektion fürs Piloten-Leben mitgenommen: »Du mußt Tag und Nacht an die Formel 1 denken, du mußt Formel 1 atmen, fühlen, spüren, nichts darf dich von ihr ablenken. Diese totale Hingabe, die habe ich von Senna gelernt. Er hat mir die Augen geöffnet.« Einige Jahre später ist er Weltmeister, auch dank Senna. »Als ich die Zielflagge sah, konnte ich es immer noch nicht so richtig realisieren. Ich bin dann die ganze Auslaufrunde extrem langsam gefahren, um alles zu genießen, um mir immer wieder zu sagen, ich bin Weltmeister«, sagt Häkkinen, der McLaren nach 7 Jahren ohne Titel erlöst hat.

Konkurrenten: Häkkinen (l.) und Schumacher.

Die Fans feiern Weltmeister Häkkinen.

Mika Häkkinen zeigt, wer der Sieger ist.

1999

13.1. Michael Jordan, mit den Chicago Bulls sechsmal NBA-Champion und punktbester Werfer in der Geschichte der Profiliga (29 277 in 930 Spielen), erklärt zum zweiten Mal seinen Rücktritt.

23.1. Das IOC beantragt in Lausanne als Reaktion auf die größte Korruptionsaffäre seiner 105jährigen Geschichte den Ausschluß von sechs Mitgliedern.

30.1. In Cottbus wird Bert Schenk durch K. o. in der 4. Runde über Freeman Barr (USA) WBO-Weltmeister im Mittelgewicht. Deutschland verfügt damit über neun Profibox-Champions.

31.1. In St. Moritz gewinnt Christoph Langen als erster Deutscher den Gesamt-Weltcup im Zweier- und Viererbob.

1.2. Zinedine Zidane (Frankreich) wird in Barcelona zum »Weltfußballer des Jahres 1998« gewählt.

7.2. Gunda Niemann gewinnt in Hamar (Norwegen) zum achten Mal den Mehrkampf-WM-Titel im Eisschnellaufen.

14.2. Ernüchternde deutsche Bilanz bei der Alpinen Ski-WM in Vail (USA): Erstmals seit der WM 1982 und Olympia 1984 keine Medaille für die Männer, erstmals seit der WM 1985 kein Edelmetall für die Frauen.

21.2. Die deutschen Skispringer avancieren bei der Nordischen Ski-WM in Ramsau (Österreich) zu »Gold-Adlern« – erst gelingt Martin Schmitt und Sven Hannawald ein Doppelsieg auf der Großschanze, dann folgt zwei Tage später der Mannschaftssieg.

14.3. Der zweite Teil der Biathlon-WM findet am Holmenkollen bei Oslo statt, nachdem das Championat zuvor in Kontiolahti (Finnland) wegen eisiger Kälte nur teilweise absolviert werden konnte. Nach vier Siegen dort steigert Sven Fischer (Oberhof) mit zwei weiteren Siegen die deutsche Ausbeute auf sechs Titel.

21.3. Martin Schmitt (Furtwangen) wird in Planica (Slowenien) nach Jens Weißflog (1984) zweiter deutscher Gesamt-Weltcup-Gewinner der Skispringer.

18.4. Marc Huster (Riesa) holt bei der Gewichtheber-EM in La Coruna (Spanien) das einzige deutsche Zweikampf-Gold.

18.4. Im Alter von 38 Jahren beendet die kanadische Eishockey-Legende Wayne Gretzky beim 1:2 der New York Rangers gegen die Pittsburgh Penguins seine Karriere.

9.5. Vier Spieltage vor Ende der Bundesliga-Saison wird der FC Bayern München nach einem 1:1 gegen Hertha BSC zum 15. Mal Deutscher Fußballmeister.

26.5. Durch zwei Treffer in der Nachspielzeit verliert Bayern München in Barcelona das Champions League-Finale gegen Manchester United mit 1:2.

29.5. Die Wasserballer von Spandau 04 gewinnen das deutsche Pokalfinale gegen Waspo Hannover mit 7:5 und damit den 50. nationalen und internationalen Titel der Vereinsgeschichte seit 1979.

5.6. Steffi Graf bezwingt im Finale der French Open Martina Hingis mit 4:6, 7:5 und 6:2 – ihr 22. Grand-Slam-Einzeltitel und 107. Turniersieg.

26.6. Der in Hamburg lebende Ukrainer Witali Klitschko wird in London durch K. o. in der 2. Runde gegen Titelverteidiger Herbie Hide (GB) WBO-Weltmeister im Schwergewicht.

29.6. Nach der Achtelfinal-Niederlage gegen Patrick Rafter (Australien) beendet Boris Becker auf dem Centre Court von Wimbledon seine Karriere.

1.7. Bei der 19. Dressur-EM in Arnheim gewinnt die deutsche Equipe zum 18. Mal in Folge den Titel.

26.7. Als zweiter US-Amerikaner nach Greg Lemond gewinnt Lance Armstrong die Tour de France.

1.8. Bei der 24. Schwimm-EM in Istanbul ist Deutschland erfolgreichstes Land (12–14–11). Bester Einzelteilnehmer ist der Niederländer Pieter van den Hoogenband mit sechs Titeln.

13.8. 44 Tage nach Boris Becker gibt auch Steffi Graf nach 17 Jahren als Tennis-Profi ihren Rücktritt bekannt.

29.8. Die 7. Leichtathletik-WM in Sevilla endet mit Platz 3 für Deutschland in der Nationenwertung hinter den USA und Rußland.

26.9. Jan Ullrich gewinnt als dritter deutscher Radprofi nach Rudi Altig (1962) und Rolf Wolfshohl (1965) die Spanien-Rundfahrt (Vuelta).

6.10. Jan Ullrich gewinnt bei der Straßenrad-WM in Treviso das Einzelzeitfahren.

23.10. Markus Beyer (Köln) wird in Telford (GB) mit Punktsieg gegen Titelverteidger Richie Woodhall (GB) neuer WBC-Boxweltmeister im Supermittelgewicht.

24.10. Die deutschen Bahnradfahrer gewinnen bei der WM in Berlin dreimal Gold, viermal Silber und viermal Bronze. Robert Bartko (Berlin) wird doppelter Titelträger (Einzel- und Teamverfolgung).

31.10. Der Finne Mika Häkkinen siegt beim 16. und letzten Lauf zur Formel-1-WM in Suzuka und verteidigt damit seinen Titel. Michael Schumacher (Kerpen) wird Zweiter.

8.11. Der Slowene Leon Stukelj, mit 100 Jahren ältester lebender Olympiasieger (Turnen), stirbt in Maribor.

13.11. In Las Vegas schlägt Lennox Lewis (GB) den US-Amerikaner Evander Holyfield nach Punkten und holt sich damit nach dem WBC-Schwergewichtstitel auch die WM-Gürtel der Verbände WBA und IBF.

IOC im Korruptionssumpf

24. Januar 1999. Sechs Mitglieder des IOC werden suspendiert – aber der größte Korruptionsskandal in der 105jährigen Geschichte des Internationalen Olympischen Komitees ist damit noch lange nicht ausgestanden. Als an diesem Sonntag nach langem Sitzungsmarathon die Entscheidung der Exekutive bekanntgegeben wird, da ist das ein Befreiungsschlag in höchster Not. Auch, wenn das deutsche Mitglied Dr. Thomas Bach nun hofft, dass »die olympische Bewegung wieder hoffnungsvoller in die Zukunft blicken kann«. Präsident Juan Antonio Samaranch, dem mit seiner Politik der strikten Kommerzialisierung und Vermarktung eine große Mitschuld an der krisenhaften Entwicklung gegeben wird, erklärt pathetisch: »Ich entschuldige mich für diese Affäre bei der olympischen Familie, vor allem bei den Athleten. Diese Vorfälle dürfen sich nicht wiederholen.« Begonnen hat der Skandal, als das Schweizer IOC-Mitglied Marc Hodler am 11. Dezember 1998 Unregelmäßigkeiten bei der Olympiavergabe 2002 an Salt Lake City öffentlich macht. Ende des Monats wird eine vom Kanadier Richard »Dick« Pound geführte Untersuchungskommission (u. a. mit Thomas Bach) eingesetzt. Am 6. Januar 1999 schließlich gibt IOC-Chef Samaranch zu, von den Salt Lake City-Organisatoren zwei wertvolle Gewehre geschenkt bekommen zu haben. In den folgenden Tagen und Wochen kommen immer neue Namen, immer neue Bestechungsvorwürfe, immer neue Rücktritte und Untersuchungen dazu. Das IOC reagiert schließlich später mit »Reformen«, die allerdings nur kosmetische Veränderungen bringen.

IOC-Präsident J. A. Samaranch

IOC-Vize Richard Pound aus Kanada

Im Schatten des IOC-Skandals bewirbt sich Osaka (im Bild Gouverneur Knock Yokoyama) um die Sommerspiele 2008.

Sechser im Biathlon-Lotto für Deutschland

14. März 1999. Während in Mitteleuropa der Winter fast zum unbekannten Wesen geworden ist, herrscht im finnischen Kontiolahti im hohen Norden grimmige Eiseskälte. So grimmig, daß bei der Biathlon-WM Mitte Februar die geplanten Wettbewerbe immer wieder abgesagt und verschoben werden müssen. Tagelang sitzen die weltbesten Winterzweikämpfer in der »Warteschleife«, das deutsche Team zieht sich in den ein paar hundert Kilometer entfernten »Skitunnel« nach Vuokatti zurück, um dort zu trainieren. Als es schließlich ein paar Grad wärmer wird, sind die Uschi Disl, Sven Fischer, Ricco Groß & Co. in Topform. Sechs der zehn Disziplinen werden ausgetragen – viermal wird die deutsche Nationalhymne für den oder die Sieger gespielt. Im Sprint über 10 km in der Verfolgung bei den Männern ist Ricco Groß der Schnellste. Und auch die Frauen-Staffel ist die klare Nummer 1. Fortgesetzt wird die WM mit den ausstehenden vier Entscheidungen beim Weltcupfinale vom 10. bis 14. März am Holmenkollen bei Oslo. Eine Pause, die den deutschen Biathleten nicht schaden sollte. Der Oberhofer Sven Fischer, der sich dort auch den Gesamtweltcup sichert, schafft den Doppelpack – Gold im erstmals ausgetragenen Massenstart-Wettbewerb über 15 km, Gold auch über 20 km. Nach dem Abschluß der WM in zwei Etappen freut sich Bundestrainer Frank Ullrich über das erfolgreichste deutsche Abschneiden aller Zeiten mit sechsmal Gold, zweimal Silber und zweimal Bronze: »Das ist wie ein Sechser im Lotto und wird nur schwer zu wiederholen sein.«

Simone Greiner-Petter-Memm und …

Martina Zellner mit Staffel-Gold

»The Great One« hängt die Schlittschuhe an den Nagel

18. April 1999. Am Tag, als Kanadas Nationalheld Wayne Gretzky (38) abtritt, ist selbst die Hymne nicht mehr heilig. Rockstar Bryan Adams ändert kurzerhand die letzte Zeile von »Oh Canada« in »Wir werden dich vermissen, Wayne« um – und 18 200 Zuschauer im New Yorker Madison Square Garden stimmen ein. Zuvor hat »The Great One«, wie der weltberühmteste Puck-Athlet mit der Trikotnummer 99 genannt wird, beim 1:2 seiner New York Rangers gegen die Pittsburgh Penguins nach 1695 NHL-Partien seine Abschiedsvorstellung auf dem Eis gegeben. Und beim zwischenzeitlichen 1:1-Ausgleich mit einem seiner genialen Assists den 3239. und letzten Scorerpunkt seiner Karriere in der US-amerikanischen National Hockey League verbucht. »Seit ich drei Jahre alt war, spiele ich Eishockey. Ich liebe dieses Spiel. Es bringt mich fast um, es nicht mehr zu spielen. Aber mein Entschluß ist richtig.«

Einst »Suppenhühner«, jetzt »Gold-Adler«

21. Februar 1999. Einige Jahre zuvor wurden die deutschen Skispringer noch als »Suppenhühner« verspottet, bei den Nordischen Ski-WM 1999 im österreichischen Ramsau aber avancieren sie zu »Gold-Adlern«. Das beginnt bereits am 21. Februar beim Einzelspringen auf der Großschanze in Bischofshofen, wo Martin Schmitt (21) und Sven Hannawald (24) den vierten deutschen WM-Doppelsieg der Geschichte schaffen. Martin Schmitt, bis dahin nur durch WM-Bronze 1997 und Olympiasilber 1998 (jeweils im Team) aufgefallen, ist damit exakt neun Jahre und 361 Tage nach dem letzten Weltmeisterschafts-Gold von Jens Weißflog in Lahti dessen legitimer Nachfolger. Am 21. März setzt der 21jährige Schwarm vieler Teenies noch ein Sahnehäubchen auf seine Erfolge. Im slowenischen Planica wird er mit einem dritten Platz im abschließenden Wettbewerb zweiter deutscher Gewinner des Gesamtweltcups der Skispringer nach Jens Weißflog 1984.
Er verweist den Finnen Janne Ahonen auf Platz 2. Und holt sich auch noch den Triumph im Weltcup der Skiflieger.

Die beiden Gold-Adler Sven Hannawald (l.) und Martin Schmitt nach ihrem WM-Coup in Bischofshofen

Martin Schmitt als würdiger Nachfolger von Jens Weisflog, weiß sich zudem von tausenden Teenies umschwärmt.

Wayne Gretzky ist aufgenommen in der »Hall of Fame« in Toronto.

FC Bayern München: Alptraum in den letzten Spielsekunden

Fassungslos: Tarnat, Kahn und Babbel (v. l.)

Weint dem verlorenen Pokal nach: Samuel Kuffour

26. Mai 1999. Statistiker haben es für die Bundesliga errechnet – in der 90. min, in der Nachspielzeit einer Fußball-Begegnung, fallen mehr Tore als in jeder anderen. Dass diese Erkenntnis nicht nur national, sondern auch international gilt, müssen die Profis des FC Bayern München am Abend des 26. Mai 1999 vor 90 000 Zuschauern im Nou-Camp-Stadion von Barcelona auf höchst schmerzhafte Weise lernen. Im Finale der Champions League ist erneut Englands Champion Manchester United der Gegner, gegen den man zuvor zweimal remis gespielt hat. Alles läuft bestens für die Bayern, nachdem Mario Basler den Meistercup-Gewinner von 1974, 1975 und 1976 in der ersten Halbzeit früh mit einem seiner genialen Freistöße mit 1:0 in Führung bringt. Danach kontrollieren die Deutschen das Spiel gegen die harmlosen Insel-Fußballer, denen nichts einfällt gegen die Disziplin, Taktik und Kampfbereitschaft des Kontrahenten. Zehn Minuten vor Abpfiff wird Libero Lothar Matthäus ausgewechselt – man scheint nur noch auf den Abpfiff des glatzköpfigen Referees Collina (Italien) zu warten. Dann aber, schon in der Nachspielzeit, kommt der pure Schrecken über die Münchner. Ecke David Beckham, der Ball trudelt zu Giggs, dessen Schuß verlängert Sheringham – 1:1.

Verlängerung? Nein! Denn nur 90 sec später, es wird immer noch nachgespielt: Wieder Ecke Beckham, Sheringham verlängert, der eingewechselte Norweger Solskjaer köpft – 2:1 für Manchester United. Anderthalb Minuten, die ausreichen, um Bayern München aus allen Träumen zu reißen. Manchester schafft damit das begehrte Triple, von dem auch die Hitzfeld-Kicker träumten – den Gewinn der nationalen Meisterschaft, des Pokals und der Champions League.

Lance Armstrong dominiert »Tour der Erneuerung«

26. Juli 1999. »Tour der Erneuerung« nennt man die 86. Frankreich-Rundfahrt nach den Doping-Skandalen des Vorjahres. Am Ende empfängt Paris am 26. Juli 1999 mit dem US-Amerikaner Lance Armstrong einen würdigen Sieger, für den der Begriff »Erneuerung« angesichts seines persönlichen Schicksals ebenfalls zutrifft. Nicht einmal drei Jahre zuvor schien die Karriere des 27jährigen nach einer Krebserkrankung für immer beendet. Mit unglaublichem Willen besiegt der Radprofi die Krankheit, kehrt zurück in den Rennsattel und an die Spitze des Pelotons. Nach 3680 km wird der Weltmeister von 1993 neun Jahre nach dem dritten Tour-Sieg seines Landsmannes Greg LeMond der zweite US-Amerikaner, der die schwerste Radrundfahrt der Welt für sich entscheidet. Mit seinen Triumphen bei drei Zeitfahren, insgesamt vier Etappensiegen und 13 Tagen im Gelben Trikot dominiert der Texaner eindeutig und gewinnt am Ende mit 7:37 min Vorsprung auf den Schweizer Alex Zülle. »Dieser Sieg gehört zur Hälfte allen Kämpfern gegen den

Krebs, zu einem Viertel mir und meiner Mannschaft und zum letzten Viertel jenen, die nicht mehr an mich geglaubt haben«, sagt der Tour-Sieger nach seinem Sieg. Der wird auch durch das Fehlen der drei vorangegangenen Sieger – Bjarne Riis (1996), Jan Ullrich (1997) und Marco Pantani (1998) – nicht entwertet. Auf der Habenseite für das Team Telekom bleibt am Ende der vierte Erfolg in Serie von Erik Zabel in der Sprintwertung um das Grüne Trikot.

Lance Armstrong – in Paris am Place de la Concorde angekommen im Gelben Trikot des Spitzenreiters. Kurze Zeit später präsentiert sich der US-amerikanische Radprofi ganz entspannt nach dem Gesamtsieg der Tour de France.

Steffi Graf verkündet ihren Abschied vom Centre Court

13. August 1999. Wahrscheinlich hat sie den Termin bewußt gewählt: Am Freitag, dem 13., lädt Steffi Graf die Journalisten zur Mittagsstunde in den Konferenzraum »New York« des Heidelberger »Marriott«-Hotels ein. »Ich werde mit dem heutigen Tag meine Karriere im Profitennis beenden«, lautet die kurze Ansprache der 30jährigen an die Medienvertreter, der sie nur noch wenige Worte hinzufügt. Sie setzt damit allen Spekulationen ein Ende. Nein, sie ist nicht schwanger. Nein, sie heiratet auch nicht.

Steffi Graf verkündet mit leiser, aber auch entschlossener Stimme, daß sie »mit einer kleinen Träne im Knopfloch, aber aus eigenen Stücken und nach meinem Willen« Abschied nimmt. »Ich kann meinen Körper nicht mehr unbegrenzt besiegen, ich weiß jetzt, daß es Zeit ist, zu gehen.« Und, wie von einer zentnerschweren Last befreit, fügt sie an: »Ich bin glücklich, daß ich es jetzt hinter mir habe.« Sie meint damit ihre 70 Verletzungen, ihre langen Pausen, um wieder halbwegs fit auf dem Platz auflaufen zu können. Jeden ihrer Muskeln kann sie schließlich auch auf Latein benennen. Ion Tiriac, einst Manager von Boris Becker, weiß: »Eine Ära ist vorbei, eine Sportlerin wie Steffi Graf wird schließlich nur einmal im Jahrhundert geboren.«

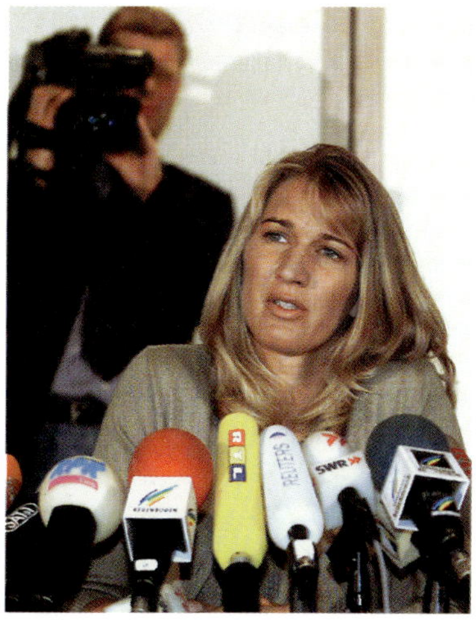
Steffi Graf sagt leise Servus.

Graf hat in ihrer von sportlichen Höhe- und privaten Tiefpunkten (Haft ihres Vaters Peter nach Steuerskandal) geprägten 17jährigen Profikarriere 1017 Matches gespielt, 107 Turniere gewonnen. Sie war unerreichte 377 Wochen lang die Nummer 1 der Weltrangliste, erspielte sich ein Rekord-Preisgeld von 21,8 Mio. Mark. Den letzten ihrer 22 Grand-Slam-Titel holte sie sich bei den French Open im Frühjahr 1999 in Paris. Wimbledon gewann Steffi Graf siebenmal, nur Martina Navratilova kann zwei Einzelsiege mehr aufweisen.

Goldener Fischzug der deutschen Schwimmer am Bosporus

1. August 1999. 56 Medaillensätze werden bei der 24. EM der Schwimmer, Springer, Synchron- und Langstreckenschwimmer in Istanbul vergeben. 37 der 168 Edelmetall-Plaketten – 12 goldene, 14 silberne und 11 bronzene – gehen in deutschen Besitz über. Damit stellt der DSV das erfolgreichste Team des Championats vor den Russen und Niederländern. Den Hauptanteil am Titel-Dutzend fischen die Beckenschwimmer aus dem Wasser. Zehn Siege (5 bei den Frauen, 5 bei den Männern) machen die Deutschen im Ataköy Olympic Pool wieder zur Schwimmnation Nummer 1 in Europa. Eitel Freude – das ist denn auch die dominierende Stimmungslage in der Führungsriege des Verbandes. Teamchef Winfried Leopold sieht »mehrere potentielle Olympiasieger« in seiner Mannschaft, Namen aber nennt er nicht. Und auch er lobt die deutschen Männer: Bei der EM 1997 ohne jeden Titel holen sie nun dank Stev Theloke (50 und 100 m Rücken), Mark Warnecke (50 m Brust), Ralf Braun (200 m Rücken) und der vom Glück begünstigten 4x200-m-Freistilstaffel, die von der Disqualifikation zweier vor ihr anschlagenden Teams profitiert, gleich fünfmal Gold. Bei den Frauen sorgen zwei bekannte Stars aus deutscher Sicht für Schlagzeilen: Sandra Völker, zweifache Europameisterin, schwimmt über 50 m Rücken Weltrekord. Franziska van Almsick gewinnt in den Staffeln zweimal Gold und einmal Silber und überholt in der ewigen EM-Statistik »Albatros« Michael Groß (13 Gold, 2 Silber, 1 Bronze), indem sie ihre Bilanz auf 13mal Gold und dreimal Silber aufstockt. Überragender Akteur der Wettbewerbe am Bosporus ist allerdings der Niederländer Pieter van Hoogenband, der vier Einzeltitel und zwei Staffelsiege für sein Land holt.

△▷ Ralf Braun (oben) jubelt über Gold nach 200 m Rücken. Der Rückenschwimmer Stev Theloke (oben rechts) siegt in seinem Finallauf über 50 m in neuer Europarekordzeit.

▷ Das Goldquartett über 4x 100-m-Freistil (v. l.): Sandra Völker, Franziska van Almsick, Antje Buschschulte und Katrin Meißner.

Leichtathletik-WM: Deutschlands Grand mit Vieren

20. bis 29. August 1999. Nach Meinung der Organisatoren ist es »die letzte große Sportveranstaltung des 20. Jahrhunderts« – und in der Tat bietet die 7. Leichtathletik-WM im spanischen Sevilla faszinierende Wettbewerbe, Rekorde, großartige Athleten. Daran beteiligt sind auch die deutschen Sportler, die mit ihrer Bilanz von jeweils vier Gold-, Silber- und Bronzemedaillen ihren Platz unter den »großen Drei« hinter den USA (11–3–3) und Rußland (6–3–4) behaupten. Aus 21 Ländern kommen die neuen Weltmeister, gar doppelt soviele dürfen sich über WM-Medaillen freuen. »Mehr Licht als Schatten« bilanziert DLV-Präsident Prof. Helmut Digel, aber auch er kann nicht übersehen, daß sich seit Jahren die Schere zwischen den einzelnen Disziplinengruppen immer weiter öffnet: Deutschland wirft gut, springt ansprechend, aber es hinkt auch zunehmend. »Im Langstreckenlauf ist die Weltspitze den besten Deutschen weit enteilt«, sagt Digel. Die vier Titel für Deutschland gewinnen Hammerwerfer Karsten Kobs, der mit dem allerletzten Wurf von 80,24 m Gold holt und aus schierer Freude darüber ein Bad im Wassergraben des Hindernislaufes nimmt, Diskuswerferin Franka Dietzsch, Kugelstoßerin Astrid Kumbernuss und sensationell auch Dreispringer Charles Friedek. Bei der WM 1995 in Göteborg war der neue Champion Augenzeuge, wie der Brite Jonathan Edwards 18,29-m-Weltrekord sprang. Friedeks Bestleistung lag damals bei 16,34 m. »Fast zwei Meter Unterschied – da dachte ich, das hat doch keinen Sinn mehr«, erinnert sich der Leverkusener Dreispringer. Damals schmeißt er aber nicht hin. Das wird nicht nur bei der Welmeisterschaft 1999 als Glücksfall für die deutsche Leichtathletik gefeiert.

80,24 m für Hammerwerfer Karsten Kobs (o. l.). 17,59 m für Dreispringer Charles Friedek

Astrid Kumbernuss mit einem Bild ihres Sohnes beim Siegesjubel

Diskuswerferin Franka Dietzsch gewinnt in Sevilla mit 68,14 m.

Untergang eines Flagschiffs

25. August 1999. Letzter im Hoffnungslauf – das hat es in der Geschichte des deutschen Ruderachters der Männer noch nicht gegeben. Aber bei den WM im kanadischen St. Catherines passiert das bis dahin kaum Vorstellbare – das Finale findet erstmals seit 1962 ohne deutsche Beteiligung statt. »Das ist sicher der Tiefpunkt meiner Trainerlaufbahn«, sagt Bundestrainer Ralf Holtmeyer (Dortmund), der das Großboot seit seinem Amtsantritt 1986 zu Olympiasieg 1988, fünf WM-Titeln und Olympiasilber (1996) sowie Bronze (1992) geführt hat. Insgesamt können die Achter aus der BRD, der der DDR und dem wiedervereinigten Deutschland sogar zwölf Weltmeisterschaften (fünf DDR, vier BRD, drei nach der Wende) und fünf Olympiasiege (1960, 1968 und 1988 BRD, 1976 und 1980 DDR) aufweisen.

Auch im B-Finale schafft die 99er Crew um Schlagmann Marc Weber nicht den für die Qualifikation zu den Olympischen Spielen 2000 in Sydney notwendigen Sieg, wird stattdessen wiederum Letzter. So muß der neuformierte Deutschland-Achter schließlich im Juli 2000 in ein letztes Ausscheidungsrennen, um eventuell doch noch einen Olympia-Platz zu ergattern. Auf dem Züricher Rotsee wird man Dritter unter vier Booten – nur die beiden Ersten fahren nach Sydney.

Der 99er Deutschland-Achter um Schlagmann Marc Weber

Mika Häkkinen: Finnischer Kampfgeist, eiserne Nerven

Mika Häkkinen hat es mit seiner Titelverteidigung allen gezeigt.

Häkkinen auf McLaren-Mercedes vor Schumachers Ferrari

Mika Häkkinen zeigt stolz seine finnische Nationalfahne und den Pokal des Weltmeisters, im Hintergrund sein Team.

31. Oktober 1999. Sisu. Viele große finnische Athleten hatten es, Läufer wie Nurmi oder Ritola, Skihelden wie Mäntyranta oder Mieto. Und Formel-1-Pilot Mika Häkkinen hat sie, diese besondere Art von Kampfgeist. Er gibt nicht auf, ehe alles vorbei ist. Vier Punkte hat er Rückstand auf den Nordiren Eddie Irvine (Ferrari), als am 31. Oktober im japanischen Suzuka der 16. und letzte WM-Lauf ansteht. Der Finne hält dem enormen Druck stand, fährt nach 53 Runden und 310,582 km als Erster über den Zielstrich – dahinter folgen die Ferrari von Michael Schumacher und Irvine. Damit verteidigt Häkkinen mit 76 Punkten seinen Titel, zwei Zähler vor Irvine, 22 vor Heinz-Harald Frentzen. Schumacher hat seine Chancen schon im achten WM-Rennen in Montreal eingebüßt, als er kurz nach dem Start wegen des Versagens der Bremsen in einen Reifenstapel rast und sich dabei den rechten Unterschenkel bricht. Sechs Läufe fehlt der Deutsche, ehe er in den Vollgas-Zirkus zurückkehrt. Zwei zweite Plätze bringen ihn zwar nicht mehr ganz nach vorn (am Ende wird er 5.), helfen aber Ferrari immens, knapp die Marken-Weltmeisterschaft mit 128:124 Punkten zugunsten der Italiener zu entscheiden.

Saubermann Dieter Baumann und die ominöse Zahnpasta

19. November 1999. Unglaube, Irritation, Zweifel, Kopfschütteln sind die Reaktionen auf eine Tatsache, die gleich in zwei Pressekonferenzen bekannt wird. Die eine findet in Stuttgart mit dem 92er 5000-m-Olympiasieger Dieter Baumann, die andere in Darmstadt mit der Führung des Deutschen Leichtathletik-Verbandes statt. Gegenstand beider Veranstaltungen: Der seit Jahren als engagierter Kämpfer gegen Doping aufgetretene Schwabe ist zweimal positiv getestet worden, der selbsterklärte Saubermann des Sports steht damit in der Beweispflicht, seinem eigenen lautstark propagiertem Anspruch zu entsprechen. Bei zwei Trainingskontrollen vom 19. Oktober und 12. November war im Urin des Läufers das anabole Steroid Nandrolon nachgewiesen worden. Analysen ergaben einen weit über der Grenzmarke von zwei Nanogramm liegenden zehnfachen Grenzwert. Der DLV suspendiert daraufhin den 34jährigen vom Wettkampfbetrieb. »Dieser Fall ist schwerwiegender als alle Fälle zuvor«, sagt Verbands-präsident Prof. Helmut Digel, der zugleich versichert, »daß auch in diesem Doping-Fall nach den selben Regeln gehandelt wird, wie in allen übrigen«. Dieter Baumann beteuert, er habe nichts genommen und erklärt, er könne sich nicht erklären, wie die Substanz in seinen Körper gelangt sei. Das klingt nach oft gehörten Ausreden, aber Baumann fügt an: »Ich habe die Offenlegung meiner gesamten medizinischen Betreuung angeboten und darum gebeten, umfangreiche Untersuchungen einzuleiten. Ich habe mich in der Vergangenheit immer für einen sauberen Sport eingesetzt, und ich werde dies auch in Zukunft tun.«

Mittelstreckenläufer Dieter Baumann versucht sich vor der Presse zu rechtfertigen.

Über Wochen und Monate beschäftigt danach der »Fall Baumann« die Öffentlichkeit, nimmt immer neue verblüffende Wendungen, wobei die Präparierung von Baumanns Zahnpasta mit Dopingsubstanzen nur ein Detail ist.

Mitte Juni 2000 schließlich bestreitet der Langstreckenläufer erstmals wieder einen offiziellen Wettkampf, nachdem die Suspendierung durch den DLV vor allem auf Grund von Formfehlern, aber auch aus der Überzeugung des Rechtsausschusses heraus, daß Baumann nicht wissentlich gedopt hat, aufgehoben wird.

2000

16. 1. Anni Friesinger gewinnt in Hamar (Norwegen) den Mehrkampf-EM-Titel im Eisschnellaufen vor Gunda Niemann-Stirnemann.

16. 1. Bei der Rodel-EM in Winterberg holen Jens Müller, Sylke Otto und das Doppel Leitner/Resch alle Titel für Deutschland.

30. 1. Hanka Kupfernagel (Berlin) wird in St. Michielsgestel (Niederlande) Querfeldein-Weltmeisterin im Radsport.

29. 1./30. 1. Lindsay Davenport (USA/Finalsieg gegen Martina Hingis) und Andre Agassi (USA/Finalsieg gegen Jewgeni Kafelnikow) gewinnen die Australian Open im Tennis.

6. 2. Bei der Bob-WM der Frauen in Winterberg gewinnt Ex-Rodlerin Gabi Kohlisch mit Diskuswerferin Kathleen Hering den Zweier-Wettbewerb. Bei der Zweier-WM der Männer in Altenberg siegen Langen/Zimmermann.

6. 2. Bei der Rodel-WM in St. Moritz holen Sylke Otto, Jens Müller und Leitner/Resch alle Titel für Deutschland.

6. 2. Claudia Pechstein wird in Milwaukee (USA) Mehrkampf-Weltmeisterin im Eisschnellaufen.

11. 2. Beim Spiel des 1. FC Kaiserslautern in Bielefeld feiert FCK-Cheftrainer Otto Rehhagel seinen 1000. Bundesliga-Einsatz als Spieler bzw. Trainer.

13. 2. Der Thüringer André Lange aus Oberhof steuert in Altenberg seinen Vierer-Bob zum WM-Gold.

27. 2. Monique Garbrecht wird in Seoul zum zweiten Mal nach 1991 Weltmeisterin im Sprint-Mehrkampf der Eisschnelläuferinnen.

2. 3.–5. 3. Bei der Einzelstrecken-WM im Eisschnellaufen in Nagano gewinnen die deutschen Frauen alle fünf Titel – je zwei Monique Garbrecht (500 m, 1000 m), Claudia Pechstein (1500 m, 3000 m), einen Gunda Niemann-Stirnemann (5000 m).

5. 3. Martin Schmitt wird im finnischen Lahti vorzeitig Weltcupsieger und ist damit der Überflieger des Winters.

8. 3. Lothar Matthäus beendet beim 4:1 von Bayern München gegen Real Madrid in der Champions League seine Fußball-Karriere in der Bundesliga.

12. 3. Johann Mühlegg gewinnt mit einem fünften Platz im 50-km-Lauf in Oslo als erster Mitteleuropäer den Weltcup im Skilanglauf.

19. 3. Dritter Erfolg des Telekom-Radprofis Erik Zabel beim Frühjahrsklassiker Mailand-San Remo.

1. 4. WBO-Champion Vitali Klitschko verliert in Berlin seinen Schwergewichts-Titel durch technischen K. o. in der 10. Runde an Chris Byrd (USA).

15. 4. WBO-Weltmeister Dariusz Michalczewski siegt in Hannover im WBO-WM-Kampf im Halbschwergewicht gegen Graciano Rocchigiani durch technischen K. o. in der 10. Runde.

20. 5. Nach einem dramatischen Finale am 34. Spieltag der Fußball-Bundesliga wird der FC Bayern München zum 16. Male Deutscher Meister.

10. 6.–2. 7. Fußball-EM in den Niederlanden und Belgien. Europameister wird Frankreich durch einen 2:1-Finalsieg gegen Italien mit einem Golden Goal in der Verlängerung.

11./12. 6. Der Brasilianer Gustavo Kuerten und die Französin Mary Pierce gewinnen die Finals bei den French Open im Tennis.

8./9. 7. Venus Williams und Pete Sampras (beide USA) gewinnen die Einzelfinals bei den mit 12,6 Mio. Dollar dotierten 114. All England Championships in Wimbledon.

1. 7.–23. 7. Die 87. Tour de France endet am 23. Juli in Paris mit dem zweiten Gesamtsieg des US-Amerikaners Lance Armstrong in Folge. Jan Ullrich wird mit 6:02 min Rückstand Zweiter.

2.–9. 7. EM der Schwimmer, Wasserspringer, Langstrecken- und Synchronschwimmer in Helsinki: Sieben Gold-, 12 Silber- und zwei Bronzemedaillen für Deutschland.

6. 7. In Zürich vergibt der Welt-Fußball-Verband FIFA die Fußball-Weltmeisterschaft des Jahres 2006 an Deutschland.

12. 7. Der Deutschland-Achter scheitert auf dem Rotsee in Luzern beim Versuch, sich für die Olympischen Spiele in Sydney zu qualifizieren.

12. 8. Evander Holyfield (USA) wird durch einen Punktsieg gegen John Ruiz in Las Vegas zum vierten Mal Schwergewichts-Weltmeister im Profiboxen und überholt damit Muhammad Ali in der Statistik.

21. 8. Der ehemalige Profi-Box-Europameister Gustav »Bubi« Scholz stirbt im Alter von 70 Jahren in einem Pflegeheim in Neuenhagen bei Berlin.

9./10. 9. Bei den US Open holen sich Venus Williams (USA) und Marat Safin, als erster Russe, die Titel.

15. 9.–1. 10. XXVII. Olympische Sommerspiele in Sydney (Australien). Das Olympische Feuer wird von Cathy Freeman, der australischen Leichtathletin und späteren Goldmedaillen-Gewinnerin im 400-m-Lauf, entzündet.

Anni Friesinger in Hamar auf dem Weg zum EM-Titel

Anni Friesingers Comeback

16. Januar 2000. Es ist eine kleine Wachablösung, die sich im norwegischen Hamar vollzieht. Nicht die große Gunda Niemann (33) gewinnt die Mehrkampf-EM der Eisschnellläuferinnen, sondern die zehn Jahre jüngere Anni Friesinger aus dem bayrischen Inzell. Auch ein Weltrekord von Niemann im abschließenden 5000-m-Lauf rettet der Thüringerin nicht den Thron der Besten, den die Kontrahentin aus Bayern besteigt. Nach zwölfmonatiger Verletzungspause feiert die Laien-Predigerin Anni Friesinger ein glänzendes Comeback.

Bis ans Limit: Andre Agassi

30. Januar 2000. Fünf Jahre sind vergangen, seitdem Andre Agassi letztmals die Australian Open gewonnen hat – nun läßt er seinen zweiten Titel in Melbourne folgen. Beim 3:6, 6:3, 6:2 und 6:4 hat Titelverteidiger Jewgeni Kafelnikow keine Chance gegen den US-Amerikaner, der die begeisterten Zuschauer mit seinem attraktiven Tennis regelrecht von den Stühlen reißt. Es ist derselbe und zugleich ein ganz anderer Andre Agassi wie 1995, der auf dem Platz steht. »Ich bin um Längen besser«, sagt der Freund von Steffi Graf und kann das mit Zahlen und Fakten bestätigen. Der Sieg in Melbourne ist der dritte Grand-Slam-Titel bei den vorangegangenen vier Top-Turnieren dieser Kategorie, die vierte Finalteilnahme in Folge, der 27. Erfolg im 28. Spiel seit den French Open 1999.

Agassi freut sich über den Sieg.

Otto Rehhagel feiert 1000. Bundesliga-Einsatz

11. Februar 2000. 61 Jahre alt und kein bißchen fußballmüde – Otto Rehhagel, Coach des Erstligisten 1. FC Kaiserslautern, feiert im Bundesliga-Spiel bei Arminia Bielefeld einen einmaligen Rekord – seinen 1000. Bundesliga-Einsatz als Spieler bzw. Trainer. 37 Jahre Fußball auf höchstem Niveau hat »Otto, der Große« da hinter sich. Seine erste Begegnung mit der 1. Bundesliga hatte der junge Verteidiger von Hertha BSC am 24. August 1963 in der Partie gegen den 1. FC Nürnberg (1:1). 201 Begegnungen bestreitet er bis zum 24. 9. 1971 in der höchsten Spielklasse. Drei Jahre später – am 6. 4. 1974 – gibt Rehhagel beim 2:2 der Offenbacher Kickers gegen den VfL Bochum sein Trainerdebüt in der Bundesliga. Am 6. 3. 1976 sitzt Rehhagel erstmals auf der Trainerbank bei Werder Bremen – das Spiel beim Karlsruher SC geht 0:2 verloren. Dieses Engagement dauert allerdings nur drei Monate. Danach ist Rehhagel zwei Jahre »Chef« bei Borussia Dortmund. Am 29. 4. 1978 kassieren die Gelb-Schwarzen gegen Borussia Mönchengladbach mit 0:12 die höchste Niederlage in der Bundesligageschichte. Einen Tag später wird Otto Rehhagel entlassen. Danach folgen Bielefeld und Fortuna Düsseldorf, ehe am 8. 8. 1981 mit einem 4:2-Auswärtssieg in Mönchengladbach Rehhagels 14jährige Amtszeit in Bremen beginnt. Mit Werder wird er 1988 und 1993 Deutscher Meister, 1991 und 1994 DFB-Pokalsieger und 1992 Europacup-Gewinner der Pokalsieger. Nach 480 Spielen in Folge endet am 17. 6. 1995 seine Trainertätigkeit an der Weser, Rehhagel wechselt zum FC Bayern, wird dort am 27. April 1996 nach turbulenten Monaten entlassen. Am 2. 8. 1997 kehrt er mit Kaiserslautern aus der 2. Bundesliga in die Eliteспielklasse zurück – und gewinnt danach 1998 mit dem Aufsteiger die Deutsche Meisterschaft, seinen vorerst letzten Titel.

Otto Rehhagel: Seht her, meistens war ich oben!

Gemeinsam stark: Herzog (l.) und Rehhagel

Frank Luck wird bei der WM der Biathleten zur Legende

19.–27. Februar 2000. Zwar können die deutschen Biathleten bei der WM am Holmenkollen nahe Oslo ihren »Sechser im Lotto« aus dem Jahr 1999 (vier Titel für die Männer, zwei für die Frauen) nicht wiederholen, aber dennoch sind die Verantwortlichen nicht unzufrieden. Ein Sieg und fünf weitere Medaillen lassen die Trainer Frank Ullrich (Männer) und Uwe Müßiggang (Frauen) resümieren: »Insgesamt können wir zufrieden sein. Aber es war viel mehr drin.« Der »Goldjunge« im deutschen Team heißt Frank Luck. Der 32jährige Routinier aus Oberhof wird Weltmeister im Jagdrennen, gewinnt außerdem Bronze im 20-km-Einzellauf.
Mit neunmal Gold, fünfmal Silber und dreimal Bronze löst Luck seinen Coach Frank Ullrich als bis dato erfolgreichsten Biathleten aller Zeiten (9/4/0) ab.
Ein weiterer möglicher Titel für Luck verschwindet im Nebel, als bei der Staffel – Schlußläufer Ricco Groß liegt klar in Führung – abgebrochen werden muß, weil die Schießscheiben nicht mehr zu erkennen sind. Zwei Wochen später beim Weltcup in Lahti wird der Staffel-Wettbewerb in den Rang einer Weltmeisterschaft erhoben – die deutschen Männer belegen den dritten Rang.

◁ Der 32-jährige Thüringer aus Oberhof hat das große Ziel fest im Auge und fährt unbeirrt dem Triumph entgegen: Frank Luck holt sich unangefochten den Weltmeistertitel der Biathleten am Holmenkollen bei Oslo.

Martin Schmitt sammelt die Rekorde

Martin Schmitt (M.) umringt von Janne Ahonen (l.) und Andreas Goldberger

5. März 2000. Für den 22jährigen Martin Schmitt gibt es offenbar keine Grenzen. Nach dem Jahr 1999 scheint keine Steigerung möglich zu sein – der junge Mann war Doppel-Weltmeister, Weltcup-Erster (auch im Skifliegen), Seriensieger auf den Schanzen –, so setzt er das im Frühjahr 2000 noch erfolgreicher fort. Beim Weltcup in Lahti Anfang März schlägt er nicht nur den finnischen Lokalmatadoren Janne Ahonen um 0,7 Punkte und holt sich damit den Tageserfolg. Er sichert sich damit auch vorzeitig den Gesamtweltcup 1999/2000 und erhöht seine Saisonausbeute auf elf Erfolge in Weltcup-Springen, womit er eine neue Rekordmarke aufstellt. Die alte von zehn Siegen hielt er zusammen mit dem Finnen Matti Nykänen und Österreichs Andi Goldberger. Trainer Reinhard Heß lobt danach seinen Vorzeigeathleten: »Er ist beileibe keine Maschine, aber einer, der auch in den extremsten Situationen die Nerven behält.«

Lothar Matthäus verabschiedet sich nach New York

8. März 2000. Einen besseren Abschied hat sich Lothar Matthäus kaum wünschen können. Mit einem 4:1 gegen Real Madrid in der Champions League in seinem 100. Europacupspiel schlägt seine letzte Stunde als Fußball-Europäer. Danach beginnt für den 38jährigen ein neues Kapitel als Kicker bei den Metro Stars in New York. Exakt 22.37 Uhr endet am 8. März im Münchner Olympiastadion die außergewöhnliche Karriere des Bayern-Liberos auf nationaler und kontinentaler Ebene. Da wird er in der 90. min gegen Patrik Andersson ausgewechselt und darf noch einmal im Jubel der Menge baden. Mit Tränen in den Augen klatscht Lothar Matthäus die Kollegen auf der Bank ab. Während des fünfminütigen Abschiedszeremoniells flimmern die fußballerischen Großtaten des Ausnahme-Fußballers über die Videowand im Stadion. »Es gibt wenige Spieler in der Geschichte des FC Bayern, die soviel für den Klub getan haben«, würdigt ihn Karl-Heinz Rummenigge. Und kaum einer, der ihm widersprechen würde. Selbst sein alter »Feind« Jürgen Klinsmann, der zum Abschiedsspiel eingeladen und mit von der Partie ist, klatscht ihn am Ende freundschaftlich ab.

Ein Deutscher wird Spanier und gewinnt den Weltcup

12. März 2000. Ein Spanier wird Weltcup-Gesamtsieger im Skilanglauf – eine Sensation! Der Spanier heißt Johann Mühlegg und hat sich zuvor im deutschen Auswahltrikot vergeblich um einen solchen Erfolg bemüht. Mühlegg, streng gläubig, hatte sich 1996 vom damaligen Bundestrainer Georg Zipfel »verhext« gefühlt und die Zusammenarbeit abgelehnt. Auch als Zipfel in den Nachwuchsbereich zurückgezogen wird, setzen sich die Probleme fort. Mühlegg wird aus der deutschen Nationalmannschaft ausgeschlossen – als Reaktion sucht er sich ein neues Land. Für das ist er erfolgreich wie nie zuvor, mit dem fünften Platz beim 50-km-Weltcuprennen in Oslo am 12. März sichert er sich als erster Mitteleuropäer die Trophäe, die ansonsten zumeist Skandinaviern vorbehalten war.

Johann Mühlegg kämpft sich als Spanier durch.

Der Unbesiegbare aus der Ukraine verliert seinen Titel

1. April 2000. In zahlreichen Fernsehbeiträgen und in so mancher Talkshow hat man ihn als den Unbesiegbaren porträtiert. So mutet es wie ein Aprilscherz an, was 8000 Zuschauer im Berliner Hotel »Estrel« am späten Abend des 1. April 2000 erleben. Nicht der als unbezwingbar geltende Ukrainer Vitali Klitschko gewinnt den WBO-Schwergewichts-WM-Kampf.
Der Weltmeister, zuvor in 27 Profikämpfen 27mal K. o.-Sieger und im Durchschnitt gerade mal 2,6 Runden im Ring, gibt in der Pause zur zehnten Runde gegen Herausforderer Chris Byrd auf, was als technischer K. o. für den US-Amerikaner gewertet wird. Damit ist der 28jährige, der wenige Wochen zuvor erfolgreich seine Doktorarbeit in Sportwissenschaften abgeschlossen hat und deshalb unter dem Kampfnamen »Doktor Eisenfaust« firmiert, nicht nur seinen Titel, sondern auch seinen Nimbus los. Daß Klitschko danach von einigen Kritikern als »Weichei« beschimpft wird, ist insofern ungerecht, als das ärztliche Bulletin dem entthronten Weltmeister eine schmerzhafte Schulterverletzung attestiert.

◁ *Die Rechte schnellt vor. Vitali Klitschko (r.) verliert dennoch seinen WM-Titel an Chris Byrd. Verletzungsbedingt gibt er unmittelbar vor der zehnten Runde auf.*

Tiger schickt Rocky in Rente

15. April 2000. Geschichte wiederholt sich nicht. Dieser Satz bestätigt sich für Boxer Graciano Rocchigiani am 15. April 2000 in Hannover auf schmerzhafte Weise. Am 10. August 1996 hatte der Berliner gegen WBO-Weltmeister Dariusz »Tiger« Michalczewski äußerst umstritten durch eine Disqualifikation wegen Nachschlagens verloren. Nun will er 56 Monate später Revanche für das, was er als Betrug empfunden hat. »Der Tiger hat im ersten Kampf doch nur geschauspielert und mich um den Sieg betrogen«, sagt »Rocky« vor der als »Die Abrechnung« titulierten zweiten Auflage. Sein Kontrahent, der Weltmeister, schlägt verbal zurück: »Rocky war im ersten Kampf gedopt und hat eindeutig nachgeschlagen. Er soll froh sein, daß ich ihm überhaupt eine zweite Chance gebe.« Als die Fäuste in der Preussag-Arena sprechen, dominiert überraschend nur einer – Dariusz Michalczewski. Mit zunehmender Kampfdauer landet er mehr und mehr Wirkungstreffer, zermürbt Rocchigiani regelrecht. Der Herausforderer geht in der 9. Runde gar kurz zu Boden, wird zum ersten Mal in seiner 18jährigen Profilaufbahn angezählt. Nach dieser Runde gibt der 36jährige Herausforderer auf: »Ich habe jetzt keine Ausrede, es ging halt nicht mehr.«

Rocchigiani (l.) geht in Deckung. Michalczewski im Vorwärtsgang

Daum & Co. verspielen die Meisterschaft

20. Mai 2000. Drei Punkte Vorsprung auf Titelverteidiger Bayern München hat Bayer Leverkusen vor dem 34. und letzten Meisterschafts-Spieltag der Fußball-Bundesliga – und damit den Titel schon so gut wie in der Hand. Einen Punkt brauchen die Kicker von Trainer Christoph Daum noch aus der abschließenden Partie bei Neuling Unterhaching, um erstmals die Meisterschale zu holen. Die Münchner dagegen müssen daheim gegen Werder Bremen gewinnen und zugleich auf einen Ausrutscher des Kontrahenten hoffen, um doch noch zum 16. Mal Meister zu werden. Die Bayern tun das ihre mit dem 3:1 gegen Werder. Und tatsächlich schaffen die Vorort-Münchner aus Unterhaching das Wunder, schlagen Leverkusen mit 2:0 und werden zum »Königsmacher«. Michael Ballacks Eigentor und ein Kopfballtreffer von Markus Oberleitner besiegeln das Bayer-Schicksal. Der 20. Mai 2000 wird zum schwärzesten Tag in der Vereinsgeschichte der Leverkusener und zu einem Tiefpunkt in der Karriere des Christoph Daum, der vielen ohnehin als »ewiger Zweiter« gilt. Und schnell wird diese Niederlage auch zum Triumph von Bayern-Manager Uli Hoeneß über seinen Kontrahenten Daum.

◁ *Keine Mannschaftsfeier für Leverkusens Manager Reiner Calmund*

Das größte Fußball-EM-Endturnier aller Zeiten

10. Juni bis 2. Juli 2000. Mit dem Eröffnungsspiel zwischen Belgien und Schweden beginnt am 10. Juni in Brüssel die Euro 2000. Rund sechs Milliarden Fans verfolgen bis zum Finale am 2. Juli in Rotterdam die 31 EM-Spiele im Fernsehen. Damit steigt die EM zum drittgrößten Sportereignis der Welt nach Olympischen Spielen und Fußball-WM auf. Erstmals wird die Endrunde von zwei Ländern – Belgien und Niederlande – organisiert. 16 Begegnungen finden in den vier holländischen Arenen, 15 in den belgischen Stadien statt. Nicht ganz zufällig heißt das Motto dieser Europameisterschaft deshalb »Fußball ohne Grenzen«.
Am Ende des Turniers fällt das Fazit positiv aus. Vor allem sportlich, aber auch in Bezug auf Organisation und Ablauf. 1,1 Mio. Zuschauer verfolgen die Spiele, im Schnitt 35 576. Mit 85 Toren in den 31 Begegnungen (Schnitt 2,74) feiert der Offensivfußball Triumphe. Seit der EM 1976 ist das die höchste Durchschnittsquote. Dem hohen Niveau passen sich auch die von den Verbänden ausgelobten Rekord-Prämien für ihre Nationalkicker an. Mit-Gastgeber Niederlande verspricht seinen Fußballern rund 400000 Mark pro Mann für den Titel und ist damit in dieser Hinsicht Spitzenreiter.

▷ Letzte Vorbereitungen für das Spiel Türkei – Italien

Die Wiedergeburt des Offensiv-Fußballs

Juni/Juli 2000. Wachablösung in Europas Fußball bei der Euro 2000. Mit Frankreich (Viertelfinale: 2:1 gegen Spanien), dem Weltmeister von 1998, schafft nur ein Halbfinalist der EM 1996 erneut den Sprung unter die besten Vier der kontinentalen Meisterschaft. Deutschland, Tschechien und England scheiden dagegen aus und werden durch die angriffsfreudigen Niederländer (Viertelfinale: 6:1 gegen Jugoslawien), Portugiesen (2:0 gegen die Türkei) und die zwar weniger offensiven, aber dafür perfekten Minimalisten aus Italien (2:0 gegen Rumänien) ersetzt. Daß die fußballerische Entwicklung in Deutschland und Tschechien stehen geblieben ist, machen Beobachter unter anderem daran fest, daß diese beiden Teams neben Slowenien und der Türkei die einzigen sind, die noch mit einem Ausputzer angetreten sind. Alle anderen Mannschaften spielen mit einer Dreier- oder Viererkette. Denn diese EM ist eine des Offensiv-Fußballs, wie auch Ex-Bundestrainer Berti Vogts, der für die Europäische Fußball-Union UEFA die Europameisterschaft beobachtet, feststellt: »Das ist ein guter Trend. Die Mannschaften wollen Tore schießen, auch wenn sie dabei das Risiko eines Gegentores eingehen. So wird der Fußball wieder schön.« Der Niederländer Patrick Kluivert, der Portugiese Luis Figo und der Franzose Zinedine Zidane gelten als »Spieler des Turniers«, allesamt Offensivkünstler mit der kreativen Fähigkeit, einem Spiel den Stempel aufzudrücken.

Zwei Spieler, die dieser Fußball-Europameisterschaft ihren Stempel aufgedrückt haben, auch wenn sie nicht ins Endspiel vorgedrungen sind.
◁◁ Patrick Kluivert, der aus allen Lagen die schönsten Tore für die Niederlande erzielen konnte.
◁ Luis Figo, der erfahrene Portugiese mit der großen Übersicht

Deutschlands Fußball bei der EM »erbärmlich«

Erich Ribbeck (M.) erklärt seinen Rücktritt. Gerhard Mayer-Vorfelder (l.), Vizepräsident des Deutschen Fußball-Bundes und EM-Delegationschef, und Oliver Bierhoff schweigen lieber.

Juni 2000. Das Unternehmen Titelverteidigung ist für die Deutschen bei der Fußball-EM schneller als gedacht beendet. Schon nach den Vorrundenspielen der Gruppe A dürfen die Kicker von Erich Ribbeck die Koffer packen und die Heimreise antreten. Nach einem 1:1 gegen Rumänien (12. 6.), der 0:1-Niederlage gegen England (17. 6.) und dem blamablen 0:3 gegen eine auf vielen Positionen veränderte portugiesische Elf, die praktisch einer B-Auswahl gleicht, wird Deutschland mit 1:5 Punkten und einem einzigen Tor (Mehmet Scholl im Rumänien-Spiel) Gruppen-Letzter. Dies bedeutet das schlechteste Abschneiden einer DFB-Auswahl seit 62 Jahren und das erste Vorrunden-Aus bei einer EM seit 1984. Trainer Erich Ribbeck trifft in seinem Kurzresümee den Nagel auf den Kopf: »Das war hochnotpeinlich.« Vor der EM hatte Nationalspieler Jens Jeremies von Bayern München bereits davon gesprochen, daß der Zustand der Nationalmannschaft »erbärmlich« sei und war dafür von Ribbeck mit kurzzeitiger Nichtbeachtung bestraft worden. Nach dem 0:3 gegen Portugal verhalten sich die hochbezahlten Profis ähnlich »erbärmlich«, wie sie zuvor Fußball gespielt haben. Panik pur herrscht im Lager des dreimaligen Welt- und Europameisters, die Akteure verabschieden sich in Rotterdam nicht mal von ihren treuen Fans. Statt dessen ertränken einige von ihnen im inzwischen gespenstisch wirkenden EM-Quartier in Vaals bis zum Morgengrauen ihren Frust im Alkohol. DFB-Vize und EM-Delegationschef Gerhard Mayer-Vorfelder ist konsterniert: »Das war eine Frage des Charakters und nicht der Taktik oder des Systems. Nun müssen wir die Situation schonungslos analysieren und die Weichen für einen Neubeginn stellen.« In der Nacht nach dem »Super-GAU« nimmt er das Rücktrittsangebot von DFB-Teamchef Erich Ribbeck an. Ribbeck, der im September 1998 Nachfolger von Berti Vogts geworden war, übernimmt die volle Verantwortung: »Es ist mir nicht gelungen, aus den besten deutschen Fußballern eine Mannschaft zu formen.«

Frankreich vollbringt ein historisches Double in Rotterdam

2. Juli 2000. Dank eines Golden Goal von Stürmer David Trezeguet vollbringt Frankreich 721 Tage nach dem Erfolg bei der WM 1998 mit dem zweiten Titelgewinn bei einer Europameisterschaft ein historisches Double. Die Mannschaft um den überragenden Mittelfeldstar Zinedine Zidane besiegt im Finale der EURO 2000 Italien mit 2:1 in der Verlängerung. Die Franzosen, bereits 1984 Europas Champions, sind damit erst das zweite Team nach dem vollends enttäuschenden Titelverteidiger Deutschland, dem dieser Zweierpack gelingt. Die DFB-Auswahl hatte 1972 erst den EM- und zwei Jahre darauf dann den WM-Titel gewonnen.

Für Frankreich sieht es im Finale in Rotterdam lange Zeit nicht nach dem Double aus. Erst in der Nachspielzeit gelingt es Einwechsler Sylvain Wiltord, die 1:0-Führung der Azzurri durch Marco Delvecchio (55.) auszugleichen und die Verlängerung zu erzwingen. Dann profitiert die Equipe Tricolore zum zweiten Mal nach dem Halbfinale gegen Portugal von der 1996 eingeführten »Golden Goal«-Regelung. Gegen die Portugiesen hatte Zidane den Siegtreffer in der Verlängerung erzielt, gegen die Italiener ist es in der 103. min David Trezeguet.

▷ Europameister Frankreich ist im Jubelrausch. Im Feyenoord-Stadion »De Kuip« von Rotterdam feiern (v. l.) Bixente Lizarazu, Torhüter Fabien Barthez, Zinedine Zidane und dahinter Laurent Blanc.

»Ruuuudi« wird Teamchef auf Zeit, Daum soll folgen

Interimstrainer Rudi Völler (l.) und Christoph Daum, Chef in spe, schließen einen Pakt.

2. Juli 2000. Der Rücktritt Erich Ribbecks als Fußball-Bundestrainer am 21. Juni – einen Tag nach der 0:3-Pleite der deutschen Fußball-Nationalmannschaft gegen Portugal bei der EM – löst die hektische Suche nach einem neuen Mann an der Spitze der Auswahl aus. Namen wie Jupp Heynckes, Arsene Wenger, Ottmar Hitzfeld, Giovanni Trapattoni und Christoph Daum sind im Gespräch. Dann fällt beim »Gipfeltreffen des deutschen Fußballs« am 2. Juli in Köln-Königsdorf eine überraschende und eine erwartete Entscheidung. Wie zuvor favorisiert wird Leverkusens Coach Christoph Daum neuer Fußball-Bundestrainer – aber erst ab 1. Juni 2001. Für die Übergangszeit wird Ex-Nationalspieler Rudi Völler als Zwischenlösung mit der Position eines Teamchefs und damit als Nachfolger von Erich Ribbeck aus dem Hut gezaubert. Dazu wird Bayern Münchens Vizepräsident Karl-Heinz Rummenigge, ebenfalls früherer Nationalspieler, als Teammanager für die Nationalmannschaft fungieren und eine Bundesliga-»Task Force« leiten. An die Seite von Völler wird später Michael Skibbe, Ex-Trainer von Borussia Dortmund, gestellt. Denn »Rudi Nazionale« besitzt keine Trainerlizenz. Die Übergangslösung mußte gefunden werden, weil Daum keine vorzeitige Freigabe von seinem Arbeitgeber Bayer Leverkusen erhält.

Rudi Völler mit breiter Brust

Lance Armstrongs zweiter Sieg bei der Tour de France

1.–23. Juli 2000. Im Jahr davor , als der US-Amerikaner Lance Armstrong die Frankreich-Rundfahrt erstmals als Sieger beendet hatte, fehlten mit dem Deutschen Jan Ullrich (1997) und dem Italiener Marco Pantani (1998) die Gewinner der »Tour der Leiden« aus den Sommern davor. Für Kritikern ein Anlaß am Wert des 99er Triumphes des US Postal-Profis zu zweifeln. Doch diese Zweifel räumt der Mann aus Übersee bei der 87. Tour de France vom 1. bis 23. Juli eindrucksvoll aus. Am Schlußtag rollt Armstrong mit 6:02 min Vorsprung vor Jan Ullrich über den Zielstrich am Triumphbogen auf den Champs Elysees und auch der bezwungene Deutsche erkennt an: »Was Lance auf dieser Tour zeigt, ist Radfahren vom anderen Stern.« Der 28jährige Texaner erlaubt sich auf den rund 3600 km kaum eine Schwäche, glänzt vor allem in den Bergen und beim Zeitfahren. Ullrichs Trainer Peter Becker ist angesichts dieser Show nicht unzufrieden mit Ullrichs drittem Vize-Rang bei der Tour nach 1996 (hinter Bjarne Riis) und 1998 (hinter Pantani). »Jan ist eine tolle Tour gefahren. Er ist keine Maschine und hat angesichts dessen, daß ihm nach Krankheiten im Frühjahr 1000 Wettkampf-Kilometer fehlten, alles gegeben, was er geben konnte.« Das kann auch Teamkollege Erik Zabel von sich sagen. Der 30jährige Spurter gewinnt zum fünften Mal in Serie das Grüne Trikot des besten Sprinters – das hat noch keiner geschafft.

Nach dem Sieg dreht Armstrong eine Ehrenrunde.

Franz Beckenbauer (M.) holt die Fußball-WM nach Deutschland.

Kaiser Franz holt die WM 2006

6. Juli 2000. Es ist ein Donnerstag, an dem Fußball-Deutschland nach der Schmach der Nationalmannschaft bei der wenige Tage zuvor beendeten Fußball-EM ein Geschenk des Himmels in den Schoß fällt. Sepp Blatter, Präsident des Internationalen Fußball-Verbandes FIFA, verkündet auf der Sitzung der 24köpfigen Exekutive »And the winner is – Deutschland!« Damit nennt er das Ergebnis der Abstimmung über den Austragungsort der Fußball-WM 2006. Hauchdünn mit 12:11 Stimmen entscheiden sich die FIFA-Mächtigen für Deutschland und gegen Südafrika, den Ausschlag gibt schließlich die Enthaltung des 78jährigen Neuseeländers Charles J. Dempsey. Denn hätte er, wie erwartet, für die Südafrikaner votiert, dann wäre Blatters zweite Stimme zum Tragen gekommen – und der FIFA-Präsident hatte vorher keinen Zweifel daran gelassen, daß er das Championat gerne auf dem »schwarzen Kontinent« sähe. Als Architekt des deutschen Bewerbungstriumphs gilt Franz Beckenbauer, der die größte und populärste Einzelveranstaltung des Weltsports fast im Alleingang nach Deutschland holt.

Rekord für die Ewigkeit

8./9. Juli 2000. Siebter Wimbledon-Sieg innerhalb der vergangenen acht Jahre – Pete Sampras gewinnt auch am 9. Juli 2000 auf dem »heiligen Rasen« das Finale gegen den Australier Patrick Rafter. Es wird der 13. Grand-Slam-Erfolg für den knapp 29jährigen »Pistol Pete«, den man auch »Mister Perfect« nennt. Damit übernimmt der Mann, der in 12 Profijahren rund 40 Mio. Dollar Preisgeld eingespielt hat, allein die Spitze in dieser Statistik, die er sich zuvor noch mit dem legendären Australier Roy Emerson teilen mußte. »Wenn Sampras an seinem Limit spielt, dann kreist er in seinem eigenen Universum«, erkennt selbst sein Landsmann Andre Agassi an, einer der härtesten Kontrahenten des weltbesten Tennissportlers der 90er Jahre.

Sampras erreicht auch die unmöglichsten Bälle.

Gustav »Bubi« Scholz ist tot

Legenden: Scholz (l.) und Schmeling 1981 in Berlin

Box-Veranstalter Wiene zeigt Scholz-Erinnerungsfotos.

21. August 2000. In den 50er und 60er Jahren galt er als legitimer Nachfolger von Max Schmeling, aber Weltmeister wie dieser wurde der Berliner Gustav »Bubi« Scholz im Schwergewicht nie. Sein größter Erfolg bleibt so die am 4. Oktober 1958 gegen den Franzosen Charles Humez errungene Europameisterschaft im Mittelgewicht, die im Berliner Olympiastadion von 40 000 Scholz-Fans gefeiert wird. Dennoch wird er zur Boxer-Legende, mit einem Leben zwischen größtem Luxus und tiefster Depression. 1997 erleidet Scholz einen Hirnschlag und muß sich in ärztliche Behandlung begeben. Zudem wird die Alzheimer-Krankheit diagnostiziert, er hat kaum noch Kontakt zur Außenwelt. Am 21. August stirbt er in einer Seniorenresidenz in Hoppegarten-Neuenhagen an Herzstillstand.

Russischer US Open-Sieger

9./10. September 2000. Er ist der erste Russe, der die US Open der Tennis-Männer gewinnt – Marat Safin, 20 Jahre alt, überrascht im Endspiel des letzten Grand-Slam-Turniers des Jahres den großen Pete Sampras (USA) und siegt deutlich mit 6:4, 6:3 und 6:3. »Wenn Marat Safin spielt wie heute, hat er das Zeug, viele, viele Jahre die Nummer eins zu sein«, sagt der US-Amerikaner hinterher beeindruckt. Im Damen-Finale gewinnt die 20jährige Venus Williams (USA). Sie besiegt Lindsay Davenport (USA) mit 6:4, 7:5.

Marat Safin reißt die Arme hoch. Er siegt in New York.

Olympia Sydney 2000, das Sportfestival der Superlative

Wasser, Feuer, Sonne – die Symbole für Sydney 2000 – Cathy Freeman unter der sich erhebenden Olympischen Flamme

15. September 2000. Als am 15. September in Sydney die XXVII. Olympischen Sommerspiele eröffnet werden, da liegt es sieben Jahre zurück, daß IOC-Präsident Juan Antonio Samaranch in Monte Carlo verkündete: The winner is Sydney! Mit 45:43 Stimmen hatte die australische Metropole im vierten Wahlgang gegen Peking gewonnen. Eine gute Entscheidung, wie sich in den 17 Wettkampftagen vom 15. September bis zum 1. Oktober 2000 zeigen wird. Mehr Athleten als je zuvor nehmen an mehr Sportarten teil, um noch mehr Medaillen zu gewinnen. In genau 300 Wettbewerben wird Gold, Silber und Bronze vergeben. Sportler aus allen 199 IOC-Mitgliedsländern sind nach »Down under« gekommen – ein Rekord. Australien ist ein glänzender und vor allem begeisterter Gastgeber. Läßt sich auch von 5 Doping-Sündern (darunter 4 Medaillengewinner und Jones-Ehemann C. J. Hunter!) nicht die Laune verderben. Die viereinhalbstündige Eröffnungszeremonie vor den 110 000 Zuschauern im Stadium Australia hat zwar 50 Mio. Mark gekostet, aber die Ausgabe hat sich gelohnt: Der faszinierende Ausflug in die Philosophie, das Selbstverständnis und die Geschichte Australiens zieht alle in der olympischen Arena und die Millionen an den Fernsehgeräten weltweit in ihren Bann. Natur, Wasser, Feuer, Musik, die Ureinwohner und ihre Tänze und Gesänge – all das findet sich auf wunderbare Weise umgesetzt. Beim Einmarsch der Nationen gibt es den größten Beifall, als die beiden bis vor kurzem noch zutiefst verfeindeten Koreas, die sich offiziell weiter im Kriegszustand befinden, gemeinsam Hand in Hand einmarschieren. Der erste Olympiasieg, ehe überhaupt die Wettbewerbe richtig begonnen haben. Der künstlerische Direktor David Atkins zeigt der staunenden Welt eine mitreißende Inszenierung, die die Australier, denen häufig mangelndes nationales Identitätsgefühl nachgesagt wird, als sympathische, aufgeweckte und selbstbewußte Weltbürger präsentiert. Daß die Aborigines, die Ureinwohner des Kontinents, die ähnlich wie die Indianer in Nordamerika die sogenannte »Zivilisation« von ihrer barbarischen Seite kennenlernen mußten und erst 1967 die Bürgerrechte zuerkannt bekamen, eine zentrale Rolle in der Feier spielen, wird als Geste der Annäherung verstanden. Dies gilt erst recht für das Entzünden der olympischen Flamme durch Cathy Freeman, die wohl populärste Aborigine des Landes. Die Olympia-Zweite von Atlanta, Weltmeisterin von 1997 und 1999 über 400 m, übernimmt als letzte Repräsentatin des australischen Sports im Stadion die Fackel. Fahnenträgerin der deutschen Mannschaft beim Einmarsch der Nationen ist die 38jährige Kanutin Birgit Fischer, die bei ihren vier Olympiateilnahmen vor Sydney fünfmal Gold gewonnen hat und 27mal Weltmeisterin war. Sie ist die erste Athletin aus den neuen Bundesländern, der diese Ehre bei Sommerspielen zuteil wird.

Gemeinsam – Nord- und Südkorea bei der Eröffnungsfeier

Cathy Freeman entzündet die Flamme.

Keine Überraschung: US-Leichtathleten hängen alle ab

22. September bis 1. Oktober. 46mal wird in der Leichathletik, der Königssportart der Olympischen Spiele, in Sydney Gold, Silber und Bronze vergeben. Zehnmal stehen US-Athleten auf dem obersten Podest – keine Überraschung, daß Marion Jones, Maurice Greene, Michael Johnson & Co. wieder die Nummer 1 in der Länderwertung sind. Dahinter aber folgt schon Äthiopien, das durch seine Langstreckenläufer mit Haile Gebrselassie an der Spitze vier Olympiasieger stellt. Obwohl sich in der Gesamthierarchie der Leichtathletik-Nationen nicht allzuviel ändert, bleiben ein paar deftige Sensationen im Stadium Australia nicht aus. Dazu gehören zum Beispiel das 200-m-Gold des Griechen Kenteris, der den Briten Campbell, Ato Boldon (Trinidad) und die US-Amerikaner hinter sich läßt, der 110-m-Hürden-Sieg des Kubaners Anier Garcia, der Kugelstoß-Erfolg des Finnen Harju oder der Triumph des polnischen Hammerwerfers Ziolkowski. Bei den Frauen holt Ex-Sprinterin Irina Priwalowa nach ihrem Umstieg auf die 400 m Hürden Olympia-Gold, im Hammerwerfen gewinnt die erst 17jährige Polin Skolimowska und im Diskuswerfen die Weißrussin Zwerewa.
Deutschlands Leichtathleten bringen zweimal Gold, einmal Silber und zweimal Bronze zustande – mehr als man vor den Spielen erwarten durfte.

Marion Jones und Maurice Greene sind die Stars im Sprint

23. September 2000. Die 100-m-Sprints bei den Spielen in Sydney bringen nichts Überraschendes: Marion Jones ist die schnellste Frau, ihr US-Landsmann Maurice Greene der schnellste Mann der Welt. Überlegen laufen sie die Finals nach Hause. Jones' 10,75 sec und Greenes 9,87 sec sind für die Konkurrenz unerreichbar. Nur die Australierin Marjorie Jackson war 1952 ähnlich überlegen wie die 24jährige Marion Jones, deren Mutter vor 30 Jahren aus dem südamerikanischen Armenhaus Belize in die USA übersiedelte. Einziger Wermutstropfen für Jones: Ihrem Mann C. J.Hunter wurde die Akkreditierung entzogen – Dopingvorwurf! Das wirft auch Schatten auf Jones' Leistungen. Am Ende gewinnt sie aber dreimal Gold und zweimal Bronze.
Im 100-m-Sprint wird die Griechin Thanou hinter Jones Zweite mit 37 Hundertstel Abstand, Dritte wird die Jamaikanerin Lawrene – eine Hundertstel vor ihrer 40jährigen Landsfrau Merlene Ottey. Auch Greenes Erfolg ist so souverän, daß Silbermedaillengewinner Ato Boldon resigniert feststellt: »Maurice hat uns zerstört.«

Sie ist die schnellste Frau der Welt - Marion Jones.

Maurice Green gewinnt den 100-m-Sprint in 9,87 sec.

Cathy Freeman holt das wichtigste Gold für Australien

25. September 2000. Diesem Lauf am Montagabend des 25. September hat ganz Australien wochenlang entgegengefiebert. 112 524 Zuschauer im Stadium Australia – die größte Leichtathletik-Kulisse, die es je gegeben hat – sind vor Ort dabei, als die 27jährige Cathy Freeman auf die Stadionrunde über 400 m startet, um Gold zu gewinnen. Gold für sich, Gold für Australien, Gold aber auch vor allem für die Aborigines. Sie ist eine von den 300 000 verbliebenen Ureinwohnern des Landes, die jahrhundertelang unterdrückt und erst in der jüngsten Vergangenheit widerstrebend als vollwertige australische Bürger akzeptiert worden sind. Daß Cathy Freeman das olympische Feuer bei der Eröffnungszeremonie entzündet, gilt als Zeichen einer lange ausgebliebenen Verständigung. Alle erwarten Gold von der Weltmeisterin – zumal ihre härteste Konkurrentin Marie-Jose Perec die Nerven verlor, überstürzt aus Sydney abreiste. 49,11 sec – auf der Zielgeraden hängt Freeman die zweitplazierte Jamaikanerin Lorraine Graham (49,58) und die Britin Katherine Merry (49,72) locker ab. Danach hockt sie lange still da, während ringsherum auf den Rängen geschrien, getobt, gejubelt, geweint wird. Cathy Freeman, 100. australische Goldmedaillengewinnerin der olympischen Geschichte und erste von den Ureinwohnern abstammende Olympiasiegerin in einer Einzelsportart, geht nach minutenlanger Andacht auf die Ehrenrunde – mit zwei Fahnen, der australischen und der der Aborigines. Die 400 m der Männer gewinnt der US-Amerikaner Michael Johnson, der als erster Läufer einen Olympiasieg auf dieser Strecke wiederholt – nach 1996 in Atlanta.

Australien hat ein neues Idol – die populärste Vertreterin der Ureinwohner des Landes, Cathy Freeman, am Start im futuristischen Outfit, holt die Goldmedaille im 400-m-Lauf.

Gold im Vorbeigehen …

29. September 2000. Robert Korzeniowski schreibt in Sydney olympische Geschichte im »Vorbeigehen«. Der 32jährige Pole, der schon am 22. September den 20-km-Wettbewerb der Geher gewonnen hat, schafft als erster Athlet eine Woche später mit dem Sieg über 50 km das Double. Damit avanciert der Lehrer aus Krakau zugleich zum erfolgreichsten Sportler aller Zeiten in seiner Disziplin: Inklusive des 50-km-Triumphes von Atlanta hat er dreimal Olympia-Gold auf seinem Konto. Außerdem wurde er 1997 Welt- und 1998 Europameister. Der Pole verteidigt seine Sportart gegen harte Kritik wegen der Kampfrichterleistungen: »Sie haben einen verdammt harten Job, und es ist für alle Athleten das gleiche Problem. Mein Eindruck ist, daß sie sehr gerecht urteilen.« Korzeniowski weiß im übrigen, wovon er spricht: 1992 war er bei den Olympischen Spielen in Barcelona auf der Schlußrunde, Silber vor Augen, disqualifiziert worden. Bei der Weltmeisterschaft 1999 in Sevilla erging es ihm ebenso.

Nils Schumann, der große Held über die 800-m-Strecke

27. September 2000. Mit 20 in Budapest 1998 Europameister, mit 22 in Sydney Olympiasieger – die atemberaubende Karriere des 800-m-Läufers Nils Schumann erreicht am 27. September im Stadium Australia ihren bisherigen Höhepunkt. Der Thüringer triumphiert in einem von der Taktik geprägten Rennen, weil er auf den Punkt topfit ist und alle Favoriten mit seinem phänomenalen Spurtvermögen überrascht. 1:45,08 min lautet die Siegerzeit, sechs Hundertstel dahinter muß sich Weltrekordler Wilson Kipketer (Dänemark) mit Silber bescheiden. Schumann erzählt hinterher über den »Lauf meines Lebens«: »Ich war ganz entspannt. Mir ist entgegengekommen, daß das Tempo zunächst nicht zu hoch war. 300 m vor dem Ziel ist es plötzlich so schnell geworden, daß meine Beine fast weggeflogen sind, und auf der Zielgeraden habe ich alles gegeben. Am Ende wurde es noch mal richtig eng, aber es hat gereicht.« Für den jungen Mann ist es ein Triumph mit Konsequenzen, die er schon in den Minuten nach dem Zielspurt überblickt: »Es wird sich viel ändern. Der Olympiasieg dürfte eine finanzielle Absicherung sein, so daß ich jetzt fünf bis sechs Jahre als absoluter Leistungssportler planen kann.« Fazit eines olympischen Helden.

Kann es kaum fassen: Nils Schumann ist nach 800 Metern vor den afrikanischen Favoriten im Ziel.

Heike Drechsler: Mit 35 Jahren das zweite Olympiagold

Heike Drechslers kraftvoller Sprung trägt sie auf die Siegesweite von 6,99 m – Gold.

29. September 2000. Nicht die 24jährige US-Amerikanerin Marion Jones gewinnt am 29. September im Stadium Australia den olympischen Weitsprung, sondern die 11 Jahre ältere Heike Drechsler. Ihr 6,99 m aus dem dritten Durchgang bescheren der gebürtigen Thüringerin mit Wohnsitz in Karlsruhe das zweite Olympia-Gold in ihrer Spezialdisziplin nach 1992. Alain Blondel, Zehnkampf-Europameister 1994, der Mann an ihrer Seite und inklusive des Sydney-Auftritts auch ihr Trainer (danach beendet er diese »Nebentätigkeit«), formuliert ehrfürchtig: »Das ist ein Wunder, das ist ein Wunder der Natur.« Frank Hensel, Generalsekretär des Deutschen Leichtathletik-Verbandes (DLV), stimmt ein: »Es können alle von Marion Jones reden, wie sie wollen. Die größte Athletin dieser Spiele ist Heike Drechsler.« Auch die schärfsten Kontrahentinnen im Wettkampf loben die Siegerin. »Ich kann meinen Kindern später mal erzählen, daß ich in Sydney gegen eine der besten Weitspringerinnen der Sportgeschichte verlieren durfte«, sagt Marion Jones.

Schon 1983 war Heike Drechsler Weltmeisterin, 1992 noch einmal. Viermal in Folge wurde sie Europameisterin – und das soll noch nicht alles gewesen sein. »Ich mache auf jeden Fall weiter – 2001 kommt in Edmonton die nächste WM, 2002 in München die EM.«

Heike Drechsler im Glück, Bronze für Marion Jones

Überraschend Bronze ausgebuddelt im Beach-Volleyball

26. September 2000. Wer vor dem Olympia-Turnier auf eine Medaille für die deutschen Beach-Volleyballer Jörg Ahmann/Axel Hager gewettet hatte, konnte sich danach vermutlich über eine opulente Einnahme freuen – weil kaum jemand mit diesem Edelmetall rechnen konnte. Doch die beiden »Oldies« aus Norddeutschland – Ahmann 34, Hager 31 Jahre alt – präsentieren sich vor 15 000 Zuschauern am Bondi Beach in Topform. Zwar sind sie im Halbfinale gegen die späteren Olympia-Zweiten Ze Marco/Ricardo (Brasilien) ohne Chance, aber im Match um Platz 3 buddeln sie gegen die Portugiesen Brenha/Maia mit zwei deutlichen 12:9, 12:6-Satzgewinnen Bronze aus dem Sand. Seit 1992 spielen die beiden zusammen, bis Sydney waren fünfte Ränge bei Weltcup-Turnieren das Beste, was sie erreichten. Anfang des Jahres hatten Ahmann/Hager Aktien im Wert von 333 Mark verkauft, die den Käufern das Recht einräumten, zu günstigen Bedingungen Trainingslager mit dem Duo absolvieren zu dürfen. 100 Interessenten, deren Geld in die Sydney-Vorbereitung floß, dürfen sich nun auf Anleitung durch olympische Medaillengewinner freuen.

▷ »Wir sind wie ein altes Ehepaar, und jetzt haben wir bronzene Hochzeit gefeiert«, jubelt Jörg Ahmann nach dem dritten Platz mit Axel Hager am Bondi Beach. 1966, bei den Spielen in Atlanta, belegt das Duo den elften Platz.

Der »Zwei-Stunden-Orgasmus« vor 150 000 Zuschauern

17. September 2000. 1,5 km Schwimmen, 40 km Radfahren, 10 km Laufen – und das alles hintereinander weg, das gab es noch nie bei Olympischen Spielen. Kein Wunder, denn dieser Dreikampf heißt Triathlon und feiert bei den Spielen in Sydney olympische Premiere mit einem Frauen- und einem Männerwettbewerb. Was sich dabei am 16. (Frauen) und 17. September rund um die berühmte Oper von Sydney abspielt, widerlegt auch die härtesten Zweifler, die allein den »Ironman« (4 km Schwimmen, 180 km Rad, 42,195 km Marathonlauf) als Triathlondisziplin für legitim halten. Jeweils 150 000 restlos begeisterte Zuschauer an den Wettkampfstätten machen die Uraufführung zum grandiosen Erfolg – und allerbester spannender Sport ist auch noch zu erleben. Jeweils erst kurz vor dem Ziel wird der Kampf um die Goldmedaillen entschieden. Bei den Frauen zugunsten der Schweizerin Brigitte MacMahon – sie zeigt sich auf dem Siegerpodest ganz stolz mit Sohn Dominic – und gegen die australische Lokalmatadorin Michelle Jones, bei den Männern für den Kanadier Simon Whitfield und gegen den deutschen Überraschungs-Zweiten Stephan Vuckovic. Der 28jährige, nach dem Schwimmen auf Rang 34, nach dem Radfahren auf Platz 17, läuft auf dem Schlußabschnitt an allen vorbei – und muß erst 400 m vor dem Ende den Mann aus Übersee passieren lassen. Dennoch feiert er auf der Zielgeraden wie ein Sieger (»Das war wie ein Zwei-Stunden-Orgasmus«).

Stephan Vuckovic – Silber im Biathlon

Im Käguruh-Sprung über die Ziellinie: Simon Whitfield

Siegt bei den Biathlon-Frauen: Brigitte MacMahon

»Thorpedo« zündet, Deutschland geht baden

16.–23. September 2000. 1996 freuten sich Deutschlands Schwimmer noch über 12 Medaillen. 1992 hatten sie mit Dagmar Haase eine Olympiasiegerin, 1988 – mit zwei Teams im Becken – gar unglaubliche 12 Goldmedaillen (11 DDR, eine Bundesrepublik) auf ihrem Konto. Im Acquatics Center zu Sydney 2000 sind es noch mickrige drei Bronzene, die man mit nach Hause nimmt. Rückenschwimmer Stev Theloke sorgt über 100 m Rükken für die einzige Einzelplakette, außerdem schaffen zwei Staffeln (4x200 m Freistil Frauen, 4x100 m Lagen Männer) den Sprung aufs Treppchen. Das Scherbengericht nach dem schlechtesten Abschneiden eines deutschen Schwimm-Teams seit 1952 fällt entsprechend harsch aus: Gegenseitige Schuldzuweisungen von Aktiven, Trainern und Funktionären ohne Ende. Klaus Steinbach, früherer Weltklasseschwimmer und in Sydney Chef de Mission des deutschen Olympiateams, fordert: »Wir müssen prinzipiell aufräumen, der Verband muß neu anfangen.« Nie zuvor hatte der Deutsche Schwimm-Verband (DSV) so viel Geld für die Olympiavorbereitung ausgegeben, niemals zuvor war das Ergebnis so katastrophal.
Ganz anders präsentieren sich die anderen Nationen beim Jahreshöhepunkt, vornweg die US-Amerikaner, Australier und Niederländer als neue, dritte Schwimm-Großmacht. Ian »Thorpedo« Thorpe, der 17jährige australische Nationalheld mit Schuhgröße 51, gewinnt dreimal Gold und einmal Silber (400 m Freistil, beide Kraulstaffeln, Silber 200 m) – und ist dabei an einem nie dagewesenen Weltrekordfestival mit insgesamt 13 neuen Bestmarken beteiligt. Auf dieselbe Edelmetall-Ausbeute kommt auch die Niederländerin Inge de Bruin (50 und 100 m Freistil, 100 m Schmetterling Gold, 4x100 m Freistil Silber). Ihr Landsmann Pieter van den Hoogenband tritt die Nachfolge des großen Russen Alexander Popow an, gewinnt die 100 und 200 m Freistil (jeweils mit Weltrekorden) und holt Bronze über 50 m Freistil. Auf dieser kürzesten Kraulstrecke gibt es das Novum zweier Sieger: Die US-Amerikaner Hall und Ervin schwimmen mit 21,96 sec auf die Hundertstel exakt die gleiche Zeit. Insgesamt bleiben die USA mit 14 Goldmedaillen in 32 Wettbewerben vor allem dank ihrer Dominanz bei den Frauen die Schwimm-Nation Nummer 1. Australiens groß angekündigter Angriff auf die Spitzenposition bleibt bei fünf Olympiasiegen stecken.

Der sichere Griff zum Gold: Inge de Bruin ist am Ende dreimal vorn, und schwimmt dazu noch drei Weltrekorde.

Jana Klochkova: 400-m-Lagen-Gold

Zweimal Gold: van den Hoogenband

Nationalheld mit 17 Jahren und Schuhgröße 51: Ian Thorpe

Bartkos goldener Doppelschlag bei den Bahnradfahrern

17./19. September 2000. Fast könnte man meinen, er sei eine Formsache gewesen, der deutsche Doppelsieg in der 4000 m langen Einzelverfolgung der Bahnfahrer. Denn schließlich hatte es im Oktober 1999 bei der WM in Berlin schon exakt den selben Einlauf gegeben: Gold für den 24jährigen Robert Bartko, Silber für Jens Lehmann, 32. Aber ganz so selbstverständlich ist diese Dominanz denn doch nicht, schließlich war Bartko nach einem Trainingsunfall im Frühjahr lange ausgefallen. Doch die Zeit bis Sydney reicht für das »Jahrhunderttalent« aus, um wieder in Topform über die Holzbahn aus sibirischer Lärche zu rollen. Ohne Probleme fahren die beiden durch das Verfolgerturnier, am 17. September machen sie unter sich den Olympiasieger aus. Lehmann, schon 1992 Zweiter und mit dem Vierer Goldgewinner, beginnt schnell und führt nach dem ersten Kilometer. Doch dann kommt Bartko auf Touren, fährt an dem Sachsen vorbei – und gewinnt deutlich. Was letztlich neben dem ersten Gold für die Deutschen bei den Spielen in Sydney noch eine höhere, sporthistorische Bedeutung hat: Der Berliner Robert Bartko ist der erste deutsche Olympiasieger des dritten Jahrtausends. Daran hat er beim Radeln keinen Gedanken verschwendet. »Meine Nerven lagen vor dem Rennen absolut blank«, bekennt er. »Wenn man gegen einen Landsmann fährt, ist der Nervenkrieg viel größer.«

Zwei Tage später fahren die beiden Finalkontrahenten nicht mehr gegen-, sondern miteinander. In der Mannschaftsverfolgung tun sie das gemeinsam mit Guido Fulst (Berlin) und Daniel Becke (Erfurt) so perfekt, daß im Endlauf gegen die Ukraine ein neuer Weltrekord herausspringt. Als erstes Team der Welt bleibt das deutsche Quartett mit 3:59,710 min unter der magischen Vier-Minuten-Grenze. Der Erfolg ist perfekt.

Der Mann mit dem Silberhelm: Robert Bartko auf Goldkurs

Nach dem Verfolger-Weltrekord: Fulst, Lehmann, Bartko, Becke

Jan Ullrich erfüllt sich den Jugendtraum auf der Straße

27. September 2000. 239,4 km muß Jan Ullrich am 28. September auf dem Rad zurücklegen, dann steht nach fünfeinhalb Stunden fest, daß sich der 26jährige Telekom-Star seinen Jugendtraum erfüllt hat. »Olympiasieger, das wollte ich immer werden – jetzt habe ich es geschafft«, sagt Ullrich. »Ich bin total happy.« 27 km vor dem Ziel ergreift der 97er Tour de France-Sieger die Flucht aus dem Hauptfeld, nur seine Telekom-Teamkollegen Alexander Winokurow (Kasachstan) und Andreas Klöden können folgen. Ullrichs nächste Attacke 4 km vor dem Ende macht den gebürtigen Rostoker mit jetzigem Wohnsitz in Merdingen (Schwarzwald) zum Goldmedaillengewinner. 9 sec hinter ihm holt Winokurow Silber, weitere 3 sec danach folgt Klöden auf dem Bronzerang. Das Team Telekom hat das Treppchen souverän besetzt.

Zwei Tage nach dem Sieg in der »Königsklasse« gewinnt Jan Ullrich seine zweite Olympiamedaille. Im Einzelzeitfahren läßt er Tour-Sieger Lance Armstrong (USA) hinter sich, aber im Zeitfahren ist der Russe Jekimov 8 sec schneller als der Deutsche. Der aber fühlt sich eher als Gewinner von Silber als ein Verlierer vom zweiten Gold.

◁ An Erfolgen ist Jan Ullrich nicht gerade arm. Doch das olympische Gold war dem ersten deutschen Tour-de-France-Sieger mehr als ein Saisonziel: »Olympiasieger bist Du Dein Leben lang«, sagt er nach vollbrachter Tat.

Freude bei den deutschen Fußball-Frauen. Sie holen die einzige deutsche Medaille im Mannschaftssport.

Nur auf die Fußball-Frauen ist Verlaß

28. September 2000. Immerhin eine Medaille aus den Spielsportarten bringen Deutschlands Mannschaften dank der Fußball-Frauen mit nach Hause. Das Team von Bundestrainerin Tina Theune-Meyer gewinnt am 28. September die Begegnung um Bronze gegen den WM-Dritten Brasilien mit 2:0, streicht damit etwas Balsam auf die Wunde der Halbfinal-Niederlage gegen Norwegen. Gegen den späteren Olympiasieger (3:2 mit Golden Goal gegen die USA) hat man vier Tage zuvor höchst unglücklich durch ein Eigentor von Verteidigerin Tina Wunderlich verloren und dabei Chancen in Hülle und Fülle ausgelassen.

Alle übrigen Medaillen in den Balldisziplinen werden ohne Deutschland vergeben – auch in der einstigen Vorzeigesportart Hockey muß man sich mit den Rängen 5 (Männer) und 7 (Frauen) zufriedengeben. Nur fünf deutsche Teams sind in den 14 Wettbewerben überhaupt vertreten – so wenig wie noch nie bei Olympischen Spielen. »Wir müssen von einer Krise der Spielsportarten in Deutschland sprechen«, sagt DSB-Leistungssportdirektor Armin Baumert. Den letzten Olympiasieg für eine deutsche Mannschaft haben 1992 in Barcelona die Hockey-Männer geschafft. Diesmal werden die Goldmedaillen an folgende Länder vergeben: Baseball – USA, Softball – USA, Volleyball Männer – Jugoslawien, Volleyball Frauen – Kuba, Basketball – USA (Männer und Frauen), Hockey Männer – Niederlande, Hockey Frauen – Australien, Fußball Männer – Kamerun, Fußball Frauen – Norwegen, Handball Männer – Rußland, Handball Frauen – Dänemark, Wasserball Frauen (erstmals ausgetragen) – Australien, Wasserball Männer – Ungarn.

◁ *Tina Wunderlich als Unglücksrabe: Gegen Norwegen landet sie ein Eigentor.*

Das völlig neue Haas-Gefühl

28. September 2000. Erstklassiges Tennis ist am 28. September im olympischen Männer-Finale zwischen dem Russen Jevgeni Kafelnikov und dem Deutschen Tommy Haas von beiden Akteuren zu erleben. Das glücklichere Ende hat schließlich Kafelnikov für sich. 3:2 heißt es nach 3:35 Std. eines spannenden Matches für ihn. Haas, mit 22 längst Tennis-Millionär, ist dennoch glücklich: »Das war die größte Erfahrung, die ich je gemacht habe und das beste Ergebnis meiner Karriere.« Im Vorfeld hatte der Hamburger wegen eines leichten Bandscheibenvorfalls lange überlegt, ob er die Reise nach Australien nicht absagen soll. Dabeigewesen zu sein, das wird für Haas fernab von Preisgeldern und Weltranglisten-Punkten, fernab von Luxushotels (er wohnt im Olympischen Dorf) und dem üblichen Tenniszirkus, zum Riesenerlebnis. »Wenn ich in vier Jahren noch zu den besten Spielern in Deutschland zähle, bin ich auf jeden Fall wieder dabei«, verkündet Haas nach seinem erfolgreichen Silberauftritt.

Die einsame Größe im Tennisturnier der Damen ist die US-Amerikanerin Venus Williams, die im Einzel und im Doppel (mit Schwester Serena) zweimal Olympiagold gewinnt.

Tennis-Profi Tommy Haas lernt bei Olympia eine ihm völlig neue Sportatmosphäre kennen. Am Ende steht der Silber-Erfolg.

Die deutschen Mannschaftsreiter mit dem Sieg-Abo

Kommen bestens ohne Männer aus: Isabell Werth, Ulla Salzgeber, Alexandra Simons-de Ridder und Nadine Capellmann (v.l.) zeigen Frauen-Power mit Gold.

27./28. September 2000. Zu Pferde sind Deutschlands Sportler eine olympische »Bank«. Sowohl die Dressurreiterinnen – erstmals seit 1956 ist ein Frauen-Quartett am Start – als auch die Springreiter gewinnen in Sydney in den Teamkonkurrenzen die Goldmedaille. Isabell Werth, Ulla Salzgeber, Nadine Capellmann und Alexandra Simons-de Ridder müssen sich in der Dressur harten Widerstandes der Niederländer erwehren, aber am Ende ist das zehnte olympische Gold für eine deutsche Mannschaft ungefährdet. Bis auf die Spiele 1972 in München (Sieger UdSSR) und das Boykott-Olympia 1980 in Moskau (Sieger wieder UdSSR) haben die Reiter aus Westfalen, Bayern oder Schleswig-Holstein damit ein Sieg-Abo.

Tags darauf steigen auch die deutschen Springreiter auf den Olymp. Nach einer spannenden Konkurrenz, bei der am Ende ein Fehlerpunkt weniger zugunsten von Ludger Beerbaum, Lars Nieberg, Marcus Ehning und Otto Becker entscheidet. Zweite werden die Schweizer, Dritte die Brasilianer. Ausgerechnet der Erfahrenste und Erfolgreichste im deutschen Quartett patzt auf dem schwierigen Parcours: Ludger Beerbaum liefert mit 20 und 16,25 Fehlerpunkten sowohl im ersten als auch im zweiten Umlauf den Streichwert. Sein Hengst Goldfever tappt erst am Wassergraben und verliert dann die Nerven. Nach dem Gold-Happyend nimmt er es mit Humor: »Ich gewinne lieber als Streichwert Gold, als zweimal gewertet zu werden, und keine Medaille zu haben.«

Faissal aus Hessen wird zum Vorbild

29. September 2000. Erstmals steht in Sydney der asiatische Kampfsport Taekwondo auf dem olympischen Programm. In den vier Gewichtsklassen mischen auch deutsche Aktive im Kampf um die Medaillen mit. Der 29jährige Faissal Ebnoutalib, Hesse mit marokkanischen Vorfahren, gewinnt schließlich sogar Silber. Im Finale gegen den Kubaner Angel Fuentes Matos unterliegt Ebnoutalib mit 1:3, weil er etwas zu zurückhaltend mit Händen und Füßen agiert. Etwa 60 000 Taekwondoka gibt es in Deutschland, für die der Kämpfer jetzt das Vorbild geworden ist.

▷ *Faissal Ebnoutalib gewinnt Silber bei der olympischen Premiere im Taekwondo.*

Marc Huster und Ronny Weller heben ab vor Freude

24./26. September 2000. Gewichtheben macht in Sydney eine Menge Schlagzeilen, auf die man gern verzichtet hätte. Doping-Fälle in Serie, zunächst bei den Rumänen, dann bei den Bulgaren und schließlich noch einige vereinzelte aus anderen Ländern, stellen die olympische Zukunft der ganzen Sportart in Frage. Die deutschen Eisenstemmer sind darüber höchst sauer, sie sind wahrscheinlich die am häufigsten kontrollierten Athleten ihrer Branche. Superschwergewichtler Ronny Weller präsentiert nach seinem Wettkampf auf der Pressekonferenz gleich mehrere Doping-Pässe, in denen man sich davon überzeugen kann. Er hat zuvor Silber hinter dem Iraner Hossein Rezazadeh gewonnen, der nach einem regelrechten Weltrekord-Festival der stärksten Männer der Welt am Ende mit 472,5 kg fünf Kilo vor Weller liegt. Der Sieger kann mit seinem Gold-Ergebnis von Sydney auf die stolze Steigerungsrate von 80 kg (!) seit 1998 verweisen. Weller läßt sich nach seinem starken Auftritt am 26. September, mit dem er beim vierten Olympia auch seine vierte Medaille gewinnt, keine Niederlage einreden: »Ich habe voll am Limit gehoben. Ich habe zwei Weltrekorde aufgestellt. Ich bin zufrieden mit dem, was ich hier erreicht habe.«

Das war zwei Tage zuvor auch der Dresdner Marc Huster, der in der 85-kg-Kategorie wie Weller Silber gewinnt, und damit den gleichen Rang wie 1996 in Atlanta belegt. Nur dem Griechen Pyrros Dimas, seinem Dauerkontrahenten, muß er bei gleicher Zweikampfleistung von 390 kg den Vortritt lassen, weil dieser 160 g leichter ist. Dimas schafft damit seinen dritten Olympiasieg, was zuvor nur dem Türken Suleymanoglu gelungen ist.

◁ *Alle drei heben sie im Zweikampf 390 kg. Doch Pyrros Dimas (M.) ist lachender Sieger, Silber für Marc Huster (l.), vor Asanadze (Georgien).*

Savon boxt sich zur Legende

Felix Savon (r.) gegen Sebastian Köber, der noch Bronze schafft

30. September 2000. 21:13 lautet das Punktergebnis im Schwergewichtsfinale der Amateurboxer – für den Kubaner Felix Savon, der damit wie der Ungar Laszlo Papp und sein Landsmann Teofilo Stevenson drei Olympiasiege auf dem Konto hat. Savons Kontrahent Sultanahmed Ibsagimow (Rußland) wehrt sich nach Leibeskräften, setzt dem 33jährigen Mann aus Havanna ziemlich zu, wovon ein tiefer Cut unter dem rechten Auge zeugt. Savon siegt dennoch deutlich und verdient, auch Profichampion Evander Holyfield (USA) ist respektvoller Augenzeuge. Und Kuba hat eine neue Box-Legende.

Leipold bricht die Serie

30. September 2000. »Völlig kaputt« und »glücklichster Mensch der Welt« – das sind die Beschreibungen des eigenen Zustandes durch den 31jährigen Alexander Leipold nach seinem Olympiasieg im Freistilringen. Im Finale der 76-kg-Klasse besiegt er den US-Amerikaner Brandon Slay mit 4:0 und gewinnt damit die erste deutsche Goldmedaille bei den Freistilern seit 1960. Leipold völlig enthusiastisch: »20 Jahre habe ich für diesen Tag trainiert. Ich werde bestimmt 40 Jahre brauchen, um das alles zu begreifen.«

Halbfinale: Alexander Leipold (u.) gegen den Südkoreaner Moon

Thomas Schmidt wird der große Hit im Wildwasser

20. September 2000. Auf Deutschlands Slalomkanuten ist Verlaß. Wie bei den drei olympischen Auftritten zuvor (1972,1992,1996) bleiben sie auch in Sydney nicht ohne Goldmedaille. Der 24jährige Thomas Schmidt aus Bad Kreuznach beweist im letzten der vier Wettbewerbe im Einer-Kajak, daß ein Allerweltsname nicht außergewöhnliche Leistungen ausschließt. In beiden Läufen erzielt er auf dem Wildwasser beim Tanz zwischen den Stangen die Bestzeit, gewinnt am Ende mit sechseinhalb Sekunden Vorsprung auf den zweitplazierten Weltranglisten-Ersten Paul Ratcliff (Großbritannien). »Ich habe halt am wenigsten Fehler gemacht«, erklärt er simpel seinen Triumph. Dabei sah es noch ein Jahr zuvor fast nach dem Karriereende des Olympiasiegers aus. Bei einem Trainingsunfall in Spanien hatte er sich die Schulter ausgekugelt, mußte danach operiert werden. »Normalerweise bedeutet eine solche Verletzung für einen Kajakfahrer das Aus.«

▷ *Thomas Schmidt im Ziel des künstlich angelegten Kanu-Slalom-Kanals. Der Bad Kreuznacher gewinnt mit großem Vorsprung vor dem Weltranglisten-Ersten.*

Sechs Medaillen: Deutschland ist wieder eine Rudermacht

Strahlende Goldfrauen im Doppelvierer auf dem Penrith Lake: Kerstin und Manja Kowalski, Manuela Lutze und Meike Evers

23./24. September 2000. Auch ohne die beiden Achter, die sich nicht für die Spiele in Sydney qualifiziert haben, ist Deutschland bei den olympischen Ruderwettbewerben auf dem Penrith Lake eine Macht. In zehn der 14 Finals ist man vertreten, das kann keine andere Nation vorweisen. Die Bilanz nach den knüppelharten Rennen über 2000 m gegen die Weltbesten: Zweimal Gold, einmal Silber, dreimal Bronze. Alle Medaillen werden übrigens von Skullern, den Athleten mit zwei Ruderblättern gewonnen. Die Riemen-Ruderer, hauptverantwortlich von Ralf Holtmeyer (Dortmund) betreut, gehen dagegen völlig leer aus. Die Paradeboote des Deutschen Ruderverbandes sind der Doppelzweier mit Kathrin Boron und Jana Thieme sowie der Doppelvierer (Kerstin und Manja Kowalski, Manuela Lutze, Meike Evers). Für die Potsdamerin Boron ist es bereits die dritte olympische Goldmedaille nach 1992 (Doppelzweier) und 1996 (Doppelvierer). Außerdem hat sie sieben WM-Titel in ihrer Siegbilanz und ist damit die erfolgreichste Ruderin aller Zeiten.

Bei den Männern kann sich ein Brite mit diesem inoffiziellen Titel schmücken. Der 38jährige (und inzwischen geadelte) Brite Steve Redgrave gewinnt in Sydney bei seiner fünften olympischen Teilnahme seine fünfte Goldmedaille. »Das war für mich der bisherige Höhepunkt der Spiele in Sydney«, sagt IOC-Präsident Juan Antonio Samaranch als Augenzeuge des Wettbewerbs.

Erschöpft, aber glücklich: Kathrin Boron (l.) und Jana Thieme

»Lucky Lux« surft sicher zum Silber

24. September 2000. Was andere im Internet tun, das macht die 23jährige Oldenburgerin Amelie Lux auf dem Wasser: Surfen! 11 Wettfahrten sind bei der Regatta vor der Sydney-Oper im Hafen der Olympiastadt zu absolvieren. Das 52-kg-Leichtgewicht schafft dabei eine stolze Bilanz: dreimal Erste, sechsmal Zweite, einmal Dritte, einmal Vierte. Damit verpaßt »Lucky Lux« am Ende nur hauchdünn die Goldmedaille, die sich die italienische Weltmeisterin Alessandra Sensini mit ihrem Sieg im Abschlußrennen holt. Doch Sportsoldatin Amelie Lux ist mit dem überraschenden Silber ebenfalls glücklich. Ihr Motto: »Ich will Spaß, ich geb' Gas!«. Und Gold, das ist für sie nur aufgeschoben und nicht aufgehoben: »Das hole ich mir nun eben in Athen 2004.« In jedem Falle hat Amelie Lux, »Deutschlands Juniorensportlerin des Jahres 1995«, fünf Jahre nach dieser Ehrung mit olympischem Silber das eingelöst, was ihr Talent bereits als 18jährige versprochen hatte.

◁ *Kein Brett vorm Kopf, dafür eines unter den Füßen – die 23jährige Oldenburgerin Amelie Lux holt in der Bucht vor Sydney eine Silbermedaille.*

Nummer 6 und 7: Birgit, die Gold-Fischerin

30. September bis 1. Oktober. Deutschlands Kanuten sind wie 1996 in Atlanta auch in Sydney die Erfolgreichsten im Olympiateam. Dreimal Gold, einmal Silber und dreimal Bronze steuern sie zur Medaillenbilanz bei. Neben Einer-Canadier Andreas Dittmer (Neubrandenburg) paddeln der Zweier- und der Vierer-Kajak der Frauen auf den ersten Rang. Schlagfrau in den beiden Frauenbooten ist die 38jährige Birgit Fischer, die damit ihre olympische Statistik auf sieben Gold- und drei Silbermedaillen ausbaut und zur erfolgreichsten deutschen Olympiateilnehmerin aller Zeiten wird. Nach dem Gold-Zweier mit der Potsdamerin Kathrin Wagner erklärt sie: »Das war heute definitiv mein letztes Rennen. Irgendwann muß man mal einen Schlußstrich ziehen.« Ihren Spitzenplatz in der olympischen Bestenliste kommentiert sie zurückhaltend: »Statistiken sind doch nur Schall und Rauch.«

▷ *Birgit Fischer zeigt Gold.*

Schümann knapp am vierten Gold vorbei

30. September 2000. Zum sechsten Mal ist der Berliner Jochen Schümann in Sydney bei Olympia dabei – nur knapp segelt er an seiner vierten Goldmedaille nach 1976 (Finn), 1988 und 1996 (Soling) vorbei. Im Matchrace-Finale gegen den Dänen Jesper Bank – Rennen Boot gegen Boot – verliert Schümanns Crew knapp mit 3:4. Eine unnötige Niederlage, denn in den sieben Wettfahrten sind Schümann, Gunnar Bahr und Ingo Borkowski den Kontrahenten zumeist überlegen. Aber durch riskante Manöver an der Grenze bzw. unterhalb der Grenze des Erlaubten und die folgenden Strafdrehungen kommt Jesper Bank wieder und wieder in günstige Positionen. »Wenn man seine Chancen nicht nutzt, kommt der liebe Gott und straft einen«, kommentiert Schümann sarkastisch. Es sei wie ein vergebener Matchball im Tennis gewesen, sinniert er. Und es seien seine Letzten Spiele gewesen. Vier Segler-Medaillen, das können neben dem Berliner dennoch nur der Däne Poul Elvström und der Russe Valeri Mankin vorweisen.

Sydney 2000 in Stichworten

Die Spiele der XXVII. Olympiade in Sydney dauern vom 15. September bis 1. Oktober 2000. Athleten aus 199 Ländern und IOC-Mitgliedsverbänden nehmen an den 300 Wettbewerben in 33 Sportarten teil. 70 Länder gewinnen Medaillen. Am erfolgreichsten sind die USA (39–25–33), Rußland (32–28–28) und China (28–16–15). Deutschland wird Fünfter der Nationenwertung (14–17–26).
Leichtathletik: USA Nummer 1 mit 10 G, 4 S, 6 B, Äthiopien mit 4 G, 1 S, 3 B. **Basketball:** Zweimal USA, Dream Team III der Männer. **Boxen:** 7 Länder gewinnen die 12 Goldmedaillen. Kuba mit 4 G, 2 B. Deutschland einmal Bronze. **Fechten:** Rußland und Italien je 3 G. Deutschland 2 S, 3 B. **Gewichtheben:** Männer – 2 G für Griechenland und Iran, Frauen – 4 G für China. **Handball:** Rußland (Männer) und Dänemark. **Hockey**: Niederlande (Männer) und Australien. **Judo:** Männer – 3 G Japan, Frauen – 2 G Kuba und China, 1 B Deutschland. **Kanurennsport:** Am erfolgreichsten Ungarn mit 4 G, 2 S, 1 B. Danach Deutschland mit 3 G, 1 S, 3 B. **Radsport:** Bahn – Frankreich 4 G, 2 S; Deutschland 2 G, 2 S, 2 B. Straße – 2 G Niederlande (L. Zijlaard/Frauen); Deutschland 1 G, 1 S, 1 B. **Reiten (Dressur/Springen/Military):** Niederlande 2 G, 2 S; Deutschland 2 G, 1 S, 1 B; USA und Australien je 1 G. **Ringen:** Klassisch – 2 G Rußland; Freistil – 4 G Rußland, 1 G Deutschland (Leipold). **Rudern:** 3 G Rumänien, 2 G Frankreich, 2 G Großbritannien. Deutschland 2 G, 1 S, 3 B. **Schießen:** 3 G China, 2 G Schweden, 2 G Bulgarien. Deutschland 1 B (Bogenschießen Frauen). **Schwimmen:** USA 14 G, Australien 5 G, Niederlande 5 G. **Segeln:** 3 G Großbritannien, je 2 G Österreich, Australien. Deutschland 2 S, 1 B. **Tischtennis:** 4 G China. **Turnen:** Männer – Rußland, China 2 G; Frauen – Rußland 4 G, Rumänien 2 G. **Wasserspringen:** China 5 G, Rußland 2 G. Deutschland 2 B.

Register

A

Aaltonen, Wäinö 278
Aamodt, Andre Kjetil 662, 691
Aasen, O. 250 f.
Abascal 596
Abba, Silvano 336
Abbas I., Schah von Persien 67, 72
Abbott, Lemuel F. 91
Abdesselem, Rhadi Ben 446
Abdul-Jabbar, Kareem 508 f.
Abegglen, Trello 348
Aberdare, Lord 362
Abrahams, Harold 275
Abran 189
Abs, Karl 145, 147
Abu Bekr 55
Abu Quasim ben Firnas 26, 47
Abuschachmetow 538
Ackermann, Rosemarie 547, 552 f., 569
Adam, Karl 450, 634
Adams, Marcus 651
Adamski, Herbert 335
Adenauer, Konrad 265, 381
Adlerz, Erik 273
Adolf Friedrich, Herzog zu Mecklenburg 279, 380 f.
Adrianow, Nikolai 550
Aelst, Pieter Coecke van 73
Aerts, Jean 284
Agassi, Andre 657, 661, 704, 752, 759
Agenor 639
Ageos 32
Agostini, Giacomo 514, 516, 537, 539
Agrikola, Georg 586
Agrippa, Camillo 67, 74
Ahearne, Daniel 220
Ahlgren, Anders 231, 235
Ahlgren, Anne 560
Ahmann, Jörg 720, 764
Ahmed I., Sultan 75
Ahonen, Janne 747, 754
Ahrens, Marlene 421
Ahuízotl, König der Azteken 44
Aihara 449
Aimar, Lucien 481
Akanthos 27
Akebono, Yokozuna 732
Akihito, Kaiser von Japan 732
Akii-Bua, John 522
Alavoine, Jean 253, 267
Albarello, Marco 617
Albarran, Pierre 262
Albemarle, Herzog von 83
Albert, Charlotte d' 93
Alborello, Marco 664
Albrecht II., Herzog von Österreich 53
Albrecht III., Kurfürst von Brandenburg 54
Albright, Tenley 403
Albus, Emmy 330
Alcindo, Lou 508 f.
Aldair 700
Alejnik, Wladimir 695
Alemao 611
Alesi, Jean 703
Alexander der Große, König von Makedonien 29
Alexejew, Wassili 560
Alexios I. Komnenos, oströmischer Kaiser 49, 51
Alfons VII., König von Kastilien 49
Alfons X., der Weise, König von Kastilien 49
Ali, Muhammad 460, 464, 476, 479, 481 ff., 487, 502, 508 f., 514 f., 517, 529 ff., 536 f., 539, 552, 554, 558 ff., 572 f., 641, 702, 705, 714, 752
Alibegovic, Teoman 705
Alis 509
Ali-Schack, Sultan von Kaschmir 51
Aljochin, Aleksandr A. 283, 322, 324, 339,345, 362, 367, 427
Alken, Henry 95, 103
Alkibiades 30
Allais, Emile 322, 339 f., 355
Allemandi, Luigi 320
Allerdice, Robert Barclay 95, 98, 100, 103, 132
Allgeier, Sepp 239, 253
Allmen, Hilti von 456
Allofs, Klaus 565
Allouez, C. 83
Alm, Erik 264
Almer, Christoph 129
Almsick, Franziska van 677, 684, 687, 702, 708, 749
Alsgaard, Thomas 737
Alt 415
Altig, Rudi 435, 438, 459, 478 f., 481, 486, 726 f., 746
Altobelli 580
Altwegg, Jeanette 370, 391
Alvarez, Lili de 285
Alverà, Renzo 426, 537
Amadeo, Prinz von Sardinien 118
Amalie, Königin von Griechenland 112
Amano, Tomika Asu 345
Amarildo 458
Amato, Gus d' 460
Amberg, Leo 344
Amberger, Walter 453
Amble-Omundsen 245
Amenophis II., König von Ägypten 12, 17
Amin 699
Amokachi 699
Amon, Chris 529
Amoros, Francesco 100, 112, 115
Amoros, Manuel 580, 611
Ampler, Uwe 688, 732
Ampthill, Lord 153
Amsinck 121
Amunike 699
Anarcharsis 35
Anastasi 503
Anderbrügge, Ingo 728
Andersen, Anja 689
Andersen, Greta 377
Andersen, Hjalmar 385, 388, 391, 409, 561, 692
Andersen-Schiess, Gaby 599
Anderson, Paul 424
Anderssen, Adolf 120, 126 f., 131, 135
Andersson, Agneta 718
Andersson, Arne 358 f., 375
Andersson, Erik Peter 376
Andersson, Gösta 380
Andersson, Harald 318, 443
Andersson, Patrik 754
Andersson, Stig 404
Andonowa, Ludmilla 587, 592, 599
Andrade, Victor 298, 384
André, Georges 213, 359
Andrea, Evaldo d' 426
Andrei, Alessandro 616
Andrejewa, Anna 382
Andreolos 34
Andreotti, Giulio 444
Andres, Beate 643
Andretti, Mario 554
Andrew, Prinz von Großbritannien 606
Andriakopoulos, Nicolaos 157
Andrianow, Nikolai 527, 550
Anet, Claude 262
Angelo, Henry 87
Anger, Matt 609
Angerer, Peter 574
Angerer, Willi 38, 325
Angeville, Henriette d' 112, 114
Anglade, Henri 437
Angst 415
Anikin 415
Anjou, Herzog von 77
Anne, Prinzessin von Großbritannien 514 f., 549
Anninos, Charalambos 156
Anno II., Erzbischof von Köln 49
Anquetil, Jacques 413, 418, 426 f., 430, 443, 435, 437, 439, 453, 456, 459 f.,464, 478, 486 f., 489, 529, 534, 581, 587, 609, 706
Antiphon 28
Antonioni 580
Anttila, Einari 247, 250, 260
Anufrijew, Alexandr 393
Anzani 222
Aouita, Said 597, 606, 616, 629
Apel, Katrin 734
Apollinaire, Guillaume 218
Apollo 147
Apollon 28
Applegarth 232
Appleton, W. 138
Aquilar, Andreas 637, 642
Aquin, Thomas von 51
Arai, Shigeo 334
Arakawa, Shizuka 732
Araki, Motokijo 75
Archambaud, Maurice 300, 338 f., 344, 359, 529
Archdéacon, Ernest 208
Archer, Joey 480
Archibald, Edward 213
Archibald, George 252
Arconada 593
Arcy, Victor d' 232
Ardaschir I., König der Perser 43
Arend, Dieter 335
Arend, Willy 180, 187, 221
Arfons, Art 479
Arfons, Walt 480
Argy, Hauptmann d'128
Arimnestos, König der Etrusker 27
Ariotis 228
Aristoteles 33, 48, 52
Arkajew 633
Arlandes, François L. d' 93
Armitage, Heather 420
Armstrong, Debbie 589
Armstrong, Duncan 632
Armstrong, Henry 345
Armstrong, Lance 688, 746, 748, 752, 758, 766
Arndt, Judith 717
Arnold, Thomas 106, 118, 340
Arnould, R. 81
Arnoux, René 586
Arrhachion 27, 34
Arrian 42
Artemow, Wladimir 633
Arvidsson, Olof 235
Asarjan, Albert 423
Asbroeck, Paul van 175
Ascari, Alberto 387 f., 398, 400, 409, 411, 708
Aschenbach, Hans-Georg 541
Aschenbrenner, P. 342
Ashe, Arthur 506, 512, 537 f., 572, 684
Ashenfelter, Horace 394
Ashford, Evelyn 582, 587, 598, 631
Asikainen, Alfred 235
Asrabajew, Anatoli 681
Assael 27
Assurbanipal, König von Assyrien 16
Assurnasirpal II., König von Ägypten 15
Astafei, Galina 675, 707
Atcherley, Louis 443
Atkins, David 760
Attenhofer 250
Attlesey, Dick 382
Aucouturier, Hippolyte 189
Audemars, Emile 187
Aue, Hartmann von 51
Auerbach, Wilhelm 138, 143
Auerswald, Ingrid 569
Augenthaler, Klaus 649 f.
Augias, König 27
Augières 199
Auguste Victoria, deutsche Kaiserin 199
Augustus, römischer Kaiser 37 f., 40
Aunli, Berit 577, 590
Aussem, Cilly 301, 303, 625
Austin, Bunny 343
Austin, John 564
Austin, Tracy 564
Averkamp, Hendrick 80
Averoff, Giorgios 153, 155
Awdejenko, Gennadi 585
Awerina, Tatjana 537
Awilow, Nikolai 523

B

Baar, Roland 652
Babashoff, Shirley 548
Babbel, Markus 748
Babilonia, Tai 558, 563
Babka, Richard 447
Babur, Sultan 61
Bach, Thomas 714, 746
Bachler, Reinhold 487
Bachrach, William 261, 263
Bachramow, Tofik 485
Bacigalupo 380
Backley, Steve 643, 661, 722
Bacon, Charles 211
Bacon, Francis 82
Bader, Pepi 519
Baer, Buddy 355, 357 f.
Baer, Max 316, 318 f., 322 f.
Baert 320
Baess 577
Baffi 443
Bagert, Dirk 661
Baggio, Roberto 649, 699 f.
Bahamonde, Francesco Franco 572
Bahamontes, Federico 430, 435, 437, 626
Bahne 659
Bahr, Gunnar 771
Baibar I., Mamelucken-Sultan 51
Baier, Anke 694
Baier, Ernst 325 f., 350 f.
Baikauskaite, Lailoute 631
Bailey, Donovan 715, 731
Bailey, McDonald 405
Baillet-Latour, Henry Graf de 276, 289, 313, 324 f., 328 f., 358 f., 361, 572
Baillie, William 469
Bajazid II., osmanischer Sultan 58
Bajul, Oksana 696
Baker, Joséphine 319
Baker, Reginald 215
Baker, Thane 420, 443
Baksi, Joe 366
Balas, Iolanda 413, 429, 433, 435, 439, 448, 453, 455
Balck, Viktor 153, 201, 229
Balczo, Andras 527
Baldini, Ercole 413, 418, 425 f., 429, 434, 443, 529
Baldus, Brita 677
Balkenhol, Klaus 680
Ball, John 129
Ballack, Michael 755
Ballangrud, Ivar 287, 297, 326, 561
Ballarin 380
Ballesteros 298
Balmamion 503
Balmat, Jacques 90, 92
Balster 652
Balto 151
Balzer, Karin 470, 505, 508, 514
Bank, Jesper 771
Banks, Gordon 485, 520
Banks, Willie 606, 673
Bannister, Roger 403 f., 522
Bantz, Helmuth 423
Baptiste, Kirk 595
Baran, Ria 365, 385
Barany 285
Baras 160
Barbosa, José 629
Bardauskiene, Wilma 554, 557
Barden 222
Baresi, Franco 649, 700
Barkley, Charles 681, 721
Barkway, Ray 404
Bärlund, Sulo 333
Barnekow, Marten von 295
Barnes, Harold 299
Barnes, Lee 286
Barnes, Randy 643
Barnett, Battling 152
Barnum, Phineas Taylor 138 f.
Baronchelli, Gian Battista 534
Barone, Nick 382
Baronyi, Andreas 209
Barr, Freeman 746

Barrett, Herbert Roper 177, 241, 473
Barrington, Charles 129
Barrios, Arturo 637
Barrow 335
Bartali, Gino 339, 344 f., 349, 354, 359, 363 f., 366 f., 371, 379, 381, 383, 398, 402, 411, 443, 534
Bartels, Wolfgang 465
Barth, Carmen 312
Barth, Hermann von 144
Barthel, Josef 394
Barthez, Fabien 757
Bartko, Robert 746, 766
Bartolo, Sal 363
Barton, Greg 634
Barzini, Luigi 210
Basche, Armin 709
Baschukow, Nikolai 541
Basedow, Johannes Bernhard 90, 93, 97
Basilio, Carmen 426, 428 f.
Basler, Mario 738, 748
Bassham, Lanny 549
Basten, Marco van 624, 645, 647, 669
Bates, Michael 671
Bathe, Walther 223, 234
Batista 650
Bats, Joël 593, 611
Battistelli, Stefano 676
Battiston, Patrick 611
Battuta, Ibn 53
Batzill, Albert 634
Bau, Sabine 613, 633, 652
Bauer, Alex 603
Bauer, David 466
Bauer, Fritz 237, 335
Baugniet, Pierre 365, 367, 370
Bauma, Herma 365, 367, 376
Baumann, Alex 600
Baumann, Dieter 629, 672, 701, 751
Baumann, Ernst 577, 581
Baumann, Matthias 635, 680
Bäumer 353
Baumert, Armin 767
Baumgarten, Fritz 218
Baumgärtner, Willy 218
Bäumler, Hansjürgen 460 f., 464, 466 f.
Bäurle 230
Bausch, James 317
Bausil, Leutnant 185
Bautista, Daniel 558, 568, 596
Bautz, Erich 339, 344
Bauwens, Peco 367, 379, 381, 407
Baxter, Irving 174
Bayer, Peter 587
Bayi, Filbert 531, 568
Bayisa, Fita 672
Bealton, Harry 443
Beamons, Bob 595, 660, 707
Beard, Percy 318
Beardsley 649
Bearzot, Enzo 580
Beatles 521, 551
Beauclair, Victor de 167
Beaufort, Herzog von 138
Beauharnais, Eugène de 120
Beaurepaire, Frank 273
Bebeto 700
Beccali, Luigi 309, 316, 330
Becher 116 f.
Beck, Emil 538, 550, 652
Beck, Volker 568
Becke, Daniel 766
Beckenbauer, Franz 511, 520, 532 f., 648 ff., 684, 711, 729, 759
Becker, Boris 606, 609 f., 613, 616, 620, 626, 637, 639, 642, 653, 657, 683, 703 f., 726, 729, 743, 746, 749
Becker, Elizabeth 273
Becker, Felix 641
Becker, Fritz 218
Becker, Ingrid 497, 507
Becker, Marion 547
Becker, Otto 768
Becker, Peter 758
Beckett, Joe 253 f.
Beckham, David 748
Bedarff, Emil 263, 265
Bedford, David 522
Beerbaum, Ludger 680, 684, 686, 721, 768
Beeson, Edward 243
Beethoven, Ludwig van 270, 391, 433, 732
Begljikowa, Irina 421
Beham, H. G. 64
Behle, Petra 734
Behr, Pamela 540
Behrendt, Jan 666
Behrendt, Wolfgang 424
Behrens, Karl 214
Behrens, Kurt 234
Bein, Uwe 650
Beinhorn, Elly 346
Beiser, Trude 365, 369, 382
Belanow 624
Belcher, Jem 90, 98
Belethus, Johann 49
Bell, Gregory 421
Bella, Gabriele 71, 89
Bellenger 267
Bellingham, Norman 634
Bellini 352, 432
Belmondo, Stefania 653, 664
Belousowa, Ludmilla 461, 466 f., 493
Belova 527
Below, Serjei 528
Belowa, Irina 675
Bendlin, Kurt 487 f., 507
Bene, Ferenc 475
Benecke, Emil 362
Benecke, Wilhelm 100 f.
Bengoechea, Eduardo 613
Bengtsson, Stellan 514
Benitz, Wilfred 564
Bennett, Charles 173
Bennett, James Gordon 112, 177, 206
Bennett, Louis 131 ff.
Benoit, Joan 599
Bensemann, Walter 176
Benz, Carl 170
Benz, Josef 537, 558
Berauer, Gustav 350, 355
Berbick, Trevor 573, 610, 615
Berczelly, Tibor 397
Berczi, Károly 126
Beresford, Jack 335
Berg, Leif 201
Berg, Walter 341
Berganza, Teresa 670
Berge, Guttorm 389
Bergendahl, Lauritz 245, 247, 388
Berger, Alfred 263, 268 f.
Berger, Christian 443
Berger, Gerhard 645, 703
Berger, Patrick 713
Bergkamp 699
Bergmann, Arnfinn 390
Berkoff, David 676
Berlepsch, H. A. 135
Berlusconi, Silvio 645
Bernard 255
Bernard, Marcel 363
Bernardi, Oronzio de 88
Bernhard, Prinz der Niederlande 450
Bernreiter, Franz 574
Berruti, Livio 445
Berthet, Marcel 221, 238, 244, 344, 529
Berthod, Madeleine 415
Berthold, Hans 268
Berthold, Thomas 649 f., 699
Berthon, Eric 610
Bertin 222
Bertolini, Luigi 320
Bertoni 556
Bertonio, Ludovico 67
Beshore, Freddy 382
Besnard, Charles 83
Besselmann, Jupp 399
Besson, Colette 505, 507
Beswick 331
Betz, Pauline 358 f., 361, 363 f.
Bey, David 606
Beyer, Harm 677
Beyer, Horst 523
Beyer, Karin 429
Beyer, Markus 746
Beyer, Olaf 576
Beyer, Uwe 514 f.
Beyermann, Ina 601
Biasini 297
Biavati, Amedeo 348
Bible, Lee 295
Bichler, Hubert 681
Bider, Oskar 239, 253
Bie, Ferdinand 230
Bieberstein, Arno 214
Biebl, Heidi 441
Bief, Jacqueline du 391
Biellmann, Denise 563, 573
Bierbrauer, Adi 250
Bierhoff, Oliver 710, 713, 741, 757
Bikelas, Demetrios 153, 211
Bikila, Abebe 446, 469, 568
Bildstein, Albert 247
Billardo 650
Bilosertschew, Dimitri 633
Bilwin 363
Binda, Alfredo 284, 295, 297, 315, 381, 443
Binder, Aranka 681
Binder, Franz 356 f.
Bingley-Hillyard, Blanche 198
Binner, Walter 220
Biondi, Matt 606, 632, 676
Birch 103
Bird, Larry 689, 721
Birir 672
Birkemeyer, Gisela 439
Birr, Werner 362
Bisanz, Gero 639, 658
Bischoff, Sabine 602, 613
Bitok, Paul 672
Bittner, Klaus 450
Bittner, Werner 456, 464
Bitzius, Albert 130
Bivins, Jimmy 386
Biyik, Omam 647
Björnstad, Thorleif 201
Bjurstedt, Molla 245, 247, 250 f., 264
Black, Ernest 177
Black, Roger 701
Blackwell, Elizabeth 126
Blagojewa, Jordanka 517, 524, 547
Blair, Bonnie 622, 667, 694, 726
Blake, Bob 736
Blanc, Jean 368
Blanc, Laurent 757
Blanchard, Jean-Pierre 93, 98
Blankers, Jan 358 f., 433
Blankers-Koen, Francina 358 f., 373, 376, 382, 385, 395, 530
Blaschke, Georg P. 247
Blaser, Ulrich 226
Blasi 256
Blask, Erwin 333, 345
Blatt, Josephine 228
Blemmydes, Nikophoros 51
Blériot, Louis 220, 222
Blersch, E. 295 f.
Blin, Jürgen 529
Blixen-Finecke, Hans von 236
Blöcker, Herbert 680
Blomqvist, Andres 620
Blomqvist, Örjan 620
Blondel, Alain 763
Blondin 126, 129, 144
Bloney, Baron Godefroy de 179
Bluhm, Kay 659
Blum, Charles 371
Blum, Pepi 315
Board, Lilian 507
Boardman, Chris 679
Boardman, Leslie 173, 234
Bobatsch, Geschwister 202
Bobet, Louison 383, 400, 402 f., 409, 411, 418, 426 f., 430, 434, 443
Böckl, Wilhelm 242, 269, 279, 288
Bode, Marco 713
Boden, Patrick 643
Bodor, Ödön 213
Böe, Anette 607
Boeck, Ludwig 287
Bogart 548
Bogislaus, F. 154
Bogner, Willi 322, 440, 464, 467, 693
Bogni, Paul 400
Bogoljubow, Jefim 345
Böhling, Ivar 235
Böhm-Hennes 228, 247
Bohorques, Alvarez de 680
Bohren, Peter 129
Boileau, Etienne 51
Boillot, André 253
Boillot, Georges 228, 244
Boitano, Brian 610, 617, 622
Bokloev, Jan 694
Boland, John Pius 157, 159
Boldon, Ato 761 f.
Boldt, Harry 474, 481, 537, 549, 680
Bôle, Jules 130
Boleslaw, Herzog von Schlesien 69
Bolin, Anatole 251
Bolkart, Max 643
Bolla 253
Bolotnikow, Pjotr 439, 456
Boltenstern sen., Gustav-Adolf 236
Bölter 488
Bolton, Nancy 363
Bonaglia 294
Bonaly, Surya 668
Bonavena, Oscar 508 f.
Bondartschuk, Anatoli 505, 546, 568
Bonde, Carl 236
Bongartz, Hans 543
Bonhof, Rainer 532, 543
Bonhours, Emile 170, 178
Boninsegna, Roberto 510 f.
Bonlieu, F. 429
Bonna, Narre 269
Bonnato, Edoardo 646
Bonnet, Helmut 333
Bonnet, Honoré 465, 486
Bonsack, Klaus 666
Bonthron, William 318
Borchert, Katrin 659
Borchmeyer, Erich 304, 307, 443
Bordin, Gelindo 629
Bordino, Pietro 263
Borella, Andrea 602
Borg, Ake 273
Borg, Arne 265 f., 273, 276, 285, 295
Borg, Björn 538 f., 551 ff., 557 ff., 573, 575, 582, 586, 653, 743
Borghese, Scipio Fürst 209 f.
Borkowski, Ingo 771
Bornemann, Ernst 341
Börner, Jacqueline 643, 667
Boron, Kathrin 659, 770
Borotra, Jean 276 f., 293, 295, 303, 317
Borowik, Hans 223
Borrmann, Elmar 582
Borsarelli 363
Borsow, Valeri 507, 522 f., 535, 545
Borzacchini, Mario 316
Bosákavá, Eva 449
Bosch, Hieronymus 73
Böse, Roland 500
Boskov 645
Bosman, Jean-Marc 704, 709
Bossis, Maxime 580, 593
Bossoutrot 255
Boston, Ralph 439, 447, 453, 464, 479
Botazza 298
Botha, Frans 704, 706
Bottecchia, Ottavio 267 f., 275 f., 284, 294
Bottom, Joseph 552
Botwinnik, Michail M. 324, 367, 426 f., 429, 439, 452 f., 460, 462
Boucher, Constant le 184
Boucher, Gaetan 561, 591
Bouin, Jean 226, 232, 239, 245, 256
Bourland 357
Bournissen, Chantal 663
Bourvil 727
Bousies, Graf Max de 153
Boutayeb, Brahim 672
Boutayeb, Hammou 672
Boutowski, Alexander 153
Boutsen, Thierry 645
Bouvet, Didier 589
Bowe, Riddick 661
Boyle, Raelene 524

Boysen 411
Bozon, Charles 440
Bozon, Michel 456
Bozsik, Jószef 406
Braa, Oddvar 577
Brabham, Jack 435, 438 f., 481, 490, 708
Bracht, Helmut 428
Brack, Walter 195
Bracke, Ferdinand 487, 489, 503, 529
Brad, Michael 552
Braddock, James J. 322 f., 337, 339, 347
Bradl, Gustav 371, 390
Bradl, Joseph 325, 345, 350, 355, 607
Braganza, Katharina von 79
Bragg, Don 439
Bragina, Ludmilla 524, 539
Braglia, Alberto 215, 235
Braithwaite, Darren 651
Branco 611
Brand, Esther 395
Brandner, Hans 542
Brands, Steffen 707
Brandscheidt 352
Brandt, Elke 382
Brandt, Heinz 321, 361, 363
Brandts 556
Brandtzaeg, Torgeir 467
Brankart, Jos 411, 434
Brannasch, Karsten 696
Brant, Sebastian 62
Braque, Georges 218
Brasher, Christopher 404, 490
Brauchitsch, Manfred von 324
Braumüller, Ellen 304
Braun (Rennfahrer) 199
Braun (Ringer) 276
Braun, Dieter 575, 688
Braun, Egidius 661, 683
Braun, Georg 315
Braun, Gregor 549
Braun, Hanns 213, 220, 226 ff., 233, 251
Braun, Ralf 749
Braun, Sabine 675, 701, 730
Braunschweiger, Alfred 195
Bréard, Lucie 260
Bredemeyer, Rudolf 163
Bredow, Eva von 284
Breedlove, Craig 479 f.
Breen, George 422
Brehme, Andreas 612, 649 f.
Breidenbach 222
Breitner, Paul 520, 533, 579 f.
Bremen 308
Brendel, Jakob 312
Brenden, Hallgeir 390
Brenha 764
Brennan, Bill 255, 259, 261
Bretting, Kurt 223, 228
Breu, Beat 581
Breuer, Grit 651, 661, 684 f., 744
Breukelen, Hans van 669
Brewer, Charles 732, 745
Briegel, Hans-Peter 565, 580, 612
Brinckmann, Hans-Heinrich 339, 353
Brinkmann, Wolfgang 635
Brion, Cesar 386
Brisco-Hooks, Valerie 598
Brocco 221
Brockmann, Hermanus 175
Broekman, Kees 391
Brognière, Bertrandon de la 55
Broillet, Michel 552
Brolin, Thomas 669
Bromwich, John 353, 363, 367
Bronstein, David 427
Brookes, Norman 209, 243 f.
Brooks, Herbert 563
Broome, David 453, 508, 512
Broos 256
Broquedis, Marguerite 234
Broue, Salomon de la 77
Brough, Louise 359, 361, 364 f., 367, 380 ff., 409, 411
Broughton, Jack 86, 89 ff.
Brown, Alfonso Téophilo 318 f.
Brown, Alice 598
Brown, José Luis 612
Brown, Keith 322
Brown, Mattie 512
Brown, Ron 595, 651
Brown, Susan 573 f.
Brown, Thomas 364
Browne, Ian 425
Browne, Mary K. 251
Browning, Kurt 655
Bruce, Charles Granville 300
Bruce-Brown, David 225
Bruegel d. Ä., Pieter 73, 80
Bruggmann, Edmund 518
Brugnon, Jacques 276 f., 279, 293, 295, 317
Bruguera, Sergi 726
Bruin, Inge de 765
Brule 379
Brumbach, Käthchen 226
Brumel, Valerij 453, 456, 460, 463
Brundage, Avery 251, 308, 325, 339, 362, 367, 371, 374, 388, 400, 409, 439, 468, 514, 517 f., 523, 525, 539, 572
Bruner, Mike 548
Brunet, Pierre 279, 288, 297, 305
Brunier, Jean 268, 275
Brunni, Eugen 190
Bruno, Frank 637, 641, 710
Brusso, Noah 216
Brutscher, Toni 390
Brutus Pera 38
Bry, Dietrich de 75
Bry, Johann Theodore de 43
Brydenthal, Arnold 360
Bubka, Sergej 585, 587, 592, 606, 609 f., 620, 673, 687, 701, 707, 730
Bubka, Wassili 614
Bucher, Jane 610
Buchgeister, Heinrich 250
Buchheit 659
Büchi, Albert 317
Buchner, Mirl 389
Buchwald, Guido 650
Buchwalder, Edgar 325
Buck, Angelika 508
Buck, Erich 508
Buckingham, Gregory 498
Budd, Frank 445
Budd, Zola 598
Buddeworth, John de 53
Budge, Donald 339, 343, 345, 349, 426
Bueno, Maria Esther 429, 435, 437, 439, 452, 464, 482
Buffogoni, Carlo 85
Buggenhagen, Marianne 723
Bugner, Joe 537
Bugno, Gianni 658, 682
Buhl, Hermann 400 f., 426
Bulla, Max 316 f.
Bulpett, W. H. 149
Bungert, Wilhelm 145, 477, 487 f., 512
Bure, Pawel 736
Burger, Fritzi 288, 305
Burger, Heinrich 211, 223, 226
Burgess, Thomas W. 226, 265, 267
Burghley, David Lord 309
Burgkmair, Hans 63
Burgnich, Tarcisio 503, 511
Burgsmüller, Wilhelm 428, 462
Burke, Barbara 339
Burke, James 112, 115, 123
Burke, Thomas 157
Burman, Red 355
Burmester, Adolf 145
Burn, R. 137
Burneleit, Karin 514
Burns, Tommy 203, 205, 208 f., 211, 216 f., 319
Burrell, Leroy 653, 660, 671, 731
Burruchaga, Jorge 612
Busbecq, Ogier Ghislain de 67
Busby, Matt 430
Busch, Gundi 403
Busch, Hans 196
Busch, Sabine 606
Busemann, Frank 716
Busemann, Franz-Josef 716
Butcher, Martin 90
Button, Richard 365, 367, 370, 391
Buxton, Angela 429
Buysse, Lucien 279
Bybon 27
Byerley 83
Bykowa, Tamara 582
Byrd, Chris 752, 755
Byrne, Simon 112, 115, 123
Byron, George Gordon Noel Lord 95, 99 f., 103, 105 f.
Bystrowa, Galina 429

C

Caballé, Montserrat 670
Cabrini 580
Cacho, Fermin 672
Caepio, Q. Servilius 42
Cafu 700
Cagle, Harold 331
Cagno, Alessandro 199, 205 f.
Cajkovski, Zlato 488, 506
Calau 111
Caldow 454
Calhoun, Lee 437
Caligula, römischer Kaiser 39 f., 43
Callaway, Betty 591
Callot, E. 153
Calmat, Alain 491
Calmund, Rainer 755
Calnan, George C. 306
Camber, Irene 397
Cameron, Bertland 585
Camichel, Werner 519, 537
Camp, Walter C. 142, 152
Campanella, Tommaso 75
Campari, Giuseppe 268, 316
Campbell 761
Campbell, Donald 480, 487
Campbell, Malcolm 276, 286, 295, 301, 304, 314, 322, 347, 357, 487
Campes, Erich 312
Camporese, Omar 657
Camuzzo, Francesco 344
Canado, Patrick 626
Canario 451
Canet, Albert 234
Caniggia 649 f.
Cannon, Tom 147
Cantello, Al 435
Canto, Ernesto 596
Capablanca y Graupera, José Raúl 260, 262, 283, 324, 427
Capelli 645
Capellmann, Nadine 768
Capilla, Joaquin 422
Caprilli, Federico 185
Caracciola, Rudolf 279, 284, 286, 294 f., 301, 304, 314, 322, 324 f., 339, 342, 345 f., 354, 384, 388
Caracciolo, Pascual 67
Carew 308
Carey, Rick 600
Carlevaris, Luca 84
Carlos, John 494
Carnera, Primo 314, 316, 318 f., 323
Carnevali 532
Carney 445
Caroli, Guido 413
Caroll 174
Carozzi 225
Carpenter 213
Carpenter, Kenneth 333
Carpenter-Phinney, Connie 603
Carpentier, Georges 239, 241, 243, 253 f., 260 f., 263 f., 268, 270, 275, 280
Carr, Henry 460, 464, 469
Carr, William 307, 309
Carrard, François 722
Carré, Jean 443
Carrel, Jean Antoine 135
Carreras, José 670
Carry, Luther 157
Carstensen, Fritze 377
Carter 377
Carter, Jimmy 564, 566
Cartwright, Alexander J. 118 f.
Caruso, Oliver 723, 732, 739
Carver, Robert 112
Cary, Luther 443
Casals, Rosa Maria 512
Cäsar, römischer Kaiser 42
Casey, Doc 277, 347
Cash, Pat 616
Casiraghi 712
Caska, Josef 343
Cáslavská, Vera 472, 475, 486, 499, 501, 571
Cason, Andre 660, 671
Castella, Robert de 584, 597
Castellani, Familie 84
Castiglione, Baldassarre Graf 61, 64
Castro, Fidel 545, 640
Castro, Hector 292, 298
Catasta, Romolo 378
Caters, Baron de 199
Catherwood, Ethel 291, 293
Catlin, George 45 f.
Cator, Sylvio 286
Cattini, Hans 322, 340
Cattini, Pic 322, 340
Caulkins, Tracy 601, 605
Caunt, Ben 122
Cavallieri, Walter 724
Cavill, F. 144
Cawley, Rex 464
Cawley-Goolagong, Evonne 560, 582
Cayasso 647
Cea 298
Cederquist, Jane 439
Celio, Enrice 367
Cellarius, Albert 154
Centa, Manuela Di 653
Cerar, Miroslaw 472
Cerdan, Marcel 367, 380
Cerioni, Stefano 602
Cerník, Oldrich 499
Cerutti, Percy 433
Cesar, Julio 611, 728
Cesaris, Angelo de 586
Ceulemans, Raymond 530
Cevert, François 535
Ch'eng Ti, Kaiser von China 20
Chamberlain, Ann 470
Chambers, John Graham 132, 146
Chammartin, Henri 474
Champion, Emile 173
Champion, Malcolm 234
Champsavin, Louis de 253
Chan, Kaiser von China 13
Chang, Michael 637, 639
Chapman, Colin 462, 513
Chapman, Gary 422
Chapuisat 728
Chapuis-Delapierre 260
Charles, Ezzard 380, 382, 385 f., 388, 403, 405
Charles, Jacques Alexandre César 93
Charlton, Andrew Murray 273, 285, 310
Charlton, Bob 511, 520, 530
Charlton, Jack 485
Charron, Fernand 170, 177
Chasseloup-Laubat, Gaston Comte et Marquis de 161
Chataway, Christopher 393, 403 f., 405
Chatt, Bob 165
Chauvincourt, Beauvois de 70
Chavez, Geo 223, 225
Cheeseborough, Chandra 598
Chelimo, Richard 672
Chen, Longcan 638
Cheng, Chi 508, 524
Chesire 672
Chiabrera, Gabriello 65
Chiappa, Imelda 717
Chiapucci 658
Chichester, Francis 487 f.
Childs, Joe 252
Chio Yuang Shang 49
Chioccioli, Franco 653
Chi-peng 37
Chirino 75
Chiron, Louis 286, 301, 384
Chloris 35
Chodowiecki, Daniel N. 93
Christiakowa, Galina 620
Christian, Adolf 427
Christian, Dick 117
Christie, Linford 627, 651, 660, 671, 687, 701, 731
Christine, Königin von Schweden 81

Christoph, Eugène 241, 253
Christoph, Herzog von Bayern 55
Christow, Valentin 539
Chromik, Jerzy 409, 429
Chrstowa, Swetanka 675
Chuvalo, George 481, 517, 529
Cicero 39
Ciepla, Tereza 470
Cierpinski, Waldemar 545, 568
Ciprelli, Patrice 717
Cipressa, Andrea 602
Claesgens, Lothar 474
Clark, Jack 244
Clark, Jim 455, 460, 462, 478 f., 480, 490 f., 502, 504
Clark, Robert 333
Clark, Stephen Edward 471
Clarke Ronald 463, 469, 479, 481, 487, 490
Clarke, Ellery 156 f.
Clarke, Marjorie 286, 293
Clarke, Ronald 419, 460
Clarke, William 106
Claudius, römischer Kaiser 40
Claus, Hildrun 439, 448
Clay, Cassius (siehe Ali, Muhammad)
Cleland, James 82
Clément, Abbé 92
Clément, Albert 199, 206
Clias, Phokion Heinrich 100, 106 ff.
Clinton, Bill 698, 711, 714, 744
Clinton, Hillary 691
Clodoaldo 510
Clotworthy, Bob 422
Cloughen, Robert 213
Coachman, Alice 376
Coakes, Marion 479
Cobb, John 347, 350, 365, 388
Coberger, Annelise 663
Cochet, Henri 277, 293, 295, 317, 364
Cochran, Barbara 518
Cochrane, Freddie 363
Cockell, Don 409, 412
Cocteau, Jean 319
Coe, Peter 559
Coe, Sebastian 558 ff., 567, 573, 576, 581, 596, 614
Coelho 580
Coetze, Gerrie 558 f.
Coghlan, Eamon 585
Cohen, Tiffany 601, 605
Colars, Fabrice 603
Colaussi, Gino 348
Coleman, Georgia 311
Colkett, Michael B. 174
Colledge, Cecilia 326
Collett, Wayne 523
Colliard, Renée 415
Collier, C. R. 209
Collignon 210
Collin 263
Collina 748
Collins, Douglas 528
Collins, W. H. 183
Collinsworth, Chris 644
Collombain, Roland 518
Collovati 580
Colò, Zeno 365, 368, 382, 389
Comaneci, Nadia 550, 571, 602
Combi, Gianpiero 320
Comenius, Johann Amos 83, 85
Comés 222
Commodus, römischer Kaiser 38
Commons, Alf 201, 203
Compagnoni, Deborah 663, 735
Conconi, Francesco 587
Cone, Carin 435
Conen, Edmund 320, 356
Confenet, Henri 182, 221
Conley, Mike 673
Conn, Billy 355, 363
Conneff, Thomas P. 152
Conner, Dennis 616
Connery, Sean 518
Connolly, James Brendan 156 f., 174
Connors, Jimmy 531, 538, 553, 557, 575, 577, 586, 609
Conolini, Adolfo 444
Conolly, Harold 429, 439, 456, 479
Conolly, Maureen 388, 398, 400, 402 f., 411 f., 625
Conradès 188
Consolini, Adolfo 355, 357, 363, 367
Conti 580
Cook, James 47 f., 90
Cook, Thomas 195
Cooke, Edward 213
Cooney, Gerry 577
Cooper, Charlotte 625
Cooper, Henry 460, 481 ff.
Cooper-Sterryan, Charlotte 198
Coopman, Jean Pierre 539
Coops, J. 350
Coppi, Fausto 353 f., 358 f., 364 ff., 379 ff., 383, 388, 398, 400, 402, 411, 439, 443, 478, 515, 529, 534, 581
Coppi, Serse 398
Corbatta 431
Corbett, James J. 152, 162, 170, 181, 187, 191, 203, 314, 319
Cormier 210
Cornet, Henri 192, 197
Corson, Millie Gade 279
Cortés, Hernán 45
Cortes, Humberto Mariles 363, 378
Cortis, H. L. 143
Corts, Richard 286, 290, 443
Costian, Daniela 675
Costie, Candy 601
Coubertin, Pierre Baron de 152 ff., 157 ff., 168, 170, 179, 184, 192, 200, 205, 207, 211, 228, 231, 233 f., 239, 242 f., 245, 247, 249, 253, 255, 260, 268, 270, 276, 327, 339 f., 359, 367, 572, 697, 714
Coulthard, David 745
Courier, Jim 653, 657, 661, 683 f.
Courtis, E. 209
Courtney, Peter 162
Court-Smith, Margaret 508, 512, 515, 625
Cousins, Robert 558, 578
Couttet, James 355, 365, 368
Cova, Alberto 597
Cova, Roberto 585
Cowan, Andrew 552
Crabbe, Clarence 310 f.
Crabtree, Jimmy 165, 203
Craig, Ralph 223
Cram, Steve 596, 606, 614, 629
Cramm, Gottfried von 316 f., 325, 338 f., 343, 365, 488
Cranston, Toller 542,578, 592
Cranz, Christl 318, 322, 339, 340, 350, 355, 359, 369
Cranz, Rudi 360
Crapp, Lorraine 413, 422
Crawford, Hasely 545
Crawford, Jack 317
Crawhez, Baron de 199
Crealy, Dick 506
Creux, M. 160
Cribb, Tom 98, 100, 103 f.
Cromwell, Oliver 78 f., 83
Cross, Rupert 324
Croswell, Leutnant 141
Crousse, Georges 205
Crowley 299
Croz, Michel 131, 135
Cruikshank, Robert 110
Cruyff, Johan 530, 532 f.
Cruz 312
Cruz, Joaquim 596, 629
Csák, Ibolya 376
Csar, Günter 653
Csik, Ferenc 334, 361
Cuff, L. A. 153
Cullmann, Bernd 565
Cumberland, Herzog von 89 f.
Cunningham, Glenn 318, 330
Curley, Bill 404
Curren, Kevin 609
Currey, Charles 396
Curry, John 542, 578
Curtis, Ann 377
Curtis, Charles 306
Curtis, Thomas 157
Curtis, William B. 132
Curtius, Ernst Robert 154
Cuthbert, Betty 420, 470
Cuthbert, Juliet 674
Czaykowski, Graf Stanislaus 316
Czech 304
Czibor, Zoltán 406
Czudaj, Harald 696

D

Dädalus 26
Daetwyler, Jean-Daniel 492
Dählie, Björn 664, 732, 737
Daigo Tenno, Kaiser von Japan 47
Daimatsu, Hirofumi 475
Daimler, Gottlieb 170
Daina, André 608
Daley, Jim 184
Dalin, Olof 86
Dallington, Sir Robert 71
Damaretos 27
Damaske, Tanja 744
Damilano, Giorgio 568
Damilano, Maurizio 568, 596
Dan, Sim Kim 456
Danek, Ludvik 464, 479
Dangla, Paul 197
Dáni, Nándor 156 f.
Daniels, Charles M. 195, 214
Danielsen, Egil 421
Danilovic 721
Danne, Wolfgang 493
Danneberg, Rolf 605
Dante Alighieri 53
Danti, Giovanni 55
Danz, Max 381, 444, 507
Danzer, Emmerich 491, 493
Darbellay, Michel 460 f.
Darnyi, Tamas 676
Darrigade, André 434, 443
Däscher, Andreas 382
Dassajew 624
Dassler, Adi 477
Dassler, Horst 640
Däuber, Friedl 302, 304
Daum, Christoph 755, 758
Daume, Willi 381 f., 385, 426, 521, 572, 652, 677, 710
Daumier, Honoré 126, 128
Davenport, Lindsay 752, 759
Davey 262
David, jüdischer König 27
Davids, Edgar 738, 740 f.
Davidson, Bruce 531, 535
Davies, George 453 f.
Davies, J. L. 129
Davies, John 469
Davin, Thomas 138
Davis, Dwight Filley 170, 177, 183, 191
Davis, Glenn 413, 418, 429
Davis, Harold 405, 443
Davis, Jack 413, 437
Davis, John 365
Davis, Otis 446
Davis, Walter 400
Dawidowa, Jelena 571
De Filippis 443
De Mille, Cecil B. 306
De Sisti 503
Dean, Christopher 577 f., 582 f., 587, 591
Decker, Mary 584, 598
Décugis, Marie 207
Décugis, Max 207, 226
Dederding 659
Dedler, Karin 637
Dees, Tony 671
Defraye, Odile 228
Degas, Edgar 185
Degen, Jakob 95
DeHart Hubbard, William 272
Dehmel, Bernd 473
Deiters 322
Delage, Louis 275
Delany, Ron 420
Delarge, Fernand 283
Delgado, Pedro 620, 626
Dellinger, William 469
Delvecchio, Marco 757
Delvoie 243
Demaille 527
Demanes 556
Demestre 204
Demleitner, Elisabeth 508
Demmy, Lawrence 388
Dempsey, Charles J. 759
Dempsey, Jack 253 ff., 259 ff., 264 f., 267, 270, 275, 279 f., 285, 314, 319, 323
Denis, Harry 289
Denn, Ludwig 214
Dennis, Claire 310 f.
Dennis, Ron 745
Derbyshire, John 214
Derichs, Ernst 304
Derjicke 402
Derksen, Jan 363
Derr, Manuela 684 f.
Derungs, Adolf 461
Derwall, Jupp 565, 579, 593
Désaguliers, Jean Théophile 86
Desailly, Marcel 742
Descartes, René 75
Desforges, Jean 395
Desgrange, Henri 187, 189, 197 f., 219, 239, 241, 344, 529
Desmarteau, Etienne 196
Deuschl, Georg 109
Deutsch de la Meurthe, Henry 208
Deveraux, Maude 250
Devers, Gail 674, 687, 707
Devitt, John 422, 426
Devitte, H. P. 218
Dewaele, René 295
Dewiel 251
Deyna, Kazimierz 528
Dia Ba, El Hadj Amadou 629
Diaconus, Paulus 47
Diamidow, Sergej 499
Diaz, Manuel 195
Diba, Farah 464
Dibiasi, Klaus 501, 548, 550
Dicarlo, George 600
Dickentman, Piet 170, 178, 187, 200, 223, 225
Didi 432, 740
Didiers-Nauts 170
Didon, Pater 156
Didrikson, Mildred 297
Diebel, Nelson 676
Diebolt 357
Dieckert, Jürgen 720
Diem, Carl 205, 228, 232, 239 f., 306, 318, 327, 345, 362, 381, 385, 249
Diener (Bobfahrer) 415
Diener (Ruderer) 145
Diener, Franz 286, 294
Dienst, Gottfried 485, 503
Diepgen, Eberhard 684
Diessl, Gustav 318
Dietrich, Wilfried 424, 453 f., 574, 652, 704
Dietrichson 151
Dietz, Bernhard 565
Dietzsch, Franka 744, 750
Dieu Soult, Nicolas Jean de 100
Digby, Everard 67
Digel, Helmut 750 f.
Dijkstra, Sjoukje 464, 466, 493
Dillard, Harrison 367, 374, 394
Dill-Bundi, Robert 549
Dimas, Pyrros 769
Dineen, Bob 453
Dineen, Pat 453
Diokletian, römischer Kaiser 41, 43
Dion Chrysostomos 31
Dion, Graf Albert Émile de 160
Diopter 296
Disl, Uschi 734, 747
Dismond, Binga 247
Disney, Walt 439
Disteli, Martin 109
Ditiatin, Alexander 560
Ditter, Bernd 679
Dittmer, Andreas 771
Dix 401
Dixon, Charles P. 241
Dixon, Rodney 522
Djorkaeff, Youri 728
Dmitriew, Arturo 655, 668, 736
Dobrzanski 363
Dod, Lottie 198
Dodd, F. L. 138, 143
Dodd, Mike 720
Doerry, Kurt 187
Doggett, Thomas 86
Doherty, Hugh Lawrence 170, 177, 182 f., 191, 198, 205, 209

Doherty, Peter 365
Doherty, Reginald Frank 170, 177, 182 f., 191, 198
Dohrow, Günther 407
Dollinger, Marie 291, 330
Dombrowski, Lutz 568
Domenghini 503
Domingo, Placido 670
Dominguet 451
Domitian, römischer Kaiser 43
Donadoni 649
Donahue jr., Mark 517
Donahue, Hessie 162
Donahue, J. F. 226
Donaldson, John 146
Donath, Ursula 448
Donike, Manfred 704
Donkowa, Jordanka 610
Donoghue, Joe F. 145
Donovan 316, 337, 347
Dooley, Aubrey 453 f.
Dorado 298
Dorazio, Gus 355
Dordoni, Giuseppe 568
Doré, Gustave 135
Dörffeldt, Ilse 330
Döring, Lothar 689
Dorini 297
Dorio, Gabriella 598
Dörpfeld, Wilhelm 159
Dortignac 197
Dossi, Brüder 75, 78
Doubell, Ralph 481
Doubleday, Abner 119
Doublier 147
Douda, Franti?ek 304
Douglas, James 643 f.
Douglas, John Sholto 146
Douglas, Lord Francis 131, 135
Douglass, Dorothy 187, 192, 198, 205, 223
Doumergue, Gaston 271, 283
Dover, Robert 75, 79
Doyle, Alexander 88
Doyle, Arthur Conan 215
Drais von Sauerbronn, Karl Freiherr 100, 102 f., 250
Drake 363
Draper, Foy 331
Drechsler, Heike 606, 610, 631, 643, 651, 675, 687, 701, 744, 763
Dreher, Theodor 205
Dressel, Birgit 616, 618
Drew, Howard 243
Drews, Egon 396
Drexel, A. 342
Drobny, Jaroslav 364, 403, 405
Drogan, Bernd 688
Dschimmu Tenno, Kaiser von Japan 22, 27
Dschingis-Khan 51 f., 60
Dschumanassarow, Satymkoel 568
Dubay, Auguste 517
Dubcek, Alexander 499
Dubois 319
Dubrowtschik, Waldmir 716
Duchesnay, Isabelle 655, 668
Duchesnay, Paul 655, 668
Duchkova 501
Duclos, Nicole 505
Dudas, Steve 347
Dudin, Wladimir 505
Duenas, Pedro Perez 514
Dufaux 199
Duffner, Christoph 694
Duffy, Arthur 173, 179, 205, 213
Dufraisse, André 429
Duhamel 459
Duhne, Franz 152
Duillaume, Silvain 665
Duim, Hilbert van der 577
Dulat-Bey, Emir 51
Dumas, Charles 413, 421
Dumas, Dr. 489
Dumbadse, Nina 350, 361, 367, 395
Duncan, Isadora 242
Duncan, James 228, 233
Duncker, John Vincent 201, 205, 443
Dundee, Angelo 509, 515, 529, 572, 702
Dunga, Carlos 700
Dünker, Willi 245, 260
Dunn, Gordon 333
Dunn, Richard 539
Dunn, Shannon 736
Dupont, Jean-Claude 709
Dupureur, Maryvonne 470
Duquesne 290
Durack, Fanny 228, 234, 245 f.
Duran, Carlos 491, 502
Duran, Roberto 560, 564
Durand, Pierre 614
Duray 187, 209 f.
Dürer, Albrecht 59, 61
Dursch, Michael 586
Duryea 143
Duvillard, Adrian 440
Dvorák, Antonin 472
Dvorak, Charles 174, 194
Dwight, James 148
Dyer, Hector 307
Dyrenfurth, Günter Oskar 297, 300, 318
Dyrenfurth, Hettie 318
Dziadulski 363

E

Earp, Wyatt 162
Eastman, Benjamin 304
Eberharter, Stefan 654
Ebnoutalib, Faissal 768
Echevarria, Guillermo 498
Eckardt, Shawn 690
Eckel, Horst 407, 727
Eckert, Bärbel 547
Eckstein, Bernhard 688
Eckstein, Rudolf 335
Edberg, Stefan 626, 639, 642 f., 653, 657, 683 f.
Eden, Jaap 164, 226
Ederle, Gertrud 253, 273, 279
Edge, S. F. 182, 188, 199
Edgerton, Walter 702
Edström, Sigfrid 229, 308, 361 f., 381, 572
Eduard I., König von England 53
Eduard II., König von England 53
Eduard III., König von England 53
Eduard, Prinz von Wales 271
Edwards, Guy 551
Edwards, Harry 494
Edwards, Jonathan 704, 707, 750
Edwards, Philip 309, 330 f.
Edwards, Vic 515
Effenberg, Stefan 699
Egan, Pearce 106, 110, 112
Egeberg, Hans Heinrich 182, 187
Egerszegy, Krisztina 677
Egg, Oscar 228, 238, 243 f., 246, 344, 529
Eglinton, Earl of 127
Ehlert 167
Ehning, Markus 768
Ehrenbrink, Ralf 635, 680
Ehrhardt, Annelie 517
Ehrhardt, George Herman 243
Ehrl, Wolfgang 312
Ehrmann 222
Eibl, Johann 211
Eichholz, Armin 659
Eichhorn, Willi 335
Eichmann, Hans 96
Eigenbrodt 451
Eilers, Ludowika 226, 228, 239, 242, 269
Eilts, Dieter 713
Eisenhower, Dwight D. 373
Ekenhead, Leutnant 105
Eklind 320
El Quafi, Mohamed 291
El-Basir, Rachid 672
Eldracher, Eugen 443
Eldredge, Tod 655
Elek, Ilona 397
Elisabeth I., Königin von England 67, 78, 81
Elisabeth II., Königin von Großbritannien 400 f., 416, 427, 459, 487, 515, 544, 718
Elkes, Harry 190
Elkjaer-Larsen, Preben 593
Ellefsaeter, Ole 492
Ellegaard, Thorwald 179 f., 182, 187, 221
Ellehammer, Jakob H. G. 205, 208
Elliott, Herbert 429, 433
Elliott, Launceston 159
Elliott, Peter 629
Ellis, Jimmy 491, 502, 508 f., 529
Ellis, William Webb 110, 118, 146
Ellisejew 191
Elsässer, Gert 577
Elsener 457
Elvström, Poul 396, 450, 718, 771
Elyot, Thomas 61
Elze, Jupp 491, 502
Emahusen, J. H. 86
Emerson, Roy 459, 477, 479, 743, 759
Emmerich, Lothar 484 f.
Emmijan, Robert 616
Empain, Gustave 191
Ender, Kornelia 530, 548
Endo, Yukio 449, 472
Endrich, Felix 400
Engan, Toralf 467
Engelhard, Ruth 318
Engelmann, Helene 187, 239, 242, 263, 268 f.
Engels, Friedrich 135
Enke, Karin 560, 577, 591, 622
Enkidu 16
En-lai, Chu 514
Enzenauer, Ute 573
Epidemes 27
Epiklet 31
Epple, Maria 554
Epply, Magdalene 311
Erdmann, Susi 666
Ereng, Paul 629
Erhorn, Claus 635
Erickson, Egon 230, 233
Ericsson, Sigvard 415
Eriksen, Stein 389 f., 403
Eriksson, Bengt 415
Eriksson, Henry 375
Eriksson, Ronald 552
Erler, Heinz 247, 251
Erne, Frank 179
Ernst I., Herzog von Sachsen-Coburg-Saalfeld 94
Ernst II., Herzog von Sachsen-Coburg-Gotha 136
Errandonea 489
Errath, Christine 531
Erskine 436
Ertl, Hans 318
Ertl, Martina 732, 735
Eruzione, Mike 563
Ervin 765
Eryzis, Professor 154
Eschenbach, Wolfram von 51
Eschert, Jürgen 473
Escobar, Andres 699
Escuti 457
Eskenazy, Jean 523
Esser, Leo 311
Esser, Roswitha 500
Est, M. A. van der 131
Estner, Hans 574
Etter, Paul 456
Ettori 580
Euchidas 37
Euler, August 223
Euler, Karl 118
Eupolos 37
Eurybatos 27
Euthymos 37
Euwe, Machgielis 322, 324, 339, 345, 367, 538
Evangelista, Alfredo 552
Evangelisti, Giovanni 595
Evans, Arthur 25, 90
Evans, Dwayne 545
Evans, Janet 632, 677
Evans, Lee 491, 504
Evensen, Bernt 287
Evenson, Thomas 309
Evers, Meike
Evert, Chris 531, 539, 557, 559, 564, 573, 613, 625, 639
Everts, Sabine 600
Ewald, Manfred 388, 444
Ewell, Barney 405
Ewell, Norwood 374, 443
Ewing, Patrick 620, 721
Ewry, Ray 174, 193 f., 207, 213
Exe, Dimitri van 226
Exeter, Marquess of 507
Eyquem de Montaigne, Michel 70, 74
Eyston, George 339, 345, 347

F

Faber, François 219 f., 245, 253, 294
Faber, Petrus 67, 70
Fabyan, Sarah 353
Facchetti 503
Fadejew, Alexander 583, 591, 617
Fagioli, Luigi 324, 342, 384
Fahr, Otto 228, 234
Fahrian, Wolfgang 457
Fahrner, Thomas 600
Fairbanks, Douglas 262
Falck, Hildegard 514 f., 524
Faldo, Nick 727
Falk, Paul 365, 385, 391
Falk, Ria 391
Falkanger, Thorbjörn 388, 390
Falkenburg, Bob 361, 365, 383
Fallmerayer, Jakob Philip 154
Fallopia, Alfonso 74
Fanck, Arnold 239, 253, 288
Fangio, Juan Manuel 385, 387, 398, 403, 408 ff., 413, 426, 428 ff., 434, 460, 490, 703 f., 708
Fankhauser 342
Farina, Giuseppe 364, 382, 384
Farman, Henri 209
Farnese, Alessandro 70
Faroux, Charles 410
Farr, Tommy 339, 347
Faßbender, Heribert 698
Fasser, Ekkehard 582
Fassi, Carlo 542
Fassnacht, Hans 505
Fast, Ernst 173
Faten, Affifi 530
Faure, Maurice 175
Favero, Vito 430
Favre, Willy 492
Fehrmann, Angelika 639
Feierabend, Fritz 350, 365, 409
Feierabend, Karl 297
Felder, Andreas 610, 643, 661, 665
Fell, Bernard 561
Fendt, Josef 508
Feng-Jen 19
Fenyvesi, Csaba 527
Feola 432
Ferger, F. G. 111
Ferguson, Ian 634
Ferguson, Sarah 606
Fernandez 298
Fernandez, Luis 611
Fernandez-Ochoa, Blanca 663
Fernandez-Ochoa, Francisco 518
Ferner, Hans-Peter 581
Fernihough, Eric 339, 342
Ferns, Rube 179
Ferrarazzo, Lorenzo 443
Ferrari, Giovanni 320, 348
Ferraris IV, Attilio 320
Ferre, Giancarlo 646
Ferreira, André 537
Ferries, John 498
Ferrini 503
Fetzner, Steffen 637 f.
Feuerbach, Allan 530, 546
Feuereißen, Dr. 346
Feuz, Ernst 302
Fiasconaro, Marcello 530
Fibingerova, Helena 552
Fichte, Johann Gottlieb 98
Fichtel, Anja 610, 613, 633, 643, 652
Fick, Peter 318, 334
Fidjestoel, Ole-Gunnar 643
Fiedler, Jens 658, 679, 717, 723
Figg, James 86 f., 89
Figini, Michela 589, 606, 617, 620, 623
Fignon, Laurent 582, 587, 637, 640
Figo, Luis 756
Figuerola 445
Fikotová, Olga 421

Filatowa, Maria 550
Filho, Arppi 612
Finck, Govaert 75
Finlay, Don 372
Firpo, Luis Angel 265, 267, 285
Fischart, Johann 130
Fischer, Birgit 718, 760, 771
Fischer, Bobby 517, 529, 537 f.
Fischer, Fritz 653
Fischer, Jean 197
Fischer, Josef 178, 183, 189
Fischer, Klaus 580
Fischer, Paul 152
Fischer, Richard 211
Fischer, Sven 696, 734, 746 f.
Fiske 305
Fitch, Peter 388, 399
Fitch, Robert 363
Fittipaldi, Emerson 516 f., 529, 531, 535, 637 f., 703
Fitzgerald, Patrick 145
Fitzsimmons, Bob 152, 162, 182, 184, 191, 203, 254, 319
Fitzstephan 49
Fix, Oliver 723
Fjedossejew, Oleg 435
Flach, Thomas 718
Flachenecker, Gustav 455
Flack, Edwin 157
Flanagan, John 193 f.
Flatow, Alfred 158, 362
Flatow, Gustav Felix 362
Flavius Honorius, römischer Kaiser 43
Flavius Philostratus 31
Fleischer, Tilly 332
Fleiter, Hans 237
Fleming, Peggy 493
Flessner, Bernd 658
Fletcher, Jennie 234
Fletcher, Ken 460, 463, 477, 512
Flohe, Heinz 543
Flohr, Salo 324
Flood, John 146
Florio, Graf Vincenzo 201, 204 ff.
Floth, Horst 519
Flynn, Edward 312
Flynn, Jim 228, 238, 254
Földeak, Jean 301, 312
Follen, Karl 106
Folley, Zora 487
Fonda, Jane 582 f.
Fondriest, Maurizio 682
Fonst, Ramón 195
Fontaine, Just 432, 742
Fonville, Charles 367
Ford 377
Ford, Alan 361
Ford, John 594
Ford, Michelle 554, 571
Ford, Oliver 504
Förderer, Fritz 218, 220
Foreman, George 530 f., 536, 653, 702, 704, 706, 724
Forget, Guy 657
Formo, Ivar 541
Fornara, Pasquale 429
Forrer 435
Forster 514
Förster, Karl-Heinz 565
Fosbury, Richard 553
Foster, Bob 508 f., 517, 529
Foster, Mac 517, 529
Foster, William 214, 234
Fournier, Henry 179 f., 192, 200
Foyt jr., Anthony Joseph 552
Fraica 384
Franchi 556
Francis-Morrow, Suzanne 466
Franckenberg, Minister von 97
François, Louis 312
Franke, Käthe 304
Franklin, Benjamin 86
Franklin, W. S. 168
Franko, Jure 589
Frantz, Nicolas 286, 294 f., 300, 321
Franz I., König von Frankreich 61, 81
Franz Josef I., Kaiser von Österreich 126, 136
Franz Stephan von Lothringen 89
Fraser, Dawn 422, 429, 434, 456, 459, 464, 471, 479
Fratianne, Linda 552, 563, 573
Fraut, Bitsy 343
Frazer, Gretchen 369, 389
Frazier, Joe 491, 502, 505, 508 f., 514 f., 529 ff., 536, 554, 615, 702
Fredericks, Frank 660, 671, 715, 731
Fredriksson, Gert 396, 425, 450
Freeman, Cathy 752, 760, 762
Freeman, Muriel B. 291
Frehsner, Karl 623
Frenssen, Thea 250
Frentzen, Heinz-Harald 726, 751
Freuler, Urs 575, 616
Frey, Konrad 336
Frey, Mogens 501
Frick, Erik 443
Frick, Wilhelm 316
Friedek, Charles 750
Friederike, Königin von Griechenland 450
Friedrich I., Kurfürst von der Pfalz 55
Friedrich II., deutscher Kaiser 51 f., 75
Friedrich IV., König von Norwegen 89
Friedrich Karl, Prinz von Preußen 236, 253
Friedrich V., Kurfürst von der Pfalz 78
Friedrich Wilhelm III., König von Preußen 107
Friedrich Wilhelm IV., König von Preußen 118, 124
Friedrich Wilhelm, Kurfürst von Brandenburg 83
Friedrich, Heike 702
Friedrich, Kronprinz von Dänemark 94
Friedrichs, »Buddy« 500
Friesinger, Anni 732, 734, 752
Frigerio, Ugo 568
Friman 260
Friol, Emile 225
Fristensky, Gustav 187
Fröbel, Friedrich 98
Fröhlich, Gustav 260
Froitzheim, Otto 243 ff.
Frommelt, Paul 554
Frommelt, Willi 554
Frömming, Hans 577
Frosio, Elia 363
Fry, Joan 277
Fry, Shirley 388
Fu Hsien 43
Fu, Minxia 677
Fuchs, Arved 643
Fuchs, Gilbert 152, 167, 186
Fuchs, Jim 380
Fuchs, Ruth 531, 535, 547, 569
Fuller, Francis 86
Fullmer, Gene 426, 428, 453
Fulst, Guido 679, 766
Funkenhauser, Zita 602, 633, 652
Furler, Adi 709
Furnivall 143
Furrer, Otto 302, 304
Furtsch 308
Furuseth, Ole Christian 662, 662
Fütterer, Heinz 403, 405, 433, 443

G

Gaber, Ernst 335
Gabl, Franz 368
Gadocha 532
Gaidzik 234
Gaim, Ludwig 247, 251
Gaines, Ambrose 573
Gaisreiter, Stefan 558
Gajus Flaminius 37
Gajus Julius Cäsar Germanicus 43
Gale, William 132
Galen 43, 66, 70
Galento, Tony 350
Galimberti, Carlo 312
Gall, Karl 315, 351
Gallagher, Harry 434
Gallego, Americo 556
Gallinge 501
Gambetta 384
Gammoudi, Mohammed 469, 522
Ganay, Gustave 275
Ganna, Luigi 227
Gans, Joe 179
Gantschnigg, Willi 382
Gao, Min 677
Garbrecht, Monique 653, 667, 752
Garcia, Anier 761
Gärderud, Anders 517
Gardiner 165
Gardner, Geo 191
Gardner, Maureen 373
Gardner, Randy 558, 563
Garin, César 183
Garin, Maurice 182 f., 187, 189, 197
Garnerin, André J. 98
Garnerin, Jeanne 98
Garnier, Pierre 51
Garrett, Robert 156 f.
Garrigou, Gustave 219, 226
Garrincha 432, 458
Garros, Roland 251, 293
Gasperl, Leo 304
Gataullin, Rodion 701
Gateley 180
Gauchel, Josef 348
Gaul, Charly 411, 413, 426, 429 f., 434, 437
Gaulle, Charles de 465
Gavriluk 617
Gawley-Goo 564
Gawrilow 461
Gebhardt, Willibald Karl August 153 f., 158
Gebreselassie, Haile 687, 707, 730, 761
Geerling, Ernst 443
Geesink, Antonius 453, 455, 475
Gehring, Hanni 390
Gehring, Rudi 355, 371
Geisler 455
Geisow, Hans 297
Geistdörfer, Christian 560, 577 f., 587
Gellert, Gerhard 247
Gellesch, Rudi 341, 349
Geminiani, Raphael 387
Gennip, Yvonne van 622
Gentile 580
Gento 740
Gentzel, Inga 291
Georg I., Prinz von Griechenland 158, 207
Georg V., König von Großbritannien 226, 243
Georg VI., König von Großbritannien 363, 372
Georg, Hans 109
Georges, Jacques 624
Georgot, Léon 221
Gerasch, Sylvia 587, 687
Gerevich, Aladár 397, 423, 449, 718
Gerg, Hilde 732, 735
Gerg, Michi 637
Gerhard, Friedrich 336
Géricault, Théodore 127
Germar, Manfred 429, 433
Germot, Maurice 207
Gerschler, Woldemar 357
Gerschwiler, Hans 365, 370
Gershwin, George 594
Gerstung, Maria 211
Gertsch, Hans 297
Gerulaitis, Vitas 553, 575
Gerull, Thomas 652
Gestido 298
Gethin, Peter 516
Geweninger, Ute 573, 585, 687
Ghani, Abdel el 647
Ghigghia, Alcides 384
Gibbons, Tom 265
Gibson, Athea 426 f., 429, 437, 538
Gienger, Eberhard 531, 536, 573
Giggs 748
Gilbert, Alfred 213
Giles, Kelvin 674
Gilgamesch 13, 16
Gillièron, Professor 155
Gilloly, Jeff 690
Gimondi, Felice 487, 489, 503, 505 f., 534, 539, 551
Gindele, Nan 304
Giordani, Claudia 540
Giotschel, Marielle 456
Giovanni II. Bentivoglio 55
Girardelli, Marc 589, 606, 610, 654, 662, 726
Girardengo, Constante 253, 284
Girardot, Léonce 179
Giraudoux, Jean 270
Giresse, Alain 580, 593
Girling 199
Gisolf, Carolina 293
Gitsham, Christopher 231, 256
Giusti 649 f.
Gladitsch, Gertrud 284
Glance, Harvey 545
Glanville, Brian 520
Glatthard, Arnold 338
Glatthard, Rubi 338
Glaw, Georg 357
Gleason, Jack 224
Glöckner, Michael 658
Glockshuber, Margot 493
Glücklich, Jens 679
Gnad, Hansi 686
Gnauck, Maxi 560, 571
Gneisenau, Neidhardt Graf von 100
Gobert, André 226
Goddard, Joe 210
Goddet, Jacques 489
Godefroy, Alfred 112, 121
Godfrey, John 86, 89, 145
Godoy, Arturo 353
Goebbels, Joseph 316, 337, 344, 360
Goebbels, Magda 337
Goeldel-Bronikowen, Alfred 236
Goeldel-Bronikowen, Horst 236
Goeritz, Matthias 494, 501
Goethe, Johann Wolfgang von 90, 92, 95, 97, 102, 106, 111
Goethe, Katharina Elisabeth 92
Goetze, Dr. 158
Göhr, Marlies 552, 569, 582, 598
Goicoechea, Andoni 699
Goitschel, Christine 465
Goitschel, Marielle 465, 486
Goldberger, Andreas 684, 754
Goldie, Dan 657
Golubnitschaja, Maria 395
Gölz, Rolf 603
Gomez, Andres 643
Gommers, Maria 487
Gonella, Sergio 556
Gonelli, Tullio 331
Gontscharenko, Oleg 403, 409
Gonzales, Pancho 380 f., 383 f., 538
Gonzalez, Raul 596
Goodell, Brian 548, 570
Goolagong, Evonne 514
Gordejewa, Jekaterina 616
Gordien, Fortune 380, 400, 402, 421, 447
Gordon-Watson, Mary 508
Gore, Babe 177
Gore, Spencer W. 138, 140, 148
Gorelik, Aleksander 493
Gorgas 30
Görnemann, Alfred 182, 187, 190
Gorokhova, Galina 449, 472, 527
Gorokhovskaja, Maria 397
Gorschkow, Alexander 508, 531, 542
Gorski, Mark 603
Gösmann, Hermann 477
Goss, E. 251
Goss, Joe 145 f.
Gotthelf, Jeremias 130
Gottvalles, Alain 464
Gould, Shane 526, 528, 530
Goulding, Grantley 157
Gouscos, Miltiades 156
Goycochea 648 ff.
Goyoaga, Francisco 400
Graber, Bill 304
Graber, William 332
Grabow, Guido 586
Grabow, Volker 586
Grabowski, Jürgen 511, 532 f.
Graciano, Rocky 365
Graddy, Sam 595, 651
Graf, Henri 263
Graf, Paul 243
Graf, Peter 613

Graf, Richard 243
Graf, Sonja 324
Graf, Steffi 610, 613, 616, 620, 625, 637, 639, 653, 657, 661, 684, 686, 704, 710, 724, 726, 729, 746, 749, 752
Grafenried, Emanuel de 380
Grafl, Johann 211, 220
Grafl, Josef 192, 223
Grafström, Gillis 258, 269, 288, 305, 326
Graham, Lorraine 762
Grahn, Bengt-Erik 486
Grammaticus, Saxo 51
Grant 223, 225
Grasegger, Käthe 340
Graß, Gisela 359 ff.
Grassi, Giacomo di 74
Grassl, Franz 655
Grau 305
Gravelet, Charles 126, 129
Gravlid, G. 247
Gray 157
Gray, Johnny 672
Graziani 580
Graziano, Rocky 388
Greaves, Jimmy 485
Green, Dave 564
Green, Lucinda 581
Greene, Charlie 491, 495, 504
Greene, Maurice 730, 761
Greene, Nancy 487, 491
Greenough, Gail 610, 614
Gregl 222
Gregor, Horst-Günter 471
Gregory, Thomas 620
Gregson, Bob 95, 98
Grenville, Herzog von 92
Gretzky, Wayne 620, 643 f., 736, 746 f.
Grewal, Alexi 603
Grieve, Bobby 323
Griffard, Pierre 160
Griffith-Joyner, Florence 598, 620, 624, 630 f., 732, 744
Griffo, Young 152
Grift, Henk van der 453
Grillo, Gabriela 549, 581
Grillparzer, Franz 105
Grimm, Hans 429
Grini, Lars 487
Grinkow, Sergej 616
Grischin, Ewgenij 403, 409
Grisone, Federico 61, 77
Gritschuk 736
Grobianus 62
Groddeck, Karl-Heinz von 450
Gröne, Bernd 635
Gron-Gasienica, Franciszek 415
Gronlid, Sanna 587
Gros, Piero 531
Grosics, Gyula 406
Grospiron, Edmond 666
Groß, Michael 577, 582, 585, 600, 605 f., 610, 614, 632, 653, 656, 687, 708, 749
Groß, Ricco 653, 696, 734, 747, 753
Großegger 587
Grossinger, Richard 592
Grotsch 205
Gröttumsbraaten, Johan 265, 287, 301
Grover-Williams, William C. F. 295
Groves, Willie 203
Gruber 113
Grünfeldt, Harald 443
Grünn, John 191
Grut, Torben 229
Gschweidl, Fritz 315
Guaita, Enrico 320
Guarneri 503
Gudea, König von Lagasch 13
Gudell, Max 182
Guecheva, Wanja 634
Guérin, Robert 192, 198, 205
Guèrinière, François Robichon de la 86, 88
Guerra, Learco 300 f., 303, 315
Guignard, Paul 204
Guillemot, Joseph 256
Guinness, Lee 263
Gullikson, Tom 613
Gullit, Ruud 624, 645, 647
Gully, John 95, 98
Gummel, Margitta 491
Gundersen, Rudolph 186, 205
Gunn, Adam 194
Gunnarsson, Jan 642
Gunnarsson, Susanne 718
Gunst, Fritz 311
Günthard, Jack 397
Günther, Paul 234, 245, 251 f.
Günthör, Werner 614
Güpner, Axel 718
Gurney 478
Gusakow, Nikolai 442
Gusenbauer, Ilona 514, 524
Gushiken, Koji 602
Gustafson, Tomas 622
Gustafsson, Bo 596
Gustafsson, Toini 492
Gustav Adolf II., König von Schweden 75
Gustav Adolf VI., König von Schweden 432
Gustav Adolf, Kronprinz von Schweden 212
Gustav I., König von Schweden 61
Gustav V., König von Schweden 229 f., 235 f., 262, 365
Gustav, Kronprinz von Schweden 201
Gustmann, Gerhard 335
Guth-Jarkowsky, Jiri 153
Gutierrez 345
Gutowski, Robert 426
Gutsche, Torsten 659
GutsMuths, Johann Christoph Friedrich 90, 94 f., 97 ff., 106 f., 111, 114, 119, 122, 168, 176
Gutsu, Tatjana 678
Guy, Fabrice 653, 665
Gwynne, Horace 312
Gyarmati, Olgar 376
Gylmar 432
Gyulai, Zsolt 634

H

Haacke, Hermann 190
Haaf, Dietmar 651
Haakon Kro 691
Haan, Arie 556
Haas, Christian 584
Haas, Christl 456
Haas, Josef 492
Haas, Karl-Friedrich 394, 433
Haas, Thomas 767
Haas, Werner 403, 408
Hächer, Traudl 654
Hackenschmidt, Georg 163, 182, 184
Hackl, Georg 663, 666, 692, 726, 732 f., 735
Hadley, »Black Professor« 145
Hadley, Inga 453
Hadley, Ray 453
Hadow, Douglas 131, 135
Hadow, Frank 140
Hadrian, römischer Kaiser 43
Hafes, Schamsoddin Mohammad 72
Hafis 72
Hägblad, Arthur 353
Hagen, Oddbjörn 322
Hager, Axel 720, 764
Hägg, Gunder 355, 358, 361 f., 365, 375
Hagler, Marvin 582, 616, 618
Hahn, Archie 193, 207
Hahnemann, Wilhelm 354
Hähnle 507
Hailwood, Mike 479, 516
Haim, Werner 643
Haines, Jackson 131, 167, 186
Haislett, Nicole 677
Hajós, Alfred 156, 159, 334
Häkkinen, Mika 725, 732, 745 f., 751
Håkon IV. Håkonsson 51, 64
Håkon VII., König von Norwegen 265
Hakulinen, Veikko 390, 403, 415
Hale, Carolyn 223
Hall 765
Haller, Helmut 477, 485
Hallström 229
Halmay, Zoltán 195, 201, 214, 334
Halpin, John 247
Halse, Harold 242
Halswelle, Wyndham 213
Halt, Karl Ritter von 226 f., 230, 308, 325, 339, 361, 385
Hämäläinen, Marja-Liisa 590
Hamann, Hartmut 331
Hamann, Helmut 355, 357
Hamas, Steve 323, 337
Hamill, Dorothy 542
Hamilton, Brutus 257
Hamilton, Herzog von 92
Hamilton, Scott 577 f., 582 f.
Hamilton, W. W. 529
Hámori, Jenö 397
Hampel, Olaf 696, 733
Hampson, Thomas 309
Hampsten, Andy 620
Hampton, Millard 545
Hamrin 454
Hamuro, Tetsuo 334
Handrick, Gotthard 336
Hangl, Martin 621
Hanika, Silvia 577
Hanisch, Cornelia 558, 602, 606, 609, 613
Hanlan, Edward 146
Hannawald, Sven 732, 746 f.
Hanne, Alois 144
Hanschke, Rainer 456
Hansell, Ellen 148
Hansen, Fred 464
Hansen, Hans 652
Hansen, Villy Falck 303
Hansenne, Marcel 375
Hanstein, Huschke von 353, 455, 710
Happe, Ursula 403, 422
Happel, Ernst 556, 683
Harada, Masao 318
Harald V., König von Norwegen 691
Harbig, Rudolf 331, 350, 352, 355, 357, 360 f., 375, 393, 409
Hard, Darlene 427, 429, 437, 439, 452
Hardcastle, Sarah 601
Hardenberg, Fürst von 100
Hardin, Glenn Foster 318, 332
Harding, Tonya 655, 690, 696
Hardwick, Harold 234
Hare, Truxton 194
Hargus, Anneliese 284
Haringa, Ingrid 679
Harju 761
Harmsworth, Sir Alfred 200
Harnett, Curtis 603
Harrer, Heinrich 345
Harris, Archie 355, 357
Harris, Danny 597, 629
Harris, Roy 429
Harrison, William 254
Harroun, Ray 226
Harskov, Jens 719
Hart, Darlene 383
Hart, Doris 361, 365, 385, 387 f., 402
Hart, Eddie 522 f.
Hart, Marvin 201, 203, 208
Hartel, Lis 416
Hartley, John 140, 148
Hartmann, Josias 295 f.
Hartmann, Wolfgang 358
Hartranft, Glenn 276
Hartwig, Rex 408
Harup, Karen-Margarete 377
Hary, Armin 429, 433, 439, 443, 445, 504
Hase, Dagmar 677, 687, 702, 765
Hasek, Dominik 736
Hasenjager-Robb, Daphne 395
Hasenöhrl 335
Hassan II., König von Marokko 598, 629
Hasse, Ernst 301
Hasse, Kurt 353, 363, 721
Hassis, Ole 564
Häßler, Thomas 649, 669, 700
Hasu, Heikki 390
Hatschepsut, Königin von Ägypten 11 f., 17
Hattestad, Trine 687
Hattusili I., König der Hethiter 17
Hauenstein, Rudolf 182
Haug, Thorleif 251, 253, 255, 260, 265, 269, 287, 479
Haugen, Anders 249, 251, 269
Haupt 225
Hautvas 199
Havelange, Joao 555, 611
Havelange, Ricardo 555
Havell, Robert 121
Haverley 143
Hawks, Bob 616
Hawthorn, Mike 410, 429, 434
Hax, Georg 152
Hax, Heinz 313
Hayes, Bob 469, 504
Hayes, Bruce 600
Hayes, John 215
Healy, Cecil 205, 234
Heanan, John C. 126, 131
Hearns, Thomas 573, 637, 641
Heath, E. 192, 199
Heath, R. W. 201
Heathcote, C. G. 140
Heaton, Jennison 288
Heaton, John 288
Hebner, Harry 234
Hecher, Traudl 441
Hecht, Jürgen 659
Heckmair, Andreas 345
Hedderich, Albert 586
Hedlund, Göthe 355
Hedlund, Per Erik 287
Heeney, Tom 286
Hefferon, Charles 215
Hegg, Steve 603
Heggtveit, Anne 441
Hehn, Jürgen 550
Heida, Anton 196
Heiden, Elizabeth 560
Heiden, Eric 552, 558, 561, 591, 693 f.
Heimann, Arthur 178, 190
Hein, Harald 652
Hein, Karl 333
Heine, Jutta 448
Heinemann, Gustav 521, 525
Heino, Viljo 361, 375, 380, 383
Heinrich der Freimütige 49
Heinrich II., König von Frankreich 67
Heinrich III., König von Frankreich 70
Heinrich IV., König von Frankreich 67, 70, 77
Heinrich VII., deutscher König und römischer Kaiser 54
Heinrich VIII., König von England 61
Heinrich, Christina 524
Heinrich, Ignace 376
Heinrich, Prinz von Preußen 206, 225
Heins, Johan 557
Heiny, Max 221
Heinzer, Franz 654
Heise, Max 483
Heiser, Max 250
Heiss, Carol 429, 439
Helbling, Robert 167
Held, Bud 400, 421
Held, Siegfried 482, 520
Helden, Hans van 542
Helfmann, Karl 362
Hell, Paul 701
Hell, Peter 655
Hellriegel, Thomas 726, 731
Hellström, Kristian 201
Helmer, Thomas 711
Helmuth, J. B. 148
Helten, Inge 539, 547
Hémery, Viktor 201, 220
Heming, Arthur 97
Hemmer, Frank 659
Hemmestveidt, Mikkel 145, 249, 388
Hemmestveidt, Torjus 145, 150, 249, 388
Hempel, Jan 676
Hempel, Walter 218
Hemphill, Gina 594
Hendrix, Walter 307
Henie, Sonja 269, 279, 288, 297, 305, 322, 325 f., 339, 365, 736

Henie, Willem 339
Henke, Jana 677, 687
Henkel, Heike 660, 675
Henkel, Heinrich 343, 360
Henkel, Rainer 614
Henn, Christian 635
Henne, Ernst 295, 304, 339, 342
Henneberger, Barbi 441, 464, 467
Hennessey, J. 277
Henning, Rüdiger 500
Henrichs, Karlheinz 474, 501
Henricks, John 422
Henry, Boris 707
Henry, Kenneth 391, 439
Hensel, Frank 763
Hensel, Gustav 218
Hepp 342
Herakles 27
Herbaud, Brüder 661
Herber, Maxie 325 f., 350 f.
Herberger, Sepp 325, 338 f., 348, 351, 354, 407, 417, 430, 457, 464, 477, 533, 726 f.
Herberstein, Freiherr von 74
Herbert 357
Herbert, C. 153
Hering, Kathleen 752
Herkenrath, Fritz 431
Herkomer, Hubert von 201, 206
Herman, Pete 251
Hermann, August 141
Hermann, Brüder 190
Hermann, Max 232
Hermansen, Falck 303
Hermens, Jos 539
Herminos 42
Hernandez 741
Herodes Atticus 31, 153
Herodes I., jüdischer König 37
Herodot 30 f., 37
Herrlau, Walter 479
Herz, Wilhelm 385, 413
Herzog, Andreas 753
Herzog, Roman 710
Hess, Erika 577, 587
Heß, Reinhard 694, 754
Heßlich, Lutz 635, 717
Hetz, Gerhard 456, 460, 471
Heublein, Grete 301, 304
Heugabel, Reiner 704
Heumann, Josef 643
Heuser, Adolf 350
Heuss, Theodor 385, 400, 407 f.
Hewitt, Bob 477
Heynckes, Jupp 520, 740, 758
Hickcox, Charles 498
Hidalgo 417
Hide, Herbie 746
Hiden, Rudolf 315
Hiebeler, Toni 453
Hierro, Lopez del 385
Hietamies, Mirja 390, 415
Hill, Achim 450, 473
Hill, Albert 469
Hill, Damon 703, 710, 725, 745
Hill, George 745
Hill, Graham 456, 462, 478, 491, 504, 725
Hill, Grant 721
Hill, Phil 455
Hill, Ralph 309
Hill, Virgil 685, 710, 725
Hillary, Edmund Percival 400 f., 538
Hille, M. 145
Hiller, Arthur 218
Hillman, Harry 193
Hillyard, Commander 245
Hiltebrand, Hans 552, 610, 616
Himmel, Gerhard 641
Himmler, Heinrich 325
Hinault, Bernard 554, 557 f., 560, 564, 573, 575, 577, 581, 606, 609, 613, 706, 729
Hindenburg, Paul von 286
Hines, Jim 491, 495, 504
Hingis, Martina 726, 746, 752
Hingsen, Jürgen 581 f., 585, 587, 614, 630
Hintermann 145
Hinterseer, Ernst 414, 440
Hinterstoisser, Andreas 325, 338
Hinz 356
Hippodameia 27
Hipposthenes 27
Hirohito, Kaiser von Japan 468, 517
Hirschfeld, Emil 286, 293, 360
Hirschfelder, Egbert 500
Hirschmann, Carl Anton Wilhelm 198, 259
Hisano, E. 538
Hitler, Adolf 316 f., 322, 324 f., 327 ff., 331, 342, 353, 359 ff., 365
Hitomi, Kinue 291, 352
Hitzfeld, Ottmar 728, 758
Hoad, Lew 408, 413, 418, 426, 477
Hoban, Barry 489
Höcht, Albrecht 318
Höckert, Gunnar 325
Hockox, Bill 453
Hockox, Laurie 453
Hodge, Russ 481, 488
Hodgson, George Ritchie 234
Hodler, Marc 486 f., 746
Hoeneß, Uli 520, 528, 532, 543, 755
Hoff, Charles 263, 265, 276
Hoff, Hein ten 358, 409, 412
Hoffmann, E. T. A. 100, 106
Hoffmann, Falk 570
Hoffmann, Georg 195
Hoffmann, Jan 531, 560
Hoffmann, Jörg 656, 676, 687, 708
Höflehner, Helmut 589, 644, 654
Hofmann, Fritz 157, 196
Hofmann, Ludwig 292
Hofmann, Richard 292, 356
Hogarth, William 87, 90
Högosta, Göran 552
Hogrefe, Wilhelm 385
Hohenlohe-Schillingsfürst, Chlodwig Fürst zu 154
Hohmann, Karl 320
Hohn, Uwe 587, 592
Hokusai, Katsushika 23
Hollaus, Rupert 408
Hölling, Friedrich-Wilhelm 350, 357
Höllwarth, Martin 661, 665
Holm 145, 150
Holm, Eleanor 310
Holmér, Gösta 230
Holmertz, Anders 632
Holmes, Andy 718
Holmes, Larry 554, 558 ff., 572 f., 577, 606, 620, 625, 653, 661
Holtmeyer, Ralf 634, 562, 659, 750, 770
Holum, Diane 561
Holyfield, Evander 643, 653, 661, 710, 746, 752, 769
Holz, Arthur 253
Hölzenbein, Bernd 533, 543, 555
Hölzner, Hanni 325
Homer 28, 35
Homfeld, Conrad 614
Honecker, Erich 659
Honey, Gary 595
Hong 699
Honz, Karl 523, 535
Hoogenband, Pieter van den 746, 749, 765
Hopkins, Thelma 413
Hopman, Harry 477
Hopp, Karl-Heinz 450
Hoppe, Wolfgang 610, 655
Horine, George L. 228, 233, 237
Hörmann, Raimund 586
Hornberger, Gerd 331
Hornblower 149
Hornfischer, Kurt 316
Horton, Daniel 174
Horwitz, Leo 242
Hoskyns, Henry 472
Hottenrott, Wolfgang 500
Höttges, Horst 485, 511, 520
Ho-tu-Matua 47
Houben, Hubert 260, 263, 265, 268, 275, 286, 290, 443
Hough, Dick 350
Hourlier 222
House, Carolyn 456
Houseman, Glen 656, 676
Houser, Clarence 279
Houvion, Philippe 568
Hovde 304
Hovelsen, Karl 209, 249
Howe, Gordie 644
Howitt 132
Hoyos, Christina 670
Hozang, Isabelle 672
Hradetzky, Gregor 316
Hrubesch, Horst 565, 579 f.
Hsi Tsung, Kaiser von China 47
Hsiao Tsung, Kaiser von China 49
Hsüan Tsung, Kaiser von China 47
Huang Ti, Kaiser von China 13, 17 f., 22
Huang, Zhihong 675
Huaso 380
Hubacher, Edy 519
Hubbard, William DeHart 276
Huber, Erwin 333
Huber, Herbert 492
Huber, Norbert 666
Huber, Sebastian 305
Huberty, Ernst 709
Hübler, Anna 211, 223, 226
Hübner, Michael 661
Huck, Bill 658
Huck, Karsten 635
Hudson, Charles 131, 135
Hueppe, Ferdinand 176
Huff 213
Hügel, Gustav 167
Hui-Cheng, Lin 514
Huitfeld, Fritz 150
Hulme, Denis 487, 490, 504, 529
Humez, Charles 759
Humfrey, Blake 137
Humphreys, Richard 91
Hundt, M. 82
Huneus, Erna 276
Hunger, Daniela 677, 687
Hunger, Joachim 634
Hunger, Wolfgang 634
Hunt 482
Hunt, James 539, 582, 745
Hunt, Joe 361
Hunt, John 401
Hunter 293
Hunter, C. J. 760
Hunty-Strickland, Shirley de la 395, 409, 420
Huret, Constant 170
Hurst 173
Hurst, Geoffrey 485
Huschke, Adolf 227
Huschke, Thomas 549
Huster, Marc 723, 732, 739, 746, 769
Hutchings, Tim 597
Hutt, Eckhard 707
Hveger, Ragnhild 353, 355, 357
Hwang 699
Hyer, Tom 118
Hyman, Dorothy 448
Hypenos 27

I

Ibbotson, Derek 420
Ibn Bachtjar 58
Ibsagimow, Sultanahmed 769
Ickx, Jackie 529
Idas 27
Igorov, Andrei 473
Iharos, Sandor 409, 411, 413, 418
Ikangaa, Juma 597
Ikarus 26
Ikenaka, Yasuo 322
Ilegems, Roger 603
Ilg, Patriz 581, 585
Illgner, Bodo 649 f., 740
Impe, Lucien van 539, 551, 553
Indurain, Miguel 653, 658, 661, 684, 704, 706, 724, 726
Ingerová, Dana 393
Inghilbert 204
Ingold, Karl 243
Innauer, Toni 539, 541, 562, 665
Innozenz II., Papst 49
Inoue, Juniche 667
Inzeo, Piero d' 388
Inzeo, Raimondo d' 388, 411, 413, 439
Iphitos, König von Elis 27 f.
Irene, Prinzessin der Niederlande 450
Iriarte 298
Irie, Tsohio 310
Irvine, Eddie 745, 751
Isabella II., Königin von Spanien 128
Isabella, Prinzessin von Österreich 70
Isajew, Anatoly 425
Isakowa, Maria 367
Isatitsch, Bert 505
Iselin, Christof 162, 192, 201
Iselin, Fred 201
Isenbügel, Günther 709
Isidor 47
Iskender, Toz Koparan 58
Ismayr, Rudolf 301, 312, 328, 463
Iso-Hollo, Volmari 309
Isumo, Furune 22
Itakura, Sotaro 100
Itkina, Maria 435
Ito, Midori 622, 668
Ivan, Paula 631, 637
Ivanisevic, Goran 683, 732, 743
Ivkovic 648
Iwanow, Wjatscheslaw 459, 473
Iwasaki, Kyoko 677

J

Jack 215
Jackling, Tom 90
Jacks, David 286
Jackson, Arnold 231
Jackson, John 100, 103, 105
Jackson, Marjorie 395
Jackson, Peter 162
Jackson, Tommy 426, 428
Jacob, Max 218
Jacobs, Charles 213, 232
Jacobs, Dietmar 611 f.
Jacobs, Helen 323, 325, 338
Jacobs, Joe 299, 314, 347
Jacobs, Marco 733
Jacobson, Else 310
Jacobson, Uwe 471
Jacobus, Graf von Procia 61
Jacquelin, Edmond 170, 180, 221
Jaenecke, Gustav 305
Jäger, Adolf 361
Jager, Tom 643, 676
Jagge, Christian 662
Jagge, Finn Christian 662
Jahl, Evelin 554
Jahn, Friedrich Ludwig 100 f., 106 f., 114, 125
Jahn, Marianne 456
Jahn, Rita 507
Jahren, Anne 590
Jairzinho 510
Jäkel, Bernd 718
Jäkle, Hansjörg 694
Jakob I., König von England 75, 78 f., 82
Jakober, Melchior 162
Jakobi, Liesel 433
Jakobsson, Ludowika 243, 258, 265, 269
Jakobsson, Walter 226, 228, 239, 242 f., 258, 265, 269
Jakosits, Michael 653, 681
Jalouz, Ghani 641
James, Jesse 146
James, Larry 491
Janke, Gustav 245
Janku 503
Janosi, Zsuzsanna 633
Janowski, D. 162, 247
Jansen 532
Jansen, Dan 667, 693
Jansen, Robin 693
Janssen, Jan 489, 491, 503
Janssens, Marcel 427
Jansson 393
Jany, Alexandre 363, 365, 377
Jany, Ginette 377
Janz, Karin 513, 527
Jarasinski, Kurt 474
Jarni 742
Jarosz-Szabó, Herma 279
Jarrott 199
Jarryd, Anders 509, 626, 642
Järvinen, Akilles 297, 360

Järvinen, Matti 297, 304, 316, 318, 321, 325
Jarvis, Francis 173
Jarvis, Frank 443
Jarvis, John Arthur 182, 207
Jaschin, Lew 417
Jasios 27
Jastremski, Chet 453
Jazy, Michel 469, 479
Jean, Prinz von Luxemburg 363
Jeantaud 161
Jefferson, Thomas 595
Jefferys 445
Jeffries, James J. 152, 162, 170, 179, 181 f., 184, 187 f., 191 f., 201, 203, 208, 223 f., 238, 249, 319
Jegorowa, Ljubow 664, 691, 694
Jehlickova, Jaroslava 505
Jekimov 766
Jelen, Eric 626, 642
Jenatzy, Camille 161, 187 f., 199
Jenkins 144
Jenkins, David 415
Jenkins, Hayes Alan 415
Jenner, Bruce 546, 675
Jenner, Chrystie 546
Jennewein, Pepi 350
Jenny, Jacques 162
Jensen, Jon 669
Jensen, Knud 528
Jensen, Viggo 159
Jen-tsung, Kaiser von China 21
Jeriova, Kveta 590
Jernberg, Sixten 415
Jerome, Harry 443, 445
Jessup, Paul 297
Jez, Frantisek 643
Jianhua, Zhu 582, 584, 587, 592, 596
Jihong, Zhou 601
Jipcho, Ben 530
Jirik 493
Jochum-Beiser, Trude 382, 389
Johannes Paul II., Papst 640
Johannesen, Knut 453, 460
Johansen, Leutnant 151
Johansson, Claes 235
Johansson, David 453
Johansson, Greta 234
Johansson, Hjalmar 214
Johansson, Ingemar 376, 409, 435 f., 439, 451, 453 f.
Johansson, Ivar 312, 412
John, Sabine 630
Johnson, Ben 616, 619, 627, 671
Johnson, Bill 589
Johnson, Cornelius 332
Johnson, Dennis 100, 103
Johnson, Earvin »Magic« 644, 653, 681, 721
Johnson, Harold 456, 459
Johnson, J. B. 144
Johnson, Jack 203, 208 f., 211, 216 f., 220, 223 f., 228, 238 f., 241, 243, 245 f., 249, 254, 319
Johnson, James 211, 258
Johnson, Jim 239
Johnson, John 98
Johnson, John Henry 702
Johnson, Michael 671, 687, 707, 715, 730, 761 f.
Johnson, Phyllis 211, 258
Johnson, Rafer 429, 439, 447, 463, 594
Johnson, Samuel 90 f.
Johnson, Tom 90
Johnston, William M. 251, 253, 264, 268
Jokiel, Anita 552
Joli, Cœur 380
Joly, Andrée 279, 288, 297, 305
Jonas, Erich 464
Jonath, Arthur 286, 304, 307, 443
Jones, Alan 560
Jones, Brenda 448
Jones, Earl 596
Jones, Henry 140
Jones, Janet 644
Jones, John 545
Jones, Lou 409, 413, 429, 560
Jones, Marion 730, 744, 760 f., 763
Jones, Michelle 764
Jones, Samuel 193
Jones, Steve 587
Jong, Jacobus Hermanns de 396
Jonsson 737
Jonyer, Istvan 514
Jordan, Ernst 218
Jordan, Michael 681, 684, 689, 721, 737, 746
Jordan, Olga 301, 311
Jorginho 700
Jorgowa, Diana 524
Jörnbäck, Axel 463
Jörns, Karl 210, 223
Joseito 417
Josephson, Karen 677
Josephson, Sarah 677
Joshinobu, Ashihara 468
Jousselin 197
Joy, Greg 546
Joyeux 198
Joyner, Al 624, 630, 744
Joyner-Kersee, Jackie 598, 600, 610, 620, 630 f., 675
Juan Carlos, König von Spanien 672
Juantorena, Alberto 545, 552
Juge Montespieu, François de 228
Julen, Max 589
Juliana, Königin der Niederlande 373
Julich, Bobby 743
Julin-Mauroy, Magda 258
Julius III., Papst 74
Junek, Vincenz 294
Junge, Klaus 362
Junghanns, Erika 352
Jungwirth, Stanislaus 426
Junkermann, Hans 429, 435 f.
Juralski, Nikolai 634
Jurkemic 543
Juskowiak, Erich 431
Justinian I., römischer Kaiser 47
Juvenal 39

K

Kaas 352
Kabos, Endre 361
Kachler, Fritz 242
Kadaglis, Xenophon 157
Kádas, Géza 377
Kadavy 617
Kadhdhafi, Muammar Al 626
Kadlec, Miroslav 713
Kafelnikow, Jewgeni 752, 767
Kahanamoku, Duke Paoa 250
Kahanmoku, Duke Paoa 228, 234, 245, 251, 273
Kahn, Oliver 748
Kaimar-Ardjewani, Emir 51
Kainersdörfer, Fritz 322
Kaiser, Otto 295
Kaiser, Willy 335
Kait-Bey, Sultan 51
Kakas 156 f.
Kalb, Hans 259, 292
Kälin, Alois 481
Kälin, Urs 695
Kalinic, Zovan 638
Kallabis, Damian 744
Kaltenbach, Karl 207
Kaltz, Manfred 565, 580
Kalwitzki, Ernst 341
Kama 253
Kamakura, Etsuko 311
Kaminaga, Akio 455
Kammu Tenno, Kaiser von Japan 47
Kamuti, Jenö 527
Kandahar, Frederick Leigh Earl Robert of 288
Kaneko, Akitomo 499
Kanellopoulos, Kanellos 620
Kangasniemi, Taisto 424
Kankkonen, Juha 626
Kankkonen, Veikko 467
Kano, Jigoro 24
Kapellmann, Jupp 551
Kapitulski, Helmut 428
Kaplan 424
Kappell, Anni 355
Kapurtala, Maharadscha von 262
Kapus, Fritz 409, 415
Kara-Ahmet 163
Karbo, Papirius 42
Karembeu 740
Kariuki, Julius 629
Karl Albert, König von Sardinien 118
Karl August, Herzog von Weimar 92
Karl I., König von England 78
Karl II., König von England 79, 83
Karl IX., König von Frankreich 67, 70
Karl V., deutscher Kaiser 45, 61, 65
Karl V., König von Frankreich 81
Karl XII., König von Schweden 86
Karl, Erzherzog von Österreich 67
Karl, Martin 335
Karlsefnis, Thorfinn 49
Karlsson, Nils 363, 365, 380, 400, 505
Karlstad, Geir 610, 667
Karner, Maria 112
Karoly, Bela 602
Kárpáti, Rudolf 397, 423, 449
Karpinen, Pertti 576
Karponossow 563
Karpow, Anatoli 537 f., 554, 573, 576, 606, 610, 615 f., 653
Karppinen, Pertti 605, 634
Karvonen, Aki 590
Karvonen, Pentti 409
Kasai, Norika 661
Kasakowa 736
Kasamatsu, Shigeru 536
Kasankina, Tatjana 539, 560, 569, 587
Kasantzew, Wladimir 394
Kasaya, Yukio 519
Käser, Karl 165, 197
Kaserer, Monika 540
Kaspareit, Thies 635
Kasparek, Fritz 345
Kasparow, Garri 606, 610, 615 f., 653
Kasper, F. 250 f.
Kassler, Michael 102
Kästner, Erich 521
Kato, Sawao 499, 513, 527
Katschuschite, Lina 558
Kaufer, Evelyn 524
Kaufmann, Al 220
Kaufmann, Carl 433, 446
Kaulbach, Wilhelm von 92
Kauler 538
Kawaishi, Tatsugo 310
Kawatsu, Kentaro 310
Kazimierz 363
Kedir, Mohammed 567
Keech, Rayton 295
Keino, Kipchoge 469, 479, 490, 522
Kelbassa, Alfred 428
Keleti, Agnes 397, 423
Kellenberger, Emil 175
Keller, Erhard 487, 514, 530
Keller, Franz 481
Keller, Jack 316
Kelley 205
Kellner, Gyula 156 f.
Kellner, Paul 234
Kelly jun., John B. 378, 396, 514
Kelly sen., John B. 378
Kelly, Gene 594
Kelly, Sean 577
Kemény, F. 153
Kempelen, Baron von 120
Kempes, Mario 556
Kenmotsu, Eizu 513
Kennedy, John F. 456
Kennedy, Karol 391
Kennedy, Paul 391
Kenteris 761
Kerbrech, Faverot de 185
Keres, Paul P. 362, 367
Keresztes 276
Kerkhof, René van de 556
Kern 357
Kern, Erwin 232
Kerr, Georg 446
Kerr, Robert 213
Kerrigan, Nancy 655, 690, 696
Kersee, Bob 630, 675
Kerssenbrock 393
Keßlau, Norbert 586
Kessler, Charly 350
Kessler, Ewald 239
Kessler, Hertli 350
Keßler, Johannes 726
Ketchell, Stanley 220
Ketterer, Emil 226, 232
Keulen-Deelstra, Atje 508
Keyl, Julius 187
Khan, Jahangir 620
Khan, Jashir 620
Khatib, Mahmoud Al 637
Kho Tsung, Kaiser von China 47
Khubilai 19, 51
Kiefer, Adolphe 316, 334, 361
Kieft, Wim 647
Kiehl, Marina 623
Kielan, Urszula 570
Kielgaß, Kerstin 677, 708
Kiely, Tom 194, 196, 257
Kienzl, Karla 409
Kiesel, Robert 307
Kießling, Maria 253, 255, 260
Kießling, Udo 710
Kight, Leonore 310 f.
Kigo, Takashi 455
Kikkulis 17
Kilbane, Johnny 250
Kilborn, Pamela 470, 479
Kilian, Gustav 344, 385, 549
Kilian, Hanns 305, 322, 326
Kilius, Marika 460 f., 464, 466 f.
Killanin, Lord Michael Morris 517, 560, 572
Killat, Albin 676
Kille, Gertrud 395
Killy, Jean-Claude 465, 486 f., 491 f., 582, 662
Kilpatrick, Charles 152
Kilrain, Jake 145 f., 203
Kim, Nelli 550, 560
King, Billie Jean 487, 491, 512, 515, 517, 530, 537, 558 f.
King, Don 644
King, Larry 482
King, Leamon 373, 418, 420, 443
King, Martin Luther 494
Kingdom, Roger 629
Kinnaird, Lord A. F. 165, 198
Kinnunen, Jorma 505
Kinshofer, Anton 453
Kinshofer-Güthlein, Christa 623
Kint, Cor 350
Kiphut, Bob 377
Kipketer, Wilson 707, 763
Kipkoech, Paul 597
Kipling, Rudyard 262
Kipp, Eugen 218
Kiprotich, Nixon 672
Kiprugut, Wilson 469
Kiptanui, Moses 687
Kiraly, Karch 720
Kirchheim, Fritz 179
Kirchhoff, Uli 721
Kirchner, Mark 653, 696
Kirmse, E. J. 176
Kirst, Joachim 523
Kirst, Jutta 570
Kirsten, Ulf 742
Kirszenstein, Irena 470, 479, 530
Kirui, Ismail 707
Kirvesniemi, Harri 590, 637
Kirvesniemi, Marja-Liisa 637
Kiss, Géza 195
Kiss, Grigori 472
Kisseritzki 135
Kissinger, Henry 580
Kissling, Conny 610
Kissner, Jürgen 501
Kistenmacher, Enrique 376
Kitamura, Kusuo 310 f.
Kittinger, Joe 587
Kitur, Samson 672
Kiviat, Abel 228, 231
Kiyokawa, Masaji 310, 334
Kjeldaas, Stine Brun 736
Klaj, Johann 83
Klammer, Franz 539 ff., 562, 589
Klampar, Tibor 514
Klapheck, Wolfgang 659
Klees, Christian 719
Klein, Hans-Joachim 464, 471
Klein, Herbert 385, 422
Klein, Kit 325
Klein, Martin 235

Kleine, Piet 542
Kleinschroth, Heinrich 239, 241
Klemmer, Grover 355, 357
Klemperer 260
Kleomenes 37
Kleopatra VII., ägyptische Königin 37
Klier, Johanna 569
Klim, Romuald 505
Klimenko, Victor 527
Klimke, Reiner 474, 531, 549, 577, 581, 680, 718
Klimowa, Marina 655, 668
Kling, Karl 388, 388, 408
Klinsmann, Jürgen 650, 698 f., 709, 711, 741
Klitschko, Witali 746, 752, 755
Klodt, Ernst 341
Klopfer, Heini 382, 467
Klug, Annette 633
Kluge, H. O. 143
Kluge, Mike 661
Kluivert, Patrick 756
Klumberg-Kolmpere, Aleksander 257, 263, 272
Knecht, Hans 363
Knetemann, Gerrie 554, 557
Knipping, Hugo W. 426
Knol, Monique 635
Knöpfle, Georg 292
Knorr, Thomas 697
Knosp, Martin 573 f.
Knutsen, Thromod 442
Knyff, René de 161, 188
Koblet, Hugo 382 f., 385, 387, 402, 411, 464, 478
Kobs, Karsten 750
Kobs, Rudolf 265
Kocerka, Teodor 396
Koch, Alexander 641
Koch, Konrad 141, 176
Koch, Marita 554, 557 f., 569, 584, 606
Koch, William 541
Köckritz, Alice 385
Kocsis, Sándor 406
Koech, Peter 629, 637
Koen, Francina (s. a. Blankers-Koen) 352
Kogler, Armin 558, 560, 573 f.
Kögler, R. 138
Kohde-Kilsch, Claudia 613
Köhl, Georg 341
Kohl, Helmut 624, 659, 698
Kohler, Jürgen 649 f., 712, 728
Kohlert, Kai-Uwe 733
Kohlisch, Gabi 752
Kohlmeyer, Werner 406 f.
Koike, Reizo 310, 334
Kok, Ada 460, 498
Kolb, Peter 86
Kolbe, Peter-Michael 537, 554, 573, 576, 586, 610, 614, 634
Kolehmainen, Johan Petteri 232, 247, 250, 255 f., 261
Kolehmainen, Tatu 231
Koller 260
Kolomenkin, Nikolai Alexandrowitsch 167, 223
Koltanowski, G. 324
Komensky, Jan Amos 85
Komissowa, Vera 569
Komnene, Anna 49
Komnenos 51
Konchellah 596
Kondakowa 403
Kondratjewa, Ludmilla 569
Konfuzius 18
König, Franz Niklaus 96
Konjajewa, Nadeschda 421
Kono, Takanori 665
Kono, Tommy 424
Konrads, Ilsa 413, 435
Konrads, John 435
Konstantin I., römischer Kaiser 43
Konstantin, Kronprinz von Griechenland 155 f., 159, 207
Konstantin, Prinz von Griechenland 450
Kontratschek, Konrad 345
Koof, Norbert 577, 581
Kopa 740
Köpke, Andreas 684, 712 f.
Köppen, Kerstin 659
Korbut, Olga 523, 527
Korda, Peter 683
Köring, Dora 234, 236
Körnig, Helmut 286, 290, 293, 304, 307, 443
Koroibos 27
Korondi, Margit 397
Korssakowa, Vera 491
Korte 652
Kortschnoi, Viktor 538, 554, 573, 576
Korzeniowski, Robert 762
Kosakiewicz, Wladyslaw 568
Koschkin, Dimitri 442
Kositschkin, Viktor 453
Koss, Johann-Olav 643, 667
Koss, Olav 691
Kossinsky, Vladimir 498
Kostadinow, Emil 711
Kostadinowa, Stewka 675
Kostava, Guram 472
Köste, Klaus 527
Köster, Werner 687, 702
Kosyrjewa, Ljubow 403, 415
Kotow, Wladimir 568
Kottmann, Gottfried 464, 473, 478
Kotzebue, August von 101
Kouba 713
Kovacs, Frank 361
Kovács, Pál 397
Kowalenko, Andrej 736
Kowalew, Wladimir 558
Kowalski, Kerstin 770
Kowalski, Manja 770
Krabbe, Katrin 643, 651, 660 f., 674, 684 f.
Kraenzlein, Alvin 172 ff., 239, 243
Krahwinkel, Hilde 303, 316 f., 325, 338, 343
Kralik 583
Kramer, Dettmar 551
Kramer, Frank 246
Kramer, Jack 353, 355, 363 ff., 382 f.
Krankl, Hans 555
Krasniqi, Luan 710
Kratochvilova, Jarmila 569, 584
Kratschmer, Guido 560, 564, 569
Kratzer, Rupert 501
Kraus, Paul 355
Krause, Barbara 560, 571, 587
Krause, Christiane 524
Krause, Dieter 450
Krause, Michael 528
Kraushaar, Silke 733
Krausner 409
Krauß, Käthe 330
Krauße, Stefan 666
Krauxidas 27
Kravets, Inessa 675
Krecek, Heinz 607
Kree 728
Kreiner, Kathy 540
Kremers, Erwin 520
Krempke, Erich 456
Krenz, Eric 295, 297
Krepkina, Wera 448
Kreussler, Wilhelm 75
Kreuzer, Oscar 236, 243 f.
Krewer, Paul 321
Kries, Friedrich 88
Kriesten 488
Krishna Deva Raya 61
Kristiansen, Ingrid 606, 610, 614
Kristofics-Binder, Claudia 573
Kriweljowa, Swetlana 675
Krizaj, Bojan 588 f.
Kröcher, Rabod Wilhelm von 236
Krol 532
Krom 502
Kronberger, Petra 654, 663
Kronfeld, Robert 295, 301
Krüger 659
Krüger, Franz 127
Krüger, Luise 332
Krümmel, Carl 253
Krupkat, Franz 245, 251
Krupp, Uwe 710
Krzesinska, Elzbieta 448
Krzyszkowiak, Zdzislaw 439, 453
Kubicka, Terry 542
Kübler, Ferdy 358, 367, 371, 382 f., 385, 443
Kubrick, Stanley 594
Kucharski, Leszek 638
Kuck, John 293
Kudela, Emanuel 221
Küderli, Robert 426
Kuerten, Gustavo 726, 752
Kuffour, Samuel 748
Kuha, Jouko 491
Kuhn, Roger 443
Kühnen, Patrick 626
Kühnhackl, Erich 591
Kuhnke, Christian 512
Kuhweide, Willi 473
Kuiper, Hennie 537
Kuiper, Jan 553, 557
Kuka, Pavel 712
Kulakowa, Galina 518
Kulcsar, Gyoezoe 550
Kulik, Ilja 736
Kulikow, Ewgenij 537, 561
Kumbernuss, Astrid 651, 707, 716, 723, 726, 730, 750
Kundkvist, Erik 286
Kuntz, Stefan 713
Kunze, Hansjörg 629
Kuo-tuan, Jung 435
Kupfernagel, Hanka 752
Küppers, Ernst-Joachim 464, 471
Kurmann, Xaver 501
Kuroiwa, Toshiyuki 667
Kurz, Toni 325, 338
Kushner, Cedric 706
Kusin, Wladimir 403
Kusner, Kathy 479
Kusnetzow, Lew 423
Kusnetzow, Wassili 429, 435
Kusocinski, Janusz 353
Kutschinskaja, Natalia 486
Kuttin, Heinz 643, 653, 665
Kuz, Wladimir 403, 405, 409, 411, 413, 418, 420, 426
Kuzmin, Afnasijs 681
Kuzorra, Ernst 323, 341, 349, 354, 356, 728
Kvanli, Emil 350
Kwan, Michelle 736
Kwasniewska, Maria 332
Kwiatkowski, Heinz 428, 455

L

Laakkonen, Risto 643
LaBeach, Lloyd 374, 405, 443
Lacedelli 368
Lachaud 723
Lacoste, René 276 f., 293, 295
Lacroix, Léo 465
Ladoumègue, Jules 297, 300, 308
Lafforgue, Maurice 340
Lagache, André 265, 267
Lahr, Hans 355
Laikin, Schmul 525
Laing, Leslie 375, 394
Lakkie, Ethel 279
Lalas, Alexei 699
Lall, Premjit 506
Lamberjack 204
Lambert-Chambers, Dorothea 223, 226, 239, 241, 243, 253
Lambot, Firmin 253, 263
Lammers, Georg 290, 304, 443
LaMotta, Jake 380, 385 f.
Lamour, Jean François 602
Lampis 27
Lancia, Vincenco 199
Lancoud, François 187, 191
Landy, John 403 f., 419
Lane, John 138
Lang, Bill 211, 217
Lang, Hermann 339, 342, 350 f., 364, 388, 399
Lang, Peter 634
Lang, Serge 487
Lange, André 752
Lange, Paul 450
Lange, Thomas 634, 652, 659
Langen, Christoph 733, 746, 752
Langen, Freiherr von 265
Langenau, Jutta 403
Langenus 298
Langer, Bernhard 606, 608, 727
Langford, Sam 209
Langli, Terje 664
Langlois, Lloyd 610
Langrishe, Mary 148
Lanig, Hans Peter 440
Lannoy, Micheline 365, 367, 370
Lantschner, Guzzi 297, 302, 304, 360
Lantschner, Hadi 302
Lantschner, Helmut 302, 350, 637
Lantschner, Inge 302
Lantschner, Otto 302
Lanzi, Mario 329, 352
Lapébie, Roger 339, 344
Laperre, Jan 552
Lapize, Octave 222 f., 238, 253
Lappalinen, Martti 304
Larini, Nicola 697
Larouche, Alain 610
Larraguibel, Alberto 380
Larsen, Arne 401, 442, 461
Larsen, Roald 287
Larson, Lance 439
Larsson, Gunnar 526
Larva, Harri 300
Laser, Christine 547
Lasker, Emanuel 152, 162, 211, 247, 251, 260, 262
Lassalle, Ferdinand 135
LaStarza, Roland 400
Lasthenes 37
Las-Torres, Béla 214
Lasutina 664
Latham, Woodville 152
Lathan, Christina 569
Lattek, Udo 639
Lattemann 228
Latynina, Larissa 423, 449, 472
Lauda, Niki 537, 539, 551 f., 558, 587, 687, 745
Laudon, Fürstbischof 75
Lauer, Martin 429, 433, 435, 437, 445
Laurent 111
Lauritzen, Dag Otto 603
Lautenschlager, Christian 211, 243 f.
Lauthier 268
Lavanchy, Charles 245
Laveleye, Edouard Baron de 205
Laver, Rod 453, 456, 459, 477, 491, 504 ff., 743
Law, Denis 456
Lawrene 761
Laza, Belsy 675
Lazarides 379
Lazaro, Francisco 231
Le Blanc, Abbé 91
Le Drogo 303
Le Moyne de Morgues, Jacques 43
Leach, Reggie 539
Leahy, Con 213
Leahy, Patrick 174
Learned, William A. 183, 191
Lechner, Robert 635
Lechtkov 699
Leconte, Henri 613, 657
Leder, Lothar 726, 731
Ledoux, Scott 560
Leducq, André 294, 297, 300, 304, 315
Lee 173
Lee, Nancy 377
Leech, Faith 422
Lee-Gartner, Kerrin 663
Lees, Charles 130
Leeuw, Dianne de 537
LeGendre, Robert 272
Legrand 106
Lehmann, Jens 658,679, 728, 766
Lehner, Ernst 320, 351, 356
Lehr, August 152, 164, 221
Lehtinen, Lauri 304, 309
Lehtonen, Eero 272
Lehwald, Theodor 253, 268, 276
Leichum, Wilhelm 355, 357
Leidhold 251
Leinberger, Ludwig 292
Leipold, Alexander 769
Leistner, Claudia 582 f.
Leitao, Antonio 597
Leitner 752
Leitner, Luggi 467, 479
Leitner, Mathias 440
Lemke, Wilhelm 196
Lemming, Eric 233

LeMond, Greg 577, 610, 613, 637, 640, 643 f., 658, 706, 746, 748
Lempereur, Ingrid 601
Lendl, Ivan 577, 582, 613, 626, 639, 642, 683
Leng, Virginia 610
Lenglen, Suzanne 253, 255, 260, 262 ff., 268, 276 f., 279, 345, 349
Lenhart, Julius 187, 196
Lenk, Hans 450
Lenormand 98
Lenz, Carl Otto 709
Lenz, Sepp 692
Lenzi, Mark 676
Leonard, Albert 265, 267
Leonard, Benny 251
Leonard, Ray 560, 564, 573, 616, 618, 637, 641, 702
Leonhard, Charles 336
Leonhard, Silvio 567
Leonhardt, Ralf 719
Leonidas 32
Leopardi, Giacomo Graf 65
Leopold I., Großherzog der Toskana 65
Leopold, Winfried 749
Leopoldo, Pietro 89
Léotard, Jules 126, 129, 134
Lesche, Verné 350
Leschkin, Viktor 561
Lesna, Lucien 183
Lesnevich, Gus 363, 380
Lesser, Peter 479
Letchkov, Jordan 700
Letschewa, Wessela 681
Lettner, Rudolf 297
Leu, Heinz 426
Leubner, Benno 288
Leutenegger, Hans 519
Leux, Georg 176
Levassor, Émile 160 f.
Levegh, Pierre 161, 410
Levett 132
Levinsky, »Battling« 250
Lévitan, Felix 489
Lewald, Theodor 313, 316 ff.
Lewe, Detlef 500, 521
Lewesse, Emile 182
Lewis, Al 517, 529
Lewis, Carl 584, 595, 605, 619, 627, 631, 644, 651, 660, 671, 673, 715, 726, 731
Lewis, John H. 350
Lewis, Lennox 746
Lewis, Rudolph 236
Lewis, Steve 671 f.
Lewis, Ted 250, 263 f.
Li Yu 18
Li, Chun-Mi 678
Li, Ho Jun 528
Li, Li 678
Li, Lu 678
Li, Xiao-shuang 678
Liancourt, Wernesson de 83
Liangde, Tan 601
Libuda, Reinhard 482, 511, 710
Lichtenfeld, Liza 699
Lichtenfeld, Nathan 699
Liddel, Eric 362
Lieb, Thomas 268
Liebermann, Max 185
Liebrechts 453
Liebrich, Werner 406 f., 727
Liechtenstein, Ulrich von 51, 56, 61
Liedholm, Niels 431
Liesche, Hans 227, 233, 245
Lietzke 404
Lievesley, Leslie 380
Lievore, Carlo 453
Lightbody, James 193 f., 207, 220, 223, 226 f.
Lilienthal, A. 324
Lilienthal, Otto 152, 163, 191
Lillak, Tiina 584
Limon 331
Lin, Li 677
Linart, Victor 246
Lincoln, Abraham 112
Lindberg 205
Lindberg, Knut 443
Lindbergh, Charles A. 283
Lindemann, Dieter 702
Lindgren, Astrid 711
Lindh, Hilary 663
Lindner, Helga 498, 538
Lindström, Gunnar 268
Lineker, Gary 648 f., 742
Ling 406
Ling, Pehr Henrik 95, 100 f., 154
Linitschuk 563
Link 474
Linnemann, Felix 379
Linnosvuo, Pentti 474
Linovesi, Leo 517
Linsenhoff, Liselott 416, 512, 531
Linton, Arthur 183
Linton, Tom 165
Lipinski, Tara 736
Lippert, Rudolf 363
Lippincott, Donald 239
Lips, Johannes H. 94
Lismont, Karel 522
Lissowskaja, Natalia 587
List 255
Liston, Sonny 456, 460, 464, 476, 479
Littbarski, Pierre 580, 650
Litujew, Jurij 400
Litwinow, Sergej 568
Liu-Hsiang 17
Liwinenko, Leonid 523
Lizarazu, Bixente 757
Ljukin, Valeri 633
Ljunggren, John 376
Llerwill, Sheila 385
Lloyd, Llewellyn 122
Lobatsch, Marina 633
Locatelli-Occhini, Giulia 402, 443
Lochner, Erich 220
Lochner, Rudi 653, 655
Locke, Roland 279
Lockhart, Frank 295
Loevezijn, Kees van 626
Löffler, Horst 471
Loghin, Mihaela 599
Lohmann, Walter 339, 344
Lohmüller 167
Lohn, Ursula 639
Lohrer, Heini 350
Loi, Kam 723
Loik 380
Lomberg, Charles 230
London, Brian 435, 481 f.
Long, Dallas 456, 464
Long, Luz 329, 357, 359 f.
Long, Maxey 170, 173
Longo, Jeannie 626
Longo-Ciprelli, Jeannie 717
Lonkila, Paavo 390
Lönnrot, Elias 74
Lonsdale, Lord 115
Loose, Thomas 659
Lopez, Carlos Sousa 545, 597, 606
Lopez, Juan 384
Lopez, Luis 514
Lopez-Zubero, Martin 676
Loren, Sophia 413
Loroupe, Tegla 711
Losch, Claudia 599, 605
Lossmann, Juri 256
Loubet, Emile 171
Louganis, Gregory 577, 601, 605, 632
Loughran, Tommy 318 f.
Louis, Joe 325, 337, 339, 345, 347, 350, 353, 355, 357 f., 363, 365 ff., 379 f., 382, 385 f., 400, 412, 482, 509, 573
Louis, Spyridon 159, 207, 327
Loukola, Toivo 290
Lovelock, Jack 316, 330
Lövland, Helge 257
Lowe, Douglas 279
Lowe, F. G. 245
Loy 451
Loyola, Ignatius von 85
Luan, Ju Jie 602
Luber, Hans 234
Lucan, Marc 709
Luck, Frank 653, 696, 734, 753
Lüdecke, Wilhelm 55, 67, 74
Lüders, Otto 181, 296
Lüders, Paul 181, 296
Luding, Christa 667
Ludwig I., König von Bayern 107, 122
Ludwig VII., König von Frankreich 49
Ludwig XIII., König von Frankreich 76 f.
Ludwig XIV., König von Frankreich 75, 81
Ludwig XV., König von Frankreich 86, 88
Ludwig XVI., König von Frankreich 93
Ludwig, Hans 219, 226 f.
Ludwig, Max 305
Ludwig, Olaf 635, 661, 682, 710
Lueg, Werner 388, 394
Luft, Ulrich 342
Lugger 464
Luiro, Tauno 385
Lukac, Pavel 588
Lukian 35
Lukkarinen, Marjut 664
Lukomski 538
Lunardi, Virginio 643
Lundberg, Odd 367
Lundeberg, Åke 235
Lunden, Léon de 175
Lunden, R. 350
Lundqvist, Erik 293
Lunn, Arnold 228, 286, 288, 302
Luque 556
Lurz, Dagmar 552, 558, 560, 563, 573
Lüscher, Peter 558
Lusis, Janis 491, 517, 523, 530
Lütcken, Eduard von 236, 253
Luti 307
Lütke-Wetshues, Alfons 411, 416
Lutz, Andreas 209
Lutz, Bob 512
Lutz, Hans 549
Lutze, Manuela 770
Lützow, Wilhelm 234, 243
Lux, Amelie 771
Luzczek, Jozef 554
Lycett, R. 201
Lygdamis 27
Lykurgos, König von Sparta 27 f., 153
Lyle, Ron 537
Lynn, Janet 531
Lysipp 29
Lysippos 155
Lyssenko, Tatjana 678
Lyydikäinen, Vilmi 74

M

Ma, Yan Hong 560
Maak, Erich 245
Maaninka, Kaarlo 567
Mac Farland, Floyd 221, 246
Mac Kinnon, Esme 301 f.
MacDonald, Paul 634
Maceda, Antonio 593
Machen, Eddie 436, 557
Machon, Max 299, 347
Macklin 410
MacMahon, Brigitte 764
Madamet 198
Mader, Günther 654
Madison, Helen 295, 297, 300 f., 310 f.
Maegerlein, Heinz 709
Maehata, Hideko 310, 334
Maelzel 120
Maertens, Freddy 573
Maes, Romain 322, 338
Maes, Sylvère 325, 338, 344, 350
Maffei, Arturo 357
Magath, Felix 611
Magay, Dániel 397
Magne, Antonin 301, 318, 325, 338
Magni, Fiorenzo 367, 379, 383, 411, 443
Magnien, Emmanuel 739
Magnus, Louis 211
Magoni, Paoletta 589
Magyar 276
Maher, Peter 162
Mahre, Phil 573, 577, 582, 589
Mahre, Steve 589
Mahringer, Erika 369, 382
Mai, Karl 407, 727
Maia 764
Maier, Andreas 187
Maier, Hans 335
Maier, Hermann 732, 735
Maier, Martin 435
Maier, Sepp 520, 532 f., 543, 555
Maier, Ulrike 654, 688, 690
Maier, Wolfgang 735
Mailer, Norman 531
Maimonides 49
Mair, Max 355
Maîtrot, E. 179
Majbäck, Christer 664
Mäkelä, Tapio 390
Mäki, Taisto 350
Makino, Shozo 310 f., 334
Mako, Gene 343, 349
Maleewa, Magdalena 686
Malfait, Geo 443
Malherbe, de 253
Malinowski, Bronislaw 568
Malisch, Kurt 234
Malkin, Colin 552
Mallory, Molla 264, 279
Malmström, Karl 214
Malone, Karl 721
Mamede, Fernando 587
Mamonow 388
Manchinelli, Graciano 512
Mandlikova, Hana 613
Manesse, Rüdiger 52 f.
Manet, Edouard 185
Maneyrol 263
Mang, Anton 573, 575, 688
Manger, Josef 339, 355
Mangiarotti, Dario 397
Mangiarotti, Edoardo 397, 423
Manina, Tamara 403
Mankel, Yves 666
Mankin, Valeri 771
Manley, Dorothy 373
Manley, Elizabeth 622
Mann, Nathan 345
Mannhardt, Andreas 453
Manno 156, 202
Mansell, Nigel 661, 682, 703
Mantek, Frank 739
Mäntyranta, Eero 751
Manucci 552
Manuel, König von Portugal 262
Mao-ton 37
Maradona, Diego Armando 577, 587, 612, 648, 650, 653, 699
Marble, Alice 350, 353
March, Werner 240
Marchant, Anthony 425
Marchart, Dieter 461
Marciano, Rocky 385 f., 388, 400, 403, 405, 409, 412, 418, 459
Marcus Antonius 37
Marcus Lepidus 38
Mardonios, König von Persien 31, 36
Marguitos 451
Maria Christine von Bourbon 128
Maria Clotilde, Prinzessin von Sardinien 118
Maria Luisa 89
Maria Pia, Prinzessin von Sardinien 118
Maria Theresia, Kaiserin von Österreich 89
Marie-Rose, Bruno 651
Marinou, Sophia 207
Mariott 205
Mark Aurel, römischer Kaiser 38 f.
Mark, John 372
Mark, Philipp 167
Marks, Jack 182
Marlet, Jean Henri 99
Marlocova 523
Maroso 380
Marozzo, Achille 61
Marschall, Olaf 742
Marsh, Mike 671
Marshall, F. 247
Marshall, H. C. 140
Marston, Captain 98
Marten, Maritza 675
Martens 260
Martial 39, 43, 105
Martin, Lisa 631
Martin, Mc. F. 137
Martin, Sera 286
Martin, Seth 466

Martinek, Janos 633
Martini 251
Marty, Walter 316, 318
Marx, Karl 131, 135
Masala, Daniele 633
Mascheroni 298
Maske, Henry 684 f., 704, 706, 710, 724 f., 745, 755
Masny 543
Mason, Jean 116 f.
Mason, Marion 106
Masopust, Josef 458
Maspes 443
Maspoli 384
Massard, Armand 258, 363
Massullo, Carlo 633
Mastenbroek, Hendrika 334, 357
Materassi 286
Mathes, Roland 498
Mathias, Robert 376, 382 f.
Mathiesen, Charles 326
Mathis, Buster 491, 502, 509, 529
Mathis, Christian 149
Mathisen, Oscar 211, 220, 228, 239, 243, 247, 249
Mathisen, Sigurd 192
Mathison 314
Matikainen, Marjo 623, 637
Matos, Angel Fuentes 768
Matous 467
Matson, Ollie 394
Matson, Randy 479, 487
Matt, Alfred 492
Matt, Rudi 302
Matthäus, Lothar 612, 648 ff., 669, 683 f., 698 ff., 741, 748, 752, 754
Matthews, Stanley 400, 479
Matthews, Vince 523
Mattle, Werner 518
Matz, Michael 557, 686
Matzdorf, Pat 514
Maud, Königin von Norwegen 265
Mauermayer, Gisela 318, 321 f., 326, 332, 345
Mauerwerk, Mark 659
Mauriello, Tami 363
Mauthner-Markhof, Ritter von 363
Max, Martin 728
Maxim, Joe 366, 385, 388, 480
Maximilian I., deutscher Kaiser 54 ff., 60 f., 63
Maximilian II., deutscher Kaiser 67, 70
Maximus, Ch. Mallius 42
May, Billy 437
May, Jürgen 507
Mayeda 352
Mayer, Albert 363
Mayer, Christian 695
Mayer, Helene 291, 295, 301
Mayer, Henri 208, 225
Mayer, Otto 464
Mayer, Walter 560
Mayer-Vorfelder, Gerhard 757
Mayne, William 78
Mayr, Adolf 461
Mazan, Lucien 219
Mazzola, Valentino 380, 432, 503
McArthur, Kenneth 231, 256
McCarthy, Luther 238 f.
McCluskey, Joseph 309
McCormack, Mark 582, 640
McCormick, Pat 422
McCorquodale, Alistar 374
McCoy, Al 250, 353
McDermott, Donald 391, 439
McDonald Bailey, Emmanuel 443
McDonald, Patrick 233, 257
McEnroe, John 553, 564, 573, 575, 582, 587, 606, 609, 616
McEvoy, Frederic 345
McGrath, Matthew 257
McGregor, Ken 385, 387
McIntosh, Dave 175
McKee, Tim 526
McKenley, Herbert 365, 367, 375, 394
McKey, Sandy 123
McKim, Charles F. 139
McKinney, Steve 531, 554
McKinney, Tamara 582
McKoy, Mark 671
McLane, James 377
McLean, Duncan 552
McLean, John 172
McLoughlin, Maurice E. 241, 250
McMillan, Robert 394, 454
McMinn, Deane 453
McNair, Margaret 241
McNamee, Paul 613
McNeeley, Peter 705
McNeely, Tom 453 f.
McNeill, Donald 361
McYea, Sam 209
Mead, William R. 139
Mead-Lawrence, Andrea 389, 439
Meadows, Earle 332, 339
Meagher, Mary T. 186, 573, 601, 605
Meaufoy, Mark 92
Meazza, Giuseppe 320, 348
Mecir, Miroslav 613
Mecredy, J. 181
Medica, Jack 334
Medici, Emilio Carastazu 510
Medici, Ippolito de' 61
Medici, Katharina de' 67
Medici, Piero de' 55
Meehan, Willi 254
Meer, Deborah 498
Mees, Helga 472
Meggl, Anneliese 441
Meggs, George 90
Mehlhorn, Hans 305
Mehringer, Karl 322, 324
Meier, Georg 350 f.
Meier, Michael 728
Meiffret, José 456
Meiler, Karl 553
Meineke, Birgit 582, 585
Meisl, Hugo 315
Meisl, Willy 274, 285, 290
Meissner, Heike 707
Meißner, Jochen 500
Meißner, Paul 315
Meixner 145
Mejstrik, Karl 239, 242, 269
Melba, Nellie 264
Melinte, Doina 598
Melnik, Faina 514, 537 f.
Menchik, Vera 324
Mendez 650
Mendoza, Daniel 90 f.
Meng, Erich 349
Meng, Richard 349
Mengelberg, William 270
Menichelli, Franco 472
Menis, Argentina 517
Menne, Wilhelm 335
Mennea, Pietro 535, 558, 567, 671
Menotti, Cesar Luis 741
Menti 380
Menzel, Roderich 343
Menzies, Fletcher 121
Meray-Horvath, Opika 242
Mercelis, Christiane 452
Mercet 320
Merckx, Eddie 487, 489, 491, 503, 505 f., 508, 512, 514 f., 517, 529, 531, 534, 538, 551, 553, 581, 587, 609, 706
Mercuriale, Hieronymus 67, 70
Meredith, James Edwin 247
Meredith, Leon 262
Merian d. Ä., Matthäus 81
Mérignac 188
Merkens, Toni 322
Merkl, Willy 342
Merle, Carole 663
Mérode, Cléo de 180
Merry, Katherine 762
Merz, Otto 294
Merzario, Arturo 551
Meschkow, Leonid 382
Messerli, Francis 361
Messerschmidt, Uwe 603
Messner, Günther 615
Messner, Heini 487
Messner, Heinrich 492
Messner, Reinhold 610, 615, 643
Metaxas, Anastas 153
Metcalfe, J. 106, 322
Metcalfe, Ralph 307, 329, 331, 443
Metternich, Klemens Wenzel Fürst 100 f.
Metze, Erich 303, 318, 321
Mey, Uwe-Jens 667
Meyer, Antoinette 369
Meyer, Charles 178
Meyer, Christian 679
Meyer, Debbie 487
Meyer, Eduard 15
Meyer, Horst 500
Meyer, Johann 97
Meyer, Walter 564
Meyfarth, Ulrike 524, 535, 547, 577, 581, 599, 605
Meyran, Octavio 644
Michael, Jimmy 190
Michailischenko 624
Michalczewski, Dariusz 745, 752, 755
Michallek, Max 428
Michalovic, Johann von 51
Michaux, Ernest 126, 131, 134
Michaux, Pierre 134
Michel, Georges 210, 279
Michel, Rudi 709
Michelangelo 66 f.
Michels, Guillaume 529
Mickler, Georg 239
Mickler, Ingrid 524
Miert, Karel van 709
Mieto, Juha 562, 577, 590, 751
Miettinen, Rauno 519
Miez, Georg 313, 321, 336
Miguez 384
Mijatovic, Predrag 740 f.
Mikaelsson, John 376
Mikata, Reiichi 665
Mikkola 578
Milan 454
Milberg 121
Milburn, Rod 538
Mildenberger, Karl 481 f.
Milla 648
Miller 647
Miller, Lennox 495
Miller, Shannon 678
Milliat 260
Millns, James 542
Millonig, Dietmar 567
Mills, Billy 469
Mills, Charlie 132, 165, 276
Milner-Barry, P. S. 324
Milon von Kroton 27, 29
Milosovici, Lavinia 678
Milser, Rolf 537, 539, 554
Miltenberger 403
Mimoun, Alain 393, 420
Minch, P. 145, 149
Minegan, E. J. 173
Minejewa, Olga 569
Mingaud 93
Minos, König von Kreta 25 f.
Minotaurus 26
Minuzzo-Chenal, Giuliana 413
Mir Ali Scher Nawai 72
Mirke, Rudi 385
Mischkutionok, Natalia 655, 668
Misjutin, Grigori 678
Miske, Billy 255, 259
Missoni 646
Mitchell, Charlie 162, 203
Mitchell, Dennis 627, 660, 671
Mitchell, John K. 118, 120
Mitchell, W. W. 122
Mitropoulos, Ioannis 158
Mitsuhara 22
Mitsukuri 449
Mittermaier, Evi 540
Mittermaier, Rosi 539 f., 562, 710
Miyabe 667
Miyazaki, Yasuji 310 f.
Mjoen, Haakon 492
Mock, Geraldine 464
Moctezuma II. Xocoyotzin 61
Moe, Per Ivar 479
Moe, Tommy 691, 693
Moens, Roger 409, 411, 446, 456
Moffitt, Billie Jean 482
Mögenburg, Dietmar 581, 592, 596, 605
Mogren, Torgny 617
Mohamed, Youssuf 292
Mohammed 47, 55
Mohr, Ernst 196
Mohr, Heidi 639, 658
Moir, Gunnar 209, 217
Molineaux, Tom 100, 103 f.
Molitor, Karl 368
Mollenhauer, Paula 332
Möller, Andreas 650, 712 f., 728, 741
Möller, Bruno 232
Möller, Silke 661
Möller-Nielsen, Richard 669
Mollery, Molla 262
Moloney 173
Molterer, Andreas 414, 435
Momm, Harold 301, 321, 353
Moncassin, Frederic 739
Monet, Claude 185
Monica, Pietro 61
Monnereau 459
Mönnich 167
Monroe, Jack 192, 203
Monsen 304
Montagu, Ivor 426
Montana, Joe 643 f.
Montez, Lola 122
Montfaucon, Bernard de 86
Montgolfier, Étienne Jacques de 90, 93, 98
Montgolfier, Michel Joseph de 90, 93, 98
Montgomery, Bernard Law 373
Montgomery, James 548
Montherlant, Henry de 270
Monti, Eugenio 426, 439
Monti, Luigi 320
Monzeglio, Eraldo 320
Moon, Chris 732
Moorcroft, David 581
Moore, Archie 409, 412 f., 418, 702
Moore, Bella 234
Moore, James 131, 134, 138, 143
Moore, Thomas 75, 97
Moorer, Michael 702, 706, 710, 724
Moorman, F. W. 147
Mora, Victor 530, 606
Morales, Pablo 600, 610, 676
Moran, Frank 221, 243, 247, 249, 384
Moratorio, Carlos 481
Morceli, Noureddine 687, 707
Morelon, Daniel 501, 537, 717
Morero, Hugo 709
Morerod, Lise-Marie 552
Moretti, Cesare 246
Morgan, Sandra 422
Morientes 740
Morigi, Renzo 313
Morinière, Max 651
Morissey, Tom 126
Mörke, Karl 255
Mörken, Gerald 552
Morlock, Max 406 f., 455, 727
Moros 42
Morphy, Paul 126 f.
Morris, Glenn 333, 376, 383
Morris, Lord Michael 539
Morrow, Robert 420, 443, 522
Mortanges, Charles Ferdinand Pahud de 363
Mortensen 400
Morton, Bischof 78
Moser 122
Moser, Francesco 552, 587, 603
Moser-Pröll, Annemarie 531, 537, 552, 554, 558, 560, 562
Moses, Edwin 545, 552, 568, 584, 597, 629, 671
Moss, Stirling 434, 455 f., 460
Mossejew 568
Mota, Rosa 581, 606, 631
Motejlek, Dalibor 464, 467
Motoyoshi, Miwako 601
Motta, Gianni 481, 486, 489, 503
Mouchon, Eugène 155
Moutawakel, Nawal El 598
Mucks, Arlie 247
Mueller, Peter 734
Muhammad II. Fatih, Sultan 55
Muhammad IV., Sultan 83
Mühe, Lotte 286
Mühlegg, Johann 752, 754
Mühlritter 342
Muhrens 624
Mulack, Paul 190
Mulari, Tarja 666
Mulder, Jan 178
Muldoon, William 145, 147
Müller, Dieter 543

Müller, Gerd 455, 506, 511, 520, 532 f., 551
Müller, H. P. 413
Müller, Hans 245, 247
Müller, Hansi 565
Müller, Hermann 107
Müller, Jens 733, 752
Müller, Jörg 603
Müller, Jutta 653, 658
Müller, Ludwig 433
Müller, Peter 399, 589, 621
Müller, Romy 569
Müller, Sigmund 136
Müller-Preis, Ellen 423
Mullery, Alan 510 f.
Mulligan, Martin 459, 477
Mullis, Gerry 581
Mumm, von 305
Mummery, A. F. 342
Munari 552
Mündner, Paul 200
Munk, Jószef 214
Muñoz, Felipe 498
Murad IV., Sultan 55, 75
Muratow 423
Murchison, Ira 413, 418, 420, 443
Murchison, Loren 268, 275
Murdock, Margaret 549
Murphy, Charly 178
Murphy, Jimmy 260
Murray 95, 98
Murray, Erna 247, 250 f., 253, 255, 276
Murray, Gilbert 372
Murray, Robert Lindlay 250 f.
Müßiggang, Uwe 753
Mussolini, Benito 320
Muster, Thomas 710
Musto, Tony 355
Musy, Pierre 326
Muti, Ricardo 646
Mutschler, Rainer 693
Muybridge, Edward 138
Myers, Wallis 343
Myron 29, 33, 155
Mysegaes, Cord 680
Myyrä, Jonni 257

N

Naber, John 530, 548
Nachtegall, Franz 90, 95, 100 f., 106
Nadenbach, Jutta 639
Nadig, Marie-Theres 518, 540, 558, 562, 573
Naes 390
Nagy, Imre 449
Nagy, Laszlo 391
Nagy, Marianne 391
Naismith, James 168
Nakajiama 645
Nakamura, Yukimase 719
Nakano, Koichi 560
Nakayama, Akinori 499, 527
Nall, Anita 661, 677
Nam, Su Il 353
Nambu, Chuhei 301, 323
Nan, Juitsu 353
Nanninga 556
Nannini, Alessandro 645
Nannini, Gianna 646
Nansen, Eigil 388
Nansen, Fridtjof 145, 151, 162, 388
Napier, John S. 204
Napier, Montague 314
Napoleon I., Kaiser von Frankreich 100 f., 120
Napoleon III., Kaiser von Frankreich 134
Narcissus 38
Nargiso 657
Narmer, König von Ägypten 13
Nartz, Jean-Marie 724
Nasazzi 298
Nascimento, Edson Arantes do 506, 637
Nash, Radcliff 253
Nastase, Ilie 516, 551, 613
Nasty, Anthony 632
Naus, Josef 106, 109
Navarete 486
Navratilova, Martina 554, 557 ff., 577, 582, 587, 610, 613, 616, 625, 639, 643, 686, 703 f., 749
Nazzaro, Felice 206, 209 f.
Necho, König von Ägypten 11
Neckermann, Josef 322, 474, 481, 487, 661
Nedi 568
Neeskens, Johan 532 f.
Negri, Francesco 83
Nehemiah, Renaldo 573
Neherji 13
Nehmer, Meinhard 552
Nehoda 543
Nehring 276
Neid, Silvia 639
Neimke, Kathrin 675
Neiwand, Garry 679
Nejedly, Oldrich 320
Nelson, Frankee 168, 182
Nelson, John 471
Nemeth, Ferenc 449
Nemeth, Imre 276, 367, 380
Nemeth, Miklos 539
Nencini, Gastone 426, 434, 439
Nepela, Ondrej 517
Neri, Romeo 313
Nero, römischer Kaiser 40, 43
Nervi, Luigi 444
Nerz, Otto 325, 338
Nestor 176
Nett, Toni 393
Nettelbeck, Paul 237
Netto, Igor 417
Netzell, Dan 382, 390
Netzer, Günter 520, 530, 683
Neubauer, Alfred 408
Neuberger, Hermann 555, 565, 683
Neuendorf 467
Neufville, Marilyn 508
Neuhaus, Heinz 436
Neuländtner, Franz 643
Neumann, Annett 679
Neumann, Wiliam C. 182
Neuner, Angelika 666, 733
Neuner, Doris 666
Neusel, Walter 337, 367, 379
Neuser 425
Nevala 575
Neveu, Alfred 269
Neveu, Cyril 626
Newcombe, John 487 f., 506, 514, 582
Newelski, Viktor 634
Newton, Arthur 173
Newton, Isaac 86
Ngugi, John 629
Nicholas, Cindy 539
Nicholas, Jack 363
Nicklaus, Jack 517, 582
Nicolai, Gothard 100 f.
Nicolic 507
Nicolls, Richard 83
Nicolotti, Familie 84
Nieberg, Lars 721, 768
Nieberl, Lorenz 385
Nieder, Bill 439
Niedernhuber, Barbara 733
Niehaus, Jutta 635
Nielsen (Leichtathletin) 507
Nielsen (Radrennfahrer) 262
Niemann, Gunda 661, 667, 684, 704, 732, 734, 746, 752
Nieminen, Toni 661, 665
Niepce, Joseph Nicéphore 100, 103
Niepielko, Alfred 428
Nierlich, Rudolf 637, 654
Niessen, Helga 512
Nieth 263
Nietzsche, Friedrich 52
Nieuport, Édouard de 222, 226
Nijboer, Gerard 597
Nikkanen, Yrjö 345
Nikkola, Ari-Pekka 643
Niku, Tapani 263
Nikula, Pentti 456
Nilles, Marcel 275
Nilson, Laila Schou 369
Nilsson, Johnny 460
Nilsson, Jonas 607
Nimitz, Admiral 563
Nimrod 13, 15
Ning, Li 602
Ningel, Franz 461
Nintoku Tenno, Kaiser von Japan 43
Nippe, Kurt 205
Niro, Robert de 573
Nishi, Takeichi 363
Nishida, Shuhei 332
Nissen, Hildegard 373
Nivel, David 741
Nizzola, Marcello 312
Noah, Yannick 657
Nogrady, John 361
Noji, Josef 359
Nomiro, Sukane 37
Nordheim, Sondre Auersen 122, 388
Nordlander, Axel 236
Nordwig, Wolfram 508
Norgay, Tenzing 400 f., 538
Norpoth, Harald 469
Northesk, Earl of 288
Norton, John 255
Norton, Ken 530, 539, 554
Norton, Roy 443, 445
Nothstein, Marty 717
Nova, Lou 355
Novotna, Jana 684
Nowak, Grigori 355
Nowarra 362
Nowikow, Nikolai I. 90
Numa, Mauro 602, 641
Nunn, Glynis 600
Nurmi, Paavo 255 f., 260 f., 263, 268, 272, 276, 278 f., 285 f., 290, 300 f., 308, 353, 392 f., 522, 614, 671, 751
Nuvolari, Tazio 304, 314, 338, 345 f., 384, 478
Ny, Eric 330
Nyambui, Suleimann 567
Nybraaten, Inger 590
Nykänen, Matti 587, 590, 606 f., 643, 694
Nyström 609
Nzau 597

O

O'Brien, Dan 687, 716
O'Brien, Jack 201, 203, 205, 208 f., 220
O'Brien, Kelly 508
O'Brien, Perry 400, 402 f., 421, 435
O'Callaghan, Patrick 291
O'Connell, Tom 112, 115
O'Connor, Collen 542
O'Connor, Peter 179
O'Connor, W. 146, 252
O'Dowd, Mike 251
O'Halloran, Kevin 422
O'Kane 578
O'Leary, Daniel 139
O'Neal de Hane Seagrave, Henry 295, 314, 347
O'Neal, Shaquille 721
O'Rourke 115
Oberhammer, Jörg 621
Oberleitner, Markus 755
Obermann, Rudolf 112, 118
Oberstein, Paul 219
Obradovic, Sasa 705
Ocaña, Luis 530, 626
Ocasio, Ossie 558
Ocker, Constant 383
Oda, Mikio 301
Odam, Dorothy 350, 376
Odlozil, Josef 469, 499
Oe, Sueo 332
Oehme, Wolfgang 658
Oelkers, Olga 291
Oerter, Al 421, 433, 447, 456, 460, 464, 718
Oertli, Brigitte 623
Oesterley, Friedrich von 236
Oestland 617
Oestricz, Istvan 550
Oestrup, Louis 259
Ofner, Klaus 653
Ogiwara, Kenji 665
Ohlhauser 488
Oinomaos, König 27, 31
Okocha, Augustine 699
Oktavian 37
Okuno, Fumiko 677
Olaf, Kronprinz von Norwegen 265
Olano, Abraham 706
Olarticoechea 650
Olaus Magnus 61, 64, 74
Oldfield, Barry 223, 225
Olijnyk, Rune 643
Olinger, Rolf 368
Olisarenko, Nadeshda 569
Oliseh 699
Oliveira, Joao Carlos de 537
Olivier 26
Olivieri 351
Olmedo, Alejandro 435
Olmo, Giuseppe 344, 529
Olsen, Carl 388, 409, 412 f., 676
Olujawon, Hakeem 721
Oma, Lee 366, 385
Omar 596
Ommer, Manfred 523, 535
Omnes, Philippe 641
Ondieki, Yobes 672
Ondra, Anni 337
Ondrus 543
Onischtschenko, Boris 527
Ono, Takashi 423, 449, 468
Onodi, Henrietta 678
Onomastos 27
Opas, Vegaard 643
Opel, Adam 178, 201
Opel, Carl 178
Opel, Emmy 205
Opel, Fritz von 178, 187, 205, 277, 294, 480
Opel, Georg von 385, 438, 450, 483
Opel, Heinrich von 178, 201, 205, 321
Opel, Irmgard von 304, 318, 321
Opel, Ludwig 178
Opel, Wilhelm 178
Oppeln-Bronikowski, Hermann von 336
Oppes, Salvatore 388
Opschruf, Helmut 325
Orantes, Manuel 512
Ordia, Abraham 617
Oreiller, Henri 368, 371
Oresne, Nicolas 53
Oriali 580
Oriola, Pierre Jonquères d' 365, 474, 481
Orlando 432
Orser, Brian 616 f., 622
Orsi, Raimondo 320
Ortis, Venenzio 557
Ortiz, Manuel 363
Ortlieb, Patrick 662
Orton, George Washington 179
Osborne, Harold 268, 272
Osborne-Dupont, Margaret 359, 361, 363 ff., 367, 383
Oschwald, J. U. 113
Osendarp, Martinus 329, 331
Oshima, Kenkichi 318
Osiier, Ellen 291
Oskar II., König von Schweden 202
Osokin, Wladimir 549
Ossola 380
Ostade, Adriaen van 80
Ostermann, Heinz 641
Ostermeyer, Micheline 376
Osterwalder, Walter 413
Ostler, Anderl 385
Östlund, Peder 170, 186
Osztrics 538
Otkolenko-Pletjenewa, Nina 400
Ott, Nico 500
Ottey, Merlene 660, 674, 687, 761
Ottke, Sven 710, 732, 745
Otto, Kristin 587, 614, 632, 687, 718
Otto, Sylke 752
Ouden, Willie den 318
Outerbridge, Mary E. 138
Overath, Wolfgang 533
Ovett, Steven 552, 567, 573, 576, 596

Owens, Jesse 316, 322 f., 325, 329 ff., 357, 403, 405, 439, 443, 447, 494, 594, 731
Oyokota, Tsutomu 310
Ozolina, Elvira 439, 448, 460

P

Paccard, Michael Gabriel 90, 92
Pachomowa, Ludmilla 531, 542
Packer, Ann 470
Paczka, Stanislaw 505
Paddock, Charles William 260, 268, 275, 308, 359, 443
Paddock, Tom 122
Padge, Willi 450
Paecock, Eulace 443
Paetz, Sabine 587, 600
Pagliuca 700
Pahlawi, Schah Resa 464
Paine, John 159
Paine, Sommer 159
Paionios 27, 155
Pakhomova, Ludmilla 508
Paklin, Igor 606
Palama, P. K. 154
Palladini, Camillo 74
Pallavicini, Gasparo 64
Palli, Graf Lucchesi 153
Palmer, Jack 211, 217
Palmquist 578
Pamich, Abdon 568
Panenka, Antonin 543
Panin 167, 223
Panschin, Alex 145
Pantani, Marco 729, 743, 748, 758
Papanicolaou, Christos 508
Papp, László 424
Papp, Laszlo 769
Paraskevopoulos, Panagiotis 157
Parasu Rama 17
Parche, Günther 684, 686
Pares, Geoff 459
Parfenow, Anatolij 424
Parish 121
Parker (Automobilrennfahrer) 225
Parker (Fußballspieler) 649
Parker, Frank 343, 361, 381
Parker, Jack 333
Parlov, Mate 554
Parris, Dave 724
Paruzzi, Gabriella 653
Paschen, J. G. 83, 88
Paschke, Melanie 707
Pasemann, Robert 220, 226 f., 230
Pasiphae 17, 26
Passarella, Daniel 556
Passarelli, Claudio 641
Passat, Grimaldi 443
Passe, de Crispijn 76 f.
Passerieu, Georges 219, 221
Pastor, Bob 350
Pate 343
Paterson, Jackie 363
Patoulidou, Paraskevi 674
Patrese, Ricardo 586, 645, 661, 682
Patroklos 28
Patterson, Floyd 413, 418, 426, 428, 435 f., 439, 451, 453 f., 456, 459 f., 479, 491, 502, 517, 529, 572
Patton, Melvin 374, 380
Patty, Budge 383, 405
Paul III., Papst 66
Paulcke, Wilhelm 167, 247
Paulissen 434
Paulsen, Axel R. 145, 147, 167
Paulus 289
Paulus, Käthchen 226, 228
Paurnfeindt, Andreas 61
Pausanias 27 f.
Pausin, Erik 326, 350 f.
Pausin, Ilse 326, 350 f.
Pavlic 503
Pawke, Otto 221
Pawlik, Eva 370
Payan 197
Paychek, Jonny 353
Payne, Billy 714
Payton 721
Pazera, Anna 429
Peacham, Henry 75, 82
Pearce, Henry 95, 98
Pearce, Jack 671
Pechstein, Claudia 667, 732, 734, 752
Peck, Gregory 572
Pedersen 742
Pedersen, Terje 464
Pedros, Reynald 713
Pedroso, Ivan 707
Peffgen, Wilfred 560
Peitsch, Hugo 196
Pelé 432, 505 f., 510, 637, 704, 709
Pelé, Morais 484
Pélissier, Henri 265, 267, 275, 294
Pelkey, Arthur 239, 243
Pelle, István 313
Pelops 27, 29, 31, 35
Peltzer, Otto 265, 268, 276, 279, 309
Penderecki, Krysztof 521
Pennel, John 460, 481, 505
Pensberger, Toni 481
Pensberger, Walter 437
Pentiaev, Eugeny 473
Penz 365
Pep, Willie 363
Per sen., Anders 264
Péra, Patrick 493
Peralta, Gregorio 530
Percy, Karen 623
Perec, Marie-Jose 707, 762
Perez 384
Pérez, Young 318 f.
Perillat, Guy 440, 486, 492
Peris, Giancarlo 444
Perkins, Kieren 656, 661, 676
Perleberg, Günter 450
Pernfors, Mikael 613
Perón, Juan Domingo 387
Perrins, Isaac 90
Perrot, Nicolas 83
Perry, Fred 303, 325, 338, 343, 349, 393, 400, 504
Persson, Gehnäll 379
Pertini, Sandro 580
Peruzzi, Angelo 728
Peschel, Uwe 679
Pesenti, Guglielmo 425
Pesic, Svetislav 686, 705
Pessoa, Nelson 491, 701
Pessoa, Rodrigo 701
Pestalozzi, Johann Heinrich 95, 98, 101, 114
Petek, Franci 653
Peter III., König von Aragon 51
Peter, Oscar 221
Peters, Gerrit 363
Peters, Martin 485
Peters, Wolfgang 428
Petersson, Ronnie 554
Pete-Sab 10
Petit, Emmanuel 742
Petit-Breton, Lucien 209, 211, 219, 238, 253, 529
Pétra, Yvon 363 f.
Petranoff, Tom 582, 610
Petrarca, Francesco 53 f., 62, 489
Petras 510
Petrenko, Victor 655, 668
Petrik, Larissa 486, 499
Petrokokkinos, Demetrios 157
Petrone, Pedro 292
Petrosjan, Tigran 460, 462
Petschauer, Attila 359
Pettenella, Giovanni 474
Pettersen, Brit 590
Petterson, Erik 501
Petterson, Gösta 501, 514
Petterson, Sture 501
Petterson, Tomas 501
Pettersson, Sten 276
Petuschkowa, Elena 508, 512
Peugeot, Armand 160
Pevenage, Rudy 739
Pfaff, Jean-Marie 565
Pfeffer 342
Pfeiffer, Stefan 656, 676
Pfister, Hank 609
Pflug, Monika 517
Pflügler, Hans 650
Pfnür, Franz 318
Phal, Louis 263, 275
Phanas 27
Phantong 538
Phidias 29 f.
Philetas 27
Philidor 86
Philip, Prinz von Großbritannien 515
Philipp II., König von Makedonien 37
Philipp III., König von Spanien 72
Philipp IV., König von Frankreich 51
Philippides 32
Phillips, André 629
Philonides 32
Philostratos 33
Philostratos II. 34, 66, 70
Pianzola 260
Piatkowski, Edmund 435
Picard, Charles 182
Picasso, Pablo 218, 270
Piccard, Franck 621
Pichler, J. 95
Pichler, Ralph 582, 616
Pickford, Mary 262
Pierce, Mary 704, 726, 752
Piero, Alessandro del 728
Pierrat, Jean-Paul 554
Pierri, Antonio 147
Pieters, Peter 682
Pietri, Dorando 215
Piggott, Lester 653
Pignatelli, Giovanni Battista 77
Pigni, Paola 505
Pilch, Fuller 106
Pilgrim, Paul 207
Pilic, Nicolas 626, 642
Pilson, Neil 696
Pim, Joshua 183
Pindar 30, 36 f.
Pingeon, Roger 489
Pinkston, Clarence 273
Pinsent, Matthew 718
Piola, Silvio 348
Pioline, Cedric 726
Piontek, Sepp 593
Pippen, Scottie 721
Pippig, Uta 684, 710 f., 732
Pippow, Max 399
Piquet, Nelson 573, 582, 586, 610, 616, 697
Pirie, Gordon 413, 418, 420
Pirsch, Joachim 335
Pisa 34
Pitou, Penny 441
Pitzner, Karoline 126
Pius XII., Papst 364
Pixis, Theodor 122
Placisted 146
Planckaert 575
Planckaert, Jos 459
Planicka, Franti?ek 295 f., 320, 348
Planitz, Edler von der 243
Plataiai 34
Platina, Baptista 61
Platini, Michel 556, 580, 593, 611, 662
Platon 31, 35, 75
Platow 736
Platt 649
Platzer, Peter 320
Pletikosic, Stevan 681
Pletnewa, Nina 385
Plinius der Jüngere 39
Ploc, Pavel 582, 643
Ploner, Anna 144
Plumb, Michael 535
Plüschke 245
Plutarch 28, 31
Pluvinel de la Baume, Antoine de 75 ff.
Poage, George 193
Poborsky 713
Podar, E. D. 426
Podbielski, Victor von 247, 249
Pohlschmidt 506
Poincaré, Raymond 243
Pointner, Alexander 643
Polites 32
Poljanski, Igor 620
Polkunen 415
Pollack, Andrea 548
Pollak, Burglinde 508, 513, 547
Pollay, Heinz 336
Pollentier 557
Pollerdri 222
Polo, Marco 24
Polugajewski, Lew 538
Polyklet 29
Polyneikes 27
Ponomarenkow, Sergej 655, 668
Ponomarewa, Margarita 587
Ponomarjewa, Nina 448
Pons, Paul 163, 188, 191
Ponsteen, Herman 549
Pontechi 222
Popluhar 458
Popow, Alexander 676, 708, 765
Popowa 211
Popp, Luitpold 259
Popw, Alexander 653
Porsche, Ferdinand 225, 324
Porter, Charles 421
Porter, Harry 213
Pörtgen, Ernst 341
Portwich, Ramona 718
Pöschl, Hans 379
Posipal, Jupp 407
Pospisil, Jan 573
Pospisil, Jendrich 573
Posse, Graf 202
Post, Peter 682
Pothier, René 189, 197, 205
Potschentschuk, Pjotr 568
Potsma, Ids 734
Pöttinger, Josef 292
Potts, Allan 325
Pötzsch, Anett 558, 560, 563, 573
Poulain, Gabriel 208, 221
Poulidor, Raymond 459, 478, 486, 534, 551
Pound, Richard 746
Poupou 534
Povlsen, Fleming 669
Powell, Charlie 460
Powell, Foster 90
Powell, Mike 653, 660, 673, 731
Poynton, Dorothy 310 f.
Pozzo, Vittorio 348
Prager, Walter 301 f.
Prang 119
Pravda, Christian 389
Praxidamas 27
Praxiteles 155
Prefontaine, Stephane 544
Preißler, Alfred 428
Preller d. Ä., Friedrich 111
Press, Irina 435, 439, 452, 470
Press, Tamara 435, 439, 448, 453, 456, 460, 479
Preston, Lord Stanley of 166
Preuilly, Gottfried von 49 f.
Preuß, Konrad Theodor 45
Prévost d'Exile, Antoine François 87
Prévost, Jean 270
Price, Andy 564
Prins, L. 324
Prinstein, Myer 172, 174, 194, 207
Prinzing, Gerhard 467, 492
Prior, J. T. 137
Prior-Palmer, Lucinda 539
Priwalowa, Irina 674, 701, 761
Prock, Markus 666, 692
Prokop, Liese 497, 505, 507
Pröll, Annemarie 514, 517 f., 530
Prorotschenko, Tatjana 547
Prost, Alain 586, 606, 610, 637, 643, 645, 708, 745
Protopopow, Oleg 461, 466 f., 491, 493, 563, 655
Prückner, Nikolaus 59
Prufer, Michael 666
Psenicka, Václav 312
Ptitsyna 617
Puc 320
Pückler-Muskau, Hermann Fürst von 106
Puica, Maricica 598
Puikkonen, Juri 574, 590
Pulver, Hans 274
Purje, Eino 300
Purtscheller, Ludwig 144 f.
Purtscheller, Otto 145
Pusch, Alexander 537, 550
Puskás, Ferenc 406, 451
Puttemans, Emil 517
Puttlitz, Jörg 586
Putzke, Gustav 253
Pyrah, Malcolm 581

Q

Qiaobo, Ye 661
Quade, Karl 723
Quagninus, A. 74
Quarrie, Donald 545, 567
Quarry, Jerry 491, 502, 508 f., 517, 529
Queen, Frank 126
Quellmalz, Udo 719, 723
Querini, Angelo Maria 86
Quimby 228
Quintana, Maira 610
Quinteros 698
Quirot, Ana Fidelia 707
Quist, Adrian 353

R

Raab, Uwe 688
Rabe, Bahne 659
Rabelais, François 61, 66
Rabsztyn, Grazina 554, 560
Rada, Edi 370
Radakovic 457
Rademacher, Erich 251, 255, 260, 263, 279
Rademacher, Joachim 263
Rademacher, Peter 426, 428
Radenkovic, Petar 425
Radford, Peter 433, 439
Radke-Batschauer, Lina 284, 286, 291
Radmilovic, Paul 214
Raffl, Hansjörg 666
Rafftl, Rudolf 348
Rafter, Patrick 746
Raggio 204, 206
Ragno, Antonella 449, 472, 527
Ragno-Lonzi, Saverio 527
Rahe, Frederick W. 239, 241
Rahn, Helmut 406 f., 430 f., 457, 727
Rainer, Edi 325, 338
Rama 13, 37
Rameau, Jean-Philippe 242
Ramey, Nancy 435
Ramos, Manuel 491, 509
Rampling, Godfrey 31
Ramses VI., König von Ägypten 17
Ramses, König von Ägypten 17
Ramsey, Alf 484 f., 511
Rand, Mary 470
Rantanen, Siiri 390, 415
Rantasa, Poldi 251
Ranzany, Pete 564
Rasso 147
Rastelli 432
Ratcliff, Paul 770
Rathburn, Bill 722
Rathmayer, Werner 661
Ratjen, Dora 358
Räty, Seppo 653
Rau, Gustav 236, 304
Rau, Richard 220, 226 f., 232, 247, 263, 443
Raudaschl, Hubert 718
Raudies, Dirk 684, 688
Rausch, Emil 195
Ravana, König von Ceylon
Ravel, Maurice 591
Ravna 151
Rawls, Katherine 311
Ray, Johnny 265
Raymakers, Piet 680
Ré, Emile de 443
Reagan, Ronald 594
Rebillard, Daniel 501
Recknagel, Helmut 426, 442, 456, 467, 710
Rector, James 213
Redford 445
Redgrave, Steven 718, 770
Reeves, Dan 644
Regazzoni, Clay 529
Regazzoni, Gianclaudio 537
Regis, John 651
Rehhagel, Otto 752 f.
Reichert, Ossi 389
Reichert, Rudi 426
Reiff, Gaston 375, 383
Reiffs, Johnny 252
Reinalter, Edi 368
Reinhardt, Arthur 250 f.
Reinisch, Rica 571
Reinsch, Gabriele 620
Reisch, Franz 167
Rembrandt 75, 80
Remigino, Lindy 394
Remington 174
Renard, Graf 143
Renk, Silke 675
Renoir, Auguste 185
Renshaw, Ernest 145, 148, 170, 177
Renshaw, William 145, 148, 170, 177
Rep 532, 556
Resch 752
Resch, Lisa 340
Reshevsky, Samuel 367
Resta, Dario 247
Rethemeier, Helmut 581
Rettich, Wilhelm 121
Retton, Mary Lou 602, 605
Reuch, W. T. T. 137
Reuter, Stefan 650, 728
Revell, Guy 466 f.
Reynolds, Butch 620
Reynolds, John 203
Rezazadeh, Hossein 769
Reztsowa, Anfissa 617, 623
Rhoden, George 375, 382, 394
Ribbeck, Erich 757 f.
Riboud, Philippe 633
Ricard, René 222, 228
Ricardo 764
Rice, H. 245
Rich, Michael 679
Richard, Maurice 344, 529
Richard, Tex 267
Richards, Alma 233
Richards, Bob 421
Richards, Vincent 251
Richey, Cliff 512
Richie, Lionel 605
Richmond, Bill 90
Richter, Albert 353 f.
Richter, Annegret 524, 547
Richter, Frank 659
Richter, Gustav 245
Richter, Ulrike 539, 548
Richtzenhain, Klaus 420
Rickard, Tex 224
Ricken, Lars 728
Riddick, Steven 545
Riebschläger, Ewald 301
Riecken, Christian 268
Riedel, Lars 687, 707, 716, 723, 730, 744
Rieder, Josl 429
Riedle, Karl-Heinz 649 f., 699, 728
Riefenstahl, Leni 327, 331, 336
Riegel, Carl 259
Riehm, Karl-Hans 546, 554, 557
Riesterer, Monique 732, 739
Rigaminti 380
Riggin, Aileen 273
Riggs, Bobby 350, 353, 355, 366, 530
Rigolly 192
Rigoni 385
Riis, Bjarne 710, 724, 729, 748, 758
Rijkaard, Frank 645, 647
Rimet, Jules 255, 259, 298, 348
Rindt, Jochen 508, 513
Rindt, Nina 513
Rinn, Hans 542
Rinne, Taru 620
Rintenpää, Olavi 400
Ris, Walter 377
Risa Abbasi 72
Risso, Eduardo 378
Ritola, Ville 268, 272, 290, 751
Ritsma, Rintje 692
Rittberger, Wilhelm 226, 242
Ritter, Ole 491, 503, 529
Ritzenthaler 222
Riva, Luigi 503, 511
Rivellino 510
Rivera, Gianni 511
Rivière, Roger 426, 429, 434, 489, 529
Rjachowskij, Oleg 429
Robbins 213
Roberson, Irvin 447
Robert, Michel 581
Roberts, Dave 539, 546
Robertson, G. P. 145, 149
Robertson, Robert 415
Robeson, Peter 474
Robic, Jean 363, 365 f.
Robin Hood 58
Robinson 576, 578
Robinson, Arnie 546
Robinson, Arthur 239
Robinson, David 620, 721
Robinson, Elroy 339
Robinson, Mack 329
Robinson, Ray 385 f., 388, 409, 412 f., 426 ff., 453, 479 f.
Robinson, Reynaldo 522
Robl, Thaddäus 179 f., 182, 186 f., 190, 200, 220 ff.
Robledo, Carmelo 312
Robleh 597
Robson, George 363
Rocchigiani, Graciano 685, 704, 706, 752, 755
Roche, Jem 211, 217
Roche, Stephen 616
Roche, Tony 504, 506
Rocheteau 580
Rochow, Friedrich von 236
Röderer, Karl 175
Rodnina, Irina 508, 514, 517, 519, 530, 537, 542, 552, 558, 563
Rodriguez, »Pipo« 510
Roelants, Gaston 460, 479, 606
Roenes, E. 247
Roffe, Diane 663
Roger 160
Rogers 308
Rogers, Ginger 427
Rohner, Marcel 733
Röhr, Otto 232
Röhrl, Walter 560, 577 f., 587
Rolls, C. S. 205, 222
Rom, Anton 335
Rom, Dagmar 382, 389
Romankow, Alexander 582
Romario 700
Rome, Sydne 582 f.
Romeo 352
Romer, Franz 286
Romero, Francisco 86
Rominger, Rudolf 368
Romme, Gianni 734
Ronaldo 726, 732, 738, 742
Ronchini 443
Rondi, Heinrich 207, 209
Rono, Henry 554
Rono, Peter 629
Ronsse, Georges 295, 315
Rooks, Steven 626
Root, Jack 201, 203
Roper, Jack 350
Rosales, Diego de 83 f.
Rosato 503
Rosberg, Keijko 577
Roscher, Ewald 590
Rose, Murray 413, 422, 456
Rose, Ralph 194, 220, 233
Rosemeyer, Bernd 322, 324 f., 338, 345 f., 478
Rosen, Clarence von 236
Rosenberg, C. 87
Rosenberg, Grete 234
Rosendahl, Heide 497, 507 f., 513, 524
Rosenquist 260
Rosenroll 92
Rosewall, Ken 408, 413, 418, 506, 514
Rosier, Jacques de 223
Ross 117, 121
Ross, Norman 247, 253, 255, 260, 263
Ross, Tony 220
Rossi 297, 580
Roßkopf, Jörg 637 f.
Rossner 305
Roßner, Petra 658, 679
Roth 488
Rothenberg, Alan 683
Rothenburger, Christa 591, 622, 635
Rothhammer, Keena 526
Rothschild, Baron 179
Rötsch, Frank-Peter 622
Rotter, Emilie 322
Rougier 199
Rous, Sir Stanley 484
Rouse, Jeff 676
Rousse 676
Rousseau, Henri 218
Rousseau, Jean-Jacques 90, 92 ff.
Rousseau, Michel 425
Roussel 743
Roux, Philippe 540
Rover, Jolanda de 601
Rowe 378
Rowlandson, Thomas 87, 91
Rozier, J. E. Pilâtre de 93
Rozsavölgyi, Istvan 413
Rozsnoi, Sandor 403
Rozsnyoi, Sandor 413
Rshischtschin, Semyon 413
Ruahala 574
Rubinstein, Akiba 251
Rudakow 520
Rudel 221
Rudolph, Nils 676
Rudolph, Thomas 666
Rudolph, Wilma 439 448, 453, 524, 530
Rue, J. Thoresen 126
Rüegg, Anni 318
Ruegg, Yvonne 441
Rugge, H. von 52
Ruggerone 222
Ruhlin, Gus 181, 203
Rührold, Ute 542
Ruiz, John 752
Ruiz, Tracie 601
Rukawischnikowa, Olga 570
Rulffs, Manfred 450
Rummenigge, Karl-Heinz 565, 580, 612, 754, 758
Runge, Johannes 192 f., 207, 239, 251
Ruperti, Oskar 268
Russel, John 388
Russi, Bernhard 508, 518, 540, 582
Rüssmann, Rolf 555
Rustadstuen 304
Ruth, »Babe« 243
Rutherford, Frank 673
Ruthner, Anton von 122
Rutkiewicz, Wanda 538
Rütt, Walter 225, 243 f., 252
Ruud, Asbjörn 363
Ruud, Birger 301, 318, 350, 363, 694
Ruyter, Michiel Adriaansz de 83
Ryan, Elisabeth 260, 262 f., 265, 268, 276, 285
Ryan, Matthew 680
Ryan, Patrick 145 f., 203, 239, 257, 333
Ryffel, Markus 567, 597
Ryser, Fritz 225
Ryun, Jim 487, 490

S

Saaristo, Juho 233
Sabaite, Niele 524
Sabatini, Gabriela 616, 625, 657, 703
Sabia 596
Sabino, Jorilda 606
Saccaro, Gianluigi 472
Sacchi, Arrigo 645
Sachnow, Alexander 590
Sachs, Ernst 190
Sachs, Hans 59
Sacoraphos, Demetrios 155
Sacoraphos, Johannes 155
Sadi-Lecointe 255
Sadowskaja, Tatjana 652
Sadowyi, Jewgenij 676
Saez 489
Safin, Marat 752, 759
Saga, Kaiser von Japan 24, 47
Sagan, Eddie 379
Sahla, Richard 301, 363
Sailer, Max 244
Sailer, Toni 414, 429, 735
Sainin Tenno, Kaiser von Japan 37
Saintbel, Charles Vial de 127

Saint-Phalle, Jacques de 185
Saizew, Alexander 530, 537, 542, 552, 558, 563
Sakai, Yoshinoro 468
Sakata 688
Salazar, Alberto 573
Salchow, Ulrich 167, 182, 186, 202, 258
Saldow, Karl 321
Sale-Barker 295
Saleh, Houssein Ahmed 629
Salenko, Oleg 699
Sales, Franz von 75
Salila 260
Salleron 199
Salminen, Ilmari 339
Salnikow, Wladimir 560, 570, 577, 632, 656
Salomo, König 27
Salomon, Jack 412
Salonen, Olavi 426
Salumae, Erika 670, 679
Salumiä, Elena 635
Salvadore 503
Salvenmoser, Ingrid 654
Salvesen, Anton 409
Salzer 243 f.
Salzgeber, Ulla 768
Salzmann, Christian Gotthilf 90, 95, 97
Samara, Spiro 154, 159
Samaranch, Juan Antonio 560, 572, 594, 638, 670, 674, 681, 684, 691, 697, 714, 743, 746, 760, 770
Sammer, Mathias 704, 712 f.
Samolenko, Tatjana 631
Sampras, Pete 657, 683 f., 704, 726, 732, 743, 752, 759
Samse 205
Sanchez, Arantxa 637, 639, 710, 724
Sand, Karl Ludwig 101
Sander, Maria 395
Sanders, Edward 409
Sanders, Summer 677
Sandmann, Herbert 428
Sandwina, Katie 226, 228
Sandy, Marco 698
Sanejew, Viktor 517
Sangallo, Aristotile de 66
Sangouma, Daniel 651
Santamaria 740
Santana, Manuel 459, 481, 512
Santee, Wesley 403 f.
Santner, Antoine 144
Santner, Johann 144
Santos, Djalma 432
Santos, Dos 458
Santos, Edson Bispo dos 425
Santos, Manuel dos 453
Santos, Nilton 432, 458
Santos-Dumont, Alberto 179, 205, 208
Sanz, Lorenzo 740
Saratz, Claudio 162
Sarby, Rickard 396
Sargon, König von Akkad 13
Saronni, Giuseppe 582
Sarosi, György 348
Sarteur 507
Sasanowitsch, Natascha 715
Sato 426
Satyros 34
Saubert 465
Sauerland, Wilfried 685, 724 f.
Saul, König der Juden 27
Saura, Carlos 622
Saussure, Horace Bénédict de 92
Savolainen, Heikki 392, 397
Savold, Lee 386
Savon, felix 769
Saweljew, Sergej 541, 554
Sawjalow, Alexandr 577, 590
Sayers, Tom 131
Scarone 298
Scaurus, Aurelius 42
Schaaf, Ernie 316
Schacke, Adele 260
Schade, Herbert 393
Schaeper, Ute 641
Schaesberg-Tannheim, Richard Graf von 236
Schäfer 727
Schäfer, Gustav 335
Schäfer, Hans 406 f., 431
Schäfer, Karl 288, 297, 305, 325 f.
Schäffer, J. 230
Schalamanow, Naum 719
Schall, Toni 315
Schaposchnikowa, Natalia 571
Schärer, Brüder 514
Schärer, Erich 537, 558, 610
Schärer, Paul 537
Schärer, Rudolf 131
Schärer, Willy 272
Scharnhorst, Gerhard Johann David von 95, 97
Schaschek, Ritter 80
Schascherin, Wiktor 587
Schäufelein, Hans 66
Schaumburg, Friedrich 301
Schawlakadse, Robert 447
Scheckter, Jody 558
Scheel, Walter 557
Scheele, Hans 355, 357
Scheff, Otto 207, 214
Schelenz, Carl 250, 483
Schelesowski, Igor 661
Scheller, J. G. 86
Schenk, Ard 481, 508, 514, 530, 542, 561, 692
Schenk, Bert 746
Schenk, Christian 630
Schenk, Franziska 726
Schepke, Frank 450
Schepke, Kraft 450
Scherbo, Witali 678
Scherens, Jeff 354
Scherens, Joseph 322
Scherrer, Edouard 269
Schewtzowa, Ludmila 439, 448
Schiaffino, Juan 384
Schiavio, Angelo 320
Schiele, Oskar 220, 243
Schiergen, Peter 684
Schikolenko, Natalja 675
Schild, Hans 96
Schildhauer, Werner 581
Schilgen, Fritz 327
Schilkow, Boris 403, 409
Schillaci, Salvatore 648 f.
Schiller, Friedrich von 270
Schinegger, Erika 487
Schlagintweit, Hermann 126
Schlagintweit, Robert 126
Schläppi, Alfred 269
Schläppi, Heinrich 269
Schlauch, Heinz 362
Schlebrowski, Elwin 428
Schlechter, Karl 247, 251
Schleidt, Georg 209
Schleiermacher, Ruth 514
Schleinkofer, Josef 312
Schlögl, Sepp 575
Schlömmer, Leo 456
Schlumberger, Wilhelm 120
Schlunegger, Hedy 338, 369
Schlüter 322
Schlüter, Karin 531
Schmalfuß, Carsten 717
Schmeichel, Peter 669
Schmeling, Max 279, 283, 286, 294 f., 297, 299, 301, 303 f., 314, 316, 319, 323, 325, 337, 339, 345, 347, 350, 357, 360, 365 f., 379, 482, 729, 759
Schmelz, Andreas 586
Schmid 222
Schmid, Franz 302, 313
Schmid, Harald 557, 568, 581, 584, 597, 610, 614, 629, 701
Schmid, Heidi 449
Schmid, Lothar 529
Schmid, Toni 302, 313
Schmidt 659
Schmidt, Helmut 557, 580
Schmidt, Hermann 355
Schmidt, Jozef 439, 447
Schmidt, Kathy 552
Schmidt, Markus 666
Schmidt, Otto 247, 252, 684
Schmidt, Thomas 770
Schmidt, Walter 411, 514, 546
Schmidt, Wolfgang 554
Schmidtke, Fredy 603
Schmidt-Metzger, Käthe 380
Schmitt, Arnd 633, 652
Schmitt, Martin 746 f., 752, 754
Schmuck, Christa 508
Schnab, Richard 610
Schnabel, Karl 541
Schneider, E. 342
Schneider, Georges 382
Schneider, Hannes 209, 286, 288, 353
Schneider, Othmar 389
Schneider, Petra 577
Schneider, Victor E. 198, 205
Schneider, Vreni 617, 623
Schneidereit, Heinrich 187, 191, 209
Schnelldorfer, Manfred 466, 542
Schnellinger, Karl-Heinz 462, 484, 511
Schöbel, Heinz 444
Schoch, Arthur 251
Schockemöhle, Alwin 512, 549, 721
Schockemöhle, Paul 581, 614, 721
Schoenfield 174
Scholdan, Eddie 453
Scholl, Mehmet 711, 713, 738, 757
Schollander, Don 471, 498
Scholz, Bubi 456, 459, 752, 759
Scholz, Jackson 255
Scholz, Lily 295
Schomburgk, Heinrich 234, 236
Schön, Adolf 344, 477, 511, 533
Schön, Helmut 341, 354, 356, 464, 565, 710
Schon, Mila 646
Schönbächler, Andreas 695
Schönbrunn-Zange, Gabi 622
Schöne, Andrea 587, 591
Schöne-Ehrig, Andrea 622
Schöpfer, Ida 403
Schorm 247
Schott, Karl 265
Schotte, Brik 379
Schowtka, Alexander 585
Schrader, Hilde 291
Schramm, Beate 659
Schramm, Norbert 577 f., 582 f.
Schramseis, Roman 315
Schranz, Karl 456, 465, 492, 508, 517 f., 732
Schreiber, G. 295 f.
Schrempf, Detlef 710
Schreyer, Dirk 500
Schridde, Hermann 474
Schröder, Gerhard 407
Schröder, Paul 205
Schröder, Walter 450
Schröder, Willy 322, 333
Schroeder, Major 255
Schroeder, Ted 353, 355, 358, 365, 380 f., 383
Schroif 458
Schuba, Beatrix 514, 517, 519
Schubenkowa 600
Schubert 380
Schuckmann, Friedrich von 107
Schuhmann, Carl 157 f.
Schuk, Tatjana 461, 493
Schukowa 403
Schul, Robert 469
Schule, Werner 242
Schulenburg 455
Schuler, Karl 209
Schulin, Alexander 655
Schüller, Heidi 521
Schüller, Jakob 443
Schult, Jürgen 610
Schulten-Baumer, Uwe 581
Schultheis, Willy 409
Schulz 276
Schulz, Axel 704, 706, 710, 724
Schulz, Christel 350, 352, 358 f.
Schulz, Renate 170
Schulz, Willi 511
Schulze 322
Schulze, Gustav 237
Schumacher Harald 565, 580, 593, 612
Schumacher, Günter 549
Schumacher, Michael 661, 703 f., 708, 725 f., 729, 745 f., 751
Schumacher, Rolf 703
Schumacher, Sandra 603
Schumann, Else 297, 531
Schümann, Jochen 718, 771
Schumann, Margit 542
Schumann, Nils 744, 763
Schumann, Ralf 653, 681, 719
Schur, »Täve« 688
Schur, Gustav Adolf 429, 434
Schuschunowa, Elena 633
Schuster, Bernd 565
Schüttler 443
Schuurmann, Tollina 308
Schwab, Arthur 376
Schwab, Fritz 376
Schwab, Thomas 733
Schwarm, Balthasar 542
Schwarthoff, Florian 671
Schwartz, Hans 311
Schwartz, Johann 182, 186
Schwarz 322
Schwarz, Wolfgang 493
Schwarzenbeck, Georg 520, 533
Schwarzenberg, Felix Fürst zu 122
Schwarzmann, Alfred 336, 397
Schweighofer, Hubert 690
Schweißfurth, Otto 341
Schwenker, Uwe 697
Schwerin von Krosigk, Johann Ludwig Graf 353
Schwers, Fred 537
Schwind, Moritz von 99
Scieur, Léon 260
Scirea 580
Scorcese, Martin 573
Scott, Barbara Ann 365, 367, 370
Scott, Steve 596
Scott, Walter 58
Scuri, Angelo 602
Seagren, Bob 481, 487, 491, 517
Seaman, Richard 350 f.
Sears, Eleanora 247, 250
Sears, Richard D. 148
Sedgman, Frank 385, 387
Sedlmayr, Max 322, 324
Sedych, Juri 546, 557, 568, 587, 592, 614
Seeger, Robby 658
Seelenbinder, Werner 286, 361
Seeler, Uwe 431, 457, 477, 511
Seelos, Toni 302, 318, 322
Sefton, William 332, 339
Seger, Adolf 537, 574
Seghi, Celina 355, 365, 369, 382
Ségura, Louis 235
Seick, Karin 601
Seidel, Erich 192
Seidl 222
Seifert, Norbert 438
Seiler, Stephen 737
Seixas, Vic 405, 408
Seizinger, Katja 663, 693, 710, 732, 735
Sejjid Wahid Effendi 55
Selenzowa, Tatjana 554, 557
Seles, Monica 643, 653, 661, 684, 686, 704, 726
Selilowa, Lidia 403
Selkow, Wladimir 676
Semmelink, John 435
Sendel, Peter 734
Senecio 26
Senna, Ayrton 620, 643, 645, 653, 697, 700, 708, 745
Senne, Karl 709
Senoner, Carlo 486
Sensini 650
Seonbuchner, Anneliese 395
Septimus Severus, römischer Kaiser 43
Serdarusic, Zvonomir 697
Serena 649
Sererhard 92
Sergejew 388
Sergio, Paulo 700
Serpollet, Léon 161
Serrat, Fabienne 531, 540
Sesostris I., König von Ägypten 17
Sethos I., König von Ägypten 17
Seurat, Georges 185
Seye, Abdou 445
Seyfert, Gabriele 508
Seyffarth, Åke 355
Shalaga, Mike 409
Sharkey, Jack 297, 299, 303 f., 314, 316, 319
Sharkey, Tom 162, 203

Shavers, Earnie 552, 558
Shaw, Wilbur 353
Shearer, Alan 713
Sheen, Gillian Mary 423
Shelesowski, Igor 653
Sheppard, Melvin Winfield 213
Sheridan, Martin 193 f., 207
Sheringham 748
Sherring, William 207
Shields 303
Shih Tsu, Kaiser von China 19
Shilton, Peter 649
Shirley, Anthony 67, 72
Shirley, Robert 67, 72
Shoemaker, Willie 436
Shokaku, Enno 47
Shomu Tenno, Kaiser von Japan 47
Shopee 143
Shorter, Frank 522, 545, 568
Shouaa, Ghada 715
Shri Samarth Ramdas Swami 83
Shriver, Pam 587
Shrubb, Alfred 187 f., 192
Siddharta Gautama Buddha 27
Sidiak, Viktor 527
Siebel, Nathalie 658
Sieben, Jon 600
Siebert, Jörg 500
Sieg, Jack 360
Siegert, Peter 456
Siegl, Sigrun 547
Sieronski 300
Sietas, Erwin 322, 334
Sieveking 121
Sievers, H. 179
Sievert, Hans-Heinrich 316 ff., 321, 333
Siffert, Jo 514, 516
Sighel, Roberto 661
Siitonen, Pauli 530, 607
Silanus, M. Junius 42
Silberer, Viktor 145
Silhava, Zdenka 587
Silivas, Daniela 633
Sillem 121
Sillmann, Elli 467
Silva 627
Silva Figueroa, Don Garcias de 72
Silva, Adhemar Ferreira da 385, 409
Silva, Leonidas da 348
Silvester, Jay 453, 491
Silvetti, Humberto 424 f.
Simchen, Elfie 695
Sime, Dave 413, 445
Simeoni, Sara 547, 553 f., 557, 570, 599
Simiriotou, Esmée 207
Simjatow, Nikolai 554, 590
Simola, Siina 226
Simon, Abe 355, 357 f.
Simon, der Magier 26
Simon, Hugo 726
Simons-de Ridder, Alexandra 768
Simonsen, Alan 593
Simony, Friedrich 118
Simpkins, Charles 673
Simpson 120
Simpson, Bob 247
Simpson, George 295, 307
Simpson, Tom 479, 487, 489
Sinatra, Frank 572
Sincholle 179
Sindelar, Matthias 315, 320
Singh, Balbir 425
Singh, Joginder 539
Sinnerud, Peter 192
Sinowatz, Fred 539
Sipos, Martin 263
Sisley, Alfred 185
Sitt, Peter 656
Siviori 457
Sivrac, de 102
Six 580
Sjödelius, Sven-Olov 450
Sjoeberg, Kjell 467, 487
Sjoeberg, Patrik 596
Sjöqvist, Lala 311
Skaardal, Atle 644
Skah, Khalid 672
Skamper, Bernhard 265
Skanderberg 55
Skelton, Nick 614
Skinner, Jonty 539
Skiöld, Ossian 291
Skjeldal, Kristen 664
Skjöld, Gunnar 260
Skoblar, Jaroslav 312
Skoblikowa, Lidia 466
Skolimowska 761
Skrypecki, Kay 464
Skweyiya, Mzukisi 530
Slaats, Frans 344, 529
Slack, Jack 89 f.
Slattvik, Simon 390
Slay, Brandon 769
Slibar, Joze 453
Slijkhuis, Willem 375
Sloane, W. 153, 157
Slothaak, Franke 721
Slusarski, Tadeusz 546
Smart, George 126
Smart, James 126, 217
Smart, William 126
Smetanina, Raissa 541, 623, 664
Smicer, Vladimir 712
Smirnitskaja, Natalja 380
Smirnowa, Ludmilla 508, 519
Smistik, Josef 315
Smith 627
Smith Miller, Gerrit 131
Smith, »Gunboat« 243, 314
Smith, Albert Richard 129
Smith, Annie 487
Smith, Calvin 582, 584, 595, 619, 651
Smith, Caroline 273
Smith, Christopher 126
Smith, Derrick 690
Smith, George 483
Smith, Harald 220
Smith, Harvey 512
Smith, I. G. 126
Smith, James 616, 618
Smith, Jewey 211
Smith, Margaret 460, 463, 479, 482
Smith, Ronnie Bay 491, 504
Smith, Stan 506, 512, 516
Smith, Tommie 481, 487, 494
Smith, William 355, 361, 377
Smrkovsky, Josef 499
Smyslow, Wassili W. 367, 426 f., 426, 429
Snell, Peter 446, 456, 469
Snersrud 287
Snipes, Ron 573
Snite, Betsy 441
Snyder, Larry 323
Sobeck, Hans 300
Socrates 611
Söderström, Bruno 213
Soissons, Graf von 76 f.
Sokolowski 363
Sokrates 33
Solich, Fleitas 451
Söllner, Paul 335
Solon 35
Solonin 568
Solskjaer 748
Soltau, Wilfried 396
Somfay, Elemér 272
Somodi, István 213
Sondheim, Erna 291
Sone, Kenji 455
Song, Soon Chun 424
Sonnenberg, Hermann 253
Soose, Billy 363
Sophie, Königin von Spanien 674
Sorakichi, Matsado 147
Sorg, Heinrich 371
Sorgers 659
Sotelo, Enriqueta Basilio 494
Sotomayor, Javier 637, 640, 673, 684, 687
Sousa, Paulo 728
Southgate, Gareth 713
Southwood, Leslie 335
Spalla, Emilio 275
Spångberg, Arvid 214
Sparwasser, Jürgen 532
Spasski, Boris 517, 529
Spaul, André 239
Spedding, Charles 597
Speicher, Georges 316
Spelterini, Eduard 187
Spelterini, Maria 144
Spencer, Emerson 286
Spengler, Alfred 403
Spengler, Carl 265 f.
Sperber, Silvia 635
Sperl, Sonja 441
Sperling, Eduard 312
Spescha, Placidus 92
Spiers, Annie 234
Spieß, Adolf 112, 114, 118
Spindler, Carl 138, 142
Spinks, Leon 554, 573
Spinks, Michael 606, 620
Spinnler, Adolf 196
Spiridonow, Alexej 546
Spiß, Toni 389
Spitz, Mark 487, 490, 498, 526, 528, 548, 653
Springel, Herman van 503, 534
Springer, Philipp 66
Springstein, Thomas 661, 685
Squires, Bill 209, 211, 217
St. Cyr, Henri 416
St. John 482
Stabe, Eugen 221
Stabile, Guillermo 298, 320
Stablinski, Jean 486
Stadler 514
Stäheli, Konrad 175, 296
Stalder, F. J. 96
Stalder, Josef 397
Stallard, G. H. B. 272
Stallone, Sylvester 554
Stamm, Erna 228
Stamma, Philip 86
Standforth 108
Stangassinger, Ulrike 693
Stange, Fritz 481
Stanhope, Lord Spencer 154
Stänic, Valentin 95
Stanko, Steve 355
Stant, Shane 690
Starfield, Andrew 385
Starhemberg, Wilhelm Graf von 198
Statkewitsch, Nina 508
Staub, Roger 429, 440
Staudinger, Josef 311
Staunton, Howard 120, 126 f.
Staveren, Petra van 601
Stecher, Renate 524, 530, 535, 547
Steeb, Carl-Uwe 626, 642
Steel, Ian 388
Steen, Jan 83
Steenken, Hartwig 531
Steer, Irene 234
Steers, Lester 355
Stefano, Adriano di 417, 451
Stefano, de 740
Stefansson, Janne 505
Steffen, Waldemar 172
Steffes, Kent 720
Steffes-Mies 652
Steffny, Manfred 614
Stehen 630
Stehen, Johann Wilhelm Christian 118
Stein, Erwin 451
Stein, Gertrude 218
Stein, Heinrich Friedrich Karl Freiherr vom und zum 95
Steinbach, Josef 192, 201
Steinbach, Klaus 765
Steinbach, Manfred 433, 447
Steinberger, Stephan 126
Steinemann, Edi 321
Steiner, Anton 589
Steiner, Walter 517
Steinhauer 403
Steinhauer, Anneliese 358
Steinitz, Wilhelm 131, 135, 152, 162, 170
Steinweg, Stefan 658, 679
Stellbrink, Arthur 221, 243, 245, 251
Stenersen, Sverre 415
Stenmark, Ingemar 539, 552, 554, 558, 577, 589
Stensen, Sten 542
Stenshjemmet, Kai Arne 561
Stenzel, Vlado 577
Stepanow, Jurij 426
Stephani, Rudolf von 126
Stephens, Helen 330, 332
Stern, Richard von 179, 188
Sternberg, Brian 460
Sterzing, A. 136
Steuer, Ingo 704 f., 726
Steuri, Fritz 302
Stevens 238
Stevens, Curtis 305
Stevens, Hubert 305
Stevens, Huub 728
Stevenson, Bill 90
Stevenson, Teofilo 769
Stewart, Anthea 627
Stewart, Jackie 504 f., 513 f., 516, 529 f., 582, 708
Stewart, John 724
Stewart, Melvin 656
Stewart, Ray 660
Stich, Michael 653, 657, 684, 726
Stiefvater 222
Stiegler, Pepi 440
Stielike, Uli 565, 580
Stiepl, Max 318
Stöck, Gerhard 333, 444, 507
Stock, Leonhard 562, 621
Stocks 222
Stoepel 300
Stoitchkov, Christo 700
Stojkovic 741
Stol, John 221, 238, 244
Stolle, Fred 477
Stommelen, Rolf 513
Stones, Dwight 524, 546, 596
Stöpel, Kurt 315, 321, 724
Stopyra, Yannick 611
Storero 199
Stöss, Rudolf 206
Stouder, Sharon 471
Stout 250
Strand, Lennart 365, 375
Strandli, Sverre 400
Straßberger, Josef 255, 312
Straub, Anja 641
Straub, Jürgen 567
Strauß, Astrid 585, 677
Strauß, Hugo 335
Street, Picabo 693
Strehl, Heinz 455
Streiff, Rösli 304
Strel, Boris 589
Strelzow, Eduard 417
Streng 474
Stretz, Hans 399
Stribbling, William 301, 303, 314
Strickland, Shirley 373
Strike, Hilda 308
Stritesky 255
Strolz, Hubert 621
Ström, Harald 250, 260
Strömberg, Thorvald 396
Strömstad, Thoralf 269
Strunikow, Nikolai W. 226
Strunz, Thomas 712, 738
Strutt, Josua 95
Stubbendorff, Ludwig 363
Stubnick, Christa 420
Stuck, Hans 297, 325, 384
Stückelberger, Christine 537, 549, 581
Studer, Gottlieb 118, 122, 142
Stuhlfauth, Heiner 259, 264, 278,292, 295 f.
Stukelj, Leon 746
Stülpnagel, Friedrich von 331
Sturgess, Eric 383
Sturm, Johann 62, 67
Sucic, Anto 588
Sugimoto, Nobora 310
Sugiura, Shigeo 334
Sukarno, Achmed 460
Suker, Davor 742
Sulaiman, José 644
Sulaiman, Mohamed 672
Suleymanoglu, Naim 719, 769
Sulla, Lucius Cornelius 37
Sullivan, Henry 265, 267
Sullivan, James 118, 146
Sullivan, James E. 192
Sullivan, John Lawrence 145, 152, 162, 203, 319
Sulzenbacher, Klaus 653, 665

Summers, Bill 480
Summers, Bob 480
Sumners, Rosalynn 582 f.
Sun, Shuwei 676
Sunna Tenno, Kaiser von Japan 47
Surajkin, Andrej 519
Sureikin 508
Surtees, John 452, 464, 478, 516
Suter, Franz 237
Suter, Paul 237
Sutton, Garry 549
Sutton, May 209
Suutarinen 530
Svan, Gunde 590, 607, 617
Svensson 276
Svensson, Kalle 432
Sverdrup, Otto 151
Svet, Mateja 617, 637
Svintfot, Olaf Mansson 64
Svoboda, Ludvík 499
Svoboda, Petr 736
Svoronos 155
Swahn, Alfred 235
Swahn, Oscar 235
Sweeney, Michael 157, 174, 237, 254
Syers, Madge 182, 186, 202, 205, 209
Syring, Max 301
Szabó, Christa von 242
Szabo, Ecaterina 602, 605
Szabo, Peter 259
Szathmári, Elemér 377
Széchenyi, Graf 112
Székely, Éva 422
Szelig, Alexander 696
Szende, Andor 242
Szepan, Fritz 323, 341, 349, 354, 728
Szewczenko, Tanja 684
Szewinska, Irena 535, 547, 569
Szisz, François 205 f., 210
Szokolyi, Alajos 156 f.
Szolás, Lászlo 322
Szosland, Kazimierz 363
Szymaniak, Horst 457

T

T'ai-Tsung, Kaiser von China 19
Tabai, Junko 537 f.
Taber, Norman 231, 245
Tachell, T. 201
Tacitus 39, 42
Tafelmeier, Klaus 614
Tafferel, Claudio 700
Taguchi, Masaharu 334
Tailte, Königin von Irland 27
Tajima, Naoto 357
Takac, Artur 588
Takahashi, Hiroko 518
Takalo, Helena 541
Takayama, Aki 677
Takemoto 449
Takeuchi, Hisameri 61
Tal, Michail N. 439, 452 f.
Talbert, Bill 361, 408
Tamm, Juri 568
Tamminen 260
Tange, Kenzu 468
Tanner, Roscoe 551
Tanui, William 672
Tapie, Bernard 613
Taplow, Lord Desborough of 211, 215
Tappi 253
Taral 252
Taran, Grigorij 453
Tarassow, Maxim 730
Tardelli, Marco 580
Taris, Jean 310
Tarnat, Michael 741, 748
Tarrasch, Siegbert 162, 211, 247, 251
Taruffi 342
Tate, John 558 f.
Tattersall, Richard 103
Tatuschin, Boris 417
Tauber, Ulrike 548
Tauchwalder, Peter 131, 235
Tauscher, Hansjörg 637
Tauzin, Henri 173
Taveri, Luigi 464, 477
Tavernier, J. B. 83
Taylor, Chris 532
Taylor, Elizabeth 618
Taylor, Estelle 280
Taylor, Frederick Morgan 309
Taylor, Henry 207, 214, 234
Taylor, John 213
Taylor, Morgan 286
Taylor, Robert 522
Taylor, Walter 152, 164, 180, 187
Tchernikowa, Vera 587
Tchesnokow 639
Techmer 221
Techtow, A. 152
Tegner, Torsten 463
Tejera 384
Temme, E. 318
Temme, Günter 322
Temu, Naftali 490
Tepes, Miran 643
Terada, Noboru 334
Termeulen, Johanna 377
Ternström, Josef 243
Ter-Owanesian, Igor 447, 456
Terpp 438
Terrel, Ernie 487
Teruzzi 385
Testoni, Claudia 350, 358
Tewksbury, Mark 676
Tewksbury, Walter B. 173 f., 443
Thaler 409
Thaler, Klaus-Peter 557
Thanou 761
Thatcher, Margaret 566
Theagenes 37
Theato, Michel 173
Thèbes, Madame de 245
Theile, Fritz 221
Theler, Hans 426
Theloke, Stev 749, 765
Theobald, Lady Charlotte 117
Theodorescu, Monica 680
Theodosius I., römischer Kaiser 43
Theodosius II., byzantinischer Kaiser 43
Therese von Sachsen-Hildburghausen 113
Théry, Lucien 188, 192, 199, 201, 206
Theune-Meyer, Tina 767
Thévenet, Bernard 537 f., 552 f., 557
Thibault, Girard 75
Thiedemann, Fritz 411, 416, 429, 435, 444
Thiele 111
Thieme, Jana 770
Thiemeyer, Mutter 341
Thierbach, Otto 321, 577
Thiollière, Georgette 369
Thiollière, Suzanne 369
Thoelke, Wim 709
Thoma, Dieter 643, 661, 665, 694
Thoma, Georg 324, 442, 460 f., 479, 481, 564
Thomas, Debra 610, 617, 622
Thomas, Harry 345, 347
Thomas, John 439, 447
Thomas, Kurt 558, 560
Thomas, Paul 245
Thompson Daley 569, 577, 581, 585, 605, 614, 630
Thompson, G. 98
Thompson, Jenny 661
Thompson, Margaret 483
Thompson, William 112, 115, 118, 122
Thomson 578
Thon, Olaf 649 f., 728
Thöni, Gustav 514, 517 f., 530 f.
Thöni, Roland 518
Thörig, Anton Josef 95 f.
Thorpe, Ian 765
Thorpe, Jim 230, 232 f., 239, 272, 308, 400
Thorsen, Jan Einar 662
Thost, Nicola 736
Thränhardt, Carlo 592
Thring 137
Thrum, Th. G. 48
Thuemer, Petra 548
Thunberg, Clas 287, 297, 301, 561
Thurau, Dietrich 552 f., 564, 688
Thutmosis III., König von Ägypten 11
Thys, Philippe 239, 241, 243, 255, 259
Tiacoh, Gabriel 596
Tiampo, Mary Jo 610
Tiberius, römischer Kaiser 37, 43
Tibulski, Otto 341, 356
Tichonow, Alexander 574
Tichonow, Viktor 583
Tichy 100
Tickner, Charles 558
Tidwell, Charles 443
Tiersch, Günther 500
Tigana, Jean 593
Tiglatpileser I., König von Assyrien 16 f.
Tikhonowa, Tamara 623
Tilden, William Tatum 251, 253, 260, 263 f., 268, 293 f., 297, 303, 361, 366, 400
Tilkowski, Hans 482, 485
Timmermann, Ulf 606
Timokrates 35
Timoschenko, Alexandra 678
Timur-Leng 55, 60
Tinwell, A. v. 131 f.
Tiraboschi, Enrique 265, 267
Tiriac, Ion 516, 613, 749
Tissot-Lefèbre, Janou 531
Titowa 508
Titus Flaminius 38
Titus, römischer Kaiser 40, 43
Tjanung 9
Tjukalow, Juri 396
Tkatschenko, Nadeshda 552, 570
Tochenowa, Klaudia 380
Todd, Bedelia 250
Todd, C. 245
Todd, Mark 635
Todd, Patricia 365
Tokugawa, Iemitsu 22, 75
Tolan, Thomas Edward 295, 307, 443
Tom, Walter 103
Toman 204
Tomaso, Prinz von Sardinien 118
Tomba, Alberto 621, 654, 662
Toomey, Bill 505, 507
Töpel, Hjördis 273
Topham, Thomas 86
Toppino, Emmet 307
Torrance, Jack 318, 321, 333
Torrence, Gwen 674, 707
Torriani, Bibi 322, 340, 367
Torville, Jayne 577 f., 582 f., 587, 591
Tóth, Annamária 497
Toth, Charles 265, 267
Totila, König der Goten 39, 47
Totschnig, Brigitte 540
Toulouse-Lautrec, Henri 185
Towns, Forrest 325, 332
Townsend 149
Toyoda, Hisakichi 310
Trabert, Tony 408
Trajan, römischer Kaiser 43
Tran 151
Trapattoni, Giovanni 728, 732, 738, 758
Trappen, Paul 245
Traub, Günter 460
Traun, Fritz 157, 159
Trautmann, Bert 413, 417
Treacy, John 597
Treasurer, Lord 79
Treitzsaurwein, Marx 63
Tretjak, Wladislaw 583, 591, 736
Trexler, Ignaz 102
Trezeguet, David 757
Trips, Graf Berghe von 453, 455
Troll, Erich 342
Trouabel, Jean-Charles 651
Trousellier, Louis 201
Troyes, Chrétien de 51
Trucco 698
Trudeau, Pierre Elliott 544, 578
Trulli, Jarno 745
Truman, Christine 439, 452
Tschabotdinski, Leonid 463
Tschammer und Osten, Hans von 316 f., 324 f., 360
Tschannen, Fritz 367, 371
Tscheikin 388
Tschelkanowa, Tatjana 453, 456, 464, 470
Tscherbakow, Leonid 400
Tscherjazowa, Lina 695
Tschilowa, Irina 635
Tschishowa, Nadeshda 505
Tschudi, Arnold 437
Tschudi, Friedrich von 109
Tschudina, Alexandra 395, 398, 400
Tschukarin, Viktor 397, 403, 423
Tschutschelow, Alexandr 450
Tsering, Sirdar Ang 538
Tsiklitiras, Constantin 213
Tsin Yuen, Kaiser von China 47
Tsitas, Antonios 157
Tsukuhara, Mitsuo 513, 527
Tsurumi 449
Tu Mo 47
Tuccaro, Archange 67, 70
Tucker, Tony 616, 618
Tullin-Thams, Jacob 269
Tunnelkorn 296
Tunney, Gene 268, 275, 279 f., 385 f., 299, 303, 314, 319
Tura, Eshetu 568
Turek, Toni 406 f.
Turischtschewa, Ludmilla 513, 523, 527
Türk, W. 152
Turnbull, William 48
Turner, C. 104
Turner, Ted 559
Turner, William 504
Turpin, Randy 385 f.
Turuta, Yoshiyuki 310
Tutu, Desmond 721
Twigg, Rebecca 603
Tyldum, Pal 492
Tyler-Odam, Dorothy 376
Tyrs, Miroslav 131
Tyson, Mike 610, 615 f., 618, 620, 625, 637, 641, 643 f., 661, 704 f., 710
Tyus, Wyomia 470, 530

U

Ubbiali, Carlo 439, 452
Ueberroth, Peter 594
Uffenbach, Zacharias Konrad von 87, 89
Ui-te-Rangiora 47
Ujlaki-Rejtö, Ildiko 472
Ulanow, Alexej 508, 514, 517, 519, 563
Ulbricht, Lutz 500
Ullrich, Frank 573 f., 696, 747, 753
Ullrich, Jan 684, 688, 710, 724, 726, 729, 743, 746, 748, 752, 758, 766
Ullrich, Marianne 729
Ullrich, Stefan 652
Ulrich, Anton 90, 94
Ulrich, Herzog von Württemberg 61
Ulrich, Melchior 142
Ulvang, Vegard 664
Ulzheimer, Heinz 394
Umberto, Prinz von Sardinien 118
Ungemach, Matthias 652
Uphoff, Nicole 635, 680
Urban, Adolf 341
Urbanke, Bianca 689
Urbanovitsch, Galina 397
Urkal, Oktay 710
Urselmann, Wiltrud 439
Usowa, Maja 655
Ustved, Arne 166
Uto, Shumpei 334
Utterson-Kelso, Frau 144
Utterström, Sven 304
Utzschneider, Peter 519, 530 f.
Uzcudun, Paolino 299, 316, 319, 337

V

Vadnais, Carol 552
Vainio, Martti 557, 597
Valär, Paul 368
Valdano, Jorge 612
Valderrama, Carlos 699
Valdes, Carmen 530
Valdes, Nino 412
Valentino 646
Valentino, Pal 380
Valerien, Harry 709
Valetti, Giovanni 350
Valier, Maximilian 294
Valla, Trebisonda 330
Vallat 274
Valle, James Lu 331
Valle, Pietro della 75
Valmon, Andrew 671
Valotto, Mario 438
Van de Weghe, Albert 334
Vanderbilt jr., W. K. 161, 192, 199, 201
Vanderstock, Geoff 491
Vanzetta, Bice 653
Vanzetta, Giorgio 664
Varazdates 43
Varela 384
Varoff, George 325
Varzi, Achille 301, 304, 384
Vasala, Pekka 522
Vatanen, Ari 626
Vater 600
Vavá 423, 458
Védrine, Maurice 192, 200
Vega, Garcilaso de la 75
Veith, Michael 539
Velde, Esaias van de 80
Veldkamp, Bart 667
Ventsene, Vida 623
Venturelli 443
Vera, Rolando 643
Verdi, Giuseppe 646
Vergeer, Hein 610
Verkerk, Cornelius 481
Verouli, Anna 581
Verstappen, Annemarie 601
Verwaeke, Félicien 349
Vespasian, römischer Kaiser 43
Vettori, Ernst 643, 665
Vialli, Gianluca 645
Vicini, Azeglio 649
Vicol, Maria 449
Victorius 191
Videla, General 555
Vidmar, Peter 602
Vierkötter, Ernst 279
Vieth, Gerhard
Vietto, René 366
Viggiani, Angelo 74
Vigne, G. T. 112
Vigneron, Thierry 592
Viitanen 415
Viktor 543
Viktoria, Königin von England 118, 120, 129
Vilagos, Penny 677
Vilagos, Vicky 677
Vilas, Guillermo 551
Vilfort, Kim 669
Villeneuve, Jacques 725 f.
Villoresi, Luigi 367
Vinci, Leonardo da 53, 61, 98
Vines, Ellsworth 317, 349
Vinjarengen, Hans 287
Vinson-Owen, Maribel 453
Vintler, Hans 56
Viren, Lasse 522, 535, 545, 567 f.
Virenque, Richard 729, 743
Virgil 63
Virtanen, Lauri 309
Visser, Leo 667
Vlaovic 742
Vlasto, D. 276, 279
Vliet, Arie van 354, 367
Voet, Willy 732, 743
Vogel, Georg 276
Vogel, Johann Jakob 96
Vogelweide, Walther von der 51
Vogl, Adolf 315
Vogler 492
Vogt, Richard 367, 379
Vogts, Berti 532 f., 555, 669, 712 f., 732, 741 f., 756
Voigt, Harry 331
Völker, Sandra 749
Volle, Walter 335
Völler, Rudi 593, 612, 649 f., 669, 710, 758
Vollmer, Herbert 247
Vollmer, Werner 365
Voltaire 86
Vonhof, Peter 549
Voog, Daisy 464
Voort, J. van der 380
Voort, Wim van der 391
Vopel, Heinz 344, 385
Vörg, Ludwig 345
Voss, Torsten 630
Vrbancic 251
Vuarnet, Jean 429, 440
Vuckovic, Stephan 764

W

Waalberg, Jopie 339
Wachtel, Christine 651
Wachter, Andrea 663
Wachter, Anita 654
Waddle, Chris 649
Wade, Virginia 552 f.
Wagner 243 f.
Wagner, Louis 211
Wagner, Siegfried 96
Wagnerberger, Fritz 467
Wahl, Otto 287
Wahle, Otto 195
Waitz, Grete 584, 631
Waitzer 230
Waizechowski, Sergej 570
Wajsowna, Jadwiga 304, 332
Wakiihuri, Douglas 629
Walasiewicz, Stanislawa 308, 318, 330, 339, 352, 358
Walbourthon, Choppy 183
Walcher, Sepp 690
Walcott, Jersey Joe 365 ff., 379 f., 385 f., 388, 400, 412
Walde, Hans-Joachim 523
Waldi 659
Waldo, Carolyn 601, 632
Walkenhorst, Klaus 634
Walker, Andy 386
Walker, E. 255
Walker, Jimmy 314
Walker, John 559
Walker, Melvin 339
Walker, Mickey 314, 316
Walker, Reginald 213, 220, 443
Wall 578
Waller, Frank 193
Wallinger, Veronika 663
Walliser, Maria 589, 610, 616 f., 623, 637
Walowa, Elena 583
Walser, G. 86
Walsh, J. H. 140
Walsh, Stella 308
Walter, Fritz 354, 356, 406 f., 430 f., 727, 742
Walter, Oskar 244
Walter, Sepp 321
Walters 307
Walthour, Robert 188
Walz, Gottlob 214, 234
Walzenbach, Willi 342
Walzer, Andreas 658
Wang Mang, Kaiser von China 43
Wang Tsin 49
Wang Yun-Cheng 75
Wangenheim, Konrad Freiherr von 400
Warburg, von 659
Ward, A. 247
Ward, Holcombe 177, 183, 191
Ward, Jem 98, 115
Warden 199
Warmerdam, Cornelius 353, 355, 358
Warnecke, Mark 749
Warner, Karl 307
Warnicke, Heike 667
Wartenberg, Christiane 569
Wasa, Daihachiro 83
Wasa, Gustav Erikson 61, 264
Wasenius, Birger 350
Washington, Desiree 705
Wasmeier, Markus 606 f., 691, 693 ,695
Wassberg, Thomas 562, 590, 616 f.
Wassiljew, Oleg 583
Wassiljewa, Jewdokia 359
Watkins 186
Watson, Maud 148
Watt, John 98
Watt, Kathryn 679
Watts, Baron 247
Watts, Quincy 671 f.
Weah, George 726
Weaver, Mike 558
Webb, Matthew 138, 144, 226, 265, 267
Webber, Adam 196
Weber 143
Weber, Carl Maria von 391
Weber, Christiane 602, 633
Weber, Hartmut 581
Weber, Marc 750
Weber, Wilhelm 196
Weber, Willi 703
Weber, Wolfgang 485
Wecke, Richard 586
Wecker, Andreas 642, 678, 720
Wedenin, Wjatscheslaw 492
Weder, Gustav 696
Wegner, Axel 653
Wegner, Reinhard 247, 251
Wehling, Ulrich 519, 562
Wei, Quingguang 638
Weibel, Peter 688
Weidemann 353
Weilenmann, Johann Jakob 126, 138, 142
Weiler, Sepp 382
Weill, Al 412
Weinberg, Mosche 525
Weinbrecht, Donna 666
Weinbuch, Hermann 606 f., 610
Weingärtner, Hermann 158
Weinstein, Paul 193
Weir 143
Weir, Tom 698
Weirather, Harti 577
Weis, Heinz 730
Weißflog, Jens 590, 643, 661, 665, 691, 694, 710, 746 f.
Weißkopf, Gustav 179
Weissmuller, Johnny 260 f., 263, 265 f., 273, 276, 310, 333 f.
Weissmuller, Samuel 273
Weizäcker, Richard von 609
Weller, Ronny 723, 732, 739, 769
Wells, Allan 567
Wells, Billy 238 f., 241, 254
Welp, Christian 686
Welsh, Freddie 250
Welten, Ritter von 198
Wenden, Michael 498
Wenger, Arsene 758
Wenji, Yang 677
Wennström, Erik 295
Wentz, Siegfried 614, 630
Wentzke, Friedhelm 450
Wenzel, Andreas 554, 560, 589
Wenzel, Hanni 531, 540, 554, 558, 560, 562
Weppner, Chuck 537
Werner, Budd 464, 467
Werner, Christian 294
Werner, Marianne 395, 421, 433
Werner, Wilhelm 179, 199
Werth, Isabell 680, 726, 768
Wessel, Ute 602
Wessing, Gerd 568
Wessing, Michael 557
Wessinghage, Thomas 581
West 90
Westergren, Carl 276, 312
Westergren, Isaac 443
Westermann, Liesel 487, 490 f., 505, 507
Westminster, Herzog von 222
Westwood, Jean 388
Wettstone, Gene 423
Wewering, Heinz 726
Weyer, Willi 564
Weymar, Hans 218
Weynell, Anni 345
Weyrauch, Armin 652
Wheeler, Lucille 429
Wheldon, Fred 165, 203
Whitacker, John 87, 686
White 132
White, Albert 273
White, Isabelle 234
White, Stanford 139
Whitfield, Melvin 375, 394
Whitfield, Simon 764
Whitlock, Harold 376
Whitman, Malcolm D. 177, 183
Whitmarsh, Todd 720
Whymper, Edward 131, 135
Wialbe, Jelena 653, 664
Wiberg, Pernilla 654, 663
Wicki, Jean 519
Wicks, Jim 483
Wide, Edvin 272, 279, 290
Wideman, Lydia 390
Widmayer, Herbert 455
Wiedemann, Dieter 586
Wiedmann 255
Wiegand, Frank 471
Wiegand, Otto 196
Wieland, Uli 342
Wien 342
Wiene 759
Wienese, Jan 500
Wieser, Roland 568
Wiesinger, Paola 304
Wieslander, Hugo 226, 230, 239
Wigger, Lones 535
Wightman, G. W. 251
Wilander, Mats 626, 642, 726
Wilcox, Howdy 253
Wild, Achilles 138, 145
Wilde, Jimmy 250
Wilde, Oscar 146
Wilding, Tony 209, 239, 241, 244 f.
Wilhelm I., deutscher Kaiser 52, 138
Wilhelm II., deutscher Kaiser 8, 145, 154, 170, 179, 181, 185, 199, 210, 228, 240
Wilhelm IV., König von England 116, 120
Wilhelm, Richard 205
Wilhelmina, Königin der Niederlande 291
Wilkes, Debbie 466 f.
Wilkie, David 548
Willard, Jesse 245 ff., 249, 253 f., 319
Willemijntje 310
Williams, Archie F. 325, 329, 331
Williams, Basil 258
Williams, Carl 627, 637, 641, 685
Williams, Charles 684
Williams, Christy 182
Williams, Cleveland 481
Williams, H. S. 137
Williams, Ike 363
Williams, Kid 250
Williams, Percy 293, 297, 308, 443
Williams, Randy 546
Williams, Richard Norris 250
Williams, Roger 551
Williams, Serena 767
Williams, Sir 72
Williams, Venus 752, 759, 767
Williams, Victor 301
Williams, Willie 413, 418, 443
Williams, Yvette 403
Willimowski, Ernst 356
Willis, Dixie 456
Wills, Helen 279, 285 f., 295, 297, 303 f., 322 f., 345, 349
Wilmots, Marc 728
Wils, Jan 289
Wilson, Constance 305
Wilson, Harold Alexander 211, 213
Wilson, James 256
Wilson, Montgomery 305
Wiltfang, Gert 554, 557, 581
Wiltord, Sylvain 757
Wimille, Jean-Pierre 384
Wimmer, Herbert 520
Winczíers 219, 222
Wind 473
Windle, Robert 471
Wingfield, Walter Clopton 71, 138, 140, 148
Winkler, Gerhard 574
Winkler, Hans Günter 403, 405, 409, 411, 413, 416, 426, 474, 544, 549, 680, 701, 721

Winokurow, Alexander 766
Wint, Arthur 375, 394
Winter, Ernst 318
Winter, Thomas 100, 106
Winterstein, Konrad 379
Winton, A. 188
Wirkola, Björn 481, 607
Wirnhier, Konrad 528
Witherspoon, Mark 671
Witt, Katharina 573, 583, 591, 616 f., 620, 622, 684, 696
Wlassow, Juri 460, 463, 592
Wöckel, Bärbel 569
Wodars, Sigrun 651
Wodoresowa, Elena 542
Woellke, Hans 333, 359 f.
Wohlhuter, Richard 531
Woithe, Jörg 570
Wolcott, Fred 353
Wolde, Mamo 469, 522
Wolf, Franz 115
Wolf, Manfred 607
Wolf, Sigrid 623
Wolf, Wallace 377
Wolfermann, Klaus 523, 530
Wolfgang, Friedl 465
Wolfgang, Herzog von Bayern 55
Wolfshohl, Rolf 746
Wolke, Manfred 725
Wolke, Rudolf 284
Wolker, Prälat 371
Wolkow, Alexander 657
Wolkow, Sergej 537
Wolper, David 594
Wölpert, Hans 312
Wondrich 204
Wontorra, Jörg 709
Wood, A. Garfield 304
Wood, Agnes 187
Wood, Allan 471
Wood, Mervyn 378, 396
Wood, Timothy 493
Woodcock, Tony 558
Woodhall, Richie 746
Woodhouse, C. E. 148
Woodrich 578
Woodruff, John 329
Woods, Earl 727
Woods, Eldrick 726
Woods, George 546
Woolfall, Daniel Burley 205, 259
Wordsworth, Charles 106, 108
Wordsworth, William 106
Wörndl, Frank 616 f., 621
Wörns, Cristian 742
Woronin, Michail 486, 499
Woschtschakina, Olga 613
Wöske, Dieter 438
Wötzel, Mandy 704 f., 726
Woyda, Witold 527
Wrenn, Georges 191
Wright, Beals 250
Wright, I. C. 251
Wright, J. S. 297
Wright, Marc 228
Wright, Orville 187, 191, 208, 218, 222
Wright, Stan 522
Wright, Wilbur 137, 191, 208, 211, 218, 222
Wszola, Jacek 546, 568
Wu Ti, Kaiser von China 37, 43
Wu Tse-tien, Kaiserin von China 47
Wucherer, Gerd 523
Wülbeck, Willi 585
Wülfing, Walter 473
Wunderlich, Tina 767
Wurm, Hans 61 f.
Wurzer 531
Wüthrich, Christian 96
Wyclif, John 53
Wykoff, Frank 307, 331
Wylie, Paul 668
Wylie, Wilhelmine 234
Wyludda, Ilke 675, 701, 707, 716, 723
Wynmann, Nikolaus 62, 88
Wynn, Jan 182

X

Xenakis, Thomas 157
Xenophon 37, 77
Xerxes I., persischer König 48
Xinmei, Sui 716

Y

Yamaguchi, Kristi 655, 668
Yamanaka, Tsuyoshi 422
Yamasaki 511
Yang, Chuan-Kwang 447, 460, 463
Yaunzeme, Inese 421
Yefter, Muruse 567
Yifter, Miruts 567
Yokoyama, Knock 746
Yokoyama, Takashi 310
York, Herzog von 83
Yoshioka, Takayoshi 307, 443
Yoshitoki 24
Young, Jimmy 539
Young, Kevin 629, 671
Young, Robert 331
Young, Sheila 530, 539, 542
Youshimats, José Manuel 603
Yrjölä, Paavo 279
Yuejiu, Li 573
Yuryaku Tenno, Kaiser von Japan 43
Yusa, Masanori 334

Z

Zabala, Juan 325
Zabel, Erik 679, 724, 726 f., 729, 732, 739, 748, 752, 758
Zachár, Imre 214
Zacharias, Georg 192, 195
Zäck, Jürgen 726, 731
Zadrelli 92
Zagalo 432, 458
Zahn 305
Zahn, Günther 521
Zaldívar, Fulgenico Batista y 430
Zale, Tony 363, 365, 367, 380
Zalogaitite, Birute 429
Zamora, Ricardo 295 f., 320
Zamorano 728
Zandanel, Nilo 464, 467
Zander, John 250 f.
Zanietta 297
Zanon, Lorenzo 560
Zanuck, Darryl F. 339
Zappas, Evangelistos 154
Zaseda, Igor 422
Zátopek, Emil 375, 380, 382 f., 385, 392 f., 395, 400, 403, 405, 420, 433, 451
Zátopková, Dana 393, 395, 405
Zayak, Elaine 577
Zborowski, Graf 187
Zdarsky, Matthias 152, 167, 201
Ze Marco 764
Zee, van der 145, 147
Zeebroeck, Robert van 288
Zelezny, Jan 687
Zellner, Martina 734
Zenga, Walter 649
Zenger, Josef 455
Zenz, Therese 403
Zesner, Steffen 656, 702
Zetland, Earl of 127
Zewbrowski, Johann 209
Zhang, Shan 681
Zhihong, Huang 707
Zhuang, Jong 677
Zico 611
Zidane, Zinedine 742, 746, 756
Ziege, Christian 712
Ziegelmaier, Josef 179
Ziegler, Edi 363, 425
Ziegler, Karl 438
Ziglarski, Hans 312
Zijlstra, Carla 667
Zilioli, Italo 486
Zimjatow, Nikolai 562
Zimmerer, Wolfgang 519, 530 f.
Zimmermann, Annemarie 500
Zimmermann, Egon 456, 465
Zimmermann, Karl 350
Zimmermann, Markus 655, 733, 752
Zindel, Christoph Siegmund 106, 111
Zinderstein, M. 251
Zindler, Petra 601
Zinke, Olaf 667
Zinsmeester, Fred 182
Ziolkowski 761
Zipfel, Georg 754
Zischek, Karl 315
Zito 432, 458
Zizinho 384
Zmelik, Robert 670
Zo Post, Albertson van 195
Zoetemelk, Joop 551, 553, 560, 564, 577, 581, 609
Zoff, Dino 503, 580, 645
Zogg, David 295, 301 f., 318
Zöggeler, Armin 733
Zohsel, Friedrich 187
Zola, Gianfranco 712
Zoller, Hans 426
Zolt, Maurilio de 617, 664
Zorilla, Alberto 310
Zsigmondy, Emil 144 f.
Zsigmondy, Otto 144
Zsivotzky, Gyula 491
Zubiaur, J. B. 153
Zühlsdorf, Theodor 723
Zukauskas, Joseph Paul 299
Zülle, Alex 748
Zurbriggen, Pirmin 587, 589, 607, 616 f., 620 f.
Zürner, Albert 214, 234, 255
Zutter, Louis 159
Zwerewa, Natalia 625, 761
Zwilling, David 531
Zwingli, Ulrich 61
Zybina, Galina 400, 413, 421
Zyglewicz, Dave 505

Quellen

Texte

Karl Schwarz (Hrsg.): „Dichter deuten den Sport“, Verlag Karl Hofmann, Schorndorf bei Stuttgart
Reinhold Messner: „Überlebt“ – Alle 14 Achttausender. BLV Verlagsgesellschaft, München
Norman Mailer: „Der Kampf“, Kapitel „Eine neue Arena“, Deutsche Rechte durch Paul & Peter Fritz AG, Literarische Agentur, Zürich

Abbildungen

ADN (4); Ägyptisches Museum, Kairo (1); Ferdinand Anton, München (5); Archiv für Kunst und Geschichte (5); Associated Press, Frankfurt/M. (5); Australian Information Service (1); Horst H. Baumann, Düsseldorf (1); Presse-Foto Baumann, Ludwigsburg (22); Bertelsmann Lexikon Verlag, München (947); Bettmann Archive, New York (37); Bibliotheca Apostolica Vaticana (1); Bibliotheque Nationale, Paris (1); Sportpressefoto Bongarts, Hamburg (77); Britisches Museum, London (8); Bruckmann Verlag, München (9); Castello Estense, Ferrara (2); Comité International Olympique, Lausanne (9); Culver Pictures, New York (1); Deutsche Presseagentur / dpa Sportreport, Frankfurt/M., Berlin (177) sowie alle Fotos 1993-2000; Deutscher Fußball-Bund, Frankfurt/M. (6); EPU, Olympic Service Tokio (3); Eremitage, St. Petersburg (4); Fritz Fenzel (3); Forschungsbibliothek Gotha/Schloß Friedenstein (3); Friedrich-Ebert-Stiftung, Bonn (1); Albrecht Gaebele, Untersteinbach (39); Galeria Estense, Modena (1); Archiv Gerstenberg, Wietze (6); Wolfgang Gronen, Binningen (7); Hamburger Turnerschaft von 1816 (2); Karl-Heinz Huba, München (5); Dr. Gisela Hildenbrand/Medizin-Historisches Institut, Bonn (1); Historia-Photo, Hamburg (24); Historisches Museum, Wien (2); Fotoagentur Horstmüller, Düsseldorf (144) Internationales Archiv für Bahnradsport/Uwe Schmidt-Arndt, Köln (9); Iraq Museum, Bagdad (1); Walter Jakob, Zürich (1); Kanu-Verband Duisburg/Wolfgang Over (2); Filmarchiv Dr. Karkosch, Gilching (1); Keystone Pressedienst, Hamburg (106); Kunstgewerbe Museum, Zürich (1); Kunstmuseum Olten (1); Kunstsammlung Basel/Kupferstichkabinett (1); Robert Lebeck, München (7); Rupert Leser, Bad Waldsee (11); Louvre, Paris (2); Marin-von-Wagner-Museum der Universität Würzburg (4); Rainer Martini, Landsberg (72); McGraw-Hill, New York (2); Maria Mühlberger, München (19); Musée Archeologique d'Hippone, Algerien (1); Museo Civio, Bologna (1); Museo Nazionale di Villa Giulia, Rom (3); Museo Nacional Mexiko (1); Museo Nazionale, Neapel (1); Museo Nazionale, Palermo (1); Museo Nazionale Romano, Rom (4); Museum Luxor (1); Museum of Fine Arts, Boston (1); Museum Rietberg, Zürich (1); Nationales Archäologisches Museum Athen (3); Österreichische Nationalbibliothek, Wien (1); „Paris Match“, Paris (1); Bildarchiv Paturi, Rhodenbach (2); Paul Popper Ltd., London (5); Presse-Sports, Paris (1); Querini-Stampalia-Pinakothek, Venedig (2); Hans Rauchensteiner, München (32); Rex Features, London(4); Ringier Dokumentationszentrum, Zürich (22); Mathias Rogge, Lünen (1); Scala, Florenz (1); Max G. Scheler (1); Pressebild Schirner, Meerbusch (151); Schweizerisches Alpines Museum, Basel (3); Schweizer Sportmuseum, Basel (13); Sipa Press, Paris (11); Sport Schweiz Verlag, Genf (10); Sportverlag Berlin (20); Staatliche Antikensammlung/Glyptothek, München (7); Staatsarchiv Bologna (3); Michael Steinbrecher, München (1); Süddeutscher Verlag/Bilderdienst, München (18); Topham Picture Library, Kent (2); Walter Umminger, Schwarzenberg (199); United Press International, Washington (5); Völkerkundemuseum, München (1); Pressebilddienst Votava, Wien (4); Walter Wehrle, Wallisellen (5); Weltwoche, Zürich (5); Pressebildagentur Werek, München (45); Zentralbibliothek Zürich (1)

Trotz größter Sorgfalt konnten die Urheber des Bildmaterials nicht in allen Fällen ermittelt werden. Es wird gegebenenfalls um Mitteilung gebeten.